THE GREEK NEW TESTAMENT

A Reader's Edition

Revised Edition

Based on the text of
THE GREEK NEW TESTAMENT,
Sixth Revised Edition (UBS6)

Edited by
HOLGER STRUTWOLF, HUGH HOUGHTON, CHRISTOS KARAKOLIS, DAVID PARKER,
STEPHEN PISANO, DAVID TROBISCH, KLAUS WACHTEL

RUNNING GREEK-ENGLISH DICTIONARY

Compiled by
BARCLAY M. NEWMAN

DEUTSCHE BIBELGESELLSCHAFT
UNITED BIBLE SOCIETIES

The Greek New Testament. A Reader's Edition
Revised Edition 2025

Greek Bible Text: The Greek New Testament, Sixth revised edition,
© 2025 Deutsche Bibelgesellschaft, Stuttgart, Germany

Running Greek-English Dictionary: Compiled by Barclay M. Newman,
© 2025 Deutsche Bibelgesellschaft, Stuttgart, Germany

The German Bible Society is a not for profit religious foundation. Its mission, in collaboration with other members of the United Bible Societies, is to promote biblical research and worldwide Bible translation work in order to make the Bible available to everybody in their own language.

ISBN 978-3-438-05311-4

The Greek New Testament. A Reader's Edition
© 2025 Deutsche Bibelgesellschaft Stuttgart
Design and Typesetting: 2K/DENMARK

Information on product safety: Deutsche Bibelgesellschaft,
Balinger Str. 31A, 70567 Stuttgart, Germany,
product-safety@dbg.de

Printed in Germany
All rights reserved

06.2025

TABLE OF CONTENTS

Introduction
　The Text of the Edition VII
　The Running Greek-English Dictionary VIII

Symbols and Abbreviations
　Symbols Used in the Biblical Text X
　Abbreviations Used in the Running Dictionary X

Text and Running Greek-English Dictionary
　Κατὰ Μαθθαῖον 1
　Κατὰ Μᾶρκον 82
　Κατὰ Λουκᾶν 133
　Κατὰ Ἰωάννην 222
　Πράξεις Ἀποστόλων 277
　Ἰακώβου 363
　Πέτρου α΄ 373
　Πέτρου β΄ 383
　Ἰωάννου α΄ 389
　Ἰωάννου β΄ 396
　Ἰωάννου γ΄ 397
　Ἰούδα 399
　Πρὸς Ῥωμαίους 402
　Πρὸς Κορινθίους α΄ 433
　Πρὸς Κορινθίους β΄ 460
　Πρὸς Γαλάτας 481
　Πρὸς Ἐφεσίους 491
　Πρὸς Φιλιππησίους 502
　Πρὸς Κολοσσαεῖς 510
　Πρὸς Θεσσαλονικεῖς α΄ 518
　Πρὸς Θεσσαλονικεῖς β΄ 524
　Πρὸς Ἑβραίους 528
　Πρὸς Τιμόθεον α΄ 555

Πρὸς Τιμόθεον β΄ 565
Πρὸς Τίτον 572
Πρὸς Φιλήμονα 576
Ἀποκάλυψις Ἰωάννου 578

Index of Quotations 619

**Definitions of Words that Occur
more than 30 Times in the New Testament** 625

INTRODUCTION

The Text of the Edition

The Greek text of this edition is identical to the text of the 6th edition of the UBS *Greek New Testament* (UBS6) and the 29th edition of the Nestle-Aland *Novum Testamentum Graece* (NA29). At the time of going to press, these two editions are still in preparation, so this Reader's Edition is the first edition of this Greek text.

Like UBS6 and NA29, the Reader's Edition follows the *Editio Critica Maior* (ECM) of the Greek New Testament insofar as volumes of this edition are already available. This applies to the Gospel of Mark, the Acts of the Apostles, the Catholic Letters, and Revelation. In the other parts of the New Testament the text remains identical to NA28 and UBS5. The ECM is the major critical edition of the Greek New Testament, which is being edited at the Institute for New Testament Textual Research in Münster in co-operation with international teams of scholars. The link to the ECM ensures that the Reader's Edition represents the current state of scholarly research into the text of the Greek New Testament.

One change compared with previous editions will immediately catch the reader's eye when leafing through the book: the sequence of the 27 New Testament writings has changed in parts. The Catholic Epistles now appear between the Acts of the Apostles and the Pauline Letters, and Hebrews is placed after 2 Thessalonians and before the Pastoral Epistles. In this way, the sequence of writings has been brought into closer agreement with the early Greek manuscript tradition. The order known from older editions of the Nestle-Aland, the UBS *Greek New Testament* and, in fact, from almost all modern Bible translations, goes back to Erasmus in the early 16th century. It therefore does not fit well with an edition whose aim is to come as close as possible to the origin of the text's history.

The following typographical features appear in the Greek text:

[ ] *Brackets* in the text indicate particular doubt of the editors as to whether the enclosed word, words, or parts of words are to be reconstructed as the earliest form of text.

[ ] *Double brackets* in the text indicate that the enclosed passages are not considered by the editors to be a part of the earliest text, but an addition at an early stage of the tradition. Unlike in earlier editions of the Nestle-Aland and the UBS *Greek New Testament*, including the Reader's Edition, all verses assigned a number within the New Testament are now integrated into the text in double brackets. Previously this was only the case for individual passages which traditionally enjoyed an exceptional position in the church (e.g. Mk 16.9–20; Jn 7.53–8.11).

Quotations from the Old Testament are marked **in bold type**, and a list of references can be found in an appendix.

The Running Greek-English-Dictionary

The running Greek-English Dictionary was compiled by Barclay M. Newman, the author of *A Concise Greek-English Dictionary on the Greek New Testament*. It was originally based on the text of the 4th edition of the UBS *Greek New Testament*, which was the latest edition when the Reader's Edition was first published. The adaptation to the current Greek text was carried out at the German Bible Society by Florian Voss.

The glosses at the bottom of each page comprise translations of all words that occur 30 times or fewer in the New Testament, except for personal and place names. In addition, morphological parsing of Greek verbs is often provided even if these words occur more than 30 times.

The following rules have been applied:

(1) Each word that is accompanied by a definition is identified in the text with the corresponding number provided in the list of definitions at the bottom of the same page on which the word occurs. These numbers begin anew on each page of text.

(2) If a word occurs more than once in a paragraph, it is usually defined only on its initial occurrence.

(3) Word definitions are based on what is appropriate for the context, thus enabling the reader to make immediate sense of a passage without struggling through a series of unnecessary definitions. The intention is to provide easily accessible definitions that are clear, concise, and contextual.

(4) When a word is used with a meaning decidedly different from its other New Testament occurrences, the broader meaning is also often provided.

(5) Where significant differences of opinion exist regarding the meaning of a word in a given context, alternative definitions are included.

INTRODUCTION

(6) Occasionally, idiomatic word combinations are defined, especially where the combined meaning is difficult to determine on the basis of the individual word meanings.

(7) When an unusual form of a word (especially of verbs) occurs in the text, its root form is identified and defined. (For a list of abbreviations used, see p. X.)

(8) In the dictionary, the different parts of speech appear (with a few exceptions) as follows:

Verbs: Present indicative active first-person singular, except where only passive and/or middle forms occur in the New Testament.

Nouns: Lexical form, genitive ending, article.

Adjectives: Lexical form, nominative endings for each gender.

Adverbs, prepositions, and particles: Fixed form.

An appendix offers definitions of words occurring more than 30 times.

SYMBOLS AND ABBREVIATIONS

Symbols Used in the Greek Text

[ ] enclose words whose presence or position in the Greek Bible text is regarded by the editors as disputed

〚 〛 enclose passages which are regarded by the editors as later additions to the text

Abbreviations Used in the Running Dictionary

1	first person	lit	literal
2	second person	m	masculine
3	third person	mid	middle
acc	accusative	mng	meaning
act	active	n	neuter
adj	adjective	nom	nominative
adv	adverb	opt	optative
aor	aorist	p	plural
comp	comparative	pas	passive
conj	conjunction	pf	perfect
dat	dative	pl	plural
f	feminine	plpf	pluperfect
fut	future	prep	preposition
gen	genitive	pres	present
ind	indicative	pro	pronoun
inf	infinitive	ptc	participle
impers	impersonal	s	singular
impf	imperfect	sub	subjunctive
impv	imperative	super	superlative
interj	interjection	trans	transitive
intrans	intransitive	w/o	without

ΚΑΤΑ ΜΑΘΘΑΙΟΝ

The Genealogy of Jesus Christ   (Lk 3.23-38)

1 Βίβλος¹ γενέσεως² Ἰησοῦ Χριστοῦ υἱοῦ Δαυὶδ υἱοῦ Ἀβραάμ.
2 Ἀβραὰμ ἐγέννησεν τὸν Ἰσαάκ, Ἰσαὰκ δὲ ἐγέννησεν τὸν Ἰακώβ, Ἰακὼβ δὲ ἐγέννησεν τὸν Ἰούδαν καὶ τοὺς ἀδελφοὺς αὐτοῦ, 3 Ἰούδας δὲ ἐγέννησεν τὸν Φάρες καὶ τὸν Ζάρα ἐκ τῆς Θαμάρ, Φάρες δὲ ἐγέννησεν τὸν Ἑσρώμ, Ἑσρὼμ δὲ ἐγέννησεν τὸν Ἀράμ, 4 Ἀρὰμ δὲ ἐγέννησεν τὸν Ἀμιναδάβ, Ἀμιναδὰβ δὲ ἐγέννησεν τὸν Ναασσών, Ναασσὼν δὲ ἐγέννησεν τὸν Σαλμών, 5 Σαλμὼν δὲ ἐγέννησεν τὸν Βόες ἐκ τῆς Ῥαχάβ, Βόες δὲ ἐγέννησεν τὸν Ἰωβὴδ ἐκ τῆς Ῥούθ, Ἰωβὴδ δὲ ἐγέννησεν τὸν Ἰεσσαί, 6 Ἰεσσαὶ δὲ ἐγέννησεν τὸν Δαυὶδ τὸν βασιλέα.

Δαυὶδ δὲ ἐγέννησεν τὸν Σολομῶνα ἐκ τῆς τοῦ Οὐρίου, 7 Σολομὼν δὲ ἐγέννησεν τὸν Ῥοβοάμ, Ῥοβοὰμ δὲ ἐγέννησεν τὸν Ἀβιά, Ἀβιὰ δὲ ἐγέννησεν τὸν Ἀσάφ, 8 Ἀσὰφ δὲ ἐγέννησεν τὸν Ἰωσαφάτ, Ἰωσαφὰτ δὲ ἐγέννησεν τὸν Ἰωράμ, Ἰωρὰμ δὲ ἐγέννησεν τὸν Ὀζίαν, 9 Ὀζίας δὲ ἐγέννησεν τὸν Ἰωαθάμ, Ἰωαθὰμ δὲ ἐγέννησεν τὸν Ἀχάζ, Ἀχὰζ δὲ ἐγέννησεν τὸν Ἑζεκίαν, 10 Ἑζεκίας δὲ ἐγέννησεν τὸν Μανασσῆ, Μανασσῆς δὲ ἐγέννησεν τὸν Ἀμώς, Ἀμὼς δὲ ἐγέννησεν τὸν Ἰωσίαν, 11 Ἰωσίας δὲ ἐγέννησεν τὸν Ἰεχονίαν καὶ τοὺς ἀδελφοὺς αὐτοῦ ἐπὶ τῆς μετοικεσίας³ Βαβυλῶνος.

12 Μετὰ δὲ τὴν μετοικεσίαν Βαβυλῶνος Ἰεχονίας ἐγέννησεν τὸν Σαλαθιήλ, Σαλαθιὴλ δὲ ἐγέννησεν τὸν Ζοροβαβέλ, 13 Ζοροβαβὲλ δὲ ἐγέννησεν τὸν Ἀβιούδ, Ἀβιοὺδ δὲ ἐγέννησεν τὸν Ἐλιακίμ, Ἐλιακὶμ δὲ ἐγέννησεν τὸν Ἀζώρ, 14 Ἀζὼρ δὲ ἐγέννησεν τὸν Σαδώκ, Σαδὼκ δὲ ἐγέννησεν τὸν Ἀχίμ, Ἀχὶμ δὲ ἐγέννησεν τὸν Ἐλιούδ, 15 Ἐλιοὺδ δὲ ἐγέννησεν τὸν Ἐλεάζαρ, Ἐλεάζαρ δὲ ἐγέννησεν τὸν Ματθάν, Ματθὰν δὲ ἐγέννησεν τὸν Ἰακώβ, 16 Ἰακὼβ δὲ ἐγέννησεν τὸν Ἰωσὴφ τὸν ἄνδρα Μαρίας, ἐξ ἧς ἐγεννήθη Ἰησοῦς ὁ λεγόμενος Χριστός.

17 Πᾶσαι οὖν αἱ γενεαὶ ἀπὸ Ἀβραὰμ ἕως Δαυὶδ γενεαὶ δεκατέσσαρες⁴, καὶ ἀπὸ Δαυὶδ ἕως τῆς μετοικεσίας Βαβυλῶνος γενεαὶ δεκατέσσαρες, καὶ ἀπὸ τῆς μετοικεσίας Βαβυλῶνος ἕως τοῦ Χριστοῦ γενεαὶ δεκατέσσαρες.

---

¹ βίβλος, -ου f, book
² γένεσις, -εως f, genealogy/birth
³ μετοικεσία, -ας f, exile/deportation
⁴ δεκατέσσαρες, fourteen

The Birth of Jesus Christ (Lk 2.1-7)

18 Τοῦ δὲ Ἰησοῦ Χριστοῦ ἡ γένεσις¹ οὕτως ἦν. μνηστευθείσης² τῆς μητρὸς αὐτοῦ Μαρίας τῷ Ἰωσήφ, πρὶν³ ἢ συνελθεῖν⁴ αὐτοὺς εὑρέθη⁵ ἐν γαστρὶ⁶ ἔχουσα ἐκ πνεύματος ἁγίου. **19** Ἰωσὴφ δὲ ὁ ἀνὴρ αὐτῆς, δίκαιος ὢν καὶ μὴ θέλων αὐτὴν δειγματίσαι⁷, ἐβουλήθη λάθρᾳ⁸ ἀπολῦσαι αὐτήν. **20** ταῦτα δὲ αὐτοῦ ἐνθυμηθέντος⁹ ἰδοὺ ἄγγελος κυρίου κατ᾽ ὄναρ¹⁰ ἐφάνη¹¹ αὐτῷ λέγων· Ἰωσὴφ υἱὸς Δαυίδ, μὴ φοβηθῇς παραλαβεῖν Μαρίαν τὴν γυναῖκά σου· τὸ γὰρ ἐν αὐτῇ γεννηθὲν ἐκ πνεύματός ἐστιν ἁγίου. **21** τέξεται¹² δὲ υἱόν, καὶ καλέσεις τὸ ὄνομα αὐτοῦ Ἰησοῦν· αὐτὸς γὰρ σώσει τὸν λαὸν αὐτοῦ ἀπὸ τῶν ἁμαρτιῶν αὐτῶν. **22** τοῦτο δὲ ὅλον γέγονεν ἵνα πληρωθῇ τὸ ῥηθὲν¹³ ὑπὸ κυρίου διὰ τοῦ προφήτου λέγοντος·

23 ἰδοὺ ἡ παρθένος¹⁴ ἐν γαστρὶ¹⁵ ἕξει καὶ τέξεται υἱόν,
καὶ καλέσουσιν τὸ ὄνομα αὐτοῦ Ἐμμανουήλ,

ὅ ἐστιν μεθερμηνευόμενον¹⁶ μεθ᾽ ἡμῶν ὁ θεός. **24** ἐγερθεὶς¹⁷ δὲ ὁ Ἰωσὴφ ἀπὸ τοῦ ὕπνου¹⁸ ἐποίησεν ὡς προσέταξεν¹⁹ αὐτῷ ὁ ἄγγελος κυρίου καὶ παρέλαβεν τὴν γυναῖκα αὐτοῦ, **25** καὶ οὐκ ἐγίνωσκεν αὐτὴν ἕως οὗ ἔτεκεν²⁰ υἱόν· καὶ ἐκάλεσεν τὸ ὄνομα αὐτοῦ Ἰησοῦν.

The Visit of the Magi

2 Τοῦ δὲ Ἰησοῦ γεννηθέντος ἐν Βηθλέεμ τῆς Ἰουδαίας ἐν ἡμέραις Ἡρῴδου τοῦ βασιλέως, ἰδοὺ μάγοι²¹ ἀπὸ ἀνατολῶν²² παρεγένοντο²³ εἰς Ἱεροσόλυμα **2** λέγοντες· ποῦ ἐστιν ὁ τεχθεὶς²⁴ βασιλεὺς τῶν Ἰουδαίων; εἴδομεν γὰρ αὐτοῦ τὸν ἀστέρα²⁵ ἐν τῇ ἀνατολῇ²⁶ καὶ ἤλθομεν προσκυνῆσαι αὐτῷ. **3** ἀκούσας δὲ ὁ βασιλεὺς Ἡρῴδης ἐταράχθη²⁷ καὶ πᾶσα Ἱεροσόλυμα μετ᾽ αὐτοῦ, **4** καὶ συναγαγὼν πάντας τοὺς ἀρχιερεῖς καὶ γραμματεῖς τοῦ λαοῦ ἐπυνθάνετο²⁸ παρ᾽ αὐτῶν ποῦ ὁ χριστὸς

---

1 γένεσις, -εως f, birth
2 μνηστεύω aor pas ptc f s gen, pas be promised in marriage
3 πρίν and πρὶν ἤ conj, before
4 συνέρχομαι aor act inf, be married/have marital relationships
5 εὑρίσκω 3s aor pas ind, find
6 γαστήρ, -τρός f, womb (ἐν γ. ἔχω be pregnant)
7 δειγματίζω aor act inf, disgrace
8 λάθρᾳ, adv, secretly
9 ἐνθυμέομαι aor pas ptc m s gen, think about
10 ὄναρ, n, dream (κατ᾽ ὄναρ in a dream)
11 φαίνω 3s aor pas ind, mid & pas appear
12 τίκτω 3s fut mid ind, give birth to
13 λέγω aor pas ptc n s nom, say
14 παρθένος, -ου f, virgin
15 γαστήρ, -τρός f, womb (ἐν γ. ἔχω be pregnant)
16 μεθερμηνεύω pres pas ptc n s nom, translate (ὅ ἐστιν μεθ. which means)
17 ἐγείρω aor pas ptc m s nom, intrans pas wake/get up
18 ὕπνος, -ου m, sleep
19 προστάσσω 3s aor act ind, command
20 τίκτω 3s aor act ind, give birth to
21 μάγος, -ου m, wise man/astrologer
22 ἀνατολή, -ῆς f, pl east
23 παραγίνομαι 3p aor mid ind, come
24 τίκτω aor pas ptc m s nom, pas be born
25 ἀστήρ, -έρος m, star
26 ἀνατολή, -ῆς f, rising (of a star)
27 ταράσσω 3s aor pas ind, trouble
28 πυνθάνομαι 3s impf mid ind, ask/find out (by asking)

γεννᾶται. **5** οἱ δὲ εἶπαν αὐτῷ· ἐν Βηθλέεμ τῆς Ἰουδαίας· οὕτως γὰρ γέγραπται διὰ τοῦ προφήτου·
6 καὶ σὺ Βηθλέεμ, γῆ Ἰούδα,
οὐδαμῶς[1] ἐλαχίστη[2] εἶ ἐν τοῖς ἡγεμόσιν[3] Ἰούδα·
ἐκ σοῦ γὰρ ἐξελεύσεται[4] ἡγούμενος[5],
ὅστις ποιμανεῖ[6] τὸν λαόν μου τὸν Ἰσραήλ.

7 Τότε Ἡρῴδης λάθρᾳ[7] καλέσας τοὺς μάγους[8] ἠκρίβωσεν[9] παρ' αὐτῶν τὸν χρόνον τοῦ φαινομένου ἀστέρος[10], **8** καὶ πέμψας αὐτοὺς εἰς Βηθλέεμ εἶπεν· πορευθέντες ἐξετάσατε[11] ἀκριβῶς[12] περὶ τοῦ παιδίου· ἐπὰν[13] δὲ εὕρητε[14], ἀπαγγείλατέ[15] μοι, ὅπως κἀγὼ ἐλθὼν προσκυνήσω αὐτῷ. **9** οἱ δὲ ἀκούσαντες τοῦ βασιλέως ἐπορεύθησαν καὶ ἰδοὺ ὁ ἀστήρ[16], ὃν εἶδον ἐν τῇ ἀνατολῇ[17], προῆγεν[18] αὐτούς, ἕως ἐλθὼν ἐστάθη[19] ἐπάνω[20] οὗ[21] ἦν τὸ παιδίον. **10** ἰδόντες δὲ τὸν ἀστέρα ἐχάρησαν[22] χαρὰν μεγάλην σφόδρα[23]. **11** καὶ ἐλθόντες εἰς τὴν οἰκίαν εἶδον τὸ παιδίον μετὰ Μαρίας τῆς μητρὸς αὐτοῦ, καὶ πεσόντες[24] προσεκύνησαν αὐτῷ καὶ ἀνοίξαντες τοὺς θησαυροὺς[25] αὐτῶν προσήνεγκαν[26] αὐτῷ δῶρα[27], χρυσὸν[28] καὶ λίβανον[29] καὶ σμύρναν[30]. **12** καὶ χρηματισθέντες[31] κατ' ὄναρ[32] μὴ ἀνακάμψαι[33] πρὸς Ἡρῴδην, δι' ἄλλης ὁδοῦ ἀνεχώρησαν[34] εἰς τὴν χώραν[35] αὐτῶν.

The Flight to Egypt

13 Ἀναχωρησάντων[36] δὲ αὐτῶν ἰδοὺ ἄγγελος κυρίου φαίνεται κατ' ὄναρ[37] τῷ Ἰωσὴφ λέγων· ἐγερθεὶς[38] παράλαβε τὸ παιδίον καὶ τὴν μητέρα αὐτοῦ καὶ φεῦγε[39] εἰς Αἴγυπτον καὶ ἴσθι[40] ἐκεῖ ἕως ἂν εἴπω[41] σοι· μέλλει γὰρ Ἡρῴδης ζητεῖν τὸ παιδίον

[1] οὐδαμῶς, *adv*, by no means
[2] ἐλάχιστος, least (super of μικρός)
[3] ἡγεμών, -όνος *m*, ruler
[4] ἐξέρχομαι *3s fut mid ind*, come
[5] ἡγέομαι *pres mid ptc m s nom*, lead/rule
[6] ποιμαίνω *3s fut act ind*, tend like a shepherd
[7] λάθρᾳ, *adv*, secretly
[8] μάγος, -ου *m*, wise man/astrologer
[9] ἀκριβόω *3s aor act ind*, find out
[10] ἀστήρ, -έρος *m*, star
[11] ἐξετάζω *2p aor act impv*, search
[12] ἀκριβῶς, *adv*, carefully
[13] ἐπάν, *conj*, when
[14] εὑρίσκω *2p aor act sub*, find
[15] ἀπαγγέλλω *2p aor act impv*, tell
[16] ἀστήρ, -έρος *m*, star
[17] ἀνατολή, -ῆς *f*, rising (of a star)
[18] προάγω *3s impf act ind*, go ahead of
[19] ἵστημι *3s aor pas ind*, *pas* stop
[20] ἐπάνω, *prep + gen*, over
[21] οὗ, *adv*, where
[22] χαίρω *3p aor pas ind*, be glad
[23] σφόδρα, *adv*, greatly
[24] πίπτω *aor act ptc m p nom*, fall (to one's knees)
[25] θησαυρός, -οῦ *m*, treasure box
[26] προσφέρω *3p aor act ind*, give
[27] δῶρον, -ου *n*, gift
[28] χρυσός, -οῦ *m*, gold
[29] λίβανος, -ου *m*, frankincense
[30] σμύρνα, -ης *f*, myrrh
[31] χρηματίζω *aor pas ptc m p nom*, warn
[32] ὄναρ, *n*, dream (κατ' ὄναρ in a dream)
[33] ἀνακάμπτω *aor act inf*, return
[34] ἀναχωρέω *3p aor act ind*, leave
[35] χώρα, -ας *f*, country
[36] ἀναχωρέω *aor act ptc m p gen*, leave
[37] ὄναρ, *n*, dream (κατ' ὄναρ in a dream)
[38] ἐγείρω *aor pas ptc m s nom*, *intrans pas* get up
[39] φεύγω *2s pres act impv*, run away
[40] εἰμί *2s pres act impv*, stay
[41] λέγω *1s aor act sub*, tell

τοῦ ἀπολέσαι¹ αὐτό. 14 ὁ δὲ ἐγερθεὶς² παρέλαβεν τὸ παιδίον καὶ τὴν μητέρα αὐτοῦ νυκτὸς³ καὶ ἀνεχώρησεν εἰς Αἴγυπτον, 15 καὶ ἦν ἐκεῖ ἕως τῆς τελευτῆς⁴ Ἡρῴδου· ἵνα πληρωθῇ τὸ ῥηθὲν⁵ ὑπὸ κυρίου διὰ τοῦ προφήτου λέγοντος·
ἐξ Αἰγύπτου ἐκάλεσα τὸν υἱόν μου.

The Slaughter of the Infants

16 Τότε Ἡρῴδης ἰδὼν ὅτι ἐνεπαίχθη⁶ ὑπὸ τῶν μάγων⁷ ἐθυμώθη⁸ λίαν⁹, καὶ ἀποστείλας¹⁰ ἀνεῖλεν¹¹ πάντας τοὺς παῖδας¹² τοὺς ἐν Βηθλέεμ καὶ ἐν πᾶσιν τοῖς ὁρίοις¹³ αὐτῆς ἀπὸ διετοῦς¹⁴ καὶ κατωτέρω¹⁵, κατὰ τὸν χρόνον ὃν ἠκρίβωσεν¹⁶ παρὰ τῶν μάγων¹⁷. 17 τότε ἐπληρώθη τὸ ῥηθὲν¹⁸ διὰ Ἰερεμίου τοῦ προφήτου λέγοντος·

18 φωνὴ ἐν Ῥαμὰ ἠκούσθη,
κλαυθμὸς¹⁹ καὶ ὀδυρμὸς²⁰ πολύς·
Ῥαχὴλ κλαίουσα τὰ τέκνα αὐτῆς,
καὶ οὐκ ἤθελεν παρακληθῆναι²¹,
ὅτι οὐκ εἰσίν.

The Return from Egypt

19 Τελευτήσαντος²² δὲ τοῦ Ἡρῴδου ἰδοὺ ἄγγελος κυρίου φαίνεται κατ' ὄναρ²³ τῷ Ἰωσὴφ ἐν Αἰγύπτῳ 20 λέγων· ἐγερθεὶς²⁴ παράλαβε τὸ παιδίον καὶ τὴν μητέρα αὐτοῦ καὶ πορεύου εἰς γῆν Ἰσραήλ· τεθνήκασιν²⁵ γὰρ οἱ ζητοῦντες τὴν ψυχὴν τοῦ παιδίου. 21 ὁ δὲ ἐγερθεὶς παρέλαβεν τὸ παιδίον καὶ τὴν μητέρα αὐτοῦ καὶ εἰσῆλθεν εἰς γῆν Ἰσραήλ. 22 Ἀκούσας δὲ ὅτι Ἀρχέλαος βασιλεύει²⁶ τῆς Ἰουδαίας ἀντὶ²⁷ τοῦ πατρὸς αὐτοῦ Ἡρῴδου ἐφοβήθη ἐκεῖ ἀπελθεῖν²⁸· χρηματισθεὶς²⁹ δὲ κατ' ὄναρ ἀνεχώρησεν³⁰ εἰς τὰ μέρη τῆς Γαλιλαίας, 23 καὶ ἐλθὼν κατῴκησεν³¹ εἰς πόλιν λεγομένην Ναζαρέτ· ὅπως πληρωθῇ τὸ ῥηθὲν³² διὰ τῶν προφητῶν ὅτι Ναζωραῖος κληθήσεται³³.

---

[1] ἀπόλλυμι *aor act inf*, kill
[2] ἐγείρω *aor pas ptc m s nom*, intrans pas wake/get up
[3] νύξ, νυκτός f, night
[4] τελευτή, -ῆς f, death
[5] λέγω *aor pas ptc n s nom*, say
[6] ἐμπαίζω *3s aor pas ind*, trick
[7] μάγος, -ου m, wise man/astrologer
[8] θυμόω *3s aor pas ind, pas* be angry
[9] λίαν, *adv*, very
[10] ἀποστέλλω *aor act ptc m s nom*, send
[11] ἀναιρέω *3s aor act ind*, kill
[12] παῖς, παιδός *m & f*, child
[13] ὅριον, -ου n, region
[14] διετής, -ές, two years old
[15] κατωτέρω, *adv*, less
[16] ἀκριβόω *3s aor act ind*, find out
[17] μάγος, -ου m, wise man/astrologer
[18] λέγω *aor pas ptc n s nom*, say
[19] κλαυθμός, -οῦ m, bitter crying
[20] ὀδυρμός, -οῦ m, mourning
[21] παρακαλέω *aor pas inf*, encourage
[22] τελευτάω *aor act ptc m s gen*, die
[23] ὄναρ, n, dream (κατ' ὄναρ in a dream)
[24] ἐγείρω *aor pas ptc m s nom*, intrans pas get up
[25] θνῄσκω *3p pf act ind*, die
[26] βασιλεύω *3s pres act ind*, rule
[27] ἀντί, *prep + gen*, in place of
[28] ἀπέρχομαι *aor act inf*, leave
[29] χρηματίζω *aor pas ptc m s nom*, warn
[30] ἀναχωρέω *3s aor act ind*, return
[31] κατοικέω *3s aor act ind*, live
[32] λέγω *aor pas ptc n s nom*, say
[33] καλέω *3s fut pas ind*, call

The Preaching of John the Baptist (Mk 1.1-8; Lk 3.1-9, 15-17; Jn 1.19-28)

3 Ἐν δὲ ταῖς ἡμέραις ἐκείναις παραγίνεται Ἰωάννης ὁ βαπτιστὴς[1] κηρύσσων ἐν τῇ ἐρήμῳ τῆς Ἰουδαίας **2** [καὶ] λέγων· μετανοεῖτε· ἤγγικεν[2] γὰρ ἡ βασιλεία τῶν οὐρανῶν. **3** οὗτος γάρ ἐστιν ὁ ῥηθεὶς[3] διὰ Ἠσαΐου τοῦ προφήτου λέγοντος·

φωνὴ βοῶντος[4] ἐν τῇ ἐρήμῳ·
ἑτοιμάσατε τὴν ὁδὸν κυρίου,
εὐθείας[5] ποιεῖτε τὰς τρίβους[6] αὐτοῦ.

4 αὐτὸς δὲ ὁ Ἰωάννης εἶχεν τὸ ἔνδυμα[7] αὐτοῦ ἀπὸ τριχῶν[8] καμήλου[9] καὶ ζώνην[10] δερματίνην[11] περὶ τὴν ὀσφὺν[12] αὐτοῦ, ἡ δὲ τροφὴ[13] ἦν αὐτοῦ ἀκρίδες[14] καὶ μέλι[15] ἄγριον[16]. **5** τότε ἐξεπορεύετο πρὸς αὐτὸν Ἱεροσόλυμα καὶ πᾶσα ἡ Ἰουδαία καὶ πᾶσα ἡ περίχωρος[17] τοῦ Ἰορδάνου, **6** καὶ ἐβαπτίζοντο ἐν τῷ Ἰορδάνῃ ποταμῷ[18] ὑπ' αὐτοῦ ἐξομολογούμενοι[19] τὰς ἁμαρτίας αὐτῶν.

7 Ἰδὼν δὲ πολλοὺς τῶν Φαρισαίων καὶ Σαδδουκαίων ἐρχομένους ἐπὶ τὸ βάπτισμα[20] αὐτοῦ εἶπεν αὐτοῖς· γεννήματα[21] ἐχιδνῶν[22], τίς ὑπέδειξεν[23] ὑμῖν φυγεῖν[24] ἀπὸ τῆς μελλούσης ὀργῆς; **8** ποιήσατε οὖν καρπὸν ἄξιον τῆς μετανοίας[25] **9** καὶ μὴ δόξητε[26] λέγειν ἐν ἑαυτοῖς· πατέρα ἔχομεν τὸν Ἀβραάμ. λέγω γὰρ ὑμῖν ὅτι δύναται ὁ θεὸς ἐκ τῶν λίθων τούτων ἐγεῖραι τέκνα τῷ Ἀβραάμ. **10** ἤδη δὲ ἡ ἀξίνη[27] πρὸς τὴν ῥίζαν[28] τῶν δένδρων[29] κεῖται[30]· πᾶν οὖν δένδρον μὴ ποιοῦν καρπὸν καλὸν ἐκκόπτεται[31] καὶ εἰς πῦρ βάλλεται.

11 Ἐγὼ μὲν ὑμᾶς βαπτίζω ἐν ὕδατι εἰς μετάνοιαν[32], ὁ δὲ ὀπίσω μου ἐρχόμενος ἰσχυρότερός[33] μού ἐστιν, οὗ οὐκ εἰμὶ ἱκανὸς τὰ ὑποδήματα[34] βαστάσαι[35]· αὐτὸς ὑμᾶς βαπτίσει ἐν πνεύματι ἁγίῳ καὶ πυρί· **12** οὗ τὸ πτύον[36] ἐν τῇ χειρὶ αὐτοῦ καὶ διακαθαριεῖ[37] τὴν ἅλωνα[38] αὐτοῦ καὶ συνάξει τὸν σῖτον[39] αὐτοῦ εἰς τὴν ἀποθήκην[40], τὸ δὲ ἄχυρον[41] κατακαύσει[42] πυρὶ ἀσβέστῳ[43].

---

[1] βαπτιστής, -οῦ m, Baptist/baptizer
[2] ἐγγίζω 3s pf act ind, come near
[3] λέγω aor pas ptc m s nom, say
[4] βοάω pres act ptc m s gen, shout
[5] εὐθύς, -εῖα/ύ, straight
[6] τρίβος, -ου f, path
[7] ἔνδυμα, -τος n, clothing
[8] θρίξ, τριχός f, hair
[9] κάμηλος, -ου f, camel
[10] ζώνη, -ης f, belt
[11] δερμάτινος, -η/ον, made of leather
[12] ὀσφῦς, -ύος f, waist
[13] τροφή, -ῆς f, food
[14] ἀκρίς, -ίδος f, locust/grasshopper
[15] μέλι, -ιτος n, honey
[16] ἄγριος, -α/ον, wild
[17] περίχωρος, -ου f, surrounding region
[18] ποταμός, -οῦ m, river
[19] ἐξομολογέω pres mid ptc m p nom, confess
[20] βάπτισμα, -τος n, baptism
[21] γέννημα, -τος n, offspring
[22] ἔχιδνα, -ης f, snake
[23] ὑποδείκνυμι 3s aor act ind, warn
[24] φεύγω aor act inf, run
[25] μετάνοια, -ας f, repentance
[26] δοκέω 2p aor act sub, think
[27] ἀξίνη, -ης f, axe
[28] ῥίζα, -ης f, root
[29] δένδρον, -ου n, tree
[30] κεῖμαι 3s pres mid ind, be ready
[31] ἐκκόπτω 3s pres pas ind, chop down
[32] μετάνοια, -ας f, repentance
[33] ἰσχυρός, powerful (comp)
[34] ὑπόδημα, -τος n, sandal
[35] βαστάζω aor act inf, carry
[36] πτύον, -ου n, winnowing shovel
[37] διακαθαρίζω 3s fut act ind, clean out
[38] ἅλων, -ος f, threshing floor
[39] σῖτος, -ου m, grain/wheat
[40] ἀποθήκη, -ης f, barn
[41] ἄχυρον, -ου n, chaff
[42] κατακαίω 3s fut act ind, burn
[43] ἄσβεστος, -ον, unquenchable

The Baptism of Jesus (Mk 1.9-11; Lk 3.21-22)

13 Τότε παραγίνεται ὁ Ἰησοῦς ἀπὸ τῆς Γαλιλαίας ἐπὶ τὸν Ἰορδάνην πρὸς τὸν Ἰωάννην τοῦ βαπτισθῆναι ὑπ' αὐτοῦ. 14 ὁ δὲ Ἰωάννης διεκώλυεν[1] αὐτὸν λέγων· ἐγὼ χρείαν ἔχω ὑπὸ σοῦ βαπτισθῆναι, καὶ σὺ ἔρχῃ πρός με; 15 ἀποκριθεὶς δὲ ὁ Ἰησοῦς εἶπεν πρὸς αὐτόν· ἄφες[2] ἄρτι, οὕτως γὰρ πρέπον[3] ἐστὶν ἡμῖν πληρῶσαι πᾶσαν δικαιοσύνην. τότε ἀφίησιν αὐτόν. 16 βαπτισθεὶς δὲ ὁ Ἰησοῦς εὐθὺς ἀνέβη[4] ἀπὸ τοῦ ὕδατος[5]· καὶ ἰδοὺ ἠνεῴχθησαν[6] [αὐτῷ] οἱ οὐρανοί, καὶ εἶδεν [τὸ] πνεῦμα [τοῦ] θεοῦ καταβαῖνον ὡσεὶ[7] περιστερὰν[8] [καὶ] ἐρχόμενον ἐπ' αὐτόν· 17 καὶ ἰδοὺ φωνὴ ἐκ τῶν οὐρανῶν λέγουσα· οὗτός ἐστιν ὁ υἱός μου ὁ ἀγαπητός, ἐν ᾧ εὐδόκησα[9].

The Temptation of Jesus (Mk 1.12-13; Lk 4.1-13)

4 Τότε ὁ Ἰησοῦς ἀνήχθη[10] εἰς τὴν ἔρημον ὑπὸ τοῦ πνεύματος πειρασθῆναι ὑπὸ τοῦ διαβόλου. 2 καὶ νηστεύσας[11] ἡμέρας τεσσεράκοντα[12] καὶ νύκτας τεσσεράκοντα, ὕστερον[13] ἐπείνασεν[14]. 3 καὶ προσελθὼν[15] ὁ πειράζων εἶπεν αὐτῷ· εἰ υἱὸς εἶ τοῦ θεοῦ, εἰπὲ ἵνα οἱ λίθοι οὗτοι ἄρτοι γένωνται. 4 ὁ δὲ ἀποκριθεὶς εἶπεν· γέγραπται· οὐκ ἐπ' ἄρτῳ μόνῳ ζήσεται[16] ὁ ἄνθρωπος, ἀλλ' ἐπὶ παντὶ ῥήματι ἐκπορευομένῳ διὰ στόματος θεοῦ.

5 Τότε παραλαμβάνει αὐτὸν ὁ διάβολος εἰς τὴν ἁγίαν πόλιν καὶ ἔστησεν[17] αὐτὸν ἐπὶ τὸ πτερύγιον[18] τοῦ ἱεροῦ 6 καὶ λέγει αὐτῷ· εἰ υἱὸς εἶ τοῦ θεοῦ, βάλε[19] σεαυτὸν κάτω[20]· γέγραπται γὰρ ὅτι

τοῖς ἀγγέλοις αὐτοῦ ἐντελεῖται[21] περὶ σοῦ

καὶ ἐπὶ χειρῶν ἀροῦσίν[22] σε,

μήποτε[23] προσκόψῃς[24] πρὸς λίθον τὸν πόδα σου.

7 ἔφη αὐτῷ ὁ Ἰησοῦς· πάλιν γέγραπται· οὐκ ἐκπειράσεις[25] κύριον τὸν θεόν σου.

8 Πάλιν παραλαμβάνει αὐτὸν ὁ διάβολος εἰς ὄρος ὑψηλὸν[26] λίαν[27] καὶ δείκνυσιν[28] αὐτῷ πάσας τὰς βασιλείας τοῦ κόσμου καὶ τὴν δόξαν αὐτῶν 9 καὶ εἶπεν αὐτῷ·

---

[1] διακωλύω 3s impf act ind, impf try to stop
[2] ἀφίημι 2s aor act impv, let (something) be
[3] πρέπω pres act ptc n s nom, be fitting (π. ἐστίν it is fitting)
[4] ἀναβαίνω 3s aor act ind, come up
[5] ὕδωρ, ὕδατος n, water
[6] ἀνοίγω 3p aor pas ind, open
[7] ὡσεί, particle of comparison, like/as
[8] περιστερά, -ᾶς f, dove/pigeon
[9] εὐδοκέω 1s aor act ind, be pleased
[10] ἀνάγω 3s aor pas ind, lead
[11] νηστεύω aor act ptc m s nom, fast
[12] τεσσεράκοντα, forty
[13] ὕστερον, adv, (and) afterwards
[14] πεινάω 3s aor act ind, be hungry
[15] προσέρχομαι aor act ptc m s nom, come/go to
[16] ζάω 3s fut mid ind, live
[17] ἵστημι 3s aor act ind, place
[18] πτερύγιον, -ου n, highest point
[19] βάλλω 2s aor act impv, throw
[20] κάτω, adv, down
[21] ἐντέλλομαι 3s fut mid ind, give orders
[22] αἴρω 3p fut act ind, lift up
[23] μήποτε, conj, so that ... will not
[24] προσκόπτω 2s aor act sub, hit
[25] ἐκπειράζω 2s fut act ind, put to the test/tempt
[26] ὑψηλός, -ή/όν, high
[27] λίαν, adv, very
[28] δείκνυμι 3s pres act ind, show

ταῦτά σοι πάντα δώσω¹, ἐὰν πεσὼν² προσκυνήσῃς μοι. **10** τότε λέγει αὐτῷ ὁ Ἰησοῦς· ὕπαγε, σατανᾶ· γέγραπται γάρ· κύριον τὸν θεόν σου προσκυνήσεις καὶ αὐτῷ μόνῳ λατρεύσεις³. **11** τότε ἀφίησιν⁴ αὐτὸν ὁ διάβολος, καὶ ἰδοὺ ἄγγελοι προσῆλθον⁵ καὶ διηκόνουν αὐτῷ.

The Beginning of the Galilean Ministry (Mk 1.14-15; Lk 4.14-15)

12 Ἀκούσας δὲ ὅτι Ἰωάννης παρεδόθη⁶ ἀνεχώρησεν⁷ εἰς τὴν Γαλιλαίαν. **13** καὶ καταλιπὼν⁸ τὴν Ναζαρὰ ἐλθὼν κατῴκησεν⁹ εἰς Καφαρναοὺμ τὴν παραθαλασσίαν¹⁰ ἐν ὁρίοις¹¹ Ζαβουλὼν καὶ Νεφθαλίμ· **14** ἵνα πληρωθῇ τὸ ῥηθὲν¹² διὰ Ἡσαΐου τοῦ προφήτου λέγοντος·

15 γῆ Ζαβουλὼν καὶ γῆ Νεφθαλίμ,
    ὁδὸν θαλάσσης, πέραν¹³ τοῦ Ἰορδάνου,
    Γαλιλαία τῶν ἐθνῶν,
16 ὁ λαὸς ὁ καθήμενος¹⁴ ἐν σκότει
    φῶς εἶδεν μέγα,
    καὶ τοῖς καθημένοις ἐν χώρᾳ¹⁵ καὶ σκιᾷ¹⁶ θανάτου
    φῶς ἀνέτειλεν¹⁷ αὐτοῖς.

17 Ἀπὸ τότε ἤρξατο¹⁸ ὁ Ἰησοῦς κηρύσσειν καὶ λέγειν· μετανοεῖτε· ἤγγικεν¹⁹ γὰρ ἡ βασιλεία τῶν οὐρανῶν.

The Calling of Four Fishermen (Mk 1.16-20; Lk 5.1-11)

18 Περιπατῶν δὲ παρὰ τὴν θάλασσαν τῆς Γαλιλαίας εἶδεν δύο ἀδελφούς, Σίμωνα τὸν λεγόμενον Πέτρον καὶ Ἀνδρέαν τὸν ἀδελφὸν αὐτοῦ, βάλλοντας ἀμφίβληστρον²⁰ εἰς τὴν θάλασσαν· ἦσαν γὰρ ἁλιεῖς²¹. **19** καὶ λέγει αὐτοῖς· δεῦτε²² ὀπίσω μου, καὶ ποιήσω ὑμᾶς ἁλιεῖς ἀνθρώπων. **20** οἱ δὲ εὐθέως ἀφέντες²³ τὰ δίκτυα²⁴ ἠκολούθησαν αὐτῷ. **21** καὶ προβὰς²⁵ ἐκεῖθεν²⁶ εἶδεν ἄλλους δύο ἀδελφούς, Ἰάκωβον τὸν τοῦ Ζεβεδαίου καὶ Ἰωάννην τὸν ἀδελφὸν αὐτοῦ, ἐν τῷ πλοίῳ μετὰ Ζεβεδαίου

---

[1] δίδωμι 1s fut act ind, give
[2] πίπτω aor act ptc m s nom, fall down
[3] λατρεύω 2s fut act ind, serve
[4] ἀφίημι 3s pres act ind, leave
[5] προσέρχομαι 3p aor act ind, come/go to
[6] παραδίδωμι 3s aor pas ind, arrest
[7] ἀναχωρέω 3s aor act ind, go away
[8] καταλείπω aor act ptc m s nom, leave
[9] κατοικέω 3s aor act ind, live
[10] παραθαλάσσιος, -α/ον, by the sea
[11] ὅριον, -ου n, region
[12] λέγω aor pas ptc n s nom, say
[13] πέραν, prep + gen, across
[14] κάθημαι pres mid ptc m s nom, live
[15] χώρα, -ας f, land
[16] σκιά, -ᾶς f, shadow
[17] ἀνατέλλω 3s aor act ind, shine
[18] ἄρχω 3s aor mid ind, mid begin
[19] ἐγγίζω 3s pf act ind, come near
[20] ἀμφίβληστρον, -ου n, casting-net
[21] ἁλιεύς, -έως m, fisherman
[22] δεῦτε, interj, Come!
[23] ἀφίημι aor act ptc m p nom, leave
[24] δίκτυον, -ου n, fishing-net
[25] προβαίνω aor act ptc m s nom, go on
[26] ἐκεῖθεν, adv, from there

τοῦ πατρὸς αὐτῶν καταρτίζοντας[1] τὰ δίκτυα αὐτῶν, καὶ ἐκάλεσεν αὐτούς. **22** οἱ δὲ εὐθέως ἀφέντες τὸ πλοῖον καὶ τὸν πατέρα αὐτῶν ἠκολούθησαν αὐτῷ.

Ministering to a Great Multitude (Lk 6.17-19)

23 Καὶ περιῆγεν[2] ἐν ὅλῃ τῇ Γαλιλαίᾳ διδάσκων ἐν ταῖς συναγωγαῖς αὐτῶν καὶ κηρύσσων τὸ εὐαγγέλιον τῆς βασιλείας καὶ θεραπεύων πᾶσαν νόσον[3] καὶ πᾶσαν μαλακίαν[4] ἐν τῷ λαῷ.

24 Καὶ ἀπῆλθεν ἡ ἀκοὴ[5] αὐτοῦ εἰς ὅλην τὴν Συρίαν· καὶ προσήνεγκαν[6] αὐτῷ πάντας τοὺς κακῶς[7] ἔχοντας ποικίλαις[8] νόσοις[9] καὶ βασάνοις[10] συνεχομένους[11] [καὶ] δαιμονιζομένους[12] καὶ σεληνιαζομένους[13] καὶ παραλυτικούς[14], καὶ ἐθεράπευσεν αὐτούς. **25** καὶ ἠκολούθησαν αὐτῷ ὄχλοι πολλοὶ ἀπὸ τῆς Γαλιλαίας καὶ Δεκαπόλεως καὶ Ἱεροσολύμων καὶ Ἰουδαίας καὶ πέραν[15] τοῦ Ἰορδάνου.

The Sermon on the Mount   Matthew 5–7

5 Ἰδὼν[16] δὲ τοὺς ὄχλους ἀνέβη[17] εἰς τὸ ὄρος, καὶ καθίσαντος αὐτοῦ προσῆλθαν[18] αὐτῷ οἱ μαθηταὶ αὐτοῦ· **2** καὶ ἀνοίξας τὸ στόμα αὐτοῦ ἐδίδασκεν αὐτοὺς λέγων·

The Beatitudes (Lk 6.20-23)

3 μακάριοι οἱ πτωχοὶ τῷ πνεύματι,
  ὅτι αὐτῶν ἐστιν ἡ βασιλεία τῶν οὐρανῶν.
4 μακάριοι οἱ πενθοῦντες[19],
  ὅτι αὐτοὶ παρακληθήσονται[20].
5 μακάριοι οἱ πραεῖς[21],
  ὅτι αὐτοὶ κληρονομήσουσιν[22] τὴν γῆν.
6 μακάριοι οἱ πεινῶντες[23] καὶ διψῶντες[24] τὴν δικαιοσύνην,
  ὅτι αὐτοὶ χορτασθήσονται[25].

---

[1] καταρτίζω *pres act ptc m p acc*, mend
[2] περιάγω *3s impf act ind*, go around
[3] νόσος, -ου *f*, disease
[4] μαλακία, -ας *f*, sickness
[5] ἀκοή, -ῆς *f*, news
[6] προσφέρω *3p aor act ind*, bring
[7] κακῶς, *adv*, badly (κ. ἔχω be sick)
[8] ποικίλος, -η/ον, all kinds of
[9] νόσος, -ου *f*, disease
[10] βάσανος, -ου *f*, pain
[11] συνέχω *pres pas ptc m p acc, pas* suffer with
[12] δαιμονίζομαι *pres pas ptc m p acc*, be demon possessed
[13] σεληνιάζομαι *pres pas ptc m p acc*, be an epileptic
[14] παραλυτικός, -οῦ *m*, person unable to walk
[15] πέραν, *prep + gen*, across
[16] ὁράω *aor act ptc m s nom*, see
[17] ἀναβαίνω *3s aor act ind*, go up
[18] προσέρχομαι *3p aor act ind*, come/go to
[19] πενθέω *pres act ptc m p nom*, experience sorrow
[20] παρακαλέω *3p fut pas ind*, comfort
[21] πραΰς, πραεῖα, πραΰ, humble/gentle
[22] κληρονομέω *3p fut act ind*, receive
[23] πεινάω *pres act ptc m p nom*, hunger (for)
[24] διψάω *pres act ptc m p nom*, thirst (for)
[25] χορτάζω *3p fut pas ind*, satisfy

7 μακάριοι οἱ ἐλεήμονες[1],
ὅτι αὐτοὶ ἐλεηθήσονται[2].
8 μακάριοι οἱ καθαροὶ[3] τῇ καρδίᾳ,
ὅτι αὐτοὶ τὸν θεὸν ὄψονται[4].
9 μακάριοι οἱ εἰρηνοποιοί[5],
ὅτι αὐτοὶ υἱοὶ θεοῦ κληθήσονται[6].
10 μακάριοι οἱ δεδιωγμένοι[7] ἕνεκεν[8] δικαιοσύνης,
ὅτι αὐτῶν ἐστιν ἡ βασιλεία τῶν οὐρανῶν.
11 μακάριοί ἐστε
ὅταν ὀνειδίσωσιν[9] ὑμᾶς καὶ διώξωσιν καὶ εἴπωσιν[10] πᾶν πονηρὸν καθ᾽
ὑμῶν ψευδόμενοι[11] ἕνεκεν[12] ἐμοῦ. **12** χαίρετε καὶ ἀγαλλιᾶσθε[13], ὅτι
ὁ μισθὸς[14] ὑμῶν πολὺς ἐν τοῖς οὐρανοῖς· οὕτως γὰρ ἐδίωξαν τοὺς
προφήτας τοὺς πρὸ ὑμῶν.

Salt and Light (Mk 9.50; Lk 14.34-35)

13 Ὑμεῖς ἐστε τὸ ἅλας[15] τῆς γῆς· ἐὰν δὲ τὸ ἅλας μωρανθῇ[16], ἐν τίνι ἁλισθήσεται[17]; εἰς οὐδὲν ἰσχύει[18] ἔτι εἰ μὴ βληθὲν[19] ἔξω καταπατεῖσθαι[20] ὑπὸ τῶν ἀνθρώπων. **14** Ὑμεῖς ἐστε τὸ φῶς τοῦ κόσμου. οὐ δύναται πόλις κρυβῆναι[21] ἐπάνω[22] ὄρους κειμένη[23]. **15** οὐδὲ καίουσιν[24] λύχνον[25] καὶ τιθέασιν[26] αὐτὸν ὑπὸ τὸν μόδιον[27] ἀλλ᾽ ἐπὶ τὴν λυχνίαν[28], καὶ λάμπει[29] πᾶσιν τοῖς ἐν τῇ οἰκίᾳ. **16** οὕτως λαμψάτω τὸ φῶς ὑμῶν ἔμπροσθεν τῶν ἀνθρώπων, ὅπως ἴδωσιν[30] ὑμῶν τὰ καλὰ ἔργα καὶ δοξάσωσιν τὸν πατέρα ὑμῶν τὸν ἐν τοῖς οὐρανοῖς.

Teaching about the Law

17 Μὴ νομίσητε[31] ὅτι ἦλθον καταλῦσαι[32] τὸν νόμον ἢ τοὺς προφήτας· οὐκ ἦλθον καταλῦσαι ἀλλὰ πληρῶσαι. **18** ἀμὴν γὰρ λέγω ὑμῖν· ἕως ἂν παρέλθῃ[33] ὁ οὐρανὸς

---

[1] ἐλεήμων, -ον, gen -ονος, merciful
[2] ἐλεέω/ἐλεάω 3p fut pas ind, have mercy, pas receive mercy
[3] καθαρός, -ά/όν, pure
[4] ὁράω 3p fut mid ind, see
[5] εἰρηνοποιός, -οῦ m, peacemaker
[6] καλέω 3p fut pas ind, call
[7] διώκω pf pas ptc m p nom, persecute
[8] ἕνεκα, prep + gen, because of
[9] ὀνειδίζω 3p aor act sub, insult
[10] λέγω 3p aor act sub, say
[11] ψεύδομαι pres mid ptc m p nom, lie
[12] ἕνεκα, prep + gen, because of
[13] ἀγαλλιάω 2p pres mid impv, be glad
[14] μισθός, -οῦ m, reward
[15] ἅλας, -ατος n, salt
[16] μωραίνω 3s aor pas sub, pas become tasteless
[17] ἁλίζω 3s fut pas ind, restore flavor
[18] ἰσχύω 3s pres act ind, be useful
[19] βάλλω aor pas ptc n s acc, throw
[20] καταπατέω pres pas inf, trample under foot
[21] κρύπτω aor pas inf, hide
[22] ἐπάνω, prep + gen, on
[23] κεῖμαι pres mid ptc f s nom, be located
[24] καίω 3p pres act ind, light
[25] λύχνος, -ου m, lamp
[26] τίθημι 3p pres act ind, put
[27] μόδιος, -ου m, basket
[28] λυχνία, -ας f, lampstand
[29] λάμπω 3s pres act ind, give light
[30] ὁράω 3p aor act sub, see
[31] νομίζω 2p aor act sub, think
[32] καταλύω aor act inf, do away with
[33] παρέρχομαι 3s aor act sub, pass away

καὶ ἡ γῆ, ἰῶτα[1] ἓν ἢ μία κεραία[2] οὐ μὴ παρέλθη ἀπὸ τοῦ νόμου, ἕως ἂν πάντα γένηται. 19 ὃς ἐὰν οὖν λύση μίαν τῶν ἐντολῶν τούτων τῶν ἐλαχίστων[3] καὶ διδάξη οὕτως τοὺς ἀνθρώπους, ἐλάχιστος κληθήσεται[4] ἐν τῇ βασιλείᾳ τῶν οὐρανῶν· ὃς δ' ἂν ποιήσῃ καὶ διδάξῃ, οὗτος μέγας κληθήσεται ἐν τῇ βασιλείᾳ τῶν οὐρανῶν. 20 Λέγω γὰρ ὑμῖν ὅτι ἐὰν μὴ περισσεύσῃ ὑμῶν ἡ δικαιοσύνη πλεῖον[5] τῶν γραμματέων καὶ Φαρισαίων, οὐ μὴ εἰσέλθητε[6] εἰς τὴν βασιλείαν τῶν οὐρανῶν.

Teaching about Anger

21 Ἠκούσατε ὅτι ἐρρέθη[7] τοῖς ἀρχαίοις[8]· **οὐ φονεύσεις**[9]· ὃς δ' ἂν φονεύσῃ, ἔνοχος[10] ἔσται τῇ κρίσει. 22 ἐγὼ δὲ λέγω ὑμῖν ὅτι πᾶς ὁ ὀργιζόμενος[11] τῷ ἀδελφῷ αὐτοῦ ἔνοχος ἔσται τῇ κρίσει· ὃς δ' ἂν εἴπῃ τῷ ἀδελφῷ αὐτοῦ· ῥακά[12], ἔνοχος ἔσται τῷ συνεδρίῳ[13]· ὃς δ' ἂν εἴπῃ· μωρέ[14], ἔνοχος ἔσται εἰς τὴν γέενναν[15] τοῦ πυρός. 23 ἐὰν οὖν προσφέρῃς τὸ δῶρόν[16] σου ἐπὶ τὸ θυσιαστήριον[17] κἀκεῖ[18] μνησθῇς[19] ὅτι ὁ ἀδελφός σου ἔχει τι κατὰ σοῦ, 24 ἄφες[20] ἐκεῖ τὸ δῶρόν σου ἔμπροσθεν τοῦ θυσιαστηρίου καὶ ὕπαγε πρῶτον διαλλάγηθι[21] τῷ ἀδελφῷ σου, καὶ τότε ἐλθὼν πρόσφερε τὸ δῶρόν σου. 25 ἴσθι[22] εὐνοῶν[23] τῷ ἀντιδίκῳ[24] σου ταχύ[25], ἕως ὅτου εἶ μετ' αὐτοῦ ἐν τῇ ὁδῷ, μήποτέ[26] σε παραδῷ[27] ὁ ἀντίδικος τῷ κριτῇ[28] καὶ ὁ κριτὴς τῷ ὑπηρέτῃ[29] καὶ εἰς φυλακὴν βληθήσῃ[30]· 26 ἀμὴν λέγω σοι, οὐ μὴ ἐξέλθῃς[31] ἐκεῖθεν[32], ἕως ἂν ἀποδῷς[33] τὸν ἔσχατον κοδράντην[34].

Teaching about Adultery

27 Ἠκούσατε ὅτι ἐρρέθη[35]· **οὐ μοιχεύσεις**[36]. 28 ἐγὼ δὲ λέγω ὑμῖν ὅτι πᾶς ὁ βλέπων γυναῖκα πρὸς τὸ ἐπιθυμῆσαι[37] αὐτὴν ἤδη ἐμοίχευσεν αὐτὴν ἐν τῇ καρδίᾳ αὐτοῦ.

---

[1] ἰῶτα, iota (= yod, smallest letter in Hebrew alphabet)
[2] κεραία, -ας f, stroke (of a pen)
[3] ἐλάχιστος, least (super of μικρός)
[4] καλέω 3s fut pas ind, call
[5] πολύς, much (comp)
[6] εἰσέρχομαι 2p aor act sub, enter
[7] λέγω 3s aor pas ind, say
[8] ἀρχαῖος, -α/ον, old, (τοῖς ἀ. to our ancestors)
[9] φονεύω 2s fut act ind, murder
[10] ἔνοχος, -ον, liable
[11] ὀργίζω pres pas ptc m s nom, pas be angry
[12] ῥακά, fool
[13] συνέδριον, -ου n, council/ Sanhedrin
[14] μωρός, -ά/όν, (worthless) fool
[15] γέεννα, -ης f, hell
[16] δῶρον, -ου n, gift
[17] θυσιαστήριον, -ου n, altar
[18] κἀκεῖ, = καὶ ἐκεῖ, and there
[19] μιμνῄσκομαι 2s aor pas sub, remember
[20] ἀφίημι 2s aor act impv, leave
[21] διαλλάσσομαι 2s aor pas impv, make peace with
[22] εἰμί 2s pres act impv, be
[23] εὐνοέω pres act ptc m s nom, make friends
[24] ἀντίδικος, -ου m, opponent at law
[25] ταχύς, adv, quickly
[26] μήποτε, conj, so that ... will not
[27] παραδίδωμι 3s aor act sub, hand over
[28] κριτής, -οῦ m, judge
[29] ὑπηρέτης, -ου m, guard
[30] βάλλω 2s fut pas ind, throw
[31] ἐξέρχομαι 2s aor act sub, go out
[32] ἐκεῖθεν, adv, from there
[33] ἀποδίδωμι 2s aor act sub, repay
[34] κοδράντης, -ου m, quadrans (Roman copper coin worth 1/64 denarius)
[35] λέγω 3s aor pas ind, say
[36] μοιχεύω 2s fut act ind, commit adultery
[37] ἐπιθυμέω aor act inf, lust for

29 εἰ δὲ ὁ ὀφθαλμός σου ὁ δεξιὸς σκανδαλίζει[1] σε, ἔξελε[2] αὐτὸν καὶ βάλε[3] ἀπὸ σοῦ· συμφέρει[4] γάρ σοι ἵνα ἀπόληται[5] ἓν τῶν μελῶν σου καὶ μὴ ὅλον τὸ σῶμά σου βληθῇ[6] εἰς γέενναν[7]. 30 καὶ εἰ ἡ δεξιά σου χεὶρ σκανδαλίζει σε, ἔκκοψον[8] αὐτὴν καὶ βάλε ἀπὸ σοῦ· συμφέρει γάρ σοι ἵνα ἀπόληται ἓν τῶν μελῶν σου καὶ μὴ ὅλον τὸ σῶμά σου εἰς γέενναν ἀπέλθῃ[9].

Teaching about Divorce (Mt 19.9; Mk 10.11-12; Lk 16.18)

31 Ἐρρέθη[10] δέ· ὃς ἂν ἀπολύσῃ τὴν γυναῖκα αὐτοῦ, δότω[11] αὐτῇ ἀποστάσιον[12]. 32 ἐγὼ δὲ λέγω ὑμῖν ὅτι πᾶς ὁ ἀπολύων τὴν γυναῖκα αὐτοῦ παρεκτὸς[13] λόγου πορνείας[14] ποιεῖ αὐτὴν μοιχευθῆναι[15], καὶ ὃς ἐὰν ἀπολελυμένην γαμήσῃ[16], μοιχᾶται[17].

Teaching about Oaths

33 Πάλιν ἠκούσατε ὅτι ἐρρέθη[18] τοῖς ἀρχαίοις[19]· οὐκ ἐπιορκήσεις[20], ἀποδώσεις[21] δὲ τῷ κυρίῳ τοὺς ὅρκους[22] σου. 34 ἐγὼ δὲ λέγω ὑμῖν μὴ ὀμόσαι[23] ὅλως[24]· μήτε ἐν τῷ οὐρανῷ, ὅτι θρόνος ἐστὶν τοῦ θεοῦ, 35 μήτε ἐν τῇ γῇ, ὅτι ὑποπόδιόν[25] ἐστιν τῶν ποδῶν αὐτοῦ, μήτε εἰς Ἱεροσόλυμα, ὅτι πόλις ἐστὶν τοῦ μεγάλου βασιλέως, 36 μήτε ἐν τῇ κεφαλῇ σου ὀμόσῃς, ὅτι οὐ δύνασαι μίαν τρίχα[26] λευκὴν[27] ποιῆσαι ἢ μέλαιναν[28]. 37 ἔστω[29] δὲ ὁ λόγος ὑμῶν ναὶ ναί, οὒ οὔ· τὸ δὲ περισσὸν[30] τούτων ἐκ τοῦ πονηροῦ ἐστιν.

Teaching about Retaliation (Lk 6.29-30)

38 Ἠκούσατε ὅτι ἐρρέθη· ὀφθαλμὸν ἀντὶ[31] ὀφθαλμοῦ καὶ ὀδόντα[32] ἀντὶ ὀδόντος. 39 ἐγὼ δὲ λέγω ὑμῖν μὴ ἀντιστῆναι[33] τῷ πονηρῷ· ἀλλ' ὅστις σε ῥαπίζει[34] εἰς τὴν δεξιὰν σιαγόνα[35] [σου], στρέψον[36] αὐτῷ καὶ τὴν ἄλλην· 40 καὶ τῷ θέλοντί σοι

---

[1] σκανδαλίζω 3s pres act ind, cause to sin
[2] ἐξαιρέω 2s aor act impv, pull (something) out
[3] βάλλω 2s aor act impv, throw
[4] συμφέρω 3s pres act ind, impers it is better
[5] ἀπόλλυμι 3s aor mid sub, lose
[6] βάλλω 3s aor pas sub, throw
[7] γέεννα, -ης f, hell
[8] ἐκκόπτω 2s aor act impv, cut off
[9] ἀπέρχομαι 3s aor act sub, go
[10] λέγω 3s aor pas ind, say
[11] δίδωμι 3s aor act impv, give
[12] ἀποστάσιον, -ου n, written notice of divorce
[13] παρεκτός, prep + gen, except
[14] πορνεία, -ας f, sexual immorality
[15] μοιχεύω aor pas inf, commit adultery
[16] γαμέω 3s aor act sub, marry
[17] μοιχάω 3s pres ind, pas commit adultery
[18] λέγω 3s aor pas ind, say
[19] ἀρχαῖος, -α/ον, old (τοῖς ἀ. to our ancestors)
[20] ἐπιορκέω 2s fut act ind, break a promise
[21] ἀποδίδωμι 2s fut act ind, keep (a promise)
[22] ὅρκος, -ου m, promise
[23] ὀμνύω aor act inf, make a promise
[24] ὅλως, adv, at all
[25] ὑποπόδιον, -ου n, footstool
[26] θρίξ, τριχός f, hair
[27] λευκός, -ή/όν, white
[28] μέλας, -αινα/αν, gen -ανος -αίνης -ανος, black
[29] εἰμί 3s pres act impv, be
[30] περισσός, -ή/όν, more (than)
[31] ἀντί, prep + gen, in place of
[32] ὀδούς, -όδοντος m, tooth
[33] ἀνθίστημι aor act inf, resist
[34] ῥαπίζω 3s pres act ind, hit
[35] σιαγών, -όνος f, cheek
[36] στρέφω 2s aor act impv, turn

κριθῆναι¹ καὶ τὸν χιτῶνά² σου λαβεῖν, ἄφες³ αὐτῷ καὶ τὸ ἱμάτιον· **41** καὶ ὅστις σε ἀγγαρεύσει⁴ μίλιον⁵ ἕν, ὕπαγε μετ' αὐτοῦ δύο. **42** τῷ αἰτοῦντί σε δός⁶, καὶ τὸν θέλοντα ἀπὸ σοῦ δανίσασθαι⁷ μὴ ἀποστραφῇς⁸.

Love for Enemies (Lk 6.27-28, 32-36)

43 Ἠκούσατε ὅτι ἐρρέθη⁹· ἀγαπήσεις τὸν πλησίον¹⁰ σου καὶ μισήσεις τὸν ἐχθρόν σου. **44** ἐγὼ δὲ λέγω ὑμῖν· ἀγαπᾶτε τοὺς ἐχθροὺς ὑμῶν καὶ προσεύχεσθε ὑπὲρ τῶν διωκόντων ὑμᾶς, **45** ὅπως γένησθε¹¹ υἱοὶ τοῦ πατρὸς ὑμῶν τοῦ ἐν οὐρανοῖς, ὅτι τὸν ἥλιον αὐτοῦ ἀνατέλλει¹² ἐπὶ πονηροὺς καὶ ἀγαθοὺς καὶ βρέχει¹³ ἐπὶ δικαίους καὶ ἀδίκους¹⁴. **46** ἐὰν γὰρ ἀγαπήσητε τοὺς ἀγαπῶντας ὑμᾶς, τίνα μισθὸν¹⁵ ἔχετε; οὐχὶ καὶ οἱ τελῶναι¹⁶ τὸ αὐτὸ ποιοῦσιν; **47** καὶ ἐὰν ἀσπάσησθε τοὺς ἀδελφοὺς ὑμῶν μόνον, τί περισσὸν¹⁷ ποιεῖτε; οὐχὶ καὶ οἱ ἐθνικοὶ¹⁸ τὸ αὐτὸ ποιοῦσιν; **48** ἔσεσθε¹⁹ οὖν ὑμεῖς τέλειοι²⁰ ὡς ὁ πατὴρ ὑμῶν ὁ οὐράνιος τέλειός ἐστιν.

Teaching about Almsgiving

6 Προσέχετε²¹ [δὲ] τὴν δικαιοσύνην ὑμῶν μὴ ποιεῖν ἔμπροσθεν τῶν ἀνθρώπων πρὸς τὸ θεαθῆναι²² αὐτοῖς· εἰ δὲ μή γε²³, μισθὸν²⁴ οὐκ ἔχετε παρὰ τῷ πατρὶ ὑμῶν τῷ ἐν τοῖς οὐρανοῖς. **2** ὅταν οὖν ποιῇς ἐλεημοσύνην²⁵, μὴ σαλπίσῃς²⁶ ἔμπροσθέν σου, ὥσπερ οἱ ὑποκριταὶ²⁷ ποιοῦσιν ἐν ταῖς συναγωγαῖς καὶ ἐν ταῖς ῥύμαις²⁸, ὅπως δοξασθῶσιν ὑπὸ τῶν ἀνθρώπων· ἀμὴν λέγω ὑμῖν, ἀπέχουσιν²⁹ τὸν μισθὸν αὐτῶν. **3** σοῦ δὲ ποιοῦντος ἐλεημοσύνην μὴ γνώτω³⁰ ἡ ἀριστερά³¹ σου τί ποιεῖ ἡ δεξιά σου, **4** ὅπως ᾖ σου ἡ ἐλεημοσύνη ἐν τῷ κρυπτῷ³²· καὶ ὁ πατήρ σου ὁ βλέπων ἐν τῷ κρυπτῷ ἀποδώσει³³ σοι.

---

¹ κρίνω aor pas inf, pas sue
² χιτών, -ῶνος m, shirt (generally of the garment worn next to the skin)
³ ἀφίημι 2s aor act impv, give
⁴ ἀγγαρεύω 3s fut act ind, force (to go)
⁵ μίλιον, -ου m, mile
⁶ δίδωμι 2s aor act impv, give
⁷ δανείζω aor mid inf, mid borrow
⁸ ἀποστρέφω 2s aor pas sub, refuse
⁹ λέγω 3s aor pas ind, say
¹⁰ πλησίον, prep + gen, near (ὁ π. neighbor/friend)
¹¹ γίνομαι 2p aor mid sub, become
¹² ἀνατέλλω 3s pres act ind, cause to rise
¹³ βρέχω 3s pres act ind, send rain
¹⁴ ἄδικος, -ον, evil
¹⁵ μισθός, -οῦ m, reward
¹⁶ τελώνης, -ου m, tax-collector
¹⁷ περισσός, -ή/όν, more
¹⁸ ἐθνικός, -ή/όν, pagan
¹⁹ εἰμί 2p fut mid ind, be
²⁰ τέλειος, -α, -ον, perfect
²¹ προσέχω 2p pres act impv, make certain (to do)
²² θεάομαι aor pas inf, see
²³ γέ, emphatic particle
²⁴ μισθός, -οῦ m, reward
²⁵ ἐλεημοσύνη, -ης f, giving money to a needy person
²⁶ σαλπίζω 2s aor act sub, sound a trumpet
²⁷ ὑποκριτής, -οῦ m, hypocrite
²⁸ ῥύμη, -ης f, street
²⁹ ἀπέχω 3p pres act ind, receive in full
³⁰ γινώσκω 3s aor act impv, know
³¹ ἀριστερός, -ά/όν, left (ἡ ἀ. left hand)
³² κρυπτός, -ή/όν, secret
³³ ἀποδίδωμι 3s fut act ind, repay

Teaching about Prayer (Lk 11.2-4)

5 Καὶ ὅταν προσεύχησθε, οὐκ ἔσεσθε ὡς οἱ ὑποκριταί[1], ὅτι φιλοῦσιν[2] ἐν ταῖς συναγωγαῖς καὶ ἐν ταῖς γωνίαις[3] τῶν πλατειῶν[4] ἑστῶτες[5] προσεύχεσθαι, ὅπως φανῶσιν[6] τοῖς ἀνθρώποις· ἀμὴν λέγω ὑμῖν, ἀπέχουσιν[7] τὸν μισθὸν αὐτῶν. 6 σὺ δὲ ὅταν προσεύχῃ, εἴσελθε[8] εἰς τὸ ταμεῖόν[9] σου καὶ κλείσας[10] τὴν θύραν σου πρόσευξαι τῷ πατρί σου τῷ ἐν τῷ κρυπτῷ[11]· καὶ ὁ πατήρ σου ὁ βλέπων ἐν τῷ κρυπτῷ ἀποδώσει[12] σοι.

7 Προσευχόμενοι δὲ μὴ βατταλογήσητε[13] ὥσπερ οἱ ἐθνικοί[14], δοκοῦσιν γὰρ ὅτι ἐν τῇ πολυλογίᾳ[15] αὐτῶν εἰσακουσθήσονται[16]. 8 μὴ οὖν ὁμοιωθῆτε[17] αὐτοῖς· οἶδεν γὰρ ὁ πατὴρ ὑμῶν ὧν χρείαν ἔχετε πρὸ τοῦ ὑμᾶς αἰτῆσαι αὐτόν.

9 Οὕτως οὖν προσεύχεσθε ὑμεῖς·
 πάτερ ἡμῶν ὁ ἐν τοῖς οὐρανοῖς·
 ἁγιασθήτω[18] τὸ ὄνομά σου·
10 ἐλθέτω[19] ἡ βασιλεία σου·
 γενηθήτω[20] τὸ θέλημά σου,
 ὡς ἐν οὐρανῷ καὶ ἐπὶ γῆς·
11 τὸν ἄρτον ἡμῶν τὸν ἐπιούσιον[21] δὸς[22] ἡμῖν σήμερον·
12 καὶ ἄφες[23] ἡμῖν τὰ ὀφειλήματα[24] ἡμῶν,
 ὡς καὶ ἡμεῖς ἀφήκαμεν[25] τοῖς ὀφειλέταις[26] ἡμῶν·
13 καὶ μὴ εἰσενέγκῃς[27] ἡμᾶς εἰς πειρασμόν[28],
 ἀλλὰ ῥῦσαι[29] ἡμᾶς ἀπὸ τοῦ πονηροῦ.

14 Ἐὰν γὰρ ἀφῆτε[30] τοῖς ἀνθρώποις τὰ παραπτώματα[31] αὐτῶν, ἀφήσει καὶ ὑμῖν ὁ πατὴρ ὑμῶν ὁ οὐράνιος[32]· 15 ἐὰν δὲ μὴ ἀφῆτε τοῖς ἀνθρώποις, οὐδὲ ὁ πατὴρ ὑμῶν ἀφήσει τὰ παραπτώματα ὑμῶν.

---

[1] ὑποκριτής, -οῦ m, hypocrite
[2] φιλέω 3p pres act ind, love
[3] γωνία, -ας f, corner
[4] πλατεῖα, -ας f, wide street
[5] ἵστημι pf act ptc m p nom, stand
[6] φαίνω 3p aor pas sub, pas be seen
[7] ἀπέχω 3p pres act ind, receive in full
[8] εἰσέρχομαι 2s aor act impv, go in
[9] ταμεῖον, -ου n, private room
[10] κλείω aor act ptc m s nom, shut
[11] κρυπτός, -ή/όν, secret
[12] ἀποδίδωμι 3s fut act ind, reward
[13] βατταλογέω 2p aor act sub, use many words
[14] ἐθνικός, -ή/όν, pagan
[15] πολυλογία, -ας f, many words
[16] εἰσακούω 3p fut pas ind, hear
[17] ὁμοιόω 2p aor pas sub, be like
[18] ἁγιάζω 3s aor pas impv, make holy
[19] ἔρχομαι 3s aor act impv, come
[20] γίνομαι 3s aor pas impv, take place
[21] ἐπιούσιος, -ον, for today/for the coming day/necessary for existence
[22] δίδωμι 2s aor act impv, give
[23] ἀφίημι 2s aor act impv, forgive
[24] ὀφείλημα, -τος n, wrongdoing
[25] ἀφίημι 1p aor act ind, forgive
[26] ὀφειλέτης, -ου m, debtor
[27] εἰσφέρω 2s aor act sub, bring in
[28] πειρασμός, -οῦ m, temptation/time of testing
[29] ῥύομαι 2s aor mid impv, rescue/protect
[30] ἀφίημι 2p aor act sub, forgive
[31] παράπτωμα, -τος n, wrongdoing
[32] οὐράνιος, -ον, in heaven

Teaching about Fasting

16 Ὅταν δὲ νηστεύητε[1], μὴ γίνεσθε ὡς οἱ ὑποκριταὶ[2] σκυθρωποί[3], ἀφανίζουσιν[4] γὰρ τὰ πρόσωπα αὐτῶν ὅπως φανῶσιν[5] τοῖς ἀνθρώποις νηστεύοντες· ἀμὴν λέγω ὑμῖν, ἀπέχουσιν[6] τὸν μισθὸν αὐτῶν. **17** σὺ δὲ νηστεύων ἄλειψαί[7] σου τὴν κεφαλὴν καὶ τὸ πρόσωπόν σου νίψαι[8], **18** ὅπως μὴ φανῇς τοῖς ἀνθρώποις νηστεύων ἀλλὰ τῷ πατρί σου τῷ ἐν τῷ κρυφαίῳ[9]· καὶ ὁ πατήρ σου ὁ βλέπων ἐν τῷ κρυφαίῳ ἀποδώσει[10] σοι.

Treasure in Heaven (Lk 12.33-34)

19 Μὴ θησαυρίζετε[11] ὑμῖν θησαυροὺς[12] ἐπὶ τῆς γῆς, ὅπου σὴς[13] καὶ βρῶσις[14] ἀφανίζει[15] καὶ ὅπου κλέπται[16] διορύσσουσιν[17] καὶ κλέπτουσιν[18]· **20** θησαυρίζετε δὲ ὑμῖν θησαυροὺς ἐν οὐρανῷ, ὅπου οὔτε σὴς οὔτε βρῶσις ἀφανίζει καὶ ὅπου κλέπται οὐ διορύσσουσιν οὐδὲ κλέπτουσιν· **21** ὅπου γάρ ἐστιν ὁ θησαυρός σου, ἐκεῖ ἔσται καὶ ἡ καρδία σου.

The Light of the Body (Lk 11.34-36)

22 Ὁ λύχνος[19] τοῦ σώματός ἐστιν ὁ ὀφθαλμός. ἐὰν οὖν ᾖ ὁ ὀφθαλμός σου ἁπλοῦς[20], ὅλον τὸ σῶμά σου φωτεινὸν[21] ἔσται· **23** ἐὰν δὲ ὁ ὀφθαλμός σου πονηρὸς ᾖ, ὅλον τὸ σῶμά σου σκοτεινὸν[22] ἔσται. εἰ οὖν τὸ φῶς τὸ ἐν σοὶ σκότος ἐστίν, τὸ σκότος πόσον[23].

God and Mammon (Lk 16.13)

24 Οὐδεὶς δύναται δυσὶ κυρίοις δουλεύειν[24]· ἢ γὰρ τὸν ἕνα μισήσει καὶ τὸν ἕτερον ἀγαπήσει, ἢ ἑνὸς ἀνθέξεται[25] καὶ τοῦ ἑτέρου καταφρονήσει[26]. οὐ δύνασθε θεῷ δουλεύειν καὶ μαμωνᾷ[27].

---

[1] νηστεύω 2p pres act sub, fast
[2] ὑποκριτής, -οῦ m, hypocrite
[3] σκυθρωπός, -ή/όν, sad
[4] ἀφανίζω 3p pres act ind, make unsightly
[5] φαίνω 3p aor pas sub, pas be seen
[6] ἀπέχω 3p pres act ind, receive in full
[7] ἀλείφω 2s aor mid impv, put (olive) oil on
[8] νίπτω 2s aor mid impv, wash
[9] κρυφαῖος, -α/ον, secret
[10] ἀποδίδωμι 3s fut act ind, reward
[11] θησαυρίζω 2p pres act impv, store up
[12] θησαυρός, -οῦ m, treasure
[13] σής, σητός m, moth
[14] βρῶσις, -εως f, rust
[15] ἀφανίζω 3s pres act ind, ruin
[16] κλέπτης, -ου m, thief
[17] διορύσσω 3p pres act ind, dig through
[18] κλέπτω 3p pres act ind, steal
[19] λύχνος, -ου m, lamp
[20] ἁπλοῦς, -ῆ/οῦν, healthy
[21] φωτεινός, -ή/όν, full of light
[22] σκοτεινός, -ή/όν, in darkness
[23] πόσος, -η/ον, how much
[24] δουλεύω pres act inf, serve
[25] ἀντέχομαι 3s fut mid ind, be loyal to
[26] καταφρονέω 3s fut act ind, despise
[27] μαμωνᾶς, -ᾶ m, money

Care and Anxiety (Lk 12.22-34)

25 Διὰ τοῦτο λέγω ὑμῖν· μὴ μεριμνᾶτε[1] τῇ ψυχῇ ὑμῶν τί φάγητε[2] [ἢ τί πίητε[3]], μηδὲ τῷ σώματι ὑμῶν τί ἐνδύσησθε[4]. οὐχὶ ἡ ψυχὴ πλεῖόν[5] ἐστιν τῆς τροφῆς[6] καὶ τὸ σῶμα τοῦ ἐνδύματος[7]; 26 ἐμβλέψατε[8] εἰς τὰ πετεινὰ[9] τοῦ οὐρανοῦ ὅτι οὐ σπείρουσιν οὐδὲ θερίζουσιν[10] οὐδὲ συνάγουσιν εἰς ἀποθήκας[11], καὶ ὁ πατὴρ ὑμῶν ὁ οὐράνιος[12] τρέφει[13] αὐτά· οὐχ ὑμεῖς μᾶλλον διαφέρετε[14] αὐτῶν; 27 τίς δὲ ἐξ ὑμῶν μεριμνῶν[15] δύναται προσθεῖναι[16] ἐπὶ τὴν ἡλικίαν[17] αὐτοῦ πῆχυν[18] ἕνα; 28 καὶ περὶ ἐνδύματος τί μεριμνᾶτε; καταμάθετε[19] τὰ κρίνα[20] τοῦ ἀγροῦ πῶς αὐξάνουσιν[21]· οὐ κοπιῶσιν[22] οὐδὲ νήθουσιν[23]. 29 λέγω δὲ ὑμῖν ὅτι οὐδὲ Σολομὼν ἐν πάσῃ τῇ δόξῃ αὐτοῦ περιεβάλετο[24] ὡς ἓν τούτων. 30 εἰ δὲ τὸν χόρτον[25] τοῦ ἀγροῦ σήμερον ὄντα καὶ αὔριον[26] εἰς κλίβανον[27] βαλλόμενον ὁ θεὸς οὕτως ἀμφιέννυσιν[28], οὐ πολλῷ μᾶλλον ὑμᾶς, ὀλιγόπιστοι[29]; 31 μὴ οὖν μεριμνήσητε λέγοντες· τί φάγωμεν[30]; ἤ· τί πίωμεν[31]; ἤ· τί περιβαλώμεθα[32]; 32 πάντα γὰρ ταῦτα τὰ ἔθνη ἐπιζητοῦσιν[33]· οἶδεν γὰρ ὁ πατὴρ ὑμῶν ὁ οὐράνιος[34] ὅτι χρῄζετε[35] τούτων ἁπάντων. 33 ζητεῖτε δὲ πρῶτον τὴν βασιλείαν [τοῦ θεοῦ] καὶ τὴν δικαιοσύνην αὐτοῦ, καὶ ταῦτα πάντα προστεθήσεται[36] ὑμῖν. 34 μὴ οὖν μεριμνήσητε εἰς τὴν αὔριον[37], ἡ γὰρ αὔριον μεριμνήσει ἑαυτῆς· ἀρκετὸν[38] τῇ ἡμέρᾳ ἡ κακία[39] αὐτῆς.

Judging Others (Lk 6.37-38, 41-42)

7 Μὴ κρίνετε, ἵνα μὴ κριθῆτε[40]· 2 ἐν ᾧ γὰρ κρίματι[41] κρίνετε κριθήσεσθε, καὶ ἐν ᾧ μέτρῳ[42] μετρεῖτε[43] μετρηθήσεται[44] ὑμῖν. 3 τί δὲ βλέπεις τὸ κάρφος[45] τὸ ἐν τῷ ὀφθαλμῷ τοῦ ἀδελφοῦ σου, τὴν δὲ ἐν τῷ σῷ[46] ὀφθαλμῷ δοκὸν[47] οὐ κατανοεῖς[48];

---

[1] μεριμνάω 2p pres act impv, worry about
[2] ἐσθίω 2p aor act sub, eat
[3] πίνω 2p aor act sub, drink
[4] ἐνδύω 2p aor mid sub, mid wear
[5] πολύς, much (comp)
[6] τροφή, -ῆς f, food
[7] ἔνδυμα, -τος n, clothing
[8] ἐμβλέπω 2p aor act impv, consider
[9] πετεινόν, -οῦ n, bird
[10] θερίζω 3p pres act ind, reap
[11] ἀποθήκη, -ης f, barn
[12] οὐράνιος, -ον, in heaven
[13] τρέφω 3s pres act ind, provide with food
[14] διαφέρετε 2p pres act ind, be worth more (than)
[15] μεριμνάω pres act ptc m s nom, worry about
[16] προστίθημι aor act inf, add

[17] ἡλικία, -ας f, height/span of life
[18] πῆχυς, -εως m, cubit (about 18 inches or 46.2 centimeter)
[19] καταμανθάνω 2p aor act impv, consider
[20] κρίνον, -ου n, attractive wild flower
[21] αὐξάνω 3p pres act ind, grow
[22] κοπιάω 3p pres act ind, work hard
[23] νήθω 3p pres act ind, spin (of thread)
[24] περιβάλλω 3s aor mid ind, dress
[25] χόρτος, -ου m, grass
[26] αὔριον, adv, tomorrow
[27] κλίβανος, -ου m, oven/fire
[28] ἀμφιέννυμι 3s pres act ind, clothe
[29] ὀλιγόπιστος, -ον, of little faith
[30] ἐσθίω 1p aor act sub, eat
[31] πίνω 1p aor act sub, drink

[32] περιβάλλω 1p aor mid sub, wear
[33] ἐπιζητέω 3p pres act ind, desire/go after
[34] οὐράνιος, -ον, in heaven
[35] χρῄζω 2p pres act ind, need
[36] προστίθημι 3s fut pas ind, give
[37] αὔριον, adv, tomorrow
[38] ἀρκετός, -ή/όν, enough
[39] κακία, -ας f, evil
[40] κρίνω 2p aor pas sub, judge
[41] κρίμα, -τος n, judgment
[42] μέτρον, -ου n, measure
[43] μετρέω 2p pres act ind, measure out
[44] μετρέω 3s fut pas ind, measure out
[45] κάρφος, -ους n, speck
[46] σός, σή, σόν, your
[47] δοκός, -οῦ f, log
[48] κατανοέω 2s pres act ind, consider

4 ἢ πῶς ἐρεῖς[1] τῷ ἀδελφῷ σου· ἄφες[2] ἐκβάλω[3] τὸ κάρφος ἐκ τοῦ ὀφθαλμοῦ σου, καὶ ἰδοὺ ἡ δοκὸς ἐν τῷ ὀφθαλμῷ σοῦ; **5** ὑποκριτά[4], ἔκβαλε πρῶτον ἐκ τοῦ ὀφθαλμοῦ σοῦ τὴν δοκόν, καὶ τότε διαβλέψεις[5] ἐκβαλεῖν τὸ κάρφος ἐκ τοῦ ὀφθαλμοῦ τοῦ ἀδελφοῦ σου.

6 Μὴ δῶτε[6] τὸ ἅγιον τοῖς κυσὶν[7] μηδὲ βάλητε[8] τοὺς μαργαρίτας[9] ὑμῶν ἔμπροσθεν τῶν χοίρων[10], μήποτε[11] καταπατήσουσιν[12] αὐτοὺς ἐν τοῖς ποσὶν αὐτῶν καὶ στραφέντες[13] ῥήξωσιν[14] ὑμᾶς.

Ask, Seek, Knock (Lk 11.9-13)

7 Αἰτεῖτε καὶ δοθήσεται[15] ὑμῖν, ζητεῖτε καὶ εὑρήσετε[16], κρούετε[17] καὶ ἀνοιγήσεται ὑμῖν· **8** πᾶς γὰρ ὁ αἰτῶν λαμβάνει καὶ ὁ ζητῶν εὑρίσκει καὶ τῷ κρούοντι ἀνοιγήσεται. **9** ἢ τίς ἐστιν ἐξ ὑμῶν ἄνθρωπος, ὃν αἰτήσει ὁ υἱὸς αὐτοῦ ἄρτον, μὴ λίθον ἐπιδώσει[18] αὐτῷ; **10** ἢ καὶ ἰχθὺν[19] αἰτήσει, μὴ ὄφιν[20] ἐπιδώσει αὐτῷ; **11** εἰ οὖν ὑμεῖς πονηροὶ ὄντες οἴδατε δόματα[21] ἀγαθὰ διδόναι[22] τοῖς τέκνοις ὑμῶν, πόσῳ[23] μᾶλλον ὁ πατὴρ ὑμῶν ὁ ἐν τοῖς οὐρανοῖς δώσει[24] ἀγαθὰ τοῖς αἰτοῦσιν αὐτόν.

12 Πάντα οὖν ὅσα ἐὰν θέλητε ἵνα ποιῶσιν ὑμῖν οἱ ἄνθρωποι, οὕτως καὶ ὑμεῖς ποιεῖτε αὐτοῖς· οὗτος γάρ ἐστιν ὁ νόμος καὶ οἱ προφῆται.

The Narrow Gate (Lk 13.24)

13 Εἰσέλθατε[25] διὰ τῆς στενῆς[26] πύλης[27]· ὅτι πλατεῖα[28] ἡ πύλη καὶ εὐρύχωρος[29] ἡ ὁδὸς ἡ ἀπάγουσα[30] εἰς τὴν ἀπώλειαν[31] καὶ πολλοί εἰσιν οἱ εἰσερχόμενοι δι' αὐτῆς· **14** τί στενὴ ἡ πύλη καὶ τεθλιμμένη[32] ἡ ὁδὸς ἡ ἀπάγουσα[33] εἰς τὴν ζωὴν καὶ ὀλίγοι εἰσὶν οἱ εὑρίσκοντες αὐτήν.

---

[1] λέγω 2s fut act ind, say
[2] ἀφίημι 2s aor act impv, let
[3] ἐκβάλλω 1s aor act sub, take out
[4] ὑποκριτής, -οῦ m, hypocrite
[5] διαβλέπω 2s fut act ind, see clearly
[6] δίδωμι 2p aor act sub, give
[7] κύων, κυνός m, dog
[8] βάλλω 2p aor act sub, throw
[9] μαργαρίτης, -ου m, pearl
[10] χοῖρος, -ου m, pig
[11] μήποτε, conj, so that ... will not
[12] καταπατέω 3p fut act ind, trample under foot
[13] στρέφω aor pas ptc m p nom, intrans pas turn
[14] ῥήγνυμι/ῥήσσω 3p aor act sub, attack
[15] δίδωμι 3s fut pas ind, give
[16] εὑρίσκω 2p fut act ind, find
[17] κρούω 2p pres act impv, knock (at a door)
[18] ἐπιδίδωμι 3s fut act ind, give
[19] ἰχθύς, -ύος m, fish
[20] ὄφις, -εως f, snake
[21] δόμα, -τος n, gift
[22] δίδωμι pres act inf, give
[23] πόσος, -η/ον, how much
[24] δίδωμι 3s fut act ind, give
[25] εἰσέρχομαι 2p aor act impv, go in
[26] στενός, -ή/όν, narrow
[27] πύλη, -ης f, gate
[28] πλατύς, -εῖα/ύ, wide
[29] εὐρύχωρος, -ον, wide
[30] ἀπάγω pres act ptc f s nom, lead
[31] ἀπώλεια, -ας f, destruction
[32] θλίβω pf pas ptc f s nom, make narrow
[33] ἀπάγω pres act ptc f s nom, lead

A Tree Known by Its Fruit (Lk 6.43-44)

15 Προσέχετε[1] ἀπὸ τῶν ψευδοπροφητῶν[2], οἵτινες ἔρχονται πρὸς ὑμᾶς ἐν ἐνδύμασιν[3] προβάτων, ἔσωθεν[4] δέ εἰσιν λύκοι[5] ἅρπαγες[6]. 16 ἀπὸ τῶν καρπῶν αὐτῶν ἐπιγνώσεσθε αὐτούς. μήτι[7] συλλέγουσιν[8] ἀπὸ ἀκανθῶν[9] σταφυλὰς[10] ἢ ἀπὸ τριβόλων[11] σῦκα[12]; 17 οὕτως πᾶν δένδρον[13] ἀγαθὸν καρποὺς καλοὺς ποιεῖ, τὸ δὲ σαπρὸν[14] δένδρον καρποὺς πονηροὺς ποιεῖ. 18 οὐ δύναται δένδρον ἀγαθὸν καρποὺς πονηροὺς ποιεῖν οὐδὲ δένδρον σαπρὸν καρποὺς καλοὺς ποιεῖν. 19 πᾶν δένδρον μὴ ποιοῦν καρπὸν καλὸν ἐκκόπτεται[15] καὶ εἰς πῦρ βάλλεται. 20 ἄρα γε[16] ἀπὸ τῶν καρπῶν αὐτῶν ἐπιγνώσεσθε αὐτούς.

I Never Knew You (Lk 13.25-27)

21 Οὐ πᾶς ὁ λέγων μοι· κύριε κύριε, εἰσελεύσεται[17] εἰς τὴν βασιλείαν τῶν οὐρανῶν, ἀλλ' ὁ ποιῶν τὸ θέλημα τοῦ πατρός μου τοῦ ἐν τοῖς οὐρανοῖς. 22 πολλοὶ ἐροῦσίν[18] μοι ἐν ἐκείνῃ τῇ ἡμέρᾳ· κύριε κύριε, οὐ τῷ σῷ[19] ὀνόματι ἐπροφητεύσαμεν[20], καὶ τῷ σῷ ὀνόματι δαιμόνια ἐξεβάλομεν[21], καὶ τῷ σῷ ὀνόματι δυνάμεις πολλὰς ἐποιήσαμεν; 23 καὶ τότε ὁμολογήσω[22] αὐτοῖς ὅτι οὐδέποτε[23] ἔγνων[24] ὑμᾶς· ἀποχωρεῖτε[25] ἀπ' ἐμοῦ οἱ ἐργαζόμενοι τὴν ἀνομίαν[26].

The Two Foundations (Lk 6.47-49)

24 Πᾶς οὖν ὅστις ἀκούει μου τοὺς λόγους τούτους καὶ ποιεῖ αὐτούς, ὁμοιωθήσεται[27] ἀνδρὶ φρονίμῳ[28], ὅστις ᾠκοδόμησεν αὐτοῦ τὴν οἰκίαν ἐπὶ τὴν πέτραν[29]. 25 καὶ κατέβη[30] ἡ βροχὴ[31] καὶ ἦλθον οἱ ποταμοὶ[32] καὶ ἔπνευσαν[33] οἱ ἄνεμοι καὶ προσέπεσαν[34] τῇ οἰκίᾳ ἐκείνῃ, καὶ οὐκ ἔπεσεν[35], τεθεμελίωτο[36] γὰρ ἐπὶ τὴν πέτραν. 26 καὶ πᾶς ὁ ἀκούων μου τοὺς λόγους τούτους καὶ μὴ ποιῶν αὐτοὺς ὁμοιωθήσεται ἀνδρὶ

---

[1] προσέχω 2p pres act impv, watch out (for)
[2] ψευδοπροφήτης, -ου m, false prophet
[3] ἔνδυμα, -τος n, clothing
[4] ἔσωθεν, adv, inwardly
[5] λύκος, -ου m, wolf
[6] ἅρπαξ, -αγος, savage
[7] μήτι, usually expects a negative reply
[8] συλλέγω 3p pres act ind, gather
[9] ἄκανθα, -ης f, thorn plant
[10] σταφυλή, -ῆς f, (bunch of) grapes
[11] τρίβολος, -ου m, briar
[12] σῦκον, -ου n, fig
[13] δένδρον, -ου n, tree
[14] σαπρός, -ά/όν, bad
[15] ἐκκόπτω 3s pres pas ind, chop down
[16] γέ, emphatic particle
[17] εἰσέρχομαι 3s fut mid ind, enter
[18] λέγω 3p fut act ind, say
[19] σός, σή, σόν, your
[20] προφητεύω 1p aor act ind, proclaim God's message
[21] ἐκβάλλω 1p aor act ind, force out
[22] ὁμολογέω 1s fut act ind, say plainly
[23] οὐδέποτε, adv, never
[24] γινώσκω 1s aor act ind, know
[25] ἀποχωρέω 2p pres act impv, go away
[26] ἀνομία, -ας f, evil
[27] ὁμοιόω 3s fut pas ind, pas be like
[28] φρόνιμος, -ον, wise
[29] πέτρα, -ας f, rock
[30] καταβαίνω 3s aor act ind, pour down
[31] βροχή, -ῆς f, rain
[32] ποταμός, -οῦ m, river
[33] πνέω 3p aor act ind, blow
[34] προσπίπτω 3p aor act ind, beat against
[35] πίπτω 3s aor act ind, fall
[36] θεμελιόω 3s plpf pas ind, build

μωρῷ¹, ὅστις ᾠκοδόμησεν αὐτοῦ τὴν οἰκίαν ἐπὶ τὴν ἄμμον²· **27** καὶ κατέβη ἡ βροχὴ καὶ ἦλθον οἱ ποταμοὶ καὶ ἔπνευσαν οἱ ἄνεμοι καὶ προσέκοψαν³ τῇ οἰκίᾳ ἐκείνῃ, καὶ ἔπεσεν καὶ ἦν ἡ πτῶσις⁴ αὐτῆς μεγάλη.

28 Καὶ ἐγένετο ὅτε ἐτέλεσεν⁵ ὁ Ἰησοῦς τοὺς λόγους τούτους, ἐξεπλήσσοντο⁶ οἱ ὄχλοι ἐπὶ τῇ διδαχῇ⁷ αὐτοῦ· **29** ἦν γὰρ διδάσκων αὐτοὺς ὡς ἐξουσίαν ἔχων καὶ οὐχ ὡς οἱ γραμματεῖς αὐτῶν.

The Cleansing of a Leper (Mk 1.40-45; Lk 5.12-16)

8 Καταβάντος⁸ δὲ αὐτοῦ ἀπὸ τοῦ ὄρους ἠκολούθησαν αὐτῷ ὄχλοι πολλοί. **2** καὶ ἰδοὺ λεπρὸς⁹ προσελθὼν¹⁰ προσεκύνει αὐτῷ λέγων· κύριε, ἐὰν θέλῃς δύνασαί με καθαρίσαι. **3** καὶ ἐκτείνας¹¹ τὴν χεῖρα ἥψατο¹² αὐτοῦ λέγων· θέλω, καθαρίσθητι¹³· καὶ εὐθέως ἐκαθαρίσθη αὐτοῦ ἡ λέπρα¹⁴. **4** καὶ λέγει αὐτῷ ὁ Ἰησοῦς· ὅρα μηδενὶ εἴπῃς¹⁵, ἀλλ᾽ ὕπαγε σεαυτὸν δεῖξον¹⁶ τῷ ἱερεῖ καὶ προσένεγκον¹⁷ τὸ δῶρον¹⁸ ὃ προσέταξεν¹⁹ Μωϋσῆς, εἰς μαρτύριον²⁰ αὐτοῖς.

The Healing of a Man with Leprosy (Lk 7.1-10; Jn 4.43-54)

5 Εἰσελθόντος δὲ αὐτοῦ εἰς Καφαρναοὺμ προσῆλθεν²¹ αὐτῷ ἑκατόνταρχος²² παρακαλῶν αὐτὸν **6** καὶ λέγων· κύριε, ὁ παῖς²³ μου βέβληται²⁴ ἐν τῇ οἰκίᾳ παραλυτικός²⁵, δεινῶς²⁶ βασανιζόμενος²⁷. **7** καὶ λέγει αὐτῷ· ἐγὼ ἐλθὼν θεραπεύσω αὐτόν. **8** καὶ ἀποκριθεὶς ὁ ἑκατόνταρχος ἔφη· κύριε, οὐκ εἰμὶ ἱκανὸς ἵνα μου ὑπὸ τὴν στέγην²⁸ εἰσέλθῃς²⁹, ἀλλὰ μόνον εἰπὲ³⁰ λόγῳ, καὶ ἰαθήσεται³¹ ὁ παῖς μου. **9** καὶ γὰρ ἐγὼ ἄνθρωπός εἰμι ὑπὸ ἐξουσίαν, ἔχων ὑπ᾽ ἐμαυτὸν στρατιώτας³², καὶ λέγω τούτῳ· πορεύθητι, καὶ πορεύεται, καὶ ἄλλῳ· ἔρχου, καὶ ἔρχεται, καὶ τῷ δούλῳ μου· ποίησον τοῦτο, καὶ ποιεῖ. **10** ἀκούσας δὲ ὁ Ἰησοῦς ἐθαύμασεν καὶ εἶπεν τοῖς ἀκολουθοῦσιν· ἀμὴν λέγω ὑμῖν, παρ᾽ οὐδενὶ τοσαύτην³³ πίστιν ἐν τῷ Ἰσραὴλ εὗρον³⁴.

---

1 μωρός, -ά/όν, foolish
2 ἄμμος, -ου f, sand
3 προσκόπτω 3p aor act ind, beat against
4 πτῶσις, -εως f, fall
5 τελέω 3s aor act ind, finish
6 ἐκπλήσσω 3p impf pas ind, amaze
7 διδαχή, -ῆς f, teaching
8 καταβαίνω aor act ptc m s gen, go down
9 λεπρός, -οῦ m, leper/person with a skin disease
10 προσέρχομαι aor act ptc m s nom, come/go to
11 ἐκτείνω aor act ptc m s nom, reach out
12 ἅπτω 3s aor mid ind, mid touch
13 καθαρίζω 2s aor pas impv, make clean
14 λέπρα, -ας f, leprosy/skin disease
15 λέγω 2s aor act sub, say
16 δείκνυμι 2s aor act impv, show
17 προσφέρω 2s aor act impv, give
18 δῶρον, -ου n, gift
19 προστάσσω 3s aor act ind, command
20 μαρτύριον, -ου n, evidence
21 προσέρχομαι 3s aor act ind, come/go to
22 ἑκατοντάρχης, -ου m, centurion/officer (of the Roman army)
23 παῖς, παιδός m & f, child
24 βάλλω 3s pf pas ind, throw down (β. ... παραλυτικός lie paralyzed)
25 παραλυτικός, -οῦ m, person unable to walk
26 δεινῶς, adv, terribly
27 βασανίζω pres pas ptc m s nom, torment
28 στέγη, -ης f, roof
29 εἰσέρχομαι 2s aor act sub, go in
30 λέγω 2s aor act impv, say
31 ἰάομαι 3s fut pas ind, heal
32 στρατιώτης, -ου m, soldier
33 τοσοῦτος, -αύτη/οῦτον, so much
34 εὑρίσκω 1s aor act ind, find

11 λέγω δὲ ὑμῖν ὅτι πολλοὶ ἀπὸ ἀνατολῶν[1] καὶ δυσμῶν[2] ἥξουσιν[3] καὶ ἀνακλιθήσονται[4] μετὰ Ἀβραὰμ καὶ Ἰσαὰκ καὶ Ἰακὼβ ἐν τῇ βασιλείᾳ τῶν οὐρανῶν, 12 οἱ δὲ υἱοὶ τῆς βασιλείας ἐκβληθήσονται[5] εἰς τὸ σκότος τὸ ἐξώτερον[6]· ἐκεῖ ἔσται ὁ κλαυθμὸς[7] καὶ ὁ βρυγμὸς[8] τῶν ὀδόντων[9]. 13 καὶ εἶπεν ὁ Ἰησοῦς τῷ ἑκατοντάρχῃ· ὕπαγε, ὡς ἐπίστευσας γενηθήτω[10] σοι. καὶ ἰάθη[11] ὁ παῖς [αὐτοῦ] ἐν τῇ ὥρᾳ ἐκείνῃ.

The Healing of Many People (Mk 1.29-34; Lk 4.38-41)

14 Καὶ ἐλθὼν ὁ Ἰησοῦς εἰς τὴν οἰκίαν Πέτρου εἶδεν τὴν πενθερὰν[12] αὐτοῦ βεβλημένην[13] καὶ πυρέσσουσαν[14]· 15 καὶ ἥψατο[15] τῆς χειρὸς αὐτῆς, καὶ ἀφῆκεν[16] αὐτὴν ὁ πυρετός, καὶ ἠγέρθη[17] καὶ διηκόνει αὐτῷ.

16 Ὀψίας[18] δὲ γενομένης προσήνεγκαν[19] αὐτῷ δαιμονιζομένους[20] πολλούς· καὶ ἐξέβαλεν[21] τὰ πνεύματα λόγῳ καὶ πάντας τοὺς κακῶς[22] ἔχοντας ἐθεράπευσεν, 17 ὅπως πληρωθῇ τὸ ῥηθὲν[23] διὰ Ἡσαΐου τοῦ προφήτου λέγοντος·

αὐτὸς τὰς ἀσθενείας[24] ἡμῶν ἔλαβεν
καὶ τὰς νόσους[25] ἐβάστασεν[26].

The Would-be Followers of Jesus (Lk 9.57-62)

18 Ἰδὼν δὲ ὁ Ἰησοῦς ὄχλον περὶ αὐτὸν ἐκέλευσεν[27] ἀπελθεῖν[28] εἰς τὸ πέραν[29]. 19 καὶ προσελθὼν[30] εἷς γραμματεὺς εἶπεν αὐτῷ· διδάσκαλε, ἀκολουθήσω σοι ὅπου ἐὰν ἀπέρχῃ. 20 καὶ λέγει αὐτῷ ὁ Ἰησοῦς· αἱ ἀλώπεκες[31] φωλεοὺς[32] ἔχουσιν καὶ τὰ πετεινὰ[33] τοῦ οὐρανοῦ κατασκηνώσεις[34], ὁ δὲ υἱὸς τοῦ ἀνθρώπου οὐκ ἔχει ποῦ τὴν κεφαλὴν κλίνῃ[35]. 21 ἕτερος δὲ τῶν μαθητῶν [αὐτοῦ] εἶπεν αὐτῷ· κύριε, ἐπίτρεψόν[36] μοι πρῶτον ἀπελθεῖν[37] καὶ θάψαι[38] τὸν πατέρα μου. 22 ὁ δὲ Ἰησοῦς λέγει αὐτῷ· ἀκολούθει μοι καὶ ἄφες[39] τοὺς νεκροὺς θάψαι τοὺς ἑαυτῶν νεκρούς.

---

[1] ἀνατολή, -ῆς f, pl east
[2] δυσμή, -ῆς f, pl west
[3] ἥκω 3p fut act ind, come
[4] ἀνακλίνω 3p fut pas ind, pas sit at table
[5] ἐκβάλλω 3p fut pas ind, throw out
[6] ἐξώτερος, outer (comp)
[7] κλαυθμός, -οῦ m, bitter crying
[8] βρυγμός, -οῦ m, gritting
[9] ὀδούς, ὀδόντος m, tooth
[10] γίνομαι 3s aor pas impv, happen
[11] ἰάομαι 3s aor pas ind, heal
[12] πενθερά, -ᾶς f, mother-in-law
[13] βάλλω pf pas ptc f s acc, pf pas ptc lie (down)
[14] πυρέσσω pres act ptc f s acc, be sick with fever
[15] ἅπτω 3s aor mid ind, mid touch
[16] ἀφίημι 3s aor act ind, leave
[17] ἐγείρω 3s aor pas ind, intrans pas get up
[18] ὄψιος, -α/ον, late (ἡ ὀψία f, evening)
[19] προσφέρω 3p aor act ind, bring
[20] δαιμονίζομαι pres pas ptc m p acc, be demon possessed
[21] ἐκβάλλω 3s aor act ind, force out
[22] κακῶς, adv, badly (κ. ἔχω be sick)
[23] λέγω aor pas ptc n s nom, say
[24] ἀσθένεια, -ας f, illness
[25] νόσος, -ου f, disease
[26] βαστάζω 3s aor act ind, bear
[27] κελεύω 3s aor act ind, give orders
[28] ἀπέρχομαι aor act inf, go
[29] πέραν, prep + gen across (τὸ π. the other side)
[30] προσέρχομαι aor act ptc m s nom, come/go to
[31] ἀλώπηξ, -εκος f, fox
[32] φωλεός, -οῦ m, hole/den
[33] πετεινόν, -οῦ n, bird
[34] κατασκήνωσις, -εως f, nest
[35] κλίνω 3s pres act sub, lay
[36] ἐπιτρέπω 2s aor act impv, let
[37] ἀπέρχομαι aor act inf, go
[38] θάπτω aor act inf, bury
[39] ἀφίημι 2s aor act impv, let

The Calming of a Storm (Mk 4.35-41; Lk 8.22-25)

23 Καὶ ἐμβάντι¹ αὐτῷ εἰς τὸ πλοῖον ἠκολούθησαν αὐτῷ οἱ μαθηταὶ αὐτοῦ. 24 καὶ ἰδοὺ σεισμὸς² μέγας ἐγένετο ἐν τῇ θαλάσσῃ, ὥστε τὸ πλοῖον καλύπτεσθαι³ ὑπὸ τῶν κυμάτων⁴, αὐτὸς δὲ ἐκάθευδεν⁵. 25 καὶ προσελθόντες⁶ ἤγειραν⁷ αὐτὸν λέγοντες· κύριε, σῶσον, ἀπολλύμεθα⁸. 26 καὶ λέγει αὐτοῖς· τί δειλοί⁹ ἐστε, ὀλιγόπιστοι¹⁰; τότε ἐγερθεὶς¹¹ ἐπετίμησεν¹² τοῖς ἀνέμοις καὶ τῇ θαλάσσῃ, καὶ ἐγένετο γαλήνη¹³ μεγάλη. 27 οἱ δὲ ἄνθρωποι ἐθαύμασαν λέγοντες· ποταπός¹⁴ ἐστιν οὗτος ὅτι καὶ οἱ ἄνεμοι καὶ ἡ θάλασσα αὐτῷ ὑπακούουσιν¹⁵;

The Demons and the Pigs (Mk 5.1-20; Lk 8.26-39)

28 Καὶ ἐλθόντος αὐτοῦ εἰς τὸ πέραν¹⁶ εἰς τὴν χώραν¹⁷ τῶν Γαδαρηνῶν ὑπήντησαν¹⁸ αὐτῷ δύο δαιμονιζόμενοι¹⁹ ἐκ τῶν μνημείων ἐξερχόμενοι, χαλεποὶ²⁰ λίαν²¹, ὥστε μὴ ἰσχύειν²² τινὰ παρελθεῖν²³ διὰ τῆς ὁδοῦ ἐκείνης. 29 καὶ ἰδοὺ ἔκραξαν λέγοντες· τί ἡμῖν καὶ σοί, υἱὲ τοῦ θεοῦ; ἦλθες ὧδε πρὸ καιροῦ βασανίσαι²⁴ ἡμᾶς; 30 ἦν δὲ μακρὰν²⁵ ἀπ' αὐτῶν ἀγέλη²⁶ χοίρων²⁷ πολλῶν βοσκομένη²⁸. 31 οἱ δὲ δαίμονες²⁹ παρεκάλουν αὐτὸν λέγοντες· εἰ ἐκβάλλεις ἡμᾶς, ἀπόστειλον³⁰ ἡμᾶς εἰς τὴν ἀγέλην τῶν χοίρων. 32 καὶ εἶπεν αὐτοῖς· ὑπάγετε. οἱ δὲ ἐξελθόντες ἀπῆλθον εἰς τοὺς χοίρους· καὶ ἰδοὺ ὥρμησεν³¹ πᾶσα ἡ ἀγέλη κατὰ τοῦ κρημνοῦ³² εἰς τὴν θάλασσαν καὶ ἀπέθανον ἐν τοῖς ὕδασιν. 33 οἱ δὲ βόσκοντες³³ ἔφυγον³⁴, καὶ ἀπελθόντες εἰς τὴν πόλιν ἀπήγγειλαν³⁵ πάντα καὶ τὰ τῶν δαιμονιζομένων. 34 καὶ ἰδοὺ πᾶσα ἡ πόλις ἐξῆλθεν εἰς ὑπάντησιν³⁶ τῷ Ἰησοῦ καὶ ἰδόντες αὐτὸν παρεκάλεσαν ὅπως μεταβῇ³⁷ ἀπὸ τῶν ὁρίων³⁸ αὐτῶν.

---

1 ἐμβαίνω *aor act ptc m s dat*, get into
2 σεισμός, -οῦ *m*, storm
3 καλύπτω *pres pas inf*, cover
4 κῦμα, -τος *n*, wave
5 καθεύδω *3s impf act ind*, sleep
6 προσέρχομαι *aor act ptc m p nom*, come/go to
7 ἐγείρω *3p aor act ind*, wake
8 ἀπόλλυμι *1p pres mid ind*, mid die/drown
9 δειλός, -ή/όν, afraid
10 ὀλιγόπιστος, -ον, of little faith
11 ἐγείρω *aor pas ptc m s nom*, intrans pas get up
12 ἐπιτιμάω *3s aor act ind*, rebuke
13 γαλήνη, -ης *f*, calm
14 ποταπός, -ή/όν, what kind of
15 ὑπακούω *3p pres act ind*, obey
16 πέραν, *prep + gen*, across (τὸ π. the other side)
17 χώρα, -ας *f*, region
18 ὑπαντάω *3p aor act ind*, meet
19 δαιμονίζομαι *pres pas ptc m p nom*, be demon possessed
20 χαλεπός, -ή/όν, fierce
21 λίαν, *adv*, very
22 ἰσχύω *pres act inf*, be able
23 παρέρχομαι *aor act inf*, pass
24 βασανίζω *aor act inf*, punish/torture
25 μακράν, *adv*, at some distance
26 ἀγέλη, -ης *f*, herd
27 χοῖρος, -ου *m*, pig
28 βόσκω *pres pas ptc f s nom*, *pas* feed
29 δαίμων, -ονος *m*, demon
30 ἀποστέλλω *2s aor act impv*, send
31 ὁρμάω *3s aor act ind*, rush
32 κρημνός, -οῦ *m*, steep bank
33 βόσκω *pres act ptc m p nom*, tend
34 φεύγω *3p aor act ind*, run away
35 ἀπαγγέλλω *3p aor act ind*, tell
36 ὑπάντησις, -εως *f*, meeting
37 μεταβαίνω *3s aor act sub*, leave
38 ὅριον, -ου *n*, region

The Healing of a Paralysed Man (Mk 2.1-12; Lk 5.17-26)

9 Καὶ ἐμβὰς¹ εἰς πλοῖον διεπέρασεν² καὶ ἦλθεν εἰς τὴν ἰδίαν πόλιν. 2 Καὶ ἰδοὺ προσέφερον αὐτῷ παραλυτικὸν³ ἐπὶ κλίνης⁴ βεβλημένον⁵. καὶ ἰδὼν ὁ Ἰησοῦς τὴν πίστιν αὐτῶν εἶπεν τῷ παραλυτικῷ· θάρσει⁶, τέκνον, ἀφίενταί⁷ σου αἱ ἁμαρτίαι. 3 καὶ ἰδού τινες τῶν γραμματέων εἶπαν ἐν ἑαυτοῖς· οὗτος βλασφημεῖ. 4 καὶ ἰδὼν ὁ Ἰησοῦς τὰς ἐνθυμήσεις⁸ αὐτῶν εἶπεν· ἱνατί⁹ ἐνθυμεῖσθε¹⁰ πονηρὰ ἐν ταῖς καρδίαις ὑμῶν; 5 τί γάρ ἐστιν εὐκοπώτερον¹¹, εἰπεῖν· ἀφίενταί σου αἱ ἁμαρτίαι, ἢ εἰπεῖν· ἔγειρε καὶ περιπάτει; 6 ἵνα δὲ εἰδῆτε¹² ὅτι ἐξουσίαν ἔχει ὁ υἱὸς τοῦ ἀνθρώπου ἐπὶ τῆς γῆς ἀφιέναι ἁμαρτίας – τότε λέγει τῷ παραλυτικῷ· ἐγερθεὶς¹³ ἄρόν¹⁴ σου τὴν κλίνην καὶ ὕπαγε εἰς τὸν οἶκόν σου. 7 καὶ ἐγερθεὶς ἀπῆλθεν εἰς τὸν οἶκον αὐτοῦ. 8 ἰδόντες δὲ οἱ ὄχλοι ἐφοβήθησαν καὶ ἐδόξασαν τὸν θεὸν τὸν δόντα¹⁵ ἐξουσίαν τοιαύτην τοῖς ἀνθρώποις.

The Calling of Matthew (Mk 2.13-17; Lk 5.27-32)

9 Καὶ παράγων¹⁶ ὁ Ἰησοῦς ἐκεῖθεν¹⁷ εἶδεν ἄνθρωπον καθήμενον ἐπὶ τὸ τελώνιον¹⁸, Μαθθαῖον λεγόμενον, καὶ λέγει αὐτῷ· ἀκολούθει μοι. καὶ ἀναστὰς¹⁹ ἠκολούθησεν αὐτῷ.

10 Καὶ ἐγένετο αὐτοῦ ἀνακειμένου²⁰ ἐν τῇ οἰκίᾳ, καὶ ἰδοὺ πολλοὶ τελῶναι²¹ καὶ ἁμαρτωλοὶ ἐλθόντες συνανέκειντο²² τῷ Ἰησοῦ καὶ τοῖς μαθηταῖς αὐτοῦ. 11 καὶ ἰδόντες οἱ Φαρισαῖοι ἔλεγον τοῖς μαθηταῖς αὐτοῦ· διὰ τί μετὰ τῶν τελωνῶν καὶ ἁμαρτωλῶν ἐσθίει ὁ διδάσκαλος ὑμῶν; 12 ὁ δὲ ἀκούσας εἶπεν· οὐ χρείαν ἔχουσιν οἱ ἰσχύοντες²³ ἰατροῦ²⁴ ἀλλ᾽ οἱ κακῶς²⁵ ἔχοντες. 13 πορευθέντες δὲ μάθετε²⁶ τί ἐστιν· ἔλεος²⁷ θέλω καὶ οὐ θυσίαν²⁸· οὐ γὰρ ἦλθον καλέσαι δικαίους ἀλλ᾽ ἁμαρτωλούς.

The Question about Fasting (Mk 2.18-22; Lk 5.33-39)

14 Τότε προσέρχονται αὐτῷ οἱ μαθηταὶ Ἰωάννου λέγοντες· διὰ τί ἡμεῖς καὶ οἱ Φαρισαῖοι νηστεύομεν²⁹ [πολλά], οἱ δὲ μαθηταί σου οὐ νηστεύουσιν; 15 καὶ εἶπεν

---

¹ ἐμβαίνω aor act ptc m s nom, get into
² διαπεράω 3s aor act ind, cross over
³ παραλυτικός, -οῦ m, person unable to walk
⁴ κλίνη, -ης f, mat
⁵ βάλλω pf pas ptc m s acc, pf pas ptc lie (down)
⁶ θαρσέω 2s pres act impv, Cheer up!
⁷ ἀφίημι 3p pres pas ind, forgive
⁸ ἐνθύμησις, -εως f, thought
⁹ ἱνατί, why?
¹⁰ ἐνθυμέομαι 2p pres mid ind, think
¹¹ εὔκοπος, easy (comp)
¹² οἶδα 2p pf act sub, know
¹³ ἐγείρω aor pas ptc m s nom, intrans pas get up
¹⁴ αἴρω 2s aor act impv, take up
¹⁵ δίδωμι aor act ptc m s acc, give
¹⁶ παράγω pres act ptc m s nom, leave
¹⁷ ἐκεῖθεν, adv, from there
¹⁸ τελώνιον, -ου n, tax office
¹⁹ ἀνίστημι aor act ptc m s nom, get up
²⁰ ἀνάκειμαι pres mid ptc m s gen, be seated at table
²¹ τελώνης, -ου m, tax collector
²² συνανάκειμαι 3p impf mid ind, sit (for a meal) with
²³ ἰσχύω pres act ptc m p nom, be well
²⁴ ἰατρός, -οῦ m, doctor
²⁵ κακῶς, adv, badly (κ. ἔχω be sick)
²⁶ μανθάνω 2p aor act impv, learn
²⁷ ἔλεος, -ους n, mercy
²⁸ θυσία, -ας f, sacrifice
²⁹ νηστεύω 1p pres act ind, fast

αὐτοῖς ὁ Ἰησοῦς· μὴ δύνανται οἱ υἱοὶ τοῦ νυμφῶνος[1] πενθεῖν[2] ἐφ' ὅσον μετ' αὐτῶν ἐστιν ὁ νυμφίος[3]; ἐλεύσονται[4] δὲ ἡμέραι ὅταν ἀπαρθῇ[5] ἀπ' αὐτῶν ὁ νυμφίος, καὶ τότε νηστεύσουσιν. **16** οὐδεὶς δὲ ἐπιβάλλει[6] ἐπίβλημα[7] ῥάκους[8] ἀγνάφου[9] ἐπὶ ἱματίῳ παλαιῷ[10]· αἴρει γὰρ τὸ πλήρωμα[11] αὐτοῦ ἀπὸ τοῦ ἱματίου καὶ χεῖρον[12] σχίσμα[13] γίνεται. **17** οὐδὲ βάλλουσιν οἶνον νέον[14] εἰς ἀσκοὺς[15] παλαιούς· εἰ δὲ μή γε[16], ῥήγνυνται[17] οἱ ἀσκοὶ καὶ ὁ οἶνος ἐκχεῖται[18] καὶ οἱ ἀσκοὶ ἀπόλλυνται· ἀλλὰ βάλλουσιν οἶνον νέον εἰς ἀσκοὺς καινούς, καὶ ἀμφότεροι[19] συντηροῦνται[20].

The Ruler's Daughter and the Woman Who Touched Jesus' Garment (Mk 5.21-43; Lk 8.40-56)

18 Ταῦτα αὐτοῦ λαλοῦντος αὐτοῖς, ἰδοὺ ἄρχων εἷς ἐλθὼν προσεκύνει αὐτῷ λέγων ὅτι ἡ θυγάτηρ[21] μου ἄρτι ἐτελεύτησεν[22]· ἀλλ' ἐλθὼν ἐπίθες[23] τὴν χεῖρά σου ἐπ' αὐτήν, καὶ ζήσεται[24]. **19** καὶ ἐγερθεὶς[25] ὁ Ἰησοῦς ἠκολούθησεν αὐτῷ καὶ οἱ μαθηταὶ αὐτοῦ.

20 Καὶ ἰδοὺ γυνὴ αἱμορροοῦσα[26] δώδεκα ἔτη προσελθοῦσα[27] ὄπισθεν[28] ἥψατο[29] τοῦ κρασπέδου[30] τοῦ ἱματίου αὐτοῦ· **21** ἔλεγεν γὰρ ἐν ἑαυτῇ· ἐὰν μόνον ἅψωμαι τοῦ ἱματίου αὐτοῦ σωθήσομαι[31]. **22** ὁ δὲ Ἰησοῦς στραφεὶς[32] καὶ ἰδὼν αὐτὴν εἶπεν· θάρσει[33], θύγατερ· ἡ πίστις σου σέσωκέν σε. καὶ ἐσώθη ἡ γυνὴ ἀπὸ τῆς ὥρας ἐκείνης.

23 Καὶ ἐλθὼν ὁ Ἰησοῦς εἰς τὴν οἰκίαν τοῦ ἄρχοντος καὶ ἰδὼν τοὺς αὐλητὰς[34] καὶ τὸν ὄχλον θορυβούμενον[35] **24** ἔλεγεν· ἀναχωρεῖτε[36], οὐ γὰρ ἀπέθανεν τὸ κοράσιον[37] ἀλλὰ καθεύδει[38]. καὶ κατεγέλων[39] αὐτοῦ. **25** ὅτε δὲ ἐξεβλήθη[40] ὁ ὄχλος

---

[1] νυμφών, -ῶνος m, wedding hall (οἱ υἱοὶ τοῦ v. wedding guests)
[2] πενθέω pres act inf, be sad
[3] νυμφίος, -ου m, bridegroom
[4] ἔρχομαι 3p fut mid ind, come
[5] ἀπαίρω 3s aor pas sub, take away
[6] ἐπιβάλλω 3s pres act ind, sew on
[7] ἐπίβλημα, -τος n, piece
[8] ῥάκος, -ους n, cloth
[9] ἄγναφος, -ον, new/unshrunken
[10] παλαιός, -ά/όν, old
[11] πλήρωμα, -τος n, patch
[12] χείρων, worse (comp of κακός)
[13] σχίσμα, -τος n, tear (of cloth)
[14] νέος, -α/ον, new
[15] ἀσκός, -οῦ m, wineskin
[16] γέ, emphatic particle
[17] ῥήγνυμι/ῥήσσω 3p pres pas ind, pas burst
[18] ἐκχέω 3s pres pas ind, spill out
[19] ἀμφότεροι, -αι/α, both
[20] συντηρέω 3p pres pas ind, keep safe
[21] θυγάτηρ, -τρός f, daughter
[22] τελευτάω 3s aor act ind, die
[23] ἐπιτίθημι 2s aor act impv, place
[24] ζάω 3s fut mid ind, live
[25] ἐγείρω aor pas ptc m s nom, intrans pas get up
[26] αἱμορροέω pres act ptc f s nom, suffer chronic bleeding
[27] προσέρχομαι aor act ptc f s nom, come/go to
[28] ὄπισθεν, adv, behind
[29] ἅπτω 3s aor mid ind, mid touch
[30] κράσπεδον, -ου n, edge
[31] σώζω 1s fut pas ind, make well
[32] στρέφω aor pas ptc m s nom, intrans pas turn
[33] θαρσέω 2s pres act impv, Cheer up!
[34] αὐλητής, -οῦ m, flute player
[35] θορυβέω pres pas ptc m s acc, pas be in an uproar
[36] ἀναχωρέω 2p pres act impv, go
[37] κοράσιον, -ου n, girl
[38] καθεύδω 3s pres act ind, sleep
[39] καταγελάω 3p impf act ind, laugh at
[40] ἐκβάλλω 3s aor pas ind, send out

εἰσελθὼν ἐκράτησεν τῆς χειρὸς αὐτῆς, καὶ ἠγέρθη[1] τὸ κοράσιον. **26** καὶ ἐξῆλθεν ἡ φήμη[2] αὕτη εἰς ὅλην τὴν γῆν ἐκείνην.

The Healing of Two Blind Men

27 Καὶ παράγοντι[3] ἐκεῖθεν[4] τῷ Ἰησοῦ ἠκολούθησαν [αὐτῷ] δύο τυφλοὶ κράζοντες καὶ λέγοντες· ἐλέησον[5] ἡμᾶς, υἱὸς Δαυίδ. **28** ἐλθόντι δὲ εἰς τὴν οἰκίαν προσῆλθον[6] αὐτῷ οἱ τυφλοί, καὶ λέγει αὐτοῖς ὁ Ἰησοῦς· πιστεύετε ὅτι δύναμαι τοῦτο ποιῆσαι; λέγουσιν αὐτῷ· ναὶ κύριε. **29** τότε ἥψατο[7] τῶν ὀφθαλμῶν αὐτῶν λέγων· κατὰ τὴν πίστιν ὑμῶν γενηθήτω[8] ὑμῖν. **30** καὶ ἠνεῴχθησαν[9] αὐτῶν οἱ ὀφθαλμοί. καὶ ἐνεβριμήθη[10] αὐτοῖς ὁ Ἰησοῦς λέγων· ὁρᾶτε μηδεὶς γινωσκέτω. **31** οἱ δὲ ἐξελθόντες διεφήμισαν[11] αὐτὸν ἐν ὅλῃ τῇ γῇ ἐκείνῃ.

The Healing of a Mute Man

32 Αὐτῶν δὲ ἐξερχομένων ἰδοὺ προσήνεγκαν[12] αὐτῷ ἄνθρωπον κωφὸν[13] δαιμονιζόμενον[14]. **33** καὶ ἐκβληθέντος[15] τοῦ δαιμονίου ἐλάλησεν ὁ κωφός. καὶ ἐθαύμασαν οἱ ὄχλοι λέγοντες· οὐδέποτε[16] ἐφάνη[17] οὕτως ἐν τῷ Ἰσραήλ. **34** οἱ δὲ Φαρισαῖοι ἔλεγον· ἐν τῷ ἄρχοντι τῶν δαιμονίων ἐκβάλλει τὰ δαιμόνια.

The Compassion of Jesus

35 Καὶ περιῆγεν[18] ὁ Ἰησοῦς τὰς πόλεις πάσας καὶ τὰς κώμας[19] διδάσκων ἐν ταῖς συναγωγαῖς αὐτῶν καὶ κηρύσσων τὸ εὐαγγέλιον τῆς βασιλείας καὶ θεραπεύων πᾶσαν νόσον[20] καὶ πᾶσαν μαλακίαν[21]. **36** Ἰδὼν δὲ τοὺς ὄχλους ἐσπλαγχνίσθη[22] περὶ αὐτῶν, ὅτι ἦσαν ἐσκυλμένοι[23] καὶ ἐρριμμένοι[24] ὡσεὶ[25] πρόβατα μὴ ἔχοντα ποιμένα.[26] **37** τότε λέγει τοῖς μαθηταῖς αὐτοῦ· ὁ μὲν θερισμὸς[27] πολύς, οἱ δὲ ἐργάται[28] ὀλίγοι· **38** δεήθητε[29] οὖν τοῦ κυρίου τοῦ θερισμοῦ ὅπως ἐκβάλῃ[30] ἐργάτας εἰς τὸν θερισμὸν αὐτοῦ.

[1] ἐγείρω 3s aor pas ind, intrans pas get up
[2] φήμη, -ης f, news
[3] παράγω pres act ptc m s dat, leave
[4] ἐκεῖθεν, adv, from there
[5] ἐλεέω/ἐλεάω 2s aor act impv, have mercy on
[6] προσέρχομαι 3p aor act ind, come/go to
[7] ἅπτω 3s aor mid ind, mid touch
[8] γίνομαι 3s aor pas impv, happen
[9] ἀνοίγω 3p aor pas ind, open
[10] ἐμβριμάομαι 3s aor pas ind, strictly warn
[11] διαφημίζω 3p aor act ind, spread around
[12] προσφέρω 3p aor act ind, bring
[13] κωφός, -ή/όν, unable to talk
[14] δαιμονίζομαι pres pas ptc m s acc, be demon possessed
[15] ἐκβάλλω aor pas ptc n s gen, force out
[16] οὐδέποτε, adv, never
[17] φαίνω 3s aor pas ind, pas be seen
[18] περιάγω 3s impf act ind, go around
[19] κώμη, -ης f, village
[20] νόσος, -ου f, disease
[21] μαλακία, -ας f, sickness
[22] σπλαγχνίζομαι 3s aor pas ind, have pity
[23] σκύλλω pf pas ptc m p nom, pf pas ptc exhausted
[24] ῥίπτω pf pas ptc m p nom, throw down (ἐρριμμένοι helpless)
[25] ὡσεί, particle of comparison, like/as
[26] ποιμήν, -ένος m, shepherd
[27] θερισμός, -οῦ m, harvest
[28] ἐργάτης, -ου m, worker
[29] δέομαι 2p aor pas impv, pray
[30] ἐκβάλλω 3s aor act sub, send out

The Mission of the Twelve (Mk 3.13-19; Lk 6.12-16)

10 Καὶ προσκαλεσάμενος¹ τοὺς δώδεκα μαθητὰς αὐτοῦ ἔδωκεν αὐτοῖς ἐξουσίαν πνευμάτων ἀκαθάρτων ὥστε ἐκβάλλειν αὐτὰ καὶ θεραπεύειν πᾶσαν νόσον² καὶ πᾶσαν μαλακίαν³.

2 Τῶν δὲ δώδεκα ἀποστόλων τὰ ὀνόματά ἐστιν ταῦτα· πρῶτος Σίμων ὁ λεγόμενος Πέτρος καὶ Ἀνδρέας ὁ ἀδελφὸς αὐτοῦ, καὶ Ἰάκωβος ὁ τοῦ Ζεβεδαίου καὶ Ἰωάννης ὁ ἀδελφὸς αὐτοῦ, **3** Φίλιππος καὶ Βαρθολομαῖος, Θωμᾶς καὶ Μαθθαῖος ὁ τελώνης⁴, Ἰάκωβος ὁ τοῦ Ἁλφαίου καὶ Θαδδαῖος, **4** Σίμων ὁ Καναναῖος⁵ καὶ Ἰούδας ὁ Ἰσκαριώτης ὁ καὶ παραδοὺς⁶ αὐτόν.

The Commissioning of the Twelve (Mk 6.7-13; Lk 9.1-6)

5 Τούτους τοὺς δώδεκα ἀπέστειλεν ὁ Ἰησοῦς παραγγείλας⁷ αὐτοῖς λέγων· εἰς ὁδὸν ἐθνῶν μὴ ἀπέλθητε⁸ καὶ εἰς πόλιν Σαμαριτῶν μὴ εἰσέλθητε⁹· **6** πορεύεσθε δὲ μᾶλλον πρὸς τὰ πρόβατα τὰ ἀπολωλότα¹⁰ οἴκου Ἰσραήλ. **7** πορευόμενοι δὲ κηρύσσετε λέγοντες ὅτι ἤγγικεν¹¹ ἡ βασιλεία τῶν οὐρανῶν. **8** ἀσθενοῦντας θεραπεύετε, νεκροὺς ἐγείρετε, λεπροὺς¹² καθαρίζετε, δαιμόνια ἐκβάλλετε· δωρεὰν¹³ ἐλάβετε, δωρεὰν δότε¹⁴. **9** μὴ κτήσησθε¹⁵ χρυσὸν¹⁶ μηδὲ ἄργυρον¹⁷ μηδὲ χαλκὸν¹⁸ εἰς τὰς ζώνας¹⁹ ὑμῶν, **10** μὴ πήραν²⁰ εἰς ὁδὸν μηδὲ δύο χιτῶνας²¹ μηδὲ ὑποδήματα²² μηδὲ ῥάβδον²³· ἄξιος γὰρ ὁ ἐργάτης²⁴ τῆς τροφῆς²⁵ αὐτοῦ. **11** εἰς ἣν δ' ἂν πόλιν ἢ κώμην²⁶ εἰσέλθητε²⁷, ἐξετάσατε²⁸ τίς ἐν αὐτῇ ἄξιός ἐστιν· κἀκεῖ²⁹ μείνατε³⁰ ἕως ἂν ἐξέλθητε³¹. **12** εἰσερχόμενοι δὲ εἰς τὴν οἰκίαν ἀσπάσασθε αὐτήν· **13** καὶ ἐὰν μὲν ᾖ ἡ οἰκία ἀξία, ἐλθάτω³² ἡ εἰρήνη ὑμῶν ἐπ' αὐτήν, ἐὰν δὲ μὴ ᾖ ἀξία, ἡ εἰρήνη ὑμῶν πρὸς ὑμᾶς ἐπιστραφήτω³³. **14** καὶ ὃς ἂν μὴ δέξηται ὑμᾶς μηδὲ ἀκούσῃ τοὺς λόγους ὑμῶν,

---

¹ προσκαλέομαι *aor mid ptc m s nom*, call to oneself
² νόσος, -ου *f*, disease
³ μαλακία, -ας *f*, sickness
⁴ τελώνης, -ου *m*, tax-collector
⁵ Καναναῖος, -ου *m*, Cananaean (probably Zealot, member of a Jewish nationalistic sect)
⁶ παραδίδωμι *aor act ptc m s nom*, betray
⁷ παραγγέλλω *aor act ptc m s nom*, command
⁸ ἀπέρχομαι *2p aor act sub*, go
⁹ εἰσέρχομαι *2p aor act sub*, go in/into
¹⁰ ἀπόλλυμι *pf act ptc n p acc*, be lost
¹¹ ἐγγίζω *3s pf act ind*, come near
¹² λεπρός, -οῦ *m*, leper/person with a skin disease
¹³ δωρεάν, *adv*, without cost
¹⁴ δίδωμι *2p aor act impv*, give
¹⁵ κτάομαι *2p aor mid sub*, take (along)
¹⁶ χρυσός, -οῦ *m*, gold coin
¹⁷ ἄργυρος, -ου *m*, silver coin
¹⁸ χαλκός, -οῦ *m*, copper coin
¹⁹ ζώνη, -ης *f*, money belt
²⁰ πήρα, -ας *f*, bag (either a traveler's bag or a money bag)
²¹ χιτών, -ῶνος *m*, shirt (generally of the garment worn next to the skin)
²² ὑπόδημα, -τος *n*, sandal
²³ ῥάβδος, -ου *f*, walking stick
²⁴ ἐργάτης, -ου *m*, worker
²⁵ τροφή, -ῆς *f*, food
²⁶ κώμη, -ης *f*, village
²⁷ εἰσέρχομαι *2p aor act sub*, go in
²⁸ ἐξετάζω *2p aor act impv*, find
²⁹ κἀκεῖ, = καὶ ἐκεῖ, and there
³⁰ μένω *2p aor act impv*, stay
³¹ ἐξέρχομαι *2p aor act sub*, leave
³² ἔρχομαι *3s aor act impv*, rest
³³ ἐπιστρέφω *3s aor pas impv*, come back

ἐξερχόμενοι ἔξω τῆς οἰκίας ἢ τῆς πόλεως ἐκείνης ἐκτινάξατε¹ τὸν κονιορτὸν² τῶν ποδῶν ὑμῶν. **15** ἀμὴν λέγω ὑμῖν, ἀνεκτότερον³ ἔσται γῇ Σοδόμων καὶ Γομόρρων ἐν ἡμέρᾳ κρίσεως ἢ τῇ πόλει ἐκείνῃ.

Coming Persecutions (Mk 13.9-13; Lk 21.12-17)

16 Ἰδοὺ ἐγὼ ἀποστέλλω ὑμᾶς ὡς πρόβατα ἐν μέσῳ λύκων⁴· γίνεσθε οὖν φρόνιμοι⁵ ὡς οἱ ὄφεις⁶ καὶ ἀκέραιοι⁷ ὡς αἱ περιστεραί⁸.

17 Προσέχετε⁹ δὲ ἀπὸ τῶν ἀνθρώπων· παραδώσουσιν¹⁰ γὰρ ὑμᾶς εἰς συνέδρια¹¹ καὶ ἐν ταῖς συναγωγαῖς αὐτῶν μαστιγώσουσιν¹² ὑμᾶς· **18** καὶ ἐπὶ ἡγεμόνας¹³ δὲ καὶ βασιλεῖς ἀχθήσεσθε¹⁴ ἕνεκεν¹⁵ ἐμοῦ εἰς μαρτύριον¹⁶ αὐτοῖς καὶ τοῖς ἔθνεσιν. **19** ὅταν δὲ παραδῶσιν¹⁷ ὑμᾶς, μὴ μεριμνήσητε¹⁸ πῶς ἢ τί λαλήσητε· δοθήσεται¹⁹ γὰρ ὑμῖν ἐν ἐκείνῃ τῇ ὥρᾳ τί λαλήσητε· **20** οὐ γὰρ ὑμεῖς ἐστε οἱ λαλοῦντες ἀλλὰ τὸ πνεῦμα τοῦ πατρὸς ὑμῶν τὸ λαλοῦν ἐν ὑμῖν.

21 Παραδώσει²⁰ δὲ ἀδελφὸς ἀδελφὸν εἰς θάνατον καὶ πατὴρ τέκνον, καὶ ἐπαναστήσονται²¹ τέκνα ἐπὶ γονεῖς²² καὶ θανατώσουσιν²³ αὐτούς. **22** καὶ ἔσεσθε²⁴ μισούμενοι ὑπὸ πάντων διὰ τὸ ὄνομά μου· ὁ δὲ ὑπομείνας²⁵ εἰς τέλος οὗτος σωθήσεται.

23 Ὅταν δὲ διώκωσιν ὑμᾶς ἐν τῇ πόλει ταύτῃ, φεύγετε²⁶ εἰς τὴν ἑτέραν· ἀμὴν γὰρ λέγω ὑμῖν, οὐ μὴ τελέσητε²⁷ τὰς πόλεις τοῦ Ἰσραὴλ ἕως ἂν ἔλθῃ²⁸ ὁ υἱὸς τοῦ ἀνθρώπου.

24 Οὐκ ἔστιν μαθητὴς ὑπὲρ τὸν διδάσκαλον οὐδὲ δοῦλος ὑπὲρ τὸν κύριον αὐτοῦ. **25** ἀρκετὸν²⁹ τῷ μαθητῇ ἵνα γένηται ὡς ὁ διδάσκαλος αὐτοῦ καὶ ὁ δοῦλος ὡς ὁ κύριος αὐτοῦ. εἰ τὸν οἰκοδεσπότην³⁰ Βεελζεβοὺλ ἐπεκάλεσαν³¹, πόσῳ³² μᾶλλον τοὺς οἰκιακοὺς³³ αὐτοῦ.

---

[1] ἐκτινάσσω 2p aor act impv, shake off
[2] κονιορτός, -οῦ m, dust
[3] ἀνεκτός, easy (comp)
[4] λύκος, -ου m, wolf
[5] φρόνιμος, -ον, wise
[6] ὄφις, -εως m, snake
[7] ἀκέραιος, -ον, innocent
[8] περιστερά, -ᾶς f, dove/pigeon
[9] προσέχω 2p pres act impv, watch out (for)
[10] παραδίδωμι 3p fut act ind, hand over
[11] συνέδριον, -ου n, council/Sanhedrin
[12] μαστιγόω 3p fut act ind, beat with a whip
[13] ἡγεμών, -όνος m, ruler
[14] ἄγω 2p fut pas ind, bring
[15] ἕνεκα, prep + gen, because of
[16] μαρτύριον, -ου n, witness
[17] παραδίδωμι 3p aor act sub, arrest/hand over
[18] μεριμνάω 2p aor act sub, worry about
[19] δίδωμι 3s fut pas ind, give
[20] παραδίδωμι 3s fut act ind, betray/hand over
[21] ἐπανίστημι 3p fut mid ind, turn against
[22] γονεύς, -έως m, parent
[23] θανατόω 3p fut act ind, (have someone) put to death
[24] εἰμί 2p fut mid ind, be
[25] ὑπομένω aor act ptc m s nom, remain faithful
[26] φεύγω 2p pres act impv, run
[27] τελέω 2p aor act sub, finish (going through)
[28] ἔρχομαι 3s aor act sub, come
[29] ἀρκετός, -ή/όν, (it is) enough
[30] οἰκοδεσπότης, -ου m, head of a family
[31] ἐπικαλέω 3p aor act ind, call
[32] πόσος, -η/ον, how much
[33] οἰκιακός, -οῦ m, family member

Whom to Fear (Lk 12.2-7)

26 Μὴ οὖν φοβηθῆτε αὐτούς· οὐδὲν γάρ ἐστιν κεκαλυμμένον¹ ὃ οὐκ ἀποκαλυφθήσεται² καὶ κρυπτὸν³ ὃ οὐ γνωσθήσεται. **27** ὃ λέγω ὑμῖν ἐν τῇ σκοτίᾳ⁴ εἴπατε⁵ ἐν τῷ φωτί, καὶ ὃ εἰς τὸ οὖς ἀκούετε κηρύξατε ἐπὶ τῶν δωμάτων⁶. **28** καὶ μὴ φοβεῖσθε ἀπὸ τῶν ἀποκτεννόντων⁷ τὸ σῶμα, τὴν δὲ ψυχὴν μὴ δυναμένων ἀποκτεῖναι· φοβεῖσθε δὲ μᾶλλον τὸν δυνάμενον καὶ ψυχὴν καὶ σῶμα ἀπολέσαι⁸ ἐν γεέννῃ⁹. **29** οὐχὶ δύο στρουθία¹⁰ ἀσσαρίου¹¹ πωλεῖται¹²; καὶ ἓν ἐξ αὐτῶν οὐ πεσεῖται¹³ ἐπὶ τὴν γῆν ἄνευ¹⁴ τοῦ πατρὸς ὑμῶν. **30** ὑμῶν δὲ καὶ αἱ τρίχες¹⁵ τῆς κεφαλῆς πᾶσαι ἠριθμημέναι¹⁶ εἰσίν. **31** μὴ οὖν φοβεῖσθε· πολλῶν στρουθίων διαφέρετε¹⁷ ὑμεῖς.

Confessing Christ (Lk 12.8-9)

32 Πᾶς οὖν ὅστις ὁμολογήσει¹⁸ ἐν ἐμοὶ ἔμπροσθεν τῶν ἀνθρώπων, ὁμολογήσω¹⁹ κἀγὼ ἐν αὐτῷ ἔμπροσθεν τοῦ πατρός μου τοῦ ἐν [τοῖς] οὐρανοῖς· **33** ὅστις δ' ἂν ἀρνήσηταί²⁰ με ἔμπροσθεν τῶν ἀνθρώπων, ἀρνήσομαι κἀγὼ αὐτὸν ἔμπροσθεν τοῦ πατρός μου τοῦ ἐν [τοῖς] οὐρανοῖς.

Not Peace, but a Sword (Lk 12.51-53; 14.26-27)

34 Μὴ νομίσητε²¹ ὅτι ἦλθον βαλεῖν²² εἰρήνην ἐπὶ τὴν γῆν· οὐκ ἦλθον βαλεῖν εἰρήνην ἀλλὰ μάχαιραν²³. **35** ἦλθον γὰρ διχάσαι²⁴ ἄνθρωπον κατὰ τοῦ πατρὸς αὐτοῦ καὶ θυγατέρα²⁵ κατὰ τῆς μητρὸς αὐτῆς καὶ νύμφην²⁶ κατὰ τῆς πενθερᾶς²⁷ αὐτῆς, **36** καὶ ἐχθροὶ τοῦ ἀνθρώπου οἱ οἰκιακοὶ²⁸ αὐτοῦ.

37 Ὁ φιλῶν²⁹ πατέρα ἢ μητέρα ὑπὲρ ἐμὲ οὐκ ἔστιν μου ἄξιος, καὶ ὁ φιλῶν υἱὸν ἢ θυγατέρα ὑπὲρ ἐμὲ οὐκ ἔστιν μου ἄξιος· **38** καὶ ὃς οὐ λαμβάνει τὸν σταυρὸν³⁰ αὐτοῦ καὶ ἀκολουθεῖ ὀπίσω μου, οὐκ ἔστιν μου ἄξιος. **39** ὁ εὑρὼν³¹ τὴν ψυχὴν αὐτοῦ ἀπολέσει³² αὐτήν, καὶ ὁ ἀπολέσας τὴν ψυχὴν αὐτοῦ ἕνεκεν³³ ἐμοῦ εὑρήσει αὐτήν.

---

1 καλύπτω *pf pas ptc n s nom*, hide
2 ἀποκαλύπτω *3s fut pas ind*, reveal
3 κρυπτός, -ή/όν, secret
4 σκοτία, -ας *f*, darkness
5 λέγω *2p aor act impv*, say
6 δῶμα, -τος *n*, housetop
7 ἀποκτείνω/ἀποκτέννω *pres act ptc m p gen*, kill
8 ἀπόλλυμι *aor act inf*, destroy
9 γέεννα, -ης *f*, hell
10 στρουθίον, -ου *n*, sparrow
11 ἀσσάριον, -ου *n*, assarion (Roman coin worth 1/16 denarius)
12 πωλέω *3s pres pas ind*, sell
13 πίπτω *3s fut mid ind*, fall
14 ἄνευ, *prep + gen*, apart from the knowledge and will of
15 θρίξ, τριχός *f*, hair
16 ἀριθμέω *pf pas ptc f p nom*, count
17 διαφέρετε *2p pres act ind*, be worth more (than)
18 ὁμολογέω *3s fut act ind*, admit (ὃ. ἐν ἐμοὶ admit to be my follower)
19 ὁμολογέω *1s fut act ind*, admit (ὃ. κἀγὼ ἐν αὐτῷ admit that person is my follower)
20 ἀρνέομαι *3s aor mid sub*, disown
21 νομίζω *2p aor act sub*, think
22 βάλλω *aor act inf*, bring
23 μάχαιρα, -ης *f*, sword
24 διχάζω *aor act inf*, turn against
25 θυγάτηρ, -τρός *f*, daughter
26 νύμφη, -ης *f*, daughter-in-law
27 πενθερά, -ᾶς *f*, mother-in-law
28 οἰκιακός, -οῦ *m*, family member
29 φιλέω *pres act ptc m s nom*, love
30 σταυρός, -οῦ *m*, cross
31 εὑρίσκω *aor act ptc m s nom*, find
32 ἀπόλλυμι *3s fut act ind*, lose
33 ἕνεκα, *prep + gen*, because of

Rewards (Mk 9.41)

40 Ὁ δεχόμενος ὑμᾶς ἐμὲ δέχεται, καὶ ὁ ἐμὲ δεχόμενος δέχεται τὸν ἀποστείλαντά[1] με. 41 ὁ δεχόμενος προφήτην εἰς ὄνομα προφήτου μισθὸν[2] προφήτου λήμψεται[3], καὶ ὁ δεχόμενος δίκαιον εἰς ὄνομα δικαίου μισθὸν δικαίου λήμψεται. 42 καὶ ὃς ἂν ποτίσῃ[4] ἕνα τῶν μικρῶν τούτων ποτήριον ψυχροῦ[5] μόνον εἰς ὄνομα μαθητοῦ, ἀμὴν λέγω ὑμῖν, οὐ μὴ ἀπολέσῃ[6] τὸν μισθὸν αὐτοῦ.

11 Καὶ ἐγένετο ὅτε ἐτέλεσεν[7] ὁ Ἰησοῦς διατάσσων[8] τοῖς δώδεκα μαθηταῖς αὐτοῦ, μετέβη[9] ἐκεῖθεν[10] τοῦ διδάσκειν καὶ κηρύσσειν ἐν ταῖς πόλεσιν αὐτῶν.

The Messengers from John the Baptist (Lk 7.18-35)

2 Ὁ δὲ Ἰωάννης ἀκούσας ἐν τῷ δεσμωτηρίῳ[11] τὰ ἔργα τοῦ Χριστοῦ πέμψας[12] διὰ τῶν μαθητῶν αὐτοῦ 3 εἶπεν αὐτῷ· σὺ εἶ ὁ ἐρχόμενος ἢ ἕτερον προσδοκῶμεν[13]; 4 καὶ ἀποκριθεὶς ὁ Ἰησοῦς εἶπεν αὐτοῖς· πορευθέντες ἀπαγγείλατε[14] Ἰωάννῃ ἃ ἀκούετε καὶ βλέπετε·

5 τυφλοὶ ἀναβλέπουσιν[15] καὶ χωλοὶ[16] περιπατοῦσιν,
λεπροὶ[17] καθαρίζονται καὶ κωφοὶ[18] ἀκούουσιν,
καὶ νεκροὶ ἐγείρονται καὶ πτωχοὶ εὐαγγελίζονται·
6 καὶ μακάριός ἐστιν ὃς ἐὰν μὴ σκανδαλισθῇ[19] ἐν ἐμοί.

7 Τούτων δὲ πορευομένων ἤρξατο[20] ὁ Ἰησοῦς λέγειν τοῖς ὄχλοις περὶ Ἰωάννου· τί ἐξήλθατε εἰς τὴν ἔρημον θεάσασθαι[21]; κάλαμον[22] ὑπὸ ἀνέμου σαλευόμενον[23]; 8 ἀλλὰ τί ἐξήλθατε ἰδεῖν; ἄνθρωπον ἐν μαλακοῖς[24] ἠμφιεσμένον[25]; ἰδοὺ οἱ τὰ μαλακὰ φοροῦντες[26] ἐν τοῖς οἴκοις τῶν βασιλέων εἰσίν. 9 ἀλλὰ τί ἐξήλθατε ἰδεῖν; προφήτην; ναὶ λέγω ὑμῖν, καὶ περισσότερον[27] προφήτου. 10 οὗτός ἐστιν περὶ οὗ γέγραπται·

ἰδοὺ ἐγὼ ἀποστέλλω τὸν ἄγγελόν μου πρὸ προσώπου σου,
ὃς κατασκευάσει[28] τὴν ὁδόν σου ἔμπροσθέν σου.

---

[1] ἀποστέλλω aor act ptc m s acc, send
[2] μισθός, -οῦ m, reward
[3] λαμβάνω 3s fut mid ind, receive
[4] ποτίζω 3s aor act sub, give to drink
[5] ψυχρός, -ά/όν, cold
[6] ἀπόλλυμι 3s aor act sub, lose
[7] τελέω 3s aor act ind, finish
[8] διατάσσω pres act ptc m s nom, give instructions
[9] μεταβαίνω 3s aor act ind, leave
[10] ἐκεῖθεν, adv, from there
[11] δεσμωτήριον, -ου n, jail
[12] πέμπω aor act ptc m s nom, send
[13] προσδοκάω 1p pres act sub or ind, look for
[14] ἀπαγγέλλω 2p aor act impv, tell
[15] ἀναβλέπω 3p pres act ind, regain one's sight
[16] χωλός, -ή/όν, lame
[17] λεπρός, m, leper/person with a skin disease
[18] κωφός, -ή/όν, deaf
[19] σκανδαλίζω 3s aor pas sub, pas with ἐν: reject
[20] ἄρχω 3s aor mid ind, mid begin
[21] θεάομαι aor mid inf, see
[22] κάλαμος, -ου m, reed
[23] σαλεύω pres pas ptc m s acc, shake
[24] μαλακός, -ή/όν, fine
[25] ἀμφιέννυμι pf pas ptc m s acc, dress
[26] φορέω pres act ptc m s nom, wear
[27] περισσότερος, more (comp of περισσός)
[28] κατασκευάζω 3s fut act ind, prepare

11 Ἀμὴν λέγω ὑμῖν· οὐκ ἐγήγερται¹ ἐν γεννητοῖς² γυναικῶν μείζων³ Ἰωάννου τοῦ βαπτιστοῦ⁴· ὁ δὲ μικρότερος⁵ ἐν τῇ βασιλείᾳ τῶν οὐρανῶν μείζων αὐτοῦ ἐστιν. **12** ἀπὸ δὲ τῶν ἡμερῶν Ἰωάννου τοῦ βαπτιστοῦ ἕως ἄρτι ἡ βασιλεία τῶν οὐρανῶν βιάζεται⁶ καὶ βιασταὶ⁷ ἁρπάζουσιν⁸ αὐτήν. **13** πάντες γὰρ οἱ προφῆται καὶ ὁ νόμος ἕως Ἰωάννου ἐπροφήτευσαν⁹· **14** καὶ εἰ θέλετε δέξασθαι¹⁰, αὐτός ἐστιν Ἠλίας ὁ μέλλων ἔρχεσθαι. **15** ὁ ἔχων ὦτα¹¹ ἀκουέτω.

16 Τίνι δὲ ὁμοιώσω¹² τὴν γενεὰν ταύτην; ὁμοία ἐστὶν παιδίοις καθημένοις ἐν ταῖς ἀγοραῖς¹³ ἃ προσφωνοῦντα¹⁴ τοῖς ἑτέροις **17** λέγουσιν·

ηὐλήσαμεν¹⁵ ὑμῖν καὶ οὐκ ὠρχήσασθε¹⁶,

ἐθρηνήσαμεν¹⁷ καὶ οὐκ ἐκόψασθε¹⁸.

18 ἦλθεν γὰρ Ἰωάννης μήτε ἐσθίων μήτε πίνων, καὶ λέγουσιν· δαιμόνιον ἔχει. **19** ἦλθεν ὁ υἱὸς τοῦ ἀνθρώπου ἐσθίων καὶ πίνων, καὶ λέγουσιν· ἰδοὺ ἄνθρωπος φάγος¹⁹ καὶ οἰνοπότης²⁰, τελωνῶν²¹ φίλος²² καὶ ἁμαρτωλῶν. καὶ ἐδικαιώθη ἡ σοφία ἀπὸ τῶν ἔργων αὐτῆς.

Woes to Unrepentant Cities (Lk 10.13-15)

20 Τότε ἤρξατο²³ ὀνειδίζειν²⁴ τὰς πόλεις ἐν αἷς ἐγένοντο αἱ πλεῖσται²⁵ δυνάμεις αὐτοῦ, ὅτι οὐ μετενόησαν· **21** οὐαί σοι, Χοραζίν, οὐαί σοι, Βηθσαϊδά· ὅτι εἰ ἐν Τύρῳ καὶ Σιδῶνι ἐγένοντο αἱ δυνάμεις αἱ γενόμεναι ἐν ὑμῖν, πάλαι²⁶ ἂν ἐν σάκκῳ²⁷ καὶ σποδῷ²⁸ μετενόησαν. **22** πλὴν λέγω ὑμῖν, Τύρῳ καὶ Σιδῶνι ἀνεκτότερον²⁹ ἔσται ἐν ἡμέρᾳ κρίσεως ἢ ὑμῖν. **23** καὶ σύ, Καφαρναούμ, μὴ ἕως οὐρανοῦ ὑψωθήσῃ³⁰; ἕως ᾅδου³¹ καταβήσῃ³²· ὅτι εἰ ἐν Σοδόμοις ἐγενήθησαν³³ αἱ δυνάμεις αἱ γενόμεναι ἐν σοί, ἔμεινεν³⁴ ἂν μέχρι³⁵ τῆς σήμερον. **24** πλὴν λέγω ὑμῖν ὅτι γῇ Σοδόμων ἀνεκτότερον ἔσται ἐν ἡμέρᾳ κρίσεως ἢ σοί.

---

1 ἐγείρω 3s pf pas ind, intrans pas rise (of prophets)
2 γεννητός, -ή/όν, born
3 μέγας, great (comp)
4 βαπτιστής, -οῦ m, Baptist/baptizer
5 μικρός, small (comp)
6 βιάζω 3s pres pas ind, pas suffer violence
7 βιαστής, -οῦ m, violent person
8 ἁρπάζω 3p pres act ind, take by force
9 προφητεύω 3p aor act ind, prophesy
10 δέχομαι aor mid inf, accept
11 οὖς, ὠτός n, ear
12 ὁμοιόω 1s fut act ind, compare
13 ἀγορά, -ᾶς f, market place
14 προσφωνέω pres act ptc n p nom, call to
15 αὐλέω 1p aor act ind, play a flute
16 ὀρχέομαι 2p aor mid ind, dance
17 θρηνέω 1p aor act ind, sing a dirge
18 κόπτω 2p aor mid ind, mourn
19 φάγος, -ου m, glutton
20 οἰνοπότης, -ου m, drunkard
21 τελώνης, -ου m, tax-collector
22 φίλος, -ου m, friend
23 ἄρχω 3s aor mid ind, mid begin
24 ὀνειδίζω pres act inf, denounce
25 πολύς, much (super)
26 πάλαι, adv, long ago
27 σάκκος, -ου m, sackcloth
28 σποδός, -οῦ m, ashes
29 ἀνεκτός, easy (comp)
30 ὑψόω 2s fut pas ind, exalt
31 ᾅδης, -ου m, hell
32 καταβαίνω 2s fut mid ind, go down
33 γίνομαι 3p aor pas ind, happen
34 μένω 3s aor act ind, remain
35 μέχρι, prep + gen, until

Come to Me and Rest (Lk 10.21-22)

25 Ἐν ἐκείνῳ τῷ καιρῷ ἀποκριθεὶς ὁ Ἰησοῦς εἶπεν· ἐξομολογοῦμαί[1] σοι, πάτερ, κύριε τοῦ οὐρανοῦ καὶ τῆς γῆς, ὅτι ἔκρυψας[2] ταῦτα ἀπὸ σοφῶν[3] καὶ συνετῶν[4] καὶ ἀπεκάλυψας[5] αὐτὰ νηπίοις[6]· 26 ναὶ ὁ πατήρ, ὅτι οὕτως εὐδοκία[7] ἐγένετο ἔμπροσθέν σου. 27 πάντα μοι παρεδόθη[8] ὑπὸ τοῦ πατρός μου, καὶ οὐδεὶς ἐπιγινώσκει τὸν υἱὸν εἰ μὴ ὁ πατήρ, οὐδὲ τὸν πατέρα τις ἐπιγινώσκει εἰ μὴ ὁ υἱὸς καὶ ᾧ ἐὰν βούληται ὁ υἱὸς ἀποκαλύψαι[9]. 28 Δεῦτε[10] πρός με πάντες οἱ κοπιῶντες[11] καὶ πεφορτισμένοι[12], κἀγὼ ἀναπαύσω[13] ὑμᾶς. 29 ἄρατε[14] τὸν ζυγόν[15] μου ἐφ᾽ ὑμᾶς καὶ μάθετε[16] ἀπ᾽ ἐμοῦ, ὅτι πραΰς[17] εἰμι καὶ ταπεινὸς[18] τῇ καρδίᾳ, καὶ εὑρήσετε[19] ἀνάπαυσιν[20] ταῖς ψυχαῖς ὑμῶν· 30 ὁ γὰρ ζυγός μου χρηστὸς[21] καὶ τὸ φορτίον[22] μου ἐλαφρόν[23] ἐστιν.

Plucking Grain on the Sabbath (Mk 2.23-28; Lk 6.1-5)

12 Ἐν ἐκείνῳ τῷ καιρῷ ἐπορεύθη ὁ Ἰησοῦς τοῖς σάββασιν διὰ τῶν σπορίμων[24]· οἱ δὲ μαθηταὶ αὐτοῦ ἐπείνασαν[25] καὶ ἤρξαντο[26] τίλλειν[27] στάχυας[28] καὶ ἐσθίειν. 2 οἱ δὲ Φαρισαῖοι ἰδόντες εἶπαν αὐτῷ· ἰδοὺ οἱ μαθηταί σου ποιοῦσιν ὃ οὐκ ἔξεστιν ποιεῖν ἐν σαββάτῳ. 3 ὁ δὲ εἶπεν αὐτοῖς· οὐκ ἀνέγνωτε[29] τί ἐποίησεν Δαυὶδ ὅτε ἐπείνασεν καὶ οἱ μετ᾽ αὐτοῦ, 4 πῶς εἰσῆλθεν εἰς τὸν οἶκον τοῦ θεοῦ καὶ τοὺς ἄρτους τῆς προθέσεως[30] ἔφαγον[31], ὃ οὐκ ἐξὸν[32] ἦν αὐτῷ φαγεῖν οὐδὲ τοῖς μετ᾽ αὐτοῦ εἰ μὴ τοῖς ἱερεῦσιν μόνοις; 5 ἢ οὐκ ἀνέγνωτε ἐν τῷ νόμῳ ὅτι τοῖς σάββασιν οἱ ἱερεῖς ἐν τῷ ἱερῷ τὸ σάββατον βεβηλοῦσιν[33] καὶ ἀναίτιοί[34] εἰσιν; 6 λέγω δὲ ὑμῖν ὅτι τοῦ ἱεροῦ μεῖζόν[35] ἐστιν ὧδε. 7 εἰ δὲ ἐγνώκειτε[36] τί ἐστιν· ἔλεος[37] θέλω καὶ οὐ θυσίαν[38], οὐκ ἂν κατεδικάσατε[39] τοὺς ἀναιτίους. 8 κύριος γάρ ἐστιν τοῦ σαββάτου ὁ υἱὸς τοῦ ἀνθρώπου.

---

[1] ἐξομολογέω 1s pres mid ind, mid praise/thank
[2] κρύπτω 2s aor act ind, hide
[3] σοφός, -ή/όν, wise
[4] συνετός, -ή/όν, intelligent
[5] ἀποκαλύπτω 2s aor act ind, reveal
[6] νήπιος, -α/ον, infant
[7] εὐδοκία, -ας f, good will
[8] παραδίδωμι 3s aor pas ind, give
[9] ἀποκαλύπτω aor act inf, reveal
[10] δεῦτε, interj, Come!
[11] κοπιάω, pres act ptc m p nom or voc, grow weary
[12] φορτίζω pf pas ptc m p nom or voc, burden (someone)
[13] ἀναπαύω 1s fut act ind, give rest
[14] αἴρω 2p aor act impv, take
[15] ζυγός, -οῦ m, yoke
[16] μανθάνω 2p aor act impv, learn
[17] πραΰς, -εῖα/ΰ, gentle
[18] ταπεινός, -ή/όν, humble
[19] εὑρίσκω 2p fut act ind, find
[20] ἀνάπαυσις, -εως f, rest
[21] χρηστός, -ή/όν, easy to bear
[22] φορτίον, -ου n, burden
[23] ἐλαφρός, -ά/όν, light (of weight)
[24] σπόριμος, -ων n, grainfields
[25] πεινάω 3p aor act ind, be hungry
[26] ἄρχω 3p aor mid ind, mid begin
[27] τίλλω pres act inf, pick
[28] στάχυς, -υος m, head of grain/wheat
[29] ἀναγινώσκω 2p aor act ind, read
[30] πρόθεσις, -εως f, presentation (ἄρτοι τῆς π. bread offered to God)
[31] ἐσθίω 3p aor act ind, eat
[32] ἔξεστιν pres act ptc n s nom, impers it is proper/fitting
[33] βεβηλόω 3p pres act ind, desecrate
[34] ἀναίτιος, -ον, not guilty
[35] μέγας, great (comp)
[36] γινώσκω 2p plpf act ind, know
[37] ἔλεος, -ους f, mercy
[38] θυσία, -ας f, sacrifice
[39] καταδικάζω 2p aor act ind, condemn

The Man with a Withered Hand (Mk 3.1-6; Lk 6.6-11)

9 Καὶ μεταβὰς¹ ἐκεῖθεν² ἦλθεν εἰς τὴν συναγωγὴν αὐτῶν· 10 καὶ ἰδοὺ ἄνθρωπος χεῖρα ἔχων ξηράν³. καὶ ἐπηρώτησαν αὐτὸν λέγοντες· εἰ ἔξεστιν τοῖς σάββασιν θεραπεῦσαι; ἵνα κατηγορήσωσιν⁴ αὐτοῦ. 11 ὁ δὲ εἶπεν αὐτοῖς· τίς ἔσται ἐξ ὑμῶν ἄνθρωπος ὃς ἕξει πρόβατον ἓν καὶ ἐὰν ἐμπέσῃ⁵ τοῦτο τοῖς σάββασιν εἰς βόθυνον⁶, οὐχὶ κρατήσει αὐτὸ καὶ ἐγερεῖ⁷; 12 πόσῳ⁸ οὖν διαφέρει⁹ ἄνθρωπος προβάτου. ὥστε ἔξεστιν τοῖς σάββασιν καλῶς ποιεῖν. 13 τότε λέγει τῷ ἀνθρώπῳ· ἔκτεινόν¹⁰ σου τὴν χεῖρα. καὶ ἐξέτεινεν καὶ ἀπεκατεστάθη¹¹ ὑγιὴς¹² ὡς ἡ ἄλλη. 14 ἐξελθόντες δὲ οἱ Φαρισαῖοι συμβούλιον¹³ ἔλαβον κατ' αὐτοῦ ὅπως αὐτὸν ἀπολέσωσιν¹⁴.

The Chosen Servant

15 Ὁ δὲ Ἰησοῦς γνοὺς¹⁵ ἀνεχώρησεν¹⁶ ἐκεῖθεν¹⁷. καὶ ἠκολούθησαν αὐτῷ [ὄχλοι] πολλοί, καὶ ἐθεράπευσεν αὐτοὺς πάντας 16 καὶ ἐπετίμησεν¹⁸ αὐτοῖς ἵνα μὴ φανερὸν¹⁹ αὐτὸν ποιήσωσιν, 17 ἵνα πληρωθῇ τὸ ῥηθὲν²⁰ διὰ Ἠσαΐου τοῦ προφήτου λέγοντος·

18 ἰδοὺ ὁ παῖς²¹ μου ὃν ᾑρέτισα²²,
ὁ ἀγαπητός μου εἰς ὃν εὐδόκησεν²³ ἡ ψυχή μου·
θήσω²⁴ τὸ πνεῦμά μου ἐπ' αὐτόν,
καὶ κρίσιν τοῖς ἔθνεσιν ἀπαγγελεῖ.
19 οὐκ ἐρίσει²⁵ οὐδὲ κραυγάσει²⁶,
οὐδὲ ἀκούσει τις ἐν ταῖς πλατείαις²⁷ τὴν φωνὴν αὐτοῦ.
20 κάλαμον²⁸ συντετριμμένον²⁹ οὐ κατεάξει³⁰
καὶ λίνον³¹ τυφόμενον³² οὐ σβέσει³³,
ἕως ἂν ἐκβάλῃ³⁴ εἰς νῖκος³⁵ τὴν κρίσιν.
21 καὶ τῷ ὀνόματι αὐτοῦ ἔθνη ἐλπιοῦσιν³⁶.

---

¹ μεταβαίνω aor act ptc m s nom, leave
² ἐκεῖθεν, adv, from there
³ ξηρός, -ά/όν, paralyzed
⁴ κατηγορέω 3p aor act sub, accuse
⁵ ἐμπίπτω 3s aor act sub, fall into
⁶ βόθυνος, -ου m, ditch
⁷ ἐγείρω 3s fut act ind, lift out
⁸ πόσος, -η/ον, how much
⁹ διαφέρω 3s pres act ind, be worth more (than)
¹⁰ ἐκτείνω 2s aor act impv, reach out
¹¹ ἀποκαθίστημι 3s aor pas ind, make well
¹² ὑγιής, -ές, healthy
¹³ συμβούλιον, -ου n, plan (συμ. λαμβάνω plan)
¹⁴ ἀπόλλυμι 3p aor act sub, kill
¹⁵ γινώσκω aor act ptc m s nom, know
¹⁶ ἀναχωρέω 3s aor act ind, leave
¹⁷ ἐκεῖθεν, adv, from there
¹⁸ ἐπιτιμάω 3s aor act ind, order
¹⁹ φανερός, -ά/όν, known
²⁰ λέγω aor pas ptc n s nom, say
²¹ παῖς, παιδός m & f, servant/son
²² αἱρετίζω 1s aor act ind, choose
²³ εὐδοκέω 3s aor act ind, be pleased
²⁴ τίθημι 1s fut act ind, place
²⁵ ἐρίζω 3s fut act ind, quarrel
²⁶ κραυγάζω 3s fut act ind, shout
²⁷ πλατεῖα, -ας f, street
²⁸ κάλαμος, -ου m, reed/cane
²⁹ συντρίβω pf pas ptc m s acc, bend/bruise
³⁰ κατάγνυμι 3s fut act ind, break
³¹ λίνον, -ου n, wick
³² τύφω pres pas ptc n s acc, smolder
³³ σβέννυμι 3s fut act ind, put out (of something smoldering)
³⁴ ἐκβάλλω 3s aor act sub, send out (ἐ. εἰς νῖκος τὴν κρίσιν make sure justice is done)
³⁵ νῖκος, -ους n, victory
³⁶ ἐλπίζω 3p fut act ind, hope

Jesus and Beelzebul (Mk 3.20-30; Lk 11.14-23; 12.10)

22 Τότε προσηνέχθη¹ αὐτῷ δαιμονιζόμενος² τυφλὸς καὶ κωφός³, καὶ ἐθεράπευσεν αὐτόν, ὥστε τὸν κωφὸν λαλεῖν καὶ βλέπειν. 23 καὶ ἐξίσταντο⁴ πάντες οἱ ὄχλοι καὶ ἔλεγον· μήτι⁵ οὗτός ἐστιν ὁ υἱὸς Δαυίδ; 24 οἱ δὲ Φαρισαῖοι ἀκούσαντες εἶπον· οὗτος οὐκ ἐκβάλλει τὰ δαιμόνια εἰ μὴ ἐν τῷ Βεελζεβοὺλ ἄρχοντι τῶν δαιμονίων. 25 εἰδὼς⁶ δὲ τὰς ἐνθυμήσεις⁷ αὐτῶν εἶπεν αὐτοῖς· πᾶσα βασιλεία μερισθεῖσα⁸ καθ' ἑαυτῆς ἐρημοῦται⁹ καὶ πᾶσα πόλις ἢ οἰκία μερισθεῖσα καθ' ἑαυτῆς οὐ σταθήσεται¹⁰. 26 καὶ εἰ ὁ σατανᾶς τὸν σατανᾶν ἐκβάλλει, ἐφ' ἑαυτὸν ἐμερίσθη¹¹· πῶς οὖν σταθήσεται ἡ βασιλεία αὐτοῦ; 27 καὶ εἰ ἐγὼ ἐν Βεελζεβοὺλ ἐκβάλλω τὰ δαιμόνια, οἱ υἱοὶ ὑμῶν ἐν τίνι ἐκβάλλουσιν; διὰ τοῦτο αὐτοὶ κριταὶ¹² ἔσονται ὑμῶν. 28 εἰ δὲ ἐν πνεύματι θεοῦ ἐγὼ ἐκβάλλω τὰ δαιμόνια, ἄρα ἔφθασεν¹³ ἐφ' ὑμᾶς ἡ βασιλεία τοῦ θεοῦ. 29 ἢ πῶς δύναταί τις εἰσελθεῖν εἰς τὴν οἰκίαν τοῦ ἰσχυροῦ¹⁴ καὶ τὰ σκεύη¹⁵ αὐτοῦ ἁρπάσαι¹⁶, ἐὰν μὴ πρῶτον δήσῃ¹⁷ τὸν ἰσχυρόν; καὶ τότε τὴν οἰκίαν αὐτοῦ διαρπάσει¹⁸. 30 ὁ μὴ ὢν μετ' ἐμοῦ κατ' ἐμοῦ ἐστιν, καὶ ὁ μὴ συνάγων μετ' ἐμοῦ σκορπίζει¹⁹.

31 Διὰ τοῦτο λέγω ὑμῖν, πᾶσα ἁμαρτία καὶ βλασφημία²⁰ ἀφεθήσεται²¹ τοῖς ἀνθρώποις, ἡ δὲ τοῦ πνεύματος βλασφημία οὐκ ἀφεθήσεται. 32 καὶ ὃς ἐὰν εἴπῃ²² λόγον κατὰ τοῦ υἱοῦ τοῦ ἀνθρώπου, ἀφεθήσεται αὐτῷ· ὃς δ' ἂν εἴπῃ κατὰ τοῦ πνεύματος τοῦ ἁγίου, οὐκ ἀφεθήσεται αὐτῷ οὔτε ἐν τούτῳ τῷ αἰῶνι οὔτε ἐν τῷ μέλλοντι.

A Tree and Its Fruits (Lk 6.43-45)

33 Ἢ ποιήσατε τὸ δένδρον²³ καλὸν καὶ τὸν καρπὸν αὐτοῦ καλόν, ἢ ποιήσατε τὸ δένδρον σαπρὸν²⁴ καὶ τὸν καρπὸν αὐτοῦ σαπρόν· ἐκ γὰρ τοῦ καρποῦ τὸ δένδρον γινώσκεται. 34 γεννήματα²⁵ ἐχιδνῶν²⁶, πῶς δύνασθε ἀγαθὰ λαλεῖν πονηροὶ ὄντες; ἐκ γὰρ τοῦ περισσεύματος²⁷ τῆς καρδίας τὸ στόμα λαλεῖ. 35 ὁ ἀγαθὸς ἄνθρωπος ἐκ τοῦ ἀγαθοῦ θησαυροῦ²⁸ ἐκβάλλει ἀγαθά, καὶ ὁ πονηρὸς ἄνθρωπος ἐκ τοῦ πονηροῦ θησαυροῦ ἐκβάλλει πονηρά. 36 λέγω δὲ ὑμῖν ὅτι πᾶν ῥῆμα ἀργὸν²⁹ ὃ λαλήσουσιν

---

¹ προσφέρω 3s aor pas ind, bring to
² δαιμονίζομαι pres mid ptc m s nom, be demon possessed
³ κωφός, -ή/όν, unable to talk
⁴ ἐξίστημι 3p impf mid ind, mid be amazed
⁵ μήτι, usually expects a negative reply; here expresses doubt
⁶ οἶδα pf act ptc m s nom, know
⁷ ἐνθύμησις, -εως f, thought
⁸ μερίζω aor pas ptc f s nom, divide
⁹ ἐρημόω 3s pres pas ind, destroy
¹⁰ ἵστημι 3s fut pas ind, mid & pas stand
¹¹ μερίζω 3s aor pas ind, divide
¹² κριτής, -οῦ m, judge
¹³ φθάνω 3s aor act ind, come (upon)
¹⁴ ἰσχυρός, -ά/όν, strong
¹⁵ σκεῦος, -ους n, thing
¹⁶ ἁρπάζω aor act inf, steal
¹⁷ δέω 3s aor act sub, tie up
¹⁸ διαρπάζω 3s fut act ind, plunder
¹⁹ σκορπίζω 3s pres act ind, scatter
²⁰ βλασφημία, -ας f, blasphemy
²¹ ἀφίημι 3s fut pas ind, forgive
²² λέγω 3s aor act sub, say
²³ δένδρον, -ου n, tree
²⁴ σαπρός, -ά/όν, bad
²⁵ γέννημα, -τος n, offspring (γ. ἐχιδνῶν you snakes!)
²⁶ ἔχιδνα, -ης f, snake
²⁷ περίσσευμα, -τος n, abundance
²⁸ θησαυρός, -οῦ m, treasure
²⁹ ἀργός, -ή/όν, careless

οἱ ἄνθρωποι ἀποδώσουσιν¹ περὶ αὐτοῦ λόγον ἐν ἡμέρᾳ κρίσεως· 37 ἐκ γὰρ τῶν λόγων σου δικαιωθήσῃ, καὶ ἐκ τῶν λόγων σου καταδικασθήσῃ².

The Demand for a Sign (Mk 8.11-12; Lk 11.29-32)

38 Τότε ἀπεκρίθησαν αὐτῷ τινες τῶν γραμματέων καὶ Φαρισαίων λέγοντες· διδάσκαλε, θέλομεν ἀπὸ σοῦ σημεῖον ἰδεῖν. 39 ὁ δὲ ἀποκριθεὶς εἶπεν αὐτοῖς· γενεὰ πονηρὰ καὶ μοιχαλὶς³ σημεῖον ἐπιζητεῖ⁴, καὶ σημεῖον οὐ δοθήσεται⁵ αὐτῇ εἰ μὴ τὸ σημεῖον Ἰωνᾶ τοῦ προφήτου. 40 ὥσπερ γὰρ ἦν Ἰωνᾶς ἐν τῇ κοιλίᾳ⁶ τοῦ κήτους⁷ τρεῖς ἡμέρας καὶ τρεῖς νύκτας, οὕτως ἔσται ὁ υἱὸς τοῦ ἀνθρώπου ἐν τῇ καρδίᾳ τῆς γῆς τρεῖς ἡμέρας καὶ τρεῖς νύκτας. 41 ἄνδρες Νινευῖται ἀναστήσονται⁸ ἐν τῇ κρίσει μετὰ τῆς γενεᾶς ταύτης καὶ κατακρινοῦσιν⁹ αὐτήν, ὅτι μετενόησαν εἰς τὸ κήρυγμα¹⁰ Ἰωνᾶ, καὶ ἰδοὺ πλεῖον¹¹ Ἰωνᾶ ὧδε. 42 βασίλισσα¹² νότου¹³ ἐγερθήσεται¹⁴ ἐν τῇ κρίσει μετὰ τῆς γενεᾶς ταύτης καὶ κατακρινεῖ αὐτήν, ὅτι ἦλθεν ἐκ τῶν περάτων¹⁵ τῆς γῆς ἀκοῦσαι τὴν σοφίαν Σολομῶνος, καὶ ἰδοὺ πλεῖον Σολομῶνος ὧδε.

The Return of the Unclean Spirit (Lk 11.24-26)

43 Ὅταν δὲ τὸ ἀκάθαρτον πνεῦμα ἐξέλθῃ¹⁶ ἀπὸ τοῦ ἀνθρώπου, διέρχεται δι' ἀνύδρων¹⁷ τόπων ζητοῦν ἀνάπαυσιν¹⁸ καὶ οὐχ εὑρίσκει. 44 τότε λέγει· εἰς τὸν οἶκόν μου ἐπιστρέψω ὅθεν¹⁹ ἐξῆλθον· καὶ ἐλθὸν εὑρίσκει σχολάζοντα²⁰ σεσαρωμένον²¹ καὶ κεκοσμημένον²². 45 τότε πορεύεται καὶ παραλαμβάνει μεθ' ἑαυτοῦ ἑπτὰ ἕτερα πνεύματα πονηρότερα ἑαυτοῦ καὶ εἰσελθόντα κατοικεῖ ἐκεῖ· καὶ γίνεται τὰ ἔσχατα τοῦ ἀνθρώπου ἐκείνου χείρονα²³ τῶν πρώτων. οὕτως ἔσται καὶ τῇ γενεᾷ ταύτῃ τῇ πονηρᾷ.

The Mother and Brothers of Jesus (Mk 3.31-35; Lk 8.19-21)

46 Ἔτι αὐτοῦ λαλοῦντος τοῖς ὄχλοις ἰδοὺ ἡ μήτηρ καὶ οἱ ἀδελφοὶ αὐτοῦ εἱστήκεισαν²⁴ ἔξω ζητοῦντες αὐτῷ λαλῆσαι. [47 εἶπεν δέ τις αὐτῷ· ἰδοὺ ἡ μήτηρ σου καὶ οἱ ἀδελφοί σου ἔξω ἑστήκασιν ζητοῦντές σοι λαλῆσαι.] 48 ὁ δὲ ἀποκριθεὶς εἶπεν τῷ

---

¹ ἀποδίδωμι 3p fut act ind, give (back) (ἀ. λόγον give an account)
² καταδικάζω 2s fut pas ind, condemn
³ μοιχαλίς, -ίδος f, unfaithful
⁴ ἐπιζητέω 3s pres act ind, want
⁵ δίδωμι 3s fut pas ind, give
⁶ κοιλία, -ας f, stomach
⁷ κῆτος, -ους n, large sea creature
⁸ ἀνίστημι 3p fut mid ind, stand up
⁹ κατακρίνω 3p fut act ind, condemn
¹⁰ κήρυγμα, -τος n, message
¹¹ πολύς, great (comp)
¹² βασίλισσα, -ης f, queen
¹³ νότος, -ου m, south
¹⁴ ἐγείρω 3s fut pas ind, intrans pas stand up
¹⁵ πέρας, -ατος n, boundary
¹⁶ ἐξέρχομαι 3s aor act sub, go out
¹⁷ ἄνυδρος, -ον, waterless
¹⁸ ἀνάπαυσις, -εως f, resting place
¹⁹ ὅθεν, adv, from where
²⁰ σχολάζω pres act ptc m s acc, be empty
²¹ σαρόω pf pas ptc m s acc, sweep
²² κοσμέω pf pas ptc m s acc, put in order
²³ χείρων, worse (comp of κακός)
²⁴ ἵστημι 3p plpf act ind, intrans stand

λέγοντι αὐτῷ· τίς ἐστιν ἡ μήτηρ μου καὶ τίνες εἰσὶν οἱ ἀδελφοί μου; **49** καὶ ἐκτείνας[1] τὴν χεῖρα αὐτοῦ ἐπὶ τοὺς μαθητὰς αὐτοῦ εἶπεν· ἰδοὺ ἡ μήτηρ μου καὶ οἱ ἀδελφοί μου. **50** ὅστις γὰρ ἂν ποιήσῃ τὸ θέλημα τοῦ πατρός μου τοῦ ἐν οὐρανοῖς αὐτός μου ἀδελφὸς καὶ ἀδελφὴ[2] καὶ μήτηρ ἐστίν.

The Parable of the Sower (Mk 4.1-9; Lk 8.4-8)

13 Ἐν τῇ ἡμέρᾳ ἐκείνῃ ἐξελθὼν ὁ Ἰησοῦς τῆς οἰκίας ἐκάθητο[3] παρὰ τὴν θάλασσαν· **2** καὶ συνήχθησαν[4] πρὸς αὐτὸν ὄχλοι πολλοί, ὥστε αὐτὸν εἰς πλοῖον ἐμβάντα[5] καθῆσθαι[6], καὶ πᾶς ὁ ὄχλος ἐπὶ τὸν αἰγιαλὸν[7] εἱστήκει[8]. **3** Καὶ ἐλάλησεν αὐτοῖς πολλὰ ἐν παραβολαῖς λέγων· ἰδοὺ ἐξῆλθεν ὁ σπείρων τοῦ σπείρειν. **4** καὶ ἐν τῷ σπείρειν αὐτὸν ἃ μὲν ἔπεσεν[9] παρὰ τὴν ὁδόν, καὶ ἐλθόντα τὰ πετεινὰ[10] κατέφαγεν[11] αὐτά. **5** ἄλλα δὲ ἔπεσεν ἐπὶ τὰ πετρώδη[12] ὅπου οὐκ εἶχεν γῆν πολλήν, καὶ εὐθέως ἐξανέτειλεν[13] διὰ τὸ μὴ ἔχειν βάθος[14] γῆς· **6** ἡλίου δὲ ἀνατείλαντος[15] ἐκαυματίσθη[16] καὶ διὰ τὸ μὴ ἔχειν ῥίζαν[17] ἐξηράνθη[18]. **7** ἄλλα δὲ ἔπεσεν ἐπὶ τὰς ἀκάνθας[19], καὶ ἀνέβησαν[20] αἱ ἄκανθαι καὶ ἔπνιξαν[21] αὐτά. **8** ἄλλα δὲ ἔπεσεν ἐπὶ τὴν γῆν τὴν καλὴν καὶ ἐδίδου[22] καρπόν, ὃ μὲν ἑκατόν[23], ὃ δὲ ἑξήκοντα[24], ὃ δὲ τριάκοντα[25]. **9** ὁ ἔχων ὦτα ἀκουέτω.

The Purpose of the Parables (Mk 4.10-12; Lk 8.9-10)

10 Καὶ προσελθόντες[26] οἱ μαθηταὶ εἶπαν αὐτῷ· διὰ τί ἐν παραβολαῖς λαλεῖς αὐτοῖς; **11** ὁ δὲ ἀποκριθεὶς εἶπεν αὐτοῖς· ὅτι ὑμῖν δέδοται[27] γνῶναι[28] τὰ μυστήρια[29] τῆς βασιλείας τῶν οὐρανῶν, ἐκείνοις δὲ οὐ δέδοται. **12** ὅστις γὰρ ἔχει, δοθήσεται[30] αὐτῷ καὶ περισσευθήσεται· ὅστις δὲ οὐκ ἔχει, καὶ ὃ ἔχει ἀρθήσεται[31] ἀπ' αὐτοῦ. **13** διὰ τοῦτο ἐν παραβολαῖς αὐτοῖς λαλῶ, ὅτι βλέποντες οὐ βλέπουσιν καὶ ἀκούοντες οὐκ ἀκούουσιν οὐδὲ συνίουσιν[32], **14** καὶ ἀναπληροῦται[33] αὐτοῖς ἡ προφητεία[34] Ἠσαΐου ἡ λέγουσα·

---

[1] ἐκτείνω *aor act ptc m s nom*, reach out (ἐκτ. τὴν χεῖρα point to)
[2] ἀδελφή, -ῆς *f*, sister
[3] κάθημαι *3s impf mid ind*, sit down
[4] συνάγω *3p aor pas ind, pas* come together
[5] ἐμβαίνω *aor act ptc m s acc*, get into
[6] κάθημαι *pres mid inf*, sit down
[7] αἰγιαλός, -οῦ *m*, shore
[8] ἵστημι *3s plpf act ind*, stand
[9] πίπτω *3s aor act ind*, fall
[10] πετεινόν, -οῦ *n*, bird
[11] κατεσθίω *3s aor act ind*, eat up
[12] πετρώδης, -ους *n*, rocky ground
[13] ἐξανατέλλω *3s aor act ind*, spring up
[14] βάθος, -ους *n*, depth
[15] ἀνατέλλω *aor act ptc m s gen*, rise
[16] καυματίζω *3s aor pas ind*, scorch
[17] ῥίζα, -ης *f*, root
[18] ξηραίνω *3s aor pas ind*, dry up
[19] ἄκανθα, -ης *f*, thorn plant
[20] ἀναβαίνω *3p aor act ind*, come up
[21] πνίγω *3p aor act ind*, choke
[22] δίδωμι *3s impf act ind*, produce (of seed)
[23] ἑκατόν, one hundred
[24] ἑξήκοντα, sixty
[25] τριάκοντα, thirty
[26] προσέρχομαι *aor act ptc m p nom*, come/go to
[27] δίδωμι *3s pf pas ind*, give
[28] γινώσκω *aor act inf*, know
[29] μυστήριον, -ου *f*, secret
[30] δίδωμι *3s fut pas ind*, give
[31] αἴρω *3s fut pas ind*, take away
[32] συνίημι *3p pres act ind*, understand
[33] ἀναπληρόω *3s pres pas ind, pas* come true
[34] προφητεία, -ας *f*, prophesy

ἀκοῇ¹ ἀκούσετε καὶ οὐ μὴ συνῆτε²,
καὶ βλέποντες βλέψετε καὶ οὐ μὴ ἴδητε³.
15 ἐπαχύνθη⁴ γὰρ ἡ καρδία τοῦ λαοῦ τούτου,
καὶ τοῖς ὠσὶν⁵ βαρέως⁶ ἤκουσαν
καὶ τοὺς ὀφθαλμοὺς αὐτῶν ἐκάμμυσαν⁷,
μήποτε⁸ ἴδωσιν⁹ τοῖς ὀφθαλμοῖς
καὶ τοῖς ὠσὶν ἀκούσωσιν
καὶ τῇ καρδίᾳ συνῶσιν¹⁰
καὶ ἐπιστρέψωσιν καὶ ἰάσομαι¹¹ αὐτούς.
16 ὑμῶν δὲ μακάριοι οἱ ὀφθαλμοὶ ὅτι βλέπουσιν καὶ τὰ ὦτα ὑμῶν ὅτι ἀκούουσιν.
17 ἀμὴν γὰρ λέγω ὑμῖν ὅτι πολλοὶ προφῆται καὶ δίκαιοι ἐπεθύμησαν¹² ἰδεῖν ἃ βλέπετε καὶ οὐκ εἶδαν, καὶ ἀκοῦσαι ἃ ἀκούετε καὶ οὐκ ἤκουσαν.

The Parable of the Sower Explained (Mk 4.13-20; Lk 8.11-15)

18 Ὑμεῖς οὖν ἀκούσατε τὴν παραβολὴν τοῦ σπείραντος. 19 παντὸς ἀκούοντος τὸν λόγον τῆς βασιλείας καὶ μὴ συνιέντος¹³ ἔρχεται ὁ πονηρὸς καὶ ἁρπάζει¹⁴ τὸ ἐσπαρμένον¹⁵ ἐν τῇ καρδίᾳ αὐτοῦ, οὗτός ἐστιν ὁ παρὰ τὴν ὁδὸν σπαρείς. 20 ὁ δὲ ἐπὶ τὰ πετρώδη¹⁶ σπαρείς, οὗτός ἐστιν ὁ τὸν λόγον ἀκούων καὶ εὐθὺς μετὰ χαρᾶς λαμβάνων αὐτόν, 21 οὐκ ἔχει δὲ ῥίζαν¹⁷ ἐν ἑαυτῷ ἀλλὰ πρόσκαιρός¹⁸ ἐστιν, γενομένης δὲ θλίψεως ἢ διωγμοῦ¹⁹ διὰ τὸν λόγον εὐθὺς σκανδαλίζεται²⁰. 22 ὁ δὲ εἰς τὰς ἀκάνθας²¹ σπαρείς, οὗτός ἐστιν ὁ τὸν λόγον ἀκούων, καὶ ἡ μέριμνα²² τοῦ αἰῶνος καὶ ἡ ἀπάτη²³ τοῦ πλούτου²⁴ συμπνίγει²⁵ τὸν λόγον καὶ ἄκαρπος²⁶ γίνεται. 23 ὁ δὲ ἐπὶ τὴν καλὴν γῆν σπαρείς, οὗτός ἐστιν ὁ τὸν λόγον ἀκούων καὶ συνιείς²⁷, ὃς δὴ²⁸ καρποφορεῖ²⁹ καὶ ποιεῖ ὃ μὲν ἑκατόν³⁰, ὃ δὲ ἑξήκοντα³¹, ὃ δὲ τριάκοντα³².

---

1 ἀκοή, -ῆς f, hearing
2 συνίημι 2p aor act sub, understand
3 ὁράω 2p aor act sub, understand
4 παχύνω 3s aor pas ind, pas be insensitive
5 οὖς, ὠτός n, ear
6 βαρέως, adv, with difficulty
7 καμμύω 3p aor act ind, close
8 μήποτε, conj, so that ... will not
9 ὁράω 3p aor act sub, see
10 συνίημι 3p aor act sub, understand
11 ἰάομαι 1s fut mid ind, heal
12 ἐπιθυμέω 3p aor act ind, long (for)
13 συνίημι pres act ptc m s gen, understand
14 ἁρπάζω 3s pres act ind, take by force
15 σπείρω pf pas ptc n s acc, sow
16 πετρώδης, -ους n, rocky ground
17 ῥίζα, -ης f, root
18 πρόσκαιρος, -ον, not lasting
19 διωγμός, -οῦ m, persecution
20 σκανδαλίζω 3s pres pas ind, offend
21 ἄκανθα, -ης f, thorn plant
22 μέριμνα, -ης f, concern
23 ἀπάτη, -ης f, deception
24 πλοῦτος, -ου m, wealth
25 συμπνίγω 3s pres act ind, choke out
26 ἄκαρπος, -ον, unfruitful
27 συνίημι pres act ptc m s nom, understand
28 δή, particle for emphasis, indeed
29 καρποφορέω 3s pres act ind, bear fruit
30 ἑκατόν, one hundred
31 ἑξήκοντα, sixty
32 τριάκοντα, thirty

The Parable of the Weeds among the Wheat

24 Ἄλλην παραβολὴν παρέθηκεν[1] αὐτοῖς λέγων· ὡμοιώθη[2] ἡ βασιλεία τῶν οὐρανῶν ἀνθρώπῳ σπείραντι καλὸν σπέρμα ἐν τῷ ἀγρῷ αὐτοῦ. 25 ἐν δὲ τῷ καθεύδειν[3] τοὺς ἀνθρώπους ἦλθεν αὐτοῦ ὁ ἐχθρὸς καὶ ἐπέσπειρεν[4] ζιζάνια[5] ἀνὰ[6] μέσον τοῦ σίτου[7] καὶ ἀπῆλθεν. 26 ὅτε δὲ ἐβλάστησεν[8] ὁ χόρτος[9] καὶ καρπὸν ἐποίησεν, τότε ἐφάνη[10] καὶ τὰ ζιζάνια. 27 προσελθόντες[11] δὲ οἱ δοῦλοι τοῦ οἰκοδεσπότου[12] εἶπον αὐτῷ· κύριε, οὐχὶ καλὸν σπέρμα ἔσπειρας ἐν τῷ σῷ[13] ἀγρῷ; πόθεν[14] οὖν ἔχει ζιζάνια; 28 ὁ δὲ ἔφη αὐτοῖς· ἐχθρὸς ἄνθρωπος τοῦτο ἐποίησεν. οἱ δὲ δοῦλοι λέγουσιν αὐτῷ· θέλεις οὖν ἀπελθόντες συλλέξωμεν[15] αὐτά; 29 ὁ δέ φησιν· οὔ, μήποτε[16] συλλέγοντες τὰ ζιζάνια ἐκριζώσητε[17] ἅμα[18] αὐτοῖς τὸν σῖτον. 30 ἄφετε[19] συναυξάνεσθαι[20] ἀμφότερα[21] ἕως τοῦ θερισμοῦ[22], καὶ ἐν καιρῷ τοῦ θερισμοῦ ἐρῶ[23] τοῖς θερισταῖς[24]· συλλέξατε πρῶτον τὰ ζιζάνια καὶ δήσατε[25] αὐτὰ εἰς δέσμας[26] πρὸς τὸ κατακαῦσαι[27] αὐτά, τὸν δὲ σῖτον συναγάγετε[28] εἰς τὴν ἀποθήκην[29] μου.

The Parables of the Mustard Seed and the Yeast (Mk 4.30-32; Lk 13.18-21)

31 Ἄλλην παραβολὴν παρέθηκεν[30] αὐτοῖς λέγων· ὁμοία ἐστὶν ἡ βασιλεία τῶν οὐρανῶν κόκκῳ[31] σινάπεως[32], ὃν λαβὼν ἄνθρωπος ἔσπειρεν ἐν τῷ ἀγρῷ αὐτοῦ· 32 ὃ μικρότερον[33] μέν ἐστιν πάντων τῶν σπερμάτων, ὅταν δὲ αὐξηθῇ[34] μεῖζον[35] τῶν λαχάνων[36] ἐστὶν καὶ γίνεται δένδρον[37], ὥστε ἐλθεῖν τὰ πετεινὰ[38] τοῦ οὐρανοῦ καὶ κατασκηνοῦν[39] ἐν τοῖς κλάδοις[40] αὐτοῦ.

33 Ἄλλην παραβολὴν ἐλάλησεν αὐτοῖς· ὁμοία ἐστὶν ἡ βασιλεία τῶν οὐρανῶν ζύμῃ[41], ἣν λαβοῦσα[42] γυνὴ ἐνέκρυψεν[43] εἰς ἀλεύρου[44] σάτα[45] τρία ἕως οὗ ἐζυμώθη[46] ὅλον.

---

[1] παρατίθημι 3s aor act ind, put before/tell
[2] ὁμοιόω 3s aor pas ind, pas be like
[3] καθεύδω pres act inf, sleep
[4] ἐπισπείρω 3s aor act ind, scatter
[5] ζιζάνιον, -ου n, weed
[6] ἀνά, prep + acc, each (ἀνὰ μέσον among)
[7] σῖτος, -ου m, grain/wheat
[8] βλαστάνω 3s aor act ind, sprout
[9] χόρτος, -ου m, plant
[10] φαίνω 3s aor pas ind, mid & pas appear
[11] προσέρχομαι aor act ptc m p nom, come/go to
[12] οἰκοδεσπότης, -ου m, land owner
[13] σός, σή, σόν, your
[14] πόθεν, adv, why?
[15] συλλέγω 1p aor act sub, gather
[16] μήποτε, conj, so that ... will not
[17] ἐκριζόω 2p aor act sub, uproot
[18] ἅμα, prep + dat, together with
[19] ἀφίημι 2p aor act impv, let
[20] συναυξάνω pres pas inf, pas grow together
[21] ἀμφότεροι, -αι/α, both
[22] θερισμός, -οῦ m, harvest
[23] λέγω 1s fut act ind, say
[24] θεριστής, -οῦ m, harvest worker
[25] δέω 2p aor act impv, tie up
[26] δέσμη, -ης f, bundle
[27] κατακαίω aor act inf, burn up
[28] συνάγω 2p aor act impv, gather
[29] ἀποθήκη, -ης f, barn
[30] παρατίθημι 3s aor act ind, put before/tell
[31] κόκκος, -ου m, seed/grain
[32] σίναπι, -εως n, mustard
[33] μικρός, small (comp)
[34] αὐξάνω 3s aor pas sub, intrans grow
[35] μέγας, large (comp)
[36] λάχανον, -ου n, garden plant
[37] δένδρον, -ου n, tree
[38] πετεινόν, -οῦ n, bird
[39] κατασκηνόω pres act inf, nest
[40] κλάδος, -ου m, branch
[41] ζύμη, -ης f, yeast
[42] λαμβάνω aor act ptc f s nom, take
[43] ἐγκρύπτω 3s aor act ind, mix in
[44] ἄλευρον, -ου n, wheat flour
[45] σάτον, -ου n, saton (a dry measure = about 13 liters or 21.6 pints)
[46] ζυμόω 3s aor pas ind, pas rise

The Use of Parables (Mk 4.33-34)

34 ταῦτα πάντα ἐλάλησεν ὁ Ἰησοῦς ἐν παραβολαῖς τοῖς ὄχλοις καὶ χωρὶς παραβολῆς οὐδὲν ἐλάλει αὐτοῖς, 35 ὅπως πληρωθῇ τὸ ῥηθὲν[1] διὰ τοῦ προφήτου λέγοντος·
ἀνοίξω ἐν παραβολαῖς τὸ στόμα μου,
ἐρεύξομαι[2] κεκρυμμένα[3] ἀπὸ καταβολῆς[4] [κόσμου].

The Parable of the Weeds Explained

36 Τότε ἀφεὶς[5] τοὺς ὄχλους ἦλθεν εἰς τὴν οἰκίαν. καὶ προσῆλθον[6] αὐτῷ οἱ μαθηταὶ αὐτοῦ λέγοντες· διασάφησον[7] ἡμῖν τὴν παραβολὴν τῶν ζιζανίων[8] τοῦ ἀγροῦ. 37 ὁ δὲ ἀποκριθεὶς εἶπεν· ὁ σπείρων τὸ καλὸν σπέρμα ἐστὶν ὁ υἱὸς τοῦ ἀνθρώπου, 38 ὁ δὲ ἀγρός ἐστιν ὁ κόσμος, τὸ δὲ καλὸν σπέρμα οὗτοί εἰσιν οἱ υἱοὶ τῆς βασιλείας· τὰ δὲ ζιζάνιά εἰσιν οἱ υἱοὶ τοῦ πονηροῦ, 39 ὁ δὲ ἐχθρὸς ὁ σπείρας αὐτά ἐστιν ὁ διάβολος, ὁ δὲ θερισμὸς[9] συντέλεια[10] αἰῶνός ἐστιν, οἱ δὲ θερισταὶ[11] ἄγγελοί εἰσιν. 40 ὥσπερ οὖν συλλέγεται[12] τὰ ζιζάνια καὶ πυρὶ [κατα]καίεται[13], οὕτως ἔσται ἐν τῇ συντελείᾳ τοῦ αἰῶνος· 41 ἀποστελεῖ ὁ υἱὸς τοῦ ἀνθρώπου τοὺς ἀγγέλους αὐτοῦ, καὶ συλλέξουσιν ἐκ τῆς βασιλείας αὐτοῦ πάντα τὰ σκάνδαλα[14] καὶ τοὺς ποιοῦντας τὴν ἀνομίαν[15] 42 καὶ βαλοῦσιν[16] αὐτοὺς εἰς τὴν κάμινον[17] τοῦ πυρός· ἐκεῖ ἔσται ὁ κλαυθμὸς[18] καὶ ὁ βρυγμὸς[19] τῶν ὀδόντων[20]. 43 τότε οἱ δίκαιοι ἐκλάμψουσιν[21] ὡς ὁ ἥλιος ἐν τῇ βασιλείᾳ τοῦ πατρὸς αὐτῶν. ὁ ἔχων ὦτα[22] ἀκουέτω.

Three Parables

44 Ὁμοία ἐστὶν ἡ βασιλεία τῶν οὐρανῶν θησαυρῷ[23] κεκρυμμένῳ[24] ἐν τῷ ἀγρῷ, ὃν εὑρὼν[25] ἄνθρωπος ἔκρυψεν[26], καὶ ἀπὸ τῆς χαρᾶς αὐτοῦ ὑπάγει καὶ πωλεῖ[27] πάντα ὅσα ἔχει καὶ ἀγοράζει τὸν ἀγρὸν ἐκεῖνον.

45 Πάλιν ὁμοία ἐστὶν ἡ βασιλεία τῶν οὐρανῶν ἀνθρώπῳ ἐμπόρῳ[28] ζητοῦντι καλοὺς μαργαρίτας[29]. 46 εὑρὼν[30] δὲ ἕνα πολύτιμον[31] μαργαρίτην ἀπελθὼν πέπρακεν[32] πάντα ὅσα εἶχεν καὶ ἠγόρασεν αὐτόν.

---

[1] λέγω *aor pas ptc n s nom*, say
[2] ἐρεύγομαι 1s *fut mid ind*, speak
[3] κρύπτω *pf pas ptc n p acc*, hide
[4] καταβολή, -ῆς *f*, beginning/creation
[5] ἀφίημι *aor act ptc m s nom*, leave
[6] προσέρχομαι 3p *aor act ind*, come/go to
[7] διασαφέω 2s *aor act impv*, explain
[8] ζιζάνιον, -ου *n*, weed
[9] θερισμός, -οῦ *m*, harvest
[10] συντέλεια, -ας *f*, end
[11] θεριστής, -οῦ *m*, harvest worker
[12] συλλέγω 3s *pres pas ind*, gather
[13] κατακαίω 3s *pres pas ind*, burn up
[14] σκάνδαλον, -ου *n*, something that causes stumbling
[15] ἀνομία, -ας *f*, evil
[16] βάλλω 3p *fut act ind*, throw
[17] κάμινος, -ου *f*, furnace
[18] κλαυθμός, -οῦ *m*, bitter crying
[19] βρυγμός, -οῦ *m*, gritting
[20] ὀδούς, ὀδόντος *m*, tooth
[21] ἐκλάμπω 3p *fut act ind*, shine
[22] οὖς, ὠτός *n*, ear
[23] θησαυρός, -οῦ *m*, treasure
[24] κρύπτω *pf pas ptc m s dat*, hide
[25] εὑρίσκω *aor act ptc m s nom*, find
[26] κρύπτω 3s *aor act ind*, hide
[27] πωλέω 3s *pres act ind*, sell
[28] ἔμπορος, -ου *m*, merchant
[29] μαργαρίτης, -ου *m*, pearl
[30] εὑρίσκω *aor act ptc m s nom*, find
[31] πολύτιμος, -ον, of great value
[32] πιπράσκω 3s *pf act ind*, sell

47 Πάλιν ὁμοία ἐστὶν ἡ βασιλεία τῶν οὐρανῶν σαγήνῃ¹ βληθείσῃ² εἰς τὴν θάλασσαν καὶ ἐκ παντὸς γένους³ συναγαγούσῃ· **48** ἣν ὅτε ἐπληρώθη ἀναβιβάσαντες⁴ ἐπὶ τὸν αἰγιαλὸν⁵ καὶ καθίσαντες⁶ συνέλεξαν⁷ τὰ καλὰ εἰς ἄγγη⁸, τὰ δὲ σαπρὰ⁹ ἔξω ἔβαλον¹⁰. **49** οὕτως ἔσται ἐν τῇ συντελείᾳ¹¹ τοῦ αἰῶνος· ἐξελεύσονται¹² οἱ ἄγγελοι καὶ ἀφοριοῦσιν¹³ τοὺς πονηροὺς ἐκ μέσου τῶν δικαίων **50** καὶ **βαλοῦσιν**¹⁴ αὐτοὺς εἰς τὴν κάμινον¹⁵ τοῦ πυρός· ἐκεῖ ἔσται ὁ κλαυθμὸς¹⁶ καὶ ὁ βρυγμὸς¹⁷ τῶν ὀδόντων¹⁸.

Treasures New and Old

51 Συνήκατε¹⁹ ταῦτα πάντα; λέγουσιν αὐτῷ· ναί. **52** ὁ δὲ εἶπεν αὐτοῖς· διὰ τοῦτο πᾶς γραμματεὺς μαθητευθεὶς²⁰ τῇ βασιλείᾳ τῶν οὐρανῶν ὅμοιός ἐστιν ἀνθρώπῳ οἰκοδεσπότῃ²¹, ὅστις ἐκβάλλει ἐκ τοῦ θησαυροῦ²² αὐτοῦ καινὰ καὶ παλαιά²³.

The Rejection of Jesus at Nazareth   (Mk 6.1-6; Lk 4.16-30)

53 Καὶ ἐγένετο ὅτε ἐτέλεσεν²⁴ ὁ Ἰησοῦς τὰς παραβολὰς ταύτας, μετῆρεν²⁵ ἐκεῖθεν²⁶. **54** καὶ ἐλθὼν εἰς τὴν πατρίδα²⁷ αὐτοῦ ἐδίδασκεν αὐτοὺς ἐν τῇ συναγωγῇ αὐτῶν, ὥστε ἐκπλήσσεσθαι²⁸ αὐτοὺς καὶ λέγειν· πόθεν²⁹ τούτῳ ἡ σοφία αὕτη καὶ αἱ δυνάμεις; **55** οὐχ οὗτός ἐστιν ὁ τοῦ τέκτονος³⁰ υἱός; οὐχ ἡ μήτηρ αὐτοῦ λέγεται Μαριὰμ καὶ οἱ ἀδελφοὶ αὐτοῦ Ἰάκωβος καὶ Ἰωσὴφ καὶ Σίμων καὶ Ἰούδας; **56** καὶ αἱ ἀδελφαὶ³¹ αὐτοῦ οὐχὶ πᾶσαι πρὸς ἡμᾶς εἰσιν; πόθεν οὖν τούτῳ ταῦτα πάντα; **57** καὶ ἐσκανδαλίζοντο³² ἐν αὐτῷ. ὁ δὲ Ἰησοῦς εἶπεν αὐτοῖς· οὐκ ἔστιν προφήτης ἄτιμος³³ εἰ μὴ ἐν τῇ πατρίδι καὶ ἐν τῇ οἰκίᾳ αὐτοῦ. **58** καὶ οὐκ ἐποίησεν ἐκεῖ δυνάμεις πολλὰς διὰ τὴν ἀπιστίαν³⁴ αὐτῶν.

---

[1] σαγήνη, -ης f, dragnet
[2] βάλλω aor pas ptc f s dat, throw
[3] γένος, -ους n, sort
[4] ἀναβιβάζω aor act ptc m p nom, drag
[5] αἰγιαλός, -οῦ m, shore
[6] καθίζω aor act ptc m p nom, sit down
[7] συλλέγω 3p aor act ind, gather
[8] ἄγγος, -ους n, container
[9] σαπρός, -ά/όν, bad
[10] βάλλω 3p aor act ind, throw
[11] συντέλεια, -ας f, end
[12] ἐξέρχομαι 3p fut mid ind, come
[13] ἀφορίζω 3p fut act ind, separate
[14] βάλλω 3p fut act ind, throw
[15] κάμινος, -ου f, furnace
[16] κλαυθμός, -οῦ m, bitter crying
[17] βρυγμός, -οῦ m, gritting
[18] ὀδούς, ὀδόντος m, tooth
[19] συνίημι 2p aor act ind, understand
[20] μαθητεύω aor pas ptc m s nom, pas be a disciple
[21] οἰκοδεσπότης, -ου m, home owner
[22] θησαυρός, -οῦ m, treasure box/storeroom
[23] παλαιός, -ά/όν, old
[24] τελέω 3s aor act ind, finish
[25] μεταίρω 3s aor act ind, leave
[26] ἐκεῖθεν, adv, from there
[27] πατρίς, -ίδος f, hometown
[28] ἐκπλήσσω pres pas inf, pas be amazed
[29] πόθεν, adv, from where?
[30] τέκτων, -ονος m, carpenter
[31] ἀδελφή, -ῆς f, sister
[32] σκανδαλίζω 3p impf pas ind, offend
[33] ἄτιμος, -ον, without honor
[34] ἀπιστία, -ας f, unbelief

The Death of John the Baptist (Mk 6.14-29; Lk 9.7-9)

14 Ἐν ἐκείνῳ τῷ καιρῷ ἤκουσεν Ἡρῴδης ὁ τετραάρχης[1] τὴν ἀκοὴν[2] Ἰησοῦ, 2 καὶ εἶπεν τοῖς παισὶν[3] αὐτοῦ· οὗτός ἐστιν Ἰωάννης ὁ βαπτιστής[4]· αὐτὸς ἠγέρθη[5] ἀπὸ τῶν νεκρῶν καὶ διὰ τοῦτο αἱ δυνάμεις ἐνεργοῦσιν[6] ἐν αὐτῷ.

3 Ὁ γὰρ Ἡρῴδης κρατήσας τὸν Ἰωάννην ἔδησεν [αὐτὸν] καὶ ἐν φυλακῇ ἀπέθετο[7] διὰ Ἡρῳδιάδα τὴν γυναῖκα Φιλίππου τοῦ ἀδελφοῦ αὐτοῦ· 4 ἔλεγεν γὰρ ὁ Ἰωάννης αὐτῷ· οὐκ ἔξεστίν σοι ἔχειν αὐτήν. 5 καὶ θέλων αὐτὸν ἀποκτεῖναι ἐφοβήθη τὸν ὄχλον, ὅτι ὡς προφήτην αὐτὸν εἶχον.

6 Γενεσίοις[8] δὲ γενομένοις τοῦ Ἡρῴδου ὠρχήσατο[9] ἡ θυγάτηρ[10] τῆς Ἡρῳδιάδος ἐν τῷ μέσῳ καὶ ἤρεσεν[11] τῷ Ἡρῴδῃ, 7 ὅθεν[12] μεθ᾽ ὅρκου[13] ὡμολόγησεν[14] αὐτῇ δοῦναι[15] ὃ ἐὰν αἰτήσηται. 8 ἡ δὲ προβιβασθεῖσα[16] ὑπὸ τῆς μητρὸς αὐτῆς· δός[17] μοι, φησίν, ὧδε ἐπὶ πίνακι[18] τὴν κεφαλὴν Ἰωάννου τοῦ βαπτιστοῦ. 9 καὶ λυπηθεὶς[19] ὁ βασιλεὺς διὰ τοὺς ὅρκους καὶ τοὺς συνανακειμένους[20] ἐκέλευσεν[21] δοθῆναι[22], 10 καὶ πέμψας[23] ἀπεκεφάλισεν[24] [τὸν] Ἰωάννην ἐν τῇ φυλακῇ. 11 καὶ ἠνέχθη[25] ἡ κεφαλὴ αὐτοῦ ἐπὶ πίνακι καὶ ἐδόθη[26] τῷ κορασίῳ[27], καὶ ἤνεγκεν[28] τῇ μητρὶ αὐτῆς. 12 καὶ προσελθόντες[29] οἱ μαθηταὶ αὐτοῦ ἦραν[30] τὸ πτῶμα[31] καὶ ἔθαψαν[32] αὐτὸ[ν] καὶ ἐλθόντες ἀπήγγειλαν[33] τῷ Ἰησοῦ.

The Feeding of the Five Thousand (Mk 6.30-44; Lk 9.10-17; Jn 6.1-14)

13 Ἀκούσας δὲ ὁ Ἰησοῦς ἀνεχώρησεν[34] ἐκεῖθεν[35] ἐν πλοίῳ εἰς ἔρημον τόπον κατ᾽ ἰδίαν[36]· καὶ ἀκούσαντες οἱ ὄχλοι ἠκολούθησαν αὐτῷ πεζῇ[37] ἀπὸ τῶν πόλεων. 14 καὶ ἐξελθὼν εἶδεν πολὺν ὄχλον καὶ ἐσπλαγχνίσθη[38] ἐπ᾽ αὐτοῖς καὶ ἐθεράπευσεν τοὺς ἀρρώστους[39] αὐτῶν.

---

[1] τετραάρχης, -ου m, tetrarch (a petty ruler with less authority than a king)
[2] ἀκοή, -ῆς f, news
[3] παῖς, παιδός m & f, servant
[4] βαπτιστής, -οῦ m, Baptist/baptizer
[5] ἐγείρω 3s aor pas ind, raise
[6] ἐνεργέω 3p pres act ind, work
[7] ἀποτίθημι 3s aor mid ind, put
[8] γενέσια, -ων n, pl birthday celebration
[9] ὀρχέομαι 3s aor mid ind, dance
[10] θυγάτηρ, -τρός f, daughter
[11] ἀρέσκω 3s aor act ind, please
[12] ὅθεν, adv, and so
[13] ὅρκος, -ου m, vow
[14] ὁμολογέω 3s aor act ind, promise
[15] δίδωμι aor act inf, give
[16] προβιβάζω aor pas ptc f s nom, prompt
[17] δίδωμι 2s aor act impv, give
[18] πίναξ, -ακος f, serving plate
[19] λυπέω aor pas ptc m s nom, pas be sad
[20] συνανάκειμαι pres mid ptc m p acc, sit at table with (ὁ σ. guest)
[21] κελεύω 3s aor act ind, order
[22] δίδωμι aor pas inf, give
[23] πέμπω aor act ptc m s nom, send
[24] ἀποκεφαλίζω 3s aor act ind, behead
[25] φέρω 3s aor pas ind, bring
[26] δίδωμι 3s aor pas ind, give
[27] κοράσιον, -ου n, girl
[28] φέρω 3s aor act ind, bring
[29] προσέρχομαι aor act ptc m p nom, come/go to
[30] αἴρω 3p aor act ind, take away
[31] πτῶμα, -τος n, body
[32] θάπτω 3p aor act ind, bury
[33] ἀπαγγέλλω 3p aor act ind, tell
[34] ἀναχωρέω 3s aor act ind, leave
[35] ἐκεῖθεν, adv, from there
[36] ἴδιος, -α/ον, one's own (κατ᾽ ἰδίαν privately)
[37] πεζῇ, adv, on foot
[38] σπλαγχνίζομαι 3s aor pas ind, have pity
[39] ἄρρωστος, -ον, sick

15 Ὀψίας[1] δὲ γενομένης προσῆλθον[2] αὐτῷ οἱ μαθηταὶ λέγοντες· ἔρημός ἐστιν ὁ τόπος καὶ ἡ ὥρα ἤδη παρῆλθεν[3]· ἀπόλυσον τοὺς ὄχλους, ἵνα ἀπελθόντες εἰς τὰς κώμας[4] ἀγοράσωσιν ἑαυτοῖς βρώματα[5]. **16** ὁ δὲ [Ἰησοῦς] εἶπεν αὐτοῖς· οὐ χρείαν ἔχουσιν ἀπελθεῖν[6], δότε[7] αὐτοῖς ὑμεῖς φαγεῖν[8]. **17** οἱ δὲ λέγουσιν αὐτῷ· οὐκ ἔχομεν ὧδε εἰ μὴ πέντε ἄρτους καὶ δύο ἰχθύας[9]. **18** ὁ δὲ εἶπεν· φέρετέ μοι ὧδε αὐτούς. **19** καὶ κελεύσας[10] τοὺς ὄχλους ἀνακλιθῆναι[11] ἐπὶ τοῦ χόρτου[12], λαβὼν τοὺς πέντε ἄρτους καὶ τοὺς δύο ἰχθύας, ἀναβλέψας[13] εἰς τὸν οὐρανὸν εὐλόγησεν καὶ κλάσας[14] ἔδωκεν τοῖς μαθηταῖς τοὺς ἄρτους, οἱ δὲ μαθηταὶ τοῖς ὄχλοις. **20** καὶ ἔφαγον[15] πάντες καὶ ἐχορτάσθησαν[16], καὶ ἦραν[17] τὸ περισσεῦον τῶν κλασμάτων[18] δώδεκα κοφίνους[19] πλήρεις[20]. **21** οἱ δὲ ἐσθίοντες ἦσαν ἄνδρες ὡσεὶ[21] πεντακισχίλιοι[22] χωρὶς γυναικῶν καὶ παιδίων.

Walking on the Water (Mk 6.45-52; Jn 6.15-21)

22 Καὶ εὐθέως ἠνάγκασεν[23] τοὺς μαθητὰς ἐμβῆναι[24] εἰς τὸ πλοῖον καὶ προάγειν[25] αὐτὸν εἰς τὸ πέραν[26], ἕως οὗ ἀπολύσῃ τοὺς ὄχλους. **23** καὶ ἀπολύσας τοὺς ὄχλους ἀνέβη[27] εἰς τὸ ὄρος κατ' ἰδίαν προσεύξασθαι. ὀψίας[28] δὲ γενομένης μόνος ἦν ἐκεῖ. **24** τὸ δὲ πλοῖον ἤδη σταδίους[29] πολλοὺς ἀπὸ τῆς γῆς ἀπεῖχεν[30] βασανιζόμενον[31] ὑπὸ τῶν κυμάτων[32], ἦν γὰρ ἐναντίος[33] ὁ ἄνεμος. **25** τετάρτῃ[34] δὲ φυλακῇ τῆς νυκτὸς ἦλθεν πρὸς αὐτοὺς περιπατῶν ἐπὶ τὴν θάλασσαν. **26** οἱ δὲ μαθηταὶ ἰδόντες αὐτὸν ἐπὶ τῆς θαλάσσης περιπατοῦντα ἐταράχθησαν[35] λέγοντες ὅτι φάντασμά[36] ἐστιν, καὶ ἀπὸ τοῦ φόβου ἔκραξαν. **27** εὐθὺς δὲ ἐλάλησεν [ὁ Ἰησοῦς] αὐτοῖς λέγων· θαρσεῖτε[37], ἐγώ εἰμι· μὴ φοβεῖσθε. **28** ἀποκριθεὶς δὲ αὐτῷ ὁ Πέτρος εἶπεν· κύριε, εἰ σὺ εἶ, κέλευσόν[38] με ἐλθεῖν πρός σε ἐπὶ τὰ ὕδατα. **29** ὁ δὲ εἶπεν· ἐλθέ[39]. καὶ καταβὰς[40]

---

[1] ὄψιος, -α/ον, late (ἡ ὀψία evening)
[2] προσέρχομαι 3p aor act ind, come/go to
[3] παρέρχομαι 3s aor act ind, pass
[4] κώμη, -ης f, village
[5] βρῶμα, -τος n, food
[6] ἀπέρχομαι aor act inf, go
[7] δίδωμι 2p aor act impv, give
[8] ἐσθίω aor act inf, eat
[9] ἰχθύς, -ύος m, fish
[10] κελεύω aor act ptc m s nom, order
[11] ἀνακλίνω aor pas inf, pas sit down
[12] χόρτος, -ου m, grass
[13] ἀναβλέπω aor act ptc m s nom, look up
[14] κλάω aor act ptc m s nom, break

[15] ἐσθίω 3p aor act ind, eat
[16] χορτάζω 3p aor pas ind, satisfy
[17] αἴρω 3p aor act ind, take up
[18] κλάσμα, -τος n, piece
[19] κόφινος, -ου m, basket (perhaps smaller than a σπυρίς, see Mt 15.37)
[20] πλήρης, -ες, full
[21] ὡσεί, particle of comparison, about
[22] πεντακισχίλιοι, -αι/α, five thousand
[23] ἀναγκάζω 3s aor act ind, make (someone do something)
[24] ἐμβαίνω aor act inf, get into
[25] προάγω pres act inf, go ahead of
[26] πέραν, prep + gen, across (τὸ π. the other side)
[27] ἀναβαίνω 3s aor act ind, go up

[28] ὄψιος, -α/ον, late (ἡ ὀψία f evening)
[29] στάδιον, -ου m, stadion (about 607 feet or 185 meters)
[30] ἀπέχω 3s impf act ind, be distant
[31] βασανίζω pres pas ptc n s nom, toss about
[32] κῦμα, -τος n, wave
[33] ἐναντίος, -α/ον, against
[34] τέταρτος, -η/ον, fourth
[35] ταράσσω 3p aor pas ind, frighten
[36] φάντασμα, -τος n, ghost
[37] θαρσέω 2p pres act impv, Cheer up!
[38] κελεύω 2s aor act impv, order
[39] ἔρχομαι 2s aor act impv, come
[40] καταβαίνω aor act ptc m s nom, go down

ἀπὸ τοῦ πλοίου [ὁ] Πέτρος περιεπάτησεν ἐπὶ τὰ ὕδατα καὶ ἦλθεν πρὸς τὸν Ἰησοῦν. **30** βλέπων δὲ τὸν ἄνεμον [ἰσχυρὸν¹] ἐφοβήθη, καὶ ἀρξάμενος² καταποντίζεσθαι³ ἔκραξεν λέγων· κύριε, σῶσόν με. **31** εὐθέως δὲ ὁ Ἰησοῦς ἐκτείνας⁴ τὴν χεῖρα ἐπελάβετο⁵ αὐτοῦ καὶ λέγει αὐτῷ· ὀλιγόπιστε⁶, εἰς τί ἐδίστασας⁷; **32** καὶ ἀναβάντων⁸ αὐτῶν εἰς τὸ πλοῖον ἐκόπασεν⁹ ὁ ἄνεμος. **33** οἱ δὲ ἐν τῷ πλοίῳ προσεκύνησαν αὐτῷ λέγοντες· ἀληθῶς¹⁰ θεοῦ υἱὸς εἶ.

The Healing of the Sick in Gennesaret (Mk 6.53-56)

34 Καὶ διαπεράσαντες¹¹ ἦλθον ἐπὶ τὴν γῆν εἰς Γεννησαρέτ. **35** καὶ ἐπιγνόντες¹² αὐτὸν οἱ ἄνδρες τοῦ τόπου ἐκείνου ἀπέστειλαν¹³ εἰς ὅλην τὴν περίχωρον¹⁴ ἐκείνην καὶ προσήνεγκαν¹⁵ αὐτῷ πάντας τοὺς κακῶς¹⁶ ἔχοντας **36** καὶ παρεκάλουν αὐτὸν ἵνα μόνον ἅψωνται¹⁷ τοῦ κρασπέδου¹⁸ τοῦ ἱματίου αὐτοῦ· καὶ ὅσοι ἥψαντο διεσώθησαν¹⁹.

The Tradition of the Elders (Mk 7.1-23)

15 Τότε προσέρχονται τῷ Ἰησοῦ ἀπὸ Ἱεροσολύμων Φαρισαῖοι καὶ γραμματεῖς λέγοντες· **2** διὰ τί οἱ μαθηταί σου παραβαίνουσιν²⁰ τὴν παράδοσιν²¹ τῶν πρεσβυτέρων; οὐ γὰρ νίπτονται²² τὰς χεῖρας [αὐτῶν] ὅταν ἄρτον ἐσθίωσιν. **3** ὁ δὲ ἀποκριθεὶς εἶπεν αὐτοῖς· διὰ τί καὶ ὑμεῖς παραβαίνετε τὴν ἐντολὴν τοῦ θεοῦ διὰ τὴν παράδοσιν ὑμῶν; **4** ὁ γὰρ θεὸς εἶπεν· **τίμα²³ τὸν πατέρα καὶ τὴν μητέρα**, καί· **ὁ κακολογῶν²⁴ πατέρα ἢ μητέρα θανάτῳ τελευτάτω²⁵**. **5** ὑμεῖς δὲ λέγετε· ὃς ἂν εἴπῃ²⁶ τῷ πατρὶ ἢ τῇ μητρί· δῶρον²⁷ ὃ ἐὰν ἐξ ἐμοῦ ὠφεληθῇς²⁸, **6** οὐ μὴ τιμήσει τὸν πατέρα αὐτοῦ· καὶ ἠκυρώσατε²⁹ τὸν λόγον τοῦ θεοῦ διὰ τὴν παράδοσιν ὑμῶν. **7** ὑποκριταί³⁰, καλῶς ἐπροφήτευσεν³¹ περὶ ὑμῶν Ἡσαΐας λέγων·

---

¹ ἰσχυρός, -ά/όν, strong
² ἄρχω aor mid ptc m s nom, mid begin
³ καταποντίζω pres pas inf, pas sink
⁴ ἐκτείνω aor act ptc m s nom, reach out
⁵ ἐπιλαμβάνομαι 3s aor mid ind, take hold of
⁶ ὀλιγόπιστος, -ον, of little faith
⁷ διστάζω 2s aor act ind, doubt
⁸ ἀναβαίνω aor act ptc m p gen, go/come up
⁹ κοπάζω 3s aor act ind, stop
¹⁰ ἀληθῶς, adv, really
¹¹ διαπεράω aor act ptc m p nom, cross over
¹² ἐπιγινώσκω aor act ptc m p nom, recognize
¹³ ἀποστέλλω 3p aor act ind, send
¹⁴ περίχωρος, -ου f, surrounding region
¹⁵ προσφέρω 3p aor act ind, bring
¹⁶ κακῶς, adv, badly (κ. ἔχω be sick)
¹⁷ ἅπτω 3p aor mid sub, mid touch
¹⁸ κράσπεδον, -ου n, fringe
¹⁹ διασῴζω 3p aor pas ind, heal
²⁰ παραβαίνω 3p pres act ind, disobey
²¹ παράδοσις, -εως f, tradition
²² νίπτω 3p pres mid ind, wash
²³ τιμάω 2s pres act impv, honor
²⁴ κακολογέω pres act ptc m s nom, speak evil of
²⁵ τελευτάω 3s pres act impv, die (θανάτῳ τ. put to death)
²⁶ λέγω 3s aor act sub, say
²⁷ δῶρον, -ου n, a gift for God
²⁸ ὠφελέω 2s aor pas sub, benefit (someone)
²⁹ ἀκυρόω 2p aor act ind, disregard
³⁰ ὑποκριτής, -οῦ m, hypocrite
³¹ προφητεύω 3s aor act ind, prophesy

8 ὁ λαὸς οὗτος τοῖς χείλεσίν[1] με τιμᾷ[2],
ἡ δὲ καρδία αὐτῶν πόρρω[3] ἀπέχει[4] ἀπ' ἐμοῦ·
9 μάτην[5] δὲ σέβονταί[6] με
διδάσκοντες διδασκαλίας[7] ἐντάλματα[8] ἀνθρώπων.
10 καὶ προσκαλεσάμενος[9] τὸν ὄχλον εἶπεν αὐτοῖς· ἀκούετε καὶ συνίετε[10]. **11** οὐ τὸ εἰσερχόμενον εἰς τὸ στόμα κοινοῖ[11] τὸν ἄνθρωπον, ἀλλὰ τὸ ἐκπορευόμενον ἐκ τοῦ στόματος τοῦτο κοινοῖ τὸν ἄνθρωπον.

12 Τότε προσελθόντες[12] οἱ μαθηταὶ λέγουσιν αὐτῷ· οἶδας ὅτι οἱ Φαρισαῖοι ἀκούσαντες τὸν λόγον ἐσκανδαλίσθησαν[13]; **13** ὁ δὲ ἀποκριθεὶς εἶπεν· πᾶσα φυτεία[14] ἣν οὐκ ἐφύτευσεν[15] ὁ πατήρ μου ὁ οὐράνιος[16] ἐκριζωθήσεται[17]. **14** ἄφετε[18] αὐτούς· τυφλοί εἰσιν ὁδηγοὶ[19] [τυφλῶν]· τυφλὸς δὲ τυφλὸν ἐὰν ὁδηγῇ[20], ἀμφότεροι[21] εἰς βόθυνον[22] πεσοῦνται[23].

15 Ἀποκριθεὶς δὲ ὁ Πέτρος εἶπεν αὐτῷ· φράσον[24] ἡμῖν τὴν παραβολὴν [ταύτην].
16 ὁ δὲ εἶπεν· ἀκμὴν[25] καὶ ὑμεῖς ἀσύνετοί[26] ἐστε; **17** οὐ νοεῖτε[27] ὅτι πᾶν τὸ εἰσπορευόμενον[28] εἰς τὸ στόμα εἰς τὴν κοιλίαν[29] χωρεῖ[30] καὶ εἰς ἀφεδρῶνα[31] ἐκβάλλεται; **18** τὰ δὲ ἐκπορευόμενα ἐκ τοῦ στόματος ἐκ τῆς καρδίας ἐξέρχεται, κἀκεῖνα κοινοῖ[32] τὸν ἄνθρωπον. **19** ἐκ γὰρ τῆς καρδίας ἐξέρχονται διαλογισμοὶ[33] πονηροί, φόνοι[34], μοιχεῖαι[35], πορνεῖαι[36], κλοπαί[37], ψευδομαρτυρίαι[38], βλασφημίαι[39]. **20** ταῦτά ἐστιν τὰ κοινοῦντα τὸν ἄνθρωπον, τὸ δὲ ἀνίπτοις[40] χερσὶν φαγεῖν[41] οὐ κοινοῖ τὸν ἄνθρωπον.

The Canaanite Women's Faith (Mk 7.24-30)

21 Καὶ ἐξελθὼν ἐκεῖθεν[42] ὁ Ἰησοῦς ἀνεχώρησεν[43] εἰς τὰ μέρη Τύρου καὶ Σιδῶνος.
22 καὶ ἰδοὺ γυνὴ Χαναναία ἀπὸ τῶν ὁρίων[44] ἐκείνων ἐξελθοῦσα ἔκραζεν λέγουσα·

[1] χεῖλος, -ους n, lip
[2] τιμάω 3s pres act ind, honor
[3] πόρρω, adv, far away
[4] ἀπέχω 3s pres act ind, be distant
[5] μάτην, adv, in vain
[6] σέβομαι 3p pres mid ind, worship
[7] διδασκαλία, -ας f, teaching
[8] ἔνταλμα, -τος n, rule
[9] προσκαλέομαι aor mid ptc m s nom, call to oneself
[10] συνίημι 2p pres act impv, understand
[11] κοινόω 3s pres act ind, make unclean
[12] προσέρχομαι aor act ptc m p nom, come/go to
[13] σκανδαλίζω 3p aor pas ind, offend
[14] φυτεία, -ας f, plant
[15] φυτεύω 3s aor act ind, plant
[16] οὐράνιος, -ον, in heaven
[17] ἐκριζόω 3s fut pas ind, uproot
[18] ἀφίημι 2p aor act impv, stay away from
[19] ὁδηγός, -οῦ m, guide
[20] ὁδηγέω 3s pres act sub, lead
[21] ἀμφότεροι, -αι/α, both
[22] βόθυνος, -ου m, ditch
[23] πίπτω 3p fut mid ind, fall
[24] φράζω 2s aor act impv, explain
[25] ἀκμήν, adv, still
[26] ἀσύνετος, -ον, without understanding
[27] νοέω 2p pres act ind, understand
[28] εἰσπορεύομαι pres mid ptc n s nom, go into
[29] κοιλία, -ας f, stomach
[30] χωρέω 3s pres act ind, go out
[31] ἀφεδρών, -ῶνος m, sewer
[32] κοινόω 3s pres act ind, make unclean
[33] διαλογισμός, -οῦ m, thought
[34] φόνος, -ου m, murder
[35] μοιχεία, -ας f, adultery
[36] πορνεία, -ας f, sexual immorality
[37] κλοπή, -ῆς f, theft
[38] ψευδομαρτυρία, -ας f, telling lies
[39] βλασφημία, -ας f, insulting talk
[40] ἄνιπτος, -ον, unwashed
[41] ἐσθίω aor act inf, eat
[42] ἐκεῖθεν, adv, from there
[43] ἀναχωρέω 3s aor act ind, go
[44] ὅριον, -ου n, region

ἐλέησόν¹ με, κύριε υἱὸς Δαυίδ· ἡ θυγάτηρ² μου κακῶς³ δαιμονίζεται⁴. 23 ὁ δὲ οὐκ ἀπεκρίθη αὐτῇ λόγον. καὶ προσελθόντες⁵ οἱ μαθηταὶ αὐτοῦ ἠρώτουν αὐτὸν λέγοντες· ἀπόλυσον αὐτήν, ὅτι κράζει ὄπισθεν⁶ ἡμῶν. 24 ὁ δὲ ἀποκριθεὶς εἶπεν· οὐκ ἀπεστάλην⁷ εἰ μὴ εἰς τὰ πρόβατα τὰ ἀπολωλότα⁸ οἴκου Ἰσραήλ. 25 ἡ δὲ ἐλθοῦσα προσεκύνει αὐτῷ λέγουσα· κύριε, βοήθει⁹ μοι. 26 ὁ δὲ ἀποκριθεὶς εἶπεν· οὐκ ἔστιν καλὸν λαβεῖν τὸν ἄρτον τῶν τέκνων καὶ βαλεῖν¹⁰ τοῖς κυναρίοις¹¹. 27 ἡ δὲ εἶπεν· ναὶ κύριε, καὶ γὰρ τὰ κυνάρια ἐσθίει ἀπὸ τῶν ψιχίων¹² τῶν πιπτόντων ἀπὸ τῆς τραπέζης¹³ τῶν κυρίων αὐτῶν. 28 τότε ἀποκριθεὶς ὁ Ἰησοῦς εἶπεν αὐτῇ· ὦ¹⁴ γύναι, μεγάλη σου ἡ πίστις· γενηθήτω σοι ὡς θέλεις. καὶ ἰάθη¹⁵ ἡ θυγάτηρ αὐτῆς ἀπὸ τῆς ὥρας ἐκείνης.

The Healing of Many People

29 Καὶ μεταβὰς¹⁶ ἐκεῖθεν¹⁷ ὁ Ἰησοῦς ἦλθεν παρὰ τὴν θάλασσαν τῆς Γαλιλαίας, καὶ ἀναβὰς¹⁸ εἰς τὸ ὄρος ἐκάθητο ἐκεῖ. 30 καὶ προσῆλθον¹⁹ αὐτῷ ὄχλοι πολλοὶ ἔχοντες μεθ' ἑαυτῶν χωλούς²⁰, τυφλούς, κυλλούς²¹, κωφούς²², καὶ ἑτέρους πολλοὺς καὶ ἔρριψαν²³ αὐτοὺς παρὰ τοὺς πόδας αὐτοῦ, καὶ ἐθεράπευσεν αὐτούς· 31 ὥστε τὸν ὄχλον θαυμάσαι βλέποντας κωφοὺς λαλοῦντας, κυλλοὺς ὑγιεῖς²⁴ καὶ χωλοὺς περιπατοῦντας καὶ τυφλοὺς βλέποντας· καὶ ἐδόξασαν τὸν θεὸν Ἰσραήλ.

The Feeding of the Four Thousand (Mk 8.1-10)

32 Ὁ δὲ Ἰησοῦς προσκαλεσάμενος²⁵ τοὺς μαθητὰς αὐτοῦ εἶπεν· σπλαγχνίζομαι²⁶ ἐπὶ τὸν ὄχλον, ὅτι ἤδη ἡμέραι τρεῖς προσμένουσίν²⁷ μοι καὶ οὐκ ἔχουσιν τί φάγωσιν²⁸· καὶ ἀπολῦσαι αὐτοὺς νήστεις²⁹ οὐ θέλω, μήποτε³⁰ ἐκλυθῶσιν³¹ ἐν τῇ ὁδῷ. 33 καὶ λέγουσιν αὐτῷ οἱ μαθηταί· πόθεν³² ἡμῖν ἐν ἐρημίᾳ³³ ἄρτοι τοσοῦτοι³⁴ ὥστε χορτάσαι³⁵ ὄχλον τοσοῦτον; 34 καὶ λέγει αὐτοῖς ὁ Ἰησοῦς· πόσους³⁶ ἄρτους ἔχετε;

---

1 ἐλεέω/ἐλεάω 2s aor act impv, have mercy on
2 θυγάτηρ, -τρός f, daughter
3 κακῶς, adv, badly
4 δαιμονίζομαι 3s pres pas ind, be demon possessed
5 προσέρχομαι aor act ptc m p nom, come/go to
6 ὄπισθεν, prep + gen, behind
7 ἀποστέλλω 1s aor pas ind, send
8 ἀπόλλυμι pf act ptc n p acc, lose
9 βοηθέω 2s pres act impv, help
10 βάλλω aor act inf, throw
11 κυνάριον, -ου n, dog
12 ψιχίον, -ου n, crumb
13 τράπεζα, -ης f, table
14 ὦ, interj, O!
15 ἰάομαι 3s aor pas ind, heal
16 μεταβαίνω aor act ptc m s nom, leave
17 ἐκεῖθεν, adv, from there
18 ἀναβαίνω aor act ptc m s nom, go up
19 προσέρχομαι 3p aor act ind, come to
20 χωλός, -ή/όν, lame
21 κυλλός, -ή/όν, crippled
22 κωφός, -ή/όν, unable to talk
23 ῥίπτω 3p aor act ind, place
24 ὑγιής, -ές, well
25 προσκαλέομαι aor mid ptc m s nom, call to oneself
26 σπλαγχνίζομαι 1s pres pas ind, have pity
27 προσμένω 3p pres act ind, stay with
28 ἐσθίω 3p aor act sub, eat
29 νῆστις, -ιδος m & f (acc pl νήστεις) hungry
30 μήποτε, conj, so that ... will not
31 ἐκλύομαι 3p aor pas sub, faint
32 πόθεν, adv, where
33 ἐρημία, -ας f, desert
34 τοσοῦτος, -αύτη/οῦτον, so much/enough
35 χορτάζω aor act inf, satisfy
36 πόσος, -η/ον, how many

οἱ δὲ εἶπαν· ἑπτὰ καὶ ὀλίγα ἰχθύδια[1]. 35 καὶ παραγγείλας[2] τῷ ὄχλῳ ἀναπεσεῖν[3] ἐπὶ τὴν γῆν 36 ἔλαβεν τοὺς ἑπτὰ ἄρτους καὶ τοὺς ἰχθύας καὶ εὐχαριστήσας ἔκλασεν[4] καὶ ἐδίδου[5] τοῖς μαθηταῖς, οἱ δὲ μαθηταὶ τοῖς ὄχλοις. 37 καὶ ἔφαγον[6] πάντες καὶ ἐχορτάσθησαν. καὶ τὸ περισσεῦον τῶν κλασμάτων[7] ἦραν[8] ἑπτὰ σπυρίδας[9] πλήρεις[10]. 38 οἱ δὲ ἐσθίοντες ἦσαν τετρακισχίλιοι[11] ἄνδρες χωρὶς γυναικῶν καὶ παιδίων. 39 Καὶ ἀπολύσας τοὺς ὄχλους ἐνέβη[12] εἰς τὸ πλοῖον καὶ ἦλθεν εἰς τὰ ὅρια[13] Μαγαδάν.

The Demand for a Sign (Mk 8.11-13; Lk 12.54-56)

16 Καὶ προσελθόντες[14] οἱ Φαρισαῖοι καὶ Σαδδουκαῖοι πειράζοντες ἐπηρώτησαν[15] αὐτὸν σημεῖον ἐκ τοῦ οὐρανοῦ ἐπιδεῖξαι[16] αὐτοῖς. 2 ὁ δὲ ἀποκριθεὶς εἶπεν αὐτοῖς· [ὀψίας[17] γενομένης λέγετε· εὐδία[18], πυρράζει[19] γὰρ ὁ οὐρανός· 3 καὶ πρωΐ[20]· σήμερον χειμών[21], πυρράζει γὰρ στυγνάζων[22] ὁ οὐρανός. τὸ μὲν πρόσωπον τοῦ οὐρανοῦ γινώσκετε διακρίνειν[23], τὰ δὲ σημεῖα τῶν καιρῶν οὐ δύνασθε;] 4 γενεὰ πονηρὰ καὶ μοιχαλὶς[24] σημεῖον ἐπιζητεῖ[25], καὶ σημεῖον οὐ δοθήσεται[26] αὐτῇ εἰ μὴ τὸ σημεῖον Ἰωνᾶ. καὶ καταλιπὼν[27] αὐτοὺς ἀπῆλθεν.

The Yeast of the Pharisees and Sadducees (Mk 8.14-21)

5 Καὶ ἐλθόντες οἱ μαθηταὶ εἰς τὸ πέραν[28] ἐπελάθοντο[29] ἄρτους λαβεῖν. 6 ὁ δὲ Ἰησοῦς εἶπεν αὐτοῖς· ὁρᾶτε καὶ προσέχετε[30] ἀπὸ τῆς ζύμης[31] τῶν Φαρισαίων καὶ Σαδδουκαίων. 7 οἱ δὲ διελογίζοντο[32] ἐν ἑαυτοῖς λέγοντες ὅτι ἄρτους οὐκ ἐλάβομεν. 8 γνοὺς[33] δὲ ὁ Ἰησοῦς εἶπεν· τί διαλογίζεσθε ἐν ἑαυτοῖς, ὀλιγόπιστοι[34], ὅτι ἄρτους οὐκ ἔχετε; 9 οὔπω[35] νοεῖτε[36], οὐδὲ μνημονεύετε[37] τοὺς πέντε ἄρτους τῶν πεντακισχιλίων[38] καὶ

---

[1] ἰχθύδιον, -ου n, fish
[2] παραγγέλλω aor act ptc m s nom, order
[3] ἀναπίπτω aor act inf, sit
[4] κλάω 3s aor act ind, break
[5] δίδωμι 3s impf act ind, give
[6] ἐσθίω 3p aor act ind, eat
[7] κλάσμα, -τος n, piece
[8] αἴρω 3p aor act ind, pick up
[9] σπυρίς, -ίδος f, basket (perhaps larger than a κόφινος, see Mt 14.20)
[10] πλήρης, -ες, full
[11] τετρακισχίλιοι, -αι/α, four thousand
[12] ἐμβαίνω 3s aor act ind, get into
[13] ὅριον, -ου n, region
[14] προσέρχομαι aor act ptc m p nom, come to
[15] ἐπερωτάω 3p aor act ind, ask
[16] ἐπιδείκνυμι aor act inf, show
[17] ὄψιος, -α/ον, late (ἡ ὀψία f evening)
[18] εὐδία, -ας f, fair weather
[19] πυρράζω 3s pres act ind, be red
[20] πρωΐ, adv, in the morning
[21] χειμών, -ῶνος m, storm
[22] στυγνάζω pres act ptc m s nom, be overcast
[23] διακρίνω aor act inf, interpret
[24] μοιχαλίς, -ίδος f, unfaithful (person)
[25] ἐπιζητέω 3s pres act ind, want
[26] δίδωμι 3s fut pas ind, give
[27] καταλείπω aor act ptc m s nom, leave
[28] πέραν, prep + gen, across (τὸ π. the other side)
[29] ἐπιλανθάνομαι 3p aor mid ind, forget
[30] προσέχω 2p pres act impv, watch out (for)
[31] ζύμη, -ης f, yeast
[32] διαλογίζομαι 3p impf mid ind, discuss
[33] γινώσκω aor act ptc m s nom, know
[34] ὀλιγόπιστος, -ον, of little faith
[35] οὔπω, not yet
[36] νοέω 2p pres act ind, understand
[37] μνημονεύω 2p pres act ind, remember
[38] πεντακισχίλιοι, -αι/α, five thousand

πόσους¹ κοφίνους² ἐλάβετε; 10 οὐδὲ τοὺς ἑπτὰ ἄρτους τῶν τετρακισχιλίων³ καὶ πόσας σπυρίδας⁴ ἐλάβετε; 11 πῶς οὐ νοεῖτε⁵ ὅτι οὐ περὶ ἄρτων εἶπον ὑμῖν; προσέχετε δὲ ἀπὸ τῆς ζύμης τῶν Φαρισαίων καὶ Σαδδουκαίων. 12 τότε συνῆκαν⁶ ὅτι οὐκ εἶπεν προσέχειν ἀπὸ τῆς ζύμης τῶν ἄρτων ἀλλ' ἀπὸ τῆς διδαχῆς⁷ τῶν Φαρισαίων καὶ Σαδδουκαίων.

Peter's Declaration about Jesus (Mk 8.27-30; Lk 9.18-21)

13 Ἐλθὼν δὲ ὁ Ἰησοῦς εἰς τὰ μέρη Καισαρείας τῆς Φιλίππου ἠρώτα τοὺς μαθητὰς αὐτοῦ λέγων· τίνα λέγουσιν οἱ ἄνθρωποι εἶναι τὸν υἱὸν τοῦ ἀνθρώπου; 14 οἱ δὲ εἶπαν· οἱ μὲν Ἰωάννην τὸν βαπτιστήν, ἄλλοι δὲ Ἠλίαν, ἕτεροι δὲ Ἰερεμίαν ἢ ἕνα τῶν προφητῶν. 15 λέγει αὐτοῖς· ὑμεῖς δὲ τίνα με λέγετε εἶναι; 16 ἀποκριθεὶς δὲ Σίμων Πέτρος εἶπεν· σὺ εἶ ὁ χριστὸς ὁ υἱὸς τοῦ θεοῦ τοῦ ζῶντος. 17 ἀποκριθεὶς δὲ ὁ Ἰησοῦς εἶπεν αὐτῷ· μακάριος εἶ, Σίμων Βαριωνᾶ, ὅτι σὰρξ καὶ αἷμα οὐκ ἀπεκάλυψέν⁸ σοι ἀλλ' ὁ πατήρ μου ὁ ἐν τοῖς οὐρανοῖς. 18 κἀγὼ δέ σοι λέγω ὅτι σὺ εἶ Πέτρος, καὶ ἐπὶ ταύτῃ τῇ πέτρᾳ⁹ οἰκοδομήσω μου τὴν ἐκκλησίαν καὶ πύλαι¹⁰ ᾅδου¹¹ οὐ κατισχύσουσιν¹² αὐτῆς. 19 δώσω¹³ σοι τὰς κλεῖδας¹⁴ τῆς βασιλείας τῶν οὐρανῶν, καὶ ὃ ἐὰν δήσῃς¹⁵ ἐπὶ τῆς γῆς ἔσται δεδεμένον ἐν τοῖς οὐρανοῖς, καὶ ὃ ἐὰν λύσῃς ἐπὶ τῆς γῆς ἔσται λελυμένον ἐν τοῖς οὐρανοῖς. 20 τότε διεστείλατο¹⁶ τοῖς μαθηταῖς ἵνα μηδενὶ εἴπωσιν¹⁷ ὅτι αὐτός ἐστιν ὁ χριστός.

Jesus Foretells His Death and Resurrection (Mk 8.31-33; Lk 9.22)

21 Ἀπὸ τότε ἤρξατο¹⁸ ὁ Ἰησοῦς δεικνύειν¹⁹ τοῖς μαθηταῖς αὐτοῦ ὅτι δεῖ αὐτὸν εἰς Ἱεροσόλυμα ἀπελθεῖν²⁰ καὶ πολλὰ παθεῖν²¹ ἀπὸ τῶν πρεσβυτέρων καὶ ἀρχιερέων καὶ γραμματέων καὶ ἀποκτανθῆναι²² καὶ τῇ τρίτῃ ἡμέρᾳ ἐγερθῆναι²³. 22 καὶ προσλαβόμενος²⁴ αὐτὸν ὁ Πέτρος ἤρξατο ἐπιτιμᾶν²⁵ αὐτῷ λέγων· ἵλεώς²⁶ σοι, κύριε· οὐ μὴ ἔσται σοι τοῦτο. 23 ὁ δὲ στραφεὶς²⁷ εἶπεν τῷ Πέτρῳ· ὕπαγε ὀπίσω μου, σατανᾶ· σκάνδαλον²⁸ εἶ ἐμοῦ, ὅτι οὐ φρονεῖς²⁹ τὰ τοῦ θεοῦ ἀλλὰ τὰ τῶν ἀνθρώπων.

---

¹ πόσος, -η/ον, how many
² κόφινος, -ου f, basket (perhaps smaller than a σπυρίς)
³ τετρακισχίλιοι, -αι/α, four thousand
⁴ σπυρίς, -ίδος f, basket (perhaps larger than a κόφινος)
⁵ νοέω 2p pres act ind, understand
⁶ συνίημι 3p aor act ind, understand
⁷ διδαχή, -ῆς f, teaching
⁸ ἀποκαλύπτω 3s aor act ind, reveal
⁹ πέτρα, -ας f, rock
¹⁰ πύλη, -ης f, gate
¹¹ ᾅδης, -ου m, death/world of the dead
¹² κατισχύω 3p fut act ind, have power over
¹³ δίδωμι 1s fut act ind, give
¹⁴ κλείς, κλειδός f, key
¹⁵ δέω 2s aor act sub, bind/forbid
¹⁶ διαστέλλω 3s aor mid ind, mid order
¹⁷ λέγω 3p aor act sub, tell
¹⁸ ἄρχω 3s aor mid ind, mid begin
¹⁹ δεικνύω pres act inf, explain
²⁰ ἀπέρχομαι aor act inf, go
²¹ πάσχω aor act inf, suffer
²² ἀποκτείνω aor pas inf, kill
²³ ἐγείρω aor pas inf, raise (from death)
²⁴ προσλαμβάνω aor mid ptc m s nom, take aside
²⁵ ἐπιτιμάω pres act inf, rebuke
²⁶ ἵλεως, -ων, merciful (ἵλεώς σοι May God not allow this to happen to you!)
²⁷ στρέφω aor pas ptc m s nom, intrans pas turn
²⁸ σκάνδαλον, -ου n, stumbling block
²⁹ φρονέω 2s pres act ind, think

A Call to Discipleship (Mk 8.34–9.1; Lk 9.23-27)

24 Τότε ὁ Ἰησοῦς εἶπεν τοῖς μαθηταῖς αὐτοῦ· εἴ τις θέλει ὀπίσω μου ἐλθεῖν, ἀπαρνησάσθω[1] ἑαυτὸν καὶ ἀράτω[2] τὸν σταυρὸν[3] αὐτοῦ καὶ ἀκολουθείτω μοι. 25 ὃς γὰρ ἐὰν θέλῃ τὴν ψυχὴν αὐτοῦ σῶσαι ἀπολέσει[4] αὐτήν· ὃς δ' ἂν ἀπολέσῃ τὴν ψυχὴν αὐτοῦ ἕνεκεν[5] ἐμοῦ εὑρήσει[6] αὐτήν. 26 τί γὰρ ὠφεληθήσεται[7] ἄνθρωπος ἐὰν τὸν κόσμον ὅλον κερδήσῃ[8] τὴν δὲ ψυχὴν αὐτοῦ ζημιωθῇ[9]; ἢ τί δώσει[10] ἄνθρωπος ἀντάλλαγμα[11] τῆς ψυχῆς αὐτοῦ; 27 μέλλει γὰρ ὁ υἱὸς τοῦ ἀνθρώπου ἔρχεσθαι ἐν τῇ δόξῃ τοῦ πατρὸς αὐτοῦ μετὰ τῶν ἀγγέλων αὐτοῦ, καὶ τότε ἀποδώσει[12] ἑκάστῳ κατὰ τὴν πρᾶξιν[13] αὐτοῦ. 28 ἀμὴν λέγω ὑμῖν ὅτι εἰσίν τινες τῶν ὧδε ἑστώτων[14] οἵτινες οὐ μὴ γεύσωνται[15] θανάτου ἕως ἂν ἴδωσιν[16] τὸν υἱὸν τοῦ ἀνθρώπου ἐρχόμενον ἐν τῇ βασιλείᾳ αὐτοῦ.

The Transfiguration of Jesus (Mk 9.2-13; Lk 9.28-36)

17 Καὶ μεθ' ἡμέρας ἓξ[17] παραλαμβάνει ὁ Ἰησοῦς τὸν Πέτρον καὶ Ἰάκωβον καὶ Ἰωάννην τὸν ἀδελφὸν αὐτοῦ καὶ ἀναφέρει[18] αὐτοὺς εἰς ὄρος ὑψηλὸν[19] κατ' ἰδίαν[20]. 2 καὶ μετεμορφώθη[21] ἔμπροσθεν αὐτῶν, καὶ ἔλαμψεν[22] τὸ πρόσωπον αὐτοῦ ὡς ὁ ἥλιος, τὰ δὲ ἱμάτια αὐτοῦ ἐγένετο λευκὰ[23] ὡς τὸ φῶς. 3 καὶ ἰδοὺ ὤφθη[24] αὐτοῖς Μωϋσῆς καὶ Ἠλίας συλλαλοῦντες[25] μετ' αὐτοῦ. 4 ἀποκριθεὶς δὲ ὁ Πέτρος εἶπεν τῷ Ἰησοῦ· κύριε, καλόν ἐστιν ἡμᾶς ὧδε εἶναι· εἰ θέλεις, ποιήσω ὧδε τρεῖς σκηνάς[26], σοὶ μίαν καὶ Μωϋσεῖ μίαν καὶ Ἠλίᾳ μίαν. 5 ἔτι αὐτοῦ λαλοῦντος ἰδοὺ νεφέλη[27] φωτεινὴ[28] ἐπεσκίασεν[29] αὐτούς, καὶ ἰδοὺ φωνὴ ἐκ τῆς νεφέλης λέγουσα· οὗτός ἐστιν ὁ υἱός μου ὁ ἀγαπητός, ἐν ᾧ εὐδόκησα[30]· ἀκούετε αὐτοῦ. 6 Καὶ ἀκούσαντες οἱ μαθηταὶ ἔπεσαν[31] ἐπὶ πρόσωπον αὐτῶν καὶ ἐφοβήθησαν σφόδρα[32]. 7 καὶ προσῆλθεν[33] ὁ Ἰησοῦς καὶ ἁψάμενος[34] αὐτῶν εἶπεν· ἐγέρθητε[35]

---

[1] ἀπαρνέομαι 3s aor mid impv, disown
[2] αἴρω 3s aor act impv, take up
[3] σταυρός, -οῦ m, cross
[4] ἀπόλλυμι 3s fut act ind, lose
[5] ἕνεκα, prep + gen, because of
[6] εὑρίσκω 3s fut act ind, find
[7] ὠφελέω 3s fut pas ind, profit
[8] κερδαίνω 3s aor act sub, gain
[9] ζημιόω 3s aor pas sub, pas lose
[10] δίδωμι 3s fut act ind, give
[11] ἀντάλλαγμα, -τος n, something offered in exchange
[12] ἀποδίδωμι 3s fut act ind, give
[13] πρᾶξις, -εως f, what one does
[14] ἵστημι pf act ptc m p gen, intrans stand
[15] γεύομαι 3p aor mid sub, experience
[16] ὁράω 3p aor act sub, see
[17] ἕξ, six
[18] ἀναφέρω 3s pres act ind, take
[19] ὑψηλός, -ή/όν, high
[20] ἴδιος, -α/ον, one's own (κατ' ἰδίαν privately)
[21] μεταμορφόω 3s aor pas ind, pas be changed in form
[22] λάμπω 3s aor act ind, shine
[23] λευκός, -ή/όν, white
[24] ὁράω 3s aor pas ind, pas appear
[25] συλλαλέω pres act ptc m p nom, talk with
[26] σκηνή, -ῆς f, temporary shelter
[27] νεφέλη, -ης f, cloud
[28] φωτεινός, -ή/όν, bright
[29] ἐπισκιάζω 3s aor act ind, overshadow/pass over
[30] εὐδοκέω 1s aor act ind, be pleased
[31] πίπτω 3p aor act ind, fall
[32] σφόδρα, adv, greatly
[33] προσέρχομαι 3s aor act ind, come to
[34] ἅπτω aor mid ptc m s nom, mid touch
[35] ἐγείρω 2p aor pas impv, intrans pas stand up

καὶ μὴ φοβεῖσθε. 8 ἐπάραντες¹ δὲ τοὺς ὀφθαλμοὺς αὐτῶν οὐδένα εἶδον εἰ μὴ αὐτὸν Ἰησοῦν μόνον.

9 Καὶ καταβαινόντων αὐτῶν ἐκ τοῦ ὄρους ἐνετείλατο² αὐτοῖς ὁ Ἰησοῦς λέγων· μηδενὶ εἴπητε τὸ ὅραμα³ ἕως οὗ ὁ υἱὸς τοῦ ἀνθρώπου ἐκ νεκρῶν ἐγερθῇ⁴. 10 καὶ ἐπηρώτησαν⁵ αὐτὸν οἱ μαθηταὶ λέγοντες· τί οὖν οἱ γραμματεῖς λέγουσιν ὅτι Ἠλίαν δεῖ ἐλθεῖν πρῶτον; 11 ὁ δὲ ἀποκριθεὶς εἶπεν· Ἠλίας μὲν ἔρχεται καὶ ἀποκαταστήσει⁶ πάντα· 12 λέγω δὲ ὑμῖν ὅτι Ἠλίας ἤδη ἦλθεν, καὶ οὐκ ἐπέγνωσαν⁷ αὐτὸν ἀλλ' ἐποίησαν ἐν αὐτῷ ὅσα ἠθέλησαν· οὕτως καὶ ὁ υἱὸς τοῦ ἀνθρώπου μέλλει πάσχειν ὑπ' αὐτῶν. 13 τότε συνῆκαν⁸ οἱ μαθηταὶ ὅτι περὶ Ἰωάννου τοῦ βαπτιστοῦ εἶπεν αὐτοῖς.

The Healing of a Boy with a Demon   (Mk 9.14-29; Lk 9.37-43a)

14 Καὶ ἐλθόντων πρὸς τὸν ὄχλον προσῆλθεν⁹ αὐτῷ ἄνθρωπος γονυπετῶν¹⁰ αὐτὸν 15 καὶ λέγων· κύριε, ἐλέησόν¹¹ μου τὸν υἱόν, ὅτι σεληνιάζεται¹² καὶ κακῶς¹³ πάσχει· πολλάκις¹⁴ γὰρ πίπτει εἰς τὸ πῦρ καὶ πολλάκις εἰς τὸ ὕδωρ. 16 καὶ προσήνεγκα¹⁵ αὐτὸν τοῖς μαθηταῖς σου, καὶ οὐκ ἠδυνήθησαν αὐτὸν θεραπεῦσαι. 17 ἀποκριθεὶς δὲ ὁ Ἰησοῦς εἶπεν· ὦ¹⁶ γενεὰ ἄπιστος¹⁷ καὶ διεστραμμένη¹⁸, ἕως πότε¹⁹ μεθ' ὑμῶν ἔσομαι; ἕως πότε ἀνέξομαι²⁰ ὑμῶν; φέρετέ μοι αὐτὸν ὧδε. 18 καὶ ἐπετίμησεν²¹ αὐτῷ ὁ Ἰησοῦς καὶ ἐξῆλθεν ἀπ' αὐτοῦ τὸ δαιμόνιον καὶ ἐθεραπεύθη ὁ παῖς²² ἀπὸ τῆς ὥρας ἐκείνης.

19 Τότε προσελθόντες²³ οἱ μαθηταὶ τῷ Ἰησοῦ κατ' ἰδίαν²⁴ εἶπον· διὰ τί ἡμεῖς οὐκ ἠδυνήθημεν ἐκβαλεῖν²⁵ αὐτό; 20 ὁ δὲ λέγει αὐτοῖς· διὰ τὴν ὀλιγοπιστίαν²⁶ ὑμῶν· ἀμὴν γὰρ λέγω ὑμῖν, ἐὰν ἔχητε πίστιν ὡς κόκκον²⁷ σινάπεως²⁸, ἐρεῖτε²⁹ τῷ ὄρει τούτῳ· μετάβα³⁰ ἔνθεν³¹ ἐκεῖ, καὶ μεταβήσεται· καὶ οὐδὲν ἀδυνατήσει³² ὑμῖν. [21 τοῦτο δὲ τὸ γένος οὐκ ἐκπορεύεται εἰ μὴ ἐν προσευχῇ καὶ νηστείᾳ.]

---

¹ ἐπαίρω aor act ptc m p nom, lift up
² ἐντέλλομαι 3s aor.mid ind, give orders
³ ὅραμα, -τος n, vision
⁴ ἐγείρω 3s aor pas sub, raise
⁵ ἐπερωτάω 3p aor act ind, ask
⁶ ἀποκαθίστημι 3s fut act ind, restore
⁷ ἐπιγινώσκω 3p aor act ind, recognize
⁸ συνίημι 3p aor act ind, understand
⁹ προσέρχομαι 3s aor act ind, come to
¹⁰ γονυπετέω pres act ptc m s nom, kneel
¹¹ ἐλεέω/ἐλεάω 2s aor act impv, have mercy on
¹² σεληνιάζομαι 3s pres pas ind, be an epileptic
¹³ κακῶς, adv, terribly
¹⁴ πολλάκις, adv, often
¹⁵ προσφέρω 1s aor act ind, bring
¹⁶ ὦ, interj, O!
¹⁷ ἄπιστος, -ον, unbelieving
¹⁸ διαστρέφω pf pas ptc f s nom or voc, pas be misguided
¹⁹ πότε, adv, when? (ἕως πότε how long?)
²⁰ ἀνέχομαι 1s fut mid ind, put up with
²¹ ἐπιτιμάω 3s aor act ind, rebuke
²² παῖς, παιδός m & f, boy
²³ προσέρχομαι aor act ptc m p nom, come to
²⁴ ἴδιος, -α/ον, one's own (κατ' ἰδίαν privately)
²⁵ ἐκβάλλω aor act inf, force out
²⁶ ὀλιγοπιστία, -ας f, littleness of faith
²⁷ κόκκος, -ου m, seed/grain
²⁸ σίναπι, -εως n, mustard
²⁹ λέγω 2p fut act ind, say
³⁰ μεταβαίνω 2s aor act impv, move
³¹ ἔνθεν, adv, from here
³² ἀδυνατέω 3s fut act ind, be impossible

Jesus Again Foretells His Death and Resurrection (Mk 9.30-32; Lk 9.43b-45)

22 Συστρεφομένων¹ δὲ αὐτῶν ἐν τῇ Γαλιλαίᾳ εἶπεν αὐτοῖς ὁ Ἰησοῦς· μέλλει ὁ υἱὸς τοῦ ἀνθρώπου παραδίδοσθαι² εἰς χεῖρας ἀνθρώπων, **23** καὶ ἀποκτενοῦσιν³ αὐτόν, καὶ τῇ τρίτῃ ἡμέρᾳ ἐγερθήσεται⁴. καὶ ἐλυπήθησαν⁵ σφόδρα⁶.

Payment of the Temple Tax

24 Ἐλθόντων δὲ αὐτῶν εἰς Καφαρναοὺμ προσῆλθον⁷ οἱ τὰ δίδραχμα⁸ λαμβάνοντες τῷ Πέτρῳ καὶ εἶπαν· ὁ διδάσκαλος ὑμῶν οὐ τελεῖ⁹ [τὰ] δίδραχμα; **25** λέγει· ναί. καὶ ἐλθόντα εἰς τὴν οἰκίαν προέφθασεν¹⁰ αὐτὸν ὁ Ἰησοῦς λέγων· τί σοι δοκεῖ, Σίμων; οἱ βασιλεῖς τῆς γῆς ἀπὸ τίνων λαμβάνουσιν τέλη ἢ κῆνσον¹¹; ἀπὸ τῶν υἱῶν αὐτῶν ἢ ἀπὸ τῶν ἀλλοτρίων¹²; **26** εἰπόντος δέ· ἀπὸ τῶν ἀλλοτρίων, ἔφη αὐτῷ ὁ Ἰησοῦς· ἄρα γε¹³ ἐλεύθεροί¹⁴ εἰσιν οἱ υἱοί. **27** ἵνα δὲ μὴ σκανδαλίσωμεν¹⁵ αὐτούς, πορευθεὶς εἰς θάλασσαν βάλε¹⁶ ἄγκιστρον¹⁷ καὶ τὸν ἀναβάντα πρῶτον ἰχθὺν¹⁸ ἆρον, καὶ ἀνοίξας τὸ στόμα αὐτοῦ εὑρήσεις¹⁹ στατῆρα²⁰· ἐκεῖνον λαβὼν δὸς²¹ αὐτοῖς ἀντὶ²² ἐμοῦ καὶ σοῦ.

The Greatest in the Kingdom (Mk 9.33-37; Lk 9.46-48)

18 Ἐν ἐκείνῃ τῇ ὥρᾳ προσῆλθον²³ οἱ μαθηταὶ τῷ Ἰησοῦ λέγοντες· τίς ἄρα μείζων²⁴ ἐστὶν ἐν τῇ βασιλείᾳ τῶν οὐρανῶν; **2** καὶ προσκαλεσάμενος²⁵ παιδίον ἔστησεν²⁶ αὐτὸ ἐν μέσῳ αὐτῶν **3** καὶ εἶπεν· ἀμὴν λέγω ὑμῖν, ἐὰν μὴ στραφῆτε²⁷ καὶ γένησθε ὡς τὰ παιδία, οὐ μὴ εἰσέλθητε²⁸ εἰς τὴν βασιλείαν τῶν οὐρανῶν. **4** ὅστις οὖν ταπεινώσει²⁹ ἑαυτὸν ὡς τὸ παιδίον τοῦτο, οὗτός ἐστιν ὁ μείζων ἐν τῇ βασιλείᾳ τῶν οὐρανῶν. **5** καὶ ὃς ἐὰν δέξηται ἓν παιδίον τοιοῦτο ἐπὶ τῷ ὀνόματί μου, ἐμὲ δέχεται.

---

¹ συστρέφω pres pas ptc m p gen, come together
² παραδίδωμι pres pas inf, betray/hand over
³ ἀποκτείνω 3p fut act ind, kill
⁴ ἐγείρω 3s fut pas ind, raise (from death)
⁵ λυπέω 3p aor pas ind, pas be sad
⁶ σφόδρα, adv, greatly
⁷ προσέρχομαι 3p aor act ind, come to
⁸ δίδραχμον, -ου n, didrachma (Greek coin worth about two denarii)
⁹ τελέω 3s pres act ind, pay
¹⁰ προφθάνω 3s aor act ind, come before (π. αὐτὸν ὁ Ἰησοῦς λέγων Jesus spoke to him first)
¹¹ κῆνσος, -ου m, tax
¹² ἀλλότριος, -α/ον, belonging to another
¹³ γέ, emphatic particle
¹⁴ ἐλεύθερος, -α/ον, free (from taxes)
¹⁵ σκανδαλίζω 1p aor act sub, offend
¹⁶ βάλλω 2s aor act impv, throw
¹⁷ ἄγκιστρον, -ου n, fishhook
¹⁸ ἰχθύς, -ύος m, fish
¹⁹ εὑρίσκω 2s fut act ind, find
²⁰ στατήρ, -ῆρος n, stater (Greek coin worth two didrachmas or four denarii)
²¹ δίδωμι 2s aor act impv, give
²² ἀντί, prep + gen, in behalf of
²³ προσέρχομαι 3p aor act ind, come/go to
²⁴ μέγας, great (comp)
²⁵ προσκαλέομαι aor mid ptc m s nom, call to oneself
²⁶ ἵστημι 3s aor act ind, place
²⁷ στρέφω 2p aor pas sub, intrans pas change
²⁸ εἰσέρχομαι 2p aor act sub, go in
²⁹ ταπεινόω 3s fut act ind, humble

Temptations to Sin (Mk 9.42-48; Lk 17.1-2)

6 Ὃς δ' ἂν σκανδαλίσῃ¹ ἕνα τῶν μικρῶν τούτων τῶν πιστευόντων εἰς ἐμέ, συμφέρει² αὐτῷ ἵνα κρεμασθῇ³ μύλος⁴ ὀνικὸς⁵ περὶ τὸν τράχηλον⁶ αὐτοῦ καὶ καταποντισθῇ⁷ ἐν τῷ πελάγει⁸ τῆς θαλάσσης. 7 οὐαὶ τῷ κόσμῳ ἀπὸ τῶν σκανδάλων⁹· ἀνάγκη¹⁰ γὰρ ἐλθεῖν τὰ σκάνδαλα, πλὴν οὐαὶ τῷ ἀνθρώπῳ δι' οὗ τὸ σκάνδαλον ἔρχεται. 8 εἰ δὲ ἡ χείρ σου ἢ ὁ πούς σου σκανδαλίζει σε, ἔκκοψον¹¹ αὐτὸν καὶ βάλε¹² ἀπὸ σοῦ· καλόν σοί ἐστιν εἰσελθεῖν εἰς τὴν ζωὴν κυλλὸν¹³ ἢ χωλὸν¹⁴ ἢ δύο χεῖρας ἢ δύο πόδας ἔχοντα βληθῆναι¹⁵ εἰς τὸ πῦρ τὸ αἰώνιον. 9 καὶ εἰ ὁ ὀφθαλμός σου σκανδαλίζει σε, ἔξελε¹⁶ αὐτὸν καὶ βάλε ἀπὸ σοῦ· καλόν σοί ἐστιν μονόφθαλμον¹⁷ εἰς τὴν ζωὴν εἰσελθεῖν ἢ δύο ὀφθαλμοὺς ἔχοντα βληθῆναι εἰς τὴν γέενναν¹⁸ τοῦ πυρός.

The Parable of the Lost Sheep (Lk 15.3-7)

10 Ὁρᾶτε μὴ καταφρονήσητε¹⁹ ἑνὸς τῶν μικρῶν τούτων· λέγω γὰρ ὑμῖν ὅτι οἱ ἄγγελοι αὐτῶν ἐν οὐρανοῖς διὰ παντὸς βλέπουσιν τὸ πρόσωπον τοῦ πατρός μου τοῦ ἐν οὐρανοῖς. [11ἦλθεν γὰρ ὁ υἱὸς τοῦ ἀνθρώπου σῶσαι τὸ ἀπολωλός²⁰.]

12 Τί ὑμῖν δοκεῖ; ἐὰν γένηταί τινι ἀνθρώπῳ ἑκατὸν²¹ πρόβατα καὶ πλανηθῇ ἓν ἐξ αὐτῶν, οὐχὶ ἀφήσει²² τὰ ἐνενήκοντα²³ ἐννέα²⁴ ἐπὶ τὰ ὄρη καὶ πορευθεὶς ζητεῖ τὸ πλανώμενον; 13 καὶ ἐὰν γένηται εὑρεῖν²⁵ αὐτό, ἀμὴν λέγω ὑμῖν ὅτι χαίρει ἐπ' αὐτῷ μᾶλλον ἢ ἐπὶ τοῖς ἐνενήκοντα ἐννέα τοῖς μὴ πεπλανημένοις. 14 οὕτως οὐκ ἔστιν θέλημα ἔμπροσθεν τοῦ πατρὸς ὑμῶν τοῦ ἐν οὐρανοῖς ἵνα ἀπόληται²⁶ ἓν τῶν μικρῶν τούτων.

Two or Three Witnesses (Lk 17.3)

15 Ἐὰν δὲ ἁμαρτήσῃ [εἰς σὲ] ὁ ἀδελφός σου, ὕπαγε ἔλεγξον²⁷ αὐτὸν μεταξὺ²⁸ σοῦ καὶ αὐτοῦ μόνου. ἐάν σου ἀκούσῃ, ἐκέρδησας²⁹ τὸν ἀδελφόν σου· 16 ἐὰν δὲ μὴ ἀκούσῃ, παράλαβε³⁰ μετὰ σοῦ ἔτι ἕνα ἢ δύο, ἵνα **ἐπὶ στόματος δύο μαρτύρων**

---

1 σκανδαλίζω 3s aor act sub, cause someone to stumble/sin
2 συμφέρω 3s pres act ind, impers it is better
3 κρεμάννυμι 3s aor pas sub, hang
4 μύλος, -ου m, millstone (μ. ὀνικός large millstone drawn by a donkey)
5 ὀνικός, -ή/όν, of a donkey
6 τράχηλος, -ου m, neck
7 καταποντίζω 3s aor pas sub, drown
8 πέλαγος, -ους n, depths
9 σκάνδαλον, -ου n, stumbling block

10 ἀνάγκη, -ης f, something inevitable
11 ἐκκόπτω 2s aor act impv, cut off
12 βάλλω 2s aor act impv, throw
13 κυλλός, -ή/όν, crippled
14 χωλός, -ή/όν, lame
15 βάλλω aor pas inf, throw
16 ἐξαιρέω 2s aor act impv, pull out
17 μονόφθαλμος, -ον, having only one eye
18 γέεννα, -ης f, hell
19 καταφρονέω 2p aor act sub, treat with contempt
20 ἀπόλλυμι aor act ptc m s nom, lose

21 ἑκατόν, one hundred
22 ἀφίημι 3s fut act ind, leave
23 ἐνενήκοντα, ninety
24 ἐννέα, nine
25 εὑρίσκω aor act inf, find
26 ἀπόλλυμι 3s aor mid sub, mid be lost
27 ἐλέγχω 2s aor act impv, point out someone's fault
28 μεταξύ, prep + gen, between
29 κερδαίνω 2s aor act ind, win over
30 παραλαμβάνω 2s aor act impv, take

ἢ τριῶν σταθῇ¹ πᾶν ῥῆμα· 17 ἐὰν δὲ παρακούσῃ² αὐτῶν, εἰπὲ τῇ ἐκκλησίᾳ· ἐὰν δὲ καὶ τῆς ἐκκλησίας παρακούσῃ, ἔστω³ σοι ὥσπερ ὁ ἐθνικὸς⁴ καὶ ὁ τελώνης⁵. 18 ἀμὴν λέγω ὑμῖν· ὅσα ἐὰν δήσητε⁶ ἐπὶ τῆς γῆς ἔσται δεδεμένα⁷ ἐν οὐρανῷ, καὶ ὅσα ἐὰν λύσητε ἐπὶ τῆς γῆς ἔσται λελυμένα ἐν οὐρανῷ. 19 Πάλιν [ἀμὴν] λέγω ὑμῖν ὅτι ἐὰν δύο συμφωνήσωσιν⁸ ἐξ ὑμῶν ἐπὶ τῆς γῆς περὶ παντὸς πράγματος⁹ οὗ ἐὰν αἰτήσωνται, γενήσεται αὐτοῖς παρὰ τοῦ πατρός μου τοῦ ἐν οὐρανοῖς. 20 οὗ¹⁰ γάρ εἰσιν δύο ἢ τρεῖς συνηγμένοι¹¹ εἰς τὸ ἐμὸν ὄνομα, ἐκεῖ εἰμι ἐν μέσῳ αὐτῶν.

The Parable of the Unforgiving Servant

21 Τότε προσελθὼν¹² ὁ Πέτρος εἶπεν αὐτῷ· κύριε, ποσάκις¹³ ἁμαρτήσει εἰς ἐμὲ ὁ ἀδελφός μου καὶ ἀφήσω¹⁴ αὐτῷ; ἕως ἑπτάκις¹⁵; 22 λέγει αὐτῷ ὁ Ἰησοῦς· οὐ λέγω σοι ἕως ἑπτάκις ἀλλ' ἕως ἑβδομηκοντάκις¹⁶ ἑπτά.

23 Διὰ τοῦτο ὡμοιώθη¹⁷ ἡ βασιλεία τῶν οὐρανῶν ἀνθρώπῳ βασιλεῖ, ὃς ἠθέλησεν συνᾶραι¹⁸ λόγον μετὰ τῶν δούλων αὐτοῦ. 24 ἀρξαμένου¹⁹ δὲ αὐτοῦ συναίρειν προσηνέχθη²⁰ αὐτῷ εἷς ὀφειλέτης²¹ μυρίων²² ταλάντων²³. 25 μὴ ἔχοντος δὲ αὐτοῦ ἀποδοῦναι²⁴ ἐκέλευσεν²⁵ αὐτὸν ὁ κύριος πραθῆναι²⁶ καὶ τὴν γυναῖκα καὶ τὰ τέκνα καὶ πάντα ὅσα ἔχει, καὶ ἀποδοθῆναι²⁷. 26 πεσὼν²⁸ οὖν ὁ δοῦλος προσεκύνει αὐτῷ λέγων· μακροθύμησον²⁹ ἐπ' ἐμοί, καὶ πάντα ἀποδώσω³⁰ σοι. 27 σπλαγχνισθεὶς³¹ δὲ ὁ κύριος τοῦ δούλου ἐκείνου ἀπέλυσεν αὐτὸν καὶ τὸ δάνειον³² ἀφῆκεν³³ αὐτῷ. 28 ἐξελθὼν δὲ ὁ δοῦλος ἐκεῖνος εὗρεν³⁴ ἕνα τῶν συνδούλων³⁵ αὐτοῦ, ὃς ὤφειλεν αὐτῷ ἑκατὸν³⁶ δηνάρια³⁷, καὶ κρατήσας αὐτὸν ἔπνιγεν³⁸ λέγων· ἀπόδος³⁹ εἴ τι ὀφείλεις. 29 πεσὼν⁴⁰ οὖν ὁ σύνδουλος αὐτοῦ παρεκάλει αὐτὸν λέγων· μακροθύμησον

---

¹ ἵστημι 3s aor pas sub, confirm
² παρακούω 3s aor act sub, refuse to listen
³ εἰμί 3s pres act impv, be
⁴ ἐθνικός, -ή/όν, pagan
⁵ τελώνης, -ου m, tax-collector
⁶ δέω 2p aor act sub, bind/forbid
⁷ δέω pf pas ptc n p nom, bind/forbid
⁸ συμφωνέω 3p aor act sub, agree
⁹ πρᾶγμα, -τος n, matter
¹⁰ οὗ, adv, where
¹¹ συνάγω pf pas ptc m p nom, come together
¹² προσέρχομαι aor act ptc m s nom, come/go to
¹³ ποσάκις, adv, how often?
¹⁴ ἀφίημι 1s fut act ind, forgive
¹⁵ ἑπτάκις, adv, seven times
¹⁶ ἑβδομηκοντάκις, adv, seventy times (ἑ. ἑπτά seventy-seven times/seventy times seven)
¹⁷ ὁμοιόω 3s aor pas ind, pas be like
¹⁸ συναίρω aor act inf, settle (σ. λόγον settle an account)
¹⁹ ἄρχω aor mid ptc m s gen, mid begin
²⁰ προσφέρω 3s aor pas ind, bring
²¹ ὀφειλέτης, -ου m, debtor
²² μύριοι, -αι/α, ten thousand
²³ τάλαντον, -ου n, talent (Greek coin worth 5000-6000 denarii)
²⁴ ἀποδίδωμι aor act inf, pay
²⁵ κελεύω 3s aor act ind, order
²⁶ πιπράσκω aor pas inf, sell
²⁷ ἀποδίδωμι aor pas inf, pay
²⁸ πίπτω aor act ptc m s nom, fall (to one's knees)
²⁹ μακροθυμέω 2s aor act impv, be patient
³⁰ ἀποδίδωμι 1s fut act ind, pay
³¹ σπλαγχνίζομαι aor pas ptc m s nom, have pity
³² δάνειον, -ου n, debt
³³ ἀφίημι 3s aor act ind, forgive
³⁴ εὑρίσκω 3s aor act ind, find
³⁵ σύνδουλος, -ου m, fellow servant
³⁶ ἑκατόν, one hundred
³⁷ δηνάριον, -ου n, denarius (Roman silver coin = laborer's daily wage)
³⁸ πνίγω 3s impf act ind, choke
³⁹ ἀποδίδωμι 2s aor act impv, pay
⁴⁰ πίπτω aor act ptc m s nom, fall (to one's knees)

ἐπ' ἐμοί, καὶ ἀποδώσω σοι. **30** ὁ δὲ οὐκ ἤθελεν ἀλλ' ἀπελθὼν ἔβαλεν¹ αὐτὸν εἰς φυλακὴν ἕως ἀποδῷ² τὸ ὀφειλόμενον. **31** ἰδόντες οὖν οἱ σύνδουλοι αὐτοῦ τὰ γενόμενα ἐλυπήθησαν³ σφόδρα⁴ καὶ ἐλθόντες διεσάφησαν⁵ τῷ κυρίῳ ἑαυτῶν πάντα τὰ γενόμενα. **32** τότε προσκαλεσάμενος⁶ αὐτὸν ὁ κύριος αὐτοῦ λέγει αὐτῷ· δοῦλε πονηρέ, πᾶσαν τὴν ὀφειλὴν⁷ ἐκείνην ἀφῆκά⁸ σοι, ἐπεὶ⁹ παρεκάλεσάς με· **33** οὐκ ἔδει καὶ σὲ ἐλεῆσαι¹⁰ τὸν σύνδουλόν σου, ὡς κἀγὼ σὲ ἠλέησα; **34** καὶ ὀργισθεὶς¹¹ ὁ κύριος αὐτοῦ παρέδωκεν αὐτὸν τοῖς βασανισταῖς¹² ἕως οὗ ἀποδῷ πᾶν τὸ ὀφειλόμενον. **35** οὕτως καὶ ὁ πατήρ μου ὁ οὐράνιος¹³ ποιήσει ὑμῖν, ἐὰν μὴ ἀφῆτε¹⁴ ἕκαστος τῷ ἀδελφῷ αὐτοῦ ἀπὸ τῶν καρδιῶν ὑμῶν.

Teaching about Divorce (Mk 10.1-12)

19 Καὶ ἐγένετο ὅτε ἐτέλεσεν¹⁵ ὁ Ἰησοῦς τοὺς λόγους τούτους, μετῆρεν¹⁶ ἀπὸ τῆς Γαλιλαίας καὶ ἦλθεν εἰς τὰ ὅρια¹⁷ τῆς Ἰουδαίας πέραν¹⁸ τοῦ Ἰορδάνου. **2** καὶ ἠκολούθησαν αὐτῷ ὄχλοι πολλοί, καὶ ἐθεράπευσεν αὐτοὺς ἐκεῖ.

3 Καὶ προσῆλθον¹⁹ αὐτῷ Φαρισαῖοι πειράζοντες αὐτὸν καὶ λέγοντες· εἰ ἔξεστιν ἀνθρώπῳ ἀπολῦσαι τὴν γυναῖκα αὐτοῦ κατὰ πᾶσαν αἰτίαν²⁰; **4** ὁ δὲ ἀποκριθεὶς εἶπεν· οὐκ ἀνέγνωτε²¹ ὅτι ὁ κτίσας²² ἀπ' ἀρχῆς **ἄρσεν²³ καὶ θῆλυ²⁴** ἐποίησεν αὐτούς; **5** καὶ εἶπεν· **ἕνεκα²⁵ τούτου καταλείψει²⁶ ἄνθρωπον τὸν πατέρα καὶ τὴν μητέρα καὶ κολληθήσεται²⁷ τῇ γυναικὶ αὐτοῦ, καὶ ἔσονται οἱ δύο εἰς σάρκα μίαν**. **6** ὥστε οὐκέτι εἰσὶν δύο ἀλλὰ σὰρξ μία. ὃ οὖν ὁ θεὸς συνέζευξεν²⁸ ἄνθρωπος μὴ χωριζέτω²⁹. **7** λέγουσιν αὐτῷ· τί οὖν Μωϋσῆς ἐνετείλατο³⁰ δοῦναι³¹ βιβλίον ἀποστασίου³² καὶ ἀπολῦσαι [αὐτήν]; **8** λέγει αὐτοῖς ὅτι Μωϋσῆς πρὸς τὴν σκληροκαρδίαν³³ ὑμῶν ἐπέτρεψεν³⁴ ὑμῖν ἀπολῦσαι τὰς γυναῖκας ὑμῶν, ἀπ' ἀρχῆς δὲ οὐ γέγονεν οὕτως.

---

1 βάλλω *3s aor act ind*, throw
2 ἀποδίδωμι *3s aor act sub*, pay
3 λυπέω *3p aor pas ind, pas* be sad
4 σφόδρα, *adv*, greatly
5 διασαφέω *3p aor act ind*, tell
6 προσκαλέομαι *aor mid ptc m s nom*, call
7 ὀφειλή, -ῆς *f*, debt
8 ἀφίημι *1s aor act ind*, forgive
9 ἐπεί, *conj*, because
10 ἐλεέω/ἐλεάω *aor act inf*, have mercy on
11 ὀργίζω *aor pas ptc m s nom, pas* be angry
12 βασανιστής, -οῦ *m*, jailer/torturer
13 οὐράνιος, -ον, in heaven
14 ἀφίημι *2p aor act sub*, forgive
15 τελέω *3s aor act ind*, finish
16 μεταίρω *3s aor act ind*, leave
17 ὅριον, -ου *n*, region
18 πέραν, *prep + gen*, across (τὸ π. the other side)
19 προσέρχομαι *3p aor act ind*, come/go to
20 αἰτία, -ας *f*, reason
21 ἀναγινώσκω *2p aor act ind*, read
22 κτίζω *aor act ptc m s nom*, create
23 ἄρσην, -εν, *gen* -ενος, *adj* = *noun*, male/man
24 θῆλυς, -εια/υ, *adj* = *noun*, female/woman
25 ἕνεκα, *prep + gen*, because of
26 καταλείπω *3s fut act ind*, leave
27 κολλάομαι *3s fut pas ind*, unite with
28 συζεύγνυμι *3s aor act ind*, join together
29 χωρίζω *3s pres act impv*, separate
30 ἐντέλλομαι *3s aor mid ind*, command
31 δίδωμι *aor act inf*, give
32 ἀποστάσιον, -ου *n*, written notice of divorce (with or without βιβλίον)
33 σκληροκαρδία, -ας *f*, stubbornness
34 ἐπιτρέπω *3s aor act ind*, let

⁹ λέγω δὲ ὑμῖν ὅτι ὃς ἂν ἀπολύσῃ τὴν γυναῖκα αὐτοῦ μὴ ἐπὶ πορνείᾳ¹ καὶ γαμήσῃ² ἄλλην μοιχᾶται³.

¹⁰ Λέγουσιν αὐτῷ οἱ μαθηταὶ [αὐτοῦ]· εἰ οὕτως ἐστὶν ἡ αἰτία⁴ τοῦ ἀνθρώπου μετὰ τῆς γυναικός, οὐ συμφέρει⁵ γαμῆσαι. ¹¹ ὁ δὲ εἶπεν αὐτοῖς· οὐ πάντες χωροῦσιν⁶ τὸν λόγον [τοῦτον] ἀλλ' οἷς δέδοται⁷. ¹² εἰσὶν γὰρ εὐνοῦχοι⁸ οἵτινες ἐκ κοιλίας⁹ μητρὸς ἐγεννήθησαν οὕτως, καὶ εἰσὶν εὐνοῦχοι οἵτινες εὐνουχίσθησαν¹⁰ ὑπὸ τῶν ἀνθρώπων, καὶ εἰσὶν εὐνοῦχοι οἵτινες εὐνούχισαν ἑαυτοὺς διὰ τὴν βασιλείαν τῶν οὐρανῶν. ὁ δυνάμενος χωρεῖν¹¹ χωρείτω.

Little Children Blessed (Mk 10.13-16; Lk 18.15-17)

¹³ Τότε προσηνέχθησαν¹² αὐτῷ παιδία ἵνα τὰς χεῖρας ἐπιθῇ¹³ αὐτοῖς καὶ προσεύξηται· οἱ δὲ μαθηταὶ ἐπετίμησαν¹⁴ αὐτοῖς. ¹⁴ ὁ δὲ Ἰησοῦς εἶπεν· ἄφετε¹⁵ τὰ παιδία καὶ μὴ κωλύετε¹⁶ αὐτὰ ἐλθεῖν πρός με, τῶν γὰρ τοιούτων ἐστὶν ἡ βασιλεία τῶν οὐρανῶν. ¹⁵ καὶ ἐπιθεὶς τὰς χεῖρας αὐτοῖς ἐπορεύθη ἐκεῖθεν¹⁷.

The Rich Young Man (Mk 10.17-31; Lk 18.18-30)

¹⁶ Καὶ ἰδοὺ εἷς προσελθὼν¹⁸ αὐτῷ εἶπεν· διδάσκαλε, τί ἀγαθὸν ποιήσω ἵνα σχῶ¹⁹ ζωὴν αἰώνιον; ¹⁷ ὁ δὲ εἶπεν αὐτῷ· τί με ἐρωτᾷς περὶ τοῦ ἀγαθοῦ; εἷς ἐστιν ὁ ἀγαθός· εἰ δὲ θέλεις εἰς τὴν ζωὴν εἰσελθεῖν, τήρησον τὰς ἐντολάς. ¹⁸ λέγει αὐτῷ· ποίας; ὁ δὲ Ἰησοῦς εἶπεν· τὸ οὐ φονεύσεις²⁰, οὐ μοιχεύσεις²¹, οὐ κλέψεις²², οὐ ψευδομαρτυρήσεις²³, ¹⁹ τίμα²⁴ τὸν πατέρα καὶ τὴν μητέρα, καὶ ἀγαπήσεις τὸν πλησίον²⁵ σου ὡς σεαυτόν. ²⁰ λέγει αὐτῷ ὁ νεανίσκος²⁶· πάντα ταῦτα ἐφύλαξα²⁷· τί ἔτι ὑστερῶ²⁸; ²¹ ἔφη αὐτῷ ὁ Ἰησοῦς· εἰ θέλεις τέλειος²⁹ εἶναι, ὕπαγε πώλησον³⁰ σου τὰ ὑπάρχοντα καὶ δὸς³¹ [τοῖς] πτωχοῖς, καὶ ἕξεις θησαυρὸν³² ἐν οὐρανοῖς, καὶ δεῦρο³³

---

¹ πορνεία, -ας f, sexual immorality
² γαμέω 3s aor act sub, marry
³ μοιχάω 3s pres pas ind, pas commit adultery
⁴ αἰτία, -ας f, situation
⁵ συμφέρω 3s pres act ind, impers it is better
⁶ χωρέω 3p pres act ind, accept
⁷ δίδωμι 3s pf pas ind, give
⁸ εὐνοῦχος, -ου m, eunuch
⁹ κοιλία, -ας f, womb (ἐκ κ. μητρός from birth)
¹⁰ εὐνουχίζω 3p aor pas ind, castrate/make a eunuch of
¹¹ χωρέω pres act inf, accept
¹² προσφέρω 3p aor pas ind, bring
¹³ ἐπιτίθημι 3s aor act sub, place
¹⁴ ἐπιτιμάω 3p aor act ind, rebuke
¹⁵ ἀφίημι 2p aor act impv, let
¹⁶ κωλύω 2p pres act impv, (try to) stop
¹⁷ ἐκεῖθεν, adv, from there
¹⁸ προσέρχομαι aor act ptc m s nom, come/go to
¹⁹ ἔχω 1s aor act sub, have
²⁰ φονεύω 2s fut act ind, murder
²¹ μοιχεύω 2s fut act ind, commit adultery
²² κλέπτω 2s fut act ind, steal
²³ ψευδομαρτυρέω 2s fut act ind, give false evidence
²⁴ τιμάω 2s pres act impv, honor
²⁵ πλησίον, prep + gen, near (ὁ π. neighbor/friend)
²⁶ νεανίσκος, -ου m, young man
²⁷ φυλάσσω 1s aor act ind, obey
²⁸ ὑστερέω 1s pres act ind, lack
²⁹ τέλειος, -α/ον, perfect
³⁰ πωλέω 2s aor act impv, sell
³¹ δίδωμι 2s aor act impv, give
³² θησαυρός, -οῦ m, treasure
³³ δεῦρο, interj, Come!

ἀκολούθει μοι. **22** ἀκούσας δὲ ὁ νεανίσκος τὸν λόγον ἀπῆλθεν λυπούμενος[1]· ἦν γὰρ ἔχων κτήματα[2] πολλά.

23 Ὁ δὲ Ἰησοῦς εἶπεν τοῖς μαθηταῖς αὐτοῦ· ἀμὴν λέγω ὑμῖν ὅτι πλούσιος[3] δυσκόλως[4] εἰσελεύσεται[5] εἰς τὴν βασιλείαν τῶν οὐρανῶν. **24** πάλιν δὲ λέγω ὑμῖν, εὐκοπώτερόν[6] ἐστιν κάμηλον[7] διὰ τρυπήματος[8] ῥαφίδος[9] διελθεῖν ἢ πλούσιον εἰσελθεῖν εἰς τὴν βασιλείαν τοῦ θεοῦ. **25** ἀκούσαντες δὲ οἱ μαθηταὶ ἐξεπλήσσοντο[10] σφόδρα[11] λέγοντες· τίς ἄρα δύναται σωθῆναι; **26** ἐμβλέψας[12] δὲ ὁ Ἰησοῦς εἶπεν αὐτοῖς· παρὰ ἀνθρώποις τοῦτο ἀδύνατόν[13] ἐστιν, παρὰ δὲ θεῷ πάντα δυνατά.

27 Τότε ἀποκριθεὶς ὁ Πέτρος εἶπεν αὐτῷ· ἰδοὺ ἡμεῖς ἀφήκαμεν[14] πάντα καὶ ἠκολουθήσαμέν σοι· τί ἄρα ἔσται ἡμῖν; **28** ὁ δὲ Ἰησοῦς εἶπεν αὐτοῖς· ἀμὴν λέγω ὑμῖν ὅτι ὑμεῖς οἱ ἀκολουθήσαντές μοι ἐν τῇ παλιγγενεσίᾳ[15], ὅταν καθίσῃ ὁ υἱὸς τοῦ ἀνθρώπου ἐπὶ θρόνου δόξης αὐτοῦ, καθήσεσθε καὶ ὑμεῖς ἐπὶ δώδεκα θρόνους κρίνοντες τὰς δώδεκα φυλὰς τοῦ Ἰσραήλ. **29** καὶ πᾶς ὅστις ἀφῆκεν[16] οἰκίας ἢ ἀδελφοὺς ἢ ἀδελφὰς[17] ἢ πατέρα ἢ μητέρα ἢ τέκνα ἢ ἀγροὺς ἕνεκεν[18] τοῦ ὀνόματός μου, ἑκατονταπλασίονα[19] λήμψεται[20] καὶ ζωὴν αἰώνιον κληρονομήσει[21]. **30** πολλοὶ δὲ ἔσονται πρῶτοι ἔσχατοι καὶ ἔσχατοι πρῶτοι.

The Workers in the Vineyard

20 Ὁμοία γάρ ἐστιν ἡ βασιλεία τῶν οὐρανῶν ἀνθρώπῳ οἰκοδεσπότῃ[22], ὅστις ἐξῆλθεν ἅμα[23] πρωῒ[24] μισθώσασθαι[25] ἐργάτας[26] εἰς τὸν ἀμπελῶνα[27] αὐτοῦ. **2** συμφωνήσας[28] δὲ μετὰ τῶν ἐργατῶν ἐκ δηναρίου[29] τὴν ἡμέραν ἀπέστειλεν[30] αὐτοὺς εἰς τὸν ἀμπελῶνα αὐτοῦ. **3** καὶ ἐξελθὼν περὶ τρίτην ὥραν εἶδεν ἄλλους ἑστῶτας ἐν τῇ ἀγορᾷ[31] ἀργοὺς[32] **4** καὶ ἐκείνοις εἶπεν· ὑπάγετε καὶ ὑμεῖς εἰς τὸν ἀμπελῶνα, καὶ ὃ ἐὰν ᾖ δίκαιον δώσω[33] ὑμῖν. **5** οἱ δὲ ἀπῆλθον. πάλιν [δὲ] ἐξελθὼν περὶ ἕκτην[34] καὶ ἐνάτην[35] ὥραν ἐποίησεν ὡσαύτως[36]. **6** περὶ δὲ τὴν

---

[1] λυπέω pres pas ptc m s nom, pas be sad
[2] κτῆμα, -τος n, possession
[3] πλούσιος, -α/ον, rich
[4] δυσκόλως, adv, with difficulty
[5] εἰσέρχομαι 3s fut mid ind, enter
[6] εὔκοπος, easy (comp)
[7] κάμηλος, -ου m & f, camel
[8] τρύπημα, -ατος n, eye (of a needle)
[9] ῥαφίς, -ίδος f, needle
[10] ἐκπλήσσω 3p impf pas ind, pas be amazed
[11] σφόδρα, adv, greatly
[12] ἐμβλέπω aor act ptc m s nom, look straight at
[13] ἀδύνατος, -ον, impossible
[14] ἀφίημι 1p aor act ind, leave
[15] παλιγγενεσία, -ας f, future world
[16] ἀφίημι 3s aor act ind, leave
[17] ἀδελφή, -ῆς f, sister
[18] ἕνεκα, prep + gen, because of
[19] ἑκατονταπλασίων, -ον, a hundred times as much
[20] λαμβάνω 3s fut mid ind, receive
[21] κληρονομέω 3s fut act ind, be given (something)
[22] οἰκοδεσπότης, -ου m, home owner
[23] ἅμα, prep + dat, at the same time (ἅμα πρωῒ early in the morning)
[24] πρωῒ, adv, (early) morning
[25] μισθόω aor mid inf, mid hire
[26] ἐργάτης, -ου m, worker
[27] ἀμπελών, -ῶνος m, vineyard
[28] συμφωνέω aor act ptc m s nom, agree (with)
[29] δηνάριον, -ου n, denarius (Roman silver coin = laborer's daily wage)
[30] ἀποστέλλω 3s aor act ind, send
[31] ἀγορά, -ᾶς f, market place
[32] ἀργός, -ή/όν, idle
[33] δίδωμι 1s fut act ind, give
[34] ἕκτος, -η/ον, sixth
[35] ἔνατος, -η/ον, ninth
[36] ὡσαύτως, adv, in the same way

ἑνδεκάτην¹ ἐξελθὼν εὗρεν² ἄλλους ἑστῶτας³ καὶ λέγει αὐτοῖς· τί ὧδε ἑστήκατε⁴ ὅλην τὴν ἡμέραν ἀργοί; 7 λέγουσιν αὐτῷ· ὅτι οὐδεὶς ἡμᾶς ἐμισθώσατο⁵. λέγει αὐτοῖς· ὑπάγετε καὶ ὑμεῖς εἰς τὸν ἀμπελῶνα. 8 ὀψίας⁶ δὲ γενομένης λέγει ὁ κύριος τοῦ ἀμπελῶνος τῷ ἐπιτρόπῳ⁷ αὐτοῦ· κάλεσον τοὺς ἐργάτας καὶ ἀπόδος⁸ αὐτοῖς τὸν μισθὸν⁹ ἀρξάμενος¹⁰ ἀπὸ τῶν ἐσχάτων ἕως τῶν πρώτων. 9 καὶ ἐλθόντες οἱ περὶ τὴν ἑνδεκάτην ὥραν ἔλαβον ἀνὰ¹¹ δηνάριον. 10 καὶ ἐλθόντες οἱ πρῶτοι ἐνόμισαν¹² ὅτι πλεῖον¹³ λήμψονται¹⁴· καὶ ἔλαβον [τὸ] ἀνὰ δηνάριον καὶ αὐτοί. 11 λαβόντες δὲ ἐγόγγυζον¹⁵ κατὰ τοῦ οἰκοδεσπότου 12 λέγοντες· οὗτοι οἱ ἔσχατοι μίαν ὥραν ἐποίησαν, καὶ ἴσους¹⁶ ἡμῖν αὐτοὺς ἐποίησας τοῖς βαστάσασιν¹⁷ τὸ βάρος¹⁸ τῆς ἡμέρας καὶ τὸν καύσωνα¹⁹. 13 ὁ δὲ ἀποκριθεὶς ἑνὶ αὐτῶν εἶπεν· ἑταῖρε²⁰, οὐκ ἀδικῶ²¹ σε· οὐχὶ δηναρίου συνεφώνησάς²² μοι; 14 ἆρον²³ τὸ σὸν²⁴ καὶ ὕπαγε. θέλω δὲ τούτῳ τῷ ἐσχάτῳ δοῦναι²⁵ ὡς καὶ σοί· 15 [ἢ] οὐκ ἔξεστίν μοι ὃ θέλω ποιῆσαι ἐν τοῖς ἐμοῖς; ἢ ὁ ὀφθαλμός σου πονηρός ἐστιν ὅτι ἐγὼ ἀγαθός εἰμι; 16 οὕτως ἔσονται οἱ ἔσχατοι πρῶτοι καὶ οἱ πρῶτοι ἔσχατοι.

A Third Time Jesus Foretells His Death and Resurrection (Mk 10.32-34; Lk 18.31-34)

17 Καὶ ἀναβαίνων ὁ Ἰησοῦς εἰς Ἱεροσόλυμα παρέλαβεν²⁶ τοὺς δώδεκα [μαθητὰς] κατ' ἰδίαν²⁷ καὶ ἐν τῇ ὁδῷ εἶπεν αὐτοῖς· 18 ἰδοὺ ἀναβαίνομεν εἰς Ἱεροσόλυμα, καὶ ὁ υἱὸς τοῦ ἀνθρώπου παραδοθήσεται²⁸ τοῖς ἀρχιερεῦσιν καὶ γραμματεῦσιν, καὶ κατακρινοῦσιν²⁹ αὐτὸν θανάτῳ 19 καὶ παραδώσουσιν αὐτὸν τοῖς ἔθνεσιν εἰς τὸ ἐμπαῖξαι³⁰ καὶ μαστιγῶσαι³¹ καὶ σταυρῶσαι, καὶ τῇ τρίτῃ ἡμέρᾳ ἐγερθήσεται³².

The Request for James and John (Mk 10.35-45)

20 Τότε προσῆλθεν³³ αὐτῷ ἡ μήτηρ τῶν υἱῶν Ζεβεδαίου μετὰ τῶν υἱῶν αὐτῆς προσκυνοῦσα καὶ αἰτοῦσά τι ἀπ' αὐτοῦ. 21 ὁ δὲ εἶπεν αὐτῇ· τί θέλεις; λέγει αὐτῷ·

---

[1] ἑνδέκατος, -η/ον, eleventh
[2] εὑρίσκω 3s aor act ind, find
[3] ἵστημι pf act ptc m p acc, intrans stand
[4] ἵστημι 2p pf act ind, intrans stand
[5] μισθόω 3s aor mid ind, mid hire
[6] ὄψιος, -α/ον, late (ἡ ὀψία f evening)
[7] ἐπίτροπος, -ου m, foreman
[8] ἀποδίδωμι 2s aor act impv, pay
[9] μισθός, -οῦ m, wages
[10] ἄρχω aor mid ptc m s nom, mid begin
[11] ἀνά, prep + acc, each (one)
[12] νομίζω 3p aor act ind, think
[13] πολύς, much (comp)
[14] λαμβάνω 3p fut mid ind, receive
[15] γογγύζω 3p impf act ind, grumble
[16] ἴσος, -η/ον, equal
[17] βαστάζω aor act ptc m p dat, bear
[18] βάρος, -ους n, burden
[19] καύσων, -ωνος m, (scorching) heat
[20] ἑταῖρος, -ου m, friend
[21] ἀδικέω 1s pres act ind, mistreat
[22] συμφωνέω 2s aor act ind, agree (with)
[23] αἴρω 2s aor act impv, take
[24] σός, σή, σόν, yours
[25] δίδωμι aor act inf, give
[26] παραλαμβάνω 3s aor act ind, take
[27] ἴδιος, -α/ον, one's own (κατ' ἰδίαν privately)
[28] παραδίδωμι 3s fut pas ind, betray/hand over
[29] κατακρίνω 3p fut act ind, condemn
[30] ἐμπαίζω aor act inf, make fun of
[31] μαστιγόω aor act inf, beat with a whip
[32] ἐγείρω 3s fut pas ind, raise (from death)
[33] προσέρχομαι 3s aor act ind, come/go to

εἰπὲ ἵνα καθίσωσιν οὗτοι οἱ δύο υἱοί μου εἷς ἐκ δεξιῶν σου καὶ εἷς ἐξ εὐωνύμων¹ σου ἐν τῇ βασιλείᾳ σου. **22** ἀποκριθεὶς δὲ ὁ Ἰησοῦς εἶπεν· οὐκ οἴδατε τί αἰτεῖσθε. δύνασθε πιεῖν τὸ ποτήριον ὃ ἐγὼ μέλλω πίνειν; λέγουσιν αὐτῷ· δυνάμεθα. **23** λέγει αὐτοῖς· τὸ μὲν ποτήριόν μου πίεσθε, τὸ δὲ καθίσαι ἐκ δεξιῶν μου καὶ ἐξ εὐωνύμων οὐκ ἔστιν ἐμὸν [τοῦτο] δοῦναι², ἀλλ' οἷς ἡτοίμασται ὑπὸ τοῦ πατρός μου. **24** Καὶ ἀκούσαντες οἱ δέκα³ ἠγανάκτησαν⁴ περὶ τῶν δύο ἀδελφῶν. **25** ὁ δὲ Ἰησοῦς προσκαλεσάμενος⁵ αὐτοὺς εἶπεν· οἴδατε ὅτι οἱ ἄρχοντες τῶν ἐθνῶν κατακυριεύουσιν⁶ αὐτῶν καὶ οἱ μεγάλοι κατεξουσιάζουσιν⁷ αὐτῶν. **26** οὐχ οὕτως ἔσται ἐν ὑμῖν, ἀλλ' ὃς ἐὰν θέλῃ ἐν ὑμῖν μέγας γενέσθαι ἔσται ὑμῶν διάκονος⁸, **27** καὶ ὃς ἂν θέλῃ ἐν ὑμῖν εἶναι πρῶτος ἔσται ὑμῶν δοῦλος· **28** ὥσπερ ὁ υἱὸς τοῦ ἀνθρώπου οὐκ ἦλθεν διακονηθῆναι ἀλλὰ διακονῆσαι καὶ δοῦναι τὴν ψυχὴν αὐτοῦ λύτρον⁹ ἀντὶ¹⁰ πολλῶν.

The Healing of Two Blind Men (Mk 10.46-52; Lk 18.35-43)

29 Καὶ ἐκπορευομένων αὐτῶν ἀπὸ Ἰεριχὼ ἠκολούθησεν αὐτῷ ὄχλος πολύς. **30** καὶ ἰδοὺ δύο τυφλοὶ καθήμενοι παρὰ τὴν ὁδὸν ἀκούσαντες ὅτι Ἰησοῦς παράγει¹¹, ἔκραξαν λέγοντες· ἐλέησον¹² ἡμᾶς, [κύριε,] υἱὸς Δαυίδ. **31** ὁ δὲ ὄχλος ἐπετίμησεν¹³ αὐτοῖς ἵνα σιωπήσωσιν¹⁴· οἱ δὲ μεῖζον¹⁵ ἔκραξαν λέγοντες· ἐλέησον ἡμᾶς, κύριε, υἱὸς Δαυίδ. **32** καὶ στὰς¹⁶ ὁ Ἰησοῦς ἐφώνησεν αὐτοὺς καὶ εἶπεν· τί θέλετε ποιήσω ὑμῖν; **33** λέγουσιν αὐτῷ· κύριε, ἵνα ἀνοιγῶσιν οἱ ὀφθαλμοὶ ἡμῶν. **34** σπλαγχνισθεὶς¹⁷ δὲ ὁ Ἰησοῦς ἥψατο¹⁸ τῶν ὀμμάτων¹⁹ αὐτῶν, καὶ εὐθέως ἀνέβλεψαν²⁰ καὶ ἠκολούθησαν αὐτῷ.

The Triumphal Entry into Jerusalem (Mk 11.1-11; Lk 19.28-38; Jn 12.12-19)

21 Καὶ ὅτε ἤγγισαν²¹ εἰς Ἱεροσόλυμα καὶ ἦλθον εἰς Βηθφαγὴ εἰς τὸ ὄρος τῶν ἐλαιῶν²², τότε Ἰησοῦς ἀπέστειλεν²³ δύο μαθητὰς **2** λέγων αὐτοῖς· πορεύεσθε εἰς τὴν κώμην²⁴ τὴν κατέναντι²⁵ ὑμῶν, καὶ εὐθέως εὑρήσετε²⁶ ὄνον²⁷ δεδεμένην²⁸ καὶ πῶλον²⁹ μετ' αὐτῆς· λύσαντες ἀγάγετε³⁰ μοι. **3** καὶ ἐάν τις ὑμῖν εἴπῃ³¹

1 εὐώνυμος, -ον, left (opposite right)
2 δίδωμι *aor act inf*, give
3 δέκα, ten
4 ἀγανακτέω *3p aor act ind*, be angry
5 προσκαλέομαι *aor mid ptc m s nom*, call to oneself
6 κατακυριεύω *3p pres act ind*, have power over
7 κατεξουσιάζω *3p pres act ind*, exercise authority over
8 διάκονος, -ου *m & f*, servant
9 λύτρον, -ου *n*, means of release
10 ἀντί, *prep + gen*, for/in behalf of
11 παράγω *3s pres act ind*, pass by
12 ἐλεέω/ἐλεάω *2s aor act impv*, have mercy on
13 ἐπιτιμάω *3s aor act ind*, rebuke
14 σιωπάω *3p aor act sub*, be silent
15 μεῖζον, *adv*, louder
16 ἵστημι *aor act ptc m s nom*, intrans stand
17 σπλαγχνίζομαι *aor pas ptc m s nom*, have pity
18 ἅπτω *3s aor mid ind, mid* touch
19 ὄμμα, -τος *n*, eye
20 ἀναβλέπω *3p aor act ind*, regain one's sight
21 ἐγγίζω *3p aor act ind*, come near
22 ἐλαία, -ας *f*, olive
23 ἀποστέλλω *3s aor act ind*, send
24 κώμη, -ης *f*, village
25 κατέναντι, *prep + gen*, opposite
26 εὑρίσκω *2p fut act ind*, find
27 ὄνος, -ου *m & f*, donkey
28 δέω *pf pas ptc f s acc*, tie up
29 πῶλος, -ου *m*, colt
30 ἄγω *2p aor act impv*, bring
31 λέγω *3s aor act sub*, say

τι, ἐρεῖτε¹ ὅτι ὁ κύριος αὐτῶν χρείαν ἔχει· εὐθὺς δὲ ἀποστελεῖ αὐτούς. **4** τοῦτο δὲ γέγονεν ἵνα πληρωθῇ τὸ ῥηθὲν² διὰ τοῦ προφήτου λέγοντος·
5 εἴπατε τῇ θυγατρὶ³ Σιών·
ἰδοὺ ὁ βασιλεύς σου ἔρχεταί σοι
πραῢς⁴ καὶ ἐπιβεβηκὼς⁵ ἐπὶ ὄνον⁶
καὶ ἐπὶ πῶλον υἱὸν ὑποζυγίου⁷.
6 πορευθέντες δὲ οἱ μαθηταὶ καὶ ποιήσαντες καθὼς συνέταξεν⁸ αὐτοῖς ὁ Ἰησοῦς **7** ἤγαγον⁹ τὴν ὄνον καὶ τὸν πῶλον καὶ ἐπέθηκαν¹⁰ ἐπ᾽ αὐτῶν τὰ ἱμάτια, καὶ ἐπεκάθισεν¹¹ ἐπάνω¹² αὐτῶν. **8** ὁ δὲ πλεῖστος¹³ ὄχλος ἔστρωσαν¹⁴ ἑαυτῶν τὰ ἱμάτια ἐν τῇ ὁδῷ, ἄλλοι δὲ ἔκοπτον¹⁵ κλάδους¹⁶ ἀπὸ τῶν δένδρων¹⁷ καὶ ἐστρώννυον ἐν τῇ ὁδῷ. **9** οἱ δὲ ὄχλοι οἱ προάγοντες¹⁸ αὐτὸν καὶ οἱ ἀκολουθοῦντες ἔκραζον λέγοντες·
ὡσαννὰ¹⁹ τῷ υἱῷ Δαυίδ·
εὐλογημένος ὁ ἐρχόμενος ἐν ὀνόματι κυρίου·
ὡσαννὰ ἐν τοῖς ὑψίστοις²⁰.
10 Καὶ εἰσελθόντος αὐτοῦ εἰς Ἱεροσόλυμα ἐσείσθη²¹ πᾶσα ἡ πόλις λέγουσα· τίς ἐστιν οὗτος; **11** οἱ δὲ ὄχλοι ἔλεγον· οὗτός ἐστιν ὁ προφήτης Ἰησοῦς ὁ ἀπὸ Ναζαρὲθ τῆς Γαλιλαίας.

The Cleansing of the Temple (Mk 11.15-19; Lk 19.45-48; Jn 2.13-22)

12 Καὶ εἰσῆλθεν Ἰησοῦς εἰς τὸ ἱερὸν καὶ ἐξέβαλεν²² πάντας τοὺς πωλοῦντας²³ καὶ ἀγοράζοντας ἐν τῷ ἱερῷ, καὶ τὰς τραπέζας²⁴ τῶν κολλυβιστῶν²⁵ κατέστρεψεν²⁶ καὶ τὰς καθέδρας²⁷ τῶν πωλούντων τὰς περιστεράς²⁸, **13** καὶ λέγει αὐτοῖς· γέγραπται·
ὁ οἶκός μου οἶκος προσευχῆς κληθήσεται,
ὑμεῖς δὲ αὐτὸν ποιεῖτε σπήλαιον²⁹ λῃστῶν³⁰.
14 καὶ προσῆλθον³¹ αὐτῷ τυφλοὶ καὶ χωλοὶ³² ἐν τῷ ἱερῷ, καὶ ἐθεράπευσεν αὐτούς. **15** ἰδόντες δὲ οἱ ἀρχιερεῖς καὶ οἱ γραμματεῖς τὰ θαυμάσια³³ ἃ ἐποίησεν καὶ τοὺς

---

1 λέγω *2p fut act ind*, say
2 λέγω *aor pas ptc n s nom*, say
3 θυγάτηρ, -τρός *f*, daughter
4 πραΰς, πραεῖα, πραΰ, humble/gentle
5 ἐπιβαίνω *pf act ptc m s nom*, ride
6 ὄνος, -ου *m & f*, donkey
7 ὑποζύγιον, -ου *n*, donkey
8 συντάσσω *3s aor act ind*, instruct
9 ἄγω *3p aor act ind*, bring
10 ἐπιτίθημι *3p aor act ind*, place
11 ἐπικαθίζω *3s aor act ind*, sit
12 ἐπάνω, *prep + gen*, on
13 πολύς, large (super)
14 στρώννυμι *3p aor act ind*, spread
15 κόπτω *3p impf act ind*, cut
16 κλάδος, -ου *m*, branch
17 δένδρον, -ου *n*, tree
18 προάγω *pres act ptc m p nom*, go ahead of
19 ὡσαννά, Aramaic word, hosanna/Please save us!
20 ὕψιστος, highest (ἐν τοῖς ὑ. in the highest heaven)
21 σείω *3s aor pas ind*, stir up
22 ἐκβάλλω *3s aor act ind*, force out
23 πωλέω *pres act ptc m p acc*, sell
24 τράπεζα, -ης *f*, table
25 κολλυβιστής, -οῦ *m*, money-changer
26 καταστρέφω *3s aor act ind*, overturn
27 καθέδρα, -ας *f*, seat
28 περιστερά, -ᾶς *f*, dove/pigeon
29 σπήλαιον, -ου *n*, hideout
30 λῃστής, -οῦ *m*, robber
31 προσέρχομαι *3p aor act ind*, come/go to
32 χωλός, -ή/όν, lame
33 θαυμάσιος, -α/ον, wonderful (thing)

παῖδας¹ τοὺς κράζοντας ἐν τῷ ἱερῷ καὶ λέγοντας· ὡσαννὰ τῷ υἱῷ Δαυίδ, ἠγανάκτησαν² 16 καὶ εἶπαν αὐτῷ· ἀκούεις τί οὗτοι λέγουσιν; ὁ δὲ Ἰησοῦς λέγει αὐτοῖς· ναί. οὐδέποτε³ ἀνέγνωτε⁴ ὅτι
    ἐκ στόματος νηπίων⁵ καὶ θηλαζόντων⁶ κατηρτίσω⁷ αἶνον⁸;
17 καὶ καταλιπὼν⁹ αὐτοὺς ἐξῆλθεν ἔξω τῆς πόλεως εἰς Βηθανίαν καὶ ηὐλίσθη¹⁰ ἐκεῖ.

The Cursing of the Fig Tree (Mk 11.12-14, 20-24)

18 Πρωΐ¹¹ δὲ ἐπανάγων¹² εἰς τὴν πόλιν ἐπείνασεν¹³. 19 καὶ ἰδὼν συκῆν¹⁴ μίαν ἐπὶ τῆς ὁδοῦ ἦλθεν ἐπ᾽ αὐτὴν καὶ οὐδὲν εὗρεν¹⁵ ἐν αὐτῇ εἰ μὴ φύλλα¹⁶ μόνον, καὶ λέγει αὐτῇ· μηκέτι¹⁷ ἐκ σοῦ καρπὸς γένηται εἰς τὸν αἰῶνα. καὶ ἐξηράνθη¹⁸ παραχρῆμα¹⁹ ἡ συκῆ.

20 Καὶ ἰδόντες οἱ μαθηταὶ ἐθαύμασαν λέγοντες· πῶς παραχρῆμα ἐξηράνθη ἡ συκῆ; 21 ἀποκριθεὶς δὲ ὁ Ἰησοῦς εἶπεν αὐτοῖς· ἀμὴν λέγω ὑμῖν, ἐὰν ἔχητε πίστιν καὶ μὴ διακριθῆτε²⁰, οὐ μόνον τὸ τῆς συκῆς ποιήσετε, ἀλλὰ κἂν²¹ τῷ ὄρει τούτῳ εἴπητε· ἄρθητι²² καὶ βλήθητι²³ εἰς τὴν θάλασσαν, γενήσεται²⁴· 22 καὶ πάντα ὅσα ἂν αἰτήσητε ἐν τῇ προσευχῇ πιστεύοντες λήμψεσθε²⁵.

The Authority of Jesus Questioned (Mk 11.27-33; Lk 20.1-8)

23 Καὶ ἐλθόντος αὐτοῦ εἰς τὸ ἱερὸν προσῆλθον²⁶ αὐτῷ διδάσκοντι οἱ ἀρχιερεῖς καὶ οἱ πρεσβύτεροι τοῦ λαοῦ λέγοντες· ἐν ποίᾳ ἐξουσίᾳ ταῦτα ποιεῖς; καὶ τίς σοι ἔδωκεν τὴν ἐξουσίαν ταύτην; 24 ἀποκριθεὶς δὲ ὁ Ἰησοῦς εἶπεν αὐτοῖς· ἐρωτήσω ὑμᾶς κἀγὼ λόγον ἕνα, ὃν ἐὰν εἴπητέ μοι κἀγὼ ὑμῖν ἐρῶ²⁷ ἐν ποίᾳ ἐξουσίᾳ ταῦτα ποιῶ· 25 τὸ βάπτισμα²⁸ τὸ Ἰωάννου πόθεν²⁹ ἦν; ἐξ οὐρανοῦ ἢ ἐξ ἀνθρώπων; οἱ δὲ διελογίζοντο³⁰ ἐν ἑαυτοῖς λέγοντες· ἐὰν εἴπωμεν³¹· ἐξ οὐρανοῦ, ἐρεῖ³² ἡμῖν· διὰ τί οὖν οὐκ ἐπιστεύσατε αὐτῷ; 26 ἐὰν δὲ εἴπωμεν· ἐξ ἀνθρώπων, φοβούμεθα τὸν ὄχλον, πάντες γὰρ ὡς προφήτην ἔχουσιν τὸν Ἰωάννην. 27 καὶ ἀποκριθέντες τῷ Ἰησοῦ εἶπαν· οὐκ οἴδαμεν. ἔφη αὐτοῖς καὶ αὐτός· οὐδὲ ἐγὼ λέγω ὑμῖν ἐν ποίᾳ ἐξουσίᾳ ταῦτα ποιῶ.

1 παῖς, παιδός m & f, child
2 ἀγανακτέω 3p aor act ind, be angry
3 οὐδέποτε, adv, never
4 ἀναγινώσκω 2p aor act ind, read
5 νήπιος, -α/ον, adj = noun, infant
6 θηλάζω pres act ptc m p gen, nurse (ὁ θ. unweaned child)
7 καταρτίζω 2s aor mid ind, mid bring about
8 αἶνος, -ου m, praise
9 καταλείπω aor act ptc m s nom, leave
10 αὐλίζομαι 3s aor pas ind, spend the night
11 πρωΐ, adv, (early) morning
12 ἐπανάγω pres act ptc m s nom, return
13 πεινάω 3s aor act ind, be hungry
14 συκῆ, -ῆς f, fig tree
15 εὑρίσκω 3s aor act ind, find
16 φύλλον, -ου n, leaf
17 μηκέτι, adv, no longer
18 ξηραίνω 3s aor pas ind, dry up
19 παραχρῆμα, adv, at once
20 διακρίνω 2p aor pas sub, pas doubt
21 κἄν, = καὶ ἐάν, and if
22 αἴρω 2s aor pas impv, take up
23 βάλλω 2s aor pas impv, throw
24 γίνομαι 3s fut mid ind, happen
25 λαμβάνω 2p fut mid ind, receive
26 προσέρχομαι 3p aor act ind, come/go to
27 λέγω 1s fut act ind, tell
28 βάπτισμα, -τος n, baptism
29 πόθεν, adv, from where?
30 διαλογίζομαι 3p impf mid ind, discuss
31 λέγω 1p aor act sub, say
32 λέγω 3s fut act ind, say

The Parable of the Two Sons

28 Τί δὲ ὑμῖν δοκεῖ; ἄνθρωπος εἶχεν τέκνα δύο. καὶ προσελθὼν¹ τῷ πρώτῳ εἶπεν· τέκνον, ὕπαγε σήμερον ἐργάζου ἐν τῷ ἀμπελῶνι². 29 ὁ δὲ ἀποκριθεὶς εἶπεν· οὐ θέλω, ὕστερον³ δὲ μεταμεληθεὶς⁴ ἀπῆλθεν. 30 προσελθὼν δὲ τῷ ἑτέρῳ εἶπεν ὡσαύτως⁵. ὁ δὲ ἀποκριθεὶς εἶπεν· ἐγώ, κύριε, καὶ οὐκ ἀπῆλθεν. 31 τίς ἐκ τῶν δύο ἐποίησεν τὸ θέλημα τοῦ πατρός; λέγουσιν· ὁ πρῶτος. λέγει αὐτοῖς ὁ Ἰησοῦς· ἀμὴν λέγω ὑμῖν ὅτι οἱ τελῶναι⁶ καὶ αἱ πόρναι⁷ προάγουσιν⁸ ὑμᾶς εἰς τὴν βασιλείαν τοῦ θεοῦ. 32 ἦλθεν γὰρ Ἰωάννης πρὸς ὑμᾶς ἐν ὁδῷ δικαιοσύνης, καὶ οὐκ ἐπιστεύσατε αὐτῷ, οἱ δὲ τελῶναι καὶ αἱ πόρναι ἐπίστευσαν αὐτῷ· ὑμεῖς δὲ ἰδόντες οὐδὲ μετεμελήθητε ὕστερον τοῦ πιστεῦσαι αὐτῷ.

The Parable of the Vineyard and the Tenants (Mk 12.1-12; Lk 20.9-19)

33 Ἄλλην παραβολὴν ἀκούσατε. ἄνθρωπος ἦν οἰκοδεσπότης⁹ ὅστις ἐφύτευσεν¹⁰ ἀμπελῶνα¹¹ καὶ φραγμὸν¹² αὐτῷ περιέθηκεν¹³ καὶ ὤρυξεν¹⁴ ἐν αὐτῷ ληνὸν¹⁵ καὶ ᾠκοδόμησεν πύργον¹⁶ καὶ ἐξέδετο¹⁷ αὐτὸν γεωργοῖς¹⁸ καὶ ἀπεδήμησεν¹⁹. 34 ὅτε δὲ ἤγγισεν²⁰ ὁ καιρὸς τῶν καρπῶν, ἀπέστειλεν²¹ τοὺς δούλους αὐτοῦ πρὸς τοὺς γεωργοὺς λαβεῖν τοὺς καρποὺς αὐτοῦ. 35 καὶ λαβόντες οἱ γεωργοὶ τοὺς δούλους αὐτοῦ ὃν μὲν ἔδειραν²², ὃν δὲ ἀπέκτειναν, ὃν δὲ ἐλιθοβόλησαν²³. 36 πάλιν ἀπέστειλεν ἄλλους δούλους πλείονας²⁴ τῶν πρώτων, καὶ ἐποίησαν αὐτοῖς ὡσαύτως²⁵. 37 ὕστερον²⁶ δὲ ἀπέστειλεν πρὸς αὐτοὺς τὸν υἱὸν αὐτοῦ λέγων· ἐντραπήσονται²⁷ τὸν υἱόν μου. 38 οἱ δὲ γεωργοὶ ἰδόντες τὸν υἱὸν εἶπον ἐν ἑαυτοῖς· οὗτός ἐστιν ὁ κληρονόμος²⁸· δεῦτε²⁹ ἀποκτείνωμεν αὐτὸν καὶ σχῶμεν³⁰ τὴν κληρονομίαν³¹ αὐτοῦ, 39 καὶ λαβόντες αὐτὸν ἐξέβαλον³² ἔξω τοῦ ἀμπελῶνος καὶ ἀπέκτειναν. 40 ὅταν οὖν ἔλθῃ³³ ὁ κύριος τοῦ ἀμπελῶνος, τί ποιήσει τοῖς γεωργοῖς ἐκείνοις; 41 λέγουσιν αὐτῷ· κακοὺς κακῶς³⁴ ἀπολέσει³⁵ αὐτοὺς καὶ τὸν ἀμπελῶνα ἐκδώσεται ἄλλοις γεωργοῖς, οἵτινες ἀποδώσουσιν³⁶ αὐτῷ τοὺς καρποὺς ἐν τοῖς καιροῖς αὐτῶν.

---

1 προσέρχομαι *aor act ptc m s nom*, come/go to
2 ἀμπελών, -ῶνος *m*, vineyard
3 ὕστερον, *adv*, later
4 μεταμέλομαι *aor pas ptc m s nom*, change one's mind
5 ὡσαύτως, *adv*, in the same way
6 τελώνης, -ου *m*, tax-collector
7 πόρνη, -ης *f*, prostitute
8 προάγω *3p pres act ind*, go ahead of
9 οἰκοδεσπότης, -ου *m*, land owner
10 ἐφύτευσεν *3s aor act ind*, plant
11 ἀμπελών, -ῶνος *m*, vineyard
12 φραγμός, -οῦ *m*, wall
13 περιτίθημι *3s aor act ind*, put around
14 ὀρύσσω *3s aor act ind*, dig
15 ληνός, -οῦ *f*, wine press
16 πύργος, -ου *m*, tower
17 ἐκδίδωμι *3s aor mid ind*, rent (out)
18 γεωργός, -οῦ *m*, farmer
19 ἀποδημέω *3s aor act ind*, leave (the country)
20 ἐγγίζω *3s aor act ind*, come near
21 ἀποστέλλω *3s aor act ind*, send
22 δέρω *3p aor act ind*, beat
23 λιθοβολέω *3p aor act ind*, stone
24 πολύς, many (comp)
25 ὡσαύτως, *adv*, in the same way
26 ὕστερον, *adv*, later
27 ἐντρέπω *3p fut pas ind*, pas respect
28 κληρονόμος, -ου *m*, heir
29 δεῦτε, *interj*, Come!
30 ἔχω *1p aor act sub*, get
31 κληρονομία, -ας *f*, property
32 ἐκβάλλω *3p aor act ind*, throw out
33 ἔρχομαι *3s aor act sub*, come
34 κακῶς, *adv*, in some horrible way
35 ἀπόλλυμι *3s fut act ind*, kill
36 ἀποδίδωμι *3p fut act ind*, give

42 Λέγει αὐτοῖς ὁ Ἰησοῦς· οὐδέποτε¹ ἀνέγνωτε² ἐν ταῖς γραφαῖς·

λίθον ὃν ἀπεδοκίμασαν³ οἱ οἰκοδομοῦντες,

οὗτος ἐγενήθη εἰς κεφαλὴν γωνίας⁴·

παρὰ κυρίου ἐγένετο αὕτη

καὶ ἔστιν θαυμαστὴ⁵ ἐν ὀφθαλμοῖς ἡμῶν;

43 διὰ τοῦτο λέγω ὑμῖν ὅτι ἀρθήσεται⁶ ἀφ' ὑμῶν ἡ βασιλεία τοῦ θεοῦ καὶ δοθήσεται⁷ ἔθνει ποιοῦντι τοὺς καρποὺς αὐτῆς. [**44** καὶ ὁ πεσὼν⁸ ἐπὶ τὸν λίθον τοῦτον συνθλασθήσεται⁹· ἐφ' ὃν δ' ἂν πέσῃ λικμήσει¹⁰ αὐτόν.] **45** Καὶ ἀκούσαντες οἱ ἀρχιερεῖς καὶ οἱ Φαρισαῖοι τὰς παραβολὰς αὐτοῦ ἔγνωσαν¹¹ ὅτι περὶ αὐτῶν λέγει· **46** καὶ ζητοῦντες αὐτὸν κρατῆσαι ἐφοβήθησαν τοὺς ὄχλους, ἐπεὶ¹² εἰς προφήτην αὐτὸν εἶχον.

The Parable of the Marriage Feast (Lk 14.15-24)

22 Καὶ ἀποκριθεὶς ὁ Ἰησοῦς πάλιν εἶπεν ἐν παραβολαῖς αὐτοῖς λέγων· **2** ὡμοιώθη¹³ ἡ βασιλεία τῶν οὐρανῶν ἀνθρώπῳ βασιλεῖ, ὅστις ἐποίησεν γάμους¹⁴ τῷ υἱῷ αὐτοῦ. **3** καὶ ἀπέστειλεν¹⁵ τοὺς δούλους αὐτοῦ καλέσαι τοὺς κεκλημένους εἰς τοὺς γάμους, καὶ οὐκ ἤθελον ἐλθεῖν. **4** πάλιν ἀπέστειλεν ἄλλους δούλους λέγων· εἴπατε τοῖς κεκλημένοις· ἰδοὺ τὸ ἄριστόν¹⁶ μου ἡτοίμακα, οἱ ταῦροί¹⁷ μου καὶ τὰ σιτιστὰ¹⁸ τεθυμένα¹⁹ καὶ πάντα ἕτοιμα²⁰· δεῦτε²¹ εἰς τοὺς γάμους. **5** οἱ δὲ ἀμελήσαντες²² ἀπῆλθον, ὃς μὲν εἰς τὸν ἴδιον ἀγρόν, ὃς δὲ ἐπὶ τὴν ἐμπορίαν²³ αὐτοῦ· **6** οἱ δὲ λοιποὶ κρατήσαντες τοὺς δούλους αὐτοῦ ὕβρισαν²⁴ καὶ ἀπέκτειναν. **7** ὁ δὲ βασιλεὺς ὠργίσθη²⁵ καὶ πέμψας²⁶ τὰ στρατεύματα²⁷ αὐτοῦ ἀπώλεσεν²⁸ τοὺς φονεῖς²⁹ ἐκείνους καὶ τὴν πόλιν αὐτῶν ἐνέπρησεν³⁰. **8** τότε λέγει τοῖς δούλοις αὐτοῦ· ὁ μὲν γάμος ἕτοιμός ἐστιν, οἱ δὲ κεκλημένοι οὐκ ἦσαν ἄξιοι· **9** πορεύεσθε οὖν ἐπὶ τὰς διεξόδους³¹ τῶν ὁδῶν καὶ ὅσους ἐὰν εὕρητε³² καλέσατε εἰς τοὺς γάμους. **10** καὶ ἐξελθόντες οἱ δοῦλοι ἐκεῖνοι εἰς τὰς ὁδοὺς συνήγαγον

---

1 οὐδέποτε, *adv*, never
2 ἀναγινώσκω *2p aor act ind*, read
3 ἀποδοκιμάζω *3p aor act ind*, reject
4 γωνία, -ας *f*, corner (κεφαλὴ γ. main corner stone)
5 θαυμαστός, -ή/όν, marvelous
6 αἴρω *3s fut pas ind*, take away
7 δίδωμι *3s fut pas ind*, give
8 πίπτω *aor act ptc m s nom*, fall
9 συνθλάω *3s fut pas ind*, smash to pieces
10 λικμάω *3s fut act ind*, crush
11 γινώσκω *3p aor act ind*, know
12 ἐπεί, *conj*, because
13 ὁμοιόω *3s aor pas ind*, *pas* be like
14 γάμος, -ου *m*, wedding banquet
15 ἀποστέλλω *3s aor act ind*, send
16 ἄριστον, -ου *n*, banquet
17 ταῦρος, -ου *m*, ox
18 σιτιστός, -ή/όν, fattened (τὰ σ. fattened calves)
19 θύω *pf pas ptc n p nom*, slaughter
20 ἕτοιμος, -η/ον, ready
21 δεῦτε, *interj*, come
22 ἀμελέω *aor act ptc m p nom*, disregard
23 ἐμπορία, -ας *f*, business
24 ὑβρίζω *3p aor act ind*, mistreat
25 ὀργίζω *3s aor pas ind*, *pas* be angry
26 πέμπω *aor act ptc m s nom*, send
27 στράτευμα, -τος *n*, troops
28 ἀπόλλυμι *3s aor act ind*, kill
29 φονεύς, -έως *m*, murderer
30 ἐμπίμπρημι *3s aor act ind*, burn down
31 διέξοδος, -ου *f*, street crossing (δ. τῶν ὁδῶν perhaps where the roads leave the city/the main roads)
32 εὑρίσκω *2p aor act sub*, find

πάντας οὓς εὗρον, πονηρούς τε καὶ ἀγαθούς· καὶ ἐπλήσθη[1] ὁ γάμος ἀνακειμένων[2].
11 εἰσελθὼν δὲ ὁ βασιλεὺς θεάσασθαι[3] τοὺς ἀνακειμένους εἶδεν ἐκεῖ ἄνθρωπον οὐκ ἐνδεδυμένον[4] ἔνδυμα[5] γάμου, **12** καὶ λέγει αὐτῷ· ἑταῖρε[6], πῶς εἰσῆλθες ὧδε μὴ ἔχων ἔνδυμα γάμου; ὁ δὲ ἐφιμώθη[7]. **13** τότε ὁ βασιλεὺς εἶπεν τοῖς διακόνοις[8]· δήσαντες[9] αὐτοῦ πόδας καὶ χεῖρας ἐκβάλετε[10] αὐτὸν εἰς τὸ σκότος τὸ ἐξώτερον[11]· ἐκεῖ ἔσται ὁ κλαυθμὸς[12] καὶ ὁ βρυγμὸς[13] τῶν ὀδόντων[14]. **14** πολλοὶ γάρ εἰσιν κλητοί[15], ὀλίγοι δὲ ἐκλεκτοί[16].

Paying Taxes to Caesar (Mk 12.13-17; Lk 20.20-26)

15 Τότε πορευθέντες οἱ Φαρισαῖοι συμβούλιον[17] ἔλαβον ὅπως αὐτὸν παγιδεύσωσιν[18] ἐν λόγῳ. **16** καὶ ἀποστέλλουσιν αὐτῷ τοὺς μαθητὰς αὐτῶν μετὰ τῶν Ἡρωδιανῶν[19] λέγοντες· διδάσκαλε, οἴδαμεν ὅτι ἀληθὴς[20] εἶ καὶ τὴν ὁδὸν τοῦ θεοῦ ἐν ἀληθείᾳ διδάσκεις καὶ οὐ μέλει[21] σοι περὶ οὐδενός· οὐ γὰρ βλέπεις εἰς πρόσωπον ἀνθρώπων, **17** εἰπὲ οὖν ἡμῖν τί σοι δοκεῖ· ἔξεστιν δοῦναι κῆνσον[22] Καίσαρι ἢ οὔ; **18** γνοὺς[23] δὲ ὁ Ἰησοῦς τὴν πονηρίαν[24] αὐτῶν εἶπεν· τί με πειράζετε, ὑποκριταί[25]; **19** ἐπιδείξατέ[26] μοι τὸ νόμισμα[27] τοῦ κήνσου. οἱ δὲ προσήνεγκαν[28] αὐτῷ δηνάριον[29]. **20** καὶ λέγει αὐτοῖς· τίνος ἡ εἰκὼν[30] αὕτη καὶ ἡ ἐπιγραφή[31]; **21** λέγουσιν αὐτῷ· Καίσαρος. τότε λέγει αὐτοῖς· ἀπόδοτε[32] οὖν τὰ Καίσαρος Καίσαρι καὶ τὰ τοῦ θεοῦ τῷ θεῷ. **22** καὶ ἀκούσαντες ἐθαύμασαν, καὶ ἀφέντες[33] αὐτὸν ἀπῆλθαν.

The Question about the Resurrection (Mk 12.18-27; Lk 20.27-40)

23 Ἐν ἐκείνῃ τῇ ἡμέρᾳ προσῆλθον[34] αὐτῷ Σαδδουκαῖοι, λέγοντες μὴ εἶναι ἀνάστασιν, καὶ ἐπηρώτησαν αὐτὸν **24** λέγοντες· διδάσκαλε, Μωϋσῆς εἶπεν· ἐάν τις ἀποθάνῃ[35] μὴ ἔχων τέκνα, ἐπιγαμβρεύσει[36] ὁ ἀδελφὸς αὐτοῦ τὴν γυναῖκα αὐτοῦ

---

[1] πίμπλημι 3s aor pas ind, fill
[2] ἀνάκειμαι pres mid ptc m p gen, be a dinner guest
[3] θεάομαι aor mid inf, see
[4] ἐνδύω pf mid ptc m s acc, mid wear
[5] ἔνδυμα, -τος n, clothing
[6] ἑταῖρος, -ου m, friend
[7] φιμόω 3s aor pas ind, pas be speechless
[8] διάκονος, -ου m & f, servant
[9] δέω aor act ptc m p nom, tie up
[10] ἐκβάλλω 2p aor act impv, throw out
[11] ἐξώτερος, outer (comp)
[12] κλαυθμός, -οῦ m, bitter crying
[13] βρυγμός, -οῦ m, gritting
[14] ὀδούς, ὀδόντος m, tooth
[15] κλητός, -ή/όν, invited
[16] ἐκλεκτός, -ή/όν, chosen
[17] συμβούλιον, -ου n, plan (συμ. λαμβάνω plan)
[18] παγιδεύω 3p aor act sub, trap
[19] Ἡρῳδιανοί, -ῶν m, Herodians (partisans of the Herodian family)
[20] ἀληθής, -ές, honest
[21] μέλει 3s pres act ind, impers it is of concern
[22] κῆνσος, -ου m, tax
[23] γινώσκω aor act ptc m s nom, know
[24] πονηρία, -ας f, evil intention
[25] ὑποκριτής, -οῦ m, hypocrite
[26] ἐπιδείκνυμι 2p aor act impv, show
[27] νόμισμα, -τος n, coin
[28] προσφέρω 3p aor act ind, bring to
[29] δηνάριον, -ου n, denarius (Roman silver coin = laborer's daily wage)
[30] εἰκών, -όνος f, picture
[31] ἐπιγραφή, -ῆς f, name
[32] ἀποδίδωμι 2p aor act impv, give
[33] ἀφίημι aor act ptc m p nom, leave
[34] προσέρχομαι 3p aor act ind, come/go to
[35] ἀποθνῄσκω 3s aor act sub, die
[36] ἐπιγαμβρεύω 3s fut act ind, marry

καὶ ἀναστήσει σπέρμα τῷ ἀδελφῷ αὐτοῦ. **25** ἦσαν δὲ παρ' ἡμῖν ἑπτὰ ἀδελφοί· καὶ ὁ πρῶτος γήμας[1] ἐτελεύτησεν[2], καὶ μὴ ἔχων σπέρμα ἀφῆκεν[3] τὴν γυναῖκα αὐτοῦ τῷ ἀδελφῷ αὐτοῦ· **26** ὁμοίως[4] καὶ ὁ δεύτερος καὶ ὁ τρίτος ἕως τῶν ἑπτά. **27** ὕστερον[5] δὲ πάντων ἀπέθανεν ἡ γυνή. **28** ἐν τῇ ἀναστάσει οὖν τίνος τῶν ἑπτὰ ἔσται γυνή; πάντες γὰρ ἔσχον[6] αὐτήν· **29** ἀποκριθεὶς δὲ ὁ Ἰησοῦς εἶπεν αὐτοῖς· πλανᾶσθε μὴ εἰδότες[7] τὰς γραφὰς μηδὲ τὴν δύναμιν τοῦ θεοῦ· **30** ἐν γὰρ τῇ ἀναστάσει οὔτε γαμοῦσιν[8] οὔτε γαμίζονται[9], ἀλλ' ὡς ἄγγελοι ἐν τῷ οὐρανῷ εἰσιν. **31** περὶ δὲ τῆς ἀναστάσεως τῶν νεκρῶν οὐκ ἀνέγνωτε[10] τὸ ῥηθὲν[11] ὑμῖν ὑπὸ τοῦ θεοῦ λέγοντος· **32** ἐγώ εἰμι ὁ θεὸς Ἀβραὰμ καὶ ὁ θεὸς Ἰσαὰκ καὶ ὁ θεὸς Ἰακώβ; οὐκ ἔστιν ὁ θεὸς νεκρῶν ἀλλὰ ζώντων. **33** καὶ ἀκούσαντες οἱ ὄχλοι ἐξεπλήσσοντο[12] ἐπὶ τῇ διδαχῇ[13] αὐτοῦ.

The Great Commandment (Mk 12.28-34; Lk 10.25-28)

34 Οἱ δὲ Φαρισαῖοι ἀκούσαντες ὅτι ἐφίμωσεν[14] τοὺς Σαδδουκαίους συνήχθησαν[15] ἐπὶ τὸ αὐτό, **35** καὶ ἐπηρώτησεν εἷς ἐξ αὐτῶν [νομικὸς[16]] πειράζων αὐτόν· **36** διδάσκαλε, ποία ἐντολὴ μεγάλη ἐν τῷ νόμῳ; **37** ὁ δὲ ἔφη αὐτῷ· ἀγαπήσεις κύριον τὸν θεόν σου ἐν ὅλῃ τῇ καρδίᾳ σου καὶ ἐν ὅλῃ τῇ ψυχῇ σου καὶ ἐν ὅλῃ τῇ διανοίᾳ[17] σου· **38** αὕτη ἐστὶν ἡ μεγάλη καὶ πρώτη ἐντολή. **39** δευτέρα δὲ ὁμοία αὐτῇ· ἀγαπήσεις τὸν πλησίον[18] σου ὡς σεαυτόν. **40** ἐν ταύταις ταῖς δυσὶν ἐντολαῖς ὅλος ὁ νόμος κρέμαται[19] καὶ οἱ προφῆται.

The Question about David's Son (Mk 12.35-37; Lk 20.41-44)

41 Συνηγμένων[20] δὲ τῶν Φαρισαίων ἐπηρώτησεν[21] αὐτοὺς ὁ Ἰησοῦς **42** λέγων· τί ὑμῖν δοκεῖ περὶ τοῦ χριστοῦ; τίνος υἱός ἐστιν; λέγουσιν αὐτῷ· τοῦ Δαυίδ. **43** λέγει αὐτοῖς· πῶς οὖν Δαυὶδ ἐν πνεύματι καλεῖ αὐτὸν κύριον λέγων·

44 εἶπεν κύριος τῷ κυρίῳ μου·
 κάθου[22] ἐκ δεξιῶν μου,
 ἕως ἂν θῶ[23] τοὺς ἐχθρούς σου
 ὑποκάτω[24] τῶν ποδῶν σου;

---

[1] γαμέω aor act ptc m s nom, marry
[2] τελευτάω 3s aor act ind, die
[3] ἀφίημι 3s aor act ind, leave
[4] ὁμοίως, adv, in the same way
[5] ὕστερον, adv, finally
[6] ἔχω 3p aor act ind, have
[7] οἶδα pf act ptc m p nom, know
[8] γαμέω 3p pres act ind, marry
[9] γαμίζω 3p pres pas ind, give (a bride) in marriage
[10] ἀναγινώσκω 2p aor act ind, read
[11] λέγω aor pas ptc n s acc, say
[12] ἐκπλήσσω 3p impf pas ind, pas be amazed
[13] διδαχή, -ῆς f, teaching
[14] φιμόω 3s aor act ind, put to silence
[15] συνάγω 3p aor pas ind, pas come together
[16] νομικός, -ή/όν, pertaining to the (Jewish) Law (ὁ v. expert in the Jewish Law)
[17] διάνοια, -ας f, mind
[18] πλησίον, prep + gen, near (ὁ π. neighbor/friend)
[19] κρεμάννυμι 3s pres pas ind, pas depend
[20] συνάγω pf pas ptc m p gen, pas come together
[21] ἐπερωτάω 3s aor act ind, ask
[22] κάθημαι 2s pres mid impv, sit
[23] τίθημι 1s aor act sub, put
[24] ὑποκάτω, prep + gen, under

45 εἰ οὖν Δαυὶδ καλεῖ αὐτὸν κύριον, πῶς υἱὸς αὐτοῦ ἐστιν; **46** καὶ οὐδεὶς ἐδύνατο ἀποκριθῆναι αὐτῷ λόγον οὐδὲ ἐτόλμησέν¹ τις ἀπ' ἐκείνης τῆς ἡμέρας ἐπερωτῆσαι αὐτὸν οὐκέτι.

The Denouncing of the Scribes and Pharisees (Mk 12.38-40; Lk 11.37-52; 20.45-47)

23 Τότε ὁ Ἰησοῦς ἐλάλησεν τοῖς ὄχλοις καὶ τοῖς μαθηταῖς αὐτοῦ **2** λέγων· ἐπὶ τῆς Μωϋσέως καθέδρας² ἐκάθισαν³ οἱ γραμματεῖς καὶ οἱ Φαρισαῖοι. **3** πάντα οὖν ὅσα ἐὰν εἴπωσιν⁴ ὑμῖν ποιήσατε καὶ τηρεῖτε, κατὰ δὲ τὰ ἔργα αὐτῶν μὴ ποιεῖτε· λέγουσιν γὰρ καὶ οὐ ποιοῦσιν. **4** δεσμεύουσιν⁵ δὲ φορτία⁶ βαρέα⁷ [καὶ δυσβάστακτα⁸] καὶ ἐπιτιθέασιν ἐπὶ τοὺς ὤμους⁹ τῶν ἀνθρώπων, αὐτοὶ δὲ τῷ δακτύλῳ¹⁰ αὐτῶν οὐ θέλουσιν κινῆσαι¹¹ αὐτά. **5** πάντα δὲ τὰ ἔργα αὐτῶν ποιοῦσιν πρὸς τὸ θεαθῆναι¹² τοῖς ἀνθρώποις· πλατύνουσιν¹³ γὰρ τὰ φυλακτήρια¹⁴ αὐτῶν καὶ μεγαλύνουσιν¹⁵ τὰ κράσπεδα¹⁶, **6** φιλοῦσιν¹⁷ δὲ τὴν πρωτοκλισίαν¹⁸ ἐν τοῖς δείπνοις¹⁹ καὶ τὰς πρωτοκαθεδρίας²⁰ ἐν ταῖς συναγωγαῖς **7** καὶ τοὺς ἀσπασμοὺς²¹ ἐν ταῖς ἀγοραῖς²² καὶ καλεῖσθαι ὑπὸ τῶν ἀνθρώπων ῥαββί²³.

8 Ὑμεῖς δὲ μὴ κληθῆτε²⁴ ῥαββί· εἷς γάρ ἐστιν ὑμῶν ὁ διδάσκαλος, πάντες δὲ ὑμεῖς ἀδελφοί ἐστε. **9** καὶ πατέρα μὴ καλέσητε ὑμῶν ἐπὶ τῆς γῆς, εἷς γάρ ἐστιν ὑμῶν ὁ πατὴρ ὁ οὐράνιος²⁵. **10** μηδὲ κληθῆτε καθηγηταί²⁶, ὅτι καθηγητὴς ὑμῶν ἐστιν εἷς ὁ Χριστός. **11** ὁ δὲ μείζων²⁷ ὑμῶν ἔσται ὑμῶν διάκονος²⁸. **12** ὅστις δὲ ὑψώσει²⁹ ἑαυτὸν ταπεινωθήσεται³⁰ καὶ ὅστις ταπεινώσει ἑαυτὸν ὑψωθήσεται.

13 Οὐαὶ δὲ ὑμῖν, γραμματεῖς καὶ Φαρισαῖοι ὑποκριταί³¹, ὅτι κλείετε³² τὴν βασιλείαν τῶν οὐρανῶν ἔμπροσθεν τῶν ἀνθρώπων· ὑμεῖς γὰρ οὐκ εἰσέρχεσθε οὐδὲ τοὺς εἰσερχομένους ἀφίετε³³ εἰσελθεῖν.

[**14** Οὐαὶ δὲ ὑμῖν, γραμματεῖς καὶ Φαρισαῖοι ὑποκριταί, ὅτι κατεσθίετε³⁴ τὰς οἰκίας τῶν χηρῶν³⁵ καὶ προφάσει³⁶ μακρὰ³⁷ προσευχόμενοι· διὰ τοῦτο λήμψεσθε³⁸ περισσότερον³⁹ κρίμα⁴⁰.]

---

¹ τολμάω 3s aor act ind, dare
² καθέδρα, -ας f, seat
³ καθίζω 3p aor act ind, sit
⁴ λέγω 3p aor act sub, say
⁵ δεσμεύω 3p pres act ind, tie (up)
⁶ φορτίον, -ου n, burden
⁷ βαρύς, -εῖα/ύ, heavy
⁸ δυσβάστακτος, -ον, hard to carry
⁹ ὦμος, -ου m, shoulder
¹⁰ δάκτυλος, -ου m, finger
¹¹ κινέω aor act inf, move
¹² θεάομαι aor pas inf, see
¹³ πλατύνω 3p pres act ind, enlarge
¹⁴ φυλακτήριον, -ου n, phylactery (small case containing scripture verses worn on the arm and forehead)
¹⁵ μεγαλύνω 3p pres act ind, extend
¹⁶ κράσπεδον, -ου n, fringe
¹⁷ φιλέω 3p pres act ind, love
¹⁸ πρωτοκλισία, -ας f, place of honor
¹⁹ δεῖπνον, -ου n, banquet
²⁰ πρωτοκαθεδρία, -ας f, front seat
²¹ ἀσπασμός, -οῦ m, greeting
²² ἀγορά, -ᾶς f, market place
²³ ῥαββί, rabbi/teacher
²⁴ καλέω 2p aor pas sub, call
²⁵ οὐράνιος, -ον, in heaven
²⁶ καθηγητής, -οῦ m, teacher
²⁷ μέγας, great (comp)
²⁸ διάκονος, -ου m & f, servant
²⁹ ὑψόω 3s fut act ind, exalt
³⁰ ταπεινόω 3s fut pas ind, humble
³¹ ὑποκριτής, -οῦ m, hypocrite
³² κλείω 2p pres act ind, shut
³³ ἀφίημι 2p pres act ind, let
³⁴ κατεσθίω 2p pres act ind, devour
³⁵ χήρα, -ας f, widow
³⁶ πρόφασις, -εως f, pretense
³⁷ μακρός, adv, long (μ. προσευχόμενοι praying long prayers)
³⁸ λαμβάνω 2p fut mid ind, receive
³⁹ περισσότερος, much worse (comp of περισσός)
⁴⁰ κρίμα, -τος n, condemnation

15 Οὐαὶ ὑμῖν, γραμματεῖς καὶ Φαρισαῖοι ὑποκριταί, ὅτι περιάγετε[1] τὴν θάλασσαν καὶ τὴν ξηρὰν[2] ποιῆσαι ἕνα προσήλυτον[3], καὶ ὅταν γένηται ποιεῖτε αὐτὸν υἱὸν γεέννης[4] διπλότερον[5] ὑμῶν. 16 Οὐαὶ ὑμῖν, ὁδηγοὶ[6] τυφλοὶ οἱ λέγοντες· ὃς ἂν ὀμόσῃ[7] ἐν τῷ ναῷ, οὐδέν ἐστιν· ὃς δ' ἂν ὀμόσῃ ἐν τῷ χρυσῷ[8] τοῦ ναοῦ, ὀφείλει. 17 μωροὶ[9] καὶ τυφλοί, τίς γὰρ μείζων[10] ἐστίν, ὁ χρυσὸς ἢ ὁ ναὸς ὁ ἁγιάσας[11] τὸν χρυσόν; 18 καί· ὃς ἂν ὀμόσῃ ἐν τῷ θυσιαστηρίῳ[12], οὐδέν ἐστιν· ὃς δ' ἂν ὀμόσῃ ἐν τῷ δώρῳ[13] τῷ ἐπάνω[14] αὐτοῦ, ὀφείλει. 19 τυφλοί, τί γὰρ μεῖζον, τὸ δῶρον ἢ τὸ θυσιαστήριον τὸ ἁγιάζον τὸ δῶρον; 20 ὁ οὖν ὀμόσας[15] ἐν τῷ θυσιαστηρίῳ ὀμνύει ἐν αὐτῷ καὶ ἐν πᾶσιν τοῖς ἐπάνω αὐτοῦ· 21 καὶ ὁ ὀμόσας ἐν τῷ ναῷ ὀμνύει ἐν αὐτῷ καὶ ἐν τῷ κατοικοῦντι αὐτόν, 22 καὶ ὁ ὀμόσας ἐν τῷ οὐρανῷ ὀμνύει ἐν τῷ θρόνῳ τοῦ θεοῦ καὶ ἐν τῷ καθημένῳ ἐπάνω αὐτοῦ.

23 Οὐαὶ ὑμῖν, γραμματεῖς καὶ Φαρισαῖοι ὑποκριταί[16], ὅτι ἀποδεκατοῦτε[17] τὸ ἡδύοσμον[18] καὶ τὸ ἄνηθον[19] καὶ τὸ κύμινον[20] καὶ ἀφήκατε[21] τὰ βαρύτερα[22] τοῦ νόμου, τὴν κρίσιν καὶ τὸ ἔλεος[23] καὶ τὴν πίστιν· ταῦτα [δὲ] ἔδει ποιῆσαι κἀκεῖνα μὴ ἀφιέναι[24]. 24 ὁδηγοὶ τυφλοί, οἱ διϋλίζοντες[25] τὸν κώνωπα[26], τὴν δὲ κάμηλον[27] καταπίνοντες[28].

25 Οὐαὶ ὑμῖν, γραμματεῖς καὶ Φαρισαῖοι ὑποκριταί, ὅτι καθαρίζετε τὸ ἔξωθεν[29] τοῦ ποτηρίου καὶ τῆς παροψίδος[30], ἔσωθεν[31] δὲ γέμουσιν[32] ἐξ ἁρπαγῆς[33] καὶ ἀκρασίας[34]. 26 Φαρισαῖε τυφλέ, καθάρισον πρῶτον τὸ ἐντὸς[35] τοῦ ποτηρίου, ἵνα γένηται καὶ τὸ ἐκτὸς[36] αὐτοῦ καθαρόν[37].

27 Οὐαὶ ὑμῖν, γραμματεῖς καὶ Φαρισαῖοι ὑποκριταί, ὅτι παρομοιάζετε[38] τάφοις[39] κεκονιαμένοις[40], οἵτινες ἔξωθεν μὲν φαίνονται ὡραῖοι[41], ἔσωθεν δὲ γέμουσιν

---

[1] περιάγω 2p pres act ind, intrans travel over
[2] ξηρός, -ά/όν, dry (ἡ ξηρά the land)
[3] προσήλυτος, -ου m, proselyte (convert to Judaism)
[4] γέεννα, -ης f, hell
[5] διπλοῦς, adv, twice as much
[6] ὁδηγός, -οῦ m, guide
[7] ὀμνύω 3s aor act sub, make a promise
[8] χρυσός, -οῦ m, gold
[9] μωρός, -ά/όν, fool(ish) (ὁ μωρός fool)
[10] μέγας, great (comp)
[11] ἁγιάζω aor act ptc m s nom, make holy
[12] θυσιαστήριον, -ου n, altar
[13] δῶρον, -ου n, gift
[14] ἐπάνω, prep + gen, on
[15] ὀμνύω aor act ptc m s nom, make a promise
[16] ὑποκριτής, -οῦ m, hypocrite
[17] ἀποδεκατόω 2p pres act ind, give a tenth
[18] ἡδύοσμον, -ου n, mint
[19] ἄνηθον, -ου n, dill
[20] κύμινον, -ου n, cummin
[21] ἀφίημι 2p aor act ind, neglect
[22] βαρύς, important (comp)
[23] ἔλεος, -ους n, mercy
[24] ἀφίημι pres act inf, neglect
[25] διυλίζω pres act ptc m p nom or voc, strain out
[26] κώνωψ, -ωπος m, gnat
[27] κάμηλος, -ου m & f, camel
[28] καταπίνω pres act ptc m p nom or voc, swallow
[29] ἔξωθεν, prep + gen, outside (τὸ ἔξ. the outside)
[30] παροψίς, -ίδος f, plate
[31] ἔσωθεν, adv, inside
[32] γέμω 3p pres act ind, be full
[33] ἁρπαγή, -ῆς f, greed
[34] ἀκρασία, -ας f, selfishness
[35] ἐντός, prep + gen, within (τὸ ἐν. the inside)
[36] ἐκτός, prep + gen, outside (τὸ ἐντὸς the outside)
[37] καθαρός, -ά/όν, clean
[38] παρομοιάζω 2p pres act ind, be like
[39] τάφος, -ου m, tomb
[40] κονιάω pf pas ptc m p dat, whitewash
[41] ὡραῖος, -α/ον, beautiful

ὀστέων¹ νεκρῶν καὶ πάσης ἀκαθαρσίας². **28** οὕτως καὶ ὑμεῖς ἔξωθεν μὲν φαίνεσθε τοῖς ἀνθρώποις δίκαιοι, ἔσωθεν δέ ἐστε μεστοὶ³ ὑποκρίσεως⁴ καὶ ἀνομίας⁵. **29** Οὐαὶ ὑμῖν, γραμματεῖς καὶ Φαρισαῖοι ὑποκριταί, ὅτι οἰκοδομεῖτε τοὺς τάφους τῶν προφητῶν καὶ κοσμεῖτε⁶ τὰ μνημεῖα τῶν δικαίων, **30** καὶ λέγετε· εἰ ἤμεθα ἐν ταῖς ἡμέραις τῶν πατέρων ἡμῶν, οὐκ ἂν ἤμεθα αὐτῶν κοινωνοὶ⁷ ἐν τῷ αἵματι τῶν προφητῶν. **31** ὥστε μαρτυρεῖτε ἑαυτοῖς ὅτι υἱοί ἐστε τῶν φονευσάντων⁸ τοὺς προφήτας. **32** καὶ ὑμεῖς πληρώσατε τὸ μέτρον⁹ τῶν πατέρων ὑμῶν. **33** ὄφεις¹⁰, γεννήματα¹¹ ἐχιδνῶν¹², πῶς φύγητε¹³ ἀπὸ τῆς κρίσεως τῆς γεέννης¹⁴; **34** Διὰ τοῦτο ἰδοὺ ἐγὼ ἀποστέλλω πρὸς ὑμᾶς προφήτας καὶ σοφοὺς¹⁵ καὶ γραμματεῖς· ἐξ αὐτῶν ἀποκτενεῖτε¹⁶ καὶ σταυρώσετε καὶ ἐξ αὐτῶν μαστιγώσετε¹⁷ ἐν ταῖς συναγωγαῖς ὑμῶν καὶ διώξετε ἀπὸ πόλεως εἰς πόλιν· **35** ὅπως ἔλθῃ¹⁸ ἐφ᾽ ὑμᾶς πᾶν αἷμα δίκαιον ἐκχυννόμενον¹⁹ ἐπὶ τῆς γῆς ἀπὸ τοῦ αἵματος Ἄβελ τοῦ δικαίου ἕως τοῦ αἵματος Ζαχαρίου υἱοῦ Βαραχίου, ὃν ἐφονεύσατε²⁰ μεταξὺ²¹ τοῦ ναοῦ καὶ τοῦ θυσιαστηρίου²². **36** ἀμὴν λέγω ὑμῖν, ἥξει²³ ταῦτα πάντα ἐπὶ τὴν γενεὰν ταύτην.

The Lament over Jerusalem (Lk 13.34-35)

37 Ἰερουσαλὴμ Ἰερουσαλήμ, ἡ ἀποκτείνουσα τοὺς προφήτας καὶ λιθοβολοῦσα²⁴ τοὺς ἀπεσταλμένους²⁵ πρὸς αὐτήν, ποσάκις²⁶ ἠθέλησα ἐπισυναγαγεῖν²⁷ τὰ τέκνα σου, ὃν τρόπον²⁸ ὄρνις²⁹ ἐπισυνάγει τὰ νοσσία³⁰ αὐτῆς ὑπὸ τὰς πτέρυγας³¹, καὶ οὐκ ἠθελήσατε. **38** ἰδοὺ ἀφίεται³² ὑμῖν ὁ οἶκος ὑμῶν ἔρημος. **39** λέγω γὰρ ὑμῖν, οὐ μή με ἴδητε³³ ἀπ᾽ ἄρτι ἕως ἂν εἴπητε³⁴·

εὐλογημένος ὁ ἐρχόμενος ἐν ὀνόματι κυρίου.

---

¹ ὀστέον, -ου n, bone
² ἀκαθαρσία, -ας f, filth
³ μεστός, -ή/όν, full
⁴ ὑπόκρισις, -εως f, hypocrisy
⁵ ἀνομία, -ας f, evil
⁶ κοσμέω 2p pres act ind, decorate
⁷ κοινωνός, -οῦ m & f, partner
⁸ φονεύω aor act ptc m p gen, murder
⁹ μέτρον, -ου n, measure
¹⁰ ὄφις, -εως f, snake
¹¹ γέννημα, -τος n, offspring
¹² ἔχιδνα, -ης f, snake
¹³ φεύγω 2p aor act sub, run
¹⁴ γέεννα, -ης f, hell
¹⁵ σοφός, -ή/όν, wise
¹⁶ ἀποκτείνω 2p fut act ind, kill
¹⁷ μαστιγόω 2p fut act ind, beat with a whip
¹⁸ ἔρχομαι 3s aor act sub, come
¹⁹ ἐκχύννω pres pas ptc n s nom, pour out
²⁰ φονεύω 2p aor act ind, murder
²¹ μεταξύ, prep + gen, between
²² θυσιαστήριον, -ου n, altar
²³ ἥκω 3s fut act ind, come
²⁴ λιθοβολέω pres act ptc f s nom or voc, stone
²⁵ ἀποστέλλω pf pas ptc m p acc, send
²⁶ ποσάκις, adv, how often
²⁷ ἐπισυνάγω aor act inf, gather together
²⁸ τρόπος, -ου m, way (ὃν τ. in the same way as)
²⁹ ὄρνις, -ιθος f, hen
³⁰ νοσσίον, -ου n, young chicken
³¹ πτέρυξ, -υγος f, wing
³² ἀφίημι 3s pres pas ind, leave
³³ ὁράω 2p aor act sub, see
³⁴ λέγω 2p aor act sub, say

ΚΑΤΑ ΜΑΘΘΑΙΟΝ

The Destruction of the Temple Foretold (Mk 13.1-2; Lk 21.5-6)

24 Καὶ ἐξελθὼν ὁ Ἰησοῦς ἀπὸ τοῦ ἱεροῦ ἐπορεύετο, καὶ προσῆλθον¹ οἱ μαθηταὶ αὐτοῦ ἐπιδεῖξαι² αὐτῷ τὰς οἰκοδομὰς³ τοῦ ἱεροῦ. **2** ὁ δὲ ἀποκριθεὶς εἶπεν αὐτοῖς· οὐ βλέπετε ταῦτα πάντα; ἀμὴν λέγω ὑμῖν, οὐ μὴ ἀφεθῇ⁴ ὧδε λίθος ἐπὶ λίθον ὃς οὐ καταλυθήσεται⁵.

Signs of the End of the Age (Mk 13.3-13; Lk 21.7-19)

3 Καθημένου δὲ αὐτοῦ ἐπὶ τοῦ ὄρους τῶν ἐλαιῶν⁶ προσῆλθον αὐτῷ οἱ μαθηταὶ κατ' ἰδίαν⁷ λέγοντες· εἰπὲ⁸ ἡμῖν, πότε⁹ ταῦτα ἔσται καὶ τί τὸ σημεῖον τῆς σῆς¹⁰ παρουσίας¹¹ καὶ συντελείας¹² τοῦ αἰῶνος; **4** Καὶ ἀποκριθεὶς ὁ Ἰησοῦς εἶπεν αὐτοῖς· βλέπετε μή τις ὑμᾶς πλανήσῃ· **5** πολλοὶ γὰρ ἐλεύσονται¹³ ἐπὶ τῷ ὀνόματί μου λέγοντες· ἐγώ εἰμι ὁ χριστός, καὶ πολλοὺς πλανήσουσιν. **6** μελλήσετε δὲ ἀκούειν πολέμους¹⁴ καὶ ἀκοὰς¹⁵ πολέμων· ὁρᾶτε μὴ θροεῖσθε¹⁶· δεῖ γὰρ γενέσθαι, ἀλλ' οὔπω¹⁷ ἐστὶν τὸ τέλος. **7** ἐγερθήσεται¹⁸ γὰρ ἔθνος ἐπὶ ἔθνος καὶ βασιλεία ἐπὶ βασιλείαν καὶ ἔσονται λιμοὶ¹⁹ καὶ σεισμοὶ²⁰ κατὰ τόπους· **8** πάντα δὲ ταῦτα ἀρχὴ ὠδίνων²¹.

9 Τότε παραδώσουσιν²² ὑμᾶς εἰς θλῖψιν καὶ ἀποκτενοῦσιν²³ ὑμᾶς, καὶ ἔσεσθε μισούμενοι ὑπὸ πάντων τῶν ἐθνῶν διὰ τὸ ὄνομά μου. **10** καὶ τότε σκανδαλισθήσονται²⁴ πολλοὶ καὶ ἀλλήλους παραδώσουσιν καὶ μισήσουσιν ἀλλήλους· **11** καὶ πολλοὶ ψευδοπροφῆται²⁵ ἐγερθήσονται²⁶ καὶ πλανήσουσιν πολλούς· **12** καὶ διὰ τὸ πληθυνθῆναι²⁷ τὴν ἀνομίαν²⁸ ψυγήσεται²⁹ ἡ ἀγάπη τῶν πολλῶν. **13** ὁ δὲ ὑπομείνας³⁰ εἰς τέλος οὗτος σωθήσεται. **14** καὶ κηρυχθήσεται³¹ τοῦτο τὸ εὐαγγέλιον τῆς βασιλείας ἐν ὅλῃ τῇ οἰκουμένῃ³² εἰς μαρτύριον³³ πᾶσιν τοῖς ἔθνεσιν, καὶ τότε ἥξει³⁴ τὸ τέλος.

---

¹ προσέρχομαι 3p aor act ind, come/go to
² ἐπιδείκνυμι aor act inf, point out
³ οἰκοδομή, -ῆς f, building
⁴ ἀφίημι 3s aor pas sub, leave
⁵ καταλύω 3s fut pas ind, tear down
⁶ ἐλαία, -ας f, olive
⁷ ἴδιος, -α/ον, one's own (κατ' ἰδίαν privately)
⁸ λέγω 2s aor act impv, say
⁹ πότε, adv, when?
¹⁰ σός, σή, σόν, your
¹¹ παρουσία, -ας f, coming
¹² συντέλεια, -ας f, end
¹³ ἔρχομαι 3p fut mid ind, come
¹⁴ πόλεμος, -ου m, war
¹⁵ ἀκοή, -ῆς f, rumor
¹⁶ θροέω 2p pres pas impv, pas be afraid
¹⁷ οὔπω, adv, not yet
¹⁸ ἐγείρω 3s fut pas ind, intrans pas rise against
¹⁹ λιμός, -οῦ f, famine
²⁰ σεισμός, -οῦ m, earthquake
²¹ ὠδίν, -ῖνος f, suffering
²² παραδίδωμι 3p fut act ind, betray/hand over
²³ ἀποκτείνω 3p fut act ind, kill
²⁴ σκανδαλίζω 3p fut pas ind, turn away
²⁵ ψευδοπροφήτης, -ου m, false prophet
²⁶ ἐγείρω 3p fut pas ind, intrans pas appear
²⁷ πληθύνω aor pas inf, increase
²⁸ ἀνομία, -ας f, lawlessness
²⁹ ψύχω 3s fut pas ind, pas grow cold
³⁰ ὑπομένω aor act ptc m s nom, remain faithful
³¹ κηρύσσω 3s fut pas ind, preach
³² οἰκουμένη, -ης f, world
³³ μαρτύριον, -ου n, witness
³⁴ ἥκω 3s fut act ind, come

ΚΑΤΑ ΜΑΘΘΑΙΟΝ

The Great Tribulation (Mk 13.14-23; Lk 21.20-24)

15 Ὅταν οὖν ἴδητε τὸ βδέλυγμα¹ τῆς ἐρημώσεως² τὸ ῥηθὲν³ διὰ Δανιὴλ τοῦ προφήτου ἑστὸς⁴ ἐν τόπῳ ἁγίῳ, ὁ ἀναγινώσκων νοείτω⁵, 16 τότε οἱ ἐν τῇ Ἰουδαίᾳ φευγέτωσαν⁶ εἰς τὰ ὄρη, 17 ὁ ἐπὶ τοῦ δώματος⁷ μὴ καταβάτω⁸ ἆραι⁹ τὰ ἐκ τῆς οἰκίας αὐτοῦ, 18 καὶ ὁ ἐν τῷ ἀγρῷ μὴ ἐπιστρεψάτω¹⁰ ὀπίσω ἆραι τὸ ἱμάτιον αὐτοῦ. 19 οὐαὶ δὲ ταῖς ἐν γαστρὶ¹¹ ἐχούσαις καὶ ταῖς θηλαζούσαις¹² ἐν ἐκείναις ταῖς ἡμέραις. 20 Προσεύχεσθε δὲ ἵνα μὴ γένηται ἡ φυγὴ¹³ ὑμῶν χειμῶνος¹⁴ μηδὲ σαββάτῳ. 21 ἔσται γὰρ τότε θλῖψις μεγάλη οἵα¹⁵ οὐ γέγονεν ἀπ' ἀρχῆς κόσμου ἕως τοῦ νῦν οὐδ' οὐ μὴ γένηται. 22 καὶ εἰ μὴ ἐκολοβώθησαν¹⁶ αἱ ἡμέραι ἐκεῖναι, οὐκ ἂν ἐσώθη πᾶσα σάρξ· διὰ δὲ τοὺς ἐκλεκτοὺς¹⁷ κολοβωθήσονται αἱ ἡμέραι ἐκεῖναι.

23 Τότε ἐάν τις ὑμῖν εἴπῃ¹⁸, ἰδοὺ ὧδε ὁ χριστός, ἤ· ὧδε, μὴ πιστεύσητε· 24 ἐγερθήσονται¹⁹ γὰρ ψευδόχριστοι²⁰ καὶ ψευδοπροφῆται²¹ καὶ δώσουσιν²² σημεῖα μεγάλα καὶ τέρατα²³ ὥστε πλανῆσαι, εἰ δυνατόν, καὶ τοὺς ἐκλεκτούς. 25 ἰδοὺ προείρηκα²⁴ ὑμῖν. 26 ἐὰν οὖν εἴπωσιν²⁵ ὑμῖν· ἰδοὺ ἐν τῇ ἐρήμῳ ἐστίν, μὴ ἐξέλθητε²⁶· ἰδοὺ ἐν τοῖς ταμείοις²⁷, μὴ πιστεύσητε· 27 ὥσπερ γὰρ ἡ ἀστραπὴ²⁸ ἐξέρχεται ἀπὸ ἀνατολῶν²⁹ καὶ φαίνεται ἕως δυσμῶν³⁰, οὕτως ἔσται ἡ παρουσία³¹ τοῦ υἱοῦ τοῦ ἀνθρώπου· 28 ὅπου ἐὰν ᾖ τὸ πτῶμα³², ἐκεῖ συναχθήσονται³³ οἱ ἀετοί³⁴.

The Coming of the Son of Man (Mk 13.24-27; Lk 21.25-28)

29 Εὐθέως δὲ μετὰ τὴν θλῖψιν τῶν ἡμερῶν ἐκείνων
   ὁ ἥλιος σκοτισθήσεται³⁵,
   καὶ ἡ σελήνη³⁶ οὐ δώσει³⁷ τὸ φέγγος³⁸ αὐτῆς,

---

1 βδέλυγμα, -τος n, something detestable
2 ἐρήμωσις, -εως f, desolation
3 λέγω aor pas ptc n s acc, say
4 ἵστημι pf act ptc n s acc, intrans stand
5 νοέω 3s pres act impv, understand
6 φεύγω 3p pres act impv, run
7 δῶμα, -τος n, roof/housetop
8 καταβαίνω 3s aor act impv, go down
9 αἴρω aor act inf, take
10 ἐπιστρέφω 3s aor act impv, come/go back
11 γαστήρ, -τρός f, womb (ἐν γ. ἔχω be pregnant)
12 θηλάζω pres act ptc f p dat, nurse (of a mother breast feeding her child)
13 φυγή, -ῆς f, running away
14 χειμών, -ῶνος m, winter
15 οἷος, -α/ον, rel pro, such as
16 κολοβόω 3p aor pas ind, cut short
17 ἐκλεκτός, -ή/όν, chosen
18 λέγω 3s aor act sub, say
19 ἐγείρω 3p fut pas ind, intrans pas appear
20 ψευδόχριστος, -ου m, false Christ/messiah
21 ψευδοπροφήτης, -ου m, false prophet
22 δίδωμι 3p fut act ind, give
23 τέρας, -ατος n, a wonder
24 προλέγω 1s pf act ind, tell in advance
25 λέγω 3p aor act sub, say
26 ἐξέρχομαι 2p aor act sub, come/go out
27 ταμεῖον, -ου n, inner room
28 ἀστραπή, -ῆς f, lightning
29 ἀνατολή, -ῆς f, pl east
30 δυσμή, -ῆς f, pl west
31 παρουσία, -ας f, coming
32 πτῶμα, -τος n, body
33 συνάγω 3p fut pas ind, pas come together
34 ἀετός, -οῦ m, eagle/vulture
35 σκοτίζομαι 3s fut pas ind, become dark
36 σελήνη, -ης f, moon
37 δίδωμι 3s fut act ind, give
38 φέγγος, -ους n, light

καὶ οἱ ἀστέρες¹ πεσοῦνται² ἀπὸ τοῦ οὐρανοῦ,
καὶ αἱ δυνάμεις τῶν οὐρανῶν σαλευθήσονται³.

30 καὶ τότε φανήσεται⁴ τὸ σημεῖον τοῦ υἱοῦ τοῦ ἀνθρώπου ἐν οὐρανῷ, καὶ τότε κόψονται⁵ πᾶσαι αἱ φυλαὶ τῆς γῆς καὶ ὄψονται⁶ τὸν υἱὸν τοῦ ἀνθρώπου ἐρχόμενον ἐπὶ τῶν νεφελῶν⁷ τοῦ οὐρανοῦ μετὰ δυνάμεως καὶ δόξης πολλῆς· **31** καὶ ἀποστελεῖ τοὺς ἀγγέλους αὐτοῦ μετὰ σάλπιγγος⁸ μεγάλης, καὶ ἐπισυνάξουσιν⁹ τοὺς ἐκλεκτοὺς¹⁰ αὐτοῦ ἐκ τῶν τεσσάρων ἀνέμων ἀπ' ἄκρων¹¹ οὐρανῶν ἕως [τῶν] ἄκρων αὐτῶν.

The Lesson of the Fig Tree (Mk 13.28-31; Lk 21.29-33)

32 Ἀπὸ δὲ τῆς συκῆς¹² μάθετε¹³ τὴν παραβολήν· ὅταν ἤδη ὁ κλάδος¹⁴ αὐτῆς γένηται ἁπαλὸς¹⁵ καὶ τὰ φύλλα¹⁶ ἐκφύῃ¹⁷, γινώσκετε ὅτι ἐγγὺς τὸ θέρος¹⁸· **33** οὕτως καὶ ὑμεῖς, ὅταν ἴδητε¹⁹ πάντα ταῦτα, γινώσκετε ὅτι ἐγγύς ἐστιν ἐπὶ θύραις. **34** ἀμὴν λέγω ὑμῖν ὅτι οὐ μὴ παρέλθῃ²⁰ ἡ γενεὰ αὕτη ἕως ἂν πάντα ταῦτα γένηται. **35** ὁ οὐρανὸς καὶ ἡ γῆ παρελεύσεται²¹, οἱ δὲ λόγοι μου οὐ μὴ παρέλθωσιν²².

The Unknown Day and Hour (Mk 13.32-37; Lk 17.26-30, 34-36)

36 Περὶ δὲ τῆς ἡμέρας ἐκείνης καὶ ὥρας οὐδεὶς οἶδεν, οὐδὲ οἱ ἄγγελοι τῶν οὐρανῶν οὐδὲ ὁ υἱός, εἰ μὴ ὁ πατὴρ μόνος. **37** Ὥσπερ γὰρ αἱ ἡμέραι τοῦ Νῶε, οὕτως ἔσται ἡ παρουσία²³ τοῦ υἱοῦ τοῦ ἀνθρώπου. **38** ὡς γὰρ ἦσαν ἐν ταῖς ἡμέραις [ἐκείναις] ταῖς πρὸ τοῦ κατακλυσμοῦ²⁴ τρώγοντες²⁵ καὶ πίνοντες, γαμοῦντες²⁶ καὶ γαμίζοντες²⁷, ἄχρι ἧς ἡμέρας εἰσῆλθεν Νῶε εἰς τὴν κιβωτόν²⁸, **39** καὶ οὐκ ἔγνωσαν ἕως ἦλθεν ὁ κατακλυσμὸς καὶ ἦρεν²⁹ ἅπαντας, οὕτως ἔσται [καὶ] ἡ παρουσία τοῦ υἱοῦ τοῦ ἀνθρώπου. **40** τότε δύο ἔσονται ἐν τῷ ἀγρῷ, εἷς παραλαμβάνεται καὶ εἷς ἀφίεται³⁰· **41** δύο ἀλήθουσαι³¹ ἐν τῷ μύλῳ³², μία παραλαμβάνεται καὶ μία ἀφίεται.

---

¹ ἀστήρ, -έρος *m*, star
² πίπτω 3*p fut mid ind*, fall
³ σαλεύω 3*p fut pas ind*, shake
⁴ φαίνω 3*s fut pas ind, mid & pas appear*
⁵ κόπτω 3*p fut mid ind, mid* mourn
⁶ ὁράω 3*p fut mid ind*, see
⁷ νεφέλη, -ης *f*, cloud
⁸ σάλπιγξ, -ιγγος *f*, trumpet blast
⁹ ἐπισυνάγω 3*p fut act ind*, gather together
¹⁰ ἐκλεκτός, -ή/όν, chosen
¹¹ ἄκρον, -ου *n*, boundary
¹² συκῆ, -ῆς *f*, fig tree
¹³ μανθάνω 2*p aor act impv*, learn
¹⁴ κλάδος, -ου *m*, branch
¹⁵ ἁπαλός, -ή/όν, sprouting
¹⁶ φύλλον, -ου *n*, leaf
¹⁷ ἐκφύω 3*s pres act sub*, put out
¹⁸ θέρος, -ους *n*, summer
¹⁹ ὁράω 2*p aor act sub*, see
²⁰ παρέρχομαι 3*s aor act sub*, pass away
²¹ παρέρχομαι 3*s fut mid ind*, pass away
²² παρέρχομαι 3*p aor act sub*, pass away
²³ παρουσία, -ας *f*, coming
²⁴ κατακλυσμός, -οῦ *m*, flood
²⁵ τρώγω *pres act ptc m p nom*, eat
²⁶ γαμέω *pres act ptc m p nom*, marry
²⁷ γαμίζω *pres act ptc m p nom*, give (a bride) in marriage
²⁸ κιβωτός, -οῦ *f*, boat
²⁹ αἴρω 3*s aor act ind*, take away
³⁰ ἀφίημι 3*s pres pas ind*, leave
³¹ ἀλήθω *pres act ptc f p nom*, grind (of grain)
³² μύλος, -ου *m*, mill

42 Γρηγορεῖτε¹ οὖν, ὅτι οὐκ οἴδατε ποίᾳ ἡμέρᾳ ὁ κύριος ὑμῶν ἔρχεται. **43** ἐκεῖνο δὲ γινώσκετε ὅτι εἰ ᾔδει² ὁ οἰκοδεσπότης³ ποίᾳ φυλακῇ ὁ κλέπτης⁴ ἔρχεται, ἐγρηγόρησεν⁵ ἂν καὶ οὐκ ἂν εἴασεν⁶ διορυχθῆναι⁷ τὴν οἰκίαν αὐτοῦ. **44** διὰ τοῦτο καὶ ὑμεῖς γίνεσθε ἕτοιμοι⁸, ὅτι ᾗ οὐ δοκεῖτε ὥρᾳ ὁ υἱὸς τοῦ ἀνθρώπου ἔρχεται.

Watchful Slaves (Lk 12.41-48)

45 Τίς ἄρα ἐστὶν ὁ πιστὸς δοῦλος καὶ φρόνιμος⁹ ὃν κατέστησεν¹⁰ ὁ κύριος ἐπὶ τῆς οἰκετείας¹¹ αὐτοῦ τοῦ δοῦναι¹² αὐτοῖς τὴν τροφὴν¹³ ἐν καιρῷ; **46** μακάριος ὁ δοῦλος ἐκεῖνος ὃν ἐλθὼν ὁ κύριος αὐτοῦ εὑρήσει¹⁴ οὕτως ποιοῦντα· **47** ἀμὴν λέγω ὑμῖν ὅτι ἐπὶ πᾶσιν τοῖς ὑπάρχουσιν αὐτοῦ καταστήσει αὐτόν. **48** ἐὰν δὲ εἴπῃ ὁ κακὸς δοῦλος ἐκεῖνος ἐν τῇ καρδίᾳ αὐτοῦ· χρονίζει¹⁵ μου ὁ κύριος, **49** καὶ ἄρξηται¹⁶ τύπτειν¹⁷ τοὺς συνδούλους¹⁸ αὐτοῦ, ἐσθίῃ δὲ καὶ πίνῃ μετὰ τῶν μεθυόντων¹⁹, **50** ἥξει²⁰ ὁ κύριος τοῦ δούλου ἐκείνου ἐν ἡμέρᾳ ᾗ οὐ προσδοκᾷ²¹ καὶ ἐν ὥρᾳ ᾗ οὐ γινώσκει, **51** καὶ διχοτομήσει²² αὐτὸν καὶ τὸ μέρος αὐτοῦ μετὰ τῶν ὑποκριτῶν²³ θήσει²⁴· ἐκεῖ ἔσται ὁ κλαυθμὸς²⁵ καὶ ὁ βρυγμὸς²⁶ τῶν ὀδόντων²⁷.

The Parable of the Ten Virgins

25 Τότε ὁμοιωθήσεται²⁸ ἡ βασιλεία τῶν οὐρανῶν δέκα²⁹ παρθένοις³⁰, αἵτινες λαβοῦσαι³¹ τὰς λαμπάδας³² ἑαυτῶν ἐξῆλθον εἰς ὑπάντησιν³³ τοῦ νυμφίου³⁴. **2** πέντε δὲ ἐξ αὐτῶν ἦσαν μωραὶ³⁵ καὶ πέντε φρόνιμοι³⁶. **3** αἱ γὰρ μωραὶ λαβοῦσαι τὰς λαμπάδας αὐτῶν οὐκ ἔλαβον μεθ' ἑαυτῶν ἔλαιον³⁷. **4** αἱ δὲ φρόνιμοι ἔλαβον ἔλαιον ἐν τοῖς ἀγγείοις³⁸ μετὰ τῶν λαμπάδων ἑαυτῶν. **5** χρονίζοντος³⁹ δὲ τοῦ νυμφίου ἐνύσταξαν⁴⁰ πᾶσαι καὶ ἐκάθευδον⁴¹. **6** μέσης δὲ νυκτὸς κραυγὴ⁴²

---

[1] γρηγορέω 2p pres act impv, be alert
[2] οἶδα 3s plpf act ind, know
[3] οἰκοδεσπότης, -ου m, home owner
[4] κλέπτης, -ου m, thief
[5] γρηγορέω 3s aor act ind, be alert
[6] ἐάω 3s aor act ind, let
[7] διορύσσω aor pas inf, break in
[8] ἕτοιμος, -η/ον, ready
[9] φρόνιμος, -ον, wise
[10] καθίστημι 3s aor act ind, put in charge
[11] οἰκετεία, -ας f, household (of servants)
[12] δίδωμι aor act inf, give
[13] τροφή, -ῆς f, food
[14] εὑρίσκω 3s fut act ind, find
[15] χρονίζω 3s pres act ind, delay
[16] ἄρχω 3s aor mid sub, mid begin
[17] τύπτω pres act inf, beat
[18] σύνδουλος, -ου m, fellow servant
[19] μεθύω pres act ptc m p gen, be drunk
[20] ἥκω 3s fut act ind, come
[21] προσδοκάω 3s pres act ind, expect
[22] διχοτομέω 3s fut act ind, cut in pieces/punish severely
[23] ὑποκριτής, -οῦ m, hypocrite
[24] τίθημι 3s fut act ind, put
[25] κλαυθμός, -οῦ m, bitter crying
[26] βρυγμός, -οῦ m, gritting
[27] ὀδούς, ὀδόντος m, tooth
[28] ὁμοιόω 3s fut pas ind, pas be like
[29] δέκα, ten
[30] παρθένος, -ου f, virgin/young woman
[31] λαμβάνω aor act ptc f p nom, take
[32] λαμπάς, -άδος f, lamp
[33] ὑπάντησις, -εως f, meeting
[34] νυμφίος, -ου m, bridegroom
[35] μωρός, -ά/όν, foolish
[36] φρόνιμος, -ον, wise
[37] ἔλαιον, -ου n, olive oil
[38] ἀγγεῖον, -ου n, container
[39] χρονίζω pres act ptc m s gen, delay
[40] νυστάζω 3p aor act ind, grow drowsy
[41] καθεύδω 3p impf act ind, sleep
[42] κραυγή, -ῆς f, shout

γέγονεν· ἰδοὺ ὁ νυμφίος, ἐξέρχεσθε εἰς ἀπάντησιν[1] [αὐτοῦ]. **7** τότε ἠγέρθησαν[2] πᾶσαι αἱ παρθένοι ἐκεῖναι καὶ ἐκόσμησαν[3] τὰς λαμπάδας ἑαυτῶν. **8** αἱ δὲ μωραὶ ταῖς φρονίμοις εἶπαν· δότε[4] ἡμῖν ἐκ τοῦ ἐλαίου ὑμῶν, ὅτι αἱ λαμπάδες ἡμῶν σβέννυνται[5]. **9** ἀπεκρίθησαν δὲ αἱ φρόνιμοι λέγουσαι· μήποτε[6] οὐ μὴ ἀρκέσῃ[7] ἡμῖν καὶ ὑμῖν· πορεύεσθε μᾶλλον πρὸς τοὺς πωλοῦντας[8] καὶ ἀγοράσατε[9] ἑαυταῖς. **10** ἀπερχομένων δὲ αὐτῶν ἀγοράσαι ἦλθεν ὁ νυμφίος, καὶ αἱ ἕτοιμοι[10] εἰσῆλθον μετ' αὐτοῦ εἰς τοὺς γάμους[11] καὶ ἐκλείσθη[12] ἡ θύρα. **11** ὕστερον[13] δὲ ἔρχονται καὶ αἱ λοιπαὶ παρθένοι[14] λέγουσαι· κύριε κύριε, ἄνοιξον[15] ἡμῖν. **12** ὁ δὲ ἀποκριθεὶς εἶπεν· ἀμὴν λέγω ὑμῖν, οὐκ οἶδα ὑμᾶς. **13** γρηγορεῖτε[16] οὖν, ὅτι οὐκ οἴδατε τὴν ἡμέραν οὐδὲ τὴν ὥραν.

The Parable of the Talents (Lk 19.11-27)

14 Ὥσπερ γὰρ ἄνθρωπος ἀποδημῶν[17] ἐκάλεσεν τοὺς ἰδίους δούλους καὶ παρέδωκεν αὐτοῖς τὰ ὑπάρχοντα αὐτοῦ, **15** καὶ ᾧ μὲν ἔδωκεν πέντε τάλαντα[18], ᾧ δὲ δύο, ᾧ δὲ ἕν, ἑκάστῳ κατὰ τὴν ἰδίαν δύναμιν, καὶ ἀπεδήμησεν. εὐθέως **16** πορευθεὶς ὁ τὰ πέντε τάλαντα λαβὼν ἠργάσατο[19] ἐν αὐτοῖς καὶ ἐκέρδησεν[20] ἄλλα πέντε· **17** ὡσαύτως[21] ὁ τὰ δύο ἐκέρδησεν ἄλλα δύο. **18** ὁ δὲ τὸ ἓν λαβὼν ἀπελθὼν ὤρυξεν[22] γῆν καὶ ἔκρυψεν[23] τὸ ἀργύριον[24] τοῦ κυρίου αὐτοῦ. **19** μετὰ δὲ πολὺν χρόνον ἔρχεται ὁ κύριος τῶν δούλων ἐκείνων καὶ συναίρει[25] λόγον μετ' αὐτῶν. **20** καὶ προσελθὼν[26] ὁ τὰ πέντε τάλαντα λαβὼν προσήνεγκεν[27] ἄλλα πέντε τάλαντα λέγων· κύριε, πέντε τάλαντά μοι παρέδωκας· ἴδε[28] ἄλλα πέντε τάλαντα ἐκέρδησα. **21** ἔφη αὐτῷ ὁ κύριος αὐτοῦ· εὖ[29], δοῦλε ἀγαθὲ καὶ πιστέ, ἐπὶ ὀλίγα ἦς πιστός, ἐπὶ πολλῶν σε καταστήσω[30]· εἴσελθε[31] εἰς τὴν χαρὰν τοῦ κυρίου σου. **22** προσελθὼν [δὲ] καὶ ὁ τὰ δύο τάλαντα εἶπεν· κύριε, δύο τάλαντά μοι παρέδωκας· ἴδε ἄλλα δύο τάλαντα ἐκέρδησα. **23** ἔφη αὐτῷ ὁ κύριος αὐτοῦ· εὖ, δοῦλε ἀγαθὲ καὶ πιστέ, ἐπὶ ὀλίγα ἦς πιστός, ἐπὶ πολλῶν σε καταστήσω· εἴσελθε εἰς τὴν χαρὰν τοῦ κυρίου σου. **24** προσελθὼν δὲ

---

[1] ἀπάντησις, -εως f, meeting
[2] ἐγείρω 3p aor pas ind, intrans pas get up
[3] κοσμέω 3p aor act ind, trim (of a lamp)
[4] δίδωμι 2p aor act impv, give
[5] σβέννυμι 3p pres pas ind, go out (of a flame)
[6] μήποτε, conj, so that ... will not
[7] ἀρκέω 3s aor act sub, be enough
[8] πωλέω pres act ptc m p acc, sell
[9] ἀγοράζω 2p aor act impv, buy
[10] ἕτοιμος, -η/ον, ready
[11] γάμος, -ου m, wedding feast
[12] κλείω 3s aor pas ind, shut
[13] ὕστερον, adv, later
[14] παρθένος, -ου f, virgin/young woman
[15] ἀνοίγω 2s aor act impv, open
[16] γρηγορέω 2p pres act impv, be alert
[17] ἀποδημέω pres act ptc m s nom, leave on a journey
[18] τάλαντον, -ου n, talent (Greek coin worth 5000-6000 denarii)
[19] ἐργάζομαι 3s aor mid ind, intrans invest
[20] κερδαίνω 3s aor act ind, earn
[21] ὡσαύτως, adv, in the same way
[22] ὀρύσσω 3s aor act ind, dig a hole in
[23] κρύπτω 3s aor act ind, hide
[24] ἀργύριον, -ου n, money
[25] συναίρω 3s pres act ind, settle (συν. λόγον settle accounts)
[26] προσέρχομαι aor act ptc m s nom, come/go to
[27] προσφέρω 3s aor act ind, bring
[28] ἴδε, interj, Look!
[29] εὖ, adv, Well done!
[30] καθίστημι 1s fut act ind, put in charge
[31] εἰσέρχομαι 2s aor act impv, enter

καὶ ὁ τὸ ἓν τάλαντον εἰληφὼς[1] εἶπεν· κύριε, ἔγνων σε ὅτι σκληρὸς[2] εἶ ἄνθρωπος, θερίζων[3] ὅπου οὐκ ἔσπειρας καὶ συνάγων ὅθεν[4] οὐ διεσκόρπισας[5], **25** καὶ φοβηθεὶς ἀπελθὼν ἔκρυψα τὸ τάλαντόν σου ἐν τῇ γῇ· ἴδε[6] ἔχεις τὸ σόν[7]. **26** ἀποκριθεὶς δὲ ὁ κύριος αὐτοῦ εἶπεν αὐτῷ· πονηρὲ δοῦλε καὶ ὀκνηρέ[8], ᾔδεις[9] ὅτι θερίζω ὅπου οὐκ ἔσπειρα καὶ συνάγω ὅθεν οὐ διεσκόρπισα; **27** ἔδει σε οὖν βαλεῖν τὰ ἀργύριά μου τοῖς τραπεζίταις[10], καὶ ἐλθὼν ἐγὼ ἐκομισάμην[11] ἂν τὸ ἐμὸν σὺν τόκῳ[12]. **28** ἄρατε[13] οὖν ἀπ' αὐτοῦ τὸ τάλαντον καὶ δότε[14] τῷ ἔχοντι τὰ δέκα[15] τάλαντα· **29** τῷ γὰρ ἔχοντι παντὶ δοθήσεται[16] καὶ περισσευθήσεται, τοῦ δὲ μὴ ἔχοντος καὶ ὃ ἔχει ἀρθήσεται[17] ἀπ' αὐτοῦ. **30** καὶ τὸν ἀχρεῖον[18] δοῦλον ἐκβάλετε εἰς τὸ σκότος τὸ ἐξώτερον[19]· ἐκεῖ ἔσται ὁ κλαυθμὸς[20] καὶ ὁ βρυγμὸς[21] τῶν ὀδόντων[22].

The Judgment of the Nations

31 Ὅταν δὲ ἔλθῃ[23] ὁ υἱὸς τοῦ ἀνθρώπου ἐν τῇ δόξῃ αὐτοῦ καὶ πάντες οἱ ἄγγελοι μετ' αὐτοῦ, τότε καθίσει[24] ἐπὶ θρόνου δόξης αὐτοῦ· **32** καὶ συναχθήσονται[25] ἔμπροσθεν αὐτοῦ πάντα τὰ ἔθνη, καὶ ἀφορίσει[26] αὐτοὺς ἀπ' ἀλλήλων, ὥσπερ ὁ ποιμὴν[27] ἀφορίζει τὰ πρόβατα ἀπὸ τῶν ἐρίφων[28], **33** καὶ στήσει[29] τὰ μὲν πρόβατα ἐκ δεξιῶν αὐτοῦ, τὰ δὲ ἐρίφια ἐξ εὐωνύμων[30]. **34** τότε ἐρεῖ ὁ βασιλεὺς τοῖς ἐκ δεξιῶν αὐτοῦ· δεῦτε[31] οἱ εὐλογημένοι τοῦ πατρός μου, κληρονομήσατε[32] τὴν ἡτοιμασμένην[33] ὑμῖν βασιλείαν ἀπὸ καταβολῆς[34] κόσμου. **35** ἐπείνασα[35] γὰρ καὶ ἐδώκατέ μοι φαγεῖν[36], ἐδίψησα[37] καὶ ἐποτίσατέ[38] με, ξένος[39] ἤμην καὶ συνηγάγετέ[40] με, **36** γυμνὸς[41] καὶ περιεβάλετέ[42] με, ἠσθένησα[43] καὶ ἐπεσκέψασθέ[44] με, ἐν φυλακῇ ἤμην καὶ ἤλθατε πρός με. **37** τότε ἀποκριθήσονται αὐτῷ οἱ δίκαιοι λέγοντες· κύριε, πότε[45] σε εἴδομεν πεινῶντα[46] καὶ ἐθρέψαμεν, ἢ διψῶντα καὶ ἐποτίσαμεν; **38** πότε

---

[1] λαμβάνω pf act ptc m s nom, receive
[2] σκληρός, -ά/όν, difficult
[3] θερίζω pres act ptc m s nom, reap
[4] ὅθεν, adv, where
[5] διασκορπίζω 2s aor act ind, scatter (of seed)
[6] ἴδε, interj, Look!
[7] σός, -ά/όν, yours
[8] ὀκνηρός, -ά/όν, lazy
[9] οἶδα 2s plpf act ind, know
[10] τραπεζίτης, -ου m, banker
[11] κομίζω 1s aor mid ind, mid receive
[12] τόκος, -ου m, interest
[13] αἴρω 2p aor act impv, take away
[14] δίδωμι 2p aor act impv, give
[15] δέκα, ten
[16] δίδωμι 3s fut pas ind, give
[17] αἴρω 3s fut pas ind, take away
[18] ἀχρεῖος, -ον, worthless
[19] ἐξώτερος, outer (comp)
[20] κλαυθμός, -οῦ m, bitter crying
[21] βρυγμός, -οῦ m, gritting
[22] ὀδούς, ὀδόντος m, tooth
[23] ἔρχομαι 3s aor act sub, come
[24] καθίζω 3s fut act ind, sit
[25] συνάγω 3p fut pas ind, gather
[26] ἀφορίζω 3s fut act ind, separate
[27] ποιμήν, -ένος m, shepherd
[28] ἔριφος, -ου m, goat
[29] ἵστημι 3s fut act ind, place
[30] εὐώνυμος, -ον, left (opposite right)
[31] δεῦτε, interj, Come!
[32] κληρονομέω 2p aor act impv, receive
[33] ἑτοιμάζω pf pas ptc f s acc, prepare
[34] καταβολή, -ῆς f, creation
[35] πεινάω 1s aor act ind, be hungry
[36] ἐσθίω aor act inf, eat
[37] διψάω 1s aor act ind, be thirsty
[38] ποτίζω 2p aor act ind, give to drink
[39] ξένος, -η/ον, strange (ὁ ξ. stranger)
[40] συνάγω 2p aor act ind, welcome
[41] γυμνός, -ή/όν, naked
[42] περιβάλλω 2p aor act ind, give clothes
[43] ἀσθενέω 1s aor act ind, be sick
[44] ἐπισκέπτομαι 2p aor mid ind, care for
[45] πότε, adv, when?
[46] πεινάω pres act ptc m s acc, be hungry

δέ σε εἴδομεν ξένον καὶ συνηγάγομεν, ἢ γυμνὸν καὶ περιεβάλομεν; **39** πότε δέ σε εἴδομεν ἀσθενοῦντα ἢ ἐν φυλακῇ καὶ ἤλθομεν πρός σε; **40** καὶ ἀποκριθεὶς ὁ βασιλεὺς ἐρεῖ αὐτοῖς· ἀμὴν λέγω ὑμῖν, ἐφ' ὅσον ἐποιήσατε ἑνὶ τούτων τῶν ἀδελφῶν μου τῶν ἐλαχίστων[1], ἐμοὶ ἐποιήσατε. **41** τότε ἐρεῖ καὶ τοῖς ἐξ εὐωνύμων· πορεύεσθε ἀπ' ἐμοῦ [οἱ] κατηραμένοι[2] εἰς τὸ πῦρ τὸ αἰώνιον τὸ ἡτοιμασμένον τῷ διαβόλῳ καὶ τοῖς ἀγγέλοις αὐτοῦ. **42** ἐπείνασα γὰρ καὶ οὐκ ἐδώκατέ μοι φαγεῖν, ἐδίψησα καὶ οὐκ ἐποτίσατέ με, **43** ξένος ἤμην καὶ οὐ συνηγάγετέ με, γυμνὸς καὶ οὐ περιεβάλετέ με, ἀσθενὴς καὶ ἐν φυλακῇ καὶ οὐκ ἐπεσκέψασθέ[3] με. **44** τότε ἀποκριθήσονται καὶ αὐτοὶ λέγοντες· κύριε, πότε σε εἴδομεν πεινῶντα ἢ διψῶντα ἢ ξένον ἢ γυμνὸν ἢ ἀσθενῆ ἢ ἐν φυλακῇ καὶ οὐ διηκονήσαμέν σοι; **45** τότε ἀποκριθήσεται αὐτοῖς λέγων· ἀμὴν λέγω ὑμῖν, ἐφ' ὅσον οὐκ ἐποιήσατε ἑνὶ τούτων τῶν ἐλαχίστων, οὐδὲ ἐμοὶ ἐποιήσατε. **46** καὶ ἀπελεύσονται[4] οὗτοι εἰς κόλασιν[5] αἰώνιον, οἱ δὲ δίκαιοι εἰς ζωὴν αἰώνιον.

The Plot to Kill Jesus (Mk 14.1-2; Lk 22.1-2; Jn 11.45-53)

26 Καὶ ἐγένετο ὅτε ἐτέλεσεν[6] ὁ Ἰησοῦς πάντας τοὺς λόγους τούτους, εἶπεν τοῖς μαθηταῖς αὐτοῦ· **2** οἴδατε ὅτι μετὰ δύο ἡμέρας τὸ πάσχα[7] γίνεται, καὶ ὁ υἱὸς τοῦ ἀνθρώπου παραδίδοται εἰς τὸ σταυρωθῆναι.

3 Τότε συνήχθησαν[8] οἱ ἀρχιερεῖς καὶ οἱ πρεσβύτεροι τοῦ λαοῦ εἰς τὴν αὐλὴν[9] τοῦ ἀρχιερέως τοῦ λεγομένου Καϊάφα **4** καὶ συνεβουλεύσαντο[10] ἵνα τὸν Ἰησοῦν δόλῳ[11] κρατήσωσιν καὶ ἀποκτείνωσιν· **5** ἔλεγον δέ· μὴ ἐν τῇ ἑορτῇ[12], ἵνα μὴ θόρυβος[13] γένηται ἐν τῷ λαῷ.

The Anointing at Bethany (Mk 14.3-9; Jn 12.1-8)

6 Τοῦ δὲ Ἰησοῦ γενομένου ἐν Βηθανίᾳ ἐν οἰκίᾳ Σίμωνος τοῦ λεπροῦ[14], **7** προσῆλθεν αὐτῷ γυνὴ ἔχουσα ἀλάβαστρον[15] μύρου[16] βαρυτίμου[17] καὶ κατέχεεν[18] ἐπὶ τῆς κεφαλῆς αὐτοῦ ἀνακειμένου[19]. **8** ἰδόντες δὲ οἱ μαθηταὶ ἠγανάκτησαν[20] λέγοντες· εἰς τί ἡ ἀπώλεια[21] αὕτη; **9** ἐδύνατο γὰρ τοῦτο πραθῆναι[22] πολλοῦ καὶ δοθῆναι[23]

---

[1] ἐλάχιστος, least (super of μικρός)
[2] καταράομαι *pf pas ptc m p nom or voc*, place a curse on
[3] ἐπισκέπτομαι *2p aor mid ind*, care for
[4] ἀπέρχομαι *3p fut mid ind*, go
[5] κόλασις, -εως *f*, punishment
[6] τελέω *3s aor act ind*, finish
[7] πάσχα, *n*, Passover
[8] συνάγω *3p aor pas ind, pas* come together
[9] αὐλή, -ῆς *f*, palace
[10] συμβουλεύω *3p aor mid ind*, mid make plans
[11] δόλος, -ου *m*, deceit
[12] ἑορτή, -ῆς *f*, festival
[13] θόρυβος, -ου *m*, riot
[14] λεπρός, -οῦ *m*, leper/person with a skin disease
[15] ἀλάβαστρος, -ου *m & n*, alabaster jar
[16] μύρον, -ου *n*, perfume/ointment
[17] βαρύτιμος, -ον, very expensive
[18] καταχέω *3s aor act ind*, pour (over)
[19] ἀνάκειμαι *pres mid ptc m s gen*, be seated at table
[20] ἀγανακτέω *3p aor act ind*, be angry
[21] ἀπώλεια, -ας *f*, waste
[22] πιπράσκω *aor pas inf*, sell
[23] δίδωμι *aor pas inf*, give

πτωχοῖς. 10 γνοὺς¹ δὲ ὁ Ἰησοῦς εἶπεν αὐτοῖς· τί κόπους² παρέχετε³ τῇ γυναικί; ἔργον γὰρ καλὸν ἠργάσατο εἰς ἐμέ· 11 πάντοτε γὰρ τοὺς πτωχοὺς ἔχετε μεθ᾽ ἑαυτῶν, ἐμὲ δὲ οὐ πάντοτε ἔχετε· 12 βαλοῦσα⁴ γὰρ αὕτη τὸ μύρον τοῦτο ἐπὶ τοῦ σώματός μου πρὸς τὸ ἐνταφιάσαι⁵ με ἐποίησεν. 13 ἀμὴν λέγω ὑμῖν, ὅπου ἐὰν κηρυχθῇ⁶ τὸ εὐαγγέλιον τοῦτο ἐν ὅλῳ τῷ κόσμῳ, λαληθήσεται καὶ ὃ ἐποίησεν αὕτη εἰς μνημόσυνον⁷ αὐτῆς.

Judas' Agreement to Betray Jesus (Mk 14.10-11; Lk 22.3-6)

14 Τότε πορευθεὶς εἷς τῶν δώδεκα, ὁ λεγόμενος Ἰούδας Ἰσκαριώτης, πρὸς τοὺς ἀρχιερεῖς 15 εἶπεν· τί θέλετέ μοι δοῦναι⁸, κἀγὼ ὑμῖν παραδώσω⁹ αὐτόν; οἱ δὲ ἔστησαν¹⁰ αὐτῷ τριάκοντα¹¹ ἀργύρια¹². 16 καὶ ἀπὸ τότε ἐζήτει εὐκαιρίαν¹³ ἵνα αὐτὸν παραδῷ.

The Passover with the Disciples (Mk 14.12-21; Lk 22.7-14, 21-23; Jn 13.21-30)

17 Τῇ δὲ πρώτῃ τῶν ἀζύμων¹⁴ προσῆλθον οἱ μαθηταὶ τῷ Ἰησοῦ λέγοντες· ποῦ θέλεις ἑτοιμάσωμέν σοι φαγεῖν¹⁵ τὸ πάσχα¹⁶; 18 ὁ δὲ εἶπεν· ὑπάγετε εἰς τὴν πόλιν πρὸς τὸν δεῖνα¹⁷ καὶ εἴπατε αὐτῷ· ὁ διδάσκαλος λέγει· ὁ καιρός μου ἐγγύς ἐστιν, πρὸς σὲ ποιῶ τὸ πάσχα μετὰ τῶν μαθητῶν μου. 19 καὶ ἐποίησαν οἱ μαθηταὶ ὡς συνέταξεν¹⁸ αὐτοῖς ὁ Ἰησοῦς καὶ ἡτοίμασαν τὸ πάσχα. 20 Ὀψίας¹⁹ δὲ γενομένης ἀνέκειτο²⁰ μετὰ τῶν δώδεκα. 21 καὶ ἐσθιόντων αὐτῶν εἶπεν· ἀμὴν λέγω ὑμῖν ὅτι εἷς ἐξ ὑμῶν παραδώσει²¹ με. 22 καὶ λυπούμενοι²² σφόδρα²³ ἤρξαντο²⁴ λέγειν αὐτῷ εἷς ἕκαστος· μήτι²⁵ ἐγώ εἰμι, κύριε; 23 ὁ δὲ ἀποκριθεὶς εἶπεν· ὁ ἐμβάψας²⁶ μετ᾽ ἐμοῦ τὴν χεῖρα ἐν τῷ τρυβλίῳ²⁷ οὗτός με παραδώσει. 24 ὁ μὲν υἱὸς τοῦ ἀνθρώπου ὑπάγει καθὼς γέγραπται περὶ αὐτοῦ, οὐαὶ δὲ τῷ ἀνθρώπῳ ἐκείνῳ δι᾽ οὗ ὁ υἱὸς τοῦ ἀνθρώπου παραδίδοται· καλὸν ἦν αὐτῷ εἰ οὐκ ἐγεννήθη ὁ ἄνθρωπος ἐκεῖνος. 25 ἀποκριθεὶς δὲ Ἰούδας ὁ παραδιδοὺς²⁸ αὐτὸν εἶπεν· μήτι ἐγώ εἰμι, ῥαββί²⁹; λέγει αὐτῷ· σὺ εἶπας.

---

[1] γινώσκω *aor act ptc m s nom*, know
[2] κόπος, -ου *m*, trouble
[3] παρέχω *2p pres act ind*, cause
[4] βάλλω *aor act ptc f s nom*, put
[5] ἐνταφιάζω *aor act inf*, prepare for burial
[6] κηρύσσω *3s aor pas sub*, preach
[7] μνημόσυνον, -ου *n*, memory
[8] δίδωμι *aor act inf*, give
[9] παραδίδωμι *1s fut act ind*, betray/hand over
[10] ἵστημι *3p aor act ind*, pay
[11] τριάκοντα, thirty
[12] ἀργύριον, -ου *n*, silver coin
[13] εὐκαιρία, -ας *f*, opportunity
[14] ἄζυμος, -ον, without yeast (τὰ ἄζυμα Jewish Festival of Unleavened Bread)
[15] ἐσθίω *aor act inf*, eat
[16] πάσχα, *n*, Passover meal
[17] δεῖνα, *m & f*, a certain one
[18] συντάσσω *3s aor act ind*, instruct
[19] ὄψιος, -α/ον, late (ἡ ὀψία evening)
[20] ἀνάκειμαι *3s impf mid ind*, be seated at table
[21] παραδίδωμι *3s fut act ind*, betray/hand over
[22] λυπέω *pres pas ptc m p nom*, *pas* be sad
[23] σφόδρα, *adv*, greatly
[24] ἄρχω *3p aor mid ind*, *mid* begin
[25] μήτι, usually expects a negative reply
[26] ἐμβάπτω *aor act ptc m s nom*, dip
[27] τρύβλιον, -ου *n*, dish
[28] παραδίδωμι *pres act ptc m s nom*, betray/hand over
[29] ῥαββί, rabbi/teacher

The Institution of the Lord's Supper (Mk 14.22-26; Lk 22.15-20; 1 Cor 11.23-25)

26 Ἐσθιόντων δὲ αὐτῶν λαβὼν ὁ Ἰησοῦς ἄρτον καὶ εὐλογήσας ἔκλασεν[1] καὶ δοὺς[2] τοῖς μαθηταῖς εἶπεν· λάβετε φάγετε[3], τοῦτό ἐστιν τὸ σῶμά μου. 27 καὶ λαβὼν ποτήριον καὶ εὐχαριστήσας ἔδωκεν αὐτοῖς λέγων· πίετε[4] ἐξ αὐτοῦ πάντες, 28 τοῦτο γάρ ἐστιν τὸ αἷμά μου τῆς διαθήκης τὸ περὶ πολλῶν ἐκχυννόμενον[5] εἰς ἄφεσιν[6] ἁμαρτιῶν. 29 λέγω δὲ ὑμῖν, οὐ μὴ πίω[7] ἀπ' ἄρτι ἐκ τούτου τοῦ γενήματος[8] τῆς ἀμπέλου[9] ἕως τῆς ἡμέρας ἐκείνης ὅταν αὐτὸ πίνω μεθ' ὑμῶν καινὸν ἐν τῇ βασιλείᾳ τοῦ πατρός μου. 30 καὶ ὑμνήσαντες[10] ἐξῆλθον εἰς τὸ ὄρος τῶν ἐλαιῶν[11].

Peter's Denial Foretold (Mk 14.27-31; Lk 22.31-34; Jn 13.36-38)

31 Τότε λέγει αὐτοῖς ὁ Ἰησοῦς· πάντες ὑμεῖς σκανδαλισθήσεσθε[12] ἐν ἐμοὶ ἐν τῇ νυκτὶ ταύτῃ, γέγραπται γάρ·

πατάξω[13] τὸν ποιμένα[14],

καὶ διασκορπισθήσονται[15] τὰ πρόβατα τῆς ποίμνης[16].

32 μετὰ δὲ τὸ ἐγερθῆναί[17] με προάξω[18] ὑμᾶς εἰς τὴν Γαλιλαίαν. 33 ἀποκριθεὶς δὲ ὁ Πέτρος εἶπεν αὐτῷ· εἰ πάντες σκανδαλισθήσονται[19] ἐν σοί, ἐγὼ οὐδέποτε[20] σκανδαλισθήσομαι. 34 ἔφη αὐτῷ ὁ Ἰησοῦς· ἀμὴν λέγω σοι ὅτι ἐν ταύτῃ τῇ νυκτὶ πρὶν[21] ἀλέκτορα[22] φωνῆσαι τρὶς[23] ἀπαρνήσῃ[24] με. 35 λέγει αὐτῷ ὁ Πέτρος· κἂν[25] δέῃ με σὺν σοὶ ἀποθανεῖν[26], οὐ μή σε ἀπαρνήσομαι. ὁμοίως[27] καὶ πάντες οἱ μαθηταὶ εἶπαν.

The Prayer in Gethsemane (Mk 14.32-42; Lk 22.39-46)

36 Τότε ἔρχεται μετ' αὐτῶν ὁ Ἰησοῦς εἰς χωρίον[28] λεγόμενον Γεθσημανὶ καὶ λέγει τοῖς μαθηταῖς· καθίσατε αὐτοῦ[29] ἕως [οὗ] ἀπελθὼν ἐκεῖ προσεύξωμαι. 37 καὶ παραλαβὼν τὸν Πέτρον καὶ τοὺς δύο υἱοὺς Ζεβεδαίου ἤρξατο[30] λυπεῖσθαι[31] καὶ ἀδημονεῖν[32]. 38 τότε λέγει αὐτοῖς· περίλυπός[33] ἐστιν ἡ ψυχή μου ἕως θανάτου·

---

[1] κλάω 3s aor act ind, break
[2] δίδωμι aor act ptc m s nom, give
[3] ἐσθίω 2p aor act impv, eat
[4] πίνω 2p aor act impv, drink
[5] ἐκχύννω pres pas ptc n s nom, pour out
[6] ἄφεσις, -εως f, forgiveness
[7] πίνω 1s aor act sub, drink
[8] γένημα, -τος n, product
[9] ἄμπελος, -ου f, grapevine
[10] ὑμνέω aor act ptc m p nom, sing a hymn
[11] ἐλαία, -ας f, olive

[12] σκανδαλίζω 2p fut pas ind, turn away
[13] πατάσσω 1s fut act ind, strike down
[14] ποιμήν, -ένος m, shepherd
[15] διασκορπίζω 3p fut pas ind, scatter
[16] ποίμνη, -ης f, flock
[17] ἐγείρω aor pas inf, raise (from death)
[18] προάγω 1s fut act ind, go ahead of
[19] σκανδαλίζω 3p fut pas ind, turn away
[20] οὐδέποτε, adv, never

[21] πρίν, conj, before
[22] ἀλέκτωρ, -ορος m, rooster
[23] τρίς, adv, three times
[24] ἀπαρνέομαι 2s fut mid ind, disown
[25] κἄν, = καὶ ἐάν, even if
[26] ἀποθνῄσκω aor act inf, die
[27] ὁμοίως, adv, in the same way
[28] χωρίον, -ου n, place
[29] αὐτοῦ, adv, here
[30] ἄρχω 3s aor mid ind, mid begin
[31] λυπέω pres pas inf, pas be sad
[32] ἀδημονέω pres act inf, be troubled
[33] περίλυπος, -ον, very sad

μείνατε¹ ὧδε καὶ γρηγορεῖτε² μετ' ἐμοῦ. 39 καὶ προελθὼν³ μικρὸν ἔπεσεν⁴ ἐπὶ πρόσωπον αὐτοῦ προσευχόμενος καὶ λέγων· πάτερ μου, εἰ δυνατόν ἐστιν, παρελθάτω⁵ ἀπ' ἐμοῦ τὸ ποτήριον τοῦτο· πλὴν οὐχ ὡς ἐγὼ θέλω ἀλλ' ὡς σύ. 40 καὶ ἔρχεται πρὸς τοὺς μαθητὰς καὶ εὑρίσκει αὐτοὺς καθεύδοντας⁶, καὶ λέγει τῷ Πέτρῳ· οὕτως οὐκ ἰσχύσατε⁷ μίαν ὥραν γρηγορῆσαι⁸ μετ' ἐμοῦ; 41 γρηγορεῖτε καὶ προσεύχεσθε, ἵνα μὴ εἰσέλθητε⁹ εἰς πειρασμόν¹⁰· τὸ μὲν πνεῦμα πρόθυμον¹¹ ἡ δὲ σὰρξ ἀσθενής¹². 42 πάλιν ἐκ δευτέρου ἀπελθὼν προσηύξατο¹³ λέγων· πάτερ μου, εἰ οὐ δύναται τοῦτο παρελθεῖν¹⁴ ἐὰν μὴ αὐτὸ πίω¹⁵, γενηθήτω τὸ θέλημά σου. 43 καὶ ἐλθὼν πάλιν εὗρεν αὐτοὺς καθεύδοντας, ἦσαν γὰρ αὐτῶν οἱ ὀφθαλμοὶ βεβαρημένοι¹⁶. 44 καὶ ἀφεὶς¹⁷ αὐτοὺς πάλιν ἀπελθὼν προσηύξατο ἐκ τρίτου τὸν αὐτὸν λόγον εἰπὼν πάλιν. 45 τότε ἔρχεται πρὸς τοὺς μαθητὰς καὶ λέγει αὐτοῖς· καθεύδετε [τὸ] λοιπὸν καὶ ἀναπαύεσθε¹⁸· ἰδοὺ ἤγγικεν¹⁹ ἡ ὥρα καὶ ὁ υἱὸς τοῦ ἀνθρώπου παραδίδοται εἰς χεῖρας ἁμαρτωλῶν. 46 ἐγείρεσθε²⁰ ἄγωμεν· ἰδοὺ ἤγγικεν ὁ παραδιδούς με.

The Betrayal and Arrest of Jesus (Mk 14.43-50; Lk 22.47-53; Jn 18.3-12)

47 Καὶ ἔτι αὐτοῦ λαλοῦντος ἰδοὺ Ἰούδας εἷς τῶν δώδεκα ἦλθεν καὶ μετ' αὐτοῦ ὄχλος πολὺς μετὰ μαχαιρῶν²¹ καὶ ξύλων²² ἀπὸ τῶν ἀρχιερέων καὶ πρεσβυτέρων τοῦ λαοῦ. 48 ὁ δὲ παραδιδοὺς αὐτὸν ἔδωκεν αὐτοῖς σημεῖον λέγων· ὃν ἂν φιλήσω²³ αὐτός ἐστιν, κρατήσατε αὐτόν. 49 καὶ εὐθέως προσελθὼν²⁴ τῷ Ἰησοῦ εἶπεν· χαῖρε, ῥαββί²⁵, καὶ κατεφίλησεν²⁶ αὐτόν. 50 ὁ δὲ Ἰησοῦς εἶπεν αὐτῷ· ἑταῖρε²⁷, ἐφ' ὃ πάρει²⁸. τότε προσελθόντες ἐπέβαλον²⁹ τὰς χεῖρας ἐπὶ τὸν Ἰησοῦν καὶ ἐκράτησαν αὐτόν. 51 καὶ ἰδοὺ εἷς τῶν μετὰ Ἰησοῦ ἐκτείνας³⁰ τὴν χεῖρα ἀπέσπασεν³¹ τὴν μάχαιραν αὐτοῦ καὶ πατάξας³² τὸν δοῦλον τοῦ ἀρχιερέως ἀφεῖλεν³³ αὐτοῦ τὸ ὠτίον³⁴. 52 τότε λέγει αὐτῷ ὁ Ἰησοῦς· ἀπόστρεψον³⁵ τὴν μάχαιράν σου εἰς τὸν τόπον

---

[1] μένω 2p aor act impv, stay
[2] γρηγορέω 2p pres act impv, be alert
[3] προέρχομαι aor act ptc m s nom, go farther
[4] πίπτω 3s aor act ind, fall
[5] παρέρχομαι 3s aor act impv, pass
[6] καθεύδω pres act ptc m p acc, sleep
[7] ἰσχύω 2p aor act ind, be able
[8] γρηγορέω aor act inf, stay awake
[9] εἰσέρχομαι 2p aor act sub, enter
[10] πειρασμός, -οῦ m, temptation/time of testing
[11] πρόθυμος, -ον, willing
[12] ἀσθενής, -ές, weak
[13] προσεύχομαι 3s aor mid ind, pray
[14] παρέρχομαι aor act inf, pass
[15] πίνω 1s aor act sub, drink
[16] βαρέω pf pas ptc m p nom, weigh down
[17] ἀφίημι aor act ptc m s nom, leave
[18] ἀναπαύω 2p pres mid ind, mid rest
[19] ἐγγίζω 3s pf act ind, come near
[20] ἐγείρω 2p pres pas impv, intrans pas get up
[21] μάχαιρα, -ης f, sword
[22] ξύλον, -ου n, club
[23] φιλέω 1s aor act sub, kiss
[24] προσέρχομαι aor act ptc m s nom, come/go to
[25] ῥαββί, rabbi/teacher
[26] καταφιλέω 3s aor act ind, kiss
[27] ἑταῖρος, -ου m, friend
[28] πάρειμι 2s pres act ind, be here (ἐφ' ὃ πάρει Why are you here?/Do what you came here for!)
[29] ἐπιβάλλω 3p aor act ind, place (on)
[30] ἐκτείνω aor act ptc m s nom, reach out
[31] ἀποσπάω 3s aor act ind, draw (of a sword)
[32] πατάσσω aor act ptc m s nom, strike
[33] ἀφαιρέω 3s aor act ind, cut off
[34] ὠτίον, -ου n, ear
[35] ἀποστρέφω 2s aor act impv, put back

αὐτῆς· πάντες γὰρ οἱ λαβόντες μάχαιραν ἐν μαχαίρῃ ἀπολοῦνται¹. **53** ἢ δοκεῖς ὅτι οὐ δύναμαι παρακαλέσαι τὸν πατέρα μου, καὶ παραστήσει² μοι ἄρτι πλείω³ δώδεκα λεγιῶνας⁴ ἀγγέλων; **54** πῶς οὖν πληρωθῶσιν αἱ γραφαὶ ὅτι οὕτως δεῖ γενέσθαι; **55** ἐν ἐκείνῃ τῇ ὥρᾳ εἶπεν ὁ Ἰησοῦς τοῖς ὄχλοις· ὡς ἐπὶ λῃστὴν⁵ ἐξήλθατε μετὰ μαχαιρῶν καὶ ξύλων συλλαβεῖν⁶ με; καθ' ἡμέραν ἐν τῷ ἱερῷ ἐκαθεζόμην⁷ διδάσκων καὶ οὐκ ἐκρατήσατέ με. **56** τοῦτο δὲ ὅλον γέγονεν ἵνα πληρωθῶσιν αἱ γραφαὶ τῶν προφητῶν. τότε οἱ μαθηταὶ πάντες ἀφέντες⁸ αὐτὸν ἔφυγον⁹.

Jesus before the Council (Mk 14.53-65; Lk 22.54-55, 63-71; Jn 18.13-14, 19-24)

57 Οἱ δὲ κρατήσαντες τὸν Ἰησοῦν ἀπήγαγον¹⁰ πρὸς Καϊάφαν τὸν ἀρχιερέα, ὅπου οἱ γραμματεῖς καὶ οἱ πρεσβύτεροι συνήχθησαν¹¹. **58** ὁ δὲ Πέτρος ἠκολούθει αὐτῷ ἀπὸ μακρόθεν¹² ἕως τῆς αὐλῆς¹³ τοῦ ἀρχιερέως καὶ εἰσελθὼν ἔσω¹⁴ ἐκάθητο μετὰ τῶν ὑπηρετῶν¹⁵ ἰδεῖν τὸ τέλος.

59 Οἱ δὲ ἀρχιερεῖς καὶ τὸ συνέδριον¹⁶ ὅλον ἐζήτουν ψευδομαρτυρίαν¹⁷ κατὰ τοῦ Ἰησοῦ ὅπως αὐτὸν θανατώσωσιν¹⁸, **60** καὶ οὐχ εὗρον¹⁹ πολλῶν προσελθόντων²⁰ ψευδομαρτύρων²¹. ὕστερον²² δὲ προσελθόντες δύο **61** εἶπαν· οὗτος ἔφη· δύναμαι καταλῦσαι²³ τὸν ναὸν τοῦ θεοῦ καὶ διὰ τριῶν ἡμερῶν οἰκοδομῆσαι. **62** καὶ ἀναστὰς²⁴ ὁ ἀρχιερεὺς εἶπεν αὐτῷ· οὐδὲν ἀποκρίνῃ τί οὗτοί σου καταμαρτυροῦσιν²⁵; **63** ὁ δὲ Ἰησοῦς ἐσιώπα²⁶. καὶ ὁ ἀρχιερεὺς εἶπεν αὐτῷ· ἐξορκίζω²⁷ σε κατὰ τοῦ θεοῦ τοῦ ζῶντος ἵνα ἡμῖν εἴπῃς²⁸ εἰ σὺ εἶ ὁ χριστὸς ὁ υἱὸς τοῦ θεοῦ. **64** λέγει αὐτῷ ὁ Ἰησοῦς· σὺ εἶπας. πλὴν λέγω ὑμῖν· ἀπ' ἄρτι ὄψεσθε τὸν²⁹ **υἱὸν τοῦ ἀνθρώπου** καθήμενον ἐκ δεξιῶν τῆς δυνάμεως καὶ **ἐρχόμενον ἐπὶ τῶν νεφελῶν**³⁰ **τοῦ οὐρανοῦ**. **65** τότε ὁ ἀρχιερεὺς διέρρηξεν³¹ τὰ ἱμάτια αὐτοῦ λέγων· ἐβλασφήμησεν· τί ἔτι χρείαν ἔχομεν μαρτύρων; ἴδε³² νῦν ἠκούσατε τὴν βλασφημίαν³³. **66** τί ὑμῖν δοκεῖ; οἱ δὲ ἀποκριθέντες εἶπαν· ἔνοχος³⁴ θανάτου ἐστίν.

---

¹ ἀπόλλυμι 3p fut mid ind, mid die
² παρίστημι 3s fut act ind, to put at someone's disposal
³ πολύς, many (comp)
⁴ λεγιών, -ῶνος f, legion (Roman army unit of 5000-6000 men)
⁵ λῃστής, -οῦ m, criminal
⁶ συλλαμβάνω aor act inf, arrest
⁷ καθέζομαι 1s impf mid ind, sit
⁸ ἀφίημι aor act ptc m p nom, leave
⁹ φεύγω 3p aor act ind, run
¹⁰ ἀπάγω 3p aor act ind, lead
¹¹ συνάγω 3p aor pas ind, pas come together
¹² μακρόθεν, adv, far off (ἀπό μ. at a distance)
¹³ αὐλή, -ῆς f, courtyard
¹⁴ ἔσω, adv, inside
¹⁵ ὑπηρέτης, -ου m, guard
¹⁶ συνέδριον, -ου n, council/Sanhedrin
¹⁷ ψευδομαρτυρία, -ας f, false testimony
¹⁸ θανατόω 3p aor act sub, put to death
¹⁹ εὑρίσκω 3p aor act ind, find
²⁰ προσέρχομαι aor act ptc m p gen, come (forward)
²¹ ψευδόμαρτυς, -υρος m, dishonest witness
²² ὕστερον, adv, finally
²³ καταλύω aor act inf, tear down
²⁴ ἀνίστημι aor act ptc m s nom, stand up
²⁵ καταμαρτυρέω 3p pres act ind, testify against
²⁶ σιωπάω 3s impf act ind, be silent
²⁷ ἐξορκίζω 1s pres act ind, place under oath
²⁸ λέγω 2s aor act sub, tell
²⁹ ὁράω 2p fut mid ind, see
³⁰ νεφέλη, -ης f, cloud
³¹ διαρρήσσω 3s aor act ind, tear
³² ἴδε, interj, Look!
³³ βλασφημία, -ας f, blasphemy
³⁴ ἔνοχος, -ον, guilty

67 Τότε ἐνέπτυσαν¹ εἰς τὸ πρόσωπον αὐτοῦ καὶ ἐκολάφισαν² αὐτόν, οἱ δὲ ἐράπισαν³ **68** λέγοντες· προφήτευσον⁴ ἡμῖν, χριστέ, τίς ἐστιν ὁ παίσας⁵ σε;

Peter's Denial of Jesus   (Mk 14.66-72; Lk 22.56-62; Jn 18.15-18, 25-27)

69 Ὁ δὲ Πέτρος ἐκάθητο ἔξω ἐν τῇ αὐλῇ⁶· καὶ προσῆλθεν⁷ αὐτῷ μία παιδίσκη⁸ λέγουσα· καὶ σὺ ἦσθα⁹ μετὰ Ἰησοῦ τοῦ Γαλιλαίου. **70** ὁ δὲ ἠρνήσατο¹⁰ ἔμπροσθεν πάντων λέγων· οὐκ οἶδα τί λέγεις. **71** ἐξελθόντα δὲ εἰς τὸν πυλῶνα¹¹ εἶδεν αὐτὸν ἄλλη καὶ λέγει τοῖς ἐκεῖ· οὗτος ἦν μετὰ Ἰησοῦ τοῦ Ναζωραίου. **72** καὶ πάλιν ἠρνήσατο μετὰ ὅρκου¹² ὅτι οὐκ οἶδα τὸν ἄνθρωπον. **73** μετὰ μικρὸν δὲ προσελθόντες οἱ ἑστῶτες¹³ εἶπον τῷ Πέτρῳ· ἀληθῶς¹⁴ καὶ σὺ ἐξ αὐτῶν εἶ, καὶ γὰρ ἡ λαλιά¹⁵ σου δῆλόν¹⁶ σε ποιεῖ. **74** τότε ἤρξατο¹⁷ καταθεματίζειν¹⁸ καὶ ὀμνύειν¹⁹ ὅτι οὐκ οἶδα τὸν ἄνθρωπον. καὶ εὐθέως ἀλέκτωρ²⁰ ἐφώνησεν.

75 καὶ ἐμνήσθη²¹ ὁ Πέτρος τοῦ ῥήματος Ἰησοῦ εἰρηκότος²² ὅτι πρὶν²³ ἀλέκτορα φωνῆσαι τρὶς²⁴ ἀπαρνήσῃ²⁵ με· καὶ ἐξελθὼν ἔξω ἔκλαυσεν πικρῶς²⁶.

Jesus Brought before Pilate   (Mk 15.1; Lk 23.1-2; Jn 18.28-32)

27 Πρωΐας²⁷ δὲ γενομένης συμβούλιον²⁸ ἔλαβον πάντες οἱ ἀρχιερεῖς καὶ οἱ πρεσβύτεροι τοῦ λαοῦ κατὰ τοῦ Ἰησοῦ ὥστε θανατῶσαι²⁹ αὐτόν· **2** καὶ δήσαντες³⁰ αὐτὸν ἀπήγαγον³¹ καὶ παρέδωκαν Πιλάτῳ τῷ ἡγεμόνι³².

The Death of Judas   (Ac 1.18-19)

3 Τότε ἰδὼν Ἰούδας ὁ παραδιδοὺς αὐτὸν ὅτι κατεκρίθη³³, μεταμεληθεὶς³⁴ ἔστρεψεν³⁵ τὰ τριάκοντα³⁶ ἀργύρια³⁷ τοῖς ἀρχιερεῦσιν καὶ πρεσβυτέροις **4** λέγων· ἥμαρτον

---

[1] ἐμπτύω 3p aor act ind, spit (on)
[2] κολαφίζω 3p aor act ind, hit (with a fist)
[3] ῥαπίζω 3p aor act ind, slap
[4] προφητεύω 2s aor act impv, prophesy
[5] παίω aor act ptc m s nom, strike
[6] αὐλή, -ῆς f, courtyard
[7] προσέρχομαι 3s aor act ind, come to
[8] παιδίσκη, -ης f, servant girl
[9] εἰμί 2s impf mid ind, be
[10] ἀρνέομαι 3s aor mid ind, deny
[11] πυλών, -ῶνος f, gate
[12] ὅρκος, -ου m, oath
[13] ἵστημι pf act ptc m p nom, intrans stand
[14] ἀληθῶς, adv, really
[15] λαλιά, -ᾶς f, accent
[16] δῆλος, -η/ον, evident (ἡ λαλιά σου δ. σε ποιεῖ your accent gives you away)
[17] ἄρχω 3s aor mid ind, mid begin
[18] καταθεματίζω pres act inf, curse
[19] ὀμνύω pres act inf, swear
[20] ἀλέκτωρ, -ορος m, rooster
[21] μιμνήσκομαι 3s aor pas ind, remember
[22] λέγω pf act ptc m s gen, say
[23] πρίν, conj, before
[24] τρίς, adv, three times
[25] ἀπαρνέομαι 2s fut mid ind, disown
[26] πικρῶς, adv, bitterly
[27] πρωΐα, -ας f, morning
[28] συμβούλιον, -ου n, plan (συμ. λαμβάνω plan)
[29] θανατόω aor act inf, put to death
[30] δέω aor act ptc m p nom, tie up
[31] ἀπάγω 3p aor act ind, lead away
[32] ἡγεμών, -όνος m, governor
[33] κατακρίνω 3s aor pas ind, condemn
[34] μεταμέλομαι aor pas ptc m s nom, be sorry
[35] στρέφω 3s aor act ind, return
[36] τριάκοντα, thirty
[37] ἀργύριον, -ου n, silver coin

παραδοὺς¹ αἷμα ἀθῷον². οἱ δὲ εἶπαν· τί πρὸς ἡμᾶς; σὺ ὄψῃ³. 5 καὶ ῥίψας⁴ τὰ ἀργύρια εἰς τὸν ναὸν ἀνεχώρησεν⁵, καὶ ἀπελθὼν ἀπήγξατο⁶. 6 οἱ δὲ ἀρχιερεῖς λαβόντες τὰ ἀργύρια εἶπαν· οὐκ ἔξεστιν βαλεῖν αὐτὰ εἰς τὸν κορβανᾶν⁷, ἐπεὶ⁸ τιμὴ αἵματός ἐστιν. 7 συμβούλιον⁹ δὲ λαβόντες ἠγόρασαν ἐξ αὐτῶν τὸν ἀγρὸν τοῦ κεραμέως¹⁰ εἰς ταφὴν¹¹ τοῖς ξένοις¹². 8 διὸ ἐκλήθη¹³ ὁ ἀγρὸς ἐκεῖνος ἀγρὸς αἵματος ἕως τῆς σήμερον. 9 τότε ἐπληρώθη τὸ ῥηθὲν¹⁴ διὰ Ἰερεμίου τοῦ προφήτου λέγοντος· καὶ ἔλαβον τὰ τριάκοντα ἀργύρια, τὴν τιμὴν τοῦ τετιμημένου¹⁵ ὃν ἐτιμήσαντο ἀπὸ υἱῶν Ἰσραήλ, 10 καὶ ἔδωκαν αὐτὰ εἰς τὸν ἀγρὸν τοῦ κεραμέως, καθὰ¹⁶ συνέταξέν¹⁷ μοι κύριος.

Jesus Questioned by Pilate (Mk 15.2-5; Lk 23.3-5; Jn 18.33-38)

11 Ὁ δὲ Ἰησοῦς ἐστάθη¹⁸ ἔμπροσθεν τοῦ ἡγεμόνος· καὶ ἐπηρώτησεν αὐτὸν ὁ ἡγεμὼν λέγων· σὺ εἶ ὁ βασιλεὺς τῶν Ἰουδαίων; ὁ δὲ Ἰησοῦς ἔφη· σὺ λέγεις. 12 καὶ ἐν τῷ κατηγορεῖσθαι¹⁹ αὐτὸν ὑπὸ τῶν ἀρχιερέων καὶ πρεσβυτέρων οὐδὲν ἀπεκρίνατο. 13 τότε λέγει αὐτῷ ὁ Πιλᾶτος· οὐκ ἀκούεις πόσα²⁰ σου καταμαρτυροῦσιν²¹; 14 καὶ οὐκ ἀπεκρίθη αὐτῷ πρὸς οὐδὲ ἓν ῥῆμα, ὥστε θαυμάζειν τὸν ἡγεμόνα λίαν²².

Jesus Sentenced to Death (Mk 15.6-15; Lk 23.13-25; Jn 18.39–19.16)

15 Κατὰ δὲ ἑορτὴν²³ εἰώθει²⁴ ὁ ἡγεμὼν ἀπολύειν ἕνα τῷ ὄχλῳ δέσμιον²⁵ ὃν ἤθελον. 16 εἶχον δὲ τότε δέσμιον ἐπίσημον²⁶ λεγόμενον [Ἰησοῦν] Βαραββᾶν. 17 συνηγμένων²⁷ οὖν αὐτῶν εἶπεν αὐτοῖς ὁ Πιλᾶτος· τίνα θέλετε ἀπολύσω ὑμῖν, [Ἰησοῦν τὸν] Βαραββᾶν ἢ Ἰησοῦν τὸν λεγόμενον χριστόν; 18 ᾔδει²⁸ γὰρ ὅτι διὰ φθόνον²⁹ παρέδωκαν αὐτόν.

19 Καθημένου δὲ αὐτοῦ ἐπὶ τοῦ βήματος³⁰ ἀπέστειλεν³¹ πρὸς αὐτὸν ἡ γυνὴ αὐτοῦ λέγουσα· μηδὲν σοὶ καὶ τῷ δικαίῳ ἐκείνῳ· πολλὰ γὰρ ἔπαθον³² σήμερον κατ' ὄναρ³³ δι' αὐτόν.

---

1 παραδίδωμι *aor act ptc m s nom*, betray
2 ἀθῷος, -ον, innocent
3 ὁράω *2s fut mid ind*, see to (something) (σὺ ὄψῃ that's your problem)
4 ῥίπτω *aor act ptc m s nom*, throw down
5 ἀναχωρέω *3s aor act ind*, leave
6 ἀπάγχω *3s aor mid ind*, mid hang oneself
7 κορβανᾶς, -ᾶ *m*, temple treasury
8 ἐπεί, *conj*, because
9 συμβούλιον, -ου *n*, plan (συμ. λαμβάνω plan)
10 κεραμεύς, -έως *m*, potter
11 ταφή, -ῆς *f*, burial place
12 ξένος, -η/ον, strange (ὁ ξ. foreigner/stranger)
13 καλέω *3s aor pas ind*, call
14 λέγω *aor pas ptc n s nom*, say
15 τιμάω *pf pas ptc m s gen*, set a price on
16 καθά, *conj*, just as
17 συντάσσω *3s aor act ind*, instruct
18 ἵστημι *3s aor pas ind*, *intrans* stand
19 κατηγορέω *pres pas inf*, accuse
20 πόσος, -η/ον, how many
21 καταμαρτυρέω *3p pres act ind*, testify against
22 λίαν, *adv*, greatly
23 ἑορτή, -ῆς *f*, (Passover) festival
24 εἴωθα *3s plpf act ind*, be accustomed
25 δέσμιος, -ου *m*, prisoner
26 ἐπίσημος, -ον, notorious
27 συνάγω *pf pas ptc m p gen*, *pas* come together
28 οἶδα *3s plpf act ind*, know
29 φθόνος, -ου *m*, jealousy
30 βῆμα, -τος *n*, judicial bench
31 ἀποστέλλω *3s aor act ind*, send
32 πάσχω *1s aor act ind*, suffer
33 ὄναρ, *n*, dream (κατ' ὄναρ in a dream)

20 Οἱ δὲ ἀρχιερεῖς καὶ οἱ πρεσβύτεροι ἔπεισαν¹ τοὺς ὄχλους ἵνα αἰτήσωνται τὸν Βαραββᾶν, τὸν δὲ Ἰησοῦν ἀπολέσωσιν². **21** ἀποκριθεὶς δὲ ὁ ἡγεμὼν³ εἶπεν αὐτοῖς· τίνα θέλετε ἀπὸ τῶν δύο ἀπολύσω ὑμῖν; οἱ δὲ εἶπαν· τὸν Βαραββᾶν. **22** λέγει αὐτοῖς ὁ Πιλᾶτος· τί οὖν ποιήσω Ἰησοῦν τὸν λεγόμενον χριστόν; λέγουσιν πάντες· σταυρωθήτω. **23** ὁ δὲ ἔφη· τί γὰρ κακὸν ἐποίησεν; οἱ δὲ περισσῶς⁴ ἔκραζον λέγοντες· σταυρωθήτω.

24 Ἰδὼν δὲ ὁ Πιλᾶτος ὅτι οὐδὲν ὠφελεῖ⁵ ἀλλὰ μᾶλλον θόρυβος⁶ γίνεται, λαβὼν ὕδωρ ἀπενίψατο⁷ τὰς χεῖρας ἀπέναντι⁸ τοῦ ὄχλου λέγων· ἀθῷός⁹ εἰμι ἀπὸ τοῦ αἵματος τούτου· ὑμεῖς ὄψεσθε¹⁰. **25** καὶ ἀποκριθεὶς πᾶς ὁ λαὸς εἶπεν· τὸ αἷμα αὐτοῦ ἐφ' ἡμᾶς καὶ ἐπὶ τὰ τέκνα ἡμῶν. **26** τότε ἀπέλυσεν αὐτοῖς τὸν Βαραββᾶν, τὸν δὲ Ἰησοῦν φραγελλώσας¹¹ παρέδωκεν ἵνα σταυρωθῇ.

The Soldiers Mock Jesus (Mk 15.16-20; Jn 19.2-3)

27 Τότε οἱ στρατιῶται τοῦ ἡγεμόνος¹² παραλαβόντες τὸν Ἰησοῦν εἰς τὸ πραιτώριον¹³ συνήγαγον ἐπ' αὐτὸν ὅλην τὴν σπεῖραν¹⁴. **28** καὶ ἐκδύσαντες¹⁵ αὐτὸν χλαμύδα¹⁶ κοκκίνην¹⁷ περιέθηκαν¹⁸ αὐτῷ, **29** καὶ πλέξαντες¹⁹ στέφανον²⁰ ἐξ ἀκανθῶν²¹ ἐπέθηκαν²² ἐπὶ τῆς κεφαλῆς αὐτοῦ καὶ κάλαμον²³ ἐν τῇ δεξιᾷ αὐτοῦ, καὶ γονυπετήσαντες²⁴ ἔμπροσθεν αὐτοῦ ἐνέπαιξαν²⁵ αὐτῷ λέγοντες· χαῖρε, βασιλεῦ τῶν Ἰουδαίων, **30** καὶ ἐμπτύσαντες²⁶ εἰς αὐτὸν ἔλαβον τὸν κάλαμον καὶ ἔτυπτον²⁷ εἰς τὴν κεφαλὴν αὐτοῦ. **31** καὶ ὅτε ἐνέπαιξαν αὐτῷ, ἐξέδυσαν²⁸ αὐτὸν τὴν χλαμύδα καὶ ἐνέδυσαν²⁹ αὐτὸν τὰ ἱμάτια αὐτοῦ καὶ ἀπήγαγον³⁰ αὐτὸν εἰς τὸ σταυρῶσαι.

The Crucifixion of Jesus (Mk 15.21-32; Lk 23.26-43; Jn 19.17-27)

32 Ἐξερχόμενοι δὲ εὗρον³¹ ἄνθρωπον Κυρηναῖον ὀνόματι Σίμωνα, τοῦτον ἠγγάρευσαν³² ἵνα ἄρῃ³³ τὸν σταυρὸν³⁴ αὐτοῦ.

---

1 πείθω 3p aor act ind, convince
2 ἀπόλλυμι 3p aor act sub, kill
3 ἡγεμών, -όνος m, governor
4 περισσῶς, adv, all the more
5 ὠφελέω 3s pres act ind, gain
6 θόρυβος, -ου m, riot
7 ἀπονίπτω 3s aor mid ind, wash
8 ἀπέναντι, prep + gen, in front of
9 ἀθῷος, -ον, innocent
10 ὁράω 2p fut mid ind, see to something (ὑμεῖς ὄ. that's your problem)
11 φραγελλόω aor act ptc m s nom, beat with a whip
12 ἡγεμών, -όνος m, governor
13 πραιτώριον, -ου n, fortress/palace (residence of the Roman governor)
14 σπεῖρα, -ης f, company (of soldiers)
15 ἐκδύω aor act ptc m p nom, strip
16 χλαμύς, -ύδος f, robe (as worn by Roman soldiers)
17 κόκκινος, -η/ον, scarlet
18 περιτίθημι 3p aor act ind, put on
19 πλέκω aor act ptc m p nom, twist together
20 στέφανος, -ου m, crown
21 ἄκανθα, -ης f, thorn plant
22 ἐπιτίθημι 3p aor act ind, put
23 κάλαμος, -ου m, reed/cane
24 γονυπετέω aor act ptc m p nom, kneel
25 ἐμπαίζω 3p aor act ind, make fun of
26 ἐμπτύω aor act ptc m p nom, spit (on)
27 τύπτω 3p impf act ind, beat
28 ἐκδύω 3p aor act ind, strip
29 ἐνδύω 3p aor act ind, put on
30 ἀπάγω 3p aor act ind, lead away
31 εὑρίσκω 3p aor act ind, find
32 ἀγγαρεύω 3p aor act ind, force
33 αἴρω 3s aor act sub, take
34 σταυρός, -οῦ m, cross

33 Καὶ ἐλθόντες εἰς τόπον λεγόμενον Γολγοθᾶ, ὅ ἐστιν Κρανίου¹ Τόπος λεγόμενος, **34** ἔδωκαν αὐτῷ πιεῖν² οἶνον μετὰ χολῆς³ μεμιγμένον⁴· καὶ γευσάμενος⁵ οὐκ ἠθέλησεν πιεῖν. **35** σταυρώσαντες δὲ αὐτὸν διεμερίσαντο⁶ τὰ ἱμάτια αὐτοῦ βάλλοντες κλῆρον⁷, **36** καὶ καθήμενοι ἐτήρουν αὐτὸν ἐκεῖ. **37** καὶ ἐπέθηκαν⁸ ἐπάνω⁹ τῆς κεφαλῆς αὐτοῦ τὴν αἰτίαν¹⁰ αὐτοῦ γεγραμμένην·

οὗτός ἐστιν Ἰησοῦς ὁ βασιλεὺς τῶν Ἰουδαίων.

38 Τότε σταυροῦνται σὺν αὐτῷ δύο λῃσταί¹¹, εἷς ἐκ δεξιῶν καὶ εἷς ἐξ εὐωνύμων¹². **39** οἱ δὲ παραπορευόμενοι¹³ ἐβλασφήμουν αὐτὸν κινοῦντες¹⁴ τὰς κεφαλὰς αὐτῶν **40** καὶ λέγοντες· ὁ καταλύων¹⁵ τὸν ναὸν καὶ ἐν τρισὶν ἡμέραις οἰκοδομῶν, σῶσον σεαυτόν, εἰ υἱὸς εἶ τοῦ θεοῦ, [καὶ] κατάβηθι¹⁶ ἀπὸ τοῦ σταυροῦ. **41** ὁμοίως¹⁷ καὶ οἱ ἀρχιερεῖς ἐμπαίζοντες¹⁸ μετὰ τῶν γραμματέων καὶ πρεσβυτέρων ἔλεγον· **42** ἄλλους ἔσωσεν, ἑαυτὸν οὐ δύναται σῶσαι· βασιλεὺς Ἰσραήλ ἐστιν, καταβάτω¹⁹ νῦν ἀπὸ τοῦ σταυροῦ καὶ πιστεύσομεν ἐπ᾽ αὐτόν. **43** πέποιθεν²⁰ ἐπὶ τὸν θεόν, ῥυσάσθω²¹ νῦν εἰ θέλει αὐτόν· εἶπεν γὰρ ὅτι θεοῦ εἰμι υἱός. **44** τὸ δ᾽ αὐτὸ καὶ οἱ λῃσταὶ οἱ συσταυρωθέντες²² σὺν αὐτῷ ὠνείδιζον²³ αὐτόν.

The Death of Jesus (Mk 15.33-41; Lk 23.44-49; Jn 19.28-30)

45 Ἀπὸ δὲ ἕκτης²⁴ ὥρας σκότος ἐγένετο ἐπὶ πᾶσαν τὴν γῆν ἕως ὥρας ἐνάτης²⁵. **46** περὶ δὲ τὴν ἐνάτην ὥραν ἀνεβόησεν²⁶ ὁ Ἰησοῦς φωνῇ μεγάλῃ λέγων·

ηλι²⁷ ηλι λεμα²⁸ σαβαχθανι²⁹;

τοῦτ᾽ ἔστιν· **θεέ μου θεέ μου, ἱνατί³⁰ με ἐγκατέλιπες³¹**; **47** τινὲς δὲ τῶν ἐκεῖ ἑστηκότων³² ἀκούσαντες ἔλεγον ὅτι Ἠλίαν φωνεῖ οὗτος. **48** καὶ εὐθέως δραμὼν³³ εἷς ἐξ αὐτῶν καὶ λαβὼν σπόγγον³⁴ πλήσας³⁵ τε ὄξους³⁶ καὶ περιθεὶς³⁷ καλάμῳ³⁸

---

[1] κρανίον, -ου n, skull
[2] πίνω aor act inf, drink
[3] χολή, -ῆς f, gall (of something bitter)
[4] μίγνυμι pf pas ptc m s acc, mix
[5] γεύομαι aor mid ptc m s nom, taste
[6] διαμερίζω 3p aor mid ind, divide
[7] κλῆρος, -ου m, lot (of something thrown or drawn to reach a decision)
[8] ἐπιτίθημι 3p aor act ind, put
[9] ἐπάνω, prep + gen, above
[10] αἰτία, -ας f, charge/accusation
[11] λῃστής, -οῦ m, criminal
[12] εὐώνυμος, -ον, left (opposite right)
[13] παραπορεύομαι pres mid ptc m p nom, pass by
[14] κινέω pres act ptc m p nom, shake
[15] καταλύω pres act ptc m s nom or voc, tear down
[16] καταβαίνω 2s aor act impv, come down
[17] ὁμοίως, adv, in the same way
[18] ἐμπαίζω pres act ptc m p nom, make fun of
[19] καταβαίνω 3s aor act impv, come down
[20] πείθω 3s pf act ind, trust
[21] ῥύομαι 3s aor mid impv, rescue
[22] συσταυρόω aor pas ptc m p nom, be crucified (with)
[23] ὀνειδίζω 3p impf act ind, insult
[24] ἕκτος, -η/ο, sixth
[25] ἔνατος, -η/ον, ninth
[26] ἀναβοάω 3s aor act ind, shout
[27] ηλι, my God (Aramaic word)
[28] λεμα, why (Aramaic word)
[29] σαβαχθανι, you have forsaken me (Aramaic word)
[30] ἱνατί, why?
[31] ἐγκαταλείπω 2s aor act ind, forsake
[32] ἵστημι pf act ptc m p gen, intrans stand
[33] τρέχω aor act ptc m s nom, run
[34] σπόγγος, -ου m, sponge
[35] πίμπλημι aor act ptc m s nom, fill
[36] ὄξος, -ους n, sour wine
[37] περιτίθημι aor act ptc m s nom, put on
[38] κάλαμος, -ου m, reed/cane

ἐπότιζεν¹ αὐτόν. **49** οἱ δὲ λοιποὶ ἔλεγον· ἄφες² ἴδωμεν³ εἰ ἔρχεται Ἠλίας σώσων αὐτόν. **50** ὁ δὲ Ἰησοῦς πάλιν κράξας φωνῇ μεγάλῃ ἀφῆκεν⁴ τὸ πνεῦμα.

51 Καὶ ἰδοὺ τὸ καταπέτασμα⁵ τοῦ ναοῦ ἐσχίσθη⁶ ἀπ' ἄνωθεν⁷ ἕως κάτω⁸ εἰς δύο καὶ ἡ γῆ ἐσείσθη⁹ καὶ αἱ πέτραι¹⁰ ἐσχίσθησαν, **52** καὶ τὰ μνημεῖα ἀνεῴχθησαν¹¹ καὶ πολλὰ σώματα τῶν κεκοιμημένων¹² ἁγίων ἠγέρθησαν¹³, **53** καὶ ἐξελθόντες ἐκ τῶν μνημείων μετὰ τὴν ἔγερσιν¹⁴ αὐτοῦ εἰσῆλθον εἰς τὴν ἁγίαν πόλιν καὶ ἐνεφανίσθησαν¹⁵ πολλοῖς.

54 Ὁ δὲ ἑκατόνταρχος¹⁶ καὶ οἱ μετ' αὐτοῦ τηροῦντες τὸν Ἰησοῦν ἰδόντες τὸν σεισμὸν¹⁷ καὶ τὰ γενόμενα ἐφοβήθησαν σφόδρα¹⁸, λέγοντες· ἀληθῶς¹⁹ θεοῦ υἱὸς ἦν οὗτος.

55 Ἦσαν δὲ ἐκεῖ γυναῖκες πολλαὶ ἀπὸ μακρόθεν²⁰ θεωροῦσαι, αἵτινες ἠκολούθησαν τῷ Ἰησοῦ ἀπὸ τῆς Γαλιλαίας διακονοῦσαι αὐτῷ· **56** ἐν αἷς ἦν Μαρία ἡ Μαγδαληνὴ καὶ Μαρία ἡ τοῦ Ἰακώβου καὶ Ἰωσὴφ μήτηρ καὶ ἡ μήτηρ τῶν υἱῶν Ζεβεδαίου.

The Burial of Jesus (Mk 15.42-47; Lk 23.50-56; Jn 19.38-42)

57 Ὀψίας²¹ δὲ γενομένης ἦλθεν ἄνθρωπος πλούσιος²² ἀπὸ Ἀριμαθαίας, τοὔνομα²³ Ἰωσήφ, ὃς καὶ αὐτὸς ἐμαθητεύθη²⁴ τῷ Ἰησοῦ· **58** οὗτος προσελθὼν²⁵ τῷ Πιλάτῳ ᾐτήσατο τὸ σῶμα τοῦ Ἰησοῦ. τότε ὁ Πιλᾶτος ἐκέλευσεν²⁶ ἀποδοθῆναι²⁷. **59** καὶ λαβὼν τὸ σῶμα ὁ Ἰωσὴφ ἐνετύλιξεν²⁸ αὐτὸ [ἐν] σινδόνι²⁹ καθαρᾷ³⁰ **60** καὶ ἔθηκεν³¹ αὐτὸ ἐν τῷ καινῷ αὐτοῦ μνημείῳ ὃ ἐλατόμησεν³² ἐν τῇ πέτρᾳ καὶ προσκυλίσας³³ λίθον μέγαν τῇ θύρᾳ τοῦ μνημείου ἀπῆλθεν. **61** ἦν δὲ ἐκεῖ Μαριὰμ ἡ Μαγδαληνὴ καὶ ἡ ἄλλη Μαρία καθήμεναι ἀπέναντι³⁴ τοῦ τάφου³⁵.

---

¹ ποτίζω 3s impf act ind, give to drink
² ἀφίημι 2s aor act impv, wait
³ ὁράω 1p aor act sub, see
⁴ ἀφίημι 3s aor act ind, give up (something)
⁵ καταπέτασμα, -τος n, curtain
⁶ σχίζω 3s aor pas ind, tear
⁷ ἄνωθεν, adv, from above
⁸ κάτω, adv, down (ἀπ' ἄνωθεν ἕως κάτω from top to bottom)
⁹ σείω 3s aor pas ind, shake
¹⁰ πέτρα, -ας f, rock
¹¹ ἀνοίγω 3p aor pas ind, open
¹² κοιμάομαι pf pas ptc m p gen, die

¹³ ἐγείρω 3p aor pas ind, raise (from death)
¹⁴ ἔγερσις, -εως f, resurrection
¹⁵ ἐμφανίζω 3p aor pas ind, pas appear
¹⁶ ἑκατοντάρχης, -ου m, centurion/officer (of the Roman army)
¹⁷ σεισμός, -οῦ m, earthquake
¹⁸ σφόδρα, adv, very
¹⁹ ἀληθῶς, adv, really
²⁰ μακρόθεν, adv, far off (ἀπὸ μ. at a distance)
²¹ ὄψιος, -α/ον, late (ἡ ὀψία evening)
²² πλούσιος, -α/ον, rich
²³ τοὔνομα, = τὸ ὄνομα, named

²⁴ μαθητεύω 3s aor pas ind, pas be a disciple
²⁵ προσέρχομαι aor act ptc m s nom, come/go to
²⁶ κελεύω 3s aor act ind, order
²⁷ ἀποδίδωμι aor pas inf, give
²⁸ ἐντυλίσσω 3s aor act ind, wrap in
²⁹ σινδών, -όνος f, linen cloth
³⁰ καθαρός, -ή/όν, clean
³¹ τίθημι 3s aor act ind, put
³² λατομέω 3s aor act ind, cut
³³ προσκυλίω aor act ptc m s nom, roll against
³⁴ ἀπέναντι, prep + gen, across from
³⁵ τάφος, -ου m, tomb

The Guard at the Tomb

62 Τῇ δὲ ἐπαύριον[1], ἥτις ἐστὶν μετὰ τὴν παρασκευήν[2], συνήχθησαν[3] οἱ ἀρχιερεῖς καὶ οἱ Φαρισαῖοι πρὸς Πιλᾶτον **63** λέγοντες· κύριε, ἐμνήσθημεν[4] ὅτι ἐκεῖνος ὁ πλάνος[5] εἶπεν ἔτι ζῶν· μετὰ τρεῖς ἡμέρας ἐγείρομαι. **64** κέλευσον[6] οὖν ἀσφαλισθῆναι[7] τὸν τάφον ἕως τῆς τρίτης ἡμέρας, μήποτε[8] ἐλθόντες οἱ μαθηταὶ αὐτοῦ κλέψωσιν[9] αὐτὸν καὶ εἴπωσιν[10] τῷ λαῷ· ἠγέρθη[11] ἀπὸ τῶν νεκρῶν, καὶ ἔσται ἡ ἐσχάτη πλάνη[12] χείρων[13] τῆς πρώτης. **65** ἔφη αὐτοῖς ὁ Πιλᾶτος· ἔχετε κουστωδίαν[14]· ὑπάγετε ἀσφαλίσασθε[15] ὡς οἴδατε. **66** οἱ δὲ πορευθέντες ἠσφαλίσαντο[16] τὸν τάφον[17] σφραγίσαντες[18] τὸν λίθον μετὰ τῆς κουστωδίας.

The Resurrection of Jesus (Mk 16.1-8; Lk 24.1-12; Jn 20.1-10)

28 Ὀψὲ[19] δὲ σαββάτων, τῇ ἐπιφωσκούσῃ[20] εἰς μίαν σαββάτων ἦλθεν Μαριὰμ ἡ Μαγδαληνὴ καὶ ἡ ἄλλη Μαρία θεωρῆσαι τὸν τάφον[21]. **2** καὶ ἰδοὺ σεισμὸς[22] ἐγένετο μέγας· ἄγγελος γὰρ κυρίου καταβὰς[23] ἐξ οὐρανοῦ καὶ προσελθὼν[24] ἀπεκύλισεν[25] τὸν λίθον καὶ ἐκάθητο ἐπάνω[26] αὐτοῦ. **3** ἦν δὲ ἡ εἰδέα[27] αὐτοῦ ὡς ἀστραπὴ[28] καὶ τὸ ἔνδυμα[29] αὐτοῦ λευκὸν[30] ὡς χιών[31]. **4** ἀπὸ δὲ τοῦ φόβου αὐτοῦ ἐσείσθησαν[32] οἱ τηροῦντες καὶ ἐγενήθησαν[33] ὡς νεκροί. **5** ἀποκριθεὶς δὲ ὁ ἄγγελος εἶπεν ταῖς γυναιξίν· μὴ φοβεῖσθε ὑμεῖς, οἶδα γὰρ ὅτι Ἰησοῦν τὸν ἐσταυρωμένον ζητεῖτε· **6** οὐκ ἔστιν ὧδε, ἠγέρθη[34] γὰρ καθὼς εἶπεν· δεῦτε[35] ἴδετε τὸν τόπον ὅπου ἔκειτο[36]. **7** καὶ ταχὺ[37] πορευθεῖσαι εἴπατε τοῖς μαθηταῖς αὐτοῦ ὅτι ἠγέρθη ἀπὸ τῶν νεκρῶν, καὶ ἰδοὺ προάγει[38] ὑμᾶς εἰς τὴν Γαλιλαίαν, ἐκεῖ αὐτὸν ὄψεσθε[39]· ἰδοὺ εἶπον ὑμῖν.

---

[1] ἐπαύριον, adv, (the) next day
[2] παρασκευή, -ῆς f, day of preparation
[3] συνάγω 3p aor pas ind, pas come together
[4] μιμνήσκομαι 1p aor pas ind, remember
[5] πλάνος, -ον, deceitful (ἐκεῖνος ὁ π. that liar)
[6] κελεύω 2s aor act impv, order
[7] ἀσφαλίζω aor pas inf, make secure
[8] μήποτε, conj, so that ... will not
[9] κλέπτω 3p aor act sub, steal
[10] λέγω 3p aor act sub, say
[11] ἐγείρω 3s aor pas ind, raise
[12] πλάνη, -ης f, lie
[13] χείρων, worse (comp of κακός)
[14] κουστωδία, -ας f, a guard (of soldiers)
[15] ἀσφαλίζω 2p aor mid impv, make secure
[16] ἀσφαλίζω 3p aor mid ind, make secure
[17] τάφος, -ου m, tomb
[18] σφραγίζω aor act ptc m p nom, secure with a seal
[19] ὀψέ, prep + gen after, late (Ὀψὲ δὲ σαββάτων after the Sabbath)
[20] ἐπιφώσκω pres act ptc f s dat, dawn (τῇ ἐ. εἰς μίαν σαββάτων as the first day of the week was dawning)
[21] τάφος, -ου m, tomb
[22] σεισμός, -οῦ m, earthquake
[23] καταβαίνω aor act ptc m s nom, come down
[24] προσέρχομαι aor act ptc m s nom, come/go to
[25] ἀποκυλίω 3s aor act ind, roll away
[26] ἐπάνω, prep + gen, on
[27] εἰδέα, -ας f, appearance
[28] ἀστραπή, -ῆς f, lightning
[29] ἔνδυμα, -τος n, clothing
[30] λευκός, -ή/όν, white
[31] χιών, -όνος f, snow
[32] σείω 3p aor pas ind, tremble
[33] γίνομαι 3p aor pas ind, be/become
[34] ἐγείρω 3s aor pas ind, intrans pas rise (from death)
[35] δεῦτε, interj, Come!
[36] κεῖμαι 3s impf mid ind, lie
[37] ταχύς, adv, quickly
[38] προάγω 3s pres act ind, go ahead of
[39] ὁράω 2p fut mid ind, see

8 Καὶ ἀπελθοῦσαι ταχὺ¹ ἀπὸ τοῦ μνημείου μετὰ φόβου καὶ χαρᾶς μεγάλης ἔδραμον² ἀπαγγεῖλαι³ τοῖς μαθηταῖς αὐτοῦ. **9** καὶ ἰδοὺ Ἰησοῦς ὑπήντησεν⁴ αὐταῖς λέγων· χαίρετε. αἱ δὲ προσελθοῦσαι⁵ ἐκράτησαν αὐτοῦ τοὺς πόδας καὶ προσεκύνησαν αὐτῷ. **10** τότε λέγει αὐταῖς ὁ Ἰησοῦς· μὴ φοβεῖσθε· ὑπάγετε ἀπαγγείλατε τοῖς ἀδελφοῖς μου ἵνα ἀπέλθωσιν⁶ εἰς τὴν Γαλιλαίαν, κἀκεῖ⁷ με ὄψονται⁸.

The Report of the Guard

11 Πορευομένων δὲ αὐτῶν ἰδού τινες τῆς κουστωδίας⁹ ἐλθόντες εἰς τὴν πόλιν ἀπήγγειλαν¹⁰ τοῖς ἀρχιερεῦσιν ἅπαντα τὰ γενόμενα. **12** καὶ συναχθέντες¹¹ μετὰ τῶν πρεσβυτέρων συμβούλιόν¹² τε λαβόντες ἀργύρια¹³ ἱκανὰ ἔδωκαν τοῖς στρατιώταις¹⁴ **13** λέγοντες· εἴπατε ὅτι οἱ μαθηταὶ αὐτοῦ νυκτὸς ἐλθόντες ἔκλεψαν¹⁵ αὐτὸν ἡμῶν κοιμωμένων¹⁶. **14** καὶ ἐὰν ἀκουσθῇ τοῦτο ἐπὶ τοῦ ἡγεμόνος¹⁷, ἡμεῖς πείσομεν¹⁸ [αὐτὸν] καὶ ὑμᾶς ἀμερίμνους¹⁹ ποιήσομεν. **15** οἱ δὲ λαβόντες τὰ ἀργύρια²⁰ ἐποίησαν ὡς ἐδιδάχθησαν. καὶ διεφημίσθη²¹ ὁ λόγος οὗτος παρὰ Ἰουδαίοις μέχρι²² τῆς σήμερον [ἡμέρας].

The Commissioning of the Disciples (Mk 16.14-18; Lk 24.36-49; Jn 20.19-23; Ac 1.6-8)

16 Οἱ δὲ ἕνδεκα²³ μαθηταὶ ἐπορεύθησαν εἰς τὴν Γαλιλαίαν εἰς τὸ ὄρος οὗ²⁴ ἐτάξατο²⁵ αὐτοῖς ὁ Ἰησοῦς, **17** καὶ ἰδόντες αὐτὸν προσεκύνησαν, οἱ δὲ ἐδίστασαν²⁶. **18** καὶ προσελθὼν²⁷ ὁ Ἰησοῦς ἐλάλησεν αὐτοῖς λέγων· ἐδόθη²⁸ μοι πᾶσα ἐξουσία ἐν οὐρανῷ καὶ ἐπὶ [τῆς] γῆς. **19** πορευθέντες οὖν μαθητεύσατε²⁹ πάντα τὰ ἔθνη, βαπτίζοντες αὐτοὺς εἰς τὸ ὄνομα τοῦ πατρὸς καὶ τοῦ υἱοῦ καὶ τοῦ ἁγίου πνεύματος, **20** διδάσκοντες αὐτοὺς τηρεῖν πάντα ὅσα ἐνετειλάμην³⁰ ὑμῖν· καὶ ἰδοὺ ἐγὼ μεθ' ὑμῶν εἰμι πάσας τὰς ἡμέρας ἕως τῆς συντελείας³¹ τοῦ αἰῶνος.

---

¹ ταχύς, adv, quickly
² τρέχω 3p aor act ind, run
³ ἀπαγγέλλω aor act inf, tell
⁴ ὑπαντάω 3s aor act ind, meet
⁵ προσέρχομαι aor act ptc f p nom, come/go to
⁶ ἀπέρχομαι 3p aor act sub, go
⁷ κἀκεῖ, = καὶ ἐκεῖ, and there
⁸ ὁράω 3p fut mid ind, see
⁹ κουστωδία, -ας f, a guard (of soldiers)
¹⁰ ἀπαγγέλλω 3p aor act ind, tell
¹¹ συνάγω aor pas ptc m p nom, pas come together
¹² συμβούλιον, -ου n, plan (συμ. τε λαβόντες they planned)
¹³ ἀργύριον, -ου n, money
¹⁴ στρατιώτης, -ου m, soldier
¹⁵ κλέπτω 3p aor act ind, steal
¹⁶ κοιμάομαι pres pas ptc m p gen, be asleep
¹⁷ ἡγεμών, -όνος m, governor
¹⁸ πείθω 1p fut act ind, persuade
¹⁹ ἀμέριμνος, -ον, free from worry
²⁰ ἀργύριον, -ου n, money
²¹ διαφημίζω 3s aor pas ind, spread around
²² μέχρι, prep + gen, until
²³ ἕνδεκα, eleven
²⁴ οὗ, adv, where
²⁵ τάσσω 3s aor mid ind, tell
²⁶ διστάζω 3p aor act ind, doubt
²⁷ προσέρχομαι aor act ptc m s nom, come/go to
²⁸ δίδωμι 3s aor pas ind, give
²⁹ μαθητεύω 2p aor act impv, make a disciple of
³⁰ ἐντέλλομαι 1s aor mid ind, command
³¹ συντέλεια, -ας f, end

ΚΑΤΑ ΜΑΡΚΟΝ

The Preaching of John the Baptist (Mt 3.1-12; Lk 3.1-9, 15-17; Jn 1.19-28)

1 Ἀρχὴ τοῦ εὐαγγελίου Ἰησοῦ Χριστοῦ υἱοῦ τοῦ θεοῦ. 2 Καθὼς γέγραπται ἐν τῷ Ἠσαΐᾳ τῷ προφήτῃ·
ἰδοὺ ἐγὼ ἀποστέλλω τὸν ἄγγελόν μου πρὸ προσώπου σου
ὃς κατασκευάσει[1] τὴν ὁδόν σου·
3 φωνὴ βοῶντος[2] ἐν τῇ ἐρήμῳ·
ἑτοιμάσατε τὴν ὁδὸν κυρίου,
εὐθείας[3] ποιεῖτε τὰς τρίβους[4] αὐτοῦ,
4 ἐγένετο Ἰωάννης βαπτίζων ἐν τῇ ἐρήμῳ καὶ κηρύσσων βάπτισμα[5] μετανοίας[6] εἰς ἄφεσιν[7] ἁμαρτιῶν. 5 καὶ ἐξεπορεύετο πρὸς αὐτὸν πᾶσα ἡ Ἰουδαία χώρα[8] καὶ οἱ Ἱεροσολυμῖται πάντες, καὶ ἐβαπτίζοντο ὑπ' αὐτοῦ ἐν τῷ Ἰορδάνῃ ποταμῷ[9] ἐξομολογούμενοι[10] τὰς ἁμαρτίας αὐτῶν. 6 καὶ ἦν ὁ Ἰωάννης ἐνδεδυμένος[11] τρίχας[12] καμήλου[13] καὶ ζώνην[14] δερματίνην[15] περὶ τὴν ὀσφὺν[16] αὐτοῦ καὶ ἐσθίων ἀκρίδας[17] καὶ μέλι[18] ἄγριον[19].

7 Καὶ ἐκήρυσσεν λέγων· ἔρχεται ὁ ἰσχυρότερός[20] μου ὀπίσω μου οὗ οὐκ εἰμὶ ἱκανὸς κύψας[21] λῦσαι τὸν ἱμάντα[22] τῶν ὑποδημάτων[23] αὐτοῦ. 8 ἐγὼ ἐβάπτισα[24] ὑμᾶς ὕδατι, αὐτὸς δὲ βαπτίσει ὑμᾶς ἐν πνεύματι ἁγίῳ.

The Baptism of Jesus (Mt 3.13-17; Lk 3.21-22)

9 Καὶ ἐγένετο ἐν ἐκείναις ταῖς ἡμέραις, ἦλθεν Ἰησοῦς ἀπὸ Ναζαρὲτ τῆς Γαλιλαίας καὶ ἐβαπτίσθη εἰς τὸν Ἰορδάνην ὑπὸ Ἰωάννου. 10 καὶ εὐθὺς ἀναβαίνων ἐκ τοῦ ὕδατος[25] εἶδεν σχιζομένους[26] τοὺς οὐρανοὺς καὶ τὸ πνεῦμα ὡς περιστερὰν[27]

---

[1] κατασκευάζω 3s fut act ind, prepare
[2] βοάω pres act ptc m s gen, shout
[3] εὐθύς, -εῖα/ύ, straight
[4] τρίβος, -ου f, path
[5] βάπτισμα, -τος n, baptism
[6] μετάνοια, -ας f, repentance
[7] ἄφεσις, -εως f, forgiveness
[8] χώρα, -ας f, region
[9] ποταμός, -οῦ m, river
[10] ἐξομολογέω pres mid ptc m p nom, confess
[11] ἐνδύω pf mid ptc m s nom, mid wear
[12] θρίξ, τριχός f, hair
[13] κάμηλος, -ου m & f, camel
[14] ζώνη, -ης f, belt
[15] δερμάτινος, -η/ον, of leather
[16] ὀσφῦς, -ύος f, waist
[17] ἀκρίς, -ίδος f, locust
[18] μέλι, -ιτος n, honey
[19] ἄγριος, -α/ον, wild
[20] ἰσχυρός, strong (comp)
[21] κύπτω aor act ptc m s nom, stoop down
[22] ἱμάς, -άντος m, strap
[23] ὑπόδημα, -τος n, sandal
[24] βαπτίζω 1s aor act ind, baptize
[25] ὕδωρ, ὕδατος n, water
[26] σχίζω pres pas ptc m p acc, split open
[27] περιστερά, -ᾶς f, dove/pigeon

καταβαῖνον εἰς αὐτόν· **11** καὶ φωνὴ ἐγένετο ἐκ τῶν οὐρανῶν· σὺ εἶ ὁ υἱός μου ὁ ἀγαπητός, ἐν σοὶ εὐδόκησα[1].

The Temptation of Jesus (Mt 4.1-11; Lk 4.1-13)

12 Καὶ εὐθὺς τὸ πνεῦμα αὐτὸν ἐκβάλλει εἰς τὴν ἔρημον. **13** καὶ ἦν ἐν τῇ ἐρήμῳ τεσσεράκοντα[2] ἡμέρας πειραζόμενος ὑπὸ τοῦ σατανᾶ καὶ ἦν μετὰ τῶν θηρίων, καὶ οἱ ἄγγελοι διηκόνουν αὐτῷ.

The Beginning of the Galilean Ministry (Mt 4.12-17; Lk 4.14-15)

14 Μετὰ δὲ τὸ παραδοθῆναι[3] τὸν Ἰωάννην ἦλθεν ὁ Ἰησοῦς εἰς τὴν Γαλιλαίαν κηρύσσων τὸ εὐαγγέλιον τοῦ θεοῦ **15** καὶ λέγων ὅτι πεπλήρωται ὁ καιρὸς καὶ ἤγγικεν[4] ἡ βασιλεία τοῦ θεοῦ· μετανοεῖτε καὶ πιστεύετε ἐν τῷ εὐαγγελίῳ.

The Calling of Four Fishermen (Mt 4.18-22; Lk 5.1-11)

16 Καὶ παράγων[5] παρὰ τὴν θάλασσαν τῆς Γαλιλαίας εἶδεν Σίμωνα καὶ Ἀνδρέαν τὸν ἀδελφὸν Σίμωνος ἀμφιβάλλοντας[6] ἐν τῇ θαλάσσῃ· ἦσαν γὰρ ἁλιεῖς[7]. **17** καὶ εἶπεν αὐτοῖς ὁ Ἰησοῦς· δεῦτε[8] ὀπίσω μου, καὶ ποιήσω ὑμᾶς γενέσθαι ἁλιεῖς ἀνθρώπων. **18** καὶ εὐθὺς ἀφέντες[9] τὰ δίκτυα[10] ἠκολούθησαν αὐτῷ. **19** καὶ προβὰς[11] ὀλίγον εἶδεν Ἰάκωβον τὸν τοῦ Ζεβεδαίου καὶ Ἰωάννην τὸν ἀδελφὸν αὐτοῦ καὶ αὐτοὺς ἐν τῷ πλοίῳ καταρτίζοντας[12] τὰ δίκτυα **20** καὶ εὐθὺς ἐκάλεσεν αὐτούς. καὶ ἀφέντες τὸν πατέρα αὐτῶν Ζεβεδαῖον ἐν τῷ πλοίῳ μετὰ τῶν μισθωτῶν[13] ἀπῆλθον ὀπίσω αὐτοῦ.

The Man with an Unclean Spirit (Lk 4.31-37)

21 Καὶ εἰσπορεύονται[14] εἰς Καφαρναούμ· καὶ εὐθὺς τοῖς σάββασιν εἰσελθὼν εἰς τὴν συναγωγὴν ἐδίδασκεν. **22** καὶ ἐξεπλήσσοντο[15] ἐπὶ τῇ διδαχῇ[16] αὐτοῦ· ἦν γὰρ διδάσκων αὐτοὺς ὡς ἐξουσίαν ἔχων καὶ οὐχ ὡς οἱ γραμματεῖς. **23** Καὶ εὐθὺς ἦν ἐν τῇ συναγωγῇ αὐτῶν ἄνθρωπος ἐν πνεύματι ἀκαθάρτῳ καὶ ἀνέκραξεν[17] **24** λέγων· τί ἡμῖν καὶ σοί, Ἰησοῦ Ναζαρηνέ; ἦλθες ἀπολέσαι[18] ἡμᾶς; οἶδά σε τίς εἶ, ὁ ἅγιος τοῦ θεοῦ. **25** καὶ ἐπετίμησεν[19] αὐτῷ ὁ Ἰησοῦς λέγων· φιμώθητι[20] καὶ

---

[1] εὐδοκέω 1s aor act ind, be pleased
[2] τεσσεράκοντα, forty
[3] παραδίδωμι aor pas inf, pas be arrested
[4] ἐγγίζω 3s pf act ind, come near
[5] παράγω pres act ptc m s nom, pass by
[6] ἀμφιβάλλω pres act ptc m p acc, cast a fishnet
[7] ἁλιεύς, -έως m, fisherman
[8] δεῦτε, interj, Come!
[9] ἀφίημι aor act ptc m p nom, leave
[10] δίκτυον, -ου n, fishnet
[11] προβαίνω aor act ptc m s nom, go on
[12] καταρτίζω pres act ptc m p acc, mend
[13] μισθωτός, -οῦ m, hired worker
[14] εἰσπορεύομαι 3p pres mid ind, come/go in
[15] ἐκπλήσσω 3p impf pas ind, amaze
[16] διδαχή, -ῆς f, teaching
[17] ἀνακράζω 3s aor act ind, shout
[18] ἀπόλλυμι aor act inf, destroy
[19] ἐπιτιμάω 3s aor act ind, rebuke
[20] φιμόω 2s aor pas impv, pas be silent

ἔξελθε¹ ἐξ αὐτοῦ. **26** καὶ σπαράξαν² αὐτὸν τὸ πνεῦμα τὸ ἀκάθαρτον καὶ φωνῆσαν φωνῇ μεγάλῃ ἐξῆλθεν ἐξ αὐτοῦ. **27** καὶ ἐθαμβήθησαν³ ἅπαντες ὥστε συζητεῖν⁴ πρὸς ἑαυτοὺς λέγοντας· τί ἐστιν τοῦτο; διδαχὴ καινὴ κατ' ἐξουσίαν· καὶ τοῖς πνεύμασιν τοῖς ἀκαθάρτοις ἐπιτάσσει⁵, καὶ ὑπακούουσιν⁶ αὐτῷ. **28** καὶ ἐξῆλθεν ἡ ἀκοὴ⁷ αὐτοῦ εὐθὺς πανταχοῦ⁸ εἰς ὅλην τὴν περίχωρον⁹ τῆς Γαλιλαίας.

The Healing of Many People (Mt 8.14-17; Lk 4.38-41)

29 Καὶ εὐθὺς ἐκ τῆς συναγωγῆς ἐξελθόντες ἦλθον εἰς τὴν οἰκίαν Σίμωνος καὶ Ἀνδρέου μετὰ Ἰακώβου καὶ Ἰωάννου. **30** ἡ δὲ πενθερὰ¹⁰ Σίμωνος κατέκειτο¹¹ πυρέσσουσα¹², καὶ εὐθὺς λέγουσιν αὐτῷ περὶ αὐτῆς. **31** καὶ προσελθὼν¹³ ἤγειρεν αὐτὴν κρατήσας τῆς χειρός· καὶ ἀφῆκεν¹⁴ αὐτὴν ὁ πυρετός¹⁵, καὶ διηκόνει αὐτοῖς. **32** Ὀψίας¹⁶ δὲ γενομένης ὅτε ἔδυ¹⁷ ὁ ἥλιος, ἔφερον πρὸς αὐτὸν πάντας τοὺς κακῶς¹⁸ ἔχοντας καὶ τοὺς δαιμονιζομένους¹⁹· **33** καὶ ἦν ὅλη ἡ πόλις ἐπισυνηγμένη²⁰ πρὸς τὴν θύραν. **34** καὶ ἐθεράπευσεν πολλοὺς κακῶς ἔχοντας ποικίλαις²¹ νόσοις²² καὶ δαιμόνια πολλὰ ἐξέβαλεν²³ καὶ οὐκ ἤφιεν²⁴ λαλεῖν τὰ δαιμόνια, ὅτι ᾔδεισαν²⁵ αὐτόν.

A Preaching Tour (Lk 4.42-44)

35 Καὶ πρωῒ²⁶ ἔννυχα²⁷ λίαν²⁸ ἀναστὰς²⁹ ἐξῆλθεν καὶ ἀπῆλθεν εἰς ἔρημον τόπον κἀκεῖ³⁰ προσηύχετο. **36** καὶ κατεδίωξεν³¹ αὐτὸν Σίμων καὶ οἱ μετ' αὐτοῦ, **37** καὶ εὗρον³² αὐτὸν καὶ λέγουσιν αὐτῷ ὅτι πάντες ζητοῦσίν σε. **38** καὶ λέγει αὐτοῖς· ἄγωμεν ἀλλαχοῦ³³ εἰς τὰς ἐχομένας κωμοπόλεις³⁴, ἵνα καὶ ἐκεῖ κηρύξω· εἰς τοῦτο γὰρ ἐξῆλθον. **39** καὶ ἦλθεν κηρύσσων εἰς τὰς συναγωγὰς αὐτῶν εἰς ὅλην τὴν Γαλιλαίαν καὶ τὰ δαιμόνια ἐκβάλλων.

---

¹ ἐξέρχομαι 2s aor act impv, come/go out
² σπαράσσω aor act ptc n s nom, shake violently
³ θαμβέομαι 3p aor pas ind, be amazed
⁴ συζητέω pres act inf, argue/discuss
⁵ ἐπιτάσσω 3s pres act ind, order
⁶ ὑπακούω 3p pres act ind, obey
⁷ ἀκοή, -ῆς f, news
⁸ πανταχοῦ, adv, everywhere
⁹ περίχωρος, -ου f, surrounding region
¹⁰ πενθερά, -ᾶς f, mother-in-law
¹¹ κατάκειμαι 3s impf mid ind, lie (in bed)
¹² πυρέσσω pres act ptc f s nom, be sick with fever
¹³ προσέρχομαι aor act ptc m s nom, go to
¹⁴ ἀφίημι 3s aor act ind, leave
¹⁵ πυρετός, -οῦ m, fever
¹⁶ ὄψιος, -α/ον, late (ἡ ὀψία f evening)
¹⁷ δύνω 3s aor act ind, set (of the sun)
¹⁸ κακῶς, adv, badly (κ. ἔχω be sick)
¹⁹ δαιμονίζομαι pres pas ptc m p acc, be demon possessed
²⁰ ἐπισυνάγω pf pas ptc f s nom, gather
²¹ ποικίλος, -η/ον, all kinds of
²² νόσος, -ου f, disease
²³ ἐκβάλλω 3s aor act ind, force out
²⁴ ἀφίημι 3s impf act ind, let
²⁵ οἶδα 3p plpf act ind, know
²⁶ πρωΐ, adv, early
²⁷ ἔννυχος, adv, in the night (ἔ. λίαν long before daylight)
²⁸ λίαν, adv, very much
²⁹ ἀνίστημι aor act ptc m s nom, get up
³⁰ κἀκεῖ, = καὶ ἐκεῖ, and there
³¹ καταδιώκω 3s aor act ind, search for diligently
³² εὑρίσκω 3p aor act ind, find
³³ ἀλλαχοῦ, adv, elsewhere
³⁴ κωμόπολις, -εως f, town

The Healing of a Man with Leprosy   (Mt 8.1-4; Lk 5.12-16)

40 Καὶ ἔρχεται πρὸς αὐτὸν λεπρός¹ παρακαλῶν αὐτὸν καὶ γονυπετῶν² καὶ λέγων αὐτῷ ὅτι ἐὰν θέλῃς δύνασαί με καθαρίσαι³. 41 καὶ σπλαγχνισθεὶς⁴ ἐκτείνας⁵ τὴν χεῖρα αὐτοῦ ἥψατο⁶ καὶ λέγει αὐτῷ· θέλω, καθαρίσθητι· 42 καὶ εὐθὺς ἀπῆλθεν ἀπ' αὐτοῦ ἡ λέπρα⁷, καὶ ἐκαθαρίσθη. 43 καὶ ἐμβριμησάμενος⁸ αὐτῷ εὐθὺς ἐξέβαλεν⁹ αὐτὸν 44 καὶ λέγει αὐτῷ· ὅρα, μηδενὶ μηδὲν εἴπῃς, ἀλλ' ὕπαγε σεαυτὸν δεῖξον¹⁰ τῷ ἱερεῖ καὶ προσένεγκε¹¹ περὶ τοῦ καθαρισμοῦ¹² σου ἃ προσέταξεν¹³ Μωϋσῆς, εἰς μαρτύριον¹⁴ αὐτοῖς. 45 ὁ δὲ ἐξελθὼν ἤρξατο¹⁵ κηρύσσειν πολλὰ καὶ διαφημίζειν¹⁶ τὸν λόγον, ὥστε μηκέτι¹⁷ αὐτὸν δύνασθαι φανερῶς¹⁸ εἰς πόλιν εἰσελθεῖν, ἀλλ' ἔξω ἐπ' ἐρήμοις τόποις ἦν· καὶ ἤρχοντο πρὸς αὐτὸν πάντοθεν¹⁹.

The Healing of a Paralysed Man   (Mt 9.1-8; Lk 5.17-26)

2 Καὶ εἰσελθὼν πάλιν εἰς Καφαρναοὺμ δι' ἡμερῶν ἠκούσθη ὅτι ἐν οἴκῳ²⁰ ἐστίν. 2 καὶ συνήχθησαν²¹ πολλοὶ ὥστε μηκέτι²² χωρεῖν²³ μηδὲ τὰ πρὸς τὴν θύραν, καὶ ἐλάλει αὐτοῖς τὸν λόγον. 3 καὶ ἔρχονται φέροντες πρὸς αὐτὸν παραλυτικὸν²⁴ αἰρόμενον ὑπὸ τεσσάρων. 4 καὶ μὴ δυνάμενοι προσενέγκαι²⁵ αὐτῷ διὰ τὸν ὄχλον ἀπεστέγασαν²⁶ τὴν στέγην²⁷, ὅπου ἦν, καὶ ἐξορύξαντες²⁸ χαλῶσιν²⁹ τὸν κράβαττον³⁰, ὅπου ὁ παραλυτικὸς κατέκειτο³¹. 5 καὶ ἰδὼν ὁ Ἰησοῦς τὴν πίστιν αὐτῶν λέγει τῷ παραλυτικῷ· τέκνον, ἀφίενταί³² σου αἱ ἁμαρτίαι. 6 ἦσαν δέ τινες τῶν γραμματέων ἐκεῖ καθήμενοι καὶ διαλογιζόμενοι³³ ἐν ταῖς καρδίαις αὐτῶν· 7 τί οὗτος οὕτως λαλεῖ; βλασφημεῖ· τίς δύναται ἀφιέναι³⁴ ἁμαρτίας εἰ μὴ εἷς ὁ θεός; 8 καὶ εὐθὺς ἐπιγνοὺς³⁵ ὁ Ἰησοῦς τῷ πνεύματι αὐτοῦ ὅτι οὕτως διαλογίζονται ἐν ἑαυτοῖς λέγει αὐτοῖς· τί ταῦτα διαλογίζεσθε ἐν ταῖς καρδίαις ὑμῶν; 9 τί ἐστιν εὐκοπώτερον³⁶,

---

¹ λεπρός, -οῦ m, leper/person with a skin disease
² γονυπετέω pres act ptc m s nom, kneel
³ καθαρίζω aor act inf, make clean
⁴ σπλαγχνίζομαι aor pas ptc m s nom, have pity
⁵ ἐκτείνω aor act ptc m s nom, stretch out
⁶ ἅπτω 3s aor mid ind, mid touch
⁷ λέπρα, -ας f, leprosy/skin disease
⁸ ἐμβριμάομαι aor mid ptc m s nom, strictly warn
⁹ ἐκβάλλω 3s aor act ind, send away
¹⁰ δείκνυμι 2s aor act impv, show
¹¹ προσφέρω 2s aor act impv, offer
¹² καθαρισμός, -οῦ m, cleansing
¹³ προστάσσω 3s aor act ind, command
¹⁴ μαρτύριον, -ου n, evidence
¹⁵ ἄρχω 3s aor mid ind, mid begin
¹⁶ διαφημίζω pres act inf, spread around
¹⁷ μηκέτι, adv, no longer
¹⁸ φανερῶς, adv, openly
¹⁹ πάντοθεν, adv, from everywhere
²⁰ οἶκος, -ου m, home/house (ἐν οἴκῳ at home)
²¹ συνάγω 3p aor pas ind, gather
²² μηκέτι, adv, no longer
²³ χωρέω pres act inf, have room for
²⁴ παραλυτικός, -οῦ m, person unable to walk
²⁵ προσφέρω aor act inf, bring
²⁶ ἀποστεγάζω 3p aor act ind, remove (a roof)
²⁷ στέγη, -ης f, roof
²⁸ ἐξορύσσω aor act ptc m p nom, dig out
²⁹ χαλάω 3p pres act ind, lower
³⁰ κράβαττος, -ου m, mat
³¹ κατάκειμαι 3s impf mid ind, lie (in bed)
³² ἀφίημι 3p pres pas ind, forgive
³³ διαλογίζομαι pres mid ptc m p nom, question
³⁴ ἀφίημι pres act inf, forgive
³⁵ ἐπιγινώσκω aor act ptc m s nom, know
³⁶ εὔκοπος, easy (comp)

εἰπεῖν τῷ παραλυτικῷ· ἀφίενταί σου αἱ ἁμαρτίαι, ἢ εἰπεῖν· ἔγειρε καὶ ἆρον¹ τὸν κράβαττόν σου καὶ περιπάτει; 10 ἵνα δὲ εἰδῆτε² ὅτι ἐξουσίαν ἔχει ὁ υἱὸς τοῦ ἀνθρώπου ἀφιέναι ἁμαρτίας ἐπὶ τῆς γῆς – λέγει τῷ παραλυτικῷ· 11 σοὶ λέγω, ἔγειρε, ἆρον τὸν κράβαττόν σου καὶ ὕπαγε εἰς τὸν οἶκόν σου. 12 καὶ ἠγέρθη³ καὶ εὐθὺς ἄρας τὸν κράβαττον ἐξῆλθεν ἐναντίον⁴ πάντων, ὥστε ἐξίστασθαι⁵ πάντας καὶ δοξάζειν τὸν θεὸν λέγοντας ὅτι οὕτως οὐδέποτε⁶ εἴδομεν.

The Calling of Levi (Mt 9.9-13; Lk 5.27-32)

13 Καὶ ἐξῆλθεν πάλιν παρὰ τὴν θάλασσαν, καὶ πᾶς ὁ ὄχλος ἤρχετο πρὸς αὐτόν, καὶ ἐδίδασκεν αὐτούς. 14 καὶ παράγων⁷ εἶδεν Λευὶν τὸν τοῦ Ἁλφαίου καθήμενον ἐπὶ τὸ τελώνιον⁸ καὶ λέγει αὐτῷ· ἀκολούθει μοι. καὶ ἀναστὰς⁹ ἠκολούθησεν αὐτῷ.

15 Καὶ γίνεται κατακεῖσθαι¹⁰ αὐτὸν ἐν τῇ οἰκίᾳ αὐτοῦ, καὶ πολλοὶ τελῶναι¹¹ καὶ ἁμαρτωλοὶ συνανέκειντο¹² τῷ Ἰησοῦ καὶ τοῖς μαθηταῖς αὐτοῦ· ἦσαν γὰρ πολλοὶ καὶ ἠκολούθουν αὐτῷ. 16 καὶ οἱ γραμματεῖς τῶν Φαρισαίων ἰδόντες ὅτι ἐσθίει μετὰ τῶν ἁμαρτωλῶν καὶ τελωνῶν ἔλεγον τοῖς μαθηταῖς αὐτοῦ ὅτι μετὰ τῶν τελωνῶν καὶ ἁμαρτωλῶν ἐσθίει; 17 καὶ ἀκούσας ὁ Ἰησοῦς λέγει αὐτοῖς ὅτι οὐ χρείαν ἔχουσιν οἱ ἰσχύοντες¹³ ἰατροῦ¹⁴ ἀλλ' οἱ κακῶς¹⁵ ἔχοντες· οὐκ ἦλθον καλέσαι δικαίους ἀλλ' ἁμαρτωλούς.

The Question about Fasting (Mt 9.14-17; Lk 5.33-39)

18 Καὶ ἦσαν οἱ μαθηταὶ Ἰωάννου καὶ οἱ Φαρισαῖοι νηστεύοντες¹⁶. καὶ ἔρχονται καὶ λέγουσιν αὐτῷ· διὰ τί οἱ μαθηταὶ Ἰωάννου καὶ οἱ μαθηταὶ τῶν Φαρισαίων νηστεύουσιν, οἱ δὲ σοὶ μαθηταὶ οὐ νηστεύουσιν; 19 καὶ εἶπεν αὐτοῖς ὁ Ἰησοῦς· μὴ δύνανται οἱ υἱοὶ τοῦ νυμφῶνος¹⁷ ἐν ᾧ ὁ νυμφίος¹⁸ μετ' αὐτῶν ἐστιν νηστεύειν; ὅσον χρόνον ἔχουσιν τὸν νυμφίον μετ' αὐτῶν, οὐ δύνανται νηστεύειν. 20 ἐλεύσονται¹⁹ δὲ ἡμέραι, ὅταν ἀπαρθῇ²⁰ ἀπ' αὐτῶν ὁ νυμφίος, καὶ τότε νηστεύσουσιν ἐν ἐκείνῃ τῇ ἡμέρᾳ. 21 οὐδεὶς ἐπίβλημα²¹ ῥάκους²² ἀγνάφου²³ ἐπιράπτει²⁴ ἐπὶ ἱμάτιον παλαιόν²⁵· εἰ δὲ

---

¹ αἴρω 2s aor act impv, take up
² οἶδα 2p pf act sub, know
³ ἐγείρω 3s aor pas ind, intrans pas get up
⁴ ἐναντίον, prep + gen, in the sight of
⁵ ἐξίστημι pres mid inf, intrans be amazed
⁶ οὐδέποτε, adv, never
⁷ παράγω pres act ptc m s nom, pass by
⁸ τελώνιον, -ου n, tax office
⁹ ἀνίστημι aor act ptc m s nom, get up
¹⁰ κατάκειμαι pres mid inf, sit (for a meal)
¹¹ τελώνης, -ου m, tax-collector
¹² συνανάκειμαι 3p impf mid ind, sit (for a meal) with
¹³ ἰσχύω pres act ptc m p nom, be well
¹⁴ ἰατρός, -οῦ m, doctor
¹⁵ κακῶς, adv, badly (κ. ἔχω be sick)
¹⁶ νηστεύω pres act ptc m p nom, fast
¹⁷ νυμφών, -ῶνος m, wedding hall (υἱὸς του ν. wedding guest)
¹⁸ νυμφίος, -ου m, bridegroom
¹⁹ ἔρχομαι 3p fut mid ind, come
²⁰ ἀπαίρω 3s aor pas sub, take away
²¹ ἐπίβλημα, -τος n, piece/patch
²² ῥάκος, -ους n, piece of cloth
²³ ἄγναφος, -ον, new/unshrunken
²⁴ ἐπιράπτω 3s pres act ind, sew on
²⁵ παλαιός, -ά/όν, old

μή, αἴρει τὸ πλήρωμα¹ ἀπ' αὐτοῦ τὸ καινὸν τοῦ παλαιοῦ, καὶ χεῖρον² σχίσμα³ γίνεται. **22** καὶ οὐδεὶς βάλλει οἶνον νέον εἰς ἀσκοὺς⁴ παλαιούς· εἰ δὲ μή, ῥήξει⁵ ὁ οἶνος τοὺς ἀσκοὺς καὶ ὁ οἶνος ἀπόλλυται καὶ οἱ ἀσκοί· ἀλλ' οἶνον νέον εἰς ἀσκοὺς καινούς.

Plucking Grain on the Sabbath (Mt 12.1-8; Lk 6.1-5)

23 Καὶ ἐγένετο αὐτὸν ἐν τοῖς σάββασιν παραπορεύεσθαι⁶ διὰ τῶν σπορίμων⁷, καὶ οἱ μαθηταὶ αὐτοῦ ἤρξαντο⁸ ὁδὸν ποιεῖν τίλλοντες⁹ τοὺς στάχυας¹⁰. **24** καὶ οἱ Φαρισαῖοι ἔλεγον αὐτῷ· ἴδε¹¹ τί ποιοῦσιν τοῖς σάββασιν ὃ οὐκ ἔξεστιν; **25** καὶ λέγει αὐτοῖς· οὐδέποτε¹² ἀνέγνωτε¹³ τί ἐποίησεν Δαυὶδ, ὅτε χρείαν ἔσχεν καὶ ἐπείνασεν¹⁴ αὐτὸς καὶ οἱ μετ' αὐτοῦ, **26** πῶς εἰσῆλθεν εἰς τὸν οἶκον τοῦ θεοῦ ἐπὶ Ἀβιαθὰρ ἀρχιερέως καὶ τοὺς ἄρτους τῆς προθέσεως¹⁵ ἔφαγεν¹⁶ οὓς οὐκ ἔξεστιν φαγεῖν εἰ μὴ τοὺς ἱερεῖς, καὶ ἔδωκεν καὶ τοῖς σὺν αὐτῷ οὖσιν; **27** καὶ ἔλεγεν αὐτοῖς· τὸ σάββατον διὰ τὸν ἄνθρωπον ἐγένετο καὶ οὐχ ὁ ἄνθρωπος διὰ τὸ σάββατον· **28** ὥστε κύριός ἐστιν ὁ υἱὸς τοῦ ἀνθρώπου καὶ τοῦ σαββάτου.

The Man with a Withered Hand (Mt 12.9-14; Lk 6.6-11)

3 Καὶ εἰσῆλθεν πάλιν εἰς τὴν συναγωγήν. καὶ ἦν ἐκεῖ ἄνθρωπος ἐξηραμμένην¹⁷ ἔχων τὴν χεῖρα. **2** καὶ παρετήρουν¹⁸ αὐτὸν εἰ τοῖς σάββασιν θεραπεύσει αὐτόν, ἵνα κατηγορήσωσιν¹⁹ αὐτοῦ. **3** καὶ λέγει τῷ ἀνθρώπῳ τῷ τὴν ξηρὰν²⁰ χεῖρα ἔχοντι· ἔγειρε εἰς τὸ μέσον. **4** καὶ λέγει αὐτοῖς· ἔξεστιν τοῖς σάββασιν ἀγαθὸν ποιῆσαι ἢ κακοποιῆσαι²¹, ψυχὴν σῶσαι ἢ ἀποκτεῖναι; οἱ δὲ ἐσιώπων²². **5** καὶ περιβλεψάμενος²³ αὐτοὺς μετ' ὀργῆς, συλλυπούμενος²⁴ ἐπὶ τῇ πωρώσει²⁵ τῆς καρδίας αὐτῶν λέγει τῷ ἀνθρώπῳ· ἔκτεινον²⁶ τὴν χεῖρα. καὶ ἐξέτεινεν καὶ ἀπεκατεστάθη²⁷ ἡ χεὶρ αὐτοῦ. **6** καὶ ἐξελθόντες οἱ Φαρισαῖοι εὐθὺς μετὰ τῶν Ἡρῳδιανῶν²⁸ συμβούλιον²⁹ ἐδίδουν³⁰ κατ' αὐτοῦ ὅπως αὐτὸν ἀπολέσωσιν³¹.

---

[1] πλήρωμα, -τος n, patch (of cloth)
[2] χείρων, worse (comp of κακός)
[3] σχίσμα, -τος n, tear (of cloth)
[4] ἀσκός, -οῦ m, wine-skin
[5] ῥήγνυμι/ῥήσσω 3s fut act ind, burst
[6] παραπορεύομαι pres mid inf, go through
[7] σπόριμος, -ων m, grainfield
[8] ἄρχω 3p aor mid ind, mid begin
[9] τίλλω pres act ptc m p nom, pick
[10] στάχυς, -υος m, head of grain
[11] ἴδε, interj, Look!
[12] οὐδέποτε, adv, never
[13] ἀναγινώσκω 2p aor act ind, read
[14] πεινάω 3s aor act ind, be hungry
[15] πρόθεσις, -εως f, something offered to God (ἄρτοι τῆς π. bread offered to God)
[16] ἐσθίω 3s aor act ind, eat
[17] ξηραίνω pf pas ptc f s acc, pas be paralyzed
[18] παρατηρέω 3p impf act ind, watch closely
[19] κατηγορέω 3p aor act sub, accuse
[20] ξηρός, -ά/όν, paralyzed
[21] κακοποιέω aor act inf, do evil
[22] σιωπάω 3p impf act ind, be silent
[23] περιβλέπω aor mid ptc m s nom, look around
[24] συλλυπέω pres pas ptc m s nom, feel sorry for
[25] πώρωσις, -εως f, stubbornness
[26] ἐκτείνω 2s aor act impv, stretch out
[27] ἀποκαθίστημι 3s aor pas ind, heal
[28] Ἡρῳδιανοί, -ῶν m, Herodians (partisans of the Herodian family)
[29] συμβούλιον,-ου n, plan (σ. ἐδίδουν they made plans)
[30] δίδωμι 3p impf act ind, give
[31] ἀπόλλυμι 3p aor act sub, kill

The Crowds by the Sea

7 Καὶ ὁ Ἰησοῦς μετὰ τῶν μαθητῶν αὐτοῦ ἀνεχώρησεν[1] πρὸς τὴν θάλασσαν, καὶ πολὺ πλῆθος ἀπὸ τῆς Γαλιλαίας ἠκολούθησεν, καὶ ἀπὸ τῆς Ἰουδαίας **8** καὶ ἀπὸ Ἱεροσολύμων καὶ ἀπὸ τῆς Ἰδουμαίας καὶ πέραν[2] τοῦ Ἰορδάνου καὶ περὶ Τύρον καὶ Σιδῶνα πλῆθος πολὺ ἀκούοντες ὅσα ἐποίει ἦλθον πρὸς αὐτόν. **9** καὶ εἶπεν τοῖς μαθηταῖς αὐτοῦ ἵνα πλοιάριον[3] προσκαρτερῇ[4] αὐτῷ διὰ τὸν ὄχλον ἵνα μὴ θλίβωσιν[5] αὐτόν· **10** πολλοὺς γὰρ ἐθεράπευσεν, ὥστε ἐπιπίπτειν[6] αὐτῷ ἵνα αὐτοῦ ἅψωνται[7] ὅσοι εἶχον[8] μάστιγας[9]. **11** καὶ τὰ πνεύματα τὰ ἀκάθαρτα, ὅταν αὐτὸν ἐθεώρουν, προσέπιπτον[10] αὐτῷ καὶ ἔκραζον λέγοντα ὅτι σὺ εἶ ὁ υἱὸς τοῦ θεοῦ. **12** καὶ πολλὰ ἐπετίμα[11] αὐτοῖς ἵνα μὴ αὐτὸν φανερὸν[12] ποιήσωσιν.

The Choosing of the Twelve (Mt 10.1-4; Lk 6.12-16)

13 Καὶ ἀναβαίνει εἰς τὸ ὄρος καὶ προσκαλεῖται[13] οὓς ἤθελεν αὐτός, καὶ ἀπῆλθον πρὸς αὐτόν. **14** καὶ ἐποίησεν δώδεκα ἵνα ὦσιν μετ' αὐτοῦ καὶ ἵνα ἀποστέλλῃ αὐτοὺς κηρύσσειν **15** καὶ ἔχειν ἐξουσίαν ἐκβάλλειν τὰ δαιμόνια· **16** καὶ ἐπέθηκεν[14] ὄνομα τῷ Σίμωνι Πέτρον, **17** καὶ Ἰάκωβον τὸν τοῦ Ζεβεδαίου καὶ Ἰωάννην τὸν ἀδελφὸν τοῦ Ἰακώβου καὶ ἐπέθηκεν αὐτοῖς ὀνόματα Βοανηργές, ὅ ἐστιν υἱοὶ βροντῆς[15]· **18** καὶ Ἀνδρέαν καὶ Φίλιππον καὶ Βαρθολομαῖον καὶ Μαθθαῖον καὶ Θωμᾶν καὶ Ἰάκωβον τὸν τοῦ Ἀλφαίου καὶ Θαδδαῖον καὶ Σίμωνα τὸν Καναναῖον[16] **19** καὶ Ἰούδαν Ἰσκαριώθ, ὃς καὶ παρέδωκεν αὐτόν.

Jesus and Beelzebul (Mt 12.22-32; Lk 11.14-23; 12.10)

20 Καὶ ἔρχεται εἰς οἶκον· καὶ συνέρχεται[17] πάλιν ὄχλος, ὥστε μὴ δύνασθαι αὐτοὺς μηδὲ ἄρτον φαγεῖν[18]. **21** καὶ ἀκούσαντες οἱ παρ' αὐτοῦ ἐξῆλθον κρατῆσαι αὐτόν· ἔλεγον γὰρ ὅτι ἐξέστη.[19]

22 Καὶ οἱ γραμματεῖς οἱ ἀπὸ Ἱεροσολύμων καταβάντες[20] ἔλεγον ὅτι Βεελζεβοὺλ ἔχει καὶ ὅτι ἐν τῷ ἄρχοντι τῶν δαιμονίων ἐκβάλλει τὰ δαιμόνια.

---

[1] ἀναχωρέω 3s aor act ind, withdraw
[2] πέραν, prep + gen, on the other side
[3] πλοιάριον, -ου n, boat
[4] προσκαρτερέω 3s pres act sub, be ready
[5] θλίβω 3p pres act sub, crush
[6] ἐπιπίπτω pres act inf, crowd around
[7] ἅπτω 3p aor mid sub, mid touch
[8] ἔχω 3p impf act ind, have
[9] μάστιξ, -ιγος f, illness
[10] προσπίπτω 3p impf act ind, fall down before someone
[11] ἐπιτιμάω 3s impf act ind, order
[12] φανερός, -ά/όν, known
[13] προσκαλέομαι 3s pres mid ind, call
[14] ἐπιτίθημι 3s aor act ind, give
[15] βροντή, -ῆς f, thunder
[16] Καναναῖος, -ου m, Cananaean (probably Zealot, member of a Jewish nationalistic sect)
[17] συνέρχομαι 3s pres mid ind, gather
[18] ἐσθίω aor act inf, eat
[19] ἐξίστημι 3s aor act ind, be out of one's mind
[20] καταβαίνω aor act ptc m p nom, come (down)

23 Καὶ προσκαλεσάμενος¹ αὐτοὺς ἐν παραβολαῖς ἔλεγεν αὐτοῖς· πῶς δύναται σατανᾶς σατανᾶν ἐκβάλλειν; **24** καὶ ἐὰν βασιλεία ἐφ᾽ ἑαυτὴν μερισθῇ², οὐ δύναται σταθῆναι³ ἡ βασιλεία ἐκείνη· **25** καὶ ἐὰν οἰκία ἐφ᾽ ἑαυτὴν μερισθῇ, οὐ δυνήσεται ἡ οἰκία ἐκείνη σταθῆναι. **26** καὶ εἰ ὁ σατανᾶς ἀνέστη⁴ ἐφ᾽ ἑαυτὸν καὶ ἐμερίσθη, οὐ δύναται στῆναι ἀλλὰ τέλος ἔχει. **27** ἀλλ᾽ οὐ δύναται οὐδεὶς εἰς τὴν οἰκίαν τοῦ ἰσχυροῦ⁵ εἰσελθὼν τὰ σκεύη⁶ αὐτοῦ διαρπάσαι⁷, ἐὰν μὴ πρῶτον τὸν ἰσχυρὸν δήσῃ⁸, καὶ τότε τὴν οἰκίαν αὐτοῦ διαρπάσει.

28 Ἀμὴν λέγω ὑμῖν ὅτι πάντα ἀφεθήσεται⁹ τοῖς υἱοῖς τῶν ἀνθρώπων τὰ ἁμαρτήματα¹⁰ καὶ αἱ βλασφημίαι¹¹ ὅσα ἐὰν βλασφημήσωσιν· **29** ὃς δ᾽ ἂν βλασφημήσῃ εἰς τὸ πνεῦμα τὸ ἅγιον, οὐκ ἔχει ἄφεσιν¹² εἰς τὸν αἰῶνα, ἀλλ᾽ ἔνοχός¹³ ἐστιν αἰωνίου ἁμαρτήματος. **30** ὅτι ἔλεγον· πνεῦμα ἀκάθαρτον ἔχει.

The Mother and Brothers of Jesus   (Mt 12.46-50; Lk 8.19-21)

31 Καὶ ἔρχεται ἡ μήτηρ αὐτοῦ καὶ οἱ ἀδελφοὶ αὐτοῦ καὶ ἔξω στήκοντες¹⁴ ἀπέστειλαν¹⁵ πρὸς αὐτὸν καλοῦντες αὐτόν. **32** καὶ ἐκάθητο¹⁶ περὶ αὐτὸν ὄχλος, καὶ λέγουσιν αὐτῷ· ἰδοὺ ἡ μήτηρ σου καὶ οἱ ἀδελφοί σου ἔξω ζητοῦσίν σε. **33** καὶ ἀποκριθεὶς αὐτοῖς λέγει· τίς ἐστιν ἡ μήτηρ μου καὶ οἱ ἀδελφοί μου; **34** καὶ περιβλεψάμενος¹⁷ τοὺς περὶ αὐτὸν κύκλῳ¹⁸ καθημένους λέγει· ἴδε¹⁹ ἡ μήτηρ μου καὶ οἱ ἀδελφοί μου. **35** ὃς γὰρ ἂν ποιήσῃ τὸ θέλημα τοῦ θεοῦ, οὗτος ἀδελφός μου καὶ ἀδελφὴ καὶ μήτηρ ἐστίν.

The Parable of the Sower   (Mt 13.1-9; Lk 8.4-8)

4 Καὶ πάλιν ἤρξατο²⁰ διδάσκειν παρὰ τὴν θάλασσαν· καὶ συνάγεται πρὸς αὐτὸν ὄχλος πλεῖστος²¹, ὥστε αὐτὸν εἰς πλοῖον ἐμβάντα²² καθῆσθαι²³ ἐν τῇ θαλάσσῃ, καὶ πᾶς ὁ ὄχλος πρὸς τὴν θάλασσαν ἐπὶ τῆς γῆς ἦσαν. **2** καὶ ἐδίδασκεν αὐτοὺς ἐν παραβολαῖς πολλὰ καὶ ἔλεγεν αὐτοῖς ἐν τῇ διδαχῇ²⁴ αὐτοῦ· **3** Ἀκούετε. ἰδοὺ ἐξῆλθεν ὁ σπείρων σπεῖραι. **4** καὶ ἐγένετο ἐν τῷ σπείρειν ὃ μὲν ἔπεσεν²⁵ παρὰ τὴν ὁδόν, καὶ ἦλθεν τὰ πετεινὰ²⁶ καὶ κατέφαγεν²⁷ αὐτό. **5** καὶ ἄλλο

---

¹ προσκαλέομαι *aor mid ptc m s nom*, call to oneself
² μερίζω *3s aor pas sub*, divide
³ ἵστημι *aor pas inf, intrans pas* stand
⁴ ἀνίστημι *3s aor act ind*, rebel
⁵ ἰσχυρός, -ά/όν, strong
⁶ σκεῦος, -ους *n*, thing
⁷ διαρπάζω *aor act inf*, plunder
⁸ δέω *3s aor act sub*, tie up
⁹ ἀφίημι *3s fut pas ind*, forgive
¹⁰ ἁμάρτημα, -τος *n*, sin
¹¹ βλασφημία, -ας *f*, blasphemy
¹² ἄφεσις, -εως *f*, forgiveness
¹³ ἔνοχος, -ον, guilty
¹⁴ στήκω *pres act ptc m p nom*, stand
¹⁵ ἀποστέλλω *3p aor act ind*, send
¹⁶ κάθημαι *3s impf mid ind*, sit
¹⁷ περιβλέπω *aor mid ptc m s nom*, look around
¹⁸ κύκλῳ, *adv*, in a circle
¹⁹ ἴδε, *interj*, Look!
²⁰ ἄρχω *3s aor mid ind, mid* begin
²¹ πολύς, large (super)
²² ἐμβαίνω *aor act ptc m s acc*, get into
²³ κάθημαι *pres mid inf*, sit
²⁴ διδαχή, -ῆς *f*, teaching
²⁵ πίπτω *3s aor act ind*, fall
²⁶ πετεινόν, -οῦ *n*, bird
²⁷ κατεσθίω *3s aor act ind*, eat up

ἔπεσεν ἐπὶ τὸ πετρῶδες¹ ὅπου οὐκ εἶχεν γῆν πολλήν, καὶ εὐθὺς ἐξανέτειλεν² διὰ τὸ μὴ ἔχειν βάθος³ γῆς· 6 καὶ ὅτε ἀνέτειλεν⁴ ὁ ἥλιος ἐκαυματίσθη⁵ καὶ διὰ τὸ μὴ ἔχειν ῥίζαν⁶ ἐξηράνθη⁷. 7 καὶ ἄλλο ἔπεσεν εἰς τὰς ἀκάνθας⁸, καὶ ἀνέβησαν⁹ αἱ ἄκανθαι καὶ συνέπνιξαν¹⁰ αὐτό, καὶ καρπὸν οὐκ ἔδωκεν. 8 καὶ ἄλλα ἔπεσεν εἰς τὴν γῆν τὴν καλὴν καὶ ἐδίδου καρπὸν ἀναβαίνοντα καὶ αὐξανόμενα¹¹ καὶ ἔφερεν ἓν τριάκοντα¹² καὶ ἓν ἑξήκοντα¹³ καὶ ἓν ἑκατόν¹⁴. 9 καὶ ἔλεγεν· ὃς ἔχει ὦτα¹⁵ ἀκούειν ἀκουέτω.

The Purpose of the Parables (Mt 13.10-17; Lk 8.9-10)

10 Καὶ ὅτε ἐγένετο κατὰ μόνας, ἠρώτων αὐτὸν οἱ περὶ αὐτὸν σὺν τοῖς δώδεκα τὰς παραβολάς. 11 καὶ ἔλεγεν αὐτοῖς· ὑμῖν τὸ μυστήριον¹⁶ δέδοται¹⁷ τῆς βασιλείας τοῦ θεοῦ· ἐκείνοις δὲ τοῖς ἔξω ἐν παραβολαῖς τὰ πάντα γίνεται,
12 ἵνα βλέποντες βλέπωσιν καὶ μὴ ἴδωσιν¹⁸,
καὶ ἀκούοντες ἀκούωσιν καὶ μὴ συνιῶσιν¹⁹,
μήποτε²⁰ ἐπιστρέψωσιν²¹ καὶ ἀφεθῇ²² αὐτοῖς.

The Parable of the Sower Explained (Mt 13.18-23; Lk 8.11-15)

13 Καὶ λέγει αὐτοῖς· οὐκ οἴδατε τὴν παραβολὴν ταύτην, καὶ πῶς πάσας τὰς παραβολὰς γνώσεσθε; 14 ὁ σπείρων τὸν λόγον σπείρει. 15 οὗτοι δέ εἰσιν οἱ παρὰ τὴν ὁδόν· ὅπου σπείρεται ὁ λόγος καὶ ὅταν ἀκούσωσιν, εὐθὺς ἔρχεται ὁ σατανᾶς καὶ αἴρει τὸν λόγον τὸν ἐσπαρμένον²³ ἐν αὐτοῖς. 16 καὶ οὗτοί εἰσιν ὁμοίως²⁴ οἱ ἐπὶ τὰ πετρώδη σπειρόμενοι, οἳ ὅταν ἀκούσωσιν τὸν λόγον εὐθὺς μετὰ χαρᾶς λαμβάνουσιν αὐτόν, 17 καὶ οὐκ ἔχουσιν ῥίζαν ἐν ἑαυτοῖς ἀλλὰ πρόσκαιροί²⁵ εἰσιν, εἶτα²⁶ γενομένης θλίψεως ἢ διωγμοῦ²⁷ διὰ τὸν λόγον εὐθὺς σκανδαλίζονται²⁸. 18 καὶ ἄλλοι εἰσὶν οἱ εἰς τὰς ἀκάνθας²⁹ σπειρόμενοι· οὗτοί εἰσιν οἱ τὸν λόγον ἀκούσαντες, 19 καὶ αἱ μέριμναι³⁰ τοῦ αἰῶνος καὶ ἡ ἀπάτη³¹ τοῦ πλούτου³² καὶ αἱ περὶ τὰ λοιπὰ ἐπιθυμίαι εἰσπορευόμεναι³³ συμπνίγουσιν³⁴ τὸν λόγον καὶ ἄκαρπος³⁵ γίνεται. 20 καὶ ἐκεῖνοί εἰσιν οἱ ἐπὶ

---

[1] πετρώδης, -ους n, rocky ground
[2] ἐξανατέλλω 3s aor act ind, spring up
[3] βάθος, -ους n, depth
[4] ἀνατέλλω 3s aor act ind, rise
[5] καυματίζω 3s aor pas ind, scorch
[6] ῥίζα, -ης f, root
[7] ξηραίνω 3s aor pas ind, dry up
[8] ἄκανθα, -ης f, thorn plant
[9] ἀναβαίνω 3p aor act ind, grow up
[10] συμπνίγω 3p aor act ind, choke
[11] αὐξάνω pres pas ptc n p nom, grow
[12] τριάκοντα, thirty
[13] ἑξήκοντα, sixty
[14] ἑκατόν, one hundred
[15] οὖς, ὠτός n, ear
[16] μυστήριον, -ου n, secret
[17] δίδωμι 3s pf pas ind, give
[18] ὁράω 3p aor act sub, see
[19] συνίημι 3p pres act sub, understand
[20] μήποτε, conj, otherwise
[21] ἐπιστρέφω 3p aor act sub, turn to (God)
[22] ἀφίημι 3s aor pas sub, forgive
[23] σπείρω pf pas ptc m s acc, sow
[24] ὁμοίως, adv, likewise
[25] πρόσκαιρος, -ον, not lasting
[26] εἶτα, adv, then
[27] διωγμός, -οῦ m, persecution
[28] σκανδαλίζω 3p pres pas ind, turn away
[29] ἄκανθα, -ης f, thorn plant
[30] μέριμνα, -ης f, care
[31] ἀπάτη, -ης f, deception
[32] πλοῦτος, -ου m & f, wealth
[33] εἰσπορεύομαι pres mid ptc f p nom, come/go in
[34] συμπνίγω 3p pres act ind, choke
[35] ἄκαρπος, -ον, unfruitful

τὴν γῆν τὴν καλὴν σπαρέντες, οἵτινες ἀκούουσιν τὸν λόγον καὶ παραδέχονται¹ καὶ καρποφοροῦσιν² ἓν τριάκοντα³ καὶ ἓν ἑξήκοντα⁴ καὶ ἓν ἑκατόν⁵.

A Lamp on a Lampstand (Lk 8.16-18)

21 Καὶ ἔλεγεν αὐτοῖς· μήτι⁶ ἔρχεται ὁ λύχνος⁷ ἵνα ὑπὸ τὸν μόδιον⁸ τεθῇ⁹ ἢ ὑπὸ τὴν κλίνην¹⁰; οὐχ ἵνα ἐπὶ τὴν λυχνίαν¹¹ τεθῇ; **22** οὐ γάρ ἐστιν κρυπτὸν¹² ἐὰν μὴ ἵνα φανερωθῇ, οὐδὲ ἐγένετο ἀπόκρυφον¹³ ἀλλ' ἵνα ἔλθῃ¹⁴ εἰς φανερόν¹⁵. **23** εἴ τις ἔχει ὦτα¹⁶ ἀκούειν ἀκουέτω. **24** καὶ ἔλεγεν αὐτοῖς· βλέπετε τί ἀκούετε. ἐν ᾧ μέτρῳ¹⁷ μετρεῖτε¹⁸ μετρηθήσεται¹⁹ ὑμῖν καὶ προστεθήσεται²⁰ ὑμῖν. **25** ὃς γὰρ ἔχει, δοθήσεται²¹ αὐτῷ· καὶ ὃς οὐκ ἔχει, καὶ ὃ ἔχει ἀρθήσεται²² ἀπ' αὐτοῦ.

The Parable of the Growing Seed

26 Καὶ ἔλεγεν· οὕτως ἐστὶν ἡ βασιλεία τοῦ θεοῦ ὡς ἄνθρωπος βάλῃ²³ τὸν σπόρον²⁴ ἐπὶ τῆς γῆς **27** καὶ καθεύδῃ²⁵ καὶ ἐγείρηται²⁶ νύκτα καὶ ἡμέραν, καὶ ὁ σπόρος βλαστᾷ²⁷ καὶ μηκύνηται²⁸ ὡς οὐκ οἶδεν αὐτός. **28** αὐτομάτη²⁹ ἡ γῆ καρποφορεῖ³⁰, πρῶτον χόρτον³¹ εἶτα³² στάχυν³³ εἶτα πλήρης³⁴ σῖτον³⁵ ἐν τῷ στάχυϊ. **29** ὅταν δὲ παραδοῖ³⁶ ὁ καρπός, εὐθὺς ἀποστέλλει τὸ δρέπανον³⁷, ὅτι παρέστηκεν³⁸ ὁ θερισμός³⁹.

The Parable of the Mustard Seed (Mt 13.31-32; Lk 13.18-19)

30 Καὶ ἔλεγεν· πῶς ὁμοιώσωμεν⁴⁰ τὴν βασιλείαν τοῦ θεοῦ ἢ ἐν τίνι αὐτὴν παραβολῇ θῶμεν⁴¹; **31** ὡς κόκκον⁴² σινάπεως⁴³, ὃς ὅταν σπαρῇ⁴⁴ ἐπὶ τῆς γῆς, μικρότερον⁴⁵ ὂν πάντων τῶν σπερμάτων τῶν ἐπὶ τῆς γῆς, **32** καὶ ὅταν σπαρῇ, ἀναβαίνει

---

¹ παραδέχομαι 3p pres mid ind, accept
² καρποφορέω 3p pres act ind, bear fruit
³ τριάκοντα, thirty
⁴ ἑξήκοντα, sixty
⁵ ἑκατόν, one hundred
⁶ μήτι, usually expects a negative reply
⁷ λύχνος, -ου m, lamp
⁸ μόδιος, -ου m, basket
⁹ τίθημι 3s aor pas sub, put
¹⁰ κλίνη, -ης f, bed
¹¹ λυχνία, -ης f, lampstand
¹² κρυπτός, -ή/όν, hidden
¹³ ἀπόκρυφος, -ον, secret
¹⁴ ἔρχομαι 3s aor act sub, come
¹⁵ φανερός, -ά/όν, known
¹⁶ οὖς, ὠτός n, ear

¹⁷ μέτρον, -ου n, measure
¹⁸ μετρέω 2p pres act ind, measure out
¹⁹ μετρέω 3s fut pas ind, measure out
²⁰ προστίθημι 3s fut pas ind, add to
²¹ δίδωμι 3s fut pas ind, give (more)
²² αἴρω 3s fut pas ind, take away
²³ βάλλω 3s aor act sub, sow
²⁴ σπόρος, -ου m, seed
²⁵ καθεύδω 3s pres act sub, sleep
²⁶ ἐγείρω 3s pres pas sub, intrans pas get up
²⁷ βλαστάνω 3s pres act sub, sprout
²⁸ μηκύνω 3s pres mid sub, grow
²⁹ αὐτόματος, -η/ον, on its own
³⁰ καρποφορέω 3s pres act ind, bear fruit

³¹ χόρτος, -ου m, blade
³² εἶτα, adv, then
³³ στάχυς, -υος m, head of grain
³⁴ πλήρης, -ες, full-grown
³⁵ σῖτος, -ου m, grain
³⁶ παραδίδωμι 3s aor act sub, permit (ὅταν π. ὁ καρπός when the crop is ripe)
³⁷ δρέπανον, -ου n, sickle
³⁸ παρίστημι 3s pf act ind, come
³⁹ θερισμός, -οῦ m, harvest season
⁴⁰ ὁμοιόω 1p aor act sub, compare
⁴¹ τίθημι 1p aor act sub, describe
⁴² κόκκος, -ου m, seed
⁴³ σίναπι, -εως n, mustard
⁴⁴ σπείρω 3s aor pas sub, sow
⁴⁵ μικρός, small (comp)

καὶ γίνεται μεῖζον¹ πάντων τῶν λαχάνων² καὶ ποιεῖ κλάδους³ μεγάλους, ὥστε δύνασθαι ὑπὸ τὴν σκιὰν⁴ αὐτοῦ τὰ πετεινὰ⁵ τοῦ οὐρανοῦ κατασκηνοῦν⁶.

The Use of Parables (Mt 13.34-35)

33 Καὶ τοιαύταις παραβολαῖς πολλαῖς ἐλάλει αὐτοῖς τὸν λόγον καθὼς ἠδύναντο ἀκούειν· **34** χωρὶς δὲ παραβολῆς οὐκ ἐλάλει αὐτοῖς, κατ᾽ ἰδίαν⁷ δὲ τοῖς ἰδίοις μαθηταῖς ἐπέλυεν⁸ πάντα.

The Calming of a Storm (Mt 8.23-27; Lk 8.22-25)

35 Καὶ λέγει αὐτοῖς ἐν ἐκείνῃ τῇ ἡμέρᾳ ὀψίας⁹ γενομένης· διέλθωμεν¹⁰ εἰς τὸ πέραν¹¹. **36** καὶ ἀφέντες¹² τὸν ὄχλον παραλαμβάνουσιν αὐτὸν ὡς ἦν ἐν τῷ πλοίῳ, καὶ ἄλλα πλοῖα ἦν μετ᾽ αὐτοῦ. **37** καὶ γίνεται λαῖλαψ¹³ μεγάλη ἀνέμου καὶ τὰ κύματα¹⁴ ἐπέβαλλεν¹⁵ εἰς τὸ πλοῖον, ὥστε ἤδη γεμίζεσθαι¹⁶ τὸ πλοῖον. **38** καὶ αὐτὸς ἦν ἐν τῇ πρύμνῃ¹⁷ ἐπὶ τὸ προσκεφάλαιον¹⁸ καθεύδων¹⁹. καὶ ἐγείρουσιν αὐτὸν καὶ λέγουσιν αὐτῷ· διδάσκαλε, οὐ μέλει²⁰ σοι ὅτι ἀπολλύμεθα; **39** καὶ διεγερθεὶς²¹ ἐπετίμησεν²² τῷ ἀνέμῳ καὶ εἶπεν τῇ θαλάσσῃ· σιώπα²³, πεφίμωσο²⁴. καὶ ἐκόπασεν²⁵ ὁ ἄνεμος καὶ ἐγένετο γαλήνη²⁶ μεγάλη. **40** καὶ εἶπεν αὐτοῖς· τί δειλοί²⁷ ἐστε; οὔπω²⁸ ἔχετε πίστιν; **41** καὶ ἐφοβήθησαν φόβον μέγαν καὶ ἔλεγον πρὸς ἀλλήλους· τίς ἄρα οὗτός ἐστιν ὅτι καὶ ὁ ἄνεμος καὶ ἡ θάλασσα ὑπακούει²⁹ αὐτῷ;

The Demons and the Pigs (Mt 8.28-34; Lk 8.26-39)

5 Καὶ ἦλθον εἰς τὸ πέραν³⁰ τῆς θαλάσσης εἰς τὴν χώραν³¹ τῶν Γερασηνῶν. **2** καὶ ἐξελθόντος αὐτοῦ ἐκ τοῦ πλοίου εὐθὺς ὑπήντησεν³² αὐτῷ ἐκ τῶν μνημείων ἄνθρωπος ἐν πνεύματι ἀκαθάρτῳ, **3** ὃς τὴν κατοίκησιν³³ εἶχεν ἐν τοῖς μνήμασιν³⁴, καὶ οὐδὲ ἁλύσει³⁵ οὐκέτι οὐδεὶς ἐδύνατο αὐτὸν δῆσαι³⁶ **4** διὰ τὸ αὐτὸν πολλάκις³⁷

---

1 μέγας, large (comp)
2 λάχανον, -ου n, garden plant
3 κλάδος, -ου m, branch
4 σκιά, -ᾶς f, shade
5 πετεινόν, -οῦ n, bird
6 κατασκηνόω pres act inf, nest
7 ἴδιος, -α/ον, one's own (κατ᾽ ἰδίαν privately)
8 ἐπιλύω 3s impf act ind, explain
9 ὄψιος, -α/ον, late (ἡ ὀψία f evening)
10 διέρχομαι 1p aor act sub, cross over
11 πέραν, prep + gen, across (τὸ π. the other side)
12 ἀφίημι aor act ptc m p nom, leave
13 λαῖλαψ, -απος f, storm
14 κῦμα, -τος n, wave
15 ἐπιβάλλω 3s impf act ind, beat against
16 γεμίζω pres pas inf, fill
17 πρύμνα, -ης f, stern
18 προσκεφάλαιον, -ου n, pillow
19 καθεύδω pres act ptc m s nom, sleep
20 μέλει 3s pres act ind, impers it is of concern
21 διεγείρω aor pas ptc m s nom, pas get/wake up
22 ἐπιτιμάω 3s aor act ind, rebuke
23 σιωπάω 2s pres act impv, calm down
24 φιμόω 2s pf pas impv, pas be silent
25 κοπάζω 3s aor act ind, stop
26 γαλήνη, -ης f, calm
27 δειλός, -ή/όν, afraid
28 οὔπω, adv, not yet
29 ὑπακούω 3s pres act ind, obey
30 πέραν, prep + gen, across (τὸ π. the other side)
31 χώρα, -ας, f, region
32 ὑπαντάω 3s aor act ind, meet
33 κατοίκησις, -εως f, home
34 μνῆμα, -τος n, tomb
35 ἅλυσις, -εως f, chain
36 δέω aor act inf, tie up
37 πολλάκις, adv, often

πέδαις¹ καὶ ἁλύσεσιν δεδέσθαι καὶ διεσπάσθαι² ὑπ' αὐτοῦ τὰς ἁλύσεις καὶ τὰς πέδας συντετρῖφθαι³, καὶ οὐδεὶς ἴσχυεν⁴ αὐτὸν δαμάσαι⁵. **5** καὶ διὰ παντὸς νυκτὸς καὶ ἡμέρας ἐν τοῖς μνήμασιν καὶ ἐν τοῖς ὄρεσιν ἦν κράζων καὶ κατακόπτων⁶ ἑαυτὸν λίθοις. **6** καὶ ἰδὼν τὸν Ἰησοῦν ἀπὸ μακρόθεν⁷ ἔδραμεν⁸ καὶ προσεκύνησεν αὐτῷ **7** καὶ κράξας⁹ φωνῇ μεγάλῃ λέγει· τί ἐμοὶ καὶ σοί, Ἰησοῦ υἱὲ τοῦ θεοῦ τοῦ ὑψίστου¹⁰; ὁρκίζω¹¹ σε τὸν θεόν, μή με βασανίσῃς¹². **8** ἔλεγεν γὰρ αὐτῷ· ἔξελθε¹³ τὸ πνεῦμα τὸ ἀκάθαρτον ἐκ τοῦ ἀνθρώπου. **9** καὶ ἐπηρώτα¹⁴ αὐτόν· τί ὄνομά σοι; καὶ λέγει αὐτῷ· λεγιὼν¹⁵ ὄνομά μοι, ὅτι πολλοί ἐσμεν. **10** καὶ παρεκάλει αὐτὸν πολλὰ ἵνα μὴ αὐτὰ ἀποστείλῃ¹⁶ ἔξω τῆς χώρας¹⁷. **11** ἦν δὲ ἐκεῖ πρὸς τῷ ὄρει ἀγέλη¹⁸ χοίρων¹⁹ μεγάλη βοσκομένη²⁰. **12** καὶ παρεκάλεσαν αὐτὸν λέγοντες· πέμψον ἡμᾶς εἰς τοὺς χοίρους, ἵνα εἰς αὐτοὺς εἰσέλθωμεν²¹. **13** καὶ ἐπέτρεψεν²² αὐτοῖς. καὶ ἐξελθόντα τὰ πνεύματα τὰ ἀκάθαρτα εἰσῆλθον εἰς τοὺς χοίρους, καὶ ὥρμησεν²³ ἡ ἀγέλη κατὰ τοῦ κρημνοῦ²⁴ εἰς τὴν θάλασσαν, ὡς δισχίλιοι²⁵, καὶ ἐπνίγοντο²⁶ ἐν τῇ θαλάσσῃ.

14 Καὶ οἱ βόσκοντες αὐτοὺς ἔφυγον²⁷ καὶ ἀπήγγειλαν²⁸ εἰς τὴν πόλιν καὶ εἰς τοὺς ἀγρούς· καὶ ἦλθον ἰδεῖν τί ἐστιν τὸ γεγονὸς²⁹ **15** καὶ ἔρχονται πρὸς τὸν Ἰησοῦν καὶ θεωροῦσιν τὸν δαιμονιζόμενον³⁰ καθήμενον³¹ ἱματισμένον³² καὶ σωφρονοῦντα³³, τὸν ἐσχηκότα³⁴ τὸν λεγιῶνα, καὶ ἐφοβήθησαν. **16** καὶ διηγήσαντο³⁵ αὐτοῖς οἱ ἰδόντες πῶς ἐγένετο τῷ δαιμονιζομένῳ καὶ περὶ τῶν χοίρων. **17** καὶ ἤρξαντο³⁶ παρακαλεῖν αὐτὸν ἀπελθεῖν³⁷ ἀπὸ τῶν ὁρίων³⁸ αὐτῶν. **18** Καὶ ἐμβαίνοντος³⁹ αὐτοῦ εἰς τὸ πλοῖον παρεκάλει αὐτὸν ὁ δαιμονισθεὶς⁴⁰ ἵνα μετ' αὐτοῦ ᾖ. **19** καὶ οὐκ ἀφῆκεν⁴¹ αὐτόν, ἀλλὰ λέγει αὐτῷ· ὕπαγε εἰς τὸν οἶκόν σου πρὸς τοὺς σοὺς⁴² καὶ ἀπάγγειλον αὐτοῖς ὅσα ὁ κύριός σοι πεποίηκεν καὶ

1 πέδη, -ης f, chain (for feet)
2 διασπάω pf pas inf, tear apart
3 συντρίβω pf pas inf, break in pieces
4 ἰσχύω 3s impf act ind, be able
5 δαμάζω aor act inf, control
6 κατακόπτω pres act ptc m s nom, cut
7 μακρόθεν, adv, far off (ἀπὸ μ. at a distance)
8 τρέχω, 3s aor act ind, run
9 κράζω aor act ptc m s nom, shout
10 ὕψιστος, highest (ὁ ὕ the Most High [God])
11 ὁρκίζω 1s pres act ind, beg (ὁ. τὸν θεόν beg in the name of God)
12 βασανίζω 2s aor act sub, torture
13 ἐξέρχομαι 2s aor act impv, come/go out
14 ἐπερωτάω 3s impf act ind, ask
15 λεγιών, -ῶνος f, legion (Roman military unit of 5000-6000 troops/figurative for a large number)
16 ἀποστέλλω 3s aor act sub, send out
17 χώρα, -ας f, country
18 ἀγέλη, -ης f, herd
19 χοῖρος, -ου m, pig
20 βόσκω, pres pas ptc f s nom, feed
21 εἰσέρχομαι 1p aor act sub, come/go in
22 ἐπιτρέπω 3s aor act ind, let
23 ὁρμάω 3s aor act ind, rush
24 κρημνός, -οῦ m, steep bank
25 δισχίλιοι, -αι/α, two thousand
26 πνίγω 3p impf pas ind, drown
27 φεύγω 3p aor act ind, run
28 ἀπαγγέλλω 3p aor act ind, tell
29 γίνομαι pf act ptc n s nom, happen
30 δαιμονίζομαι pres pas ptc m s acc, be demon possessed
31 κάθημαι pres mid ptc m s acc, sit
32 ἱματίζω pf pas or mid ptc m s acc, clothe
33 σωφρονέω pres act ptc m s acc, be in one's right mind
34 ἔχω pf act ptc m s acc, have
35 διηγέομαι 3p aor mid ind, tell
36 ἄρχω 3p aor mid ind, mid begin
37 ἀπέρχομαι aor act inf, go/come off
38 ὅριον, -ου n, region
39 ἐμβαίνω pres act ptc m s gen, get into
40 δαιμονίζομαι aor pas ptc m s nom, be demon possessed
41 ἀφίημι 3s aor act ind, let
42 σός, σή, σόν, your (family/friends)

ἠλέησέν[1] σε. **20** καὶ ἀπῆλθεν καὶ ἤρξατο[2] κηρύσσειν ἐν τῇ Δεκαπόλει ὅσα ἐποίησεν αὐτῷ ὁ Ἰησοῦς, καὶ πάντες ἐθαύμαζον.

Jairus' Daughter and the Woman Who Touched Jesus' Garment (Mt 9.18-26; Lk 8.40-56)

21 Καὶ διαπεράσαντος[3] τοῦ Ἰησοῦ ἐν τῷ πλοίῳ πάλιν εἰς τὸ πέραν[4] συνήχθη[5] ὄχλος πολὺς ἐπ' αὐτόν, καὶ ἦν παρὰ τὴν θάλασσαν. **22** καὶ ἔρχεται εἷς τῶν ἀρχισυναγώγων[6], ὀνόματι Ἰάϊρος, καὶ ἰδὼν αὐτὸν πίπτει πρὸς τοὺς πόδας αὐτοῦ **23** καὶ παρακαλεῖ αὐτὸν πολλὰ λέγων ὅτι τὸ θυγάτριόν[7] μου ἐσχάτως[8] ἔχει, ἵνα ἐλθὼν ἐπιθῇς[9] τὰς χεῖρας αὐτῇ ἵνα σωθῇ καὶ ζήσῃ. **24** καὶ ἀπῆλθεν μετ' αὐτοῦ. καὶ ἠκολούθει αὐτῷ ὄχλος πολὺς καὶ συνέθλιβον[10] αὐτόν.

25 Καὶ γυνὴ οὖσα ἐν ῥύσει[11] αἵματος δώδεκα ἔτη **26** καὶ πολλὰ παθοῦσα[12] ὑπὸ πολλῶν ἰατρῶν[13] καὶ δαπανήσασα[14] τὰ παρ' αὐτῆς πάντα καὶ μηδὲν ὠφεληθεῖσα[15] ἀλλὰ μᾶλλον εἰς τὸ χεῖρον[16] ἐλθοῦσα, **27** ἀκούσασα περὶ τοῦ Ἰησοῦ, ἐλθοῦσα ἐν τῷ ὄχλῳ ὄπισθεν[17] ἥψατο[18] τοῦ ἱματίου αὐτοῦ· **28** ἔλεγεν γὰρ ὅτι ἐὰν ἄψωμαι κἂν[19] τῶν ἱματίων αὐτοῦ σωθήσομαι. **29** καὶ εὐθὺς ἐξηράνθη[20] ἡ πηγὴ[21] τοῦ αἵματος αὐτῆς καὶ ἔγνω[22] τῷ σώματι ὅτι ἴαται[23] ἀπὸ τῆς μάστιγος[24]. **30** καὶ εὐθὺς ὁ Ἰησοῦς ἐπιγνοὺς[25] ἐν ἑαυτῷ τὴν ἐξ αὐτοῦ δύναμιν ἐξελθοῦσαν ἐπιστραφεὶς[26] ἐν τῷ ὄχλῳ ἔλεγεν· τίς μου ἥψατο τῶν ἱματίων; **31** καὶ ἔλεγον αὐτῷ οἱ μαθηταὶ αὐτοῦ· βλέπεις τὸν ὄχλον συνθλίβοντά[27] σε καὶ λέγεις· τίς μου ἥψατο; **32** καὶ περιεβλέπετο[28] ἰδεῖν τὴν τοῦτο ποιήσασαν. **33** ἡ δὲ γυνὴ φοβηθεῖσα καὶ τρέμουσα[29], εἰδυῖα[30] ὃ γέγονεν αὐτῇ, ἦλθεν καὶ προσέπεσεν[31] αὐτῷ καὶ εἶπεν αὐτῷ πᾶσαν τὴν ἀλήθειαν. **34** ὁ δὲ εἶπεν αὐτῇ· θυγάτηρ[32], ἡ πίστις σου σέσωκέν[33] σε· ὕπαγε εἰς εἰρήνην καὶ ἴσθι[34] ὑγιὴς[35] ἀπὸ τῆς μάστιγός σου.

---

[1] ἐλεέω/ἐλεάω 3s aor act ind, have mercy
[2] ἄρχω 3s aor mid ind, mid begin
[3] διαπεράω aor act ptc m s gen, cross over
[4] πέραν, prep + gen, across (τὸ π. the other side)
[5] συνάγω 3s aor pas ind, gather
[6] ἀρχισυνάγωγος, -ου m, synagogue leader
[7] θυγάτριον, -ου n, (little) daughter
[8] ἐσχάτως, adv, finally (ἐ. ἔχω be dying)
[9] ἐπιτίθημι 2s aor act sub, place
[10] συνθλίβω 3p impf act ind, crowd (around)
[11] ῥύσις, -εως f, flow
[12] πάσχω aor act ptc f s nom, suffer
[13] ἰατρός, -οῦ m, doctor
[14] δαπανάω aor act ptc f s nom, spend
[15] ὠφελέω aor pas ptc f s nom, help
[16] χείρων, worse (comp of κακός)
[17] ὄπισθεν, adv, from behind
[18] ἅπτω 3s aor mid ind, mid touch
[19] κἂν, = καὶ ἐάν, just
[20] ξηραίνω 3s aor pas ind, pas stop
[21] πηγή, -ῆς f, flow (π. τοῦ αἵματος severe bleeding)
[22] γινώσκω 3s aor act ind, know
[23] ἰάομαι 3s pf pas ind, heal
[24] μάστιξ, -ιγος f, illness
[25] ἐπιγινώσκω aor act ptc m s nom, know
[26] ἐπιστρέφω aor pas ptc m s nom, turn (around)
[27] συνθλίβω pres act ptc m s acc, crowd (around)
[28] περιβλέπω 3s impf mid ind, look around
[29] τρέμω pres act ptc f s nom, tremble
[30] οἶδα pf act ptc f s nom, know
[31] προσπίπτω 3s aor act ind, fall down before someone
[32] θυγάτηρ, -τρός f, daughter
[33] σῴζω 3s pf act ind, make well
[34] εἰμί 2s pres act impv, be
[35] ὑγιής, -ές, cured

35 Ἔτι αὐτοῦ λαλοῦντος ἔρχονται ἀπὸ τοῦ ἀρχισυναγώγου[1] λέγοντες ὅτι ἡ θυγάτηρ[2] σου ἀπέθανεν· τί ἔτι σκύλλεις[3] τὸν διδάσκαλον; **36** ὁ δὲ Ἰησοῦς παρακούσας[4] τὸν λόγον λαλούμενον λέγει τῷ ἀρχισυναγώγῳ· μὴ φοβοῦ, μόνον πίστευε. **37** καὶ οὐκ ἀφῆκεν[5] οὐδένα μετ' αὐτοῦ συνακολουθῆσαι[6] εἰ μὴ τὸν Πέτρον καὶ Ἰάκωβον καὶ Ἰωάννην τὸν ἀδελφὸν Ἰακώβου. **38** καὶ ἔρχονται εἰς τὸν οἶκον τοῦ ἀρχισυναγώγου, καὶ θεωρεῖ θόρυβον[7] καὶ κλαίοντας καὶ ἀλαλάζοντας[8] πολλά, **39** καὶ εἰσελθὼν λέγει αὐτοῖς· τί θορυβεῖσθε[9] καὶ κλαίετε; τὸ παιδίον οὐκ ἀπέθανεν ἀλλὰ καθεύδει[10]. **40** καὶ κατεγέλων[11] αὐτοῦ. αὐτὸς δὲ ἐκβαλὼν πάντας παραλαμβάνει τὸν πατέρα τοῦ παιδίου καὶ τὴν μητέρα καὶ τοὺς μετ' αὐτοῦ καὶ εἰσπορεύεται[12] ὅπου ἦν τὸ παιδίον. **41** καὶ κρατήσας τῆς χειρὸς τοῦ παιδίου λέγει αὐτῇ· ταλιθα[13] κουμ[14], ὅ ἐστιν μεθερμηνευόμενον[15]· τὸ κοράσιον[16], σοὶ λέγω, ἔγειρε. **42** καὶ εὐθὺς ἀνέστη τὸ κοράσιον καὶ περιεπάτει· ἦν γὰρ ἐτῶν δώδεκα. καὶ ἐξέστησαν[17] εὐθὺς ἐκστάσει[18] μεγάλῃ. **43** καὶ διεστείλατο[19] αὐτοῖς πολλὰ ἵνα μηδεὶς γνοῖ[20] τοῦτο, καὶ εἶπεν δοθῆναι[21] αὐτῇ φαγεῖν[22].

The Rejection of Jesus at Nazareth (Mt 13.53-58; Lk 4.16-30)

6 Καὶ ἐξῆλθεν ἐκεῖθεν[23] καὶ ἔρχεται εἰς τὴν πατρίδα[24] αὐτοῦ, καὶ ἀκολουθοῦσιν αὐτῷ οἱ μαθηταὶ αὐτοῦ. **2** καὶ γενομένου σαββάτου ἤρξατο[25] διδάσκειν ἐν τῇ συναγωγῇ, καὶ πολλοὶ ἀκούοντες ἐξεπλήσσοντο[26] λέγοντες· πόθεν[27] τούτῳ ταῦτα, καὶ τίς ἡ σοφία ἡ δοθεῖσα[28] τούτῳ, καὶ αἱ δυνάμεις τοιαῦται διὰ τῶν χειρῶν αὐτοῦ γινόμεναι; **3** οὐχ οὗτός ἐστιν ὁ τέκτων[29], ὁ υἱὸς τῆς Μαρίας καὶ ἀδελφὸς Ἰακώβου καὶ Ἰωσῆτος καὶ Ἰούδα καὶ Σίμωνος; καὶ οὐκ εἰσὶν αἱ ἀδελφαὶ[30] αὐτοῦ ὧδε πρὸς ἡμᾶς; καὶ ἐσκανδαλίζοντο[31] ἐν αὐτῷ. **4** καὶ ἔλεγεν αὐτοῖς ὁ Ἰησοῦς ὅτι οὐκ ἔστιν προφήτης ἄτιμος[32] εἰ μὴ ἐν τῇ πατρίδι αὐτοῦ καὶ ἐν τοῖς συγγενεῦσιν[33] αὐτοῦ καὶ ἐν τῇ οἰκίᾳ αὐτοῦ. **5** καὶ οὐκ ἐδύνατο ἐκεῖ ποιῆσαι οὐδεμίαν δύναμιν, εἰ μὴ ὀλίγοις

---

[1] ἀρχισυνάγωγος, -ου m, synagogue leader
[2] θυγάτηρ, -τρός f, daughter
[3] σκύλλω 2s pres act ind, trouble
[4] παρακούω aor act ptc m s nom, overhear/ignore
[5] ἀφίημι 3s aor act ind, let
[6] συνακολουθέω aor act inf, follow along
[7] θόρυβος, -ου m, uproar
[8] ἀλαλάζω pres act ptc m p acc, cry loudly
[9] θορυβέω 2p pres pas ind, pas be in an uproar
[10] καθεύδω 3s pres act ind, sleep
[11] καταγελάω 3p impf act ind, laugh at
[12] εἰσπορεύεται 3p pres mid ind, come/go in
[13] ταλιθα, girl (Aramaic word)
[14] κουμ, stand up (Aramaic word)
[15] μεθερμηνεύω pres pas ptc n s nom, translate (ὅ ἐστιν μ. which means)
[16] κοράσιον, -ου n, girl
[17] ἐξίστημι 3p aor act ind, intrans be amazed
[18] ἔκστασις, -εως f, amazement
[19] διαστέλλω 3s aor mid ind, mid order (δ. πολλά give strict orders)
[20] γινώσκω 3s aor act sub, know
[21] δίδωμι aor pas inf, give
[22] ἐσθίω aor act inf, eat
[23] ἐκεῖθεν, adv, from there
[24] πατρίς, -ίδος f, hometown
[25] ἄρχω 3s aor mid ind, mid begin
[26] ἐκπλήσσω 3p impf pas ind, amaze
[27] πόθεν, adv, from where
[28] δίδωμι aor pas ptc f s nom, give
[29] τέκτων, -ονος m, carpenter
[30] ἀδελφή, -ῆς f, sister
[31] σκανδαλίζω 3p impf pas ind, offend
[32] ἄτιμος, -ον, without honor
[33] συγγενής, -οῦς m, dat pl συγγενεῦσιν, relative

ἀρρώστοις¹ ἐπιθεὶς² τὰς χεῖρας ἐθεράπευσεν. 6 καὶ ἐθαύμαζεν διὰ τὴν ἀπιστίαν³ αὐτῶν. καὶ περιῆγεν⁴ τὰς κώμας⁵ κύκλῳ⁶ διδάσκων.

The Mission of the Twelve (Mt 10.1, 5-15; Lk 9.1-6)

7 Καὶ προσκαλεῖται⁷ τοὺς δώδεκα καὶ ἤρξατο⁸ αὐτοὺς ἀποστέλλειν δύο δύο καὶ ἐδίδου αὐτοῖς ἐξουσίαν τῶν πνευμάτων τῶν ἀκαθάρτων, 8 καὶ παρήγγειλεν αὐτοῖς ἵνα μηδὲν αἴρωσιν εἰς ὁδὸν εἰ μὴ ῥάβδον⁹ μόνον, μὴ ἄρτον, μὴ πήραν¹⁰, μὴ εἰς τὴν ζώνην¹¹ χαλκόν¹², 9 ἀλλ' ὑποδεδεμένους¹³ σανδάλια¹⁴, καὶ μὴ ἐνδύσησθε¹⁵ δύο χιτῶνας¹⁶. 10 καὶ ἔλεγεν αὐτοῖς· ὅπου ἐὰν εἰσέλθητε¹⁷ εἰς οἰκίαν, ἐκεῖ μένετε ἕως ἂν ἐξέλθητε¹⁸ ἐκεῖθεν¹⁹. 11 καὶ ὃς ἂν τόπος μὴ δέξηται ὑμᾶς μηδὲ ἀκούσωσιν ὑμῶν, ἐκπορευόμενοι ἐκεῖθεν ἐκτινάξατε²⁰ τὸν χοῦν²¹ τὸν ὑποκάτω²² τῶν ποδῶν ὑμῶν εἰς μαρτύριον²³ αὐτοῖς. 12 καὶ ἐξελθόντες ἐκήρυξαν ἵνα μετανοῶσιν, 13 καὶ δαιμόνια πολλὰ ἐξέβαλλον²⁴, καὶ ἤλειφον²⁵ ἐλαίῳ²⁶ πολλοὺς ἀρρώστους²⁷ καὶ ἐθεράπευον.

The Death of John the Baptist (Mt 14.1-12; Lk 9.7-9)

14 Καὶ ἤκουσεν ὁ βασιλεὺς Ἡρῴδης, φανερὸν²⁸ γὰρ ἐγένετο τὸ ὄνομα αὐτοῦ, καὶ ἔλεγον ὅτι Ἰωάννης ὁ βαπτίζων ἐγήγερται²⁹ ἐκ νεκρῶν καὶ διὰ τοῦτο ἐνεργοῦσιν³⁰ αἱ δυνάμεις ἐν αὐτῷ. 15 ἄλλοι δὲ ἔλεγον ὅτι Ἠλίας ἐστίν· ἄλλοι δὲ ἔλεγον ὅτι προφήτης ὡς εἷς τῶν προφητῶν. 16 ἀκούσας δὲ ὁ Ἡρῴδης ἔλεγεν· ὃν ἐγὼ ἀπεκεφάλισα³¹ Ἰωάννην, οὗτος ἠγέρθη³².

17 Αὐτὸς γὰρ ὁ Ἡρῴδης ἀποστείλας³³ ἐκράτησεν τὸν Ἰωάννην καὶ ἔδησεν³⁴ αὐτὸν ἐν φυλακῇ διὰ Ἡρῳδιάδα τὴν γυναῖκα Φιλίππου τοῦ ἀδελφοῦ αὐτοῦ, ὅτι αὐτὴν ἐγάμησεν³⁵· 18 ἔλεγεν γὰρ ὁ Ἰωάννης τῷ Ἡρῴδῃ ὅτι οὐκ ἔξεστίν σοι ἔχειν τὴν γυναῖκα τοῦ ἀδελφοῦ σου. 19 ἡ δὲ Ἡρῳδιὰς ἐνεῖχεν³⁶ αὐτῷ καὶ ἤθελεν αὐτὸν

---

1 ἄρρωστος, -ον, sick
2 ἐπιτίθημι aor act ptc m s nom, place on
3 ἀπιστία, -ας f, unbelief
4 περιάγω 3s impf act ind, intrans travel around
5 κώμη, -ης f, village
6 κύκλῳ, adv, neighboring
7 προσκαλέομαι 3s pres mid ind, call to oneself
8 ἄρχω 3s aor mid ind, mid begin
9 ῥάβδος, -ου f, walking stick
10 πήρα, -ας f, bag (either a traveler's bag or a beggar's bag)
11 ζώνη, -ης f, money belt
12 χαλκός, -οῦ m, money
13 ὑποδέω pf mid ptc m p acc, wear (of sandals)
14 σανδάλιον, -ου n, sandal
15 ἐνδύω 2p aor mid sub, wear (of clothes)
16 χιτών, -ῶνος m, shirt (generally of the garment worn next to the skin)
17 εἰσέρχομαι 2p aor act sub, come/go in
18 ἐξέρχομαι 2p aor act sub, come/go out
19 ἐκεῖθεν, adv, from there
20 ἐκτινάσσω 2p aor act impv, shake off
21 χοῦς, χοός m, acc χοῦν, dust
22 ὑποκάτω, prep + gen, under
23 μαρτύριον, -ου n, witness
24 ἐκβάλλω 3p impf act ind, force out
25 ἀλείφω 3p impf act ind, anoint
26 ἔλαιον, -ου n, olive oil
27 ἄρρωστος, -ον, sick
28 φανερός, -ά/όν, known
29 ἐγείρω 3s pf pas ind, raise
30 ἐνεργέω 3p pres act ind, be at work
31 ἀποκεφαλίζω 1s aor act ind, behead
32 ἐγείρω 3s aor pas ind, raise (from death)
33 ἀποστέλλω aor act ptc m s nom, send
34 δέω 3s aor act ind, tie up
35 γαμέω 3s aor act ind, marry
36 ἐνέχω 3s impf act ind, have a grudge against

ἀποκτεῖναι, καὶ οὐκ ἠδύνατο· 20 ὁ γὰρ Ἡρῴδης ἐφοβεῖτο τὸν Ἰωάννην, εἰδὼς[1] αὐτὸν ἄνδρα δίκαιον καὶ ἅγιον, καὶ συνετήρει[2] αὐτόν, καὶ ἀκούσας αὐτοῦ πολλὰ ἠπόρει[3], καὶ ἡδέως[4] αὐτοῦ ἤκουεν.

21 Καὶ γενομένης ἡμέρας εὐκαίρου[5] ὅτε Ἡρῴδης τοῖς γενεσίοις[6] αὐτοῦ δεῖπνον[7] ἐποίησεν τοῖς μεγιστᾶσιν[8] αὐτοῦ καὶ τοῖς χιλιάρχοις[9] καὶ τοῖς πρώτοις τῆς Γαλιλαίας, **22** καὶ εἰσελθούσης τῆς θυγατρὸς[10] αὐτοῦ Ἡρῳδιάδος καὶ ὀρχησαμένης[11] ἤρεσεν[12] τῷ Ἡρῴδῃ καὶ τοῖς συνανακειμένοις[13]. ὁ δὲ βασιλεὺς εἶπεν τῷ κορασίῳ[14]· αἴτησόν με ὃ ἐὰν θέλῃς, καὶ δώσω σοι· **23** καὶ ὤμοσεν[15] αὐτῇ ὅ τι ἐάν με αἰτήσῃς δώσω σοι ἕως ἡμίσους[16] τῆς βασιλείας μου. **24** καὶ ἐξελθοῦσα εἶπεν τῇ μητρὶ αὐτῆς· τί αἰτήσωμαι; ἡ δὲ εἶπεν· τὴν κεφαλὴν Ἰωάννου τοῦ βαπτίζοντος. **25** καὶ εἰσελθοῦσα εὐθὺς μετὰ σπουδῆς[17] πρὸς τὸν βασιλέα ᾐτήσατο λέγουσα· θέλω ἵνα ἐξαυτῆς[18] δῷς[19] μοι ἐπὶ πίνακι[20] τὴν κεφαλὴν Ἰωάννου τοῦ βαπτιστοῦ[21]. **26** καὶ περίλυπος[22] γενόμενος ὁ βασιλεὺς διὰ τοὺς ὅρκους[23] καὶ τοὺς ἀνακειμένους[24] οὐκ ἠθέλησεν ἀθετῆσαι[25] αὐτήν· **27** καὶ εὐθὺς ἀποστείλας[26] ὁ βασιλεὺς σπεκουλάτορα[27] ἐπέταξεν[28] ἐνέγκαι[29] τὴν κεφαλὴν αὐτοῦ. καὶ ἀπελθὼν ἀπεκεφάλισεν[30] αὐτὸν ἐν τῇ φυλακῇ **28** καὶ ἤνεγκεν[31] τὴν κεφαλὴν αὐτοῦ ἐπὶ πίνακι καὶ ἔδωκεν αὐτὴν τῷ κορασίῳ, καὶ τὸ κοράσιον ἔδωκεν αὐτὴν τῇ μητρὶ αὐτῆς. **29** καὶ ἀκούσαντες οἱ μαθηταὶ αὐτοῦ ἦλθον καὶ ἦραν[32] τὸ πτῶμα[33] αὐτοῦ καὶ ἔθηκαν[34] αὐτὸ ἐν μνημείῳ.

The Feeding of the Five Thousand (Mt 14.13-21; Lk 9.10-17; Jn 6.1-14)

30 Καὶ συνάγονται[35] οἱ ἀπόστολοι πρὸς τὸν Ἰησοῦν καὶ ἀπήγγειλαν[36] αὐτῷ πάντα ὅσα ἐποίησαν καὶ ὅσα ἐδίδαξαν. **31** καὶ λέγει αὐτοῖς· δεῦτε[37] ὑμεῖς αὐτοὶ

---

[1] οἶδα pf act ptc m s nom, know
[2] συντηρέω 3s impf act ind, protect
[3] ἀπορέω 3s impf act ind, be confused
[4] ἡδέως, adv, gladly
[5] εὔκαιρος, -ον, suitable
[6] γενέσια, -ων n, pl birthday celebration
[7] δεῖπνον, -ου n, banquet
[8] μεγιστάν, -ᾶνος m, person of high status
[9] χιλίαρχος, -ου m, officer
[10] θυγάτηρ, -τρός f, daughter
[11] ὀρχέομαι aor mid ptc f s gen, dance
[12] ἀρέσκω 3s aor act ind, please
[13] συνανάκειμαι pres mid ptc m p dat, sit at table (with)
[14] κοράσιον, -ου n, girl
[15] ὀμνύω 3s aor act ind, make a promise
[16] ἥμισυς, -εια/υ, gen ἡμίσους, half
[17] σπουδή, -ῆς f, speed (μετὰ σ. quickly)
[18] ἐξαυτῆς, adv, at once
[19] δίδωμι 2s aor act sub, give
[20] πίναξ, -ακος f, serving plate
[21] βαπτιστής, -οῦ m, Baptist/baptizer
[22] περίλυπος, -ον, very sorry
[23] ὅρκος, -ου m, promise
[24] ἀνάκειμαι pres mid ptc m p acc, be seated at table
[25] ἀθετέω aor act inf, break (of a promise)
[26] ἀποστέλλω aor act ptc m s nom, send
[27] σπεκουλάτωρ, -ορος m, soldier/executioner
[28] ἐπιτάσσω 3s aor act ind, give orders
[29] φέρω aor act inf, bring
[30] ἀποκεφαλίζω 3s aor act ind, behead
[31] φέρω 3s aor act ind, bring
[32] αἴρω 3p aor act ind, take
[33] πτῶμα, -τος n, body
[34] τίθημι 3p aor act ind, put
[35] συνάγω 3p pres pas ind, pas gather around/return to
[36] ἀπαγγέλλω 3p aor act ind, tell
[37] δεῦτε, interj, Come!

κατ' ἰδίαν¹ εἰς ἔρημον τόπον καὶ ἀναπαύσασθε² ὀλίγον. ἦσαν γὰρ οἱ ἐρχόμενοι καὶ οἱ ὑπάγοντες πολλοί, καὶ οὐδὲ φαγεῖν³ εὐκαίρουν⁴. **32** Καὶ ἀπῆλθον ἐν τῷ πλοίῳ εἰς ἔρημον τόπον κατ' ἰδίαν. **33** καὶ εἶδον αὐτοὺς ὑπάγοντας καὶ ἐπέγνωσαν⁵ πολλοὶ καὶ πεζῇ⁶ ἀπὸ πασῶν τῶν πόλεων συνέδραμον⁷ ἐκεῖ καὶ προῆλθον⁸ αὐτούς.

34 Καὶ ἐξελθὼν εἶδεν πολὺν ὄχλον καὶ ἐσπλαγχνίσθη⁹ ἐπ' αὐτούς, ὅτι ἦσαν ὡς πρόβατα μὴ ἔχοντα ποιμένα¹⁰, καὶ ἤρξατο¹¹ διδάσκειν αὐτοὺς πολλά.

35 Καὶ ἤδη ὥρας πολλῆς γενομένης προσελθόντες¹² αὐτῷ οἱ μαθηταὶ αὐτοῦ ἔλεγον ὅτι ἔρημός ἐστιν ὁ τόπος καὶ ἤδη ὥρα πολλή· **36** ἀπόλυσον¹³ αὐτούς, ἵνα ἀπελθόντες εἰς τοὺς κύκλῳ¹⁴ ἀγροὺς καὶ κώμας¹⁵ ἀγοράσωσιν ἑαυτοῖς τί φάγωσιν¹⁶. **37** ὁ δὲ ἀποκριθεὶς εἶπεν αὐτοῖς· δότε¹⁷ αὐτοῖς ὑμεῖς φαγεῖν¹⁸. καὶ λέγουσιν αὐτῷ· ἀπελθόντες ἀγοράσωμεν δηναρίων¹⁹ διακοσίων²⁰ ἄρτους καὶ δώσομεν²¹ αὐτοῖς φαγεῖν; **38** ὁ δὲ λέγει αὐτοῖς· πόσους²² ἄρτους ἔχετε; ὑπάγετε ἴδετε. καὶ γνόντες²³ λέγουσιν· πέντε, καὶ δύο ἰχθύας²⁴. **39** καὶ ἐπέταξεν²⁵ αὐτοῖς ἀνακλῖναι²⁶ πάντας συμπόσια²⁷ συμπόσια ἐπὶ τῷ χλωρῷ²⁸ χόρτῳ²⁹. **40** καὶ ἀνέπεσαν³⁰ πρασιαὶ³¹ πρασιαὶ ἀνὰ ἑκατὸν³² καὶ ἀνὰ πεντήκοντα³³. **41** καὶ λαβὼν τοὺς πέντε ἄρτους καὶ τοὺς δύο ἰχθύας ἀναβλέψας³⁴ εἰς τὸν οὐρανὸν εὐλόγησεν καὶ κατέκλασεν³⁵ τοὺς ἄρτους καὶ ἐδίδου³⁶ τοῖς μαθηταῖς αὐτοῦ ἵνα παρατιθῶσιν³⁷ αὐτοῖς, καὶ τοὺς δύο ἰχθύας ἐμέρισεν³⁸ πᾶσιν. **42** καὶ ἔφαγον³⁹ πάντες καὶ ἐχορτάσθησαν⁴⁰, **43** καὶ ἦραν⁴¹ κλάσματα⁴² δώδεκα κοφίνων⁴³ πληρώματα⁴⁴ καὶ ἀπὸ τῶν ἰχθύων. **44** καὶ ἦσαν οἱ φαγόντες⁴⁵ τοὺς ἄρτους πεντακισχίλιοι⁴⁶ ἄνδρες.

---

1 ἴδιος, -α/ον, one's own (κατ' ἰδίαν privately)
2 ἀναπαύω 2p aor mid impv, mid rest
3 ἐσθίω aor act inf, eat
4 εὐκαιρέω 3p impf act ind, have time
5 ἐπιγινώσκω 3p aor act ind, recognize
6 πεζῇ, adv, on foot
7 συντρέχω 3p aor act ind, run
8 προέρχομαι 3p aor act ind, arrive ahead of
9 σπλαγχνίζομαι 3s aor pas ind, have pity
10 ποιμήν, -ένος m, shepherd
11 ἄρχω 3s aor mid ind, mid begin
12 προσέρχομαι aor act ptc m p nom, come/go to
13 ἀπολύω 2s aor act impv, send away
14 κύκλῳ, adv, neighboring
15 κώμη, -ης f, village
16 ἐσθίω 3p aor act sub, eat
17 δίδωμι 2p aor act impv, give
18 ἐσθίω aor act inf, eat
19 δηνάριον, -ου n, denarius (Roman silver coin = day's wages of a common laborer)
20 διακόσιοι, -αι/α, two hundred
21 δίδωμι 1p fut act ind, give
22 πόσος, -η/ον, how many
23 γινώσκω aor act ptc m p nom, find out
24 ἰχθύς, -ύος m, fish
25 ἐπιτάσσω 3s aor act ind, give orders
26 ἀνακλίνω aor act inf, sit down
27 συμπόσιον, -ου n, group (συμ. συμ. in groups)
28 χλωρός, -ά/όν, green
29 χόρτος, -ου m, grass
30 ἀναπίπτω 3p aor act ind, sit
31 πρασιά, -ᾶς f, group (πρα. πρα. in groups)
32 ἑκατόν, one hundred
33 πεντήκοντα, fifty
34 ἀναβλέπω aor act ptc m s nom, look up
35 κατακλάω 3s aor act ind, break
36 δίδωμι 3s impf act ind, give
37 παρατίθημι 3p pres act sub, distribute
38 μερίζω 3s aor act ind, divide
39 ἐσθίω 3p aor act ind, eat
40 χορτάζω 3p aor pas ind, satisfy
41 αἴρω 3p aor act ind, pick up
42 κλάσμα, -τος n, piece
43 κόφινος, -ου m, basket (perhaps smaller than a σπυρίς, see Mk 8.8)
44 πλήρωμα, -τος n, fullness
45 ἐσθίω aor act ptc m p nom, eat
46 πεντακισχίλιοι, -αι/α, five thousand

Walking on the Water (Mt 14.22-23; Jn 6.15-21)

45 Καὶ εὐθὺς ἠνάγκασεν¹ τοὺς μαθητὰς αὐτοῦ ἐμβῆναι² εἰς τὸ πλοῖον καὶ προάγειν³ εἰς τὸ πέραν⁴ πρὸς Βηθσαϊδάν, ἕως αὐτὸς ἀπολύει τὸν ὄχλον. **46** καὶ ἀποταξάμενος⁵ αὐτοῖς ἀπῆλθεν εἰς τὸ ὄρος προσεύξασθαι. **47** καὶ ὀψίας⁶ γενομένης ἦν τὸ πλοῖον ἐν μέσῳ τῆς θαλάσσης, καὶ αὐτὸς μόνος ἐπὶ τῆς γῆς. **48** καὶ ἰδὼν αὐτοὺς βασανιζομένους⁷ ἐν τῷ ἐλαύνειν⁸, ἦν γὰρ ὁ ἄνεμος ἐναντίος⁹ αὐτοῖς, περὶ τετάρτην φυλακὴν τῆς νυκτὸς ἔρχεται πρὸς αὐτοὺς περιπατῶν ἐπὶ τῆς θαλάσσης καὶ ἤθελεν παρελθεῖν¹⁰ αὐτούς. **49** οἱ δὲ ἰδόντες αὐτὸν ἐπὶ τῆς θαλάσσης περιπατοῦντα ἔδοξαν ὅτι φάντασμά¹¹ ἐστιν, καὶ ἀνέκραξαν¹²· **50** πάντες γὰρ αὐτὸν εἶδον καὶ ἐταράχθησαν¹³. ὁ δὲ εὐθὺς ἐλάλησεν μετ' αὐτῶν, καὶ λέγει αὐτοῖς· θαρσεῖτε¹⁴, ἐγώ εἰμι· μὴ φοβεῖσθε. **51** καὶ ἀνέβη¹⁵ πρὸς αὐτοὺς εἰς τὸ πλοῖον καὶ ἐκόπασεν¹⁶ ὁ ἄνεμος, καὶ λίαν¹⁷ ἐκ περισσοῦ¹⁸ ἐν ἑαυτοῖς ἐξίσταντο¹⁹· **52** οὐ γὰρ συνῆκαν²⁰ ἐπὶ τοῖς ἄρτοις, ἀλλ' ἦν αὐτῶν ἡ καρδία πεπωρωμένη²¹.

The Healing of the Sick in Gennesaret (Mt 14.34-36)

53 Καὶ διαπεράσαντες²² ἐπὶ τὴν γῆν ἦλθον εἰς Γεννησαρὲτ καὶ προσωρμίσθησαν²³. **54** καὶ ἐξελθόντων αὐτῶν ἐκ τοῦ πλοίου εὐθὺς ἐπιγνόντες²⁴ αὐτὸν **55** περιέδραμον²⁵ ὅλην τὴν χώραν²⁶ ἐκείνην καὶ ἤρξαντο²⁷ ἐπὶ τοῖς κραβάττοις²⁸ τοὺς κακῶς²⁹ ἔχοντας περιφέρειν³⁰ ὅπου ἤκουον ὅτι ἐστίν. **56** καὶ ὅπου ἂν εἰσεπορεύετο³¹ εἰς κώμας³² ἢ εἰς πόλεις ἢ εἰς ἀγρούς, ἐν ταῖς ἀγοραῖς³³ ἐτίθεσαν³⁴ τοὺς ἀσθενοῦντας καὶ παρεκάλουν αὐτὸν ἵνα κἂν³⁵ τοῦ κρασπέδου³⁶ τοῦ ἱματίου αὐτοῦ ἅψωνται³⁷· καὶ ὅσοι ἂν ἥψαντο αὐτοῦ ἐσῴζοντο.

---

1 ἀναγκάζω 3s aor act ind, make (someone do something)
2 ἐμβαίνω aor act inf, get into
3 προάγω pres act inf, go on ahead
4 πέραν, prep + gen, across (τὸ π. the other side)
5 ἀποτάσσομαι aor mid ptc m s nom, say goodbye
6 ὄψιος, -α/ον, late (ἡ ὀψία f evening)
7 βασανίζω pres pas ptc m p acc, struggle hard
8 ἐλαύνω pres act inf, row
9 ἐναντίος, -α/ον, against
10 παρέρχομαι aor act inf, pass by
11 φάντασμα, -τος n, ghost
12 ἀνακράζω 3p aor act ind, shout
13 ταράσσω 3p aor pas ind, terrify
14 θαρσέω 2p pres act impv, Cheer up!
15 ἀναβαίνω 3s aor act ind, come/go up
16 κοπάζω 3s aor act ind, stop
17 λίαν, adv, greatly
18 περισσός, -ή/όν, very much (λίαν ἐκ π. completely)
19 ἐξίστημι 3p impf mid ind, intrans be amazed
20 συνίημι 3p aor act ind, understand
21 πωρόω pf pas ptc f s nom, pas be without feeling
22 διαπεράω aor act ptc m p nom, cross over
23 προσορμίζω 3p aor pas ind, bring to shore
24 ἐπιγινώσκω aor act ptc m p nom, recognize
25 περιτρέχω 3p aor act ind, run about
26 χώρα, -ας f, region
27 ἄρχω 3p aor mid ind, mid begin
28 κράβαττος, -ου m, mat
29 κακῶς, adv, badly (κ. ἔχω be sick)
30 περιφέρω pres act inf, bring
31 εἰσπορεύομαι 3s impf mid ind, come/go in
32 κώμη, -ης f, village
33 ἀγορά, -ᾶς f, market place
34 τίθημι 3p impf act ind, place
35 κἄν, = καὶ ἐάν, just
36 κράσπεδον, -ου n, edge
37 ἅπτω 3p aor mid sub, mid touch

The Tradition of the Elders (Mt 15.1-20)

7 Καὶ συνάγονται¹ πρὸς αὐτὸν οἱ Φαρισαῖοι καί τινες τῶν γραμματέων ἐλθόντες ἀπὸ Ἱεροσολύμων. **2** καὶ ἰδόντες τινὰς τῶν μαθητῶν αὐτοῦ ὅτι κοιναῖς² χερσίν, τοῦτ' ἔστιν ἀνίπτοις³, ἐσθίουσιν τοὺς ἄρτους **3** – οἱ γὰρ Φαρισαῖοι καὶ πάντες οἱ Ἰουδαῖοι ἐὰν μὴ πυγμῇ⁴ νίψωνται⁵ τὰς χεῖρας οὐκ ἐσθίουσιν, κρατοῦντες τὴν παράδοσιν⁶ τῶν πρεσβυτέρων, **4** καὶ ἀπ' ἀγορᾶς⁷ ἐὰν μὴ βαπτίσωνται οὐκ ἐσθίουσιν, καὶ ἄλλα πολλά ἐστιν ἃ παρέλαβον κρατεῖν, βαπτισμοὺς⁸ ποτηρίων καὶ ξεστῶν⁹ καὶ χαλκίων¹⁰ καὶ κλινῶν ¹¹ – **5** καὶ ἐπερωτῶσιν αὐτὸν οἱ Φαρισαῖοι καὶ οἱ γραμματεῖς· διὰ τί οὐ περιπατοῦσιν οἱ μαθηταί σου κατὰ τὴν παράδοσιν τῶν πρεσβυτέρων, ἀλλὰ κοιναῖς χερσὶν ἐσθίουσιν τὸν ἄρτον;

6 Ὁ δὲ εἶπεν αὐτοῖς· καλῶς ἐπροφήτευσεν¹² Ἠσαΐας περὶ ὑμῶν τῶν ὑποκριτῶν¹³, ὡς γέγραπται·

οὗτος ὁ λαὸς τοῖς χείλεσίν¹⁴ με τιμᾷ¹⁵,
ἡ δὲ καρδία αὐτῶν πόρρω¹⁶ ἀπέχει¹⁷ ἀπ' ἐμοῦ·
7 μάτην¹⁸ δὲ σέβονταί¹⁹ με
διδάσκοντες διδασκαλίας²⁰ ἐντάλματα²¹ ἀνθρώπων.

8 ἀφέντες²² τὴν ἐντολὴν τοῦ θεοῦ κρατεῖτε τὴν παράδοσιν τῶν ἀνθρώπων. **9** καὶ ἔλεγεν αὐτοῖς· καλῶς ἀθετεῖτε²³ τὴν ἐντολὴν τοῦ θεοῦ, ἵνα τὴν παράδοσιν ὑμῶν τηρήσητε. **10** Μωϋσῆς γὰρ εἶπεν· τίμα τὸν πατέρα σου καὶ τὴν μητέρα σου, καί· ὁ κακολογῶν²⁴ πατέρα ἢ μητέρα θανάτῳ τελευτάτω²⁵. **11** ὑμεῖς δὲ λέγετε· ἐὰν εἴπῃ²⁶ ἄνθρωπος τῷ πατρὶ ἢ τῇ μητρί· κορβᾶν²⁷, ὅ ἐστιν δῶρον²⁸, ὃ ἐὰν ἐξ ἐμοῦ ὠφεληθῇς²⁹, **12** καὶ οὐκέτι ἀφίετε³⁰ αὐτὸν οὐδὲν ποιῆσαι τῷ πατρὶ ἢ τῇ μητρί, **13** ἀκυροῦντες³¹ τὸν λόγον τοῦ θεοῦ τῇ παραδόσει ὑμῶν ᾗ παρεδώκατε· καὶ παρόμοια³² τοιαῦτα πολλὰ ποιεῖτε.

---

¹ συνάγω 3p pres pas ind, gather
² κοινός, -ή/όν, unclean
³ ἄνιπτος, -ον, unwashed
⁴ πυγμή, -ῆς f, fist (πυγμῇ of doubtful mng with the fist/to the wrist/in the proper way)
⁵ νίπτω 3p aor mid sub, wash
⁶ παράδοσις, -εως f, tradition
⁷ ἀγορά, -ᾶς f, market place
⁸ βαπτισμός, -οῦ m, ritual washing
⁹ ξέστης, -ου m, pitcher
¹⁰ χαλκίον, -ου n, (copper) bowl
¹¹ κλίνη, -ης f, bed
¹² προφητεύω 3s aor act ind, prophesy
¹³ ὑποκριτής, -οῦ m, hypocrite
¹⁴ χεῖλος, -ους n, lip
¹⁵ τιμάω 3s pres act ind, honor
¹⁶ πόρρω, adv, far away
¹⁷ ἀπέχω 3s pres act ind, be distant
¹⁸ μάτην, adv, in vain
¹⁹ σέβομαι 3p pres mid ind, worship
²⁰ διδασκαλία, -ας f, teaching
²¹ ἔνταλμα, -τος n, rule
²² ἀφίημι aor act ptc m p nom, disobey
²³ ἀθετέω 2p pres act ind, reject
²⁴ κακολογέω pres act ptc m s nom, speak evil of
²⁵ τελευτάω 3s pres act impv, die (θανάτῳ τ. let that one be put to death)
²⁶ λέγω 3s aor act sub, say
²⁷ κορβᾶν, corban (Hebrew term for a gift set aside for God)
²⁸ δῶρον, -ου n, gift
²⁹ ὠφελέω 2s aor pas sub, help
³⁰ ἀφίημι 2p pres act ind, let
³¹ ἀκυρόω pres act ptc m p nom, nullify/ignore
³² παρόμοιος, -ον, similar

14 Καὶ προσκαλεσάμενος¹ πάλιν τὸν ὄχλον ἔλεγεν αὐτοῖς· ἀκούσατέ μου πάντες καὶ σύνετε². **15** οὐδέν ἐστιν ἔξωθεν³ τοῦ ἀνθρώπου εἰσπορευόμενον⁴ εἰς αὐτὸν ὃ δύναται κοινῶσαι⁵ αὐτόν, ἀλλὰ τὰ ἐκ τοῦ ἀνθρώπου ἐκπορευόμενά ἐστιν τὰ κοινοῦντα τὸν ἄνθρωπον. ⟦**16** εἴ τις ἔχει ὦτα ἀκούειν ἀκουέτω.⟧ **17** Καὶ ὅτε εἰσῆλθεν εἰς οἶκον ἀπὸ τοῦ ὄχλου, ἐπηρώτων αὐτὸν οἱ μαθηταὶ αὐτοῦ τὴν παραβολήν. **18** καὶ λέγει αὐτοῖς· οὕτως καὶ ὑμεῖς ἀσύνετοί⁶ ἐστε; οὐ νοεῖτε⁷ ὅτι πᾶν τὸ ἔξωθεν εἰσπορευόμενον εἰς τὸν ἄνθρωπον οὐ δύναται αὐτὸν κοινῶσαι **19** ὅτι οὐκ εἰσπορεύεται αὐτοῦ εἰς τὴν καρδίαν ἀλλ' εἰς τὴν κοιλίαν⁸, καὶ εἰς τὸν ἀφεδρῶνα⁹ ἐκπορεύεται, καθαρίζων πάντα τὰ βρώματα¹⁰; **20** ἔλεγεν δὲ ὅτι τὸ ἐκ τοῦ ἀνθρώπου ἐκπορευόμενον, ἐκεῖνο κοινοῖ τὸν ἄνθρωπον. **21** ἔσωθεν¹¹ γὰρ ἐκ τῆς καρδίας τῶν ἀνθρώπων οἱ διαλογισμοὶ¹² οἱ κακοὶ ἐκπορεύονται, πορνεῖαι¹³, κλοπαί¹⁴, φόνοι¹⁵, **22** μοιχεῖαι¹⁶, πλεονεξίαι¹⁷, πονηρίαι¹⁸, δόλος¹⁹, ἀσέλγεια²⁰, ὀφθαλμὸς πονηρός²¹, βλασφημία²², ὑπερηφανία²³, ἀφροσύνη²⁴· **23** πάντα ταῦτα τὰ πονηρὰ ἔσωθεν ἐκπορεύεται καὶ κοινοῖ τὸν ἄνθρωπον.

The Syrophoenician Woman's Faith (Mt 15.21-28)

24 Ἐκεῖθεν²⁵ δὲ ἀναστὰς²⁶ ἀπῆλθεν εἰς τὰ ὅρια²⁷ Τύρου. καὶ εἰσελθὼν εἰς οἰκίαν οὐδένα ἤθελεν γνῶναι²⁸, καὶ οὐκ ἠδυνήθη λαθεῖν²⁹· **25** ἀλλ' εὐθὺς ἀκούσασα γυνὴ περὶ αὐτοῦ, ἧς εἶχεν τὸ θυγάτριον³⁰ αὐτῆς πνεῦμα ἀκάθαρτον, ἐλθοῦσα προσέπεσεν³¹ πρὸς τοὺς πόδας αὐτοῦ· **26** ἡ δὲ γυνὴ ἦν Ἑλληνίς, Συροφοινίκισσα τῷ γένει³²· καὶ ἠρώτα αὐτὸν ἵνα τὸ δαιμόνιον ἐκβάλῃ³³ ἐκ τῆς θυγατρὸς αὐτῆς. **27** καὶ ἔλεγεν αὐτῇ· ἄφες³⁴ πρῶτον χορτασθῆναι³⁵ τὰ τέκνα, οὐ γάρ ἐστιν καλὸν λαβεῖν τὸν ἄρτον τῶν τέκνων καὶ τοῖς κυναρίοις³⁶ βαλεῖν³⁷. **28** ἡ δὲ ἀπεκρίθη καὶ λέγει αὐτῷ· κύριε· καὶ τὰ κυνάρια ὑποκάτω³⁸ τῆς τραπέζης³⁹ ἐσθίουσιν ἀπὸ τῶν ψιχίων⁴⁰ τῶν

---

¹ προσκαλέομαι *aor mid ptc m s nom*, call to oneself
² συνίημι *2p aor act impv*, understand
³ ἔξωθεν; *prep + gen*, outside
⁴ εἰσπορεύομαι *pres mid ptc n s nom*, come/go in
⁵ κοινόω *aor act inf*, make unclean
⁶ ἀσύνετος, -ον, without understanding
⁷ νοέω *2p pres act ind*, understand
⁸ κοιλία, -ας *f*, stomach
⁹ ἀφεδρών, -ῶνος *m*, sewer
¹⁰ βρῶμα, -τος *n*, food
¹¹ ἔσωθεν, *adv*, within
¹² διαλογισμός, -οῦ *m*, thought
¹³ πορνεία, -ας *f*, sexual immorality
¹⁴ κλοπή, -ῆς *f*, theft
¹⁵ φόνος, -ου *m*, murder
¹⁶ μοιχεία, -ας *f*, adultery
¹⁷ πλεονεξία, -ας *f*, greed
¹⁸ πονηρία, -ας *f*, evil
¹⁹ δόλος, -ου *m*, deceit
²⁰ ἀσέλγεια, -ας *f*, indecency
²¹ πονηρός, -ά/όν, evil (ὀφθαλμὸς π. envy)
²² βλασφημία, -ας *f*, insulting talk
²³ ὑπερηφανία, -ας *f*, pride
²⁴ ἀφροσύνη, -ης *f*, foolishness
²⁵ ἐκεῖθεν, *adv*, from there
²⁶ ἀνίστημι *aor act ptc m s nom*, get up
²⁷ ὅριον, -ου *n*, region
²⁸ γινώσκω *aor act inf*, find out
²⁹ λανθάνω *aor act inf*, be hidden
³⁰ θυγάτριον, -ου *n*, (little) daughter
³¹ προσπίπτω *3s aor act ind*, fall down before someone
³² γένος, -ους *n*, race (τῷ γ. by birth)
³³ ἐκβάλλω *3s aor act sub*, force out
³⁴ ἀφίημι *2s aor act impv*, let
³⁵ χορτάζω *aor pas inf*, feed
³⁶ κυνάριον, -ου *n*, dog
³⁷ βάλλω *aor act inf*, throw
³⁸ ὑποκάτω, *prep + gen*, under
³⁹ τράπεζα, -ης *f*, table
⁴⁰ ψιχίον, -ου *n*, crumb

παιδίων. **29** καὶ εἶπεν αὐτῇ· διὰ τοῦτον τὸν λόγον ὕπαγε, ἐξελήλυθεν[1] ἐκ τῆς θυγατρός σου τὸ δαιμόνιον. **30** καὶ ἀπελθοῦσα εἰς τὸν οἶκον αὐτῆς εὗρεν[2] τὸ παιδίον βεβλημένον[3] ἐπὶ τὴν κλίνην[4] καὶ τὸ δαιμόνιον ἐξεληλυθός[5].

The Healing of a Deaf Man

31 Καὶ πάλιν ἐξελθὼν ἐκ τῶν ὁρίων[6] Τύρου ἦλθεν διὰ Σιδῶνος εἰς τὴν θάλασσαν τῆς Γαλιλαίας ἀνὰ[7] μέσον τῶν ὁρίων Δεκαπόλεως. **32** καὶ φέρουσιν αὐτῷ κωφὸν[8] καὶ μογιλάλον[9] καὶ παρακαλοῦσιν αὐτὸν ἵνα ἐπιθῇ[10] αὐτῷ τὴν χεῖρα. **33** καὶ ἀπολαβόμενος[11] αὐτὸν ἀπὸ τοῦ ὄχλου κατ' ἰδίαν[12] ἔβαλεν[13] τοὺς δακτύλους[14] αὐτοῦ εἰς τὰ ὦτα[15] αὐτοῦ καὶ πτύσας[16] ἥψατο[17] τῆς γλώσσης αὐτοῦ, **34** καὶ ἀναβλέψας[18] εἰς τὸν οὐρανὸν ἐστέναξεν[19] καὶ λέγει αὐτῷ· εφφαθα[20], ὅ ἐστιν διανοίχθητι[21]. **35** καὶ ἠνοίγησαν[22] αὐτοῦ αἱ ἀκοαί[23], καὶ ἐλύθη ὁ δεσμὸς[24] τῆς γλώσσης αὐτοῦ καὶ ἐλάλει ὀρθῶς[25]. **36** καὶ διεστείλατο[26] αὐτοῖς ἵνα μηδενὶ λέγωσιν· ὅσον δὲ αὐτοῖς διεστέλλετο, αὐτοὶ μᾶλλον περισσότερον[27] ἐκήρυσσον. **37** καὶ ὑπερπερισσῶς[28] ἐξεπλήσσοντο[29] λέγοντες· καλῶς πάντα πεποίηκεν, καὶ τοὺς κωφοὺς ποιεῖ ἀκούειν καὶ ἀλάλους[30] λαλεῖν.

The Feeding of the Four Thousand (Mt 15.32-39)

8 Ἐν ἐκείναις ταῖς ἡμέραις πάλιν πολλοῦ ὄχλου ὄντος καὶ μὴ ἐχόντων τί φάγωσιν[31], προσκαλεσάμενος[32] τοὺς μαθητὰς λέγει αὐτοῖς· **2** σπλαγχνίζομαι[33] ἐπὶ τὸν ὄχλον, ὅτι ἤδη ἡμέραι τρεῖς προσμένουσίν[34] μοι καὶ οὐκ ἔχουσιν τί φάγωσιν· **3** καὶ ἐὰν ἀπολύσω αὐτοὺς νήστεις[35] εἰς οἶκον αὐτῶν, ἐκλυθήσονται[36] ἐν τῇ ὁδῷ· καί τινες αὐτῶν ἀπὸ μακρόθεν[37] ἥκασιν[38]. **4** καὶ ἀπεκρίθησαν αὐτῷ οἱ μαθηταὶ

---

[1] ἐξέρχομαι 3s pf act ind, come/go out
[2] εὑρίσκω 3s aor act ind, find
[3] βάλλω pf pas ptc n s acc, place (pf pas ptc lying)
[4] κλίνη, -ης f, bed
[5] ἐξέρχομαι pf act ptc n s acc, come/go out
[6] ὅριον, -ου n, region
[7] ἀνά, prep + acc, each (ἀνὰ μέσον through)
[8] κωφός, -ή/όν, deaf
[9] μογιλάλος, -ον, having difficulty talking
[10] ἐπιτίθημι 3s aor act sub, place
[11] ἀπολαμβάνω aor mid ptc m s nom, take aside
[12] ἴδιος, -α/ον, one's own (κατ' ἰδίαν privately)
[13] βάλλω 3s aor act ind, put
[14] δάκτυλος, -ου m, finger
[15] οὖς, ὠτός n, ear
[16] πτύω aor act ptc m s nom, spit
[17] ἅπτω 3s aor mid ind, mid touch
[18] ἀναβλέπω aor act ptc m s nom, look up
[19] στενάζω 3s aor act ind, groan
[20] εφφαθα, be opened! (Aramaic word)
[21] διανοίγω 2s aor pas impv, open
[22] ἀνοίγω 3p aor pas ind, open
[23] ἀκοή, -ῆς f, ear
[24] δεσμός, -οῦ m, bond
[25] ὀρθῶς, adv, clearly
[26] διαστέλλω 3s aor mid ind, mid order
[27] περισσότερος, adv, more (μᾶλλον π. all the more)
[28] ὑπερπερισσῶς, adv, completely
[29] ἐκπλήσσω 3p impf pas ind, amaze
[30] ἄλαλος, -ον, unable to talk
[31] ἐσθίω 3p aor act sub, eat
[32] προσκαλέομαι aor mid ptc m s nom, call to oneself
[33] σπλαγχνίζομαι 1s pres pas ind, have pity
[34] προσμένω 3p pres act ind, stay with
[35] νῆστις, -ιδος m & f, acc pl νήστεις, hungry
[36] ἐκλύομαι 3p fut pas ind, faint
[37] μακρόθεν, adv, far off (ἀπὸ μ. at a distance)
[38] ἥκω 3p pres or pf act ind, have come

αὐτοῦ ὅτι πόθεν[1] τούτους δυνήσεταί τις ὧδε χορτάσαι[2] ἄρτων ἐπ' ἐρημίας[3]; **5** καὶ ἠρώτα αὐτούς· πόσους[4] ἔχετε ἄρτους; οἱ δὲ εἶπαν· ἑπτά. **6** καὶ παραγγέλλει τῷ ὄχλῳ ἀναπεσεῖν[5] ἐπὶ τῆς γῆς· καὶ λαβὼν τοὺς ἑπτὰ ἄρτους εὐχαριστήσας ἔκλασεν[6] καὶ ἐδίδου[7] τοῖς μαθηταῖς αὐτοῦ ἵνα παρατιθῶσιν[8], καὶ παρέθηκαν τῷ ὄχλῳ. **7** καὶ εἶχον[9] ἰχθύδια[10] ὀλίγα· καὶ εὐλογήσας αὐτὰ εἶπεν καὶ ταῦτα παρατιθέναι[11]. **8** καὶ ἔφαγον[12] καὶ ἐχορτάσθησαν[13], καὶ ἦραν[14] περισσεύματα[15] κλασμάτων[16] ἑπτὰ σπυρίδας[17]. **9** ἦσαν δὲ ὡς τετρακισχίλιοι[18]. καὶ ἀπέλυσεν αὐτούς.

10 Καὶ εὐθὺς ἐμβὰς[19] εἰς τὸ πλοῖον μετὰ τῶν μαθητῶν αὐτοῦ ἦλθεν εἰς τὰ μέρη Δαλμανουθά.

The Demand for a Sign (Mt 16.1-4)

11 Καὶ ἐξῆλθον οἱ Φαρισαῖοι καὶ ἤρξαντο[20] συζητεῖν[21] αὐτῷ, ζητοῦντες παρ' αὐτοῦ σημεῖον ἀπὸ τοῦ οὐρανοῦ, πειράζοντες αὐτόν. **12** καὶ ἀναστενάξας[22] τῷ πνεύματι αὐτοῦ λέγει· τί ἡ γενεὰ αὕτη ζητεῖ σημεῖον; ἀμὴν λέγω ὑμῖν, εἰ δοθήσεται[23] τῇ γενεᾷ ταύτῃ σημεῖον. **13** καὶ ἀφεὶς[24] αὐτοὺς πάλιν ἐμβὰς[25] ἀπῆλθεν εἰς τὸ πέραν[26].

The Yeast of the Pharisees and of Herod (Mt 16.5-12)

14 Καὶ ἐπελάθοντο[27] λαβεῖν ἄρτους καὶ εἰ μὴ ἕνα ἄρτον οὐκ εἶχον μεθ' ἑαυτῶν ἐν τῷ πλοίῳ. **15** καὶ διεστέλλετο[28] αὐτοῖς λέγων· ὁρᾶτε, βλέπετε ἀπὸ τῆς ζύμης[29] τῶν Φαρισαίων καὶ τῆς ζύμης Ἡρῴδου. **16** καὶ διελογίζοντο[30] πρὸς ἀλλήλους ὅτι ἄρτους οὐκ ἔχουσιν. **17** καὶ γνοὺς[31] λέγει αὐτοῖς· τί διαλογίζεσθε ὅτι ἄρτους οὐκ ἔχετε; οὔπω[32] νοεῖτε[33] οὐδὲ συνίετε[34]; πεπωρωμένην[35] ἔχετε τὴν καρδίαν ὑμῶν;

18 ὀφθαλμοὺς ἔχοντες οὐ βλέπετε
καὶ ὦτα[36] ἔχοντες οὐκ ἀκούετε;

---

[1] πόθεν, *adv*, how?/from where?
[2] χορτάζω *aor act inf*, feed
[3] ἐρημία, -ας *f*, desert
[4] πόσος, -η/ον, how many
[5] ἀναπίπτω *aor act inf*, sit
[6] κλάω *3s aor act ind*, break
[7] δίδωμι *3s impf act ind*, give
[8] παρατίθημι *3p pres act sub*, distribute
[9] ἔχω *3p impf act ind*, have
[10] ἰχθύδιον, -ου *n*, small fish
[11] παρατίθημι *pres act inf*, distribute
[12] ἐσθίω *3p aor act ind*, eat
[13] χορτάζω *3p aor pas ind*, satisfy
[14] αἴρω *3p aor act ind*, pick up
[15] περίσσευμα, -τος *n*, amount
[16] κλάσμα, -τος *n*, piece
[17] σπυρίς, -ίδος *f*, basket (perhaps larger than a κόφινος, see Mk 6.43)
[18] τετρακισχίλιοι, -αι/α, four thousand
[19] ἐμβαίνω *aor act ptc m s nom*, get into
[20] ἄρχω *3p aor mid ind, mid* begin
[21] συζητέω *pres act inf*, argue
[22] ἀναστενάζω *aor act ptc m s nom*, sigh deeply
[23] δίδωμι *3s fut pas ind*, give
[24] ἀφίημι *aor act ptc m s nom*, leave
[25] ἐμβαίνω *aor act ptc m s nom*, get into
[26] πέραν, *prep + gen*, across (τὸ π. the other side)
[27] ἐπιλανθάνομαι *3p aor mid ind*, forget
[28] διαστέλλω *3s impf mid ind*, warn
[29] ζύμη, -ης *f*, yeast
[30] διαλογίζομαι *3p impf mid ind*, discuss
[31] γινώσκω *aor act ptc m s nom*, know
[32] οὔπω, *adv*, not yet
[33] νοέω *2p pres act ind*, understand
[34] συνίημι *2p pres act ind*, comprehend
[35] πωρόω *pf pas ptc f s acc, pas* be without feeling
[36] οὖς, ὠτός *n*, ear

καὶ οὐ μνημονεύετε¹, 19 ὅτε τοὺς πέντε ἄρτους ἔκλασα² εἰς τοὺς πεντακισχιλίους³, πόσους⁴ κοφίνους⁵ κλασμάτων⁶ πλήρεις⁷ ἤρατε⁸; λέγουσιν αὐτῷ· δώδεκα. 20 ὅτε τοὺς ἑπτὰ εἰς τοὺς τετρακισχιλίους⁹, πόσων σπυρίδων¹⁰ πληρώματα¹¹ κλασμάτων ἤρατε; καὶ λέγουσιν αὐτῷ· ἑπτά. 21 καὶ ἔλεγεν αὐτοῖς· οὔπω¹² συνίετε¹³;

The Healing of a Blind Man at Bethsaida

22 Καὶ ἔρχονται εἰς Βηθσαϊδάν. καὶ φέρουσιν αὐτῷ τυφλὸν καὶ παρακαλοῦσιν αὐτὸν ἵνα αὐτοῦ ἅψηται¹⁴. 23 καὶ ἐπιλαβόμενος¹⁵ τῆς χειρὸς τοῦ τυφλοῦ ἐξήνεγκεν¹⁶ αὐτὸν ἔξω τῆς κώμης¹⁷ καὶ πτύσας¹⁸ εἰς τὰ ὄμματα¹⁹ αὐτοῦ, ἐπιθεὶς²⁰ τὰς χεῖρας αὐτῷ ἐπηρώτα²¹ αὐτόν· εἴ τι βλέπεις; 24 καὶ ἀναβλέψας²² ἔλεγεν· βλέπω τοὺς ἀνθρώπους ὅτι ὡς δένδρα²³ ὁρῶ περιπατοῦντας. 25 εἶτα²⁴ πάλιν ἐπέθηκεν τὰς χεῖρας ἐπὶ τοὺς ὀφθαλμοὺς αὐτοῦ, καὶ διέβλεψεν²⁵ καὶ ἀπεκατέστη²⁶ καὶ ἐνέβλεπεν²⁷ τηλαυγῶς²⁸ ἅπαντα. 26 καὶ ἀπέστειλεν αὐτὸν εἰς οἶκον αὐτοῦ λέγων· μηδὲ εἰς τὴν κώμην εἰσέλθῃς²⁹.

Peter's Declaration about Jesus (Mt 16.13-20; Lk 9.18-21)

27 Καὶ ἐξῆλθεν ὁ Ἰησοῦς καὶ οἱ μαθηταὶ αὐτοῦ εἰς τὰς κώμας³⁰ Καισαρείας τῆς Φιλίππου· καὶ ἐν τῇ ὁδῷ ἐπηρώτα τοὺς μαθητὰς αὐτοῦ λέγων αὐτοῖς· τίνα με λέγουσιν οἱ ἄνθρωποι εἶναι; 28 οἱ δὲ εἶπαν αὐτῷ λέγοντες ὅτι Ἰωάννην τὸν βαπτιστήν³¹, καὶ ἄλλοι Ἠλίαν, ἄλλοι δὲ ὅτι εἷς τῶν προφητῶν. 29 καὶ αὐτὸς ἐπηρώτα³² αὐτούς· ὑμεῖς δὲ τίνα με λέγετε εἶναι; ἀποκριθεὶς ὁ Πέτρος λέγει αὐτῷ· σὺ εἶ ὁ χριστός. 30 καὶ ἐπετίμησεν³³ αὐτοῖς ἵνα μηδενὶ λέγωσιν περὶ αὐτοῦ.

---

[1] μνημονεύω 2p pres act ind, remember
[2] κλάω 1s aor act ind, break
[3] πεντακισχίλιοι, -αι/α, five thousand
[4] πόσος, -η/ον, how many
[5] κόφινος, -ου m, basket (perhaps smaller than a σπυρίς)
[6] κλάσμα, -τος n, piece
[7] πλήρης, -ες, full
[8] αἴρω 2p aor act ind, pick up
[9] τετρακισχίλιοι, -αι/α, four thousand
[10] σπυρίς, -ίδος f, basket (perhaps larger than a κόφινος)
[11] πλήρωμα, -τος n, fullness
[12] οὔπω, adv, not yet
[13] συνίημι 2p pres act ind, understand
[14] ἅπτω 3s aor mid sub, mid touch
[15] ἐπιλαμβάνομαι aor mid ptc m s nom, take hold of
[16] ἐκφέρω 3s aor act ind, lead out
[17] κώμη, -ης f, village
[18] πτύω aor act ptc m s nom, spit
[19] ὄμμα, -τος n, eye
[20] ἐπιτίθημι aor act ptc m s nom, place
[21] ἐπερωτάω 3s impf act ind, ask
[22] ἀναβλέπω aor act ptc m s nom, look up
[23] δένδρον, -ου f, tree
[24] εἶτα, adv, then
[25] διαβλέπω 3s aor act ind, look intently
[26] ἀποκαθίστημι 3s aor act ind, be healed
[27] ἐμβλέπω 3s impf act ind, see
[28] τηλαυγῶς, adv, clearly
[29] εἰσέρχομαι 2s aor act sub, go
[30] κώμη, -ης f, village
[31] βαπτιστής, -οῦ m, Baptist/baptizer
[32] ἐπερωτάω 3s impf act ind, ask
[33] ἐπιτιμάω 3s aor act ind, order

Jesus Foretells His Death and Resurrection (Mt 16.21-23; Lk 9.22)

31 Καὶ ἤρξατο¹ διδάσκειν αὐτοὺς ὅτι δεῖ τὸν υἱὸν τοῦ ἀνθρώπου πολλὰ παθεῖν² καὶ ἀποδοκιμασθῆναι³ ὑπὸ τῶν πρεσβυτέρων καὶ τῶν ἀρχιερέων καὶ τῶν γραμματέων καὶ ἀποκτανθῆναι⁴ καὶ μετὰ τρεῖς ἡμέρας ἀναστῆναι⁵· **32** καὶ παρρησίᾳ τὸν λόγον ἐλάλει. καὶ προσλαβόμενος⁶ ὁ Πέτρος αὐτὸν ἤρξατο ἐπιτιμᾶν⁷ αὐτῷ. **33** ὁ δὲ ἐπιστραφεὶς⁸ καὶ ἰδὼν τοὺς μαθητὰς αὐτοῦ ἐπετίμησεν Πέτρῳ καὶ λέγει· ὕπαγε ὀπίσω μου, σατανᾶ, ὅτι οὐ φρονεῖς⁹ τὰ τοῦ θεοῦ ἀλλὰ τὰ τῶν ἀνθρώπων.

A Call to Discipleship (Mt 16.24-28; Lk 9.23-27)

34 Καὶ προσκαλεσάμενος¹⁰ τὸν ὄχλον σὺν τοῖς μαθηταῖς αὐτοῦ εἶπεν αὐτοῖς· εἴ τις θέλει ὀπίσω μου ἀκολουθεῖν, ἀπαρνησάσθω¹¹ ἑαυτὸν καὶ ἀράτω¹² τὸν σταυρὸν¹³ αὐτοῦ καὶ ἀκολουθείτω μοι. **35** ὃς γὰρ ἐὰν θέλῃ τὴν ψυχὴν αὐτοῦ σῶσαι ἀπολέσει¹⁴ αὐτήν· ὃς δ' ἂν ἀπολέσῃ τὴν ψυχὴν αὐτοῦ ἕνεκεν¹⁵ ἐμοῦ καὶ τοῦ εὐαγγελίου σώσει αὐτήν. **36** τί γὰρ ὠφελεῖ¹⁶ ἄνθρωπον κερδῆσαι¹⁷ τὸν κόσμον ὅλον καὶ ζημιωθῆναι¹⁸ τὴν ψυχὴν αὐτοῦ; **37** τί γὰρ δοῖ¹⁹ ἄνθρωπος ἀντάλλαγμα²⁰ τῆς ψυχῆς αὐτοῦ; **38** ὃς γὰρ ἐὰν ἐπαισχυνθῇ²¹ με καὶ τοὺς ἐμοὺς λόγους ἐν τῇ γενεᾷ ταύτῃ τῇ μοιχαλίδι²² καὶ ἁμαρτωλῷ, καὶ ὁ υἱὸς τοῦ ἀνθρώπου ἐπαισχυνθήσεται αὐτόν, ὅταν ἔλθῃ²³ ἐν τῇ δόξῃ τοῦ πατρὸς αὐτοῦ μετὰ τῶν ἀγγέλων τῶν ἁγίων.

9 Καὶ ἔλεγεν αὐτοῖς· ἀμὴν λέγω ὑμῖν ὅτι εἰσίν τινες τῶν ὧδε ἑστηκότων²⁴ οἵτινες οὐ μὴ γεύσωνται²⁵ θανάτου, ἕως ἂν ἴδωσιν τὴν βασιλείαν τοῦ θεοῦ ἐληλυθυῖαν²⁶ ἐν δυνάμει.

The Transfiguration of Jesus (Mt 17.1-13; Lk 9.28-36)

2 Καὶ μετὰ ἡμέρας ἓξ²⁷ παραλαμβάνει ὁ Ἰησοῦς τὸν Πέτρον καὶ τὸν Ἰάκωβον καὶ τὸν Ἰωάννην καὶ ἀναφέρει²⁸ αὐτοὺς εἰς ὄρος ὑψηλὸν²⁹ κατ' ἰδίαν³⁰ μόνους. καὶ

---

1 ἄρχω 3s aor mid ind, mid begin
2 πάσχω aor act inf, suffer
3 ἀποδοκιμάζω aor pas inf, reject
4 ἀποκτείνω aor pas inf, kill
5 ἀνίστημι aor act inf, intrans rise (from death)
6 προσλαμβάνω aor mid ptc m s nom, take aside
7 ἐπιτιμάω pres act inf, rebuke
8 ἐπιστρέφω aor pas ptc m s nom, turn around
9 φρονέω 2s pres act ind, think
10 προσκαλέομαι aor mid ptc m s nom, call to oneself
11 ἀπαρνέομαι 3s aor mid impv, disown
12 αἴρω 3s aor act impv, carry
13 σταυρός, -οῦ m, cross
14 ἀπόλλυμι 3s fut act ind, lose
15 ἕνεκα, prep + gen, for the sake of
16 ὠφελέω 3s pres act ind, profit
17 κερδαίνω aor act inf, gain
18 ζημιόω aor pas inf, pas lose
19 δίδωμι 3s aor act sub, give
20 ἀντάλλαγμα, -τος n, something offered in exchange
21 ἐπαισχύνομαι 3s aor pas sub, be ashamed of
22 μοιχαλίς, -ίδος f, unfaithful
23 ἔρχομαι 3s aor act sub, come
24 ἵστημι pf act ptc m p gen, intrans pf stand
25 γεύομαι 3p aor mid sub, experience
26 ἔρχομαι pf act ptc f s acc, come
27 ἕξ, six
28 ἀναφέρω 3s pres act ind, take up
29 ὑψηλός, -ή/όν, high
30 ἴδιος, -α/ον, one's own (κατ' ἰδίαν privately)

μετεμορφώθη¹ ἔμπροσθεν αὐτῶν, 3 καὶ τὰ ἱμάτια αὐτοῦ ἐγένετο στίλβοντα² λευκὰ³ λίαν⁴ οἷα⁵ γναφεὺς⁶ ἐπὶ τῆς γῆς οὐ δύναται οὕτως λευκᾶναι⁷. 4 καὶ ὤφθη⁸ αὐτοῖς Ἠλίας σὺν Μωϋσεῖ, καὶ ἦσαν συλλαλοῦντες⁹ τῷ Ἰησοῦ. 5 καὶ ἀποκριθεὶς ὁ Πέτρος λέγει τῷ Ἰησοῦ· ῥαββί¹⁰, καλόν ἐστιν ἡμᾶς ὧδε εἶναι, καὶ ποιήσωμεν τρεῖς σκηνάς¹¹, σοὶ μίαν καὶ Μωϋσεῖ μίαν καὶ Ἠλίᾳ μίαν. 6 οὐ γὰρ ᾔδει¹² τί ἀποκριθῇ¹³, ἔκφοβοι¹⁴ γὰρ ἐγένοντο. 7 καὶ ἐγένετο νεφέλη¹⁵ ἐπισκιάζουσα¹⁶ αὐτοῖς, καὶ ἐγένετο φωνὴ ἐκ τῆς νεφέλης· οὗτός ἐστιν ὁ υἱός μου ὁ ἀγαπητός, ἀκούετε αὐτοῦ. 8 καὶ ἐξάπινα¹⁷ περιβλεψάμενοι¹⁸ οὐκέτι οὐδένα εἶδον, ἀλλὰ τὸν Ἰησοῦν μόνον μεθ' ἑαυτῶν.

9 Καὶ καταβαινόντων αὐτῶν ἐκ τοῦ ὄρους διεστείλατο¹⁹ αὐτοῖς ἵνα μηδενὶ ἃ εἶδον διηγήσωνται²⁰, εἰ μὴ ὅταν ὁ υἱὸς τοῦ ἀνθρώπου ἐκ νεκρῶν ἀναστῇ²¹. 10 καὶ τὸν λόγον ἐκράτησαν πρὸς ἑαυτοὺς συζητοῦντες²² τί ἐστιν τὸ ἐκ νεκρῶν ἀναστῆναι.

11 Καὶ ἐπηρώτων²³ αὐτὸν λέγοντες ὅτι λέγουσιν οἱ γραμματεῖς ὅτι Ἠλίαν δεῖ ἐλθεῖν πρῶτον; 12 ὁ δὲ ἔφη αὐτοῖς· Ἠλίας μὲν ἐλθὼν πρῶτον ἀποκαθιστάνει²⁴ πάντα· καὶ πῶς γέγραπται ἐπὶ τὸν υἱὸν τοῦ ἀνθρώπου ἵνα πολλὰ πάθῃ²⁵ καὶ ἐξουδενηθῇ²⁶; 13 ἀλλὰ λέγω ὑμῖν ὅτι καὶ Ἠλίας ἐλήλυθεν²⁷, καὶ ἐποίησαν αὐτῷ ὅσα ἤθελον, καθὼς γέγραπται ἐπ' αὐτόν.

The Healing of a Boy with a Demon (Mt 17.14-20; Lk 9.37-43a)

14 Καὶ ἐλθόντες πρὸς τοὺς μαθητὰς εἶδον ὄχλον πολὺν περὶ αὐτοὺς καὶ γραμματεῖς συζητοῦντας²⁸ πρὸς αὐτούς. 15 καὶ εὐθὺς πᾶς ὁ ὄχλος ἰδόντες αὐτὸν ἐξεθαμβήθησαν²⁹ καὶ προστρέχοντες³⁰ ἠσπάζοντο αὐτόν. 16 καὶ ἐπηρώτησεν αὐτούς· τί συζητεῖτε πρὸς αὐτούς; 17 καὶ ἀπεκρίθη αὐτῷ εἷς ἐκ τοῦ ὄχλου· διδάσκαλε, ἤνεγκα³¹ τὸν υἱόν μου πρὸς σὲ ἔχοντα πνεῦμα ἄλαλον³²· 18 καὶ ὅπου ἐὰν αὐτὸν καταλάβῃ³³

---

1 μεταμορφόω 3s aor pas ind, pas be changed in form
2 στίλβω pres act ptc n p nom, shine
3 λευκός, -ή/όν, white
4 λίαν, adv, very
5 οἷος, -α/ον, rel pro, such as
6 γναφεύς, -έως m, one who bleaches (cloth)
7 λευκαίνω aor act inf, bleach
8 ὁράω 3s aor pas ind, pas appear
9 συλλαλέω pres act ptc m p nom, talk with
10 ῥαββί, rabbi/teacher (honorary title of address)
11 σκηνή, -ῆς f, temporary shelter
12 οἶδα 3s plpf act ind, know
13 ἀποκρίνομαι 3s aor pas sub, answer
14 ἔκφοβος, -ον, terribly frightened
15 νεφέλη, -ης f, cloud
16 ἐπισκιάζω pres act ptc f s nom, overshadow/pass over
17 ἐξάπινα, adv, suddenly
18 περιβλέπω aor mid ptc m p nom, look around
19 διαστέλλω 3s aor mid ind, mid order
20 διηγέομαι 3p aor mid sub, tell
21 ἀνίστημι 3s aor act sub, intrans rise
22 συζητέω pres act ptc m p nom, discuss/question
23 ἐπερωτάω 3p impf act ind, ask
24 ἀποκαθίστημι 3s pres act ind, restore/make ready
25 πάσχω 3s aor act sub, suffer
26 ἐξουδενέω 3s aor pas sub, reject
27 ἔρχομαι 3s pf act ind, come
28 συζητέω pres act ptc m p acc, argue/discuss
29 ἐκθαμβέω 3p aor pas ind, be greatly surprised
30 προστρέχω pres act ptc m p nom, hurry over
31 φέρω 1s aor act ind, bring
32 ἄλαλος, -ον, unable to talk
33 καταλαμβάνω 3s aor act sub, attack

ρήσσει¹ αὐτόν καὶ ἀφρίζει² καὶ τρίζει³ τοὺς ὀδόντας⁴ καὶ ξηραίνεται⁵. καὶ εἶπα τοῖς μαθηταῖς σου ἵνα αὐτὸ ἐκβάλωσιν⁶, καὶ οὐκ ἴσχυσαν⁷. 19 ὁ δὲ ἀποκριθεὶς αὐτοῖς λέγει· ὦ⁸ γενεὰ ἄπιστος⁹, ἕως πότε¹⁰ πρὸς ὑμᾶς ἔσομαι; ἕως πότε ἀνέξομαι¹¹ ὑμῶν; φέρετε αὐτὸν πρός με. 20 καὶ ἤνεγκαν¹² αὐτὸν πρὸς αὐτόν. καὶ ἰδὼν αὐτὸν τὸ πνεῦμα εὐθὺς συνεσπάραξεν¹³ αὐτόν, καὶ πεσὼν¹⁴ ἐπὶ τῆς γῆς ἐκυλίετο¹⁵ ἀφρίζων¹⁶. 21 καὶ ἐπηρώτησεν¹⁷ τὸν πατέρα αὐτοῦ· πόσος¹⁸ χρόνος ἐστὶν ὡς τοῦτο γέγονεν αὐτῷ; ὁ δὲ εἶπεν· ἐκ παιδιόθεν¹⁹· 22 καὶ πολλάκις²⁰ καὶ εἰς πῦρ αὐτὸν ἔβαλεν²¹ καὶ εἰς ὕδατα, ἵνα ἀπολέσῃ²² αὐτόν· ἀλλ' εἴ τι δύνῃ, βοήθησον²³ ἡμῖν σπλαγχνισθεὶς²⁴ ἐφ' ἡμᾶς. 23 ὁ δὲ Ἰησοῦς εἶπεν αὐτῷ· τὸ εἰ δύνῃ²⁵ – πάντα δυνατὰ τῷ πιστεύοντι. 24 εὐθὺς κράξας ὁ πατὴρ τοῦ παιδίου ἔλεγεν· πιστεύω, βοήθει μου τῇ ἀπιστίᾳ²⁶. 25 ἰδὼν δὲ ὁ Ἰησοῦς ὅτι ἐπισυντρέχει²⁷ ὄχλος ἐπετίμησεν²⁸ τῷ πνεύματι τῷ ἀκαθάρτῳ λέγων αὐτῷ· τὸ ἄλαλον²⁹ καὶ κωφὸν³⁰ πνεῦμα, ἐγὼ ἐπιτάσσω³¹ σοι· ἔξελθε³² ἐξ αὐτοῦ καὶ μηκέτι³³ εἰσέλθῃς³⁴ εἰς αὐτόν. 26 καὶ κράξας καὶ πολλὰ σπαράξας³⁵ ἐξῆλθεν· καὶ ἐγένετο ὡσεὶ³⁶ νεκρός, ὥστε τοὺς πολλοὺς λέγειν ὅτι ἀπέθανεν. 27 ὁ δὲ Ἰησοῦς κρατήσας τῆς χειρὸς αὐτοῦ ἤγειρεν αὐτόν, καὶ ἀνέστη³⁷.
28 Καὶ εἰσελθόντος αὐτοῦ εἰς οἶκον οἱ μαθηταὶ αὐτοῦ κατ' ἰδίαν³⁸ ἐπηρώτων αὐτόν· ὅτι ἡμεῖς οὐκ ἠδυνήθημεν ἐκβαλεῖν³⁹ αὐτό; 29 καὶ εἶπεν αὐτοῖς· τοῦτο τὸ γένος⁴⁰ ἐν οὐδενὶ δύναται ἐξελθεῖν εἰ μὴ ἐν προσευχῇ.

Jesus Again Foretells His Death and Resurrection   (Mt 17.22-23; Lk 9.43b-45)

30 Κἀκεῖθεν⁴¹ ἐξελθόντες παρεπορεύοντο⁴² διὰ τῆς Γαλιλαίας, καὶ οὐκ ἤθελεν ἵνα τις γνοῖ⁴³· 31 ἐδίδασκεν γὰρ τοὺς μαθητὰς αὐτοῦ καὶ ἔλεγεν αὐτοῖς ὅτι ὁ υἱὸς τοῦ

---

1 ῥήγνυμι/ῥήσσω 3s pres act ind, dash to the ground
2 ἀφρίζω 3s pres act ind, foam at the mouth
3 τρίζω 3s pres act ind, grit
4 ὀδούς, ὀδόντος m, tooth
5 ξηραίνω 3s pres pas ind, pas become stiff
6 ἐκβάλλω 3p aor act sub, force out
7 ἰσχύω 3p aor act ind, be able
8 ὦ, interj, O!
9 ἄπιστος, -ον, unbelieving
10 πότε, adv, when
11 ἀνέχομαι 1s fut mid ind, put up with
12 φέρω 3p aor act ind, bring
13 συσπαράσσω 3s aor act ind, throw into convulsions
14 πίπτω aor act ptc m s nom, fall
15 κυλίω 3s impf mid ind, roll around
16 ἀφρίζω pres act ptc m s nom, foam at the mouth
17 ἐπερωτάω 3s aor act ind, ask
18 πόσος, -η/ον, how much
19 παιδιόθεν, adv, from childhood
20 πολλάκις, adv, often
21 βάλλω 3s aor act ind, throw
22 ἀπόλλυμι 3s aor act sub, kill
23 βοηθέω 2s aor act impv, help
24 σπλαγχνίζομαι aor pas ptc m s nom, have pity
25 δύναμαι 2s pres pas ind, can
26 ἀπιστία, -ας f, unbelief
27 ἐπισυντρέχω 3s pres act ind, gather fast
28 ἐπιτιμάω 3s aor act ind, rebuke
29 ἄλαλος, -ον, unable to talk
30 κωφός, -ή/όν, deaf
31 ἐπιτάσσω 1s pres act ind, order
32 ἐξέρχομαι 2s aor act impv, come/go out
33 μηκέτι, adv, no longer
34 εἰσέρχομαι 2s aor act sub, go into
35 σπαράσσω aor act ptc m s nom, throw into convulsions
36 ὡσεί, particle of comparison, like/as
37 ἀνίστημι 3s aor act ind, get up
38 ἴδιος, -α/ον, one's own (κατ' ἰδίαν privately)
39 ἐκβάλλω aor act inf, force out
40 γένος, -ους n, kind
41 κἀκεῖθεν, = καὶ ἐκεῖθεν, and from there
42 παραπορεύομαι 3p impf mid ind, go (through)
43 γινώσκω 3s aor act sub, know

ἀνθρώπου παραδίδοται εἰς χεῖρας ἀνθρώπων, καὶ ἀποκτενοῦσιν[1] αὐτόν, καὶ ἀποκτανθεὶς μετὰ τρεῖς ἡμέρας ἀναστήσεται[2]. **32** οἱ δὲ ἠγνόουν[3] τὸ ῥῆμα καὶ ἐφοβοῦντο αὐτὸν ἐπερωτῆσαι.

Who is the Greatest? (Mt 18.1-5; Lk 9.46-48)

33 Καὶ ἦλθον εἰς Καφαρναούμ. καὶ ἐν τῇ οἰκίᾳ γενόμενος ἐπηρώτα αὐτούς· τί ἐν τῇ ὁδῷ διελογίζεσθε[4]; **34** οἱ δὲ ἐσιώπων[5]· πρὸς ἀλλήλους γὰρ διελέχθησαν[6] ἐν τῇ ὁδῷ τίς μείζων[7]. **35** καὶ καθίσας ἐφώνησεν τοὺς δώδεκα καὶ λέγει αὐτοῖς· εἴ τις θέλει πρῶτος εἶναι, ἔσται πάντων ἔσχατος καὶ πάντων διάκονος[8]. **36** καὶ λαβὼν παιδίον ἔστησεν[9] αὐτὸ ἐν μέσῳ αὐτῶν καὶ ἐναγκαλισάμενος[10] αὐτὸ εἶπεν αὐτοῖς· **37** ὃς ἂν ἓν τῶν τοιούτων παιδίων δέξηται ἐπὶ τῷ ὀνόματί μου ἐμὲ δέχεται· καὶ ὃς ἂν ἐμὲ δέχηται, οὐκ ἐμὲ δέχεται, ἀλλὰ τὸν ἀποστείλαντά[11] με.

Whoever is Not against Us is for Us (Lk 9.49-50)

38 Ἔφη αὐτῷ ὁ Ἰωάννης· διδάσκαλε, εἴδομέν τινα ἐν τῷ ὀνόματί σου ἐκβάλλοντα δαιμόνια καὶ ἐκωλύομεν[12] αὐτόν, ὅτι οὐκ ἠκολούθει ἡμῖν. **39** ὁ δὲ Ἰησοῦς εἶπεν· μὴ κωλύετε αὐτόν· οὐδεὶς γάρ ἐστιν ὃς ποιήσει δύναμιν ἐπὶ τῷ ὀνόματί μου καὶ δυνήσεται ταχὺ[13] κακολογῆσαί[14] με· **40** ὃς γὰρ οὐκ ἔστιν καθ᾽ ἡμῶν, ὑπὲρ ἡμῶν ἐστιν.

41 Ὃς γὰρ ἂν ποτίσῃ[15] ὑμᾶς ποτήριον ὕδατος ἐν ὀνόματι ὅτι Χριστοῦ ἐστε – ἀμὴν λέγω ὑμῖν ὅτι οὐ μὴ ἀπολέσῃ[16] τὸν μισθὸν[17] αὐτοῦ.

Temptations to Sin (Mt 18.6-9; Lk 17.1-2)

42 Καὶ ὃς ἂν σκανδαλίσῃ[18] ἕνα τῶν μικρῶν τούτων τῶν πιστευόντων εἰς ἐμέ καλόν ἐστιν αὐτῷ μᾶλλον, εἰ περίκειται[19] μύλος[20] ὀνικὸς[21] περὶ τὸν τράχηλον[22] αὐτοῦ καὶ βέβληται[23] εἰς τὴν θάλασσαν. **43** καὶ ἐὰν σκανδαλίζῃ σε ἡ χείρ σου, ἀπόκοψον[24] αὐτήν· καλόν ἐστίν σε κυλλὸν[25] εἰσελθεῖν εἰς τὴν ζωὴν ἢ τὰς δύο χεῖρας ἔχοντα ἀπελθεῖν[26] εἰς τὴν γέενναν[27] εἰς τὸ πῦρ τὸ ἄσβεστον[28], 〚**44** ὅπου ὁ σκώληξ[29] αὐτῶν

---

[1] ἀποκτείνω 3p fut act ind, kill
[2] ἀνίστημι 3s fut mid ind, intrans rise (from death)
[3] ἀγνοέω 3p impf act ind, fail to understand
[4] διαλογίζομαι 2p impf mid ind, discuss/argue
[5] σιωπάω 3p impf act ind, be silent
[6] διαλέγομαι 3p aor pas ind, argue
[7] μέγας, great (comp)
[8] διάκονος, -ου m & f, servant
[9] ἵστημι 3s aor act ind, place
[10] ἐναγκαλίζομαι aor mid ptc m s nom, put one's arms round
[11] ἀποστέλλω aor act ptc m s acc, send
[12] κωλύω 1p impf act ind, tell (someone) to stop
[13] ταχύς, adv, soon
[14] κακολογέω aor act inf, speak evil of
[15] ποτίζω 3s aor act sub, give to drink
[16] ἀπόλλυμι 3s aor act sub, lose
[17] μισθός, -οῦ m, reward
[18] σκανδαλίζω 3s aor act sub, cause someone to sin
[19] περίκειμαι 3s pres mid ind, be placed around
[20] μύλος, -ου m, millstone
[21] ὀνικός, -ή/όν, of a donkey (μύλος ὁ. large millstone drawn by a donkey)
[22] τράχηλος, -ου m, neck
[23] βάλλω 3s pf pas ind, throw
[24] ἀποκόπτω 2s aor act impv, cut off
[25] κυλλός, -ή/όν, crippled
[26] ἀπέρχομαι aor act inf, go
[27] γέεννα, -ης f, hell
[28] ἄσβεστος, -ον, unquenchable
[29] σκώληξ, -ηκος m, worm

ού τελευτᾷ¹ καὶ τὸ πῦρ οὐ σβέννυται².] 45 καὶ ἐὰν ὁ πούς σου σκανδαλίζῃ σε, ἀπόκοψον αὐτόν· καλόν ἐστίν σε εἰσελθεῖν εἰς τὴν ζωὴν χωλὸν³ ἢ τοὺς δύο πόδας ἔχοντα βληθῆναι⁴ εἰς τὴν γέενναν, ⟦46 ὅπου ὁ σκώληξ αὐτῶν οὐ τελευτᾷ καὶ τὸ πῦρ οὐ σβέννυται.⟧ 47 καὶ ἐὰν ὁ ὀφθαλμός σου σκανδαλίζῃ σε, ἔκβαλε⁵ αὐτόν· καλόν σέ ἐστιν μονόφθαλμον⁶ εἰσελθεῖν εἰς τὴν βασιλείαν τοῦ θεοῦ ἢ δύο ὀφθαλμοὺς ἔχοντα βληθῆναι εἰς τὴν γέενναν, 48 ὅπου ὁ σκώληξ αὐτῶν οὐ τελευτᾷ καὶ τὸ πῦρ οὐ σβέννυται. 49 Πᾶς γὰρ πυρὶ ἁλισθήσεται⁷. 50 καλὸν τὸ ἅλας⁸· ἐὰν δὲ τὸ ἅλας ἄναλον⁹ γένηται, ἐν τίνι αὐτὸ ἀρτύσετε¹⁰; ἔχετε ἐν ἑαυτοῖς ἅλα καὶ εἰρηνεύετε¹¹ ἐν ἀλλήλοις.

Teaching about Divorce (Mt 19.1-12)

10 Καὶ ἐκεῖθεν¹² ἀναστὰς¹³ ἔρχεται εἰς τὰ ὅρια¹⁴ τῆς Ἰουδαίας καὶ πέραν¹⁵ τοῦ Ἰορδάνου, καὶ συμπορεύονται¹⁶ πάλιν ὄχλοι πρὸς αὐτόν, καὶ, ὡς εἰώθει¹⁷, πάλιν ἐδίδασκεν αὐτούς.

2 Καὶ προσελθόντες Φαρισαῖοι ἐπηρώτων αὐτὸν εἰ ἔξεστιν ἀνδρὶ γυναῖκα ἀπολῦσαι πειράζοντες αὐτόν. 3 ὁ δὲ ἀποκριθεὶς εἶπεν αὐτοῖς· τί ὑμῖν ἐνετείλατο¹⁸ Μωϋσῆς; 4 οἱ δὲ εἶπαν· ἐπέτρεψεν¹⁹ Μωϋσῆς βιβλίον ἀποστασίου²⁰ γράψαι καὶ ἀπολῦσαι. 5 ὁ δὲ Ἰησοῦς εἶπεν αὐτοῖς· πρὸς τὴν σκληροκαρδίαν²¹ ὑμῶν ἔγραψεν ὑμῖν τὴν ἐντολὴν ταύτην. 6 ἀπὸ δὲ ἀρχῆς κτίσεως²² ἄρσεν²³ καὶ θῆλυ²⁴ ἐποίησεν αὐτούς· 7 ἕνεκεν²⁵ τούτου καταλείψει²⁶ ἄνθρωπος τὸν πατέρα αὐτοῦ καὶ τὴν μητέρα καὶ προσκολληθήσεται²⁷ πρὸς τὴν γυναῖκα αὐτοῦ, 8 καὶ ἔσονται οἱ δύο εἰς σάρκα μίαν, ὥστε οὐκέτι εἰσὶν δύο ἀλλὰ μία σάρξ. 9 ὃ οὖν ὁ θεὸς συνέζευξεν²⁸ ἄνθρωπος μὴ χωριζέτω²⁹.

10 Καὶ εἰς τὴν οἰκίαν πάλιν οἱ μαθηταὶ περὶ τούτου ἐπηρώτων αὐτόν. 11 καὶ λέγει αὐτοῖς· ὃς ἂν ἀπολύσῃ τὴν γυναῖκα αὐτοῦ καὶ γαμήσῃ³⁰ ἄλλην μοιχᾶται³¹ ἐπ' αὐτήν· 12 καὶ ἐὰν αὐτὴ ἀπολύσασα τὸν ἄνδρα αὐτῆς γαμήσῃ ἄλλον, μοιχᾶται.

---

[1] τελευτάω 3s pres act ind, die
[2] σβέννυμι 3s pres pas ind, put out (of fire)
[3] χωλός, -ή/όν, lame
[4] βάλλω aor pas inf, throw
[5] ἐκβάλλω 2s aor act impv, pull (something) out
[6] μονόφθαλμος, -ον, one-eyed
[7] ἁλίζω 3s fut pas ind, salt
[8] ἅλας, -ατος n, salt
[9] ἄναλος, -ον, without saltness
[10] ἀρτύω 2p fut act ind, restore flavor
[11] εἰρηνεύω 2p pres act impv, be at peace
[12] ἐκεῖθεν, adv, from there
[13] ἀνίστημι aor act ptc m s nom, leave
[14] ὅριον, -ου n, region
[15] πέραν, prep + gen, beyond/across
[16] συμπορεύομαι 3p pres mid ind, gather around
[17] εἴωθα 3s plpf act ind, be accustomed
[18] ἐντέλλομαι 3s aor mid ind, command
[19] ἐπιτρέπω 3s aor act ind, let
[20] ἀποστάσιον, -ου n, written notice of divorce
[21] σκληροκαρδία, -ας f, stubbornness
[22] κτίσις, -εως f, creation
[23] ἄρσην, -εν, male
[24] θῆλυς, -εια/υ, female
[25] ἕνεκα, prep + gen, because of
[26] καταλείπω 3s fut act ind, leave
[27] προσκολλάω 3s fut pas ind, pas be united
[28] συζεύγνυμι 3s aor act ind, join together
[29] χωρίζω 3s pres act impv, separate
[30] γαμέω 3s aor act sub, marry
[31] μοιχάω 3s pres pas ind, pas commit adultery

Little Children Blessed (Mt 19.13-15; Lk 18.15-17)

13 Καὶ προσέφερον αὐτῷ παιδία, ἵνα αὐτῶν ἅψηται¹· οἱ δὲ μαθηταὶ ἐπετίμησαν² αὐτοῖς. 14 ἰδὼν δὲ ὁ Ἰησοῦς ἠγανάκτησεν³ καὶ εἶπεν αὐτοῖς· ἄφετε⁴ τὰ παιδία ἔρχεσθαι πρός με, μὴ κωλύετε⁵ αὐτά· τῶν γὰρ τοιούτων ἐστὶν ἡ βασιλεία τοῦ θεοῦ. 15 ἀμὴν λέγω ὑμῖν, ὃς ἂν μὴ δέξηται τὴν βασιλείαν τοῦ θεοῦ ὡς παιδίον οὐ μὴ εἰσέλθῃ⁶ εἰς αὐτήν. 16 καὶ ἐναγκαλισάμενος⁷ αὐτὰ κατευλόγει⁸ τιθεὶς⁹ τὰς χεῖρας ἐπ' αὐτά.

The Rich Man (Mt 19.16-30; Lk 18.18-30)

17 Καὶ ἐκπορευομένου αὐτοῦ εἰς ὁδὸν προσδραμὼν¹⁰ εἷς καὶ γονυπετήσας¹¹ αὐτὸν ἐπηρώτα αὐτόν· διδάσκαλε ἀγαθέ, τί ποιήσω, ἵνα ζωὴν αἰώνιον κληρονομήσω¹²; 18 ὁ δὲ Ἰησοῦς εἶπεν αὐτῷ· τί με λέγεις ἀγαθόν; οὐδεὶς ἀγαθὸς εἰ μὴ εἷς ὁ θεός. 19 τὰς ἐντολὰς οἶδας· μὴ φονεύσῃς¹³, μὴ μοιχεύσῃς¹⁴, μὴ κλέψῃς¹⁵, μὴ ψευδομαρτυρήσῃς¹⁶, μὴ ἀποστερήσῃς¹⁷, τίμα¹⁸ τὸν πατέρα σου καὶ τὴν μητέρα. 20 ὁ δὲ ἔφη αὐτῷ· διδάσκαλε, ταῦτα πάντα ἐφυλαξάμην ἐκ νεότητός¹⁹ μου. 21 ὁ δὲ Ἰησοῦς ἐμβλέψας²⁰ αὐτῷ ἠγάπησεν αὐτὸν καὶ εἶπεν αὐτῷ· ἕν σε ὑστερεῖ²¹· ὕπαγε, ὅσα ἔχεις πώλησον²² καὶ δὸς²³ τοῖς πτωχοῖς καὶ ἕξεις θησαυρὸν²⁴ ἐν οὐρανῷ καὶ δεῦρο²⁵ ἀκολούθει μοι. 22 ὁ δὲ στυγνάσας²⁶ ἐπὶ τῷ λόγῳ ἀπῆλθεν λυπούμενος²⁷· ἦν γὰρ ἔχων κτήματα²⁸ πολλά.

23 Καὶ περιβλεψάμενος²⁹ ὁ Ἰησοῦς λέγει τοῖς μαθηταῖς αὐτοῦ· πῶς δυσκόλως³⁰ οἱ τὰ χρήματα³¹ ἔχοντες εἰς τὴν βασιλείαν τοῦ θεοῦ εἰσελεύσονται³². 24 οἱ δὲ μαθηταὶ ἐθαμβοῦντο³³ ἐπὶ τοῖς λόγοις αὐτοῦ. ὁ δὲ Ἰησοῦς πάλιν ἀποκριθεὶς λέγει αὐτοῖς· τέκνα, πῶς δύσκολόν ἐστιν εἰς τὴν βασιλείαν τοῦ θεοῦ εἰσελθεῖν· 25 εὐκοπώτερόν³⁴

---

1 ἅπτω 3s aor mid sub, mid touch
2 ἐπιτιμάω 3p aor act ind, rebuke
3 ἀγανακτέω 3s aor act ind, be angry
4 ἀφίημι 2p aor act impv, let
5 κωλύω 2p pres act impv, (try to) stop
6 εἰσέρχομαι 3s aor act sub, come/go in
7 ἐναγκαλίζομαι aor mid ptc m s nom, put one's arms round
8 κατευλογέω 3s impf ind act, bless
9 τίθημι pres act ptc m s nom, place
10 προστρέχω aor act ptc m s nom, run up (to someone)
11 γονυπετέω aor act ptc m s nom, kneel
12 κληρονομέω 1s aor act sub, receive
13 φονεύω 2s aor act sub, murder
14 μοιχεύω 2s aor act sub, commit adultery
15 κλέπτω 2s aor act sub, steal
16 ψευδομαρτυρέω 2s aor act sub, give false evidence
17 ἀποστερέω 2s aor act sub, cheat
18 τιμάω 2s pres act impv, honor
19 νεότης, -ητος f, youth
20 ἐμβλέπω aor act ptc m s nom, look straight at
21 ὑστερέω 3s pres act ind, lack
22 πωλέω 2s aor act impv, sell
23 δίδωμι 2s aor act impv, give
24 θησαυρός, -οῦ m, treasure
25 δεῦρο, interj, Come!
26 στυγνάζω aor act ptc m s nom, be gloomy
27 λυπέω pres pas ptc m s nom, pas be sad
28 κτῆμα, -τος n, possession
29 περιβλέπω aor mid ptc m s nom, look around
30 δυσκόλως, adv, with difficulty (πῶς δ. how difficult it is)
31 χρῆμα, -τος n, wealth
32 εἰσέρχομαι 3p fut mid ind, go into
33 θαμβέω 3p impf pas ind, pas be shocked
34 εὔκοπος, easy (comp)

ἐστιν κάμηλον¹ διὰ τῆς τρυμαλιᾶς² τῆς ῥαφίδος³ εἰσελθεῖν ἢ πλούσιον⁴ εἰς τὴν βασιλείαν τοῦ θεοῦ εἰσελθεῖν. 26 οἱ δὲ περισσῶς⁵ ἐξεπλήσσοντο⁶ λέγοντες πρὸς ἑαυτούς· καὶ τίς δύναται σωθῆναι; 27 ἐμβλέψας⁷ αὐτοῖς ὁ Ἰησοῦς λέγει· παρὰ ἀνθρώποις ἀδύνατον⁸, ἀλλ' οὐ παρὰ θεῷ· πάντα γὰρ δυνατὰ παρὰ τῷ θεῷ. 28 Ἤρξατο⁹ λέγειν ὁ Πέτρος αὐτῷ· ἰδοὺ ἡμεῖς ἀφήκαμεν¹⁰ πάντα καὶ ἠκολουθήσαμέν σοι. 29 ἔφη ὁ Ἰησοῦς· ἀμὴν λέγω ὑμῖν· οὐδείς ἐστιν ὃς ἀφῆκεν¹¹ οἰκίαν ἢ ἀδελφοὺς ἢ ἀδελφὰς¹² ἢ μητέρα ἢ πατέρα ἢ τέκνα ἢ ἀγροὺς ἕνεκεν¹³ ἐμοῦ καὶ ἕνεκεν τοῦ εὐαγγελίου, 30 ἐὰν μὴ λάβῃ¹⁴ ἑκατονταπλασίονα¹⁵ νῦν ἐν τῷ καιρῷ τούτῳ οἰκίας καὶ ἀδελφοὺς καὶ ἀδελφὰς καὶ μητέρας καὶ τέκνα καὶ ἀγροὺς μετὰ διωγμῶν¹⁶ καὶ ἐν τῷ αἰῶνι τῷ ἐρχομένῳ ζωὴν αἰώνιον. 31 πολλοὶ δὲ ἔσονται¹⁷ πρῶτοι ἔσχατοι καὶ οἱ ἔσχατοι πρῶτοι.

A Third Time Jesus Foretells His Death and Resurrection (Mt 20.17-19; Lk 18.31-34)

32 Ἦσαν δὲ ἐν τῇ ὁδῷ ἀναβαίνοντες εἰς Ἱεροσόλυμα, καὶ ἦν προάγων¹⁸ αὐτοὺς ὁ Ἰησοῦς, καὶ ἐθαμβοῦντο¹⁹· οἱ δὲ ἀκολουθοῦντες ἐφοβοῦντο. καὶ παραλαβὼν πάλιν τοὺς δώδεκα ἤρξατο²⁰ αὐτοῖς λέγειν τὰ μέλλοντα αὐτῷ συμβαίνειν²¹ 33 ὅτι ἰδοὺ ἀναβαίνομεν εἰς Ἱεροσόλυμα, καὶ ὁ υἱὸς τοῦ ἀνθρώπου παραδοθήσεται²² τοῖς ἀρχιερεῦσιν καὶ τοῖς γραμματεῦσιν, καὶ κατακρινοῦσιν²³ αὐτὸν θανάτῳ καὶ παραδώσουσιν²⁴ αὐτὸν τοῖς ἔθνεσιν 34 καὶ ἐμπαίξουσιν²⁵ αὐτῷ καὶ ἐμπτύσουσιν²⁶ αὐτῷ καὶ μαστιγώσουσιν²⁷ αὐτὸν καὶ ἀποκτενοῦσιν²⁸, καὶ μετὰ τρεῖς ἡμέρας ἀναστήσεται²⁹.

The Request of James and John (Mt 20.20-28)

35 Καὶ προσπορεύονται³⁰ αὐτῷ Ἰάκωβος καὶ Ἰωάννης οἱ υἱοὶ Ζεβεδαίου λέγοντες αὐτῷ· διδάσκαλε, θέλομεν ἵνα ὃ ἐὰν αἰτήσωμέν σε ποιήσῃς ἡμῖν. 36 ὁ δὲ εἶπεν αὐτοῖς· τί θέλετέ με ποιήσω ὑμῖν; 37 οἱ δὲ εἶπαν αὐτῷ· δὸς³¹ ἡμῖν ἵνα εἷς σου

---

[1] κάμηλος, -ου m & f, camel
[2] τρυμαλιά, -ᾶς f, eye (of a needle)
[3] ῥαφίς, -ίδος f, needle
[4] πλούσιος, -α/ον, rich
[5] περισσῶς, adv, even more
[6] ἐκπλήσσω 3p impf pas ind, amaze
[7] ἐμβλέπω aor act ptc m s nom, look straight at
[8] ἀδύνατος, -ον, impossible
[9] ἄρχω 3s aor mid ind, mid begin
[10] ἀφίημι 1p aor act ind, leave
[11] ἀφίημι 3s aor act ind, verlassen
[12] ἀδελφή, -ῆς f, sister
[13] ἕνεκα, prep + gen, because of
[14] λαμβάνω 3s aor act sub, receive
[15] ἑκατονταπλασίων, -ον, a hundred times as much
[16] διωγμός, -οῦ m, persecution
[17] εἰμί 3p fut mid ind, be
[18] προάγω pres act ptc m s nom, go ahead of
[19] θαμβέω 3p impf pas ind, pas be amazed
[20] ἄρχω 3s aor mid ind, mid begin
[21] συμβαίνω pres act inf, happen
[22] παραδίδωμι 3s fut pas ind, hand over
[23] κατακρίνω 3p fut act ind, condemn
[24] παραδίδωμι 3p fut act ind, hand over
[25] ἐμπαίζω 3p fut act ind, make fun of
[26] ἐμπτύω 3p fut act ind, spit on
[27] μαστιγόω 3p fut act ind, beat with a whip
[28] ἀποκτείνω 3p fut act ind, kill
[29] ἀνίστημι 3s fut mid ind, intrans rise (from death)
[30] προσπορεύομαι 3p pres mid ind, come to
[31] δίδωμι 2s aor act impv, let

ἐκ δεξιῶν καὶ εἷς ἐξ ἀριστερῶν¹ καθίσωμεν ἐν τῇ δόξῃ σου. 38 ὁ δὲ Ἰησοῦς εἶπεν αὐτοῖς· οὐκ οἴδατε τί αἰτεῖσθε. δύνασθε πιεῖν² τὸ ποτήριον ὃ ἐγὼ πίνω ἢ τὸ βάπτισμα³ ὃ ἐγὼ βαπτίζομαι βαπτισθῆναι; 39 οἱ δὲ εἶπαν αὐτῷ· δυνάμεθα. ὁ δὲ Ἰησοῦς εἶπεν αὐτοῖς· τὸ ποτήριον ὃ ἐγὼ πίνω πίεσθε⁴ καὶ τὸ βάπτισμα ὃ ἐγὼ βαπτίζομαι βαπτισθήσεσθε, 40 τὸ δὲ καθίσαι ἐκ δεξιῶν μου ἢ ἐξ εὐωνύμων⁵ οὐκ ἔστιν ἐμὸν δοῦναι⁶, ἀλλ' οἷς ἡτοίμασται. 41 Καὶ ἀκούσαντες οἱ δέκα⁷ ἤρξαντο⁸ ἀγανακτεῖν⁹ περὶ Ἰακώβου καὶ Ἰωάννου. 42 καὶ προσκαλεσάμενος¹⁰ αὐτοὺς ὁ Ἰησοῦς λέγει αὐτοῖς· οἴδατε ὅτι οἱ δοκοῦντες ἄρχειν τῶν ἐθνῶν κατακυριεύουσιν¹¹ αὐτῶν καὶ οἱ μεγάλοι αὐτῶν κατεξουσιάζουσιν¹² αὐτῶν. 43 οὐχ οὕτως δέ ἐστιν ἐν ὑμῖν, ἀλλ' ὃς ἂν θέλῃ μέγας γενέσθαι ἐν ὑμῖν ἔσται ὑμῶν διάκονος¹³ 44 καὶ ὃς ἂν θέλῃ ἐν ὑμῖν εἶναι πρῶτος ἔσται πάντων δοῦλος· 45 καὶ γὰρ ὁ υἱὸς τοῦ ἀνθρώπου οὐκ ἦλθεν διακονηθῆναι, ἀλλὰ διακονῆσαι καὶ δοῦναι τὴν ψυχὴν αὐτοῦ λύτρον¹⁴ ἀντὶ¹⁵ πολλῶν.

The Healing of Blind Bartimaeus (Mt 20.29-34; Lk 18.35-43)

46 Καὶ ἔρχονται εἰς Ἰεριχώ. καὶ ἐκπορευομένου αὐτοῦ ἀπὸ Ἰεριχὼ καὶ τῶν μαθητῶν αὐτοῦ καὶ ὄχλου ἱκανοῦ ὁ υἱὸς Τιμαίου Βαρτιμαῖος, τυφλὸς προσαίτης¹⁶, ἐκάθητο παρὰ τὴν ὁδόν. 47 καὶ ἀκούσας ὅτι Ἰησοῦς ὁ Ναζαρηνός ἐστιν ἤρξατο¹⁷ κράζειν καὶ λέγειν· υἱὲ Δαυὶδ Ἰησοῦ, ἐλέησόν¹⁸ με. 48 καὶ ἐπετίμων¹⁹ αὐτῷ πολλοὶ ἵνα σιωπήσῃ²⁰· ὁ δὲ πολλῷ μᾶλλον ἔκραζεν· υἱὲ Δαυίδ, ἐλέησόν με. 49 καὶ στὰς²¹ ὁ Ἰησοῦς εἶπεν· φωνήσατε αὐτόν. καὶ φωνοῦσιν τὸν τυφλὸν λέγοντες αὐτῷ· θάρσει²², ἔγειρε, φωνεῖ σε. 50 ὁ δὲ ἀποβαλὼν²³ τὸ ἱμάτιον αὐτοῦ ἀναπηδήσας²⁴ ἦλθεν πρὸς τὸν Ἰησοῦν. 51 καὶ ἀποκριθεὶς αὐτῷ ὁ Ἰησοῦς εἶπεν· τί σοι θέλεις ποιήσω; ὁ δὲ τυφλὸς εἶπεν αὐτῷ· ραββουνι²⁵, ἵνα ἀναβλέψω²⁶. 52 καὶ ὁ Ἰησοῦς εἶπεν αὐτῷ· ὕπαγε, ἡ πίστις σου σέσωκέν σε. καὶ εὐθὺς ἀνέβλεψεν καὶ ἠκολούθει αὐτῷ ἐν τῇ ὁδῷ.

---

1 ἀριστερός, -ά/όν, left
2 πίνω *aor act inf*, drink
3 βάπτισμα, -τος *n*, baptism
4 πίνω *2p fut mid ind*, drink
5 εὐώνυμος, -ον, left
6 δίδωμι *aor act inf*, give
7 δέκα, ten
8 ἄρχω *3p aor mid ind*, *mid* begin
9 ἀγανακτέω *pres act inf*, be angry
10 προσκαλέομαι *aor mid ptc m s nom*, call to oneself
11 κατακυριεύω *3p pres act ind*, have power over
12 κατεξουσιάζω *3p pres act ind*, exercise authority over
13 διάκονος, -ου *m & f*, servant
14 λύτρον, -ου *n*, means of release
15 ἀντί, *prep + gen*, for/in behalf of
16 προσαίτης, -ου *m*, beggar
17 ἄρχω *3s aor mid ind*, *mid* begin
18 ἐλεέω/ἐλεάω *2s aor act impv*, have mercy
19 ἐπιτιμάω *3p impf act ind*, rebuke
20 σιωπάω *3s aor act sub*, be silent
21 ἵστημι *aor act ptc m s nom*, stop and stand
22 θαρσέω *2s pres act impv*, Cheer up!
23 ἀποβάλλω *aor act ptc m s nom*, throw off
24 ἀναπηδάω *aor act ptc m s nom*, jump up
25 ραββουνι = ραββὶ teacher (Aramaic word)
26 ἀναβλέπω *1s aor act sub*, be able to see

… KATA MAPKON 11.1–14

The Triumphal Entry into Jerusalem (Mt 21.1-11; Lk 19.28-40; Jn 12.12-19)

11 Καὶ ὅτε ἐγγίζουσιν εἰς Ἱεροσόλυμα, εἰς Βηθφαγὴ καὶ Βηθανίαν πρὸς τὸ ὄρος τῶν ἐλαιῶν[1], ἀποστέλλει δύο τῶν μαθητῶν αὐτοῦ **2** καὶ λέγει αὐτοῖς· ὑπάγετε εἰς τὴν κώμην[2] τὴν κατέναντι[3] ὑμῶν, καὶ εὐθὺς εἰσπορευόμενοι[4] εἰς αὐτὴν εὑρήσετε[5] πῶλον[6] δεδεμένον[7] ἐφ᾽ ὃν οὐδεὶς οὔπω[8] ἀνθρώπων ἐκάθισεν· λύσατε αὐτὸν καὶ φέρετε. **3** καὶ ἐάν τις ὑμῖν εἴπῃ[9]· τί ποιεῖτε τοῦτο; εἴπατε[10] ὅτι· ὁ κύριος αὐτοῦ χρείαν ἔχει καὶ εὐθὺς αὐτὸν ἀποστέλλει πάλιν ὧδε. **4** καὶ ἀπῆλθον καὶ εὗρον[11] πῶλον δεδεμένον πρὸς θύραν ἔξω ἐπὶ τοῦ ἀμφόδου[12] καὶ λύουσιν αὐτόν. **5** καί τινες τῶν ἐκεῖ ἑστηκότων[13] ἔλεγον αὐτοῖς· τί ποιεῖτε λύοντες τὸν πῶλον; **6** οἱ δὲ εἶπαν αὐτοῖς καθὼς εἶπεν ὁ Ἰησοῦς καὶ ἀφῆκαν[14] αὐτούς. **7** καὶ φέρουσιν τὸν πῶλον πρὸς τὸν Ἰησοῦν καὶ ἐπιβάλλουσιν[15] αὐτῷ τὰ ἱμάτια αὐτῶν, καὶ ἐκάθισεν ἐπ᾽ αὐτόν. **8** καὶ πολλοὶ τὰ ἱμάτια αὐτῶν ἔστρωσαν[16] εἰς τὴν ὁδόν, ἄλλοι δὲ στιβάδας[17] κόψαντες[18] ἐκ τῶν ἀγρῶν. **9** καὶ οἱ προάγοντες[19] καὶ οἱ ἀκολουθοῦντες ἔκραζον·

ὡσαννά[20]·

εὐλογημένος ὁ ἐρχόμενος ἐν ὀνόματι κυρίου·

10 εὐλογημένη ἡ ἐρχομένη βασιλεία τοῦ πατρὸς ἡμῶν Δαυίδ·

ὡσαννὰ ἐν τοῖς ὑψίστοις[21].

11 Καὶ εἰσῆλθεν εἰς Ἱεροσόλυμα εἰς τὸ ἱερὸν καὶ περιβλεψάμενος[22] πάντα ὀψίας[23] ἤδη οὔσης τῆς ὥρας, ἐξῆλθεν εἰς Βηθανίαν μετὰ τῶν δώδεκα.

The Cursing of the Fig Tree (Mt 21.18-19)

12 Καὶ τῇ ἐπαύριον[24] ἐξελθόντων αὐτῶν ἀπὸ Βηθανίας ἐπείνασεν[25]. **13** καὶ ἰδὼν συκῆν[26] ἀπὸ μακρόθεν[27] ἔχουσαν φύλλα[28] ἦλθεν εἰ ἄρα τι εὑρήσει[29] ἐν αὐτῇ, καὶ ἐλθὼν ἐπ᾽ αὐτὴν οὐδὲν εὗρεν εἰ μὴ φύλλα· ὁ γὰρ καιρὸς οὐκ ἦν σύκων[30]. **14** καὶ ἀποκριθεὶς εἶπεν αὐτῇ· μηκέτι[31] εἰς τὸν αἰῶνα ἐκ σοῦ μηδεὶς καρπὸν φάγοι[32]. καὶ ἤκουον οἱ μαθηταὶ αὐτοῦ.

---

[1] ἐλαία, -ας f, olive
[2] κώμη, -ης f, village
[3] κατέναντι, prep + gen opposite, in front of
[4] εἰσπορεύομαι pres mid ptc m p nom, come/go in
[5] εὑρίσκω 2p fut act ind, find
[6] πῶλος, -ου m, young donkey
[7] δέω pf pas ptc m s acc, tie up
[8] οὔπω, adv, not yet
[9] λέγω 3s aor act sub, say
[10] λέγω 2p aor act impv, say
[11] εὑρίσκω 3p aor act ind, find
[12] ἄμφοδον, -ου n, street
[13] ἵστημι pf act ptc m p gen, stand
[14] ἀφίημι 3p aor act ind, let
[15] ἐπιβάλλω 3p pres act ind, place on
[16] στρώννυμι 3p aor act ind, spread
[17] στιβάς, -άδος f, leafy branch
[18] κόπτω aor act ptc m p nom, cut
[19] προάγω pres act ptc m p nom, go ahead of
[20] ὡσαννά, hosanna (Aramaic word of praise Please save us!)
[21] ὕψιστος, highest (ἐν τοῖς ὑ. in the highest heaven)
[22] περιβλέπω aor mid ptc m s nom, look around
[23] ὄψιος, -α/ον, late (ἡ ὀψία f evening)
[24] ἐπαύριον, adv, the next day
[25] πεινάω 3s aor act ind, be hungry
[26] συκῆ, -ῆς f, fig tree
[27] μακρόθεν, adv, far off (ἀπὸ μ. at a distance)
[28] φύλλον, -ου n, leaf
[29] εὑρίσκω 3s fut act ind, find
[30] σῦκον, -ου n, fig
[31] μηκέτι, adv, no longer
[32] ἐσθίω 3s aor act opt, eat

The Cleansing of the Temple (Mt 21.12-17; Lk 19.45-48; Jn 2.13-22)

15 Καὶ ἔρχονται εἰς Ἱεροσόλυμα. καὶ εἰσελθὼν εἰς τὸ ἱερὸν ἤρξατο[1] ἐκβάλλειν τοὺς πωλοῦντας[2] καὶ τοὺς ἀγοράζοντας ἐν τῷ ἱερῷ καὶ τὰς τραπέζας[3] τῶν κολλυβιστῶν[4] καὶ τὰς καθέδρας[5] τῶν πωλούντων τὰς περιστερὰς[6] κατέστρεψεν[7] 16 καὶ οὐκ ἤφιεν[8] ἵνα τις διενέγκῃ[9] σκεῦος[10] διὰ τοῦ ἱεροῦ. 17 καὶ ἐδίδασκεν καὶ ἔλεγεν αὐτοῖς· οὐ γέγραπται ὅτι

ὁ οἶκός μου οἶκος προσευχῆς κληθήσεται[11]

πᾶσιν τοῖς ἔθνεσιν;

ὑμεῖς δὲ πεποιήκατε αὐτὸν σπήλαιον[12] λῃστῶν[13].

18 Καὶ ἤκουσαν οἱ ἀρχιερεῖς καὶ οἱ γραμματεῖς καὶ ἐζήτουν πῶς αὐτὸν ἀπολέσωσιν[14]· ἐφοβοῦντο γὰρ αὐτόν· πᾶς γὰρ ὁ ὄχλος ἐξεπλήσσετο[15] ἐπὶ τῇ διδαχῇ αὐτοῦ. 19 Καὶ ὅταν ὀψὲ[16] ἐγένετο, ἐξεπορεύοντο ἔξω τῆς πόλεως.

The Lesson from the Withered Fig Tree (Mt 21.20-22)

20 Καὶ παραπορευόμενοι[17] πρωΐ[18] εἶδον τὴν συκῆν[19] ἐξηραμμένην[20] ἐκ ῥιζῶν[21]. 21 καὶ ἀναμνησθεὶς[22] ὁ Πέτρος λέγει αὐτῷ· ῥαββί[23], ἴδε[24] ἡ συκῆ ἦν κατηράσω[25] ἐξήρανται. 22 καὶ ἀποκριθεὶς ὁ Ἰησοῦς λέγει αὐτοῖς· ἔχετε πίστιν θεοῦ. 23 ἀμὴν γὰρ λέγω ὑμῖν ὅτι ὃς ἂν εἴπῃ[26] τῷ ὄρει τούτῳ· ἄρθητι[27] καὶ βλήθητι[28] εἰς τὴν θάλασσαν, καὶ μὴ διακριθῇ[29] ἐν τῇ καρδίᾳ αὐτοῦ, ἀλλὰ πιστεύῃ ὅτι ὃ λαλεῖ γίνεται ἔσται αὐτῷ. 24 διὰ τοῦτο λέγω ὑμῖν· πάντα ὅσα προσεύχεσθε καὶ αἰτεῖσθε πιστεύετε ὅτι ἐλάβετε, καὶ ἔσται ὑμῖν. 25 καὶ ὅταν στήκετε[30] προσευχόμενοι, ἀφίετε[31] εἴ τι ἔχετε κατά τινος, ἵνα καὶ ὁ πατὴρ ὑμῶν ὁ ἐν τοῖς οὐρανοῖς ἀφῇ[32] ὑμῖν τὰ παραπτώματα[33] ὑμῶν. [26 εἰ δὲ ὑμεῖς οὐκ ἀφίετε, οὐδὲ ὁ πατὴρ ὑμῶν ὁ ἐν τοῖς οὐρανοῖς ἀφήσει τὰ παραπτώματα ὑμῶν.]

---

[1] ἄρχω 3s aor mid ind, mid begin
[2] πωλέω pres act ptc m p acc, sell
[3] τράπεζα, -ης f, table
[4] κολλυβιστής, -οῦ m, money-changer
[5] καθέδρα, -ας f, seat
[6] περιστερά, -ᾶς f, dove/pigeon
[7] καταστρέφω 3s aor act ind, overturn
[8] ἀφίημι 3s impf act ind, let
[9] διαφέρω 3s aor act sub, carry through
[10] σκεῦος, -ους n, (any)thing
[11] καλέω 3s fut pas ind, call
[12] σπήλαιον, -ου n, hideout
[13] λῃστής, -οῦ m, robber
[14] ἀπόλλυμι 3p aor act sub, kill
[15] ἐκπλήσσω 3s impf pas ind, amaze
[16] ὀψέ, adv, late = evening
[17] παραπορεύομαι pres mid ptc m p nom, pass by
[18] πρωΐ, adv, (early) morning
[19] συκῆ, -ῆς f, fig tree
[20] ξηραίνω pf pas ptc f s acc, dry up
[21] ῥίζα, -ης f, root
[22] ἀναμιμνῄσκω aor pas ptc m s nom, remember
[23] ῥαββί, rabbi/teacher
[24] ἴδε, interj, Look!
[25] καταράομαι 2s aor mid ind, place a curse upon
[26] λέγω 3s aor act sub, say
[27] αἴρω 2s aor pas impv, take up
[28] βάλλω 2s aor pas impv, throw
[29] διακρίνω 3s aor pas sub, aor pas doubt
[30] στήκω 2p pres act ind, stand
[31] ἀφίημι 2p pres act ind, forgive
[32] ἀφίημι 3s aor act sub, forgive
[33] παράπτωμα, -τος n, sin/wrongdoing

The Authority of Jesus Questioned (Mt 21.23-27; Lk 20.1-8)

27 Καὶ ἔρχονται πάλιν εἰς Ἱεροσόλυμα. καὶ ἐν τῷ ἱερῷ περιπατοῦντος αὐτοῦ ἔρχονται πρὸς αὐτὸν οἱ ἀρχιερεῖς καὶ οἱ γραμματεῖς καὶ οἱ πρεσβύτεροι 28 καὶ ἔλεγον αὐτῷ· ἐν ποίᾳ ἐξουσίᾳ ταῦτα ποιεῖς; ἢ τίς σοι ἔδωκεν τὴν ἐξουσίαν ταύτην ἵνα ταῦτα ποιῇς; 29 ὁ δὲ Ἰησοῦς εἶπεν αὐτοῖς· ἐπερωτήσω ὑμᾶς ἕνα λόγον, καὶ ἀποκρίθητέ[1] μοι, καὶ ἐρῶ[2] ὑμῖν ἐν ποίᾳ ἐξουσίᾳ ταῦτα ποιῶ· 30 τὸ βάπτισμα[3] τὸ Ἰωάννου ἐξ οὐρανοῦ ἦν ἢ ἐξ ἀνθρώπων; ἀποκρίθητέ μοι. 31 καὶ διελογίζοντο[4] πρὸς ἑαυτοὺς λέγοντες· ἐὰν εἴπωμεν[5]· ἐξ οὐρανοῦ, ἐρεῖ[6]· διὰ τί οὖν οὐκ ἐπιστεύσατε αὐτῷ; 32 ἀλλ᾽ εἴπωμεν· ἐξ ἀνθρώπων; – ἐφοβοῦντο τὸν λαόν· ἅπαντες γὰρ εἶχον τὸν Ἰωάννην ὄντως[7] ὅτι προφήτης ἦν – 33 καὶ ἀποκριθέντες τῷ Ἰησοῦ λέγουσιν· οὐκ οἴδαμεν. καὶ ὁ Ἰησοῦς λέγει αὐτοῖς· οὐδὲ ἐγὼ λέγω ὑμῖν ἐν ποίᾳ ἐξουσίᾳ ταῦτα ποιῶ.

The Parable of the Vineyard and the Tenants (Mt 21.33-46; Lk 20.9-19)

12 Καὶ ἤρξατο[8] αὐτοῖς ἐν παραβολαῖς λαλεῖν· ἀμπελῶνα[9] ἄνθρωπος ἐφύτευσεν[10] καὶ περιέθηκεν[11] φραγμὸν[12] καὶ ὤρυξεν[13] ὑπολήνιον[14] καὶ ᾠκοδόμησεν πύργον[15] καὶ ἐξέδετο[16] αὐτὸν γεωργοῖς[17] καὶ ἀπεδήμησεν[18]. 2 καὶ ἀπέστειλεν[19] πρὸς τοὺς γεωργοὺς τῷ καιρῷ δοῦλον, ἵνα παρὰ τῶν γεωργῶν λάβῃ[20] ἀπὸ τῶν καρπῶν τοῦ ἀμπελῶνος· 3 καὶ λαβόντες αὐτὸν ἔδειραν[21] καὶ ἀπέστειλαν κενόν[22]. 4 καὶ πάλιν ἀπέστειλεν πρὸς αὐτοὺς ἄλλον δοῦλον· κἀκεῖνον ἐκεφαλίωσαν[23] καὶ ἠτίμασαν[24]. 5 καὶ ἄλλον ἀπέστειλεν· κἀκεῖνον ἀπέκτειναν καὶ πολλοὺς ἄλλους, οὓς μὲν δέροντες, οὓς δὲ ἀποκτέννοντες[25]. 6 ἔτι ἕνα εἶχεν υἱὸν ἀγαπητόν· ἀπέστειλεν αὐτὸν ἔσχατον πρὸς αὐτοὺς λέγων ὅτι ἐντραπήσονται[26] τὸν υἱόν μου. 7 ἐκεῖνοι δὲ οἱ γεωργοὶ πρὸς ἑαυτοὺς εἶπαν ὅτι οὗτός ἐστιν ὁ κληρονόμος[27]· δεῦτε[28] ἀποκτείνωμεν αὐτόν, καὶ ἡμῶν ἔσται ἡ κληρονομία[29]. 8 καὶ λαβόντες ἀπέκτειναν αὐτὸν καὶ ἐξέβαλον[30] αὐτὸν ἔξω τοῦ ἀμπελῶνος. 9 τί οὖν ποιήσει ὁ κύριος τοῦ ἀμπελῶνος;

---

[1] ἀποκρίνομαι 2p aor pas impv, answer
[2] λέγω 1s fut act ind, say
[3] βάπτισμα, -τος n, baptism
[4] διαλογίζομαι 3p impf mid ind, discuss/argue
[5] λέγω 1p aor act sub, say
[6] λέγω 3s fut act ind, say
[7] ὄντως, adv, really
[8] ἄρχω 3s aor mid ind, mid begin
[9] ἀμπελών, -ῶνος m, vineyard
[10] φυτεύω 3s aor act ind, plant
[11] περιτίθημι 3s aor act ind, put around
[12] φραγμός, -οῦ m, wall
[13] ὀρύσσω 3s aor act ind, dig
[14] ὑπολήνιον, -ου n, trough placed under a wine press
[15] πύργος, -ου m, tower
[16] ἐκδίδωμι 3s aor mid ind, rent (out)
[17] γεωργός, -οῦ m, tenant farmer
[18] ἀποδημέω 3s aor act ind, leave the country
[19] ἀποστέλλω 3s aor act ind, send
[20] λαμβάνω 3s aor act sub, receive
[21] δέρω 3p aor act ind, beat
[22] κενός, -ή/όν, empty-handed
[23] κεφαλιόω 3p aor act ind, beat over the head
[24] ἀτιμάζω 3p aor act ind, treat shamefully
[25] ἀποκτείνω/ἀποκτέννω pres act ptc m p nom, kill
[26] ἐντρέπω 3p fut pas ind, pas respect
[27] κληρονόμος, -ου m, heir
[28] δεῦτε, interj, Come!
[29] κληρονομία, -ας f, property
[30] ἐκβάλλω 3p aor act ind, throw out

ἐλεύσεται[1] καὶ ἀπολέσει[2] τοὺς γεωργοὺς καὶ δώσει[3] τὸν ἀμπελῶνα ἄλλοις. 10 οὐδὲ τὴν γραφὴν ταύτην ἀνέγνωτε[4]·

λίθον ὃν ἀπεδοκίμασαν[5] οἱ οἰκοδομοῦντες,
οὗτος ἐγενήθη[6] εἰς κεφαλὴν γωνίας[7]·

11 παρὰ κυρίου ἐγένετο αὕτη
καὶ ἔστιν θαυμαστὴ[8] ἐν ὀφθαλμοῖς ἡμῶν;

12 καὶ ἐζήτουν αὐτὸν κρατῆσαι, καὶ ἐφοβήθησαν τὸν ὄχλον· ἔγνωσαν[9] γὰρ ὅτι πρὸς αὐτοὺς τὴν παραβολὴν εἶπεν. καὶ ἀφέντες[10] αὐτὸν ἀπῆλθον.

Paying Taxes to Caesar (Mt 22.15-22; Lk 20.20-26)

13 Καὶ ἀποστέλλουσιν πρὸς αὐτόν τινας τῶν Φαρισαίων καὶ τῶν Ἡρῳδιανῶν[11], ἵνα αὐτὸν ἀγρεύσωσιν[12] λόγῳ. 14 καὶ ἐλθόντες λέγουσιν αὐτῷ· διδάσκαλε, οἴδαμεν ὅτι ἀληθὴς[13] εἶ καὶ οὐ μέλει[14] σοι περὶ οὐδενός· οὐ γὰρ βλέπεις εἰς πρόσωπον ἀνθρώπων, ἀλλ' ἐπ' ἀληθείας τὴν ὁδὸν τοῦ θεοῦ διδάσκεις· ἔξεστιν δοῦναι κῆνσον[15] Καίσαρι ἢ οὔ; δῶμεν[16] ἢ μὴ δῶμεν; 15 ὁ δὲ εἰδὼς[17] αὐτῶν τὴν ὑπόκρισιν[18] εἶπεν αὐτοῖς· τί με πειράζετε; φέρετέ μοι δηνάριον[19] ἵνα ἴδω[20]. 16 οἱ δὲ ἤνεγκαν[21]. καὶ λέγει αὐτοῖς· τίνος ἡ εἰκὼν[22] αὕτη καὶ ἡ ἐπιγραφή[23]; οἱ δὲ εἶπαν αὐτῷ· Καίσαρος. 17 ὁ δὲ Ἰησοῦς εἶπεν αὐτοῖς· τὰ Καίσαρος ἀπόδοτε[24] Καίσαρι καὶ τὰ τοῦ θεοῦ τῷ θεῷ. καὶ ἐξεθαύμαζον[25] ἐπ' αὐτῷ.

The Question about the Resurrection (Mt 22.23-33; Lk 20.27-40)

18 Καὶ ἔρχονται Σαδδουκαῖοι πρὸς αὐτὸν οἵτινες λέγουσιν ἀνάστασιν μὴ εἶναι καὶ ἐπηρώτων αὐτὸν λέγοντες· 19 διδάσκαλε, Μωϋσῆς ἔγραψεν ἡμῖν ὅτι ἐάν τινος ἀδελφὸς ἀποθάνῃ[26] καὶ καταλίπῃ[27] γυναῖκα καὶ μὴ ἀφῇ[28] τέκνον, ἵνα λάβῃ[29] ὁ ἀδελφὸς αὐτοῦ τὴν γυναῖκα καὶ ἐξαναστήσῃ[30] σπέρμα τῷ ἀδελφῷ αὐτοῦ. 20 ἑπτὰ ἀδελφοὶ ἦσαν· καὶ ὁ πρῶτος ἔλαβεν γυναῖκα καὶ ἀποθνήσκων οὐκ ἀφῆκεν[31]

---

[1] ἔρχομαι 3s fut mid ind, come
[2] ἀπόλλυμι 3s fut act ind, kill
[3] δίδωμι 3s fut act ind, give
[4] ἀναγινώσκω 2p aor act ind, read
[5] ἀποδοκιμάζω 3p aor act ind, reject
[6] γίνομαι 3s aor pas ind, become
[7] γωνία, -ας f, corner (κεφαλὴ γ. main corner stone)
[8] θαυμαστός, -ή/όν, amazing
[9] γινώσκω 3p aor act ind, know
[10] ἀφίημι aor act ptc m p nom, leave
[11] Ἡρῳδιανοί, -ῶν m, Herodians (partisans of the Herodian family)
[12] ἀγρεύω 3p aor act sub, trap
[13] ἀληθής, -ές, honest
[14] μέλει 3s pres act ind, impers it is of concern
[15] κῆνσος, -ου m, tax
[16] δίδωμι 1p aor act sub, pay (of)
[17] οἶδα pf act ptc m s nom, know
[18] ὑπόκρισις, -εως f, hypocrisy
[19] δηνάριον, -ου n, denarius (Roman silver coin = day's wages of a common laborer)
[20] ὁράω 1s aor act sub, see
[21] φέρω 3p aor act ind, bring
[22] εἰκών, -όνος f, picture
[23] ἐπιγραφή, -ῆς f, inscription
[24] ἀποδίδωμι 2p aor act impv, give
[25] ἐκθαυμάζω 3p impf act ind, be completely amazed
[26] ἀποθνῄσκω 3s aor act sub, die
[27] καταλείπω 3s aor act sub, leave behind
[28] ἀφίημι 3s aor act sub, leave
[29] λαμβάνω 3s aor act sub, take
[30] ἐξανίστημι 3s aor act sub, raise up (ἔξα. σπέρμα have children)
[31] ἀφίημι 3s aor act ind, leave

σπέρμα· 21 καὶ ὁ δεύτερος ἔλαβεν αὐτὴν καὶ ἀπέθανεν μὴ καταλιπών[1] σπέρμα· καὶ ὁ τρίτος ὡσαύτως[2]· 22 καὶ οἱ ἑπτὰ οὐκ ἀφῆκαν[3] σπέρμα. ἔσχατον πάντων καὶ ἡ γυνὴ ἀπέθανεν. 23 ἐν τῇ ἀναστάσει ὅταν ἀναστῶσιν[4], τίνος αὐτῶν ἔσται γυνή; οἱ γὰρ ἑπτὰ ἔσχον αὐτὴν γυναῖκα. 24 ἔφη αὐτοῖς ὁ Ἰησοῦς· οὐ διὰ τοῦτο πλανᾶσθε μὴ εἰδότες[5] τὰς γραφὰς μηδὲ τὴν δύναμιν τοῦ θεοῦ; 25 ὅταν γὰρ ἐκ νεκρῶν ἀναστῶσιν, οὔτε γαμοῦσιν[6] οὔτε γαμίζονται[7], ἀλλ' εἰσὶν ὡς ἄγγελοι ἐν τοῖς οὐρανοῖς. 26 περὶ δὲ τῶν νεκρῶν ὅτι ἐγείρονται οὐκ ἀνέγνωτε[8] ἐν τῇ βίβλῳ[9] Μωϋσέως ἐπὶ τοῦ βάτου[10] πῶς εἶπεν αὐτῷ ὁ θεὸς λέγων· ἐγὼ ὁ θεὸς Ἀβραὰμ καὶ ὁ θεὸς Ἰσαὰκ καὶ ὁ θεὸς Ἰακώβ; 27 οὐκ ἔστιν θεὸς νεκρῶν, ἀλλὰ ζώντων· πολὺ πλανᾶσθε.

The Great Commandment (Mt 22.34-40; Lk 10.25-28)

28 Καὶ προσελθὼν[11] εἷς τῶν γραμματέων ἀκούσας αὐτῶν συζητούντων[12] ἰδὼν ὅτι καλῶς ἀπεκρίθη αὐτοῖς ἐπηρώτησεν αὐτόν· ποία ἐστὶν ἐντολὴ πρώτη πάντων; 29 ἀπεκρίθη ὁ Ἰησοῦς ὅτι πρώτη ἐστίν· ἄκουε, Ἰσραήλ, κύριος ὁ θεὸς ἡμῶν κύριος εἷς ἐστιν, 30 καὶ ἀγαπήσεις κύριον τὸν θεόν σου ἐξ ὅλης τῆς καρδίας σου καὶ ἐξ ὅλης τῆς ψυχῆς σου καὶ ἐξ ὅλης τῆς διανοίας[13] σου καὶ ἐξ ὅλης τῆς ἰσχύος[14] σου. 31 δευτέρα αὕτη· ἀγαπήσεις τὸν πλησίον[15] σου ὡς σεαυτόν. μείζων[16] τούτων ἄλλη ἐντολὴ οὐκ ἔστιν. 32 καὶ εἶπεν αὐτῷ ὁ γραμματεύς· καλῶς, διδάσκαλε, ἐπ' ἀληθείας εἶπες ὅτι εἷς ἐστιν καὶ οὐκ ἔστιν ἄλλος πλὴν αὐτοῦ· 33 καὶ τὸ ἀγαπᾶν αὐτὸν ἐξ ὅλης τῆς καρδίας καὶ ἐξ ὅλης τῆς συνέσεως[17] καὶ ἐξ ὅλης τῆς ἰσχύος καὶ τὸ ἀγαπᾶν τὸν πλησίον ὡς ἑαυτὸν περισσότερόν[18] ἐστιν πάντων τῶν ὁλοκαυτωμάτων[19] καὶ θυσιῶν[20]. 34 καὶ ὁ Ἰησοῦς ἰδὼν αὐτὸν ὅτι νουνεχῶς[21] ἀπεκρίθη εἶπεν αὐτῷ· οὐ μακρὰν[22] εἶ ἀπὸ τῆς βασιλείας τοῦ θεοῦ. καὶ οὐδεὶς οὐκέτι ἐτόλμα[23] αὐτὸν ἐπερωτῆσαι.

The Question about David's Son (Mt 22.41-46; Lk 20.41-44)

35 Καὶ ἀποκριθεὶς ὁ Ἰησοῦς ἔλεγεν διδάσκων ἐν τῷ ἱερῷ· πῶς λέγουσιν οἱ γραμματεῖς ὅτι ὁ χριστὸς υἱὸς Δαυίδ ἐστιν; 36 αὐτὸς Δαυὶδ εἶπεν ἐν τῷ πνεύματι τῷ ἁγίῳ·
  εἶπεν ὁ κύριος τῷ κυρίῳ μου·
    κάθου[24] ἐκ δεξιῶν μου,

---

[1] καταλείπω aor act ptc m s nom, leave
[2] ὡσαύτως, adv, in the same way
[3] ἀφίημι 3p aor act ind, leave
[4] ἀνίστημι 3p aor act sub, intrans rise (from death)
[5] οἶδα pf act ptc m p nom, know
[6] γαμέω 3p pres act ind, marry
[7] γαμίζω 3p pres pas ind, give (a bride) in marriage
[8] ἀναγινώσκω 2p aor act ind, read
[9] βίβλος, -ου f, book
[10] βάτος, -ου m & f, bush
[11] προσέρχομαι aor act ptc m s nom, come/go to
[12] συζητέω pres act ptc m p gen, argue/discuss
[13] διάνοια, -ας f, mind
[14] ἰσχύς, -ύος f, strength
[15] πλησίον, prep + gen, near (ὁ π. fellow human being)
[16] μέγας, great (comp)
[17] σύνεσις, -εως f, understanding
[18] περισσότερος, more important (comp of περισσός)
[19] ὁλοκαύτωμα, -τος n, whole burnt offering
[20] θυσία, -ας f, sacrifice
[21] νουνεχῶς, adv, wisely
[22] μακράν, adv, far
[23] τολμάω 3s impf act ind, dare
[24] κάθημαι 2s pres mid impv, sit

ἕως ἂν θῶ¹ τοὺς ἐχθρούς σου
ὑποκάτω ²τῶν ποδῶν σου.
37 αὐτὸς Δαυὶδ λέγει αὐτὸν κύριον, καὶ πόθεν³ αὐτοῦ ἐστιν υἱός;
Καὶ ὁ πολὺς ὄχλος ἤκουεν αὐτοῦ ἡδέως⁴.

The Denouncing of the Scribes (Mt 23.1-36; Lk 20.45-47)

38 Καὶ ἐν τῇ διδαχῇ⁵ αὐτοῦ ἔλεγεν· βλέπετε ἀπὸ τῶν γραμματέων τῶν θελόντων ἐν στολαῖς⁶ περιπατεῖν καὶ ἀσπασμοὺς⁷ ἐν ταῖς ἀγοραῖς⁸ **39** καὶ πρωτοκαθεδρίας⁹ ἐν ταῖς συναγωγαῖς καὶ πρωτοκλισίας¹⁰ ἐν τοῖς δείπνοις¹¹· **40** οἱ κατεσθίοντες¹² τὰς οἰκίας τῶν χηρῶν¹³ καὶ προφάσει¹⁴ μακρὰ¹⁵ προσευχόμενοι οὗτοι λήμψονται¹⁶ περισσότερον¹⁷ κρίμα¹⁸.

The Widow's Offering (Lk 21.1-4)

41 Καὶ καθίσας κατέναντι¹⁹ τοῦ γαζοφυλακίου²⁰ ἐθεώρει πῶς ὁ ὄχλος βάλλει χαλκὸν²¹ εἰς τὸ γαζοφυλάκιον. καὶ πολλοὶ πλούσιοι²² ἔβαλλον²³ πολλά· **42** καὶ ἐλθοῦσα μία χήρα²⁴ πτωχὴ ἔβαλεν λεπτὰ²⁵ δύο, ὅ ἐστιν κοδράντης²⁶. **43** καὶ προσκαλεσάμενος²⁷ τοὺς μαθητὰς αὐτοῦ εἶπεν αὐτοῖς· ἀμὴν λέγω ὑμῖν ὅτι ἡ χήρα αὕτη ἡ πτωχὴ πλεῖον²⁸ πάντων ἔβαλεν τῶν βαλλόντων εἰς τὸ γαζοφυλάκιον· **44** πάντες γὰρ ἐκ τοῦ περισσεύοντος αὐτοῖς ἔβαλον, αὕτη δὲ ἐκ τῆς ὑστερήσεως²⁹ αὐτῆς πάντα ὅσα εἶχεν ἔβαλεν, ὅλον τὸν βίον³⁰ αὐτῆς.

---

1 τίθημι 1s aor act sub, put
2 ὑποκάτω, prep + gen, under
3 πόθεν, adv, how
4 ἡδέως, adv, gladly
5 διδαχή, -ῆς f, teaching
6 στολή, -ῆς f, long robe
7 ἀσπασμός, -οῦ m, greeting
8 ἀγορά, -ᾶς f, market place
9 πρωτοκαθεδρία, -ας f, best seat
10 πρωτοκλισία, -ας f, place of honor
11 δεῖπνον, -ου n, banquet
12 κατεσθίω pres act ptc m p nom, cheat (someone out of something)

13 χήρα, -ας f, widow
14 πρόφασις, -εως f, pretense
15 μακρός, adv, long (μ. προσευχόμενοι praying long prayers)
16 λαμβάνω 3p fut mid ind, receive
17 περισσότερος, much worse (comp of περισσός)
18 κρίμα, -τος n, condemnation
19 κατέναντι, prep + gen, in front of
20 γαζοφυλάκιον, -ου n, offering box
21 χαλκός, -οῦ m, money
22 πλούσιος, -α/ον, rich
23 βάλλω 3p aor act ind, put

24 χήρα, -ας f, widow
25 λεπτόν, -ου n, lepton (copper coin worth 1/2 quadrans or 1/128 denarius)
26 κοδράντης, -οῦ m, quadrans (Roman copper coin worth 1/64 denarius)
27 προσκαλέομαι aor mid ptc m s nom, call to oneself
28 πολύς, much (comp)
29 ὑστέρησις, -εως f, poverty
30 βίος, -ου m, livelihood

The Destruction of the Temple Foretold (Mt 24.1-2; Lk 21.5-6)

13 Καὶ ἐκπορευομένου αὐτοῦ ἐκ τοῦ ἱεροῦ λέγει αὐτῷ εἷς τῶν μαθητῶν αὐτοῦ· διδάσκαλε, ἴδε[1] ποταποὶ[2] λίθοι καὶ ποταπαὶ οἰκοδομαί[3]. 2 καὶ ὁ Ἰησοῦς εἶπεν αὐτῷ· βλέπεις ταύτας τὰς μεγάλας οἰκοδομάς; οὐ μὴ ἀφεθῇ[4] ὧδε λίθος ἐπὶ λίθον ὃς οὐ μὴ καταλυθῇ[5].

The Beginning of Woes (Mt 24.3-14; Lk 21.7-19)

3 Καὶ καθημένου αὐτοῦ εἰς τὸ ὄρος τῶν ἐλαιῶν[6] κατέναντι[7] τοῦ ἱεροῦ ἐπηρώτα αὐτὸν κατ' ἰδίαν[8] Πέτρος καὶ Ἰάκωβος καὶ Ἰωάννης καὶ Ἀνδρέας· 4 εἰπὸν ἡμῖν, πότε[9] ταῦτα ἔσται καὶ τί τὸ σημεῖον, ὅταν μέλλῃ ταῦτα συντελεῖσθαι[10] πάντα; 5 ὁ δὲ Ἰησοῦς ἤρξατο[11] λέγειν αὐτοῖς· βλέπετε μή τις ὑμᾶς πλανήσῃ· 6 πολλοὶ ἐλεύσονται[12] ἐπὶ τῷ ὀνόματί μου λέγοντες ὅτι ἐγώ εἰμι, καὶ πολλοὺς πλανήσουσιν. 7 ὅταν δὲ ἀκούσητε πολέμους[13] καὶ ἀκοὰς[14] πολέμων, μὴ θροεῖσθε[15]· δεῖ γενέσθαι, ἀλλ' οὔπω[16] τὸ τέλος. 8 ἐγερθήσεται[17] γὰρ ἔθνος ἐπ' ἔθνος καὶ βασιλεία ἐπὶ βασιλείαν, ἔσονται σεισμοὶ[18] κατὰ τόπους, ἔσονται[19] λιμοί[20]· ἀρχὴ ὠδίνων[21] ταῦτα. 9 Βλέπετε δὲ ὑμεῖς ἑαυτούς· παραδώσουσιν[22] ὑμᾶς εἰς συνέδρια[23], καὶ εἰς συναγωγὰς δαρήσεσθε[24] καὶ ἐπὶ ἡγεμόνων[25] καὶ βασιλέων σταθήσεσθε[26] ἕνεκεν[27] ἐμοῦ εἰς μαρτύριον[28] αὐτοῖς. 10 καὶ εἰς πάντα τὰ ἔθνη πρῶτον δεῖ κηρυχθῆναι[29] τὸ εὐαγγέλιον. 11 καὶ ὅταν ἄγωσιν ὑμᾶς παραδιδόντες, μὴ προμεριμνᾶτε[30] τί λαλήσητε, ἀλλ' ὃ ἐὰν δοθῇ[31] ὑμῖν ἐν ἐκείνῃ τῇ ὥρᾳ τοῦτο λαλεῖτε· οὐ γάρ ἐστε ὑμεῖς οἱ λαλοῦντες, ἀλλὰ τὸ πνεῦμα τὸ ἅγιον. 12 καὶ παραδώσει[32] ἀδελφὸς ἀδελφὸν εἰς θάνατον καὶ πατὴρ τέκνον, καὶ ἐπαναστήσονται[33] τέκνα ἐπὶ γονεῖς[34] καὶ θανατώσουσιν[35] αὐτούς. 13 καὶ ἔσεσθε[36] μισούμενοι ὑπὸ πάντων διὰ τὸ ὄνομά μου. ὁ δὲ ὑπομείνας[37] εἰς τέλος οὗτος σωθήσεται.

---

[1] ἴδε, interj, Look!
[2] ποταπός, -ή/όν, what wonderful
[3] οἰκοδομή, -ῆς f, building
[4] ἀφίημι 3s aor pas sub, leave
[5] καταλύω 3s aor pas sub, tear down
[6] ἐλαία, -ας f, olive
[7] κατέναντι, prep + gen, opposite
[8] ἴδιος, -α/ον, one's own (κατ' ἰδίαν privately)
[9] πότε, adv, when
[10] συντελέω pres pas inf, pas happen
[11] ἄρχω 3s aor mid ind, mid begin
[12] ἔρχομαι 3p fut mid ind, come
[13] πόλεμος, -ου m, war
[14] ἀκοή, -ῆς f, rumor
[15] θροέω 2p pres pas impv, pas be alarmed
[16] οὔπω, adv, not yet
[17] ἐγείρω 3s fut pas ind, intrans pas rise against
[18] σεισμός, -οῦ m, earthquake
[19] εἰμί 3p fut mid ind, be
[20] λιμός, -οῦ m & f, famine
[21] ὠδίν, -ῖνος f, trouble
[22] παραδίδωμι 3p fut act ind, hand over
[23] συνέδριον, -ου n, council
[24] δέρω 2p fut pas ind, beat
[25] ἡγεμών, -όνος m, ruler
[26] ἵστημι 2p fut pas ind, intrans pas stand
[27] ἕνεκα, prep + gen, because of
[28] μαρτύριον, -ου n, witness
[29] κηρύσσω aor pas inf, preach
[30] προμεριμνάω 2p pres act impv, worry
[31] δίδωμι 3s aor pas sub, give
[32] παραδίδωμι 3s fut act ind, betray
[33] ἐπανίστημι 3p fut mid ind, turn against
[34] γονεύς, -έως m, parent
[35] θανατόω 3p fut act ind, kill
[36] εἰμί 2p fut mid ind, be
[37] ὑπομένω aor act ptc m s nom, remain faithful

The Great Tribulation   (Mt 24.15-28; Lk 21.20-24)

14 Ὅταν δὲ ἴδητε¹ τὸ βδέλυγμα² τῆς ἐρημώσεως³ ἑστηκότα⁴ ὅπου οὐ δεῖ, ὁ ἀναγινώσκων νοείτω⁵, τότε οἱ ἐν τῇ Ἰουδαίᾳ φευγέτωσαν⁶ εἰς τὰ ὄρη, 15 ὁ δὲ ἐπὶ τοῦ δώματος⁷ μὴ καταβάτω⁸ μηδὲ εἰσελθάτω⁹ ἆραι¹⁰ τι ἐκ τῆς οἰκίας αὐτοῦ, 16 καὶ ὁ εἰς τὸν ἀγρὸν μὴ ἐπιστρεψάτω¹¹ εἰς τὰ ὀπίσω ἆραι¹² τὸ ἱμάτιον αὐτοῦ. 17 οὐαὶ δὲ ταῖς ἐν γαστρὶ¹³ ἐχούσαις καὶ ταῖς θηλαζούσαις¹⁴ ἐν ἐκείναις ταῖς ἡμέραις.

18 Προσεύχεσθε δὲ ἵνα μὴ γένηται χειμῶνος¹⁵. 19 ἔσονται γὰρ αἱ ἡμέραι ἐκεῖναι θλῖψις οἵα¹⁶ οὐ γέγονεν τοιαύτη ἀπ' ἀρχῆς κτίσεως¹⁷ ἣν ἔκτισεν¹⁸ ὁ θεὸς ἕως τοῦ νῦν καὶ οὐ μὴ γένηται. 20 καὶ εἰ μὴ ἐκολόβωσεν¹⁹ κύριος τὰς ἡμέρας, οὐκ ἂν ἐσώθη πᾶσα σάρξ· ἀλλὰ διὰ τοὺς ἐκλεκτοὺς²⁰ οὓς ἐξελέξατο²¹ ἐκολόβωσεν τὰς ἡμέρας.

21 Καὶ τότε ἐάν τις ὑμῖν εἴπῃ²². ἴδε²³ ὧδε ὁ χριστός, ἴδε ἐκεῖ, μὴ πιστεύετε· 22 ἐγερθήσονται²⁴ γὰρ ψευδόχριστοι²⁵ καὶ ψευδοπροφῆται²⁶ καὶ δώσουσιν²⁷ σημεῖα καὶ τέρατα²⁸ πρὸς τὸ ἀποπλανᾶν²⁹ εἰ δυνατὸν τοὺς ἐκλεκτούς. 23 ὑμεῖς δὲ βλέπετε· προείρηκα³⁰ ὑμῖν πάντα.

The Coming of the Son of Man   (Mt 24.29-31; Lk 21.25-28)

24 Ἀλλ' ἐν ἐκείναις ταῖς ἡμέραις μετὰ τὴν θλῖψιν ἐκείνην

ὁ ἥλιος σκοτισθήσεται³¹,

καὶ ἡ σελήνη³² οὐ δώσει³³ τὸ φέγγος³⁴ αὐτῆς,

25 καὶ οἱ ἀστέρες³⁵ ἔσονται ἐκ τοῦ οὐρανοῦ πίπτοντες,

καὶ αἱ δυνάμεις αἱ ἐν τοῖς οὐρανοῖς σαλευθήσονται³⁶.

26 καὶ τότε ὄψονται³⁷ τὸν υἱὸν τοῦ ἀνθρώπου ἐρχόμενον ἐν νεφέλαις³⁸ μετὰ δυνάμεως πολλῆς καὶ δόξης, 27 καὶ τότε ἀποστελεῖ τοὺς ἀγγέλους καὶ ἐπισυνάξει³⁹

---

1 ὁράω 2p aor act sub, see
2 βδέλυγμα, -τος n, something detestable
3 ἐρήμωσις, -εως f, desolation
4 ἵστημι pf act ptc n s acc, intrans stand
5 νοέω 3s pres act impv, understand
6 φεύγω 3p pres act impv, run
7 δῶμα, -τος n, housetop
8 καταβαίνω 3s aor act impv, come (down)
9 εἰσέρχομαι 3s aor act impv, come/go in
10 αἴρω aor act inf, take
11 ἐπιστρέφω 3s aor act impv, turn back
12 αἴρω aor act inf, take
13 γαστήρ, -τρός f, womb (ἐν γ. ἔχω be pregnant)

14 θηλάζω pres act ptc f p dat, nurse (of a mother breast feeding her child)
15 χειμών, -ῶνος m, winter
16 οἷος, -α/ον rel pro, such as
17 κτίσις, -εως f, creation
18 κτίζω 3s aor act ind, create
19 κολοβόω 3s aor act ind, shorten
20 ἐκλεκτός, -ή/όν, chosen
21 ἐκλέγομαι 3s aor mid ind, choose
22 λέγω 3s aor act sub, say
23 ἴδε, interj, Look!
24 ἐγείρω 3p fut pas ind, intrans pas get up
25 ψευδόχριστος, -ου m, false Christ/messiah
26 ψευδοπροφήτης, -ου m, false prophet

27 δίδωμι 3p fut act ind, give
28 τέρας, -ατος n, wonder
29 ἀποπλανάω pres act inf, deceive
30 προλέγω 1s pf act ind, tell in advance
31 σκοτίζομαι 3s fut pas ind, become dark
32 σελήνη, -ης f, moon
33 δίδωμι 3s fut act ind, give
34 φέγγος, -ους n, light
35 ἀστήρ, -έρος m, star
36 σαλεύω 3p fut pas ind, shake
37 ὁράω 3p fut mid ind, see
38 νεφέλη, -ης f, cloud
39 ἐπισυνάγω 3s fut act ind, gather

τοὺς ἐκλεκτοὺς αὐτοῦ ἐκ τῶν τεσσάρων ἀνέμων ἀπ' ἄκρου¹ γῆς ἕως ἄκρου οὐρανοῦ.

The Lesson of the Fig Tree (Mt 24.32-35; Lk 21.29-33)

28 Ἀπὸ δὲ τῆς συκῆς² μάθετε³ τὴν παραβολήν· ὅταν ἤδη ὁ κλάδος⁴ αὐτῆς ἁπαλὸς⁵ γένηται καὶ ἐκφύῃ⁶ τὰ φύλλα⁷, γινώσκετε ὅτι ἐγγὺς τὸ θέρος⁸ ἐστίν· **29** οὕτως καὶ ὑμεῖς, ὅταν ἴδητε⁹ ταῦτα γινόμενα, γινώσκετε ὅτι ἐγγύς ἐστιν ἐπὶ θύραις. **30** Ἀμὴν λέγω ὑμῖν ὅτι οὐ μὴ παρέλθῃ¹⁰ ἡ γενεὰ αὕτη μέχρις¹¹ οὗ ταῦτα πάντα γένηται. **31** ὁ οὐρανὸς καὶ ἡ γῆ παρελεύσονται¹², οἱ δὲ λόγοι μου οὐ μὴ παρελεύσονται.

The Unknown Day and Hour (Mt 24.36-44)

32 Περὶ δὲ τῆς ἡμέρας ἐκείνης ἢ τῆς ὥρας οὐδεὶς οἶδεν, οὐδὲ οἱ ἄγγελοι ἐν οὐρανῷ οὐδὲ ὁ υἱός, εἰ μὴ ὁ πατήρ. **33** Βλέπετε, ἀγρυπνεῖτε¹³· οὐκ οἴδατε γὰρ πότε¹⁴ ὁ καιρός ἐστιν. **34** ὡς ἄνθρωπος ἀπόδημος¹⁵ ἀφεὶς¹⁶ τὴν οἰκίαν αὐτοῦ καὶ δοὺς¹⁷ τοῖς δούλοις αὐτοῦ τὴν ἐξουσίαν, ἑκάστῳ τὸ ἔργον αὐτοῦ, καὶ τῷ θυρωρῷ¹⁸ ἐνετείλατο¹⁹ ἵνα γρηγορῇ²⁰. **35** γρηγορεῖτε οὖν· οὐκ οἴδατε γὰρ πότε ὁ κύριος τῆς οἰκίας ἔρχεται, ἢ ὀψὲ²¹ ἢ μεσονύκτιον²² ἢ ἀλεκτοροφωνίας²³ ἢ πρωΐ²⁴, **36** μὴ ἐλθὼν ἐξαίφνης²⁵ εὕρῃ²⁶ ὑμᾶς καθεύδοντας²⁷. **37** ὃ δὲ ὑμῖν λέγω πᾶσιν λέγω· γρηγορεῖτε²⁸.

The Plot to Kill Jesus (Mt 26.1-5; Lk 22.1-2; Jn 11.45-53)

14 Ἦν δὲ τὸ πάσχα²⁹ καὶ τὰ ἄζυμα³⁰ μετὰ δύο ἡμέρας. καὶ ἐζήτουν οἱ ἀρχιερεῖς καὶ οἱ γραμματεῖς πῶς αὐτὸν ἐν δόλῳ³¹ κρατήσαντες ἀποκτείνωσιν· **2** ἔλεγον γάρ· μὴ ἐν τῇ ἑορτῇ³², μήποτε³³ ἔσται θόρυβος³⁴ τοῦ λαοῦ.

---

¹ ἄκρον, -ου *n*, most distant boundary
² συκῆ, -ῆς *f*, fig tree
³ μανθάνω 2p aor act impv, learn
⁴ κλάδος, -ου *m*, branch
⁵ ἁπαλός, -ή/όν, tender
⁶ ἐκφύω 3s pres act sub, put out
⁷ φύλλον, -ου *n*, leaf
⁸ θέρος, -ους *n*, summer
⁹ ὁράω 2p aor act sub, see
¹⁰ παρέρχομαι 3s aor act sub, pass away
¹¹ μέχρι, *prep + gen*, until
¹² παρέρχομαι 3p fut mid ind, pass away
¹³ ἀγρυπνέω 2p pres act impv, be ready
¹⁴ πότε, *adv*, when
¹⁵ ἀπόδημος, -ον, away on a journey
¹⁶ ἀφίημι *aor act ptc m s nom*, leave
¹⁷ δίδωμι *aor act ptc m s nom*, give
¹⁸ θυρωρός, -οῦ *m & f*, doorkeeper
¹⁹ ἐντέλλομαι 3s aor mid ind, order
²⁰ γρηγορέω 3s pres act sub, keep alert
²¹ ὀψέ, *adv*, late = evening
²² μεσονύκτιον, -ου *n*, midnight
²³ ἀλεκτοροφωνία, -ας *f*, before dawn
²⁴ πρωΐ, *adv*, early = (early) morning
²⁵ ἐξαίφνης, *adv*, suddenly
²⁶ εὑρίσκω 3s aor act sub, find
²⁷ καθεύδω pres act ptc m p acc, sleep
²⁸ γρηγορέω 2p pres act impv, keep alert
²⁹ πάσχα, *n*, Passover
³⁰ ἄζυμα, -ον, without yeast (τὰ ἄζυμα Jewish festival of Unleavened Bread)
³¹ δόλος, -ου *m*, deceit
³² ἑορτή, -ῆς *f*, festival
³³ μήποτε, *conj*, otherwise
³⁴ θόρυβος, -ου *m*, riot

The Anointing at Bethany (Mt 26.6-13; Jn 12.1-8)

3 Καὶ ὄντος αὐτοῦ ἐν Βηθανίᾳ ἐν τῇ οἰκίᾳ Σίμωνος τοῦ λεπροῦ[1], κατακειμένου[2] αὐτοῦ ἦλθεν γυνὴ ἔχουσα ἀλάβαστρον[3] μύρου[4] νάρδου[5] πιστικῆς[6] πολυτελοῦς[7], συντρίψασα[8] τὴν ἀλάβαστρον κατέχεεν[9] αὐτοῦ τῆς κεφαλῆς. 4 ἦσαν δέ τινες ἀγανακτοῦντες[10] πρὸς ἑαυτούς· εἰς τί ἡ ἀπώλεια[11] αὕτη τοῦ μύρου γέγονεν; 5 ἠδύνατο γὰρ τοῦτο τὸ μύρον πραθῆναι[12] ἐπάνω[13] δηναρίων[14] τριακοσίων[15] καὶ δοθῆναι[16] τοῖς πτωχοῖς· καὶ ἐνεβριμῶντο[17] αὐτῇ. 6 ὁ δὲ Ἰησοῦς εἶπεν· ἄφετε[18] αὐτήν· τί αὐτῇ κόπους[19] παρέχετε[20]; καλὸν ἔργον ἠργάσατο ἐν ἐμοί· 7 πάντοτε γὰρ τοὺς πτωχοὺς ἔχετε μεθ᾽ ἑαυτῶν καὶ, ὅταν θέλητε, δύνασθε αὐτοῖς εὖ[21] ποιῆσαι, ἐμὲ δὲ οὐ πάντοτε ἔχετε. 8 ὃ ἔσχεν[22] ἐποίησεν· προέλαβεν[23] μυρίσαι[24] τὸ σῶμά μου εἰς τὸν ἐνταφιασμόν[25]. 9 ἀμὴν δὲ λέγω ὑμῖν· ὅπου ἐὰν κηρυχθῇ[26] τὸ εὐαγγέλιον εἰς ὅλον τὸν κόσμον καὶ ὃ ἐποίησεν αὕτη λαληθήσεται εἰς μνημόσυνον[27] αὐτῆς.

Judas' Agreement to Betray Jesus (Mt 26.14-16; Lk 22.3-6)

10 Καὶ Ἰούδας Ἰσκαριὼθ ὁ εἷς τῶν δώδεκα ἀπῆλθεν πρὸς τοὺς ἀρχιερεῖς, ἵνα αὐτὸν παραδοῖ[28] αὐτοῖς. 11 οἱ δὲ ἀκούσαντες ἐχάρησαν[29] καὶ ἐπηγγείλαντο[30] αὐτῷ ἀργύριον[31] δοῦναι. καὶ ἐζήτει πῶς αὐτὸν εὐκαίρως[32] παραδοῖ[33].

The Passover with the Disciples (Mt 26.17-25; Lk 22.7-14, 21-23; Jn 13.21-30)

12 Καὶ τῇ πρώτῃ ἡμέρᾳ τῶν ἀζύμων[34], ὅτε τὸ πάσχα[35] ἔθυον[36], λέγουσιν αὐτῷ οἱ μαθηταὶ αὐτοῦ· ποῦ θέλεις ἀπελθόντες ἑτοιμάσωμεν ἵνα φάγῃς[37] τὸ πάσχα; 13 καὶ ἀποστέλλει δύο τῶν μαθητῶν αὐτοῦ καὶ λέγει αὐτοῖς· ὑπάγετε εἰς τὴν πόλιν,

---

[1] λεπρός, -οῦ m, leper/person with a skin disease
[2] κατάκειμαι pres mid ptc m s gen, sit (for a meal)
[3] ἀλάβαστρος, -ου m & f, alabaster jar
[4] μύρον, -ου n, perfume/ointment
[5] νάρδος, -ου f, oil of nard (an aromatic plant)
[6] πιστικός, -ή/όν, pure
[7] πολυτελής, -ές, expensive
[8] συντρίβω aor act ptc f s nom, break open
[9] καταχέω 3s aor act ind, pour on
[10] ἀγανακτέω pres act ptc m p nom, be angry
[11] ἀπώλεια, -ας f, waste
[12] πιπράσκω aor pas inf, sell
[13] ἐπάνω, prep + gen, more than
[14] δηνάριον, -ου n, denarius (Roman silver coin = day's wages of a common laborer)
[15] τριακόσιοι, -αι/α, three hundred
[16] δίδωμι aor pas inf, give
[17] ἐμβριμάομαι 3p impf mid ind, criticize harshly
[18] ἀφίημι 2p aor act impv, leave alone
[19] κόπος, -ου m, trouble
[20] παρέχω 2p pres act ind, cause
[21] εὖ, adv, well (εὖ ποιῆσαι help)
[22] ἔχω 3s aor act ind, have
[23] προλαμβάνω 3s aor act ind, do ahead of time
[24] μυρίζω aor act inf, pour perfume on
[25] ἐνταφιασμός, -οῦ m, preparation for burial
[26] κηρύσσω 3s aor pas sub, preach
[27] μνημόσυνον, -ου n, remembrance
[28] παραδίδωμι 3s aor act sub, betray
[29] χαίρω 3p aor pas ind, be glad
[30] ἐπαγγέλλομαι 3p aor mid ind, promise
[31] ἀργύριον, -ου n, money
[32] εὐκαίρως, adv, when the time is right
[33] παραδίδωμι 3s aor act sub, betray
[34] ἄζυμος, without yeast (τὰ ἄζυμα Jewish festival of Unleavened Bread)
[35] πάσχα, n, Passover lamb
[36] θύω 3p impf act ind, sacrifice
[37] ἐσθίω 2s aor act sub, eat

ΚΑΤΑ ΜΑΡΚΟΝ

καὶ ἀπαντήσει[1] ὑμῖν ἄνθρωπος κεράμιον[2] ὕδατος[3] βαστάζων[4]· ἀκολουθήσατε αὐτῷ 14 καὶ ὅπου ἐὰν εἰσέλθῃ[5] εἴπατε τῷ οἰκοδεσπότῃ[6] ὅτι ὁ διδάσκαλος λέγει· ποῦ ἐστιν τὸ κατάλυμά[7] μου, ὅπου τὸ πάσχα μετὰ τῶν μαθητῶν μου φάγω; 15 καὶ αὐτὸς ὑμῖν δείξει[8] ἀνάγαιον[9] μέγα ἐστρωμένον[10] ἕτοιμον[11]· καὶ ἐκεῖ ἑτοιμάσατε ἡμῖν. 16 καὶ ἐξῆλθον οἱ μαθηταὶ καὶ ἦλθον εἰς τὴν πόλιν καὶ εὗρον καθὼς εἶπεν αὐτοῖς καὶ ἡτοίμασαν τὸ πάσχα.

17 Καὶ ὀψίας[12] γενομένης ἔρχεται μετὰ τῶν δώδεκα. 18 καὶ ἀνακειμένων[13] αὐτῶν καὶ ἐσθιόντων ὁ Ἰησοῦς εἶπεν· ἀμὴν λέγω ὑμῖν ὅτι εἷς ἐξ ὑμῶν παραδώσει[14] με ὁ ἐσθίων μετ᾽ ἐμοῦ. 19 ἤρξαντο[15] λυπεῖσθαι[16] καὶ λέγειν αὐτῷ εἷς κατὰ εἷς· μήτι[17] ἐγώ; 20 ὁ δὲ εἶπεν αὐτοῖς· εἷς τῶν δώδεκα ὁ ἐμβαπτόμενος[18] μετ᾽ ἐμοῦ εἰς τὸ τρύβλιον[19]. 21 ὅτι ὁ μὲν υἱὸς τοῦ ἀνθρώπου ὑπάγει, καθὼς γέγραπται περὶ αὐτοῦ· οὐαὶ δὲ τῷ ἀνθρώπῳ ἐκείνῳ δι᾽ οὗ ὁ υἱὸς τοῦ ἀνθρώπου παραδίδοται· καλὸν αὐτῷ, εἰ οὐκ ἐγεννήθη ὁ ἄνθρωπος ἐκεῖνος.

The Institution of the Lord's Supper (Mt 26.26-30; Lk 22.15-20; 1 Cor 11.23-25)

22 Καὶ ἐσθιόντων αὐτῶν λαβὼν ἄρτον εὐλογήσας ἔκλασεν[20] καὶ ἔδωκεν αὐτοῖς καὶ εἶπεν· λάβετε[21], τοῦτό ἐστιν τὸ σῶμά μου. 23 καὶ λαβὼν ποτήριον εὐχαριστήσας ἔδωκεν αὐτοῖς, καὶ ἔπιον ἐξ αὐτοῦ πάντες. 24 καὶ εἶπεν αὐτοῖς· τοῦτό ἐστιν τὸ αἷμά μου τῆς διαθήκης τὸ ἐκχυννόμενον[22] ὑπὲρ πολλῶν. 25 ἀμὴν λέγω ὑμῖν ὅτι οὐκέτι οὐ μὴ πίω[23] ἐκ τοῦ γενήματος[24] τῆς ἀμπέλου[25] ἕως τῆς ἡμέρας ἐκείνης, ὅταν αὐτὸ πίνω καινὸν ἐν τῇ βασιλείᾳ τοῦ θεοῦ. 26 Καὶ ὑμνήσαντες[26] ἐξῆλθον εἰς τὸ ὄρος τῶν ἐλαιῶν[27].

Peter's Denial Foretold (Mt 26.31-35; Lk 22.31-34; Jn 13.36-38)

27 Καὶ λέγει αὐτοῖς ὁ Ἰησοῦς ὅτι πάντες σκανδαλισθήσεσθε[28], ὅτι γέγραπται·

---

[1] ἀπαντάω 3s fut act ind, meet
[2] κεράμιον, -ου n, jar
[3] ὕδωρ, ὕδατος n, water
[4] βαστάζω pres act ptc m s nom, carry
[5] εἰσέρχομαι 3s aor act sub, come/go in
[6] οἰκοδεσπότης, -ου m, house owner
[7] κατάλυμα, -τος n, (guest) room
[8] δείκνυμι 3s fut act ind, show
[9] ἀνάγαιον, -ου n, upstairs room
[10] στρώννυμι pf pas ptc n s acc, furnish
[11] ἕτοιμος, -η/ον, ready
[12] ὄψιος, -α/ον, late (ἡ ὀψία f evening)
[13] ἀνάκειμαι pres mid ptc m p gen, be seated at table
[14] παραδίδωμι 3s fut act ind, betray
[15] ἄρχω 3p aor mid ind, mid begin
[16] λυπέω pres pas inf, pas be sad
[17] μήτι, usually expects a negative reply
[18] ἐμβάπτω pres mid ptc m s nom, dip
[19] τρύβλιον, -ου n, dish
[20] κλάω 3s aor act ind, break
[21] λαμβάνω 2p aor act imp, take
[22] ἐκχύννω pres pas ptc n s nom, pour out
[23] πίνω 1s aor act sub, drink
[24] γένημα, -τος n, fruit (γ. τῆς ἀμπέλου wine)
[25] ἄμπελος, -ου f, grapevine
[26] ὑμνέω aor act ptc m p nom, sing a hymn
[27] ἐλαία, -ας f, olive
[28] σκανδαλίζω 2p fut pas ind, pas turn away

πατάξω¹ τὸν ποιμένα²,
καὶ τὰ πρόβατα διασκορπισθήσονται³.
28 ἀλλὰ μετὰ τὸ ἐγερθῆναί⁴ με προάξω⁵ ὑμᾶς εἰς τὴν Γαλιλαίαν. 29 ὁ δὲ Πέτρος ἔφη αὐτῷ· εἰ καὶ πάντες σκανδαλισθήσονται, ἀλλ' οὐκ ἐγώ. 30 καὶ λέγει αὐτῷ ὁ Ἰησοῦς· ἀμὴν λέγω σοι ὅτι σὺ σήμερον ταύτῃ τῇ νυκτὶ, πρὶν⁶ ἢ δὶς⁷ ἀλέκτορα⁸ φωνῆσαι, τρίς⁹ με ἀπαρνήσῃ¹⁰. 31 ὁ δὲ ἐκπερισσῶς¹¹ ἐλάλει· ἐὰν με δέῃ¹² συναποθανεῖν σοι, οὐ μή σε ἀπαρνήσομαι. ὡσαύτως¹³ δὲ καὶ πάντες ἔλεγον.

The Prayer in Gethsemane (Mt 26.36-46; Lk 22.39-46)

32 Καὶ ἔρχονται εἰς χωρίον¹⁴ οὗ τὸ ὄνομα Γεθσημανὶ καὶ λέγει τοῖς μαθηταῖς αὐτοῦ· καθίσατε ὧδε, ἕως προσεύξωμαι. 33 καὶ παραλαμβάνει τὸν Πέτρον καὶ τὸν Ἰάκωβον καὶ τὸν Ἰωάννην μετ' αὐτοῦ καὶ ἤρξατο¹⁵ ἐκθαμβεῖσθαι¹⁶ καὶ ἀδημονεῖν¹⁷ 34 καὶ λέγει αὐτοῖς· περίλυπός¹⁸ ἐστιν ἡ ψυχή μου ἕως θανάτου· μείνατε¹⁹ ὧδε καὶ γρηγορεῖτε²⁰. 35 καὶ προελθὼν²¹ μικρὸν ἔπιπτεν ἐπὶ τῆς γῆς καὶ προσηύχετο ἵνα, εἰ δυνατόν ἐστιν, παρέλθῃ²² ἀπ' αὐτοῦ ἡ ὥρα, 36 καὶ ἔλεγεν· αββα²³ ὁ πατήρ, πάντα δυνατά σοι· παρένεγκε²⁴ τὸ ποτήριον τοῦτο ἀπ' ἐμοῦ· ἀλλ' οὐ τί ἐγὼ θέλω, ἀλλὰ τί σύ. 37 καὶ ἔρχεται καὶ εὑρίσκει αὐτοὺς καθεύδοντας²⁵ καὶ λέγει τῷ Πέτρῳ· Σίμων, καθεύδεις; οὐκ ἴσχυσας²⁶ μίαν ὥραν γρηγορῆσαι; 38 γρηγορεῖτε καὶ προσεύχεσθε ἵνα μὴ ἔλθητε²⁷ εἰς πειρασμόν²⁸· τὸ μὲν πνεῦμα πρόθυμον²⁹, ἡ δὲ σὰρξ ἀσθενής³⁰. 39 καὶ πάλιν ἀπελθὼν προσηύξατο³¹ τὸν αὐτὸν λόγον εἰπών. 40 καὶ πάλιν ἐλθὼν εὗρεν αὐτοὺς καθεύδοντας· ἦσαν γὰρ αὐτῶν οἱ ὀφθαλμοὶ καταβαρυνόμενοι³², καὶ οὐκ ᾔδεισαν³³ τί ἀποκριθῶσιν³⁴ αὐτῷ. 41 καὶ ἔρχεται τὸ τρίτον καὶ λέγει αὐτοῖς· καθεύδετε τὸ λοιπὸν καὶ ἀναπαύεσθε³⁵; ἀπέχει³⁶. ἦλθεν ἡ ὥρα, ἰδοὺ παραδίδοται

---

¹ πατάσσω 1s fut act ind, strike down
² ποιμήν, -ένος m, shepherd
³ διασκορπίζω 3p fut pas ind, scatter
⁴ ἐγείρω aor pas inf, raise (from death)
⁵ προάγω 1s fut act ind, go ahead of
⁶ πρίν and πρὶν ἢ, conj, before
⁷ δίς, adv, twice
⁸ ἀλέκτωρ, -ορος m, rooster
⁹ τρίς, adv, three times
¹⁰ ἀπαρνέομαι 2s fut mid ind, disown
¹¹ ἐκπερισσῶς, adv, emphatically
¹² δεῖ 3s pres act sub, impers be necessary
¹³ ὡσαύτως, adv, in the same way
¹⁴ χωρίον, -ου n, place
¹⁵ ἄρχω 3s aor mid ind, mid begin
¹⁶ ἐκθαμβέω pres pas inf, pas be terribly distressed
¹⁷ ἀδημονέω pres act inf, be troubled
¹⁸ περίλυπος, -ον, very sad
¹⁹ μένω 2p aor act impv, stay
²⁰ γρηγορέω 2p pres act impv, keep alert
²¹ προέρχομαι aor act ptc m s nom, go
²² παρέρχομαι 3s aor act sub, pass
²³ αββα, m, Father (Aramaic word used to address God)
²⁴ παραφέρω 2s aor act impv, take away
²⁵ καθεύδω pres act ptc m p acc, sleep
²⁶ ἰσχύω 2s aor act ind, be able
²⁷ ἔρχομαι 2p aor act sub, come
²⁸ πειρασμός, -οῦ m, time of testing/temptation
²⁹ πρόθυμος, -ον, willing
³⁰ ἀσθενής, -ές, weak
³¹ προσεύχομαι 3s aor mid ind, pray
³² καταβαρύνω pres pas ptc m p nom, be very heavy
³³ οἶδα 3p plpf act ind, know
³⁴ ἀποκρίνομαι 3p aor pas sub, answer
³⁵ ἀναπαύω, 2p pres mid impv or ind, mid rest
³⁶ ἀπέχω 3s pres act ind, impers be enough

ὁ υἱὸς τοῦ ἀνθρώπου εἰς τὰς χεῖρας τῶν ἁμαρτωλῶν. **42** ἐγείρεσθε, ἄγωμεν· ἰδοὺ ὁ παραδιδούς¹ με ἤγγικεν².

The Betrayal and Arrest of Jesus (Mt 26.47-56; Lk 22.47-53; Jn 18.3-12)

43 Καὶ εὐθὺς ἔτι αὐτοῦ λαλοῦντος παραγίνεται Ἰούδας εἷς τῶν δώδεκα καὶ μετ᾽ αὐτοῦ ὄχλος μετὰ μαχαιρῶν³ καὶ ξύλων⁴ παρὰ τῶν ἀρχιερέων καὶ τῶν γραμματέων καὶ τῶν πρεσβυτέρων. **44** δεδώκει⁵ δὲ ὁ παραδιδοὺς αὐτὸν σύσσημον⁶ αὐτοῖς λέγων· ὃν ἂν φιλήσω⁷ αὐτός ἐστιν, κρατήσατε αὐτὸν καὶ ἀπαγάγετε⁸ ἀσφαλῶς⁹. **45** καὶ ἐλθὼν εὐθὺς προσελθὼν¹⁰ αὐτῷ λέγει· ῥαββί¹¹, καὶ κατεφίλησεν¹² αὐτόν· **46** οἱ δὲ ἐπέβαλον¹³ τὰς χεῖρας αὐτῷ καὶ ἐκράτησαν αὐτόν. **47** εἷς δέ τις τῶν παρεστηκότων¹⁴ σπασάμενος¹⁵ τὴν μάχαιραν¹⁶ ἔπαισεν¹⁷ τὸν δοῦλον τοῦ ἀρχιερέως καὶ ἀφεῖλεν¹⁸ αὐτοῦ τὸ ὠτάριον.¹⁹

48 Καὶ ἀποκριθεὶς ὁ Ἰησοῦς εἶπεν αὐτοῖς· ὡς ἐπὶ λῃστὴν²⁰ ἐξήλθατε μετὰ μαχαιρῶν καὶ ξύλων συλλαβεῖν²¹ με; **49** καθ᾽ ἡμέραν ἤμην πρὸς ὑμᾶς ἐν τῷ ἱερῷ διδάσκων, καὶ οὐκ ἐκρατήσατέ με· ἀλλ᾽ ἵνα πληρωθῶσιν αἱ γραφαί. **50** καὶ ἀφέντες²² αὐτὸν ἔφυγον²³ πάντες. **51** καὶ νεανίσκος²⁴ τις συνηκολούθει²⁵ αὐτῷ περιβεβλημένος²⁶ σινδόνα²⁷ ἐπὶ γυμνοῦ²⁸, καὶ κρατοῦσιν αὐτόν· **52** ὁ δὲ καταλιπὼν²⁹ τὴν σινδόνα γυμνὸς ἔφυγεν.

Jesus before the Council (Mt 26.57-68; Lk 22.54-55, 63-71; Jn 18.13-14, 19-24)

53 Καὶ ἀπήγαγον³⁰ τὸν Ἰησοῦν πρὸς τὸν ἀρχιερέα, καὶ συνέρχονται³¹ πάντες οἱ ἀρχιερεῖς καὶ οἱ πρεσβύτεροι καὶ οἱ γραμματεῖς. **54** καὶ ὁ Πέτρος ἀπὸ μακρόθεν³² ἠκολούθησεν αὐτῷ ἕως ἔσω³³ εἰς τὴν αὐλὴν³⁴ τοῦ ἀρχιερέως καὶ ἦν συγκαθήμενος³⁵ μετὰ τῶν ὑπηρετῶν³⁶ καὶ θερμαινόμενος³⁷ πρὸς τὸ φῶς.

---

¹ παραδίδωμι pres act ptc m s nom, betray
² ἐγγίζω 3s pf act ind, come near
³ μάχαιρα, -ης f, sword
⁴ ξύλον, -ου n, club
⁵ δίδωμι 3s plpf act ind, give
⁶ σύσσημον, -ου n, sign
⁷ φιλέω 1s aor act sub, kiss
⁸ ἀπάγω 2p aor act impv, lead away
⁹ ἀσφαλῶς, adv, under close guard
¹⁰ προσέρχομαι aor act ptc m s nom, come/go to
¹¹ ῥαββί, rabbi/teacher (honorary title of address)
¹² καταφιλέω 3s aor act ind, kiss
¹³ ἐπιβάλλω 3p aor act ind, place on
¹⁴ παρίστημι pf act ptc m p gen, intrans pf dabeistehen
¹⁵ σπάω aor mid ptc m s nom, draw (of a sword)
¹⁶ μάχαιρα, -ης f, sword
¹⁷ παίω 3s aor act ind, strike
¹⁸ ἀφαιρέω 3s aor act ind, cut off
¹⁹ ὠτάριον, -ου n, ear
²⁰ λῃστής, -οῦ m, criminal
²¹ συλλαμβάνω aor act inf, arrest
²² ἀφίημι aor act ptc m p nom, leave
²³ φεύγω 3p aor act ind, run away
²⁴ νεανίσκος, -ου m, young man
²⁵ συνακολουθέω 3s impf act ind, follow
²⁶ περιβάλλω pf mid ptc m s nom, wear
²⁷ σινδών, -όνος f, linen cloth
²⁸ γυμνός, -ή/όν, naked
²⁹ καταλείπω aor act ptc m s nom, leave behind
³⁰ ἀπάγω 3p aor act ind, lead away
³¹ συνέρχομαι 3p pres mid ind, meet together
³² μακρόθεν, adv, far off (ἀπὸ μ. at a distance)
³³ ἔσω, adv, inside
³⁴ αὐλή, -ῆς f, courtyard
³⁵ συγκάθημαι pres mid ptc m s nom, sit with
³⁶ ὑπηρέτης, -ου m, guard
³⁷ θερμαίνομαι pres mid ptc m s nom, warm oneself

55 Οἱ δὲ ἀρχιερεῖς καὶ ὅλον τὸ συνέδριον[1] ἐζήτουν κατὰ τοῦ Ἰησοῦ μαρτυρίαν εἰς τὸ θανατῶσαι[2] αὐτόν καὶ οὐχ ηὕρισκον[3]· 56 πολλοὶ γὰρ ἐψευδομαρτύρουν[4] κατ᾽ αὐτοῦ, καὶ ἴσαι[5] αἱ μαρτυρίαι οὐκ ἦσαν. 57 καί τινες ἀναστάντες[6] ἐψευδομαρτύρουν κατ᾽ αὐτοῦ λέγοντες 58 ὅτι ἡμεῖς ἠκούσαμεν αὐτοῦ λέγοντος ὅτι ἐγὼ καταλύσω[7] τὸν ναὸν τοῦτον τὸν χειροποίητον[8] καὶ διὰ τριῶν ἡμερῶν ἄλλον ἀχειροποίητον[9] οἰκοδομήσω. 59 καὶ οὐδὲ οὕτως ἴση ἦν ἡ μαρτυρία αὐτῶν. 60 καὶ ἀναστὰς[10] ὁ ἀρχιερεὺς εἰς μέσον ἐπηρώτησεν τὸν Ἰησοῦν λέγων· οὐκ ἀποκρίνῃ οὐδὲν τί οὗτοί σου καταμαρτυροῦσιν[11]; 61 ὁ δὲ ἐσιώπα[12] καὶ οὐκ ἀπεκρίνατο οὐδέν. πάλιν ὁ ἀρχιερεὺς ἐπηρώτα αὐτὸν καὶ λέγει αὐτῷ· σὺ εἶ ὁ χριστὸς ὁ υἱὸς τοῦ εὐλογητοῦ[13]; 62 ὁ δὲ Ἰησοῦς εἶπεν· ἐγώ εἰμι, καὶ ὄψεσθε[14] **τὸν υἱὸν τοῦ ἀνθρώπου** ἐκ δεξιῶν καθήμενον τῆς δυνάμεως καὶ **ἐρχόμενον μετὰ τῶν νεφελῶν**[15] **τοῦ οὐρανοῦ**. 63 ὁ δὲ ἀρχιερεὺς διαρρήξας[16] τοὺς χιτῶνας[17] αὐτοῦ λέγει· τί ἔτι χρείαν ἔχομεν μαρτύρων; 64 ἠκούσατε τῆς βλασφημίας[18]· τί ὑμῖν φαίνεται; οἱ δὲ πάντες κατέκριναν[19] αὐτὸν ἔνοχον[20] εἶναι θανάτου.

65 Καὶ ἤρξαντό[21] τινες ἐμπτύειν[22] αὐτῷ καὶ περικαλύπτειν[23] αὐτοῦ τὸ πρόσωπον καὶ κολαφίζειν[24] αὐτὸν καὶ λέγειν αὐτῷ· προφήτευσον[25], καὶ οἱ ὑπηρέται[26] ῥαπίσμασιν[27] αὐτὸν ἔλαβον.

Peter's Denial of Jesus (Mt 26.69-75; Lk 22.56-62; Jn 18.15-18, 25-27)

66 Καὶ ὄντος τοῦ Πέτρου κάτω[28] ἐν τῇ αὐλῇ[29] ἔρχεται μία τῶν παιδισκῶν[30] τοῦ ἀρχιερέως 67 καὶ ἰδοῦσα τὸν Πέτρον θερμαινόμενον[31] ἐμβλέψασα[32] αὐτῷ λέγει· καὶ σὺ μετὰ τοῦ Ναζαρηνοῦ ἦσθα[33] τοῦ Ἰησοῦ. 68 ὁ δὲ ἠρνήσατο λέγων· οὔτε οἶδα οὔτε ἐπίσταμαι[34] σὺ τί λέγεις. καὶ ἐξῆλθεν ἔξω εἰς τὸ προαύλιον[35] καὶ ἀλέκτωρ[36] ἐφώνησεν.

[1] συνέδριον, -ου n, council
[2] θανατόω aor act inf, put to death
[3] εὑρίσκω 3p impf act ind, find
[4] ψευδομαρτυρέω 3p impf act ind, give false evidence
[5] ἴσος, -η/ον, in agreement
[6] ἀνίστημι aor act ptc m p nom, stand up
[7] καταλύω 1s fut act ind, tear down
[8] χειροποίητος, -ον, made by human hands
[9] ἀχειροποίητος, -ον, not made by human hands
[10] ἀνίστημι aor act ptc m s nom, stand up
[11] καταμαρτυρέω 3p pres act ind, testify against
[12] σιωπάω 3s impf act ind, be silent
[13] εὐλογητός, -ή/όν, blessed (ὁ εὐ. the Blessed God)
[14] ὁράω 2p fut mid ind, see
[15] νεφέλη, -ης f, cloud
[16] διαρρήσσω aor act ptc m s nom, tear
[17] χιτών, -ῶνος m, shirt (generally of the garment worn next to the skin)
[18] βλασφημία, -ας f, blasphemy
[19] κατακρίνω 3p aor act ind, condemn
[20] ἔνοχος, -ον, guilty
[21] ἄρχω 3p aor mid ind, mid begin
[22] ἐμπτύω pres act inf, spit on
[23] περικαλύπτω pres act inf, blindfold
[24] κολαφίζω pres act inf, hit
[25] προφητεύω 2s aor act impv, prophesy
[26] ὑπηρέτης, -ου m, guard
[27] ῥάπισμα, -τος n, a blow (ῥ. αὐτὸν ἔλαβον they beat him)
[28] κάτω, adv, down
[29] αὐλή, -ῆς f, courtyard
[30] παιδίσκη, -ης f, servant girl
[31] θερμαίνομαι pres mid ptc m s acc, warm oneself
[32] ἐμβλέπω aor act ptc f s nom, look straight at
[33] εἰμί 2s impf mid ind, be
[34] ἐπίσταμαι 1s pres pas ind, understand
[35] προαύλιον, -ου n, gateway
[36] ἀλέκτωρ, -ορος m, rooster

69 Καὶ ἡ παιδίσκη ἰδοῦσα αὐτὸν ἤρξατο[1] πάλιν λέγειν τοῖς παρεστῶσιν[2] ὅτι οὗτος ἐξ αὐτῶν ἐστιν. **70** ὁ δὲ πάλιν ἠρνεῖτο[3]. καὶ μετὰ μικρὸν πάλιν οἱ παρεστῶτες ἔλεγον τῷ Πέτρῳ· ἀληθῶς[4] ἐξ αὐτῶν εἶ· καὶ γὰρ Γαλιλαῖος εἶ. **71** ὁ δὲ ἤρξατο ἀναθεματίζειν[5] καὶ ὀμνύναι[6] ὅτι οὐκ οἶδα τὸν ἄνθρωπον τοῦτον ὃν λέγετε. **72** καὶ εὐθὺς ἐκ δευτέρου ἀλέκτωρ ἐφώνησεν. καὶ ἀνεμνήσθη[7] ὁ Πέτρος τὸ ῥῆμα, ὡς εἶπεν αὐτῷ ὁ Ἰησοῦς ὅτι πρὶν[8] ἀλέκτορα φωνῆσαι δὶς[9], τρίς[10] με ἀπαρνήσῃ[11]· καὶ ἐπιβαλὼν[12] ἔκλαιεν.

Jesus before Pilate (Mt 27.1-2, 11-14; Lk 23.1-5; Jn 18.28-38)

15 Καὶ εὐθὺς πρωῒ[13] συμβούλιον[14] ποιήσαντες οἱ ἀρχιερεῖς μετὰ τῶν πρεσβυτέρων καὶ γραμματέων καὶ ὅλον τὸ συνέδριον[15] δήσαντες[16] τὸν Ἰησοῦν ἀπήνεγκαν[17] καὶ παρέδωκαν Πιλάτῳ. **2** Καὶ ἐπηρώτησεν αὐτὸν ὁ Πιλᾶτος· σὺ εἶ ὁ βασιλεὺς τῶν Ἰουδαίων; ὁ δὲ ἀποκριθεὶς αὐτῷ λέγει· σὺ λέγεις. **3** καὶ κατηγόρουν[18] αὐτοῦ οἱ ἀρχιερεῖς πολλά. **4** ὁ δὲ Πιλᾶτος πάλιν ἐπηρώτα αὐτὸν λέγων· οὐκ ἀποκρίνῃ οὐδέν; ἴδε[19] πόσα[20] σου κατηγοροῦσιν. **5** ὁ δὲ Ἰησοῦς οὐκέτι οὐδὲν ἀπεκρίθη, ὥστε θαυμάζειν τὸν Πιλᾶτον.

Jesus Sentenced to Death (Mt 27.15-26; Lk 23.13-25; Jn 18.39–19.16)

6 Κατὰ δὲ ἑορτὴν[21] ἀπέλυεν αὐτοῖς ἕνα δέσμιον[22] ὃν παρῃτοῦντο[23]. **7** ἦν δὲ ὁ λεγόμενος Βαραββᾶς μετὰ τῶν στασιαστῶν[24] δεδεμένος οἵτινες ἐν τῇ στάσει[25] φόνον[26] πεποιήκεισαν. **8** καὶ ἀναβὰς[27] ὁ ὄχλος ἤρξατο[28] αἰτεῖσθαι καθὼς ἐποίει αὐτοῖς. **9** ὁ δὲ Πιλᾶτος ἀπεκρίθη αὐτοῖς λέγων· θέλετε ἀπολύσω ὑμῖν τὸν βασιλέα τῶν Ἰουδαίων; **10** ἐγίνωσκεν γὰρ ὅτι διὰ φθόνον[29] παραδεδώκεισαν[30] αὐτὸν οἱ ἀρχιερεῖς. **11** οἱ δὲ ἀρχιερεῖς ἀνέσεισαν[31] τὸν ὄχλον, ἵνα μᾶλλον τὸν Βαραββᾶν ἀπολύσῃ αὐτοῖς. **12** ὁ δὲ Πιλᾶτος πάλιν ἀποκριθεὶς ἔλεγεν αὐτοῖς· τί οὖν ποιήσω ὃν λέγετε τὸν βασιλέα τῶν Ἰουδαίων; **13** οἱ δὲ πάλιν ἔκραξαν· σταύρωσον αὐτόν.

---

[1] ἄρχω 3s aor mid ind, mid begin
[2] παρίστημι pf act ptc m p dat, intrans pf dabeistehen
[3] ἀρνέομαι 3s impf mid ind, deny
[4] ἀληθῶς, adv, certainly
[5] ἀναθεματίζω pres act inf, curse/invoke a curse on oneself
[6] ὀμνύω pres act inf, swear
[7] ἀναμιμνήσκω 3s aor pas ind, pas remember
[8] πρίν, conj, before
[9] δίς, adv, twice
[10] τρίς, adv, three times
[11] ἀπαρνέομαι 2s fut mid ind, disown
[12] ἐπιβάλλω aor act ptc m s nom, break down (ἑ. ἔκλαιεν he broke down and cried)
[13] πρωΐ, adv, early = (early) morning
[14] συμβούλιον, -ου n, meeting
[15] συνέδριον, -ου n, council
[16] δέω aor act ptc m p nom, tie up
[17] ἀποφέρω 3p aor act ind, lead away by force
[18] κατηγορέω 3p impf act ind, accuse
[19] ἴδε, interj, Look!
[20] πόσος, -η/ον, how many
[21] ἑορτή, -ῆς f, festival
[22] δέσμιος, -ου m, prisoner
[23] παραιτέομαι 3p impf mid ind, ask for
[24] στασιαστής, -οῦ m, terrorist/insurrectionist
[25] στάσις, -εως f, insurrection
[26] φόνος, -ου m, murder
[27] ἀναβαίνω aor act ptc m s nom come up
[28] ἄρχω 3s aor mid ind, mid begin
[29] φθόνος, -ου m, jealousy
[30] παραδίδωμι 3p plpf act ind, hand over
[31] ἀνασείω 3p aor act ind, incite

14 ὁ δὲ Πιλᾶτος ἔλεγεν αὐτοῖς· τί γὰρ ἐποίησεν κακόν; οἱ δὲ περισσῶς[1] ἔκραξαν· σταύρωσον αὐτόν.

15 Ὁ δὲ Πιλᾶτος βουλόμενος τῷ ὄχλῳ τὸ ἱκανὸν[2] ποιῆσαι ἀπέλυσεν αὐτοῖς τὸν Βαραββᾶν καὶ παρέδωκεν τὸν Ἰησοῦν φραγελλώσας[3], ἵνα σταυρωθῇ.

The Soldiers Mock Jesus (Mt 27.27-31; Jn 19.2-3)

16 Οἱ δὲ στρατιῶται[4] ἀπήγαγον[5] αὐτὸν ἔσω[6] τῆς αὐλῆς[7], ὅ ἐστιν πραιτώριον[8], καὶ συγκαλοῦσιν[9] ὅλην τὴν σπεῖραν[10]. **17** καὶ ἐνδιδύσκουσιν[11] αὐτὸν πορφύραν[12] καὶ περιτιθέασιν[13] αὐτῷ πλέξαντες[14] ἀκάνθινον[15] στέφανον[16] **18** καὶ ἤρξαντο[17] ἀσπάζεσθαι αὐτόν· χαῖρε, βασιλεῦ τῶν Ἰουδαίων· **19** καὶ ἔτυπτον[18] αὐτοῦ τὴν κεφαλὴν καλάμῳ[19] καὶ ἐνέπτυον[20] αὐτῷ καὶ τιθέντες[21] τὰ γόνατα[22] προσεκύνουν αὐτῷ. **20** καὶ ὅτε ἐνέπαιξαν[23] αὐτῷ, ἐξέδυσαν[24] αὐτὸν τὴν πορφύραν καὶ ἐνέδυσαν[25] αὐτὸν τὰ ἱμάτια αὐτοῦ. καὶ ἐξάγουσιν[26] αὐτὸν, ἵνα σταυρώσωσιν αὐτόν.

The Crucifixion of Jesus (Mt 27.32-44; Lk 23.26-43; Jn 19.17-27)

21 Καὶ ἀγγαρεύουσιν[27] παράγοντά[28] τινα Σίμωνα Κυρηναῖον ἐρχόμενον ἀπ' ἀγροῦ, τὸν πατέρα Ἀλεξάνδρου καὶ Ῥούφου, ἵνα ἄρῃ[29] τὸν σταυρὸν αὐτοῦ. **22** Καὶ φέρουσιν αὐτὸν ἐπὶ τὸν Γολγοθᾶν τόπον, ὅ ἐστιν μεθερμηνευόμενον[30] Κρανίου[31] Τόπος. **23** καὶ ἐδίδουν[32] αὐτῷ ἐσμυρνισμένον[33] οἶνον· ὃς δὲ οὐκ ἔλαβεν. **24** καὶ σταυροῦσιν αὐτὸν καὶ διαμερίζονται[34] τὰ ἱμάτια αὐτοῦ βάλλοντες κλῆρον[35] ἐπ' αὐτὰ τίς τί ἄρῃ[36]. **25** ἦν δὲ ὥρα τρίτη, καὶ ἐσταύρωσαν αὐτόν. **26** καὶ ἦν ἡ ἐπιγραφὴ[37] τῆς αἰτίας[38] αὐτοῦ ἐπιγεγραμμένη·[39]

ὁ βασιλεὺς τῶν Ἰουδαίων.

---

[1] περισσῶς, adv, even more
[2] ἱκανός, -ή/όν, enough (τῷ ὄχλῳ τὸ ἱ. ποιῆσαι to satisfy the crowd)
[3] φραγελλόω aor act ptc m s nom, beat with a whip
[4] στρατιώτης, -ου m, soldier
[5] ἀπάγω 3p aor act ind, lead away
[6] ἔσω, prep + gen, inside
[7] αὐλή, -ῆς f, fortress/palace (residence of the Roman governor)
[8] πραιτώριον, -ου n, praetorium
[9] συγκαλέω 3p pres act ind, call together
[10] σπεῖρα, -ης f, company (of soldiers)
[11] ἐνδιδύσκω 3p pres act ind, dress in
[12] πορφύρα, -ας f, purple robe
[13] περιτίθημι 3p pres act ind, put on
[14] πλέκω aor act ptc m p nom, twist together
[15] ἀκάνθινος, -η/ον, made of thorns
[16] στέφανος, -ου m, crown
[17] ἄρχω 3p aor mid ind, mid begin
[18] τύπτω 3p impf act ind, beat
[19] κάλαμος, -ου m, stick
[20] ἐμπτύω 3p impf act ind, spit on
[21] τίθημι pres act ptc m p nom, put
[22] γόνυ, γόνατος n, knee (τιθέντες τὰ γ. kneel)
[23] ἐμπαίζω 3p aor act ind, make fun of
[24] ἐκδύω 3p aor act ind, take off
[25] ἐνδύω 3p aor act ind, put on
[26] ἐξάγω 3p pres act ind, lead out
[27] ἀγγαρεύω 3p pres act ind, force
[28] παράγω pres act ptc m s acc, pass by
[29] αἴρω 3s aor act sub, carry
[30] μεθερμηνεύω pres pas ptc n s nom, translate (ὅ ἐστιν μ. which means)
[31] κρανίον, -ου n, skull
[32] δίδωμι 3p impf act ind, give
[33] σμυρνίζω pf pas ptc m s acc, flavor with myrrh
[34] διαμερίζω 3p pres mid ind, divide
[35] κλῆρος, -ου m, lot (of something thrown or drawn to reach a decision)
[36] αἴρω 3s aor act sub, take
[37] ἐπιγραφή, -ῆς f, inscription
[38] αἰτία, -ας f, reason
[39] ἐπιγράφω pf pas ptc f s nom, write on

27 Καὶ σὺν αὐτῷ σταυροῦσιν δύο λῃστάς[1], ἕνα ἐκ δεξιῶν καὶ ἕνα ἐξ εὐωνύμων[2] αὐτοῦ. ⟦**28** καὶ ἐπληρώθη ἡ γραφὴ ἡ λέγουσα· καὶ μετὰ ἀνόμων[3] ἐλογίσθη.⟧ **29** Καὶ οἱ παραπορευόμενοι[4] ἐβλασφήμουν αὐτὸν κινοῦντες[5] τὰς κεφαλὰς αὐτῶν καὶ λέγοντες· οὐά[6] ὁ καταλύων[7] τὸν ναὸν καὶ οἰκοδομῶν ἐν τρισὶν ἡμέραις, **30** σῶσον σεαυτὸν καταβὰς[8] ἀπὸ τοῦ σταυροῦ[9]. **31** ὁμοίως[10] καὶ οἱ ἀρχιερεῖς ἐμπαίζοντες[11] πρὸς ἀλλήλους μετὰ τῶν γραμματέων ἔλεγον· ἄλλους ἔσωσεν, ἑαυτὸν οὐ δύναται σῶσαι· **32** ὁ χριστὸς ὁ βασιλεὺς Ἰσραὴλ καταβάτω[12] νῦν ἀπὸ τοῦ σταυροῦ, ἵνα ἴδωμεν[13] καὶ πιστεύσωμεν. καὶ οἱ συνεσταυρωμένοι[14] σὺν αὐτῷ ὠνείδιζον[15] αὐτόν.

The Death of Jesus (Mt 27.45-56; Lk 23.44-49; Jn 19.28-30)

33 Καὶ γενομένης ὥρας ἕκτης[16] σκότος ἐγένετο ἐφ' ὅλην τὴν γῆν ἕως ὥρας ἐνάτης[17]. **34** καὶ τῇ ἐνάτῃ ὥρᾳ ἐβόησεν[18] ὁ Ἰησοῦς φωνῇ μεγάλῃ· ελωι[19], ελωι, λεμα[20] σαβαχθανι[21]; ὅ ἐστιν μεθερμηνευόμενον[22]· ὁ θεός μου, ὁ θεός μου, εἰς τί ἐγκατέλιπές[23] με; **35** καί τινες τῶν παρεστηκότων[24] ἀκούσαντες ἔλεγον· ἴδε Ἡλίαν φωνεῖ. **36** δραμὼν[25] δέ τις καὶ γεμίσας[26] σπόγγον[27] ὄξους[28] περιθεὶς[29] καλάμῳ[30] ἐπότιζεν[31] αὐτὸν λέγων· ἄφετε[32] ἴδωμεν[33] εἰ ἔρχεται Ἡλίας καθελεῖν[34] αὐτόν. **37** ὁ δὲ Ἰησοῦς ἀφεὶς φωνὴν μεγάλην ἐξέπνευσεν[35]. **38** Καὶ τὸ καταπέτασμα[36] τοῦ ναοῦ ἐσχίσθη[37] εἰς δύο ἀπ' ἄνωθεν[38] ἕως κάτω[39]. **39** ἰδὼν δὲ ὁ κεντυρίων[40] ὁ παρεστηκὼς[41] ἐξ ἐναντίας[42] αὐτοῦ ὅτι οὕτως ἐξέπνευσεν[43] εἶπεν· ἀληθῶς[44] οὗτος ὁ ἄνθρωπος υἱὸς θεοῦ ἦν.

---

[1] λῃστής, -οῦ m, criminal
[2] εὐώνυμος, -ον, left
[3] ἀνόμως, adv, lawless
[4] παραπορεύομαι pres mid ptc m p nom, pass by
[5] κινέω pres act ptc m p nom, shake
[6] οὐά, interj, Ha!
[7] καταλύω pres act ptc m s nom or voc, tear down
[8] καταβαίνω aor act ptc m s nom, come down
[9] σταυρός, -οῦ m, cross
[10] ὁμοίως, adv, in the same way
[11] ἐμπαίζω pres act ptc m p nom, make fun of
[12] καταβαίνω 3s aor act impv, come down
[13] ὁράω 1p aor act sub, see
[14] συσταυρόω pf pas ptc m p nom, crucify (with someone else)
[15] ὀνειδίζω 3p impf act ind, insult
[16] ἕκτος, -η/ον, sixth
[17] ἔνατος, -η/ον, ninth
[18] βοάω 3s aor act ind, shout
[19] ελωι, my God (Aramaic word)
[20] λεμα, why (Aramaic word)
[21] σαβαχθανι, you have forsaken me (Aramaic word)
[22] μεθερμηνεύω pres pas ptc n s nom, translate (ὅ ἐστιν μ. which means)
[23] ἐγκαταλείπω 2s aor act ind, forsake
[24] παρίστημι pf act ptc m p gen, intrans pf stand by
[25] τρέχω aor act ptc m s nom, run
[26] γεμίζω aor act ptc m s nom, fill
[27] σπόγγος, -ου m, sponge
[28] ὄξος, -ους n, sour wine
[29] περιτίθημι aor act ptc m s nom, put on
[30] κάλαμος, -ου m, stick
[31] ποτίζω 3s aor act ind, give to drink
[32] ἀφίημι 2p aor act impv, Wait!
[33] ὁράω 1p aor act sub, see
[34] καθαιρέω aor act inf, take down
[35] ἐκπνέω 3s aor act ind, die
[36] καταπέτασμα, -τος n, curtain
[37] σχίζω 3s aor pas ind, split
[38] ἄνωθεν, adv, above
[39] κάτω, adv, down (ἀπ' ἄνωθεν ἕως κάτω from top to bottom)
[40] κεντυρίων, -ωνος m, centurion (Roman army officer)
[41] παρίστημι pf act ptc m s nom, intrans pf stand by
[42] ἐναντίος, opposite (ἐξ ἐν. opposite/facing)
[43] ἐκπνέω 3s aor act ind, die
[44] ἀληθῶς, adv, certainly

40 Ἦσαν δὲ καὶ γυναῖκες ἀπὸ μακρόθεν[1] θεωροῦσαι ἐν αἷς καὶ Μαρία ἡ Μαγδαληνὴ καὶ Μαρία ἡ Ἰακώβου τοῦ μικροῦ καὶ Ἰωσῆτος μήτηρ καὶ Σαλώμη, **41** αἳ, ὅτε ἦν ἐν τῇ Γαλιλαίᾳ, ἠκολούθουν αὐτῷ καὶ διηκόνουν αὐτῷ, καὶ ἄλλαι πολλαὶ αἱ συναναβᾶσαι[2] αὐτῷ εἰς Ἱεροσόλυμα.

The Burial of Jesus (Mt 27.57-61; Lk 23.50-56; Jn 19.38-42)

42 Καὶ ἤδη ὀψίας[3] γενομένης, ἐπεὶ[4] ἦν παρασκευὴ[5], ὅ ἐστιν προσάββατον[6], **43** ἐλθὼν Ἰωσὴφ ὁ ἀπὸ Ἁριμαθαίας εὐσχήμων[7] βουλευτής[8] ὃς καὶ αὐτὸς ἦν προσδεχόμενος[9] τὴν βασιλείαν τοῦ θεοῦ, τολμήσας[10] εἰσῆλθεν πρὸς τὸν Πιλᾶτον καὶ ᾐτήσατο τὸ σῶμα τοῦ Ἰησοῦ. **44** ὁ δὲ Πιλᾶτος ἐθαύμασεν εἰ ἤδη τέθνηκεν[11] καὶ προσκαλεσάμενος[12] τὸν κεντυρίωνα[13] ἐπηρώτησεν αὐτὸν εἰ πάλαι[14] ἀπέθανεν· **45** καὶ γνοὺς[15] ἀπὸ τοῦ κεντυρίωνος ἐδωρήσατο[16] τὸ πτῶμα[17] τῷ Ἰωσήφ. **46** καὶ ἀγοράσας σινδόνα[18] καθελὼν[19] αὐτὸν ἐνείλησεν[20] τῇ σινδόνι καὶ ἔθηκεν[21] αὐτὸν ἐν μνημείῳ ὃ ἦν λελατομημένον[22] ἐκ πέτρας[23] καὶ προσεκύλισεν[24] λίθον ἐπὶ τὴν θύραν τοῦ μνημείου. **47** ἡ δὲ Μαρία ἡ Μαγδαληνὴ καὶ Μαρία ἡ Ἰωσῆτος ἐθεώρουν ποῦ τέθειται[25].

The Resurrection of Jesus (Mt 28.1-8; Lk 24.1-12; Jn 20.1-10)

16 Καὶ διαγενομένου[26] τοῦ σαββάτου Μαρία ἡ Μαγδαληνὴ καὶ Μαρία ἡ τοῦ Ἰακώβου καὶ Σαλώμη ἠγόρασαν ἀρώματα[27], ἵνα ἐλθοῦσαι ἀλείψωσιν[28] αὐτόν. **2** καὶ λίαν[29] πρωῒ[30] τῇ μιᾷ τῶν σαββάτων ἔρχονται ἐπὶ τὸ μνημεῖον ἀνατείλαντος[31] τοῦ ἡλίου. **3** καὶ ἔλεγον πρὸς ἑαυτάς· τίς ἀποκυλίσει[32] ἡμῖν τὸν λίθον ἐκ τῆς θύρας τοῦ μνημείου; **4** καὶ ἀναβλέψασαι[33] θεωροῦσιν ὅτι ἀποκεκύλισται ὁ λίθος· ἦν γὰρ μέγας σφόδρα.[34]

---

[1] μακρόθεν, *adv*, far off (ἀπὸ μ. at a distance)
[2] συναναβαίνω *aor act ptc f p nom*, travel with
[3] ὄψιος, -α/ον, late (ἡ ὀψία *f* evening)
[4] ἐπεί, *conj*, since
[5] παρασκευή, -ῆς *f*, day of preparation
[6] προσάββατον, -ου *n*, the day before the Sabbath
[7] εὐσχήμων, -ον, respected
[8] βουλευτής, -οῦ *m*, council member
[9] προσδέχομαι *pres mid ptc m s nom*, wait for
[10] τολμάω *aor act ptc m s nom*, be brave
[11] θνήσκω *3s pf act ind*, die
[12] προσκαλέομαι *aor mid ptc m s nom*, call to oneself
[13] κεντυρίων, -ωνος *m*, centurion (Roman army officer)
[14] πάλαι, *adv*, already
[15] γινώσκω *aor act ptc m s nom*, find out
[16] δωρέομαι *3s aor mid ind*, give
[17] πτῶμα, -τος *n*, body
[18] σινδών, -όνος *f*, linen cloth
[19] καθαιρέω *aor act ptc m s nom*, take down
[20] ἐνειλέω *3s aor act ind*, wrap in
[21] τίθημι *3s aor act ind*, place
[22] λατομέω *pf pas ptc n s nom*, cut
[23] πέτρα, -ας *f*, rock
[24] προσκυλίω *3s aor act ind*, roll against
[25] τίθημι *3s pf pas ind*, place
[26] διαγίνομαι *aor mid ptc n s gen*, pass (of time)
[27] ἄρωμα, -τος *n*, spice
[28] ἀλείφω *3p aor act sub*, anoint
[29] λίαν, *adv*, very
[30] πρωΐ, *adv*, early (λίαν π. very early)
[31] ἀνατέλλω *aor act ptc m s gen*, rise
[32] ἀποκυλίω *3s fut act ind*, roll away
[33] ἀναβλέπω *aor act ptc f p nom*, look up
[34] σφόδρα, *adv*, very

5 Καὶ εἰσελθοῦσαι εἰς τὸ μνημεῖον εἶδον νεανίσκον¹ καθήμενον ἐν τοῖς δεξιοῖς περιβεβλημένον² στολὴν³ λευκήν⁴ καὶ ἐξεθαμβήθησαν⁵. 6 ὁ δὲ λέγει αὐταῖς· μὴ ἐκθαμβεῖσθε· Ἰησοῦν ζητεῖτε τὸν Ναζαρηνὸν τὸν ἐσταυρωμένον· ἠγέρθη⁶, οὐκ ἔστιν ὧδε· ἴδε⁷ ὁ τόπος, ὅπου ἔθηκαν⁸ αὐτόν. 7 ἀλλ' ὑπάγετε, εἴπατε⁹ τοῖς μαθηταῖς αὐτοῦ καὶ τῷ Πέτρῳ ὅτι προάγει¹⁰ ὑμᾶς εἰς τὴν Γαλιλαίαν· ἐκεῖ αὐτὸν ὄψεσθε¹¹, καθὼς εἶπεν ὑμῖν.

8 Καὶ ἐξελθοῦσαι ἔφυγον¹² ἀπὸ τοῦ μνημείου· εἶχεν γὰρ αὐτὰς τρόμος¹³ καὶ ἔκστασις¹⁴· καὶ οὐδενὶ οὐδὲν εἶπαν· ἐφοβοῦντο γάρ.

The Shorter Ending of Mark

⟦Πάντα δὲ τὰ παρηγγελμένα¹⁵ τοῖς περὶ τὸν Πέτρον συντόμως¹⁶ ἐξήγγειλαν¹⁷. μετὰ δὲ ταῦτα καὶ αὐτὸς ὁ Ἰησοῦς ἀπὸ ἀνατολῆς¹⁸ καὶ ἄχρι δύσεως¹⁹ ἐξαπέστειλεν²⁰ δι' αὐτῶν τὸ ἱερὸν²¹ καὶ ἄφθαρτον²² κήρυγμα²³ τῆς αἰωνίου σωτηρίας. ἀμήν.⟧

The Longer Ending of Mark

The Appearance to Mary Magdalene (Mt 28.9-10; Jn 20.11-18)

⟦9 Ἀναστὰς δὲ πρωῒ²⁴ πρώτῃ σαββάτου ἐφάνη²⁵ πρῶτον Μαρίᾳ τῇ Μαγδαληνῇ παρ' ἧς ἐκβεβλήκει²⁶ ἑπτὰ δαιμόνια. 10 ἐκείνη πορευθεῖσα²⁷ ἀπήγγειλεν²⁸ τοῖς μετ' αὐτοῦ γενομένοις πενθοῦσιν²⁹ καὶ κλαίουσιν· 11 κἀκεῖνοι ἀκούσαντες ὅτι ζῇ καὶ ἐθεάθη³⁰ ὑπ' αὐτῆς ἠπίστησαν³¹.

The Appearance to Two Disciples (Lk 24.13-35)

12 Μετὰ δὲ ταῦτα δυσὶν ἐξ αὐτῶν περιπατοῦσιν ἐφανερώθη ἐν ἑτέρᾳ μορφῇ³² πορευομένοις εἰς ἀγρόν· 13 κἀκεῖνοι ἀπελθόντες ἀπήγγειλαν³³ τοῖς λοιποῖς· οὐδὲ ἐκείνοις ἐπίστευσαν.

---

1 νεανίσκος, -ου m, young man
2 περιβάλλω pf mid ptc m s acc, wear
3 στολή, -ῆς f, robe
4 λευκός, -ή/όν, white
5 ἐκθαμβέω 3p aor pas ind, pas be alarmed
6 ἐγείρω 3s aor pas ind, pas intrans rise (from death)
7 ἴδε, interj, Look!
8 τίθημι 3p aor act ind, put
9 λέγω 2p aor act impv, tell
10 προάγω 3s pres act ind, go ahead of
11 ὁράω 2p fut mid ind, see

12 φεύγω 3p aor act ind, run
13 τρόμος, -ου m, trembling
14 ἔκστασις, -εως f, amazement
15 παραγγέλλω pf pas ptc n p acc, tell
16 συντόμως, adv, briefly
17 ἐξαγγέλλω 3p aor act ind, tell
18 ἀνατολή, -ῆς f, east
19 δύσις, -εως f, west
20 ἐξαποστέλλω 3s aor act ind, send
21 ἱερός, -ά/όν, sacred
22 ἄφθαρτος, -ον, everlasting
23 κήρυγμα, -τος n, message
24 πρωΐ, adv, early (morning)

25 φαίνω 3s aor pas ind, mid & pas appear
26 ἐκβάλλω 3s plpf act ind, force out
27 πορεύομαι aor pas ptc f s nom, go
28 ἀπαγγέλλω 3s aor act ind, tell
29 πενθέω pres act ptc m p dat, mourn
30 θεάομαι 3s aor pas ind, see
31 ἀπιστέω 3p aor act ind, fail to believe
32 μορφή, -ῆς f, form
33 ἀπαγγέλλω 3p aor act ind, tell

The Commissioning of the Disciples (Mt 28.16-20; Lk 24.36-49; Jn 20.19-23; Ac 1.6-8)

14 Ὕστερον[1] ἀνακειμένοις[2] αὐτοῖς τοῖς ἕνδεκα[3] ἐφανερώθη καὶ ὠνείδισεν[4] τὴν ἀπιστίαν[5] αὐτῶν καὶ σκληροκαρδίαν[6], ὅτι τοῖς θεασαμένοις[7] αὐτὸν ἐγηγερμένον[8] οὐκ ἐπίστευσαν. 15 καὶ εἶπεν αὐτοῖς· πορευθέντες εἰς τὸν κόσμον ἅπαντα κηρύξατε τὸ εὐαγγέλιον πάσῃ τῇ κτίσει[9]. 16 ὁ πιστεύσας καὶ βαπτισθεὶς σωθήσεται, ὁ δὲ ἀπιστήσας[10] κατακριθήσεται[11]. 17 σημεῖα δὲ τοῖς πιστεύσασιν ταῦτα παρακολουθήσει[12]· ἐν τῷ ὀνόματί μου δαιμόνια ἐκβαλοῦσιν[13], γλώσσαις λαλήσουσιν καιναῖς, 18 καὶ ἐν ταῖς χερσὶν ὄφεις[14] ἀροῦσιν[15] κἂν[16] θανάσιμον[17] τι πίωσιν[18], οὐ μὴ αὐτοὺς βλάψῃ[19]· ἐπὶ ἀρρώστους[20] χεῖρας ἐπιθήσουσιν[21] καὶ καλῶς ἕξουσιν[22].

The Ascension of Jesus (Lk 24.50-53; Ac 1.9-11)

19 Ὁ μὲν οὖν κύριος μετὰ τὸ λαλῆσαι αὐτοῖς ἀνελήμφθη[23] εἰς τὸν οὐρανὸν καὶ ἐκάθισεν ἐκ δεξιῶν τοῦ θεοῦ. 20 ἐκεῖνοι δὲ ἐξελθόντες ἐκήρυξαν πανταχοῦ[24] τοῦ κυρίου συνεργοῦντος[25] καὶ τὸν λόγον βεβαιοῦντος[26] διὰ τῶν ἐπακολουθούντων[27] σημείων.]

[1] ὕστερον, adv, later
[2] ἀνάκειμαι pres mid ptc m p dat, be seated at table
[3] ἕνδεκα, eleven
[4] ὀνειδίζω 3s aor act ind, scold
[5] ἀπιστία, -ας f, unbelief
[6] σκληροκαρδία, -ας f, stubbornness
[7] θεάομαι aor mid ptc m p dat, see
[8] ἐγείρω pf pas ptc m s acc, pas intrans rise (from death)
[9] κτίσις, -εως f, person
[10] ἀπιστέω aor act ptc m s nom, fail to believe
[11] κατακρίνω 3s fut pas ind, condemn
[12] παρακολουθέω 3s fut act ind, accompany
[13] ἐκβάλλω 3p fut act ind, force out
[14] ὄφις, -εως m, snake
[15] αἴρω 3p fut act ind, pick up
[16] κἄν, = καὶ ἐάν, and if
[17] θανάσιμος, -ου n, deadly poison
[18] πίνω 3p aor act sub, drink
[19] βλάπτω 3s aor act sub, harm
[20] ἄρρωστος, -ον, sick
[21] ἐπιτίθημι 3p fut act ind, place
[22] ἔχω 3p fut act ind, have (καλῶς ἕ. get well)
[23] ἀναλαμβάνω 3s aor pas ind, take up
[24] πανταχοῦ, adv, everywhere
[25] συνεργέω pres act ptc m s gen, work with
[26] βεβαιόω pres act ptc m s gen, confirm
[27] ἐπακολουθέω pres act ptc n p gen, accompany

ΚΑΤΑ ΛΟΥΚΑΝ

Dedication to Theophilus

1 Ἐπειδήπερ¹ πολλοὶ ἐπεχείρησαν² ἀνατάξασθαι³ διήγησιν⁴ περὶ τῶν πεπληροφορημένων⁵ ἐν ἡμῖν πραγμάτων⁶, **2** καθὼς παρέδοσαν ἡμῖν οἱ ἀπ' ἀρχῆς αὐτόπται⁷ καὶ ὑπηρέται⁸ γενόμενοι τοῦ λόγου, **3** ἔδοξεν κἀμοὶ παρηκολουθηκότι⁹ ἄνωθεν¹⁰ πᾶσιν ἀκριβῶς¹¹ καθεξῆς¹² σοι γράψαι, κράτιστε¹³ Θεόφιλε, **4** ἵνα ἐπιγνῷς¹⁴ περὶ ὧν κατηχήθης¹⁵ λόγων τὴν ἀσφάλειαν¹⁶.

The Birth of John the Baptist Foretold

5 Ἐγένετο ἐν ταῖς ἡμέραις Ἡρῴδου βασιλέως τῆς Ἰουδαίας ἱερεύς τις ὀνόματι Ζαχαρίας ἐξ ἐφημερίας¹⁷ Ἀβιά, καὶ γυνὴ αὐτῷ ἐκ τῶν θυγατέρων¹⁸ Ἀαρὼν καὶ τὸ ὄνομα αὐτῆς Ἐλισάβετ. **6** ἦσαν δὲ δίκαιοι ἀμφότεροι¹⁹ ἐναντίον²⁰ τοῦ θεοῦ, πορευόμενοι ἐν πάσαις ταῖς ἐντολαῖς καὶ δικαιώμασιν²¹ τοῦ κυρίου ἄμεμπτοι²². **7** καὶ οὐκ ἦν αὐτοῖς τέκνον, καθότι²³ ἦν ἡ Ἐλισάβετ στεῖρα²⁴, καὶ ἀμφότεροι προβεβηκότες²⁵ ἐν ταῖς ἡμέραις αὐτῶν ἦσαν.

8 Ἐγένετο δὲ ἐν τῷ ἱερατεύειν²⁶ αὐτὸν ἐν τῇ τάξει²⁷ τῆς ἐφημερίας αὐτοῦ ἔναντι²⁸ τοῦ θεοῦ, **9** κατὰ τὸ ἔθος²⁹ τῆς ἱερατείας³⁰ ἔλαχεν³¹ τοῦ θυμιᾶσαι³² εἰσελθὼν εἰς τὸν ναὸν τοῦ κυρίου, **10** καὶ πᾶν τὸ πλῆθος ἦν τοῦ λαοῦ προσευχόμενον ἔξω

---

¹ ἐπειδήπερ, *conj*, since
² ἐπιχειρέω 3*p aor act ind*, undertake
³ ἀνατάσσομαι *aor mid inf*, compile
⁴ διήγησις, -εως *f*, account
⁵ πληροφορέω *pf pas ptc n p gen*, take place
⁶ πρᾶγμα, -τος *n*, event
⁷ αὐτόπτης, -ου *m*, eyewitness
⁸ ὑπηρέτης, -ου *m*, servant
⁹ παρακολουθέω *pf act ptc m s dat*, give careful attention to
¹⁰ ἄνωθεν, *adv*, from the beginning
¹¹ ἀκριβῶς, *adv*, carefully
¹² καθεξῆς, *adv*, in order
¹³ κράτιστος, -η/ον, honorable (polite address for someone of high status)
¹⁴ ἐπιγινώσκω 2*s aor act sub*, know
¹⁵ κατηχέω 2*s aor pas ind*, inform
¹⁶ ἀσφάλεια, -ας *f*, (full) truth
¹⁷ ἐφημερία, -ας *f*, division (of priests for daily service)
¹⁸ θυγάτηρ, -τρός *f*, female descendant
¹⁹ ἀμφότεροι, -αι/α, both
²⁰ ἐναντίον, *prep + gen*, in the sight of
²¹ δικαίωμα, -τος *n*, requirement
²² ἄμεμπτος, -ον, blameless
²³ καθότι, *conj*, because
²⁴ στεῖρα, -ας *f*, a woman incapable of having children
²⁵ προβαίνω *pf act ptc m p nom*, go on (προ. ἐν ταῖς ἡμέραις be old)
²⁶ ἱερατεύω *pres act inf*, serve as a priest
²⁷ τάξις, -εως *f*, order
²⁸ ἔναντι, *prep + gen*, in the presence of
²⁹ ἔθος, -ους *n*, custom
³⁰ ἱερατεία, -ας *f*, priestly office
³¹ λαγχάνω 3*s aor act ind*, fall to one's lot
³² θυμιάω *aor act inf*, offer incense

τῇ ὥρᾳ τοῦ θυμιάματος¹. 11 ὤφθη² δὲ αὐτῷ ἄγγελος κυρίου ἑστὼς³ ἐκ δεξιῶν τοῦ θυσιαστηρίου⁴ τοῦ θυμιάματος. 12 καὶ ἐταράχθη⁵ Ζαχαρίας ἰδὼν καὶ φόβος ἐπέπεσεν⁶ ἐπ' αὐτόν. 13 εἶπεν δὲ πρὸς αὐτὸν ὁ ἄγγελος·

μὴ φοβοῦ, Ζαχαρία,
διότι⁷ εἰσηκούσθη⁸ ἡ δέησίς⁹ σου,
καὶ ἡ γυνή σου Ἐλισάβετ γεννήσει υἱόν σοι
καὶ καλέσεις τὸ ὄνομα αὐτοῦ Ἰωάννην.
14 καὶ ἔσται χαρά σοι καὶ ἀγαλλίασις¹⁰
καὶ πολλοὶ ἐπὶ τῇ γενέσει¹¹ αὐτοῦ χαρήσονται.¹²
15 ἔσται γὰρ μέγας ἐνώπιον [τοῦ] κυρίου,
καὶ οἶνον καὶ σίκερα¹³ οὐ μὴ πίῃ,¹⁴
καὶ πνεύματος ἁγίου πλησθήσεται¹⁵
ἔτι ἐκ κοιλίας¹⁶ μητρὸς αὐτοῦ,
16 καὶ πολλοὺς τῶν υἱῶν Ἰσραὴλ ἐπιστρέψει¹⁷
ἐπὶ κύριον τὸν θεὸν αὐτῶν.

17 καὶ αὐτὸς προελεύσεται¹⁸ ἐνώπιον αὐτοῦ
ἐν πνεύματι καὶ δυνάμει Ἠλίου,
ἐπιστρέψαι καρδίας πατέρων ἐπὶ τέκνα
καὶ ἀπειθεῖς¹⁹ ἐν φρονήσει²⁰ δικαίων,
ἑτοιμάσαι κυρίῳ λαὸν κατεσκευασμένον²¹.

18 καὶ εἶπεν Ζαχαρίας πρὸς τὸν ἄγγελον· κατὰ τί γνώσομαι²² τοῦτο; ἐγὼ γάρ εἰμι πρεσβύτης²³ καὶ ἡ γυνή μου προβεβηκυῖα²⁴ ἐν ταῖς ἡμέραις αὐτῆς. **19** καὶ ἀποκριθεὶς ὁ ἄγγελος εἶπεν αὐτῷ· ἐγώ εἰμι Γαβριὴλ ὁ παρεστηκὼς²⁵ ἐνώπιον τοῦ θεοῦ καὶ ἀπεστάλην²⁶ λαλῆσαι πρὸς σὲ καὶ εὐαγγελίσασθαί²⁷ σοι ταῦτα· **20** καὶ ἰδοὺ ἔσῃ²⁸ σιωπῶν²⁹ καὶ μὴ δυνάμενος λαλῆσαι ἄχρι ἧς ἡμέρας γένηται ταῦτα, ἀνθ'³⁰ ὧν οὐκ ἐπίστευσας τοῖς λόγοις μου, οἵτινες πληρωθήσονται³¹ εἰς τὸν καιρὸν αὐτῶν.

¹ θυμίαμα, -τος n, incense offering
² ὁράω 3s aor pas ind, pas appear
³ ἵστημι pf act ptc m s nom, intrans stand
⁴ θυσιαστήριον, -ου n, altar
⁵ ταράσσω 3s aor pas ind, trouble
⁶ ἐπιπίπτω 3s aor act ind, fall
⁷ διότι, conj, because
⁸ εἰσακούω 3s aor pas ind, hear
⁹ δέησις, -εως f, prayer
¹⁰ ἀγαλλίασις, -εως f, gladness
¹¹ γένεσις, -εως f, birth
¹² χαίρω 3p fut pas ind, pas be glad
¹³ σίκερα, n, strong drink
¹⁴ πίνω 3s aor act sub, drink
¹⁵ πίμπλημι 3s fut pas ind, fill
¹⁶ κοιλία, -ας f, womb (ἐκ κ. μητρὸς from birth)
¹⁷ ἐπιστρέφω 3s fut act ind, turn (to)
¹⁸ προέρχομαι 3s fut mid ind, go ahead
¹⁹ ἀπειθής, -ές, disobedient
²⁰ φρόνησις, -εως f, wisdom
²¹ κατασκευάζω pf pas ptc m s acc, prepare
²² γινώσκω 1s fut mid ind, know
²³ πρεσβύτης, -ου m, old man
²⁴ προβαίνω pf act ptc f s nom, go on (προ. ἐν ταῖς ἡμέραις be old)
²⁵ παρίστημι pf act ptc m s nom, intrans stand
²⁶ ἀποστέλλω 1s aor pas ind, send
²⁷ εὐαγγελίζω aor mid inf, mid bring good news
²⁸ εἰμί 2s fut mid ind, be
²⁹ σιωπάω pres act ptc m s nom, be silent
³⁰ ἀντί, prep + gen, because (ἀνθ' ὧν because)
³¹ πληρόω 3p fut pas ind, pas come true

21 Καὶ ἦν ὁ λαὸς προσδοκῶν¹ τὸν Ζαχαρίαν καὶ ἐθαύμαζον ἐν τῷ χρονίζειν² ἐν τῷ ναῷ αὐτόν. **22** ἐξελθὼν δὲ οὐκ ἐδύνατο λαλῆσαι αὐτοῖς, καὶ ἐπέγνωσαν³ ὅτι ὀπτασίαν⁴ ἑώρακεν⁵ ἐν τῷ ναῷ· καὶ αὐτὸς ἦν διανεύων⁶ αὐτοῖς καὶ διέμενεν⁷ κωφός⁸. **23** καὶ ἐγένετο ὡς ἐπλήσθησαν⁹ αἱ ἡμέραι τῆς λειτουργίας¹⁰ αὐτοῦ, ἀπῆλθεν εἰς τὸν οἶκον αὐτοῦ. **24** μετὰ δὲ ταύτας τὰς ἡμέρας συνέλαβεν¹¹ Ἐλισάβετ ἡ γυνὴ αὐτοῦ καὶ περιέκρυβεν¹² ἑαυτὴν μῆνας¹³ πέντε λέγουσα **25** ὅτι οὕτως μοι πεποίηκεν κύριος ἐν ἡμέραις αἷς ἐπεῖδεν¹⁴ ἀφελεῖν¹⁵ ὄνειδός¹⁶ μου ἐν ἀνθρώποις.

The Birth of Jesus Foretold

26 Ἐν δὲ τῷ μηνὶ¹⁷ τῷ ἕκτῳ¹⁸ ἀπεστάλη¹⁹ ὁ ἄγγελος Γαβριὴλ ἀπὸ τοῦ θεοῦ εἰς πόλιν τῆς Γαλιλαίας ᾗ ὄνομα Ναζαρὲθ **27** πρὸς παρθένον²⁰ ἐμνηστευμένην²¹ ἀνδρὶ ᾧ ὄνομα Ἰωσὴφ ἐξ οἴκου Δαυὶδ καὶ τὸ ὄνομα τῆς παρθένου Μαριάμ. **28** καὶ εἰσελθὼν πρὸς αὐτὴν εἶπεν· χαῖρε, κεχαριτωμένη²², ὁ κύριος μετὰ σοῦ. **29** ἡ δὲ ἐπὶ τῷ λόγῳ διεταράχθη²³ καὶ διελογίζετο²⁴ ποταπὸς²⁵ εἴη²⁶ ὁ ἀσπασμὸς²⁷ οὗτος. **30** καὶ εἶπεν ὁ ἄγγελος αὐτῇ·

μὴ φοβοῦ, Μαριάμ, εὗρες²⁸ γὰρ χάριν παρὰ τῷ θεῷ.
31 καὶ ἰδοὺ συλλήμψη²⁹ ἐν γαστρὶ³⁰ καὶ τέξῃ³¹ υἱὸν
καὶ καλέσεις τὸ ὄνομα αὐτοῦ Ἰησοῦν.
32 οὗτος ἔσται μέγας καὶ υἱὸς ὑψίστου³² κληθήσεται³³
καὶ δώσει³⁴ αὐτῷ κύριος ὁ θεὸς τὸν θρόνον Δαυὶδ τοῦ πατρὸς αὐτοῦ,
33 καὶ βασιλεύσει³⁵ ἐπὶ τὸν οἶκον Ἰακὼβ εἰς τοὺς αἰῶνας
καὶ τῆς βασιλείας αὐτοῦ οὐκ ἔσται τέλος.
34 εἶπεν δὲ Μαριὰμ πρὸς τὸν ἄγγελον· πῶς ἔσται τοῦτο, ἐπεὶ³⁶ ἄνδρα οὐ γινώσκω³⁷; **35** καὶ ἀποκριθεὶς ὁ ἄγγελος εἶπεν αὐτῇ·

---

[1] προσδοκάω pres act ptc m s nom, wait for
[2] χρονίζω pres act inf, delay
[3] ἐπιγινώσκω 3p aor act ind, know
[4] ὀπτασία, -ας f, vision
[5] ὁράω 3s pf act ind, see
[6] διανεύω pres act ptc m s nom, motion
[7] διαμένω 3s impf act ind, remain
[8] κωφός, -ή/όν, unable to speak
[9] πίμπλημι 3p aor pas ind, aor pas come to an end
[10] λειτουργία, -ας f, service
[11] συλλαμβάνω 3s aor act ind, conceive
[12] περικρύβω 3s impf act ind, keep in seclusion
[13] μήν, μηνός m, month
[14] ἐφοράω 3s aor act ind, look upon with favor
[15] ἀφαιρέω aor act inf, remove
[16] ὄνειδος, -ους n, disgrace
[17] μήν, μηνός m, month
[18] ἕκτος, -η/ον, sixth
[19] ἀποστέλλω 3s aor pas ind, send
[20] παρθένος, -ου f, virgin
[21] μνηστεύω pf pas ptc f s acc, pas be promised in marriage
[22] χαριτόω pf pas ptc f s nom or voc, greatly bless
[23] διαταράσσομαι 3s aor pas ind, be confused
[24] διαλογίζομαι 3s impf mid ind, wonder
[25] ποταπός, -ή/όν, of what sort
[26] εἰμί 3s pres act opt, be
[27] ἀσπασμός, -οῦ m, greeting
[28] εὑρίσκω 2s aor act ind, find
[29] συλλαμβάνω 2s fut mid ind, conceive (συλ. ἐν γαστρὶ become pregnant)
[30] γαστήρ, -τρός f, womb
[31] τίκτω 2s fut mid ind, give birth to
[32] ὕψιστος, highest (ὁ ὕ the Most High [God])
[33] καλέω 3s fut pas ind, call
[34] δίδωμι 3s fut act ind, give
[35] βασιλεύω 3s fut act ind, rule
[36] ἐπεί, conj, since
[37] γινώσκω 1s pres act ind, know (ἄνδρα οὐ γ. I am not married/ I am a virgin)

πνεῦμα ἅγιον ἐπελεύσεται[1] ἐπὶ σὲ
καὶ δύναμις ὑψίστου ἐπισκιάσει[2] σοι·
διὸ καὶ τὸ γεννώμενον ἅγιον κληθήσεται υἱὸς θεοῦ.

36 καὶ ἰδοὺ Ἐλισάβετ ἡ συγγενίς[3] σου καὶ αὐτὴ συνείληφεν[4] υἱὸν ἐν γήρει[5] αὐτῆς καὶ οὗτος μὴν ἕκτος ἐστὶν αὐτῇ τῇ καλουμένῃ στείρᾳ[6]· **37** ὅτι οὐκ ἀδυνατήσει[7] παρὰ τοῦ θεοῦ πᾶν ῥῆμα. **38** εἶπεν δὲ Μαριάμ· ἰδοὺ ἡ δούλη[8] κυρίου· γένοιτό[9] μοι κατὰ τὸ ῥῆμά σου. καὶ ἀπῆλθεν ἀπ᾽ αὐτῆς ὁ ἄγγελος.

Mary Visits Elizabeth

39 Ἀναστᾶσα[10] δὲ Μαριὰμ ἐν ταῖς ἡμέραις ταύταις ἐπορεύθη[11] εἰς τὴν ὀρεινὴν[12] μετὰ σπουδῆς[13] εἰς πόλιν Ἰούδα, **40** καὶ εἰσῆλθεν εἰς τὸν οἶκον Ζαχαρίου καὶ ἠσπάσατο τὴν Ἐλισάβετ. **41** καὶ ἐγένετο ὡς ἤκουσεν τὸν ἀσπασμὸν[14] τῆς Μαρίας ἡ Ἐλισάβετ, ἐσκίρτησεν[15] τὸ βρέφος[16] ἐν τῇ κοιλίᾳ[17] αὐτῆς, καὶ ἐπλήσθη[18] πνεύματος ἁγίου ἡ Ἐλισάβετ, **42** καὶ ἀνεφώνησεν[19] κραυγῇ[20] μεγάλῃ καὶ εἶπεν·
εὐλογημένη σὺ ἐν γυναιξὶν[21]
καὶ εὐλογημένος ὁ καρπὸς τῆς κοιλίας σου.
43 καὶ πόθεν[22] μοι τοῦτο ἵνα ἔλθῃ[23] ἡ μήτηρ τοῦ κυρίου μου πρὸς ἐμέ; **44** ἰδοὺ γὰρ ὡς ἐγένετο ἡ φωνὴ τοῦ ἀσπασμοῦ[24] σου εἰς τὰ ὦτά[25] μου, ἐσκίρτησεν ἐν ἀγαλλιάσει[26] τὸ βρέφος ἐν τῇ κοιλίᾳ μου. **45** καὶ μακαρία ἡ πιστεύσασα ὅτι ἔσται τελείωσις[27] τοῖς λελαλημένοις αὐτῇ παρὰ κυρίου.

Mary's Song of Praise

46 Καὶ εἶπεν Μαριάμ·
μεγαλύνει[28] ἡ ψυχή μου τὸν κύριον,
47 καὶ ἠγαλλίασεν[29] τὸ πνεῦμά μου ἐπὶ τῷ θεῷ τῷ σωτῆρί[30] μου,

---

[1] ἐπέρχομαι 3s fut mid ind, come upon
[2] ἐπισκιάζω 3s fut act ind, overshadow
[3] συγγενίς, -ίδος f, female relative
[4] συλλαμβάνω 3s pf act ind, conceive
[5] γῆρας, -ως or -ους n, dat γήρει, old age
[6] στεῖρα, -ας f, a woman incapable of having children
[7] ἀδυνατέω 3s fut act ind, be impossible
[8] δούλη, -ης f, female servant/slave
[9] γίνομαι 3s aor mid opt, happen
[10] ἀνίστημι aor act ptc f s nom, get up/ready
[11] πορεύομαι 3s aor pas ind, go
[12] ὀρεινή, -ῆς f, hill country
[13] σπουδή, -ῆς f, haste/eagerness
[14] ἀσπασμός, -οῦ m, greeting
[15] σκιρτάω 3s aor act ind, leap/move
[16] βρέφος, -ους n, baby
[17] κοιλία, -ας f, womb
[18] πίμπλημι 3s aor pas ind, fill
[19] ἀναφωνέω 3s aor act ind, exclaim
[20] κραυγή, -ῆς f, shout
[21] γυνή, -αικός f, dat pl γυναιξίν, woman
[22] πόθεν, adv, why
[23] ἔρχομαι 3s aor act sub, come
[24] ἀσπασμός, -οῦ m, greeting
[25] οὖς, ὠτός n, ear
[26] ἀγαλλίασις, -εως f, extreme joy
[27] τελείωσις, -εως f, fulfillment
[28] μεγαλύνω 3s pres act ind, praise/honor
[29] ἀγαλλιάω 3s aor act ind, be extremely joyful
[30] σωτήρ, -ῆρος m, Savior

48 ὅτι ἐπέβλεψεν¹ ἐπὶ τὴν ταπείνωσιν² τῆς δούλης³ αὐτοῦ.
ἰδοὺ γὰρ ἀπὸ τοῦ νῦν μακαριοῦσίν⁴ με πᾶσαι αἱ γενεαί,
49 ὅτι ἐποίησέν μοι μεγάλα ὁ δυνατός.
καὶ ἅγιον τὸ ὄνομα αὐτοῦ,
50 καὶ τὸ ἔλεος⁵ αὐτοῦ εἰς γενεὰς καὶ γενεὰς
τοῖς φοβουμένοις αὐτόν.
51 ἐποίησεν κράτος⁶ ἐν βραχίονι⁷ αὐτοῦ,
διεσκόρπισεν⁸ ὑπερηφάνους⁹ διανοίᾳ¹⁰ καρδίας αὐτῶν·
52 καθεῖλεν¹¹ δυνάστας¹² ἀπὸ θρόνων
καὶ ὕψωσεν¹³ ταπεινούς¹⁴,
53 πεινῶντας¹⁵ ἐνέπλησεν¹⁶ ἀγαθῶν
καὶ πλουτοῦντας¹⁷ ἐξαπέστειλεν¹⁸ κενούς¹⁹.
54 ἀντελάβετο²⁰ Ἰσραὴλ παιδὸς²¹ αὐτοῦ,
μνησθῆναι²² ἐλέους,
55 καθὼς ἐλάλησεν πρὸς τοὺς πατέρας ἡμῶν,
τῷ Ἀβραὰμ καὶ τῷ σπέρματι αὐτοῦ εἰς τὸν αἰῶνα.
56 Ἔμεινεν²³ δὲ Μαριὰμ σὺν αὐτῇ ὡς μῆνας²⁴ τρεῖς, καὶ ὑπέστρεψεν εἰς τὸν οἶκον αὐτῆς.

The Birth of John the Baptist

57 Τῇ δὲ Ἐλισάβετ ἐπλήσθη²⁵ ὁ χρόνος τοῦ τεκεῖν²⁶ αὐτὴν καὶ ἐγέννησεν υἱόν. **58** καὶ ἤκουσαν οἱ περίοικοι²⁷ καὶ οἱ συγγενεῖς²⁸ αὐτῆς ὅτι ἐμεγάλυνεν²⁹ κύριος τὸ ἔλεος³⁰ αὐτοῦ μετ' αὐτῆς καὶ συνέχαιρον³¹ αὐτῇ. **59** καὶ ἐγένετο ἐν τῇ ἡμέρᾳ τῇ ὀγδόῃ³² ἦλθον περιτεμεῖν³³ τὸ παιδίον καὶ ἐκάλουν αὐτὸ ἐπὶ τῷ ὀνόματι τοῦ πατρὸς αὐτοῦ Ζαχαρίαν. **60** καὶ ἀποκριθεῖσα ἡ μήτηρ αὐτοῦ εἶπεν· οὐχί, ἀλλὰ κληθήσεται³⁴

---

1 ἐπιβλέπω 3s aor act ind, look upon with care
2 ταπείνωσις, -εως f, humble state
3 δούλη, -ης f, female servant/ slave
4 μακαρίζω 3p fut act ind, consider blessed
5 ἔλεος, -ους n, mercy
6 κράτος, -ους n, might
7 βραχίων, -ονος m, arm
8 διασκορπίζω 3s aor act ind, scatter
9 ὑπερήφανος, -ον, arrogant
10 διάνοια, -ας f, thought
11 καθαιρέω 3s aor act ind, take down
12 δυνάστης, -ου m, ruler
13 ὑψόω 3s aor act ind, lift up
14 ταπεινός, -ή/όν, humble
15 πεινάω pres act ptc m p acc, be hungry
16 ἐμπίπλημι 3s aor act ind, fill
17 πλουτέω pres act ptc m p acc, be rich
18 ἐξαποστέλλω 3s aor act ind, send away
19 κενός, -ή/όν, empty
20 ἀντιλαμβάνομαι 3s aor mid ind, help
21 παῖς, παιδός m & f, servant/ child
22 μιμνήσκομαι aor pas inf, remember
23 μένω 3s aor act ind, stay
24 μήν, μηνός m, month
25 πίμπλημι 3s aor pas ind, pas come
26 τίκτω aor act inf, give birth to
27 περίοικος, -ου m, neighbor
28 συγγενής, -οῦς m, relative
29 μεγαλύνω 3s aor act ind, extend
30 ἔλεος, -ους n, mercy
31 συγχαίρω 3p impf act ind, rejoice with
32 ὄγδοος, -η/ον, eighth
33 περιτέμνω aor act inf, circumcise
34 καλέω 3s fut pas ind, call

Ἰωάννης. **61** καὶ εἶπαν πρὸς αὐτὴν ὅτι οὐδείς ἐστιν ἐκ τῆς συγγενείας¹ σου ὃς καλεῖται τῷ ὀνόματι τούτῳ. **62** ἐνένευον² δὲ τῷ πατρὶ αὐτοῦ τὸ τί ἂν θέλοι καλεῖσθαι³ αὐτό. **63** καὶ αἰτήσας πινακίδιον⁴ ἔγραψεν λέγων· Ἰωάννης ἐστὶν ὄνομα αὐτοῦ. καὶ ἐθαύμασαν πάντες. **64** ἀνεῴχθη⁵ δὲ τὸ στόμα αὐτοῦ παραχρῆμα⁶ καὶ ἡ γλῶσσα αὐτοῦ, καὶ ἐλάλει εὐλογῶν τὸν θεόν. **65** καὶ ἐγένετο ἐπὶ πάντας φόβος τοὺς περιοικοῦντας⁷ αὐτούς, καὶ ἐν ὅλῃ τῇ ὀρεινῇ⁸ τῆς Ἰουδαίας διελαλεῖτο⁹ πάντα τὰ ῥήματα ταῦτα, **66** καὶ ἔθεντο¹⁰ πάντες οἱ ἀκούσαντες ἐν τῇ καρδίᾳ αὐτῶν λέγοντες· τί ἄρα τὸ παιδίον τοῦτο ἔσται; καὶ γὰρ χεὶρ κυρίου ἦν μετ᾽ αὐτοῦ.

The Prophecy of Zechariah

67 Καὶ Ζαχαρίας ὁ πατὴρ αὐτοῦ ἐπλήσθη¹¹ πνεύματος ἁγίου καὶ ἐπροφήτευσεν¹² λέγων·

68 εὐλογητὸς¹³ κύριος ὁ θεὸς τοῦ Ἰσραήλ,
   ὅτι ἐπεσκέψατο¹⁴ καὶ ἐποίησεν λύτρωσιν¹⁵ τῷ λαῷ αὐτοῦ,
69 καὶ ἤγειρεν κέρας¹⁶ σωτηρίας ἡμῖν
   ἐν οἴκῳ Δαυὶδ παιδὸς¹⁷ αὐτοῦ,
70 καθὼς ἐλάλησεν διὰ στόματος τῶν ἁγίων ἀπ᾽ αἰῶνος προφητῶν αὐτοῦ,
71 σωτηρίαν ἐξ ἐχθρῶν ἡμῶν καὶ ἐκ χειρὸς πάντων τῶν μισούντων ἡμᾶς,
72 ποιῆσαι ἔλεος¹⁸ μετὰ τῶν πατέρων ἡμῶν
   καὶ μνησθῆναι¹⁹ διαθήκης ἁγίας αὐτοῦ,
73 ὅρκον²⁰ ὃν ὤμοσεν²¹ πρὸς Ἀβραὰμ τὸν πατέρα ἡμῶν,
   τοῦ δοῦναι²² ἡμῖν **74** ἀφόβως²³ ἐκ χειρὸς ἐχθρῶν ῥυσθέντας²⁴
λατρεύειν²⁵ αὐτῷ **75** ἐν ὁσιότητι²⁶ καὶ δικαιοσύνῃ
   ἐνώπιον αὐτοῦ πάσαις ταῖς ἡμέραις ἡμῶν.
76 καὶ σὺ δέ, παιδίον, προφήτης ὑψίστου²⁷ κληθήσῃ²⁸·
   προπορεύσῃ²⁹ γὰρ ἐνώπιον κυρίου ἑτοιμάσαι ὁδοὺς αὐτοῦ,

1 συγγένεια, -ας f, relatives
2 ἐννεύω 3p impf act ind, ask by making signs
3 καλέω pres pas inf, call
4 πινακίδιον, -ου n, writing tablet
5 ἀνοίγω 3s aor pas ind, open
6 παραχρῆμα, adv, at once
7 περιοικέω pres act ptc m p acc, be a neighbor
8 ὀρεινή, -ῆς f, hill country
9 διαλαλέω 3s impf pas ind, talk about
10 τίθημι 3p aor mid ind, mid place (τ. ἐν καρδίᾳ keep in mind)
11 πίμπλημι 3s aor pas ind, fill
12 προφητεύω 3s aor act ind, prophesy
13 εὐλογητός, -ή/όν, deserving of praise
14 ἐπισκέπτομαι 3s aor mid ind, look after or come to help
15 λύτρωσις, -εως f, redemption
16 κέρας, -ατος n, horn
17 παῖς, παιδός m & f, servant/child
18 ἔλεος, -ους n, mercy
19 μιμνήσκομαι aor pas inf, remember
20 ὅρκος, -ου m, promise
21 ὀμνύω 3s aor act ind, promise
22 δίδωμι aor act inf, give
23 ἀφόβως, adv, without fear
24 ῥύομαι aor pas ptc m p acc, save
25 λατρεύω pres act inf, serve
26 ὁσιότης, -ητος f, holiness
27 ὕψιστος, highest (ὁ ὕ the Most High [God])
28 καλέω 2s fut pas ind, call
29 προπορεύομαι 2s fut mid ind, go before

77 τοῦ δοῦναι γνῶσιν¹ σωτηρίας τῷ λαῷ αὐτοῦ
ἐν ἀφέσει² ἁμαρτιῶν αὐτῶν,
78 διὰ σπλάγχνα³ ἐλέους⁴ θεοῦ ἡμῶν,
ἐν οἷς ἐπισκέψεται⁵ ἡμᾶς ἀνατολὴ⁶ ἐξ ὕψους⁷,
79 ἐπιφᾶναι⁸ τοῖς ἐν σκότει καὶ σκιᾷ⁹ θανάτου καθημένοις,
τοῦ κατευθῦναι¹⁰ τοὺς πόδας ἡμῶν εἰς ὁδὸν εἰρήνης.
80 Τὸ δὲ παιδίον ηὔξανεν¹¹ καὶ ἐκραταιοῦτο¹² πνεύματι, καὶ ἦν ἐν ταῖς ἐρήμοις ἕως ἡμέρας ἀναδείξεως¹³ αὐτοῦ πρὸς τὸν Ἰσραήλ.

The Birth of Jesus (Mt 1.18-25)

2 Ἐγένετο δὲ ἐν ταῖς ἡμέραις ἐκείναις ἐξῆλθεν δόγμα¹⁴ παρὰ Καίσαρος Αὐγούστου ἀπογράφεσθαι¹⁵ πᾶσαν τὴν οἰκουμένην¹⁶. **2** αὕτη ἀπογραφὴ¹⁷ πρώτη ἐγένετο ἡγεμονεύοντος¹⁸ τῆς Συρίας Κυρηνίου. **3** καὶ ἐπορεύοντο πάντες ἀπογράφεσθαι, ἕκαστος εἰς τὴν ἑαυτοῦ πόλιν. **4** ἀνέβη¹⁹ δὲ καὶ Ἰωσὴφ ἀπὸ τῆς Γαλιλαίας ἐκ πόλεως Ναζαρὲθ εἰς τὴν Ἰουδαίαν εἰς πόλιν Δαυὶδ ἥτις καλεῖται Βηθλέεμ, διὰ τὸ εἶναι αὐτὸν ἐξ οἴκου καὶ πατριᾶς²⁰ Δαυίδ, **5** ἀπογράψασθαι σὺν Μαριὰμ τῇ ἐμνηστευμένῃ²¹ αὐτῷ, οὔσῃ ἐγκύῳ²². **6** ἐγένετο δὲ ἐν τῷ εἶναι αὐτοὺς ἐκεῖ ἐπλήσθησαν²³ αἱ ἡμέραι τοῦ τεκεῖν²⁴ αὐτήν, **7** καὶ ἔτεκεν τὸν υἱὸν αὐτῆς τὸν πρωτότοκον²⁵, καὶ ἐσπαργάνωσεν²⁶ αὐτὸν καὶ ἀνέκλινεν²⁷ αὐτὸν ἐν φάτνῃ²⁸, διότι²⁹ οὐκ ἦν αὐτοῖς τόπος ἐν τῷ καταλύματι³⁰.

The Shepherds and the Angels

8 Καὶ ποιμένες³¹ ἦσαν ἐν τῇ χώρᾳ³² τῇ αὐτῇ ἀγραυλοῦντες³³ καὶ φυλάσσοντες φυλακὰς τῆς νυκτὸς ἐπὶ τὴν ποίμνην³⁴ αὐτῶν. **9** καὶ ἄγγελος κυρίου ἐπέστη³⁵ αὐτοῖς καὶ δόξα κυρίου περιέλαμψεν³⁶ αὐτούς, καὶ ἐφοβήθησαν φόβον μέγαν.

1 γνῶσις, -εως f, knowledge
2 ἄφεσις, -εως f, forgiveness
3 σπλάγχνον, -ου n, one's inmost feelings (σπ. ἐλέους θεοῦ God's profound mercy)
4 ἔλεος, -ους n, mercy
5 ἐπισκέπτομαι 3s fut mid ind, shine upon
6 ἀνατολή, -ῆς f, sunrise/dawn
7 ὕψος, -ους n, heaven/sky
8 ἐπιφαίνω aor act inf, give light
9 σκιά, -ᾶς f, shadow
10 κατευθύνω aor act inf, guide
11 αὐξάνω 3s impf act ind, grow
12 κραταιόω 3s impf pas ind, pas become strong
13 ἀνάδειξις, -εως f, public appearance
14 δόγμα, -τος n, decree
15 ἀπογράφω pres pas inf, register
16 οἰκουμένη, -ης f, Roman Empire
17 ἀπογραφή, -ῆς f, registration/census
18 ἡγεμονεύω pres act ptc m s gen, be governor
19 ἀναβαίνω 3s aor act ind, go up
20 πατριά, -ᾶς f, family/lineage
21 μνηστεύω pf pas ptc f s dat, pas be promised in marriage
22 ἔγκυος, -ον, pregnant
23 πίμπλημι 3p aor pas ind, pas come
24 τίκτω aor act inf, give birth to
25 πρωτότοκος, -ον, first-born
26 σπαργανόω 3s aor act ind, wrap in cloths
27 ἀνακλίνω 3s aor act ind, lay
28 φάτνη, -ης f, manger
29 διότι, conj, because
30 κατάλυμα, -τος n, inn/guest room
31 ποιμήν, -ένος m, shepherd
32 χώρα, -ας f, field
33 ἀγραυλέω pres act ptc m p nom, live out of doors
34 ποίμνη, -ης f, flock
35 ἐφίστημι 3s aor act ind, appear
36 περιλάμπω 3s aor act ind, shine around

10 καὶ εἶπεν αὐτοῖς ὁ ἄγγελος· μὴ φοβεῖσθε, ἰδοὺ γὰρ εὐαγγελίζομαι ὑμῖν χαρὰν μεγάλην ἥτις ἔσται παντὶ τῷ λαῷ, 11 ὅτι ἐτέχθη¹ ὑμῖν σήμερον σωτὴρ² ὅς ἐστιν χριστὸς κύριος ἐν πόλει Δαυίδ. 12 καὶ τοῦτο ὑμῖν τὸ σημεῖον, εὑρήσετε³ βρέφος⁴ ἐσπαργανωμένον⁵ καὶ κείμενον⁶ ἐν φάτνῃ⁷. 13 καὶ ἐξαίφνης⁸ ἐγένετο σὺν τῷ ἀγγέλῳ πλῆθος στρατιᾶς⁹ οὐρανίου¹⁰ αἰνούντων¹¹ τὸν θεὸν καὶ λεγόντων·
14 δόξα ἐν ὑψίστοις¹² θεῷ
καὶ ἐπὶ γῆς εἰρήνη
ἐν ἀνθρώποις εὐδοκίας¹³.

15 Καὶ ἐγένετο ὡς ἀπῆλθον ἀπ' αὐτῶν εἰς τὸν οὐρανὸν οἱ ἄγγελοι, οἱ ποιμένες¹⁴ ἐλάλουν πρὸς ἀλλήλους· διέλθωμεν¹⁵ δὴ¹⁶ ἕως Βηθλέεμ καὶ ἴδωμεν¹⁷ τὸ ῥῆμα τοῦτο τὸ γεγονὸς¹⁸ ὃ ὁ κύριος ἐγνώρισεν¹⁹ ἡμῖν. 16 καὶ ἦλθαν σπεύσαντες²⁰ καὶ ἀνεῦραν²¹ τήν τε Μαριὰμ καὶ τὸν Ἰωσὴφ καὶ τὸ βρέφος²² κείμενον²³ ἐν τῇ φάτνῃ²⁴· 17 ἰδόντες δὲ ἐγνώρισαν²⁵ περὶ τοῦ ῥήματος τοῦ λαληθέντος αὐτοῖς περὶ τοῦ παιδίου τούτου. 18 καὶ πάντες οἱ ἀκούσαντες ἐθαύμασαν περὶ τῶν λαληθέντων ὑπὸ τῶν ποιμένων²⁶ πρὸς αὐτούς· 19 ἡ δὲ Μαριὰμ πάντα συνετήρει²⁷ τὰ ῥήματα ταῦτα συμβάλλουσα²⁸ ἐν τῇ καρδίᾳ αὐτῆς. 20 καὶ ὑπέστρεψαν²⁹ οἱ ποιμένες δοξάζοντες καὶ αἰνοῦντες³⁰ τὸν θεὸν ἐπὶ πᾶσιν οἷς ἤκουσαν καὶ εἶδον καθὼς ἐλαλήθη πρὸς αὐτούς.
21 Καὶ ὅτε ἐπλήσθησαν³¹ ἡμέραι ὀκτὼ³² τοῦ περιτεμεῖν³³ αὐτὸν καὶ ἐκλήθη τὸ ὄνομα αὐτοῦ Ἰησοῦς, τὸ κληθὲν³⁴ ὑπὸ τοῦ ἀγγέλου πρὸ τοῦ συλλημφθῆναι³⁵ αὐτὸν ἐν τῇ κοιλίᾳ³⁶.

The Presentation of Jesus in the Temple

22 Καὶ ὅτε ἐπλήσθησαν αἱ ἡμέραι τοῦ καθαρισμοῦ³⁷ αὐτῶν κατὰ τὸν νόμον Μωϋσέως, ἀνήγαγον³⁸ αὐτὸν εἰς Ἱεροσόλυμα παραστῆσαι³⁹ τῷ κυρίῳ, 23 καθὼς

---

1 τίκτω 3s aor pas ind, pas be born
2 σωτήρ, -ῆρος m, Savior
3 εὑρίσκω 2p fut act ind, find
4 βρέφος, -ους n, baby
5 σπαργανόω pf pas ptc n s acc, wrap in cloths
6 κεῖμαι pres mid ptc n s acc, lie
7 φάτνη, -ης f, manger
8 ἐξαίφνης, adv, suddenly
9 στρατιά, -ᾶς f, multitude
10 οὐράνιος, -ον, from heaven
11 αἰνέω pres act ptc m p gen, praise
12 ὕψιστος, highest (ἐν ὑ. in the highest heaven)
13 εὐδοκία, -ας f, pleasing (to God)
14 ποιμήν, -ένος m, shepherd
15 διέρχομαι 1p aor act sub, go

16 δή, particle for emphasis, indeed
17 ὁράω 1p aor act sub, see
18 γίνομαι pf act ptc n s acc, happen
19 γνωρίζω 3s aor act ind, make known
20 σπεύδω aor act ptc m p nom, hurry
21 ἀνευρίσκω 3p aor act ind, find
22 βρέφος, -ους n, baby
23 κεῖμαι pres mid ptc n s acc, lie
24 φάτνη, -ης f, manger
25 γνωρίζω 3p aor act ind, make known
26 ποιμήν, -ένος m, shepherd
27 συντηρέω 3s impf act ind, treasure up
28 συμβάλλω pres act ptc f s nom, wonder about

29 ὑποστρέφω 3p aor act ind, return
30 αἰνέω pres act ptc m p nom, praise
31 πίμπλημι 3p aor pas ind, pas come
32 ὀκτώ, eight
33 περιτέμνω aor act inf, circumcise
34 καλέω aor pas ptc n s nom, call
35 συλλαμβάνω aor pas inf, conceive
36 κοιλία, -ας f, womb
37 καθαρισμός, -οῦ m, purification ceremony
38 ἀνάγω 3p aor act ind, bring
39 παρίστημι aor act inf, present

ΚΑΤΑ ΛΟΥΚΑΝ 2.24-36

γέγραπται ἐν νόμῳ κυρίου ὅτι πᾶν ἄρσεν¹ διανοῖγον² μήτραν³ ἅγιον τῷ κυρίῳ κληθήσεται⁴, 24 καὶ τοῦ δοῦναι⁵ θυσίαν⁶ κατὰ τὸ εἰρημένον⁷ ἐν τῷ νόμῳ κυρίου, ζεῦγος⁸ τρυγόνων⁹ ἢ δύο νοσσοὺς¹⁰ περιστερῶν¹¹.

25 Καὶ ἰδοὺ ἄνθρωπος ἦν ἐν Ἰερουσαλὴμ ᾧ ὄνομα Συμεὼν καὶ ὁ ἄνθρωπος οὗτος δίκαιος καὶ εὐλαβὴς¹² προσδεχόμενος¹³ παράκλησιν¹⁴ τοῦ Ἰσραήλ, καὶ πνεῦμα ἦν ἅγιον ἐπ' αὐτόν· 26 καὶ ἦν αὐτῷ κεχρηματισμένον¹⁵ ὑπὸ τοῦ πνεύματος τοῦ ἁγίου μὴ ἰδεῖν θάνατον πρὶν¹⁶ [ἢ] ἂν ἴδῃ¹⁷ τὸν χριστὸν κυρίου. 27 καὶ ἦλθεν ἐν τῷ πνεύματι εἰς τὸ ἱερόν· καὶ ἐν τῷ εἰσαγαγεῖν¹⁸ τοὺς γονεῖς¹⁹ τὸ παιδίον Ἰησοῦν τοῦ ποιῆσαι αὐτοὺς κατὰ τὸ εἰθισμένον²⁰ τοῦ νόμου περὶ αὐτοῦ 28 καὶ αὐτὸς ἐδέξατο²¹ αὐτὸ εἰς τὰς ἀγκάλας²² καὶ εὐλόγησεν τὸν θεὸν καὶ εἶπεν·

29 νῦν ἀπολύεις²³ τὸν δοῦλόν σου, δέσποτα²⁴,

κατὰ τὸ ῥῆμά σου ἐν εἰρήνῃ·

30 ὅτι εἶδον οἱ ὀφθαλμοί μου τὸ σωτήριόν²⁵ σου,

31 ὃ ἡτοίμασας κατὰ πρόσωπον πάντων τῶν λαῶν,

32 φῶς εἰς ἀποκάλυψιν²⁶ ἐθνῶν

καὶ δόξαν λαοῦ σου Ἰσραήλ.

33 καὶ ἦν ὁ πατὴρ αὐτοῦ καὶ ἡ μήτηρ θαυμάζοντες ἐπὶ τοῖς λαλουμένοις περὶ αὐτοῦ. 34 καὶ εὐλόγησεν αὐτοὺς Συμεὼν καὶ εἶπεν πρὸς Μαριὰμ τὴν μητέρα αὐτοῦ· ἰδοὺ οὗτος κεῖται²⁷ εἰς πτῶσιν²⁸ καὶ ἀνάστασιν πολλῶν ἐν τῷ Ἰσραὴλ καὶ εἰς σημεῖον ἀντιλεγόμενον²⁹ — 35 καὶ σοῦ [δὲ] αὐτῆς τὴν ψυχὴν διελεύσεται³⁰ ῥομφαία³¹ — ὅπως ἂν ἀποκαλυφθῶσιν³² ἐκ πολλῶν καρδιῶν διαλογισμοί³³.

36 Καὶ ἦν Ἅννα προφῆτις³⁴, θυγάτηρ³⁵ Φανουήλ, ἐκ φυλῆς Ἀσήρ· αὕτη προβεβηκυῖα³⁶ ἐν ἡμέραις πολλαῖς, ζήσασα μετὰ ἀνδρὸς ἔτη ἑπτὰ ἀπὸ τῆς παρθενίας³⁷

---

¹ ἄρσην, -εν, male
² διανοίγω pres act ptc n s nom, open
³ μήτρα, -ας f, womb (πᾶν ἄρσεν διανοῖγον μ. every firstborn male)
⁴ καλέω 3s fut pas ind, call
⁵ δίδωμι aor act inf, offer (of a sacrifice)
⁶ θυσία, -ας f, sacrifice
⁷ λέγω pf pas ptc n s acc, say
⁸ ζεῦγος, -ους n, pair
⁹ τρυγών, -όνος f, turtledove
¹⁰ νοσσός, -οῦ m, young (of a bird)
¹¹ περιστερά, -ᾶς f, pigeon
¹² εὐλαβής, -ές, devout
¹³ προσδέχομαι pres mid ptc m s nom, wait for
¹⁴ παράκλησις, -εως f, comfort/salvation
¹⁵ χρηματίζω pf pas ptc n s nom, reveal
¹⁶ πρίν and πρὶν ἤ, conj, before
¹⁷ ὁράω 3s aor act sub, see
¹⁸ εἰσάγω aor act inf, bring in
¹⁹ γονεύς, -έως m, parent
²⁰ ἐθίζω pf pas ptc n s acc, accustom (κατὰ τὸ εἰθισμένον according to the custom)
²¹ δέχομαι aor mid ind, take
²² ἀγκάλη, -ης f, arm
²³ ἀπολύω 2s pres act ind, release
²⁴ δεσπότης, -ου m, Lord (of God)
²⁵ σωτήριος, -ον, adj = noun, (bringing) salvation
²⁶ ἀποκάλυψις, -εως f, revelation
²⁷ κεῖμαι 3s pres mid ind, be placed
²⁸ πτῶσις, -εως f, fall
²⁹ ἀντιλέγω pres pas ptc n s acc, oppose (σημεῖον ἀ. a controversial sign)
³⁰ διέρχομαι 3s fut mid ind, pierce
³¹ ῥομφαία, -ας f, sword
³² ἀποκαλύπτω 3p aor pas sub, reveal
³³ διαλογισμός, -οῦ m, thought
³⁴ προφῆτις, -ιδος f, prophet
³⁵ θυγάτηρ, -τρός f, daughter
³⁶ προβαίνω pf act ptc f s nom, go on (προ. ἐν ταῖς ἡμέραις be old)
³⁷ παρθενία, -ας f, virginity (ἀπὸ τῆς π. αὐτῆς from the time of her marriage)

αὐτῆς 37 καὶ αὐτὴ χήρα¹ ἕως ἐτῶν ὀγδοήκοντα² τεσσάρων, ἣ οὐκ ἀφίστατο³ τοῦ ἱεροῦ νηστείαις⁴ καὶ δεήσεσιν⁵ λατρεύουσα⁶ νύκτα καὶ ἡμέραν. 38 καὶ αὐτῇ τῇ ὥρᾳ ἐπιστᾶσα⁷ ἀνθωμολογεῖτο⁸ τῷ θεῷ καὶ ἐλάλει περὶ αὐτοῦ πᾶσιν τοῖς προσδεχομένοις⁹ λύτρωσιν¹⁰ Ἰερουσαλήμ.

The Return to Nazareth

39 Καὶ ὡς ἐτέλεσαν¹¹ πάντα τὰ κατὰ τὸν νόμον κυρίου, ἐπέστρεψαν¹² εἰς τὴν Γαλιλαίαν εἰς πόλιν ἑαυτῶν Ναζαρέθ. 40 τὸ δὲ παιδίον ηὔξανεν¹³ καὶ ἐκραταιοῦτο¹⁴ πληρούμενον σοφίᾳ, καὶ χάρις θεοῦ ἦν ἐπ' αὐτό.

The Boy Jesus in the Temple

41 Καὶ ἐπορεύοντο οἱ γονεῖς¹⁵ αὐτοῦ κατ' ἔτος εἰς Ἰερουσαλὴμ τῇ ἑορτῇ¹⁶ τοῦ πάσχα¹⁷. 42 καὶ ὅτε ἐγένετο ἐτῶν δώδεκα, ἀναβαινόντων αὐτῶν κατὰ τὸ ἔθος¹⁸ τῆς ἑορτῆς 43 καὶ τελειωσάντων¹⁹ τὰς ἡμέρας, ἐν τῷ ὑποστρέφειν αὐτοὺς ὑπέμεινεν²⁰ Ἰησοῦς ὁ παῖς²¹ ἐν Ἰερουσαλήμ, καὶ οὐκ ἔγνωσαν²² οἱ γονεῖς αὐτοῦ. 44 νομίσαντες²³ δὲ αὐτὸν εἶναι ἐν τῇ συνοδίᾳ²⁴ ἦλθον ἡμέρας ὁδὸν καὶ ἀνεζήτουν²⁵ αὐτὸν ἐν τοῖς συγγενεῦσιν²⁶ καὶ τοῖς γνωστοῖς²⁷, 45 καὶ μὴ εὑρόντες²⁸ ὑπέστρεψαν²⁹ εἰς Ἰερουσαλὴμ ἀναζητοῦντες αὐτόν. 46 καὶ ἐγένετο μετὰ ἡμέρας τρεῖς εὗρον αὐτὸν ἐν τῷ ἱερῷ καθεζόμενον³⁰ ἐν μέσῳ τῶν διδασκάλων καὶ ἀκούοντα αὐτῶν καὶ ἐπερωτῶντα αὐτούς· 47 ἐξίσταντο³¹ δὲ πάντες οἱ ἀκούοντες αὐτοῦ ἐπὶ τῇ συνέσει³² καὶ ταῖς ἀποκρίσεσιν³³ αὐτοῦ. 48 καὶ ἰδόντες αὐτὸν ἐξεπλάγησαν³⁴, καὶ εἶπεν πρὸς αὐτὸν ἡ μήτηρ αὐτοῦ· τέκνον, τί ἐποίησας ἡμῖν οὕτως; ἰδοὺ ὁ πατήρ σου κἀγὼ ὀδυνώμενοι³⁵ ἐζητοῦμέν σε. 49 καὶ εἶπεν πρὸς αὐτούς· τί ὅτι ἐζητεῖτέ με; οὐκ ᾔδειτε³⁶ ὅτι

---

¹ χήρα, -ας f, widow
² ὀγδοήκοντα, eighty
³ ἀφίστημι 3s impf mid ind, intrans leave
⁴ νηστεία, -ας f, fasting
⁵ δέησις, -εως f, prayer
⁶ λατρεύω pres act ptc f s nom, serve
⁷ ἐφίστημι aor act ptc f s nom, come up
⁸ ἀνθωμολογέομαι 3s impf mid ind, give thanks
⁹ προσδέχομαι pres mid ptc m p dat, wait for
¹⁰ λύτρωσις, -εως f, redemption
¹¹ τελέω 3p aor act ind, complete
¹² ἐπιστρέφω 3p aor act ind, intrans return
¹³ αὐξάνω 3s impf act ind, grow
¹⁴ κραταιόω 3s impf pas ind, pas become strong
¹⁵ γονεύς, -έως m, parent
¹⁶ ἑορτή, -ῆς f, festival
¹⁷ πάσχα, n, Passover
¹⁸ ἔθος, -ους n, custom
¹⁹ τελειόω aor act ptc m p gen, end
²⁰ ὑπομένω 3s aor act ind, stay on
²¹ παῖς, παιδός m & f, boy
²² γινώσκω 3p aor act ind, know
²³ νομίζω aor act ptc m p nom, think
²⁴ συνοδία, -ας f, group of travelers
²⁵ ἀναζητέω 3p impf act ind, look for
²⁶ συγγενής, -οῦς m, relative
²⁷ γνωστός, -ή/όν, known (ὁ γνωστός friend)
²⁸ εὑρίσκω aor act ptc m p nom, find
²⁹ ὑποστρέφω 3p aor act ind, return
³⁰ καθέζομαι pres mid ptc m s acc, sit
³¹ ἐξίστημι 3p impf mid ind, be amazed
³² σύνεσις, -εως f, understanding
³³ ἀπόκρισις, -εως f, answer
³⁴ ἐκπλήσσω 3p aor pas ind, pas be (completely) amazed
³⁵ ὀδυνάομαι pres pas ptc m p nom, be in great pain
³⁶ οἶδα 2p plpf act ind, know

ἐν τοῖς τοῦ πατρός¹ μου δεῖ εἶναί με; 50 καὶ αὐτοὶ οὐ συνῆκαν² τὸ ῥῆμα ὃ ἐλάλησεν αὐτοῖς. 51 καὶ κατέβη³ μετ' αὐτῶν καὶ ἦλθεν εἰς Ναζαρὲθ καὶ ἦν ὑποτασσόμενος αὐτοῖς. καὶ ἡ μήτηρ αὐτοῦ διετήρει⁴ πάντα τὰ ῥήματα ἐν τῇ καρδίᾳ αὐτῆς. 52 καὶ Ἰησοῦς προέκοπτεν⁵ [ἐν τῇ] σοφίᾳ καὶ ἡλικίᾳ⁶ καὶ χάριτι παρὰ θεῷ καὶ ἀνθρώποις.

The Preaching of John the Baptist (Mt 3.1-12; Mk 1.1-8; Jn 1.19-28)

3 Ἐν ἔτει δὲ πεντεκαιδεκάτῳ⁷ τῆς ἡγεμονίας⁸ Τιβερίου Καίσαρος, ἡγεμονεύοντος⁹ Ποντίου Πιλάτου τῆς Ἰουδαίας, καὶ τετρααρχοῦντος¹⁰ τῆς Γαλιλαίας Ἡρῴδου, Φιλίππου δὲ τοῦ ἀδελφοῦ αὐτοῦ τετρααρχοῦντος τῆς Ἰτουραίας καὶ Τραχωνίτιδος χώρας¹¹, καὶ Λυσανίου τῆς Ἀβιληνῆς τετρααρχοῦντος, 2 ἐπὶ ἀρχιερέως Ἄννα καὶ Καϊάφα, ἐγένετο ῥῆμα θεοῦ ἐπὶ Ἰωάννην τὸν Ζαχαρίου υἱὸν ἐν τῇ ἐρήμῳ. 3 καὶ ἦλθεν εἰς πᾶσαν [τὴν] περίχωρον¹² τοῦ Ἰορδάνου κηρύσσων βάπτισμα¹³ μετανοίας¹⁴ εἰς ἄφεσιν¹⁵ ἁμαρτιῶν, 4 ὡς γέγραπται ἐν βίβλῳ¹⁶ λόγων Ἡσαΐου τοῦ προφήτου·

φωνὴ βοῶντος¹⁷ ἐν τῇ ἐρήμῳ·
ἑτοιμάσατε τὴν ὁδὸν κυρίου,
εὐθείας¹⁸ ποιεῖτε τὰς τρίβους¹⁹ αὐτοῦ·
5 πᾶσα φάραγξ²⁰ πληρωθήσεται
καὶ πᾶν ὄρος καὶ βουνὸς²¹ ταπεινωθήσεται²²,
καὶ ἔσται τὰ σκολιὰ²³ εἰς εὐθεῖαν
καὶ αἱ τραχεῖαι²⁴ εἰς ὁδοὺς λείας²⁵·
6 καὶ ὄψεται²⁶ πᾶσα σὰρξ τὸ σωτήριον²⁷ τοῦ θεοῦ.

7 Ἔλεγεν οὖν τοῖς ἐκπορευομένοις ὄχλοις βαπτισθῆναι ὑπ' αὐτοῦ· γεννήματα²⁸ ἐχιδνῶν²⁹, τίς ὑπέδειξεν³⁰ ὑμῖν φυγεῖν³¹ ἀπὸ τῆς μελλούσης ὀργῆς; 8 ποιήσατε οὖν καρποὺς ἀξίους τῆς μετανοίας³² καὶ μὴ ἄρξησθε³³ λέγειν ἐν ἑαυτοῖς· πατέρα

---

¹ πατήρ, πατρός m, father (ἐν τοῖς τοῦ πατρός μου in my Father's house)
² συνίημι 3p aor act ind, understand
³ καταβαίνω 3s aor act ind, go (down)
⁴ διατηρέω 3s impf act ind, treasure up
⁵ προκόπτω 3s impf act ind, increase
⁶ ἡλικία, -ας f, size/strength/age
⁷ πεντεκαιδέκατος, -η/ον, fifteenth
⁸ ἡγεμονία, -ας f, reign

⁹ ἡγεμονεύω pres act ptc m s gen, be governor
¹⁰ τετρααρχέω pres act ptc m s gen, be ruler/tetrarch (a petty ruler with less authority than a king)
¹¹ χώρα, -ας f, region
¹² περίχωρος, -ου f, surrounding region
¹³ βάπτισμα, -τος n, baptism
¹⁴ μετάνοια, -ας f, repentance
¹⁵ ἄφεσις, -εως f, forgiveness
¹⁶ βίβλος, -ου f, book
¹⁷ βοάω pres act ptc m s gen, shout
¹⁸ εὐθύς, -εῖα/ύ, straight
¹⁹ τρίβος, -ου f, path
²⁰ φάραγξ, -αγγος f, valley

²¹ βουνός, -οῦ m, hill
²² ταπεινόω 3s fut pas ind, make low
²³ σκολιός, -ά, -όν, crooked
²⁴ τραχύς, -εῖα/ύ, rough
²⁵ λεῖος, -α/ον, smooth
²⁶ ὁράω 3s fut mid ind, see
²⁷ σωτήριος, -ον, adj = noun, (bringing) salvation
²⁸ γέννημα, -τος n, offspring
²⁹ ἔχιδνα, -ης f, snake
³⁰ ὑποδείκνυμι 3s aor act ind, warn
³¹ φεύγω aor act inf, run
³² μετάνοια, -ας f, repentance
³³ ἄρχω 2p aor mid sub, begin

ἔχομεν τὸν Ἀβραάμ. λέγω γὰρ ὑμῖν ὅτι δύναται ὁ θεὸς ἐκ τῶν λίθων τούτων ἐγεῖραι τέκνα τῷ Ἀβραάμ. 9 ἤδη δὲ καὶ ἡ ἀξίνη¹ πρὸς τὴν ῥίζαν² τῶν δένδρων³ κεῖται⁴· πᾶν οὖν δένδρον μὴ ποιοῦν καρπὸν καλὸν ἐκκόπτεται⁵ καὶ εἰς πῦρ βάλλεται. 10 Καὶ ἐπηρώτων αὐτὸν οἱ ὄχλοι λέγοντες· τί οὖν ποιήσωμεν; 11 ἀποκριθεὶς δὲ ἔλεγεν αὐτοῖς· ὁ ἔχων δύο χιτῶνας⁶ μεταδότω⁷ τῷ μὴ ἔχοντι, καὶ ὁ ἔχων βρώματα⁸ ὁμοίως⁹ ποιείτω. 12 ἦλθον δὲ καὶ τελῶναι¹⁰ βαπτισθῆναι καὶ εἶπαν πρὸς αὐτόν· διδάσκαλε, τί ποιήσωμεν; 13 ὁ δὲ εἶπεν πρὸς αὐτούς· μηδὲν πλέον¹¹ παρὰ τὸ διατεταγμένον¹² ὑμῖν πράσσετε. 14 ἐπηρώτων δὲ αὐτὸν καὶ στρατευόμενοι¹³ λέγοντες· τί ποιήσωμεν καὶ ἡμεῖς; καὶ εἶπεν αὐτοῖς· μηδένα διασείσητε¹⁴ μηδὲ συκοφαντήσητε¹⁵ καὶ ἀρκεῖσθε¹⁶ τοῖς ὀψωνίοις¹⁷ ὑμῶν.

15 Προσδοκῶντος¹⁸ δὲ τοῦ λαοῦ καὶ διαλογιζομένων¹⁹ πάντων ἐν ταῖς καρδίαις αὐτῶν περὶ τοῦ Ἰωάννου, μήποτε²⁰ αὐτὸς εἴη²¹ ὁ χριστός, 16 ἀπεκρίνατο λέγων πᾶσιν ὁ Ἰωάννης· ἐγὼ μὲν ὕδατι βαπτίζω ὑμᾶς· ἔρχεται δὲ ὁ ἰσχυρότερός²² μου, οὗ οὐκ εἰμὶ ἱκανὸς λῦσαι τὸν ἱμάντα²³ τῶν ὑποδημάτων²⁴ αὐτοῦ· αὐτὸς ὑμᾶς βαπτίσει ἐν πνεύματι ἁγίῳ καὶ πυρί· 17 οὗ τὸ πτύον²⁵ ἐν τῇ χειρὶ αὐτοῦ διακαθᾶραι²⁶ τὴν ἅλωνα²⁷ αὐτοῦ καὶ συναγαγεῖν²⁸ τὸν σῖτον²⁹ εἰς τὴν ἀποθήκην³⁰ αὐτοῦ, τὸ δὲ ἄχυρον³¹ κατακαύσει³² πυρὶ ἀσβέστῳ³³.

18 Πολλὰ μὲν οὖν καὶ ἕτερα παρακαλῶν εὐηγγελίζετο τὸν λαόν. 19 ὁ δὲ Ἡρῴδης ὁ τετραάρχης³⁴, ἐλεγχόμενος³⁵ ὑπ' αὐτοῦ περὶ Ἡρῳδιάδος τῆς γυναικὸς τοῦ ἀδελφοῦ αὐτοῦ καὶ περὶ πάντων ὧν ἐποίησεν πονηρῶν ὁ Ἡρῴδης, 20 προσέθηκεν³⁶ καὶ τοῦτο ἐπὶ πᾶσιν [καὶ] κατέκλεισεν³⁷ τὸν Ἰωάννην ἐν φυλακῇ.

---

1 ἀξίνη, -ης f, axe
2 ῥίζα, -ης f, root
3 δένδρον, -ου n, tree
4 κεῖμαι 3s pres mid ind, be ready
5 ἐκκόπτω 3s pres pas ind, chop down
6 χιτών, -ῶνος m, shirt (generally of the garment worn next to the skin)
7 μεταδίδωμι 3s aor act impv, give
8 βρῶμα, -τος n, food
9 ὁμοίως, adv, in the same way
10 τελώνης, -ου m, tax-collector
11 πολύς, much (comp)
12 διατάσσω pf pas ptc n s acc, order
13 στρατεύομαι pres mid ptc m p nom, serve as a soldier
14 διασείω 2p aor act sub, take money by force
15 συκοφαντέω 2p aor act sub, take money by false charges
16 ἀρκέω 2p pres pas impv, pas be content
17 ὀψώνιον, -ου n, pay
18 προσδοκάω pres act ptc m s gen, be in expectation
19 διαλογίζομαι pres mid ptc m p gen, wonder
20 μήποτε, interrogative particle, whether perhaps
21 εἰμί 3s pres act opt, be
22 ἰσχυρός, strong (comp)
23 ἱμάς, -άντος m, strap
24 ὑπόδημα, -τος n, sandal
25 πτύον, -ου n, winnowing-shovel
26 διακαθαίρω aor act inf, clean out
27 ἅλων, -ος f, threshing floor
28 συνάγω aor act inf, gather
29 σῖτος, -ου m, grain/wheat
30 ἀποθήκη, -ης f, barn
31 ἄχυρον, -ου n, chaff
32 κατακαίω 3s fut act ind, burn
33 ἄσβεστος, -ον, unquenchable
34 τετραάρχης, -ου m, tetrarch (petty ruler with less authority than a king)
35 ἐλέγχω pres pas ptc m s nom, rebuke
36 προστίθημι 3s aor act ind, add to
37 κατακλείω 3s aor act ind, put in

The Baptism of Jesus (Mt 3.13-17; Mk 1.9-11)

21 Ἐγένετο δὲ ἐν τῷ βαπτισθῆναι ἅπαντα τὸν λαὸν καὶ Ἰησοῦ βαπτισθέντος καὶ προσευχομένου ἀνεῳχθῆναι[1] τὸν οὐρανὸν 22 καὶ καταβῆναι[2] τὸ πνεῦμα τὸ ἅγιον σωματικῷ[3] εἴδει[4] ὡς περιστερὰν[5] ἐπ' αὐτόν, καὶ φωνὴν ἐξ οὐρανοῦ γενέσθαι· σὺ εἶ ὁ υἱός μου ὁ ἀγαπητός, ἐν σοὶ εὐδόκησα[6].

The Genealogy of Jesus (Mt 1.1-17)

23 Καὶ αὐτὸς ἦν Ἰησοῦς ἀρχόμενος ὡσεὶ[7] ἐτῶν τριάκοντα[8], ὢν υἱός, ὡς ἐνομίζετο[9], Ἰωσὴφ τοῦ Ἠλὶ 24 τοῦ Μαθθὰτ τοῦ Λευὶ τοῦ Μελχὶ τοῦ Ἰανναὶ τοῦ Ἰωσὴφ 25 τοῦ Ματταθίου τοῦ Ἀμὼς τοῦ Ναοὺμ τοῦ Ἐσλὶ τοῦ Ναγγαὶ 26 τοῦ Μάαθ τοῦ Ματταθίου τοῦ Σεμεῒν τοῦ Ἰωσὴχ τοῦ Ἰωδὰ 27 τοῦ Ἰωανὰν τοῦ Ῥησὰ τοῦ Ζοροβαβὲλ τοῦ Σαλαθιὴλ τοῦ Νηρὶ 28 τοῦ Μελχὶ τοῦ Ἀδδὶ τοῦ Κωσὰμ τοῦ Ἐλμαδὰμ τοῦ Ἢρ 29 τοῦ Ἰησοῦ τοῦ Ἐλιέζερ τοῦ Ἰωρὶμ τοῦ Μαθθὰτ τοῦ Λευὶ 30 τοῦ Συμεὼν τοῦ Ἰούδα τοῦ Ἰωσὴφ τοῦ Ἰωνὰμ τοῦ Ἐλιακὶμ 31 τοῦ Μελεὰ τοῦ Μεννὰ τοῦ Ματταθὰ τοῦ Ναθὰμ τοῦ Δαυὶδ 32 τοῦ Ἰεσσαὶ τοῦ Ἰωβὴδ τοῦ Βόος τοῦ Σαλὰ τοῦ Ναασσὼν 33 τοῦ Ἀμιναδὰβ τοῦ Ἀδμὶν τοῦ Ἀρνὶ τοῦ Ἑσρὼμ τοῦ Φάρες τοῦ Ἰούδα 34 τοῦ Ἰακὼβ τοῦ Ἰσαὰκ τοῦ Ἀβραὰμ τοῦ Θάρα τοῦ Ναχὼρ 35 τοῦ Σεροὺχ τοῦ Ῥαγαὺ τοῦ Φάλεκ τοῦ Ἔβερ τοῦ Σαλὰ 36 τοῦ Καϊνὰμ τοῦ Ἀρφαξὰδ τοῦ Σὴμ τοῦ Νῶε τοῦ Λάμεχ 37 τοῦ Μαθουσαλὰ τοῦ Ἑνὼχ τοῦ Ἰάρετ τοῦ Μαλελεὴλ τοῦ Καϊνὰμ 38 τοῦ Ἐνὼς τοῦ Σὴθ τοῦ Ἀδὰμ τοῦ θεοῦ.

The Temptation of Jesus (Mt 4.1-11; Mk 1.12-13)

4 Ἰησοῦς δὲ πλήρης[10] πνεύματος ἁγίου ὑπέστρεψεν[11] ἀπὸ τοῦ Ἰορδάνου καὶ ἤγετο[12] ἐν τῷ πνεύματι ἐν τῇ ἐρήμῳ 2 ἡμέρας τεσσεράκοντα[13] πειραζόμενος ὑπὸ τοῦ διαβόλου. καὶ οὐκ ἔφαγεν[14] οὐδὲν ἐν ταῖς ἡμέραις ἐκείναις καὶ συντελεσθεισῶν[15] αὐτῶν ἐπείνασεν[16]. 3 εἶπεν δὲ αὐτῷ ὁ διάβολος· εἰ υἱὸς εἶ τοῦ θεοῦ, εἰπὲ[17] τῷ λίθῳ τούτῳ ἵνα γένηται ἄρτος. 4 καὶ ἀπεκρίθη πρὸς αὐτὸν ὁ Ἰησοῦς· γέγραπται ὅτι **οὐκ ἐπ' ἄρτῳ μόνῳ ζήσεται**[18] **ὁ ἄνθρωπος.**

5 Καὶ ἀναγαγὼν[19] αὐτὸν ἔδειξεν[20] αὐτῷ πάσας τὰς βασιλείας τῆς οἰκουμένης[21] ἐν στιγμῇ[22] χρόνου 6 καὶ εἶπεν αὐτῷ ὁ διάβολος· σοὶ δώσω[23] τὴν ἐξουσίαν ταύτην

---

[1] ἀνοίγω aor pas inf, open
[2] καταβαίνω aor act inf, come down
[3] σωματικός, -ή/όν, bodily
[4] εἶδος, -ους n, (visible) form
[5] περιστερά, -ᾶς f, dove
[6] εὐδοκέω 1s aor act ind, be pleased
[7] ὡσεί, particle of comparison, about
[8] τριάκοντα, thirty
[9] νομίζω 3s impf pas ind, think
[10] πλήρης, -ες, full
[11] ὑποστρέφω 3s aor act ind, return
[12] ἄγω 3s impf pas ind, lead
[13] τεσσεράκοντα, forty
[14] ἐσθίω 3s aor act ind, eat
[15] συντελέω aor pas ptc f p gen, end
[16] πεινάω 3s aor act ind, Hunger haben
[17] λέγω 2s aor act impv, say
[18] ζάω 3s fut mid ind, live
[19] ἀνάγω aor act ptc m s nom, lead up
[20] δείκνυμι 3s aor act ind, show
[21] οἰκουμένη, -ης f, world
[22] στιγμή, -ῆς f, moment
[23] δίδωμι 1s fut act ind, give

ἄπασαν καὶ τὴν δόξαν αὐτῶν, ὅτι ἐμοὶ παραδέδοται¹ καὶ ᾧ ἐὰν θέλω δίδωμι αὐτήν· 7 σὺ οὖν ἐὰν προσκυνήσῃς ἐνώπιον ἐμοῦ, ἔσται σοῦ πᾶσα. 8 καὶ ἀποκριθεὶς ὁ Ἰησοῦς εἶπεν αὐτῷ· γέγραπται· κύριον τὸν θεόν σου προσκυνήσεις καὶ αὐτῷ μόνῳ λατρεύσεις².

9 Ἤγαγεν³ δὲ αὐτὸν εἰς Ἰερουσαλὴμ καὶ ἔστησεν⁴ ἐπὶ τὸ πτερύγιον⁵ τοῦ ἱεροῦ καὶ εἶπεν αὐτῷ· εἰ υἱὸς εἶ τοῦ θεοῦ, βάλε⁶ σεαυτὸν ἐντεῦθεν⁷ κάτω⁸· 10 γέγραπται γὰρ ὅτι

τοῖς ἀγγέλοις αὐτοῦ ἐντελεῖται⁹ περὶ σοῦ
τοῦ διαφυλάξαι¹⁰ σε

11 καὶ ὅτι

ἐπὶ χειρῶν ἀροῦσίν¹¹ σε,
μήποτε¹² προσκόψῃς¹³ πρὸς λίθον τὸν πόδα σου.

12 καὶ ἀποκριθεὶς εἶπεν αὐτῷ ὁ Ἰησοῦς ὅτι εἴρηται¹⁴· οὐκ ἐκπειράσεις¹⁵ κύριον τὸν θεόν σου.

13 Καὶ συντελέσας¹⁶ πάντα πειρασμὸν¹⁷ ὁ διάβολος ἀπέστη¹⁸ ἀπ' αὐτοῦ ἄχρι καιροῦ.

The Beginning of the Galilean Ministry (Mt 4.12-17; Mk 1.14-15)

14 Καὶ ὑπέστρεψεν¹⁹ ὁ Ἰησοῦς ἐν τῇ δυνάμει τοῦ πνεύματος εἰς τὴν Γαλιλαίαν. καὶ φήμη²⁰ ἐξῆλθεν καθ' ὅλης τῆς περιχώρου²¹ περὶ αὐτοῦ. 15 καὶ αὐτὸς ἐδίδασκεν ἐν ταῖς συναγωγαῖς αὐτῶν δοξαζόμενος ὑπὸ πάντων.

The Rejection of Jesus at Nazareth (Mt 13.53-58; Mk 6.1-6)

16 Καὶ ἦλθεν εἰς Ναζαρά, οὗ²² ἦν τεθραμμένος²³, καὶ εἰσῆλθεν κατὰ τὸ εἰωθὸς²⁴ αὐτῷ ἐν τῇ ἡμέρᾳ τῶν σαββάτων εἰς τὴν συναγωγὴν καὶ ἀνέστη²⁵ ἀναγνῶναι²⁶. 17 καὶ ἐπεδόθη²⁷ αὐτῷ βιβλίον τοῦ προφήτου Ἠσαΐου καὶ ἀναπτύξας²⁸ τὸ βιβλίον εὗρεν²⁹ τὸν τόπον οὗ ἦν γεγραμμένον³⁰·

---

[1] παραδίδωμι 3s pf pas ind, give
[2] λατρεύω 2s fut act ind, serve
[3] ἄγω 3s aor act ind, take
[4] ἵστημι 3s aor act ind, put
[5] πτερύγιον, -ου n, highest point
[6] βάλλω 2s aor act impv, throw
[7] ἐντεῦθεν, adv, from here
[8] κάτω, adv, down
[9] ἐντέλλομαι 3s fut mid ind, give orders
[10] διαφυλάσσω aor act inf, protect
[11] αἴρω 3p fut act ind, lift up
[12] μήποτε, conj, so that ... will not
[13] προσκόπτω 2s aor act sub, strike
[14] λέγω 3s pf pas ind, say
[15] ἐκπειράζω 2s fut act ind, tempt/put to the test
[16] συντελέω aor act ptc m s nom, finish
[17] πειρασμός, -οῦ m, temptation/act of testing
[18] ἀφίστημι 3s aor act ind, intrans leave
[19] ὑποστρέφω 3s aor act ind, return
[20] φήμη, -ης f, news
[21] περίχωρος, -ου f, surrounding region
[22] οὗ, adv, where
[23] τρέφω pf pas ptc m s nom, bring up
[24] εἴωθα pf act ptc n s acc, be accustomed (τὸ εἰωθός custom)
[25] ἀνίστημι 3s aor act ind, intrans stand up
[26] ἀναγινώσκω aor act inf, read
[27] ἐπιδίδωμι 3s aor pas ind, give
[28] ἀναπτύσσω aor act ptc m s nom, open (a book)/unroll (a scroll)
[29] εὑρίσκω 3s aor act ind, find
[30] γράφω pf pas ptc n s nom, write

ΚΑΤΑ ΛΟΥΚΑΝ 4.18-30

18 πνεῦμα κυρίου ἐπ' ἐμὲ
οὗ εἵνεκεν¹ ἔχρισέν² με
εὐαγγελίσασθαι πτωχοῖς,
ἀπέσταλκέν³ με,
κηρύξαι αἰχμαλώτοις⁴ ἄφεσιν⁵
καὶ τυφλοῖς ἀνάβλεψιν⁶,
ἀποστεῖλαι⁷ τεθραυσμένους⁸ ἐν ἀφέσει,
19 κηρύξαι ἐνιαυτὸν⁹ κυρίου δεκτόν¹⁰.
20 καὶ πτύξας¹¹ τὸ βιβλίον ἀποδοὺς¹² τῷ ὑπηρέτῃ¹³ ἐκάθισεν· καὶ πάντων οἱ ὀφθαλμοὶ ἐν τῇ συναγωγῇ ἦσαν ἀτενίζοντες¹⁴ αὐτῷ. **21** ἤρξατο¹⁵ δὲ λέγειν πρὸς αὐτοὺς ὅτι σήμερον πεπλήρωται ἡ γραφὴ αὕτη ἐν τοῖς ὠσὶν¹⁶ ὑμῶν. **22** καὶ πάντες ἐμαρτύρουν αὐτῷ καὶ ἐθαύμαζον ἐπὶ τοῖς λόγοις τῆς χάριτος τοῖς ἐκπορευομένοις ἐκ τοῦ στόματος αὐτοῦ καὶ ἔλεγον· οὐχὶ υἱός ἐστιν Ἰωσὴφ οὗτος; **23** καὶ εἶπεν πρὸς αὐτούς· πάντως¹⁷ ἐρεῖτέ¹⁸ μοι τὴν παραβολὴν ταύτην· ἰατρέ¹⁹, θεράπευσον σεαυτόν· ὅσα ἠκούσαμεν γενόμενα εἰς τὴν Καφαρναοὺμ ποίησον καὶ ὧδε ἐν τῇ πατρίδι²⁰ σου. **24** εἶπεν δέ· ἀμὴν λέγω ὑμῖν ὅτι οὐδεὶς προφήτης δεκτός²¹ ἐστιν ἐν τῇ πατρίδι αὐτοῦ. **25** ἐπ' ἀληθείας δὲ λέγω ὑμῖν, πολλαὶ χῆραι²² ἦσαν ἐν ταῖς ἡμέραις Ἠλίου ἐν τῷ Ἰσραήλ, ὅτε ἐκλείσθη²³ ὁ οὐρανὸς ἐπὶ ἔτη τρία καὶ μῆνας²⁴ ἕξ²⁵, ὡς ἐγένετο λιμὸς²⁶ μέγας ἐπὶ πᾶσαν τὴν γῆν, **26** καὶ πρὸς οὐδεμίαν αὐτῶν ἐπέμφθη²⁷ Ἠλίας εἰ μὴ εἰς Σάρεπτα τῆς Σιδωνίας πρὸς γυναῖκα χήραν. **27** καὶ πολλοὶ λεπροὶ²⁸ ἦσαν ἐν τῷ Ἰσραὴλ ἐπὶ Ἐλισαίου τοῦ προφήτου, καὶ οὐδεὶς αὐτῶν ἐκαθαρίσθη εἰ μὴ Ναιμὰν ὁ Σύρος. **28** καὶ ἐπλήσθησαν²⁹ πάντες θυμοῦ³⁰ ἐν τῇ συναγωγῇ ἀκούοντες ταῦτα **29** καὶ ἀναστάντες³¹ ἐξέβαλον³² αὐτὸν ἔξω τῆς πόλεως καὶ ἤγαγον³³ αὐτὸν ἕως ὀφρύος³⁴ τοῦ ὄρους ἐφ' οὗ ἡ πόλις ᾠκοδόμητο αὐτῶν ὥστε κατακρημνίσαι³⁵ αὐτόν· **30** αὐτὸς δὲ διελθὼν³⁶ διὰ μέσου αὐτῶν ἐπορεύετο.

---

[1] οὗ εἵνεκεν = ἕνεκα, because
[2] χρίω 3s aor act ind, anoint
[3] ἀποστέλλω 3s pf act ind, send
[4] αἰχμάλωτος, -ου m, prisoner
[5] ἄφεσις, -εως f, release
[6] ἀνάβλεψις, -εως f, restoration of sight
[7] ἀποστέλλω aor act inf, send away
[8] θραύω pf pas ptc m p acc, oppress (ἀποστεῖλαι τεθρ. ἐν ἀφέσει to set free the oppressed)
[9] ἐνιαυτός, -οῦ m, year
[10] δεκτός, -ή/όν, acceptable
[11] πτύσσω aor act ptc m s nom, close (a book)/roll (a scroll)
[12] ἀποδίδωμι aor act ptc m s nom, give back
[13] ὑπηρέτης, -ου m, attendant
[14] ἀτενίζω pres act ptc m p nom, fix one's eyes on
[15] ἄρχω 3s aor mid ind, begin
[16] οὖς, ὠτός n, hearing
[17] πάντως, adv, doubtless
[18] λέγω 2p fut act ind, say
[19] ἰατρός, -οῦ m, doctor
[20] πατρίς, -ίδος f, hometown
[21] δεκτός, -ή/όν, acceptable
[22] χήρα, -ας f, widow
[23] κλείω 3s aor pas ind, shut
[24] μήν, μηνός m, month
[25] ἕξ, six
[26] λιμός, -οῦ m & f, famine
[27] πέμπω 3s aor pas ind, send
[28] λεπρός, -οῦ m, leper/person with a skin disease
[29] πίμπλημι 3p aor pas ind, fill
[30] θυμός, -οῦ m, anger
[31] ἀνίστημι aor act ptc m p nom, intrans get up
[32] ἐκβάλλω 3p aor act ind, force out
[33] ἄγω 3p aor act ind, take
[34] ὀφρῦς, -ύος f, brow (of a hill)
[35] κατακρημνίζω aor act inf, throw down from a cliff
[36] διέρχομαι aor act ptc m s nom, go through

The Man with an Unclean Spirit (Mk 1.21-28)

31 Καὶ κατῆλθεν[1] εἰς Καφαρναοὺμ πόλιν τῆς Γαλιλαίας. καὶ ἦν διδάσκων αὐτοὺς ἐν τοῖς σάββασιν· 32 καὶ ἐξεπλήσσοντο[2] ἐπὶ τῇ διδαχῇ[3] αὐτοῦ, ὅτι ἐν ἐξουσίᾳ ἦν ὁ λόγος αὐτοῦ.

33 Καὶ ἐν τῇ συναγωγῇ ἦν ἄνθρωπος ἔχων πνεῦμα δαιμονίου ἀκαθάρτου καὶ ἀνέκραξεν[4] φωνῇ μεγάλῃ· 34 ἔα[5], τί ἡμῖν καὶ σοί, Ἰησοῦ Ναζαρηνέ; ἦλθες ἀπολέσαι[6] ἡμᾶς; οἶδά σε τίς εἶ, ὁ ἅγιος τοῦ θεοῦ. 35 καὶ ἐπετίμησεν[7] αὐτῷ ὁ Ἰησοῦς λέγων· φιμώθητι[8] καὶ ἔξελθε[9] ἀπ' αὐτοῦ. καὶ ῥῖψαν[10] αὐτὸν τὸ δαιμόνιον εἰς τὸ μέσον ἐξῆλθεν ἀπ' αὐτοῦ μηδὲν βλάψαν[11] αὐτόν. 36 καὶ ἐγένετο θάμβος[12] ἐπὶ πάντας καὶ συνελάλουν[13] πρὸς ἀλλήλους λέγοντες· τίς ὁ λόγος οὗτος ὅτι ἐν ἐξουσίᾳ καὶ δυνάμει ἐπιτάσσει[14] τοῖς ἀκαθάρτοις πνεύμασιν καὶ ἐξέρχονται; 37 καὶ ἐξεπορεύετο ἦχος[15] περὶ αὐτοῦ εἰς πάντα τόπον τῆς περιχώρου[16].

The Healing of Many People (Mt 8.14-17; Mk 1.29-34)

38 Ἀναστὰς[17] δὲ ἀπὸ τῆς συναγωγῆς εἰσῆλθεν εἰς τὴν οἰκίαν Σίμωνος. πενθερὰ[18] δὲ τοῦ Σίμωνος ἦν συνεχομένη[19] πυρετῷ[20] μεγάλῳ καὶ ἠρώτησαν αὐτὸν περὶ αὐτῆς. 39 καὶ ἐπιστὰς[21] ἐπάνω[22] αὐτῆς ἐπετίμησεν[23] τῷ πυρετῷ καὶ ἀφῆκεν[24] αὐτήν· παραχρῆμα[25] δὲ ἀναστᾶσα[26] διηκόνει αὐτοῖς.

40 Δύνοντος[27] δὲ τοῦ ἡλίου ἅπαντες ὅσοι εἶχον ἀσθενοῦντας νόσοις[28] ποικίλαις[29] ἤγαγον[30] αὐτοὺς πρὸς αὐτόν· ὁ δὲ ἑνὶ ἑκάστῳ αὐτῶν τὰς χεῖρας ἐπιτιθεὶς[31] ἐθεράπευεν αὐτούς. 41 ἐξήρχετο δὲ καὶ δαιμόνια ἀπὸ πολλῶν κρ[αυγ]άζοντα[32] καὶ λέγοντα ὅτι σὺ εἶ ὁ υἱὸς τοῦ θεοῦ. καὶ ἐπιτιμῶν[33] οὐκ εἴα[34] αὐτὰ λαλεῖν, ὅτι ᾔδεισαν[35] τὸν χριστὸν αὐτὸν εἶναι.

---

[1] κατέρχομαι 3s aor act ind, go (down)
[2] ἐκπλήσσω 3p impf pas ind, pas be (completely) amazed
[3] διδαχή, -ῆς f, teaching
[4] ἀνακράζω 3s aor act ind, shout
[5] ἔα, interj, ah!
[6] ἀπόλλυμι aor act inf, destroy
[7] ἐπιτιμάω 3s aor act ind, rebuke
[8] φιμόω 2s aor pas impv, pas be silent
[9] ἐξέρχομαι 2s aor act impv, come/go out
[10] ῥίπτω aor act ptc n s nom, throw down
[11] βλάπτω aor act ptc n s nom, harm
[12] θάμβος, -ους n, amazement
[13] συλλαλέω 3p impf act ind, talk (with)
[14] ἐπιτάσσω 3s pres act ind, command
[15] ἦχος, -ου m, news
[16] περίχωρος, -ου f, surrounding region
[17] ἀνίστημι aor act ptc m s nom, intrans get up
[18] πενθερά, -ᾶς f, mother-in-law
[19] συνέχω pres pas ptc f s nom, pas be sick with
[20] πυρετός, -οῦ m, fever
[21] ἐφίστημι aor act ptc m s nom, stand
[22] ἐπάνω, prep + gen, over
[23] ἐπιτιμάω 3s aor act ind, rebuke
[24] ἀφίημι 3s aor act ind, leave
[25] παραχρῆμα, adv, at once
[26] ἀνίστημι aor act ptc f s nom, intrans get up
[27] δύνω pres act ptc m s gen, set
[28] νόσος, -ου f, illness
[29] ποικίλος, -η/ον, all kinds of
[30] ἄγω 3p aor act ind, bring
[31] ἐπιτίθημι pres act ptc m s nom, place
[32] κραυγάζω pres act ptc n p nom, shout
[33] ἐπιτιμάω pres act ptc m s nom, rebuke
[34] ἐάω 3s impf act ind, let
[35] οἶδα 3p plpf act ind, know

A Preaching Tour (Mk 1.35-39)

42 Γενομένης δὲ ἡμέρας ἐξελθὼν ἐπορεύθη εἰς ἔρημον τόπον· καὶ οἱ ὄχλοι ἐπεζήτουν¹ αὐτὸν καὶ ἦλθον ἕως αὐτοῦ καὶ κατεῖχον² αὐτὸν τοῦ μὴ πορεύεσθαι ἀπ' αὐτῶν. **43** ὁ δὲ εἶπεν πρὸς αὐτοὺς ὅτι καὶ ταῖς ἑτέραις πόλεσιν εὐαγγελίσασθαί με δεῖ τὴν βασιλείαν τοῦ θεοῦ, ὅτι ἐπὶ τοῦτο ἀπεστάλην³. **44** καὶ ἦν κηρύσσων εἰς τὰς συναγωγὰς τῆς Ἰουδαίας.

The Calling of the First Disciples (Mt 4.18-22; Mk 1.16-20)

5 Ἐγένετο δὲ ἐν τῷ τὸν ὄχλον ἐπικεῖσθαι⁴ αὐτῷ καὶ ἀκούειν τὸν λόγον τοῦ θεοῦ καὶ αὐτὸς ἦν ἑστὼς⁵ παρὰ τὴν λίμνην⁶ Γεννησαρὲτ **2** καὶ εἶδεν δύο πλοῖα ἑστῶτα παρὰ τὴν λίμνην· οἱ δὲ ἁλιεῖς⁷ ἀπ' αὐτῶν ἀποβάντες⁸ ἔπλυνον⁹ τὰ δίκτυα¹⁰. **3** ἐμβὰς¹¹ δὲ εἰς ἓν τῶν πλοίων, ὃ ἦν Σίμωνος, ἠρώτησεν αὐτὸν ἀπὸ τῆς γῆς ἐπαναγαγεῖν¹² ὀλίγον· καθίσας¹³ δὲ ἐκ τοῦ πλοίου ἐδίδασκεν τοὺς ὄχλους. **4** Ὡς δὲ ἐπαύσατο¹⁴ λαλῶν, εἶπεν πρὸς τὸν Σίμωνα· ἐπανάγαγε εἰς τὸ βάθος¹⁵ καὶ χαλάσατε¹⁶ τὰ δίκτυα ὑμῶν εἰς ἄγραν¹⁷. **5** καὶ ἀποκριθεὶς Σίμων εἶπεν· ἐπιστάτα¹⁸, δι' ὅλης νυκτὸς κοπιάσαντες¹⁹ οὐδὲν ἐλάβομεν· ἐπὶ δὲ τῷ ῥήματί σου χαλάσω²⁰ τὰ δίκτυα. **6** καὶ τοῦτο ποιήσαντες συνέκλεισαν²¹ πλῆθος ἰχθύων²² πολύ, διερρήσσετο²³ δὲ τὰ δίκτυα αὐτῶν. **7** καὶ κατένευσαν²⁴ τοῖς μετόχοις²⁵ ἐν τῷ ἑτέρῳ πλοίῳ τοῦ ἐλθόντας συλλαβέσθαι²⁶ αὐτοῖς· καὶ ἦλθον καὶ ἔπλησαν²⁷ ἀμφότερα²⁸ τὰ πλοῖα ὥστε βυθίζεσθαι²⁹ αὐτά. **8** ἰδὼν δὲ Σίμων Πέτρος προσέπεσεν³⁰ τοῖς γόνασιν³¹ Ἰησοῦ λέγων· ἔξελθε ἀπ' ἐμοῦ, ὅτι ἀνὴρ ἁμαρτωλός εἰμι, κύριε. **9** θάμβος³² γὰρ περιέσχεν³³ αὐτὸν καὶ πάντας τοὺς σὺν αὐτῷ ἐπὶ τῇ ἄγρᾳ τῶν ἰχθύων ὧν συνέλαβον³⁴, **10** ὁμοίως³⁵ δὲ καὶ Ἰάκωβον καὶ Ἰωάννην υἱοὺς Ζεβεδαίου, οἳ ἦσαν κοινωνοὶ³⁶ τῷ Σίμωνι. καὶ εἶπεν πρὸς τὸν Σίμωνα ὁ Ἰησοῦς· μὴ φοβοῦ· ἀπὸ τοῦ νῦν

---

1 ἐπιζητέω 3p impf act ind, look for
2 κατέχω 3p impf act ind, try to keep from (doing)
3 ἀποστέλλω 1s aor pas ind, send
4 ἐπίκειμαι pres mid inf, crowd around
5 ἵστημι pf act ptc m s nom, intrans stand
6 λίμνη, -ης f, lake
7 ἁλιεύς, -έως m, fisherman
8 ἀποβαίνω aor act ptc m p nom, get out
9 πλύνω 3p impf act ind, wash
10 δίκτυον, -ου n, fishing-net
11 ἐμβαίνω aor act ptc m s nom, get into
12 ἐπανάγω aor act inf, put out (a boat)
13 καθίζω aor act ptc m s nom, sit
14 παύω 3s aor mid ind, mid stop
15 βάθος, -ους n, deep water
16 χαλάω 2p aor act impv, let down
17 ἄγρα, -ας f, catch
18 ἐπιστάτης, -ου m, Master (of Christ)
19 κοπιάω aor act ptc m p nom, work hard
20 χαλάω 1s fut act ind, let down
21 συγκλείω 3p aor act ind, catch
22 ἰχθύς, -ύος m, fish
23 διαρρήγνυμι/διαρήσσω 3s impf pas ind, tear
24 κατανεύω 3p aor act ind, signal
25 μέτοχος, -ου m, partner
26 συλλαμβάνω aor mid inf, help
27 πίμπλημι 3p aor act ind, fill
28 ἀμφότεροι, -αι/α, both
29 βυθίζω pres pas inf, sink
30 προσπίπτω 3s aor act ind, fall down (before someone)
31 γόνυ, γόνατος n, knee
32 θάμβος, -ους n, amazement
33 περιέχω 3s aor act ind, take hold of
34 συλλαμβάνω 3p aor act ind, catch
35 ὁμοίως, adv, in the same way
36 κοινωνός, -οῦ m, partner

ἀνθρώπους ἔσῃ¹ ζωγρῶν². 11 καὶ καταγαγόντες³ τὰ πλοῖα ἐπὶ τὴν γῆν ἀφέντες⁴ πάντα ἠκολούθησαν αὐτῷ.

The Cleansing of a Man with Leprosy (Mt 8.1-4; Mk 1.40-45)

12 Καὶ ἐγένετο ἐν τῷ εἶναι αὐτὸν ἐν μιᾷ τῶν πόλεων καὶ ἰδοὺ ἀνὴρ πλήρης⁵ λέπρας⁶· ἰδὼν δὲ τὸν Ἰησοῦν, πεσὼν⁷ ἐπὶ πρόσωπον ἐδεήθη⁸ αὐτοῦ λέγων· κύριε, ἐὰν θέλῃς δύνασαί με καθαρίσαι. 13 καὶ ἐκτείνας⁹ τὴν χεῖρα ἥψατο¹⁰ αὐτοῦ λέγων· θέλω, καθαρίσθητι· καὶ εὐθέως ἡ λέπρα ἀπῆλθεν ἀπ' αὐτοῦ. 14 καὶ αὐτὸς παρήγγειλεν αὐτῷ μηδενὶ εἰπεῖν, ἀλλ' ἀπελθὼν δεῖξον¹¹ σεαυτὸν τῷ ἱερεῖ καὶ προσένεγκε¹²· περὶ τοῦ καθαρισμοῦ¹³ σου καθὼς προσέταξεν¹⁴ Μωϋσῆς, εἰς μαρτύριον¹⁵ αὐτοῖς. 15 διήρχετο δὲ μᾶλλον ὁ λόγος περὶ αὐτοῦ, καὶ συνήρχοντο¹⁶ ὄχλοι πολλοὶ ἀκούειν καὶ θεραπεύεσθαι ἀπὸ τῶν ἀσθενειῶν¹⁷ αὐτῶν· 16 αὐτὸς δὲ ἦν ὑποχωρῶν¹⁸ ἐν ταῖς ἐρήμοις καὶ προσευχόμενος.

The Healing of a Paralysed Man (Mt 9.1-8; Mk 2.1-12)

17 Καὶ ἐγένετο ἐν μιᾷ τῶν ἡμερῶν καὶ αὐτὸς ἦν διδάσκων, καὶ ἦσαν καθήμενοι Φαρισαῖοι καὶ νομοδιδάσκαλοι¹⁹ οἳ ἦσαν ἐληλυθότες²⁰ ἐκ πάσης κώμης²¹ τῆς Γαλιλαίας καὶ Ἰουδαίας καὶ Ἰερουσαλήμ· καὶ δύναμις κυρίου ἦν εἰς τὸ ἰᾶσθαι²² αὐτόν. 18 καὶ ἰδοὺ ἄνδρες φέροντες ἐπὶ κλίνης²³ ἄνθρωπον ὃς ἦν παραλελυμένος²⁴ καὶ ἐζήτουν αὐτὸν εἰσενεγκεῖν²⁵ καὶ θεῖναι²⁶ [αὐτὸν] ἐνώπιον αὐτοῦ. 19 καὶ μὴ εὑρόντες²⁷ ποίας εἰσενέγκωσιν²⁸ αὐτὸν διὰ τὸν ὄχλον, ἀναβάντες ἐπὶ τὸ δῶμα²⁹ διὰ τῶν κεράμων³⁰ καθῆκαν³¹ αὐτὸν σὺν τῷ κλινιδίῳ³² εἰς τὸ μέσον ἔμπροσθεν τοῦ Ἰησοῦ. 20 καὶ ἰδὼν τὴν πίστιν αὐτῶν εἶπεν· ἄνθρωπε, ἀφέωνταί³³ σοι αἱ ἁμαρτίαι σου. 21 καὶ ἤρξαντο³⁴ διαλογίζεσθαι³⁵ οἱ γραμματεῖς καὶ οἱ Φαρισαῖοι λέγοντες· τίς ἐστιν οὗτος ὃς λαλεῖ

---

¹ εἰμί 2s fut mid ind, be
² ζωγρέω pres act ptc m s nom, catch
³ κατάγω aor act ptc m p nom, bring
⁴ ἀφίημι aor act ptc m p nom, leave
⁵ πλήρης, -ες, covered with
⁶ λέπρα, -ας f, leprosy/skin disease
⁷ πίπτω aor act ptc m s nom, fall
⁸ δέομαι 3s aor pas ind, beg
⁹ ἐκτείνω aor act ptc m s nom, reach out
¹⁰ ἅπτω 3s aor mid ind, mid touch
¹¹ δείκνυμι 2s aor act impv, show
¹² προσφέρω 2s aor act impv, offer (of a gift or sacrifice)
¹³ καθαρισμός, -οῦ m, cleansing
¹⁴ προστάσσω 3s aor act ind, command
¹⁵ μαρτύριον, -ου n, evidence
¹⁶ συνέρχομαι 3p impf mid ind, gather
¹⁷ ἀσθένεια, -ας f, illness
¹⁸ ὑποχωρέω pres act ptc m s nom, withdraw
¹⁹ νομοδιδάσκαλος, -ου m, teacher of the Jewish Law
²⁰ ἔρχομαι pf act ptc m p nom, come
²¹ κώμη, -ης f, village
²² ἰάομαι pres mid inf, heal
²³ κλίνη, -ης f, mat
²⁴ παραλύω pf pas ptc m s nom, pas be paralyzed
²⁵ εἰσφέρω aor act inf, bring in
²⁶ τίθημι aor act inf, place
²⁷ εὑρίσκω aor act ptc m p nom, find
²⁸ εἰσφέρω 3p aor act sub, bring in
²⁹ δῶμα, -τος n, housetop
³⁰ κέραμος, -ου m, roof tile
³¹ καθίημι 3p aor act ind, let down
³² κλινίδιον, -ου n, mat
³³ ἀφίημι 3p pf pas ind, forgive
³⁴ ἄρχω 3p aor mid ind, mid begin
³⁵ διαλογίζομαι pres mid inf, argue/question

βλασφημίας¹· τίς δύναται ἁμαρτίας ἀφεῖναι² εἰ μὴ μόνος ὁ θεός; **22** ἐπιγνοὺς³ δὲ ὁ Ἰησοῦς τοὺς διαλογισμοὺς⁴ αὐτῶν ἀποκριθεὶς εἶπεν πρὸς αὐτούς· τί διαλογίζεσθε ἐν ταῖς καρδίαις ὑμῶν; **23** τί ἐστιν εὐκοπώτερον⁵, εἰπεῖν· ἀφέωνταί σοι αἱ ἁμαρτίαι σου, ἢ εἰπεῖν· ἔγειρε καὶ περιπάτει; **24** ἵνα δὲ εἰδῆτε⁶ ὅτι ὁ υἱὸς τοῦ ἀνθρώπου ἐξουσίαν ἔχει ἐπὶ τῆς γῆς ἀφιέναι⁷ ἁμαρτίας – εἶπεν τῷ παραλελυμένῳ⁸· σοὶ λέγω, ἔγειρε καὶ ἄρας⁹ τὸ κλινίδιόν σου πορεύου εἰς τὸν οἶκόν σου. **25** καὶ παραχρῆμα¹⁰ ἀναστὰς¹¹ ἐνώπιον αὐτῶν, ἄρας ἐφ' ὃ κατέκειτο¹², ἀπῆλθεν εἰς τὸν οἶκον αὐτοῦ δοξάζων τὸν θεόν. **26** καὶ ἔκστασις¹³ ἔλαβεν ἅπαντας καὶ ἐδόξαζον τὸν θεὸν καὶ ἐπλήσθησαν¹⁴ φόβου λέγοντες ὅτι εἴδομεν παράδοξα¹⁵ σήμερον.

The Calling of Levi (Mt 9.9-13; Mk 2.13-17)

27 Καὶ μετὰ ταῦτα ἐξῆλθεν καὶ ἐθεάσατο¹⁶ τελώνην¹⁷ ὀνόματι Λευὶν καθήμενον ἐπὶ τὸ τελώνιον¹⁸, καὶ εἶπεν αὐτῷ· ἀκολούθει μοι. **28** καὶ καταλιπὼν¹⁹ πάντα ἀναστὰς²⁰ ἠκολούθει αὐτῷ. **29** καὶ ἐποίησεν δοχὴν²¹ μεγάλην Λευὶς αὐτῷ ἐν τῇ οἰκίᾳ αὐτοῦ, καὶ ἦν ὄχλος πολὺς τελωνῶν καὶ ἄλλων οἳ ἦσαν μετ' αὐτῶν κατακείμενοι²². **30** καὶ ἐγόγγυζον²³ οἱ Φαρισαῖοι καὶ οἱ γραμματεῖς αὐτῶν πρὸς τοὺς μαθητὰς αὐτοῦ λέγοντες· διὰ τί μετὰ τῶν τελωνῶν καὶ ἁμαρτωλῶν ἐσθίετε καὶ πίνετε; **31** καὶ ἀποκριθεὶς ὁ Ἰησοῦς εἶπεν πρὸς αὐτούς· οὐ χρείαν ἔχουσιν οἱ ὑγιαίνοντες²⁴ ἰατροῦ²⁵ ἀλλ' οἱ κακῶς²⁶ ἔχοντες· **32** οὐκ ἐλήλυθα²⁷ καλέσαι δικαίους ἀλλ' ἁμαρτωλοὺς εἰς μετάνοιαν²⁸.

The Question about Fasting (Mt 9.14-17; Mk 2.18-22)

33 Οἱ δὲ εἶπαν πρὸς αὐτόν· οἱ μαθηταὶ Ἰωάννου νηστεύουσιν²⁹ πυκνὰ³⁰ καὶ δεήσεις³¹ ποιοῦνται ὁμοίως³² καὶ οἱ τῶν Φαρισαίων, οἱ δὲ σοὶ³³ ἐσθίουσιν καὶ πίνουσιν. **34** ὁ δὲ Ἰησοῦς εἶπεν πρὸς αὐτούς· μὴ δύνασθε τοὺς υἱοὺς τοῦ νυμφῶνος³⁴ ἐν

---

¹ βλασφημία, -ας f, blasphemy
² ἀφίημι aor act inf, forgive
³ ἐπιγινώσκω aor act ptc m s nom, know
⁴ διαλογισμός, -οῦ m, thought
⁵ εὔκοπος, easy (comp)
⁶ οἶδα 2p pf act sub, know
⁷ ἀφίημι pres act inf, forgive
⁸ παραλύω pf pas ptc m s dat, pas be paralyzed
⁹ αἴρω aor act ptc m s nom, pick up
¹⁰ παραχρῆμα, adv, at once
¹¹ ἀνίστημι aor act ptc m s nom, intrans get up

¹² κατάκειμαι 3s impf mid ind, lie (in bed)
¹³ ἔκστασις, -εως f, amazement
¹⁴ πίμπλημι 3p aor pas ind, fill
¹⁵ παράδοξος, -ον, incredible
¹⁶ θεάομαι 3s aor mid ind, see
¹⁷ τελώνης, -ου m, tax-collector
¹⁸ τελώνιον, -ου n, tax office
¹⁹ καταλείπω aor act ptc m s nom, leave (behind)
²⁰ ἀνίστημι aor act ptc m s nom, intrans get up
²¹ δοχή, -ῆς f, banquet
²² κατάκειμαι pres mid ptc m p nom, sit at table

²³ γογγύζω 3p impf act ind, grumble
²⁴ ὑγιαίνω pres act ptc m p nom, be healthy
²⁵ ἰατρός, -οῦ m, doctor
²⁶ κακῶς, badly (κ. ἔχω be sick)
²⁷ ἔρχομαι 1s pf act ind, come
²⁸ μετάνοια, -ας f, repentance
²⁹ νηστεύω 3p pres act ind, fast
³⁰ πυκνός, adv, often
³¹ δέησις, -εως f, prayer
³² ὁμοίως, adv, in the same way
³³ σός, σή, σόν, your
³⁴ νυμφών, -ῶνος m, wedding hall (υἱὸς του v. wedding guest)

ᾧ ὁ νυμφίος[1] μετ' αὐτῶν ἐστιν ποιῆσαι νηστεῦσαι; 35 ἐλεύσονται[2] δὲ ἡμέραι, καὶ ὅταν ἀπαρθῇ[3] ἀπ' αὐτῶν ὁ νυμφίος, τότε νηστεύσουσιν ἐν ἐκείναις ταῖς ἡμέραις.

36 Ἔλεγεν δὲ καὶ παραβολὴν πρὸς αὐτοὺς ὅτι οὐδεὶς ἐπίβλημα[4] ἀπὸ ἱματίου καινοῦ σχίσας[5] ἐπιβάλλει[6] ἐπὶ ἱμάτιον παλαιόν[7]· εἰ δὲ μή γε[8], καὶ τὸ καινὸν σχίσει[9] καὶ τῷ παλαιῷ οὐ συμφωνήσει[10] τὸ ἐπίβλημα τὸ ἀπὸ τοῦ καινοῦ. 37 καὶ οὐδεὶς βάλλει οἶνον νέον[11] εἰς ἀσκοὺς[12] παλαιούς[13]· εἰ δὲ μή γε, ῥήξει[14] ὁ οἶνος ὁ νέος τοὺς ἀσκοὺς καὶ αὐτὸς ἐκχυθήσεται[15] καὶ οἱ ἀσκοὶ ἀπολοῦνται[16]· 38 ἀλλ' οἶνον νέον εἰς ἀσκοὺς καινοὺς βλητέον[17]. 39 [καὶ] οὐδεὶς πιὼν[18] παλαιὸν θέλει νέον· λέγει γάρ· ὁ παλαιὸς χρηστός[19] ἐστιν.

Plucking Grain on the Sabbath (Mt 12.1-8; Mk 2.23-28)

6 Ἐγένετο δὲ ἐν σαββάτῳ διαπορεύεσθαι[20] αὐτὸν διὰ σπορίμων[21], καὶ ἔτιλλον[22] οἱ μαθηταὶ αὐτοῦ καὶ ἤσθιον τοὺς στάχυας[23] ψώχοντες[24] ταῖς χερσίν. 2 τινὲς δὲ τῶν Φαρισαίων εἶπαν· τί ποιεῖτε ὃ οὐκ ἔξεστιν τοῖς σάββασιν; 3 καὶ ἀποκριθεὶς πρὸς αὐτοὺς εἶπεν ὁ Ἰησοῦς· οὐδὲ τοῦτο ἀνέγνωτε[25] ὃ ἐποίησεν Δαυὶδ ὅτε ἐπείνασεν[26] αὐτὸς καὶ οἱ μετ' αὐτοῦ [ὄντες], 4 [ὡς] εἰσῆλθεν εἰς τὸν οἶκον τοῦ θεοῦ καὶ τοὺς ἄρτους τῆς προθέσεως[27] λαβὼν ἔφαγεν[28] καὶ ἔδωκεν τοῖς μετ' αὐτοῦ, οὓς οὐκ ἔξεστιν φαγεῖν[29] εἰ μὴ μόνους τοὺς ἱερεῖς; 5 καὶ ἔλεγεν αὐτοῖς· κύριός ἐστιν τοῦ σαββάτου ὁ υἱὸς τοῦ ἀνθρώπου.

The Man with a Withered Hand (Mt 12.9-14; Mk 3.1-6)

6 Ἐγένετο δὲ ἐν ἑτέρῳ σαββάτῳ εἰσελθεῖν αὐτὸν εἰς τὴν συναγωγὴν καὶ διδάσκειν. καὶ ἦν ἄνθρωπος ἐκεῖ καὶ ἡ χεὶρ αὐτοῦ ἡ δεξιὰ ἦν ξηρά[30]. 7 παρετηροῦντο[31] δὲ αὐτὸν οἱ γραμματεῖς καὶ οἱ Φαρισαῖοι εἰ ἐν τῷ σαββάτῳ θεραπεύει, ἵνα εὕρωσιν[32] κατηγορεῖν[33] αὐτοῦ. 8 αὐτὸς δὲ ᾔδει[34] τοὺς διαλογισμοὺς[35] αὐτῶν, εἶπεν δὲ

[1] νυμφίος, -ου m, bridegroom
[2] ἔρχομαι 3p fut mid ind, come
[3] ἀπαίρω 3s aor pas sub, take away
[4] ἐπίβλημα, -τος n, piece
[5] σχίζω aor act ptc m s nom, tear
[6] ἐπιβάλλω 3s pres act ind, put on
[7] παλαιός, -ά/όν, old
[8] γέ, emphatic particle
[9] σχίζω 3s fut act ind, tear
[10] συμφωνέω 3s fut act ind, match
[11] νέος, -α/ον, new
[12] ἀσκός, -οῦ m, wine-skin
[13] παλαιός, -ά/όν, old
[14] ῥήγνυμι/ῥήσσω 3s fut act ind, burst
[15] ἐκχύννω 3s fut pas ind, pour out
[16] ἀπόλλυμι 3p fut mid ind, mid be destroyed
[17] βλητέος, -α/ον, must be put
[18] πίνω aor act ptc m s nom, drink
[19] χρηστός, -ή/όν, good
[20] διαπορεύομαι pres mid inf, go through
[21] σπόριμος, -ου n, grain field
[22] τίλλω 3p impf act ind, pick
[23] στάχυς, -υος m, head of grain/wheat
[24] ψώχω pres act ptc m p nom, rub (the husk from grain)
[25] ἀναγινώσκω 2p aor act ind, read
[26] πεινάω 3s aor act ind, be hungry
[27] πρόθεσις, -εως f, something offered to God (ἄρτοι τῆς π. bread offered to God)
[28] ἐσθίω 3s aor act ind, eat
[29] ἐσθίω aor act inf, eat
[30] ξηρός, -ά/όν, paralyzed
[31] παρατηρέω 3p impf mid ind, mid watch closely
[32] εὑρίσκω 3p aor act sub, find
[33] κατηγορέω pres act inf, accuse
[34] οἶδα 3s plpf act ind, know
[35] διαλογισμός, -οῦ m, thought

τῷ ἀνδρὶ τῷ ξηρὰν ἔχοντι τὴν χεῖρα· ἔγειρε καὶ στῆθι¹ εἰς τὸ μέσον· καὶ ἀναστὰς² ἔστη³. 9 εἶπεν δὲ ὁ Ἰησοῦς πρὸς αὐτούς· ἐπερωτῶ ὑμᾶς εἰ ἔξεστιν τῷ σαββάτῳ ἀγαθοποιῆσαι⁴ ἢ κακοποιῆσαι⁵, ψυχὴν σῶσαι ἢ ἀπολέσαι⁶; 10 καὶ περιβλεψάμενος⁷ πάντας αὐτοὺς εἶπεν αὐτῷ· ἔκτεινον⁸ τὴν χεῖρά σου. ὁ δὲ ἐποίησεν καὶ ἀπεκατεστάθη⁹ ἡ χεὶρ αὐτοῦ. 11 αὐτοὶ δὲ ἐπλήσθησαν¹⁰ ἀνοίας¹¹ καὶ διελάλουν¹² πρὸς ἀλλήλους τί ἂν ποιήσαιεν τῷ Ἰησοῦ.

The Choosing of the Twelve (Mt 10.1-4; Mk 3.13-19)

12 Ἐγένετο δὲ ἐν ταῖς ἡμέραις ταύταις ἐξελθεῖν αὐτὸν εἰς τὸ ὄρος προσεύξασθαι, καὶ ἦν διανυκτερεύων¹³ ἐν τῇ προσευχῇ τοῦ θεοῦ. 13 καὶ ὅτε ἐγένετο ἡμέρα, προσεφώνησεν¹⁴ τοὺς μαθητὰς αὐτοῦ, καὶ ἐκλεξάμενος¹⁵ ἀπ' αὐτῶν δώδεκα, οὓς καὶ ἀποστόλους ὠνόμασεν¹⁶· 14 Σίμωνα ὃν καὶ ὠνόμασεν Πέτρον, καὶ Ἀνδρέαν τὸν ἀδελφὸν αὐτοῦ, καὶ Ἰάκωβον καὶ Ἰωάννην καὶ Φίλιππον καὶ Βαρθολομαῖον 15 καὶ Μαθθαῖον καὶ Θωμᾶν καὶ Ἰάκωβον Ἁλφαίου καὶ Σίμωνα τὸν καλούμενον Ζηλωτὴν¹⁷ 16 καὶ Ἰούδαν Ἰακώβου καὶ Ἰούδαν Ἰσκαριώθ, ὃς ἐγένετο προδότης¹⁸.

Ministering to a Great Multitude (Mt 4.23-25)

17 Καὶ καταβὰς μετ' αὐτῶν ἔστη¹⁹ ἐπὶ τόπου πεδινοῦ²⁰, καὶ ὄχλος πολὺς μαθητῶν αὐτοῦ, καὶ πλῆθος πολὺ τοῦ λαοῦ ἀπὸ πάσης τῆς Ἰουδαίας καὶ Ἰερουσαλὴμ καὶ τῆς παραλίου²¹ Τύρου καὶ Σιδῶνος, 18 οἳ ἦλθον ἀκοῦσαι αὐτοῦ καὶ ἰαθῆναι²² ἀπὸ τῶν νόσων²³ αὐτῶν· καὶ οἱ ἐνοχλούμενοι²⁴ ἀπὸ πνευμάτων ἀκαθάρτων ἐθεραπεύοντο, 19 καὶ πᾶς ὁ ὄχλος ἐζήτουν ἅπτεσθαι²⁵ αὐτοῦ, ὅτι δύναμις παρ' αὐτοῦ ἐξήρχετο καὶ ἰᾶτο²⁶ πάντας.

---

[1] ἵστημι 2s aor act impv, intrans stand
[2] ἀνίστημι aor act ptc m s nom, intrans get up
[3] ἵστημι 3s aor act ind, intrans stand
[4] ἀγαθοποιέω aor act inf, do good
[5] κακοποιέω aor act inf, do evil
[6] ἀπόλλυμι aor act inf, destroy
[7] περιβλέπω aor mid ptc m s nom, look around
[8] ἐκτείνω 2s aor act impv, stretch out
[9] ἀποκαθίστημι 3s aor pas ind, make well
[10] πίμπλημι 3p aor pas ind, fill
[11] ἄνοια, -ας f, rage
[12] διαλαλέω 3p impf act ind, discuss
[13] διανυκτερεύω pres act ptc m s nom, spend the night
[14] προσφωνέω 3s aor act ind, call to oneself
[15] ἐκλέγομαι aor mid ptc m s nom, choose
[16] ὀνομάζω 3s aor act ind, name
[17] ζηλωτής, -οῦ m, Zealot/one who is eager
[18] προδότης, -ου m, traitor
[19] ἵστημι 3s aor act ind, intrans stand
[20] πεδινός, -ή/όν, level
[21] παράλιος, -ου f, coastal district
[22] ἰάομαι aor pas inf, heal
[23] νόσος, -ου f, illness
[24] ἐνοχλέω pres pas ptc m p nom, trouble
[25] ἅπτω pres mid inf, mid touch
[26] ἰάομαι 3s impf mid ind, heal

Blessings and Woes (Mt 5.1-12)

20 Καὶ αὐτὸς ἐπάρας¹ τοὺς ὀφθαλμοὺς αὐτοῦ εἰς τοὺς μαθητὰς αὐτοῦ ἔλεγεν·
μακάριοι οἱ πτωχοί,
ὅτι ὑμετέρα² ἐστὶν ἡ βασιλεία τοῦ θεοῦ.
21 μακάριοι οἱ πεινῶντες³ νῦν,
ὅτι χορτασθήσεσθε⁴.
μακάριοι οἱ κλαίοντες νῦν,
ὅτι γελάσετε⁵.
22 μακάριοί ἐστε ὅταν μισήσωσιν ὑμᾶς οἱ ἄνθρωποι καὶ ὅταν ἀφορίσωσιν⁶ ὑμᾶς καὶ ὀνειδίσωσιν⁷ καὶ ἐκβάλωσιν τὸ ὄνομα ὑμῶν ὡς πονηρὸν ἕνεκα⁸ τοῦ υἱοῦ τοῦ ἀνθρώπου·
23 Χάρητε ἐν ἐκείνῃ τῇ ἡμέρᾳ καὶ σκιρτήσατε⁹, ἰδοὺ γὰρ ὁ μισθὸς¹⁰ ὑμῶν πολὺς ἐν τῷ οὐρανῷ· κατὰ τὰ αὐτὰ γὰρ ἐποίουν τοῖς προφήταις οἱ πατέρες αὐτῶν.
24 πλὴν οὐαὶ ὑμῖν τοῖς πλουσίοις¹¹,
ὅτι ἀπέχετε¹² τὴν παράκλησιν¹³ ὑμῶν.
25 οὐαὶ ὑμῖν, οἱ ἐμπεπλησμένοι¹⁴ νῦν,
ὅτι πεινάσετε¹⁵.
οὐαί, οἱ γελῶντες νῦν,
ὅτι πενθήσετε¹⁶ καὶ κλαύσετε.
26 οὐαὶ ὅταν ὑμᾶς καλῶς εἴπωσιν¹⁷ πάντες οἱ ἄνθρωποι·
κατὰ τὰ αὐτὰ γὰρ ἐποίουν τοῖς ψευδοπροφήταις¹⁸ οἱ πατέρες αὐτῶν.

Love for Enemies (Mt 5.38-48; 7.12a)

27 Ἀλλ' ὑμῖν λέγω τοῖς ἀκούουσιν· ἀγαπᾶτε τοὺς ἐχθροὺς ὑμῶν, καλῶς ποιεῖτε τοῖς μισοῦσιν ὑμᾶς, 28 εὐλογεῖτε τοὺς καταρωμένους¹⁹ ὑμᾶς, προσεύχεσθε περὶ τῶν ἐπηρεαζόντων²⁰ ὑμᾶς. 29 τῷ τύπτοντί²¹ σε ἐπὶ τὴν σιαγόνα²² πάρεχε²³ καὶ τὴν ἄλλην, καὶ ἀπὸ τοῦ αἴροντός σου τὸ ἱμάτιον καὶ τὸν χιτῶνα²⁴ μὴ κωλύσῃς²⁵. 30 παντὶ αἰτοῦντί σε δίδου²⁶, καὶ ἀπὸ τοῦ αἴροντος τὰ σὰ²⁷ μὴ ἀπαίτει²⁸.

---

¹ ἐπαίρω aor act ptc m s nom, lift up
² ὑμέτερος, -α/ον, your(s)
³ πεινάω pres act ptc m p nom or voc, be hungry
⁴ χορτάζω 2p fut pas ind, satisfy
⁵ γελάω 2p fut act ind, laugh
⁶ ἀφορίζω 3p aor act sub, exclude
⁷ ὀνειδίζω 3p aor act sub, insult
⁸ ἕνεκα, prep + gen, because of
⁹ σκιρτάω 2p aor act impv, jump for joy
¹⁰ μισθός, -οῦ m, reward
¹¹ πλούσιος, -α/ον, rich
¹² ἀπέχω 2p pres act ind, receive in full
¹³ παράκλησις, -εως f, comfort
¹⁴ ἐμπίπλημι pf pas ptc m p nom or voc, fill
¹⁵ πεινάω 2p fut act ind, go hungry
¹⁶ πενθέω 2p fut act ind, mourn
¹⁷ λέγω 3p aor act sub, speak
¹⁸ ψευδοπροφήτης, -ου m, false prophet
¹⁹ καταράομαι pres mid ptc m p acc, curse
²⁰ ἐπηρεάζω pres act ptc m p gen, mistreat
²¹ τύπτω pres act ptc m s dat, hit
²² σιαγών, -όνος f, cheek
²³ παρέχω 2s pres act impv, offer
²⁴ χιτών, -ῶνος m, shirt (generally of the garment worn next to the skin)
²⁵ κωλύω 2s aor act sub, keep back
²⁶ δίδωμι 2s pres act impv, give
²⁷ σός, σή, σόν, yours
²⁸ ἀπαιτέω 2s pres act impv, demand in return

31 Καὶ καθὼς θέλετε ἵνα ποιῶσιν ὑμῖν οἱ ἄνθρωποι ποιεῖτε αὐτοῖς ὁμοίως¹. **32** καὶ εἰ ἀγαπᾶτε τοὺς ἀγαπῶντας ὑμᾶς, ποία ὑμῖν χάρις ἐστίν; καὶ γὰρ οἱ ἁμαρτωλοὶ τοὺς ἀγαπῶντας αὐτοὺς ἀγαπῶσιν. **33** καὶ [γὰρ] ἐὰν ἀγαθοποιῆτε² τοὺς ἀγαθοποιοῦντας ὑμᾶς, ποία ὑμῖν χάρις ἐστίν; καὶ οἱ ἁμαρτωλοὶ τὸ αὐτὸ ποιοῦσιν. **34** καὶ ἐὰν δανίσητε³ παρ' ὧν ἐλπίζετε λαβεῖν, ποία ὑμῖν χάρις [ἐστίν]; καὶ ἁμαρτωλοὶ ἁμαρτωλοῖς δανίζουσιν ἵνα ἀπολάβωσιν⁴ τὰ ἴσα⁵. **35** πλὴν ἀγαπᾶτε τοὺς ἐχθροὺς ὑμῶν καὶ ἀγαθοποιεῖτε καὶ δανίζετε μηδὲν ἀπελπίζοντες⁶· καὶ ἔσται ὁ μισθὸς⁷ ὑμῶν πολύς, καὶ ἔσεσθε⁸ υἱοὶ ὑψίστου⁹, ὅτι αὐτὸς χρηστός¹⁰ ἐστιν ἐπὶ τοὺς ἀχαρίστους¹¹ καὶ πονηρούς. **36** Γίνεσθε οἰκτίρμονες¹² καθὼς [καὶ] ὁ πατὴρ ὑμῶν οἰκτίρμων ἐστίν.

Judging Others (Mt 7.1-5)

37 Καὶ μὴ κρίνετε, καὶ οὐ μὴ κριθῆτε¹³· καὶ μὴ καταδικάζετε¹⁴, καὶ οὐ μὴ καταδικασθῆτε¹⁵. ἀπολύετε, καὶ ἀπολυθήσεσθε· **38** δίδοτε¹⁶, καὶ δοθήσεται¹⁷ ὑμῖν· μέτρον¹⁸ καλὸν πεπιεσμένον¹⁹ σεσαλευμένον²⁰ ὑπερεκχυννόμενον²¹ δώσουσιν εἰς τὸν κόλπον²² ὑμῶν· ᾧ γὰρ μέτρῳ μετρεῖτε²³ ἀντιμετρηθήσεται²⁴ ὑμῖν.

39 Εἶπεν δὲ καὶ παραβολὴν αὐτοῖς· μήτι²⁵ δύναται τυφλὸς τυφλὸν ὁδηγεῖν²⁶; οὐχὶ ἀμφότεροι²⁷ εἰς βόθυνον²⁸ ἐμπεσοῦνται²⁹; **40** οὐκ ἔστιν μαθητὴς ὑπὲρ τὸν διδάσκαλον· κατηρτισμένος³⁰ δὲ πᾶς ἔσται ὡς ὁ διδάσκαλος αὐτοῦ. **41** Τί δὲ βλέπεις τὸ κάρφος³¹ τὸ ἐν τῷ ὀφθαλμῷ τοῦ ἀδελφοῦ σου, τὴν δὲ δοκὸν³² τὴν ἐν τῷ ἰδίῳ ὀφθαλμῷ οὐ κατανοεῖς³³; **42** πῶς δύνασαι λέγειν τῷ ἀδελφῷ σου· ἀδελφέ, ἄφες³⁴ ἐκβάλω³⁵ τὸ κάρφος τὸ ἐν τῷ ὀφθαλμῷ σου, αὐτὸς τὴν ἐν τῷ ὀφθαλμῷ σου δοκὸν οὐ βλέπων; ὑποκριτά³⁶, ἔκβαλε πρῶτον τὴν δοκὸν ἐκ τοῦ ὀφθαλμοῦ σου, καὶ τότε διαβλέψεις³⁷ τὸ κάρφος τὸ ἐν τῷ ὀφθαλμῷ τοῦ ἀδελφοῦ σου ἐκβαλεῖν³⁸.

---

[1] ὁμοίως, adv. in the same way
[2] ἀγαθοποιέω 2p pres act sub, do good
[3] δανείζω 2p aor act sub, lend
[4] ἀπολαμβάνω 3p aor act sub, get back
[5] ἴσος, -η/ον, (the) same
[6] ἀπελπίζω pres act ptc m p nom, expect in return
[7] μισθός, -οῦ m, reward
[8] εἰμί 2p fut mid ind, be
[9] ὕψιστος, highest (ὁ ὕ the Most High [God])
[10] χρηστός, -ή/όν, good
[11] ἀχάριστος, -ον, ungrateful
[12] οἰκτίρμων, -ον, merciful
[13] κρίνω 2p aor pas sub, judge
[14] καταδικάζω 2p pres act impv, condemn
[15] καταδικάζω 2p aor pas sub, condemn
[16] δίδωμι 2p pres act impv, give
[17] δίδωμι 3s fut pas ind, give
[18] μέτρον, -ου n, measure
[19] πιέζω pf pas ptc n s acc, press down
[20] σαλεύω pf pas ptc n s acc, shake
[21] ὑπερεκχύννω pres pas ptc n s acc, pas run over
[22] κόλπος, -ου m, lap
[23] μετρέω 2p pres act ind, measure out
[24] ἀντιμετρέω 3s fut pas ind, measure out in return
[25] μήτι, usually expects a negative reply
[26] ὁδηγέω pres act inf, lead
[27] ἀμφότεροι, -αι/α, both
[28] βόθυνος, -ου m, ditch/pit
[29] ἐμπίπτω 3p fut mid ind, fall into
[30] καταρτίζω pf pas ptc m s nom, prepare (κατηρτισμένος fully trained)
[31] κάρφος, -ους n, speck
[32] δοκός, -οῦ f, log
[33] κατανοέω 2s pres act ind, notice
[34] ἀφίημι 2s aor act impv, let
[35] ἐκβάλλω 1s aor act sub, take out
[36] ὑποκριτής, -οῦ m, hypocrite
[37] διαβλέπω 2s fut act ind, see clearly
[38] ἐκβάλλω aor act inf, take out

A Tree Known by Its Fruit (Mt 7.17-20; 12.34b-35)

43 Ού γάρ έστιν δένδρον[1] καλόν ποιοῦν καρπόν σαπρόν[2], οὐδὲ πάλιν δένδρον σαπρὸν ποιοῦν καρπὸν καλόν. 44 ἕκαστον γὰρ δένδρον ἐκ τοῦ ἰδίου καρποῦ γινώσκεται· οὐ γὰρ ἐξ ἀκανθῶν[3] συλλέγουσιν[4] σῦκα[5] οὐδὲ ἐκ βάτου[6] σταφυλὴν[7] τρυγῶσιν[8]. 45 ὁ ἀγαθὸς ἄνθρωπος ἐκ τοῦ ἀγαθοῦ θησαυροῦ[9] τῆς καρδίας προφέρει[10] τὸ ἀγαθόν, καὶ ὁ πονηρὸς ἐκ τοῦ πονηροῦ προφέρει τὸ πονηρόν· ἐκ γὰρ περισσεύματος[11] καρδίας λαλεῖ τὸ στόμα αὐτοῦ.

The Two Foundations (Mt 7.24-27)

46 Τί δέ με καλεῖτε· κύριε κύριε, καὶ οὐ ποιεῖτε ἃ λέγω; 47 πᾶς ὁ ἐρχόμενος πρός με καὶ ἀκούων μου τῶν λόγων καὶ ποιῶν αὐτούς, ὑποδείξω[12] ὑμῖν τίνι ἐστὶν ὅμοιος· 48 ὅμοιός ἐστιν ἀνθρώπῳ οἰκοδομοῦντι οἰκίαν ὃς ἔσκαψεν[13] καὶ ἐβάθυνεν[14] καὶ ἔθηκεν[15] θεμέλιον[16] ἐπὶ τὴν πέτραν[17]· πλημμύρης[18] δὲ γενομένης προσέρηξεν[19] ὁ ποταμὸς[20] τῇ οἰκίᾳ ἐκείνῃ, καὶ οὐκ ἴσχυσεν[21] σαλεῦσαι[22] αὐτὴν διὰ τὸ καλῶς οἰκοδομῆσθαι αὐτήν. 49 ὁ δὲ ἀκούσας καὶ μὴ ποιήσας ὅμοιός ἐστιν ἀνθρώπῳ οἰκοδομήσαντι οἰκίαν ἐπὶ τὴν γῆν χωρὶς θεμελίου, ᾗ προσέρηξεν ὁ ποταμός, καὶ εὐθὺς συνέπεσεν[23] καὶ ἐγένετο τὸ ῥῆγμα[24] τῆς οἰκίας ἐκείνης μέγα.

The Healing of a Centurion's Slave (Mt 8.5-13; Jn 4.43-54)

7 Ἐπειδὴ[25] ἐπλήρωσεν πάντα τὰ ῥήματα αὐτοῦ εἰς τὰς ἀκοὰς[26] τοῦ λαοῦ, εἰσῆλθεν εἰς Καφαρναούμ. 2 ἑκατοντάρχου[27] δέ τινος δοῦλος κακῶς[28] ἔχων ἤμελλεν τελευτᾶν[29], ὃς ἦν αὐτῷ ἔντιμος[30]. 3 ἀκούσας δὲ περὶ τοῦ Ἰησοῦ ἀπέστειλεν[31] πρὸς αὐτὸν πρεσβυτέρους τῶν Ἰουδαίων ἐρωτῶν αὐτὸν ὅπως ἐλθὼν διασώσῃ[32] τὸν δοῦλον αὐτοῦ. 4 οἱ δὲ παραγενόμενοι[33] πρὸς τὸν Ἰησοῦν παρεκάλουν αὐτὸν σπουδαίως[34] λέγοντες ὅτι ἄξιος ἐστιν ᾧ παρέξῃ[35] τοῦτο· 5 ἀγαπᾷ γὰρ τὸ ἔθνος ἡμῶν καὶ τὴν συναγωγὴν αὐτὸς ᾠκοδόμησεν[36] ἡμῖν. 6 ὁ δὲ Ἰησοῦς ἐπορεύετο σὺν

---

[1] δένδρον, -ου n, tree
[2] σαπρός, -ά/όν, bad
[3] ἄκανθα, -ης f, thorn plant
[4] συλλέγω 3p pres act ind, gather
[5] σῦκον, -ου f, fig
[6] βάτος, -ου m & f, thornbush
[7] σταφυλή, -ῆς f. (bunch of) grapes
[8] τρυγάω 3p pres act ind, pick
[9] θησαυρός, -οῦ m, treasure
[10] προφέρω 3s pres act ind, bring out/produce
[11] περίσσευμα, -τος n, abundance
[12] ὑποδείκνυμι 1s fut act ind, show
[13] σκάπτω 3s aor act ind, dig
[14] βαθύνω 3s aor act ind, go deep
[15] τίθημι 3s aor act ind, lay
[16] θεμέλιον, -ου n, foundation
[17] πέτρα, -ας f, rock
[18] πλήμμυρα, -ης f, flood
[19] προσρήγνυμι/προσρήσσω, 3s aor act ind, rush against
[20] ποταμός, -οῦ m, river
[21] ἰσχύω 3s aor act ind, be able
[22] σαλεύω aor act inf, shake
[23] συμπίπτω 3s aor act ind, fall
[24] ῥῆγμα, -τος n, ruin
[25] ἐπειδή, conj, after
[26] ἀκοή, -ῆς f, hearing
[27] ἑκατοντάρχης, -ου m, centurion/officer (of the Roman army)
[28] κακῶς, badly (κ. ἔχω be sick)
[29] τελευτάω pres act inf, die
[30] ἔντιμος, -ον, valuable
[31] ἀποστέλλω 3s aor act ind, send
[32] διασῴζω 3s aor act sub, heal
[33] παραγίνομαι aor mid ptc m p nom, come
[34] σπουδαίως, adv, earnestly
[35] παρέχω 3s fut mid ind, act & mid do
[36] οἰκοδομέω 3s aor act ind, build

αὐτοῖς. ἤδη δὲ αὐτοῦ οὐ μακρὰν¹ ἀπέχοντος² ἀπὸ τῆς οἰκίας ἔπεμψεν φίλους³ ὁ ἑκατοντάρχης λέγων αὐτῷ· κύριε, μὴ σκύλλου⁴, οὐ γὰρ ἱκανός εἰμι ἵνα ὑπὸ τὴν στέγην⁵ μου εἰσέλθῃς⁶· **7** διὸ οὐδὲ ἐμαυτὸν ἠξίωσα⁷ πρὸς σὲ ἐλθεῖν· ἀλλ' εἰπὲ λόγῳ, καὶ ἰαθήτω⁸ ὁ παῖς⁹ μου. **8** καὶ γὰρ ἐγὼ ἄνθρωπός εἰμι ὑπὸ ἐξουσίαν τασσόμενος¹⁰ ἔχων ὑπ' ἐμαυτὸν στρατιώτας¹¹, καὶ λέγω τούτῳ· πορεύθητι, καὶ πορεύεται, καὶ ἄλλῳ· ἔρχου, καὶ ἔρχεται, καὶ τῷ δούλῳ μου· ποίησον τοῦτο, καὶ ποιεῖ. **9** ἀκούσας δὲ ταῦτα ὁ Ἰησοῦς ἐθαύμασεν αὐτὸν καὶ στραφεὶς¹² τῷ ἀκολουθοῦντι αὐτῷ ὄχλῳ εἶπεν· λέγω ὑμῖν, οὐδὲ ἐν τῷ Ἰσραὴλ τοσαύτην¹³ πίστιν εὗρον¹⁴. **10** καὶ ὑποστρέψαντες εἰς τὸν οἶκον οἱ πεμφθέντες¹⁵ εὗρον τὸν δοῦλον ὑγιαίνοντα¹⁶.

The Raising of the Widow's Son at Nain

11 Καὶ ἐγένετο ἐν τῷ ἑξῆς¹⁷ ἐπορεύθη εἰς πόλιν καλουμένην Ναῒν καὶ συνεπορεύοντο¹⁸ αὐτῷ οἱ μαθηταὶ αὐτοῦ καὶ ὄχλος πολύς. **12** ὡς δὲ ἤγγισεν¹⁹ τῇ πύλῃ²⁰ τῆς πόλεως, καὶ ἰδοὺ ἐξεκομίζετο²¹ τεθνηκὼς²² μονογενὴς²³ υἱὸς τῇ μητρὶ αὐτοῦ καὶ αὐτὴ ἦν χήρα²⁴, καὶ ὄχλος τῆς πόλεως ἱκανὸς ἦν σὺν αὐτῇ. **13** καὶ ἰδὼν αὐτὴν ὁ κύριος ἐσπλαγχνίσθη²⁵ ἐπ' αὐτῇ καὶ εἶπεν αὐτῇ· μὴ κλαῖε. **14** καὶ προσελθὼν²⁶ ἥψατο²⁷ τῆς σοροῦ²⁸, οἱ δὲ βαστάζοντες²⁹ ἔστησαν³⁰, καὶ εἶπεν· νεανίσκε³¹, σοὶ λέγω, ἐγέρθητι³². **15** καὶ ἀνεκάθισεν³³ ὁ νεκρὸς καὶ ἤρξατο³⁴ λαλεῖν, καὶ ἔδωκεν αὐτὸν τῇ μητρὶ αὐτοῦ. **16** ἔλαβεν δὲ φόβος πάντας καὶ ἐδόξαζον τὸν θεὸν λέγοντες ὅτι προφήτης μέγας ἠγέρθη³⁵ ἐν ἡμῖν καὶ ὅτι ἐπεσκέψατο³⁶ ὁ θεὸς τὸν λαὸν αὐτοῦ. **17** καὶ ἐξῆλθεν ὁ λόγος οὗτος ἐν ὅλῃ τῇ Ἰουδαίᾳ περὶ αὐτοῦ καὶ πάσῃ τῇ περιχώρῳ³⁷.

---

¹ μακράν, *adv*, far
² ἀπέχω *pres act ptc m s gen*, *intrans* be distant
³ φίλος, -ου *m*, friend
⁴ σκύλλω *2s pres pas impv*, *pas* trouble oneself
⁵ στέγη, -ης *f*, roof
⁶ εἰσέρχομαι *2s aor act sub*, come in
⁷ ἀξιόω *1s aor act ind*, consider worthy
⁸ ἰάομαι *3s aor pas impv*, heal
⁹ παῖς, παιδός *m & f*, servant
¹⁰ τάσσω *pres pas ptc m s nom*, order (ὑπὸ ἐξουσίαν τ. under the authority of superior officers)
¹¹ στρατιώτης, -ου *m*, soldier
¹² στρέφω *aor pas ptc m s nom*, *intrans pas* turn

¹³ τοσοῦτος, -αύτη/οῦτον, so much
¹⁴ εὑρίσκω *1s aor act ind*, find
¹⁵ πέμπω *aor pas ptc m p nom*, send
¹⁶ ὑγιαίνω *pres act ptc m s acc*, be well
¹⁷ ἑξῆς, *adv*, next (ἐν τῷ ἑ. soon afterward)
¹⁸ συμπορεύομαι *3p impf ind*, go along with
¹⁹ ἐγγίζω *3s aor act ind*, come near
²⁰ πύλη, -ης *f*, gate
²¹ ἐκκομίζω *3s impf pas ind*, carry out for burial
²² θνῄσκω *pf act ptc m s nom*, die
²³ μονογενής, -ές, only
²⁴ χήρα, -ας *f*, widow
²⁵ σπλαγχνίζομαι *3s aor pas ind*, have pity

²⁶ προσέρχομαι *aor act ptc m s nom*, come
²⁷ ἅπτω *3s aor mid ind*, *mid* touch
²⁸ σορός, -οῦ *f*, stretcher (on which a corpse is carried)
²⁹ βαστάζω *pres act ptc m p nom*, carry
³⁰ ἵστημι *3p aor act ind*, *intrans* stand (still)
³¹ νεανίσκος, -ου *m*, young man
³² ἐγείρω *2s aor pas impv*, *intrans pas* get up
³³ ἀνακαθίζω *3s aor act ind*, sit up
³⁴ ἄρχω *3s aor mid ind*, *mid* begin
³⁵ ἐγείρω *3s aor pas ind*, *intrans pas* appear
³⁶ ἐπισκέπτομαι *3s aor mid ind*, come to help
³⁷ περίχωρος, -ου *f*, surrounding region

The Messengers from John the Baptist (Mt 11.2-19)

18 Καὶ ἀπήγγειλαν¹ Ἰωάννῃ οἱ μαθηταὶ αὐτοῦ περὶ πάντων τούτων. καὶ προσκαλεσάμενος² δύο τινὰς τῶν μαθητῶν αὐτοῦ ὁ Ἰωάννης 19 ἔπεμψεν³ πρὸς τὸν κύριον λέγων· σὺ εἶ ὁ ἐρχόμενος ἢ ἄλλον προσδοκῶμεν⁴; 20 παραγενόμενοι⁵ δὲ πρὸς αὐτὸν οἱ ἄνδρες εἶπαν· Ἰωάννης ὁ βαπτιστὴς⁶ ἀπέστειλεν⁷ ἡμᾶς πρὸς σὲ λέγων· σὺ εἶ ὁ ἐρχόμενος ἢ ἄλλον προσδοκῶμεν; 21 ἐν ἐκείνῃ τῇ ὥρᾳ ἐθεράπευσεν πολλοὺς ἀπὸ νόσων⁸ καὶ μαστίγων⁹ καὶ πνευμάτων πονηρῶν καὶ τυφλοῖς πολλοῖς ἐχαρίσατο¹⁰ βλέπειν. 22 καὶ ἀποκριθεὶς εἶπεν αὐτοῖς· πορευθέντες ἀπαγγείλατε Ἰωάννῃ ἃ εἴδετε καὶ ἠκούσατε·

τυφλοὶ ἀναβλέπουσιν¹¹, χωλοὶ¹² περιπατοῦσιν,
λεπροὶ¹³ καθαρίζονται καὶ κωφοὶ¹⁴ ἀκούουσιν,
νεκροὶ ἐγείρονται, πτωχοὶ εὐαγγελίζονται·
23 καὶ μακάριός ἐστιν ὃς ἐὰν μὴ σκανδαλισθῇ¹⁵ ἐν ἐμοί.

24 Ἀπελθόντων δὲ τῶν ἀγγέλων Ἰωάννου ἤρξατο¹⁶ λέγειν πρὸς τοὺς ὄχλους περὶ Ἰωάννου· τί ἐξήλθατε εἰς τὴν ἔρημον θεάσασθαι¹⁷; κάλαμον¹⁸ ὑπὸ ἀνέμου σαλευόμενον¹⁹; 25 ἀλλὰ τί ἐξήλθατε ἰδεῖν; ἄνθρωπον ἐν μαλακοῖς²⁰ ἱματίοις ἠμφιεσμένον²¹; ἰδοὺ οἱ ἐν ἱματισμῷ²² ἐνδόξῳ²³ καὶ τρυφῇ²⁴ ὑπάρχοντες ἐν τοῖς βασιλείοις²⁵ εἰσίν. 26 ἀλλὰ τί ἐξήλθατε ἰδεῖν; προφήτην; ναὶ λέγω ὑμῖν, καὶ περισσότερον²⁶ προφήτου. 27 οὗτός ἐστιν περὶ οὗ γέγραπται·

ἰδοὺ ἀποστέλλω τὸν ἄγγελόν μου πρὸ προσώπου σου,
ὃς κατασκευάσει²⁷ τὴν ὁδόν σου ἔμπροσθέν σου.
28 λέγω ὑμῖν, μείζων ἐν γεννητοῖς²⁸ γυναικῶν Ἰωάννου οὐδείς ἐστιν· ὁ δὲ μικρότερος²⁹ ἐν τῇ βασιλείᾳ τοῦ θεοῦ μείζων³⁰ αὐτοῦ ἐστιν.

---

1 ἀπαγγέλλω 3p aor act ind, tell
2 προσκαλέομαι aor mid ptc m s nom, call to oneself
3 πέμπω 3s aor act ind, send
4 προσδοκάω 1p pres act ind, look for
5 παραγίνομαι aor mid ptc m p nom, come
6 βαπτιστής, -οῦ m, Baptist/baptizer
7 ἀποστέλλω 3s aor act ind, send
8 νόσος, -ου f, illness
9 μάστιξ, -ιγος f, sickness
10 χαρίζομαι 3s aor mid ind, give

11 ἀναβλέπω 3p pres act ind, regain one's sight
12 χωλός, -ή/όν, lame
13 λεπρός, -οῦ m, leper/person with a skin disease
14 κωφός, -ή/όν, deaf
15 σκανδαλίζω 3s aor pas sub, pas with ἐν: reject
16 ἄρχω 3s aor mid ind, mid begin
17 θεάομαι aor mid inf, see
18 κάλαμος, -ου m, reed
19 σαλεύω pres pas ptc m s acc, shake
20 μαλακός, -ή/όν, fine

21 ἀμφιέννυμι pf pas ptc m s acc, dress in
22 ἱματισμός, -οῦ m, clothes
23 ἔνδοξος, -ον, expensive
24 τρυφή, -ῆς f, luxury
25 βασίλειος, -ον, royal (ἐν τοῖς β. in palaces)
26 περισσότερος, more (comp of περισσός)
27 κατασκευάζω 3s fut act ind, prepare
28 γεννητός, -ή/όν, born
29 μικρός, little (importance) (comp)
30 μέγας, great (comp)

29 Καὶ πᾶς ὁ λαὸς ἀκούσας καὶ οἱ τελῶναι[1] ἐδικαίωσαν τὸν θεὸν βαπτισθέντες τὸ βάπτισμα[2] Ἰωάννου· **30** οἱ δὲ Φαρισαῖοι καὶ οἱ νομικοὶ[3] τὴν βουλὴν[4] τοῦ θεοῦ ἠθέτησαν[5] εἰς ἑαυτοὺς μὴ βαπτισθέντες ὑπ' αὐτοῦ.

31 Τίνι οὖν ὁμοιώσω[6] τοὺς ἀνθρώπους τῆς γενεᾶς ταύτης καὶ τίνι εἰσὶν ὅμοιοι; **32** ὅμοιοί εἰσιν παιδίοις τοῖς ἐν ἀγορᾷ[7] καθημένοις καὶ προσφωνοῦσιν[8] ἀλλήλοις ἃ λέγει·

ηὐλήσαμεν[9] ὑμῖν καὶ οὐκ ὠρχήσασθε[10],
ἐθρηνήσαμεν[11] καὶ οὐκ ἐκλαύσατε.

33 ἐλήλυθεν[12] γὰρ Ἰωάννης ὁ βαπτιστὴς[13] μὴ ἐσθίων ἄρτον μήτε πίνων οἶνον, καὶ λέγετε· δαιμόνιον ἔχει. **34** ἐλήλυθεν ὁ υἱὸς τοῦ ἀνθρώπου ἐσθίων καὶ πίνων, καὶ λέγετε· ἰδοὺ ἄνθρωπος φάγος[14] καὶ οἰνοπότης[15], φίλος[16] τελωνῶν[17] καὶ ἁμαρτωλῶν. **35** καὶ ἐδικαιώθη ἡ σοφία ἀπὸ πάντων τῶν τέκνων αὐτῆς.

A Sinful Woman Forgiven

36 Ἠρώτα δέ τις αὐτὸν τῶν Φαρισαίων ἵνα φάγῃ[18] μετ' αὐτοῦ, καὶ εἰσελθὼν εἰς τὸν οἶκον τοῦ Φαρισαίου κατεκλίθη[19]. **37** καὶ ἰδοὺ γυνὴ ἥτις ἦν ἐν τῇ πόλει ἁμαρτωλός, καὶ ἐπιγνοῦσα[20] ὅτι κατάκειται[21] ἐν τῇ οἰκίᾳ τοῦ Φαρισαίου, κομίσασα[22] ἀλάβαστρον[23] μύρου[24] **38** καὶ στᾶσα[25] ὀπίσω παρὰ τοὺς πόδας αὐτοῦ κλαίουσα τοῖς δάκρυσιν[26] ἤρξατο[27] βρέχειν[28] τοὺς πόδας αὐτοῦ καὶ ταῖς θριξὶν[29] τῆς κεφαλῆς αὐτῆς ἐξέμασσεν[30] καὶ κατεφίλει[31] τοὺς πόδας αὐτοῦ καὶ ἤλειφεν[32] τῷ μύρῳ. **39** ἰδὼν δὲ ὁ Φαρισαῖος ὁ καλέσας αὐτὸν εἶπεν ἐν ἑαυτῷ λέγων· οὗτος εἰ ἦν προφήτης, ἐγίνωσκεν ἂν τίς καὶ ποταπὴ[33] ἡ γυνὴ ἥτις ἅπτεται αὐτοῦ, ὅτι ἁμαρτωλός ἐστιν. **40** καὶ ἀποκριθεὶς ὁ Ἰησοῦς εἶπεν πρὸς αὐτόν· Σίμων, ἔχω σοί τι εἰπεῖν. ὁ δέ· διδάσκαλε, εἰπέ, φησίν. **41** δύο χρεοφειλέται[34] ἦσαν δανιστῇ[35] τινι· ὁ εἷς ὤφειλεν δηνάρια[36]

[1] τελώνης, -ου m, tax collector
[2] βάπτισμα, -τος n, baptism
[3] νομικός, -ή/όν, pertaining to the Jewish Law (ὁ v. expert in the Jewish Law)
[4] βουλή, -ῆς f, purpose
[5] ἀθετέω 3p aor act ind, reject
[6] ὁμοιόω 1s aor act sub & fut act ind, compare
[7] ἀγορά, -ᾶς f, market place
[8] προσφωνέω pres act ptc n p dat, call to
[9] αὐλέω 1p aor act ind, play a flute
[10] ὀρχέομαι 2p aor mid ind, dance
[11] θρηνέω 1p aor act ind, sing a dirge
[12] ἔρχομαι 3s pf act ind, come
[13] βαπτιστής, -οῦ m, Baptist/baptizer
[14] φάγος, -ου m, someone who eats too much
[15] οἰνοπότης, -ου m, heavy drinker/drunkard
[16] φίλος, -ου m, friend
[17] τελώνης, -ου m, tax collector
[18] ἐσθίω 3s aor act sub, eat
[19] κατακλίνω 3s aor pas ind, pas sit down to eat
[20] ἐπιγινώσκω aor act ptc f s nom, know
[21] κατάκειμαι 3s pres mid ind, dine
[22] κομίζω aor act ptc f s nom, bring
[23] ἀλάβαστρος, -ου m & n, alabaster jar
[24] μύρον, -ου n, perfume/ointment
[25] ἵστημι aor act ptc f s nom, intrans stand
[26] δάκρυον, -ου n, tear (of crying)
[27] ἄρχω 3s aor mid ind, mid begin
[28] βρέχω pres act inf, make wet
[29] θρίξ, τριχός f, hair
[30] ἐκμάσσω 3s impf act ind, wipe
[31] καταφιλέω 3s impf act ind, kiss
[32] ἀλείφω 3s impf act ind, anoint
[33] ποταπός, -ή/όν, of what sort
[34] χρεοφειλέτης, -ου m, debtor
[35] δανιστής, -οῦ m, money lender
[36] δηνάριον, -ου n, denarius (Roman silver coin = laborer's daily wage)

πεντακόσια¹, ὁ δὲ ἕτερος πεντήκοντα². 42 μὴ ἐχόντων αὐτῶν ἀποδοῦναι³ ἀμφοτέροις⁴ ἐχαρίσατο⁵. τίς οὖν αὐτῶν πλεῖον⁶ ἀγαπήσει αὐτόν; 43 ἀποκριθεὶς Σίμων εἶπεν· ὑπολαμβάνω⁷ ὅτι ᾧ τὸ πλεῖον ἐχαρίσατο. ὁ δὲ εἶπεν αὐτῷ· ὀρθῶς⁸ ἔκρινας. 44 καὶ στραφεὶς⁹ πρὸς τὴν γυναῖκα τῷ Σίμωνι ἔφη· βλέπεις ταύτην τὴν γυναῖκα; εἰσῆλθόν σου εἰς τὴν οἰκίαν, ὕδωρ μοι ἐπὶ πόδας οὐκ ἔδωκας· αὕτη δὲ τοῖς δάκρυσιν ἔβρεξέν μου τοὺς πόδας καὶ ταῖς θριξὶν αὐτῆς ἐξέμαξεν. 45 φίλημά¹⁰ μοι οὐκ ἔδωκας· αὕτη δὲ ἀφ' ἧς εἰσῆλθον οὐ διέλιπεν¹¹ καταφιλοῦσά¹² μου τοὺς πόδας. 46 ἐλαίῳ¹³ τὴν κεφαλήν μου οὐκ ἤλειψας¹⁴· αὕτη δὲ μύρῳ ἤλειψεν τοὺς πόδας μου. 47 οὗ χάριν¹⁵ λέγω σοι, ἀφέωνται¹⁶ αἱ ἁμαρτίαι αὐτῆς αἱ πολλαί, ὅτι ἠγάπησεν πολύ· ᾧ δὲ ὀλίγον ἀφίεται¹⁷, ὀλίγον ἀγαπᾷ. 48 εἶπεν δὲ αὐτῇ· ἀφέωνταί σου αἱ ἁμαρτίαι. 49 καὶ ἤρξαντο¹⁸ οἱ συνανακείμενοι¹⁹ λέγειν ἐν ἑαυτοῖς· τίς οὗτός ἐστιν ὃς καὶ ἁμαρτίας ἀφίησιν; 50 εἶπεν δὲ πρὸς τὴν γυναῖκα· ἡ πίστις σου σέσωκέν σε· πορεύου εἰς εἰρήνην.

Some Women Accompany Jesus

8 Καὶ ἐγένετο ἐν τῷ καθεξῆς²⁰ καὶ αὐτὸς διώδευεν²¹ κατὰ πόλιν καὶ κώμην²² κηρύσσων καὶ εὐαγγελιζόμενος τὴν βασιλείαν τοῦ θεοῦ καὶ οἱ δώδεκα σὺν αὐτῷ, 2 καὶ γυναῖκές τινες αἳ ἦσαν τεθεραπευμέναι ἀπὸ πνευμάτων πονηρῶν καὶ ἀσθενειῶν²³, Μαρία ἡ καλουμένη Μαγδαληνή, ἀφ' ἧς δαιμόνια ἑπτὰ ἐξεληλύθει²⁴, 3 καὶ Ἰωάννα γυνὴ Χουζᾶ ἐπιτρόπου²⁵ Ἡρῴδου καὶ Σουσάννα καὶ ἕτεραι πολλαί, αἵτινες διηκόνουν αὐτοῖς ἐκ τῶν ὑπαρχόντων αὐταῖς.

The Parable of the Sower (Mt 13.1-9; Mk 4.1-9)

4 Συνιόντος²⁶ δὲ ὄχλου πολλοῦ καὶ τῶν κατὰ πόλιν ἐπιπορευομένων²⁷ πρὸς αὐτὸν εἶπεν διὰ παραβολῆς· 5 ἐξῆλθεν ὁ σπείρων τοῦ σπεῖραι τὸν σπόρον²⁸ αὐτοῦ. καὶ

---

1 πεντακόσιοι, -αι/α, five hundred
2 πεντήκοντα, fifty
3 ἀποδίδωμι aor act inf, repay
4 ἀμφότεροι, -αι/α, both
5 χαρίζομαι 3s aor mid ind, forgive
6 πολύς, much (comp)
7 ὑπολαμβάνω 1s pres act ind, suppose
8 ὀρθῶς, adv, correctly
9 στρέφω aor pas ptc m s nom, intrans pas turn
10 φίλημα, -ατος n, kiss
11 διαλείπω 3s aor act ind, stop
12 καταφιλέω pres act ptc f s nom, kiss
13 ἔλαιον, -ου n, olive oil
14 ἀλείφω 2s aor act ind, anoint
15 χάριν, prep + gen, because of (οὗ χ. for this reason)
16 ἀφίημι 3p pf pas ind, forgive
17 ἀφίημι 3s pres pas ind, forgive
18 ἄρχω 3p aor mid ind, mid begin
19 συνανάκειμαι pres mid ptc m p nom, sit at table with (οἱ συν. the dinner guests)
20 καθεξῆς, adv, in order (ἐν τῷ κ. soon after this)
21 διοδεύω 3s impf act ind, go about
22 κώμη, -ης f, village
23 ἀσθένεια, -ας f, illness
24 ἐξέρχομαι 3s plpf act ind, come/go out
25 ἐπίτροπος, -ου m, official in charge of a household
26 σύνειμι pres act ptc m s gen, gather
27 ἐπιπορεύομαι pres mid ptc m p gen, come to
28 σπόρος, -ου m, seed

ἐν τῷ σπείρειν αὐτὸν ὃ μὲν ἔπεσεν[1] παρὰ τὴν ὁδὸν καὶ κατεπατήθη[2], καὶ τὰ πετεινὰ[3] τοῦ οὐρανοῦ κατέφαγεν[4] αὐτό. 6 καὶ ἕτερον κατέπεσεν[5] ἐπὶ τὴν πέτραν[6], καὶ φυὲν[7] ἐξηράνθη[8] διὰ τὸ μὴ ἔχειν ἰκμάδα[9]. 7 καὶ ἕτερον ἔπεσεν ἐν μέσῳ τῶν ἀκανθῶν[10], καὶ συμφυεῖσαι[11] αἱ ἄκανθαι ἀπέπνιξαν[12] αὐτό. 8 καὶ ἕτερον ἔπεσεν εἰς τὴν γῆν τὴν ἀγαθὴν καὶ φυὲν ἐποίησεν καρπὸν ἑκατονταπλασίονα[13]. ταῦτα λέγων ἐφώνει· ὁ ἔχων ὦτα[14] ἀκούειν ἀκουέτω.

The Purpose of the Parables (Mt 13.10-17; Mk 4.10-12)

9 Ἐπηρώτων δὲ αὐτὸν οἱ μαθηταὶ αὐτοῦ τίς αὕτη εἴη[15] ἡ παραβολή. 10 ὁ δὲ εἶπεν· ὑμῖν δέδοται[16] γνῶναι[17] τὰ μυστήρια[18] τῆς βασιλείας τοῦ θεοῦ, τοῖς δὲ λοιποῖς ἐν παραβολαῖς, ἵνα

βλέποντες μὴ βλέπωσιν
καὶ ἀκούοντες μὴ συνιῶσιν[19].

The Parable of the Sower Explained (Mt 13.18-23; Mk 4.13-20)

11 Ἔστιν δὲ αὕτη ἡ παραβολή· ὁ σπόρος[20] ἐστὶν ὁ λόγος τοῦ θεοῦ. 12 οἱ δὲ παρὰ τὴν ὁδόν εἰσιν οἱ ἀκούσαντες, εἶτα[21] ἔρχεται ὁ διάβολος καὶ αἴρει τὸν λόγον ἀπὸ τῆς καρδίας αὐτῶν, ἵνα μὴ πιστεύσαντες σωθῶσιν[22]. 13 οἱ δὲ ἐπὶ τῆς πέτρας οἳ ὅταν ἀκούσωσιν μετὰ χαρᾶς δέχονται τὸν λόγον, καὶ οὗτοι ῥίζαν[23] οὐκ ἔχουσιν, οἳ πρὸς καιρὸν πιστεύουσιν καὶ ἐν καιρῷ πειρασμοῦ[24] ἀφίστανται[25]. 14 τὸ δὲ εἰς τὰς ἀκάνθας πεσόν, οὗτοί εἰσιν οἱ ἀκούσαντες, καὶ ὑπὸ μεριμνῶν[26] καὶ πλούτου[27] καὶ ἡδονῶν[28] τοῦ βίου[29] πορευόμενοι συμπνίγονται[30] καὶ οὐ τελεσφοροῦσιν[31]. 15 τὸ δὲ ἐν τῇ καλῇ γῇ, οὗτοί εἰσιν οἵτινες ἐν καρδίᾳ καλῇ καὶ ἀγαθῇ ἀκούσαντες τὸν λόγον κατέχουσιν[32] καὶ καρποφοροῦσιν[33] ἐν ὑπομονῇ.

---

[1] πίπτω *3s aor act ind*, fall
[2] καταπατέω *3s aor pas ind*, step on
[3] πετεινόν, -οῦ *n*, bird
[4] κατεσθίω *3s aor act ind*, eat (up)
[5] καταπίπτω *3s aor act ind*, fall
[6] πέτρα, -ας *f*, rock
[7] φύω *aor pas ptc n s nom*, grow
[8] ξηραίνω *3s aor pas ind, pas* dry up
[9] ἰκμάς, -άδος *f*, moisture
[10] ἄκανθα, -ης *f*, thorn plant
[11] συμφύω *aor pas ptc f p nom*, grow up with
[12] ἀποπνίγω *3p aor act ind*, choke
[13] ἑκατονταπλασίων, -ον, a hundred times as much
[14] οὖς, ὠτός *n*, ear
[15] εἰμί *3s pres act opt*, be (the meaning of)
[16] δίδωμι *3s pf pas ind*, give
[17] γινώσκω *aor act inf*, know
[18] μυστήριον, -ου *n*, secret
[19] συνίημι *3p pres act sub*, understand
[20] σπόρος, -ου *m*, seed
[21] εἶτα, *adv*, then
[22] σῴζω *3p aor pas sub*, save
[23] ῥίζα, -ης *f*, root
[24] πειρασμός, -οῦ *m*, temptation/testing/difficulty
[25] ἀφίστημι *3p pres mid ind, intrans mid* go away
[26] μέριμνα, -ης *f*, care
[27] πλοῦτος, -ου *m*, riches
[28] ἡδονή, -ῆς *f*, pleasure
[29] βίος, -ου *m*, life
[30] συμπνίγω *3p pres mid ind*, choke
[31] τελεσφορέω *3p pres act ind*, mature
[32] κατέχω *3p pres act ind*, hold fast
[33] καρποφορέω *3p pres act ind*, bear fruit

A Lamp on a Lampstand (Mk 4.21-25)

16 Οὐδεὶς δὲ λύχνον¹ ἅψας² καλύπτει³ αὐτὸν σκεύει⁴ ἢ ὑποκάτω⁵ κλίνης⁶ τίθησιν, ἀλλ' ἐπὶ λυχνίας⁷ τίθησιν, ἵνα οἱ εἰσπορευόμενοι⁸ βλέπωσιν τὸ φῶς. 17 οὐ γάρ ἐστιν κρυπτὸν⁹ ὃ οὐ φανερὸν¹⁰ γενήσεται¹¹ οὐδὲ ἀπόκρυφον¹² ὃ οὐ μὴ γνωσθῇ¹³ καὶ εἰς φανερὸν ἔλθῃ¹⁴. 18 Βλέπετε οὖν πῶς ἀκούετε· ὃς ἂν γὰρ ἔχῃ, δοθήσεται¹⁵ αὐτῷ· καὶ ὃς ἂν μὴ ἔχῃ, καὶ ὃ δοκεῖ ἔχειν ἀρθήσεται¹⁶ ἀπ' αὐτοῦ.

The Mother and Brothers of Jesus (Mt 12.46-50; Mk 3.31-35)

19 Παρεγένετο¹⁷ δὲ πρὸς αὐτὸν ἡ μήτηρ καὶ οἱ ἀδελφοὶ αὐτοῦ καὶ οὐκ ἠδύναντο συντυχεῖν¹⁸ αὐτῷ διὰ τὸν ὄχλον. 20 ἀπηγγέλη¹⁹ δὲ αὐτῷ· ἡ μήτηρ σου καὶ οἱ ἀδελφοί σου ἑστήκασιν²⁰ ἔξω ἰδεῖν θέλοντές σε. 21 ὁ δὲ ἀποκριθεὶς εἶπεν πρὸς αὐτούς· μήτηρ μου καὶ ἀδελφοί μου οὗτοί εἰσιν οἱ τὸν λόγον τοῦ θεοῦ ἀκούοντες καὶ ποιοῦντες.

The Calming of a Storm (Mt 8.23-27; Mk 4.35-41)

22 Ἐγένετο δὲ ἐν μιᾷ τῶν ἡμερῶν καὶ αὐτὸς ἐνέβη²¹ εἰς πλοῖον καὶ οἱ μαθηταὶ αὐτοῦ καὶ εἶπεν πρὸς αὐτούς· διέλθωμεν²² εἰς τὸ πέραν²³ τῆς λίμνης²⁴, καὶ ἀνήχθησαν²⁵. 23 πλεόντων²⁶ δὲ αὐτῶν ἀφύπνωσεν²⁷. καὶ κατέβη²⁸ λαῖλαψ²⁹ ἀνέμου εἰς τὴν λίμνην καὶ συνεπληροῦντο³⁰ καὶ ἐκινδύνευον³¹. 24 προσελθόντες³² δὲ διήγειραν³³ αὐτὸν λέγοντες· ἐπιστάτα³⁴ ἐπιστάτα, ἀπολλύμεθα. ὁ δὲ διεγερθεὶς³⁵ ἐπετίμησεν³⁶ τῷ ἀνέμῳ καὶ τῷ κλύδωνι³⁷ τοῦ ὕδατος· καὶ ἐπαύσαντο³⁸ καὶ ἐγένετο γαλήνη³⁹. 25 εἶπεν δὲ αὐτοῖς· ποῦ ἡ πίστις ὑμῶν; φοβηθέντες δὲ ἐθαύμασαν λέγοντες

---

1 λύχνος, -ου m, lamp
2 ἅπτω aor act ptc m s nom, light
3 καλύπτω 3s pres act ind, hide
4 σκεῦος, -ους n, container
5 ὑποκάτω, prep + gen, under
6 κλίνη, -ης f, bed
7 λυχνία, -ας f, lampstand
8 εἰσπορεύομαι pres mid ptc m p nom, come in
9 κρυπτός, -ή/όν, hidden
10 φανερός, -ά/όν, visible
11 γίνομαι 3s fut mid ind, be/become
12 ἀπόκρυφος, -ον, secret
13 γινώσκω 3s aor pas sub, know
14 ἔρχομαι 3s aor act sub, come
15 δίδωμι 3s fut pas ind, give
16 αἴρω 3s fut pas ind, take
17 παραγίνομαι 3s aor mid ind, come
18 συντυγχάνω aor act inf, get near to
19 ἀπαγγέλλω 3s aor pas ind, tell
20 ἵστημι 3p pf act ind, intrans stand
21 ἐμβαίνω 3s aor act ind, get into
22 διέρχομαι 1p aor act sub, cross over
23 πέραν, prep + gen, across (τὸ π. the other side)
24 λίμνη, -ης f, lake
25 ἀνάγω 3p aor act ind, pas set out
26 πλέω pres act ptc m p gen, sail
27 ἀφυπνόω 3s aor act ind, fall asleep
28 καταβαίνω 3s aor act ind, come down
29 λαῖλαψ, -απος f, storm
30 συμπληρόω 3p impf pas ind, swamp
31 κινδυνεύω 3p impf act ind, be in danger
32 προσέρχομαι aor act ptc m p nom, come/go to
33 διεγείρω 3p aor act ind, wake up
34 ἐπιστάτης, -ου m, Master (of Christ)
35 διεγείρω aor pas ptc m s nom, pas get up
36 ἐπιτιμάω 3s aor act ind, rebuke
37 κλύδων, -ωνος m, wave
38 παύω 3p aor mid ind, mid stop
39 γαλήνη, -ης f, calm

πρὸς ἀλλήλους· τίς ἄρα οὗτός ἐστιν ὅτι καὶ τοῖς ἀνέμοις ἐπιτάσσει[1] καὶ τῷ ὕδατι, καὶ ὑπακούουσιν[2] αὐτῷ;

The Demons and the Pigs (Mt 8.28-34; Mk 5.1-20)

26 Καὶ κατέπλευσαν[3] εἰς τὴν χώραν[4] τῶν Γερασηνῶν, ἥτις ἐστὶν ἀντιπέρα[5] τῆς Γαλιλαίας. 27 ἐξελθόντι δὲ αὐτῷ ἐπὶ τὴν γῆν ὑπήντησεν[6] ἀνήρ τις ἐκ τῆς πόλεως ἔχων δαιμόνια καὶ χρόνῳ ἱκανῷ οὐκ ἐνεδύσατο[7] ἱμάτιον καὶ ἐν οἰκίᾳ οὐκ ἔμενεν ἀλλ' ἐν τοῖς μνήμασιν[8]. 28 ἰδὼν δὲ τὸν Ἰησοῦν ἀνακράξας[9] προσέπεσεν[10] αὐτῷ καὶ φωνῇ μεγάλῃ εἶπεν· τί ἐμοὶ καὶ σοί, Ἰησοῦ υἱὲ τοῦ θεοῦ τοῦ ὑψίστου[11]; δέομαί[12] σου, μή με βασανίσῃς[13]. 29 παρήγγειλεν γὰρ τῷ πνεύματι τῷ ἀκαθάρτῳ ἐξελθεῖν ἀπὸ τοῦ ἀνθρώπου. πολλοῖς γὰρ χρόνοις συνηρπάκει[14] αὐτὸν καὶ ἐδεσμεύετο[15] ἁλύσεσιν[16] καὶ πέδαις[17] φυλασσόμενος καὶ διαρρήσσων[18] τὰ δεσμὰ ἠλαύνετο[19] ὑπὸ τοῦ δαιμονίου εἰς τὰς ἐρήμους. 30 ἐπηρώτησεν[20] δὲ αὐτὸν ὁ Ἰησοῦς· τί σοι ὄνομά ἐστιν; ὁ δὲ εἶπεν· λεγιών[21], ὅτι εἰσῆλθεν δαιμόνια πολλὰ εἰς αὐτόν. 31 καὶ παρεκάλουν αὐτὸν ἵνα μὴ ἐπιτάξῃ[22] αὐτοῖς εἰς τὴν ἄβυσσον[23] ἀπελθεῖν[24]. 32 ἦν δὲ ἐκεῖ ἀγέλη[25] χοίρων[26] ἱκανῶν βοσκομένη[27] ἐν τῷ ὄρει· καὶ παρεκάλεσαν αὐτὸν ἵνα ἐπιτρέψῃ[28] αὐτοῖς εἰς ἐκείνους εἰσελθεῖν· καὶ ἐπέτρεψεν[29] αὐτοῖς. 33 ἐξελθόντα δὲ τὰ δαιμόνια ἀπὸ τοῦ ἀνθρώπου εἰσῆλθον εἰς τοὺς χοίρους, καὶ ὥρμησεν[30] ἡ ἀγέλη κατὰ τοῦ κρημνοῦ[31] εἰς τὴν λίμνην[32] καὶ ἀπεπνίγη[33].

34 Ἰδόντες δὲ οἱ βόσκοντες[34] τὸ γεγονὸς[35] ἔφυγον[36] καὶ ἀπήγγειλαν[37] εἰς τὴν πόλιν καὶ εἰς τοὺς ἀγρούς. 35 ἐξῆλθον δὲ ἰδεῖν τὸ γεγονὸς καὶ ἦλθον πρὸς τὸν Ἰησοῦν καὶ εὗρον[38] καθήμενον τὸν ἄνθρωπον ἀφ' οὗ τὰ δαιμόνια ἐξῆλθεν ἱματισμένον[39] καὶ σωφρονοῦντα[40] παρὰ τοὺς πόδας τοῦ Ἰησοῦ, καὶ ἐφοβήθησαν. 36 ἀπήγγειλαν[41]

---

[1] ἐπιτάσσω 3s pres act ind, command
[2] ὑπακούω 3p pres act ind, obey
[3] καταπλέω 3p aor act ind, sail
[4] χώρα, -ας f, region
[5] ἀντιπέρα, prep + gen, opposite
[6] ὑπαντάω 3s aor act ind, meet
[7] ἐνδύω 3s aor mid ind, mid wear
[8] μνῆμα, -τος n, tomb
[9] ἀνακράζω aor act ptc m s nom, shout
[10] προσπίπτω 3s aor act ind, fall down before someone
[11] ὕψιστος, highest (ὁ ὕ the Most High [God])
[12] δέομαι 1s pres pas ind, beg
[13] βασανίζω 2s aor act sub, torture
[14] συναρπάζω 3s plpf act ind, seize
[15] δεσμεύω 3s impf pas ind, bind
[16] ἅλυσις, -εως f, chain
[17] πέδη, -ης f, chain (for feet)
[18] διαρρήσσω pres act ptc m s nom, smash to pieces
[19] ἐλαύνω 3s impf pas ind, force out
[20] ἐπερωτάω 3s aor act ind, ask
[21] λεγιών, -ῶνος f, legion (Roman military unit of 5000-6000 troops/figurative for a large number)
[22] ἐπιτάσσω 3s aor act sub, command
[23] ἄβυσσος, -ου f, deep pit (where demons are kept and punished)
[24] ἀπέρχομαι aor act inf, go
[25] ἀγέλη, -ης f, herd
[26] χοῖρος, -ου m, pig
[27] βόσκω pres pas ptc f s nom, pas feed
[28] ἐπιτρέπω 3s aor act sub, let
[29] ἐπιτρέπω 3s aor act ind, let
[30] ὁρμάω 3s aor act ind, rush
[31] κρημνός, -οῦ m, steep bank
[32] λίμνη, -ης f, lake
[33] ἀποπνίγω 3s aor pas ind, pas drown
[34] βόσκω pres act ptc m p nom, tend (ὁ βόσκων herdsman)
[35] γίνομαι pf act ptc n s acc, happen
[36] φεύγω 3p aor act ind, run
[37] ἀπαγγέλλω 3p aor act ind, tell
[38] εὑρίσκω 3p aor act ind, find
[39] ἱματίζω pf mid or pas ptc m s acc, clothe
[40] σωφρονέω pres act ptc m s acc, be in one's right mind
[41] ἀπαγγέλλω 3p aor act ind, tell

δὲ αὐτοῖς οἱ ἰδόντες πῶς ἐσώθη ὁ δαιμονισθείς¹. 37 καὶ ἠρώτησεν αὐτὸν ἅπαν τὸ πλῆθος τῆς περιχώρου² τῶν Γερασηνῶν ἀπελθεῖν³ ἀπ' αὐτῶν, ὅτι φόβῳ μεγάλῳ συνείχοντο⁴· αὐτὸς δὲ ἐμβὰς⁵ εἰς πλοῖον ὑπέστρεψεν⁶. 38 ἐδεῖτο⁷ δὲ αὐτοῦ ὁ ἀνὴρ ἀφ' οὗ ἐξεληλύθει⁸ τὰ δαιμόνια εἶναι σὺν αὐτῷ· ἀπέλυσεν δὲ αὐτὸν λέγων· 39 ὑπόστρεφε εἰς τὸν οἶκόν σου καὶ διηγοῦ⁹ ὅσα σοι ἐποίησεν ὁ θεός. καὶ ἀπῆλθεν καθ' ὅλην τὴν πόλιν κηρύσσων ὅσα ἐποίησεν αὐτῷ ὁ Ἰησοῦς.

Jairus' Daughter and the Woman Who Touched Jesus' Garment (Mt 9.18-26; Mk 5.21-43)

40 Ἐν δὲ τῷ ὑποστρέφειν τὸν Ἰησοῦν ἀπεδέξατο¹⁰ αὐτὸν ὁ ὄχλος· ἦσαν γὰρ πάντες προσδοκῶντες¹¹ αὐτόν. 41 καὶ ἰδοὺ ἦλθεν ἀνὴρ ᾧ ὄνομα Ἰάϊρος καὶ οὗτος ἄρχων τῆς συναγωγῆς ὑπῆρχεν, καὶ πεσὼν¹² παρὰ τοὺς πόδας [τοῦ] Ἰησοῦ παρεκάλει αὐτὸν εἰσελθεῖν εἰς τὸν οἶκον αὐτοῦ, 42 ὅτι θυγάτηρ¹³ μονογενὴς¹⁴ ἦν αὐτῷ ὡς ἐτῶν δώδεκα καὶ αὐτὴ ἀπέθνῃσκεν. ἐν δὲ τῷ ὑπάγειν αὐτὸν οἱ ὄχλοι συνέπνιγον¹⁵ αὐτόν.

43 καὶ γυνὴ οὖσα ἐν ῥύσει¹⁶ αἵματος ἀπὸ ἐτῶν δώδεκα, ἥτις [ἰατροῖς¹⁷ προσαναλώσασα¹⁸ ὅλον τὸν βίον¹⁹] οὐκ ἴσχυσεν²⁰ ἀπ' οὐδενὸς θεραπευθῆναι, 44 προσελθοῦσα²¹ ὄπισθεν²² ἥψατο²³ τοῦ κρασπέδου²⁴ τοῦ ἱματίου αὐτοῦ καὶ παραχρῆμα²⁵ ἔστη²⁶ ἡ ῥύσις τοῦ αἵματος αὐτῆς. 45 καὶ εἶπεν ὁ Ἰησοῦς· τίς ὁ ἁψάμενός²⁷ μου; ἀρνουμένων δὲ πάντων εἶπεν ὁ Πέτρος· ἐπιστάτα²⁸, οἱ ὄχλοι συνέχουσίν²⁹ σε καὶ ἀποθλίβουσιν³⁰. 46 ὁ δὲ Ἰησοῦς εἶπεν· ἥψατό μού τις, ἐγὼ γὰρ ἔγνων³¹ δύναμιν ἐξεληλυθυῖαν³² ἀπ' ἐμοῦ. 47 ἰδοῦσα δὲ ἡ γυνὴ ὅτι οὐκ ἔλαθεν³³, τρέμουσα³⁴ ἦλθεν καὶ προσπεσοῦσα³⁵ αὐτῷ δι' ἣν αἰτίαν³⁶ ἥψατο αὐτοῦ ἀπήγγειλεν³⁷ ἐνώπιον

---

¹ δαιμονίζομαι aor pas ind m s nom, be demon possessed
² περίχωρος, -ου f, surrounding region
³ ἀπέρχομαι aor act inf, go away
⁴ συνέχω 3p impf pas ind, overcome
⁵ ἐμβαίνω aor act ptc m s nom, get into
⁶ ὑποστρέφω 3s aor act ind, return
⁷ δέομαι 3s impf pas ind, beg
⁸ ἐξέρχομαι 3s plpf act ind, come/go out
⁹ διηγέομαι 2s pres mid impv, tell
¹⁰ ἀποδέχομαι 3s aor mid ind, welcome
¹¹ προσδοκάω pres act ptc m p nom, wait for
¹² πίπτω aor act ptc m s nom, fall
¹³ θυγάτηρ, -τρός f, daughter
¹⁴ μονογενής, -ές, only
¹⁵ συμπνίγω 3p impf act ind, crowd around
¹⁶ ῥύσις, -εως f, flow (ῥ. αἵματος severe bleeding)
¹⁷ ἰατρός, -οῦ m, doctor
¹⁸ προσαναλόω aor act ptc f s nom, spend
¹⁹ βίος, -ου m, livelihood
²⁰ ἰσχύω 3s aor act ind, be able
²¹ προσέρχομαι aor act ptc f s nom, go to
²² ὄπισθεν, adv, from behind
²³ ἅπτω 3s aor mid ind, mid touch
²⁴ κράσπεδον, -ου n, edge
²⁵ παραχρῆμα, adv, at once
²⁶ ἵστημι 3s aor act ind, intrans stop
²⁷ ἅπτω aor mid ptc m s nom, mid touch
²⁸ ἐπιστάτης, -ου m, Master (of Christ)
²⁹ συνέχω 3p pres act ind, surround
³⁰ ἀποθλίβω 3p pres act ind, crowd in upon
³¹ γινώσκω 1s aor act ind, know
³² ἐξέρχομαι pf act ptc f s acc, come/go out
³³ λανθάνω 3s aor act ind, be hidden
³⁴ τρέμω pres act ptc f s nom, tremble
³⁵ προσπίπτω aor act ptc f s nom, fall down before someone
³⁶ αἰτία, -ας f, reason
³⁷ ἀπαγγέλλω 3s aor act ind, tell

παντὸς τοῦ λαοῦ καὶ ὡς ἰάθη¹ παραχρῆμα. 48 ὁ δὲ εἶπεν αὐτῇ· θυγάτηρ², ἡ πίστις σου σέσωκέν σε· πορεύου εἰς εἰρήνην. 49 ἔτι αὐτοῦ λαλοῦντος ἔρχεταί τις παρὰ τοῦ ἀρχισυναγώγου³ λέγων ὅτι τέθνηκεν⁴ ἡ θυγάτηρ σου· μηκέτι⁵ σκύλλε⁶ τὸν διδάσκαλον. 50 ὁ δὲ Ἰησοῦς ἀκούσας ἀπεκρίθη αὐτῷ· μὴ φοβοῦ, μόνον πίστευσον, καὶ σωθήσεται. 51 ἐλθὼν δὲ εἰς τὴν οἰκίαν οὐκ ἀφῆκεν⁷ εἰσελθεῖν τινα σὺν αὐτῷ εἰ μὴ Πέτρον καὶ Ἰωάννην καὶ Ἰάκωβον καὶ τὸν πατέρα τῆς παιδὸς⁸ καὶ τὴν μητέρα. 52 ἔκλαιον δὲ πάντες καὶ ἐκόπτοντο⁹ αὐτήν. ὁ δὲ εἶπεν· μὴ κλαίετε, οὐ γὰρ ἀπέθανεν ἀλλὰ καθεύδει¹⁰. 53 καὶ κατεγέλων¹¹ αὐτοῦ εἰδότες¹² ὅτι ἀπέθανεν. 54 αὐτὸς δὲ κρατήσας τῆς χειρὸς αὐτῆς ἐφώνησεν λέγων· ἡ παῖς, ἔγειρε. 55 καὶ ἐπέστρεψεν¹³ τὸ πνεῦμα αὐτῆς καὶ ἀνέστη¹⁴ παραχρῆμα¹⁵ καὶ διέταξεν¹⁶ αὐτῇ δοθῆναι¹⁷ φαγεῖν¹⁸. 56 καὶ ἐξέστησαν¹⁹ οἱ γονεῖς²⁰ αὐτῆς· ὁ δὲ παρήγγειλεν αὐτοῖς μηδενὶ εἰπεῖν τὸ γεγονός²¹.

The Mission of the Twelve (Mt 10.5-15; Mk 6.7-13)

9 Συγκαλεσάμενος²² δὲ τοὺς δώδεκα ἔδωκεν αὐτοῖς δύναμιν καὶ ἐξουσίαν ἐπὶ πάντα τὰ δαιμόνια καὶ νόσους²³ θεραπεύειν 2 καὶ ἀπέστειλεν²⁴ αὐτοὺς κηρύσσειν τὴν βασιλείαν τοῦ θεοῦ καὶ ἰᾶσθαι²⁵ [τοὺς ἀσθενεῖς²⁶], 3 καὶ εἶπεν πρὸς αὐτούς· μηδὲν αἴρετε εἰς τὴν ὁδόν, μήτε ῥάβδον²⁷ μήτε πήραν²⁸ μήτε ἄρτον μήτε ἀργύριον²⁹ μήτε [ἀνὰ³⁰] δύο χιτῶνας³¹ ἔχειν. 4 καὶ εἰς ἣν ἂν οἰκίαν εἰσέλθητε³², ἐκεῖ μένετε καὶ ἐκεῖθεν³³ ἐξέρχεσθε. 5 καὶ ὅσοι ἂν μὴ δέχωνται ὑμᾶς, ἐξερχόμενοι ἀπὸ τῆς πόλεως ἐκείνης τὸν κονιορτὸν³⁴ ἀπὸ τῶν ποδῶν ὑμῶν ἀποτινάσσετε³⁵ εἰς μαρτύριον³⁶ ἐπ' αὐτούς. 6 ἐξερχόμενοι δὲ διήρχοντο κατὰ τὰς κώμας³⁷ εὐαγγελιζόμενοι καὶ θεραπεύοντες πανταχοῦ³⁸.

¹ ἰάομαι 3s aor pas ind, heal
² θυγάτηρ, -τρός f, daughter
³ ἀρχισυνάγωγος, -ου m, synagogue leader
⁴ θνῄσκω 3s pf act ind, die
⁵ μηκέτι, adv, no longer
⁶ σκύλλω 2s pres act impv, trouble
⁷ ἀφίημι 3s aor act ind, let
⁸ παῖς, παιδός m & f, child
⁹ κόπτω 3p impf mid ind, mid weep
¹⁰ καθεύδω 3s pres act ind, sleep
¹¹ καταγελάω 3p impf act ind, laugh at
¹² οἶδα pf act ptc m p nom, know
¹³ ἐπιστρέφω 3s aor act ind, intrans return
¹⁴ ἀνίστημι 3s aor act ind, intrans get up
¹⁵ παραχρῆμα, adv, at once
¹⁶ διατάσσω 3s aor act ind, order
¹⁷ δίδωμι aor pas inf, give
¹⁸ ἐσθίω aor act inf, eat
¹⁹ ἐξίστημι 3p aor act ind, be amazed
²⁰ γονεύς, -έως m, parent
²¹ γίνομαι pf act ptc n s acc, happen
²² συγκαλέω aor mid ptc m s nom, mid call together
²³ νόσος, -ου f, illness
²⁴ ἀποστέλλω 3s aor act ind, send
²⁵ ἰάομαι pres mid inf, heal
²⁶ ἀσθενής, -ές, sick
²⁷ ῥάβδος, -ου f, walking stick
²⁸ πήρα, -ας f, bag (either a traveler's bag or a beggar's bag)
²⁹ ἀργύριον, -ου n, money
³⁰ ἀνά, prep + acc, each/each one/apiece
³¹ χιτών, -ῶνος m, shirt (generally of the garment worn next to the skin)
³² εἰσέρχομαι 2p aor act sub, go/come in
³³ ἐκεῖθεν, adv, from there
³⁴ κονιορτός, -οῦ m, dust
³⁵ ἀποτινάσσω 2p pres act impv, shake off
³⁶ μαρτύριον, -ου n, witness
³⁷ κώμη, -ης f, village
³⁸ πανταχοῦ, adv, everywhere

Herod's Perplexity (Mt 14.1-12; Mk 6.14-29)

7 Ἤκουσεν δὲ Ἡρῴδης ὁ τετραάρχης¹ τὰ γινόμενα πάντα καὶ διηπόρει² διὰ τὸ λέγεσθαι ὑπό τινων ὅτι Ἰωάννης ἠγέρθη³ ἐκ νεκρῶν, **8** ὑπό τινων δὲ ὅτι Ἡλίας ἐφάνη⁴, ἄλλων δὲ ὅτι προφήτης τις τῶν ἀρχαίων⁵ ἀνέστη⁶. **9** εἶπεν δὲ Ἡρῴδης· Ἰωάννην ἐγὼ ἀπεκεφάλισα⁷· τίς δέ ἐστιν οὗτος περὶ οὗ ἀκούω τοιαῦτα; καὶ ἐζήτει ἰδεῖν αὐτόν.

The Feeding of the Five Thousand (Mt 14.13-21; Mk 6.30-44; Jn 6.1-14)

10 Καὶ ὑποστρέψαντες⁸ οἱ ἀπόστολοι διηγήσαντο⁹ αὐτῷ ὅσα ἐποίησαν. καὶ παραλαβὼν αὐτοὺς ὑπεχώρησεν¹⁰ κατ᾽ ἰδίαν¹¹ εἰς πόλιν καλουμένην Βηθσαϊδά. **11** οἱ δὲ ὄχλοι γνόντες¹² ἠκολούθησαν αὐτῷ· καὶ ἀποδεξάμενος¹³ αὐτοὺς ἐλάλει αὐτοῖς περὶ τῆς βασιλείας τοῦ θεοῦ, καὶ τοὺς χρείαν ἔχοντας θεραπείας¹⁴ ἰᾶτο¹⁵. **12** Ἡ δὲ ἡμέρα ἤρξατο¹⁶ κλίνειν¹⁷· προσελθόντες¹⁸ δὲ οἱ δώδεκα εἶπαν αὐτῷ· ἀπόλυσον τὸν ὄχλον, ἵνα πορευθέντες εἰς τὰς κύκλῳ¹⁹ κώμας²⁰ καὶ ἀγροὺς καταλύσωσιν²¹ καὶ εὕρωσιν²² ἐπισιτισμόν²³, ὅτι ὧδε ἐν ἐρήμῳ τόπῳ ἐσμέν. **13** εἶπεν δὲ πρὸς αὐτούς· δότε²⁴ αὐτοῖς ὑμεῖς φαγεῖν²⁵. οἱ δὲ εἶπαν· οὐκ εἰσὶν ἡμῖν πλεῖον²⁶ ἢ ἄρτοι πέντε καὶ ἰχθύες²⁷ δύο, εἰ μήτι²⁸ πορευθέντες ἡμεῖς ἀγοράσωμεν εἰς πάντα τὸν λαὸν τοῦτον βρώματα²⁹. **14** ἦσαν γὰρ ὡσεὶ³⁰ ἄνδρες πεντακισχίλιοι³¹. εἶπεν δὲ πρὸς τοὺς μαθητὰς αὐτοῦ· κατακλίνατε³² αὐτοὺς κλισίας³³ [ὡσεὶ] ἀνὰ³⁴ πεντήκοντα³⁵. **15** καὶ ἐποίησαν οὕτως καὶ κατέκλιναν ἅπαντας. **16** λαβὼν δὲ τοὺς πέντε ἄρτους καὶ τοὺς δύο ἰχθύας ἀναβλέψας³⁶ εἰς τὸν οὐρανὸν εὐλόγησεν αὐτοὺς καὶ κατέκλασεν³⁷ καὶ

---

¹ τετραάρχης, -ου m, tetrarch (petty ruler with less authority than a king)
² διαπορέω 3s impf act ind, be confused
³ ἐγείρω 3s aor pas ind, raise
⁴ φαίνω 3s aor pas ind, pas appear
⁵ ἀρχαῖος, -α/ον, from long ago
⁶ ἀνίστημι 3s aor act ind, intrans come back to life
⁷ ἀποκεφαλίζω 1s aor act ind, behead
⁸ ὑποστρέφω aor act ptc m p nom, return
⁹ διηγέομαι 3p aor mid ind, tell
¹⁰ ὑποχωρέω 3s aor act ind, withdraw
¹¹ ἴδιος, -α/ον, one's own (κατ᾽ ἰδίαν privately)
¹² γινώσκω aor act ptc m p nom, find out
¹³ ἀποδέχομαι aor mid ptc m s nom, welcome
¹⁴ θεραπεία, -ας f, healing
¹⁵ ἰάομαι 3s impf mid ind, heal
¹⁶ ἄρχω 3s aor mid ind, mid begin
¹⁷ κλίνω pres act inf, intrans draw to a close
¹⁸ προσέρχομαι aor act ptc m p nom, come/go to
¹⁹ κύκλῳ, adv, surrounding
²⁰ κώμη, -ης f, village
²¹ καταλύω 3p aor act sub, intrans find lodging
²² εὑρίσκω 3p aor act sub, find
²³ ἐπισιτισμός, -οῦ m, food
²⁴ δίδωμι 2p aor act impv, give
²⁵ ἐσθίω aor act inf, eat
²⁶ πολύς, much (comp)
²⁷ ἰχθύς, -ύος m, fish
²⁸ μήτι, usually expects a negative reply
²⁹ βρῶμα, -τος n, food
³⁰ ὡσεί, particle of comparison, about
³¹ πεντακισχίλιοι, -αι/α, five thousand
³² κατακλίνω 2p aor act impv, tell (someone) to sit
³³ κλισία, -ας f, group
³⁴ ἀνά, prep + acc, each/each one/apiece (ἀνὰ π. in groups of fifty)
³⁵ πεντήκοντα, fifty
³⁶ ἀναβλέπω aor act ptc m s nom, look up
³⁷ κατακλάω 3s aor act ind, break in pieces

ἐδίδου¹ τοῖς μαθηταῖς παραθεῖναι² τῷ ὄχλῳ. **17** καὶ ἔφαγον³ καὶ ἐχορτάσθησαν⁴ πάντες, καὶ ἤρθη⁵ τὸ περισσεῦσαν αὐτοῖς κλασμάτων⁶ κόφινοι⁷ δώδεκα.

Peter's Declaration about Jesus (Mt 16.13-21; Mk 8.27-31)

18 Καὶ ἐγένετο ἐν τῷ εἶναι αὐτὸν προσευχόμενον κατὰ μόνας συνῆσαν⁸ αὐτῷ οἱ μαθηταί, καὶ ἐπηρώτησεν αὐτοὺς λέγων· τίνα με λέγουσιν οἱ ὄχλοι εἶναι; **19** οἱ δὲ ἀποκριθέντες εἶπαν· Ἰωάννην τὸν βαπτιστήν⁹, ἄλλοι δὲ Ἠλίαν, ἄλλοι δὲ ὅτι προφήτης τις τῶν ἀρχαίων¹⁰ ἀνέστη¹¹. **20** εἶπεν δὲ αὐτοῖς· ὑμεῖς δὲ τίνα με λέγετε εἶναι; Πέτρος δὲ ἀποκριθεὶς εἶπεν· τὸν χριστὸν τοῦ θεοῦ. **21** ὁ δὲ ἐπιτιμήσας¹² αὐτοῖς παρήγγειλεν μηδενὶ λέγειν τοῦτο **22** εἰπὼν ὅτι δεῖ τὸν υἱὸν τοῦ ἀνθρώπου πολλὰ παθεῖν¹³ καὶ ἀποδοκιμασθῆναι¹⁴ ἀπὸ τῶν πρεσβυτέρων καὶ ἀρχιερέων καὶ γραμματέων καὶ ἀποκτανθῆναι¹⁵ καὶ τῇ τρίτῃ ἡμέρᾳ ἐγερθῆναι¹⁶.

A Call to Discipleship (Mt 16.24-28; Mk 8.34–9.1)

23 Ἔλεγεν δὲ πρὸς πάντας· εἴ τις θέλει ὀπίσω μου ἔρχεσθαι, ἀρνησάσθω ἑαυτὸν καὶ ἀράτω τὸν σταυρὸν¹⁷ αὐτοῦ καθ' ἡμέραν καὶ ἀκολουθείτω μοι. **24** ὃς γὰρ ἂν θέλῃ τὴν ψυχὴν αὐτοῦ σῶσαι ἀπολέσει¹⁸ αὐτήν· ὃς δ' ἂν ἀπολέσῃ τὴν ψυχὴν αὐτοῦ ἕνεκεν¹⁹ ἐμοῦ οὗτος σώσει αὐτήν. **25** τί γὰρ ὠφελεῖται²⁰ ἄνθρωπος κερδήσας²¹ τὸν κόσμον ὅλον ἑαυτὸν δὲ ἀπολέσας²² ἢ ζημιωθείς²³; **26** ὃς γὰρ ἂν ἐπαισχυνθῇ²⁴ με καὶ τοὺς ἐμοὺς λόγους, τοῦτον ὁ υἱὸς τοῦ ἀνθρώπου ἐπαισχυνθήσεται, ὅταν ἔλθῃ²⁵ ἐν τῇ δόξῃ αὐτοῦ καὶ τοῦ πατρὸς καὶ τῶν ἁγίων ἀγγέλων. **27** λέγω δὲ ὑμῖν ἀληθῶς²⁶, εἰσίν τινες τῶν αὐτοῦ²⁷ ἑστηκότων²⁸ οἳ οὐ μὴ γεύσωνται²⁹ θανάτου ἕως ἂν ἴδωσιν³⁰ τὴν βασιλείαν τοῦ θεοῦ.

---

¹ δίδωμι 3s impf act ind, give
² παρατίθημι aor act inf, distribute
³ ἐσθίω 3p aor act ind, eat
⁴ χορτάζω 3p aor pas ind, satisfy
⁵ αἴρω 3s aor pas ind, pick up
⁶ κλάσμα, -τος n, piece
⁷ κόφινος, -ου m, basket
⁸ σύνειμι 3p impf act ind, be with
⁹ βαπτιστής, -οῦ m, Baptist/baptizer
¹⁰ ἀρχαῖος, -α/ον, from long ago
¹¹ ἀνίστημι 3s aor act ind, intrans come back to life
¹² ἐπιτιμάω aor act ptc m s nom, order
¹³ πάσχω aor act inf, suffer
¹⁴ ἀποδοκιμάζω aor pas inf, reject
¹⁵ ἀποκτείνω aor pas inf, kill
¹⁶ ἐγείρω aor pas inf, raise (from the dead)
¹⁷ σταυρός, -οῦ m, cross
¹⁸ ἀπόλλυμι 3s fut act ind, destroy
¹⁹ ἕνεκα, prep + gen, for the sake of
²⁰ ὠφελέω 3s pres pas ind, profit
²¹ κερδαίνω aor act ptc m s nom, gain
²² ἀπόλλυμι aor act ptc m s nom, destroy
²³ ζημιόω aor pas ptc m s nom, pas lose
²⁴ ἐπαισχύνομαι 3s aor pas sub, be ashamed
²⁵ ἔρχομαι 3s aor act sub, come
²⁶ ἀληθῶς, adv, surely
²⁷ αὐτοῦ, adv, here
²⁸ ἵστημι pf act ptc m p gen, intrans stand
²⁹ γεύομαι 3p aor mid sub, experience
³⁰ ὁράω 3p aor act sub, see

The Transfiguration of Jesus (Mt 17.1-8; Mk 9.2-8)

28 Ἐγένετο δὲ μετὰ τοὺς λόγους τούτους ὡσεὶ¹ ἡμέραι ὀκτὼ² [καὶ] παραλαβὼν Πέτρον καὶ Ἰωάννην καὶ Ἰάκωβον ἀνέβη³ εἰς τὸ ὄρος προσεύξασθαι. 29 καὶ ἐγένετο ἐν τῷ προσεύχεσθαι αὐτὸν τὸ εἶδος⁴ τοῦ προσώπου αὐτοῦ ἕτερον καὶ ὁ ἱματισμὸς⁵ αὐτοῦ λευκὸς⁶ ἐξαστράπτων⁷. 30 καὶ ἰδοὺ ἄνδρες δύο συνελάλουν⁸ αὐτῷ, οἵτινες ἦσαν Μωϋσῆς καὶ Ἠλίας, 31 οἳ ὀφθέντες⁹ ἐν δόξῃ ἔλεγον τὴν ἔξοδον¹⁰ αὐτοῦ, ἣν ἤμελλεν πληροῦν ἐν Ἰερουσαλήμ. 32 ὁ δὲ Πέτρος καὶ οἱ σὺν αὐτῷ ἦσαν βεβαρημένοι¹¹ ὕπνῳ¹²· διαγρηγορήσαντες¹³ δὲ εἶδον τὴν δόξαν αὐτοῦ καὶ τοὺς δύο ἄνδρας τοὺς συνεστῶτας¹⁴ αὐτῷ. 33 καὶ ἐγένετο ἐν τῷ διαχωρίζεσθαι¹⁵ αὐτοὺς ἀπ' αὐτοῦ εἶπεν ὁ Πέτρος πρὸς τὸν Ἰησοῦν· ἐπιστάτα¹⁶, καλόν ἐστιν ἡμᾶς ὧδε εἶναι, καὶ ποιήσωμεν σκηνὰς¹⁷ τρεῖς, μίαν σοὶ καὶ μίαν Μωϋσεῖ καὶ μίαν Ἠλίᾳ, μὴ εἰδὼς¹⁸ ὃ λέγει. 34 ταῦτα δὲ αὐτοῦ λέγοντος ἐγένετο νεφέλη¹⁹ καὶ ἐπεσκίαζεν²⁰ αὐτούς· ἐφοβήθησαν δὲ ἐν τῷ εἰσελθεῖν αὐτοὺς εἰς τὴν νεφέλην. 35 καὶ φωνὴ ἐγένετο ἐκ τῆς νεφέλης λέγουσα· οὗτός ἐστιν ὁ υἱός μου ὁ ἐκλελεγμένος²¹, αὐτοῦ ἀκούετε. 36 καὶ ἐν τῷ γενέσθαι τὴν φωνὴν εὑρέθη²² Ἰησοῦς μόνος. καὶ αὐτοὶ ἐσίγησαν²³ καὶ οὐδενὶ ἀπήγγειλαν²⁴ ἐν ἐκείναις ταῖς ἡμέραις οὐδὲν ὧν ἑώρακαν²⁵.

The Healing of a Boy with a Demon (Mt 17.14-18; Mk 9.14-27)

37 Ἐγένετο δὲ τῇ ἑξῆς²⁶ ἡμέρᾳ κατελθόντων²⁷ αὐτῶν ἀπὸ τοῦ ὄρους συνήντησεν²⁸ αὐτῷ ὄχλος πολύς. 38 καὶ ἰδοὺ ἀνὴρ ἀπὸ τοῦ ὄχλου ἐβόησεν²⁹ λέγων· διδάσκαλε, δέομαί³⁰ σου ἐπιβλέψαι³¹ ἐπὶ τὸν υἱόν μου, ὅτι μονογενής³² μοί ἐστιν, 39 καὶ ἰδοὺ πνεῦμα λαμβάνει αὐτὸν καὶ ἐξαίφνης³³ κράζει καὶ σπαράσσει³⁴ αὐτὸν μετὰ ἀφροῦ³⁵ καὶ μόγις³⁶ ἀποχωρεῖ³⁷ ἀπ' αὐτοῦ συντρῖβον³⁸ αὐτόν· 40 καὶ ἐδεήθην τῶν μαθητῶν σου ἵνα ἐκβάλωσιν³⁹ αὐτό, καὶ οὐκ ἠδυνήθησαν. 41 ἀποκριθεὶς

---

1 ὡσεί, particle of comparison, about
2 ὀκτώ, eight
3 ἀναβαίνω 3s aor act ind, go up
4 εἶδος, -ους n, appearance
5 ἱματισμός, -οῦ m, clothes
6 λευκός, -ή/όν, shining white
7 ἐξαστράπτω pres act ptc m s nom, flash like lightning
8 συλλαλέω 3p impf act ind, talk (with)
9 ὁράω aor pas ptc m p nom, see
10 ἔξοδος, -ου f, departure/death
11 βαρέω pf pas ptc m p nom, overcome
12 ὕπνος, -ου m, sleep
13 διαγρηγορέω aor act ptc m p nom, wake up

14 συνίστημι, pf act ptc m p acc, intrans stand with
15 διαχωρίζομαι pres pas inf, leave
16 ἐπιστάτης, -ου m, Master (of Christ)
17 σκηνή, -ῆς f, temporary shelter
18 οἶδα pf act ptc m s nom, know
19 νεφέλη, -ης f, cloud
20 ἐπισκιάζω 3s impf act ind, overshadow/come over
21 ἐκλέγομαι pf pas ptc m s nom, choose
22 εὑρίσκω 3s aor pas ind, find
23 σιγάω 3p aor act ind, keep silent
24 ἀπαγγέλλω 3p aor act ind, tell
25 ὁράω 3p pf act ind, see
26 ἑξῆς, adv, next

27 κατέρχομαι aor act ptc m p gen, go/come down
28 συναντάω 3s aor act ind, meet
29 βοάω 3s aor act ind, shout
30 δέομαι 1s pres pas ind, beg
31 ἐπιβλέπω aor act inf, look upon with care
32 μονογενής, -ές, only
33 ἐξαίφνης, adv, suddenly
34 σπαράσσω 3s pres act ind, throw into convulsions
35 ἀφρός, -οῦ m, foam
36 μόγις, adv, hardly
37 ἀποχωρέω 3s pres act ind, leave
38 συντρίβω pres act ptc n s nom, break in pieces
39 ἐκβάλλω 3s aor act sub, force out

δὲ ὁ Ἰησοῦς εἶπεν· ὦ¹ γενεὰ ἄπιστος² καὶ διεστραμμένη³, ἕως πότε⁴ ἔσομαι πρὸς ὑμᾶς καὶ ἀνέξομαι⁵ ὑμῶν; προσάγαγε⁶ ὧδε τὸν υἱόν σου. 42 ἔτι δὲ προσερχομένου αὐτοῦ ἔρρηξεν⁷ αὐτὸν τὸ δαιμόνιον καὶ συνεσπάραξεν⁸· ἐπετίμησεν⁹ δὲ ὁ Ἰησοῦς τῷ πνεύματι τῷ ἀκαθάρτῳ καὶ ἰάσατο¹⁰ τὸν παῖδα¹¹ καὶ ἀπέδωκεν αὐτὸν τῷ πατρὶ αὐτοῦ. 43 ἐξεπλήσσοντο¹² δὲ πάντες ἐπὶ τῇ μεγαλειότητι¹³ τοῦ θεοῦ.

Jesus Again Foretells His Death (Mt 17.22-23; Mk 9.30-32)

Πάντων δὲ θαυμαζόντων ἐπὶ πᾶσιν οἷς ἐποίει εἶπεν πρὸς τοὺς μαθητὰς αὐτοῦ· 44 θέσθε¹⁴ ὑμεῖς εἰς τὰ ὦτα¹⁵ ὑμῶν τοὺς λόγους τούτους· ὁ γὰρ υἱὸς τοῦ ἀνθρώπου μέλλει παραδίδοσθαι εἰς χεῖρας ἀνθρώπων. 45 οἱ δὲ ἠγνόουν¹⁶ τὸ ῥῆμα τοῦτο καὶ ἦν παρακεκαλυμμένον¹⁷ ἀπ' αὐτῶν ἵνα μὴ αἴσθωνται¹⁸ αὐτό, καὶ ἐφοβοῦντο ἐρωτῆσαι¹⁹ αὐτὸν περὶ τοῦ ῥήματος τούτου.

Who is the Greatest? (Mt 18.1-5; Mk 9.33-37)

46 Εἰσῆλθεν δὲ διαλογισμὸς²⁰ ἐν αὐτοῖς, τὸ τίς ἂν εἴη²¹ μείζων²² αὐτῶν. 47 ὁ δὲ Ἰησοῦς εἰδὼς²³ τὸν διαλογισμὸν²⁴ τῆς καρδίας αὐτῶν, ἐπιλαβόμενος²⁵ παιδίον ἔστησεν²⁶ αὐτὸ παρ' ἑαυτῷ 48 καὶ εἶπεν αὐτοῖς· ὃς ἐὰν δέξηται²⁷ τοῦτο τὸ παιδίον ἐπὶ τῷ ὀνόματί μου, ἐμὲ δέχεται· καὶ ὃς ἂν ἐμὲ δέξηται, δέχεται τὸν ἀποστείλαντά με· ὁ γὰρ μικρότερος²⁸ ἐν πᾶσιν ὑμῖν ὑπάρχων οὗτός ἐστιν μέγας.

Whoever is Not against You is for You (Mk 9.38-40)

49 Ἀποκριθεὶς δὲ Ἰωάννης εἶπεν· ἐπιστάτα²⁹, εἴδομέν τινα ἐν τῷ ὀνόματί σου ἐκβάλλοντα δαιμόνια καὶ ἐκωλύομεν³⁰ αὐτόν, ὅτι οὐκ ἀκολουθεῖ μεθ' ἡμῶν. 50 εἶπεν δὲ πρὸς αὐτὸν ὁ Ἰησοῦς· μὴ κωλύετε· ὃς γὰρ οὐκ ἔστιν καθ' ὑμῶν, ὑπὲρ ὑμῶν ἐστιν.

---

[1] ὦ, interj, O!
[2] ἄπιστος, -ον, unbelieving
[3] διαστρέφω pf pas ptc f s nom or voc, mislead (pf pas ptc = depraved)
[4] πότε, adv, when? (ἕως πότε how long?)
[5] ἀνέχομαι 1s fut mid ind, put up with
[6] προσάγω 2s aor act impv, bring
[7] ῥήσσω/ῥήγνυμι 3s aor act ind, attack
[8] συσπαράσσω 3s aor act ind, throw into convulsions
[9] ἐπιτιμάω 3s aor act ind, rebuke
[10] ἰάομαι 3s aor mid ind, heal
[11] παῖς, παιδός m, boy
[12] ἐκπλήσσω 3p impf pas ind, pas be amazed
[13] μεγαλειότης, -ητος f, greatness
[14] τίθημι 2p aor mid impv, put
[15] οὖς, ὠτός n, ear
[16] ἀγνοέω 3p impf act ind, fail to understand
[17] παρακαλύπτω pf pas ptc n s nom, pas be hidden
[18] αἰσθάνομαι 3p aor mid sub, perceive the meaning of
[19] ἐρωτάω aor act inf, ask
[20] διαλογισμός, -οῦ m, argument
[21] εἰμί 3s pres act opt, be
[22] μέγας, great (comp)
[23] οἶδα pf act ptc m s nom, know
[24] διαλογισμός, -οῦ m, thought
[25] ἐπιλαμβάνομαι aor mid ptc m s nom, take
[26] ἵστημι 3s aor act ind, put
[27] δέχομαι 3s aor mid sub, receive
[28] μικρός, little (importance) (comp)
[29] ἐπιστάτης, -ου m, Master (of Christ)
[30] κωλύω 1p impf act ind, stop/try to stop

A Samaritan Village Refuses to Receive Jesus

51 Ἐγένετο δὲ ἐν τῷ συμπληροῦσθαι[1] τὰς ἡμέρας τῆς ἀναλήμψεως[2] αὐτοῦ καὶ αὐτὸς τὸ πρόσωπον ἐστήρισεν[3] τοῦ πορεύεσθαι εἰς Ἰερουσαλήμ. 52 καὶ ἀπέστειλεν[4] ἀγγέλους πρὸ προσώπου αὐτοῦ. καὶ πορευθέντες εἰσῆλθον εἰς κώμην[5] Σαμαριτῶν ὡς ἑτοιμάσαι αὐτῷ· 53 καὶ οὐκ ἐδέξαντο αὐτόν, ὅτι τὸ πρόσωπον αὐτοῦ ἦν πορευόμενον εἰς Ἰερουσαλήμ. 54 ἰδόντες δὲ οἱ μαθηταὶ Ἰάκωβος καὶ Ἰωάννης εἶπαν· κύριε, θέλεις εἴπωμεν[6] πῦρ καταβῆναι[7] ἀπὸ τοῦ οὐρανοῦ καὶ ἀναλῶσαι[8] αὐτούς; 55 στραφεὶς[9] δὲ ἐπετίμησεν[10] αὐτοῖς. 56 καὶ ἐπορεύθησαν εἰς ἑτέραν κώμην.

The Would-be Followers of Jesus (Mt 8.19-22)

57 Καὶ πορευομένων αὐτῶν ἐν τῇ ὁδῷ εἶπέν τις πρὸς αὐτόν· ἀκολουθήσω σοι ὅπου ἐὰν ἀπέρχῃ. 58 καὶ εἶπεν αὐτῷ ὁ Ἰησοῦς· αἱ ἀλώπεκες[11] φωλεοὺς[12] ἔχουσιν καὶ τὰ πετεινὰ[13] τοῦ οὐρανοῦ κατασκηνώσεις[14], ὁ δὲ υἱὸς τοῦ ἀνθρώπου οὐκ ἔχει ποῦ τὴν κεφαλὴν κλίνῃ[15]. 59 εἶπεν δὲ πρὸς ἕτερον· ἀκολούθει μοι. ὁ δὲ εἶπεν· κύριε, ἐπίτρεψόν[16] μοι ἀπελθόντι πρῶτον θάψαι[17] τὸν πατέρα μου. 60 εἶπεν δὲ αὐτῷ· ἄφες[18] τοὺς νεκροὺς θάψαι τοὺς ἑαυτῶν νεκρούς, σὺ δὲ ἀπελθὼν διάγγελλε[19] τὴν βασιλείαν τοῦ θεοῦ. 61 εἶπεν δὲ καὶ ἕτερος· ἀκολουθήσω σοι, κύριε· πρῶτον δὲ ἐπίτρεψόν μοι ἀποτάξασθαι[20] τοῖς εἰς τὸν οἶκόν μου. 62 εἶπεν δὲ [πρὸς αὐτὸν] ὁ Ἰησοῦς· οὐδεὶς ἐπιβαλὼν[21] τὴν χεῖρα ἐπ᾽ ἄροτρον[22] καὶ βλέπων εἰς τὰ ὀπίσω εὔθετός[23] ἐστιν τῇ βασιλείᾳ τοῦ θεοῦ.

The Mission of the Seventy-Two

10 Μετὰ δὲ ταῦτα ἀνέδειξεν[24] ὁ κύριος ἑτέρους ἑβδομήκοντα[25] [δύο] καὶ ἀπέστειλεν[26] αὐτοὺς ἀνὰ[27] δύο [δύο] πρὸ προσώπου αὐτοῦ εἰς πᾶσαν πόλιν καὶ τόπον οὗ[28] ἤμελλεν αὐτὸς ἔρχεσθαι. 2 ἔλεγεν δὲ πρὸς αὐτούς· ὁ μὲν θερισμὸς[29]

---

1 συμπληρόω pres pas inf, pas come near
2 ἀνάλημψις, -εως f, taking up (to heaven)
3 στηρίζω 3s aor act ind, make firm (τὸ πρόσωπον ἐ. be determined)
4 ἀποστέλλω 3s aor act ind, send
5 κώμη, -ης f, village
6 λέγω 1p aor act sub, tell
7 καταβαίνω aor act inf, come down
8 ἀναλόω/ἀναλίσκω aor act inf, consume
9 στρέφω aor pas ptc m s nom, intrans pas turn
10 ἐπιτιμάω 3s aor act ind, rebuke
11 ἀλώπηξ, -εκος f, fox
12 φωλεός, -οῦ m, hole/den
13 πετεινόν, -οῦ n, bird
14 κατασκήνωσις, -εως f, nest
15 κλίνω 3s pres act sub, lay
16 ἐπιτρέπω 2s aor act impv, let
17 θάπτω aor act inf, bury
18 ἀφίημι 2s aor act impv, let
19 διαγγέλλω 2s pres act impv, proclaim
20 ἀποτάσσομαι aor mid inf, say goodbye
21 ἐπιβάλλω aor act ptc m s nom, put on
22 ἄροτρον, -ου n, plow
23 εὔθετος, -ον, fit
24 ἀναδείκνυμι 3s aor act ind, appoint
25 ἑβδομήκοντα, seventy
26 ἀποστέλλω 3s aor act ind, send
27 ἀνά, prep + acc, each/each one/apiece (ἀνὰ δύο δύο two by two)
28 οὗ, adv, where
29 θερισμός, -οῦ m, harvest

πολύς, οἱ δὲ ἐργάται¹ ὀλίγοι· δεήθητε² οὖν τοῦ κυρίου τοῦ θερισμοῦ ὅπως ἐργάτας ἐκβάλῃ³ εἰς τὸν θερισμὸν αὐτοῦ. 3 ὑπάγετε· ἰδοὺ ἀποστέλλω ὑμᾶς ὡς ἄρνας⁴ ἐν μέσῳ λύκων⁵. 4 μὴ βαστάζετε⁶ βαλλάντιον⁷, μὴ πήραν⁸, μὴ ὑποδήματα⁹, καὶ μηδένα κατὰ τὴν ὁδὸν ἀσπάσησθε. 5 εἰς ἣν δ' ἂν εἰσέλθητε¹⁰ οἰκίαν, πρῶτον λέγετε· εἰρήνη τῷ οἴκῳ τούτῳ. 6 καὶ ἐὰν ἐκεῖ ᾖ υἱὸς εἰρήνης, ἐπαναπαήσεται¹¹ ἐπ' αὐτὸν ἡ εἰρήνη ὑμῶν· εἰ δὲ μή γε¹², ἐφ' ὑμᾶς ἀνακάμψει¹³. 7 ἐν αὐτῇ δὲ τῇ οἰκίᾳ μένετε ἐσθίοντες καὶ πίνοντες τὰ παρ' αὐτῶν· ἄξιος γὰρ ὁ ἐργάτης τοῦ μισθοῦ¹⁴ αὐτοῦ. μὴ μεταβαίνετε¹⁵ ἐξ οἰκίας εἰς οἰκίαν. 8 καὶ εἰς ἣν ἂν πόλιν εἰσέρχησθε καὶ δέχωνται ὑμᾶς, ἐσθίετε τὰ παρατιθέμενα¹⁶ ὑμῖν 9 καὶ θεραπεύετε τοὺς ἐν αὐτῇ ἀσθενεῖς¹⁷ καὶ λέγετε αὐτοῖς· ἤγγικεν¹⁸ ἐφ' ὑμᾶς ἡ βασιλεία τοῦ θεοῦ. 10 εἰς ἣν δ' ἂν πόλιν εἰσέλθητε καὶ μὴ δέχωνται ὑμᾶς, ἐξελθόντες εἰς τὰς πλατείας¹⁹ αὐτῆς εἴπατε²⁰· 11 καὶ τὸν κονιορτὸν²¹ τὸν κολληθέντα²² ἡμῖν ἐκ τῆς πόλεως ὑμῶν εἰς τοὺς πόδας ἀπομασσόμεθα²³ ὑμῖν· πλὴν τοῦτο γινώσκετε ὅτι ἤγγικεν ἡ βασιλεία τοῦ θεοῦ. 12 λέγω ὑμῖν ὅτι Σοδόμοις ἐν τῇ ἡμέρᾳ ἐκείνῃ ἀνεκτότερον²⁴ ἔσται ἢ τῇ πόλει ἐκείνῃ.

Woes to Unrepentant Cities (Mt 11.20-24)

13 Οὐαί σοι, Χοραζίν, οὐαί σοι, Βηθσαϊδά· ὅτι εἰ ἐν Τύρῳ καὶ Σιδῶνι ἐγενήθησαν²⁵ αἱ δυνάμεις αἱ γενόμεναι ἐν ὑμῖν, πάλαι²⁶ ἂν ἐν σάκκῳ²⁷ καὶ σποδῷ²⁸ καθήμενοι μετενόησαν. 14 πλὴν Τύρῳ καὶ Σιδῶνι ἀνεκτότερον ἔσται ἐν τῇ κρίσει ἢ ὑμῖν. 15 καὶ σύ, Καφαρναούμ, μὴ ἕως οὐρανοῦ ὑψωθήσῃ²⁹; ἕως τοῦ ᾅδου³⁰ καταβήσῃ³¹. 16 Ὁ ἀκούων ὑμῶν ἐμοῦ ἀκούει, καὶ ὁ ἀθετῶν³² ὑμᾶς ἐμὲ ἀθετεῖ· ὁ δὲ ἐμὲ ἀθετῶν ἀθετεῖ τὸν ἀποστείλαντά με.

The Return of the Seventy-Two

17 Ὑπέστρεψαν³³ δὲ οἱ ἑβδομήκοντα³⁴ [δύο] μετὰ χαρᾶς λέγοντες· κύριε, καὶ τὰ δαιμόνια ὑποτάσσεται ἡμῖν ἐν τῷ ὀνόματί σου. 18 εἶπεν δὲ αὐτοῖς· ἐθεώρουν

1 ἐργάτης, -ου m, worker
2 δέομαι 2p aor pas impv, pray
3 ἐκβάλλω 3s aor act sub, send out
4 ἀρήν, ἀρνός m, lamb
5 λύκος, -ου m, wolf
6 βαστάζω 2p pres act impv, carry
7 βαλλάντιον, -ου n, money bag
8 πήρα, -ας f, bag (either a traveler's bag or a beggar's bag)
9 ὑπόδημα, -τος n, sandal
10 εἰσέρχομαι 2p aor act sub, go in
11 ἐπαναπαύομαι 3s fut pas ind, rest upon
12 γέ, emphatic particle
13 ἀνακάμπτω 3s fut act ind, return
14 μισθός, -οῦ m, wages
15 μεταβαίνω 2p pres act impv, move
16 παρατίθημι pres pas ptc n p acc, put before
17 ἀσθενής, -ές, sick
18 ἐγγίζω 3s pf act ind, come near
19 πλατεῖα, -ας f, street
20 λέγω 2p aor act impv, say
21 κονιορτός, -οῦ m, dust
22 κολλάομαι aor pas ptc m s acc, stick to
23 ἀπομάσσομαι 1p pres mid ind, wipe off (in protest)
24 ἀνεκτός, bearable (comp)
25 γίνομαι 3p aor pas ind, happen
26 πάλαι, adv, long ago
27 σάκκος, -ου m, sackcloth
28 σποδός, -οῦ f, ashes
29 ὑψόω 2s fut pas ind, lift up
30 ᾅδης, -ου m, hell
31 καταβαίνω 2s fut mid ind, go down
32 ἀθετέω pres act ptc m s nom, reject
33 ὑποστρέφω 3p aor act ind, return
34 ἑβδομήκοντα, seventy

τὸν σατανᾶν ὡς ἀστραπὴν¹ ἐκ τοῦ οὐρανοῦ πεσόντα². 19 ἰδοὺ δέδωκα³ ὑμῖν τὴν ἐξουσίαν τοῦ πατεῖν⁴ ἐπάνω⁵ ὄφεων⁶ καὶ σκορπίων⁷, καὶ ἐπὶ πᾶσαν τὴν δύναμιν τοῦ ἐχθροῦ, καὶ οὐδὲν ὑμᾶς οὐ μὴ ἀδικήσῃ⁸. 20 πλὴν ἐν τούτῳ μὴ χαίρετε ὅτι τὰ πνεύματα ὑμῖν ὑποτάσσεται, χαίρετε δὲ ὅτι τὰ ὀνόματα ὑμῶν ἐγγέγραπται⁹ ἐν τοῖς οὐρανοῖς.

The Rejoicing of Jesus (Mt 11.25-27; 13.16-17)

21 Ἐν αὐτῇ τῇ ὥρᾳ ἠγαλλιάσατο¹⁰ [ἐν] τῷ πνεύματι τῷ ἁγίῳ καὶ εἶπεν· ἐξομολογοῦμαί¹¹ σοι, πάτερ, κύριε τοῦ οὐρανοῦ καὶ τῆς γῆς, ὅτι ἀπέκρυψας¹² ταῦτα ἀπὸ σοφῶν¹³ καὶ συνετῶν¹⁴ καὶ ἀπεκάλυψας¹⁵ αὐτὰ νηπίοις¹⁶· ναὶ ὁ πατήρ, ὅτι οὕτως εὐδοκία¹⁷ ἐγένετο ἔμπροσθέν σου. 22 πάντα μοι παρεδόθη¹⁸ ὑπὸ τοῦ πατρός μου, καὶ οὐδεὶς γινώσκει τίς ἐστιν ὁ υἱὸς εἰ μὴ ὁ πατήρ, καὶ τίς ἐστιν ὁ πατὴρ εἰ μὴ ὁ υἱὸς καὶ ᾧ ἐὰν βούληται ὁ υἱὸς ἀποκαλύψαι.

23 Καὶ στραφεὶς¹⁹ πρὸς τοὺς μαθητὰς κατ' ἰδίαν²⁰ εἶπεν· μακάριοι οἱ ὀφθαλμοὶ οἱ βλέποντες ἃ βλέπετε. 24 λέγω γὰρ ὑμῖν ὅτι πολλοὶ προφῆται καὶ βασιλεῖς ἠθέλησαν ἰδεῖν ἃ ὑμεῖς βλέπετε καὶ οὐκ εἶδαν, καὶ ἀκοῦσαι ἃ ἀκούετε καὶ οὐκ ἤκουσαν.

The Good Samaritan

25 Καὶ ἰδοὺ νομικός²¹ τις ἀνέστη²² ἐκπειράζων²³ αὐτὸν λέγων· διδάσκαλε, τί ποιήσας ζωὴν αἰώνιον κληρονομήσω²⁴; 26 ὁ δὲ εἶπεν πρὸς αὐτόν· ἐν τῷ νόμῳ τί γέγραπται; πῶς ἀναγινώσκεις; 27 ὁ δὲ ἀποκριθεὶς εἶπεν· ἀγαπήσεις κύριον τὸν θεόν σου ἐξ ὅλης [τῆς] καρδίας σου καὶ ἐν ὅλῃ τῇ ψυχῇ σου καὶ ἐν ὅλῃ τῇ ἰσχύϊ²⁵ σου καὶ ἐν ὅλῃ τῇ διανοίᾳ²⁶ σου, καὶ τὸν πλησίον²⁷ σου ὡς σεαυτόν. 28 εἶπεν δὲ αὐτῷ· ὀρθῶς²⁸ ἀπεκρίθης· τοῦτο ποίει καὶ ζήσῃ. 29 ὁ δὲ θέλων δικαιῶσαι ἑαυτὸν εἶπεν πρὸς τὸν Ἰησοῦν· καὶ τίς ἐστίν μου πλησίον;

---

[1] ἀστραπή, -ῆς f, lightning
[2] πίπτω aor act ptc m s acc, fall
[3] δίδωμι 1s pf act ind, give
[4] πατέω pres act inf, trample
[5] ἐπάνω, prep + gen, on
[6] ὄφις, -εως m, snake
[7] σκορπίος, -ου m, scorpion
[8] ἀδικέω 3s aor act sub, harm
[9] ἐγγράφω 3s pf pas ind, write (in)
[10] ἀγαλλιάω 3s aor mid ind, be extremely joyful
[11] ἐξομολογέω 1s pres mid ind, thank/praise
[12] ἀποκρύπτω 2s aor act ind, hide
[13] σοφός, -ή/όν, wise
[14] συνετός, -ή/όν, understanding/educated
[15] ἀποκαλύπτω 2s aor act ind, reveal
[16] νήπιος, -α/ον, infant
[17] εὐδοκία, -ας f, pleasure
[18] παραδίδωμι 3s aor pas ind, give
[19] στρέφω aor pas ptc m s nom, intrans pas turn
[20] ἴδιος, -α/ον, one's own (κατ' ἰδίαν privately)
[21] νομικός, -ή/όν, pertaining to the Jewish Law (ὁ ν. expert in the Jewish Law)
[22] ἀνίστημι 3s aor act ind, intrans stand up
[23] ἐκπειράζω pres act ptc m s nom, put to the test
[24] κληρονομέω 1s fut act ind, receive/be given
[25] ἰσχύς, -ύος f, strength
[26] διάνοια, -ας f, mind
[27] πλησίον, prep + gen, near (ὁ π. fellow human being)
[28] ὀρθῶς, adv, correctly

30 Ὑπολαβὼν¹ ὁ Ἰησοῦς εἶπεν· ἄνθρωπός τις κατέβαινεν ἀπὸ Ἰερουσαλὴμ εἰς Ἰεριχὼ καὶ λῃσταῖς² περιέπεσεν³, οἳ καὶ ἐκδύσαντες⁴ αὐτὸν καὶ πληγὰς⁵ ἐπιθέντες⁶ ἀπῆλθον ἀφέντες⁷ ἡμιθανῆ⁸. **31** κατὰ συγκυρίαν⁹ δὲ ἱερεύς τις κατέβαινεν ἐν τῇ ὁδῷ ἐκείνῃ καὶ ἰδὼν αὐτὸν ἀντιπαρῆλθεν¹⁰· **32** ὁμοίως¹¹ δὲ καὶ Λευίτης [γενόμενος] κατὰ τὸν τόπον ἐλθὼν καὶ ἰδὼν ἀντιπαρῆλθεν. **33** Σαμαρίτης δέ τις ὁδεύων¹² ἦλθεν κατ' αὐτὸν καὶ ἰδὼν ἐσπλαγχνίσθη¹³, **34** καὶ προσελθὼν¹⁴ κατέδησεν¹⁵ τὰ τραύματα¹⁶ αὐτοῦ ἐπιχέων¹⁷ ἔλαιον¹⁸ καὶ οἶνον, ἐπιβιβάσας¹⁹ δὲ αὐτὸν ἐπὶ τὸ ἴδιον κτῆνος²⁰ ἤγαγεν²¹ αὐτὸν εἰς πανδοχεῖον²² καὶ ἐπεμελήθη²³ αὐτοῦ. **35** καὶ ἐπὶ τὴν αὔριον²⁴ ἐκβαλὼν²⁵ ἔδωκεν δύο δηνάρια²⁶ τῷ πανδοχεῖ²⁷ καὶ εἶπεν· ἐπιμελήθητι²⁸ αὐτοῦ, καὶ ὅ τι ἂν προσδαπανήσῃς²⁹ ἐγὼ ἐν τῷ ἐπανέρχεσθαί³⁰ με ἀποδώσω³¹ σοι. **36** τίς τούτων τῶν τριῶν πλησίον³² δοκεῖ σοι γεγονέναι τοῦ ἐμπεσόντος³³ εἰς τοὺς λῃστάς; **37** ὁ δὲ εἶπεν· ὁ ποιήσας τὸ ἔλεος³⁴ μετ' αὐτοῦ. εἶπεν δὲ αὐτῷ ὁ Ἰησοῦς· πορεύου καὶ σὺ ποίει ὁμοίως³⁵.

The Visit to Martha and Mary

38 Ἐν δὲ τῷ πορεύεσθαι αὐτοὺς αὐτὸς εἰσῆλθεν εἰς κώμην³⁶ τινά· γυνὴ δέ τις ὀνόματι Μάρθα ὑπεδέξατο³⁷ αὐτόν. **39** καὶ τῇδε³⁸ ἦν ἀδελφὴ³⁹ καλουμένη Μαριάμ, [ἣ] καὶ παρακαθεσθεῖσα⁴⁰ πρὸς τοὺς πόδας τοῦ κυρίου ἤκουεν τὸν λόγον αὐτοῦ. **40** ἡ δὲ Μάρθα περιεσπᾶτο⁴¹ περὶ πολλὴν διακονίαν· ἐπιστᾶσα⁴² δὲ εἶπεν· κύριε, οὐ

¹ ὑπολαμβάνω *aor act ptc m s nom*, reply
² λῃστής, -οῦ *m*, robber
³ περιπίπτω *3s aor act ind*, fall into the hands of
⁴ ἐκδύω *aor act ptc m p nom*, strip
⁵ πληγή, -ῆς *f*, beating (αὐτὸν καὶ π. ἐπιθέντες and beating him)
⁶ ἐπιτίθημι *aor act ptc m p nom*, put on
⁷ ἀφίημι *aor act ptc m p nom*, leave
⁸ ἡμιθανής, -ές, half dead
⁹ συγκυρία, -ας *f*, chance (κατὰ σ. by chance)
¹⁰ ἀντιπαρέρχομαι *3s aor act ind*, pass by on the other side of the road
¹¹ ὁμοίως, *adv*, in the same way
¹² ὁδεύω *pres act ptc m s nom*, travel
¹³ σπλαγχνίζομαι *3s aor pas ind*, have pity
¹⁴ προσέρχομαι *aor act ptc m s nom*, go to
¹⁵ καταδέω *3s aor act ind*, bandage
¹⁶ τραῦμα, -τος *n*, wound
¹⁷ ἐπιχέω *pres act ptc m s nom*, pour on
¹⁸ ἔλαιον, -ου *n*, olive oil
¹⁹ ἐπιβιβάζω *aor act ptc m s nom*, place (on)
²⁰ κτῆνος, -ους *n*, pack animal/donkey
²¹ ἄγω *3s aor act ind*, bring
²² πανδοχεῖον, -ου *n*, inn
²³ ἐπιμελέομαι *3s aor pas ind*, take care of
²⁴ αὔριον, *adv*, the next day
²⁵ ἐκβάλλω *aor act ptc m s nom*, take out
²⁶ δηνάριον, -ου *n*, denarius (Roman silver coin = laborer's daily wage)
²⁷ πανδοχεύς, -έως *m*, inn keeper
²⁸ ἐπιμελέομαι *2s aor pas impv*, take care of
²⁹ προσδαπανάω *2s aor act sub*, spend in addition
³⁰ ἐπανέρχομαι *pres mid inf*, return
³¹ ἀποδίδωμι *1s fut act ind*, repay
³² πλησίον, *prep + gen*, near (ὁ π. fellow human being)
³³ ἐμπίπτω *aor act ptc m s gen*, fall among
³⁴ ἔλεος, -ους *n*, mercy
³⁵ ὁμοίως, *adv*, in the same way
³⁶ κώμη, -ης *f*, village
³⁷ ὑποδέχομαι *3s aor mid ind*, welcome as a guest
³⁸ ὅδε, ἥδε, τόδε, *demon pro*, this one
³⁹ ἀδελφή, -ῆς *f*, sister
⁴⁰ παρακαθέζομαι *aor pas ptc f s nom*, sit
⁴¹ περισπάω *3s impf pas ind, pas* be distracted
⁴² ἐφίστημι *aor act ptc f s nom*, come/go to

μέλει¹ σοι ὅτι ἡ ἀδελφή μου μόνην με κατέλιπεν² διακονεῖν; εἰπὲ οὖν αὐτῇ ἵνα μοι συναντιλάβηται³. **41** ἀποκριθεὶς δὲ εἶπεν αὐτῇ ὁ κύριος· Μάρθα Μάρθα, μεριμνᾷς⁴ καὶ θορυβάζῃ⁵ περὶ πολλά, **42** ἑνὸς δέ ἐστιν χρεία· Μαριὰμ γὰρ τὴν ἀγαθὴν μερίδα⁶ ἐξελέξατο⁷ ἥτις οὐκ ἀφαιρεθήσεται⁸ αὐτῆς.

Teaching about Prayer (Mt 6.9-15; 7.7-11)

11 Καὶ ἐγένετο ἐν τῷ εἶναι αὐτὸν ἐν τόπῳ τινὶ προσευχόμενον, ὡς ἐπαύσατο⁹, εἶπέν τις τῶν μαθητῶν αὐτοῦ πρὸς αὐτόν· κύριε, δίδαξον ἡμᾶς προσεύχεσθαι, καθὼς καὶ Ἰωάννης ἐδίδαξεν τοὺς μαθητὰς αὐτοῦ. **2** εἶπεν δὲ αὐτοῖς· ὅταν προσεύχησθε λέγετε·

πάτερ,
ἁγιασθήτω¹⁰ τὸ ὄνομά σου·
ἐλθέτω¹¹ ἡ βασιλεία σου·

3 τὸν ἄρτον ἡμῶν τὸν ἐπιούσιον¹² δίδου¹³ ἡμῖν τὸ καθ᾽ ἡμέραν·
4 καὶ ἄφες¹⁴ ἡμῖν τὰς ἁμαρτίας ἡμῶν,
καὶ γὰρ αὐτοὶ ἀφίομεν παντὶ ὀφείλοντι ἡμῖν·
καὶ μὴ εἰσενέγκῃς¹⁵ ἡμᾶς εἰς πειρασμόν¹⁶.

5 Καὶ εἶπεν πρὸς αὐτούς· τίς ἐξ ὑμῶν ἕξει φίλον¹⁷ καὶ πορεύσεται πρὸς αὐτὸν μεσονυκτίου¹⁸ καὶ εἴπῃ αὐτῷ· φίλε, χρῆσόν¹⁹ μοι τρεῖς ἄρτους, **6** ἐπειδὴ²⁰ φίλος μου παρεγένετο ἐξ ὁδοῦ πρός με καὶ οὐκ ἔχω ὃ παραθήσω²¹ αὐτῷ· **7** κἀκεῖνος ἔσωθεν²² ἀποκριθεὶς εἴπῃ· μή μοι κόπους²³ πάρεχε²⁴· ἤδη ἡ θύρα κέκλεισται²⁵ καὶ τὰ παιδία μου μετ᾽ ἐμοῦ εἰς τὴν κοίτην²⁶ εἰσίν· οὐ δύναμαι ἀναστὰς²⁷ δοῦναί²⁸ σοι. **8** λέγω ὑμῖν, εἰ καὶ οὐ δώσει²⁹ αὐτῷ ἀναστὰς διὰ τὸ εἶναι φίλον αὐτοῦ, διά γε³⁰ τὴν ἀναίδειαν³¹ αὐτοῦ ἐγερθεὶς³² δώσει αὐτῷ ὅσων χρῄζει³³. **9** κἀγὼ ὑμῖν λέγω, αἰτεῖτε καὶ δοθήσεται³⁴ ὑμῖν, ζητεῖτε καὶ εὑρήσετε³⁵, κρούετε³⁶ καὶ ἀνοιγήσεται

---

¹ μέλει 3s pres act ind, impers it is of concern
² καταλείπω 3s aor act ind, leave
³ συναντιλαμβάνομαι 3s aor mid sub, help
⁴ μεριμνάω 2s pres act ind, be anxious about
⁵ θορυβάζω 2s pres pas ind, pas be troubled
⁶ μερίς, -ίδος f, part
⁷ ἐκλέγομαι 3s aor mid ind, choose
⁸ ἀφαιρέω 3s fut pas ind, take away from
⁹ παύω 3s aor mid ind, mid stop
¹⁰ ἁγιάζω 3s aor pas impv, make holy
¹¹ ἔρχομαι 3s aor act impv, come
¹² ἐπιούσιος, -ον, for today/for the coming day/necessary for existence
¹³ δίδωμι 2s pres act impv, give
¹⁴ ἀφίημι 2s aor act impv, forgive
¹⁵ εἰσφέρω 2s aor act sub, lead in
¹⁶ πειρασμός, -οῦ m, temptation/time of testing
¹⁷ φίλος, -ου m, friend
¹⁸ μεσονύκτιον, -ου n, midnight
¹⁹ κίχρημι 2s aor act impv, lend
²⁰ ἐπειδή, conj, because
²¹ παρατίθημι 1s fut act ind, put before
²² ἔσωθεν, adv, from within
²³ κόπος, -ου m, trouble
²⁴ παρέχω 2s pres act impv, cause
²⁵ κλείω 3s pf pas ind, shut
²⁶ κοίτη, -ης f, bed
²⁷ ἀνίστημι aor act ptc m s nom, intrans get up
²⁸ δίδωμι aor act inf, give
²⁹ δίδωμι 3s fut act ind, give
³⁰ γέ, emphatic particle
³¹ ἀναίδεια, -ας f, shameless persistence
³² ἐγείρω aor pas ptc m s nom, intrans pas get up
³³ χρῄζω 3s pres act ind, need
³⁴ δίδωμι 3s fut act ind, give
³⁵ εὑρίσκω 2p fut act ind, find
³⁶ κρούω 2p pres act impv, knock (at a door)

ὑμῖν· **10** πᾶς γὰρ ὁ αἰτῶν λαμβάνει καὶ ὁ ζητῶν εὑρίσκει καὶ τῷ κρούοντι ἀνοιγ[ήσ]εται. **11** τίνα δὲ ἐξ ὑμῶν τὸν πατέρα αἰτήσει ὁ υἱὸς ἰχθύν[1], καὶ ἀντὶ[2] ἰχθύος ὄφιν[3] αὐτῷ ἐπιδώσει[4]; **12** ἢ καὶ αἰτήσει ᾠόν[5], ἐπιδώσει αὐτῷ σκορπίον[6]; **13** εἰ οὖν ὑμεῖς πονηροὶ ὑπάρχοντες οἴδατε δόματα[7] ἀγαθὰ διδόναι τοῖς τέκνοις ὑμῶν, πόσῳ[8] μᾶλλον ὁ πατὴρ [ὁ] ἐξ οὐρανοῦ δώσει πνεῦμα ἅγιον τοῖς αἰτοῦσιν αὐτόν.

Jesus and Beelzebul (Mt 12.22-30; Mk 3.20-27)

14 Καὶ ἦν ἐκβάλλων δαιμόνιον [καὶ αὐτὸ ἦν] κωφόν[9]· ἐγένετο δὲ τοῦ δαιμονίου ἐξελθόντος ἐλάλησεν ὁ κωφὸς καὶ ἐθαύμασαν οἱ ὄχλοι. **15** τινὲς δὲ ἐξ αὐτῶν εἶπον· ἐν Βεελζεβοὺλ τῷ ἄρχοντι τῶν δαιμονίων ἐκβάλλει τὰ δαιμόνια· **16** ἕτεροι δὲ πειράζοντες σημεῖον ἐξ οὐρανοῦ ἐζήτουν παρ' αὐτοῦ. **17** αὐτὸς δὲ εἰδὼς[10] αὐτῶν τὰ διανοήματα[11] εἶπεν αὐτοῖς· πᾶσα βασιλεία ἐφ' ἑαυτὴν διαμερισθεῖσα[12] ἐρημοῦται[13] καὶ οἶκος ἐπὶ οἶκον πίπτει. **18** εἰ δὲ καὶ ὁ σατανᾶς ἐφ' ἑαυτὸν διεμερίσθη, πῶς σταθήσεται[14] ἡ βασιλεία αὐτοῦ; ὅτι λέγετε ἐν Βεελζεβοὺλ ἐκβάλλειν με τὰ δαιμόνια. **19** εἰ δὲ ἐγὼ ἐν Βεελζεβοὺλ ἐκβάλλω τὰ δαιμόνια, οἱ υἱοὶ ὑμῶν ἐν τίνι ἐκβάλλουσιν; διὰ τοῦτο αὐτοὶ ὑμῶν κριταὶ[15] ἔσονται. **20** εἰ δὲ ἐν δακτύλῳ[16] θεοῦ [ἐγὼ] ἐκβάλλω τὰ δαιμόνια, ἄρα ἔφθασεν[17] ἐφ' ὑμᾶς ἡ βασιλεία τοῦ θεοῦ. **21** ὅταν ὁ ἰσχυρὸς[18] καθωπλισμένος[19] φυλάσσῃ τὴν ἑαυτοῦ αὐλήν[20], ἐν εἰρήνῃ ἐστὶν τὰ ὑπάρχοντα αὐτοῦ· **22** ἐπὰν[21] δὲ ἰσχυρότερος[22] αὐτοῦ ἐπελθὼν[23] νικήσῃ[24] αὐτόν, τὴν πανοπλίαν[25] αὐτοῦ αἴρει ἐφ' ᾗ ἐπεποίθει[26] καὶ τὰ σκῦλα[27] αὐτοῦ διαδίδωσιν[28]. **23** ὁ μὴ ὢν μετ' ἐμοῦ κατ' ἐμοῦ ἐστιν, καὶ ὁ μὴ συνάγων μετ' ἐμοῦ σκορπίζει[29].

The Return of the Unclean Spirit (Mt 12.43-45)

24 Ὅταν τὸ ἀκάθαρτον πνεῦμα ἐξέλθῃ[30] ἀπὸ τοῦ ἀνθρώπου, διέρχεται δι' ἀνύδρων[31] τόπων ζητοῦν ἀνάπαυσιν[32] καὶ μὴ εὑρίσκον· [τότε] λέγει· ὑποστρέψω εἰς τὸν οἶκόν μου ὅθεν[33] ἐξῆλθον· **25** καὶ ἐλθὸν εὑρίσκει σεσαρωμένον[34] καὶ

---

[1] ἰχθύς, -ύος m, fish
[2] ἀντί, prep + gen, instead of
[3] ὄφις, -εως m, snake
[4] ἐπιδίδωμι 3s fut act ind, give
[5] ᾠόν, -οῦ n, egg
[6] σκορπίος, -ου m, scorpion
[7] δόμα, -τος n, gift
[8] πόσος, -η/ον, pro, how much (πόσῳ μᾶλλον how much more)
[9] κωφός, -ή/όν, unable to speak
[10] οἶδα pf act ptc m s nom, know
[11] διανόημα, -τος n, thought
[12] διαμερίζω aor pas ptc f s nom, divide
[13] ἐρημόω 3s pres pas ind, pas be ruined
[14] ἵστημι 3s fut pas ind, intrans pas stand
[15] κριτής, -οῦ m, judge
[16] δάκτυλος, -ου m, finger
[17] φθάνω 3s aor act ind, come to
[18] ἰσχυρός, -ά/όν, strong
[19] καθοπλίζω pf mid ptc m s nom, mid be fully armed
[20] αὐλή, -ῆς f, house
[21] ἐπάν, conj, when
[22] ἰσχυρός, strong (comp)
[23] ἐπέρχομαι aor act ptc m s nom, attack
[24] νικάω 3s aor act sub, defeat
[25] πανοπλία, -ας f, armor
[26] πείθω 3s plpf act ind, trust
[27] σκῦλον, -ου n, pl spoils/plunder
[28] διαδίδωμι 3s pres act ind, divide
[29] σκορπίζω 3s pres act ind, scatter
[30] ἐξέρχομαι 3s aor act sub, come/go out
[31] ἄνυδρος, -ον, waterless
[32] ἀνάπαυσις, -εως f, place to rest
[33] ὅθεν, adv, (from) where
[34] σαρόω pf pas ptc m s acc, sweep

κεκοσμημένον¹. 26 τότε πορεύεται καὶ παραλαμβάνει ἕτερα πνεύματα πονηρότερα ἑαυτοῦ ἑπτὰ καὶ εἰσελθόντα κατοικεῖ ἐκεῖ· καὶ γίνεται τὰ ἔσχατα τοῦ ἀνθρώπου ἐκείνου χείρονα² τῶν πρώτων.

True Blessedness

27 Ἐγένετο δὲ ἐν τῷ λέγειν αὐτὸν ταῦτα ἐπάρασά³ τις φωνὴν γυνὴ ἐκ τοῦ ὄχλου εἶπεν αὐτῷ· μακαρία ἡ κοιλία⁴ ἡ βαστάσασά⁵ σε καὶ μαστοὶ⁶ οὓς ἐθήλασας⁷. 28 αὐτὸς δὲ εἶπεν· μενοῦν⁸ μακάριοι οἱ ἀκούοντες τὸν λόγον τοῦ θεοῦ καὶ φυλάσσοντες.

The Demand for a Sign (Mt 12.38-42; Mk 8.12)

29 Τῶν δὲ ὄχλων ἐπαθροιζομένων⁹ ἤρξατο¹⁰ λέγειν· ἡ γενεὰ αὕτη γενεὰ πονηρά ἐστιν· σημεῖον ζητεῖ, καὶ σημεῖον οὐ δοθήσεται¹¹ αὐτῇ εἰ μὴ τὸ σημεῖον Ἰωνᾶ. 30 καθὼς γὰρ ἐγένετο Ἰωνᾶς τοῖς Νινευίταις σημεῖον, οὕτως ἔσται καὶ ὁ υἱὸς τοῦ ἀνθρώπου τῇ γενεᾷ ταύτῃ. 31 βασίλισσα¹² νότου¹³ ἐγερθήσεται¹⁴ ἐν τῇ κρίσει μετὰ τῶν ἀνδρῶν τῆς γενεᾶς ταύτης καὶ κατακρινεῖ¹⁵ αὐτούς, ὅτι ἦλθεν ἐκ τῶν περάτων¹⁶ τῆς γῆς ἀκοῦσαι τὴν σοφίαν Σολομῶνος, καὶ ἰδοὺ πλεῖον¹⁷ Σολομῶνος ὧδε. 32 ἄνδρες Νινευῖται ἀναστήσονται¹⁸ ἐν τῇ κρίσει μετὰ τῆς γενεᾶς ταύτης καὶ κατακρινοῦσιν αὐτήν· ὅτι μετενόησαν εἰς τὸ κήρυγμα¹⁹ Ἰωνᾶ, καὶ ἰδοὺ πλεῖον Ἰωνᾶ ὧδε.

The Light of the Body (Mt 5.15; 6.22-23)

33 Οὐδεὶς λύχνον²⁰ ἅψας²¹ εἰς κρύπτην²² τίθησιν [οὐδὲ ὑπὸ τὸν μόδιον²³] ἀλλ' ἐπὶ τὴν λυχνίαν²⁴, ἵνα οἱ εἰσπορευόμενοι²⁵ τὸ φῶς βλέπωσιν. 34 Ὁ λύχνος τοῦ σώματός ἐστιν ὁ ὀφθαλμός σου. ὅταν ὁ ὀφθαλμός σου ἁπλοῦς²⁶ ᾖ, καὶ ὅλον τὸ σῶμά σου φωτεινόν²⁷ ἐστιν· ἐπὰν²⁸ δὲ πονηρὸς ᾖ, καὶ τὸ σῶμά σου σκοτεινόν²⁹. 35 σκόπει³⁰ οὖν μὴ τὸ φῶς τὸ ἐν σοὶ σκότος ἐστίν. 36 εἰ οὖν τὸ σῶμά

---

1 κοσμέω pf pas ptc m s acc, put in order
2 χείρων, worse (comp of κακός)
3 ἐπαίρω aor act ptc f s nom, raise (ἐ. φωνὴν speak up/shout)
4 κοιλία, -ας f, womb
5 βαστάζω aor act ptc f s nom, carry (a child in the womb)
6 μαστός, -οῦ m, breast
7 θηλάζω 2s aor act ind, nurse (of a mother breast feeding her child)
8 μενοῦν, particle of emphasis & contrast, rather/much more

9 ἐπαθροίζω pres pas ptc m p gen, pas crowd around
10 ἄρχω 3s aor mid ind, mid begin
11 δίδωμι 3s fut pas ind, give
12 βασίλισσα, -ης f, queen
13 νότος, -ου m, south
14 ἐγείρω 3s fut pas ind, intrans pas get up
15 κατακρίνω 3s fut act ind, condemn
16 πέρας, -ατος n, boundary
17 πολύς, great (comp)
18 ἀνίστημι 3p fut mid ind, intrans stand/get up
19 κήρυγμα, -τος n, message

20 λύχνος, -ου m, lamp
21 ἅπτω aor act ptc m s nom, light
22 κρύπτη, -ης f, hidden place
23 μόδιος, -ου m, basket
24 λυχνία, -ας f, lampstand
25 εἰσπορεύομαι pres mid ptc m p nom, come in
26 ἁπλοῦς, -ῆ/οῦν, healthy
27 φωτεινός, -ή/όν, full of light
28 ἐπάν, conj, when
29 σκοτεινός, -ή/όν, in complete darkness
30 σκοπέω 2s pres act impv, be careful

σου ὅλον φωτεινόν, μὴ ἔχον μέρος τι σκοτεινόν, ἔσται φωτεινὸν ὅλον ὡς ὅταν ὁ λύχνος τῇ ἀστραπῇ¹ φωτίζῃ² σε.

The Denouncing of the Pharisees and Experts in Law (Mt 23.1-36; Mk 12.38-40; Lk 20.45-47)

37 Ἐν δὲ τῷ λαλῆσαι ἐρωτᾷ αὐτὸν Φαρισαῖος ὅπως ἀριστήσῃ³ παρ' αὐτῷ· εἰσελθὼν δὲ ἀνέπεσεν⁴. 38 ὁ δὲ Φαρισαῖος ἰδὼν ἐθαύμασεν ὅτι οὐ πρῶτον ἐβαπτίσθη πρὸ τοῦ ἀρίστου⁵. 39 εἶπεν δὲ ὁ κύριος πρὸς αὐτόν· νῦν ὑμεῖς οἱ Φαρισαῖοι τὸ ἔξωθεν⁶ τοῦ ποτηρίου καὶ τοῦ πίνακος⁷ καθαρίζετε, τὸ δὲ ἔσωθεν⁸ ὑμῶν γέμει⁹ ἁρπαγῆς¹⁰ καὶ πονηρίας¹¹. 40 ἄφρονες¹², οὐχ ὁ ποιήσας τὸ ἔξωθεν καὶ τὸ ἔσωθεν ἐποίησεν; 41 πλὴν τὰ ἐνόντα¹³ δότε¹⁴ ἐλεημοσύνην¹⁵, καὶ ἰδοὺ πάντα καθαρὰ¹⁶ ὑμῖν ἐστιν.

42 Ἀλλ' οὐαὶ ὑμῖν τοῖς Φαρισαίοις, ὅτι ἀποδεκατοῦτε¹⁷ τὸ ἡδύοσμον¹⁸ καὶ τὸ πήγανον¹⁹ καὶ πᾶν λάχανον²⁰ καὶ παρέρχεσθε²¹ τὴν κρίσιν καὶ τὴν ἀγάπην τοῦ θεοῦ· ταῦτα δὲ ἔδει ποιῆσαι κἀκεῖνα μὴ παρεῖναι²².

43 Οὐαὶ ὑμῖν τοῖς Φαρισαίοις, ὅτι ἀγαπᾶτε τὴν πρωτοκαθεδρίαν²³ ἐν ταῖς συναγωγαῖς καὶ τοὺς ἀσπασμοὺς²⁴ ἐν ταῖς ἀγοραῖς²⁵.

44 Οὐαὶ ὑμῖν, ὅτι ἐστὲ ὡς τὰ μνημεῖα τὰ ἄδηλα²⁶, καὶ οἱ ἄνθρωποι [οἱ] περιπατοῦντες ἐπάνω²⁷ οὐκ οἴδασιν.

45 Ἀποκριθεὶς δέ τις τῶν νομικῶν²⁸ λέγει αὐτῷ· διδάσκαλε, ταῦτα λέγων καὶ ἡμᾶς ὑβρίζεις²⁹.

46 Ὁ δὲ εἶπεν· καὶ ὑμῖν τοῖς νομικοῖς οὐαί, ὅτι φορτίζετε³⁰ τοὺς ἀνθρώπους φορτία³¹ δυσβάστακτα³², καὶ αὐτοὶ ἑνὶ τῶν δακτύλων³³ ὑμῶν οὐ προσψαύετε³⁴ τοῖς φορτίοις.

47 Οὐαὶ ὑμῖν, ὅτι οἰκοδομεῖτε τὰ μνημεῖα τῶν προφητῶν, οἱ δὲ πατέρες ὑμῶν ἀπέκτειναν αὐτούς. 48 ἄρα μάρτυρές ἐστε καὶ συνευδοκεῖτε³⁵ τοῖς ἔργοις τῶν πατέρων ὑμῶν, ὅτι αὐτοὶ μὲν ἀπέκτειναν αὐτούς, ὑμεῖς δὲ οἰκοδομεῖτε. 49 διὰ τοῦτο

---

[1] ἀστραπή, -ῆς f, ray
[2] φωτίζω 3s pres act sub, give light
[3] ἀριστάω 3s aor act sub, dine
[4] ἀναπίπτω 3s aor act ind, sit at table
[5] ἄριστον, -ου n, meal
[6] ἔξωθεν, adv, outside (τὸ ἔξ. the outside)
[7] πίναξ, -ακος m, dish
[8] ἔσωθεν, adv, inside (τὸ ἔσ. the inside)
[9] γέμω 3s pres act ind, be full
[10] ἁρπαγή, -ῆς f, greed
[11] πονηρία, -ας f, evil
[12] ἄφρων, -ονος m, fool
[13] ἔνειμι pres act ptc n p acc, be inside
[14] δίδωμι 2p aor act impv, give
[15] ἐλεημοσύνη, -ης f, money given to a needy person
[16] καθαρός, -ά/όν, clean
[17] ἀποδεκατόω 2p pres act ind, give a tenth
[18] ἡδύοσμον, -ου n, mint
[19] πήγανον, -ου n, rue
[20] λάχανον, -ου n, garden plant
[21] παρέρχομαι 2p pres mid ind, neglect
[22] παρίημι aor act inf, neglect
[23] πρωτοκαθεδρία, -ας f, place of honor
[24] ἀσπασμός, -οῦ m, greeting
[25] ἀγορά, -ᾶς f, market place
[26] ἄδηλος, -ον, unmarked
[27] ἐπάνω, adv, over
[28] νομικός, -ή/όν, pertaining to the Jewish Law (ὁ v. expert in the Jewish Law)
[29] ὑβρίζω 2s pres act ind, insult
[30] φορτίζω 2p pres act ind, burden
[31] φορτίον, -ου n, burden
[32] δυσβάστακτος, -ον, heavy
[33] δάκτυλος, -ου m, finger
[34] προσψαύω 2p pres act ind, touch
[35] συνευδοκέω 2p pres act ind, approve of

καὶ ἡ σοφία τοῦ θεοῦ εἶπεν· ἀποστελῶ εἰς αὐτοὺς προφήτας καὶ ἀποστόλους, καὶ ἐξ αὐτῶν ἀποκτενοῦσιν[1] καὶ διώξουσιν, 50 ἵνα ἐκζητηθῇ[2] τὸ αἷμα πάντων τῶν προφητῶν τὸ ἐκκεχυμένον[3] ἀπὸ καταβολῆς[4] κόσμου ἀπὸ τῆς γενεᾶς ταύτης, 51 ἀπὸ αἵματος Ἅβελ ἕως αἵματος Ζαχαρίου τοῦ ἀπολομένου[5] μεταξὺ[6] τοῦ θυσιαστηρίου[7] καὶ τοῦ οἴκου· ναὶ λέγω ὑμῖν, ἐκζητηθήσεται ἀπὸ τῆς γενεᾶς ταύτης.
52 Οὐαὶ ὑμῖν τοῖς νομικοῖς, ὅτι ἤρατε[8] τὴν κλεῖδα[9] τῆς γνώσεως[10]· αὐτοὶ οὐκ εἰσήλθατε καὶ τοὺς εἰσερχομένους ἐκωλύσατε[11].
53 Κἀκεῖθεν[12] ἐξελθόντος αὐτοῦ ἤρξαντο[13] οἱ γραμματεῖς καὶ οἱ Φαρισαῖοι δεινῶς[14] ἐνέχειν[15] καὶ ἀποστοματίζειν[16] αὐτὸν περὶ πλειόνων[17], 54 ἐνεδρεύοντες[18] αὐτὸν θηρεῦσαί[19] τι ἐκ τοῦ στόματος αὐτοῦ.

A Warning against Hypocrisy

12 Ἐν οἷς ἐπισυναχθεισῶν[20] τῶν μυριάδων[21] τοῦ ὄχλου, ὥστε καταπατεῖν[22] ἀλλήλους, ἤρξατο[23] λέγειν πρὸς τοὺς μαθητὰς αὐτοῦ πρῶτον· προσέχετε[24] ἑαυτοῖς ἀπὸ τῆς ζύμης[25], ἥτις ἐστὶν ὑπόκρισις[26], τῶν Φαρισαίων.
2 Οὐδὲν δὲ συγκεκαλυμμένον[27] ἐστὶν ὃ οὐκ ἀποκαλυφθήσεται[28] καὶ κρυπτὸν[29] ὃ οὐ γνωσθήσεται. 3 ἀνθ[30]' ὧν ὅσα ἐν τῇ σκοτίᾳ[31] εἴπατε ἐν τῷ φωτὶ ἀκουσθήσεται, καὶ ὃ πρὸς τὸ οὖς ἐλαλήσατε ἐν τοῖς ταμείοις[32] κηρυχθήσεται[33] ἐπὶ τῶν δωμάτων[34].

Whom to Fear (Mt 10.28-31)

4 Λέγω δὲ ὑμῖν τοῖς φίλοις[35] μου, μὴ φοβηθῆτε ἀπὸ τῶν ἀποκτεινόντων τὸ σῶμα καὶ μετὰ ταῦτα μὴ ἐχόντων περισσότερόν[36] τι ποιῆσαι. 5 ὑποδείξω[37] δὲ ὑμῖν τίνα φοβηθῆτε· φοβήθητε τὸν μετὰ τὸ ἀποκτεῖναι ἔχοντα ἐξουσίαν ἐμβαλεῖν[38] εἰς τὴν γέενναν[39]. ναὶ λέγω ὑμῖν, τοῦτον φοβήθητε. 6 οὐχὶ πέντε στρουθία[40]

[1] ἀποκτείνω 3p fut act ind, kill
[2] ἐκζητέω 3s aor pas sub, require from
[3] ἐκχύννω pf pas ptc n s nom, pour out
[4] καταβολή, -ῆς f, creation
[5] ἀπόλλυμι aor mid ptc m s gen, kill
[6] μεταξύ, prep + gen, between
[7] θυσιαστήριον, -ου n, altar
[8] αἴρω 2p aor act ind, take away
[9] κλείς, κλειδός f, key
[10] γνῶσις, -εως f, knowledge
[11] κωλύω 2p aor act ind, hinder
[12] κἀκεῖθεν, = καὶ ἐκεῖθεν, and from there
[13] ἄρχω 3p aor mid ind, mid begin
[14] δεινῶς, adv, terribly
[15] ἐνέχω pres act inf, have a grudge against
[16] ἀποστοματίζω pres act inf, attack with questions
[17] πολύς, many (comp)
[18] ἐνεδρεύω pres act ptc m p nom, lie in wait
[19] θηρεύω aor act inf, catch
[20] ἐπισυνάγω aor pas ptc f p gen, gather together
[21] μυριάς, -άδος f, countless thousands
[22] καταπατέω pres act inf, step on
[23] ἄρχω 3s aor mid ind, mid begin
[24] προσέχω 2p pres act impv, be on guard (against)
[25] ζύμη, -ης f, yeast
[26] ὑπόκρισις, -εως f, hypocrisy
[27] συγκαλύπτω pf pas ptc n s nom, conceal
[28] ἀποκαλύπτω 3s fut pas ind, reveal
[29] κρυπτός, -ή/όν, hidden
[30] ἀντί, prep + gen, because (ἀνθ' ὧν because)
[31] σκοτία, -ας f, darkness
[32] ταμεῖον, -ου n, private room
[33] κηρύσσω 3s fut pas ind, make known
[34] δῶμα, -τος n, housetop
[35] φίλος, -ου m, friend
[36] περισσότερος, much (comp)
[37] ὑποδείκνυμι 1s fut act ind, show
[38] ἐμβάλλω aor act inf, throw
[39] γέεννα, -ης f, hell
[40] στρουθίον, -ου n, sparrow

πωλοῦνται¹ ἀσσαρίων² δύο; καὶ ἓν ἐξ αὐτῶν οὐκ ἔστιν ἐπιλελησμένον³ ἐνώπιον τοῦ θεοῦ. 7 ἀλλὰ καὶ αἱ τρίχες⁴ τῆς κεφαλῆς ὑμῶν πᾶσαι ἠρίθμηνται⁵. μὴ φοβεῖσθε· πολλῶν στρουθίων διαφέρετε⁶.

Confessing Christ before Men (Mt 10.32-33; 12.32; 10.19-20)

8 Λέγω δὲ ὑμῖν, πᾶς ὃς ἂν ὁμολογήσῃ⁷ ἐν ἐμοὶ ἔμπροσθεν τῶν ἀνθρώπων, καὶ ὁ υἱὸς τοῦ ἀνθρώπου ὁμολογήσει⁸ ἐν αὐτῷ ἔμπροσθεν τῶν ἀγγέλων τοῦ θεοῦ· 9 ὁ δὲ ἀρνησάμενός με ἐνώπιον τῶν ἀνθρώπων ἀπαρνηθήσεται⁹ ἐνώπιον τῶν ἀγγέλων τοῦ θεοῦ.

10 Καὶ πᾶς ὃς ἐρεῖ¹⁰ λόγον εἰς τὸν υἱὸν τοῦ ἀνθρώπου, ἀφεθήσεται¹¹ αὐτῷ· τῷ δὲ εἰς τὸ ἅγιον πνεῦμα βλασφημήσαντι οὐκ ἀφεθήσεται.

11 Ὅταν δὲ εἰσφέρωσιν¹² ὑμᾶς ἐπὶ τὰς συναγωγὰς καὶ τὰς ἀρχὰς καὶ τὰς ἐξουσίας, μὴ μεριμνήσητε¹³ πῶς ἢ τί ἀπολογήσησθε¹⁴ ἢ τί εἴπητε· 12 τὸ γὰρ ἅγιον πνεῦμα διδάξει ὑμᾶς ἐν αὐτῇ τῇ ὥρᾳ ἃ δεῖ εἰπεῖν.

The Parable of the Rich Fool

13 Εἶπεν δέ τις ἐκ τοῦ ὄχλου αὐτῷ· διδάσκαλε, εἰπὲ τῷ ἀδελφῷ μου μερίσασθαι¹⁵ μετ' ἐμοῦ τὴν κληρονομίαν¹⁶. 14 ὁ δὲ εἶπεν αὐτῷ· ἄνθρωπε, τίς με κατέστησεν¹⁷ κριτὴν¹⁸ ἢ μεριστὴν¹⁹ ἐφ' ὑμᾶς; 15 εἶπεν δὲ πρὸς αὐτούς· ὁρᾶτε καὶ φυλάσσεσθε ἀπὸ πάσης πλεονεξίας²⁰, ὅτι οὐκ ἐν τῷ περισσεύειν τινὶ ἡ ζωὴ αὐτοῦ ἐστιν ἐκ τῶν ὑπαρχόντων αὐτῷ.

16 Εἶπεν δὲ παραβολὴν πρὸς αὐτοὺς λέγων· ἀνθρώπου τινὸς πλουσίου²¹ εὐφόρησεν²² ἡ χώρα²³. 17 καὶ διελογίζετο²⁴ ἐν ἑαυτῷ λέγων· τί ποιήσω, ὅτι οὐκ ἔχω ποῦ συνάξω τοὺς καρπούς μου; 18 καὶ εἶπεν· τοῦτο ποιήσω, καθελῶ²⁵ μου τὰς ἀποθήκας²⁶ καὶ μείζονας²⁷ οἰκοδομήσω καὶ συνάξω ἐκεῖ πάντα τὸν σῖτον²⁸ καὶ τὰ ἀγαθά μου 19 καὶ ἐρῶ²⁹ τῇ ψυχῇ μου· ψυχή, ἔχεις πολλὰ ἀγαθὰ κείμενα³⁰ εἰς ἔτη πολλά·

---

1 πωλέω 3p pres ind, sell
2 ἀσσάριον, -ου n, assarion (Roman silver coin = 1/16 denarius)
3 ἐπιλανθάνομαι pf pas ptc n s nom, forget
4 θρίξ, τριχός f, hair
5 ἀριθμέω 3p pf pas ind, count
6 διαφέρω 2p pres act ind, be worth more than
7 ὁμολογέω 3s aor act sub, admit (ὁ. ἐν ἐμοὶ admit to be my follower)
8 ὁμολογέω 3s fut act ind, confess (ὁ. ἐν αὐτῷ admit that person is my follower)
9 ἀπαρνέομαι 3s fut pas ind, disown
10 λέγω 3s fut act ind, say
11 ἀφίημι 3s fut pas ind, forgive
12 εἰσφέρω 3p pres act sub, bring in
13 μεριμνάω 2p aor act sub, be anxious about
14 ἀπολογέομαι 2p aor mid sub, defend oneself
15 μερίζω aor mid inf, share
16 κληρονομία, -ας f, inheritance
17 καθίστημι 3s aor act ind, appoint
18 κριτής, -οῦ m, judge
19 μεριστής, -οῦ m, one who settles property disputes
20 πλεονεξία, -ας f, greed
21 πλούσιος, -α/ον, rich
22 εὐφορέω 3s aor act ind, produce good crops
23 χώρα, -ας f, field
24 διαλογίζομαι 3s impf mid ind, think
25 καθαιρέω 1s fut act ind, tear down
26 ἀποθήκη, -ης f, barn
27 μέγας, large (comp)
28 σῖτος, -ου m, grain
29 λέγω 1s fut act ind, say
30 κεῖμαι pres mid ptc n p acc, store up

ἀναπαύου¹, φάγε², πίε³, εὐφραίνου⁴. **20** εἶπεν δὲ αὐτῷ ὁ θεός· ἄφρων⁵, ταύτῃ τῇ νυκτὶ τὴν ψυχήν σου ἀπαιτοῦσιν⁶ ἀπὸ σοῦ· ἃ δὲ ἡτοίμασας, τίνι ἔσται; **21** οὕτως ὁ θησαυρίζων⁷ ἑαυτῷ καὶ μὴ εἰς θεὸν πλουτῶν⁸.

Care and Anxiety (Mt 6.25-34, 19-21)

22 Εἶπεν δὲ πρὸς τοὺς μαθητὰς [αὐτοῦ]· διὰ τοῦτο λέγω ὑμῖν· μὴ μεριμνᾶτε⁹ τῇ ψυχῇ τί φάγητε¹⁰, μηδὲ τῷ σώματι τί ἐνδύσησθε¹¹. **23** ἡ γὰρ ψυχὴ πλεῖόν¹² ἐστιν τῆς τροφῆς¹³ καὶ τὸ σῶμα τοῦ ἐνδύματος¹⁴. **24** κατανοήσατε¹⁵ τοὺς κόρακας¹⁶ ὅτι οὐ σπείρουσιν οὐδὲ θερίζουσιν¹⁷, οἷς οὐκ ἔστιν ταμεῖον¹⁸ οὐδὲ ἀποθήκη¹⁹, καὶ ὁ θεὸς τρέφει²⁰ αὐτούς· πόσῳ²¹ μᾶλλον ὑμεῖς διαφέρετε²² τῶν πετεινῶν²³. **25** τίς δὲ ἐξ ὑμῶν μεριμνῶν δύναται ἐπὶ τὴν ἡλικίαν²⁴ αὐτοῦ προσθεῖναι²⁵ πῆχυν²⁶; **26** εἰ οὖν οὐδὲ ἐλάχιστον²⁷ δύνασθε, τί περὶ τῶν λοιπῶν μεριμνᾶτε; **27** κατανοήσατε²⁸ τὰ κρίνα²⁹ πῶς αὐξάνει³⁰· οὐ κοπιᾷ³¹ οὐδὲ νήθει³²· λέγω δὲ ὑμῖν, οὐδὲ Σολομὼν ἐν πάσῃ τῇ δόξῃ αὐτοῦ περιεβάλετο³³ ὡς ἓν τούτων. **28** εἰ δὲ ἐν ἀγρῷ τὸν χόρτον³⁴ ὄντα σήμερον καὶ αὔριον³⁵ εἰς κλίβανον³⁶ βαλλόμενον ὁ θεὸς οὕτως ἀμφιέζει³⁷, πόσῳ μᾶλλον ὑμᾶς, ὀλιγόπιστοι³⁸. **29** καὶ ὑμεῖς μὴ ζητεῖτε τί φάγητε καὶ τί πίητε καὶ μὴ μετεωρίζεσθε³⁹· **30** ταῦτα γὰρ πάντα τὰ ἔθνη τοῦ κόσμου ἐπιζητοῦσιν⁴⁰, ὑμῶν δὲ ὁ πατὴρ οἶδεν ὅτι χρῄζετε⁴¹ τούτων. **31** πλὴν ζητεῖτε τὴν βασιλείαν αὐτοῦ, καὶ ταῦτα προστεθήσεται⁴² ὑμῖν. **32** μὴ φοβοῦ, τὸ μικρὸν ποίμνιον⁴³, ὅτι εὐδόκησεν⁴⁴ ὁ πατὴρ ὑμῶν δοῦναι⁴⁵ ὑμῖν τὴν βασιλείαν.

---

[1] ἀναπαύω 2s pres mid impv, mid relax
[2] ἐσθίω 2s aor act impv, eat
[3] πίνω 2s aor act impv, drink
[4] εὐφραίνω 2s pres pas impv, pas be glad
[5] ἄφρων, -ονος m, fool
[6] ἀπαιτέω 3p pres act ind, demand
[7] θησαυρίζω pres act ptc m s nom, store up
[8] πλουτέω pres act ptc m s nom, be rich
[9] μεριμνάω 2p pres act impv, be anxious about
[10] ἐσθίω 2p aor act sub, eat
[11] ἐνδύω 2p aor mid sub, mid wear
[12] πολύς, much (comp)
[13] τροφή, -ῆς f, food
[14] ἔνδυμα, -τος n, clothing
[15] κατανοέω 2p aor act impv, consider
[16] κόραξ, -ακος m, crow
[17] θερίζω 3p pres act ind, harvest
[18] ταμεῖον, -ου n, storeroom
[19] ἀποθήκη, -ης f, barn
[20] τρέφω 3s pres act ind, take care of
[21] πόσος, -η/ον, pro, how much (πόσῳ μᾶλλον how much more)
[22] διαφέρω, 2p pres act ind, be worth more than
[23] πετεινόν, -οῦ n, bird
[24] ἡλικία, -ας f, size/strength/age
[25] προστίθημι aor act inf, add to
[26] πῆχυς, -εως m, cubit (about 18 inches or 46.2 centimeter)
[27] ἐλάχιστος, smallest (super of μικρός)
[28] κατανοέω 2p aor act impv, think about
[29] κρίνον, -ου n, wild flower
[30] αὐξάνω 3s pres act ind, grow
[31] κοπιάω 3s pres act ind, work hard
[32] νήθω 3s pres act ind, spin
[33] περιβάλλω 3s aor mid ind, clothe
[34] χόρτος, -ου m, grass
[35] αὔριον, adv, tomorrow
[36] κλίβανος, -ου m, oven/fire
[37] ἀμφιέζω 3s pres act ind, clothe
[38] ὀλιγόπιστος, -ον, of little faith
[39] μετεωρίζομαι 2p pres pas impv, worry
[40] ἐπιζητέω 3p pres act ind, anxiously desire
[41] χρῄζω 2p pres act ind, need
[42] προστίθημι 3s fut pas ind, give
[43] ποίμνιον, -ου n, flock
[44] εὐδοκέω 3s aor act ind, be pleased
[45] δίδωμι aor act inf, give

33 Πωλήσατε¹ τὰ ὑπάρχοντα ὑμῶν καὶ δότε² ἐλεημοσύνην³· ποιήσατε ἑαυτοῖς βαλλάντια⁴ μὴ παλαιούμενα⁵, θησαυρὸν⁶ ἀνέκλειπτον⁷ ἐν τοῖς οὐρανοῖς, ὅπου κλέπτης⁸ οὐκ ἐγγίζει οὐδὲ σὴς⁹ διαφθείρει¹⁰· **34** ὅπου γάρ ἐστιν ὁ θησαυρὸς ὑμῶν, ἐκεῖ καὶ ἡ καρδία ὑμῶν ἔσται.

Watchful Slaves (Mt 24.45-51)

35 Ἔστωσαν¹¹ ὑμῶν αἱ ὀσφύες¹² περιεζωσμέναι¹³ καὶ οἱ λύχνοι¹⁴ καιόμενοι¹⁵· **36** καὶ ὑμεῖς ὅμοιοι ἀνθρώποις προσδεχομένοις¹⁶ τὸν κύριον ἑαυτῶν πότε¹⁷ ἀναλύσῃ¹⁸ ἐκ τῶν γάμων¹⁹, ἵνα ἐλθόντος καὶ κρούσαντος²⁰ εὐθέως ἀνοίξωσιν αὐτῷ. **37** μακάριοι οἱ δοῦλοι ἐκεῖνοι, οὓς ἐλθὼν ὁ κύριος εὑρήσει γρηγοροῦντας²¹· ἀμὴν λέγω ὑμῖν ὅτι περιζώσεται²² καὶ ἀνακλινεῖ²³ αὐτοὺς καὶ παρελθὼν²⁴ διακονήσει αὐτοῖς. **38** κἂν²⁵ ἐν τῇ δευτέρᾳ κἂν ἐν τῇ τρίτῃ φυλακῇ ἔλθῃ²⁶ καὶ εὕρῃ²⁷ οὕτως, μακάριοί εἰσιν ἐκεῖνοι. **39** τοῦτο δὲ γινώσκετε ὅτι εἰ ᾔδει²⁸ ὁ οἰκοδεσπότης²⁹ ποίᾳ ὥρᾳ ὁ κλέπτης³⁰ ἔρχεται, οὐκ ἂν ἀφῆκεν³¹ διορυχθῆναι³² τὸν οἶκον αὐτοῦ. **40** καὶ ὑμεῖς γίνεσθε ἕτοιμοι³³, ὅτι ᾗ ὥρᾳ οὐ δοκεῖτε ὁ υἱὸς τοῦ ἀνθρώπου ἔρχεται.

41 Εἶπεν δὲ ὁ Πέτρος· κύριε, πρὸς ἡμᾶς τὴν παραβολὴν ταύτην λέγεις ἢ καὶ πρὸς πάντας; **42** καὶ εἶπεν ὁ κύριος· τίς ἄρα ἐστὶν ὁ πιστὸς οἰκονόμος³⁴ ὁ φρόνιμος³⁵, ὃν καταστήσει³⁶ ὁ κύριος ἐπὶ τῆς θεραπείας³⁷ αὐτοῦ τοῦ διδόναι³⁸ ἐν καιρῷ [τὸ] σιτομέτριον³⁹; **43** μακάριος ὁ δοῦλος ἐκεῖνος, ὃν ἐλθὼν ὁ κύριος αὐτοῦ εὑρήσει⁴⁰ ποιοῦντα οὕτως. **44** ἀληθῶς⁴¹ λέγω ὑμῖν ὅτι ἐπὶ πᾶσιν τοῖς ὑπάρχουσιν αὐτοῦ καταστήσει αὐτόν. **45** ἐὰν δὲ εἴπῃ⁴² ὁ δοῦλος ἐκεῖνος ἐν τῇ καρδίᾳ αὐτοῦ· χρονίζει⁴³

---

¹ πωλέω 2p aor act impv, sell
² δίδωμι 2p aor act impv, give
³ ἐλεημοσύνη, -ης f, money given to a needy person
⁴ βαλλάντιον, -ου n, money bag
⁵ παλαιόω pres pas ptc n p acc, pas wear out
⁶ θησαυρός, -οῦ m, treasure
⁷ ἀνέκλειπτος, -ον, inexhaustible
⁸ κλέπτης, -ου m, thief
⁹ σής, σητός m, moth
¹⁰ διαφθείρω 3s pres act ind, destroy
¹¹ εἰμί 3p pres act impv, be
¹² ὀσφῦς, -ύος f, waist
¹³ περιζώννυμι pf pas ptc f p nom, wrap around
¹⁴ λύχνος, -ου m, lamp
¹⁵ καίω pres pas ptc m p nom, pas burn
¹⁶ προσδέχομαι pres mid ptc m p dat, wait for
¹⁷ πότε, adv, when
¹⁸ ἀναλύω 3s aor act sub, return home
¹⁹ γάμος, -ου m, wedding
²⁰ κρούω aor act ptc m s gen, knock (at a door)
²¹ γρηγορέω pres act ptc m p acc, be awake
²² περιζώννυμι 3s fut mid ind, mid make oneself ready
²³ ἀνακλίνω 3s fut act ind, seat at table
²⁴ παρέρχομαι aor act ptc m s nom, come
²⁵ κἄν, = καὶ ἐάν, and if (κἂν ... κἂν if ... or)
²⁶ ἔρχομαι 3s aor act sub, come
²⁷ εὑρίσκω 3s aor act sub, find
²⁸ οἶδα 3s plpf act ind, know
²⁹ οἰκοδεσπότης, -ου m, house owner
³⁰ κλέπτης, -ου m, thief
³¹ ἀφίημι 3s aor act ind, let
³² διορύσσω aor pas inf, break in
³³ ἕτοιμος, -η/ον, ready
³⁴ οἰκονόμος, -ου m, manager
³⁵ φρόνιμος, -ον, wise
³⁶ καθίστημι 3s fut act ind, put in charge
³⁷ θεραπεία, -ας f, household servants
³⁸ δίδωμι pres act inf, give
³⁹ σιτομέτριον, -ου n, food allowance
⁴⁰ εὑρίσκω 3s fut act ind, find
⁴¹ ἀληθῶς, adv, surely
⁴² λέγω 3s aor act sub, say
⁴³ χρονίζω 3s pres act ind, delay

ὁ κύριός μου ἔρχεσθαι, καὶ ἄρξηται¹ τύπτειν² τοὺς παῖδας³ καὶ τὰς παιδίσκας⁴, ἐσθίειν τε καὶ πίνειν καὶ μεθύσκεσθαι⁵, **46** ἥξει⁶ ὁ κύριος τοῦ δούλου ἐκείνου ἐν ἡμέρᾳ ᾗ οὐ προσδοκᾷ⁷ καὶ ἐν ὥρᾳ ᾗ οὐ γινώσκει, καὶ διχοτομήσει⁸ αὐτὸν καὶ τὸ μέρος αὐτοῦ μετὰ τῶν ἀπίστων⁹ θήσει¹⁰. **47** Ἐκεῖνος δὲ ὁ δοῦλος ὁ γνοὺς¹¹ τὸ θέλημα τοῦ κυρίου αὐτοῦ καὶ μὴ ἑτοιμάσας ἢ ποιήσας πρὸς τὸ θέλημα αὐτοῦ δαρήσεται¹² πολλάς· **48** ὁ δὲ μὴ γνούς, ποιήσας δὲ ἄξια πληγῶν¹³ δαρήσεται ὀλίγας. παντὶ δὲ ᾧ ἐδόθη¹⁴ πολύ, πολὺ ζητηθήσεται παρ' αὐτοῦ, καὶ ᾧ παρέθεντο¹⁵ πολύ, περισσότερον¹⁶ αἰτήσουσιν αὐτόν.

Jesus the Cause of Division (Mt 10.34-36)

49 Πῦρ ἦλθον βαλεῖν¹⁷ ἐπὶ τὴν γῆν, καὶ τί θέλω εἰ ἤδη ἀνήφθη¹⁸. **50** βάπτισμα¹⁹ δὲ ἔχω βαπτισθῆναι, καὶ πῶς συνέχομαι²⁰ ἕως ὅτου τελεσθῇ²¹. **51** δοκεῖτε ὅτι εἰρήνην παρεγενόμην δοῦναι ἐν τῇ γῇ; οὐχί, λέγω ὑμῖν, ἀλλ' ἢ διαμερισμόν²². **52** ἔσονται²³ γὰρ ἀπὸ τοῦ νῦν πέντε ἐν ἑνὶ οἴκῳ διαμεμερισμένοι²⁴, τρεῖς ἐπὶ δυσὶν καὶ δύο ἐπὶ τρισίν, **53** διαμερισθήσονται πατὴρ ἐπὶ υἱῷ καὶ **υἱὸς** ἐπὶ **πατρί**, μήτηρ ἐπὶ τὴν θυγατέρα²⁵ καὶ θυγάτηρ ἐπὶ τὴν μητέρα, πενθερὰ²⁶ ἐπὶ τὴν νύμφην²⁷ αὐτῆς καὶ νύμφη ἐπὶ τὴν πενθεράν.

Discerning the Time (Mt 16.2-3)

54 Ἔλεγεν δὲ καὶ τοῖς ὄχλοις· ὅταν ἴδητε²⁸ [τὴν] νεφέλην²⁹ ἀνατέλλουσαν³⁰ ἐπὶ δυσμῶν³¹, εὐθέως λέγετε ὅτι ὄμβρος³² ἔρχεται, καὶ γίνεται οὕτως· **55** καὶ ὅταν νότον³³ πνέοντα³⁴, λέγετε ὅτι καύσων³⁵ ἔσται, καὶ γίνεται. **56** ὑποκριταί³⁶, τὸ πρόσωπον τῆς γῆς καὶ τοῦ οὐρανοῦ οἴδατε δοκιμάζειν³⁷, τὸν καιρὸν δὲ τοῦτον πῶς οὐκ οἴδατε δοκιμάζειν;

---

1 ἄρχω 3s aor mid sub, mid begin
2 τύπτω pres act inf, beat
3 παῖς, παιδός m, male servant
4 παιδίσκη, -ης f, female servant
5 μεθύσκω pres pas inf, pas get drunk
6 ἥκω 3s fut act ind, come
7 προσδοκάω 3s pres act ind, expect
8 διχοτομέω 3s fut act ind, cut in pieces/punish severely
9 ἄπιστος, -ον, unfaithful
10 τίθημι 3s fut act ind, put
11 γινώσκω aor act ptc m s nom, know
12 δέρω 3s fut pas ind, beat
13 πληγή, -ῆς f, beating
14 δίδωμι 3s aor pas ind, give
15 παρατίθημι 3p aor mid ind, mid be entrusted
16 περισσότερος, even more (comp of περισσός)
17 βάλλω aor act inf, throw
18 ἀνάπτω 3s aor pas ind, kindle
19 βάπτισμα, -τος n, baptism
20 συνέχω 1s pres pas ind, pas be distressed
21 τελέω 3s aor pas sub, complete
22 διαμερισμός, -οῦ m, division
23 εἰμί 3p fut mid ind, be
24 διαμερίζω pf pas ptc m p nom, divide
25 θυγάτηρ, -τρός f, daughter
26 πενθερά, -ᾶς f, mother-in-law
27 νύμφη, -ης f, daughter-in-law
28 ὁράω 2p aor act sub, see
29 νεφέλη, -ης f, cloud
30 ἀνατέλλω pres act ptc f s acc, intrans rise
31 δυσμή, -ῆς f, pl west
32 ὄμβρος, -ου m, shower
33 νότος, -ου m, south wind
34 πνέω pres act ptc m s acc, blow
35 καύσων, -ωνος m, (scorching) heat
36 ὑποκριτής, -οῦ m, hypocrite
37 δοκιμάζω pres act inf, interpret

Settling with Your Accuser (Mt 5.25-26)

57 Τί δὲ καὶ ἀφ' ἑαυτῶν οὐ κρίνετε τὸ δίκαιον; **58** ὡς γὰρ ὑπάγεις μετὰ τοῦ ἀντιδίκου[1] σου ἐπ' ἄρχοντα, ἐν τῇ ὁδῷ δὸς[2] ἐργασίαν[3] ἀπηλλάχθαι[4] ἀπ' αὐτοῦ, μήποτε[5] κατασύρῃ[6] σε πρὸς τὸν κριτήν[7], καὶ ὁ κριτής σε παραδώσει[8] τῷ πράκτορι[9], καὶ ὁ πράκτωρ σε βαλεῖ εἰς φυλακήν. **59** λέγω σοι, οὐ μὴ ἐξέλθῃς ἐκεῖθεν[10], ἕως καὶ τὸ ἔσχατον λεπτὸν[11] ἀποδῷς[12].

Repent or Perish

13 Παρῆσαν[13] δέ τινες ἐν αὐτῷ τῷ καιρῷ ἀπαγγέλλοντες αὐτῷ περὶ τῶν Γαλιλαίων ὧν τὸ αἷμα Πιλᾶτος ἔμιξεν[14] μετὰ τῶν θυσιῶν[15] αὐτῶν. **2** καὶ ἀποκριθεὶς εἶπεν αὐτοῖς· δοκεῖτε ὅτι οἱ Γαλιλαῖοι οὗτοι ἁμαρτωλοὶ παρὰ πάντας τοὺς Γαλιλαίους ἐγένοντο, ὅτι ταῦτα πεπόνθασιν[16]; **3** οὐχί, λέγω ὑμῖν, ἀλλ' ἐὰν μὴ μετανοῆτε πάντες ὁμοίως[17] ἀπολεῖσθε[18]. **4** ἢ ἐκεῖνοι οἱ δεκαοκτὼ[19] ἐφ' οὓς ἔπεσεν[20] ὁ πύργος[21] ἐν τῷ Σιλωὰμ καὶ ἀπέκτεινεν αὐτούς, δοκεῖτε ὅτι αὐτοὶ ὀφειλέται[22] ἐγένοντο παρὰ πάντας τοὺς ἀνθρώπους τοὺς κατοικοῦντας Ἰερουσαλήμ; **5** οὐχί, λέγω ὑμῖν, ἀλλ' ἐὰν μὴ μετανοῆτε πάντες ὡσαύτως[23] ἀπολεῖσθε.

The Parable of the Barren Fig Tree

6 Ἔλεγεν δὲ ταύτην τὴν παραβολήν· συκῆν[24] εἶχέν[25] τις πεφυτευμένην[26] ἐν τῷ ἀμπελῶνι[27] αὐτοῦ, καὶ ἦλθεν ζητῶν καρπὸν ἐν αὐτῇ καὶ οὐχ εὗρεν. **7** εἶπεν δὲ πρὸς τὸν ἀμπελουργόν[28]· ἰδοὺ τρία ἔτη ἀφ' οὗ ἔρχομαι ζητῶν καρπὸν ἐν τῇ συκῇ ταύτῃ καὶ οὐχ εὑρίσκω· ἔκκοψον[29] [οὖν] αὐτήν, ἱνατί[30] καὶ τὴν γῆν καταργεῖ[31]; **8** ὁ δὲ ἀποκριθεὶς λέγει αὐτῷ· κύριε, ἄφες[32] αὐτὴν καὶ τοῦτο τὸ ἔτος, ἕως ὅτου σκάψω[33] περὶ αὐτὴν καὶ βάλω[34] κόπρια[35], **9** κἂν[36] μὲν ποιήσῃ καρπὸν εἰς τὸ μέλλον· εἰ δὲ μή γε[37], ἐκκόψεις αὐτήν.

---

[1] ἀντίδικος, -ου m, opponent at law
[2] δίδωμι 2s aor act impv, give
[3] ἐργασία, -ας f, doing (something) (δὸς ἐ. make an effort)
[4] ἀπαλλάσσω pf pas inf, set free (ἀ. ἀπ' αὐτοῦ to settle the matter with him)
[5] μήποτε, conj, so that ... will not
[6] κατασύρω 3s pres act sub, drag
[7] κριτής, -οῦ m, judge
[8] παραδίδωμι 3s fut act ind, give
[9] πράκτωρ, -ορος m, officer/jailer
[10] ἐκεῖθεν, adv, from there
[11] λεπτόν, -οῦ n, lepton (copper coin = 1/128 denarius)
[12] ἀποδίδωμι 2s aor act sub, repay
[13] πάρειμι 3p impf act ind, be present
[14] μίγνυμι 3s aor act ind, mix
[15] θυσία, -ας f, sacrifice
[16] πάσχω 3p pf act ind, suffer
[17] ὁμοίως, adv, in the same way
[18] ἀπόλλυμι 2p fut mid ind, mid be destroyed
[19] δεκαοκτώ, eighteen
[20] πίπτω 3s aor act ind, fall
[21] πύργος, -ου m, tower
[22] ὀφειλέτης, -ου m, guilty person
[23] ὡσαύτως, adv, also
[24] συκῆ, -ῆς f, fig tree
[25] ἔχω 3s impf act ind, have
[26] φυτεύω pf pas ptc f s acc, plant
[27] ἀμπελών, -ῶνος m, vineyard
[28] ἀμπελουργός, -οῦ m, gardener
[29] ἐκκόπτω 2s aor act impv, chop down
[30] ἱνατί, why?
[31] καταργέω 3s pres act ind, use up
[32] ἀφίημι 2s aor act impv, let alone
[33] σκάπτω 1s aor act sub, dig
[34] βάλλω 1s aor act sub, throw
[35] κόπριον, -ου n, manure
[36] κἂν = καὶ ἐάν, and if
[37] γέ, emphatic particle

The Healing of a Crippled Woman on the Sabbath

10 Ἦν δὲ διδάσκων ἐν μιᾷ τῶν συναγωγῶν ἐν τοῖς σάββασιν. 11 καὶ ἰδοὺ γυνὴ πνεῦμα ἔχουσα ἀσθενείας[1] ἔτη δεκαοκτὼ[2] καὶ ἦν συγκύπτουσα[3] καὶ μὴ δυναμένη ἀνακύψαι[4] εἰς τὸ παντελές[5]. 12 ἰδὼν δὲ αὐτὴν ὁ Ἰησοῦς προσεφώνησεν[6] καὶ εἶπεν αὐτῇ· γύναι, ἀπολέλυσαι[7] τῆς ἀσθενείας σου, 13 καὶ ἐπέθηκεν[8] αὐτῇ τὰς χεῖρας· καὶ παραχρῆμα[9] ἀνωρθώθη[10] καὶ ἐδόξαζεν τὸν θεόν. 14 ἀποκριθεὶς δὲ ὁ ἀρχισυνάγωγος[11], ἀγανακτῶν[12] ὅτι τῷ σαββάτῳ ἐθεράπευσεν ὁ Ἰησοῦς, ἔλεγεν τῷ ὄχλῳ ὅτι ἓξ[13] ἡμέραι εἰσὶν ἐν αἷς δεῖ ἐργάζεσθαι· ἐν αὐταῖς οὖν ἐρχόμενοι θεραπεύεσθε καὶ μὴ τῇ ἡμέρᾳ τοῦ σαββάτου. 15 ἀπεκρίθη δὲ αὐτῷ ὁ κύριος καὶ εἶπεν· ὑποκριταί[14], ἕκαστος ὑμῶν τῷ σαββάτῳ οὐ λύει τὸν βοῦν[15] αὐτοῦ ἢ τὸν ὄνον[16] ἀπὸ τῆς φάτνης[17] καὶ ἀπαγαγὼν[18] ποτίζει[19]; 16 ταύτην δὲ θυγατέρα[20] Ἀβραὰμ οὖσαν, ἣν ἔδησεν[21] ὁ σατανᾶς ἰδοὺ δέκα[22] καὶ ὀκτὼ[23] ἔτη, οὐκ ἔδει λυθῆναι ἀπὸ τοῦ δεσμοῦ[24] τούτου τῇ ἡμέρᾳ τοῦ σαββάτου; 17 καὶ ταῦτα λέγοντος αὐτοῦ κατῃσχύνοντο[25] πάντες οἱ ἀντικείμενοι[26] αὐτῷ, καὶ πᾶς ὁ ὄχλος ἔχαιρεν ἐπὶ πᾶσιν τοῖς ἐνδόξοις[27] τοῖς γινομένοις ὑπ' αὐτοῦ.

The Parables of the Mustard Seed and the Yeast (Mt 13.31-33; Mk 4.30-32)

18 Ἔλεγεν οὖν· τίνι ὁμοία ἐστὶν ἡ βασιλεία τοῦ θεοῦ καὶ τίνι ὁμοιώσω[28] αὐτήν; 19 ὁμοία ἐστὶν κόκκῳ[29] σινάπεως[30], ὃν λαβὼν ἄνθρωπος ἔβαλεν[31] εἰς κῆπον[32] ἑαυτοῦ, καὶ ηὔξησεν[33] καὶ ἐγένετο εἰς δένδρον[34], καὶ τὰ πετεινὰ[35] τοῦ οὐρανοῦ κατεσκήνωσεν[36] ἐν τοῖς κλάδοις[37] αὐτοῦ.

20 Καὶ πάλιν εἶπεν· τίνι ὁμοιώσω τὴν βασιλείαν τοῦ θεοῦ; 21 ὁμοία ἐστὶν ζύμῃ[38], ἣν λαβοῦσα γυνὴ ἐνέκρυψεν[39] εἰς ἀλεύρου[40] σάτα[41] τρία ἕως οὗ ἐζυμώθη[42] ὅλον.

---

[1] ἀσθένεια, -ας f, illness
[2] δεκαοκτώ, eighteen
[3] συγκύπτω pres act ptc f s nom, be bent double
[4] ἀνακύπτω aor act inf, straighten up
[5] παντελής, -ές, complete (εἰς τὸ π. fully/at all)
[6] προσφωνέω 3s aor act ind, call to oneself
[7] ἀπολύω, 2s pf pas ind, set free
[8] ἐπιτίθημι 3s aor act ind, place
[9] παραχρῆμα, adv, at once
[10] ἀνορθόω 3s aor pas ind, pas straighten up
[11] ἀρχισυνάγωγος, -ου m, synagogue leader
[12] ἀγανακτέω pres act ptc m s nom, be indignant

[13] ἕξ, six
[14] ὑποκριτής, -οῦ m, hypocrite
[15] βοῦς, βοός m, ox
[16] ὄνος, -ου m, donkey
[17] φάτνη, -ης f, stable
[18] ἀπάγω aor act ptc m s nom, lead out
[19] ποτίζω 3s pres act ind, water (an animal)
[20] θυγάτηρ, -τρός f, daughter
[21] δέω 3s aor act ind, bind
[22] δέκα, ten
[23] ὀκτώ, eight
[24] δεσμός, -οῦ m, bond
[25] καταισχύνω 3p impf pas ind, put to shame
[26] ἀντίκειμαι pres mid ptc m p nom, oppose (οἱ ἀ. αὐτῷ his enemies)

[27] ἔνδοξος, -ον, glorious
[28] ὁμοιόω 1s aor act sub & fut act ind, compare
[29] κόκκος, -ου m, grain
[30] σίναπι, -εως n, mustard
[31] βάλλω 3s aor act ind, throw
[32] κῆπος, -ου m, garden
[33] αὐξάνω 3s aor act ind, grow
[34] δένδρον, -ου n, tree
[35] πετεινόν, -οῦ n, bird
[36] κατασκηνόω 3s aor act ind, nest
[37] κλάδος, -ου m, branch
[38] ζύμη, -ης f, yeast
[39] ἐγκρύπτω 3s aor act ind, mix in
[40] ἄλευρον, -ου n, wheat flour
[41] σάτον, -ου n, saton (dry measure = 21.6 pints or 13-14 liters)
[42] ζυμόω 3s aor pas ind, pas rise

The Narrow Door (Mt 7.13-14, 21-23)

22 Καὶ διεπορεύετο¹ κατὰ πόλεις καὶ κώμας² διδάσκων καὶ πορείαν³ ποιούμενος εἰς Ἱεροσόλυμα. 23 Εἶπεν δέ τις αὐτῷ· κύριε, εἰ ὀλίγοι οἱ σῳζόμενοι; ὁ δὲ εἶπεν πρὸς αὐτούς· 24 ἀγωνίζεσθε⁴ εἰσελθεῖν διὰ τῆς στενῆς⁵ θύρας, ὅτι πολλοί, λέγω ὑμῖν, ζητήσουσιν εἰσελθεῖν καὶ οὐκ ἰσχύσουσιν⁶. 25 ἀφ' οὗ ἂν ἐγερθῇ⁷ ὁ οἰκοδεσπότης⁸ καὶ ἀποκλείσῃ⁹ τὴν θύραν καὶ ἄρξησθε¹⁰ ἔξω ἑστάναι¹¹ καὶ κρούειν¹² τὴν θύραν λέγοντες· κύριε, ἄνοιξον ἡμῖν, καὶ ἀποκριθεὶς ἐρεῖ¹³ ὑμῖν· οὐκ οἶδα ὑμᾶς πόθεν¹⁴ ἐστέ. 26 τότε ἄρξεσθε λέγειν· ἐφάγομεν¹⁵ ἐνώπιόν σου καὶ ἐπίομεν¹⁶ καὶ ἐν ταῖς πλατείαις¹⁷ ἡμῶν ἐδίδαξας· 27 καὶ ἐρεῖ¹⁸ λέγων ὑμῖν· οὐκ οἶδα [ὑμᾶς] πόθεν ἐστέ· ἀπόστητε¹⁹ ἀπ' ἐμοῦ πάντες ἐργάται²⁰ ἀδικίας.²¹ 28 ἐκεῖ ἔσται ὁ κλαυθμὸς²² καὶ ὁ βρυγμὸς²³ τῶν ὀδόντων²⁴, ὅταν ὄψησθε²⁵ Ἀβραὰμ καὶ Ἰσαὰκ καὶ Ἰακὼβ καὶ πάντας τοὺς προφήτας ἐν τῇ βασιλείᾳ τοῦ θεοῦ, ὑμᾶς δὲ ἐκβαλλομένους ἔξω. 29 καὶ ἥξουσιν²⁶ ἀπὸ ἀνατολῶν²⁷ καὶ δυσμῶν²⁸ καὶ ἀπὸ βορρᾶ²⁹ καὶ νότου³⁰ καὶ ἀνακλιθήσονται³¹ ἐν τῇ βασιλείᾳ τοῦ θεοῦ. 30 καὶ ἰδοὺ εἰσὶν ἔσχατοι οἳ ἔσονται πρῶτοι καὶ εἰσὶν πρῶτοι οἳ ἔσονται ἔσχατοι.

The Lament over Jerusalem (Mt 23.37-39)

31 Ἐν αὐτῇ τῇ ὥρᾳ προσῆλθάν³² τινες Φαρισαῖοι λέγοντες αὐτῷ· ἔξελθε³³ καὶ πορεύου ἐντεῦθεν³⁴, ὅτι Ἡρῴδης θέλει σε ἀποκτεῖναι. 32 καὶ εἶπεν αὐτοῖς· πορευθέντες εἴπατε τῇ ἀλώπεκι³⁵ ταύτῃ· ἰδοὺ ἐκβάλλω δαιμόνια καὶ ἰάσεις³⁶ ἀποτελῶ³⁷ σήμερον καὶ αὔριον³⁸ καὶ τῇ τρίτῃ τελειοῦμαι³⁹. 33 πλὴν δεῖ με σήμερον καὶ αὔριον καὶ τῇ ἐχομένῃ πορεύεσθαι, ὅτι οὐκ ἐνδέχεται⁴⁰ προφήτην ἀπολέσθαι⁴¹ ἔξω Ἱερουσαλήμ.

---

1 διαπορεύομαι 3s impf mid ind, travel
2 κώμη, -ης f, village
3 πορεία, -ας f, journey
4 ἀγωνίζομαι 2p pres mid impv, do one's best
5 στενός, -ή/όν, narrow
6 ἰσχύω 3p fut act ind, be able
7 ἐγείρω 3s aor pas sub, intrans pas get up
8 οἰκοδεσπότης, -ου m, house owner
9 ἀποκλείω 3s aor act sub, lock
10 ἄρχω 2p aor mid sub, mid begin
11 ἵστημι pf act inf, intrans stand
12 κρούω pres act inf, knock
13 λέγω 3s fut act ind, say
14 πόθεν, adv, from where
15 ἐσθίω 1p aor act ind, eat
16 πίνω 1p aor act ind, drink
17 πλατεῖα, -ας f, street
18 λέγω 3s fut act ind, say
19 ἀφίστημι 2p aor act impv, intrans go away
20 ἐργάτης, -ου m, worker
21 ἀδικία, -ας f, evil
22 κλαυθμός, -οῦ m, bitter crying
23 βρυγμός, -οῦ m, gritting
24 ὀδούς, ὀδόντος m, tooth
25 ὁράω 2p aor mid sub, see
26 ἥκω 3p fut act ind, come
27 ἀνατολή, -ῆς f, pl east
28 δυσμή, -ῆς f, pl west
29 βορρᾶς, -ᾶ m, north
30 νότος, -ου m, south
31 ἀνακλίνω 3p fut pas ind, pas sit at table
32 προσέρχομαι 3p aor act ind, come/go to
33 ἐξέρχομαι 2s aor act impv, leave
34 ἐντεῦθεν, adv, from here
35 ἀλώπηξ, -εκος f, fox
36 ἴασις, -εως f, healing
37 ἀποτελέω 1s pres act ind, perform (ἰάσεις ἀποτελῶ I will heal people)
38 αὔριον, adv, tomorrow
39 τελειόω 1s pres pas ind, finish
40 ἐνδέχομαι 3s pres mid ind, impers it is possible
41 ἀπόλλυμι aor mid inf, mid be killed

34 Ἰερουσαλὴμ Ἰερουσαλήμ, ἡ ἀποκτείνουσα τοὺς προφήτας καὶ λιθοβολοῦσα[1] τοὺς ἀπεσταλμένους[2] πρὸς αὐτήν, ποσάκις[3] ἠθέλησα ἐπισυνάξαι[4] τὰ τέκνα σου ὃν τρόπον[5] ὄρνις[6] τὴν ἑαυτῆς νοσσιὰν[7] ὑπὸ τὰς πτέρυγας[8], καὶ οὐκ ἠθελήσατε. 35 ἰδοὺ ἀφίεται[9] ὑμῖν ὁ οἶκος ὑμῶν. λέγω [δὲ] ὑμῖν, οὐ μὴ ἴδητέ[10] με ἕως [ἥξει[11] ὅτε] εἴπητε· εὐλογημένος ὁ ἐρχόμενος ἐν ὀνόματι κυρίου.

The Healing of the Man with a Swollen Body

14 Καὶ ἐγένετο ἐν τῷ ἐλθεῖν αὐτὸν εἰς οἶκόν τινος τῶν ἀρχόντων [τῶν] Φαρισαίων σαββάτῳ φαγεῖν[12] ἄρτον καὶ αὐτοὶ ἦσαν παρατηρούμενοι[13] αὐτόν. 2 Καὶ ἰδοὺ ἄνθρωπός τις ἦν ὑδρωπικὸς[14] ἔμπροσθεν αὐτοῦ. 3 καὶ ἀποκριθεὶς ὁ Ἰησοῦς εἶπεν πρὸς τοὺς νομικοὺς[15] καὶ Φαρισαίους λέγων· ἔξεστιν τῷ σαββάτῳ θεραπεῦσαι ἢ οὔ; 4 οἱ δὲ ἡσύχασαν[16]. καὶ ἐπιλαβόμενος[17] ἰάσατο[18] αὐτὸν καὶ ἀπέλυσεν[19]. 5 καὶ πρὸς αὐτοὺς εἶπεν· τίνος ὑμῶν υἱὸς ἢ βοῦς[20] εἰς φρέαρ[21] πεσεῖται[22], καὶ οὐκ εὐθέως ἀνασπάσει[23] αὐτὸν ἐν ἡμέρᾳ τοῦ σαββάτου; 6 καὶ οὐκ ἴσχυσαν[24] ἀνταποκριθῆναι[25] πρὸς ταῦτα.

A Lesson to Guests and a Host

7 Ἔλεγεν δὲ πρὸς τοὺς κεκλημένους[26] παραβολήν, ἐπέχων[27] πῶς τὰς πρωτοκλισίας[28] ἐξελέγοντο[29], λέγων πρὸς αὐτούς· 8 ὅταν κληθῇς[30] ὑπό τινος εἰς γάμους[31], μὴ κατακλιθῇς[32] εἰς τὴν πρωτοκλισίαν, μήποτε[33] ἐντιμότερός[34] σου ᾖ κεκλημένος ὑπ᾽ αὐτοῦ, 9 καὶ ἐλθὼν ὁ σὲ καὶ αὐτὸν καλέσας ἐρεῖ[35] σοι· δὸς[36] τούτῳ τόπον, καὶ τότε ἄρξῃ[37] μετὰ αἰσχύνης[38] τὸν ἔσχατον τόπον κατέχειν[39]. 10 ἀλλ᾽ ὅταν κληθῇς,

---

[1] λιθοβολέω pres act ptc f s nom or voc, stone
[2] ἀποστέλλω pf pas ptc m p acc, send
[3] ποσάκις, adv, how often
[4] ἐπισυνάγω aor act inf, gather together
[5] τρόπος, -ου m, way (ὃν τ. just as)
[6] ὄρνις, -ιθος f, hen
[7] νοσσιά, -ᾶς f, brood
[8] πτέρυξ, -υγος f, wing
[9] ἀφίημι 3s pres pas ind, pas be deserted
[10] ὁράω 2p aor act sub, see
[11] ἥκω 3s fut act ind, come
[12] ἐσθίω aor act inf, eat
[13] παρατηρέω pres mid ptc m p nom, mid watch closely
[14] ὑδρωπικός, -ή/όν, suffering from dropsy/abnormal swelling of the body
[15] νομικός, -ή/όν, pertaining to the Jewish Law (ὁ ν. expert in the Jewish Law)
[16] ἡσυχάζω 3p aor act ind, be silent
[17] ἐπιλαμβάνομαι aor mid ptc m s nom, take hold of
[18] ἰάομαι 3s aor mid ind, heal
[19] ἀπολύω 3s aor act ind, send away
[20] βοῦς, βοός m, ox
[21] φρέαρ, -ατος n, well
[22] πίπτω 3s fut mid ind, fall
[23] ἀνασπάω 3s fut act ind, pull out
[24] ἰσχύω 3p aor act ind, be able
[25] ἀνταποκρίνομαι aor pas inf, reply
[26] καλέω pf pas ptc m p acc, invite
[27] ἐπέχω pres act ptc m s nom, notice
[28] πρωτοκλισία, -ας f, place of honor
[29] ἐκλέγομαι 3p impf mid ind, choose
[30] καλέω 2s aor pas sub, invite
[31] γάμος, -ου m, wedding feast
[32] κατακλίνω 2s aor pas sub, pas sit
[33] μήποτε, conj, so that ... will not
[34] ἔντιμος, important (comp)
[35] λέγω 3s fut act ind, say
[36] δίδωμι 2s aor act impv, give
[37] ἄρχω 2s fut mid ind, mid begin
[38] αἰσχύνη, -ης f, embarrassment
[39] κατέχω pres act inf, take

πορευθεὶς ἀνάπεσε¹ εἰς τὸν ἔσχατον τόπον, ἵνα ὅταν ἔλθῃ ὁ κεκληκώς σε ἐρεῖ σοι· φίλε², προσανάβηθι³ ἀνώτερον⁴· τότε ἔσται σοι δόξα ἐνώπιον πάντων τῶν συνανακειμένων⁵ σοι. **11** ὅτι πᾶς ὁ ὑψῶν⁶ ἑαυτὸν ταπεινωθήσεται⁷, καὶ ὁ ταπεινῶν ἑαυτὸν ὑψωθήσεται.

12 Ἔλεγεν δὲ καὶ τῷ κεκληκότι⁸ αὐτόν· ὅταν ποιῇς ἄριστον⁹ ἢ δεῖπνον¹⁰, μὴ φώνει τοὺς φίλους¹¹ σου μηδὲ τοὺς ἀδελφούς σου μηδὲ τοὺς συγγενεῖς¹² σου μηδὲ γείτονας¹³ πλουσίους¹⁴, μήποτε¹⁵ καὶ αὐτοὶ ἀντικαλέσωσίν¹⁶ σε καὶ γένηται ἀνταπόδομά¹⁷ σοι. **13** ἀλλ᾽ ὅταν δοχὴν¹⁸ ποιῇς, κάλει πτωχούς, ἀναπείρους¹⁹, χωλούς²⁰, τυφλούς· **14** καὶ μακάριος ἔσῃ²¹, ὅτι οὐκ ἔχουσιν ἀνταποδοῦναί²² σοι, ἀνταποδοθήσεται γάρ σοι ἐν τῇ ἀναστάσει τῶν δικαίων.

The Parable of the Great Banquet (Mt 22.1-10)

15 Ἀκούσας δέ τις τῶν συνανακειμένων²³ ταῦτα εἶπεν αὐτῷ· μακάριος ὅστις φάγεται²⁴ ἄρτον ἐν τῇ βασιλείᾳ τοῦ θεοῦ.

16 Ὁ δὲ εἶπεν αὐτῷ· ἄνθρωπός τις ἐποίει δεῖπνον μέγα, καὶ ἐκάλεσεν πολλοὺς **17** καὶ ἀπέστειλεν²⁵ τὸν δοῦλον αὐτοῦ τῇ ὥρᾳ τοῦ δείπνου εἰπεῖν τοῖς κεκλημένοις· ἔρχεσθε, ὅτι ἤδη ἕτοιμά²⁶ ἐστιν. **18** καὶ ἤρξαντο²⁷ ἀπὸ μιᾶς πάντες παραιτεῖσθαι²⁸. ὁ πρῶτος εἶπεν αὐτῷ· ἀγρὸν ἠγόρασα καὶ ἔχω ἀνάγκην²⁹ ἐξελθὼν ἰδεῖν αὐτόν· ἐρωτῶ σε, ἔχε με παρῃτημένον³⁰. **19** καὶ ἕτερος εἶπεν· ζεύγη³¹ βοῶν³² ἠγόρασα πέντε καὶ πορεύομαι δοκιμάσαι³³ αὐτά· ἐρωτῶ σε, ἔχε με παρῃτημένον. **20** καὶ ἕτερος εἶπεν· γυναῖκα ἔγημα³⁴ καὶ διὰ τοῦτο οὐ δύναμαι ἐλθεῖν. **21** καὶ παραγενόμενος ὁ δοῦλος ἀπήγγειλεν³⁵ τῷ κυρίῳ αὐτοῦ ταῦτα. τότε ὀργισθεὶς³⁶ ὁ οἰκοδεσπότης³⁷ εἶπεν τῷ δούλῳ αὐτοῦ· ἔξελθε ταχέως³⁸ εἰς τὰς πλατείας³⁹ καὶ ῥύμας⁴⁰ τῆς πόλεως καὶ τοὺς

---

1 ἀναπίπτω 2s aor act impv, sit
2 φίλος, -ου m, friend
3 προσαναβαίνω 2s aor act impv, move up
4 ἀνώτερος, adv, to a better seat
5 συνανάκειμαι pres mid ptc m p gen, eat with (ὁ συν. guest)
6 ὑψόω pres act ptc m s nom, honor
7 ταπεινόω 3s fut pas ind, humble
8 καλέω pf act ptc m s dat, invite
9 ἄριστον, -ου n, dinner
10 δεῖπνον, -ου n, banquet
11 φίλος, -ου m, friend
12 συγγενής, -οῦς m, relative
13 γείτων, -ονος m, neighbor
14 πλούσιος, -α/ον, rich
15 μήποτε, conj, so that ... will not
16 ἀντικαλέω 3p aor act sub, invite in return
17 ἀντιπόδομα, -τος n, repayment
18 δοχή, -ῆς f, banquet
19 ἀνάπειρος, -ου m, crippled
20 χωλός, -ή/όν, lame
21 εἰμί 2s fut mid ind, be
22 ἀνταποδίδωμι aor act inf, repay
23 συνανάκειμαι pres mid ptc m p gen, eat with (ὁ συν. guest)
24 ἐσθίω 3s fut mid ind, eat
25 ἀποστέλλω 3s aor act ind, send
26 ἕτοιμος, -η/ον, ready
27 ἄρχω 3p aor mid ind, mid begin
28 παραιτέομαι pres mid inf, mid make excuses
29 ἀνάγκη, -ης f, necessity
30 παραιτέομαι pf pas ptc m s acc, excuse (ἔχε με π. please accept my apologies)
31 ζεῦγος, -ους n, team
32 βοῦς, βοός m, ox
33 δοκιμάζω aor act inf, try out
34 γαμέω 1s aor act ind, marry
35 ἀπαγγέλλω 3s aor act ind, tell
36 ὀργίζω aor pas ptc m s nom, pas be angry
37 οἰκοδεσπότης, -ου m, house owner
38 ταχέως, adv, quickly
39 πλατεῖα, -ας f, street
40 ῥύμη, -ης f, alley

πτωχοὺς καὶ ἀναπείρους¹ καὶ τυφλοὺς καὶ χωλοὺς² εἰσάγαγε³ ὧδε. **22** καὶ εἶπεν ὁ δοῦλος· κύριε, γέγονεν ὃ ἐπέταξας⁴, καὶ ἔτι τόπος ἐστίν. **23** καὶ εἶπεν ὁ κύριος πρὸς τὸν δοῦλον· ἔξελθε εἰς τὰς ὁδοὺς καὶ φραγμοὺς⁵ καὶ ἀνάγκασον⁶ εἰσελθεῖν, ἵνα γεμισθῇ⁷ μου ὁ οἶκος· **24** λέγω γὰρ ὑμῖν ὅτι οὐδεὶς τῶν ἀνδρῶν ἐκείνων τῶν κεκλημένων γεύσεταί⁸ μου τοῦ δείπνου⁹.

The Cost of Discipleship (Mt 10.37-38)

25 Συνεπορεύοντο¹⁰ δὲ αὐτῷ ὄχλοι πολλοί, καὶ στραφεὶς¹¹ εἶπεν πρὸς αὐτούς· **26** εἴ τις ἔρχεται πρός με καὶ οὐ μισεῖ τὸν πατέρα ἑαυτοῦ καὶ τὴν μητέρα καὶ τὴν γυναῖκα καὶ τὰ τέκνα καὶ τοὺς ἀδελφοὺς καὶ τὰς ἀδελφὰς¹² ἔτι τε καὶ τὴν ψυχὴν ἑαυτοῦ, οὐ δύναται εἶναί μου μαθητής. **27** ὅστις οὐ βαστάζει¹³ τὸν σταυρὸν¹⁴ ἑαυτοῦ καὶ ἔρχεται ὀπίσω μου, οὐ δύναται εἶναί μου μαθητής.

28 Τίς γὰρ ἐξ ὑμῶν θέλων πύργον¹⁵ οἰκοδομῆσαι οὐχὶ πρῶτον καθίσας ψηφίζει¹⁶ τὴν δαπάνην¹⁷, εἰ ἔχει εἰς ἀπαρτισμόν¹⁸; **29** ἵνα μήποτε¹⁹ θέντος²⁰ αὐτοῦ θεμέλιον²¹ καὶ μὴ ἰσχύοντος²² ἐκτελέσαι²³ πάντες οἱ θεωροῦντες ἄρξωνται²⁴ αὐτῷ ἐμπαίζειν²⁵ **30** λέγοντες ὅτι οὗτος ὁ ἄνθρωπος ἤρξατο²⁶ οἰκοδομεῖν καὶ οὐκ ἴσχυσεν ἐκτελέσαι. **31** ἢ τίς βασιλεὺς πορευόμενος ἑτέρῳ βασιλεῖ συμβαλεῖν²⁷ εἰς πόλεμον²⁸ οὐχὶ καθίσας πρῶτον βουλεύσεται²⁹ εἰ δυνατός ἐστιν ἐν δέκα³⁰ χιλιάσιν³¹ ὑπαντῆσαι³² τῷ μετὰ εἴκοσι³³ χιλιάδων ἐρχομένῳ ἐπ᾽ αὐτόν; **32** εἰ δὲ μή γε³⁴, ἔτι αὐτοῦ πόρρω³⁵ ὄντος πρεσβείαν³⁶ ἀποστείλας ἐρωτᾷ τὰ πρὸς εἰρήνην. **33** οὕτως οὖν πᾶς ἐξ ὑμῶν ὃς οὐκ ἀποτάσσεται³⁷ πᾶσιν τοῖς ἑαυτοῦ ὑπάρχουσιν οὐ δύναται εἶναί μου μαθητής.

---

¹ ἀνάπειρος, -ου m, a crippled person
² χωλός, -ή/όν, lame
³ εἰσάγω 2s aor act impv, bring in
⁴ ἐπιτάσσω 2s aor act ind, order
⁵ φραγμός, -οῦ m, fence row
⁶ ἀναγκάζω 2s aor act impv, compel
⁷ γεμίζω 3s aor pas sub, fill
⁸ γεύομαι 3s fut mid ind, taste
⁹ δεῖπνον, -ου n, banquet
¹⁰ συμπορεύομαι 3p impf mid ind, gather around
¹¹ στρέφω aor pas ptc m s nom, intrans pas turn
¹² ἀδελφή, -ῆς f, sister
¹³ βαστάζω 3s pres act ind, carry
¹⁴ σταυρός, -οῦ m, cross
¹⁵ πύργος, -ου m, tower
¹⁶ ψηφίζω 3s pres act ind, figure out
¹⁷ δαπάνη, -ης f, cost
¹⁸ ἀπαρτισμός, -οῦ m, completion
¹⁹ μήποτε, conj, so that ... will not
²⁰ τίθημι aor act ptc m s gen, lay
²¹ θεμέλιον, -ου n, foundation
²² ἰσχύω pres act ptc m s gen, be able
²³ ἐκτελέω aor act inf, finish
²⁴ ἄρχω 3p aor mid sub, mid begin
²⁵ ἐμπαίζω pres act inf, make fun of
²⁶ ἄρχω 3s aor mid ind, mid begin
²⁷ συμβάλλω aor act inf, meet
²⁸ πόλεμος, -ου m, war
²⁹ βουλεύω 3s fut mid ind, consider
³⁰ δέκα, ten
³¹ χιλιάς, -άδος f, (group of) a thousand
³² ὑπαντάω aor act inf, oppose
³³ εἴκοσι, twenty
³⁴ γέ, emphatic particle
³⁵ πόρρω, adv, far away
³⁶ πρεσβεία, -ας f, (group of) messengers
³⁷ ἀποτάσσομαι 3s pres mid ind, give up

Tasteless Salt (Mt 5.13; Mk 9.50)

34 Καλὸν οὖν τὸ ἅλας[1]· ἐὰν δὲ καὶ τὸ ἅλας μωρανθῇ[2], ἐν τίνι ἀρτυθήσεται[3]; 35 οὔτε εἰς γῆν οὔτε εἰς κοπρίαν[4] εὔθετόν[5] ἐστιν, ἔξω βάλλουσιν αὐτό. ὁ ἔχων ὦτα ἀκούειν ἀκουέτω.

The Parable of the Lost Sheep (Mt 18.12-14)

15 Ἦσαν δὲ αὐτῷ ἐγγίζοντες πάντες οἱ τελῶναι[6] καὶ οἱ ἁμαρτωλοὶ ἀκούειν αὐτοῦ. 2 καὶ διεγόγγυζον[7] οἵ τε Φαρισαῖοι καὶ οἱ γραμματεῖς λέγοντες ὅτι οὗτος ἁμαρτωλοὺς προσδέχεται[8] καὶ συνεσθίει[9] αὐτοῖς.

3 Εἶπεν δὲ πρὸς αὐτοὺς τὴν παραβολὴν ταύτην λέγων· 4 τίς ἄνθρωπος ἐξ ὑμῶν ἔχων ἑκατὸν[10] πρόβατα καὶ ἀπολέσας[11] ἐξ αὐτῶν ἓν οὐ καταλείπει[12] τὰ ἐνενήκοντα[13] ἐννέα[14] ἐν τῇ ἐρήμῳ καὶ πορεύεται ἐπὶ τὸ ἀπολωλὸς[15] ἕως εὕρῃ αὐτό; 5 καὶ εὑρὼν[16] ἐπιτίθησιν ἐπὶ τοὺς ὤμους[17] αὐτοῦ χαίρων 6 καὶ ἐλθὼν εἰς τὸν οἶκον συγκαλεῖ[18] τοὺς φίλους[19] καὶ τοὺς γείτονας[20] λέγων αὐτοῖς· συγχάρητέ[21] μοι, ὅτι εὗρον τὸ πρόβατόν μου τὸ ἀπολωλός. 7 λέγω ὑμῖν ὅτι οὕτως χαρὰ ἐν τῷ οὐρανῷ ἔσται ἐπὶ ἑνὶ ἁμαρτωλῷ μετανοοῦντι ἢ ἐπὶ ἐνενήκοντα ἐννέα δικαίοις οἵτινες οὐ χρείαν ἔχουσιν μετανοίας[22].

The Parable of the Lost Coin

8 Ἢ τίς γυνὴ δραχμὰς[23] ἔχουσα δέκα[24] ἐὰν ἀπολέσῃ[25] δραχμὴν μίαν, οὐχὶ ἅπτει λύχνον[26] καὶ σαροῖ[27] τὴν οἰκίαν καὶ ζητεῖ ἐπιμελῶς[28] ἕως οὗ εὕρῃ; 9 καὶ εὑροῦσα συγκαλεῖ τὰς φίλας καὶ γείτονας λέγουσα· συγχάρητέ μοι, ὅτι εὗρον τὴν δραχμὴν ἣν ἀπώλεσα. 10 οὕτως, λέγω ὑμῖν, γίνεται χαρὰ ἐνώπιον τῶν ἀγγέλων τοῦ θεοῦ ἐπὶ ἑνὶ ἁμαρτωλῷ μετανοοῦντι.

---

[1] ἅλας, -ατος n, salt
[2] μωραίνω 3s aor pas sub, pas become tasteless
[3] ἀρτύω 3s fut pas ind, restore flavor
[4] κοπρία, -ας f, manure pile
[5] εὔθετος, -ον, fit
[6] τελώνης, -ου m, tax collector
[7] διαγογγύζω 3p impf act ind, grumble
[8] προσδέχομαι 3s pres mid ind, welcome
[9] συνεσθίω 3s pres act ind, eat with
[10] ἑκατόν, one hundred
[11] ἀπόλλυμι aor act ptc m s nom, lose
[12] καταλείπω 3s pres act ind, leave (behind)
[13] ἐνενήκοντα, ninety
[14] ἐννέα, nine
[15] ἀπόλλυμι pf act ptc n s acc, lose
[16] εὑρίσκω aor act ptc m s nom, find
[17] ὦμος, -ου m, shoulder
[18] συγκαλέω 3s pres act ind, call together
[19] φίλος, -ου m, friend
[20] γείτων, -ονος m, neighbor
[21] συγχαίρω 2p aor pas impv, pas rejoice with
[22] μετάνοια, -ας f, repentance
[23] δραχμή, -ῆς f, drachma (Greek silver coin about = denarius)
[24] δέκα, ten
[25] ἀπόλλυμι 3s aor act sub, lose
[26] λύχνος, -ου m, lamp
[27] σαρόω 3s pres act ind, sweep
[28] ἐπιμελῶς, adv, carefully

The Parable of the Lost Son

11 Εἶπεν δέ· ἄνθρωπός τις εἶχεν δύο υἱούς. **12** καὶ εἶπεν ὁ νεώτερος¹ αὐτῶν τῷ πατρί· πάτερ, δός² μοι τὸ ἐπιβάλλον³ μέρος τῆς οὐσίας⁴. ὁ δὲ διεῖλεν⁵ αὐτοῖς τὸν βίον⁶. **13** καὶ μετ' οὐ πολλὰς ἡμέρας συναγαγὼν πάντα ὁ νεώτερος υἱὸς ἀπεδήμησεν⁷ εἰς χώραν⁸ μακρὰν⁹ καὶ ἐκεῖ διεσκόρπισεν¹⁰ τὴν οὐσίαν¹¹ αὐτοῦ ζῶν ἀσώτως¹². **14** δαπανήσαντος¹³ δὲ αὐτοῦ πάντα ἐγένετο λιμὸς¹⁴ ἰσχυρὰ¹⁵ κατὰ τὴν χώραν¹⁶ ἐκείνην, καὶ αὐτὸς ἤρξατο¹⁷ ὑστερεῖσθαι¹⁸. **15** καὶ πορευθεὶς ἐκολλήθη¹⁹ ἑνὶ τῶν πολιτῶν²⁰ τῆς χώρας ἐκείνης, καὶ ἔπεμψεν αὐτὸν εἰς τοὺς ἀγροὺς αὐτοῦ βόσκειν²¹ χοίρους²², **16** καὶ ἐπεθύμει²³ χορτασθῆναι²⁴ ἐκ τῶν κερατίων²⁵ ὧν ἤσθιον οἱ χοῖροι, καὶ οὐδεὶς ἐδίδου²⁶ αὐτῷ. **17** εἰς ἑαυτὸν δὲ ἐλθὼν ἔφη· πόσοι²⁷ μίσθιοι²⁸ τοῦ πατρός μου περισσεύονται ἄρτων, ἐγὼ δὲ λιμῷ ὧδε ἀπόλλυμαι. **18** ἀναστὰς²⁹ πορεύσομαι πρὸς τὸν πατέρα μου καὶ ἐρῶ³⁰ αὐτῷ· πάτερ, ἥμαρτον εἰς τὸν οὐρανὸν καὶ ἐνώπιόν σου, **19** οὐκέτι εἰμὶ ἄξιος κληθῆναι³¹ υἱός σου· ποίησόν με ὡς ἕνα τῶν μισθίων σου. **20** καὶ ἀναστὰς ἦλθεν πρὸς τὸν πατέρα ἑαυτοῦ. ἔτι δὲ αὐτοῦ μακρὰν³² ἀπέχοντος³³ εἶδεν αὐτὸν ὁ πατὴρ αὐτοῦ καὶ ἐσπλαγχνίσθη³⁴ καὶ δραμὼν³⁵ ἐπέπεσεν³⁶ ἐπὶ τὸν τράχηλον³⁷ αὐτοῦ καὶ κατεφίλησεν³⁸ αὐτόν. **21** εἶπεν δὲ ὁ υἱὸς αὐτῷ· πάτερ, ἥμαρτον εἰς τὸν οὐρανὸν καὶ ἐνώπιόν σου, οὐκέτι εἰμὶ ἄξιος κληθῆναι υἱός σου. **22** εἶπεν δὲ ὁ πατὴρ πρὸς τοὺς δούλους αὐτοῦ· ταχὺ³⁹ ἐξενέγκατε⁴⁰ στολὴν⁴¹ τὴν πρώτην καὶ ἐνδύσατε⁴² αὐτόν, καὶ δότε⁴³ δακτύλιον⁴⁴ εἰς τὴν χεῖρα αὐτοῦ καὶ ὑποδήματα⁴⁵ εἰς τοὺς πόδας, **23** καὶ φέρετε τὸν μόσχον⁴⁶ τὸν σιτευτόν⁴⁷, θύσατε⁴⁸, καὶ φαγόντες⁴⁹ εὐφρανθῶμεν⁵⁰, **24** ὅτι οὗτος ὁ υἱός μου νεκρὸς ἦν καὶ

¹ νέος, young (comp)
² δίδωμι 2s aor act impv, give
³ ἐπιβάλλω pres act ptc n s acc, fall to (by inheritance)
⁴ οὐσία, -ας f, property
⁵ διαιρέω 3s aor act ind, divide
⁶ βίος, -ου m, property
⁷ ἀποδημέω 3s aor act ind, leave
⁸ χώρα, -ας f, country
⁹ μακρός, -ά/όν, distant
¹⁰ διασκορπίζω 3s aor act ind, squander
¹¹ οὐσία, -ας f, money
¹² ἀσώτως, adv, recklessly
¹³ δαπανάω aor act ptc m s gen, spend
¹⁴ λιμός, -οῦ m & f, famine
¹⁵ ἰσχυρός, -ά/όν, severe
¹⁶ χώρα, -ας f, country
¹⁷ ἄρχω 3s aor mid ind, mid begin
¹⁸ ὑστερέω pres pas inf, pas be in need

¹⁹ κολλάομαι 3s aor pas ind, hire oneself out to
²⁰ πολίτης, -ου m, citizen
²¹ βόσκω pres act inf, tend
²² χοῖρος, -ου m, pig
²³ ἐπιθυμέω 3s impf act ind, long (for something)
²⁴ χορτάζω aor pas inf, pas eat one's fill
²⁵ κεράτιον, -ου n, pod (of a carob tree)
²⁶ δίδωμι 3s impf act ind, give
²⁷ πόσος, -η/ον, how many
²⁸ μίσθιος, -ου m, hired worker
²⁹ ἀνίστημι aor act ptc m s nom, intrans get up
³⁰ λέγω 1s fut act ind, say
³¹ καλέω aor pas inf, call
³² μακράν, adv, far off
³³ ἀπέχω pres act ptc m s gen, intrans be distant

³⁴ σπλαγχνίζομαι 3s aor pas ind, have pity
³⁵ τρέχω aor act ptc m s nom, run
³⁶ ἐπιπίπτω 3s aor act ind, fall
³⁷ τράχηλος, -ου m, neck
³⁸ καταφιλέω 3s aor act ind, kiss
³⁹ ταχύς, adv, quickly
⁴⁰ ἐκφέρω 2p aor act impv, bring
⁴¹ στολή, -ῆς f, robe
⁴² ἐνδύω 2p aor act impv, put (something) on
⁴³ δίδωμι 2p aor act impv, give
⁴⁴ δακτύλιος, -ου m, ring
⁴⁵ ὑπόδημα, -τος n, sandal
⁴⁶ μόσχος, -ου m, calf
⁴⁷ σιτευτός, -ή/όν, fattened
⁴⁸ θύω 2p aor act impv, kill
⁴⁹ ἐσθίω aor act ptc m p nom, eat
⁵⁰ εὐφραίνω 1p aor pas sub, pas celebrate

ἀνέζησεν¹, ἥν ἀπολωλὼς² καὶ εὑρέθη³. καὶ ἤρξαντο⁴ εὐφραίνεσθαι. **25** ἦν δὲ ὁ υἱὸς αὐτοῦ ὁ πρεσβύτερος ἐν ἀγρῷ· καὶ ὡς ἐρχόμενος ἤγγισεν τῇ οἰκίᾳ, ἤκουσεν συμφωνίας⁵ καὶ χορῶν⁶, **26** καὶ προσκαλεσάμενος⁷ ἕνα τῶν παίδων⁸ ἐπυνθάνετο⁹ τί ἂν εἴη¹⁰ ταῦτα. **27** ὁ δὲ εἶπεν αὐτῷ ὅτι ὁ ἀδελφός σου ἥκει¹¹, καὶ ἔθυσεν¹² ὁ πατήρ σου τὸν μόσχον τὸν σιτευτόν, ὅτι ὑγιαίνοντα¹³ αὐτὸν ἀπέλαβεν¹⁴. **28** ὠργίσθη¹⁵ δὲ καὶ οὐκ ἤθελεν εἰσελθεῖν, ὁ δὲ πατὴρ αὐτοῦ ἐξελθὼν παρεκάλει αὐτόν. **29** ὁ δὲ ἀποκριθεὶς εἶπεν τῷ πατρὶ αὐτοῦ· ἰδοὺ τοσαῦτα¹⁶ ἔτη δουλεύω¹⁷ σοι καὶ οὐδέποτε¹⁸ ἐντολήν σου παρῆλθον¹⁹, καὶ ἐμοὶ οὐδέποτε ἔδωκας ἔριφον²⁰ ἵνα μετὰ τῶν φίλων²¹ μου εὐφρανθῶ²². **30** ὅτε δὲ ὁ υἱός σου οὗτος ὁ καταφαγών²³ σου τὸν βίον²⁴ μετὰ πορνῶν²⁵ ἦλθεν, ἔθυσας αὐτῷ τὸν σιτευτὸν μόσχον. **31** ὁ δὲ εἶπεν αὐτῷ· τέκνον, σὺ πάντοτε μετ' ἐμοῦ εἶ, καὶ πάντα τὰ ἐμὰ σά²⁶ ἐστιν· **32** εὐφρανθῆναι δὲ καὶ χαρῆναι²⁷ ἔδει, ὅτι ὁ ἀδελφός σου οὗτος νεκρὸς ἦν καὶ ἔζησεν, καὶ ἀπολωλὼς²⁸ καὶ εὑρέθη²⁹.

The Parable of the Dishonest Steward

16 Ἔλεγεν δὲ καὶ πρὸς τοὺς μαθητάς· ἄνθρωπός τις ἦν πλούσιος³⁰ ὃς εἶχεν οἰκονόμον³¹, καὶ οὗτος διεβλήθη³² αὐτῷ ὡς διασκορπίζων³³ τὰ ὑπάρχοντα αὐτοῦ. **2** καὶ φωνήσας αὐτὸν εἶπεν αὐτῷ· τί τοῦτο ἀκούω περὶ σοῦ; ἀπόδος³⁴ τὸν λόγον τῆς οἰκονομίας³⁵ σου, οὐ γὰρ δύνῃ³⁶ ἔτι οἰκονομεῖν³⁷. **3** εἶπεν δὲ ἐν ἑαυτῷ ὁ οἰκονόμος· τί ποιήσω, ὅτι ὁ κύριός μου ἀφαιρεῖται³⁸ τὴν οἰκονομίαν ἀπ' ἐμοῦ; σκάπτειν³⁹ οὐκ ἰσχύω⁴⁰, ἐπαιτεῖν⁴¹ αἰσχύνομαι⁴². **4** ἔγνων⁴³ τί ποιήσω, ἵνα ὅταν μετασταθῶ⁴⁴ ἐκ τῆς οἰκονομίας δέξωνταί με εἰς τοὺς οἴκους αὐτῶν. **5** καὶ

[1] ἀναζάω 3s aor act ind, come back to life
[2] ἀπόλλυμι pf act ptc m s nom, be lost
[3] εὑρίσκω 3s aor pas ind, find
[4] ἄρχω 3p aor mid ind, mid begin
[5] συμφωνία, -ας f, music
[6] χορός, -οῦ m, dancing
[7] προσκαλέομαι aor mid ptc m s nom, call to oneself
[8] παῖς, παιδός m & f, servant
[9] πυνθάνομαι 3s impf mid ind, ask
[10] εἰμί 3s pres act opt, be
[11] ἥκω 3s pres act ind, (has) come
[12] θύω 3s aor act ind, kill
[13] ὑγιαίνω pres act ptc m s acc, be (safe and) sound
[14] ἀπολαμβάνω 3s aor act ind, get back
[15] ὀργίζω 3s aor pas ind, pas be angry
[16] τοσοῦτος, -αύτη/οῦτον, pl so many
[17] δουλεύω 1s pres act ind, serve
[18] οὐδέποτε, adv, never
[19] παρέρχομαι 1s aor act ind, disobey
[20] ἔριφος, -ου m, goat
[21] φίλος, -ου m, friend
[22] εὐφραίνω 1s aor pas sub, pas celebrate
[23] κατεσθίω aor act ptc m s nom, waste
[24] βίος, -ου m, property
[25] πόρνη, -ης f, prostitute
[26] σός, σή, σόν, your(s)
[27] χαίρω aor pas inf, pas be glad
[28] ἀπόλλυμι pf act ptc m s nom, be lost
[29] εὑρίσκω 3s aor pas ind, find
[30] πλούσιος, -α/ον, rich
[31] οἰκονόμος, -ου m, manager
[32] διαβάλλω 3s aor pas ind, bring charges
[33] διασκορπίζω pres act ptc m s nom, waste
[34] ἀποδίδωμι 2s aor act impv, give (ἀ. τὸν λόγον give account)
[35] οἰκονομία, -ας f, management
[36] δύναμαι 2s pres pas ind, can
[37] οἰκονομέω pres act inf, be manager
[38] ἀφαιρέω 3s pres mid ind, take away
[39] σκάπτω pres act inf, dig
[40] ἰσχύω 1s pres act ind, be able
[41] ἐπαιτέω pres act inf, beg
[42] αἰσχύνω 1s pres mid ind, mid be ashamed
[43] γινώσκω 1s aor act ind, know
[44] μεθίστημι 1s aor pas sub, remove

προσκαλεσάμενος¹ ἕνα ἕκαστον τῶν χρεοφειλετῶν² τοῦ κυρίου ἑαυτοῦ ἔλεγεν τῷ πρώτῳ· πόσον³ ὀφείλεις τῷ κυρίῳ μου; 6 ὁ δὲ εἶπεν· ἑκατὸν⁴ βάτους⁵ ἐλαίου⁶. ὁ δὲ εἶπεν αὐτῷ· δέξαι⁷ σου τὰ γράμματα⁸ καὶ καθίσας ταχέως⁹ γράψον πεντήκοντα¹⁰. 7 ἔπειτα¹¹ ἑτέρῳ εἶπεν· σὺ δὲ πόσον ὀφείλεις; ὁ δὲ εἶπεν· ἑκατὸν κόρους¹² σίτου¹³. λέγει αὐτῷ· δέξαι σου τὰ γράμματα καὶ γράψον ὀγδοήκοντα¹⁴. 8 καὶ ἐπῄνεσεν¹⁵ ὁ κύριος τὸν οἰκονόμον τῆς ἀδικίας¹⁶ ὅτι φρονίμως¹⁷ ἐποίησεν· ὅτι οἱ υἱοὶ τοῦ αἰῶνος τούτου φρονιμώτεροι¹⁸ ὑπὲρ τοὺς υἱοὺς τοῦ φωτὸς εἰς τὴν γενεὰν τὴν ἑαυτῶν εἰσιν. 9 καὶ ἐγὼ ὑμῖν λέγω, ἑαυτοῖς ποιήσατε φίλους¹⁹ ἐκ τοῦ μαμωνᾶ²⁰ τῆς ἀδικίας, ἵνα ὅταν ἐκλίπῃ²¹ δέξωνται ὑμᾶς εἰς τὰς αἰωνίους σκηνάς²².

10 Ὁ πιστὸς ἐν ἐλαχίστῳ²³ καὶ ἐν πολλῷ πιστός ἐστιν, καὶ ὁ ἐν ἐλαχίστῳ ἄδικος²⁴ καὶ ἐν πολλῷ ἄδικός ἐστιν. 11 εἰ οὖν ἐν τῷ ἀδίκῳ μαμωνᾷ πιστοὶ οὐκ ἐγένεσθε, τὸ ἀληθινὸν²⁵ τίς ὑμῖν πιστεύσει; 12 καὶ εἰ ἐν τῷ ἀλλοτρίῳ²⁶ πιστοὶ οὐκ ἐγένεσθε, τὸ ὑμέτερον²⁷ τίς ὑμῖν δώσει²⁸;

13 Οὐδεὶς οἰκέτης²⁹ δύναται δυσὶν κυρίοις δουλεύειν³⁰· ἢ γὰρ τὸν ἕνα μισήσει καὶ τὸν ἕτερον ἀγαπήσει, ἢ ἑνὸς ἀνθέξεται³¹ καὶ τοῦ ἑτέρου καταφρονήσει³². οὐ δύνασθε θεῷ δουλεύειν καὶ μαμωνᾷ.

The Law and the Kingdom of God (Mt 11.12-13)

14 Ἤκουον δὲ ταῦτα πάντα οἱ Φαρισαῖοι φιλάργυροι³³ ὑπάρχοντες καὶ ἐξεμυκτήριζον³⁴ αὐτόν. 15 καὶ εἶπεν αὐτοῖς· ὑμεῖς ἐστε οἱ δικαιοῦντες ἑαυτοὺς ἐνώπιον τῶν ἀνθρώπων, ὁ δὲ θεὸς γινώσκει τὰς καρδίας ὑμῶν· ὅτι τὸ ἐν ἀνθρώποις ὑψηλὸν³⁵ βδέλυγμα³⁶ ἐνώπιον τοῦ θεοῦ.

---

1 προσκαλέομαι aor mid ptc m s nom, call
2 χρεοφειλέτης, -ου m, debtor
3 πόσος, -η/ον, how much?
4 ἑκατόν, one hundred
5 βάτος, -ου m, bath (liquid measure = about 8.1 gallons or 39 liters)
6 ἔλαιον, -ου n, olive oil
7 δέχομαι 2s aor mid impv, take
8 γράμμα, -τος n, bill
9 ταχέως, adv, quickly
10 πεντήκοντα, fifty
11 ἔπειτα, adv, then
12 κόρος, -ου m, cor (dry measure = about 10-12 bushels or 370 liters)
13 σῖτος, -ου m, wheat
14 ὀγδοήκοντα, eighty
15 ἐπαινέω 3s aor act ind, commend
16 ἀδικία, -ας f, evil
17 φρονίμως, adv, shrewdly
18 φρόνιμος, shrewd (comp)
19 φίλος, -ου m, friend
20 μαμωνᾶς, -ᾶ m, wealth
21 ἐκλείπω 3s aor act sub, give out
22 σκηνή, -ῆς f, home
23 ἐλάχιστος, smallest (super of μικρός)
24 ἄδικος, -ον, dishonest
25 ἀληθινός, -ή/όν, true
26 ἀλλότριος, -α/ον, belonging to another
27 ὑμέτερος, -α/ον, your(s)
28 δίδωμι 3s fut act ind, give
29 οἰκέτης, -ου m, servant
30 δουλεύω pres act inf, serve
31 ἀντέχομαι 3s fut mid ind, be loyal to
32 καταφρονέω 3s fut act ind, despise
33 φιλάργυρος, -ον, fond of money
34 ἐκμυκτηρίζω 3p impf act ind, make fun of
35 ὑψηλός, -ή/όν, of high value (τὸ ὑ. something of high value)
36 βδέλυγμα, -τος n, something detestable

16 Ὁ νόμος καὶ οἱ προφῆται μέχρι¹ Ἰωάννου· ἀπὸ τότε ἡ βασιλεία τοῦ θεοῦ εὐαγγελίζεται καὶ πᾶς εἰς αὐτὴν βιάζεται². 17 εὐκοπώτερον³ δέ ἐστιν τὸν οὐρανὸν καὶ τὴν γῆν παρελθεῖν⁴ ἢ τοῦ νόμου μίαν κεραίαν⁵ πεσεῖν⁶. 18 Πᾶς ὁ ἀπολύων τὴν γυναῖκα αὐτοῦ καὶ γαμῶν⁷ ἑτέραν μοιχεύει⁸, καὶ ὁ ἀπολελυμένην ἀπὸ ἀνδρὸς γαμῶν μοιχεύει.

The Rich Man and Lazarus

19 Ἄνθρωπος δέ τις ἦν πλούσιος⁹, καὶ ἐνεδιδύσκετο¹⁰ πορφύραν¹¹ καὶ βύσσον¹² εὐφραινόμενος¹³ καθ' ἡμέραν λαμπρῶς¹⁴. 20 πτωχὸς δέ τις ὀνόματι Λάζαρος ἐβέβλητο¹⁵ πρὸς τὸν πυλῶνα¹⁶ αὐτοῦ εἱλκωμένος¹⁷ 21 καὶ ἐπιθυμῶν¹⁸ χορτασθῆναι¹⁹ ἀπὸ τῶν πιπτόντων ἀπὸ τῆς τραπέζης²⁰ τοῦ πλουσίου· ἀλλὰ καὶ οἱ κύνες²¹ ἐρχόμενοι ἐπέλειχον²² τὰ ἕλκη²³ αὐτοῦ. 22 ἐγένετο δὲ ἀποθανεῖν²⁴ τὸν πτωχὸν καὶ ἀπενεχθῆναι²⁵ αὐτὸν ὑπὸ τῶν ἀγγέλων εἰς τὸν κόλπον²⁶ Ἀβραάμ· ἀπέθανεν δὲ καὶ ὁ πλούσιος καὶ ἐτάφη²⁷. 23 καὶ ἐν τῷ ᾅδῃ²⁸ ἐπάρας²⁹ τοὺς ὀφθαλμοὺς αὐτοῦ, ὑπάρχων ἐν βασάνοις³⁰, ὁρᾷ Ἀβραὰμ ἀπὸ μακρόθεν³¹ καὶ Λάζαρον ἐν τοῖς κόλποις αὐτοῦ. 24 καὶ αὐτὸς φωνήσας εἶπεν· πάτερ Ἀβραάμ, ἐλέησόν³² με καὶ πέμψον Λάζαρον ἵνα βάψῃ³³ τὸ ἄκρον³⁴ τοῦ δακτύλου³⁵ αὐτοῦ ὕδατος καὶ καταψύξῃ³⁶ τὴν γλῶσσάν μου, ὅτι ὀδυνῶμαι³⁷ ἐν τῇ φλογὶ³⁸ ταύτῃ. 25 εἶπεν δὲ Ἀβραάμ· τέκνον, μνήσθητι³⁹ ὅτι ἀπέλαβες⁴⁰ τὰ ἀγαθά σου ἐν τῇ ζωῇ σου, καὶ Λάζαρος ὁμοίως⁴¹ τὰ κακά· νῦν δὲ ὧδε παρακαλεῖται, σὺ δὲ ὀδυνᾶσαι. 26 καὶ ἐν πᾶσιν τούτοις μεταξὺ⁴²

---

[1] μέχρι, prep + gen, until
[2] βιάζω 3s pres mid ind, mid enter by force
[3] εὔκοπος, easy (comp)
[4] παρέρχομαι aor act inf, pass away
[5] κεραία, -ας f, stroke (of something written)
[6] πίπτω aor act inf, come to an end
[7] γαμέω pres act ptc m s nom, marry
[8] μοιχεύω 3s pres act ind, commit adultery
[9] πλούσιος, -α/ον, rich
[10] ἐνδιδύσκω 3s impf mid ind, mid wear
[11] πορφύρα, -ας f, purple (= expensive) clothing
[12] βύσσος, -ου f, fine linen
[13] εὐφραίνω pres pas ptc m s nom, pas be glad
[14] λαμπρῶς, adv, (living) in luxury
[15] βάλλω 3s plpf pas ind, place
[16] πυλών, -ῶνος m, gate
[17] ἑλκόω pf pas ptc m s nom, pas be covered with sores
[18] ἐπιθυμέω pres act ptc m s nom, long (for something)
[19] χορτάζω aor pas inf, pas eat one's fill
[20] τράπεζα, -ης f, table
[21] κύων, κυνός m, dog
[22] ἐπιλείχω 3p impf act ind, lick
[23] ἕλκος, -ους n, sore
[24] ἀποθνῄσκω aor act inf, die
[25] ἀποφέρω aor pas inf, take (away)
[26] κόλπος, -ου m, chest (εἰς τὸν κ. Ἀβραάμ next to Abraham)
[27] θάπτω 3s aor pas ind, bury
[28] ᾅδης, -ου m, Hades/world of the dead
[29] ἐπαίρω aor act ptc m s nom, lift up
[30] βάσανος, -ου f, pain
[31] μακρόθεν, adv, far off (ἀπὸ μ. far off)
[32] ἐλεέω/ἐλεάω 2s aor act impv, have pity
[33] βάπτω 3s aor act sub, dip
[34] ἄκρον, -ου n, tip
[35] δάκτυλος, -ου m, finger
[36] καταψύχω 3s aor act sub, cool
[37] ὀδυνάομαι 1s pres pas ind, suffer terribly
[38] φλόξ, φλογός f, flame
[39] μιμνῄσκομαι 2s aor pas impv, remember
[40] ἀπολαμβάνω 2s aor act ind, receive
[41] ὁμοίως, adv, in the same way
[42] μεταξύ, prep + gen, between

ἡμῶν καὶ ὑμῶν χάσμα¹ μέγα ἐστήρικται², ὅπως οἱ θέλοντες διαβῆναι³ ἔνθεν⁴ πρὸς ὑμᾶς μὴ δύνωνται, μηδὲ ἐκεῖθεν⁵ πρὸς ἡμᾶς διαπερῶσιν⁶. 27 εἶπεν δέ· ἐρωτῶ σε οὖν, πάτερ, ἵνα πέμψῃς αὐτὸν εἰς τὸν οἶκον τοῦ πατρός μου, 28 ἔχω γὰρ πέντε ἀδελφούς, ὅπως διαμαρτύρηται⁷ αὐτοῖς, ἵνα μὴ καὶ αὐτοὶ ἔλθωσιν⁸ εἰς τὸν τόπον τοῦτον τῆς βασάνου. 29 λέγει δὲ Ἀβραάμ· ἔχουσιν Μωϋσέα καὶ τοὺς προφήτας· ἀκουσάτωσαν αὐτῶν. 30 ὁ δὲ εἶπεν· οὐχί, πάτερ Ἀβραάμ, ἀλλ' ἐάν τις ἀπὸ νεκρῶν πορευθῇ πρὸς αὐτοὺς μετανοήσουσιν. 31 εἶπεν δὲ αὐτῷ· εἰ Μωϋσέως καὶ τῶν προφητῶν οὐκ ἀκούουσιν, οὐδ' ἐάν τις ἐκ νεκρῶν ἀναστῇ⁹ πεισθήσονται¹⁰.

Some Sayings of Jesus (Mt 18.6-7, 21-22; Mk 9.42)

17 Εἶπεν δὲ πρὸς τοὺς μαθητὰς αὐτοῦ· ἀνένδεκτόν¹¹ ἐστιν τοῦ τὰ σκάνδαλα¹² μὴ ἐλθεῖν, πλὴν οὐαὶ δι' οὗ ἔρχεται· 2 λυσιτελεῖ¹³ αὐτῷ εἰ λίθος μυλικὸς¹⁴ περίκειται¹⁵ περὶ τὸν τράχηλον¹⁶ αὐτοῦ καὶ ἔρριπται¹⁷ εἰς τὴν θάλασσαν ἢ ἵνα σκανδαλίσῃ¹⁸ τῶν μικρῶν τούτων ἕνα. 3 προσέχετε¹⁹ ἑαυτοῖς.

Ἐὰν ἁμάρτῃ²⁰ ὁ ἀδελφός σου ἐπιτίμησον²¹ αὐτῷ, καὶ ἐὰν μετανοήσῃ ἄφες²² αὐτῷ. 4 καὶ ἐὰν ἑπτάκις²³ τῆς ἡμέρας ἁμαρτήσῃ εἰς σὲ καὶ ἑπτάκις ἐπιστρέψῃ²⁴ πρὸς σὲ λέγων· μετανοῶ, ἀφήσεις²⁵ αὐτῷ.

5 Καὶ εἶπαν οἱ ἀπόστολοι τῷ κυρίῳ· πρόσθες²⁶ ἡμῖν πίστιν. 6 εἶπεν δὲ ὁ κύριος· εἰ ἔχετε πίστιν ὡς κόκκον²⁷ σινάπεως²⁸, ἐλέγετε ἂν τῇ συκαμίνῳ²⁹ [ταύτῃ]· ἐκριζώθητι³⁰ καὶ φυτεύθητι³¹ ἐν τῇ θαλάσσῃ· καὶ ὑπήκουσεν³² ἂν ὑμῖν.

7 Τίς δὲ ἐξ ὑμῶν δοῦλον ἔχων ἀροτριῶντα³³ ἢ ποιμαίνοντα³⁴, ὃς εἰσελθόντι ἐκ τοῦ ἀγροῦ ἐρεῖ³⁵ αὐτῷ· εὐθέως παρελθὼν³⁶ ἀνάπεσε³⁷, 8 ἀλλ' οὐχὶ ἐρεῖ αὐτῷ· ἑτοίμασον τί δειπνήσω³⁸ καὶ περιζωσάμενος³⁹ διακόνει μοι ἕως φάγω⁴⁰ καὶ πίω⁴¹, καὶ

---

¹ χάσμα, -τος n, chasm
² στηρίζω 3s pf pas ind, set in place
³ διαβαίνω aor act inf, come over
⁴ ἔνθεν, adv, from here
⁵ ἐκεῖθεν, adv, from there
⁶ διαπεράω 3p pres act sub, cross over
⁷ διαμαρτύρομαι 3s pres mid sub, warn
⁸ ἔρχομαι 3p aor act sub, come
⁹ ἀνίστημι 3s aor act sub, intrans rise
¹⁰ πείθω 3p fut pas ind, persuade
¹¹ ἀνένδεκτος, -ον, adj, impossible
¹² σκάνδαλον, -ου n, stumbling block
¹³ λυσιτελέω 3s pres act ind, impers it is better
¹⁴ μυλικός, -ή/όν, mill
¹⁵ περίκειμαι 3s pres mid ind, be tied around
¹⁶ τράχηλος, -ου m, neck
¹⁷ ῥίπτω 3s pf pas ind, throw
¹⁸ σκανδαλίζω 3s aor act sub, cause someone to sin
¹⁹ προσέχω 2p pres act impv, pay close attention to
²⁰ ἁμαρτάνω 3s aor act sub, sin
²¹ ἐπιτιμάω 2s aor act impv, rebuke
²² ἀφίημι 2s aor act impv, forgive
²³ ἑπτάκις, adv, seven times
²⁴ ἐπιστρέφω 3s aor act sub, turn
²⁵ ἀφίημι 2s fut act ind, forgive
²⁶ προστίθημι 2s aor act impv, increase
²⁷ κόκκος, -ου m, seed
²⁸ σίναπι, -εως n, mustard
²⁹ συκάμινος, -ου f, mulberry tree
³⁰ ἐκριζόω 2s aor pas impv, uproot
³¹ φυτεύω 2s aor pas impv, plant
³² ὑπακούω 3s aor act ind, obey
³³ ἀροτριάω pres act ptc m s acc, plow
³⁴ ποιμαίνω pres act ptc m s acc, keep sheep
³⁵ λέγω 3s fut act ind, say
³⁶ παρέρχομαι aor act ptc m s nom, come
³⁷ ἀναπίπτω 2s aor act impv, sit at table
³⁸ δειπνέω 1s aor act sub, eat
³⁹ περιζώννυμι aor mid ptc m s nom, mid make oneself ready
⁴⁰ ἐσθίω 1s aor act sub, eat
⁴¹ πίνω 1s aor act sub, drink

μετὰ ταῦτα φάγεσαι καὶ πίεσαι σύ; 9 μὴ ἔχει χάριν τῷ δούλῳ ὅτι ἐποίησεν τὰ διαταχθέντα¹; 10 οὕτως καὶ ὑμεῖς, ὅταν ποιήσητε πάντα τὰ διαταχθέντα ὑμῖν, λέγετε ὅτι δοῦλοι ἀχρεῖοί² ἐσμεν, ὃ ὠφείλομεν ποιῆσαι πεποιήκαμεν.

The Healing of Ten Men with Leprosy

11 Καὶ ἐγένετο ἐν τῷ πορεύεσθαι εἰς Ἰερουσαλὴμ καὶ αὐτὸς διήρχετο διὰ μέσον Σαμαρείας καὶ Γαλιλαίας. 12 Καὶ εἰσερχομένου αὐτοῦ εἴς τινα κώμην³ ἀπήντησαν⁴ [αὐτῷ] δέκα⁵ λεπροὶ⁶ ἄνδρες, οἳ ἔστησαν⁷ πόρρωθεν⁸ 13 καὶ αὐτοὶ ἦραν⁹ φωνὴν λέγοντες· Ἰησοῦ ἐπιστάτα¹⁰, ἐλέησον¹¹ ἡμᾶς. 14 καὶ ἰδὼν εἶπεν αὐτοῖς· πορευθέντες ἐπιδείξατε¹² ἑαυτοὺς τοῖς ἱερεῦσιν. καὶ ἐγένετο ἐν τῷ ὑπάγειν αὐτοὺς ἐκαθαρίσθησαν. 15 εἷς δὲ ἐξ αὐτῶν, ἰδὼν ὅτι ἰάθη¹³, ὑπέστρεψεν μετὰ φωνῆς μεγάλης δοξάζων τὸν θεόν, 16 καὶ ἔπεσεν¹⁴ ἐπὶ πρόσωπον παρὰ τοὺς πόδας αὐτοῦ εὐχαριστῶν αὐτῷ· καὶ αὐτὸς ἦν Σαμαρίτης. 17 ἀποκριθεὶς δὲ ὁ Ἰησοῦς εἶπεν· οὐχὶ οἱ δέκα ἐκαθαρίσθησαν; οἱ δὲ ἐννέα¹⁵ ποῦ; 18 οὐχ εὑρέθησαν¹⁶ ὑποστρέψαντες¹⁷ δοῦναι δόξαν τῷ θεῷ εἰ μὴ ὁ ἀλλογενὴς¹⁸ οὗτος; 19 καὶ εἶπεν αὐτῷ· ἀναστὰς¹⁹ πορεύου· ἡ πίστις σου σέσωκέν σε.

The Coming of the Kingdom (Mt 24.23-28, 37-41)

20 Ἐπερωτηθεὶς δὲ ὑπὸ τῶν Φαρισαίων πότε²⁰ ἔρχεται ἡ βασιλεία τοῦ θεοῦ ἀπεκρίθη αὐτοῖς καὶ εἶπεν· οὐκ ἔρχεται ἡ βασιλεία τοῦ θεοῦ μετὰ παρατηρήσεως²¹, 21 οὐδὲ ἐροῦσιν²²· ἰδοὺ ὧδε ἤ· ἐκεῖ, ἰδοὺ γὰρ ἡ βασιλεία τοῦ θεοῦ ἐντὸς²³ ὑμῶν ἐστιν. 22 Εἶπεν δὲ πρὸς τοὺς μαθητάς· ἐλεύσονται²⁴ ἡμέραι ὅτε ἐπιθυμήσετε²⁵ μίαν τῶν ἡμερῶν τοῦ υἱοῦ τοῦ ἀνθρώπου ἰδεῖν καὶ οὐκ ὄψεσθε²⁶. 23 καὶ ἐροῦσιν ὑμῖν· ἰδοὺ ἐκεῖ, [ἤ·] ἰδοὺ ὧδε· μὴ ἀπέλθητε²⁷ μηδὲ διώξητε. 24 ὥσπερ γὰρ ἡ ἀστραπὴ²⁸ ἀστράπτουσα²⁹ ἐκ τῆς ὑπὸ τὸν οὐρανὸν εἰς τὴν ὑπ' οὐρανὸν λάμπει³⁰, οὕτως ἔσται ὁ υἱὸς τοῦ ἀνθρώπου [ἐν τῇ ἡμέρᾳ αὐτοῦ]. 25 πρῶτον δὲ δεῖ αὐτὸν πολλὰ παθεῖν³¹

¹ διατάσσω aor pas ptc n p acc, order
² ἀχρεῖος, -ον, unworthy
³ κώμη, -ης f, village
⁴ ἀπαντάω 3p aor act ind, meet
⁵ δέκα, ten
⁶ λεπρός, -οῦ m, leper/person with a skin disease
⁷ ἵστημι 3p aor act ind, intrans stand
⁸ πόρρωθεν, adv, at a distance
⁹ αἴρω 3p aor act ind, lift up
¹⁰ ἐπιστάτης, -ου m, Master (of Christ)
¹¹ ἐλεέω/ἐλεάω 2s aor act impv, have pity
¹² ἐπιδείκνυμι 2p aor act impv, show
¹³ ἰάομαι 3s aor pas ind, heal
¹⁴ πίπτω 3s aor act ind, fall
¹⁵ ἐννέα, nine
¹⁶ εὑρίσκω 3p aor pas ind, find
¹⁷ ὑποστρέφω aor act ptc m p nom, return
¹⁸ ἀλλογενής, -οῦς m, foreigner
¹⁹ ἀνίστημι aor act ptc m s nom, intrans get up
²⁰ πότε, adv, when
²¹ παρατήρησις, -εως f, observation
²² λέγω 3p fut act ind, say
²³ ἐντός, prep + gen, in the midst of/within
²⁴ ἔρχομαι 3p fut mid ind, come
²⁵ ἐπιθυμέω 2p fut act ind, long for
²⁶ ὁράω 2p fut mid ind, see
²⁷ ἀπέρχομαι 2p aor act sub, go
²⁸ ἀστραπή, -ῆς f, lightning
²⁹ ἀστράπτω pres act ptc f s nom, flash
³⁰ λάμπω 3s pres act ind, give light
³¹ πάσχω aor act inf, suffer

καὶ ἀποδοκιμασθῆναι¹ ἀπὸ τῆς γενεᾶς ταύτης. 26 καὶ καθὼς ἐγένετο ἐν ταῖς ἡμέραις Νῶε, οὕτως ἔσται καὶ ἐν ταῖς ἡμέραις τοῦ υἱοῦ τοῦ ἀνθρώπου· 27 ἤσθιον, ἔπινον, ἐγάμουν², ἐγαμίζοντο³, ἄχρι ἧς ἡμέρας εἰσῆλθεν Νῶε εἰς τὴν κιβωτὸν⁴ καὶ ἦλθεν ὁ κατακλυσμὸς⁵ καὶ ἀπώλεσεν⁶ πάντας. 28 ὁμοίως⁷ καθὼς ἐγένετο ἐν ταῖς ἡμέραις Λώτ· ἤσθιον, ἔπινον, ἠγόραζον, ἐπώλουν⁸, ἐφύτευον⁹, ᾠκοδόμουν· 29 ᾗ δὲ ἡμέρᾳ ἐξῆλθεν Λὼτ ἀπὸ Σοδόμων, ἔβρεξεν¹⁰ πῦρ καὶ θεῖον¹¹ ἀπ' οὐρανοῦ καὶ ἀπώλεσεν πάντας. 30 κατὰ τὰ αὐτὰ ἔσται ᾗ ἡμέρᾳ ὁ υἱὸς τοῦ ἀνθρώπου ἀποκαλύπτεται¹². 31 ἐν ἐκείνῃ τῇ ἡμέρᾳ ὃς ἔσται ἐπὶ τοῦ δώματος¹³ καὶ τὰ σκεύη¹⁴ αὐτοῦ ἐν τῇ οἰκίᾳ, μὴ καταβάτω¹⁵ ἆραι¹⁶ αὐτά, καὶ ὁ ἐν ἀγρῷ ὁμοίως¹⁷ μὴ ἐπιστρεψάτω¹⁸ εἰς τὰ ὀπίσω. 32 μνημονεύετε¹⁹ τῆς γυναικὸς Λώτ. 33 ὃς ἐὰν ζητήσῃ τὴν ψυχὴν αὐτοῦ περιποιήσασθαι²⁰ ἀπολέσει²¹ αὐτήν, ὃς δ' ἂν ἀπολέσῃ ζῳογονήσει²² αὐτήν. 34 λέγω ὑμῖν, ταύτῃ τῇ νυκτὶ ἔσονται δύο ἐπὶ κλίνης²³ μιᾶς, ὁ εἷς παραλημφθήσεται²⁴ καὶ ὁ ἕτερος ἀφεθήσεται²⁵· 35 ἔσονται δύο ἀλήθουσαι²⁶ ἐπὶ τὸ αὐτό, ἡ μία παραλημφθήσεται, ἡ δὲ ἑτέρα ἀφεθήσεται, ⟦36 δύο ἐν τῷ ἀγρῷ, εἷς παραλημφθήσεται καὶ ὁ ἕτερος ἀφεθήσεται.⟧ 37 καὶ ἀποκριθέντες λέγουσιν αὐτῷ· ποῦ, κύριε; ὁ δὲ εἶπεν αὐτοῖς· ὅπου τὸ σῶμα, ἐκεῖ καὶ οἱ ἀετοὶ²⁷ ἐπισυναχθήσονται²⁸.

The Parable of the Widow and the Judge

18 Ἔλεγεν δὲ παραβολὴν αὐτοῖς πρὸς τὸ δεῖν πάντοτε προσεύχεσθαι αὐτοὺς καὶ μὴ ἐγκακεῖν²⁹, 2 λέγων· κριτής³⁰ τις ἦν ἔν τινι πόλει τὸν θεὸν μὴ φοβούμενος καὶ ἄνθρωπον μὴ ἐντρεπόμενος³¹. 3 χήρα³² δὲ ἦν ἐν τῇ πόλει ἐκείνῃ καὶ ἤρχετο πρὸς αὐτὸν λέγουσα· ἐκδίκησόν³³ με ἀπὸ τοῦ ἀντιδίκου³⁴ μου. 4 καὶ οὐκ ἤθελεν ἐπὶ χρόνον. μετὰ δὲ ταῦτα εἶπεν ἐν ἑαυτῷ· εἰ καὶ τὸν θεὸν οὐ φοβοῦμαι οὐδὲ ἄνθρωπον ἐντρέπομαι, 5 διά γε³⁵ τὸ παρέχειν³⁶ μοι κόπον³⁷ τὴν χήραν ταύτην ἐκδικήσω αὐτήν, ἵνα μὴ εἰς τέλος ἐρχομένη ὑπωπιάζῃ³⁸ με. 6 εἶπεν δὲ ὁ κύριος·

---

1 ἀποδοκιμάζω *aor pas inf*, reject
2 γαμέω *3p impf act ind*, marry
3 γαμίζω *3p impf pas ind*, give (a bride) in marriage
4 κιβωτός, -οῦ *f*, boat
5 κατακλυσμός, -οῦ *m*, flood
6 ἀπόλλυμι *3s aor act ind*, destroy
7 ὁμοίως, *adv*, in the same way
8 πωλέω *3p impf act ind*, sell
9 φυτεύω *3p impf act ind*, plant
10 βρέχω *3s aor act ind*, pour down
11 θεῖον, -ου *n*, sulphur
12 ἀποκαλύπτω *3s pres pas ind*, reveal
13 δῶμα, -τος *n*, housetop
14 σκεῦος, -ους *n*, thing

15 καταβαίνω *3s aor act impv*, go down
16 αἴρω *aor act inf*, take
17 ὁμοίως, *adv*, in the same way
18 ἐπιστρέφω *3s aor act impv*, intrans return
19 μνημονεύω *2p pres act impv*, remember
20 περιποιέω *aor mid inf*, mid save
21 ἀπόλλυμι *3s fut act ind*, lose
22 ζῳογονέω *3s fut act ind*, keep (something) alive
23 κλίνη, -ης *f*, bed
24 παραλαμβάνω *3s fut pas ind*, take
25 ἀφίημι *3s fut pas ind*, leave
26 ἀλήθω *pres act ptc f p nom*, grind

27 ἀετός, -οῦ *m*, eagle/vulture
28 ἐπισυνάγω *3p fut pas ind*, pas gather
29 ἐγκακέω *pres act inf*, give up
30 κριτής, -οῦ *m*, judge
31 ἐντρέπω *pres pas ptc m s nom*, pas regard
32 χήρα, -ας *f*, widow
33 ἐκδικέω *2s aor act impv*, help (someone) get justice
34 ἀντίδικος, -ου *m*, opponent at law
35 γέ, *emphatic particle*
36 παρέχω *pres act inf*, cause
37 κόπος, -ου *m*, trouble
38 ὑπωπιάζω *3s pres act sub*, wear out

ἀκούσατε τί ὁ κριτὴς τῆς ἀδικίας¹ λέγει· 7 ὁ δὲ θεὸς οὐ μὴ ποιήσῃ τὴν ἐκδίκησιν² τῶν ἐκλεκτῶν³ αὐτοῦ τῶν βοώντων⁴ αὐτῷ ἡμέρας καὶ νυκτός, καὶ μακροθυμεῖ⁵ ἐπ' αὐτοῖς; 8 λέγω ὑμῖν ὅτι ποιήσει τὴν ἐκδίκησιν αὐτῶν ἐν τάχει⁶. πλὴν ὁ υἱὸς τοῦ ἀνθρώπου ἐλθὼν ἆρα εὑρήσει⁷ τὴν πίστιν ἐπὶ τῆς γῆς;

The Parable of the Pharisee and the Tax Collector

9 Εἶπεν δὲ καὶ πρός τινας τοὺς πεποιθότας⁸ ἐφ' ἑαυτοῖς ὅτι εἰσὶν δίκαιοι καὶ ἐξουθενοῦντας⁹ τοὺς λοιποὺς τὴν παραβολὴν ταύτην· 10 ἄνθρωποι δύο ἀνέβησαν¹⁰ εἰς τὸ ἱερὸν προσεύξασθαι, ὁ εἷς Φαρισαῖος καὶ ὁ ἕτερος τελώνης¹¹. 11 ὁ Φαρισαῖος σταθεὶς¹² πρὸς ἑαυτὸν ταῦτα προσηύχετο· ὁ θεός, εὐχαριστῶ σοι ὅτι οὐκ εἰμὶ ὥσπερ οἱ λοιποὶ τῶν ἀνθρώπων, ἅρπαγες¹³, ἄδικοι¹⁴, μοιχοί¹⁵, ἢ καὶ ὡς οὗτος ὁ τελώνης· 12 νηστεύω¹⁶ δὶς¹⁷ τοῦ σαββάτου, ἀποδεκατῶ¹⁸ πάντα ὅσα κτῶμαι¹⁹. 13 ὁ δὲ τελώνης μακρόθεν²⁰ ἑστὼς²¹ οὐκ ἤθελεν οὐδὲ τοὺς ὀφθαλμοὺς ἐπᾶραι²² εἰς τὸν οὐρανόν, ἀλλ' ἔτυπτεν²³ τὸ στῆθος²⁴ αὐτοῦ λέγων· ὁ θεός, ἱλάσθητί²⁵ μοι τῷ ἁμαρτωλῷ. 14 λέγω ὑμῖν, κατέβη²⁶ οὗτος δεδικαιωμένος εἰς τὸν οἶκον αὐτοῦ παρ' ἐκεῖνον· ὅτι πᾶς ὁ ὑψῶν²⁷ ἑαυτὸν ταπεινωθήσεται²⁸, ὁ δὲ ταπεινῶν ἑαυτὸν ὑψωθήσεται²⁹.

Little Children Blessed (Mt 19.13-15; Mk 10.13-16)

15 Προσέφερον δὲ αὐτῷ καὶ τὰ βρέφη³⁰ ἵνα αὐτῶν ἅπτηται· ἰδόντες δὲ οἱ μαθηταὶ ἐπετίμων³¹ αὐτοῖς. 16 ὁ δὲ Ἰησοῦς προσεκαλέσατο³² αὐτὰ λέγων· ἄφετε³³ τὰ παιδία ἔρχεσθαι πρός με καὶ μὴ κωλύετε³⁴ αὐτά, τῶν γὰρ τοιούτων ἐστὶν ἡ βασιλεία τοῦ θεοῦ. 17 ἀμὴν λέγω ὑμῖν, ὃς ἂν μὴ δέξηται τὴν βασιλείαν τοῦ θεοῦ ὡς παιδίον, οὐ μὴ εἰσέλθῃ³⁵ εἰς αὐτήν.

---

[1] ἀδικία, -ας f, injustice
[2] ἐκδίκησις, -εως f, rendering of justice
[3] ἐκλεκτός, -ή/όν, chosen
[4] βοάω pres act ptc m p gen, cry out
[5] μακροθυμέω 3s pres act ind, be slow to help (μ. ἐπ' αὐτοῖς put off helping them)
[6] τάχος, -ους n, speed (ἐν τ. quickly)
[7] εὑρίσκω 3s fut act ind, find
[8] πείθω pf act ptc m p acc, convince
[9] ἐξουθενέω pres act ptc m p acc, look down on
[10] ἀναβαίνω 3p aor act ind, go up
[11] τελώνης, -ου m, tax collector
[12] ἵστημι aor pas ptc m s nom, intrans pas stand
[13] ἅρπαξ, -αγος m, greedy (person)
[14] ἄδικος, -ον, dishonest
[15] μοιχός, -οῦ m, adulterer
[16] νηστεύω 1s pres act ind, fast
[17] δίς, adv, twice
[18] ἀποδεκατόω 1s pres act ind, give a tenth
[19] κτάομαι 1s pres mid ind, earn
[20] μακρόθεν, adv, far off
[21] ἵστημι pf act ptc m s nom, intrans stand
[22] ἐπαίρω aor act inf, lift up
[23] τύπτω 3s impf act ind, beat
[24] στῆθος, -ους n, chest
[25] ἱλάσκομαι 2s aor pas impv, pas have mercy
[26] καταβαίνω 3s aor act ind, go (home)
[27] ὑψόω pres act ptc m s nom, exalt
[28] ταπεινόω 3s fut pas ind, humble
[29] ὑψόω 3s fut pas ind, exalt
[30] βρέφος, -ους n, infant
[31] ἐπιτιμάω 3p impf act ind, rebuke
[32] προσκαλέομαι 3s aor mid ind, call to oneself
[33] ἀφίημι 2p aor act impv, let
[34] κωλύω 2p pres act impv, hinder
[35] εἰσέρχομαι 3s aor act sub, go/come in

The Rich Ruler (Mt 19.16-30; Mk 10.17-31)

18 Καὶ ἐπηρώτησέν¹ τις αὐτὸν ἄρχων λέγων· διδάσκαλε ἀγαθέ, τί ποιήσας ζωὴν αἰώνιον κληρονομήσω²; 19 εἶπεν δὲ αὐτῷ ὁ Ἰησοῦς· τί με λέγεις ἀγαθόν; οὐδεὶς ἀγαθὸς εἰ μὴ εἷς ὁ θεός. 20 τὰς ἐντολὰς οἶδας· μὴ μοιχεύσῃς³, μὴ φονεύσῃς⁴, μὴ κλέψῃς⁵, μὴ ψευδομαρτυρήσῃς⁶, τίμα⁷ τὸν πατέρα σου καὶ τὴν μητέρα. 21 ὁ δὲ εἶπεν· ταῦτα πάντα ἐφύλαξα ἐκ νεότητος⁸. 22 ἀκούσας δὲ ὁ Ἰησοῦς εἶπεν αὐτῷ· ἔτι ἕν σοι λείπει⁹· πάντα ὅσα ἔχεις πώλησον¹⁰ καὶ διάδος¹¹ πτωχοῖς, καὶ ἕξεις θησαυρὸν¹² ἐν [τοῖς] οὐρανοῖς, καὶ δεῦρο¹³ ἀκολούθει μοι. 23 ὁ δὲ ἀκούσας ταῦτα περίλυπος¹⁴ ἐγενήθη¹⁵· ἦν γὰρ πλούσιος¹⁶ σφόδρα¹⁷.

24 Ἰδὼν δὲ αὐτὸν ὁ Ἰησοῦς [περίλυπον γενόμενον] εἶπεν· πῶς δυσκόλως¹⁸ οἱ τὰ χρήματα¹⁹ ἔχοντες εἰς τὴν βασιλείαν τοῦ θεοῦ εἰσπορεύονται²⁰. 25 εὐκοπώτερον²¹ γάρ ἐστιν κάμηλον²² διὰ τρήματος²³ βελόνης²⁴ εἰσελθεῖν ἢ πλούσιον εἰς τὴν βασιλείαν τοῦ θεοῦ εἰσελθεῖν. 26 εἶπαν δὲ οἱ ἀκούσαντες· καὶ τίς δύναται σωθῆναι; 27 ὁ δὲ εἶπεν· τὰ ἀδύνατα²⁵ παρὰ ἀνθρώποις δυνατὰ παρὰ τῷ θεῷ ἐστιν.

28 Εἶπεν δὲ ὁ Πέτρος· ἰδοὺ ἡμεῖς ἀφέντες²⁶ τὰ ἴδια ἠκολουθήσαμέν σοι. 29 ὁ δὲ εἶπεν αὐτοῖς· ἀμὴν λέγω ὑμῖν ὅτι οὐδείς ἐστιν ὃς ἀφῆκεν²⁷ οἰκίαν ἢ γυναῖκα ἢ ἀδελφοὺς ἢ γονεῖς²⁸ ἢ τέκνα ἕνεκεν²⁹ τῆς βασιλείας τοῦ θεοῦ, 30 ὃς οὐχὶ μὴ [ἀπο-]λάβῃ³⁰ πολλαπλασίονα³¹ ἐν τῷ καιρῷ τούτῳ καὶ ἐν τῷ αἰῶνι τῷ ἐρχομένῳ ζωὴν αἰώνιον.

A Third Time Jesus Foretells His Death and Resurrection (Mt 20.17-19; Mk 10.32-34)

31 Παραλαβὼν δὲ τοὺς δώδεκα εἶπεν πρὸς αὐτούς· ἰδοὺ ἀναβαίνομεν εἰς Ἰερουσαλήμ, καὶ τελεσθήσεται³² πάντα τὰ γεγραμμένα³³ διὰ τῶν προφητῶν τῷ υἱῷ τοῦ ἀνθρώπου· 32 παραδοθήσεται³⁴ γὰρ τοῖς ἔθνεσιν καὶ ἐμπαιχθήσεται³⁵ καὶ ὑβρισθήσεται³⁶ καὶ ἐμπτυσθήσεται³⁷ 33 καὶ μαστιγώσαντες³⁸ ἀποκτενοῦσιν³⁹ αὐτόν,

---

1 ἐπερωτάω 3s aor act ind, ask
2 κληρονομέω 1s fut act ind, receive
3 μοιχεύω 2s aor act sub, commit adultery
4 φονεύω 2s aor act sub, murder
5 κλέπτω 2s aor act sub, steal
6 ψευδομαρτυρέω 2s aor act sub, give false evidence
7 τιμάω 2s pres act impv, honor
8 νεότης, -ητος f, youth
9 λείπω 3s pres act ind, lack
10 πωλέω 2s aor act impv, sell
11 διαδίδωμι 2s aor act impv, give
12 θησαυρός, -οῦ m, treasure
13 δεῦρο, interj, Come!
14 περίλυπος, -ον, very sad
15 γίνομαι 3s aor pas ind, become
16 πλούσιος, -α/ον, rich
17 σφόδρα, adv, very
18 δυσκόλως, adv, with difficulty
19 χρῆμα, -τος n, wealth
20 εἰσπορεύομαι 3p pres mid ind, enter
21 εὔκοπος, easy (comp)
22 κάμηλος, -ου m & f, camel
23 τρῆμα, -τος n, eye (of a needle)
24 βελόνη, -ης f, sewing needle
25 ἀδύνατος, -ον, impossible
26 ἀφίημι aor act ptc m p nom, leave
27 ἀφίημι 3s aor act ind, leave
28 γονεύς, -έως m, parent
29 ἕνεκα prep + gen, for the sake of
30 ἀπολαμβάνω 3s aor act sub, receive
31 πολλαπλασίων, -ον, gen -ονος, more (n pl = many times more)
32 τελέω, 3s fut pas ind, fulfill
33 γράφω pf pas ptc n p nom, write
34 παραδίδωμι 3s fut pas ind, hand over
35 ἐμπαίζω 3s fut pas ind, make fun of
36 ὑβρίζω 3s fut pas ind, mistreat
37 ἐμπτύω 3s fut pas ind, spit on
38 μαστιγόω aor act ptc m p nom, beat with a whip
39 ἀποκτείνω 3p fut act ind, kill

καὶ τῇ ἡμέρᾳ τῇ τρίτῃ ἀναστήσεται¹. 34 καὶ αὐτοὶ οὐδὲν τούτων συνῆκαν² καὶ ἦν τὸ ῥῆμα τοῦτο κεκρυμμένον³ ἀπ' αὐτῶν καὶ οὐκ ἐγίνωσκον τὰ λεγόμενα.

The Healing of a Blind Beggar near Jericho (Mt 20.29-34; Mk 10.46-52)

35 Ἐγένετο δὲ ἐν τῷ ἐγγίζειν αὐτὸν εἰς Ἰεριχὼ τυφλός τις ἐκάθητο παρὰ τὴν ὁδὸν ἐπαιτῶν⁴. 36 ἀκούσας δὲ ὄχλου διαπορευομένου⁵ ἐπυνθάνετο⁶ τί εἴη⁷ τοῦτο. 37 ἀπήγγειλαν⁸ δὲ αὐτῷ ὅτι Ἰησοῦς ὁ Ναζωραῖος παρέρχεται⁹. 38 καὶ ἐβόησεν¹⁰ λέγων· Ἰησοῦ υἱὲ Δαυίδ, ἐλέησόν¹¹ με. 39 καὶ οἱ προάγοντες¹² ἐπετίμων¹³ αὐτῷ ἵνα σιγήσῃ¹⁴, αὐτὸς δὲ πολλῷ μᾶλλον ἔκραζεν· υἱὲ Δαυίδ, ἐλέησόν με. 40 σταθεὶς¹⁵ δὲ ὁ Ἰησοῦς ἐκέλευσεν¹⁶ αὐτὸν ἀχθῆναι¹⁷ πρὸς αὐτόν. ἐγγίσαντος δὲ αὐτοῦ ἐπηρώτησεν αὐτόν· 41 τί σοι θέλεις ποιήσω; ὁ δὲ εἶπεν· κύριε, ἵνα ἀναβλέψω¹⁸. 42 καὶ ὁ Ἰησοῦς εἶπεν αὐτῷ· ἀνάβλεψον· ἡ πίστις σου σέσωκέν σε. 43 καὶ παραχρῆμα¹⁹ ἀνέβλεψεν καὶ ἠκολούθει αὐτῷ δοξάζων τὸν θεόν. καὶ πᾶς ὁ λαὸς ἰδὼν ἔδωκεν αἶνον²⁰ τῷ θεῷ.

Jesus and Zacchaeus

19 Καὶ εἰσελθὼν διήρχετο τὴν Ἰεριχώ. 2 καὶ ἰδοὺ ἀνὴρ ὀνόματι καλούμενος Ζακχαῖος, καὶ αὐτὸς ἦν ἀρχιτελώνης²¹ καὶ αὐτὸς πλούσιος²². 3 καὶ ἐζήτει ἰδεῖν τὸν Ἰησοῦν τίς ἐστιν καὶ οὐκ ἠδύνατο ἀπὸ τοῦ ὄχλου, ὅτι τῇ ἡλικίᾳ²³ μικρὸς ἦν. 4 καὶ προδραμὼν²⁴ εἰς τὸ ἔμπροσθεν ἀνέβη²⁵ ἐπὶ συκομορέαν²⁶ ἵνα ἴδῃ²⁷ αὐτὸν ὅτι ἐκείνης ἤμελλεν διέρχεσθαι. 5 καὶ ὡς ἦλθεν ἐπὶ τὸν τόπον, ἀναβλέψας²⁸ ὁ Ἰησοῦς εἶπεν πρὸς αὐτόν· Ζακχαῖε, σπεύσας²⁹ κατάβηθι³⁰, σήμερον γὰρ ἐν τῷ οἴκῳ σου δεῖ με μεῖναι³¹. 6 καὶ σπεύσας κατέβη καὶ ὑπεδέξατο³² αὐτὸν χαίρων. 7 καὶ ἰδόντες πάντες διεγόγγυζον³³ λέγοντες ὅτι παρὰ ἁμαρτωλῷ ἀνδρὶ εἰσῆλθεν καταλῦσαι³⁴.

¹ ἀνίστημι 3s fut mid ind, intrans mid come back to life
² συνίημι 3p aor act ind, understand
³ κρύπτω pf pas ptc n s nom, hide
⁴ ἐπαιτέω pres act ptc m s nom, beg
⁵ διαπορεύομαι pres mid ptc m s gen, go by
⁶ πυνθάνομαι 3s impf mid ind, ask
⁷ εἰμί 3s pres act opt, be
⁸ ἀπαγγέλλω 3p aor act ind, tell
⁹ παρέρχομαι 3s pres mid ind, pass by
¹⁰ βοάω 3s aor act ind, shout
¹¹ ἐλεέω/ἐλεάω 2s aor act impv, have pity (on)
¹² προάγω pres act ptc m p nom, go before
¹³ ἐπιτιμάω 3p impf act ind, rebuke
¹⁴ σιγάω 3s aor act sub, be quiet
¹⁵ ἵστημι aor pas ptc m s nom, intrans pas stand
¹⁶ κελεύω 3s aor act ind, order
¹⁷ ἄγω aor pas inf, bring
¹⁸ ἀναβλέπω 1s aor act sub, be able to see
¹⁹ παραχρῆμα, adv, at once
²⁰ αἶνος, -ου m, praise
²¹ ἀρχιτελώνης, -ου m, tax superintendent
²² πλούσιος, -α/ον, rich
²³ ἡλικία, -ας f, height
²⁴ προτρέχω aor act ptc m s nom, run on ahead
²⁵ ἀναβαίνω 3s aor act ind, climb up
²⁶ συκομορέα, -ας f, sycamore tree/fig mulberry tree
²⁷ ὁράω 3s aor act sub, see
²⁸ ἀναβλέπω aor act ptc m s nom, look up
²⁹ σπεύδω aor act ptc m s nom, hurry
³⁰ καταβαίνω 2s aor act impv, come down
³¹ μένω aor act inf, stay
³² ὑποδέχομαι 3s aor mid ind, welcome as a guest
³³ διαγογγύζω 3p impf act ind, grumble
³⁴ καταλύω aor act inf, intrans be (someone's) guest

8 σταθεὶς δὲ Ζακχαῖος εἶπεν πρὸς τὸν κύριον· ἰδοὺ τὰ ἡμίσιά[1] μου τῶν ὑπαρχόντων, κύριε, τοῖς πτωχοῖς δίδωμι, καὶ εἴ τινός τι ἐσυκοφάντησα[2] ἀποδίδωμι τετραπλοῦν[3]. 9 εἶπεν δὲ πρὸς αὐτὸν ὁ Ἰησοῦς ὅτι σήμερον σωτηρία τῷ οἴκῳ τούτῳ ἐγένετο, καθότι[4] καὶ αὐτὸς υἱὸς Ἀβραάμ ἐστιν· 10 ἦλθεν γὰρ ὁ υἱὸς τοῦ ἀνθρώπου ζητῆσαι καὶ σῶσαι τὸ ἀπολωλός[5].

The Parable of the Ten Pounds (Mt 25.14-30)

11 Ἀκουόντων δὲ αὐτῶν ταῦτα προσθεὶς[6] εἶπεν παραβολὴν διὰ τὸ ἐγγὺς εἶναι Ἰερουσαλὴμ αὐτὸν καὶ δοκεῖν αὐτοὺς ὅτι παραχρῆμα[7] μέλλει ἡ βασιλεία τοῦ θεοῦ ἀναφαίνεσθαι[8]. 12 εἶπεν οὖν· ἄνθρωπός τις εὐγενὴς[9] ἐπορεύθη εἰς χώραν[10] μακρὰν[11] λαβεῖν ἑαυτῷ βασιλείαν καὶ ὑποστρέψαι. 13 καλέσας δὲ δέκα[12] δούλους ἑαυτοῦ ἔδωκεν αὐτοῖς δέκα μνᾶς[13] καὶ εἶπεν πρὸς αὐτούς· πραγματεύσασθε[14] ἐν ᾧ ἔρχομαι. 14 οἱ δὲ πολῖται[15] αὐτοῦ ἐμίσουν αὐτὸν καὶ ἀπέστειλαν[16] πρεσβείαν[17] ὀπίσω αὐτοῦ λέγοντες· οὐ θέλομεν τοῦτον βασιλεῦσαι[18] ἐφ' ἡμᾶς. 15 καὶ ἐγένετο ἐν τῷ ἐπανελθεῖν[19] αὐτὸν λαβόντα τὴν βασιλείαν καὶ εἶπεν φωνηθῆναι[20] αὐτῷ τοὺς δούλους τούτους οἷς δεδώκει[21] τὸ ἀργύριον[22], ἵνα γνοῖ[23] τί διεπραγματεύσαντο[24]. 16 παρεγένετο[25] δὲ ὁ πρῶτος λέγων· κύριε, ἡ μνᾶ σου δέκα προσηργάσατο[26] μνᾶς. 17 καὶ εἶπεν αὐτῷ· εὖγε[27], ἀγαθὲ δοῦλε, ὅτι ἐν ἐλαχίστῳ[28] πιστὸς ἐγένου[29], ἴσθι[30] ἐξουσίαν ἔχων ἐπάνω[31] δέκα πόλεων. 18 καὶ ἦλθεν ὁ δεύτερος λέγων· ἡ μνᾶ σου, κύριε, ἐποίησεν πέντε μνᾶς. 19 εἶπεν δὲ καὶ τούτῳ· καὶ σὺ ἐπάνω γίνου[32] πέντε πόλεων. 20 καὶ ὁ ἕτερος ἦλθεν λέγων· κύριε, ἰδοὺ ἡ μνᾶ σου ἣν εἶχον[33] ἀποκειμένην[34] ἐν σουδαρίῳ[35]· 21 ἐφοβούμην γάρ σε, ὅτι ἄνθρωπος αὐστηρὸς[36] εἶ, αἴρεις ὃ οὐκ ἔθηκας[37] καὶ θερίζεις[38] ὃ οὐκ ἔσπειρας. 22 λέγει αὐτῷ· ἐκ τοῦ στόματός σου κρινῶ σε, πονηρὲ δοῦλε. ᾔδεις[39] ὅτι ἐγὼ ἄνθρωπος αὐστηρός εἰμι, αἴρων ὃ οὐκ

---

[1] ἥμισυς, -εια/υ, gen ἡμίσους, half
[2] συκοφαντέω 1s aor act ind, cheat
[3] τετραπλοῦς, -ῆ/οῦν, four times as much
[4] καθότι, conj, because
[5] ἀπόλλυμι pf act ptc n s acc, lose
[6] προστίθημι aor act ptc m s nom, proceed
[7] παραχρῆμα, adv, at once
[8] ἀναφαίνω pres pas inf, pas appear
[9] εὐγενής, -ές, of noble birth
[10] χώρα, -ας f, country
[11] μακρός, -ά/όν, distant
[12] δέκα, ten
[13] μνᾶ, -ᾶς f, mina (Greek coin = 100 denarii)
[14] πραγματεύομαι 2p aor mid impv, do business
[15] πολίτης, -ου m, citizen
[16] ἀποστέλλω 3p aor act ind, send
[17] πρεσβεία, -ας f, (group of) messengers
[18] βασιλεύω aor act inf, rule
[19] ἐπανέρχομαι aor act inf, return
[20] φωνέω aor pas inf, call
[21] δίδωμι 3s plpf act ind, give
[22] ἀργύριον, -ου n, money
[23] γινώσκω 3s aor act sub, find out
[24] διαπραγματεύομαι 3p aor mid ind, earn
[25] παραγίνομαι 3s aor mid ind, come
[26] προσεργάζομαι 3s aor mid ind, make more
[27] εὖγε, adv, well done!
[28] ἐλάχιστος, smallest (super of μικρός)
[29] γίνομαι 2s aor mid ind, be
[30] εἰμί 2s pres act impv, become
[31] ἐπάνω, prep + gen, over
[32] γίνομαι 2s pres mid impv, be
[33] ἔχω 1s impf act ind, have
[34] ἀπόκειμαι pres mid ptc f s acc, be stored away
[35] σουδάριον, -ου n, handkerchief
[36] αὐστηρός, -ά/όν, hard
[37] τίθημι 2s aor act ind, put down
[38] θερίζω 2s pres act ind, harvest
[39] οἶδα 2s plpf act ind, know

ἔθηκα καὶ θερίζων ὃ οὐκ ἔσπειρα; 23 καὶ διὰ τί οὐκ ἔδωκάς μου τὸ ἀργύριον ἐπὶ τράπεζαν¹; κἀγὼ ἐλθὼν σὺν τόκῳ² ἂν αὐτὸ ἔπραξα³. 24 καὶ τοῖς παρεστῶσιν⁴ εἶπεν· ἄρατε⁵ ἀπ' αὐτοῦ τὴν μνᾶν καὶ δότε⁶ τῷ τὰς δέκα μνᾶς ἔχοντι – 25 καὶ εἶπαν αὐτῷ· κύριε, ἔχει δέκα μνᾶς – 26 λέγω ὑμῖν ὅτι παντὶ τῷ ἔχοντι δοθήσεται⁷, ἀπὸ δὲ τοῦ μὴ ἔχοντος καὶ ὃ ἔχει ἀρθήσεται⁸. 27 πλὴν τοὺς ἐχθρούς μου τούτους τοὺς μὴ θελήσαντάς με βασιλεῦσαι⁹ ἐπ' αὐτοὺς ἀγάγετε ὧδε καὶ κατασφάξατε¹⁰ αὐτοὺς ἔμπροσθέν μου.

The Triumphal Entry into Jerusalem (Mt 21.1-11; Mk 11.1-11; Jn 12.12-19)

28 Καὶ εἰπὼν ταῦτα ἐπορεύετο ἔμπροσθεν ἀναβαίνων εἰς Ἱεροσόλυμα.

29 Καὶ ἐγένετο ὡς ἤγγισεν¹¹ εἰς Βηθφαγὴ καὶ Βηθανία[ν] πρὸς τὸ ὄρος τὸ καλούμενον Ἐλαιῶν¹², ἀπέστειλεν¹³ δύο τῶν μαθητῶν 30 λέγων· ὑπάγετε εἰς τὴν κατέναντι¹⁴ κώμην¹⁵, ἐν ᾗ εἰσπορευόμενοι¹⁶ εὑρήσετε¹⁷ πῶλον¹⁸ δεδεμένον¹⁹, ἐφ' ὃν οὐδεὶς πώποτε²⁰ ἀνθρώπων ἐκάθισεν²¹, καὶ λύσαντες αὐτὸν ἀγάγετε. 31 καὶ ἐάν τις ὑμᾶς ἐρωτᾷ· διὰ τί λύετε; οὕτως ἐρεῖτε²²· ὅτι ὁ κύριος αὐτοῦ χρείαν ἔχει. 32 ἀπελθόντες δὲ οἱ ἀπεσταλμένοι²³ εὗρον²⁴ καθὼς εἶπεν αὐτοῖς. 33 λυόντων δὲ αὐτῶν τὸν πῶλον εἶπαν οἱ κύριοι αὐτοῦ πρὸς αὐτούς· τί λύετε τὸν πῶλον; 34 οἱ δὲ εἶπαν· ὅτι ὁ κύριος αὐτοῦ χρείαν ἔχει. 35 καὶ ἤγαγον²⁵ αὐτὸν πρὸς τὸν Ἰησοῦν καὶ ἐπιρίψαντες²⁶ αὐτῶν τὰ ἱμάτια ἐπὶ τὸν πῶλον ἐπεβίβασαν²⁷ τὸν Ἰησοῦν. 36 πορευομένου δὲ αὐτοῦ ὑπεστρώννυον²⁸ τὰ ἱμάτια αὐτῶν ἐν τῇ ὁδῷ. 37 ἐγγίζοντος δὲ αὐτοῦ ἤδη πρὸς τῇ καταβάσει²⁹ τοῦ ὄρους τῶν ἐλαιῶν³⁰ ἤρξαντο³¹ ἅπαν τὸ πλῆθος τῶν μαθητῶν χαίροντες αἰνεῖν³² τὸν θεὸν φωνῇ μεγάλῃ περὶ πασῶν ὧν εἶδον δυνάμεων, 38 λέγοντες·

εὐλογημένος ὁ ἐρχόμενος,
ὁ βασιλεὺς ἐν ὀνόματι κυρίου·
ἐν οὐρανῷ εἰρήνη
καὶ δόξα ἐν ὑψίστοις³³.

---

¹ τράπεζα, -ης f, bank
² τόκος, -ου m, interest (on money)
³ πράσσω 1s aor act ind, do
⁴ παρίστημι pf act ptc m p dat, intrans stand by
⁵ αἴρω 2p aor act impv, take
⁶ δίδωμι 2p aor act impv, give
⁷ δίδωμι 3s fut pas ind, give
⁸ αἴρω 3s fut pas ind, take (away)
⁹ βασιλεύω aor act inf, rule
¹⁰ κατασφάζω 2p aor act impv, kill
¹¹ ἐγγίζω 3s aor act ind, come near
¹² ἐλαία, -ας f, olive
¹³ ἀποστέλλω 3s aor act ind, send
¹⁴ κατέναντι, adv, opposite
¹⁵ κώμη, -ης f, village
¹⁶ εἰσπορεύομαι pres mid ptc m p nom, enter
¹⁷ εὑρίσκω 2p fut act ind, find
¹⁸ πῶλος, -ου m, young donkey
¹⁹ δέω pf pas ptc m s acc, tie
²⁰ πώποτε, adv, ever
²¹ καθίζω 3s aor act ind, sit
²² λέγω 2p fut act ind, say
²³ ἀποστέλλω pf pas ptc m p nom, send
²⁴ εὑρίσκω 3p aor act ind, find
²⁵ ἄγω 3p aor act ind, bring
²⁶ ἐπιρίπτω aor act ptc m p nom, throw on
²⁷ ἐπιβιβάζω 3p aor act ind, put (on)
²⁸ ὑποστρωννύω 3p impf act ind, spread out
²⁹ κατάβασις, -εως f, slope
³⁰ ἐλαία, -ας f, olive
³¹ ἄρχω 3p aor mid ind, mid begin
³² αἰνέω pres act inf, praise
³³ ὕψιστος, highest (ἐν ὑ. in the highest heaven)

39 καί τινες τῶν Φαρισαίων ἀπὸ τοῦ ὄχλου εἶπαν πρὸς αὐτόν· διδάσκαλε, ἐπιτίμησον[1] τοῖς μαθηταῖς σου. **40** καὶ ἀποκριθεὶς εἶπεν· λέγω ὑμῖν, ἐὰν οὗτοι σιωπήσουσιν[2], οἱ λίθοι κράξουσιν.

41 Καὶ ὡς ἤγγισεν[3] ἰδὼν τὴν πόλιν ἔκλαυσεν[4] ἐπ' αὐτὴν **42** λέγων ὅτι εἰ ἔγνως[5] ἐν τῇ ἡμέρᾳ ταύτῃ καὶ σὺ τὰ πρὸς εἰρήνην· νῦν δὲ ἐκρύβη[6] ἀπὸ ὀφθαλμῶν σου. **43** ὅτι ἥξουσιν[7] ἡμέραι ἐπὶ σὲ καὶ παρεμβαλοῦσιν[8] οἱ ἐχθροί σου χάρακά[9] σοι καὶ περικυκλώσουσίν[10] σε καὶ συνέξουσίν[11] σε πάντοθεν[12], **44** καὶ ἐδαφιοῦσίν[13] σε καὶ τὰ τέκνα σου ἐν σοί, καὶ οὐκ ἀφήσουσιν[14] λίθον ἐπὶ λίθον ἐν σοί, ἀνθ'[15] ὧν οὐκ ἔγνως[16] τὸν καιρὸν τῆς ἐπισκοπῆς[17] σου.

The Cleansing of the Temple (Mt 21.12-17; Mk 11.15-19; Jn 2.13-22)

45 Καὶ εἰσελθὼν εἰς τὸ ἱερὸν ἤρξατο[18] ἐκβάλλειν τοὺς πωλοῦντας[19] **46** λέγων αὐτοῖς· γέγραπται·

καὶ ἔσται ὁ οἶκός μου οἶκος προσευχῆς,

ὑμεῖς δὲ αὐτὸν ἐποιήσατε σπήλαιον[20] λῃστῶν[21].

47 Καὶ ἦν διδάσκων τὸ καθ' ἡμέραν ἐν τῷ ἱερῷ. οἱ δὲ ἀρχιερεῖς καὶ οἱ γραμματεῖς ἐζήτουν αὐτὸν ἀπολέσαι[22] καὶ οἱ πρῶτοι τοῦ λαοῦ, **48** καὶ οὐχ εὕρισκον τὸ τί ποιήσωσιν, ὁ λαὸς γὰρ ἅπας ἐξεκρέματο[23] αὐτοῦ ἀκούων.

The Authority of Jesus Questioned (Mt 21.23-27; Mk 11.27-33)

20 Καὶ ἐγένετο ἐν μιᾷ τῶν ἡμερῶν διδάσκοντος αὐτοῦ τὸν λαὸν ἐν τῷ ἱερῷ καὶ εὐαγγελιζομένου ἐπέστησαν[24] οἱ ἀρχιερεῖς καὶ οἱ γραμματεῖς σὺν τοῖς πρεσβυτέροις **2** καὶ εἶπαν λέγοντες πρὸς αὐτόν· εἰπὸν ἡμῖν ἐν ποίᾳ ἐξουσίᾳ ταῦτα ποιεῖς, ἢ τίς ἐστιν ὁ δούς[25] σοι τὴν ἐξουσίαν ταύτην; **3** ἀποκριθεὶς δὲ εἶπεν πρὸς αὐτούς· ἐρωτήσω ὑμᾶς κἀγὼ λόγον, καὶ εἴπατέ[26] μοι· **4** τὸ βάπτισμα[27] Ἰωάννου ἐξ οὐρανοῦ ἦν ἢ ἐξ ἀνθρώπων; **5** οἱ δὲ συνελογίσαντο[28] πρὸς ἑαυτοὺς λέγοντες ὅτι ἐὰν εἴπωμεν[29]· ἐξ οὐρανοῦ, ἐρεῖ[30]· διὰ τί οὐκ ἐπιστεύσατε αὐτῷ; **6** ἐὰν δὲ

---

[1] ἐπιτιμάω 2s aor act impv, rebuke
[2] σιωπάω 3p fut act ind, be silent
[3] ἐγγίζω 3s aor act ind, come near
[4] κλαίω 3s aor act ind, weep
[5] γινώσκω 2s aor act ind, know
[6] κρύπτω 3s aor pas ind, hide
[7] ἥκω 3p fut act ind, come
[8] παρεμβάλλω 3p fut act ind, set up
[9] χάραξ, -ακος m, embankment
[10] περικυκλόω 3p fut act ind, surround
[11] συνέχω 3p fut act ind, hem in
[12] πάντοθεν, adv, on all sides
[13] ἐδαφίζω 3p fut act ind, dash to the ground
[14] ἀφίημι 3p fut act ind, leave
[15] ἀντί, prep + gen, because (ἀνθ' ὧν because)
[16] γινώσκω 2s aor act ind, know
[17] ἐπισκοπή, -ῆς f, visitation (of God's saving presence)
[18] ἄρχω 3s aor mid ind, mid begin
[19] πωλέω pres act ptc m p acc, sell
[20] σπήλαιον, -ου n, hideout
[21] λῃστής, -οῦ m, robber
[22] ἀπόλλυμι aor act inf, kill
[23] ἐκκρεμάννυμι 3s impf mid ind, hang on (ἅπας ἐξ. αὐτοῦ ἀκούων everyone listened intently to him)
[24] ἐφίστημι 3p aor act ind, come up
[25] δίδωμι aor act ptc m s nom, give
[26] λέγω 2p aor act impv, tell
[27] βάπτισμα, -τος n, baptism
[28] συλλογίζομαι 3p aor mid ind, discuss
[29] λέγω 1p aor act sub, tell
[30] λέγω 3s fut act ind, say/tell

εἴπωμεν· ἐξ ἀνθρώπων, ὁ λαὸς ἅπας καταλιθάσει[1] ἡμᾶς, πεπεισμένος[2] γάρ ἐστιν Ἰωάννην προφήτην εἶναι. **7** καὶ ἀπεκρίθησαν μὴ εἰδέναι[3] πόθεν[4]. **8** καὶ ὁ Ἰησοῦς εἶπεν αὐτοῖς· οὐδὲ ἐγὼ λέγω ὑμῖν ἐν ποίᾳ ἐξουσίᾳ ταῦτα ποιῶ.

The Parable of the Vineyard and the Tenants (Mt 21.33-46; Mk 12.1-12)

9 Ἤρξατο[5] δὲ πρὸς τὸν λαὸν λέγειν τὴν παραβολὴν ταύτην· ἄνθρωπός [τις] ἐφύτευσεν[6] ἀμπελῶνα[7] καὶ ἐξέδετο[8] αὐτὸν γεωργοῖς[9] καὶ ἀπεδήμησεν[10] χρόνους ἱκανούς. **10** καὶ καιρῷ ἀπέστειλεν[11] πρὸς τοὺς γεωργοὺς δοῦλον ἵνα ἀπὸ τοῦ καρποῦ τοῦ ἀμπελῶνος δώσουσιν[12] αὐτῷ· οἱ δὲ γεωργοὶ ἐξαπέστειλαν[13] αὐτὸν δείραντες[14] κενόν[15]. **11** καὶ προσέθετο[16] ἕτερον πέμψαι[17] δοῦλον· οἱ δὲ κἀκεῖνον δείραντες καὶ ἀτιμάσαντες[18] ἐξαπέστειλαν κενόν. **12** καὶ προσέθετο τρίτον πέμψαι· οἱ δὲ καὶ τοῦτον τραυματίσαντες[19] ἐξέβαλον[20]. **13** εἶπεν δὲ ὁ κύριος τοῦ ἀμπελῶνος· τί ποιήσω; πέμψω τὸν υἱόν μου τὸν ἀγαπητόν· ἴσως[21] τοῦτον ἐντραπήσονται[22]. **14** ἰδόντες δὲ αὐτὸν οἱ γεωργοὶ διελογίζοντο[23] πρὸς ἀλλήλους λέγοντες· οὗτός ἐστιν ὁ κληρονόμος[24]· ἀποκτείνωμεν αὐτόν, ἵνα ἡμῶν γένηται ἡ κληρονομία[25]. **15** καὶ ἐκβαλόντες αὐτὸν ἔξω τοῦ ἀμπελῶνος ἀπέκτειναν. τί οὖν ποιήσει αὐτοῖς ὁ κύριος τοῦ ἀμπελῶνος; **16** ἐλεύσεται[26] καὶ ἀπολέσει[27] τοὺς γεωργοὺς τούτους καὶ δώσει[28] τὸν ἀμπελῶνα ἄλλοις.

ἀκούσαντες δὲ εἶπαν· μὴ γένοιτο[29]. **17** ὁ δὲ ἐμβλέψας[30] αὐτοῖς εἶπεν· τί οὖν ἐστιν τὸ γεγραμμένον[31] τοῦτο·

λίθον ὃν ἀπεδοκίμασαν[32] οἱ οἰκοδομοῦντες,

οὗτος ἐγενήθη[33] εἰς κεφαλὴν γωνίας[34];

18 πᾶς ὁ πεσὼν[35] ἐπ' ἐκεῖνον τὸν λίθον συνθλασθήσεται[36]· ἐφ' ὃν δ' ἂν πέσῃ, λικμήσει[37] αὐτόν.

---

[1] καταλιθάζω 3s fut act ind, stone
[2] πείθω pf pas ptc m s nom, convince
[3] οἶδα pf act inf, know
[4] πόθεν, adv, from where
[5] ἄρχω 3s aor mid ind, mid begin
[6] φυτεύω 3s aor act ind, plant
[7] ἀμπελών, -ῶνος m, vineyard
[8] ἐκδίδωμι 3s aor mid ind, rent out
[9] γεωργός, -οῦ m, farmer
[10] ἀποδημέω 3s aor act ind, go away
[11] ἀποστέλλω 3s aor act ind, send
[12] δίδωμι 3p fut act ind, give
[13] ἐξαποστέλλω 3p aor act ind, send away
[14] δέρω aor act ptc m p nom, beat
[15] κενός, -ή/όν, empty-handed
[16] προστίθημι 3s aor mid ind, proceed
[17] πέμπω aor act inf, send
[18] ἀτιμάζω aor act ptc m p nom, treat shamefully
[19] τραυματίζω aor act ptc m p nom, injure
[20] ἐκβάλλω 3p aor act ind, throw out
[21] ἴσως, adv, perhaps
[22] ἐντρέπω 3p fut pas ind, pas respect
[23] διαλογίζομαι 3p impf mid ind, discuss
[24] κληρονόμος, -ου m, heir
[25] κληρονομία, -ας f, property
[26] ἔρχομαι 3s fut mid ind, come/go
[27] ἀπόλλυμι 3s fut act ind, destroy
[28] δίδωμι 3s fut act ind, give
[29] γίνομαι 3s aor mid opt, take place
[30] ἐμβλέπω aor act ptc m s nom, look straight at
[31] γράφω pf pas ptc n s nom, write
[32] ἀποδοκιμάζω 3p aor act ind, reject
[33] γίνομαι 3s aor pas ind, become
[34] γωνία, -ας f, corner (κεφαλὴ γ. main corner stone)
[35] πίπτω aor act ptc m s nom, fall
[36] συνθλάω 3s fut pas ind, break to pieces
[37] λικμάω 3s fut act ind, crush

19 Καὶ ἐζήτησαν οἱ γραμματεῖς καὶ οἱ ἀρχιερεῖς ἐπιβαλεῖν¹ ἐπ' αὐτὸν τὰς χεῖρας ἐν αὐτῇ τῇ ὥρᾳ, καὶ ἐφοβήθησαν τὸν λαόν, ἔγνωσαν² γὰρ ὅτι πρὸς αὐτοὺς εἶπεν τὴν παραβολὴν ταύτην.

Paying Taxes to Caesar (Mt 22.15-22; Mk 12.13-17)

20 Καὶ παρατηρήσαντες³ ἀπέστειλαν⁴ ἐγκαθέτους⁵ ὑποκρινομένους⁶ ἑαυτοὺς δικαίους εἶναι, ἵνα ἐπιλάβωνται⁷ αὐτοῦ λόγου, ὥστε παραδοῦναι⁸ αὐτὸν τῇ ἀρχῇ καὶ τῇ ἐξουσίᾳ τοῦ ἡγεμόνος⁹. 21 καὶ ἐπηρώτησαν¹⁰ αὐτὸν λέγοντες· διδάσκαλε, οἴδαμεν ὅτι ὀρθῶς¹¹ λέγεις καὶ διδάσκεις καὶ οὐ λαμβάνεις πρόσωπον¹², ἀλλ' ἐπ' ἀληθείας τὴν ὁδὸν τοῦ θεοῦ διδάσκεις· 22 ἔξεστιν ἡμᾶς Καίσαρι φόρον¹³ δοῦναι¹⁴ ἢ οὔ; 23 κατανοήσας¹⁵ δὲ αὐτῶν τὴν πανουργίαν¹⁶ εἶπεν πρὸς αὐτούς· 24 δείξατέ¹⁷ μοι δηνάριον¹⁸· τίνος ἔχει εἰκόνα¹⁹ καὶ ἐπιγραφήν²⁰; οἱ δὲ εἶπαν· Καίσαρος. 25 ὁ δὲ εἶπεν πρὸς αὐτούς· τοίνυν²¹ ἀπόδοτε²² τὰ Καίσαρος Καίσαρι καὶ τὰ τοῦ θεοῦ τῷ θεῷ. 26 καὶ οὐκ ἴσχυσαν²³ ἐπιλαβέσθαι²⁴ αὐτοῦ ῥήματος ἐναντίον²⁵ τοῦ λαοῦ καὶ θαυμάσαντες ἐπὶ τῇ ἀποκρίσει²⁶ αὐτοῦ ἐσίγησαν²⁷.

The Question about the Resurrection (Mt 22.23-33; Mk 12.18-27)

27 Προσελθόντες²⁸ δέ τινες τῶν Σαδδουκαίων, οἱ [ἀντι]λέγοντες²⁹ ἀνάστασιν μὴ εἶναι, ἐπηρώτησαν αὐτὸν 28 λέγοντες· διδάσκαλε, Μωϋσῆς ἔγραψεν ἡμῖν, ἐάν τινος ἀδελφὸς ἀποθάνῃ³⁰ ἔχων γυναῖκα, καὶ οὗτος ἄτεκνος³¹ ᾖ, ἵνα λάβῃ³² ὁ ἀδελφὸς αὐτοῦ τὴν γυναῖκα καὶ ἐξαναστήσῃ³³ σπέρμα τῷ ἀδελφῷ αὐτοῦ. 29 ἑπτὰ οὖν ἀδελφοὶ ἦσαν· καὶ ὁ πρῶτος λαβὼν γυναῖκα ἀπέθανεν ἄτεκνος· 30 καὶ ὁ δεύτερος 31 καὶ ὁ τρίτος ἔλαβεν αὐτήν, ὡσαύτως³⁴ δὲ καὶ οἱ ἑπτὰ οὐ κατέλιπον³⁵ τέκνα καὶ ἀπέθανον. 32 ὕστερον³⁶ καὶ ἡ γυνὴ ἀπέθανεν. 33 ἡ γυνὴ οὖν ἐν τῇ ἀναστάσει τίνος αὐτῶν γίνεται γυνή; οἱ γὰρ ἑπτὰ ἔσχον αὐτὴν γυναῖκα.

---

¹ ἐπιβάλλω *aor act inf*, put on
² γινώσκω *3p aor act ind*, know
³ παρατηρέω *aor act ptc m p nom*, watch closely
⁴ ἀποστέλλω *3p aor act ind*, send
⁵ ἐγκάθετος, -ου *m*, spy
⁶ ὑποκρίνομαι *pres mid ptc m p acc*, pretend
⁷ ἐπιλαμβάνομαι *3p aor mid sub*, catch
⁸ παραδίδωμι *aor act inf*, hand over
⁹ ἡγεμών, -όνος *m*, governor
¹⁰ ἐπερωτάω *3p aor act ind*, ask
¹¹ ὀρθῶς, *adv*, rightly
¹² πρόσωπον, -ου *n*, face (λαμβάνω π. show favoritism)
¹³ φόρος, -ου *m*, tax
¹⁴ δίδωμι *aor act inf*, pay
¹⁵ κατανοέω *aor act ptc m s nom*, see through
¹⁶ πανουργία, -ας *f*, deceit
¹⁷ δείκνυμι *2p aor act impv*, show
¹⁸ δηνάριον, -ου *n*, denarius (Roman silver coin = laborer's daily wage)
¹⁹ εἰκών, -όνος *f*, picture
²⁰ ἐπιγραφή, -ῆς *f*, inscription
²¹ τοίνυν, *inferential particle*, then
²² ἀποδίδωμι *2p aor act impv*, give
²³ ἰσχύω *3p aor act ind*, be able
²⁴ ἐπιλαμβάνομαι *aor mid inf*, catch
²⁵ ἐναντίον, *prep + gen*, in the presence of
²⁶ ἀπόκρισις, -εως *f*, answer
²⁷ σιγάω *3p aor act ind*, be silent
²⁸ προσέρχομαι *aor act ptc m p nom*, come/go to
²⁹ ἀντιλέγω *pres act ptc m p nom*, deny
³⁰ ἀποθνῄσκω *3s aor act sub*, die
³¹ ἄτεκνος, -ον, childless
³² λαμβάνω *3s aor act sub*, take
³³ ἐξανίστημι *3s aor act sub*, raise up (ἐξα. σπέρμα have children)
³⁴ ὡσαύτως, *adv*, also
³⁵ καταλείπω *3p aor act ind*, leave behind
³⁶ ὕστερον, *adv*, finally

34 Καὶ εἶπεν αὐτοῖς ὁ Ἰησοῦς· οἱ υἱοὶ τοῦ αἰῶνος τούτου γαμοῦσιν[1] καὶ γαμίσκονται[2], **35** οἱ δὲ καταξιωθέντες[3] τοῦ αἰῶνος ἐκείνου τυχεῖν[4] καὶ τῆς ἀναστάσεως τῆς ἐκ νεκρῶν οὔτε γαμοῦσιν οὔτε γαμίζονται· **36** οὐδὲ γὰρ ἀποθανεῖν ἔτι δύνανται, ἰσάγγελοι[5] γάρ εἰσιν καὶ υἱοί εἰσιν θεοῦ τῆς ἀναστάσεως υἱοὶ ὄντες. **37** ὅτι δὲ ἐγείρονται οἱ νεκροί, καὶ Μωϋσῆς ἐμήνυσεν[6] ἐπὶ τῆς βάτου[7], ὡς λέγει κύριον τὸν θεὸν Ἀβραὰμ καὶ θεὸν Ἰσαὰκ καὶ θεὸν Ἰακώβ. **38** θεὸς δὲ οὐκ ἔστιν νεκρῶν ἀλλὰ ζώντων, πάντες γὰρ αὐτῷ ζῶσιν.
39 Ἀποκριθέντες δέ τινες τῶν γραμματέων εἶπαν· διδάσκαλε, καλῶς εἶπας. **40** οὐκέτι γὰρ ἐτόλμων[8] ἐπερωτᾶν αὐτὸν οὐδέν.

The Question about David's Son (Mt 22.41-46; Mk 12.35-37)

41 Εἶπεν δὲ πρὸς αὐτούς· πῶς λέγουσιν τὸν χριστὸν εἶναι Δαυὶδ υἱόν; **42** αὐτὸς γὰρ Δαυὶδ λέγει ἐν βίβλῳ[9] ψαλμῶν[10]·

εἶπεν κύριος τῷ κυρίῳ μου·
κάθου[11] ἐκ δεξιῶν μου,
43 ἕως ἂν θῶ[12] τοὺς ἐχθρούς σου
ὑποπόδιον[13] τῶν ποδῶν σου.

44 Δαυὶδ οὖν κύριον αὐτὸν καλεῖ, καὶ πῶς αὐτοῦ υἱός ἐστιν;

The Denouncing of the Scribes (Mt 23.1-36; Mk 12.38-40; Lk 11.37-54)

45 Ἀκούοντος δὲ παντὸς τοῦ λαοῦ εἶπεν τοῖς μαθηταῖς [αὐτοῦ]· **46** προσέχετε[14] ἀπὸ τῶν γραμματέων τῶν θελόντων περιπατεῖν ἐν στολαῖς[15] καὶ φιλούντων[16] ἀσπασμοὺς[17] ἐν ταῖς ἀγοραῖς[18] καὶ πρωτοκαθεδρίας[19] ἐν ταῖς συναγωγαῖς καὶ πρωτοκλισίας[20] ἐν τοῖς δείπνοις[21], **47** οἳ κατεσθίουσιν[22] τὰς οἰκίας τῶν χηρῶν[23] καὶ προφάσει[24] μακρὰ[25] προσεύχονται· οὗτοι λήμψονται[26] περισσότερον[27] κρίμα[28].

---

[1] γαμέω 3p pres act ind, marry
[2] γαμίσκω 3p pres pas ind, give (a bride) in marriage
[3] καταξιόω aor pas ptc m p nom, count worthy
[4] τυγχάνω aor act inf, experience
[5] ἰσάγγελος, -ον, like an angel
[6] μηνύω 3s aor act ind, show
[7] βάτος, -ου m & f, bush
[8] τολμάω 3p impf act ind, dare
[9] βίβλος, -ου f, book
[10] ψαλμός, -οῦ m, psalm
[11] κάθημαι 2s pres mid impv, sit
[12] τίθημι 1s aor act sub, put
[13] ὑποπόδιον, -ου n, footstool
[14] προσέχω 2p pres act impv, guard (against)
[15] στολή, -ῆς f, long robe
[16] φιλέω pres act ptc m p gen, like
[17] ἀσπασμός, -οῦ m, greeting
[18] ἀγορά, -ᾶς f, market place
[19] πρωτοκαθεδρία, -ας f, front seat
[20] πρωτοκλισία, -ας f, place of honor
[21] δεῖπνον, -ου n, banquet
[22] κατεσθίω 3p pres act ind, cheat (someone out of something)
[23] χήρα, -ας f, widow
[24] πρόφασις, -εως f, pretense
[25] μακρός, adv, long
[26] λαμβάνω 3p fut mid ind, receive
[27] περισσότερος, greater (comp of περισσός)
[28] κρίμα, -τος n, condemnation

The Widow's Offering (Mk 12.41-44)

21 ¹Ἀναβλέψας¹ δὲ εἶδεν τοὺς βάλλοντας εἰς τὸ γαζοφυλάκιον² τὰ δῶρα³ αὐτῶν πλουσίους⁴. ²εἶδεν δέ τινα χήραν⁵ πενιχρὰν⁶ βάλλουσαν ἐκεῖ λεπτὰ⁷ δύο, ³καὶ εἶπεν· ἀληθῶς⁸ λέγω ὑμῖν ὅτι ἡ χήρα αὕτη ἡ πτωχὴ πλεῖον⁹ πάντων ἔβαλεν¹⁰· ⁴πάντες γὰρ οὗτοι ἐκ τοῦ περισσεύοντος αὐτοῖς ἔβαλον εἰς τὰ δῶρα¹¹, αὕτη δὲ ἐκ τοῦ ὑστερήματος¹² αὐτῆς πάντα τὸν βίον¹³ ὃν εἶχεν ἔβαλεν.

The Destruction of the Temple Foretold (Mt 24.1-2; Mk 13.1-2)

⁵Καί τινων λεγόντων περὶ τοῦ ἱεροῦ ὅτι λίθοις καλοῖς καὶ ἀναθήμασιν¹⁴ κεκόσμηται¹⁵ εἶπεν· ⁶ταῦτα ἃ θεωρεῖτε ἐλεύσονται¹⁶ ἡμέραι ἐν αἷς οὐκ ἀφεθήσεται¹⁷ λίθος ἐπὶ λίθῳ ὃς οὐ καταλυθήσεται¹⁸.

Signs and Persecutions (Mt 24.3-14; Mk 13.3-13)

⁷Ἐπηρώτησαν¹⁹ δὲ αὐτὸν λέγοντες· διδάσκαλε, πότε²⁰ οὖν ταῦτα ἔσται καὶ τί τὸ σημεῖον ὅταν μέλλῃ ταῦτα γίνεσθαι; ⁸ὁ δὲ εἶπεν· βλέπετε μὴ πλανηθῆτε· πολλοὶ γὰρ ἐλεύσονται ἐπὶ τῷ ὀνόματί μου λέγοντες· ἐγώ εἰμι, καί· ὁ καιρὸς ἤγγικεν²¹. μὴ πορευθῆτε ὀπίσω αὐτῶν. ⁹ὅταν δὲ ἀκούσητε πολέμους²² καὶ ἀκαταστασίας²³, μὴ πτοηθῆτε²⁴· δεῖ γὰρ ταῦτα γενέσθαι πρῶτον, ἀλλ᾽ οὐκ εὐθέως τὸ τέλος. ¹⁰Τότε ἔλεγεν αὐτοῖς· ἐγερθήσεται²⁵ ἔθνος ἐπ᾽ ἔθνος καὶ βασιλεία ἐπὶ βασιλείαν, ¹¹σεισμοί²⁶ τε μεγάλοι καὶ κατὰ τόπους λιμοὶ²⁷ καὶ λοιμοὶ²⁸ ἔσονται²⁹, φόβητρά³⁰ τε καὶ ἀπ᾽ οὐρανοῦ σημεῖα μεγάλα ἔσται.

¹²Πρὸ δὲ τούτων πάντων ἐπιβαλοῦσιν³¹ ἐφ᾽ ὑμᾶς τὰς χεῖρας αὐτῶν καὶ διώξουσιν, παραδιδόντες εἰς τὰς συναγωγὰς καὶ φυλακάς, ἀπαγομένους³² ἐπὶ βασιλεῖς καὶ ἡγεμόνας³³ ἕνεκεν³⁴ τοῦ ὀνόματός μου· ¹³ἀποβήσεται³⁵ ὑμῖν εἰς μαρτύριον³⁶.

---

¹ ἀναβλέπω *aor act ptc m s nom*, look up
² γαζοφυλάκιον, -ου *n*, offering box
³ δῶρον, -ου *n*, gift
⁴ πλούσιος, -α/ον, rich
⁵ χήρα, -ας *f*, widow
⁶ πενιχρός, -ά/όν, poor
⁷ λεπτόν, -οῦ *n*, lepton (copper coin = 1/128 denarius)
⁸ ἀληθῶς, *adv*, truly
⁹ πολύς, much (comp)
¹⁰ βάλλω *3s aor act ind*, give
¹¹ δῶρον, -ου *n*, offering box
¹² ὑστέρημα, -τος *n*, poverty
¹³ βίος, -ου *m*, livelihood

¹⁴ ἀνάθημα, -τος *n*, offering
¹⁵ κοσμέω *3s pf pas ind*, decorate
¹⁶ ἔρχομαι *3p fut mid ind*, come
¹⁷ ἀφίημι *3s fut pas ind*, leave
¹⁸ καταλύω *3s fut pas ind*, tear down
¹⁹ ἐπερωτάω *3p aor act ind*, ask
²⁰ πότε, *adv*, when?
²¹ ἐγγίζω *3s pf act ind*, come near
²² πόλεμος, -ου *m*, war
²³ ἀκαταστασία, -ας *f*, uprising
²⁴ πτοέομαι *2p aor pas sub*, be afraid
²⁵ ἐγείρω *3s fut pas ind*, intrans *pas* rise against
²⁶ σεισμός, -οῦ *m*, earthquake

²⁷ λιμός, -οῦ *m*, famine
²⁸ λοιμός, -οῦ *m*, plague
²⁹ εἰμί *3p fut mid ind*, be
³⁰ φόβητρον, -ου *n*, dreadful event
³¹ ἐπιβάλλω *3p fut act ind*, put on
³² ἀπάγω *pres pas ptc m p acc*, lead away
³³ ἡγεμών, -όνος *m*, governor
³⁴ ἕνεκα, *prep + gen*, for the sake of
³⁵ ἀποβαίνω *3s fut mid ind*, mid result in
³⁶ μαρτύριον, -ου *n*, opportunity to testify

14 θέτε¹ οὖν ἐν ταῖς καρδίαις ὑμῶν μὴ προμελετᾶν² ἀπολογηθῆναι³· **15** ἐγὼ γὰρ δώσω⁴ ὑμῖν στόμα καὶ σοφίαν ᾗ οὐ δυνήσονται ἀντιστῆναι⁵ ἢ ἀντειπεῖν⁶ ἅπαντες οἱ ἀντικείμενοι⁷ ὑμῖν. **16** παραδοθήσεσθε⁸ δὲ καὶ ὑπὸ γονέων⁹ καὶ ἀδελφῶν καὶ συγγενῶν¹⁰ καὶ φίλων¹¹, καὶ θανατώσουσιν¹² ἐξ ὑμῶν, **17** καὶ ἔσεσθε¹³ μισούμενοι ὑπὸ πάντων διὰ τὸ ὄνομά μου. **18** καὶ θρὶξ¹⁴ ἐκ τῆς κεφαλῆς ὑμῶν οὐ μὴ ἀπόληται¹⁵. **19** ἐν τῇ ὑπομονῇ ὑμῶν κτήσασθε¹⁶ τὰς ψυχὰς ὑμῶν.

The Destruction of Jerusalem Foretold (Mt 24.15-21; Mk 13.14-19)

20 Ὅταν δὲ ἴδητε¹⁷ κυκλουμένην¹⁸ ὑπὸ στρατοπέδων¹⁹ Ἰερουσαλήμ, τότε γνῶτε²⁰ ὅτι ἤγγικεν²¹ ἡ ἐρήμωσις²² αὐτῆς. **21** τότε οἱ ἐν τῇ Ἰουδαίᾳ φευγέτωσαν²³ εἰς τὰ ὄρη καὶ οἱ ἐν μέσῳ αὐτῆς ἐκχωρείτωσαν²⁴ καὶ οἱ ἐν ταῖς χώραις²⁵ μὴ εἰσερχέσθωσαν εἰς αὐτήν, **22** ὅτι ἡμέραι ἐκδικήσεως²⁶ αὗταί εἰσιν τοῦ πλησθῆναι²⁷ πάντα τὰ γεγραμμένα²⁸. **23** οὐαὶ ταῖς ἐν γαστρὶ²⁹ ἐχούσαις καὶ ταῖς θηλαζούσαις³⁰ ἐν ἐκείναις ταῖς ἡμέραις· ἔσται γὰρ ἀνάγκη³¹ μεγάλη ἐπὶ τῆς γῆς καὶ ὀργὴ τῷ λαῷ τούτῳ, **24** καὶ πεσοῦνται³² στόματι μαχαίρης³³ καὶ αἰχμαλωτισθήσονται³⁴ εἰς τὰ ἔθνη πάντα, καὶ Ἰερουσαλὴμ ἔσται πατουμένη³⁵ ὑπὸ ἐθνῶν, ἄχρι οὗ πληρωθῶσιν καιροὶ ἐθνῶν.

The Coming of the Son of Man (Mt 24.29-31; Mk 13.24-27)

25 Καὶ ἔσονται³⁶ σημεῖα ἐν ἡλίῳ καὶ σελήνῃ³⁷ καὶ ἄστροις³⁸, καὶ ἐπὶ τῆς γῆς συνοχὴ³⁹ ἐθνῶν ἐν ἀπορίᾳ⁴⁰ ἤχους⁴¹ θαλάσσης καὶ σάλου⁴², **26** ἀποψυχόντων⁴³ ἀνθρώπων ἀπὸ φόβου καὶ προσδοκίας⁴⁴ τῶν ἐπερχομένων⁴⁵ τῇ οἰκουμένῃ⁴⁶,

¹ τίθημι 2p aor act impv, put (θέτε οὖν ἐν ταῖς καρδίαις ὑμῶν make up your minds)
² προμελετάω pres act inf, prepare ahead of time
³ ἀπολογέομαι aor pas inf, pas defend oneself
⁴ δίδωμι 1s fut act ind, give
⁵ ἀνθίστημι aor act inf, oppose
⁶ ἀντιλέγω aor act inf, contradict
⁷ ἀντίκειμαι pres mid ptc m p nom, be an enemy
⁸ παραδίδωμι 2p fut pas ind, hand over
⁹ γονεύς, -έως m, parent
¹⁰ συγγενής, -οῦς m, relative
¹¹ φίλος, -ου m, friend
¹² θανατόω 3p fut act ind, kill
¹³ εἰμί 2p fut mid ind, be
¹⁴ θρίξ, τριχός f, hair
¹⁵ ἀπόλλυμι 3s aor mid sub, mid be lost
¹⁶ κτάομαι 2p aor mid impv, gain
¹⁷ ὁράω 2p aor act sub, see
¹⁸ κυκλόω pres pas ptc f s acc, surround
¹⁹ στρατόπεδον, -ου n, army
²⁰ γινώσκω 2p aor act impv, know
²¹ ἐγγίζω 3s pf act ind, come near
²² ἐρήμωσις, -εως f, destruction
²³ φεύγω 3p pres act impv, run
²⁴ ἐκχωρέω 3p pres act impv, leave
²⁵ χώρα, -ας f, country
²⁶ ἐκδίκησις, -εως f, punishment
²⁷ πίμπλημι aor pas inf, pas come true
²⁸ γράφω pf pas ptc n p acc, write
²⁹ γαστήρ, -τρός f, womb (ἐν γ. ἔχω be pregnant)
³⁰ θηλάζω pres act ptc f p dat, nurse (of a mother breast feeding her child)
³¹ ἀνάγκη, -ης f, trouble
³² πίπτω 3p fut mid ind, mid be killed
³³ μάχαιρα, -ης f, sword
³⁴ αἰχμαλωτίζω 3p fut pas ind, take away as a prisoner
³⁵ πατέω pres pas ptc f s nom, trample
³⁶ εἰμί 3p fut mid ind, be
³⁷ σελήνη, -ης f, moon
³⁸ ἄστρον, -ου n, star
³⁹ συνοχή, -ῆς f, distress
⁴⁰ ἀπορία, -ας f, perplexity
⁴¹ ἦχος, -ου n, sound
⁴² σάλος, -ου m, wave
⁴³ ἀποψύχω pres act ptc m p gen, faint
⁴⁴ προσδοκία, -ας f, expectation
⁴⁵ ἐπέρχομαι pres mid ptc n p gen, come (upon)
⁴⁶ οἰκουμένη, -ης f, world

αἱ γὰρ δυνάμεις τῶν οὐρανῶν σαλευθήσονται¹. 27 καὶ τότε ὄψονται² τὸν υἱὸν τοῦ ἀνθρώπου ἐρχόμενον ἐν νεφέλῃ³ μετὰ δυνάμεως καὶ δόξης πολλῆς. 28 ἀρχομένων δὲ τούτων γίνεσθαι ἀνακύψατε⁴ καὶ ἐπάρατε⁵ τὰς κεφαλὰς ὑμῶν, διότι⁶ ἐγγίζει ἡ ἀπολύτρωσις⁷ ὑμῶν.

The Lesson of the Fig Tree (Mt 24.32-35; Mk 13.28-31)

29 Καὶ εἶπεν παραβολὴν αὐτοῖς· ἴδετε τὴν συκῆν⁸ καὶ πάντα τὰ δένδρα·⁹ 30 ὅταν προβάλωσιν¹⁰ ἤδη, βλέποντες ἀφ' ἑαυτῶν γινώσκετε ὅτι ἤδη ἐγγὺς τὸ θέρος¹¹ ἐστίν· 31 οὕτως καὶ ὑμεῖς, ὅταν ἴδητε¹² ταῦτα γινόμενα, γινώσκετε ὅτι ἐγγύς ἐστιν ἡ βασιλεία τοῦ θεοῦ. 32 ἀμὴν λέγω ὑμῖν ὅτι οὐ μὴ παρέλθῃ¹³ ἡ γενεὰ αὕτη ἕως ἂν πάντα γένηται. 33 ὁ οὐρανὸς καὶ ἡ γῆ παρελεύσονται¹⁴, οἱ δὲ λόγοι μου οὐ μὴ παρελεύσονται.

Exhortation to Watch

34 Προσέχετε¹⁵ δὲ ἑαυτοῖς μήποτε¹⁶ βαρηθῶσιν¹⁷ ὑμῶν αἱ καρδίαι ἐν κραιπάλῃ¹⁸ καὶ μέθῃ¹⁹ καὶ μερίμναις²⁰ βιωτικαῖς²¹ καὶ ἐπιστῇ²² ἐφ' ὑμᾶς αἰφνίδιος²³ ἡ ἡμέρα ἐκείνη 35 ὡς παγίς²⁴· ἐπεισελεύσεται²⁵ γὰρ ἐπὶ πάντας τοὺς καθημένους ἐπὶ πρόσωπον πάσης τῆς γῆς. 36 ἀγρυπνεῖτε²⁶ δὲ ἐν παντὶ καιρῷ δεόμενοι²⁷ ἵνα κατισχύσητε²⁸ ἐκφυγεῖν²⁹ ταῦτα πάντα τὰ μέλλοντα γίνεσθαι καὶ σταθῆναι³⁰ ἔμπροσθεν τοῦ υἱοῦ τοῦ ἀνθρώπου.

37 Ἦν δὲ τὰς ἡμέρας ἐν τῷ ἱερῷ διδάσκων, τὰς δὲ νύκτας ἐξερχόμενος ηὐλίζετο³¹ εἰς τὸ ὄρος τὸ καλούμενον Ἐλαιῶν³². 38 καὶ πᾶς ὁ λαὸς ὤρθριζεν³³ πρὸς αὐτὸν ἐν τῷ ἱερῷ ἀκούειν αὐτοῦ.

---

1 σαλεύω 3p fut pas ind, shake
2 ὁράω 3p fut mid ind, see
3 νεφέλη, -ης f, cloud
4 ἀνακύπτω 2p aor act impv, look up
5 ἐπαίρω 2p aor act impv, raise
6 διότι, conj, because
7 ἀπολύτρωσις, -εως f, redemption
8 συκῆ, -ῆς f, fig tree
9 δένδρον, -ου n, tree
10 προβάλλω 3p aor act sub, put out leaves
11 θέρος, -ους n, summer
12 ὁράω 2p aor act sub, see
13 παρέρχομαι 3s aor act sub, pass away
14 παρέρχομαι 3p fut mid ind, pass away
15 προσέχω 2p pres act impv, pay close attention to
16 μήποτε, conj, so that ... will not
17 βαρέω 3p aor pas sub, weigh down
18 κραιπάλη, -ης f, dissipation
19 μέθη, -ης f, drunkenness
20 μέριμνα, -ης f, concern
21 βιωτικός, -ή/όν, pertaining to everyday life
22 ἐφίστημι 3s aor act sub, come (upon)
23 αἰφνίδιος, -ον, sudden
24 παγίς, -ίδος f, snare
25 ἐπεισέρχομαι 3s fut mid ind, come upon
26 ἀγρυπνέω 2p pres act impv, be alert
27 δέομαι pres pas ptc m p nom, pray
28 κατισχύω 2p aor act sub, have strength
29 ἐκφεύγω aor act inf, escape
30 ἵστημι aor pas inf, intrans pas stand
31 αὐλίζομαι 3s impf mid ind, spend the night
32 ἐλαία, -ας f, olive
33 ὀρθρίζω 3s impf act ind, come early in the morning

The Plot to Kill Jesus (Mt 26.1-5, 14-16; Mk 14.1-2, 10-11; Jn 11.45-53)

22 Ἤγγιζεν δὲ ἡ ἑορτὴ[1] τῶν ἀζύμων[2] ἡ λεγομένη πάσχα[3]. 2 καὶ ἐζήτουν οἱ ἀρχιερεῖς καὶ οἱ γραμματεῖς τὸ πῶς ἀνέλωσιν[4] αὐτόν, ἐφοβοῦντο γὰρ τὸν λαόν.

3 Εἰσῆλθεν δὲ σατανᾶς εἰς Ἰούδαν τὸν καλούμενον Ἰσκαριώτην, ὄντα ἐκ τοῦ ἀριθμοῦ[5] τῶν δώδεκα· 4 καὶ ἀπελθὼν συνελάλησεν[6] τοῖς ἀρχιερεῦσιν καὶ στρατηγοῖς[7] τὸ πῶς αὐτοῖς παραδῷ[8] αὐτόν. 5 καὶ ἐχάρησαν[9] καὶ συνέθεντο[10] αὐτῷ ἀργύριον[11] δοῦναι[12]. 6 καὶ ἐξωμολόγησεν[13], καὶ ἐζήτει εὐκαιρίαν[14] τοῦ παραδοῦναι[15] αὐτὸν ἄτερ[16] ὄχλου αὐτοῖς.

The Preparation of the Passover (Mt 26.17-25; Mk 14.12-21; Jn 13.21-30)

7 Ἦλθεν δὲ ἡ ἡμέρα τῶν ἀζύμων[17], [ἐν] ᾗ ἔδει θύεσθαι[18] τὸ πάσχα[19]· 8 καὶ ἀπέστειλεν[20] Πέτρον καὶ Ἰωάννην εἰπών· πορευθέντες ἑτοιμάσατε ἡμῖν τὸ πάσχα ἵνα φάγωμεν[21]. 9 οἱ δὲ εἶπαν αὐτῷ· ποῦ θέλεις ἑτοιμάσωμεν; 10 ὁ δὲ εἶπεν αὐτοῖς· ἰδοὺ εἰσελθόντων ὑμῶν εἰς τὴν πόλιν συναντήσει[22] ὑμῖν ἄνθρωπος κεράμιον[23] ὕδατος βαστάζων[24]· ἀκολουθήσατε αὐτῷ εἰς τὴν οἰκίαν εἰς ἣν εἰσπορεύεται[25], 11 καὶ ἐρεῖτε[26] τῷ οἰκοδεσπότῃ[27] τῆς οἰκίας· λέγει σοι ὁ διδάσκαλος· ποῦ ἐστιν τὸ κατάλυμα[28] ὅπου τὸ πάσχα μετὰ τῶν μαθητῶν μου φάγω; 12 κἀκεῖνος ὑμῖν δείξει[29] ἀνάγαιον[30] μέγα ἐστρωμένον[31]· ἐκεῖ ἑτοιμάσατε. 13 ἀπελθόντες δὲ εὗρον[32] καθὼς εἰρήκει[33] αὐτοῖς καὶ ἡτοίμασαν τὸ πάσχα.

The Institution of the Lord's Supper (Mt 26.26-30; Mk 14.22-26; 1 Cor 11.23-25)

14 Καὶ ὅτε ἐγένετο ἡ ὥρα, ἀνέπεσεν[34] καὶ οἱ ἀπόστολοι σὺν αὐτῷ. 15 καὶ εἶπεν πρὸς αὐτούς· ἐπιθυμίᾳ ἐπεθύμησα[35] τοῦτο τὸ πάσχα φαγεῖν[36] μεθ᾽ ὑμῶν πρὸ τοῦ

---

[1] ἑορτή, -ῆς f, festival
[2] ἄζυμος, -ον, without yeast (τὰ ἄζυμα Jewish Feast of Unleavened Bread)
[3] πάσχα, n, Passover
[4] ἀναιρέω 3p aor act sub, get rid of
[5] ἀριθμός, -οῦ m, number
[6] συλλαλέω 3s aor act ind, talk (with)
[7] στρατηγός, -οῦ m, officer (of the temple police)
[8] παραδίδωμι 3s aor act sub, betray
[9] χαίρω 3p aor pas ind, be glad
[10] συντίθημι 3p aor mid ind, mid agree
[11] ἀργύριον, -ου n, money
[12] δίδωμι aor act inf, give
[13] ἐξομολογέω 3s aor act ind, consent
[14] εὐκαιρία, -ας f, good chance
[15] παραδίδωμι aor act inf, hand over/betray
[16] ἄτερ, prep + gen, away from
[17] ἄζυμος, -ον, without yeast (τὰ ἄζυμα Jewish Feast of Unleavened Bread)
[18] θύω pres pas inf, kill
[19] πάσχα, n, Passover lamb
[20] ἀποστέλλω 3s aor act ind, send
[21] ἐσθίω 1p aor act sub, eat
[22] συναντάω 3s fut act ind, meet
[23] κεράμιον, -ου, (clay) jar
[24] βαστάζω pres act ptc m s nom, carry
[25] εἰσπορεύομαι 3s pres mid ind, go in
[26] λέγω 2p fut act ind, say
[27] οἰκοδεσπότης, -ου m, house owner
[28] κατάλυμα, -τος n, (guest) room
[29] δείκνυμι 3s fut act ind, show
[30] ἀνάγαιον, -ου n, upstairs room
[31] στρώννυμι pf pas ptc n s acc, furnish
[32] εὑρίσκω 3p aor act ind, find
[33] λέγω 3s plpf act ind, say
[34] ἀναπίπτω 3s aor act ind, sit at table
[35] ἐπιθυμέω 1s aor act ind, want
[36] ἐσθίω aor act inf, eat

με παθεῖν¹· **16** λέγω γὰρ ὑμῖν ὅτι οὐ μὴ φάγω αὐτὸ ἕως ὅτου πληρωθῇ ἐν τῇ βασιλείᾳ τοῦ θεοῦ. **17** καὶ δεξάμενος ποτήριον εὐχαριστήσας εἶπεν· λάβετε τοῦτο καὶ διαμερίσατε² εἰς ἑαυτούς· **18** λέγω γὰρ ὑμῖν, [ὅτι] οὐ μὴ πίω³ ἀπὸ τοῦ νῦν ἀπὸ τοῦ γενήματος⁴ τῆς ἀμπέλου⁵ ἕως οὗ ἡ βασιλεία τοῦ θεοῦ ἔλθῃ⁶. **19** καὶ λαβὼν ἄρτον εὐχαριστήσας ἔκλασεν⁷ καὶ ἔδωκεν αὐτοῖς λέγων· τοῦτό ἐστιν τὸ σῶμά μου τὸ ὑπὲρ ὑμῶν διδόμενον⁸· τοῦτο ποιεῖτε εἰς τὴν ἐμὴν ἀνάμνησιν⁹. **20** καὶ τὸ ποτήριον ὡσαύτως¹⁰ μετὰ τὸ δειπνῆσαι¹¹, λέγων· τοῦτο τὸ ποτήριον ἡ καινὴ διαθήκη ἐν τῷ αἵματί μου τὸ ὑπὲρ ὑμῶν ἐκχυννόμενον¹². **21** Πλὴν ἰδοὺ ἡ χεὶρ τοῦ παραδιδόντος¹³ με μετ' ἐμοῦ ἐπὶ τῆς τραπέζης¹⁴. **22** ὅτι ὁ υἱὸς μὲν τοῦ ἀνθρώπου κατὰ τὸ ὡρισμένον¹⁵ πορεύεται, πλὴν οὐαὶ τῷ ἀνθρώπῳ ἐκείνῳ δι' οὗ παραδίδοται. **23** καὶ αὐτοὶ ἤρξαντο¹⁶ συζητεῖν¹⁷ πρὸς ἑαυτοὺς τὸ τίς ἄρα εἴη¹⁸ ἐξ αὐτῶν ὁ τοῦτο μέλλων πράσσειν.

The Dispute about Greatness

24 Ἐγένετο δὲ καὶ φιλονεικία¹⁹ ἐν αὐτοῖς, τὸ τίς αὐτῶν δοκεῖ εἶναι μείζων²⁰. **25** ὁ δὲ εἶπεν αὐτοῖς· οἱ βασιλεῖς τῶν ἐθνῶν κυριεύουσιν²¹ αὐτῶν καὶ οἱ ἐξουσιάζοντες²² αὐτῶν εὐεργέται²³ καλοῦνται. **26** ὑμεῖς δὲ οὐχ οὕτως, ἀλλ' ὁ μείζων ἐν ὑμῖν γινέσθω ὡς ὁ νεώτερος²⁴ καὶ ὁ ἡγούμενος²⁵ ὡς ὁ διακονῶν. **27** τίς γὰρ μείζων, ὁ ἀνακείμενος²⁶ ἢ ὁ διακονῶν; οὐχὶ ὁ ἀνακείμενος; ἐγὼ δὲ ἐν μέσῳ ὑμῶν εἰμι ὡς ὁ διακονῶν.

28 Ὑμεῖς δέ ἐστε οἱ διαμεμενηκότες²⁷ μετ' ἐμοῦ ἐν τοῖς πειρασμοῖς²⁸ μου· **29** κἀγὼ διατίθεμαι²⁹ ὑμῖν καθὼς διέθετό μοι ὁ πατήρ μου βασιλείαν, **30** ἵνα ἔσθητε³⁰ καὶ πίνητε ἐπὶ τῆς τραπέζης³¹ μου ἐν τῇ βασιλείᾳ μου, καὶ καθήσεσθε ἐπὶ θρόνων τὰς δώδεκα φυλὰς κρίνοντες τοῦ Ἰσραήλ.

---

[1] πάσχω aor act inf, suffer
[2] διαμερίζω 2p aor act impv, divide (among)
[3] πίνω 1s aor act sub, drink
[4] γένημα, -τος n, product (γ. τῆς ἀμπέλου wine)
[5] ἄμπελος, -ου f, grapevine
[6] ἔρχομαι 3s aor act sub, come
[7] κλάω 3s aor act ind, break
[8] δίδωμι pres pas ptc n s nom, give
[9] ἀνάμνησις, -εως f, reminder
[10] ὡσαύτως, adv, in the same way
[11] δειπνέω aor act inf, eat
[12] ἐκχύννω pres pas ptc n s nom, pour out
[13] παραδίδωμι pres act ptc m s gen, betray
[14] τράπεζα, -ης f, table
[15] ὁρίζω pf pas ptc n s acc, determine
[16] ἄρχω 3p aor mid ind, mid begin
[17] συζητέω pres act inf, question
[18] εἰμί 3s pres act opt, be
[19] φιλονεικία, -ας f, argument
[20] μέγας, great (comp)
[21] κυριεύω 3p pres act ind, lord it over
[22] ἐξουσιάζω pres act ptc m p nom, have power over
[23] εὐεργέτης, -ου m, benefactor (honorary title)
[24] νέος, young (comp)
[25] ἡγέομαι pres mid ptc m s nom, rule
[26] ἀνάκειμαι pres mid ptc m s nom, be seated at table
[27] διαμένω pf act ptc m p nom, remain
[28] πειρασμός, -οῦ m, time of trouble
[29] διατίθημι 1s pres mid ind, give
[30] ἐσθίω 2p pres act sub, eat
[31] τράπεζα, -ης f, table

Peter's Denial Foretold (Mt 26.31-35; Mk 14.27-31; Jn 13.36-38)

31 Σίμων Σίμων, ἰδοὺ ὁ σατανᾶς ἐξητήσατο[1] ὑμᾶς τοῦ σινιάσαι[2] ὡς τὸν σῖτον[3]· 32 ἐγὼ δὲ ἐδεήθην[4] περὶ σοῦ ἵνα μὴ ἐκλίπῃ[5] ἡ πίστις σου· καὶ σύ ποτε[6] ἐπιστρέψας στήρισον[7] τοὺς ἀδελφούς σου. 33 ὁ δὲ εἶπεν αὐτῷ· κύριε, μετὰ σοῦ ἕτοιμός[8] εἰμι καὶ εἰς φυλακὴν καὶ εἰς θάνατον πορεύεσθαι. 34 ὁ δὲ εἶπεν· λέγω σοι, Πέτρε, οὐ φωνήσει σήμερον ἀλέκτωρ[9] ἕως τρίς[10] με ἀπαρνήσῃ[11] εἰδέναι[12].

Purse, Bag, and Sword

35 Καὶ εἶπεν αὐτοῖς· ὅτε ἀπέστειλα[13] ὑμᾶς ἄτερ[14] βαλλαντίου[15] καὶ πήρας[16] καὶ ὑποδημάτων[17], μή τινος ὑστερήσατε[18]; οἱ δὲ εἶπαν· οὐθενός[19]. 36 εἶπεν δὲ αὐτοῖς· ἀλλὰ νῦν ὁ ἔχων βαλλάντιον ἀράτω[20], ὁμοίως[21] καὶ πήραν, καὶ ὁ μὴ ἔχων πωλησάτω[22] τὸ ἱμάτιον αὐτοῦ καὶ ἀγορασάτω[23] μάχαιραν. 37 λέγω γὰρ ὑμῖν ὅτι τοῦτο τὸ γεγραμμένον[24] δεῖ τελεσθῆναι[25] ἐν ἐμοί, τό· καὶ μετὰ ἀνόμων[26] ἐλογίσθη· καὶ γὰρ τὸ περὶ ἐμοῦ τέλος ἔχει. 38 οἱ δὲ εἶπαν· κύριε, ἰδοὺ μάχαιραι ὧδε δύο. ὁ δὲ εἶπεν αὐτοῖς· ἱκανόν ἐστιν.

The Prayer on the Mount of Olives (Mt 26.36-46; Mk 14.32-42)

39 Καὶ ἐξελθὼν ἐπορεύθη κατὰ τὸ ἔθος[27] εἰς τὸ ὄρος τῶν ἐλαιῶν[28], ἠκολούθησαν δὲ αὐτῷ καὶ οἱ μαθηταί. 40 γενόμενος δὲ ἐπὶ τοῦ τόπου εἶπεν αὐτοῖς· προσεύχεσθε μὴ εἰσελθεῖν εἰς πειρασμόν[29]. 41 καὶ αὐτὸς ἀπεσπάσθη[30] ἀπ' αὐτῶν ὡσεὶ[31] λίθου βολὴν[32] καὶ θεὶς[33] τὰ γόνατα[34] προσηύχετο 42 λέγων· πάτερ, εἰ βούλει παρένεγκε[35] τοῦτο τὸ ποτήριον ἀπ' ἐμοῦ· πλὴν μὴ τὸ θέλημά μου ἀλλὰ τὸ σὸν[36] γινέσθω. ⟦43 ὤφθη[37] δὲ αὐτῷ ἄγγελος ἀπ' οὐρανοῦ ἐνισχύων[38] αὐτόν. 44 καὶ γενόμενος ἐν ἀγωνίᾳ[39] ἐκτενέστερον[40] προσηύχετο· καὶ ἐγένετο ὁ ἱδρὼς[41] αὐτοῦ ὡσεὶ[42]

---

[1] ἐξαιτέω 3s aor mid ind, mid demand
[2] σινιάζω aor act inf, sift
[3] σῖτος, -ου m, grain
[4] δέομαι 1s aor pas ind, pray
[5] ἐκλείπω 3s aor act sub, fail
[6] ποτέ, temporal adv, when
[7] στηρίζω 2s aor act impv, strengthen
[8] ἕτοιμος, -η/ον, ready
[9] ἀλέκτωρ, -ορος m, rooster
[10] τρίς, adv, three times
[11] ἀπαρνέομαι 2s aor mid sub, deny
[12] οἶδα pf act inf, know
[13] ἀποστέλλω 1s aor act ind, send
[14] ἄτερ, prep + gen, without
[15] βαλλάντιον, -ου n, money bag
[16] πήρα, -ας f, bag (either a traveler's bag or a beggar's bag)
[17] ὑπόδημα, -τος n, sandal
[18] ὑστερέω 2p aor act ind, lack
[19] οὐθείς = οὐδείς, οὐδεμία, οὐδέν, no one/nothing
[20] αἴρω 3s aor act impv, take
[21] ὁμοίως, adv, in the same way
[22] πωλέω 3s aor act impv, sell
[23] ἀγοράζω 3s aor act impv, buy
[24] γράφω pf pas ptc n s acc, write
[25] τελέω aor pas inf, fulfill
[26] ἄνομος, -ον, lawless
[27] ἔθος, -ους n, custom
[28] ἐλαία, -ας f, olive
[29] πειρασμός, -οῦ m, temptation/time of testing
[30] ἀποσπάω 3s aor pas ind, pas go off
[31] ὡσεί, particle of comparison, about
[32] βολή, -ῆς f, a throw (of a stone)
[33] τίθημι aor act ptc m s nom, put/place (τ. τὰ γόνατα kneel)
[34] γόνυ, γόνατος n, knee
[35] παραφέρω 2s aor act impv, take
[36] σός, σή, σόν, your(s)
[37] ὁράω 3s aor pas ind, pas appear
[38] ἐνισχύω pres act ptc m s nom, strengthen
[39] ἀγωνία, -ας f, agony
[40] ἐκτενής, adv, earnestly (comp)
[41] ἱδρώς, -ῶτος m, sweat
[42] ὡσεί, particle of comparison, as/like

θρόμβοι¹ αἵματος καταβαίνοντες ἐπὶ τὴν γῆν]. 45 καὶ ἀναστὰς² ἀπὸ τῆς προσευχῆς ἐλθὼν πρὸς τοὺς μαθητὰς εὗρεν³ κοιμωμένους⁴ αὐτοὺς ἀπὸ τῆς λύπης⁵, 46 καὶ εἶπεν αὐτοῖς· τί καθεύδετε⁶; ἀναστάντες προσεύχεσθε, ἵνα μὴ εἰσέλθητε εἰς πειρασμόν.

The Betrayal and Arrest of Jesus (Mt 26.47-56; Mk 14.43-50; Jn 18.3-11)

47 Ἔτι αὐτοῦ λαλοῦντος ἰδοὺ ὄχλος, καὶ ὁ λεγόμενος Ἰούδας εἷς τῶν δώδεκα προήρχετο⁷ αὐτοὺς καὶ ἤγγισεν⁸ τῷ Ἰησοῦ φιλῆσαι⁹ αὐτόν. 48 Ἰησοῦς δὲ εἶπεν αὐτῷ· Ἰούδα, φιλήματι¹⁰ τὸν υἱὸν τοῦ ἀνθρώπου παραδίδως¹¹; 49 ἰδόντες δὲ οἱ περὶ αὐτὸν τὸ ἐσόμενον¹² εἶπαν· κύριε, εἰ πατάξομεν¹³ ἐν μαχαίρῃ¹⁴; 50 καὶ ἐπάταξεν¹⁵ εἷς τις ἐξ αὐτῶν τοῦ ἀρχιερέως τὸν δοῦλον καὶ ἀφεῖλεν¹⁶ τὸ οὖς αὐτοῦ τὸ δεξιόν. 51 ἀποκριθεὶς δὲ ὁ Ἰησοῦς εἶπεν· ἐᾶτε¹⁷ ἕως τούτου· καὶ ἁψάμενος¹⁸ τοῦ ὠτίου¹⁹ ἰάσατο²⁰ αὐτόν.

52 Εἶπεν δὲ Ἰησοῦς πρὸς τοὺς παραγενομένους²¹ ἐπ' αὐτὸν ἀρχιερεῖς καὶ στρατηγοὺς²² τοῦ ἱεροῦ καὶ πρεσβυτέρους· ὡς ἐπὶ λῃστὴν²³ ἐξήλθατε μετὰ μαχαιρῶν²⁴ καὶ ξύλων²⁵; 53 καθ' ἡμέραν ὄντος μου μεθ' ὑμῶν ἐν τῷ ἱερῷ οὐκ ἐξετείνατε²⁶ τὰς χεῖρας ἐπ' ἐμέ, ἀλλ' αὕτη ἐστὶν ὑμῶν ἡ ὥρα καὶ ἡ ἐξουσία τοῦ σκότους.

Peter's Denial of Jesus (Mt 26.57-58, 69-75; Mk 14.53-54, 66-72; Jn 18.12-18, 25-27)

54 Συλλαβόντες²⁷ δὲ αὐτὸν ἤγαγον²⁸ καὶ εἰσήγαγον²⁹ εἰς τὴν οἰκίαν τοῦ ἀρχιερέως· ὁ δὲ Πέτρος ἠκολούθει μακρόθεν³⁰. 55 περιαψάντων³¹ δὲ πῦρ ἐν μέσῳ τῆς αὐλῆς³² καὶ συγκαθισάντων³³ ἐκάθητο ὁ Πέτρος μέσος αὐτῶν. 56 ἰδοῦσα δὲ αὐτὸν παιδίσκη³⁴ τις καθήμενον πρὸς τὸ φῶς καὶ ἀτενίσασα³⁵ αὐτῷ εἶπεν· καὶ οὗτος σὺν αὐτῷ ἦν. 57 ὁ δὲ ἠρνήσατο λέγων· οὐκ οἶδα αὐτόν, γύναι. 58 καὶ μετὰ βραχὺ³⁶ ἕτερος ἰδὼν αὐτὸν ἔφη· καὶ σὺ ἐξ αὐτῶν εἶ. ὁ δὲ Πέτρος ἔφη· ἄνθρωπε, οὐκ εἰμί. 59 καὶ

---

1 θρόμβος, -ου m, drop
2 ἀνίστημι aor act ptc m s nom, intrans get up
3 εὑρίσκω 3s aor act ind, find
4 κοιμάομαι pres pas ptc m p acc, sleep
5 λύπη, -ης f, sorrow
6 καθεύδω 2p pres act ind, sleep
7 προέρχομαι 3s impf mid ind, lead
8 ἐγγίζω 3s aor act ind, approach
9 φιλέω aor act inf, kiss
10 φίλημα, -τος n, kiss
11 παραδίδωμι 2s pres act ind, betray
12 εἰμί fut mid ptc n s acc, happen
13 πατάσσω 1s fut act ind, strike
14 μάχαιρα, -ης f, sword
15 πατάσσω 3s aor act ind, strike
16 ἀφαιρέω 3s aor act ind, cut off
17 ἐάω 2p pres act impv, allow (ἐᾶτε ἕως τούτου Enough of this!)
18 ἅπτω aor mid ptc m s nom, mid touch
19 ὠτίον, -ου n, ear
20 ἰάομαι 3s aor mid ind, heal
21 παραγίνομαι aor mid ptc m p acc, come
22 στρατηγός, -οῦ m, officer (of the temple police)
23 λῃστής, -οῦ m, criminal
24 μάχαιρα, -ης f, sword
25 ξύλον, -ου n, club
26 ἐκτείνω 2p aor act ind, reach out
27 συλλαμβάνω aor act ptc m p nom, arrest
28 ἄγω 3p aor act ind, lead
29 εἰσάγω 3p aor act ind, bring in
30 μακρόθεν, adv, at a distance
31 περιάπτω aor act ptc m p gen, kindle
32 αὐλή, -ῆς f, courtyard
33 συγκαθίζω aor act ptc m p gen, sit down together
34 παιδίσκη, -ης f, female servant
35 ἀτενίζω aor act ptc f s nom, look straight at
36 βραχύς, -εῖα/ύ, little (μετὰ β. a little later)

διαστάσης¹ ὡσεὶ² ὥρας μιᾶς ἄλλος τις διϊσχυρίζετο³ λέγων· ἐπ' ἀληθείας καὶ οὗτος μετ' αὐτοῦ ἦν, καὶ γὰρ Γαλιλαῖός ἐστιν. **60** εἶπεν δὲ ὁ Πέτρος· ἄνθρωπε, οὐκ οἶδα ὃ λέγεις. καὶ παραχρῆμα⁴ ἔτι λαλοῦντος αὐτοῦ ἐφώνησεν ἀλέκτωρ⁵. **61** καὶ στραφεὶς⁶ ὁ κύριος ἐνέβλεψεν⁷ τῷ Πέτρῳ, καὶ ὑπεμνήσθη⁸ ὁ Πέτρος τοῦ ῥήματος τοῦ κυρίου ὡς εἶπεν αὐτῷ ὅτι πρὶν⁹ ἀλέκτορα φωνῆσαι σήμερον ἀπαρνήσῃ¹⁰ με τρίς¹¹. **62** καὶ ἐξελθὼν ἔξω ἔκλαυσεν πικρῶς¹².

The Mocking and Beating of Jesus (Mt 26.67-68; Mk 14.65)

63 Καὶ οἱ ἄνδρες οἱ συνέχοντες¹³ αὐτὸν ἐνέπαιζον¹⁴ αὐτῷ δέροντες¹⁵, **64** καὶ περικαλύψαντες¹⁶ αὐτὸν ἐπηρώτων λέγοντες· προφήτευσον¹⁷, τίς ἐστιν ὁ παίσας¹⁸ σε; **65** καὶ ἕτερα πολλὰ βλασφημοῦντες ἔλεγον εἰς αὐτόν.

Jesus before the Council (Mt 26.59-66; Mk 14.55-64; Jn 18.19-24)

66 Καὶ ὡς ἐγένετο ἡμέρα, συνήχθη¹⁹ τὸ πρεσβυτέριον²⁰ τοῦ λαοῦ, ἀρχιερεῖς τε καὶ γραμματεῖς, καὶ ἀπήγαγον²¹ αὐτὸν εἰς τὸ συνέδριον²² αὐτῶν **67** λέγοντες· εἰ σὺ εἶ ὁ χριστός, εἰπὸν ἡμῖν. εἶπεν δὲ αὐτοῖς· ἐὰν ὑμῖν εἴπω²³, οὐ μὴ πιστεύσητε· **68** ἐὰν δὲ ἐρωτήσω, οὐ μὴ ἀποκριθῆτε²⁴. **69** ἀπὸ τοῦ νῦν δὲ ἔσται ὁ υἱὸς τοῦ ἀνθρώπου καθήμενος ἐκ δεξιῶν τῆς δυνάμεως τοῦ θεοῦ. **70** εἶπαν δὲ πάντες· σὺ οὖν εἶ ὁ υἱὸς τοῦ θεοῦ; ὁ δὲ πρὸς αὐτοὺς ἔφη· ὑμεῖς λέγετε ὅτι ἐγώ εἰμι. **71** οἱ δὲ εἶπαν· τί ἔτι ἔχομεν μαρτυρίας χρείαν; αὐτοὶ γὰρ ἠκούσαμεν ἀπὸ τοῦ στόματος αὐτοῦ.

Jesus before Pilate (Mt 27.1-2, 11-14; Mk 15.1-5; Jn 18.28-38)

23 Καὶ ἀναστὰν²⁵ ἅπαν τὸ πλῆθος αὐτῶν ἤγαγον²⁶ αὐτὸν ἐπὶ τὸν Πιλᾶτον. **2** Ἤρξαντο²⁷ δὲ κατηγορεῖν²⁸ αὐτοῦ λέγοντες· τοῦτον εὕραμεν διαστρέφοντα²⁹ τὸ ἔθνος ἡμῶν καὶ κωλύοντα³⁰ φόρους³¹ Καίσαρι διδόναι³² καὶ λέγοντα

---

¹ διΐστημι aor act ptc f s gen, pass
² ὡσεί, particle of comparison, about
³ διϊσχυρίζομαι 3s impf mid ind, insist
⁴ παραχρῆμα, adv, right then
⁵ ἀλέκτωρ, -ορος m, rooster
⁶ στρέφω aor pas ptc m s nom, intrans pas turn
⁷ ἐμβλέπω 3s aor act ind, look straight at
⁸ ὑπομιμνῄσκω 3s aor pas ind, pas remember
⁹ πρίν, conj, before
¹⁰ ἀπαρνέομαι 2s fut mid ind, disown
¹¹ τρίς, adv, three times
¹² πικρῶς, adv, bitterly
¹³ συνέχω pres act ptc m p nom, surround
¹⁴ ἐμπαίζω 3p impf act ind, make fun of
¹⁵ δέρω pres act ptc m p nom, beat
¹⁶ περικαλύπτω aor act ptc m p nom, blindfold
¹⁷ προφητεύω 2s aor act impv, prophesy
¹⁸ παίω aor act ptc m s nom, strike
¹⁹ συνάγω 3s aor pas ind, pas gather together
²⁰ πρεσβυτέριον, -ου n, body of elders
²¹ ἀπάγω 3p aor act ind, lead away
²² συνέδριον, -ου n, council
²³ λέγω 1s aor act sub, say
²⁴ ἀποκρίνομαι 2p aor pas sub, answer
²⁵ ἀνίστημι aor act ptc n s nom, intrans get up
²⁶ ἄγω 3p aor act ind, lead
²⁷ ἄρχω 3p aor mid ind, mid begin
²⁸ κατηγορέω pres act inf, accuse
²⁹ διαστρέφω pres act ptc m s acc, mislead
³⁰ κωλύω pres act ptc m s acc, forbid
³¹ φόρος, -ου m, tax
³² δίδωμι pres act inf, pay

ἑαυτὸν χριστὸν βασιλέα εἶναι. 3 ὁ δὲ Πιλᾶτος ἠρώτησεν αὐτὸν λέγων· σὺ εἶ ὁ βασιλεὺς τῶν Ἰουδαίων; ὁ δὲ ἀποκριθεὶς αὐτῷ ἔφη· σὺ λέγεις. 4 ὁ δὲ Πιλᾶτος εἶπεν πρὸς τοὺς ἀρχιερεῖς καὶ τοὺς ὄχλους· οὐδὲν εὑρίσκω αἴτιον[1] ἐν τῷ ἀνθρώπῳ τούτῳ. 5 οἱ δὲ ἐπίσχυον[2] λέγοντες ὅτι ἀνασείει[3] τὸν λαὸν διδάσκων καθ' ὅλης τῆς Ἰουδαίας, καὶ ἀρξάμενος ἀπὸ τῆς Γαλιλαίας ἕως ὧδε.

Jesus before Herod

6 Πιλᾶτος δὲ ἀκούσας ἐπηρώτησεν εἰ ὁ ἄνθρωπος Γαλιλαῖός ἐστιν, 7 καὶ ἐπιγνοὺς[4] ὅτι ἐκ τῆς ἐξουσίας Ἡρῴδου ἐστὶν ἀνέπεμψεν[5] αὐτὸν πρὸς Ἡρῴδην, ὄντα καὶ αὐτὸν ἐν Ἱεροσολύμοις ἐν ταύταις ταῖς ἡμέραις.

8 Ὁ δὲ Ἡρῴδης ἰδὼν τὸν Ἰησοῦν ἐχάρη[6] λίαν[7], ἦν γὰρ ἐξ ἱκανῶν χρόνων θέλων ἰδεῖν αὐτὸν διὰ τὸ ἀκούειν περὶ αὐτοῦ καὶ ἤλπιζέν τι σημεῖον ἰδεῖν ὑπ' αὐτοῦ γινόμενον. 9 ἐπηρώτα δὲ αὐτὸν ἐν λόγοις ἱκανοῖς, αὐτὸς δὲ οὐδὲν ἀπεκρίνατο αὐτῷ. 10 εἱστήκεισαν[8] δὲ οἱ ἀρχιερεῖς καὶ οἱ γραμματεῖς εὐτόνως[9] κατηγοροῦντες[10] αὐτοῦ. 11 ἐξουθενήσας[11] δὲ αὐτὸν [καὶ] ὁ Ἡρῴδης σὺν τοῖς στρατεύμασιν[12] αὐτοῦ καὶ ἐμπαίξας[13] περιβαλὼν[14] ἐσθῆτα[15] λαμπρὰν[16] ἀνέπεμψεν[17] αὐτὸν τῷ Πιλάτῳ. 12 ἐγένοντο δὲ φίλοι[18] ὅ τε Ἡρῴδης καὶ ὁ Πιλᾶτος ἐν αὐτῇ τῇ ἡμέρᾳ μετ' ἀλλήλων· προϋπῆρχον[19] γὰρ ἐν ἔχθρᾳ[20] ὄντες πρὸς αὐτούς.

Jesus Sentenced to Death (Mt 27.15-26; Mk 15.6-15; Jn 18.39-19.16)

13 Πιλᾶτος δὲ συγκαλεσάμενος[21] τοὺς ἀρχιερεῖς καὶ τοὺς ἄρχοντας καὶ τὸν λαὸν 14 εἶπεν πρὸς αὐτούς· προσηνέγκατέ[22] μοι τὸν ἄνθρωπον τοῦτον ὡς ἀποστρέφοντα[23] τὸν λαόν, καὶ ἰδοὺ ἐγὼ ἐνώπιον ὑμῶν ἀνακρίνας[24] οὐθὲν[25] εὗρον[26] ἐν τῷ ἀνθρώπῳ τούτῳ αἴτιον[27] ὧν κατηγορεῖτε[28] κατ' αὐτοῦ. 15 ἀλλ' οὐδὲ Ἡρῴδης, ἀνέπεμψεν γὰρ αὐτὸν πρὸς ἡμᾶς, καὶ ἰδοὺ οὐδὲν ἄξιον θανάτου ἐστὶν πεπραγμένον[29]

---

[1] αἴτιος, -ου n, cause (for bringing a criminal charge)
[2] ἐπισχύω 3p impf act ind, insist
[3] ἀνασείω 3s pres act ind, stir up
[4] ἐπιγινώσκω aor act ptc m s nom, know
[5] ἀναπέμπω 3s aor act ind, send
[6] χαίρω 3s aor pas ind, pas be glad
[7] λίαν, adv, very
[8] ἵστημι 3p plpf act ind, intrans pas stand
[9] εὐτόνως, adv, vehemently
[10] κατηγορέω pres act ptc m p nom, accuse
[11] ἐξουθενέω aor act ptc m s nom, ridicule
[12] στράτευμα, -τος n, soldiers
[13] ἐμπαίζω aor act ptc m s nom, make fun of
[14] περιβάλλω aor act ptc m s nom, put on
[15] ἐσθής, -ῆτος f, robe
[16] λαμπρός, -ά/όν, fine (of clothing)
[17] ἀναπέμπω 3s aor act ind, send back
[18] φίλος, -ου m, friend
[19] προϋπάρχω 3p impf act ind, be previously
[20] ἔχθρα, -ας f, hostility
[21] συγκαλέω aor mid ptc m s nom, mid call together
[22] προσφέρω 2p aor act ind, bring
[23] ἀποστρέφω pres act ptc m s acc, mislead
[24] ἀνακρίνω aor act ptc m s nom, question
[25] οὐθείς = οὐδείς, οὐδεμία, οὐδέν, no one/nothing
[26] εὑρίσκω 3p aor act ind, find
[27] αἴτιος, -ου n, cause
[28] κατηγορέω 2p pres act ind, accuse
[29] πράσσω pf pas ptc n s nom, do

αὐτῷ· 16 παιδεύσας¹ οὖν αὐτὸν ἀπολύσω. [17 ἀνάγκην² δὲ εἶχεν ἀπολύειν αὐτοῖς κατὰ ἑορτὴν³ ἕνα.] 18 Ἀνέκραγον⁴ δὲ παμπληθεὶ⁵ λέγοντες· αἶρε⁶ τοῦτον, ἀπόλυσον⁷ δὲ ἡμῖν τὸν Βαραββᾶν· 19 ὅστις ἦν διὰ στάσιν⁸ τινὰ γενομένην ἐν τῇ πόλει καὶ φόνον⁹ βληθεὶς¹⁰ ἐν τῇ φυλακῇ. 20 πάλιν δὲ ὁ Πιλᾶτος προσεφώνησεν¹¹ αὐτοῖς θέλων ἀπολῦσαι τὸν Ἰησοῦν. 21 οἱ δὲ ἐπεφώνουν¹² λέγοντες· σταύρου σταύρου αὐτόν. 22 ὁ δὲ τρίτον εἶπεν πρὸς αὐτούς· τί γὰρ κακὸν ἐποίησεν οὗτος; οὐδὲν αἴτιον¹³ θανάτου εὗρον¹⁴ ἐν αὐτῷ· παιδεύσας¹⁵ οὖν αὐτὸν ἀπολύσω. 23 οἱ δὲ ἐπέκειντο¹⁶ φωναῖς μεγάλαις αἰτούμενοι αὐτὸν σταυρωθῆναι, καὶ κατίσχυον¹⁷ αἱ φωναὶ αὐτῶν. 24 Καὶ Πιλᾶτος ἐπέκρινεν¹⁸ γενέσθαι τὸ αἴτημα¹⁹ αὐτῶν· 25 ἀπέλυσεν²⁰ δὲ τὸν διὰ στάσιν²¹ καὶ φόνον²² βεβλημένον²³ εἰς φυλακὴν ὃν ᾐτοῦντο²⁴, τὸν δὲ Ἰησοῦν παρέδωκεν τῷ θελήματι αὐτῶν.

The Crucifixion of Jesus (Mt 27.32-44; Mk 15.21-32; Jn 19.17-27)

26 Καὶ ὡς ἀπήγαγον²⁵ αὐτόν, ἐπιλαβόμενοι²⁶ Σίμωνά τινα Κυρηναῖον ἐρχόμενον ἀπ' ἀγροῦ ἐπέθηκαν²⁷ αὐτῷ τὸν σταυρὸν²⁸ φέρειν ὄπισθεν²⁹ τοῦ Ἰησοῦ. 27 Ἠκολούθει δὲ αὐτῷ πολὺ πλῆθος τοῦ λαοῦ καὶ γυναικῶν αἳ ἐκόπτοντο³⁰ καὶ ἐθρήνουν³¹ αὐτόν. 28 στραφεὶς³² δὲ πρὸς αὐτὰς [ὁ] Ἰησοῦς εἶπεν· θυγατέρες³³ Ἰερουσαλήμ, μὴ κλαίετε ἐπ' ἐμέ· πλὴν ἐφ' ἑαυτὰς κλαίετε καὶ ἐπὶ τὰ τέκνα ὑμῶν, 29 ὅτι ἰδοὺ ἔρχονται ἡμέραι ἐν αἷς ἐροῦσιν· μακάριαι αἱ στεῖραι³⁴ καὶ αἱ κοιλίαι³⁵ αἳ οὐκ ἐγέννησαν καὶ μαστοὶ³⁶ οἳ οὐκ ἔθρεψαν³⁷. 30 τότε ἄρξονται λέγειν τοῖς ὄρεσιν· πέσετε³⁸ ἐφ' ἡμᾶς, καὶ τοῖς βουνοῖς³⁹· καλύψατε⁴⁰ ἡμᾶς· 31 ὅτι εἰ ἐν τῷ ὑγρῷ⁴¹ ξύλῳ⁴² ταῦτα ποιοῦσιν, ἐν τῷ ξηρῷ⁴³ τί γένηται;

---

¹ παιδεύω aor act ptc m s nom, punish/beat (with a whip)
² ἀνάγκη, -ης f, necessity
³ ἑορτή, -ῆς f, festival
⁴ ἀνακράζω 3p aor act ind, shout
⁵ παμπληθεί, adv, together
⁶ αἴρω 2s pres act impv, do away with/kill
⁷ ἀπολύω 2s aor act impv, release
⁸ στάσις, -εως f, rebellion
⁹ φόνος, -ου m, murder
¹⁰ βάλλω aor pas ptc m s nom, throw
¹¹ προσφωνέω 3s aor act ind, speak to
¹² ἐπιφωνέω 3p impf act ind, shout
¹³ αἴτιος, -ου n, cause
¹⁴ εὑρίσκω 3p aor act ind, find
¹⁵ παιδεύω aor act ptc m s nom, punish/beat (with a whip)
¹⁶ ἐπίκειμαι 3p impf mid ind, insist
¹⁷ κατισχύω 3p impf act ind, win
¹⁸ ἐπικρίνω 3s aor act ind, decide
¹⁹ αἴτημα, -τος n, demand
²⁰ ἀπολύω 3s aor act ind, release
²¹ στάσις, -εως f, rebellion
²² φόνος, -ου m, murder
²³ βάλλω pf pas ptc m s acc, throw
²⁴ αἰτέω 3p impf mid ind, demand
²⁵ ἀπάγω 3p aor act ind, lead away
²⁶ ἐπιλαμβάνομαι aor mid ptc m p nom, seize
²⁷ ἐπιτίθημι 3p aor act ind, put on
²⁸ σταυρός, -οῦ m, cross
²⁹ ὄπισθεν, prep + gen, behind
³⁰ κόπτω 3p impf mid ind, mid mourn
³¹ θρηνέω 3p impf act ind, weep
³² στρέφω aor pas ptc m s nom, intrans pas turn
³³ θυγάτηρ, -τρός f, daughter
³⁴ στεῖρα, -ας f, a woman incapable of having children
³⁵ κοιλία, -ας f, womb
³⁶ μαστός, -οῦ m, breast
³⁷ τρέφω 3p aor act ind, nurse (at the breast)
³⁸ πίπτω 2p aor act impv, fall
³⁹ βουνός, -οῦ m, hill
⁴⁰ καλύπτω 2p aor act impv, hide
⁴¹ ὑγρός, -ά/-όν, green (of wood)
⁴² ξύλον, -ου n, wood
⁴³ ξηρός, -ά, -όν, dry

32 Ἤγοντο¹ δὲ καὶ ἕτεροι κακοῦργοι² δύο σὺν αὐτῷ ἀναιρεθῆναι³.

33 Καὶ ὅτε ἦλθον ἐπὶ τὸν τόπον τὸν καλούμενον Κρανίον⁴, ἐκεῖ ἐσταύρωσαν αὐτὸν καὶ τοὺς κακούργους, ὃν μὲν ἐκ δεξιῶν ὃν δὲ ἐξ ἀριστερῶν⁵. **34** ⟦ὁ δὲ Ἰησοῦς ἔλεγεν· πάτερ, ἄφες⁶ αὐτοῖς, οὐ γὰρ οἴδασιν τί ποιοῦσιν.⟧ διαμεριζόμενοι⁷ δὲ τὰ ἱμάτια αὐτοῦ ἔβαλον⁸ κλήρους⁹. **35** Καὶ εἱστήκει¹⁰ ὁ λαὸς θεωρῶν. ἐξεμυκτήριζον¹¹ δὲ καὶ οἱ ἄρχοντες λέγοντες· ἄλλους ἔσωσεν, σωσάτω ἑαυτόν, εἰ οὗτός ἐστιν ὁ χριστὸς τοῦ θεοῦ ὁ ἐκλεκτός¹². **36** ἐνέπαιξαν¹³ δὲ αὐτῷ καὶ οἱ στρατιῶται¹⁴ προσερχόμενοι, ὄξος¹⁵ προσφέροντες αὐτῷ **37** καὶ λέγοντες· εἰ σὺ εἶ ὁ βασιλεὺς τῶν Ἰουδαίων, σῶσον¹⁶ σεαυτόν. **38** ἦν δὲ καὶ ἐπιγραφὴ¹⁷ ἐπ' αὐτῷ·

ὁ βασιλεὺς τῶν Ἰουδαίων οὗτος.

39 Εἷς δὲ τῶν κρεμασθέντων¹⁸ κακούργων¹⁹ ἐβλασφήμει αὐτὸν λέγων· οὐχὶ σὺ εἶ ὁ χριστός; σῶσον σεαυτὸν καὶ ἡμᾶς. **40** ἀποκριθεὶς δὲ ὁ ἕτερος ἐπιτιμῶν²⁰ αὐτῷ ἔφη· οὐδὲ φοβῇ σὺ τὸν θεόν, ὅτι ἐν τῷ αὐτῷ κρίματι²¹ εἶ; **41** καὶ ἡμεῖς μὲν δικαίως²², ἄξια γὰρ ὧν ἐπράξαμεν²³ ἀπολαμβάνομεν²⁴· οὗτος δὲ οὐδὲν ἄτοπον²⁵ ἔπραξεν. **42** καὶ ἔλεγεν· Ἰησοῦ, μνήσθητί²⁶ μου ὅταν ἔλθῃς²⁷ εἰς τὴν βασιλείαν σου. **43** καὶ εἶπεν αὐτῷ· ἀμήν σοι λέγω, σήμερον μετ' ἐμοῦ ἔσῃ ἐν τῷ παραδείσῳ²⁸.

The Death of Jesus (Mt 27.45-56; Mk 15.33-41; Jn 19.28-30)

44 Καὶ ἦν ἤδη ὡσεὶ²⁹ ὥρα ἕκτη³⁰ καὶ σκότος ἐγένετο ἐφ' ὅλην τὴν γῆν ἕως ὥρας ἐνάτης³¹ **45** τοῦ ἡλίου ἐκλιπόντος³², ἐσχίσθη³³ δὲ τὸ καταπέτασμα³⁴ τοῦ ναοῦ μέσον. **46** καὶ φωνήσας φωνῇ μεγάλῃ ὁ Ἰησοῦς εἶπεν· πάτερ, εἰς χεῖράς σου παρατίθεμαι³⁵ τὸ πνεῦμά μου. τοῦτο δὲ εἰπὼν ἐξέπνευσεν³⁶.

---

1 ἄγω 3p impf pas ind, lead
2 κακοῦργος, -ου m, criminal
3 ἀναιρέω aor pas inf, put to death
4 κρανίον, -ου n, skull
5 ἀριστερός, -ά/όν, left
6 ἀφίημι 2s aor act impv, forgive
7 διαμερίζω pres mid ptc m p nom, divide
8 βάλλω 3p aor act ind, throw
9 κλῆρος, -ου m, lot (of something thrown or drawn to reach a decision)
10 ἵστημι 3s plpf act ind, intrans pas stand
11 ἐκμυκτηρίζω 3p impf act ind, make fun of
12 ἐκλεκτός, -ή/όν, chosen
13 ἐμπαίζω 3p aor act ind, ridicule
14 στρατιώτης, -ου m, soldier
15 ὄξος, -ους n, sour wine
16 σῴζω 2s aor act impv, save
17 ἐπιγραφή, -ῆς f, inscription
18 κρεμάννυμι aor pas ptc m p gen, hang
19 κακοῦργος, -ου m, criminal
20 ἐπιτιμάω pres act ptc m s nom, rebuke
21 κρίμα, -τος n, punishment
22 δικαίως, adv, justly
23 πράσσω 1p aor act ind, do
24 ἀπολαμβάνω 1p pres act ind, receive
25 ἄτοπος, -ον, wrong
26 μιμνῄσκομαι 2s aor pas impv, remember
27 ἔρχομαι 2s aor act sub, come
28 παράδεισος, -ου m, paradise
29 ὡσεί, particle of comparison, about
30 ἕκτος, -η/ον, sixth
31 ἔνατος, -η/ον, ninth
32 ἐκλείπω aor act ptc m s gen, stop shining
33 σχίζω 3s aor pas ind, tear
34 καταπέτασμα, -τος n, curtain
35 παρατίθημι 1s pres mid ind, mid entrust
36 ἐκπνέω 3s aor act ind, die

47 Ἰδὼν δὲ ὁ ἑκατοντάρχης¹ τὸ γενόμενον ἐδόξαζεν τὸν θεὸν λέγων· ὄντως² ὁ ἄνθρωπος οὗτος δίκαιος ἦν. **48** καὶ πάντες οἱ συμπαραγενόμενοι³ ὄχλοι ἐπὶ τὴν θεωρίαν⁴ ταύτην, θεωρήσαντες τὰ γενόμενα, τύπτοντες⁵ τὰ στήθη⁶ ὑπέστρεφον. **49** Εἱστήκεισαν⁷ δὲ πάντες οἱ γνωστοὶ⁸ αὐτῷ ἀπὸ μακρόθεν⁹ καὶ γυναῖκες αἱ συνακολουθοῦσαι¹⁰ αὐτῷ ἀπὸ τῆς Γαλιλαίας ὁρῶσαι ταῦτα.

The Burial of Jesus (Mt 27.57-61; Mk 15.42-47; Jn 19.38-42)

50 Καὶ ἰδοὺ ἀνὴρ ὀνόματι Ἰωσὴφ βουλευτὴς¹¹ ὑπάρχων [καὶ] ἀνὴρ ἀγαθὸς καὶ δίκαιος **51**— οὗτος οὐκ ἦν συγκατατεθειμένος¹² τῇ βουλῇ¹³ καὶ τῇ πράξει¹⁴ αὐτῶν – ἀπὸ Ἀριμαθαίας πόλεως τῶν Ἰουδαίων, ὃς προσεδέχετο¹⁵ τὴν βασιλείαν τοῦ θεοῦ, **52** οὗτος προσελθὼν¹⁶ τῷ Πιλάτῳ ἠτήσατο¹⁷ τὸ σῶμα τοῦ Ἰησοῦ **53** καὶ καθελὼν¹⁸ ἐνετύλιξεν¹⁹ αὐτὸ σινδόνι²⁰ καὶ ἔθηκεν²¹ αὐτὸν ἐν μνήματι²² λαξευτῷ²³ οὗ²⁴ οὐκ ἦν οὐδεὶς οὔπω²⁵ κείμενος²⁶. **54** καὶ ἡμέρα ἦν παρασκευῆς²⁷ καὶ σάββατον ἐπέφωσκεν²⁸. **55** Κατακολουθήσασαι²⁹ δὲ αἱ γυναῖκες, αἵτινες ἦσαν συνεληλυθυῖαι³⁰ ἐκ τῆς Γαλιλαίας αὐτῷ, ἐθεάσαντο³¹ τὸ μνημεῖον καὶ ὡς ἐτέθη³² τὸ σῶμα αὐτοῦ, **56** ὑποστρέψασαι³³ δὲ ἡτοίμασαν ἀρώματα³⁴ καὶ μύρα³⁵. καὶ τὸ μὲν σάββατον ἡσύχασαν³⁶ κατὰ τὴν ἐντολήν.

The Resurrection of Jesus (Mt 28.1-10; Mk 16.1-8; Jn 20.1-10)

24 Τῇ δὲ μιᾷ τῶν σαββάτων ὄρθρου³⁷ βαθέως³⁸ ἐπὶ τὸ μνῆμα³⁹ ἦλθον φέρουσαι ἃ ἡτοίμασαν ἀρώματα⁴⁰. **2** εὗρον⁴¹ δὲ τὸν λίθον ἀποκεκυλισμένον⁴² ἀπὸ τοῦ μνημείου, **3** εἰσελθοῦσαι δὲ οὐχ εὗρον τὸ σῶμα τοῦ κυρίου Ἰησοῦ. **4** καὶ

¹ ἑκατοντάρχης, -ου *m*, centurion/officer (of the Roman army)
² ὄντως, *adv*, really
³ συμπαραγίνομαι *aor mid ptc m p nom*, come together
⁴ θεωρία, -ας *f*, sight
⁵ τύπτω *pres act ptc m p nom*, beat
⁶ στῆθος, -ους *n*, chest
⁷ ἵστημι *3p plpf act ind*, intrans stand
⁸ γνωστός, -ή/όν, known
⁹ μακρόθεν, *adv*, far off (ἀπό μ. far off)
¹⁰ συνακολουθέω *pres act ptc f p nom*, follow
¹¹ βουλευτής, -οῦ *m*, council member
¹² συγκατατίθημι *pf mid ptc m s nom, mid* agree
¹³ βουλή, -ῆς *f*, plan
¹⁴ πρᾶξις, -εως *f*, action
¹⁵ προσδέχομαι *3s impf mid ind*, wait for
¹⁶ προσέρχομαι *aor act ptc m s nom*, come/go to
¹⁷ αἰτέω *3s aor mid ind*, request
¹⁸ καθαιρέω *aor act ptc m s nom*, take down
¹⁹ ἐντυλίσσω *3s aor act ind*, wrap in
²⁰ σινδών, -όνος *f*, linen cloth
²¹ τίθημι *3s aor act ind*, place
²² μνῆμα, -τος *n*, tomb
²³ λαξευτός, -ή/όν, cut out in the rock
²⁴ οὗ, *adv*, where
²⁵ οὔπω, *adv*, not yet (οὐδεὶς οὔπω no one ever before)
²⁶ κεῖμαι *pres mid ptc m s nom*, be placed
²⁷ παρασκευή, -ῆς *f*, day of preparation (before a sacred day)
²⁸ ἐπιφώσκω *3s impf act ind*, begin
²⁹ κατακολουθέω *aor act ptc f p nom*, follow
³⁰ συνέρχομαι *pf act ptc f p nom*, come/go with
³¹ θεάομαι *3p aor mid ind*, see
³² τίθημι *3s aor pas ind*, place
³³ ὑποστρέφω *aor act ptc f p nom*, return
³⁴ ἄρωμα, -τος *n*, aromatic spice
³⁵ μύρον, -ου *n*, perfume/ointment
³⁶ ἡσυχάζω *3p aor act ind*, rest
³⁷ ὄρθρος, -ου *m*, early morning
³⁸ βαθύς, -εῖα/ύ, deep (ὄρθρου βαθέως at early dawn)
³⁹ μνῆμα, -τος *n*, tomb
⁴⁰ ἄρωμα, -τος *n*, aromatic spice
⁴¹ εὑρίσκω *3p aor act ind*, find
⁴² ἀποκυλίω *pf pas ptc m s acc*, roll away

ἐγένετο ἐν τῷ ἀπορεῖσθαι¹ αὐτὰς περὶ τούτου καὶ ἰδοὺ ἄνδρες δύο ἐπέστησαν² αὐταῖς ἐν ἐσθῆτι³ ἀστραπτούσῃ⁴. 5 ἐμφόβων⁵ δὲ γενομένων αὐτῶν καὶ κλινουσῶν⁶ τὰ πρόσωπα εἰς τὴν γῆν εἶπαν πρὸς αὐτάς· τί ζητεῖτε τὸν ζῶντα μετὰ τῶν νεκρῶν; 6 οὐκ ἔστιν ὧδε, ἀλλ' ἠγέρθη⁷. μνήσθητε⁸ ὡς ἐλάλησεν ὑμῖν ἔτι ὢν ἐν τῇ Γαλιλαίᾳ 7 λέγων τὸν υἱὸν τοῦ ἀνθρώπου ὅτι δεῖ παραδοθῆναι⁹ εἰς χεῖρας ἀνθρώπων ἁμαρτωλῶν καὶ σταυρωθῆναι καὶ τῇ τρίτῃ ἡμέρᾳ ἀναστῆναι¹⁰. 8 καὶ ἐμνήσθησαν¹¹ τῶν ῥημάτων αὐτοῦ.

9 Καὶ ὑποστρέψασαι¹² ἀπὸ τοῦ μνημείου ἀπήγγειλαν¹³ ταῦτα πάντα τοῖς ἕνδεκα¹⁴ καὶ πᾶσιν τοῖς λοιποῖς. 10 ἦσαν δὲ ἡ Μαγδαληνὴ Μαρία καὶ Ἰωάννα καὶ Μαρία ἡ Ἰακώβου καὶ αἱ λοιπαὶ σὺν αὐταῖς. ἔλεγον πρὸς τοὺς ἀποστόλους ταῦτα, 11 καὶ ἐφάνησαν¹⁵ ἐνώπιον αὐτῶν ὡσεὶ¹⁶ λῆρος¹⁷ τὰ ῥήματα ταῦτα, καὶ ἠπίστουν¹⁸ αὐταῖς. 12 ὁ δὲ Πέτρος ἀναστὰς¹⁹ ἔδραμεν²⁰ ἐπὶ τὸ μνημεῖον καὶ παρακύψας²¹ βλέπει τὰ ὀθόνια²² μόνα, καὶ ἀπῆλθεν πρὸς ἑαυτὸν θαυμάζων τὸ γεγονός²³.

The Walk to Emmaus (Mk 16.12-13)

13 Καὶ ἰδοὺ δύο ἐξ αὐτῶν ἐν αὐτῇ τῇ ἡμέρᾳ ἦσαν πορευόμενοι εἰς κώμην²⁴ ἀπέχουσαν²⁵ σταδίους²⁶ ἑξήκοντα²⁷ ἀπὸ Ἰερουσαλήμ, ᾗ ὄνομα Ἐμμαοῦς, 14 καὶ αὐτοὶ ὡμίλουν²⁸ πρὸς ἀλλήλους περὶ πάντων τῶν συμβεβηκότων²⁹ τούτων. 15 καὶ ἐγένετο ἐν τῷ ὁμιλεῖν αὐτοὺς καὶ συζητεῖν³⁰ καὶ αὐτὸς Ἰησοῦς ἐγγίσας συνεπορεύετο³¹ αὐτοῖς, 16 οἱ δὲ ὀφθαλμοὶ αὐτῶν ἐκρατοῦντο τοῦ μὴ ἐπιγνῶναι³² αὐτόν. 17 εἶπεν δὲ πρὸς αὐτούς· τίνες οἱ λόγοι οὗτοι οὓς ἀντιβάλλετε³³ πρὸς ἀλλήλους περιπατοῦντες; καὶ ἐστάθησαν³⁴ σκυθρωποί³⁵. 18 ἀποκριθεὶς δὲ εἷς ὀνόματι Κλεοπᾶς εἶπεν πρὸς αὐτόν· σὺ μόνος παροικεῖς³⁶ Ἰερουσαλὴμ καὶ οὐκ ἔγνως³⁷ τὰ γενόμενα ἐν

---

[1] ἀπορέω pres mid inf, mid be at a loss
[2] ἐφίστημι 3p aor act ind, stand (beside)
[3] ἐσθής, -ῆτος f, clothing
[4] ἀστράπτω pres act ptc f s dat, shine
[5] ἔμφοβος, -ον, afraid
[6] κλίνω pres act ptc f p gen, bow
[7] ἐγείρω 3s aor pas ind, intrans pas rise (from the dead)
[8] μιμνήσκομαι 2p aor pas impv, remember
[9] παραδίδωμι aor pas inf, hand over/betray
[10] ἀνίστημι aor act inf, intrans come back to life
[11] μιμνήσκομαι 3p aor pas ind, remember (+ gen)
[12] ὑποστρέφω aor act ptc f p nom, return
[13] ἀπαγγέλλω 3p aor act ind, tell
[14] ἕνδεκα, eleven
[15] φαίνω 3p aor pas ind, pas seem
[16] ὡσεί, particle of comparison, as/like
[17] λῆρος, -ου m, nonsense
[18] ἀπιστέω 3p impf act ind, fail to believe
[19] ἀνίστημι aor act ptc m s nom, intrans stand/get up
[20] τρέχω 3s aor act ind, run
[21] παρακύπτω aor act ptc m s nom, stoop
[22] ὀθόνιον, -ου n, linen cloth
[23] γίνομαι pf act ptc n s acc, happen
[24] κώμη, -ης f, village
[25] ἀπέχω pres act ptc f s acc, intrans be distant
[26] στάδιον, -ων m, stadion (about 607 feet or 185 meters)
[27] ἑξήκοντα, sixty
[28] ὁμιλέω 3p impf act ind, talk
[29] συμβαίνω pf act ptc n p gen, happen
[30] συζητέω pres act inf, discuss
[31] συμπορεύομαι 3s impf mid ind, walk along with
[32] ἐπιγινώσκω aor act inf, recognize
[33] ἀντιβάλλω 2p pres act ind, exchange (ἁ. λόγους discuss)
[34] ἵστημι 3p aor pas ind, intrans pas stand
[35] σκυθρωπός, -ή/όν, sad
[36] παροικέω 2s pres act ind, live in
[37] γινώσκω 2s aor act ind, know

αὐτῇ ἐν ταῖς ἡμέραις ταύταις; **19** καὶ εἶπεν αὐτοῖς· ποῖα; οἱ δὲ εἶπαν αὐτῷ· τὰ περὶ Ἰησοῦ τοῦ Ναζαρηνοῦ, ὃς ἐγένετο ἀνὴρ προφήτης δυνατὸς ἐν ἔργῳ καὶ λόγῳ ἐναντίον[1] τοῦ θεοῦ καὶ παντὸς τοῦ λαοῦ, **20** ὅπως τε παρέδωκαν αὐτὸν οἱ ἀρχιερεῖς καὶ οἱ ἄρχοντες ἡμῶν εἰς κρίμα[2] θανάτου καὶ ἐσταύρωσαν αὐτόν. **21** ἡμεῖς δὲ ἠλπίζομεν ὅτι αὐτός ἐστιν ὁ μέλλων λυτροῦσθαι[3] τὸν Ἰσραήλ· ἀλλά γε[4] καὶ σὺν πᾶσιν τούτοις τρίτην ταύτην ἡμέραν ἄγει ἀφ' οὗ ταῦτα ἐγένετο. **22** ἀλλὰ καὶ γυναῖκές τινες ἐξ ἡμῶν ἐξέστησαν[5] ἡμᾶς, γενόμεναι ὀρθριναὶ[6] ἐπὶ τὸ μνημεῖον, **23** καὶ μὴ εὑροῦσαι[7] τὸ σῶμα αὐτοῦ ἦλθον λέγουσαι καὶ ὀπτασίαν[8] ἀγγέλων ἑωρακέναι[9], οἳ λέγουσιν αὐτὸν ζῆν. **24** καὶ ἀπῆλθόν τινες τῶν σὺν ἡμῖν ἐπὶ τὸ μνημεῖον καὶ εὗρον οὕτως καθὼς καὶ αἱ γυναῖκες εἶπον, αὐτὸν δὲ οὐκ εἶδον. **25** καὶ αὐτὸς εἶπεν πρὸς αὐτούς· ὦ[10] ἀνόητοι[11] καὶ βραδεῖς[12] τῇ καρδίᾳ τοῦ πιστεύειν ἐπὶ πᾶσιν οἷς ἐλάλησαν οἱ προφῆται· **26** οὐχὶ ταῦτα ἔδει παθεῖν[13] τὸν χριστὸν καὶ εἰσελθεῖν εἰς τὴν δόξαν αὐτοῦ; **27** καὶ ἀρξάμενος[14] ἀπὸ Μωϋσέως καὶ ἀπὸ πάντων τῶν προφητῶν διερμήνευσεν[15] αὐτοῖς ἐν πάσαις ταῖς γραφαῖς τὰ περὶ ἑαυτοῦ.

28 Καὶ ἤγγισαν[16] εἰς τὴν κώμην[17] οὗ[18] ἐπορεύοντο, καὶ αὐτὸς προσεποιήσατο[19] πορρώτερον[20] πορεύεσθαι. **29** καὶ παρεβιάσαντο[21] αὐτὸν λέγοντες· μεῖνον[22] μεθ' ἡμῶν, ὅτι πρὸς ἑσπέραν[23] ἐστὶν καὶ κέκλικεν[24] ἤδη ἡ ἡμέρα. καὶ εἰσῆλθεν τοῦ μεῖναι σὺν αὐτοῖς. **30** καὶ ἐγένετο ἐν τῷ κατακλιθῆναι[25] αὐτὸν μετ' αὐτῶν λαβὼν τὸν ἄρτον εὐλόγησεν καὶ κλάσας[26] ἐπεδίδου[27] αὐτοῖς, **31** αὐτῶν δὲ διηνοίχθησαν[28] οἱ ὀφθαλμοὶ καὶ ἐπέγνωσαν[29] αὐτόν· καὶ αὐτὸς ἄφαντος[30] ἐγένετο ἀπ' αὐτῶν. **32** καὶ εἶπαν πρὸς ἀλλήλους· οὐχὶ ἡ καρδία ἡμῶν καιομένη[31] ἦν [ἐν ἡμῖν] ὡς ἐλάλει ἡμῖν ἐν τῇ ὁδῷ, ὡς διήνοιγεν[32] ἡμῖν τὰς γραφάς;

33 Καὶ ἀναστάντες[33] αὐτῇ τῇ ὥρᾳ ὑπέστρεψαν[34] εἰς Ἰερουσαλὴμ καὶ εὗρον ἠθροισμένους[35] τοὺς ἕνδεκα[36] καὶ τοὺς σὺν αὐτοῖς, **34** λέγοντας ὅτι ὄντως[37]

---

[1] ἐναντίον, prep + gen, in the sight of
[2] κρίμα, -τος n, judgment
[3] λυτρόω pres mid inf, mid set free
[4] γέ, emphatic particle
[5] ἐξίστημι 3p aor act ind, amaze
[6] ὀρθρινός, -ή/όν, early in the morning
[7] εὑρίσκω aor act ptc f p nom, find
[8] ὀπτασία, -ας f, vision
[9] ὁράω pf act inf, see
[10] ὦ, interj, O!
[11] ἀνόητος, -ον, foolish
[12] βραδύς, -εῖα/ύ, slow
[13] πάσχω aor act inf, suffer
[14] ἄρχω aor mid ptc m s nom, mid begin
[15] διερμηνεύω 3s aor act ind, explain
[16] ἐγγίζω 3p aor act ind, come near
[17] κώμη, -ης f, village
[18] οὗ, adv, where
[19] προσποιέομαι 3s aor mid ind, seem
[20] πόρρω, far (comp)
[21] παραβιάζομαι 3p aor mid ind, urge
[22] μένω 2s aor act impv, stay
[23] ἑσπέρα, -ας f, evening
[24] κλίνω 3s pf act ind, intrans draw to a close
[25] κατακλίνω aor pas inf, pas sit down to eat
[26] κλάω aor act ptc m s nom, break
[27] ἐπιδίδωμι 3s impf act ind, give
[28] διανοίγω 3p aor pas ind, open
[29] ἐπιγινώσκω 3p aor act ind, recognize
[30] ἄφαντος, -ον, invisible (ἄ. ἐγένετο he disappeared)
[31] καίω pres pas ptc f s nom, pas burn
[32] διανοίγω 3s impf act ind, explain
[33] ἀνίστημι aor act ptc m p nom, intrans get up
[34] ὑποστρέφω 3p aor act ind, return
[35] ἀθροίζω pf pas ptc m p acc, gather together
[36] ἕνδεκα, eleven
[37] ὄντως, adv, really

ἠγέρθη¹ ὁ κύριος καὶ ὤφθη² Σίμωνι. 35 καὶ αὐτοὶ ἐξηγοῦντο³ τὰ ἐν τῇ ὁδῷ καὶ ὡς ἐγνώσθη⁴ αὐτοῖς ἐν τῇ κλάσει⁵ τοῦ ἄρτου.

The Appearance to the Disciples (Mt 28.16-20; Mk 16.14-18; Jn 20.19-23; Ac 1.6-8)

36 Ταῦτα δὲ αὐτῶν λαλούντων αὐτὸς ἔστη⁶ ἐν μέσῳ αὐτῶν καὶ λέγει αὐτοῖς· εἰρήνη ὑμῖν. 37 πτοηθέντες⁷ δὲ καὶ ἔμφοβοι⁸ γενόμενοι ἐδόκουν πνεῦμα θεωρεῖν. 38 καὶ εἶπεν αὐτοῖς· τί τεταραγμένοι⁹ ἐστὲ καὶ διὰ τί διαλογισμοὶ¹⁰ ἀναβαίνουσιν ἐν τῇ καρδίᾳ ὑμῶν; 39 ἴδετε τὰς χεῖράς μου καὶ τοὺς πόδας μου ὅτι ἐγώ εἰμι αὐτός· ψηλαφήσατέ¹¹ με καὶ ἴδετε, ὅτι πνεῦμα σάρκα καὶ ὀστέα¹² οὐκ ἔχει καθὼς ἐμὲ θεωρεῖτε ἔχοντα. 40 καὶ τοῦτο εἰπὼν ἔδειξεν¹³ αὐτοῖς τὰς χεῖρας καὶ τοὺς πόδας. 41 ἔτι δὲ ἀπιστούντων¹⁴ αὐτῶν ἀπὸ τῆς χαρᾶς καὶ θαυμαζόντων εἶπεν αὐτοῖς· ἔχετέ τι βρώσιμον¹⁵ ἐνθάδε¹⁶; 42 οἱ δὲ ἐπέδωκαν¹⁷ αὐτῷ ἰχθύος¹⁸ ὀπτοῦ¹⁹ μέρος· 43 καὶ λαβὼν ἐνώπιον αὐτῶν ἔφαγεν²⁰.

44 Εἶπεν δὲ πρὸς αὐτούς· οὗτοι οἱ λόγοι μου οὓς ἐλάλησα πρὸς ὑμᾶς ἔτι ὢν σὺν ὑμῖν, ὅτι δεῖ πληρωθῆναι πάντα τὰ γεγραμμένα²¹ ἐν τῷ νόμῳ Μωϋσέως καὶ τοῖς προφήταις καὶ ψαλμοῖς²² περὶ ἐμοῦ. 45 τότε διήνοιξεν²³ αὐτῶν τὸν νοῦν²⁴ τοῦ συνιέναι²⁵ τὰς γραφάς· 46 καὶ εἶπεν αὐτοῖς ὅτι οὕτως γέγραπται παθεῖν²⁶ τὸν χριστὸν καὶ ἀναστῆναι²⁷ ἐκ νεκρῶν τῇ τρίτῃ ἡμέρᾳ, 47 καὶ κηρυχθῆναι²⁸ ἐπὶ τῷ ὀνόματι αὐτοῦ μετάνοιαν²⁹ εἰς ἄφεσιν³⁰ ἁμαρτιῶν εἰς πάντα τὰ ἔθνη. ἀρξάμενοι ἀπὸ Ἰερουσαλὴμ 48 ὑμεῖς μάρτυρες τούτων. 49 καὶ [ἰδοὺ] ἐγὼ ἀποστέλλω τὴν ἐπαγγελίαν τοῦ πατρός μου ἐφ᾽ ὑμᾶς· ὑμεῖς δὲ καθίσατε³¹ ἐν τῇ πόλει ἕως οὗ ἐνδύσησθε³² ἐξ ὕψους³³ δύναμιν.

---

¹ ἐγείρω 3s aor pas ind, intrans pas rise (from the dead)
² ὁράω 3s aor pas ind, pas appear
³ ἐξηγέομαι 3p impf mid ind, tell
⁴ γινώσκω 3s aor pas ind, know
⁵ κλάσις, -εως f, breaking
⁶ ἵστημι 3s aor act ind, intrans stand
⁷ πτοέομαι aor pas ptc m p nom, be afraid
⁸ ἔμφοβος, -ον, terrified
⁹ ταράσσω pf pas ptc m p nom, trouble/startle
¹⁰ διαλογισμός, -οῦ m, question
¹¹ ψηλαφάω 2p aor act impv, touch
¹² ὀστέον, -ου n, bone
¹³ δείκνυμι 3s aor act ind, show
¹⁴ ἀπιστέω pres act ptc m p gen, fail to believe
¹⁵ βρώσιμος, -ον, eatable
¹⁶ ἐνθάδε, adv, here
¹⁷ ἐπιδίδωμι 3p aor act ind, give
¹⁸ ἰχθύς, -ύος m, fish
¹⁹ ὀπτός, -ή/όν, broiled/baked
²⁰ ἐσθίω 3s aor act ind, eat
²¹ γράφω pf pas ptc n p acc, write
²² ψαλμός, -οῦ m, psalm
²³ διανοίγω 3s aor act ind, open
²⁴ νοῦς, νοός, acc νοῦν m, mind
²⁵ συνίημι pres act inf, understand
²⁶ πάσχω aor act inf, suffer
²⁷ ἀνίστημι aor act inf, intrans rise
²⁸ κηρύσσω aor pas inf, preach
²⁹ μετάνοια, -ας f, repentance
³⁰ ἄφεσις, -εως f, forgiveness
³¹ καθίζω 2p aor act impv, stay
³² ἐνδύω 2p aor mid/pas sub, clothe
³³ ὕψος, -ους n, heaven

The Ascension of Jesus (Mk 16.19-20; Ac 1.9-11)

50 Ἐξήγαγεν¹ δὲ αὐτοὺς [ἔξω] ἕως πρὸς Βηθανίαν, καὶ ἐπάρας² τὰς χεῖρας αὐτοῦ εὐλόγησεν αὐτούς. **51** καὶ ἐγένετο ἐν τῷ εὐλογεῖν αὐτὸν αὐτοὺς διέστη³ ἀπ' αὐτῶν καὶ ἀνεφέρετο⁴ εἰς τὸν οὐρανόν. **52** Καὶ αὐτοὶ προσκυνήσαντες αὐτὸν ὑπέστρεψαν⁵ εἰς Ἰερουσαλὴμ μετὰ χαρᾶς μεγάλης **53** καὶ ἦσαν διὰ παντὸς ἐν τῷ ἱερῷ εὐλογοῦντες τὸν θεόν.

¹ ἐξάγω 3s aor act ind, lead (out) ³ διΐστημι 3s aor act ind, part ⁵ ὑποστρέφω 3p aor act ind, return
² ἐπαίρω aor act ptc m s nom, lift up ⁴ ἀναφέρω 3s impf pas ind, take up

ΚΑΤΑ ΙΩΑΝΝΗΝ

The Word Became Flesh

1 Ἐν ἀρχῇ ἦν ὁ λόγος, καὶ ὁ λόγος ἦν πρὸς τὸν θεόν, καὶ θεὸς ἦν ὁ λόγος. 2 οὗτος ἦν ἐν ἀρχῇ πρὸς τὸν θεόν. 3 πάντα δι' αὐτοῦ ἐγένετο, καὶ χωρὶς αὐτοῦ ἐγένετο οὐδὲ ἕν. ὃ γέγονεν[1] 4 ἐν αὐτῷ ζωὴ ἦν, καὶ ἡ ζωὴ ἦν τὸ φῶς τῶν ἀνθρώπων· 5 καὶ τὸ φῶς ἐν τῇ σκοτίᾳ[2] φαίνει, καὶ ἡ σκοτία αὐτὸ οὐ κατέλαβεν[3].

6 Ἐγένετο ἄνθρωπος, ἀπεσταλμένος[4] παρὰ θεοῦ, ὄνομα αὐτῷ Ἰωάννης· 7 οὗτος ἦλθεν εἰς μαρτυρίαν ἵνα μαρτυρήσῃ περὶ τοῦ φωτός, ἵνα πάντες πιστεύσωσιν δι' αὐτοῦ. 8 οὐκ ἦν ἐκεῖνος τὸ φῶς, ἀλλ' ἵνα μαρτυρήσῃ περὶ τοῦ φωτός.

9 Ἦν τὸ φῶς τὸ ἀληθινόν[5], ὃ φωτίζει[6] πάντα ἄνθρωπον, ἐρχόμενον εἰς τὸν κόσμον. 10 ἐν τῷ κόσμῳ ἦν, καὶ ὁ κόσμος δι' αὐτοῦ ἐγένετο, καὶ ὁ κόσμος αὐτὸν οὐκ ἔγνω[7]. 11 εἰς τὰ ἴδια ἦλθεν, καὶ οἱ ἴδιοι αὐτὸν οὐ παρέλαβον. 12 ὅσοι δὲ ἔλαβον αὐτόν, ἔδωκεν αὐτοῖς ἐξουσίαν τέκνα θεοῦ γενέσθαι, τοῖς πιστεύουσιν εἰς τὸ ὄνομα αὐτοῦ, 13 οἳ οὐκ ἐξ αἱμάτων οὐδὲ ἐκ θελήματος σαρκὸς οὐδὲ ἐκ θελήματος ἀνδρὸς ἀλλ' ἐκ θεοῦ ἐγεννήθησαν[8].

14 Καὶ ὁ λόγος σὰρξ ἐγένετο καὶ ἐσκήνωσεν[9] ἐν ἡμῖν, καὶ ἐθεασάμεθα[10] τὴν δόξαν αὐτοῦ, δόξαν ὡς μονογενοῦς[11] παρὰ πατρός, πλήρης[12] χάριτος καὶ ἀληθείας. 15 Ἰωάννης μαρτυρεῖ περὶ αὐτοῦ καὶ κέκραγεν[13] λέγων· οὗτος ἦν ὃν εἶπον· ὁ ὀπίσω μου ἐρχόμενος ἔμπροσθέν μου γέγονεν, ὅτι πρῶτός μου ἦν. 16 ὅτι ἐκ τοῦ πληρώματος[14] αὐτοῦ ἡμεῖς πάντες ἐλάβομεν καὶ χάριν ἀντὶ[15] χάριτος· 17 ὅτι ὁ νόμος διὰ Μωϋσέως ἐδόθη[16], ἡ χάρις καὶ ἡ ἀλήθεια διὰ Ἰησοῦ Χριστοῦ ἐγένετο. 18 θεὸν οὐδεὶς ἑώρακεν[17] πώποτε[18]· μονογενὴς θεὸς ὁ ὢν εἰς τὸν κόλπον[19] τοῦ πατρὸς ἐκεῖνος ἐξηγήσατο[20].

---

[1] γίνομαι 3s pf act ind, become
[2] σκοτία, -ας f, darkness
[3] καταλαμβάνω 3s aor act ind, put out/understand
[4] ἀποστέλλω pf pas ptc m s nom, send
[5] ἀληθινός, -ή/όν, true
[6] φωτίζω 3s pres act ind, give light to
[7] γινώσκω 3s aor act ind, know
[8] γεννάω 3p aor pas ind, pas be born
[9] σκηνόω 3s aor act ind, live
[10] θεάομαι 1p aor mid ind, see
[11] μονογενής, -ές, only
[12] πλήρης, -ες indeclinable here, full
[13] κράζω 3s pf act ind, shout
[14] πλήρωμα, -τος n, fullness
[15] ἀντί, prep + gen, for/upon/in place of
[16] δίδωμι 3s aor pas ind, give
[17] ὁράω 3s pf act ind, see
[18] πώποτε, adv, ever
[19] κόλπος, -ου m, chest (εἰς τὸν κ. close to)
[20] ἐξηγέομαι 3s aor mid ind, reveal

The Testimony of John the Baptist (Mt 3.1-12; Mk 1.2-8; Lk 3.15-17)

19 Καὶ αὕτη ἐστὶν ἡ μαρτυρία τοῦ Ἰωάννου, ὅτε ἀπέστειλαν¹ [πρὸς αὐτὸν] οἱ Ἰουδαῖοι ἐξ Ἱεροσολύμων ἱερεῖς καὶ Λευίτας ἵνα ἐρωτήσωσιν αὐτόν· σὺ τίς εἶ; 20 καὶ ὡμολόγησεν² καὶ οὐκ ἠρνήσατο³, καὶ ὡμολόγησεν ὅτι ἐγὼ οὐκ εἰμὶ ὁ χριστός. 21 καὶ ἠρώτησαν αὐτόν· τί οὖν; σὺ Ἠλίας εἶ; καὶ λέγει· οὐκ εἰμί. ὁ προφήτης εἶ σύ; καὶ ἀπεκρίθη· οὔ. 22 εἶπαν οὖν αὐτῷ· τίς εἶ; ἵνα ἀπόκρισιν⁴ δῶμεν⁵ τοῖς πέμψασιν⁶ ἡμᾶς· τί λέγεις περὶ σεαυτοῦ; 23 ἔφη·
ἐγὼ **φωνὴ βοῶντος**⁷ **ἐν τῇ ἐρήμῳ·**
εὐθύνατε⁸ **τὴν ὁδὸν κυρίου,**
καθὼς εἶπεν Ἠσαΐας ὁ προφήτης.

24 Καὶ ἀπεσταλμένοι⁹ ἦσαν ἐκ τῶν Φαρισαίων. 25 καὶ ἠρώτησαν αὐτὸν καὶ εἶπαν αὐτῷ· τί οὖν βαπτίζεις εἰ σὺ οὐκ εἶ ὁ χριστὸς οὐδὲ Ἠλίας οὐδὲ ὁ προφήτης; 26 ἀπεκρίθη αὐτοῖς ὁ Ἰωάννης λέγων· ἐγὼ βαπτίζω ἐν ὕδατι· μέσος ὑμῶν ἕστηκεν¹⁰ ὃν ὑμεῖς οὐκ οἴδατε, 27 ὁ ὀπίσω μου ἐρχόμενος, οὗ οὐκ εἰμὶ [ἐγὼ] ἄξιος ἵνα λύσω αὐτοῦ τὸν ἱμάντα¹¹ τοῦ ὑποδήματος¹². 28 ταῦτα ἐν Βηθανίᾳ ἐγένετο πέραν¹³ τοῦ Ἰορδάνου, ὅπου ἦν ὁ Ἰωάννης βαπτίζων.

The Lamb of God

29 Τῇ ἐπαύριον¹⁴ βλέπει τὸν Ἰησοῦν ἐρχόμενον πρὸς αὐτὸν καὶ λέγει· ἴδε¹⁵ ὁ ἀμνὸς¹⁶ τοῦ θεοῦ ὁ αἴρων τὴν ἁμαρτίαν τοῦ κόσμου. 30 οὗτός ἐστιν ὑπὲρ οὗ ἐγὼ εἶπον· ὀπίσω μου ἔρχεται ἀνὴρ ὃς ἔμπροσθέν μου γέγονεν, ὅτι πρῶτός μου ἦν. 31 κἀγὼ οὐκ ᾔδειν¹⁷ αὐτόν, ἀλλ' ἵνα φανερωθῇ τῷ Ἰσραὴλ διὰ τοῦτο ἦλθον ἐγὼ ἐν ὕδατι βαπτίζων. 32 καὶ ἐμαρτύρησεν Ἰωάννης λέγων ὅτι τεθέαμαι¹⁸ τὸ πνεῦμα καταβαῖνον ὡς περιστερὰν¹⁹ ἐξ οὐρανοῦ καὶ ἔμεινεν²⁰ ἐπ' αὐτόν. 33 κἀγὼ οὐκ ᾔδειν²¹ αὐτόν, ἀλλ' ὁ πέμψας²² με βαπτίζειν ἐν ὕδατι ἐκεῖνός μοι εἶπεν· ἐφ' ὃν ἂν ἴδῃς²³ τὸ πνεῦμα καταβαῖνον καὶ μένον ἐπ' αὐτόν, οὗτός ἐστιν ὁ βαπτίζων ἐν πνεύματι ἁγίῳ. 34 κἀγὼ ἑώρακα²⁴ καὶ μεμαρτύρηκα ὅτι οὗτός ἐστιν ὁ υἱὸς τοῦ θεοῦ.

---

1 ἀποστέλλω 3p aor act ind, send
2 ὁμολογέω 3s aor act ind, confess
3 ἀρνέομαι 3s aor mid ind, deny
4 ἀπόκρισις, -εως f, answer
5 δίδωμι 1p aor act sub, give
6 πέμπω aor act ptc m p dat, send
7 βοάω pres act ptc m s gen, shout
8 εὐθύνω 2p aor act impv, make straight
9 ἀποστέλλω pf pas ptc m p nom, send
10 ἵστημι 3s pf act ind, intrans stand
11 ἱμάς, -άντος m, strap
12 ὑπόδημα, -τος n, sandal
13 πέραν, prep + gen, beyond
14 ἐπαύριον, adv, the next day
15 ἴδε, interj, Look!
16 ἀμνός, -οῦ m, lamb
17 οἶδα 1s plpf act ind, know
18 θεάομαι 1s pf mid ind, see
19 περιστερά, -ᾶς f, dove
20 μένω 3s aor act ind, intrans remain
21 οἶδα 1s plpf act ind, know
22 πέμπω aor act ptc m s nom, send
23 ὁράω 2s aor act sub, see
24 ὁράω 1s pf act ind, see

The First Disciples

35 Τῇ ἐπαύριον¹ πάλιν εἱστήκει² ὁ Ἰωάννης καὶ ἐκ τῶν μαθητῶν αὐτοῦ δύο 36 καὶ ἐμβλέψας³ τῷ Ἰησοῦ περιπατοῦντι λέγει· ἴδε⁴ ὁ ἀμνὸς⁵ τοῦ θεοῦ. 37 καὶ ἤκουσαν οἱ δύο μαθηταὶ αὐτοῦ λαλοῦντος καὶ ἠκολούθησαν τῷ Ἰησοῦ. 38 στραφεὶς⁶ δὲ ὁ Ἰησοῦς καὶ θεασάμενος⁷ αὐτοὺς ἀκολουθοῦντας λέγει αὐτοῖς· τί ζητεῖτε; οἱ δὲ εἶπαν αὐτῷ· ῥαββί⁸, ὃ λέγεται μεθερμηνευόμενον⁹ διδάσκαλε, ποῦ μένεις; 39 λέγει αὐτοῖς· ἔρχεσθε καὶ ὄψεσθε¹⁰. ἦλθαν οὖν καὶ εἶδαν ποῦ μένει καὶ παρ' αὐτῷ ἔμειναν¹¹ τὴν ἡμέραν ἐκείνην· ὥρα ἦν ὡς δεκάτη¹². 40 ἦν Ἀνδρέας ὁ ἀδελφὸς Σίμωνος Πέτρου εἷς ἐκ τῶν δύο τῶν ἀκουσάντων παρὰ Ἰωάννου καὶ ἀκολουθησάντων αὐτῷ· 41 εὑρίσκει οὗτος πρῶτον τὸν ἀδελφὸν τὸν ἴδιον Σίμωνα καὶ λέγει αὐτῷ· εὑρήκαμεν¹³ τὸν Μεσσίαν, ὅ ἐστιν μεθερμηνευόμενον χριστός. 42 ἤγαγεν¹⁴ αὐτὸν πρὸς τὸν Ἰησοῦν. ἐμβλέψας¹⁵ αὐτῷ ὁ Ἰησοῦς εἶπεν· σὺ εἶ Σίμων ὁ υἱὸς Ἰωάννου, σὺ κληθήσῃ¹⁶ Κηφᾶς, ὃ ἑρμηνεύεται¹⁷ Πέτρος.

The Calling of Philip and Nathanael

43 Τῇ ἐπαύριον¹⁸ ἠθέλησεν ἐξελθεῖν εἰς τὴν Γαλιλαίαν καὶ εὑρίσκει Φίλιππον. καὶ λέγει αὐτῷ ὁ Ἰησοῦς· ἀκολούθει μοι. 44 ἦν δὲ ὁ Φίλιππος ἀπὸ Βηθσαϊδά, ἐκ τῆς πόλεως Ἀνδρέου καὶ Πέτρου. 45 εὑρίσκει Φίλιππος τὸν Ναθαναὴλ καὶ λέγει αὐτῷ· ὃν ἔγραψεν Μωϋσῆς ἐν τῷ νόμῳ καὶ οἱ προφῆται εὑρήκαμεν¹⁹, Ἰησοῦν υἱὸν τοῦ Ἰωσὴφ τὸν ἀπὸ Ναζαρέτ. 46 καὶ εἶπεν αὐτῷ Ναθαναήλ· ἐκ Ναζαρὲτ δύναταί τι ἀγαθὸν εἶναι; λέγει αὐτῷ [ὁ] Φίλιππος· ἔρχου καὶ ἴδε. 47 εἶδεν ὁ Ἰησοῦς τὸν Ναθαναὴλ ἐρχόμενον πρὸς αὐτὸν καὶ λέγει περὶ αὐτοῦ· ἴδε²⁰ ἀληθῶς²¹ Ἰσραηλίτης ἐν ᾧ δόλος²² οὐκ ἔστιν. 48 λέγει αὐτῷ Ναθαναήλ· πόθεν²³ με γινώσκεις; ἀπεκρίθη Ἰησοῦς καὶ εἶπεν αὐτῷ· πρὸ τοῦ σε Φίλιππον φωνῆσαι ὄντα ὑπὸ τὴν συκῆν²⁴ εἶδόν σε. 49 ἀπεκρίθη αὐτῷ Ναθαναήλ· ῥαββί²⁵, σὺ εἶ ὁ υἱὸς τοῦ θεοῦ, σὺ βασιλεὺς εἶ τοῦ Ἰσραήλ. 50 ἀπεκρίθη Ἰησοῦς καὶ εἶπεν αὐτῷ· ὅτι εἶπόν σοι ὅτι εἶδόν σε ὑποκάτω²⁶ τῆς συκῆς, πιστεύεις; μείζω²⁷ τούτων ὄψῃ²⁸. 51 καὶ λέγει αὐτῷ· ἀμὴν ἀμὴν λέγω

---

1 ἐπαύριον, adv, the next day
2 ἵστημι 3s plpf act ind, intrans stand
3 ἐμβλέπω aor act ptc m s nom, look straight at
4 ἴδε, interj, Look!
5 ἀμνός, -οῦ m, lamb
6 στρέφω aor pas ptc m s nom, turn
7 θεάομαι aor mid ptc m s nom, see
8 ῥαββί, rabbi (honorary title)
9 μεθερμηνεύω pres pas ptc n s nom, translate
10 ὁράω 2p fut mid ind, see
11 μένω 3p aor act ind, stay
12 δέκατος, -η/ον, tenth
13 εὑρίσκω 1p pf act ind, find
14 ἄγω 3s aor act ind, lead
15 ἐμβλέπω aor act ptc m s nom, look straight at
16 καλέω 2s fut pas ind, call
17 ἑρμηνεύω 3s pres pas ind, pas mean
18 ἐπαύριον, adv, the next day
19 εὑρίσκω 1p pf act ind, find
20 ἴδε, interj, Look!
21 ἀληθῶς, adv, truly
22 δόλος, -ου m, deceit
23 πόθεν, adv, from where
24 συκῆ, -ῆς f, fig tree
25 ῥαββί, rabbi (honorary title)
26 ὑποκάτω, prep + gen, under
27 μέγας, great (comp)
28 ὁράω 2s fut mid ind, see

ὑμῖν, ὄψεσθε¹ τὸν οὐρανὸν ἀνεῳγότα² καὶ τοὺς ἀγγέλους τοῦ θεοῦ ἀναβαίνοντας καὶ καταβαίνοντας ἐπὶ τὸν υἱὸν τοῦ ἀνθρώπου.

The Wedding at Cana

2 Καὶ τῇ ἡμέρᾳ τῇ τρίτῃ γάμος³ ἐγένετο ἐν Κανὰ τῆς Γαλιλαίας, καὶ ἦν ἡ μήτηρ τοῦ Ἰησοῦ ἐκεῖ· 2 ἐκλήθη⁴ δὲ καὶ ὁ Ἰησοῦς καὶ οἱ μαθηταὶ αὐτοῦ εἰς τὸν γάμον. 3 καὶ ὑστερήσαντος⁵ οἴνου λέγει ἡ μήτηρ τοῦ Ἰησοῦ πρὸς αὐτόν· οἶνον οὐκ ἔχουσιν. 4 [καὶ] λέγει αὐτῇ ὁ Ἰησοῦς· τί ἐμοὶ καὶ σοί, γύναι; οὔπω⁶ ἥκει⁷ ἡ ὥρα μου. 5 λέγει ἡ μήτηρ αὐτοῦ τοῖς διακόνοις⁸· ὅ τι ἂν λέγῃ ὑμῖν ποιήσατε. 6 ἦσαν δὲ ἐκεῖ λίθιναι⁹ ὑδρίαι¹⁰ ἓξ¹¹ κατὰ τὸν καθαρισμὸν¹² τῶν Ἰουδαίων κείμεναι¹³, χωροῦσαι¹⁴ ἀνὰ¹⁵ μετρητὰς¹⁶ δύο ἢ τρεῖς. 7 λέγει αὐτοῖς ὁ Ἰησοῦς· γεμίσατε¹⁷ τὰς ὑδρίας ὕδατος. καὶ ἐγέμισαν αὐτὰς ἕως ἄνω¹⁸. 8 καὶ λέγει αὐτοῖς· ἀντλήσατε¹⁹ νῦν καὶ φέρετε τῷ ἀρχιτρικλίνῳ²⁰· οἱ δὲ ἤνεγκαν²¹. 9 ὡς δὲ ἐγεύσατο²² ὁ ἀρχιτρίκλινος τὸ ὕδωρ οἶνον γεγενημένον²³ καὶ οὐκ ᾔδει²⁴ πόθεν²⁵ ἐστίν, οἱ δὲ διάκονοι ᾔδεισαν οἱ ἠντληκότες²⁶ τὸ ὕδωρ, φωνεῖ τὸν νυμφίον²⁷ ὁ ἀρχιτρίκλινος 10 καὶ λέγει αὐτῷ· πᾶς ἄνθρωπος πρῶτον τὸν καλὸν οἶνον τίθησιν καὶ ὅταν μεθυσθῶσιν²⁸ τὸν ἐλάσσω²⁹· σὺ τετήρηκας³⁰ τὸν καλὸν οἶνον ἕως ἄρτι. 11 ταύτην ἐποίησεν ἀρχὴν τῶν σημείων ὁ Ἰησοῦς ἐν Κανὰ τῆς Γαλιλαίας καὶ ἐφανέρωσεν τὴν δόξαν αὐτοῦ, καὶ ἐπίστευσαν εἰς αὐτὸν οἱ μαθηταὶ αὐτοῦ.

12 Μετὰ τοῦτο κατέβη³¹ εἰς Καφαρναοὺμ αὐτὸς καὶ ἡ μήτηρ αὐτοῦ καὶ οἱ ἀδελφοὶ [αὐτοῦ] καὶ οἱ μαθηταὶ αὐτοῦ καὶ ἐκεῖ ἔμειναν³² οὐ πολλὰς ἡμέρας.

The Cleansing of the Temple (Mt 21.12-13; Mk 11.15-17; Lk 19.45-46)

13 Καὶ ἐγγὺς ἦν τὸ πάσχα³³ τῶν Ἰουδαίων, καὶ ἀνέβη³⁴ εἰς Ἱεροσόλυμα ὁ Ἰησοῦς.

14 Καὶ εὗρεν³⁵ ἐν τῷ ἱερῷ τοὺς πωλοῦντας³⁶ βόας³⁷ καὶ πρόβατα καὶ περιστερὰς³⁸

---

¹ ὁράω 2p fut mid ind, see
² ἀνοίγω pf act ptc m s acc, open
³ γάμος, -ου m, wedding
⁴ καλέω 3s aor pas ind, invite
⁵ ὑστερέω aor act ptc m s gen, give out
⁶ οὔπω, adv, not yet
⁷ ἥκω 3s pres act ind, come
⁸ διάκονος, -ου m & f, servant
⁹ λίθινος, -η/ον, made of stone
¹⁰ ὑδρία, -ας f, water jar
¹¹ ἕξ, six
¹² καθαρισμός, -οῦ m, purification
¹³ κεῖμαι pres mid ptc f p nom, stand
¹⁴ χωρέω pres act ptc f p nom, hold
¹⁵ ἀνά, prep + acc, each (one)
¹⁶ μετρητής, -οῦ m, measure (about 9-10 gallons or 39 liters)
¹⁷ γεμίζω 2p aor act impv, fill
¹⁸ ἄνω, adv, up (ἕως ἄνω to the brim)
¹⁹ ἀντλέω 2p aor act impv, draw (water)
²⁰ ἀρχιτρίκλινος, -ου m, person in charge
²¹ φέρω 3p aor act ind, take
²² γεύομαι 3s aor mid ind, taste
²³ γίνομαι pf pas ptc n s acc, become
²⁴ οἶδα 3s plpf act ind, know
²⁵ πόθεν, adv, from where
²⁶ ἀντλέω pf act ptc m p nom, draw (water)
²⁷ νυμφίος, -ου m, bridegroom
²⁸ μεθύσκω 3p aor pas sub, pas get drunk
²⁹ ἐλάσσων, inferior (comp of μικρός)
³⁰ τηρέω 2s pf act ind, keep
³¹ καταβαίνω 3s aor act ind, go (down)
³² μένω 3p aor act ind, stay
³³ πάσχα, n, Passover
³⁴ ἀναβαίνω 3s aor act ind, go (up)
³⁵ εὑρίσκω 3s aor act ind, find
³⁶ πωλέω pres act ptc m p acc, sell
³⁷ βοῦς, βοός m, ox
³⁸ περιστερά, -ᾶς f, dove/pigeon

καὶ τοὺς κερματιστὰς¹ καθημένους, 15 καὶ ποιήσας φραγέλλιον² ἐκ σχοινίων³ πάντας ἐξέβαλεν⁴ ἐκ τοῦ ἱεροῦ τά τε πρόβατα καὶ τοὺς βόας, καὶ τῶν κολλυβιστῶν⁵ ἐξέχεεν⁶ τὸ κέρμα⁷ καὶ τὰς τραπέζας⁸ ἀνέτρεψεν⁹, 16 καὶ τοῖς τὰς περιστερὰς πωλοῦσιν εἶπεν· ἄρατε¹⁰ ταῦτα ἐντεῦθεν¹¹, μὴ ποιεῖτε τὸν οἶκον τοῦ πατρός μου οἶκον ἐμπορίου¹². 17 ἐμνήσθησαν¹³ οἱ μαθηταὶ αὐτοῦ ὅτι γεγραμμένον¹⁴ ἐστίν· ὁ ζῆλος¹⁵ τοῦ οἴκου σου καταφάγεταί¹⁶ με.

18 Ἀπεκρίθησαν οὖν οἱ Ἰουδαῖοι καὶ εἶπαν αὐτῷ· τί σημεῖον δεικνύεις¹⁷ ἡμῖν ὅτι ταῦτα ποιεῖς; 19 ἀπεκρίθη Ἰησοῦς καὶ εἶπεν αὐτοῖς· λύσατε τὸν ναὸν τοῦτον καὶ ἐν τρισὶν ἡμέραις ἐγερῶ¹⁸ αὐτόν. 20 εἶπαν οὖν οἱ Ἰουδαῖοι· τεσσεράκοντα¹⁹ καὶ ἕξ²⁰ ἔτεσιν²¹ οἰκοδομήθη ὁ ναὸς οὗτος, καὶ σὺ ἐν τρισὶν ἡμέραις ἐγερεῖς αὐτόν; 21 ἐκεῖνος δὲ ἔλεγεν περὶ τοῦ ναοῦ τοῦ σώματος αὐτοῦ. 22 ὅτε οὖν ἠγέρθη²² ἐκ νεκρῶν, ἐμνήσθησαν²³ οἱ μαθηταὶ αὐτοῦ ὅτι τοῦτο ἔλεγεν, καὶ ἐπίστευσαν τῇ γραφῇ καὶ τῷ λόγῳ ὃν εἶπεν ὁ Ἰησοῦς.

Jesus Knows All People

23 Ὡς δὲ ἦν ἐν τοῖς Ἱεροσολύμοις ἐν τῷ πάσχα²⁴ ἐν τῇ ἑορτῇ²⁵, πολλοὶ ἐπίστευσαν εἰς τὸ ὄνομα αὐτοῦ θεωροῦντες αὐτοῦ τὰ σημεῖα ἃ ἐποίει· 24 αὐτὸς δὲ Ἰησοῦς οὐκ ἐπίστευεν αὐτὸν αὐτοῖς διὰ τὸ αὐτὸν γινώσκειν πάντας 25 καὶ ὅτι οὐ χρείαν εἶχεν²⁶ ἵνα τις μαρτυρήσῃ περὶ τοῦ ἀνθρώπου· αὐτὸς γὰρ ἐγίνωσκεν τί ἦν ἐν τῷ ἀνθρώπῳ.

Jesus and Nicodemus

3 Ἦν δὲ ἄνθρωπος ἐκ τῶν Φαρισαίων, Νικόδημος ὄνομα αὐτῷ, ἄρχων τῶν Ἰουδαίων· 2 οὗτος ἦλθεν πρὸς αὐτὸν νυκτὸς καὶ εἶπεν αὐτῷ· ῥαββί²⁷, οἴδαμεν ὅτι ἀπὸ θεοῦ ἐλήλυθας²⁸ διδάσκαλος· οὐδεὶς γὰρ δύναται ταῦτα τὰ σημεῖα ποιεῖν ἃ σὺ ποιεῖς, ἐὰν μὴ ᾖ ὁ θεὸς μετ' αὐτοῦ. 3 ἀπεκρίθη Ἰησοῦς καὶ εἶπεν αὐτῷ· ἀμὴν ἀμὴν λέγω σοι, ἐὰν μή τις γεννηθῇ ἄνωθεν²⁹, οὐ δύναται ἰδεῖν τὴν βασιλείαν τοῦ θεοῦ. 4 λέγει πρὸς αὐτὸν [ὁ] Νικόδημος· πῶς δύναται ἄνθρωπος γεννηθῆναι γέρων³⁰ ὤν; μὴ δύναται εἰς τὴν κοιλίαν³¹ τῆς μητρὸς αὐτοῦ δεύτερον εἰσελθεῖν καὶ

[1] κερματιστής, -οῦ m, money changer
[2] φραγέλλιον, -ου n, whip
[3] σχοινίον, -ου n, rope
[4] ἐκβάλλω 3s aor act ind, force/drive out
[5] κολλυβιστής, -οῦ m, money changer
[6] ἐκχέω 3s aor act ind, pour out
[7] κέρμα, -τος n, coin
[8] τράπεζα, -ης f, table
[9] ἀνατρέπω 3s aor act ind, overturn
[10] αἴρω 2p aor act impv, take
[11] ἐντεῦθεν, adv, from here
[12] ἐμπόριον, -ου n, market
[13] μιμνῄσκομαι 3p aor pas ind, remember
[14] γράφω pf pas ptc n s nom, write
[15] ζῆλος, -ου m, zeal
[16] κατεσθίω 3s fut mid ind, consume
[17] δεικνύω 2s pres act ind, show
[18] ἐγείρω 1s fut act ind, raise up
[19] τεσσεράκοντα, forty
[20] ἕξ, six
[21] ἔτος, -ους n, year
[22] ἐγείρω 3s aor pas ind, raise
[23] μιμνῄσκομαι 3p aor pas ind, remember
[24] πάσχα, n, Passover
[25] ἑορτή, -ῆς f, festival
[26] ἔχω 3s impf act ind, have
[27] ῥαββί, rabbi (honorary title)
[28] ἔρχομαι 2s pf act ind, come
[29] ἄνωθεν, adv, from above/again
[30] γέρων, -οντος m, old man
[31] κοιλία, -ας f, womb

γεννηθῆναι; 5 ἀπεκρίθη Ἰησοῦς· ἀμὴν ἀμὴν λέγω σοι, ἐὰν μή τις γεννηθῇ ἐξ ὕδατος καὶ πνεύματος, οὐ δύναται εἰσελθεῖν εἰς τὴν βασιλείαν τοῦ θεοῦ. 6 τὸ γεγεννημένον ἐκ τῆς σαρκὸς σάρξ ἐστιν, καὶ τὸ γεγεννημένον ἐκ τοῦ πνεύματος πνεῦμά ἐστιν. 7 μὴ θαυμάσῃς ὅτι εἶπόν σοι· δεῖ ὑμᾶς γεννηθῆναι ἄνωθεν. 8 τὸ πνεῦμα ὅπου θέλει πνεῖ[1] καὶ τὴν φωνὴν αὐτοῦ ἀκούεις, ἀλλ' οὐκ οἶδας πόθεν[2] ἔρχεται καὶ ποῦ ὑπάγει· οὕτως ἐστὶν πᾶς ὁ γεγεννημένος ἐκ τοῦ πνεύματος. 9 ἀπεκρίθη Νικόδημος καὶ εἶπεν αὐτῷ· πῶς δύναται ταῦτα γενέσθαι; 10 ἀπεκρίθη Ἰησοῦς καὶ εἶπεν αὐτῷ· σὺ εἶ ὁ διδάσκαλος τοῦ Ἰσραὴλ καὶ ταῦτα οὐ γινώσκεις; 11 ἀμὴν ἀμὴν λέγω σοι ὅτι ὃ οἴδαμεν λαλοῦμεν καὶ ὃ ἑωράκαμεν[3] μαρτυροῦμεν, καὶ τὴν μαρτυρίαν ἡμῶν οὐ λαμβάνετε. 12 εἰ τὰ ἐπίγεια[4] εἶπον ὑμῖν καὶ οὐ πιστεύετε, πῶς ἐὰν εἴπω ὑμῖν τὰ ἐπουράνια[5] πιστεύσετε; 13 καὶ οὐδεὶς ἀναβέβηκεν[6] εἰς τὸν οὐρανὸν εἰ μὴ ὁ ἐκ τοῦ οὐρανοῦ καταβάς[7], ὁ υἱὸς τοῦ ἀνθρώπου. 14 καὶ καθὼς Μωϋσῆς ὕψωσεν[8] τὸν ὄφιν[9] ἐν τῇ ἐρήμῳ, οὕτως ὑψωθῆναι δεῖ τὸν υἱὸν τοῦ ἀνθρώπου, 15 ἵνα πᾶς ὁ πιστεύων ἐν αὐτῷ ἔχῃ ζωὴν αἰώνιον. 16 οὕτως γὰρ ἠγάπησεν ὁ θεὸς τὸν κόσμον, ὥστε τὸν υἱὸν τὸν μονογενῆ[10] ἔδωκεν, ἵνα πᾶς ὁ πιστεύων εἰς αὐτὸν μὴ ἀπόληται[11] ἀλλ' ἔχῃ ζωὴν αἰώνιον. 17 οὐ γὰρ ἀπέστειλεν[12] ὁ θεὸς τὸν υἱὸν εἰς τὸν κόσμον ἵνα κρίνῃ τὸν κόσμον, ἀλλ' ἵνα σωθῇ[13] ὁ κόσμος δι' αὐτοῦ. 18 ὁ πιστεύων εἰς αὐτὸν οὐ κρίνεται· ὁ δὲ μὴ πιστεύων ἤδη κέκριται[14], ὅτι μὴ πεπίστευκεν εἰς τὸ ὄνομα τοῦ μονογενοῦς υἱοῦ τοῦ θεοῦ. 19 αὕτη δέ ἐστιν ἡ κρίσις ὅτι τὸ φῶς ἐλήλυθεν[15] εἰς τὸν κόσμον καὶ ἠγάπησαν οἱ ἄνθρωποι μᾶλλον τὸ σκότος ἢ τὸ φῶς· ἦν γὰρ αὐτῶν πονηρὰ τὰ ἔργα. 20 πᾶς γὰρ ὁ φαῦλα[16] πράσσων μισεῖ τὸ φῶς καὶ οὐκ ἔρχεται πρὸς τὸ φῶς, ἵνα μὴ ἐλεγχθῇ[17] τὰ ἔργα αὐτοῦ· 21 ὁ δὲ ποιῶν τὴν ἀλήθειαν ἔρχεται πρὸς τὸ φῶς, ἵνα φανερωθῇ αὐτοῦ τὰ ἔργα ὅτι ἐν θεῷ ἐστιν εἰργασμένα[18].

Jesus and John the Baptist

22 Μετὰ ταῦτα ἦλθεν ὁ Ἰησοῦς καὶ οἱ μαθηταὶ αὐτοῦ εἰς τὴν Ἰουδαίαν γῆν καὶ ἐκεῖ διέτριβεν[19] μετ' αὐτῶν καὶ ἐβάπτιζεν.

23 Ἦν δὲ καὶ ὁ Ἰωάννης βαπτίζων ἐν Αἰνὼν ἐγγὺς τοῦ Σαλείμ, ὅτι ὕδατα πολλὰ ἦν ἐκεῖ, καὶ παρεγίνοντο καὶ ἐβαπτίζοντο· 24 οὔπω[20] γὰρ ἦν βεβλημένος[21] εἰς τὴν φυλακὴν ὁ Ἰωάννης.

---

[1] πνέω 3s pres act ind, blow
[2] πόθεν, adv, from where
[3] ὁράω 1p pf act ind, see
[4] ἐπίγειος, -ον, earthly
[5] ἐπουράνιος, -ον, heavenly
[6] ἀναβαίνω 3s pf act ind, go (up)
[7] καταβαίνω aor act ptc m s nom, come down
[8] ὑψόω 3s aor act ind, lift up
[9] ὄφις, -εως m, snake
[10] μονογενής, -ές, only
[11] ἀπόλλυμι 3s aor mid sub, mid be lost/perish
[12] ἀποστέλλω 3s aor act ind, send
[13] σῴζω 3s aor pas sub, save
[14] κρίνω 3s pf pas ind, judge
[15] ἔρχομαι 3s pf act ind, come
[16] φαῦλος, -η/ον, evil
[17] ἐλέγχω 3s aor pas sub, expose
[18] ἐργάζομαι pf pas ptc n p nom, do
[19] διατρίβω 3s impf act ind, stay
[20] οὔπω, adv, not yet
[21] βάλλω pf pas ptc m s nom, put

25 Ἐγένετο οὖν ζήτησις¹ ἐκ τῶν μαθητῶν Ἰωάννου μετὰ Ἰουδαίου περὶ καθαρισμοῦ². 26 καὶ ἦλθον πρὸς τὸν Ἰωάννην καὶ εἶπαν αὐτῷ· ῥαββί³, ὃς ἦν μετὰ σοῦ πέραν⁴ τοῦ Ἰορδάνου, ᾧ σὺ μεμαρτύρηκας, ἴδε⁵ οὗτος βαπτίζει καὶ πάντες ἔρχονται πρὸς αὐτόν. 27 ἀπεκρίθη Ἰωάννης καὶ εἶπεν· οὐ δύναται ἄνθρωπος λαμβάνειν οὐδὲ ἓν ἐὰν μὴ ᾖ δεδομένον⁶ αὐτῷ ἐκ τοῦ οὐρανοῦ. 28 αὐτοὶ ὑμεῖς μοι μαρτυρεῖτε ὅτι εἶπον [ὅτι] οὐκ εἰμὶ ἐγὼ ὁ χριστός, ἀλλ' ὅτι ἀπεσταλμένος⁷ εἰμὶ ἔμπροσθεν ἐκείνου. 29 ὁ ἔχων τὴν νύμφην⁸ νυμφίος⁹ ἐστίν· ὁ δὲ φίλος¹⁰ τοῦ νυμφίου ὁ ἑστηκὼς¹¹ καὶ ἀκούων αὐτοῦ χαρᾷ χαίρει διὰ τὴν φωνὴν τοῦ νυμφίου. αὕτη οὖν ἡ χαρὰ ἡ ἐμὴ πεπλήρωται. 30 ἐκεῖνον δεῖ αὐξάνειν¹², ἐμὲ δὲ ἐλαττοῦσθαι¹³.

The One Who Comes from Heaven

31 Ὁ ἄνωθεν¹⁴ ἐρχόμενος ἐπάνω¹⁵ πάντων ἐστίν· ὁ ὢν ἐκ τῆς γῆς ἐκ τῆς γῆς ἐστιν καὶ ἐκ τῆς γῆς λαλεῖ. ὁ ἐκ τοῦ οὐρανοῦ ἐρχόμενος [ἐπάνω πάντων ἐστίν]· 32 ὃ ἑώρακεν¹⁶ καὶ ἤκουσεν τοῦτο μαρτυρεῖ, καὶ τὴν μαρτυρίαν αὐτοῦ οὐδεὶς λαμβάνει. 33 ὁ λαβὼν αὐτοῦ τὴν μαρτυρίαν ἐσφράγισεν¹⁷ ὅτι ὁ θεὸς ἀληθής¹⁸ ἐστιν. 34 ὃν γὰρ ἀπέστειλεν¹⁹ ὁ θεὸς τὰ ῥήματα τοῦ θεοῦ λαλεῖ, οὐ γὰρ ἐκ μέτρου²⁰ δίδωσιν τὸ πνεῦμα. 35 ὁ πατὴρ ἀγαπᾷ τὸν υἱὸν καὶ πάντα δέδωκεν²¹ ἐν τῇ χειρὶ αὐτοῦ. 36 ὁ πιστεύων εἰς τὸν υἱὸν ἔχει ζωὴν αἰώνιον· ὁ δὲ ἀπειθῶν²² τῷ υἱῷ οὐκ ὄψεται²³ ζωήν, ἀλλ' ἡ ὀργὴ τοῦ θεοῦ μένει ἐπ' αὐτόν.

Jesus and the Woman of Samaria

4 Ὡς οὖν ἔγνω²⁴ ὁ Ἰησοῦς ὅτι ἤκουσαν οἱ Φαρισαῖοι ὅτι Ἰησοῦς πλείονας²⁵ μαθητὰς ποιεῖ καὶ βαπτίζει ἢ Ἰωάννης 2 — καίτοιγε²⁶ Ἰησοῦς αὐτὸς οὐκ ἐβάπτιζεν ἀλλ' οἱ μαθηταὶ αὐτοῦ — 3 ἀφῆκεν²⁷ τὴν Ἰουδαίαν καὶ ἀπῆλθεν πάλιν εἰς τὴν Γαλιλαίαν. 4 Ἔδει²⁸ δὲ αὐτὸν διέρχεσθαι διὰ τῆς Σαμαρείας. 5 ἔρχεται οὖν εἰς πόλιν τῆς Σαμαρείας λεγομένην Συχὰρ πλησίον²⁹ τοῦ χωρίου³⁰ ὃ ἔδωκεν Ἰακὼβ [τῷ] Ἰωσὴφ τῷ υἱῷ αὐτοῦ· 6 ἦν δὲ ἐκεῖ πηγὴ³¹ τοῦ Ἰακώβ. ὁ οὖν Ἰησοῦς κεκοπιακὼς³² ἐκ τῆς

---

[1] ζήτησις, -εως f, argument
[2] καθαρισμός, -οῦ m, purification
[3] ῥαββί, rabbi (honorary title)
[4] πέραν, prep + gen, beyond
[5] ἴδε, interj, Look!
[6] δίδωμι pf pas ptc n s nom, give
[7] ἀποστέλλω pf pas ptc m s nom, send
[8] νύμφη, -ης f, bride
[9] νυμφίος, -ου m, bridegroom
[10] φίλος, -ου m, friend
[11] ἵστημι pf act ptc m s nom, intrans stand
[12] αὐξάνω pres act inf, become more important
[13] ἐλαττόω pres pas inf, pas become less important
[14] ἄνωθεν, adv, from above
[15] ἐπάνω, prep + gen, above
[16] ὁράω 3s pf act ind, see
[17] σφραγίζω 3s aor act ind, verify
[18] ἀληθής, -ές, truthful
[19] ἀποστέλλω 3s aor act ind, send
[20] μέτρον, -ου n, measure (οὐκ ἐκ μ. without measure)
[21] δίδωμι 3s pf act ind, place
[22] ἀπειθέω pres act ptc m s nom, reject
[23] ὁράω 3s fut mid ind, see
[24] γινώσκω 3s aor act ind, know
[25] πολύς, many (comp)
[26] καίτοιγε, conj, although
[27] ἀφίημι 3s aor act ind, leave
[28] δεῖ 3s impf act ind, impers be necessary
[29] πλησίον, prep + gen, near
[30] χωρίον, -ου n, field
[31] πηγή, -ῆς f, well
[32] κοπιάω pf act ptc m s nom, become tired

ὁδοιπορίας¹ ἐκαθέζετο² οὕτως ἐπὶ τῇ πηγῇ· ὥρα ἦν ὡς ἕκτη³. **7** ἔρχεται γυνὴ ἐκ τῆς Σαμαρείας ἀντλῆσαι⁴ ὕδωρ. λέγει αὐτῇ ὁ Ἰησοῦς· δός⁵ μοι πεῖν⁶· **8** οἱ γὰρ μαθηταὶ αὐτοῦ ἀπεληλύθεισαν⁷ εἰς τὴν πόλιν ἵνα τροφὰς⁸ ἀγοράσωσιν. **9** λέγει οὖν αὐτῷ ἡ γυνὴ ἡ Σαμαρῖτις· πῶς σὺ Ἰουδαῖος ὢν παρ' ἐμοῦ πεῖν αἰτεῖς γυναικὸς Σαμαρίτιδος οὔσης; οὐ γὰρ συγχρῶνται⁹ Ἰουδαῖοι Σαμαρίταις. **10** ἀπεκρίθη Ἰησοῦς καὶ εἶπεν αὐτῇ· εἰ ᾔδεις¹⁰ τὴν δωρεὰν¹¹ τοῦ θεοῦ καὶ τίς ἐστιν ὁ λέγων σοι· δός¹² μοι πεῖν¹³, σὺ ἂν ᾔτησας¹⁴ αὐτὸν καὶ ἔδωκεν ἄν σοι ὕδωρ ζῶν. **11** λέγει αὐτῷ [ἡ γυνή]· κύριε, οὔτε ἄντλημα¹⁵ ἔχεις καὶ τὸ φρέαρ¹⁶ ἐστὶν βαθύ¹⁷· πόθεν¹⁸ οὖν ἔχεις τὸ ὕδωρ τὸ ζῶν; **12** μὴ σὺ μείζων¹⁹ εἶ τοῦ πατρὸς ἡμῶν Ἰακώβ, ὃς ἔδωκεν ἡμῖν τὸ φρέαρ καὶ αὐτὸς ἐξ αὐτοῦ ἔπιεν²⁰ καὶ οἱ υἱοὶ αὐτοῦ καὶ τὰ θρέμματα²¹ αὐτοῦ; **13** ἀπεκρίθη Ἰησοῦς καὶ εἶπεν αὐτῇ· πᾶς ὁ πίνων ἐκ τοῦ ὕδατος τούτου διψήσει²² πάλιν· **14** ὃς δ' ἂν πίῃ²³ ἐκ τοῦ ὕδατος οὗ ἐγὼ δώσω²⁴ αὐτῷ, οὐ μὴ διψήσει εἰς τὸν αἰῶνα, ἀλλὰ τὸ ὕδωρ ὃ δώσω αὐτῷ γενήσεται²⁵ ἐν αὐτῷ πηγὴ²⁶ ὕδατος ἁλλομένου²⁷ εἰς ζωὴν αἰώνιον. **15** λέγει πρὸς αὐτὸν ἡ γυνή· κύριε, δός μοι τοῦτο τὸ ὕδωρ, ἵνα μὴ διψῶ²⁸ μηδὲ διέρχωμαι ἐνθάδε²⁹ ἀντλεῖν³⁰. **16** λέγει αὐτῇ· ὕπαγε φώνησον τὸν ἄνδρα σου καὶ ἐλθὲ³¹ ἐνθάδε. **17** ἀπεκρίθη ἡ γυνὴ καὶ εἶπεν αὐτῷ· οὐκ ἔχω ἄνδρα. λέγει αὐτῇ ὁ Ἰησοῦς· καλῶς εἶπας ὅτι ἄνδρα οὐκ ἔχω· **18** πέντε γὰρ ἄνδρας ἔσχες³² καὶ νῦν ὃν ἔχεις οὐκ ἔστιν σου ἀνήρ· τοῦτο ἀληθὲς³³ εἴρηκας³⁴. **19** λέγει αὐτῷ ἡ γυνή· κύριε, θεωρῶ ὅτι προφήτης εἶ σύ. **20** οἱ πατέρες ἡμῶν ἐν τῷ ὄρει τούτῳ προσεκύνησαν· καὶ ὑμεῖς λέγετε ὅτι ἐν Ἱεροσολύμοις ἐστὶν ὁ τόπος ὅπου προσκυνεῖν δεῖ. **21** λέγει αὐτῇ ὁ Ἰησοῦς· πίστευέ μοι, γύναι³⁵, ὅτι ἔρχεται ὥρα ὅτε οὔτε ἐν τῷ ὄρει τούτῳ οὔτε ἐν Ἱεροσολύμοις προσκυνήσετε τῷ πατρί. **22** ὑμεῖς προσκυνεῖτε ὃ οὐκ οἴδατε· ἡμεῖς προσκυνοῦμεν ὃ οἴδαμεν, ὅτι ἡ σωτηρία ἐκ τῶν Ἰουδαίων ἐστίν. **23** ἀλλ' ἔρχεται ὥρα καὶ νῦν ἐστιν, ὅτε οἱ ἀληθινοὶ³⁶ προσκυνηταὶ³⁷ προσκυνήσουσιν τῷ πατρὶ ἐν πνεύματι καὶ ἀληθείᾳ· καὶ γὰρ ὁ πατὴρ τοιούτους ζητεῖ τοὺς προσκυνοῦντας αὐτόν. **24** πνεῦμα ὁ θεός, καὶ τοὺς προσκυνοῦντας αὐτὸν ἐν πνεύματι καὶ ἀληθείᾳ

---

¹ ὁδοιπορία, -ας f, journey
² καθέζομαι 3s impf mid ind, sit down
³ ἕκτος, -η/ον, sixth
⁴ ἀντλέω aor act inf, draw (water)
⁵ δίδωμι 2s aor act impv, give
⁶ πίνω aor act inf, drink
⁷ ἀπέρχομαι 3p plpf act ind, go
⁸ τροφή, -ῆς f, food
⁹ συγχράομαι 3p pres mid ind, associate with/use dishes in common with
¹⁰ οἶδα 2s plpf act ind, know
¹¹ δωρεά, -ᾶς f, gift
¹² δίδωμι 2s aor act impv, give
¹³ πίνω aor act inf, drink
¹⁴ αἰτέω 2s aor act ind, ask
¹⁵ ἄντλημα, -τος n, bucket
¹⁶ φρέαρ, -ατος n, well
¹⁷ βαθύς, -εῖα/ύ, deep
¹⁸ πόθεν, adv, where?
¹⁹ μέγας, great (comp)
²⁰ πίνω 3s aor act ind, drink
²¹ θρέμμα, -τος n, pl cattle
²² διψάω 3s fut act ind, be thirsty
²³ πίνω 3s aor act sub, drink
²⁴ δίδωμι 1s fut act ind, give
²⁵ γίνομαι 3s fut mid ind, become
²⁶ πηγή, -ῆς f, spring
²⁷ ἅλλομαι pres mid ptc n s gen, well up
²⁸ διψάω 1s pres act sub, be thirsty
²⁹ ἐνθάδε, adv, here
³⁰ ἀντλέω pres act inf, draw (water)
³¹ ἔρχομαι 2s aor act impv, come back
³² ἔχω 2s aor act ind, have
³³ ἀληθής, -ές, truthful
³⁴ λέγω 2s pf act ind, say
³⁵ γυνή, -αικός f, voc γύναι, woman
³⁶ ἀληθινός, -ή/όν, true
³⁷ προσκυνητής, -οῦ m, worshiper

δεῖ προσκυνεῖν. 25 λέγει αὐτῷ ἡ γυνή· οἶδα ὅτι Μεσσίας[1] ἔρχεται ὁ λεγόμενος χριστός· ὅταν ἔλθῃ[2] ἐκεῖνος, ἀναγγελεῖ[3] ἡμῖν ἅπαντα. 26 λέγει αὐτῇ ὁ Ἰησοῦς· ἐγώ εἰμι, ὁ λαλῶν σοι.

27 Καὶ ἐπὶ τούτῳ ἦλθαν οἱ μαθηταὶ αὐτοῦ καὶ ἐθαύμαζον ὅτι μετὰ γυναικὸς ἐλάλει· οὐδεὶς μέντοι[4] εἶπεν· τί ζητεῖς ἢ τί λαλεῖς μετ' αὐτῆς; 28 ἀφῆκεν[5] οὖν τὴν ὑδρίαν[6] αὐτῆς ἡ γυνὴ καὶ ἀπῆλθεν εἰς τὴν πόλιν καὶ λέγει τοῖς ἀνθρώποις· 29 δεῦτε[7] ἴδετε[8] ἄνθρωπον ὃς εἶπέν μοι πάντα ὅσα ἐποίησα, μήτι[9] οὗτός ἐστιν ὁ χριστός; 30 ἐξῆλθον ἐκ τῆς πόλεως καὶ ἤρχοντο πρὸς αὐτόν. 31 Ἐν τῷ μεταξὺ[10] ἠρώτων αὐτὸν οἱ μαθηταὶ λέγοντες· ῥαββί[11], φάγε[12]. 32 ὁ δὲ εἶπεν αὐτοῖς· ἐγὼ βρῶσιν[13] ἔχω φαγεῖν[14] ἣν ὑμεῖς οὐκ οἴδατε. 33 ἔλεγον οὖν οἱ μαθηταὶ πρὸς ἀλλήλους· μή τις ἤνεγκεν[15] αὐτῷ φαγεῖν; 34 λέγει αὐτοῖς ὁ Ἰησοῦς· ἐμὸν βρῶμά[16] ἐστιν ἵνα ποιήσω τὸ θέλημα τοῦ πέμψαντός[17] με καὶ τελειώσω[18] αὐτοῦ τὸ ἔργον. 35 οὐχ ὑμεῖς λέγετε ὅτι ἔτι τετράμηνός[19] ἐστιν καὶ ὁ θερισμὸς[20] ἔρχεται; ἰδοὺ λέγω ὑμῖν, ἐπάρατε[21] τοὺς ὀφθαλμοὺς ὑμῶν καὶ θεάσασθε[22] τὰς χώρας[23] ὅτι λευκαί[24] εἰσιν πρὸς θερισμόν. ἤδη 36 ὁ θερίζων[25] μισθὸν[26] λαμβάνει καὶ συνάγει καρπὸν εἰς ζωὴν αἰώνιον, ἵνα ὁ σπείρων ὁμοῦ[27] χαίρῃ καὶ ὁ θερίζων. 37 ἐν γὰρ τούτῳ ὁ λόγος ἐστὶν ἀληθινὸς[28] ὅτι ἄλλος ἐστὶν ὁ σπείρων καὶ ἄλλος ὁ θερίζων. 38 ἐγὼ ἀπέστειλα[29] ὑμᾶς θερίζειν ὃ οὐχ ὑμεῖς κεκοπιάκατε[30]· ἄλλοι κεκοπιάκασιν καὶ ὑμεῖς εἰς τὸν κόπον[31] αὐτῶν εἰσεληλύθατε[32].

39 Ἐκ δὲ τῆς πόλεως ἐκείνης πολλοὶ ἐπίστευσαν εἰς αὐτὸν τῶν Σαμαριτῶν διὰ τὸν λόγον τῆς γυναικὸς μαρτυρούσης ὅτι εἶπέν μοι πάντα ἃ ἐποίησα. 40 ὡς οὖν ἦλθον πρὸς αὐτὸν οἱ Σαμαρῖται, ἠρώτων αὐτὸν μεῖναι[33] παρ' αὐτοῖς· καὶ ἔμεινεν ἐκεῖ δύο ἡμέρας. 41 καὶ πολλῷ πλείους[34] ἐπίστευσαν διὰ τὸν λόγον αὐτοῦ, 42 τῇ τε γυναικὶ ἔλεγον ὅτι οὐκέτι διὰ τὴν σὴν[35] λαλιὰν[36] πιστεύομεν, αὐτοὶ γὰρ ἀκηκόαμεν[37] καὶ οἴδαμεν ὅτι οὗτός ἐστιν ἀληθῶς[38] ὁ σωτὴρ[39] τοῦ κόσμου.

---

[1] Μεσσίας, -ου m, Messiah
[2] ἔρχομαι 3s aor act sub, come
[3] ἀναγγέλλω 3s fut act ind, tell
[4] μέντοι, conj, but
[5] ἀφίημι, 3s aor act ind leave
[6] ὑδρία, -ας f, water jar
[7] δεῦτε, interj, Come!
[8] ὁράω 2p aor act impv, see
[9] μήτι, usually expects a negative reply
[10] μεταξύ, adv, meanwhile
[11] ῥαββί, rabbi (honorary title)
[12] ἐσθίω 2s aor act impv, eat
[13] βρῶσις, -εως f, food
[14] ἐσθίω aor act inf, eat
[15] φέρω 3s aor act ind, bring
[16] βρῶμα, -τος n, food
[17] πέμπω aor act ptc m s gen, send
[18] τελειόω 1s aor act sub, complete
[19] τετράμηνος, -ου f, period of four months
[20] θερισμός, -οῦ m, harvest
[21] ἐπαίρω 2p aor act impv, raise
[22] θεάομαι aor mid impv, look at
[23] χώρα, -ας f, field
[24] λευκός, -ή/όν, white
[25] θερίζω pres act ptc m s nom, harvest
[26] μισθός, -οῦ m, wages
[27] ὁμοῦ, adv, together
[28] ἀληθινός, -ή/όν, true
[29] ἀποστέλλω 1s aor act ind, send
[30] κοπιάω 2p pf act ind, work (hard)
[31] κόπος, -ου m, (hard) work
[32] εἰσέρχομαι 2p pf act ind, enter
[33] μένω aor act inf, stay
[34] πολύς, many (comp)
[35] σός, σή, σόν, your
[36] λαλιά, -ᾶς f, something said
[37] ἀκούω 1p pf act ind, hear
[38] ἀληθῶς, adv, truly
[39] σωτήρ, -ῆρος m, Savior

The Healing of the Official's Son (Mt 8.5-13; Lk 7.1-10)

43 Μετὰ δὲ τὰς δύο ἡμέρας ἐξῆλθεν ἐκεῖθεν[1] εἰς τὴν Γαλιλαίαν· 44 αὐτὸς γὰρ Ἰησοῦς ἐμαρτύρησεν ὅτι προφήτης ἐν τῇ ἰδίᾳ πατρίδι[2] τιμὴν οὐκ ἔχει. 45 ὅτε οὖν ἦλθεν εἰς τὴν Γαλιλαίαν, ἐδέξαντο αὐτὸν οἱ Γαλιλαῖοι πάντα ἑωρακότες[3] ὅσα ἐποίησεν ἐν Ἱεροσολύμοις ἐν τῇ ἑορτῇ[4], καὶ αὐτοὶ γὰρ ἦλθον εἰς τὴν ἑορτήν.

46 Ἦλθεν οὖν πάλιν εἰς τὴν Κανὰ τῆς Γαλιλαίας, ὅπου ἐποίησεν τὸ ὕδωρ οἶνον. Καὶ ἦν τις βασιλικὸς[5] οὗ ὁ υἱὸς ἠσθένει ἐν Καφαρναούμ. 47 οὗτος ἀκούσας ὅτι Ἰησοῦς ἥκει[6] ἐκ τῆς Ἰουδαίας εἰς τὴν Γαλιλαίαν ἀπῆλθεν πρὸς αὐτὸν καὶ ἠρώτα ἵνα καταβῇ[7] καὶ ἰάσηται[8] αὐτοῦ τὸν υἱόν, ἤμελλεν γὰρ ἀποθνήσκειν. 48 εἶπεν οὖν ὁ Ἰησοῦς πρὸς αὐτόν· ἐὰν μὴ σημεῖα καὶ τέρατα[9] ἴδητε[10], οὐ μὴ πιστεύσητε. 49 λέγει πρὸς αὐτὸν ὁ βασιλικός· κύριε, κατάβηθι[11] πρὶν[12] ἀποθανεῖν[13] τὸ παιδίον μου. 50 λέγει αὐτῷ ὁ Ἰησοῦς· πορεύου[14], ὁ υἱός σου ζῇ. ἐπίστευσεν ὁ ἄνθρωπος τῷ λόγῳ ὃν εἶπεν αὐτῷ ὁ Ἰησοῦς καὶ ἐπορεύετο. 51 ἤδη δὲ αὐτοῦ καταβαίνοντος οἱ δοῦλοι αὐτοῦ ὑπήντησαν[15] αὐτῷ λέγοντες ὅτι ὁ παῖς[16] αὐτοῦ ζῇ[17]. 52 ἐπύθετο[18] οὖν τὴν ὥραν παρ' αὐτῶν ἐν ᾗ κομψότερον[19] ἔσχεν[20]· εἶπον οὖν αὐτῷ ὅτι ἐχθὲς[21] ὥραν ἑβδόμην[22] ἀφῆκεν[23] αὐτὸν ὁ πυρετός[24]. 53 ἔγνω[25] οὖν ὁ πατὴρ ὅτι [ἐν] ἐκείνῃ τῇ ὥρᾳ ἐν ᾗ εἶπεν αὐτῷ ὁ Ἰησοῦς· ὁ υἱός σου ζῇ, καὶ ἐπίστευσεν αὐτὸς καὶ ἡ οἰκία αὐτοῦ ὅλη. 54 τοῦτο [δὲ] πάλιν δεύτερον σημεῖον ἐποίησεν ὁ Ἰησοῦς ἐλθὼν ἐκ τῆς Ἰουδαίας εἰς τὴν Γαλιλαίαν.

The Healing at the Pool

5 Μετὰ ταῦτα ἦν ἑορτὴ[26] τῶν Ἰουδαίων καὶ ἀνέβη[27] Ἰησοῦς εἰς Ἱεροσόλυμα.

2 Ἔστιν δὲ ἐν τοῖς Ἱεροσολύμοις ἐπὶ τῇ προβατικῇ[28] κολυμβήθρα[29] ἡ ἐπιλεγομένη[30] Ἑβραϊστὶ[31] Βηθζαθὰ πέντε στοὰς[32] ἔχουσα. 3 ἐν ταύταις κατέκειτο[33] πλῆθος τῶν ἀσθενούντων, τυφλῶν, χωλῶν[34], ξηρῶν[35] ⟦ἐκδεχομένων[36] τὴν τοῦ

---

[1] ἐκεῖθεν, adv, from there
[2] πατρίς, -ίδος f, homeland/country
[3] ὁράω pf act ptc m p nom, see
[4] ἑορτή, -ῆς f, festival
[5] βασιλικός, -ή/όν, (official) of royal status
[6] ἥκω 3s pres act ind, come
[7] καταβαίνω 3s aor act sub, come (down)
[8] ἰάομαι 3s aor mid sub, heal
[9] τέρας, -ατος n, a wonder
[10] ὁράω 2p aor act sub, see
[11] καταβαίνω 2s aor act impv, come (down)
[12] πρίν, conj, before
[13] ἀποθνῄσκω aor act inf, die
[14] πορεύομαι 2s pres mid impv, go
[15] ὑπαντάω 3p aor act ind, meet
[16] παῖς, παιδός m, boy
[17] ζάω 3s pres act ind, be alive
[18] πυνθάνομαι 3s aor mid ind, ask
[19] κομψότερον, adv, better (κ. ἔχω get better)
[20] ἔχω 3s aor act ind, have
[21] ἐχθές, adv, yesterday
[22] ἕβδομος, -η/ον, seventh
[23] ἀφίημι 3s aor act ind, leave
[24] πυρετός, -οῦ m, fever
[25] γινώσκω 3s aor act ind, know
[26] ἑορτή, -ῆς f, festival
[27] ἀναβαίνω 3s aor act ind, go (up)
[28] προβατικός, -ή/όν, pertaining to sheep (ἡ π. sheep gate)
[29] κολυμβήθρα, -ας f, pool
[30] ἐπιλέγω pres pas ptc f s nom, call
[31] Ἑβραϊστί, adv, in Hebrew/Aramaic
[32] στοά, -ᾶς f, porch/portico
[33] κατάκειμαι 3s impf mid ind, lie
[34] χωλός, -ή/όν, lame
[35] ξηρός, -ά/όν, paralyzed
[36] ἐκδέχομαι pres mid ptc m p gen, wait for

ὕδατος κίνησιν¹. 4 ἄγγελος γὰρ κυρίου κατὰ καιρὸν ἐλούετο² ἐν τῇ κολυμβήθρᾳ καὶ ἐτάρασσεν³ τὸ ὕδωρ, ὁ οὖν πρῶτος ἐμβὰς⁴ μετὰ τὴν ταραχὴν⁵ τοῦ ὕδατος ὑγιὴς⁶ ἐγίνετο⁷ οἴῳ⁸ δήποτ' οὖν κατείχετο⁹ νοσήματι¹⁰.] 5 ἦν δέ τις ἄνθρωπος ἐκεῖ τριάκοντα¹¹ [καὶ] ὀκτὼ¹² ἔτη¹³ ἔχων ἐν τῇ ἀσθενείᾳ¹⁴ αὐτοῦ· 6 τοῦτον ἰδὼν ὁ Ἰησοῦς κατακείμενον καὶ γνοὺς¹⁵ ὅτι πολὺν ἤδη χρόνον ἔχει, λέγει αὐτῷ· θέλεις ὑγιὴς γενέσθαι; 7 ἀπεκρίθη αὐτῷ ὁ ἀσθενῶν· κύριε, ἄνθρωπον οὐκ ἔχω ἵνα ὅταν ταραχθῇ¹⁶ τὸ ὕδωρ βάλῃ¹⁷ με εἰς τὴν κολυμβήθραν· ἐν ᾧ δὲ ἔρχομαι ἐγώ, ἄλλος πρὸ ἐμοῦ καταβαίνει. 8 λέγει αὐτῷ ὁ Ἰησοῦς· ἔγειρε ἆρον¹⁸ τὸν κράβαττόν¹⁹ σου καὶ περιπάτει. 9 καὶ εὐθέως ἐγένετο ὑγιὴς ὁ ἄνθρωπος καὶ ἦρεν²⁰ τὸν κράβαττον αὐτοῦ καὶ περιεπάτει.

Ἦν δὲ σάββατον ἐν ἐκείνῃ τῇ ἡμέρᾳ. 10 ἔλεγον οὖν οἱ Ἰουδαῖοι τῷ τεθεραπευμένῳ· σάββατόν ἐστιν, καὶ οὐκ ἔξεστίν σοι ἆραι²¹ τὸν κράβαττόν σου. 11 ὁ δὲ ἀπεκρίθη αὐτοῖς· ὁ ποιήσας με ὑγιῆ ἐκεῖνός μοι εἶπεν· ἆρον τὸν κράβαττόν σου καὶ περιπάτει. 12 ἠρώτησαν αὐτόν· τίς ἐστιν ὁ ἄνθρωπος ὁ εἰπών σοι· ἆρον καὶ περιπάτει; 13 ὁ δὲ ἰαθεὶς²² οὐκ ᾔδει²³ τίς ἐστιν, ὁ γὰρ Ἰησοῦς ἐξένευσεν²⁴ ὄχλου ὄντος ἐν τῷ τόπῳ. 14 μετὰ ταῦτα εὑρίσκει αὐτὸν ὁ Ἰησοῦς ἐν τῷ ἱερῷ καὶ εἶπεν αὐτῷ· ἴδε²⁵ ὑγιὴς γέγονας, μηκέτι²⁶ ἁμάρτανε, ἵνα μὴ χεῖρόν²⁷ σοί τι γένηται. 15 ἀπῆλθεν ὁ ἄνθρωπος καὶ ἀνήγγειλεν²⁸ τοῖς Ἰουδαίοις ὅτι Ἰησοῦς ἐστιν ὁ ποιήσας αὐτὸν ὑγιῆ. 16 καὶ διὰ τοῦτο ἐδίωκον οἱ Ἰουδαῖοι τὸν Ἰησοῦν, ὅτι ταῦτα ἐποίει ἐν σαββάτῳ.

17 Ὁ δὲ [Ἰησοῦς] ἀπεκρίνατο αὐτοῖς· ὁ πατήρ μου ἕως ἄρτι ἐργάζεται κἀγὼ ἐργάζομαι· 18 διὰ τοῦτο οὖν μᾶλλον ἐζήτουν αὐτὸν οἱ Ἰουδαῖοι ἀποκτεῖναι, ὅτι οὐ μόνον ἔλυεν τὸ σάββατον, ἀλλὰ καὶ πατέρα ἴδιον ἔλεγεν τὸν θεὸν ἴσον²⁹ ἑαυτὸν ποιῶν τῷ θεῷ.

The Authority of the Son

19 Ἀπεκρίνατο οὖν ὁ Ἰησοῦς καὶ ἔλεγεν αὐτοῖς· ἀμὴν ἀμὴν λέγω ὑμῖν, οὐ δύναται ὁ υἱὸς ποιεῖν ἀφ' ἑαυτοῦ οὐδὲν ἐὰν μή τι βλέπῃ τὸν πατέρα ποιοῦντα· ἃ γὰρ ἂν ἐκεῖνος ποιῇ, ταῦτα καὶ ὁ υἱὸς ὁμοίως³⁰ ποιεῖ. 20 ὁ γὰρ πατὴρ φιλεῖ³¹ τὸν υἱὸν

[1] κίνησις, -εως, f, movement
[2] λούω 3s impf med ind, mid wash
[3] ταράσσω 3s impf act ind, stir up
[4] ἐμβαίνω aor act ptc m s nom, get into
[5] ταραχή, -ῆς f, stirring up
[6] ὑγιής, -ές, well
[7] γίνομαι 3s impf mid ind, be/become
[8] οἷος, -α/ον, rel pro, such as (οἷος δήποτ' οὖν whatever kind of)
[9] κατέχω 3s impf pas ind, hold fast
[10] νόσημα, -ατος, n, illness
[11] τριάκοντα, thirty
[12] ὀκτώ, eight
[13] ἔτος, -ους n, year
[14] ἀσθένεια, -ας f, illness
[15] γινώσκω aor act ptc m s nom, know
[16] ταράσσω 3s aor pas sub, stir up
[17] βάλλω 3s aor act sub, put
[18] αἴρω 2s aor act impv, take up
[19] κράβαττος, -ου m, mat
[20] αἴρω 3s aor act ind, take up
[21] αἴρω aor act inf, take up
[22] ἰάομαι aor pas ptc m s nom, heal
[23] οἶδα 3s plpf act ind, know
[24] ἐκνεύω 3s aor act ind, leave without being noticed
[25] ἴδε, interj, Look!
[26] μηκέτι, adv, no longer
[27] χείρων, worse (comp of κακός)
[28] ἀναγγέλλω 3s aor act ind, tell
[29] ἴσος, -η/ον, equal
[30] ὁμοίως, adv, in the same way
[31] φιλέω 3s pres act ind, love

καὶ πάντα δείκνυσιν¹ αὐτῷ ἃ αὐτὸς ποιεῖ, καὶ μείζονα² τούτων δείξει αὐτῷ ἔργα, ἵνα ὑμεῖς θαυμάζητε. 21 ὥσπερ γὰρ ὁ πατὴρ ἐγείρει τοὺς νεκροὺς καὶ ζῳοποιεῖ³, οὕτως καὶ ὁ υἱὸς οὓς θέλει ζῳοποιεῖ. 22 οὐδὲ γὰρ ὁ πατὴρ κρίνει οὐδένα, ἀλλὰ τὴν κρίσιν πᾶσαν δέδωκεν⁴ τῷ υἱῷ, 23 ἵνα πάντες τιμῶσιν⁵ τὸν υἱὸν καθὼς τιμῶσιν τὸν πατέρα. ὁ μὴ τιμῶν τὸν υἱὸν οὐ τιμᾷ τὸν πατέρα τὸν πέμψαντα⁶ αὐτόν.

24 Ἀμὴν ἀμὴν λέγω ὑμῖν ὅτι ὁ τὸν λόγον μου ἀκούων καὶ πιστεύων τῷ πέμψαντί με ἔχει ζωὴν αἰώνιον καὶ εἰς κρίσιν οὐκ ἔρχεται, ἀλλὰ μεταβέβηκεν⁷ ἐκ τοῦ θανάτου εἰς τὴν ζωήν. 25 ἀμὴν ἀμὴν λέγω ὑμῖν ὅτι ἔρχεται ὥρα καὶ νῦν ἐστιν ὅτε οἱ νεκροὶ ἀκούσουσιν τῆς φωνῆς τοῦ υἱοῦ τοῦ θεοῦ καὶ οἱ ἀκούσαντες ζήσουσιν⁸. 26 ὥσπερ γὰρ ὁ πατὴρ ἔχει ζωὴν ἐν ἑαυτῷ, οὕτως καὶ τῷ υἱῷ ἔδωκεν ζωὴν ἔχειν ἐν ἑαυτῷ. 27 καὶ ἐξουσίαν ἔδωκεν αὐτῷ κρίσιν ποιεῖν, ὅτι υἱὸς ἀνθρώπου ἐστίν. 28 μὴ θαυμάζετε τοῦτο, ὅτι ἔρχεται ὥρα ἐν ᾗ πάντες οἱ ἐν τοῖς μνημείοις ἀκούσουσιν τῆς φωνῆς αὐτοῦ 29 καὶ ἐκπορεύσονται οἱ τὰ ἀγαθὰ ποιήσαντες εἰς ἀνάστασιν ζωῆς, οἱ δὲ τὰ φαῦλα⁹ πράξαντες¹⁰ εἰς ἀνάστασιν κρίσεως.

30 Οὐ δύναμαι ἐγὼ ποιεῖν ἀπ' ἐμαυτοῦ οὐδέν· καθὼς ἀκούω κρίνω, καὶ ἡ κρίσις ἡ ἐμὴ δικαία ἐστίν, ὅτι οὐ ζητῶ τὸ θέλημα τὸ ἐμὸν ἀλλὰ τὸ θέλημα τοῦ πέμψαντός¹¹ με.

Witnesses to Jesus

31 Ἐὰν ἐγὼ μαρτυρῶ περὶ ἐμαυτοῦ, ἡ μαρτυρία μου οὐκ ἔστιν ἀληθής¹². 32 ἄλλος ἐστὶν ὁ μαρτυρῶν περὶ ἐμοῦ, καὶ οἶδα ὅτι ἀληθής ἐστιν ἡ μαρτυρία ἣν μαρτυρεῖ περὶ ἐμοῦ. 33 ὑμεῖς ἀπεστάλκατε¹³ πρὸς Ἰωάννην, καὶ μεμαρτύρηκεν τῇ ἀληθείᾳ· 34 ἐγὼ δὲ οὐ παρὰ ἀνθρώπου τὴν μαρτυρίαν λαμβάνω, ἀλλὰ ταῦτα λέγω ἵνα ὑμεῖς σωθῆτε¹⁴. 35 ἐκεῖνος ἦν ὁ λύχνος¹⁵ ὁ καιόμενος¹⁶ καὶ φαίνων, ὑμεῖς δὲ ἠθελήσατε ἀγαλλιαθῆναι¹⁷ πρὸς ὥραν ἐν τῷ φωτὶ αὐτοῦ.

36 Ἐγὼ δὲ ἔχω τὴν μαρτυρίαν μείζω¹⁸ τοῦ Ἰωάννου· τὰ γὰρ ἔργα ἃ δέδωκέν¹⁹ μοι ὁ πατὴρ ἵνα τελειώσω²⁰ αὐτά, αὐτὰ τὰ ἔργα ἃ ποιῶ μαρτυρεῖ περὶ ἐμοῦ ὅτι ὁ πατήρ με ἀπέσταλκεν²¹. 37 καὶ ὁ πέμψας με πατὴρ ἐκεῖνος μεμαρτύρηκεν περὶ ἐμοῦ. οὔτε φωνὴν αὐτοῦ πώποτε²² ἀκηκόατε²³ οὔτε εἶδος²⁴ αὐτοῦ ἑωράκατε²⁵, 38 καὶ τὸν λόγον αὐτοῦ οὐκ ἔχετε ἐν ὑμῖν μένοντα, ὅτι ὃν ἀπέστειλεν ἐκεῖνος, τούτῳ ὑμεῖς

---

¹ δείκνυμι 3s pres act ind, show
² μέγας, great (comp)
³ ζῳοποιέω 3s pres act ind, give life to
⁴ δίδωμι 3s pf act ind, give
⁵ τιμάω 3p pres act subj, honor
⁶ πέμπω aor act ptc m s acc, send
⁷ μεταβαίνω 3s pf act ind, cross over
⁸ ζάω 3p fut act ind, live
⁹ φαῦλος, -η/ον, evil
¹⁰ πράσσω aor act ptc m p nom, do
¹¹ πέμπω aor act ptc m s gen, send
¹² ἀληθής, -ές, true
¹³ ἀποστέλλω 2p pf act ind, send
¹⁴ σῴζω 2p aor pas sub, save
¹⁵ λύχνος, -ου m, lamp
¹⁶ καίω pres pas ptc m s nom, pas burn
¹⁷ ἀγαλλιάω aor pas inf, be extremely joyful
¹⁸ μέγας, groß (comp)
¹⁹ δίδωμι 3s pf act ind, give
²⁰ τελειόω 1s aor act sub, complete
²¹ ἀποστέλλω 3s pf act ind, send
²² πώποτε, adv, ever
²³ ἀκούω 2p pf act ind, hear
²⁴ εἶδος, -ους n, (visible) form
²⁵ ὁράω 2p pf act ind, see

οὐ πιστεύετε. **39** ἐραυνᾶτε[1] τὰς γραφάς, ὅτι ὑμεῖς δοκεῖτε ἐν αὐταῖς ζωὴν αἰώνιον ἔχειν· καὶ ἐκεῖναί εἰσιν αἱ μαρτυροῦσαι περὶ ἐμοῦ· **40** καὶ οὐ θέλετε ἐλθεῖν πρός με ἵνα ζωὴν ἔχητε. **41** Δόξαν παρὰ ἀνθρώπων οὐ λαμβάνω, **42** ἀλλ' ἔγνωκα[2] ὑμᾶς ὅτι τὴν ἀγάπην τοῦ θεοῦ οὐκ ἔχετε ἐν ἑαυτοῖς. **43** ἐγὼ ἐλήλυθα[3] ἐν τῷ ὀνόματι τοῦ πατρός μου, καὶ οὐ λαμβάνετέ με· ἐὰν ἄλλος ἔλθῃ[4] ἐν τῷ ὀνόματι τῷ ἰδίῳ, ἐκεῖνον λήμψεσθε[5]. **44** πῶς δύνασθε ὑμεῖς πιστεῦσαι δόξαν παρὰ ἀλλήλων λαμβάνοντες, καὶ τὴν δόξαν τὴν παρὰ τοῦ μόνου θεοῦ οὐ ζητεῖτε; **45** Μὴ δοκεῖτε ὅτι ἐγὼ κατηγορήσω[6] ὑμῶν πρὸς τὸν πατέρα· ἔστιν ὁ κατηγορῶν ὑμῶν Μωϋσῆς, εἰς ὃν ὑμεῖς ἠλπίκατε[7]. **46** εἰ γὰρ ἐπιστεύετε Μωϋσεῖ, ἐπιστεύετε ἂν ἐμοί· περὶ γὰρ ἐμοῦ ἐκεῖνος ἔγραψεν. **47** εἰ δὲ τοῖς ἐκείνου γράμμασιν[8] οὐ πιστεύετε, πῶς τοῖς ἐμοῖς ῥήμασιν πιστεύσετε;

The Feeding of the Five Thousand (Mt 14.13-21; Mk 6.30-44; Lk 9.10-17)

6 Μετὰ ταῦτα ἀπῆλθεν ὁ Ἰησοῦς πέραν[9] τῆς θαλάσσης τῆς Γαλιλαίας τῆς Τιβεριάδος. **2** ἠκολούθει δὲ αὐτῷ ὄχλος πολύς, ὅτι ἐθεώρουν τὰ σημεῖα ἃ ἐποίει ἐπὶ τῶν ἀσθενούντων. **3** ἀνῆλθεν[10] δὲ εἰς τὸ ὄρος Ἰησοῦς καὶ ἐκεῖ ἐκάθητο μετὰ τῶν μαθητῶν αὐτοῦ. **4** ἦν δὲ ἐγγὺς τὸ πάσχα[11], ἡ ἑορτὴ[12] τῶν Ἰουδαίων. **5** Ἐπάρας[13] οὖν τοὺς ὀφθαλμοὺς ὁ Ἰησοῦς καὶ θεασάμενος[14] ὅτι πολὺς ὄχλος ἔρχεται πρὸς αὐτὸν λέγει πρὸς Φίλιππον· πόθεν[15] ἀγοράσωμεν ἄρτους ἵνα φάγωσιν[16] οὗτοι; **6** τοῦτο δὲ ἔλεγεν πειράζων αὐτόν· αὐτὸς γὰρ ᾔδει[17] τί ἔμελλεν ποιεῖν. **7** ἀπεκρίθη αὐτῷ [ὁ] Φίλιππος· διακοσίων[18] δηναρίων[19] ἄρτοι οὐκ ἀρκοῦσιν[20] αὐτοῖς ἵνα ἕκαστος βραχύ[21] [τι] λάβῃ[22]. **8** λέγει αὐτῷ εἷς ἐκ τῶν μαθητῶν αὐτοῦ, Ἀνδρέας ὁ ἀδελφὸς Σίμωνος Πέτρου· **9** ἔστιν παιδάριον[23] ὧδε ὃς ἔχει πέντε ἄρτους κριθίνους[24] καὶ δύο ὀψάρια[25]· ἀλλὰ ταῦτα τί ἐστιν εἰς τοσούτους[26]; **10** εἶπεν ὁ Ἰησοῦς· ποιήσατε τοὺς ἀνθρώπους ἀναπεσεῖν[27]. ἦν δὲ χόρτος[28] πολὺς ἐν τῷ τόπῳ. ἀνέπεσαν[29] οὖν οἱ ἄνδρες τὸν ἀριθμὸν[30] ὡς πεντακισχίλιοι. **11** ἔλαβεν οὖν

---

[1] ἐραυνάω 2p pres act impv & ind, search
[2] γινώσκω 1s pf act ind, know
[3] ἔρχομαι 1s pf act ind, come
[4] ἔρχομαι 3s aor act sub, come
[5] λαμβάνω 2p fut mid ind, receive
[6] κατηγορέω 1s fut act ind, accuse
[7] ἐλπίζω 2p pf act ind, hope
[8] γράμμα, -τος n, writing
[9] πέραν, prep + gen, the other side
[10] ἀνέρχομαι 3s aor act ind, go up
[11] πάσχα, n, Passover
[12] ἑορτή, -ῆς f, festival
[13] ἐπαίρω aor act ptc m s nom, raise
[14] θεάομαι aor mid ptc m s nom, see
[15] πόθεν, adv, where?
[16] ἐσθίω 3p aor act sub, eat
[17] οἶδα 3s plpf act ind, know
[18] διακόσιοι, -αι/α, two hundred
[19] δηνάριον, -ου n, denarius (Roman silver coin = day's wages of a common laborer)
[20] ἀρκέω 3p pres act ind, be enough
[21] βραχύς, -εῖα/ύ, little
[22] λαμβάνω 3s aor act sub, have
[23] παιδάριον, -ου n, boy
[24] κρίθινος, -η/ον, made of barley
[25] ὀψάριον, -ου n, fish
[26] τοσοῦτος, -αύτη/οῦτον, pl so many
[27] ἀναπίπτω aor act inf, sit
[28] χόρτος, -ου m, grass
[29] ἀναπίπτω 3p aor act ind, sit
[30] ἀριθμός, -οῦ m, number

τοὺς ἄρτους ὁ Ἰησοῦς καὶ εὐχαριστήσας διέδωκεν¹ τοῖς ἀνακειμένοις² ὁμοίως³ καὶ ἐκ τῶν ὀψαρίων ὅσον ἤθελον. 12 ὡς δὲ ἐνεπλήσθησαν⁴, λέγει τοῖς μαθηταῖς αὐτοῦ· συναγάγετε⁵ τὰ περισσεύσαντα κλάσματα⁶, ἵνα μή τι ἀπόληται⁷. 13 συνήγαγον οὖν καὶ ἐγέμισαν⁸ δώδεκα κοφίνους⁹ κλασμάτων ἐκ τῶν πέντε ἄρτων τῶν κριθίνων¹⁰ ἃ ἐπερίσσευσαν τοῖς βεβρωκόσιν¹¹. 14 οἱ οὖν ἄνθρωποι ἰδόντες ὃ ἐποίησεν σημεῖον ἔλεγον ὅτι οὗτός ἐστιν ἀληθῶς¹² ὁ προφήτης ὁ ἐρχόμενος εἰς τὸν κόσμον. 15 Ἰησοῦς οὖν γνοὺς¹³ ὅτι μέλλουσιν ἔρχεσθαι καὶ ἁρπάζειν¹⁴ αὐτὸν ἵνα ποιήσωσιν βασιλέα, ἀνεχώρησεν¹⁵ πάλιν εἰς τὸ ὄρος αὐτὸς μόνος.

Walking on the Water (Mt 14.22-27; Mk 6.45-52)

16 Ὡς δὲ ὀψία¹⁶ ἐγένετο κατέβησαν¹⁷ οἱ μαθηταὶ αὐτοῦ ἐπὶ τὴν θάλασσαν 17 καὶ ἐμβάντες¹⁸ εἰς πλοῖον ἤρχοντο πέραν¹⁹ τῆς θαλάσσης εἰς Καφαρναούμ. καὶ σκοτία²⁰ ἤδη ἐγεγόνει²¹ καὶ οὔπω²² ἐληλύθει²³ πρὸς αὐτοὺς ὁ Ἰησοῦς, 18 ἥ τε θάλασσα ἀνέμου μεγάλου πνέοντος²⁴ διεγείρετο²⁵. 19 ἐληλακότες²⁶ οὖν ὡς σταδίους²⁷ εἴκοσι²⁸ πέντε ἢ τριάκοντα²⁹ θεωροῦσιν τὸν Ἰησοῦν περιπατοῦντα ἐπὶ τῆς θαλάσσης καὶ ἐγγὺς τοῦ πλοίου γινόμενον, καὶ ἐφοβήθησαν. 20 ὁ δὲ λέγει αὐτοῖς· ἐγώ εἰμι· μὴ φοβεῖσθε. 21 ἤθελον οὖν λαβεῖν αὐτὸν εἰς τὸ πλοῖον, καὶ εὐθέως ἐγένετο τὸ πλοῖον ἐπὶ τῆς γῆς εἰς ἣν ὑπῆγον³⁰.

Jesus the Bread of Life

22 Τῇ ἐπαύριον³¹ ὁ ὄχλος ὁ ἑστηκὼς³² πέραν³³ τῆς θαλάσσης εἶδον ὅτι πλοιάριον³⁴ ἄλλο οὐκ ἦν ἐκεῖ εἰ μὴ ἓν καὶ ὅτι οὐ συνεισῆλθεν³⁵ τοῖς μαθηταῖς αὐτοῦ ὁ Ἰησοῦς εἰς τὸ πλοῖον ἀλλὰ μόνοι οἱ μαθηταὶ αὐτοῦ ἀπῆλθον· 23 ἀλλὰ ἦλθεν

---

[1] διαδίδωμι 3s aor act ind, distribute
[2] ἀνάκειμαι pres mid ptc m p nom, be seated (at table)
[3] ὁμοίως, adv, in the same way
[4] ἐμπίπλημι 3p aor pas ind, satisfy
[5] συνάγω 2p aor act impv, gather
[6] κλάσμα, -τος n, piece
[7] ἀπόλλυμι 3s aor mid sub, mid be lost
[8] γεμίζω 3p aor act ind, fill
[9] κόφινος, -ου m, basket
[10] κρίθινος, -η/ον, made of barley
[11] βιβρώσκω pf act ptc m p dat, eat
[12] ἀληθῶς, adv, truly
[13] γινώσκω aor act ptc m s nom, know
[14] ἁρπάζω pres act inf, take by force
[15] ἀναχωρέω 3s aor act ind, withdraw
[16] ὄψιος, -α/ον, late (ἡ ὀψία f evening)
[17] καταβαίνω 3p aor act ind, go (down)
[18] ἐμβαίνω aor act ptc m p nom, get into
[19] πέραν, prep + gen, across
[20] σκοτία, -ας f, darkness
[21] γίνομαι 3s plpf act ind, become
[22] οὔπω, adv, not yet
[23] ἔρχομαι 3s plpf act ind, come back
[24] πνέω pres act ptc m s gen, blow
[25] διεγείρω 3s impf pas ind, grow rough
[26] ἐλαύνω pf act ptc m p nom, row
[27] στάδιον, -ου m, stadion (about 607 feet or 185 meters)
[28] εἴκοσι, twenty
[29] τριάκοντα, thirty
[30] ὑπάγω 3p impf act ind, go
[31] ἐπαύριον, adv, the next day
[32] ἵστημι pf act ptc m s nom, intrans stand
[33] πέραν, prep + gen, on the other side
[34] πλοιάριον, -ου n, (small) boat
[35] συνεισέρχομαι 3s aor act ind, go in with

πλοιά[ρια] ἐκ Τιβεριάδος ἐγγὺς τοῦ τόπου ὅπου ἔφαγον[1] τὸν ἄρτον εὐχαριστήσαντος τοῦ κυρίου. 24 ὅτε οὖν εἶδεν ὁ ὄχλος ὅτι Ἰησοῦς οὐκ ἔστιν ἐκεῖ οὐδὲ οἱ μαθηταὶ αὐτοῦ, ἐνέβησαν[2] αὐτοὶ εἰς τὰ πλοιάρια καὶ ἦλθον εἰς Καφαρναοὺμ ζητοῦντες τὸν Ἰησοῦν. 25 καὶ εὑρόντες[3] αὐτὸν πέραν τῆς θαλάσσης εἶπον αὐτῷ· ῥαββί[4], πότε[5] ὧδε γέγονας[6];

26 Ἀπεκρίθη αὐτοῖς ὁ Ἰησοῦς καὶ εἶπεν· ἀμὴν ἀμὴν λέγω ὑμῖν, ζητεῖτέ με οὐχ ὅτι εἴδετε σημεῖα, ἀλλ᾽ ὅτι ἐφάγετε[7] ἐκ τῶν ἄρτων καὶ ἐχορτάσθητε[8]. 27 ἐργάζεσθε μὴ τὴν βρῶσιν[9] τὴν ἀπολλυμένην ἀλλὰ τὴν βρῶσιν τὴν μένουσαν εἰς ζωὴν αἰώνιον, ἣν ὁ υἱὸς τοῦ ἀνθρώπου ὑμῖν δώσει[10]· τοῦτον γὰρ ὁ πατὴρ ἐσφράγισεν[11] ὁ θεός. 28 εἶπον οὖν πρὸς αὐτόν· τί ποιῶμεν ἵνα ἐργαζώμεθα τὰ ἔργα τοῦ θεοῦ; 29 ἀπεκρίθη [ὁ] Ἰησοῦς καὶ εἶπεν αὐτοῖς· τοῦτό ἐστιν τὸ ἔργον τοῦ θεοῦ, ἵνα πιστεύητε εἰς ὃν ἀπέστειλεν[12] ἐκεῖνος.

30 Εἶπον οὖν αὐτῷ· τί οὖν ποιεῖς σὺ σημεῖον, ἵνα ἴδωμεν[13] καὶ πιστεύσωμέν σοι; τί ἐργάζῃ; 31 οἱ πατέρες ἡμῶν τὸ μάννα[14] ἔφαγον[15] ἐν τῇ ἐρήμῳ, καθώς ἐστιν γεγραμμένον[16]· **ἄρτον ἐκ τοῦ οὐρανοῦ ἔδωκεν αὐτοῖς φαγεῖν**[17]. 32 εἶπεν οὖν αὐτοῖς ὁ Ἰησοῦς· ἀμὴν ἀμὴν λέγω ὑμῖν, οὐ Μωϋσῆς δέδωκεν[18] ὑμῖν τὸν ἄρτον ἐκ τοῦ οὐρανοῦ, ἀλλ᾽ ὁ πατήρ μου δίδωσιν[19] ὑμῖν τὸν ἄρτον ἐκ τοῦ οὐρανοῦ τὸν ἀληθινόν[20]. 33 ὁ γὰρ ἄρτος τοῦ θεοῦ ἐστιν ὁ καταβαίνων ἐκ τοῦ οὐρανοῦ καὶ ζωὴν διδοὺς[21] τῷ κόσμῳ. 34 εἶπον οὖν πρὸς αὐτόν· κύριε, πάντοτε δὸς[22] ἡμῖν τὸν ἄρτον τοῦτον. 35 εἶπεν αὐτοῖς ὁ Ἰησοῦς· ἐγώ εἰμι ὁ ἄρτος τῆς ζωῆς· ὁ ἐρχόμενος πρὸς ἐμὲ οὐ μὴ πεινάσῃ[23], καὶ ὁ πιστεύων εἰς ἐμὲ οὐ μὴ διψήσει[24] πώποτε[25].

36 Ἀλλ᾽ εἶπον ὑμῖν ὅτι καὶ ἑωράκατέ[26] [με] καὶ οὐ πιστεύετε. 37 πᾶν ὃ δίδωσίν[27] μοι ὁ πατὴρ πρὸς ἐμὲ ἥξει[28], καὶ τὸν ἐρχόμενον πρὸς ἐμὲ οὐ μὴ ἐκβάλω[29] ἔξω, 38 ὅτι καταβέβηκα[30] ἀπὸ τοῦ οὐρανοῦ οὐχ ἵνα ποιῶ τὸ θέλημα τὸ ἐμὸν ἀλλὰ τὸ θέλημα τοῦ πέμψαντός[31] με. 39 τοῦτο δέ ἐστιν τὸ θέλημα τοῦ πέμψαντός με, ἵνα πᾶν ὃ δέδωκέν[32] μοι μὴ ἀπολέσω[33] ἐξ αὐτοῦ, ἀλλ᾽ ἀναστήσω[34] αὐτὸ [ἐν] τῇ ἐσχάτῃ ἡμέρᾳ. 40 τοῦτο γάρ ἐστιν τὸ θέλημα τοῦ πατρός μου, ἵνα πᾶς ὁ θεωρῶν τὸν

---

[1] ἐσθίω 3p aor act ind, eat
[2] ἐμβαίνω 3p aor act ind, get into
[3] εὑρίσκω aor act ptc m p nom, find
[4] ῥαββί, rabbi (honorary title)
[5] πότε, adv, when
[6] γίνομαι 2s pf act ind, come
[7] ἐσθίω 2p aor act ind, eat
[8] χορτάζω 2p aor pas ind, pas eat one's fill
[9] βρῶσις, -εως f, food
[10] δίδωμι 3s fut act ind, give
[11] σφραγίζω 3s aor act ind, mark with a seal/verify
[12] ἀποστέλλω 3s aor act ind, send
[13] ὁράω 1p aor act sub, see
[14] μάννα, n, manna
[15] ἐσθίω 3p aor act ind, eat
[16] γράφω pf pas ptc n s nom, write
[17] ἐσθίω aor act inf, eat
[18] δίδωμι 3s pf act ind, give
[19] δίδωμι 3s pres act ind, give
[20] ἀληθινός, -ή/όν, true
[21] δίδωμι pres act ptc m s nom, give
[22] δίδωμι 2s aor act impv, give
[23] πεινάω 3s aor act sub, be hungry
[24] διψάω 3s fut act ind, be thirsty
[25] πώποτε, adv, ever
[26] ὁράω 2p pf act ind, see
[27] δίδωμι 3s pres act ind, give
[28] ἥκω 3s fut act ind, come
[29] ἐκβάλλω 1s aor act sub, force out
[30] καταβαίνω 1s pf act ind, come (down)
[31] πέμπω aor act ptc m s gen, send
[32] δίδωμι 3s pf act ind, give
[33] ἀπόλλυμι 1s aor act sub, lose
[34] ἀνίστημι 1s fut act ind & aor act sub, raise (to life)

υἱὸν καὶ πιστεύων εἰς αὐτὸν ἔχῃ ζωὴν αἰώνιον, καὶ ἀναστήσω αὐτὸν ἐγὼ [ἐν] τῇ ἐσχάτῃ ἡμέρᾳ.

41 Ἐγόγγυζον¹ οὖν οἱ Ἰουδαῖοι περὶ αὐτοῦ ὅτι εἶπεν· ἐγώ εἰμι ὁ ἄρτος ὁ καταβὰς² ἐκ τοῦ οὐρανοῦ, **42** καὶ ἔλεγον· οὐχ οὗτός ἐστιν Ἰησοῦς ὁ υἱὸς Ἰωσήφ, οὗ ἡμεῖς οἴδαμεν τὸν πατέρα καὶ τὴν μητέρα; πῶς νῦν λέγει ὅτι ἐκ τοῦ οὐρανοῦ καταβέβηκα³; **43** ἀπεκρίθη Ἰησοῦς καὶ εἶπεν αὐτοῖς· μὴ γογγύζετε μετ' ἀλλήλων. **44** οὐδεὶς δύναται ἐλθεῖν πρός με ἐὰν μὴ ὁ πατὴρ ὁ πέμψας⁴ με ἑλκύσῃ⁵ αὐτόν, κἀγὼ ἀναστήσω⁶ αὐτὸν ἐν τῇ ἐσχάτῃ ἡμέρᾳ. **45** ἔστιν γεγραμμένον ἐν τοῖς προφήταις· καὶ ἔσονται⁷ **πάντες διδακτοὶ**⁸ **θεοῦ**· πᾶς ὁ ἀκούσας παρὰ τοῦ πατρὸς καὶ μαθὼν⁹ ἔρχεται πρὸς ἐμέ. **46** οὐχ ὅτι τὸν πατέρα ἑώρακέν¹⁰ τις εἰ μὴ ὁ ὢν παρὰ τοῦ θεοῦ, οὗτος ἑώρακεν τὸν πατέρα. **47** ἀμὴν ἀμὴν λέγω ὑμῖν, ὁ πιστεύων ἔχει ζωὴν αἰώνιον. **48** ἐγώ εἰμι ὁ ἄρτος τῆς ζωῆς. **49** οἱ πατέρες ὑμῶν ἔφαγον¹¹ ἐν τῇ ἐρήμῳ τὸ μάννα¹² καὶ ἀπέθανον· **50** οὗτός ἐστιν ὁ ἄρτος ὁ ἐκ τοῦ οὐρανοῦ καταβαίνων, ἵνα τις ἐξ αὐτοῦ φάγῃ¹³ καὶ μὴ ἀποθάνῃ¹⁴. **51** ἐγώ εἰμι ὁ ἄρτος ὁ ζῶν ὁ ἐκ τοῦ οὐρανοῦ καταβάς¹⁵· ἐάν τις φάγῃ ἐκ τούτου τοῦ ἄρτου ζήσει εἰς τὸν αἰῶνα, καὶ ὁ ἄρτος δὲ ὃν ἐγὼ δώσω¹⁶ ἡ σάρξ μού ἐστιν ὑπὲρ τῆς τοῦ κόσμου ζωῆς.

52 Ἐμάχοντο¹⁷ οὖν πρὸς ἀλλήλους οἱ Ἰουδαῖοι λέγοντες· πῶς δύναται οὗτος ἡμῖν δοῦναι¹⁸ τὴν σάρκα [αὐτοῦ] φαγεῖν¹⁹; **53** εἶπεν οὖν αὐτοῖς ὁ Ἰησοῦς· ἀμὴν ἀμὴν λέγω ὑμῖν, ἐὰν μὴ φάγητε²⁰ τὴν σάρκα τοῦ υἱοῦ τοῦ ἀνθρώπου καὶ πίητε²¹ αὐτοῦ τὸ αἷμα, οὐκ ἔχετε ζωὴν ἐν ἑαυτοῖς. **54** ὁ τρώγων²² μου τὴν σάρκα καὶ πίνων μου τὸ αἷμα ἔχει ζωὴν αἰώνιον, κἀγὼ ἀναστήσω²³ αὐτὸν τῇ ἐσχάτῃ ἡμέρᾳ. **55** ἡ γὰρ σάρξ μου ἀληθής²⁴ ἐστιν βρῶσις²⁵, καὶ τὸ αἷμά μου ἀληθής ἐστιν πόσις²⁶. **56** ὁ τρώγων μου τὴν σάρκα καὶ πίνων μου τὸ αἷμα ἐν ἐμοὶ μένει κἀγὼ ἐν αὐτῷ. **57** καθὼς ἀπέστειλέν²⁷ με ὁ ζῶν πατὴρ κἀγὼ ζῶ διὰ τὸν πατέρα, καὶ ὁ τρώγων με κἀκεῖνος ζήσει δι' ἐμέ. **58** οὗτός ἐστιν ὁ ἄρτος ὁ ἐξ οὐρανοῦ καταβάς²⁸, οὐ καθὼς ἔφαγον²⁹ οἱ πατέρες καὶ ἀπέθανον· ὁ τρώγων τοῦτον τὸν ἄρτον ζήσει εἰς τὸν αἰῶνα.

59 Ταῦτα εἶπεν ἐν συναγωγῇ διδάσκων ἐν Καφαρναούμ.

---

1 γογγύζω 3p impf act ind, grumble
2 καταβαίνω aor act ptc m s nom, come (down)
3 καταβαίνω 1s pf act ind, come (down)
4 πέμπω aor act ptc m s nom, send
5 ἑλκύω 3s aor act sub, draw (someone to oneself)
6 ἀνίστημι 1s fut act ind, raise (to life)
7 εἰμί 3p fut mid ind, be
8 διδακτός, -ή/όν, taught
9 μανθάνω aor act ptc m s nom, learn
10 ὁράω 3s pf act ind, see
11 ἐσθίω 3p aor act ind, eat
12 μάννα, n, manna
13 ἐσθίω 3s aor act sub, eat
14 ἀποθνῄσκω 3s aor act sub, die
15 καταβαίνω aor act ptc m s nom, come (down)
16 δίδωμι 1s fut act ind, give
17 μάχομαι 3p impf mid ind, quarrel
18 δίδωμι aor act inf, give
19 ἐσθίω aor act inf, eat
20 ἐσθίω 2p aor act sub, eat
21 πίνω 2p aor act sub, drink
22 τρώγω pres act ptc m s nom, eat
23 ἀνίστημι 1s fut act ind, raise (to life)
24 ἀληθής, -ές, true
25 βρῶσις, -εως f, food
26 πόσις, -εως f, drink
27 ἀποστέλλω 3s aor act ind, send
28 καταβαίνω aor act ptc m s nom, come (down)
29 ἐσθίω 3p aor act ind, eat

The Words of Eternal Life

60 Πολλοὶ οὖν ἀκούσαντες ἐκ τῶν μαθητῶν αὐτοῦ εἶπαν· σκληρός¹ ἐστιν ὁ λόγος οὗτος· τίς δύναται αὐτοῦ ἀκούειν; **61** εἰδὼς² δὲ ὁ Ἰησοῦς ἐν ἑαυτῷ ὅτι γογγύζουσιν³ περὶ τούτου οἱ μαθηταὶ αὐτοῦ εἶπεν αὐτοῖς· τοῦτο ὑμᾶς σκανδαλίζει⁴; **62** ἐὰν οὖν θεωρῆτε τὸν υἱὸν τοῦ ἀνθρώπου ἀναβαίνοντα ὅπου ἦν τὸ πρότερον⁵; **63** τὸ πνεῦμά ἐστιν τὸ ζῳοποιοῦν⁶, ἡ σὰρξ οὐκ ὠφελεῖ⁷ οὐδέν· τὰ ῥήματα ἃ ἐγὼ λελάληκα ὑμῖν πνεῦμά ἐστιν καὶ ζωή ἐστιν. **64** ἀλλ' εἰσὶν ἐξ ὑμῶν τινες οἳ οὐ πιστεύουσιν. ᾔδει⁸ γὰρ ἐξ ἀρχῆς ὁ Ἰησοῦς τίνες εἰσὶν οἱ μὴ πιστεύοντες καὶ τίς ἐστιν ὁ παραδώσων⁹ αὐτόν. **65** καὶ ἔλεγεν· διὰ τοῦτο εἴρηκα¹⁰ ὑμῖν ὅτι οὐδεὶς δύναται ἐλθεῖν πρός με ἐὰν μὴ ᾖ δεδομένον¹¹ αὐτῷ ἐκ τοῦ πατρός.

66 Ἐκ τούτου πολλοὶ [ἐκ] τῶν μαθητῶν αὐτοῦ ἀπῆλθον εἰς τὰ ὀπίσω καὶ οὐκέτι μετ' αὐτοῦ περιεπάτουν. **67** εἶπεν οὖν ὁ Ἰησοῦς τοῖς δώδεκα· μὴ καὶ ὑμεῖς θέλετε ὑπάγειν; **68** ἀπεκρίθη αὐτῷ Σίμων Πέτρος· κύριε, πρὸς τίνα ἀπελευσόμεθα¹²; ῥήματα ζωῆς αἰωνίου ἔχεις, **69** καὶ ἡμεῖς πεπιστεύκαμεν καὶ ἐγνώκαμεν¹³ ὅτι σὺ εἶ ὁ ἅγιος τοῦ θεοῦ. **70** ἀπεκρίθη αὐτοῖς ὁ Ἰησοῦς· οὐκ ἐγὼ ὑμᾶς τοὺς δώδεκα ἐξελεξάμην¹⁴; καὶ ἐξ ὑμῶν εἷς διάβολός ἐστιν. **71** ἔλεγεν δὲ τὸν Ἰούδαν Σίμωνος Ἰσκαριώτου· οὗτος γὰρ ἔμελλεν παραδιδόναι¹⁵ αὐτόν, εἷς ἐκ τῶν δώδεκα.

The Unbelief of Jesus' Brothers

7 Καὶ μετὰ ταῦτα περιεπάτει ὁ Ἰησοῦς ἐν τῇ Γαλιλαίᾳ· οὐ γὰρ ἤθελεν ἐν τῇ Ἰουδαίᾳ περιπατεῖν, ὅτι ἐζήτουν αὐτὸν οἱ Ἰουδαῖοι ἀποκτεῖναι.

2 Ἦν δὲ ἐγγὺς ἡ ἑορτὴ¹⁶ τῶν Ἰουδαίων ἡ σκηνοπηγία¹⁷. **3** εἶπον οὖν πρὸς αὐτὸν οἱ ἀδελφοὶ αὐτοῦ· μετάβηθι¹⁸ ἐντεῦθεν¹⁹ καὶ ὕπαγε εἰς τὴν Ἰουδαίαν, ἵνα καὶ οἱ μαθηταί σου θεωρήσουσιν σοῦ τὰ ἔργα ἃ ποιεῖς· **4** οὐδεὶς γάρ τι ἐν κρυπτῷ²⁰ ποιεῖ καὶ ζητεῖ αὐτὸς ἐν παρρησίᾳ εἶναι. εἰ ταῦτα ποιεῖς, φανέρωσον σεαυτὸν τῷ κόσμῳ. **5** οὐδὲ γὰρ οἱ ἀδελφοὶ αὐτοῦ ἐπίστευον εἰς αὐτόν. **6** λέγει οὖν αὐτοῖς ὁ Ἰησοῦς· ὁ καιρὸς ὁ ἐμὸς οὔπω²¹ πάρεστιν²², ὁ δὲ καιρὸς ὁ ὑμέτερος²³ πάντοτέ ἐστιν ἕτοιμος²⁴. **7** οὐ δύναται ὁ κόσμος μισεῖν ὑμᾶς, ἐμὲ δὲ μισεῖ, ὅτι ἐγὼ μαρτυρῶ περὶ αὐτοῦ ὅτι τὰ ἔργα αὐτοῦ πονηρά ἐστιν. **8** ὑμεῖς ἀνάβητε²⁵ εἰς τὴν ἑορτήν· ἐγὼ οὐκ

---

¹ σκληρός, -ά/όν, hard
² οἶδα pf act ptc m s nom, know
³ γογγύζω 3p pres act ind, grumble
⁴ σκανδαλίζω 3s pres act ind, offend
⁵ πρότερος, adv, before
⁶ ζῳοποιέω pres act ptc n s nom, give life
⁷ ὠφελέω 3s pres act ind, achieve
⁸ οἶδα 3s plpf act ind, know
⁹ παραδίδωμι fut act ptc m s nom, betray
¹⁰ λέγω 1s pf act ind, say
¹¹ δίδωμι pf pas ptc n s nom, give
¹² ἀπέρχομαι 1p fut mid ind, go
¹³ γινώσκω 1p pf act ind, know
¹⁴ ἐκλέγομαι 1s aor mid ind, choose
¹⁵ παραδίδωμι pres act inf, betray
¹⁶ ἑορτή, -ῆς f, festival
¹⁷ σκηνοπηγία, -ας f, boothmaking (ἡ ἑορτὴ ἡ σκ. Festival of Tabernacles)
¹⁸ μεταβαίνω 2s aor act impv, leave
¹⁹ ἐντεῦθεν, adv, (from) here
²⁰ κρυπτός, -ή/όν, secret
²¹ οὔπω, adv, not yet
²² πάρειμι 3s pres act ind, be present
²³ ὑμέτερος, -α/ον, your
²⁴ ἕτοιμος, -η/ον, present/at hand
²⁵ ἀναβαίνω 2p aor act impv, go (up)

ἀναβαίνω εἰς τὴν ἑορτὴν ταύτην, ὅτι ὁ ἐμὸς καιρὸς οὔπω πεπλήρωται. **9** ταῦτα δὲ εἰπὼν αὐτὸς ἔμεινεν[1] ἐν τῇ Γαλιλαίᾳ.

Jesus at the Feast of Tabernacles

10 Ὡς δὲ ἀνέβησαν οἱ ἀδελφοὶ αὐτοῦ εἰς τὴν ἑορτήν, τότε καὶ αὐτὸς ἀνέβη οὐ φανερῶς[2] ἀλλ' [ὡς] ἐν κρυπτῷ[3]. **11** οἱ οὖν Ἰουδαῖοι ἐζήτουν αὐτὸν ἐν τῇ ἑορτῇ καὶ ἔλεγον· ποῦ ἐστιν ἐκεῖνος; **12** καὶ γογγυσμὸς[4] περὶ αὐτοῦ ἦν πολὺς ἐν τοῖς ὄχλοις· οἱ μὲν ἔλεγον ὅτι ἀγαθός ἐστιν, ἄλλοι [δὲ] ἔλεγον· οὔ, ἀλλὰ πλανᾷ τὸν ὄχλον. **13** οὐδεὶς μέντοι[5] παρρησίᾳ ἐλάλει περὶ αὐτοῦ διὰ τὸν φόβον τῶν Ἰουδαίων.

14 Ἤδη δὲ τῆς ἑορτῆς μεσούσης[6] ἀνέβη[7] Ἰησοῦς εἰς τὸ ἱερὸν καὶ ἐδίδασκεν. **15** ἐθαύμαζον οὖν οἱ Ἰουδαῖοι λέγοντες· πῶς οὗτος γράμματα[8] οἶδεν μὴ μεμαθηκώς[9]; **16** ἀπεκρίθη οὖν αὐτοῖς ὁ Ἰησοῦς καὶ εἶπεν· ἡ ἐμὴ διδαχὴ[10] οὐκ ἔστιν ἐμὴ ἀλλὰ τοῦ πέμψαντός[11] με· **17** ἐάν τις θέλῃ τὸ θέλημα αὐτοῦ ποιεῖν, γνώσεται περὶ τῆς διδαχῆς πότερον[12] ἐκ τοῦ θεοῦ ἐστιν ἢ ἐγὼ ἀπ' ἐμαυτοῦ λαλῶ. **18** ὁ ἀφ' ἑαυτοῦ λαλῶν τὴν δόξαν τὴν ἰδίαν ζητεῖ· ὁ δὲ ζητῶν τὴν δόξαν τοῦ πέμψαντος[13] αὐτὸν οὗτος ἀληθής[14] ἐστιν καὶ ἀδικία[15] ἐν αὐτῷ οὐκ ἔστιν.

19 Οὐ Μωϋσῆς δέδωκεν[16] ὑμῖν τὸν νόμον; καὶ οὐδεὶς ἐξ ὑμῶν ποιεῖ τὸν νόμον. τί με ζητεῖτε ἀποκτεῖναι; **20** ἀπεκρίθη ὁ ὄχλος· δαιμόνιον ἔχεις· τίς σε ζητεῖ ἀποκτεῖναι; **21** ἀπεκρίθη Ἰησοῦς καὶ εἶπεν αὐτοῖς· ἓν ἔργον ἐποίησα καὶ πάντες θαυμάζετε. **22** διὰ τοῦτο Μωϋσῆς δέδωκεν ὑμῖν τὴν περιτομήν – οὐχ ὅτι ἐκ τοῦ Μωϋσέως ἐστὶν ἀλλ' ἐκ τῶν πατέρων – καὶ ἐν σαββάτῳ περιτέμνετε[17] ἄνθρωπον. **23** εἰ περιτομὴν λαμβάνει ἄνθρωπος ἐν σαββάτῳ ἵνα μὴ λυθῇ ὁ νόμος Μωϋσέως, ἐμοὶ χολᾶτε[18] ὅτι ὅλον ἄνθρωπον ὑγιῆ[19] ἐποίησα ἐν σαββάτῳ; **24** μὴ κρίνετε κατ' ὄψιν[20], ἀλλὰ τὴν δικαίαν κρίσιν κρίνετε.

Is This the Christ?

25 Ἔλεγον οὖν τινες ἐκ τῶν Ἱεροσολυμιτῶν· οὐχ οὗτός ἐστιν ὃν ζητοῦσιν ἀποκτεῖναι; **26** καὶ ἴδε[21] παρρησίᾳ λαλεῖ καὶ οὐδὲν αὐτῷ λέγουσιν. μήποτε[22] ἀληθῶς[23]

---

[1] μένω 3s aor act ind, intrans remain
[2] φανερῶς, adv, openly
[3] κρυπτός, -ή/όν, secret
[4] γογγυσμός, -οῦ m, quarreling/whispering
[5] μέντοι, conj, but
[6] μεσόω pres act ptc f s gen, be in the middle
[7] ἀναβαίνω 3s aor act ind, go (up)
[8] γράμμα, -τος n, writing (πῶς οὗτος γ. οἶδεν How does he know so much?)
[9] μανθάνω pf act ptc m s nom, be taught
[10] διδαχή, -ῆς f, teaching
[11] πέμπω aor act ptc m s gen, send
[12] πότερον, adv, whether
[13] πέμπω aor act ptc m s gen, send
[14] ἀληθής, -ές, true
[15] ἀδικία, -ας f, evil
[16] δίδωμι 3s pf act ind, give
[17] περιτέμνω 2p pres act ind, circumcise
[18] χολάω 2p pres act ind, be angry
[19] ὑγιής, -ές, (completely) well
[20] ὄψις, -εως f, face (κατ' ὄψιν by outward appearances)
[21] ἴδε, interj, Look!
[22] μήποτε, interrogative particle, whether perhaps
[23] ἀληθῶς, adv, actually

ἔγνωσαν¹ οἱ ἄρχοντες ὅτι οὗτός ἐστιν ὁ Χριστός; 27 ἀλλὰ τοῦτον οἴδαμεν πόθεν² ἐστίν· ὁ δὲ χριστὸς ὅταν ἔρχηται οὐδεὶς γινώσκει πόθεν ἐστίν. 28 ἔκραξεν οὖν ἐν τῷ ἱερῷ διδάσκων ὁ Ἰησοῦς καὶ λέγων· κἀμὲ οἴδατε καὶ οἴδατε πόθεν εἰμί· καὶ ἀπ' ἐμαυτοῦ οὐκ ἐλήλυθα³, ἀλλ' ἔστιν ἀληθινὸς⁴ ὁ πέμψας⁵ με, ὃν ὑμεῖς οὐκ οἴδατε· 29 ἐγὼ οἶδα αὐτόν, ὅτι παρ' αὐτοῦ εἰμι κἀκεῖνός με ἀπέστειλεν⁶. 30 ἐζήτουν οὖν αὐτὸν πιάσαι⁷, καὶ οὐδεὶς ἐπέβαλεν⁸ ἐπ' αὐτὸν τὴν χεῖρα, ὅτι οὔπω⁹ ἐληλύθει¹⁰ ἡ ὥρα αὐτοῦ. 31 Ἐκ τοῦ ὄχλου δὲ πολλοὶ ἐπίστευσαν εἰς αὐτὸν καὶ ἔλεγον· ὁ χριστὸς ὅταν ἔλθῃ¹¹ μὴ πλείονα¹² σημεῖα ποιήσει ὧν οὗτος ἐποίησεν;

Officers Sent to Arrest Jesus

32 Ἤκουσαν οἱ Φαρισαῖοι τοῦ ὄχλου γογγύζοντος¹³ περὶ αὐτοῦ ταῦτα, καὶ ἀπέστειλαν¹⁴ οἱ ἀρχιερεῖς καὶ οἱ Φαρισαῖοι ὑπηρέτας¹⁵ ἵνα πιάσωσιν¹⁶ αὐτόν. 33 εἶπεν οὖν ὁ Ἰησοῦς· ἔτι χρόνον μικρὸν μεθ' ὑμῶν εἰμι καὶ ὑπάγω πρὸς τὸν πέμψαντά¹⁷ με. 34 ζητήσετέ με καὶ οὐχ εὑρήσετέ [με], καὶ ὅπου εἰμὶ ἐγὼ ὑμεῖς οὐ δύνασθε ἐλθεῖν. 35 εἶπον οὖν οἱ Ἰουδαῖοι πρὸς ἑαυτούς· ποῦ οὗτος μέλλει πορεύεσθαι ὅτι ἡμεῖς οὐχ εὑρήσομεν¹⁸ αὐτόν; μὴ εἰς τὴν διασπορὰν¹⁹ τῶν Ἑλλήνων²⁰ μέλλει πορεύεσθαι καὶ διδάσκειν τοὺς Ἕλληνας; 36 τίς ἐστιν ὁ λόγος οὗτος ὃν εἶπεν· ζητήσετέ με καὶ οὐχ εὑρήσετέ [με], καὶ ὅπου εἰμὶ ἐγὼ ὑμεῖς οὐ δύνασθε ἐλθεῖν;

Rivers of Living Water

37 Ἐν δὲ τῇ ἐσχάτῃ ἡμέρᾳ τῇ μεγάλῃ τῆς ἑορτῆς²¹ εἱστήκει ὁ Ἰησοῦς καὶ ἔκραξεν λέγων· ἐάν τις διψᾷ²² ἐρχέσθω πρός με καὶ πινέτω. 38 ὁ πιστεύων εἰς ἐμέ, καθὼς εἶπεν ἡ γραφή, ποταμοὶ²³ ἐκ τῆς κοιλίας²⁴ αὐτοῦ ῥεύσουσιν²⁵ ὕδατος ζῶντος. 39 τοῦτο δὲ εἶπεν περὶ τοῦ πνεύματος ὃ ἔμελλον λαμβάνειν οἱ πιστεύσαντες εἰς αὐτόν· οὔπω²⁶ γὰρ ἦν πνεῦμα, ὅτι Ἰησοῦς οὐδέπω²⁷ ἐδοξάσθη.

Division among the People

40 Ἐκ τοῦ ὄχλου οὖν ἀκούσαντες τῶν λόγων τούτων ἔλεγον· οὗτός ἐστιν ἀληθῶς²⁸ ὁ προφήτης· 41 ἄλλοι ἔλεγον· οὗτός ἐστιν ὁ χριστός, οἱ δὲ ἔλεγον· μὴ γὰρ ἐκ

---

[1] γινώσκω 3p aor act ind, know
[2] πόθεν, adv, from where
[3] ἔρχομαι 1s pf act ind, come
[4] ἀληθινός, -ή/όν, true
[5] πέμπω aor act ptc m s nom, send
[6] ἀποστέλλω 3s aor act ind, send
[7] πιάζω aor act inf, arrest
[8] ἐπιβάλλω 3s aor act ind, lay
[9] οὔπω, adv, not yet
[10] ἔρχομαι 3s plpf act ind, come
[11] ἔρχομαι 3s aor act sub, come
[12] πολύς, many (comp)
[13] γογγύζω pres act ptc m s gen, grumble
[14] ἀποστέλλω 3p aor act ind, send
[15] ὑπηρέτης, -ου m, temple police
[16] πιάζω 3p aor act sub, arrest
[17] πέμπω aor act ptc m s acc, send
[18] εὑρίσκω 1p fut act ind, find
[19] διασπορά, -ᾶς f, dispersion (of the Jews scattered throughout the Graeco-Roman world)
[20] Ἕλλην, -ηνος m, a Greek
[21] ἑορτή, -ῆς f, festival
[22] διψάω 3s pres act sub, be thirsty
[23] ποταμός, -οῦ m, river
[24] κοιλία, -ας f, stomach (ἐκ τῆς κ. αὐτοῦ from within that person)
[25] ῥέω 3p fut act ind, flow
[26] οὔπω, adv, not yet
[27] οὐδέπω, adv, not yet
[28] ἀληθῶς, adv, truly

τῆς Γαλιλαίας ὁ χριστὸς ἔρχεται; **42** οὐχ ἡ γραφὴ εἶπεν ὅτι ἐκ τοῦ σπέρματος Δαυὶδ καὶ ἀπὸ Βηθλέεμ τῆς κώμης[1] ὅπου ἦν Δαυὶδ ἔρχεται ὁ χριστός; **43** σχίσμα[2] οὖν ἐγένετο ἐν τῷ ὄχλῳ δι' αὐτόν· **44** τινὲς δὲ ἤθελον ἐξ αὐτῶν πιάσαι[3] αὐτόν, ἀλλ' οὐδεὶς ἐπέβαλεν[4] ἐπ' αὐτὸν τὰς χεῖρας.

The Unbelief of Those in Authority

45 Ἦλθον οὖν οἱ ὑπηρέται[5] πρὸς τοὺς ἀρχιερεῖς καὶ Φαρισαίους, καὶ εἶπον αὐτοῖς ἐκεῖνοι· διὰ τί οὐκ ἠγάγετε[6] αὐτόν; **46** ἀπεκρίθησαν οἱ ὑπηρέται· οὐδέποτε[7] ἐλάλησεν οὕτως ἄνθρωπος. **47** ἀπεκρίθησαν οὖν αὐτοῖς οἱ Φαρισαῖοι· μὴ καὶ ὑμεῖς πεπλάνησθε[8]; **48** μή τις ἐκ τῶν ἀρχόντων ἐπίστευσεν εἰς αὐτὸν ἢ ἐκ τῶν Φαρισαίων; **49** ἀλλ' ὁ ὄχλος οὗτος ὁ μὴ γινώσκων τὸν νόμον ἐπάρατοί[9] εἰσιν. **50** λέγει Νικόδημος πρὸς αὐτούς, ὁ ἐλθὼν πρὸς αὐτὸν [τὸ] πρότερον[10], εἷς ὢν ἐξ αὐτῶν· **51** μὴ ὁ νόμος ἡμῶν κρίνει τὸν ἄνθρωπον ἐὰν μὴ ἀκούσῃ πρῶτον παρ' αὐτοῦ καὶ γνῷ[11] τί ποιεῖ; **52** ἀπεκρίθησαν καὶ εἶπαν αὐτῷ· μὴ καὶ σὺ ἐκ τῆς Γαλιλαίας εἶ; ἐραύνησον[12] καὶ ἴδε ὅτι ἐκ τῆς Γαλιλαίας προφήτης οὐκ ἐγείρεται.

The Woman Caught in Adultery

[**53** Καὶ ἐπορεύθησαν[13] ἕκαστος εἰς τὸν οἶκον αὐτοῦ,

8 Ἰησοῦς δὲ ἐπορεύθη εἰς τὸ ὄρος τῶν ἐλαιῶν[14]. **2** ὄρθρου[15] δὲ πάλιν παρεγένετο[16] εἰς τὸ ἱερὸν καὶ πᾶς ὁ λαὸς ἤρχετο πρὸς αὐτόν, καὶ καθίσας[17] ἐδίδασκεν αὐτούς. **3** ἄγουσιν δὲ οἱ γραμματεῖς καὶ οἱ Φαρισαῖοι γυναῖκα ἐπὶ μοιχείᾳ[18] κατειλημμένην[19] καὶ στήσαντες[20] αὐτὴν ἐν μέσῳ **4** λέγουσιν αὐτῷ· διδάσκαλε, αὕτη ἡ γυνὴ κατείληπται ἐπ' αὐτοφώρῳ[21] μοιχευομένη[22]. **5** ἐν δὲ τῷ νόμῳ ἡμῖν Μωϋσῆς ἐνετείλατο[23] τὰς τοιαύτας λιθάζειν[24]. σὺ οὖν τί λέγεις; **6** τοῦτο δὲ ἔλεγον πειράζοντες αὐτόν, ἵνα ἔχωσιν κατηγορεῖν[25] αὐτοῦ. ὁ δὲ Ἰησοῦς κάτω[26] κύψας[27] τῷ δακτύλῳ[28] κατέγραφεν[29] εἰς τὴν γῆν. **7** ὡς δὲ ἐπέμενον[30] ἐρωτῶντες αὐτόν, ἀνέκυψεν[31]

---

[1] κώμη, -ης f, village
[2] σχίσμα, -τος n, division
[3] πιάζω aor act inf, arrest
[4] ἐπιβάλλω 3s aor act ind, lay
[5] ὑπηρέτης, -ου m, temple police
[6] ἄγω 2p aor act ind, bring
[7] οὐδέποτε, adv, never
[8] πλανάω 2p pf pas ind, deceive
[9] ἐπάρατος, -ον, under God's curse
[10] πρότερος, adv, previously
[11] γινώσκω 3s aor act sub, know
[12] ἐραυνάω 2s aor act impv, search
[13] πορεύομαι 3p aor pas ind, go
[14] ἐλαία, -ας f, olive
[15] ὄρθρος, -ου m, early morning
[16] παραγίνομαι 3s aor mid ind, come
[17] καθίζω aor act ptc m s nom, sit down
[18] μοιχεία, -ας f, adultery
[19] καταλαμβάνω pf pas ptc f s acc, catch
[20] ἵστημι aor act ptc m p nom, put
[21] αὐτόφωρος, -ον, in the act
[22] μοιχεύω pres pas ptc f s nom, pas commit adultery
[23] ἐντέλλομαι 3s aor mid ind, command
[24] λιθάζω pres act inf, stone
[25] κατηγορέω pres act inf, accuse
[26] κάτω, adv, down
[27] κύπτω aor act ptc m s nom, bend (down)
[28] δάκτυλος, -ου m, finger
[29] καταγράφω 3s impf act ind, write
[30] ἐπιμένω 3p impf act ind, continue
[31] ἀνακύπτω 3s aor act ind, straighten up

καὶ εἶπεν αὐτοῖς· ὁ ἀναμάρτητος¹ ὑμῶν πρῶτος ἐπ' αὐτὴν βαλέτω² λίθον. 8 καὶ πάλιν κατακύψας³ ἔγραφεν εἰς τὴν γῆν. 9 οἱ δὲ ἀκούσαντες ἐξήρχοντο εἷς καθ' εἷς ἀρξάμενοι ἀπὸ τῶν πρεσβυτέρων καὶ κατελείφθη⁴ μόνος καὶ ἡ γυνὴ ἐν μέσῳ οὖσα. 10 ἀνακύψας δὲ ὁ Ἰησοῦς εἶπεν αὐτῇ· γύναι, ποῦ εἰσιν; οὐδείς σε κατέκρινεν⁵; 11 ἡ δὲ εἶπεν· οὐδείς, κύριε. εἶπεν δὲ ὁ Ἰησοῦς· οὐδὲ ἐγώ σε κατακρίνω· πορεύου, [καὶ] ἀπὸ τοῦ νῦν μηκέτι⁶ ἁμάρτανε.]

Jesus the Light of the World

12 Πάλιν οὖν αὐτοῖς ἐλάλησεν ὁ Ἰησοῦς λέγων· ἐγώ εἰμι τὸ φῶς τοῦ κόσμου· ὁ ἀκολουθῶν ἐμοὶ οὐ μὴ περιπατήσῃ ἐν τῇ σκοτίᾳ⁷, ἀλλ' ἕξει τὸ φῶς τῆς ζωῆς. 13 εἶπον οὖν αὐτῷ οἱ Φαρισαῖοι· σὺ περὶ σεαυτοῦ μαρτυρεῖς· ἡ μαρτυρία σου οὐκ ἔστιν ἀληθής⁸. 14 ἀπεκρίθη Ἰησοῦς καὶ εἶπεν αὐτοῖς· κἂν⁹ ἐγὼ μαρτυρῶ περὶ ἐμαυτοῦ, ἀληθής ἐστιν ἡ μαρτυρία μου, ὅτι οἶδα πόθεν¹⁰ ἦλθον καὶ ποῦ ὑπάγω· ὑμεῖς δὲ οὐκ οἴδατε πόθεν ἔρχομαι ἢ ποῦ ὑπάγω. 15 ὑμεῖς κατὰ τὴν σάρκα κρίνετε, ἐγὼ οὐ κρίνω οὐδένα. 16 καὶ ἐὰν κρίνω δὲ ἐγώ, ἡ κρίσις ἡ ἐμὴ ἀληθινή¹¹ ἐστιν, ὅτι μόνος οὐκ εἰμί, ἀλλ' ἐγὼ καὶ ὁ πέμψας¹² με πατήρ. 17 καὶ ἐν τῷ νόμῳ δὲ τῷ ὑμετέρῳ¹³ γέγραπται ὅτι δύο ἀνθρώπων ἡ μαρτυρία ἀληθής ἐστιν. 18 ἐγώ εἰμι ὁ μαρτυρῶν περὶ ἐμαυτοῦ καὶ μαρτυρεῖ περὶ ἐμοῦ ὁ πέμψας με πατήρ. 19 ἔλεγον οὖν αὐτῷ· ποῦ ἐστιν ὁ πατήρ σου; ἀπεκρίθη Ἰησοῦς· οὔτε ἐμὲ οἴδατε οὔτε τὸν πατέρα μου· εἰ ἐμὲ ᾔδειτε¹⁴, καὶ τὸν πατέρα μου ἂν ᾔδειτε. 20 ταῦτα τὰ ῥήματα ἐλάλησεν ἐν τῷ γαζοφυλακίῳ¹⁵ διδάσκων ἐν τῷ ἱερῷ· καὶ οὐδεὶς ἐπίασεν¹⁶ αὐτόν, ὅτι οὔπω¹⁷ ἐληλύθει¹⁸ ἡ ὥρα αὐτοῦ.

Where I am Going You Cannot Come

21 Εἶπεν οὖν πάλιν αὐτοῖς· ἐγὼ ὑπάγω καὶ ζητήσετέ με, καὶ ἐν τῇ ἁμαρτίᾳ ὑμῶν ἀποθανεῖσθε¹⁹· ὅπου ἐγὼ ὑπάγω ὑμεῖς οὐ δύνασθε ἐλθεῖν. 22 ἔλεγον οὖν οἱ Ἰουδαῖοι· μήτι²⁰ ἀποκτενεῖ²¹ ἑαυτόν, ὅτι λέγει· ὅπου ἐγὼ ὑπάγω ὑμεῖς οὐ δύνασθε ἐλθεῖν; 23 καὶ ἔλεγεν αὐτοῖς· ὑμεῖς ἐκ τῶν κάτω²² ἐστέ, ἐγὼ ἐκ τῶν ἄνω²³ εἰμί· ὑμεῖς ἐκ τούτου τοῦ κόσμου ἐστέ, ἐγὼ οὐκ εἰμὶ ἐκ τοῦ κόσμου τούτου. 24 εἶπον οὖν ὑμῖν ὅτι ἀποθανεῖσθε ἐν ταῖς ἁμαρτίαις ὑμῶν· ἐὰν γὰρ μὴ πιστεύσητε ὅτι ἐγώ εἰμι,

---

1 ἀναμάρτητος, -ον, sinless
2 βάλλω 3s aor act impv, throw
3 κατακύπτω aor act ptc m s nom, bend down
4 καταλείπω 3s aor pas ind, leave
5 κατακρίνω 3s aor act ind, condemn
6 μηκέτι, adv, no longer
7 σκοτία, -ας f, darkness
8 ἀληθής, -ές, true
9 κἄν = καὶ ἐάν, even if
10 πόθεν, adv, where
11 ἀληθινός, -ή/όν, true
12 πέμπω aor act ptc m s nom, send
13 ὑμέτερος, -α/ον, your
14 οἶδα 2p plpf act ind, know
15 γαζοφυλάκιον, -ου n, Temple treasury
16 πιάζω 3s aor act ind, arrest
17 οὔπω, adv, not yet
18 ἔρχομαι 3s plpf act ind, come
19 ἀποθνήσκω 2p fut mid ind, die
20 μήτι, usually expects a negative reply
21 ἀποκτείνω 3s fut act ind, kill
22 κάτω, adv, below
23 ἄνω, adv, above

ἀποθανεῖσθε ἐν ταῖς ἁμαρτίαις ὑμῶν. 25 ἔλεγον οὖν αὐτῷ· σὺ τίς εἶ; εἶπεν αὐτοῖς ὁ Ἰησοῦς· τὴν ἀρχὴν ὅ τι καὶ λαλῶ ὑμῖν; 26 πολλὰ ἔχω περὶ ὑμῶν λαλεῖν καὶ κρίνειν, ἀλλ' ὁ πέμψας με ἀληθής[1] ἐστιν, κἀγὼ ἃ ἤκουσα παρ' αὐτοῦ ταῦτα λαλῶ εἰς τὸν κόσμον. 27 οὐκ ἔγνωσαν[2] ὅτι τὸν πατέρα αὐτοῖς ἔλεγεν. 28 εἶπεν οὖν [αὐτοῖς] ὁ Ἰησοῦς· ὅταν ὑψώσητε[3] τὸν υἱὸν τοῦ ἀνθρώπου, τότε γνώσεσθε ὅτι ἐγώ εἰμι, καὶ ἀπ' ἐμαυτοῦ ποιῶ οὐδέν, ἀλλὰ καθὼς ἐδίδαξέν με ὁ πατὴρ ταῦτα λαλῶ. 29 καὶ ὁ πέμψας με μετ' ἐμοῦ ἐστιν· οὐκ ἀφῆκέν[4] με μόνον, ὅτι ἐγὼ τὰ ἀρεστὰ[5] αὐτῷ ποιῶ πάντοτε. 30 Ταῦτα αὐτοῦ λαλοῦντος πολλοὶ ἐπίστευσαν εἰς αὐτόν.

The Truth Will Make You Free

31 Ἔλεγεν οὖν ὁ Ἰησοῦς πρὸς τοὺς πεπιστευκότας αὐτῷ Ἰουδαίους· ἐὰν ὑμεῖς μείνητε[6] ἐν τῷ λόγῳ τῷ ἐμῷ, ἀληθῶς[7] μαθηταί μού ἐστε 32 καὶ γνώσεσθε[8] τὴν ἀλήθειαν, καὶ ἡ ἀλήθεια ἐλευθερώσει[9] ὑμᾶς. 33 ἀπεκρίθησαν πρὸς αὐτόν· σπέρμα Ἀβραάμ ἐσμεν καὶ οὐδενὶ δεδουλεύκαμεν[10] πώποτε[11]· πῶς σὺ λέγεις ὅτι ἐλεύθεροι[12] γενήσεσθε[13]; 34 ἀπεκρίθη αὐτοῖς ὁ Ἰησοῦς· ἀμὴν ἀμὴν λέγω ὑμῖν ὅτι πᾶς ὁ ποιῶν τὴν ἁμαρτίαν δοῦλός ἐστιν τῆς ἁμαρτίας. 35 ὁ δὲ δοῦλος οὐ μένει ἐν τῇ οἰκίᾳ εἰς τὸν αἰῶνα, ὁ υἱὸς μένει εἰς τὸν αἰῶνα. 36 ἐὰν οὖν ὁ υἱὸς ὑμᾶς ἐλευθερώσῃ, ὄντως[14] ἐλεύθεροι ἔσεσθε[15]. 37 οἶδα ὅτι σπέρμα Ἀβραάμ ἐστε· ἀλλὰ ζητεῖτέ με ἀποκτεῖναι, ὅτι ὁ λόγος ὁ ἐμὸς οὐ χωρεῖ[16] ἐν ὑμῖν. 38 ἃ ἐγὼ ἑώρακα[17] παρὰ τῷ πατρὶ λαλῶ· καὶ ὑμεῖς οὖν ἃ ἠκούσατε παρὰ τοῦ πατρὸς ποιεῖτε.

Your Father the Devil

39 Ἀπεκρίθησαν καὶ εἶπαν αὐτῷ· ὁ πατὴρ ἡμῶν Ἀβραάμ ἐστιν. λέγει αὐτοῖς ὁ Ἰησοῦς· εἰ τέκνα τοῦ Ἀβραάμ ἐστε, τὰ ἔργα τοῦ Ἀβραὰμ ἐποιεῖτε· 40 νῦν δὲ ζητεῖτέ με ἀποκτεῖναι ἄνθρωπον ὃς τὴν ἀλήθειάν ὑμῖν λελάληκα ἣν ἤκουσα παρὰ τοῦ θεοῦ· τοῦτο Ἀβραὰμ οὐκ ἐποίησεν. 41 ὑμεῖς ποιεῖτε τὰ ἔργα τοῦ πατρὸς ὑμῶν. εἶπαν [οὖν] αὐτῷ· ἡμεῖς ἐκ πορνείας[18] οὐ γεγεννήμεθα, ἕνα πατέρα ἔχομεν τὸν θεόν. 42 εἶπεν αὐτοῖς ὁ Ἰησοῦς· εἰ ὁ θεὸς πατὴρ ὑμῶν ἦν ἠγαπᾶτε ἂν ἐμέ, ἐγὼ γὰρ ἐκ τοῦ θεοῦ ἐξῆλθον καὶ ἥκω[19]· οὐδὲ γὰρ ἀπ' ἐμαυτοῦ ἐλήλυθα[20], ἀλλ' ἐκεῖνός με ἀπέστειλεν[21]. 43 διὰ τί τὴν λαλιὰν[22] τὴν ἐμὴν οὐ γινώσκετε; ὅτι οὐ δύνασθε ἀκούειν

---

[1] ἀληθής, -ές, true
[2] γινώσκω 3p aor act ind, know
[3] ὑψόω 2p aor act sub, lift up
[4] ἀφίημι 3s aor act ind, leave
[5] ἀρεστός, -ή/όν, pleasing
[6] μένω 2p aor act sub, remain
[7] ἀληθῶς, adv, truly
[8] γινώσκω 2p fut mid ind, know
[9] ἐλευθερόω 3s fut act ind, (set) free
[10] δουλεύω 1p pf act ind, be a slave
[11] πώποτε, adv, ever
[12] ἐλεύθερος, -α/ον, free
[13] γίνομαι 2p fut mid ind, be
[14] ὄντως, adv, really
[15] εἰμί 2p fut mid ind, be
[16] χωρέω 3s pres act ind, find room
[17] ὁράω 1s pf act ind, see
[18] πορνεία, -ας f, sexual immorality (ἐκ π. οὐκ ἐγεννήθημεν we are not bastards)
[19] ἥκω 1s pres act ind, come
[20] ἔρχομαι 1s pf act ind, come
[21] ἀποστέλλω 3s aor act ind, send
[22] λαλιά, -ᾶς f, something said

τὸν λόγον τὸν ἐμόν. **44** ὑμεῖς ἐκ τοῦ πατρὸς τοῦ διαβόλου ἐστὲ καὶ τὰς ἐπιθυμίας τοῦ πατρὸς ὑμῶν θέλετε ποιεῖν. ἐκεῖνος ἀνθρωποκτόνος[1] ἦν ἀπ' ἀρχῆς καὶ ἐν τῇ ἀληθείᾳ οὐκ ἔστηκεν[2], ὅτι οὐκ ἔστιν ἀλήθεια ἐν αὐτῷ. ὅταν λαλῇ τὸ ψεῦδος[3], ἐκ τῶν ἰδίων λαλεῖ, ὅτι ψεύστης[4] ἐστὶν καὶ ὁ πατὴρ αὐτοῦ. **45** ἐγὼ δὲ ὅτι τὴν ἀλήθειαν λέγω, οὐ πιστεύετέ μοι. **46** τίς ἐξ ὑμῶν ἐλέγχει[5] με περὶ ἁμαρτίας; εἰ ἀλήθειαν λέγω, διὰ τί ὑμεῖς οὐ πιστεύετέ μοι; **47** ὁ ὢν ἐκ τοῦ θεοῦ τὰ ῥήματα τοῦ θεοῦ ἀκούει· διὰ τοῦτο ὑμεῖς οὐκ ἀκούετε, ὅτι ἐκ τοῦ θεοῦ οὐκ ἐστέ.

Before Abraham Was, I Am

48 Ἀπεκρίθησαν οἱ Ἰουδαῖοι καὶ εἶπαν αὐτῷ· οὐ καλῶς λέγομεν ἡμεῖς ὅτι Σαμαρίτης εἶ σὺ καὶ δαιμόνιον ἔχεις; **49** ἀπεκρίθη Ἰησοῦς· ἐγὼ δαιμόνιον οὐκ ἔχω, ἀλλὰ τιμῶ[6] τὸν πατέρα μου, καὶ ὑμεῖς ἀτιμάζετέ[7] με. **50** ἐγὼ δὲ οὐ ζητῶ τὴν δόξαν μου· ἔστιν ὁ ζητῶν καὶ κρίνων. **51** ἀμὴν ἀμὴν λέγω ὑμῖν, ἐάν τις τὸν ἐμὸν λόγον τηρήσῃ, θάνατον οὐ μὴ θεωρήσῃ εἰς τὸν αἰῶνα. **52** εἶπον [οὖν] αὐτῷ οἱ Ἰουδαῖοι· νῦν ἐγνώκαμεν[8] ὅτι δαιμόνιον ἔχεις. Ἀβραὰμ ἀπέθανεν καὶ οἱ προφῆται, καὶ σὺ λέγεις· ἐάν τις τὸν λόγον μου τηρήσῃ, οὐ μὴ γεύσηται[9] θανάτου εἰς τὸν αἰῶνα. **53** μὴ σὺ μείζων[10] εἶ τοῦ πατρὸς ἡμῶν Ἀβραάμ, ὅστις ἀπέθανεν; καὶ οἱ προφῆται ἀπέθανον. τίνα σεαυτὸν ποιεῖς; **54** ἀπεκρίθη Ἰησοῦς· ἐὰν ἐγὼ δοξάσω ἐμαυτόν, ἡ δόξα μου οὐδέν ἐστιν· ἔστιν ὁ πατήρ μου ὁ δοξάζων με, ὃν ὑμεῖς λέγετε ὅτι θεὸς ἡμῶν ἐστιν, **55** καὶ οὐκ ἐγνώκατε αὐτόν, ἐγὼ δὲ οἶδα αὐτόν. κἂν[11] εἴπω[12] ὅτι οὐκ οἶδα αὐτόν, ἔσομαι ὅμοιος ὑμῖν ψεύστης[13]· ἀλλ' οἶδα αὐτὸν καὶ τὸν λόγον αὐτοῦ τηρῶ. **56** Ἀβραὰμ ὁ πατὴρ ὑμῶν ἠγαλλιάσατο[14] ἵνα ἴδῃ[15] τὴν ἡμέραν τὴν ἐμήν, καὶ εἶδεν καὶ ἐχάρη[16]. **57** εἶπον οὖν οἱ Ἰουδαῖοι πρὸς αὐτόν· πεντήκοντα[17] ἔτη οὔπω[18] ἔχεις καὶ Ἀβραὰμ ἑώρακας[19]; **58** εἶπεν αὐτοῖς Ἰησοῦς· ἀμὴν ἀμὴν λέγω ὑμῖν, πρὶν[20] Ἀβραὰμ γενέσθαι ἐγὼ εἰμί. **59** ἦραν[21] οὖν λίθους ἵνα βάλωσιν[22] ἐπ' αὐτόν. Ἰησοῦς δὲ ἐκρύβη[23] καὶ ἐξῆλθεν ἐκ τοῦ ἱεροῦ.

---

[1] ἀνθρωποκτόνος, -ου m, murderer
[2] στήκω 3s impf act ind & pf act ind, stand (firm)
[3] ψεῦδος, -ους n, lie
[4] ψεύστης, -ου m, liar
[5] ἐλέγχω 3s pres act ind, prove guilty
[6] τιμάω 1s pres act ind, honor
[7] ἀτιμάζω 2p pres act ind, dishonor
[8] γινώσκω 1p pf act ind, know
[9] γεύομαι 3s aor mid sub, experience
[10] μέγας, great (comp)
[11] κἂν, = καὶ ἐάν, and if
[12] λέγω 1s aor act sub, say
[13] ψεύστης, -ου m, liar
[14] ἀγαλλιάω 3s aor mid ind, be really glad
[15] ὁράω 3s aor act sub, see
[16] χαίρω 3s aor pas ind, pas be glad
[17] πεντήκοντα, fifty
[18] οὔπω, adv, not yet
[19] ὁράω 2s pf act ind, see
[20] πρίν, conj, before
[21] αἴρω 3p aor act ind, pick up
[22] βάλλω 3p aor act sub, throw
[23] κρύπτω 3s aor pas ind, hide (pas = hide oneself)

ΚΑΤΑ ΙΩΑΝΝΗΝ

The Healing of a Man Born Blind

9 Καὶ παράγων¹ εἶδεν ἄνθρωπον τυφλὸν ἐκ γενετῆς². ²καὶ ἠρώτησαν αὐτὸν οἱ μαθηταὶ αὐτοῦ λέγοντες· ῥαββί³, τίς ἥμαρτεν, οὗτος ἢ οἱ γονεῖς⁴ αὐτοῦ, ἵνα τυφλὸς γεννηθῇ; ³ἀπεκρίθη Ἰησοῦς· οὔτε οὗτος ἥμαρτεν οὔτε οἱ γονεῖς αὐτοῦ, ἀλλ' ἵνα φανερωθῇ τὰ ἔργα τοῦ θεοῦ ἐν αὐτῷ. ⁴ἡμᾶς δεῖ ἐργάζεσθαι τὰ ἔργα τοῦ πέμψαντός⁵ με ἕως ἡμέρα ἐστίν· ἔρχεται νὺξ ὅτε οὐδεὶς δύναται ἐργάζεσθαι. ⁵ὅταν ἐν τῷ κόσμῳ ὦ, φῶς εἰμι τοῦ κόσμου. ⁶ταῦτα εἰπὼν ἔπτυσεν⁶ χαμαὶ⁷ καὶ ἐποίησεν πηλὸν⁸ ἐκ τοῦ πτύσματος⁹ καὶ ἐπέχρισεν¹⁰ αὐτοῦ τὸν πηλὸν ἐπὶ τοὺς ὀφθαλμοὺς ⁷καὶ εἶπεν αὐτῷ· ὕπαγε νίψαι¹¹ εἰς τὴν κολυμβήθραν¹² τοῦ Σιλωάμ, ὃ ἑρμηνεύεται¹³ ἀπεσταλμένος¹⁴. ἀπῆλθεν οὖν καὶ ἐνίψατο καὶ ἦλθεν βλέπων.

⁸Οἱ οὖν γείτονες¹⁵ καὶ οἱ θεωροῦντες αὐτὸν τὸ πρότερον¹⁶ ὅτι προσαίτης¹⁷ ἦν ἔλεγον· οὐχ οὗτός ἐστιν ὁ καθήμενος καὶ προσαιτῶν¹⁸; ⁹ἄλλοι ἔλεγον ὅτι οὗτός ἐστιν, ἄλλοι ἔλεγον· οὐχί, ἀλλ' ὅμοιος αὐτῷ ἐστιν. ἐκεῖνος ἔλεγεν ὅτι ἐγώ εἰμι. ¹⁰ἔλεγον οὖν αὐτῷ· πῶς [οὖν] ἠνεῴχθησάν¹⁹ σου οἱ ὀφθαλμοί; ¹¹ἀπεκρίθη ἐκεῖνος· ὁ ἄνθρωπος ὁ λεγόμενος Ἰησοῦς πηλὸν ἐποίησεν καὶ ἐπέχρισέν μου τοὺς ὀφθαλμοὺς καὶ εἶπέν μοι ὅτι ὕπαγε εἰς τὸν Σιλωὰμ καὶ νίψαι· ἀπελθὼν οὖν καὶ νιψάμενος ἀνέβλεψα²⁰. ¹²καὶ εἶπαν αὐτῷ· ποῦ ἐστιν ἐκεῖνος; λέγει· οὐκ οἶδα.

The Pharisees Investigate the Healing

¹³Ἄγουσιν²¹ αὐτὸν πρὸς τοὺς Φαρισαίους τόν ποτε²² τυφλόν. ¹⁴ἦν δὲ σάββατον ἐν ᾗ ἡμέρᾳ τὸν πηλὸν²³ ἐποίησεν ὁ Ἰησοῦς καὶ ἀνέῳξεν²⁴ αὐτοῦ τοὺς ὀφθαλμούς. ¹⁵πάλιν οὖν ἠρώτων αὐτὸν καὶ οἱ Φαρισαῖοι πῶς ἀνέβλεψεν²⁵. ὁ δὲ εἶπεν αὐτοῖς· πηλὸν ἐπέθηκέν²⁶ μου ἐπὶ τοὺς ὀφθαλμοὺς καὶ ἐνιψάμην²⁷ καὶ βλέπω. ¹⁶ἔλεγον οὖν ἐκ τῶν Φαρισαίων τινές· οὐκ ἔστιν οὗτος παρὰ θεοῦ ὁ ἄνθρωπος, ὅτι τὸ σάββατον οὐ τηρεῖ. ἄλλοι [δὲ] ἔλεγον· πῶς δύναται ἄνθρωπος ἁμαρτωλὸς τοιαῦτα σημεῖα ποιεῖν; καὶ σχίσμα²⁸ ἦν ἐν αὐτοῖς. ¹⁷λέγουσιν οὖν τῷ τυφλῷ πάλιν· τί σὺ λέγεις περὶ αὐτοῦ, ὅτι ἠνέῳξέν σου τοὺς ὀφθαλμούς; ὁ δὲ εἶπεν ὅτι προφήτης ἐστίν.

---

¹ παράγω *pres act ptc m s nom*, pass by
² γενετή, -ῆς *f*, birth
³ ῥαββί, rabbi (honorary title)
⁴ γονεύς, -έως *m*, parent
⁵ πέμπω *aor act ptc m s gen*, send
⁶ πτύω *3s aor act ind*, spit
⁷ χαμαί, *adv*, on the ground
⁸ πηλός, -οῦ *m*, mud
⁹ πτύσμα, -τος *n*, saliva
¹⁰ ἐπιχρίω *3s aor act ind*, smear
¹¹ νίπτω *2s aor mid impv*, wash oneself
¹² κολυμβήθρα, -ας *f*, pool
¹³ ἑρμηνεύω *3s pres pas ind*, *pas* mean
¹⁴ ἀποστέλλω *pf pas ptc m s nom*, send
¹⁵ γείτων, -ονος *m* & *f*, neighbor
¹⁶ πρότερος, *adv*, before
¹⁷ προσαίτης, -ου *m*, beggar
¹⁸ προσαιτέω *pres act ptc m s nom*, beg
¹⁹ ἀνοίγω *3p aor pas ind*, open
²⁰ ἀναβλέπω *1s aor act ind*, regain one's sight
²¹ ἄγω *3p pres act ind*, bring
²² ποτέ, *temporal adv*, formerly
²³ πηλός, -οῦ *m*, mud
²⁴ ἀνοίγω *3s aor act ind*, open
²⁵ ἀναβλέπω *3s aor act ind*, regain one's sight
²⁶ ἐπιτίθημι *3s aor act ind*, put (on)
²⁷ νίπτω *1s aor mid ind*, *mid* wash oneself
²⁸ σχίσμα, -τος *n*, division

18 Οὐκ ἐπίστευσαν οὖν οἱ Ἰουδαῖοι περὶ αὐτοῦ ὅτι ἦν τυφλὸς καὶ ἀνέβλεψεν ἕως ὅτου ἐφώνησαν τοὺς γονεῖς[1] αὐτοῦ τοῦ ἀναβλέψαντος 19 καὶ ἠρώτησαν αὐτοὺς λέγοντες· οὗτός ἐστιν ὁ υἱὸς ὑμῶν, ὃν ὑμεῖς λέγετε ὅτι τυφλὸς ἐγεννήθη; πῶς οὖν βλέπει ἄρτι; 20 ἀπεκρίθησαν οὖν οἱ γονεῖς αὐτοῦ καὶ εἶπαν· οἴδαμεν ὅτι οὗτός ἐστιν ὁ υἱὸς ἡμῶν καὶ ὅτι τυφλὸς ἐγεννήθη· 21 πῶς δὲ νῦν βλέπει οὐκ οἴδαμεν, ἢ τίς ἤνοιξεν[2] αὐτοῦ τοὺς ὀφθαλμοὺς ἡμεῖς οὐκ οἴδαμεν· αὐτὸν ἐρωτήσατε, ἡλικίαν[3] ἔχει, αὐτὸς περὶ ἑαυτοῦ λαλήσει. 22 ταῦτα εἶπαν οἱ γονεῖς αὐτοῦ ὅτι ἐφοβοῦντο τοὺς Ἰουδαίους· ἤδη γὰρ συνετέθειντο[4] οἱ Ἰουδαῖοι ἵνα ἐάν τις αὐτὸν ὁμολογήσῃ[5] χριστόν, ἀποσυνάγωγος[6] γένηται. 23 διὰ τοῦτο οἱ γονεῖς αὐτοῦ εἶπαν ὅτι ἡλικίαν ἔχει, αὐτὸν ἐπερωτήσατε.

24 Ἐφώνησαν οὖν τὸν ἄνθρωπον ἐκ δευτέρου[7] ὃς ἦν τυφλὸς καὶ εἶπαν αὐτῷ· δὸς[8] δόξαν τῷ θεῷ· ἡμεῖς οἴδαμεν ὅτι οὗτος ὁ ἄνθρωπος ἁμαρτωλός ἐστιν. 25 ἀπεκρίθη οὖν ἐκεῖνος· εἰ ἁμαρτωλός ἐστιν οὐκ οἶδα· ἓν οἶδα ὅτι τυφλὸς ὢν ἄρτι βλέπω. 26 εἶπον οὖν αὐτῷ· τί ἐποίησέν σοι; πῶς ἤνοιξέν[9] σου τοὺς ὀφθαλμούς; 27 ἀπεκρίθη αὐτοῖς· εἶπον ὑμῖν ἤδη καὶ οὐκ ἠκούσατε· τί πάλιν θέλετε ἀκούειν; μὴ καὶ ὑμεῖς θέλετε αὐτοῦ μαθηταὶ γενέσθαι; 28 καὶ ἐλοιδόρησαν[10] αὐτὸν καὶ εἶπον· σὺ μαθητὴς εἶ ἐκείνου, ἡμεῖς δὲ τοῦ Μωϋσέως ἐσμὲν μαθηταί· 29 ἡμεῖς οἴδαμεν ὅτι Μωϋσεῖ λελάληκεν ὁ θεός, τοῦτον δὲ οὐκ οἴδαμεν πόθεν[11] ἐστίν. 30 ἀπεκρίθη ὁ ἄνθρωπος καὶ εἶπεν αὐτοῖς· ἐν τούτῳ γὰρ τὸ θαυμαστόν[12] ἐστιν, ὅτι ὑμεῖς οὐκ οἴδατε πόθεν ἐστίν, καὶ ἤνοιξέν μου τοὺς ὀφθαλμούς. 31 οἴδαμεν ὅτι ἁμαρτωλῶν ὁ θεὸς οὐκ ἀκούει, ἀλλ᾽ ἐάν τις θεοσεβὴς[13] ᾖ[14] καὶ τὸ θέλημα αὐτοῦ ποιῇ τούτου ἀκούει. 32 ἐκ τοῦ αἰῶνος οὐκ ἠκούσθη ὅτι ἠνέῳξέν τις ὀφθαλμοὺς τυφλοῦ γεγεννημένου· 33 εἰ μὴ ἦν οὗτος παρὰ θεοῦ, οὐκ ἠδύνατο ποιεῖν οὐδέν. 34 ἀπεκρίθησαν καὶ εἶπαν αὐτῷ· ἐν ἁμαρτίαις σὺ ἐγεννήθης[15] ὅλος καὶ σὺ διδάσκεις ἡμᾶς; καὶ ἐξέβαλον[16] αὐτὸν ἔξω.

Spiritual Blindness

35 Ἤκουσεν Ἰησοῦς ὅτι ἐξέβαλον αὐτὸν ἔξω καὶ εὑρὼν[17] αὐτὸν εἶπεν· σὺ πιστεύεις εἰς τὸν υἱὸν τοῦ ἀνθρώπου; 36 ἀπεκρίθη ἐκεῖνος καὶ εἶπεν· καὶ τίς ἐστιν, κύριε, ἵνα πιστεύσω εἰς αὐτόν; 37 εἶπεν αὐτῷ ὁ Ἰησοῦς· καὶ ἑώρακας[18] αὐτὸν καὶ ὁ λαλῶν μετὰ σοῦ ἐκεῖνός ἐστιν. 38 ὁ δὲ ἔφη· πιστεύω, κύριε· καὶ προσεκύνησεν αὐτῷ.

[1] γονεύς, -έως m, parent
[2] ἀνοίγω 3s aor act ind, open
[3] ἡλικία, -ας f, age (ἡ. ἔχει he is of age)
[4] συντίθημι 3p plpf mid ind, mid agree
[5] ὁμολογέω 3s aor act sub, confess
[6] ἀποσυνάγωγος, -ον, excommunicated from the synagogue
[7] δεύτερος, -α/ον, second (ἐκ δ. a second time)
[8] δίδωμι 2s aor act impv, give
[9] ἀνοίγω 3s aor act ind, open
[10] λοιδορέω 3p aor act ind, insult
[11] πόθεν, adv, from where
[12] θαυμαστός, -ή/όν, amazing
[13] θεοσεβής, -ές, devout
[14] εἰμί 3s pres act sub, be
[15] γεννάω 2s aor pas ind, pas be born
[16] ἐκβάλλω 3p aor act ind, force out
[17] εὑρίσκω aor act ptc m s nom, find
[18] ὁράω 2s pf act ind, see

39 Καὶ εἶπεν ὁ Ἰησοῦς· εἰς κρίμα¹ ἐγὼ εἰς τὸν κόσμον τοῦτον ἦλθον, ἵνα οἱ μὴ βλέποντες βλέπωσιν καὶ οἱ βλέποντες τυφλοὶ γένωνται². **40** ἤκουσαν ἐκ τῶν Φαρισαίων ταῦτα οἱ μετ' αὐτοῦ ὄντες καὶ εἶπον αὐτῷ· μὴ καὶ ἡμεῖς τυφλοί ἐσμεν; **41** εἶπεν αὐτοῖς ὁ Ἰησοῦς· εἰ τυφλοὶ ἦτε, οὐκ ἂν εἴχετε³ ἁμαρτίαν· νῦν δὲ λέγετε ὅτι βλέπομεν, ἡ ἁμαρτία ὑμῶν μένει.

The Parable of the Sheepfold

10 Ἀμὴν ἀμὴν λέγω ὑμῖν, ὁ μὴ εἰσερχόμενος διὰ τῆς θύρας εἰς τὴν αὐλὴν⁴ τῶν προβάτων ἀλλ' ἀναβαίνων ἀλλαχόθεν⁵ ἐκεῖνος κλέπτης⁶ ἐστὶν καὶ λῃστής⁷· **2** ὁ δὲ εἰσερχόμενος διὰ τῆς θύρας ποιμήν⁸ ἐστιν τῶν προβάτων. **3** τούτῳ ὁ θυρωρὸς⁹ ἀνοίγει καὶ τὰ πρόβατα τῆς φωνῆς αὐτοῦ ἀκούει καὶ τὰ ἴδια πρόβατα φωνεῖ κατ' ὄνομα καὶ ἐξάγει¹⁰ αὐτά. **4** ὅταν τὰ ἴδια πάντα ἐκβάλῃ¹¹, ἔμπροσθεν αὐτῶν πορεύεται καὶ τὰ πρόβατα αὐτῷ ἀκολουθεῖ, ὅτι οἴδασιν τὴν φωνὴν αὐτοῦ· **5** ἀλλοτρίῳ¹² δὲ οὐ μὴ ἀκολουθήσουσιν, ἀλλὰ φεύξονται¹³ ἀπ' αὐτοῦ, ὅτι οὐκ οἴδασιν τῶν ἀλλοτρίων τὴν φωνήν. **6** Ταύτην τὴν παροιμίαν¹⁴ εἶπεν αὐτοῖς ὁ Ἰησοῦς, ἐκεῖνοι δὲ οὐκ ἔγνωσαν¹⁵ τίνα ἦν ἃ ἐλάλει αὐτοῖς.

Jesus the Good Shepherd

7 Εἶπεν οὖν πάλιν ὁ Ἰησοῦς· ἀμὴν ἀμὴν λέγω ὑμῖν ὅτι ἐγώ εἰμι ἡ θύρα τῶν προβάτων. **8** πάντες ὅσοι ἦλθον [πρὸ ἐμοῦ] κλέπται¹⁶ εἰσὶν καὶ λῃσταί¹⁷, ἀλλ' οὐκ ἤκουσαν αὐτῶν τὰ πρόβατα. **9** ἐγώ εἰμι ἡ θύρα· δι' ἐμοῦ ἐάν τις εἰσέλθῃ¹⁸ σωθήσεται¹⁹ καὶ εἰσελεύσεται²⁰ καὶ ἐξελεύσεται²¹ καὶ νομὴν²² εὑρήσει. **10** ὁ κλέπτης οὐκ ἔρχεται εἰ μὴ ἵνα κλέψῃ²³ καὶ θύσῃ²⁴ καὶ ἀπολέσῃ²⁵· ἐγὼ ἦλθον ἵνα ζωὴν ἔχωσιν καὶ περισσὸν²⁶ ἔχωσιν.

11 Ἐγώ εἰμι ὁ ποιμὴν²⁷ ὁ καλός. ὁ ποιμὴν ὁ καλὸς τὴν ψυχὴν αὐτοῦ τίθησιν²⁸ ὑπὲρ τῶν προβάτων· **12** ὁ μισθωτὸς²⁹ καὶ οὐκ ὢν ποιμήν, οὗ οὐκ ἔστιν τὰ πρόβατα ἴδια, θεωρεῖ τὸν λύκον³⁰ ἐρχόμενον καὶ ἀφίησιν³¹ τὰ πρόβατα καὶ φεύγει³² – καὶ ὁ

---

¹ κρίμα, -τος n, judgment
² γίνομαι 3p aor mid sub, become
³ ἔχω 2p impf act ind, have
⁴ αὐλή, -ῆς f, (sheep) pen
⁵ ἀλλαχόθεν, adv, by another way
⁶ κλέπτης, -ου m, thief
⁷ λῃστής, -οῦ m, robber
⁸ ποιμήν, -ένος m, shepherd
⁹ θυρωρός, -οῦ m & f, gatekeeper
¹⁰ ἐξάγω 3s pres act ind, lead out
¹¹ ἐκβάλλω 3s aor act sub, lead out
¹² ἀλλότριος, -α/ον, another (ὁ ἀ. stranger)
¹³ φεύγω 3p fut mid ind, run away
¹⁴ παροιμία, -ας f, figure of speech
¹⁵ γινώσκω 3p aor act ind, know
¹⁶ κλέπτης, -ου m, thief
¹⁷ λῃστής, -οῦ m, robber
¹⁸ εἰσέρχομαι 3s aor act sub, enter
¹⁹ σῴζω 3s fut pas ind, save
²⁰ εἰσέρχομαι 3s fut mid ind, enter
²¹ ἐξέρχομαι 3s fut mid ind, go out
²² νομή, -ῆς f, pasture
²³ κλέπτω 3s aor act sub, steal
²⁴ θύω 3s aor act sub, kill
²⁵ ἀπόλλυμι 3s aor act sub, destroy
²⁶ περισσός, adv, to its fullest
²⁷ ποιμήν, -ένος m, shepherd
²⁸ τίθημι 3s pres act ind, lay (something) down
²⁹ μισθωτός, -οῦ m, hired worker
³⁰ λύκος, -ου m, wolf
³¹ ἀφίημι 3s pres act ind, leave
³² φεύγω 3s pres act ind, run away

λύκος ἁρπάζει¹ αὐτὰ καὶ σκορπίζει² – 13 ὅτι μισθωτός ἐστιν καὶ οὐ μέλει³ αὐτῷ περὶ τῶν προβάτων. 14 Ἐγώ εἰμι ὁ ποιμὴν ὁ καλὸς καὶ γινώσκω τὰ ἐμὰ καὶ γινώσκουσίν με τὰ ἐμά, 15 καθὼς γινώσκει με ὁ πατὴρ κἀγὼ γινώσκω τὸν πατέρα, καὶ τὴν ψυχήν μου τίθημι ὑπὲρ τῶν προβάτων. 16 καὶ ἄλλα πρόβατα ἔχω ἃ οὐκ ἔστιν ἐκ τῆς αὐλῆς⁴ ταύτης· κἀκεῖνα δεῖ με ἀγαγεῖν⁵ καὶ τῆς φωνῆς μου ἀκούσουσιν, καὶ γενήσονται⁶ μία ποίμνη⁷, εἷς ποιμήν. 17 Διὰ τοῦτό με ὁ πατὴρ ἀγαπᾷ ὅτι ἐγὼ τίθημι τὴν ψυχήν μου, ἵνα πάλιν λάβω⁸ αὐτήν. 18 οὐδεὶς αἴρει αὐτὴν ἀπ' ἐμοῦ, ἀλλ' ἐγὼ τίθημι αὐτὴν ἀπ' ἐμαυτοῦ. ἐξουσίαν ἔχω θεῖναι⁹ αὐτήν, καὶ ἐξουσίαν ἔχω πάλιν λαβεῖν αὐτήν· ταύτην τὴν ἐντολὴν ἔλαβον παρὰ τοῦ πατρός μου. 19 Σχίσμα¹⁰ πάλιν ἐγένετο ἐν τοῖς Ἰουδαίοις διὰ τοὺς λόγους τούτους. 20 ἔλεγον δὲ πολλοὶ ἐξ αὐτῶν· δαιμόνιον ἔχει καὶ μαίνεται¹¹· τί αὐτοῦ ἀκούετε; 21 ἄλλοι ἔλεγον· ταῦτα τὰ ῥήματα οὐκ ἔστιν δαιμονιζομένου¹²· μὴ δαιμόνιον δύναται τυφλῶν ὀφθαλμοὺς ἀνοῖξαι¹³;

Jesus Rejected by the Jews

22 Ἐγένετο τότε τὰ ἐγκαίνια¹⁴ ἐν τοῖς Ἱεροσολύμοις, χειμὼν¹⁵ ἦν, 23 καὶ περιεπάτει ὁ Ἰησοῦς ἐν τῷ ἱερῷ ἐν τῇ στοᾷ¹⁶ τοῦ Σολομῶνος. 24 ἐκύκλωσαν¹⁷ οὖν αὐτὸν οἱ Ἰουδαῖοι καὶ ἔλεγον αὐτῷ· ἕως πότε¹⁸ τὴν ψυχὴν ἡμῶν αἴρεις; εἰ σὺ εἶ ὁ χριστός, εἰπὲ¹⁹ ἡμῖν παρρησίᾳ. 25 ἀπεκρίθη αὐτοῖς ὁ Ἰησοῦς· εἶπον ὑμῖν καὶ οὐ πιστεύετε· τὰ ἔργα ἃ ἐγὼ ποιῶ ἐν τῷ ὀνόματι τοῦ πατρός μου ταῦτα μαρτυρεῖ περὶ ἐμοῦ· 26 ἀλλ' ὑμεῖς οὐ πιστεύετε, ὅτι οὐκ ἐστὲ ἐκ τῶν προβάτων τῶν ἐμῶν. 27 τὰ πρόβατα τὰ ἐμὰ τῆς φωνῆς μου ἀκούουσιν, κἀγὼ γινώσκω αὐτὰ καὶ ἀκολουθοῦσίν μοι, 28 κἀγὼ δίδωμι αὐτοῖς ζωὴν αἰώνιον καὶ οὐ μὴ ἀπόλωνται²⁰ εἰς τὸν αἰῶνα καὶ οὐχ ἁρπάσει²¹ τις αὐτὰ ἐκ τῆς χειρός μου. 29 ὁ πατήρ μου ὃ δέδωκέν²² μοι πάντων μεῖζόν²³ ἐστιν, καὶ οὐδεὶς δύναται ἁρπάζειν²⁴ ἐκ τῆς χειρὸς τοῦ πατρός. 30 ἐγὼ καὶ ὁ πατὴρ ἕν ἐσμεν.

---

[1] ἁρπάζω 3s pres act ind, attack
[2] σκορπίζω 3s pres act ind, scatter
[3] μέλει 3s pres act ind, impers it is of concern
[4] αὐλή, -ῆς f, (sheep) pen
[5] ἄγω aor act inf, bring
[6] γίνομαι 3p fut mid ind, become
[7] ποίμνη, -ης f, flock
[8] λαμβάνω 1s aor act sub, receive (back)
[9] τίθημι aor act inf, lay (something) down
[10] σχίσμα, -τος n, division
[11] μαίνομαι 3s pres mid ind, be out of one's mind
[12] δαιμονίζομαι pres pas ptc m s gen, be demon possessed
[13] ἀνοίγω aor act inf, open
[14] ἐγκαίνια, -ων n, Jewish Feast of Dedication
[15] χειμών, -ῶνος m, winter
[16] στοά, -ᾶς f, porch/portico
[17] κυκλόω 3p aor act ind, gather round
[18] πότε, adv, when (ἕως πότε how long?)
[19] λέγω 2s aor act impv, say/tell
[20] ἀπόλλυμι 3p aor mid sub, mid be lost
[21] ἁρπάζω 3s fut act ind, snatch
[22] δίδωμι 3s pf act ind, give
[23] μέγας, great (comp)
[24] ἁρπάζω pres act inf, snatch

31 Ἐβάστασαν¹ πάλιν λίθους οἱ Ἰουδαῖοι ἵνα λιθάσωσιν² αὐτόν. **32** ἀπεκρίθη αὐτοῖς ὁ Ἰησοῦς· πολλὰ ἔργα καλὰ ἔδειξα³ ὑμῖν ἐκ τοῦ πατρός· διὰ ποῖον αὐτῶν ἔργον ἐμὲ λιθάζετε; **33** ἀπεκρίθησαν αὐτῷ οἱ Ἰουδαῖοι· περὶ καλοῦ ἔργου οὐ λιθάζομέν σε ἀλλὰ περὶ βλασφημίας⁴, καὶ ὅτι σὺ ἄνθρωπος ὢν ποιεῖς σεαυτὸν θεόν. **34** ἀπεκρίθη αὐτοῖς [ὁ] Ἰησοῦς· οὐκ ἔστιν γεγραμμένον⁵ ἐν τῷ νόμῳ ὑμῶν ὅτι **ἐγὼ εἶπα· θεοί ἐστε; 35** εἰ ἐκείνους εἶπεν θεοὺς πρὸς οὓς ὁ λόγος τοῦ θεοῦ ἐγένετο, καὶ οὐ δύναται λυθῆναι ἡ γραφή, **36** ὃν ὁ πατὴρ ἡγίασεν⁶ καὶ ἀπέστειλεν⁷ εἰς τὸν κόσμον ὑμεῖς λέγετε ὅτι βλασφημεῖς, ὅτι εἶπον· υἱὸς τοῦ θεοῦ εἰμι; **37** εἰ οὐ ποιῶ τὰ ἔργα τοῦ πατρός μου, μὴ πιστεύετέ μοι· **38** εἰ δὲ ποιῶ, κἂν⁸ ἐμοὶ μὴ πιστεύητε, τοῖς ἔργοις πιστεύετε, ἵνα γνῶτε⁹ καὶ γινώσκητε ὅτι ἐν ἐμοὶ ὁ πατὴρ κἀγὼ ἐν τῷ πατρί. **39** ἐζήτουν [οὖν] αὐτὸν πάλιν πιάσαι¹⁰, καὶ ἐξῆλθεν ἐκ τῆς χειρὸς αὐτῶν.

40 Καὶ ἀπῆλθεν πάλιν πέραν¹¹ τοῦ Ἰορδάνου εἰς τὸν τόπον ὅπου ἦν Ἰωάννης τὸ πρῶτον βαπτίζων καὶ ἔμεινεν¹² ἐκεῖ. **41** καὶ πολλοὶ ἦλθον πρὸς αὐτὸν καὶ ἔλεγον ὅτι Ἰωάννης μὲν σημεῖον ἐποίησεν οὐδέν, πάντα δὲ ὅσα εἶπεν Ἰωάννης περὶ τούτου ἀληθῆ¹³ ἦν. **42** καὶ πολλοὶ ἐπίστευσαν εἰς αὐτὸν ἐκεῖ.

The Death of Lazarus

11 Ἦν δέ τις ἀσθενῶν, Λάζαρος ἀπὸ Βηθανίας, ἐκ τῆς κώμης¹⁴ Μαρίας καὶ Μάρθας τῆς ἀδελφῆς¹⁵ αὐτῆς. **2** ἦν δὲ Μαριὰμ ἡ ἀλείψασα¹⁶ τὸν κύριον μύρῳ¹⁷ καὶ ἐκμάξασα¹⁸ τοὺς πόδας αὐτοῦ ταῖς θριξὶν¹⁹ αὐτῆς, ἧς ὁ ἀδελφὸς Λάζαρος ἠσθένει²⁰. **3** ἀπέστειλαν²¹ οὖν αἱ ἀδελφαὶ πρὸς αὐτὸν λέγουσαι· κύριε, ἴδε²² ὃν φιλεῖς²³ ἀσθενεῖ. **4** ἀκούσας δὲ ὁ Ἰησοῦς εἶπεν· αὕτη ἡ ἀσθένεια²⁴ οὐκ ἔστιν πρὸς θάνατον ἀλλ' ὑπὲρ τῆς δόξης τοῦ θεοῦ, ἵνα δοξασθῇ ὁ υἱὸς τοῦ θεοῦ δι' αὐτῆς. **5** ἠγάπα²⁵ δὲ ὁ Ἰησοῦς τὴν Μάρθαν καὶ τὴν ἀδελφὴν αὐτῆς καὶ τὸν Λάζαρον. **6** ὡς οὖν ἤκουσεν ὅτι ἀσθενεῖ, τότε μὲν ἔμεινεν²⁶ ἐν ᾧ ἦν τόπῳ δύο ἡμέρας, **7** ἔπειτα²⁷ μετὰ τοῦτο λέγει τοῖς μαθηταῖς· ἄγωμεν εἰς τὴν Ἰουδαίαν πάλιν. **8** λέγουσιν αὐτῷ οἱ μαθηταί· ῥαββί²⁸, νῦν ἐζήτουν σε λιθάσαι²⁹ οἱ Ἰουδαῖοι, καὶ πάλιν ὑπάγεις ἐκεῖ; **9** ἀπεκρίθη Ἰησοῦς· οὐχὶ δώδεκα ὧραί εἰσιν τῆς ἡμέρας; ἐάν τις περιπατῇ ἐν τῇ ἡμέρᾳ, οὐ

---

[1] βαστάζω 3p aor act ind, pick up
[2] λιθάζω 3p aor act sub, stone
[3] δείκνυμι 1s aor act ind, show
[4] βλασφημία, -ας f, blasphemy
[5] γράφω pf pas ptc n s nom, write
[6] ἁγιάζω 3s aor act ind, set apart (as sacred to God)
[7] ἀποστέλλω 3s aor act ind, send
[8] κἄν = καὶ ἐάν, even if
[9] γινώσκω 2p aor act sub, know
[10] πιάζω aor act inf, arrest
[11] πέραν, prep + gen, across
[12] μένω 3s aor act ind, intrans remain
[13] ἀληθής, -ές, true
[14] κώμη, -ης f, village
[15] ἀδελφή, -ῆς f, sister
[16] ἀλείφω aor act ptc f s nom, anoint
[17] μύρον, -ου n, perfume/ointment
[18] ἐκμάσσω aor act ptc f s nom, wipe
[19] θρίξ, τριχός f, hair
[20] ἀσθενέω 3s impf act ind, be sick
[21] ἀποστέλλω 3p aor act ind, send
[22] ἴδε, interj, Look!
[23] φιλέω 2s pres act ind, love
[24] ἀσθένεια, -ας f, illness
[25] ἀγαπάω 3s impf act ind, love
[26] μένω 3s aor act ind, stay
[27] ἔπειτα, adv, then
[28] ῥαββί, rabbi (honorary title)
[29] λιθάζω aor act inf, stone

προσκόπτει¹, ὅτι τὸ φῶς τοῦ κόσμου τούτου βλέπει· **10** ἐὰν δέ τις περιπατῇ ἐν τῇ νυκτί, προσκόπτει, ὅτι τὸ φῶς οὐκ ἔστιν ἐν αὐτῷ.

11 Ταῦτα εἶπεν, καὶ μετὰ τοῦτο λέγει αὐτοῖς· Λάζαρος ὁ φίλος² ἡμῶν κεκοίμηται³· ἀλλὰ πορεύομαι ἵνα ἐξυπνίσω⁴ αὐτόν. **12** εἶπαν οὖν οἱ μαθηταὶ αὐτῷ· κύριε, εἰ κεκοίμηται σωθήσεται. **13** εἰρήκει⁵ δὲ ὁ Ἰησοῦς περὶ τοῦ θανάτου αὐτοῦ, ἐκεῖνοι δὲ ἔδοξαν ὅτι περὶ τῆς κοιμήσεως⁶ τοῦ ὕπνου⁷ λέγει. **14** τότε οὖν εἶπεν αὐτοῖς ὁ Ἰησοῦς παρρησίᾳ· Λάζαρος ἀπέθανεν, **15** καὶ χαίρω δι᾽ ὑμᾶς ἵνα πιστεύσητε, ὅτι οὐκ ἤμην ἐκεῖ· ἀλλ᾽ ἄγωμεν πρὸς αὐτόν. **16** εἶπεν οὖν Θωμᾶς ὁ λεγόμενος Δίδυμος⁸ τοῖς συμμαθηταῖς⁹· ἄγωμεν καὶ ἡμεῖς ἵνα ἀποθάνωμεν¹⁰ μετ᾽ αὐτοῦ.

Jesus the Resurrection and the Life

17 Ἐλθὼν οὖν ὁ Ἰησοῦς εὗρεν¹¹ αὐτὸν τέσσαρας ἤδη ἡμέρας ἔχοντα ἐν τῷ μνημείῳ. **18** ἦν δὲ ἡ Βηθανία ἐγγὺς τῶν Ἱεροσολύμων ὡς ἀπὸ σταδίων¹² δεκαπέντε¹³. **19** πολλοὶ δὲ ἐκ τῶν Ἰουδαίων ἐληλύθεισαν¹⁴ πρὸς τὴν Μάρθαν καὶ Μαριὰμ ἵνα παραμυθήσωνται¹⁵ αὐτὰς περὶ τοῦ ἀδελφοῦ. **20** ἡ οὖν Μάρθα ὡς ἤκουσεν ὅτι Ἰησοῦς ἔρχεται ὑπήντησεν¹⁶ αὐτῷ· Μαριὰμ δὲ ἐν τῷ οἴκῳ ἐκαθέζετο¹⁷. **21** εἶπεν οὖν ἡ Μάρθα πρὸς τὸν Ἰησοῦν· κύριε, εἰ ἦς ὧδε οὐκ ἂν ἀπέθανεν ὁ ἀδελφός μου· **22** [ἀλλὰ] καὶ νῦν οἶδα ὅτι ὅσα ἂν αἰτήσῃ τὸν θεὸν δώσει¹⁸ σοι ὁ θεός. **23** λέγει αὐτῇ ὁ Ἰησοῦς· ἀναστήσεται¹⁹ ὁ ἀδελφός σου. **24** λέγει αὐτῷ ἡ Μάρθα· οἶδα ὅτι ἀναστήσεται ἐν τῇ ἀναστάσει ἐν τῇ ἐσχάτῃ ἡμέρᾳ. **25** εἶπεν αὐτῇ ὁ Ἰησοῦς· ἐγώ εἰμι ἡ ἀνάστασις καὶ ἡ ζωή· ὁ πιστεύων εἰς ἐμὲ κἂν²⁰ ἀποθάνῃ²¹ ζήσεται²², **26** καὶ πᾶς ὁ ζῶν καὶ πιστεύων εἰς ἐμὲ οὐ μὴ ἀποθάνῃ εἰς τὸν αἰῶνα. πιστεύεις τοῦτο; **27** λέγει αὐτῷ· ναὶ κύριε, ἐγὼ πεπίστευκα ὅτι σὺ εἶ ὁ χριστὸς ὁ υἱὸς τοῦ θεοῦ ὁ εἰς τὸν κόσμον ἐρχόμενος.

Jesus Weeps

28 Καὶ τοῦτο εἰποῦσα ἀπῆλθεν καὶ ἐφώνησεν Μαριὰμ τὴν ἀδελφὴν²³ αὐτῆς λάθρᾳ²⁴ εἰποῦσα· ὁ διδάσκαλος πάρεστιν²⁵ καὶ φωνεῖ σε. **29** ἐκείνη δὲ ὡς ἤκουσεν

---

¹ προσκόπτω 3s pres act ind, stumble
² φίλος, -ου m, friend
³ κοιμάομαι 3s pf pas ind, be asleep
⁴ ἐξυπνίζω 1s aor act sub, wake up
⁵ λέγω 3s plpf act ind, speak
⁶ κοίμησις, -εως f, sleep (κ. τοῦ ὕπνου natural sleep)
⁷ ὕπνος, -ου m, sleep
⁸ Δίδυμος, -ου m, Didymus (= twin)

⁹ συμμαθητής, -οῦ m, fellow disciple
¹⁰ ἀποθνήσκω 1p aor act sub, die
¹¹ εὑρίσκω 3s aor act ind, find
¹² στάδιον, -ων m, stadion (about 607 feet or 185 meters)
¹³ δεκαπέντε, fifteen
¹⁴ ἔρχομαι 3p plpf act ind, come
¹⁵ παραμυθέομαι 3p aor mid sub, comfort
¹⁶ ὑπαντάω 3s aor act ind, meet

¹⁷ καθέζομαι 3s impf mid ind, sit (down)
¹⁸ δίδωμι 3s fut act ind, give
¹⁹ ἀνίστημι 3s fut mid ind, intrans mid rise (to life)
²⁰ κἂν, = καὶ ἐάν, even if
²¹ ἀποθνήσκω 3s aor act sub, die
²² ζάω 3s fut mid ind, live
²³ ἀδελφή, -ῆς f, sister
²⁴ λάθρᾳ, adv, secretly
²⁵ πάρειμι 3s pres act ind, be present

ἠγέρθη¹ ταχὺ² καὶ ἤρχετο πρὸς αὐτόν. 30 οὔπω³ δὲ ἐληλύθει⁴ ὁ Ἰησοῦς εἰς τὴν κώμην⁵, ἀλλ' ἦν ἔτι ἐν τῷ τόπῳ ὅπου ὑπήντησεν⁶ αὐτῷ ἡ Μάρθα. 31 οἱ οὖν Ἰουδαῖοι οἱ ὄντες μετ' αὐτῆς ἐν τῇ οἰκίᾳ καὶ παραμυθούμενοι⁷ αὐτήν, ἰδόντες τὴν Μαριὰμ ὅτι ταχέως⁸ ἀνέστη⁹ καὶ ἐξῆλθεν, ἠκολούθησαν αὐτῇ δόξαντες ὅτι ὑπάγει εἰς τὸ μνημεῖον ἵνα κλαύσῃ ἐκεῖ. 32 Ἡ οὖν Μαριὰμ ὡς ἦλθεν ὅπου ἦν Ἰησοῦς ἰδοῦσα αὐτὸν ἔπεσεν¹⁰ αὐτοῦ πρὸς τοὺς πόδας λέγουσα αὐτῷ· κύριε, εἰ ἧς ὧδε οὐκ ἄν μου ἀπέθανεν ὁ ἀδελφός. 33 Ἰησοῦς οὖν ὡς εἶδεν αὐτὴν κλαίουσαν καὶ τοὺς συνελθόντας¹¹ αὐτῇ Ἰουδαίους κλαίοντας, ἐνεβριμήσατο¹² τῷ πνεύματι καὶ ἐτάραξεν¹³ ἑαυτὸν 34 καὶ εἶπεν· ποῦ τεθείκατε¹⁴ αὐτόν; λέγουσιν αὐτῷ· κύριε, ἔρχου καὶ ἴδε. 35 ἐδάκρυσεν¹⁵ ὁ Ἰησοῦς. 36 ἔλεγον οὖν οἱ Ἰουδαῖοι· ἴδε¹⁶ πῶς ἐφίλει¹⁷ αὐτόν. 37 τινὲς δὲ ἐξ αὐτῶν εἶπαν· οὐκ ἐδύνατο οὗτος ὁ ἀνοίξας τοὺς ὀφθαλμοὺς τοῦ τυφλοῦ ποιῆσαι ἵνα καὶ οὗτος μὴ ἀποθάνῃ¹⁸;

Lazarus Brought to Life

38 Ἰησοῦς οὖν πάλιν ἐμβριμώμενος¹⁹ ἐν ἑαυτῷ ἔρχεται εἰς τὸ μνημεῖον· ἦν δὲ σπήλαιον²⁰ καὶ λίθος ἐπέκειτο²¹ ἐπ' αὐτῷ. 39 λέγει ὁ Ἰησοῦς· ἄρατε²² τὸν λίθον. λέγει αὐτῷ ἡ ἀδελφὴ²³ τοῦ τετελευτηκότος²⁴ Μάρθα· κύριε, ἤδη ὄζει²⁵, τεταρταῖος²⁶ γάρ ἐστιν. 40 λέγει αὐτῇ ὁ Ἰησοῦς· οὐκ εἶπόν σοι ὅτι ἐὰν πιστεύσῃς ὄψῃ²⁷ τὴν δόξαν τοῦ θεοῦ; 41 ἦραν²⁸ οὖν τὸν λίθον. ὁ δὲ Ἰησοῦς ἦρεν²⁹ τοὺς ὀφθαλμοὺς ἄνω³⁰ καὶ εἶπεν· πάτερ, εὐχαριστῶ σοι ὅτι ἤκουσάς μου. 42 ἐγὼ δὲ ᾔδειν³¹ ὅτι πάντοτέ μου ἀκούεις, ἀλλὰ διὰ τὸν ὄχλον τὸν περιεστῶτα³² εἶπον, ἵνα πιστεύσωσιν ὅτι σύ με ἀπέστειλας³³. 43 καὶ ταῦτα εἰπὼν φωνῇ μεγάλῃ ἐκραύγασεν³⁴· Λάζαρε, δεῦρο³⁵

---

[1] ἐγείρω 3s aor pas ind, intrans pas get up
[2] ταχύς, adv, quickly
[3] οὔπω, adv, not yet
[4] ἔρχομαι 3s plpf act ind, come
[5] κώμη, -ης f, village
[6] ὑπαντάω 3s aor act ind, meet
[7] παραμυθέομαι pres mid ptc m p nom, comfort
[8] ταχέως, adv, quickly
[9] ἀνίστημι 3s aor act ind, intrans get up
[10] πίπτω 3s aor act ind, fall
[11] συνέρχομαι aor act ptc m p acc, come with
[12] ἐμβριμάομαι 3s aor mid ind, experience deep feelings (ἐ. τῷ πνεύματι be deeply moved)
[13] ταράσσω 3s aor act ind, trouble (τ. ἑαυτὸν be terribly upset)
[14] τίθημι 2p pf act ind, put
[15] δακρύω 3s aor act ind, weep
[16] ἴδε, interj, Look!
[17] φιλέω 3s impf act ind, love
[18] ἀποθνῄσκω 3s aor act sub, die
[19] ἐμβριμάομαι pres mid ptc m s nom, experience deep feelings (ἐ. ἐν ἑαυτῷ be deeply moved)
[20] σπήλαιον, -ου n, cave
[21] ἐπίκειμαι 3s impf mid ind, lie (on)
[22] αἴρω 2p aor act impv, take away
[23] ἀδελφή, -ῆς f, sister
[24] τελευτάω pf act ptc m s gen, die
[25] ὄζω 3s pres act ind, give off an odor
[26] τεταρταῖος, -α/ον, happening on the fourth day (τ. γάρ ἐστιν he has been dead four days)
[27] ὁράω 2s fut mid ind, see
[28] αἴρω 3p aor act ind, take away
[29] αἴρω 3s aor act ind, lift up (of eyes) (ἦρεν τοὺς ὀφθαλμούς he looked up)
[30] ἄνω, adv, upwards
[31] οἶδα 1s plpf act ind, know
[32] περιΐστημι pf act ptc m s acc, stand around
[33] ἀποστέλλω 2s aor act ind, send
[34] κραυγάζω 3s aor act ind, shout
[35] δεῦρο, interj, Come!

ἔξω. 44 ἐξῆλθεν ὁ τεθνηκὼς¹ δεδεμένος² τοὺς πόδας καὶ τὰς χεῖρας κειρίαις³ καὶ ἡ ὄψις⁴ αὐτοῦ σουδαρίῳ⁵ περιεδέδετο⁶. λέγει αὐτοῖς ὁ Ἰησοῦς· λύσατε αὐτὸν καὶ ἄφετε⁷ αὐτὸν ὑπάγειν.

The Plot to Kill Jesus (Mt 26.1-5; Mk 14.1-2; Lk 22.1-2)

45 Πολλοὶ οὖν ἐκ τῶν Ἰουδαίων οἱ ἐλθόντες πρὸς τὴν Μαριὰμ καὶ θεασάμενοι⁸ ἃ ἐποίησεν ἐπίστευσαν εἰς αὐτόν· 46 τινὲς δὲ ἐξ αὐτῶν ἀπῆλθον πρὸς τοὺς Φαρισαίους καὶ εἶπαν αὐτοῖς ἃ ἐποίησεν Ἰησοῦς.

47 Συνήγαγον οὖν οἱ ἀρχιερεῖς καὶ οἱ Φαρισαῖοι συνέδριον⁹ καὶ ἔλεγον· τί ποιοῦμεν ὅτι οὗτος ὁ ἄνθρωπος πολλὰ ποιεῖ σημεῖα; 48 ἐὰν ἀφῶμεν¹⁰ αὐτὸν οὕτως, πάντες πιστεύσουσιν εἰς αὐτόν, καὶ ἐλεύσονται¹¹ οἱ Ῥωμαῖοι καὶ ἀροῦσιν¹² ἡμῶν καὶ τὸν τόπον καὶ τὸ ἔθνος. 49 εἷς δέ τις ἐξ αὐτῶν Καϊάφας, ἀρχιερεὺς ὢν τοῦ ἐνιαυτοῦ¹³ ἐκείνου, εἶπεν αὐτοῖς· ὑμεῖς οὐκ οἴδατε οὐδέν, 50 οὐδὲ λογίζεσθε ὅτι συμφέρει¹⁴ ὑμῖν ἵνα εἷς ἄνθρωπος ἀποθάνῃ¹⁵ ὑπὲρ τοῦ λαοῦ καὶ μὴ ὅλον τὸ ἔθνος ἀπόληται¹⁶. 51 τοῦτο δὲ ἀφ' ἑαυτοῦ οὐκ εἶπεν, ἀλλ' ἀρχιερεὺς ὢν τοῦ ἐνιαυτοῦ ἐκείνου ἐπροφήτευσεν¹⁷ ὅτι ἔμελλεν Ἰησοῦς ἀποθνῄσκειν ὑπὲρ τοῦ ἔθνους, 52 καὶ οὐχ ὑπὲρ τοῦ ἔθνους μόνον ἀλλ' ἵνα καὶ τὰ τέκνα τοῦ θεοῦ τὰ διεσκορπισμένα¹⁸ συναγάγῃ¹⁹ εἰς ἕν. 53 ἀπ' ἐκείνης οὖν τῆς ἡμέρας ἐβουλεύσαντο²⁰ ἵνα ἀποκτείνωσιν²¹ αὐτόν.

54 Ὁ οὖν Ἰησοῦς οὐκέτι παρρησίᾳ περιεπάτει ἐν τοῖς Ἰουδαίοις, ἀλλ' ἀπῆλθεν ἐκεῖθεν²² εἰς τὴν χώραν²³ ἐγγὺς τῆς ἐρήμου, εἰς Ἐφραὶμ λεγομένην πόλιν, κἀκεῖ ἔμεινεν²⁴ μετὰ τῶν μαθητῶν.

55 Ἦν δὲ ἐγγὺς τὸ πάσχα²⁵ τῶν Ἰουδαίων, καὶ ἀνέβησαν²⁶ πολλοὶ εἰς Ἱεροσόλυμα ἐκ τῆς χώρας πρὸ τοῦ πάσχα ἵνα ἁγνίσωσιν²⁷ ἑαυτούς. 56 ἐζήτουν οὖν τὸν Ἰησοῦν καὶ ἔλεγον μετ' ἀλλήλων ἐν τῷ ἱερῷ ἑστηκότες²⁸· τί δοκεῖ ὑμῖν; ὅτι οὐ μὴ ἔλθῃ²⁹ εἰς

---

1 θνῄσκω pf act ptc m s nom, die
2 δέω pf pas ptc m s nom, bind
3 κειρία, -ας f, strip of cloth
4 ὄψις, -εως f, face
5 σουδάριον, -ου n, facecloth (used for the dead)
6 περιδέω 3s plpf pas ind, wrap
7 ἀφίημι 2p aor act impv, let
8 θεάομαι aor mid ptc m p nom, see
9 συνέδριον, -ου n, council
10 ἀφίημι 1p aor act sub, let
11 ἔρχομαι 3p fut mid ind, come

12 αἴρω 3p fut act ind, destroy
13 ἐνιαυτός, -οῦ m, year
14 συμφέρω 3s pres act ind, impers it is better
15 ἀποθνῄσκω 3s aor act sub, die
16 ἀπόλλυμι 3s aor mid sub, mid be destroyed
17 προφητεύω 3s aor act ind, prophesy
18 διασκορπίζω pf pas ptc n p acc, scatter
19 συνάγω 3s aor act sub, gather together

20 βουλεύω 3p aor mid ind, mid plan
21 ἀποκτείνω 3p aor act sub, kill
22 ἐκεῖθεν, adv, from there
23 χώρα, -ας f, region
24 μένω 3s aor act ind, stay
25 πάσχα, n, Passover
26 ἀναβαίνω 3p aor act ind, go (up)
27 ἁγνίζω 3p aor act sub, purify
28 ἵστημι pf act ptc m p nom, intrans stand
29 ἔρχομαι 3s aor act sub, come

τὴν ἑορτήν¹; 57 δεδώκεισαν² δὲ οἱ ἀρχιερεῖς καὶ οἱ Φαρισαῖοι ἐντολὰς ἵνα ἐάν τις γνῷ³ ποῦ ἐστιν μηνύσῃ⁴, ὅπως πιάσωσιν⁵ αὐτόν.

The Anointing at Bethany (Mt 26.6-13; Mk 14.3-9)

12 Ὁ οὖν Ἰησοῦς πρὸ ἓξ⁶ ἡμερῶν τοῦ πάσχα⁷ ἦλθεν εἰς Βηθανίαν, ὅπου ἦν Λάζαρος, ὃν ἤγειρεν ἐκ νεκρῶν Ἰησοῦς. 2 ἐποίησαν οὖν αὐτῷ δεῖπνον⁸ ἐκεῖ, καὶ ἡ Μάρθα διηκόνει, ὁ δὲ Λάζαρος εἷς ἦν ἐκ τῶν ἀνακειμένων⁹ σὺν αὐτῷ.

3 Ἡ οὖν Μαριὰμ λαβοῦσα¹⁰ λίτραν¹¹ μύρου¹² νάρδου¹³ πιστικῆς¹⁴ πολυτίμου¹⁵ ἤλειψεν¹⁶ τοὺς πόδας τοῦ Ἰησοῦ καὶ ἐξέμαξεν¹⁷ ταῖς θριξὶν¹⁸ αὐτῆς τοὺς πόδας αὐτοῦ· ἡ δὲ οἰκία ἐπληρώθη ἐκ τῆς ὀσμῆς¹⁹ τοῦ μύρου. 4 λέγει δὲ Ἰούδας ὁ Ἰσκαριώτης εἷς [ἐκ] τῶν μαθητῶν αὐτοῦ, ὁ μέλλων αὐτὸν παραδιδόναι²⁰· 5 διὰ τί τοῦτο τὸ μύρον οὐκ ἐπράθη²¹ τριακοσίων²² δηναρίων²³ καὶ ἐδόθη²⁴ πτωχοῖς; 6 εἶπεν δὲ τοῦτο οὐχ ὅτι περὶ τῶν πτωχῶν ἔμελεν²⁵ αὐτῷ, ἀλλ' ὅτι κλέπτης²⁶ ἦν καὶ τὸ γλωσσόκομον²⁷ ἔχων τὰ βαλλόμενα ἐβάσταζεν²⁸. 7 εἶπεν οὖν ὁ Ἰησοῦς· ἄφες²⁹ αὐτήν, ἵνα εἰς τὴν ἡμέραν τοῦ ἐνταφιασμοῦ³⁰ μου τηρήσῃ αὐτό· 8 τοὺς πτωχοὺς γὰρ πάντοτε ἔχετε μεθ' ἑαυτῶν, ἐμὲ δὲ οὐ πάντοτε ἔχετε.

The Plot against Lazarus

9 Ἔγνω³¹ οὖν [ὁ] ὄχλος πολὺς ἐκ τῶν Ἰουδαίων ὅτι ἐκεῖ ἐστιν καὶ ἦλθον οὐ διὰ τὸν Ἰησοῦν μόνον, ἀλλ' ἵνα καὶ τὸν Λάζαρον ἴδωσιν³² ὃν ἤγειρεν ἐκ νεκρῶν. 10 ἐβουλεύσαντο³³ δὲ οἱ ἀρχιερεῖς ἵνα καὶ τὸν Λάζαρον ἀποκτείνωσιν, 11 ὅτι πολλοὶ δι' αὐτὸν ὑπῆγον τῶν Ἰουδαίων καὶ ἐπίστευον εἰς τὸν Ἰησοῦν.

---

1 ἑορτή, -ῆς f, festival
2 δίδωμι 3p plpf act ind, give
3 γινώσκω 3s aor act sub, know
4 μηνύω 3s aor act sub, report (something)
5 πιάζω 3p aor act sub, arrest
6 ἕξ, six
7 πάσχα, n, Passover
8 δεῖπνον, -ου n, supper
9 ἀνάκειμαι pres mid ptc m p gen, be seated (at table)
10 λαμβάνω aor act ptc f s nom, take
11 λίτρα, -ας f, (Roman) pound (= 11.5 ounces or 327 grams)
12 μύρον, -ου n, perfume/ ointment
13 νάρδος, -ου f, oil of nard
14 πιστικός, -ή/όν, pure
15 πολύτιμος, -ον, expensive
16 ἀλείφω 3s aor act ind, anoint
17 ἐκμάσσω 3s aor act ind, wipe
18 θρίξ, τριχός f, hair
19 ὀσμή, -ῆς f, fragrance
20 παραδίδωμι pres act inf, betray
21 πιπράσκω 3s aor pas ind, sell
22 τριακόσιοι, -αι/α, three hundred
23 δηνάριον, -ου n, denarius (Roman silver coin = day's wages of a common laborer)
24 δίδωμι 3s aor pas ind, give
25 μέλει 3s impf act ind, impers it is of concern
26 κλέπτης, -ου m, thief
27 γλωσσόκομον, -ου n, money bag
28 βαστάζω 3s impf act ind, take/ steal
29 ἀφίημι 2s aor act impv, let alone
30 ἐνταφιασμός, -οῦ m, burial
31 γινώσκω 3s aor act ind, know
32 ὁράω 3p aor act sub, see
33 βουλεύω 3p aor mid ind, mid plan

The Triumphal Entry into Jerusalem (Mt 21.1-11; Mk 11.1-11; Lk 19.28-40)

12 Τῇ ἐπαύριον¹ ὁ ὄχλος πολὺς ὁ ἐλθὼν εἰς τὴν ἑορτήν², ἀκούσαντες ὅτι ἔρχεται ὁ Ἰησοῦς εἰς Ἱεροσόλυμα **13** ἔλαβον τὰ βαΐα³ τῶν φοινίκων⁴ καὶ ἐξῆλθον εἰς ὑπάντησιν⁵ αὐτῷ καὶ ἐκραύγαζον⁶·

ὡσαννά⁷·
εὐλογημένος ὁ ἐρχόμενος ἐν ὀνόματι κυρίου,
[καὶ] ὁ βασιλεὺς τοῦ Ἰσραήλ.

14 εὑρὼν⁸ δὲ ὁ Ἰησοῦς ὀνάριον⁹ ἐκάθισεν ἐπ' αὐτό, καθώς ἐστιν γεγραμμένον¹⁰·

15 μὴ φοβοῦ, θυγάτηρ¹¹ Σιών·
ἰδοὺ ὁ βασιλεύς σου ἔρχεται,
καθήμενος ἐπὶ πῶλον¹² ὄνου¹³.

16 ταῦτα οὐκ ἔγνωσαν¹⁴ αὐτοῦ οἱ μαθηταὶ τὸ πρῶτον¹⁵, ἀλλ' ὅτε ἐδοξάσθη Ἰησοῦς τότε ἐμνήσθησαν¹⁶ ὅτι ταῦτα ἦν ἐπ' αὐτῷ γεγραμμένα καὶ ταῦτα ἐποίησαν αὐτῷ. **17** ἐμαρτύρει οὖν ὁ ὄχλος ὁ ὢν μετ' αὐτοῦ ὅτε τὸν Λάζαρον ἐφώνησεν ἐκ τοῦ μνημείου καὶ ἤγειρεν αὐτὸν ἐκ νεκρῶν. **18** διὰ τοῦτο [καὶ] ὑπήντησεν¹⁷ αὐτῷ ὁ ὄχλος, ὅτι ἤκουσαν τοῦτο αὐτὸν πεποιηκέναι¹⁸ τὸ σημεῖον. **19** οἱ οὖν Φαρισαῖοι εἶπαν πρὸς ἑαυτούς· θεωρεῖτε ὅτι οὐκ ὠφελεῖτε¹⁹ οὐδέν· ἴδε²⁰ ὁ κόσμος ὀπίσω αὐτοῦ ἀπῆλθεν.

Some Greeks Seek Jesus

20 Ἦσαν δὲ Ἕλληνές τινες ἐκ τῶν ἀναβαινόντων ἵνα προσκυνήσωσιν ἐν τῇ ἑορτῇ²¹· **21** οὗτοι οὖν προσῆλθον²² Φιλίππῳ τῷ ἀπὸ Βηθσαϊδὰ τῆς Γαλιλαίας καὶ ἠρώτων αὐτὸν λέγοντες· κύριε, θέλομεν τὸν Ἰησοῦν ἰδεῖν. **22** ἔρχεται ὁ Φίλιππος καὶ λέγει τῷ Ἀνδρέᾳ, ἔρχεται Ἀνδρέας καὶ Φίλιππος καὶ λέγουσιν τῷ Ἰησοῦ. **23** ὁ δὲ Ἰησοῦς ἀποκρίνεται αὐτοῖς λέγων· ἐλήλυθεν²³ ἡ ὥρα ἵνα δοξασθῇ ὁ υἱὸς τοῦ ἀνθρώπου. **24** ἀμὴν ἀμὴν λέγω ὑμῖν, ἐὰν μὴ ὁ κόκκος²⁴ τοῦ σίτου²⁵ πεσὼν²⁶ εἰς τὴν γῆν ἀποθάνῃ²⁷, αὐτὸς μόνος μένει· ἐὰν δὲ ἀποθάνῃ, πολὺν καρπὸν φέρει. **25** ὁ φιλῶν²⁸ τὴν ψυχὴν αὐτοῦ ἀπολλύει αὐτήν, καὶ ὁ μισῶν τὴν ψυχὴν αὐτοῦ ἐν τῷ κόσμῳ

---

¹ ἐπαύριον, adv, the next day
² ἑορτή, -ῆς f, festival
³ βαΐον, -ου n, palm branch
⁴ φοῖνιξ, -ικος m, palm tree
⁵ ὑπάντησις, -εως f, meeting
⁶ κραυγάζω 3p impf act ind, shout
⁷ ὡσαννά, hosanna (Aramaic word of praise Please save us!)
⁸ εὑρίσκω aor act ptc m s nom, find
⁹ ὀνάριον, -ου n, (young) donkey
¹⁰ γράφω pf pas ptc n s nom, write
¹¹ θυγάτηρ, -τρός f, daughter
¹² πῶλος, -ου m, colt
¹³ ὄνος, -ου m & f, donkey
¹⁴ γινώσκω 3p aor act ind, know
¹⁵ πρῶτος, -η/ον, first (τὸ π. at first)
¹⁶ μιμνήσκομαι 3p aor pas ind, remember
¹⁷ ὑπαντάω 3s aor act ind, meet
¹⁸ ποιέω pf act inf, do
¹⁹ ὠφελέω 2p pres act ind, accomplish (οὐκ ὠ. οὐδέν you're getting nowhere)
²⁰ ἴδε, interj, Look!
²¹ ἑορτή, -ῆς f, festival
²² προσέρχομαι 3p aor act ind, come/go to
²³ ἔρχομαι 3s pf act ind, come
²⁴ κόκκος, -ου m, grain
²⁵ σῖτος, -ου m, wheat
²⁶ πίπτω aor act ptc m s nom, fall
²⁷ ἀποθνῄσκω 3s aor act sub, die
²⁸ φιλέω pres act ptc m s nom, love

τούτῳ εἰς ζωὴν αἰώνιον φυλάξει¹ αὐτήν. 26 ἐάν ἐμοί τις διακονῇ, ἐμοὶ ἀκολουθείτω, καὶ ὅπου εἰμὶ ἐγὼ ἐκεῖ καὶ ὁ διάκονος² ὁ ἐμὸς ἔσται· ἐάν τις ἐμοὶ διακονῇ τιμήσει³ αὐτὸν ὁ πατήρ.

The Son of Man Must be Lifted Up

27 Νῦν ἡ ψυχή μου τετάρακται⁴, καὶ τί εἴπω⁵; πάτερ, σῶσόν με ἐκ τῆς ὥρας ταύτης; ἀλλὰ διὰ τοῦτο ἦλθον εἰς τὴν ὥραν ταύτην. 28 πάτερ, δόξασόν σου τὸ ὄνομα. ἦλθεν οὖν φωνὴ ἐκ τοῦ οὐρανοῦ· καὶ ἐδόξασα καὶ πάλιν δοξάσω. 29 ὁ οὖν ὄχλος ὁ ἑστὼς⁶ καὶ ἀκούσας ἔλεγεν βροντὴν⁷ γεγονέναι⁸, ἄλλοι ἔλεγον· ἄγγελος αὐτῷ λελάληκεν. 30 ἀπεκρίθη Ἰησοῦς καὶ εἶπεν· οὐ δι' ἐμὲ ἡ φωνὴ αὕτη γέγονεν ἀλλὰ δι' ὑμᾶς. 31 νῦν κρίσις ἐστὶν τοῦ κόσμου τούτου, νῦν ὁ ἄρχων τοῦ κόσμου τούτου ἐκβληθήσεται⁹ ἔξω· 32 κἀγὼ ἐὰν ὑψωθῶ¹⁰ ἐκ τῆς γῆς, πάντας ἑλκύσω¹¹ πρὸς ἐμαυτόν. 33 τοῦτο δὲ ἔλεγεν σημαίνων¹² ποίῳ θανάτῳ ἤμελλεν ἀποθνῄσκειν.

34 Ἀπεκρίθη οὖν αὐτῷ ὁ ὄχλος· ἡμεῖς ἠκούσαμεν ἐκ τοῦ νόμου ὅτι ὁ χριστὸς μένει εἰς τὸν αἰῶνα, καὶ πῶς λέγεις σὺ ὅτι δεῖ ὑψωθῆναι¹³ τὸν υἱὸν τοῦ ἀνθρώπου; τίς ἐστιν οὗτος ὁ υἱὸς τοῦ ἀνθρώπου; 35 εἶπεν οὖν αὐτοῖς ὁ Ἰησοῦς· ἔτι μικρὸν χρόνον τὸ φῶς ἐν ὑμῖν ἐστιν. περιπατεῖτε ὡς τὸ φῶς ἔχετε, ἵνα μὴ σκοτία¹⁴ ὑμᾶς καταλάβῃ¹⁵· καὶ ὁ περιπατῶν ἐν τῇ σκοτίᾳ οὐκ οἶδεν ποῦ ὑπάγει. 36 ὡς τὸ φῶς ἔχετε, πιστεύετε εἰς τὸ φῶς, ἵνα υἱοὶ φωτὸς γένησθε¹⁶. ταῦτα ἐλάλησεν Ἰησοῦς, καὶ ἀπελθὼν ἐκρύβη¹⁷ ἀπ' αὐτῶν.

The Unbelief of the People

37 Τοσαῦτα¹⁸ δὲ αὐτοῦ σημεῖα πεποιηκότος ἔμπροσθεν αὐτῶν οὐκ ἐπίστευον εἰς αὐτόν, 38 ἵνα ὁ λόγος Ἡσαΐου τοῦ προφήτου πληρωθῇ ὃν εἶπεν·

κύριε, τίς ἐπίστευσεν τῇ ἀκοῇ¹⁹ ἡμῶν;
καὶ ὁ βραχίων²⁰ κυρίου τίνι ἀπεκαλύφθη²¹;
39 διὰ τοῦτο οὐκ ἠδύναντο πιστεύειν, ὅτι πάλιν εἶπεν Ἡσαΐας·
40 τετύφλωκεν²² αὐτῶν τοὺς ὀφθαλμοὺς
καὶ ἐπώρωσεν²³ αὐτῶν τὴν καρδίαν,

[1] φυλάσσω 3s fut act ind, keep safe
[2] διάκονος, -ου m & f, servant
[3] τιμάω 3s fut act ind, honor
[4] ταράσσω 3s pf pas ind, trouble
[5] λέγω 1s aor act sub, say
[6] ἵστημι pf act ptc m s nom, intrans stand
[7] βροντή, -ῆς f, thunder
[8] γίνομαι pf act inf, be
[9] ἐκβάλλω 3s fut pas ind, force out
[10] ὑψόω 1s aor pas sub, lift up
[11] ἑλκύω 1s fut act ind, draw (someone to oneself)
[12] σημαίνω pres act ptc m s nom, indicate
[13] ὑψόω aor pas inf, lift up
[14] σκοτία, -ας f, darkness
[15] καταλαμβάνω 3s aor act sub, come upon/overtake
[16] γίνομαι 2p aor mid sub, be/become
[17] κρύπτω 3s aor pas ind, hide (pas hide oneself)
[18] τοσοῦτος, -αύτη/οῦτον, pl so many
[19] ἀκοή, -ῆς f, message
[20] βραχίων, -ονος m, arm
[21] ἀποκαλύπτω 3s aor pas ind, reveal
[22] τυφλόω 3s pf act ind, blind
[23] πωρόω 3s aor act ind, made stubborn

ἵνα μὴ ἴδωσιν¹ τοῖς ὀφθαλμοῖς
καὶ νοήσωσιν² τῇ καρδίᾳ³
καὶ στραφῶσιν, καὶ ἰάσομαι⁴ αὐτούς.
41 ταῦτα εἶπεν Ἠσαΐας ὅτι εἶδεν τὴν δόξαν αὐτοῦ, καὶ ἐλάλησεν περὶ αὐτοῦ.
42 ὅμως⁵ μέντοι⁶ καὶ ἐκ τῶν ἀρχόντων πολλοὶ ἐπίστευσαν εἰς αὐτόν, ἀλλὰ διὰ τοὺς Φαρισαίους οὐχ ὡμολόγουν⁷ ἵνα μὴ ἀποσυνάγωγοι⁸ γένωνται⁹· **43** ἠγάπησαν¹⁰ γὰρ τὴν δόξαν τῶν ἀνθρώπων μᾶλλον ἤπερ¹¹ τὴν δόξαν τοῦ θεοῦ.

Judgment and Salvation

44 Ἰησοῦς δὲ ἔκραξεν καὶ εἶπεν· ὁ πιστεύων εἰς ἐμὲ οὐ πιστεύει εἰς ἐμὲ ἀλλ᾽ εἰς τὸν πέμψαντά¹² με, **45** καὶ ὁ θεωρῶν ἐμὲ θεωρεῖ τὸν πέμψαντά με. **46** ἐγὼ φῶς εἰς τὸν κόσμον ἐλήλυθα¹³, ἵνα πᾶς ὁ πιστεύων εἰς ἐμὲ ἐν τῇ σκοτίᾳ¹⁴ μὴ μείνῃ¹⁵. **47** καὶ ἐάν τίς μου ἀκούσῃ τῶν ῥημάτων καὶ μὴ φυλάξῃ¹⁶, ἐγὼ οὐ κρίνω αὐτόν· οὐ γὰρ ἦλθον ἵνα κρίνω τὸν κόσμον, ἀλλ᾽ ἵνα σώσω τὸν κόσμον. **48** ὁ ἀθετῶν¹⁷ ἐμὲ καὶ μὴ λαμβάνων τὰ ῥήματά μου ἔχει τὸν κρίνοντα αὐτόν· ὁ λόγος ὃν ἐλάλησα ἐκεῖνος κρινεῖ αὐτὸν ἐν τῇ ἐσχάτῃ ἡμέρᾳ. **49** ὅτι ἐγὼ ἐξ ἐμαυτοῦ οὐκ ἐλάλησα, ἀλλ᾽ ὁ πέμψας¹⁸ με πατὴρ αὐτός μοι ἐντολὴν δέδωκεν¹⁹ τί εἴπω²⁰ καὶ τί λαλήσω. **50** καὶ οἶδα ὅτι ἡ ἐντολὴ αὐτοῦ ζωὴ αἰώνιός ἐστιν. ἃ οὖν ἐγὼ λαλῶ, καθὼς εἴρηκέν²¹ μοι ὁ πατήρ, οὕτως λαλῶ.

The Washing of the Disciples' Feet

13 Πρὸ δὲ τῆς ἑορτῆς²² τοῦ πάσχα²³ εἰδὼς²⁴ ὁ Ἰησοῦς ὅτι ἦλθεν αὐτοῦ ἡ ὥρα ἵνα μεταβῇ²⁵ ἐκ τοῦ κόσμου τούτου πρὸς τὸν πατέρα, ἀγαπήσας τοὺς ἰδίους τοὺς ἐν τῷ κόσμῳ εἰς τέλος ἠγάπησεν αὐτούς. **2** καὶ δείπνου²⁶ γινομένου, τοῦ διαβόλου ἤδη βεβληκότος²⁷ εἰς τὴν καρδίαν ἵνα παραδοῖ²⁸ αὐτὸν Ἰούδας Σίμωνος Ἰσκαριώτου, **3** εἰδὼς ὅτι πάντα ἔδωκεν αὐτῷ ὁ πατὴρ εἰς τὰς χεῖρας καὶ ὅτι ἀπὸ θεοῦ ἐξῆλθεν καὶ πρὸς τὸν θεὸν ὑπάγει, **4** ἐγείρεται ἐκ τοῦ δείπνου καὶ τίθησιν τὰ

---

1 ὁράω 3p aor act sub, see
2 νοέω 3p aor act sub, understand
3 στρέφω 3p aor pas sub, intrans pas turn
4 ἰάομαι 1s fut mid ind, heal
5 ὅμως, adv, nevertheless
6 μέντοι, conj, however
7 ὁμολογέω 3p impf act ind, confess
8 ἀποσυνάγωγος, -ον, excommunicated from the synagogue
9 γίνομαι 3p aor mid sub, be/become
10 ἀγαπάω 3p aor act ind, love
11 ἤπερ, comparative particle, than
12 πέμπω aor act ptc m s acc, send
13 ἔρχομαι 1s pf act ind, come
14 σκοτία, -ας f, darkness
15 μένω 3s aor act sub, stay
16 φυλάσσω 3s aor act sub, obey
17 ἀθετέω pres act ptc m s nom, reject
18 πέμπω aor act ptc m s nom, send
19 δίδωμι 3s pf act ind, give
20 λέγω 1s aor act sub, say
21 λέγω 3s pf act ind, say
22 ἑορτή, -ῆς f, festival
23 πάσχα, n, Passover
24 οἶδα pf act ptc m s nom, know
25 μεταβαίνω 3s aor act sub, leave
26 δεῖπνον, -ου n, supper
27 βάλλω pf act ptc m s gen, put
28 παραδίδωμι 3s aor act sub, betray

ἱμάτια καὶ λαβὼν λέντιον[1] διέζωσεν[2] ἑαυτόν· 5 εἶτα[3] βάλλει ὕδωρ εἰς τὸν νιπτῆρα[4] καὶ ἤρξατο[5] νίπτειν[6] τοὺς πόδας τῶν μαθητῶν καὶ ἐκμάσσειν[7] τῷ λεντίῳ ᾧ ἦν διεζωσμένος. 6 ἔρχεται οὖν πρὸς Σίμωνα Πέτρον· λέγει αὐτῷ· κύριε, σύ μου νίπτεις τοὺς πόδας; 7 ἀπεκρίθη Ἰησοῦς καὶ εἶπεν αὐτῷ· ὃ ἐγὼ ποιῶ σὺ οὐκ οἶδας ἄρτι, γνώσῃ[8] δὲ μετὰ ταῦτα. 8 λέγει αὐτῷ Πέτρος· οὐ μὴ νίψῃς[9] μου τοὺς πόδας εἰς τὸν αἰῶνα. ἀπεκρίθη Ἰησοῦς αὐτῷ· ἐὰν μὴ νίψω σε, οὐκ ἔχεις μέρος μετ' ἐμοῦ. 9 λέγει αὐτῷ Σίμων Πέτρος· κύριε, μὴ τοὺς πόδας μου μόνον ἀλλὰ καὶ τὰς χεῖρας καὶ τὴν κεφαλήν. 10 λέγει αὐτῷ ὁ Ἰησοῦς· ὁ λελουμένος[10] οὐκ ἔχει χρείαν εἰ μὴ τοὺς πόδας νίψασθαι[11], ἀλλ' ἔστιν καθαρὸς[12] ὅλος· καὶ ὑμεῖς καθαροί ἐστε, ἀλλ' οὐχὶ πάντες. 11 ᾔδει[13] γὰρ τὸν παραδιδόντα[14] αὐτόν· διὰ τοῦτο εἶπεν ὅτι οὐχὶ πάντες καθαροί ἐστε.

12 Ὅτε οὖν ἔνιψεν[15] τοὺς πόδας αὐτῶν καὶ ἔλαβεν τὰ ἱμάτια αὐτοῦ καὶ ἀνέπεσεν[16] πάλιν, εἶπεν αὐτοῖς· γινώσκετε τί πεποίηκα ὑμῖν; 13 ὑμεῖς φωνεῖτέ με· ὁ διδάσκαλος, καί· ὁ κύριος, καὶ καλῶς λέγετε· εἰμὶ γάρ. 14 εἰ οὖν ἐγὼ ἔνιψα ὑμῶν τοὺς πόδας ὁ κύριος καὶ ὁ διδάσκαλος, καὶ ὑμεῖς ὀφείλετε ἀλλήλων νίπτειν τοὺς πόδας· 15 ὑπόδειγμα[17] γὰρ ἔδωκα ὑμῖν ἵνα καθὼς ἐγὼ ἐποίησα ὑμῖν καὶ ὑμεῖς ποιῆτε. 16 ἀμὴν ἀμὴν λέγω ὑμῖν, οὐκ ἔστιν δοῦλος μείζων τοῦ κυρίου αὐτοῦ οὐδὲ ἀπόστολος μείζων[18] τοῦ πέμψαντος[19] αὐτόν. 17 εἰ ταῦτα οἴδατε, μακάριοί ἐστε ἐὰν ποιῆτε αὐτά.

18 Οὐ περὶ πάντων ὑμῶν λέγω· ἐγὼ οἶδα τίνας ἐξελεξάμην· ἀλλ' ἵνα ἡ γραφὴ πληρωθῇ· ὁ τρώγων[20] μου τὸν ἄρτον ἐπῆρεν[21] ἐπ' ἐμὲ τὴν πτέρναν[22] αὐτοῦ. 19 ἀπ' ἄρτι λέγω ὑμῖν πρὸ τοῦ γενέσθαι, ἵνα πιστεύσητε ὅταν γένηται ὅτι ἐγώ εἰμι. 20 ἀμὴν ἀμὴν λέγω ὑμῖν, ὁ λαμβάνων ἄν τινα πέμψω ἐμὲ λαμβάνει, ὁ δὲ ἐμὲ λαμβάνων λαμβάνει τὸν πέμψαντά με.

Jesus Foretells His Betrayal (Mt 26.20-25; Mk 14.17-21; Lk 22.21-23)

21 Ταῦτα εἰπὼν [ὁ] Ἰησοῦς ἐταράχθη[23] τῷ πνεύματι καὶ ἐμαρτύρησεν καὶ εἶπεν· ἀμὴν ἀμὴν λέγω ὑμῖν ὅτι εἷς ἐξ ὑμῶν παραδώσει[24] με. 22 ἔβλεπον εἰς ἀλλήλους οἱ

---

[1] λέντιον, -ου n, towel
[2] διαζώννυμι 3s aor act ind, wrap around
[3] εἶτα, adv, then
[4] νιπτήρ, -ῆρος m, washbasin
[5] ἄρχω 3s aor mid ind, mid begin
[6] νίπτω pres act inf, wash
[7] ἐκμάσσω pres act inf, wipe
[8] γινώσκω 2s fut mid ind, know
[9] νίπτω 2s aor act sub, wash

[10] λούω pf mid or pas ptc m s nom, mid wash
[11] νίπτω aor mid inf, mid wash oneself
[12] καθαρός, -ά/όν, clean
[13] οἶδα 3s plpf act ind, know
[14] παραδίδωμι pres act ptc m s acc, betray
[15] νίπτω 3s aor act ind, wash
[16] ἀναπίπτω 3s aor act ind, sit at table

[17] ὑπόδειγμα, -τος n, example
[18] μέγας, great (comp)
[19] πέμπω aor act ptc m s gen, send
[20] τρώγω pres act ptc m s nom, eat
[21] ἐπαίρω 3s aor act ind, lift up
[22] πτέρνα, -ης f, heel
[23] ταράσσω 3s aor pas ind, trouble
[24] παραδίδωμι 3s fut act ind, betray

μαθηταὶ ἀπορούμενοι¹ περὶ τίνος λέγει. 23 ἦν ἀνακείμενος² εἷς ἐκ τῶν μαθητῶν αὐτοῦ ἐν τῷ κόλπῳ³ τοῦ Ἰησοῦ, ὃν ἠγάπα ὁ Ἰησοῦς. 24 νεύει⁴ οὖν τούτῳ Σίμων Πέτρος πυθέσθαι⁵ τίς ἂν εἴη⁶ περὶ οὗ λέγει. 25 ἀναπεσὼν⁷ οὖν ἐκεῖνος οὕτως ἐπὶ τὸ στῆθος⁸ τοῦ Ἰησοῦ λέγει αὐτῷ· κύριε, τίς ἐστιν; 26 ἀποκρίνεται [ὁ] Ἰησοῦς· ἐκεῖνός ἐστιν ᾧ ἐγὼ βάψω⁹ τὸ ψωμίον¹⁰ καὶ δώσω¹¹ αὐτῷ. βάψας¹² οὖν τὸ ψωμίον [λαμβάνει καὶ] δίδωσιν Ἰούδᾳ Σίμωνος Ἰσκαριώτου. 27 καὶ μετὰ τὸ ψωμίον τότε εἰσῆλθεν εἰς ἐκεῖνον ὁ σατανᾶς. λέγει οὖν αὐτῷ ὁ Ἰησοῦς· ὃ ποιεῖς ποίησον τάχιον¹³. 28 τοῦτο δὲ οὐδεὶς ἔγνω¹⁴ τῶν ἀνακειμένων πρὸς τί εἶπεν αὐτῷ· 29 τινὲς γὰρ ἐδόκουν, ἐπεὶ¹⁵ τὸ γλωσσόκομον¹⁶ εἶχεν Ἰούδας, ὅτι λέγει αὐτῷ ὁ Ἰησοῦς· ἀγόρασον ὧν χρείαν ἔχομεν εἰς τὴν ἑορτήν¹⁷, ἢ τοῖς πτωχοῖς ἵνα τι δῷ¹⁸. 30 λαβὼν οὖν τὸ ψωμίον ἐκεῖνος ἐξῆλθεν εὐθύς. ἦν δὲ νύξ.

The New Commandment

31 Ὅτε οὖν ἐξῆλθεν, λέγει Ἰησοῦς· νῦν ἐδοξάσθη ὁ υἱὸς τοῦ ἀνθρώπου καὶ ὁ θεὸς ἐδοξάσθη ἐν αὐτῷ· 32 [εἰ ὁ θεὸς ἐδοξάσθη ἐν αὐτῷ], καὶ ὁ θεὸς δοξάσει αὐτὸν ἐν αὐτῷ, καὶ εὐθὺς δοξάσει αὐτόν. 33 τεκνία¹⁹, ἔτι μικρὸν μεθ' ὑμῶν εἰμι· ζητήσετέ με, καὶ καθὼς εἶπον τοῖς Ἰουδαίοις ὅτι ὅπου ἐγὼ ὑπάγω ὑμεῖς οὐ δύνασθε ἐλθεῖν, καὶ ὑμῖν λέγω ἄρτι. 34 ἐντολὴν καινὴν δίδωμι ὑμῖν, ἵνα ἀγαπᾶτε ἀλλήλους, καθὼς ἠγάπησα²⁰ ὑμᾶς ἵνα καὶ ὑμεῖς ἀγαπᾶτε ἀλλήλους. 35 ἐν τούτῳ γνώσονται²¹ πάντες ὅτι ἐμοὶ μαθηταί ἐστε, ἐὰν ἀγάπην ἔχητε ἐν ἀλλήλοις.

Peter's Denial Foretold (Mt 26.31-35; Mk 14.27-31; Lk 22.31-34)

36 Λέγει αὐτῷ Σίμων Πέτρος· κύριε, ποῦ ὑπάγεις; ἀπεκρίθη [αὐτῷ] Ἰησοῦς· ὅπου ὑπάγω οὐ δύνασαί μοι νῦν ἀκολουθῆσαι, ἀκολουθήσεις δὲ ὕστερον²². 37 λέγει αὐτῷ ὁ Πέτρος· κύριε, διὰ τί οὐ δύναμαί σοι ἀκολουθῆσαι ἄρτι; τὴν ψυχήν μου ὑπὲρ σοῦ θήσω²³. 38 ἀποκρίνεται Ἰησοῦς· τὴν ψυχήν σου ὑπὲρ ἐμοῦ θήσεις; ἀμὴν ἀμὴν λέγω σοι, οὐ μὴ ἀλέκτωρ²⁴ φωνήσῃ ἕως οὗ ἀρνήσῃ²⁵ με τρίς²⁶.

---

¹ ἀπορέω pres mid ptc m p nom, be confused
² ἀνάκειμαι pres mid ptc m s nom, be seated (at table)
³ κόλπος, -ου m, chest (ἐν τῷ κ. next to)
⁴ νεύω 3s pres act ind, motion
⁵ πυνθάνομαι aor mid inf, ask
⁶ εἰμί 3s pres act opt, be
⁷ ἀναπίπτω aor act ptc m s nom, sit
⁸ στῆθος, -ους n, chest
⁹ βάπτω 1s fut act ind, dip
¹⁰ ψωμίον, -ου n, piece of bread
¹¹ δίδωμι 1s fut act ind, give
¹² βάπτω aor act ptc m s nom, dip
¹³ ταχέως, adv, quickly
¹⁴ γινώσκω 3s aor act ind, know
¹⁵ ἐπεί, conj, because
¹⁶ γλωσσόκομον, -ου n, money bag
¹⁷ ἑορτή, -ῆς f, festival
¹⁸ δίδωμι 3s aor act sub, give
¹⁹ τεκνίον, -ου n, child
²⁰ ἀγαπάω 1s aor act ind, love
²¹ γινώσκω 3p fut mid ind, know
²² ὕστερον, adv, later
²³ τίθημι 1s fut act ind, lay (something) down
²⁴ ἀλέκτωρ, -ορος m, rooster
²⁵ ἀρνέομαι 2s aor mid sub, disown
²⁶ τρίς, adv, three times

Jesus the Way to the Father

14 Μὴ ταρασσέσθω[1] ὑμῶν ἡ καρδία· πιστεύετε εἰς τὸν θεὸν καὶ εἰς ἐμὲ πιστεύετε. **2** ἐν τῇ οἰκίᾳ τοῦ πατρός μου μοναὶ[2] πολλαί εἰσιν· εἰ δὲ μή, εἶπον ἂν ὑμῖν ὅτι πορεύομαι ἑτοιμάσαι τόπον ὑμῖν; **3** καὶ ἐὰν πορευθῶ καὶ ἑτοιμάσω τόπον ὑμῖν, πάλιν ἔρχομαι καὶ παραλήμψομαι[3] ὑμᾶς πρὸς ἐμαυτόν, ἵνα ὅπου εἰμὶ ἐγὼ καὶ ὑμεῖς ἦτε. **4** καὶ ὅπου [ἐγὼ] ὑπάγω οἴδατε τὴν ὁδόν.

5 Λέγει αὐτῷ Θωμᾶς· κύριε, οὐκ οἴδαμεν ποῦ ὑπάγεις· πῶς δυνάμεθα τὴν ὁδὸν εἰδέναι[4]; **6** λέγει αὐτῷ ὁ Ἰησοῦς· ἐγώ εἰμι ἡ ὁδὸς καὶ ἡ ἀλήθεια καὶ ἡ ζωή· οὐδεὶς ἔρχεται πρὸς τὸν πατέρα εἰ μὴ δι' ἐμοῦ. **7** εἰ ἐγνώκατέ[5] με, καὶ τὸν πατέρα μου γνώσεσθε[6]. καὶ ἀπ' ἄρτι γινώσκετε αὐτὸν καὶ ἑωράκατε[7] αὐτόν.

8 Λέγει αὐτῷ Φίλιππος· κύριε, δεῖξον[8] ἡμῖν τὸν πατέρα, καὶ ἀρκεῖ[9] ἡμῖν. **9** λέγει αὐτῷ ὁ Ἰησοῦς· τοσούτῳ[10] χρόνῳ μεθ' ὑμῶν εἰμι καὶ οὐκ ἔγνωκάς[11] με, Φίλιππε; ὁ ἑωρακὼς[12] ἐμὲ ἑώρακεν τὸν πατέρα· πῶς σὺ λέγεις· δεῖξον ἡμῖν τὸν πατέρα; **10** οὐ πιστεύεις ὅτι ἐγὼ ἐν τῷ πατρὶ καὶ ὁ πατὴρ ἐν ἐμοί ἐστιν; τὰ ῥήματα ἃ ἐγὼ λέγω ὑμῖν ἀπ' ἐμαυτοῦ οὐ λαλῶ, ὁ δὲ πατὴρ ἐν ἐμοὶ μένων ποιεῖ τὰ ἔργα αὐτοῦ. **11** πιστεύετέ μοι ὅτι ἐγὼ ἐν τῷ πατρὶ καὶ ὁ πατὴρ ἐν ἐμοί· εἰ δὲ μή, διὰ τὰ ἔργα αὐτὰ πιστεύετε.

12 Ἀμὴν ἀμὴν λέγω ὑμῖν, ὁ πιστεύων εἰς ἐμὲ τὰ ἔργα ἃ ἐγὼ ποιῶ κἀκεῖνος ποιήσει καὶ μείζονα[13] τούτων ποιήσει, ὅτι ἐγὼ πρὸς τὸν πατέρα πορεύομαι· **13** καὶ ὅ τι ἂν αἰτήσητε ἐν τῷ ὀνόματί μου τοῦτο ποιήσω, ἵνα δοξασθῇ ὁ πατὴρ ἐν τῷ υἱῷ. **14** ἐάν τι αἰτήσητέ με ἐν τῷ ὀνόματί μου ἐγὼ ποιήσω.

The Promise of the Spirit

15 Ἐὰν ἀγαπᾶτέ με, τὰς ἐντολὰς τὰς ἐμὰς τηρήσετε· **16** κἀγὼ ἐρωτήσω τὸν πατέρα καὶ ἄλλον παράκλητον[14] δώσει[15] ὑμῖν, ἵνα μεθ' ὑμῶν εἰς τὸν αἰῶνα ᾖ, **17** τὸ πνεῦμα τῆς ἀληθείας, ὃ ὁ κόσμος οὐ δύναται λαβεῖν, ὅτι οὐ θεωρεῖ αὐτὸ οὐδὲ γινώσκει· ὑμεῖς γινώσκετε αὐτό, ὅτι παρ' ὑμῖν μένει καὶ ἐν ὑμῖν ἔσται. **18** οὐκ ἀφήσω[16] ὑμᾶς ὀρφανούς[17], ἔρχομαι πρὸς ὑμᾶς. **19** ἔτι μικρὸν καὶ ὁ κόσμος με οὐκέτι θεωρεῖ, ὑμεῖς δὲ θεωρεῖτέ με, ὅτι ἐγὼ ζῶ καὶ ὑμεῖς ζήσετε[18]. **20** ἐν ἐκείνῃ τῇ ἡμέρᾳ γνώσεσθε[19] ὑμεῖς ὅτι ἐγὼ ἐν τῷ πατρί μου καὶ ὑμεῖς ἐν ἐμοὶ κἀγὼ ἐν ὑμῖν. **21** ὁ ἔχων τὰς ἐντολάς μου καὶ τηρῶν αὐτὰς ἐκεῖνός ἐστιν ὁ ἀγαπῶν με· ὁ δὲ ἀγαπῶν με ἀγαπηθήσεται ὑπὸ τοῦ πατρός μου, κἀγὼ ἀγαπήσω αὐτὸν καὶ ἐμφανίσω[20] αὐτῷ ἐμαυτόν.

---

[1] ταράσσω 3s pres pas impv, trouble
[2] μονή, -ῆς f, room
[3] παραλαμβάνω 1s fut mid ind, receive
[4] οἶδα pf act inf, know
[5] γινώσκω 2p pf act ind, know
[6] γινώσκω 2p fut mid ind, know
[7] ὁράω 2p pf act ind, see
[8] δείκνυμι 2s aor act impv, show
[9] ἀρκέω 3s pres act ind, be enough
[10] τοσοῦτος, -αύτη/οῦτον, so much
[11] γινώσκω 2s pf act ind, know
[12] ὁράω pf act ptc m s nom, see
[13] μέγας, groß (comp)
[14] παράκλητος, -ου m, one who comforts/encourages/defends
[15] δίδωμι 3s fut act ind, give
[16] ἀφίημι 1s fut act ind, leave
[17] ὀρφανός, -ή/όν, like an orphan/abandoned
[18] ζάω 2p fut act ind, live
[19] γινώσκω 2p fut mid ind, know
[20] ἐμφανίζω 1s fut act ind, reveal

22 Λέγει αὐτῷ Ἰούδας, οὐχ ὁ Ἰσκαριώτης· κύριε, [καὶ] τί γέγονεν[1] ὅτι ἡμῖν μέλλεις ἐμφανίζειν[2] σεαυτὸν καὶ οὐχὶ τῷ κόσμῳ; 23 ἀπεκρίθη Ἰησοῦς καὶ εἶπεν αὐτῷ· ἐάν τις ἀγαπᾷ με τὸν λόγον μου τηρήσει, καὶ ὁ πατήρ μου ἀγαπήσει αὐτὸν καὶ πρὸς αὐτὸν ἐλευσόμεθα[3] καὶ μονὴν[4] παρ' αὐτῷ ποιησόμεθα. 24 ὁ μὴ ἀγαπῶν με τοὺς λόγους μου οὐ τηρεῖ· καὶ ὁ λόγος ὃν ἀκούετε οὐκ ἔστιν ἐμὸς ἀλλὰ τοῦ πέμψαντός[5] με πατρός.

25 Ταῦτα λελάληκα[6] ὑμῖν παρ' ὑμῖν μένων· 26 ὁ δὲ παράκλητος[7], τὸ πνεῦμα τὸ ἅγιον, ὃ πέμψει ὁ πατὴρ ἐν τῷ ὀνόματί μου, ἐκεῖνος ὑμᾶς διδάξει πάντα καὶ ὑπομνήσει[8] ὑμᾶς πάντα ἃ εἶπον ὑμῖν [ἐγώ].

27 Εἰρήνην ἀφίημι ὑμῖν, εἰρήνην τὴν ἐμὴν δίδωμι ὑμῖν· οὐ καθὼς ὁ κόσμος δίδωσιν ἐγὼ δίδωμι ὑμῖν. μὴ ταρασσέσθω[9] ὑμῶν ἡ καρδία μηδὲ δειλιάτω[10]. 28 ἠκούσατε ὅτι ἐγὼ εἶπον ὑμῖν· ὑπάγω καὶ ἔρχομαι πρὸς ὑμᾶς. εἰ ἠγαπᾶτέ με ἐχάρητε ἂν ὅτι πορεύομαι πρὸς τὸν πατέρα, ὅτι ὁ πατὴρ μείζων[11] μού ἐστιν. 29 καὶ νῦν εἴρηκα ὑμῖν πρὶν[12] γενέσθαι, ἵνα ὅταν γένηται πιστεύσητε. 30 οὐκέτι πολλὰ λαλήσω μεθ' ὑμῶν, ἔρχεται γὰρ ὁ τοῦ κόσμου ἄρχων· καὶ ἐν ἐμοὶ οὐκ ἔχει οὐδέν, 31 ἀλλ' ἵνα γνῷ[13] ὁ κόσμος ὅτι ἀγαπῶ τὸν πατέρα, καὶ καθὼς ἐνετείλατο[14] μοι ὁ πατήρ, οὕτως ποιῶ. ἐγείρεσθε, ἄγωμεν ἐντεῦθεν[15].

Jesus the True Vine

15 Ἐγώ εἰμι ἡ ἄμπελος[16] ἡ ἀληθινὴ[17] καὶ ὁ πατήρ μου ὁ γεωργός[18] ἐστιν. 2 πᾶν κλῆμα[19] ἐν ἐμοὶ μὴ φέρον καρπὸν αἴρει αὐτό, καὶ πᾶν τὸ καρπὸν φέρον καθαίρει[20] αὐτὸ ἵνα καρπὸν πλείονα[21] φέρῃ. 3 ἤδη ὑμεῖς καθαροί[22] ἐστε διὰ τὸν λόγον ὃν λελάληκα[23] ὑμῖν· 4 μείνατε[24] ἐν ἐμοί, κἀγὼ ἐν ὑμῖν. καθὼς τὸ κλῆμα οὐ δύναται καρπὸν φέρειν ἀφ' ἑαυτοῦ ἐὰν μὴ μένῃ ἐν τῇ ἀμπέλῳ, οὕτως οὐδὲ ὑμεῖς ἐὰν μὴ ἐν ἐμοὶ μένητε. 5 ἐγώ εἰμι ἡ ἄμπελος, ὑμεῖς τὰ κλήματα. ὁ μένων ἐν ἐμοὶ κἀγὼ ἐν αὐτῷ οὗτος φέρει καρπὸν πολύν, ὅτι χωρὶς ἐμοῦ οὐ δύνασθε ποιεῖν οὐδέν. 6 ἐὰν μή τις μένῃ ἐν ἐμοί, ἐβλήθη[25] ἔξω ὡς τὸ κλῆμα καὶ ἐξηράνθη[26] καὶ συνάγουσιν αὐτὰ καὶ εἰς τὸ πῦρ βάλλουσιν καὶ καίεται[27]. 7 ἐὰν μείνητε[28] ἐν ἐμοὶ καὶ τὰ ῥήματά

---

[1] γίνομαι 3s pf act ind, be
[2] ἐμφανίζω pres act inf, reveal
[3] ἔρχομαι 1p fut mid ind, come
[4] μονή, -ῆς f, room (μ. παρ' αὐτῷ ποιεῖν live with that person)
[5] πέμπω aor act ptc m s gen, send
[6] λαλέω 1s pf act ind, say
[7] παράκλητος, -ου m, one who comforts/encourages/defends
[8] ὑπομιμνήσκω fut act ind, remind
[9] ταράσσω 3s pres pas impv, trouble
[10] δειλιάω 3s pres act impv, be afraid
[11] μέγας, great (comp)
[12] πρίν, conj, before
[13] γινώσκω 3s aor act sub, know
[14] ἐντέλλομαι 3s aor mid ind, command
[15] ἐντεῦθεν, adv, from here
[16] ἄμπελος, -ου f, grapevine
[17] ἀληθινός, -ή/όν, true
[18] γεωργός, -οῦ m, gardener
[19] κλῆμα, -τος n, branch
[20] καθαίρω 3s pres act ind, prune/trim clean
[21] πολύς, much (comp)
[22] καθαρός, -ά/όν, clean
[23] λαλέω 1s pf act ind, say
[24] μένω 2p aor act impv, intrans remain
[25] βάλλω 3s aor pas ind, throw
[26] ξηραίνω 3s aor pas ind, pas wither
[27] καίω 3s pres pas ind, pas burn (up)
[28] μένω 2p aor act sub, intrans remain

μου ἐν ὑμῖν μείνῃ, ὃ ἐὰν θέλητε αἰτήσασθε, καὶ γενήσεται¹ ὑμῖν. 8 ἐν τούτῳ ἐδοξάσθη ὁ πατήρ μου, ἵνα καρπὸν πολὺν φέρητε καὶ γένησθε ἐμοὶ μαθηταί. 9 Καθὼς ἠγάπησέν² με ὁ πατήρ, κἀγὼ ὑμᾶς ἠγάπησα· μείνατε³ ἐν τῇ ἀγάπῃ τῇ ἐμῇ. 10 ἐὰν τὰς ἐντολάς μου τηρήσητε, μενεῖτε ἐν τῇ ἀγάπῃ μου, καθὼς ἐγὼ τὰς ἐντολὰς τοῦ πατρός μου τετήρηκα⁴ καὶ μένω αὐτοῦ ἐν τῇ ἀγάπῃ. 11 ταῦτα λελάληκα⁵ ὑμῖν ἵνα ἡ χαρὰ ἡ ἐμὴ ἐν ὑμῖν ᾖ καὶ ἡ χαρὰ ὑμῶν πληρωθῇ. 12 αὕτη ἐστὶν ἡ ἐντολὴ ἡ ἐμή, ἵνα ἀγαπᾶτε ἀλλήλους καθὼς ἠγάπησα ὑμᾶς. 13 μείζονα⁶ ταύτης ἀγάπην οὐδεὶς ἔχει, ἵνα τις τὴν ψυχὴν αὐτοῦ θῇ ὑπὲρ τῶν φίλων⁷ αὐτοῦ. 14 ὑμεῖς φίλοι μού ἐστε ἐὰν ποιῆτε ἃ ἐγὼ ἐντέλλομαι⁸ ὑμῖν. 15 οὐκέτι λέγω ὑμᾶς δούλους, ὅτι ὁ δοῦλος οὐκ οἶδεν τί ποιεῖ αὐτοῦ ὁ κύριος· ὑμᾶς δὲ εἴρηκα φίλους, ὅτι πάντα ἃ ἤκουσα παρὰ τοῦ πατρός μου ἐγνώρισα⁹ ὑμῖν. 16 οὐχ ὑμεῖς με ἐξελέξασθε¹⁰, ἀλλ' ἐγὼ ἐξελεξάμην ὑμᾶς καὶ ἔθηκα¹¹ ὑμᾶς ἵνα ὑμεῖς ὑπάγητε καὶ καρπὸν φέρητε καὶ ὁ καρπὸς ὑμῶν μένῃ, ἵνα ὅ τι ἂν αἰτήσητε τὸν πατέρα ἐν τῷ ὀνόματί μου δῷ¹² ὑμῖν. 17 ταῦτα ἐντέλλομαι ὑμῖν, ἵνα ἀγαπᾶτε ἀλλήλους.

The World's Hatred

18 Εἰ ὁ κόσμος ὑμᾶς μισεῖ, γινώσκετε ὅτι ἐμὲ πρῶτον ὑμῶν μεμίσηκεν. 19 εἰ ἐκ τοῦ κόσμου ἦτε, ὁ κόσμος ἂν τὸ ἴδιον ἐφίλει¹³· ὅτι δὲ ἐκ τοῦ κόσμου οὐκ ἐστέ, ἀλλ' ἐγὼ ἐξελεξάμην¹⁴ ὑμᾶς ἐκ τοῦ κόσμου, διὰ τοῦτο μισεῖ ὑμᾶς ὁ κόσμος. 20 μνημονεύετε¹⁵ τοῦ λόγου οὗ ἐγὼ εἶπον ὑμῖν· οὐκ ἔστιν δοῦλος μείζων¹⁶ τοῦ κυρίου αὐτοῦ. εἰ ἐμὲ ἐδίωξαν¹⁷, καὶ ὑμᾶς διώξουσιν· εἰ τὸν λόγον μου ἐτήρησαν, καὶ τὸν ὑμέτερον¹⁸ τηρήσουσιν. 21 ἀλλὰ ταῦτα πάντα ποιήσουσιν εἰς ὑμᾶς διὰ τὸ ὄνομά μου, ὅτι οὐκ οἴδασιν τὸν πέμψαντά¹⁹ με. 22 εἰ μὴ ἦλθον καὶ ἐλάλησα αὐτοῖς, ἁμαρτίαν οὐκ εἴχοσαν²⁰· νῦν δὲ πρόφασιν²¹ οὐκ ἔχουσιν περὶ τῆς ἁμαρτίας αὐτῶν. 23 ὁ ἐμὲ μισῶν καὶ τὸν πατέρα μου μισεῖ. 24 εἰ τὰ ἔργα μὴ ἐποίησα ἐν αὐτοῖς ἃ οὐδεὶς ἄλλος ἐποίησεν, ἁμαρτίαν οὐκ εἴχοσαν· νῦν δὲ καὶ ἑωράκασιν²² καὶ μεμισήκασιν καὶ ἐμὲ καὶ τὸν πατέρα μου. 25 ἀλλ' ἵνα πληρωθῇ ὁ λόγος ὁ ἐν τῷ νόμῳ αὐτῶν γεγραμμένος²³ ὅτι ἐμίσησάν με δωρεάν²⁴.

---

1 γίνομαι 3s fut mid ind, be/become
2 ἀγαπάω 3s aor act ind, love
3 μένω 2p aor act impv, intrans remain
4 τηρέω 1s pf act ind, obey
5 λαλέω 1s pf act ind, say
6 μέγας, groß (comp)
7 φίλος, -ου m, friend
8 ἐντέλλομαι 1s pres mid ind, command
9 γνωρίζω 1s aor act ind, make known
10 ἐκλέγομαι 2p aor mid ind, choose
11 τίθημι 1s aor act ind, appoint
12 δίδωμι 3s aor act sub, give
13 φιλέω 3s impf act ind, love
14 ἐκλέγομαι 1s aor mid ind, choose
15 μνημονεύω 2p pres act impv, remember
16 μέγας, groß (comp)
17 διώκω 3p aor act ind, persecute
18 ὑμέτερος, -α/ον, your
19 πέμπω aor act ptc m s acc, send
20 ἔχω 3p impf act ind, have
21 πρόφασις, -εως f, excuse
22 ὁράω 3p pf act ind, see
23 γράφω pf pas ptc m s nom, write
24 δωρεάν, adv, for no reason

16

26 Ὅταν ἔλθῃ[1] ὁ παράκλητος[2] ὃν ἐγὼ πέμψω ὑμῖν παρὰ τοῦ πατρός, τὸ πνεῦμα τῆς ἀληθείας ὃ παρὰ τοῦ πατρὸς ἐκπορεύεται, ἐκεῖνος μαρτυρήσει περὶ ἐμοῦ· **27** καὶ ὑμεῖς δὲ μαρτυρεῖτε, ὅτι ἀπ' ἀρχῆς μετ' ἐμοῦ ἐστε. Ταῦτα λελάληκα[3] ὑμῖν ἵνα μὴ σκανδαλισθῆτε[4]. **2** ἀποσυναγώγους[5] ποιήσουσιν ὑμᾶς· ἀλλ' ἔρχεται ὥρα ἵνα πᾶς ὁ ἀποκτείνας ὑμᾶς δόξῃ λατρείαν[6] προσφέρειν[7] τῷ θεῷ. **3** καὶ ταῦτα ποιήσουσιν ὅτι οὐκ ἔγνωσαν[8] τὸν πατέρα οὐδὲ ἐμέ. **4** ἀλλὰ ταῦτα λελάληκα ὑμῖν ἵνα ὅταν ἔλθῃ[9] ἡ ὥρα αὐτῶν μνημονεύητε[10] αὐτῶν ὅτι ἐγὼ εἶπον ὑμῖν.

The Work of the Spirit

Ταῦτα δὲ ὑμῖν ἐξ ἀρχῆς οὐκ εἶπον, ὅτι μεθ' ὑμῶν ἤμην[11]. **5** νῦν δὲ ὑπάγω πρὸς τὸν πέμψαντά[12] με, καὶ οὐδεὶς ἐξ ὑμῶν ἐρωτᾷ με· ποῦ ὑπάγεις; **6** ἀλλ' ὅτι ταῦτα λελάληκα[13] ὑμῖν ἡ λύπη[14] πεπλήρωκεν ὑμῶν τὴν καρδίαν. **7** ἀλλ' ἐγὼ τὴν ἀλήθειαν λέγω ὑμῖν, συμφέρει[15] ὑμῖν ἵνα ἐγὼ ἀπέλθω[16]. ἐὰν γὰρ μὴ ἀπέλθω, ὁ παράκλητος[17] οὐκ ἐλεύσεται[18] πρὸς ὑμᾶς· ἐὰν δὲ πορευθῶ[19], πέμψω αὐτὸν πρὸς ὑμᾶς. **8** καὶ ἐλθὼν ἐκεῖνος ἐλέγξει[20] τὸν κόσμον περὶ ἁμαρτίας καὶ περὶ δικαιοσύνης καὶ περὶ κρίσεως· **9** περὶ ἁμαρτίας μέν, ὅτι οὐ πιστεύουσιν εἰς ἐμέ· **10** περὶ δικαιοσύνης δέ, ὅτι πρὸς τὸν πατέρα ὑπάγω καὶ οὐκέτι θεωρεῖτέ με· **11** περὶ δὲ κρίσεως, ὅτι ὁ ἄρχων τοῦ κόσμου τούτου κέκριται[21].

12 Ἔτι πολλὰ ἔχω ὑμῖν λέγειν, ἀλλ' οὐ δύνασθε βαστάζειν[22] ἄρτι· **13** ὅταν δὲ ἔλθῃ ἐκεῖνος, τὸ πνεῦμα τῆς ἀληθείας, ὁδηγήσει[23] ὑμᾶς ἐν τῇ ἀληθείᾳ πάσῃ· οὐ γὰρ λαλήσει ἀφ' ἑαυτοῦ, ἀλλ' ὅσα ἀκούσει λαλήσει καὶ τὰ ἐρχόμενα ἀναγγελεῖ[24] ὑμῖν. **14** ἐκεῖνος ἐμὲ δοξάσει, ὅτι ἐκ τοῦ ἐμοῦ λήμψεται[25] καὶ ἀναγγελεῖ ὑμῖν. **15** πάντα ὅσα ἔχει ὁ πατὴρ ἐμά ἐστιν· διὰ τοῦτο εἶπον ὅτι ἐκ τοῦ ἐμοῦ λαμβάνει καὶ ἀναγγελεῖ ὑμῖν.

---

[1] ἔρχομαι 3s aor act sub, come
[2] παράκλητος, -ου m, one who comforts/encourages/defends
[3] λαλέω 1s pf act ind, say
[4] σκανδαλίζω 2p aor pas sub, pas turn away
[5] ἀποσυνάγωγος, -ον m, excommunicated from the synagogue
[6] λατρεία, -ας f, service
[7] προσφέρω pres act inf, offer
[8] γινώσκω 3p aor act ind, know
[9] ἔρχομαι 3s aor act sub, come
[10] μνημονεύω 2p pres act sub, remember
[11] εἰμί 1s impf mid ind, be
[12] πέμπω aor act ptc m s acc, send
[13] λαλέω 1s pf act ind, say
[14] λύπη, -ης f, sorrow
[15] συμφέρω 3s pres act ind, impers it is better
[16] ἀπέρχομαι 1s aor act sub, go (away)
[17] παράκλητος, -ου m, one who comforts/encourages/defends
[18] ἔρχομαι 3s fut mid ind, come
[19] πορεύομαι 1s aor pas sub, go
[20] ἐλέγχω 3s fut act ind, convince/prove guilty
[21] κρίνω 3s pf pas ind, judge
[22] βαστάζω pres act inf, bear
[23] ὁδηγέω 3s fut act ind, guide
[24] ἀναγγέλλω 3s fut act ind, tell
[25] λαμβάνω 3s fut mid ind, receive

Sorrow Will Turn into Joy

16 Μικρὸν καὶ οὐκέτι θεωρεῖτέ με, καὶ πάλιν μικρὸν καὶ ὄψεσθέ¹ με. **17** εἶπαν οὖν ἐκ τῶν μαθητῶν αὐτοῦ πρὸς ἀλλήλους· τί ἐστιν τοῦτο ὃ λέγει ἡμῖν· μικρὸν καὶ οὐ θεωρεῖτέ με, καὶ πάλιν μικρὸν καὶ ὄψεσθέ με; καί· ὅτι ὑπάγω πρὸς τὸν πατέρα; **18** ἔλεγον οὖν· τί ἐστιν τοῦτο [ὃ λέγει] τὸ μικρόν; οὐκ οἴδαμεν τί λαλεῖ. **19** Ἔγνω² ὁ Ἰησοῦς ὅτι ἤθελον αὐτὸν ἐρωτᾶν, καὶ εἶπεν αὐτοῖς· περὶ τούτου ζητεῖτε μετ᾽ ἀλλήλων ὅτι εἶπον· μικρὸν καὶ οὐ θεωρεῖτέ με, καὶ πάλιν μικρὸν καὶ ὄψεσθέ³ με; **20** ἀμὴν ἀμὴν λέγω ὑμῖν ὅτι κλαύσετε καὶ θρηνήσετε⁴ ὑμεῖς, ὁ δὲ κόσμος χαρήσεται⁵· ὑμεῖς λυπηθήσεσθε⁶, ἀλλ᾽ ἡ λύπη⁷ ὑμῶν εἰς χαρὰν γενήσεται⁸. **21** ἡ γυνὴ ὅταν τίκτῃ⁹ λύπην ἔχει, ὅτι ἦλθεν ἡ ὥρα αὐτῆς· ὅταν δὲ γεννήσῃ τὸ παιδίον, οὐκέτι μνημονεύει¹⁰ τῆς θλίψεως διὰ τὴν χαρὰν ὅτι ἐγεννήθη ἄνθρωπος εἰς τὸν κόσμον. **22** καὶ ὑμεῖς οὖν νῦν μὲν λύπην ἔχετε· πάλιν δὲ ὄψομαι ὑμᾶς, καὶ χαρήσεται ὑμῶν ἡ καρδία, καὶ τὴν χαρὰν ὑμῶν οὐδεὶς αἴρει ἀφ᾽ ὑμῶν. **23** Καὶ ἐν ἐκείνῃ τῇ ἡμέρᾳ ἐμὲ οὐκ ἐρωτήσετε οὐδέν. ἀμὴν ἀμὴν λέγω ὑμῖν, ἄν τι αἰτήσητε τὸν πατέρα ἐν τῷ ὀνόματί μου δώσει¹¹ ὑμῖν. **24** ἕως ἄρτι οὐκ ᾐτήσατε¹² οὐδὲν ἐν τῷ ὀνόματί μου· αἰτεῖτε καὶ λήμψεσθε¹³, ἵνα ἡ χαρὰ ὑμῶν ᾖ πεπληρωμένη.

I Have Overcome the World

25 Ταῦτα ἐν παροιμίαις¹⁴ λελάληκα¹⁵ ὑμῖν· ἔρχεται ὥρα ὅτε οὐκέτι ἐν παροιμίαις λαλήσω ὑμῖν, ἀλλὰ παρρησίᾳ περὶ τοῦ πατρὸς ἀπαγγελῶ¹⁶ ὑμῖν. **26** ἐν ἐκείνῃ τῇ ἡμέρᾳ ἐν τῷ ὀνόματί μου αἰτήσεσθε, καὶ οὐ λέγω ὑμῖν ὅτι ἐγὼ ἐρωτήσω τὸν πατέρα περὶ ὑμῶν· **27** αὐτὸς γὰρ ὁ πατὴρ φιλεῖ¹⁷ ὑμᾶς, ὅτι ὑμεῖς ἐμὲ πεφιλήκατε¹⁸ καὶ πεπιστεύκατε ὅτι ἐγὼ παρὰ [τοῦ] θεοῦ ἐξῆλθον. **28** ἐξῆλθον παρὰ τοῦ πατρὸς καὶ ἐλήλυθα¹⁹ εἰς τὸν κόσμον· πάλιν ἀφίημι τὸν κόσμον καὶ πορεύομαι πρὸς τὸν πατέρα.

29 Λέγουσιν οἱ μαθηταὶ αὐτοῦ· ἴδε²⁰ νῦν ἐν παρρησίᾳ λαλεῖς καὶ παροιμίαν οὐδεμίαν λέγεις. **30** νῦν οἴδαμεν ὅτι οἶδας πάντα καὶ οὐ χρείαν ἔχεις ἵνα τίς σε ἐρωτᾷ· ἐν τούτῳ πιστεύομεν ὅτι ἀπὸ θεοῦ ἐξῆλθες. **31** ἀπεκρίθη αὐτοῖς Ἰησοῦς· ἄρτι πιστεύετε; **32** ἰδοὺ ἔρχεται ὥρα καὶ ἐλήλυθεν²¹ ἵνα σκορπισθῆτε²² ἕκαστος εἰς τὰ ἴδια κἀμὲ μόνον ἀφῆτε²³· καὶ οὐκ εἰμὶ μόνος, ὅτι ὁ πατὴρ μετ᾽ ἐμοῦ ἐστιν. **33** ταῦτα

---

1 ὁράω 2p fut mid ind, see
2 γινώσκω 3s aor act ind, know
3 ὁράω 2p fut mid ind, see
4 θρηνέω 2p fut act ind, mourn
5 χαίρω 3s fut pas ind, pas be glad
6 λυπέω 2p fut pas ind, pas be sad
7 λύπη, -ης f, sorrow
8 γίνομαι 3s fut mid ind, be/become
9 τίκτω 3s pres act sub, give birth
10 μνημονεύω 3s pres act ind, remember
11 δίδωμι 3s fut act ind, give
12 αἰτέω 2p aor act ind, ask
13 λαμβάνω 2p fut mid ind, receive
14 παροιμία, -ας f, figure of speech
15 λαλέω 1s pf act ind, say
16 ἀπαγγέλλω 1s fut act ind, tell
17 φιλέω 3s pres act ind, love
18 φιλέω 2p pf act ind, love
19 ἔρχομαι 1s pf act ind, come
20 ἴδε, interj, Look!
21 ἔρχομαι 3s pf act ind, come
22 σκορπίζω 2p aor pas sub, scatter
23 ἀφίημι 2p aor act sub, leave

λελάληκα ὑμῖν ἵνα ἐν ἐμοὶ εἰρήνην ἔχητε. ἐν τῷ κόσμῳ θλῖψιν ἔχετε· ἀλλὰ θαρσεῖτε¹, ἐγὼ νενίκηκα² τὸν κόσμον.

Jesus' Prayer for the Disciples

17 Ταῦτα ἐλάλησεν Ἰησοῦς καὶ ἐπάρας³ τοὺς ὀφθαλμοὺς αὐτοῦ εἰς τὸν οὐρανὸν εἶπεν· πάτερ, ἐλήλυθεν⁴ ἡ ὥρα· δόξασόν σου τὸν υἱόν, ἵνα ὁ υἱὸς δοξάσῃ σέ, **2** καθὼς ἔδωκας αὐτῷ ἐξουσίαν πάσης σαρκός, ἵνα πᾶν ὃ δέδωκας⁵ αὐτῷ δώσῃ⁶ αὐτοῖς ζωὴν αἰώνιον. **3** αὕτη δέ ἐστιν ἡ αἰώνιος ζωὴ ἵνα γινώσκωσιν σὲ τὸν μόνον ἀληθινὸν⁷ θεὸν καὶ ὃν ἀπέστειλας⁸ Ἰησοῦν Χριστόν. **4** ἐγώ σε ἐδόξασα ἐπὶ τῆς γῆς τὸ ἔργον τελειώσας⁹ ὃ δέδωκάς¹⁰ μοι ἵνα ποιήσω· **5** καὶ νῦν δόξασόν με σύ, πάτερ, παρὰ σεαυτῷ τῇ δόξῃ ᾗ εἶχον¹¹ πρὸ τοῦ τὸν κόσμον εἶναι παρὰ σοί.
6 Ἐφανέρωσά σου τὸ ὄνομα τοῖς ἀνθρώποις οὓς ἔδωκάς μοι ἐκ τοῦ κόσμου. σοὶ ἦσαν κἀμοὶ αὐτοὺς ἔδωκας καὶ τὸν λόγον σου τετήρηκαν¹². **7** νῦν ἔγνωκαν¹³ ὅτι πάντα ὅσα δέδωκάς μοι παρὰ σοῦ εἰσιν· **8** ὅτι τὰ ῥήματα ἃ ἔδωκάς μοι δέδωκα αὐτοῖς, καὶ αὐτοὶ ἔλαβον καὶ ἔγνωσαν ἀληθῶς¹⁴ ὅτι παρὰ σοῦ ἐξῆλθον, καὶ ἐπίστευσαν ὅτι σύ με ἀπέστειλας¹⁵.
9 Ἐγὼ περὶ αὐτῶν ἐρωτῶ, οὐ περὶ τοῦ κόσμου ἐρωτῶ ἀλλὰ περὶ ὧν δέδωκάς¹⁶ μοι, ὅτι σοί εἰσιν, **10** καὶ τὰ ἐμὰ πάντα σά ἐστιν καὶ τὰ σὰ ἐμά, καὶ δεδόξασμαι ἐν αὐτοῖς. **11** καὶ οὐκέτι εἰμὶ ἐν τῷ κόσμῳ, καὶ αὐτοὶ ἐν τῷ κόσμῳ εἰσίν, κἀγὼ πρὸς σὲ ἔρχομαι. πάτερ ἅγιε, τήρησον αὐτοὺς ἐν τῷ ὀνόματί σου ᾧ δέδωκάς μοι, ἵνα ὦσιν ἓν καθὼς ἡμεῖς. **12** ὅτε ἤμην μετ' αὐτῶν ἐγὼ ἐτήρουν¹⁷ αὐτοὺς ἐν τῷ ὀνόματί σου ᾧ δέδωκάς μοι, καὶ ἐφύλαξα¹⁸, καὶ οὐδεὶς ἐξ αὐτῶν ἀπώλετο¹⁹ εἰ μὴ ὁ υἱὸς τῆς ἀπωλείας²⁰, ἵνα ἡ γραφὴ πληρωθῇ. **13** νῦν δὲ πρὸς σὲ ἔρχομαι καὶ ταῦτα λαλῶ ἐν τῷ κόσμῳ ἵνα ἔχωσιν τὴν χαρὰν τὴν ἐμὴν πεπληρωμένην ἐν ἑαυτοῖς. **14** ἐγὼ δέδωκα αὐτοῖς τὸν λόγον σου καὶ ὁ κόσμος ἐμίσησεν αὐτούς, ὅτι οὐκ εἰσὶν ἐκ τοῦ κόσμου καθὼς ἐγὼ οὐκ εἰμὶ ἐκ τοῦ κόσμου. **15** οὐκ ἐρωτῶ ἵνα ἄρῃς²¹ αὐτοὺς ἐκ τοῦ κόσμου, ἀλλ' ἵνα τηρήσῃς αὐτοὺς ἐκ τοῦ πονηροῦ. **16** ἐκ τοῦ κόσμου οὐκ εἰσὶν καθὼς ἐγὼ οὐκ εἰμὶ ἐκ τοῦ κόσμου. **17** ἁγίασον²² αὐτοὺς ἐν τῇ ἀληθείᾳ· ὁ λόγος ὁ σὸς ἀλήθειά ἐστιν. **18** καθὼς ἐμὲ ἀπέστειλας²³ εἰς τὸν κόσμον, κἀγὼ ἀπέστειλα αὐτοὺς εἰς τὸν

---

1 θαρσέω *2p pres act impv, impv only* Cheer up!
2 νικάω *1s pf act ind*, overcome
3 ἐπαίρω *aor act ptc m s nom*, lift up
4 ἔρχομαι *3s pf act ind*, come
5 δίδωμι *2s pf act ind*, give
6 δίδωμι *3s aor act sub*, give
7 ἀληθινός, -ή/όν, true
8 ἀποστέλλω *2s aor act ind*, send
9 τελειόω *aor act ptc m s nom*, complete
10 δίδωμι *2s pf act ind*, give
11 ἔχω *1s impf act ind*, have
12 τηρέω *3p pf act ind*, obey
13 γινώσκω *3p pf act ind*, know
14 ἀληθῶς, *adv*, truly
15 ἀποστέλλω *2s aor act ind*, send
16 δίδωμι *2s pf act ind*, give
17 τηρέω *1s impf act ind*, obey
18 φυλάσσω *1s aor act ind*, keep safe
19 ἀπόλλυμι *3s aor mid ind*, mid be lost
20 ἀπώλεια, -ας *f*, destruction
21 αἴρω *2s aor act sub*, take away
22 ἁγιάζω *2s aor act impv*, set apart (as sacred to God)
23 ἀποστέλλω *2s aor act ind*, send

κόσμον· **19** καὶ ὑπὲρ αὐτῶν ἐγὼ ἁγιάζω ἐμαυτόν, ἵνα ὦσιν καὶ αὐτοὶ ἡγιασμένοι[1] ἐν ἀληθείᾳ.

20 Οὐ περὶ τούτων δὲ ἐρωτῶ μόνον, ἀλλὰ καὶ περὶ τῶν πιστευόντων διὰ τοῦ λόγου αὐτῶν εἰς ἐμέ, **21** ἵνα πάντες ἓν ὦσιν[2], καθὼς σύ, πάτερ, ἐν ἐμοὶ κἀγὼ ἐν σοί, ἵνα καὶ αὐτοὶ ἐν ἡμῖν ὦσιν, ἵνα ὁ κόσμος πιστεύῃ ὅτι σύ με ἀπέστειλας[3]. **22** κἀγὼ τὴν δόξαν ἣν δέδωκάς[4] μοι δέδωκα αὐτοῖς, ἵνα ὦσιν ἓν καθὼς ἡμεῖς ἕν· **23** ἐγὼ ἐν αὐτοῖς καὶ σὺ ἐν ἐμοί, ἵνα ὦσιν τετελειωμένοι[5] εἰς ἕν, ἵνα γινώσκῃ ὁ κόσμος ὅτι σύ με ἀπέστειλας καὶ ἠγάπησας[6] αὐτοὺς καθὼς ἐμὲ ἠγάπησας.

24 Πάτερ, ὃ δέδωκάς μοι, θέλω ἵνα ὅπου εἰμὶ ἐγὼ κἀκεῖνοι ὦσιν μετ᾽ ἐμοῦ, ἵνα θεωρῶσιν τὴν δόξαν τὴν ἐμήν, ἣν δέδωκάς μοι ὅτι ἠγάπησάς με πρὸ καταβολῆς[7] κόσμου. **25** πάτερ δίκαιε, καὶ ὁ κόσμος σε οὐκ ἔγνω[8], ἐγὼ δέ σε ἔγνων, καὶ οὗτοι ἔγνωσαν ὅτι σύ με ἀπέστειλας[9]· **26** καὶ ἐγνώρισα[10] αὐτοῖς τὸ ὄνομά σου καὶ γνωρίσω, ἵνα ἡ ἀγάπη ἣν ἠγάπησάς με ἐν αὐτοῖς ᾖ κἀγὼ ἐν αὐτοῖς.

The Betrayal and Arrest of Jesus (Mt 26.47-56; Mk 14.43-50; Lk 22.47-53)

18 Ταῦτα εἰπὼν Ἰησοῦς ἐξῆλθεν σὺν τοῖς μαθηταῖς αὐτοῦ πέραν[11] τοῦ χειμάρρου[12] τοῦ Κεδρὼν ὅπου ἦν κῆπος[13], εἰς ὃν εἰσῆλθεν αὐτὸς καὶ οἱ μαθηταὶ αὐτοῦ.

2 Ἤιδει[14] δὲ καὶ Ἰούδας ὁ παραδιδοὺς[15] αὐτὸν τὸν τόπον, ὅτι πολλάκις[16] συνήχθη[17] Ἰησοῦς ἐκεῖ μετὰ τῶν μαθητῶν αὐτοῦ. **3** ὁ οὖν Ἰούδας λαβὼν τὴν σπεῖραν[18] καὶ ἐκ τῶν ἀρχιερέων καὶ ἐκ τῶν Φαρισαίων ὑπηρέτας[19] ἔρχεται ἐκεῖ μετὰ φανῶν[20] καὶ λαμπάδων[21] καὶ ὅπλων[22]. **4** Ἰησοῦς οὖν εἰδὼς[23] πάντα τὰ ἐρχόμενα ἐπ᾽ αὐτὸν ἐξῆλθεν καὶ λέγει αὐτοῖς· τίνα ζητεῖτε; **5** ἀπεκρίθησαν αὐτῷ· Ἰησοῦν τὸν Ναζωραῖον. λέγει αὐτοῖς· ἐγώ εἰμι. εἱστήκει[24] δὲ καὶ Ἰούδας ὁ παραδιδοὺς αὐτὸν μετ᾽ αὐτῶν. **6** ὡς οὖν εἶπεν αὐτοῖς· ἐγώ εἰμι, ἀπῆλθον εἰς τὰ ὀπίσω καὶ ἔπεσαν[25] χαμαί[26]. **7** πάλιν οὖν ἐπηρώτησεν[27] αὐτούς· τίνα ζητεῖτε; οἱ δὲ εἶπαν· Ἰησοῦν τὸν Ναζωραῖον. **8** ἀπεκρίθη Ἰησοῦς· εἶπον ὑμῖν ὅτι ἐγώ εἰμι. εἰ οὖν ἐμὲ ζητεῖτε,

---

[1] ἁγιάζω pf pas ptc m p nom, set apart (as sacred to God)
[2] εἰμί 3p pres act sub, be
[3] ἀποστέλλω 2s aor act ind, send
[4] δίδωμι 2s pf act ind, give
[5] τελειόω pf pas ptc m p nom, make perfect
[6] ἀγαπάω 2s aor act ind, love
[7] καταβολή, -ῆς f, creation
[8] γινώσκω 3s aor act ind, know
[9] ἀποστέλλω 2s aor act ind, send
[10] γνωρίζω 1s aor act ind, make known
[11] πέραν, prep + gen, across
[12] χείμαρρος, -ου m, valley
[13] κῆπος, -ου m, garden
[14] οἶδα 3s plpf act ind, know
[15] παραδίδωμι pres act ptc m s nom, betray
[16] πολλάκις, adv, often
[17] συνάγω 3s aor pas ind, pas meet
[18] σπεῖρα, -ης f, group of (Roman) soldiers
[19] ὑπηρέτης, -ου m, temple police
[20] φανός, -οῦ m, torch
[21] λαμπάς, -άδος f, lantern
[22] ὅπλον, -ου n, weapon
[23] οἶδα pf act ptc m s nom, know
[24] ἵστημι 3s plpf act ind, intrans stand
[25] πίπτω 3p aor act ind, fall
[26] χαμαί, adv, to the ground
[27] ἐπερωτάω 3s aor act ind, ask

ἄφετε¹ τούτους ὑπάγειν· 9 ἵνα πληρωθῇ ὁ λόγος ὃν εἶπεν ὅτι οὓς δέδωκάς² μοι οὐκ ἀπώλεσα³ ἐξ αὐτῶν οὐδένα. 10 Σίμων οὖν Πέτρος ἔχων μάχαιραν⁴ εἵλκυσεν⁵ αὐτὴν καὶ ἔπαισεν⁶ τὸν τοῦ ἀρχιερέως δοῦλον καὶ ἀπέκοψεν⁷ αὐτοῦ τὸ ὠτάριον⁸ τὸ δεξιόν· ἦν δὲ ὄνομα τῷ δούλῳ Μάλχος. 11 εἶπεν οὖν ὁ Ἰησοῦς τῷ Πέτρῳ· βάλε⁹ τὴν μάχαιραν εἰς τὴν θήκην¹⁰· τὸ ποτήριον ὃ δέδωκέν¹¹ μοι ὁ πατὴρ οὐ μὴ πίω¹² αὐτό;

Jesus before the High Priest (Mt 26.57-58; Mk 14.53-54; Lk 22.54)

12 Ἡ οὖν σπεῖρα¹³ καὶ ὁ χιλίαρχος¹⁴ καὶ οἱ ὑπηρέται¹⁵ τῶν Ἰουδαίων συνέλαβον¹⁶ τὸν Ἰησοῦν καὶ ἔδησαν¹⁷ αὐτὸν 13 καὶ ἤγαγον¹⁸ πρὸς Ἅνναν πρῶτον· ἦν γὰρ πενθερὸς¹⁹ τοῦ Καϊάφα, ὃς ἦν ἀρχιερεὺς τοῦ ἐνιαυτοῦ²⁰ ἐκείνου· 14 ἦν δὲ Καϊάφας ὁ συμβουλεύσας²¹ τοῖς Ἰουδαίοις ὅτι συμφέρει²² ἕνα ἄνθρωπον ἀποθανεῖν²³ ὑπὲρ τοῦ λαοῦ.

Peter's Denial of Jesus (Mt 26.69-70; Mk 14.66-68; Lk 22.55-57)

15 Ἠκολούθει δὲ τῷ Ἰησοῦ Σίμων Πέτρος καὶ ἄλλος μαθητής. ὁ δὲ μαθητὴς ἐκεῖνος ἦν γνωστὸς²⁴ τῷ ἀρχιερεῖ καὶ συνεισῆλθεν²⁵ τῷ Ἰησοῦ εἰς τὴν αὐλὴν²⁶ τοῦ ἀρχιερέως, 16 ὁ δὲ Πέτρος εἱστήκει²⁷ πρὸς τῇ θύρᾳ ἔξω. ἐξῆλθεν οὖν ὁ μαθητὴς ὁ ἄλλος ὁ γνωστὸς τοῦ ἀρχιερέως καὶ εἶπεν τῇ θυρωρῷ²⁸ καὶ εἰσήγαγεν²⁹ τὸν Πέτρον. 17 λέγει οὖν τῷ Πέτρῳ ἡ παιδίσκη³⁰ ἡ θυρωρός· μὴ καὶ σὺ ἐκ τῶν μαθητῶν εἶ τοῦ ἀνθρώπου τούτου; λέγει ἐκεῖνος· οὐκ εἰμί. 18 εἱστήκεισαν³¹ δὲ οἱ δοῦλοι καὶ οἱ ὑπηρέται³² ἀνθρακιὰν³³ πεποιηκότες, ὅτι ψῦχος³⁴ ἦν, καὶ ἐθερμαίνοντο³⁵· ἦν δὲ καὶ ὁ Πέτρος μετ' αὐτῶν ἑστὼς³⁶ καὶ θερμαινόμενος.

---

¹ ἀφίημι 2p aor act impv, let
² δίδωμι 2s pf act ind, give
³ ἀπόλλυμι 1s aor act ind, lose
⁴ μάχαιρα, -ης f, sword
⁵ ἑλκύω 3s aor act ind, draw (of a sword)
⁶ παίω 3s aor act ind, strike
⁷ ἀποκόπτω 3s aor act ind, cut off
⁸ ὠτάριον, -ου n, ear
⁹ βάλλω 2s aor act impv, put
¹⁰ θήκη, -ης f, sheath
¹¹ δίδωμι 3s pf act ind, give
¹² πίνω 1s aor act sub, drink
¹³ σπεῖρα, -ης f, group of (Roman) soldiers
¹⁴ χιλίαρχος, -ου m, officer

¹⁵ ὑπηρέτης, -ου m, temple police
¹⁶ συλλαμβάνω 3p aor act ind, arrest
¹⁷ δέω 3p aor act ind, tie up
¹⁸ ἄγω 3p aor act ind, bring
¹⁹ πενθερός, -οῦ m, father-in-law
²⁰ ἐνιαυτός, -οῦ m, year
²¹ συμβουλεύω aor act ptc m s nom, advise
²² συμφέρω 3s pres act ind, impers it is better
²³ ἀποθνήσκω aor act inf, die
²⁴ γνωστός, -ή/όν, known
²⁵ συνεισέρχομαι 3s aor act ind, go in with

²⁶ αὐλή, -ῆς f, courtyard
²⁷ ἵστημι 3s plpf act ind, intrans stand
²⁸ θυρωρός, -οῦ f, gatekeeper
²⁹ εἰσάγω 3s aor act ind, bring in
³⁰ παιδίσκη, -ης f, young (servant/slave) woman
³¹ ἵστημι 3p plpf act ind, intrans stand
³² ὑπηρέτης, -ου m, temple police
³³ ἀνθρακιά, -ᾶς f, charcoal fire
³⁴ ψῦχος, -ους n, cold
³⁵ θερμαίνω 3p impf mid ind, mid warm oneself
³⁶ ἵστημι pf act ptc m s nom, intrans stand

The High Priest Questions Jesus (Mt 26.59-66; Mk 14.55-64; Lk 22.66-71)

19 Ὁ οὖν ἀρχιερεὺς ἠρώτησεν τὸν Ἰησοῦν περὶ τῶν μαθητῶν αὐτοῦ καὶ περὶ τῆς διδαχῆς[1] αὐτοῦ. 20 ἀπεκρίθη αὐτῷ Ἰησοῦς· ἐγὼ παρρησίᾳ λελάληκα[2] τῷ κόσμῳ, ἐγὼ πάντοτε ἐδίδαξα ἐν συναγωγῇ καὶ ἐν τῷ ἱερῷ, ὅπου πάντες οἱ Ἰουδαῖοι συνέρχονται[3], καὶ ἐν κρυπτῷ[4] ἐλάλησα οὐδέν. 21 τί με ἐρωτᾷς; ἐρώτησον τοὺς ἀκηκοότας[5] τί ἐλάλησα αὐτοῖς· ἴδε[6] οὗτοι οἴδασιν ἃ εἶπον ἐγώ. 22 ταῦτα δὲ αὐτοῦ εἰπόντος εἷς παρεστηκὼς[7] τῶν ὑπηρετῶν ἔδωκεν ῥάπισμα[8] τῷ Ἰησοῦ εἰπών· οὕτως ἀποκρίνῃ τῷ ἀρχιερεῖ; 23 ἀπεκρίθη αὐτῷ Ἰησοῦς· εἰ κακῶς[9] ἐλάλησα, μαρτύρησον περὶ τοῦ κακοῦ· εἰ δὲ καλῶς, τί με δέρεις[10]; 24 ἀπέστειλεν[11] οὖν αὐτὸν ὁ Ἅννας δεδεμένον πρὸς Καϊάφαν τὸν ἀρχιερέα.

Peter Denies Jesus Again (Mt 26.71-75; Mk 14.69-72; Lk 22.58-62)

25 Ἦν δὲ Σίμων Πέτρος ἑστὼς[12] καὶ θερμαινόμενος[13]. εἶπον οὖν αὐτῷ· μὴ καὶ σὺ ἐκ τῶν μαθητῶν αὐτοῦ εἶ; ἠρνήσατο[14] ἐκεῖνος καὶ εἶπεν· οὐκ εἰμί. 26 λέγει εἷς ἐκ τῶν δούλων τοῦ ἀρχιερέως, συγγενὴς[15] ὢν οὗ ἀπέκοψεν[16] Πέτρος τὸ ὠτίον[17]· οὐκ ἐγώ σε εἶδον ἐν τῷ κήπῳ[18] μετ᾽ αὐτοῦ; 27 πάλιν οὖν ἠρνήσατο Πέτρος, καὶ εὐθέως ἀλέκτωρ[19] ἐφώνησεν.

Jesus before Pilate (Mt 27.1-2, 11-14; Mk 15.1-5; Lk 23.1-5)

28 Ἄγουσιν οὖν τὸν Ἰησοῦν ἀπὸ τοῦ Καϊάφα εἰς τὸ πραιτώριον[20]. ἦν δὲ πρωΐ[21]· καὶ αὐτοὶ οὐκ εἰσῆλθον εἰς τὸ πραιτώριον, ἵνα μὴ μιανθῶσιν[22] ἀλλὰ φάγωσιν[23] τὸ πάσχα[24]. 29 ἐξῆλθεν οὖν ὁ Πιλᾶτος ἔξω πρὸς αὐτοὺς καὶ φησίν· τίνα κατηγορίαν[25] φέρετε [κατὰ] τοῦ ἀνθρώπου τούτου; 30 ἀπεκρίθησαν καὶ εἶπαν αὐτῷ· εἰ μὴ ἦν οὗτος κακὸν ποιῶν, οὐκ ἄν σοι παρεδώκαμεν αὐτόν. 31 εἶπεν οὖν αὐτοῖς ὁ Πιλᾶτος· λάβετε αὐτὸν ὑμεῖς καὶ κατὰ τὸν νόμον ὑμῶν κρίνατε αὐτόν. εἶπον αὐτῷ οἱ Ἰουδαῖοι· ἡμῖν οὐκ ἔξεστιν ἀποκτεῖναι οὐδένα· 32 ἵνα ὁ λόγος τοῦ Ἰησοῦ πληρωθῇ ὃν εἶπεν σημαίνων[26] ποίῳ θανάτῳ ἤμελλεν ἀποθνῄσκειν.

---

[1] διδαχή, -ῆς f, teaching
[2] λαλέω 1s pf act ind, say
[3] συνέρχομαι 3p pres mid ind, come together
[4] κρυπτός, -ή/όν, secret
[5] ἀκούω pf act ptc m p acc, hear
[6] ἴδε, interj, Look!
[7] παρίστημι pf act ptc m s nom, intrans stand by
[8] ῥάπισμα, -τος n, a blow
[9] κακῶς, adv, wrongly
[10] δέρω 2s pres act ind, strike
[11] ἀποστέλλω 3s aor act ind, send
[12] ἵστημι pf act ptc m s nom, intrans stand
[13] θερμαίνομαι pres mid ptc m s nom, warm oneself
[14] ἀρνέομαι 3s aor mid ind, deny
[15] συγγενής, -οῦς m, relative
[16] ἀποκόπτω 3s aor act ind, cut off
[17] ὠτίον, -ου n, ear
[18] κῆπος, -ου m, garden
[19] ἀλέκτωρ, -ορος m, rooster
[20] πραιτώριον, -ου n, fortress/palace (residence of the Roman governor)
[21] πρωΐ, adv, early morning
[22] μιαίνω 3p aor pas sub, defile (of ceremonial defilement)
[23] ἐσθίω 3p aor act sub, eat
[24] πάσχα, n, Passover meal
[25] κατηγορία, -ας f, charge
[26] σημαίνω pres act ptc m s nom, indicate

33 Εἰσῆλθεν οὖν πάλιν εἰς τὸ πραιτώριον ὁ Πιλᾶτος καὶ ἐφώνησεν τὸν Ἰησοῦν καὶ εἶπεν αὐτῷ· σὺ εἶ ὁ βασιλεὺς τῶν Ἰουδαίων; **34** ἀπεκρίθη Ἰησοῦς· ἀπὸ σεαυτοῦ σὺ τοῦτο λέγεις ἢ ἄλλοι εἶπόν σοι περὶ ἐμοῦ; **35** ἀπεκρίθη ὁ Πιλᾶτος· μήτι[1] ἐγὼ Ἰουδαῖός εἰμι; τὸ ἔθνος τὸ σὸν[2] καὶ οἱ ἀρχιερεῖς παρέδωκάν σε ἐμοί· τί ἐποίησας; **36** ἀπεκρίθη Ἰησοῦς· ἡ βασιλεία ἡ ἐμὴ οὐκ ἔστιν ἐκ τοῦ κόσμου τούτου· εἰ ἐκ τοῦ κόσμου τούτου ἦν ἡ βασιλεία ἡ ἐμή, οἱ ὑπηρέται[3] οἱ ἐμοὶ ἠγωνίζοντο[4] [ἂν] ἵνα μὴ παραδοθῶ[5] τοῖς Ἰουδαίοις· νῦν δὲ ἡ βασιλεία ἡ ἐμὴ οὐκ ἔστιν ἐντεῦθεν[6]. **37** εἶπεν οὖν αὐτῷ ὁ Πιλᾶτος· οὐκοῦν[7] βασιλεὺς εἶ σύ; ἀπεκρίθη ὁ Ἰησοῦς· σὺ λέγεις ὅτι βασιλεύς εἰμι. ἐγὼ εἰς τοῦτο γεγέννημαι καὶ εἰς τοῦτο ἐλήλυθα[8] εἰς τὸν κόσμον, ἵνα μαρτυρήσω τῇ ἀληθείᾳ· πᾶς ὁ ὢν ἐκ τῆς ἀληθείας ἀκούει μου τῆς φωνῆς. **38** λέγει αὐτῷ ὁ Πιλᾶτος· τί ἐστιν ἀλήθεια;

Jesus Sentenced to Death (Mt 27.15-31; Mk 15.6-20; Lk 23.13-25)

Καὶ τοῦτο εἰπὼν πάλιν ἐξῆλθεν πρὸς τοὺς Ἰουδαίους καὶ λέγει αὐτοῖς· ἐγὼ οὐδεμίαν εὑρίσκω ἐν αὐτῷ αἰτίαν[9]. **39** ἔστιν δὲ συνήθεια[10] ὑμῖν ἵνα ἕνα ἀπολύσω ὑμῖν ἐν τῷ πάσχα[11]· βούλεσθε οὖν ἀπολύσω ὑμῖν τὸν βασιλέα τῶν Ἰουδαίων; **40** ἐκραύγασαν[12] οὖν πάλιν λέγοντες· μὴ τοῦτον ἀλλὰ τὸν Βαραββᾶν. ἦν δὲ ὁ Βαραββᾶς λῃστής[13].

19 Τότε οὖν ἔλαβεν ὁ Πιλᾶτος τὸν Ἰησοῦν καὶ ἐμαστίγωσεν[14]. **2** καὶ οἱ στρατιῶται[15] πλέξαντες[16] στέφανον[17] ἐξ ἀκανθῶν[18] ἐπέθηκαν[19] αὐτοῦ τῇ κεφαλῇ καὶ ἱμάτιον πορφυροῦν[20] περιέβαλον[21] αὐτόν **3** καὶ ἤρχοντο πρὸς αὐτὸν καὶ ἔλεγον· χαῖρε ὁ βασιλεὺς τῶν Ἰουδαίων· καὶ ἐδίδοσαν[22] αὐτῷ ῥαπίσματα[23]. **4** καὶ ἐξῆλθεν πάλιν ἔξω ὁ Πιλᾶτος καὶ λέγει αὐτοῖς· ἴδε[24] ἄγω ὑμῖν αὐτὸν ἔξω, ἵνα γνῶτε[25] ὅτι οὐδεμίαν αἰτίαν[26] εὑρίσκω ἐν αὐτῷ. **5** ἐξῆλθεν οὖν ὁ Ἰησοῦς ἔξω, φορῶν[27] τὸν ἀκάνθινον[28] στέφανον καὶ τὸ πορφυροῦν ἱμάτιον. καὶ λέγει αὐτοῖς· ἰδοὺ ὁ ἄνθρωπος.

---

[1] μήτι, *usually expects a negative reply*
[2] σός, σή, σόν, *your(s)*
[3] ὑπηρέτης, -ου *m*, *servant*
[4] ἀγωνίζομαι *3p impf mid ind, fight*
[5] παραδίδωμι *1s aor pas sub, hand over*
[6] ἐντεῦθεν, *adv*, *from here*
[7] οὐκοῦν, *conj*, *so*
[8] ἔρχομαι *1s pf act ind, come*
[9] αἰτία, -ας *f, guilt*
[10] συνήθεια, -ας *f, custom*
[11] πάσχα, *n, Passover*
[12] κραυγάζω *3p aor act ind, shout*
[13] λῃστής, -οῦ *m, insurrectionist*
[14] μαστιγόω *3s aor act ind, beat with a whip*
[15] στρατιώτης, -ου *m, soldier*
[16] πλέκω *aor act ptc m p nom, twist together*
[17] στέφανος, -ου *m, crown*
[18] ἄκανθα, -ης *f, thorn branch*
[19] ἐπιτίθημι *3p aor act ind, put (on)*
[20] πορφυροῦς, -ᾶ/οῦν, *purple*
[21] περιβάλλω *3p aor act ind, clothe*
[22] δίδωμι *3p impf act ind, give*
[23] ῥάπισμα, -τος *n, a blow*
[24] ἴδε, *interj*, *Look!*
[25] γινώσκω *2p aor act sub, know*
[26] αἰτία, -ας *f, reason*
[27] φορέω *pres act ptc m s nom, wear*
[28] ἀκάνθινος, -η/ον, *made of thorns*

6 Ὅτε οὖν εἶδον αὐτὸν οἱ ἀρχιερεῖς καὶ οἱ ὑπηρέται[1] ἐκραύγασαν[2] λέγοντες· σταύρωσον σταύρωσον. λέγει αὐτοῖς ὁ Πιλᾶτος· λάβετε αὐτὸν ὑμεῖς καὶ σταυρώσατε· ἐγὼ γὰρ οὐχ εὑρίσκω ἐν αὐτῷ αἰτίαν[3]. **7** ἀπεκρίθησαν αὐτῷ οἱ Ἰουδαῖοι· ἡμεῖς νόμον ἔχομεν καὶ κατὰ τὸν νόμον ὀφείλει ἀποθανεῖν[4], ὅτι υἱὸν θεοῦ ἑαυτὸν ἐποίησεν. **8** ὅτε οὖν ἤκουσεν ὁ Πιλᾶτος τοῦτον τὸν λόγον, μᾶλλον ἐφοβήθη, **9** καὶ εἰσῆλθεν εἰς τὸ πραιτώριον[5] πάλιν καὶ λέγει τῷ Ἰησοῦ· πόθεν[6] εἶ σύ; ὁ δὲ Ἰησοῦς ἀπόκρισιν[7] οὐκ ἔδωκεν αὐτῷ. **10** λέγει οὖν αὐτῷ ὁ Πιλᾶτος· ἐμοὶ οὐ λαλεῖς; οὐκ οἶδας ὅτι ἐξουσίαν ἔχω ἀπολῦσαί[8] σε καὶ ἐξουσίαν ἔχω σταυρῶσαί σε; **11** ἀπεκρίθη [αὐτῷ] Ἰησοῦς· οὐκ εἶχες ἐξουσίαν κατ᾽ ἐμοῦ οὐδεμίαν εἰ μὴ ἦν δεδομένον[9] σοι ἄνωθεν[10]· διὰ τοῦτο ὁ παραδούς[11] μέ σοι μείζονα[12] ἁμαρτίαν ἔχει. **12** ἐκ τούτου ὁ Πιλᾶτος ἐζήτει ἀπολῦσαι αὐτόν· οἱ δὲ Ἰουδαῖοι ἐκραύγασαν[13] λέγοντες· ἐὰν τοῦτον ἀπολύσῃς, οὐκ εἶ φίλος[14] τοῦ Καίσαρος· πᾶς ὁ βασιλέα ἑαυτὸν ποιῶν ἀντιλέγει[15] τῷ Καίσαρι. **13** ὁ οὖν Πιλᾶτος ἀκούσας τῶν λόγων τούτων ἤγαγεν[16] ἔξω τὸν Ἰησοῦν καὶ ἐκάθισεν ἐπὶ βήματος[17] εἰς τόπον λεγόμενον Λιθόστρωτον[18], Ἑβραϊστὶ[19] δὲ Γαββαθα[20]. **14** ἦν δὲ παρασκευὴ[21] τοῦ πάσχα[22], ὥρα ἦν ὡς ἕκτη[23]. καὶ λέγει τοῖς Ἰουδαίοις· ἴδε[24] ὁ βασιλεὺς ὑμῶν. **15** ἐκραύγασαν οὖν ἐκεῖνοι· ἆρον[25] ἆρον, σταύρωσον αὐτόν. λέγει αὐτοῖς ὁ Πιλᾶτος· τὸν βασιλέα ὑμῶν σταυρώσω; ἀπεκρίθησαν οἱ ἀρχιερεῖς· οὐκ ἔχομεν βασιλέα εἰ μὴ Καίσαρα. **16** τότε οὖν παρέδωκεν αὐτὸν αὐτοῖς ἵνα σταυρωθῇ.

The Crucifixion of Jesus (Mt 27.32-44; Mk 15.21-32; Lk 23.26-43)

Παρέλαβον οὖν τὸν Ἰησοῦν, **17** καὶ βαστάζων[26] ἑαυτῷ τὸν σταυρὸν[27] ἐξῆλθεν εἰς τὸν λεγόμενον Κρανίου[28] Τόπον, ὃ λέγεται Ἑβραϊστὶ Γολγοθα, **18** ὅπου αὐτὸν ἐσταύρωσαν, καὶ μετ᾽ αὐτοῦ ἄλλους δύο ἐντεῦθεν[29] καὶ ἐντεῦθεν, μέσον δὲ τὸν Ἰησοῦν. **19** ἔγραψεν δὲ καὶ τίτλον[30] ὁ Πιλᾶτος καὶ ἔθηκεν[31] ἐπὶ τοῦ σταυροῦ· ἦν δὲ γεγραμμένον·[32] Ἰησοῦς ὁ Ναζωραῖος ὁ βασιλεὺς τῶν Ἰουδαίων.

[1] ὑπηρέτης, -ου m, temple police
[2] κραυγάζω 3p aor act ind, shout
[3] αἰτία, -ας f, reason
[4] ἀποθνήσκω aor act inf, die
[5] πραιτώριον, -ου n, fortress/palace (residence of the Roman governor)
[6] πόθεν, adv, from where?
[7] ἀπόκρισις, -εως f, answer
[8] ἀπολύω aor act inf, set free
[9] δίδωμι pf pas ptc n s nom, give
[10] ἄνωθεν, adv, from above
[11] παραδίδωμι aor act ptc m s nom, hand over
[12] μέγας, great (comp)
[13] κραυγάζω 3p aor act ind, shout
[14] φίλος, -ου m, friend
[15] ἀντιλέγω 3s pres act ind, oppose
[16] ἄγω 3s aor act ind, bring
[17] βῆμα, -τος n, judicial bench
[18] λιθόστρωτος, -ου n, The (Stone) Pavement
[19] Ἑβραϊστί, adv, in Hebrew/Aramaic
[20] Γαββαθα, Gabbatha (Aramaic word)
[21] παρασκευή, -ῆς f, day of preparation
[22] πάσχα, n, Passover
[23] ἕκτος, -η/ου, sixth
[24] ἴδε, interj, Look!
[25] αἴρω 2s aor act impv, take away/kill
[26] βαστάζω pres act ptc m s nom, carry
[27] σταυρός, -οῦ m, cross
[28] κρανίον, -ου n, skull
[29] ἐντεῦθεν, on this side (δύο ἐ. καὶ ἐ. one on each side)
[30] τίτλος, -ου m, notice
[31] τίθημι 3s aor act ind, put
[32] γράφω pf pas ptc n s nom, write

20 τοῦτον οὖν τὸν τίτλον πολλοὶ ἀνέγνωσαν τῶν Ἰουδαίων, ὅτι ἐγγὺς ἦν ὁ τόπος τῆς πόλεως ὅπου ἐσταυρώθη ὁ Ἰησοῦς· καὶ ἦν γεγραμμένον Ἑβραϊστί, Ῥωμαϊστί, Ἑλληνιστί. **21** ἔλεγον οὖν τῷ Πιλάτῳ οἱ ἀρχιερεῖς τῶν Ἰουδαίων· μὴ γράφε· ὁ βασιλεὺς τῶν Ἰουδαίων, ἀλλ' ὅτι ἐκεῖνος εἶπεν· βασιλεύς εἰμι τῶν Ἰουδαίων. **22** ἀπεκρίθη ὁ Πιλᾶτος· ὃ γέγραφα, γέγραφα.

23 Οἱ οὖν στρατιῶται[1], ὅτε ἐσταύρωσαν τὸν Ἰησοῦν, ἔλαβον τὰ ἱμάτια αὐτοῦ καὶ ἐποίησαν τέσσαρα μέρη, ἑκάστῳ στρατιώτῃ μέρος, καὶ τὸν χιτῶνα[2]. ἦν δὲ ὁ χιτὼν ἄραφος[3], ἐκ τῶν ἄνωθεν[4] ὑφαντὸς[5] δι' ὅλου. **24** εἶπαν οὖν πρὸς ἀλλήλους· μὴ σχίσωμεν[6] αὐτόν, ἀλλὰ λάχωμεν[7] περὶ αὐτοῦ τίνος ἔσται· ἵνα ἡ γραφὴ πληρωθῇ [ἡ λέγουσα]·

διεμερίσαντο[8] τὰ ἱμάτιά μου ἑαυτοῖς
καὶ ἐπὶ τὸν ἱματισμόν[9] μου ἔβαλον[10] κλῆρον[11].

οἱ μὲν οὖν στρατιῶται ταῦτα ἐποίησαν.

25 Εἱστήκεισαν[12] δὲ παρὰ τῷ σταυρῷ τοῦ Ἰησοῦ ἡ μήτηρ αὐτοῦ καὶ ἡ ἀδελφὴ[13] τῆς μητρὸς αὐτοῦ, Μαρία ἡ τοῦ Κλωπᾶ καὶ Μαρία ἡ Μαγδαληνή. **26** Ἰησοῦς οὖν ἰδὼν τὴν μητέρα καὶ τὸν μαθητὴν παρεστῶτα[14] ὃν ἠγάπα, λέγει τῇ μητρί· γύναι, ἴδε[15] ὁ υἱός σου. **27** εἶτα[16] λέγει τῷ μαθητῇ· ἴδε ἡ μήτηρ σου. καὶ ἀπ' ἐκείνης τῆς ὥρας ἔλαβεν ὁ μαθητὴς αὐτὴν εἰς τὰ ἴδια[17].

The Death of Jesus (Mt 27.45-56; Mk 15.33-41; Lk 23.44-49)

28 Μετὰ τοῦτο εἰδὼς[18] ὁ Ἰησοῦς ὅτι ἤδη πάντα τετέλεσται[19], ἵνα τελειωθῇ[20] ἡ γραφή, λέγει· διψῶ[21]. **29** σκεῦος[22] ἔκειτο[23] ὄξους[24] μεστόν[25]· σπόγγον[26] οὖν μεστὸν τοῦ ὄξους ὑσσώπῳ[27] περιθέντες[28] προσήνεγκαν[29] αὐτοῦ τῷ στόματι. **30** ὅτε οὖν ἔλαβεν τὸ ὄξος ὁ Ἰησοῦς εἶπεν· τετέλεσται[30], καὶ κλίνας[31] τὴν κεφαλὴν παρέδωκεν τὸ πνεῦμα.

---

[1] στρατιώτης, -ου m, soldier
[2] χιτών, -ῶνος m, shirt (generally of the garment worn next to the skin)
[3] ἄραφος, -ον, seamless
[4] ἄνωθεν, adv, from top to bottom
[5] ὑφαντός, -ή/όν, woven
[6] σχίζω 1p aor act sub, tear
[7] λαγχάνω 1p aor act sub, cast/draw lots
[8] διαμερίζω 3p aor mid ind, divide
[9] ἱματισμός, -οῦ m, clothing
[10] βάλλω 3p aor act ind, cast (of a lot)
[11] κλῆρος, -ου m, lot (of something thrown or drawn to reach a decision)
[12] ἵστημι 3p plpf act ind, intrans stand
[13] ἀδελφή, -ῆς f, sister
[14] παρίστημι pf act ptc m s acc, intrans stand by
[15] ἴδε, interj, Look!
[16] εἶτα, adv, then
[17] ἴδιος, -α/ον, one's own (εἰς τὰ ἴδια into his home)
[18] οἶδα pf act ptc m s nom, know
[19] τελέω 3s pf pas ind, finish
[20] τελειόω 3s aor pas sub, make come true (of scripture)
[21] διψάω 1s pres act sub, be thirsty
[22] σκεῦος, -ους n, container
[23] κεῖμαι 3s impf mid ind, stand
[24] ὄξος, -ους n, sour wine
[25] μεστός, -ή/όν, full
[26] σπόγγος, -ου m, sponge
[27] ὕσσωπος, -ου f, hyssop (a small bush with aromatic leaves)
[28] περιτίθημι aor act ptc m p nom, put around
[29] προσφέρω 3p aor act ind, hold (something) up
[30] τελέω 3s pf pas ind, finish
[31] κλίνω aor act ptc m s nom, bow

The Piercing of Jesus' Side

31 Οἱ οὖν Ἰουδαῖοι, ἐπεὶ[1] παρασκευὴ[2] ἦν, ἵνα μὴ μείνῃ[3] ἐπὶ τοῦ σταυροῦ[4] τὰ σώματα ἐν τῷ σαββάτῳ, ἦν γὰρ μεγάλη ἡ ἡμέρα ἐκείνου τοῦ σαββάτου, ἠρώτησαν τὸν Πιλᾶτον ἵνα κατεαγῶσιν[5] αὐτῶν τὰ σκέλη[6] καὶ ἀρθῶσιν[7]. **32** ἦλθον οὖν οἱ στρατιῶται[8] καὶ τοῦ μὲν πρώτου κατέαξαν τὰ σκέλη καὶ τοῦ ἄλλου τοῦ συσταυρωθέντος[9] αὐτῷ· **33** ἐπὶ δὲ τὸν Ἰησοῦν ἐλθόντες, ὡς εἶδον ἤδη αὐτὸν τεθνηκότα[10], οὐ κατέαξαν[11] αὐτοῦ τὰ σκέλη, **34** ἀλλ' εἷς τῶν στρατιωτῶν λόγχῃ[12] αὐτοῦ τὴν πλευρὰν[13] ἔνυξεν[14], καὶ ἐξῆλθεν εὐθὺς αἷμα καὶ ὕδωρ. **35** καὶ ὁ ἑωρακὼς[15] μεμαρτύρηκεν, καὶ ἀληθινὴ[16] αὐτοῦ ἐστιν ἡ μαρτυρία, καὶ ἐκεῖνος οἶδεν ὅτι ἀληθῆ[17] λέγει, ἵνα καὶ ὑμεῖς πιστεύ[σ]ητε. **36** ἐγένετο γὰρ ταῦτα ἵνα ἡ γραφὴ πληρωθῇ· ὀστοῦν[18] οὐ συντριβήσεται[19] αὐτοῦ. **37** καὶ πάλιν ἑτέρα γραφὴ λέγει· ὄψονται[20] εἰς ὃν ἐξεκέντησαν[21].

The Burial of Jesus (Mt 27.57-61; Mk 15.42-47; Lk 23.50-56)

38 Μετὰ δὲ ταῦτα ἠρώτησεν τὸν Πιλᾶτον Ἰωσὴφ [ὁ] ἀπὸ Ἁριμαθαίας, ὢν μαθητὴς τοῦ Ἰησοῦ κεκρυμμένος[22] δὲ διὰ τὸν φόβον τῶν Ἰουδαίων, ἵνα ἄρῃ[23] τὸ σῶμα τοῦ Ἰησοῦ· καὶ ἐπέτρεψεν[24] ὁ Πιλᾶτος. ἦλθεν οὖν καὶ ἦρεν[25] τὸ σῶμα αὐτοῦ. **39** ἦλθεν δὲ καὶ Νικόδημος, ὁ ἐλθὼν πρὸς αὐτὸν νυκτὸς τὸ πρῶτον, φέρων μίγμα[26] σμύρνης[27] καὶ ἀλόης[28] ὡς λίτρας[29] ἑκατόν[30]. **40** ἔλαβον οὖν τὸ σῶμα τοῦ Ἰησοῦ καὶ ἔδησαν[31] αὐτὸ ὀθονίοις[32] μετὰ τῶν ἀρωμάτων[33], καθὼς ἔθος[34] ἐστὶν τοῖς Ἰουδαίοις ἐνταφιάζειν[35]. **41** ἦν δὲ ἐν τῷ τόπῳ ὅπου ἐσταυρώθη κῆπος[36], καὶ ἐν τῷ κήπῳ μνημεῖον καινὸν ἐν ᾧ οὐδέπω[37] οὐδεὶς ἦν τεθειμένος[38]· **42** ἐκεῖ οὖν διὰ τὴν παρασκευὴν[39] τῶν Ἰουδαίων, ὅτι ἐγγὺς ἦν τὸ μνημεῖον, ἔθηκαν[40] τὸν Ἰησοῦν.

---

[1] ἐπεί, conj, because
[2] παρασκευή, -ῆς f, day of preparation
[3] μένω 3s aor act sub, intrans remain
[4] σταυρός, -οῦ m, cross
[5] κατάγνυμι 3p aor pas sub, break
[6] σκέλος, -ους n, leg
[7] αἴρω 3p aor pas sub, take away
[8] στρατιώτης, -ου m, soldier
[9] συσταυρόω aor pas ptc m s gen, pas be crucified with (someone else)
[10] θνῄσκω pf act ptc m s acc, die
[11] κατάγνυμι 3p aor act ind, break
[12] λόγχη, -ης f, spear
[13] πλευρά, -ᾶς f, side
[14] νύσσω 3s aor act ind, pierce
[15] ὁράω pf act ptc m s nom, see
[16] ἀληθινός, -ή/όν, true
[17] ἀληθής, -ές, true
[18] ὀστέον, -οῦ n, bone
[19] συντρίβω 3s fut pas ind, break
[20] ὁράω 3p fut mid ind, see
[21] ἐκκεντέω 3p aor act ind, pierce
[22] κρύπτω pf pas ptc m s nom, hide
[23] αἴρω 3s aor act sub, take away
[24] ἐπιτρέπω 3s aor act ind, let
[25] αἴρω 3s aor act ind, take away
[26] μίγμα, -τος n, mixture
[27] σμύρνα, -ης f, myrrh
[28] ἀλόη, -ης f, aloes
[29] λίτρα, -ας f, (Roman) pound (= 11.5 ounces or 327 grams)
[30] ἑκατόν, one hundred
[31] δέω 3p aor act ind, wrap
[32] ὀθόνιον, -ου n, linen cloth
[33] ἄρωμα, -τος n, aromatic spice/oil
[34] ἔθος, -ους n, custom
[35] ἐνταφιάζω pres act inf, prepare for burial
[36] κῆπος, -ου m, garden
[37] οὐδέπω, adv, not yet (οὐ. οὐδείς no one ever before)
[38] τίθημι pf pas ptc m s nom, place
[39] παρασκευή, -ῆς f, day of preparation
[40] τίθημι 3p aor act ind, place

The Resurrection of Jesus (Mt 28.1-10; Mk 16.1-8; Lk 24.1-12)

20 Τῇ δὲ μιᾷ τῶν σαββάτων Μαρία ἡ Μαγδαληνὴ ἔρχεται πρωῒ[1] σκοτίας[2] ἔτι οὔσης εἰς τὸ μνημεῖον καὶ βλέπει τὸν λίθον ἠρμένον[3] ἐκ τοῦ μνημείου. **2** τρέχει[4] οὖν καὶ ἔρχεται πρὸς Σίμωνα Πέτρον καὶ πρὸς τὸν ἄλλον μαθητὴν ὃν ἐφίλει[5] ὁ Ἰησοῦς καὶ λέγει αὐτοῖς· ἦραν[6] τὸν κύριον ἐκ τοῦ μνημείου καὶ οὐκ οἴδαμεν ποῦ ἔθηκαν[7] αὐτόν. **3** ἐξῆλθεν οὖν ὁ Πέτρος καὶ ὁ ἄλλος μαθητὴς καὶ ἤρχοντο εἰς τὸ μνημεῖον. **4** ἔτρεχον[8] δὲ οἱ δύο ὁμοῦ[9]· καὶ ὁ ἄλλος μαθητὴς προέδραμεν[10] τάχιον[11] τοῦ Πέτρου καὶ ἦλθεν πρῶτος εἰς τὸ μνημεῖον, **5** καὶ παρακύψας[12] βλέπει κείμενα[13] τὰ ὀθόνια[14], οὐ μέντοι[15] εἰσῆλθεν. **6** ἔρχεται οὖν καὶ Σίμων Πέτρος ἀκολουθῶν αὐτῷ καὶ εἰσῆλθεν εἰς τὸ μνημεῖον, καὶ θεωρεῖ τὰ ὀθόνια κείμενα, **7** καὶ τὸ σουδάριον[16], ὃ ἦν ἐπὶ τῆς κεφαλῆς αὐτοῦ, οὐ μετὰ τῶν ὀθονίων κείμενον ἀλλὰ χωρὶς ἐντετυλιγμένον[17] εἰς ἕνα τόπον. **8** τότε οὖν εἰσῆλθεν καὶ ὁ ἄλλος μαθητὴς ὁ ἐλθὼν πρῶτος εἰς τὸ μνημεῖον καὶ εἶδεν καὶ ἐπίστευσεν· **9** οὐδέπω[18] γὰρ ᾔδεισαν[19] τὴν γραφὴν ὅτι δεῖ αὐτὸν ἐκ νεκρῶν ἀναστῆναι[20]. **10** ἀπῆλθον οὖν πάλιν πρὸς αὐτοὺς οἱ μαθηταί.

The Appearance to Mary Magdalene (Mk 16.9-11)

11 Μαρία δὲ εἱστήκει[21] πρὸς τῷ μνημείῳ ἔξω κλαίουσα. ὡς οὖν ἔκλαιεν, παρέκυψεν[22] εἰς τὸ μνημεῖον **12** καὶ θεωρεῖ δύο ἀγγέλους ἐν λευκοῖς[23] καθεζομένους[24], ἕνα πρὸς τῇ κεφαλῇ καὶ ἕνα πρὸς τοῖς ποσίν, ὅπου ἔκειτο[25] τὸ σῶμα τοῦ Ἰησοῦ. **13** καὶ λέγουσιν αὐτῇ ἐκεῖνοι· γύναι, τί κλαίεις; λέγει αὐτοῖς ὅτι ἦραν[26] τὸν κύριόν μου, καὶ οὐκ οἶδα ποῦ ἔθηκαν[27] αὐτόν. **14** ταῦτα εἰποῦσα ἐστράφη[28] εἰς τὰ ὀπίσω καὶ θεωρεῖ τὸν Ἰησοῦν ἑστῶτα[29] καὶ οὐκ ᾔδει[30] ὅτι Ἰησοῦς ἐστιν. **15** λέγει αὐτῇ Ἰησοῦς· γύναι, τί κλαίεις; τίνα ζητεῖς; ἐκείνη δοκοῦσα ὅτι ὁ κηπουρός[31] ἐστιν λέγει αὐτῷ· κύριε, εἰ σὺ ἐβάστασας[32] αὐτόν, εἰπέ[33] μοι ποῦ ἔθηκας αὐτόν, κἀγὼ αὐτὸν ἀρῶ[34]. **16** λέγει αὐτῇ Ἰησοῦς· Μαριάμ. στραφεῖσα[35] ἐκείνη λέγει αὐτῷ Ἑβραϊστί·

---

[1] πρωΐ, *adv*, early morning
[2] σκοτία, -ας *f*, darkness
[3] αἴρω *pf pas ptc m s acc*, take away
[4] τρέχω *3s pres act ind*, run
[5] φιλέω *3s impf act ind*, love
[6] αἴρω *3p aor act ind*, take away
[7] τίθημι *3p aor act ind*, place
[8] τρέχω *3p impf act ind*, run
[9] ὁμοῦ, *adv*, together
[10] προτρέχω *3s aor act ind*, run on ahead
[11] ταχέως, *adv*, quicker
[12] παρακύπτω *aor act ptc m s nom*, bend over (to look)
[13] κεῖμαι *pres mid ptc n p acc*, lie (down)
[14] ὀθόνιον, -ου *n*, linen cloth
[15] μέντοι, *conj*, but
[16] σουδάριον, -ου *n*, facecloth (used for the dead)
[17] ἐντυλίσσω *pf pas ptc n s acc*, roll up
[18] οὐδέπω, *adv*, not yet
[19] οἶδα *3p plpf act ind*, know
[20] ἀνίστημι *aor act inf, intrans* rise
[21] ἵστημι *3s plpf act ind, intrans* stand
[22] παρακύπτω *3s aor act ind*, bend over (to look)
[23] λευκός, -ή/όν, white
[24] καθέζομαι *pres mid ptc m p acc*, sit (down)
[25] κεῖμαι *3s impf mid ind*, lie
[26] αἴρω *3p aor act ind*, take away
[27] τίθημι *3p aor act ind*, place
[28] στρέφω *3s aor pas ind, intrans pas* turn
[29] ἵστημι *pf act ptc m s acc, intrans* stand
[30] οἶδα *3s plpf act ind*, know
[31] κηπουρός, -οῦ *m*, gardener
[32] βαστάζω *2s aor act ind*, carry
[33] λέγω *2s aor act impv*, tell
[34] αἴρω *1s fut act ind*, take away
[35] στρέφω *aor pas ptc f s nom, intrans pas* turn

ραββουνι¹, ὃ λέγεται διδάσκαλε. **17** λέγει αὐτῇ Ἰησοῦς· μή μου ἅπτου, οὔπω² γὰρ ἀναβέβηκα³ πρὸς τὸν πατέρα· πορεύου δὲ πρὸς τοὺς ἀδελφούς μου καὶ εἰπὲ αὐτοῖς· ἀναβαίνω πρὸς τὸν πατέρα μου καὶ πατέρα ὑμῶν καὶ θεόν μου καὶ θεὸν ὑμῶν. **18** ἔρχεται Μαριὰμ ἡ Μαγδαληνὴ ἀγγέλλουσα⁴ τοῖς μαθηταῖς ὅτι ἑώρακα⁵ τὸν κύριον, καὶ ταῦτα εἶπεν αὐτῇ.

The Appearance to the Disciples (Mt 28.16-20; Mk 16.14-18; Lk 24.36-49)

19 Οὔσης οὖν ὀψίας⁶ τῇ ἡμέρᾳ ἐκείνῃ τῇ μιᾷ σαββάτων καὶ τῶν θυρῶν κεκλεισμένων⁷ ὅπου ἦσαν οἱ μαθηταὶ διὰ τὸν φόβον τῶν Ἰουδαίων, ἦλθεν ὁ Ἰησοῦς καὶ ἔστη⁸ εἰς τὸ μέσον καὶ λέγει αὐτοῖς· εἰρήνη ὑμῖν. **20** καὶ τοῦτο εἰπὼν ἔδειξεν⁹ τὰς χεῖρας καὶ τὴν πλευρὰν¹⁰ αὐτοῖς. ἐχάρησαν¹¹ οὖν οἱ μαθηταὶ ἰδόντες τὸν κύριον. **21** εἶπεν οὖν αὐτοῖς [ὁ Ἰησοῦς] πάλιν· εἰρήνη ὑμῖν· καθὼς ἀπέσταλκέν¹² με ὁ πατήρ, κἀγὼ πέμπω ὑμᾶς. **22** καὶ τοῦτο εἰπὼν ἐνεφύσησεν¹³ καὶ λέγει αὐτοῖς· λάβετε πνεῦμα ἅγιον· **23** ἄν τινων ἀφῆτε¹⁴ τὰς ἁμαρτίας ἀφέωνται¹⁵ αὐτοῖς, ἄν τινων κρατῆτε κεκράτηνται¹⁶.

Jesus and Thomas

24 Θωμᾶς δὲ εἷς ἐκ τῶν δώδεκα, ὁ λεγόμενος Δίδυμος¹⁷, οὐκ ἦν μετ' αὐτῶν ὅτε ἦλθεν Ἰησοῦς. **25** ἔλεγον οὖν αὐτῷ οἱ ἄλλοι μαθηταί· ἑωράκαμεν¹⁸ τὸν κύριον. ὁ δὲ εἶπεν αὐτοῖς· ἐὰν μὴ ἴδω¹⁹ ἐν ταῖς χερσὶν αὐτοῦ τὸν τύπον²⁰ τῶν ἥλων²¹ καὶ βάλω²² τὸν δάκτυλόν²³ μου εἰς τὸν τύπον τῶν ἥλων καὶ βάλω μου τὴν χεῖρα εἰς τὴν πλευρὰν²⁴ αὐτοῦ, οὐ μὴ πιστεύσω. **26** καὶ μεθ' ἡμέρας ὀκτὼ²⁵ πάλιν ἦσαν ἔσω²⁶ οἱ μαθηταὶ αὐτοῦ καὶ Θωμᾶς μετ' αὐτῶν. ἔρχεται ὁ Ἰησοῦς τῶν θυρῶν κεκλεισμένων²⁷ καὶ ἔστη²⁸ εἰς τὸ μέσον καὶ εἶπεν· εἰρήνη ὑμῖν. **27** εἶτα²⁹ λέγει τῷ Θωμᾷ· φέρε τὸν δάκτυλόν σου ὧδε καὶ ἴδε τὰς χεῖράς μου καὶ φέρε τὴν χεῖρά σου καὶ βάλε εἰς τὴν πλευράν μου, καὶ μὴ γίνου³⁰ ἄπιστος³¹ ἀλλὰ πιστός. **28** ἀπεκρίθη Θωμᾶς καὶ

---

¹ ραββουνι (Aramaic word) = ῥαββί, teacher
² οὔπω, adv, not yet
³ ἀναβαίνω 1s pf act ind, go (up)
⁴ ἀγγέλλω pres act ptc f s nom, tell
⁵ ὁράω 1s pf act ind, see
⁶ ὄψιος, -α/ον, late (ἡ ὀψία f evening)
⁷ κλείω pf pas ptc f p gen, close/lock
⁸ ἵστημι 3s aor act ind, intrans stand
⁹ δείκνυμι 3s aor act ind, show
¹⁰ πλευρά, -ᾶς f, side
¹¹ χαίρω 3p aor pas ind, pas be glad
¹² ἀποστέλλω 3s pf act ind, send
¹³ ἐμφυσάω 3s aor act ind, breathe on
¹⁴ ἀφίημι 2p aor act sub, forgive
¹⁵ ἀφίημι 3p pf pas ind, forgive
¹⁶ κρατέω 3p pf pas ind, hold unforgiven
¹⁷ Δίδυμος, -ου m, Didymus (= twin)
¹⁸ ὁράω 1p pf act ind, see
¹⁹ ὁράω 1s aor act sub, see
²⁰ τύπος, -ου m, scar
²¹ ἧλος, -ου m, nail
²² βάλλω 1s aor act sub, put
²³ δάκτυλος, -ου m, finger
²⁴ πλευρά, -ᾶς f, side
²⁵ ὀκτώ, eight
²⁶ ἔσω, adv, inside
²⁷ κλείω pf pas ptc f p gen, close/lock
²⁸ ἵστημι 3s aor act ind, intrans stand
²⁹ εἶτα, adv, then
³⁰ γίνομαι 2s pres mid impv, be/become
³¹ ἄπιστος, -ον, unbelieving

εἶπεν αὐτῷ· ὁ κύριός μου καὶ ὁ θεός μου. **29** λέγει αὐτῷ ὁ Ἰησοῦς· ὅτι ἑώρακάς[1] με πεπίστευκας; μακάριοι οἱ μὴ ἰδόντες καὶ πιστεύσαντες.

The Purpose of This Book

30 Πολλὰ μὲν οὖν καὶ ἄλλα σημεῖα ἐποίησεν ὁ Ἰησοῦς ἐνώπιον τῶν μαθητῶν [αὐτοῦ], ἃ οὐκ ἔστιν γεγραμμένα[2] ἐν τῷ βιβλίῳ τούτῳ· **31** ταῦτα δὲ γέγραπται ἵνα πιστεύ[σ]ητε ὅτι Ἰησοῦς ἐστιν ὁ χριστὸς ὁ υἱὸς τοῦ θεοῦ, καὶ ἵνα πιστεύοντες ζωὴν ἔχητε ἐν τῷ ὀνόματι αὐτοῦ.

The Appearance to the Seven Disciples

21 Μετὰ ταῦτα ἐφανέρωσεν ἑαυτὸν πάλιν ὁ Ἰησοῦς τοῖς μαθηταῖς ἐπὶ τῆς θαλάσσης τῆς Τιβεριάδος· ἐφανέρωσεν δὲ οὕτως. **2** ἦσαν ὁμοῦ[3] Σίμων Πέτρος καὶ Θωμᾶς ὁ λεγόμενος Δίδυμος[4] καὶ Ναθαναὴλ ὁ ἀπὸ Κανὰ τῆς Γαλιλαίας καὶ οἱ τοῦ Ζεβεδαίου καὶ ἄλλοι ἐκ τῶν μαθητῶν αὐτοῦ δύο. **3** λέγει αὐτοῖς Σίμων Πέτρος· ὑπάγω ἁλιεύειν[5]. λέγουσιν αὐτῷ· ἐρχόμεθα καὶ ἡμεῖς σὺν σοί. ἐξῆλθον καὶ ἐνέβησαν[6] εἰς τὸ πλοῖον, καὶ ἐν ἐκείνῃ τῇ νυκτὶ ἐπίασαν[7] οὐδέν. **4** πρωΐας[8] δὲ ἤδη γενομένης ἔστη[9] Ἰησοῦς εἰς τὸν αἰγιαλόν[10], οὐ μέντοι[11] ᾔδεισαν[12] οἱ μαθηταὶ ὅτι Ἰησοῦς ἐστιν. **5** λέγει οὖν αὐτοῖς [ὁ] Ἰησοῦς· παιδία, μή τι προσφάγιον[13] ἔχετε; ἀπεκρίθησαν αὐτῷ· οὔ. **6** ὁ δὲ εἶπεν αὐτοῖς· βάλετε[14] εἰς τὰ δεξιὰ μέρη τοῦ πλοίου τὸ δίκτυον[15], καὶ εὑρήσετε. ἔβαλον οὖν, καὶ οὐκέτι αὐτὸ ἑλκύσαι[16] ἴσχυον[17] ἀπὸ τοῦ πλήθους τῶν ἰχθύων[18]. **7** λέγει οὖν ὁ μαθητὴς ἐκεῖνος ὃν ἠγάπα ὁ Ἰησοῦς τῷ Πέτρῳ· ὁ κύριός ἐστιν. Σίμων οὖν Πέτρος ἀκούσας ὅτι ὁ κύριός ἐστιν τὸν ἐπενδύτην[19] διεζώσατο[20], ἦν γὰρ γυμνός[21], καὶ ἔβαλεν[22] ἑαυτὸν εἰς τὴν θάλασσαν, **8** οἱ δὲ ἄλλοι μαθηταὶ τῷ πλοιαρίῳ[23] ἦλθον, οὐ γὰρ ἦσαν μακρὰν[24] ἀπὸ τῆς γῆς ἀλλ' ὡς ἀπὸ πηχῶν[25] διακοσίων[26], σύροντες[27] τὸ δίκτυον τῶν ἰχθύων. **9** ὡς οὖν ἀπέβησαν[28] εἰς τὴν γῆν βλέπουσιν ἀνθρακιὰν[29] κειμένην[30] καὶ ὀψάριον[31]

---

[1] ὁράω 2s pf act ind, see
[2] γράφω pf pas ptc n p nom, write
[3] ὁμοῦ, adv, together
[4] Δίδυμος, -ου m, Didymus (= twin)
[5] ἁλιεύω pres act inf, fish
[6] ἐμβαίνω 3p aor act ind, get into
[7] πιάζω 3p aor act ind, catch
[8] πρωΐα, -ας f, morning (π. δὲ ἤδη γενομένης early in the morning)
[9] ἵστημι aor act ind, intrans stand
[10] αἰγιαλός, -οῦ m, shore
[11] μέντοι, conj, but
[12] οἶδα 3p plpf act ind, know
[13] προσφάγιον, -ου n, fish
[14] βάλλω 2p aor act impv, cast (of a fish net)
[15] δίκτυον, -ου n, fish net
[16] ἑλκύω aor act inf, drag (of a fish net)
[17] ἰσχύω 3p impf act ind, can
[18] ἰχθύς, -ύος m, fish
[19] ἐπενδύτης, -ου m, outer garment
[20] διαζώννυμι 3s aor mid ind, put on (clothes)
[21] γυμνός, -ή/όν, naked
[22] βάλλω 3s aor act ind, throw
[23] πλοιάριον, -ου n, (small) boat
[24] μακράν, adv, far
[25] πῆχυς, -εως m, cubit (about 18 inches or 46.2 centimeter)
[26] διακόσιοι, -αι,/α, two hundred
[27] σύρω pres act ptc m p nom, drag
[28] ἀποβαίνω 3p aor act ind, get out
[29] ἀνθρακιά, -ᾶς f, charcoal fire
[30] κεῖμαι pres mid ptc f s acc, be
[31] ὀψάριον, -ου n, fish

ἐπικείμενον¹ καὶ ἄρτον. 10 λέγει αὐτοῖς ὁ Ἰησοῦς· ἐνέγκατε² ἀπὸ τῶν ὀψαρίων ὧν ἐπιάσατε³ νῦν. 11 ἀνέβη⁴ οὖν Σίμων Πέτρος καὶ εἵλκυσεν⁵ τὸ δίκτυον εἰς τὴν γῆν μεστὸν⁶ ἰχθύων μεγάλων ἑκατὸν⁷ πεντήκοντα⁸ τριῶν· καὶ τοσούτων⁹ ὄντων οὐκ ἐσχίσθη¹⁰ τὸ δίκτυον. 12 λέγει αὐτοῖς ὁ Ἰησοῦς· δεῦτε¹¹ ἀριστήσατε¹². οὐδεὶς δὲ ἐτόλμα¹³ τῶν μαθητῶν ἐξετάσαι¹⁴ αὐτόν· σὺ τίς εἶ; εἰδότες¹⁵ ὅτι ὁ κύριός ἐστιν. 13 ἔρχεται Ἰησοῦς καὶ λαμβάνει τὸν ἄρτον καὶ δίδωσιν αὐτοῖς, καὶ τὸ ὀψάριον ὁμοίως¹⁶. 14 τοῦτο ἤδη τρίτον ἐφανερώθη Ἰησοῦς τοῖς μαθηταῖς ἐγερθεὶς¹⁷ ἐκ νεκρῶν.

Jesus and Peter

15 Ὅτε οὖν ἠρίστησαν¹⁸ λέγει τῷ Σίμωνι Πέτρῳ ὁ Ἰησοῦς· Σίμων Ἰωάννου, ἀγαπᾷς με πλέον¹⁹ τούτων; λέγει αὐτῷ· ναὶ κύριε, σὺ οἶδας ὅτι φιλῶ²⁰ σε. λέγει αὐτῷ· βόσκε²¹ τὰ ἀρνία²² μου. 16 λέγει αὐτῷ πάλιν δεύτερον· Σίμων Ἰωάννου, ἀγαπᾷς με; λέγει αὐτῷ· ναὶ κύριε, σὺ οἶδας ὅτι φιλῶ σε. λέγει αὐτῷ· ποίμαινε²³ τὰ πρόβατά μου. 17 λέγει αὐτῷ τὸ τρίτον· Σίμων Ἰωάννου, φιλεῖς με; ἐλυπήθη²⁴ ὁ Πέτρος ὅτι εἶπεν αὐτῷ τὸ τρίτον· φιλεῖς με; καὶ λέγει αὐτῷ· κύριε, πάντα σὺ οἶδας, σὺ γινώσκεις ὅτι φιλῶ σε. λέγει αὐτῷ [ὁ Ἰησοῦς]· βόσκε τὰ πρόβατά μου. 18 ἀμὴν ἀμὴν λέγω σοι, ὅτε ἦς νεώτερος²⁵, ἐζώννυες²⁶ σεαυτὸν καὶ περιεπάτεις ὅπου ἤθελες· ὅταν δὲ γηράσῃς²⁷, ἐκτενεῖς²⁸ τὰς χεῖράς σου, καὶ ἄλλος σε ζώσει²⁹ καὶ οἴσει³⁰ ὅπου οὐ θέλεις. 19 τοῦτο δὲ εἶπεν σημαίνων³¹ ποίῳ θανάτῳ δοξάσει τὸν θεόν. καὶ τοῦτο εἰπὼν λέγει αὐτῷ· ἀκολούθει μοι.

Jesus and the Beloved Disciple

20 Ἐπιστραφεὶς³² ὁ Πέτρος βλέπει τὸν μαθητὴν ὃν ἠγάπα ὁ Ἰησοῦς ἀκολουθοῦντα, ὃς καὶ ἀνέπεσεν³³ ἐν τῷ δείπνῳ³⁴ ἐπὶ τὸ στῆθος³⁵ αὐτοῦ καὶ εἶπεν· κύριε, τίς

---

[1] ἐπίκειμαι *pres mid ptc n s acc*, lie (on)
[2] φέρω *2p aor act impv*, bring
[3] πιάζω *2p aor act ind*, catch
[4] ἀναβαίνω *3s aor act ind*, go aboard
[5] ἑλκύω *aor act ind*, drag (of a fish net)
[6] μεστός, -ή/όν, full
[7] ἑκατόν, one hundred
[8] πεντήκοντα, fifty
[9] τοσοῦτος, -αύτη/οῦτον, *pl* so many
[10] σχίζω *3s aor pas ind*, tear
[11] δεῦτε, *interj*, Come!
[12] ἀριστάω *2p aor act impv*, eat breakfast
[13] τολμάω *3s impf act ind*, dare
[14] ἐξετάζω *aor act inf*, ask
[15] οἶδα *pf act ptc m p nom*, know
[16] ὁμοίως, *adv*, in the same way
[17] ἐγείρω *aor pas ptc m s nom*, raise
[18] ἀριστάω *3p aor act ind*, eat breakfast
[19] πολύς, *adv*, many (comp)
[20] φιλέω *1s pres act ind*, love
[21] βόσκω *2s pres act impv*, feed
[22] ἀρνίον, -ου *n*, lamb
[23] ποιμαίνω *2s pres act impv*, tend
[24] λυπέω *3s aor pas ind*, *pas* be sad
[25] νέος, young (comp)
[26] ζωννύω/ζώννυμι *2s impf act ind*, dress
[27] γηράσκω *2s aor act sub*, become old
[28] ἐκτείνω *2s fut act ind*, stretch out
[29] ζωννύω/ζώννυμι *3s fut act ind*, dress
[30] φέρω *3s fut act ind*, take
[31] σημαίνω *pres act ptc m s nom*, indicate
[32] ἐπιστρέφω *aor pas ptc m s nom*, *intrans* turn around
[33] ἀναπίπτω *3s aor act ind*, sit at table
[34] δεῖπνον, -ου *n*, supper
[35] στῆθος, -ους *n*, chest

ἔστιν ὁ παραδιδούς¹ σε; **21** τοῦτον οὖν ἰδὼν ὁ Πέτρος λέγει τῷ Ἰησοῦ· κύριε, οὗτος δὲ τί; **22** λέγει αὐτῷ ὁ Ἰησοῦς· ἐὰν αὐτὸν θέλω μένειν ἕως ἔρχομαι, τί πρὸς σέ; σύ μοι ἀκολούθει. **23** ἐξῆλθεν οὖν οὗτος ὁ λόγος εἰς τοὺς ἀδελφοὺς ὅτι ὁ μαθητὴς ἐκεῖνος οὐκ ἀποθνήσκει· οὐκ εἶπεν δὲ αὐτῷ ὁ Ἰησοῦς ὅτι οὐκ ἀποθνήσκει ἀλλ'· ἐὰν αὐτὸν θέλω μένειν ἕως ἔρχομαι[, τί πρὸς σέ]; **24** Οὗτός ἐστιν ὁ μαθητὴς ὁ μαρτυρῶν περὶ τούτων καὶ ὁ γράψας ταῦτα, καὶ οἴδαμεν ὅτι ἀληθὴς² αὐτοῦ ἡ μαρτυρία ἐστίν. **25** ἔστιν δὲ καὶ ἄλλα πολλὰ ἃ ἐποίησεν ὁ Ἰησοῦς, ἅτινα ἐὰν γράφηται καθ' ἕν, οὐδ' αὐτὸν οἶμαι³ τὸν κόσμον χωρῆσαι⁴ τὰ γραφόμενα βιβλία.

[1] παραδίδωμι pres act ptc m s nom, betray
[2] ἀληθής, -ές, true
[3] οἴομαι 1s pres mid ind, suppose
[4] χωρέω aor act inf, have room for

ΠΡΑΞΕΙΣ ΑΠΟΣΤΟΛΩΝ

The Promise of the Holy Spirit

1 Τὸν μὲν πρῶτον λόγον ἐποιησάμην περὶ πάντων, ὦ¹ Θεόφιλε, ὧν ἤρξατο² ὁ Ἰησοῦς ποιεῖν τε καὶ διδάσκειν, **2** ἄχρι ἧς ἡμέρας ἐντειλάμενος³ τοῖς ἀποστόλοις διὰ πνεύματος ἁγίου οὓς ἐξελέξατο⁴ ἀνελήμφθη⁵. **3** οἷς καὶ παρέστησεν⁶ ἑαυτὸν ζῶντα μετὰ τὸ παθεῖν⁷ αὐτὸν ἐν πολλοῖς τεκμηρίοις⁸, δι' ἡμερῶν τεσσεράκοντα⁹ ὀπτανόμενος¹⁰ αὐτοῖς καὶ λέγων τὰ περὶ τῆς βασιλείας τοῦ θεοῦ· **4** καὶ συναλιζόμενος¹¹ παρήγγειλεν αὐτοῖς ἀπὸ Ἱεροσολύμων μὴ χωρίζεσθαι¹² ἀλλὰ περιμένειν¹³ τὴν ἐπαγγελίαν τοῦ πατρὸς ἣν ἠκούσατέ μου, **5** ὅτι Ἰωάννης μὲν ἐβάπτισεν ὕδατι, ὑμεῖς δὲ ἐν πνεύματι βαπτισθήσεσθε ἁγίῳ οὐ μετὰ πολλὰς ταύτας ἡμέρας.

The Ascension of Jesus

6 Οἱ μὲν οὖν συνελθόντες¹⁴ ἠρώτων αὐτὸν λέγοντες· κύριε, εἰ ἐν τῷ χρόνῳ τούτῳ ἀποκαθιστάνεις¹⁵ τὴν βασιλείαν τῷ Ἰσραήλ; **7** εἶπεν δὲ πρὸς αὐτούς· οὐχ ὑμῶν ἐστιν γνῶναι¹⁶ χρόνους ἢ καιροὺς οὓς ὁ πατὴρ ἔθετο¹⁷ ἐν τῇ ἰδίᾳ ἐξουσίᾳ, **8** ἀλλὰ λήμψεσθε¹⁸ δύναμιν ἐπελθόντος¹⁹ τοῦ ἁγίου πνεύματος ἐφ' ὑμᾶς καὶ ἔσεσθέ²⁰ μου μάρτυρες ἔν τε Ἰερουσαλὴμ καὶ ἐν πάσῃ τῇ Ἰουδαίᾳ καὶ Σαμαρείᾳ καὶ ἕως ἐσχάτου τῆς γῆς. **9** καὶ ταῦτα εἰπὼν βλεπόντων αὐτῶν ἐπήρθη²¹ καὶ νεφέλη²² ὑπέλαβεν²³ αὐτὸν ἀπὸ τῶν ὀφθαλμῶν αὐτῶν. **10** καὶ ὡς ἀτενίζοντες²⁴ ἦσαν εἰς τὸν οὐρανὸν πορευομένου αὐτοῦ, καὶ ἰδοὺ ἄνδρες δύο παρειστήκεισαν²⁵ αὐτοῖς

---

[1] ὦ, interj, O!
[2] ἄρχω 3s aor mid ind, mid begin
[3] ἐντέλλομαι aor mid ptc m s nom, command
[4] ἐκλέγομαι 3s aor mid ind, choose
[5] ἀναλαμβάνω 3s aor pas ind, take up
[6] παρίστημι 3s aor act ind, show/present
[7] πάσχω aor act inf, suffer
[8] τεκμήριον, -ου n, (decisive) proof
[9] τεσσεράκοντα, forty
[10] ὀπτάνομαι pres pas ptc m s nom, appear
[11] συναλίζομαι pres mid ptc m s nom, eat with (someone)
[12] χωρίζω pres pas inf, leave
[13] περιμένω pres act inf, wait for
[14] συνέρχομαι aor act ptc m p nom, come together
[15] ἀποκαθίστημι 2s pres act ind, restore
[16] γινώσκω aor act inf, know
[17] τίθημι 3s aor mid ind, place
[18] λαμβάνω 2p fut mid ind, receive
[19] ἐπέρχομαι aor act ptc n s gen, come upon
[20] εἰμί 2p fut mid ind, be
[21] ἐπαίρω 3s aor pas ind, lift up
[22] νεφέλη, -ης f, cloud
[23] ὑπολαμβάνω 3s aor act ind, take away
[24] ἀτενίζω pres act ptc m s nom, stare
[25] παρίστημι 3p plpf act ind, stand by

ἐν ἐσθῆτι¹ λευκῇ², 11 οἳ καὶ εἶπαν· ἄνδρες Γαλιλαῖοι, τί ἐστήκατε³ ἐμβλέποντες⁴ εἰς τὸν οὐρανόν; οὗτος ὁ Ἰησοῦς ὁ ἀναλημφθεὶς⁵ ἀφ' ὑμῶν εἰς τὸν οὐρανὸν οὕτως ἐλεύσεται⁶ ὃν τρόπον⁷ ἐθεάσασθε⁸ αὐτὸν πορευόμενον εἰς τὸν οὐρανόν.

The Choice of Judas' Successor

12 Τότε ὑπέστρεψαν⁹ εἰς Ἰερουσαλὴμ ἀπὸ ὄρους τοῦ καλουμένου Ἐλαιῶνος¹⁰, ὅ ἐστιν ἐγγὺς Ἰερουσαλὴμ σαββάτου ἔχον ὁδόν¹¹. 13 καὶ ὅτε εἰσῆλθον, εἰς τὸ ὑπερῷον¹² ἀνέβησαν¹³ οὗ¹⁴ ἦσαν καταμένοντες¹⁵, ὅ τε Πέτρος καὶ Ἰωάννης καὶ Ἰάκωβος καὶ Ἀνδρέας, Φίλιππος καὶ Θωμᾶς, Βαρθολομαῖος καὶ Μαθθαῖος, Ἰάκωβος Ἀλφαίου καὶ Σίμων ὁ ζηλωτὴς¹⁶ καὶ Ἰούδας Ἰακώβου. 14 οὗτοι πάντες ἦσαν προσκαρτεροῦντες¹⁷ ὁμοθυμαδὸν¹⁸ τῇ προσευχῇ σὺν γυναιξὶν καὶ Μαριὰμ τῇ μητρὶ τοῦ Ἰησοῦ καὶ τοῖς ἀδελφοῖς αὐτοῦ.

15 Καὶ ἐν ταῖς ἡμέραις ταύταις ἀναστὰς¹⁹ Πέτρος ἐν μέσῳ τῶν ἀδελφῶν εἶπεν· ἦν τε ὄχλος ὀνομάτων ἐπὶ τὸ αὐτὸ ὡς ἑκατὸν²⁰ εἴκοσι·²¹ 16 ἄνδρες ἀδελφοί, ἔδει πληρωθῆναι τὴν γραφὴν ἣν προεῖπεν²² τὸ πνεῦμα τὸ ἅγιον διὰ στόματος Δαυὶδ περὶ Ἰούδα τοῦ γενομένου ὁδηγοῦ²³ τοῖς συλλαβοῦσιν²⁴ Ἰησοῦν, 17 ὅτι κατηριθμημένος²⁵ ἦν ἐν ἡμῖν καὶ ἔλαχεν²⁶ τὸν κλῆρον²⁷ τῆς διακονίας ταύτης. 18 οὗτος μὲν οὖν ἐκτήσατο²⁸ χωρίον²⁹ ἐκ μισθοῦ³⁰ τῆς ἀδικίας³¹ καὶ πρηνὴς³² γενόμενος ἐλάκησεν³³ μέσος καὶ ἐξεχύθη³⁴ πάντα τὰ σπλάγχνα³⁵ αὐτοῦ· 19 καὶ γνωστὸν³⁶ ἐγένετο πᾶσιν τοῖς κατοικοῦσιν Ἰερουσαλήμ, ὥστε κληθῆναι³⁷ τὸ χωρίον ἐκεῖνο τῇ ἰδίᾳ διαλέκτῳ³⁸ αὐτῶν Ἀκελδαμάχ, τοῦτ' ἔστιν χωρίον αἵματος. 20 γέγραπται γὰρ ἐν βίβλῳ³⁹ ψαλμῶν⁴⁰·

¹ ἐσθής, -ῆτος f, clothing
² λευκός, -ή/όν, white
³ ἵστημι 2p pf act ind, intrans stand
⁴ ἐμβλέπω pres act ptc m p nom, look
⁵ ἀναλαμβάνω aor pas ptc m s nom, take up
⁶ ἔρχομαι 3s fut mid ind, come
⁷ τρόπος, -ου m, way/manner (ὅν τ. in the same way as)
⁸ θεάομαι 2p aor mid ind, see
⁹ ὑποστρέφω 3p aor act ind, return
¹⁰ ἐλαιών, -ῶνος m, olive orchard
¹¹ ὁδός, -οῦ f, way (σαββάτου ἔχον ὁ. a Sabbath day's journey = about a half mile or 900 m)
¹² ὑπερῷον, -ου n, upstairs room

¹³ ἀναβαίνω 3p aor act ind, go up
¹⁴ οὗ, adv, where
¹⁵ καταμένω pres act ptc m p nom, stay
¹⁶ ζηλωτής, -οῦ m, Zealot/one who is eager
¹⁷ προσκαρτερέω pres act ptc m p nom, devote oneself to
¹⁸ ὁμοθυμαδόν, adv, with a single purpose
¹⁹ ἀνίστημι aor act ptc m s nom, intrans stand up
²⁰ ἑκατόν, one hundred
²¹ εἴκοσι, twenty
²² προλέγω 3s aor act ind, say (in advance)
²³ ὁδηγός, -οῦ m, guide
²⁴ συλλαμβάνω aor act ptc m p dat, arrest

²⁵ καταριθμέω pf pas ptc m s nom, number (pas with ἐν: be one of)
²⁶ λαγχάνω 3s aor act ind, receive
²⁷ κλῆρος, -ου m, share
²⁸ κτάομαι 3s aor mid ind, buy
²⁹ χωρίον, -ου n, field
³⁰ μισθός, -οῦ m, reward/money
³¹ ἀδικία, -ας f, evil
³² πρηνής, -ές, headfirst
³³ λακάω 3s aor act ind, burst open
³⁴ ἐκχέω/ἐκχύννω 3s aor pas ind, gush out
³⁵ σπλάγχνον, -ου n, entrails
³⁶ γνωστός, -ή/όν, known
³⁷ καλέω aor pas inf, call
³⁸ διάλεκτος, -ου f, language
³⁹ βίβλος, -ου f, book
⁴⁰ ψαλμός, -οῦ m, psalm

γενηθήτω¹ ἡ ἔπαυλις² αὐτοῦ ἔρημος
καὶ μὴ ἔστω³ ὁ κατοικῶν ἐν αὐτῇ,

καί·

τὴν ἐπισκοπὴν⁴ αὐτοῦ λαβέτω⁵ ἕτερος.

21 δεῖ οὖν τῶν συνελθόντων⁶ ἡμῖν ἀνδρῶν ἐν παντὶ χρόνῳ ᾧ εἰσῆλθεν καὶ ἐξῆλθεν ἐφ᾽ ἡμᾶς ὁ κύριος Ἰησοῦς, 22 ἀρξάμενος ἀπὸ τοῦ βαπτίσματος⁷ Ἰωάννου ἕως τῆς ἡμέρας ἧς ἀνελήμφθη⁸ ἀφ᾽ ἡμῶν, μάρτυρα τῆς ἀναστάσεως αὐτοῦ σὺν ἡμῖν γενέσθαι ἕνα τούτων. 23 καὶ ἔστησαν⁹ δύο, Ἰωσὴφ τὸν καλούμενον Βαρσαββᾶν ὃς ἐπεκλήθη¹⁰ Ἰοῦστος, καὶ Μαθθίαν. 24 καὶ προσευξάμενοι εἶπαν· σὺ κύριε καρδιογνῶστα¹¹ πάντων, ἀνάδειξον¹² ὃν ἐξελέξω¹³ ἐκ τούτων τῶν δύο ἕνα 25 λαβεῖν τὸν τόπον τῆς διακονίας ταύτης καὶ ἀποστολῆς¹⁴ ἀφ᾽ ἧς παρέβη¹⁵ Ἰούδας πορευθῆναι εἰς τὸν τόπον τὸν ἴδιον. 26 καὶ ἔδωκαν κλήρους¹⁶ αὐτῶν καὶ ἔπεσεν ὁ κλῆρος ἐπὶ Μαθθίαν καὶ συγκατεψηφίσθη¹⁷ μετὰ τῶν ἕνδεκα¹⁸ ἀποστόλων.

The Coming of the Holy Spirit

2 Καὶ ἐν τῷ συμπληροῦσθαι¹⁹ τὴν ἡμέραν τῆς πεντηκοστῆς²⁰ ἦσαν πάντες ὁμοῦ²¹ ἐπὶ τὸ αὐτό. 2 καὶ ἐγένετο ἄφνω²² ἐκ τοῦ οὐρανοῦ ἦχος²³ ὥσπερ φερομένης πνοῆς²⁴ βιαίας²⁵ καὶ ἐπλήρωσεν ὅλον τὸν οἶκον οὗ²⁶ ἦσαν καθήμενοι 3 καὶ ὤφθησαν²⁷ αὐτοῖς διαμεριζόμεναι²⁸ γλῶσσαι ὡσεὶ²⁹ πυρὸς ἐκάθισεν τε ἐφ᾽ ἕνα ἕκαστον αὐτῶν, 4 καὶ ἐπλήσθησαν³⁰ πάντες πνεύματος ἁγίου καὶ ἤρξαντο³¹ λαλεῖν ἑτέραις γλώσσαις καθὼς τὸ πνεῦμα ἐδίδου³² ἀποφθέγγεσθαι³³ αὐτοῖς.

5 Ἦσαν δὲ ἐν Ἰερουσαλὴμ κατοικοῦντες Ἰουδαῖοι, ἄνδρες εὐλαβεῖς³⁴ ἀπὸ παντὸς ἔθνους τῶν ὑπὸ τὸν οὐρανόν. 6 γενομένης δὲ τῆς φωνῆς ταύτης συνῆλθεν³⁵

---

¹ γίνομαι 3s aor pas impv, be
² ἔπαυλις, -εως f, house
³ εἰμί 3s pres act impv, be
⁴ ἐπισκοπή, -ῆς f, place of service
⁵ λαμβάνω 3s aor act impv, take
⁶ συνέρχομαι aor act ptc m p gen, come together
⁷ βάπτισμα, -τος n, baptism
⁸ ἀναλαμβάνω 3s aor pas ind, take up
⁹ ἵστημι 3p aor act ind, put forward
¹⁰ ἐπικαλέω 3s aor pas ind, call
¹¹ καρδιογνώστης, -ου m, knower of hearts
¹² ἀναδείκνυμι 2s aor act impv, show clearly
¹³ ἐκλέγομαι 2s aor mid ind, choose
¹⁴ ἀποστολή, -ῆς f, apostleship
¹⁵ παραβαίνω 3s aor act ind, intrans turn away
¹⁶ κλῆρος, -ου m, lot (of something thrown or drawn to reach a decision)
¹⁷ συγκαταψηφίζομαι 3s aor pas ind, be included
¹⁸ ἕνδεκα, eleven
¹⁹ συμπληρόω pres pas inf, pas come
²⁰ πεντηκοστή, -ῆς f, Pentecost
²¹ ὁμοῦ, adv, together
²² ἄφνω, adv, suddenly
²³ ἦχος, -ου m, sound
²⁴ πνοή, -ῆς f, wind
²⁵ βίαιος, -α/ον, strong
²⁶ οὗ, adv, where
²⁷ ὁράω 3p aor pas ind, pas appear
²⁸ διαμερίζω pres pas ptc f p nom, divide (δ. γλῶσσαι ὡσεὶ πυρός like fiery tongues spreading out)
²⁹ ὡσεί, particle of comparison, like/as
³⁰ πίμπλημι 3p aor pas ind, fill
³¹ ἄρχω 3p aor mid ind, mid begin
³² δίδωμι 3s impf act ind, give
³³ ἀποφθέγγομαι pres mid inf, speak (often of an inspired utterance)
³⁴ εὐλαβής, -ές, devout
³⁵ συνέρχομαι 3s aor act ind, accompany

τὸ πλῆθος καὶ συνεχύθη¹, ὅτι ἤκουον εἷς ἕκαστος τῇ ἰδίᾳ διαλέκτῳ² λαλούντων αὐτῶν. 7 ἐξίσταντο³ δὲ καὶ ἐθαύμαζον λέγοντες· οὐχ ἰδοὺ ἅπαντες οὗτοί εἰσιν οἱ λαλοῦντες Γαλιλαῖοι; 8 καὶ πῶς ἡμεῖς ἀκούομεν ἕκαστος τῇ ἰδίᾳ διαλέκτῳ ἡμῶν ἐν ᾗ ἐγεννήθημεν⁴; 9 Πάρθοι καὶ Μῆδοι καὶ Ἐλαμῖται καὶ οἱ κατοικοῦντες τὴν Μεσοποταμίαν, Ἰουδαίαν τε καὶ Καππαδοκίαν, Πόντον καὶ τὴν Ἀσίαν, 10 Φρυγίαν τε καὶ Παμφυλίαν, Αἴγυπτον καὶ τὰ μέρη τῆς Λιβύης τῆς κατὰ Κυρήνην, καὶ οἱ ἐπιδημοῦντες⁵ Ῥωμαῖοι, 11 Ἰουδαῖοί τε καὶ προσήλυτοι⁶, Κρῆτες καὶ Ἄραβες, ἀκούομεν λαλούντων αὐτῶν ταῖς ἡμετέραις⁷ γλώσσαις τὰ μεγαλεῖα⁸ τοῦ θεοῦ. 12 ἐξίσταντο⁹ δὲ πάντες καὶ διηπόρουν¹⁰, ἄλλος πρὸς ἄλλον λέγοντες· τί θέλει τοῦτο εἶναι; 13 ἕτεροι δὲ διαχλευάζοντες¹¹ ἔλεγον ὅτι γλεύκους¹² μεμεστωμένοι¹³ εἰσίν.

Peter's Speech at Pentecost

14 Σταθεὶς¹⁴ δὲ ὁ Πέτρος σὺν τοῖς ἕνδεκα¹⁵ ἐπῆρεν¹⁶ τὴν φωνὴν αὐτοῦ καὶ ἀπεφθέγξατο¹⁷ αὐτοῖς· ἄνδρες Ἰουδαῖοι καὶ οἱ κατοικοῦντες Ἰερουσαλὴμ πάντες, τοῦτο ὑμῖν γνωστὸν¹⁸ ἔστω¹⁹ καὶ ἐνωτίσασθε²⁰ τὰ ῥήματά μου. 15 οὐ γὰρ ὡς ὑμεῖς ὑπολαμβάνετε²¹ οὗτοι μεθύουσιν²², ἔστιν γὰρ ὥρα τρίτη τῆς ἡμέρας, 16 ἀλλὰ τοῦτό ἐστιν τὸ εἰρημένον²³ διὰ τοῦ προφήτου Ἰωήλ·

17 καὶ ἔσται ἐν ταῖς ἐσχάταις ἡμέραις, λέγει ὁ θεός,
ἐκχεῶ²⁴ ἀπὸ τοῦ πνεύματός μου ἐπὶ πᾶσαν σάρκα,
καὶ προφητεύσουσιν²⁵ οἱ υἱοὶ ὑμῶν καὶ αἱ θυγατέρες²⁶ ὑμῶν
καὶ οἱ νεανίσκοι²⁷ ὑμῶν ὁράσεις²⁸ ὄψονται²⁹
καὶ οἱ πρεσβύτεροι ὑμῶν ἐνυπνίοις³⁰ ἐνυπνιασθήσονται³¹·
18 καί γε³² ἐπὶ τοὺς δούλους μου καὶ ἐπὶ τὰς δούλας³³ μου ἐν ταῖς
ἡμέραις ἐκείναις
ἐκχεῶ ἀπὸ τοῦ πνεύματός μου, καὶ προφητεύσουσιν.

---

¹ συγχέω 3s aor pas ind, pas be confused/surprised
² διάλεκτος, -ου f, language
³ ἐξίστημι 3p impf mid ind, be amazed
⁴ γεννάω 1p aor pas ind, pas be born
⁵ ἐπιδημέω pres act ptc m p nom, visit
⁶ προσήλυτος, -ου m, proselyte (convert to Judaism)
⁷ ἡμέτερος, -α/ον, our
⁸ μεγαλεῖον, -ου n, mighty deed
⁹ ἐξίστημι 3p impf mid ind, be amazed
¹⁰ διαπορέω 3p impf act ind, be confused

¹¹ διαχλευάζω pres act ptc m p nom, make fun
¹² γλεῦκος, -ους n, new wine
¹³ μεστόω pf pas ptc m p nom, fill
¹⁴ ἵστημι aor pas ptc m s nom, pas stand
¹⁵ ἕνδεκα, eleven
¹⁶ ἐπαίρω 3s aor act ind, raise
¹⁷ ἀποφθέγγομαι 3s aor mid ind, speak (often of an inspired utterance)
¹⁸ γνωστός, -ή/όν, known
¹⁹ εἰμί 3s pres act impv, be
²⁰ ἐνωτίζομαι 2p aor mid impv, pay close attention to
²¹ ὑπολαμβάνω 2p pres act ind, suppose

²² μεθύω 3p pres act ind, be drunk
²³ λέγω pf pas ptc n s nom, say
²⁴ ἐκχέω 1s fut act ind, pour out
²⁵ προφητεύω 3p fut act ind, prophesy
²⁶ θυγάτηρ, -τρός f, daughter
²⁷ νεανίσκος, -ου m, young man
²⁸ ὅρασις, -εως f, vision
²⁹ ὁράω 3p fut mid ind, see
³⁰ ἐνύπνιον, -ου n, dream
³¹ ἐνυπνιάζομαι 3p fut pas ind, dream
³² γέ, emphatic particle
³³ δούλη, -ης f, female servant/slave

ΠΡΑΞΕΙΣ ΑΠΟΣΤΟΛΩΝ 2.19-28

19 καὶ δώσω[1] τέρατα[2] ἐν τῷ οὐρανῷ ἄνω[3]
καὶ σημεῖα ἐπὶ τῆς γῆς κάτω[4],
αἷμα καὶ πῦρ καὶ ἀτμίδα[5] καπνοῦ[6].
20 ὁ ἥλιος μεταστραφήσεται[7] εἰς σκότος
καὶ ἡ σελήνη[8] εἰς αἷμα,
πρὶν[9] ἢ ἐλθεῖν τὴν ἡμέραν κυρίου τὴν μεγάλην καὶ ἐπιφανῆ[10].
21 καὶ ἔσται πᾶς ὃς ἂν ἐπικαλέσηται[11] τὸ ὄνομα κυρίου σωθήσεται[12].
22 ἄνδρες Ἰσραηλῖται, ἀκούσατε τοὺς λόγους τούτους· Ἰησοῦν τὸν Ναζωραῖον, ἄνδρα ἀποδεδειγμένον[13] ἀπὸ τοῦ θεοῦ εἰς ὑμᾶς δυνάμεσιν καὶ τέρασιν[14] καὶ σημείοις οἷς ἐποίησεν δι' αὐτοῦ ὁ θεὸς ἐν μέσῳ ὑμῶν καθὼς αὐτοὶ οἴδατε[15], **23** τοῦτον τῇ ὡρισμένῃ[16] βουλῇ[17] καὶ προγνώσει[18] τοῦ θεοῦ ἔκδοτον[19] διὰ χειρὸς ἀνόμων[20] προσπήξαντες[21] ἀνείλατε[22], **24** ὃν ὁ θεὸς ἀνέστησεν[23] λύσας τὰς ὠδῖνας[24] τοῦ θανάτου, καθότι[25] οὐκ ἦν δυνατὸν κρατεῖσθαι αὐτὸν ὑπ' αὐτοῦ. **25** Δαυὶδ γὰρ λέγει εἰς αὐτόν·

προορώμην[26] τὸν κύριον ἐνώπιόν μου διὰ παντός,
ὅτι ἐκ δεξιῶν μού ἐστιν ἵνα μὴ σαλευθῶ[27].
26 διὰ τοῦτο ηὐφράνθη[28] ἡ καρδία μου
καὶ ἠγαλλιάσατο[29] ἡ γλῶσσά μου,
ἔτι δὲ καὶ ἡ σάρξ μου κατασκηνώσει[30] ἐπ' ἐλπίδι,
27 ὅτι οὐκ ἐγκαταλείψεις[31] τὴν ψυχήν μου εἰς ᾅδην[32]
οὐδὲ δώσεις[33] τὸν ὅσιόν[34] σου ἰδεῖν διαφθοράν[35].
28 ἐγνώρισάς[36] μοι ὁδοὺς ζωῆς,
πληρώσεις με εὐφροσύνης[37] μετὰ τοῦ προσώπου σου.

[1] δίδωμι 1s fut act ind, give
[2] τέρας, -ατος n, a wonder
[3] ἄνω, adv, above
[4] κάτω, adv, below
[5] ἀτμίς, -ίδος f, vapor
[6] καπνός, -οῦ m, smoke
[7] μεταστρέφω 3s fut pas ind, turn
[8] σελήνη, -ης f, moon
[9] πρίν and πρὶν ἤ, conj, before
[10] ἐπιφανής, -ές, glorious
[11] ἐπικαλέω 3s aor mid sub, mid call upon
[12] σῴζω 3s fut pas ind, save
[13] ἀποδείκνυμι pf pas ptc m s acc, commend
[14] τέρας, -ατος n, a wonder
[15] οἶδα 2p pf act ind, know
[16] ὁρίζω pf pas ptc f s dat, decide/determine
[17] βουλή, -ῆς f, purpose/plan
[18] πρόγνωσις, -εως f, foreknowledge
[19] ἔκδοτος, -ον, handed over
[20] ἄνομος, -ον, lawless
[21] προσπήγνυμι aor act ptc m p nom, crucify
[22] ἀναιρέω 2p aor act ind, kill
[23] ἀνίστημι 3s aor act ind, raise (to life)
[24] ὠδίν, -ῖνος f, pain
[25] καθότι, conj, because
[26] προοράω 1s impf mid ind, mid see before one
[27] σαλεύω 1s aor pas sub, shake
[28] εὐφραίνω 3s aor pas ind, pas be glad
[29] ἀγαλλιάω 3s aor mid ind, be extremely joyful
[30] κατασκηνόω 3s fut act ind, live (lit nest)
[31] ἐγκαταλείπω 2s fut act ind, abandon
[32] ᾅδης, -ου m, grave/world of the dead
[33] δίδωμι 2s fut act ind, let
[34] ὅσιος, -α/ον, holy
[35] διαφθορά, -ᾶς f, decay
[36] γνωρίζω 2s aor act ind, make known
[37] εὐφροσύνη, -ης f, gladness

29 ἄνδρες ἀδελφοί, ἐξὸν¹ εἰπεῖν μετὰ παρρησίας πρὸς ὑμᾶς περὶ τοῦ πατριάρχου² Δαυὶδ ὅτι καὶ ἐτελεύτησεν³ καὶ ἐτάφη⁴, καὶ τὸ μνῆμα⁵ αὐτοῦ ἔστιν ἐν ἡμῖν ἄχρι τῆς ἡμέρας ταύτης. **30** προφήτης οὖν ὑπάρχων καὶ εἰδὼς⁶ ὅτι ὅρκῳ⁷ ὤμοσεν⁸ αὐτῷ ὁ θεὸς ἐκ καρποῦ τῆς ὀσφύος⁹ αὐτοῦ καθίσαι¹⁰ ἐπὶ τὸν θρόνον αὐτοῦ, **31** προϊδὼν¹¹ ἐλάλησεν περὶ τῆς ἀναστάσεως τοῦ Χριστοῦ ὅτι οὔτε ἐγκατελείφθη¹² εἰς ᾅδην¹³ οὔτε ἡ σὰρξ αὐτοῦ εἶδεν διαφθοράν. **32** τοῦτον τὸν Ἰησοῦν ἀνέστησεν¹⁴ ὁ θεός, οὗ πάντες ἡμεῖς ἐσμεν μάρτυρες· **33** τῇ δεξιᾷ οὖν τοῦ θεοῦ ὑψωθείς¹⁵, τήν τε ἐπαγγελίαν τοῦ πνεύματος τοῦ ἁγίου λαβὼν παρὰ τοῦ πατρός, ἐξέχεεν¹⁶ τοῦτο ὃ ὑμεῖς βλέπετε καὶ ἀκούετε. **34** οὐ γὰρ Δαυὶδ ἀνέβη¹⁷ εἰς τοὺς οὐρανούς, λέγει δὲ αὐτός·

εἶπεν ὁ κύριος τῷ κυρίῳ μου· κάθου¹⁸ ἐκ δεξιῶν μου,
35 ἕως ἂν θῶ¹⁹ τοὺς ἐχθρούς σου ὑποπόδιον²⁰ τῶν ποδῶν σου.

36 ἀσφαλῶς²¹ οὖν γινωσκέτω πᾶς οἶκος Ἰσραὴλ ὅτι καὶ κύριον αὐτὸν καὶ χριστὸν ἐποίησεν ὁ θεός, τοῦτον τὸν Ἰησοῦν ὃν ὑμεῖς ἐσταυρώσατε.

37 Ἀκούσαντες δὲ κατενύγησαν²² τὴν καρδίαν εἶπόν τε πρὸς τὸν Πέτρον καὶ τοὺς λοιποὺς ἀποστόλους· τί ποιήσωμεν, ἄνδρες ἀδελφοί; **38** Πέτρος δὲ πρὸς αὐτούς· μετανοήσατε, φησίν, καὶ βαπτισθήτω ἕκαστος ὑμῶν ἐπὶ τῷ ὀνόματι Ἰησοῦ Χριστοῦ εἰς ἄφεσιν²³ τῶν ἁμαρτιῶν ὑμῶν καὶ λήμψεσθε²⁴ τὴν δωρεὰν²⁵ τοῦ ἁγίου πνεύματος. **39** ὑμῖν γάρ ἐστιν ἡ ἐπαγγελία καὶ τοῖς τέκνοις ὑμῶν καὶ πᾶσιν τοῖς εἰς μακράν²⁶, ὅσους ἂν προσκαλέσηται²⁷ κύριος ὁ θεὸς ἡμῶν. **40** ἑτέροις τε λόγοις πλείοσιν²⁸ διεμαρτύρατο²⁹ καὶ παρεκάλει αὐτοὺς λέγων· σώθητε ἀπὸ τῆς γενεᾶς τῆς σκολιᾶς³⁰ ταύτης. **41** οἱ μὲν οὖν ἀποδεξάμενοι³¹ τὸν λόγον αὐτοῦ ἐβαπτίσθησαν καὶ προσετέθησαν³² ἐν τῇ ἡμέρᾳ ἐκείνῃ ψυχαὶ ὡσεὶ³³ τρισχίλιαι³⁴.

---

[1] ἔξεστιν pres act ptc n s nom, impers it is proper/fitting
[2] πατριάρχης, -ου m, patriarch/ancestor
[3] τελευτάω 3s aor act ind, die
[4] θάπτω 3s aor pas ind, bury
[5] μνῆμα, -τος n, tomb
[6] οἶδα pf act ptc m s nom, know
[7] ὅρκος, -ου m, oath
[8] ὀμνύω 3s aor act ind, promise
[9] ὀσφῦς, -ύος f, reproductive organs
[10] καθίζω aor act inf, sit
[11] προοράω aor act ptc m s nom, see in advance
[12] ἐγκαταλείπω 3s aor pas ind, abandon
[13] ᾅδης, -ου m, grave/world of the dead
[14] ἀνίστημι 3s aor act ind, raise (to life)
[15] ὑψόω aor pas ptc m s nom, exalt
[16] ἐκχέω 3s aor act ind, pour out
[17] ἀναβαίνω 3s aor act ind, go up
[18] κάθημαι 2s pres mid impv, sit
[19] τίθημι 1s aor act sub, put
[20] ὑποπόδιον, -ου n, footstool
[21] ἀσφαλῶς, adv, for certain
[22] κατανύσσομαι 3p aor pas ind, be stabbed (κ. τὴν καρδίαν be deeply troubled)
[23] ἄφεσις, -εως f, forgiveness
[24] λαμβάνω 2p fut mid ind, receive
[25] δωρεά, -ᾶς f, gift
[26] μακράν, adv, far off (εἰς μ. far away)
[27] προσκαλέομαι 3s aor mid sub, call to oneself
[28] πολύς, many (comp)
[29] διαμαρτύρομαι 3s aor mid ind, say emphatically/warn
[30] σκολιός, -ά/όν, crooked
[31] ἀποδέχομαι aor mid ptc m p nom, receive
[32] προστίθημι 3p aor pas ind, add
[33] ὡσεί, particle of comparison, about
[34] τρισχίλιοι, -αι/α, three thousand

Life among the Believers

42 Ἦσαν δὲ προσκαρτεροῦντες¹ τῇ διδαχῇ² τῶν ἀποστόλων καὶ τῇ κοινωνίᾳ³, τῇ κλάσει⁴ τοῦ ἄρτου καὶ ταῖς προσευχαῖς. **43** ἐγίνετο⁵ δὲ πάσῃ ψυχῇ φόβος, πολλά τε τέρατα⁶ καὶ σημεῖα διὰ τῶν ἀποστόλων ἐγίνετο. **44** πάντες δὲ οἱ πιστεύοντες ἦσαν ἐπὶ τὸ αὐτὸ καὶ εἶχον ἅπαντα κοινά⁷ **45** καὶ τὰ κτήματα⁸ καὶ τὰς ὑπάρξεις⁹ ἐπίπρασκον¹⁰ καὶ διεμέριζον¹¹ αὐτὰ πᾶσιν καθότι¹² ἄν τις χρείαν εἶχεν· **46** καθ' ἡμέραν τε προσκαρτεροῦντες ὁμοθυμαδὸν¹³ ἐν τῷ ἱερῷ, κλῶντές¹⁴ τε κατ' οἶκον ἄρτον, μετελάμβανον¹⁵ τροφῆς¹⁶ ἐν ἀγαλλιάσει¹⁷ καὶ ἀφελότητι¹⁸ καρδίας **47** αἰνοῦντες¹⁹ τὸν θεὸν καὶ ἔχοντες χάριν πρὸς ὅλον τὸν λαόν. ὁ δὲ κύριος προσετίθει²⁰ τοὺς σῳζομένους καθ' ἡμέραν ἐπὶ τὸ αὐτό.

The Healing at the Temple Gate

3 Πέτρος δὲ καὶ Ἰωάννης ἀνέβαινον εἰς τὸ ἱερὸν ἐπὶ τὴν ὥραν τῆς προσευχῆς τὴν ἐνάτην²¹. **2** καί τις ἀνὴρ χωλὸς²² ἐκ κοιλίας²³ μητρὸς αὐτοῦ ὑπάρχων ἐβαστάζετο²⁴, ὃν ἐτίθουν²⁵ καθ' ἡμέραν πρὸς τὴν θύραν τοῦ ἱεροῦ τὴν λεγομένην Ὡραίαν²⁶ τοῦ αἰτεῖν ἐλεημοσύνην²⁷ παρὰ τῶν εἰσπορευομένων²⁸ εἰς τὸ ἱερόν· **3** ὃς ἰδὼν Πέτρον καὶ Ἰωάννην μέλλοντας εἰσιέναι²⁹ εἰς τὸ ἱερόν, ἠρώτα ἐλεημοσύνην λαβεῖν. **4** ἀτενίσας³⁰ δὲ Πέτρος εἰς αὐτὸν σὺν τῷ Ἰωάννῃ εἶπεν· βλέψον³¹ εἰς ἡμᾶς. **5** ὁ δὲ ἐπεῖχεν³² αὐτοῖς προσδοκῶν³³ τι παρ' αὐτῶν λαβεῖν. **6** εἶπεν δὲ Πέτρος· ἀργύριον³⁴ καὶ χρυσίον³⁵ οὐχ ὑπάρχει μοι, ὃ δὲ ἔχω τοῦτό σοι δίδωμι· ἐν τῷ ὀνόματι Ἰησοῦ Χριστοῦ τοῦ Ναζωραίου ἔγειρε καὶ περιπάτει. **7** καὶ πιάσας³⁶ αὐτὸν τῆς δεξιᾶς χειρὸς ἤγειρεν αὐτόν· παραχρῆμα³⁷ δὲ ἐστερεώθησαν³⁸ αἱ βάσεις³⁹ αὐτοῦ καὶ τὰ σφυδρά⁴⁰,

---

¹ προσκαρτερέω pres act ptc m p nom, devote oneself to
² διδαχή, -ῆς f, teaching
³ κοινωνία, -ας f, fellowship
⁴ κλάσις, -εως f, breaking
⁵ γίνομαι 3s impf mid ind, be/become
⁶ τέρας, -ατος n, a wonder
⁷ κοινός, -ή/όν, in common
⁸ κτῆμα, -τος n, property
⁹ ὕπαρξις, -εως f, possession
¹⁰ πιπράσκω 3p impf act ind, sell
¹¹ διαμερίζω 3p impf act ind, distribute
¹² καθότι, conj, in so far as
¹³ ὁμοθυμαδόν, adv, with a single purpose
¹⁴ κλάω pres act ptc m p nom, break
¹⁵ μεταλαμβάνω 3p impf act ind, share in
¹⁶ τροφή, -ῆς f, food
¹⁷ ἀγαλλίασις, -εως f, gladness
¹⁸ ἀφελότης, -ητος f, generosity/sincerity
¹⁹ αἰνέω pres act ptc m p nom, praise
²⁰ προστίθημι 3s impf act ind, add
²¹ ἔνατος, -η/ον, ninth
²² χωλός, -ή/όν, lame
²³ κοιλία, -ας f, womb (ἐκ κ. μητρός from birth)
²⁴ βαστάζω 3p impf pas ind, carry
²⁵ τίθημι 3p impf act ind, put
²⁶ ὡραῖος, -α/ον, beautiful
²⁷ ἐλεημοσύνη, -ης f, money given to a needy person
²⁸ εἰσπορεύομαι pres mid ptc m p gen, go/come in
²⁹ εἴσειμι pres act inf, enter
³⁰ ἀτενίζω aor act ptc m s nom, look straight at
³¹ βλέπω 2s aor act impv, look
³² ἐπέχω 3s impf act ind, give close attention to
³³ προσδοκάω pres act ptc m s nom, expect
³⁴ ἀργύριον, -ου n, silver coin
³⁵ χρυσίον, -ου n, gold coin
³⁶ πιάζω aor act ptc m s nom, take hold of
³⁷ παραχρῆμα, adv, at once
³⁸ στερεόω 3p aor pas ind, make strong
³⁹ βάσις, -εως f, foot
⁴⁰ σφυδρόν, -οῦ n, ankle

8 καὶ ἐξαλλόμενος¹ ἔστη² καὶ περιεπάτει καὶ εἰσῆλθεν σὺν αὐτοῖς εἰς τὸ ἱερὸν περιπατῶν καὶ ἁλλόμενος³ καὶ αἰνῶν⁴ τὸν θεόν. 9 καὶ εἶδεν πᾶς ὁ λαὸς αὐτὸν περιπατοῦντα καὶ αἰνοῦντα τὸν θεόν· 10 ἐπεγίνωσκον⁵ δὲ αὐτὸν ὅτι αὐτὸς ἦν ὁ πρὸς τὴν ἐλεημοσύνην⁶ καθήμενος ἐπὶ τῇ ὡραίᾳ⁷ πύλῃ⁸ τοῦ ἱεροῦ καὶ ἐπλήσθησαν⁹ θάμβους¹⁰ καὶ ἐκστάσεως¹¹ ἐπὶ τῷ συμβεβηκότι¹² αὐτῷ.

Peter's Speech in Solomon's Portico

11 Κρατοῦντος δὲ αὐτοῦ τὸν Πέτρον καὶ τὸν Ἰωάννην συνέδραμεν¹³ πᾶς ὁ λαὸς πρὸς αὐτοὺς ἐπὶ τῇ στοᾷ¹⁴ τῇ καλουμένῃ Σολομῶντος ἔκθαμβοι¹⁵. 12 ἰδὼν δὲ ὁ Πέτρος ἀπεκρίνατο πρὸς τὸν λαόν· ἄνδρες Ἰσραηλῖται, τί θαυμάζετε ἐπὶ τούτῳ ἢ ἡμῖν τί ἀτενίζετε¹⁶ ὡς ἰδίᾳ δυνάμει ἢ εὐσεβείᾳ¹⁷ πεποιηκόσιν τοῦ περιπατεῖν αὐτόν; 13 ὁ θεὸς Ἀβραὰμ καὶ Ἰσαὰκ καὶ Ἰακώβ, ὁ θεὸς τῶν πατέρων ἡμῶν, ἐδόξασεν τὸν παῖδα αὐτοῦ Ἰησοῦν ὃν ὑμεῖς μὲν παρεδώκατε καὶ ἠρνήσασθε¹⁸ κατὰ πρόσωπον Πιλάτου, κρίναντος ἐκείνου ἀπολύειν· 14 ὑμεῖς δὲ τὸν ἅγιον καὶ δίκαιον ἠρνήσασθε καὶ ᾐτήσασθε¹⁹ ἄνδρα φονέα²⁰ χαρισθῆναι²¹ ὑμῖν, 15 τὸν δὲ ἀρχηγὸν²² τῆς ζωῆς ἀπεκτείνατε ὃν ὁ θεὸς ἤγειρεν ἐκ νεκρῶν, οὗ ἡμεῖς μάρτυρές ἐσμεν. 16 καὶ ἐπὶ τῇ πίστει τοῦ ὀνόματος αὐτοῦ τοῦτον ὃν θεωρεῖτε καὶ οἴδατε, ἐστερέωσεν²³ τὸ ὄνομα αὐτοῦ, καὶ ἡ πίστις ἡ δι' αὐτοῦ ἔδωκεν αὐτῷ τὴν ὁλοκληρίαν²⁴ ταύτην ἀπέναντι²⁵ πάντων ὑμῶν. 17 καὶ νῦν, ἀδελφοί, οἶδα ὅτι κατὰ ἄγνοιαν²⁶ ἐπράξατε²⁷ ὥσπερ καὶ οἱ ἄρχοντες ὑμῶν· 18 ὁ δὲ θεός, ἃ προκατήγγειλεν²⁸ διὰ στόματος πάντων τῶν προφητῶν παθεῖν²⁹ τὸν χριστὸν αὐτοῦ, ἐπλήρωσεν οὕτως. 19 μετανοήσατε οὖν καὶ ἐπιστρέψατε³⁰ εἰς τὸ ἐξαλειφθῆναι³¹ ὑμῶν τὰς ἁμαρτίας, 20 ὅπως ἂν ἔλθωσιν³² καιροὶ ἀναψύξεως³³ ἀπὸ προσώπου τοῦ κυρίου καὶ ἀποστείλῃ³⁴ τὸν προκεχειρισμένον³⁵ ὑμῖν χριστὸν Ἰησοῦν, 21 ὃν δεῖ οὐρανὸν μὲν δέξασθαι³⁶ ἄχρι χρόνων

---

1 ἐξάλλομαι *pres mid ptc m s nom*, jump up
2 ἵστημι *3s aor act ind, intrans* stand
3 ἅλλομαι *pres mid ptc m s nom*, leap
4 αἰνέω *pres act ptc m s nom*, praise
5 ἐπιγινώσκω *3p impf act ind*, recognize
6 ἐλεημοσύνη, -ης f, money given to a needy person
7 ὡραῖος, -α/ον, beautiful
8 πύλη, -ης f, gate
9 πίμπλημι *3p aor pas ind*, fill
10 θάμβος, -ους n, wonder
11 ἔκστασις, -εως f, amazement
12 συμβαίνω *pf act ptc n s nom*, happen

13 συντρέχω *3s aor act ind*, run together
14 στοά, -ᾶς f, porch/portico
15 ἔκθαμβος, -ον, greatly surprised
16 ἀτενίζω *2p pres act ind*, stare
17 εὐσέβεια, -ας f, godliness
18 ἀρνέομαι *2p aor act ind*, deny/disown
19 αἰτέω *2p aor mid ind*, ask
20 φονεύς, -έως m, murderer
21 χαρίζομαι *aor pas inf*, give
22 ἀρχηγός, -οῦ m, originator
23 στερεόω *3s aor act ind*, make strong
24 ὁλοκληρία, -ας f, perfect health
25 ἀπέναντι, *prep + gen*, in full view of

26 ἄγνοια, -ας f, ignorance
27 πράσσω *2p aor act ind, intrans* act
28 προκαταγγέλλω *3s aor act ind*, announce beforehand
29 πάσχω *aor act inf*, suffer
30 ἐπιστρέφω *2p aor act impv, intrans* turn
31 ἐξαλείφω *aor pas inf*, wipe away
32 ἔρχομαι *3p aor act sub*, come
33 ἀνάψυξις, -εως f, refreshing/renewal
34 ἀποστέλλω *3s aor act sub*, send
35 προχειρίζομαι *pf mid ptc m s acc, mid* appoint
36 δέχομαι *aor mid inf*, receive

ἀποκαταστάσεως¹ πάντων ὧν ἐλάλησεν ὁ θεὸς διὰ στόματος τῶν ἁγίων ἀπ' αἰῶνος αὐτοῦ προφητῶν. **22** Μωϋσῆς μὲν εἶπεν ὅτι **προφήτην ὑμῖν ἀναστήσει² κύριος ὁ θεὸς ὑμῶν ἐκ τῶν ἀδελφῶν ὑμῶν ὡς ἐμέ· αὐτοῦ ἀκούσεσθε κατὰ πάντα ὅσα ἂν λαλήσῃ πρὸς ὑμᾶς. 23 ἔσται δὲ πᾶσα ψυχὴ ἥτις ἐὰν μὴ ἀκούσῃ τοῦ προφήτου ἐκείνου ἐξολεθρευθήσεται³ ἐκ τοῦ λαοῦ. 24** καὶ πάντες δὲ οἱ προφῆται ἀπὸ Σαμουὴλ καὶ τῶν καθεξῆς⁴ ὅσοι ἐλάλησαν καὶ κατήγγειλαν⁵ τὰς ἡμέρας ταύτας. **25** ὑμεῖς ἐστε οἱ υἱοὶ τῶν προφητῶν καὶ τῆς διαθήκης ἧς διέθετο⁶ ὁ θεὸς πρὸς τοὺς πατέρας ὑμῶν λέγων πρὸς Ἀβραάμ· **καὶ ἐν τῷ σπέρματί σου ἐνευλογηθήσονται⁷ πᾶσαι αἱ πατριαὶ⁸ τῆς γῆς. 26** ὑμῖν πρῶτον ἀναστήσας⁹ ὁ θεὸς τὸν παῖδα¹⁰ αὐτοῦ ἀπέστειλεν¹¹ αὐτὸν εὐλογοῦντα ὑμᾶς ἐν τῷ ἀποστρέφειν¹² ἕκαστον ἀπὸ τῶν πονηριῶν¹³ ὑμῶν.

Peter and John before the Council

4 Λαλούντων δὲ αὐτῶν πρὸς τὸν λαὸν ἐπέστησαν¹⁴ αὐτοῖς οἱ ἱερεῖς καὶ ὁ στρατηγὸς¹⁵ τοῦ ἱεροῦ καὶ οἱ Σαδδουκαῖοι, **2** διαπονούμενοι¹⁶ διὰ τὸ διδάσκειν αὐτοὺς τὸν λαὸν καὶ καταγγέλλειν¹⁷ ἐν τῷ Ἰησοῦ τὴν ἀνάστασιν τὴν ἐκ νεκρῶν, **3** καὶ ἐπέβαλον¹⁸ αὐτοῖς τὰς χεῖρας καὶ ἔθεντο¹⁹ εἰς τήρησιν²⁰ εἰς τὴν αὔριον²¹· ἦν γὰρ ἑσπέρα²² ἤδη. **4** πολλοὶ δὲ τῶν ἀκουσάντων τὸν λόγον ἐπίστευσαν καὶ ἐγενήθη²³ ὁ ἀριθμὸς²⁴ τῶν ἀνδρῶν ὡσεὶ²⁵ χιλιάδες²⁶ πέντε.

5 Ἐγένετο δὲ ἐπὶ τὴν αὔριον συναχθῆναι²⁷ αὐτῶν τοὺς ἄρχοντας καὶ τοὺς πρεσβυτέρους καὶ τοὺς γραμματεῖς ἐν Ἰερουσαλήμ, **6** καὶ Ἄννας ὁ ἀρχιερεὺς καὶ Καϊάφας καὶ Ἰωάννης καὶ Ἀλέξανδρος καὶ ὅσοι ἦσαν ἐκ γένους²⁸ ἀρχιερατικοῦ²⁹, **7** καὶ στήσαντες³⁰ αὐτοὺς ἐν τῷ μέσῳ ἐπυνθάνοντο³¹· ἐν ποίᾳ δυνάμει ἢ ἐν ποίῳ ὀνόματι ἐποιήσατε τοῦτο ὑμεῖς; **8** τότε Πέτρος πλησθεὶς³² πνεύματος ἁγίου εἶπεν πρὸς αὐτούς· ἄρχοντες τοῦ λαοῦ καὶ πρεσβύτεροι, **9** εἰ ἡμεῖς σήμερον ἀνακρινόμεθα³³

---

1 ἀποκατάστασις, -εως f, restoration
2 ἀνίστημι 3s fut act ind, raise up
3 ἐξολεθρεύω 3s fut pas ind, destroy/cut off
4 καθεξῆς, adv, in order (οἱ κ. the successors)
5 καταγγέλλω 3p act ind, proclaim
6 διατίθημι 3s aor mid ind, make (of a covenant)
7 ἐνευλογέω 3p fut pas ind, bless
8 πατριά, -ᾶς f, nation
9 ἀνίστημι aor act ptc m s nom, raise up
10 παῖς, παιδός m & f, servant/child
11 ἀποστέλλω 3s aor act ind, send
12 ἀποστρέφω pres act inf, turn away
13 πονηρία, -ας f, evil
14 ἐφίστημι 3p aor act ind, come up
15 στρατηγός, -οῦ m, captain (ὁ σ. τοῦ ἱεροῦ captain of the temple guard)
16 διαπονέομαι pres mid ptc m p nom, be greatly annoyed
17 καταγγέλλω pres act inf, proclaim
18 ἐπιβάλλω 3p aor act ind, put on
19 τίθημι 3p aor act ind, mid put
20 τήρησις, -εως f, custody
21 αὔριον, adv, tomorrow
22 ἑσπέρα, -ας f, evening
23 γίνομαι 3s aor pas ind, be/become
24 ἀριθμός, -οῦ m, number
25 ὡσεί, like
26 χιλιάς, -άδος f, (group of) a thousand
27 συνάγω aor pas inf, pas gather together
28 γένος, -ους n, family
29 ἀρχιερατικός, -όν, highpriestly
30 ἵστημι aor act ptc m p nom, set
31 πυνθάνομαι 3p impf mid ind, question
32 πίμπλημι aor pas ptc m s nom, fill
33 ἀνακρίνω 1p pres pas ind, question

ἐπὶ εὐεργεσίᾳ¹ ἀνθρώπου ἀσθενοῦς² ἐν τίνι οὗτος σέσωται³, 10 γνωστὸν⁴ ἔστω⁵ πᾶσιν ὑμῖν καὶ παντὶ τῷ λαῷ Ἰσραὴλ ὅτι ἐν τῷ ὀνόματι Ἰησοῦ Χριστοῦ τοῦ Ναζωραίου ὃν ὑμεῖς ἐσταυρώσατε, ὃν ὁ θεὸς ἤγειρεν ἐκ νεκρῶν, ἐν τούτῳ οὗτος παρέστηκεν⁶ ἐνώπιον ὑμῶν ὑγιής⁷. 11 οὗτός ἐστιν ὁ λίθος, ὁ ἐξουθενηθεὶς⁸ ὑφ' ὑμῶν τῶν οἰκοδόμων⁹, ὁ γενόμενος εἰς κεφαλὴν γωνίας¹⁰. 12 καὶ οὐκ ἔστιν ἐν ἄλλῳ οὐδενὶ ἡ σωτηρία, οὐδὲ γὰρ ὄνομά ἐστιν ἕτερον ὑπὸ τὸν οὐρανὸν τὸ δεδομένον ἐν ἀνθρώποις ἐν ᾧ δεῖ σωθῆναι ἡμᾶς.

13 Θεωροῦντες δὲ τὴν τοῦ Πέτρου παρρησίαν καὶ Ἰωάννου καὶ καταλαβόμενοι¹¹ ὅτι ἄνθρωποι ἀγράμματοί¹² εἰσιν καὶ ἰδιῶται¹³, ἐθαύμαζον ἐπεγίνωσκόν τε αὐτοὺς ὅτι σὺν τῷ Ἰησοῦ ἦσαν, 14 τόν τε ἄνθρωπον βλέποντες σὺν αὐτοῖς ἑστῶτα¹⁴ τὸν τεθεραπευμένον οὐδὲν εἶχον¹⁵ ἀντειπεῖν¹⁶. 15 κελεύσαντες¹⁷ δὲ αὐτοὺς ἔξω τοῦ συνεδρίου¹⁸ ἀπελθεῖν συνέβαλλον¹⁹ πρὸς ἀλλήλους 16 λέγοντες· τί ποιήσωμεν τοῖς ἀνθρώποις τούτοις; ὅτι μὲν γὰρ γνωστὸν²⁰ σημεῖον γέγονεν δι' αὐτῶν πᾶσιν τοῖς κατοικοῦσιν Ἰερουσαλὴμ φανερὸν²¹ καὶ οὐ δυνάμεθα ἀρνεῖσθαι· 17 ἀλλ' ἵνα μὴ ἐπὶ πλεῖον²² διανεμηθῇ²³ εἰς τὸν λαὸν ἀπειλησώμεθα²⁴ αὐτοῖς μηκέτι²⁵ λαλεῖν ἐπὶ τῷ ὀνόματι τούτῳ μηδενὶ ἀνθρώπων. 18 καὶ καλέσαντες αὐτοὺς παρήγγειλαν τὸ καθόλου²⁶ μὴ φθέγγεσθαι²⁷ μηδὲ διδάσκειν ἐπὶ τῷ ὀνόματι τοῦ Ἰησοῦ. 19 ὁ δὲ Πέτρος καὶ Ἰωάννης ἀποκριθέντες εἶπον πρὸς αὐτούς· εἰ δίκαιόν ἐστιν ἐνώπιον τοῦ θεοῦ ὑμῶν ἀκούειν μᾶλλον ἢ τοῦ θεοῦ, κρίνατε· 20 οὐ δυνάμεθα γὰρ ἡμεῖς ἃ εἴδαμεν καὶ ἠκούσαμεν μὴ λαλεῖν. 21 οἱ δὲ προσαπειλησάμενοι²⁸ ἀπέλυσαν αὐτούς, μηδὲν εὑρίσκοντες τὸ πῶς κολάσωνται²⁹ αὐτούς, διὰ τὸν λαόν, ὅτι πάντες ἐδόξαζον τὸν θεὸν ἐπὶ τῷ γεγονότι³⁰. 22 ἐτῶν γὰρ ἦν πλειόνων τεσσεράκοντα³¹ ὁ ἄνθρωπος ἐφ' ὃν γεγόνει τὸ σημεῖον τοῦτο τῆς ἰάσεως³².

---

¹ εὐεργεσία, -ας f, act of kindness
² ἀσθενής, -ές, cripple
³ σῴζω 3s pf pas ind, make well
⁴ γνωστός, -ή/όν, known
⁵ εἰμί 3s pres act impv, be
⁶ παρίστημι 3s pf act ind, intrans stand
⁷ ὑγιής, -ές, well
⁸ ἐξουθενέω aor pas ptc m s nom, despise
⁹ οἰκοδόμος, -ου m, builder
¹⁰ γωνία, -ας f, corner (κεφαλὴ γ. main corner stone)

¹¹ καταλαμβάνω aor mid ptc m p nom, mid realize
¹² ἀγράμματος, -ον, uneducated
¹³ ἰδιώτης, -ου m, ordinary person
¹⁴ ἵστημι pf act ptc m s acc, intrans stand
¹⁵ ἔχω 3p impf act ind, have
¹⁶ ἀντιλέγω aor act inf, oppose
¹⁷ κελεύω aor act ptc m p nom, order
¹⁸ συνέδριον, -ου n, council room
¹⁹ συμβάλλω 3p impf act ind, confer
²⁰ γνωστός, -ή/όν, known
²¹ φανερός, -ά/όν, evident

²² πολύς, much (comp)
²³ διανέμω 3s aor pas sub, spread
²⁴ ἀπειλέω 1p aor mid sub, warn
²⁵ μηκέτι, adv, no longer
²⁶ καθόλου, adv, completely (κ. μή under no condition)
²⁷ φθέγγομαι pres mid inf, speak
²⁸ προσαπειλέω aor mid ptc m p nom, threaten further
²⁹ κολάζω 3p aor mid sub, punish
³⁰ γίνομαι pf act ptc n s dat, happen
³¹ τεσσεράκοντα, forty
³² ἴασις, -εως f, healing

The Believers Pray for Boldness

23 Ἀπολυθέντες δὲ ἦλθον πρὸς τοὺς ἰδίους καὶ ἀπήγγειλαν[1] ὅσα πρὸς αὐτοὺς οἱ ἀρχιερεῖς καὶ οἱ πρεσβύτεροι εἶπαν. 24 οἱ δὲ ἀκούσαντες ὁμοθυμαδὸν[2] ἦραν[3] φωνὴν πρὸς τὸν θεὸν καὶ εἶπαν· δέσποτα[4], σὺ ὁ ποιήσας τὸν οὐρανὸν καὶ τὴν γῆν καὶ τὴν θάλασσαν καὶ πάντα τὰ ἐν αὐτοῖς, 25 ὁ τοῦ πατρὸς ἡμῶν διὰ πνεύματος ἁγίου στόματος Δαυὶδ παιδός[5] σου εἰπών·
ἱνατί[6] ἐφρύαξαν[7] ἔθνη
καὶ λαοὶ ἐμελέτησαν[8] κενά[9];
26 παρέστησαν[10] οἱ βασιλεῖς τῆς γῆς
καὶ οἱ ἄρχοντες συνήχθησαν[11] ἐπὶ τὸ αὐτὸ
κατὰ τοῦ κυρίου καὶ κατὰ τοῦ χριστοῦ αὐτοῦ.
27 συνήχθησαν γὰρ ἐπ' ἀληθείας ἐν τῇ πόλει ταύτῃ ἐπὶ τὸν ἅγιον παῖδά σου Ἰησοῦν ὃν ἔχρισας[12], Ἡρῴδης τε καὶ Πόντιος Πιλᾶτος σὺν ἔθνεσιν καὶ λαοῖς Ἰσραήλ, 28 ποιῆσαι ὅσα ἡ χείρ σου καὶ ἡ βουλή[13] σου προώρισεν[14] γενέσθαι[15]. 29 καὶ τὰ νῦν, κύριε, ἔπιδε[16] ἐπὶ τὰς ἀπειλὰς[17] αὐτῶν καὶ δὸς[18] τοῖς δούλοις σου μετὰ παρρησίας πάσης λαλεῖν τὸν λόγον σου, 30 ἐν τῷ τὴν χεῖρά σου ἐκτείνειν[19] σε εἰς ἴασιν[20] καὶ σημεῖα καὶ τέρατα[21] γίνεσθαι διὰ τοῦ ὀνόματος τοῦ ἁγίου παιδός σου Ἰησοῦ. 31 καὶ δεηθέντων[22] αὐτῶν ἐσαλεύθη[23] ὁ τόπος ἐν ᾧ ἦσαν συνηγμένοι[24], καὶ ἐπλήσθησαν[25] ἅπαντες τοῦ ἁγίου πνεύματος καὶ ἐλάλουν τὸν λόγον τοῦ θεοῦ μετὰ παρρησίας.

All Things in Common

32 Τοῦ δὲ πλήθους τῶν πιστευσάντων ἦν καρδία καὶ ψυχὴ μία, καὶ οὐδὲ εἷς τι τῶν ὑπαρχόντων αὐτῷ ἔλεγεν ἴδιον εἶναι ἀλλ' ἦν αὐτοῖς ἅπαντα κοινά[26]. 33 καὶ δυνάμει μεγάλῃ ἀπεδίδουν[27] τὸ μαρτύριον[28] οἱ ἀπόστολοι τῆς ἀναστάσεως τοῦ κυρίου Ἰησοῦ, χάρις τε μεγάλη ἦν ἐπὶ πάντας αὐτούς. 34 οὐδὲ γὰρ ἐνδεής[29] τις ἦν ἐν αὐτοῖς· ὅσοι γὰρ κτήτορες[30] χωρίων[31] ἢ οἰκιῶν ὑπῆρχον, πωλοῦντες[32] ἔφερον

---

[1] ἀπαγγέλλω 3p aor act ind, tell
[2] ὁμοθυμαδόν, adv, with a single purpose
[3] αἴρω 3p aor act ind, raise
[4] δεσπότης, -ου m, Lord
[5] παῖς, παιδός m & f, servant/child
[6] ἱνατί, why?
[7] φρυάσσω 3p pres act ind, rage
[8] μελετάω 3p aor act ind, plan
[9] κενός, -ή/όν, foolish
[10] παρίστημι 3p aor act ind, intrans stand together
[11] συνάγω 3p aor pas ind, pas gather together
[12] χρίω 2s aor act ind, anoint
[13] βουλή, -ῆς f, plan
[14] προορίζω 3s aor act ind, decide in advance
[15] γενέσθαι aor mid inf, happen
[16] ἐφοράω 2s aor act impv, take notice of/consider
[17] ἀπειλή, -ῆς f, threat
[18] δίδωμι 2s aor act impv, let/enable
[19] ἐκτείνω pres act inf, stretch out
[20] ἴασις, -εως f, healing
[21] τέρας, -ατος n, a wonder
[22] δέομαι aor pas ptc m p gen, pray
[23] σαλεύω 3s aor pas ind, shake
[24] συνάγω pf pas ptc m p nom, pas gather together
[25] πίμπλημι 3p aor pas ind, fill
[26] κοινός, -ή/όν, in common
[27] ἀποδίδωμι 3p impf act ind, give
[28] μαρτύριον, -ου n, testimony
[29] ἐνδεής, -ές, needy
[30] κτήτωρ, -ορος m, owner
[31] χωρίον, -ου n, field
[32] πωλέω pres act ptc m p nom, sell

τὰς τιμὰς τῶν πιπρασκομένων¹ 35 καὶ ἐτίθουν² παρὰ τοὺς πόδας τῶν ἀποστόλων, διεδίδετο³ δὲ ἑκάστῳ καθότι⁴ ἄν τις χρείαν εἶχεν. 36 Ἰωσὴφ δὲ ὁ ἐπικληθεὶς⁵ Βαρναβᾶς ἀπὸ τῶν ἀποστόλων, ὅ ἐστιν μεθερμηνευόμενον⁶ υἱὸς παρακλήσεως⁷, Λευίτης, Κύπριος τῷ γένει⁸, 37 ὑπάρχοντος αὐτῷ ἀγροῦ πωλήσας ἤνεγκεν⁹ τὸ χρῆμα¹⁰ καὶ ἔθηκεν¹¹ πρὸς τοὺς πόδας τῶν ἀποστόλων.

Ananias and Sapphira

5 Ἀνὴρ δέ τις Ἀνανίας ὀνόματι σὺν Σαπφίρῃ τῇ γυναικὶ αὐτοῦ ἐπώλησεν¹² κτῆμα¹³ 2 καὶ ἐνοσφίσατο¹⁴ ἀπὸ τῆς τιμῆς – συνειδυίης¹⁵ καὶ τῆς γυναικός – καὶ ἐνέγκας¹⁶ μέρος τι παρὰ τοὺς πόδας τῶν ἀποστόλων ἔθηκεν¹⁷. 3 εἶπεν δὲ ὁ Πέτρος· Ἀνανία, διὰ τί ἐπλήρωσεν ὁ σατανᾶς τὴν καρδίαν σου, ψεύσασθαί¹⁸ σε τὸ πνεῦμα τὸ ἅγιον καὶ νοσφίσασθαι¹⁹ ἀπὸ τῆς τιμῆς τοῦ χωρίου²⁰; 4 οὐχὶ μένον σοὶ ἔμενεν καὶ πραθὲν²¹ ἐν τῇ σῇ²² ἐξουσίᾳ ὑπῆρχεν²³; τί ὅτι ἔθου²⁴ ἐν τῇ καρδίᾳ σου τὸ πρᾶγμα²⁵ τοῦτο; οὐκ ἐψεύσω²⁶ ἀνθρώποις ἀλλὰ τῷ θεῷ. 5 ἀκούων δὲ ὁ Ἀνανίας τοὺς λόγους τούτους πεσὼν²⁷ ἐξέψυξεν²⁸, καὶ ἐγένετο φόβος μέγας ἐπὶ πάντας τοὺς ἀκούοντας. 6 ἀναστάντες²⁹ δὲ οἱ νεώτεροι³⁰ συνέστειλαν³¹ αὐτὸν καὶ ἐξενέγκαντες³² ἔθαψαν³³.

7 Ἐγένετο δὲ ὡς ὡρῶν τριῶν διάστημα³⁴, καὶ ἡ γυνὴ αὐτοῦ μὴ εἰδυῖα³⁵ τὸ γεγονὸς³⁶ εἰσῆλθεν. 8 ἀπεκρίθη δὲ πρὸς αὐτὴν Πέτρος· εἰπέ³⁷ μοι, εἰ τοσούτου³⁸ τὸ χωρίον ἀπέδοσθε³⁹; ἡ δὲ εἶπεν· ναί, τοσούτου. 9 ὁ δὲ Πέτρος πρὸς αὐτήν· τί ὅτι συνεφωνήθη⁴⁰ ὑμῖν πειράσαι τὸ πνεῦμα κυρίου; ἰδοὺ οἱ πόδες τῶν θαψάντων⁴¹

---

1 πιπράσκω pres pas ptc n p gen, sell
2 τίθημι 3p impf act ind, place
3 διαδίδωμι 3s impf pas ind, distribute
4 καθότι, conj, as
5 ἐπικαλέω aor pas ptc m s nom, call
6 μεθερμηνεύω pres pas ptc n s nom, translate (ὅ ἐστιν μ. which means)
7 παράκλησις, -εως f, encouragement
8 γένος, -ους n, nation/people
9 φέρω 3s aor act ind, bring
10 χρῆμα, -τος n, money
11 τίθημι 3s aor act ind, place
12 πωλέω 3s aor act ind, sell
13 κτῆμα, -τος n, piece of land
14 νοσφίζω 3s aor mid ind, mid keep back for oneself
15 σύνοιδα pf act ptc f s gen, share knowledge with
16 φέρω aor act ptc m s nom, bring
17 τίθημι 3s aor act ind, place
18 ψεύδομαι aor mid inf, lie
19 νοσφίζω aor mid inf, mid keep back for oneself
20 χωρίον, -ου n, field
21 πιπράσκω aor pas ptc n s nom, sell
22 σός, σή, σόν, your
23 ὑπάρχω 3s impf act ind, be at one's disposal
24 τίθημι 2s aor mid ind, place (τ. ἐν καρδίᾳ decide)
25 πρᾶγμα, -τος n, deed
26 ψεύδομαι 2s aor mid ind, lie
27 πίπτω aor act ptc m s nom, fall down
28 ἐκψύχω 3s aor act ind, die
29 ἀνίστημι aor act ptc m p nom, intrans stand up
30 νέος, young (comp)
31 συστέλλω 3p aor act ind, wrap up (of the dead)
32 ἐκφέρω aor act ptc m p nom, carry out
33 θάπτω 3p aor act ind, bury
34 διάστημα, -τος n, interval
35 οἶδα pf act ptc f s nom, know
36 γίνομαι pf act ptc n s acc, happen
37 λέγω 2s aor act impv, tell
38 τοσοῦτος, -αύτη/οῦτον, so much
39 ἀποδίδωμι 2p aor mid ind, mid sell
40 συμφωνέω 3s aor pas ind, agree with (συνεφωνήθη ὑμῖν [the two of] you agreed)
41 θάπτω aor act ptc m p gen, bury

τὸν ἄνδρα σου ἐπὶ τῇ θύρᾳ καὶ ἐξοίσουσίν¹ σε. 10 ἔπεσεν² δὲ παραχρῆμα³ πρὸς τοὺς πόδας αὐτοῦ καὶ ἐξέψυξεν⁴· εἰσελθόντες δὲ οἱ νεανίσκοι⁵ εὗρον⁶ αὐτὴν νεκρὰν καὶ ἐξενέγκαντες⁷ ἔθαψαν⁸ πρὸς τὸν ἄνδρα αὐτῆς, 11 καὶ ἐγένετο φόβος μέγας ἐφ᾽ ὅλην τὴν ἐκκλησίαν καὶ ἐπὶ πάντας τοὺς ἀκούοντας ταῦτα.

Many Signs and Wonders

12 Διὰ δὲ τῶν χειρῶν τῶν ἀποστόλων ἐγίνετο⁹ σημεῖα καὶ τέρατα¹⁰ πολλὰ ἐν τῷ λαῷ. καὶ ἦσαν ὁμοθυμαδὸν¹¹ ἅπαντες ἐν τῇ στοᾷ¹² Σολομῶντος, **13** τῶν δὲ λοιπῶν οὐδεὶς ἐτόλμα¹³ κολλᾶσθαι¹⁴ αὐτοῖς, ἀλλ᾽ ἐμεγάλυνεν¹⁵ αὐτοὺς ὁ λαός. **14** μᾶλλον δὲ προσετίθεντο¹⁶ πιστεύοντες τῷ κυρίῳ, πλήθη ἀνδρῶν τε καὶ γυναικῶν, **15** ὥστε καὶ εἰς τὰς πλατείας¹⁷ ἐκφέρειν¹⁸ τοὺς ἀσθενεῖς¹⁹ καὶ τιθέναι²⁰ ἐπὶ κλιναρίων²¹ καὶ κραβάττων²², ἵνα ἐρχομένου Πέτρου κἂν²³ ἡ σκιὰ²⁴ ἐπισκιάσῃ²⁵ τινὶ αὐτῶν. **16** συνήρχετο²⁶ δὲ καὶ τὸ πλῆθος τῶν πέριξ²⁷ πόλεων Ἰερουσαλὴμ φέροντες ἀσθενεῖς²⁸ καὶ ὀχλουμένους²⁹ ὑπὸ πνευμάτων ἀκαθάρτων, οἵτινες ἐθεραπεύοντο ἅπαντες.

Persecution of the Apostles

17 Ἀναστὰς³⁰ δὲ ὁ ἀρχιερεὺς καὶ πάντες οἱ σὺν αὐτῷ, ἡ οὖσα αἵρεσις³¹ τῶν Σαδδουκαίων, ἐπλήσθησαν³² ζήλου³³ **18** καὶ ἐπέβαλον³⁴ τὰς χεῖρας ἐπὶ τοὺς ἀποστόλους καὶ ἔθεντο³⁵ αὐτοὺς ἐν τηρήσει³⁶ δημοσίᾳ³⁷. **19** ἄγγελος δὲ κυρίου διὰ νυκτὸς ἀνοίξας³⁸ τὰς θύρας τῆς φυλακῆς ἐξαγαγών³⁹ τε αὐτοὺς εἶπεν· **20** πορεύεσθε καὶ σταθέντες⁴⁰ λαλεῖτε ἐν τῷ ἱερῷ τῷ λαῷ πάντα τὰ ῥήματα τῆς ζωῆς ταύτης. **21** ἀκούσαντες δὲ εἰσῆλθον ὑπὸ τὸν ὄρθρον⁴¹ εἰς τὸ ἱερὸν καὶ ἐδίδασκον.

---

1 ἐκφέρω 3p fut act ind, carry out
2 πίπτω 3s aor act ind, fall down
3 παραχρῆμα, adv, at once
4 ἐκψύχω 3s aor act ind, die
5 νεανίσκος, -ου m, young man
6 εὑρίσκω 3p aor act ind, find
7 ἐκφέρω aor act ptc m p nom, carry out
8 θάπτω 3p aor act ind, bury
9 γίνομαι 3s impf mid ind, happen
10 τέρας, -ατος n, a wonder
11 ὁμοθυμαδόν, adv, with a single purpose
12 στοά, -ᾶς f, porch/portico
13 τολμάω 3s impf act ind, dare
14 κολλάομαι pres pas inf, join
15 μεγαλύνω 3s impf act ind, greatly respect (someone)

16 προστίθημι 3p impf pas ind, add (to)
17 πλατεῖα, -ας f, street
18 ἐκφέρω pres act inf, carry out
19 ἀσθενής, -ές, sick
20 τίθημι pres act inf, place
21 κλινάριον, -ου n, cot
22 κράβαττος, -ου m, mat
23 κἄν, = καὶ ἐάν, at least
24 σκιά, -ᾶς f, shadow
25 ἐπισκιάζω 3s aor aor sub, fall upon (of a shadow)
26 συνέρχομαι 3s impf mid ind, come together
27 πέριξ, adv, nearby
28 ἀσθενής, -ές, sick
29 ὀχλέω pres pas ptc m p acc, trouble
30 ἀνίστημι aor act ptc m s nom, intrans stand up

31 αἵρεσις, -εως f, religious party
32 πίμπλημι 3p aor pas ind, fill
33 ζῆλος, -ου m, jealousy
34 ἐπιβάλλω 3p aor act ind, put on
35 τίθημι 3p aor mid ind, mid put
36 τήρησις, -εως f, jail
37 δημόσιος, -α/ον, public
38 ἀνοίγω aor act ptc m s nom, open
39 ἐξάγω aor act ptc m s nom, bring out
40 ἵστημι aor pas ptc m p nom, pas stand
41 ὄρθρος, -ου m, early morning (ὑπὸ τὸν ὄ. at day break)

παραγενόμενος¹ δὲ ὁ ἀρχιερεὺς καὶ οἱ σὺν αὐτῷ συνεκάλεσαν² τὸ συνέδριον³ καὶ πᾶσαν τὴν γερουσίαν⁴ τῶν υἱῶν Ἰσραὴλ καὶ ἀπέστειλαν⁵ εἰς τὸ δεσμωτήριον⁶ ἀχθῆναι⁷ αὐτούς. 22 οἱ δὲ παραγενόμενοι⁸ ὑπηρέται⁹ οὐχ εὗρον αὐτοὺς ἐν τῇ φυλακῇ· ἀναστρέψαντες¹⁰ δὲ ἀπήγγειλαν¹¹ 23 λέγοντες ὅτι τὸ δεσμωτήριον εὕρομεν κεκλεισμένον¹² ἐν πάσῃ ἀσφαλείᾳ¹³ καὶ τοὺς φύλακας¹⁴ ἑστῶτας¹⁵ ἐπὶ τῶν θυρῶν, ἀνοίξαντες δὲ ἔσω¹⁶ οὐδένα εὕρομεν¹⁷. 24 ὡς δὲ ἤκουσαν τοὺς λόγους τούτους ὅ τε στρατηγὸς¹⁸ τοῦ ἱεροῦ καὶ οἱ ἀρχιερεῖς, διηπόρουν¹⁹ περὶ αὐτῶν τί ἂν γένοιτο²⁰ τοῦτο. 25 παραγενόμενος²¹ δέ τις ἀπήγγειλεν²² αὐτοῖς ὅτι ἰδοὺ οἱ ἄνδρες οὓς ἔθεσθε²³ ἐν τῇ φυλακῇ εἰσὶν ἐν τῷ ἱερῷ ἑστῶτες²⁴ καὶ διδάσκοντες τὸν λαόν. 26 Τότε ἀπελθὼν ὁ στρατηγὸς σὺν τοῖς ὑπηρέταις ἤγαγεν αὐτοὺς οὐ μετὰ βίας²⁵· ἐφοβοῦντο γὰρ τὸν λαὸν μὴ λιθασθῶσιν²⁶.

27 Ἀγαγόντες²⁷ δὲ αὐτοὺς ἔστησαν²⁸ ἐν τῷ συνεδρίῳ²⁹. καὶ ἐπηρώτησεν³⁰ αὐτοὺς ὁ ἀρχιερεὺς 28 λέγων· οὐ παραγγελίᾳ³¹ παρηγγείλαμεν³² ὑμῖν μὴ διδάσκειν ἐπὶ τῷ ὀνόματι τούτῳ, καὶ ἰδοὺ πεπληρώκατε³³ τὴν Ἰερουσαλὴμ τῆς διδαχῆς³⁴ ὑμῶν καὶ βούλεσθε ἐπαγαγεῖν³⁵ ἐφ᾽ ἡμᾶς τὸ αἷμα τοῦ ἀνθρώπου τούτου. 29 ἀποκριθεὶς δὲ Πέτρος καὶ οἱ ἀπόστολοι εἶπαν· πειθαρχεῖν³⁶ δεῖ θεῷ μᾶλλον ἢ ἀνθρώποις. 30 ὁ θεὸς τῶν πατέρων ἡμῶν ἤγειρεν³⁷ Ἰησοῦν ὃν ὑμεῖς διεχειρίσασθε³⁸ κρεμάσαντες³⁹ ἐπὶ ξύλου⁴⁰· 31 τοῦτον ὁ θεὸς ἀρχηγὸν⁴¹ καὶ σωτῆρα⁴² ὕψωσεν⁴³ τῇ δεξιᾷ αὐτοῦ δοῦναι⁴⁴ μετάνοιαν⁴⁵ τῷ Ἰσραὴλ καὶ ἄφεσιν⁴⁶ ἁμαρτιῶν. 32 καὶ ἡμεῖς ἐσμεν μάρτυρες τῶν ῥημάτων τούτων καὶ τὸ πνεῦμα τὸ ἅγιον ὃ ἔδωκεν ὁ θεὸς τοῖς πειθαρχοῦσιν⁴⁷ αὐτῷ.

¹ παραγίνομαι aor mid ptc m s nom, come
² συγκαλέω 3p aor act ind, call together
³ συνέδριον, -ου n, council
⁴ γερουσία, -ας f, leadership
⁵ ἀποστέλλω 3p aor act ind, send
⁶ δεσμωτήριον, -ου n, jail
⁷ ἄγω aor pas inf, bring
⁸ παραγίνομαι aor mid ptc m p nom, come
⁹ ὑπηρέτης, -ου m, officer
¹⁰ ἀναστρέφω aor act ptc m p nom, return
¹¹ ἀπαγγέλλω 3p aor act ind, tell
¹² κλείω pres pas ptc m s acc, lock
¹³ ἀσφάλεια, -ας f, security (ἐν πάσῃ ἀ. securely)
¹⁴ φύλαξ, -ακος m, guard
¹⁵ ἵστημι pf act ptc m p acc, intrans stand
¹⁶ ἔσω, adv, inside
¹⁷ εὑρίσκω 1p aor act ind, find

¹⁸ στρατηγός, -οῦ m, captain (ὁ σ. τοῦ ἱεροῦ captain of the temple guard)
¹⁹ διαπορέω 3p impf act ind, be confused
²⁰ γίνομαι 3s aor mid opt, be/become
²¹ παραγίνομαι aor mid ptc m s nom, come
²² ἀπαγγέλλω 3s aor act ind, tell
²³ τίθημι 2p aor mid ind, mid put
²⁴ ἵστημι pf act ptc m p nom, intrans stand
²⁵ βία, -ας f, force
²⁶ λιθάζω 3p aor pas sub, stone
²⁷ ἄγω aor act ptc m p nom, lead/bring
²⁸ ἵστημι 3p aor act ind, make stand
²⁹ συνέδριον, -ου n, council
³⁰ ἐπερωτάω 3s aor act ind, question
³¹ παραγγελία, -ας f, order

³² παραγγέλλω 1p aor act ind, command (παραγγελίᾳ π. give strict orders)
³³ πληρόω 2p pf act ind, fill
³⁴ διδαχή, -ῆς f, teaching
³⁵ ἐπάγω aor act inf, bring upon
³⁶ πειθαρχέω aor act inf, obey
³⁷ ἐγείρω 3s aor act ind, raise (from the dead)
³⁸ διαχειρίζω 2p aor mid ind, mid kill
³⁹ κρεμάννυμι aor act ptc m p nom, hang
⁴⁰ ξύλον, -ου n, wood
⁴¹ ἀρχηγός, -οῦ m, Leader
⁴² σωτήρ, -ῆρος m, Savior
⁴³ ὑψόω 3s aor act ind, exalt
⁴⁴ δίδωμι aor act inf, give
⁴⁵ μετάνοια, -ας f, repentance
⁴⁶ ἄφεσις, -εως f, forgiveness
⁴⁷ πειθαρχέω pres act ptc m p dat, obey

33 Οἱ δὲ ἀκούσαντες διεπρίοντο¹ καὶ ἐβουλεύοντο ἀνελεῖν² αὐτούς. **34** ἀναστὰς δέ τις ἐν τῷ συνεδρίῳ³ Φαρισαῖος ὀνόματι Γαμαλιήλ, νομοδιδάσκαλος⁴ τίμιος⁵ παντὶ τῷ λαῷ, ἐκέλευσεν⁶ ἔξω βραχὺ⁷ τοὺς ἀνθρώπους ποιῆσαι **35** εἶπέν τε πρὸς αὐτούς· ἄνδρες Ἰσραηλῖται, προσέχετε⁸ ἑαυτοῖς ἐπὶ τοῖς ἀνθρώποις τούτοις τί μέλλετε πράσσειν. **36** πρὸ γὰρ τούτων τῶν ἡμερῶν ἀνέστη⁹ Θευδᾶς λέγων εἶναί τινα ἑαυτόν, ᾧ προσεκλίθη¹⁰ ἀνδρῶν ἀριθμὸς¹¹ ὡς τετρακοσίων¹²· ὃς ἀνῃρέθη¹³, καὶ πάντες ὅσοι ἐπείθοντο αὐτῷ διελύθησαν¹⁴ καὶ ἐγένοντο εἰς οὐδέν. **37** μετὰ τοῦτον ἀνέστη Ἰούδας ὁ Γαλιλαῖος ἐν ταῖς ἡμέραις τῆς ἀπογραφῆς¹⁵ καὶ ἀπέστησεν¹⁶ λαὸν ὀπίσω αὐτοῦ· κἀκεῖνος ἀπώλετο¹⁷ καὶ πάντες ὅσοι ἐπείθοντο αὐτῷ διεσκορπίσθησαν¹⁸. **38** καὶ τὰ νῦν λέγω ὑμῖν, ἀπόστητε¹⁹ ἀπὸ τῶν ἀνθρώπων τούτων καὶ ἄφετε²⁰ αὐτούς, ὅτι ἐὰν ᾖ ἐξ ἀνθρώπων ἡ βουλὴ²¹ αὕτη ἢ τὸ ἔργον τοῦτο, καταλυθήσεται²², **39** εἰ δὲ ἐκ θεοῦ ἐστιν, οὐ δυνήσεσθε καταλῦσαι²³ αὐτούς, μήποτε²⁴ καὶ θεομάχοι²⁵ εὑρεθῆτε²⁶. ἐπείσθησαν²⁷ δὲ αὐτῷ **40** καὶ προσκαλεσάμενοι²⁸ τοὺς ἀποστόλους δείραντες²⁹ παρήγγειλαν μὴ λαλεῖν ἐπὶ τῷ ὀνόματι τοῦ Ἰησοῦ καὶ ἀπέλυσαν. **41** οἱ μὲν οὖν ἐπορεύοντο χαίροντες ἀπὸ προσώπου τοῦ συνεδρίου, ὅτι κατηξιώθησαν³⁰ ὑπὲρ τοῦ ὀνόματος ἀτιμασθῆναι³¹, **42** πᾶσάν τε ἡμέραν ἐν τῷ ἱερῷ καὶ κατ' οἶκον οὐκ ἐπαύοντο³² διδάσκοντες καὶ εὐαγγελιζόμενοι τὸν χριστὸν Ἰησοῦν.

The Appointment of the Seven

6 Ἐν δὲ ταῖς ἡμέραις ταύταις πληθυνόντων³³ τῶν μαθητῶν ἐγένετο γογγυσμὸς³⁴ τῶν Ἑλληνιστῶν πρὸς τοὺς Ἑβραίους, ὅτι παρεθεωροῦντο³⁵ ἐν τῇ διακονίᾳ τῇ καθημερινῇ³⁶ αἱ χῆραι³⁷ αὐτῶν. **2** προσκαλεσάμενοι³⁸ δὲ οἱ δώδεκα τὸ πλῆθος τῶν

---

1 διαπρίω 3p impf pas ind, pas be furious
2 ἀναιρέω aor act inf, kill
3 συνέδριον, -ου n, council
4 νομοδιδάσκαλος, -ου m, teacher of the Jewish Law
5 τίμιος, -α/ον, highly respected
6 κελεύω 3s aor act ind, order
7 βραχύς, adv, for a little while
8 προσέχω 2p pres act impv, be careful
9 ἀνίστημι 3s aor act ind, intrans appear
10 προσκλίνω 3s aor pas ind, pas join
11 ἀριθμός, -οῦ m, number
12 τετρακόσιοι, -αι/α, four hundred
13 ἀναιρέω 3s aor pas ind, kill
14 διαλύω 3p aor pas ind, scatter
15 ἀπογραφή, -ῆς f, census
16 ἀφίστημι 3s aor act ind, trans incite to revolt/mislead
17 ἀπόλλυμι 3s aor mid ind, mid be killed
18 διασκορπίζω 3p aor pas ind, scatter
19 ἀφίστημι 2p aor act impv, intrans stay away from
20 ἀφίημι 2p aor act impv, leave (someone) alone
21 βουλή, -ῆς f, plan
22 καταλύω 3s fut pas ind, pas fail
23 καταλύω aor act inf, stop
24 μήποτε, conj, otherwise
25 θεομάχος, -ον, opposing God
26 εὑρίσκω 2p aor pas sub, find
27 πείθω 3p aor pas ind, persuade
28 προσκαλέομαι aor mid ptc m p nom, summon
29 δέρω aor act ptc m p nom, beat
30 καταξιόω 3p aor pas ind, count worthy
31 ἀτιμάζω aor pas inf, pas suffer disgrace
32 παύω 3p impf mid ind, stop
33 πληθύνω pres pas ptc m p gen, increase in number
34 γογγυσμός, -οῦ m, complaining
35 παραθεωρέω 3p impf pas ind, neglect
36 καθημερινός, -ή/όν, daily
37 χήρα, -ας f, widow
38 προσκαλέομαι aor mid ptc m p nom, call together

μαθητῶν εἶπαν· οὐκ ἀρεστόν[1] ἐστιν ἡμᾶς καταλείψαντας[2] τὸν λόγον τοῦ θεοῦ διακονεῖν τραπέζαις[3]. 3 ἐπισκέψασθε[4] δέ, ἀδελφοί, ἄνδρας ἐξ ὑμῶν μαρτυρουμένους ἑπτὰ πλήρεις[5] πνεύματος καὶ σοφίας, οὓς καταστήσομεν[6] ἐπὶ τῆς χρείας ταύτης, 4 ἡμεῖς δὲ τῇ προσευχῇ καὶ τῇ διακονίᾳ τοῦ λόγου προσκαρτερήσομεν[7]. 5 καὶ ἤρεσεν[8] ὁ λόγος ἐνώπιον παντὸς τοῦ πλήθους, καὶ ἐξελέξαντο[9] Στέφανον, ἄνδρα πλήρης πίστεως καὶ πνεύματος ἁγίου, καὶ Φίλιππον καὶ Πρόχορον καὶ Νικάνορα καὶ Τίμωνα καὶ Παρμενᾶν καὶ Νικόλαον προσήλυτον[10] Ἀντιοχέα. 6 οὓς ἔστησαν[11] ἐνώπιον τῶν ἀποστόλων, καὶ προσευξάμενοι[12] ἐπέθηκαν[13] αὐτοῖς τὰς χεῖρας. 7 καὶ ὁ λόγος τοῦ θεοῦ ηὔξανεν[14] καὶ ἐπληθύνετο[15] ὁ ἀριθμὸς[16] τῶν μαθητῶν ἐν Ἱερουσαλὴμ σφόδρα[17], πολύς τε ὄχλος τῶν ἱερέων ὑπήκουον[18] τῇ πίστει.

The Arrest of Stephen

8 Στέφανος δὲ πλήρης[19] χάριτος καὶ δυνάμεως ἐποίει τέρατα[20] καὶ σημεῖα μεγάλα ἐν τῷ λαῷ. 9 ἀνέστησαν[21] δέ τινες τῶν ἐκ τῆς συναγωγῆς τῆς λεγομένης Λιβερτίνων[22] καὶ Κυρηναίων καὶ Ἀλεξανδρέων καὶ τῶν ἀπὸ Κιλικίας καὶ Ἀσίας συζητοῦντες[23] τῷ Στεφάνῳ, 10 καὶ οὐκ ἴσχυον[24] ἀντιστῆναι[25] τῇ σοφίᾳ καὶ τῷ πνεύματι ᾧ ἐλάλει. 11 τότε ὑπέβαλον[26] ἄνδρας λέγοντας ὅτι ἀκηκόαμεν[27] αὐτοῦ λαλοῦντος ῥήματα βλάσφημα[28] εἰς Μωϋσῆν καὶ τὸν θεόν. 12 συνεκίνησάν[29] τε τὸν λαὸν καὶ τοὺς πρεσβυτέρους καὶ τοὺς γραμματεῖς καὶ ἐπιστάντες[30] συνήρπασαν[31] αὐτὸν καὶ ἤγαγον[32] εἰς τὸ συνέδριον[33], 13 ἔστησάν[34] τε μάρτυρας ψευδεῖς[35] λέγοντας· ὁ ἄνθρωπος οὗτος οὐ παύεται[36] λαλῶν ῥήματα κατὰ τοῦ τόπου τοῦ ἁγίου τούτου καὶ τοῦ νόμου. 14 ἀκηκόαμεν[37] γὰρ αὐτοῦ λέγοντος ὅτι Ἰησοῦς ὁ Ναζωραῖος οὗτος καταλύσει[38] τὸν τόπον τοῦτον καὶ ἀλλάξει[39] τὰ ἔθη[40] ἃ παρέδωκεν ἡμῖν Μωϋσῆς.

[1] ἀρεστός, -ή/όν, right (οὐκ ἀ. ἐστίν it isn't right)
[2] καταλείπω aor act ptc m p acc, neglect
[3] τράπεζα, -ης f, table
[4] ἐπισκέπτομαι 2p aor mid impv, pick out
[5] πλήρης, -ες, full
[6] καθίστημι 1p fut act ind, put in charge
[7] προσκαρτερέω 1p fut act ind, devote oneself to
[8] ἀρέσκω 3s aor act ind, be pleasing
[9] ἐκλέγομαι 3p aor mid ind, choose
[10] προσήλυτος, -ου m, proselyte (convert to Judaism)
[11] ἵστημι 3p aor act ind, place (ἔ. ἐνώπιον τῶν ἀποστόλων they presented to the apostles)
[12] προσεύχομαι aor mid ptc m p nom, pray
[13] ἐπιτίθημι 3p aor act ind, lay
[14] αὐξάνω 3s impf act ind, spread
[15] πληθύνω 3s impf pas ind, increase
[16] ἀριθμός, -οῦ m, number
[17] σφόδρα, adv, greatly
[18] ὑπακούω 3p impf act ind, obey (ὑ. τῇ πίστει accepted the faith)
[19] πλήρης, -ες, full
[20] τέρας, -ατος n, a wonder
[21] ἀνίστημι 3p aor act ind, intrans stand up
[22] Λιβερτῖνος, -ου m, Freedman
[23] συζητέω pres act ptc m p nom, argue (with)
[24] ἰσχύω 3p impf act ind, be able
[25] ἀνθίστημι aor act inf, oppose
[26] ὑποβάλλω 3p aor act ind, secretly persuade
[27] ἀκούω 1p pf act ind, hear
[28] βλάσφημος, -ον, insulting
[29] συγκινέω 3p aor act ind, stir up
[30] ἐφίστημι aor act ptc m p nom, come up
[31] συναρπάζω 3p aor act ind, grab
[32] ἄγω 3p aor act ind, lead/bring
[33] συνέδριον, -ου n, council
[34] ἵστημι 3p aor act ind, put forward
[35] ψευδής, -ές, false/lying
[36] παύω 3s pres mid ind, stop
[37] ἀκούω 1p pf act ind, hear
[38] καταλύω 3s fut act ind, destroy
[39] ἀλλάσσω 3s fut act ind, change
[40] ἔθος, -ους n, custom

Stephen's Speech

7 Εἶπεν δὲ ὁ ἀρχιερεύς· εἰ ταῦτα οὕτως ἔχει; **2** ὁ δὲ ἔφη· ἄνδρες ἀδελφοὶ καὶ πατέρες, ἀκούσατε. ὁ θεὸς τῆς δόξης ὤφθη⁵ τῷ πατρὶ ἡμῶν Ἀβραὰμ ὄντι ἐν τῇ Μεσοποταμίᾳ, πρὶν⁶ ἢ κατοικῆσαι αὐτὸν ἐν Χαρρὰν **3** καὶ εἶπεν πρὸς αὐτόν· ἔξελθε⁷ ἐκ τῆς γῆς σου καὶ ἐκ τῆς συγγενείας⁸ σου, καὶ δεῦρο⁹ εἰς τὴν γῆν ἣν ἄν σοι δείξω¹⁰. **4** τότε ἐξελθὼν ἐκ γῆς Χαλδαίων κατῴκησεν¹¹ ἐν Χαρράν. κἀκεῖθεν¹² μετὰ τὸ ἀποθανεῖν¹³ τὸν πατέρα αὐτοῦ μετῴκισεν¹⁴ αὐτὸν εἰς τὴν γῆν ταύτην εἰς ἣν ὑμεῖς νῦν κατοικεῖτε, **5** καὶ οὐκ ἔδωκεν αὐτῷ κληρονομίαν¹⁵ ἐν αὐτῇ οὐδὲ βῆμα¹⁶ ποδὸς καὶ ἐπηγγείλατο¹⁷ δοῦναι¹⁸ αὐτῷ εἰς κατάσχεσιν¹⁹ αὐτὴν καὶ τῷ σπέρματι αὐτοῦ μετ' αὐτόν, οὐκ ὄντος αὐτῷ τέκνου. **6** ἐλάλησεν δὲ οὕτως ὁ θεὸς ὅτι ἔσται τὸ σπέρμα αὐτοῦ πάροικον²⁰ ἐν γῇ ἀλλοτρίᾳ²¹, καὶ δουλώσουσιν²² αὐτὸ καὶ κακώσουσιν²³ ἔτη τετρακόσια²⁴· **7** καὶ τὸ ἔθνος ᾧ ἐὰν δουλεύσωσιν²⁵ κρινῶ²⁶ ἐγώ, ὁ θεὸς εἶπεν, καὶ μετὰ ταῦτα ἐξελεύσονται²⁷ καὶ λατρεύσουσίν²⁸ μοι ἐν τῷ τόπῳ τούτῳ. **8** καὶ ἔδωκεν αὐτῷ διαθήκην περιτομῆς· καὶ οὕτως ἐγέννησεν τὸν Ἰσαὰκ καὶ περιέτεμεν²⁹ αὐτὸν τῇ ἡμέρᾳ τῇ ὀγδόῃ³⁰, καὶ Ἰσαὰκ τὸν Ἰακώβ, καὶ Ἰακὼβ τοὺς δώδεκα πατριάρχας³¹.

9 Καὶ οἱ πατριάρχαι ζηλώσαντες³² τὸν Ἰωσὴφ ἀπέδοντο³³ εἰς Αἴγυπτον. καὶ ἦν ὁ θεὸς μετ' αὐτοῦ **10** καὶ ἐξείλατο³⁴ αὐτὸν ἐκ πασῶν τῶν θλίψεων αὐτοῦ καὶ ἔδωκεν αὐτῷ χάριν καὶ σοφίαν ἐναντίον³⁵ Φαραὼ βασιλέως Αἰγύπτου καὶ κατέστησεν³⁶ αὐτὸν ἡγούμενον³⁷ ἐπ' Αἴγυπτον καὶ ἐφ' ὅλον τὸν οἶκον αὐτοῦ. **11** ἦλθεν δὲ λιμὸς³⁸

---

1 ἀτενίζω aor act ptc m p nom, look straight at
2 καθέζομαι pres mid ptc m p nom, sit
3 συνέδριον, -ου n, council
4 ὡσεί, particle of comparison, like
5 ὁράω 3s aor pas ind, pas appear
6 πρίν and πρὶν ἤ, conj, before
7 ἐξέρχομαι 2s aor act impv, leave
8 συγγένεια, -ας f, relatives
9 δεῦρο, interj, Come!
10 δείκνυμι 1s aor act sub, show
11 κατοικέω 3s aor act ind, settle
12 κἀκεῖθεν, = καὶ ἐκεῖθεν, and from there
13 ἀποθνῄσκω aor act inf, die
14 μετοικίζω 3s aor act ind, make to move
15 κληρονομία, -ας f, property
16 βῆμα, -τος n, very short distance (β. ποδός space enough for a foot)
17 ἐπαγγέλλομαι 3s aor mid ind, promise
18 δίδωμι aor act inf, give
19 κατάσχεσις, -εως f, possession
20 πάροικος, -ου n, stranger
21 ἀλλότριος, -α/ον, belonging to another
22 δουλόω 3p fut act ind, enslave
23 κακόω 3p fut act ind, mistreat
24 τετρακόσιοι, -αι/α, four hundred
25 δουλεύω 3p aor act sub, serve (as a slave)
26 κρίνω 1s fut act ind, judge
27 ἐξέρχομαι 3p fut mid ind, leave
28 λατρεύω 3p fut act ind, serve/worship
29 περιτέμνω 3s aor act ind, circumcise
30 ὄγδοος, -η/ον, eighth
31 πατριάρχης, -ου m, patriarch/ancestor
32 ζηλόω aor act ptc m p nom, be jealous of
33 ἀποδίδωμι 3p aor mid ind, mid sell
34 ἐξαιρέω 3s aor mid ind, rescue
35 ἐναντίον, prep + gen, in the judgment of
36 καθίστημι 3s aor act ind, appoint
37 ἡγέομαι pres mid ptc m s acc, rule
38 λιμός, -οῦ m, famine

ἐφ' ὅλην τὴν Αἴγυπτον καὶ Χανάαν καὶ θλῖψις μεγάλη, καὶ οὐχ ηὕρισκον χορτάσματα¹ οἱ πατέρες ἡμῶν. 12 ἀκούσας δὲ Ἰακὼβ ὄντα σιτία² εἰς Αἴγυπτον ἐξαπέστειλεν³ τοὺς πατέρας ἡμῶν πρῶτον. 13 καὶ ἐν τῷ δευτέρῳ ἀνεγνωρίσθη⁴ Ἰωσὴφ τοῖς ἀδελφοῖς αὐτοῦ, καὶ φανερὸν⁵ ἐγένετο τῷ Φαραὼ τὸ γένος⁶ τοῦ Ἰωσήφ. 14 ἀποστείλας⁷ δὲ Ἰωσὴφ μετεκαλέσατο⁸ Ἰακὼβ τὸν πατέρα αὐτοῦ καὶ πᾶσαν τὴν συγγένειαν⁹ ἐν ψυχαῖς ἑβδομήκοντα¹⁰ πέντε. 15 καὶ κατέβη¹¹ Ἰακὼβ εἰς Αἴγυπτον καὶ ἐτελεύτησεν¹² αὐτὸς καὶ οἱ πατέρες ἡμῶν, 16 καὶ μετετέθησαν¹³ εἰς Συχὲμ καὶ ἐτέθησαν¹⁴ ἐν τῷ μνήματι¹⁵ ᾧ ὠνήσατο¹⁶ Ἀβραὰμ τιμῆς ἀργυρίου¹⁷ παρὰ τῶν υἱῶν Ἐμμὼρ ἐν Συχέμ.

17 Καθὼς δὲ ἤγγιζεν¹⁸ ὁ χρόνος τῆς ἐπαγγελίας ἧς ὡμολόγησεν¹⁹ ὁ θεὸς τῷ Ἀβραάμ, ηὔξησεν²⁰ ὁ λαὸς καὶ ἐπληθύνθη²¹ ἐν Αἰγύπτῳ, 18 ἄχρι οὗ ἀνέστη²² βασιλεὺς ἕτερος ἐπ' Αἴγυπτον ὃς οὐκ ᾔδει²³ τὸν Ἰωσήφ. 19 οὗτος κατασοφισάμενος²⁴ τὸ γένος ἡμῶν ἐκάκωσεν²⁵ τοὺς πατέρας ἡμῶν τοῦ ποιεῖν τὰ βρέφη²⁶ ἔκθετα²⁷ αὐτῶν εἰς τὸ μὴ ζωογονεῖσθαι²⁸. 20 ἐν ᾧ καιρῷ ἐγεννήθη Μωϋσῆς καὶ ἦν ἀστεῖος²⁹ τῷ θεῷ· ὃς ἀνετράφη³⁰ μῆνας³¹ τρεῖς ἐν τῷ οἴκῳ τοῦ πατρός, 21 ἐκτεθέντος³² δὲ αὐτοῦ ἀνείλατο³³ αὐτὸν ἡ θυγάτηρ³⁴ Φαραὼ καὶ ἀνεθρέψατο³⁵ αὐτὸν ἑαυτῇ εἰς υἱόν. 22 καὶ ἐπαιδεύθη³⁶ Μωϋσῆς πάσῃ σοφίᾳ Αἰγυπτίων, ἦν δὲ δυνατὸς ἐν λόγοις καὶ ἔργοις αὐτοῦ. 23 ὡς δὲ ἐπληροῦτο αὐτῷ τεσσερακονταετὴς³⁷ χρόνος, ἀνέβη³⁸ ἐπὶ τὴν καρδίαν αὐτοῦ ἐπισκέψασθαι³⁹ τοὺς ἀδελφοὺς αὐτοῦ τοὺς υἱοὺς Ἰσραήλ. 24 καὶ ἰδών τινα ἀδικούμενον⁴⁰ ἠμύνατο⁴¹ καὶ ἐποίησεν ἐκδίκησιν⁴² τῷ καταπονουμένῳ⁴³

---

1 χόρτασμα, -τος n, food
2 σιτίον, -ου n, grain
3 ἐξαποστέλλω 3s aor act ind, send (off)
4 ἀναγνωρίζω 3s aor pas ind, pas make oneself known
5 φανερός, -ά/όν, evident
6 γένος, -ους n, family
7 ἀποστέλλω aor act ptc m s nom, send
8 μετακαλέω 3s aor mid ind, mid send for
9 συγγένεια, -ας f, relatives
10 ἑβδομήκοντα, seventy
11 καταβαίνω 3s aor act ind, go down
12 τελευτάω 3s aor act ind, die
13 μετατίθημι 3p aor pas ind, take back
14 τίθημι 3p aor pas ind, put
15 μνῆμα, -τος n, tomb
16 ὠνέομαι 3s aor mid ind, buy
17 ἀργύριον, -ου n, silver
18 ἐγγίζω 3s impf act ind, come near
19 ὁμολογέω 3s aor act ind, promise
20 αὐξάνω 3s aor act ind, grow
21 πληθύνω 3s aor pas ind, increase
22 ἀνίστημι 3s aor act ind, intrans come to power (of a king)
23 οἶδα 3s plpf act ind, know
24 κατασοφίζομαι aor mid ptc m s nom, take advantage of by deception
25 κακόω 3s aor act ind, mistreat
26 βρέφος, -ους n, infant
27 ἔκθετος, -ον, abandoned out of doors
28 ζωογονέω pres pas inf, pas stay alive
29 ἀστεῖος, -α/ον, pleasing
30 ἀνατρέφω 3s aor pas ind, bring up
31 μήν, μηνός m, month
32 ἐκτίθημι aor pas ptc m s gen, abandon out of doors
33 ἀναιρέω 3s aor mid ind, mid adopt
34 θυγάτηρ, -τρός f, daughter
35 ἀνατρέφω 3s aor mid ind, bring up
36 παιδεύω 3s aor pas ind, instruct
37 τεσσερακονταετής, -ές, forty years (ὡς δὲ ἐπληροῦτο αὐτῷ τ. χρόνος when he was about forty years old)
38 ἀναβαίνω 3s aor act ind, enter
39 ἐπισκέπτομαι aor mid inf, help
40 ἀδικέω pres pas ptc m s acc, mistreat
41 ἀμύνομαι 3s aor mid ind, come to help
42 ἐκδίκησις, -εως f, punishment/revenge
43 καταπονέω pres pas ptc m s dat, mistreat

ΠΡΑΞΕΙΣ ΑΠΟΣΤΟΛΩΝ

πατάξας[1] τὸν Αἰγύπτιον. 25 ἐνόμιζεν[2] δὲ συνιέναι[3] τοὺς ἀδελφοὺς αὐτοῦ ὅτι ὁ θεὸς διὰ χειρὸς αὐτοῦ δίδωσιν σωτηρίαν αὐτοῖς· οἱ δὲ οὐ συνῆκαν[4]. 26 τῇ τε ἐπιούσῃ[5] ἡμέρᾳ ὤφθη[6] αὐτοῖς μαχομένοις[7] καὶ συνήλλασσεν[8] αὐτοὺς εἰς εἰρήνην εἰπών· ἄνδρες, ἀδελφοί ἐστε· ἱνατί[9] ἀδικεῖτε ἀλλήλους; 27 ὁ δὲ ἀδικῶν τὸν πλησίον[10] ἀπώσατο[11] αὐτὸν εἰπών· τίς σε κατέστησεν[12] ἄρχοντα καὶ δικαστὴν[13] ἐφ' ἡμῶν; 28 μὴ ἀνελεῖν[14] με σὺ θέλεις ὃν τρόπον[15] ἀνεῖλες ἐχθὲς[16] τὸν Αἰγύπτιον; 29 ἔφυγεν[17] δὲ Μωϋσῆς ἐν τῷ λόγῳ τούτῳ καὶ ἐγένετο πάροικος[18] ἐν γῇ Μαδιάμ, οὗ[19] ἐγέννησεν υἱοὺς δύο. 30 καὶ πληρωθέντων[20] ἐτῶν τεσσεράκοντα[21] ὤφθη αὐτῷ ἐν τῇ ἐρήμῳ τοῦ ὄρους Σινᾶ ἄγγελος ἐν φλογὶ[22] πυρὸς βάτου[23]. 31 ὁ δὲ Μωϋσῆς ἰδὼν ἐθαύμαζεν τὸ ὅραμα[24], προσερχομένου δὲ αὐτοῦ κατανοῆσαι[25] ἐγένετο φωνὴ κυρίου· 32 ἐγὼ ὁ θεὸς τῶν πατέρων σου, ὁ θεὸς Ἀβραὰμ καὶ Ἰσαὰκ καὶ Ἰακώβ. ἔντρομος[26] δὲ γενόμενος Μωϋσῆς οὐκ ἐτόλμα[27] κατανοῆσαι. 33 εἶπεν δὲ αὐτῷ ὁ κύριος· λῦσον τὸ ὑπόδημα[28] τῶν ποδῶν σου· ὁ γὰρ τόπος ἐφ' ᾧ ἕστηκας[29] γῆ ἁγία ἐστίν. 34 ἰδὼν εἶδον τὴν κάκωσιν[30] τοῦ λαοῦ μου τοῦ ἐν Αἰγύπτῳ καὶ τοῦ στεναγμοῦ[31] αὐτῶν ἤκουσα, καὶ κατέβην[32] ἐξελέσθαι[33] αὐτούς· καὶ νῦν δεῦρο[34] ἀποστείλω[35] σε εἰς Αἴγυπτον. 35 τοῦτον τὸν Μωϋσῆν ὃν ἠρνήσαντο[36] εἰπόντες· τίς σε κατέστησεν[37] ἄρχοντα καὶ δικαστὴν[38]; - τοῦτον ὁ θεὸς καὶ ἄρχοντα καὶ λυτρωτὴν[39] ἀπέσταλκεν[40] σὺν χειρὶ ἀγγέλου τοῦ ὀφθέντος[41] αὐτῷ ἐν τῇ βάτῳ. 36 οὗτος ἐξήγαγεν[42] αὐτοὺς ποιήσας τέρατα[43] καὶ σημεῖα ἐν γῇ Αἰγύπτῳ καὶ ἐν ἐρυθρᾷ[44] θαλάσσῃ καὶ ἐν τῇ ἐρήμῳ ἔτη τεσσεράκοντα[45]. 37 οὗτός ἐστιν ὁ Μωϋσῆς ὁ εἴπας τοῖς υἱοῖς Ἰσραήλ· προφήτην ὑμῖν ἀναστήσει[46] ὁ θεὸς ἐκ τῶν ἀδελφῶν ὑμῶν ὡς ἐμέ. 38 οὗτός ἐστιν ὁ γενόμενος ἐν τῇ ἐκκλησίᾳ ἐν τῇ ἐρήμῳ μετὰ τοῦ ἀγγέλου τοῦ λαλοῦντος αὐτῷ ἐν

[1] πατάσσω aor act ptc m s nom, strike down
[2] νομίζω 3s impf act ind, think
[3] συνίημι pres act inf, understand
[4] συνίημι 3p aor act ind, understand
[5] ἔπειμι pres act ptc f s dat, be next (τῇ τε ἑ. ἡμέρᾳ on the next day)
[6] ὁράω 3s aor pas ind, pas appear
[7] μάχομαι pres mid ptc m p dat, fight
[8] συναλλάσσω 3s impf act ind, reconcile (σ. αὐτοὺς εἰς εἰρήνην he tried to make peace between them)
[9] ἱνατί, why?
[10] πλησίον, prep + gen, near (ὁ π. fellow human being)
[11] ἀπωθέω 3s aor mid ind, mid push aside
[12] καθίστημι 3s aor act ind, appoint
[13] δικαστής, -οῦ m, judge
[14] ἀναιρέω aor act inf, kill
[15] τρόπος, -ου m, way/manner (ὃν τ. in the same way as)
[16] ἐχθές, adv, yesterday
[17] φεύγω 3s aor act ind, run away
[18] πάροικος, -ου m, foreigner
[19] οὗ, adv, where
[20] πληρόω aor pas ptc n p gen, pas pass (of time)
[21] τεσσεράκοντα, forty
[22] φλόξ, φλογός f, flame
[23] βάτος, -ου m & f, bush
[24] ὅραμα, -τος n, sight
[25] κατανοέω aor act inf, look (closer)
[26] ἔντρομος, -ον, trembling
[27] τολμάω 3s impf act ind, dare
[28] ὑπόδημα, -τος n, sandal
[29] ἵστημι 2s pf act ind, intrans stand
[30] κάκωσις, -εως f, oppression
[31] στεναγμός, -οῦ m, groaning
[32] καταβαίνω 1s aor act ind, go down
[33] ἐξαιρέω aor mid inf, rescue
[34] δεῦρο, interj, Come!
[35] ἀποστέλλω 1s aor act sub, send
[36] ἀρνέομαι 3p aor mid ind, disown
[37] καθίστημι 3s aor act ind, appoint
[38] δικαστής, οῦ m, judge
[39] λυτρωτής, -οῦ m, liberator
[40] ἀποστέλλω 3s pf act ind, send
[41] ὁράω aor pas ptc m s gen, pas appear
[42] ἐξάγω 3s aor act ind, bring out
[43] τέρας, -ατος n, a wonder
[44] ἐρυθρός, -ά/όν, red
[45] τεσσεράκοντα, forty
[46] ἀνίστημι 3s fut act ind, appoint

τῷ ὄρει Σινᾶ καὶ τῶν πατέρων ἡμῶν, ὃς ἐδέξατο[1] λόγια[2] ζῶντα δοῦναι[3] ἡμῖν, **39** ᾧ οὐκ ἠθέλησαν ὑπήκοοι[4] γενέσθαι οἱ πατέρες ἡμῶν, ἀλλ' ἀπώσαντο[5] καὶ ἐστράφησαν[6] ἐν ταῖς καρδίαις αὐτῶν εἰς Αἴγυπτον **40** εἰπόντες τῷ Ἀαρών· **ποίησον ἡμῖν θεοὺς οἳ προπορεύσονται**[7] **ἡμῶν· ὁ γὰρ Μωϋσῆς οὗτος, ὃς ἐξήγαγεν**[8] **ἡμᾶς ἐκ γῆς Αἰγύπτου, οὐκ οἴδαμεν τί ἐγένετο αὐτῷ.** **41** καὶ ἐμοσχοποίησαν[9] ἐν ταῖς ἡμέραις ἐκείναις καὶ ἀνήγαγον[10] θυσίαν[11] τῷ εἰδώλῳ[12] καὶ εὐφραίνοντο[13] ἐν τοῖς ἔργοις τῶν χειρῶν αὐτῶν. **42** ἔστρεψεν[14] δὲ ὁ θεὸς καὶ παρέδωκεν αὐτοὺς λατρεύειν[15] τῇ στρατιᾷ[16] τοῦ οὐρανοῦ, καθὼς γέγραπται ἐν βίβλῳ[17] τῶν προφητῶν·

μὴ σφάγια[18] **καὶ θυσίας**[19] **προσηνέγκατέ**[20] **μοι**
ἔτη τεσσεράκοντα[21] **ἐν τῇ ἐρήμῳ, οἶκος Ἰσραήλ;**
43 καὶ ἀνελάβετε[22] **τὴν σκηνὴν**[23] **τοῦ Μόλοχ**
καὶ τὸ ἄστρον[24] **τοῦ θεοῦ ὑμῶν Ῥαιφάν,**
τοὺς τύπους[25] **οὓς ἐποιήσατε προσκυνεῖν αὐτοῖς,**
καὶ μετοικιῶ[26] **ὑμᾶς ἐπέκεινα**[27] **Βαβυλῶνος.**

44 ἡ σκηνὴ[28] τοῦ μαρτυρίου[29] ἦν τοῖς πατράσιν ἡμῶν ἐν τῇ ἐρήμῳ, καθὼς διετάξατο[30] ὁ λαλῶν τῷ Μωϋσῇ ποιῆσαι αὐτὴν κατὰ τὸν τύπον[31] ὃν ἑωράκει[32]. **45** ἣν καὶ εἰσήγαγον[33] διαδεξάμενοι[34] οἱ πατέρες ἡμῶν μετὰ Ἰησοῦ ἐν τῇ κατασχέσει[35] τῶν ἐθνῶν, ὧν ἐξῶσεν[36] ὁ θεὸς ἀπὸ προσώπου τῶν πατέρων ἡμῶν ἕως τῶν ἡμερῶν Δαυὶδ **46** ὃς εὗρεν χάριν ἐνώπιον τοῦ θεοῦ καὶ ᾐτήσατο[37] εὑρεῖν[38] σκήνωμα[39] τῷ οἴκῳ Ἰακώβ. **47** Σολομὼν δὲ οἰκοδόμησεν αὐτῷ οἶκον. **48** ἀλλ' οὐχ ὁ ὕψιστος[40] ἐν χειροποιήτοις[41] κατοικεῖ, καθὼς ὁ προφήτης λέγει·

---

[1] δέχομαι 3s aor mid ind, receive
[2] λόγιον, -ου n, message
[3] δίδωμι aor act inf, give
[4] ὑπήκοος, -ον, obedient
[5] ἀπωθέω 3p aor mid ind, mid reject
[6] στρέφω 3p aor pas ind, turn
[7] προπορεύομαι 3p fut mid ind, go before
[8] ἐξάγω 3s aor act ind, bring out
[9] μοσχοποιέω 3p aor act ind, make a (metal) calf
[10] ἀνάγω 3p aor act ind, bring/offer
[11] θυσία, -ας f, sacrifice
[12] εἴδωλον, -ου n, idol
[13] εὐφραίνω 3p impf pas ind, pas be glad
[14] στρέφω 3s aor act ind, turn
[15] λατρεύω pres act inf, serve/worship
[16] στρατιά, -ᾶς f, army (σ. τοῦ οὐρανοῦ stars in the sky)
[17] βίβλος, -ου f, book
[18] σφάγιον, -ου n, sacrificial victim
[19] θυσία, -ας f, sacrifice
[20] προσφέρω 2p aor act ind, bring
[21] τεσσεράκοντα, forty
[22] ἀναλαμβάνω 2p aor act ind, take up
[23] σκηνή, -ῆς f, tent
[24] ἄστρον, -ου n, star
[25] τύπος, -ου m, figure
[26] μετοικίζω 1s fut act ind, remove
[27] ἐπέκεινα, prep + gen, beyond
[28] σκηνή, -ῆς f, tent
[29] μαρτύριον, -ου n, testimony
[30] διατάσσω 3s aor mid ind, command
[31] τύπος, -ου m, model
[32] ὁράω 3s plfp act ind, see
[33] εἰσάγω 3p aor act ind, bring in
[34] διαδέχομαι aor mid ptc m p nom, receive
[35] κατάσχεσις, -εως f, act of possessing (κ. τῶν ἐθνῶν taking possession of [= dispossessing] the nations)
[36] ἐξωθέω 3s aor act ind, force out
[37] αἰτέω 3s aor act ind, ask
[38] εὑρίσκω aor act inf, find
[39] σκήνωμα, -τος n, dwelling place
[40] ὕψιστος, highest (ὁ ὕ. the Most High [God])
[41] χειροποίητος, -ον, made by human hands

ΠΡΑΞΕΙΣ ΑΠΟΣΤΟΛΩΝ

49 ὁ οὐρανός μοι θρόνος,
ἡ δὲ γῆ ὑποπόδιον[1] τῶν ποδῶν μου·
ποῖον οἶκον οἰκοδομήσετέ μοι, λέγει κύριος,
ἢ τίς τόπος τῆς καταπαύσεώς[2] μου;
50 οὐχὶ ἡ χείρ μου ἐποίησεν ταῦτα πάντα;
51 σκληροτράχηλοι[3] καὶ ἀπερίτμητοι[4] καρδίαις καὶ τοῖς ὠσίν[5], ὑμεῖς ἀεὶ[6] τῷ πνεύματι τῷ ἁγίῳ ἀντιπίπτετε[7] ὡς οἱ πατέρες ὑμῶν καὶ ὑμεῖς. **52** τίνα τῶν προφητῶν οὐκ ἐδίωξαν οἱ πατέρες ὑμῶν; καὶ ἀπέκτειναν τοὺς προκαταγγείλαντας[8] περὶ τῆς ἐλεύσεως[9] τοῦ δικαίου, οὗ νῦν ὑμεῖς προδόται[10] καὶ φονεῖς[11] ἐγένεσθε, **53** οἵτινες ἐλάβετε τὸν νόμον εἰς διαταγὰς[12] ἀγγέλων καὶ οὐκ ἐφυλάξατε[13].

The Stoning of Stephen

54 Ἀκούοντες δὲ ταῦτα διεπρίοντο[14] ταῖς καρδίαις αὐτῶν καὶ ἔβρυχον[15] τοὺς ὀδόντας[16] ἐπ' αὐτόν. **55** ὑπάρχων δὲ πλήρης[17] πνεύματος ἁγίου ἀτενίσας[18] εἰς τὸν οὐρανὸν εἶδεν δόξαν θεοῦ καὶ Ἰησοῦν ἑστῶτα[19] ἐκ δεξιῶν τοῦ θεοῦ **56** καὶ εἶπεν· ἰδοὺ θεωρῶ τοὺς οὐρανοὺς διηνοιγμένους[20] καὶ τὸν υἱὸν τοῦ ἀνθρώπου ἐκ δεξιῶν ἑστῶτα τοῦ θεοῦ. **57** κράξαντες δὲ φωνῇ μεγάλῃ συνέσχον[21] τὰ ὦτα αὐτῶν καὶ ὥρμησαν[22] ὁμοθυμαδὸν[23] ἐπ' αὐτὸν **58** καὶ ἐκβαλόντες[24] ἔξω τῆς πόλεως ἐλιθοβόλουν[25]. καὶ οἱ μάρτυρες ἀπέθεντο[26] τὰ ἱμάτια αὐτῶν παρὰ τοὺς πόδας νεανίου[27] καλουμένου Σαύλου, **59** καὶ ἐλιθοβόλουν τὸν Στέφανον ἐπικαλούμενον[28] καὶ λέγοντα· κύριε Ἰησοῦ, δέξαι[29] τὸ πνεῦμά μου. **60** θεὶς[30] δὲ τὰ γόνατα[31] ἔκραξεν φωνῇ μεγάλῃ· κύριε, μὴ στήσῃς[32] αὐτοῖς ταύτην τὴν ἁμαρτίαν. καὶ τοῦτο εἰπὼν ἐκοιμήθη[33]. **8** **1** Σαῦλος δὲ ἦν συνευδοκῶν[34] τῇ ἀναιρέσει[35] αὐτοῦ.

---

[1] ὑποπόδιον, -ου n, footstool
[2] κατάπαυσις, -εως f, place of rest
[3] σκληροτράχηλος, -ον, stubborn
[4] ἀπερίτμητος, -ον, uncircumcised
[5] οὖς, ὠτός n, ear
[6] ἀεί, adv, always
[7] ἀντιπίπτω 2p pres act ind, fight against
[8] προκαταγγέλλω aor act ptc m p acc, announce beforehand
[9] ἔλευσις, -εως f, coming
[10] προδότης, -ου m, betrayer
[11] φονεύς, -έως m, murderer
[12] διαταγή, -ῆς f, decree (εἰς δ. ἀγγέλων handed down by angels)
[13] φυλάσσω 2p aor act ind, obey
[14] διαπρίω 3p impf pas ind, pas be furious
[15] βρύχω 3p impf act ind, grit
[16] ὀδούς, ὀδόντος f, tooth
[17] πλήρης, -ες, full
[18] ἀτενίζω aor act ptc m s nom, look intently
[19] ἵστημι pf act ptc m s acc, intrans stand
[20] διανοίγω pf pas ptc m p acc, open
[21] συνέχω aor act ind, stop up (ears)
[22] ὁρμάω 3p aor act ind, rush
[23] ὁμοθυμαδόν, adv, with a single purpose
[24] ἐκβάλλω aor act ptc m p nom, throw/drag out
[25] λιθοβολέω 3p impf act ind, stone
[26] ἀποτίθημι 3p aor mid ind, put
[27] νεανίας, -ου m, young man
[28] ἐπικαλέω pres mid ptc m s acc, pray
[29] δέχομαι 2s aor mid impv, receive
[30] τίθημι aor act ptc m s nom, put (τ. τὰ γόνατα kneel)
[31] γόνυ, γόνατος n, knee
[32] ἵστημι 2s aor act sub, blame
[33] κοιμάομαι 3s aor pas ind, die
[34] συνευδοκέω pres act ptc m s nom, approve of
[35] ἀναίρεσις, -εως f, killing

Saul Persecutes the Church

Ἐγένετο δὲ ἐν ἐκείνῃ τῇ ἡμέρᾳ διωγμὸς¹ μέγας ἐπὶ τὴν ἐκκλησίαν τὴν ἐν Ἱεροσολύμοις, πάντες δὲ διεσπάρησαν² κατὰ τὰς χώρας³ τῆς Ἰουδαίας καὶ Σαμαρείας πλὴν τῶν ἀποστόλων. 2 συνεκόμισαν⁴ δὲ τὸν Στέφανον ἄνδρες εὐλαβεῖς⁵ καὶ ἐποίησαν κοπετὸν⁶ μέγαν ἐπ' αὐτῷ. 3 Σαῦλος δὲ ἐλυμαίνετο⁷ τὴν ἐκκλησίαν κατὰ τοὺς οἴκους εἰσπορευόμενος⁸, σύρων⁹ τε ἄνδρας καὶ γυναῖκας παρεδίδου¹⁰ εἰς φυλακήν.

The Gospel Preached in Samaria

4 Οἱ μὲν οὖν διασπαρέντες¹¹ διῆλθον¹² εὐαγγελιζόμενοι τὸν λόγον. 5 Φίλιππος δὲ κατελθὼν¹³ εἰς τὴν πόλιν τῆς Σαμαρείας ἐκήρυσσεν αὐτοῖς τὸν Χριστόν. 6 προσεῖχον¹⁴ δὲ οἱ ὄχλοι τοῖς λεγομένοις ὑπὸ τοῦ Φιλίππου ὁμοθυμαδὸν¹⁵ ἐν τῷ ἀκούειν αὐτοὺς καὶ βλέπειν τὰ σημεῖα ἃ ἐποίει. 7 πολλοὶ γὰρ τῶν ἐχόντων πνεύματα ἀκάθαρτα βοῶντα¹⁶ φωνῇ μεγάλῃ ἐξήρχοντο, πολλοὶ δὲ παραλελυμένοι¹⁷ καὶ χωλοὶ¹⁸ ἐθεραπεύθησαν· 8 ἐγένετο δὲ πολλὴ χαρὰ ἐν τῇ πόλει ἐκείνῃ.

9 Ἀνὴρ δέ τις ὀνόματι Σίμων προϋπῆρχεν¹⁹ ἐν τῇ πόλει μαγεύων²⁰ καὶ ἐξιστάνων²¹ τὸ ἔθνος τῆς Σαμαρείας, λέγων εἶναί τινα ἑαυτὸν μέγαν. 10 ᾧ προσεῖχον²² πάντες ἀπὸ μικροῦ ἕως μεγάλου λέγοντες· οὗτός ἐστιν ἡ δύναμις τοῦ θεοῦ ἡ καλουμένη μεγάλη. 11 προσεῖχον δὲ αὐτῷ διὰ τὸ ἱκανῷ χρόνῳ ταῖς μαγείαις²³ ἐξεστακέναι²⁴ αὐτούς. 12 ὅτε δὲ ἐπίστευσαν τῷ Φιλίππῳ εὐαγγελιζομένῳ περὶ τῆς βασιλείας τοῦ θεοῦ καὶ τοῦ ὀνόματος Ἰησοῦ Χριστοῦ, ἐβαπτίζοντο ἄνδρες τε καὶ γυναῖκες. 13 ὁ δὲ Σίμων καὶ αὐτὸς ἐπίστευσεν καὶ βαπτισθεὶς ἦν προσκαρτερῶν²⁵ τῷ Φιλίππῳ. θεωρῶν τε σημεῖα καὶ δυνάμεις μεγάλας γινομένας ἐξίστατο²⁶.

---

¹ διωγμός, -οῦ m, persecution
² διασπείρω 3p aor pas ind, scatter
³ χώρα, -ας f, region
⁴ συγκομίζω 3p aor act ind, bury
⁵ εὐλαβής, -ές, devout
⁶ κοπετός, -οῦ m, mourning
⁷ λυμαίνομαι 3s impf mid ind, harass
⁸ εἰσπορεύομαι pres mid ptc m s nom, go/come in
⁹ σύρω pres act ptc m s nom, drag
¹⁰ παραδίδωμι 3s impf act ind, put (in jail)

¹¹ διασπείρω aor pas ptc m p nom, scatter
¹² διέρχομαι 3p aor act ind, go about
¹³ κατέρχομαι aor act ptc m s nom, go down
¹⁴ προσέχω 3p impf act ind, pay close attention to
¹⁵ ὁμοθυμαδόν, adv, with a single purpose
¹⁶ βοάω pres act ptc n p acc, shout
¹⁷ παραλύω pf pas ptc m p nom, pas be paralyzed
¹⁸ χωλός, -ή/όν, lame

¹⁹ προϋπάρχω 3s impf act ind, be previously
²⁰ μαγεύω pres act ptc m s nom, practice magic
²¹ ἐξίστημι pres act ptc m s nom, amaze
²² προσέχω 3p impf act ind, pay close attention (to)
²³ μαγεία, -ας f, magic
²⁴ ἐξίστημι pf act inf, amaze
²⁵ προσκαρτερέω pres act ptc m s nom, stay close (to)
²⁶ ἐξίστημι impf mid ind, be amazed

14 Ἀκούσαντες δὲ οἱ ἐν Ἱεροσολύμοις ἀπόστολοι ὅτι δέδεκται¹ ἡ Σαμάρεια τὸν λόγον τοῦ θεοῦ, ἀπέστειλαν² πρὸς αὐτοὺς Πέτρον καὶ Ἰωάννην, 15 οἵτινες καταβάντες³ προσηύξαντο⁴ περὶ αὐτῶν ὅπως λάβωσιν⁵ πνεῦμα ἅγιον· 16 οὐδέπω⁶ γὰρ ἦν ἐπ᾽ οὐδενὶ αὐτῶν ἐπιπεπτωκός⁷, μόνον δὲ βεβαπτισμένοι ὑπῆρχον εἰς τὸ ὄνομα τοῦ κυρίου Ἰησοῦ. 17 τότε ἐπετίθεσαν⁸ τὰς χεῖρας ἐπ᾽ αὐτούς, καὶ ἐλάμβανον πνεῦμα ἅγιον. 18 ἰδὼν δὲ ὁ Σίμων ὅτι διὰ τῆς ἐπιθέσεως⁹ τῶν χειρῶν τῶν ἀποστόλων δίδοται τὸ πνεῦμα, προσήνεγκεν¹⁰ αὐτοῖς χρήματα¹¹ 19 λέγων· δότε¹² κἀμοὶ τὴν ἐξουσίαν ταύτην, ἵνα ᾧ ἐὰν ἐπιθῶ¹³ τὰς χεῖρας λαμβάνῃ πνεῦμα ἅγιον. 20 Πέτρος δὲ εἶπεν πρὸς αὐτόν· τὸ ἀργύριόν¹⁴ σου σὺν σοὶ εἴη¹⁵ εἰς ἀπώλειαν¹⁶, ὅτι τὴν δωρεὰν¹⁷ τοῦ θεοῦ ἐνόμισας¹⁸ διὰ χρημάτων¹⁹ κτᾶσθαι²⁰· 21 οὐκ ἔστιν σοι μερὶς²¹ οὐδὲ κλῆρος²² ἐν τῷ λόγῳ τούτῳ, ἡ γὰρ καρδία σου οὐκ ἔστιν εὐθεῖα²³ ἔναντι²⁴ τοῦ θεοῦ. 22 μετανόησον²⁵ οὖν ἀπὸ τῆς κακίας²⁶ σου ταύτης καὶ δεήθητι²⁷ τοῦ κυρίου, εἰ ἄρα ἀφεθήσεταί²⁸ σοι ἡ ἐπίνοια²⁹ τῆς καρδίας σου, 23 εἰς γὰρ χολὴν³⁰ πικρίας³¹ καὶ σύνδεσμον³² ἀδικίας ὁρῶ σε ὄντα. 24 ἀποκριθεὶς δὲ ὁ Σίμων εἶπεν· δεήθητε ὑμεῖς ὑπὲρ ἐμοῦ πρὸς τὸν κύριον ὅπως μηδὲν ἐπέλθῃ³³ ἐπ᾽ ἐμὲ ὧν εἰρήκατε³⁴. 25 οἱ μὲν οὖν διαμαρτυράμενοι³⁵ καὶ λαλήσαντες τὸν λόγον τοῦ κυρίου ὑπέστρεφον εἰς Ἱεροσόλυμα, πολλάς τε κώμας³⁶ τῶν Σαμαριτῶν εὐηγγελίζοντο.

Philip and the Ethiopian Eunuch

26 Ἄγγελος δὲ κυρίου ἐλάλησεν πρὸς Φίλιππον λέγων· ἀνάστηθι³⁷ καὶ πορεύου κατὰ μεσημβρίαν³⁸ ἐπὶ τὴν ὁδὸν τὴν καταβαίνουσαν ἀπὸ Ἰερουσαλὴμ εἰς Γάζαν, αὕτη ἐστὶν ἔρημος. 27 καὶ ἀναστὰς³⁹ ἐπορεύθη. καὶ ἰδοὺ ἀνὴρ Αἰθίοψ εὐνοῦχος⁴⁰ δυνάστης⁴¹ Κανδάκης βασιλίσσης⁴² Αἰθιόπων ὃς ἦν ἐπὶ πάσης τῆς γάζης⁴³ αὐτῆς,

---

[1] δέχομαι 3s pf mid ind, accept
[2] ἀποστέλλω 3p aor act ind, send
[3] καταβαίνω aor act ptc m p nom, come/go down
[4] προσεύχομαι 3p aor mid ind, pray
[5] λαμβάνω 3p aor act sub, receive
[6] οὐδέπω, adv, not yet
[7] ἐπιπίπτω pf act ptc n s nom, come upon
[8] ἐπιτίθημι 3p impf act ind, lay
[9] ἐπίθεσις, -εως f, laying on
[10] προσφέρω 3s aor act ind, bring
[11] χρῆμα, -τος n, money
[12] δίδωμι 2p aor act impv, give
[13] ἐπιτίθημι 1s aor act sub, lay
[14] ἀργύριον, -ου n, money
[15] εἰμί 3s pres act opt, be
[16] ἀπώλεια, -ας f, destruction
[17] δωρεά, -ᾶς f, gift
[18] νομίζω 2s aor act ind, think
[19] χρῆμα, -τος n, money
[20] κτάομαι aor mid inf, buy
[21] μερίς, -ίδος f, part
[22] κλῆρος, -ου m, share
[23] εὐθύς, -εῖα/ύ, right
[24] ἔναντι, prep + gen, in the sight of
[25] μετανοέω 2s aor act impv, repent
[26] κακία, -ας f, evil
[27] δέομαι 2s aor pas impv, pray
[28] ἀφίημι 3s fut pas ind, forgive
[29] ἐπίνοια, -ας f, intention
[30] χολή, -ῆς f, gall
[31] πικρία, -ας f, bitterness
[32] σύνδεσμος, -ου m, bond/chain
[33] ἐπέρχομαι 3s aor act sub, come upon
[34] λέγω 2p pf act ind, say
[35] διαμαρτύρομαι aor mid ptc m p nom, testify
[36] κώμη, -ης f, village
[37] ἀνίστημι 2s aor act impv, intrans get up
[38] μεσημβρία, -ας f, noon/south (κατὰ μ. about noon/toward the south)
[39] ἀνίστημι aor act ptc m s nom, intrans get up
[40] εὐνοῦχος, -ου m, eunuch
[41] δυνάστης, -ου m, official
[42] βασίλισσα, -ης f, queen
[43] γάζα, -ης f, treasury

ὃς ἐληλύθει¹ προσκυνήσων εἰς Ἰερουσαλήμ. 28 ἦν τε ὑποστρέφων καὶ καθήμενος ἐπὶ τοῦ ἅρματος² αὐτοῦ καὶ ἀνεγίνωσκεν τὸν προφήτην Ἡσαΐαν. 29 εἶπεν δὲ τὸ πνεῦμα τῷ Φιλίππῳ· πρόσελθε³ καὶ κολλήθητι⁴ τῷ ἅρματι τούτῳ. 30 προσδραμὼν⁵ δὲ ὁ Φίλιππος ἤκουσεν αὐτοῦ ἀναγινώσκοντος Ἡσαΐαν τὸν προφήτην καὶ εἶπεν· ἆρά γε⁶ γινώσκεις ἃ ἀναγινώσκεις; 31 ὁ δὲ εἶπεν· πῶς γὰρ ἂν δυναίμην⁷, ἐὰν μή τις ὁδηγήσῃ⁸ με; παρεκάλεσέν τε τὸν Φίλιππον ἀναβάντα⁹ καθίσαι¹⁰ σὺν αὐτῷ. 32 ἡ δὲ περιοχὴ¹¹ τῆς γραφῆς ἣν ἀνεγίνωσκεν ἦν αὕτη·

ὡς πρόβατον ἐπὶ σφαγὴν¹² ἤχθη¹³
καὶ ὡς ἀμνὸς¹⁴ ἐναντίον¹⁵ τοῦ κείραντος¹⁶ αὐτὸν ἄφωνος¹⁷,
οὕτως οὐκ ἀνοίγει τὸ στόμα αὐτοῦ.
33 ἐν τῇ ταπεινώσει¹⁸ αὐτοῦ ἡ κρίσις αὐτοῦ ἤρθη¹⁹·
τὴν γενεὰν αὐτοῦ τίς διηγήσεται²⁰;
ὅτι αἴρεται ἀπὸ τῆς γῆς ἡ ζωὴ αὐτοῦ.

34 ἀποκριθεὶς δὲ ὁ εὐνοῦχος τῷ Φιλίππῳ εἶπεν· δέομαί²¹ σου, περὶ τίνος ὁ προφήτης λέγει τοῦτο; περὶ ἑαυτοῦ ἢ περὶ ἑτέρου τινός; 35 ἀνοίξας²² δὲ ὁ Φίλιππος τὸ στόμα αὐτοῦ καὶ ἀρξάμενος ἀπὸ τῆς γραφῆς ταύτης εὐηγγελίσατο²³ αὐτῷ τὸν Ἰησοῦν. 36 ὡς δὲ ἐπορεύοντο κατὰ τὴν ὁδόν, ἦλθον ἐπί τι ὕδωρ, καί φησιν ὁ εὐνοῦχος· ἰδοὺ ὕδωρ, τί κωλύει²⁴ με βαπτισθῆναι; 〚37 εἶπεν δὲ αὐτῷ· εἰ πιστεύεις ἐξ ὅλης τῆς καρδίας σου, ἔξεστιν. ἀποκριθεὶς δὲ εἶπεν· πιστεύω τὸν υἱὸν τοῦ θεοῦ εἶναι Ἰησοῦν Χριστόν.〛 38 καὶ ἐκέλευσεν²⁵ στῆναι²⁶ τὸ ἅρμα²⁷ καὶ κατέβησαν²⁸ ἀμφότεροι²⁹ εἰς τὸ ὕδωρ, ὅ τε Φίλιππος καὶ ὁ εὐνοῦχος, καὶ ἐβάπτισεν αὐτόν. 39 ὅτε δὲ ἀνέβησαν³⁰ ἐκ τοῦ ὕδατος, πνεῦμα κυρίου ἥρπασεν³¹ τὸν Φίλιππον καὶ οὐκ εἶδεν αὐτὸν οὐκέτι ὁ εὐνοῦχος, ἐπορεύετο γὰρ τὴν ὁδὸν αὐτοῦ χαίρων. 40 Φίλιππος δὲ εὑρέθη³² εἰς Ἄζωτον· καὶ διερχόμενος εὐηγγελίζετο τὰς πόλεις πάσας ἕως τοῦ ἐλθεῖν αὐτὸν εἰς Καισάρειαν.

---

1 ἔρχομαι 3s plpf act ind, come
2 ἅρμα, -τος n, chariot
3 προσέρχομαι 2s aor act impv, go (to)
4 κολλάομαι 2s aor pas impv, catch up with
5 προστρέχω aor act ptc m s nom, run up (to someone/something)
6 γέ, emphatic particle
7 δύναμαι 1s pres pas opt, can
8 ὁδηγέω 3s aor act sub, guide
9 ἀναβαίνω aor act ptc m s nom, go/come up
10 καθίζω aor act inf, sit
11 περιοχή, -ῆς f, passage
12 σφαγή, -ῆς f, slaughter
13 ἄγω 3s aor pas ind, bring
14 ἀμνός, -οῦ m, lamb
15 ἐναντίον, prep + gen, before
16 κείρω aor act ptc m s gen, shear
17 ἄφωνος, -ον, silent
18 ταπείνωσις, -εως f, humiliation
19 αἴρω 3s aor pas ind, pas be denied (of justice)
20 διηγέομαι 3s fut mid ind, tell
21 δέομαι 1s pres pas ind, ask
22 ἀνοίγω aor act ptc m s nom, open
23 εὐαγγελίζω 3s aor mid ind, mid tell the good news
24 κωλύω 3s pres act ind, prevent
25 κελεύω 3s aor act ind, order
26 ἵστημι aor act inf, trans stop
27 ἅρμα, -τος n, chariot
28 καταβαίνω 3p aor act ind, come/go down
29 ἀμφότεροι, -αι/α, both
30 ἀναβαίνω 3p aor act ind, go/come up
31 ἁρπάζω 3s aor act ind, carry off
32 εὑρίσκω 3s aor pas ind, find

The Conversion of Saul (Ac 22.6-16; 26.12-18)

9 Ὁ δὲ Σαῦλος ἔτι ἐμπνέων¹ ἀπειλῆς² καὶ φόνου³ εἰς τοὺς μαθητὰς τοῦ κυρίου προσελθὼν⁴ τῷ ἀρχιερεῖ **2** ᾐτήσατο⁵ παρ' αὐτοῦ ἐπιστολὰς⁶ εἰς Δαμασκὸν πρὸς τὰς συναγωγάς, ὅπως ἐάν τινας εὕρῃ⁷ τῆς ὁδοῦ⁸ ὄντας, ἄνδρας τε καὶ γυναῖκας, δεδεμένους⁹ ἀγάγῃ¹⁰ εἰς Ἰερουσαλήμ. **3** ἐν δὲ τῷ πορεύεσθαι ἐγένετο αὐτὸν ἐγγίζειν τῇ Δαμασκῷ, ἐξαίφνης¹¹ τε αὐτὸν περιήστραψεν¹² φῶς ἐκ τοῦ οὐρανοῦ, **4** καὶ πεσὼν¹³ ἐπὶ τὴν γῆν ἤκουσεν φωνὴν λέγουσαν αὐτῷ· Σαοὺλ Σαούλ, τί με διώκεις; **5** εἶπεν δέ· τίς εἶ, κύριε; ὁ δέ· ἐγώ εἰμι Ἰησοῦς ὃν σὺ διώκεις· **6** ἀλλ' ἀνάστηθι¹⁴ καὶ εἴσελθε¹⁵ εἰς τὴν πόλιν, καὶ λαληθήσεταί¹⁶ σοι ὅτι σε δεῖ ποιεῖν. **7** οἱ δὲ ἄνδρες οἱ συνοδεύοντες¹⁷ αὐτῷ εἱστήκεισαν¹⁸ ἐνεοὶ¹⁹ ἀκούοντες μὲν τῆς φωνῆς μηδένα δὲ θεωροῦντες. **8** ἠγέρθη²⁰ δὲ Σαῦλος ἀπὸ τῆς γῆς, ἀνεῳγμένων²¹ δὲ τῶν ὀφθαλμῶν αὐτοῦ οὐδὲν ἔβλεπεν· χειραγωγοῦντες²² δὲ αὐτὸν εἰσήγαγον²³ εἰς Δαμασκόν. **9** καὶ ἦν ἡμέρας τρεῖς μὴ βλέπων καὶ οὐκ ἔφαγεν²⁴ οὐδὲ ἔπιεν²⁵.
10 Ἦν δέ τις μαθητὴς ἐν Δαμασκῷ ὀνόματι Ἀνανίας, καὶ εἶπεν πρὸς αὐτὸν ἐν ὁράματι²⁶ ὁ κύριος· Ἀνανία. ὁ δὲ εἶπεν· ἰδοὺ ἐγώ, κύριε. **11** ὁ δὲ κύριος πρὸς αὐτόν· ἀναστὰς²⁷ πορεύθητι²⁸ ἐπὶ τὴν ῥύμην²⁹ τὴν καλουμένην Εὐθεῖαν³⁰ καὶ ζήτησον ἐν οἰκίᾳ Ἰούδα Σαῦλον ὀνόματι Ταρσέα· ἰδοὺ γὰρ προσεύχεται **12** καὶ εἶδεν ἄνδρα Ἀνανίαν ὀνόματι εἰσελθόντα καὶ ἐπιθέντα³¹ αὐτῷ χεῖρας, ὅπως ἀναβλέψῃ³². **13** ἀπεκρίθη δὲ Ἀνανίας· κύριε, ἤκουσα ἀπὸ πολλῶν περὶ τοῦ ἀνδρὸς τούτου ὅσα κακὰ τοῖς ἁγίοις σου ἐποίησεν ἐν Ἰερουσαλήμ· **14** καὶ ὧδε ἔχει ἐξουσίαν παρὰ τῶν ἀρχιερέων δῆσαι³³ πάντας τοὺς ἐπικαλουμένους³⁴ τὸ ὄνομά σου. **15** εἶπεν δὲ πρὸς αὐτὸν ὁ κύριος· πορεύου, ὅτι σκεῦος³⁵ ἐκλογῆς³⁶ ἐστίν μοι οὗτος τοῦ βαστάσαι³⁷ τὸ ὄνομά μου ἐνώπιον ἐθνῶν τε καὶ βασιλέων υἱῶν τε Ἰσραήλ· **16** ἐγὼ γὰρ ὑποδείξω³⁸

---

1 ἐμπνέω *pres act ptc m s nom*, breathe
2 ἀπειλή, -ῆς *f*, threat
3 φόνος, -ου *m*, killing
4 προσέρχομαι *aor act ptc m s nom*, go (to)
5 αἰτέω *3s aor mid ind*, ask
6 ἐπιστολή, -ῆς *f*, letter
7 εὑρίσκω *3s aor act sub*, find
8 ὁδός, -οῦ *f*, way (here: Way of the Christian faith and life)
9 δέω *pf pas ptc m p acc*, tie up
10 ἄγω *3s aor act sub*, bring
11 ἐξαίφνης, *adv*, suddenly
12 περιαστράπτω *3s aor act ind*, flash around
13 πίπτω *aor act ptc m s nom*, fall down

14 ἀνίστημι *2s aor act impv*, intrans get up
15 εἰσέρχομαι *2s aor act impv*, come/go (in)
16 λαλέω *3s fut pas ind*, tell
17 συνοδεύω *pres act ptc m p nom*, travel with
18 ἵστημι *3p plpf act ind*, intrans stand
19 ἐνεός, -ά/όν, speechless
20 ἐγείρω *3s aor pas ind, intrans pas* get up
21 ἀνοίγω *pf pas ptc m p gen*, open
22 χειραγωγέω *pres act ptc m p nom*, lead by the hand
23 εἰσάγω *3p aor act ind*, bring in
24 ἐσθίω *3s aor act ind*, eat
25 πίνω *3s aor act ind*, drink

26 ὅραμα, -τος *n*, vision
27 ἀνίστημι *aor act ptc m s nom*, intrans get up
28 πορεύομαι *2s aor pas impv*, go
29 ῥύμη, -ης *f*, street
30 εὐθύς, -εῖα/ύ, straight
31 ἐπιτίθημι *aor act ptc m s acc*, lay
32 ἀναβλέπω *3s aor act sub*, regain one's sight
33 δέω *aor act inf*, tie up
34 ἐπικαλέω *pres mid ptc m p acc*, mid call upon
35 σκεῦος, -ους *n*, instrument
36 ἐκλογή, -ῆς *f*, something chosen
37 βαστάζω *aor act inf*, carry
38 ὑποδείκνυμι *1s fut act ind*, show

αὐτῷ ὅσα δεῖ αὐτὸν ὑπὲρ τοῦ ὀνόματός μου παθεῖν¹. 17 ἀπῆλθεν δὲ Ἀνανίας καὶ εἰσῆλθεν εἰς τὴν οἰκίαν καὶ ἐπιθεὶς² ἐπ' αὐτὸν τὰς χεῖρας εἶπεν· Σαοὺλ ἀδελφέ, ὁ κύριος ἀπέσταλκέν³ με, Ἰησοῦς ὁ ὀφθείς⁴ σοι ἐν τῇ ὁδῷ ᾗ ἤρχου⁵, ὅπως ἀναβλέψῃς⁶ καὶ πλησθῇς⁷ πνεύματος ἁγίου. 18 καὶ εὐθέως ἀπέπεσαν⁸ αὐτοῦ ἀπὸ τῶν ὀφθαλμῶν ὡς λεπίδες⁹, ἀνέβλεψέν¹⁰ τε καὶ ἀναστὰς¹¹ ἐβαπτίσθη 19 καὶ λαβὼν τροφὴν¹² ἐνίσχυσεν¹³.

Saul Preaches in Damascus

Ἐγένετο δὲ μετὰ τῶν ἐν Δαμασκῷ μαθητῶν ἡμέρας τινὰς 20 καὶ εὐθέως ἐν ταῖς συναγωγαῖς ἐκήρυσσεν τὸν Ἰησοῦν ὅτι οὗτός ἐστιν ὁ υἱὸς τοῦ θεοῦ. 21 ἐξίσταντο¹⁴ δὲ πάντες οἱ ἀκούοντες καὶ ἔλεγον· οὐχ οὗτός ἐστιν ὁ πορθήσας¹⁵ ἐν Ἰερουσαλὴμ τοὺς ἐπικαλουμένους¹⁶ τὸ ὄνομα τοῦτο καὶ ὧδε εἰς τοῦτο ἐληλύθει¹⁷, ἵνα δεδεμένους¹⁸ αὐτοὺς ἀγάγῃ¹⁹ ἐπὶ τοὺς ἀρχιερεῖς; 22 Σαῦλος δὲ μᾶλλον ἐνεδυναμοῦτο²⁰ καὶ συνέχυννεν²¹ τοὺς Ἰουδαίους τοὺς κατοικοῦντας ἐν Δαμασκῷ συμβιβάζων²² ὅτι οὗτός ἐστιν ὁ χριστός.

Saul Escapes from the Jews

23 Ὡς δὲ ἐπληροῦντο ἡμέραι ἱκαναί, συνεβουλεύσαντο²³ οἱ Ἰουδαῖοι ἀνελεῖν²⁴ αὐτόν· 24 ἐγνώσθη²⁵ δὲ τῷ Σαύλῳ ἡ ἐπιβουλὴ²⁶ αὐτῶν. παρετηροῦντο²⁷ δὲ καὶ τὰς πύλας²⁸ ἡμέρας τε καὶ νυκτός, ὅπως αὐτὸν ἀνέλωσιν²⁹. 25 λαβόντες δὲ οἱ μαθηταὶ αὐτοῦ νυκτὸς διὰ τοῦ τείχους³⁰ καθῆκαν³¹ αὐτὸν χαλάσαντες³² ἐν σπυρίδι³³.

Saul in Jerusalem

26 Παραγενόμενος³⁴ δὲ εἰς Ἰερουσαλὴμ ἐπείραζεν κολλᾶσθαι³⁵ τοῖς μαθηταῖς, καὶ πάντες ἐφοβοῦντο αὐτὸν μὴ πιστεύοντες ὅτι ἐστὶν μαθητής. 27 Βαρναβᾶς δὲ

---

[1] πάσχω aor act inf, suffer
[2] ἐπιτίθημι aor act ptc m s nom, lay
[3] ἀποστέλλω 3s pf act ind, send
[4] ὁράω aor pas ptc m s nom, pas appear
[5] ἔρχομαι 2s impf mid ind, come/go
[6] ἀναβλέπω 2s aor act sub, regain one's sight
[7] πίμπλημι 2s aor pas sub, fill
[8] ἀποπίπτω 3p aor act ind, fall (from)
[9] λεπίς, -ίδος f, (fish) scale
[10] ἀναβλέπω 3s aor act ind, regain one's sight
[11] ἀνίστημι aor act ptc m s nom, intrans get up
[12] τροφή, -ῆς f, food
[13] ἐνισχύω 3s aor act ind, intrans regain strength
[14] ἐξίστημι 3p impf mid ind, be amazed
[15] πορθέω aor act ptc m s nom, make trouble for
[16] ἐπικαλέω pres mid ptc m p acc, mid call upon/pray to
[17] ἔρχομαι 3s plpf act ind, come
[18] δέω pf pas ptc m p acc, tie up
[19] ἄγω 3s aor act sub, bring
[20] ἐνδυναμόω 3s impf pas ind, pas become strong (ἐ. μᾶλλον grow stronger and stronger)
[21] συγχέω 3s impf act ind, confuse
[22] συμβιβάζω pres act ptc m s nom, prove
[23] συμβουλεύω 3p aor mid ind, mid plan
[24] ἀναιρέω aor act inf, kill
[25] γινώσκω 3s aor pas ind, know
[26] ἐπιβουλή, -ῆς f, plan
[27] παρατηρέω 3p impf mid ind, mid watch closely
[28] πύλη, -ης f, gate
[29] ἀναιρέω 3p aor act sub, kill
[30] τεῖχος, -ους n, wall
[31] καθίημι 3p aor act ind, let down
[32] χαλάω aor act ptc m p nom, lower
[33] σπυρίς, -ίδος f, basket
[34] παραγίνομαι aor mid ptc m s nom, come
[35] κολλάομαι pres pas inf, join

ἐπιλαβόμενος¹ αὐτὸν ἤγαγεν² πρὸς τοὺς ἀποστόλους καὶ διηγήσατο³ αὐτοῖς πῶς ἐν τῇ ὁδῷ εἶδεν τὸν κύριον καὶ ὅτι ἐλάλησεν αὐτῷ καὶ πῶς ἐν Δαμασκῷ ἐπαρρησιάσατο⁴ ἐν τῷ ὀνόματι τοῦ Ἰησοῦ. **28** καὶ ἦν μετ' αὐτῶν εἰσπορευόμενος⁵ καὶ ἐκπορευόμενος εἰς Ἰερουσαλήμ, παρρησιαζόμενος ἐν τῷ ὀνόματι τοῦ κυρίου, **29** ἐλάλει τε καὶ συνεζήτει⁶ πρὸς τοὺς Ἑλληνιστάς, οἱ δὲ ἐπεχείρουν⁷ ἀνελεῖν⁸ αὐτόν. **30** ἐπιγνόντες⁹ δὲ οἱ ἀδελφοὶ κατήγαγον¹⁰ αὐτὸν εἰς Καισάρειαν καὶ ἐξαπέστειλαν¹¹ αὐτὸν εἰς Ταρσόν.

31 Ἡ μὲν οὖν ἐκκλησία καθ' ὅλης τῆς Ἰουδαίας καὶ Γαλιλαίας καὶ Σαμαρείας εἶχεν εἰρήνην οἰκοδομουμένη καὶ πορευομένη τῷ φόβῳ τοῦ κυρίου καὶ τῇ παρακλήσει¹² τοῦ ἁγίου πνεύματος ἐπληθύνετο¹³.

The Healing of Aeneas

32 Ἐγένετο δὲ Πέτρον διερχόμενον διὰ πάντων κατελθεῖν¹⁴ καὶ πρὸς τοὺς ἁγίους τοὺς κατοικοῦντας Λύδδα. **33** εὗρεν δὲ ἐκεῖ ἄνθρωπόν τινα ὀνόματι Αἰνέαν ἐξ ἐτῶν ὀκτὼ¹⁵ κατακείμενον¹⁶ ἐπὶ κραβάττου¹⁷ ὃς ἦν παραλελυμένος¹⁸. **34** καὶ εἶπεν αὐτῷ ὁ Πέτρος· Αἰνέα, ἰᾶταί¹⁹ σε Ἰησοῦς Χριστός· ἀνάστηθι²⁰ καὶ στρῶσον²¹ σεαυτῷ. καὶ εὐθέως ἀνέστη²². **35** καὶ εἶδαν αὐτὸν πάντες οἱ κατοικοῦντες Λύδδα καὶ τὸν Σαρῶνα οἵτινες ἐπέστρεψαν²³ ἐπὶ τὸν κύριον.

Dorcas Restored to Life

36 Ἐν Ἰόππῃ δέ τις ἦν μαθήτρια²⁴ ὀνόματι Ταβιθά ἢ διερμηνευομένη²⁵ λέγεται Δορκάς· αὕτη ἦν πλήρης²⁶ ἔργων ἀγαθῶν καὶ ἐλεημοσυνῶν²⁷ ὧν ἐποίει. **37** ἐγένετο δὲ ἐν ταῖς ἡμέραις ἐκείναις ἀσθενήσασαν αὐτὴν ἀποθανεῖν²⁸. λούσαντες²⁹

---

1 ἐπιλαμβάνομαι *aor mid ptc m s nom*, help
2 ἄγω *3s aor act ind*, bring
3 διηγέομαι *3s aor mid ind*, tell
4 παρρησιάζομαι *3s aor mid ind*, speak boldly
5 εἰσπορεύομαι *pres mid ptc m s nom*, go/come in
6 συζητέω *3s impf act ind*, argue (with)
7 ἐπιχειρέω *3p impf act ind*, try
8 ἀναιρέω *aor act inf*, kill
9 ἐπιγινώσκω *aor act ptc m p nom*, find out
10 κατάγω *3p aor act ind*, take (down)
11 ἐξαποστέλλω *3p aor act ind*, send (off)
12 παράκλησις, -εως *f*, encouragement
13 πληθύνω *3s impf pas ind, pas* grow
14 κατέρχομαι *aor act inf*, go down
15 ὀκτώ, eight
16 κατάκειμαι *pres mid ptc m s acc*, lie (in bed)
17 κράβαττος, -ου *m*, bed/mat
18 παραλύω *pf pas ptc m s nom*, pas be paralyzed
19 ἰάομαι *3s pres mid ind*, heal
20 ἀνίστημι *2s aor act impv*, intrans get up
21 στρώννυμι *2s aor act impv*, spread (σ. σεαυτῷ make up your bed)
22 ἀνίστημι *3s aor act ind, intrans* get up
23 ἐπιστρέφω *3p aor act ind, intrans* turn
24 μαθήτρια, -ας *f*, woman disciple
25 διερμηνεύω *pres pas ptc f s nom*, translate (ἣ δ. λέγεται which means)
26 πλήρης, -ες, full
27 ἐλεημοσύνη, -ης *f*, money given to a needy person
28 ἀποθνῄσκω *aor act inf*, die
29 λούω *aor act ptc m p nom*, bathe

δὲ ἔθηκαν¹ αὐτὴν ἐν ὑπερῴῳ². 38 ἐγγὺς δὲ οὔσης Λύδδας τῇ Ἰόππῃ οἱ μαθηταὶ ἀκούσαντες ὅτι Πέτρος ἐστὶν ἐν αὐτῇ ἀπέστειλαν³ δύο ἄνδρας πρὸς αὐτὸν παρακαλοῦντες· μὴ ὀκνήσῃς⁴ διελθεῖν⁵ ἕως ἡμῶν. 39 ἀναστὰς⁶ δὲ Πέτρος συνῆλθεν⁷ αὐτοῖς· ὃν παραγενόμενον⁸ ἀνήγαγον⁹ εἰς τὸ ὑπερῷον, καὶ παρέστησαν¹⁰ αὐτῷ πᾶσαι αἱ χῆραι¹¹ κλαίουσαι καὶ ἐπιδεικνύμεναι¹² χιτῶνας¹³ καὶ ἱμάτια ὅσα ἐποίει μετ' αὐτῶν οὖσα ἡ Δορκάς. 40 ἐκβαλὼν¹⁴ δὲ ἔξω πάντας ὁ Πέτρος καὶ θεὶς¹⁵ τὰ γόνατα¹⁶ προσηύξατο¹⁷ καὶ ἐπιστρέψας¹⁸ πρὸς τὸ σῶμα εἶπεν· Ταβιθά, ἀνάστηθι¹⁹. ἡ δὲ ἤνοιξεν²⁰ τοὺς ὀφθαλμοὺς αὐτῆς καὶ ἰδοῦσα τὸν Πέτρον ἀνεκάθισεν²¹. 41 δοὺς²² δὲ αὐτῇ χεῖρα ἀνέστησεν²³ αὐτήν· φωνήσας δὲ τοὺς ἁγίους καὶ τὰς χήρας παρέστησεν²⁴ αὐτὴν ζῶσαν. 42 γνωστὸν²⁵ δὲ ἐγένετο καθ' ὅλης τῆς Ἰόππης, καὶ ἐπίστευσαν πολλοὶ ἐπὶ τὸν κύριον. 43 ἐγένετο δὲ ἡμέρας ἱκανὰς μεῖναι²⁶ ἐν Ἰόππῃ παρά τινι Σίμωνι βυρσεῖ²⁷.

Peter and Cornelius

10 Ἀνὴρ δέ τις ἐν Καισαρείᾳ ὀνόματι Κορνήλιος, ἑκατοντάρχης²⁸ ἐκ σπείρης²⁹ τῆς καλουμένης Ἰταλικῆς, 2 εὐσεβὴς³⁰ καὶ φοβούμενος τὸν θεὸν σὺν παντὶ τῷ οἴκῳ αὐτοῦ, ποιῶν ἐλεημοσύνας³¹ πολλὰς τῷ λαῷ καὶ δεόμενος³² τοῦ θεοῦ διὰ παντός, 3 εἶδεν ἐν ὁράματι³³ φανερῶς³⁴ ὡσεὶ³⁵ περὶ ὥραν ἐνάτην³⁶ τῆς ἡμέρας ἄγγελον τοῦ θεοῦ εἰσελθόντα πρὸς αὐτὸν καὶ εἰπόντα³⁷ αὐτῷ· Κορνήλιε. 4 ὁ δὲ ἀτενίσας³⁸ αὐτῷ καὶ ἔμφοβος³⁹ γενόμενος εἶπεν· τί ἐστιν, κύριε; εἶπεν δὲ αὐτῷ· αἱ προσευχαί σου καὶ αἱ ἐλεημοσύναι σου ἀνέβησαν⁴⁰ εἰς μνημόσυνον⁴¹

¹ τίθημι 3p aor act ind, put
² ὑπερῷον, -ου n, upstairs room
³ ἀποστέλλω 3p aor act ind, send
⁴ ὀκνέω 2s aor act sub, delay
⁵ διέρχομαι aor act inf, come
⁶ ἀνίστημι aor act ptc m s nom, intrans get up
⁷ συνέρχομαι 3s aor act ind, accompany
⁸ παραγίνομαι aor mid ptc m s acc, arrive
⁹ ἀνάγω 3p aor act ind, bring (up)
¹⁰ παρίστημι 3p aor act ind, intrans stand together
¹¹ χήρα, -ας f, widow
¹² ἐπιδείκνυμι pres mid ptc f p nom, show
¹³ χιτών, -ῶνος m, shirt (generally of the garment worn next to the skin)

¹⁴ ἐκβάλλω aor act ptc m s nom, send out
¹⁵ τίθημι aor act ptc m s nom, put (τ. τὰ γόνατα kneel)
¹⁶ γόνυ, γόνατος n, knee
¹⁷ προσεύχομαι 3s aor mid ind, pray
¹⁸ ἐπιστρέφω aor act ptc m s nom, intrans turn
¹⁹ ἀνίστημι 2s aor act impv, intrans stand up
²⁰ ἀνοίγω 3s aor act ind, open
²¹ ἀνακαθίζω 3s aor act ind, sit up
²² δίδωμι aor act ptc m s nom, give
²³ ἀνίστημι 3s aor act ind, lift up
²⁴ παρίστημι 3s aor act ind, present
²⁵ γνωστός, -ή/όν, known
²⁶ μένω aor act inf, stay
²⁷ βυρσεύς, -έως f, leather worker

²⁸ ἑκατοντάρχης, -ου m, centurion (officer of the Roman army)
²⁹ σπεῖρα, -ης f, company (of soldiers)
³⁰ εὐσεβής, -ές, godly
³¹ ἐλεημοσύνη, -ης f, money given to a needy person
³² δέομαι pres pas ptc m s nom, pray
³³ ὅραμα, -τος n, vision
³⁴ φανερῶς, adv, clearly
³⁵ ὡσεί, particle of comparison, about
³⁶ ἔνατος, -η/ον, ninth
³⁷ λέγω act act ptc m s acc, say
³⁸ ἀτενίζω aor act ptc m s nom, stare
³⁹ ἔμφοβος, -ον, afraid
⁴⁰ ἀναβαίνω 3p aor act ind, go/come up
⁴¹ μνημόσυνον, -ου n, memorial (offering)

ἔμπροσθεν τοῦ θεοῦ. 5 καὶ νῦν πέμψον[1] ἄνδρας εἰς Ἰόππην καὶ μετάπεμψαι[2] Σίμωνά τινα ὃς ἐπικαλεῖται[3] Πέτρος· 6 οὗτος ξενίζεται[4] παρά τινι Σίμωνι βυρσεῖ[5] ᾧ ἐστιν οἰκία παρὰ θάλασσαν. 7 ὡς δὲ ἀπῆλθεν ὁ ἄγγελος ὁ λαλῶν αὐτῷ, φωνήσας δύο τῶν οἰκετῶν[6] καὶ στρατιώτην[7] εὐσεβῆ[8] τῶν προσκαρτερούντων[9] αὐτῷ 8 καὶ ἐξηγησάμενος[10] ἅπαντα αὐτοῖς ἀπέστειλεν[11] αὐτοὺς εἰς τὴν Ἰόππην. 9 τῇ δὲ ἐπαύριον[12] ὁδοιπορούντων[13] αὐτῶν καὶ τῇ πόλει ἐγγιζόντων ἀνέβη[14] Πέτρος ἐπὶ τὸ δῶμα[15] προσεύξασθαι περὶ ὥραν ἕκτην[16]. 10 ἐγένετο δὲ πρόσπεινος[17] καὶ ἤθελεν γεύσασθαι[18]. παρασκευαζόντων[19] δὲ αὐτῶν ἐγένετο ἐπ᾽ αὐτὸν ἔκστασις[20], 11 καὶ θεωρεῖ τὸν οὐρανὸν ἀνεῳγμένον[21] καὶ καταβαῖνον σκεῦός[22] τι ὡς ὀθόνην[23] μεγάλην τέσσαρσιν ἀρχαῖς καθιέμενον[24] ἐπὶ τῆς γῆς 12 ἐν ᾧ ὑπῆρχεν πάντα τὰ τετράποδα[25] καὶ ἑρπετὰ[26] τῆς γῆς καὶ πετεινὰ[27] τοῦ οὐρανοῦ. 13 καὶ ἐγένετο φωνὴ πρὸς αὐτόν· ἀναστάς[28], Πέτρε, θῦσον[29] καὶ φάγε[30]. 14 ὁ δὲ Πέτρος εἶπεν· μηδαμῶς[31], κύριε, ὅτι οὐδέποτε[32] ἔφαγον[33] πᾶν κοινὸν[34] καὶ ἀκάθαρτον. 15 καὶ φωνὴ πάλιν ἐκ δευτέρου πρὸς αὐτόν· ἃ ὁ θεὸς ἐκαθάρισεν, σὺ μὴ κοίνου[35]. 16 τοῦτο δὲ ἐγένετο ἐπὶ τρὶς[36] καὶ εὐθὺς ἀνελήμφθη[37] τὸ σκεῦος εἰς τὸν οὐρανόν. 17 ὡς δὲ ἐν ἑαυτῷ διηπόρει[38] ὁ Πέτρος τί ἂν εἴη[39] τὸ ὅραμα[40] ὃ εἶδεν, ἰδοὺ οἱ ἄνδρες οἱ ἀπεσταλμένοι[41] ὑπὸ τοῦ Κορνηλίου διερωτήσαντες[42] τὴν οἰκίαν τοῦ Σίμωνος ἐπέστησαν[43] ἐπὶ τὸν πυλῶνα[44] 18 καὶ φωνήσαντες ἐπυνθάνοντο[45] εἰ Σίμων ὁ ἐπικαλούμενος[46] Πέτρος ἐνθάδε[47] ξενίζεται[48]. 19 τοῦ δὲ Πέτρου διενθυμουμένου[49] περὶ τοῦ ὁράματος εἶπεν αὐτῷ τὸ πνεῦμα· ἰδοὺ ἄνδρες τρεῖς ζητοῦντές σε, 20 ἀλλ᾽ ἀναστὰς[50]

[1] πέμπω 2s aor act impv, send
[2] μεταπέμπω 2s aor mid impv, mid send for
[3] ἐπικαλέω 3s pres pas ind, call
[4] ξενίζω 3s pres pas ind, pas stay (as a guest)
[5] βυρσεύς, -έως f, leather worker
[6] οἰκέτης, -ου m, house servant
[7] στρατιώτης, -ου m, soldier
[8] εὐσεβής, -ές, godly
[9] προσκαρτερέω pres act ptc m p gen, be a personal attendant
[10] ἐξηγέομαι aor mid ptc m s nom, tell
[11] ἀποστέλλω 3s aor act ind, send
[12] ἐπαύριον, adv, the next day
[13] ὁδοιπορέω pres act ptc m p gen, travel
[14] ἀναβαίνω 3s aor act ind, go up
[15] δῶμα, -τος n, roof
[16] ἕκτος, -η/ον, sixth
[17] πρόσπεινος, -ον, hungry
[18] γεύομαι aor mid inf, eat
[19] παρασκευάζω pres act ptc m p gen, prepare a meal
[20] ἔκστασις, -εως f, trance/vision
[21] ἀνοίγω pf pas ptc m s acc, open
[22] σκεῦος, -ους f, thing
[23] ὀθόνη, -ης f, sheet
[24] καθίημι pres pas ptc n s acc, let down
[25] τετράπους, -ποδος n, four-footed animal
[26] ἑρπετόν, -οῦ n, reptile
[27] πετεινόν, -οῦ n, bird
[28] ἀνίστημι aor act ptc m s nom, intrans get up
[29] θύω 2s aor act impv, kill
[30] ἐσθίω 2s aor act impv, eat
[31] μηδαμῶς, adv, by no means
[32] οὐδέποτε, adv, never
[33] ἐσθίω 1s aor act ind, eat
[34] κοινός, -ή/όν, unfit to eat
[35] κοινόω 2s aor act impv, call unfit to eat
[36] τρίς, adv, three times (ἐπὶ τ. three times/a third time)
[37] ἀναλαμβάνω 3s aor pas ind, take up
[38] διαπορέω 3s impf act ind, be confused
[39] εἰμί 3s pres act opt, be
[40] ὅραμα, -τος n, vision
[41] ἀποστέλλω pf pas ptc m p nom, send
[42] διερωτάω aor act ptc m p nom, learn by inquiry
[43] ἐφίστημι 3p aor act ind, stand (at)
[44] πυλών, -ῶνος f, gate
[45] πυνθάνομαι 3p impf mid ind, ask
[46] ἐπικαλέω pres pas ptc m s nom, pas call (out)
[47] ἐνθάδε, adv, here
[48] ξενίζω 3s pres pas ind, pas stay (as a guest)
[49] διενθυμέομαι pres mid ptc m s gen, think (about)
[50] ἀνίστημι aor act ptc m s nom, intrans get up

κατάβηθι¹ καὶ πορεύου σὺν αὐτοῖς μηδὲν διακρινόμενος², ὅτι ἐγὼ ἀπέσταλκα³ αὐτούς. 21 καταβὰς⁴ δὲ Πέτρος πρὸς τοὺς ἄνδρας εἶπεν· ἰδοὺ ἐγώ εἰμι ὃν ζητεῖτε· τίς ἡ αἰτία⁵ δι' ἣν πάρεστε⁶; 22 οἱ δὲ εἶπαν· Κορνήλιος ἑκατοντάρχης⁷, ἀνὴρ δίκαιος καὶ φοβούμενος τὸν θεόν, μαρτυρούμενός τε ὑπὸ ὅλου τοῦ ἔθνους τῶν Ἰουδαίων, ἐχρηματίσθη⁸ ὑπὸ ἀγγέλου ἁγίου μεταπέμψασθαί⁹ σε εἰς τὸν οἶκον αὐτοῦ καὶ ἀκοῦσαι ῥήματα παρὰ σοῦ. 23 εἰσκαλεσάμενος¹⁰ οὖν αὐτοὺς ἐξένισεν¹¹. τῇ δὲ ἐπαύριον¹² ἀναστὰς¹³ ἐξῆλθεν σὺν αὐτοῖς, καί τινες τῶν ἀδελφῶν τῶν ἀπὸ Ἰόππης συνῆλθον¹⁴ αὐτῷ. 24 τῇ δὲ ἐπαύριον εἰσῆλθεν εἰς τὴν Καισάρειαν. ὁ δὲ Κορνήλιος ἦν προσδοκῶν¹⁵ αὐτοὺς συγκαλεσάμενος¹⁶ τοὺς συγγενεῖς¹⁷ αὐτοῦ καὶ τοὺς ἀναγκαίους¹⁸ φίλους¹⁹. 25 ὡς δὲ ἐγένετο τοῦ εἰσελθεῖν τὸν Πέτρον, συναντήσας²⁰ αὐτῷ ὁ Κορνήλιος πεσὼν²¹ ἐπὶ τοὺς πόδας προσεκύνησεν. 26 ὁ δὲ Πέτρος ἤγειρεν αὐτὸν λέγων· ἀνάστηθι²²· καὶ ἐγὼ αὐτὸς ἄνθρωπός εἰμι. 27 καὶ συνομιλῶν²³ αὐτῷ εἰσῆλθεν καὶ εὑρίσκει συνεληλυθότας²⁴ πολλούς. 28 ἔφη τε πρὸς αὐτούς· ὑμεῖς ἐπίστασθε²⁵ ὡς ἀθέμιτόν²⁶ ἐστιν ἀνδρὶ Ἰουδαίῳ κολλᾶσθαι²⁷ ἢ προσέρχεσθαι ἀλλοφύλῳ²⁸· κἀμοὶ ὁ θεὸς ἔδειξεν²⁹ μηδένα κοινὸν³⁰ ἢ ἀκάθαρτον λέγειν ἄνθρωπον· 29 διὸ καὶ ἀναντιρρήτως³¹ ἦλθον μεταπεμφθείς³². πυνθάνομαι³³ οὖν τίνι λόγῳ μετεπέμψασθέ με; 30 καὶ ὁ Κορνήλιος ἔφη· ἀπὸ τετάρτης³⁴ ἡμέρας μέχρι³⁵ ταύτης τῆς ὥρας ἤμην τὴν ἐνάτην³⁶ προσευχόμενος ἐν τῷ οἴκῳ μου, καὶ ἰδοὺ ἀνὴρ ἔστη³⁷ ἐνώπιόν μου ἐν ἐσθῆτι³⁸ λαμπρᾷ³⁹ 31 καὶ φησίν· Κορνήλιε, εἰσηκούσθη⁴⁰ σου ἡ προσευχή, καὶ αἱ ἐλεημοσύναι⁴¹ σου ἐμνήσθησαν⁴² ἐνώπιον τοῦ θεοῦ. 32 πέμψον⁴³ οὖν

¹ καταβαίνω 2s aor act impv, come/go down
² διακρίνω pres mid ptc m s nom, mid doubt/hesitate
³ ἀποστέλλω 1s pf act ind, send
⁴ καταβαίνω aor act ptc m s nom, come/go down
⁵ αἰτία, -ας f, reason
⁶ πάρειμι 2p pres act ind, be here
⁷ ἑκατοντάρχης, -ου m, centurion (officer of the Roman army)
⁸ χρηματίζω 3s aor pas ind, tell
⁹ μεταπέμπω aor mid inf, mid send for
¹⁰ εἰσκαλέομαι aor mid ptc m s nom, invite in
¹¹ ξενίζω 3s aor act ind, entertain as a guest
¹² ἐπαύριον, adv, the next day
¹³ ἀνίστημι aor act ptc m s nom, intrans stand up
¹⁴ συνέρχομαι 3p aor act ind, accompany

¹⁵ προσδοκάω pres act ptc m s nom, wait for
¹⁶ συγκαλέω aor mid ptc m s nom, mid call together
¹⁷ συγγενής, -οῦς m, relative
¹⁸ ἀναγκαῖος, -α/ον, close (of friends)
¹⁹ φίλος, -ου m, friend
²⁰ συναντάω aor act ptc m s nom, meet
²¹ πίπτω aor act ptc m s nom, fall
²² ἀνίστημι 2s aor act impv, intrans stand up
²³ συνομιλέω pres act ptc m s nom, talk with
²⁴ συνέρχομαι pres act ptc m p acc, come together
²⁵ ἐπίσταμαι 2p pres pas ind, know
²⁶ ἀθέμιτος, -ον, forbidden
²⁷ κολλάομαι pres pas inf, associate with

²⁸ ἀλλόφυλος, -ον, foreign
²⁹ δείκνυμι 3s aor act ind, show
³⁰ κοινός, -ή/όν, impure
³¹ ἀναντιρρήτως, adv, without objection/hesitation
³² μεταπέμπω aor pas ptc m s nom, send for
³³ πυνθάνομαι 1s pres mid ind, ask
³⁴ τέταρτος, -η/ον, fourth (ἀπό τ. ἡμέρας four/three days ago)
³⁵ μέχρι, prep + gen, until
³⁶ ἔνατος, -η/ον, ninth
³⁷ ἵστημι 3s aor act ind, intrans stand
³⁸ ἐσθής, -ῆτος f, clothing
³⁹ λαμπρός, -ά, όν, bright
⁴⁰ εἰσακούω 3s aor pas ind, hear
⁴¹ ἐλεημοσύνη, -ης f, money given to a needy person
⁴² μιμνήσκομαι 3p aor pas ind, remember
⁴³ πέμπω 2s aor act impv, send

εἰς Ἰόππην καὶ μετακάλεσαι¹ Σίμωνα ὃς ἐπικαλεῖται² Πέτρος, οὗτος ξενίζεται³ ἐν οἰκίᾳ Σίμωνος βυρσέως⁴ παρὰ θάλασσαν. 33 ἐξαυτῆς⁵ οὖν ἔπεμψα⁶ πρὸς σέ, σύ τε καλῶς ἐποίησας παραγενόμενος. νῦν οὖν πάντες ἡμεῖς ἐνώπιον τοῦ θεοῦ πάρεσμεν⁷ ἀκοῦσαι πάντα τὰ προστεταγμένα⁸ σοι ὑπὸ τοῦ κυρίου.

Peter Speaks in Cornelius' House

34 Ἀνοίξας⁹ δὲ Πέτρος τὸ στόμα εἶπεν· ἐπ' ἀληθείας καταλαμβάνομαι¹⁰ ὅτι οὐκ ἔστιν προσωπολήμπτης¹¹ ὁ θεός, 35 ἀλλ' ἐν παντὶ ἔθνει ὁ φοβούμενος αὐτὸν καὶ ἐργαζόμενος δικαιοσύνην δεκτὸς¹² αὐτῷ ἐστιν. 36 τὸν λόγον ὃν ἀπέστειλεν¹³ τοῖς υἱοῖς Ἰσραὴλ εὐαγγελιζόμενος εἰρήνην διὰ Ἰησοῦ Χριστοῦ, οὗτός ἐστιν πάντων κύριος, 37 ὑμεῖς οἴδατε¹⁴ τὸ γενόμενον ῥῆμα καθ' ὅλης τῆς Ἰουδαίας, ἀρξάμενος ἀπὸ τῆς Γαλιλαίας μετὰ τὸ βάπτισμα¹⁵ ὃ ἐκήρυξεν¹⁶ Ἰωάννης, 38 Ἰησοῦν τὸν ἀπὸ Ναζαρέθ, ὡς ἔχρισεν¹⁷ αὐτὸν ὁ θεὸς πνεύματι ἁγίῳ καὶ δυνάμει, ὃς διῆλθεν¹⁸ εὐεργετῶν¹⁹ καὶ ἰώμενος²⁰ πάντας τοὺς καταδυναστευομένους²¹ ὑπὸ τοῦ διαβόλου, ὅτι ὁ θεὸς ἦν μετ' αὐτοῦ. 39 καὶ ἡμεῖς μάρτυρες πάντων ὧν ἐποίησεν ἔν τε τῇ χώρᾳ²² τῶν Ἰουδαίων καὶ ἐν Ἰερουσαλήμ. ὃν καὶ ἀνεῖλαν²³ κρεμάσαντες²⁴ ἐπὶ ξύλου²⁵, 40 τοῦτον ὁ θεὸς ἤγειρεν τῇ τρίτῃ ἡμέρᾳ καὶ ἔδωκεν αὐτὸν ἐμφανῆ²⁶ γενέσθαι, 41 οὐ παντὶ τῷ λαῷ, ἀλλὰ μάρτυσιν τοῖς προκεχειροτονημένοις²⁷ ὑπὸ τοῦ θεοῦ, ἡμῖν, οἵτινες συνεφάγομεν²⁸ καὶ συνεπίομεν²⁹ αὐτῷ μετὰ τὸ ἀναστῆναι³⁰ αὐτὸν ἐκ νεκρῶν· 42 καὶ παρήγγειλεν ἡμῖν κηρύξαι³¹ τῷ λαῷ καὶ διαμαρτύρασθαι³² ὅτι οὗτός ἐστιν ὁ ὡρισμένος³³ ὑπὸ τοῦ θεοῦ κριτὴς³⁴ ζώντων καὶ νεκρῶν. 43 τούτῳ πάντες οἱ προφῆται μαρτυροῦσιν ἄφεσιν³⁵ ἁμαρτιῶν λαβεῖν διὰ τοῦ ὀνόματος αὐτοῦ πάντα τὸν πιστεύοντα εἰς αὐτόν.

---

[1] μετακαλέω 2s aor mid impv, mid send for
[2] ἐπικαλέω 3s pres pas ind, call
[3] ξενίζω 3s pres pas ind, pas stay (as a guest)
[4] βυρσεύς, -έως m, leather worker
[5] ἐξαυτῆς, adv, at once
[6] πέμπω 1s aor act ind, send
[7] πάρειμι 1p pres act ind, be here
[8] προστάσσω pres pas ptc n p acc, command
[9] ἀνοίγω aor act ptc m s nom, open
[10] καταλαμβάνω 1s pres mid ind, mid realize
[11] προσωπολήμπτης, -ου m, one who shows favoritism
[12] δεκτός, -ή/όν, acceptable
[13] ἀποστέλλω 3s aor act ind, send
[14] οἶδα 2p pf act ind, know
[15] βάπτισμα, -τος n, baptism
[16] κηρύσσω 3s aor act ind, preach
[17] χρίω 3s aor act ind, anoint
[18] διέρχομαι 3s aor act ind, go about
[19] εὐεργετέω pres act ptc m s nom, do good
[20] ἰάομαι pres mid ptc m s nom, heal
[21] καταδυναστεύω pres pas ptc m p acc, oppress
[22] χώρα, -ας f, country
[23] ἀναιρέω 3p aor act ind, kill
[24] κρεμάννυμι aor act ptc m p nom, hang
[25] ξύλον, -ου n, tree
[26] ἐμφανής, -ές, visible
[27] προχειροτονέω pf pas ptc m p dat, choose in advance
[28] συνεσθίω 1p aor act ind, eat with
[29] συμπίνω 1p aor act ind, drink with
[30] ἀνίστημι aor act inf, raise
[31] κηρύσσω aor act inf, preach
[32] διαμαρτύρομαι aor mid inf, testify
[33] ὁρίζω pf pas ptc m s nom, appoint
[34] κριτής, -οῦ m, judge
[35] ἄφεσις, -εως f, forgiveness

Gentiles Receive the Holy Spirit

44 Ἔτι λαλοῦντος τοῦ Πέτρου τὰ ῥήματα ταῦτα ἐπέπεσεν¹ τὸ πνεῦμα τὸ ἅγιον ἐπὶ πάντας τοὺς ἀκούοντας τὸν λόγον. **45** καὶ ἐξέστησαν² οἱ ἐκ περιτομῆς πιστοὶ ὅσοι συνῆλθαν³ τῷ Πέτρῳ, ὅτι καὶ ἐπὶ τὰ ἔθνη ἡ δωρεὰ⁴ τοῦ ἁγίου πνεύματος ἐκκέχυται⁵· **46** ἤκουον γὰρ αὐτῶν λαλούντων γλώσσαις καὶ μεγαλυνόντων⁶ τὸν θεόν. τότε ἀπεκρίθη Πέτρος· **47** μήτι⁷ τὸ ὕδωρ δύναται κωλῦσαί⁸ τις τοῦ μὴ βαπτισθῆναι τούτους οἵτινες τὸ πνεῦμα τὸ ἅγιον ἔλαβον ὡς καὶ ἡμεῖς; **48** προσέταξεν⁹ δὲ αὐτοὺς ἐν τῷ ὀνόματι Ἰησοῦ Χριστοῦ βαπτισθῆναι. τότε ἠρώτησαν αὐτὸν ἐπιμεῖναι¹⁰ ἡμέρας τινάς.

Peter's Report to the Church at Jerusalem

11 Ἤκουσαν δὲ οἱ ἀπόστολοι καὶ οἱ ἀδελφοὶ οἱ ὄντες κατὰ τὴν Ἰουδαίαν ὅτι καὶ τὰ ἔθνη ἐδέξαντο¹¹ τὸν λόγον τοῦ θεοῦ. **2** ὅτε δὲ ἀνέβη¹² Πέτρος εἰς Ἰερουσαλήμ, διεκρίνοντο¹³ πρὸς αὐτὸν οἱ ἐκ περιτομῆς **3** λέγοντες ὅτι εἰσῆλθες πρὸς ἄνδρας ἀκροβυστίαν¹⁴ ἔχοντας καὶ συνέφαγες¹⁵ αὐτοῖς. **4** ἀρξάμενος δὲ Πέτρος ἐξετίθετο¹⁶ αὐτοῖς καθεξῆς¹⁷ λέγων· **5** ἐγὼ ἤμην¹⁸ ἐν πόλει Ἰόππῃ προσευχόμενος καὶ εἶδον ἐν ἐκστάσει¹⁹ ὅραμα²⁰, καταβαῖνον σκεῦός²¹ τι ὡς ὀθόνην²² μεγάλην τέσσαρσιν ἀρχαῖς καθιεμένην²³ ἐκ τοῦ οὐρανοῦ, καὶ ἦλθεν ἄχρι ἐμοῦ. **6** εἰς ἣν ἀτενίσας²⁴ κατενόουν²⁵ καὶ εἶδον τὰ τετράποδα²⁶ τῆς γῆς καὶ τὰ θηρία καὶ τὰ ἑρπετὰ²⁷ καὶ τὰ πετεινὰ²⁸ τοῦ οὐρανοῦ. **7** ἤκουσα δὲ καὶ φωνῆς λεγούσης μοι· ἀναστάς²⁹, Πέτρε, θῦσον³⁰ καὶ φάγε³¹. **8** εἶπον δέ· μηδαμῶς³², κύριε, ὅτι κοινὸν³³ ἢ ἀκάθαρτον οὐδέποτε³⁴ εἰσῆλθεν εἰς τὸ στόμα μου. **9** ἀπεκρίθη δὲ φωνὴ ἐκ δευτέρου ἐκ τοῦ οὐρανοῦ· ἃ ὁ θεὸς ἐκαθάρισεν, σὺ μὴ κοίνου³⁵. **10** τοῦτο δὲ ἐγένετο ἐπὶ τρίς³⁶, καὶ ἀνεσπάσθη³⁷ πάλιν ἅπαντα εἰς τὸν οὐρανόν. **11** καὶ ἰδοὺ ἐξαυτῆς³⁸ τρεῖς ἄνδρες

---

¹ ἐπιπίπτω 3s aor act ind, come upon
² ἐξίστημι 3p aor act ind, be amazed
³ συνέρχομαι 3p aor act ind, accompany
⁴ δωρεά, -ᾶς f, gift
⁵ ἐκχύννω 3s pf pas ind, pour out
⁶ μεγαλύνω pres act ptc m p gen, praise
⁷ μήτι, usually expects a reply
⁸ κωλύω aor act inf, hinder/stop
⁹ προστάσσω 3s aor act ind, command
¹⁰ ἐπιμένω aor act inf, remain
¹¹ δέχομαι 3p aor mid ind, receive
¹² ἀναβαίνω 3s aor act ind, go/come up

¹³ διακρίνω 3p impf mid ind, mid argue (with)
¹⁴ ἀκροβυστία, -ας f, uncircumcision
¹⁵ συνεσθίω 2s aor act ind, eat with
¹⁶ ἐκτίθημι 3s impf mid ind, mid explain
¹⁷ καθεξῆς, adv, in order
¹⁸ εἰμί 1s impf mid ind, be
¹⁹ ἔκστασις, -εως f, trance
²⁰ ὅραμα, -τος n, vision
²¹ σκεῦος, -ους f, thing
²² ὀθόνη, -ης f, sheet
²³ καθίημι pres pas ptc f s acc, let down
²⁴ ἀτενίζω aor act ptc m s nom, look carefully at

²⁵ κατανοέω 1s impf act ind, notice
²⁶ τετράπους, -ποδος n, four-footed animal
²⁷ ἑρπετόν, -οῦ n, reptile
²⁸ πετεινόν, -οῦ n, bird
²⁹ ἀνίστημι aor act ptc m s nom, intrans get up
³⁰ θύω 2s aor act impv, kill
³¹ ἐσθίω 2s aor act impv, eat
³² μηδαμῶς, adv, by no means
³³ κοινός, -ή/όν, impure
³⁴ οὐδέποτε, adv, never
³⁵ κοινόω 2s pres act impv, call unfit to eat
³⁶ τρίς, adv, three times (ἐπὶ τ. three times/a third time)
³⁷ ἀνασπάω 3s aor pas ind, pull out
³⁸ ἐξαυτῆς, adv, at once

ἐπέστησαν¹ ἐπὶ τὴν οἰκίαν ἐν ᾗ ἦμεν, ἀπεσταλμένοι² ἀπὸ Καισαρείας πρός με. 12 εἶπεν δὲ τὸ πνεῦμά μοι συνελθεῖν³ αὐτοῖς μηδὲν διακρίναντα⁴. ἦλθον δὲ σὺν ἐμοὶ καὶ οἱ ἓξ⁵ ἀδελφοὶ οὗτοι, καὶ εἰσήλθομεν εἰς τὸν οἶκον τοῦ ἀνδρός. 13 ἀπήγγειλεν⁶ δὲ ἡμῖν πῶς εἶδεν τὸν ἄγγελον ἐν τῷ οἴκῳ αὐτοῦ σταθέντα⁷ καὶ εἰπόντα⁸· ἀπόστειλον⁹ εἰς Ἰόππην καὶ μετάπεμψαι¹⁰ Σίμωνα τὸν ἐπικαλούμενον Πέτρον, 14 ὃς λαλήσει ῥήματα πρὸς σὲ ἐν οἷς σωθήσῃ¹¹ σὺ καὶ πᾶς ὁ οἶκός σου. 15 ἐν δὲ τῷ ἄρξασθαί¹² με λαλεῖν ἐπέπεσεν¹³ τὸ πνεῦμα τὸ ἅγιον ἐπ᾽ αὐτοὺς ὥσπερ καὶ ἐφ᾽ ἡμᾶς ἐν ἀρχῇ. 16 ἐμνήσθην¹⁴ δὲ τοῦ ῥήματος τοῦ κυρίου ὡς ἔλεγεν· Ἰωάννης μὲν ἐβάπτισεν ὕδατι, ὑμεῖς δὲ βαπτισθήσεσθε ἐν πνεύματι ἁγίῳ. 17 εἰ οὖν τὴν ἴσην¹⁵ δωρεὰν¹⁶ ἔδωκεν αὐτοῖς ὁ θεὸς ὡς καὶ ἡμῖν πιστεύσασιν ἐπὶ τὸν κύριον Ἰησοῦν Χριστόν, ἐγὼ τίς ἤμην δυνατὸς κωλῦσαι¹⁷ τὸν θεόν; 18 ἀκούσαντες δὲ ταῦτα ἡσύχασαν¹⁸ καὶ ἐδόξασαν τὸν θεὸν λέγοντες· ἄρα καὶ τοῖς ἔθνεσιν ὁ θεὸς τὴν μετάνοιαν¹⁹ εἰς ζωὴν ἔδωκεν.

The Church in Antioch

19 Οἱ μὲν οὖν διασπαρέντες²⁰ ἀπὸ τῆς θλίψεως τῆς γενομένης ἐπὶ Στεφάνῳ διῆλθον²¹ ἕως Φοινίκης καὶ Κύπρου καὶ Ἀντιοχείας μηδενὶ λαλοῦντες τὸν λόγον εἰ μὴ μόνον Ἰουδαίοις. 20 ἦσαν δέ τινες ἐξ αὐτῶν ἄνδρες Κύπριοι καὶ Κυρηναῖοι οἵτινες ἐλθόντες εἰς Ἀντιόχειαν ἐλάλουν καὶ πρὸς τοὺς Ἑλληνιστὰς εὐαγγελιζόμενοι τὸν κύριον Ἰησοῦν. 21 καὶ ἦν χεὶρ κυρίου μετ᾽ αὐτῶν, πολύς τε ἀριθμὸς²² ὁ πιστεύσας ἐπέστρεψεν²³ ἐπὶ τὸν κύριον. 22 ἠκούσθη δὲ ὁ λόγος εἰς τὰ ὦτα τῆς ἐκκλησίας τῆς οὔσης ἐν Ἰερουσαλὴμ περὶ αὐτῶν, καὶ ἐξαπέστειλαν²⁴ Βαρναβᾶν ἕως Ἀντιοχείας. 23 ὃς παραγενόμενος²⁵ καὶ ἰδὼν τὴν χάριν τὴν τοῦ θεοῦ ἐχάρη²⁶ καὶ παρεκάλει πάντας τῇ προθέσει²⁷ τῆς καρδίας προσμένειν²⁸ τῷ κυρίῳ, 24 ὅτι ἦν ἀνὴρ ἀγαθὸς καὶ πλήρης²⁹ πνεύματος ἁγίου καὶ πίστεως. καὶ προσετέθη³⁰ ὄχλος ἱκανὸς τῷ κυρίῳ.

1 ἐφίστημι 3p aor act ind, stand (at)
2 ἀποστέλλω pf pas ptc m p nom, send
3 συνέρχομαι aor act inf, accompany
4 διακρίνω aor act ptc m s acc, doubt/hesitate
5 ἕξ, six
6 ἀπαγγέλλω 3s aor act ind, tell
7 ἵστημι aor pas ptc m s acc, pas stand
8 λέγω act act ptc m s acc, say
9 ἀποστέλλω 2s aor act impv, send
10 μεταπέμπω 2s aor mid impv, mid send for

11 σῴζω 2s fut pas ind, save
12 ἄρχω aor mid inf, mid begin
13 ἐπιπίπτω 3s aor act ind, come upon
14 μιμνήσκομαι 1s aor pas ind, remember
15 ἴσος, -η/ον, same
16 δωρεά, -ᾶς f, gift
17 κωλύω aor act inf, hinder/stop
18 ἡσυχάζω 3p aor act ind, be silent
19 μετάνοια, -ας f, repentance
20 διασπείρω aor pas ptc m p nom, scatter

21 διέρχομαι 3p aor act ind, go about
22 ἀριθμός, -οῦ m, number
23 ἐπιστρέφω 3s aor act ind, intrans turn
24 ἐξαποστέλλω 3p aor act ind, send (off)
25 παραγίνομαι aor mid ptc m s nom, come
26 χαίρω 3s aor pas ind, be glad
27 πρόθεσις, -εως f, purpose
28 προσμένω pres act inf, remain
29 πλήρης, -ες, full
30 προστίθημι 3s aor pas ind, add (to)

25 ἐξῆλθεν δὲ εἰς Ταρσὸν ἀναζητῆσαι¹ Σαῦλον 26 καὶ εὑρὼν² ἤγαγεν³ εἰς Ἀντιόχειαν. ἐγένετο δὲ αὐτοῖς καὶ ἐνιαυτὸν⁴ ὅλον συναχθῆναι⁵ ἐν τῇ ἐκκλησίᾳ καὶ διδάξαι ὄχλον ἱκανὸν χρηματίσαι⁶ τε πρώτως⁷ ἐν Ἀντιοχείᾳ τοὺς μαθητὰς Χριστιανούς⁸. 27 Ἐν ταύταις δὲ ταῖς ἡμέραις κατῆλθον⁹ ἀπὸ Ἱεροσολύμων προφῆται εἰς Ἀντιόχειαν. 28 ἀναστὰς¹⁰ δὲ εἷς ἐξ αὐτῶν ὀνόματι Ἄγαβος ἐσήμανεν¹¹ διὰ τοῦ πνεύματος λιμὸν¹² μεγάλην μέλλειν ἔσεσθαι¹³ ἐφ᾽ ὅλην τὴν οἰκουμένην¹⁴ ἥτις ἐγένετο ἐπὶ Κλαυδίου. 29 τῶν δὲ μαθητῶν, καθὼς εὐπορεῖτό¹⁵ τις, ὥρισαν¹⁶ ἕκαστος αὐτῶν εἰς διακονίαν πέμψαι¹⁷ τοῖς κατοικοῦσιν ἐν τῇ Ἰουδαίᾳ ἀδελφοῖς· 30 ὃ καὶ ἐποίησαν ἀποστείλαντες¹⁸ πρὸς τοὺς πρεσβυτέρους διὰ χειρὸς Βαρναβᾶ καὶ Σαύλου.

James Killed and Peter Imprisoned

12 Κατ᾽ ἐκεῖνον δὲ τὸν καιρὸν ἐπέβαλεν¹⁹ Ἡρῴδης ὁ βασιλεὺς τὰς χεῖρας κακῶσαί²⁰ τινας τῶν ἀπὸ τῆς ἐκκλησίας. 2 ἀνεῖλεν²¹ δὲ Ἰάκωβον τὸν ἀδελφὸν Ἰωάννου μαχαίρῃ²². 3 ἰδὼν δὲ ὅτι ἀρεστόν²³ ἐστιν τοῖς Ἰουδαίοις προσέθετο²⁴ συλλαβεῖν²⁵ καὶ Πέτρον – ἦσαν δὲ αἱ ἡμέραι τῶν ἀζύμων²⁶ – 4 ὃν καὶ πιάσας²⁷ ἔθετο²⁸ εἰς φυλακὴν παραδοὺς²⁹ τέσσαρσιν τετραδίοις³⁰ στρατιωτῶν³¹ φυλάσσειν αὐτὸν βουλόμενος μετὰ τὸ πάσχα³² ἀναγαγεῖν³³ αὐτὸν τῷ λαῷ. 5 ὁ μὲν οὖν Πέτρος ἐτηρεῖτο³⁴ ἐν τῇ φυλακῇ· προσευχὴ δὲ ἦν ἐκτενῶς³⁵ γινομένη ὑπὸ τῆς ἐκκλησίας πρὸς τὸν θεὸν περὶ αὐτοῦ.

Peter Delivered from Prison

6 Ὅτε δὲ ἤμελλεν προαγαγεῖν³⁶ αὐτὸν ὁ Ἡρῴδης, τῇ νυκτὶ ἐκείνῃ ἦν ὁ Πέτρος κοιμώμενος³⁷ μεταξὺ³⁸ δύο στρατιωτῶν δεδεμένος³⁹ ἁλύσεσιν⁴⁰ δυσίν, φύλακές⁴¹ τε πρὸ τῆς θύρας ἐτήρουν τὴν φυλακήν. 7 καὶ ἰδοὺ ἄγγελος κυρίου ἐπέστη⁴² καὶ

1 ἀναζητέω *aor act inf*, look for
2 εὑρίσκω *aor act ptc m s nom*, find
3 ἄγω *3s aor act ind*, bring
4 ἐνιαυτός, -οῦ *m*, year
5 συνάγω *aor pas inf, pas* gather together
6 χρηματίζω *aor act inf*, be called
7 πρώτως, *adv*, for the first time
8 Χριστιανός, -οῦ *m*, Christian
9 κατέρχομαι *3p aor act ind*, come down
10 ἀνίστημι *aor act ptc m s nom, intrans* stand up
11 σημαίνω *3s aor act ind*, predict
12 λιμός, -οῦ *f*, famine
13 εἰμί *fut mid inf*, be
14 οἰκουμένη, -ης *f*, world

15 εὐπορέω *3s impf mid ind, mid* have financial means
16 ὁρίζω *3p aor act ind*, decide
17 πέμπω *aor act inf*, send
18 ἀποστέλλω *aor act ptc m p nom*, send
19 ἐπιβάλλω *3s aor act ind*, put on
20 κακόω *aor act inf*, mistreat
21 ἀναιρέω *3s aor act ind*, kill
22 μάχαιρα, -ης *f*, sword
23 ἀρεστός, -ή/-όν, pleasing
24 προστίθημι *3s aor mid ind*, proceed
25 συλλαμβάνω *aor act inf*, arrest
26 ἄζυμος, -ον, without yeast (τὰ ἄζυμα Jewish Feast of Unleavened Bread)
27 πιάζω *aor act ptc m s nom*, seize

28 τίθημι *3s aor mid ind, mid* put
29 παραδίδωμι *aor act ptc m s nom*, hand over
30 τετράδιον, -ου *n*, squad
31 στρατιώτης, -ου *m*, soldier
32 πάσχα, Passover
33 ἀνάγω *aor act inf*, bring before
34 τηρέω *3s impf pas ind*, keep
35 ἐκτενῶς, *adv*, earnestly/constantly
36 προάγω *aor act inf*, bring out
37 κοιμάομαι *pres pas ptc m s nom*, be asleep
38 μεταξύ, *prep + gen*, between
39 δέω *pf pas ptc m s nom*, tie up
40 ἅλυσις, -εως *f*, chain
41 φύλαξ, -ακος *m*, guard
42 ἐφίστημι *3s aor act ind*, appear

311 ΠΡΑΞΕΙΣ ΑΠΟΣΤΟΛΩΝ 12.8-17

φῶς ἔλαμψεν[1] ἐν τῷ οἰκήματι[2]· πατάξας[3] δὲ τὴν πλευρὰν[4] τοῦ Πέτρου ἤγειρεν αὐτὸν λέγων· ἀνάστα[5] ἐν τάχει[6]. καὶ ἐξέπεσαν[7] αὐτοῦ αἱ ἁλύσεις ἐκ τῶν χειρῶν. 8 εἶπεν δὲ ὁ ἄγγελος πρὸς αὐτόν· ζῶσαι[8] καὶ ὑπόδησαι[9] τὰ σανδάλιά[10] σου. ἐποίησεν δὲ οὕτως. καὶ λέγει αὐτῷ· περιβαλοῦ[11] τὸ ἱμάτιόν σου καὶ ἀκολούθει μοι. 9 καὶ ἐξελθὼν ἠκολούθει καὶ οὐκ ᾔδει[12] ὅτι ἀληθές[13] ἐστιν τὸ γινόμενον διὰ τοῦ ἀγγέλου· ἐδόκει δὲ ὅραμα[14] βλέπειν. 10 διελθόντες[15] δὲ πρώτην φυλακὴν καὶ δευτέραν ἦλθαν ἐπὶ τὴν πύλην[16] τὴν σιδηρᾶν[17] τὴν φέρουσαν εἰς τὴν πόλιν. ἥτις αὐτομάτη[18] ἠνοίγη[19] αὐτοῖς, καὶ ἐξελθόντες προῆλθον[20] ῥύμην[21] μίαν, καὶ εὐθέως ἀπέστη[22] ὁ ἄγγελος ἀπ' αὐτοῦ. 11 καὶ ὁ Πέτρος ἐν ἑαυτῷ γενόμενος εἶπεν· νῦν οἶδα ἀληθῶς[23] ὅτι ἐξαπέστειλεν[24] κύριος τὸν ἄγγελον αὐτοῦ καὶ ἐξείλατό[25] με ἐκ χειρὸς Ἡρῴδου καὶ πάσης τῆς προσδοκίας[26] τοῦ λαοῦ τῶν Ἰουδαίων. 12 συνιδών[27] τε ἦλθεν ἐπὶ τὴν οἰκίαν τῆς Μαρίας τῆς μητρὸς Ἰωάννου τοῦ ἐπικαλουμένου[28] Μάρκου, οὗ[29] ἦσαν ἱκανοὶ συνηθροισμένοι[30] καὶ προσευχόμενοι. 13 κρούσαντος[31] δὲ αὐτοῦ τὴν θύραν τοῦ πυλῶνος[32] προσῆλθεν[33] παιδίσκη[34] ὑπακοῦσαι[35] ὀνόματι Ῥόδη, 14 καὶ ἐπιγνοῦσα[36] τὴν φωνὴν τοῦ Πέτρου ἀπὸ τῆς χαρᾶς οὐκ ἤνοιξεν[37] τὸν πυλῶνα, εἰσδραμοῦσα[38] δὲ ἀπήγγειλεν[39] ἑστάναι[40] τὸν Πέτρον πρὸ τοῦ πυλῶνος. 15 οἱ δὲ πρὸς αὐτὴν εἶπαν· μαίνῃ[41]. ἡ δὲ διϊσχυρίζετο[42] οὕτως ἔχειν. οἱ δὲ ἔλεγον· ὁ ἄγγελός ἐστιν αὐτοῦ. 16 ὁ δὲ Πέτρος ἐπέμενεν[43] κρούων· ἀνοίξαντες δὲ εἶδαν αὐτὸν καὶ ἐξέστησαν[44]. 17 κατασείσας[45] δὲ αὐτοῖς τῇ χειρὶ σιγᾶν[46] διηγήσατο[47] αὐτοῖς πῶς ὁ

---

[1] λάμπω 3s aor act ind, shine
[2] οἴκημα, -τος n, prison cell
[3] πατάσσω aor act ptc m s nom, strike
[4] πλευρά, -ᾶς f, side
[5] ἀνίστημι 2s aor act impv, intrans stand up
[6] τάχος, -ους n, quickness (ἐν τ. quick/quickly)
[7] ἐκπίπτω 3p aor act ind, fall off
[8] ζώννυμι 2s aor mid impv, mid dress
[9] ὑποδέω 2s aor mid impv, mid put on
[10] σανδάλιον, -ου n, sandal
[11] περιβάλλω 2s aor mid impv, mid put on
[12] οἶδα 3s plpf act ind, know
[13] ἀληθής, -ές, true
[14] ὅραμα, -τος n, vision
[15] διέρχομαι aor act ptc m p nom, pass (by)
[16] πύλη, -ης f, gate
[17] σιδηροῦς, -ᾶ/οῦν, made of iron
[18] αὐτόματος, -η/ον, by itself
[19] ἀνοίγω 3s aor pas ind, open
[20] προέρχομαι 3p aor act ind, come to
[21] ῥύμη, -ης f, street
[22] ἀφίστημι 3s aor act ind, leave
[23] ἀληθῶς, adv, truly
[24] ἐξαποστέλλω 3s aor act ind, send
[25] ἐξαιρέω 3s aor mid ind, rescue
[26] προσδοκία, -ας f, expectation
[27] συνοράω aor act ptc m s nom, become aware of
[28] ἐπικαλέω pres pas ptc m s gen, call
[29] οὗ, adv, where
[30] συναθροίζω pf pas ptc m p nom, gather together
[31] κρούω aor act ptc m s gen, knock (at a door)
[32] πυλών, -ῶνος m, gateway
[33] προσέρχομαι 3s aor act ind, come
[34] παιδίσκη, -ης f, servant
[35] ὑπακούω aor act inf, answer
[36] ἐπιγινώσκω aor act ptc f s nom, recognize
[37] ἀνοίγω 3s aor act ind, open
[38] εἰστρέχω aor act ptc f s nom, run in
[39] ἀπαγγέλλω 3s aor act ind, tell
[40] ἵστημι pf act inf, intrans stand
[41] μαίνομαι 2s pres mid ind, be out of one's mind
[42] διϊσχυρίζομαι 3s impf mid ind, insist
[43] ἐπιμένω 3s impf act ind, continue
[44] ἐξίστημι 3p aor act ind, be amazed
[45] κατασείω aor act ptc m s nom, motion
[46] σιγάω pres act inf, be silent
[47] διηγέομαι 3s aor mid ind, tell

κύριος αὐτὸν ἐξήγαγεν¹ ἐκ τῆς φυλακῆς εἶπέν τε· ἀπαγγείλατε Ἰακώβῳ καὶ τοῖς ἀδελφοῖς ταῦτα. καὶ ἐξελθὼν ἐπορεύθη εἰς ἕτερον τόπον. **18** Γενομένης δὲ ἡμέρας ἦν τάραχος² οὐκ ὀλίγος ἐν τοῖς στρατιώταις³ τί ἄρα ὁ Πέτρος ἐγένετο. **19** Ἡρῴδης δὲ ἐπιζητήσας⁴ αὐτὸν καὶ μὴ εὑρὼν⁵ ἀνακρίνας⁶ τοὺς φύλακας⁷ ἐκέλευσεν⁸ ἀπαχθῆναι⁹, καὶ κατελθὼν¹⁰ ἀπὸ τῆς Ἰουδαίας εἰς Καισάρειαν διέτριβεν¹¹.

The Death of Herod

20 Ἦν δὲ θυμομαχῶν¹² Τυρίοις καὶ Σιδωνίοις· ὁμοθυμαδὸν¹³ δὲ παρῆσαν¹⁴ πρὸς αὐτὸν καὶ πείσαντες¹⁵ Βλάστον, τὸν ἐπὶ τοῦ κοιτῶνος¹⁶ τοῦ βασιλέως ᾐτοῦντο¹⁷ εἰρήνην διὰ τὸ τρέφεσθαι¹⁸ αὐτῶν τὴν χώραν¹⁹ ἀπὸ τῆς βασιλικῆς²⁰. **21** τακτῇ²¹ δὲ ἡμέρᾳ ὁ Ἡρῴδης ἐνδυσάμενος²² ἐσθῆτα²³ βασιλικὴν καὶ καθίσας ἐπὶ τοῦ βήματος²⁴ ἐδημηγόρει²⁵ πρὸς αὐτούς, **22** ὁ δὲ δῆμος²⁶ ἐπεφώνει²⁷· θεοῦ φωνὴ καὶ οὐκ ἀνθρώπου. **23** παραχρῆμα²⁸ δὲ ἐπάταξεν²⁹ αὐτὸν ἄγγελος κυρίου ἀνθ'³⁰ ὧν οὐκ ἔδωκεν τὴν δόξαν τῷ θεῷ, καὶ γενόμενος σκωληκόβρωτος³¹ ἐξέψυξεν³². **24** Ὁ δὲ λόγος τοῦ θεοῦ ηὔξανεν³³ καὶ ἐπληθύνετο³⁴. **25** Βαρναβᾶς δὲ καὶ Σαῦλος ὑπέστρεψαν³⁵ εἰς Ἰερουσαλὴμ πληρώσαντες τὴν διακονίαν συμπαραλαβόντες³⁶ Ἰωάννην τὸν ἐπικληθέντα³⁷ Μᾶρκον.

Barnabas and Saul Commissioned

13 Ἦσαν δὲ ἐν Ἀντιοχείᾳ κατὰ τὴν οὖσαν ἐκκλησίαν προφῆται καὶ διδάσκαλοι ὅ τε Βαρναβᾶς καὶ Συμεὼν ὁ καλούμενος Νίγερ καὶ Λούκιος ὁ Κυρηναῖος, Μαναήν τε Ἡρῴδου τοῦ τετραάρχου³⁸ σύντροφος³⁹ καὶ Σαῦλος. **2** λειτουργούντων⁴⁰

---

¹ ἐξάγω 3s aor act ind, bring out
² τάραχος, -ου m, commotion
³ στρατιώτης, -ου m, soldier
⁴ ἐπιζητέω aor act ptc m s nom, look for
⁵ εὑρίσκω aor act ptc m s nom, find
⁶ ἀνακρίνω aor act ptc m s nom, question
⁷ φύλαξ, -ακος m, guard
⁸ κελεύω 3s aor act ind, order
⁹ ἀπάγω aor pas inf, put to death
¹⁰ κατέρχομαι aor act ptc m s nom, go down
¹¹ διατρίβω 3s impf act ind, stay
¹² θυμομαχέω pres act ptc m s nom, be very angry
¹³ ὁμοθυμαδόν, adv, together
¹⁴ πάρειμι 3p impf act ind, be here
¹⁵ πείθω aor act ptc m p nom, persuade
¹⁶ κοιτών, -ῶνος m, bedroom (ὁ ἐπὶ τοῦ κ. high ranking official)
¹⁷ αἰτέω 3p impf mid ind, ask (for)
¹⁸ τρέφω pres pas inf, provide with food
¹⁹ χώρα, -ας f, country
²⁰ βασιλικός, -ή/όν, belonging to the king
²¹ τακτός, -ή/όν, appointed
²² ἐνδύω aor mid ptc m s nom, mid put on
²³ ἐσθής, -ῆτος f, clothing
²⁴ βῆμα, -τος n, throne
²⁵ δημηγορέω 3s impf act ind, make a speech
²⁶ δῆμος, -ου m, people
²⁷ ἐπιφωνέω 3s impf act ind, shout
²⁸ παραχρῆμα, adv, at once
²⁹ πατάσσω 3s aor act ind, strike down
³⁰ ἀντί, prep + gen, because (ἀνθ' ὧν because)
³¹ σκωληκόβρωτος, -ον, eaten by worms
³² ἐκψύχω 3s aor act ind, die
³³ αὐξάνω 3s impf act ind, grow
³⁴ πληθύνω 3s impf pas ind, pas spread
³⁵ ὑποστρέφω 3p aor act ind, return
³⁶ συμπαραλαμβάνω aor act ptc m p nom, take along (with)
³⁷ ἐπικαλέω aor pas ptc m s acc, call
³⁸ τετραάρχης, -ου m, tetrarch (petty ruler with less authority than a king)
³⁹ σύντροφος, -ου m, close friend
⁴⁰ λειτουργέω pres act ptc m p gen, worship

ΠΡΑΞΕΙΣ ΑΠΟΣΤΟΛΩΝ 13.3-12

δὲ αὐτῶν τῷ κυρίῳ καὶ νηστευόντων¹ εἶπεν τὸ πνεῦμα τὸ ἄγιον· ἀφορίσατε² δή³ μοι τὸν Βαρναβᾶν καὶ Σαῦλον εἰς τὸ ἔργον ὃ προσκέκλημαι⁴ αὐτούς. 3 τότε νηστεύσαντες καὶ προσευξάμενοι καὶ ἐπιθέντες⁵ τὰς χεῖρας αὐτοῖς ἀπέλυσαν⁶.

The Apostles Preach in Cyprus

4 Αὐτοὶ μὲν οὖν ἐκπεμφθέντες⁷ ὑπὸ τοῦ ἁγίου πνεύματος κατῆλθον⁸ εἰς Σελεύκειαν, ἐκεῖθέν⁹ τε ἀπέπλευσαν¹⁰ εἰς Κύπρον 5 καὶ γενόμενοι ἐν Σαλαμῖνι κατήγγελλον¹¹ τὸν λόγον τοῦ θεοῦ ἐν ταῖς συναγωγαῖς τῶν Ἰουδαίων. εἶχον δὲ καὶ Ἰωάννην ὑπηρέτην¹². 6 Διελθόντες¹³ δὲ ὅλην τὴν νῆσον¹⁴ ἄχρι Πάφου εὖρον¹⁵ ἄνδρα τινὰ μάγον¹⁶ ψευδοπροφήτην¹⁷ Ἰουδαῖον ᾧ ὄνομα Βαριησοῦ 7 ὃς ἦν σὺν τῷ ἀνθυπάτῳ¹⁸ Σεργίῳ Παύλῳ, ἀνδρὶ συνετῷ¹⁹. οὗτος προσκαλεσάμενος²⁰ Βαρναβᾶν καὶ Σαῦλον ἐπεζήτησεν²¹ ἀκοῦσαι τὸν λόγον τοῦ θεοῦ. 8 ἀνθίστατο²² δὲ αὐτοῖς Ἐλύμας ὁ μάγος – οὕτως γὰρ μεθερμηνεύεται²³ τὸ ὄνομα αὐτοῦ – ζητῶν διαστρέψαι²⁴ τὸν ἀνθύπατον ἀπὸ τῆς πίστεως. 9 Σαῦλος δὲ ὁ καὶ Παῦλος πλησθεὶς²⁵ πνεύματος ἁγίου ἀτενίσας²⁶ εἰς αὐτὸν 10 εἶπεν· ὦ²⁷ πλήρης²⁸ παντὸς δόλου²⁹ καὶ πάσης ῥᾳδιουργίας³⁰, υἱὲ διαβόλου, ἐχθρὲ πάσης δικαιοσύνης, οὐ παύσῃ³¹ διαστρέφων³² τὰς ὁδοὺς τοῦ κυρίου τὰς εὐθείας³³; 11 καὶ νῦν ἰδοὺ χεὶρ κυρίου ἐπὶ σὲ καὶ ἔσῃ³⁴ τυφλὸς μὴ βλέπων τὸν ἥλιον ἄχρι καιροῦ. παραχρῆμά³⁵ τε ἐπέπεσεν³⁶ ἐπ᾽ αὐτὸν ἀχλὺς³⁷ καὶ σκότος, καὶ περιάγων³⁸ ἐζήτει χειραγωγούς³⁹. 12 τότε ἰδὼν ὁ ἀνθύπατος τὸ γεγονὸς⁴⁰ ἐπίστευσεν ἐκπλησσόμενος⁴¹ ἐπὶ τῇ διδαχῇ⁴² τοῦ κυρίου.

---

¹ νηστεύω pres act ptc m p gen, fast
² ἀφορίζω 2p aor act impv, set apart
³ δή, emphatic particle, then
⁴ προσκαλέομαι 1s pf mid ind, call
⁵ ἐπιτίθημι aor act ptc m p nom, lay
⁶ ἀπολύω 3p aor act ind, send off
⁷ ἐκπέμπω aor pas ptc m p nom, send out
⁸ κατέρχομαι 3p aor act ind, go down
⁹ ἐκεῖθεν, adv, from there
¹⁰ ἀποπλέω 3p aor act ind, set sail
¹¹ καταγγέλλω 3p impf act ind, preach
¹² ὑπηρέτης, -ου m, helper
¹³ διέρχομαι aor act ptc m p nom, pass through
¹⁴ νῆσος, -ου f, island
¹⁵ εὑρίσκω 3p aor act ind, find
¹⁶ μάγος, -ου m, sorcerer
¹⁷ ψευδοπροφήτης, -ου m, false prophet
¹⁸ ἀνθύπατος, -ου m, proconsul (official in charge of a Roman senatorial province)
¹⁹ συνετός, -ή/όν, intelligent
²⁰ προσκαλέομαι aor mid ptc m s nom, send for
²¹ ἐπιζητέω 3s aor act ind, want
²² ἀνθίστημι 3s impf mid ind, oppose
²³ μεθερμηνεύω 3s pres pas ind, translate (μ. τὸ ὄνομα αὐτοῦ his name means)
²⁴ διαστρέφω aor act inf, turn away
²⁵ πίμπλημι aor pas ptc m s nom, fill
²⁶ ἀτενίζω aor act ptc m s nom, look straight at
²⁷ ὦ, interj, O!
²⁸ πλήρης, -ες, full
²⁹ δόλος, -ου m, deceit
³⁰ ῥᾳδιουργία, -ας f, unscrupulousness
³¹ παύω 2s fut mid ind, stop
³² διαστρέφω pres act ptc m s nom, distort
³³ εὐθύς, -εῖα/ύ, straight
³⁴ εἰμί 2s fut mid ind, be
³⁵ παραχρῆμα, adv, at once
³⁶ ἐπιπίπτω 3s aor act ind, fall upon
³⁷ ἀχλύς, -ύος f, mistiness
³⁸ περιάγω pres act ptc m s nom, intrans go about
³⁹ χειραγωγός, -οῦ m, one who leads another by the hand
⁴⁰ γίνομαι pf act ptc n s acc, happen
⁴¹ ἐκπλήσσω pres pas ptc m s nom, pas be amazed
⁴² διδαχή, -ῆς f, teaching

Paul and Barnabas in Antioch of Pisidia

13 Ἀναχθέντες¹ δὲ ἀπὸ τῆς Πάφου οἱ περὶ Παῦλον ἦλθον εἰς Πέργην τῆς Παμφυλίας, Ἰωάννης δὲ ἀποχωρήσας² ἀπ' αὐτῶν ὑπέστρεψεν³ εἰς Ἱεροσόλυμα. 14 αὐτοὶ δὲ διελθόντες⁴ ἀπὸ τῆς Πέργης παρεγένοντο⁵ εἰς Ἀντιόχειαν τὴν Πισιδίαν καὶ εἰσελθόντες εἰς τὴν συναγωγὴν τῇ ἡμέρᾳ τῶν σαββάτων ἐκάθισαν⁶. 15 μετὰ δὲ τὴν ἀνάγνωσιν⁷ τοῦ νόμου καὶ τῶν προφητῶν ἀπέστειλαν⁸ οἱ ἀρχισυνάγωγοι⁹ πρὸς αὐτοὺς λέγοντες· ἄνδρες ἀδελφοί, εἴ τίς ἐστιν ἐν ὑμῖν λόγος παρακλήσεως¹⁰ πρὸς τὸν λαόν, λέγετε. 16 ἀναστὰς¹¹ δὲ Παῦλος καὶ κατασείσας¹² τῇ χειρὶ εἶπεν· ἄνδρες Ἰσραηλῖται καὶ οἱ φοβούμενοι τὸν θεόν, ἀκούσατε. 17 ὁ θεὸς τοῦ λαοῦ τούτου Ἰσραὴλ ἐξελέξατο¹³ τοὺς πατέρας ἡμῶν καὶ τὸν λαὸν ὕψωσεν¹⁴ ἐν τῇ παροικίᾳ¹⁵ ἐν γῇ Αἰγύπτου καὶ μετὰ βραχίονος¹⁶ ὑψηλοῦ¹⁷ ἐξήγαγεν¹⁸ αὐτοὺς ἐξ αὐτῆς, 18 καὶ ὡς τεσσερακονταετῆ¹⁹ χρόνον ἐτροποφόρησεν²⁰ αὐτοὺς ἐν τῇ ἐρήμῳ. 19 καὶ καθελὼν²¹ ἔθνη ἑπτὰ ἐν γῇ Χανάαν κατεκληρονόμησεν²² τὴν γῆν αὐτῶν 20 ὡς ἔτεσιν τετρακοσίοις²³ καὶ πεντήκοντα²⁴. καὶ μετὰ ταῦτα ἔδωκεν κριτὰς²⁵ ἕως Σαμουὴλ τοῦ προφήτου. 21 κἀκεῖθεν²⁶ ᾐτήσαντο²⁷ βασιλέα, καὶ ἔδωκεν αὐτοῖς ὁ θεὸς τὸν Σαοὺλ υἱὸν Κίς, ἄνδρα ἐκ φυλῆς Βενιαμίν, ἔτη τεσσεράκοντα²⁸. 22 καὶ μεταστήσας²⁹ αὐτὸν ἤγειρεν τὸν Δαυὶδ αὐτοῖς εἰς βασιλέα ᾧ καὶ εἶπεν μαρτυρήσας· εὗρον Δαυὶδ τὸν τοῦ Ἰεσσαὶ ἄνδρα κατὰ τὴν καρδίαν μου ὃς ποιήσει πάντα τὰ θελήματά μου. 23 τούτου ὁ θεὸς ἀπὸ τοῦ σπέρματος κατ' ἐπαγγελίαν ἤγαγεν³⁰ τῷ Ἰσραὴλ σωτῆρα³¹ Ἰησοῦν 24 προκηρύξαντος³² Ἰωάννου πρὸ προσώπου τῆς εἰσόδου³³ αὐτοῦ βάπτισμα³⁴ μετανοίας³⁵ παντὶ τῷ λαῷ Ἰσραήλ. 25 ὡς δὲ ἐπλήρου Ἰωάννης τὸν δρόμον³⁶, ἔλεγεν· τί ἐμὲ ὑπονοεῖτε³⁷ εἶναι; οὐκ εἰμὶ ἐγώ· ἀλλ' ἰδοὺ ἔρχεται μετ' ἐμὲ οὗ οὐκ εἰμὶ ἄξιος τὸ ὑπόδημα³⁸ τῶν ποδῶν λῦσαι. 26 ἄνδρες ἀδελφοί, υἱοὶ γένους³⁹

---

1 ἀνάγω aor pas ptc m p nom, pas set sail
2 ἀποχωρέω aor act ptc m s nom, leave
3 ὑποστρέφω 3s aor act ind, return
4 διέρχομαι aor act ptc m p nom, pass through
5 παραγίνομαι 3p aor mid ind, come
6 καθίζω 3p aor act ind, sit down
7 ἀνάγνωσις, -εως f, (public) reading
8 ἀποστέλλω 3p aor act ind, send
9 ἀρχισυνάγωγος, -ου m, synagogue leader
10 παράκλησις, -εως f, encouragement
11 ἀνίστημι aor act ptc m s nom, intrans stand up
12 κατασείω aor act ptc m s nom, motion
13 ἐκλέγομαι 3s aor mid ind, choose
14 ὑψόω 3s aor act ind, enable (someone) to prosper
15 παροικία, -ας f, stay (among strangers)
16 βραχίων, -ονος m, arm
17 ὑψηλός, -ή/όν, uplifted
18 ἐξάγω 3s aor act ind, bring out
19 τεσσερακονταετής, -ές, forty years
20 τροποφορέω 3s aor act ind, put up with
21 καθαιρέω aor act ptc m s nom, destroy
22 κατακληρονομέω 3s aor act ind, give (as an inheritance)
23 τετρακόσιοι, -αι/α, four hundred
24 πεντήκοντα, fifty
25 κριτής, -οῦ m, judge
26 κἀκεῖθεν, = καὶ ἐκεῖθεν, and then
27 αἰτέω 3p aor mid ind, ask (for)
28 τεσσεράκοντα, forty
29 μεθίστημι aor act ptc m s nom, remove
30 ἄγω 3s aor act ind, bring
31 σωτήρ, -ῆρος m, Savior
32 προκηρύσσω aor act ptc m s gen, preach beforehand
33 εἴσοδος, -ου f, coming
34 βάπτισμα, -τος n, baptism
35 μετάνοια, -ας f, repentance
36 δρόμος, -ου m, course
37 ὑπονοέω 2p pres act ind, think
38 ὑπόδημα, -τος n, sandal
39 γένος, -ους n, family

Ἀβραὰμ καὶ οἱ ἐν ὑμῖν φοβούμενοι τὸν θεόν, ἡμῖν ὁ λόγος τῆς σωτηρίας ταύτης ἐξαπεστάλη[1]. 27 οἱ γὰρ κατοικοῦντες ἐν Ἰερουσαλὴμ καὶ οἱ ἄρχοντες αὐτῶν τοῦτον ἀγνοήσαντες[2] καὶ τὰς φωνὰς τῶν προφητῶν τὰς κατὰ πᾶν σάββατον ἀναγινωσκομένας κρίναντες ἐπλήρωσαν 28 καὶ μηδεμίαν αἰτίαν[3] θανάτου εὑρόντες[4] ᾐτήσαντο[5] Πιλᾶτον ἀναιρεθῆναι[6] αὐτόν. 29 ὡς δὲ ἐτέλεσαν[7] πάντα τὰ περὶ αὐτοῦ γεγραμμένα[8], καθελόντες[9] ἀπὸ τοῦ ξύλου[10] ἔθηκαν[11] εἰς μνημεῖον. 30 ὁ δὲ θεὸς ἤγειρεν αὐτὸν ἐκ νεκρῶν 31 ὃς ὤφθη[12] ἐπὶ ἡμέρας πλείους[13] τοῖς συναναβᾶσιν[14] αὐτῷ ἀπὸ τῆς Γαλιλαίας εἰς Ἰερουσαλὴμ οἵτινες νῦν εἰσιν μάρτυρες αὐτοῦ πρὸς τὸν λαόν. 32 καὶ ἡμεῖς ὑμᾶς εὐαγγελιζόμεθα τὴν πρὸς τοὺς πατέρας ἐπαγγελίαν γενομένην, 33 ὅτι ταύτην ὁ θεὸς ἐκπεπλήρωκεν[15] τοῖς τέκνοις ἡμῖν ἀναστήσας[16] Ἰησοῦν ὡς καὶ ἐν τῷ ψαλμῷ[17] γέγραπται τῷ δευτέρῳ·

υἱός μου εἶ σύ,

ἐγὼ σήμερον γεγέννηκά σε.

34 ὅτι δὲ ἀνέστησεν[18] αὐτὸν ἐκ νεκρῶν μηκέτι[19] μέλλοντα ὑποστρέφειν εἰς διαφθοράν[20], οὕτως εἴρηκεν[21] ὅτι δώσω[22] ὑμῖν τὰ ὅσια[23] Δαυὶδ τὰ πιστά. 35 διότι[24] καὶ ἐν ἑτέρῳ λέγει· οὐ δώσεις[25] τὸν ὅσιόν σου ἰδεῖν διαφθοράν. 36 Δαυὶδ μὲν γὰρ ἰδίᾳ γενεᾷ ὑπηρετήσας[26] τῇ τοῦ θεοῦ βουλῇ[27] ἐκοιμήθη[28] καὶ προσετέθη[29] πρὸς τοὺς πατέρας αὐτοῦ καὶ εἶδεν διαφθοράν· 37 ὃν δὲ ὁ θεὸς ἤγειρεν, οὐκ εἶδεν διαφθοράν. 38 γνωστὸν[30] οὖν ἔστω[31] ὑμῖν, ἄνδρες ἀδελφοί, ὅτι διὰ τούτου ὑμῖν ἄφεσις[32] ἁμαρτιῶν καταγγέλλεται[33], καὶ ἀπὸ πάντων ὧν οὐκ ἠδυνήθητε[34] ἐν νόμῳ Μωϋσέως δικαιωθῆναι, 39 ἐν τούτῳ πᾶς ὁ πιστεύων δικαιοῦται. 40 βλέπετε οὖν, μὴ ἐπέλθῃ[35] τὸ εἰρημένον[36] ἐν τοῖς προφήταις·

41 ἴδετε, οἱ καταφρονηταί[37],

καὶ θαυμάσατε καὶ ἀφανίσθητε[38],

[1] ἐξαποστέλλω 3s aor pas ind, send
[2] ἀγνοέω aor act ptc m p nom, fail to understand
[3] αἰτία, -ας f, reason
[4] εὑρίσκω aor act ptc m p nom, find
[5] αἰτέω 3p aor mid ind, ask
[6] ἀναιρέω aor pas inf, kill
[7] τελέω 3p aor act ind, complete
[8] γράφω pf pas ptc n p acc, write
[9] καθαιρέω aor act ptc m p nom, take down
[10] ξύλον, -ου n, tree
[11] τίθημι 3p aor act ind, put
[12] ὁράω 3s aor pas ind, pas appear
[13] πολύς, many (comp)
[14] συναναβαίνω aor act ptc m p dat, travel with
[15] ἐκπληρόω 3s pf act ind, make come true
[16] ἀνίστημι aor act ptc m s nom, raise (from the dead)
[17] ψαλμός, -οῦ m, psalm
[18] ἀνίστημι 3s aor act ind, raise
[19] μηκέτι, adv, no longer
[20] διαφθορά, -ᾶς f, decay
[21] λέγω 3s pf act ind, say
[22] δίδωμι 1s fut act ind, give
[23] ὅσιος, -α/ον, holy (τὰ ὅ. sacred blessings/promises)
[24] διότι, conj, because
[25] δίδωμι 2s fut act ind, give
[26] ὑπηρετέω aor act ptc m s nom, serve
[27] βουλή, -ῆς f, plan
[28] κοιμάομαι 3s aor pas ind, be asleep
[29] προστίθημι 3s aor pas ind, bury with
[30] γνωστός, -ή/όν, known
[31] εἰμί 3s pres act impv, be
[32] ἄφεσις, -εως f, forgiveness
[33] καταγγέλλω 3s pf pas ind, preach
[34] δύναμαι 2p aor pas ind, be able
[35] ἐπέρχομαι 3s aor act sub, come about
[36] λέγω pf pas ptc n s nom, say
[37] καταφρονητής, -οῦ m, scoffer
[38] ἀφανίζω 2p aor pas impv, pas disappear

ὅτι ἔργον ἐργάζομαι ἐγὼ ἐν ταῖς ἡμέραις ὑμῶν,
ἔργον ὃ οὐ μὴ πιστεύσητε, ἐάν τις ἐκδιηγῆται[1] ὑμῖν.

42 Ἐξιόντων[2] δὲ αὐτῶν παρεκάλουν εἰς τὸ μεταξὺ[3] σάββατον λαληθῆναι αὐτοῖς τὰ ῥήματα ταῦτα. **43** λυθείσης[4] δὲ τῆς συναγωγῆς ἠκολούθησαν πολλοὶ τῶν Ἰουδαίων καὶ τῶν σεβομένων[5] προσηλύτων[6] τῷ Παύλῳ καὶ τῷ Βαρναβᾷ οἵτινες προσλαλοῦντες[7] αὐτοῖς ἔπειθον αὐτοὺς προσμένειν[8] τῇ χάριτι τοῦ θεοῦ. **44** τῷ δὲ ἐρχομένῳ σαββάτῳ σχεδὸν[9] πᾶσα ἡ πόλις συνήχθη[10] ἀκοῦσαι τὸν λόγον τοῦ κυρίου. **45** ἰδόντες δὲ οἱ Ἰουδαῖοι τοὺς ὄχλους ἐπλήσθησαν[11] ζήλου[12] καὶ ἀντέλεγον[13] τοῖς ὑπὸ Παύλου λαλουμένοις βλασφημοῦντες. **46** παρρησιασάμενοί[14] τε ὁ Παῦλος καὶ ὁ Βαρναβᾶς εἶπαν· ὑμῖν ἦν ἀναγκαῖον[15] πρῶτον λαληθῆναι τὸν λόγον τοῦ θεοῦ· ἐπειδὴ[16] ἀπωθεῖσθε[17] αὐτὸν καὶ οὐκ ἀξίους κρίνετε ἑαυτοὺς τῆς αἰωνίου ζωῆς, ἰδοὺ στρεφόμεθα[18] εἰς τὰ ἔθνη. **47** οὕτως γὰρ ἐντέταλται[19] ἡμῖν ὁ κύριος·

τέθεικά[20] σε εἰς φῶς ἐθνῶν
τοῦ εἶναί σε εἰς σωτηρίαν ἕως ἐσχάτου τῆς γῆς.

48 Ἀκούοντα δὲ τὰ ἔθνη ἔχαιρον καὶ ἐδόξαζον τὸν λόγον τοῦ κυρίου καὶ ἐπίστευσαν ὅσοι ἦσαν τεταγμένοι[21] εἰς ζωὴν αἰώνιον· **49** διεφέρετο[22] δὲ ὁ λόγος τοῦ κυρίου δι᾽ ὅλης τῆς χώρας[23]. **50** οἱ δὲ Ἰουδαῖοι παρώτρυναν[24] τὰς σεβομένας[25] γυναῖκας τὰς εὐσχήμονας[26] καὶ τοὺς πρώτους τῆς πόλεως καὶ ἐπήγειραν[27] διωγμὸν[28] ἐπὶ τὸν Παῦλον καὶ Βαρναβᾶν καὶ ἐξέβαλον[29] αὐτοὺς ἀπὸ τῶν ὁρίων[30] αὐτῶν. **51** οἱ δὲ ἐκτιναξάμενοι[31] τὸν κονιορτὸν[32] τῶν ποδῶν ἐπ᾽ αὐτοὺς ἦλθον εἰς Ἰκόνιον, **52** οἵ τε μαθηταὶ ἐπληροῦντο χαρᾶς καὶ πνεύματος ἁγίου.

---

[1] ἐκδιηγέομαι 3s pres mid sub, tell
[2] ἔξειμι pres act ptc m p gen, leave
[3] μεταξύ, adv, after (τὸ μ. σάββατον the next Sabbath)
[4] λύω aor pas ptc f s gen, dismiss
[5] σέβομαι pres mid ptc m p gen, worship (σ. προσηλύτων devout converts)
[6] προσήλυτος, -ου m, proselyte (convert to Judaism)
[7] προσλαλέω pres act ptc m p nom, speak to
[8] προσμένω pres act inf, remain
[9] σχεδόν, adv, almost
[10] συνάγω 3s aor pas ind, pas gather together
[11] πίμπλημι 3p aor pas ind, fill
[12] ζῆλος, -ου m, jealousy
[13] ἀντιλέγω 3p impf act ind, oppose
[14] παρρησιάζομαι aor mid ptc m p nom, speak boldly
[15] ἀναγκαῖος, -α/ον, necessary
[16] ἐπειδή, conj, since
[17] ἀπωθέω 2p pres mid ind, mid reject
[18] στρέφω 1p pres pas ind, intrans pas turn
[19] ἐντέλλομαι 3s pf mid ind, command
[20] τίθημι 1s pf act ind, place
[21] τάσσω pf pas ptc m p nom, choose
[22] διαφέρω 3s impf pas ind, pas spread
[23] χώρα, -ας f, region
[24] παροτρύνω 3p aor act ind, incite
[25] σέβομαι pres mid ptc f p acc, worship (τὰς σ. γυναῖκας the devout women)
[26] εὐσχήμων, -ον, of high standing
[27] ἐπεγείρω 3p aor act ind, stir up
[28] διωγμός, -οῦ m, persecution
[29] ἐκβάλλω 3p aor act ind, force out
[30] ὅριον, -ου n, region
[31] ἐκτινάσσω aor mid ptc m p nom, mid shake off
[32] κονιορτός, -οῦ m, dust

Paul and Barnabas in Iconium

14 ¹Ἐγένετο δὲ ἐν Ἰκονίῳ κατὰ τὸ αὐτὸ εἰσελθεῖν αὐτοὺς εἰς τὴν συναγωγὴν τῶν Ἰουδαίων καὶ λαλῆσαι οὕτως, ὥστε πιστεῦσαι Ἰουδαίων τε καὶ Ἑλλήνων πολὺ πλῆθος. 2 οἱ δὲ ἀπειθήσαντες¹ Ἰουδαῖοι ἐπήγειραν² καὶ ἐκάκωσαν³ τὰς ψυχὰς τῶν ἐθνῶν κατὰ τῶν ἀδελφῶν. 3 ἱκανὸν μὲν οὖν χρόνον διέτριψαν⁴ παρρησιαζόμενοι⁵ ἐπὶ τῷ κυρίῳ τῷ μαρτυροῦντι τῷ λόγῳ τῆς χάριτος αὐτοῦ διδόντι σημεῖα καὶ τέρατα⁶ γίνεσθαι διὰ τῶν χειρῶν αὐτῶν. 4 ἐσχίσθη⁷ δὲ τὸ πλῆθος τῆς πόλεως, καὶ οἱ μὲν ἦσαν σὺν τοῖς Ἰουδαίοις, οἱ δὲ σὺν τοῖς ἀποστόλοις. 5 ὡς δὲ ἐγένετο ὁρμὴ⁸ τῶν ἐθνῶν τε καὶ Ἰουδαίων σὺν τοῖς ἄρχουσιν αὐτῶν ὑβρίσαι⁹ καὶ λιθοβολῆσαι¹⁰ αὐτούς, 6 συνιδόντες¹¹ κατέφυγον¹² εἰς τὰς πόλεις τῆς Λυκαονίας Λύστραν καὶ Δέρβην καὶ τὴν περίχωρον¹³, 7 κἀκεῖ εὐαγγελιζόμενοι ἦσαν.

Paul and Barnabas in Lystra

8 Καί τις ἀνὴρ ἀδύνατος¹⁴ ἐν Λύστροις τοῖς ποσὶν ἐκάθητο, χωλὸς¹⁵ ἐκ κοιλίας¹⁶ μητρὸς αὐτοῦ ὃς οὐδέποτε¹⁷ περιεπάτησεν¹⁸. 9 οὗτος ἤκουσεν τοῦ Παύλου λαλοῦντος· ὃς ἀτενίσας¹⁹ αὐτῷ καὶ ἰδὼν ὅτι ἔχει πίστιν τοῦ σωθῆναι, 10 εἶπεν μεγάλῃ τῇ φωνῇ· ἀνάστηθι²⁰ ἐπὶ τοὺς πόδας σου ὀρθός²¹. καὶ ἥλατο²² καὶ περιεπάτει. 11 οἵ τε ὄχλοι ἰδόντες ὃ ἐποίησεν Παῦλος ἐπῆραν²³ τὴν φωνὴν αὐτῶν Λυκαονιστὶ λέγοντες· οἱ θεοὶ ὁμοιωθέντες²⁴ ἀνθρώποις κατέβησαν²⁵ πρὸς ἡμᾶς, 12 ἐκάλουν τε τὸν Βαρναβᾶν Δία, τὸν δὲ Παῦλον Ἑρμῆν, ἐπειδὴ²⁶ αὐτὸς ἦν ὁ ἡγούμενος²⁷ τοῦ λόγου. 13 ὅ τε ἱερεὺς τοῦ Διὸς²⁸ τοῦ ὄντος πρὸ τῆς πόλεως ταύρους²⁹ καὶ στέμματα³⁰ ἐπὶ τοὺς πυλῶνας³¹ ἐνέγκας³² σὺν τοῖς ὄχλοις ἤθελεν θύειν³³. 14 ἀκούσαντες δὲ οἱ ἀπόστολοι Βαρναβᾶς καὶ Παῦλος διαρρήξαντες³⁴ τὰ ἱμάτια αὐτῶν ἐξεπήδησαν³⁵ εἰς τὸν ὄχλον κράζοντες 15 καὶ λέγοντες· ἄνδρες, τί ταῦτα ποιεῖτε; καὶ ἡμεῖς ὁμοιοπαθεῖς³⁶ ἐσμεν

---

¹ ἀπειθέω aor act ptc m p nom, be an unbeliever
² ἐπεγείρω 3p aor act ind, stir up
³ κακόω 3p aor act ind, mistreat (κ. τὴν ψυχήν τινος κατά poison someone's mind against)
⁴ διατρίβω 3p aor act ind, stay
⁵ παρρησιάζομαι pres mid ptc m p nom, speak boldly
⁶ τέρας, -ατος n, a wonder
⁷ σχίζω 3s aor pas ind, divide
⁸ ὁρμή, -ῆς f, attempt
⁹ ὑβρίζω aor act inf, mistreat
¹⁰ λιθοβολέω aor act inf, stone
¹¹ συνοράω aor act ptc m p nom, find out
¹² καταφεύγω 3p aor act ind, flee

¹³ περίχωρος, -ου f, surrounding region
¹⁴ ἀδύνατος, -ον, crippled
¹⁵ χωλός, -ή/όν, lame
¹⁶ κοιλία, -ας f, womb (ἐκ κ. μητρός from birth)
¹⁷ οὐδέποτε, adv, never
¹⁸ περιπατέω 3s aor act ind, walk
¹⁹ ἀτενίζω aor act ptc m s nom, look straight at
²⁰ ἀνίστημι 2s aor act impv, intrans stand up
²¹ ὀρθός, -ή/όν, straight
²² ἅλλομαι 3s aor mid ind, leap
²³ ἐπαίρω 3p aor act ind, raise
²⁴ ὁμοιόω aor pas ptc m p nom, pas be like (ὁμοιωθεὶς ἀνθρώπῳ in human form)

²⁵ καταβαίνω 3p aor act ind, come/go down
²⁶ ἐπειδή, conj, since
²⁷ ἡγέομαι pres mid ptc m s nom, lead (ὁ ἡ. τοῦ λόγου the chief speaker)
²⁸ Διός m, Zeus
²⁹ ταῦρος, -ου m, bull
³⁰ στέμμα, -τος n, wreath
³¹ πυλών, -ῶνος m, gate
³² φέρω aor act ptc m s nom, bring
³³ θύω pres act inf, sacrifice
³⁴ διαρρήσσω aor act ptc m p nom, tear
³⁵ ἐκπηδάω 3p aor act ind, rush out
³⁶ ὁμοιοπαθής, -ές, like in every way

ὑμῖν ἄνθρωποι εὐαγγελιζόμενοι ὑμᾶς ἀπὸ τούτων τῶν ματαίων[1] ἐπιστρέφειν ἐπὶ θεὸν ζῶντα ὃς ἐποίησεν τὸν οὐρανὸν καὶ τὴν γῆν καὶ τὴν θάλασσαν καὶ πάντα τὰ ἐν αὐτοῖς. **16** ὃς ἐν ταῖς παρῳχημέναις[2] γενεαῖς εἴασεν[3] πάντα τὰ ἔθνη πορεύεσθαι ταῖς ὁδοῖς αὐτῶν· **17** καίτοι[4] οὐκ ἀμάρτυρον[5] αὐτὸν ἀφῆκεν[6] ἀγαθουργῶν[7] οὐρανόθεν[8] ὑμῖν ὑετοὺς[9] διδοὺς[10] καὶ καιροὺς καρποφόρους[11] ἐμπιπλῶν[12] τροφῆς[13] καὶ εὐφροσύνης[14] τὰς καρδίας ὑμῶν. **18** καὶ ταῦτα λέγοντες μόλις[15] κατέπαυσαν[16] τοὺς ὄχλους τοῦ μὴ θύειν[17] αὐτοῖς.

19 Ἐπῆλθαν[18] δὲ ἀπὸ Ἀντιοχείας καὶ Ἰκονίου Ἰουδαῖοι καὶ πείσαντες[19] τοὺς ὄχλους καὶ λιθάσαντες[20] τὸν Παῦλον ἔσυρον[21] ἔξω τῆς πόλεως νομίζοντες[22] αὐτὸν τεθνηκέναι[23]. **20** κυκλωσάντων[24] δὲ τῶν μαθητῶν αὐτὸν ἀναστὰς[25] εἰσῆλθεν εἰς τὴν πόλιν.

The Return to Antioch in Syria

Καὶ τῇ ἐπαύριον[26] ἐξῆλθεν σὺν τῷ Βαρναβᾷ εἰς Δέρβην. **21** εὐαγγελισάμενοί τε τὴν πόλιν ἐκείνην καὶ μαθητεύσαντες[27] ἱκανοὺς ὑπέστρεψαν[28] εἰς τὴν Λύστραν καὶ εἰς Ἰκόνιον καὶ εἰς Ἀντιόχειαν **22** ἐπιστηρίζοντες[29] τὰς ψυχὰς τῶν μαθητῶν παρακαλοῦντες ἐμμένειν[30] τῇ πίστει καὶ ὅτι διὰ πολλῶν θλίψεων δεῖ ἡμᾶς εἰσελθεῖν εἰς τὴν βασιλείαν τοῦ θεοῦ. **23** χειροτονήσαντες[31] δὲ αὐτοῖς κατ᾽ ἐκκλησίαν πρεσβυτέρους προσευξάμενοι[32] μετὰ νηστειῶν[33] παρέθεντο[34] αὐτοὺς τῷ κυρίῳ εἰς ὃν πεπιστεύκεισαν. **24** καὶ διελθόντες[35] τὴν Πισιδίαν ἦλθον εἰς τὴν Παμφυλίαν **25** καὶ λαλήσαντες ἐν Πέργῃ τὸν λόγον κατέβησαν[36] εἰς Ἀττάλειαν **26** κἀκεῖθεν[37] ἀπέπλευσαν[38] εἰς Ἀντιόχειαν, ὅθεν[39] ἦσαν παραδεδομένοι[40] τῇ χάριτι τοῦ θεοῦ

[1] μάταιος, -α/ον, worthless
[2] παροίχομαι pf mid ptc f p dat, go by
[3] ἐάω 3s aor act ind, let
[4] καίτοι, conj, although
[5] ἀμάρτυρος, -ον, without evidence
[6] ἀφίημι 3s aor act ind, leave
[7] ἀγαθοεργέω pres act ptc m s nom, do good
[8] οὐρανόθεν, adv, from heaven
[9] ὑετός, -οῦ m, rain
[10] δίδωμι pres act ptc m s nom, give
[11] καρποφόρος, -ον, fruitful
[12] ἐμπίπλημι pres act ptc m s nom, fill
[13] τροφή, -ῆς f, food
[14] εὐφροσύνη, -ης f, gladness
[15] μόλις, adv, hardly
[16] καταπαύω 3p aor act ind, prevent

[17] θύω pres act inf, sacrifice
[18] ἐπέρχομαι 3p aor act ind, come
[19] πείθω aor act ptc m p nom, persuade
[20] λιθάζω aor act ptc m p nom, stone
[21] σύρω 3p impf act ind, drag
[22] νομίζω pres act ptc m p nom, think
[23] θνῄσκω pf act inf, die
[24] κυκλόω aor act ptc m p gen, gather round
[25] ἀνίστημι aor act ptc m s nom, intrans get up
[26] ἐπαύριον, adv, the next day
[27] μαθητεύω aor act ptc m p nom, win (someone as) a disciple
[28] ὑποστρέφω 3p aor act ind, return
[29] ἐπιστηρίζω pres act ptc m p nom, strengthen

[30] ἐμμένω pres act inf, remain faithful to
[31] χειροτονέω aor act ptc m p nom, appoint
[32] προσεύχομαι aor mid ptc m p nom, pray
[33] νηστεία, -ας f, fasting
[34] παρατίθημι 3p aor mid ind, mid commit
[35] διέρχομαι aor act ptc m p nom, pass through
[36] καταβαίνω 3p aor act ind, come/go down
[37] κἀκεῖθεν, = καὶ ἐκεῖθεν, and from there
[38] ἀποπλέω 3p aor act ind, set sail
[39] ὅθεν, adv, where
[40] παραδίδωμι pf pas ptc m p nom, entrust

εἰς τὸ ἔργον ὃ ἐπλήρωσαν. 27 παραγενόμενοι¹ δὲ καὶ συναγαγόντες τὴν ἐκκλησίαν ἀνήγγελλον² ὅσα ἐποίησεν ὁ θεὸς μετ' αὐτῶν καὶ ὅτι ἤνοιξεν³ τοῖς ἔθνεσιν θύραν πίστεως. 28 διέτριβον⁴ δὲ χρόνον οὐκ ὀλίγον σὺν τοῖς μαθηταῖς.

The Council at Jerusalem

15 Καί τινες κατελθόντες⁵ ἀπὸ τῆς Ἰουδαίας ἐδίδασκον τοὺς ἀδελφοὺς ὅτι, ἐὰν μὴ περιτμηθῆτε⁶ τῷ ἔθει⁷ τῷ Μωϋσέως, οὐ δύνασθε σωθῆναι⁸. 2 γενομένης δὲ στάσεως⁹ καὶ ζητήσεως¹⁰ οὐκ ὀλίγης τῷ Παύλῳ καὶ τῷ Βαρναβᾷ πρὸς αὐτοὺς ἔταξαν¹¹ ἀναβαίνειν Παῦλον καὶ Βαρναβᾶν καί τινας ἄλλους ἐξ αὐτῶν πρὸς τοὺς ἀποστόλους καὶ πρεσβυτέρους εἰς Ἰερουσαλὴμ περὶ τοῦ ζητήματος¹² τούτου. 3 οἱ μὲν οὖν προπεμφθέντες¹³ ὑπὸ τῆς ἐκκλησίας διήρχοντο τήν τε Φοινίκην καὶ Σαμάρειαν ἐκδιηγούμενοι¹⁴ τὴν ἐπιστροφὴν¹⁵ τῶν ἐθνῶν καὶ ἐποίουν χαρὰν μεγάλην πᾶσιν τοῖς ἀδελφοῖς. 4 παραγενόμενοι¹⁶ δὲ εἰς Ἰερουσαλὴμ παρεδέχθησαν¹⁷ ὑπὸ τῆς ἐκκλησίας καὶ τῶν ἀποστόλων καὶ τῶν πρεσβυτέρων ἀνήγγειλάν¹⁸ τε ὅσα ὁ θεὸς ἐποίησεν μετ' αὐτῶν. 5 ἐξανέστησαν¹⁹ δέ τινες τῶν ἀπὸ τῆς αἱρέσεως²⁰ τῶν Φαρισαίων πεπιστευκότες λέγοντες ὅτι δεῖ περιτέμνειν²¹ αὐτοὺς παραγγέλλειν τε τηρεῖν τὸν νόμον Μωϋσέως.

6 Συνήχθησάν²² τε οἱ ἀπόστολοι καὶ οἱ πρεσβύτεροι ἰδεῖν περὶ τοῦ λόγου τούτου. 7 πολλῆς²³ δὲ ζητήσεως²⁴ γενομένης ἀναστὰς²⁵ Πέτρος εἶπεν πρὸς αὐτούς· ἄνδρες ἀδελφοί, ὑμεῖς ἐπίστασθε²⁶ ὅτι ἀφ' ἡμερῶν ἀρχαίων²⁷ ἐν ὑμῖν ἐξελέξατο²⁸ ὁ θεὸς διὰ τοῦ στόματός μου ἀκοῦσαι τὰ ἔθνη τὸν λόγον τοῦ εὐαγγελίου καὶ πιστεῦσαι. 8 καὶ ὁ καρδιογνώστης²⁹ θεὸς ἐμαρτύρησεν αὐτοῖς δοὺς³⁰ τὸ πνεῦμα τὸ ἅγιον καθὼς καὶ ἡμῖν 9 καὶ οὐθὲν³¹ διέκρινεν³² μεταξὺ³³ ἡμῶν τε καὶ αὐτῶν τῇ πίστει καθαρίσας³⁴ τὰς καρδίας αὐτῶν. 10 νῦν οὖν τί πειράζετε τὸν θεὸν ἐπιθεῖναι³⁵

---

¹ παραγίνομαι aor mid ptc m p nom, arrive
² ἀναγγέλλω 3p impf act ind, tell
³ ἀνοίγω 3s aor act ind, open
⁴ διατρίβω 3p impf act ind, stay
⁵ κατέρχομαι aor act ptc m p nom, go down
⁶ περιτέμνω 2p aor pas sub, circumcise
⁷ ἔθος, -ους n, custom
⁸ σῴζω aor pas inf, save
⁹ στάσις, -εως f, dispute
¹⁰ ζήτησις, -εως f, debate
¹¹ τάσσω 3p aor act ind, appoint
¹² ζήτημα, -τος n, question
¹³ προπέμπω aor pas ptc m p nom, send on one's way

¹⁴ ἐκδιηγέομαι pres mid ptc m p nom, tell
¹⁵ ἐπιστροφή, -ῆς f, conversion
¹⁶ παραγίνομαι aor mid ptc m p nom, come
¹⁷ παραδέχομαι 3p aor pas ind, receive
¹⁸ ἀναγγέλλω 3p aor act ind, tell
¹⁹ ἐξανίστημι 3p aor act ind, intrans stand up
²⁰ αἵρεσις, -εως f, religious party
²¹ περιτέμνω pres act inf, circumcise
²² συνάγω 3p aor pas ind, pas gather together
²³ πολύς/πολλή/πολύ, much
²⁴ ζήτησις, -εως f, discussion

²⁵ ἀνίστημι aor act ptc m s nom, intrans stand up
²⁶ ἐπίσταμαι 2p pres pas ind, know
²⁷ ἀρχαῖος, -α/ον, early
²⁸ ἐκλέγομαι 3s aor mid ind, choose
²⁹ καρδιογνώστης, -ου m, knower of hearts
³⁰ δίδωμι aor act ptc m s nom, give
³¹ οὐδείς/οὐδεμία/οὐδέν, no one
³² διακρίνω 3s aor act ind, make a distinction
³³ μεταξύ, prep + gen, between
³⁴ καθαρίζω aor act ptc m s nom, cleanse
³⁵ ἐπιτίθημι aor act inf, place

ζυγὸν¹ ἐπὶ τὸν τράχηλον² τῶν μαθητῶν ὃν οὔτε οἱ πατέρες ἡμῶν οὔτε ἡμεῖς ἰσχύσαμεν³ βαστάσαι⁴; **11** ἀλλὰ διὰ τῆς χάριτος τοῦ κυρίου Ἰησοῦ πιστεύομεν σωθῆναι καθ' ὃν τρόπον⁵ κἀκεῖνοι. **12** ἐσίγησεν⁶ δὲ πᾶν τὸ πλῆθος καὶ ἤκουον Βαρναβᾶ καὶ Παύλου ἐξηγουμένων⁷ ὅσα ἐποίησεν ὁ θεὸς σημεῖα καὶ τέρατα⁸ ἐν τοῖς ἔθνεσιν δι' αὐτῶν. **13** μετὰ δὲ τὸ σιγῆσαι αὐτοὺς ἀπεκρίθη Ἰάκωβος λέγων· ἄνδρες ἀδελφοί, ἀκούσατέ μου. **14** Συμεὼν ἐξηγήσατο καθὼς πρῶτον ὁ θεὸς ἐπεσκέψατο⁹ λαβεῖν ἐξ ἐθνῶν λαὸν τῷ ὀνόματι αὐτοῦ. **15** καὶ τούτῳ συμφωνοῦσιν¹⁰ οἱ λόγοι τῶν προφητῶν, καθὼς γέγραπται·

16 μετὰ ταῦτα ἀναστρέψω¹¹
καὶ ἀνοικοδομήσω¹² τὴν σκηνὴν¹³ Δαυὶδ τὴν πεπτωκυῖαν¹⁴
καὶ τὰ κατεσκαμμένα¹⁵ αὐτῆς ἀνοικοδομήσω
καὶ ἀνορθώσω¹⁶ αὐτήν,
17 ὅπως ἂν ἐκζητήσωσιν¹⁷ οἱ κατάλοιποι¹⁸ τῶν ἀνθρώπων τὸν κύριον
καὶ πάντα τὰ ἔθνη ἐφ' οὓς ἐπικέκληται¹⁹ τὸ ὄνομά μου ἐπ' αὐτούς,
λέγει κύριος ὁ ποιῶν ταῦτα **18** γνωστὰ²⁰ ἀπ' αἰῶνος.

19 διὸ ἐγὼ κρίνω μὴ παρενοχλεῖν²¹ τοῖς ἀπὸ τῶν ἐθνῶν ἐπιστρέφουσιν ἐπὶ τὸν θεόν, **20** ἀλλ' ἐπιστεῖλαι²² αὐτοῖς τοῦ ἀπέχεσθαι²³ τῶν ἀλισγημάτων²⁴ τῶν εἰδώλων²⁵ καὶ τῆς πορνείας²⁶ καὶ τοῦ πνικτοῦ²⁷ καὶ τοῦ αἵματος. **21** Μωϋσῆς γὰρ ἐκ γενεῶν ἀρχαίων²⁸ κατὰ πόλιν τοὺς κηρύσσοντας αὐτὸν ἔχει ἐν ταῖς συναγωγαῖς κατὰ πᾶν σάββατον ἀναγινωσκόμενος.

The Reply of the Council

22 Τότε ἔδοξεν τοῖς ἀποστόλοις καὶ τοῖς πρεσβυτέροις σὺν ὅλῃ τῇ ἐκκλησίᾳ ἐκλεξαμένους²⁹ ἄνδρας ἐξ αὐτῶν πέμψαι εἰς Ἀντιόχειαν σὺν τῷ Παύλῳ καὶ Βαρναβᾷ, Ἰούδαν τὸν καλούμενον Βαρσαββᾶν καὶ Σιλᾶν, ἄνδρας ἡγουμένους³⁰ ἐν τοῖς ἀδελφοῖς, **23** γράψαντες διὰ χειρὸς αὐτῶν·

---

1 ζυγός, -οῦ *m*, yoke
2 τράχηλος, -ου *m*, neck
3 ἰσχύω 1p aor act ind, be able
4 βαστάζω aor act inf, bear
5 τρόπος, -ου *m*, way (καθ' ὃν τ. just as)
6 σιγάω 3s aor act ind, be silent
7 ἐξηγέομαι pres mid ptc m p gen, tell
8 τέρας, -ατος *n*, a wonder
9 ἐπισκέπτομαι 3s aor mid ind, be concerned (about)
10 συμφωνέω 3p pres act ind, agree with

11 ἀναστρέφω 1s fut act ind, return
12 ἀνοικοδομέω 1s fut act ind, rebuild
13 σκηνή, -ῆς *f*, home
14 πίπτω pf act ptc f s acc, fall
15 κατασκάπτω pf pas ptc n p acc, destroy
16 ἀνορθόω 1s fut act ind, restore
17 ἐκζητέω 3p aor act sub, seek diligently
18 κατάλοιπος, -ον, rest
19 ἐπικαλέω 3s pf pas ind, pas call upon
20 γνωστός, -ή/όν, known

21 παρενοχλέω pres act inf, add extra difficulties
22 ἐπιστέλλω aor act inf, write
23 ἀπέχω pres mid inf, mid abstain from
24 ἀλίσγημα, -τος *n*, defilement
25 εἴδωλον, -ου *n*, idol
26 πορνεία, -ας *f*, sexual immorality
27 πνικτός, -ή/όν, strangled
28 ἀρχαῖος, -α/ον, early
29 ἐκλέγομαι aor mid ptc m p acc, choose
30 ἡγέομαι pres mid ptc m p acc, lead

Οἱ ἀπόστολοι καὶ οἱ πρεσβύτεροι ἀδελφοὶ τοῖς κατὰ τὴν Ἀντιόχειαν καὶ Συρίαν καὶ Κιλικίαν ἀδελφοῖς τοῖς ἐξ ἐθνῶν χαίρειν. 24 ἐπειδὴ[1] ἠκούσαμεν ὅτι τινὲς ἐξ ἡμῶν ἐξελθόντες ἐτάραξαν[2] ὑμᾶς λόγοις ἀνασκευάζοντες[3] τὰς ψυχὰς ὑμῶν οἷς οὐ διεστειλάμεθα[4], 25 ἔδοξεν ἡμῖν γενομένοις ὁμοθυμαδὸν[5] ἐκλεξαμένοις[6] ἄνδρας πέμψαι πρὸς ὑμᾶς σὺν τοῖς ἀγαπητοῖς ἡμῶν Βαρναβᾷ καὶ Παύλῳ, 26 ἀνθρώποις παραδεδωκόσιν[7] τὰς ψυχὰς αὐτῶν ὑπὲρ τοῦ ὀνόματος τοῦ κυρίου ἡμῶν Ἰησοῦ Χριστοῦ. 27 ἀπεστάλκαμεν[8] οὖν Ἰούδαν καὶ Σιλᾶν καὶ αὐτοὺς διὰ λόγου ἀπαγγέλλοντας τὰ αὐτά. 28 ἔδοξεν γὰρ τῷ πνεύματι τῷ ἁγίῳ καὶ ἡμῖν μηδὲν πλέον[9] ἐπιτίθεσθαι[10] ὑμῖν βάρος[11] πλὴν τούτων τῶν ἐπάναγκες[12], 29 ἀπέχεσθαι[13] εἰδωλοθύτων[14] καὶ αἵματος καὶ πνικτῶν[15] καὶ πορνείας[16] ἐξ ὧν διατηροῦντες[17] ἑαυτοὺς εὖ[18] πράξετε[19]. ἔρρωσθε[20].
30 Οἱ μὲν οὖν ἀπολυθέντες κατῆλθον[21] εἰς Ἀντιόχειαν καὶ συναγαγόντες τὸ πλῆθος ἐπέδωκαν[22] τὴν ἐπιστολήν[23]. 31 ἀναγνόντες[24] δὲ ἐχάρησαν[25] ἐπὶ τῇ παρακλήσει[26]. 32 Ἰούδας τε καὶ Σιλᾶς καὶ αὐτοὶ προφῆται ὄντες διὰ λόγου πολλοῦ[27] παρεκάλεσαν τοὺς ἀδελφοὺς καὶ ἐπεστήριξαν[28], 33 ποιήσαντες δὲ χρόνον ἀπελύθησαν[29] μετ' εἰρήνης ἀπὸ τῶν ἀδελφῶν πρὸς τοὺς ἀποστείλαντας[30] αὐτούς. [34 ἔδοξεν δὲ τῷ Σιλᾷ ἐπιμεῖναι[31] αὐτοῦ.] 35 Παῦλος δὲ καὶ Βαρναβᾶς διέτριβον[32] ἐν Ἀντιοχείᾳ διδάσκοντες καὶ εὐαγγελιζόμενοι μετὰ καὶ ἑτέρων πολλῶν τὸν λόγον τοῦ κυρίου.

Paul and Barnabas Separate

36 Μετὰ δέ τινας ἡμέρας εἶπεν πρὸς Βαρναβᾶν Παῦλος· ἐπιστρέψαντες[33] δὴ[34] ἐπισκεψώμεθα[35] τοὺς ἀδελφοὺς κατὰ πόλιν πᾶσαν ἐν αἷς κατηγγείλαμεν[36] τὸν

[1] ἐπειδή, conj, since
[2] ταράσσω 3p aor act ind, trouble
[3] ἀνασκευάζω pres act ptc m p nom, upset
[4] διαστέλλω 1p aor mid ind, mid instruct (to do something)
[5] ὁμοθυμαδόν, adv, with one mind (γινόμενοι ὁ. unanimously)
[6] ἐκλέγομαι aor mid ptc m p dat, choose
[7] παραδίδωμι pf act ptc m p dat, give
[8] ἀποστέλλω 1p pf act ind, send
[9] πολύς, much (comp)
[10] ἐπιτίθημι pres pas inf, place upon
[11] βάρος, -ους n, burden
[12] ἐπάναγκες, adv, necessarily (τὰ ἐ. the necessary things)
[13] ἀπέχω pres mid inf, mid abstain from
[14] εἰδωλόθυτος, -ον, (food) sacrificed to idols
[15] πνικτός, -ή/όν, strangled
[16] πορνεία, -ας f, sexual immorality
[17] διατηρέω pres act ptc m p nom, keep
[18] εὖ, adv, well
[19] πράσσω 2p fut act ind, intrans do
[20] ῥώννυμι 2p pf pas impv, be healthy ("Ἔρρωσθε = Our best wishes to you)
[21] κατέρχομαι 3p aor act ind, go down
[22] ἐπιδίδωμι 3p aor act ind, give
[23] ἐπιστολή, -ῆς f, letter
[24] ἀναγινώσκω aor act ptc m p nom, read
[25] χαίρω 3p aor pas ind, be glad
[26] παράκλησις, -εως f, encouragement
[27] πολύς/πολλή/πολύ, much (διὰ λόγου π. with many words)
[28] ἐπιστηρίζω 3p aor act ind, strengthen
[29] ἀπολύω 3p aor pas ind, send off
[30] ἀποστέλλω aor act ptc m p acc, send
[31] ἐπιμένω aor act inf, remain
[32] διατρίβω 3p impf act ind, stay
[33] ἐπιστρέφω aor act ptc m p nom, return
[34] δή, emphatic particle, then
[35] ἐπισκέπτομαι 1p aor mid sub, visit
[36] καταγγέλλω 1p aor act ind, preach

λόγον τοῦ κυρίου πῶς ἔχουσιν. 37 Βαρναβᾶς δὲ ἐβούλετο συμπαραλαβεῖν[1] καὶ Ἰωάννην τὸν καλούμενον Μᾶρκον· 38 Παῦλος δὲ ἠξίου[2] τὸν ἀποστάντα[3] ἀπ' αὐτῶν ἀπὸ Παμφυλίας καὶ μὴ συνελθόντα[4] αὐτοῖς εἰς τὸ ἔργον μὴ συμπαραλαμβάνειν τοῦτον. 39 ἐγένετο δὲ παροξυσμὸς[5], ὥστε ἀποχωρισθῆναι[6] αὐτοὺς ἀπ' ἀλλήλων τόν τε Βαρναβᾶν παραλαβόντα τὸν Μᾶρκον ἐκπλεῦσαι[7] εἰς Κύπρον. 40 Παῦλος δὲ ἐπιλεξάμενος[8] Σιλᾶν ἐξῆλθεν παραδοθεὶς[9] τῇ χάριτι τοῦ κυρίου ὑπὸ τῶν ἀδελφῶν. 41 διήρχετο δὲ τὴν Συρίαν καὶ Κιλικίαν ἐπιστηρίζων[10] τὰς ἐκκλησίας.

Timothy Accompanies Paul and Silas

16 Κατήντησεν[11] δὲ καὶ εἰς Δέρβην καὶ εἰς Λύστραν. καὶ ἰδοὺ μαθητής τις ἦν ἐκεῖ ὀνόματι Τιμόθεος, υἱὸς γυναικὸς Ἰουδαίας πιστῆς, πατρὸς δὲ Ἕλληνος[12], 2 ὃς ἐμαρτυρεῖτο ὑπὸ τῶν ἐν Λύστροις καὶ Ἰκονίῳ ἀδελφῶν. 3 τοῦτον ἠθέλησεν ὁ Παῦλος σὺν αὐτῷ ἐξελθεῖν καὶ λαβὼν περιέτεμεν[13] αὐτὸν διὰ τοὺς Ἰουδαίους τοὺς ὄντας ἐν τοῖς τόποις ἐκείνοις· ᾔδεισαν[14] γὰρ ἅπαντες ὅτι Ἕλλην ὁ πατὴρ αὐτοῦ ὑπῆρχεν. 4 ὡς δὲ διεπορεύοντο[15] τὰς πόλεις, παρεδίδοσαν[16] αὐτοῖς φυλάσσειν τὰ δόγματα[17] τὰ κεκριμένα[18] ὑπὸ τῶν ἀποστόλων καὶ πρεσβυτέρων τῶν ἐν Ἱεροσολύμοις. 5 αἱ μὲν οὖν ἐκκλησίαι ἐστερεοῦντο[19] τῇ πίστει καὶ ἐπερίσσευον τῷ ἀριθμῷ[20] καθ' ἡμέραν.

Paul's Vision of the Man of Macedonia

6 Διῆλθον[21] δὲ τὴν Φρυγίαν καὶ Γαλατικὴν χώραν[22] κωλυθέντες[23] ὑπὸ τοῦ ἁγίου πνεύματος λαλῆσαι τὸν λόγον ἐν τῇ Ἀσίᾳ. 7 ἐλθόντες δὲ κατὰ τὴν Μυσίαν ἐπείραζον εἰς τὴν Βιθυνίαν πορευθῆναι, καὶ οὐκ εἴασεν[24] αὐτοὺς τὸ πνεῦμα Ἰησοῦ· 8 παρελθόντες[25] δὲ τὴν Μυσίαν κατέβησαν[26] εἰς Τρῳάδα. 9 καὶ ὅραμα[27] διὰ τῆς νυκτὸς τῷ Παύλῳ ὤφθη[28], ἀνὴρ Μακεδών τις ἦν ἑστὼς[29] καὶ παρακαλῶν αὐτὸν καὶ λέγων·

---

[1] συμπαραλαμβάνω aor act inf, take along
[2] ἀξιόω 3s impf act ind, think (something) best
[3] ἀφίστημι aor act ptc m s acc, intrans leave
[4] συνέρχομαι aor act ptc m s acc, accompany
[5] παροξυσμός, -οῦ m, fierce argument
[6] ἀποχωρίζω aor pas inf, pas separate
[7] ἐκπλέω aor act inf, sail
[8] ἐπιλέγω aor mid ptc m s nom, mid choose
[9] παραδίδωμι aor pas ptc m s nom, give over
[10] ἐπιστηρίζω pres act ptc m s nom, strengthen
[11] καταντάω 3s aor act ind, arrive
[12] Ἕλλην, -ηνος m, a Greek
[13] περιτέμνω 3s aor act ind, circumcise
[14] οἶδα 3p plpf act ind, know
[15] διαπορεύομαι 3p impf mid ind, travel through
[16] παραδίδωμι 3p impf act ind, give
[17] δόγμα, -τος n, decision
[18] κρίνω pf pas ptc n p acc, decide
[19] στερεόω 3p impf pas ind, strengthen
[20] ἀριθμός, -οῦ m, number
[21] διέρχομαι 3p aor act ind, pass through
[22] χώρα, -ας f, region
[23] κωλύω aor pas ptc m p nom, prevent
[24] ἐάω 3s aor act ind, let
[25] παρέρχομαι aor act ptc m p nom, pass by
[26] καταβαίνω 3p aor act ind, come/go down
[27] ὅραμα, -τος n, vision
[28] ὁράω 3s aor pas ind, pas appear
[29] ἵστημι pf act ptc m s nom, intrans stand

διαβὰς¹ εἰς Μακεδονίαν βοήθησον² ἡμῖν. 10 ὡς δὲ τὸ ὅραμα εἶδεν, εὐθέως ἐζητήσαμεν ἐξελθεῖν εἰς Μακεδονίαν συμβιβάζοντες³ ὅτι προσκέκληται⁴ ἡμᾶς ὁ θεὸς εὐαγγελίσασθαι⁵ αὐτούς.

The Conversion of Lydia

11 Ἀναχθέντες⁶ οὖν ἀπὸ Τρῳάδος εὐθυδρομήσαμεν⁷ εἰς Σαμοθρᾴκην, τῇ δὲ ἐπιούσῃ⁸ εἰς Νέαν πόλιν 12 κἀκεῖθεν⁹ εἰς Φιλίππους ἥτις ἐστὶν πρώτη τῆς μερίδος¹⁰ Μακεδονίας πόλις, κολωνία¹¹. Ἦμεν δὲ ἐν ταύτῃ τῇ πόλει διατρίβοντες¹² ἡμέρας τινάς. 13 τῇ τε ἡμέρᾳ τῶν σαββάτων ἐξήλθομεν ἔξω τῆς πύλης¹³ παρὰ ποταμὸν¹⁴, οὗ¹⁵ ἐνομίζετο¹⁶ προσευχὴ εἶναι, καὶ καθίσαντες ἐλαλοῦμεν ταῖς συνελθούσαις¹⁷ γυναιξίν¹⁸. 14 καί τις γυνὴ ὀνόματι Λυδία πορφυρόπωλις¹⁹ πόλεως Θυατείρων σεβομένη²⁰ τὸν θεὸν ἤκουεν ἧς ὁ κύριος διήνοιξεν²¹ τὴν καρδίαν προσέχειν²² τοῖς λαλουμένοις ὑπὸ τοῦ Παύλου. 15 ὡς δὲ ἐβαπτίσθη καὶ ὁ οἶκος αὐτῆς, παρεκάλεσεν λέγουσα· εἰ κεκρίκατέ²³ με πιστὴν τῷ κυρίῳ εἶναι, εἰσελθόντες εἰς τὸν οἶκόν μου μένετε. καὶ παρεβιάσατο²⁴ ἡμᾶς.

The Imprisonment at Philippi

16 Ἐγένετο δὲ πορευομένων ἡμῶν εἰς τὴν προσευχὴν παιδίσκην²⁵ τινὰ ἔχουσαν πνεῦμα πύθωνα²⁶ ὑπαντῆσαι²⁷ ἡμῖν ἥτις ἐργασίαν²⁸ πολλὴν²⁹ παρεῖχεν³⁰ τοῖς κυρίοις αὐτῆς μαντευομένη³¹. 17 αὕτη κατακολουθήσασα³² τῷ Παύλῳ καὶ ἡμῖν ἔκραζεν λέγουσα· οὗτοι οἱ ἄνθρωποι δοῦλοι τοῦ θεοῦ τοῦ ὑψίστου³³ εἰσὶν οἵτινες καταγγέλλουσιν³⁴ ὑμῖν ὁδὸν σωτηρίας. 18 τοῦτο δὲ ἐποίει ἐπὶ πολλὰς ἡμέρας. διαπονηθεὶς³⁵ δὲ Παῦλος καὶ ἐπιστρέψας³⁶ τῷ πνεύματι εἶπεν· παραγγέλλω σοι ἐν

¹ διαβαίνω *aor act ptc m s nom*, come over
² βοηθέω *2s aor act impv*, help
³ συμβιβάζω *pres act ptc m p nom*, conclude
⁴ προσκαλέομαι *3s pf mid ind*, call
⁵ εὐαγγελίζω *aor mid inf*, mid preach the good news (to)
⁶ ἀνάγω *aor pas ptc m p nom, pas* set sail
⁷ εὐθυδρομέω *1p aor act ind*, sail a straight course
⁸ ἔπειμι *pres act ptc f s dat*, be next (ἡ ἐ. the next day)
⁹ κἀκεῖθεν, = καὶ ἐκεῖθεν, and from there
¹⁰ μερίς, -ίδος *f*, part
¹¹ κολωνία, -ας *f*, colony
¹² διατρίβω *pres act ptc m p nom*, stay

¹³ πύλη, -ης *f*, gate
¹⁴ ποταμός, -οῦ *m*, river
¹⁵ οὗ, *adv*, where
¹⁶ νομίζω *3s impf pas ind*, think
¹⁷ συνέρχομαι *aor act ptc f p dat*, come together
¹⁸ γυνή, -αικός *f* (*dat pl* γυναιξίν), woman
¹⁹ πορφυρόπωλις, -ιδος *f*, dealer in purple cloth
²⁰ σέβομαι *pres mid ptc f s nom*, worship
²¹ διανοίγω *3s aor act ind*, open
²² προσέχω *aor act inf*, pay close attention (to)
²³ κρίνω *2p pf act ind*, judge
²⁴ παραβιάζομαι *3s aor mid ind*, persuade
²⁵ παιδίσκη, -ης *f*, slave girl

²⁶ πύθων, -ωνος *m*, Python (a spirit of divination; ἔχουσαν πνεῦμα π. able to predict the future)
²⁷ ὑπαντάω *aor act inf*, meet
²⁸ ἐργασία, -ας *f*, money
²⁹ πολύς/πολλή/πολύ, much
³⁰ παρέχω *3s impf act ind*, bring
³¹ μαντεύομαι *pres mid ptc f s nom*, tell fortunes
³² κατακολουθέω *aor act ptc f s nom*, follow
³³ ὕψιστος, highest (ὁ ὕ. Most High [God])
³⁴ καταγγέλλω *3p pres act ind*, preach
³⁵ διαπονέομαι *aor pas ptc m s nom*, be greatly annoyed
³⁶ ἐπιστρέφω *aor act ptc m s nom*, intrans turn

ὀνόματι Ἰησοῦ Χριστοῦ ἐξελθεῖν ἀπ' αὐτῆς. καὶ ἐξῆλθεν αὐτῇ τῇ ὥρᾳ. 19 ἰδόντες δὲ οἱ κύριοι αὐτῆς ὅτι ἐξῆλθεν ἡ ἐλπὶς τῆς ἐργασίας¹ αὐτῶν, ἐπιλαβόμενοι² τὸν Παῦλον καὶ τὸν Σιλᾶν εἵλκυσαν³ εἰς τὴν ἀγορὰν⁴ ἐπὶ τοὺς ἄρχοντας 20 καὶ προσαγαγόντες⁵ αὐτοὺς τοῖς στρατηγοῖς⁶ εἶπαν· οὗτοι οἱ ἄνθρωποι ἐκταράσσουσιν⁷ ἡμῶν τὴν πόλιν Ἰουδαῖοι ὑπάρχοντες 21 καὶ καταγγέλλουσιν⁸ ἔθη⁹ ἃ οὐκ ἔξεστιν ἡμῖν παραδέχεσ- θαι¹⁰ οὐδὲ ποιεῖν Ῥωμαίοις οὖσιν. 22 καὶ συνεπέστη¹¹ ὁ ὄχλος κατ' αὐτῶν καὶ οἱ στρατηγοὶ περιρήξαντες¹² αὐτῶν τὰ ἱμάτια ἐκέλευον¹³ ῥαβδίζειν¹⁴ 23 πολλάς τε ἐπιθέντες¹⁵ αὐτοῖς πληγὰς¹⁶ ἔβαλον¹⁷ εἰς φυλακὴν παραγγείλαντες τῷ δεσμοφύλα- κι¹⁸ ἀσφαλῶς¹⁹ τηρεῖν αὐτούς. 24 ὃς παραγγελίαν²⁰ τοιαύτην λαβὼν ἔβαλεν αὐτοὺς εἰς τὴν ἐσωτέραν²¹ φυλακὴν καὶ τοὺς πόδας ἠσφαλίσατο²² αὐτῶν εἰς τὸ ξύλον²³. 25 κατὰ δὲ τὸ μεσονύκτιον²⁴ Παῦλος καὶ Σιλᾶς προσευχόμενοι ὕμνουν²⁵ τὸν θεόν, ἐπηκροῶντο²⁶ δὲ αὐτῶν οἱ δέσμιοι²⁷. 26 ἄφνω²⁸ δὲ σεισμὸς²⁹ ἐγένετο μέγας, ὥστε σαλευθῆναι³⁰ τὰ θεμέλια³¹ τοῦ δεσμωτηρίου³²· ἠνεῴχθησαν³³ δὲ παραχρῆμα³⁴ αἱ θύραι πᾶσαι καὶ πάντων τὰ δεσμὰ³⁵ ἀνέθη³⁶. 27 ἔξυπνος³⁷ δὲ γενόμενος ὁ δεσμο- φύλαξ καὶ ἰδὼν ἀνεῳγμένας³⁸ τὰς θύρας τῆς φυλακῆς, σπασάμενος³⁹ μάχαιραν⁴⁰ ἤμελλεν ἑαυτὸν ἀναιρεῖν⁴¹ νομίζων⁴² ἐκπεφευγέναι⁴³ τοὺς δεσμίους. 28 ἐφώνησεν δὲ φωνῇ μεγάλῃ ὁ Παῦλος λέγων· μηδὲν πράξῃς⁴⁴ σεαυτῷ κακόν, ἅπαντες γάρ ἐσμεν ἐνθάδε⁴⁵. 29 αἰτήσας δὲ φῶτα⁴⁶ εἰσεπήδησεν⁴⁷ καὶ ἔντρομος⁴⁸ γενόμενος προσέπεσεν⁴⁹ τῷ Παύλῳ καὶ τῷ Σιλᾷ 30 καὶ προαγαγὼν⁵⁰ αὐτοὺς ἔξω ἔφη· κύρι- οι, τί με δεῖ ποιεῖν, ἵνα σωθῶ⁵¹; 31 οἱ δὲ εἶπαν· πίστευσον ἐπὶ τὸν κύριον Ἰησοῦν καὶ

---

[1] ἐργασία, -ας f, making money
[2] ἐπιλαμβάνομαι aor mid ptc m p nom, take hold of
[3] ἑλκύω 3p aor act ind, drag
[4] ἀγορά, -ᾶς f, market place
[5] προσάγω aor act ptc m p nom, bring to
[6] στρατηγός, -οῦ m, magistrate
[7] ἐκταράσσω 3p pres act ind, upset
[8] καταγγέλλω 3p pres act ind, teach
[9] ἔθος, -ους n, custom
[10] παραδέχομαι pres mid inf, accept
[11] συνεφίστημι 3s aor act ind, join in an attack
[12] περιρήγνυμι aor act ptc m p nom, tear off
[13] κελεύω 3p impf act ind, order
[14] ῥαβδίζω pres act inf, beat (with a stick)
[15] ἐπιτίθημι aor act ptc m p nom, place upon
[16] πληγή, -ῆς f, beating (ἐπιτίθημι π. beat)
[17] βάλλω 3p aor act ind, throw
[18] δεσμοφύλαξ, -ακος m, jailer
[19] ἀσφαλῶς, adv, under close guard
[20] παραγγελία, -ας f, order
[21] ἐσώτερος, -α/ον, inner
[22] ἀσφαλίζω 3s aor mid ind, secure
[23] ξύλον, -ου n, stocks
[24] μεσονύκτιον, -ου n, midnight
[25] ὑμνέω 3p impf act ind, intrans sing a hymn to
[26] ἐπακροάομαι 3p impf mid ind, listen to
[27] δέσμιος, -ου m, prisoner
[28] ἄφνω, adv, suddenly
[29] σεισμός, -οῦ m, earthquake
[30] σαλεύω aor pas ind, shake
[31] θεμέλιον, -ου n, foundation
[32] δεσμωτήριον, -ου n, jail
[33] ἀνοίγω 3p aor pas ind, open
[34] παραχρῆμα, adv, at once
[35] δεσμός, -οῦ n, chain
[36] ἀνίημι 3s aor pas ind, come loose
[37] ἔξυπνος, -ον, awake
[38] ἀνοίγω pf pas ptc f p acc, open
[39] σπάω aor mid ptc m s nom, mid draw (of a sword)
[40] μάχαιρα, -ης f, sword
[41] ἀναιρέω aor act inf, kill
[42] νομίζω pres act ptc m s nom, think
[43] ἐκφεύγω pf act inf, escape
[44] πράσσω 2s aor act sub, do
[45] ἐνθάδε, adv, here
[46] φῶς, φωτός n, light
[47] εἰσπηδάω 3s aor act ind, rush in
[48] ἔντρομος, -ον, trembling
[49] προσπίπτω 3s aor act ind, fall down before someone
[50] προάγω aor act ptc m s nom, bring out
[51] σῴζω 1s aor pas sub, save

σωθήση σὺ καὶ ὁ οἶκός σου. 32 καὶ ἐλάλησαν αὐτῷ τὸν λόγον τοῦ κυρίου σὺν πᾶσιν τοῖς ἐν τῇ οἰκίᾳ αὐτοῦ. 33 καὶ παραλαβὼν αὐτοὺς ἐν ἐκείνῃ τῇ ὥρᾳ τῆς νυκτὸς ἔλουσεν[1] ἀπὸ τῶν πληγῶν[2], καὶ ἐβαπτίσθη αὐτὸς καὶ οἱ αὐτοῦ πάντες παραχρῆμα[3], 34 ἀναγαγών[4] τε αὐτοὺς εἰς τὸν οἶκον παρέθηκεν[5] τράπεζαν[6] καὶ ἠγαλλιάσατο[7] πανοικεὶ[8] πεπιστευκὼς τῷ θεῷ. 35 ἡμέρας δὲ γενομένης ἀπέστειλαν[9] οἱ στρατηγοὶ[10] τοὺς ῥαβδούχους[11] λέγοντες· ἀπόλυσον τοὺς ἀνθρώπους ἐκείνους. 36 ἀπήγγειλεν[12] δὲ ὁ δεσμοφύλαξ[13] τοὺς λόγους τούτους πρὸς τὸν Παῦλον ὅτι ἀπέσταλκαν[14] οἱ στρατηγοί, ἵνα ἀπολυθῆτε[15]· νῦν οὖν ἐξελθόντες πορεύεσθε ἐν εἰρήνῃ. 37 ὁ δὲ Παῦλος ἔφη πρὸς αὐτούς· δείραντες[16] ἡμᾶς δημοσίᾳ[17] ἀκατακρίτους[18], ἀνθρώπους Ῥωμαίους ὑπάρχοντας ἔβαλαν[19] εἰς φυλακήν· καὶ νῦν λάθρᾳ[20] ἡμᾶς ἐκβάλλουσιν; οὐ γάρ, ἀλλ᾽ ἐλθόντες αὐτοὶ ἡμᾶς ἐξαγαγέτωσαν[21]. 38 ἀπήγγειλαν[22] δὲ τοῖς στρατηγοῖς οἱ ῥαβδοῦχοι τὰ ῥήματα ταῦτα. ἐφοβήθησαν δὲ ἀκούσαντες ὅτι Ῥωμαῖοί εἰσιν, 39 καὶ ἐλθόντες παρεκάλεσαν αὐτοὺς καὶ ἐξαγαγόντες[23] ἠρώτων ἀπελθεῖν ἀπὸ τῆς πόλεως. 40 ἐξελθόντες δὲ ἀπὸ τῆς φυλακῆς εἰσῆλθον πρὸς τὴν Λυδίαν καὶ ἰδόντες παρεκάλεσαν τοὺς ἀδελφοὺς καὶ ἐξῆλθαν.

The Uproar in Thessalonica

17 Διοδεύσαντες[24] δὲ τὴν Ἀμφίπολιν καὶ τὴν Ἀπολλωνίαν ἦλθον εἰς Θεσσαλονίκην, ὅπου ἦν συναγωγὴ τῶν Ἰουδαίων. 2 κατὰ δὲ τὸ εἰωθὸς[25] τῷ Παύλῳ εἰσῆλθεν πρὸς αὐτοὺς καὶ ἐπὶ σάββατα τρία διελέξατο[26] αὐτοῖς ἀπὸ τῶν γραφῶν, 3 διανοίγων[27] καὶ παρατιθέμενος[28] ὅτι τὸν χριστὸν ἔδει παθεῖν[29] καὶ ἀναστῆναι[30] ἐκ νεκρῶν καὶ ὅτι οὗτός ἐστιν ὁ χριστὸς ὁ Ἰησοῦς ὃν ἐγὼ καταγγέλλω[31] ὑμῖν. 4 καί τινες ἐξ αὐτῶν ἐπείσθησαν[32] καὶ προσεκληρώθησαν[33] τῷ Παύλῳ καὶ τῷ Σιλᾷ, τῶν τε σεβομένων[34] Ἑλλήνων πλῆθος πολύ, γυναικῶν τε τῶν πρώτων οὐκ ὀλίγαι.

[1] λούω 3s aor act ind, wash
[2] πληγή, -ῆς f, beating
[3] παραχρῆμα, adv, at once
[4] ἀνάγω aor act ptc m s nom, bring (up)
[5] παρατίθημι 3s aor act ind, place (something before someone)
[6] τράπεζα, -ης f, food
[7] ἀγαλλιάω 3s aor mid ind, be extremely joyful
[8] πανοικεί, adv, with one's entire household
[9] ἀποστέλλω 3p aor act ind, send
[10] στρατηγός, -οῦ m, magistrate
[11] ῥαβδοῦχος, -ου m, police
[12] ἀπαγγέλλω 3s aor act ind, tell
[13] δεσμοφύλαξ, -ακος m, jailer
[14] ἀποστέλλω 3p pf act ind, send
[15] ἀπολύω 2p aor pas ptc, set free
[16] δέρω aor act ptc m p nom, beat
[17] δημόσιος, -α/ον, public (δημοσίᾳ in public)
[18] ἀκατάκριτος, -ον, without a trial
[19] βάλλω 3p aor act ind, throw
[20] λάθρᾳ, adv, secretly
[21] ἐξάγω 3p aor act impv, bring out
[22] ἀπαγγέλλω 3p aor act ind, tell
[23] ἐξάγω aor act ptc m p nom, bring out
[24] διοδεύω aor act ptc m p nom, travel through
[25] εἴωθα pf act ptc n s acc, be accustomed (τὸ εἰωθός custom)
[26] διαλέγομαι 3s aor mid ind, reason/argue
[27] διανοίγω pres act ptc m s nom, explain
[28] παρατίθημι pres mid ptc m s nom, mid prove
[29] πάσχω aor act inf, suffer
[30] ἀνίστημι aor act inf, intrans rise
[31] καταγγέλλω 1s pres act ind, preach
[32] πείθω 3p aor pas ind, persuade
[33] προσκληρόω 3p aor pas ind, pas join
[34] σέβομαι pres mid ptc m p gen, worship (ὁ σ. [τὸν θεόν] a Gentile who accepted the one God of Judaism)

5 ζηλώσαντες¹ δὲ οἱ Ἰουδαῖοι καὶ προσλαβόμενοι² τῶν ἀγοραίων³ ἄνδρας τινὰς πονηροὺς καὶ ὀχλοποιήσαντες⁴ ἐθορύβουν⁵ τὴν πόλιν καὶ ἐπιστάντες⁶ τῇ οἰκίᾳ Ἰάσονος ἐζήτουν αὐτοὺς προαγαγεῖν⁷ εἰς τὸν δῆμον⁸· 6 μὴ εὑρόντες⁹ δὲ αὐτοὺς ἔσυρον¹⁰ Ἰάσονα καί τινας ἀδελφοὺς ἐπὶ τοὺς πολιτάρχας¹¹ βοῶντες¹² ὅτι οἱ τὴν οἰκουμένην¹³ ἀναστατώσαντες¹⁴ οὗτοι καὶ ἐνθάδε¹⁵ πάρεισιν¹⁶. 7 οὓς ὑποδέδεκται¹⁷ Ἰάσων, καὶ οὗτοι πάντες ἀπέναντι¹⁸ τῶν δογμάτων¹⁹ Καίσαρος πράσσουσιν βασιλέα ἕτερον λέγοντες εἶναι, Ἰησοῦν. 8 ἐτάραξαν²⁰ δὲ τὸν ὄχλον καὶ τοὺς πολιτάρχας ἀκούοντας ταῦτα, 9 καὶ λαβόντες τὸ ἱκανὸν²¹ παρὰ τοῦ Ἰάσονος καὶ τῶν λοιπῶν ἀπέλυσαν αὐτούς.

The Apostles in Beroea

10 Οἱ δὲ ἀδελφοὶ εὐθέως διὰ νυκτὸς ἐξέπεμψαν²² τόν τε Παῦλον καὶ τὸν Σιλᾶν εἰς Βέροιαν οἵτινες παραγενόμενοι²³ εἰς τὴν συναγωγὴν τῶν Ἰουδαίων ἀπῄεσαν²⁴. 11 οὗτοι δὲ ἦσαν εὐγενέστεροι²⁵ τῶν ἐν Θεσσαλονίκῃ οἵτινες ἐδέξαντο²⁶ τὸν λόγον μετὰ πάσης προθυμίας²⁷ καθ᾽ ἡμέραν ἀνακρίνοντες²⁸ τὰς γραφὰς εἰ ἔχοι²⁹ ταῦτα οὕτως. 12 πολλοὶ μὲν οὖν ἐξ αὐτῶν ἐπίστευσαν καὶ τῶν Ἑλληνίδων γυναικῶν τῶν εὐσχημόνων³⁰ καὶ ἀνδρῶν οὐκ ὀλίγοι. 13 ὡς δὲ ἔγνωσαν³¹ οἱ ἀπὸ τῆς Θεσσαλονίκης Ἰουδαῖοι ὅτι καὶ ἐν τῇ Βεροίᾳ κατηγγέλη³² ὑπὸ τοῦ Παύλου ὁ λόγος τοῦ θεοῦ, ἦλθον κἀκεῖ σαλεύοντες³³ καὶ ταράσσοντες³⁴ τοὺς ὄχλους. 14 εὐθέως δὲ τότε τὸν Παῦλον ἐξαπέστειλαν³⁵ οἱ ἀδελφοὶ πορεύεσθαι ἕως ἐπὶ τὴν θάλασσαν, ὑπέμεινάν³⁶ τε ὅ τε Σιλᾶς καὶ ὁ Τιμόθεος ἐκεῖ. 15 οἱ δὲ καθιστάνοντες³⁷ τὸν Παῦλον ἤγαγον³⁸ ἕως Ἀθηνῶν καὶ λαβόντες ἐντολὴν πρὸς τὸν Σιλᾶν καὶ τὸν Τιμόθεον ἵνα ὡς τάχιστα³⁹ ἔλθωσιν πρὸς αὐτὸν ἐξῄεσαν⁴⁰.

---

[1] ζηλόω aor act ptc m p nom, be jealous
[2] προσλαμβάνω aor mid ptc m p nom, mid take (along)
[3] ἀγοραῖος, -ου m, loafer
[4] ὀχλοποιέω aor act ptc m p nom, gather a crowd
[5] θορυβέω 3p impf act ind, set in an uproar
[6] ἐφίστημι aor act ptc m p nom, go straight to
[7] προάγω aor act inf, bring out
[8] δῆμος, -ου m, people
[9] εὑρίσκω aor act ptc m p nom, find
[10] σύρω 3p impf act ind, drag
[11] πολιτάρχης, -ου m, city official
[12] βοάω pres act ptc m p nom, shout
[13] οἰκουμένη, -ης f, world
[14] ἀναστατόω aor act ptc m p nom, upset
[15] ἐνθάδε, adv, here
[16] πάρειμι 3p pres act ind, be here
[17] ὑποδέχομαι 3s pf mid ind, welcome as a guest
[18] ἀπέναντι, prep + gen, contrary to
[19] δόγμα, -τος n, decree
[20] ταράσσω 3p aor act ind, upset
[21] ἱκανός, -ή/όν, enough (τὸ ἱ. bail money)
[22] ἐκπέμπω 3p aor act ind, send away
[23] παραγίνομαι aor mid ptc m p nom, arrive
[24] ἄπειμι 3p aor act ind, go
[25] εὐγενής, -ές, high minded/ fine (comp)
[26] δέχομαι 3p aor mid ind, receive
[27] προθυμία, -ας f, eagerness
[28] ἀνακρίνω pres act ptc m p nom, examine
[29] ἔχω 3s pres act opt, have (ἔ. οὕτως it is so)
[30] εὐσχήμων, -ον, important
[31] γινώσκω 3p aor act ind, find out
[32] καταγγέλλω 3s aor pas ind, preach
[33] σαλεύω pres act ptc m p nom, stir up
[34] ταράσσω pres act ptc m p nom, upset
[35] ἐξαποστέλλω 3p aor act ind, send (off)
[36] ὑπομένω 3p aor act ind, remain
[37] καθίστημι pres act ptc m p nom, accompany
[38] ἄγω 3p aor act ind, bring
[39] ταχέως, adv, soon (super)
[40] ἔξειμι 3p impf act ind, leave

Paul in Athens

16 Ἐν δὲ ταῖς Ἀθήναις ἐκδεχομένου¹ αὐτοὺς τοῦ Παύλου παρωξύνετο² τὸ πνεῦμα αὐτοῦ ἐν αὐτῷ θεωροῦντος κατείδωλον³ οὖσαν τὴν πόλιν. **17** διελέγετο⁴ μὲν οὖν ἐν τῇ συναγωγῇ τοῖς Ἰουδαίοις καὶ τοῖς σεβομένοις⁵ καὶ ἐν τῇ ἀγορᾷ⁶ κατὰ πᾶσαν ἡμέραν πρὸς τοὺς παρατυγχάνοντας⁷. **18** τινὲς δὲ καὶ τῶν Ἐπικουρείων καὶ Στοϊκῶν φιλοσόφων⁸ συνέβαλλον⁹ αὐτῷ, καί τινες ἔλεγον· τί ἂν θέλοι¹⁰ ὁ σπερμολόγος¹¹ οὗτος λέγειν; οἱ δέ· ξένων¹² δαιμονίων δοκεῖ καταγγελεὺς¹³ εἶναι, ὅτι τὸν Ἰησοῦν καὶ τὴν ἀνάστασιν εὐηγγελίζετο. **19** ἐπιλαβόμενοί¹⁴ τε αὐτοῦ ἐπὶ τὸν Ἄρειον πάγον¹⁵ ἤγαγον¹⁶ λέγοντες· δυνάμεθα γνῶναι¹⁷ τίς ἡ καινὴ αὕτη ἡ ὑπὸ σοῦ λαλουμένη διδαχή¹⁸; **20** ξενίζοντα¹⁹ γάρ τινα εἰσφέρεις²⁰ εἰς τὰς ἀκοὰς²¹ ἡμῶν· βουλόμεθα οὖν γνῶναι τίνα θέλει ταῦτα εἶναι. **21** Ἀθηναῖοι δὲ πάντες καὶ οἱ ἐπιδημοῦντες²² ξένοι εἰς οὐδὲν ἕτερον ηὐκαίρουν²³ ἢ λέγειν τι ἢ ἀκούειν τι καινότερον²⁴.

22 Σταθεὶς²⁵ δὲ ὁ Παῦλος ἐν μέσῳ τοῦ Ἀρείου πάγου ἔφη· ἄνδρες Ἀθηναῖοι, κατὰ πάντα ὡς δεισιδαιμονεστέρους²⁶ ὑμᾶς θεωρῶ. **23** διερχόμενος γὰρ καὶ ἀναθεωρῶν²⁷ τὰ σεβάσματα²⁸ ὑμῶν εὗρον²⁹ καὶ βωμὸν³⁰ ἐν ᾧ ἐπεγέγραπτο³¹· ἀγνώστῳ³² θεῷ.

ὃ οὖν ἀγνοοῦντες³³ εὐσεβεῖτε³⁴, τοῦτο ἐγὼ καταγγέλλω³⁵ ὑμῖν. **24** ὁ θεὸς ὁ ποιήσας τὸν κόσμον καὶ πάντα τὰ ἐν αὐτῷ, οὗτος οὐρανοῦ καὶ γῆς ὑπάρχων κύριος οὐκ ἐν χειροποιήτοις³⁶ ναοῖς κατοικεῖ **25** οὐδὲ ὑπὸ χειρῶν ἀνθρωπίνων³⁷ θεραπεύεται προσδεόμενός³⁸ τινος αὐτὸς διδοὺς³⁹ πᾶσιν ζωὴν καὶ πνοὴν⁴⁰ καὶ τὰ πάντα· **26** ἐποίησέν τε ἐξ ἑνὸς πᾶν ἔθνος ἀνθρώπων κατοικεῖν ἐπὶ παντὸς προσώπου τῆς

---

¹ ἐκδέχομαι *pres mid ptc m s gen*, wait for
² παροξύνω *3s impf mid ind, mid* be greatly upset
³ κατείδωλος, -ον, full of idols
⁴ διαλέγομαι *3s impf mid ind*, reason/argue
⁵ σέβομαι *pres mid ptc m p dat*, worship (ὁ σ. [τὸν θεόν] a Gentile who accepted the one God of Judaism)
⁶ ἀγορά, -ᾶς, market place
⁷ παρατυγχάνω *pres act ptc m p acc*, happen to be present
⁸ φιλόσοφος, -ου *m*, philosopher
⁹ συμβάλλω *3p impf act ind*, meet
¹⁰ θέλω *3s pres act opt*, want
¹¹ σπερμολόγος, -ου *m*, one who picks up scraps of information
¹² ξένος, -η/ον, foreign
¹³ καταγγελεύς, -έως *m*, proclaimer
¹⁴ ἐπιλαμβάνομαι *aor mid ptc m p nom*, take hold of
¹⁵ πάγος, -ου *m*, (rocky) hill
¹⁶ ἄγω *3p aor act ind*, bring
¹⁷ γινώσκω *aor act inf*, find out
¹⁸ διδαχή, -ῆς *f*, teaching
¹⁹ ξενίζω *pres act ptc n p acc*, surprise
²⁰ εἰσφέρω *2s pres act ind*, bring in
²¹ ἀκοή, -ῆς *f*, hearing
²² ἐπιδημέω *pres act ptc m p nom*, visit
²³ εὐκαιρέω *3p impf act ind*, spend time
²⁴ καινός, new (comp)
²⁵ ἵστημι *aor pas ptc m s nom, pas* stand
²⁶ δεισιδαίμων, religious (comp)
²⁷ ἀναθεωρέω *pres act ptc m s nom*, observe closely
²⁸ σέβασμα, -τος *n*, object of worship
²⁹ εὑρίσκω *1s aor act ind*, find
³⁰ βωμός, -οῦ *m*, altar
³¹ ἐπιγράφω *3s plpf pas ind*, write on
³² ἄγνωστος, -ον, unknown
³³ ἀγνοέω *pres act ptc m p nom*, be ignorant
³⁴ εὐσεβέω *2p pres act ind*, worship
³⁵ καταγγέλλω *1s pres act ind*, proclaim
³⁶ χειροποίητος, -ον, made by human hands
³⁷ ἀνθρώπινος, -η/ον, human
³⁸ προσδέομαι *pres pas ptc m s nom*, need
³⁹ δίδωμι *pres act ptc m s nom*, give
⁴⁰ πνοή, -ῆς *f*, breath

γῆς ὁρίσας¹ προστεταγμένους² καιροὺς καὶ τὰς ὁροθεσίας³ τῆς κατοικίας⁴ αὐτῶν 27 ζητεῖν τὸν θεὸν εἰ ἄρα γε⁵ ψηλαφήσειαν⁶ αὐτὸν καὶ εὕροιεν⁷ καί γε οὐ μακρὰν⁸ ἀπὸ ἑνὸς ἑκάστου ἡμῶν ὑπάρχοντα. 28 Ἐν αὐτῷ γὰρ ζῶμεν καὶ κινούμεθα⁹ καὶ ἐσμέν, ὡς καί τινες τῶν καθ᾽ ὑμᾶς ποιητῶν¹⁰ εἰρήκασιν¹¹· τοῦ γὰρ καὶ γένος¹² ἐσμέν. 29 γένος οὖν ὑπάρχοντες τοῦ θεοῦ οὐκ ὀφείλομεν νομίζειν¹³ χρυσῷ¹⁴ ἢ ἀργύρῳ¹⁵ ἢ λίθῳ, χαράγματι¹⁶ τέχνης¹⁷ καὶ ἐνθυμήσεως¹⁸ ἀνθρώπου τὸ θεῖον¹⁹ εἶναι ὅμοιον. 30 τοὺς μὲν οὖν χρόνους τῆς ἀγνοίας²⁰ ὑπεριδὼν²¹ ὁ θεὸς τὰ νῦν παραγγέλλει τοῖς ἀνθρώποις πάντας πανταχοῦ²² μετανοεῖν, 31 καθότι²³ ἔστησεν²⁴ ἡμέραν ἐν ᾗ μέλλει κρίνειν τὴν οἰκουμένην²⁵ ἐν δικαιοσύνῃ ἐν ἀνδρὶ ᾧ ὥρισεν²⁶ πίστιν παρασχὼν²⁷ πᾶσιν ἀναστήσας²⁸ αὐτὸν ἐκ νεκρῶν. 32 ἀκούσαντες δὲ ἀνάστασιν νεκρῶν οἱ μὲν ἐχλεύαζον²⁹, οἱ δὲ εἶπαν· ἀκουσόμεθά σου περὶ τούτου καὶ πάλιν. 33 οὕτως ὁ Παῦλος ἐξῆλθεν ἐκ μέσου αὐτῶν. 34 τινὲς δὲ ἄνδρες κολληθέντες³⁰ αὐτῷ ἐπίστευσαν ἐν οἷς καὶ Διονύσιος ὁ Ἀρεοπαγίτης³¹ καὶ γυνὴ ὀνόματι Δάμαρις καὶ ἕτεροι σὺν αὐτοῖς.

Paul in Corinth

18 Μετὰ ταῦτα χωρισθεὶς³² ἐκ τῶν Ἀθηνῶν ἦλθεν εἰς Κόρινθον. 2 καὶ εὑρών τινα Ἰουδαῖον ὀνόματι Ἀκύλαν, Ποντικὸν τῷ γένει³³ προσφάτως³⁴ ἐληλυθότα³⁵ ἀπὸ τῆς Ἰταλίας καὶ Πρίσκιλλαν γυναῖκα αὐτοῦ διὰ τὸ διατεταχέναι³⁶ Κλαύδιον χωρίζεσθαι³⁷ πάντας τοὺς Ἰουδαίους ἀπὸ τῆς Ῥώμης προσῆλθεν³⁸ αὐτοῖς 3 καὶ διὰ τὸ ὁμότεχνον³⁹ εἶναι ἔμενεν παρ᾽ αὐτοῖς, καὶ ἠργάζετο· ἦσαν γὰρ σκηνοποιοὶ⁴⁰ τῇ

---

[1] ὁρίζω aor act ptc m s nom, determine
[2] προστάσσω pf pas ptc m p acc, command (π. καιροί appointed times)
[3] ὁροθεσία, -ας f, boundary
[4] κατοικία, -ας f, place in which one lives
[5] γέ, emphatic particle
[6] ψηλαφάω 3p aor act opt, feel around for
[7] εὑρίσκω 3p aor act opt, find
[8] μακράν, adv, far
[9] κινέω 1p pres act ind, move
[10] ποιητής, -οῦ m, poet
[11] λέγω 3p pf act ind, say
[12] γένος, -ους n, children
[13] νομίζω pres act inf, think
[14] χρυσός, -οῦ m, gold
[15] ἄργυρος, -ου m, silver
[16] χάραγμα, -τος n, image
[17] τέχνη, -ης f, artistic ability
[18] ἐνθύμησις, -εως f, imagination
[19] θεῖος, -α/ον, divine (τὸ θ. divine being)
[20] ἄγνοια, -ας f, ignorance
[21] ὑπεροράω aor act ptc m s nom, overlook
[22] πανταχοῦ, adv, everywhere
[23] καθότι, conj, because
[24] ἵστημι 3s aor act ind, set
[25] οἰκουμένη, -ης f, world
[26] ὁρίζω 3s aor act ind, appoint
[27] παρέχω aor act ptc m s nom, give
[28] ἀνίστημι aor act ptc m s nom, raise
[29] χλευάζω 3p impf act ind, make fun of
[30] κολλάομαι aor pas ptc m p nom, join
[31] Ἀρεοπαγίτης, -ου m, Areopagite (member of the court of Areopagus)
[32] χωρίζω aor pas ptc m s nom, pas leave
[33] γένος, -ους n, nationality
[34] προσφάτως, adv, recently
[35] ἔρχομαι pf act ind m s acc, come
[36] διατάσσω pf act inf, command
[37] χωρίζω pres pas inf, pas leave
[38] προσέρχομαι 3s aor act ind, go (to)
[39] ὁμότεχνος, -ον, of the same trade
[40] σκηνοποιός, -οῦ m, tent-maker

ΠΡΑΞΕΙΣ ΑΠΟΣΤΟΛΩΝ 18.4–16

τέχνῃ¹. 4 διελέγετο² δὲ ἐν τῇ συναγωγῇ κατὰ πᾶν σάββατον ἔπειθέν τε Ἰουδαίους καὶ Ἕλληνας. 5 ὡς δὲ κατῆλθον³ ἀπὸ τῆς Μακεδονίας ὅ τε Σιλᾶς καὶ ὁ Τιμόθεος, συνείχετο⁴ τῷ λόγῳ ὁ Παῦλος διαμαρτυρόμενος⁵ τοῖς Ἰουδαίοις εἶναι τὸν χριστὸν Ἰησοῦν. 6 ἀντιτασσομένων⁶ δὲ αὐτῶν καὶ βλασφημούντων ἐκτιναξάμενος⁷ τὰ ἱμάτια εἶπεν πρὸς αὐτούς· τὸ αἷμα ὑμῶν ἐπὶ τὴν κεφαλὴν ὑμῶν· καθαρὸς⁸ ἐγὼ ἀπὸ τοῦ νῦν εἰς τὰ ἔθνη πορεύσομαι. 7 καὶ μεταβὰς⁹ ἐκεῖθεν¹⁰ εἰσῆλθεν εἰς οἰκίαν τινὸς ὀνόματι Τίτου Ἰούστου σεβομένου¹¹ τὸν θεὸν οὗ ἡ οἰκία ἦν συνομοροῦσα¹² τῇ συναγωγῇ. 8 Κρίσπος δὲ ὁ ἀρχισυνάγωγος¹³ ἐπίστευσεν τῷ κυρίῳ σὺν ὅλῳ τῷ οἴκῳ αὐτοῦ, καὶ πολλοὶ¹⁴ τῶν Κορινθίων ἀκούοντες ἐπίστευον καὶ ἐβαπτίζοντο. 9 εἶπεν δὲ ὁ κύριος ἐν νυκτὶ δι' ὁράματος¹⁵ τῷ Παύλῳ· μὴ φοβοῦ, ἀλλὰ λάλει καὶ μὴ σιωπήσῃς¹⁶, 10 διότι¹⁷ ἐγώ εἰμι μετὰ σοῦ καὶ οὐδεὶς ἐπιθήσεταί¹⁸ σοι τοῦ κακῶσαί¹⁹ σε, διότι λαός ἐστίν μοι πολὺς ἐν τῇ πόλει ταύτῃ. 11 ἐκάθισεν²⁰ δὲ ἐνιαυτὸν²¹ καὶ μῆνας²² ἓξ²³ διδάσκων ἐν αὐτοῖς τὸν λόγον τοῦ θεοῦ.

12 Γαλλίωνος δὲ ἀνθυπάτου²⁴ ὄντος τῆς Ἀχαΐας κατεπέστησαν²⁵ ὁμοθυμαδὸν²⁶ οἱ Ἰουδαῖοι τῷ Παύλῳ καὶ ἤγαγον²⁷ αὐτὸν ἐπὶ τὸ βῆμα²⁸ 13 λέγοντες ὅτι παρὰ τὸν νόμον ἀναπείθει²⁹ οὗτος τοὺς ἀνθρώπους σέβεσθαι³⁰ τὸν θεόν. 14 μέλλοντος δὲ τοῦ Παύλου ἀνοίγειν τὸ στόμα εἶπεν ὁ Γαλλίων πρὸς τοὺς Ἰουδαίους· εἰ μὲν ἦν ἀδίκημά³¹ τι ἢ ῥᾳδιούργημα³² πονηρόν, ὦ³³ Ἰουδαῖοι, κατὰ λόγον ἂν ἀνεσχόμην³⁴ ὑμῶν, 15 εἰ δὲ ζητήματά³⁵ ἐστιν περὶ λόγου καὶ ὀνομάτων καὶ νόμου τοῦ καθ' ὑμᾶς, ὄψεσθε³⁶ αὐτοί· κριτὴς³⁷ ἐγὼ τούτων οὐ βούλομαι εἶναι. 16 καὶ ἀπήλασεν³⁸ αὐτοὺς

---

¹ τέχνη, -ης f, trade
² διαλέγομαι 3s impf mid ind, reason/argue
³ κατέρχομαι 3p aor act ind, come down
⁴ συνέχω 3s impf pas ind, pas be occupied with
⁵ διαμαρτύρομαι pres mid ptc m s nom, preach
⁶ ἀντιτάσσομαι pres mid ptc m p gen, oppose
⁷ ἐκτινάσσω aor mid ptc m s nom, mid shake off
⁸ καθαρός, -ά/όν, innocent
⁹ μεταβαίνω aor act ptc m s nom, leave
¹⁰ ἐκεῖθεν, adv, (from) there
¹¹ σέβομαι pres mid ptc m s gen, worship
¹² συνομορέω pres act ptc f s nom, be next door

¹³ ἀρχισυνάγωγος, -ου m, synagogue leader
¹⁴ πολύς/πολλή/πολύ, many
¹⁵ ὅραμα, -τος n, vision
¹⁶ σιωπάω 2s aor act sub, be silent
¹⁷ διότι, conj, because
¹⁸ ἐπιτίθημι 3s fut mid ind, attack
¹⁹ κακόω aor act inf, harm
²⁰ καθίζω 3s aor act ind, stay
²¹ ἐνιαυτός, -οῦ m, year
²² μήν, μηνός m, month
²³ ἕξ, six
²⁴ ἀνθύπατος, -ου m, proconsul (official in charge of a Roman senatorial province)
²⁵ κατεφίσταμαι 3p aor act ind, mid attack
²⁶ ὁμοθυμαδόν, adv, together
²⁷ ἄγω 3p aor act ind, bring

²⁸ βῆμα, -τος n, court
²⁹ ἀναπείθω 3s pres act ind, persuade
³⁰ σέβομαι pres mid inf, worship
³¹ ἀδίκημα, -τος n, crime
³² ῥᾳδιούργημα, -τος n, wrongdoing
³³ ὦ, interj, O!
³⁴ ἀνέχομαι 1s aor mid ind, be patient with
³⁵ ζήτημα, -τος n, question
³⁶ ὁράω 2p fut mid ind, mid see (that something is done; ὅ. αὐτοί settle the matter yourselves)
³⁷ κριτής, -οῦ m, judge
³⁸ ἀπελαύνω 3s aor act ind, make (someone) leave

ἀπὸ τοῦ βήματος¹. 17 ἐπιλαβόμενοι² δὲ πάντες Σωσθένην τὸν ἀρχισυνάγωγον³ ἔτυπτον⁴ ἔμπροσθεν τοῦ βήματος· καὶ οὐδὲν τούτων τῷ Γαλλίωνι ἔμελεν⁵.

Paul's Return to Antioch

18 Ὁ δὲ Παῦλος ἔτι προσμείνας⁶ ἡμέρας ἱκανὰς τοῖς ἀδελφοῖς ἀποταξάμενος⁷ ἐξέπλει⁸ εἰς τὴν Συρίαν, καὶ σὺν αὐτῷ Πρίσκιλλα καὶ Ἀκύλας κειράμενος⁹ ἐν Κεγχρεαῖς τὴν κεφαλήν, εἶχεν γὰρ εὐχήν¹⁰. 19 κατήντησαν¹¹ δὲ εἰς Ἔφεσον, κἀκείνους κατέλιπεν¹² αὐτοῦ¹³, αὐτὸς δὲ εἰσελθὼν εἰς τὴν συναγωγὴν διελέξατο¹⁴ τοῖς Ἰουδαίοις. 20 ἐρωτώντων δὲ αὐτῶν ἐπὶ πλείονα¹⁵ χρόνον μεῖναι¹⁶ οὐκ ἐπένευσεν¹⁷, 21 ἀλλ' ἀποταξάμενος καὶ εἰπών· πάλιν ἀνακάμψω¹⁸ πρὸς ὑμᾶς τοῦ θεοῦ θέλοντος, ἀνήχθη¹⁹ ἀπὸ τῆς Ἐφέσου, 22 καὶ κατελθὼν²⁰ εἰς Καισάρειαν, ἀναβὰς²¹ καὶ ἀσπασάμενος τὴν ἐκκλησίαν κατέβη²² εἰς Ἀντιόχειαν.

23 Καὶ ποιήσας χρόνον τινὰ ἐξῆλθεν διερχόμενος καθεξῆς²³ τὴν Γαλατικὴν χώραν²⁴ καὶ Φρυγίαν ἐπιστηρίζων²⁵ πάντας τοὺς μαθητάς.

Apollos Preaches in Ephesus

24 Ἰουδαῖος δέ τις Ἀπολλῶς ὀνόματι, Ἀλεξανδρεὺς τῷ γένει²⁶, ἀνὴρ λόγιος²⁷, κατήντησεν²⁸ εἰς Ἔφεσον, δυνατὸς ὢν ἐν ταῖς γραφαῖς. 25 οὗτος ἦν κατηχημένος²⁹ τὴν ὁδὸν τοῦ κυρίου καὶ ζέων³⁰ τῷ πνεύματι ἐλάλει καὶ ἐδίδασκεν ἀκριβῶς³¹ τὰ περὶ τοῦ Ἰησοῦ ἐπιστάμενος³² μόνον τὸ βάπτισμα³³ Ἰωάννου· 26 οὗτός τε ἤρξατο³⁴ παρρησιάζεσθαι³⁵ ἐν τῇ συναγωγῇ. ἀκούσαντες δὲ αὐτοῦ Πρίσκιλλα καὶ Ἀκύλας προσελάβοντο³⁶ αὐτὸν καὶ ἀκριβέστερον³⁷ αὐτῷ ἐξέθεντο³⁸ τὴν ὁδὸν

---

¹ βῆμα, -τος n, court
² ἐπιλαμβάνομαι aor mid ptc m p nom, take hold of
³ ἀρχισυνάγωγος, -ου m, synagogue leader
⁴ τύπτω 3p impf act ind, beat
⁵ μέλει 3s impf act ind, be of concern
⁶ προσμένω aor act ptc m s nom, stay on
⁷ ἀποτάσσομαι aor mid ptc m s nom, say good-bye
⁸ ἐκπλέω 3s impf act ind, sail
⁹ κείρω aor mid ptc m s nom, mid have one's hair cut (off)
¹⁰ εὐχή, -ῆς f, vow
¹¹ καταντάω 3p aor act ind, arrive
¹² καταλείπω 3s aor act ind, leave
¹³ αὐτοῦ, adv, there
¹⁴ διαλέγομαι 3s aor mid ind, reason/argue
¹⁵ πολύς, much (comp)
¹⁶ μένω aor act inf, stay
¹⁷ ἐπινεύω 3s aor act ind, consent
¹⁸ ἀνακάμπτω 1s fut act ind, return
¹⁹ ἀνάγω 3s aor pas ind, pas set sail
²⁰ κατέρχομαι aor act ptc m s nom, arrive
²¹ ἀναβαίνω aor act ptc m s nom, go/come up
²² καταβαίνω 3s aor act ind, come/go down
²³ καθεξῆς, adv, in order
²⁴ χώρα, -ας f, region
²⁵ ἐπιστηρίζω pres act ptc m s nom, strengthen
²⁶ γένος, -ους n, nationality
²⁷ λόγιος, -α/ον, eloquent/learned
²⁸ καταντάω 3s aor act ind, arrive
²⁹ κατηχέω pf pas ptc m s nom, teach
³⁰ ζέω pres act ptc m s nom, be fervent/enthusiastic
³¹ ἀκριβῶς, adv, accurately
³² ἐπίσταμαι pres pas ptc m s nom, know
³³ βάπτισμα, -τος n, baptism
³⁴ ἄρχω 3s aor mid ind, mid begin
³⁵ παρρησιάζομαι pres mid inf, speak boldly
³⁶ προσλαμβάνω 3p aor mid ind, mid take aside
³⁷ ἀκριβῶς, adv, accurately (comp)
³⁸ ἐκτίθημι 3p aor mid ind, mid explain

τοῦ θεοῦ. 27 βουλομένου δὲ αὐτοῦ διελθεῖν¹ εἰς τὴν Ἀχαΐαν προτρεψάμενοι² οἱ ἀδελφοὶ ἔγραψαν τοῖς μαθηταῖς ἀποδέξασθαι³ αὐτόν. ὃς παραγενόμενος⁴ συνεβάλετο⁵ πολὺ τοῖς πεπιστευκόσιν διὰ τῆς χάριτος· 28 εὐτόνως⁶ γὰρ τοῖς Ἰουδαίοις διακατηλέγχετο⁷ δημοσίᾳ⁸ ἐπιδεικνὺς⁹ διὰ τῶν γραφῶν εἶναι τὸν χριστὸν Ἰησοῦν.

Paul in Ephesus

19 Ἐγένετο δὲ ἐν τῷ τὸν Ἀπολλῶ εἶναι ἐν Κορίνθῳ Παῦλον διελθόντα¹⁰ τὰ ἀνωτερικὰ¹¹ μέρη κατελθεῖν¹² εἰς Ἔφεσον καὶ εὑρεῖν¹³ τινας μαθητὰς 2 εἶπέν τε πρὸς αὐτούς· εἰ πνεῦμα ἅγιον ἐλάβετε πιστεύσαντες; οἱ δὲ πρὸς αὐτόν· ἀλλ' οὐδ' εἰ πνεῦμα ἅγιον ἔστιν ἠκούσαμεν. 3 εἶπέν τε· εἰς τί οὖν ἐβαπτίσθητε; οἱ δὲ εἶπαν· εἰς τὸ Ἰωάννου βάπτισμα¹⁴. 4 εἶπεν δὲ Παῦλος· Ἰωάννης ἐβάπτισεν βάπτισμα μετανοίας¹⁵ τῷ λαῷ λέγων εἰς τὸν ἐρχόμενον μετ' αὐτόν, ἵνα πιστεύσωσιν, τοῦτ' ἔστιν εἰς τὸν Ἰησοῦν. 5 ἀκούσαντες δὲ ἐβαπτίσθησαν εἰς τὸ ὄνομα τοῦ κυρίου Ἰησοῦ, 6 καὶ ἐπιθέντος¹⁶ αὐτοῖς τοῦ Παύλου τὰς χεῖρας ἦλθεν τὸ πνεῦμα τὸ ἅγιον ἐπ' αὐτούς, ἐλάλουν τε γλώσσαις καὶ ἐπροφήτευον¹⁷. 7 ἦσαν δὲ οἱ πάντες ἄνδρες ὡσεὶ¹⁸ δώδεκα.

8 Εἰσελθὼν δὲ εἰς τὴν συναγωγὴν ἐπαρρησιάζετο¹⁹ ἐπὶ μῆνας²⁰ τρεῖς διαλεγόμενος²¹ καὶ πείθων τὰ περὶ τῆς βασιλείας τοῦ θεοῦ. 9 ὡς δέ τινες ἐσκληρύνοντο²² καὶ ἠπείθουν²³ κακολογοῦντες²⁴ τὴν ὁδὸν ἐνώπιον τοῦ πλήθους, ἀποστὰς²⁵ ἀπ' αὐτῶν ἀφώρισεν²⁶ τοὺς μαθητὰς καθ' ἡμέραν διαλεγόμενος ἐν τῇ σχολῇ²⁷ Τυράννου. 10 τοῦτο δὲ ἐγένετο ἐπὶ ἔτη δύο, ὥστε πάντας τοὺς κατοικοῦντας τὴν Ἀσίαν ἀκοῦσαι τὸν λόγον τοῦ κυρίου, Ἰουδαίους τε καὶ Ἕλληνας. 11 δυνάμεις τε οὐ τὰς τυχούσας²⁸ ὁ θεὸς ἐποίει διὰ τῶν χειρῶν Παύλου, 12 ὥστε καὶ ἐπὶ τοὺς ἀσθενοῦντας

---

[1] διέρχομαι *aor act inf*, cross over
[2] προτρέπω *aor mid ptc m p nom, mid* encourage
[3] ἀποδέχομαι *aor mid inf*, welcome
[4] παραγίνομαι *aor mid ptc m s nom*, arrive
[5] συμβάλλω *3s aor mid ind, mid* help
[6] εὐτόνως, *adv*, vigorously/fiercely
[7] διακατελέγχομαι *3s impf mid ind*, defeat
[8] δημόσιος, -α/ον, public (δημοσίᾳ in public)
[9] ἐπιδείκνυμι *pres act ptc m s nom*, show
[10] διέρχομαι *aor act ptc m s acc*, pass through
[11] ἀνωτερικός, -ή/όν, upper
[12] κατέρχομαι *aor act inf*, come
[13] εὑρίσκω *aor act inf*, find
[14] βάπτισμα, -τος *n*, baptism
[15] μετάνοια, -ας *f*, repentance
[16] ἐπιτίθημι *aor act ptc m s gen*, lay
[17] προφητεύω *3s impf act ind*, prophesy
[18] ὡσεί, *particle of comparison*, about
[19] παρρησιάζομαι *3s impf mid ind*, speak boldly
[20] μήν, μηνός *m*, month
[21] διαλέγομαι *pres mid ptc m s nom*, reason/argue
[22] σκληρύνω *3p impf pas ind, pas* be stubborn
[23] ἀπειθέω *3p impf act ind*, refuse to believe
[24] κακολογέω *pres act ptc m p nom*, speak evil of
[25] ἀφίστημι *aor act ptc m s nom, intrans* leave
[26] ἀφορίζω *3s aor act ind*, take (away)
[27] σχολή, -ῆς *f*, lecture hall
[28] τυγχάνω *aor act ptc f p acc*, happen (οὐχ ὁ τ. extraordinary)

ἀποφέρεσθαι¹ ἀπὸ τοῦ χρωτὸς² αὐτοῦ σουδάρια³ ἢ σιμικίνθια⁴ καὶ ἀπαλλάσσεσθαι⁵ ἀπ' αὐτῶν τὰς νόσους⁶, τά τε πνεύματα τὰ πονηρὰ ἐκπορεύεσθαι.

The Sons of Sceva

13 Ἐπεχείρησαν⁷ δέ τινες καὶ τῶν περιερχομένων⁸ Ἰουδαίων ἐξορκιστῶν⁹ ὀνομάζειν¹⁰ ἐπὶ τοὺς ἔχοντας τὰ πνεύματα τὰ πονηρὰ τὸ ὄνομα τοῦ κυρίου Ἰησοῦ λέγοντες· ὁρκίζω¹¹ ὑμᾶς τὸν Ἰησοῦν ὃν Παῦλος κηρύσσει. 14 ἦσαν δέ τινες Σκευᾶ Ἰουδαίου ἀρχιερέως ἑπτὰ υἱοὶ τοῦτο ποιοῦντες. 15 ἀποκριθὲν δὲ τὸ πνεῦμα τὸ πονηρὸν εἶπεν αὐτοῖς· τὸν Ἰησοῦν γινώσκω καὶ τὸν Παῦλον ἐπίσταμαι¹², ὑμεῖς δὲ τίνες ἐστέ; 16 καὶ ἐφαλόμενος¹³ ὁ ἄνθρωπος ἐπ' αὐτοὺς ἐν ᾧ ἦν τὸ πνεῦμα τὸ πονηρὸν κατακυριεύσας¹⁴ ἀμφοτέρων¹⁵ ἴσχυσεν¹⁶ κατ' αὐτῶν, ὥστε γυμνοὺς¹⁷ καὶ τετραυματισμένους¹⁸ ἐκφυγεῖν¹⁹ ἐκ τοῦ οἴκου ἐκείνου. 17 τοῦτο δὲ ἐγένετο γνωστὸν²⁰ πᾶσιν Ἰουδαίοις τε καὶ Ἕλλησιν τοῖς κατοικοῦσιν τὴν Ἔφεσον, καὶ ἐπέπεσεν²¹ φόβος ἐπὶ πάντας αὐτοὺς καὶ ἐμεγαλύνετο²² τὸ ὄνομα τοῦ κυρίου Ἰησοῦ. 18 πολλοί τε τῶν πεπιστευκότων ἤρχοντο ἐξομολογούμενοι²³ καὶ ἀναγγέλλοντες²⁴ τὰς πράξεις²⁵ αὐτῶν. 19 ἱκανοὶ δὲ τῶν τὰ περίεργα²⁶ πραξάντων²⁷ συνενέγκαντες²⁸ τὰς βίβλους²⁹ κατέκαιον³⁰ ἐνώπιον πάντων, καὶ συνεψήφισαν³¹ τὰς τιμὰς αὐτῶν καὶ εὗρον³² ἀργυρίου³³ μυριάδας³⁴ πέντε. 20 οὕτως κατὰ κράτος³⁵ τοῦ κυρίου ὁ λόγος ηὔξανεν³⁶ καὶ ἴσχυεν³⁷.

The Riot in Ephesus

21 Ὡς δὲ ἐπληρώθη ταῦτα, ἔθετο³⁸ ὁ Παῦλος ἐν τῷ πνεύματι διελθὼν³⁹ τὴν Μακεδονίαν καὶ Ἀχαΐαν πορεύεσθαι εἰς Ἱεροσόλυμα εἰπὼν ὅτι μετὰ τὸ γενέσθαι με

[1] ἀποφέρω pres pas inf, carry away
[2] χρώς, χρωτός m, surface of the body
[3] σουδάριον, -ου n, handkerchief
[4] σιμικίνθιον, -ου n, (worker's) apron
[5] ἀπαλλάσσω pres pas inf, pas depart
[6] νόσος, -ου f, illness
[7] ἐπιχειρέω 3p aor act ind, try
[8] περιέρχομαι pres mid ptc m p gen, travel about
[9] ἐξορκιστής, -οῦ m, exorcist
[10] ὀνομάζω pres act inf, pronounce
[11] ὁρκίζω 1s pres act ind, command
[12] ἐπίσταμαι 1s pres pas ind, know
[13] ἐφάλλομαι aor mid ptc m s nom, jump on
[14] κατακυριεύω aor act ptc m s nom, overpower
[15] ἀμφότεροι, -αι/α, both
[16] ἰσχύω 3s aor act ind, beat up (lit be strong)
[17] γυμνός, -ή/όν, naked
[18] τραυματίζω pf pas ptc m p acc, injure
[19] ἐκφεύγω aor act inf, run away
[20] γνωστός, -ή/όν, known
[21] ἐπιπίπτω 3s aor act ind, come upon
[22] μεγαλύνω 3s impf pas ind, praise
[23] ἐξομολογέω pres mid ptc m p nom, confess
[24] ἀναγγέλλω pres act ptc m p nom, tell
[25] πρᾶξις, -εως f, what one does
[26] περίεργος, -ον, relating to witchcraft/magic
[27] πράσσω aor act ptc m p gen, do/practice
[28] συμφέρω aor act ptc m p nom, bring together
[29] βίβλος, -ου f, book
[30] κατακαίω 3p impf act ind, burn
[31] συμψηφίζω 3p aor act ind, add up
[32] εὑρίσκω 3p aor act ind, find
[33] ἀργύριον, -ου n, silver coin
[34] μυριάς, -άδος f, group of ten thousand
[35] κράτος, -ους n, power (κατὰ κ. powerfully)
[36] αὐξάνω 3s impf act ind, grow
[37] ἰσχύω 3s impf act ind, be strong
[38] τίθημι 3s aor mid ind, put (τ. ἐν τῷ πνεύματι decided/was led by the Spirit)
[39] διέρχομαι aor act ptc m s nom, pass through

ἐκεῖ δεῖ με καὶ Ῥώμην ἰδεῖν. 22 ἀποστείλας¹ δὲ εἰς τὴν Μακεδονίαν δύο τῶν διακονούντων αὐτῷ, Τιμόθεον καὶ Ἔραστον, αὐτὸς ἐπέσχεν² χρόνον εἰς τὴν Ἀσίαν. 23 Ἐγένετο δὲ κατὰ τὸν καιρὸν ἐκεῖνον τάραχος³ οὐκ ὀλίγος περὶ τῆς ὁδοῦ⁴. 24 Δημήτριος γάρ τις ὀνόματι, ἀργυροκόπος⁵, ποιῶν ναοὺς ἀργυροῦς⁶ Ἀρτέμιδος παρείχετο⁷ τοῖς τεχνίταις⁸ οὐκ ὀλίγην ἐργασίαν⁹. 25 οὓς συναθροίσας¹⁰ καὶ τοὺς περὶ τὰ τοιαῦτα ἐργάτας¹¹ εἶπεν· ἄνδρες, ἐπίστασθε¹² ὅτι ἐκ ταύτης τῆς ἐργασίας ἡ εὐπορία¹³ ἡμῖν ἐστιν 26 καὶ θεωρεῖτε καὶ ἀκούετε ὅτι οὐ μόνον Ἐφέσου ἀλλὰ σχεδὸν¹⁴ πάσης τῆς Ἀσίας ὁ Παῦλος οὗτος πείσας¹⁵ μετέστησεν¹⁶ ἱκανὸν ὄχλον λέγων ὅτι οὐκ εἰσὶν θεοὶ οἱ διὰ χειρῶν γινόμενοι. 27 οὐ μόνον δὲ τοῦτο κινδυνεύει¹⁷ ἡμῖν τὸ μέρος εἰς ἀπελεγμὸν¹⁸ ἐλθεῖν ἀλλὰ καὶ τὸ τῆς μεγάλης θεᾶς¹⁹ Ἀρτέμιδος ἱερὸν εἰς οὐθὲν²⁰ λογισθῆναι, μέλλειν τε καὶ καθαιρεῖσθαι²¹ τῆς μεγαλειότητος²² αὐτῆς ἣν ὅλη ἡ Ἀσία καὶ ἡ οἰκουμένη²³ σέβεται²⁴. 28 ἀκούσαντες δὲ καὶ γενόμενοι πλήρεις²⁵ θυμοῦ²⁶ ἔκραζον λέγοντες· μεγάλη ἡ Ἄρτεμις Ἐφεσίων. 29 καὶ ἐπλήσθη²⁷ ἡ πόλις τῆς συγχύσεως²⁸, ὥρμησάν²⁹ τε ὁμοθυμαδὸν³⁰ εἰς τὸ θέατρον³¹ συναρπάσαντες³² Γάϊον καὶ Ἀρίσταρχον Μακεδόνας, συνεκδήμους³³ Παύλου. 30 Παύλου δὲ βουλομένου εἰσελθεῖν εἰς τὸν δῆμον³⁴ οὐκ εἴων³⁵ αὐτὸν οἱ μαθηταί· 31 τινὲς δὲ καὶ τῶν Ἀσιαρχῶν ὄντες αὐτῷ φίλοι³⁶ πέμψαντες³⁷ πρὸς αὐτὸν παρεκάλουν μὴ δοῦναι³⁸ ἑαυτὸν εἰς τὸ θέατρον. 32 ἄλλοι μὲν οὖν ἄλλο τι ἔκραζον· ἦν γὰρ ἡ ἐκκλησία συγκεχυμένη³⁹, καὶ οἱ πλείους⁴⁰ οὐκ ᾔδεισαν⁴¹ τίνος ἕνεκα⁴² συνεληλύθεισαν⁴³. 33 ἐκ δὲ τοῦ ὄχλου συνεβίβασαν⁴⁴ Ἀλέξανδρον, προβαλόντων⁴⁵ αὐτὸν τῶν Ἰουδαίων· ὁ δὲ

---

¹ ἀποστέλλω aor act ptc m s nom, send
² ἐπέχω 3s aor act ind, stay
³ τάραχος, -ου m, disturbance
⁴ ὁδός, -οῦ f, way (here: Way of the Christian faith and life)
⁵ ἀργυροκόπος, -ου m, silversmith
⁶ ἀργυροῦς, -ᾶ/οῦν, made of silver
⁷ παρέχω 3s impf mid ind, bring
⁸ τεχνίτης, -ου m, craftsman
⁹ ἐργασία, -ας f, business
¹⁰ συναθροίζω aor act ptc m s nom, gather together
¹¹ ἐργάτης, -ου m, worker
¹² ἐπίσταμαι 2p pres pas ind, know
¹³ εὐπορία, -ας f, wealth
¹⁴ σχεδόν, adv, almost
¹⁵ πείθω aor act ptc m s nom, persuade
¹⁶ μεθίστημι 3s aor act ind, mislead
¹⁷ κινδυνεύω 3s pres act ind, be in danger
¹⁸ ἀπελεγμός, -οῦ m, a bad reputation
¹⁹ θεά, -ᾶς f, goddess
²⁰ οὐδείς/οὐδεμία/οὐδέν, no one/nothing (εἰς ο. λογισθῆναι be counted as nothing)
²¹ καθαιρέω pres pas inf, pas be brought down from
²² μεγαλειότης, -ητος f, greatness
²³ οἰκουμένη, -ης f, world
²⁴ σέβομαι 3s pres mid ind, worship
²⁵ πλήρης, -ες, full
²⁶ θυμός, -οῦ m, anger
²⁷ πίμπλημι 3s aor pas ind, fill
²⁸ σύγχυσις, -εως f, confusion
²⁹ ὁρμάω 3p aor act ind, rush
³⁰ ὁμοθυμαδόν, adv, together
³¹ θέατρον, -ου n, theatre
³² συναρπάζω aor act ptc m p nom, grab
³³ συνέκδημος, -ου m, traveling companion
³⁴ δῆμος, -ου m, crowd
³⁵ ἐάω 3p impf act ind, let
³⁶ φίλος, -ου m, friend
³⁷ πέμπω aor act ptc m p nom, send
³⁸ δίδωμι aor act inf, put
³⁹ συγχέω pf pas ptc f s nom, pas be confused
⁴⁰ πολύς, many (comp)
⁴¹ οἶδα 3p plpf act ind, know
⁴² ἕνεκα, prep + gen, because of
⁴³ συνέρχομαι 3p plpf act ind, come together
⁴⁴ συμβιβάζω 3p aor act ind, instruct
⁴⁵ προβάλλω aor act ptc m p gen, push to the front

Ἀλέξανδρος κατασείσας¹ τὴν χεῖρα ἤθελεν ἀπολογεῖσθαι² τῷ δήμῳ³. 34 ἐπιγνόντες⁴ δὲ ὅτι Ἰουδαῖός ἐστιν, φωνὴ ἐγένετο μία ἐκ πάντων ὡς ἐπὶ ὥρας δύο κραζόντων· μεγάλη ἡ Ἄρτεμις Ἐφεσίων. 35 καταστείλας⁵ δὲ ὁ γραμματεὺς τὸν ὄχλον φησίν· ἄνδρες Ἐφέσιοι, τίς γάρ ἐστιν ἀνθρώπων ὃς οὐ γινώσκει τὴν Ἐφεσίων πόλιν νεωκόρον⁶ οὖσαν τῆς μεγάλης Ἀρτέμιδος καὶ τοῦ διοπετοῦς⁷; 36 ἀναντιρρήτων⁸ οὖν ὄντων τούτων δέον⁹ ἐστὶν ὑμᾶς κατεσταλμένους ὑπάρχειν καὶ μηδὲν προπετὲς¹⁰ πράσσειν. 37 ἠγάγετε¹¹ γὰρ τοὺς ἄνδρας τούτους οὔτε ἱεροσύλους¹² οὔτε βλασφημοῦντας τὴν θεὸν ἡμῶν. 38 εἰ μὲν οὖν Δημήτριος καὶ οἱ σὺν αὐτῷ τεχνῖται¹³ ἔχουσιν πρός τινα λόγον, ἀγοραῖοι¹⁴ ἄγονται¹⁵ καὶ ἀνθύπατοί¹⁶ εἰσιν, ἐγκαλείτωσαν¹⁷ ἀλλήλοις. 39 εἰ δέ τι περαιτέρω¹⁸ ἐπιζητεῖτε¹⁹, ἐν τῇ ἐννόμῳ²⁰ ἐκκλησίᾳ ἐπιλυθήσεται²¹. 40 καὶ γὰρ κινδυνεύομεν²² ἐγκαλεῖσθαι²³ στάσεως²⁴ περὶ τῆς σήμερον μηδενὸς αἰτίου²⁵ ὑπάρχοντος περὶ οὗ οὐ δυνησόμεθα²⁶ ἀποδοῦναι²⁷ λόγον περὶ τῆς συστροφῆς²⁸ ταύτης. καὶ ταῦτα εἰπὼν ἀπέλυσεν τὴν ἐκκλησίαν.

Paul's Journey to Macedonia and Greece

20 Μετὰ δὲ τὸ παύσασθαι²⁹ τὸν θόρυβον³⁰ μεταπεμψάμενος³¹ ὁ Παῦλος τοὺς μαθητὰς καὶ παρακαλέσας, ἀσπασάμενος ἐξῆλθεν πορεύεσθαι εἰς Μακεδονίαν. 2 διελθὼν³² δὲ τὰ μέρη ἐκεῖνα καὶ παρακαλέσας αὐτοὺς λόγῳ πολλῷ³³ ἦλθεν εἰς τὴν Ἑλλάδα 3 ποιήσας τε μῆνας³⁴ τρεῖς γενομένης ἐπιβουλῆς³⁵ αὐτῷ ὑπὸ τῶν Ἰουδαίων μέλλοντι ἀνάγεσθαι³⁶ εἰς τὴν Συρίαν ἐγένετο γνώμης³⁷ τοῦ ὑποστρέφειν διὰ Μακεδονίας. 4 συνείπετο³⁸ δὲ αὐτῷ Σώπατρος Πύρρου Βεροιαῖος, Θεσσαλονικέων δὲ Ἀρίσταρχος καὶ Σεκοῦνδος καὶ Γάϊος Δερβαῖος καὶ Τιμόθεος, Ἀσιανοὶ δὲ Τύχικος καὶ Τρόφιμος. 5 οὗτοι δὲ προσελθόντες ἔμενον ἡμᾶς ἐν

¹ κατασείω aor act ptc m s nom, motion
² ἀπολογέομαι pres mid inf, make a defense
³ δῆμος, -ου m, crowd
⁴ ἐπιγινώσκω aor act ptc m p nom, recognize
⁵ καταστέλλω aor act ptc m s nom, quieten
⁶ νεωκόρος, -ου m, temple keeper
⁷ διοπετής, -ές, fallen from heaven
⁸ ἀναντίρρητος, -ον, undeniable
⁹ δεῖ pres act ptc n s nom, be necessary
¹⁰ προπετής, -ές, reckless
¹¹ ἄγω 2p aor act ind, bring

¹² ἱερόσυλος, -ου m, a temple robber
¹³ τεχνίτης, -ου m, craftsman
¹⁴ ἀγοραῖος, -ου f, court session (ἁ. ἄγονται the courts are open)
¹⁵ ἄγω 3p pres pas ptc, hold (a session)
¹⁶ ἀνθύπατος, -ου m, proconsul (official in charge of a Roman senatorial province)
¹⁷ ἐγκαλέω 3p pres act impv, bring charges against
¹⁸ περαιτέρω, adv, further
¹⁹ ἐπιζητέω 2p pres act ind, want
²⁰ ἔννομος, -ον, legal
²¹ ἐπιλύω 3s fut pas ind, settle
²² κινδυνεύω 1p pres act ind, be in danger

²³ ἐγκαλέω pres pas inf, accuse
²⁴ στάσις, -εως f, riot
²⁵ αἴτιος, -ου n, cause
²⁶ δύναμαι 1p fut mid ind, be able
²⁷ ἀποδίδωμι aor act inf, give
²⁸ συστροφή, -ῆς f, uproar
²⁹ παύω aor mid inf, mid stop
³⁰ θόρυβος, -ου m, riot
³¹ μεταπέμπω aor mid ptc m s nom, mid send for
³² διέρχομαι aor act ptc m s nom, go through
³³ πολύς/πολλή/πολύ, many
³⁴ μήν, μηνός m, month
³⁵ ἐπιβουλή, -ῆς f, plot
³⁶ ἀνάγω pres pas inf, pas set sail
³⁷ γνώμη, -ης f, decision
³⁸ συνέπομαι 3s impf mid ind, accompany

Τρῳάδι, 6 ἡμεῖς δὲ ἐξεπλεύσαμεν[1] μετὰ τὰς ἡμέρας τῶν ἀζύμων[2] ἀπὸ Φιλίππων καὶ ἤλθομεν πρὸς αὐτοὺς εἰς τὴν Τρῳάδα ἄχρι ἡμερῶν πέντε, οὗ διετρίψαμεν[3] ἡμέρας ἑπτά.

Paul's Farewell Visit to Troas

7 Ἐν δὲ τῇ μιᾷ τῶν σαββάτων συνηγμένων[4] ἡμῶν κλάσαι[5] ἄρτον, ὁ Παῦλος διελέγετο[6] αὐτοῖς μέλλων ἐξιέναι[7] τῇ ἐπαύριον[8] παρέτεινέν[9] τε τὸν λόγον μέχρι[10] μεσονυκτίου[11]. 8 ἦσαν δὲ λαμπάδες[12] ἱκαναὶ ἐν τῷ ὑπερῴῳ[13], οὗ[14] ἦμεν συνηγμένοι. 9 καθεζόμενος[15] δέ τις νεανίας[16] ὀνόματι Εὔτυχος ἐπὶ τῆς θυρίδος[17] καταφερόμενος[18] ὕπνῳ[19] βαθεῖ[20] διαλεγομένου[21] τοῦ Παύλου ἐπὶ πλεῖον[22], κατενεχθεὶς[23] ἀπὸ τοῦ ὕπνου ἔπεσεν[24] ἀπὸ τοῦ τριστέγου[25] κάτω[26] καὶ ἤρθη[27] νεκρός. 10 καταβὰς[28] δὲ ὁ Παῦλος ἐπέπεσεν[29] αὐτῷ καὶ συμπεριλαβὼν[30] εἶπεν· μὴ θορυβεῖσθε[31], ἡ γὰρ ψυχὴ αὐτοῦ ἐν αὐτῷ ἐστιν. 11 ἀναβὰς[32] δὲ καὶ κλάσας τὸν ἄρτον καὶ γευσάμενος[33] ἐφ' ἱκανόν τε ὁμιλήσας[34] ἄχρι αὐγῆς[35] οὕτως ἐξῆλθεν. 12 ἤγαγον[36] δὲ τὸν παῖδα[37] ζῶντα καὶ παρεκλήθησαν οὐ μετρίως[38].

The Voyage from Troas to Miletus

13 Ἡμεῖς δὲ προελθόντες[39] ἐπὶ τὸ πλοῖον ἀνήχθημεν[40] ἐπὶ τὴν Ἄσσον ἐκεῖθεν[41] μέλλοντες ἀναλαμβάνειν[42] τὸν Παῦλον· οὕτως γὰρ διατεταγμένος[43] ἦν μέλλων αὐτὸς πεζεύειν[44]. 14 ὡς δὲ συνέβαλλεν[45] ἡμῖν εἰς τὴν Ἄσσον, ἀναλαβόντες[46] αὐτὸν

[1] ἐκπλέω 1p aor act ind, sail
[2] ἄζυμος, -ον, without yeast (τὰ ἄζυμα Jewish Feast of Unleavened Bread)
[3] διατρίβω 1p aor act ind, stay
[4] συνάγω pf pas ptc m p gen, pas gather together
[5] κλάω aor act inf, break
[6] διαλέγομαι 3s impf mid ind, speak
[7] ἔξειμι pres act inf, leave
[8] ἐπαύριον, adv, the next day
[9] παρατείνω 3s impf act ind, prolong
[10] μέχρι, prep + gen, until
[11] μεσονύκτιον, -ου n, midnight
[12] λαμπάς, -άδος f, lamp
[13] ὑπερῷον, -ου n, upstairs room
[14] οὗ, adv, where
[15] καθέζομαι pres mid ptc m s nom, sit
[16] νεανίας, -ου m, young man
[17] θυρίς, -ίδος f, window
[18] καταφέρω pres pas ptc m s nom, pas be overcome
[19] ὕπνος, -ου m, sleep
[20] βαθύς, -εῖα/ύ, deep
[21] διαλέγομαι pres mid ptc m s gen, speak
[22] πολύς, much (comp)
[23] καταφέρω aor pas ptc m s nom, pas be overcome
[24] πίπτω 3s aor act ind, fall
[25] τρίστεγον, -ου n, third floor
[26] κάτω, adv, down
[27] αἴρω 3s aor pas ind, take up
[28] καταβαίνω aor act ptc m s nom, come/go down
[29] ἐπιπίπτω 3s aor act ind, bend over
[30] συμπεριλαμβάνω aor act ptc m s nom, take in one's arms
[31] θορυβέω 2p pres pas impv, worry
[32] ἀναβαίνω aor act ptc m s nom, go/come up
[33] γεύομαι aor mid ptc m s nom, eat
[34] ὁμιλέω aor act ptc m s nom, converse
[35] αὐγή, -ῆς f, daybreak
[36] ἄγω 3p aor act ind, take away
[37] παῖς, παιδός m & f, boy
[38] μετρίως, adv, measurably (οὐ μ. greatly)
[39] προέρχομαι aor act ptc m p nom, go ahead
[40] ἀνάγω 1p aor pas ind, pas set sail
[41] ἐκεῖθεν, adv, (from) there
[42] ἀναλαμβάνω pres act inf, take aboard
[43] διατάσσω pf mid ptc m s nom, arrange
[44] πεζεύω pres act inf, travel by land
[45] συμβάλλω 3s impf act ind, meet
[46] ἀναλαμβάνω aor act ptc m p nom, take aboard

ἤλθομεν εἰς Μιτυλήνην 15 κἀκεῖθεν¹ ἀποπλεύσαντες² τῇ ἐπιούσῃ³ κατηντήσαμεν⁴ ἄντικρυς⁵ Χίου, τῇ δὲ ἑτέρᾳ παρεβάλομεν⁶ εἰς Σάμον, τῇ δὲ ἐχομένῃ ἤλθομεν εἰς Μίλητον. 16 κεκρίκει⁷ γὰρ ὁ Παῦλος παραπλεῦσαι⁸ τὴν Ἔφεσον, ὅπως μὴ γένηται αὐτῷ χρονοτριβῆσαι⁹ ἐν τῇ Ἀσίᾳ· ἔσπευδεν¹⁰ γάρ, εἰ δυνατὸν εἴη¹¹ αὐτῷ, τὴν ἡμέραν τῆς πεντηκοστῆς¹² γενέσθαι εἰς Ἱεροσόλυμα.

Paul Speaks to the Ephesian Elders

17 Ἀπὸ δὲ τῆς Μιλήτου πέμψας εἰς Ἔφεσον μετεκαλέσατο¹³ τοὺς πρεσβυτέρους τῆς ἐκκλησίας. 18 ὡς δὲ παρεγένοντο¹⁴ πρὸς αὐτὸν, εἶπεν αὐτοῖς· ὑμεῖς ἐπίστασθε¹⁵ ἀπὸ πρώτης ἡμέρας ἀφ' ἧς ἐπέβην¹⁶ εἰς τὴν Ἀσίαν, πῶς μεθ' ὑμῶν τὸν πάντα χρόνον ἐγενόμην 19 δουλεύων¹⁷ τῷ κυρίῳ μετὰ πάσης ταπεινοφροσύνης¹⁸ καὶ δακρύων¹⁹ καὶ πειρασμῶν²⁰ τῶν συμβάντων²¹ μοι ἐν ταῖς ἐπιβουλαῖς²² τῶν Ἰουδαίων, 20 ὡς οὐδὲν ὑπεστειλάμην²³ τῶν συμφερόντων²⁴ τοῦ μὴ ἀναγγεῖλαι²⁵ ὑμῖν καὶ διδάξαι ὑμᾶς δημοσίᾳ²⁶ καὶ κατ' οἴκους 21 διαμαρτυρόμενος²⁷ Ἰουδαίοις τε καὶ Ἕλλησιν τὴν εἰς θεὸν μετάνοιαν²⁸ καὶ πίστιν εἰς τὸν κύριον ἡμῶν Ἰησοῦν Χριστόν. 22 καὶ νῦν ἰδοὺ δεδεμένος ἐγὼ τῷ πνεύματι πορεύομαι εἰς Ἰερουσαλὴμ τὰ ἐν αὐτῇ συναντήσοντά²⁹ μοι μὴ εἰδώς³⁰ 23 πλὴν ὅτι τὸ πνεῦμα τὸ ἅγιον κατὰ πόλιν διαμαρτύρεταί μοι λέγον ὅτι δεσμὰ³¹ καὶ θλίψεις με μένουσιν. 24 ἀλλ' οὐδενὸς λόγου ποιοῦμαι τὴν ψυχὴν τιμίαν³² ἐμαυτῷ ὡς τελειῶσαι³³ τὸν δρόμον³⁴ μου καὶ τὴν διακονίαν ἣν ἔλαβον παρὰ τοῦ κυρίου Ἰησοῦ, διαμαρτύρασθαι τὸ εὐαγγέλιον τῆς χάριτος τοῦ θεοῦ. 25 καὶ νῦν ἰδοὺ ἐγὼ οἶδα ὅτι οὐκέτι ὄψεσθε³⁵ τὸ πρόσωπόν μου ὑμεῖς πάντες ἐν οἷς διῆλθον³⁶ κηρύσσων τὴν βασιλείαν. 26 διότι³⁷ μαρτύρομαι³⁸ ὑμῖν ἐν τῇ σήμερον ἡμέρᾳ ὅτι καθαρός³⁹ εἰμι ἀπὸ τοῦ αἵματος πάντων·

---

1 κἀκεῖθεν, = καὶ ἐκεῖθεν, and from there
2 ἀποπλέω aor act ptc m p nom, set sail
3 ἔπειμι pres act ptc f s dat, be next (ἡ ἐ. the next day)
4 καταντάω 1p aor act ind, arrive
5 ἄντικρυς, prep + gen, opposite
6 παραβάλλω 1p aor act ind, come near/cross over to
7 κρίνω 3s plpf act ind, decide
8 παραπλέω aor act inf, sail past
9 χρονοτριβέω aor act inf, spend time
10 σπεύδω 3s impf act ind, hurry
11 εἰμί 3s pres act opt, be
12 πεντηκοστή, -ῆς f, Pentecost
13 μετακαλέω 3s aor mid ind, mid send for
14 παραγίνομαι 3p aor mid ind, come
15 ἐπίσταμαι 2p pres pas ind, pas know
16 ἐπιβαίνω 1s aor act ind, arrive
17 δουλεύω pres act ptc m s nom, serve
18 ταπεινοφροσύνη, -ης f, humility
19 δάκρυον, -ου n, tear
20 πειρασμός, -οῦ m, severe testing
21 συμβαίνω aor act ptc m p gen, happen
22 ἐπιβουλή, -ῆς f, plot
23 ὑποστέλλω 1s aor mid ind, mid keep back
24 συμφέρω pres act ptc n p gen, be helpful
25 ἀναγγέλλω aor act inf, tell
26 δημόσιος, -α/ον, public (δημοσίᾳ in public)
27 διαμαρτύρομαι pres mid ptc m s nom, testify
28 μετάνοια, -ας f, repentance
29 συναντάω fut act ptc n p acc, happen
30 οἶδα pf act ptc m s nom, know
31 δεσμός, -οῦ m, imprisonment
32 τίμιος, -α/ον, valuable
33 τελειόω aor act inf, complete
34 δρόμος, -ου m, course
35 ὁράω 2p fut mid ind, see
36 διέρχομαι 1s aor act ind, go about
37 διότι, conj, therefore
38 μαρτύρομαι 1s pres mid ind, testify
39 καθαρός, -ά/όν, innocent

27 οὐ γὰρ ὑπεστειλάμην¹ τοῦ μὴ ἀναγγεῖλαι² πᾶσαν τὴν βουλὴν³ τοῦ θεοῦ ὑμῖν. **28** προσέχετε⁴ ἑαυτοῖς καὶ παντὶ τῷ ποιμνίῳ⁵ ἐν ᾧ ὑμᾶς τὸ πνεῦμα τὸ ἅγιον ἔθετο⁶ ἐπισκόπους⁷ ποιμαίνειν⁸ τὴν ἐκκλησίαν τοῦ θεοῦ ἣν περιεποιήσατο⁹ διὰ τοῦ αἵματος τοῦ ἰδίου. **29** ἐγὼ οἶδα ὅτι εἰσελεύσονται¹⁰ μετὰ τὴν ἄφιξίν¹¹ μου λύκοι¹² βαρεῖς¹³ εἰς ὑμᾶς μὴ φειδόμενοι¹⁴ τοῦ ποιμνίου, **30** καὶ ἐξ ὑμῶν αὐτῶν ἀναστήσονται¹⁵ ἄνδρες λαλοῦντες διεστραμμένα¹⁶ τοῦ ἀποσπᾶν¹⁷ τοὺς μαθητὰς ὀπίσω αὐτῶν. **31** διὸ γρηγορεῖτε¹⁸ μνημονεύοντες¹⁹ ὅτι τριετίαν²⁰ νύκτα καὶ ἡμέραν οὐκ ἐπαυσάμην²¹ μετὰ δακρύων²² νουθετῶν²³ ἕνα ἕκαστον. **32** καὶ τὰ νῦν παρατίθεμαι²⁴ ὑμᾶς τῷ θεῷ καὶ τῷ λόγῳ τῆς χάριτος αὐτοῦ τῷ δυναμένῳ οἰκοδομῆσαι καὶ δοῦναι τὴν κληρονομίαν²⁵ ἐν τοῖς ἡγιασμένοις²⁶ πᾶσιν. **33** ἀργυρίου²⁷ ἢ χρυσίου²⁸ ἢ ἱματισμοῦ²⁹ οὐδενὸς ἐπεθύμησα³⁰· **34** αὐτοὶ γινώσκετε ὅτι ταῖς χρείαις μου καὶ τοῖς οὖσιν μετ' ἐμοῦ ὑπηρέτησαν³¹ αἱ χεῖρες αὗται. **35** πάντα ὑπέδειξα³² ὑμῖν ὅτι οὕτως κοπιῶντας³³ δεῖ ἀντιλαμβάνεσθαι³⁴ τῶν ἀσθενούντων μνημονεύειν³⁵ τε τῶν λόγων τοῦ κυρίου Ἰησοῦ, ὅτι αὐτὸς εἶπεν· μακάριόν ἐστιν μᾶλλον διδόναι³⁶ ἢ λαμβάνειν. **36** καὶ ταῦτα εἰπὼν θεὶς³⁷ τὰ γόνατα³⁸ αὐτοῦ σὺν πᾶσιν αὐτοῖς προσηύξατο. **37** ἱκανὸς δὲ κλαυθμὸς³⁹ ἐγένετο πάντων, καὶ ἐπιπεσόντες⁴⁰ ἐπὶ τὸν τράχηλον⁴¹ τοῦ Παύλου κατεφίλουν⁴² αὐτὸν **38** ὀδυνώμενοι⁴³ μάλιστα⁴⁴ ἐπὶ τῷ λόγῳ ᾧ εἰρήκει⁴⁵, ὅτι οὐκέτι μέλλουσιν τὸ πρόσωπον αὐτοῦ θεωρεῖν. προέπεμπον⁴⁶ δὲ αὐτὸν εἰς τὸ πλοῖον.

¹ ὑποστέλλω 1s aor mid ind, mid keep back
² ἀναγγέλλω aor act inf, tell
³ βουλή, -ῆς f, purpose
⁴ προσέχω 2p pres act impv, pay close attention to
⁵ ποίμνιον, -ου n, flock
⁶ τίθημι 3s aor mid ind, mid put
⁷ ἐπίσκοπος, -ου m, overseer
⁸ ποιμαίνω pres act inf, tend like a shepherd
⁹ περιποιέω 3s aor mid ind, mid obtain
¹⁰ εἰσέρχομαι 3p fut mid ind, come/go (in)
¹¹ ἄφιξις, -εως f, departure
¹² λύκος, -ου m, wolf
¹³ βαρύς, -εῖα/ύ, fierce
¹⁴ φείδομαι pres mid ptc m p nom, spare
¹⁵ ἀνίστημι 3p fut mid ind, intrans rise
¹⁶ διαστρέφω pf pas ptc n p acc, distort
¹⁷ ἀποσπάω pres act inf, lead away
¹⁸ γρηγορέω 2p pres act impv, be alert
¹⁹ μνημονεύω pres act ptc m p nom, remember
²⁰ τριετία, -ας f, period of three years
²¹ παύω 1s aor mid ind, mid stop
²² δάκρυον, -ου n, tear
²³ νουθετέω pres act ptc m s nom, warn
²⁴ παρατίθημι 1s pres mid ind, mid commit
²⁵ κληρονομία, -ας f, share
²⁶ ἁγιάζω pf pas ptc m p dat, set apart as sacred to God
²⁷ ἀργύριον, -ου n, silver
²⁸ χρυσίον, -ου n, gold
²⁹ ἱματισμός, -οῦ m, clothing
³⁰ ἐπιθυμέω 1s aor act ind, covet
³¹ ὑπηρετέω 3p aor act ind, provide for
³² ὑποδείκνυμι 1s aor act ind, show
³³ κοπιάω pres act ptc m p acc, work hard
³⁴ ἀντιλαμβάνομαι pres mid inf, help
³⁵ μνημονεύω pres act inf, remember
³⁶ δίδωμι pres act inf, give
³⁷ τίθημι aor act ptc m s nom, mid put (τ. τὰ γόνατα kneel)
³⁸ γόνυ, γόνατος n, knee
³⁹ κλαυθμός, -οῦ m, crying
⁴⁰ ἐπιπίπτω aor act ptc m p nom, embrace
⁴¹ τράχηλος, -ου m, neck
⁴² καταφιλέω 3p impf act ind, kiss
⁴³ ὀδυνάομαι pres pas ptc m p nom, be sad
⁴⁴ μάλιστα, adv, especially
⁴⁵ λέγω 3s plpf act ind, say
⁴⁶ προπέμπω 3p impf act ind, accompany

Paul's Journey to Jerusalem

21 Ὡς δὲ ἐγένετο ἀναχθῆναι¹ ἡμᾶς ἀποσπασθέντας² ἀπ' αὐτῶν, εὐθυδρομήσαντες³ ἤλθομεν εἰς τὴν Κῶ, τῇ δὲ ἑξῆς⁴ εἰς τὴν Ῥόδον κἀκεῖθεν⁵ εἰς Πάταρα, **2** καὶ εὑρόντες πλοῖον διαπερῶν⁶ εἰς Φοινίκην ἐπιβάντες⁷ ἀνήχθημεν⁸. **3** ἀναφάναντες⁹ δὲ τὴν Κύπρον καὶ καταλιπόντες¹⁰ αὐτὴν εὐώνυμον¹¹ ἐπλέομεν¹² εἰς Συρίαν καὶ κατήλθομεν¹³ εἰς Τύρον· ἐκεῖσε¹⁴ γὰρ τὸ πλοῖον ἦν ἀποφορτιζόμενον¹⁵ τὸν γόμον¹⁶. **4** ἀνευρόντες¹⁷ δὲ τοὺς μαθητὰς ἐπεμείναμεν¹⁸ αὐτοῦ¹⁹ ἡμέρας ἑπτά. οἵτινες τῷ Παύλῳ ἔλεγον διὰ τοῦ πνεύματος μὴ ἐπιβαίνειν²⁰ εἰς Ἱεροσόλυμα. **5** ὅτε δὲ ἐγένετο ἡμᾶς ἐξαρτίσαι²¹ τὰς ἡμέρας, ἐξελθόντες ἐπορευόμεθα προπεμπόντων²² ἡμᾶς πάντων σὺν γυναιξὶν καὶ τέκνοις ἕως ἔξω τῆς πόλεως καὶ θέντες²³ τὰ γόνατα²⁴ ἐπὶ τὸν αἰγιαλὸν²⁵ προσευξάμενοι **6** ἀπησπασάμεθα²⁶ ἀλλήλους καὶ ἀνέβημεν²⁷ εἰς τὸ πλοῖον, ἐκεῖνοι δὲ ὑπέστρεψαν²⁸ εἰς τὰ ἴδια.

7 Ἡμεῖς δὲ τὸν πλοῦν²⁹ διανύσαντες³⁰ ἀπὸ Τύρου κατηντήσαμεν³¹ εἰς Πτολεμαΐδα καὶ ἀσπασάμενοι τοὺς ἀδελφοὺς ἐμείναμεν³² ἡμέραν μίαν παρ' αὐτοῖς. **8** τῇ δὲ ἐπαύριον³³ ἐξελθόντες ἤλθομεν εἰς Καισάρειαν καὶ εἰσελθόντες εἰς τὸν οἶκον Φιλίππου τοῦ εὐαγγελιστοῦ³⁴ ὄντος ἐκ τῶν ἑπτὰ ἐμείναμεν παρ' αὐτῷ. **9** τούτῳ δὲ ἦσαν θυγατέρες³⁵ τέσσαρες παρθένοι³⁶ προφητεύουσαι³⁷. **10** ἐπιμενόντων³⁸ δὲ ἡμέρας πλείους³⁹ κατῆλθέν⁴⁰ τις ἀπὸ τῆς Ἰουδαίας προφήτης ὀνόματι Ἄγαβος. **11** καὶ ἐλθὼν πρὸς ἡμᾶς καὶ ἄρας τὴν ζώνην⁴¹ τοῦ Παύλου, δήσας⁴² ἑαυτοῦ τοὺς πόδας καὶ τὰς χεῖρας εἶπεν· τάδε⁴³ λέγει τὸ πνεῦμα τὸ ἅγιον· τὸν ἄνδρα οὗ ἐστιν ἡ

---

¹ ἀνάγω aor pas inf, pas set sail
² ἀποσπάω aor pas ptc m p acc, pas leave
³ εὐθυδρομέω aor act ptc m p nom, sail a straight course
⁴ ἑξῆς, adv, on the next day
⁵ κἀκεῖθεν, = καὶ ἐκεῖθεν, and from there
⁶ διαπεράω pres act ptc n s nom, cross over
⁷ ἐπιβαίνω aor act ptc m p nom, go on board
⁸ ἀνάγω 1p aor pas ind, pas set sail
⁹ ἀναφαίνω aor act ptc m p nom, come in sight of
¹⁰ καταλείπω aor act ptc m p nom, leave
¹¹ εὐώνυμος, -ον, left
¹² πλέω 1p impf act ind, sail
¹³ κατέρχομαι 1p aor act ind, arrive
¹⁴ ἐκεῖσε, adv, there
¹⁵ ἀποφορτίζομαι pres mid ptc n s nom, unload
¹⁶ γόμος, -ου m, cargo
¹⁷ ἀνευρίσκω aor act ptc m p nom, find
¹⁸ ἐπιμένω 1p aor act ind, stay
¹⁹ αὐτοῦ, adv, there
²⁰ ἐπιβαίνω pres act inf, go on
²¹ ἐξαρτίζω aor act inf, come to an end
²² προπέμπω pres act ptc m p gen, accompany
²³ τίθημι aor act ptc m p nom, mid put (τ. τὰ γόνατα kneel)
²⁴ γόνυ, γόνατος n, knee
²⁵ αἰγιαλός, -οῦ m, beach
²⁶ ἀπασπάζομαι 1p aor mid ind, say good-bye to
²⁷ ἀναβαίνω 1p aor act ind, go aboard
²⁸ ὑποστρέφω 3p aor act ind, return
²⁹ πλοῦς, πλοός m, acc πλοῦν, voyage
³⁰ διανύω aor act ptc m p nom, complete
³¹ καταντάω 1p aor act ind, arrive
³² μένω 1p aor act ind, stay
³³ ἐπαύριον, adv, the next day
³⁴ εὐαγγελιστής, -οῦ m, evangelist
³⁵ θυγάτηρ, -τρός f, daughter
³⁶ παρθένος, -ου n, unmarried woman
³⁷ προφητεύω pres art ptc f p nom, prophesy
³⁸ ἐπιμένω pres act ptc m p gen, stay
³⁹ πολύς, many (comp)
⁴⁰ κατέρχομαι 3s aor act ind, come down
⁴¹ ζώνη, -ης f, belt
⁴² δέω aor act ptc m s nom, tie up
⁴³ ὅδε, ἥδε, τόδε, this

ζώνη αὕτη οὕτως δήσουσιν¹ ἐν Ἰερουσαλὴμ οἱ Ἰουδαῖοι καὶ παραδώσουσιν² εἰς χεῖρας ἐθνῶν. 12 ὡς δὲ ἠκούσαμεν ταῦτα, παρεκαλοῦμεν ἡμεῖς τε καὶ οἱ ἐντόπιοι³ τοῦ μὴ ἀναβαίνειν αὐτὸν εἰς Ἰερουσαλήμ. 13 τότε ἀπεκρίθη ὁ Παῦλος· τί ποιεῖτε κλαίοντες καὶ συνθρύπτοντές⁴ μου τὴν καρδίαν; ἐγὼ γὰρ οὐ μόνον δεθῆναι⁵ ἀλλὰ καὶ ἀποθανεῖν⁶ εἰς Ἰερουσαλὴμ ἑτοίμως⁷ ἔχω ὑπὲρ τοῦ ὀνόματος τοῦ κυρίου Ἰησοῦ. 14 μὴ πειθομένου δὲ αὐτοῦ ἡσυχάσαμεν⁸ εἰπόντες· τοῦ κυρίου τὸ θέλημα γινέσθω⁹.

15 Μετὰ δὲ τὰς ἡμέρας ταύτας ἐπισκευασάμενοι¹⁰ ἀνεβαίνομεν εἰς Ἱεροσόλυμα· 16 συνῆλθον¹¹ δὲ καὶ τῶν μαθητῶν ἀπὸ Καισαρείας σὺν ἡμῖν ἄγοντες παρ' ᾧ ξενισθῶμεν¹², Μνάσωνί τινι Κυπρίῳ ἀρχαίῳ¹³ μαθητῇ. 17 γενομένων δὲ ἡμῶν εἰς Ἱεροσόλυμα ἀσμένως¹⁴ ἀπεδέξαντο¹⁵ ἡμᾶς οἱ ἀδελφοί.

Paul Visits James

18 Τῇ δὲ ἐπιούσῃ¹⁶ εἰσῄει¹⁷ ὁ Παῦλος σὺν ἡμῖν πρὸς Ἰάκωβον, πάντες τε παρεγένοντο¹⁸ οἱ πρεσβύτεροι. 19 καὶ ἀσπασάμενος αὐτοὺς ἐξηγεῖτο¹⁹ καθ' ἓν ἕκαστον ὧν ἐποίησεν ὁ θεὸς ἐν τοῖς ἔθνεσιν διὰ τῆς διακονίας αὐτοῦ. 20 οἱ δὲ ἀκούσαντες ἐδόξαζον τὸν θεὸν εἶπόν τε αὐτῷ· θεωρεῖς, ἀδελφέ, πόσαι²⁰ μυριάδες²¹ εἰσὶν ἐν τοῖς Ἰουδαίοις τῶν πεπιστευκότων καὶ πάντες ζηλωταὶ²² τοῦ νόμου ὑπάρχουσιν· 21 κατηχήθησαν²³ δὲ περὶ σοῦ ὅτι ἀποστασίαν²⁴ διδάσκεις ἀπὸ Μωϋσέως τοὺς κατὰ τὰ ἔθνη πάντας Ἰουδαίους λέγων μὴ περιτέμνειν²⁵ αὐτοὺς τὰ τέκνα μηδὲ τοῖς ἔθεσιν²⁶ περιπατεῖν. 22 τί οὖν ἐστιν; πάντως²⁷ ἀκούσονται ὅτι ἐλήλυθας²⁸. 23 τοῦτο οὖν ποίησον ὅ σοι λέγομεν· εἰσὶν ἡμῖν ἄνδρες τέσσαρες εὐχὴν²⁹ ἔχοντες ἐφ' ἑαυτῶν. 24 τούτους παραλαβὼν ἁγνίσθητι³⁰ σὺν αὐτοῖς καὶ δαπάνησον³¹ ἐπ' αὐτοῖς, ἵνα ξυρήσονται³² τὴν κεφαλήν, καὶ γνώσονται πάντες ὅτι ὧν κατήχηνται³³

---

¹ δέω 3p fut act ind, tie up
² παραδίδωμι 3p fut act ind, hand over
³ ἐντόπιος, -α/ον, local (οἱ ἐν. the people there)
⁴ συνθρύπτω pres act ptc m p nom, break
⁵ δέω aor pas inf, tie up
⁶ ἀποθνῄσκω aor act inf, die
⁷ ἑτοίμως, adv, readily (ἑ. ἔχω be ready)
⁸ ἡσυχάζω 1p aor act ind, stop
⁹ γίνομαι 3s pres mid impv, take place
¹⁰ ἐπισκευάζομαι aor mid ptc m p nom, get ready

¹¹ συνέρχομαι 3p aor act ind, go with
¹² ξενίζω 1p aor act sub, pas stay (as a guest)
¹³ ἀρχαῖος, -α/ον, early
¹⁴ ἀσμένως, adv, warmly
¹⁵ ἀποδέχομαι 3p aor mid ind, welcome
¹⁶ ἔπειμι pres act ptc f s dat, be next (ἡ ἐ. the next day)
¹⁷ εἴσειμι 3s impf act ind, go in
¹⁸ παραγίνομαι 3p aor act ind, be present
¹⁹ ἐξηγέομαι 3s impf mid ind, tell
²⁰ πόσος, -η/ον, how many
²¹ μυριάς, -άδος f, countless thousands

²² ζηλωτής, -οῦ m, one who is eager
²³ κατηχέω 3p aor pas ind, tell
²⁴ ἀποστασία, -ας f, apostasy
²⁵ περιτέμνω pres act inf, circumcise
²⁶ ἔθος, -ους n, custom
²⁷ πάντως, adv, surely
²⁸ ἔρχομαι 2s pf act ind, come
²⁹ εὐχή, -ῆς f, vow
³⁰ ἁγνίζω 2p aor pas impv, purify
³¹ δαπανάω 2s aor act impv, spend (δ. ἐπ' αὐτοῖς pay their expenses)
³² ξυράω 3p fut mid ind, mid shave
³³ κατηχέω 3p pf pas ind, tell

περὶ σοῦ οὐδέν ἐστιν, ἀλλὰ στοιχεῖς[1] καὶ αὐτὸς φυλάσσων τὸν νόμον. **25** περὶ δὲ τῶν πεπιστευκότων ἐθνῶν ἡμεῖς ἐπεστείλαμεν[2] κρίναντες φυλάσσεσθαι αὐτοὺς τό τε εἰδωλόθυτον[3] καὶ αἷμα καὶ πνικτὸν[4] καὶ πορνείαν[5]. **26** τότε ὁ Παῦλος παραλαβὼν τοὺς ἄνδρας τῇ ἐχομένῃ ἡμέρᾳ σὺν αὐτοῖς ἁγνισθεὶς εἰσῄει[6] εἰς τὸ ἱερὸν διαγγέλλων[7] τὴν ἐκπλήρωσιν[8] τῶν ἡμερῶν τοῦ ἁγνισμοῦ[9], ἕως οὗ προσηνέχθη[10] ὑπὲρ ἑνὸς ἑκάστου αὐτῶν ἡ προσφορά[11].

Paul Arrested in the Temple

27 Ὡς δὲ ἔμελλον αἱ ἑπτὰ ἡμέραι συντελεῖσθαι[12], οἱ ἀπὸ τῆς Ἀσίας Ἰουδαῖοι θεασάμενοι αὐτὸν ἐν τῷ ἱερῷ συνέχεον[13] πάντα τὸν ὄχλον καὶ ἐπέβαλον[14] ἐπ' αὐτὸν τὰς χεῖρας **28** κράζοντες· ἄνδρες Ἰσραηλῖται, βοηθεῖτε[15]· οὗτός ἐστιν ὁ ἄνθρωπος ὁ κατὰ τοῦ λαοῦ καὶ τοῦ νόμου καὶ τοῦ τόπου τούτου πάντας πανταχῇ[16] διδάσκων ἔτι τε καὶ Ἕλληνας εἰσήγαγεν[17] εἰς τὸ ἱερὸν καὶ κεκοίνωκεν[18] τὸν ἅγιον τόπον τοῦτον. **29** ἦσαν γὰρ προεωρακότες[19] Τρόφιμον τὸν Ἐφέσιον ἐν τῇ πόλει σὺν αὐτῷ ὃν ἐνόμιζον[20] ὅτι εἰς τὸ ἱερὸν εἰσήγαγεν ὁ Παῦλος. **30** ἐκινήθη[21] τε ἡ πόλις ὅλη καὶ ἐγένετο συνδρομὴ[22] τοῦ λαοῦ, καὶ ἐπιλαβόμενοι[23] τοῦ Παύλου εἷλκον[24] αὐτὸν ἔξω τοῦ ἱεροῦ, καὶ εὐθέως ἐκλείσθησαν[25] αἱ θύραι. **31** ζητούντων τε αὐτὸν ἀποκτεῖναι ἀνέβη[26] φάσις[27] τῷ χιλιάρχῳ[28] τῆς σπείρης[29] ὅτι ὅλη συγχύννεται[30] Ἰερουσαλήμ. **32** ὃς ἐξαυτῆς[31] παραλαβὼν στρατιώτας[32] καὶ ἑκατοντάρχας[33] κατέδραμεν[34] ἐπ' αὐτούς, οἱ δὲ ἰδόντες τὸν χιλίαρχον καὶ τοὺς στρατιώτας ἐπαύσαντο[35] τύπτοντες[36] τὸν Παῦλον. **33** τότε ἐγγίσας[37] ὁ χιλίαρχος ἐπελάβετο[38] αὐτοῦ καὶ ἐκέλευσεν[39] δεθῆναι[40] ἁλύσεσιν[41] δυσίν, καὶ ἐπυνθάνετο[42] τίς εἴη[43] καὶ τί ἐστιν πεποιηκώς. **34** ἄλλοι

---

[1] στοιχέω 2s pres act ind, live
[2] ἐπιστέλλω 1p aor act ind, instruct by letter
[3] εἰδωλόθυτος, -ον, (food) sacrificed to idols
[4] πνικτός, -ή/όν, strangled
[5] πορνεία, -ας f, sexual immorality
[6] εἴσειμι 3s impf act ind, go in
[7] διαγγέλλω pres act ptc m s nom, give notice of
[8] ἐκπλήρωσις, -εως f, completion
[9] ἁγνισμός, -οῦ m, purification
[10] προσφέρω 3s aor pas ind, present
[11] προσφορά, -ᾶς f, offering
[12] συντελέω pres pas inf, complete
[13] συγχέω 3p impf act ind, stir up
[14] ἐπιβάλλω 3p aor act ind, put on

[15] βοηθέω 2p pres act impv, help
[16] πανταχῇ, adv, everywhere
[17] εἰσάγω 3s aor act ind, bring in
[18] κοινόω 3s pf act ind, defile
[19] προοράω pf act ptc m p nom, see previously
[20] νομίζω 3p impf act ind, suppose
[21] κινέω 3s aor pas ind, arouse
[22] συνδρομή, -ῆς f, rushing together
[23] ἐπιλαμβάνομαι aor mid ptc m p nom, take hold of
[24] ἕλκω 3p impf act ind, drag
[25] κλείω 3p aor pas ind, shut
[26] ἀναβαίνω 3s aor act ind, go/ come up
[27] φάσις, -εως f, news
[28] χιλίαρχος, -ου m, commander
[29] σπεῖρα, -ης f, band of Roman soldiers

[30] συγχέω 3s pres pas ind, pas be confused
[31] ἐξαυτῆς, adv, at once
[32] στρατιώτης, -ου m, soldier
[33] ἑκατοντάρχης, -ου m, centurion (officer of the Roman army)
[34] κατατρέχω 3s aor act ind, run down
[35] παύω 3p aor mid ind, mid stop
[36] τύπτω pres act ptc m p nom, beat
[37] ἐγγίζω aor act ptc m s nom, come up
[38] ἐπιλαμβάνομαι 3s aor mid ind, arrest
[39] κελεύω 3s aor act ind, order
[40] δέω aor pas inf, tie up
[41] ἅλυσις, -εως f, chain
[42] πυνθάνομαι 3s impf mid ind, ask
[43] εἰμί 3s pres act opt, be

δὲ ἄλλο τι ἐπεφώνουν¹ ἐν τῷ ὄχλῳ. μὴ δυναμένου δὲ αὐτοῦ γνῶναι² τὸ ἀσφαλὲς³ διὰ τὸν θόρυβον⁴ ἐκέλευσεν⁵ ἄγεσθαι αὐτὸν εἰς τὴν παρεμβολήν⁶. **35** ὅτε δὲ ἐγένετο ἐπὶ τοὺς ἀναβαθμούς⁷, συνέβη⁸ βαστάζεσθαι⁹ αὐτὸν ὑπὸ τῶν στρατιωτῶν διὰ τὴν βίαν¹⁰ τοῦ ὄχλου, **36** ἠκολούθει γὰρ τὸ πλῆθος τοῦ λαοῦ κράζοντες· αἶρε αὐτόν.

Paul Defends Himself

37 Μέλλων τε εἰσάγεσθαι¹¹ εἰς τὴν παρεμβολὴν ὁ Παῦλος λέγει τῷ χιλιάρχῳ· εἰ ἔξεστίν μοι εἰπεῖν τι πρὸς σέ; ὁ δὲ ἔφη· Ἑλληνιστὶ γινώσκεις; **38** οὐκ ἄρα σὺ εἶ ὁ Αἰγύπτιος ὁ πρὸ τούτων τῶν ἡμερῶν ἀναστατώσας¹² καὶ ἐξαγαγὼν¹³ εἰς τὴν ἔρημον τοὺς τετρακισχιλίους¹⁴ ἄνδρας τῶν σικαρίων¹⁵; **39** εἶπεν δὲ ὁ Παῦλος· ἐγὼ ἄνθρωπος μέν εἰμι Ἰουδαῖος, Ταρσεὺς τῆς Κιλικίας, οὐκ ἀσήμου¹⁶ πόλεως πολίτης¹⁷· δέομαι¹⁸ δέ σου, ἐπίτρεψόν¹⁹ μοι λαλῆσαι πρὸς τὸν λαόν. **40** ἐπιτρέψαντος²⁰ δὲ αὐτοῦ ὁ Παῦλος ἑστὼς²¹ ἐπὶ τῶν ἀναβαθμῶν²² κατέσεισεν²³ τῇ χειρὶ τῷ λαῷ. πολλῆς δὲ σιγῆς²⁴ γενομένης προσεφώνησεν²⁵ τῇ Ἑβραΐδι διαλέκτῳ²⁶ λέγων·

22 Ἄνδρες ἀδελφοὶ καὶ πατέρες, ἀκούσατέ μου τῆς πρὸς ὑμᾶς νυνὶ²⁷ ἀπολογίας²⁸. **2** ἀκούσαντες δὲ ὅτι τῇ Ἑβραΐδι διαλέκτῳ²⁹ προσεφώνει³⁰ αὐτοῖς μᾶλλον παρέσχον³¹ ἡσυχίαν³². καὶ φησίν· **3** ἐγώ εἰμι ἀνὴρ Ἰουδαῖος, γεγεννημένος ἐν Ταρσῷ τῆς Κιλικίας, ἀνατεθραμμένος³³ δὲ ἐν τῇ πόλει ταύτῃ, παρὰ τοὺς πόδας Γαμαλιὴλ πεπαιδευμένος³⁴ κατὰ ἀκρίβειαν³⁵ τοῦ πατρῴου³⁶ νόμου, ζηλωτής³⁷ ὑπάρχων τοῦ θεοῦ, καθὼς πάντες ὑμεῖς ἐστε σήμερον, **4** ὃς ταύτην τὴν ὁδὸν³⁸ ἐδίωξα ἄχρι θανάτου δεσμεύων³⁹ καὶ παραδιδοὺς⁴⁰ εἰς φυλακὰς ἄνδρας τε καὶ γυναῖκας, **5** ὡς καὶ ὁ ἀρχιερεὺς μαρτυρεῖ μοι καὶ πᾶν τὸ πρεσβυτέριον⁴¹ παρ' ὧν καὶ

---

¹ ἐπιφωνέω 3p impf act ind, shout
² γινώσκω aor act inf, find out
³ ἀσφαλής, -ές, definite (τὸ ἀ. the truth)
⁴ θόρυβος, -ου m, uproar
⁵ κελεύω 3s aor act ind, order
⁶ παρεμβολή, -ῆς f, barracks
⁷ ἀναβαθμός, -οῦ m, steps
⁸ συμβαίνω 3s aor act ind, happen
⁹ βαστάζω pres pas inf, carry
¹⁰ βία, -ας f, violence
¹¹ εἰσάγω pres pas inf, bring in
¹² ἀναστατόω aor act ptc m s nom, incite a revolt
¹³ ἐξάγω aor act ptc m s nom, lead out
¹⁴ τετρακισχίλιοι, -αι/α, four thousand
¹⁵ σικάριος, -ου m, terrorist
¹⁶ ἄσημος, -ον, insignificant
¹⁷ πολίτης, -ου m, citizen
¹⁸ δέομαι 1s pres pas ind, beg (= please)
¹⁹ ἐπιτρέπω 2s aor act impv, let
²⁰ ἐπιτρέπω aor act ptc m s gen, let
²¹ ἵστημι pf act ptc m s nom, intrans stand
²² ἀναβαθμός, -οῦ m, steps
²³ κατασείω 3s aor act ind, motion
²⁴ σιγή, -ῆς f, silence
²⁵ προσφωνέω 3s aor act ind, speak
²⁶ διάλεκτος, -ου f, language
²⁷ νυνί, adv, now
²⁸ ἀπολογία, -ας f, defense
²⁹ διάλεκτος, -ου f, language
³⁰ προσφωνέω 3s impf act ind, speak
³¹ παρέχω 3p aor act ind, give
³² ἡσυχία, -ας f, silence
³³ ἀνατρέφω pf pas ptc m s nom, bring up
³⁴ παιδεύω pf pas ptc m s nom, instruct
³⁵ ἀκρίβεια, -ας f, strictness
³⁶ πατρῷος, -α/ον, ancestral
³⁷ ζηλωτής, -οῦ m, one who is eager
³⁸ ὁδός, -οῦ f, way (here: Way of the Christian faith and life)
³⁹ δεσμεύω pres act ptc m s nom, tie up
⁴⁰ παραδίδωμι pres act ptc m s nom, hand over
⁴¹ πρεσβυτέριον, -ου n, body of elders

ἐπιστολὰς¹ δεξάμενος πρὸς τοὺς ἀδελφοὺς εἰς Δαμασκὸν ἐπορευόμην ἄξων² καὶ τοὺς ἐκεῖσε³ ὄντας δεδεμένους εἰς Ἰερουσαλήμ, ἵνα τιμωρηθῶσιν⁴.

Paul Tells of His Conversion (Ac 9.1-19; 26.12-18)

6 Ἐγένετο δέ μοι πορευομένῳ καὶ ἐγγίζοντι τῇ Δαμασκῷ περὶ μεσημβρίαν⁵ ἐξαίφνης⁶ ἐκ τοῦ οὐρανοῦ περιαστράψαι⁷ φῶς ἱκανὸν περὶ ἐμέ, 7 ἔπεσά⁸ τε εἰς τὸ ἔδαφος⁹ καὶ ἤκουσα φωνῆς λεγούσης μοι· Σαοὺλ Σαούλ, τί με διώκεις; 8 ἐγὼ δὲ ἀπεκρίθην· τίς εἶ, κύριε; εἶπέν τε πρός με· ἐγώ εἰμι Ἰησοῦς ὁ Ναζωραῖος ὃν σὺ διώκεις. 9 οἱ δὲ σὺν ἐμοὶ ὄντες τὸ μὲν φῶς ἐθεάσαντο¹⁰, τὴν δὲ φωνὴν οὐκ ἤκουσαν τοῦ λαλοῦντός μοι. 10 εἶπον δέ· τί ποιήσω, κύριε; ὁ δὲ κύριος εἶπεν πρός με· ἀναστὰς¹¹ πορεύου εἰς Δαμασκόν, κἀκεῖ¹² σοι λαληθήσεται¹³ περὶ πάντων ὧν τέτακταί¹⁴ σοι ποιῆσαι. 11 ὡς δὲ οὐκ ἐνέβλεπον¹⁵ ἀπὸ τῆς δόξης τοῦ φωτὸς ἐκείνου, χειραγωγούμενος¹⁶ ὑπὸ τῶν συνόντων¹⁷ μοι ἦλθον εἰς Δαμασκόν. 12 Ἁνανίας δέ τις, ἀνὴρ εὐλαβὴς¹⁸ κατὰ τὸν νόμον, μαρτυρούμενος ὑπὸ πάντων τῶν κατοικούντων Ἰουδαίων, 13 ἐλθὼν πρός με καὶ ἐπιστὰς¹⁹ εἶπέν μοι· Σαοὺλ ἀδελφέ, ἀνάβλεψον²⁰. κἀγὼ αὐτῇ τῇ ὥρᾳ ἀνέβλεψα εἰς αὐτόν. 14 ὁ δὲ εἶπεν· ὁ θεὸς τῶν πατέρων ἡμῶν προεχειρίσατό²¹ σε γνῶναι²² τὸ θέλημα αὐτοῦ καὶ ἰδεῖν τὸν δίκαιον καὶ ἀκοῦσαι φωνὴν ἐκ τοῦ στόματος αὐτοῦ, 15 ὅτι ἔσῃ²³ μάρτυς αὐτῷ πρὸς πάντας ἀνθρώπους ὧν ἑώρακας²⁴ καὶ ἤκουσας. 16 καὶ νῦν τί μέλλεις; ἀναστὰς²⁵ βάπτισαι καὶ ἀπόλουσαι²⁶ τὰς ἁμαρτίας σου ἐπικαλεσάμενος²⁷ τὸ ὄνομα αὐτοῦ.

Paul Sent to the Gentiles

17 Ἐγένετο δέ μοι ὑποστρέψαντι²⁸ εἰς Ἰερουσαλὴμ καὶ προσευχομένου μου ἐν τῷ ἱερῷ γενέσθαι με ἐν ἐκστάσει²⁹ 18 καὶ ἰδεῖν αὐτὸν λέγοντά μοι· σπεῦσον³⁰ καὶ

---

[1] ἐπιστολή, -ῆς f, letter
[2] ἄγω fut act ptc m s nom, take away
[3] ἐκεῖσε, adv, there
[4] τιμωρέω 3p aor pas sub , punish
[5] μεσημβρία, -ας f, noon
[6] ἐξαίφνης, adv, suddenly
[7] περιαστράπτω aor act inf, flash around
[8] πίπτω 1s aor act ind, fall
[9] ἔδαφος, -ους n, ground
[10] θεάομαι 3p aor mid ind, see
[11] ἀνίστημι aor act ptc m s nom, intrans get up
[12] κἀκεῖ, = καὶ ἐκεῖ, and there
[13] λαλέω 3s fut pas ind, tell
[14] τάσσω 3s pf pas ind, appoint
[15] ἐμβλέπω 1s impf act ind, see
[16] χειραγωγέω pf pas ptc m s nom, lead by the hand
[17] σύνειμι pres act ptc m p gen, be with
[18] εὐλαβής, -ές, devout
[19] ἐφίστημι aor act ptc m s nom, stand (by someone)
[20] ἀναβλέπω 2s aor act impv, regain one's sight
[21] προχειρίζομαι 3s aor mid ind, mid choose
[22] γινώσκω aor act inf, know
[23] εἰμί 2s fut mid ind, be
[24] ὁράω 2s pf act ind, see
[25] ἀνίστημι aor act ptc m s nom, intrans get up
[26] ἀπολούω 2s aor mid impv, mid wash away
[27] ἐπικαλέω aor mid ptc m s nom, mid call upon
[28] ὑποστρέφω aor act ptc m s dat, return
[29] ἔκστασις, -εως f, trance
[30] σπεύδω 2s aor act impv, hurry

ἔξελθε¹ ἐν τάχει² ἐξ Ἱερουσαλήμ, διότι³ οὐ παραδέξονταί⁴ σου μαρτυρίαν περὶ ἐμοῦ. 19 κἀγὼ εἶπον· κύριε, αὐτοὶ ἐπίστανται⁵ ὅτι ἐγὼ ἤμην φυλακίζων⁶ καὶ δέρων⁷ κατὰ τὰς συναγωγὰς τοὺς πιστεύοντας ἐπὶ σέ, 20 καὶ ὅτε ἐξεχύννετο⁸ τὸ αἷμα Στεφάνου τοῦ μάρτυρός σου, καὶ αὐτὸς ἤμην ἐφεστὼς⁹ καὶ συνευδοκῶν¹⁰ καὶ φυλάσσων τὰ ἱμάτια τῶν ἀναιρούντων¹¹ αὐτόν. 21 καὶ εἶπεν πρός με· πορεύου, ὅτι ἐγὼ εἰς ἔθνη μακρὰν¹² ἐξαποστελῶ¹³ σε.

Paul and the Roman Tribune

22 Ἤκουον δὲ αὐτοῦ ἄχρι τούτου τοῦ λόγου καὶ ἐπῆραν¹⁴ τὴν φωνὴν αὐτῶν λέγοντες· αἶρε¹⁵ ἀπὸ τῆς γῆς τὸν τοιοῦτον, οὐ γὰρ καθῆκεν¹⁶ αὐτὸν ζῆν. 23 κραυγαζόντων¹⁷ τε αὐτῶν καὶ ῥιπτούντων¹⁸ τὰ ἱμάτια καὶ κονιορτὸν¹⁹ βαλλόντων εἰς τὸν ἀέρα²⁰ 24 ἐκέλευσεν²¹ ὁ χιλίαρχος²² εἰσάγεσθαι²³ αὐτὸν εἰς τὴν παρεμβολὴν²⁴ εἴπας μάστιξιν²⁵ ἀνετάζεσθαι²⁶ αὐτόν, ἵνα ἐπιγνῷ²⁷ δι' ἣν αἰτίαν²⁸ οὕτως ἐπεφώνουν²⁹ αὐτῷ. 25 ὡς δὲ προέτειναν³⁰ αὐτὸν τοῖς ἱμᾶσιν³¹, εἶπεν πρὸς τὸν ἑστῶτα³² ἑκατόνταρχον³³ ὁ Παῦλος· εἰ ἄνθρωπον Ῥωμαῖον καὶ ἀκατάκριτον³⁴ ἔξεστιν ὑμῖν μαστίζειν³⁵; 26 ἀκούσας δὲ ὁ ἑκατόνταρχης προσελθὼν³⁶ τῷ χιλιάρχῳ ἀπήγγειλεν³⁷ λέγων· τί μέλλεις ποιεῖν; ὁ γὰρ ἄνθρωπος οὗτος Ῥωμαῖός ἐστιν. 27 προσελθὼν δὲ ὁ χιλίαρχος εἶπεν αὐτῷ· λέγε μοι, σὺ Ῥωμαῖος εἶ; ὁ δὲ ἔφη· ναί. 28 ἀπεκρίθη δὲ ὁ χιλίαρχος· ἐγὼ πολλοῦ κεφαλαίου³⁸ τὴν πολιτείαν³⁹ ταύτην ἐκτησάμην⁴⁰. ὁ δὲ Παῦλος ἔφη· ἐγὼ δὲ καὶ γεγέννημαι. 29 εὐθέως οὖν ἀπέστησαν⁴¹ ἀπ' αὐτοῦ οἱ μέλλοντες αὐτὸν ἀνετάζειν⁴², καὶ ὁ χιλίαρχος δὲ ἐφοβήθη ἐπιγνοὺς⁴³ ὅτι Ῥωμαῖός ἐστιν καὶ ὅτι αὐτὸν ἦν δεδεκώς⁴⁴.

[1] ἐξέρχομαι 2s aor act impv, leave
[2] τάχος, -ους n, quickness (ἐν τ. quick/quickly)
[3] διότι, conj, because
[4] παραδέχομαι 3p fut mid ind, accept
[5] ἐπίσταμαι 3p pres pas ind, pas know
[6] φυλακίζω pres act ptc m s nom, imprison
[7] δέρω pres act ptc m s nom, beat
[8] ἐκχύννω 3s impf pas ind, pour out
[9] ἐφίστημι pf act ptc m s nom, stand (by someone)
[10] συνευδοκέω pres act ptc m s nom, approve of
[11] ἀναιρέω pres act ptc m p gen, kill
[12] μακράν, adv, far away
[13] ἐξαποστέλλω 1s fut act ind, send
[14] ἐπαίρω 3p aor act ind, raise
[15] αἴρω 2s pres act impv, take away
[16] καθήκω 3s impf act ind, impers it is fitting
[17] κραυγάζω pres act ptc m p gen, shout
[18] ῥιπτέω pres act ptc m p gen, throw down
[19] κονιορτός, -οῦ m, dust
[20] ἀήρ, -έρος m, air
[21] κελεύω 3s aor act ind, order
[22] χιλίαρχος, -ου m, commander
[23] εἰσάγω pres act inf, bring in
[24] παρεμβολή, -ῆς f, barracks
[25] μάστιξ, -ιγος f, whip
[26] ἀνετάζω pres pas inf, interrogate
[27] ἐπιγινώσκω 3s aor act sub, find out
[28] αἰτία, -ας f, reason
[29] ἐπιφωνέω 3p impf act ind, shout
[30] προτείνω 3p aor act ind, tie up
[31] ἱμάς, -άντος m, strap
[32] ἵστημι pf act ptc m s acc, intrans stand
[33] ἑκατόνταρχης, -ου m, centurion (officer of the Roman army)
[34] ἀκατάκριτος, -ον, uncondemned
[35] μαστίζω pres act inf, beat with a whip
[36] προσέρχομαι aor act ptc m s nom, go (to)
[37] ἀπαγγέλλω 3s aor act ind, tell
[38] κεφάλαιον, -ου n, sum of money
[39] πολιτεία, -ας f, citizenship
[40] κτάομαι 1s aor mid ind, buy
[41] ἀφίστημι 3p aor act ind, intrans leave
[42] ἀνετάζω pres act inf, interrogate
[43] ἐπιγινώσκω aor act ptc m s nom, find out
[44] δέω pf act ptc m s nom, tie up

Paul before the Council

30 Τῇ δὲ ἐπαύριον¹ βουλόμενος γνῶναι² τὸ ἀσφαλὲς³ τὸ τί κατηγορεῖται⁴ ὑπὸ τῶν Ἰουδαίων ἔλυσεν αὐτὸν καὶ ἐκέλευσεν συνελθεῖν⁵ τοὺς ἀρχιερεῖς καὶ πᾶν τὸ συνέδριον⁶ καὶ καταγαγὼν⁷ τὸν Παῦλον ἔστησεν⁸ εἰς αὐτούς.

23 Ἀτενίσας⁹ δὲ τῷ συνεδρίῳ¹⁰ ὁ Παῦλος εἶπεν· ἄνδρες ἀδελφοί, ἐγὼ πάσῃ συνειδήσει¹¹ ἀγαθῇ πεπολίτευμαι¹² τῷ θεῷ ἄχρι ταύτης τῆς ἡμέρας. **2** ὁ δὲ ἀρχιερεὺς Ἀνανίας ἐπέταξεν¹³ τοῖς παρεστῶσιν¹⁴ αὐτῷ τύπτειν¹⁵ αὐτοῦ τὸ στόμα. **3** τότε ὁ Παῦλος πρὸς αὐτὸν εἶπεν· τύπτειν σε μέλλει ὁ θεός, τοῖχε¹⁶ κεκονιαμένε¹⁷· καὶ σὺ κάθῃ¹⁸ κρίνων με κατὰ τὸν νόμον καὶ παρανομῶν¹⁹ κελεύεις²⁰ με τύπτεσθαι²¹; **4** οἱ δὲ παρεστῶτες²² εἶπαν· τὸν ἀρχιερέα τοῦ θεοῦ λοιδορεῖς²³; **5** ἔφη τε ὁ Παῦλος· οὐκ ᾔδειν²⁴, ἀδελφοί, ὅτι ἐστὶν ἀρχιερεύς· γέγραπται γὰρ **ἄρχοντα τοῦ λαοῦ σου οὐκ ἐρεῖς**²⁵ **κακῶς**²⁶. **6** γνοὺς²⁷ δὲ ὁ Παῦλος ὅτι τὸ ἓν μέρος ἐστὶν Σαδδουκαίων τὸ δὲ ἕτερον Φαρισαίων ἔκραζεν ἐν τῷ συνεδρίῳ· ἄνδρες ἀδελφοί, ἐγὼ Φαρισαῖός εἰμι, υἱὸς Φαρισαίων, περὶ ἐλπίδος καὶ ἀναστάσεως νεκρῶν ἐγὼ κρίνομαι. **7** τοῦτο δὲ αὐτοῦ εἰπόντος ἐγένετο στάσις²⁸ τῶν Φαρισαίων καὶ Σαδδουκαίων, καὶ ἐσχίσθη²⁹ τὸ πλῆθος. **8** Σαδδουκαῖοι μὲν γὰρ λέγουσιν μὴ εἶναι ἀνάστασιν μήτε ἄγγελον μήτε πνεῦμα, Φαρισαῖοι δὲ ὁμολογοῦσιν³⁰ τὰ ἀμφότερα³¹. **9** ἐγένετο δὲ κραυγὴ³² μεγάλη, καὶ ἀναστάντες³³ τινὲς τῶν γραμματέων τοῦ μέρους τῶν Φαρισαίων διεμάχοντο³⁴ λέγοντες· οὐδὲν κακὸν εὑρίσκομεν ἐν τῷ ἀνθρώπῳ τούτῳ· εἰ δὲ πνεῦμα ἐλάλησεν αὐτῷ ἢ ἄγγελος; **10** πολλῆς³⁵ δὲ γενομένης στάσεως φοβηθεὶς ὁ χιλίαρχος³⁶ μὴ διασπασθῇ³⁷ ὁ Παῦλος ὑπ' αὐτῶν ἐκέλευσεν³⁸ τὸ στράτευμα³⁹ καταβὰν⁴⁰ ἁρπάσαι⁴¹ αὐτὸν ἐκ μέσου αὐτῶν ἄγειν τε εἰς τὴν παρεμβολήν⁴². **11** τῇ

---

1 ἐπαύριον, *adv*, the next day
2 γινώσκω *aor act inf*, know
3 ἀσφαλής, -ές, definite (τὸ ἀ. the truth)
4 κατηγορέω *3s pres pas ind*, accuse
5 συνέρχομαι *aor act inf*, meet
6 συνέδριον, -ου *n*, council
7 κατάγω *aor act ptc m s nom*, bring (down)
8 ἵστημι *3s aor act ind*, *trans* make stand
9 ἀτενίζω *aor act ptc m s nom*, look straight at
10 συνέδριον, -ου *n*, council
11 συνείδησις, -εως *f*, conscience
12 πολιτεύομαι *1s pf mid ind*, live
13 ἐπιτάσσω *3s aor act ind*, order
14 παρίστημι *pf act ptc m p dat*, *intrans* stand by
15 τύπτω *pres act inf*, hit
16 τοῖχος, -ου *m*, wall
17 κονιάω *pf pas ptc m s voc*, whitewash
18 κάθημαι *2s pres mid ind*, sit
19 παρανομέω *pres act ptc m s nom*, act contrary to the law
20 κελεύω *2s pres act ind*, order
21 τύπτω *pres pas inf*, hit
22 παρίστημι *pf act ptc m p nom*, *intrans* stand by
23 λοιδορέω *2s pres act ind*, insult
24 οἶδα *1s plpf act ind*, know
25 λέγω *2s fut act ind*, say
26 κακῶς *adv*, badly
27 γινώσκω *aor act ptc m s nom*, realize
28 στάσις, -εως *f*, dispute
29 σχίζω *3s aor pas ind*, divide
30 ὁμολογέω *3p pres act ind*, admit
31 ἀμφότεροι, -αι/α, both
32 κραυγή, -ῆς *f*, shout
33 ἀνίστημι *aor act ptc m p nom*, *intrans* stand up
34 διαμάχομαι *3p impf mid ind*, protest violently
35 πολύς/πολλή/πολύ, violent
36 χιλίαρχος, -ου *m*, commander
37 διασπάω *3s aor pas sub*, tear apart
38 κελεύω *3s aor act ind*, order
39 στράτευμα, -τος *n*, troops
40 καταβαίνω *aor act ptc n s acc*, go down
41 ἁρπάζω *aor act inf*, carry off
42 παρεμβολή, -ῆς *f*, barracks

δὲ ἐπιούσῃ¹ νυκτὶ ἐπιστὰς² αὐτῷ ὁ κύριος εἶπεν· θάρσει³· ὡς γὰρ διεμαρτύρω⁴ τὰ περὶ ἐμοῦ εἰς Ἰερουσαλήμ, οὕτως σε δεῖ καὶ εἰς Ῥώμην μαρτυρῆσαι.

The Plot against Paul's Life

12 Γενομένης δὲ ἡμέρας ποιήσαντες συστροφὴν⁵ οἱ Ἰουδαῖοι ἀνεθεμάτισαν⁶ ἑαυτοὺς λέγοντες μήτε φαγεῖν⁷ μήτε πιεῖν⁸, ἕως οὗ ἀποκτείνωσιν τὸν Παῦλον. **13** ἦσαν δὲ πλείους⁹ τεσσεράκοντα¹⁰ οἱ ταύτην τὴν συνωμοσίαν¹¹ ποιησάμενοι **14** οἵτινες προσελθόντες¹² τοῖς ἀρχιερεῦσιν καὶ τοῖς πρεσβυτέροις εἶπαν· ἀναθέματι¹³ ἀνεθεματίσαμεν ἑαυτοὺς μηδενὸς γεύσασθαι¹⁴, ἕως οὗ ἀποκτείνωμεν τὸν Παῦλον. **15** νῦν οὖν ὑμεῖς ἐμφανίσατε¹⁵ τῷ χιλιάρχῳ¹⁶ σὺν τῷ συνεδρίῳ¹⁷ ὅπως καταγάγῃ¹⁸ αὐτὸν εἰς ὑμᾶς ὡς μέλλοντας διαγινώσκειν¹⁹ ἀκριβέστερον²⁰ τὰ περὶ αὐτοῦ· ἡμεῖς δὲ πρὸ τοῦ ἐγγίσαι αὐτὸν ἕτοιμοί²¹ ἐσμεν τοῦ ἀνελεῖν²² αὐτόν. **16** ἀκούσας δὲ ὁ υἱὸς τῆς ἀδελφῆς²³ Παύλου τὴν ἐνέδραν²⁴ παραγενόμενος²⁵ καὶ εἰσελθὼν εἰς τὴν παρεμβολὴν²⁶ ἀπήγγειλεν²⁷ τῷ Παύλῳ. **17** προσκαλεσάμενος²⁸ δὲ ὁ Παῦλος ἕνα τῶν ἑκατονταρχῶν²⁹ ἔφη· τὸν νεανίαν³⁰ τοῦτον ἀπάγαγε³¹ πρὸς τὸν χιλίαρχον, ἔχει γὰρ ἀπαγγεῖλαί³² τι αὐτῷ. **18** ὁ μὲν οὖν παραλαβὼν αὐτὸν ἤγαγεν³³ πρὸς τὸν χιλίαρχον καὶ φησίν· ὁ δέσμιος³⁴ Παῦλος προσκαλεσάμενός με ἠρώτησεν τοῦτον τὸν νεανίσκον³⁵ ἀγαγεῖν³⁶ πρὸς σὲ ἔχοντά τι λαλῆσαί σοι. **19** ἐπιλαβόμενος³⁷ δὲ τῆς χειρὸς αὐτοῦ ὁ χιλίαρχος καὶ ἀναχωρήσας³⁸ κατ' ἰδίαν³⁹ ἐπυνθάνετο⁴⁰· τί ἐστιν ὃ ἔχεις ἀπαγγεῖλαί μοι; **20** εἶπεν δὲ ὅτι οἱ Ἰουδαῖοι συνέθεντο⁴¹ τοῦ ἐρωτῆσαί⁴² σε ὅπως αὔριον⁴³ τὸν Παῦλον καταγάγῃς⁴⁴ εἰς τὸ συνέδριον⁴⁵ ὡς μέλλον τι ἀκριβέστερον

---

[1] ἔπειμι *pres act ptc f s dat*, be next (τῇ ἐ. νυκτί the following night)
[2] ἐφίστημι *aor act ptc m s nom*, stand (by someone)
[3] θαρσέω *2s pres act impv*, Cheer up!
[4] διαμαρτύρομαι *2s aor mid ind*, testify
[5] συστροφή, -ῆς *f*, plot
[6] ἀναθεματίζω *3p aor act ind*, bind by a solemn vow
[7] ἐσθίω *aor act inf*, eat
[8] πίνω *aor act inf*, drink
[9] πολύς, much (comp)
[10] τεσσεράκοντα, forty
[11] συνωμοσία, -ας *f*, conspiracy
[12] προσέρχομαι *aor act ptc m p nom*, go (to)
[13] ἀνάθεμα, -τος *n*, solemn oath
[14] γεύομαι *aor mid inf*, eat
[15] ἐμφανίζω *2p aor act impv*, inform
[16] χιλίαρχος, -ου *m*, commander
[17] συνέδριον, -ου *n*, council
[18] κατάγω *3s aor act sub*, bring (down)
[19] διαγινώσκω *pres act inf*, determine
[20] ἀκριβῶς, *adv*, accurately (comp)
[21] ἕτοιμος, -η/ον, ready
[22] ἀναιρέω *aor act inf*, kill
[23] ἀδελφή, -ῆς *f*, sister
[24] ἐνέδρα, -ας *f*, ambush
[25] παραγίνομαι *aor mid ptc m s nom*, come
[26] παρεμβολή, -ῆς *f*, barracks
[27] ἀπαγγέλλω *3s aor act ind*, tell
[28] προσκαλέομαι *aor mid ptc m s nom*, send for
[29] ἑκατοντάρχης, -ου *m*, centurion (officer of the Roman army)
[30] νεανίας, -ου *m*, young man
[31] ἀπάγω *2s aor act impv*, take
[32] ἀπαγγέλλω *aor act inf*, tell
[33] ἄγω *3s aor act ind*, bring
[34] δέσμιος, -ου *m*, prisoner
[35] νεανίσκος, -ου *m*, young man
[36] ἄγω *aor act inf*, bring
[37] ἐπιλαμβάνομαι *aor mid ptc m s nom*, take hold of
[38] ἀναχωρέω *aor act ptc m s nom*, go aside
[39] ἴδιος, -α/ον, one's own (κατ' ἰδίαν privately)
[40] πυνθάνομαι *3s impf mid ind*, ask
[41] συντίθημι *3p aor mid ind*, mid agree
[42] ἐρωτάω *aor act inf*, ask
[43] αὔριον, *adv*, tomorrow
[44] κατάγω *2s aor act sub*, bring (down)
[45] συνέδριον, -ου *n*, council

πυνθάνεσθαι¹ περὶ αὐτοῦ. 21 σὺ οὖν μὴ πεισθῇς² αὐτοῖς· ἐνεδρεύουσιν³ γὰρ αὐτὸν ἐξ αὐτῶν ἄνδρες πλείους τεσσεράκοντα οἵτινες ἀνεθεμάτισαν⁴ ἑαυτοὺς μήτε φαγεῖν⁵ μήτε πιεῖν⁶, ἕως οὗ ἀνέλωσιν⁷ αὐτόν, καὶ νῦν εἰσιν ἕτοιμοι⁸ προσδεχόμενοι⁹ τὴν ἀπὸ σοῦ ἐπαγγελίαν. 22 ὁ μὲν οὖν χιλίαρχος ἀπέλυσεν τὸν νεανίσκον παραγγείλας μηδενὶ ἐκλαλῆσαι¹⁰ ὅτι ταῦτα ἐνεφάνισας¹¹ πρός με.

Paul Sent to Felix the Governor

23 Καὶ προσκαλεσάμενος¹² δύο τινὰς τῶν ἑκατονταρχῶν¹³ εἶπεν· ἑτοιμάσατε στρατιώτας¹⁴ διακοσίους¹⁵, ὅπως πορευθῶσιν ἕως Καισαρείας, καὶ ἱππεῖς¹⁶ ἑβδομήκοντα¹⁷ καὶ δεξιολάβους¹⁸ διακοσίους ἀπὸ τρίτης ὥρας τῆς νυκτὸς 24 κτήνη¹⁹ τε παραστῆσαι²⁰, ἵνα ἐπιβιβάσαντες²¹ τὸν Παῦλον διασώσωσιν²² πρὸς Φήλικα τὸν ἡγεμόνα²³, 25 γράψας ἐπιστολὴν²⁴ ἔχουσαν τὸν τύπον²⁵ τοῦτον· 26 Κλαύδιος Λυσίας τῷ κρατίστῳ²⁶ ἡγεμόνι Φήλικι χαίρειν. 27 τὸν ἄνδρα τοῦτον συλλημφθέντα²⁷ ὑπὸ τῶν Ἰουδαίων καὶ μέλλοντα ἀναιρεῖσθαι²⁸ ὑπ᾽ αὐτῶν ἐπιστὰς²⁹ σὺν τῷ στρατεύματι³⁰ ἐξειλάμην³¹ μαθὼν³² ὅτι Ῥωμαῖός ἐστιν. 28 βουλόμενός τε ἐπιγνῶναι³³ τὴν αἰτίαν³⁴ δι᾽ ἣν ἐνεκάλουν³⁵ αὐτῷ κατήγαγον³⁶ εἰς τὸ συνέδριον³⁷ αὐτῶν 29 ὃν εὗρον³⁸ ἐγκαλούμενον³⁹ περὶ ζητημάτων⁴⁰ τοῦ νόμου αὐτῶν, μηδὲν δὲ ἄξιον θανάτου ἢ δεσμῶν⁴¹ ἔχοντα ἔγκλημα⁴². 30 μηνυθείσης⁴³ δέ μοι ἐπιβουλῆς⁴⁴ εἰς τὸν ἄνδρα ἔσεσθαι⁴⁵ ἐξαυτῆς⁴⁶ ἔπεμψα⁴⁷ πρὸς σὲ παραγγείλας καὶ τοῖς κατηγόροις⁴⁸ λέγειν τὰ πρὸς αὐτὸν ἐπὶ σοῦ.

[1] πυνθάνομαι pres mid inf, learn (by inquiry)
[2] πείθω 2s aor pas sub, persuade
[3] ἐνεδρεύω 3p pres act ind, lie in ambush
[4] ἀναθεματίζω 3p aor act ind, bind by a solemn vow
[5] ἐσθίω aor act inf, eat
[6] πίνω aor act inf, drink
[7] ἀναιρέω 3p aor act sub, kill
[8] ἕτοιμος, -η/ον, ready
[9] προσδέχομαι pres mid ptc m p nom, wait for
[10] ἐκλαλέω aor act inf, tell
[11] ἐμφανίζω 2s aor act ind, inform
[12] προσκαλέομαι aor mid ptc m s nom, send for
[13] ἑκατοντάρχης, -ου m, centurion
[14] στρατιώτης, -ου m, soldier
[15] διακόσιοι, -αι/α, two hundred
[16] ἱππεύς, -έως m, horseman
[17] ἑβδομήκοντα, seventy
[18] δεξιολάβος, -ου m, infantryman/spearman
[19] κτῆνος, -ους n, horse
[20] παρίστημι aor act inf, provide
[21] ἐπιβιβάζω aor act ptc m p nom, set upon
[22] διασώζω 3p aor act sub, bring safely through
[23] ἡγεμών, -όνος m, governor
[24] ἐπιστολή, -ῆς f, letter
[25] τύπος, -ου m, style (ἔχουσαν τὸν τ. τοῦτον as follows)
[26] κράτιστος, -η/ον, honorable (polite address for someone of high status)
[27] συλλαμβάνω aor pas ptc m s acc, seize
[28] ἀναιρέω pres pas inf, kill
[29] ἐφίστημι aor act ptc m s nom, come upon
[30] στράτευμα, -τος n, troops
[31] ἐξαιρέω 1s aor mid ind, rescue
[32] μανθάνω, aor act ptc m s nom, learn
[33] ἐπιγινώσκω aor act inf, find out
[34] αἰτία, -ας f, reason
[35] ἐγκαλέω 3p impf act ind, accuse
[36] κατάγω 1s aor act ind, bring (down)
[37] συνέδριον, -ου n, council
[38] εὑρίσκω 1s aor act ind, find
[39] ἐγκαλέω pres pas ptc m s acc, accuse
[40] ζήτημα, -τος n, question
[41] δεσμός, -οῦ m, imprisonment
[42] ἔγκλημα, -τος n, charge
[43] μηνύω aor pas ptc f s gen, disclose
[44] ἐπιβουλή, -ῆς f, plot
[45] εἰμί fut mid inf, be
[46] ἐξαυτῆς, adv, at once
[47] πέμπω 1s aor act ind, send
[48] κατήγορος, -ου m, accuser

31 Οἱ μὲν οὖν στρατιῶται¹ κατὰ τὸ διατεταγμένον² αὐτοῖς ἀναλαβόντες³ τὸν Παῦλον ἤγαγον⁴ διὰ νυκτὸς εἰς τὴν Ἀντιπατρίδα, **32** τῇ δὲ ἐπαύριον⁵ ἐάσαντες⁶ τοὺς ἱππεῖς⁷ ἀπέρχεσθαι σὺν αὐτῷ ὑπέστρεψαν⁸ εἰς τὴν παρεμβολήν⁹· **33** οἵτινες εἰσελθόντες εἰς τὴν Καισάρειαν καὶ ἀναδόντες¹⁰ τὴν ἐπιστολὴν¹¹ τῷ ἡγεμόνι¹² παρέστησαν¹³ καὶ τὸν Παῦλον αὐτῷ. **34** ἀναγνοὺς¹⁴ δὲ καὶ ἐπερωτήσας¹⁵ ἐκ ποίας ἐπαρχείας¹⁶ ἐστὶν καὶ πυθόμενος¹⁷ ὅτι ἀπὸ Κιλικίας· **35** διακούσομαί¹⁸ σου, ἔφη, ὅταν καὶ οἱ κατήγοροί¹⁹ σου παραγένωνται²⁰, κελεύσας²¹ ἐν τῷ πραιτωρίῳ²² τοῦ Ἡρῴδου φυλάσσεσθαι αὐτόν.

The Case against Paul

24 Μετὰ δὲ πέντε ἡμέρας κατέβη²³ ὁ ἀρχιερεὺς Ἀνανίας μετὰ πρεσβυτέρων τινῶν καὶ ῥήτορος²⁴ Τερτύλλου τινὸς οἵτινες ἐνεφάνισαν²⁵ τῷ ἡγεμόνι²⁶ κατὰ τοῦ Παύλου. **2** κληθέντος²⁷ δὲ αὐτοῦ ἤρξατο²⁸ κατηγορεῖν²⁹ ὁ Τέρτυλλος λέγων· πολλῆς εἰρήνης τυγχάνοντες³⁰ διὰ σοῦ καὶ διορθωμάτων³¹ γινομένων τῷ ἔθνει τούτῳ διὰ τῆς σῆς³² προνοίας³³ **3** πάντη³⁴ τε καὶ πανταχοῦ³⁵ ἀποδεχόμεθα³⁶, κράτιστε³⁷ Φῆλιξ, μετὰ πάσης εὐχαριστίας³⁸. **4** ἵνα δὲ μὴ ἐπὶ πλεῖόν³⁹ σε ἐγκόπτω⁴⁰, παρακαλῶ ἀκοῦσαί σε ἡμῶν συντόμως⁴¹ τῇ σῇ ἐπιεικείᾳ⁴². **5** εὑρόντες⁴³ γὰρ τὸν ἄνδρα τοῦτον λοιμὸν⁴⁴ καὶ κινοῦντα⁴⁵ στάσεις⁴⁶ πᾶσιν τοῖς Ἰουδαίοις τοῖς κατὰ τὴν οἰκουμένην⁴⁷ πρωτοστάτην⁴⁸ τε τῆς τῶν Ναζωραίων αἱρέσεως⁴⁹ **6** ὅς καὶ τὸ ἱερὸν ἐπείρασεν βεβηλῶσαι⁵⁰, ὃν καὶ ἐκρατήσαμεν. ⟦καὶ κατὰ τὸν ἡμέτερον⁵¹ νόμον

---

¹ στρατιώτης, -ου *m*, soldier
² διατάσσω *pf pas ptc m s acc*, order
³ ἀναλαμβάνω *aor act ptc m p nom*, take
⁴ ἄγω *3p aor act ind*, bring
⁵ ἐπαύριον, *adv*, the next day
⁶ ἐάω *aor act ptc m p nom*, let
⁷ ἱππεύς, -έως *m*, horseman
⁸ ὑποστρέφω *3p aor act ind*, return
⁹ παρεμβολή, -ῆς *f*, barracks
¹⁰ ἀναδίδωμι *aor act ptc m p nom*, deliver
¹¹ ἐπιστολή, -ῆς *f*, letter
¹² ἡγεμών, -όνος *m*, governor
¹³ παρίστημι *3p aor act ind*, present
¹⁴ ἀναγινώσκω *aor act ptc m s nom*, read
¹⁵ ἐπερωτάω *aor act ptc m s nom*, ask
¹⁶ ἐπαρχεία, -ας *f*, province
¹⁷ πυνθάνομαι *aor mid ptc m s nom*, learn (by inquiry)
¹⁸ διακούω 1s *fut mid ind*, hear
¹⁹ κατήγορος, -ου *m*, accuser
²⁰ παραγίνομαι *3p aor mid sub*, arrive
²¹ κελεύω *aor act ptc m s nom*, order
²² πραιτώριον, -ου *n*, headquarters/palace
²³ καταβαίνω 3s *aor act ind*, come/go down
²⁴ ῥήτωρ, -ορος *m*, spokesman
²⁵ ἐμφανίζω *3p aor act ind*, inform (ἐ. κατά bring charges against)
²⁶ ἡγεμών, -όνος *m*, governor
²⁷ καλέω *aor act ptc m s gen*, call
²⁸ ἄρχω 3s *aor mid ind*, mid begin
²⁹ κατηγορέω *pres act inf*, accuse
³⁰ τυγχάνω *pres act ptc m p nom*, obtain
³¹ διόρθωμα, -τος *n*, reform
³² σός, σή, σόν, your
³³ πρόνοια, -ας *f*, provision/foresight
³⁴ πάντη, *adv*, in every way
³⁵ πανταχοῦ, *adv*, everywhere
³⁶ ἀποδέχομαι 1p *pres mid ind*, accept
³⁷ κράτιστος, -η/ον, honorable (polite address for someone of high status)
³⁸ εὐχαριστία, -ας *f*, gratitude
³⁹ πολύς, much (comp)
⁴⁰ ἐγκόπτω 1s *pres act sub*, detain
⁴¹ συντόμως, *adv*, briefly
⁴² ἐπιείκεια, -ας *f*, kindness
⁴³ εὑρίσκω *aor act ptc m p nom*, find
⁴⁴ λοιμός, -οῦ *m*, troublemaker
⁴⁵ κινέω *pres act ptc m s acc*, stir up
⁴⁶ στάσις, -εως *f*, riot
⁴⁷ οἰκουμένη, -ης *f*, world
⁴⁸ πρωτοστάτης, -ου *m*, ringleader
⁴⁹ αἵρεσις, -εως *f*, sect
⁵⁰ βεβηλόω *aor act inf*, desecrate
⁵¹ ἡμέτερος, -α/ον, our

ἠθελήσαμεν κρῖναι. 7 παρελθὼν¹ δὲ Λυσίας ὁ χιλίαρχος² μετὰ πολλῆς βίας³ ἐκ τῶν χειρῶν ἡμῶν ἀπήγαγεν⁴ 8 κελεύσας⁵ τοὺς κατηγόρους⁶ αὐτοῦ ἔρχεσθαι ἐπὶ σέ.]] παρ' οὗ δυνήσῃ αὐτὸς ἀνακρίνας⁷ περὶ πάντων τούτων ἐπιγνῶναι⁸ ὧν ἡμεῖς κατηγοροῦμεν⁹ αὐτοῦ. 9 συνεπέθεντο¹⁰ δὲ καὶ οἱ Ἰουδαῖοι φάσκοντες¹¹ ταῦτα οὕτως ἔχειν.

Paul Defends Himself before Felix

10 Ἀπεκρίθη τε ὁ Παῦλος νεύσαντος¹² αὐτῷ τοῦ ἡγεμόνος¹³ λέγειν· ἐκ πολλῶν ἐτῶν ὄντα σε κριτὴν¹⁴ τῷ ἔθνει τούτῳ ἐπιστάμενος¹⁵ εὐθύμως¹⁶ τὰ περὶ ἐμαυτοῦ ἀπολογοῦμαι¹⁷ 11 δυναμένου σου ἐπιγνῶναι¹⁸ ὅτι οὐ πλείους¹⁹ εἰσίν μοι ἡμέραι δώδεκα ἀφ' ἧς ἀνέβην²⁰ προσκυνήσων εἰς Ἰερουσαλήμ. 12 καὶ οὔτε ἐν τῷ ἱερῷ εὗρόν²¹ με πρός τινα διαλεγόμενον²² ἢ ἐπίστασιν²³ ποιοῦντα ὄχλου οὔτε ἐν ταῖς συναγωγαῖς οὔτε κατὰ τὴν πόλιν 13 οὐδὲ παραστῆσαι²⁴ δύνανταί σοι περὶ ὧν νυνὶ²⁵ κατηγοροῦσίν²⁶ μου. 14 ὁμολογῶ²⁷ δὲ τοῦτό σοι ὅτι κατὰ τὴν ὁδὸν²⁸ ἣν λέγουσιν αἵρεσιν²⁹ οὕτως λατρεύω³⁰ τῷ πατρῴῳ³¹ θεῷ πιστεύων πᾶσιν τοῖς κατὰ τὸν νόμον καὶ τοῖς ἐν τοῖς προφήταις γεγραμμένοις³², 15 ἐλπίδα ἔχων εἰς τὸν θεὸν ἣν καὶ αὐτοὶ οὗτοι προσδέχονται³³, ἀνάστασιν μέλλειν ἔσεσθαι³⁴ δικαίων τε καὶ ἀδίκων³⁵. 16 ἐν τούτῳ καὶ αὐτὸς ἀσκῶ³⁶ ἀπρόσκοπον³⁷ συνείδησιν³⁸ ἔχειν πρὸς τὸν θεὸν καὶ τοὺς ἀνθρώπους διὰ παντός. 17 δι' ἐτῶν δὲ πλειόνων³⁹ ἐλεημοσύνας⁴⁰ ποιήσων εἰς τὸ ἔθνος μου παρεγενόμην καὶ προσφοράς⁴¹. 18 ἐν αἷς εὗρόν⁴² με ἡγνισμένον⁴³ ἐν τῷ ἱερῷ οὐ μετὰ ὄχλου οὐδὲ μετὰ θορύβου⁴⁴, 19 τινὲς δὲ ἀπὸ τῆς Ἀσίας Ἰουδαῖοι οὓς ἔδει ἐπὶ σοῦ παρεῖναι⁴⁵ καὶ κατηγορεῖν⁴⁶ εἴ τι ἔχοιεν⁴⁷ πρὸς ἐμέ. 20 ἢ αὐτοὶ

---

¹ παρέρχομαι *aor act ptc m s nom*, come
² χιλίαρχος, -ου *m*, commander
³ βία, -ας *f*, force
⁴ ἀπάγω *3s aor act ind*, lead away
⁵ κελεύω *aor act ptc m s nom*, command
⁶ κατήγορος, -ου *m*, accuser
⁷ ἀνακρίνω *aor act ptc m s nom*, interrogate
⁸ ἐπιγινώσκω *aor act inf*, find out
⁹ κατηγορέω *1p pres act ind*, accuse
¹⁰ συνεπιτίθημι *3p aor mid ind*, *mid* join in making an accusation
¹¹ φάσκω *pres act ptc m p nom*, claim
¹² νεύω *aor act ptc m s gen*, motion
¹³ ἡγεμών, -όνος *m*, governor
¹⁴ κριτής, -οῦ *m*, judge
¹⁵ ἐπίσταμαι *pres pas ptc m s nom*, *pas* know
¹⁶ εὐθύμως, *adv*, cheerfully
¹⁷ ἀπολογέομαι *1s pres mid ind*, make a defense
¹⁸ ἐπιγινώσκω *aor act inf*, find out
¹⁹ πολύς, many (*comp*)
²⁰ ἀναβαίνω *1s aor act ind*, go/come up
²¹ εὑρίσκω *3p aor act ind*, find
²² διαλέγομαι *pres mid ptc m s acc*, reason/argue
²³ ἐπίστασις, -εως *f*, stirring up
²⁴ παρίστημι *aor act inf*, prove
²⁵ νυνί, *adv*, now
²⁶ κατηγορέω *3p pres act ind*, accuse
²⁷ ὁμολογέω *1s pres act ind*, admit
²⁸ ὁδός, -οῦ *f*, way (*here*: Way of the Christian faith and life)
²⁹ αἵρεσις, -εως *f*, sect
³⁰ λατρεύω *1s pres act ind*, worship
³¹ πατρῷος, -α/ον, ancestral
³² γράφω *pf pas ptc n p dat*, write
³³ προσδέχομαι *3s pres mid ind*, accept
³⁴ εἰμί *fut mid inf*, be
³⁵ ἄδικος, -ον *m*, evil
³⁶ ἀσκέω *1s pres act ind*, do one's best
³⁷ ἀπρόσκοπος, -ον, clear
³⁸ συνείδησις, -εως *f*, conscience
³⁹ πολύς, several (*comp*)
⁴⁰ ἐλεημοσύνη, -ης *f*, gift for the needy
⁴¹ προσφορά, -ᾶς *f*, offering
⁴² εὑρίσκω *3p aor act ind*, find
⁴³ ἁγνίζω *pf pas ptc m s acc*, purify
⁴⁴ θόρυβος, -ου *m*, uproar
⁴⁵ πάρειμι *pres act inf*, be here
⁴⁶ κατηγορέω *pres act inf*, accuse
⁴⁷ ἔχω *3p pres act opt*, have

οὗτοι εἰπάτωσαν[1] τί εὗρον ἀδίκημα[2] στάντος[3] μου ἐπὶ τοῦ συνεδρίου[4] **21** ἢ περὶ μιᾶς ταύτης φωνῆς ἧς ἐκέκραξα[5] ἐν αὐτοῖς ἑστὼς[6], ὅτι περὶ ἀναστάσεως νεκρῶν ἐγὼ κρίνομαι σήμερον ἐφ' ὑμῶν.

22 Ἀνεβάλετο[7] δὲ αὐτοὺς ὁ Φῆλιξ ἀκριβέστερον[8] εἰδὼς[9] τὰ περὶ τῆς ὁδοῦ[10] εἴπας· ὅταν Λυσίας ὁ χιλίαρχος[11] καταβῇ[12], διαγνώσομαι[13] τὰ καθ' ὑμᾶς, **23** διαταξάμενος[14] τῷ ἑκατοντάρχῃ[15] τηρεῖσθαι αὐτὸν ἔχειν τε ἄνεσιν[16] καὶ μηδένα κωλύειν[17] τῶν ἰδίων αὐτοῦ ὑπηρετεῖν[18] αὐτῷ.

Paul Held in Custody

24 Μετὰ δὲ ἡμέρας τινὰς παραγενόμενος[19] ὁ Φῆλιξ σὺν Δρουσίλλῃ τῇ ἰδίᾳ γυναικὶ οὔσῃ Ἰουδαίᾳ μετεπέμψατο[20] τὸν Παῦλον καὶ ἤκουσεν αὐτοῦ περὶ τῆς εἰς Χριστὸν Ἰησοῦν πίστεως. **25** διαλεγομένου[21] δὲ αὐτοῦ περὶ δικαιοσύνης καὶ ἐγκρατείας[22] καὶ τοῦ κρίματος[23] τοῦ μέλλοντος ἔμφοβος[24] γενόμενος ὁ Φῆλιξ ἀπεκρίθη· τὸ νῦν ἔχον πορεύου, καιρὸν δὲ μεταλαβὼν[25] μετακαλέσομαί[26] σε, **26** ἅμα[27] καὶ ἐλπίζων ὅτι χρήματα[28] δοθήσεται[29] αὐτῷ ὑπὸ τοῦ Παύλου· διὸ καὶ πυκνότερον[30] αὐτὸν μεταπεμπόμενος[31] ὡμίλει[32] αὐτῷ. **27** διετίας[33] δὲ πληρωθείσης[34] ἔλαβεν διάδοχον[35] ὁ Φῆλιξ Πόρκιον Φῆστον· θέλων τε χάριτα καταθέσθαι[36] τοῖς Ἰουδαίοις ὁ Φῆλιξ κατέλιπεν[37] τὸν Παῦλον δεδεμένον.

Paul Appeals to Caesar

25 Φῆστος οὖν ἐπιβὰς[38] τῇ ἐπαρχείᾳ[39] μετὰ τρεῖς ἡμέρας ἀνέβη[40] εἰς Ἱεροσόλυμα ἀπὸ Καισαρείας, **2** ἐνεφάνισάν[41] τε αὐτῷ οἱ ἀρχιερεῖς καὶ οἱ πρῶτοι

---

[1] λέγω 3p aor act impv, say
[2] ἀδίκημα, -τος n, crime
[3] ἵστημι aor act ptc m s gen, intrans stand
[4] συνέδριον, -ου n, council
[5] κράζω 1s aor act ind, shout
[6] ἵστημι pf act ptc m s nom, intrans stand
[7] ἀναβάλλω 3s aor mid ind, adjourn
[8] ἀκριβῶς, adv, accurately (comp)
[9] οἶδα pf act ptc m s nom, know
[10] ὁδός, -οῦ f, way (here: Way of the Christian faith and life)
[11] χιλίαρχος, -ου m, commander
[12] καταβαίνω 3s aor act sub, come
[13] διαγινώσκω 1s fut mid ind, decide
[14] διατάσσω aor mid ptc m s nom, order
[15] ἑκατοντάρχης, -ου m, centurion
[16] ἄνεσις, -εως f, relief (ἔχειν τε ἄν. to have some freedom)
[17] κωλύω pres act inf, stop
[18] ὑπηρετέω pres act inf, look after
[19] παραγίνομαι aor mid ptc m s nom, come
[20] μεταπέμπω 3s aor mid ind, mid send for
[21] διαλέγομαι pres mid ptc m s gen, speak
[22] ἐγκράτεια, -ας f, self-control
[23] κρίμα, -τος n, judgment
[24] ἔμφοβος, -ον, terrified
[25] μεταλαμβάνω aor act ptc m s nom, have
[26] μετακαλέω 1s fut mid ind, mid send for
[27] ἅμα, adv, at the same time
[28] χρῆμα, -τος n, money
[29] δίδωμι 3s fut pas ind, give
[30] πυκνός, adv, often (comp)
[31] μεταπέμπω pres mid ptc m s nom, mid send for
[32] ὁμιλέω 3s impf act ind, talk with
[33] διετία, -ας f, two-year period
[34] πληρόω aor pas ptc f s gen, pas pass (of time)
[35] διάδοχος, -ου m, successor (ἔλαβεν δ. he succeeded)
[36] κατατίθημι aor mid inf, place (χάριτα κ. gain favor with)
[37] καταλείπω 3s aor act ind, leave
[38] ἐπιβαίνω aor act ptc m s nom, arrive
[39] ἐπαρχεία, -ας f, province
[40] ἀναβαίνω 3s aor act ind, go/come up
[41] ἐμφανίζω 3p aor act ind, inform

τῶν Ἰουδαίων κατὰ τοῦ Παύλου καὶ παρεκάλουν[1] αὐτὸν 3 αἰτούμενοι χάριν κατ' αὐτοῦ ὅπως μεταπέμψηται[2] αὐτὸν εἰς Ἰερουσαλήμ ἐνέδραν[3] ποιοῦντες ἀνελεῖν[4] αὐτὸν κατὰ τὴν ὁδόν. 4 ὁ μὲν οὖν Φῆστος ἀπεκρίθη τηρεῖσθαι[5] τὸν Παῦλον εἰς Καισάρειαν, ἑαυτὸν δὲ μέλλειν ἐν τάχει[6] ἐκπορεύεσθαι. 5 οἱ οὖν ἐν ὑμῖν, φησίν, δυνατοὶ συγκαταβάντες[7], εἴ τί ἐστιν ἐν τῷ ἀνδρὶ ἄτοπον[8], κατηγορείτωσαν[9] αὐτοῦ.

6 Διατρίψας[10] δὲ ἐν αὐτοῖς ἡμέρας οὐ πλείους[11] ὀκτὼ[12] ἢ δέκα[13] καταβὰς[14] εἰς Καισάρειαν τῇ ἐπαύριον[15] καθίσας ἐπὶ τοῦ βήματος[16] ἐκέλευσεν[17] τὸν Παῦλον ἀχθῆναι[18]. 7 παραγενομένου[19] δὲ αὐτοῦ περιέστησαν[20] αὐτὸν οἱ ἀπὸ Ἱεροσολύμων καταβεβηκότες[21] Ἰουδαῖοι πολλὰ καὶ βαρέα[22] αἰτιώματα[23] καταφέροντες[24] ἃ οὐκ ἴσχυον[25] ἀποδεῖξαι[26] 8 τοῦ Παύλου ἀπολογουμένου[27] ὅτι οὔτε εἰς τὸν νόμον τῶν Ἰουδαίων οὔτε εἰς τὸ ἱερὸν οὔτε εἰς Καίσαρά τι ἥμαρτον[28]. 9 ὁ Φῆστος δὲ θέλων τοῖς Ἰουδαίοις χάριν καταθέσθαι[29] ἀποκριθεὶς τῷ Παύλῳ εἶπεν· θέλεις εἰς Ἱεροσόλυμα ἀναβὰς[30] ἐκεῖ περὶ τούτων κριθῆναι[31] ἐπ' ἐμοῦ; 10 εἶπεν δὲ ὁ Παῦλος· ἐπὶ τοῦ βήματος[32] Καίσαρος ἑστώς[33] εἰμι, οὗ[34] με δεῖ κρίνεσθαι. Ἰουδαίους οὐδὲν ἠδίκησα[35] ὡς καὶ σὺ κάλλιον[36] ἐπιγινώσκεις. 11 εἰ μὲν οὖν ἀδικῶ καὶ ἄξιον θανάτου πέπραχά[37] τι, οὐ παραιτοῦμαι[38] τὸ ἀποθανεῖν[39]· εἰ δὲ οὐδέν ἐστιν ὧν οὗτοι κατηγοροῦσίν[40] μου, οὐδείς με δύναται αὐτοῖς χαρίσασθαι[41]· Καίσαρα ἐπικαλοῦμαι[42]. 12 τότε ὁ Φῆστος συλλαλήσας[43] μετὰ τοῦ συμβουλίου[44] ἀπεκρίθη· Καίσαρα ἐπικέκλησαι[45], ἐπὶ Καίσαρα πορεύσῃ.

---

[1] παρακαλέω 3p impf act ind, urge
[2] μεταπέμπω 3s aor mid sub, mid send for
[3] ἐνέδρα, -ας f, ambush
[4] ἀναιρέω aor act inf, kill
[5] τηρέω pres pas inf, keep
[6] τάχος, -ους n, quickness (ἐν τ. soon)
[7] συγκαταβαίνω aor act ptc m p nom, come/go down with
[8] ἄτοπος, -ον, wrong
[9] κατηγορέω, accuse
[10] διατρίβω aor act ptc m s nom, stay
[11] πολύς, much (comp)
[12] ὀκτώ, eight
[13] δέκα, ten
[14] καταβαίνω aor act ptc m s nom, come/go down
[15] ἐπαύριον, adv, the next day
[16] βῆμα, -τος n, judicial bench
[17] κελεύω 3s aor act ind, order
[18] ἄγω aor pas inf, bring
[19] παραγίνομαι aor mid ptc m s gen, arrive
[20] περιΐστημι 3p aor act ind, stand around
[21] καταβαίνω pf act ptc m p nom, come/go down
[22] βαρύς, -εῖα/ύ, serious
[23] αἰτίωμα, -τος n, charge
[24] καταφέρω pres act ptc m p nom, bring
[25] ἰσχύω 3p impf act ind, be able
[26] ἀποδείκνυμι aor act inf, prove
[27] ἀπολογέομαι pres mid ptc m s gen, make a defense
[28] ἁμαρτάνω 1s aor act ind, do wrong
[29] κατατίθημι aor mid inf, place (χάριν κ. gain favor with)
[30] ἀναβαίνω aor act ptc m s nom, go/come up
[31] κρίνω aor pas inf, judge
[32] βῆμα, -τος n, court
[33] ἵστημι pf act ptc m s nom, intrans stand
[34] οὗ, adv, where
[35] ἀδικέω 1s aor act ind, be guilty
[36] καλῶς, adv, correctly (comp)
[37] πράσσω 1s pf act ind, do
[38] παραιτέομαι 1s pres mid ind, ask to escape
[39] ἀποθνῄσκω aor act inf, die
[40] κατηγορέω 3p pres act ind, accuse
[41] χαρίζομαι aor mid inf, hand over
[42] ἐπικαλέω 1s pres mid ind, mid call upon
[43] συλλαλέω aor act ptc m s nom, talk (with)
[44] συμβούλιον, -ου n, council
[45] ἐπικαλέω 2s pf mid ind, mid call upon

ΠΡΑΞΕΙΣ ΑΠΟΣΤΟΛΩΝ 25.13-23

Paul Brought before Agrippa and Bernice

13 Ἡμερῶν δὲ διαγενομένων¹ τινῶν Ἀγρίππας ὁ βασιλεὺς καὶ Βερνίκη κατήντησαν² εἰς Καισάρειαν ἀσπασάμενοι τὸν Φῆστον. 14 ὡς δὲ πλείους³ ἡμέρας διέτριβον⁴ ἐκεῖ, ὁ Φῆστος τῷ βασιλεῖ ἀνέθετο⁵ τὰ κατὰ τὸν Παῦλον λέγων· ἀνήρ τίς ἐστιν καταλελειμμένος⁶ ὑπὸ Φήλικος δέσμιος⁷, 15 περὶ οὗ γενομένου μου εἰς Ἱεροσόλυμα ἐνεφάνισαν⁸ οἱ ἀρχιερεῖς καὶ οἱ πρεσβύτεροι τῶν Ἰουδαίων αἰτούμενοι κατ' αὐτοῦ καταδίκην⁹. 16 πρὸς οὓς ἀπεκρίθην ὅτι οὐκ ἔστιν ἔθος¹⁰ Ῥωμαίοις χαρίζεσθαί¹¹ τινα ἄνθρωπον, πρὶν¹² ἢ ὁ κατηγορούμενος¹³ κατὰ πρόσωπον ἔχοι¹⁴ τοὺς κατηγόρους¹⁵ τόπον τε ἀπολογίας¹⁶ λάβοι¹⁷ περὶ τοῦ ἐγκλήματος¹⁸. 17 συνελθόντων¹⁹ οὖν αὐτῶν ἐνθάδε²⁰ ἀναβολὴν²¹ μηδεμίαν ποιησάμενος τῇ ἑξῆς²² καθίσας ἐπὶ τοῦ βήματος²³ ἐκέλευσα²⁴ ἀχθῆναι²⁵ τὸν ἄνδρα· 18 περὶ οὗ σταθέντες²⁶ οἱ κατήγοροι²⁷ οὐδεμίαν αἰτίαν²⁸ ἔφερον ὧν ἐγὼ ὑπενόουν²⁹ πονηράν, 19 ζητήματα³⁰ δέ τινα περὶ τῆς ἰδίας δεισιδαιμονίας³¹ εἶχον πρὸς αὐτὸν καὶ περί τινος Ἰησοῦ τεθνηκότος³² ὃν ἔφασκεν³³ ὁ Παῦλος ζῆν³⁴. 20 ἀπορούμενος³⁵ δὲ ἐγὼ τὴν περὶ τούτων ζήτησιν³⁶ ἔλεγον εἰ βούλοιτο³⁷ πορεύεσθαι εἰς Ἱεροσόλυμα κἀκεῖ κρίνεσθαι περὶ τούτων. 21 τοῦ δὲ Παύλου ἐπικαλεσαμένου³⁸ τηρηθῆναι αὐτὸν εἰς τὴν τοῦ Σεβαστοῦ διάγνωσιν³⁹ ἐκέλευσα⁴⁰ τηρεῖσθαι⁴¹ αὐτόν, ἕως οὗ ἀναπέμψω⁴² αὐτὸν Καίσαρα. 22 Ἀγρίππας δὲ πρὸς τὸν Φῆστον· ἐβουλόμην καὶ αὐτὸς τοῦ ἀνθρώπου ἀκοῦσαι. αὔριον⁴³, φησίν, ἀκούσῃ αὐτοῦ.

23 Τῇ οὖν ἐπαύριον⁴⁴ ἐλθόντος τοῦ Ἀγρίππα καὶ τῆς Βερνίκης μετὰ πολλῆς φαντασίας⁴⁵ καὶ εἰσελθόντων εἰς τὸ ἀκροατήριον⁴⁶ σύν τε χιλιάρχοις⁴⁷ καὶ ἀνδράσιν τοῖς κατ' ἐξοχὴν⁴⁸ τῆς πόλεως καὶ κελεύσαντος⁴⁹ τοῦ Φήστου ἤχθη ὁ Παῦλος.

1 διαγίνομαι aor mid ptc f p gen, pass
2 καταντάω 3p aor act ind, arrive
3 πολύς, many (comp)
4 διατρίβω 3p impf act ind, stay
5 ἀνατίθημι 3s aor mid ind, mid present
6 καταλείπω pf pas ptc m s nom, leave
7 δέσμιος, -ου m, prisoner
8 ἐμφανίζω 3p aor act ind, inform
9 καταδίκη, -ης f, sentence
10 ἔθος, -ους n, custom
11 χαρίζομαι pres mid inf, hand over
12 πρίν and πρὶν ἤ, conj, before
13 κατηγορέω pres pas ptc m s nom, accuse
14 ἔχω 3s pres act opt, have
15 κατήγορος, -ου m, accuser
16 ἀπολογία, -ας f, defense
17 λαμβάνω 3s aor act opt, obtain
18 ἔγκλημα, -τος n, charge
19 συνέρχομαι aor act ptc m p gen, come together
20 ἐνθάδε, adv, here
21 ἀναβολή, -ῆς f, delay
22 ἑξῆς, adv, on the next day
23 βῆμα, -τος n, court
24 κελεύω 1s aor act ind, order
25 ἄγω aor pas inf, bring
26 ἵστημι aor pas ptc m p nom, intrans stand
27 κατήγορος, -ου m, accuser
28 αἰτία, -ας f, reason
29 ὑπονοέω 1s impf act ind, suppose
30 ζήτημα, -τος n, question
31 δεισιδαιμονία, -ας f, religion
32 θνῄσκω pres pb ptc m s gen, die
33 φάσκω 3s impf act ind, claim
34 ζάω pres act inf, be alive
35 ἀπορέω pres mid ptc m s nom, be at a loss
36 ζήτησις, -εως f, investigation
37 βούλομαι 3s pres mid opt, be willing
38 ἐπικαλέω aor mid ptc m s gen, mid request
39 διάγνωσις, -εως f, decision
40 κελεύω 1s aor act ind, order
41 τηρέω pres pas inf, keep in custody
42 ἀναπέμπω 1s aor act sub, send
43 αὔριον, adv, tomorrow
44 ἐπαύριον, adv, the next day
45 φαντασία, -ας f, pomp
46 ἀκροατήριον, -ου n, audience hall
47 χιλίαρχος, -ου m, high ranking officer
48 ἐξοχή, -ῆς f, prominence
49 κελεύω aor act ptc m s gen, order

24 καί φησιν ὁ Φῆστος· Ἀγρίππα βασιλεῦ καὶ πάντες οἱ συμπαρόντες[1] ἡμῖν ἄνδρες, θεωρεῖτε τοῦτον περὶ οὗ ἅπαν τὸ πλῆθος τῶν Ἰουδαίων ἐνέτυχόν[2] μοι ἔν τε Ἱεροσολύμοις καὶ ἐνθάδε[3] βοῶντες[4] μὴ δεῖν αὐτὸν ζῆν μηκέτι[5]. **25** ἐγὼ δὲ κατελαβόμην[6] μηδὲν ἄξιον αὐτὸν θανάτου πεπραχέναι[7], αὐτοῦ δὲ τούτου ἐπικαλεσαμένου[8] τὸν Σεβαστὸν ἔκρινα πέμπειν. **26** περὶ οὗ ἀσφαλές[9] τι γράψαι[10] τῷ κυρίῳ οὐκ ἔχω, διὸ προήγαγον[11] αὐτὸν ἐφ᾽ ὑμῶν καὶ μάλιστα[12] ἐπὶ σοῦ, βασιλεῦ Ἀγρίππα, ὅπως τῆς ἀνακρίσεως[13] γενομένης σχῶ[14] τί γράψω· **27** ἄλογον[15] γάρ μοι δοκεῖ πέμποντα δέσμιον[16] μὴ καὶ τὰς κατ᾽ αὐτοῦ αἰτίας[17] σημᾶναι[18].

Paul Defends Himself before Agrippa

26 Ἀγρίππας δὲ πρὸς τὸν Παῦλον ἔφη· ἐπιτρέπεταί[19] σοι περὶ σεαυτοῦ λέγειν. τότε ὁ Παῦλος ἐκτείνας[20] τὴν χεῖρα ἀπελογεῖτο[21]· **2** περὶ πάντων ὧν ἐγκαλοῦμαι[22] ὑπὸ Ἰουδαίων, βασιλεῦ Ἀγρίππα, ἥγημαι[23] ἐμαυτὸν μακάριον ἐπὶ σοῦ μέλλων σήμερον ἀπολογεῖσθαι[24] **3** μάλιστα[25] γνώστην[26] ὄντα σε πάντων τῶν κατὰ Ἰουδαίους ἐθῶν[27] τε καὶ ζητημάτων[28], διὸ δέομαι[29] μακροθύμως[30] ἀκοῦσαί μου. **4** τὴν μὲν οὖν βίωσίν[31] μου τὴν ἐκ νεότητος[32] τὴν ἀπ᾽ ἀρχῆς γενομένην ἐν τῷ ἔθνει μου ἔν τε Ἱεροσολύμοις ἴσασιν[33] πάντες οἱ Ἰουδαῖοι **5** προγινώσκοντές[34] με ἄνωθεν[35], ἐὰν θέλωσιν μαρτυρεῖν, ὅτι κατὰ τὴν ἀκριβεστάτην[36] αἵρεσιν[37] τῆς ἡμετέρας[38] θρησκείας[39] ἔζησα Φαρισαῖος. **6** καὶ νῦν ἐπ᾽ ἐλπίδι τῆς εἰς τοὺς πατέρας ἡμῶν ἐπαγγελίας γενομένης ὑπὸ τοῦ θεοῦ ἕστηκα[40] κρινόμενος **7** εἰς ἣν τὸ δωδεκάφυλον[41] ἡμῶν ἐν ἐκτενείᾳ[42] νύκτα καὶ ἡμέραν λατρεῦον[43] ἐλπίζει καταντῆσαι[44], περὶ ἧς ἐλπίδος ἐγκαλοῦμαι[45] ὑπὸ Ἰουδαίων, βασιλεῦ. **8** τί ἄπιστον[46] κρίνεται παρ᾽ ὑμῖν, εἰ ὁ θεὸς νεκροὺς ἐγείρει; **9** ἐγὼ μὲν οὖν ἔδοξα ἐμαυτῷ πρὸς τὸ ὄνομα Ἰησοῦ

[1] συμπάρειμι pres act ptc m p nom or voc, be present with
[2] ἐντυγχάνω 3p aor act ind, petition/bring complaints
[3] ἐνθάδε, adv, here
[4] βοάω pres act ptc m p nom, shout
[5] μηκέτι, adv, no longer
[6] καταλαμβάνω 1s aor mid ind, mid found
[7] πράσσω pf act inf, do
[8] ἐπικαλέω aor mid ptc m s gen, mid request
[9] ἀσφαλής, -ές, definite
[10] γράφω aor act inf, write
[11] προάγω 1s aor act ind, trans bring before
[12] μάλιστα, adv, especially
[13] ἀνάκρισις, -εως f, investigation
[14] ἔχω 1s aor act sub, have
[15] ἄλογος, -ον, unreasonable
[16] δέσμιος, -ου m, prisoner
[17] αἰτία, -ας f, charge
[18] σημαίνω aor act inf, indicate
[19] ἐπιτρέπω 3s pres pas ind, let
[20] ἐκτείνω aor act ptc m s nom, stretch out
[21] ἀπολογέομαι 3s impf mid ind, make a defense
[22] ἐγκαλέω 1s pres pas ind, accuse
[23] ἡγέομαι 1s pf mid ind, consider
[24] ἀπολογέομαι pres mid inf, make a defense
[25] μάλιστα, adv, especially
[26] γνώστης, -ου m, one familiar with
[27] ἔθος, -ους n, custom
[28] ζήτημα, -τος n, controversial question
[29] δέομαι 1s pres pas ind, beg (= please)
[30] μακροθύμως, adv, patiently
[31] βίωσις, -εως f, way of life
[32] νεότης, -ητος f, youth
[33] οἶδα 3p pf act ind, know
[34] προγινώσκω pres act ptc m p nom, know already
[35] ἄνωθεν, adv, for a long time
[36] ἀκριβής, strict (super)
[37] αἵρεσις, -εως f, sect
[38] ἡμέτερος, -α/ον, our
[39] θρησκεία, -ας f, religion
[40] ἵστημι 1s pf act ind, intrans stand
[41] δωδεκάφυλον, -ου n, (the) twelve tribes
[42] ἐκτένεια, -ας f, earnestness
[43] λατρεύω pres act ptc n s nom, serve/worship
[44] καταντάω aor act inf, attain
[45] ἐγκαλέω 1s pres pas ind, accuse
[46] ἄπιστος, -ον, incredible

τοῦ Ναζωραίου δεῖν¹ πολλὰ ἐναντία² πρᾶξαι³. 10 ὃ καὶ ἐποίησα ἐν Ἱεροσολύμοις καὶ πολλούς τε τῶν ἁγίων ἐγὼ ἐν φυλακαῖς κατέκλεισα⁴ τὴν παρὰ τῶν ἀρχιερέων ἐξουσίαν λαβὼν ἀναιρουμένων⁵ τε αὐτῶν κατήνεγκα⁶ ψῆφον⁷. 11 καὶ κατὰ πάσας τὰς συναγωγὰς πολλάκις⁸ τιμωρῶν⁹ αὐτοὺς ἠνάγκαζον¹⁰ βλασφημεῖν περισσῶς¹¹ τε ἐμμαινόμενος¹² αὐτοῖς ἐδίωκον ἕως καὶ εἰς τὰς ἔξω πόλεις.

Paul Tells of His Conversion (Ac 9.1-19; 22.6-16)

12 Ἐν οἷς πορευόμενος εἰς τὴν Δαμασκὸν μετ' ἐξουσίας καὶ ἐπιτροπῆς¹³ τῆς τῶν ἀρχιερέων 13 ἡμέρας μέσης κατὰ τὴν ὁδὸν εἶδον, βασιλεῦ, οὐρανόθεν¹⁴ ὑπὲρ τὴν λαμπρότητα¹⁵ τοῦ ἡλίου περιλάμψαν¹⁶ με φῶς καὶ τοὺς σὺν ἐμοὶ πορευομένους. 14 πάντων τε καταπεσόντων¹⁷ ἡμῶν εἰς τὴν γῆν ἤκουσα φωνὴν λέγουσαν πρός με τῇ Ἑβραΐδι διαλέκτῳ¹⁸· Σαοὺλ Σαούλ, τί με διώκεις; σκληρόν¹⁹ σοι πρὸς κέντρα²⁰ λακτίζειν²¹. 15 ἐγὼ δὲ εἶπα· τίς εἶ, κύριε; ὁ δὲ κύριος εἶπεν· ἐγώ εἰμι Ἰησοῦς ὃν σὺ διώκεις. 16 ἀλλ' ἀνάστηθι²² καὶ στῆθι²³ ἐπὶ τοὺς πόδας σου· εἰς τοῦτο γὰρ ὤφθην²⁴ σοι, προχειρίσασθαί²⁵ σε ὑπηρέτην²⁶ καὶ μάρτυρα ὧν τε εἶδές με ὧν τε ὀφθήσομαί σοι, 17 ἐξαιρούμενός²⁷ σε ἐκ τοῦ λαοῦ καὶ ἐκ τῶν ἐθνῶν εἰς οὓς ἐγὼ ἀποστέλλω σε 18 ἀνοῖξαι²⁸ ὀφθαλμοὺς αὐτῶν τοῦ ἐπιστρέψαι²⁹ ἀπὸ σκότους εἰς φῶς καὶ τῆς ἐξουσίας τοῦ σατανᾶ ἐπὶ τὸν θεὸν τοῦ λαβεῖν αὐτοὺς ἄφεσιν³⁰ ἁμαρτιῶν καὶ κλῆρον³¹ ἐν τοῖς ἡγιασμένοις³² πίστει τῇ εἰς ἐμέ.

Paul's Testimony to Jews and Gentiles

19 Ὅθεν³³, βασιλεῦ Ἀγρίππα, οὐκ ἐγενόμην ἀπειθὴς³⁴ τῇ οὐρανίῳ³⁵ ὀπτασίᾳ³⁶, 20 ἀλλὰ τοῖς ἐν Δαμασκῷ πρῶτόν τε καὶ Ἱεροσολύμοις, πᾶσάν τε τὴν χώραν³⁷ τῆς Ἰουδαίας καὶ τοῖς ἔθνεσιν ἀπήγγελλον μετανοεῖν καὶ ἐπιστρέφειν ἐπὶ τὸν θεὸν

---

1 δεῖ *pres act inf*, be necessary
2 ἐναντίος, -α/ον, against
3 πράσσω *aor act inf*, do
4 κατακλείω *1s aor act ind*, put in
5 ἀναιρέω *pres pas ptc m p gen*, condemn to death
6 καταφέρω *1s aor act ind*, cast against
7 ψῆφος, -ου *f*, vote
8 πολλάκις, *adv*, often
9 τιμωρέω *pres act ptc m s nom*, punish
10 ἀναγκάζω *1s impf act ind*, force
11 περισσῶς, *adv*, all the more
12 ἐμμαίνομαι *pres mid ptc m s nom*, be enraged
13 ἐπιτροπή, -ῆς *f*, commission
14 οὐρανόθεν, *adv*, from heaven
15 λαμπρότης, -ητος *f*, brightness
16 περιλάμπω *aor act ptc n s acc*, shine around
17 καταπίπτω *aor act ptc m p gen*, fall
18 διάλεκτος, -ου *f*, language
19 σκληρός, -ά/όν, hard
20 κέντρον, -ου *n*, goad
21 λακτίζω *pres act inf*, kick (λ. πρός kick against)
22 ἀνίστημι *2s aor act impv*, *intrans* get up
23 ἵστημι *2s aor act impv*, *intrans* stand
24 ὁράω *1s aor pas ind, pas* appear
25 προχειρίζομαι *aor mid inf*, mid choose
26 ὑπηρέτης, -ου *m*, servant
27 ἐξαιρέω *pres mid ptc m s nom*, rescue
28 ἀνοίγω *aor act inf*, open
29 ἐπιστρέφω *aor act inf*, *intrans* turn
30 ἄφεσις, -εως *f*, forgiveness
31 κλῆρος, -ου *m*, share
32 ἁγιάζω *pf pas ptc m p dat*, set apart as sacred to God
33 ὅθεν, *adv*, and so
34 ἀπειθής, -ές, disobedient
35 οὐράνιος, -ον, from heaven
36 ὀπτασία, -ας *f*, vision
37 χώρα, -ας *f*, region

ἄξια τῆς μετανοίας¹ ἔργα πράσσοντας. 21 ἕνεκα² τούτων με Ἰουδαῖοι συλλαβόμενοι³ ὄντα ἐν τῷ ἱερῷ ἐπειρῶντο⁴ διαχειρίσασθαι⁵. 22 ἐπικουρίας⁶ οὖν τυχὼν⁷ τῆς ἀπὸ τοῦ θεοῦ ἄχρι τῆς ἡμέρας ταύτης ἕστηκα⁸ μαρτυρόμενος⁹ μικρῷ τε καὶ μεγάλῳ οὐδὲν ἐκτὸς¹⁰ λέγων ὧν τε οἱ προφῆται ἐλάλησαν μελλόντων γίνεσθαι¹¹ καὶ Μωϋσῆς, 23 εἰ παθητὸς¹² ὁ χριστός, εἰ πρῶτος ἐξ ἀναστάσεως νεκρῶν φῶς μέλλει καταγγέλλειν¹³ τῷ τε λαῷ καὶ τοῖς ἔθνεσιν.

Paul Appeals to Agrippa to Believe

24 Ταῦτα δὲ αὐτοῦ ἀπολογουμένου¹⁴ ὁ Φῆστος μεγάλῃ τῇ φωνῇ φησιν· μαίνῃ¹⁵, Παῦλε· τὰ πολλά σε γράμματα¹⁶ εἰς μανίαν¹⁷ περιτρέπει¹⁸. 25 ὁ δὲ Παῦλος· οὐ μαίνομαι¹⁹, φησίν, κράτιστε²⁰ Φῆστε, ἀλλ᾽ ἀληθείας καὶ σωφροσύνης²¹ ῥήματα ἀποφθέγγομαι²². 26 ἐπίσταται²³ γὰρ περὶ τούτων ὁ βασιλεὺς πρὸς ὃν καὶ παρρησιαζόμενος²⁴ λαλῶ· λανθάνειν²⁵ γὰρ αὐτόν τι τούτων οὐ πείθομαι οὐθέν, οὐ γάρ ἐστιν ἐν γωνίᾳ²⁶ πεπραγμένον²⁷ τοῦτο. 27 πιστεύεις, βασιλεῦ Ἀγρίππα, τοῖς προφήταις; οἶδα ὅτι πιστεύεις. 28 ὁ δὲ Ἀγρίππας πρὸς τὸν Παῦλον· ἐν ὀλίγῳ²⁸ με πείθεις Χριστιανὸν ποιῆσαι. 29 ὁ δὲ Παῦλος· εὐξαίμην²⁹ ἂν τῷ θεῷ καὶ ἐν ὀλίγῳ καὶ ἐν μεγάλῳ οὐ μόνον σὲ ἀλλὰ καὶ πάντας τοὺς ἀκούοντάς μου σήμερον γενέσθαι τοιούτους ὁποῖος³⁰ καὶ ἐγώ εἰμι παρεκτὸς³¹ τῶν δεσμῶν³² τούτων. 30 ἀνέστη³³ τε ὁ βασιλεὺς καὶ ὁ ἡγεμὼν³⁴ ἥ τε Βερνίκη καὶ οἱ συγκαθήμενοι³⁵ αὐτοῖς 31 καὶ ἀναχωρήσαντες³⁶ ἐλάλουν πρὸς ἀλλήλους λέγοντες ὅτι οὐδὲν θανάτου ἢ δεσμῶν³⁷ ἄξιόν τι πράσσει ὁ ἄνθρωπος οὗτος. 32 Ἀγρίππας δὲ τῷ Φήστῳ ἔφη· ἀπολελύσθαι³⁸ ἐδύνατο ὁ ἄνθρωπος οὗτος, εἰ μὴ ἐπεκέκλητο³⁹ Καίσαρα.

¹ μετάνοια, -ας f, repentance
² ἕνεκα, prep + gen, because of
³ συλλαμβάνω aor mid ptc m p nom, seize
⁴ πειράομαι 3p impf mid ind, try
⁵ διαχειρίζω aor mid inf, mid kill
⁶ ἐπικουρία, -ας f, help
⁷ τυγχάνω aor act ptc m s nom, receive
⁸ ἵστημι 1s pf act ind, intrans stand
⁹ μαρτύρομαι pres mid ptc m s nom, testify
¹⁰ ἐκτός, prep + gen, except
¹¹ γίνομαι pres mid inf, take place
¹² παθητός, -ή/όν, must suffer
¹³ καταγγέλλω pres act inf, proclaim
¹⁴ ἀπολογέομαι pres mid ptc m s gen, make a defense
¹⁵ μαίνομαι 2s pres mid ind, be out of one's mind
¹⁶ γράμμα, -τος n, learning
¹⁷ μανία, -ας f, madness
¹⁸ περιτρέπω 3s pres act ind, turn (from one condition to its opposite; εἰς μανίαν π. drive insane)
¹⁹ μαίνομαι 1s pres mid ind, be out of one's mind
²⁰ κράτιστος, -η/ον, honorable (polite address for someone of high status)
²¹ σωφροσύνη, -ης f, good sense
²² ἀποφθέγγομαι 1s pres mid ind, speak
²³ ἐπίσταμαι 3s pres pas ind, pas know
²⁴ παρρησιάζομαι pres mid ptc m s nom, speak boldly
²⁵ λανθάνω pres act inf, be hidden
²⁶ γωνία, -ας f, corner
²⁷ πράσσω pf pas ptc n s nom, do
²⁸ ὀλίγος, -η/ον, little (ἐν ὀ. in such a short time)
²⁹ εὔχομαι 1s aor mid opt, wish
³⁰ ὁποῖος, -α/ον, such as
³¹ παρεκτός, prep + gen, except for
³² δεσμός, -οῦ m, chain
³³ ἀνίστημι 3s aor act ind, intrans get up
³⁴ ἡγεμών, -όνος m, governor
³⁵ συγκάθημαι pres mid ptc m p nom, sit with
³⁶ ἀναχωρέω aor act ptc m p nom, leave (the room)
³⁷ δεσμός, -οῦ m, imprisonment
³⁸ ἀπολύω pf pas inf, set free
³⁹ ἐπικαλέω 3s plpf mid ind, mid make an appeal to

Paul Sails for Rome

27 Ὡς δὲ ἐκρίθη¹ τοῦ ἀποπλεῖν² ἡμᾶς εἰς τὴν Ἰταλίαν, παρεδίδουν³ τόν τε Παῦλον καί τινας ἑτέρους δεσμώτας⁴ ἑκατοντάρχῃ⁵ ὀνόματι Ἰουλίῳ σπείρης⁶ Σεβαστῆς. **2** ἐπιβάντες⁷ δὲ πλοίῳ Ἀδραμυττηνῷ μέλλοντι πλεῖν⁸ εἰς τοὺς κατὰ τὴν Ἀσίαν τόπους ἀνήχθημεν⁹ ὄντος σὺν ἡμῖν Ἀριστάρχου Μακεδόνος Θεσσαλονικέως. **3** τῇ τε ἑτέρᾳ κατήχθημεν¹⁰ εἰς Σιδῶνα, φιλανθρώπως¹¹ τε ὁ Ἰούλιος τῷ Παύλῳ χρησάμενος¹² ἐπέτρεψεν¹³ πρὸς τοὺς φίλους¹⁴ πορευθέντι ἐπιμελείας¹⁵ τυχεῖν¹⁶. **4** κἀκεῖθεν¹⁷ ἀναχθέντες¹⁸ ὑπεπλεύσαμεν¹⁹ τὴν Κύπρον διὰ τὸ τοὺς ἀνέμους εἶναι ἐναντίους²⁰. **5** τό τε πέλαγος²¹ τὸ κατὰ τὴν Κιλικίαν καὶ Παμφυλίαν διαπλεύσαντες²² κατήλθομεν²³ εἰς Μύρα τῆς Λυκίας. **6** κἀκεῖ²⁴ εὑρὼν²⁵ ὁ ἑκατοντάρχης πλοῖον Ἀλεξανδρῖνον πλέον²⁶ εἰς τὴν Ἰταλίαν ἐνεβίβασεν²⁷ ἡμᾶς εἰς αὐτό. **7** ἐν ἱκαναῖς δὲ ἡμέραις βραδυπλοοῦντες²⁸ καὶ μόλις²⁹ γενόμενοι κατὰ τὴν Κνίδον, μὴ προσεῶντος³⁰ ἡμᾶς τοῦ ἀνέμου ὑπεπλεύσαμεν³¹ τὴν Κρήτην κατὰ Σαλμώνην **8** μόλις τε παραλεγόμενοι³² αὐτὴν ἤλθομεν εἰς τόπον τινὰ καλούμενον Καλοὺς λιμένας³³ ᾧ ἐγγὺς ἦν πόλις Λασαία.

9 Ἱκανοῦ δὲ χρόνου διαγενομένου³⁴ καὶ ὄντος ἤδη ἐπισφαλοῦς³⁵ τοῦ πλοὸς³⁶ διὰ τὸ καὶ τὴν νηστείαν³⁷ ἤδη παρεληλυθέναι³⁸ παρῄνει³⁹ ὁ Παῦλος **10** λέγων αὐτοῖς· ἄνδρες, θεωρῶ ὅτι μετὰ ὕβρεως⁴⁰ καὶ πολλῆς ζημίας⁴¹ οὐ μόνον τοῦ φορτίου⁴² καὶ τοῦ πλοίου, ἀλλὰ καὶ τῶν ψυχῶν ἡμῶν μέλλειν ἔσεσθαι⁴³ τὸν πλοῦν. **11** ὁ δὲ ἑκατοντάρχης⁴⁴ τῷ κυβερνήτῃ⁴⁵ καὶ τῷ ναυκλήρῳ⁴⁶ μᾶλλον ἐπείθετο ἢ τοῖς ὑπὸ

---

1 κρίνω 3s aor pas ind, decide
2 ἀποπλέω pres act inf, set sail
3 παραδίδωμι 3p impf act ind, hand over
4 δεσμώτης, -ου m, prisoner
5 ἑκατοντάρχης, -ου m, centurion (officer of the Roman army)
6 σπεῖρα, -ης f, company (of Roman soldiers)
7 ἐπιβαίνω aor act ptc m p nom, board
8 πλέω pres act inf, sail
9 ἀνάγω 1p aor pas ind, pas put to sea
10 κατάγω 1p aor pas ind, put in
11 φιλανθρώπως, adv, kindly
12 χράομαι aor mid ptc m s nom, act/behave
13 ἐπιτρέπω 3s aor act ind, let
14 φίλος, -ου, friend
15 ἐπιμέλεια, -ας f, care
16 τυγχάνω aor act inf, receive
17 κἀκεῖθεν, = καὶ ἐκεῖθεν, and from there
18 ἀνάγω aor pas ptc m p nom, pas put to sea
19 ὑποπλέω 1p aor act ind, sail under the shelter of
20 ἐναντίος, -α/ον, against
21 πέλαγος, -ους n, open sea
22 διαπλέω aor act ptc m p nom, sail across
23 κατέρχομαι 1p aor act ind, come
24 κἀκεῖ, = καὶ ἐκεῖ, and there
25 εὑρίσκω aor act ptc m s nom, find
26 πλέω pres act ptc n s acc, sail
27 ἐμβιβάζω 3s aor act ind, put aboard
28 βραδυπλοέω pres act ptc m p nom, sail slowly
29 μόλις, adv, with difficulty
30 προσεάω pres act ptc m s gen, allow to go farther
31 ὑποπλέω 1p aor act ind, sail under the shelter of
32 παραλέγομαι pres mid ptc m p nom, coast along
33 λιμήν, -ένος m, harbor (Καλοὺς λ. Fair Havens)
34 διαγίνομαι aor mid ptc m s gen, pass/be lost
35 ἐπισφαλής, -ές, dangerous
36 πλοῦς, πλοός m, voyage
37 νηστεία, -ας f, fast (τὴν ν. the Day of Atonement)
38 παρέρχομαι pf act inf, go by
39 παραινέω 3s impf act ind, urge
40 ὕβρις, -εως f, damage
41 ζημία, -ας f, loss
42 φορτίον, -ου n, cargo
43 εἰμί fut mid inf, be
44 ἑκατοντάρχης, -ου m, centurion
45 κυβερνήτης, -ου m, captain/pilot
46 ναύκληρος, -ου m, ship-owner

Παύλου λεγομένοις. 12 ἀνευθέτου[1] δὲ τοῦ λιμένος[2] ὑπάρχοντος πρὸς παραχειμασίαν[3] οἱ πλείονες[4] ἔθεντο[5] βουλὴν[6] ἀναχθῆναι[7] ἐκεῖθεν[8], εἴ πως[9] δύναιντο[10] καταντήσαντες[11] εἰς Φοίνικα παραχειμάσαι[12] λιμένα τῆς Κρήτης βλέποντα κατὰ λίβα[13] καὶ κατὰ χῶρον[14].

The Storm at Sea

13 Ὑποπνεύσαντος[15] δὲ νότου[16] δόξαντες τῆς προθέσεως[17] κεκρατηκέναι[18] ἄραντες[19] ἆσσον[20] παρελέγοντο[21] τὴν Κρήτην. 14 μετ' οὐ πολὺ δὲ ἔβαλεν[22] κατ' αὐτῆς ἄνεμος τυφωνικὸς[23] ὁ καλούμενος εὐρακύλων[24]· 15 συναρπασθέντος[25] δὲ τοῦ πλοίου καὶ μὴ δυναμένου ἀντοφθαλμεῖν[26] τῷ ἀνέμῳ ἐπιδόντες[27] ἐφερόμεθα. 16 νησίον[28] δέ τι ὑποδραμόντες[29] καλούμενον Καῦδα ἰσχύσαμεν[30] μόλις[31] περικρατεῖς[32] γενέσθαι τῆς σκάφης[33]. 17 ἣν ἄραντες[34] βοηθείαις[35] ἐχρῶντο[36] ὑποζωννύντες[37] τὸ πλοῖον, φοβούμενοί τε μὴ εἰς τὴν Σύρτιν ἐκπέσωσιν[38] χαλάσαντες[39] τὸ σκεῦος[40] οὕτως ἐφέροντο. 18 σφοδρῶς[41] δὲ χειμαζομένων[42] ἡμῶν τῇ ἑξῆς[43] ἐκβολὴν[44] ἐποιοῦντο 19 καὶ τῇ τρίτῃ αὐτόχειρες[45] τὴν σκευὴν[46] τοῦ πλοίου ἔρριψαν[47]. 20 μήτε δὲ ἡλίου μήτε ἄστρων[48] ἐπιφαινόντων[49] ἐπὶ πλείονας[50] ἡμέρας χειμῶνός[51] τε οὐκ ὀλίγου ἐπικειμένου[52] λοιπὸν περιηρεῖτο[53] ἐλπὶς πᾶσα τοῦ σῴζεσθαι ἡμᾶς.

[1] ἀνεύθετος, -ον, unsuitable
[2] λιμήν, -ένος m, harbor
[3] παραχειμασία, -ας f, wintering
[4] πολύς, many (comp)
[5] τίθημι 3p aor mid ind, mid put
[6] βουλή, -ῆς f, advise (τίθημι β. advise/decide)
[7] ἀνάγω aor pas inf, pas put to sea
[8] ἐκεῖθεν, adv, (from) there
[9] πώς, particle, somehow
[10] δύναμαι 3p pres pas opt, be able
[11] καταντάω aor act ptc m p nom, reach
[12] παραχειμάζω aor act inf, spend the winter
[13] λίψ, λίβος m, acc λίβα, southwest wind (βλέποντα κατὰ λ. facing southwest/northeast)
[14] χῶρος, -ου m, northwest wind (βλέποντα κατὰ χ. facing northwest/southeast)
[15] ὑποπνέω aor act ptc m s gen, blow gently
[16] νότος, -ου m, south wind
[17] πρόθεσις, -εως f, purpose
[18] κρατέω pf act inf, achieve

[19] αἴρω aor act ptc m p nom, weigh anchor
[20] ἆσσον, adv, closer
[21] παραλέγομαι 3p impf mid ind, sail along
[22] βάλλω 3s aor act ind, sweep down
[23] τυφωνικός, -ή/όν, like a whirlwind (τ. ἄνεμος hurricane)
[24] εὐρακύλων, -ωνος m, northeast wind
[25] συναρπάζω aor act ptc n s gen, seize/drag off course
[26] ἀντοφθαλμέω pres act inf, head into
[27] ἐπιδίδωμι aor act ptc m p nom, give way
[28] νησίον, -ου n, small island
[29] ὑποτρέχω aor act ptc m p nom, run under the shelter of
[30] ἰσχύω 1p aor act ind, be able
[31] μόλις, adv, with difficulty
[32] περικρατής, -ές, in control of
[33] σκάφη, -ης f, lifeboat
[34] αἴρω aor act ptc m p nom, take up/hoist
[35] βοήθεια, -ας f, help/rope
[36] χράομαι 3p impf mid ind, use

[37] ὑποζώννυμι pres act ptc m p nom, brace
[38] ἐκπίπτω 3p aor act sub, run aground
[39] χαλάω aor act ptc m p nom, lower
[40] σκεῦος, -ους n, sea anchor/ship's gear
[41] σφοδρῶς, adv, violently
[42] χειμάζω pres pas ptc m p gen, pas be storm tossed
[43] ἑξῆς, adv, on the next day
[44] ἐκβολή, -ῆς f, throwing overboard
[45] αὐτόχειρ, -ρος, with one's own hands
[46] σκευή, -ῆς f, gear/tackle
[47] ῥίπτω 3p aor act ind, throw overboard
[48] ἄστρον, -ου n, star
[49] ἐπιφαίνω pres act ptc n p gen, appear
[50] πολύς, many (comp)
[51] χειμών, -ῶνος m, storm
[52] ἐπίκειμαι pres mid ptc m s gen, lie on
[53] περιαιρέω 3s impf pas ind, pas be given up

ΠΡΑΞΕΙΣ ΑΠΟΣΤΟΛΩΝ 27.21-31

21 Πολλῆς τε ἀσιτίας¹ ὑπαρχούσης τότε σταθεὶς² ὁ Παῦλος ἐν μέσῳ αὐτῶν εἶπεν· ἔδει μέν, ὦ³ ἄνδρες, πειθαρχήσαντάς⁴ μοι μὴ ἀνάγεσθαι⁵ ἀπὸ τῆς Κρήτης κερδῆσαί⁶ τε τὴν ὕβριν⁷ ταύτην καὶ τὴν ζημίαν⁸. **22** καὶ τὰ νῦν παραινῶ⁹ ὑμᾶς εὐθυμεῖν¹⁰· ἀποβολὴ¹¹ γὰρ ψυχῆς οὐδεμία ἔσται ἐξ ὑμῶν πλὴν τοῦ πλοίου. **23** παρέστη¹² γάρ μοι ταύτῃ τῇ νυκτὶ τοῦ θεοῦ – οὗ εἰμι, ᾧ καὶ λατρεύω¹³ – ἄγγελος **24** λέγων· μὴ φοβοῦ, Παῦλε, Καίσαρί σε δεῖ παραστῆναι¹⁴, καὶ ἰδοὺ κεχάρισταί¹⁵ σοι ὁ θεὸς πάντας τοὺς πλέοντας¹⁶ μετὰ σοῦ. **25** διὸ εὐθυμεῖτε, ἄνδρες· πιστεύω γὰρ τῷ θεῷ ὅτι οὕτως ἔσται¹⁷, καθ᾽ ὃν τρόπον¹⁸ λελάληταί μοι. **26** εἰς νῆσον¹⁹ δέ τινα δεῖ ἡμᾶς ἐκπεσεῖν²⁰.

27 Ὡς δὲ τεσσαρεσκαιδεκάτη²¹ νὺξ ἐγένετο διαφερομένων²² ἡμῶν ἐν τῷ Ἀδρίᾳ, κατὰ μέσον τῆς νυκτὸς ὑπενόουν²³ οἱ ναῦται²⁴ προσάγειν²⁵ τινὰ αὐτοῖς χώραν²⁶. **28** καὶ βολίσαντες²⁷ εὗρον²⁸ ὀργυιὰς²⁹ εἴκοσι³⁰, βραχὺ³¹ δὲ διαστήσαντες³² καὶ πάλιν βολίσαντες εὗρον ὀργυιὰς δεκαπέντε³³. **29** φοβούμενοί τε μή που³⁴ κατὰ τραχεῖς³⁵ τόπους ἐκπέσωμεν³⁶ ἐκ πρύμνης³⁷ ῥίψαντες³⁸ ἀγκύρας³⁹ τέσσαρας ηὔχοντο⁴⁰ ἡμέραν γενέσθαι. **30** τῶν δὲ ναυτῶν ζητούντων φυγεῖν⁴¹ ἐκ τοῦ πλοίου καὶ χαλασάντων⁴² τὴν σκάφην⁴³ εἰς τὴν θάλασσαν προφάσει⁴⁴ ὡς ἐκ πρῴρης⁴⁵ ἀγκύρας μελλόντων ἐκτείνειν⁴⁶ **31** εἶπεν ὁ Παῦλος τῷ ἑκατοντάρχῃ⁴⁷ καὶ τοῖς στρατιώταις⁴⁸· ἐὰν μὴ οὗτοι μείνωσιν⁴⁹ ἐν τῷ πλοίῳ, ὑμεῖς σωθῆναι⁵⁰ οὐ

¹ ἀσιτία, -ας f, lack of appetite (Πολλῆς τε ἀ. ὑπαρχούσης after they had gone for a long time without eating)
² ἵστημι aor pas ptc m s nom, intrans stand
³ ὦ, interj, O!
⁴ πειθαρχέω aor act ptc m p acc, listen to
⁵ ἀνάγω pres pas inf, pas set sail
⁶ κερδαίνω aor act inf, spare oneself
⁷ ὕβρις, -εως f, damage
⁸ ζημία, -ας f, loss
⁹ παραινέω 1s pres act ind, urge
¹⁰ εὐθυμέω pres act inf, take courage
¹¹ ἀποβολή, -ῆς f, loss
¹² παρίστημι 3s aor act ind, intrans stand by
¹³ λατρεύω 1s pres act ind, serve/worship
¹⁴ παρίστημι aor act inf, intrans stand before
¹⁵ χαρίζομαι 3s pf mid ind, give
¹⁶ πλέω pres act ptc m p acc, sail

¹⁷ εἰμί 3s fut mid ind, be
¹⁸ τρόπος, -ου m, way (καθ᾽ ὃν τ. just as)
¹⁹ νῆσος, -ου f, island
²⁰ ἐκπίπτω aor act inf, run aground
²¹ τεσσαρεσκαιδέκατος, -η/ον, fourteenth
²² διαφέρω pres pas ptc m p gen, pas drift
²³ ὑπονοέω 3p impf act ind, think
²⁴ ναύτης, -ου m, sailor
²⁵ προσάγω pres act inf, come near
²⁶ χώρα, -ας f, land
²⁷ βολίζω aor act ptc m p nom, take a sounding
²⁸ εὑρίσκω 3p aor act ind, find
²⁹ ὀργυιά, -ᾶς f, fathom (measurement for water = 6 feet/1.85 meters)
³⁰ εἴκοσι, twenty
³¹ βραχύς, adv, a short time/distance later
³² διΐστημι aor act ptc m p nom, sail farther on

³³ δεκαπέντε, fifteen
³⁴ πού, indefinite particle, somewhere
³⁵ τραχύς, -εῖα/ύ, rough (κατὰ τ. τόπους on a rocky coast)
³⁶ ἐκπίπτω 1p aor act sub, run aground
³⁷ πρύμνα, -ης f, stern
³⁸ ῥίπτω aor act ptc m p nom, let down
³⁹ ἄγκυρα, -ας f, anchor
⁴⁰ εὔχομαι 3p impf mid ind, pray
⁴¹ φεύγω aor act inf, escape
⁴² χαλάω aor act ptc m p gen, lower
⁴³ σκάφη, -ης f, lifeboat
⁴⁴ πρόφασις, -εως f, pretense (προφάσει pretending)
⁴⁵ πρῷρα, -ης f, bow
⁴⁶ ἐκτείνω pres act inf, lay out
⁴⁷ ἑκατοντάρχης, -ου m, centurion
⁴⁸ στρατιώτης, -ου m, soldier
⁴⁹ μένω 3p aor act sub, stay
⁵⁰ σῴζω aor pas inf, save

δύνασθε. **32** τότε ἀπέκοψαν¹ οἱ στρατιῶται τὰ σχοινία² τῆς σκάφης καὶ εἴασαν³ αὐτὴν ἐκπεσεῖν⁴.

33 Ἄχρι δὲ οὗ ἡμέρα ἤμελλεν γίνεσθαι, παρεκάλει ὁ Παῦλος ἅπαντας μεταλαβεῖν⁵ τροφῆς⁶ λέγων· τεσσαρεσκαιδεκάτην⁷ σήμερον ἡμέραν προσδοκῶντες⁸ ἄσιτοι⁹ διατελεῖτε¹⁰ μηθὲν προσλαβόμενοι¹¹. **34** διὸ παρακαλῶ ὑμᾶς μεταλαβεῖν τροφῆς· τοῦτο γὰρ πρὸς τῆς ὑμετέρας¹² σωτηρίας ὑπάρχει, οὐδενὸς γὰρ ὑμῶν θρὶξ¹³ ἀπὸ τῆς κεφαλῆς ἀπολεῖται¹⁴. **35** εἴπας δὲ ταῦτα καὶ λαβὼν ἄρτον εὐχαρίστησεν τῷ θεῷ ἐνώπιον πάντων καὶ κλάσας¹⁵ ἤρξατο¹⁶ ἐσθίειν. **36** εὔθυμοι¹⁷ δὲ γενόμενοι πάντες καὶ αὐτοὶ προσελάβοντο¹⁸ τροφῆς. **37** ἤμεθα¹⁹ δὲ αἱ πᾶσαι ψυχαὶ ἐν τῷ πλοίῳ διακόσιαι²⁰ ἑβδομήκοντα²¹ ἕξ²². **38** κορεσθέντες²³ δὲ τροφῆς ἐκούφιζον²⁴ τὸ πλοῖον ἐκβαλλόμενοι τὸν σῖτον²⁵ εἰς τὴν θάλασσαν.

The Shipwreck

39 Ὅτε δὲ ἡμέρα ἐγένετο, τὴν γῆν οὐκ ἐπεγίνωσκον, κόλπον²⁶ δέ τινα κατενόουν²⁷ ἔχοντα αἰγιαλὸν²⁸ εἰς ὃν ἐβουλεύοντο²⁹, εἰ δύναιντο, ἐξῶσαι³⁰ τὸ πλοῖον. **40** καὶ τὰς ἀγκύρας³¹ περιελόντες³² εἴων³³ εἰς τὴν θάλασσαν, ἅμα³⁴ ἀνέντες³⁵ τὰς ζευκτηρίας³⁶ τῶν πηδαλίων³⁷ καὶ ἐπάραντες³⁸ τὸν ἀρτέμωνα³⁹ τῇ πνεούσῃ⁴⁰ κατεῖχον⁴¹ εἰς τὸν αἰγιαλόν. **41** περιπεσόντες⁴² δὲ εἰς τόπον διθάλασσον⁴³ ἐπέκειλαν⁴⁴ τὴν ναῦν⁴⁵ καὶ ἡ μὲν πρῷρα⁴⁶ ἐρείσασα⁴⁷ ἔμεινεν⁴⁸ ἀσάλευτος⁴⁹, ἡ δὲ πρύμνα⁵⁰ ἐλύετο⁵¹ ὑπὸ τῆς βίας⁵² τῶν κυμάτων⁵³. **42** τῶν δὲ στρατιωτῶν⁵⁴ βουλὴ⁵⁵

¹ ἀποκόπτω 3p aor act ind, cut away
² σχοινίον, -ου n, rope
³ ἐάω 3p aor act ind, let
⁴ ἐκπίπτω aor act inf, drift away
⁵ μεταλαμβάνω aor act inf, take
⁶ τροφή, -ῆς f, food
⁷ τεσσαρεσκαιδέκατος, -η/ον, fourteenth
⁸ προσδοκάω pres act ptc m p nom, live in suspense
⁹ ἄσιτος, -ον, without food
¹⁰ διατελέω 2p pres act ind, go
¹¹ προσλαμβάνω aor mid ptc m p nom, mid eat
¹² ὑμέτερος, -α/ον, your
¹³ θρίξ, τριχός f, hair
¹⁴ ἀπόλλυμι 3s fut mid ind, mid be lost
¹⁵ κλάω aor act ptc m s nom, break
¹⁶ ἄρχω 3s aor mid ind, mid begin
¹⁷ εὔθυμος, -ον, encouraged
¹⁸ προσλαμβάνω 3p aor mid ind, mid eat

¹⁹ εἰμί 1p impf mid ind, be
²⁰ διακόσιοι, -αι/α, two hundred
²¹ ἑβδομήκοντα, seventy
²² ἕξ, six
²³ κορέννυμι aor pas ptc m p nom, have enough
²⁴ κουφίζω 3p impf act ind, lighten
²⁵ σῖτος, -ου m, grain
²⁶ κόλπος, -ου m, bay
²⁷ κατανοέω 3p impf act ind, notice
²⁸ αἰγιαλός, -οῦ m, beach
²⁹ βουλεύω 3p impf mid ind, mid decide
³⁰ ἐξωθέω aor act inf, run aground
³¹ ἄγκυρα, -ας f, anchor
³² περιαιρέω aor act ptc m p nom, cut away
³³ ἐάω 3p impf act ind, let go
³⁴ ἅμα, adv, at the same time
³⁵ ἀνίημι aor act ptc m p nom, untie
³⁶ ζευκτηρία, -ας f, rope
³⁷ πηδάλιον, -ου n, rudder

³⁸ ἐπαίρω aor act ptc m p nom, hoist
³⁹ ἀρτέμων, -ωνος m, foresail
⁴⁰ πνέω pres act ptc f s dat, blow
⁴¹ κατέχω 3p impf act ind, head (for)
⁴² περιπίπτω aor act ptc m p nom, strike
⁴³ διθάλασσος, -ον, between the seas (τόπος δ. sandbar)
⁴⁴ ἐπικέλλω 3p aor act ind, run aground
⁴⁵ ναῦς, f, acc ναῦν, ship
⁴⁶ πρῷρα, -ης f, bow
⁴⁷ ἐρείδω aor act ptc f s nom, stick fast
⁴⁸ μένω 3s aor act ind, stay
⁴⁹ ἀσάλευτος, -ον, immovable
⁵⁰ πρύμνα, -ης f, stern
⁵¹ λύω 3s impf pas ind, break
⁵² βία, -ας f, force
⁵³ κῦμα, -τος n, wave
⁵⁴ στρατιώτης, -ου m, soldier
⁵⁵ βουλή, -ῆς f, plan

ἐγένετο ἵνα τοὺς δεσμώτας¹ ἀποκτείνωσιν, μή τις ἐκκολυμβήσας² διαφύγῃ³. 43 ὁ δὲ ἑκατοντάρχης⁴ βουλόμενος διασῶσαι⁵ τὸν Παῦλον ἐκώλυσεν⁶ αὐτοὺς τοῦ βουλήματος⁷, ἐκέλευσέν⁸ τε τοὺς δυναμένους κολυμβᾶν⁹ ἀπορίψαντας¹⁰ πρώτους ἐπὶ τὴν γῆν ἐξιέναι¹¹ 44 καὶ τοὺς λοιποὺς οὓς μὲν ἐπὶ σανίσιν¹², οὓς δὲ ἐπί τινων τῶν ἀπὸ τοῦ πλοίου. καὶ οὕτως ἐγένετο πάντας διασωθῆναι¹³ ἐπὶ τὴν γῆν.

Paul on the Island of Malta

28 Καὶ διασωθέντες¹⁴ τότε ἐπέγνωμεν¹⁵ ὅτι Μελίτη ἡ νῆσος¹⁶ καλεῖται. 2 οἵ τε βάρβαροι¹⁷ παρεῖχον¹⁸ οὐ τὴν τυχοῦσαν¹⁹ φιλανθρωπίαν²⁰ ἡμῖν· ἅψαντες²¹ γὰρ πυρὰν²² προσελάβοντο²³ πάντας ἡμᾶς διὰ τὸν ὑετὸν²⁴ τὸν ἐφεστῶτα²⁵ καὶ διὰ τὸ ψῦχος²⁶. 3 συστρέψαντος²⁷ δὲ τοῦ Παύλου φρυγάνων²⁸ τι πλῆθος²⁹ καὶ ἐπιθέντος³⁰ ἐπὶ τὴν πυράν ἔχιδνα³¹ ἀπὸ τῆς θέρμης³² ἐξελθοῦσα καθῆψεν³³ τῆς χειρὸς αὐτοῦ. 4 ὡς δὲ εἶδον οἱ βάρβαροι κρεμάμενον³⁴ τὸ θηρίον ἐκ τῆς χειρὸς αὐτοῦ, πρὸς ἀλλήλους ἔλεγον· πάντως³⁵ φονεύς³⁶ ἐστιν ὁ ἄνθρωπος οὗτος ὃν διασωθέντα³⁷ ἐκ τῆς θαλάσσης ἡ δίκη³⁸ ζῆν οὐκ εἴασεν³⁹. 5 ὁ μὲν οὖν ἀποτιναξάμενος⁴⁰ τὸ θηρίον εἰς τὸ πῦρ ἔπαθεν⁴¹ οὐδὲν κακόν, 6 οἱ δὲ προσεδόκων⁴² αὐτὸν μέλλειν πίμπρασθαι⁴³ ἢ καταπίπτειν⁴⁴ ἄφνω⁴⁵ νεκρόν. ἐπὶ πολὺ δὲ αὐτῶν προσδοκώντων καὶ θεωρούντων μηδὲν ἄτοπον⁴⁶ εἰς αὐτὸν γινόμενον μεταβαλόμενοι⁴⁷ ἔλεγον αὐτὸν εἶναι θεόν.

---

[1] δεσμώτης, -ου m, prisoner
[2] ἐκκολυμβάω aor act ptc m s nom, swim away
[3] διαφεύγω 3s aor act sub, escape
[4] ἑκατοντάρχης, -ου m, centurion
[5] διασῴζω aor act inf, rescue
[6] κωλύω 3s aor act ind, prevent
[7] βούλημα, -τος n, intention
[8] κελεύω 3s aor act ind, order
[9] κολυμβάω pres act inf, swim
[10] ἀπορίπτω aor act ptc m p acc, jump overboard
[11] ἔξειμι pres act inf, head for
[12] σανίς, -ίδος f, plank
[13] διασῴζω aor pas inf, come safely
[14] διασῴζω aor pas ptc m p nom, escape
[15] ἐπιγινώσκω 1p aor act ind, find out
[16] νῆσος, -ου f, island
[17] βάρβαρος, -ον, non-Greek/native
[18] παρέχω 3p impf act ind, give
[19] τυγχάνω aor act ptc f s acc, intrans happen (οὐχ ὁ τυχών unusual)
[20] φιλανθρωπία, -ας f, kindness
[21] ἅπτω aor act ptc m p nom, light
[22] πυρά, -ᾶς f, a fire
[23] προσλαμβάνω 3p aor mid ind, mid welcome
[24] ὑετός, -οῦ m, rain
[25] ἐφίστημι pf act ptc m s acc, come upon
[26] ψῦχος, -ους n, cold
[27] συστρέφω aor act ptc m s gen, gather up
[28] φρύγανον, -ου n, stick
[29] πλῆθος, -ους n, number
[30] ἐπιτίθημι aor act ptc m s gen, lay/place
[31] ἔχιδνα, -ης f, snake
[32] θέρμη, -ης f, heat
[33] καθάπτω 3s aor act ind, fasten on (+ gen)
[34] κρεμάννυμι pres mid ptc n s acc, hang
[35] πάντως, adv, surely
[36] φονεύς, -έως m, murderer
[37] διασῴζω aor pas ptc m s acc, pas escape
[38] δίκη, -ης f, the goddess Justice
[39] ἐάω 3s aor act ind, allow
[40] ἀποτινάσσω aor mid ptc m s nom, shake off
[41] πάσχω 3s aor act ind, suffer
[42] προσδοκάω 3p impf act ind, expect
[43] πίμπρημι pres pas inf, pas swell up
[44] καταπίπτω pres act inf, fall down
[45] ἄφνω, adv, suddenly
[46] ἄτοπος, -ον, unusual
[47] μεταβάλλω aor mid ptc m p nom, mid change one's mind

7 Ἐν δὲ τοῖς περὶ τὸν τόπον ἐκεῖνον ὑπῆρχεν χωρία¹ τῷ πρώτῳ τῆς νήσου ὀνόματι Ποπλίῳ ὃς ἀναδεξάμενος² ἡμᾶς τρεῖς ἡμέρας φιλοφρόνως³ ἐξένισεν⁴. **8** ἐγένετο δὲ τὸν πατέρα τοῦ Ποπλίου πυρετοῖς⁵ καὶ δυσεντερίῳ⁶ συνεχόμενον⁷ κατακεῖσθαι⁸. πρὸς ὃν ὁ Παῦλος εἰσελθὼν καὶ προσευξάμενος ἐπιθεὶς⁹ τὰς χεῖρας αὐτῷ ἰάσατο¹⁰ αὐτόν. **9** τούτου δὲ γενομένου καὶ οἱ λοιποὶ οἱ ἐν τῇ νήσῳ ἔχοντες ἀσθενείας¹¹ προσήρχοντο¹² καὶ ἐθεραπεύοντο, **10** οἳ καὶ πολλαῖς τιμαῖς ἐτίμησαν¹³ ἡμᾶς καὶ ἀναγομένοις¹⁴ ἐπέθεντο¹⁵ τὰ πρὸς τὰς χρείας.

Paul Arrives at Rome

11 Μετὰ δὲ τρεῖς μῆνας¹⁶ ἀνήχθημεν¹⁷ ἐν πλοίῳ παρακεχειμακότι¹⁸ ἐν τῇ νήσῳ, Ἀλεξανδρίνῳ, παρασήμῳ¹⁹ Διοσκούροις²⁰. **12** καὶ καταχθέντες²¹ εἰς Συρακούσας ἐπεμείναμεν²² ἡμέρας τρεῖς, **13** ὅθεν²³ περιελόντες²⁴ κατηντήσαμεν²⁵ εἰς Ῥήγιον. καὶ μετὰ μίαν ἡμέραν ἐπιγενομένου²⁶ νότου²⁷ δευτεραῖοι²⁸ ἤλθομεν εἰς Ποτιόλους, **14** οὗ²⁹ εὑρόντες³⁰ ἀδελφοὺς παρεκλήθημεν³¹ παρ' αὐτοῖς ἐπιμεῖναι³² ἡμέρας ἑπτά· καὶ οὕτως εἰς τὴν Ῥώμην ἤλθαμεν. **15** κἀκεῖθεν³³ οἱ ἀδελφοὶ ἀκούσαντες τὰ περὶ ἡμῶν ἦλθαν εἰς ἀπάντησιν³⁴ ἡμῖν ἄχρι Ἀππίου φόρου³⁵ καὶ Τριῶν ταβερνῶν³⁶· οὓς ἰδὼν ὁ Παῦλος εὐχαριστήσας τῷ θεῷ ἔλαβεν θάρσος³⁷. **16** ὅτε δὲ εἰσήλθομεν εἰς Ῥώμην, ἐπετράπη³⁸ τῷ Παύλῳ μένειν καθ' ἑαυτὸν σὺν τῷ φυλάσσοντι αὐτὸν στρατιώτῃ³⁹.

---

¹ χωρίον, -ου n, piece of land
² ἀναδέχομαι aor mid ptc m s nom, welcome (into one's home)
³ φιλοφρόνως, adv, hospitably
⁴ ξενίζω 3s aor act ind, entertain as a guest
⁵ πυρετός, -οῦ m, fever
⁶ δυσεντέριον, -ου n, dysentery
⁷ συνέχω pres pas ptc m s acc, pas suffer with
⁸ κατάκειμαι pres mid inf, lie (in bed)
⁹ ἐπιτίθημι aor act ptc m s nom, lay
¹⁰ ἰάομαι 3s aor mid ind, heal
¹¹ ἀσθένεια, -ας f, illness
¹² προσέρχομαι 3p impf mid/pas ind, come/go to
¹³ τιμάω 3p aor act ind, honor
¹⁴ ἀνάγω pres pas ptc m p dat, pas set sail
¹⁵ ἐπιτίθημι 3p aor mid ind, supply
¹⁶ μήν, μηνός m, month
¹⁷ ἀνάγω 1p aor pas ind, pas set sail
¹⁸ παραχειμάζω pf act ptc n s dat, spend the winter
¹⁹ παράσημος, -ov, marked with a figurehead
²⁰ Διόσκουροι, -ων m, twin gods (Castor and Pollux)
²¹ κατάγω aor pas ptc m p nom, put in
²² ἐπιμένω 1p aor act ind, stay
²³ ὅθεν, adv, from where
²⁴ περιαιρέω aor act ptc m p nom, cut away (of anchors)/set sail
²⁵ καταντάω 1p aor act ind, arrive
²⁶ ἐπιγίνομαι aor mid ptc m s gen, come up
²⁷ νότος, -ου m, south wind
²⁸ δευτεραῖος, -α/ov, on the second day
²⁹ οὗ, adv, where
³⁰ εὑρίσκω aor act ptc m p nom, find
³¹ παρακαλέω 1p aor pas ind, invite
³² ἐπιμένω aor act inf, stay
³³ κἀκεῖθεν, = καὶ ἐκεῖθεν, and from there
³⁴ ἀπάντησις, -εως f, meeting
³⁵ φόρον, -ου n, Forum (Ἀππίου φ. Forum of Appius = town)
³⁶ ταβέρνη, -ης f, tavern (Τριῶν τ. Three Taverns = town)
³⁷ θάρσος, -ους n, encouragement
³⁸ ἐπιτρέπω 3s aor pas ind, allow
³⁹ στρατιώτης, -ου m, soldier

Paul Preaches in Rome

17 Ἐγένετο δὲ μετὰ ἡμέρας τρεῖς συγκαλέσασθαι[1] αὐτὸν τοὺς ὄντας τῶν Ἰουδαίων πρώτους· συνελθόντων[2] δὲ αὐτῶν ἔλεγεν πρὸς αὐτούς· ἐγώ, ἄνδρες ἀδελφοί, οὐδὲν ἐναντίον[3] ποιήσας τῷ λαῷ ἢ τοῖς ἔθεσιν[4] τοῖς πατρῴοις[5] δέσμιος[6] ἐξ Ἱεροσολύμων παρεδόθην[7] εἰς τὰς χεῖρας τῶν Ῥωμαίων **18** οἵτινες ἀνακρίναντές[8] με ἐβούλοντο ἀπολῦσαι διὰ τὸ μηδεμίαν αἰτίαν[9] θανάτου ὑπάρχειν ἐν ἐμοί. **19** ἀντιλεγόντων[10] δὲ τῶν Ἰουδαίων ἠναγκάσθην[11] ἐπικαλέσασθαι[12] Καίσαρα οὐχ ὡς τοῦ ἔθνους μου ἔχων τι κατηγορεῖν[13]. **20** διὰ ταύτην οὖν τὴν αἰτίαν παρεκάλεσα ὑμᾶς ἰδεῖν καὶ προσλαλῆσαι[14]. ἕνεκεν[15] γὰρ τῆς ἐλπίδος τοῦ Ἰσραὴλ τὴν ἅλυσιν[16] ταύτην περίκειμαι[17]. **21** οἱ δὲ πρὸς αὐτὸν εἶπαν· ἡμεῖς οὔτε γράμματα[18] περὶ σοῦ ἐδεξάμεθα ἀπὸ τῆς Ἰουδαίας οὔτε παραγενόμενός[19] τις τῶν ἀδελφῶν ἀπήγγειλεν[20] ἢ ἐλάλησέν τι περὶ σοῦ πονηρόν. **22** ἀξιοῦμεν[21] δὲ παρὰ σοῦ ἀκοῦσαι ἃ φρονεῖς[22]· περὶ μὲν γὰρ τῆς αἱρέσεως[23] ταύτης γνωστὸν[24] ἡμῖν ἐστιν ὅτι πανταχοῦ[25] ἀντιλέγεται[26].

23 Ταξάμενοι[27] δὲ αὐτῷ ἡμέραν ἦλθον πρὸς αὐτὸν εἰς τὴν ξενίαν[28] πλείονες[29] οἷς ἐξετίθετο[30] διαμαρτυρόμενος[31] τὴν βασιλείαν τοῦ θεοῦ πείθων τε αὐτοὺς περὶ τοῦ Ἰησοῦ ἀπό τε τοῦ νόμου Μωϋσέως καὶ τῶν προφητῶν, ἀπὸ πρωῒ[32] ἕως ἑσπέρας[33]. **24** καὶ οἱ μὲν ἐπείθοντο τοῖς λεγομένοις, οἱ δὲ ἠπίστουν[34]. **25** ἀσύμφωνοι[35] δὲ ὄντες πρὸς ἀλλήλους ἀπελύοντο εἰπόντος τοῦ Παύλου ῥῆμα ἓν ὅτι καλῶς τὸ πνεῦμα τὸ ἅγιον ἐλάλησεν διὰ Ἡσαΐου τοῦ προφήτου πρὸς τοὺς πατέρας ὑμῶν **26** λέγων·

πορεύθητι[36] πρὸς τὸν λαὸν τοῦτον καὶ εἰπόν[37]·

ἀκοῇ[38] ἀκούσετε καὶ οὐ μὴ συνῆτε[39]

καὶ βλέποντες βλέψετε καὶ οὐ μὴ ἴδητε[40]·

27 ἐπαχύνθη[41] γὰρ ἡ καρδία τοῦ λαοῦ τούτου

---

[1] συγκαλέω *aor mid inf, mid* call together
[2] συνέρχομαι *aor act ptc m p gen*, come together
[3] ἐναντίος, -α/ον, contrary
[4] ἔθος, -ους *n*, custom
[5] πατρῷος, -α/ον, ancestral
[6] δέσμιος, -ου *m*, prisoner
[7] παραδίδωμι *1s aor pas ind*, hand over
[8] ἀνακρίνω *aor act ptc m p nom*, interrogate
[9] αἰτία, -ας *f*, reason
[10] ἀντιλέγω *pres act ptc m p gen*, object
[11] ἀναγκάζω *1s aor pas ind*, compel
[12] ἐπικαλέω *aor mid inf, mid* make an appeal to
[13] κατηγορέω *pres act inf*, accuse
[14] προσλαλέω *aor act inf*, speak to/with
[15] ἕνεκα, *prep + gen*, because of
[16] ἅλυσις, -εως *f*, chain
[17] περίκειμαι *1s pres mid ind, mid* be bound
[18] γράμμα, -τος *n*, letter
[19] παραγίνομαι *aor mid ptc m s nom*, come
[20] ἀπαγγέλλω *3s aor act ind*, tell
[21] ἀξιόω *1p pres act ind*, consider worthwhile/want
[22] φρονέω *2s pres act ind*, think
[23] αἵρεσις, -εως *f*, sect
[24] γνωστός, -ή/όν, known
[25] πανταχοῦ, *adv*, everywhere
[26] ἀντιλέγω *3s pres pas ind*, oppose
[27] τάσσω *aor mid ptc m p nom*, mid set
[28] ξενία, -ας *f*, place of lodging
[29] πολύς, many (comp)
[30] ἐκτίθημι *3s aor mid ind, mid* explain
[31] διαμαρτύρομαι *pres mid ptc m s nom*, testify
[32] πρωῒ, *adv*, early morning
[33] ἑσπέρα, -ας *f*, evening
[34] ἀπιστέω *3p impf act ind*, fail/refuse to believe
[35] ἀσύμφωνος, -ον, in disagreement
[36] πορεύομαι *2s aor pas impv*, go
[37] λέγω *2s aor act impv*, say
[38] ἀκοή, -ῆς *f*, hearing
[39] συνίημι *2p aor act sub*, understand
[40] ὁράω *2p aor act sub*, see
[41] παχύνω *3s aor pas ind*, pas grow dull

καὶ τοῖς ὠσὶν¹ βαρέως² ἤκουσαν
καὶ τοὺς ὀφθαλμοὺς αὐτῶν ἐκάμμυσαν³,
μήποτε⁴ ἴδωσιν⁵ τοῖς ὀφθαλμοῖς
καὶ τοῖς ὠσὶν ἀκούσωσιν
καὶ τῇ καρδίᾳ συνῶσιν⁶
καὶ ἐπιστρέψωσιν⁷, καὶ ἰάσομαι⁸ αὐτούς.
28 γνωστὸν⁹ οὖν ἔστω¹⁰ ὑμῖν ὅτι τοῖς ἔθνεσιν ἀπεστάλη¹¹ τοῦτο τὸ σωτήριον¹² τοῦ θεοῦ· αὐτοὶ καὶ ἀκούσονται. ⟦29 καὶ ταῦτα αὐτοῦ εἰπόντος ἀπῆλθον οἱ Ἰουδαῖοι πολλὴν ἔχοντες ἐν ἑαυτοῖς συζήτησιν¹³.⟧
30 Ἐνέμεινεν¹⁴ δὲ διετίαν¹⁵ ὅλην ἐν ἰδίῳ μισθώματι¹⁶ καὶ ἀπεδέχετο¹⁷ πάντας τοὺς εἰσπορευομένους¹⁸ πρὸς αὐτόν, 31 κηρύσσων τὴν βασιλείαν τοῦ θεοῦ καὶ διδάσκων τὰ περὶ τοῦ κυρίου Ἰησοῦ Χριστοῦ μετὰ πάσης παρρησίας ἀκωλύτως¹⁹.

¹ οὖς, ὠτός *n*, ear
² βαρέως, *adv*, with difficulty
³ καμμύω 3p aor act ind, close
⁴ μήποτε, *conj*, otherwise
⁵ ὁράω 3p aor act sub, see
⁶ συνίημι 3p aor act sub, understand
⁷ ἐπιστρέφω 3p aor act sub, *intrans* turn
⁸ ἰάομαι 1s fut mid ind, heal
⁹ γνωστός, -ή/όν, known
¹⁰ εἰμί 3s pres act impv, be
¹¹ ἀποστέλλω 3s aor pas ind, send
¹² σωτήριος, -ον, bringing salvation
¹³ συζήτησις, εως, f, argument
¹⁴ ἐμμένω 3s aor act ind, stay
¹⁵ διετία, -ας f, two-year period
¹⁶ μίσθωμα, -τος *n*, rented quarters
¹⁷ ἀποδέχομαι 3s impf mid ind, welcome
¹⁸ εἰσπορεύομαι pres mid ptc m p acc, come
¹⁹ ἀκωλύτως, *adv*, unhindered

ΙΑΚΩΒΟΥ ΕΠΙΣΤΟΛΗ

Salutation

1 Ἰάκωβος θεοῦ καὶ κυρίου Ἰησοῦ Χριστοῦ δοῦλος ταῖς δώδεκα φυλαῖς ταῖς ἐν τῇ διασπορᾷ[1] χαίρειν.

Faith and Wisdom

2 Πᾶσαν χαρὰν ἡγήσασθε[2], ἀδελφοί μου, ὅταν πειρασμοῖς[3] περιπέσητε[4] ποικίλοις[5], **3** γινώσκοντες ὅτι τὸ δοκίμιον[6] ὑμῶν τῆς πίστεως κατεργάζεται[7] ὑπομονήν. **4** ἡ δὲ ὑπομονὴ ἔργον τέλειον[8] ἐχέτω, ἵνα ἦτε τέλειοι[9] καὶ ὁλόκληροι[10] ἐν μηδενὶ λειπόμενοι[11]. **5** Εἰ δέ τις ὑμῶν λείπεται σοφίας, αἰτείτω παρὰ τοῦ διδόντος[12] θεοῦ πᾶσιν ἁπλῶς[13] καὶ μὴ ὀνειδίζοντος[14], καὶ δοθήσεται[15] αὐτῷ. **6** αἰτείτω δὲ ἐν πίστει μηδὲν διακρινόμενος[16]· ὁ γὰρ διακρινόμενος ἔοικεν[17] κλύδωνι[18] θαλάσσης ἀνεμιζομένῳ[19] καὶ ῥιπιζομένῳ[20]. **7** μὴ γὰρ οἰέσθω[21] ὁ ἄνθρωπος ἐκεῖνος ὅτι λήμψεταί[22] τι παρὰ τοῦ κυρίου, **8** ἀνὴρ δίψυχος[23], ἀκατάστατος[24] ἐν πάσαις ταῖς ὁδοῖς αὐτοῦ.

Poverty and Riches

9 Καυχάσθω δὲ ὁ ἀδελφὸς ὁ ταπεινὸς[25] ἐν τῷ ὕψει[26] αὐτοῦ, **10** ὁ δὲ πλούσιος[27] ἐν τῇ ταπεινώσει[28] αὐτοῦ, ὅτι ὡς ἄνθος[29] χόρτου[30] παρελεύσεται[31]. **11** ἀνέτειλεν[32]

---

[1] διασπορά, -ᾶς f, dispersion
[2] ἡγέομαι 2p aor mid impv, consider
[3] πειρασμός, -οῦ m, trial
[4] περιπίπτω 2p aor act sub, encounter
[5] ποικίλος, -η/ον, various kinds of
[6] δοκίμιον, -ου n, testing
[7] κατεργάζομαι 3s pres mid ind, produce
[8] τέλειος, -α/ον, perfect (ἔργον τ. full effect)
[9] τέλειος, -α/ον, mature
[10] ὁλόκληρος, -α/ον, complete
[11] λείπω pres pas ptc m p nom, lack
[12] δίδωμι pres act ptc m s gen, give
[13] ἁπλῶς, adv, generously
[14] ὀνειδίζω pres act ptc m s gen, reproach
[15] δίδωμι 3s fut pas ind, give
[16] διακρίνω pres mid ptc m s nom, doubt
[17] ἔοικα 3s pf act ind, be like
[18] κλύδων, -ωνος m, wave
[19] ἀνεμίζω pres pas ptc m s dat, pas be blown about by the wind
[20] ῥιπίζω pres pas ptc m s dat, toss about
[21] οἴομαι 3s pres mid impv, suppose
[22] λαμβάνω 3s fut mid ind, receive
[23] δίψυχος, -ον, of divided loyalty
[24] ἀκατάστατος, -ον, unstable
[25] ταπεινός, -ή/όν, of humble circumstances
[26] ὕψος, -ους n, high position
[27] πλούσιος, -α/ον, rich
[28] ταπείνωσις, -εως f, humiliation
[29] ἄνθος, -ους n, flower
[30] χόρτος, -ου m, grass
[31] παρέρχομαι 3s fut mid ind, disappear
[32] ἀνατέλλω 3s aor act ind, rise

γὰρ ὁ ἥλιος σὺν τῷ καύσωνι[1] καὶ ἐξήρανεν[2] τὸν χόρτον[3], καὶ τὸ ἄνθος αὐτοῦ ἐξέπεσεν[4], καὶ ἡ εὐπρέπεια[5] τοῦ προσώπου αὐτοῦ ἀπώλετο[6]· οὕτως καὶ ὁ πλούσιος ἐν ταῖς πορείαις[7] αὐτοῦ μαρανθήσεται[8].

Trial and Temptation

12 Μακάριος ἀνὴρ ὃς ὑπομένει[9] πειρασμόν[10], ὅτι δόκιμος[11] γενόμενος λήμψεται[12] τὸν στέφανον[13] τῆς ζωῆς ὃν ἐπηγγείλατο[14] τοῖς ἀγαπῶσιν αὐτόν. **13** μηδεὶς πειραζόμενος λεγέτω ὅτι ἀπὸ θεοῦ πειράζομαι· ὁ γὰρ θεὸς ἀπείραστός[15] ἐστιν κακῶν, πειράζει δὲ αὐτὸς οὐδένα. **14** ἕκαστος δὲ πειράζεται ὑπὸ τῆς ἰδίας ἐπιθυμίας ἐξελκόμενος[16] καὶ δελεαζόμενος[17]· **15** εἶτα[18] ἡ ἐπιθυμία συλλαβοῦσα[19] τίκτει[20] ἁμαρτίαν, ἡ δὲ ἁμαρτία ἀποτελεσθεῖσα[21] ἀποκύει[22] θάνατον.

16 Μὴ πλανᾶσθε, ἀδελφοί μου ἀγαπητοί. **17** πᾶσα δόσις[23] ἀγαθὴ καὶ πᾶν δώρημα[24] τέλειον[25] ἄνωθέν[26] ἐστιν καταβαῖνον ἀπὸ τοῦ πατρὸς τῶν φώτων, παρ' ᾧ οὐκ ἔνι[27] παραλλαγὴ[28] ἢ τροπῆς[29] ἀποσκίασμα[30]. **18** βουληθεὶς[31] ἀπεκύησεν ἡμᾶς λόγῳ ἀληθείας εἰς τὸ εἶναι ἡμᾶς ἀπαρχήν[32] τινα τῶν αὐτοῦ κτισμάτων[33].

19 Ἴστε[34], ἀδελφοί μου ἀγαπητοί· ἔστω[35] δὲ πᾶς ἄνθρωπος ταχὺς[36] εἰς τὸ ἀκοῦσαι, βραδὺς[37] εἰς τὸ λαλῆσαι, βραδὺς εἰς ὀργήν· **20** ὀργὴ γὰρ ἀνδρὸς δικαιοσύνην θεοῦ οὐ κατεργάζεται[38]. **21** διὸ ἀποθέμενοι[39] πᾶσαν ῥυπαρίαν[40] καὶ περισσείαν[41] κακίας[42] ἐν πραΰτητι[43] δέξασθε[44] τὸν ἔμφυτον[45] λόγον τὸν δυνάμενον σῶσαι τὰς ψυχὰς ὑμῶν.

---

[1] καύσων, -ωνος m, (scorching) heat
[2] ξηραίνω 3s aor act ind, wither
[3] χόρτος, -ου m, grass
[4] ἐκπίπτω 3s aor act ind, fall off
[5] εὐπρέπεια, -ας f, beauty
[6] ἀπόλλυμι 3s aor mid ind, mid perish
[7] πορεία, -ας f, pursuit
[8] μαραίνω 3s fut pas ind, pas wither away
[9] ὑπομένω 3s pres act ind, endure
[10] πειρασμός, -οῦ m, trial
[11] δόκιμος, -ον, approved (δ. γίνομαι stand the test)
[12] λαμβάνω 3s fut mid ind, receive
[13] στέφανος, -ου m, crown
[14] ἐπαγγέλλομαι 3s aor mid ind, promise
[15] ἀπείραστος, -ον, unable to be tempted
[16] ἐξέλκω pres pas ptc m s nom, drag away
[17] δελεάζω pres pas ptc m s nom, entice
[18] εἶτα, adv, then
[19] συλλαμβάνω aor act ptc f s nom, conceive
[20] τίκτω 3s pres act ind, give birth to
[21] ἀποτελέω aor pas ptc f s nom, be full grown
[22] ἀποκύω 3s pres act ind, give birth to
[23] δόσις, -εως f, gift
[24] δώρημα, -τος n, gift
[25] τέλειος, -α/ον, perfect
[26] ἄνωθεν, adv, from above
[27] ἔνι 3s pres act ind, there is (= ἔνεστιν)
[28] παραλλαγή, -ῆς f, variation
[29] τροπή, -ῆς f, change
[30] ἀποσκίασμα, -τος n, shadow
[31] βούλομαι aor pas ptc m s nom, want
[32] ἀπαρχή, -ῆς f, first-portion
[33] κτίσμα, -τος n, what is created
[34] οἶδα 2p pf act impv, know
[35] εἰμί 3s pres act impv, be
[36] ταχύς, -εῖα/ύ, quick
[37] βραδύς, -εῖα/ύ, slow
[38] κατεργάζομαι 3s pres mid ind, produce
[39] ἀποτίθημι aor mid ptc m p nom, be done with
[40] ῥυπαρία, -ας f, moral filth
[41] περισσεία, -ας f, abundance
[42] κακία, -ας f, evil
[43] πραΰτης, -ητος f, humility
[44] δέχομαι 2p aor mid impv, receive
[45] ἔμφυτος, -ον, implanted

22 Γίνεσθε¹ δὲ ποιηταὶ² λόγου καὶ μὴ μόνον ἀκροαταὶ³ παραλογιζόμενοι⁴ ἑαυτούς. **23** ὅτι εἴ τις ἀκροατὴς λόγου ἐστὶν καὶ οὐ ποιητής, οὗτος ἔοικεν⁵ ἀνδρὶ κατανοοῦντι⁶ τὸ πρόσωπον τῆς γενέσεως⁷ αὐτοῦ ἐν ἐσόπτρῳ⁸· **24** κατενόησεν γὰρ ἑαυτὸν καὶ ἀπελήλυθεν⁹ καὶ εὐθέως ἐπελάθετο¹⁰ ὁποῖος¹¹ ἦν. **25** ὁ δὲ παρακύψας¹² εἰς νόμον τέλειον¹³ τὸν τῆς ἐλευθερίας¹⁴ καὶ παραμείνας¹⁵ οὐκ ἀκροατὴς ἐπιλησμονῆς¹⁶ γενόμενος¹⁷ ἀλλὰ ποιητὴς ἔργου, οὗτος μακάριος ἐν τῇ ποιήσει¹⁸ αὐτοῦ ἔσται¹⁹. **26** Εἴ τις δοκεῖ θρησκὸς²⁰ εἶναι μὴ χαλιναγωγῶν²¹ γλῶσσαν αὐτοῦ ἀλλ' ἀπατῶν²² καρδίαν αὐτοῦ, τούτου μάταιος²³ ἡ θρησκεία²⁴. **27** θρησκεία καθαρὰ²⁵ καὶ ἀμίαντος²⁶ παρὰ τῷ θεῷ καὶ πατρὶ αὕτη ἐστίν, ἐπισκέπτεσθαι²⁷ ὀρφανοὺς²⁸ καὶ χήρας²⁹ ἐν τῇ θλίψει αὐτῶν, ἄσπιλον³⁰ ἑαυτὸν τηρεῖν ἀπὸ τοῦ κόσμου.

Warning against Partiality

2 Ἀδελφοί μου, μὴ ἐν προσωπολημψίαις³¹ ἔχετε τὴν πίστιν τοῦ κυρίου ἡμῶν Ἰησοῦ Χριστοῦ τῆς δόξης. **2** ἐὰν γὰρ εἰσέλθῃ³² εἰς συναγωγὴν ὑμῶν ἀνὴρ χρυσοδακτύλιος³³ ἐν ἐσθῆτι³⁴ λαμπρᾷ³⁵, εἰσέλθῃ δὲ καὶ πτωχὸς ἐν ῥυπαρᾷ³⁶ ἐσθῆτι, **3** ἐπιβλέψητε³⁷ δὲ ἐπὶ τὸν φοροῦντα³⁸ τὴν ἐσθῆτα τὴν λαμπρὰν καὶ εἴπητε³⁹· σὺ κάθου⁴⁰ ὧδε καλῶς, καὶ τῷ πτωχῷ εἴπητε· σὺ στῆθι⁴¹ ἢ κάθου ἐκεῖ ὑπὸ τὸ ὑποπόδιόν⁴² μου, **4** καὶ οὐ διεκρίθητε⁴³ ἐν ἑαυτοῖς καὶ ἐγένεσθε κριταὶ⁴⁴ διαλογισμῶν⁴⁵ πονηρῶν; **5** ἀκούσατε, ἀδελφοί μου ἀγαπητοί· οὐχ ὁ θεὸς ἐξελέξατο⁴⁶

¹ γίνομαι 2p pres mid impv, be
² ποιητής, -οῦ m, doer
³ ἀκροατής, -οῦ m, a hearer
⁴ παραλογίζομαι pres mid ptc m p nom, deceive
⁵ ἔοικα 3s pf act ind, be like
⁶ κατανοέω pres act ptc m s dat, observe
⁷ γένεσις, -εως f, birth (τὸ πρόσωπον τῆς γ. one's natural face)
⁸ ἔσοπτρον, -ου n, mirror
⁹ ἀπέρχομαι 3s pf act ind, go away
¹⁰ ἐπιλανθάνομαι 3s aor mid ind, forget
¹¹ ὁποῖος, -α/ον, of what sort
¹² παρακύπτω aor act ptc m s nom, look into
¹³ τέλειος, -α/ον, perfect
¹⁴ ἐλευθερία, -ας f, freedom
¹⁵ παραμένω aor act ptc m s nom, remain
¹⁶ ἐπιλησμονή, -ῆς f, forgetfulness
¹⁷ γίνομαι aor pas ptc m s nom, become
¹⁸ ποίησις, -εως f, doing
¹⁹ εἰμί 3s fut mid ind, be
²⁰ θρησκός, -όν, religious
²¹ χαλιναγωγέω pres act ptc m s nom, control
²² ἀπατάω pres act ptc m s nom, deceive
²³ μάταιος, -α/ον, worthless
²⁴ θρησκεία, -ας f, religion
²⁵ καθαρός, -ά/όν, pure
²⁶ ἀμίαντος, -ον, undefiled
²⁷ ἐπισκέπτομαι pres mid inf, care for
²⁸ ὀρφανός, -ή/όν, orphaned
²⁹ χήρα, -ας f, widow
³⁰ ἄσπιλος, -ον, spotless
³¹ προσωπολημψία, -ας f, favoritism
³² εἰσέρχομαι 3s aor act sub, come
³³ χρυσοδακτύλιος, -ον, wearing a gold ring
³⁴ ἐσθής, -ῆτος f, clothing
³⁵ λαμπρός, -ά/όν, fine
³⁶ ῥυπαρός, -ά/όν, shabby
³⁷ ἐπιβλέπω 2p aor act sub, show more respect to
³⁸ φορέω pres act ptc m s acc, wear
³⁹ λέγω 2p aor act sub, say
⁴⁰ κάθημαι 2s pres mid impv, sit
⁴¹ ἵστημι 2s aor act impv, stand
⁴² ὑπόπόδιον, -ου n, footstool (ὑπὸ τὸ ὑ. at my feet)
⁴³ διακρίνω 2p aor pas ind, make a distinction
⁴⁴ κριτής, -οῦ m, judge
⁴⁵ διαλογισμός, -οῦ m, thought
⁴⁶ ἐκλέγομαι 3s aor mid ind, choose

τοὺς πτωχοὺς τῷ κόσμῳ πλουσίους[1] ἐν πίστει καὶ κληρονόμους[2] τῆς βασιλείας ἧς ἐπηγγείλατο[3] τοῖς ἀγαπῶσιν αὐτόν; **6** ὑμεῖς δὲ ἠτιμάσατε[4] τὸν πτωχόν. οὐχ οἱ πλούσιοι καταδυναστεύουσιν[5] ὑμῶν καὶ αὐτοὶ ἕλκουσιν[6] ὑμᾶς εἰς κριτήρια[7]; **7** οὐκ αὐτοὶ βλασφημοῦσιν τὸ καλὸν ὄνομα τὸ ἐπικληθὲν[8] ἐφ᾽ ὑμᾶς; **8** Εἰ μέντοι[9] νόμον τελεῖτε[10] βασιλικὸν[11] κατὰ τὴν γραφήν· ἀγαπήσεις τὸν πλησίον[12] σου ὡς σεαυτόν, καλῶς ποιεῖτε· **9** εἰ δὲ προσωπολημπτεῖτε[13], ἁμαρτίαν ἐργάζεσθε ἐλεγχόμενοι[14] ὑπὸ τοῦ νόμου ὡς παραβάται[15]. **10** ὅστις γὰρ ὅλον τὸν νόμον τηρήσῃ, πταίσῃ[16] δὲ ἐν ἑνί, γέγονεν[17] πάντων ἔνοχος[18]. **11** ὁ γὰρ εἰπών· **μὴ μοιχεύσῃς**[19], εἶπεν καί· **μὴ φονεύσῃς**[20]· εἰ δὲ οὐ μοιχεύεις, φονεύεις δέ, γέγονας παραβάτης νόμου.
12 Οὕτως λαλεῖτε καὶ οὕτως ποιεῖτε ὡς διὰ νόμου ἐλευθερίας[21] μέλλοντες κρίνεσθαι. **13** ἡ γὰρ κρίσις ἀνέλεος[22] τῷ μὴ ποιήσαντι ἔλεος[23]· κατακαυχᾶται[24] ἔλεος κρίσεως.

Faith and Works

14 Τί τὸ ὄφελος[25], ἀδελφοί μου, ἐὰν πίστιν λέγῃ τις ἔχειν, ἔργα δὲ μὴ ἔχῃ; μὴ δύναται ἡ πίστις σῶσαι[26] αὐτόν; **15** ἐὰν ἀδελφὸς ἢ ἀδελφὴ[27] γυμνοὶ[28] ὑπάρχωσιν καὶ λειπόμενοι[29] ὦσιν τῆς ἐφημέρου[30] τροφῆς[31], **16** εἴπῃ[32] δέ τις αὐτοῖς ἐξ ὑμῶν· ὑπάγετε ἐν εἰρήνῃ, θερμαίνεσθε[33] καὶ χορτάζεσθε[34], μὴ δῶτε[35] δὲ αὐτοῖς τὰ ἐπιτήδεια[36] τοῦ σώματος, τί τὸ ὄφελος; **17** οὕτως καὶ ἡ πίστις, ἐὰν μὴ ἔχῃ ἔργα, νεκρά ἐστιν καθ᾽ ἑαυτήν.
18 Ἀλλ᾽ ἐρεῖ[37] τις· σὺ πίστιν ἔχεις, κἀγὼ ἔργα ἔχω. δεῖξόν[38] μοι τὴν πίστιν σου χωρὶς τῶν ἔργων, κἀγώ σοι δείξω ἐκ τῶν ἔργων μου τὴν πίστιν. **19** σὺ πιστεύεις ὅτι εἷς ἐστιν ὁ θεός, καλῶς ποιεῖς· καὶ τὰ δαιμόνια πιστεύουσιν καὶ φρίσσουσιν[39].

---

[1] πλούσιος, -α/ον, rich
[2] κληρονόμος, -ου m, heir
[3] ἐπαγγέλλομαι 3s aor mid ind, promise
[4] ἀτιμάζω 2p aor act ind, dishonor
[5] καταδυναστεύω 3p pres act ind, oppress
[6] ἕλκω 3p pres act ind, drag
[7] κριτήριον, -ου n, court
[8] ἐπικαλέω aor pas ptc n s acc, name
[9] μέντοι, conj, however
[10] τελέω 2p pres act ind, fulfill
[11] βασιλικός, -ή/όν, royal
[12] πλησίον, prep + gen, near (ὁ π. neighbor/friend)
[13] προσωπολημπτέω 2p pres act ind, show favoritism
[14] ἐλέγχω pres pas ptc m p nom, convict
[15] παραβάτης, -ου m, lawbreaker
[16] πταίω 3s aor act sub, stumble
[17] γίνομαι 3s pf act ind, become
[18] ἔνοχος, -ον, guilty
[19] μοιχεύω 2s aor act sub, commit adultery
[20] φονεύω 2s aor act sub, murder
[21] ἐλευθερία, -ας f, freedom
[22] ἀνέλεος, -ον, merciless
[23] ἔλεος, -ους n, mercy
[24] κατακαυχάομαι 3s pres mid ind, triumph over
[25] ὄφελος, -ους n, gain (τί τὸ ὄ. what good is it?)
[26] σῴζω aor act inf, save
[27] ἀδελφή, -ῆς f, sister
[28] γυμνός, -ή/όν, without clothes
[29] λείπω pres pas ptc m p nom, lack
[30] ἐφήμερος, -ον f, daily
[31] τροφή, -ῆς f, food
[32] λέγω 3s aor act sub, say
[33] θερμαίνομαι 2p pres mid impv, warm oneself
[34] χορτάζω 2p pres pas impv, satisfy
[35] δίδωμι 2p aor act sub, give
[36] ἐπιτήδειος, -α/ον, necessary
[37] λέγω 3s fut act ind, say
[38] δείκνυμι 2s aor act impv, show
[39] φρίσσω 3p pres act ind, tremble

20 Θέλεις δὲ γνῶναι¹, ὦ² ἄνθρωπε κενέ³, ὅτι ἡ πίστις χωρὶς τῶν ἔργων ἀργή⁴ ἐστιν; **21** Ἀβραὰμ ὁ πατὴρ ἡμῶν οὐκ ἐξ ἔργων ἐδικαιώθη ἀνενέγκας⁵ Ἰσαὰκ τὸν υἱὸν αὐτοῦ ἐπὶ τὸ θυσιαστήριον⁶; **22** βλέπεις ὅτι ἡ πίστις συνήργει⁷ τοῖς ἔργοις αὐτοῦ καὶ ἐκ τῶν ἔργων ἡ πίστις ἐτελειώθη⁸, **23** καὶ ἐπληρώθη ἡ γραφὴ ἡ λέγουσα· ἐπίστευσεν δὲ Ἀβραὰμ τῷ θεῷ, καὶ ἐλογίσθη αὐτῷ εἰς δικαιοσύνην καὶ φίλος⁹ θεοῦ ἐκλήθη. **24** ὁρᾶτε ὅτι ἐξ ἔργων δικαιοῦται ἄνθρωπος καὶ οὐκ ἐκ πίστεως μόνον. **25** ὁμοίως¹⁰ δὲ καὶ Ῥαὰβ ἡ πόρνη¹¹ οὐκ ἐξ ἔργων ἐδικαιώθη ὑποδεξαμένη¹² τοὺς ἀγγέλους καὶ ἑτέρᾳ ὁδῷ ἐκβαλοῦσα¹³; **26** ὥσπερ γὰρ τὸ σῶμα χωρὶς πνεύματος νεκρόν ἐστιν, οὕτως καὶ ἡ πίστις χωρὶς ἔργων νεκρά ἐστιν.

The Tongue

3 Μὴ πολλοὶ διδάσκαλοι γίνεσθε¹⁴, ἀδελφοί μου, εἰδότες¹⁵ ὅτι μεῖζον¹⁶ κρίμα¹⁷ λημψόμεθα¹⁸. **2** πολλὰ γὰρ πταίομεν¹⁹ ἅπαντες. εἴ τις ἐν λόγῳ οὐ πταίει, οὗτος τέλειος²⁰ ἀνὴρ δυνατὸς χαλιναγωγῆσαι²¹ καὶ ὅλον τὸ σῶμα. **3** εἰ δὲ τῶν ἵππων²² τοὺς χαλινοὺς²³ εἰς τὰ στόματα βάλλομεν εἰς τὸ πείθεσθαι αὐτοὺς ἡμῖν, καὶ ὅλον τὸ σῶμα αὐτῶν μετάγομεν²⁴. **4** ἰδοὺ καὶ τὰ πλοῖα τηλικαῦτα²⁵ ὄντα καὶ ὑπὸ ἀνέμων σκληρῶν²⁶ ἐλαυνόμενα²⁷ μετάγεται ὑπὸ ἐλαχίστου²⁸ πηδαλίου²⁹ ὅπου ἡ ὁρμὴ³⁰ τοῦ εὐθύνοντος³¹ βούλεται. **5** οὕτως καὶ ἡ γλῶσσα μικρὸν μέλος ἐστὶν καὶ μεγάλα αὐχεῖ³². ἰδοὺ ἡλίκον³³ πῦρ ἡλίκην ὕλην³⁴ ἀνάπτει³⁵. **6** καὶ ἡ γλῶσσα πῦρ. ὁ κόσμος τῆς ἀδικίας³⁶ ἡ γλῶσσα καθίσταται³⁷ ἐν τοῖς μέλεσιν ἡμῶν ἡ σπιλοῦσα³⁸ ὅλον τὸ σῶμα καὶ φλογίζουσα³⁹ τὸν τροχὸν⁴⁰ τῆς γενέσεως⁴¹ καὶ φλογιζομένη ὑπὸ τῆς γεέννης⁴². **7** πᾶσα γὰρ φύσις⁴³ θηρίων τε καὶ πετεινῶν⁴⁴, ἑρπετῶν⁴⁵ τε καὶ ἐναλίων⁴⁶

¹ γινώσκω aor act inf, know
² ὦ, interj, O!
³ κενός, -ή/όν, foolish
⁴ ἀργός, -ή/-όν, useless
⁵ ἀναφέρω aor act ptc m s nom, offer
⁶ θυσιαστήριον, -ου n, altar
⁷ συνεργέω 3s impf act ind, work together
⁸ τελειόω 3s aor pas ind, make complete
⁹ φίλος, -ου m, friend
¹⁰ ὁμοίως, adv, in the same way
¹¹ πόρνη, -ης f, prostitute
¹² ὑποδέχομαι aor mid ptc f s nom, welcome as a guest
¹³ ἐκβάλλω aor act ptc f s nom, send off
¹⁴ γίνομαι 2p pres mid impv, become
¹⁵ οἶδα pf act ptc m p nom, know
¹⁶ μέγας, strict (comp)
¹⁷ κρίμα, -τος n, judgment
¹⁸ λαμβάνω 1p fut mid ind, receive
¹⁹ πταίω 1p pres act ind, stumble
²⁰ τέλειος, -α/ον, perfect
²¹ χαλιναγωγέω aor act inf, control
²² ἵππος, -ου m, horse
²³ χαλινός, -οῦ m, bit
²⁴ μετάγω 1p pres act ind, guide
²⁵ τηλικοῦτος, -αύτη/οῦτο, so large
²⁶ σκληρός, -ά/όν, strong
²⁷ ἐλαύνω pres pas ptc n p nom, drive (of wind)
²⁸ ἐλάχιστος, smallest (super of μικρός)
²⁹ πηδάλιον, -ου n, rudder
³⁰ ὁρμή, -ῆς f, will
³¹ εὐθύνω pres act ptc m s gen, steer
³² αὐχέω 3s pres act ind, boast
³³ ἡλίκος, -η/ον, how small/large
³⁴ ὕλη, -ης f, forest
³⁵ ἀνάπτω 3s pres act ind, set ablaze
³⁶ ἀδικία, -ας f, evil
³⁷ καθίστημι 3s pres pas ind, be
³⁸ σπιλόω pres act ptc f s nom, pollute
³⁹ φλογίζω pres act ptc f s nom, set on fire
⁴⁰ τροχός, -οῦ m, cycle (τ. τῆς γενέσεως one's entire life)
⁴¹ γένεσις, -εως f, birth
⁴² γέεννα, -ης f, hell
⁴³ φύσις, -εως f, kind/species
⁴⁴ πετεινόν, -οῦ n, bird
⁴⁵ ἑρπετόν, -οῦ n, reptile
⁴⁶ ἐνάλιος, -ου n, sea creature

δαμάζεται¹ καὶ δεδάμασται τῇ φύσει τῇ ἀνθρωπίνῃ², 8 τὴν δὲ γλῶσσαν οὐδεὶς δαμάσαι δύναται ἀνθρώπων, ἀκατάστατον³ κακόν, μεστὴ⁴ ἰοῦ⁵ θανατηφόρου⁶. 9 ἐν αὐτῇ εὐλογοῦμεν τὸν κύριον καὶ πατέρα καὶ ἐν αὐτῇ καταρώμεθα⁷ τοὺς ἀνθρώπους τοὺς καθ᾽ ὁμοίωσιν⁸ θεοῦ γεγονότας· 10 ἐκ τοῦ αὐτοῦ στόματος ἐξέρχεται εὐλογία⁹ καὶ κατάρα¹⁰. οὐ χρή¹¹, ἀδελφοί μου, ταῦτα οὕτως γίνεσθαι. 11 μήτι¹² ἡ πηγὴ¹³ ἐκ τῆς αὐτῆς ὀπῆς¹⁴ βρύει¹⁵ τὸ γλυκὺ¹⁶ καὶ τὸ πικρόν¹⁷; 12 μὴ δύναται, ἀδελφοί μου, συκῆ¹⁸ ἐλαίας¹⁹ ποιῆσαι ἢ ἄμπελος²⁰ σῦκα²¹; οὔτε ἁλυκὸν²² γλυκὺ ποιῆσαι ὕδωρ.

The Wisdom from Above

13 Τίς σοφὸς²³ καὶ ἐπιστήμων²⁴ ἐν ὑμῖν; δειξάτω²⁵ ἐκ τῆς καλῆς ἀναστροφῆς²⁶ τὰ ἔργα αὐτοῦ ἐν πραΰτητι²⁷ σοφίας. 14 εἰ δὲ ζῆλον²⁸ πικρὸν²⁹ ἔχετε καὶ ἐριθείαν³⁰ ἐν τῇ καρδίᾳ ὑμῶν, μὴ κατακαυχᾶσθε³¹ καὶ ψεύδεσθε³² κατὰ τῆς ἀληθείας. 15 οὐκ ἔστιν αὕτη ἡ σοφία ἄνωθεν³³ κατερχομένη³⁴ ἀλλ᾽ ἐπίγειος³⁵, ψυχική³⁶, δαιμονιώδης³⁷. 16 ὅπου γὰρ ζῆλος καὶ ἐριθεία, ἐκεῖ ἀκαταστασία³⁸ καὶ πᾶν φαῦλον³⁹ πρᾶγμα⁴⁰. 17 ἡ δὲ ἄνωθεν⁴¹ σοφία πρῶτον μὲν ἁγνή⁴² ἐστιν, ἔπειτα⁴³ εἰρηνική⁴⁴, ἐπιεικής⁴⁵, εὐπειθής⁴⁶, μεστὴ⁴⁷ ἐλέους⁴⁸ καὶ καρπῶν ἀγαθῶν, ἀδιάκριτος⁴⁹, ἀνυπόκριτος⁵⁰. 18 καρπὸς δὲ δικαιοσύνης ἐν εἰρήνῃ σπείρεται τοῖς ποιοῦσιν εἰρήνην.

---

[1] δαμάζω 3s pres pas ind, tame
[2] ἀνθρώπινος, -η/ον, human
[3] ἀκατάστατος, -ον, restless
[4] μεστός, -ή/όν, full
[5] ἰός, -οῦ m, poison
[6] θανατηφόρος, -ον, deadly
[7] καταράομαι 1p pres mid ind, curse
[8] ὁμοίωσις, -εως f, likeness
[9] εὐλογία, -ας f, blessing
[10] κατάρα, -ας f, curse
[11] χρή, impers verb, it should
[12] μήτι, usually expects a negative reply
[13] πηγή, -ῆς f, spring
[14] ὀπή, -ῆς f, opening
[15] βρύω 3s pres act ind, pour out
[16] γλυκύς, -εῖα/ύ, sweet
[17] πικρός, -ά/όν, bitter
[18] συκῆ, -ῆς f, fig tree
[19] ἐλαία, -ας f, olive tree
[20] ἄμπελος, -ου f, grapevine
[21] σῦκον, -ου n, fig
[22] ἁλυκός, -ή/όν, salty
[23] σοφός, -ή/όν, wise
[24] ἐπιστήμων, -ον, understanding
[25] δείκνυμι 3s aor act impv, show
[26] ἀναστροφή, -ῆς f, manner of life
[27] πραΰτης, -ητος f, humility
[28] ζῆλος, -ου m, jealousy
[29] πικρός, -ά/όν, bitter
[30] ἐριθεία, -ας f, selfish ambition
[31] κατακαυχάομαι 2p pres mid impv, boast
[32] ψεύδομαι 2p pres mid impv, lie
[33] ἄνωθεν, adv, from above
[34] κατέρχομαι pres mid ptc f s nom, come down
[35] ἐπίγειος, -ον, earthly
[36] ψυχικός, -ή/όν, unspiritual
[37] δαιμονιώδης, -ες, demonic
[38] ἀκαταστασία, -ας f, disorder
[39] φαῦλος, -η/ον, evil
[40] πρᾶγμα, -τος n, deed
[41] ἄνωθεν, adv, from above
[42] ἁγνός, -ή/όν, pure
[43] ἔπειτα, adv, then
[44] εἰρηνικός, -ή/όν, peaceful
[45] ἐπιεικής, -ές, gentle
[46] εὐπειθής, -ές, reasonable
[47] μεστός, -ή/όν, full
[48] ἔλεος, -ους n, mercy
[49] ἀδιάκριτος, -ον, impartial
[50] ἀνυπόκριτος, -ον, sincere

Friendship with the World

4 Πόθεν¹ πόλεμοι² καὶ πόθεν μάχαι³ ἐν ὑμῖν; οὐκ ἐντεῦθεν⁴, ἐκ τῶν ἡδονῶν⁵ ὑμῶν τῶν στρατευομένων⁶ ἐν τοῖς μέλεσιν ὑμῶν; **2** ἐπιθυμεῖτε⁷ καὶ οὐκ ἔχετε, φονεύετε⁸ καὶ ζηλοῦτε⁹ καὶ οὐ δύνασθε ἐπιτυχεῖν¹⁰, μάχεσθε¹¹ καὶ πολεμεῖτε¹², οὐκ ἔχετε διὰ τὸ μὴ αἰτεῖσθαι ὑμᾶς, **3** αἰτεῖτε καὶ οὐ λαμβάνετε, διότι¹³ κακῶς¹⁴ αἰτεῖσθε, ἵνα ἐν ταῖς ἡδοναῖς ὑμῶν δαπανήσητε¹⁵. **4** μοιχαλίδες¹⁶, οὐκ οἴδατε ὅτι ἡ φιλία¹⁷ τοῦ κόσμου ἔχθρα¹⁸ τοῦ θεοῦ ἐστιν; ὃς ἐὰν οὖν βουληθῇ φίλος¹⁹ εἶναι τοῦ κόσμου, ἐχθρὸς τοῦ θεοῦ καθίσταται²⁰. **5** ἢ δοκεῖτε ὅτι κενῶς²¹ ἡ γραφὴ λέγει· πρὸς φθόνον²² ἐπιποθεῖ²³ τὸ πνεῦμα ὃ κατῴκισεν²⁴ ἐν ἡμῖν, **6** μείζονα²⁵ δὲ δίδωσιν χάριν· διὸ λέγει·

ὁ θεὸς ὑπερηφάνοις²⁶ ἀντιτάσσεται²⁷,
ταπεινοῖς²⁸ δὲ δίδωσιν χάριν.

7 ὑποτάγητε²⁹ οὖν τῷ θεῷ, ἀντίστητε³⁰ δὲ τῷ διαβόλῳ, καὶ φεύξεται³¹ ἀφ᾽ ὑμῶν· **8** ἐγγίσατε τῷ θεῷ καὶ ἐγγιεῖ³² ὑμῖν. καθαρίσατε χεῖρας, ἁμαρτωλοί, καὶ ἁγνίσατε³³ καρδίας, δίψυχοι³⁴. **9** ταλαιπωρήσατε³⁵ καὶ πενθήσατε³⁶ καὶ κλαύσατε. ὁ γέλως³⁷ ὑμῶν εἰς πένθος³⁸ μετατραπήτω³⁹ καὶ ἡ χαρὰ εἰς κατήφειαν⁴⁰. **10** ταπεινώθητε⁴¹ ἐνώπιον τοῦ κυρίου καὶ ὑψώσει⁴² ὑμᾶς.

Judging Another

11 Μὴ καταλαλεῖτε⁴³ ἀλλήλων, ἀδελφοί. ὁ καταλαλῶν ἀδελφοῦ ἢ κρίνων τὸν ἀδελφὸν αὐτοῦ καταλαλεῖ νόμου καὶ κρίνει νόμον· εἰ δὲ νόμον κρίνεις, οὐκ εἶ ποιητὴς⁴⁴

---

¹ πόθεν, *conj*, from where
² πόλεμος, -ου *m*, conflict
³ μάχη, -ης *f*, quarrel
⁴ ἐντεῦθεν, *adv*, from here
⁵ ἡδονή, -ῆς *f*, desire
⁶ στρατεύομαι *pres mid ptc f p gen*, fight
⁷ ἐπιθυμέω *2p pres act ind*, desire
⁸ φονεύω *2p pres act ind*, murder
⁹ ζηλόω *2p pres act ind*, covet
¹⁰ ἐπιτυγχάνω *aor act inf*, obtain
¹¹ μάχομαι *2p pres mid ind*, quarrel
¹² πολεμέω *2p pres act ind*, fight
¹³ διότι, *conj*, because
¹⁴ κακῶς, *adv*, with wrong motives
¹⁵ δαπανάω *2p aor act sub*, spend
¹⁶ μοιχαλίς, -ίδος *f*, unfaithful (person)
¹⁷ φιλία, -ας *f*, friendship
¹⁸ ἔχθρα, -ας *f*, enmity
¹⁹ φίλος, -ου *m*, friend
²⁰ καθίστημι *3s pres pas ind*, be
²¹ κενῶς, *adv*, in vain
²² φθόνος, -ου *m*, jealousy
²³ ἐπιποθέω *3s pres act ind*, long for/yearn over
²⁴ κατοικίζω *3s aor act ind*, cause to dwell
²⁵ μέγας, great (comp)
²⁶ ὑπερήφανος, -ον, proud
²⁷ ἀντιτάσσομαι *3s pres mid ind*, oppose
²⁸ ταπεινός, -ή/όν, humble
²⁹ ὑποτάσσω *2p aor pas impv*, pas submit to
³⁰ ἀνθίστημι *2p aor act impv*, resist
³¹ φεύγω *3s fut mid ind*, run away
³² ἐγγίζω *3s fut act ind*, draw near
³³ ἁγνίζω *2p aor act impv*, purify
³⁴ δίψυχος, -ον, of divided loyalty
³⁵ ταλαιπωρέω *2p aor act impv*, grieve
³⁶ πενθέω *2p aor act impv*, mourn
³⁷ γέλως, -ωτος *m*, laughter
³⁸ πένθος, -ους *n*, mourning
³⁹ μετατρέπω *3s aor pas impv*, change
⁴⁰ κατήφεια, -ας *f*, gloom
⁴¹ ταπεινόω *2p aor pas impv*, humble
⁴² ὑψόω *3s fut act ind*, exalt
⁴³ καταλαλέω *2p pres act impv*, slander
⁴⁴ ποιητής, -οῦ *m*, doer

νόμου ἀλλὰ κριτής¹. 12 εἷς ἐστιν ὁ νομοθέτης² καὶ κριτὴς ὁ δυνάμενος σῶσαι καὶ ἀπολέσαι³· σὺ δὲ τίς εἶ ὁ κρίνων τὸν πλησίον⁴;

Warning against Boasting

13 Ἄγε⁵ νῦν οἱ λέγοντες· σήμερον ἢ αὔριον⁶ πορευσόμεθα εἰς τήνδε⁷ τὴν πόλιν καὶ ποιήσομεν ἐκεῖ ἐνιαυτὸν⁸ καὶ ἐμπορευσόμεθα⁹ καὶ κερδήσομεν¹⁰, 14 οἵτινες οὐκ ἐπίστασθε¹¹ τὸ τῆς αὔριον ποία ἡ ζωὴ ὑμῶν – ἀτμὶς¹² γάρ ἐστε ἡ πρὸς ὀλίγον φαινομένη, ἔπειτα¹³ καὶ ἀφανιζομένη¹⁴ – 15 ἀντὶ¹⁵ τοῦ λέγειν ὑμᾶς· ἐὰν ὁ κύριος θελήσῃ καὶ ζήσομεν¹⁶ καὶ ποιήσομεν τοῦτο ἢ ἐκεῖνο. 16 νῦν δὲ καυχᾶσθε ἐν ταῖς ἀλαζονείαις¹⁷ ὑμῶν· πᾶσα καύχησις¹⁸ τοιαύτη πονηρά ἐστιν. 17 εἰδότι¹⁹ οὖν καλὸν ποιεῖν καὶ μὴ ποιοῦντι, ἁμαρτία αὐτῷ ἐστιν.

Warning to the Rich

5 Ἄγε²⁰ νῦν οἱ πλούσιοι²¹, κλαύσατε ὀλολύζοντες²² ἐπὶ ταῖς ταλαιπωρίαις²³ ὑμῶν ταῖς ἐπερχομέναις²⁴. 2 ὁ πλοῦτος²⁵ ὑμῶν σέσηπεν²⁶ καὶ τὰ ἱμάτια ὑμῶν σητόβρωτα²⁷ γέγονεν²⁸, 3 ὁ χρυσὸς²⁹ ὑμῶν καὶ ὁ ἄργυρος³⁰ κατίωται³¹ καὶ ὁ ἰὸς³² αὐτῶν εἰς μαρτύριον³³ ὑμῖν ἔσται καὶ φάγεται³⁴ τὰς σάρκας ὑμῶν ὡς πῦρ. ἐθησαυρίσατε³⁵ ἐν ἐσχάταις ἡμέραις. 4 ἰδοὺ ὁ μισθὸς³⁶ τῶν ἐργατῶν³⁷ τῶν ἀμησάντων³⁸ τὰς χώρας³⁹ ὑμῶν ὁ ἀπεστερημένος⁴⁰ ἀφ᾽ ὑμῶν κράζει, καὶ αἱ βοαὶ⁴¹ τῶν θερισάντων⁴² εἰς τὰ ὦτα κυρίου σαβαὼθ⁴³ εἰσεληλύθασιν⁴⁴. 5 ἐτρυφήσατε⁴⁵ ἐπὶ τῆς γῆς

---

[1] κριτής, -οῦ m, judge
[2] νομοθέτης, -ου m, lawgiver
[3] ἀπόλλυμι aor act inf, destroy
[4] πλησίον, prep + gen, near (ὁ π. neighbor/friend)
[5] ἄγε 2s pres act impv, go (ἄγε νῦν now listen)
[6] αὔριον, adv, tomorrow
[7] ὅδε, ἥδε, τόδε, this (εἰς τ. τὴν πόλιν to this or that town)
[8] ἐνιαυτός, -οῦ m, year
[9] ἐμπορεύομαι 1p fut mid ind, do business
[10] κερδαίνω 1p fut act ind, make money
[11] ἐπίσταμαι 2p pres pas ind, know
[12] ἀτμίς, -ίδος f, mist
[13] ἔπειτα, adv, then
[14] ἀφανίζω pres pas ptc f s nom, pas vanish
[15] ἀντί, prep + gen, instead of
[16] ζάω 1p fut act ind, live
[17] ἀλαζονεία, -ας f, arrogance
[18] καύχησις, -εως f, boasting
[19] οἶδα pf act ptc m s dat, know
[20] ἄγε 2s pres act impv, go (ἄγε νῦν now listen)
[21] πλούσιος, -α/ον, rich
[22] ὀλολύζω pres act ptc m p nom, weep
[23] ταλαιπωρία, -ας f, misery
[24] ἐπέρχομαι pres mid ptc f p dat, come upon
[25] πλοῦτος, -ου m, riches
[26] σήπω 3s pf act ind, rot
[27] σητόβρωτος, -ον, motheaten
[28] γίνομαι 3s pf act ind, be
[29] χρυσός, -οῦ m, gold
[30] ἄργυρος, -ου m, silver
[31] κατιόω 3s pf act ind, pas rust
[32] ἰός, -οῦ m, rust
[33] μαρτύριον, -ου n, evidence
[34] ἐσθίω 3s fut mid ind, mid eat
[35] θησαυρίζω 2p aor act ind, store up
[36] μισθός, -οῦ m, wages
[37] ἐργάτης, -ου m, worker
[38] ἀμάω aor act ptc m p gen, mow
[39] χώρα, -ας f, field
[40] ἀποστερέω pf pas ptc m s nom, defraud
[41] βοή, -ῆς f, cry
[42] θερίζω aor act ptc m p gen, harvest
[43] Σαβαώθ, Hebrew word, of the armies (κύριος Σ. Lord All Mighty)
[44] εἰσέρχομαι 3p pf act ind, reach
[45] τρυφάω 2p aor act ind, live in luxury

καὶ ἐσπαταλήσατε¹, ἐθρέψατε² τὰς καρδίας ὑμῶν ἐν ἡμέρᾳ σφαγῆς³, 6 κατεδικάσατε⁴, ἐφονεύσατε⁵ τὸν δίκαιον· οὐκ ἀντιτάσσεται⁶ ὑμῖν.

Patience and Prayer

7 Μακροθυμήσατε⁷ οὖν, ἀδελφοί, ἕως τῆς παρουσίας⁸ τοῦ κυρίου. ἰδοὺ ὁ γεωργὸς⁹ ἐκδέχεται¹⁰ τὸν τίμιον¹¹ καρπὸν τῆς γῆς μακροθυμῶν ἐπ' αὐτῷ, ἕως λάβῃ¹² πρόϊμον¹³ καὶ ὄψιμον¹⁴. 8 μακροθυμήσατε καὶ ὑμεῖς, στηρίξατε¹⁵ τὰς καρδίας ὑμῶν, ὅτι ἡ παρουσία τοῦ κυρίου ἤγγικεν¹⁶. 9 μὴ στενάζετε¹⁷, ἀδελφοί, κατ' ἀλλήλων, ἵνα μὴ κριθῆτε¹⁸· ἰδοὺ ὁ κριτὴς¹⁹ πρὸ τῶν θυρῶν ἕστηκεν²⁰. 10 ὑπόδειγμα²¹ λάβετε, ἀδελφοί, τῆς κακοπαθείας²² καὶ τῆς μακροθυμίας²³ τοὺς προφήτας οἳ ἐλάλησαν ἐν τῷ ὀνόματι κυρίου. 11 ἰδοὺ μακαρίζομεν²⁴ τοὺς ὑπομείναντας²⁵· τὴν ὑπομονὴν Ἰὼβ ἠκούσατε καὶ τὸ τέλος κυρίου εἴδετε, ὅτι πολύσπλαγχνός²⁶ ἐστιν ὁ κύριος καὶ οἰκτίρμων²⁷.

12 Πρὸ πάντων δέ, ἀδελφοί μου, μὴ ὀμνύετε²⁸ μήτε τὸν οὐρανὸν μήτε τὴν γῆν μήτε ἄλλον τινὰ ὅρκον²⁹· ἤτω³⁰ δὲ ὑμῶν τὸ ναὶ ναὶ καὶ τὸ οὒ οὔ, ἵνα μὴ ὑπὸ κρίσιν πέσητε³¹.

13 Κακοπαθεῖ³² τις ἐν ὑμῖν, προσευχέσθω· εὐθυμεῖ³³ τις, ψαλλέτω³⁴. 14 ἀσθενεῖ τις ἐν ὑμῖν, προσκαλεσάσθω³⁵ τοὺς πρεσβυτέρους τῆς ἐκκλησίας καὶ προσευξάσθωσαν³⁶ ἐπ' αὐτὸν ἀλείψαντες³⁷ αὐτὸν ἐλαίῳ³⁸ ἐν τῷ ὀνόματι τοῦ κυρίου. 15 καὶ ἡ εὐχὴ³⁹ τῆς πίστεως σώσει⁴⁰ τὸν κάμνοντα⁴¹ καὶ ἐγερεῖ⁴² αὐτὸν ὁ κύριος· κἂν⁴³ ἁμαρτίας ᾖ πεποιηκώς, ἀφεθήσεται⁴⁴ αὐτῷ. 16 ἐξομολογεῖσθε⁴⁵ οὖν ἀλλήλοις τὰς

---

1 σπαταλάω 2p aor ind, live in self-indulgence
2 τρέφω 2p pres act ind, fatten
3 σφαγή, -ῆς f, slaughter
4 καταδικάζω 2p aor act ind, condemn
5 φονεύω 2p aor act ind, murder
6 ἀντιτάσσομαι 3s pres mid ind, oppose
7 μακροθυμέω 2p aor act imp, be patient
8 παρουσία, -ας f, coming
9 γεωργός, -οῦ m, farmer
10 ἐκδέχομαι 3s pres mid ind, wait for
11 τίμιος, -α/ον, valuable
12 λαμβάνω 3s aor act sub, receive
13 πρόϊμος, -ου m, autumn rain
14 ὄψιμος, -ου m, spring rain
15 στηρίζω 2p aor act impv, strengthen
16 ἐγγίζω 3s pf act ind, draw near
17 στενάζω 2p pres act impv, grumble
18 κρίνω 2p aor pas sub, judge
19 κριτής, -οῦ m, judge
20 ἵστημι 3s pf act ind, stand
21 ὑπόδειγμα, -τος n, example
22 κακοπάθεια, -ας f, suffering
23 μακροθυμία, -ας f, patience
24 μακαρίζω 1p pres act ind, consider fortunate
25 ὑπομένω aor act ptc m p acc, endure
26 πολύσπλαγχνος, -ον, very compassionate
27 οἰκτίρμων, -ον, merciful
28 ὀμνύω 2p pres act impv, swear
29 ὅρκος, -ου m, oath
30 εἰμί 3s pres act impv, be
31 πίπτω 2p aor act sub, fall
32 κακοπαθέω 3s pres act ind, suffer
33 εὐθυμέω 3s pres act ind, be happy
34 ψάλλω 3s pres act impv, sing praise
35 προσκαλέομαι 3s aor mid impv, call (for)
36 προσεύχομαι 3p aor mid impv, pray
37 ἀλείφω aor act ptc m p nom, anoint
38 ἔλαιον, -ου n, olive oil
39 εὐχή, -ῆς f, prayer
40 σῴζω 3s fut act ind, make well
41 κάμνω pres act ptc m s acc, be sick
42 ἐγείρω 3s fut act ind, raise up
43 κἄν, = καὶ ἐάν, and if
44 ἀφίημι 3s fut pas ind, forgive
45 ἐξομολογέω 2p pres mid impv, mid confess

ἁμαρτίας καὶ εὔχεσθε¹ ὑπὲρ ἀλλήλων, ὅπως ἰαθῆτε². πολὺ ἰσχύει³ δέησις⁴ δικαίου ἐνεργουμένη⁵. **17** Ἠλίας ἄνθρωπος ἦν ὁμοιοπαθὴς⁶ ἡμῖν καὶ προσευχῇ προσηύξατο⁷ τοῦ μὴ βρέξαι⁸, καὶ οὐκ ἔβρεξεν ἐπὶ τῆς γῆς ἐνιαυτοὺς⁹ τρεῖς καὶ μῆνας¹⁰ ἕξ¹¹. **18** καὶ πάλιν προσηύξατο, καὶ ὁ οὐρανὸς ὑετὸν¹² ἔδωκεν καὶ ἡ γῆ ἐβλάστησεν¹³ τὸν καρπὸν αὐτῆς.

19 Ἀδελφοί μου, ἐάν τις ἐν ὑμῖν πλανηθῇ ἀπὸ τῆς ἀληθείας καὶ ἐπιστρέψῃ τις αὐτόν, **20** γινωσκέτω ὅτι ὁ ἐπιστρέψας ἁμαρτωλὸν ἐκ πλάνης¹⁴ ὁδοῦ αὐτοῦ σώσει¹⁵ ψυχὴν αὐτοῦ ἐκ θανάτου καὶ καλύψει¹⁶ πλῆθος ἁμαρτιῶν.

[1] εὔχομαι 2p pres mid impv, pray
[2] ἰάομαι 2p aor pas sub, heal
[3] ἰσχύω 3s pres act ind, be strong
[4] δέησις, -εως f, prayer
[5] ἐνεργέω pres mid ptc f s nom, work (πολὺ ἰσχύει ἐ. has powerful effects)
[6] ὁμοιοπαθής, -ές, like in every way
[7] προσεύχομαι 3s aor mid ind, pray
[8] βρέχω aor act inf, rain
[9] ἐνιαυτός, -οῦ m, year
[10] μήν, μηνός m, month
[11] ἕξ, six
[12] ὑετός, -οῦ m, rain
[13] βλαστάνω 3s aor act ind, produce
[14] πλάνη, -ης f, error
[15] σώζω 3s fut act ind, save
[16] καλύπτω 3s fut act ind, cover

ΠΕΤΡΟΥ Α'

Salutation

1 Πέτρος ἀπόστολος Ἰησοῦ Χριστοῦ ἐκλεκτοῖς[1] παρεπιδήμοις[2] διασπορᾶς[3] Πόντου, Γαλατίας, Καππαδοκίας, Ἀσίας καὶ Βιθυνίας **2** κατὰ πρόγνωσιν[4] θεοῦ πατρὸς ἐν ἁγιασμῷ[5] πνεύματος εἰς ὑπακοὴν[6] καὶ ῥαντισμὸν[7] αἵματος Ἰησοῦ Χριστοῦ, χάρις ὑμῖν καὶ εἰρήνη πληθυνθείη[8].

A Living Hope

3 Εὐλογητὸς[9] ὁ θεὸς καὶ πατὴρ τοῦ κυρίου ἡμῶν Ἰησοῦ Χριστοῦ ὁ κατὰ τὸ πολὺ αὐτοῦ ἔλεος[10] ἀναγεννήσας[11] ἡμᾶς εἰς ἐλπίδα ζῶσαν δι' ἀναστάσεως Ἰησοῦ Χριστοῦ ἐκ νεκρῶν **4** εἰς κληρονομίαν[12] ἄφθαρτον[13] καὶ ἀμίαντον[14] καὶ ἀμάραντον[15] τετηρημένην[16] ἐν οὐρανοῖς εἰς ὑμᾶς **5** τοὺς ἐν δυνάμει θεοῦ φρουρουμένους[17] διὰ πίστεως εἰς σωτηρίαν ἑτοίμην[18] ἀποκαλυφθῆναι[19] ἐν καιρῷ ἐσχάτῳ **6** ἐν ᾧ ἀγαλλιᾶσθε[20], ὀλίγον ἄρτι, εἰ δέον[21] ἐστίν, λυπηθέντας[22] ἐν ποικίλοις[23] πειρασμοῖς[24], **7** ἵνα τὸ δοκίμιον[25] ὑμῶν τῆς πίστεως πολυτιμότερον[26] χρυσίου[27] τοῦ ἀπολλυμένου[28], διὰ πυρὸς δὲ δοκιμαζομένου[29] εὑρεθῇ[30] εἰς ἔπαινον[31] καὶ δόξαν καὶ τιμὴν ἐν ἀποκαλύψει[32] Ἰησοῦ Χριστοῦ **8** ὃν οὐκ ἰδόντες ἀγαπᾶτε, εἰς ὃν ἄρτι μὴ ὁρῶντες, πιστεύοντες δὲ ἀγαλλιᾶσθε χαρᾷ ἀνεκλαλήτῳ[33] καὶ δεδοξασμένῃ **9** κομιζόμενοι[34] τὸ τέλος τῆς πίστεως ὑμῶν σωτηρίαν ψυχῶν. **10** περὶ ἧς σωτηρίας ἐξεζήτησαν[35]

---

[1] ἐκλεκτός, -ή/όν, chosen
[2] παρεπίδημος, -ου m, foreigner
[3] διασπορά, -ᾶς f, dispersion
[4] πρόγνωσις, -εως f, foreknowledge
[5] ἁγιασμός, -οῦ m, sanctification
[6] ὑπακοή, -ῆς f, obedience
[7] ῥαντισμός, -οῦ m, sprinkling
[8] πληθύνω 3s aor pas opt, increase
[9] εὐλογητός, -ή/όν, praised
[10] ἔλεος, -ους n, mercy
[11] ἀναγεννάω aor act ptc m s nom, give new birth to
[12] κληρονομία, -ας f, inheritance
[13] ἄφθαρτος, -ον, imperishable
[14] ἀμίαντος, -ον, undefiled
[15] ἀμάραντος, -ον, unfading
[16] τηρέω pf pas ptc f s acc, keep
[17] φρουρέω pres pas ptc m p acc, protect
[18] ἕτοιμος, -η/ον, ready
[19] ἀποκαλύπτω aor pas inf, reveal
[20] ἀγαλλιάω 2p pres mid ind, rejoice
[21] δεῖ pres act ptc n s nom, be necessary
[22] λυπέω aor pas ptc m p acc, pas suffer
[23] ποικίλος, -η/ον, all kinds of
[24] πειρασμός, -οῦ m, trial
[25] δοκίμιον, -ου n, genuineness
[26] πολύτιμος, precious (comp)
[27] χρυσίον, -ου n, gold
[28] ἀπόλλυμι pres mid ptc n s gen, mid vergehen
[29] δοκιμάζω pres pas ptc n s gen, test
[30] εὑρίσκω 3s aor pas sub, find
[31] ἔπαινος, -ου m, praise
[32] ἀποκάλυψις, -εως f, revelation
[33] ἀνεκλάλητος, -ον, inexpressible
[34] κομίζω pres mid ptc m p nom, receive
[35] ἐκζητέω 3p aor act ind, search diligently

1.11-21 ΠΕΤΡΟΥ Α' 374

καὶ ἐξηραύνησαν[1] προφῆται οἱ περὶ τῆς εἰς ὑμᾶς χάριτος προφητεύσαντες[2] 11 ἐραυνῶντες[3] εἰς τίνα ἢ ποῖον καιρὸν ἐδήλου[4] τὸ ἐν αὐτοῖς πνεῦμα Χριστοῦ προμαρτυρόμενον[5] τὰ εἰς Χριστὸν παθήματα[6] καὶ τὰς μετὰ ταῦτα δόξας. 12 οἷς ἀπεκαλύφθη[7] ὅτι οὐχ ἑαυτοῖς, ὑμῖν δὲ διηκόνουν[8] αὐτὰ ἃ νῦν ἀνηγγέλη[9] ὑμῖν διὰ τῶν εὐαγγελισαμένων ὑμᾶς ἐν πνεύματι ἁγίῳ ἀποσταλέντι[10] ἀπ' οὐρανοῦ, εἰς ἃ ἐπιθυμοῦσιν[11] ἄγγελοι παρακύψαι[12].

A Call to Holy Living

13 Διὸ ἀναζωσάμενοι[13] τὰς ὀσφύας[14] τῆς διανοίας[15] ὑμῶν νήφοντες[16] τελείως[17] ἐλπίσατε ἐπὶ τὴν φερομένην ὑμῖν χάριν ἐν ἀποκαλύψει[18] Ἰησοῦ Χριστοῦ. 14 ὡς τέκνα ὑπακοῆς[19] μὴ συσχηματιζόμενοι[20] ταῖς πρότερον[21] ἐν τῇ ἀγνοίᾳ[22] ὑμῶν ἐπιθυμίαις, 15 ἀλλὰ κατὰ τὸν καλέσαντα ὑμᾶς ἅγιον καὶ αὐτοὶ ἅγιοι ἐν πάσῃ ἀναστροφῇ[23] γενήθητε[24], 16 διότι[25] γέγραπται· **ἅγιοι ἔσεσθε[26], ὅτι ἐγὼ ἅγιος.** 17 καὶ εἰ πατέρα ἐπικαλεῖσθε[27] τὸν ἀπροσωπολήμπτως[28] κρίνοντα κατὰ τὸ ἑκάστου ἔργον, ἐν φόβῳ τὸν τῆς παροικίας[29] ὑμῶν χρόνον ἀναστράφητε[30]

18 εἰδότες[31] ὅτι οὐ φθαρτοῖς[32], ἀργυρίῳ[33] ἢ χρυσίῳ[34], ἐλυτρώθητε[35] ἐκ τῆς ματαίας[36] ὑμῶν ἀναστροφῆς πατροπαραδότου[37]

19 ἀλλὰ τιμίῳ[38] αἵματι ὡς ἀμνοῦ[39] ἀμώμου[40] καὶ ἀσπίλου[41] Χριστοῦ

20 προεγνωσμένου[42] μὲν πρὸ καταβολῆς[43] κόσμου, φανερωθέντος δὲ ἐπ' ἐσχάτου τῶν χρόνων δι' ὑμᾶς 21 τοὺς δι' αὐτοῦ πιστοὺς εἰς θεὸν

---

[1] ἐξεραυνάω 3p aor act ind, search carefully
[2] προφητεύω aor act ptc m p nom, prophesy
[3] ἐραυνάω pres act ptc m p nom, try to find out
[4] δηλόω 3s impf act ind, indicate
[5] προμαρτύρομαι pres mid ptc n s nom, predict
[6] πάθημα, -τος n, suffering
[7] ἀποκαλύπτω 3s aor pas ind, reveal
[8] διακονέω 3p impf act ind, serve
[9] ἀναγγέλλω 3s aor pas ind, preach
[10] ἀποστέλλω aor pas ptc n s dat, send
[11] ἐπιθυμέω 3p pres act ind, long for
[12] παρακύπτω aor act inf, look into
[13] ἀναζώννυμι aor mid ptc m p nom, bind up (ἁ. τὰς ὀσφύας τῆς διανοίας have one's mind ready)
[14] ὀσφῦς, -ύος f, waist
[15] διάνοια, -ας f, mind
[16] νήφω pres act ptc m p nom, be sober
[17] τελείως, adv, fully
[18] ἀποκάλυψις, -εως f, revelation
[19] ὑπακοή, -ῆς f, obedience
[20] συσχηματίζω pres pas ptc m p nom, conform to
[21] πρότερον, adv, previously
[22] ἄγνοια, -ας f, ignorance
[23] ἀναστροφή, -ῆς f, conduct/way of life
[24] γίνομαι 2p aor pas impv, be
[25] διότι, conj, because
[26] εἰμί 2p fut mid ind, be
[27] ἐπικαλέω 2p pres mid ind, mid call upon
[28] ἀπροσωπολήμπτως, adv, impartially
[29] παροικία, -ας f, stay (among strangers)
[30] ἀναστρέφω 2p aor pas impv, live
[31] οἶδα pf act ptc m p nom, know
[32] φθαρτός, -ή/όν, perishable
[33] ἀργύριον, -ου n, silver
[34] χρυσίον, -ου n, gold
[35] λυτρόω 2p aor pas ind, redeem
[36] μάταιος, -α/ον, futile
[37] πατροπαράδοτος, -ον, handed down from one's ancestors
[38] τίμιος, -α/ον, precious
[39] ἀμνός, -οῦ m, lamb
[40] ἄμωμος, -ον, without blemish
[41] ἄσπιλος, -ον, without defect
[42] προγινώσκω pf pas ptc m s gen, choose beforehand
[43] καταβολή, -ῆς f, creation

τὸν ἐγείραντα¹ αὐτὸν ἐκ νεκρῶν καὶ δόξαν αὐτῷ δόντα², ὥστε τὴν πίστιν ὑμῶν καὶ ἐλπίδα εἶναι εἰς θεόν.

22 Τὰς ψυχὰς ὑμῶν ἡγνικότες³ ἐν τῇ ὑπακοῇ⁴ τῆς ἀληθείας εἰς φιλαδελφίαν⁵ ἀνυπόκριτον⁶ ἐκ καθαρᾶς⁷ καρδίας ἀλλήλους ἀγαπήσατε ἐκτενῶς⁸ **23** ἀναγεγεννημένοι⁹ οὐκ ἐκ σπορᾶς¹⁰ φθαρτῆς¹¹ ἀλλ' ἀφθάρτου¹² διὰ λόγου ζῶντος θεοῦ καὶ μένοντος. **24** διότι¹³

πᾶσα σὰρξ ὡς χόρτος¹⁴
καὶ πᾶσα δόξα αὐτῆς ὡς ἄνθος¹⁵ χόρτου·
ἐξηράνθη¹⁶ ὁ χόρτος καὶ τὸ ἄνθος ἐξέπεσεν¹⁷·
25 τὸ δὲ ῥῆμα κυρίου μένει εἰς τὸν αἰῶνα.

τοῦτο δέ ἐστιν τὸ ῥῆμα τὸ εὐαγγελισθὲν εἰς ὑμᾶς.

The Living Stone and the Holy Nation

2 Ἀποθέμενοι¹⁸ οὖν πᾶσαν κακίαν¹⁹ καὶ πάντα δόλον²⁰ καὶ ὑποκρίσεις²¹ καὶ φθόνους²² καὶ πάσας καταλαλιὰς²³ **2** ὡς ἀρτιγέννητα²⁴ βρέφη²⁵ τὸ λογικὸν²⁶ ἄδολον²⁷ γάλα²⁸ ἐπιποθήσατε²⁹, ἵνα ἐν αὐτῷ αὐξηθῆτε³⁰ εἰς σωτηρίαν, **3** εἰ ἐγεύσασθε³¹ ὅτι χρηστὸς³² ὁ κύριος. **4** πρὸς ὃν προσερχόμενοι λίθον ζῶντα ὑπὸ ἀνθρώπων μὲν ἀποδεδοκιμασμένον³³, παρὰ δὲ θεῷ ἐκλεκτὸν³⁴ ἔντιμον³⁵, **5** καὶ αὐτοὶ ὡς λίθοι ζῶντες οἰκοδομεῖσθε οἶκος πνευματικὸς³⁶ εἰς ἱεράτευμα³⁷ ἅγιον ἀνενέγκαι³⁸ πνευματικὰς θυσίας³⁹ εὐπροσδέκτους⁴⁰ θεῷ διὰ Ἰησοῦ Χριστοῦ. **6** διότι⁴¹ περιέχει⁴² ἐν γραφῇ·

ἰδοὺ τίθημι ἐν Σιὼν λίθον ἀκρογωνιαῖον⁴³ ἐκλεκτὸν ἔντιμον,
καὶ ὁ πιστεύων ἐπ' αὐτῷ οὐ μὴ καταισχυνθῇ⁴⁴.

---

[1] ἐγείρω *aor act ptc m s acc*, raise
[2] δίδωμι *aor act ptc m s acc*, give
[3] ἁγνίζω *pf act ptc m p nom*, purify
[4] ὑπακοή, -ῆς *f*, obedience
[5] φιλαδελφία, -ας *f*, love of one another
[6] ἀνυπόκριτος, -ον, sincere
[7] καθαρός, -ά/όν, pure
[8] ἐκτενῶς, *adv*, earnestly
[9] ἀναγεννάω *pf pas ptc m p nom*, give new birth to
[10] σπορά, -ᾶς *f*, seed
[11] φθαρτός, -ή/όν, perishable
[12] ἄφθαρτος, -ον, imperishable
[13] διότι, *conj*, because
[14] χόρτος, -ου *m*, grass
[15] ἄνθος, -ους *n*, flower
[16] ξηραίνω *3s aor pas ind*, dry up
[17] ἐκπίπτω *3s aor act ind*, fall off
[18] ἀποτίθημι *aor mid ptc m p nom*, be done with
[19] κακία, -ας *f*, evil
[20] δόλος, -ου *m*, deceit
[21] ὑπόκρισις, -εως *f*, insincerity
[22] φθόνος, -ου *m*, envy
[23] καταλαλιά, -ᾶς *f*, slander
[24] ἀρτιγέννητος, -ον, newborn
[25] βρέφος, -ους *n*, baby
[26] λογικός, -ή/όν, spiritual
[27] ἄδολος, -ον, pure
[28] γάλα, γάλακτος *n*, milk
[29] ἐπιποθέω *2p aor act impv*, long for
[30] αὔξω/αὐξάνω *2p aor pas sub*, grow
[31] γεύομαι *2p aor mid ind*, taste
[32] χρηστός, -ή/όν, kind
[33] ἀποδοκιμάζω *pf pas ptc m s acc*, reject
[34] ἐκλεκτός, -ή/όν, chosen
[35] ἔντιμος, -ον, precious
[36] πνευματικός, -ή/όν, spiritual
[37] ἱεράτευμα, -τος *n*, priesthood
[38] ἀναφέρω *aor act inf*, offer
[39] θυσία, -ας *f*, sacrifice
[40] εὐπρόσδεκτος, -ον, acceptable
[41] διότι, *conj*, because
[42] περιέχω *3s pres act ind*, say (of Scripture)
[43] ἀκρογωνιαῖος, -α/ον, cornerstone
[44] καταισχύνω *3s aor pas sub*, put to shame

7 ὑμῖν οὖν ἡ τιμὴ τοῖς πιστεύουσιν, ἀπιστοῦσιν¹ δὲ **λίθος ὃν ἀπεδοκίμασαν² οἱ οἰκοδομοῦντες, οὗτος ἐγενήθη³ εἰς κεφαλὴν γωνίας⁴ 8** καὶ **λίθος προσκόμματος⁵ καὶ πέτρα⁶ σκανδάλου**⁷· οἳ προσκόπτουσιν⁸ τῷ λόγῳ ἀπειθοῦντες⁹ εἰς ὃ καὶ ἐτέθησαν¹⁰. **9** ὑμεῖς δὲ **γένος¹¹ ἐκλεκτόν, βασίλειον¹² ἱεράτευμα, ἔθνος ἅγιον, λαὸς εἰς περιποίησιν**¹³, ὅπως τὰς ἀρετὰς¹⁴ ἐξαγγείλητε¹⁵ τοῦ ἐκ σκότους ὑμᾶς καλέσαντος εἰς τὸ θαυμαστὸν¹⁶ αὐτοῦ φῶς· **10** οἵ ποτε ¹⁷**οὐ λαός, νῦν δὲ λαὸς θεοῦ,** οἱ οὐκ **ἠλεημένοι**¹⁸, **νῦν δὲ ἐλεηθέντες**¹⁹.

Live as Servants of God

11 Ἀγαπητοί, παρακαλῶ ὡς παροίκους²⁰ καὶ παρεπιδήμους²¹ ἀπέχεσθαι²² τῶν σαρκικῶν²³ ἐπιθυμιῶν αἵτινες στρατεύονται²⁴ κατὰ τῆς ψυχῆς· **12** τὴν ἀναστροφὴν²⁵ ὑμῶν ἐν τοῖς ἔθνεσιν ἔχοντες καλήν, ἵνα ἐν ᾧ καταλαλοῦσιν²⁶ ὑμῶν ὡς κακοποιῶν²⁷ ἐκ τῶν καλῶν ἔργων ἐποπτεύοντες²⁸ δοξάσωσιν τὸν θεὸν ἐν ἡμέρᾳ ἐπισκοπῆς²⁹.

13 Ὑποτάγητε³⁰ πάσῃ ἀνθρωπίνῃ³¹ κτίσει³² διὰ τὸν κύριον, εἴτε βασιλεῖ ὡς ὑπερέχοντι³³ **14** εἴτε ἡγεμόσιν³⁴ ὡς δι' αὐτοῦ πεμπομένοις εἰς ἐκδίκησιν³⁵ κακοποιῶν, ἔπαινον³⁶ δὲ ἀγαθοποιῶν³⁷, **15** ὅτι οὕτως ἐστὶν τὸ θέλημα τοῦ θεοῦ ἀγαθοποιοῦντας³⁸ φιμοῦν³⁹ τὴν τῶν ἀφρόνων⁴⁰ ἀνθρώπων ἀγνωσίαν⁴¹, **16** ὡς ἐλεύθεροι⁴² καὶ μὴ ὡς ἐπικάλυμμα⁴³ ἔχοντες τῆς κακίας⁴⁴ τὴν ἐλευθερίαν⁴⁵ ἀλλ' ὡς θεοῦ δοῦλοι. **17** πάντας τιμήσατε⁴⁶, τὴν ἀδελφότητα⁴⁷ ἀγαπᾶτε, τὸν θεὸν φοβεῖσθε, τὸν βασιλέα τιμᾶτε.

---

¹ ἀπιστέω pres act ptc m p dat, fail to believe
² ἀποδοκιμάζω 3p aor act ind, reject
³ γίνομαι 3s aor pas ind, become
⁴ γωνία, -ας f, corner (κεφαλὴ γ. main corner stone)
⁵ πρόσκομμα, -τος n, something that causes stumbling
⁶ πέτρα, -ας f, rock
⁷ σκάνδαλον, -ου n, something that causes falling
⁸ προσκόπτω 3p pres act ind, stumble
⁹ ἀπειθέω pres act ptc m p nom, disobey
¹⁰ τίθημι 3p aor pas ind, place
¹¹ γένος, -ους n, race
¹² βασίλειος, -ον, royal
¹³ περιποίησις, -εως f, possession
¹⁴ ἀρετή, -ῆς f, goodness

¹⁵ ἐξαγγέλλω 2p aor act sub, proclaim
¹⁶ θαυμαστός, -ή/όν, marvelous
¹⁷ ποτέ, temporal adv, once
¹⁸ ἐλεάω/ἐλεέω pf pas ptc m p nom, pas be shown mercy
¹⁹ ἐλεάω/ἐλεέω aor pas ptc m p nom, pas be shown mercy
²⁰ πάροικος, -ου m, foreigner
²¹ παρεπίδημος, -ου m, stranger
²² ἀπέχω pres mid inf, abstain from
²³ σαρκικός, -ή/όν, sinful
²⁴ στρατεύομαι 3p pres mid ind, fight
²⁵ ἀναστροφή, -ῆς f, conduct/way of life
²⁶ καταλαλέω 3p pres act ind, accuse
²⁷ κακοποιός, -οῦ m, wrongdoer
²⁸ ἐποπτεύω pres act ptc m p nom, see
²⁹ ἐπισκοπή, -ῆς f, visitation

³⁰ ὑποτάσσω 2p aor pas impv, pas be subject to
³¹ ἀνθρώπινος, -η/ον, human
³² κτίσις, -εως f, authority
³³ ὑπερέχω pres act ptc m s dat, rule
³⁴ ἡγεμών, -όνος m, governor
³⁵ ἐκδίκησις, -εως f, punishment
³⁶ ἔπαινος, -ου m, praise
³⁷ ἀγαθοποιός, -οῦ m, one who does right
³⁸ ἀγαθοποιέω pres act ptc m p acc, do good
³⁹ φιμόω pres act inf, silence
⁴⁰ ἄφρων, -ον, gen -ονος, foolish
⁴¹ ἀγνωσία, -ας f, ignorance
⁴² ἐλεύθερος, -α/ον, free
⁴³ ἐπικάλυμμα, -τος n, excuse
⁴⁴ κακία, -ας f, evil
⁴⁵ ἐλευθερία, -ας f, freedom
⁴⁶ τιμάω 2p aor act impv, respect
⁴⁷ ἀδελφότης, -ητος f, group of fellow believers

The Example of Christ's Suffering

18 Οἱ οἰκέται[1] ὑποτασσόμενοι ἐν παντὶ φόβῳ τοῖς δεσπόταις[2], οὐ μόνον τοῖς ἀγαθοῖς καὶ ἐπιεικέσιν[3] ἀλλὰ καὶ τοῖς σκολιοῖς[4]. **19** τοῦτο γὰρ χάρις, εἰ διὰ συνείδησιν[5] θεοῦ ὑποφέρει[6] τις λύπας[7] πάσχων ἀδίκως[8]. **20** ποῖον γὰρ κλέος[9], εἰ ἁμαρτάνοντες καὶ κολαφιζόμενοι[10] ὑπομενεῖτε[11]; ἀλλ' εἰ ἀγαθοποιοῦντες καὶ πάσχοντες ὑπομενεῖτε, τοῦτο χάρις παρὰ θεῷ.

21 εἰς τοῦτο γὰρ ἐκλήθητε[12],
ὅτι καὶ Χριστὸς ἔπαθεν[13] ὑπὲρ ὑμῶν
ὑμῖν ὑπολιμπάνων[14] ὑπογραμμόν[15],
ἵνα ἐπακολουθήσητε[16] τοῖς ἴχνεσιν[17] αὐτοῦ,
22 ὃς ἁμαρτίαν οὐκ ἐποίησεν
οὐδὲ εὑρέθη[18] δόλος[19] ἐν τῷ στόματι αὐτοῦ,
23 ὃς λοιδορούμενος[20] οὐκ ἀντελοιδόρει[21],
πάσχων οὐκ ἠπείλει[22],
παρεδίδου[23] δὲ τῷ κρίνοντι δικαίως,[24]
24 ὃς τὰς ἁμαρτίας ἡμῶν αὐτὸς ἀνήνεγκεν[25]
ἐν τῷ σώματι αὐτοῦ ἐπὶ τὸ ξύλον[26],
ἵνα ταῖς ἁμαρτίαις ἀπογενόμενοι[27]
τῇ δικαιοσύνῃ ζήσωμεν,
οὗ τῷ μώλωπι[28] ἰάθητε.[29]
25 ἦτε γὰρ ὡς πρόβατα πλανώμενοι,
ἀλλ' ἐπεστράφητε[30] νῦν ἐπὶ τὸν ποιμένα[31]
καὶ ἐπίσκοπον[32] τῶν ψυχῶν ὑμῶν.

---

[1] οἰκέτης, -ου f, servant
[2] δεσπότης, -ου m, master
[3] ἐπιεικής, -ές, gentle
[4] σκολιός, -ά/όν, cruel
[5] συνείδησις, -εως f, consciousness
[6] ὑποφέρω 3s pres act ind, endure
[7] λύπη, -ης f, pain
[8] ἀδίκως, adv, unjustly
[9] κλέος, -ους n, credit
[10] κολαφίζω pres pas ptc m p nom, beat
[11] ὑπομένω 2p fut act ind, endure
[12] καλέω 2p aor pas ind, call
[13] πάσχω 3s aor act ind, suffer
[14] ὑπολιμπάνω pres act ptc m s nom, leave
[15] ὑπογραμμός, -οῦ m, example
[16] ἐπακολουθέω 2p aor act sub, follow
[17] ἴχνος, -ους n, footstep
[18] εὑρίσκω 3s aor pas ind, find
[19] δόλος, -ου m, deceit
[20] λοιδορέω pres pas ptc m s nom, insult
[21] ἀντιλοιδορέω 3s impf act ind, reply with an insult
[22] ἀπειλέω 3s impf act ind, threaten
[23] παραδίδωμι 3s impf act ind, entrust oneself
[24] δικαίως, adv, justly
[25] ἀναφέρω 3s aor act ind, bear the burden of
[26] ξύλον, -ου n, tree
[27] ἀπογίνομαι aor mid ptc m p nom, die
[28] μώλωψ, -ωπος m, wound
[29] ἰάομαι 2p aor pas ind, heal
[30] ἐπιστρέφω 2p aor pas ind, return
[31] ποιμήν, -ένος m, shepherd
[32] ἐπίσκοπος, -ου m, guardian

Wives and Husbands

3 Ὁμοίως¹ αἱ γυναῖκες, ὑποτασσόμεναι τοῖς ἰδίοις ἀνδράσιν, ἵνα καὶ εἴ τινες ἀπειθοῦσιν² τῷ λόγῳ, διὰ τῆς τῶν γυναικῶν ἀναστροφῆς³ ἄνευ⁴ λόγου κερδηθήσονται⁵ **2** ἐποπτεύσαντες⁶ τὴν ἐν φόβῳ ἁγνὴν⁷ ἀναστροφὴν ὑμῶν. **3** ὧν ἔστω⁸ οὐχ ὁ ἔξωθεν⁹ ἐμπλοκῆς¹⁰ τριχῶν¹¹ καὶ περιθέσεως¹² χρυσίων¹³ ἢ ἐνδύσεως¹⁴ ἱματίων κόσμος, **4** ἀλλ' ὁ κρυπτὸς¹⁵ τῆς καρδίας ἄνθρωπος ἐν τῷ ἀφθάρτῳ¹⁶ τοῦ πραέως¹⁷ καὶ ἡσυχίου¹⁸ πνεύματος ὅ ἐστιν ἐνώπιον τοῦ θεοῦ πολυτελές¹⁹. **5** οὕτως γάρ ποτε²⁰ καὶ αἱ ἅγιαι γυναῖκες αἱ ἐλπίζουσαι εἰς θεὸν ἐκόσμουν²¹ ἑαυτὰς ὑποτασσόμεναι τοῖς ἰδίοις ἀνδράσιν, **6** ὡς Σάρρα ὑπήκουσεν²² τῷ Ἀβραὰμ κύριον αὐτὸν καλοῦσα ἧς ἐγενήθητε²³ τέκνα ἀγαθοποιοῦσαι²⁴ καὶ μὴ φοβούμεναι μηδεμίαν πτόησιν²⁵.

7 Οἱ ἄνδρες ὁμοίως²⁶, συνοικοῦντες²⁷ κατὰ γνῶσιν²⁸ ὡς ἀσθενεστέρῳ²⁹ σκεύει³⁰ τῷ γυναικείῳ³¹, ἀπονέμοντες³² τιμὴν ὡς καὶ συγκληρονόμοις³³ χάριτος ζωῆς εἰς τὸ μὴ ἐγκόπτεσθαι³⁴ τὰς προσευχὰς ὑμῶν.

Suffering for Righteousness' Sake

8 Τὸ δὲ τέλος πάντες ὁμόφρονες³⁵, συμπαθεῖς³⁶, φιλάδελφοι³⁷, εὔσπλαγχνοι³⁸, ταπεινόφρονες³⁹, **9** μὴ ἀποδιδόντες⁴⁰ κακὸν ἀντὶ⁴¹ κακοῦ ἢ λοιδορίαν⁴² ἀντὶ λοιδορίας, τοὐναντίον⁴³ δὲ εὐλογοῦντες, ὅτι εἰς τοῦτο ἐκλήθητε, ἵνα εὐλογίαν⁴⁴ κληρονομήσητε⁴⁵.

10 ὁ γὰρ θέλων ζωὴν ἀγαπᾶν
καὶ ἰδεῖν ἡμέρας ἀγαθὰς

---

¹ ὁμοίως, adv, in the same way
² ἀπειθέω 3p pres act ind, disobey
³ ἀναστροφή, -ῆς f, conduct/way of life
⁴ ἄνευ, prep + gen, without
⁵ κερδαίνω 3p fut pas ind, win over
⁶ ἐποπτεύω aor act ptc m p nom, see
⁷ ἁγνός, -ή/όν, holy
⁸ εἰμί 3s pres act impv, be
⁹ ἔξωθεν, adv, outward
¹⁰ ἐμπλοκή, -ῆς f, elaborate braiding
¹¹ θρίξ, τριχός f, hair
¹² περίθεσις, -εως f, wearing
¹³ χρυσίον, -ου n, gold (jewelry)
¹⁴ ἔνδυσις, -εως f, wearing
¹⁵ κρυπτός, -ή/όν, inward
¹⁶ ἄφθαρτος, -ον, imperishable
¹⁷ πραΰς, πραεῖα, πραΰ, gentle
¹⁸ ἡσύχιος, -ον, quiet
¹⁹ πολυτελής, -ές, very precious
²⁰ ποτέ, temporal adv, once
²¹ κοσμέω 3p impf act ind, adorn
²² ὑπακούω 3s aor act ind, obey
²³ γίνομαι 2p aor pas ind, become
²⁴ ἀγαθοποιέω pres act ptc f p nom, do good
²⁵ πτόησις, -εως f, fear
²⁶ ὁμοίως, adv, in the same way
²⁷ συνοικέω pres act ptc m p nom, live with
²⁸ γνῶσις, -εως f, consideration
²⁹ ἀσθενής, weak (comp)
³⁰ σκεῦος, -ους n, vessel (ἀσθενεστέρῳ σ. the weaker sex)
³¹ γυναικεῖος, -α/ον, female (γ. σκεῦος wife)
³² ἀπονέμω pres act ptc m p nom, show
³³ συγκληρονόμος, -ον, sharing together
³⁴ ἐγκόπτω pres pas inf, hinder
³⁵ ὁμόφρων, -ον, of one mind
³⁶ συμπαθής, -ές, sympathetic
³⁷ φιλάδελφος, -ον, loving fellow believers
³⁸ εὔσπλαγχνος, -ον, compassionate
³⁹ ταπεινόφρων, -ον, gen -ονος, humble
⁴⁰ ἀποδίδωμι pres act ptc m p nom, return
⁴¹ ἀντί, prep + gen, for
⁴² λοιδορία, -ας f, insult
⁴³ τοὐναντίον, on the contrary
⁴⁴ εὐλογία, -ας f, blessing
⁴⁵ κληρονομέω 2p aor act sub, receive

παυσάτω¹ τὴν γλῶσσαν ἀπὸ κακοῦ
καὶ χείλη² τοῦ μὴ λαλῆσαι δόλον³,
11 ἐκκλινάτω⁴ δὲ ἀπὸ κακοῦ καὶ ποιησάτω ἀγαθόν,
ζητησάτω εἰρήνην καὶ διωξάτω αὐτήν·
12 ὅτι ὀφθαλμοὶ κυρίου ἐπὶ δικαίους
καὶ ὦτα αὐτοῦ εἰς δέησιν⁵ αὐτῶν,
πρόσωπον δὲ κυρίου ἐπὶ ποιοῦντας κακά.

13 Καὶ τίς ὁ κακώσων⁶ ὑμᾶς, ἐὰν τοῦ ἀγαθοῦ ζηλωταὶ⁷ γένησθε⁸; **14** ἀλλ' εἰ καὶ πάσχοιτε⁹ διὰ δικαιοσύνην, μακάριοι. τὸν δὲ φόβον αὐτῶν μὴ φοβηθῆτε μηδὲ ταραχθῆτε¹⁰, **15** κύριον δὲ τὸν Χριστὸν ἁγιάσατε¹¹ ἐν ταῖς καρδίαις ὑμῶν, ἕτοιμοι¹² ἀεὶ¹³ πρὸς ἀπολογίαν¹⁴ παντὶ τῷ αἰτοῦντι ὑμᾶς λόγον περὶ τῆς ἐν ὑμῖν ἐλπίδος, **16** ἀλλὰ μετὰ πραΰτητος¹⁵ καὶ φόβου, συνείδησιν¹⁶ ἔχοντες ἀγαθήν, ἵνα ἐν ᾧ καταλαλεῖσθε¹⁷ καταισχυνθῶσιν¹⁸ οἱ ἐπηρεάζοντες¹⁹ ὑμῶν τὴν ἀγαθὴν ἐν Χριστῷ ἀναστροφήν²⁰. **17** κρεῖττον²¹ γὰρ ἀγαθοποιοῦντας²², εἰ θέλοι²³ τὸ θέλημα τοῦ θεοῦ, πάσχειν ἢ κακοποιοῦντας²⁴.

18 ὅτι καὶ Χριστὸς ἅπαξ²⁵ περὶ ἁμαρτιῶν ἔπαθεν²⁶,
δίκαιος ὑπὲρ ἀδίκων²⁷,
ἵνα ὑμᾶς προσαγάγῃ²⁸ τῷ θεῷ
θανατωθεὶς²⁹ μὲν σαρκί,
ζῳοποιηθεὶς³⁰ δὲ πνεύματι·
19 ἐν ᾧ καὶ τοῖς ἐν φυλακῇ πνεύμασιν πορευθεὶς ἐκήρυξεν³¹
20 ἀπειθήσασίν³² ποτε³³, ὅτε ἀπεξεδέχετο³⁴ ἡ τοῦ θεοῦ μακροθυμία³⁵ ἐν ἡμέραις Νῶε κατασκευαζομένης³⁶ κιβωτοῦ³⁷ εἰς ἣν ὀλίγοι, τοῦτ' ἔστιν ὀκτὼ³⁸ ψυχαί,

---

¹ παύω 3s aor act impv, stop
² χεῖλος, -ους n, lip
³ δόλος, -ου m, deceit
⁴ ἐκκλίνω 3s aor act impv, turn away
⁵ δέησις, -εως f, prayer
⁶ κακόω fut act ptc m s nom, harm
⁷ ζηλωτής, -οῦ m, one who is eager
⁸ γίνομαι 2p aor mid sub, be
⁹ πάσχω 2p pres act opt, suffer
¹⁰ ταράσσω 2p aor pas sub, disturb
¹¹ ἁγιάζω 2p aor act impv, revere
¹² ἕτοιμος, -η/ον, ready
¹³ ἀεί, adv, always
¹⁴ ἀπολογία, -ας f, answer
¹⁵ πραΰτης, -ητος f, gentleness
¹⁶ συνείδησις, -εως f, conscience
¹⁷ καταλαλέω 2p pres pas ind, speak evil of
¹⁸ καταισχύνω 3p aor pas sub, put to shame
¹⁹ ἐπηρεάζω pres act ptc m p nom, slander
²⁰ ἀναστροφή, -ῆς f, conduct/way of life
²¹ κρείττων, better (comp of ἀγαθός)
²² ἀγαθοποιέω pres act ptc m p acc, do good
²³ θέλω 3s pres act opt, will
²⁴ κακοποιέω pres act ptc m p acc, do wrong
²⁵ ἅπαξ, adv, once for all
²⁶ πάσχω 3s aor act ind, suffer
²⁷ ἄδικος, -ον, unrighteous
²⁸ προσάγω 3s aor act sub, bring to
²⁹ θανατόω aor pas ptc m s nom, put to death
³⁰ ζῳοποιέω aor pas ptc m s nom, make alive
³¹ κηρύσσω 3s aor act ind, preach
³² ἀπειθέω aor act ptc m p dat, disobey
³³ ποτέ, temporal adv, formerly
³⁴ ἀπεκδέχομαι 3s impf mid ind, wait
³⁵ μακροθυμία, -ας f, patience
³⁶ κατασκευάζω pres pas ptc f s gen, build
³⁷ κιβωτός, -οῦ f, ark (= big boat)
³⁸ ὀκτώ, eight

διεσώθησαν¹ δι' ὕδατος 21 ὃ καὶ ὑμᾶς ἀντίτυπον² νῦν σῴζει βάπτισμα³, οὐ σαρκὸς ἀπόθεσις⁴ ῥύπου⁵ ἀλλὰ συνειδήσεως ἀγαθῆς ἐπερώτημα⁶ εἰς θεόν, δι' ἀναστάσεως Ἰησοῦ Χριστοῦ 22 ὅς ἐστιν ἐν δεξιᾷ τοῦ θεοῦ πορευθεὶς εἰς οὐρανὸν ὑποταγέντων⁷ αὐτῷ ἀγγέλων καὶ ἐξουσιῶν καὶ δυνάμεων.

Good Stewards of God's Grace

4 Χριστοῦ οὖν παθόντος⁸ σαρκὶ καὶ ὑμεῖς τὴν αὐτὴν ἔννοιαν⁹ ὁπλίσασθε¹⁰, ὅτι ὁ παθὼν σαρκὶ πέπαυται¹¹ ἁμαρτίας 2 εἰς τὸ μηκέτι¹² ἀνθρώπων ἐπιθυμίαις ἀλλὰ θελήματι θεοῦ τὸν ἐπίλοιπον¹³ ἐν σαρκὶ βιῶσαι¹⁴ χρόνον. 3 ἀρκετὸς¹⁵ γὰρ ὁ παρεληλυθὼς¹⁶ χρόνος τὸ βούλημα¹⁷ τῶν ἐθνῶν κατειργάσθαι¹⁸ πεπορευμένους ἐν ἀσελγείαις¹⁹, ἐπιθυμίαις, οἰνοφλυγίαις²⁰, κώμοις²¹, πότοις²² καὶ ἀθεμίτοις²³ εἰδωλολατρίαις²⁴. 4 ἐν ᾧ ξενίζονται²⁵ μὴ συντρεχόντων²⁶ ὑμῶν εἰς τὴν αὐτὴν τῆς ἀσωτίας²⁷ ἀνάχυσιν²⁸ βλασφημοῦντες, 5 οἳ ἀποδώσουσιν²⁹ λόγον τῷ ἑτοίμως³⁰ ἔχοντι κρῖναι ζῶντας καὶ νεκρούς. 6 εἰς τοῦτο γὰρ καὶ νεκροῖς εὐηγγελίσθη³¹, ἵνα κριθῶσιν³² μὲν κατὰ ἀνθρώπους σαρκί, ζῶσιν³³ δὲ κατὰ θεὸν πνεύματι.

7 Πάντων δὲ τὸ τέλος ἤγγικεν³⁴. σωφρονήσατε³⁵ οὖν καὶ νήψατε³⁶ εἰς προσευχὰς 8 πρὸ πάντων τὴν εἰς ἑαυτοὺς ἀγάπην ἐκτενῆ³⁷ ἔχοντες, ὅτι ἀγάπη καλύπτει³⁸ πλῆθος ἁμαρτιῶν, 9 φιλόξενοι³⁹ εἰς ἀλλήλους ἄνευ⁴⁰ γογγυσμοῦ⁴¹, 10 ἕκαστος καθὼς ἔλαβεν χάρισμα⁴² εἰς ἑαυτοὺς αὐτὸ διακονοῦντες ὡς καλοὶ οἰκονόμοι⁴³ ποικίλης⁴⁴ χάριτος θεοῦ. 11 εἴ τις λαλεῖ, ὡς λόγια⁴⁵ θεοῦ· εἴ τις διακονεῖ, ὡς ἐξ ἰσχύος⁴⁶ ἧς χορηγεῖ⁴⁷ ὁ θεός, ἵνα ἐν πᾶσιν δοξάζηται ὁ θεὸς διὰ Ἰησοῦ Χριστοῦ ᾧ ἐστιν ἡ δόξα καὶ τὸ κράτος⁴⁸ εἰς τοὺς αἰῶνας τῶν αἰώνων, ἀμήν.

---

1 διασῴζω 3p aor pas ind, save
2 ἀντίτυπος, -ον, serving as a symbol
3 βάπτισμα, -τος n, baptism
4 ἀπόθεσις, -εως f, removal
5 ῥύπος, -ου m, dirt
6 ἐπερώτημα, -τος n, promise
7 ὑποτάσσω aor pas ptc m p gen, pas be subject to
8 πάσχω aor act ptc m s gen, suffer
9 ἔννοια, -ας f, attitude
10 ὁπλίζω 2p aor mid impv, mid arm oneself with
11 παύω 3s pf mid ind, mid cease from
12 μηκέτι, adv, no longer
13 ἐπίλοιπος, -ον, remaining
14 βιόω aor act inf, live
15 ἀρκετός, -ή/όν, it is enough
16 παρέρχομαι pf act ptc m s nom, pass by
17 βούλημα, -τος n, desire
18 κατεργάζομαι pf mid inf, do
19 ἀσέλγεια, -ας f, indecency
20 οἰνοφλυγία, -ας f, drunkenness
21 κῶμος, -ου m, orgy
22 πότος, -ου m, carousing
23 ἀθέμιτος, -ον, disgusting
24 εἰδωλολατρία, -ας f, idolatry
25 ξενίζω 3p pres pas ind, surprise
26 συντρέχω pres act ptc m p gen, join with
27 ἀσωτία, -ας f, reckless living
28 ἀνάχυσις, -εως f, excess
29 ἀποδίδωμι 3p fut act ind, give (ἀ. λόγον give account)
30 ἑτοίμως, adv, readily (ἑ. ἔχω be ready)
31 εὐαγγελίζω 3s aor pas ind, preach the good news
32 κρίνω 3p aor pas sub, judge
33 ζάω 3p pres act sub, live
34 ἐγγίζω 3s pf act ind, come near
35 σωφρονέω 2p aor act impv, be sensible
36 νήφω 2p aor act impv, be sober
37 ἐκτενής, -ές, unfailing
38 καλύπτω 3s pres act ind, cover
39 φιλόξενος, -ον, hospitable
40 ἄνευ, prep + gen, without
41 γογγυσμός, -οῦ m, complaining
42 χάρισμα, -τος n, gift
43 οἰκονόμος, -ου m, steward
44 ποικίλος, -η/ον, various kinds of
45 λόγιον, -ου n, word
46 ἰσχύς, -ύος f, strength
47 χορηγέω 3s pres act ind, provide
48 κράτος, -ους n, power

Suffering as a Christian

12 Ἀγαπητοί, μὴ ξενίζεσθε[1] τῇ ἐν ὑμῖν πυρώσει[2] πρὸς πειρασμὸν[3] ὑμῖν γινομένῃ ὡς ξένου[4] ὑμῖν συμβαίνοντος[5], 13 ἀλλὰ καθὸ[6] κοινωνεῖτε[7] τοῖς τοῦ Χριστοῦ παθήμασιν[8], χαίρετε, ἵνα καὶ ἐν τῇ ἀποκαλύψει[9] τῆς δόξης αὐτοῦ χαρῆτε[10] ἀγαλλιώμενοι[11]. 14 εἰ ὀνειδίζεσθε[12] ἐν ὀνόματι Χριστοῦ, μακάριοι, ὅτι τὸ τῆς δόξης καὶ τὸ τοῦ θεοῦ πνεῦμα ἐφ' ὑμᾶς ἀναπαύεται[13]. 15 μὴ γάρ τις ὑμῶν πασχέτω ὡς φονεὺς[14] ἢ κλέπτης[15] ἢ κακοποιὸς[16] ἢ ὡς ἀλλοτριεπίσκοπος[17]· 16 εἰ δὲ ὡς χριστιανός[18], μὴ αἰσχυνέσθω[19], δοξαζέτω δὲ τὸν θεὸν ἐν τῷ μέρει τούτῳ. 17 ὅτι ὁ καιρὸς τοῦ ἄρξασθαι[20] τὸ κρίμα[21] ἀπὸ τοῦ οἴκου τοῦ θεοῦ· εἰ δὲ πρῶτον ἀφ' ἡμῶν, τί τὸ τέλος τῶν ἀπειθούντων[22] τῷ τοῦ θεοῦ εὐαγγελίῳ; 18 καὶ εἰ ὁ δίκαιος μόλις[23] σῴζεται, ὁ ἀσεβὴς[24] καὶ ἁμαρτωλὸς ποῦ φανεῖται[25]; 19 ὥστε καὶ οἱ πάσχοντες κατὰ τὸ θέλημα τοῦ θεοῦ πιστῷ κτίστῃ[26] παρατιθέσθωσαν[27] τὰς ψυχὰς αὐτῶν ἐν ἀγαθοποιΐᾳ[28].

Tending the Flock of God

5 Πρεσβυτέρους τοὺς ἐν ὑμῖν παρακαλῶ ὁ συμπρεσβύτερος[29] καὶ μάρτυς τῶν τοῦ Χριστοῦ παθημάτων[30], ὁ καὶ τῆς μελλούσης ἀποκαλύπτεσθαι[31] δόξης κοινωνός[32]· 2 ποιμάνατε[33] τὸ ἐν ὑμῖν ποίμνιον[34] τοῦ θεοῦ ἐπισκοποῦντες[35] μὴ ἀναγκαστῶς[36] ἀλλ' ἑκουσίως[37] κατὰ θεόν, μηδὲ αἰσχροκερδῶς[38] ἀλλὰ προθύμως[39], 3 μηδ' ὡς κατακυριεύοντες[40] τῶν κλήρων[41] ἀλλὰ τύποι[42] γινόμενοι τοῦ ποιμνίου· 4 καὶ φανερωθέντος τοῦ ἀρχιποίμενος[43] κομιεῖσθε[44] τὸν ἀμαράντινον[45] τῆς δόξης στέφανον[46]. 5 ὁμοίως[47], νεώτεροι[48], ὑποτάγητε[49] πρεσβυτέροις· πάντες δὲ ἀλλήλοις

---

[1] ξενίζω 2p pres pas imp, surprise
[2] πύρωσις, -εως f, fiery ordeal
[3] πειρασμός, -οῦ m, test
[4] ξένος, -η/ον, strange
[5] συμβαίνω pres act ptc n s gen, happen
[6] καθό, conj, inasmuch as
[7] κοινωνέω 2p pres act ind, take part
[8] πάθημα, -τος n, suffering
[9] ἀποκάλυψις, -εως f, revelation
[10] χαίρω 2p aor pas sub, pas be glad
[11] ἀγαλλιάω pres mid ptc m p nom, rejoice
[12] ὀνειδίζω 2p pres pas ind, insult
[13] ἀναπαύω 3s pres mid ind, rest upon
[14] φονεύς, -έως m, murderer
[15] κλέπτης, -ου m, thief
[16] κακοποιός, -οῦ m, criminal
[17] ἀλλοτριεπίσκοπος, -ου m, busybody
[18] Χριστιανός, -οῦ m, Christian
[19] αἰσχύνω 3s pres mid impv, mid be ashamed
[20] ἄρχω aor mid inf, begin
[21] κρίμα, -τος n, judgment
[22] ἀπειθέω pres act ptc m p gen, disobey
[23] μόλις, adv, barely
[24] ἀσεβής, -ές, godless
[25] φαίνω 3s fut mid ind, mid appear
[26] κτίστης, -ου m, Creator
[27] παρατίθημι 3p pres mid impv, place
[28] ἀγαθοποιΐα, -ας f, doing right
[29] συμπρεσβύτερος, -ου m, fellow-elder
[30] πάθημα, -τος n, suffering
[31] ἀποκαλύπτω pres pas inf, reveal
[32] κοινωνός, -οῦ m, partner
[33] ποιμαίνω 2p aor act impv, tend like a shepherd
[34] ποίμνιον, -ου n, flock
[35] ἐπισκοπέω pres act ptc m p nom, take care
[36] ἀναγκαστῶς, adv, under compulsion
[37] ἑκουσίως, adv, willingly
[38] αἰσχροκερδῶς, adv, greedily for gain
[39] προθύμως, adv, eagerly
[40] κατακυριεύω pres act ptc m p nom, lord it over
[41] κλῆρος, -ου m, those under one's care
[42] τύπος, -ου m, example
[43] ἀρχιποίμην, -ενος m, chief shepherd
[44] κομίζω 2p fut mid ind, receive
[45] ἀμαράντινος, -η/ον, unfading
[46] στέφανος, -ου m, crown
[47] ὁμοίως, adv, in the same way
[48] νέος, young (comp)
[49] ὑποτάσσω 2p aor pas impv, pas be subject to

τὴν ταπεινοφροσύνην¹ ἐγκομβώσασθε², ὅτι ὁ θεὸς ὑπερηφάνοις³ ἀντιτάσσεται⁴, ταπεινοῖς⁵ δὲ δίδωσιν χάριν.

6 Ταπεινώθητε⁶ οὖν ὑπὸ τὴν κραταιὰν⁷ χεῖρα τοῦ θεοῦ, ἵνα ὑμᾶς ὑψώσῃ⁸ ἐν καιρῷ, **7** πᾶσαν τὴν μέριμναν⁹ ὑμῶν ἐπιρίψαντες¹⁰ ἐπ' αὐτόν, ὅτι αὐτῷ μέλει¹¹ περὶ ὑμῶν. **8** νήψατε¹², γρηγορήσατε¹³. ὁ ἀντίδικος¹⁴ ὑμῶν διάβολος ὡς λέων¹⁵ ὠρυόμενος¹⁶ περιπατεῖ ζητῶν τινα καταπιεῖν¹⁷· **9** ᾧ ἀντίστητε¹⁸ στερεοὶ¹⁹ τῇ πίστει εἰδότες²⁰ τὰ αὐτὰ τῶν παθημάτων²¹ τῇ ἐν κόσμῳ ὑμῶν ἀδελφότητι²² ἐπιτελεῖσθαι²³. **10** ὁ δὲ θεὸς πάσης χάριτος, ὁ καλέσας ὑμᾶς εἰς τὴν αἰώνιον αὐτοῦ δόξαν ἐν Χριστῷ ὀλίγον παθόντας²⁴ αὐτὸς καταρτίσει²⁵, στηρίξει²⁶, σθενώσει²⁷, θεμελιώσει²⁸. **11** αὐτῷ τὸ κράτος²⁹ εἰς τοὺς αἰῶνας, ἀμήν.

Final Greetings

12 Διὰ Σιλουανοῦ ὑμῖν τοῦ πιστοῦ ἀδελφοῦ, ὡς λογίζομαι, δι' ὀλίγων ἔγραψα παρακαλῶν καὶ ἐπιμαρτυρῶν³⁰ ταύτην εἶναι ἀληθῆ³¹ χάριν τοῦ θεοῦ εἰς ἣν στῆτε³². **13** ἀσπάζεται ὑμᾶς ἡ ἐν Βαβυλῶνι συνεκλεκτὴ³³ καὶ Μᾶρκος ὁ υἱός μου. **14** ἀσπάσασθε ἀλλήλους ἐν φιλήματι³⁴ ἀγάπης.

Εἰρήνη ὑμῖν πᾶσιν τοῖς ἐν Χριστῷ.

---

¹ ταπεινοφροσύνη, -ης f, humility
² ἐγκομβόομαι 2p aor mid impv, put on
³ ὑπερήφανος, -ον, proud
⁴ ἀντιτάσσομαι 3s pres mid ind, oppose
⁵ ταπεινός, -ή/όν, humble
⁶ ταπεινόω 2p aor pas impv, pas humble oneself
⁷ κραταιός, -ά/όν, mighty
⁸ ὑψόω 3s aor act sub, exalt
⁹ μέριμνα, -ης f, concern
¹⁰ ἐπιρίπτω aor act ptc m p nom, cast
¹¹ μέλει 3s pres act ind, impers it is of concern
¹² νήφω 2p aor act impv, be sober minded
¹³ γρηγορέω 2p aor act impv, be alert
¹⁴ ἀντίδικος, -ου m, enemy
¹⁵ λέων, -οντος m, lion
¹⁶ ὠρύομαι pres mid ptc m s nom, roar
¹⁷ καταπίνω, aor act inf, devour
¹⁸ ἀνθίστημι 2p aor act impv, resist
¹⁹ στερεός, -ά/όν, firm
²⁰ οἶδα pf act ptc m p nom, know
²¹ πάθημα, -τος n, suffering
²² ἀδελφότης, -ητος f, group of fellow believers
²³ ἐπιτελέω pres pas inf, place upon
²⁴ πάσχω aor act ptc m p acc, suffer
²⁵ καταρτίζω 3s fut act ind, restore
²⁶ στηρίζω 3s fut act ind, make firm
²⁷ σθενόω 3s fut act ind, make strong
²⁸ θεμελιόω 3s fut act ind, make steadfast
²⁹ κράτος, -ους n, power
³⁰ ἐπιμαρτυρέω pres act ptc m s nom, declare
³¹ ἀληθής, -ές, true
³² ἵστημι 2p aor act impv, stand (firmly)
³³ συνεκλεκτός, -ῆς f, one who is also chosen
³⁴ φίλημα, -τος n, kiss

ΠΕΤΡΟΥ Β'

Salutation

1 Συμεὼν Πέτρος δοῦλος καὶ ἀπόστολος Ἰησοῦ Χριστοῦ τοῖς ἰσότιμον[1] ἡμῖν λαχοῦσιν[2] πίστιν ἐν δικαιοσύνῃ τοῦ θεοῦ ἡμῶν καὶ σωτῆρος[3] Ἰησοῦ Χριστοῦ, **2** χάρις ὑμῖν καὶ εἰρήνη πληθυνθείη[4] ἐν ἐπιγνώσει[5] τοῦ θεοῦ καὶ Ἰησοῦ τοῦ κυρίου ἡμῶν.

The Christian's Call and Election

3 Ὡς πάντα ἡμῖν τῆς θείας[6] δυνάμεως αὐτοῦ τὰ πρὸς ζωὴν καὶ εὐσέβειαν[7] δεδωρημένης[8] διὰ τῆς ἐπιγνώσεως τοῦ καλέσαντος ἡμᾶς ἰδίᾳ δόξῃ καὶ ἀρετῇ[9] **4** δι' ὧν τὰ τίμια[10] καὶ μέγιστα[11] ἡμῖν ἐπαγγέλματα[12] δεδώρηται, ἵνα διὰ τούτων γένησθε[13] θείας κοινωνοὶ[14] φύσεως[15] ἀποφυγόντες[16] τῆς ἐν τῷ κόσμῳ ἐν ἐπιθυμίᾳ φθορᾶς[17].

5 καὶ αὐτὸ τοῦτο δὲ σπουδὴν[18] πᾶσαν παρεισενέγκαντες[19] ἐπιχορηγήσατε[20] ἐν τῇ πίστει ὑμῶν τὴν ἀρετήν, ἐν δὲ τῇ ἀρετῇ τὴν γνῶσιν[21], **6** ἐν δὲ τῇ γνώσει τὴν ἐγκράτειαν[22], ἐν δὲ τῇ ἐγκρατείᾳ τὴν ὑπομονήν, ἐν δὲ τῇ ὑπομονῇ τὴν εὐσέβειαν[23], **7** ἐν δὲ τῇ εὐσεβείᾳ τὴν φιλαδελφίαν[24], ἐν δὲ τῇ φιλαδελφίᾳ τὴν ἀγάπην. **8** ταῦτα γὰρ ὑμῖν ὑπάρχοντα καὶ πλεονάζοντα[25] οὐκ ἀργοὺς[26] οὐδὲ ἀκάρπους[27] καθίστησιν[28] εἰς τὴν τοῦ κυρίου ἡμῶν Ἰησοῦ Χριστοῦ ἐπίγνωσιν· **9** ᾧ γὰρ μὴ πάρεστιν[29] ταῦτα, τυφλός ἐστιν μυωπάζων[30] λήθην[31] λαβὼν τοῦ καθαρισμοῦ[32] τῶν πάλαι[33] αὐτοῦ

---

[1] ἰσότιμος, -ον, equally valuable
[2] λαγχάνω *aor act ptc m p dat*, receive
[3] σωτήρ, -ῆρος *m*, Savior
[4] πληθύνω *3s aor pas opt*, increase
[5] ἐπίγνωσις, -εως *f*, knowledge
[6] θεῖος, -α/ον, divine
[7] εὐσέβεια, -ας *f*, godliness
[8] δωρέομαι *pf mid ptc f s gen*, give
[9] ἀρετή, -ῆς *f*, goodness
[10] τίμιος, -α/ον, precious
[11] μέγας, great (super)
[12] ἐπάγγελμα, -τος *n*, promise
[13] γίνομαι *2p aor mid sub*, become
[14] κοινωνός, -οῦ *m*, sharer
[15] φύσις, -εως *f*, nature
[16] ἀποφεύγω *aor act ptc m p nom*, escape
[17] φθορά, -ᾶς *f*, corruption
[18] σπουδή, -ῆς *f*, effort
[19] παρεισφέρω *aor act ptc m p nom*, exert (σπουδὴν πᾶσαν π. do one's best)
[20] ἐπιχορηγέω *2p aor act impv*, provide/add to
[21] γνῶσις, -εως *f*, knowledge
[22] ἐγκράτεια, -ας *f*, self-control
[23] εὐσέβεια, -ας *f*, godliness
[24] φιλαδελφία, -ας *f*, love of one another
[25] πλεονάζω *pres act ptc n p nom*, increase
[26] ἀργός, -ή/όν, idle
[27] ἄκαρπος, -ον, unfruitful
[28] καθίστημι *3s pres act ind*, make (someone to become something)
[29] πάρειμι *3s pres act ind*, be present
[30] μυωπάζω *pres act ptc m s nom*, be shortsighted
[31] λήθη, -ης *f*, forgetfulness
[32] καθαρισμός, -οῦ *m*, cleansing
[33] πάλαι, *adv*, formerly

ἁμαρτιῶν. **10** διὸ μᾶλλον, ἀδελφοί, σπουδάσατε¹ βεβαίαν² ὑμῶν τὴν κλῆσιν³ καὶ ἐκλογὴν⁴ ποιεῖσθαι· ταῦτα γὰρ ποιοῦντες οὐ μὴ πταίσητέ⁵ ποτε⁶. **11** οὕτως γὰρ πλουσίως⁷ ἐπιχορηγηθήσεται ὑμῖν ἡ εἴσοδος⁸ εἰς τὴν αἰώνιον βασιλείαν τοῦ κυρίου ἡμῶν καὶ σωτῆρος Ἰησοῦ Χριστοῦ.

12 Διὸ μελλήσω ἀεὶ⁹ ὑμᾶς ὑπομιμνῄσκειν¹⁰ περὶ τούτων καίπερ¹¹ εἰδότας¹² καὶ ἐστηριγμένους¹³ ἐν τῇ παρούσῃ¹⁴ ἀληθείᾳ. **13** δίκαιον δὲ ἡγοῦμαι¹⁵, ἐφ' ὅσον εἰμὶ ἐν τούτῳ τῷ σκηνώματι¹⁶, διεγείρειν¹⁷ ὑμᾶς ἐν ὑπομνήσει¹⁸ **14** εἰδὼς¹⁹ ὅτι ταχινή²⁰ ἐστιν ἡ ἀπόθεσις²¹ τοῦ σκηνώματός μου, καθὼς καὶ ὁ κύριος ἡμῶν Ἰησοῦς Χριστὸς ἐδήλωσέν²² μοι. **15** σπουδάσω²³ δὲ καὶ ἑκάστοτε²⁴ ἔχειν ὑμᾶς μετὰ τὴν ἐμὴν ἔξοδον²⁵ τὴν τούτων μνήμην²⁶ ποιεῖσθαι.

Christ's Glory and the Prophetic Word

16 Οὐ γὰρ σεσοφισμένοις²⁷ μύθοις²⁸ ἐξακολουθήσαντες²⁹ ἐγνωρίσαμεν³⁰ ὑμῖν τὴν τοῦ κυρίου ἡμῶν Ἰησοῦ Χριστοῦ δύναμιν καὶ παρουσίαν³¹ ἀλλ' ἐπόπται³² γενηθέντες τῆς ἐκείνου μεγαλειότητος³³. **17** λαβὼν γὰρ παρὰ θεοῦ πατρὸς τιμὴν καὶ δόξαν φωνῆς ἐνεχθείσης³⁴ αὐτῷ τοιᾶσδε³⁵ ὑπὸ τῆς μεγαλοπρεποῦς³⁶ δόξης· ὁ υἱός μου ὁ ἀγαπητός μου οὗτός ἐστιν εἰς ὃν ἐγὼ εὐδόκησα³⁷ **18** καὶ ταύτην τὴν φωνὴν ἡμεῖς ἠκούσαμεν ἐξ οὐρανοῦ ἐνεχθεῖσαν σὺν αὐτῷ ὄντες ἐν τῷ ἁγίῳ ὄρει. **19** καὶ ἔχομεν βεβαιότερον³⁸ τὸν προφητικὸν³⁹ λόγον ᾧ καλῶς ποιεῖτε προσέχοντες⁴⁰ ὡς λύχνῳ⁴¹ φαίνοντι ἐν αὐχμηρῷ⁴² τόπῳ, ἕως οὗ ἡμέρα διαυγάσῃ⁴³ καὶ φωσφόρος⁴⁴ ἀνατείλῃ⁴⁵ ἐν ταῖς καρδίαις ὑμῶν, **20** τοῦτο πρῶτον γινώσκοντες

---

¹ σπουδάζω 2p aor act impv, do one's best
² βέβαιος, -α/ον, certain
³ κλῆσις, -εως f, calling
⁴ ἐκλογή, -ῆς f, election
⁵ πταίω 2p aor act sub, stumble
⁶ ποτέ, temporal adv, ever
⁷ πλουσίως, adv, richly
⁸ εἴσοδος, -ου f, entrance
⁹ ἀεί, adv, always
¹⁰ ὑπομιμνῄσκω pres act inf, remind
¹¹ καίπερ, conj, though
¹² οἶδα pf act ptc m p acc, know
¹³ στηρίζω pf pas ptc m p acc, establish
¹⁴ πάρειμι pres act ptc f s dat, be present (ἡ π. ἀληθεία the truth that you have)
¹⁵ ἡγέομαι 1s pres mid ind, think
¹⁶ σκήνωμα, -τος n, tent (= body)
¹⁷ διεγείρω pres act inf, awake
¹⁸ ὑπόμνησις, -εως f, reminder
¹⁹ οἶδα pf act ptc m s nom, know
²⁰ ταχινός, -ή/όν, soon
²¹ ἀπόθεσις, -εως f, removal (ἀ. τοῦ σκηνώματος death)
²² δηλόω 3s aor act ind, make clear
²³ σπουδάζω 1s fut act ind, do one's best
²⁴ ἑκάστοτε, adv, always
²⁵ ἔξοδος, -ου f, departure
²⁶ μνήμη, -ης f, remembrance
²⁷ σοφίζω pf pas ptc m p dat, cleverly devise (something)
²⁸ μῦθος, -ου m, fanciful story
²⁹ ἐξακολουθέω aor act ptc m p nom, follow
³⁰ γνωρίζω 1p aor act ind, make known
³¹ παρουσία, -ας f, coming
³² ἐπόπτης, -ου m, eyewitness
³³ μεγαλειότης, -ητος f, greatness
³⁴ φέρω aor pas ptc f s gen, bring
³⁵ τοιόσδε, -άδε/όνδε, gen of such kind
³⁶ μεγαλοπρεπής, -ές, majestic (μ. δόξα Majestic Glory = God)
³⁷ εὐδοκέω 1s aor act ind, be pleased
³⁸ βέβαιος, certain (comp)
³⁹ προφητικός, -ή/όν, prophetic
⁴⁰ προσέχω pres act ptc m p nom, pay attention to
⁴¹ λύχνος, -ου m, lamp
⁴² αὐχμηρός, -ά/όν, dark
⁴³ διαυγάζω 3s aor act sub, dawn
⁴⁴ φωσφόρος, -ου m, morning star
⁴⁵ ἀνατέλλω 3s aor art sub, rise

ὅτι πᾶσα προφητεία¹ γραφῆς ἰδίας ἐπιλύσεως² οὐ γίνεται· **21** οὐ γὰρ θελήματι ἀνθρώπου ἠνέχθη³ προφητεία ποτέ, ἀλλ' ὑπὸ πνεύματος ἁγίου φερόμενοι ἐλάλησαν ἀπὸ θεοῦ ἄνθρωποι.

False Prophets and Teachers (Jude 4-13)

2 Ἐγένοντο δὲ καὶ ψευδοπροφῆται⁴ ἐν τῷ λαῷ, ὡς καὶ ἐν ὑμῖν ἔσονται⁵ ψευδοδιδάσκαλοι⁶ οἵτινες παρεισάξουσιν⁷ αἱρέσεις⁸ ἀπωλείας⁹ καὶ τὸν ἀγοράσαντα αὐτοὺς δεσπότην¹⁰ ἀρνούμενοι ἐπάγοντες¹¹ ἑαυτοῖς ταχινὴν¹² ἀπώλειαν. **2** καὶ πολλοὶ ἐξακολουθήσουσιν¹³ αὐτῶν ταῖς ἀσελγείαις¹⁴ δι' οὓς ἡ ὁδὸς τῆς ἀληθείας βλασφημηθήσεται, **3** καὶ ἐν πλεονεξίᾳ¹⁵ πλαστοῖς¹⁶ λόγοις ὑμᾶς ἐμπορεύσονται¹⁷ οἷς τὸ κρίμα¹⁸ ἔκπαλαι¹⁹ οὐκ ἀργεῖ²⁰ καὶ ἡ ἀπώλεια αὐτῶν οὐ νυστάζει²¹.

4 Εἰ γὰρ ὁ θεὸς ἀγγέλων ἁμαρτησάντων οὐκ ἐφείσατο²² ἀλλὰ σειραῖς²³ ζόφου²⁴ ταρταρώσας²⁵ παρέδωκεν εἰς κρίσιν τηρουμένους **5** καὶ ἀρχαίου²⁶ κόσμου οὐκ ἐφείσατο ἀλλ' ὄγδοον²⁷ Νῶε δικαιοσύνης κήρυκα²⁸ ἐφύλαξεν²⁹ κατακλυσμὸν³⁰ κόσμῳ ἀσεβῶν³¹ ἐπάξας³² **6** καὶ πόλεις Σοδόμων καὶ Γομόρρας τεφρώσας³³ καταστροφῇ³⁴ κατέκρινεν³⁵ ὑπόδειγμα³⁶ μελλόντων ἀσεβεῖν τεθεικὼς³⁷ **7** καὶ δίκαιον Λὼτ καταπονούμενον³⁸ ὑπὸ τῆς τῶν ἀθέσμων³⁹ ἐν ἀσελγείᾳ ἀναστροφῆς⁴⁰ ἐρρύσατο⁴¹· **8** βλέμματι⁴² γὰρ καὶ ἀκοῇ⁴³ ὁ δίκαιος ἐγκατοικῶν⁴⁴ ἐν αὐτοῖς ἡμέραν ἐξ ἡμέρας ψυχὴν δικαίαν ἀνόμοις⁴⁵ ἔργοις ἐβασάνιζεν⁴⁶. **9** οἶδεν κύριος εὐσεβεῖς⁴⁷ ἐκ πειρασμοῦ⁴⁸ ῥύεσθαι, ἀδίκους⁴⁹ δὲ εἰς ἡμέραν κρίσεως κολαζομένους⁵⁰ τηρεῖν,

---

¹ προφητεία, -ας f, prophecy
² ἐπίλυσις, -εως f, interpretation
³ φέρω 3s aor pas ind, bring
⁴ ψευδοπροφήτης, -ου m, false prophet
⁵ εἰμί 3p fut mid ind, be
⁶ ψευδοδιδάσκαλος, -ου m, false teacher
⁷ παρεισάγω 3p fut act ind, secretly bring in
⁸ αἵρεσις, -εως f, heresy
⁹ ἀπώλεια, -ας f, destruction
¹⁰ δεσπότης, -ου m, Lord
¹¹ ἐπάγω pres act ptc m p nom, bring upon
¹² ταχινός, -ή/όν, swift
¹³ ἐξακολουθέω 3p fut act ind, follow
¹⁴ ἀσέλγεια, -ας f, indecency
¹⁵ πλεονεξία, -ας f, greed
¹⁶ πλαστός, -ή/όν, made-up
¹⁷ ἐμπορεύομαι 3p fut mid ind, exploit
¹⁸ κρίμα, -τος n, condemnation
¹⁹ ἔκπαλαι, adv, for a long time
²⁰ ἀργέω 3s pres act ind, be idle
²¹ νυστάζω 3s pres act ind, be asleep
²² φείδομαι 3s aor mid ind, spare
²³ σειρά, -ᾶς f, chain
²⁴ ζόφος, -ου m, gloom/darkness
²⁵ ταρταρόω aor act ptc m s nom, put in hell/Tartarus
²⁶ ἀρχαῖος, -α/ον, ancient
²⁷ ὄγδοος, -η/ον, eighth
²⁸ κῆρυξ, -υκος m, preacher
²⁹ φυλάσσω 3s aor act ind, protect
³⁰ κατακλυσμός, -οῦ m, flood
³¹ ἀσεβής, -ές, godless
³² ἐπάγω aor act ptc m s nom, bring upon
³³ τεφρόω aor act ptc m s nom, reduce to ashes
³⁴ καταστροφή, -ῆς f, destruction
³⁵ κατακρίνω 3s aor act ind, condemn
³⁶ ὑπόδειγμα, -τος n, example
³⁷ τίθημι pf act ptc m s nom, make
³⁸ καταπονέω pres pas ptc m s acc, trouble
³⁹ ἄθεσμος, -ον, lawless
⁴⁰ ἀναστροφή, -ῆς f, conduct
⁴¹ ῥύομαι 3s aor mid ind, rescue
⁴² βλέμμα, -τος n, what is seen
⁴³ ἀκοή, -ῆς f, what is heard
⁴⁴ ἐγκατοικέω pres act ptc m s nom, live (ἐν) among
⁴⁵ ἄνομος, -ον, lawless
⁴⁶ βασανίζω 3s impf act ind, torment
⁴⁷ εὐσεβής, -ές, godly
⁴⁸ πειρασμός, -οῦ m, trial
⁴⁹ ἄδικος, -ον, evil
⁵⁰ κολάζω pres pas ptc m p acc, punish

10 μάλιστα¹ δὲ τοὺς ὀπίσω σαρκὸς ἐν ἐπιθυμίᾳ μιασμοῦ² πορευομένους καὶ κυριότητος³ καταφρονοῦντας⁴. τολμηταὶ⁵ αὐθάδεις⁶ δόξας οὐ τρέμουσιν⁷ βλασφημοῦντες, **11** ὅπου ἄγγελοι ἰσχύϊ⁸ καὶ δυνάμει μείζονες⁹ ὄντες οὐ φέρουσιν κατ' αὐτῶν παρὰ κυρίῳ βλάσφημον¹⁰ κρίσιν.

12 Οὗτοι δὲ ὡς ἄλογα¹¹ ζῷα¹² γεγεννημένα¹³ φυσικὰ¹⁴ εἰς ἅλωσιν¹⁵ καὶ φθορὰν¹⁶ ἐν οἷς ἀγνοοῦσιν¹⁷ βλασφημοῦντες ἐν τῇ φθορᾷ αὐτῶν καὶ φθαρήσονται¹⁸ **13** ἀδικούμενοι¹⁹ μισθὸν²⁰ ἀδικίας²¹ ἡδονὴν²² ἡγούμενοι²³ τὴν ἐν ἡμέρᾳ τρυφήν²⁴, σπίλοι²⁵ καὶ μῶμοι²⁶ ἐντρυφῶντες²⁷ ἐν ταῖς ἀπάταις²⁸ αὐτῶν συνευωχούμενοι²⁹ ὑμῖν, **14** ὀφθαλμοὺς ἔχοντες μεστοὺς³⁰ μοιχαλίδος³¹ καὶ ἀκαταπαύστους³² ἁμαρτίας, δελεάζοντες³³ ψυχὰς ἀστηρίκτους³⁴, καρδίαν γεγυμνασμένην³⁵ πλεονεξίας³⁶ ἔχοντες, κατάρας³⁷ τέκνα. **15** καταλιπόντες³⁸ εὐθεῖαν³⁹ ὁδὸν ἐπλανήθησαν⁴⁰ ἐξακολουθήσαντες τῇ ὁδῷ τοῦ Βαλαὰμ τοῦ Βοσὸρ ὃς μισθὸν⁴¹ ἀδικίας ἠγάπησεν⁴², **16** ἔλεγξιν⁴³ δὲ ἔσχεν⁴⁴ ἰδίας παρανομίας⁴⁵· ὑποζύγιον⁴⁶ ἄφωνον⁴⁷ ἐν ἀνθρώπου φωνῇ φθεγξάμενον⁴⁸ ἐκώλυσεν⁴⁹ τὴν τοῦ προφήτου παραφρονίαν⁵⁰. **17** οὗτοί εἰσιν πηγαὶ⁵¹ ἄνυδροι⁵² καὶ ὁμίχλαι⁵³ ὑπὸ λαίλαπος⁵⁴ ἐλαυνόμεναι⁵⁵ οἷς ὁ ζόφος⁵⁶ τοῦ σκότους τετήρηται⁵⁷. **18** ὑπέρογκα⁵⁸ γὰρ ματαιότητος⁵⁹ φθεγγόμενοι⁶⁰ δελεάζουσιν⁶¹ ἐν ἐπιθυμίαις σαρκὸς ἀσελγείαις⁶² τοὺς ὄντως⁶³ ἀποφεύγοντας⁶⁴ τοὺς ἐν

¹ μάλιστα, adv, especially
² μιασμός, -οῦ m, defilement
³ κυριότης, -ητος f, authority
⁴ καταφρονέω pres act ptc m p acc, despise
⁵ τολμητής, -οῦ m, bold person
⁶ αὐθάδης, -ες, arrogant
⁷ τρέμω 3p pres act ind, be afraid
⁸ ἰσχύς, -ύος f, might
⁹ μέγας, great (comp)
¹⁰ βλάσφημος, -ον, blasphemous
¹¹ ἄλογος, -ον, irrational
¹² ζῷον, -ου n, animal
¹³ γεννάω pf pas ptc n p nom, pas be born
¹⁴ φυσικός, -ή/όν, natural (φυσικὰ creatures of instinct)
¹⁵ ἅλωσις, -εως f, capture
¹⁶ φθορά, -ᾶς f, destruction (εἰς ἅλωσιν καὶ φ. to be caught and killed)
¹⁷ ἀγνοέω 3p pres act ind, be ignorant
¹⁸ φθείρω 3p fut pas ind, destroy
¹⁹ ἀδικέω pres pas or mid ptc m p nom, pas & mid suffer wrong
²⁰ μισθός, -οῦ m, retribution

²¹ ἀδικία, -ας f, wrongdoing
²² ἡδονή, -ῆς f, pleasure
²³ ἡγέομαι pres mid ptc m p nom, consider
²⁴ τρυφή, -ῆς f, self-indulgence
²⁵ σπίλος, -ου m, spot
²⁶ μῶμος, -ου m, blemish
²⁷ ἐντρυφάω pres act ptc m p nom, carouse/delight
²⁸ ἀπάτη, -ης f, deception/lust
²⁹ συνευωχέομαι pres pas ptc m p nom, eat together
³⁰ μεστός, -ή/όν, full
³¹ μοιχαλίς, -ίδος f, adultery
³² ἀκατάπαυστος, -ον, insatiable
³³ δελεάζω pres act ptc m p nom, entice
³⁴ ἀστήρικτος, -ον, unsteady
³⁵ γυμνάζω pf pas ptc f s acc, train
³⁶ πλεονεξία, -ας f, greed
³⁷ κατάρα, -ας f, curse (κ. τέκνα they are doomed!)
³⁸ καταλείπω aor act ptc m p nom, leave behind
³⁹ εὐθύς, -εῖα/ύ, right
⁴⁰ πλανάω 2p aor pas ind, pas go astray
⁴¹ μισθός, -οῦ m, wages

⁴² ἀγαπάω 3s aor act ind, love
⁴³ ἔλεγξις, -εως f, rebuke (ἔχω ἔ. be rebuked)
⁴⁴ ἔχω 3s aor act ind, have
⁴⁵ παρανομία, -ας f, wrongdoing
⁴⁶ ὑποζύγιον, -ου n, donkey
⁴⁷ ἄφωνος, -ον, unable to speak
⁴⁸ φθέγγομαι aor act ptc n s nom, speak
⁴⁹ κωλύω 3s aor act ind, restrain
⁵⁰ παραφρονία, -ας f, madness
⁵¹ πηγή, -ῆς f, spring
⁵² ἄνυδρος, -ον, waterless
⁵³ ὁμίχλη, -ης f, mist
⁵⁴ λαῖλαψ, -απος f, storm
⁵⁵ ἐλαύνω pres pas ptc f p nom, drive (of wind)
⁵⁶ ζόφος, -ου m, gloom
⁵⁷ τηρέω 3s pf pas ind, reserve
⁵⁸ ὑπέρογκος, -ον, boastful
⁵⁹ ματαιότης, -ητος f, futility
⁶⁰ φθέγγομαι pres mid ptc m p nom, speak
⁶¹ δελεάζω 3p pres act ind, entice
⁶² ἀσέλγεια, -ας f, indecency
⁶³ ὄντως, adv, really
⁶⁴ ἀποφεύγω pres act ptc m p acc, escape

πλάνη¹ ἀναστρεφομένους², 19 ἐλευθερίαν³ αὐτοῖς ἐπαγγελλόμενοι⁴ αὐτοὶ δοῦλοι ὑπάρχοντες τῆς φθορᾶς⁵· ᾧ γάρ τις ἥττηται⁶, τούτῳ δεδούλωται⁷. 20 εἰ γὰρ ἀποφυγόντες τὰ μιάσματα⁸ τοῦ κόσμου ἐν ἐπιγνώσει⁹ τοῦ κυρίου καὶ σωτῆρος¹⁰ Ἰησοῦ Χριστοῦ, τούτοις δὲ πάλιν ἐμπλακέντες¹¹ ἡττῶνται, γέγονεν¹² αὐτοῖς τὰ ἔσχατα χείρονα¹³ τῶν πρώτων. 21 κρεῖττον¹⁴ γὰρ ἦν αὐτοῖς μὴ ἐπεγνωκέναι τὴν ὁδὸν τῆς δικαιοσύνης ἢ ἐπιγνοῦσιν ὑποστρέψαι ἐκ τῆς παραδοθείσης¹⁵ αὐτοῖς ἁγίας ἐντολῆς. 22 συμβέβηκεν¹⁶ αὐτοῖς τὸ τῆς ἀληθοῦς¹⁷ παροιμίας¹⁸· κύων¹⁹ ἐπιστρέψας²⁰ ἐπὶ τὸ ἴδιον ἐξέραμα²¹, καί· ὗς²² λουσαμένη²³ εἰς κυλισμὸν²⁴ βορβόρου²⁵.

The Promise of the Lord's Coming

3 Ταύτην ἤδη, ἀγαπητοί, δευτέραν ὑμῖν γράφω ἐπιστολὴν²⁶ ἐν αἷς διεγείρω²⁷ ὑμῶν ἐν ὑπομνήσει²⁸ τὴν εἰλικρινῆ²⁹ διάνοιαν³⁰ 2 μνησθῆναι³¹ τῶν προειρημένων³² ῥημάτων ὑπὸ τῶν ἁγίων προφητῶν καὶ τῆς τῶν ἀποστόλων ὑμῶν ἐντολῆς τοῦ κυρίου καὶ σωτῆρος³³. 3 τοῦτο πρῶτον γινώσκοντες ὅτι ἐλεύσονται³⁴ ἐπ' ἐσχάτων τῶν ἡμερῶν ἐν ἐμπαιγμονῇ³⁵ ἐμπαῖκται³⁶ κατὰ τὰς ἰδίας ἐπιθυμίας αὐτῶν πορευόμενοι 4 καὶ λέγοντες· ποῦ ἐστιν ἡ ἐπαγγελία τῆς παρουσίας³⁷ αὐτοῦ; ἀφ' ἧς γὰρ οἱ πατέρες ἐκοιμήθησαν³⁸, πάντα οὕτως διαμένει³⁹ ἀπ' ἀρχῆς κτίσεως⁴⁰. 5 λανθάνει⁴¹ γὰρ αὐτοὺς τοῦτο θέλοντας ὅτι οὐρανοὶ ἦσαν ἔκπαλαι⁴² καὶ γῆ ἐξ ὕδατος καὶ δι' ὕδατος συνεστῶσα⁴³ τῷ τοῦ θεοῦ λόγῳ 6 δι' ὃν ὁ τότε κόσμος ὕδατι κατακλυσθεὶς⁴⁴ ἀπώλετο⁴⁵. 7 οἱ δὲ νῦν οὐρανοὶ καὶ ἡ γῆ τῷ αὐτῷ λόγῳ τεθησαυρισμένοι⁴⁶ εἰσὶν πυρὶ τηρούμενοι εἰς ἡμέραν κρίσεως καὶ ἀπωλείας⁴⁷ τῶν ἀσεβῶν⁴⁸ ἀνθρώπων.

1 πλάνη, -ης f, error
2 ἀναστρέφω pres pas ptc m p acc, live
3 ἐλευθερία, -ας f, freedom
4 ἐπαγγέλλομαι pres mid ptc m p nom, promise
5 φθορά, -ᾶς f, corruption
6 ἡττάομαι 3s pf pas ind, control
7 δουλόω 3s pf pas ind, enslave
8 μίασμα, -τος n, defilement
9 ἐπίγνωσις, -εως f, knowledge
10 σωτήρ, -ῆρος m, Savior
11 ἐμπλέκω aor pas ptc m p nom, pas be entangled
12 γίνομαι 3s pf act ind, become
13 χείρων, worse (comp of κακός)
14 κρείττων, better (comp of ἀγαθός)
15 παραδίδωμι aor pas ptc f s gen, give
16 συμβαίνω 3s pf act ind, happen
17 ἀληθής, -ές, true
18 παροιμία, -ας f, proverb
19 κύων, κυνός m, dog
20 ἐπιστρέφω aor act ptc m s nom, return
21 ἐξέραμα, -τος n, vomit
22 ὗς, ὑός f, sow
23 λούω aor mid ptc f s nom, wash
24 κυλισμός, -οῦ m, wallowing
25 βόρβορος, -ου m, mud
26 ἐπιστολή, -ῆς f, letter
27 διεγείρω 1s pres act ind, awake
28 ὑπόμνησις, -εως f, reminder
29 εἰλικρινής, -ές f, sincere
30 διάνοια, -ας f, mind
31 μιμνήσκομαι aor pas inf, remember
32 προλέγω pf pas ptc n p gen, predict
33 σωτήρ, -ῆρος m, Savior
34 ἔρχομαι 3p fut mid ind, come
35 ἐμπαιγμονή, -ῆς f, scoffing
36 ἐμπαίκτης, -ου m, scoffer
37 παρουσία, -ας f, coming
38 κοιμάομαι 3p aor pas ind, die
39 διαμένω 3s pres act ind, remain
40 κτίσις, -εως f, creation
41 λανθάνω 3s pres act ind, ignore
42 ἔκπαλαι, adv, long ago
43 συνίστημι pf act ptc f s nom, be formed
44 κατακλύζω aor pas ptc m s nom, flood
45 ἀπόλλυμι 3s aor mid ind, mid be destroyed
46 θησαυρίζω pf pas ptc m p nom, store up
47 ἀπώλεια, -ας f, destruction
48 ἀσεβής, -ές, godless

8 Ἓν δὲ τοῦτο μὴ λανθανέτω ὑμᾶς, ἀγαπητοί, ὅτι μία ἡμέρα παρὰ κυρίῳ ὡς χίλια[1] ἔτη καὶ χίλια ἔτη ὡς ἡμέρα μία. **9** οὐ βραδύνει[2] κύριος τῆς ἐπαγγελίας, ὥς τινες βραδύτητα[3] ἡγοῦνται[4], ἀλλὰ μακροθυμεῖ[5] εἰς ὑμᾶς μὴ βουλόμενός τινας ἀπολέσθαι[6] ἀλλὰ πάντας εἰς μετάνοιαν[7] χωρῆσαι[8].

10 Ἥξει[9] δὲ ἡμέρα κυρίου ὡς κλέπτης[10] ἐν ᾗ οἱ οὐρανοὶ ῥοιζηδὸν[11] παρελεύσονται[12], στοιχεῖα[13] δὲ καυσούμενα[14] λυθήσεται, καὶ γῆ καὶ τὰ ἐν αὐτῇ ἔργα οὐχ εὑρεθήσεται[15]. **11** τούτων οὕτως πάντων λυομένων ποταποὺς[16] δεῖ ὑπάρχειν ὑμᾶς ἐν ἁγίαις ἀναστροφαῖς[17] καὶ εὐσεβείαις[18] **12** προσδοκῶντας[19] καὶ σπεύδοντας[20] τὴν παρουσίαν[21] τῆς τοῦ θεοῦ ἡμέρας δι᾽ ἣν οὐρανοὶ πυρούμενοι[22] λυθήσονται καὶ στοιχεῖα καυσούμενα τήκεται[23]. **13** καινοὺς δὲ οὐρανοὺς καὶ γῆν καινὴν κατὰ τὸ ἐπάγγελμα[24] αὐτοῦ προσδοκῶμεν ἐν οἷς δικαιοσύνη κατοικεῖ.

14 Διό, ἀγαπητοί, ταῦτα προσδοκῶντες σπουδάσατε[25] ἄσπιλοι[26] καὶ ἀμώμητοι[27] αὐτῷ εὑρεθῆναι[28] ἐν εἰρήνῃ **15** καὶ τὴν τοῦ κυρίου ἡμῶν μακροθυμίαν[29] σωτηρίαν ἡγεῖσθε, καθὼς καὶ ὁ ἀγαπητὸς ἡμῶν ἀδελφὸς Παῦλος κατὰ τὴν δοθεῖσαν[30] αὐτῷ σοφίαν ἔγραψεν ὑμῖν, **16** ὡς καὶ ἐν πάσαις ταῖς ἐπιστολαῖς[31] λαλῶν ἐν αὐταῖς περὶ τούτων ἐν αἷς ἐστιν δυσνόητά[32] τινα ἃ οἱ ἀμαθεῖς[33] καὶ ἀστήρικτοι[34] στρεβλώσουσιν[35] ὡς καὶ τὰς λοιπὰς γραφὰς πρὸς τὴν ἰδίαν αὐτῶν ἀπώλειαν[36].

17 Ὑμεῖς οὖν, ἀγαπητοί, προγινώσκοντες[37] φυλάσσεσθε, ἵνα μὴ τῇ τῶν ἀθέσμων[38] πλάνῃ[39] συναπαχθέντες[40] ἐκπέσητε[41] τοῦ ἰδίου στηριγμοῦ[42], **18** αὐξάνετε[43] δὲ ἐν χάριτι καὶ γνώσει[44] τοῦ κυρίου ἡμῶν καὶ σωτῆρος[45] Ἰησοῦ Χριστοῦ. αὐτῷ ἡ δόξα καὶ νῦν καὶ εἰς ἡμέραν αἰῶνος.

---

[1] χίλιοι, -αι/α, thousand
[2] βραδύνω 3s pres act ind, be slow
[3] βραδύτης, -ητος f, slowness
[4] ἡγέομαι 3p pres mid ind, consider
[5] μακροθυμέω 3s pres act ind, be patient
[6] ἀπόλλυμι aor mid inf, mid be destroyed
[7] μετάνοια, -ας f, repentance
[8] χωρέω aor act inf, intrans come (εἰς μετάνοιαν χ. repent)
[9] ἥκω 3s fut act ind, come
[10] κλέπτης, -ου m, thief
[11] ῥοιζηδόν, adv, with a roar
[12] παρέρχομαι 3p fut mid ind, disappear
[13] στοιχεῖον, -ου n, element
[14] καυσόω pres pas ptc n p nom, burn up
[15] εὑρίσκω 3s fut pas ind, find
[16] ποταπός, -ή/όν, of what sort
[17] ἀναστροφή, -ῆς f, manner of life
[18] εὐσέβεια, -ας f, godliness
[19] προσδοκάω pres act ptc m p acc, wait for
[20] σπεύδω pres act ptc m p acc, hasten/earnestly desire
[21] παρουσία, -ας f, coming
[22] πυρόω pres pas ptc m p nom, pas burn
[23] τήκω 3s pres pas ind, pas melt
[24] ἐπάγγελμα, -τος n, promise
[25] σπουδάζω 2p aor act impv, do one's best
[26] ἄσπιλος, -ον, spotless
[27] ἀμώμητος, -ον, blameless
[28] εὑρίσκω aor pas inf, find
[29] μακροθυμία, -ας f, patience
[30] δίδωμι aor pas ptc f s acc, give
[31] ἐπιστολή, -ῆς f, letter
[32] δυσνόητος, -ον, hard to understand
[33] ἀμαθής, -ές, ignorant
[34] ἀστήρικτος, -ον, unstable
[35] στρεβλόω 3p fut act ind, twist
[36] ἀπώλεια, -ας f, destruction
[37] προγινώσκω pres act ptc m p nom, know beforehand
[38] ἄθεσμος, -ον, lawless
[39] πλάνη, -ης f, error
[40] συναπάγω aor pas ptc m p nom, lead astray
[41] ἐκπίπτω 2p aor act sub, fall from
[42] στηριγμός, -οῦ m, firm position
[43] αὐξάνω 2p pres act impv, grow
[44] γνῶσις, -εως f, knowledge
[45] σωτήρ, -ῆρος m, Savior

ΙΩΑΝΝΟΥ Α'

The Word of Life

1 Ὃ ἦν ἀπ' ἀρχῆς, ὃ ἀκηκόαμεν[1], ὃ ἑωράκαμεν[2] τοῖς ὀφθαλμοῖς ἡμῶν, ὃ ἐθεασάμεθα[3] καὶ αἱ χεῖρες ἡμῶν ἐψηλάφησαν[4] περὶ τοῦ λόγου τῆς ζωῆς – **2** καὶ ἡ ζωὴ ἐφανερώθη, καὶ ἑωράκαμεν καὶ μαρτυροῦμεν καὶ ἀπαγγέλλομεν ὑμῖν τὴν ζωὴν τὴν αἰώνιον ἥτις ἦν πρὸς τὸν πατέρα καὶ ἐφανερώθη ἡμῖν – **3** ὃ ἑωράκαμεν καὶ ἀκηκόαμεν, ἀπαγγέλλομεν καὶ ὑμῖν, ἵνα καὶ ὑμεῖς κοινωνίαν[5] ἔχητε μεθ' ἡμῶν. καὶ ἡ κοινωνία δὲ ἡ ἡμετέρα[6] μετὰ τοῦ πατρὸς καὶ μετὰ τοῦ υἱοῦ αὐτοῦ Ἰησοῦ Χριστοῦ. **4** καὶ ταῦτα γράφομεν ἡμεῖς, ἵνα ἡ χαρὰ ἡμῶν ᾖ πεπληρωμένη.

God is Light

5 Καὶ ἔστιν αὕτη ἡ ἀγγελία[7] ἣν ἀκηκόαμεν ἀπ' αὐτοῦ καὶ ἀναγγέλλομεν[8] ὑμῖν, ὅτι ὁ θεὸς φῶς ἐστιν καὶ σκοτία[9] ἐν αὐτῷ οὐκ ἔστιν οὐδεμία. **6** ἐὰν εἴπωμεν[10] ὅτι κοινωνίαν ἔχομεν μετ' αὐτοῦ καὶ ἐν τῷ σκότει περιπατῶμεν, ψευδόμεθα[11] καὶ οὐ ποιοῦμεν τὴν ἀλήθειαν· **7** ἐὰν ἐν τῷ φωτὶ περιπατῶμεν, ὡς αὐτός ἐστιν ἐν τῷ φωτί, κοινωνίαν ἔχομεν μετ' ἀλλήλων, καὶ τὸ αἷμα Ἰησοῦ τοῦ υἱοῦ αὐτοῦ καθαρίζει ἡμᾶς ἀπὸ πάσης ἁμαρτίας. **8** ἐὰν εἴπωμεν ὅτι ἁμαρτίαν οὐκ ἔχομεν, ἑαυτοὺς πλανῶμεν καὶ ἡ ἀλήθεια οὐκ ἔστιν ἐν ἡμῖν. **9** ἐὰν ὁμολογῶμεν[12] τὰς ἁμαρτίας ἡμῶν, πιστός ἐστιν καὶ δίκαιος, ἵνα ἀφῇ[13] ἡμῖν τὰς ἁμαρτίας καὶ καθαρίσῃ ἡμᾶς ἀπὸ πάσης ἀδικίας[14]. **10** ἐὰν εἴπωμεν ὅτι οὐχ ἡμαρτήκαμεν[15], ψεύστην[16] ποιοῦμεν αὐτόν, καὶ ὁ λόγος αὐτοῦ οὐκ ἔστιν ἐν ἡμῖν.

---

[1] ἀκούω 1p pf act ind, hear
[2] ὁράω 1p pf act ind, see
[3] θεάομαι 1p aor mid ind, look at
[4] ψηλαφάω 3p aor act ind, touch
[5] κοινωνία, -ας f, fellowship
[6] ἡμέτερος, -α/ον, our
[7] ἀγγελία, -ας f, message
[8] ἀναγγέλλω 1p pres act ind, proclaim
[9] σκοτία, -ας f, darkness
[10] λέγω 1p aor act sub, say
[11] ψεύδομαι 1p pres mid ind, lie
[12] ὁμολογέω 1p pres act sub, confess
[13] ἀφίημι 3s aor act sub, forgive
[14] ἀδικία, -ας f, sin
[15] ἁμαρτάνω 1p pf act ind, sin
[16] ψεύστης, -ου m, liar

Christ Our Advocate

2 Τεκνία¹ μου, ταῦτα γράφω ὑμῖν ἵνα μὴ ἁμάρτητε². καὶ ἐάν τις ἁμάρτῃ, παράκλητον³ ἔχομεν πρὸς τὸν πατέρα Ἰησοῦν Χριστὸν δίκαιον· **2** καὶ αὐτὸς ἱλασμός⁴ ἐστιν περὶ τῶν ἁμαρτιῶν ἡμῶν, οὐ περὶ τῶν ἡμετέρων⁵ δὲ μόνον ἀλλὰ καὶ περὶ ὅλου τοῦ κόσμου. **3** Καὶ ἐν τούτῳ γινώσκομεν ὅτι ἐγνώκαμεν⁶ αὐτόν, ἐὰν τὰς ἐντολὰς αὐτοῦ τηρῶμεν. **4** ὁ λέγων ὅτι ἔγνωκα αὐτὸν καὶ τὰς ἐντολὰς αὐτοῦ μὴ τηρῶν ψεύστης⁷ ἐστίν, καὶ ἐν τούτῳ ἡ ἀλήθεια οὐκ ἔστιν· **5** ὃς δ' ἂν τηρῇ αὐτοῦ τὸν λόγον, ἀληθῶς⁸ ἐν τούτῳ ἡ ἀγάπη τοῦ θεοῦ τετελείωται⁹· ἐν τούτῳ γινώσκομεν ὅτι ἐν αὐτῷ ἐσμεν. **6** ὁ λέγων ἐν αὐτῷ μένειν ὀφείλει, καθὼς ἐκεῖνος περιεπάτησεν¹⁰, καὶ αὐτὸς οὕτως περιπατεῖν.

The New Commandment

7 Ἀγαπητοί, οὐκ ἐντολὴν καινὴν γράφω ὑμῖν ἀλλ' ἐντολὴν παλαιὰν¹¹ ἣν εἴχετε¹² ἀπ' ἀρχῆς· ἡ ἐντολὴ ἡ παλαιά ἐστιν ὁ λόγος ὃν ἠκούσατε. **8** πάλιν ἐντολὴν καινὴν γράφω ὑμῖν ὅ ἐστιν ἀληθὲς¹³ ἐν αὐτῷ καὶ ἐν ὑμῖν, ὅτι ἡ σκοτία¹⁴ παράγεται¹⁵ καὶ τὸ φῶς τὸ ἀληθινόν¹⁶ ἤδη φαίνει¹⁷. **9** ὁ λέγων ἐν τῷ φωτὶ εἶναι καὶ τὸν ἀδελφὸν αὐτοῦ μισῶν ἐν τῇ σκοτίᾳ ἐστὶν ἕως ἄρτι. **10** ὁ ἀγαπῶν τὸν ἀδελφὸν αὐτοῦ ἐν τῷ φωτὶ μένει, καὶ σκάνδαλον¹⁸ ἐν αὐτῷ οὐκ ἔστιν· **11** ὁ δὲ μισῶν τὸν ἀδελφὸν αὐτοῦ ἐν τῇ σκοτίᾳ ἐστὶν καὶ ἐν τῇ σκοτίᾳ περιπατεῖ καὶ οὐκ οἶδεν ποῦ ὑπάγει, ὅτι ἡ σκοτία ἐτύφλωσεν¹⁹ τοὺς ὀφθαλμοὺς αὐτοῦ.

12 γράφω ὑμῖν, τεκνία²⁰, ὅτι ἀφέωνται²¹ ὑμῖν αἱ ἁμαρτίαι διὰ τὸ ὄνομα αὐτοῦ.
13 γράφω ὑμῖν, πατέρες, ὅτι ἐγνώκατε²² τὸν ἀπ' ἀρχῆς.
γράφω ὑμῖν, νεανίσκοι²³, ὅτι νενικήκατε²⁴ τὸν πονηρόν.
14 ἔγραψα ὑμῖν, παιδία, ὅτι ἐγνώκατε τὸν πατέρα.
ἔγραψα ὑμῖν, πατέρες, ὅτι ἐγνώκατε τὸν ἀπ' ἀρχῆς.
ἔγραψα ὑμῖν, νεανίσκοι, ὅτι ἰσχυροί²⁵ ἐστε καὶ ὁ λόγος τοῦ θεοῦ ἐν ὑμῖν μένει καὶ νενικήκατε τὸν πονηρόν.

15 Μὴ ἀγαπᾶτε τὸν κόσμον μηδὲ τὰ ἐν τῷ κόσμῳ. ἐάν τις ἀγαπᾷ τὸν κόσμον, οὐκ ἔστιν ἡ ἀγάπη τοῦ πατρὸς ἐν αὐτῷ· **16** ὅτι πᾶν τὸ ἐν τῷ κόσμῳ, ἡ ἐπιθυμία τῆς

---

[1] τεκνίον, -ου n, child
[2] ἁμαρτάνω 2p aor act sub, sin
[3] παράκλητος, -ου m, advocate
[4] ἱλασμός, -οῦ m, means by which sins are forgiven
[5] ἡμέτερος, -α/ον, our
[6] γινώσκω 1p pf act ind, know
[7] ψεύστης, -ου m, liar
[8] ἀληθῶς, adv, truly
[9] τελειόω 3s pf pas ind, make perfect
[10] περιπατέω 3s aor act ind, walk
[11] παλαιός, -ά/όν, old
[12] ἔχω 2p impf act ind, have
[13] ἀληθής, -ές, true
[14] σκοτία, -ας f, darkness
[15] παράγω 3s pres pas ind, pas pass away
[16] ἀληθινός, -ή/όν, true
[17] φαίνω 3s pres act ind, shine
[18] σκάνδαλον, -ου n, something that causes stumbling
[19] τυφλόω 3s aor act ind, blind
[20] τεκνίον, -ου n, child
[21] ἀφίημι 3p pf pas ind, forgive
[22] γινώσκω 2p pf act ind, know
[23] νεανίσκος, -ου m, young man
[24] νικάω 2p pf act ind, overcome
[25] ἰσχυρός, -ά/όν, strong

σαρκὸς καὶ ἡ ἐπιθυμία τῶν ὀφθαλμῶν καὶ ἡ ἀλαζονεία¹ τοῦ βίου², οὐκ ἔστιν ἐκ τοῦ πατρὸς ἀλλ' ἐκ τοῦ κόσμου ἐστίν. **17** καὶ ὁ κόσμος παράγεται³ καὶ ἡ ἐπιθυμία αὐτοῦ, ὁ δὲ ποιῶν τὸ θέλημα τοῦ θεοῦ μένει εἰς τὸν αἰῶνα.

The Antichrist

18 Παιδία, ἐσχάτη ὥρα ἐστίν, καὶ καθὼς ἠκούσατε ὅτι ἀντίχριστος⁴ ἔρχεται, καὶ νῦν ἀντίχριστοι πολλοὶ γεγόνασιν⁵, ὅθεν⁶ γινώσκομεν ὅτι ἐσχάτη ὥρα ἐστίν. **19** ἐξ ἡμῶν ἐξῆλθαν ἀλλ' οὐκ ἦσαν ἐξ ἡμῶν, εἰ γὰρ ἐξ ἡμῶν ἦσαν, μεμενήκεισαν⁷ ἂν μεθ' ἡμῶν – ἀλλ' ἵνα φανερωθῶσιν ὅτι οὐκ εἰσὶν πάντες ἐξ ἡμῶν. **20** καὶ ὑμεῖς χρῖσμα⁸ ἔχετε ἀπὸ τοῦ ἁγίου καὶ οἴδατε πάντες. **21** οὐκ ἔγραψα ὑμῖν ὅτι οὐκ οἴδατε τὴν ἀλήθειαν ἀλλ' ὅτι οἴδατε αὐτὴν καὶ ὅτι πᾶν ψεῦδος⁹ ἐκ τῆς ἀληθείας οὐκ ἔστιν. **22** Τίς ἐστιν ὁ ψεύστης¹⁰ εἰ μὴ ὁ ἀρνούμενος ὅτι Ἰησοῦς οὐκ ἔστιν ὁ Χριστός; οὗτός ἐστιν ὁ ἀντίχριστος, ὁ ἀρνούμενος τὸν πατέρα καὶ τὸν υἱόν. **23** πᾶς ὁ ἀρνούμενος τὸν υἱὸν οὐδὲ τὸν πατέρα ἔχει, ὁ ὁμολογῶν¹¹ τὸν υἱὸν καὶ τὸν πατέρα ἔχει. **24** ὑμεῖς ὃ ἠκούσατε ἀπ' ἀρχῆς, ἐν ὑμῖν μενέτω. ἐὰν ἐν ὑμῖν μείνῃ¹² ὃ ἀπ' ἀρχῆς ἠκούσατε, καὶ ὑμεῖς ἐν τῷ υἱῷ καὶ ἐν τῷ πατρὶ μενεῖτε. **25** καὶ αὕτη ἐστὶν ἡ ἐπαγγελία ἣν αὐτὸς ἐπηγγείλατο¹³ ἡμῖν, τὴν ζωὴν τὴν αἰώνιον.

26 Ταῦτα ἔγραψα ὑμῖν περὶ τῶν πλανώντων ὑμᾶς. **27** καὶ ὑμεῖς τὸ χρῖσμα ὃ ἐλάβετε ἀπ' αὐτοῦ μένει ἐν ὑμῖν, καὶ οὐ χρείαν ἔχετε ἵνα τις διδάσκῃ ὑμᾶς, ἀλλ' ὡς τὸ αὐτοῦ χρῖσμα διδάσκει ὑμᾶς περὶ πάντων, καὶ ἀληθές¹⁴ ἐστιν καὶ οὐκ ἔστιν ψεῦδος, καὶ καθὼς ἐδίδαξεν ὑμᾶς, μένετε ἐν αὐτῷ.

Children of God

28 Καὶ νῦν, τεκνία, μένετε ἐν αὐτῷ, ἵνα ἐὰν φανερωθῇ, σχῶμεν¹⁵ παρρησίαν καὶ μὴ αἰσχυνθῶμεν¹⁶ ἀπ' αὐτοῦ ἐν τῇ παρουσίᾳ¹⁷ αὐτοῦ. **29** ἐὰν εἰδῆτε¹⁸ ὅτι δίκαιός ἐστιν, γινώσκετε ὅτι καὶ πᾶς ὁ ποιῶν τὴν δικαιοσύνην ἐξ αὐτοῦ γεγέννηται.

3 Ἴδετε¹⁹ ποταπὴν²⁰ ἀγάπην δέδωκεν²¹ ἡμῖν ὁ πατήρ, ἵνα τέκνα θεοῦ κληθῶμεν²², καὶ ἐσμέν. διὰ τοῦτο ὁ κόσμος οὐ γινώσκει ἡμᾶς, ὅτι οὐκ ἔγνω²³ αὐτόν. **2** ἀγαπητοὶ νῦν τέκνα θεοῦ ἐσμεν, καὶ οὔπω²⁴ ἐφανερώθη τί ἐσόμεθα²⁵. οἴδαμεν

---

¹ ἀλαζονεία, -ας f, arrogance
² βίος, -ου m, Leben
³ παράγω 3s pres pas ind, pas pass away
⁴ ἀντίχριστος, -ου m, Antichrist
⁵ γίνομαι 3p pf act ind, come
⁶ ὅθεν, conj, and so
⁷ μένω 3p plpf act ind, remain
⁸ χρῖσμα, -τος n, anointing
⁹ ψεῦδος, -ους n, lie

¹⁰ ψεύστης, -ου m, liar
¹¹ ὁμολογέω pres act ptc m s nom, confess
¹² μένω 3s aor act sub, remain
¹³ ἐπαγγέλλομαι 3s aor mid ind, promise
¹⁴ ἀληθής, -ές, true
¹⁵ ἔχω 1p aor act sub, have
¹⁶ αἰσχύνω 1p aor pas sub, put to shame

¹⁷ παρουσία, -ας f, coming
¹⁸ οἶδα 2p pf act sub, know
¹⁹ ὁράω 2p aor act impv, see
²⁰ ποταπός, -ή/όν, what wonderful
²¹ δίδωμι 3s pf act ind, give
²² καλέω 1p aor pas sub, call
²³ γινώσκω 3s aor act ind, know
²⁴ οὔπω, adv, not yet
²⁵ εἰμί 1p fut mid ind, be

ὅτι ἐὰν φανερωθῇ, ὅμοιοι αὐτῷ ἐσόμεθα, ὅτι ὀψόμεθα¹ αὐτόν, καθώς ἐστιν. 3 καὶ πᾶς ὁ ἔχων τὴν ἐλπίδα ταύτην ἐπ᾽ αὐτῷ ἁγνίζει² ἑαυτόν, καθὼς ἐκεῖνος ἁγνός³ ἐστιν. 4 Πᾶς ὁ ποιῶν τὴν ἁμαρτίαν καὶ τὴν ἀνομίαν⁴ ποιεῖ, καὶ ἡ ἁμαρτία ἐστὶν ἡ ἀνομία. 5 καὶ οἴδατε ὅτι ἐκεῖνος ἐφανερώθη, ἵνα τὰς ἁμαρτίας ἄρῃ⁵, καὶ ἁμαρτία ἐν αὐτῷ οὐκ ἔστιν. 6 πᾶς ὁ ἐν αὐτῷ μένων οὐχ ἁμαρτάνει· πᾶς ὁ ἁμαρτάνων οὐχ ἑώρακεν⁶ αὐτὸν οὐδὲ ἔγνωκεν⁷ αὐτόν.

7 Παιδία, μηδεὶς πλανάτω ὑμᾶς· ὁ ποιῶν τὴν δικαιοσύνην δίκαιός ἐστιν, καθὼς ἐκεῖνος δίκαιός ἐστιν· 8 ὁ ποιῶν τὴν ἁμαρτίαν ἐκ τοῦ διαβόλου ἐστίν, ὅτι ἀπ᾽ ἀρχῆς ὁ διάβολος ἁμαρτάνει. εἰς τοῦτο ἐφανερώθη ὁ υἱὸς τοῦ θεοῦ, ἵνα λύσῃ τὰ ἔργα τοῦ διαβόλου. 9 πᾶς ὁ γεγεννημένος⁸ ἐκ τοῦ θεοῦ ἁμαρτίαν οὐ ποιεῖ, ὅτι σπέρμα αὐτοῦ ἐν αὐτῷ μένει, καὶ οὐ δύναται ἁμαρτάνειν, ὅτι ἐκ τοῦ θεοῦ γεγέννηται. 10 ἐν τούτῳ φανερά⁹ ἐστιν τὰ τέκνα τοῦ θεοῦ καὶ τὰ τέκνα τοῦ διαβόλου· πᾶς ὁ μὴ ποιῶν δικαιοσύνην οὐκ ἔστιν ἐκ τοῦ θεοῦ καὶ ὁ μὴ ἀγαπῶν τὸν ἀδελφὸν αὐτοῦ.

Love One Another

11 Ὅτι αὕτη ἐστὶν ἡ ἀγγελία¹⁰ ἣν ἠκούσατε ἀπ᾽ ἀρχῆς, ἵνα ἀγαπῶμεν ἀλλήλους, 12 οὐ καθὼς Κάϊν ἐκ τοῦ πονηροῦ ἦν καὶ ἔσφαξεν¹¹ τὸν ἀδελφὸν αὐτοῦ· καὶ χάριν¹² τίνος ἔσφαξεν αὐτόν; ὅτι τὰ ἔργα αὐτοῦ πονηρὰ ἦν, τὰ δὲ τοῦ ἀδελφοῦ αὐτοῦ δίκαια.

13 Καὶ μὴ θαυμάζετε, ἀδελφοί, εἰ μισεῖ ὑμᾶς ὁ κόσμος. 14 ἡμεῖς οἴδαμεν ὅτι μεταβεβήκαμεν¹³ ἐκ τοῦ θανάτου εἰς τὴν ζωήν, ὅτι ἀγαπῶμεν τοὺς ἀδελφούς· ὁ μὴ ἀγαπῶν μένει ἐν τῷ θανάτῳ. 15 πᾶς ὁ μισῶν τὸν ἀδελφὸν αὐτοῦ ἀνθρωποκτόνος¹⁴ ἐστίν, καὶ οἴδατε ὅτι πᾶς ἀνθρωποκτόνος οὐκ ἔχει ζωὴν αἰώνιον ἐν αὐτῷ μένουσαν. 16 ἐν τούτῳ ἐγνώκαμεν¹⁵ τὴν ἀγάπην, ὅτι ἐκεῖνος ὑπὲρ ἡμῶν τὴν ψυχὴν αὐτοῦ ἔθηκεν¹⁶, καὶ ἡμεῖς ὀφείλομεν ὑπὲρ τῶν ἀδελφῶν τὰς ψυχὰς θεῖναι¹⁷. 17 ὃς δ᾽ ἂν ἔχῃ τὸν βίον¹⁸ τοῦ κόσμου καὶ θεωρῇ τὸν ἀδελφὸν αὐτοῦ χρείαν ἔχοντα καὶ κλείσῃ¹⁹ τὰ σπλάγχνα²⁰ αὐτοῦ ἀπ᾽ αὐτοῦ, πῶς ἡ ἀγάπη τοῦ θεοῦ μένει ἐν αὐτῷ; 18 τεκνία²¹, μὴ ἀγαπῶμεν λόγῳ μηδὲ τῇ γλώσσῃ, ἀλλ᾽ ἐν ἔργῳ καὶ ἀληθείᾳ,

---

[1] ὁράω 1p fut mid ind, see
[2] ἁγνίζω 3s pres act ind, purify
[3] ἁγνός, -ή/όν, pure
[4] ἀνομία, -ας f, lawlessness
[5] αἴρω 3s aor act sub, take away
[6] ὁράω 3s pf act ind, see
[7] γινώσκω 3s pf act ind, know
[8] γεννάω pf pas ptc m s nom, pas be born
[9] φανερός, -ά/όν, evident
[10] ἀγγελία, -ας f, message
[11] σφάζω 3s aor act ind, murder
[12] χάριν, prep + gen, because of (χ. τίνος why?)
[13] μεταβαίνω 1p pf act ind, cross over
[14] ἀνθρωποκτόνος, -ου m, murderer
[15] γινώσκω 1p pf act ind, know
[16] τίθημι 3s aor act ind, lay down
[17] τίθημι aor act inf, lay down
[18] βίος, -ου m, possessions
[19] κλείω 3s aor act sub, shut off
[20] σπλάγχνον, -ου n, feelings
[21] τεκνίον, -ου n, child

Confidence before God

19 Καὶ ἐν τούτῳ γνωσόμεθα[1] ὅτι ἐκ τῆς ἀληθείας ἐσμέν, καὶ ἔμπροσθεν αὐτοῦ πείσομεν[2] τὴν καρδίαν ἡμῶν, **20** ὅτι ἐὰν καταγινώσκῃ[3] ἡμῶν ἡ καρδία, ὅτι μείζων[4] ἐστὶν ὁ θεὸς τῆς καρδίας ἡμῶν καὶ γινώσκει πάντα. **21** ἀγαπητοί, ἐὰν ἡ καρδία ἡμῶν μὴ καταγινώσκῃ, παρρησίαν ἔχομεν πρὸς τὸν θεὸν **22** καὶ ὃ ἐὰν αἰτῶμεν, λαμβάνομεν ἀπ' αὐτοῦ, ὅτι τὰς ἐντολὰς αὐτοῦ τηροῦμεν καὶ τὰ ἀρεστὰ[5] ἐνώπιον αὐτοῦ ποιοῦμεν. **23** Καὶ αὕτη ἐστὶν ἡ ἐντολὴ αὐτοῦ, ἵνα πιστεύσωμεν τῷ ὀνόματι τοῦ υἱοῦ αὐτοῦ Ἰησοῦ Χριστοῦ καὶ ἀγαπῶμεν ἀλλήλους, καθὼς ἔδωκεν ἐντολὴν ἡμῖν. **24** καὶ ὁ τηρῶν τὰς ἐντολὰς αὐτοῦ ἐν αὐτῷ μένει καὶ αὐτὸς ἐν αὐτῷ· καὶ ἐν τούτῳ γινώσκομεν ὅτι μένει ἐν ἡμῖν, ἐκ τοῦ πνεύματος οὗ ἡμῖν ἔδωκεν.

Testing the Spirits

4 Ἀγαπητοί, μὴ παντὶ πνεύματι πιστεύετε ἀλλὰ δοκιμάζετε[6] τὰ πνεύματα εἰ ἐκ τοῦ θεοῦ ἐστιν, ὅτι πολλοὶ ψευδοπροφῆται[7] ἐξεληλύθασιν[8] εἰς τὸν κόσμον. **2** ἐν τούτῳ γινώσκετε τὸ πνεῦμα τοῦ θεοῦ· πᾶν πνεῦμα ὃ ὁμολογεῖ[9] Ἰησοῦν Χριστὸν ἐν σαρκὶ ἐληλυθότα[10] ἐκ τοῦ θεοῦ ἐστιν, **3** καὶ πᾶν πνεῦμα ὃ μὴ ὁμολογεῖ τὸν Ἰησοῦν ἐκ τοῦ θεοῦ οὐκ ἔστιν· καὶ τοῦτό ἐστιν τὸ τοῦ ἀντιχρίστου[11] ὃ ἀκηκόατε[12] ὅτι ἔρχεται, καὶ νῦν ἐν τῷ κόσμῳ ἐστὶν ἤδη.

4 Ὑμεῖς ἐκ τοῦ θεοῦ ἐστε, τεκνία[13], καὶ νενικήκατε[14] αὐτούς, ὅτι μείζων[15] ἐστὶν ὁ ἐν ὑμῖν ἢ ὁ ἐν τῷ κόσμῳ. **5** αὐτοὶ ἐκ τοῦ κόσμου εἰσίν, διὰ τοῦτο ἐκ τοῦ κόσμου λαλοῦσιν καὶ ὁ κόσμος αὐτῶν ἀκούει. **6** ἡμεῖς ἐκ τοῦ θεοῦ ἐσμεν· ὁ γινώσκων τὸν θεὸν ἀκούει ἡμῶν· ὃς οὐκ ἔστιν ἐκ τοῦ θεοῦ, οὐκ ἀκούει ἡμῶν. ἐκ τούτου γινώσκομεν τὸ πνεῦμα τῆς ἀληθείας καὶ τὸ πνεῦμα τῆς πλάνης[16].

God is Love

7 ἀγαπητοί, ἀγαπῶμεν ἀλλήλους,
ὅτι ἡ ἀγάπη ἐκ τοῦ θεοῦ ἐστιν,
καὶ πᾶς ὁ ἀγαπῶν ἐκ τοῦ θεοῦ γεγέννηται[17]
καὶ γινώσκει τὸν θεόν.
8 ὁ μὴ ἀγαπῶν οὐκ ἔγνω[18] τὸν θεόν,
ὅτι ὁ θεὸς ἀγάπη ἐστίν.

---

[1] γινώσκω 1p fut mid ind, know
[2] πείθω 1p fut act ind, reassure
[3] καταγινώσκω 3s pres act sub, condemn
[4] μέγας, great (comp)
[5] ἀρεστός, -ή/όν, pleasing
[6] δοκιμάζω 2p pres act impv, test
[7] ψευδοπροφήτης, -ου m, false prophet
[8] ἐξέρχομαι 3p pf act ind, come
[9] ὁμολογέω 3s pres act ind, confess
[10] ἔρχομαι pf act ptc m s acc, come
[11] ἀντίχριστος, -ου m, Antichrist
[12] ἀκούω 2p pf act ind, hear
[13] τεκνίον, -ου n, child
[14] νικάω 2p pf act ind, overcome
[15] μέγας, great (comp)
[16] πλάνη, -ης f, error
[17] γεννάω 3s pf pas ind, pas be born
[18] γινώσκω 3s aor act ind, know

9 ἐν τούτῳ ἐφανερώθη ἡ ἀγάπη τοῦ θεοῦ ἐν ἡμῖν, ὅτι τὸν υἱὸν αὐτοῦ τὸν μονογενῆ[1] ἀπέσταλκεν[2] ὁ θεὸς εἰς τὸν κόσμον, ἵνα ζήσωμεν[3] δι' αὐτοῦ. **10** ἐν τούτῳ ἐστὶν ἡ ἀγάπη, οὐχ ὅτι ἡμεῖς ἠγαπήκαμεν[4] τὸν θεόν, ἀλλ' ὅτι αὐτὸς ἠγάπησεν ἡμᾶς καὶ ἀπέστειλεν[5] τὸν υἱὸν αὐτοῦ ἱλασμὸν[6] περὶ τῶν ἁμαρτιῶν ἡμῶν. **11** ἀγαπητοί, εἰ οὕτως ὁ θεὸς ἠγάπησεν ἡμᾶς, καὶ ἡμεῖς ὀφείλομεν ἀλλήλους ἀγαπᾶν. **12** θεὸν οὐδεὶς πώποτε[7] τεθέαται[8]. ἐὰν ἀγαπῶμεν ἀλλήλους, ὁ θεὸς ἐν ἡμῖν μένει καὶ ἡ ἀγάπη αὐτοῦ ἐν ἡμῖν τετελειωμένη[9] ἐστίν. **13** ἐν τούτῳ γινώσκομεν ὅτι ἐν αὐτῷ μένομεν καὶ αὐτὸς ἐν ἡμῖν, ὅτι ἐκ τοῦ πνεύματος αὐτοῦ δέδωκεν[10] ἡμῖν. **14** καὶ ἡμεῖς τεθεάμεθα[11] καὶ μαρτυροῦμεν ὅτι ὁ πατὴρ ἀπέσταλκεν[12] τὸν υἱὸν σωτῆρα[13] τοῦ κόσμου. **15** ὃς ἐὰν ὁμολογήσῃ[14] ὅτι Ἰησοῦς ἐστιν ὁ υἱὸς τοῦ θεοῦ, ὁ θεὸς ἐν αὐτῷ μένει καὶ αὐτὸς ἐν τῷ θεῷ. **16** καὶ ἡμεῖς ἐγνώκαμεν[15] καὶ πεπιστεύκαμεν τὴν ἀγάπην ἣν ἔχει ὁ θεὸς ἐν ἡμῖν.

Ὁ θεὸς ἀγάπη ἐστίν, καὶ ὁ μένων ἐν τῇ ἀγάπῃ ἐν τῷ θεῷ μένει, καὶ ὁ θεὸς ἐν αὐτῷ μένει. **17** ἐν τούτῳ τετελείωται[16] ἡ ἀγάπη μεθ' ἡμῶν, ἵνα παρρησίαν ἔχωμεν ἐν τῇ ἡμέρᾳ τῆς κρίσεως, ὅτι καθὼς ἐκεῖνός ἐστιν, καὶ ἡμεῖς ἐσμεν ἐν τῷ κόσμῳ τούτῳ. **18** φόβος οὐκ ἔστιν ἐν τῇ ἀγάπῃ, ἀλλ' ἡ τελεία[17] ἀγάπη ἔξω βάλλει τὸν φόβον, ὅτι ὁ φόβος κόλασιν[18] ἔχει, ὁ δὲ φοβούμενος οὐ τετελείωται ἐν τῇ ἀγάπῃ. **19** ἡμεῖς ἀγαπῶμεν, ὅτι αὐτὸς πρῶτος ἠγάπησεν[19] ἡμᾶς. **20** ἐάν τις εἴπῃ[20] ὅτι ἀγαπῶ τὸν θεὸν καὶ τὸν ἀδελφὸν αὐτοῦ μισῇ, ψεύστης[21] ἐστίν· ὁ γὰρ μὴ ἀγαπῶν τὸν ἀδελφὸν αὐτοῦ ὃν ἑώρακεν[22], τὸν θεὸν ὃν οὐχ ἑώρακεν οὐ δύναται ἀγαπᾶν. **21** καὶ ταύτην τὴν ἐντολὴν ἔχομεν ἀπ' αὐτοῦ, ἵνα ὁ ἀγαπῶν τὸν θεὸν ἀγαπᾷ καὶ τὸν ἀδελφὸν αὐτοῦ.

Faith is Victory over the World

5 Πᾶς ὁ πιστεύων ὅτι Ἰησοῦς ἐστιν ὁ Χριστὸς ἐκ τοῦ θεοῦ γεγέννηται[23], καὶ πᾶς ὁ ἀγαπῶν τὸν γεννήσαντα ἀγαπᾷ καὶ τὸν γεγεννημένον ἐξ αὐτοῦ. **2** ἐν τούτῳ γινώσκομεν ὅτι ἀγαπῶμεν τὰ τέκνα τοῦ θεοῦ, ὅταν τὸν θεὸν ἀγαπῶμεν καὶ τὰς

---

[1] μονογενής, -ές, only
[2] ἀποστέλλω 3s pf act ind, send
[3] ζάω 1p aor act sub, live
[4] ἀγαπάω 1p pf act ind, love
[5] ἀποστέλλω 3s aor act ind, send
[6] ἱλασμός, -οῦ m, means by which sins are forgiven
[7] πώποτε, adv, ever
[8] θεάομαι 3s pf mid ind, see
[9] τελειόω pf pas ptc f s nom, make perfect
[10] δίδωμι 3s pf act ind, give
[11] θεάομαι 1p pf mid ind, see
[12] ἀποστέλλω 3s pf act ind, send
[13] σωτήρ, -ῆρος m, Savior
[14] ὁμολογέω 3s aor act sub, confess
[15] γινώσκω 1p pf act ind, know
[16] τελειόω 3s pf pas ind, make perfect
[17] τέλειος, -α/ον, perfect
[18] κόλασις, -εως f, punishment (κ. ἔχω fear has to do with punishment)
[19] ἀγαπάω 3s aor act ind, love
[20] λέγω 3s aor act sub, say
[21] ψεύστης, -ου m, liar
[22] ὁράω 3s pf act ind, see
[23] γεννάω 3s pf pas ind, pas be born

ἐντολὰς αὐτοῦ ποιῶμεν. **3** αὕτη γάρ ἐστιν ἡ ἀγάπη τοῦ θεοῦ, ἵνα τὰς ἐντολὰς αὐτοῦ τηρῶμεν, καὶ αἱ ἐντολαὶ αὐτοῦ βαρεῖαι¹ οὐκ εἰσίν. **4** ὅτι πᾶν τὸ γεγεννημένον ἐκ τοῦ θεοῦ νικᾷ² τὸν κόσμον· καὶ αὕτη ἐστὶν ἡ νίκη³ ἡ νικήσασα τὸν κόσμον, ἡ πίστις ἡμῶν. **5** τίς δέ ἐστιν ὁ νικῶν τὸν κόσμον εἰ μὴ ὁ πιστεύων ὅτι Ἰησοῦς ἐστιν ὁ υἱὸς τοῦ θεοῦ;

Testimony concerning the Son of God

6 Οὗτός ἐστιν ὁ ἐλθὼν δι' ὕδατος⁴ καὶ αἵματος, Ἰησοῦς Χριστός, οὐκ ἐν τῷ ὕδατι μόνον, ἀλλ' ἐν τῷ ὕδατι καὶ ἐν τῷ αἵματι· καὶ τὸ πνεῦμά ἐστιν τὸ μαρτυροῦν, ὅτι τὸ πνεῦμά ἐστιν ἡ ἀλήθεια. **7** ὅτι τρεῖς εἰσιν οἱ μαρτυροῦντες, **8** τὸ πνεῦμα καὶ τὸ ὕδωρ καὶ τὸ αἷμα, καὶ οἱ τρεῖς εἰς τὸ ἕν εἰσιν. **9** εἰ τὴν μαρτυρίαν τῶν ἀνθρώπων λαμβάνομεν, ἡ μαρτυρία τοῦ θεοῦ μείζων⁵ ἐστίν· ὅτι αὕτη ἐστὶν ἡ μαρτυρία τοῦ θεοῦ, ὅτι μεμαρτύρηκεν περὶ τοῦ υἱοῦ αὐτοῦ. **10** ὁ πιστεύων εἰς τὸν υἱὸν τοῦ θεοῦ ἔχει τὴν μαρτυρίαν ἐν αὐτῷ, ὁ μὴ πιστεύων τῷ θεῷ ψεύστην⁶ πεποίηκεν αὐτόν, ὅτι οὐ πεπίστευκεν εἰς τὴν μαρτυρίαν ἣν μεμαρτύρηκεν ὁ θεὸς περὶ τοῦ υἱοῦ αὐτοῦ. **11** καὶ αὕτη ἐστὶν ἡ μαρτυρία, ὅτι ζωὴν αἰώνιον ἔδωκεν ἡμῖν ὁ θεός, καὶ αὕτη ἡ ζωὴ ἐν τῷ υἱῷ αὐτοῦ ἐστιν. **12** ὁ ἔχων τὸν υἱὸν ἔχει τὴν ζωήν· ὁ μὴ ἔχων τὸν υἱὸν τοῦ θεοῦ τὴν ζωὴν οὐκ ἔχει.

The Knowledge of Eternal Life

13 Ταῦτα ἔγραψα ὑμῖν, ἵνα εἰδῆτε⁷ ὅτι ζωὴν ἔχετε αἰώνιον, τοῖς πιστεύουσιν εἰς τὸ ὄνομα τοῦ υἱοῦ τοῦ θεοῦ. **14** καὶ αὕτη ἐστὶν ἡ παρρησία ἣν ἔχομεν πρὸς αὐτόν, ὅτι ἐάν τι αἰτώμεθα κατὰ τὸ θέλημα αὐτοῦ ἀκούει ἡμῶν. **15** καὶ ἐὰν οἴδαμεν ὅτι ἀκούει ἡμῶν ὃ ἐὰν αἰτώμεθα, οἴδαμεν ὅτι ἔχομεν τὰ αἰτήματα⁸ ἃ ᾐτήκαμεν⁹ ἀπ' αὐτοῦ.

16 Ἐάν τις ἴδῃ¹⁰ τὸν ἀδελφὸν αὐτοῦ ἁμαρτάνοντα ἁμαρτίαν μὴ πρὸς θάνατον, αἰτήσει καὶ δώσει¹¹ αὐτῷ ζωήν, τοῖς ἁμαρτάνουσιν μὴ πρὸς θάνατον. ἔστιν ἁμαρτία πρὸς θάνατον· οὐ περὶ ἐκείνης λέγω ἵνα ἐρωτήσῃ. **17** πᾶσα ἀδικία¹² ἁμαρτία ἐστίν, καὶ ἔστιν ἁμαρτία οὐ πρὸς θάνατον.

18 Οἴδαμεν ὅτι πᾶς ὁ γεγεννημένος ἐκ τοῦ θεοῦ οὐχ ἁμαρτάνει, ἀλλ' ὁ γεννηθεὶς ἐκ τοῦ θεοῦ τηρεῖ ἑαυτὸν καὶ ὁ πονηρὸς οὐχ ἅπτεται αὐτοῦ. **19** οἴδαμεν ὅτι ἐκ τοῦ θεοῦ ἐσμεν καὶ ὁ κόσμος ὅλος ἐν τῷ πονηρῷ κεῖται¹³. **20** οἴδαμεν δὲ ὅτι ὁ υἱὸς τοῦ θεοῦ ἥκει¹⁴ καὶ δέδωκεν¹⁵ ἡμῖν διάνοιαν¹⁶, ἵνα γινώσκωμεν τὸν ἀληθινόν¹⁷, καὶ

---

[1] βαρύς, -εῖα/ύ, burdensome
[2] νικάω 3s pres act ind, overcome
[3] νίκη, -ης f, victory
[4] ὕδωρ, ὕδατος n, water
[5] μέγας, great (comp)
[6] ψεύστης, -ου m, liar
[7] οἶδα 2p pf act sub, know
[8] αἴτημα, -τος n, request
[9] αἰτέω 1p pf act ind, ask
[10] ὁράω 3s aor act sub, see
[11] δίδωμι 3s fut act ind, give
[12] ἀδικία, -ας f, wrongdoing
[13] κεῖμαι 3s pres mid ind, be
[14] ἥκω 3s pres act ind, has come
[15] δίδωμι 3s pf act ind, give
[16] διάνοια, -ας f, understanding
[17] ἀληθινός, -ή/όν, true

ἐσμὲν ἐν τῷ ἀληθινῷ, ἐν τῷ υἱῷ αὐτοῦ Ἰησοῦ Χριστῷ. οὗτός ἐστιν ὁ ἀληθινὸς θεὸς καὶ ζωὴ αἰώνιος. **21** Τεκνία[1], φυλάξατε ἑαυτὰ ἀπὸ τῶν εἰδώλων[2].

ΙΩΑΝΝΟΥ Β'

Salutation

1 Ὁ πρεσβύτερος ἐκλεκτῇ[3] κυρίᾳ[4] καὶ τοῖς τέκνοις αὐτῆς, οὓς ἐγὼ ἀγαπῶ ἐν ἀληθείᾳ, καὶ οὐκ ἐγὼ μόνος ἀλλὰ καὶ πάντες οἱ ἐγνωκότες[5] τὴν ἀλήθειαν, **2** διὰ τὴν ἀλήθειαν τὴν μένουσαν ἐν ἡμῖν καὶ μεθ' ἡμῶν ἔσται εἰς τὸν αἰῶνα. **3** ἔσται μεθ' ἡμῶν χάρις ἔλεος[6] εἰρήνη παρὰ θεοῦ πατρὸς καὶ παρὰ Ἰησοῦ Χριστοῦ τοῦ υἱοῦ τοῦ πατρὸς ἐν ἀληθείᾳ καὶ ἀγάπῃ.

Truth and Love

4 Ἐχάρην[7] λίαν[8] ὅτι εὕρηκα[9] ἐκ τῶν τέκνων σου περιπατοῦντας ἐν ἀληθείᾳ, καθὼς ἐντολὴν ἐλάβομεν παρὰ τοῦ πατρός. **5** καὶ νῦν ἐρωτῶ σε, κυρία, οὐχ ὡς ἐντολὴν γράφων σοι καινὴν ἀλλ' ἣν εἴχομεν[10] ἀπ' ἀρχῆς, ἵνα ἀγαπῶμεν ἀλλήλους. **6** καὶ αὕτη ἐστὶν ἡ ἀγάπη, ἵνα περιπατῶμεν κατὰ τὰς ἐντολὰς αὐτοῦ· αὕτη ἡ ἐντολή ἐστιν, καθὼς ἠκούσατε ἀπ' ἀρχῆς, ἵνα ἐν αὐτῇ περιπατῆτε.

7 Ὅτι πολλοὶ πλάνοι[11] ἐξῆλθον εἰς τὸν κόσμον, οἱ μὴ ὁμολογοῦντες[12] Ἰησοῦν Χριστὸν ἐρχόμενον ἐν σαρκί· οὗτός ἐστιν ὁ πλάνος καὶ ὁ ἀντίχριστος[13]. **8** βλέπετε ἑαυτούς, ἵνα μὴ ἀπολέσητε[14] ἃ εἰργασάμεθα[15] ἀλλὰ μισθὸν[16] πλήρη[17] ἀπολάβητε[18].

9 Πᾶς ὁ προάγων[19] καὶ μὴ μένων ἐν τῇ διδαχῇ[20] τοῦ Χριστοῦ θεὸν οὐκ ἔχει· ὁ μένων ἐν τῇ διδαχῇ, οὗτος καὶ τὸν πατέρα καὶ τὸν υἱὸν ἔχει. **10** εἴ τις ἔρχεται πρὸς ὑμᾶς καὶ ταύτην τὴν διδαχὴν οὐ φέρει, μὴ λαμβάνετε αὐτὸν εἰς οἰκίαν καὶ χαίρειν αὐτῷ μὴ λέγετε· **11** ὁ λέγων γὰρ αὐτῷ χαίρειν κοινωνεῖ[21] τοῖς ἔργοις αὐτοῦ τοῖς πονηροῖς.

---

[1] τεκνίον, -ου n, child
[2] εἴδωλον, -ου n, idol
[3] ἐκλεκτός, -ή/όν, chosen
[4] κυρία, -ας f, lady
[5] γινώσκω pf act ptc m p nom, know
[6] ἔλεος, -ους n, mercy
[7] χαίρω 1s aor pas ind, be glad
[8] λίαν, adv, very
[9] εὑρίσκω 1s pf act ind, find
[10] ἔχω 1p impf act ind, have
[11] πλάνος, -ον m, deceiver
[12] ὁμολογέω pres act ptc m p nom, confess
[13] ἀντίχριστος, -ου m, Antichrist
[14] ἀπόλλυμι 2p aor act sub, lose
[15] ἐργάζομαι 1p aor mid ind, work for
[16] μισθός, -οῦ m, reward
[17] πλήρης, -ες, full
[18] ἀπολαμβάνω 2p aor act sub, receive
[19] προάγω pres act ptc m s nom, go (too far) ahead
[20] διδαχή, -ῆς f, teaching
[21] κοινωνέω 3s pres act ind, share

Final Greetings

12 Πολλὰ ἔχων ὑμῖν γράφειν οὐκ ἐβουλήθην διὰ χάρτου¹ καὶ μέλανος², ἀλλ' ἐλπίζω γενέσθαι πρὸς ὑμᾶς καὶ στόμα πρὸς στόμα λαλῆσαι, ἵνα ἡ χαρὰ ἡμῶν ᾖ πεπληρωμένη. 13 Ἀσπάζεταί σε τὰ τέκνα τῆς ἀδελφῆς³ σου τῆς ἐκλεκτῆς⁴.

ΙΩΑΝΝΟΥ Γ'

Salutation

1 Ὁ πρεσβύτερος Γαΐῳ τῷ ἀγαπητῷ, ὃν ἐγὼ ἀγαπῶ ἐν ἀληθείᾳ. 2 Ἀγαπητέ, περὶ πάντων εὔχομαί⁵ σε εὐοδοῦσθαι⁶ καὶ ὑγιαίνειν⁷, καθὼς εὐοδοῦταί σου ἡ ψυχή. 3 ἐχάρην⁸ γὰρ λίαν⁹ ἐρχομένων ἀδελφῶν καὶ μαρτυρούντων σου τῇ ἀληθείᾳ, καθὼς σὺ ἐν ἀληθείᾳ περιπατεῖς 4 μειζοτέραν¹⁰ τούτων οὐκ ἔχω χαράν, ἵνα ἀκούω τὰ ἐμὰ τέκνα ἐν ἀληθείᾳ περιπατοῦντα.

Cooperation and Opposition

5 Ἀγαπητέ, πιστὸν ποιεῖς ὃ ἐὰν ἐργάσῃ εἰς τοὺς ἀδελφοὺς καὶ τοῦτο ξένους¹¹, 6 οἳ ἐμαρτύρησάν σου τῇ ἀγάπῃ ἐνώπιον ἐκκλησίας, οὓς καλῶς ποιήσεις προπέμψας¹² ἀξίως¹³ τοῦ θεοῦ· 7 ὑπὲρ γὰρ τοῦ ὀνόματος ἐξῆλθον μηδὲν λαμβάνοντες ἀπὸ τῶν ἐθνικῶν¹⁴. 8 ἡμεῖς οὖν ὀφείλομεν ὑπολαμβάνειν¹⁵ τοὺς τοιούτους, ἵνα συνεργοὶ¹⁶ γινώμεθα τῇ ἀληθείᾳ.

9 Ἔγραψά τι τῇ ἐκκλησίᾳ· ἀλλ' ὁ φιλοπρωτεύων¹⁷ αὐτῶν Διοτρέφης οὐκ ἐπιδέχεται¹⁸ ἡμᾶς. 10 διὰ τοῦτο, ἐὰν ἔλθω¹⁹, ὑπομνήσω²⁰ αὐτοῦ τὰ ἔργα ἃ ποιεῖ λόγοις

---

[1] χάρτης, -ου, paper
[2] μέλας, -αινα/αν, gen -ανος/ αίνης/ανος, black (τὸ μ. ink)
[3] ἀδελφή, -ῆς f, sister
[4] ἐκλεκτός, -ή/όν, chosen
[5] εὔχομαι 1s pres mid ind, pray
[6] εὐοδόω pres pas inf, pas go well
[7] ὑγιαίνω pres act inf, be in good health
[8] χαίρω 1s aor pas ind, be glad
[9] λίαν, adv, very
[10] μέγας, great (comp)
[11] ξένος, -η/ον, strange (ὁ ξ. stranger)
[12] προπέμπω aor act ptc m s nom, send on one's way
[13] ἀξίως, adv, in a manner worthy of
[14] ἐθνικός, -ή/όν, unbeliever
[15] ὑπολαμβάνω pres act inf, support
[16] συνεργός, -οῦ m, fellow-worker
[17] φιλοπρωτεύω pres act ptc m s nom, love to be first
[18] ἐπιδέχομαι 3s pres mid ind, pay attention to
[19] ἔρχομαι 1s aor act sub, come
[20] ὑπομιμνῄσκω 1s fut act ind, remind

πονηροῖς φλυαρῶν¹ ἡμᾶς, καὶ μὴ ἀρκούμενος² ἐπὶ τούτοις οὔτε αὐτὸς ἐπιδέχεται τοὺς ἀδελφοὺς καὶ τοὺς βουλομένους κωλύει³ καὶ ἐκ τῆς ἐκκλησίας ἐκβάλλει. **11** Ἀγαπητέ, μὴ μιμοῦ⁴ τὸ κακὸν ἀλλὰ τὸ ἀγαθόν. ὁ ἀγαθοποιῶν⁵ ἐκ τοῦ θεοῦ ἐστιν· ὁ κακοποιῶν⁶ οὐχ ἑώρακεν⁷ τὸν θεόν. **12** Δημητρίῳ μεμαρτύρηται ὑπὸ πάντων καὶ ὑπὸ αὐτῆς τῆς ἀληθείας· καὶ ἡμεῖς δὲ μαρτυροῦμεν, καὶ οἶδας ὅτι ἡ μαρτυρία ἡμῶν ἀληθής⁸ ἐστιν.

Final Greetings

13 Πολλὰ εἶχον⁹ γράψαι¹⁰ σοι ἀλλ' οὐ θέλω διὰ μέλανος¹¹ καὶ καλάμου¹² σοι γράφειν· **14** ἐλπίζω δὲ εὐθέως σε ἰδεῖν, καὶ στόμα πρὸς στόμα λαλήσομεν. **15** Εἰρήνη σοι. ἀσπάζονταί σε οἱ φίλοι¹³. ἀσπάζου τοὺς φίλους κατ' ὄνομα.

[1] φλυαρέω pres act ptc m s nom, slander
[2] ἀρκέω pres pas ptc m s nom, pas be content
[3] κωλύω 3s pres act ind, stop
[4] μιμέομαι 2s pres mid impv, imitate
[5] ἀγαθοποιέω pres act ptc m s nom, do good
[6] κακοποιέω pres act ptc m s nom, do evil
[7] ὁράω 3s pf act ind, see
[8] ἀληθής, -ές, true
[9] ἔχω 1s impf act ind, have
[10] γράφω aor act inf, write
[11] μέλας, -αινα/αν, gen -ανος/αίνης/ανος, black (τὸ μ. ink)
[12] κάλαμος, -ου m, pen
[13] φίλος, -ου m, friend

ΙΟΥΔΑ ΕΠΙΣΤΟΛΗ

Salutation

1 Ἰούδας Ἰησοῦ Χριστοῦ δοῦλος, ἀδελφὸς δὲ Ἰακώβου, τοῖς ἐν θεῷ πατρὶ ἠγαπημένοις[1] καὶ Ἰησοῦ Χριστῷ τετηρημένοις κλητοῖς[2]· **2** ἔλεος[3] ὑμῖν καὶ εἰρήνη καὶ ἀγάπη πληθυνθείη[4].

Judgment on False Teachers (2 Pe 2.1-17)

3 Ἀγαπητοί, πᾶσαν σπουδὴν[5] ποιούμενος γράφειν ὑμῖν περὶ τῆς κοινῆς[6] ἡμῶν σωτηρίας ἀνάγκην[7] ἔσχον[8] γράψαι[9] ὑμῖν παρακαλῶν ἐπαγωνίζεσθαι[10] τῇ ἅπαξ[11] παραδοθείσῃ[12] τοῖς ἁγίοις πίστει. **4** παρεισέδυσαν[13] γάρ τινες ἄνθρωποι, οἱ πάλαι[14] προγεγραμμένοι[15] εἰς τοῦτο τὸ κρίμα[16], ἀσεβεῖς[17], τὴν τοῦ θεοῦ ἡμῶν χάριτα μετατιθέντες[18] εἰς ἀσέλγειαν[19] καὶ τὸν μόνον δεσπότην[20] καὶ κύριον ἡμῶν Ἰησοῦν Χριστὸν ἀρνούμενοι.

5 Ὑπομνῆσαι[21] δὲ ὑμᾶς βούλομαι, εἰδότας[22] ὑμᾶς ἅπαξ πάντα ὅτι Ἰησοῦς λαὸν ἐκ γῆς Αἰγύπτου σώσας[23] τὸ δεύτερον τοὺς μὴ πιστεύσαντας ἀπώλεσεν[24], **6** ἀγγέλους τε τοὺς μὴ τηρήσαντας τὴν ἑαυτῶν ἀρχὴν ἀλλ᾽ ἀπολιπόντας[25] τὸ ἴδιον οἰκητήριον[26] εἰς κρίσιν μεγάλης ἡμέρας δεσμοῖς[27] ἀϊδίοις[28] ὑπὸ ζόφον[29] τετήρηκεν[30], **7** ὡς Σόδομα καὶ Γόμορρα καὶ αἱ περὶ αὐτὰς πόλεις τὸν ὅμοιον τρόπον[31] τούτοις

---

[1] ἀγαπάω pf pas ptc m p dat, love
[2] κλητός, -ή/όν, called
[3] ἔλεος, -ους n, mercy
[4] πληθύνω 3s aor pas opt, increase
[5] σπουδή, -ῆς f, eagerness
[6] κοινός, -ή/όν, common
[7] ἀνάγκη, -ης f, necessity
[8] ἔχω 1s aor act ind, have
[9] γράφω aor act inf, write
[10] ἐπαγωνίζομαι pres mid inf, struggle in behalf of
[11] ἅπαξ, adv, once for all
[12] παραδίδωμι aor pas ptc fs dat, give
[13] παρεισδύνω 3p aor act ind, sneak in
[14] πάλαι, adv, long ago
[15] προγράφω pf pas ptc m p nom, write in former times
[16] κρίμα, -τος n, condemnation
[17] ἀσεβής, -ές, godless
[18] μετατίθημι pres act ptc m p nom, change
[19] ἀσέλγεια, -ας f, indecency
[20] δεσπότης, -ου m, Master
[21] ὑπομιμνήσκω aor act inf, remind
[22] οἶδα pf act ptc m p acc, know
[23] σώζω aor act ptc m s nom, save
[24] ἀπόλλυμι 3s aor act ind, destroy
[25] ἀπολείπω aor act ptc m p acc, leave
[26] οἰκητήριον, -ου n, dwelling
[27] δεσμός, -οῦ m, chain
[28] ἀΐδιος, -ον, eternal
[29] ζόφος, -ου, gloom/darkness
[30] τηρέω 3s pf act ind, keep
[31] τρόπος, -ου m, way

ἐκπορνεῦσαι¹ καὶ ἀπελθοῦσαι ὀπίσω σαρκὸς ἑτέρας, πρόκεινται² δεῖγμα³ πυρὸς αἰωνίου δίκην⁴ ὑπέχουσαι⁵. **8** Ὁμοίως⁶ μέντοι⁷ καὶ οὗτοι ἐνυπνιαζόμενοι⁸ σάρκα μὲν μιαίνουσιν⁹ κυριότητα¹⁰ δὲ ἀθετοῦσιν¹¹ δόξας δὲ βλασφημοῦσιν. **9** ὁ δὲ Μιχαὴλ ὁ ἀρχάγγελος¹², ὅτε τῷ διαβόλῳ διακρινόμενος¹³ διελέγετο¹⁴ περὶ τοῦ Μωϋσέως σώματος, οὐκ ἐτόλμησεν¹⁵ κρίσιν ἐπενεγκεῖν¹⁶ βλασφημίας¹⁷ ἀλλ' εἶπεν· ἐπιτιμήσαι¹⁸ σοι κύριος. **10** οὗτοι δὲ ὅσα μὲν οὐκ οἴδασιν βλασφημοῦσιν, ὅσα δὲ φυσικῶς¹⁹ ὡς τὰ ἄλογα²⁰ ζῷα²¹ ἐπίστανται²², ἐν τούτοις φθείρονται²³. **11** οὐαὶ αὐτοῖς, ὅτι τῇ ὁδῷ τοῦ Κάϊν ἐπορεύθησαν καὶ τῇ πλάνῃ²⁴ τοῦ Βαλαὰμ μισθοῦ²⁵ ἐξεχύθησαν²⁶ καὶ τῇ ἀντιλογίᾳ²⁷ τοῦ Κόρε ἀπώλοντο²⁸. **12** οὗτοί εἰσιν οἱ ἐν ταῖς ἀγάπαις ὑμῶν σπιλάδες²⁹ συνευωχούμενοι³⁰ ἀφόβως³¹, ἑαυτοὺς ποιμαίνοντες³², νεφέλαι³³ ἄνυδροι³⁴ ὑπὸ ἀνέμων παραφερόμεναι³⁵, δένδρα³⁶ φθινοπωρινὰ³⁷ ἄκαρπα³⁸ δὶς³⁹ ἀποθανόντα ἐκριζωθέντα⁴⁰, **13** κύματα⁴¹ ἄγρια⁴² θαλάσσης ἐπαφρίζοντα⁴³ τὰς ἑαυτῶν αἰσχύνας⁴⁴, ἀστέρες⁴⁵ πλανῆται⁴⁶ οἷς ὁ ζόφος⁴⁷ τοῦ σκότους εἰς αἰῶνα τετήρηται.

14 Προεφήτευσεν⁴⁸ δὲ καὶ τούτοις ἕβδομος⁴⁹ ἀπὸ Ἀδὰμ Ἐνὼχ λέγων· ἰδοὺ ἦλθεν κύριος ἐν ἁγίαις μυριάσιν⁵⁰ αὐτοῦ **15** ποιῆσαι κρίσιν κατὰ πάντων καὶ ἐλέγξαι⁵¹ πᾶσαν ψυχὴν περὶ πάντων τῶν ἔργων ἀσεβείας⁵² αὐτῶν ὧν ἠσέβησαν⁵³ καὶ περὶ πάντων τῶν σκληρῶν⁵⁴ ὧν ἐλάλησαν κατ' αὐτοῦ ἁμαρτωλοὶ ἀσεβεῖς⁵⁵. **16** οὗτοί εἰσιν

---

¹ ἐκπορνεύω aor act ptc f p nom, live immorally
² πρόκειμαι 3p pres mid ind, be present (π. δεῖγμα serve as an example)
³ δεῖγμα, -τος n, example
⁴ δίκη, -ης f, punishment
⁵ ὑπέχω pres act ptc f p nom, suffer (punishment)
⁶ ὁμοίως, adv, in the same way
⁷ μέντοι, conj, however
⁸ ἐνυπνιάζομαι pres pas ptc m p nom, dream
⁹ μιαίνω 3p pres act ind, defile
¹⁰ κυριότης, -ητος f, authority
¹¹ ἀθετέω 3p pres act ind, reject
¹² ἀρχάγγελος, -ου m, archangel
¹³ διακρίνω pres mid ptc m s nom, mid dispute
¹⁴ διαλέγομαι 3s impf mid ind, argue
¹⁵ τολμάω 3s aor act ind, dare
¹⁶ ἐπιφέρω aor act inf, pronounce
¹⁷ βλασφημία, -ας f, blasphemy

¹⁸ ἐπιτιμάω 3s aor act opt, rebuke
¹⁹ φυσικῶς, adv, by instinct
²⁰ ἄλογος, -ον, irrational
²¹ ζῷον, -ου n, animal
²² ἐπίσταμαι 3p pres pas ind, understand
²³ φθείρω 3p pres pas ind, destroy
²⁴ πλάνη, -ης f, error
²⁵ μισθός, -οῦ m, gain
²⁶ ἐκχύννω 3p aor pas ind, pas abandon oneself
²⁷ ἀντιλογία, -ας f, rebellion
²⁸ ἀπόλλυμι 3p aor mid ind, mid perish
²⁹ σπιλάς, -άδος f, blemish
³⁰ συνευωχέομαι pres pas ptc m p nom, eat together
³¹ ἀφόβως, adv, without fear
³² ποιμαίνω pres act ptc m p nom, take care of (π. ἑαυτόν care only for oneself)
³³ νεφέλη, -ης f, cloud
³⁴ ἄνυδρος, -ον, waterless
³⁵ παραφέρω pres pas ptc f p nom, blow along

³⁶ δένδρον, -ου n, tree
³⁷ φθινοπωρινός, -ή/όν, in harvest season
³⁸ ἄκαρπος, -ον, fruitless
³⁹ δίς, adv, twice
⁴⁰ ἐκριζόω aor pas ptc n p nom, uproot
⁴¹ κῦμα, -τος n, wave
⁴² ἄγριος, -α/ον, wild
⁴³ ἐπαφρίζω pres act ptc n p nom, foam up
⁴⁴ αἰσχύνη, -ης f, shame
⁴⁵ ἀστήρ, -έρος m, star
⁴⁶ πλανήτης, -ου m, wanderer
⁴⁷ ζόφος, -ου m, gloom
⁴⁸ προφητεύω 3s aor act ind, prophesy
⁴⁹ ἕβδομος, -η/ον, seventh
⁵⁰ μυριάς, -άδος f, countless thousands
⁵¹ ἐλέγχω aor act inf, convict
⁵² ἀσέβεια, -ας f, godlessness
⁵³ ἀσεβέω 3p aor act ind, live ungodly
⁵⁴ σκληρός, -ά/όν, terrible
⁵⁵ ἀσεβής, -ές, godless

γογγυσταί[1] μεμψίμοιροι[2] κατὰ τὰς ἐπιθυμίας ἑαυτῶν πορευόμενοι, καὶ τὸ στόμα αὐτῶν λαλεῖ ὑπέρογκα[3], θαυμάζοντες[4] πρόσωπα ὠφελείας[5] χάριν[6].

Warnings and Exhortations

17 Ὑμεῖς δέ, ἀγαπητοί, μνήσθητε[7] τῶν ῥημάτων τῶν προειρημένων[8] ὑπὸ τῶν ἀποστόλων τοῦ κυρίου ἡμῶν Ἰησοῦ Χριστοῦ **18** ὅτι ἔλεγον ὑμῖν ἐπ' ἐσχάτου χρόνου ἔσονται ἐμπαῖκται[9] κατὰ τὰς ἑαυτῶν ἐπιθυμίας πορευόμενοι τῶν ἀσεβειῶν. **19** οὗτοί εἰσιν οἱ ἀποδιορίζοντες[10], ψυχικοί[11], πνεῦμα μὴ ἔχοντες.

20 Ὑμεῖς δέ, ἀγαπητοί, ἐποικοδομοῦντες[12] ἑαυτοὺς τῇ ἁγιωτάτῃ ὑμῶν πίστει, ἐν πνεύματι ἁγίῳ προσευχόμενοι, **21** ἑαυτοὺς ἐν ἀγάπῃ θεοῦ τηρήσατε προσδεχόμενοι[13] τὸ ἔλεος[14] τοῦ κυρίου ἡμῶν Ἰησοῦ Χριστοῦ εἰς ζωὴν αἰώνιον. **22** καὶ οὓς μὲν ἐλεᾶτε[15] διακρινομένους[16], **23** οὓς δὲ σῴζετε ἐκ πυρὸς ἁρπάζοντες[17], οὓς δὲ ἐλεᾶτε ἐν φόβῳ μισοῦντες καὶ τὸν ἀπὸ τῆς σαρκὸς ἐσπιλωμένον[18] χιτῶνα[19].

Benediction

24 Τῷ δὲ δυναμένῳ φυλάξαι[20] ὑμᾶς ἀπταίστους[21] καὶ στῆσαι[22] κατενώπιον[23] τῆς δόξης αὐτοῦ ἀμώμους[24] ἐν ἀγαλλιάσει[25], **25** μόνῳ θεῷ σωτῆρι[26] ἡμῶν διὰ Ἰησοῦ Χριστοῦ τοῦ κυρίου ἡμῶν δόξα μεγαλωσύνη[27] κράτος[28] καὶ ἐξουσία πρὸ παντὸς τοῦ αἰῶνος καὶ νῦν καὶ εἰς πάντας τοὺς αἰῶνας, ἀμήν.

---

[1] γογγυστής, -οῦ m, grumbler
[2] μεμψίμοιρος, -ον, complaining
[3] ὑπέρογκος, -ον, boastful
[4] θαυμάζω pres act ptc m p nom, trans admire (θ. πρόσωπα flatter people)
[5] ὠφέλεια, -ας f, advantage
[6] χάριν prep, for the sake of
[7] μιμνήσκομαι 2p aor pas impv, remember
[8] προλέγω pf pas ptc n p gen, predict
[9] ἐμπαίκτης, -ου m, mocker
[10] ἀποδιορίζω pres act ptc m p nom, cause divisions
[11] ψυχικός, -ή/όν, worldly minded
[12] ἐποικοδομέω pres act ptc m p nom, build up
[13] προσδέχομαι pres mid ptc m p nom, wait for
[14] ἔλεος, -ους n, mercy
[15] ἐλεάω 2p pres act impv, be merciful to
[16] διακρίνω pres mid ptc m p acc, doubt
[17] ἁρπάζω pres act ptc m p nom, snatch
[18] σπιλόω pf pas ptc m s acc, stain
[19] χιτών, -ῶνος m, clothing
[20] φυλάσσω aor act inf, keep
[21] ἄπταιστος, -ον, free from stumbling
[22] ἵστημι aor act inf, present
[23] κατενώπιον, prep + gen, before
[24] ἄμωμος, -ον, faultless
[25] ἀγαλλίασις, -εως f, extreme joy
[26] σωτήρ, -ῆρος m, Savior
[27] μεγαλωσύνη, -ης f, majesty
[28] κράτος, -ους n, power

ΠΡΟΣ ΡΩΜΑΙΟΥΣ

Salutation

1 Παῦλος δοῦλος Χριστοῦ Ἰησοῦ, κλητὸς[1] ἀπόστολος ἀφωρισμένος[2] εἰς εὐαγγέλιον θεοῦ, **2** ὃ προεπηγγείλατο[3] διὰ τῶν προφητῶν αὐτοῦ ἐν γραφαῖς ἁγίαις **3** περὶ τοῦ υἱοῦ αὐτοῦ τοῦ γενομένου ἐκ σπέρματος Δαυὶδ κατὰ σάρκα, **4** τοῦ ὁρισθέντος[4] υἱοῦ θεοῦ ἐν δυνάμει κατὰ πνεῦμα ἁγιωσύνης[5] ἐξ ἀναστάσεως νεκρῶν, Ἰησοῦ Χριστοῦ τοῦ κυρίου ἡμῶν, **5** δι' οὗ ἐλάβομεν χάριν καὶ ἀποστολὴν[6] εἰς ὑπακοὴν[7] πίστεως ἐν πᾶσιν τοῖς ἔθνεσιν ὑπὲρ τοῦ ὀνόματος αὐτοῦ, **6** ἐν οἷς ἐστε καὶ ὑμεῖς κλητοὶ Ἰησοῦ Χριστοῦ, **7** πᾶσιν τοῖς οὖσιν ἐν Ῥώμῃ ἀγαπητοῖς θεοῦ, κλητοῖς ἁγίοις, χάρις ὑμῖν καὶ εἰρήνη ἀπὸ θεοῦ πατρὸς ἡμῶν καὶ κυρίου Ἰησοῦ Χριστοῦ.

Paul's Desire to Visit Rome

8 Πρῶτον μὲν εὐχαριστῶ τῷ θεῷ μου διὰ Ἰησοῦ Χριστοῦ περὶ πάντων ὑμῶν ὅτι ἡ πίστις ὑμῶν καταγγέλλεται[8] ἐν ὅλῳ τῷ κόσμῳ. **9** μάρτυς γάρ μού ἐστιν ὁ θεός, ᾧ λατρεύω[9] ἐν τῷ πνεύματί μου ἐν τῷ εὐαγγελίῳ τοῦ υἱοῦ αὐτοῦ, ὡς ἀδιαλείπτως[10] μνείαν[11] ὑμῶν ποιοῦμαι **10** πάντοτε ἐπὶ τῶν προσευχῶν μου δεόμενος[12] εἴ πως[13] ἤδη ποτὲ[14] εὐοδωθήσομαι[15] ἐν τῷ θελήματι τοῦ θεοῦ ἐλθεῖν πρὸς ὑμᾶς. **11** ἐπιποθῶ[16] γὰρ ἰδεῖν ὑμᾶς, ἵνα τι μεταδῶ[17] χάρισμα[18] ὑμῖν πνευματικὸν[19] εἰς τὸ στηριχθῆναι[20] ὑμᾶς, **12** τοῦτο δέ ἐστιν συμπαρακληθῆναι[21] ἐν ὑμῖν διὰ τῆς ἐν ἀλλήλοις πίστεως ὑμῶν τε καὶ ἐμοῦ. **13** οὐ θέλω δὲ ὑμᾶς ἀγνοεῖν[22], ἀδελφοί, ὅτι πολλάκις[23] προεθέμην[24] ἐλθεῖν πρὸς ὑμᾶς, καὶ ἐκωλύθην[25] ἄχρι τοῦ δεῦρο[26], ἵνα τινὰ καρπὸν σχῶ[27] καὶ ἐν ὑμῖν καθὼς καὶ ἐν τοῖς λοιποῖς ἔθνεσιν. **14** Ἕλλησίν[28] τε καὶ

---

[1] κλητός, -ή/όν, called
[2] ἀφορίζω pf pas ptc m s nom, set apart
[3] προεπαγγέλλομαι 3s aor mid ind, promise beforehand
[4] ὁρίζω aor pas ptc m s gen, designate
[5] ἁγιωσύνη, -ης f, holiness
[6] ἀποστολή, -ῆς f, apostleship
[7] ὑπακοή, -ῆς f, obedience
[8] καταγγέλλω 3s pres pas ind, proclaim
[9] λατρεύω 1s pres act ind, serve
[10] ἀδιαλείπτως, adv, constantly
[11] μνεία, -ας f, remembrance/mention
[12] δέομαι pres pas ptc m s nom, ask
[13] πώς, particle, somehow
[14] ποτέ, temporal adv, at last
[15] εὐοδόω 1s fut pas ind, pas succeed
[16] ἐπιποθέω 1s pres act ind, long (for)
[17] μεταδίδωμι 1s aor act sub, impart
[18] χάρισμα, -τος n, gift
[19] πνευματικός, -ή/όν, spiritual
[20] στηρίζω aor pas inf, strengthen
[21] συμπαρακαλέω aor pas inf, pas be mutually encouraged
[22] ἀγνοέω pres act inf, be unaware
[23] πολλάκις, adv, often
[24] προτίθημι 1s aor mid ind, mid plan
[25] κωλύω 1s aor pas ind, prevent
[26] δεῦρο, adv, until now (ἄχρι τοῦ δ. so far)
[27] ἔχω 1s aor act sub, have
[28] Ἕλλην, -ηνος m, a Greek

βαρβάροις¹, σοφοῖς² τε καὶ ἀνοήτοις³ ὀφειλέτης⁴ εἰμί, 15 οὕτως τὸ κατ' ἐμὲ πρόθυμον⁵ καὶ ὑμῖν τοῖς ἐν Ῥώμῃ εὐαγγελίσασθαι.

The Power of the Gospel

16 Οὐ γὰρ ἐπαισχύνομαι⁶ τὸ εὐαγγέλιον, δύναμις γὰρ θεοῦ ἐστιν εἰς σωτηρίαν παντὶ τῷ πιστεύοντι, Ἰουδαίῳ τε πρῶτον καὶ Ἕλληνι. 17 δικαιοσύνη γὰρ θεοῦ ἐν αὐτῷ ἀποκαλύπτεται⁷ ἐκ πίστεως εἰς πίστιν, καθὼς γέγραπται· ὁ δὲ δίκαιος ἐκ πίστεως ζήσεται⁸.

The Guilt of Humankind

18 Ἀποκαλύπτεται γὰρ ὀργὴ θεοῦ ἀπ' οὐρανοῦ ἐπὶ πᾶσαν ἀσέβειαν⁹ καὶ ἀδικίαν¹⁰ ἀνθρώπων τῶν τὴν ἀλήθειαν ἐν ἀδικίᾳ κατεχόντων¹¹, 19 διότι¹² τὸ γνωστὸν¹³ τοῦ θεοῦ φανερόν¹⁴ ἐστιν ἐν αὐτοῖς· ὁ θεὸς γὰρ αὐτοῖς ἐφανέρωσεν. 20 τὰ γὰρ ἀόρατα¹⁵ αὐτοῦ ἀπὸ κτίσεως¹⁶ κόσμου τοῖς ποιήμασιν¹⁷ νοούμενα¹⁸ καθορᾶται¹⁹, ἥ τε ἀΐδιος²⁰ αὐτοῦ δύναμις καὶ θειότης²¹, εἰς τὸ εἶναι αὐτοὺς ἀναπολογήτους²², 21 διότι²³ γνόντες²⁴ τὸν θεὸν οὐχ ὡς θεὸν ἐδόξασαν ἢ ηὐχαρίστησαν, ἀλλ' ἐματαιώθησαν²⁵ ἐν τοῖς διαλογισμοῖς²⁶ αὐτῶν καὶ ἐσκοτίσθη²⁷ ἡ ἀσύνετος²⁸ αὐτῶν καρδία. 22 φάσκοντες²⁹ εἶναι σοφοὶ³⁰ ἐμωράνθησαν³¹ 23 καὶ ἤλλαξαν³² τὴν δόξαν τοῦ ἀφθάρτου³³ θεοῦ ἐν ὁμοιώματι³⁴ εἰκόνος³⁵ φθαρτοῦ³⁶ ἀνθρώπου καὶ πετεινῶν³⁷ καὶ τετραπόδων³⁸ καὶ ἑρπετῶν³⁹. 24 διὸ παρέδωκεν αὐτοὺς ὁ θεὸς ἐν ταῖς ἐπιθυμίαις τῶν καρδιῶν αὐτῶν εἰς ἀκαθαρσίαν⁴⁰ τοῦ ἀτιμάζεσθαι⁴¹ τὰ σώματα αὐτῶν ἐν αὐτοῖς· 25 οἵτινες μετήλλαξαν⁴² τὴν ἀλήθειαν τοῦ θεοῦ ἐν τῷ ψεύδει⁴³ καὶ

---

¹ βάρβαρος, -ον, non-Greek
² σοφός, -ή/όν, wise
³ ἀνόητος, -ον, foolish
⁴ ὀφειλέτης, -ου m, one who is under obligation
⁵ πρόθυμος, -ον, eager (τὸ π. eagerness)
⁶ ἐπαισχύνομαι 1s pres mid ind, be ashamed
⁷ ἀποκαλύπτω 3s pres pas ind, reveal
⁸ ζάω 3s fut mid ind, live
⁹ ἀσέβεια, -ας f, godlessness
¹⁰ ἀδικία, -ας f, wickedness
¹¹ κατέχω pres act ptc m p gen, suppress
¹² διότι, conj, because
¹³ γνωστός, -ή/όν, known
¹⁴ φανερός, -ά/όν, plain
¹⁵ ἀόρατος, -ον, invisible

¹⁶ κτίσις, -εως f, creation
¹⁷ ποίημα, -τος n, what is made
¹⁸ νοέω pres pas ptc n p nom, understand
¹⁹ καθοράω 3s pres pas ind, perceive clearly
²⁰ ἀΐδιος, -ον, eternal
²¹ θειότης, -ητος f, divine nature
²² ἀναπολόγητος, -ον, without excuse
²³ διότι, conj, although
²⁴ γινώσκω aor act ptc m p nom, know
²⁵ ματαιόω 3p aor pas ind, pas be futile
²⁶ διαλογισμός, -οῦ m, thought
²⁷ σκοτίζομαι 3s aor pas ind, darken
²⁸ ἀσύνετος, -ον, senseless
²⁹ φάσκω pres act ptc m p nom, claim

³⁰ σοφός, -ή/όν, wise
³¹ μωραίνω 3p aor pas ind, make foolish
³² ἀλλάσσω 3p aor act ind, exchange
³³ ἄφθαρτος, -ον, immortal
³⁴ ὁμοίωμα, -τος n, image
³⁵ εἰκών, -όνος f, form
³⁶ φθαρτός, -ή/όν, mortal
³⁷ πετεινόν, -οῦ n, bird
³⁸ τετράπους, -ποδος n, four-footed animal
³⁹ ἑρπετόν, -οῦ n, reptile
⁴⁰ ἀκαθαρσία, -ας f, impurity
⁴¹ ἀτιμάζω pres pas or mid inf, degrade
⁴² μεταλλάσσω 3p aor act ind, exchange
⁴³ ψεῦδος, -ους n, lie

ἐσεβάσθησαν¹ καὶ ἐλάτρευσαν² τῇ κτίσει³ παρὰ τὸν κτίσαντα⁴, ὅς ἐστιν εὐλογητὸς⁵ εἰς τοὺς αἰῶνας, ἀμήν. **26** διὰ τοῦτο παρέδωκεν αὐτοὺς ὁ θεὸς εἰς πάθη⁶ ἀτιμίας⁷, αἵ τε γὰρ θήλειαι⁸ αὐτῶν μετήλλαξαν τὴν φυσικὴν⁹ χρῆσιν¹⁰ εἰς τὴν παρὰ φύσιν¹¹, **27** ὁμοίως¹² τε καὶ οἱ ἄρσενες¹³ ἀφέντες¹⁴ τὴν φυσικὴν χρῆσιν τῆς θηλείας ἐξεκαύθησαν¹⁵ ἐν τῇ ὀρέξει¹⁶ αὐτῶν εἰς ἀλλήλους, ἄρσενες ἐν ἄρσεσιν τὴν ἀσχημοσύνην¹⁷ κατεργαζόμενοι¹⁸ καὶ τὴν ἀντιμισθίαν¹⁹ ἣν ἔδει τῆς πλάνης²⁰ αὐτῶν ἐν ἑαυτοῖς ἀπολαμβάνοντες²¹. **28** καὶ καθὼς οὐκ ἐδοκίμασαν²² τὸν θεὸν ἔχειν ἐν ἐπιγνώσει²³, παρέδωκεν αὐτοὺς ὁ θεὸς εἰς ἀδόκιμον²⁴ νοῦν²⁵, ποιεῖν τὰ μὴ καθήκοντα²⁶, **29** πεπληρωμένους²⁷ πάσῃ ἀδικίᾳ²⁸ πονηρίᾳ²⁹ πλεονεξίᾳ³⁰ κακίᾳ³¹, μεστοὺς³² φθόνου³³ φόνου³⁴ ἔριδος³⁵ δόλου³⁶ κακοηθείας³⁷, ψιθυριστὰς³⁸ **30** καταλάλους³⁹ θεοστυγεῖς⁴⁰ ὑβριστὰς⁴¹ ὑπερηφάνους⁴² ἀλαζόνας⁴³, ἐφευρετὰς⁴⁴ κακῶν, γονεῦσιν⁴⁵ ἀπειθεῖς⁴⁶, **31** ἀσυνέτους⁴⁷ ἀσυνθέτους⁴⁸ ἀστόργους⁴⁹ ἀνελεήμονας⁵⁰· **32** οἵτινες τὸ δικαίωμα⁵¹ τοῦ θεοῦ ἐπιγνόντες⁵² ὅτι οἱ τὰ τοιαῦτα πράσσοντες ἄξιοι θανάτου εἰσίν, οὐ μόνον αὐτὰ ποιοῦσιν ἀλλὰ καὶ συνευδοκοῦσιν⁵³ τοῖς πράσσουσιν.

The Righteous Judgment of God

2 Διὸ ἀναπολόγητος⁵⁴ εἶ, ὦ⁵⁵ ἄνθρωπε πᾶς ὁ κρίνων· ἐν ᾧ γὰρ κρίνεις τὸν ἕτερον, σεαυτὸν κατακρίνεις⁵⁶, τὰ γὰρ αὐτὰ πράσσεις ὁ κρίνων. **2** οἴδαμεν δὲ ὅτι

1 σεβάζομαι 3p aor pas ind, worship
2 λατρεύω 3p aor act ind, serve
3 κτίσις, -εως f, creation
4 κτίζω aor act ptc m s acc, create
5 εὐλογητός, -ή/όν, blessed
6 πάθος, -ους n, passion
7 ἀτιμία, -ας f, disgrace
8 θῆλυς, -εια/υ, female (ἡ θ. woman)
9 φυσικός, -ή/όν, natural
10 χρῆσις, -εως f, function
11 φύσις, -εως f, nature
12 ὁμοίως, adv, in the same way
13 ἄρσην, -εν, male (ὁ ἄ. man)
14 ἀφίημι aor act ptc m p nom, leave
15 ἐκκαίω 3p aor pas ind, pas be inflamed
16 ὄρεξις, -εως f, lustful passion
17 ἀσχημοσύνη, -ης f, shameless act
18 κατεργάζομαι pres mid ptc m p nom, do
19 ἀντιμισθία, -ας f, punishment
20 πλάνη, -ης f, error
21 ἀπολαμβάνω pres act ptc m p nom, receive
22 δοκιμάζω 3p aor act ind, approve
23 ἐπίγνωσις, -εως f, knowledge
24 ἀδόκιμος, -ον, corrupted
25 νοῦς, -ός, acc νοῦν m, mind
26 καθήκω pres act ptc n p acc, be proper
27 πληρόω pf pas ptc m p acc, fill
28 ἀδικία, -ας f, wickedness
29 πονηρία, -ας f, evil
30 πλεονεξία, -ας f, greed
31 κακία, -ας f, depravity
32 μεστός, -ή/όν, full
33 φθόνος, -ου m, envy
34 φόνος, -ου m, murder
35 ἔρις, -ιδος f, strife
36 δόλος, -ου m, deceit
37 κακοήθεια, -ας f, meanness
38 ψιθυριστής, -οῦ m, gossiper
39 κατάλαλος, -ου m, slanderer
40 θεοστυγής, -ές, hating God
41 ὑβριστής, -οῦ m, insolent person
42 ὑπερήφανος, -ον, arrogant
43 ἀλαζών, -όνος m, boaster
44 ἐφευρετής, -οῦ m, inventor
45 γονεύς, -έως m, parent
46 ἀπειθής, -ές, disobedient
47 ἀσύνετος, -ον, senseless
48 ἀσύνθετος, -ον, untrustworthy
49 ἄστοργος, -ον, inhuman
50 ἀνελεήμων, -ον, unmerciful
51 δικαίωμα, -τος n, decree
52 ἐπιγινώσκω aor act ptc m p nom, know
53 συνευδοκέω 3p pres act ind, approve of
54 ἀναπολόγητος, -ον, without excuse
55 ὦ, interj, O!
56 κατακρίνω 2s pres act ind, condemn

τὸ κρίμα[1] τοῦ θεοῦ ἔστιν κατὰ ἀλήθειαν ἐπὶ τοὺς τὰ τοιαῦτα πράσσοντας. 3 λογίζῃ δὲ τοῦτο, ὦ ἄνθρωπε ὁ κρίνων τοὺς τὰ τοιαῦτα πράσσοντας καὶ ποιῶν αὐτά, ὅτι σὺ ἐκφεύξῃ[2] τὸ κρίμα τοῦ θεοῦ; 4 ἢ τοῦ πλούτου[3] τῆς χρηστότητος[4] αὐτοῦ καὶ τῆς ἀνοχῆς[5] καὶ τῆς μακροθυμίας[6] καταφρονεῖς[7], ἀγνοῶν[8] ὅτι τὸ χρηστὸν[9] τοῦ θεοῦ εἰς μετάνοιάν[10] σε ἄγει; 5 κατὰ δὲ τὴν σκληρότητά[11] σου καὶ ἀμετανόητον[12] καρδίαν θησαυρίζεις[13] σεαυτῷ ὀργὴν ἐν ἡμέρᾳ ὀργῆς καὶ ἀποκαλύψεως[14] δικαιοκρισίας[15] τοῦ θεοῦ 6 ὃς ἀποδώσει[16] ἑκάστῳ κατὰ τὰ ἔργα αὐτοῦ· 7 τοῖς μὲν καθ' ὑπομονὴν ἔργου ἀγαθοῦ δόξαν καὶ τιμὴν καὶ ἀφθαρσίαν[17] ζητοῦσιν ζωὴν αἰώνιον, 8 τοῖς δὲ ἐξ ἐριθείας[18] καὶ ἀπειθοῦσιν[19] τῇ ἀληθείᾳ πειθομένοις δὲ τῇ ἀδικίᾳ[20] ὀργὴ καὶ θυμός[21]. 9 θλῖψις καὶ στενοχωρία[22] ἐπὶ πᾶσαν ψυχὴν ἀνθρώπου τοῦ κατεργαζομένου[23] τὸ κακόν, Ἰουδαίου τε πρῶτον καὶ Ἕλληνος[24]· 10 δόξα δὲ καὶ τιμὴ καὶ εἰρήνη παντὶ τῷ ἐργαζομένῳ τὸ ἀγαθόν, Ἰουδαίῳ τε πρῶτον καὶ Ἕλληνι· 11 οὐ γάρ ἐστιν προσωπολημψία[25] παρὰ τῷ θεῷ.

12 Ὅσοι γὰρ ἀνόμως[26] ἥμαρτον, ἀνόμως καὶ ἀπολοῦνται[27], καὶ ὅσοι ἐν νόμῳ ἥμαρτον, διὰ νόμου κριθήσονται[28]· 13 οὐ γὰρ οἱ ἀκροαταὶ[29] νόμου δίκαιοι παρὰ τῷ θεῷ, ἀλλ' οἱ ποιηταὶ[30] νόμου δικαιωθήσονται. 14 ὅταν γὰρ ἔθνη τὰ μὴ νόμον ἔχοντα φύσει[31] τὰ τοῦ νόμου ποιῶσιν, οὗτοι νόμον μὴ ἔχοντες ἑαυτοῖς εἰσιν νόμος· 15 οἵτινες ἐνδείκνυνται[32] τὸ ἔργον τοῦ νόμου γραπτὸν[33] ἐν ταῖς καρδίαις αὐτῶν, συμμαρτυρούσης[34] αὐτῶν τῆς συνειδήσεως[35] καὶ μεταξὺ[36] ἀλλήλων τῶν λογισμῶν[37] κατηγορούντων[38] ἢ καὶ ἀπολογουμένων[39], 16 ἐν ἡμέρᾳ ὅτε κρίνει ὁ θεὸς τὰ κρυπτὰ[40] τῶν ἀνθρώπων κατὰ τὸ εὐαγγέλιόν μου διὰ Χριστοῦ Ἰησοῦ.

---

[1] κρίμα, -τος n, judgment
[2] ἐκφεύγω 2s fut mid ind, escape
[3] πλοῦτος, -ου m & n, riches
[4] χρηστότης, -ητος f, kindness
[5] ἀνοχή, -ῆς f, tolerance
[6] μακροθυμία, -ας f, patience
[7] καταφρονέω 2p pres act ind, despise
[8] ἀγνοέω pres act ptc m s nom, fail to understand
[9] χρηστός, -ή/όν, kind (τὸ χ. kindness)
[10] μετάνοια, -ας f, repentance
[11] σκληρότης, -ητος f, stubbornness
[12] ἀμετανόητος, -ον, unrepentant
[13] θησαυρίζω 2s pres act ind, store up
[14] ἀποκάλυψις, -εως f, revelation
[15] δικαιοκρισία, -ας f, righteous judgment
[16] ἀποδίδωμι 3s fut act ind, repay
[17] ἀφθαρσία, -ας f, immortality
[18] ἐριθεία, -ας f, selfishness
[19] ἀπειθέω pres act ptc m p dat, disobey
[20] ἀδικία, -ας f, wickedness
[21] θυμός, -οῦ m, anger
[22] στενοχωρία, -ας, distress
[23] κατεργάζομαι pres mid ptc m s gen, do
[24] Ἕλλην, -ηνος m, a Greek
[25] προσωπολημψία, -ας f, favoritism
[26] ἀνόμως, adv, apart from the (Jewish) law
[27] ἀπόλλυμι 3p fut mid ind, perish
[28] κρίνω 3p fut pas ind, judge
[29] ἀκροατής, -οῦ m, a hearer
[30] ποιητής, -οῦ m, doer
[31] φύσις, -εως f, nature
[32] ἐνδείκνυμι 3p pres mid ind, mid show
[33] γραπτός, -ή/όν, written
[34] συμμαρτυρέω pres act ptc f s gen, bear witness
[35] συνείδησις, -εως f, conscience
[36] μεταξύ, prep + gen, between
[37] λογισμός, -οῦ m, thought
[38] κατηγορέω pres act ptc m p gen, accuse
[39] ἀπολογέομαι pres mid ptc m p gen, defend oneself
[40] κρυπτός, -ή/όν, secret

The Jews and the Law

17 Εἰ δὲ σὺ Ἰουδαῖος ἐπονομάζῃ[1] καὶ ἐπαναπαύῃ[2] νόμῳ καὶ καυχᾶσαι ἐν θεῷ **18** καὶ γινώσκεις τὸ θέλημα καὶ δοκιμάζεις[3] τὰ διαφέροντα[4] κατηχούμενος[5] ἐκ τοῦ νόμου, **19** πέποιθάς[6] τε σεαυτὸν ὁδηγὸν[7] εἶναι τυφλῶν, φῶς τῶν ἐν σκότει, **20** παιδευτὴν[8] ἀφρόνων[9], διδάσκαλον νηπίων[10], ἔχοντα τὴν μόρφωσιν[11] τῆς γνώσεως[12] καὶ τῆς ἀληθείας ἐν τῷ νόμῳ· **21** ὁ οὖν διδάσκων ἕτερον σεαυτὸν οὐ διδάσκεις; ὁ κηρύσσων μὴ κλέπτειν[13] κλέπτεις; **22** ὁ λέγων μὴ μοιχεύειν[14] μοιχεύεις; ὁ βδελυσσόμενος[15] τὰ εἴδωλα[16] ἱεροσυλεῖς[17]; **23** ὃς ἐν νόμῳ καυχᾶσαι, διὰ τῆς παραβάσεως[18] τοῦ νόμου τὸν θεὸν ἀτιμάζεις[19]· **24** τὸ γὰρ **ὄνομα τοῦ θεοῦ δι᾽ ὑμᾶς βλασφημεῖται ἐν τοῖς ἔθνεσιν, καθὼς γέγραπται**.

25 Περιτομὴ μὲν γὰρ ὠφελεῖ[20] ἐὰν νόμον πράσσῃς· ἐὰν δὲ παραβάτης[21] νόμου ᾖς, ἡ περιτομή σου ἀκροβυστία[22] γέγονεν[23]. **26** ἐὰν οὖν ἡ ἀκροβυστία τὰ δικαιώματα[24] τοῦ νόμου φυλάσσῃ, οὐχ ἡ ἀκροβυστία αὐτοῦ εἰς περιτομὴν λογισθήσεται[25]; **27** καὶ κρινεῖ ἡ ἐκ φύσεως ἀκροβυστία τὸν νόμον τελοῦσα[26] σὲ τὸν διὰ γράμματος[27] καὶ περιτομῆς παραβάτην νόμου. **28** οὐ γὰρ ὁ ἐν τῷ φανερῷ[28] Ἰουδαῖός ἐστιν οὐδὲ ἡ ἐν τῷ φανερῷ ἐν σαρκὶ περιτομή, **29** ἀλλ᾽ ὁ ἐν τῷ κρυπτῷ[29] Ἰουδαῖος, καὶ περιτομὴ καρδίας ἐν πνεύματι οὐ γράμματι[30], οὗ ὁ ἔπαινος[31] οὐκ ἐξ ἀνθρώπων ἀλλ᾽ ἐκ τοῦ θεοῦ.

3 Τί οὖν τὸ περισσὸν[32] τοῦ Ἰουδαίου ἢ τίς ἡ ὠφέλεια[33] τῆς περιτομῆς; **2** πολὺ κατὰ πάντα τρόπον[34]. πρῶτον μὲν [γὰρ] ὅτι ἐπιστεύθησαν τὰ λόγια[35] τοῦ θεοῦ. **3** τί γάρ; εἰ ἠπίστησάν[36] τινες, μὴ ἡ ἀπιστία[37] αὐτῶν τὴν πίστιν τοῦ θεοῦ καταργήσει[38]; **4** μὴ γένοιτο[39]· γινέσθω δὲ ὁ θεὸς ἀληθής[40], πᾶς δὲ ἄνθρωπος ψεύστης[41], καθὼς γέγραπται·

---

[1] ἐπονομάζω 2s pres pas or mid ind, pas & mid call oneself
[2] ἐπαναπαύομαι 2s pres mid ind, rely upon
[3] δοκιμάζω 2s pres act ind, approve
[4] διαφέρω pres act ptc n p acc, be superior
[5] κατηχέω pres pas ptc m s nom, instruct
[6] πείθω 2s pf act ind, convince
[7] ὁδηγός, -οῦ m, guide
[8] παιδευτής, -οῦ m, one who corrects
[9] ἄφρων, -ον, gen -ονος, foolish
[10] νήπιος, -α/ον, infant
[11] μόρφωσις, -εως f, outward form
[12] γνῶσις, -εως f, knowledge
[13] κλέπτω pres act inf, steal
[14] μοιχεύω pres act inf, commit adultery
[15] βδελύσσομαι pres mid ptc m s nom or voc, detest
[16] εἴδωλον, -ου n, idol
[17] ἱεροσυλέω 2s pres act ind, rob temples
[18] παράβασις, -εως f, breaking
[19] ἀτιμάζω 2s pres act ind, dishonor
[20] ὠφελέω 3s pres act ind, be of value
[21] παραβάτης, -ου m, one who breaks
[22] ἀκροβυστία, -ας f, uncircumcision
[23] γίνομαι 3s pf act ind, become
[24] δικαίωμα, -τος n, decree
[25] λογίζομαι 3s fut pas ind, consider
[26] τελέω pres act ptc f s nom, obey
[27] γράμμα, -τος n, written text
[28] φανερός, -ά/όν, visible (ἐν τῷ φ. outwardly)
[29] κρυπτός, -ή/όν, hidden (ἐν τῷ κ. inwardly)
[30] γράμμα, -τος n, written text
[31] ἔπαινος, -ου m, praise
[32] περισσός, -ή/όν, more (τὸ π. the advantage)
[33] ὠφέλεια, -ας f, benefit
[34] τρόπος, -ου m, way
[35] λόγιον, -ον n, message
[36] ἀπιστέω 3p aor act ind, fail to believe
[37] ἀπιστία, -ας f, unbelief
[38] καταργέω 3s fut act ind, nullify
[39] γίνομαι 3s aor mid opt, happen
[40] ἀληθής, -ές, true
[41] ψεύστης, -ου m, liar

ὅπως ἂν δικαιωθῇς ἐν τοῖς λόγοις σου
καὶ νικήσεις¹ ἐν τῷ κρίνεσθαί σε.

5 εἰ δὲ ἡ ἀδικία² ἡμῶν θεοῦ δικαιοσύνην συνίστησιν³, τί ἐροῦμεν⁴; μὴ ἄδικος⁵ ὁ θεὸς ὁ ἐπιφέρων⁶ τὴν ὀργήν; κατὰ ἄνθρωπον λέγω. 6 μὴ γένοιτο· ἐπεὶ⁷ πῶς κρινεῖ ὁ θεὸς τὸν κόσμον; 7 εἰ δὲ ἡ ἀλήθεια τοῦ θεοῦ ἐν τῷ ἐμῷ ψεύσματι⁸ ἐπερίσσευσεν εἰς τὴν δόξαν αὐτοῦ, τί ἔτι κἀγὼ ὡς ἁμαρτωλὸς κρίνομαι; 8 καὶ μὴ καθὼς βλασφημούμεθα καὶ καθώς φασίν τινες ἡμᾶς λέγειν ὅτι ποιήσωμεν τὰ κακά, ἵνα ἔλθῃ⁹ τὰ ἀγαθά; ὧν τὸ κρίμα¹⁰ ἔνδικόν¹¹ ἐστιν.

No One is Righteous

9 Τί οὖν; προεχόμεθα¹²; οὐ πάντως¹³· προῃτιασάμεθα¹⁴ γὰρ Ἰουδαίους τε καὶ Ἕλληνας¹⁵ πάντας ὑφ' ἁμαρτίαν εἶναι, 10 καθὼς γέγραπται ὅτι

οὐκ ἔστιν δίκαιος οὐδὲ εἷς,

11 οὐκ ἔστιν ὁ συνίων¹⁶,

οὐκ ἔστιν ὁ ἐκζητῶν¹⁷ τὸν θεόν.

12 πάντες ἐξέκλιναν¹⁸ ἅμα¹⁹ ἠχρεώθησαν²⁰·

οὐκ ἔστιν ὁ ποιῶν χρηστότητα²¹,

οὐκ ἔστιν ἕως ἑνός.

13 τάφος²² ἀνεῳγμένος²³ ὁ λάρυγξ²⁴ αὐτῶν,

ταῖς γλώσσαις αὐτῶν ἐδολιοῦσαν²⁵,

ἰὸς²⁶ ἀσπίδων²⁷ ὑπὸ τὰ χείλη²⁸ αὐτῶν·

14 ὧν τὸ στόμα ἀρᾶς²⁹ καὶ πικρίας³⁰ γέμει³¹,

15 ὀξεῖς³² οἱ πόδες αὐτῶν ἐκχέαι³³ αἷμα,

16 σύντριμμα³⁴ καὶ ταλαιπωρία³⁵ ἐν ταῖς ὁδοῖς αὐτῶν,

17 καὶ ὁδὸν εἰρήνης οὐκ ἔγνωσαν.

18 οὐκ ἔστιν φόβος θεοῦ ἀπέναντι³⁶ τῶν ὀφθαλμῶν αὐτῶν.

---

[1] νικάω 2s fut act ind, prevail
[2] ἀδικία, -ας f, wrongdoing
[3] συνίστημι 3s pres act ind, show
[4] λέγω 1p fut act ind, say
[5] ἄδικος, -ον, unjust
[6] ἐπιφέρω pres act ptc m s nom, bring upon
[7] ἐπεί, conj, otherwise
[8] ψεῦσμα, -τος n, untruthfulness
[9] ἔρχομαι 3s aor act sub, come
[10] κρίμα, -τος n, condemnation
[11] ἔνδικος, -ον, just
[12] προέχω 1p pres mid ind; mid be better off
[13] πάντως, adv, by all means
[14] προαιτιάομαι 1p aor mid ind, accuse beforehand
[15] Ἕλλην, -ηνος m, a Greek
[16] συνίημι pres act ptc m s nom, understand
[17] ἐκζητέω pres act ptc m s nom, seek diligently
[18] ἐκκλίνω 3p aor act ind, turn aside
[19] ἅμα, adv, together
[20] ἀχρειόω 3p aor pas ind, pas become worthless
[21] χρηστότης, -ητος f, what is right
[22] τάφος, -ου m, grave
[23] ἀνοίγω pf pas ptc m s nom, open
[24] λάρυγξ, -γγος m, throat
[25] δολιόω 3p impf act ind, deceive
[26] ἰός, -οῦ m, poison
[27] ἀσπίς, -ίδος f, snake
[28] χεῖλος, -ους n, lip
[29] ἀρά, -ᾶς f, curse
[30] πικρία, -ας f, bitterness
[31] γέμω 3s pres act ind, be full
[32] ὀξύς, -εῖα/ύ, swift
[33] ἐκχέω aor act inf, shed
[34] σύντριμμα, -τος n, ruin
[35] ταλαιπωρία, -ας f, misery
[36] ἀπέναντι, prep + gen, before

19 οἴδαμεν δὲ ὅτι ὅσα ὁ νόμος λέγει τοῖς ἐν τῷ νόμῳ λαλεῖ, ἵνα πᾶν στόμα φραγῇ¹ καὶ ὑπόδικος² γένηται³ πᾶς ὁ κόσμος τῷ θεῷ· 20 διότι⁴ ἐξ ἔργων νόμου οὐ δικαιωθήσεται πᾶσα σὰρξ ἐνώπιον αὐτοῦ, διὰ γὰρ νόμου ἐπίγνωσις⁵ ἁμαρτίας.

Righteousness through Faith

21 Νυνὶ⁶ δὲ χωρὶς νόμου δικαιοσύνη θεοῦ πεφανέρωται μαρτυρουμένη ὑπὸ τοῦ νόμου καὶ τῶν προφητῶν, 22 δικαιοσύνη δὲ θεοῦ διὰ πίστεως Ἰησοῦ Χριστοῦ εἰς πάντας τοὺς πιστεύοντας. οὐ γάρ ἐστιν διαστολή⁷, 23 πάντες γὰρ ἥμαρτον⁸ καὶ ὑστεροῦνται⁹ τῆς δόξης τοῦ θεοῦ 24 δικαιούμενοι δωρεὰν¹⁰ τῇ αὐτοῦ χάριτι διὰ τῆς ἀπολυτρώσεως¹¹ τῆς ἐν Χριστῷ Ἰησοῦ· 25 ὃν προέθετο¹² ὁ θεὸς ἱλαστήριον¹³ διὰ [τῆς] πίστεως ἐν τῷ αὐτοῦ αἵματι εἰς ἔνδειξιν¹⁴ τῆς δικαιοσύνης αὐτοῦ διὰ τὴν πάρεσιν¹⁵ τῶν προγεγονότων¹⁶ ἁμαρτημάτων¹⁷ 26 ἐν τῇ ἀνοχῇ¹⁸ τοῦ θεοῦ, πρὸς τὴν ἔνδειξιν τῆς δικαιοσύνης αὐτοῦ ἐν τῷ νῦν καιρῷ, εἰς τὸ εἶναι αὐτὸν δίκαιον καὶ δικαιοῦντα τὸν ἐκ πίστεως Ἰησοῦ.

27 Ποῦ οὖν ἡ καύχησις¹⁹; ἐξεκλείσθη²⁰. διὰ ποίου νόμου; τῶν ἔργων; οὐχί, ἀλλὰ διὰ νόμου πίστεως. 28 λογιζόμεθα γὰρ δικαιοῦσθαι πίστει ἄνθρωπον χωρὶς ἔργων νόμου. 29 ἢ Ἰουδαίων ὁ θεὸς μόνον; οὐχὶ καὶ ἐθνῶν; ναὶ καὶ ἐθνῶν, 30 εἴπερ²¹ εἷς ὁ θεὸς ὃς δικαιώσει περιτομὴν ἐκ πίστεως καὶ ἀκροβυστίαν²² διὰ τῆς πίστεως. 31 νόμον οὖν καταργοῦμεν²³ διὰ τῆς πίστεως; μὴ γένοιτο²⁴· ἀλλὰ νόμον ἱστάνομεν.

The Example of Abraham

4 Τί οὖν ἐροῦμεν²⁵ εὑρηκέναι Ἀβραὰμ τὸν προπάτορα²⁶ ἡμῶν κατὰ σάρκα; 2 εἰ γὰρ Ἀβραὰμ ἐξ ἔργων ἐδικαιώθη, ἔχει καύχημα²⁷, ἀλλ᾽ οὐ πρὸς θεόν. 3 τί γὰρ ἡ γραφὴ λέγει; **ἐπίστευσεν δὲ Ἀβραὰμ τῷ θεῷ καὶ ἐλογίσθη²⁸ αὐτῷ εἰς δικαιοσύνην.** 4 τῷ δὲ ἐργαζομένῳ ὁ μισθὸς²⁹ οὐ λογίζεται κατὰ χάριν ἀλλὰ κατὰ ὀφείλημα³⁰, 5 τῷ δὲ μὴ ἐργαζομένῳ πιστεύοντι δὲ ἐπὶ τὸν δικαιοῦντα τὸν ἀσεβῆ³¹ λογίζεται

---

¹ φράσσω 3s aor pas sub, silence
² ὑπόδικος, -ον, answerable to
³ γίνομαι 3s aor mid sub, become
⁴ διότι, conj, because
⁵ ἐπίγνωσις, -εως f, knowledge
⁶ νυνί, adv, now
⁷ διαστολή, -ῆς f, difference
⁸ ἁμαρτάνω 3p aor act ind, sin
⁹ ὑστερέω 3p pres pas ind, pas fall short of
¹⁰ δωρεάν, adv, freely
¹¹ ἀπολύτρωσις, -εως f, redemption
¹² προτίθημι 3s aor mid ind, mid put forward
¹³ ἱλαστήριον, -ου n, means by which sins are forgiven
¹⁴ ἔνδειξις, -εως f, indication
¹⁵ πάρεσις, -εως f, passing over
¹⁶ προγίνομαι pf act ptc n p gen, happen previously
¹⁷ ἁμάρτημα, -τος n, sin
¹⁸ ἀνοχή, -ῆς f, forbearance
¹⁹ καύχησις, -εως f, boasting
²⁰ ἐκκλείω 3s aor pas ind, exclude
²¹ εἴπερ, conj, since
²² ἀκροβυστία, -ας f, uncircumcision
²³ καταργέω 1p pres act ind, nullify
²⁴ γίνομαι 3s aor mid opt, happen
²⁵ λέγω 1p fut act ind, say
²⁶ προπάτωρ, -ορος m, forefather
²⁷ καύχημα, -τος n, something to boast about
²⁸ λογίζομαι 3s aor pas ind, credit
²⁹ μισθός, -οῦ m, wages
³⁰ ὀφείλημα, -τος n, something owed
³¹ ἀσεβής, -ές, godless

ΠΡΟΣ ΡΩΜΑΙΟΥΣ 4.6-20

ἡ πίστις αὐτοῦ εἰς δικαιοσύνην· 6 καθάπερ¹ καὶ Δαυὶδ λέγει τὸν μακαρισμὸν² τοῦ ἀνθρώπου ᾧ ὁ θεὸς λογίζεται δικαιοσύνην χωρὶς ἔργων·

7 μακάριοι ὧν ἀφέθησαν³ αἱ ἀνομίαι⁴
καὶ ὧν ἐπεκαλύφθησαν⁵ αἱ ἁμαρτίαι·
8 μακάριος ἀνὴρ οὗ οὐ μὴ λογίσηται κύριος ἁμαρτίαν.

9 Ὁ μακαρισμὸς οὖν οὗτος ἐπὶ τὴν περιτομὴν ἢ καὶ ἐπὶ τὴν ἀκροβυστίαν⁶; λέγομεν γάρ· ἐλογίσθη τῷ Ἀβραὰμ ἡ πίστις εἰς δικαιοσύνην. 10 πῶς οὖν ἐλογίσθη; ἐν περιτομῇ ὄντι ἢ ἐν ἀκροβυστίᾳ; οὐκ ἐν περιτομῇ ἀλλ' ἐν ἀκροβυστίᾳ· 11 καὶ σημεῖον ἔλαβεν περιτομῆς σφραγῖδα⁷ τῆς δικαιοσύνης τῆς πίστεως τῆς ἐν τῇ ἀκροβυστίᾳ, εἰς τὸ εἶναι αὐτὸν πατέρα πάντων τῶν πιστευόντων δι' ἀκροβυστίας, εἰς τὸ λογισθῆναι [καὶ] αὐτοῖς [τὴν] δικαιοσύνην, 12 καὶ πατέρα περιτομῆς τοῖς οὐκ ἐκ περιτομῆς μόνον ἀλλὰ καὶ τοῖς στοιχοῦσιν⁸ τοῖς ἴχνεσιν⁹ τῆς ἐν ἀκροβυστίᾳ πίστεως τοῦ πατρὸς ἡμῶν Ἀβραάμ.

The Promise Made Real through Faith

13 Οὐ γὰρ διὰ νόμου ἡ ἐπαγγελία τῷ Ἀβραὰμ ἢ τῷ σπέρματι αὐτοῦ, τὸ κληρονόμον¹⁰ αὐτὸν εἶναι κόσμου, ἀλλὰ διὰ δικαιοσύνης πίστεως. 14 εἰ γὰρ οἱ ἐκ νόμου κληρονόμοι, κεκένωται¹¹ ἡ πίστις καὶ κατήργηται¹² ἡ ἐπαγγελία· 15 ὁ γὰρ νόμος ὀργὴν κατεργάζεται¹³· οὗ¹⁴ δὲ οὐκ ἔστιν νόμος οὐδὲ παράβασις¹⁵. 16 διὰ τοῦτο ἐκ πίστεως, ἵνα κατὰ χάριν, εἰς τὸ εἶναι βεβαίαν¹⁶ τὴν ἐπαγγελίαν παντὶ τῷ σπέρματι, οὐ τῷ ἐκ τοῦ νόμου μόνον ἀλλὰ καὶ τῷ ἐκ πίστεως Ἀβραάμ, ὅς ἐστιν πατὴρ πάντων ἡμῶν, 17 καθὼς γέγραπται ὅτι **πατέρα πολλῶν ἐθνῶν τέθεικά**¹⁷ **σε**, κατέναντι¹⁸ οὗ ἐπίστευσεν θεοῦ τοῦ ζῳοποιοῦντος¹⁹ τοὺς νεκροὺς καὶ καλοῦντος τὰ μὴ ὄντα ὡς ὄντα. 18 ὃς παρ' ἐλπίδα ἐπ' ἐλπίδι ἐπίστευσεν εἰς τὸ γενέσθαι αὐτὸν πατέρα πολλῶν ἐθνῶν κατὰ τὸ εἰρημένον²⁰· **οὕτως ἔσται τὸ σπέρμα σου**, 19 καὶ μὴ ἀσθενήσας τῇ πίστει κατενόησεν²¹ τὸ ἑαυτοῦ σῶμα [ἤδη] νενεκρωμένον²², ἑκατονταετής²³ που²⁴ ὑπάρχων, καὶ τὴν νέκρωσιν²⁵ τῆς μήτρας²⁶ Σάρρας· 20 εἰς δὲ τὴν ἐπαγγελίαν

---

¹ καθάπερ, *conj*, just as
² μακαρισμός, -οῦ *m*, blessing
³ ἀφίημι *3p aor pas ind*, forgive
⁴ ἀνομία, -ας *f*, transgression
⁵ ἐπικαλύπτω *3p aor pas ind*, cover
⁶ ἀκροβυστία, -ας *f*, uncircumcision
⁷ σφραγίς, -ῖδος *f*, seal
⁸ στοιχέω *pres act ptc m p dat*, walk
⁹ ἴχνος, -ους *n*, footstep
¹⁰ κληρονόμος, -ου *m*, heir
¹¹ κενόω *3s pf pas ind*, empty of meaning
¹² καταργέω *3s pf pas ind*, nullify
¹³ κατεργάζομαι *3s pres mid ind*, bring
¹⁴ οὗ, *adv*, where
¹⁵ παράβασις, -εως *f*, transgression
¹⁶ βέβαιος, -α/ον, confirmed
¹⁷ τίθημι *1s pf act ind*, place/make
¹⁸ κατέναντι, *prep + gen*, in the sight of
¹⁹ ζῳοποιέω *pres act ptc m s gen*, give life to
²⁰ λέγω *pf pas ptc n s acc*, say
²¹ κατανοέω *3s aor act ind*, consider
²² νεκρόω *pf pas ptc n s acc*, put to death (*pf pas ptc* be as good as dead)
²³ ἑκατονταετής, -ές, a hundred years old
²⁴ πού, *adv*, almost
²⁵ νέκρωσις, -εως *f*, barrenness
²⁶ μήτρα, -ας *f*, womb

τοῦ θεοῦ οὐ διεκρίθη¹ τῇ ἀπιστίᾳ² ἀλλ' ἐνεδυναμώθη³ τῇ πίστει, δοὺς δόξαν τῷ θεῷ 21 καὶ πληροφορηθεὶς⁴ ὅτι ὃ ἐπήγγελται⁵ δυνατός ἐστιν καὶ ποιῆσαι. 22 διὸ καὶ ἐλογίσθη αὐτῷ εἰς δικαιοσύνην. 23 οὐκ ἐγράφη δὲ δι' αὐτὸν μόνον ὅτι ἐλογίσθη αὐτῷ 24 ἀλλὰ καὶ δι' ἡμᾶς, οἷς μέλλει λογίζεσθαι, τοῖς πιστεύουσιν ἐπὶ τὸν ἐγείραντα Ἰησοῦν τὸν κύριον ἡμῶν ἐκ νεκρῶν, 25 ὃς παρεδόθη⁶ διὰ τὰ παραπτώματα⁷ ἡμῶν καὶ ἠγέρθη⁸ διὰ τὴν δικαίωσιν⁹ ἡμῶν.

Results of Justification

5 Δικαιωθέντες οὖν ἐκ πίστεως εἰρήνην ἔχομεν πρὸς τὸν θεὸν διὰ τοῦ κυρίου ἡμῶν Ἰησοῦ Χριστοῦ 2 δι' οὗ καὶ τὴν προσαγωγὴν¹⁰ ἐσχήκαμεν¹¹ [τῇ πίστει] εἰς τὴν χάριν ταύτην ἐν ᾗ ἑστήκαμεν¹² καὶ καυχώμεθα ἐπ' ἐλπίδι τῆς δόξης τοῦ θεοῦ. 3 οὐ μόνον δέ, ἀλλὰ καὶ καυχώμεθα ἐν ταῖς θλίψεσιν, εἰδότες¹³ ὅτι ἡ θλῖψις ὑπομονὴν κατεργάζεται¹⁴, 4 ἡ δὲ ὑπομονὴ δοκιμήν¹⁵, ἡ δὲ δοκιμὴ ἐλπίδα. 5 ἡ δὲ ἐλπὶς οὐ καταισχύνει¹⁶, ὅτι ἡ ἀγάπη τοῦ θεοῦ ἐκκέχυται¹⁷ ἐν ταῖς καρδίαις ἡμῶν διὰ πνεύματος ἁγίου τοῦ δοθέντος ἡμῖν. 6 ἔτι γὰρ Χριστὸς ὄντων ἡμῶν ἀσθενῶν¹⁸ ἔτι κατὰ καιρὸν ὑπὲρ ἀσεβῶν¹⁹ ἀπέθανεν. 7 μόλις²⁰ γὰρ ὑπὲρ δικαίου τις ἀποθανεῖται²¹· ὑπὲρ γὰρ τοῦ ἀγαθοῦ τάχα²² τις καὶ τολμᾷ²³ ἀποθανεῖν²⁴· 8 συνίστησιν²⁵ δὲ τὴν ἑαυτοῦ ἀγάπην εἰς ἡμᾶς ὁ θεός, ὅτι ἔτι ἁμαρτωλῶν ὄντων ἡμῶν Χριστὸς ὑπὲρ ἡμῶν ἀπέθανεν. 9 πολλῷ οὖν μᾶλλον δικαιωθέντες νῦν ἐν τῷ αἵματι αὐτοῦ σωθησόμεθα δι' αὐτοῦ ἀπὸ τῆς ὀργῆς. 10 εἰ γὰρ ἐχθροὶ ὄντες κατηλλάγημεν²⁶ τῷ θεῷ διὰ τοῦ θανάτου τοῦ υἱοῦ αὐτοῦ, πολλῷ μᾶλλον καταλλαγέντες σωθησόμεθα²⁷ ἐν τῇ ζωῇ αὐτοῦ· 11 οὐ μόνον δέ, ἀλλὰ καὶ καυχώμενοι ἐν τῷ θεῷ διὰ τοῦ κυρίου ἡμῶν Ἰησοῦ Χριστοῦ δι' οὗ νῦν τὴν καταλλαγὴν²⁸ ἐλάβομεν.

Adam and Christ

12 Διὰ τοῦτο ὥσπερ δι' ἑνὸς ἀνθρώπου ἡ ἁμαρτία εἰς τὸν κόσμον εἰσῆλθεν καὶ διὰ τῆς ἁμαρτίας ὁ θάνατος, καὶ οὕτως εἰς πάντας ἀνθρώπους ὁ θάνατος διῆλθεν²⁹,

---

¹ διακρίνω 3s aor pas ind, pas doubt
² ἀπιστία, -ας f, unbelief
³ ἐνδυναμόω 3s aor pas ind, make strong
⁴ πληροφορέω aor pas ptc m s nom, convince fully
⁵ ἐπαγγέλλομαι 3s pf mid ind, promise
⁶ παραδίδωμι 3s aor pas ind, give over (to death)
⁷ παράπτωμα, -τος n, sin
⁸ ἐγείρω 3s aor pas ind, raise (from death)
⁹ δικαίωσις, -εως f, justification
¹⁰ προσαγωγή, -ῆς f, access
¹¹ ἔχω 1p pf act ind, obtain
¹² ἵστημι 1p pf act ind, stand
¹³ οἶδα pf act ptc m p nom, know
¹⁴ κατεργάζομαι 3s pf mid ind, produce
¹⁵ δοκιμή, -ῆς f, character
¹⁶ καταισχύνω 3s pres act ind, disappoint
¹⁷ ἐκχύννω 3s pf pas ind, pour out
¹⁸ ἀσθενής, -ές, weak
¹⁹ ἀσεβής, -ές, godless
²⁰ μόλις, adv, hardly
²¹ ἀποθνήσκω 3s fut mid ind, die
²² τάχα, adv, perhaps
²³ τολμάω 3s pres act ind, dare
²⁴ ἀποθνήσκω aor act inf, die
²⁵ συνίστημι 3s pres act ind, demonstrate
²⁶ καταλλάσσω 1p aor pas ind, reconcile
²⁷ σῴζω 1p fut pas ind, save
²⁸ καταλλαγή, -ῆς f, reconciliation
²⁹ διέρχομαι 3s aor act ind, spread

ἐφ' ᾧ πάντες ἥμαρτον· **13** ἄχρι γὰρ νόμου ἁμαρτία ἦν ἐν κόσμῳ, ἁμαρτία δὲ οὐκ ἐλλογεῖται[1] μὴ ὄντος νόμου, **14** ἀλλ' ἐβασίλευσεν[2] ὁ θάνατος ἀπὸ Ἀδὰμ μέχρι[3] Μωϋσέως καὶ ἐπὶ τοὺς μὴ ἁμαρτήσαντας ἐπὶ τῷ ὁμοιώματι[4] τῆς παραβάσεως[5] Ἀδὰμ ὅς ἐστιν τύπος[6] τοῦ μέλλοντος. **15** ἀλλ' οὐχ ὡς τὸ παράπτωμα[7], οὕτως καὶ τὸ χάρισμα[8]· εἰ γὰρ τῷ τοῦ ἑνὸς παραπτώματι οἱ πολλοὶ ἀπέθανον, πολλῷ μᾶλλον ἡ χάρις τοῦ θεοῦ καὶ ἡ δωρεὰ[9] ἐν χάριτι τῇ τοῦ ἑνὸς ἀνθρώπου Ἰησοῦ Χριστοῦ εἰς τοὺς πολλοὺς ἐπερίσσευσεν. **16** καὶ οὐχ ὡς δι' ἑνὸς ἁμαρτήσαντος τὸ δώρημα[10]· τὸ μὲν γὰρ κρίμα[11] ἐξ ἑνὸς εἰς κατάκριμα[12], τὸ δὲ χάρισμα ἐκ πολλῶν παραπτωμάτων εἰς δικαίωμα[13]. **17** εἰ γὰρ τῷ τοῦ ἑνὸς παραπτώματι ὁ θάνατος ἐβασίλευσεν διὰ τοῦ ἑνός, πολλῷ μᾶλλον οἱ τὴν περισσείαν[14] τῆς χάριτος καὶ τῆς δωρεᾶς τῆς δικαιοσύνης λαμβάνοντες ἐν ζωῇ βασιλεύσουσιν διὰ τοῦ ἑνὸς Ἰησοῦ Χριστοῦ. **18** ἄρα οὖν ὡς δι' ἑνὸς παραπτώματος εἰς πάντας ἀνθρώπους εἰς κατάκριμα, οὕτως καὶ δι' ἑνὸς δικαιώματος εἰς πάντας ἀνθρώπους εἰς δικαίωσιν[15] ζωῆς· **19** ὥσπερ γὰρ διὰ τῆς παρακοῆς[16] τοῦ ἑνὸς ἀνθρώπου ἁμαρτωλοὶ κατεστάθησαν[17] οἱ πολλοί, οὕτως καὶ διὰ τῆς ὑπακοῆς[18] τοῦ ἑνὸς δίκαιοι κατασταθήσονται οἱ πολλοί. **20** νόμος δὲ παρεισῆλθεν[19], ἵνα πλεονάσῃ[20] τὸ παράπτωμα· οὗ[21] δὲ ἐπλεόνασεν ἡ ἁμαρτία, ὑπερεπερίσσευσεν[22] ἡ χάρις, **21** ἵνα ὥσπερ ἐβασίλευσεν ἡ ἁμαρτία ἐν τῷ θανάτῳ, οὕτως καὶ ἡ χάρις βασιλεύσῃ διὰ δικαιοσύνης εἰς ζωὴν αἰώνιον διὰ Ἰησοῦ Χριστοῦ τοῦ κυρίου ἡμῶν.

Dead to Sin but Alive in Christ

6 Τί οὖν ἐροῦμεν[23]; ἐπιμένωμεν[24] τῇ ἁμαρτίᾳ, ἵνα ἡ χάρις πλεονάσῃ[25]; **2** μὴ γένοιτο[26]. οἵτινες ἀπεθάνομεν τῇ ἁμαρτίᾳ, πῶς ἔτι ζήσομεν[27] ἐν αὐτῇ; **3** ἢ ἀγνοεῖτε[28] ὅτι, ὅσοι ἐβαπτίσθημεν εἰς Χριστὸν Ἰησοῦν, εἰς τὸν θάνατον αὐτοῦ ἐβαπτίσθημεν; **4** συνετάφημεν[29] οὖν αὐτῷ διὰ τοῦ βαπτίσματος[30] εἰς τὸν θάνατον, ἵνα ὥσπερ ἠγέρθη[31] Χριστὸς ἐκ νεκρῶν διὰ τῆς δόξης τοῦ πατρός, οὕτως καὶ ἡμεῖς ἐν καινότητι[32] ζωῆς περιπατήσωμεν. **5** εἰ γὰρ σύμφυτοι[33] γεγόναμεν[34] τῷ

---

[1] ἐλλογέω 3s pres pas ind, charge to one's account
[2] βασιλεύω 3s aor act ind, reign
[3] μέχρι, prep + gen, until
[4] ὁμοίωμα, -τος n, likeness
[5] παράβασις, -εως f, transgression
[6] τύπος, -ου m, pattern
[7] παράπτωμα, -τος n, sin
[8] χάρισμα, -τος n, gift
[9] δωρεά, -ᾶς f, gift
[10] δώρημα, -τος n, gift
[11] κρίμα, -τος n, judgment
[12] κατάκριμα, -τος n, condemnation
[13] δικαίωμα, -τος n, justification
[14] περισσεία, -ας f, abundance
[15] δικαίωσις, -εως f, acquittal
[16] παρακοή, -ῆς f, disobedience
[17] καθίστημι 3p aor pas ind, make
[18] ὑπακοή, -ῆς f, obedience
[19] παρεισέρχομαι 3s aor act ind, come in
[20] πλεονάζω 3s aor act sub, increase
[21] οὗ, adv, where
[22] ὑπερπερισσεύω 3s aor act ind, increase much more
[23] λέγω 1p fut act ind, say
[24] ἐπιμένω 1p pres act sub, continue
[25] πλεονάζω 3s aor act sub, increase
[26] γίνομαι 3s aor mid opt, happen
[27] ζάω 1p fut act ind, live
[28] ἀγνοέω 2p pres act ind, fail to understand
[29] συνθάπτω 1p aor pas ind, pas be buried with
[30] βάπτισμα, -τος n, baptism
[31] ἐγείρω 3s aor pas ind, raise
[32] καινότης, -ητος f, newness
[33] σύμφυτος, -ον, united with
[34] γίνομαι 1p pf act ind, become

ὁμοιώματι¹ τοῦ θανάτου αὐτοῦ, ἀλλὰ καὶ τῆς ἀναστάσεως ἐσόμεθα²· **6** τοῦτο γινώσκοντες ὅτι ὁ παλαιὸς³ ἡμῶν ἄνθρωπος συνεσταυρώθη⁴, ἵνα καταργηθῇ⁵ τὸ σῶμα τῆς ἁμαρτίας, τοῦ μηκέτι⁶ δουλεύειν⁷ ἡμᾶς τῇ ἁμαρτίᾳ· **7** ὁ γὰρ ἀποθανὼν δεδικαίωται ἀπὸ τῆς ἁμαρτίας. **8** εἰ δὲ ἀπεθάνομεν σὺν Χριστῷ, πιστεύομεν ὅτι καὶ συζήσομεν⁸ αὐτῷ, **9** εἰδότες⁹ ὅτι Χριστὸς ἐγερθεὶς¹⁰ ἐκ νεκρῶν οὐκέτι ἀποθνῄσκει, θάνατος αὐτοῦ οὐκέτι κυριεύει¹¹. **10** ὃ γὰρ ἀπέθανεν, τῇ ἁμαρτίᾳ ἀπέθανεν ἐφάπαξ¹²· ὃ δὲ ζῇ, ζῇ τῷ θεῷ. **11** οὕτως καὶ ὑμεῖς λογίζεσθε ἑαυτοὺς [εἶναι] νεκροὺς μὲν τῇ ἁμαρτίᾳ ζῶντας δὲ τῷ θεῷ ἐν Χριστῷ Ἰησοῦ.

12 Μὴ οὖν βασιλευέτω¹³ ἡ ἁμαρτία ἐν τῷ θνητῷ¹⁴ ὑμῶν σώματι εἰς τὸ ὑπακούειν¹⁵ ταῖς ἐπιθυμίαις αὐτοῦ, **13** μηδὲ παριστάνετε¹⁶ τὰ μέλη ὑμῶν ὅπλα¹⁷ ἀδικίας¹⁸ τῇ ἁμαρτίᾳ, ἀλλὰ παραστήσατε¹⁹ ἑαυτοὺς τῷ θεῷ ὡσεὶ²⁰ ἐκ νεκρῶν ζῶντας καὶ τὰ μέλη ὑμῶν ὅπλα δικαιοσύνης τῷ θεῷ. **14** ἁμαρτία γὰρ ὑμῶν οὐ κυριεύσει· οὐ γάρ ἐστε ὑπὸ νόμον ἀλλ' ὑπὸ χάριν.

Slaves of Righteousness

15 Τί οὖν; ἁμαρτήσωμεν, ὅτι οὐκ ἐσμὲν ὑπὸ νόμον ἀλλ' ὑπὸ χάριν; μὴ γένοιτο²¹. **16** οὐκ οἴδατε ὅτι ᾧ παριστάνετε²² ἑαυτοὺς δούλους εἰς ὑπακοήν²³, δοῦλοί ἐστε ᾧ ὑπακούετε, ἤτοι²⁴ ἁμαρτίας εἰς θάνατον ἢ ὑπακοῆς εἰς δικαιοσύνην; **17** χάρις δὲ τῷ θεῷ ὅτι ἦτε δοῦλοι τῆς ἁμαρτίας ὑπηκούσατε²⁵ δὲ ἐκ καρδίας εἰς ὃν παρεδόθητε²⁶ τύπον²⁷ διδαχῆς²⁸, **18** ἐλευθερωθέντες²⁹ δὲ ἀπὸ τῆς ἁμαρτίας ἐδουλώθητε³⁰ τῇ δικαιοσύνῃ. **19** ἀνθρώπινον³¹ λέγω διὰ τὴν ἀσθένειαν³² τῆς σαρκὸς ὑμῶν. ὥσπερ γὰρ παρεστήσατε³³ τὰ μέλη ὑμῶν δοῦλα τῇ ἀκαθαρσίᾳ³⁴ καὶ τῇ ἀνομίᾳ³⁵ εἰς τὴν ἀνομίαν, οὕτως νῦν παραστήσατε τὰ μέλη ὑμῶν δοῦλα τῇ δικαιοσύνῃ εἰς ἁγιασμόν³⁶. **20** ὅτε γὰρ δοῦλοι ἦτε τῆς ἁμαρτίας, ἐλεύθεροι³⁷ ἦτε τῇ δικαιοσύνῃ. **21** τίνα οὖν καρπὸν εἴχετε τότε; ἐφ' οἷς νῦν ἐπαισχύνεσθε³⁸, τὸ γὰρ τέλος ἐκείνων

---

¹ ὁμοίωμα, -τος *n*, likeness
² εἰμί 1p fut mid ind, be
³ παλαιός, -ά/όν, old
⁴ συσταυρόω 3s aor pas ind, pas be crucified together (with someone)
⁵ καταργέω 3s aor pas sub, destroy
⁶ μηκέτι, *adv*, no longer
⁷ δουλεύω pres act inf, be a slave
⁸ συζάω 1p fut act ind, live with
⁹ οἶδα pf act ptc m p nom, know
¹⁰ ἐγείρω aor pas ptc m s nom, raise
¹¹ κυριεύω 3s pres act ind, have power over
¹² ἐφάπαξ, *adv*, once for all time
¹³ βασιλεύω 3s pres act impv, reign
¹⁴ θνητός, -ή/όν, mortal
¹⁵ ὑπακούω pres act inf, obey
¹⁶ παρίστημι 2p pres act impv, offer
¹⁷ ὅπλον, -ου *n*, instrument
¹⁸ ἀδικία, -ας *f*, wickedness
¹⁹ παρίστημι 2p aor act impv, offer
²⁰ ὡσεί, *particle of comparison*, as
²¹ γίνομαι 3s aor mid opt, happen
²² παρίστημι 2p pres act impv, offer
²³ ὑπακοή, -ῆς *f*, obedience
²⁴ ἤτοι, *conj*, either
²⁵ ὑπακούω 2p aor act ind, obey
²⁶ παραδίδωμι 2p aor pas ind, entrust
²⁷ τύπος, -ου *m*, pattern
²⁸ διδαχή, -ῆς *f*, teaching
²⁹ ἐλευθερόω aor pas ptc m p nom, free
³⁰ δουλόω 2p aor pas ind, enslave
³¹ ἀνθρώπινος, -η/ον, human (ἀ. λέγω speak in everyday terms)
³² ἀσθένεια, -ας *f*, weakness
³³ παρίστημι 2p aor act ind, offer
³⁴ ἀκαθαρσία, -ας *f*, impurity
³⁵ ἀνομία, -ας *f*, wickedness
³⁶ ἁγιασμός, -οῦ *m*, holiness
³⁷ ἐλεύθερος, -α/ον, free
³⁸ ἐπαισχύνομαι 2p pres pas ind, be ashamed

θάνατος. **22** νυνὶ¹ δὲ ἐλευθερωθέντες² ἀπὸ τῆς ἁμαρτίας δουλωθέντες δὲ τῷ θεῷ ἔχετε τὸν καρπὸν ὑμῶν εἰς ἁγιασμόν, τὸ δὲ τέλος ζωὴν αἰώνιον. **23** τὰ γὰρ ὀψώνια³ τῆς ἁμαρτίας θάνατος, τὸ δὲ χάρισμα⁴ τοῦ θεοῦ ζωὴ αἰώνιος ἐν Χριστῷ Ἰησοῦ τῷ κυρίῳ ἡμῶν.

An Analogy from Marriage

7 Ἢ ἀγνοεῖτε⁵, ἀδελφοί, γινώσκουσιν γὰρ νόμον λαλῶ, ὅτι ὁ νόμος κυριεύει⁶ τοῦ ἀνθρώπου ἐφ' ὅσον χρόνον ζῇ; **2** ἡ γὰρ ὕπανδρος⁷ γυνὴ τῷ ζῶντι ἀνδρὶ δέδεται νόμῳ· ἐὰν δὲ ἀποθάνῃ⁸ ὁ ἀνήρ, κατήργηται⁹ ἀπὸ τοῦ νόμου τοῦ ἀνδρός. **3** ἄρα οὖν ζῶντος τοῦ ἀνδρὸς μοιχαλὶς¹⁰ χρηματίσει¹¹ ἐὰν γένηται ἀνδρὶ ἑτέρῳ· ἐὰν δὲ ἀποθάνῃ ὁ ἀνήρ, ἐλευθέρα¹² ἐστὶν ἀπὸ τοῦ νόμου, τοῦ μὴ εἶναι αὐτὴν μοιχαλίδα γενομένην ἀνδρὶ ἑτέρῳ. **4** ὥστε, ἀδελφοί μου, καὶ ὑμεῖς ἐθανατώθητε¹³ τῷ νόμῳ διὰ τοῦ σώματος τοῦ Χριστοῦ, εἰς τὸ γενέσθαι ὑμᾶς ἑτέρῳ, τῷ ἐκ νεκρῶν ἐγερθέντι¹⁴, ἵνα καρποφορήσωμεν¹⁵ τῷ θεῷ. **5** ὅτε γὰρ ἦμεν ἐν τῇ σαρκί, τὰ παθήματα¹⁶ τῶν ἁμαρτιῶν τὰ διὰ τοῦ νόμου ἐνηργεῖτο¹⁷ ἐν τοῖς μέλεσιν¹⁸ ἡμῶν, εἰς τὸ καρποφορῆσαι τῷ θανάτῳ· **6** νυνὶ¹⁹ δὲ κατηργήθημεν²⁰ ἀπὸ τοῦ νόμου ἀποθανόντες ἐν ᾧ κατειχόμεθα²¹, ὥστε δουλεύειν²² ἡμᾶς ἐν καινότητι²³ πνεύματος καὶ οὐ παλαιότητι²⁴ γράμματος²⁵.

The Problem of Indwelling Sin

7 Τί οὖν ἐροῦμεν²⁶; ὁ νόμος ἁμαρτία; μὴ γένοιτο²⁷· ἀλλὰ τὴν ἁμαρτίαν οὐκ ἔγνων²⁸ εἰ μὴ διὰ νόμου· τήν τε γὰρ ἐπιθυμίαν οὐκ ᾔδειν²⁹ εἰ μὴ ὁ νόμος ἔλεγεν· οὐκ ἐπιθυμήσεις³⁰. **8** ἀφορμὴν³¹ δὲ λαβοῦσα³² ἡ ἁμαρτία διὰ τῆς ἐντολῆς κατειργάσατο³³ ἐν ἐμοὶ πᾶσαν ἐπιθυμίαν· χωρὶς γὰρ νόμου ἁμαρτία νεκρά. **9** ἐγὼ δὲ ἔζων χωρὶς νόμου ποτέ³⁴, ἐλθούσης δὲ τῆς ἐντολῆς ἡ ἁμαρτία ἀνέζησεν³⁵, **10** ἐγὼ δὲ

---

1 νυνί, adv, now
2 ἐλευθερόω aor pas ptc m p nom, set free
3 ὀψώνιον, -ου n, wages
4 χάρισμα, -τος n, gift
5 ἀγνοέω 2p pres act ind, fail to understand
6 κυριεύω 3s pres act ind, have power over
7 ὕπανδρος, -ον, married
8 ἀποθνῄσκω 3s aor act sub, die
9 καταργέω 3s pf pas ind, release
10 μοιχαλίς, -ίδος f, adulteress
11 χρηματίζω 3s fut act ind, call
12 ἐλεύθερος, -α/ον, free
13 θανατόω 2p aor pas ind, put to death
14 ἐγείρω aor pas ptc m s dat, raise
15 καρποφορέω 1p aor act sub, bear fruit
16 πάθημα, -τος n, desire
17 ἐνεργέω 3s impf mid ind, intrans be at work
18 μέλος, -ους n, dat pl μέλεσιν, a bodily part
19 νυνί, adv, now
20 καταργέω 1p aor pas ind, release
21 κατέχω 1p impf pas ind, hold fast
22 δουλεύω pres act inf, serve
23 καινότης, -ητος f, newness
24 παλαιότης, -ητος f, oldness
25 γράμμα, -τος n, written text
26 λέγω 1p fut act ind, say
27 γίνομαι 3s aor mid opt, happen
28 γινώσκω 1s aor act ind, know
29 οἶδα 1s plpf act ind, know
30 ἐπιθυμέω 2s fut act ind, covet
31 ἀφορμή, -ῆς f, opportunity
32 λαμβάνω aor act ptc f s nom, take
33 κατεργάζομαι 3s aor mid ind, produce
34 ποτέ, temporal adv, once
35 ἀναζάω 3s aor act ind, come to life

ἀπέθανον καὶ εὑρέθη¹ μοι ἡ ἐντολὴ ἡ εἰς ζωήν, αὕτη εἰς θάνατον· **11** ἡ γὰρ ἁμαρτία ἀφορμὴν λαβοῦσα διὰ τῆς ἐντολῆς ἐξηπάτησέν² με καὶ δι' αὐτῆς ἀπέκτεινεν. **12** ὥστε ὁ μὲν νόμος ἅγιος καὶ ἡ ἐντολὴ ἁγία καὶ δικαία καὶ ἀγαθή. **13** τὸ οὖν ἀγαθὸν ἐμοὶ ἐγένετο θάνατος; μὴ γένοιτο³· ἀλλ' ἡ ἁμαρτία, ἵνα φανῇ⁴ ἁμαρτία, διὰ τοῦ ἀγαθοῦ μοι κατεργαζομένη⁵ θάνατον, ἵνα γένηται καθ' ὑπερβολὴν⁶ ἁμαρτωλὸς ἡ ἁμαρτία διὰ τῆς ἐντολῆς. **14** Οἴδαμεν γὰρ ὅτι ὁ νόμος πνευματικός⁷ ἐστιν, ἐγὼ δὲ σάρκινός⁸ εἰμι πεπραμένος⁹ ὑπὸ τὴν ἁμαρτίαν. **15** ὃ γὰρ κατεργάζομαι¹⁰ οὐ γινώσκω· οὐ γὰρ ὃ θέλω τοῦτο πράσσω, ἀλλ' ὃ μισῶ τοῦτο ποιῶ. **16** εἰ δὲ ὃ οὐ θέλω τοῦτο ποιῶ, σύμφημι¹¹ τῷ νόμῳ ὅτι καλός. **17** νυνὶ¹² δὲ οὐκέτι ἐγὼ κατεργάζομαι αὐτὸ ἀλλ' ἡ οἰκοῦσα¹³ ἐν ἐμοὶ ἁμαρτία. **18** οἶδα γὰρ ὅτι οὐκ οἰκεῖ ἐν ἐμοί, τοῦτ' ἔστιν ἐν τῇ σαρκί μου, ἀγαθόν· τὸ γὰρ θέλειν παράκειταί¹⁴ μοι, τὸ δὲ κατεργάζεσθαι τὸ καλὸν οὔ· **19** οὐ γὰρ ὃ θέλω ποιῶ ἀγαθόν, ἀλλ' ὃ οὐ θέλω κακὸν τοῦτο πράσσω. **20** εἰ δὲ ὃ οὐ θέλω [ἐγὼ] τοῦτο ποιῶ, οὐκέτι ἐγὼ κατεργάζομαι αὐτὸ ἀλλ' ἡ οἰκοῦσα ἐν ἐμοὶ ἁμαρτία. **21** εὑρίσκω ἄρα τὸν νόμον, τῷ θέλοντι ἐμοὶ ποιεῖν τὸ καλόν, ὅτι ἐμοὶ τὸ κακὸν παράκειται· **22** συνήδομαι¹⁵ γὰρ τῷ νόμῳ τοῦ θεοῦ κατὰ τὸν ἔσω¹⁶ ἄνθρωπον, **23** βλέπω δὲ ἕτερον νόμον ἐν τοῖς μέλεσίν μου ἀντιστρατευόμενον¹⁷ τῷ νόμῳ τοῦ νοός¹⁸ μου καὶ αἰχμαλωτίζοντά¹⁹ με ἐν τῷ νόμῳ τῆς ἁμαρτίας τῷ ὄντι ἐν τοῖς μέλεσίν μου. **24** ταλαίπωρος²⁰ ἐγὼ ἄνθρωπος· τίς με ῥύσεται²¹ ἐκ τοῦ σώματος τοῦ θανάτου τούτου; **25** χάρις δὲ τῷ θεῷ διὰ Ἰησοῦ Χριστοῦ τοῦ κυρίου ἡμῶν. ἄρα οὖν αὐτὸς ἐγὼ τῷ μὲν νοῒ δουλεύω νόμῳ θεοῦ τῇ δὲ σαρκὶ νόμῳ ἁμαρτίας.

Life in the Spirit

8 Οὐδὲν ἄρα νῦν κατάκριμα²² τοῖς ἐν Χριστῷ Ἰησοῦ. **2** ὁ γὰρ νόμος τοῦ πνεύματος τῆς ζωῆς ἐν Χριστῷ Ἰησοῦ ἠλευθέρωσέν²³ σε ἀπὸ τοῦ νόμου τῆς ἁμαρτίας καὶ τοῦ θανάτου. **3** τὸ γὰρ ἀδύνατον²⁴ τοῦ νόμου ἐν ᾧ ἠσθένει διὰ τῆς σαρκός, ὁ θεὸς τὸν ἑαυτοῦ υἱὸν πέμψας ἐν ὁμοιώματι²⁵ σαρκὸς ἁμαρτίας καὶ περὶ ἁμαρτίας

---

[1] εὑρίσκω 3s aor pas ind, find
[2] ἐξαπατάω 3s aor act ind, deceive
[3] γίνομαι 3s aor mid opt, happen
[4] φαίνω 3s aor pas sub, mid & pas appear
[5] κατεργάζομαι pf mid ptc f s nom, produce
[6] ὑπερβολή, -ῆς f, outstanding quality (καθ' ὑ. beyond measure)
[7] πνευματικός, -ή/όν, spiritual
[8] σάρκινος, -η/ον, unspiritual
[9] πιπράσκω pf pas ptc m s nom, sell
[10] κατεργάζομαι 1s pres mid ind, do
[11] σύμφημι 1s pres act ind, agree with
[12] νυνί, adv, now
[13] οἰκέω pres act ptc f s nom, live
[14] παράκειμαι 3s pres mid ind, be present
[15] συνήδομαι 1s pres mid ind, delight in
[16] ἔσω, adv, within
[17] ἀντιστρατεύομαι pres mid ptc m s acc, war against
[18] νοῦς, νοός m, mind
[19] αἰχμαλωτίζω pres act ptc m s acc, make prisoner
[20] ταλαίπωρος, -ον, miserable
[21] ῥύομαι 3s fut mid ind, rescue
[22] κατάκριμα, -τος n, condemnation
[23] ἐλευθερόω 3s aor act ind, set free
[24] ἀδύνατος, -ον, impossible
[25] ὁμοίωμα, -τος n, likeness

κατέκρινεν¹ τὴν ἁμαρτίαν ἐν τῇ σαρκί, 4 ἵνα τὸ δικαίωμα² τοῦ νόμου πληρωθῇ ἐν ἡμῖν τοῖς μὴ κατὰ σάρκα περιπατοῦσιν ἀλλὰ κατὰ πνεῦμα. 5 οἱ γὰρ κατὰ σάρκα ὄντες τὰ τῆς σαρκὸς φρονοῦσιν³, οἱ δὲ κατὰ πνεῦμα τὰ τοῦ πνεύματος. 6 τὸ γὰρ φρόνημα⁴ τῆς σαρκὸς θάνατος, τὸ δὲ φρόνημα τοῦ πνεύματος ζωὴ καὶ εἰρήνη· 7 διότι⁵ τὸ φρόνημα τῆς σαρκὸς ἔχθρα⁶ εἰς θεόν, τῷ γὰρ νόμῳ τοῦ θεοῦ οὐχ ὑποτάσσεται, οὐδὲ γὰρ δύναται· 8 οἱ δὲ ἐν σαρκὶ ὄντες θεῷ ἀρέσαι⁷ οὐ δύνανται. 9 ὑμεῖς δὲ οὐκ ἐστὲ ἐν σαρκὶ ἀλλ' ἐν πνεύματι, εἴπερ⁸ πνεῦμα θεοῦ οἰκεῖ⁹ ἐν ὑμῖν. εἰ δέ τις πνεῦμα Χριστοῦ οὐκ ἔχει, οὗτος οὐκ ἔστιν αὐτοῦ. 10 εἰ δὲ Χριστὸς ἐν ὑμῖν, τὸ μὲν σῶμα νεκρὸν διὰ ἁμαρτίαν τὸ δὲ πνεῦμα ζωὴ διὰ δικαιοσύνην. 11 εἰ δὲ τὸ πνεῦμα τοῦ ἐγείραντος τὸν Ἰησοῦν ἐκ νεκρῶν οἰκεῖ ἐν ὑμῖν, ὁ ἐγείρας Χριστὸν ἐκ νεκρῶν ζωοποιήσει¹⁰ καὶ τὰ θνητὰ¹¹ σώματα ὑμῶν διὰ τοῦ ἐνοικοῦντος¹² αὐτοῦ πνεύματος ἐν ὑμῖν.

12 Ἄρα οὖν, ἀδελφοί, ὀφειλέται¹³ ἐσμὲν οὐ τῇ σαρκὶ τοῦ κατὰ σάρκα ζῆν¹⁴, 13 εἰ γὰρ κατὰ σάρκα ζῆτε, μέλλετε ἀποθνῄσκειν· εἰ δὲ πνεύματι τὰς πράξεις¹⁵ τοῦ σώματος θανατοῦτε¹⁶, ζήσεσθε. 14 ὅσοι γὰρ πνεύματι θεοῦ ἄγονται, οὗτοι υἱοὶ θεοῦ εἰσιν. 15 οὐ γὰρ ἐλάβετε πνεῦμα δουλείας¹⁷ πάλιν εἰς φόβον ἀλλ' ἐλάβετε πνεῦμα υἱοθεσίας¹⁸ ἐν ᾧ κράζομεν· αββα¹⁹ ὁ πατήρ. 16 αὐτὸ τὸ πνεῦμα συμμαρτυρεῖ²⁰ τῷ πνεύματι ἡμῶν ὅτι ἐσμὲν τέκνα θεοῦ. 17 εἰ δὲ τέκνα, καὶ κληρονόμοι²¹· κληρονόμοι μὲν θεοῦ, συγκληρονόμοι²² δὲ Χριστοῦ, εἴπερ²³ συμπάσχομεν²⁴ ἵνα καὶ συνδοξασθῶμεν²⁵.

Future Glory

18 Λογίζομαι γὰρ ὅτι οὐκ ἄξια τὰ παθήματα²⁶ τοῦ νῦν καιροῦ πρὸς τὴν μέλλουσαν δόξαν ἀποκαλυφθῆναι²⁷ εἰς ἡμᾶς. 19 ἡ γὰρ ἀποκαραδοκία²⁸ τῆς κτίσεως²⁹ τὴν ἀποκάλυψιν³⁰ τῶν υἱῶν τοῦ θεοῦ ἀπεκδέχεται³¹. 20 τῇ γὰρ ματαιότητι³² ἡ κτίσις ὑπετάγη³³, οὐχ ἑκοῦσα³⁴ ἀλλὰ διὰ τὸν ὑποτάξαντα³⁵, ἐφ' ἑλπίδι 21 ὅτι καὶ αὐτὴ ἡ

---

[1] κατακρίνω 3s aor act ind, condemn
[2] δικαίωμα, -τος n, requirement
[3] φρονέω 3p pres act ind, have in mind
[4] φρόνημα, -τος n, mind
[5] διότι, conj, because
[6] ἔχθρα, -ας f, hostility
[7] ἀρέσκω aor act inf, please
[8] εἴπερ, conj, since
[9] οἰκέω 3s pres act ind, live
[10] ζωοποιέω 3s fut act ind, make alive
[11] θνητός, -ή/όν, mortal
[12] ἐνοικέω pres act ptc n s gen, live in
[13] ὀφειλέτης, -ου m, one who is under obligation
[14] ζάω pres act inf, live
[15] πρᾶξις, -εως f, deed
[16] θανατόω 2p pres act ind, put to death
[17] δουλεία, -ας f, slavery
[18] υἱοθεσία, -ας f, adoption
[19] αββα, Father (of address to God) (Aramaic word)
[20] συμμαρτυρέω 3s pres act ind, bear witness
[21] κληρονόμος, -ου m, heir
[22] συγκληρονόμος, -ου m, co-heir
[23] εἴπερ, conj, since
[24] συμπάσχω 1p pres act ind, suffer together
[25] συνδοξάζω 1p aor pas sub, pas share in another's glory
[26] πάθημα, -τος n, suffering
[27] ἀποκαλύπτω aor pas inf, reveal
[28] ἀποκαραδοκία, -ας f, eager expectation
[29] κτίσις, -εως f, creation
[30] ἀποκάλυψις, -εως f, revelation
[31] ἀπεκδέχομαι 3s pres mid ind, await expectantly
[32] ματαιότης, -ητος f, futility
[33] ὑποτάσσω 3s aor pas ind, pas be subject
[34] ἑκών, -οῦσα/όν, of one's own will
[35] ὑποτάσσω aor act ptc m s acc, subject

κτίσις ἐλευθερωθήσεται[1] ἀπὸ τῆς δουλείας[2] τῆς φθορᾶς[3] εἰς τὴν ἐλευθερίαν[4] τῆς δόξης τῶν τέκνων τοῦ θεοῦ. 22 οἴδαμεν γὰρ ὅτι πᾶσα ἡ κτίσις συστενάζει[5] καὶ συνωδίνει[6] ἄχρι τοῦ νῦν· 23 οὐ μόνον δέ, ἀλλὰ καὶ αὐτοὶ τὴν ἀπαρχὴν[7] τοῦ πνεύματος ἔχοντες, ἡμεῖς καὶ αὐτοὶ ἐν ἑαυτοῖς στενάζομεν[8] υἱοθεσίαν ἀπεκδεχόμενοι, τὴν ἀπολύτρωσιν[9] τοῦ σώματος ἡμῶν. 24 τῇ γὰρ ἐλπίδι ἐσώθημεν[10]· ἐλπὶς δὲ βλεπομένη οὐκ ἔστιν ἐλπίς· ὃ γὰρ βλέπει τίς ἐλπίζει; 25 εἰ δὲ ὃ οὐ βλέπομεν ἐλπίζομεν, δι' ὑπομονῆς ἀπεκδεχόμεθα. 26 ὡσαύτως[11] δὲ καὶ τὸ πνεῦμα συναντιλαμβάνεται[12] τῇ ἀσθενείᾳ[13] ἡμῶν· τὸ γὰρ τί προσευξώμεθα καθὸ[14] δεῖ οὐκ οἴδαμεν, ἀλλ' αὐτὸ τὸ πνεῦμα ὑπερεντυγχάνει[15] στεναγμοῖς[16] ἀλαλήτοις[17]· 27 ὁ δὲ ἐραυνῶν[18] τὰς καρδίας οἶδεν τί τὸ φρόνημα[19] τοῦ πνεύματος, ὅτι κατὰ θεὸν ἐντυγχάνει[20] ὑπὲρ ἁγίων. 28 οἴδαμεν δὲ ὅτι τοῖς ἀγαπῶσιν τὸν θεὸν πάντα συνεργεῖ[21] εἰς ἀγαθόν, τοῖς κατὰ πρόθεσιν[22] κλητοῖς[23] οὖσιν. 29 ὅτι οὓς προέγνω[24], καὶ προώρισεν[25] συμμόρφους[26] τῆς εἰκόνος[27] τοῦ υἱοῦ αὐτοῦ, εἰς τὸ εἶναι αὐτὸν πρωτότοκον[28] ἐν πολλοῖς ἀδελφοῖς· 30 οὓς δὲ προώρισεν, τούτους καὶ ἐκάλεσεν· καὶ οὓς ἐκάλεσεν, τούτους καὶ ἐδικαίωσεν· οὓς δὲ ἐδικαίωσεν, τούτους καὶ ἐδόξασεν.

God's Love

31 Τί οὖν ἐροῦμεν[29] πρὸς ταῦτα; εἰ ὁ θεὸς ὑπὲρ ἡμῶν, τίς καθ' ἡμῶν; 32 ὅς γε[30] τοῦ ἰδίου υἱοῦ οὐκ ἐφείσατο[31] ἀλλ' ὑπὲρ ἡμῶν πάντων παρέδωκεν αὐτόν, πῶς οὐχὶ καὶ σὺν αὐτῷ τὰ πάντα ἡμῖν χαρίσεται[32]; 33 τίς ἐγκαλέσει[33] κατὰ ἐκλεκτῶν[34] θεοῦ; θεὸς ὁ δικαιῶν· 34 τίς ὁ κατακρινῶν[35]; Χριστὸς ['Ιησοῦς] ὁ ἀποθανών, μᾶλλον δὲ ἐγερθείς[36], ὃς καί ἐστιν ἐν δεξιᾷ τοῦ θεοῦ, ὃς καὶ ἐντυγχάνει ὑπὲρ ἡμῶν. 35 τίς

---

[1] ἐλευθερόω 3s fut pas ind, set free
[2] δουλεία, -ας f, slavery
[3] φθορά, -ᾶς f, decay
[4] ἐλευθερία, -ας f, freedom
[5] συστενάζω 3s pres act ind, groan together
[6] συνωδίνω 3s pres act ind, suffer great pain together
[7] ἀπαρχή, -ῆς f, first-portion
[8] στενάζω 1p pres act ind, groan
[9] ἀπολύτρωσις, -εως f, redemption
[10] σῴζω 1p aor pas ind, save
[11] ὡσαύτως, adv, in the same way
[12] συναντιλαμβάνομαι 3s pres mid ind, help
[13] ἀσθένεια, -ας f, weakness
[14] καθό, adv, as
[15] ὑπερεντυγχάνω 3s pres act ind, intercede
[16] στεναγμός, -οῦ m, sigh
[17] ἀλάλητος, -ον, beyond words
[18] ἐραυνάω pres act ptc m s nom, search
[19] φρόνημα, -τος n, mind
[20] ἐντυγχάνω 3s pres act ind, intercede
[21] συνεργέω 3s pres act ind, work (with)
[22] πρόθεσις, -εως f, purpose
[23] κλητός, -ή/όν, called
[24] προγινώσκω 3s aor act ind, know beforehand
[25] προορίζω 3s aor act ind, chose beforehand
[26] σύμμορφος, -ον, having the same form
[27] εἰκών, -όνος f, likeness
[28] πρωτότοκος, -ον, firstborn
[29] λέγω 1p fut act ind, say
[30] γέ, emphatic particle
[31] φείδομαι 3s aor mid ind, spare
[32] χαρίζομαι 3s fut mid ind, give
[33] ἐγκαλέω 3s fut ind act, bring charges against
[34] ἐκλεκτός, -ή/όν, chosen
[35] κατακρίνω fut act ptc m s nom, condemn
[36] ἐγείρω aor pas ptc m s nom, raise (from death)

ἡμᾶς χωρίσει¹ ἀπὸ τῆς ἀγάπης τοῦ Χριστοῦ; θλῖψις ἢ στενοχωρία² ἢ διωγμὸς³ ἢ λιμὸς⁴ ἢ γυμνότης⁵ ἢ κίνδυνος⁶ ἢ μάχαιρα⁷; **36** καθὼς γέγραπται ὅτι

ἕνεκεν⁸ σοῦ θανατούμεθα⁹ ὅλην τὴν ἡμέραν,
ἐλογίσθημεν¹⁰ ὡς πρόβατα σφαγῆς¹¹.

37 ἀλλ' ἐν τούτοις πᾶσιν ὑπερνικῶμεν¹² διὰ τοῦ ἀγαπήσαντος ἡμᾶς. **38** πέπεισμαι¹³ γὰρ ὅτι οὔτε θάνατος οὔτε ζωὴ οὔτε ἄγγελοι οὔτε ἀρχαὶ οὔτε ἐνεστῶτα¹⁴ οὔτε μέλλοντα οὔτε δυνάμεις **39** οὔτε ὕψωμα¹⁵ οὔτε βάθος¹⁶ οὔτε τις κτίσις¹⁷ ἑτέρα δυνήσεται ἡμᾶς χωρίσαι ἀπὸ τῆς ἀγάπης τοῦ θεοῦ τῆς ἐν Χριστῷ Ἰησοῦ τῷ κυρίῳ ἡμῶν.

God's Election of Israel

9 Ἀλήθειαν λέγω ἐν Χριστῷ, οὐ ψεύδομαι¹⁸, συμμαρτυρούσης¹⁹ μοι τῆς συνειδήσεώς²⁰ μου ἐν πνεύματι ἁγίῳ, **2** ὅτι λύπη²¹ μοί ἐστιν μεγάλη καὶ ἀδιάλειπτος²² ὀδύνη²³ τῇ καρδίᾳ μου. **3** ηὐχόμην²⁴ γὰρ ἀνάθεμα²⁵ εἶναι αὐτὸς ἐγὼ ἀπὸ τοῦ Χριστοῦ ὑπὲρ τῶν ἀδελφῶν μου τῶν συγγενῶν²⁶ μου κατὰ σάρκα, **4** οἵτινές εἰσιν Ἰσραηλῖται, ὧν ἡ υἱοθεσία²⁷ καὶ ἡ δόξα καὶ αἱ διαθῆκαι καὶ ἡ νομοθεσία²⁸ καὶ ἡ λατρεία²⁹ καὶ αἱ ἐπαγγελίαι, **5** ὧν οἱ πατέρες καὶ ἐξ ὧν ὁ Χριστὸς τὸ κατὰ σάρκα, ὁ ὢν ἐπὶ πάντων θεὸς εὐλογητὸς³⁰ εἰς τοὺς αἰῶνας, ἀμήν.

6 Οὐχ οἷον³¹ δὲ ὅτι ἐκπέπτωκεν³² ὁ λόγος τοῦ θεοῦ. οὐ γὰρ πάντες οἱ ἐξ Ἰσραὴλ οὗτοι Ἰσραήλ· **7** οὐδ' ὅτι εἰσὶν σπέρμα Ἀβραὰμ πάντες τέκνα, ἀλλ'· ἐν Ἰσαὰκ κληθήσεταί³³ σοι σπέρμα. **8** τοῦτ' ἔστιν, οὐ τὰ τέκνα τῆς σαρκὸς ταῦτα τέκνα τοῦ θεοῦ ἀλλὰ τὰ τέκνα τῆς ἐπαγγελίας λογίζεται εἰς σπέρμα. **9** ἐπαγγελίας γὰρ ὁ λόγος οὗτος· κατὰ τὸν καιρὸν τοῦτον ἐλεύσομαι³⁴ καὶ ἔσται³⁵ τῇ Σάρρᾳ υἱός.

10 Οὐ μόνον δέ, ἀλλὰ καὶ Ῥεβέκκα ἐξ ἑνὸς κοίτην³⁶ ἔχουσα, Ἰσαὰκ τοῦ πατρὸς ἡμῶν· **11** μήπω³⁷ γὰρ γεννηθέντων³⁸ μηδὲ πραξάντων³⁹ τι ἀγαθὸν ἢ φαῦλον⁴⁰, ἵνα

---

¹ χωρίζω 3s fut act ind, separate
² στενοχωρία, -ας f, distress
³ διωγμός, -οῦ m, persecution
⁴ λιμός, -οῦ m & f, famine
⁵ γυμνότης, -ητος f, nakedness
⁶ κίνδυνος, -ου m, danger
⁷ μάχαιρα, -ης f, sword
⁸ ἕνεκα, prep + gen, for the sake of
⁹ θανατόω 1p pres pas ind, kill
¹⁰ λογίζομαι 1p aor pas ind, consider
¹¹ σφαγή, -ῆς f, slaughter
¹² ὑπερνικάω 1p pres act ind, be completely victorious
¹³ πείθω 1s pf pas ind, convince
¹⁴ ἐνίστημι pf act ptc n p nom, be present
¹⁵ ὕψωμα, -τος n, height
¹⁶ βάθος, -ους n, depth
¹⁷ κτίσις, -εως f, what is created
¹⁸ ψεύδομαι 1s pres mid ind, lie
¹⁹ συμμαρτυρέω pres act ptc f s gen, bear witness
²⁰ συνείδησις, -εως f, conscience
²¹ λύπη, -ης f, sorrow
²² ἀδιάλειπτος, -ον, endless
²³ ὀδύνη, -ης f, pain
²⁴ εὔχομαι 1s impf mid ind, wish
²⁵ ἀνάθεμα, -τος n, under God's curse
²⁶ συγγενής, -οῦς m, relative
²⁷ υἱοθεσία, -ας f, adoption
²⁸ νομοθεσία, -ας f, giving of the law
²⁹ λατρεία, -ας f, worship
³⁰ εὐλογητός, -ή/όν, praised
³¹ οἷος,-α/ον, rel pro, such as (οὐχ ο. δὲ ὅτι but it is not as though)
³² ἐκπίπτω 3s pf act ind, fail
³³ καλέω 3s fut pas ind, call
³⁴ ἔρχομαι 1s fut mid ind, come
³⁵ εἰμί 3s fut mid ind, be
³⁶ κοίτη, -ης f, sperm (κ. ἔχουσα conceive)
³⁷ μήπω, adv, not yet
³⁸ γεννάω aor pas ptc m p gen, pas be born
³⁹ πράσσω aor act ptc m p gen, do
⁴⁰ φαῦλος, -η/ον, bad

ἡ κατ' ἐκλογὴν¹ πρόθεσις² τοῦ θεοῦ μένῃ, 12 οὐκ ἐξ ἔργων ἀλλ' ἐκ τοῦ καλοῦντος, ἐρρέθη³ αὐτῇ ὅτι ὁ μείζων⁴ δουλεύσει⁵ τῷ ἐλάσσονι⁶, 13 καθὼς γέγραπται· τὸν Ἰακὼβ ἠγάπησα, τὸν δὲ Ἠσαῦ ἐμίσησα.

God's Wrath and Mercy

14 Τί οὖν ἐροῦμεν⁷; μὴ ἀδικία⁸ παρὰ τῷ θεῷ; μὴ γένοιτο⁹. 15 τῷ Μωϋσεῖ γὰρ λέγει· ἐλεήσω¹⁰ ὃν ἂν ἐλεῶ καὶ οἰκτιρήσω¹¹ ὃν ἂν οἰκτίρω. 16 ἄρα οὖν οὐ τοῦ θέλοντος οὐδὲ τοῦ τρέχοντος¹² ἀλλὰ τοῦ ἐλεῶντος θεοῦ. 17 λέγει γὰρ ἡ γραφὴ τῷ Φαραὼ ὅτι εἰς αὐτὸ τοῦτο ἐξήγειρά¹³ σε ὅπως ἐνδείξωμαι¹⁴ ἐν σοὶ τὴν δύναμίν μου καὶ ὅπως διαγγελῇ¹⁵ τὸ ὄνομά μου ἐν πάσῃ τῇ γῇ. 18 ἄρα οὖν ὃν θέλει ἐλεεῖ, ὃν δὲ θέλει σκληρύνει¹⁶.

19 Ἐρεῖς¹⁷ μοι οὖν· τί [οὖν] ἔτι μέμφεται¹⁸; τῷ γὰρ βουλήματι¹⁹ αὐτοῦ τίς ἀνθέστηκεν²⁰; 20 ὦ²¹ ἄνθρωπε, μενοῦνγε²² σὺ τίς εἶ ὁ ἀνταποκρινόμενος²³ τῷ θεῷ; μὴ ἐρεῖ²⁴ τὸ πλάσμα²⁵ τῷ πλάσαντι²⁶· τί με ἐποίησας οὕτως; 21 ἢ οὐκ ἔχει ἐξουσίαν ὁ κεραμεὺς²⁷ τοῦ πηλοῦ²⁸ ἐκ τοῦ αὐτοῦ φυράματος²⁹ ποιῆσαι ὃ μὲν εἰς τιμὴν σκεῦος³⁰ ὃ δὲ εἰς ἀτιμίαν³¹; 22 εἰ δὲ θέλων ὁ θεὸς ἐνδείξασθαι³² τὴν ὀργὴν καὶ γνωρίσαι³³ τὸ δυνατὸν αὐτοῦ ἤνεγκεν³⁴ ἐν πολλῇ μακροθυμίᾳ³⁵ σκεύη ὀργῆς κατηρτισμένα³⁶ εἰς ἀπώλειαν³⁷, 23 καὶ ἵνα γνωρίσῃ τὸν πλοῦτον³⁸ τῆς δόξης αὐτοῦ ἐπὶ σκεύη ἐλέους³⁹ ἃ προητοίμασεν⁴⁰ εἰς δόξαν; 24 οὓς καὶ ἐκάλεσεν ἡμᾶς οὐ μόνον ἐξ Ἰουδαίων ἀλλὰ καὶ ἐξ ἐθνῶν, 25 ὡς καὶ ἐν τῷ Ὡσηὲ λέγει·

καλέσω τὸν οὐ λαόν μου λαόν μου
καὶ τὴν οὐκ ἠγαπημένην⁴¹ ἠγαπημένην·

---

¹ ἐκλογή, -ῆς f, election
² πρόθεσις, -εως f, purpose
³ λέγω 3s aor pas ind, say
⁴ μέγας, great (comp)
⁵ δουλεύω 3s fut act ind, serve
⁶ ἐλάσσων, less (comp of μικρός)
⁷ λέγω 1p fut act ind, say
⁸ ἀδικία, -ας f, injustice
⁹ γίνομαι 3s aor mid opt, happen
¹⁰ ἐλεάω/ἐλεέω 1s fut act ind, have mercy
¹¹ οἰκτίρω 1s fut act ind, have compassion on
¹² τρέχω pres act ptc m s gen, exert oneself
¹³ ἐξεγείρω 1s aor act ind, bring into power
¹⁴ ἐνδείκνυμι 1s aor mid sub, mid show

¹⁵ διαγγέλλω 3s aor pas sub, proclaim
¹⁶ σκληρύνω 3s pres act ind, make stubborn
¹⁷ λέγω 2s fut act ind, say
¹⁸ μέμφομαι 3s pres mid ind, find fault with
¹⁹ βούλημα, -τος n, will
²⁰ ἀνθίστημι 3s pf act ind, resist
²¹ ὦ, interj, O!
²² μενοῦνγε, emphatic particle, indeed
²³ ἀνταποκρίνομαι pres mid ptc m s nom, answer back
²⁴ λέγω 3s fut act ind, say
²⁵ πλάσμα, -τος n, what is molded (of clay)
²⁶ πλάσσω aor act ptc m s dat, mold

²⁷ κεραμεύς, -έως m, potter
²⁸ πηλός, -οῦ m, clay
²⁹ φύραμα, -τος n, lump
³⁰ σκεῦος, -ους n, vessel
³¹ ἀτιμία, -ας f, disgrace (εἰς ἀ. for common use)
³² ἐνδείκνυμι aor mid inf, mid show
³³ γνωρίζω aor act inf, make known
³⁴ φέρω 3s aor act ind, endure
³⁵ μακροθυμία, -ας f, patience
³⁶ καταρτίζω pf pas or mid ptc n p acc, make
³⁷ ἀπώλεια, -ας f, destruction
³⁸ πλοῦτος, -ου m, riches
³⁹ ἔλεος, -ους n, mercy
⁴⁰ προετοιμάζω 3s aor act ind, prepare beforehand
⁴¹ ἀγαπάω pf pas ptc f s acc, love

26 καὶ ἔσται ἐν τῷ τόπῳ οὗ¹ ἐρρέθη² αὐτοῖς· οὐ λαός μου ὑμεῖς,
ἐκεῖ κληθήσονται υἱοὶ θεοῦ ζῶντος.
27 Ἠσαΐας δὲ κράζει ὑπὲρ τοῦ Ἰσραήλ·
ἐὰν ᾖ ὁ ἀριθμὸς³ τῶν υἱῶν Ἰσραὴλ ὡς ἡ ἄμμος⁴ τῆς θαλάσσης,
τὸ ὑπόλειμμα⁵ σωθήσεται·
28 λόγον γὰρ συντελῶν⁶ καὶ συντέμνων⁷ ποιήσει κύριος ἐπὶ τῆς γῆς.
29 καὶ καθὼς προείρηκεν⁸ Ἠσαΐας·
εἰ μὴ κύριος σαβαὼθ⁹ ἐγκατέλιπεν¹⁰ ἡμῖν σπέρμα,
ὡς Σόδομα ἂν ἐγενήθημεν¹¹ καὶ ὡς Γόμορρα ἂν ὡμοιώθημεν¹².

Israel and the Gospel

30 Τί οὖν ἐροῦμεν¹³; ὅτι ἔθνη τὰ μὴ διώκοντα δικαιοσύνην κατέλαβεν¹⁴ δικαιοσύνην, δικαιοσύνην δὲ τὴν ἐκ πίστεως, 31 Ἰσραὴλ δὲ διώκων νόμον δικαιοσύνης εἰς νόμον οὐκ ἔφθασεν¹⁵. 32 διὰ τί; ὅτι οὐκ ἐκ πίστεως ἀλλ' ὡς ἐξ ἔργων· προσέκοψαν¹⁶ τῷ λίθῳ τοῦ προσκόμματος¹⁷, 33 καθὼς γέγραπται·
ἰδοὺ τίθημι ἐν Σιὼν λίθον προσκόμματος καὶ πέτραν¹⁸ σκανδάλου¹⁹,
καὶ ὁ πιστεύων ἐπ' αὐτῷ οὐ καταισχυνθήσεται²⁰.

10 Ἀδελφοί, ἡ μὲν εὐδοκία²¹ τῆς ἐμῆς καρδίας καὶ δέησις²² πρὸς τὸν θεὸν ὑπὲρ αὐτῶν εἰς σωτηρίαν. 2 μαρτυρῶ γὰρ αὐτοῖς ὅτι ζῆλον²³ θεοῦ ἔχουσιν ἀλλ' οὐ κατ' ἐπίγνωσιν²⁴. 3 ἀγνοοῦντες²⁵ γὰρ τὴν τοῦ θεοῦ δικαιοσύνην καὶ τὴν ἰδίαν [δικαιοσύνην] ζητοῦντες στῆσαι²⁶, τῇ δικαιοσύνῃ τοῦ θεοῦ οὐχ ὑπετάγησαν²⁷. 4 τέλος γὰρ νόμου Χριστὸς εἰς δικαιοσύνην παντὶ τῷ πιστεύοντι.

Salvation for All

5 Μωϋσῆς γὰρ γράφει τὴν δικαιοσύνην τὴν ἐκ τοῦ νόμου ὅτι **ὁ ποιήσας αὐτὰ ἄνθρωπος ζήσεται**²⁸ **ἐν αὐτοῖς.** 6 ἡ δὲ ἐκ πίστεως δικαιοσύνη οὕτως λέγει· **μὴ εἴπῃς**

---

¹ οὗ, adv, where
² λέγω 3s aor pas ind, say
³ ἀριθμός, -οῦ m, number
⁴ ἄμμος, -ου f, sand
⁵ ὑπόλειμμα, -τος n, remnant
⁶ συντελέω pres act ptc m s nom, carry out
⁷ συντέμνω pres act ptc m s nom, bring about swiftly
⁸ προλέγω 3s pf act ind, say previously
⁹ Σαβαώθ, Hebrew, of the armies (κύριος Σ. Lord Almighty)
¹⁰ ἐγκαταλείπω 3s aor act ind, leave
¹¹ γίνομαι 1p aor pas ind, become
¹² ὁμοιόω 1p aor pas ind, pas be like
¹³ λέγω 1p fut act ind, say
¹⁴ καταλαμβάνω 3s aor act ind, obtain
¹⁵ φθάνω 3s aor act ind, attain
¹⁶ προσκόπτω 3p aor act ind, stumble
¹⁷ πρόσκομμα, -τος n, something that causes stumbling
¹⁸ πέτρα, -ας f, rock
¹⁹ σκάνδαλον, -ου n, something that causes falling
²⁰ καταισχύνω 3s fut pas ind, put to shame
²¹ εὐδοκία, -ας f, desire
²² δέησις, -εως f, prayer
²³ ζῆλος, -ου m, zeal
²⁴ ἐπίγνωσις, -εως f, knowledge
²⁵ ἀγνοέω pres act ptc m p nom, be unaware
²⁶ ἵστημι aor act inf, establish
²⁷ ὑποτάσσω 3p aor pas ind, pas be subject
²⁸ ζάω 3s fut mid ind, live

ἐν τῇ καρδίᾳ σου· τίς ἀναβήσεται εἰς τὸν οὐρανόν; τοῦτ' ἔστιν Χριστὸν καταγαγεῖν[1]· 7 ἤ· τίς καταβήσεται[2] εἰς τὴν ἄβυσσον[3]; τοῦτ' ἔστιν Χριστὸν ἐκ νεκρῶν ἀναγαγεῖν[4]. 8 ἀλλὰ τί λέγει; ἐγγύς σου τὸ ῥῆμά ἐστιν ἐν τῷ στόματί σου καὶ ἐν τῇ καρδίᾳ σου, τοῦτ' ἔστιν τὸ ῥῆμα τῆς πίστεως ὃ κηρύσσομεν. 9 ὅτι ἐὰν ὁμολογήσῃς[5] ἐν τῷ στόματί σου κύριον Ἰησοῦν καὶ πιστεύσῃς ἐν τῇ καρδίᾳ σου ὅτι ὁ θεὸς αὐτὸν ἤγειρεν ἐκ νεκρῶν, σωθήσῃ· 10 καρδίᾳ γὰρ πιστεύεται εἰς δικαιοσύνην, στόματι δὲ ὁμολογεῖται εἰς σωτηρίαν. 11 λέγει γὰρ ἡ γραφή· πᾶς ὁ πιστεύων ἐπ' αὐτῷ οὐ καταισχυνθήσεται[6]. 12 οὐ γάρ ἐστιν διαστολὴ[7] Ἰουδαίου τε καὶ Ἕλληνος[8], ὁ γὰρ αὐτὸς κύριος πάντων, πλουτῶν[9] εἰς πάντας τοὺς ἐπικαλουμένους[10] αὐτόν· 13 πᾶς γὰρ ὃς ἂν ἐπικαλέσηται τὸ ὄνομα κυρίου σωθήσεται.

14 Πῶς οὖν ἐπικαλέσωνται εἰς ὃν οὐκ ἐπίστευσαν; πῶς δὲ πιστεύσωσιν οὗ οὐκ ἤκουσαν; πῶς δὲ ἀκούσωσιν χωρὶς κηρύσσοντος; 15 πῶς δὲ κηρύξωσιν ἐὰν μὴ ἀποσταλῶσιν[11]; καθὼς γέγραπται· ὡς ὡραῖοι[12] οἱ πόδες τῶν εὐαγγελιζομένων [τὰ] ἀγαθά. 16 ἀλλ' οὐ πάντες ὑπήκουσαν[13] τῷ εὐαγγελίῳ. Ἠσαΐας γὰρ λέγει· κύριε, τίς ἐπίστευσεν τῇ ἀκοῇ[14] ἡμῶν; 17 ἄρα ἡ πίστις ἐξ ἀκοῆς[15], ἡ δὲ ἀκοὴ διὰ ῥήματος Χριστοῦ. 18 ἀλλὰ λέγω, μὴ οὐκ ἤκουσαν; μενοῦνγε[16]·

εἰς πᾶσαν τὴν γῆν ἐξῆλθεν ὁ φθόγγος[17] αὐτῶν
καὶ εἰς τὰ πέρατα[18] τῆς οἰκουμένης[19] τὰ ῥήματα αὐτῶν.

19 ἀλλὰ λέγω, μὴ Ἰσραὴλ οὐκ ἔγνω[20]; πρῶτος Μωϋσῆς λέγει·

ἐγὼ παραζηλώσω[21] ὑμᾶς ἐπ' οὐκ ἔθνει,
ἐπ' ἔθνει ἀσυνέτῳ[22] παροργιῶ[23] ὑμᾶς.

20 Ἠσαΐας δὲ ἀποτολμᾷ[24] καὶ λέγει·

εὑρέθην[25] [ἐν] τοῖς ἐμὲ μὴ ζητοῦσιν,
ἐμφανὴς[26] ἐγενόμην[27] τοῖς ἐμὲ μὴ ἐπερωτῶσιν[28].

---

[1] κατάγω *aor act inf*, bring down
[2] καταβαίνω *3s fut mid ind*, go down
[3] ἄβυσσος, -ου *f*, abyss
[4] ἀνάγω *aor act inf*, bring up
[5] ὁμολογέω *2s aor act sub*, confess
[6] καταισχύνω *3s fut pas ind*, put to shame
[7] διαστολή, -ῆς *f*, difference
[8] Ἕλλην, -ηνος *m*, a Greek
[9] πλουτέω *pres act ptc m s nom*, be generous
[10] ἐπικαλέω *pres mid ptc m p acc*, mid call upon
[11] ἀποστέλλω *3p aor pas sub*, send
[12] ὡραῖος, -α/ον, beautiful
[13] ὑπακούω *3p aor act ind*, obey
[14] ἀκοή, -ῆς *f*, report
[15] ἀκοή, -ῆς *f*, hearing
[16] μενοῦνγε, *emphatic particle*, indeed
[17] φθόγγος, -ου *m*, voice
[18] πέρας, -ατος *n*, end
[19] οἰκουμένη, -ης *f*, world
[20] γινώσκω *3s aor act ind*, understand
[21] παραζηλόω *1s fut act ind*, make jealous
[22] ἀσύνετος, -ον, senseless
[23] παροργίζω *1s fut act ind*, make angry
[24] ἀποτολμάω *3s pres act ind*, become bold
[25] εὑρίσκω *1s aor pas ind*, find
[26] ἐμφανής, -ές, revealed
[27] γίνομαι *1s aor mid ind*, be
[28] ἐπερωτάω *pres act ptc m p dat*, ask

21 πρὸς δὲ τὸν Ἰσραὴλ λέγει·
  ὅλην τὴν ἡμέραν ἐξεπέτασα¹ τὰς χεῖράς μου
  πρὸς λαὸν ἀπειθοῦντα² καὶ ἀντιλέγοντα³.

The Remnant of Israel

11 Λέγω οὖν, μὴ ἀπώσατο⁴ ὁ θεὸς τὸν λαὸν αὐτοῦ; μὴ γένοιτο⁵· καὶ γὰρ ἐγὼ Ἰσραηλίτης εἰμί, ἐκ σπέρματος Ἀβραάμ, φυλῆς Βενιαμίν. **2** οὐκ ἀπώσατο ὁ θεὸς τὸν λαὸν αὐτοῦ ὃν προέγνω⁶. ἢ οὐκ οἴδατε ἐν Ἠλίᾳ τί λέγει ἡ γραφή, ὡς ἐντυγχάνει⁷ τῷ θεῷ κατὰ τοῦ Ἰσραήλ; **3** κύριε, τοὺς προφήτας σου ἀπέκτειναν, τὰ θυσιαστήριά⁸ σου κατέσκαψαν⁹, κἀγὼ ὑπελείφθην¹⁰ μόνος καὶ ζητοῦσιν τὴν ψυχήν μου. **4** ἀλλὰ τί λέγει αὐτῷ ὁ χρηματισμός¹¹; κατέλιπον¹² ἐμαυτῷ ἑπτακισχιλίους¹³ ἄνδρας, οἵτινες οὐκ ἔκαμψαν¹⁴ γόνυ¹⁵ τῇ Βάαλ. **5** οὕτως οὖν καὶ ἐν τῷ νῦν καιρῷ λεῖμμα¹⁶ κατ' ἐκλογὴν¹⁷ χάριτος γέγονεν¹⁸. **6** εἰ δὲ χάριτι, οὐκέτι ἐξ ἔργων, ἐπεὶ¹⁹ ἡ χάρις οὐκέτι γίνεται χάρις. **7** τί οὖν; ὃ ἐπιζητεῖ²⁰ Ἰσραήλ, τοῦτο οὐκ ἐπέτυχεν²¹, ἡ δὲ ἐκλογὴ²² ἐπέτυχεν²³· οἱ δὲ λοιποὶ ἐπωρώθησαν²⁴, **8** καθὼς γέγραπται·
  ἔδωκεν αὐτοῖς ὁ θεὸς πνεῦμα κατανύξεως²⁵,
  ὀφθαλμοὺς τοῦ μὴ βλέπειν καὶ ὦτα τοῦ μὴ ἀκούειν,
  ἕως τῆς σήμερον ἡμέρας.
9 καὶ Δαυὶδ λέγει·
  γενηθήτω²⁶ ἡ τράπεζα²⁷ αὐτῶν εἰς παγίδα²⁸ καὶ εἰς θήραν²⁹
  καὶ εἰς σκάνδαλον³⁰ καὶ εἰς ἀνταπόδομα³¹ αὐτοῖς,
10 σκοτισθήτωσαν³² οἱ ὀφθαλμοὶ αὐτῶν τοῦ μὴ βλέπειν
  καὶ τὸν νῶτον³³ αὐτῶν διὰ παντὸς σύγκαμψον³⁴.

---

¹ ἐκπετάννυμι 1s aor act ind, hold out
² ἀπειθέω pres act ptc m s acc, disobey
³ ἀντιλέγω pres act ptc m s acc, be obstinate
⁴ ἀπωθέω 3s aor mid ind, mid reject
⁵ γίνομαι 3s aor mid opt, happen
⁶ προγινώσκω 3s aor act ind, know beforehand
⁷ ἐντυγχάνω 3s pres act ind, appeal
⁸ θυσιαστήριον, -ου n, altar
⁹ κατασκάπτω 3p aor act ind, destroy
¹⁰ ὑπολείπω 1s aor pas ind, leave
¹¹ χρηματισμός, -οῦ m, reply (from God)
¹² καταλείπω 1s aor act ind, keep
¹³ ἑπτακισχίλιοι, -αι/α, seven thousand
¹⁴ κάμπτω 3p aor act ind, bend
¹⁵ γόνυ, γόνατος n, knee
¹⁶ λεῖμμα, -τος n, remnant
¹⁷ ἐκλογή, -ῆς f, choosing
¹⁸ γίνομαι 3s pf act ind, become
¹⁹ ἐπεί, conj, otherwise
²⁰ ἐπιζητέω 3s pres act ind, seek
²¹ ἐπιτυγχάνω 3s aor act ind, obtain
²² ἐκλογή, -ῆς f, what is chosen
²³ ἐπιτυγχάνω 3s aor act ind, obtain
²⁴ πωρόω 3p aor pas ind, pas be stubborn/be made stubborn
²⁵ κατάνυξις, -εως f, stupor
²⁶ γίνομαι 3s aor pas impv, become
²⁷ τράπεζα, -ης f, table
²⁸ παγίς, -ίδος f, snare
²⁹ θήρα, -ας f, trap
³⁰ σκάνδαλον, -ου n, stumbling block
³¹ ἀνταπόδομα, -τος n, retribution
³² σκοτίζομαι 3p aor pas impv, be darkened
³³ νῶτος, -ου m, back
³⁴ συγκάμπτω 2s aor act impv, bend

The Salvation of the Gentiles

11 Λέγω οὖν, μὴ ἔπταισαν¹ ἵνα πέσωσιν²; μὴ γένοιτο³· ἀλλὰ τῷ αὐτῶν παραπτώματι⁴ ἡ σωτηρία τοῖς ἔθνεσιν εἰς τὸ παραζηλῶσαι⁵ αὐτούς. **12** εἰ δὲ τὸ παράπτωμα αὐτῶν πλοῦτος⁶ κόσμου καὶ τὸ ἥττημα⁷ αὐτῶν πλοῦτος ἐθνῶν, πόσῳ⁸ μᾶλλον τὸ πλήρωμα⁹ αὐτῶν. **13** ὑμῖν δὲ λέγω τοῖς ἔθνεσιν· ἐφ' ὅσον μὲν οὖν εἰμι ἐγὼ ἐθνῶν ἀπόστολος, τὴν διακονίαν μου δοξάζω, **14** εἴ πως¹⁰ παραζηλώσω¹¹ μου τὴν σάρκα καὶ σώσω τινὰς ἐξ αὐτῶν. **15** εἰ γὰρ ἡ ἀποβολὴ¹² αὐτῶν καταλλαγὴ¹³ κόσμου, τίς ἡ πρόσλημψις¹⁴ εἰ μὴ ζωὴ ἐκ νεκρῶν; **16** εἰ δὲ ἡ ἀπαρχὴ¹⁵ ἁγία, καὶ τὸ φύραμα¹⁶· καὶ εἰ ἡ ῥίζα¹⁷ ἁγία, καὶ οἱ κλάδοι¹⁸. **17** εἰ δέ τινες τῶν κλάδων ἐξεκλάσθησαν¹⁹, σὺ δὲ ἀγριέλαιος²⁰ ὢν ἐνεκεντρίσθης²¹ ἐν αὐτοῖς καὶ συγκοινωνὸς²² τῆς ῥίζης τῆς πιότητος²³ τῆς ἐλαίας²⁴ ἐγένου²⁵, **18** μὴ κατακαυχῶ²⁶ τῶν κλάδων· εἰ δὲ κατακαυχᾶσαι οὐ σὺ τὴν ῥίζαν βαστάζεις²⁷ ἀλλ' ἡ ῥίζα σέ. **19** ἐρεῖς²⁸ οὖν· ἐξεκλάσθησαν²⁹ κλάδοι ἵνα ἐγὼ ἐγκεντρισθῶ. **20** καλῶς· τῇ ἀπιστίᾳ³⁰ ἐξεκλάσθησαν, σὺ δὲ τῇ πίστει ἕστηκας³¹. μὴ ὑψηλὰ³² φρόνει³³ ἀλλὰ φοβοῦ· **21** εἰ γὰρ ὁ θεὸς τῶν κατὰ φύσιν³⁴ κλάδων οὐκ ἐφείσατο³⁵, [μή πως³⁶] οὐδὲ σοῦ φείσεται. **22** ἴδε οὖν χρηστότητα³⁷ καὶ ἀποτομίαν³⁸ θεοῦ· ἐπὶ μὲν τοὺς πεσόντας ἀποτομία, ἐπὶ δὲ σὲ χρηστότης θεοῦ, ἐὰν ἐπιμένῃς³⁹ τῇ χρηστότητι, ἐπεὶ⁴⁰ καὶ σὺ ἐκκοπήσῃ⁴¹. **23** κἀκεῖνοι δέ, ἐὰν μὴ ἐπιμένωσιν τῇ ἀπιστίᾳ, ἐγκεντρισθήσονται· δυνατὸς γάρ ἐστιν ὁ θεὸς πάλιν ἐγκεντρίσαι⁴² αὐτούς. **24** εἰ γὰρ σὺ ἐκ τῆς κατὰ φύσιν ἐξεκόπης ἀγριελαίου καὶ παρὰ φύσιν ἐνεκεντρίσθης εἰς καλλιέλαιον⁴³, πόσῳ⁴⁴ μᾶλλον⁴⁵ οὗτοι οἱ κατὰ φύσιν ἐγκεντρισθήσονται τῇ ἰδίᾳ ἐλαίᾳ.

---

1 πταίω 3p aor act ind, stumble
2 πίπτω 3p aor act sub, fall
3 γίνομαι 3s aor mid opt, happen
4 παράπτωμα, -τος n, sin
5 παραζηλόω aor act inf, make jealous
6 πλοῦτος, -ου m, riches
7 ἥττημα, -τος n, failure
8 πόσος, -η/ον, how much
9 πλήρωμα, -τος n, fullness
10 πώς, particle, somehow
11 παραζηλόω 1s fut act ind or aor act sub, make jealous
12 ἀποβολή, -ῆς f, rejection
13 καταλλαγή, -ῆς f, reconciliation
14 πρόσλημψις, -εως f, acceptance
15 ἀπαρχή, -ῆς f, first-portion
16 φύραμα, -τος n, lump
17 ῥίζα, -ης f, root
18 κλάδος, -ου m, branch
19 ἐκκλάω 3p aor pas ind, break off
20 ἀγριέλαιος, -ου f, wild olive tree
21 ἐγκεντρίζω 2s aor pas ind, graft
22 συγκοινωνός, -οῦ m, sharer
23 πιότης, -ητος f, richness
24 ἐλαία, -ας f, olive tree
25 γίνομαι 2s aor mid ind, become
26 κατακαυχάομαι 2s pres mid impv, boast against
27 βαστάζω 2s pres act ind, support
28 λέγω 2s fut act ind, say
29 ἐκκλάω 3p aor pas ind, break off
30 ἀπιστία, -ας f, unbelief
31 ἵστημι 2s pf act ind, stand
32 ὑψηλός, -ή/όν, proud
33 φρονέω 2s pres act impv, think (ὑψηλὰ φ. be proud)
34 φύσις, -εως f, nature
35 φείδομαι 3s aor act ind, spare
36 πώς, particle, somehow
37 χρηστότης, -ητος f, kindness
38 ἀποτομία, -ας f, severity
39 ἐπιμένω 2s pres act sub, continue
40 ἐπεί, conj, otherwise
41 ἐκκόπτω 2s fut pas ind, cut off
42 ἐγκεντρίζω aor act inf, graft
43 καλλιέλαιος, -ου f, cultivated olive tree
44 πόσος, -η/ον, how much
45 μᾶλλον, adv, more

The Restoration of Israel

25 Οὐ γὰρ θέλω ὑμᾶς ἀγνοεῖν¹, ἀδελφοί, τὸ μυστήριον² τοῦτο, ἵνα μὴ ἦτε³ [παρ'] ἑαυτοῖς φρόνιμοι⁴, ὅτι πώρωσις⁵ ἀπὸ μέρους τῷ Ἰσραὴλ γέγονεν ἄχρι οὗ τὸ πλήρωμα⁶ τῶν ἐθνῶν εἰσέλθῃ⁷ 26 καὶ οὕτως πᾶς Ἰσραὴλ σωθήσεται, καθὼς γέγραπται·

ἥξει⁸ ἐκ Σιὼν ὁ ῥυόμενος⁹,
ἀποστρέψει¹⁰ ἀσεβείας¹¹ ἀπὸ Ἰακώβ.
27 καὶ αὕτη αὐτοῖς ἡ παρ' ἐμοῦ διαθήκη,
ὅταν ἀφέλωμαι¹² τὰς ἁμαρτίας αὐτῶν.

28 κατὰ μὲν τὸ εὐαγγέλιον ἐχθροὶ δι' ὑμᾶς, κατὰ δὲ τὴν ἐκλογὴν¹³ ἀγαπητοὶ διὰ τοὺς πατέρας· 29 ἀμεταμέλητα¹⁴ γὰρ τὰ χαρίσματα¹⁵ καὶ ἡ κλῆσις¹⁶ τοῦ θεοῦ. 30 ὥσπερ γὰρ ὑμεῖς ποτε¹⁷ ἠπειθήσατε¹⁸ τῷ θεῷ, νῦν δὲ ἠλεήθητε¹⁹ τῇ τούτων ἀπειθείᾳ, 31 οὕτως καὶ οὗτοι νῦν ἠπείθησαν τῷ ὑμετέρῳ²⁰ ἐλέει²¹, ἵνα καὶ αὐτοὶ [νῦν] ἐλεηθῶσιν²². 32 συνέκλεισεν²³ γὰρ ὁ θεὸς τοὺς πάντας εἰς ἀπείθειαν²⁴, ἵνα τοὺς πάντας ἐλεήσῃ.

33 ὦ²⁵ βάθος²⁶ πλούτου²⁷
καὶ σοφίας καὶ γνώσεως²⁸ θεοῦ·
ὡς ἀνεξεραύνητα²⁹ τὰ κρίματα³⁰ αὐτοῦ
καὶ ἀνεξιχνίαστοι³¹ αἱ ὁδοὶ αὐτοῦ.
34 τίς γὰρ ἔγνω³² νοῦν³³ κυρίου;
ἢ τίς σύμβουλος³⁴ αὐτοῦ ἐγένετο;
35 ἢ τίς προέδωκεν³⁵ αὐτῷ,
καὶ ἀνταποδοθήσεται³⁶ αὐτῷ;
36 ὅτι ἐξ αὐτοῦ καὶ δι' αὐτοῦ καὶ εἰς αὐτὸν τὰ πάντα·
αὐτῷ ἡ δόξα εἰς τοὺς αἰῶνας, ἀμήν.

---

1 ἀγνοέω *pres act inf*, be ignorant
2 μυστήριον, -ου *n*, mystery
3 εἰμί *2p pres act sub*, be
4 φρόνιμος, -ον, wise
5 πώρωσις, -εως *f*, hardening
6 πλήρωμα, -τος *n*, fullness
7 εἰσέρχομαι *3s aor act sub*, come in
8 ἥκω *3s fut act ind*, come
9 ῥύομαι *pres mid ptc m s nom*, rescue
10 ἀποστρέφω *3s fut act ind*, turn away
11 ἀσέβεια, -ας *f*, godlessness
12 ἀφαιρέω *1s aor mid sub*, take away
13 ἐκλογή, -ῆς *f*, election
14 ἀμεταμέλητος, -ον, irrevocable
15 χάρισμα, -τος *n*, gift
16 κλῆσις, -εως *f*, call
17 ποτέ, *temporal adv*, once
18 ἀπειθέω *2p aor act ind*, disobey
19 ἐλεάω/ἐλεέω *2p aor pas ind*, pas receive mercy
20 ὑμέτερος, -α/ον, your
21 ἔλεος, -ους *n*, mercy
22 ἐλεάω/ἐλεέω *3p aor pas sub*, have mercy
23 συγκλείω *3s aor act ind*, make (someone) a prisoner
24 ἀπείθεια, -ας *f*, disobedience
25 ὦ, *interj*, O!
26 βάθος, -ους *n*, depth
27 πλοῦτος, -ου *m & n*, riches
28 γνῶσις, -εως *f*, knowledge
29 ἀνεξεραύνητος, -ον, unfathomable
30 κρίμα, -τος *n*, judgment
31 ἀνεξιχνίαστος, -ον, untraceable
32 γινώσκω *3s aor act ind*, understand
33 νοῦς, νοός, *acc* νοῦν *f*, mind
34 σύμβουλος, -ου *m*, counselor
35 προδίδωμι *3s aor act ind*, give first
36 ἀνταποδίδωμι *3s fut pas ind*, repay

The New Life in Christ

12 Παρακαλῶ οὖν ὑμᾶς, ἀδελφοί, διὰ τῶν οἰκτιρμῶν[1] τοῦ θεοῦ παραστῆσαι[2] τὰ σώματα ὑμῶν θυσίαν[3] ζῶσαν ἁγίαν εὐάρεστον[4] τῷ θεῷ, τὴν λογικὴν[5] λατρείαν[6] ὑμῶν· **2** καὶ μὴ συσχηματίζεσθε[7] τῷ αἰῶνι τούτῳ, ἀλλὰ μεταμορφοῦσθε[8] τῇ ἀνακαινώσει[9] τοῦ νοὸς[10] εἰς τὸ δοκιμάζειν[11] ὑμᾶς τί τὸ θέλημα τοῦ θεοῦ, τὸ ἀγαθὸν καὶ εὐάρεστον καὶ τέλειον[12].

3 Λέγω γὰρ διὰ τῆς χάριτος τῆς δοθείσης[13] μοι παντὶ τῷ ὄντι ἐν ὑμῖν μὴ ὑπερφρονεῖν[14] παρ' ὃ δεῖ φρονεῖν[15] ἀλλὰ φρονεῖν εἰς τὸ σωφρονεῖν[16], ἑκάστῳ ὡς ὁ θεὸς ἐμέρισεν[17] μέτρον[18] πίστεως. **4** καθάπερ[19] γὰρ ἐν ἑνὶ σώματι πολλὰ μέλη ἔχομεν, τὰ δὲ μέλη πάντα οὐ τὴν αὐτὴν ἔχει πρᾶξιν[20], **5** οὕτως οἱ πολλοὶ ἓν σῶμά ἐσμεν ἐν Χριστῷ, τὸ δὲ καθ' εἷς ἀλλήλων μέλη. **6** ἔχοντες δὲ χαρίσματα[21] κατὰ τὴν χάριν τὴν δοθεῖσαν[22] ἡμῖν διάφορα[23], εἴτε προφητείαν[24] κατὰ τὴν ἀναλογίαν[25] τῆς πίστεως, **7** εἴτε διακονίαν ἐν τῇ διακονίᾳ, εἴτε ὁ διδάσκων ἐν τῇ διδασκαλίᾳ[26], **8** εἴτε ὁ παρακαλῶν ἐν τῇ παρακλήσει[27]· ὁ μεταδιδοὺς[28] ἐν ἁπλότητι[29], ὁ προϊστάμενος[30] ἐν σπουδῇ[31], ὁ ἐλεῶν[32] ἐν ἱλαρότητι[33].

Christian Characteristics

9 Ἡ ἀγάπη ἀνυπόκριτος[34]. ἀποστυγοῦντες[35] τὸ πονηρόν, κολλώμενοι[36] τῷ ἀγαθῷ, **10** τῇ φιλαδελφίᾳ[37] εἰς ἀλλήλους φιλόστοργοι[38], τῇ τιμῇ ἀλλήλους προηγούμενοι[39], **11** τῇ σπουδῇ[40] μὴ ὀκνηροί[41], τῷ πνεύματι ζέοντες[42], τῷ κυρίῳ δουλεύοντες[43], **12** τῇ ἐλπίδι χαίροντες, τῇ θλίψει ὑπομένοντες[44], τῇ προσευχῇ

---

[1] οἰκτιρμός, -οῦ m, mercy
[2] παρίστημι aor act inf, offer
[3] θυσία, -ας f, sacrifice
[4] εὐάρεστος, -ον, acceptable
[5] λογικός, -ή/όν, rational/spiritual
[6] λατρεία, -ας f, worship
[7] συσχηματίζω 2p pres pas impv, pas conform to
[8] μεταμορφόω 2p pres pas impv, pas be transformed
[9] ἀνακαίνωσις, -εως f, renewal
[10] νοῦς, νοός f mind
[11] δοκιμάζω pres act inf, approve/prove
[12] τέλειος, -α/ον, perfect
[13] δίδωμι aor pas ptc f s gen, give
[14] ὑπερφρονέω pres act inf, hold too high an opinion of oneself
[15] φρονέω pres act inf, think
[16] σωφρονέω pres act inf, think sensibly
[17] μερίζω 3s aor act ind, distribute
[18] μέτρον, -ου n, measure
[19] καθάπερ, conj, just as
[20] πρᾶξις, -εως f, function
[21] χάρισμα, -τος n, gift
[22] δίδωμι aor pas ptc f s acc, give
[23] διάφορος, -ον, different
[24] προφητεία, -ας f, prophecy
[25] ἀναλογία, -ας f, proportion
[26] διδασκαλία, -ας f, teaching
[27] παράκλησις, -εως f, encouragement
[28] μεταδίδωμι pres act ptc m s nom, give
[29] ἁπλότης, -ητος f, generosity
[30] προΐστημι pres mid ptc m s nom, give help/be a leader
[31] σπουδή, -ῆς f, diligence
[32] ἐλεάω/ἐλεέω pres act ptc m s nom, be merciful
[33] ἱλαρότης, -ητος f, cheerfulness
[34] ἀνυπόκριτος, -ον f, sincere
[35] ἀποστυγέω pres act ptc m p nom, hate
[36] κολλάομαι pres pas ptc m p nom, hold tight
[37] φιλαδελφία, -ας f, love of one another
[38] φιλόστοργος, -ον, devoted
[39] προηγέομαι pres mid ptc m p nom, outdo
[40] σπουδή, -ῆς f, zeal
[41] ὀκνηρός, -ά/όν, lazy
[42] ζέω pres act ptc m p nom, boil/be aglow
[43] δουλεύω pres act ptc m p nom, serve
[44] ὑπομένω pres act ptc m p nom, be patient

προσκαρτεροῦντες¹, 13 ταῖς χρείαις τῶν ἁγίων κοινωνοῦντες², τὴν φιλοξενίαν³ διώκοντες. 14 εὐλογεῖτε τοὺς διώκοντας [ὑμᾶς], εὐλογεῖτε καὶ μὴ καταρᾶσθε⁴. 15 χαίρειν μετὰ χαιρόντων, κλαίειν μετὰ κλαιόντων. 16 τὸ αὐτὸ εἰς ἀλλήλους φρονοῦντες⁵, μὴ τὰ ὑψηλὰ⁶ φρονοῦντες⁷ ἀλλὰ τοῖς ταπεινοῖς⁸ συναπαγόμενοι⁹. μὴ γίνεσθε φρόνιμοι¹⁰ παρ' ἑαυτοῖς. 17 μηδενὶ κακὸν ἀντὶ¹¹ κακοῦ ἀποδιδόντες, προνοούμενοι¹² καλὰ ἐνώπιον πάντων ἀνθρώπων· 18 εἰ δυνατὸν τὸ ἐξ ὑμῶν, μετὰ πάντων ἀνθρώπων εἰρηνεύοντες¹³· 19 μὴ ἑαυτοὺς ἐκδικοῦντες¹⁴, ἀγαπητοί, ἀλλὰ δότε¹⁵ τόπον τῇ ὀργῇ, γέγραπται γάρ· ἐμοὶ ἐκδίκησις¹⁶, ἐγὼ ἀνταποδώσω¹⁷, λέγει κύριος. 20 ἀλλ' ἐὰν πεινᾷ¹⁸ ὁ ἐχθρός σου, ψώμιζε¹⁹ αὐτόν· ἐὰν διψᾷ²⁰, πότιζε²¹ αὐτόν· τοῦτο γὰρ ποιῶν ἄνθρακας²² πυρὸς σωρεύσεις²³ ἐπὶ τὴν κεφαλὴν αὐτοῦ. 21 μὴ νικῶ²⁴ ὑπὸ τοῦ κακοῦ ἀλλὰ νίκα ἐν τῷ ἀγαθῷ τὸ κακόν.

Being Subject to Authorities

13 Πᾶσα ψυχὴ ἐξουσίαις ὑπερεχούσαις²⁵ ὑποτασσέσθω. οὐ γὰρ ἔστιν ἐξουσία εἰ μὴ ὑπὸ θεοῦ, αἱ δὲ οὖσαι ὑπὸ θεοῦ τεταγμέναι²⁶ εἰσίν. 2 ὥστε ὁ ἀντιτασσόμενος²⁷ τῇ ἐξουσίᾳ τῇ τοῦ θεοῦ διαταγῇ²⁸ ἀνθέστηκεν²⁹, οἱ δὲ ἀνθεστηκότες ἑαυτοῖς κρίμα³⁰ λήμψονται³¹. 3 οἱ γὰρ ἄρχοντες οὐκ εἰσὶν φόβος τῷ ἀγαθῷ ἔργῳ ἀλλὰ τῷ κακῷ. θέλεις δὲ μὴ φοβεῖσθαι τὴν ἐξουσίαν· τὸ ἀγαθὸν ποίει, καὶ ἕξεις ἔπαινον³² ἐξ αὐτῆς· 4 θεοῦ γὰρ διάκονός³³ ἐστιν σοὶ εἰς τὸ ἀγαθόν. ἐὰν δὲ τὸ κακὸν ποιῇς, φοβοῦ· οὐ γὰρ εἰκῇ³⁴ τὴν μάχαιραν³⁵ φορεῖ³⁶· θεοῦ γὰρ διάκονός ἐστιν ἔκδικος³⁷ εἰς ὀργὴν τῷ τὸ κακὸν πράσσοντι. 5 διὸ ἀνάγκη³⁸ ὑποτάσσεσθαι, οὐ μόνον διὰ τὴν ὀργὴν ἀλλὰ καὶ

---

¹ προσκαρτερέω pres act ptc m p nom, continue
² κοινωνέω pres act ptc m p nom, contribute
³ φιλοξενία, -ας f, hospitality
⁴ καταράομαι 2p pres mid impv, curse
⁵ φρονέω pres act ptc m p nom, think (τὸ αὐτὸ εἰς ἀλλήλους φ. live in harmony with one another)
⁶ ὑψηλός, -ή/όν, proud
⁷ φρονέω pres act ptc m p nom, think (ὑψηλὰ φ. be proud)
⁸ ταπεινός, -ή/όν, humble (of people/tasks)
⁹ συναπάγω pres pas ptc m p nom, pas associate with/be engaged in
¹⁰ φρόνιμος, -ον, wise (μὴ γίνεσθε φ. παρ' ἑαυτοῖς don't feel smarter than others)
¹¹ ἀντί, prep + gen, for
¹² προνοέω pres mid ptc m p nom, have in mind to do
¹³ εἰρηνεύω pres act ptc m p nom, live at peace
¹⁴ ἐκδικέω pres act ptc m p nom, avenge (ἐ. ἐμαυτόν take revenge)
¹⁵ δίδωμι 2p aor act impv, give
¹⁶ ἐκδίκησις, -εως f, revenge
¹⁷ ἀνταποδίδωμι 1s fut act ind, repay
¹⁸ πεινάω 3s pres act sub, be hungry
¹⁹ ψωμίζω 2s pres act impv, feed
²⁰ διψάω 3s pres act sub, be thirsty
²¹ ποτίζω 2s pres act impv, give to drink
²² ἄνθραξ, -ακος m, charcoal
²³ σωρεύω 2s fut act ind, heap
²⁴ νικάω 2s pres pas impv, overcome
²⁵ ὑπερέχω pres act ptc f p dat, govern
²⁶ τάσσω pf pas ptc f p nom, institute
²⁷ ἀντιτάσσομαι pres mid ptc m s nom, resist
²⁸ διαταγή, -ῆς f, decree
²⁹ ἀνθίστημι 3s pf act ind, resist
³⁰ κρίμα, -τος n, judgment
³¹ λαμβάνω 3p fut mid ind, receive
³² ἔπαινος, -ου m, approval
³³ διάκονος, -ου m, servant
³⁴ εἰκῇ, adv, in vain
³⁵ μάχαιρα, -ης f, sword
³⁶ φορέω 3s pres act ind, wear
³⁷ ἔκδικος, -ου m, one who punishes
³⁸ ἀνάγκη, -ης f, necessity

διὰ τὴν συνείδησιν¹. 6 διὰ τοῦτο γὰρ καὶ φόρους² τελεῖτε³· λειτουργοὶ⁴ γὰρ θεοῦ εἰσιν εἰς αὐτὸ τοῦτο προσκαρτεροῦντες⁵. 7 ἀπόδοτε⁶ πᾶσιν τὰς ὀφειλάς⁷, τῷ τὸν φόρον⁸ τὸν φόρον, τῷ τὸ τέλος⁹ τὸ τέλος, τῷ τὸν φόβον τὸν φόβον, τῷ τὴν τιμὴν τὴν τιμήν.

Love for One Another

8 Μηδενὶ μηδὲν ὀφείλετε εἰ μὴ τὸ ἀλλήλους ἀγαπᾶν· ὁ γὰρ ἀγαπῶν τὸν ἕτερον νόμον πεπλήρωκεν. 9 τὸ γὰρ **οὐ μοιχεύσεις**¹⁰, **οὐ φονεύσεις**¹¹, **οὐ κλέψεις**¹², **οὐκ ἐπιθυμήσεις**¹³, καὶ εἴ τις ἑτέρα ἐντολή, ἐν τῷ λόγῳ τούτῳ ἀνακεφαλαιοῦται¹⁴ [ἐν τῷ]· **ἀγαπήσεις τὸν πλησίον**¹⁵ **σου ὡς σεαυτόν**. 10 ἡ ἀγάπη τῷ πλησίον κακὸν οὐκ ἐργάζεται· πλήρωμα¹⁶ οὖν νόμου ἡ ἀγάπη.

The Approach of the Day of Christ

11 Καὶ τοῦτο εἰδότες τὸν καιρόν, ὅτι ὥρα ἤδη ὑμᾶς ἐξ ὕπνου¹⁷ ἐγερθῆναι¹⁸, νῦν γὰρ ἐγγύτερον ἡμῶν ἡ σωτηρία ἢ ὅτε ἐπιστεύσαμεν. 12 ἡ νὺξ προέκοψεν¹⁹, ἡ δὲ ἡμέρα ἤγγικεν²⁰. ἀποθώμεθα²¹ οὖν τὰ ἔργα τοῦ σκότους, ἐνδυσώμεθα²² δὲ τὰ ὅπλα²³ τοῦ φωτός. 13 ὡς ἐν ἡμέρᾳ εὐσχημόνως²⁴ περιπατήσωμεν, μὴ κώμοις²⁵ καὶ μέθαις²⁶, μὴ κοίταις²⁷ καὶ ἀσελγείαις²⁸, μὴ ἔριδι²⁹ καὶ ζήλῳ³⁰, 14 ἀλλ' ἐνδύσασθε τὸν κύριον Ἰησοῦν Χριστὸν καὶ τῆς σαρκὸς πρόνοιαν³¹ μὴ ποιεῖσθε εἰς ἐπιθυμίας.

Do Not Judge Another

14 Τὸν δὲ ἀσθενοῦντα τῇ πίστει προσλαμβάνεσθε³², μὴ εἰς διακρίσεις³³ διαλογισμῶν³⁴. 2 ὃς μὲν πιστεύει φαγεῖν³⁵ πάντα, ὁ δὲ ἀσθενῶν λάχανα³⁶ ἐσθίει. 3 ὁ ἐσθίων τὸν μὴ ἐσθίοντα μὴ ἐξουθενείτω³⁷, ὁ δὲ μὴ ἐσθίων τὸν ἐσθίοντα μὴ κρινέτω, ὁ θεὸς γὰρ αὐτὸν προσελάβετο. 4 σὺ τίς εἶ ὁ κρίνων ἀλλότριον³⁸

---

¹ συνείδησις, -εως f, conscience
² φόρος, -ου m, tax
³ τελέω 2p pres act ind, pay
⁴ λειτουργός, -οῦ m, servant
⁵ προσκαρτερέω pres act ptc m p nom, devote oneself to
⁶ ἀποδίδωμι 2p aor act impv, pay
⁷ ὀφειλή, -ῆς f, what is due
⁸ φόρος, -ου m, revenue
⁹ τέλος, -ου m, tax
¹⁰ μοιχεύω 2s fut act ind, commit adultery
¹¹ φονεύω 2s fut act ind, murder
¹² κλέπτω 2s fut act ind, steal
¹³ ἐπιθυμέω 2s fut act ind, covet
¹⁴ ἀνακεφαλαιόω 3s pres pas ind, sum up
¹⁵ πλησίον, prep + gen, near (ὁ π. fellow human being)
¹⁶ πλήρωμα, -τος n, fulfillment
¹⁷ ὕπνος, -ου m, sleep
¹⁸ ἐγείρω aor pas inf, intrans pas wake up
¹⁹ προκόπτω 3s aor act ind, be far gone
²⁰ ἐγγίζω 3s pf act ind, come near
²¹ ἀποτίθημι 1p aor mid sub, put aside
²² ἐνδύω 1p aor mid sub, mid put on
²³ ὅπλον, -ου n, armor
²⁴ εὐσχημόνως, adv, properly
²⁵ κῶμος, -ου m, carousing
²⁶ μέθη, -ης f, drunkenness
²⁷ κοίτη, -ης f, sexual immorality
²⁸ ἀσέλγεια, -ας f, indecency
²⁹ ἔρις, -ιδος f, quarreling
³⁰ ζῆλος, -ου/ους m & n, jealousy
³¹ πρόνοια, -ας f, provision
³² προσλαμβάνω 2p pres mid impv, mid welcome
³³ διάκρισις, -εως f, dispute
³⁴ διαλογισμός, -οῦ m, opinion
³⁵ ἐσθίω aor act inf, eat
³⁶ λάχανον, -ου n, vegetable
³⁷ ἐξουθενέω 3s pres act impv, despise
³⁸ ἀλλότριος, -α/ον, belonging to another

οἰκέτην¹· τῷ ἰδίῳ κυρίῳ στήκει² ἢ πίπτει· σταθήσεται³ δέ, δυνατεῖ⁴ γὰρ ὁ κύριος στῆσαι⁵ αὐτόν. 5 ὃς μὲν [γὰρ] κρίνει ἡμέραν παρ' ἡμέραν, ὃς δὲ κρίνει πᾶσαν ἡμέραν· ἕκαστος ἐν τῷ ἰδίῳ νοῒ⁶ πληροφορείσθω⁷. 6 ὁ φρονῶν⁸ τὴν ἡμέραν κυρίῳ φρονεῖ· καὶ ὁ ἐσθίων κυρίῳ ἐσθίει, εὐχαριστεῖ γὰρ τῷ θεῷ· καὶ ὁ μὴ ἐσθίων κυρίῳ οὐκ ἐσθίει καὶ εὐχαριστεῖ τῷ θεῷ. 7 οὐδεὶς γὰρ ἡμῶν ἑαυτῷ ζῇ καὶ οὐδεὶς ἑαυτῷ ἀποθνῄσκει· 8 ἐάν τε γὰρ ζῶμεν, τῷ κυρίῳ ζῶμεν, ἐάν τε ἀποθνῄσκωμεν, τῷ κυρίῳ ἀποθνῄσκομεν. ἐάν τε οὖν ζῶμεν ἐάν τε ἀποθνῄσκωμεν, τοῦ κυρίου ἐσμέν. 9 εἰς τοῦτο γὰρ Χριστὸς ἀπέθανεν καὶ ἔζησεν, ἵνα καὶ νεκρῶν καὶ ζώντων κυριεύσῃ⁹. 10 σὺ δὲ τί κρίνεις τὸν ἀδελφόν σου; ἢ καὶ σὺ τί ἐξουθενεῖς¹⁰ τὸν ἀδελφόν σου; πάντες γὰρ παραστησόμεθα¹¹ τῷ βήματι¹² τοῦ θεοῦ, 11 γέγραπται γάρ·

ζῶ ἐγώ, λέγει κύριος, ὅτι ἐμοὶ κάμψει¹³ πᾶν γόνυ¹⁴
καὶ πᾶσα γλῶσσα ἐξομολογήσεται¹⁵ τῷ θεῷ.

12 ἄρα [οὖν] ἕκαστος ἡμῶν περὶ ἑαυτοῦ λόγον δώσει¹⁶ [τῷ θεῷ].

Do Not Make Another Stumble

13 Μηκέτι¹⁷ οὖν ἀλλήλους κρίνωμεν· ἀλλὰ τοῦτο κρίνατε μᾶλλον, τὸ μὴ τιθέναι¹⁸ πρόσκομμα¹⁹ τῷ ἀδελφῷ ἢ σκάνδαλον²⁰. 14 οἶδα καὶ πέπεισμαι²¹ ἐν κυρίῳ Ἰησοῦ ὅτι οὐδὲν κοινὸν²² δι' ἑαυτοῦ, εἰ μὴ τῷ λογιζομένῳ τι κοινὸν εἶναι, ἐκείνῳ κοινόν. 15 εἰ γὰρ διὰ βρῶμα²³ ὁ ἀδελφός σου λυπεῖται²⁴, οὐκέτι κατὰ ἀγάπην περιπατεῖς· μὴ τῷ βρώματί σου ἐκεῖνον ἀπόλλυε ὑπὲρ οὗ Χριστὸς ἀπέθανεν. 16 μὴ βλασφημείσθω οὖν ὑμῶν τὸ ἀγαθόν. 17 οὐ γάρ ἐστιν ἡ βασιλεία τοῦ θεοῦ βρῶσις²⁵ καὶ πόσις²⁶ ἀλλὰ δικαιοσύνη καὶ εἰρήνη καὶ χαρὰ ἐν πνεύματι ἁγίῳ· 18 ὁ γὰρ ἐν τούτῳ δουλεύων²⁷ τῷ Χριστῷ εὐάρεστος²⁸ τῷ θεῷ καὶ δόκιμος²⁹ τοῖς ἀνθρώποις. 19 ἄρα οὖν τὰ τῆς εἰρήνης διώκωμεν καὶ τὰ τῆς οἰκοδομῆς³⁰ τῆς εἰς ἀλλήλους. 20 μὴ ἕνεκεν³¹ βρώματος κατάλυε³² τὸ ἔργον τοῦ θεοῦ. πάντα μὲν καθαρά³³, ἀλλὰ κακὸν τῷ

---

1 οἰκέτης, -ου m, servant
2 στήκω 3s pres act ind, stand
3 ἵστημι 3s fut pas ind, make stand
4 δυνατέω 3s pres act ind, be able
5 ἵστημι aor act inf, make stand
6 νοῦς, -ός, dat νοῒ m, mind
7 πληροφορέω 3s pres pas impv, convince fully
8 φρονέω pres act ptc m s nom, regard as special
9 κυριεύω 3s aor act sub, be Lord of
10 ἐξουθενέω 2s pres act ind, despise
11 παρίστημι 1p fut mid ind, intrans stand before
12 βῆμα, -τος n, place of judgment
13 κάμπτω 3s fut act ind, bow
14 γόνυ, γόνατος n, knee
15 ἐξομολογέω 3s fut mid ind, confess/praise
16 δίδωμι 3s fut act ind, give
17 μηκέτι, adv, no longer
18 τίθημι pres act inf, place
19 πρόσκομμα, -τος n, stumbling block
20 σκάνδαλον, -ου n, obstacle
21 πείθω 1s pf pas ind, convince
22 κοινός, -ή/όν, unclean
23 βρῶμα, -τος n, food
24 λυπέω 3s pres pas ind, injure
25 βρῶσις, -εως f, eating
26 πόσις, -εως f, drinking
27 δουλεύω pres act ptc m s nom, serve
28 εὐάρεστος, -ον, pleasing
29 δόκιμος, -ον, approved
30 οἰκοδομή, -ῆς f, upbuilding
31 ἕνεκα, prep + gen, for the sake of
32 καταλύω 2s pres act impv, destroy
33 καθαρός, -ά/όν, clean

ἀνθρώπῳ τῷ διὰ προσκόμματος ἐσθίοντι. **21** καλὸν τὸ μὴ φαγεῖν¹ κρέα² μηδὲ πιεῖν οἶνον μηδὲ ἐν ᾧ ὁ ἀδελφός σου προσκόπτει³. **22** σὺ πίστιν [ἣν] ἔχεις κατὰ σεαυτὸν ἔχε ἐνώπιον τοῦ θεοῦ. μακάριος ὁ μὴ κρίνων ἑαυτὸν ἐν ᾧ δοκιμάζει⁴· **23** ὁ δὲ διακρινόμενος⁵ ἐὰν φάγῃ⁶ κατακέκριται⁷, ὅτι οὐκ ἐκ πίστεως· πᾶν δὲ ὃ οὐκ ἐκ πίστεως ἁμαρτία ἐστίν.

Please Others, Not Yourself

15 Ὀφείλομεν δὲ ἡμεῖς οἱ δυνατοὶ τὰ ἀσθενήματα⁸ τῶν ἀδυνάτων⁹ βαστάζειν¹⁰ καὶ μὴ ἑαυτοῖς ἀρέσκειν¹¹. **2** ἕκαστος ἡμῶν τῷ πλησίον¹² ἀρεσκέτω εἰς τὸ ἀγαθὸν πρὸς οἰκοδομήν¹³· **3** καὶ γὰρ ὁ Χριστὸς οὐχ ἑαυτῷ ἤρεσεν¹⁴, ἀλλὰ καθὼς γέγραπται· οἱ ὀνειδισμοὶ¹⁵ τῶν ὀνειδιζόντων¹⁶ σε ἐπέπεσαν¹⁷ ἐπ᾽ ἐμέ. **4** ὅσα γὰρ προεγράφη¹⁸, εἰς τὴν ἡμετέραν¹⁹ διδασκαλίαν²⁰ ἐγράφη, ἵνα διὰ τῆς ὑπομονῆς καὶ διὰ τῆς παρακλήσεως²¹ τῶν γραφῶν τὴν ἐλπίδα ἔχωμεν. **5** ὁ δὲ θεὸς τῆς ὑπομονῆς καὶ τῆς παρακλήσεως δῴη²² ὑμῖν τὸ αὐτὸ φρονεῖν²³ ἐν ἀλλήλοις κατὰ Χριστὸν Ἰησοῦν, **6** ἵνα ὁμοθυμαδὸν²⁴ ἐν ἑνὶ στόματι δοξάζητε τὸν θεὸν καὶ πατέρα τοῦ κυρίου ἡμῶν Ἰησοῦ Χριστοῦ.

The Gospel for Jews and Gentiles Alike

7 Διὸ προσλαμβάνεσθε²⁵ ἀλλήλους, καθὼς καὶ ὁ Χριστὸς προσελάβετο ὑμᾶς εἰς δόξαν τοῦ θεοῦ. **8** λέγω γὰρ Χριστὸν διάκονον²⁶ γεγενῆσθαι²⁷ περιτομῆς ὑπὲρ ἀληθείας θεοῦ, εἰς τὸ βεβαιῶσαι²⁸ τὰς ἐπαγγελίας τῶν πατέρων, **9** τὰ δὲ ἔθνη ὑπὲρ ἐλέους²⁹ δοξάσαι τὸν θεόν, καθὼς γέγραπται·
διὰ τοῦτο ἐξομολογήσομαί³⁰ σοι ἐν ἔθνεσιν
καὶ τῷ ὀνόματί σου ψαλῶ³¹.
10 καὶ πάλιν λέγει·
εὐφράνθητε³², ἔθνη, μετὰ τοῦ λαοῦ αὐτοῦ.

---

¹ ἐσθίω *aor act inf*, eat
² κρέας, κρέατος & κρέως, *acc pl* κρέα *n*, meat
³ προσκόπτω *3s pres act ind*, stumble
⁴ δοκιμάζω *3s pres act ind*, approve
⁵ διακρίνω *pres mid ptc m s nom, mid* doubt
⁶ ἐσθίω *3s aor act sub*, eat
⁷ κατακρίνω *3s pf pas ind*, condemn
⁸ ἀσθένημα, -τος *n*, failing
⁹ ἀδύνατος, -ον, weak
¹⁰ βαστάζω *pres act inf*, bear with
¹¹ ἀρέσκω *pres act inf*, please
¹² πλησίον, *prep + gen*, near (ὁ π. fellow human being)
¹³ οἰκοδομή, -ῆς *f*, upbuilding
¹⁴ ἀρέσκω *3s aor act ind*, please
¹⁵ ὀνειδισμός, -οῦ *m*, insult
¹⁶ ὀνειδίζω *pres act ptc m p gen*, insult
¹⁷ ἐπιπίπτω *3p aor act ind*, fall on
¹⁸ προγράφω *3s aor pas ind*, write in the past
¹⁹ ἡμέτερος, -α/ον, our
²⁰ διδασκαλία, -ας *f*, instruction
²¹ παράκλησις, -εως *f*, encouragement
²² δίδωμι *3s aor act opt*, give
²³ φρονέω *pres act inf*, think (τὸ αὐτὸ φ. have the same attitude)
²⁴ ὁμοθυμαδόν, *adv*, with one mind
²⁵ προσλαμβάνω *2p pres mid impv, mid* welcome
²⁶ διάκονος, -ου *m*, servant
²⁷ γίνομαι *pf pas inf*, become
²⁸ βεβαιόω *aor act inf*, confirm
²⁹ ἔλεος, -ους *n*, mercy
³⁰ ἐξομολογέω *1s fut mid ind*, confess/praise
³¹ ψάλλω *1s fut act ind*, sing
³² εὐφραίνω *2p aor pas impv, pas* rejoice

11 καὶ πάλιν·
  αἰνεῖτε¹, πάντα τὰ ἔθνη, τὸν κύριον
  καὶ ἐπαινεσάτωσαν² αὐτὸν πάντες οἱ λαοί.
12 καὶ πάλιν Ἠσαΐας λέγει·
  ἔσται ἡ ῥίζα³ τοῦ Ἰεσσαὶ
  καὶ ὁ ἀνιστάμενος⁴ ἄρχειν ἐθνῶν,
  ἐπ' αὐτῷ ἔθνη ἐλπιοῦσιν⁵.
13 ὁ δὲ θεὸς τῆς ἐλπίδος πληρῶσαι ὑμᾶς πάσης χαρᾶς καὶ εἰρήνης ἐν τῷ πιστεύειν, εἰς τὸ περισσεύειν ὑμᾶς ἐν τῇ ἐλπίδι ἐν δυνάμει πνεύματος ἁγίου.

Paul's Missionary Commission

14 Πέπεισμαι⁶ δέ, ἀδελφοί μου, καὶ αὐτὸς ἐγὼ περὶ ὑμῶν ὅτι καὶ αὐτοὶ μεστοί⁷ ἐστε ἀγαθωσύνης⁸, πεπληρωμένοι πάσης [τῆς] γνώσεως⁹, δυνάμενοι καὶ ἀλλήλους νουθετεῖν¹⁰. **15** τολμηρότερον¹¹ δὲ ἔγραψα ὑμῖν ἀπὸ μέρους ὡς ἐπαναμιμνῄσκων¹² ὑμᾶς διὰ τὴν χάριν τὴν δοθεῖσάν¹³ μοι ὑπὸ τοῦ θεοῦ **16** εἰς τὸ εἶναί με λειτουργὸν¹⁴ Χριστοῦ Ἰησοῦ εἰς τὰ ἔθνη, ἱερουργοῦντα¹⁵ τὸ εὐαγγέλιον τοῦ θεοῦ, ἵνα γένηται ἡ προσφορὰ¹⁶ τῶν ἐθνῶν εὐπρόσδεκτος¹⁷, ἡγιασμένη¹⁸ ἐν πνεύματι ἁγίῳ. **17** ἔχω οὖν [τὴν] καύχησιν¹⁹ ἐν Χριστῷ Ἰησοῦ τὰ πρὸς τὸν θεόν· **18** οὐ γὰρ τολμήσω²⁰ τι λαλεῖν ὧν οὐ κατειργάσατο²¹ Χριστὸς δι' ἐμοῦ εἰς ὑπακοὴν²² ἐθνῶν, λόγῳ καὶ ἔργῳ, **19** ἐν δυνάμει σημείων καὶ τεράτων²³, ἐν δυνάμει πνεύματος [θεοῦ]· ὥστε με ἀπὸ Ἰερουσαλὴμ καὶ κύκλῳ²⁴ μέχρι²⁵ τοῦ Ἰλλυρικοῦ πεπληρωκέναι τὸ εὐαγγέλιον τοῦ Χριστοῦ, **20** οὕτως δὲ φιλοτιμούμενον²⁶ εὐαγγελίζεσθαι οὐχ ὅπου ὠνομάσθη²⁷ Χριστός, ἵνα μὴ ἐπ' ἀλλότριον²⁸ θεμέλιον²⁹ οἰκοδομῶ, **21** ἀλλὰ καθὼς γέγραπται·

  οἷς οὐκ ἀνηγγέλη³⁰ περὶ αὐτοῦ ὄψονται³¹,
  καὶ οἳ οὐκ ἀκηκόασιν συνήσουσιν³².

---

[1] αἰνέω 2p pres act impv, praise
[2] ἐπαινέω 3p aor act impv, praise
[3] ῥίζα, -ης f, root
[4] ἀνίστημι pres mid ptc m s nom, rise
[5] ἐλπίζω 3p fut act ind, hope
[6] πείθω 1s pf pas ind, convince
[7] μεστός, -ή/όν, full
[8] ἀγαθωσύνη, -ης f, goodness
[9] γνῶσις, -εως f, knowledge
[10] νουθετέω pres act inf, instruct
[11] τολμηρότερον, adv, rather boldly
[12] ἐπαναμιμνῄσκω pres act ptc m s nom, remind
[13] δίδωμι aor pas ptc f s acc, give
[14] λειτουργός, -οῦ m, minister
[15] ἱερουργέω pres act ptc m s acc, serve as a priest
[16] προσφορά, -ᾶς f, offering
[17] εὐπρόσδεκτος, -ον, acceptable
[18] ἁγιάζω pf pas ptc f s nom, sanctify
[19] καύχησις, -εως f, pride
[20] τολμάω 1s fut act ind, dare
[21] κατεργάζομαι 3s aor mid ind, do
[22] ὑπακοή, -ῆς f, obedience
[23] τέρας, -ατος n, a wonder
[24] κύκλῳ, adv, round about
[25] μέχρι, prep + gen, until
[26] φιλοτιμέομαι pres mid ptc m s acc, make it one's ambition
[27] ὀνομάζω 3s aor pas ind, pas be known
[28] ἀλλότριος, -α/ον, belonging to another
[29] θεμέλιος, -ου m, foundation
[30] ἀναγγέλλω 3s aor pas ind, tell
[31] ὁράω 3p fut mid ind, see
[32] συνίημι 3p fut act ind, understand

Paul's Plan to Visit Rome

22 Διὸ καὶ ἐνεκοπτόμην¹ τὰ πολλὰ τοῦ ἐλθεῖν πρὸς ὑμᾶς· **23** νυνὶ² δὲ μηκέτι³ τόπον ἔχων ἐν τοῖς κλίμασιν⁴ τούτοις, ἐπιποθίαν⁵ δὲ ἔχων τοῦ ἐλθεῖν πρὸς ὑμᾶς ἀπὸ πολλῶν ἐτῶν, **24** ὡς ἂν πορεύωμαι εἰς τὴν Σπανίαν· ἐλπίζω γὰρ διαπορευόμενος⁶ θεάσασθαι⁷ ὑμᾶς καὶ ὑφ' ὑμῶν προπεμφθῆναι⁸ ἐκεῖ ἐὰν ὑμῶν πρῶτον ἀπὸ μέρους ἐμπλησθῶ⁹. **25** νυνὶ δὲ πορεύομαι εἰς Ἱερουσαλὴμ διακονῶν τοῖς ἁγίοις. **26** εὐδόκησαν¹⁰ γὰρ Μακεδονία καὶ Ἀχαΐα κοινωνίαν¹¹ τινὰ ποιήσασθαι εἰς τοὺς πτωχοὺς τῶν ἁγίων τῶν ἐν Ἱερουσαλήμ. **27** εὐδόκησαν γὰρ καὶ ὀφειλέται¹² εἰσὶν αὐτῶν· εἰ γὰρ τοῖς πνευματικοῖς¹³ αὐτῶν ἐκοινώνησαν¹⁴ τὰ ἔθνη, ὀφείλουσιν καὶ ἐν τοῖς σαρκικοῖς¹⁵ λειτουργῆσαι¹⁶ αὐτοῖς. **28** τοῦτο οὖν ἐπιτελέσας¹⁷ καὶ σφραγισάμενος¹⁸ αὐτοῖς τὸν καρπὸν τοῦτον, ἀπελεύσομαι¹⁹ δι' ὑμῶν εἰς Σπανίαν· **29** οἶδα δὲ ὅτι ἐρχόμενος πρὸς ὑμᾶς ἐν πληρώματι²⁰ εὐλογίας²¹ Χριστοῦ ἐλεύσομαι²².

30 Παρακαλῶ δὲ ὑμᾶς[, ἀδελφοί,] διὰ τοῦ κυρίου ἡμῶν Ἰησοῦ Χριστοῦ καὶ διὰ τῆς ἀγάπης τοῦ πνεύματος συναγωνίσασθαί²³ μοι ἐν ταῖς προσευχαῖς ὑπὲρ ἐμοῦ πρὸς τὸν θεόν, **31** ἵνα ῥυσθῶ²⁴ ἀπὸ τῶν ἀπειθούντων²⁵ ἐν τῇ Ἰουδαίᾳ καὶ ἡ διακονία μου ἡ εἰς Ἱερουσαλὴμ εὐπρόσδεκτος²⁶ τοῖς ἁγίοις γένηται, **32** ἵνα ἐν χαρᾷ ἐλθὼν πρὸς ὑμᾶς διὰ θελήματος θεοῦ συναναπαύσωμαι²⁷ ὑμῖν. **33** ὁ δὲ θεὸς τῆς εἰρήνης μετὰ πάντων ὑμῶν, ἀμήν.

Personal Greetings

16 Συνίστημι²⁸ δὲ ὑμῖν Φοίβην τὴν ἀδελφὴν²⁹ ἡμῶν, οὖσαν [καὶ] διάκονον³⁰ τῆς ἐκκλησίας τῆς ἐν Κεγχρεαῖς, **2** ἵνα αὐτὴν προσδέξησθε³¹ ἐν κυρίῳ ἀξίως³² τῶν ἁγίων καὶ παραστῆτε³³ αὐτῇ ἐν ᾧ ἂν ὑμῶν χρῄζῃ³⁴ πράγματι³⁵· καὶ γὰρ αὐτὴ προστάτις³⁶ πολλῶν ἐγενήθη³⁷ καὶ ἐμοῦ αὐτοῦ.

---

¹ ἐγκόπτω 1s impf pas ind, prevent
² νυνί, adv, now
³ μηκέτι, adv, no longer
⁴ κλίμα, -τος n, region
⁵ ἐπιποθία, -ας f, longing
⁶ διαπορεύομαι pres mid ptc m s nom, travel through
⁷ θεάομαι aor mid inf, visit
⁸ προπέμπω aor pas inf, send on one's way
⁹ ἐμπίπλημι 1s aor pas sub, pas enjoy
¹⁰ εὐδοκέω 3p aor act ind, be pleased
¹¹ κοινωνία, -ας f, contribution
¹² ὀφειλέτης, -ου m, one who is under obligation
¹³ πνευματικός, -ή/όν, spiritual

¹⁴ κοινωνέω 3p aor act ind, participate
¹⁵ σαρκικός, -ή/όν, material
¹⁶ λειτουργέω aor act inf, serve
¹⁷ ἐπιτελέω aor act ptc m s nom, complete
¹⁸ σφραγίζω aor mid ptc m s nom, guarantee (σ. αὐτοῖς τὸν καρπὸν τοῦτον I safely deliver this money to them)
¹⁹ ἀπέρχομαι 1s fut mid ind, go
²⁰ πλήρωμα, -τος n, fullness
²¹ εὐλογία, -ας f, blessing
²² ἔρχομαι 1s fut mid ind, come
²³ συναγωνίζομαι aor mid inf, struggle together
²⁴ ῥύομαι 1s aor pas sub, rescue

²⁵ ἀπειθέω pres act ptc m p gen, be an unbeliever
²⁶ εὐπρόσδεκτος, -ον, acceptable
²⁷ συναναπαύομαι 1s aor mid sub, be refreshed
²⁸ συνίστημι 1s pres act ind, commend
²⁹ ἀδελφή, -ῆς f, sister
³⁰ διάκονος, -ου m & f, deacon
³¹ προσδέχομαι 2p aor mid sub, receive
³² ἀξίως, adv, in a way that's worthy
³³ παρίστημι 2p aor act sub, help
³⁴ χρῄζω 3s pres act sub, need
³⁵ πρᾶγμα, -τος n, matter
³⁶ προστάτις, -ιδος f, helper
³⁷ γίνομαι 3s aor pas ind, be

ΠΡΟΣ ΡΩΜΑΙΟΥΣ 16.3-20

3 Ἀσπάσασθε Πρίσκαν καὶ Ἀκύλαν τοὺς συνεργούς[1] μου ἐν Χριστῷ Ἰησοῦ, **4** οἵτινες ὑπὲρ τῆς ψυχῆς μου τὸν ἑαυτῶν τράχηλον[2] ὑπέθηκαν[3], οἷς οὐκ ἐγὼ μόνος εὐχαριστῶ ἀλλὰ καὶ πᾶσαι αἱ ἐκκλησίαι τῶν ἐθνῶν, **5** καὶ τὴν κατ' οἶκον αὐτῶν ἐκκλησίαν. ἀσπάσασθε Ἐπαίνετον τὸν ἀγαπητόν μου, ὅς ἐστιν ἀπαρχὴ[4] τῆς Ἀσίας εἰς Χριστόν. **6** ἀσπάσασθε Μαρίαν, ἥτις πολλὰ[5] ἐκοπίασεν[6] εἰς ὑμᾶς. **7** ἀσπάσασθε Ἀνδρόνικον καὶ Ἰουνίαν τοὺς συγγενεῖς[7] μου καὶ συναιχμαλώτους[8] μου, οἵτινές εἰσιν ἐπίσημοι[9] ἐν τοῖς ἀποστόλοις, οἳ καὶ πρὸ ἐμοῦ γέγοναν[10] ἐν Χριστῷ. **8** ἀσπάσασθε Ἀμπλιᾶτον τὸν ἀγαπητόν μου ἐν κυρίῳ. **9** ἀσπάσασθε Οὐρβανὸν τὸν συνεργὸν ἡμῶν ἐν Χριστῷ καὶ Στάχυν τὸν ἀγαπητόν μου. **10** ἀσπάσασθε Ἀπελλῆν τὸν δόκιμον[11] ἐν Χριστῷ. ἀσπάσασθε τοὺς ἐκ τῶν Ἀριστοβούλου. **11** ἀσπάσασθε Ἡρῳδίωνα τὸν συγγενῆ μου. ἀσπάσασθε τοὺς ἐκ τῶν Ναρκίσσου τοὺς ὄντας ἐν κυρίῳ. **12** ἀσπάσασθε Τρύφαιναν καὶ Τρυφῶσαν τὰς κοπιώσας[12] ἐν κυρίῳ. ἀσπάσασθε Περσίδα τὴν ἀγαπητήν, ἥτις πολλὰ ἐκοπίασεν ἐν κυρίῳ. **13** ἀσπάσασθε Ῥοῦφον τὸν ἐκλεκτὸν[13] ἐν κυρίῳ καὶ τὴν μητέρα αὐτοῦ καὶ ἐμοῦ. **14** ἀσπάσασθε Ἀσύγκριτον, Φλέγοντα, Ἑρμῆν, Πατροβᾶν, Ἑρμᾶν καὶ τοὺς σὺν αὐτοῖς ἀδελφούς. **15** ἀσπάσασθε Φιλόλογον καὶ Ἰουλίαν, Νηρέα καὶ τὴν ἀδελφὴν[14] αὐτοῦ, καὶ Ὀλυμπᾶν καὶ τοὺς σὺν αὐτοῖς πάντας ἁγίους. **16** ἀσπάσασθε ἀλλήλους ἐν φιλήματι[15] ἁγίῳ. ἀσπάζονται ὑμᾶς αἱ ἐκκλησίαι πᾶσαι τοῦ Χριστοῦ.

17 Παρακαλῶ δὲ ὑμᾶς, ἀδελφοί, σκοπεῖν[16] τοὺς τὰς διχοστασίας[17] καὶ τὰ σκάνδαλα[18] παρὰ τὴν διδαχὴν[19] ἣν ὑμεῖς ἐμάθετε[20] ποιοῦντας, καὶ ἐκκλίνετε[21] ἀπ' αὐτῶν· **18** οἱ γὰρ τοιοῦτοι τῷ κυρίῳ ἡμῶν Χριστῷ οὐ δουλεύουσιν[22] ἀλλὰ τῇ ἑαυτῶν κοιλίᾳ[23], καὶ διὰ τῆς χρηστολογίας[24] καὶ εὐλογίας[25] ἐξαπατῶσιν[26] τὰς καρδίας τῶν ἀκάκων[27]. **19** ἡ γὰρ ὑμῶν ὑπακοὴ[28] εἰς πάντας ἀφίκετο[29]· ἐφ' ὑμῖν οὖν χαίρω, θέλω δὲ ὑμᾶς σοφοὺς[30] εἶναι εἰς τὸ ἀγαθόν, ἀκεραίους[31] δὲ εἰς τὸ κακόν. **20** ὁ δὲ θεὸς τῆς εἰρήνης συντρίψει[32] τὸν σατανᾶν ὑπὸ τοὺς πόδας ὑμῶν ἐν τάχει[33]. ἡ χάρις τοῦ κυρίου ἡμῶν Ἰησοῦ μεθ' ὑμῶν.

---

[1] συνεργός, -οῦ m, fellow-worker
[2] τράχηλος, -ου m, neck
[3] ὑποτίθημι 3p aor act ind, risk
[4] ἀπαρχή, -ῆς f, first convert
[5] πολύς, much, hard (n.pl = adv)
[6] κοπιάω 3s aor act ind, work (πολλά κ. work hard)
[7] συγγενής, -οῦς m, relative
[8] συναιχμάλωτος, -ου m, fellow-prisoner
[9] ἐπίσημος, -ον, well known
[10] γίνομαι 3p pf act ind, be
[11] δόκιμος, -ον, approved
[12] κοπιάω pres act ptc f p acc, work
[13] ἐκλεκτός, -ή/όν, chosen
[14] ἀδελφή, -ῆς f, sister
[15] φίλημα, -τος n, kiss
[16] σκοπέω pres act inf, watch out for
[17] διχοστασία, -ας f, division
[18] σκάνδαλον, -ου n, obstacle
[19] διδαχή, -ῆς f, teaching
[20] μανθάνω 2p aor act ind, learn
[21] ἐκκλίνω 2p pres act impv, keep away
[22] δουλεύω 3p pres act ind, serve
[23] κοιλία, -ας f, stomach
[24] χρηστολογία, -ας f, smooth talk
[25] εὐλογία, -ας f, flattery
[26] ἐξαπατάω 3p pres act ind, deceive
[27] ἄκακος, -ον, unsuspecting
[28] ὑπακοή, -ῆς f, obedience
[29] ἀφικνέομαι 3s aor mid ind, be known to
[30] σοφός, -ή/όν, wise
[31] ἀκέραιος, -ον, innocent
[32] συντρίβω 3s fut act ind, crush
[33] τάχος, -ους n, speed (ἐν τ. soon)

21 Ἀσπάζεται ὑμᾶς Τιμόθεος ὁ συνεργός[1] μου καὶ Λούκιος καὶ Ἰάσων καὶ Σωσίπατρος οἱ συγγενεῖς[2] μου. 22 ἀσπάζομαι ὑμᾶς ἐγὼ Τέρτιος ὁ γράψας τὴν ἐπιστολὴν[3] ἐν κυρίῳ. 23 ἀσπάζεται ὑμᾶς Γάϊος ὁ ξένος[4] μου καὶ ὅλης τῆς ἐκκλησίας. ἀσπάζεται ὑμᾶς Ἔραστος ὁ οἰκονόμος[5] τῆς πόλεως καὶ Κούαρτος ὁ ἀδελφός. ⟦24 ἡ χάρις τοῦ κυρίου ἡμῶν Ἰησοῦ Χριστοῦ μετὰ πάντων ὑμῶν. ἀμήν.⟧

Doxology

[25 Τῷ δὲ δυναμένῳ ὑμᾶς στηρίξαι[6] κατὰ τὸ εὐαγγέλιόν μου καὶ τὸ κήρυγμα[7] Ἰησοῦ Χριστοῦ, κατὰ ἀποκάλυψιν[8] μυστηρίου[9] χρόνοις αἰωνίοις σεσιγημένου[10], 26 φανερωθέντος δὲ νῦν διά τε γραφῶν προφητικῶν[11] κατ' ἐπιταγὴν[12] τοῦ αἰωνίου θεοῦ εἰς ὑπακοὴν[13] πίστεως εἰς πάντα τὰ ἔθνη γνωρισθέντος[14], 27 μόνῳ σοφῷ[15] θεῷ, διὰ Ἰησοῦ Χριστοῦ, ᾧ ἡ δόξα εἰς τοὺς αἰῶνας, ἀμήν].

[1] συνεργός, -οῦ *m*, fellow-worker
[2] συγγενής, -οῦς *m*, relative
[3] ἐπιστολή, -ῆς *f*, letter
[4] ξένος, -η/ον, strange (ὁ ξ. μου my host)
[5] οἰκονόμος, -ου *m*, treasurer
[6] στηρίζω *aor act inf*, strengthen
[7] κήρυγμα, -τος *n*, message
[8] ἀποκάλυψις, -εως *f*, revelation
[9] μυστήριον, -ου *n*, mystery
[10] σιγάω *pf pas ptc n s gen*, keep silent
[11] προφητικός, -ή/όν, prophetic
[12] ἐπιταγή, -ῆς *f*, command
[13] ὑπακοή, -ῆς *f*, obedience
[14] γνωρίζω *aor pas ptc n s gen*, make known
[15] σοφός, -ή/όν, wise

ΠΡΟΣ ΚΟΡΙΝΘΙΟΥΣ Α'

Salutation

1 Παῦλος κλητὸς[1] ἀπόστολος Χριστοῦ Ἰησοῦ διὰ θελήματος θεοῦ καὶ Σωσθένης ὁ ἀδελφὸς **2** τῇ ἐκκλησίᾳ τοῦ θεοῦ τῇ οὔσῃ ἐν Κορίνθῳ, ἡγιασμένοις[2] ἐν Χριστῷ Ἰησοῦ, κλητοῖς ἁγίοις, σὺν πᾶσιν τοῖς ἐπικαλουμένοις[3] τὸ ὄνομα τοῦ κυρίου ἡμῶν Ἰησοῦ Χριστοῦ ἐν παντὶ τόπῳ, αὐτῶν καὶ ἡμῶν· **3** χάρις ὑμῖν καὶ εἰρήνη ἀπὸ θεοῦ πατρὸς ἡμῶν καὶ κυρίου Ἰησοῦ Χριστοῦ.

4 Εὐχαριστῶ τῷ θεῷ μου πάντοτε περὶ ὑμῶν ἐπὶ τῇ χάριτι τοῦ θεοῦ τῇ δοθείσῃ[4] ὑμῖν ἐν Χριστῷ Ἰησοῦ, **5** ὅτι ἐν παντὶ ἐπλουτίσθητε[5] ἐν αὐτῷ, ἐν παντὶ λόγῳ καὶ πάσῃ γνώσει[6], **6** καθὼς τὸ μαρτύριον[7] τοῦ Χριστοῦ ἐβεβαιώθη[8] ἐν ὑμῖν, **7** ὥστε ὑμᾶς μὴ ὑστερεῖσθαι[9] ἐν μηδενὶ χαρίσματι[10] ἀπεκδεχομένους[11] τὴν ἀποκάλυψιν[12] τοῦ κυρίου ἡμῶν Ἰησοῦ Χριστοῦ· **8** ὃς καὶ βεβαιώσει ὑμᾶς ἕως τέλους ἀνεγκλήτους[13] ἐν τῇ ἡμέρᾳ τοῦ κυρίου ἡμῶν Ἰησοῦ Χριστοῦ. **9** πιστὸς ὁ θεός, δι' οὗ ἐκλήθητε[14] εἰς κοινωνίαν[15] τοῦ υἱοῦ αὐτοῦ Ἰησοῦ Χριστοῦ τοῦ κυρίου ἡμῶν.

Divisions in the Church

10 Παρακαλῶ δὲ ὑμᾶς, ἀδελφοί, διὰ τοῦ ὀνόματος τοῦ κυρίου ἡμῶν Ἰησοῦ Χριστοῦ, ἵνα τὸ αὐτὸ λέγητε πάντες καὶ μὴ ᾖ ἐν ὑμῖν σχίσματα[16], ἦτε δὲ κατηρτισμένοι[17] ἐν τῷ αὐτῷ νοΐ[18] καὶ ἐν τῇ αὐτῇ γνώμῃ[19]. **11** ἐδηλώθη[20] γάρ μοι περὶ ὑμῶν, ἀδελφοί μου, ὑπὸ τῶν Χλόης ὅτι ἔριδες[21] ἐν ὑμῖν εἰσιν. **12** λέγω δὲ τοῦτο ὅτι ἕκαστος ὑμῶν λέγει· ἐγὼ μέν εἰμι Παύλου, ἐγὼ δὲ Ἀπολλῶ, ἐγὼ δὲ Κηφᾶ, ἐγὼ δὲ Χριστοῦ. **13** μεμέρισται[22] ὁ Χριστός; μὴ Παῦλος ἐσταυρώθη ὑπὲρ ὑμῶν, ἢ εἰς τὸ ὄνομα Παύλου ἐβαπτίσθητε; **14** εὐχαριστῶ [τῷ θεῷ] ὅτι οὐδένα ὑμῶν ἐβάπτισα εἰ μὴ Κρίσπον καὶ Γάϊον, **15** ἵνα μή τις εἴπῃ[23] ὅτι εἰς τὸ ἐμὸν ὄνομα ἐβαπτίσθητε. **16** ἐβάπτισα δὲ καὶ

[1] κλητός, -ή/όν, called
[2] ἁγιάζω *pf pas ptc m p dat*, sanctify
[3] ἐπικαλέω *pres mid ptc m p dat*, *mid* call upon
[4] δίδωμι *aor pas ptc f s dat*, give
[5] πλουτίζω *2p aor pas ind*, enrich
[6] γνῶσις, -εως *f*, knowledge
[7] μαρτύριον, -ου *n*, testimony
[8] βεβαιόω *3s aor pas ind*, confirm
[9] ὑστερέω *pres pas inf*, *pas* lack
[10] χάρισμα, -τος *n*, gift
[11] ἀπεκδέχομαι *pres mid ptc m p acc*, await expectantly
[12] ἀποκάλυψις, -εως *f*, revelation
[13] ἀνέγκλητος, -ον, beyond reproach
[14] καλέω *2p aor pas ind*, call
[15] κοινωνία, -ας *f*, fellowship
[16] σχίσμα, -τος *n*, division
[17] καταρτίζω *pf pas ptc m p nom*, make complete
[18] νοῦς, -ός, *dat* νοΐ *m*, mind
[19] γνώμη, -ης *f*, purpose
[20] δηλόω *3s aor pas ind*, make clear
[21] ἔρις, -ιδος *f*, quarrelling
[22] μερίζω *3s pf pas ind*, divide
[23] λέγω *3s aor act sub*, say

τὸν Στεφανᾶ οἶκον, λοιπὸν οὐκ οἶδα εἴ τινα ἄλλον ἐβάπτισα. 17 οὐ γὰρ ἀπέστειλέν[1] με Χριστὸς βαπτίζειν ἀλλ' εὐαγγελίζεσθαι, οὐκ ἐν σοφίᾳ λόγου, ἵνα μὴ κενωθῇ[2] ὁ σταυρὸς[3] τοῦ Χριστοῦ.

Christ the Power and Wisdom of God

18 Ὁ λόγος γὰρ ὁ τοῦ σταυροῦ τοῖς μὲν ἀπολλυμένοις[4] μωρία[5] ἐστίν, τοῖς δὲ σῳζομένοις ἡμῖν δύναμις θεοῦ ἐστιν. 19 γέγραπται γάρ·

ἀπολῶ[6] τὴν σοφίαν τῶν σοφῶν[7]
καὶ τὴν σύνεσιν[8] τῶν συνετῶν[9] ἀθετήσω[10].

20 ποῦ σοφός; ποῦ γραμματεύς; ποῦ συζητητὴς[11] τοῦ αἰῶνος τούτου; οὐχὶ ἐμώρανεν[12] ὁ θεὸς τὴν σοφίαν τοῦ κόσμου; 21 ἐπειδὴ[13] γὰρ ἐν τῇ σοφίᾳ τοῦ θεοῦ οὐκ ἔγνω[14] ὁ κόσμος διὰ τῆς σοφίας τὸν θεόν, εὐδόκησεν[15] ὁ θεὸς διὰ τῆς μωρίας τοῦ κηρύγματος[16] σῶσαι τοὺς πιστεύοντας· 22 ἐπειδὴ καὶ Ἰουδαῖοι σημεῖα αἰτοῦσιν καὶ Ἕλληνες σοφίαν ζητοῦσιν, 23 ἡμεῖς δὲ κηρύσσομεν Χριστὸν ἐσταυρωμένον, Ἰουδαίοις μὲν σκάνδαλον[17], ἔθνεσιν δὲ μωρίαν, 24 αὐτοῖς δὲ τοῖς κλητοῖς[18], Ἰουδαίοις τε καὶ Ἕλλησιν, Χριστὸν θεοῦ δύναμιν καὶ θεοῦ σοφίαν· 25 ὅτι τὸ μωρὸν[19] τοῦ θεοῦ σοφώτερον[20] τῶν ἀνθρώπων ἐστίν καὶ τὸ ἀσθενὲς[21] τοῦ θεοῦ ἰσχυρότερον[22] τῶν ἀνθρώπων.

26 Βλέπετε γὰρ τὴν κλῆσιν[23] ὑμῶν, ἀδελφοί, ὅτι οὐ πολλοὶ σοφοὶ κατὰ σάρκα, οὐ πολλοὶ δυνατοί, οὐ πολλοὶ εὐγενεῖς[24]· 27 ἀλλὰ τὰ μωρὰ τοῦ κόσμου ἐξελέξατο[25] ὁ θεός, ἵνα καταισχύνῃ[26] τοὺς σοφούς, καὶ τὰ ἀσθενῆ τοῦ κόσμου ἐξελέξατο ὁ θεός, ἵνα καταισχύνῃ τὰ ἰσχυρά, 28 καὶ τὰ ἀγενῆ[27] τοῦ κόσμου καὶ τὰ ἐξουθενημένα[28] ἐξελέξατο ὁ θεός, τὰ μὴ ὄντα, ἵνα τὰ ὄντα καταργήσῃ[29], 29 ὅπως μὴ καυχήσηται πᾶσα σὰρξ ἐνώπιον τοῦ θεοῦ. 30 ἐξ αὐτοῦ δὲ ὑμεῖς ἐστε ἐν Χριστῷ Ἰησοῦ, ὃς ἐγενήθη[30] σοφία ἡμῖν ἀπὸ θεοῦ, δικαιοσύνη τε καὶ ἁγιασμὸς[31] καὶ ἀπολύτρωσις[32], 31 ἵνα καθὼς γέγραπται· ὁ καυχώμενος ἐν κυρίῳ καυχάσθω.

---

[1] ἀποστέλλω 3s aor act ind, send
[2] κενόω 3s aor pas sub, empty of power
[3] σταυρός, -οῦ m, cross
[4] ἀπόλλυμι pres mid ptc m p dat, mid be lost
[5] μωρία, -ας f, foolishness
[6] ἀπόλλυμι 1s fut act ind, destroy
[7] σοφός, -ή/όν, wise
[8] σύνεσις, -εως f, intelligence
[9] συνετός, -ή/όν, intelligent
[10] ἀθετέω 1s fut act ind, confuse
[11] συζητητής, -οῦ m, skillful debater
[12] μωραίνω 3s aor act ind, make foolish
[13] ἐπειδή, conj, since
[14] γινώσκω 3s aor act ind, know
[15] εὐδοκέω 3s aor act ind, be pleased
[16] κήρυγμα, -τος n, what is preached
[17] σκάνδαλον, -ου n, stumbling block
[18] κλητός, -ή/όν, called
[19] μωρός, -ά/όν, foolish (τὸ μ. foolishness)
[20] σοφός, wise (comp)
[21] ἀσθενής, -ές, weak
[22] ἰσχυρός, strong (comp)
[23] κλῆσις, -εως f, calling
[24] εὐγενής, -ές, of noble birth
[25] ἐκλέγομαι 3s aor mid ind, choose
[26] καταισχύνω 3s pres act sub, put to shame
[27] ἀγενής, -ές, insignificant
[28] ἐξουθενέω pf pas ptc n p acc, despise
[29] καταργέω 3s aor act sub, make ineffective
[30] γίνομαι 3s aor pas ind, become
[31] ἁγιασμός, -οῦ m, holiness
[32] ἀπολύτρωσις, -εως f, redemption

Proclaiming Christ Crucified

2 Κἀγὼ ἐλθὼν πρὸς ὑμᾶς, ἀδελφοί, ἦλθον οὐ καθ' ὑπεροχὴν¹ λόγου ἢ σοφίας καταγγέλλων² ὑμῖν τὸ μυστήριον³ τοῦ θεοῦ. 2 οὐ γὰρ ἔκρινά τι εἰδέναι⁴ ἐν ὑμῖν εἰ μὴ Ἰησοῦν Χριστὸν καὶ τοῦτον ἐσταυρωμένον. 3 κἀγὼ ἐν ἀσθενείᾳ⁵ καὶ ἐν φόβῳ καὶ ἐν τρόμῳ⁶ πολλῷ ἐγενόμην⁷ πρὸς ὑμᾶς, 4 καὶ ὁ λόγος μου καὶ τὸ κήρυγμά⁸ μου οὐκ ἐν πειθοῖ[ς]⁹ σοφίας [λόγοις] ἀλλ' ἐν ἀποδείξει¹⁰ πνεύματος καὶ δυνάμεως, 5 ἵνα ἡ πίστις ὑμῶν μὴ ᾖ ἐν σοφίᾳ ἀνθρώπων ἀλλ' ἐν δυνάμει θεοῦ.

Revelation through the Spirit

6 Σοφίαν δὲ λαλοῦμεν ἐν τοῖς τελείοις¹¹, σοφίαν δὲ οὐ τοῦ αἰῶνος τούτου οὐδὲ τῶν ἀρχόντων τοῦ αἰῶνος τούτου τῶν καταργουμένων¹². 7 ἀλλὰ λαλοῦμεν θεοῦ σοφίαν ἐν μυστηρίῳ τὴν ἀποκεκρυμμένην¹³, ἣν προώρισεν¹⁴ ὁ θεὸς πρὸ τῶν αἰώνων εἰς δόξαν ἡμῶν, 8 ἣν οὐδεὶς τῶν ἀρχόντων τοῦ αἰῶνος τούτου ἔγνωκεν¹⁵· εἰ γὰρ ἔγνωσαν¹⁶, οὐκ ἂν τὸν κύριον τῆς δόξης ἐσταύρωσαν. 9 ἀλλὰ καθὼς γέγραπται·

ἃ ὀφθαλμὸς οὐκ εἶδεν καὶ οὓς οὐκ ἤκουσεν
καὶ ἐπὶ καρδίαν ἀνθρώπου οὐκ ἀνέβη¹⁷,
ἃ ἡτοίμασεν ὁ θεὸς τοῖς ἀγαπῶσιν αὐτόν.

10 ἡμῖν δὲ ἀπεκάλυψεν¹⁸ ὁ θεὸς διὰ τοῦ πνεύματος· τὸ γὰρ πνεῦμα πάντα ἐραυνᾷ¹⁹, καὶ τὰ βάθη²⁰ τοῦ θεοῦ. 11 τίς γὰρ οἶδεν ἀνθρώπων τὰ τοῦ ἀνθρώπου εἰ μὴ τὸ πνεῦμα τοῦ ἀνθρώπου τὸ ἐν αὐτῷ; οὕτως καὶ τὰ τοῦ θεοῦ οὐδεὶς ἔγνωκεν εἰ μὴ τὸ πνεῦμα τοῦ θεοῦ. 12 ἡμεῖς δὲ οὐ τὸ πνεῦμα τοῦ κόσμου ἐλάβομεν ἀλλὰ τὸ πνεῦμα τὸ ἐκ τοῦ θεοῦ, ἵνα εἰδῶμεν²¹ τὰ ὑπὸ τοῦ θεοῦ χαρισθέντα²² ἡμῖν· 13 ἃ καὶ λαλοῦμεν οὐκ ἐν διδακτοῖς²³ ἀνθρωπίνης²⁴ σοφίας λόγοις ἀλλ' ἐν διδακτοῖς πνεύματος, πνευματικοῖς²⁵ πνευματικὰ συγκρίνοντες²⁶. 14 ψυχικὸς²⁷ δὲ ἄνθρωπος οὐ δέχεται τὰ τοῦ πνεύματος τοῦ θεοῦ· μωρία²⁸ γὰρ αὐτῷ ἐστιν καὶ οὐ δύναται γνῶναι²⁹, ὅτι πνευματικῶς³⁰ ἀνακρίνεται³¹. 15 ὁ δὲ πνευματικὸς ἀνακρίνει [τὰ] πάντα, αὐτὸς

---

[1] ὑπεροχή, -ῆς f, position of authority (καθ' ὑ. λόγου high sounding words)
[2] καταγγέλλω pres act ptc m s nom, proclaim
[3] μυστήριον, -ου n, mystery
[4] οἶδα pf act inf, know
[5] ἀσθένεια, -ας f, weakness
[6] τρόμος, -ου m, trembling
[7] γίνομαι 1s aor mid ind, be
[8] κήρυγμα, -τος n, message
[9] πειθός, -ή/όν, persuasive
[10] ἀπόδειξις, -εως f, demonstration
[11] τέλειος, -α/ον, mature
[12] καταργέω pres pas ptc m p gen, do away with
[13] ἀποκρύπτω pf pas ptc f s acc, keep secret
[14] προορίζω 3s aor act ind, decide beforehand
[15] γινώσκω 3s pf act ind, know
[16] γινώσκω 3p aor act ind, know
[17] ἀναβαίνω 3s aor act ind, occur to
[18] ἀποκαλύπτω 3s aor act ind, reveal
[19] ἐραυνάω 3s pres act ind, search
[20] βάθος, -ους n, depth
[21] οἶδα 1p pf act sub, understand
[22] χαρίζομαι aor pas ptc n p acc, give
[23] διδακτός, -ή/όν, taught
[24] ἀνθρώπινος, -η/ον, human
[25] πνευματικός, -ή/όν, spiritual
[26] συγκρίνω pres act ptc m p nom, interpret
[27] ψυχικός, -ή/όν, unspiritual
[28] μωρία, -ας f, foolishness
[29] γινώσκω aor act inf, know
[30] πνευματικῶς, adv, spiritually
[31] ἀνακρίνω 3s pres pas ind, discern

δὲ ὑπ' οὐδενὸς ἀνακρίνεται. **16** τίς γὰρ ἔγνω¹ νοῦν² κυρίου, ὃς συμβιβάσει³ αὐτόν; ἡμεῖς δὲ νοῦν Χριστοῦ ἔχομεν.

Fellow Workers for God

3 Κἀγώ, ἀδελφοί, οὐκ ἠδυνήθην λαλῆσαι ὑμῖν ὡς πνευματικοῖς ἀλλ' ὡς σαρκίνοις⁴, ὡς νηπίοις⁵ ἐν Χριστῷ. **2** γάλα⁶ ὑμᾶς ἐπότισα⁷, οὐ βρῶμα⁸· οὔπω⁹ γὰρ ἐδύνασθε. ἀλλ' οὐδὲ ἔτι νῦν δύνασθε, **3** ἔτι γὰρ σαρκικοί¹⁰ ἐστε. ὅπου γὰρ ἐν ὑμῖν ζῆλος¹¹ καὶ ἔρις¹², οὐχὶ σαρκικοί ἐστε καὶ κατὰ ἄνθρωπον περιπατεῖτε; **4** ὅταν γὰρ λέγῃ τις· ἐγὼ μέν εἰμι Παύλου, ἕτερος δέ· ἐγὼ Ἀπολλῶ, οὐκ ἄνθρωποί ἐστε; **5** τί οὖν ἐστιν Ἀπολλῶς; τί δέ ἐστιν Παῦλος; διάκονοι¹³ δι' ὧν ἐπιστεύσατε, καὶ ἑκάστῳ ὡς ὁ κύριος ἔδωκεν. **6** ἐγὼ ἐφύτευσα¹⁴, Ἀπολλῶς ἐπότισεν¹⁵, ἀλλ' ὁ θεὸς ηὔξανεν¹⁶· **7** ὥστε οὔτε ὁ φυτεύων ἐστίν τι οὔτε ὁ ποτίζων ἀλλ' ὁ αὐξάνων θεός. **8** ὁ φυτεύων δὲ καὶ ὁ ποτίζων ἕν εἰσιν, ἕκαστος δὲ τὸν ἴδιον μισθὸν¹⁷ λήμψεται¹⁸ κατὰ τὸν ἴδιον κόπον¹⁹· **9** θεοῦ γάρ ἐσμεν συνεργοί²⁰, θεοῦ γεώργιον²¹, θεοῦ οἰκοδομή²² ἐστε. **10** κατὰ τὴν χάριν τοῦ θεοῦ τὴν δοθεῖσάν²³ μοι ὡς σοφὸς²⁴ ἀρχιτέκτων²⁵ θεμέλιον²⁶ ἔθηκα²⁷, ἄλλος δὲ ἐποικοδομεῖ²⁸. ἕκαστος δὲ βλεπέτω πῶς ἐποικοδομεῖ. **11** θεμέλιον γὰρ ἄλλον οὐδεὶς δύναται θεῖναι²⁹ παρὰ τὸν κείμενον³⁰, ὅς ἐστιν Ἰησοῦς Χριστός. **12** εἰ δέ τις ἐποικοδομεῖ ἐπὶ τὸν θεμέλιον χρυσόν³¹, ἄργυρον³², λίθους τιμίους³³, ξύλα³⁴, χόρτον³⁵, καλάμην³⁶, **13** ἑκάστου τὸ ἔργον φανερὸν³⁷ γενήσεται³⁸, ἡ γὰρ ἡμέρα δηλώσει³⁹, ὅτι ἐν πυρὶ ἀποκαλύπτεται⁴⁰· καὶ ἑκάστου τὸ ἔργον ὁποῖόν⁴¹ ἐστιν τὸ πῦρ [αὐτὸ] δοκιμάσει⁴². **14** εἴ τινος τὸ ἔργον μενεῖ ὃ ἐποικοδόμησεν, μισθὸν λήμψεται⁴³· **15** εἴ τινος τὸ ἔργον κατακαήσεται⁴⁴, ζημιωθήσεται⁴⁵, αὐτὸς δὲ σωθήσεται, οὕτως δὲ ὡς διὰ πυρός. **16** οὐκ οἴδατε ὅτι ναὸς θεοῦ ἐστε καὶ

---

¹ γινώσκω 3s aor act ind, know
² νοῦς, -ός, acc νοῦν m, mind
³ συμβιβάζω 3s fut act ind, instruct
⁴ σάρκινος, -η/ον, worldly
⁵ νήπιος, -α/ον, baby
⁶ γάλα, γάλακτος n, milk
⁷ ποτίζω 1s aor act ind, give to drink
⁸ βρῶμα, -τος n, solid food
⁹ οὔπω, adv, not yet
¹⁰ σαρκικός, -ή/όν, worldly
¹¹ ζῆλος, -ου m, jealousy
¹² ἔρις, -ιδος f, quarreling
¹³ διάκονος, -ου m, servant
¹⁴ φυτεύω 1s aor act ind, plant
¹⁵ ποτίζω 3s aor act ind, water
¹⁶ αὐξάνω 3s impf act ind, make grow
¹⁷ μισθός, -οῦ m, wages
¹⁸ λαμβάνω 3s fut mid ind, receive
¹⁹ κόπος, -ου m, work
²⁰ συνεργός, -οῦ m, fellow-worker
²¹ γεώργιον, -ου n, (cultivated) field
²² οἰκοδομή, -ῆς f, building
²³ δίδωμι aor pas ptc f s acc, give
²⁴ σοφός, -ή/όν, wise
²⁵ ἀρχιτέκτων, -ονος m, expert builder
²⁶ θεμέλιος, -ου m, foundation
²⁷ τίθημι 1s aor act ind, lay
²⁸ ἐποικοδομέω 3s pres act ind, build on
²⁹ τίθημι aor act inf, lay
³⁰ κεῖμαι pres mid/pas ptc m s acc, be laid
³¹ χρυσός, -οῦ m, gold
³² ἄργυρος, -ου m, silver
³³ τίμιος, -α/ον, precious
³⁴ ξύλον, -ου n, wood
³⁵ χόρτος, -ου m, hay
³⁶ καλάμη, -ης f, straw
³⁷ φανερός, -ά/όν, visible
³⁸ γίνομαι 3s fut mid ind, become
³⁹ δηλόω 3s fut act ind, make clear
⁴⁰ ἀποκαλύπτω 3s pres pas ind, reveal
⁴¹ ὁποῖος, -α/ον pro, of what sort
⁴² δοκιμάζω 3s fut act ind, test
⁴³ λαμβάνω 3s fut mid ind, receive
⁴⁴ κατακαίω 3s fut pas ind, burn up
⁴⁵ ζημιόω 3s fut pas ind, pas suffer loss

τὸ πνεῦμα τοῦ θεοῦ οἰκεῖ¹ ἐν ὑμῖν; **17** εἴ τις τὸν ναὸν τοῦ θεοῦ φθείρει², φθερεῖ τοῦτον ὁ θεός· ὁ γὰρ ναὸς τοῦ θεοῦ ἅγιός ἐστιν, οἵτινές ἐστε ὑμεῖς. **18** Μηδεὶς ἑαυτὸν ἐξαπατάτω³· εἴ τις δοκεῖ σοφὸς⁴ εἶναι ἐν ὑμῖν ἐν τῷ αἰῶνι τούτῳ, μωρὸς⁵ γενέσθω⁶, ἵνα γένηται σοφός. **19** ἡ γὰρ σοφία τοῦ κόσμου τούτου μωρία⁷ παρὰ τῷ θεῷ ἐστιν. γέγραπται γάρ· ὁ δρασσόμενος⁸ τοὺς σοφοὺς ἐν τῇ πανουργίᾳ⁹ αὐτῶν· **20** καὶ πάλιν· κύριος γινώσκει τοὺς διαλογισμοὺς¹⁰ τῶν σοφῶν¹¹ ὅτι εἰσὶν μάταιοι¹². **21** ὥστε μηδεὶς καυχάσθω ἐν ἀνθρώποις· πάντα γὰρ ὑμῶν ἐστιν, **22** εἴτε Παῦλος εἴτε Ἀπολλῶς εἴτε Κηφᾶς, εἴτε κόσμος εἴτε ζωὴ εἴτε θάνατος, εἴτε ἐνεστῶτα¹³ εἴτε μέλλοντα· πάντα ὑμῶν, **23** ὑμεῖς δὲ Χριστοῦ, Χριστὸς δὲ θεοῦ.

The Ministry of the Apostles

4 Οὕτως ἡμᾶς λογιζέσθω ἄνθρωπος ὡς ὑπηρέτας¹⁴ Χριστοῦ καὶ οἰκονόμους¹⁵ μυστηρίων¹⁶ θεοῦ. **2** ὧδε λοιπὸν ζητεῖται ἐν τοῖς οἰκονόμοις, ἵνα πιστός τις εὑρεθῇ¹⁷. **3** ἐμοὶ δὲ εἰς ἐλάχιστόν¹⁸ ἐστιν, ἵνα ὑφ᾽ ὑμῶν ἀνακριθῶ¹⁹ ἢ ὑπὸ ἀνθρωπίνης²⁰ ἡμέρας· ἀλλ᾽ οὐδὲ ἐμαυτὸν ἀνακρίνω. **4** οὐδὲν γὰρ ἐμαυτῷ σύνοιδα²¹, ἀλλ᾽ οὐκ ἐν τούτῳ δεδικαίωμαι, ὁ δὲ ἀνακρίνων με κύριός ἐστιν. **5** ὥστε μὴ πρὸ καιροῦ τι κρίνετε ἕως ἂν ἔλθῃ²² ὁ κύριος, ὃς καὶ φωτίσει²³ τὰ κρυπτὰ²⁴ τοῦ σκότους καὶ φανερώσει τὰς βουλὰς²⁵ τῶν καρδιῶν· καὶ τότε ὁ ἔπαινος²⁶ γενήσεται²⁷ ἑκάστῳ ἀπὸ τοῦ θεοῦ.

6 Ταῦτα δέ, ἀδελφοί, μετεσχημάτισα²⁸ εἰς ἐμαυτὸν καὶ Ἀπολλῶν δι᾽ ὑμᾶς, ἵνα ἐν ἡμῖν μάθητε²⁹ τὸ μὴ ὑπὲρ ἃ γέγραπται, ἵνα μὴ εἷς ὑπὲρ τοῦ ἑνὸς φυσιοῦσθε³⁰ κατὰ τοῦ ἑτέρου. **7** τίς γάρ σε διακρίνει³¹; τί δὲ ἔχεις ὃ οὐκ ἔλαβες; εἰ δὲ καὶ ἔλαβες, τί καυχᾶσαι ὡς μὴ λαβών; **8** ἤδη κεκορεσμένοι³² ἐστέ, ἤδη ἐπλουτήσατε³³, χωρὶς ἡμῶν ἐβασιλεύσατε³⁴· καὶ ὄφελόν³⁵ γε³⁶ ἐβασιλεύσατε, ἵνα καὶ ἡμεῖς ὑμῖν συμβασιλεύσωμεν³⁷. **9** δοκῶ γάρ, ὁ θεὸς ἡμᾶς τοὺς ἀποστόλους ἐσχάτους ἀπέδειξεν³⁸ ὡς

---

1 οἰκέω 3s pres act ind, live
2 φθείρω 3s pres act ind, destroy
3 ἐξαπατάω 3s pres act impv, deceive
4 σοφός, -ή/όν, wise
5 μωρός, -ά/όν, foolish
6 γίνομαι 3s aor mid impv, become
7 μωρία, -ας f, foolishness
8 δράσσομαι pres mid ptc m s acc, catch
9 πανουργία, -ας f, craftiness
10 διαλογισμός, -οῦ m, thought
11 σοφός, -ή, -όν, wise
12 μάταιος, -α/ον, futile
13 ἐνίστημι pf act ptc n p nom, be present
14 ὑπηρέτης, -ου m, servant
15 οἰκονόμος, -ου m, steward
16 μυστήριον, -ου n, mystery
17 εὑρίσκω 3s aor pas sub, find
18 ἐλάχιστος, least important (super of μικρός)
19 ἀνακρίνω 1s aor pas sub, judge
20 ἀνθρώπινος, -η/ον, human
21 σύνοιδα 1s pf act ind, be aware (οὐδὲν γὰρ ἐμαυτῷ σ. my conscience is clear)
22 ἔρχομαι 3s aor act sub, come
23 φωτίζω 3s fut act ind, bring to light
24 κρυπτός, -ή/όν, hidden
25 βουλή, -ῆς f, purpose
26 ἔπαινος, -ου m, praise
27 γίνομαι 3s fut mid ind, come
28 μετασχηματίζω 1s aor act ind, apply
29 μανθάνω 2p aor act sub, learn
30 φυσιόω 2p pres pas sub, pas be conceited
31 διακρίνω 3s pres act ind, make different
32 κορέννυμι pf pas ptc m p nom, fill
33 πλουτέω 2p aor act ind, be rich
34 βασιλεύω 2p aor act ind, reign
35 ὄφελον, fixed form introducing an unattainable wish, I wish
36 γε emphatic particle
37 συμβασιλεύω 1p aor act sub, reign with
38 ἀποδείκνυμι 3s aor act ind, place

ἐπιθανατίους¹, ὅτι θέατρον² ἐγενήθημεν³ τῷ κόσμῳ καὶ ἀγγέλοις καὶ ἀνθρώποις. **10** ἡμεῖς μωροὶ⁴ διὰ Χριστόν, ὑμεῖς δὲ φρόνιμοι⁵ ἐν Χριστῷ· ἡμεῖς ἀσθενεῖς⁶, ὑμεῖς δὲ ἰσχυροί⁷· ὑμεῖς ἔνδοξοι⁸, ἡμεῖς δὲ ἄτιμοι⁹. **11** ἄχρι τῆς ἄρτι ὥρας καὶ πεινῶμεν¹⁰ καὶ διψῶμεν¹¹ καὶ γυμνιτεύομεν¹² καὶ κολαφιζόμεθα¹³ καὶ ἀστατοῦμεν¹⁴ **12** καὶ κοπιῶμεν¹⁵ ἐργαζόμενοι ταῖς ἰδίαις χερσίν· λοιδορούμενοι¹⁶ εὐλογοῦμεν, διωκόμενοι ἀνεχόμεθα¹⁷, **13** δυσφημούμενοι¹⁸ παρακαλοῦμεν· ὡς περικαθάρματα¹⁹ τοῦ κόσμου ἐγενήθημεν, πάντων περίψημα²⁰ ἕως ἄρτι. **14** Οὐκ ἐντρέπων²¹ ὑμᾶς γράφω ταῦτα ἀλλ' ὡς τέκνα μου ἀγαπητὰ νουθετῶ[ν]²². **15** ἐὰν γὰρ μυρίους²³ παιδαγωγοὺς²⁴ ἔχητε ἐν Χριστῷ ἀλλ' οὐ πολλοὺς πατέρας· ἐν γὰρ Χριστῷ Ἰησοῦ διὰ τοῦ εὐαγγελίου ἐγὼ ὑμᾶς ἐγέννησα. **16** παρακαλῶ οὖν ὑμᾶς, μιμηταί²⁵ μου γίνεσθε²⁶. **17** Διὰ τοῦτο ἔπεμψα²⁷ ὑμῖν Τιμόθεον, ὅς ἐστίν μου τέκνον ἀγαπητὸν καὶ πιστὸν ἐν κυρίῳ, ὃς ὑμᾶς ἀναμνήσει²⁸ τὰς ὁδούς μου τὰς ἐν Χριστῷ [Ἰησοῦ], καθὼς πανταχοῦ²⁹ ἐν πάσῃ ἐκκλησίᾳ διδάσκω. **18** ὡς μὴ ἐρχομένου δέ μου πρὸς ὑμᾶς ἐφυσιώθησάν³⁰ τινες· **19** ἐλεύσομαι³¹ δὲ ταχέως³² πρὸς ὑμᾶς ἐὰν ὁ κύριος θελήσῃ, καὶ γνώσομαι³³ οὐ τὸν λόγον τῶν πεφυσιωμένων ἀλλὰ τὴν δύναμιν· **20** οὐ γὰρ ἐν λόγῳ ἡ βασιλεία τοῦ θεοῦ ἀλλ' ἐν δυνάμει. **21** τί θέλετε; ἐν ῥάβδῳ³⁴ ἔλθω³⁵ πρὸς ὑμᾶς ἢ ἐν ἀγάπῃ πνεύματί τε πραΰτητος³⁶;

Judgment against Immorality

5 Ὅλως³⁷ ἀκούεται ἐν ὑμῖν πορνεία³⁸, καὶ τοιαύτη πορνεία ἥτις οὐδὲ ἐν τοῖς ἔθνεσιν, ὥστε γυναῖκά τινα τοῦ πατρὸς ἔχειν. **2** καὶ ὑμεῖς πεφυσιωμένοι³⁹ ἐστὲ καὶ οὐχὶ μᾶλλον ἐπενθήσατε⁴⁰, ἵνα ἀρθῇ⁴¹ ἐκ μέσου ὑμῶν ὁ τὸ ἔργον τοῦτο πράξας⁴²;

---

¹ ἐπιθανάτιος, -ον, sentenced to death
² θέατρον, -ου n, spectacle
³ γίνομαι 1p aor pas ind, become
⁴ μωρός, -ά/όν, foolish
⁵ φρόνιμος, -ον, wise
⁶ ἀσθενής, -ές, weak
⁷ ἰσχυρός, -ά/όν, strong
⁸ ἔνδοξος, -ον, honored
⁹ ἄτιμος, -ον, despised
¹⁰ πεινάω 1p pres act ind, be hungry
¹¹ διψάω 1p pres act ind, be thirsty
¹² γυμνιτεύω 1p pres act ind, be dressed in rags
¹³ κολαφίζω 1p pres pas ind, beat
¹⁴ ἀστατέω 1p pres act ind, be homeless
¹⁵ κοπιάω 1p pres act ind, work
¹⁶ λοιδορέω pres pas ptc m p nom, insult
¹⁷ ἀνέχομαι 1p pres mid ind, endure
¹⁸ δυσφημέω pres pas ptc m p nom, slander
¹⁹ περικάθαρμα, -τος n, rubbish
²⁰ περίψημα, -τος n, scum
²¹ ἐντρέπω pres act ptc m s nom, make ashamed
²² νουθετέω 1s pres act ind, warn
²³ μυρίος, -α/ον, countless
²⁴ παιδαγωγός, -οῦ m, guide
²⁵ μιμητής, -οῦ m, imitator
²⁶ γίνομαι 2p pres mid impv, become
²⁷ πέμπω 1s aor act ind, send
²⁸ ἀναμιμνήσκω 3s fut act ind, remind
²⁹ πανταχοῦ, adv, everywhere
³⁰ φυσιόω 3p aor pas ind, pas be arrogant
³¹ ἔρχομαι 1s fut mid ind, come
³² ταχέως, adv, soon
³³ γινώσκω 1s fut mid ind, know
³⁴ ῥάβδος, -ου f, stick
³⁵ ἔρχομαι 1s aor act sub, come
³⁶ πραΰτης, -ητος f, gentleness
³⁷ ὅλως, adv, actually
³⁸ πορνεία, -ας f, sexual immorality
³⁹ φυσιόω pf pas ptc m p nom, pas be conceited
⁴⁰ πενθέω 2p aor act ind, mourn
⁴¹ αἴρω 3s aor pas sub, take
⁴² πράσσω aor act ptc m s nom, do

3 ἐγὼ μὲν γάρ, ἀπὼν¹ τῷ σώματι παρὼν² δὲ τῷ πνεύματι, ἤδη κέκρικα³ ὡς παρὼν τὸν οὕτως τοῦτο κατεργασάμενον⁴· **4** ἐν τῷ ὀνόματι τοῦ κυρίου [ἡμῶν] Ἰησοῦ συναχθέντων⁵ ὑμῶν καὶ τοῦ ἐμοῦ πνεύματος σὺν τῇ δυνάμει τοῦ κυρίου ἡμῶν Ἰησοῦ, **5** παραδοῦναι⁶ τὸν τοιοῦτον τῷ σατανᾷ εἰς ὄλεθρον⁷ τῆς σαρκός, ἵνα τὸ πνεῦμα σωθῇ⁸ ἐν τῇ ἡμέρᾳ τοῦ κυρίου. **6** οὐ καλὸν τὸ καύχημα⁹ ὑμῶν. οὐκ οἴδατε ὅτι μικρὰ ζύμη¹⁰ ὅλον τὸ φύραμα¹¹ ζυμοῖ¹²; **7** ἐκκαθάρατε¹³ τὴν παλαιὰν¹⁴ ζύμην, ἵνα ἦτε¹⁵ νέον¹⁶ φύραμα, καθώς ἐστε ἄζυμοι¹⁷· καὶ γὰρ τὸ πάσχα¹⁸ ἡμῶν ἐτύθη¹⁹ Χριστός. **8** ὥστε ἑορτάζωμεν²⁰ μὴ ἐν ζύμῃ παλαιᾷ μηδὲ ἐν ζύμῃ κακίας²¹ καὶ πονηρίας²² ἀλλ' ἐν ἀζύμοις εἰλικρινείας²³ καὶ ἀληθείας. **9** ἔγραψα ὑμῖν ἐν τῇ ἐπιστολῇ²⁴ μὴ συναναμίγνυσθαι²⁵ πόρνοις²⁶, **10** οὐ πάντως²⁷ τοῖς πόρνοις τοῦ κόσμου τούτου ἢ τοῖς πλεονέκταις²⁸ καὶ ἅρπαξιν²⁹ ἢ εἰδωλολάτραις³⁰, ἐπεὶ³¹ ὠφείλετε ἄρα ἐκ τοῦ κόσμου ἐξελθεῖν. **11** νῦν δὲ ἔγραψα ὑμῖν μὴ συναναμίγνυσθαι ἐάν τις ἀδελφὸς ὀνομαζόμενος³² ᾖ πόρνος ἢ πλεονέκτης ἢ εἰδωλολάτρης ἢ λοίδορος³³ ἢ μέθυσος³⁴ ἢ ἅρπαξ, τῷ τοιούτῳ μηδὲ συνεσθίειν³⁵. **12** τί γάρ μοι τοὺς ἔξω κρίνειν; οὐχὶ τοὺς ἔσω³⁶ ὑμεῖς κρίνετε; **13** τοὺς δὲ ἔξω ὁ θεὸς κρινεῖ. **ἐξάρατε³⁷ τὸν πονηρὸν ἐξ ὑμῶν αὐτῶν.**

Lawsuits among Believers

6 Τολμᾷ³⁸ τις ὑμῶν πρᾶγμα³⁹ ἔχων πρὸς τὸν ἕτερον κρίνεσθαι ἐπὶ τῶν ἀδίκων⁴⁰ καὶ οὐχὶ ἐπὶ τῶν ἁγίων; **2** ἢ οὐκ οἴδατε ὅτι οἱ ἅγιοι τὸν κόσμον κρινοῦσιν; καὶ εἰ ἐν ὑμῖν κρίνεται ὁ κόσμος, ἀνάξιοί⁴¹ ἐστε κριτηρίων⁴² ἐλαχίστων⁴³; **3** οὐκ οἴδατε ὅτι ἀγγέλους κρινοῦμεν, μήτι γε⁴⁴ βιωτικά⁴⁵; **4** βιωτικὰ μὲν οὖν κριτήρια ἐὰν ἔχητε,

---

1 ἄπειμι *pres act ptc m s nom*, be away
2 πάρειμι *pres act ptc m s nom*, be present
3 κρίνω *1s pf act ind*, pass judgment
4 κατεργάζομαι *aor mid ptc m s acc*, do
5 συνάγω *aor pas ptc m p gen, pas* assemble
6 παραδίδωμι *aor act inf*, hand over
7 ὄλεθρος, -ου *m*, destruction
8 σῴζω *3s aor pas sub*, save
9 καύχημα, -τος *n*, boasting
10 ζύμη, -ης *f*, yeast
11 φύραμα, -τος *n*, batch
12 ζυμόω *3s pres act ind*, cause to rise
13 ἐκκαθαίρω *2p aor act impv*, clean out
14 παλαιός, -ά/όν, old
15 εἰμί *2p pres act sub*, be
16 νέος, -α/ον, new
17 ἄζυμος, -ον, without yeast
18 πάσχα, *n*, Passover
19 θύω *3s aor pas ind*, sacrifice
20 ἑορτάζω *1p pres act sub*, observe a festival
21 κακία, -ας *f*, evil
22 πονηρία, -ας *f*, wickedness
23 εἰλικρίνεια, -ας *f*, sincerity
24 ἐπιστολή, -ῆς *f*, letter
25 συναναμίγνυμι *pres mid inf*, associate with
26 πόρνος, -ου *m*, one who is sexually immoral
27 πάντως, *adv*, by all means (οὐ π. I did not mean)
28 πλεονέκτης, -ου *m*, one who is greedy
29 ἅρπαξ, -αγος, grasping (ὁ ἅ. swindler)
30 εἰδωλολάτρης, -ου *m*, idolater
31 ἐπεί, *conj*, since
32 ὀνομάζω *pres pas ptc m s nom*, call
33 λοίδορος, -ου *m*, slanderer
34 μέθυσος, -ου *m*, drunkard
35 συνεσθίω *pres act inf*, eat with
36 ἔσω, *adv*, inside
37 ἐξαίρω *2p aor act impv*, remove
38 τολμάω *3s pres act ind*, dare
39 πρᾶγμα, -τος *n*, dispute
40 ἄδικος, -ον, unbeliever
41 ἀνάξιος, -ον, incompetent
42 κριτήριον, -ου *n*, case (κ. ἐλαχίστων trivial matters)
43 ἐλάχιστος, least important (super of μικρός)
44 μήτι γε, how much more
45 βιωτικός, -ή/όν, pertaining to everyday life

τοὺς ἐξουθενημένους¹ ἐν τῇ ἐκκλησίᾳ, τούτους καθίζετε; 5 πρὸς ἐντροπὴν² ὑμῖν λέγω. οὕτως οὐκ ἔνι³ ἐν ὑμῖν οὐδεὶς σοφός⁴, ὃς δυνήσεται διακρῖναι⁵ ἀνὰ⁶ μέσον τοῦ ἀδελφοῦ αὐτοῦ; 6 ἀλλ' ἀδελφὸς μετὰ ἀδελφοῦ κρίνεται καὶ τοῦτο ἐπὶ ἀπίστων⁷; 7 ἤδη μὲν [οὖν] ὅλως⁸ ἥττημα⁹ ὑμῖν ἐστιν ὅτι κρίματα¹⁰ ἔχετε μεθ' ἑαυτῶν. διὰ τί οὐχὶ μᾶλλον ἀδικεῖσθε¹¹; διὰ τί οὐχὶ μᾶλλον ἀποστερεῖσθε¹²; 8 ἀλλ' ὑμεῖς ἀδικεῖτε καὶ ἀποστερεῖτε, καὶ τοῦτο ἀδελφούς. 9 ἢ οὐκ οἴδατε ὅτι ἄδικοι¹³ θεοῦ βασιλείαν οὐ κληρονομήσουσιν¹⁴; μὴ πλανᾶσθε· οὔτε πόρνοι¹⁵ οὔτε εἰδωλολάτραι¹⁶ οὔτε μοιχοὶ¹⁷ οὔτε μαλακοὶ¹⁸ οὔτε ἀρσενοκοῖται¹⁹ 10 οὔτε κλέπται²⁰ οὔτε πλεονέκται²¹, οὐ μέθυσοι²², οὐ λοίδοροι²³, οὐχ ἅρπαγες²⁴ βασιλείαν θεοῦ κληρονομήσουσιν. 11 καὶ ταῦτά τινες ἦτε· ἀλλ' ἀπελούσασθε²⁵, ἀλλ' ἡγιάσθητε²⁶, ἀλλ' ἐδικαιώθητε ἐν τῷ ὀνόματι τοῦ κυρίου Ἰησοῦ Χριστοῦ καὶ ἐν τῷ πνεύματι τοῦ θεοῦ ἡμῶν.

Glorify God in Your Body

12 Πάντα μοι ἔξεστιν ἀλλ' οὐ πάντα συμφέρει²⁷· πάντα μοι ἔξεστιν ἀλλ' οὐκ ἐγὼ ἐξουσιασθήσομαι²⁸ ὑπό τινος. 13 τὰ βρώματα²⁹ τῇ κοιλίᾳ³⁰ καὶ ἡ κοιλία τοῖς βρώμασιν, ὁ δὲ θεὸς καὶ ταύτην καὶ ταῦτα καταργήσει³¹. τὸ δὲ σῶμα οὐ τῇ πορνείᾳ³² ἀλλὰ τῷ κυρίῳ, καὶ ὁ κύριος τῷ σώματι· 14 ὁ δὲ θεὸς καὶ τὸν κύριον ἤγειρεν καὶ ἡμᾶς ἐξεγερεῖ³³ διὰ τῆς δυνάμεως αὐτοῦ. 15 οὐκ οἴδατε ὅτι τὰ σώματα ὑμῶν μέλη Χριστοῦ ἐστιν; ἄρας³⁴ οὖν τὰ μέλη τοῦ Χριστοῦ ποιήσω πόρνης³⁵ μέλη; μὴ γένοιτο³⁶. 16 [ἢ] οὐκ οἴδατε ὅτι ὁ κολλώμενος³⁷ τῇ πόρνῃ ἓν σῶμά ἐστιν; **ἔσονται**³⁸ γάρ, φησίν, **οἱ δύο εἰς σάρκα μίαν.** 17 ὁ δὲ κολλώμενος τῷ κυρίῳ ἓν πνεῦμά ἐστιν. 18 φεύγετε³⁹ τὴν πορνείαν⁴⁰. πᾶν ἁμάρτημα⁴¹ ὃ ἐὰν ποιήσῃ ἄνθρωπος ἐκτὸς⁴² τοῦ σώματός ἐστιν·

---

¹ ἐξουθενέω *pf pas ptc m p acc*, treat with contempt
² ἐντροπή, -ῆς *f*, shame
³ ἔνι *3s pres act ind* (= ἔνεστιν), there is
⁴ σοφός, -ή/όν, wise
⁵ διακρίνω *aor act inf*, judge
⁶ ἀνά, *prep + acc*, each (ἀνὰ μέσον between)
⁷ ἄπιστος, -ον, unbelieving
⁸ ὅλως, *adv*, actually
⁹ ἥττημα, -τος *n*, defeat
¹⁰ κρίμα, -τος, lawsuit
¹¹ ἀδικέω *2p pres pas ind*, wrong
¹² ἀποστερέω *2p pres pas ind*, cheat
¹³ ἄδικος, -ον, unjust
¹⁴ κληρονομέω *3p fut act ind*, receive

¹⁵ πόρνος, -ου *m*, one who is sexually immoral
¹⁶ εἰδωλολάτρης, -ου *m*, idolater
¹⁷ μοιχός, -οῦ *m*, adulterer
¹⁸ μαλακός, -ή/όν, soft (noun possibly = male prostitute)
¹⁹ ἀρσενοκοίτης, -ου *m*, male sexual pervert
²⁰ κλέπτης, -ου *m*, thief
²¹ πλεονέκτης, -ου *m*, one who is greedy
²² μέθυσος, -ου *m*, drunkard
²³ λοίδορος, -ου *m*, slanderer
²⁴ ἅρπαξ, -αγος, grasping (ὁ ἅ. swindler)
²⁵ ἀπολούω *2p aor mid ind*, wash
²⁶ ἁγιάζω *2p aor pas ind*, sanctify
²⁷ συμφέρω *3s pres act ind*, be helpful

²⁸ ἐξουσιάζω *1s fut pas ind*, enslave
²⁹ βρῶμα, -τος *n*, food
³⁰ κοιλία, -ας *f*, stomach
³¹ καταργέω *3s fut act ind*, destroy
³² πορνεία, -ας *f*, sexual immorality
³³ ἐξεγείρω *3s fut act ind*, raise
³⁴ αἴρω *aor act ptc m s nom*, take
³⁵ πόρνη, -ης *f*, prostitute
³⁶ γίνομαι *3s aor mid opt*, happen
³⁷ κολλάομαι *pres pas ptc m s nom*, unite oneself with
³⁸ εἰμί *3s fut mid ind*, be
³⁹ φεύγω *2p pres act impv*, run from
⁴⁰ πορνεία, -ας *f*, sexual immorality
⁴¹ ἁμάρτημα, -τος *n*, sin
⁴² ἐκτός, *prep + gen*, outside

ὁ δὲ πορνεύων¹ εἰς τὸ ἴδιον σῶμα ἁμαρτάνει. 19 ἢ οὐκ οἴδατε ὅτι τὸ σῶμα ὑμῶν ναὸς τοῦ ἐν ὑμῖν ἁγίου πνεύματός ἐστιν οὗ ἔχετε ἀπὸ θεοῦ, καὶ οὐκ ἐστὲ ἑαυτῶν; 20 ἠγοράσθητε² γὰρ τιμῆς· δοξάσατε δὴ³ τὸν θεὸν ἐν τῷ σώματι ὑμῶν.

Directions concerning Marriage

7 Περὶ δὲ ὧν ἐγράψατε, καλὸν ἀνθρώπῳ γυναικὸς μὴ ἅπτεσθαι⁴· 2 διὰ δὲ τὰς πορνείας⁵ ἕκαστος τὴν ἑαυτοῦ γυναῖκα ἐχέτω καὶ ἑκάστη τὸν ἴδιον ἄνδρα ἐχέτω. 3 τῇ γυναικὶ ὁ ἀνὴρ τὴν ὀφειλὴν⁶ ἀποδιδότω, ὁμοίως⁷ δὲ καὶ ἡ γυνὴ τῷ ἀνδρί. 4 ἡ γυνὴ τοῦ ἰδίου σώματος οὐκ ἐξουσιάζει⁸ ἀλλ᾽ ὁ ἀνήρ, ὁμοίως δὲ καὶ ὁ ἀνὴρ τοῦ ἰδίου σώματος οὐκ ἐξουσιάζει ἀλλ᾽ ἡ γυνή. 5 μὴ ἀποστερεῖτε⁹ ἀλλήλους, εἰ μήτι¹⁰ ἂν ἐκ συμφώνου¹¹ πρὸς καιρόν, ἵνα σχολάσητε¹² τῇ προσευχῇ καὶ πάλιν ἐπὶ τὸ αὐτὸ ἦτε¹³, ἵνα μὴ πειράζῃ ὑμᾶς ὁ σατανᾶς διὰ τὴν ἀκρασίαν¹⁴ ὑμῶν. 6 τοῦτο δὲ λέγω κατὰ συγγνώμην¹⁵ οὐ κατ᾽ ἐπιταγήν¹⁶. 7 θέλω δὲ πάντας ἀνθρώπους εἶναι ὡς καὶ ἐμαυτόν· ἀλλ᾽ ἕκαστος ἴδιον ἔχει χάρισμα¹⁷ ἐκ θεοῦ, ὁ μὲν οὕτως, ὁ δὲ οὕτως.

8 Λέγω δὲ τοῖς ἀγάμοις¹⁸ καὶ ταῖς χήραις¹⁹, καλὸν αὐτοῖς ἐὰν μείνωσιν²⁰ ὡς κἀγώ· 9 εἰ δὲ οὐκ ἐγκρατεύονται²¹, γαμησάτωσαν²², κρεῖττον²³ γάρ ἐστιν γαμῆσαι ἢ πυροῦσθαι²⁴. 10 τοῖς δὲ γεγαμηκόσιν²⁵ παραγγέλλω, οὐκ ἐγὼ ἀλλ᾽ ὁ κύριος, γυναῖκα ἀπὸ ἀνδρὸς μὴ χωρισθῆναι²⁶, 11 – ἐὰν δὲ καὶ χωρισθῇ, μενέτω ἄγαμος²⁷ ἢ τῷ ἀνδρὶ καταλλαγήτω²⁸, – καὶ ἄνδρα γυναῖκα μὴ ἀφιέναι²⁹. 12 τοῖς δὲ λοιποῖς λέγω ἐγὼ οὐχ ὁ κύριος· εἴ τις ἀδελφὸς γυναῖκα ἔχει ἄπιστον³⁰ καὶ αὕτη συνευδοκεῖ³¹ οἰκεῖν³² μετ᾽ αὐτοῦ, μὴ ἀφιέτω³³ αὐτήν· 13 καὶ γυνὴ εἴ τις ἔχει ἄνδρα ἄπιστον καὶ οὗτος συνευδοκεῖ οἰκεῖν μετ᾽ αὐτῆς, μὴ ἀφιέτω τὸν ἄνδρα. 14 ἡγίασται³⁴ γὰρ ὁ ἀνὴρ ὁ ἄπιστος ἐν τῇ γυναικὶ καὶ ἡγίασται ἡ γυνὴ ἡ ἄπιστος ἐν τῷ ἀδελφῷ· ἐπεὶ³⁵ ἄρα τὰ τέκνα ὑμῶν ἀκάθαρτά ἐστιν, νῦν δὲ ἅγιά ἐστιν. 15 εἰ δὲ ὁ ἄπιστος χωρίζεται³⁶, χωριζέσθω·

---

[1] πορνεύω pres act ptc m s nom, commit sexual immorality
[2] ἀγοράζω 2p aor pas ind, buy
[3] δή, emphatic particle, then
[4] ἅπτομαι pres mid inf, have sex (with)
[5] πορνεία, -ας f, sexual immorality
[6] ὀφειλή, -ῆς f, sexual obligations
[7] ὁμοίως, adv, in the same way
[8] ἐξουσιάζω 3s pres act ind, have authority over
[9] ἀποστερέω 2p pres act impv, deprive
[10] μήτι, particle, perhaps (εἰ μήτι unless perhaps)
[11] σύμφωνος, -ου n, mutual consent
[12] σχολάζω 2p aor act sub, devote oneself to
[13] εἰμί 2p pres act sub, be
[14] ἀκρασία, -ας f, lack of self-control
[15] συγγνώμη, -ης f, concession
[16] ἐπιταγή, -ῆς f, command
[17] χάρισμα, -τος n, gift
[18] ἄγαμος, -ου m & f, unmarried/widower
[19] χήρα, -ας f, widow
[20] μένω 3p aor act sub, remain
[21] ἐγκρατεύομαι 3p pres mid ind, exercise self-control
[22] γαμέω 3p aor act impv, marry
[23] κρείττων, better (comp of ἀγαθός)
[24] πυρόω pres pas inf, pas burn with passion
[25] γαμέω pf act ptc m p dat, marry
[26] χωρίζω aor pas inf, pas separate
[27] ἄγαμος, -ου f, single
[28] καταλλάσσω 3s aor pas impv, reconcile
[29] ἀφίημι pres act inf, divorce
[30] ἄπιστος, -ον, unbelieving
[31] συνευδοκέω 3s pres act ind, be willing
[32] οἰκέω pres act inf, live
[33] ἀφίημι 3s pres act impv, divorce
[34] ἁγιάζω 3s pf pas ind, sanctify
[35] ἐπεί, conj, otherwise
[36] χωρίζω 3s pres pas ind, pas separate

οὐ δεδούλωται¹ ὁ ἀδελφὸς ἢ ἡ ἀδελφὴ² ἐν τοῖς τοιούτοις· ἐν δὲ εἰρήνῃ κέκληκεν³ ὑμᾶς ὁ θεός. 16 τί γὰρ οἶδας, γύναι, εἰ τὸν ἄνδρα σώσεις; ἢ τί οἶδας, ἄνερ, εἰ τὴν γυναῖκα σώσεις;

The Life the Lord Has Assigned

17 Εἰ μὴ ἑκάστῳ ὡς ἐμέρισεν⁴ ὁ κύριος, ἕκαστον ὡς κέκληκεν⁵ ὁ θεός, οὕτως περιπατείτω. καὶ οὕτως ἐν ταῖς ἐκκλησίαις πάσαις διατάσσομαι⁶. 18 περιτετμημένος⁷ τις ἐκλήθη, μὴ ἐπισπάσθω⁸· ἐν ἀκροβυστίᾳ⁹ κέκληταί τις, μὴ περιτεμνέσθω. 19 ἡ περιτομὴ οὐδέν ἐστιν καὶ ἡ ἀκροβυστία οὐδέν ἐστιν, ἀλλὰ τήρησις¹⁰ ἐντολῶν θεοῦ. 20 ἕκαστος ἐν τῇ κλήσει¹¹ ᾗ ἐκλήθη, ἐν ταύτῃ μενέτω. 21 δοῦλος ἐκλήθης, μή σοι μελέτω¹²· ἀλλ' εἰ καὶ δύνασαι ἐλεύθερος¹³ γενέσθαι, μᾶλλον χρῆσαι¹⁴. 22 ὁ γὰρ ἐν κυρίῳ κληθεὶς¹⁵ δοῦλος ἀπελεύθερος¹⁶ κυρίου ἐστίν, ὁμοίως¹⁷ ὁ ἐλεύθερος κληθεὶς δοῦλός ἐστιν Χριστοῦ. 23 τιμῆς ἠγοράσθητε¹⁸· μὴ γίνεσθε δοῦλοι ἀνθρώπων. 24 ἕκαστος ἐν ᾧ ἐκλήθη, ἀδελφοί, ἐν τούτῳ μενέτω παρὰ θεῷ.

The Unmarried and Widows

25 Περὶ δὲ τῶν παρθένων¹⁹ ἐπιταγὴν²⁰ κυρίου οὐκ ἔχω, γνώμην²¹ δὲ δίδωμι ὡς ἠλεημένος²² ὑπὸ κυρίου πιστὸς εἶναι. 26 νομίζω²³ οὖν τοῦτο καλὸν ὑπάρχειν διὰ τὴν ἐνεστῶσαν²⁴ ἀνάγκην²⁵, ὅτι καλὸν ἀνθρώπῳ τὸ οὕτως εἶναι. 27 δέδεσαι²⁶ γυναικί, μὴ ζήτει λύσιν²⁷· λέλυσαι²⁸ ἀπὸ γυναικός, μὴ ζήτει γυναῖκα. 28 ἐὰν δὲ καὶ γαμήσῃς²⁹, οὐχ ἥμαρτες³⁰, καὶ ἐὰν γήμῃ ἡ παρθένος, οὐχ ἥμαρτεν· θλῖψιν δὲ τῇ σαρκὶ ἕξουσιν οἱ τοιοῦτοι, ἐγὼ δὲ ὑμῶν φείδομαι³¹. 29 τοῦτο δέ φημι, ἀδελφοί, ὁ καιρὸς συνεσταλμένος³² ἐστίν· τὸ λοιπόν, ἵνα καὶ οἱ ἔχοντες γυναῖκας ὡς μὴ ἔχοντες ὦσιν 30 καὶ οἱ κλαίοντες ὡς μὴ κλαίοντες καὶ οἱ χαίροντες ὡς μὴ χαίροντες καὶ οἱ

---

[1] δουλόω 3s pf pas ind, pas be bound
[2] ἀδελφή, -ῆς f, sister
[3] καλέω 3s pf act ind, call
[4] μερίζω 3s aor act ind, assign
[5] καλέω 3s pf act ind, call
[6] διατάσσω 1s pres mid ind, command
[7] περιτέμνω pf pas ptc m s nom, circumcise
[8] ἐπισπάομαι 3s pres mid impv, remove the marks of circumcision
[9] ἀκροβυστία, -ας f, uncircumcision
[10] τήρησις, -εως f, obeying
[11] κλῆσις, -εως f, station of life
[12] μέλει 3s pres act impv, impers it is of concern
[13] ἐλεύθερος, -α/ον, free
[14] χράομαι 2s aor mid impv, do so
[15] καλέω aor pas ptc m s nom, call
[16] ἀπελεύθερος, -ου m, a free person
[17] ὁμοίως, adv, in the same way
[18] ἀγοράζω 2p aor pas ind, buy
[19] παρθένος, -ου f, virgin/unmarried woman
[20] ἐπιταγή, -ῆς f, command
[21] γνώμη, -ης f, opinion
[22] ἐλεάω/ἐλεέω pb pas ptc m s mom, pas, be shown mercy
[23] νομίζω 1s pres act ind, think
[24] ἐνίστημι pf act ptc f s acc, be present
[25] ἀνάγκη, -ης f, trouble
[26] δέω 2s pf pas ind, bind
[27] λύσις, -εως f, release
[28] λύω 2s pf pas ind, set free
[29] γαμέω 2s aor act sub, marry
[30] ἁμαρτάνω 2s aor act ind, sin
[31] φείδομαι 1s pres mid ind, spare
[32] συστέλλω pf pas ptc m s nom, grow short

ἀγοράζοντες ὡς μὴ κατέχοντες¹, **31** καὶ οἱ χρώμενοι² τὸν κόσμον ὡς μὴ καταχρώμενοι³· παράγει⁴ γὰρ τὸ σχῆμα⁵ τοῦ κόσμου τούτου. **32** θέλω δὲ ὑμᾶς ἀμερίμνους⁶ εἶναι. ὁ ἄγαμος⁷ μεριμνᾷ⁸ τὰ τοῦ κυρίου, πῶς ἀρέσῃ⁹ τῷ κυρίῳ· **33** ὁ δὲ γαμήσας¹⁰ μεριμνᾷ τὰ τοῦ κόσμου, πῶς ἀρέσῃ τῇ γυναικί, **34** καὶ μεμέρισται¹¹. καὶ ἡ γυνὴ ἡ ἄγαμος καὶ ἡ παρθένος¹² μεριμνᾷ τὰ τοῦ κυρίου, ἵνα ᾖ ἁγία καὶ τῷ σώματι καὶ τῷ πνεύματι· ἡ δὲ γαμήσασα μεριμνᾷ τὰ τοῦ κόσμου, πῶς ἀρέσῃ τῷ ἀνδρί. **35** τοῦτο δὲ πρὸς τὸ ὑμῶν αὐτῶν σύμφορον¹³ λέγω, οὐχ ἵνα βρόχον¹⁴ ὑμῖν ἐπιβάλω¹⁵ ἀλλὰ πρὸς τὸ εὔσχημον¹⁶ καὶ εὐπάρεδρον¹⁷ τῷ κυρίῳ ἀπερισπάστως¹⁸. **36** εἰ δέ τις ἀσχημονεῖν¹⁹ ἐπὶ τὴν παρθένον²⁰ αὐτοῦ νομίζει, ἐὰν ᾖ ὑπέρακμος²¹ καὶ οὕτως ὀφείλει γίνεσθαι, ὃ θέλει ποιείτω, οὐχ ἁμαρτάνει, γαμείτωσαν. **37** ὃς δὲ ἕστηκεν²² ἐν τῇ καρδίᾳ αὐτοῦ ἑδραῖος²³ μὴ ἔχων ἀνάγκην²⁴, ἐξουσίαν δὲ ἔχει περὶ τοῦ ἰδίου θελήματος καὶ τοῦτο κέκρικεν ἐν τῇ ἰδίᾳ καρδίᾳ, τηρεῖν τὴν ἑαυτοῦ παρθένον, καλῶς ποιήσει. **38** ὥστε καὶ ὁ γαμίζων²⁵ τὴν ἑαυτοῦ παρθένον καλῶς ποιεῖ καὶ ὁ μὴ γαμίζων κρεῖσσον²⁶ ποιήσει. **39** γυνὴ δέδεται ἐφ᾽ ὅσον χρόνον ζῇ ὁ ἀνὴρ αὐτῆς· ἐὰν δὲ κοιμηθῇ²⁷ ὁ ἀνήρ, ἐλευθέρα²⁸ ἐστὶν ᾧ θέλει γαμηθῆναι, μόνον ἐν κυρίῳ. **40** μακαριωτέρα²⁹ δέ ἐστιν ἐὰν οὕτως μείνῃ³⁰, κατὰ τὴν ἐμὴν γνώμην³¹· δοκῶ δὲ κἀγὼ πνεῦμα θεοῦ ἔχειν.

Food Offered to Idols

8 Περὶ δὲ τῶν εἰδωλοθύτων³², οἴδαμεν ὅτι πάντες γνῶσιν³³ ἔχομεν. ἡ γνῶσις φυσιοῖ³⁴, ἡ δὲ ἀγάπη οἰκοδομεῖ. **2** εἴ τις δοκεῖ ἐγνωκέναι³⁵ τι, οὔπω³⁶ ἔγνω³⁷ καθὼς δεῖ γνῶναι³⁸· **3** εἰ δέ τις ἀγαπᾷ τὸν θεόν, οὗτος ἔγνωσται³⁹ ὑπ᾽ αὐτοῦ. **4** περὶ

---

¹ κατέχω pres act ptc m p nom, possess
² χράομαι pres mid ptc m p nom, use
³ καταχράομαι pres mid ptc m p nom, make full use of
⁴ παράγω 3s pres act ind, pass away
⁵ σχῆμα, -τος n, present form
⁶ ἀμέριμνος, -ον, free from worry
⁷ ἄγαμος, -ου m, unmarried
⁸ μεριμνάω 3s pres act ind, be concerned about
⁹ ἀρέσκω 3s aor act sub, please
¹⁰ γαμέω aor act ptc m s nom, marry
¹¹ μερίζω 3s pf pas ind, pas be of divided interest
¹² παρθένος, -ου f, virgin/ unmarried woman
¹³ σύμφορος, -ου n, benefit
¹⁴ βρόχος, -ου m, restriction
¹⁵ ἐπιβάλλω 1s aor act sub, place on
¹⁶ εὐσχήμων, -ον, respected (τὸ ε. good order)
¹⁷ εὐπάρεδρος, -ου n, devotion
¹⁸ ἀπερισπάστως, adv, without distraction
¹⁹ ἀσχημονέω pres act inf, behave improperly
²⁰ παρθένος, -ου f, virgin/ unmarried woman (τὴν π. αὐτοῦ the woman to whom he is engaged)
²¹ ὑπέρακμος, -ον, past the best age for marriage (of women)/ having strong passions (of men)
²² ἵστημι 3s pf act ind, determine (ὃς δὲ ἕ. ἐν τῇ καρδίᾳ αὐτοῦ whoever has made up his mind)
²³ ἑδραῖος, -α/ον, firm
²⁴ ἀνάγκη, -ης f, necessity
²⁵ γαμίζω pres act ptc m s nom, marry/give (a bride) in marriage
²⁶ κρείττων, better (comp of ἀγαθός)
²⁷ κοιμάομαι 3s aor pas sub, die
²⁸ ἐλεύθερος, -α/ον, free
²⁹ μακάριος, happy (comp)
³⁰ μένω 3s aor act sub, remain
³¹ γνώμη, -ης f, opinion
³² εἰδωλόθυτος, -ον, (food) sacrificed to idols
³³ γνῶσις, -εως f, knowledge
³⁴ φυσιόω 3s pres act ind, cause conceit
³⁵ γινώσκω pf act inf, know
³⁶ οὔπω, adv, not yet
³⁷ γινώσκω 3s aor act ind, know
³⁸ γινώσκω aor act inf, know
³⁹ γινώσκω 3s pf pas ind, know

τῆς βρώσεως¹ οὖν τῶν εἰδωλοθύτων, οἴδαμεν ὅτι οὐδὲν εἴδωλον² ἐν κόσμῳ καὶ ὅτι οὐδεὶς θεὸς εἰ μὴ εἷς. 5 καὶ γὰρ εἴπερ³ εἰσὶν λεγόμενοι θεοὶ εἴτε ἐν οὐρανῷ εἴτε ἐπὶ γῆς, ὥσπερ εἰσὶν θεοὶ πολλοὶ καὶ κύριοι πολλοί,
6 ἀλλ' ἡμῖν εἷς θεὸς ὁ πατὴρ
ἐξ οὗ τὰ πάντα καὶ ἡμεῖς εἰς αὐτόν,
καὶ εἷς κύριος Ἰησοῦς Χριστὸς
δι' οὗ τὰ πάντα καὶ ἡμεῖς δι' αὐτοῦ.

7 Ἀλλ' οὐκ ἐν πᾶσιν ἡ γνῶσις⁴· τινὲς δὲ τῇ συνηθείᾳ⁵ ἕως ἄρτι τοῦ εἰδώλου ὡς εἰδωλόθυτον ἐσθίουσιν, καὶ ἡ συνείδησις⁶ αὐτῶν ἀσθενὴς⁷ οὖσα μολύνεται⁸. 8 βρῶμα⁹ δὲ ἡμᾶς οὐ παραστήσει¹⁰ τῷ θεῷ· οὔτε ἐὰν μὴ φάγωμεν¹¹ ὑστερούμεθα¹², οὔτε ἐὰν φάγωμεν περισσεύομεν. 9 βλέπετε δὲ μή πως¹³ ἡ ἐξουσία ὑμῶν αὕτη πρόσκομμα¹⁴ γένηται τοῖς ἀσθενέσιν. 10 ἐὰν γάρ τις ἴδῃ¹⁵ σὲ τὸν ἔχοντα γνῶσιν ἐν εἰδωλείῳ¹⁶ κατακείμενον¹⁷, οὐχὶ ἡ συνείδησις αὐτοῦ ἀσθενοῦς ὄντος οἰκοδομηθήσεται εἰς τὸ τὰ εἰδωλόθυτα ἐσθίειν; 11 ἀπόλλυται γὰρ ὁ ἀσθενῶν ἐν τῇ σῇ¹⁸ γνώσει, ὁ ἀδελφὸς δι' ὃν Χριστὸς ἀπέθανεν. 12 οὕτως δὲ ἁμαρτάνοντες εἰς τοὺς ἀδελφοὺς καὶ τύπτοντες¹⁹ αὐτῶν τὴν συνείδησιν ἀσθενοῦσαν εἰς Χριστὸν ἁμαρτάνετε. 13 διόπερ²⁰ εἰ βρῶμα σκανδαλίζει²¹ τὸν ἀδελφόν μου, οὐ μὴ φάγω²² κρέα²³ εἰς τὸν αἰῶνα, ἵνα μὴ τὸν ἀδελφόν μου σκανδαλίσω.

The Rights of an Apostle

9 Οὐκ εἰμὶ ἐλεύθερος²⁴; οὐκ εἰμὶ ἀπόστολος; οὐχὶ Ἰησοῦν τὸν κύριον ἡμῶν ἑόρακα²⁵; οὐ τὸ ἔργον μου ὑμεῖς ἐστε ἐν κυρίῳ; 2 εἰ ἄλλοις οὐκ εἰμὶ ἀπόστολος, ἀλλά γε²⁶ ὑμῖν εἰμι· ἡ γὰρ σφραγίς²⁷ μου τῆς ἀποστολῆς²⁸ ὑμεῖς ἐστε ἐν κυρίῳ. 3 ἡ ἐμὴ ἀπολογία²⁹ τοῖς ἐμὲ ἀνακρίνουσίν³⁰ ἐστιν αὕτη. 4 μὴ οὐκ ἔχομεν ἐξουσίαν φαγεῖν³¹ καὶ πεῖν³²; 5 μὴ οὐκ ἔχομεν ἐξουσίαν ἀδελφὴν³³ γυναῖκα περιάγειν³⁴ ὡς καὶ οἱ λοιποὶ ἀπόστολοι καὶ οἱ ἀδελφοὶ τοῦ κυρίου καὶ Κηφᾶς; 6 ἢ μόνος ἐγὼ καὶ

---

¹ βρῶσις, -εως f, eating
² εἴδωλον, -ου n, idol
³ εἴπερ, conj, although
⁴ γνῶσις, -εως f, knowledge
⁵ συνήθεια, -ας f, custom
⁶ συνείδησις, -εως f, conscience
⁷ ἀσθενής, -ές, weak
⁸ μολύνω 3s pres pas ind, defile
⁹ βρῶμα, -τος n, food
¹⁰ παρίστημι 3s fut act ind, bring close to
¹¹ ἐσθίω 1p aor act sub, eat
¹² ὑστερέω 1p pres pas ind, pas be worse off
¹³ πώς, particle, somehow
¹⁴ πρόσκομμα, -τος n, stumbling block
¹⁵ ὁράω 3s aor act sub, see
¹⁶ εἰδωλεῖον, -ου n, idol's temple
¹⁷ κατάκειμαι pres mid ptc m s acc, sit at table
¹⁸ σός, σή, σόν, your
¹⁹ τύπτω pres act ptc m p nom, wound
²⁰ διόπερ, conj, for this reason
²¹ σκανδαλίζω 3s pres act ind, cause to sin
²² ἐσθίω 1s aor act sub, eat
²³ κρέας, κρέατος & κρέως, acc pl κρέα n, meat
²⁴ ἐλεύθερος, -α/ον, free
²⁵ ὁράω 1s pf act ind, see
²⁶ γέ, emphatic particle
²⁷ σφραγίς, -ίδος f, proof
²⁸ ἀποστολή, -ῆς f, apostleship
²⁹ ἀπολογία, -ας f, defense
³⁰ ἀνακρίνω pres act ptc m p dat, judge
³¹ ἐσθίω aor act inf, eat
³² πίνω aor act inf, drink
³³ ἀδελφή, -ῆς f, sister
³⁴ περιάγω pres act inf, trans take along

ΠΡΟΣ ΚΟΡΙΝΘΙΟΥΣ Α' 9.7-20

Βαρναβᾶς οὐκ ἔχομεν ἐξουσίαν μὴ ἐργάζεσθαι; 7 τίς στρατεύεται¹ ἰδίοις ὀψωνίοις² ποτέ³; τίς φυτεύει⁴ ἀμπελῶνα⁵ καὶ τὸν καρπὸν αὐτοῦ οὐκ ἐσθίει; ἢ τίς ποιμαίνει⁶ ποίμνην⁷ καὶ ἐκ τοῦ γάλακτος⁸ τῆς ποίμνης οὐκ ἐσθίει; 8 μὴ κατὰ ἄνθρωπον ταῦτα λαλῶ ἢ καὶ ὁ νόμος ταῦτα οὐ λέγει; 9 ἐν γὰρ τῷ Μωϋσέως νόμῳ γέγραπται· οὐ κημώσεις⁹ βοῦν¹⁰ ἀλοῶντα¹¹. μὴ τῶν βοῶν μέλει¹² τῷ θεῷ 10 ἢ δι' ἡμᾶς πάντως¹³ λέγει; δι' ἡμᾶς γὰρ ἐγράφη ὅτι ὀφείλει ἐπ' ἐλπίδι ὁ ἀροτριῶν ἀροτριᾶν καὶ ὁ ἀλοῶν ἐπ' ἐλπίδι τοῦ μετέχειν¹⁴. 11 εἰ ἡμεῖς ὑμῖν τὰ πνευματικὰ¹⁵ ἐσπείραμεν, μέγα εἰ ἡμεῖς ὑμῶν τὰ σαρκικὰ¹⁶ θερίσομεν¹⁷; 12 εἰ ἄλλοι τῆς ὑμῶν ἐξουσίας μετέχουσιν¹⁸, οὐ μᾶλλον ἡμεῖς; ἀλλ' οὐκ ἐχρησάμεθα¹⁹ τῇ ἐξουσίᾳ ταύτῃ, ἀλλὰ πάντα στέγομεν²⁰, ἵνα μή τινα ἐγκοπὴν²¹ δῶμεν²² τῷ εὐαγγελίῳ τοῦ Χριστοῦ. 13 οὐκ οἴδατε ὅτι οἱ τὰ ἱερὰ²³ ἐργαζόμενοι [τὰ] ἐκ τοῦ ἱεροῦ ἐσθίουσιν, οἱ τῷ θυσιαστηρίῳ²⁴ παρεδρεύοντες²⁵ τῷ θυσιαστηρίῳ συμμερίζονται²⁶; 14 οὕτως καὶ ὁ κύριος διέταξεν²⁷ τοῖς τὸ εὐαγγέλιον καταγγέλλουσιν²⁸ ἐκ τοῦ εὐαγγελίου ζῆν. 15 ἐγὼ δὲ οὐ κέχρημαι²⁹ οὐδενὶ τούτων. οὐκ ἔγραψα δὲ ταῦτα, ἵνα οὕτως γένηται ἐν ἐμοί· καλὸν γάρ μοι μᾶλλον ἀποθανεῖν³⁰ ἢ – τὸ καύχημά³¹ μου οὐδεὶς κενώσει³². 16 ἐὰν γὰρ εὐαγγελίζωμαι, οὐκ ἔστιν μοι καύχημα· ἀνάγκη³³ γάρ μοι ἐπίκειται³⁴· οὐαὶ γάρ μοί ἐστιν ἐὰν μὴ εὐαγγελίσωμαι. 17 εἰ γὰρ ἑκὼν³⁵ τοῦτο πράσσω, μισθὸν³⁶ ἔχω· εἰ δὲ ἄκων³⁷, οἰκονομίαν³⁸ πεπίστευμαι· 18 τίς οὖν μού ἐστιν ὁ μισθός³⁹; ἵνα εὐαγγελιζόμενος ἀδάπανον⁴⁰ θήσω⁴¹ τὸ εὐαγγέλιον εἰς τὸ μὴ καταχρήσασθαι⁴² τῇ ἐξουσίᾳ μου ἐν τῷ εὐαγγελίῳ.

19 Ἐλεύθερος⁴³ γὰρ ὢν ἐκ πάντων πᾶσιν ἐμαυτὸν ἐδούλωσα⁴⁴, ἵνα τοὺς πλείονας⁴⁵ κερδήσω⁴⁶. 20 καὶ ἐγενόμην τοῖς Ἰουδαίοις ὡς Ἰουδαῖος, ἵνα Ἰουδαίους

---

1 στρατεύομαι 3s pres mid ind, serve as a soldier
2 ὀψώνιον, -ου n, wages
3 ποτέ, temporal adv, ever
4 φυτεύω 3s pres act ind, plant
5 ἀμπελών, -ῶνος m, vineyard
6 ποιμαίνω 3s pres act ind, tend
7 ποίμνη, -ένος f, flock
8 γάλα, γάλακτος n, milk
9 κημόω 2s fut act ind, muzzle
10 βοῦς, βοός m, ox
11 ἀλοάω pres act ptc m s acc, thresh
12 μέλει 3s pres act ind, impers it is of concern
13 πάντως, adv, certainly
14 μετέχω pres act inf, share (in the harvest)
15 πνευματικός, -ή/όν, spiritual
16 σαρκικός, -ή/όν, material
17 θερίζω 1p fut act ind, reap
18 μετέχω 3p pres act ind, share in
19 χράομαι 1p aor mid ind, use
20 στέγω 1p pres act ind, endure
21 ἐγκοπή, -ῆς f, obstacle
22 δίδωμι 1p aor act sub, put
23 ἱερός, -ά/όν, pertaining to the temple
24 θυσιαστήριον, -ου n, altar
25 παρεδρεύω pres act ptc m p nom, serve
26 συμμερίζω 3p pres mid ind, mid share (in what is offered)
27 διατάσσω 3s aor act ind, command
28 καταγγέλλω pres act ptc m p dat, proclaim
29 χράομαι 1s pf mid ind, use
30 ἀποθνῄσκω aor act inf, die
31 καύχημα, -τος n, ground for boasting
32 κενόω 3s fut act ind, deprive
33 ἀνάγκη, -ης f, necessity
34 ἐπίκειμαι 3s pres mid ind, lie on
35 ἑκών, -οῦσα/όν, of one's own free will
36 μισθός, -οῦ m, reward
37 ἄκων, adv, unwillingly
38 οἰκονομία, -ας f, responsibility
39 μισθός, -οῦ m, reward
40 ἀδάπανος, -ον, free of charge
41 τίθημι 1s fut act ind, present
42 καταχράομαι aor mid inf, make full use of
43 ἐλεύθερος, -α/ον, free
44 δουλόω 1s aor act ind, make (someone) a slave
45 πολύς, much (comp)
46 κερδαίνω 1s aor act sub, win

κερδήσω· τοῖς ὑπὸ νόμον ὡς ὑπὸ νόμον, μὴ ὢν αὐτὸς ὑπὸ νόμον, ἵνα τοὺς ὑπὸ νόμον κερδήσω· 21 τοῖς ἀνόμοις¹ ὡς ἄνομος, μὴ ὢν ἄνομος θεοῦ ἀλλ' ἔννομος² Χριστοῦ, ἵνα κερδάνω τοὺς ἀνόμους· 22 ἐγενόμην³ τοῖς ἀσθενέσιν⁴ ἀσθενής, ἵνα τοὺς ἀσθενεῖς κερδήσω· τοῖς πᾶσιν γέγονα πάντα, ἵνα πάντως⁵ τινὰς σώσω. 23 πάντα δὲ ποιῶ διὰ τὸ εὐαγγέλιον, ἵνα συγκοινωνὸς⁶ αὐτοῦ γένωμαι⁷.

24 Οὐκ οἴδατε ὅτι οἱ ἐν σταδίῳ⁸ τρέχοντες⁹ πάντες μὲν τρέχουσιν, εἷς δὲ λαμβάνει τὸ βραβεῖον¹⁰; οὕτως τρέχετε ἵνα καταλάβητε¹¹. 25 πᾶς δὲ ὁ ἀγωνιζόμενος¹² πάντα ἐγκρατεύεται¹³, ἐκεῖνοι μὲν οὖν ἵνα φθαρτὸν¹⁴ στέφανον¹⁵ λάβωσιν, ἡμεῖς δὲ ἄφθαρτον¹⁶. 26 ἐγὼ τοίνυν¹⁷ οὕτως τρέχω ὡς οὐκ ἀδήλως¹⁸, οὕτως πυκτεύω¹⁹ ὡς οὐκ ἀέρα²⁰ δέρων²¹· 27 ἀλλ' ὑπωπιάζω²² μου τὸ σῶμα καὶ δουλαγωγῶ²³, μή πως²⁴ ἄλλοις κηρύξας αὐτὸς ἀδόκιμος²⁵ γένωμαι.

Warning against Idolatry

10 Οὐ θέλω γὰρ ὑμᾶς ἀγνοεῖν²⁶, ἀδελφοί, ὅτι οἱ πατέρες ἡμῶν πάντες ὑπὸ τὴν νεφέλην²⁷ ἦσαν καὶ πάντες διὰ τῆς θαλάσσης διῆλθον²⁸ 2 καὶ πάντες εἰς τὸν Μωϋσῆν ἐβαπτίσθησαν ἐν τῇ νεφέλῃ καὶ ἐν τῇ θαλάσσῃ 3 καὶ πάντες τὸ αὐτὸ πνευματικὸν²⁹ βρῶμα³⁰ ἔφαγον³¹ 4 καὶ πάντες τὸ αὐτὸ πνευματικὸν ἔπιον³² πόμα³³· ἔπινον γὰρ ἐκ πνευματικῆς ἀκολουθούσης πέτρας³⁴, ἡ πέτρα δὲ ἦν ὁ Χριστός. 5 ἀλλ' οὐκ ἐν τοῖς πλείοσιν³⁵ αὐτῶν εὐδόκησεν³⁶ ὁ θεός, κατεστρώθησαν³⁷ γὰρ ἐν τῇ ἐρήμῳ. 6 ταῦτα δὲ τύποι³⁸ ἡμῶν ἐγενήθησαν³⁹, εἰς τὸ μὴ εἶναι ἡμᾶς ἐπιθυμητὰς⁴⁰ κακῶν, καθὼς κἀκεῖνοι ἐπεθύμησαν⁴¹. 7 μηδὲ εἰδωλολάτραι⁴² γίνεσθε καθὼς τινες αὐτῶν, ὥσπερ γέγραπται· ἐκάθισεν ὁ λαὸς φαγεῖν⁴³

---

[1] ἄνομος, -ον, outside the (Jewish) law
[2] ἔννομος, -ον, subject to law
[3] γίνομαι 1s aor mid ind, be
[4] ἀσθενής, -ές, weak
[5] πάντως, adv, by all means
[6] συγκοινωνός, -οῦ m, participant
[7] γίνομαι 1s aor mid sub, become
[8] στάδιον, -ου n, stadium
[9] τρέχω pres act ptc m p nom, run
[10] βραβεῖον, -ου n, prize
[11] καταλαμβάνω 2p aor act sub, obtain
[12] ἀγωνίζομαι pres mid ptc m s nom, struggle
[13] ἐγκρατεύομαι 3s pres mid ind, exercise self-control
[14] φθαρτός, -ή/-όν, perishable
[15] στέφανος, -ου m, crown
[16] ἄφθαρτος, -ον, imperishable
[17] τοίνυν, conj, for that reason
[18] ἀδήλως, adv, aimlessly
[19] πυκτεύω 1s pres act ind, box
[20] ἀήρ, -έρος m, air
[21] δέρω pres act ptc m s nom, beat
[22] ὑπωπιάζω 1s pres act ind, treat with severity
[23] δουλαγωγέω 1s pres act ind, bring under control
[24] πώς, particle, somehow
[25] ἀδόκιμος, -ον, disqualified
[26] ἀγνοέω pres act inf, fail to understand
[27] νεφέλη, -ης f, cloud
[28] διέρχομαι 3p aor act ind, go through
[29] πνευματικός, -ή/-όν, spiritual
[30] βρῶμα, -τος n, food
[31] ἐσθίω 3p aor act ind, eat
[32] πίνω 3p aor act ind, drink
[33] πόμα, -τος n, drink
[34] πέτρα, -ας f, rock
[35] πολύς, many (comp)
[36] εὐδοκέω 3s aor act ind, be pleased
[37] καταστρώννυμι 3p aor pas ind, scatter (of bodies)
[38] τύπος, -ου m, example
[39] γίνομαι 3p aor pas ind, become
[40] ἐπιθυμητής, -οῦ m, one who desires
[41] ἐπιθυμέω 3p aor act ind, desire
[42] εἰδωλολάτρης, -ου m, idolater
[43] ἐσθίω aor act inf, eat

καὶ πεῖν¹ καὶ ἀνέστησαν² παίζειν³. 8 μηδὲ πορνεύωμεν⁴, καθώς τινες αὐτῶν ἐπόρνευσαν καὶ ἔπεσαν⁵ μιᾷ ἡμέρᾳ εἴκοσι⁶ τρεῖς χιλιάδες⁷. 9 μηδὲ ἐκπειράζωμεν⁸ τὸν Χριστόν, καθώς τινες αὐτῶν ἐπείρασαν καὶ ὑπὸ τῶν ὄφεων⁹ ἀπώλλυντο¹⁰. 10 μηδὲ γογγύζετε¹¹, καθάπερ¹² τινὲς αὐτῶν ἐγόγγυσαν καὶ ἀπώλοντο¹³ ὑπὸ τοῦ ὀλοθρευτοῦ¹⁴. 11 ταῦτα δὲ τυπικῶς¹⁵ συνέβαινεν¹⁶ ἐκείνοις, ἐγράφη δὲ πρὸς νουθεσίαν¹⁷ ἡμῶν, εἰς οὓς τὰ τέλη τῶν αἰώνων κατήντηκεν¹⁸. 12 ὥστε ὁ δοκῶν ἑστάναι¹⁹ βλεπέτω μὴ πέσῃ²⁰. 13 πειρασμὸς²¹ ὑμᾶς οὐκ εἴληφεν²² εἰ μὴ ἀνθρώπινος²³· πιστὸς δὲ ὁ θεός, ὃς οὐκ ἐάσει²⁴ ὑμᾶς πειρασθῆναι ὑπὲρ ὃ δύνασθε ἀλλὰ ποιήσει σὺν τῷ πειρασμῷ καὶ τὴν ἔκβασιν²⁵ τοῦ δύνασθαι ὑπενεγκεῖν²⁶.

14 Διόπερ²⁷, ἀγαπητοί μου, φεύγετε²⁸ ἀπὸ τῆς εἰδωλολατρίας²⁹. 15 ὡς φρονίμοις³⁰ λέγω· κρίνατε ὑμεῖς ὅ φημι. 16 τὸ ποτήριον τῆς εὐλογίας³¹ ὃ εὐλογοῦμεν, οὐχὶ κοινωνία³² ἐστὶν τοῦ αἵματος τοῦ Χριστοῦ; τὸν ἄρτον ὃν κλῶμεν³³, οὐχὶ κοινωνία τοῦ σώματος τοῦ Χριστοῦ ἐστιν; 17 ὅτι εἷς ἄρτος, ἓν σῶμα οἱ πολλοί ἐσμεν, οἱ γὰρ πάντες ἐκ τοῦ ἑνὸς ἄρτου μετέχομεν³⁴. 18 βλέπετε τὸν Ἰσραὴλ κατὰ σάρκα· οὐχ οἱ ἐσθίοντες τὰς θυσίας³⁵ κοινωνοὶ³⁶ τοῦ θυσιαστηρίου³⁷ εἰσίν; 19 τί οὖν φημι; ὅτι εἰδωλόθυτόν³⁸ τί ἐστιν ἢ ὅτι εἴδωλόν³⁹ τί ἐστιν; 20 ἀλλ᾽ ὅτι ἃ θύουσιν⁴⁰, δαιμονίοις καὶ οὐ θεῷ θύουσιν· οὐ θέλω δὲ ὑμᾶς κοινωνοὺς τῶν δαιμονίων γίνεσθαι. 21 οὐ δύνασθε ποτήριον κυρίου πίνειν καὶ ποτήριον δαιμονίων, οὐ δύνασθε τραπέζης⁴¹ κυρίου μετέχειν⁴² καὶ τραπέζης δαιμονίων. 22 ἢ παραζηλοῦμεν⁴³ τὸν κύριον; μὴ ἰσχυρότεροι⁴⁴ αὐτοῦ ἐσμεν;

---

1 πίνω *aor act inf*, drink
2 ἀνίστημι *3p aor act ind, intrans* stand up
3 παίζω *pres act inf*, dance/amuse oneself
4 πορνεύω *1p pres act sub*, commit sexual immorality
5 πίπτω *3p aor act ind*, fall
6 εἴκοσι, twenty
7 χιλιάς, -άδος *f*, a thousand
8 ἐκπειράζω *1p pres act sub*, put to the test
9 ὄφις, -εως *m*, snake
10 ἀπόλλυμι *3p impf pas ind*, destroy
11 γογγύζω *2p pres act impv*, grumble
12 καθάπερ, *conj*, just as
13 ἀπόλλυμι *3p aor mid ind*, destroy
14 ὀλοθρευτής, -οῦ *m*, destroying angel
15 τυπικῶς, *adv*, as a warning
16 συμβαίνω *3s impf act ind*, happen
17 νουθεσία, -ας *f*, instruction
18 καταντάω *3s pf act ind*, come
19 ἵστημι *pf act inf, intrans* stand
20 πίπτω *3s aor act sub*, fall
21 πειρασμός, -οῦ *m*, temptation/testing
22 λαμβάνω *3s pf act ind*, overtake
23 ἀνθρώπινος, -η/ον, common to humans
24 ἐάω *3s fut act ind*, let
25 ἔκβασις, -εως *f*, way out
26 ὑποφέρω *aor act inf*, endure
27 διόπερ, *conj*, and so
28 φεύγω *2p pres act impv*, run from
29 εἰδωλολατρία, -ας *f*, idolatry
30 φρόνιμος, -ον, sensible
31 εὐλογία, -ας *f*, blessing
32 κοινωνία, -ας *f*, fellowship
33 κλάω *1p pres act ind*, break
34 μετέχω *1p pres act ind*, share in
35 θυσία, -ας *f*, sacrifice
36 κοινωνός, -οῦ *m*, participant
37 θυσιαστήριον, -ου *n*, altar
38 εἰδωλόθυτος, -ον, (food) sacrificed to idols
39 εἴδωλον, -ου *n*, idol
40 θύω *3p pres act ind*, sacrifice
41 τράπεζα, -ης *f*, table
42 μετέχω *pres act inf*, share in
43 παραζηλόω *1p pres act ind*, make jealous
44 ἰσχυρός, strong (comp)

Do All to the Glory of God

23 Πάντα ἔξεστιν ἀλλ' οὐ πάντα συμφέρει[1]· πάντα ἔξεστιν ἀλλ' οὐ πάντα οἰκοδομεῖ. 24 μηδεὶς τὸ ἑαυτοῦ ζητείτω ἀλλὰ τὸ τοῦ ἑτέρου. 25 πᾶν τὸ ἐν μακέλλῳ[2] πωλούμενον[3] ἐσθίετε μηδὲν ἀνακρίνοντες[4] διὰ τὴν συνείδησιν[5]· 26 τοῦ κυρίου γὰρ ἡ γῆ καὶ τὸ πλήρωμα[6] αὐτῆς. 27 εἴ τις καλεῖ ὑμᾶς τῶν ἀπίστων[7] καὶ θέλετε πορεύεσθαι, πᾶν τὸ παρατιθέμενον[8] ὑμῖν ἐσθίετε μηδὲν ἀνακρίνοντες διὰ τὴν συνείδησιν. 28 ἐὰν δέ τις ὑμῖν εἴπῃ[9]· τοῦτο ἱερόθυτόν[10] ἐστιν, μὴ ἐσθίετε δι' ἐκεῖνον τὸν μηνύσαντα[11] καὶ τὴν συνείδησιν· 29 συνείδησιν δὲ λέγω οὐχὶ τὴν ἑαυτοῦ ἀλλὰ τὴν τοῦ ἑτέρου. ἱνατί[12] γὰρ ἡ ἐλευθερία[13] μου κρίνεται ὑπὸ ἄλλης συνειδήσεως; 30 εἰ ἐγὼ χάριτι μετέχω[14], τί βλασφημοῦμαι ὑπὲρ οὗ ἐγὼ εὐχαριστῶ; 31 εἴτε οὖν ἐσθίετε εἴτε πίνετε εἴτε τι ποιεῖτε, πάντα εἰς δόξαν θεοῦ ποιεῖτε. 32 ἀπρόσκοποι[15] καὶ Ἰουδαίοις γίνεσθε καὶ Ἕλλησιν καὶ τῇ ἐκκλησίᾳ τοῦ θεοῦ, 33 καθὼς κἀγὼ πάντα πᾶσιν ἀρέσκω[16] μὴ ζητῶν τὸ ἐμαυτοῦ σύμφορον[17] ἀλλὰ τὸ τῶν πολλῶν, ἵνα σωθῶσιν.

11 1 μιμηταί[18] μου γίνεσθε καθὼς κἀγὼ Χριστοῦ.

Head Coverings

2 Ἐπαινῶ[19] δὲ ὑμᾶς ὅτι πάντα μου μέμνησθε[20] καί, καθὼς παρέδωκα ὑμῖν, τὰς παραδόσεις[21] κατέχετε[22]. 3 θέλω δὲ ὑμᾶς εἰδέναι[23] ὅτι παντὸς ἀνδρὸς ἡ κεφαλὴ ὁ Χριστός ἐστιν, κεφαλὴ δὲ γυναικὸς ὁ ἀνήρ, κεφαλὴ δὲ τοῦ Χριστοῦ ὁ θεός. 4 πᾶς ἀνὴρ προσευχόμενος ἢ προφητεύων[24] κατὰ κεφαλῆς ἔχων καταισχύνει[25] τὴν κεφαλὴν αὐτοῦ. 5 πᾶσα δὲ γυνὴ προσευχομένη ἢ προφητεύουσα ἀκατακαλύπτῳ[26] τῇ κεφαλῇ καταισχύνει τὴν κεφαλὴν αὐτῆς· ἓν γάρ ἐστιν καὶ τὸ αὐτὸ τῇ ἐξυρημένῃ[27]. 6 εἰ γὰρ οὐ κατακαλύπτεται[28] γυνή, καὶ κειράσθω[29]· εἰ δὲ αἰσχρὸν[30] γυναικὶ τὸ κείρασθαι ἢ ξυρᾶσθαι, κατακαλυπτέσθω. 7 ἀνὴρ μὲν γὰρ οὐκ ὀφείλει κατακαλύπτεσθαι τὴν κεφαλὴν εἰκὼν[31] καὶ δόξα θεοῦ ὑπάρχων· ἡ γυνὴ δὲ δόξα ἀνδρός ἐστιν. 8 οὐ γάρ ἐστιν ἀνὴρ ἐκ γυναικὸς ἀλλὰ γυνὴ ἐξ ἀνδρός· 9 καὶ γὰρ οὐκ ἐκτίσθη[32]

---

[1] συμφέρω 3s pres act ind, be helpful
[2] μάκελλον, -ου n, meat market
[3] πωλέω pres pas ptc n s acc, sell
[4] ἀνακρίνω pres act ptc m p nom, raise a question
[5] συνείδησις, -εως f, conscience
[6] πλήρωμα, -τος n, contents
[7] ἄπιστος, -ον, unbelieving
[8] παρατίθημι pres pas ptc n s acc, put before
[9] λέγω 3s aor act sub, say
[10] ἱερόθυτος, -ον, offered in sacrifice
[11] μηνύω aor act ptc m s acc, inform
[12] ἱνατί, why?
[13] ἐλευθερία, -ας f, freedom
[14] μετέχω 1s pres act ind, take part in
[15] ἀπρόσκοπος, -ον, inoffensive
[16] ἀρέσκω 1s pres act ind, please
[17] σύμφορος, -ου n, benefit
[18] μιμητής, -οῦ m, imitator
[19] ἐπαινέω 1s pres act ind, commend
[20] μιμνῄσκομαι 2p pf pas ind, remember
[21] παράδοσις, -εως f, tradition
[22] κατέχω 2p pres act ind, hold fast
[23] οἶδα pf act inf, understand
[24] προφητεύω pres act ptc m s nom, prophesy
[25] καταισχύνω 3s pres act ind, dishonor
[26] ἀκατακάλυπτος, -ον, uncovered
[27] ξυράω pf pas ptc f s dat, shave
[28] κατακαλύπτω 3s pres mid ind, mid cover one's head
[29] κείρω 3s aor mid impv, cut off
[30] αἰσχρός, -ά/όν, disgraceful
[31] εἰκών, -όνος f, image
[32] κτίζω 3s aor pas ind, create

ἀνὴρ διὰ τὴν γυναῖκα ἀλλὰ γυνὴ διὰ τὸν ἄνδρα. **10** διὰ τοῦτο ὀφείλει ἡ γυνὴ ἐξουσίαν ἔχειν ἐπὶ τῆς κεφαλῆς διὰ τοὺς ἀγγέλους. **11** πλὴν οὔτε γυνὴ χωρὶς ἀνδρὸς οὔτε ἀνὴρ χωρὶς γυναικὸς ἐν κυρίῳ· **12** ὥσπερ γὰρ ἡ γυνὴ ἐκ τοῦ ἀνδρός, οὕτως καὶ ὁ ἀνὴρ διὰ τῆς γυναικός· τὰ δὲ πάντα ἐκ τοῦ θεοῦ. **13** ἐν ὑμῖν αὐτοῖς κρίνατε· πρέπον¹ ἐστὶν γυναῖκα ἀκατακάλυπτον² τῷ θεῷ προσεύχεσθαι; **14** οὐδὲ ἡ φύσις³ αὐτὴ διδάσκει ὑμᾶς ὅτι ἀνὴρ μὲν ἐὰν κομᾷ⁴ ἀτιμία⁵ αὐτῷ ἐστιν, **15** γυνὴ δὲ ἐὰν κομᾷ δόξα αὐτῇ ἐστιν; ὅτι ἡ κόμη⁶ ἀντὶ⁷ περιβολαίου⁸ δέδοται⁹ [αὐτῇ]. **16** εἰ δέ τις δοκεῖ φιλόνεικος¹⁰ εἶναι, ἡμεῖς τοιαύτην συνήθειαν¹¹ οὐκ ἔχομεν οὐδὲ αἱ ἐκκλησίαι τοῦ θεοῦ.

Abuses at the Lord's Supper

17 Τοῦτο δὲ παραγγέλλων οὐκ ἐπαινῶ¹² ὅτι οὐκ εἰς τὸ κρεῖσσον¹³ ἀλλ' εἰς τὸ ἧσσον¹⁴ συνέρχεσθε¹⁵. **18** πρῶτον μὲν γὰρ συνερχομένων ὑμῶν ἐν ἐκκλησίᾳ ἀκούω σχίσματα¹⁶ ἐν ὑμῖν ὑπάρχειν καὶ μέρος τι πιστεύω. **19** δεῖ γὰρ καὶ αἱρέσεις¹⁷ ἐν ὑμῖν εἶναι, ἵνα [καὶ] οἱ δόκιμοι¹⁸ φανεροὶ¹⁹ γένωνται²⁰ ἐν ὑμῖν. **20** συνερχομένων οὖν ὑμῶν ἐπὶ τὸ αὐτὸ οὐκ ἔστιν κυριακὸν²¹ δεῖπνον²² φαγεῖν²³· **21** ἕκαστος γὰρ τὸ ἴδιον δεῖπνον προλαμβάνει²⁴ ἐν τῷ φαγεῖν²⁵, καὶ ὃς μὲν πεινᾷ²⁶ ὃς δὲ μεθύει²⁷. **22** μὴ γὰρ οἰκίας οὐκ ἔχετε εἰς τὸ ἐσθίειν καὶ πίνειν; ἢ τῆς ἐκκλησίας τοῦ θεοῦ καταφρονεῖτε²⁸, καὶ καταισχύνετε²⁹ τοὺς μὴ ἔχοντας; τί εἴπω ὑμῖν; ἐπαινέσω ὑμᾶς; ἐν τούτῳ οὐκ ἐπαινῶ.

The Institution of the Lord's Supper (Mt 26.26-29; Mk 14.22-25; Lk 22.14-20)

23 Ἐγὼ γὰρ παρέλαβον ἀπὸ τοῦ κυρίου, ὃ καὶ παρέδωκα ὑμῖν, ὅτι ὁ κύριος Ἰησοῦς ἐν τῇ νυκτὶ ᾗ παρεδίδετο³⁰ ἔλαβεν ἄρτον **24** καὶ εὐχαριστήσας ἔκλασεν³¹ καὶ εἶπεν· τοῦτό μού ἐστιν τὸ σῶμα τὸ ὑπὲρ ὑμῶν· τοῦτο ποιεῖτε εἰς τὴν ἐμὴν ἀνάμνησιν³². **25** ὡσαύτως³³ καὶ τὸ ποτήριον μετὰ τὸ δειπνῆσαι³⁴ λέγων· τοῦτο τὸ ποτήριον

---

¹ πρέπω pres act ptc n s nom, impers it is proper
² ἀκατακάλυπτος, -ον, uncovered
³ φύσις, -εως f, nature
⁴ κομάω 3s pres act sub, wear long hair
⁵ ἀτιμία, -ας f, disgrace
⁶ κόμη, -ης f, hair
⁷ ἀντί, prep + gen, for
⁸ περιβόλαιον, -ου n, covering
⁹ δίδωμι 3s pf pas ind, give
¹⁰ φιλόνεικος, -ον, argumentative
¹¹ συνήθεια, -ας f, practice
¹² ἐπαινέω 1s pres act ind, commend
¹³ κρείττων, better (comp of ἀγαθός)
¹⁴ ἥσσων, worse (comp w/o a positive)
¹⁵ συνέρχομαι 2p pres mid ind, come together
¹⁶ σχίσμα, -τος n, division
¹⁷ αἵρεσις, -εως f, difference
¹⁸ δόκιμος, -ον, genuine
¹⁹ φανερός, -ά/όν, evident
²⁰ γίνομαι 3p aor mid sub, become
²¹ κυριακός, -ή/όν, belonging to the Lord
²² δεῖπνον, -ου n, supper
²³ ἐσθίω aor act inf, eat
²⁴ προλαμβάνω 3s pres act ind, go ahead (of others)
²⁵ ἐσθίω aor act inf, eat
²⁶ πεινάω 3s pres act ind, be hungry
²⁷ μεθύω 3s pres act ind, be drunk
²⁸ καταφρονέω 2p pres act ind, despise
²⁹ καταισχύνω 2p pres act ind, humiliate
³⁰ παραδίδωμι 3s impf pas ind, betray
³¹ κλάω 3s aor act ind, break
³² ἀνάμνησις, -εως f, remembrance
³³ ὡσαύτως, adv, in the same way
³⁴ δειπνέω aor act inf, eat

ἡ καινὴ διαθήκη ἐστὶν ἐν τῷ ἐμῷ αἵματι· τοῦτο ποιεῖτε, ὁσάκις¹ ἐὰν πίνητε, εἰς τὴν ἐμὴν ἀνάμνησιν. **26** ὁσάκις γὰρ ἐὰν ἐσθίητε τὸν ἄρτον τοῦτον καὶ τὸ ποτήριον πίνητε, τὸν θάνατον τοῦ κυρίου καταγγέλλετε² ἄχρι οὗ ἔλθῃ³.

Unworthy Participation in the Supper

27 Ὥστε ὃς ἂν ἐσθίῃ τὸν ἄρτον ἢ πίνῃ τὸ ποτήριον τοῦ κυρίου ἀναξίως⁴, ἔνοχος⁵ ἔσται τοῦ σώματος καὶ τοῦ αἵματος τοῦ κυρίου. **28** δοκιμαζέτω⁶ δὲ ἄνθρωπος ἑαυτὸν καὶ οὕτως ἐκ τοῦ ἄρτου ἐσθιέτω καὶ ἐκ τοῦ ποτηρίου πινέτω· **29** ὁ γὰρ ἐσθίων καὶ πίνων κρίμα⁷ ἑαυτῷ ἐσθίει καὶ πίνει μὴ διακρίνων⁸ τὸ σῶμα. **30** διὰ τοῦτο ἐν ὑμῖν πολλοὶ ἀσθενεῖς⁹ καὶ ἄρρωστοι¹⁰ καὶ κοιμῶνται¹¹ ἱκανοί. **31** εἰ δὲ ἑαυτοὺς διεκρίνομεν, οὐκ ἂν ἐκρινόμεθα· **32** κρινόμενοι δὲ ὑπὸ [τοῦ] κυρίου παιδευόμεθα¹², ἵνα μὴ σὺν τῷ κόσμῳ κατακριθῶμεν¹³. **33** ὥστε, ἀδελφοί μου, συνερχόμενοι¹⁴ εἰς τὸ φαγεῖν¹⁵ ἀλλήλους ἐκδέχεσθε¹⁶. **34** εἴ τις πεινᾷ¹⁷, ἐν οἴκῳ ἐσθιέτω, ἵνα μὴ εἰς κρίμα¹⁸ συνέρχησθε. τὰ δὲ λοιπὰ ὡς ἂν ἔλθω¹⁹ διατάξομαι²⁰.

Spiritual Gifts

12 Περὶ δὲ τῶν πνευματικῶν²¹, ἀδελφοί, οὐ θέλω ὑμᾶς ἀγνοεῖν²². **2** οἴδατε ὅτι ὅτε ἔθνη ἦτε πρὸς τὰ εἴδωλα²³ τὰ ἄφωνα²⁴ ὡς ἂν ἤγεσθε²⁵ ἀπαγόμενοι²⁶. **3** διὸ γνωρίζω²⁷ ὑμῖν ὅτι οὐδεὶς ἐν πνεύματι θεοῦ λαλῶν λέγει· ἀνάθεμα²⁸ Ἰησοῦς, καὶ οὐδεὶς δύναται εἰπεῖν· Κύριος Ἰησοῦς, εἰ μὴ ἐν πνεύματι ἁγίῳ.

4 Διαιρέσεις²⁹ δὲ χαρισμάτων³⁰ εἰσίν, τὸ δὲ αὐτὸ πνεῦμα· **5** καὶ διαιρέσεις διακονιῶν εἰσιν, καὶ ὁ αὐτὸς κύριος· **6** καὶ διαιρέσεις ἐνεργημάτων³¹ εἰσίν, ὁ δὲ αὐτὸς θεὸς ὁ ἐνεργῶν³² τὰ πάντα ἐν πᾶσιν. **7** ἑκάστῳ δὲ δίδοται³³ ἡ φανέρωσις³⁴ τοῦ πνεύματος πρὸς τὸ συμφέρον³⁵. **8** ᾧ μὲν γὰρ διὰ τοῦ πνεύματος δίδοται λόγος

---

[1] ὁσάκις, adv, whenever
[2] καταγγέλλω 2p pres act ind, proclaim
[3] ἔρχομαι 3s aor act sub, come
[4] ἀναξίως, adv, in an unworthy manner
[5] ἔνοχος, -ον, guilty
[6] δοκιμάζω 3s pres act impv, examine
[7] κρίμα, -τος n, judgment
[8] διακρίνω pres act ptc m s nom, discern
[9] ἀσθενής, -ές, weak
[10] ἄρρωστος, -ον, sick
[11] κοιμάομαι 3p pres pas ind, die
[12] παιδεύω 1p pres pas ind, instruct
[13] κατακρίνω 1p aor pas sub, condemn
[14] συνέρχομαι pres mid ptc m p nom, come together
[15] ἐσθίω aor act inf, eat
[16] ἐκδέχομαι 2p pres mid impv, wait for
[17] πεινάω 3s pres act ind, be hungry
[18] κρίμα, -τος n, condemnation
[19] ἔρχομαι 1s aor act sub, come
[20] διατάσσω 1s fut mid ind, give instructions
[21] πνευματικός, -ή/όν, spiritual (gift/person)
[22] ἀγνοέω pres act inf, be uninformed
[23] εἴδωλον, -ου n, idol
[24] ἄφωνος, -ον, unable to speak
[25] ἄγω 2p impf pas ind, lead
[26] ἀπάγω pres pas ptc m p nom, lead astray
[27] γνωρίζω 1s pres act ind, make known
[28] ἀνάθεμα, -τος n, under God's curse
[29] διαίρεσις, -εως f, variety
[30] χάρισμα, -τος n, gift
[31] ἐνέργεια, pres act ptc m s nom, working
[32] ἐνεργέω pres act ptc m s nom, work/be at work
[33] δίδωμι 3s pres pas ind, give
[34] φανέρωσις, -εως f, manifestation
[35] συμφέρω pres act ptc n s acc, be helpful

σοφίας, ἄλλῳ δὲ λόγος γνώσεως[1] κατὰ τὸ αὐτὸ πνεῦμα, **9** ἑτέρῳ πίστις ἐν τῷ αὐτῷ πνεύματι, ἄλλῳ δὲ χαρίσματα ἰαμάτων[2] ἐν τῷ ἑνὶ πνεύματι, **10** ἄλλῳ δὲ ἐνεργήματα[3] δυνάμεων, ἄλλῳ [δὲ] προφητεία[4], ἄλλῳ [δὲ] διακρίσεις[5] πνευμάτων, ἑτέρῳ γένη[6] γλωσσῶν, ἄλλῳ δὲ ἑρμηνεία[7] γλωσσῶν· **11** πάντα δὲ ταῦτα ἐνεργεῖ τὸ ἓν καὶ τὸ αὐτὸ πνεῦμα διαιροῦν[8] ἰδίᾳ ἑκάστῳ καθὼς βούλεται.

One Body with Many Members

12 Καθάπερ[9] γὰρ τὸ σῶμα ἕν ἐστιν καὶ μέλη πολλὰ ἔχει, πάντα δὲ τὰ μέλη τοῦ σώματος πολλὰ ὄντα ἕν ἐστιν σῶμα, οὕτως καὶ ὁ Χριστός· **13** καὶ γὰρ ἐν ἑνὶ πνεύματι ἡμεῖς πάντες εἰς ἓν σῶμα ἐβαπτίσθημεν, εἴτε Ἰουδαῖοι εἴτε Ἕλληνες εἴτε δοῦλοι εἴτε ἐλεύθεροι[10], καὶ πάντες ἓν πνεῦμα ἐποτίσθημεν[11]. **14** καὶ γὰρ τὸ σῶμα οὐκ ἔστιν ἓν μέλος ἀλλὰ πολλά. **15** ἐὰν εἴπῃ[12] ὁ πούς· ὅτι οὐκ εἰμὶ χείρ, οὐκ εἰμὶ ἐκ τοῦ σώματος, οὐ παρὰ τοῦτο οὐκ ἔστιν ἐκ τοῦ σώματος; **16** καὶ ἐὰν εἴπῃ τὸ οὖς· ὅτι οὐκ εἰμὶ ὀφθαλμός, οὐκ εἰμὶ ἐκ τοῦ σώματος, οὐ παρὰ τοῦτο οὐκ ἔστιν ἐκ τοῦ σώματος; **17** εἰ ὅλον τὸ σῶμα ὀφθαλμός, ποῦ ἡ ἀκοή[13]; εἰ ὅλον ἀκοή, ποῦ ἡ ὄσφρησις[14]; **18** νυνὶ[15] δὲ ὁ θεὸς ἔθετο[16] τὰ μέλη, ἓν ἕκαστον αὐτῶν ἐν τῷ σώματι καθὼς ἠθέλησεν[17]. **19** εἰ δὲ ἦν τὰ πάντα ἓν μέλος, ποῦ τὸ σῶμα; **20** νῦν δὲ πολλὰ μὲν μέλη, ἓν δὲ σῶμα. **21** οὐ δύναται δὲ ὁ ὀφθαλμὸς εἰπεῖν τῇ χειρί· χρείαν σου οὐκ ἔχω, ἢ πάλιν ἡ κεφαλὴ τοῖς ποσίν· χρείαν ὑμῶν οὐκ ἔχω· **22** ἀλλὰ πολλῷ μᾶλλον τὰ δοκοῦντα μέλη τοῦ σώματος ἀσθενέστερα[18] ὑπάρχειν ἀναγκαῖά[19] ἐστιν, **23** καὶ ἃ δοκοῦμεν ἀτιμότερα[20] εἶναι τοῦ σώματος τούτοις τιμὴν περισσοτέραν[21] περιτίθεμεν[22], καὶ τὰ ἀσχήμονα[23] ἡμῶν εὐσχημοσύνην[24] περισσοτέραν ἔχει, **24** τὰ δὲ εὐσχήμονα[25] ἡμῶν οὐ χρείαν ἔχει. ἀλλ᾽ ὁ θεὸς συνεκέρασεν[26] τὸ σῶμα τῷ ὑστερουμένῳ[27] περισσοτέραν δοὺς[28] τιμήν, **25** ἵνα μὴ ᾖ σχίσμα[29] ἐν τῷ σώματι ἀλλὰ τὸ αὐτὸ ὑπὲρ ἀλλήλων μεριμνῶσιν[30] τὰ μέλη. **26** καὶ εἴτε πάσχει ἓν μέλος, συμπάσχει[31] πάντα τὰ μέλη· εἴτε δοξάζεται [ἓν] μέλος, συγχαίρει[32] πάντα τὰ μέλη. **27** ὑμεῖς δέ ἐστε

---

[1] γνῶσις, -εως f, knowledge
[2] ἴαμα, -τος n, healing
[3] ἐνέργημα, -τος n, working
[4] προφητεία, -ας f, prophecy
[5] διάκρισις, -εως f, ability to distinguish
[6] γένος, -ους n, kind
[7] ἑρμηνεία, -ας f, interpretation
[8] διαιρέω pres act ptc n s nom, distribute
[9] καθάπερ, conj, just as
[10] ἐλεύθερος, -α/ον, free
[11] ποτίζω 1p aor pas ind, give to drink
[12] λέγω 3s aor act sub, say
[13] ἀκοή, -ῆς f, hearing
[14] ὄσφρησις, -εως f, sense of smell
[15] νυνί, adv, now
[16] τίθημι 3s aor mid ind, put
[17] θέλω 3s aor act ind, want
[18] ἀσθενής, weak (comp)
[19] ἀναγκαῖος, -α/ον, necessary
[20] ἄτιμος, dishonored (comp)
[21] περισσότερος, greater (comp of περισσός)
[22] περιτίθημι 1p pres act ind, treat
[23] ἀσχήμων, -ον, unpresentable
[24] εὐσχημοσύνη, -ης f, modesty
[25] εὐσχήμων, -ον, gen -ονος, more presentable
[26] συγκεράννυμι 3s aor act ind, put together
[27] ὑστερέω pres pas ptc n s dat, pas lack
[28] δίδωμι aor act ptc m s nom, give
[29] σχίσμα, -τος n, division
[30] μεριμνάω 3p pres act sub, be concerned about
[31] συμπάσχω 3s pres act ind, suffer together
[32] συγχαίρω 3s pres act ind, rejoice together

σῶμα Χριστοῦ καὶ μέλη ἐκ μέρους. 28 καὶ οὓς μὲν ἔθετο¹ ὁ θεὸς ἐν τῇ ἐκκλησίᾳ πρῶτον ἀποστόλους, δεύτερον προφήτας, τρίτον διδασκάλους, ἔπειτα² δυνάμεις, ἔπειτα χαρίσματα³ ἰαμάτων⁴, ἀντιλήμψεις⁵, κυβερνήσεις⁶, γένη⁷ γλωσσῶν. 29 μὴ πάντες ἀπόστολοι; μὴ πάντες προφῆται; μὴ πάντες διδάσκαλοι; μὴ πάντες δυνάμεις; 30 μὴ πάντες χαρίσματα ἔχουσιν ἰαμάτων; μὴ πάντες γλώσσαις λαλοῦσιν; μὴ πάντες διερμηνεύουσιν⁸; 31 ζηλοῦτε⁹ δὲ τὰ χαρίσματα τὰ μείζονα¹⁰.

Love

Καὶ ἔτι καθ' ὑπερβολὴν¹¹ ὁδὸν ὑμῖν δείκνυμι¹².

13 Ἐὰν ταῖς γλώσσαις τῶν ἀνθρώπων λαλῶ καὶ τῶν ἀγγέλων, ἀγάπην δὲ μὴ ἔχω, γέγονα¹³ χαλκὸς¹⁴ ἠχῶν¹⁵ ἢ κύμβαλον¹⁶ ἀλαλάζον¹⁷. 2 καὶ ἐὰν ἔχω προφητείαν¹⁸ καὶ εἰδῶ¹⁹ τὰ μυστήρια²⁰ πάντα καὶ πᾶσαν τὴν γνῶσιν²¹ καὶ ἐὰν ἔχω πᾶσαν τὴν πίστιν ὥστε ὄρη μεθιστάναι²², ἀγάπην δὲ μὴ ἔχω, οὐθέν²³ εἰμι. 3 κἂν²⁴ ψωμίσω²⁵ πάντα τὰ ὑπάρχοντά μου καὶ ἐὰν παραδῶ²⁶ τὸ σῶμά μου ἵνα καυχήσωμαι, ἀγάπην δὲ μὴ ἔχω, οὐδὲν ὠφελοῦμαι²⁷.

4 Ἡ ἀγάπη μακροθυμεῖ²⁸, χρηστεύεται²⁹ ἡ ἀγάπη, οὐ ζηλοῖ³⁰, [ἡ ἀγάπη] οὐ περπερεύεται³¹, οὐ φυσιοῦται³², 5 οὐκ ἀσχημονεῖ³³, οὐ ζητεῖ τὰ ἑαυτῆς, οὐ παροξύνεται³⁴, οὐ λογίζεται τὸ κακόν, 6 οὐ χαίρει ἐπὶ τῇ ἀδικίᾳ³⁵, συγχαίρει³⁶ δὲ τῇ ἀληθείᾳ· 7 πάντα στέγει³⁷, πάντα πιστεύει, πάντα ἐλπίζει, πάντα ὑπομένει³⁸.

8 Ἡ ἀγάπη οὐδέποτε³⁹ πίπτει· εἴτε δὲ προφητεῖαι⁴⁰, καταργηθήσονται⁴¹· εἴτε γλῶσσαι, παύσονται⁴²· εἴτε γνῶσις, καταργηθήσεται. 9 ἐκ μέρους γὰρ γινώσκομεν

---

[1] τίθημι 3s aor mid ind, place
[2] ἔπειτα, adv, then
[3] χάρισμα, -τος n, gift
[4] ἴαμα, -τος n, healing
[5] ἀντίλημψις, -εως f, ability to help
[6] κυβέρνησις, -εως f, ability to lead
[7] γένος, -ους n, kind
[8] διερμηνεύω 3p pres act ind, interpret
[9] ζηλόω 2p pres act impv, eagerly desire
[10] μέγας, great (comp)
[11] ὑπερβολή, -ῆς f, a surpassing quality
[12] δείκνυμι 1s pres act ind, show
[13] γίνομαι 1s pf act ind, become
[14] χαλκός, -οῦ m, gong
[15] ἠχέω pres act ptc m s nom, be noisy
[16] κύμβαλον, -ου n, cymbal
[17] ἀλαλάζω pres act ptc n s nom, clang
[18] προφητεία, -ας f, prophecy
[19] οἶδα 1s pf act sub, understand
[20] μυστήριον, -ου n, mystery
[21] γνῶσις, -εως f, knowledge
[22] μεθίστημι pres act inf, move
[23] οὐδείς/οὐδεμία/οὐδέν, nothing
[24] κἄν, = καὶ ἐάν, and if
[25] ψωμίζω 1s aor act sub, give away
[26] παραδίδωμι 1s aor act sub, give
[27] ὠφελέω 1s pres mid/pas ind, pas gain
[28] μακροθυμέω 3s pres act ind, be patient
[29] χρηστεύομαι 3s pres mid ind, be kind
[30] ζηλόω 3s pres act ind, be jealous
[31] περπερεύομαι 3s pres mid ind, be boastful
[32] φυσιόω 3s pres pas ind, pas be arrogant
[33] ἀσχημονέω 3s pres act ind, be rude
[34] παροξύνω 3s pres pas ind, pas be irritable
[35] ἀδικία, -ας f, evil
[36] συγχαίρω 3s pres act ind, rejoice together
[37] στέγω 3s pres act ind, put up with
[38] ὑπομένω 3s pres act ind, endure
[39] οὐδέποτε, adv, never
[40] προφητεία, -ας f, prophecy
[41] καταργέω 3p fut pas ind, pas pass away
[42] παύω 3p fut mid ind, cease

καὶ ἐκ μέρους προφητεύομεν[1]· **10** ὅταν δὲ ἔλθῃ[2] τὸ τέλειον[3], τὸ ἐκ μέρους καταργηθήσεται. **11** ὅτε ἤμην νήπιος[4], ἐλάλουν ὡς νήπιος, ἐφρόνουν[5] ὡς νήπιος, ἐλογιζόμην ὡς νήπιος· ὅτε γέγονα ἀνήρ, κατήργηκα[6] τὰ τοῦ νηπίου. **12** βλέπομεν γὰρ ἄρτι δι' ἐσόπτρου[7] ἐν αἰνίγματι[8], τότε δὲ πρόσωπον πρὸς πρόσωπον· ἄρτι γινώσκω ἐκ μέρους, τότε δὲ ἐπιγνώσομαι καθὼς καὶ ἐπεγνώσθην[9]. **13** νυνὶ[10] δὲ μένει πίστις, ἐλπίς, ἀγάπη, τὰ τρία ταῦτα· μείζων[11] δὲ τούτων ἡ ἀγάπη.

Tongues and Prophecy

14 Διώκετε τὴν ἀγάπην, ζηλοῦτε[12] δὲ τὰ πνευματικά[13], μᾶλλον δὲ ἵνα προφητεύητε[14]. **2** ὁ γὰρ λαλῶν γλώσσῃ οὐκ ἀνθρώποις λαλεῖ ἀλλὰ θεῷ· οὐδεὶς γὰρ ἀκούει, πνεύματι δὲ λαλεῖ μυστήρια[15]· **3** ὁ δὲ προφητεύων ἀνθρώποις λαλεῖ οἰκοδομὴν[16] καὶ παράκλησιν[17] καὶ παραμυθίαν[18]. **4** ὁ λαλῶν γλώσσῃ ἑαυτὸν οἰκοδομεῖ· ὁ δὲ προφητεύων ἐκκλησίαν οἰκοδομεῖ. **5** θέλω δὲ πάντας ὑμᾶς λαλεῖν γλώσσαις, μᾶλλον δὲ ἵνα προφητεύητε· μείζων[19] δὲ ὁ προφητεύων ἢ ὁ λαλῶν γλώσσαις ἐκτὸς[20] εἰ μὴ διερμηνεύῃ[21], ἵνα ἡ ἐκκλησία οἰκοδομὴν λάβῃ[22].

6 Νῦν δέ, ἀδελφοί, ἐὰν ἔλθω[23] πρὸς ὑμᾶς γλώσσαις λαλῶν, τί ὑμᾶς ὠφελήσω[24] ἐὰν μὴ ὑμῖν λαλήσω ἢ ἐν ἀποκαλύψει[25] ἢ ἐν γνώσει[26] ἢ ἐν προφητείᾳ[27] ἢ [ἐν] διδαχῇ[28]; **7** ὅμως[29] τὰ ἄψυχα[30] φωνὴν διδόντα[31], εἴτε αὐλὸς[32] εἴτε κιθάρα[33], ἐὰν διαστολὴν[34] τοῖς φθόγγοις[35] μὴ δῷ[36], πῶς γνωσθήσεται[37] τὸ αὐλούμενον[38] ἢ τὸ κιθαριζόμενον[39]; **8** καὶ γὰρ ἐὰν ἄδηλον[40] σάλπιγξ[41] φωνὴν δῷ, τίς παρασκευάσεται[42] εἰς πόλεμον[43]; **9** οὕτως καὶ ὑμεῖς διὰ τῆς γλώσσης ἐὰν μὴ εὔσημον[44] λόγον δῶτε[45], πῶς γνωσθήσεται τὸ λαλούμενον; ἔσεσθε[46] γὰρ εἰς ἀέρα[47] λαλοῦντες. **10** τοσαῦτα[48] εἰ

---

[1] προφητεύω 1p pres act ind, prophesy
[2] ἔρχομαι 3s aor act sub, come
[3] τέλειος, -α/ον, complete
[4] νήπιος, -α/ον, child
[5] φρονέω 1s impf act ind, think
[6] καταργέω 1s pf act ind, do away with
[7] ἔσοπτρον, -ου n, mirror
[8] αἴνιγμα, -τος n, dim image
[9] ἐπιγινώσκω 1s aor pas ind, know
[10] νυνί, adv, now
[11] μέγας, great (comp)
[12] ζηλόω 2p pres act impv, eagerly desire
[13] πνευματικός, -ή/όν, spiritual (gift)
[14] προφητεύω 2p pres act sub, prophesy
[15] μυστήριον, -ου n, mystery
[16] οἰκοδομή, -ῆς f, strengthening
[17] παράκλησις, -εως f, encouragement
[18] παραμυθία, -ας f, comfort
[19] μέγας, great (comp)
[20] ἐκτός, conj, except (ἐ. εἰ μή unless)
[21] διερμηνεύω 3s pres act sub, interpret
[22] λαμβάνω 3s aor act sub, receive
[23] ἔρχομαι 1s aor act sub, come
[24] ὠφελέω 1s fut act ind, benefit
[25] ἀποκάλυψις, -εως f, revelation
[26] γνῶσις, -εως f, knowledge
[27] προφητεία, -ας f, prophecy
[28] διδαχή, -ῆς f, teaching
[29] ὅμως, adv, even
[30] ἄψυχος, -ον n, inanimate
[31] δίδωμι pres act ptc n p nom, give
[32] αὐλός, -οῦ m, flute
[33] κιθάρα, -ας f, harp
[34] διαστολή, -ῆς f, distinction
[35] φθόγγος, -ου m, sound
[36] δίδωμι 3s aor act sub, give
[37] γινώσκω 3s fut pas ind, know
[38] αὐλέω pres pas ptc n s nom, play a flute
[39] κιθαρίζω pres ptc ptc n s nom, play a harp
[40] ἄδηλος, -ον f, indistinct
[41] σάλπιγξ, -ιγγος f, trumpet
[42] παρασκευάζω 3s fut mid ind, get ready
[43] πόλεμος, -ου m, battle
[44] εὔσημος, -ον, intelligible
[45] δίδωμι 2p aor act sub, give
[46] εἰμί 2p fut mid ind, be
[47] ἀήρ, -έρος m, air
[48] τοσοῦτος, -αύτη/οῦτον, pl so many

τύχοι¹ γένη² φωνῶν εἰσιν ἐν κόσμῳ καὶ οὐδὲν ἄφωνον³· 11 ἐὰν οὖν μὴ εἰδῶ⁴ τὴν δύναμιν τῆς φωνῆς, ἔσομαι⁵ τῷ λαλοῦντι βάρβαρος⁶ καὶ ὁ λαλῶν ἐν ἐμοὶ βάρβαρος. 12 οὕτως καὶ ὑμεῖς, ἐπεὶ⁷ ζηλωταί⁸ ἐστε πνευμάτων, πρὸς τὴν οἰκοδομὴν⁹ τῆς ἐκκλησίας ζητεῖτε ἵνα περισσεύητε. 13 Διὸ ὁ λαλῶν γλώσσῃ προσευχέσθω ἵνα διερμηνεύῃ¹⁰. 14 ἐὰν [γὰρ] προσεύχωμαι γλώσσῃ, τὸ πνεῦμά μου προσεύχεται, ὁ δὲ νοῦς¹¹ μου ἄκαρπός¹² ἐστιν. 15 τί οὖν ἐστιν; προσεύξομαι τῷ πνεύματι, προσεύξομαι δὲ καὶ τῷ νοΐ· ψαλῶ¹³ τῷ πνεύματι, ψαλῶ δὲ καὶ τῷ νοΐ. 16 ἐπεὶ¹⁴ ἐὰν εὐλογῇς [ἐν] πνεύματι, ὁ ἀναπληρῶν¹⁵ τὸν τόπον τοῦ ἰδιώτου¹⁶ πῶς ἐρεῖ¹⁷ τὸ ἀμὴν ἐπὶ τῇ σῇ¹⁸ εὐχαριστίᾳ¹⁹; ἐπειδὴ²⁰ τί λέγεις οὐκ οἶδεν· 17 σὺ μὲν γὰρ καλῶς εὐχαριστεῖς ἀλλ' ὁ ἕτερος οὐκ οἰκοδομεῖται. 18 εὐχαριστῶ τῷ θεῷ, πάντων ὑμῶν μᾶλλον γλώσσαις λαλῶ· 19 ἀλλ' ἐν ἐκκλησίᾳ θέλω πέντε λόγους τῷ νοΐ μου λαλῆσαι, ἵνα καὶ ἄλλους κατηχήσω²¹, ἢ μυρίους²² λόγους ἐν γλώσσῃ.

20 Ἀδελφοί, μὴ παιδία γίνεσθε ταῖς φρεσὶν²³ ἀλλὰ τῇ κακίᾳ²⁴ νηπιάζετε²⁵, ταῖς δὲ φρεσὶν τέλειοι²⁶ γίνεσθε. 21 ἐν τῷ νόμῳ γέγραπται ὅτι

ἐν ἑτερογλώσσοις καὶ ἐν χείλεσιν²⁷ ἑτέρων λαλήσω τῷ λαῷ τούτῳ²⁸ καὶ οὐδ' οὕτως εἰσακούσονταί²⁹ μου, λέγει κύριος.

22 ὥστε αἱ γλῶσσαι εἰς σημεῖόν εἰσιν οὐ τοῖς πιστεύουσιν ἀλλὰ τοῖς ἀπίστοις³⁰, ἡ δὲ προφητεία³¹ οὐ τοῖς ἀπίστοις ἀλλὰ τοῖς πιστεύουσιν. 23 ἐὰν οὖν συνέλθῃ³² ἡ ἐκκλησία ὅλη ἐπὶ τὸ αὐτὸ καὶ πάντες λαλῶσιν γλώσσαις, εἰσέλθωσιν³³ δὲ ἰδιῶται ἢ ἄπιστοι, οὐκ ἐροῦσιν³⁴ ὅτι μαίνεσθε³⁵; 24 ἐὰν δὲ πάντες προφητεύωσιν, εἰσέλθῃ δέ τις ἄπιστος ἢ ἰδιώτης, ἐλέγχεται³⁶ ὑπὸ πάντων, ἀνακρίνεται³⁷ ὑπὸ πάντων, 25 τὰ κρυπτὰ³⁸ τῆς καρδίας αὐτοῦ φανερὰ³⁹ γίνεται, καὶ οὕτως πεσὼν⁴⁰ ἐπὶ πρόσωπον προσκυνήσει τῷ θεῷ ἀπαγγέλλων ὅτι ὄντως⁴¹ ὁ θεὸς ἐν ὑμῖν ἐστιν.

---

1 τυγχάνω 3s aor act opt, obtain (εἴ τ. there are doubtless)
2 γένος, -ους n, kind
3 ἄφωνος, -ον, without meaning
4 οἶδα 1s pf act sub, know
5 εἰμί 1s fut mid ind, be
6 βάρβαρος, -ον, foreign (noun foreigner)
7 ἐπεί, conj, since
8 ζηλωτής, -οῦ m, one who is eager
9 οἰκοδομή, -ῆς f, strengthening
10 διερμηνεύω 3s pres act sub, interpret
11 νοῦς, -ός m, mind
12 ἄκαρπος, -ον, useless
13 ψάλλω 1s fut act ind, sing
14 ἐπεί, conj, otherwise
15 ἀναπληρόω pres act ptc m s nom, occupy
16 ἰδιώτης, -ου m, outsider
17 λέγω 3s fut act ind, say
18 σός, σή, σόν, your
19 εὐχαριστία, -ας f, thanksgiving
20 ἐπειδή, conj, when
21 κατηχέω 1s aor act sub, instruct
22 μυρίος, -α/ον, thousands
23 φρήν, φρενός f, thinking
24 κακία, -ας f, evil
25 νηπιάζω 2p pres act impv, be a child
26 τέλειος, -α/ον, mature
27 χεῖλος, -ους n, lip
28 ἑτερόγλωσσος, -ον, speaking a foreign language
29 εἰσακούω 3p fut mid ind, listen
30 ἄπιστος, -ον, unbelieving
31 προφητεία, -ας f, prophecy
32 συνέρχομαι 3s aor act sub, come together
33 εἰσέρχομαι 3p aor act sub, come in
34 λέγω 3p fut act ind, say
35 μαίνομαι 2p pres mid ind, be out of one's mind
36 ἐλέγχω 3s pres pas ind, convict (of sin)
37 ἀνακρίνω 3s pres pas ind, call to account
38 κρυπτός, -ή/όν, secret
39 φανερός, -ή/όν, evident
40 πίπτω aor act ptc m s nom, fall
41 ὄντως, adv, really

Orderly Worship

26 Τί οὖν ἐστιν, ἀδελφοί; ὅταν συνέρχησθε[1], ἕκαστος ψαλμὸν[2] ἔχει, διδαχὴν[3] ἔχει, ἀποκάλυψιν[4] ἔχει, γλῶσσαν ἔχει, ἑρμηνείαν[5] ἔχει· πάντα πρὸς οἰκοδομὴν[6] γινέσθω. **27** εἴτε γλώσσῃ τις λαλεῖ, κατὰ δύο ἢ τὸ πλεῖστον[7] τρεῖς καὶ ἀνὰ[8] μέρος, καὶ εἷς διερμηνευέτω[9]· **28** ἐὰν δὲ μὴ ᾖ διερμηνευτής[10], σιγάτω[11] ἐν ἐκκλησίᾳ, ἑαυτῷ δὲ λαλείτω καὶ τῷ θεῷ. **29** προφῆται δὲ δύο ἢ τρεῖς λαλείτωσαν καὶ οἱ ἄλλοι διακρινέτωσαν[12]· **30** ἐὰν δὲ ἄλλῳ ἀποκαλυφθῇ[13] καθημένῳ, ὁ πρῶτος σιγάτω. **31** δύνασθε γὰρ καθ᾽ ἕνα πάντες προφητεύειν, ἵνα πάντες μανθάνωσιν[14] καὶ πάντες παρακαλῶνται. **32** καὶ πνεύματα προφητῶν προφήταις ὑποτάσσεται, **33** οὐ γάρ ἐστιν ἀκαταστασίας[15] ὁ θεὸς ἀλλ᾽ εἰρήνης.

Ὡς ἐν πάσαις ταῖς ἐκκλησίαις τῶν ἁγίων **34** αἱ γυναῖκες ἐν ταῖς ἐκκλησίαις σιγάτωσαν· οὐ γὰρ ἐπιτρέπεται[16] αὐταῖς λαλεῖν, ἀλλ᾽ ὑποτασσέσθωσαν, καθὼς καὶ ὁ νόμος λέγει. **35** εἰ δέ τι μαθεῖν[17] θέλουσιν, ἐν οἴκῳ τοὺς ἰδίους ἄνδρας ἐπερωτάτωσαν· αἰσχρὸν[18] γάρ ἐστιν γυναικὶ λαλεῖν ἐν ἐκκλησίᾳ. **36** ἢ ἀφ᾽ ὑμῶν ὁ λόγος τοῦ θεοῦ ἐξῆλθεν, ἢ εἰς ὑμᾶς μόνους κατήντησεν[19];

37 Εἴ τις δοκεῖ προφήτης εἶναι ἢ πνευματικός[20], ἐπιγινωσκέτω ἃ γράφω ὑμῖν ὅτι κυρίου ἐστὶν ἐντολή· **38** εἰ δέ τις ἀγνοεῖ[21], ἀγνοεῖται. **39** ὥστε, ἀδελφοί [μου], ζηλοῦτε[22] τὸ προφητεύειν καὶ τὸ λαλεῖν μὴ κωλύετε[23] γλώσσαις· **40** πάντα δὲ εὐσχημόνως[24] καὶ κατὰ τάξιν[25] γινέσθω[26].

The Resurrection of Christ

15 Γνωρίζω[27] δὲ ὑμῖν, ἀδελφοί, τὸ εὐαγγέλιον ὃ εὐηγγελισάμην[28] ὑμῖν, ὃ καὶ παρελάβετε, ἐν ᾧ καὶ ἑστήκατε[29], **2** δι᾽ οὗ καὶ σῴζεσθε, τίνι λόγῳ εὐηγγελισάμην ὑμῖν εἰ κατέχετε[30], ἐκτὸς[31] εἰ μὴ εἰκῇ[32] ἐπιστεύσατε. **3** παρέδωκα γὰρ ὑμῖν ἐν πρώτοις, ὃ καὶ παρέλαβον, ὅτι Χριστὸς ἀπέθανεν ὑπὲρ τῶν ἁμαρτιῶν ἡμῶν κατὰ

---

[1] συνέρχομαι 2p pres mid sub, come together
[2] ψαλμός, -οῦ m, hymn
[3] διδαχή, -ῆς f, teaching
[4] ἀποκάλυψις, -εως f, revelation
[5] ἑρμηνεία, -ας f, interpretation
[6] οἰκοδομή, -ῆς f, strengthening
[7] πολύς, much (super)
[8] ἀνά, prep + acc, each (ἀνὰ μέρος one at a time)
[9] διερμηνεύω 3s pres act impv, interpret
[10] διερμηνευτής, -οῦ m, interpreter
[11] σιγάω 3s pres act impv, keep silent
[12] διακρίνω 3p pres act impv, evaluate
[13] ἀποκαλύπτω 3s aor pas sub, reveal
[14] μανθάνω 3p pres act sub, learn
[15] ἀκαταστασία, -ας f, disorder
[16] ἐπιτρέπω 3s pres pas ind, let
[17] μανθάνω aor act inf, learn
[18] αἰσχρός, -ά/όν, disgraceful
[19] καταντάω 3s aor act ind, reach
[20] πνευματικός, -ή/όν, spiritual
[21] ἀγνοέω 3s pres act ind, disregard
[22] ζηλόω 2p pres act impv, eagerly desire
[23] κωλύω 2p pres act impv, forbid
[24] εὐσχημόνως, adv, properly
[25] τάξις, -εως f, order (κατὰ τ. in order)
[26] γίνομαι 3s pres mid impv, be
[27] γνωρίζω 1s pres act ind, make known
[28] εὐαγγελίζω 1s aor mid ind, mid preach
[29] ἵστημι 2p pf act ind, intrans stand
[30] κατέχω 2p pres act ind, hold fast
[31] ἐκτός, conj, except (ἐ. εἰ μή unless)
[32] εἰκῇ, adv, in vain

τὰς γραφὰς 4 καὶ ὅτι ἐτάφη[1] καὶ ὅτι ἐγήγερται[2] τῇ ἡμέρᾳ τῇ τρίτῃ κατὰ τὰς γραφὰς 5 καὶ ὅτι ὤφθη[3] Κηφᾷ εἶτα[4] τοῖς δώδεκα· 6 ἔπειτα[5] ὤφθη ἐπάνω[6] πεντακοσίοις[7] ἀδελφοῖς ἐφάπαξ[8], ἐξ ὧν οἱ πλείονες[9] μένουσιν ἕως ἄρτι, τινὲς δὲ ἐκοιμήθησαν[10]· 7 ἔπειτα ὤφθη Ἰακώβῳ εἶτα τοῖς ἀποστόλοις πᾶσιν· 8 ἔσχατον δὲ πάντων ὡσπερεὶ[11] τῷ ἐκτρώματι[12] ὤφθη κἀμοί. 9 ἐγὼ γάρ εἰμι ὁ ἐλάχιστος[13] τῶν ἀποστόλων ὃς οὐκ εἰμὶ ἱκανὸς καλεῖσθαι ἀπόστολος, διότι[14] ἐδίωξα[15] τὴν ἐκκλησίαν τοῦ θεοῦ· 10 χάριτι δὲ θεοῦ εἰμι ὅ εἰμι, καὶ ἡ χάρις αὐτοῦ ἡ εἰς ἐμὲ οὐ κενὴ[16] ἐγενήθη[17], ἀλλὰ περισσότερον[18] αὐτῶν πάντων ἐκοπίασα[19], οὐκ ἐγὼ δὲ ἀλλ' ἡ χάρις τοῦ θεοῦ [ἡ] σὺν ἐμοί. 11 εἴτε οὖν ἐγὼ εἴτε ἐκεῖνοι, οὕτως κηρύσσομεν καὶ οὕτως ἐπιστεύσατε.

The Resurrection of the Dead

12 Εἰ δὲ Χριστὸς κηρύσσεται ὅτι ἐκ νεκρῶν ἐγήγερται[20], πῶς λέγουσιν ἐν ὑμῖν τινες ὅτι ἀνάστασις νεκρῶν οὐκ ἔστιν; 13 εἰ δὲ ἀνάστασις νεκρῶν οὐκ ἔστιν, οὐδὲ Χριστὸς ἐγήγερται· 14 εἰ δὲ Χριστὸς οὐκ ἐγήγερται, κενὸν[21] ἄρα [καὶ] τὸ κήρυγμα[22] ἡμῶν, κενὴ καὶ ἡ πίστις ὑμῶν· 15 εὑρισκόμεθα δὲ καὶ ψευδομάρτυρες[23] τοῦ θεοῦ, ὅτι ἐμαρτυρήσαμεν κατὰ τοῦ θεοῦ ὅτι ἤγειρεν τὸν Χριστόν, ὃν οὐκ ἤγειρεν εἴπερ[24] ἄρα νεκροὶ οὐκ ἐγείρονται. 16 εἰ γὰρ νεκροὶ οὐκ ἐγείρονται, οὐδὲ Χριστὸς ἐγήγερται· 17 εἰ δὲ Χριστὸς οὐκ ἐγήγερται, ματαία[25] ἡ πίστις ὑμῶν, ἔτι ἐστὲ ἐν ταῖς ἁμαρτίαις ὑμῶν, 18 ἄρα καὶ οἱ κοιμηθέντες[26] ἐν Χριστῷ ἀπώλοντο[27]. 19 εἰ ἐν τῇ ζωῇ ταύτῃ ἐν Χριστῷ ἠλπικότες[28] ἐσμὲν μόνον, ἐλεεινότεροι[29] πάντων ἀνθρώπων ἐσμέν.

20 Νυνὶ[30] δὲ Χριστὸς ἐγήγερται ἐκ νεκρῶν ἀπαρχὴ[31] τῶν κεκοιμημένων[32]. 21 ἐπειδὴ[33] γὰρ δι' ἀνθρώπου θάνατος, καὶ δι' ἀνθρώπου ἀνάστασις νεκρῶν. 22 ὥσπερ γὰρ ἐν τῷ Ἀδὰμ πάντες ἀποθνῄσκουσιν, οὕτως καὶ ἐν τῷ Χριστῷ πάντες ζῳοποιηθήσονται[34]. 23 ἕκαστος δὲ ἐν τῷ ἰδίῳ τάγματι[35]· ἀπαρχὴ[36] Χριστός, ἔπειτα[37] οἱ τοῦ Χριστοῦ ἐν τῇ παρουσίᾳ[38] αὐτοῦ, 24 εἶτα[39] τὸ τέλος, ὅταν παραδιδῷ[40]

---

[1] θάπτω 3s aor pas ind, bury
[2] ἐγείρω 3s pf pas ind, raise (to life)
[3] ὁράω 3s aor pas ind, pas appear
[4] εἶτα, adv, then
[5] ἔπειτα, adv, then
[6] ἐπάνω, adv, more than
[7] πεντακόσιοι, -αι/α, five hundred
[8] ἐφάπαξ, adv, at one time
[9] πολύς, many (comp)
[10] κοιμάομαι 3p aor pas ind, die
[11] ὡσπερεί, particle, as though
[12] ἔκτρωμα, -τος n, abnormal birth
[13] ἐλάχιστος, least important (super of μικρός)
[14] διότι, conj, because
[15] διώκω 1s aor act ind, persecute
[16] κενός, -ή/όν, in vain
[17] γίνομαι 3s aor pas ind, be
[18] περισσότερος, much (comp of περισσός)
[19] κοπιάω 1s aor act ind, work hard
[20] ἐγείρω 3s pf pas ind, raise
[21] κενός, -ή/όν, in vain
[22] κήρυγμα, -τος n, message
[23] ψευδόμαρτυς, -υρος m, false witness
[24] εἴπερ, conj, although
[25] μάταιος, -α/ον, futile
[26] κοιμάομαι aor pas ptc m p nom, die
[27] ἀπόλλυμι 3p aor mid ind, mid be lost
[28] ἐλπίζω pf act ptc m p nom, hope
[29] ἐλεεινός, pitiable (comp)
[30] νυνί, adv, now
[31] ἀπαρχή, -ῆς f, first
[32] κοιμάομαι pf pas ptc m p gen, die
[33] ἐπειδή, conj, since
[34] ζῳοποιέω 3p fut pas ind, make alive
[35] τάγμα, -τος n, proper order
[36] ἀπαρχή, -ῆς f, first
[37] ἔπειτα, adv, then
[38] παρουσία, -ας f, coming
[39] εἶτα, adv, then
[40] παραδίδωμι 3s pres act sub, hand over

τὴν βασιλείαν τῷ θεῷ καὶ πατρί, ὅταν καταργήσῃ[1] πᾶσαν ἀρχὴν καὶ πᾶσαν ἐξουσίαν καὶ δύναμιν. **25** δεῖ γὰρ αὐτὸν βασιλεύειν[2] ἄχρι οὗ θῇ[3] πάντας **τοὺς ἐχθροὺς ὑπὸ τοὺς πόδας αὐτοῦ. 26** ἔσχατος ἐχθρὸς καταργεῖται[4] ὁ θάνατος· **27 πάντα γὰρ ὑπέταξεν[5] ὑπὸ τοὺς πόδας αὐτοῦ.** ὅταν δὲ εἴπῃ[6] ὅτι πάντα ὑποτέτακται[7], δῆλον[8] ὅτι ἐκτὸς[9] τοῦ ὑποτάξαντος[10] αὐτῷ τὰ πάντα. **28** ὅταν δὲ ὑποταγῇ[11] αὐτῷ τὰ πάντα, τότε [καὶ] αὐτὸς ὁ υἱὸς ὑποταγήσεται[12] τῷ ὑποτάξαντι αὐτῷ τὰ πάντα, ἵνα ᾖ ὁ θεὸς [τὰ] πάντα ἐν πᾶσιν.

29 Ἐπεὶ[13] τί ποιήσουσιν οἱ βαπτιζόμενοι ὑπὲρ τῶν νεκρῶν; εἰ ὅλως[14] νεκροὶ οὐκ ἐγείρονται, τί καὶ βαπτίζονται ὑπὲρ αὐτῶν; **30** Τί καὶ ἡμεῖς κινδυνεύομεν[15] πᾶσαν ὥραν; **31** καθ' ἡμέραν ἀποθνῄσκω, νὴ[16] τὴν ὑμετέραν[17] καύχησιν[18], [ἀδελφοί], ἣν ἔχω ἐν Χριστῷ Ἰησοῦ τῷ κυρίῳ ἡμῶν. **32** εἰ κατὰ ἄνθρωπον ἐθηριομάχησα[19] ἐν Ἐφέσῳ, τί μοι τὸ ὄφελος[20]; εἰ νεκροὶ οὐκ ἐγείρονται, **φάγωμεν[21] καὶ πίωμεν[22], αὔριον[23] γὰρ ἀποθνῄσκομεν. 33** μὴ πλανᾶσθε·
φθείρουσιν[24] ἤθη[25] χρηστὰ[26] ὁμιλίαι[27] κακαί.
34 ἐκνήψατε[28] δικαίως[29] καὶ μὴ ἁμαρτάνετε, ἀγνωσίαν[30] γὰρ θεοῦ τινες ἔχουσιν, πρὸς ἐντροπὴν[31] ὑμῖν λαλῶ.

The Resurrection Body

35 Ἀλλ' ἐρεῖ[32] τις· πῶς ἐγείρονται οἱ νεκροί; ποίῳ δὲ σώματι ἔρχονται; **36** ἄφρων[33], σὺ ὃ σπείρεις, οὐ ζῳοποιεῖται[34] ἐὰν μὴ ἀποθάνῃ[35]· **37** καὶ ὃ σπείρεις, οὐ τὸ σῶμα τὸ γενησόμενον[36] σπείρεις ἀλλὰ γυμνὸν[37] κόκκον[38] εἰ τύχοι[39] σίτου[40] ἤ τινος τῶν λοιπῶν· **38** ὁ δὲ θεὸς δίδωσιν αὐτῷ σῶμα καθὼς ἠθέλησεν, καὶ ἑκάστῳ τῶν σπερμάτων ἴδιον σῶμα. **39** οὐ πᾶσα σὰρξ ἡ αὐτὴ σὰρξ ἀλλ' ἄλλη μὲν ἀνθρώπων, ἄλλη δὲ σὰρξ κτηνῶν[41], ἄλληδὲ σὰρξ πτηνῶν[42], ἄλλη δὲ ἰχθύων[43]. **40** καὶ σώματα

---

[1] καταργέω 3s aor act sub, destroy
[2] βασιλεύω pres act inf, reign
[3] τίθημι 3s aor act sub, put
[4] καταργέω 3s pres pas ind, destroy
[5] ὑποτάσσω 3s aor act ind, put in subjection
[6] λέγω 3s aor act sub, say
[7] ὑποτάσσω 3s pf pas ind, put in subjection
[8] δῆλος, -η/ον, it is evident
[9] ἐκτός, prep + gen, except
[10] ὑποτάσσω aor act ptc m s gen, put in subjection
[11] ὑποτάσσω 3s aor pas sub, put in subjection
[12] ὑποτάσσω 3s fut pas ind, put in subjection
[13] ἐπεί, conj, otherwise
[14] ὅλως, adv, actually
[15] κινδυνεύω 1p pres act ind, be in danger
[16] νή, emphatic particle + acc, by
[17] ὑμέτερος, -α/ον, your
[18] καύχησις, -εως f, pride
[19] θηριομαχέω 1s aor act ind, fight wild animals
[20] ὄφελος, -ους n, benefit
[21] ἐσθίω 1p aor act sub, eat
[22] πίνω 1p aor act sub, drink
[23] αὔριον, adv, tomorrow
[24] φθείρω 3p pres act ind, ruin
[25] ἦθος, -ους n, habit (pl morals)
[26] χρηστός, -ή/όν, good
[27] ὁμιλία, -ας f, company
[28] ἐκνήφω 2p aor act impv, come to one's senses
[29] δικαίως, adv, as you ought
[30] ἀγνωσία, -ας f, ignorance
[31] ἐντροπή, -ῆς f, shame
[32] λέγω 3s fut act ind, say
[33] ἄφρων, -ον, foolish
[34] ζῳοποιέω 3s pres pas ind, come to life
[35] ἀποθνῄσκω 3s aor act sub, die
[36] γίνομαι fut mid ptc n s acc, become
[37] γυμνός, -ή/όν, bare
[38] κόκκος, -ου m, seed
[39] τυγχάνω 3s aor act opt, obtain (εἰ τ. perhaps)
[40] σῖτος, -ου m, grain
[41] κτῆνος, -ους n, animal
[42] πτηνός, -οῦ n, bird
[43] ἰχθύς, -ύος m, fish

ἐπουράνια¹, καὶ σώματα ἐπίγεια²· ἀλλ' ἑτέρα μὲν ἡ τῶν ἐπουρανίων δόξα, ἑτέρα δὲ ἡ τῶν ἐπιγείων. **41** ἄλλη δόξα ἡλίου, καὶ ἄλλη δόξα σελήνης³, καὶ ἄλλη δόξα ἀστέρων⁴· ἀστὴρ γὰρ ἀστέρος διαφέρει⁵ ἐν δόξῃ. **42** Οὕτως καὶ ἡ ἀνάστασις τῶν νεκρῶν. σπείρεται ἐν φθορᾷ⁶, ἐγείρεται ἐν ἀφθαρσίᾳ·⁷ **43** σπείρεται ἐν ἀτιμίᾳ⁸, ἐγείρεται ἐν δόξῃ· σπείρεται ἐν ἀσθενείᾳ⁹, ἐγείρεται ἐν δυνάμει· **44** σπείρεται σῶμα ψυχικόν¹⁰, ἐγείρεται σῶμα πνευματικόν¹¹. εἰ ἔστιν σῶμα ψυχικόν, ἔστιν καὶ πνευματικόν. **45** οὕτως καὶ γέγραπται· ἐγένετο ὁ πρῶτος **ἄνθρωπος Ἀδὰμ εἰς ψυχὴν ζῶσαν,** ὁ ἔσχατος Ἀδὰμ εἰς πνεῦμα ζῳοποιοῦν¹². **46** ἀλλ' οὐ πρῶτον τὸ πνευματικὸν ἀλλὰ τὸ ψυχικόν, ἔπειτα¹³ τὸ πνευματικόν. **47** ὁ πρῶτος ἄνθρωπος ἐκ γῆς χοϊκός¹⁴, ὁ δεύτερος ἄνθρωπος ἐξ οὐρανοῦ. **48** οἷος¹⁵ ὁ χοϊκός, τοιοῦτοι καὶ οἱ χοϊκοί, καὶ οἷος ὁ ἐπουράνιος¹⁶, τοιοῦτοι καὶ οἱ ἐπουράνιοι· **49** καὶ καθὼς ἐφορέσαμεν¹⁷ τὴν εἰκόνα¹⁸ τοῦ χοϊκοῦ, φορέσομεν καὶ τὴν εἰκόνα τοῦ ἐπουρανίου.

50 Τοῦτο δέ φημι, ἀδελφοί, ὅτι σὰρξ καὶ αἷμα βασιλείαν θεοῦ κληρονομῆσαι¹⁹ οὐ δύναται οὐδὲ ἡ φθορὰ τὴν ἀφθαρσίαν κληρονομεῖ. **51** ἰδοὺ μυστήριον²⁰ ὑμῖν λέγω· πάντες οὐ κοιμηθησόμεθα²¹, πάντες δὲ ἀλλαγησόμεθα²², **52** ἐν ἀτόμῳ²³, ἐν ῥιπῇ²⁴ ὀφθαλμοῦ, ἐν τῇ ἐσχάτῃ σάλπιγγι²⁵· σαλπίσει²⁶ γὰρ καὶ οἱ νεκροὶ ἐγερθήσονται²⁷ ἄφθαρτοι²⁸ καὶ ἡμεῖς ἀλλαγησόμεθα²⁹. **53** δεῖ γὰρ τὸ φθαρτὸν³⁰ τοῦτο ἐνδύσασθαι³¹ ἀφθαρσίαν καὶ τὸ θνητὸν³² τοῦτο ἐνδύσασθαι ἀθανασίαν³³. **54** ὅταν δὲ τὸ φθαρτὸν τοῦτο ἐνδύσηται ἀφθαρσίαν καὶ τὸ θνητὸν τοῦτο ἐνδύσηται ἀθανασίαν, τότε γενήσεται ὁ λόγος ὁ γεγραμμένος³⁴·

κατεπόθη³⁵ ὁ θάνατος εἰς νῖκος³⁶.
55 ποῦ σου, θάνατε, τὸ νῖκος;
ποῦ σου, θάνατε, τὸ κέντρον³⁷;

56 τὸ δὲ κέντρον τοῦ θανάτου ἡ ἁμαρτία, ἡ δὲ δύναμις τῆς ἁμαρτίας ὁ νόμος· **57** τῷ δὲ θεῷ χάρις τῷ διδόντι³⁸ ἡμῖν τὸ νῖκος διὰ τοῦ κυρίου ἡμῶν Ἰησοῦ Χριστοῦ.

---

¹ ἐπουράνιος, -ον, celestial
² ἐπίγειος, earthly
³ σελήνη, -ης f, moon
⁴ ἀστήρ, -έρος m, star
⁵ διαφέρω 3s pres act ind, differ from
⁶ φθορά, -ᾶς f, something perishable
⁷ ἀφθαρσία, -ας f, imperishability
⁸ ἀτιμία, -ας f, dishonor
⁹ ἀσθένεια, -ας f, weakness
¹⁰ ψυχικός, -ή/όν, physical
¹¹ πνευματικός, -ή/όν, spiritual
¹² ζῳοποιέω pres act ptc n s acc, give life to
¹³ ἔπειτα, adv, then
¹⁴ χοϊκός, -ή/όν, made of earth
¹⁵ οἷος, -α/ον, rel pro, such as
¹⁶ ἐπουράνιος, -ον, of heaven
¹⁷ φορέω 1p aor act ind, bear
¹⁸ εἰκών, -όνος f, image
¹⁹ κληρονομέω aor act inf, receive
²⁰ μυστήριον, -ου n, mystery
²¹ κοιμάομαι 1p fut pas ind, die
²² ἀλλάσσω 1p fut pas ind, change
²³ ἄτομος, -ον, indivisible (ἐν ἀ. in a moment)
²⁴ ῥιπή, -ῆς f, blinking
²⁵ σάλπιγξ, -ιγγος f, trumpet
²⁶ σαλπίζω 3s fut act ind, sound a trumpet
²⁷ ἐγείρω 3p fut pas ind, raise (to life)
²⁸ ἄφθαρτος, -ον, imperishable
²⁹ ἀλλάσσω 1p fut pas ind, change
³⁰ φθαρτός, -ή/όν, perishable
³¹ ἐνδύω aor pas or mid inf, mid/pas put on
³² θνητός, -ή/όν, mortal
³³ ἀθανασία, -ας f, immortality
³⁴ γράφω pf pas ptc m s nom, write
³⁵ καταπίνω 3s aor pas ind, swallow up
³⁶ νῖκος, -ους n, victory
³⁷ κέντρον, -ου n, sting
³⁸ δίδωμι pres act ptc m s dat, give

58 ὥστε, ἀδελφοί μου ἀγαπητοί, ἑδραῖοι¹ γίνεσθε, ἀμετακίνητοι², περισσεύοντες ἐν τῷ ἔργῳ τοῦ κυρίου πάντοτε, εἰδότες³ ὅτι ὁ κόπος⁴ ὑμῶν οὐκ ἔστιν κενὸς⁵ ἐν κυρίῳ.

The Collection for Jerusalem

16 Περὶ δὲ τῆς λογείας⁶ τῆς εἰς τοὺς ἁγίους ὥσπερ διέταξα⁷ ταῖς ἐκκλησίαις τῆς Γαλατίας, οὕτως καὶ ὑμεῖς ποιήσατε. **2** κατὰ μίαν σαββάτου ἕκαστος ὑμῶν παρ' ἑαυτῷ τιθέτω⁸ θησαυρίζων⁹ ὅ τι ἐὰν εὐοδῶται¹⁰, ἵνα μὴ ὅταν ἔλθω¹¹ τότε λογεῖαι γίνωνται. **3** ὅταν δὲ παραγένωμαι¹², οὓς ἐὰν δοκιμάσητε¹³, δι' ἐπιστολῶν¹⁴ τούτους πέμψω ἀπενεγκεῖν¹⁵ τὴν χάριν¹⁶ ὑμῶν εἰς Ἰερουσαλήμ· **4** ἐὰν δὲ ἄξιον ᾖ τοῦ κἀμὲ πορεύεσθαι, σὺν ἐμοὶ πορεύσονται.

Plans for Travel

5 Ἐλεύσομαι¹⁷ δὲ πρὸς ὑμᾶς ὅταν Μακεδονίαν διέλθω¹⁸· Μακεδονίαν γὰρ διέρχομαι, **6** πρὸς ὑμᾶς δὲ τυχὸν¹⁹ παραμενῶ²⁰ ἢ καὶ παραχειμάσω²¹, ἵνα ὑμεῖς με προπέμψητε²² οὗ²³ ἐὰν πορεύωμαι. **7** οὐ θέλω γὰρ ὑμᾶς ἄρτι ἐν παρόδῳ²⁴ ἰδεῖν, ἐλπίζω γὰρ χρόνον τινὰ ἐπιμεῖναι²⁵ πρὸς ὑμᾶς ἐὰν ὁ κύριος ἐπιτρέψῃ²⁶. **8** ἐπιμενῶ δὲ ἐν Ἐφέσῳ ἕως τῆς πεντηκοστῆς²⁷· **9** θύρα γάρ μοι ἀνέῳγεν²⁸ μεγάλη καὶ ἐνεργής²⁹, καὶ ἀντικείμενοι³⁰ πολλοί.

10 Ἐὰν δὲ ἔλθῃ Τιμόθεος, βλέπετε, ἵνα ἀφόβως³¹ γένηται πρὸς ὑμᾶς· τὸ γὰρ ἔργον κυρίου ἐργάζεται ὡς κἀγώ· **11** μή τις οὖν αὐτὸν ἐξουθενήσῃ³². προπέμψατε³³ δὲ αὐτὸν ἐν εἰρήνῃ, ἵνα ἔλθῃ³⁴ πρός με· ἐκδέχομαι³⁵ γὰρ αὐτὸν μετὰ τῶν ἀδελφῶν. **12** περὶ δὲ Ἀπολλῶ τοῦ ἀδελφοῦ, πολλὰ παρεκάλεσα αὐτόν, ἵνα ἔλθῃ³⁶ πρὸς ὑμᾶς μετὰ τῶν ἀδελφῶν· καὶ πάντως³⁷ οὐκ ἦν θέλημα ἵνα νῦν ἔλθῃ· ἐλεύσεται³⁸ δὲ ὅταν εὐκαιρήσῃ³⁹.

---

1 ἑδραῖος, -α/ον, firm
2 ἀμετακίνητος, -ον, immovable
3 οἶδα *pf act ptc m p nom*, know
4 κόπος, -ου *m*, work
5 κενός, -ή/όν, in vain
6 λογεία, -ας *f*, collection
7 διατάσσω *1s aor act ind*, instruct
8 τίθημι *3s pres act impv*, put aside
9 θησαυρίζω *pres act ptc m s nom*, put aside
10 εὐοδόω *3s pres pas sub, pas* earn
11 ἔρχομαι *1s aor act sub*, come
12 παραγίνομαι *1s aor mid sub*, arrive
13 δοκιμάζω *2p aor act sub*, approve
14 ἐπιστολή, -ῆς *f*, letter
15 ἀποφέρω *aor act inf*, take
16 χάρις, -ιτος *f*, gift
17 ἔρχομαι *1s fut mid ind*, come
18 διέρχομαι *1s aor act sub*, go through
19 τυγχάνω *aor act ptc n s acc*, obtain (τυχὸν perhaps)
20 παραμένω *1s fut act ind*, stay
21 παραχειμάζω *1s fut act ind*, spend the winter
22 προπέμπω *2p aor act sub*, send
23 οὗ, *adv*, where
24 πάροδος, -ου *f*, passage (ἐν π. in passing)
25 ἐπιμένω *aor act inf*, remain
26 ἐπιτρέπω *3s aor act sub*, allow
27 πεντηκοστή, -ῆς *f*, Pentecost
28 ἀνοίγω *3s pf act ind*, open
29 ἐνεργής, -ές *f*, effective
30 ἀντίκειμαι *pres mid ptc m p nom*, oppose
31 ἀφόβως, *adv*, without fear
32 ἐξουθενέω *3s aor act sub*, treat with contempt
33 προπέμπω *2p aor act impv*, send on one's way
34 ἔρχομαι *3s aor act sub*, come
35 ἐκδέχομαι *1s pres mid ind*, expect
36 ἔρχομαι *3s aor act sub*, come
37 πάντως, *adv*, by all means (π. οὔ by no means)
38 ἔρχομαι *3s fut mid ind*, come
39 εὐκαιρέω *3s aor act sub*, have time

Final Request and Greetings

13 Γρηγορεῖτε¹, στήκετε² ἐν τῇ πίστει, ἀνδρίζεσθε³, κραταιοῦσθε⁴. **14** πάντα ὑμῶν ἐν ἀγάπῃ γινέσθω⁵.

15 Παρακαλῶ δὲ ὑμᾶς, ἀδελφοί· οἴδατε τὴν οἰκίαν Στεφανᾶ, ὅτι ἐστὶν ἀπαρχὴ⁶ τῆς Ἀχαΐας καὶ εἰς διακονίαν τοῖς ἁγίοις ἔταξαν⁷ ἑαυτούς· **16** ἵνα καὶ ὑμεῖς ὑποτάσσησθε τοῖς τοιούτοις καὶ παντὶ τῷ συνεργοῦντι⁸ καὶ κοπιῶντι⁹. **17** χαίρω δὲ ἐπὶ τῇ παρουσίᾳ¹⁰ Στεφανᾶ καὶ Φορτουνάτου καὶ Ἀχαϊκοῦ, ὅτι τὸ ὑμέτερον¹¹ ὑστέρημα¹² οὗτοι ἀνεπλήρωσαν·¹³ **18** ἀνέπαυσαν¹⁴ γὰρ τὸ ἐμὸν πνεῦμα καὶ τὸ ὑμῶν. ἐπιγινώσκετε οὖν τοὺς τοιούτους.

19 Ἀσπάζονται ὑμᾶς αἱ ἐκκλησίαι τῆς Ἀσίας. ἀσπάζεται ὑμᾶς ἐν κυρίῳ πολλὰ Ἀκύλας καὶ Πρίσκα σὺν τῇ κατ᾽ οἶκον αὐτῶν ἐκκλησίᾳ. **20** ἀσπάζονται ὑμᾶς οἱ ἀδελφοὶ πάντες. ἀσπάσασθε ἀλλήλους ἐν φιλήματι¹⁵ ἁγίῳ.

21 Ὁ ἀσπασμὸς¹⁶ τῇ ἐμῇ χειρὶ Παύλου. **22** εἴ τις οὐ φιλεῖ¹⁷ τὸν κύριον, ἤτω¹⁸ ἀνάθεμα¹⁹. μαράνα θά²⁰. **23** ἡ χάρις τοῦ κυρίου Ἰησοῦ μεθ᾽ ὑμῶν. **24** ἡ ἀγάπη μου μετὰ πάντων ὑμῶν ἐν Χριστῷ Ἰησοῦ.

ΠΡΟΣ ΚΟΡΙΝΘΙΟΥΣ Β᾽

Salutation

1 Παῦλος ἀπόστολος Χριστοῦ Ἰησοῦ διὰ θελήματος θεοῦ καὶ Τιμόθεος ὁ ἀδελφὸς τῇ ἐκκλησίᾳ τοῦ θεοῦ τῇ οὔσῃ ἐν Κορίνθῳ σὺν τοῖς ἁγίοις πᾶσιν τοῖς οὖσιν ἐν ὅλῃ τῇ Ἀχαΐᾳ, **2** χάρις ὑμῖν καὶ εἰρήνη ἀπὸ θεοῦ πατρὸς ἡμῶν καὶ κυρίου Ἰησοῦ Χριστοῦ.

---

¹ γρηγορέω 2p pres act impv, be alert
² στήκω 2p pres act impv, stand firm
³ ἀνδρίζομαι 2p pres mid impv, be courageous
⁴ κραταιόω 2p pres pas impv, pas be strong
⁵ γίνομαι 3s pres mid impv, be
⁶ ἀπαρχή, -ῆς f, first (converts)
⁷ τάσσω 3p aor act ind, devote
⁸ συνεργέω pres act ptc m s dat, work with
⁹ κοπιάω pres act ptc m s dat, work hard
¹⁰ παρουσία, -ας f, coming
¹¹ ὑμέτερος, -α/ον, your
¹² ὑστέρημα, -τος n, absence
¹³ ἀναπληρόω 3p aor act ind, make up for
¹⁴ ἀναπαύω 3p aor act ind, refresh
¹⁵ φίλημα, -τος n, kiss
¹⁶ ἀσπασμός, -οῦ m, greeting
¹⁷ φιλέω 3s pres act ind, love
¹⁸ εἰμί 3s pres act impv, be
¹⁹ ἀνάθεμα, -τος n, under God's curse
²⁰ μαρανα θα (Aramaic words), our Lord, come! or μαραν αθα, our Lord has come!

ΠΡΟΣ ΚΟΡΙΝΘΙΟΥΣ Β'

Paul's Thanksgiving after Affliction

3 Εὐλογητὸς¹ ὁ θεὸς καὶ πατὴρ τοῦ κυρίου ἡμῶν Ἰησοῦ Χριστοῦ, ὁ πατὴρ τῶν οἰκτιρμῶν² καὶ θεὸς πάσης παρακλήσεως³, **4** ὁ παρακαλῶν ἡμᾶς ἐπὶ πάσῃ τῇ θλίψει ἡμῶν εἰς τὸ δύνασθαι ἡμᾶς παρακαλεῖν τοὺς ἐν πάσῃ θλίψει διὰ τῆς παρακλήσεως ἧς παρακαλούμεθα αὐτοὶ ὑπὸ τοῦ θεοῦ. **5** ὅτι καθὼς περισσεύει τὰ παθήματα⁴ τοῦ Χριστοῦ εἰς ἡμᾶς, οὕτως διὰ τοῦ Χριστοῦ περισσεύει καὶ ἡ παράκλησις ἡμῶν. **6** εἴτε δὲ θλιβόμεθα⁵, ὑπὲρ τῆς ὑμῶν παρακλήσεως καὶ σωτηρίας· εἴτε παρακαλούμεθα, ὑπὲρ τῆς ὑμῶν παρακλήσεως τῆς ἐνεργουμένης⁶ ἐν ὑπομονῇ τῶν αὐτῶν παθημάτων ὧν καὶ ἡμεῖς πάσχομεν. **7** καὶ ἡ ἐλπὶς ἡμῶν βεβαία⁷ ὑπὲρ ὑμῶν εἰδότες⁸ ὅτι ὡς κοινωνοί⁹ ἐστε τῶν παθημάτων, οὕτως καὶ τῆς παρακλήσεως.

8 Οὐ γὰρ θέλομεν ὑμᾶς ἀγνοεῖν¹⁰, ἀδελφοί, ὑπὲρ τῆς θλίψεως ἡμῶν τῆς γενομένης ἐν τῇ Ἀσίᾳ, ὅτι καθ' ὑπερβολὴν¹¹ ὑπὲρ δύναμιν ἐβαρήθημεν¹² ὥστε ἐξαπορηθῆναι¹³ ἡμᾶς καὶ τοῦ ζῆν· **9** ἀλλ' αὐτοὶ ἐν ἑαυτοῖς τὸ ἀπόκριμα¹⁴ τοῦ θανάτου ἐσχήκαμεν¹⁵, ἵνα μὴ πεποιθότες¹⁶ ὦμεν ἐφ' ἑαυτοῖς ἀλλ' ἐπὶ τῷ θεῷ τῷ ἐγείροντι τοὺς νεκρούς· **10** ὃς ἐκ τηλικούτου¹⁷ θανάτου ἐρρύσατο¹⁸ ἡμᾶς καὶ ῥύσεται, εἰς ὃν ἠλπίκαμεν¹⁹ [ὅτι] καὶ ἔτι ῥύσεται, **11** συνυπουργούντων²⁰ καὶ ὑμῶν ὑπὲρ ἡμῶν τῇ δεήσει²¹, ἵνα ἐκ πολλῶν προσώπων τὸ εἰς ἡμᾶς χάρισμα²² διὰ πολλῶν εὐχαριστηθῇ ὑπὲρ ἡμῶν.

The Postponement of Paul's Visit

12 Ἡ γὰρ καύχησις²³ ἡμῶν αὕτη ἐστίν, τὸ μαρτύριον²⁴ τῆς συνειδήσεως²⁵ ἡμῶν, ὅτι ἐν ἁπλότητι²⁶ καὶ εἰλικρινείᾳ²⁷ τοῦ θεοῦ, [καὶ] οὐκ ἐν σοφίᾳ σαρκικῇ²⁸ ἀλλ' ἐν χάριτι θεοῦ, ἀνεστράφημεν²⁹ ἐν τῷ κόσμῳ, περισσοτέρως³⁰ δὲ πρὸς ὑμᾶς. **13** οὐ γὰρ ἄλλα γράφομεν ὑμῖν ἀλλ' ἢ ἃ ἀναγινώσκετε ἢ καὶ ἐπιγινώσκετε· ἐλπίζω δὲ ὅτι

---

[1] εὐλογητός, -ή/όν, blessed
[2] οἰκτιρμός, -οῦ *m*, mercy
[3] παράκλησις, -εως *f*, comfort
[4] πάθημα, -τος *n*, suffering
[5] θλίβω 1p pres pas ind, pas experience trouble
[6] ἐνεργέω pres mid ptc f s gen, mid be effective
[7] βέβαιος, -α/ον, firm
[8] οἶδα pf act ptc m p nom, know
[9] κοινωνός, -οῦ *m*, partner
[10] ἀγνοέω pres act inf, be uninformed
[11] ὑπερβολή, -ῆς *f*, excess
[12] βαρέω 1p aor pas ind, burden down (καθ' ὑπερβολὴν ὑπὲρ δύναμιν ἐβ. we were burdened down beyond our our strength to endure)
[13] ἐξαπορέω aor pas inf, pas despair
[14] ἀπόκριμα, -τος *n*, sentence
[15] ἔχω 1p pf act ind, receive
[16] πείθω pf act ptc m p nom, pas rely upon
[17] τηλικοῦτος, -αύτη/οῦτο, so great (ἐκ τ. θανάτου from the danger of death)
[18] ῥύομαι 3s aor mid ind, rescue
[19] ἐλπίζω 1p pf act ind, hope
[20] συνυπουργέω pres act ptc m p gen, help
[21] δέησις, -εως *f*, prayer
[22] χάρισμα, -τος, gift
[23] καύχησις, -εως *f*, boasting
[24] μαρτύριον, -ου *n*, testimony
[25] συνείδησις, -εως *f*, conscience
[26] ἁπλότης, -ητος *f*, honesty
[27] εἰλικρίνεια, -ας *f*, sincerity
[28] σαρκικός, -ή/όν, earthly
[29] ἀναστρέφω 1p aor pas ind, conduct oneself
[30] περισσοτέρως, *adv*, all the more

ἕως τέλους ἐπιγνώσεσθε, **14** καθὼς καὶ ἐπέγνωτε[1] ἡμᾶς ἀπὸ μέρους, ὅτι καύχημα ὑμῶν ἐσμεν καθάπερ[2] καὶ ὑμεῖς ἡμῶν ἐν τῇ ἡμέρᾳ τοῦ κυρίου [ἡμῶν] Ἰησοῦ.

15 Καὶ ταύτῃ τῇ πεποιθήσει[3] ἐβουλόμην πρότερον[4] πρὸς ὑμᾶς ἐλθεῖν, ἵνα δευτέραν χάριν σχῆτε[5], **16** καὶ δι' ὑμῶν διελθεῖν[6] εἰς Μακεδονίαν καὶ πάλιν ἀπὸ Μακεδονίας ἐλθεῖν πρὸς ὑμᾶς καὶ ὑφ' ὑμῶν προπεμφθῆναι[7] εἰς τὴν Ἰουδαίαν. **17** τοῦτο οὖν βουλόμενος μήτι[8] ἄρα τῇ ἐλαφρίᾳ[9] ἐχρησάμην[10]; ἢ ἃ βουλεύομαι[11] κατὰ σάρκα βουλεύομαι, ἵνα ᾖ παρ' ἐμοὶ τὸ ναὶ ναὶ καὶ τὸ οὒ οὔ; **18** πιστὸς δὲ ὁ θεὸς ὅτι ὁ λόγος ἡμῶν ὁ πρὸς ὑμᾶς οὐκ ἔστιν ναὶ καὶ οὔ. **19** ὁ τοῦ θεοῦ γὰρ υἱὸς Ἰησοῦς Χριστὸς ὁ ἐν ὑμῖν δι' ἡμῶν κηρυχθείς[12], δι' ἐμοῦ καὶ Σιλουανοῦ καὶ Τιμοθέου, οὐκ ἐγένετο ναὶ καὶ οὒ ἀλλὰ ναὶ ἐν αὐτῷ γέγονεν. **20** ὅσαι γὰρ ἐπαγγελίαι θεοῦ, ἐν αὐτῷ τὸ ναί· διὸ καὶ δι' αὐτοῦ τὸ ἀμὴν τῷ θεῷ πρὸς δόξαν δι' ἡμῶν. **21** ὁ δὲ βεβαιῶν[13] ἡμᾶς σὺν ὑμῖν εἰς Χριστὸν καὶ χρίσας[14] ἡμᾶς θεός, **22** ὁ καὶ σφραγισάμενος[15] ἡμᾶς καὶ δοὺς[16] τὸν ἀρραβῶνα[17] τοῦ πνεύματος ἐν ταῖς καρδίαις ἡμῶν.

23 Ἐγὼ δὲ μάρτυρα τὸν θεὸν ἐπικαλοῦμαι[18] ἐπὶ τὴν ἐμὴν ψυχήν, ὅτι φειδόμενος[19] ὑμῶν οὐκέτι ἦλθον εἰς Κόρινθον. **24** οὐχ ὅτι κυριεύομεν[20] ὑμῶν τῆς πίστεως ἀλλὰ συνεργοί[21] ἐσμεν τῆς χαρᾶς ὑμῶν· τῇ γὰρ πίστει ἑστήκατε[22].

2 Ἔκρινα[23] γὰρ ἐμαυτῷ τοῦτο τὸ μὴ πάλιν ἐν λύπῃ[24] πρὸς ὑμᾶς ἐλθεῖν. **2** εἰ γὰρ ἐγὼ λυπῶ[25] ὑμᾶς, καὶ τίς ὁ εὐφραίνων[26] με εἰ μὴ ὁ λυπούμενος ἐξ ἐμοῦ; **3** καὶ ἔγραψα τοῦτο αὐτό, ἵνα μὴ ἐλθὼν λύπην σχῶ[27] ἀφ' ὧν ἔδει με χαίρειν, πεποιθὼς[28] ἐπὶ πάντας ὑμᾶς ὅτι ἡ ἐμὴ χαρὰ πάντων ὑμῶν ἐστιν. **4** ἐκ γὰρ πολλῆς θλίψεως καὶ συνοχῆς[29] καρδίας ἔγραψα ὑμῖν διὰ πολλῶν δακρύων[30], οὐχ ἵνα λυπηθῆτε ἀλλὰ τὴν ἀγάπην ἵνα γνῶτε[31] ἣν ἔχω περισσοτέρως[32] εἰς ὑμᾶς.

---

[1] ἐπιγινώσκω 2p aor act ind, know
[2] καθάπερ, conj, just as
[3] πεποίθησις, -εως f, confidence
[4] πρότερος, adv, first
[5] ἔχω 2p aor act sub, receive
[6] διέρχομαι aor act inf, go through (δι' ὑμῶν δ. visit you on my way)
[7] προπέμπω aor pas inf, send on one's way
[8] μήτι, usually expects a negative reply
[9] ἐλαφρία, -ας f, vacillation (τῇ ἐ. χρῶμαι be fickle)
[10] χράομαι 1s aor mid ind, use
[11] βουλεύω 1s pres mid ind, mid plan
[12] κηρύσσω aor pas ptc m s nom, preach
[13] βεβαιόω pres act ptc m s nom, make firm
[14] χρίω aor act ptc m s nom, anoint
[15] σφραγίζω aor mid ptc m s nom, secure with a seal
[16] δίδωμι aor act ptc m s nom, give
[17] ἀρραβών, -ῶνος m, guarantee
[18] ἐπικαλέω 1s pres mid ind, mid call
[19] φείδομαι pres mid ptc m s nom, spare
[20] κυριεύω 1p act ind, lord it over
[21] συνεργός, -οῦ m, fellow-worker
[22] ἵστημι 2p pf act ind, intrans stand
[23] κρίνω 1s aor act ind, consider
[24] λύπη, -ης f, pain
[25] λυπέω 1s pres act ind, cause pain
[26] εὐφραίνω pres act ptc m s nom, make glad
[27] ἔχω 1s aor act sub, receive
[28] πείθω pf act ptc m s nom, have confidence
[29] συνοχή, -ῆς f, distress
[30] δάκρυον, -ου n, tear (of crying)
[31] γινώσκω 2p aor act sub, know
[32] περισσοτέρως, adv, all the more

Forgiveness for the Offender

5 Εἰ δέ τις λελύπηκεν¹, οὐκ ἐμὲ λελύπηκεν, ἀλλ' ἀπὸ μέρους, ἵνα μὴ ἐπιβαρῶ², πάντας ὑμᾶς. 6 ἱκανὸν τῷ τοιούτῳ ἡ ἐπιτιμία³ αὕτη ἡ ὑπὸ τῶν πλειόνων⁴, 7 ὥστε τοὐναντίον⁵ μᾶλλον ὑμᾶς χαρίσασθαι⁶ καὶ παρακαλέσαι, μή πως⁷ τῇ περισσοτέρᾳ⁸ λύπῃ καταποθῇ⁹ ὁ τοιοῦτος. 8 διὸ παρακαλῶ ὑμᾶς κυρῶσαι¹⁰ εἰς αὐτὸν ἀγάπην· 9 εἰς τοῦτο γὰρ καὶ ἔγραψα, ἵνα γνῶ¹¹ τὴν δοκιμὴν¹² ὑμῶν, εἰ εἰς πάντα ὑπήκοοί¹³ ἐστε. 10 ᾧ δέ τι χαρίζεσθε, κἀγώ· καὶ γὰρ ἐγὼ ὃ κεχάρισμαι¹⁴, εἴ τι κεχάρισμαι, δι' ὑμᾶς ἐν προσώπῳ Χριστοῦ, 11 ἵνα μὴ πλεονεκτηθῶμεν¹⁵ ὑπὸ τοῦ σατανᾶ· οὐ γὰρ αὐτοῦ τὰ νοήματα¹⁶ ἀγνοοῦμεν¹⁷.

Paul's Anxiety and Relief

12 Ἐλθὼν δὲ εἰς τὴν Τρῳάδα εἰς τὸ εὐαγγέλιον τοῦ Χριστοῦ καὶ θύρας μοι ἀνεῳγμένης¹⁸ ἐν κυρίῳ, 13 οὐκ ἔσχηκα¹⁹ ἄνεσιν²⁰ τῷ πνεύματί μου τῷ μὴ εὑρεῖν²¹ με Τίτον τὸν ἀδελφόν μου, ἀλλ' ἀποταξάμενος²² αὐτοῖς ἐξῆλθον εἰς Μακεδονίαν. 14 Τῷ δὲ θεῷ χάρις τῷ πάντοτε θριαμβεύοντι²³ ἡμᾶς ἐν τῷ Χριστῷ καὶ τὴν ὀσμὴν²⁴ τῆς γνώσεως²⁵ αὐτοῦ φανεροῦντι δι' ἡμῶν ἐν παντὶ τόπῳ· 15 ὅτι Χριστοῦ εὐωδία²⁶ ἐσμὲν τῷ θεῷ ἐν τοῖς σῳζομένοις καὶ ἐν τοῖς ἀπολλυμένοις²⁷, 16 οἷς μὲν ὀσμὴ ἐκ θανάτου εἰς θάνατον, οἷς δὲ ὀσμὴ ἐκ ζωῆς εἰς ζωήν. καὶ πρὸς ταῦτα τίς ἱκανός; 17 οὐ γάρ ἐσμεν ὡς οἱ πολλοὶ καπηλεύοντες²⁸ τὸν λόγον τοῦ θεοῦ, ἀλλ' ὡς ἐξ εἰλικρινείας²⁹, ἀλλ' ὡς ἐκ θεοῦ κατέναντι³⁰ θεοῦ ἐν Χριστῷ λαλοῦμεν.

Ministers of the New Covenant

3 Ἀρχόμεθα πάλιν ἑαυτοὺς συνιστάνειν³¹; ἢ μὴ χρῄζομεν³² ὥς τινες συστατικῶν³³ ἐπιστολῶν³⁴ πρὸς ὑμᾶς ἢ ἐξ ὑμῶν; 2 ἡ ἐπιστολὴ ἡμῶν ὑμεῖς ἐστε, ἐγγεγραμμένη³⁵ ἐν ταῖς καρδίαις ἡμῶν, γινωσκομένη καὶ ἀναγινωσκομένη ὑπὸ πάντων

---

¹ λυπέω 3s pf act ind, cause pain
² ἐπιβαρέω 1s pres act sub, place a burden on/speak severely
³ ἐπιτιμία, -ας f, punishment
⁴ πολύς, many (comp) (= majority)
⁵ τοὐναντίον, rather
⁶ χαρίζομαι aor mid ind, forgive
⁷ πώς, particle, somehow
⁸ περισσότερος, great (comp of περισσός)
⁹ καταπίνω 3s aor pas sub, overwhelm
¹⁰ κυρόω aor act inf, confirm
¹¹ γινώσκω 1s aor act sub, know
¹² δοκιμή, -ῆς f, character
¹³ ὑπήκοος, -ον, obedient
¹⁴ χαρίζομαι 1s pf mid ind, forgive
¹⁵ πλεονεκτέω 1p aor pas sub, get the better of
¹⁶ νόημα, -τος n, thought
¹⁷ ἀγνοέω 1p pres act ind, be ignorant of
¹⁸ ἀνοίγω pf pas ptc f s gen, open
¹⁹ ἔχω 1s pf act ind, receive
²⁰ ἄνεσις, -εως f, relief
²¹ εὑρίσκω aor act inf, find
²² ἀποτάσσομαι aor mid ptc m s nom, say goodbye
²³ θριαμβεύω pres act ptc m s dat, lead (someone) in a victory procession
²⁴ ὀσμή, -ῆς f, fragrance
²⁵ γνῶσις, -εως f, knowledge
²⁶ εὐωδία, -ας f, fragrant aroma
²⁷ ἀπόλλυμι pres mid ptc m p dat, mid be lost
²⁸ καπηλεύω pres act ptc m p nom, peddle for profit
²⁹ εἰλικρίνεια, -ας f, sincerity
³⁰ κατέναντι, prep + gen, in the sight of
³¹ συνίστημι pres act inf, commend
³² χρῄζω 1p pres act ind, need
³³ συστατικός, -ή/όν, commendatory
³⁴ ἐπιστολή, -ῆς f, letter
³⁵ ἐγγράφω pf pas ptc f s nom, write

ἀνθρώπων, **3** φανερούμενοι ὅτι ἐστὲ ἐπιστολὴ Χριστοῦ διακονηθεῖσα ὑφ' ἡμῶν, ἐγγεγραμμένη οὐ μέλανι¹ ἀλλὰ πνεύματι θεοῦ ζῶντος, οὐκ ἐν πλαξὶν² λιθίναις³ ἀλλ' ἐν πλαξὶν καρδίαις σαρκίναις⁴. **4** Πεποίθησιν⁵ δὲ τοιαύτην ἔχομεν διὰ τοῦ Χριστοῦ πρὸς τὸν θεόν. **5** οὐχ ὅτι ἀφ' ἑαυτῶν ἱκανοί ἐσμεν λογίσασθαί⁶ τι ὡς ἐξ ἑαυτῶν, ἀλλ' ἡ ἱκανότης⁷ ἡμῶν ἐκ τοῦ θεοῦ, **6** ὃς καὶ ἱκάνωσεν⁸ ἡμᾶς διακόνους⁹ καινῆς διαθήκης, οὐ γράμματος¹⁰ ἀλλὰ πνεύματος· τὸ γὰρ γράμμα ἀποκτέννει, τὸ δὲ πνεῦμα ζῳοποιεῖ¹¹. **7** εἰ δὲ ἡ διακονία τοῦ θανάτου ἐν γράμμασιν ἐντετυπωμένη¹² λίθοις ἐγενήθη¹³ ἐν δόξῃ, ὥστε μὴ δύνασθαι ἀτενίσαι¹⁴ τοὺς υἱοὺς Ἰσραὴλ εἰς τὸ πρόσωπον Μωϋσέως διὰ τὴν δόξαν τοῦ προσώπου αὐτοῦ τὴν καταργουμένην¹⁵, **8** πῶς οὐχὶ μᾶλλον ἡ διακονία τοῦ πνεύματος ἔσται ἐν δόξῃ; **9** εἰ γὰρ τῇ διακονίᾳ τῆς κατακρίσεως¹⁶ δόξα, πολλῷ μᾶλλον περισσεύει ἡ διακονία τῆς δικαιοσύνης δόξῃ. **10** καὶ γὰρ οὐ δεδόξασται τὸ δεδοξασμένον ἐν τούτῳ τῷ μέρει εἵνεκεν¹⁷ τῆς ὑπερβαλλούσης¹⁸ δόξης. **11** εἰ γὰρ τὸ καταργούμενον διὰ δόξης, πολλῷ μᾶλλον τὸ μένον ἐν δόξῃ.

12 Ἔχοντες οὖν τοιαύτην ἐλπίδα πολλῇ παρρησίᾳ χρώμεθα¹⁹ **13** καὶ οὐ καθάπερ²⁰ Μωϋσῆς ἐτίθει²¹ κάλυμμα²² ἐπὶ τὸ πρόσωπον αὐτοῦ πρὸς τὸ μὴ ἀτενίσαι²³ τοὺς υἱοὺς Ἰσραὴλ εἰς τὸ τέλος τοῦ καταργουμένου²⁴. **14** ἀλλ' ἐπωρώθη²⁵ τὰ νοήματα²⁶ αὐτῶν. ἄχρι γὰρ τῆς σήμερον ἡμέρας τὸ αὐτὸ κάλυμμα ἐπὶ τῇ ἀναγνώσει²⁷ τῆς παλαιᾶς²⁸ διαθήκης μένει, μὴ ἀνακαλυπτόμενον²⁹ ὅτι ἐν Χριστῷ καταργεῖται³⁰. **15** ἀλλ' ἕως σήμερον ἡνίκα³¹ ἂν ἀναγινώσκηται Μωϋσῆς, κάλυμμα ἐπὶ τὴν καρδίαν αὐτῶν κεῖται³². **16** ἡνίκα δὲ ἐὰν ἐπιστρέψῃ³³ πρὸς κύριον, περιαιρεῖται³⁴ τὸ κάλυμμα. **17** ὁ δὲ κύριος τὸ πνεῦμά ἐστιν· οὗ³⁵ δὲ τὸ πνεῦμα κυρίου, ἐλευθερία³⁶. **18** ἡμεῖς δὲ πάντες ἀνακεκαλυμμένῳ προσώπῳ τὴν δόξαν κυρίου κατοπτριζόμενοι³⁷ τὴν

---

1 μέλας, -αινα/αν, *gen* -ανος, -αίνης, -ανος, black (τὸ μ. ink)
2 πλάξ, πλακός *f,* tablet
3 λίθινος, -η/ον, made of stone
4 σάρκινος, -η/ον, human
5 πεποίθησις, -εως *f,* confidence
6 λογίζομαι *aor mid inf,* consider
7 ἱκανότης, -ητος *f,* competence
8 ἱκανόω 3s *aor act ind,* make competent
9 διάκονος, -ου *m & f,* minister
10 γράμμα, -τος *n,* letter of the alphabet
11 ζῳοποιέω 3s *pres act ind,* make alive
12 ἐντυπόω *pf pas ptc f s nom,* carve
13 γίνομαι 3s *aor pas ind,* become
14 ἀτενίζω *aor act inf,* look at
15 καταργέω *pres pas ptc f s acc, pas* fade away
16 κατάκρισις, -εως *f,* condemnation
17 εἵνεκεν = ἕνεκα, *prep + gen,* because of
18 ὑπερβάλλω *pres act ptc f s gen,* surpass
19 χράομαι 1p *pres mid ind,* make use of (πολλῇ παρρησίᾳ χ. we are very bold)
20 καθάπερ, *conj,* as
21 τίθημι 3s *impf act ind,* put
22 κάλυμμα, -τος *n,* veil
23 ἀτενίζω *aor act inf,* look at
24 καταργέω *pres pas ptc n s gen, pas* fade away
25 πωρόω 3s *aor pas ind, pas* be stubborn
26 νόημα, -τος *n,* mind
27 ἀνάγνωσις, -εως *f,* reading
28 παλαιός, -ά/όν, old
29 ἀνακαλύπτω *pres pas ptc n s nom,* uncover
30 καταργέω 3s *pres pas ind,* take away
31 ἡνίκα, *conj,* when (ἡ. ἂν whenever)
32 κεῖμαι 3s *pres mid ind,* lie
33 ἐπιστρέφω 3s *aor act sub,* intrans turn
34 περιαιρέω 3s *pres pas ind,* remove
35 οὗ, *adv,* where
36 ἐλευθερία, -ας *f,* freedom
37 κατοπτρίζω *pres mid ptc m p nom, mid* reflect/contemplate

αὐτὴν εἰκόνα¹ μεταμορφούμεθα² ἀπὸ δόξης εἰς δόξαν καθάπερ³ ἀπὸ κυρίου πνεύματος.

Treasure in Clay Jars

4 Διὰ τοῦτο, ἔχοντες τὴν διακονίαν ταύτην καθὼς ἠλεήθημεν⁴, οὐκ ἐγκακοῦμεν⁵ 2 ἀλλ᾽ ἀπειπάμεθα⁶ τὰ κρυπτὰ⁷ τῆς αἰσχύνης⁸, μὴ περιπατοῦντες ἐν πανουργίᾳ⁹ μηδὲ δολοῦντες¹⁰ τὸν λόγον τοῦ θεοῦ ἀλλὰ τῇ φανερώσει¹¹ τῆς ἀληθείας συνιστάνοντες¹² ἑαυτοὺς πρὸς πᾶσαν συνείδησιν¹³ ἀνθρώπων ἐνώπιον τοῦ θεοῦ. 3 εἰ δὲ καὶ ἔστιν κεκαλυμμένον¹⁴ τὸ εὐαγγέλιον ἡμῶν, ἐν τοῖς ἀπολλυμένοις ἐστὶν κεκαλυμμένον, 4 ἐν οἷς ὁ θεὸς τοῦ αἰῶνος τούτου ἐτύφλωσεν¹⁵ τὰ νοήματα¹⁶ τῶν ἀπίστων¹⁷ εἰς τὸ μὴ αὐγάσαι¹⁸ τὸν φωτισμὸν¹⁹ τοῦ εὐαγγελίου τῆς δόξης τοῦ Χριστοῦ, ὅς ἐστιν εἰκὼν²⁰ τοῦ θεοῦ. 5 οὐ γὰρ ἑαυτοὺς κηρύσσομεν ἀλλ᾽ Ἰησοῦν Χριστὸν κύριον, ἑαυτοὺς δὲ δούλους ὑμῶν διὰ Ἰησοῦν. 6 ὅτι ὁ θεὸς ὁ εἰπών· ἐκ σκότους φῶς λάμψει²¹, ὃς ἔλαμψεν²² ἐν ταῖς καρδίαις ἡμῶν πρὸς φωτισμὸν²³ τῆς γνώσεως²⁴ τῆς δόξης τοῦ θεοῦ ἐν προσώπῳ [Ἰησοῦ] Χριστοῦ.

7 Ἔχομεν δὲ τὸν θησαυρὸν²⁵ τοῦτον ἐν ὀστρακίνοις²⁶ σκεύεσιν²⁷, ἵνα ἡ ὑπερβολὴ²⁸ τῆς δυνάμεως ᾖ τοῦ θεοῦ καὶ μὴ ἐξ ἡμῶν· 8 ἐν παντὶ θλιβόμενοι²⁹ ἀλλ᾽ οὐ στενοχωρούμενοι³⁰, ἀπορούμενοι³¹ ἀλλ᾽ οὐκ ἐξαπορούμενοι³², 9 διωκόμενοι ἀλλ᾽ οὐκ ἐγκαταλειπόμενοι³³, καταβαλλόμενοι³⁴ ἀλλ᾽ οὐκ ἀπολλύμενοι³⁵, 10 πάντοτε τὴν νέκρωσιν³⁶ τοῦ Ἰησοῦ ἐν τῷ σώματι περιφέροντες³⁷, ἵνα καὶ ἡ ζωὴ τοῦ Ἰησοῦ ἐν τῷ σώματι ἡμῶν φανερωθῇ. 11 ἀεὶ³⁸ γὰρ ἡμεῖς οἱ ζῶντες εἰς θάνατον παραδιδόμεθα³⁹ διὰ Ἰησοῦν, ἵνα καὶ ἡ ζωὴ τοῦ Ἰησοῦ φανερωθῇ ἐν τῇ θνητῇ⁴⁰ σαρκὶ ἡμῶν. 12 ὥστε

¹ εἰκών, -όνος f, likeness
² μεταμορφόω 1p pres pas ind, pas be transformed
³ καθάπερ, conj, just as
⁴ ἐλεάω/ἐλεέω 1p aor pas ind, show mercy
⁵ ἐγκακέω 1p pres act ind, become discouraged
⁶ ἀπεῖπον 1p aor mid ind, mid renounce (aor only)
⁷ κρυπτός, -ή/όν, secret
⁸ αἰσχύνη, -ης f, shame
⁹ πανουργία, -ας f, deceit
¹⁰ δολόω pres act ptc m p nom, distort
¹¹ φανέρωσις, -εως f, full disclosure
¹² συνίστημι pres act ptc m p nom, commend
¹³ συνείδησις, -εως f, conscience
¹⁴ καλύπτω pf pas ptc n s nom, hide
¹⁵ τυφλόω 3s aor act ind, blind
¹⁶ νόημα, -τος n, mind
¹⁷ ἄπιστος, -ον, unbelieving
¹⁸ αὐγάζω aor act inf, see
¹⁹ φωτισμός, -οῦ m, light
²⁰ εἰκών, -όνος f, likeness
²¹ λάμπω 3s fut act ind, shine
²² λάμπω 3s aor act ind, shine
²³ φωτισμός, -οῦ m, light
²⁴ γνῶσις, -εως f, knowledge
²⁵ θησαυρός, -οῦ m, treasure
²⁶ ὀστράκινος, -η/ον, made of clay
²⁷ σκεῦος, -ους n, jar
²⁸ ὑπερβολή, -ῆς f, surpassing quality
²⁹ θλίβω pres pas ptc m p nom, pas experience trouble
³⁰ στενοχωρέω pres pas ptc m p nom, crush
³¹ ἀπορέω pres mid ptc m p nom, mid be at a loss
³² ἐξαπορέω pres mid ptc m p nom, mid despair
³³ ἐγκαταλείπω pres pas ptc m p nom, abandon
³⁴ καταβάλλω pres pas ptc m p nom, knock down
³⁵ ἀπόλλυμι pres mid ptc m p nom, mid be lost
³⁶ νέκρωσις, -εως f, death
³⁷ περιφέρω pres act ptc m p nom, carry about
³⁸ ἀεί, adv, always
³⁹ παραδίδωμι 1p pres pas ind, hand over
⁴⁰ θνητός, -ή/όν, mortal

ὁ θάνατος ἐν ἡμῖν ἐνεργεῖται¹, ἡ δὲ ζωὴ ἐν ὑμῖν. **13** ἔχοντες δὲ τὸ αὐτὸ πνεῦμα τῆς πίστεως κατὰ τὸ γεγραμμένον²· ἐπίστευσα, διὸ ἐλάλησα, καὶ ἡμεῖς πιστεύομεν, διὸ καὶ λαλοῦμεν, **14** εἰδότες³ ὅτι ὁ ἐγείρας τὸν κύριον Ἰησοῦν καὶ ἡμᾶς σὺν Ἰησοῦ ἐγερεῖ⁴ καὶ παραστήσει⁵ σὺν ὑμῖν. **15** τὰ γὰρ πάντα δι᾽ ὑμᾶς, ἵνα ἡ χάρις πλεονάσασα⁶ διὰ τῶν πλειόνων⁷ τὴν εὐχαριστίαν⁸ περισσεύσῃ εἰς τὴν δόξαν τοῦ θεοῦ.

Living by Faith

16 Διὸ οὐκ ἐγκακοῦμεν⁹, ἀλλ᾽ εἰ καὶ ὁ ἔξω ἡμῶν ἄνθρωπος διαφθείρεται¹⁰, ἀλλ᾽ ὁ ἔσω¹¹ ἡμῶν ἀνακαινοῦται¹² ἡμέρᾳ καὶ ἡμέρᾳ. **17** τὸ γὰρ παραυτίκα¹³ ἐλαφρὸν¹⁴ τῆς θλίψεως ἡμῶν καθ᾽ ὑπερβολὴν¹⁵ εἰς ὑπερβολὴν αἰώνιον βάρος¹⁶ δόξης κατεργάζεται¹⁷ ἡμῖν, **18** μὴ σκοπούντων¹⁸ ἡμῶν τὰ βλεπόμενα ἀλλὰ τὰ μὴ βλεπόμενα· τὰ γὰρ βλεπόμενα πρόσκαιρα¹⁹, τὰ δὲ μὴ βλεπόμενα αἰώνια.

5 Οἴδαμεν γὰρ ὅτι ἐὰν ἡ ἐπίγειος²⁰ ἡμῶν οἰκία τοῦ σκήνους²¹ καταλυθῇ²², οἰκοδομὴν²³ ἐκ θεοῦ ἔχομεν, οἰκίαν ἀχειροποίητον²⁴ αἰώνιον ἐν τοῖς οὐρανοῖς. **2** καὶ γὰρ ἐν τούτῳ στενάζομεν²⁵ τὸ οἰκητήριον²⁶ ἡμῶν τὸ ἐξ οὐρανοῦ ἐπενδύσασθαι²⁷ ἐπιποθοῦντες²⁸, **3** εἴ γε²⁹ καὶ ἐκδυσάμενοι³⁰ οὐ γυμνοὶ³¹ εὑρεθησόμεθα³². **4** καὶ γὰρ οἱ ὄντες ἐν τῷ σκήνει στενάζομεν βαρούμενοι³³, ἐφ᾽ ᾧ οὐ θέλομεν ἐκδύσασθαι ἀλλ᾽ ἐπενδύσασθαι, ἵνα καταποθῇ³⁴ τὸ θνητὸν³⁵ ὑπὸ τῆς ζωῆς. **5** ὁ δὲ κατεργασάμενος³⁶ ἡμᾶς εἰς αὐτὸ τοῦτο θεός, ὁ δοὺς³⁷ ἡμῖν τὸν ἀρραβῶνα³⁸ τοῦ πνεύματος. **6** θαρροῦντες³⁹ οὖν πάντοτε καὶ εἰδότες⁴⁰ ὅτι ἐνδημοῦντες⁴¹ ἐν τῷ σώματι ἐκδημοῦμεν⁴² ἀπὸ τοῦ κυρίου· **7** διὰ πίστεως γὰρ περιπατοῦμεν, οὐ διὰ εἴδους⁴³· **8** θαρροῦμεν δὲ καὶ εὐδοκοῦμεν⁴⁴ μᾶλλον ἐκδημῆσαι ἐκ τοῦ σώματος καὶ ἐνδημῆσαι πρὸς τὸν κύριον.

---

¹ ἐνεργέω 3s pres mid ind, intrans be at work
² γράφω pf pas ptc n s acc, write
³ οἶδα pf act ptc m p nom, know
⁴ ἐγείρω 3s fut act ind, raise (to life)
⁵ παρίστημι 3s fut act ind, bring into one's presence
⁶ πλεονάζω aor act ptc f s nom, extend
⁷ πολύς, many (comp)
⁸ εὐχαριστία, -ας f, thanksgiving
⁹ ἐγκακέω 1p pres act ind, become discouraged
¹⁰ διαφθείρω 3s pres pas ind, decay
¹¹ ἔσω, adv, inside (ὁ ἔσω inner being)
¹² ἀνακαινόω 3s pres pas ind, renew
¹³ παραυτίκα, adv, momentary
¹⁴ ἐλαφρός, -ά/όν, slight
¹⁵ ὑπερβολή, -ῆς f, surpassing quality
¹⁶ βάρος, -ους n, weight
¹⁷ κατεργάζομαι 3s pres mid ind, produce
¹⁸ σκοπέω pres act ptc m p gen, fix attention on
¹⁹ πρόσκαιρος, -ον, temporary
²⁰ ἐπίγειος, -ον, earthly
²¹ σκῆνος, -ους n, tent
²² καταλύω 3s aor pas sub, destroy
²³ οἰκοδομή, -ῆς f, building
²⁴ ἀχειροποίητος, -ον, not made by human hands
²⁵ στενάζω 1p pres act ind, groan
²⁶ οἰκητήριον, -ον n, dwelling
²⁷ ἐπενδύομαι aor act inf, put on
²⁸ ἐπιποθέω pres act ptc m p nom, long (for something)
²⁹ γέ, emphatic particle
³⁰ ἐκδύω aor mid ptc m p nom, take off
³¹ γυμνός, -ον, naked
³² εὑρίσκω 1p fut pas ind, find
³³ βαρέω pres pas ptc m p nom, burden down
³⁴ καταπίνω 3s aor pas sub, swallow up
³⁵ θνητός, -ή/όν, mortal
³⁶ κατεργάζομαι aor mid ptc m s nom, prepare
³⁷ δίδωμι aor act ptc m s nom, give
³⁸ ἀρραβών, -ῶνος m, guarantee
³⁹ θαρρέω pres act ptc m p nom, be confident
⁴⁰ οἶδα pf act ptc m p nom, know
⁴¹ ἐνδημέω pres act ptc m p nom, be at home
⁴² ἐκδημέω 1p pres act ind, be away from home
⁴³ εἶδος, -ους n, sight
⁴⁴ εὐδοκέω 1p pres act ind, be pleased

9 διὸ καὶ φιλοτιμούμεθα¹, εἴτε ἐνδημοῦντες εἴτε ἐκδημοῦντες, εὐάρεστοι² αὐτῷ εἶναι. 10 τοὺς γὰρ πάντας ἡμᾶς φανερωθῆναι δεῖ ἔμπροσθεν τοῦ βήματος³ τοῦ Χριστοῦ, ἵνα κομίσηται⁴ ἕκαστος τὰ διὰ τοῦ σώματος πρὸς ἃ ἔπραξεν⁵, εἴτε ἀγαθὸν εἴτε φαῦλον⁶.

The Ministry of Reconciliation

11 Εἰδότες⁷ οὖν τὸν φόβον τοῦ κυρίου ἀνθρώπους πείθομεν, θεῷ δὲ πεφανερώμεθα· ἐλπίζω δὲ καὶ ἐν ταῖς συνειδήσεσιν⁸ ὑμῶν πεφανερῶσθαι⁹. 12 οὐ πάλιν ἑαυτοὺς συνιστάνομεν¹⁰ ὑμῖν ἀλλ' ἀφορμὴν¹¹ διδόντες ὑμῖν καυχήματος¹² ὑπὲρ ἡμῶν, ἵνα ἔχητε πρὸς τοὺς ἐν προσώπῳ καυχωμένους καὶ μὴ ἐν καρδίᾳ. 13 εἴτε γὰρ ἐξέστημεν¹³, θεῷ· εἴτε σωφρονοῦμεν¹⁴, ὑμῖν. 14 ἡ γὰρ ἀγάπη τοῦ Χριστοῦ συνέχει¹⁵ ἡμᾶς, κρίναντας τοῦτο, ὅτι εἷς ὑπὲρ πάντων ἀπέθανεν, ἄρα οἱ πάντες ἀπέθανον· 15 καὶ ὑπὲρ πάντων ἀπέθανεν, ἵνα οἱ ζῶντες μηκέτι¹⁶ ἑαυτοῖς ζῶσιν ἀλλὰ τῷ ὑπὲρ αὐτῶν ἀποθανόντι καὶ ἐγερθέντι¹⁷. 16 ὥστε ἡμεῖς ἀπὸ τοῦ νῦν οὐδένα οἴδαμεν κατὰ σάρκα· εἰ καὶ ἐγνώκαμεν κατὰ σάρκα Χριστόν, ἀλλὰ νῦν οὐκέτι γινώσκομεν. 17 ὥστε εἴ τις ἐν Χριστῷ, καινὴ κτίσις¹⁸· τὰ ἀρχαῖα¹⁹ παρῆλθεν²⁰, ἰδοὺ γέγονεν²¹ καινά. 18 τὰ δὲ πάντα ἐκ τοῦ θεοῦ τοῦ καταλλάξαντος²² ἡμᾶς ἑαυτῷ διὰ Χριστοῦ καὶ δόντος²³ ἡμῖν τὴν διακονίαν τῆς καταλλαγῆς²⁴, 19 ὡς ὅτι θεὸς ἦν ἐν Χριστῷ κόσμον καταλλάσσων²⁵ ἑαυτῷ, μὴ λογιζόμενος αὐτοῖς τὰ παραπτώματα²⁶ αὐτῶν καὶ θέμενος²⁷ ἐν ἡμῖν τὸν λόγον τῆς καταλλαγῆς. 20 ὑπὲρ Χριστοῦ οὖν πρεσβεύομεν²⁸ ὡς τοῦ θεοῦ παρακαλοῦντος δι' ἡμῶν· δεόμεθα²⁹ ὑπὲρ Χριστοῦ, καταλλάγητε³⁰ τῷ θεῷ. 21 τὸν μὴ γνόντα³¹ ἁμαρτίαν ὑπὲρ ἡμῶν ἁμαρτίαν ἐποίησεν, ἵνα ἡμεῖς γενώμεθα³² δικαιοσύνη θεοῦ ἐν αὐτῷ.

6 Συνεργοῦντες³³ δὲ καὶ παρακαλοῦμεν μὴ εἰς κενὸν³⁴ τὴν χάριν τοῦ θεοῦ δέξασθαι ὑμᾶς· 2 λέγει γάρ·

---

1 φιλοτιμέομαι 1p pres mid ind, make it one's aim
2 εὐάρεστος, -ον, pleasing
3 βῆμα, -τος n, judicial bench
4 κομίζω 3s aor mid sub, receive
5 πράσσω 3s aor act ind, do
6 φαῦλος, -η/ον, evil
7 οἶδα pf act ptc m p nom, know
8 συνείδησις, -εως f, conscience
9 φανερόω pf pas ptc, make known
10 συνίστημι 1p pres act ind, commend
11 ἀφορμή, -ῆς f, opportunity
12 καύχημα, -τος n, pride
13 ἐξίστημι 1p aor act ind, be out of one's mind
14 σωφρονέω 1p pres act ind, be in one's right mind
15 συνέχω 3s pres act ind, control
16 μηκέτι, adv, no longer
17 ἐγείρω aor pas ptc m s dat, raise (to life)
18 κτίσις, -εως f, creation
19 ἀρχαῖος, -α/ον, old
20 παρέρχομαι 3s aor act ind, go away
21 γίνομαι 3s pf act ind, become
22 καταλλάσσω aor act ptc m s gen, reconcile
23 δίδωμι aor act ptc m s gen, give
24 καταλλαγή, -ῆς f, reconciliation
25 καταλλάσσω pres act ptc m s nom, reconcile
26 παράπτωμα, -τος n, wrongdoing
27 τίθημι aor mid ptc m s nom, place
28 πρεσβεύω 1p pres act ind, be an ambassador
29 δέομαι 1p pres pas ind, beg
30 καταλλάσσω 2p aor pas impv, reconcile
31 γινώσκω aor act ptc m s acc, know
32 γίνομαι 1p aor mid sub, become
33 συνεργέω pres act ptc m p nom, work together (with God)
34 κενός, -ή/όν, in vain

καιρῷ δεκτῷ¹ ἐπήκουσά² σου
καὶ ἐν ἡμέρᾳ σωτηρίας ἐβοήθησά³ σοι.
ἰδοὺ νῦν καιρὸς εὐπρόσδεκτος⁴, ἰδοὺ νῦν ἡμέρα σωτηρίας. 3 μηδεμίαν ἐν μηδενὶ διδόντες προσκοπήν⁵, ἵνα μὴ μωμηθῇ⁶ ἡ διακονία, 4 ἀλλ' ἐν παντὶ συνιστάντες⁷ ἑαυτοὺς ὡς θεοῦ διάκονοι⁸, ἐν ὑπομονῇ πολλῇ, ἐν θλίψεσιν, ἐν ἀνάγκαις⁹, ἐν στενοχωρίαις¹⁰, 5 ἐν πληγαῖς¹¹, ἐν φυλακαῖς, ἐν ἀκαταστασίαις¹², ἐν κόποις¹³, ἐν ἀγρυπνίαις¹⁴, ἐν νηστείαις¹⁵, 6 ἐν ἁγνότητι¹⁶, ἐν γνώσει¹⁷, ἐν μακροθυμίᾳ¹⁸, ἐν χρηστότητι¹⁹, ἐν πνεύματι ἁγίῳ, ἐν ἀγάπῃ ἀνυποκρίτῳ²⁰, 7 ἐν λόγῳ ἀληθείας, ἐν δυνάμει θεοῦ· διὰ τῶν ὅπλων²¹ τῆς δικαιοσύνης τῶν δεξιῶν καὶ ἀριστερῶν²², 8 διὰ δόξης καὶ ἀτιμίας²³, διὰ δυσφημίας²⁴ καὶ εὐφημίας²⁵· ὡς πλάνοι²⁶ καὶ ἀληθεῖς²⁷, 9 ὡς ἀγνοούμενοι²⁸ καὶ ἐπιγινωσκόμενοι, ὡς ἀποθνῄσκοντες καὶ ἰδοὺ ζῶμεν, ὡς παιδευόμενοι²⁹ καὶ μὴ θανατούμενοι³⁰, 10 ὡς λυπούμενοι³¹ ἀεὶ³² δὲ χαίροντες, ὡς πτωχοὶ πολλοὺς δὲ πλουτίζοντες³³, ὡς μηδὲν ἔχοντες καὶ πάντα κατέχοντες³⁴.

11 Τὸ στόμα ἡμῶν ἀνέῳγεν³⁵ πρὸς ὑμᾶς, Κορίνθιοι, ἡ καρδία ἡμῶν πεπλάτυνται³⁶· 12 οὐ στενοχωρεῖσθε³⁷ ἐν ἡμῖν, στενοχωρεῖσθε δὲ ἐν τοῖς σπλάγχνοις³⁸ ὑμῶν· 13 τὴν δὲ αὐτὴν ἀντιμισθίαν³⁹, ὡς τέκνοις λέγω, πλατύνθητε καὶ ὑμεῖς.

The Temple of the Living God

14 Μὴ γίνεσθε ἑτεροζυγοῦντες⁴⁰ ἀπίστοις⁴¹· τίς γὰρ μετοχὴ⁴² δικαιοσύνῃ καὶ ἀνομίᾳ⁴³, ἢ τίς κοινωνία⁴⁴ φωτὶ πρὸς σκότος; 15 τίς δὲ συμφώνησις⁴⁵ Χριστοῦ πρὸς Βελιάρ, ἢ τίς μερὶς⁴⁶ πιστῷ μετὰ ἀπίστου; 16 τίς δὲ συγκατάθεσις⁴⁷ ναῷ θεοῦ μετὰ εἰδώλων⁴⁸; ἡμεῖς γὰρ ναὸς θεοῦ ἐσμεν ζῶντος, καθὼς εἶπεν ὁ θεὸς ὅτι

---

¹ δεκτός, -ή/όν, acceptable
² ἐπακούω 1s aor act ind, listen to
³ βοηθέω 1s aor act ind, help
⁴ εὐπρόσδεκτος, -ον, acceptable
⁵ προσκοπή, -ῆς f, cause for offense
⁶ μωμάομαι 3s aor pas sub, aor pas be found fault with
⁷ συνίστημι pres act ptc m p nom, commend
⁸ διάκονος, -ου m, servant
⁹ ἀνάγκη, -ης f, hardship
¹⁰ στενοχωρία, -ης f, distress
¹¹ πληγή, -ῆς f, beating
¹² ἀκαταστασία, -ας f, riot
¹³ κόπος, -ου m, hard work
¹⁴ ἀγρυπνία, -ας f, sleeplessness
¹⁵ νηστεία, -ας f, hunger
¹⁶ ἁγνότης, -ητος f, purity
¹⁷ γνῶσις, -εως f, knowledge
¹⁸ μακροθυμία, -ας f, patience

¹⁹ χρηστότης, -ητος f, kindness
²⁰ ἀνυπόκριτος, -ον, genuine
²¹ ὅπλον, -ου n, weapon
²² ἀριστερός, -ά/όν, left (hand)
²³ ἀτιμία, -ας f, disgrace
²⁴ δυσφημία, -ας f, bad reputation
²⁵ εὐφημία, -ας f, good reputation
²⁶ πλάνος, -ον, deceitful (ὁ π. imposter)
²⁷ ἀληθής, -ές, truthful
²⁸ ἀγνοέω pres pas ptc m p nom, pas be unknown
²⁹ παιδεύω pres pas ptc m p nom, punish
³⁰ θανατόω pres pas ptc m p nom, kill
³¹ λυπέω pres pas ptc m p nom, pas be sad
³² ἀεί, adv, always
³³ πλουτίζω pres act ptc m p nom, make rich

³⁴ κατέχω pres act ptc m p nom, possess
³⁵ ἀνοίγω 3s pf act ind, open
³⁶ πλατύνω 3s pf pas ind, open wide
³⁷ στενοχωρέω 2p pres pas ind, restrict
³⁸ σπλάγχνον, -ου n, affection
³⁹ ἀντιμισθία, -ας f, response
⁴⁰ ἑτεροζυγέω pres act ptc m p nom, be mismated
⁴¹ ἄπιστος, -ον, unbelieving
⁴² μετοχή, -ῆς f, partnership
⁴³ ἀνομία, -ας f, wickedness
⁴⁴ κοινωνία, -ας f, fellowship
⁴⁵ συμφώνησις, -εως f, common ground
⁴⁶ μερίς, -ίδος f, part
⁴⁷ συγκατάθεσις, -εως f, agreement
⁴⁸ εἴδωλον, -ου n, idol

ἐνοικήσω¹ ἐν αὐτοῖς καὶ ἐμπεριπατήσω²
καὶ ἔσομαι αὐτῶν θεὸς καὶ αὐτοὶ ἔσονταί μου λαός.
17 διὸ ἐξέλθατε³ ἐκ μέσου αὐτῶν
καὶ ἀφορίσθητε⁴, λέγει κύριος,
καὶ ἀκαθάρτου μὴ ἅπτεσθε·
κἀγὼ εἰσδέξομαι⁵ ὑμᾶς
18 καὶ ἔσομαι ὑμῖν εἰς πατέρα
καὶ ὑμεῖς ἔσεσθέ μοι εἰς υἱοὺς καὶ θυγατέρας⁶,
λέγει κύριος παντοκράτωρ.⁷

7 Ταύτας οὖν ἔχοντες τὰς ἐπαγγελίας, ἀγαπητοί, καθαρίσωμεν ἑαυτοὺς ἀπὸ παντὸς μολυσμοῦ⁸ σαρκὸς καὶ πνεύματος, ἐπιτελοῦντες⁹ ἁγιωσύνην¹⁰ ἐν φόβῳ θεοῦ.

Paul's Joy at the Church's Repentance

2 Χωρήσατε¹¹ ἡμᾶς· οὐδένα ἠδικήσαμεν¹², οὐδένα ἐφθείραμεν¹³, οὐδένα ἐπλεονεκτήσαμεν¹⁴. 3 πρὸς κατάκρισιν¹⁵ οὐ λέγω· προείρηκα¹⁶ γὰρ ὅτι ἐν ταῖς καρδίαις ἡμῶν ἐστε εἰς τὸ συναποθανεῖν¹⁷ καὶ συζῆν¹⁸. 4 πολλή μοι παρρησία πρὸς ὑμᾶς, πολλή μοι καύχησις¹⁹ ὑπὲρ ὑμῶν· πεπλήρωμαι τῇ παρακλήσει²⁰, ὑπερπερισσεύομαι²¹ τῇ χαρᾷ ἐπὶ πάσῃ τῇ θλίψει ἡμῶν.

5 Καὶ γὰρ ἐλθόντων ἡμῶν εἰς Μακεδονίαν οὐδεμίαν ἔσχηκεν²² ἄνεσιν²³ ἡ σὰρξ ἡμῶν ἀλλ' ἐν παντὶ θλιβόμενοι²⁴· ἔξωθεν²⁵ μάχαι²⁶, ἔσωθεν²⁷ φόβοι. 6 ἀλλ' ὁ παρακαλῶν τοὺς ταπεινοὺς²⁸ παρεκάλεσεν ἡμᾶς ὁ θεὸς ἐν τῇ παρουσίᾳ²⁹ Τίτου, 7 οὐ μόνον δὲ ἐν τῇ παρουσίᾳ αὐτοῦ ἀλλὰ καὶ ἐν τῇ παρακλήσει ᾗ παρεκλήθη ἐφ' ὑμῖν, ἀναγγέλλων³⁰ ἡμῖν τὴν ὑμῶν ἐπιπόθησιν³¹, τὸν ὑμῶν ὀδυρμόν³², τὸν ὑμῶν

---

1 ἐνοικέω 1s fut act ind, live in
2 ἐμπεριπατέω 1s fut act ind, live (among)
3 ἐξέρχομαι 2p aor act impv, come out
4 ἀφορίζω 2p aor pas impv, separate
5 εἰσδέχομαι 1s fut mid ind, welcome
6 θυγάτηρ, -τρός f, daughter
7 παντοκράτωρ, -ορος m, the Almighty
8 μολυσμός, -οῦ m, defilement
9 ἐπιτελέω pres act ptc m p nom, make perfect
10 ἁγιωσύνη, -ης f, holiness
11 χωρέω 2p aor act impv, make room for
12 ἀδικέω 1p aor act ind, mistreat
13 φθείρω 1p aor act ind, corrupt
14 πλεονεκτέω 1p aor act ind, take advantage of
15 κατάκρισις, -εως f, condemnation
16 προλέγω 1s pf act ind, say before
17 συναποθνῄσκω aor act inf, die together
18 συζάω pres act inf, live together
19 καύχησις, -εως f, pride
20 παράκλησις, -εως f, encouragement
21 ὑπερπερισσεύω 1s pres pas ind, overflow
22 ἔχω 3s pf act ind, receive
23 ἄνεσις, -εως f, relief
24 θλίβω pres pas ptc m p nom, pas experience trouble
25 ἔξωθεν, adv, outside
26 μάχη, -ης f, fighting
27 ἔσωθεν, adv, within
28 ταπεινός, -ή/όν, downcast
29 παρουσία, -ας f, coming
30 ἀναγγέλλω pres act ptc m s nom, tell
31 ἐπιπόθησις, -εως f, longing
32 ὀδυρμός, -οῦ m, sorrow

ζῆλον¹ ὑπὲρ ἐμοῦ ὥστε με μᾶλλον χαρῆναι². 8 ὅτι εἰ καὶ ἐλύπησα³ ὑμᾶς ἐν τῇ ἐπιστολῇ⁴, οὐ μεταμέλομαι⁵· εἰ καὶ μετεμελόμην, βλέπω [γὰρ] ὅτι ἡ ἐπιστολὴ ἐκείνη εἰ καὶ πρὸς ὥραν ἐλύπησεν ὑμᾶς, 9 νῦν χαίρω, οὐχ ὅτι ἐλυπήθητε ἀλλ' ὅτι ἐλυπήθητε εἰς μετάνοιαν⁶· ἐλυπήθητε γὰρ κατὰ θεόν, ἵνα ἐν μηδενὶ ζημιωθῆτε⁷ ἐξ ἡμῶν. 10 ἡ γὰρ κατὰ θεὸν λύπη⁸ μετάνοιαν εἰς σωτηρίαν ἀμεταμέλητον⁹ ἐργάζεται· ἡ δὲ τοῦ κόσμου λύπη θάνατον κατεργάζεται¹⁰. 11 ἰδοὺ γὰρ αὐτὸ τοῦτο τὸ κατὰ θεὸν λυπηθῆναι πόσην¹¹ κατειργάσατο ὑμῖν σπουδήν¹², ἀλλ' ἀπολογίαν¹³, ἀλλ' ἀγανάκτησιν¹⁴, ἀλλὰ φόβον, ἀλλ' ἐπιπόθησιν¹⁵, ἀλλὰ ζῆλον¹⁶, ἀλλ' ἐκδίκησιν¹⁷. ἐν παντὶ συνεστήσατε¹⁸ ἑαυτοὺς ἁγνούς¹⁹ εἶναι τῷ πράγματι²⁰. 12 ἄρα εἰ καὶ ἔγραψα ὑμῖν, οὐχ ἕνεκεν²¹ τοῦ ἀδικήσαντος²² οὐδὲ ἕνεκεν τοῦ ἀδικηθέντος ἀλλ' ἕνεκεν τοῦ φανερωθῆναι τὴν σπουδὴν ὑμῶν τὴν ὑπὲρ ἡμῶν πρὸς ὑμᾶς ἐνώπιον τοῦ θεοῦ. 13 διὰ τοῦτο παρακεκλήμεθα²³. ἐπὶ δὲ τῇ παρακλήσει²⁴ ἡμῶν περισσοτέρως²⁵ μᾶλλον ἐχάρημεν²⁶ ἐπὶ τῇ χαρᾷ Τίτου, ὅτι ἀναπέπαυται²⁷ τὸ πνεῦμα αὐτοῦ ἀπὸ πάντων ὑμῶν· 14 ὅτι εἴ τι αὐτῷ ὑπὲρ ὑμῶν κεκαύχημαι, οὐ κατῃσχύνθην²⁸, ἀλλ' ὡς πάντα ἐν ἀληθείᾳ ἐλαλήσαμεν ὑμῖν, οὕτως καὶ ἡ καύχησις²⁹ ἡμῶν ἡ ἐπὶ Τίτου ἀλήθεια ἐγενήθη³⁰. 15 καὶ τὰ σπλάγχνα³¹ αὐτοῦ περισσοτέρως εἰς ὑμᾶς ἐστιν ἀναμιμνῃσκομένου³² τὴν πάντων ὑμῶν ὑπακοήν³³, ὡς μετὰ φόβου καὶ τρόμου³⁴ ἐδέξασθε³⁵ αὐτόν. 16 χαίρω ὅτι ἐν παντὶ θαρρῶ³⁶ ἐν ὑμῖν.

Generous Giving

8 Γνωρίζομεν³⁷ δὲ ὑμῖν, ἀδελφοί, τὴν χάριν τοῦ θεοῦ τὴν δεδομένην³⁸ ἐν ταῖς ἐκκλησίαις τῆς Μακεδονίας, 2 ὅτι ἐν πολλῇ δοκιμῇ³⁹ θλίψεως ἡ περισσεία⁴⁰ τῆς

---

¹ ζῆλος, -ου *m*, concern
² χαίρω *aor pas inf, pas* rejoice
³ λυπέω *1s aor act ind*, cause pain
⁴ ἐπιστολή, -ῆς *f*, letter
⁵ μεταμέλομαι *1s pres pas ind*, regret
⁶ μετάνοια, -ας *f*, repentance
⁷ ζημιόω *2p aor pas sub, pas* suffer loss
⁸ λύπη, -ης *f*, pain
⁹ ἀμεταμέλητος, -ον *f*, free from regret
¹⁰ κατεργάζομαι *3s pres mid ind*, produce
¹¹ πόσος, -η/ον, how much
¹² σπουδή, -ῆς *f*, eagerness
¹³ ἀπολογία, -ας *f*, defense
¹⁴ ἀγανάκτησις, -εως *f*, indignation
¹⁵ ἐπιπόθησις, -εως *f*, longing
¹⁶ ζῆλος, -ου *m*, concern
¹⁷ ἐκδίκησις, -εως *f*, rendering of justice
¹⁸ συνίστημι *2p aor act ind*, prove
¹⁹ ἁγνός, -ή/όν, innocent
²⁰ πρᾶγμα, -τος *n*, matter
²¹ ἕνεκα, *prep + gen*, because of
²² ἀδικέω *aor act ptc m s gen*, mistreat
²³ παρακαλέω *1p pf pas ind*, encourage
²⁴ παράκλησις, -εως *f*, encouragement
²⁵ περισσοτέρως, *adv*, all the more
²⁶ χαίρω *1p aor pas ind, pas* rejoice
²⁷ ἀναπαύω *3s pf pas ind*, refresh
²⁸ καταισχύνω *1s aor pas ind*, put to shame
²⁹ καύχησις, -εως *f*, pride
³⁰ γίνομαι *3s aor pas ind*, become
³¹ σπλάγχνον, -ου *n*, feelings
³² ἀναμιμνῄσκω *pres pas ptc m s gen*, remember
³³ ὑπακοή, -ῆς *f*, obedience
³⁴ τρόμος, -ου *m*, trembling
³⁵ δέχομαι *2p aor mid ind*, receive
³⁶ θαρρέω *1s pres act ind*, be confident
³⁷ γνωρίζω *1p pres act ind*, make known
³⁸ δίδωμι *pf pas ptc f s acc*, give
³⁹ δοκιμή, -ῆς *f*, testing (πολλῇ δ. severe ordeal)
⁴⁰ περισσεία, -ας *f*, abundance

χαρᾶς αὐτῶν καὶ ἡ κατὰ βάθους¹ πτωχεία² αὐτῶν ἐπερίσσευσεν εἰς τὸ πλοῦτος³ τῆς ἁπλότητος⁴ αὐτῶν· **3** ὅτι κατὰ δύναμιν, μαρτυρῶ, καὶ παρὰ δύναμιν, αὐθαίρετοι⁵ **4** μετὰ πολλῆς παρακλήσεως⁶ δεόμενοι⁷ ἡμῶν τὴν χάριν καὶ τὴν κοινωνίαν⁸ τῆς διακονίας τῆς εἰς τοὺς ἁγίους, **5** καὶ οὐ καθὼς ἠλπίσαμεν⁹ ἀλλ' ἑαυτοὺς ἔδωκαν πρῶτον τῷ κυρίῳ καὶ ἡμῖν διὰ θελήματος θεοῦ **6** εἰς τὸ παρακαλέσαι ἡμᾶς Τίτον, ἵνα καθὼς προενήρξατο¹⁰ οὕτως καὶ ἐπιτελέσῃ¹¹ εἰς ὑμᾶς καὶ τὴν χάριν ταύτην. **7** ἀλλ' ὥσπερ ἐν παντὶ περισσεύετε, πίστει καὶ λόγῳ καὶ γνώσει¹² καὶ πάσῃ σπουδῇ¹³ καὶ τῇ ἐξ ἡμῶν ἐν ὑμῖν ἀγάπῃ, ἵνα καὶ ἐν ταύτῃ τῇ χάριτι περισσεύητε. **8** οὐ κατ' ἐπιταγὴν¹⁴ λέγω ἀλλὰ διὰ τῆς ἑτέρων σπουδῆς¹⁵ καὶ τὸ τῆς ὑμετέρας¹⁶ ἀγάπης γνήσιον¹⁷ δοκιμάζων¹⁸· **9** γινώσκετε γὰρ τὴν χάριν τοῦ κυρίου ἡμῶν Ἰησοῦ Χριστοῦ, ὅτι δι' ὑμᾶς ἐπτώχευσεν¹⁹ πλούσιος²⁰ ὤν, ἵνα ὑμεῖς τῇ ἐκείνου πτωχείᾳ²¹ πλουτήσητε²². **10** καὶ γνώμην²³ ἐν τούτῳ δίδωμι· τοῦτο γὰρ ὑμῖν συμφέρει²⁴, οἵτινες οὐ μόνον τὸ ποιῆσαι ἀλλὰ καὶ τὸ θέλειν προενήρξασθε²⁵ ἀπὸ πέρυσι²⁶. **11** νυνὶ²⁷ δὲ καὶ τὸ ποιῆσαι ἐπιτελέσατε²⁸, ὅπως καθάπερ²⁹ ἡ προθυμία³⁰ τοῦ θέλειν, οὕτως καὶ τὸ ἐπιτελέσαι ἐκ τοῦ ἔχειν. **12** εἰ γὰρ ἡ προθυμία πρόκειται³¹, καθὸ³² ἐὰν ἔχῃ εὐπρόσδεκτος³³, οὐ καθὸ οὐκ ἔχει. **13** οὐ γὰρ ἵνα ἄλλοις ἄνεσις³⁴, ὑμῖν θλῖψις, ἀλλ' ἐξ ἰσότητος³⁵. **14** ἐν τῷ νῦν καιρῷ τὸ ὑμῶν περίσσευμα³⁶ εἰς τὸ ἐκείνων ὑστέρημα³⁷, ἵνα καὶ τὸ ἐκείνων περίσσευμα γένηται εἰς τὸ ὑμῶν ὑστέρημα, ὅπως γένηται ἰσότης, **15** καθὼς γέγραπται· ὁ τὸ πολὺ οὐκ ἐπλεόνασεν³⁸, καὶ ὁ τὸ ὀλίγον οὐκ ἠλαττόνησεν³⁹.

Titus and His Companions

16 Χάρις δὲ τῷ θεῷ τῷ δόντι⁴⁰ τὴν αὐτὴν σπουδὴν⁴¹ ὑπὲρ ὑμῶν ἐν τῇ καρδίᾳ Τίτου, **17** ὅτι τὴν μὲν παράκλησιν⁴² ἐδέξατο, σπουδαιότερος⁴³ δὲ ὑπάρχων

¹ βάθος, -ους n, depth
² πτωχεία, -ας f, poverty (ἡ κατὰ βάθους π. extreme poverty)
³ πλοῦτος, -ου n, wealth
⁴ ἁπλότης, -ητος f, generosity
⁵ αὐθαίρετος, -ον, of one's own accord
⁶ παράκλησις, -εως f, encouragement
⁷ δέομαι pres pas ptc m p nom, beg
⁸ κοινωνία, -ας f, fellowship
⁹ ἐλπίζω 1p aor act ind, hope
¹⁰ προενάρχομαι 3s aor mid ind, already begin
¹¹ ἐπιτελέω 3s aor act sub, complete
¹² γνῶσις, -εως f, knowledge
¹³ σπουδή, -ῆς f, eagerness
¹⁴ ἐπιταγή, -ῆς f, command
¹⁵ σπουδή, -ῆς f, earnestness
¹⁶ ὑμέτερος, -α/ον, your
¹⁷ γνήσιος, -α/ον, genuine
¹⁸ δοκιμάζω pres act ptc m s nom, test
¹⁹ πτωχεύω 3s aor act ind, become poor
²⁰ πλούσιος, -α/ον, rich
²¹ πτωχεία, -ας f, poverty
²² πλουτέω 2p aor act sub, be rich
²³ γνώμη, -ης f, opinion
²⁴ συμφέρω 3s pres act ind, it is better
²⁵ προενάρχομαι 2p aor mid ind, begin
²⁶ πέρυσι, adv, a year ago
²⁷ νυνί, adv, now
²⁸ ἐπιτελέω 2p aor act impv, complete
²⁹ καθάπερ, conj, just as
³⁰ προθυμία, -ας f, willingness
³¹ πρόκειμαι 3s pres mid ind, be present
³² καθό, adv, according as
³³ εὐπρόσδεκτος, -ον, acceptable
³⁴ ἄνεσις, -εως f, relief
³⁵ ἰσότης, -ητος f, equality
³⁶ περίσσευμα, -τος n, abundance
³⁷ ὑστέρημα, -τος n, need
³⁸ πλεονάζω 3s aor act ind, have too much
³⁹ ἐλαττονέω 3s aor act ind, have too little
⁴⁰ δίδωμι aor act ptc m s dat, give
⁴¹ σπουδή, -ῆς f, earnestness
⁴² παράκλησις, -εως f, encouragement
⁴³ σπουδαῖος, earnest (comp)

αὐθαίρετος¹ ἐξῆλθεν πρὸς ὑμᾶς. 18 συνεπέμψαμεν² δὲ μετ' αὐτοῦ τὸν ἀδελφὸν οὗ ὁ ἔπαινος³ ἐν τῷ εὐαγγελίῳ διὰ πασῶν τῶν ἐκκλησιῶν, 19 οὐ μόνον δέ, ἀλλὰ καὶ χειροτονηθεὶς⁴ ὑπὸ τῶν ἐκκλησιῶν συνέκδημος⁵ ἡμῶν σὺν τῇ χάριτι ταύτῃ τῇ διακονουμένῃ ὑφ' ἡμῶν πρὸς τὴν [αὐτοῦ] τοῦ κυρίου δόξαν καὶ προθυμίαν⁶ ἡμῶν, 20 στελλόμενοι⁷ τοῦτο, μή τις ἡμᾶς μωμήσηται⁸ ἐν τῇ ἁδρότητι⁹ ταύτῃ τῇ διακονουμένῃ ὑφ' ἡμῶν· 21 προνοοῦμεν¹⁰ γὰρ καλὰ οὐ μόνον ἐνώπιον κυρίου ἀλλὰ καὶ ἐνώπιον ἀνθρώπων. 22 συνεπέμψαμεν¹¹ δὲ αὐτοῖς τὸν ἀδελφὸν ἡμῶν ὃν ἐδοκιμάσαμεν¹² ἐν πολλοῖς πολλάκις¹³ σπουδαῖον¹⁴ ὄντα, νυνὶ¹⁵ δὲ πολὺ σπουδαιότερον πεποιθήσει¹⁶ πολλῇ τῇ εἰς ὑμᾶς. 23 εἴτε ὑπὲρ Τίτου, κοινωνὸς¹⁷ ἐμὸς καὶ εἰς ὑμᾶς συνεργός¹⁸· εἴτε ἀδελφοὶ ἡμῶν, ἀπόστολοι ἐκκλησιῶν, δόξα Χριστοῦ. 24 τὴν οὖν ἔνδειξιν¹⁹ τῆς ἀγάπης ὑμῶν καὶ ἡμῶν καυχήσεως²⁰ ὑπὲρ ὑμῶν εἰς αὐτοὺς ἐνδεικνύμενοι²¹ εἰς πρόσωπον τῶν ἐκκλησιῶν.

The Collection for Jerusalem

9 Περὶ μὲν γὰρ τῆς διακονίας τῆς εἰς τοὺς ἁγίους περισσόν²² μοί ἐστιν τὸ γράφειν ὑμῖν· 2 οἶδα γὰρ τὴν προθυμίαν²³ ὑμῶν ἣν ὑπὲρ ὑμῶν καυχῶμαι Μακεδόσιν, ὅτι Ἀχαΐα παρεσκεύασται²⁴ ἀπὸ πέρυσι²⁵, καὶ τὸ ὑμῶν ζῆλος²⁶ ἠρέθισεν²⁷ τοὺς πλείονας²⁸. 3 ἔπεμψα²⁹ δὲ τοὺς ἀδελφούς, ἵνα μὴ τὸ καύχημα³⁰ ἡμῶν τὸ ὑπὲρ ὑμῶν κενωθῇ³¹ ἐν τῷ μέρει τούτῳ, ἵνα καθὼς ἔλεγον παρεσκευασμένοι³² ἦτε³³, 4 μή πως³⁴ ἐὰν ἔλθωσιν³⁵ σὺν ἐμοὶ Μακεδόνες καὶ εὕρωσιν³⁶ ὑμᾶς ἀπαρασκευάστους³⁷ καταισχυνθῶμεν³⁸ ἡμεῖς, ἵνα μὴ λέγω ὑμεῖς, ἐν τῇ ὑποστάσει³⁹ ταύτῃ. 5 ἀναγκαῖον⁴⁰ οὖν ἡγησάμην⁴¹ παρακαλέσαι τοὺς ἀδελφούς, ἵνα προέλθωσιν⁴² εἰς ὑμᾶς καὶ

---

¹ αὐθαίρετος, -ον, of one's own accord
² συμπέμπω 1p aor act ind, send along with
³ ἔπαινος, -ου m, praise
⁴ χειροτονέω aor pas ptc m s nom, appoint
⁵ συνέκδημος, -ου m, traveling companion
⁶ προθυμία, -ας f, eagerness
⁷ στέλλω pres mid ptc m p nom, mid avoid
⁸ μωμάομαι 3s aor mid sub, mid find fault with
⁹ ἁδρότης, -ητος f, generous amount
¹⁰ προνοέω 1p pres act ind, have in mind to do
¹¹ συμπέμπω 1p aor act ind, send along with
¹² δοκιμάζω 1p aor act ind, test/approve
¹³ πολλάκις, adv, often
¹⁴ σπουδαῖος, -α/ον, earnest
¹⁵ νυνί, adv, now
¹⁶ πεποίθησις, -εως f, confidence
¹⁷ κοινωνός, -οῦ m, partner
¹⁸ συνεργός, -οῦ m, fellow-worker
¹⁹ ἔνδειξις, -εως f, evidence
²⁰ καύχησις, -εως f, boasting
²¹ ἐνδείκνυμι pres mid ptc m p nom, mid give proof
²² περισσός, -ή/όν, unnecessary
²³ προθυμία, -ας f, eagerness
²⁴ παρασκευάζω 3s pf mid ind, be ready
²⁵ πέρυσι, adv, a year ago
²⁶ ζῆλος, -ους n, zeal
²⁷ ἐρεθίζω 3s aor act ind, stir up
²⁸ πολύς, many (comp)
²⁹ πέμπω 1s aor act ind, send
³⁰ καύχημα, -τος n, boasting
³¹ κενόω 3s aor pas sub, pas prove to be invalid
³² παρασκευάζω pf mid ptc m p nom, be ready
³³ εἰμί 2p pres act sub, be
³⁴ πώς, particle, somehow
³⁵ ἔρχομαι 3p aor act sub, come
³⁶ εὑρίσκω 3p aor act sub, find
³⁷ ἀπαρασκεύαστος, -ον, unprepared
³⁸ καταισχύνω 1p aor pas sub, put to shame
³⁹ ὑπόστασις, -εως f, confidence
⁴⁰ ἀναγκαῖος, -α/ον, necessary
⁴¹ ἡγέομαι 1s aor mid ind, consider
⁴² προέρχομαι 3p aor act sub, go before

προκαταρτίσωσιν¹ τὴν προεπηγγελμένην² εὐλογίαν³ ὑμῶν, ταύτην ἑτοίμην⁴ εἶναι οὕτως ὡς εὐλογίαν καὶ μὴ ὡς πλεονεξίαν⁵.

6 Τοῦτο δέ, ὁ σπείρων φειδομένως⁶ φειδομένως καὶ θερίσει⁷, καὶ ὁ σπείρων ἐπ' εὐλογίαις⁸ ἐπ' εὐλογίαις καὶ θερίσει. **7** ἕκαστος καθὼς προῄρηται⁹ τῇ καρδίᾳ, μὴ ἐκ λύπης¹⁰ ἢ ἐξ ἀνάγκης¹¹· ἱλαρὸν¹² γὰρ δότην¹³ ἀγαπᾷ ὁ θεός. **8** δυνατεῖ¹⁴ δὲ ὁ θεὸς πᾶσαν χάριν περισσεῦσαι εἰς ὑμᾶς, ἵνα ἐν παντὶ πάντοτε πᾶσαν αὐτάρκειαν¹⁵ ἔχοντες περισσεύητε εἰς πᾶν ἔργον ἀγαθόν, **9** καθὼς γέγραπται·

ἐσκόρπισεν¹⁶, ἔδωκεν τοῖς πένησιν¹⁷,
ἡ δικαιοσύνη αὐτοῦ μένει εἰς τὸν αἰῶνα.

10 ὁ δὲ ἐπιχορηγῶν¹⁸ σπόρον¹⁹ τῷ σπείροντι καὶ ἄρτον εἰς βρῶσιν²⁰ χορηγήσει²¹ καὶ πληθυνεῖ²² τὸν σπόρον ὑμῶν καὶ αὐξήσει²³ τὰ γενήματα²⁴ τῆς δικαιοσύνης ὑμῶν. **11** ἐν παντὶ πλουτιζόμενοι²⁵ εἰς πᾶσαν ἁπλότητα²⁶, ἥτις κατεργάζεται²⁷ δι' ἡμῶν εὐχαριστίαν²⁸ τῷ θεῷ· **12** ὅτι ἡ διακονία τῆς λειτουργίας²⁹ ταύτης οὐ μόνον ἐστὶν προσαναπληροῦσα³⁰ τὰ ὑστερήματα³¹ τῶν ἁγίων, ἀλλὰ καὶ περισσεύουσα διὰ πολλῶν εὐχαριστιῶν τῷ θεῷ. **13** διὰ τῆς δοκιμῆς³² τῆς διακονίας ταύτης δοξάζοντες τὸν θεὸν ἐπὶ τῇ ὑποταγῇ³³ τῆς ὁμολογίας³⁴ ὑμῶν εἰς τὸ εὐαγγέλιον τοῦ Χριστοῦ καὶ ἁπλότητι³⁵ τῆς κοινωνίας³⁶ εἰς αὐτοὺς καὶ εἰς πάντας, **14** καὶ αὐτῶν δεήσει³⁷ ὑπὲρ ὑμῶν ἐπιποθούντων³⁸ ὑμᾶς διὰ τὴν ὑπερβάλλουσαν³⁹ χάριν τοῦ θεοῦ ἐφ' ὑμῖν. **15** χάρις τῷ θεῷ ἐπὶ τῇ ἀνεκδιηγήτῳ⁴⁰ αὐτοῦ δωρεᾷ⁴¹.

---

[1] προκαταρτίζω 3p aor act sub, prepare in advance
[2] προεπαγγέλλομαι pf pas ptc f s acc, promise earlier
[3] εὐλογία, -ας f, (generous) gift
[4] ἕτοιμος, -η/ον, ready
[5] πλεονεξία, -ας f, something one feels forced to do
[6] φειδομένως, adv, sparingly
[7] θερίζω 3s fut act ind, reap
[8] εὐλογία, -ας f, (generous) gift (ἐπ' εὐ. bountifully)
[9] προαιρέω 3s pf mid ind, mid decide
[10] λύπη, -ης f, pain (ἐκ λ. reluctantly)
[11] ἀνάγκη, -ης f, compulsion
[12] ἱλαρός, -ά/όν, cheerful
[13] δότης, -ου m, giver
[14] δυνατέω 3s pres act ind, be able
[15] αὐτάρκεια, -ας f, what is necessary
[16] σκορπίζω 3s aor act ind, scatter
[17] πένης, -ητος m, poor
[18] ἐπιχορηγέω pres act ptc m s nom, supply
[19] σπόρος, -ου m, seed
[20] βρῶσις, -εως f, food
[21] χορηγέω 3s fut act ind, supply
[22] πληθύνω 3s fut act ind, increase
[23] αὔξω/αὐξάνω 3s fut act ind, increase
[24] γένημα, -τος n, harvest
[25] πλουτίζω pres pas ptc m p nom, enrich
[26] ἁπλότης, -ητος f, generosity
[27] κατεργάζομαι 3s pres mid ind, produce
[28] εὐχαριστία, -ας f, thanksgiving
[29] λειτουργία, -ας f, service
[30] προσαναπληρόω pres act ptc f s nom, supply
[31] ὑστέρημα, -τος n, need
[32] δοκιμή, -ῆς f, testing
[33] ὑποταγή, -ῆς f, obedience
[34] ὁμολογία, -ας f, confession
[35] ἁπλότης, -ητος f, generosity
[36] κοινωνία, -ας f, contribution
[37] δέησις, -εως f, prayer
[38] ἐπιποθέω pres act ptc m p gen, long (for)
[39] ὑπερβάλλω pres act ptc f s acc, surpass
[40] ἀνεκδιήγητος, -ον, indescribable
[41] δωρεά, -ᾶς f, gift

Paul Defends His Ministry

10 Αὐτὸς δὲ ἐγὼ Παῦλος παρακαλῶ ὑμᾶς διὰ τῆς πραΰτητος[1] καὶ ἐπιεικείας[2] τοῦ Χριστοῦ, ὃς κατὰ πρόσωπον μὲν ταπεινὸς[3] ἐν ὑμῖν, ἀπὼν[4] δὲ θαρρῶ[5] εἰς ὑμᾶς· **2** δέομαι[6] δὲ τὸ μὴ παρὼν[7] θαρρῆσαι τῇ πεποιθήσει[8] ᾗ λογίζομαι τολμῆσαι[9] ἐπί τινας τοὺς λογιζομένους ἡμᾶς ὡς κατὰ σάρκα περιπατοῦντας. **3** ἐν σαρκὶ γὰρ περιπατοῦντες οὐ κατὰ σάρκα στρατευόμεθα[10], **4** τὰ γὰρ ὅπλα[11] τῆς στρατείας[12] ἡμῶν οὐ σαρκικὰ[13] ἀλλὰ δυνατὰ τῷ θεῷ πρὸς καθαίρεσιν[14] ὀχυρωμάτων[15], λογισμοὺς[16] καθαιροῦντες **5** καὶ πᾶν ὕψωμα[17] ἐπαιρόμενον[18] κατὰ τῆς γνώσεως[19] τοῦ θεοῦ, καὶ αἰχμαλωτίζοντες[20] πᾶν νόημα[21] εἰς τὴν ὑπακοὴν[22] τοῦ Χριστοῦ, **6** καὶ ἐν ἑτοίμῳ[23] ἔχοντες ἐκδικῆσαι[24] πᾶσαν παρακοήν[25], ὅταν πληρωθῇ ὑμῶν ἡ ὑπακοή[26].

7 Τὰ κατὰ πρόσωπον βλέπετε. εἴ τις πέποιθεν[27] ἑαυτῷ Χριστοῦ εἶναι, τοῦτο λογιζέσθω πάλιν ἐφ' ἑαυτοῦ, ὅτι καθὼς αὐτὸς Χριστοῦ, οὕτως καὶ ἡμεῖς. **8** ἐάν [τε] γὰρ περισσότερόν[28] τι καυχήσωμαι περὶ τῆς ἐξουσίας ἡμῶν ἧς ἔδωκεν ὁ κύριος εἰς οἰκοδομὴν[29] καὶ οὐκ εἰς καθαίρεσιν[30] ὑμῶν, οὐκ αἰσχυνθήσομαι[31]. **9** ἵνα μὴ δόξω ὡς ἂν ἐκφοβεῖν[32] ὑμᾶς διὰ τῶν ἐπιστολῶν[33]· **10** ὅτι αἱ ἐπιστολαὶ μέν, φησίν, βαρεῖαι[34] καὶ ἰσχυραί[35], ἡ δὲ παρουσία[36] τοῦ σώματος ἀσθενὴς[37] καὶ ὁ λόγος ἐξουθενημένος[38]. **11** τοῦτο λογιζέσθω ὁ τοιοῦτος, ὅτι οἷοί[39] ἐσμεν τῷ λόγῳ δι' ἐπιστολῶν ἀπόντες[40], τοιοῦτοι καὶ παρόντες[41] τῷ ἔργῳ.

12 Οὐ γὰρ τολμῶμεν[42] ἐγκρῖναι[43] ἢ συγκρῖναι[44] ἑαυτούς τισιν τῶν ἑαυτοὺς συνιστανόντων[45], ἀλλ' αὐτοὶ ἐν ἑαυτοῖς ἑαυτοὺς μετροῦντες[46] καὶ συγκρίνοντες

---

[1] πραΰτης, -ητος f, humility
[2] ἐπιείκεια, -ας f, gentleness
[3] ταπεινός, -ή/όν, humble
[4] ἄπειμι pres act ptc m s nom, be away
[5] θαρρέω 1s pres act ind, be bold
[6] δέομαι 1s pres pas ind, beg
[7] πάρειμι pres act ptc m s nom, be present
[8] πεποίθησις, -εως f, confidence
[9] τολμάω aor act inf, take upon oneself (to do something)
[10] στρατεύομαι 1p pres mid ind, wage war
[11] ὅπλον, -ου n, weapon
[12] στρατεία, -ας f, warfare
[13] σαρκικός, -ή/όν, belonging to this world
[14] καθαίρεσις, -εως f, destruction
[15] ὀχύρωμα, -τος n, stronghold
[16] λογισμός, -οῦ m, argument
[17] ὕψωμα, -τος n, proud obstacle
[18] ἐπαίρω pres pas ptc n s acc, pas rise up in opposition
[19] γνῶσις, -εως f, knowledge
[20] αἰχμαλωτίζω pres act ptc m p nom, capture
[21] νόημα, -τος n, thought
[22] ὑπακοή, -ῆς f, obedience
[23] ἕτοιμος, -η/ον, ready
[24] ἐκδικέω aor act inf, punish
[25] παρακοή, -ῆς f, disobedience
[26] ὑπακοή, -ῆς f, obedience
[27] πείθω 3s pf act ind, have confidence
[28] περισσότερος, more (comp of περισσός)
[29] οἰκοδομή, -ῆς f, building up
[30] καθαίρεσις, -εως f, tearing down
[31] αἰσχύνω 1s fut pas ind, pas be ashamed
[32] ἐκφοβέω pres act inf, frighten
[33] ἐπιστολή, -ῆς f, letter
[34] βαρύς, -εῖα/ύ, weighty
[35] ἰσχυρός, -ά/όν, strong
[36] παρουσία, -ας f, presence
[37] ἀσθενής, -ές f, weak
[38] ἐξουθενέω pf pas ptc m s nom, pas amount to nothing
[39] οἷος, -α/ον, rel pro, such as
[40] ἄπειμι pres act ptc m p nom, be away
[41] πάρειμι pres act ptc m p nom, be present
[42] τολμάω 1p pres act ind, take upon oneself (to do something)
[43] ἐγκρίνω aor act inf, class
[44] συγκρίνω aor act inf, compare
[45] συνίστημι pres act ptc m p gen, commend
[46] μετρέω pres act ptc m p nom, measure

ἑαυτοὺς ἑαυτοῖς οὐ συνιᾶσιν¹. 13 ἡμεῖς δὲ οὐκ εἰς τὰ ἄμετρα² καυχησόμεθα ἀλλὰ κατὰ τὸ μέτρον³ τοῦ κανόνος⁴ οὗ ἐμέρισεν⁵ ἡμῖν ὁ θεὸς μέτρου, ἐφικέσθαι⁶ ἄχρι καὶ ὑμῶν. 14 οὐ γὰρ ὡς μὴ ἐφικνούμενοι εἰς ὑμᾶς ὑπερεκτείνομεν⁷ ἑαυτούς, ἄχρι γὰρ καὶ ὑμῶν ἐφθάσαμεν⁸ ἐν τῷ εὐαγγελίῳ τοῦ Χριστοῦ, 15 οὐκ εἰς τὰ ἄμετρα καυχώμενοι ἐν ἀλλοτρίοις⁹ κόποις¹⁰, ἐλπίδα δὲ ἔχοντες αὐξανομένης¹¹ τῆς πίστεως ὑμῶν ἐν ὑμῖν μεγαλυνθῆναι¹² κατὰ τὸν κανόνα ἡμῶν εἰς περισσείαν¹³ 16 εἰς τὰ ὑπερέκεινα¹⁴ ὑμῶν εὐαγγελίσασθαι, οὐκ ἐν ἀλλοτρίῳ κανόνι εἰς τὰ ἕτοιμα¹⁵ καυχήσασθαι. 17 ὁ δὲ καυχώμενος ἐν κυρίῳ καυχάσθω· 18 οὐ γὰρ ὁ ἑαυτὸν συνιστάνων¹⁶, ἐκεῖνός ἐστιν δόκιμος¹⁷, ἀλλ' ὃν ὁ κύριος συνίστησιν.

Paul and the False Apostles

11 Ὄφελον¹⁸ ἀνείχεσθέ¹⁹ μου μικρόν τι ἀφροσύνης²⁰· ἀλλὰ καὶ ἀνέχεσθέ μου. 2 ζηλῶ²¹ γὰρ ὑμᾶς θεοῦ ζήλῳ²², ἡρμοσάμην²³ γὰρ ὑμᾶς ἑνὶ ἀνδρὶ παρθένον²⁴ ἁγνὴν²⁵ παραστῆσαι²⁶ τῷ Χριστῷ· 3 φοβοῦμαι δὲ μή πως²⁷, ὡς ὁ ὄφις²⁸ ἐξηπάτησεν²⁹ Εὔαν ἐν τῇ πανουργίᾳ³⁰ αὐτοῦ, φθαρῇ³¹ τὰ νοήματα³² ὑμῶν ἀπὸ τῆς ἁπλότητος³³ καὶ τῆς ἁγνότητος³⁴ τῆς εἰς τὸν Χριστόν. 4 εἰ μὲν γὰρ ὁ ἐρχόμενος ἄλλον Ἰησοῦν κηρύσσει ὃν οὐκ ἐκηρύξαμεν, ἢ πνεῦμα ἕτερον λαμβάνετε ὃ οὐκ ἐλάβετε, ἢ εὐαγγέλιον ἕτερον ὃ οὐκ ἐδέξασθε³⁵, καλῶς ἀνέχεσθε³⁶.

5 Λογίζομαι γὰρ μηδὲν ὑστερηκέναι³⁷ τῶν ὑπερλίαν³⁸ ἀποστόλων. 6 εἰ δὲ καὶ ἰδιώτης³⁹ τῷ λόγῳ, ἀλλ' οὐ τῇ γνώσει⁴⁰, ἀλλ' ἐν παντὶ φανερώσαντες ἐν πᾶσιν εἰς ὑμᾶς. 7 ἢ ἁμαρτίαν ἐποίησα ἐμαυτὸν ταπεινῶν⁴¹ ἵνα ὑμεῖς ὑψωθῆτε⁴², ὅτι δωρεὰν⁴³

---

¹ συνίημι 3p pres act ind, understand
² ἄμετρος, -ον, immeasurable (εἰς τὰ ἄ. beyond limits)
³ μέτρον, -ου n, measure (κατὰ τὸ μ. τοῦ κανόνος οὗ ἐμέρισεν ἡμῖν ὁ θεὸς μέτρου within the limits God assigned to us)
⁴ κανών, -όνος m, limits
⁵ μερίζω 3s aor act ind, assign
⁶ ἐφικνέομαι aor mid inf, reach
⁷ ὑπερεκτείνω 1p pres act ind, over extend
⁸ φθάνω 1p aor act ind, come as far as
⁹ ἀλλότριος, -α/ον, belonging to another
¹⁰ κόπος, -ου m, work
¹¹ αὐξάνω pres pas ptc f s gen, increase
¹² μεγαλύνω aor pas inf, enlarge
¹³ περισσεία, -ας f, abundance (εἰς π. much greater)
¹⁴ ὑπερέκεινα, prep + gen, beyond (τὰ ὑ. ὑμῶν lands beyond you)
¹⁵ ἕτοιμος, -η/ον, ready (τὰ ἕ. work already done)
¹⁶ συνίστημι pres act ptc m s nom, commend
¹⁷ δόκιμος, -ον m, approved
¹⁸ ὄφελον, fixed form introducing an unattainable wish, I wish
¹⁹ ἀνέχομαι 2p impf mid ind, be patient with
²⁰ ἀφροσύνη, -ης f, foolishness
²¹ ζηλόω 1s pres act ind, be jealous
²² ζῆλος, -ου m, jealousy
²³ ἁρμόζω 1s aor mid ind, mid give in marriage
²⁴ παρθένος, -ου f, virgin
²⁵ ἁγνός, -ή/όν, pure
²⁶ παρίστημι aor act inf, present
²⁷ πώς, particle, somehow
²⁸ ὄφις, -εως m, snake
²⁹ ἐξαπατάω 3s aor act ind, deceive
³⁰ πανουργία, -ας f, cunning
³¹ φθείρω 3s aor pas sub, lead astray
³² νόημα, -τος n, mind
³³ ἁπλότης, -ητος f, sincerity
³⁴ ἁγνότης, -ητος f, purity
³⁵ δέχομαι 2p aor mid ind, accept
³⁶ ἀνέχομαι 2p pres mid ind, put up with
³⁷ ὑστερέω pf act inf, lack
³⁸ ὑπερλίαν, adv = adj, super
³⁹ ἰδιώτης, -ου m, untrained
⁴⁰ γνῶσις, -εως f, knowledge
⁴¹ ταπεινόω pres act ptc m s nom, lower
⁴² ὑψόω 2p aor pas sub, exalt
⁴³ δωρεάν, adv, without cost

τὸ τοῦ θεοῦ εὐαγγέλιον εὐηγγελισάμην ὑμῖν; 8 ἄλλας ἐκκλησίας ἐσύλησα¹ λαβὼν ὀψώνιον² πρὸς τὴν ὑμῶν διακονίαν, 9 καὶ παρὼν³ πρὸς ὑμᾶς καὶ ὑστερηθεὶς⁴ οὐ κατενάρκησα⁵ οὐθενός⁶· τὸ γὰρ ὑστέρημά⁷ μου προσανεπλήρωσαν⁸ οἱ ἀδελφοὶ ἐλθόντες ἀπὸ Μακεδονίας, καὶ ἐν παντὶ ἀβαρῆ⁹ ἐμαυτὸν ὑμῖν ἐτήρησα καὶ τηρήσω. 10 ἔστιν ἀλήθεια Χριστοῦ ἐν ἐμοὶ ὅτι ἡ καύχησις¹⁰ αὕτη οὐ φραγήσεται¹¹ εἰς ἐμὲ ἐν τοῖς κλίμασιν¹² τῆς Ἀχαΐας. 11 διὰ τί; ὅτι οὐκ ἀγαπῶ ὑμᾶς; ὁ θεὸς οἶδεν.

12 Ὃ δὲ ποιῶ, καὶ ποιήσω, ἵνα ἐκκόψω¹³ τὴν ἀφορμὴν¹⁴ τῶν θελόντων ἀφορμήν, ἵνα ἐν ᾧ καυχῶνται εὑρεθῶσιν¹⁵ καθὼς καὶ ἡμεῖς. 13 οἱ γὰρ τοιοῦτοι ψευδαπόστολοι¹⁶, ἐργάται¹⁷ δόλιοι¹⁸, μετασχηματιζόμενοι¹⁹ εἰς ἀποστόλους Χριστοῦ. 14 καὶ οὐ θαῦμα²⁰· αὐτὸς γὰρ ὁ σατανᾶς μετασχηματίζεται εἰς ἄγγελον φωτός. 15 οὐ μέγα οὖν εἰ καὶ οἱ διάκονοι²¹ αὐτοῦ μετασχηματίζονται ὡς διάκονοι δικαιοσύνης· ὧν τὸ τέλος ἔσται κατὰ τὰ ἔργα αὐτῶν.

Paul's Sufferings as an Apostle

16 Πάλιν λέγω, μή τίς με δόξῃ ἄφρονα²² εἶναι· εἰ δὲ μή γε²³, κἂν²⁴ ὡς ἄφρονα δέξασθέ με, ἵνα κἀγὼ μικρόν τι καυχήσωμαι. 17 ὃ λαλῶ, οὐ κατὰ κύριον λαλῶ ἀλλ' ὡς ἐν ἀφροσύνῃ²⁵, ἐν ταύτῃ τῇ ὑποστάσει²⁶ τῆς καυχήσεως²⁷. 18 ἐπεὶ²⁸ πολλοὶ καυχῶνται κατὰ σάρκα, κἀγὼ καυχήσομαι. 19 ἡδέως²⁹ γὰρ ἀνέχεσθε³⁰ τῶν ἀφρόνων φρόνιμοι³¹ ὄντες· 20 ἀνέχεσθε γὰρ εἴ τις ὑμᾶς καταδουλοῖ³², εἴ τις κατεσθίει³³, εἴ τις λαμβάνει, εἴ τις ἐπαίρεται³⁴, εἴ τις εἰς πρόσωπον ὑμᾶς δέρει³⁵. 21 κατὰ ἀτιμίαν³⁶ λέγω, ὡς ὅτι ἡμεῖς ἠσθενήκαμεν³⁷.

Ἐν ᾧ δ' ἄν τις τολμᾷ³⁸, ἐν ἀφροσύνῃ λέγω, τολμῶ κἀγώ. 22 Ἑβραῖοί εἰσιν; κἀγώ. Ἰσραηλῖταί εἰσιν; κἀγώ. σπέρμα Ἀβραάμ εἰσιν; κἀγώ. 23 διάκονοι³⁹ Χριστοῦ εἰσιν; παραφρονῶν⁴⁰ λαλῶ, ὑπὲρ ἐγώ· ἐν κόποις⁴¹ περισσοτέρως⁴², ἐν φυλακαῖς

---

1 συλάω 1s aor act ind, rob
2 ὀψώνιον, -ου n, support
3 πάρειμι pres act ptc m s nom, be present
4 ὑστερέω aor pas ptc m s nom, pas be in need
5 καταναρκάω 1s aor act ind, be a burden to
6 οὐδείς/οὐδεμία/οὐδέν, no one
7 ὑστέρημα, -τος n, need
8 προσαναπληρόω 3p aor act ind, supply
9 ἀβαρής, -ές, of no burden
10 καύχησις, -εως f, boasting
11 φράσσω 3s fut pas ind, silence
12 κλίμα, -τος n, region
13 ἐκκόπτω 1s aor act sub, cut off
14 ἀφορμή, -ῆς f, opportunity
15 εὑρίσκω 3p aor pas sub, find
16 ψευδαπόστολος, -ου m, false apostle
17 ἐργάτης, -ου m, worker
18 δόλιος, -α/ον, deceitful
19 μετασχηματίζω pres mid ptc m p nom, change
20 θαῦμα, -τος n, a wonder
21 διάκονος, -ου m, servant
22 ἄφρων, -ον, gen -ονος, foolish
23 γέ, emphatic particle
24 κἄν, = καὶ ἐάν, at least
25 ἀφροσύνη, -ης f, foolishness (ἐν ἀ. foolishly)
26 ὑπόστασις, -εως f, confidence
27 καύχησις, -εως f, boasting
28 ἐπεί, conj, since
29 ἡδέως, adv, gladly
30 ἀνέχομαι 2p pres mid ind, put up with
31 φρόνιμος, -ον m, wise
32 καταδουλόω 3s pres act ind, take advantage of
33 κατεσθίω 3s pres act ind, exploit
34 ἐπαίρω 3s pres mid ind, mid put on airs
35 δέρω 3s pres act ind, hit
36 ἀτιμία, -ας f, shame
37 ἀσθενέω 1p pf act ind, be weak
38 τολμάω 3s pres act sub, dare
39 διάκονος, -ου m, servant
40 παραφρονέω pres act ptc m s nom, be out of one's mind
41 κόπος, -ου m, work
42 περισσοτέρως, adv, to a greater degree/all the more

περισσοτέρως, ἐν πληγαῖς¹ ὑπερβαλλόντως², ἐν θανάτοις πολλάκις³. **24** ὑπὸ Ἰουδαίων πεντάκις⁴ τεσσεράκοντα⁵ παρὰ μίαν ἔλαβον, **25** τρὶς⁶ ἐρραβδίσθην⁷, ἅπαξ⁸ ἐλιθάσθην⁹, τρὶς ἐναυάγησα¹⁰, νυχθήμερον¹¹ ἐν τῷ βυθῷ¹² πεποίηκα¹³· **26** ὁδοιπορίαις¹⁴ πολλάκις, κινδύνοις¹⁵ ποταμῶν¹⁶, κινδύνοις λῃστῶν¹⁷, κινδύνοις ἐκ γένους¹⁸, κινδύνοις ἐξ ἐθνῶν, κινδύνοις ἐν πόλει, κινδύνοις ἐν ἐρημίᾳ¹⁹, κινδύνοις ἐν θαλάσσῃ, κινδύνοις ἐν ψευδαδέλφοις²⁰, **27** κόπῳ καὶ μόχθῳ²¹, ἐν ἀγρυπνίαις²² πολλάκις, ἐν λιμῷ²³ καὶ δίψει²⁴, ἐν νηστείαις²⁵ πολλάκις, ἐν ψύχει²⁶ καὶ γυμνότητι²⁷· **28** χωρὶς τῶν παρεκτὸς²⁸ ἡ ἐπίστασίς²⁹ μοι ἡ καθ' ἡμέραν, ἡ μέριμνα³⁰ πασῶν τῶν ἐκκλησιῶν. **29** τίς ἀσθενεῖ καὶ οὐκ ἀσθενῶ; τίς σκανδαλίζεται³¹ καὶ οὐκ ἐγὼ πυροῦμαι³²; **30** εἰ καυχᾶσθαι δεῖ, τὰ τῆς ἀσθενείας³³ μου καυχήσομαι. **31** ὁ θεὸς καὶ πατὴρ τοῦ κυρίου Ἰησοῦ οἶδεν, ὁ ὢν εὐλογητὸς³⁴ εἰς τοὺς αἰῶνας, ὅτι οὐ ψεύδομαι³⁵. **32** ἐν Δαμασκῷ ὁ ἐθνάρχης³⁶ Ἀρέτα τοῦ βασιλέως ἐφρούρει³⁷ τὴν πόλιν Δαμασκηνῶν πιάσαι³⁸ με, **33** καὶ διὰ θυρίδος³⁹ ἐν σαργάνῃ⁴⁰ ἐχαλάσθην⁴¹ διὰ τοῦ τείχους⁴² καὶ ἐξέφυγον⁴³ τὰς χεῖρας αὐτοῦ.

Visions and Revelations

12 Καυχᾶσθαι δεῖ, οὐ συμφέρον⁴⁴ μέν, ἐλεύσομαι⁴⁵ δὲ εἰς ὀπτασίας⁴⁶ καὶ ἀποκαλύψεις⁴⁷ κυρίου. **2** οἶδα ἄνθρωπον ἐν Χριστῷ πρὸ ἐτῶν δεκατεσσάρων⁴⁸, εἴτε ἐν σώματι οὐκ οἶδα, εἴτε ἐκτὸς⁴⁹ τοῦ σώματος οὐκ οἶδα, ὁ θεὸς οἶδεν, ἁρπαγέντα⁵⁰ τὸν τοιοῦτον ἕως τρίτου οὐρανοῦ. **3** καὶ οἶδα τὸν τοιοῦτον ἄνθρωπον, εἴτε ἐν σώματι εἴτε χωρὶς τοῦ σώματος οὐκ οἶδα, ὁ θεὸς οἶδεν, **4** ὅτι ἡρπάγη εἰς

---

¹ πληγή, -ῆς f, beating
² ὑπερβαλλόντως, adv, much more
³ πολλάκις, adv, often
⁴ πεντάκις, adv, five times
⁵ τεσσεράκοντα, forty
⁶ τρίς, adv, three times
⁷ ῥαβδίζω 1s aor pas ind, beat (with a stick)
⁸ ἅπαξ, adv, once
⁹ λιθάζω 1s aor pas ind, stone
¹⁰ ναυαγέω 1s aor act ind, be shipwrecked
¹¹ νυχθήμερον, -ου n, a night and a day
¹² βυθός, -οῦ m, open sea
¹³ ποιέω 1s pf act ind, do
¹⁴ ὁδοιπορία, -ας f, journey
¹⁵ κίνδυνος, -ου m, danger
¹⁶ ποταμός, -οῦ m, river
¹⁷ λῃστής, -οῦ m, robber
¹⁸ γένος, -ους n, my own people
¹⁹ ἐρημία, -ας f, deserted place
²⁰ ψευδάδελφος, -ου m, false believer
²¹ μόχθος, -ου m, hardship
²² ἀγρυπνία, -ας f, sleeplessness
²³ λιμός, -οῦ m, hunger
²⁴ δίψος, -ους n, thirst
²⁵ νηστεία, -ας f, fasting
²⁶ ψῦχος, -ους n, cold
²⁷ γυμνότης, -ητος f, nakedness
²⁸ παρεκτός, adv, apart from (χωρὶς τῶν π. apart from other things)
²⁹ ἐπίστασις, -εως f, burden
³⁰ μέριμνα, -ης f, concern
³¹ σκανδαλίζω 3s pres pas ind, fall into sin
³² πυρόω 1s pres pas ind, pas burn with distress/anger
³³ ἀσθένεια, -ας f, weakness
³⁴ εὐλογητός, -ή/όν, praised
³⁵ ψεύδομαι 1s pres mid ind, lie
³⁶ ἐθνάρχης, -ου m, governor
³⁷ φρουρέω 3s impf act ind, guard
³⁸ πιάζω aor act inf, arrest
³⁹ θυρίς, -ίδος f, window
⁴⁰ σαργάνη, -ης f, basket
⁴¹ χαλάω 1s aor pas ind, let down
⁴² τεῖχος, -ους n, wall
⁴³ ἐκφεύγω 1s aor act ind, escape
⁴⁴ συμφέρω pres act ptc n s nom, be helpful
⁴⁵ ἔρχομαι 1s fut mid ind, come
⁴⁶ ὀπτασία, -ας f, vision
⁴⁷ ἀποκάλυψις, -εως f, revelation
⁴⁸ δεκατέσσαρες, fourteen
⁴⁹ ἐκτός, prep + gen, out of
⁵⁰ ἁρπάζω aor pas ptc m s acc, take up

τὸν παράδεισον¹ καὶ ἤκουσεν ἄρρητα² ῥήματα ἃ οὐκ ἐξὸν³ ἀνθρώπῳ λαλῆσαι. **5** ὑπὲρ τοῦ τοιούτου καυχήσομαι, ὑπὲρ δὲ ἐμαυτοῦ οὐ καυχήσομαι εἰ μὴ ἐν ταῖς ἀσθενείαις⁴. **6** ἐὰν γὰρ θελήσω καυχήσασθαι, οὐκ ἔσομαι ἄφρων⁵, ἀλήθειαν γὰρ ἐρῶ⁶· φείδομαι⁷ δέ, μή τις εἰς ἐμὲ λογίσηται ὑπὲρ ὃ βλέπει με ἢ ἀκούει [τι] ἐξ ἐμοῦ **7** καὶ τῇ ὑπερβολῇ⁸ τῶν ἀποκαλύψεων. διὸ ἵνα μὴ ὑπεραίρωμαι⁹, ἐδόθη μοι σκόλοψ¹⁰ τῇ σαρκί, ἄγγελος σατανᾶ, ἵνα με κολαφίζῃ¹¹, ἵνα μὴ ὑπεραίρωμαι. **8** ὑπὲρ τούτου τρὶς¹² τὸν κύριον παρεκάλεσα ἵνα ἀποστῇ¹³ ἀπ' ἐμοῦ. **9** καὶ εἴρηκέν¹⁴ μοι· ἀρκεῖ¹⁵ σοι ἡ χάρις μου, ἡ γὰρ δύναμις ἐν ἀσθενείᾳ τελεῖται¹⁶. ἥδιστα¹⁷ οὖν μᾶλλον καυχήσομαι ἐν ταῖς ἀσθενείαις μου, ἵνα ἐπισκηνώσῃ¹⁸ ἐπ' ἐμὲ ἡ δύναμις τοῦ Χριστοῦ. **10** διὸ εὐδοκῶ¹⁹ ἐν ἀσθενείαις, ἐν ὕβρεσιν²⁰, ἐν ἀνάγκαις²¹, ἐν διωγμοῖς²² καὶ στενοχωρίαις²³, ὑπὲρ Χριστοῦ· ὅταν γὰρ ἀσθενῶ, τότε δυνατός εἰμι.

Paul's Concern for the Corinthian Church

11 Γέγονα²⁴ ἄφρων²⁵, ὑμεῖς με ἠναγκάσατε²⁶. ἐγὼ γὰρ ὤφειλον ὑφ' ὑμῶν συνίστασθαι²⁷· οὐδὲν γὰρ ὑστέρησα²⁸ τῶν ὑπερλίαν²⁹ ἀποστόλων εἰ καὶ οὐδέν εἰμι. **12** τὰ μὲν σημεῖα τοῦ ἀποστόλου κατειργάσθη³⁰ ἐν ὑμῖν ἐν πάσῃ ὑπομονῇ, σημείοις τε καὶ τέρασιν³¹ καὶ δυνάμεσιν. **13** τί γάρ ἐστιν ὃ ἡσσώθητε³² ὑπὲρ τὰς λοιπὰς ἐκκλησίας, εἰ μὴ ὅτι αὐτὸς ἐγὼ οὐ κατενάρκησα³³ ὑμῶν; χαρίσασθέ³⁴ μοι τὴν ἀδικίαν³⁵ ταύτην.

14 Ἰδοὺ τρίτον τοῦτο ἑτοίμως³⁶ ἔχω ἐλθεῖν πρὸς ὑμᾶς, καὶ οὐ καταναρκήσω· οὐ γὰρ ζητῶ τὰ ὑμῶν ἀλλ' ὑμᾶς. οὐ γὰρ ὀφείλει τὰ τέκνα τοῖς γονεῦσιν³⁷ θησαυρίζειν³⁸

---

¹ παράδεισος, -ου *m*, paradise
² ἄρρητος, -ον, too wonderful to tell
³ ἔξεστιν *pres act ptc n s nom, impers* it is proper/fitting
⁴ ἀσθένεια, -ας *f*, weakness
⁵ ἄφρων, -ον, foolish
⁶ λέγω *1s fut act ind*, say
⁷ φείδομαι *1s pres mid ind*, refrain from
⁸ ὑπερβολή, -ῆς *f*, surpassing quality
⁹ ὑπεραίρω *1s pres pas sub, pas* be puffed up with pride
¹⁰ σκόλοψ, -οπος *m*, thorn
¹¹ κολαφίζω *3s pres act sub*, torment
¹² τρίς, *adv*, three times
¹³ ἀφίστημι *3s aor act sub, intrans* go away
¹⁴ λέγω *3s pf act ind*, say
¹⁵ ἀρκέω *3s pres act ind*, be sufficient
¹⁶ τελέω *3s pres pas ind*, make perfect
¹⁷ ἡδέως, glad (super)
¹⁸ ἐπισκηνόω *3s aor act sub*, rest upon
¹⁹ εὐδοκέω *1s pres act ind*, be content
²⁰ ὕβρις, -εως *f*, insult
²¹ ἀνάγκη, -ης *f*, hardship
²² διωγμός, -οῦ *m*, persecution
²³ στενοχωρία, -ας *f*, difficulty
²⁴ γίνομαι *1s pf act ind*, become
²⁵ ἄφρων, -ον, foolish
²⁶ ἀναγκάζω *2p aor act ind*, force
²⁷ συνίστημι *pres pas inf*, commend
²⁸ ὑστερέω *1s aor act ind*, be inferior to
²⁹ ὑπερλίαν, *adv = adj*, super
³⁰ κατεργάζομαι *3s aor pas ind*, produce
³¹ τέρας, -ατος *n*, a wonder
³² ἐσσόομαι *2p aor pas ind*, be treated worse
³³ καταναρκάω *1s aor act ind*, be a burden to
³⁴ χαρίζομαι *2p aor mid impv*, forgive
³⁵ ἀδικία, -ας *f*, wrong
³⁶ ἑτοίμως, *adv*, readily (ἑ. ἔχω I am ready)
³⁷ γονεύς, -έως *m*, parent
³⁸ θησαυρίζω *pres act inf*, save

ἀλλ' οἱ γονεῖς τοῖς τέκνοις. **15** ἐγὼ δὲ ἥδιστα¹ δαπανήσω² καὶ ἐκδαπανηθήσομαι³ ὑπὲρ τῶν ψυχῶν ὑμῶν. εἰ περισσοτέρως⁴ ὑμᾶς ἀγαπῶ[ν], ἧσσον⁵ ἀγαπῶμαι; **16** ἔστω⁶ δέ, ἐγὼ οὐ κατεβάρησα⁷ ὑμᾶς· ἀλλ' ὑπάρχων πανοῦργος⁸ δόλῳ⁹ ὑμᾶς ἔλαβον. **17** μή τινα ὧν ἀπέσταλκα¹⁰ πρὸς ὑμᾶς, δι' αὐτοῦ ἐπλεονέκτησα¹¹ ὑμᾶς; **18** παρεκάλεσα¹² Τίτον καὶ συναπέστειλα¹³ τὸν ἀδελφόν· μήτι¹⁴ ἐπλεονέκτησεν ὑμᾶς Τίτος; οὐ τῷ αὐτῷ πνεύματι περιεπατήσαμεν; οὐ τοῖς αὐτοῖς ἴχνεσιν¹⁵; **19** Πάλαι¹⁶ δοκεῖτε ὅτι ὑμῖν ἀπολογούμεθα¹⁷. κατέναντι¹⁸ θεοῦ ἐν Χριστῷ λαλοῦμεν· τὰ δὲ πάντα, ἀγαπητοί, ὑπὲρ τῆς ὑμῶν οἰκοδομῆς¹⁹. **20** φοβοῦμαι γὰρ μή πως²⁰ ἐλθὼν οὐχ οἵους²¹ θέλω εὕρω²² ὑμᾶς κἀγὼ εὑρεθῶ²³ ὑμῖν οἷον οὐ θέλετε· μή πως ἔρις²⁴, ζῆλος²⁵, θυμοί²⁶, ἐριθεῖαι²⁷, καταλαλιαί²⁸, ψιθυρισμοί²⁹, φυσιώσεις³⁰, ἀκαταστασίαι³¹· **21** μὴ πάλιν ἐλθόντος μου ταπεινώσῃ³² με ὁ θεός μου πρὸς ὑμᾶς καὶ πενθήσω³³ πολλοὺς τῶν προημαρτηκότων³⁴ καὶ μὴ μετανοησάντων ἐπὶ τῇ ἀκαθαρσίᾳ³⁵ καὶ πορνείᾳ³⁶ καὶ ἀσελγείᾳ³⁷ ᾗ ἔπραξαν³⁸.

Final Warnings and Greetings

13 Τρίτον τοῦτο ἔρχομαι πρὸς ὑμᾶς· ἐπὶ στόματος δύο μαρτύρων καὶ τριῶν σταθήσεται³⁹ πᾶν ῥῆμα. **2** προείρηκα⁴⁰ καὶ προλέγω, ὡς παρὼν⁴¹ τὸ δεύτερον καὶ ἀπὼν⁴² νῦν, τοῖς προημαρτηκόσιν⁴³ καὶ τοῖς λοιποῖς πᾶσιν, ὅτι ἐὰν ἔλθω⁴⁴ εἰς τὸ πάλιν οὐ φείσομαι⁴⁵, **3** ἐπεὶ⁴⁶ δοκιμὴν⁴⁷ ζητεῖτε τοῦ ἐν ἐμοὶ λαλοῦντος Χριστοῦ, ὃς εἰς ὑμᾶς οὐκ ἀσθενεῖ ἀλλὰ δυνατεῖ⁴⁸ ἐν ὑμῖν. **4** καὶ γὰρ ἐσταυρώθη

---

1 ἡδέως, *adv*, gladly (super)
2 δαπανάω 1s *fut act ind*, spend
3 ἐκδαπανάω 1s *fut pas ind, pas* fully spend oneself
4 περισσοτέρως, *adv*, more
5 ἧσσων, *adv*, less
6 εἰμί 3s *pres act impv*, be
7 καταβαρέω 1s *aor act ind*, be a burden to
8 πανοῦργος, -ον, cunning
9 δόλος, -ου *m*, deceit
10 ἀποστέλλω 1s *pf act ind*, send
11 πλεονεκτέω 1s *aor act ind*, take advantage of
12 παρακαλέω 1s *aor act ind*, urge
13 συναποστέλλω 1s *aor act ind*, send along with
14 μήτι, *expects a negative reply*
15 ἴχνος, -ους *n*, footstep
16 πάλαι, *adv*, all this time
17 ἀπολογέομαι 1p *pres mid ind*, defend oneself
18 κατέναντι, *prep + gen*, in the sight of
19 οἰκοδομή, -ῆς *f*, strengthening
20 πώς, *particle*, somehow
21 οἷος, -α/ον, *rel pro*, such as
22 εὑρίσκω 1s *aor act sub*, find
23 εὑρίσκω 1s *aor pas sub*, find
24 ἔρις, -ιδος *f*, quarreling
25 ζῆλος, -ους *n*, jealousy
26 θυμός, -οῦ *m*, anger
27 ἐριθεία, -ας *f*, selfishness
28 καταλαλιά, -ᾶς *f*, slander
29 ψιθυρισμός, -οῦ *m*, gossip
30 φυσίωσις, -εως *f*, conceit
31 ἀκαταστασία, -ας *f*, disorder
32 ταπεινόω 3s *aor act sub*, humble
33 πενθέω 1s *aor act sub*, mourn over
34 προαμαρτάνω *pf act ptc m p gen*, sin previously
35 ἀκαθαρσία, -ας *f*, impurity
36 πορνεία, -ας *f*, sexual immorality
37 ἀσέλγεια, -ας *f*, indecency
38 πράσσω 3p *aor act ind*, do
39 ἵστημι 3s *fut pas ind*, establish
40 προλέγω 1s *pf act ind*, say/warn before
41 πάρειμι *pres act ptc m s nom*, be present
42 ἄπειμι *pres act ptc m s nom*, be away
43 προαμαρτάνω *pf act ptc m p dat*, sin previously
44 ἔρχομαι 1s *aor act sub*, come
45 φείδομαι 1s *fut mid ind*, spare
46 ἐπεί, *conj*, since
47 δοκιμή, -ῆς *f*, proof
48 δυνατέω 3s *pres act ind*, be powerful

ΠΡΟΣ ΚΟΡΙΝΘΙΟΥΣ Β'

ἐξ ἀσθενείας¹, ἀλλὰ ζῇ ἐκ δυνάμεως θεοῦ. καὶ γὰρ ἡμεῖς ἀσθενοῦμεν ἐν αὐτῷ, ἀλλὰ ζήσομεν σὺν αὐτῷ ἐκ δυνάμεως θεοῦ εἰς ὑμᾶς.

5 Ἑαυτοὺς πειράζετε εἰ ἐστὲ ἐν τῇ πίστει, ἑαυτοὺς δοκιμάζετε²· ἢ οὐκ ἐπιγινώσκετε ἑαυτοὺς ὅτι Ἰησοῦς Χριστὸς ἐν ὑμῖν; εἰ μήτι³ ἀδόκιμοί⁴ ἐστε. **6** ἐλπίζω δὲ ὅτι γνώσεσθε ὅτι ἡμεῖς οὐκ ἐσμὲν ἀδόκιμοι. **7** εὐχόμεθα⁵ δὲ πρὸς τὸν θεὸν μὴ ποιῆσαι ὑμᾶς κακὸν μηδέν, οὐχ ἵνα ἡμεῖς δόκιμοι⁶ φανῶμεν⁷, ἀλλ' ἵνα ὑμεῖς τὸ καλὸν ποιῆτε, ἡμεῖς δὲ ὡς ἀδόκιμοι ὦμεν. **8** οὐ γὰρ δυνάμεθά τι κατὰ τῆς ἀληθείας ἀλλ' ὑπὲρ τῆς ἀληθείας. **9** χαίρομεν γὰρ ὅταν ἡμεῖς ἀσθενῶμεν, ὑμεῖς δὲ δυνατοὶ ἦτε· τοῦτο καὶ εὐχόμεθα, τὴν ὑμῶν κατάρτισιν⁸. **10** διὰ τοῦτο ταῦτα ἀπὼν⁹ γράφω, ἵνα παρὼν¹⁰ μὴ ἀποτόμως¹¹ χρήσωμαι¹² κατὰ τὴν ἐξουσίαν ἣν ὁ κύριος ἔδωκέν μοι εἰς οἰκοδομὴν¹³ καὶ οὐκ εἰς καθαίρεσιν¹⁴.

11 Λοιπόν, ἀδελφοί, χαίρετε, καταρτίζεσθε¹⁵, παρακαλεῖσθε, τὸ αὐτὸ φρονεῖτε¹⁶, εἰρηνεύετε¹⁷, καὶ ὁ θεὸς τῆς ἀγάπης καὶ εἰρήνης ἔσται μεθ' ὑμῶν. **12** ἀσπάσασθε ἀλλήλους ἐν ἁγίῳ φιλήματι¹⁸. ἀσπάζονται ὑμᾶς οἱ ἅγιοι πάντες.

13 Ἡ χάρις τοῦ κυρίου Ἰησοῦ Χριστοῦ καὶ ἡ ἀγάπη τοῦ θεοῦ καὶ ἡ κοινωνία¹⁹ τοῦ ἁγίου πνεύματος μετὰ πάντων ὑμῶν.

---

¹ ἀσθένεια, -ας f, weakness
² δοκιμάζω 2p pres act impv, test
³ μήτι, unless (εἰ μήτι unless indeed)
⁴ ἀδόκιμος, -ον, failing to meet the test
⁵ εὔχομαι 1p pres mid ind, pray
⁶ δόκιμος, -ον m, stand the test
⁷ φαίνω 1p aor pas sub, appear
⁸ κατάρτισις, -εως f, being made complete
⁹ ἄπειμι pres act ptc m s nom, be away
¹⁰ πάρειμι pres act ptc m s nom, be present
¹¹ ἀποτόμως, adv, severely
¹² χράομαι 1s aor mid sub, use
¹³ οἰκοδομή, -ῆς f, building up
¹⁴ καθαίρεσις, -εως f, tearing down
¹⁵ καταρτίζω 2p pres pas impv, do better
¹⁶ φρονέω 2p pres act impv, think (τὸ αὐτὸ φ. be of one mind)
¹⁷ εἰρηνεύω 2p pres act impv, live at peace
¹⁸ φίλημα, -τος n, kiss
¹⁹ κοινωνία, -ας f, fellowship

ΠΡΟΣ ΓΑΛΑΤΑΣ

Salutation

1 Παῦλος ἀπόστολος οὐκ ἀπ' ἀνθρώπων οὐδὲ δι' ἀνθρώπου ἀλλὰ διὰ Ἰησοῦ Χριστοῦ καὶ θεοῦ πατρὸς τοῦ ἐγείραντος αὐτὸν ἐκ νεκρῶν, **2** καὶ οἱ σὺν ἐμοὶ πάντες ἀδελφοὶ ταῖς ἐκκλησίαις τῆς Γαλατίας, **3** χάρις ὑμῖν καὶ εἰρήνη ἀπὸ θεοῦ πατρὸς ἡμῶν καὶ κυρίου Ἰησοῦ Χριστοῦ **4** τοῦ δόντος[1] ἑαυτὸν ὑπὲρ τῶν ἁμαρτιῶν ἡμῶν, ὅπως ἐξέληται[2] ἡμᾶς ἐκ τοῦ αἰῶνος τοῦ ἐνεστῶτος[3] πονηροῦ κατὰ τὸ θέλημα τοῦ θεοῦ καὶ πατρὸς ἡμῶν, **5** ᾧ ἡ δόξα εἰς τοὺς αἰῶνας τῶν αἰώνων, ἀμήν.

There is No Other Gospel

6 Θαυμάζω ὅτι οὕτως ταχέως[4] μετατίθεσθε[5] ἀπὸ τοῦ καλέσαντος ὑμᾶς ἐν χάριτι [Χριστοῦ] εἰς ἕτερον εὐαγγέλιον, **7** ὃ οὐκ ἔστιν ἄλλο, εἰ μή τινές εἰσιν οἱ ταράσσοντες[6] ὑμᾶς καὶ θέλοντες μεταστρέψαι[7] τὸ εὐαγγέλιον τοῦ Χριστοῦ. **8** ἀλλὰ καὶ ἐὰν ἡμεῖς ἢ ἄγγελος ἐξ οὐρανοῦ εὐαγγελίζηται [ὑμῖν] παρ' ὃ εὐηγγελισάμεθα ὑμῖν, ἀνάθεμα[8] ἔστω[9]. **9** ὡς προειρήκαμεν[10] καὶ ἄρτι πάλιν λέγω· εἴ τις ὑμᾶς εὐαγγελίζεται παρ' ὃ παρελάβετε, ἀνάθεμα ἔστω.

10 Ἄρτι γὰρ ἀνθρώπους πείθω ἢ τὸν θεόν; ἢ ζητῶ ἀνθρώποις ἀρέσκειν[11]; εἰ ἔτι ἀνθρώποις ἤρεσκον[12], Χριστοῦ δοῦλος οὐκ ἂν ἤμην[13].

How Paul Became an Apostle

11 Γνωρίζω[14] γὰρ ὑμῖν, ἀδελφοί, τὸ εὐαγγέλιον τὸ εὐαγγελισθὲν[15] ὑπ' ἐμοῦ ὅτι οὐκ ἔστιν κατὰ ἄνθρωπον· **12** οὐδὲ γὰρ ἐγὼ παρὰ ἀνθρώπου παρέλαβον αὐτὸ οὔτε ἐδιδάχθην[16], ἀλλὰ δι' ἀποκαλύψεως[17] Ἰησοῦ Χριστοῦ. **13** ἠκούσατε γὰρ τὴν ἐμὴν

---

[1] δίδωμι *aor act ptc m s gen*, give
[2] ἐξαιρέω *3s aor mid sub*, mid rescue
[3] ἐνίστημι *pf act ptc m s gen*, be present
[4] ταχέως, *adv*, quickly (οὕτως τ. so quickly)
[5] μετατίθημι *2p pres mid ind*, mid desert
[6] ταράσσω *pres act ptc m p nom*, trouble
[7] μεταστρέφω *aor act inf*, pervert
[8] ἀνάθεμα, -τος *n*, under the curse of God
[9] εἰμί *3s pres act impv*, be
[10] προλέγω *1p pf act ind*, say before
[11] ἀρέσκω *pres act inf*, please
[12] ἀρέσκω *1s impf act ind*, please
[13] εἰμί *1s impf mid ind*, be
[14] γνωρίζω *1s pres act ind*, make known
[15] εὐαγγελίζω *aor pas ptc n s acc*, preach
[16] διδάσκω *1s aor pas ind*, teach
[17] ἀποκάλυψις, -εως *f*, revelation

ἀναστροφήν¹ ποτε² ἐν τῷ Ἰουδαϊσμῷ, ὅτι καθ' ὑπερβολὴν³ ἐδίωκον τὴν ἐκκλησίαν τοῦ θεοῦ καὶ ἐπόρθουν⁴ αὐτήν, **14** καὶ προέκοπτον⁵ ἐν τῷ Ἰουδαϊσμῷ ὑπὲρ πολλοὺς συνηλικιώτας⁶ ἐν τῷ γένει⁷ μου, περισσοτέρως⁸ ζηλωτὴς⁹ ὑπάρχων τῶν πατρικῶν¹⁰ μου παραδόσεων¹¹. **15** ὅτε δὲ εὐδόκησεν¹² ὁ θεὸς ὁ ἀφορίσας¹³ με ἐκ κοιλίας¹⁴ μητρός μου καὶ καλέσας διὰ τῆς χάριτος αὐτοῦ **16** ἀποκαλύψαι¹⁵ τὸν υἱὸν αὐτοῦ ἐν ἐμοί, ἵνα εὐαγγελίζωμαι αὐτὸν ἐν τοῖς ἔθνεσιν, εὐθέως οὐ προσανεθέμην¹⁶ σαρκὶ καὶ αἵματι **17** οὐδὲ ἀνῆλθον¹⁷ εἰς Ἱεροσόλυμα πρὸς τοὺς πρὸ ἐμοῦ ἀποστόλους, ἀλλ' ἀπῆλθον εἰς Ἀραβίαν καὶ πάλιν ὑπέστρεψα¹⁸ εἰς Δαμασκόν. **18** ἔπειτα¹⁹ μετὰ ἔτη τρία ἀνῆλθον εἰς Ἱεροσόλυμα ἱστορῆσαι²⁰ Κηφᾶν καὶ ἐπέμεινα²¹ πρὸς αὐτὸν ἡμέρας δεκαπέντε²², **19** ἕτερον δὲ τῶν ἀποστόλων οὐκ εἶδον εἰ μὴ Ἰάκωβον τὸν ἀδελφὸν τοῦ κυρίου. **20** ἃ δὲ γράφω ὑμῖν, ἰδοὺ ἐνώπιον τοῦ θεοῦ ὅτι οὐ ψεύδομαι²³. **21** ἔπειτα ἦλθον εἰς τὰ κλίματα²⁴ τῆς Συρίας καὶ τῆς Κιλικίας· **22** ἤμην δὲ ἀγνοούμενος²⁵ τῷ προσώπῳ ταῖς ἐκκλησίαις τῆς Ἰουδαίας ταῖς ἐν Χριστῷ. **23** μόνον δὲ ἀκούοντες ἦσαν ὅτι ὁ διώκων ἡμᾶς ποτε²⁶ νῦν εὐαγγελίζεται τὴν πίστιν ἥν ποτε ἐπόρθει²⁷, **24** καὶ ἐδόξαζον ἐν ἐμοὶ τὸν θεόν.

Paul Accepted by the Other Apostles

2 Ἔπειτα²⁸ διὰ δεκατεσσάρων²⁹ ἐτῶν πάλιν ἀνέβην³⁰ εἰς Ἱεροσόλυμα μετὰ Βαρναβᾶ συμπαραλαβὼν³¹ καὶ Τίτον· **2** ἀνέβην δὲ κατὰ ἀποκάλυψιν³²· καὶ ἀνεθέμην³³ αὐτοῖς τὸ εὐαγγέλιον ὃ κηρύσσω ἐν τοῖς ἔθνεσιν, κατ' ἰδίαν³⁴ δὲ τοῖς δοκοῦσιν, μή πως³⁵ εἰς κενὸν³⁶ τρέχω³⁷ ἢ ἔδραμον³⁸. **3** ἀλλ' οὐδὲ Τίτος ὁ σὺν ἐμοί, Ἕλλην ὤν, ἠναγκάσθη³⁹ περιτμηθῆναι⁴⁰· **4** διὰ δὲ τοὺς παρεισάκτους⁴¹ ψευδαδέλφους⁴²,

---

¹ ἀναστροφή, -ῆς f, manner of life
² ποτέ, temporal adv, formerly
³ ὑπερβολή, -ῆς f, surpassing quality (καθ' ὑ. beyond measure)
⁴ πορθέω 1s impf act ind, (try to) destroy
⁵ προκόπτω 1s impf act ind, advance
⁶ συνηλικιώτης, -ου m, contemporary
⁷ γένος, -ους n, one's own people
⁸ περισσοτέρως, adv, all the more
⁹ ζηλωτής, -οῦ m, one who is eager
¹⁰ πατρικός, -ή/όν, ancestral
¹¹ παράδοσις, -εως f, tradition
¹² εὐδοκέω 3s aor act ind, be pleased
¹³ ἀφορίζω aor act ptc m s nom, appoint

¹⁴ κοιλία, -ας f, womb (ἐκ κ. μητρός from birth)
¹⁵ ἀποκαλύπτω aor act inf, reveal
¹⁶ προσανατίθημι 1s aor mid ind, mid consult (with)
¹⁷ ἀνέρχομαι 1s aor act ind, go up
¹⁸ ὑποστρέφω 1s aor act ind, return
¹⁹ ἔπειτα, adv, then
²⁰ ἱστορέω aor act inf, visit
²¹ ἐπιμένω 1s aor act ind, stay
²² δεκαπέντε, fifteen
²³ ψεύδομαι 1s pres mid ind, lie
²⁴ κλίμα, -τος n, region
²⁵ ἀγνοέω pres pas ptc m s nom, pas be unknown
²⁶ ποτέ, temporal adv, once
²⁷ πορθέω 3s impf act ind, (try to) destroy
²⁸ ἔπειτα, adv, then
²⁹ δεκατέσσαρες, fourteen

³⁰ ἀναβαίνω 1s aor act ind, go up
³¹ συμπαραλαμβάνω aor act ptc m s nom, take along with
³² ἀποκάλυψις, -εως f, revelation
³³ ἀνατίθημι 1s aor mid ind, mid set before
³⁴ ἴδιος, -α/ον, one's own (κατ' ἰδίαν privately)
³⁵ πώς, particle, somehow
³⁶ κενός, -ή/όν, empty (εἰς κ. in vain)
³⁷ τρέχω 1s pres act sub, run
³⁸ τρέχω 1s aor act ind, run
³⁹ ἀναγκάζω 3s aor pas ind, compel
⁴⁰ περιτέμνω aor pas inf, circumcise
⁴¹ παρείσακτος, -ον, brought in under false pretenses
⁴² ψευδάδελφος, -ου m, false believer

οἵτινες παρεισῆλθον¹ κατασκοπῆσαι² τὴν ἐλευθερίαν³ ἡμῶν ἣν ἔχομεν ἐν Χριστῷ Ἰησοῦ, ἵνα ἡμᾶς καταδουλώσουσιν⁴, 5 οἷς οὐδὲ πρὸς ὥραν εἴξαμεν⁵ τῇ ὑποταγῇ⁶, ἵνα ἡ ἀλήθεια τοῦ εὐαγγελίου διαμείνῃ⁷ πρὸς ὑμᾶς. 6 ἀπὸ δὲ τῶν δοκούντων εἶναί τι, – ὁποῖοί⁸ ποτε⁹ ἦσαν οὐδέν μοι διαφέρει¹⁰· πρόσωπον [ὁ] θεὸς ἀνθρώπου οὐ λαμβάνει – ἐμοὶ γὰρ οἱ δοκοῦντες οὐδὲν προσανέθεντο¹¹, 7 ἀλλὰ τοὐναντίον¹² ἰδόντες ὅτι πεπίστευμαι τὸ εὐαγγέλιον τῆς ἀκροβυστίας¹³ καθὼς Πέτρος τῆς περιτομῆς, 8 ὁ γὰρ ἐνεργήσας¹⁴ Πέτρῳ εἰς ἀποστολὴν¹⁵ τῆς περιτομῆς ἐνήργησεν καὶ ἐμοὶ εἰς τὰ ἔθνη, 9 καὶ γνόντες¹⁶ τὴν χάριν τὴν δοθεῖσάν¹⁷ μοι, Ἰάκωβος καὶ Κηφᾶς καὶ Ἰωάννης, οἱ δοκοῦντες στῦλοι¹⁸ εἶναι, δεξιὰς ἔδωκαν ἐμοὶ καὶ Βαρναβᾷ κοινωνίας¹⁹, ἵνα ἡμεῖς εἰς τὰ ἔθνη, αὐτοὶ δὲ εἰς τὴν περιτομήν· 10 μόνον τῶν πτωχῶν ἵνα μνημονεύωμεν²⁰, ὃ καὶ ἐσπούδασα²¹ αὐτὸ τοῦτο ποιῆσαι.

Paul Rebukes Peter at Antioch

11 Ὅτε δὲ ἦλθεν Κηφᾶς εἰς Ἀντιόχειαν, κατὰ πρόσωπον αὐτῷ ἀντέστην²², ὅτι κατεγνωσμένος²³ ἦν. 12 πρὸ τοῦ γὰρ ἐλθεῖν τινας ἀπὸ Ἰακώβου μετὰ τῶν ἐθνῶν συνήσθιεν²⁴· ὅτε δὲ ἦλθον, ὑπέστελλεν²⁵ καὶ ἀφώριζεν²⁶ ἑαυτὸν φοβούμενος τοὺς ἐκ περιτομῆς. 13 καὶ συνυπεκρίθησαν²⁷ αὐτῷ [καὶ] οἱ λοιποὶ Ἰουδαῖοι, ὥστε καὶ Βαρναβᾶς συναπήχθη²⁸ αὐτῶν τῇ ὑποκρίσει²⁹. 14 ἀλλ' ὅτε εἶδον ὅτι οὐκ ὀρθοποδοῦσιν³⁰ πρὸς τὴν ἀλήθειαν τοῦ εὐαγγελίου, εἶπον τῷ Κηφᾷ ἔμπροσθεν πάντων· εἰ σὺ Ἰουδαῖος ὑπάρχων ἐθνικῶς³¹ καὶ οὐχὶ Ἰουδαϊκῶς ζῇς, πῶς τὰ ἔθνη ἀναγκάζεις³² ἰουδαΐζειν³³; 15 ἡμεῖς φύσει³⁴ Ἰουδαῖοι καὶ οὐκ ἐξ ἐθνῶν ἁμαρτωλοί· 16 εἰδότες³⁵ [δὲ] ὅτι οὐ δικαιοῦται ἄνθρωπος ἐξ ἔργων νόμου ἐὰν μὴ διὰ πίστεως Ἰησοῦ Χριστοῦ, καὶ ἡμεῖς εἰς Χριστὸν Ἰησοῦν ἐπιστεύσαμεν, ἵνα δικαιωθῶμεν ἐκ

---

¹ παρεισέρχομαι 3p aor act ind, slip in
² κατασκοπέω aor act inf, spy on
³ ἐλευθερία, -ας f, freedom
⁴ καταδουλόω 3p fut act ind, make a slave of
⁵ εἴκω 1p aor act ind, give in to
⁶ ὑποταγή, -ῆς f, submission
⁷ διαμένω 3s aor act sub, remain
⁸ ὁποῖος, -α/ον, such as (ὁπ. ποτε whatever)
⁹ ποτέ, temporal adv, ever
¹⁰ διαφέρω 3s pres act ind, make a difference (οὐδέν μοι δ. made no difference to me)
¹¹ προσανατίθημι 3p aor mid ind, mid add to
¹² τοὐναντίον, on the contrary
¹³ ἀκροβυστία, -ας f, uncircumcision
¹⁴ ἐνεργέω aor act ptc m s nom, work (in)
¹⁵ ἀποστολή, -ῆς f, mission
¹⁶ γινώσκω aor act ptc m p nom, know
¹⁷ δίδωμι aor pas ptc f s acc, give
¹⁸ στῦλος, -ου m, pillar
¹⁹ κοινωνία, -ας f, fellowship
²⁰ μνημονεύω 1p pres act sub, remember
²¹ σπουδάζω 1s aor act ind, be eager
²² ἀνθίστημι 1s aor act ind, oppose
²³ καταγινώσκω pf pas ptc m s nom, condemn
²⁴ συνεσθίω 3s impf act ind, eat with
²⁵ ὑποστέλλω 3s impf act ind, draw back
²⁶ ἀφορίζω 3s impf act ind, separate
²⁷ συνυποκρίνομαι 3p aor pas ind, join in acting with insincerity
²⁸ συναπάγω 3s aor pas ind, pas be led astray
²⁹ ὑπόκρισις, -εως f, insincerity
³⁰ ὀρθοποδέω 3p pres act ind, be consistent with
³¹ ἐθνικῶς, adv, like a Gentile
³² ἀναγκάζω 2s pres act ind, force
³³ ἰουδαΐζω pres act inf, live like a Jew
³⁴ φύσις, -εως f, nature (φύσει by birth)
³⁵ οἶδα pf act ptc m p nom, know

πίστεως Χριστοῦ καὶ οὐκ ἐξ ἔργων νόμου, ὅτι ἐξ ἔργων νόμου οὐ δικαιωθήσεται πᾶσα σάρξ. **17** εἰ δὲ ζητοῦντες δικαιωθῆναι ἐν Χριστῷ εὑρέθημεν[1] καὶ αὐτοὶ ἁμαρτωλοί, ἆρα[2] Χριστὸς ἁμαρτίας διάκονος[3]; μὴ γένοιτο[4]. **18** εἰ γὰρ ἃ κατέλυσα[5] ταῦτα πάλιν οἰκοδομῶ, παραβάτην[6] ἐμαυτὸν συνιστάνω[7]. **19** ἐγὼ γὰρ διὰ νόμου νόμῳ ἀπέθανον, ἵνα θεῷ ζήσω. Χριστῷ συνεσταύρωμαι[8]. **20** ζῶ δὲ οὐκέτι ἐγώ, ζῇ δὲ ἐν ἐμοὶ Χριστός· ὃ δὲ νῦν ζῶ ἐν σαρκί, ἐν πίστει ζῶ τῇ τοῦ υἱοῦ τοῦ θεοῦ τοῦ ἀγαπήσαντός με καὶ παραδόντος[9] ἑαυτὸν ὑπὲρ ἐμοῦ. **21** οὐκ ἀθετῶ[10] τὴν χάριν τοῦ θεοῦ· εἰ γὰρ διὰ νόμου δικαιοσύνη, ἄρα Χριστὸς δωρεὰν[11] ἀπέθανεν.

Law or Faith

3 Ὦ[12] ἀνόητοι[13] Γαλάται, τίς ὑμᾶς ἐβάσκανεν[14], οἷς κατ᾽ ὀφθαλμοὺς Ἰησοῦς Χριστὸς προεγράφη[15] ἐσταυρωμένος; **2** τοῦτο μόνον θέλω μαθεῖν[16] ἀφ᾽ ὑμῶν· ἐξ ἔργων νόμου τὸ πνεῦμα ἐλάβετε ἢ ἐξ ἀκοῆς[17] πίστεως; **3** οὕτως ἀνόητοί[18] ἐστε, ἐναρξάμενοι[19] πνεύματι νῦν σαρκὶ ἐπιτελεῖσθε[20]; **4** τοσαῦτα[21] ἐπάθετε[22] εἰκῇ[23]; εἴ γε[24] καὶ εἰκῇ. **5** ὁ οὖν ἐπιχορηγῶν[25] ὑμῖν τὸ πνεῦμα καὶ ἐνεργῶν[26] δυνάμεις ἐν ὑμῖν, ἐξ ἔργων νόμου ἢ ἐξ ἀκοῆς πίστεως;

6 Καθὼς Ἀβραὰμ ἐπίστευσεν τῷ θεῷ, καὶ ἐλογίσθη αὐτῷ εἰς δικαιοσύνην· **7** γινώσκετε ἄρα ὅτι οἱ ἐκ πίστεως, οὗτοι υἱοί εἰσιν Ἀβραάμ. **8** προϊδοῦσα[27] δὲ ἡ γραφὴ ὅτι ἐκ πίστεως δικαιοῖ τὰ ἔθνη ὁ θεός, προευηγγελίσατο[28] τῷ Ἀβραὰμ ὅτι ἐνευλογηθήσονται[29] ἐν σοὶ πάντα τὰ ἔθνη· **9** ὥστε οἱ ἐκ πίστεως εὐλογοῦνται σὺν τῷ πιστῷ Ἀβραάμ.

10 Ὅσοι γὰρ ἐξ ἔργων νόμου εἰσίν, ὑπὸ κατάραν[30] εἰσίν· γέγραπται γὰρ ὅτι ἐπικατάρατος[31] πᾶς ὃς οὐκ ἐμμένει[32] πᾶσιν τοῖς γεγραμμένοις ἐν τῷ βιβλίῳ τοῦ νόμου τοῦ ποιῆσαι αὐτά. **11** ὅτι δὲ ἐν νόμῳ οὐδεὶς δικαιοῦται παρὰ τῷ θεῷ δῆλον[33], ὅτι ὁ δίκαιος ἐκ πίστεως ζήσεται[34]. **12** ὁ δὲ νόμος οὐκ ἔστιν ἐκ πίστεως, ἀλλ᾽ ὁ ποιήσας

---

[1] εὑρίσκω 1p aor pas ind, find
[2] ἆρα, interrogative particle, here expecting a negative reply
[3] διάκονος, -ου m, servant
[4] γίνομαι 3s aor mid opt, happen
[5] καταλύω 1s aor act ind, tear down
[6] παραβάτης, -ου m, lawbreaker
[7] συνίστημι 1s pres act ind, prove
[8] συσταυρόω 1s pf pas ind, pas be crucified together with
[9] παραδίδωμι aor act ptc m s gen, give
[10] ἀθετέω 1s pres act ind, reject
[11] δωρεάν, adv, for nothing
[12] ὦ, interj, O!
[13] ἀνόητος, -ον, foolish
[14] βασκαίνω 3s aor act ind, place under a spell
[15] προγράφω 3s aor pas ind, portray
[16] μανθάνω aor act inf, find out
[17] ἀκοή, -ῆς f, hearing
[18] ἀνόητος, -ον, foolish
[19] ἐνάρχομαι aor mid ptc m p nom, begin (with)
[20] ἐπιτελέω 2p pres pas or mid ind, finish (with)
[21] τοσοῦτος, -αύτη/οῦτον, so many
[22] πάσχω 2p aor act ind, experience
[23] εἰκῇ, adv, in vain
[24] γέ, emphatic particle
[25] ἐπιχορηγέω pres act ptc m s nom, supply
[26] ἐνεργέω pres act ptc m s nom, work (in)
[27] προοράω aor act ptc f s nom, foresee
[28] προευαγγελίζομαι 3s aor mid ind, preach ahead of time
[29] ἐνευλογέω 3p fut pas ind, bless
[30] κατάρα, -ας f, curse
[31] ἐπικατάρατος, -ον, under a curse
[32] ἐμμένω 3s pres act ind, obey
[33] δῆλος, -η/ον, evident
[34] ζάω 3s fut mid ind, live

αὐτὰ ζήσεται ἐν αὐτοῖς. 13 Χριστὸς ἡμᾶς ἐξηγόρασεν¹ ἐκ τῆς κατάρας τοῦ νόμου γενόμενος ὑπὲρ ἡμῶν κατάρα, ὅτι γέγραπται· ἐπικατάρατος² πᾶς ὁ κρεμάμενος³ ἐπὶ ξύλου⁴, 14 ἵνα εἰς τὰ ἔθνη ἡ εὐλογία⁵ τοῦ Ἀβραὰμ γένηται ἐν Χριστῷ Ἰησοῦ, ἵνα τὴν ἐπαγγελίαν τοῦ πνεύματος λάβωμεν⁶ διὰ τῆς πίστεως.

The Law and the Promise

15 Ἀδελφοί, κατὰ ἄνθρωπον λέγω· ὅμως⁷ ἀνθρώπου κεκυρωμένην⁸ διαθήκην οὐδεὶς ἀθετεῖ⁹ ἢ ἐπιδιατάσσεται¹⁰. 16 τῷ δὲ Ἀβραὰμ ἐρρέθησαν¹¹ αἱ ἐπαγγελίαι καὶ τῷ σπέρματι αὐτοῦ. οὐ λέγει· καὶ τοῖς σπέρμασιν, ὡς ἐπὶ πολλῶν ἀλλ᾽ ὡς ἐφ᾽ ἑνός· καὶ τῷ σπέρματί σου, ὅς ἐστιν Χριστός. 17 τοῦτο δὲ λέγω· διαθήκην προκεκυρωμένην¹² ὑπὸ τοῦ θεοῦ ὁ μετὰ τετρακόσια¹³ καὶ τριάκοντα¹⁴ ἔτη γεγονὼς¹⁵ νόμος οὐκ ἀκυροῖ¹⁶ εἰς τὸ καταργῆσαι¹⁷ τὴν ἐπαγγελίαν. 18 εἰ γὰρ ἐκ νόμου ἡ κληρονομία¹⁸, οὐκέτι ἐξ ἐπαγγελίας· τῷ δὲ Ἀβραὰμ δι᾽ ἐπαγγελίας κεχάρισται¹⁹ ὁ θεός.

19 Τί οὖν ὁ νόμος; τῶν παραβάσεων²⁰ χάριν²¹ προσετέθη²², ἄχρις οὗ ἔλθῃ²³ τὸ σπέρμα ᾧ ἐπήγγελται²⁴, διαταγεὶς²⁵ δι᾽ ἀγγέλων ἐν χειρὶ μεσίτου²⁶. 20 ὁ δὲ μεσίτης ἑνὸς οὐκ ἔστιν, ὁ δὲ θεὸς εἷς ἐστιν. 21 ὁ οὖν νόμος κατὰ τῶν ἐπαγγελιῶν τοῦ θεοῦ; μὴ γένοιτο²⁷. εἰ γὰρ ἐδόθη²⁸ νόμος ὁ δυνάμενος ζῳοποιῆσαι²⁹, ὄντως³⁰ ἐκ νόμου ἂν ἦν ἡ δικαιοσύνη· 22 ἀλλὰ συνέκλεισεν³¹ ἡ γραφὴ τὰ πάντα ὑπὸ ἁμαρτίαν, ἵνα ἡ ἐπαγγελία ἐκ πίστεως Ἰησοῦ Χριστοῦ δοθῇ³² τοῖς πιστεύουσιν.

Slaves and Heirs

23 Πρὸ τοῦ δὲ ἐλθεῖν τὴν πίστιν ὑπὸ νόμον ἐφρουρούμεθα³³ συγκλειόμενοι³⁴ εἰς τὴν μέλλουσαν πίστιν ἀποκαλυφθῆναι³⁵, 24 ὥστε ὁ νόμος παιδαγωγὸς³⁶ ἡμῶν γέγονεν³⁷ εἰς Χριστόν, ἵνα ἐκ πίστεως δικαιωθῶμεν· 25 ἐλθούσης δὲ τῆς πίστεως

---

[1] ἐξαγοράζω 3s aor act ind, set free
[2] ἐπικατάρατος, -ον, under a curse
[3] κρεμάννυμι pf mid ptc m s nom, hang
[4] ξύλον, -ου n, tree
[5] εὐλογία, -ας f, blessing
[6] λαμβάνω 1p aor act sub, receive
[7] ὅμως, adv, even
[8] κυρόω pf pas ptc f s acc, put into effect
[9] ἀθετέω 3s pres act ind, cancel
[10] ἐπιδιατάσσομαι 3s pres mid ind, add to
[11] λέγω 3p aor pas ind, say
[12] προκυρόω pf pas ptc f s acc, make previously
[13] τετρακόσιοι, -αι/α, four hundred
[14] τριάκοντα, thirty
[15] γίνομαι pf act ptc m s nom, come
[16] ἀκυρόω 3s pres act ind, cancel
[17] καταργέω aor act inf, render ineffective
[18] κληρονομία, -ας f, inheritance
[19] χαρίζομαι 3s pf mid ind, give
[20] παράβασις, -εως f, violation
[21] χάριν, prep + gen, usually follows its object, because of
[22] προστίθημι 3s aor pas ind, add
[23] ἔρχομαι 3s aor act sub, come
[24] ἐπαγγέλλομαι 3s pf pas ind, promise
[25] διατάσσω aor pas ptc m s nom, give
[26] μεσίτης, -ου, mediator
[27] γίνομαι 3s aor mid opt, happen
[28] δίδωμι 3s aor pas ind, give
[29] ζῳοποιέω aor act inf, make alive
[30] ὄντως, adv, really
[31] συγκλείω 3s aor act ind, imprison
[32] δίδωμι 3s aor pas sub, give
[33] φρουρέω 1p impf pas ind, hold as a prisoner
[34] συγκλείω pres pas ptc m p nom, lock up
[35] ἀποκαλύπτω aor pas inf, reveal
[36] παιδαγωγός, -οῦ m, teacher
[37] γίνομαι 3s pf act ind, come

οὐκέτι ὑπὸ παιδαγωγόν ἐσμεν. **26** πάντες γὰρ υἱοὶ θεοῦ ἐστε διὰ τῆς πίστεως ἐν Χριστῷ Ἰησοῦ· **27** ὅσοι γὰρ εἰς Χριστὸν ἐβαπτίσθητε, Χριστὸν ἐνεδύσασθε¹. **28** οὐκ ἔνι² Ἰουδαῖος οὐδὲ Ἕλλην, οὐκ ἔνι δοῦλος οὐδὲ ἐλεύθερος³, οὐκ ἔνι ἄρσεν⁴ καὶ θῆλυ⁵· πάντες γὰρ ὑμεῖς εἷς ἐστε ἐν Χριστῷ Ἰησοῦ. **29** εἰ δὲ ὑμεῖς Χριστοῦ, ἄρα τοῦ Ἀβραὰμ σπέρμα ἐστέ, κατ᾽ ἐπαγγελίαν κληρονόμοι⁶.

4 Λέγω δέ, ἐφ᾽ ὅσον χρόνον ὁ κληρονόμος νήπιός⁷ ἐστιν, οὐδὲν διαφέρει⁸ δούλου κύριος πάντων ὤν, **2** ἀλλ᾽ ὑπὸ ἐπιτρόπους⁹ ἐστὶν καὶ οἰκονόμους¹⁰ ἄχρι τῆς προθεσμίας¹¹ τοῦ πατρός. **3** οὕτως καὶ ἡμεῖς, ὅτε ἦμεν νήπιοι, ὑπὸ τὰ στοιχεῖα¹² τοῦ κόσμου ἤμεθα δεδουλωμένοι¹³· **4** ὅτε δὲ ἦλθεν τὸ πλήρωμα¹⁴ τοῦ χρόνου, ἐξαπέστειλεν¹⁵ ὁ θεὸς τὸν υἱὸν αὐτοῦ, γενόμενον ἐκ γυναικός, γενόμενον ὑπὸ νόμον, **5** ἵνα τοὺς ὑπὸ νόμον ἐξαγοράσῃ¹⁶, ἵνα τὴν υἱοθεσίαν¹⁷ ἀπολάβωμεν¹⁸. **6** ὅτι δέ ἐστε υἱοί, ἐξαπέστειλεν ὁ θεὸς τὸ πνεῦμα τοῦ υἱοῦ αὐτοῦ εἰς τὰς καρδίας ἡμῶν κρᾶζον· αββα¹⁹ ὁ πατήρ. **7** ὥστε οὐκέτι εἶ δοῦλος ἀλλ᾽ υἱός· εἰ δὲ υἱός, καὶ κληρονόμος²⁰ διὰ θεοῦ.

Paul's Concern for the Galatians

8 Ἀλλὰ τότε μὲν οὐκ εἰδότες²¹ θεὸν ἐδουλεύσατε²² τοῖς φύσει²³ μὴ οὖσιν θεοῖς· **9** νῦν δὲ γνόντες²⁴ θεόν, μᾶλλον δὲ γνωσθέντες²⁵ ὑπὸ θεοῦ, πῶς ἐπιστρέφετε πάλιν ἐπὶ τὰ ἀσθενῆ²⁶ καὶ πτωχὰ στοιχεῖα οἷς πάλιν ἄνωθεν²⁷ δουλεύειν θέλετε; **10** ἡμέρας παρατηρεῖσθε²⁸ καὶ μῆνας²⁹ καὶ καιροὺς καὶ ἐνιαυτούς³⁰, **11** φοβοῦμαι ὑμᾶς μή πως³¹ εἰκῇ³² κεκοπίακα³³ εἰς ὑμᾶς.

12 Γίνεσθε ὡς ἐγώ, ὅτι κἀγὼ ὡς ὑμεῖς, ἀδελφοί, δέομαι³⁴ ὑμῶν. οὐδέν με ἠδικήσατε³⁵· **13** οἴδατε δὲ ὅτι δι᾽ ἀσθένειαν³⁶ τῆς σαρκὸς εὐηγγελισάμην ὑμῖν τὸ πρότερον³⁷, **14** καὶ τὸν πειρασμὸν³⁸ ὑμῶν ἐν τῇ σαρκί μου οὐκ ἐξουθενήσατε³⁹ οὐδὲ

---

¹ ἐνδύω 2p aor mid ind, put on
² ἔνι 3s pres act ind, there is (= ἔνεστιν)
³ ἐλεύθερος, -α/ον, free
⁴ ἄρσην, -εν, male
⁵ θῆλυς, -εια/υ, female
⁶ κληρονόμος, -ου m, heir
⁷ νήπιος, -α/ον, under age
⁸ διαφέρω 3s pres act ind, differ from
⁹ ἐπίτροπος, -ου m, guardian
¹⁰ οἰκονόμος, -ου m, trustee
¹¹ προθεσμία, -ας f, set time
¹² στοιχεῖον, -ου n, elemental spiritual force
¹³ δουλόω pf pas ptc m p nom, enslave
¹⁴ πλήρωμα, -τος n, fullness
¹⁵ ἐξαποστέλλω 3s aor act ind, send
¹⁶ ἐξαγοράζω 3s aor act sub, set free
¹⁷ υἱοθεσία, -ας f, adoption
¹⁸ ἀπολαμβάνω 1p aor act sub, receive
¹⁹ αββα, Father (Aramaic word)
²⁰ κληρονόμος, -ου m, heir
²¹ οἶδα pf act ptc m p nom, know
²² δουλεύω 2p aor act ind, be a slave
²³ φύσις, -εως f, nature
²⁴ γινώσκω aor act ptc m p nom, know
²⁵ γινώσκω aor pas ptc m p nom, know
²⁶ ἀσθενής, -ές, weak
²⁷ ἄνωθεν, adv, again (πάλιν ἄ. once again)
²⁸ παρατηρέω 2p pres mid ind, mid observe
²⁹ μήν, μηνός m, month
³⁰ ἐνιαυτός, -οῦ m, year
³¹ πώς, particle, somehow
³² εἰκῇ, adv, in vain
³³ κοπιάω 1s pf act ind, work
³⁴ δέομαι 1s pres pas ind, beg
³⁵ ἀδικέω 2p aor act ind, wrong
³⁶ ἀσθένεια, -ας f, weakness
³⁷ πρότερος, adv, former (τὸ π. at first)
³⁸ πειρασμός, -οῦ m, trial
³⁹ ἐξουθενέω 2p aor act ind, despise

ἐξεπτύσατε¹, ἀλλ' ὡς ἄγγελον θεοῦ ἐδέξασθέ² με, ὡς Χριστὸν Ἰησοῦν. 15 ποῦ οὖν ὁ μακαρισμὸς³ ὑμῶν; μαρτυρῶ γὰρ ὑμῖν ὅτι εἰ δυνατὸν τοὺς ὀφθαλμοὺς ὑμῶν ἐξορύξαντες⁴ ἐδώκατέ μοι. 16 ὥστε ἐχθρὸς ὑμῶν γέγονα ἀληθεύων⁵ ὑμῖν; 17 ζηλοῦσιν⁶ ὑμᾶς οὐ καλῶς, ἀλλ' ἐκκλεῖσαι⁷ ὑμᾶς θέλουσιν, ἵνα αὐτοὺς ζηλοῦτε· 18 καλὸν δὲ ζηλοῦσθαι ἐν καλῷ πάντοτε καὶ μὴ μόνον ἐν τῷ παρεῖναί⁸ με πρὸς ὑμᾶς. 19 τέκνα μου, οὓς πάλιν ὠδίνω⁹ μέχρις¹⁰ οὗ μορφωθῇ¹¹ Χριστὸς ἐν ὑμῖν· 20 ἤθελον δὲ παρεῖναι¹² πρὸς ὑμᾶς ἄρτι καὶ ἀλλάξαι¹³ τὴν φωνήν μου, ὅτι ἀποροῦμαι¹⁴ ἐν ὑμῖν.

The Allegory of Hagar and Sarah

21 Λέγετέ μοι, οἱ ὑπὸ νόμον θέλοντες εἶναι, τὸν νόμον οὐκ ἀκούετε; 22 γέγραπται γὰρ ὅτι Ἀβραὰμ δύο υἱοὺς ἔσχεν¹⁵, ἕνα ἐκ τῆς παιδίσκης¹⁶ καὶ ἕνα ἐκ τῆς ἐλευθέρας¹⁷. 23 ἀλλ' ὁ μὲν ἐκ τῆς παιδίσκης κατὰ σάρκα γεγέννηται¹⁸, ὁ δὲ ἐκ τῆς ἐλευθέρας δι' ἐπαγγελίας. 24 ἅτινά ἐστιν ἀλληγορούμενα¹⁹· αὗται γάρ εἰσιν δύο διαθῆκαι, μία μὲν ἀπὸ ὄρους Σινᾶ εἰς δουλείαν²⁰ γεννῶσα, ἥτις ἐστὶν Ἁγάρ. 25 τὸ δὲ Ἁγὰρ Σινᾶ ὄρος ἐστὶν ἐν τῇ Ἀραβίᾳ· συστοιχεῖ²¹ δὲ τῇ νῦν Ἰερουσαλήμ, δουλεύει²² γὰρ μετὰ τῶν τέκνων αὐτῆς. 26 ἡ δὲ ἄνω²³ Ἰερουσαλὴμ ἐλευθέρα ἐστίν, ἥτις ἐστὶν μήτηρ ἡμῶν· 27 γέγραπται γάρ·

εὐφράνθητι²⁴, στεῖρα²⁵ ἡ οὐ τίκτουσα²⁶,
ῥῆξον²⁷ καὶ βόησον²⁸, ἡ οὐκ ὠδίνουσα²⁹·
ὅτι πολλὰ τὰ τέκνα τῆς ἐρήμου
μᾶλλον ἢ τῆς ἐχούσης τὸν ἄνδρα.

28 ὑμεῖς δέ, ἀδελφοί, κατὰ Ἰσαὰκ ἐπαγγελίας τέκνα ἐστέ. 29 ἀλλ' ὥσπερ τότε ὁ κατὰ σάρκα γεννηθεὶς ἐδίωκεν τὸν κατὰ πνεῦμα, οὕτως καὶ νῦν. 30 ἀλλὰ τί λέγει ἡ γραφή; ἔκβαλε³⁰ τὴν παιδίσκην³¹ καὶ τὸν υἱὸν αὐτῆς· οὐ γὰρ μὴ κληρονομήσει³²

---

1 ἐκπτύω 2p aor act ind, reject
2 δέχομαι 2p aor mid ind, welcome
3 μακαρισμός, -οῦ m, happiness
4 ἐξορύσσω aor act ptc m p nom, dig out
5 ἀληθεύω pres act ptc m s nom, speak the truth
6 ζηλόω 3p pres act ind, pay a lot of attention to
7 ἐκκλείω aor act inf, exclude
8 πάρειμι pres act inf, be present
9 ὠδίνω 1s pres act ind, suffer birth-pains
10 μέχρι, prep + gen, until (μ. οὗ until)
11 μορφόω 3s aor pas sub, form
12 πάρειμι pres act inf, be present
13 ἀλλάσσω aor act inf, change
14 ἀπορέω 1s pres mid ind, mid be puzzled
15 ἔχω 3s aor act ind, have
16 παιδίσκη, -ης f, slave
17 ἐλεύθερος, -α/ον, free
18 γεννάω 3s pf pas ind, pas be born
19 ἀλληγορέω pres pas ptc n p nom, speak of allegorically
20 δουλεία, -ας f, slavery
21 συστοιχέω 3s pres act ind, correspond to
22 δουλεύω 3s pres act ind, be a slave
23 ἄνω, adv, above
24 εὐφραίνω 2s aor pas impv, pas rejoice
25 στεῖρα, -ας f, a woman incapable of having children
26 τίκτω pres act ptc f s nom or voc, give birth to
27 ῥήσσω/ῥήγνυμι 2s aor act impv, break forth (of a shout)
28 βοάω 2s aor act impv, shout
29 ὠδίνω pres act ptc f s nom or voc, suffer birth-pains
30 ἐκβάλλω 2s aor act impv, force out
31 παιδίσκη, -ης f, slave
32 κληρονομέω 3s fut act ind, inherit

ὁ υἱὸς τῆς παιδίσκης μετὰ τοῦ υἱοῦ τῆς ἐλευθέρας[1]. **31** διό, ἀδελφοί, οὐκ ἐσμὲν παιδίσκης τέκνα ἀλλὰ τῆς ἐλευθέρας.

Christian Freedom

5 Τῇ ἐλευθερίᾳ[2] ἡμᾶς Χριστὸς ἠλευθέρωσεν[3]· στήκετε[4] οὖν καὶ μὴ πάλιν ζυγῷ[5] δουλείας[6] ἐνέχεσθε[7].

2 Ἴδε[8] ἐγὼ Παῦλος λέγω ὑμῖν ὅτι ἐὰν περιτέμνησθε[9], Χριστὸς ὑμᾶς οὐδὲν ὠφελήσει[10]. **3** μαρτύρομαι[11] δὲ πάλιν παντὶ ἀνθρώπῳ περιτεμνομένῳ ὅτι ὀφειλέτης[12] ἐστὶν ὅλον τὸν νόμον ποιῆσαι. **4** κατηργήθητε[13] ἀπὸ Χριστοῦ, οἵτινες ἐν νόμῳ δικαιοῦσθε, τῆς χάριτος ἐξεπέσατε[14]. **5** ἡμεῖς γὰρ πνεύματι ἐκ πίστεως ἐλπίδα δικαιοσύνης ἀπεκδεχόμεθα[15]. **6** ἐν γὰρ Χριστῷ Ἰησοῦ οὔτε περιτομή τι ἰσχύει[16] οὔτε ἀκροβυστία[17] ἀλλὰ πίστις δι' ἀγάπης ἐνεργουμένη[18].

7 Ἐτρέχετε[19] καλῶς· τίς ὑμᾶς ἐνέκοψεν[20] τῇ ἀληθείᾳ μὴ πείθεσθαι; **8** ἡ πεισμονὴ[21] οὐκ ἐκ τοῦ καλοῦντος ὑμᾶς. **9** μικρὰ ζύμη[22] ὅλον τὸ φύραμα[23] ζυμοῖ[24]. **10** ἐγὼ πέποιθα[25] εἰς ὑμᾶς ἐν κυρίῳ ὅτι οὐδὲν ἄλλο φρονήσετε[26]· ὁ δὲ ταράσσων[27] ὑμᾶς βαστάσει[28] τὸ κρίμα[29], ὅστις ἐὰν ᾖ. **11** ἐγὼ δέ, ἀδελφοί, εἰ περιτομὴν ἔτι κηρύσσω, τί ἔτι διώκομαι; ἄρα κατήργηται[30] τὸ σκάνδαλον[31] τοῦ σταυροῦ[32]. **12** Ὄφελον[33] καὶ ἀποκόψονται[34] οἱ ἀναστατοῦντες[35] ὑμᾶς.

Life in the Spirit

13 Ὑμεῖς γὰρ ἐπ' ἐλευθερίᾳ[36] ἐκλήθητε[37], ἀδελφοί· μόνον μὴ τὴν ἐλευθερίαν εἰς ἀφορμὴν[38] τῇ σαρκί, ἀλλὰ διὰ τῆς ἀγάπης δουλεύετε[39] ἀλλήλοις. **14** ὁ γὰρ πᾶς

---

[1] ἐλεύθερος, -α/ον, free
[2] ἐλευθερία, -ας f, freedom
[3] ἐλευθερόω 3s aor act ind, set free
[4] στήκω 2p pres act impv, stand firm
[5] ζυγός, -οῦ m, yoke
[6] δουλεία, -ας f, slavery
[7] ἐνέχω 2p pres pas impv, pas be subject to
[8] ἴδε, interj, Look!
[9] περιτέμνω 2p pres pas sub, circumcise
[10] ὠφελέω 3s fut act ind, profit
[11] μαρτύρομαι 1s pres mid ind, testify
[12] ὀφειλέτης, -ου m, one who is under obligation
[13] καταργέω 2p aor pas ind, pas cut one's self off (from)
[14] ἐκπίπτω 2p aor act ind, fall away from
[15] ἀπεκδέχομαι 1p pres mid ind, wait
[16] ἰσχύω 3s pres act ind, be of value
[17] ἀκροβυστία, -ας f, uncircumcision
[18] ἐνεργέω pres mid ptc f s nom, be at work
[19] τρέχω 2p impf act ind, run
[20] ἐγκόπτω 3s aor act ind, hinder
[21] πεισμονή, -ῆς f, persuasion
[22] ζύμη, -ης f, yeast
[23] φύραμα, -τος n, batch (of dough)
[24] ζυμόω 3s pres act ind, cause to rise
[25] πείθω 1s pf act ind, convince
[26] φρονέω 2p fut act ind, think
[27] ταράσσω pres act ptc m s nom, trouble
[28] βαστάζω 3s fut act ind, bear
[29] κρίμα, -τος n, judgment
[30] καταργέω 3s pf pas ind, render ineffective
[31] σκάνδαλον, -ου n, problem
[32] σταυρός, -οῦ m, cross
[33] ὄφελον, fixed form introducing an unattainable wish, I wish
[34] ἀποκόπτω 3p fut mid ind, castrate oneself
[35] ἀναστατόω pres act ptc m p nom, agitate
[36] ἐλευθερία, -ας f, freedom
[37] καλέω 2p aor pas ind, call
[38] ἀφορμή, -ῆς f, opportunity
[39] δουλεύω 2p pres act impv, serve

νόμος ἐν ἑνὶ λόγῳ πεπλήρωται, ἐν τῷ· ἀγαπήσεις τὸν πλησίον¹ σου ὡς σεαυτόν. **15** εἰ δὲ ἀλλήλους δάκνετε² καὶ κατεσθίετε³, βλέπετε μὴ ὑπ' ἀλλήλων ἀναλωθῆτε⁴. **16** λέγω δέ, πνεύματι περιπατεῖτε καὶ ἐπιθυμίαν σαρκὸς οὐ μὴ τελέσητε⁵. **17** ἡ γὰρ σὰρξ ἐπιθυμεῖ⁶ κατὰ τοῦ πνεύματος, τὸ δὲ πνεῦμα κατὰ τῆς σαρκός, ταῦτα γὰρ ἀλλήλοις ἀντίκειται⁷, ἵνα μὴ ἃ ἐὰν θέλητε ταῦτα ποιῆτε. **18** εἰ δὲ πνεύματι ἄγεσθε, οὐκ ἐστὲ ὑπὸ νόμον. **19** φανερὰ⁸ δέ ἐστιν τὰ ἔργα τῆς σαρκός, ἅτινά ἐστιν πορνεία⁹, ἀκαθαρσία¹⁰, ἀσέλγεια¹¹, **20** εἰδωλολατρία¹², φαρμακεία¹³, ἔχθραι¹⁴, ἔρις¹⁵, ζῆλος¹⁶, θυμοί¹⁷, ἐριθεῖαι¹⁸, διχοστασίαι¹⁹, αἱρέσεις²⁰, **21** φθόνοι²¹, μέθαι²², κῶμοι²³ καὶ τὰ ὅμοια τούτοις, ἃ προλέγω²⁴ ὑμῖν, καθὼς προεῖπον²⁵ ὅτι οἱ τὰ τοιαῦτα πράσσοντες βασιλείαν θεοῦ οὐ κληρονομήσουσιν²⁶. **22** ὁ δὲ καρπὸς τοῦ πνεύματός ἐστιν ἀγάπη χαρὰ εἰρήνη, μακροθυμία²⁷ χρηστότης²⁸ ἀγαθωσύνη²⁹, πίστις **23** πραΰτης³⁰ ἐγκράτεια³¹· κατὰ τῶν τοιούτων οὐκ ἔστιν νόμος. **24** οἱ δὲ τοῦ Χριστοῦ [Ἰησοῦ] τὴν σάρκα ἐσταύρωσαν σὺν τοῖς παθήμασιν³² καὶ ταῖς ἐπιθυμίαις. **25** εἰ ζῶμεν πνεύματι, πνεύματι καὶ στοιχῶμεν³³. **26** μὴ γινώμεθα κενόδοξοι³⁴, ἀλλήλους προκαλούμενοι³⁵, ἀλλήλοις φθονοῦντες³⁶.

Bear One Another's Burdens

6 Ἀδελφοί, ἐὰν καὶ προλημφθῇ³⁷ ἄνθρωπος ἔν τινι παραπτώματι³⁸, ὑμεῖς οἱ πνευματικοὶ³⁹ καταρτίζετε⁴⁰ τὸν τοιοῦτον ἐν πνεύματι πραΰτητος⁴¹, σκοπῶν⁴² σεαυτὸν μὴ καὶ σὺ πειρασθῇς. **2** ἀλλήλων τὰ βάρη⁴³ βαστάζετε⁴⁴ καὶ οὕτως ἀναπληρώσετε⁴⁵ τὸν νόμον τοῦ Χριστοῦ. **3** εἰ γὰρ δοκεῖ τις εἶναί τι μηδὲν ὤν, φρεναπατᾷ⁴⁶

---

[1] πλησίον, prep + gen, near (ὁ π. fellow human)
[2] δάκνω 2p pres act ind, bite
[3] κατεσθίω 2p pres act ind, devour
[4] ἀναλόω/ἀναλίσκω 2p aor pas sub, destroy
[5] τελέω 2p aor act sub, gratify
[6] ἐπιθυμέω 3s pres act ind, desire
[7] ἀντίκειμαι 3s pres mid ind, oppose
[8] φανερός, -ά/όν, evident
[9] πορνεία, -ας f, sexual immorality
[10] ἀκαθαρσία, -ας f, impurity
[11] ἀσέλγεια, -ας f, indecency
[12] εἰδωλολατρία, -ας f, idolatry
[13] φαρμακεία, -ας f, witchcraft
[14] ἔχθρα, -ας f, hatred
[15] ἔρις, -ιδος f, quarreling
[16] ζῆλος, -ου m, jealousy
[17] θυμός, -οῦ m, anger
[18] ἐριθεία, -ας f, selfishness
[19] διχοστασία, -ας f, dissension
[20] αἴρεσις, -εως f, division
[21] φθόνος, -ου m, envy
[22] μέθη, -ης f, drunkenness
[23] κῶμος, -ου m, carousing
[24] προλέγω 1s pres act ind, warn
[25] προλέγω 1s aor act ind, warn
[26] κληρονομέω 3p fut act ind, share (in)
[27] μακροθυμία, -ας f, patience
[28] χρηστότης, -ητος f, kindness
[29] ἀγαθωσύνη, -ης f, goodness
[30] πραΰτης, -ητος f, gentleness
[31] ἐγκράτεια, -ας f, self-control
[32] πάθημα, -τος n, passion
[33] στοιχέω 1p pres act sub, walk
[34] κενόδοξος, -ον, conceited
[35] προκαλέω pres mid ptc m p nom, mid provoke
[36] φθονέω pf act ptc m p nom, envy
[37] προλαμβάνω 3s aor pas sub, catch
[38] παράπτωμα, -τος n, wrongdoing
[39] πνευματικός, -ή/όν, spiritual
[40] καταρτίζω 2p pres act impv, restore
[41] πραΰτης, -ητος f, gentleness
[42] σκοπέω pres act ptc m s nom, pay attention to
[43] βάρος, -ους n, burden
[44] βαστάζω 2p pres act impv, bear
[45] ἀναπληρόω 2p fut act ind, fulfill
[46] φρεναπατάω 3s pres act ind, deceive

ἑαυτόν. **4** τὸ δὲ ἔργον ἑαυτοῦ δοκιμαζέτω¹ ἕκαστος, καὶ τότε εἰς ἑαυτὸν μόνον τὸ καύχημα² ἕξει καὶ οὐκ εἰς τὸν ἕτερον· **5** ἕκαστος γὰρ τὸ ἴδιον φορτίον³ βαστάσει⁴. **6** Κοινωνείτω⁵ δὲ ὁ κατηχούμενος⁶ τὸν λόγον τῷ κατηχοῦντι ἐν πᾶσιν ἀγαθοῖς. **7** Μὴ πλανᾶσθε, θεὸς οὐ μυκτηρίζεται⁷. ὃ γὰρ ἐὰν σπείρῃ ἄνθρωπος, τοῦτο καὶ θερίσει⁸· **8** ὅτι ὁ σπείρων εἰς τὴν σάρκα ἑαυτοῦ ἐκ τῆς σαρκὸς θερίσει φθοράν⁹, ὁ δὲ σπείρων εἰς τὸ πνεῦμα ἐκ τοῦ πνεύματος θερίσει ζωὴν αἰώνιον. **9** τὸ δὲ καλὸν ποιοῦντες μὴ ἐγκακῶμεν¹⁰, καιρῷ γὰρ ἰδίῳ θερίσομεν μὴ ἐκλυόμενοι¹¹. **10** Ἄρα οὖν ὡς καιρὸν ἔχομεν, ἐργαζώμεθα τὸ ἀγαθὸν πρὸς πάντας, μάλιστα¹² δὲ πρὸς τοὺς οἰκείους¹³ τῆς πίστεως.

Final Warning and Benediction

11 Ἴδετε πηλίκοις¹⁴ ὑμῖν γράμμασιν¹⁵ ἔγραψα τῇ ἐμῇ χειρί. **12** ὅσοι θέλουσιν εὐπροσωπῆσαι¹⁶ ἐν σαρκί, οὗτοι ἀναγκάζουσιν¹⁷ ὑμᾶς περιτέμνεσθαι¹⁸, μόνον ἵνα τῷ σταυρῷ¹⁹ τοῦ Χριστοῦ μὴ διώκωνται. **13** οὐδὲ γὰρ οἱ περιτεμνόμενοι αὐτοὶ νόμον φυλάσσουσιν ἀλλὰ θέλουσιν ὑμᾶς περιτέμνεσθαι, ἵνα ἐν τῇ ὑμετέρᾳ²⁰ σαρκὶ καυχήσωνται. **14** ἐμοὶ δὲ μὴ γένοιτο²¹ καυχᾶσθαι εἰ μὴ ἐν τῷ σταυρῷ τοῦ κυρίου ἡμῶν Ἰησοῦ Χριστοῦ, δι' οὗ ἐμοὶ κόσμος ἐσταύρωται κἀγὼ κόσμῳ. **15** οὔτε γὰρ περιτομή τί ἐστιν οὔτε ἀκροβυστία²² ἀλλὰ καινὴ κτίσις²³. **16** καὶ ὅσοι τῷ κανόνι²⁴ τούτῳ στοιχήσουσιν²⁵, εἰρήνη ἐπ' αὐτοὺς καὶ ἔλεος²⁶ καὶ ἐπὶ τὸν Ἰσραὴλ τοῦ θεοῦ.

17 Τοῦ λοιποῦ κόπους²⁷ μοι μηδεὶς παρεχέτω²⁸· ἐγὼ γὰρ τὰ στίγματα²⁹ τοῦ Ἰησοῦ ἐν τῷ σώματί μου βαστάζω³⁰.

18 Ἡ χάρις τοῦ κυρίου ἡμῶν Ἰησοῦ Χριστοῦ μετὰ τοῦ πνεύματος ὑμῶν, ἀδελφοί· ἀμήν.

---

¹ δοκιμάζω 3s pres act impv, examine
² καύχημα, -τος n, reason to boast
³ φορτίον, -ου n, burden
⁴ βαστάζω 3s fut act ind, bear
⁵ κοινωνέω 3s pres act impv, share
⁶ κατηχέω pres pas ptc m s nom, teach
⁷ μυκτηρίζω 3s pres pas ind, make a fool of
⁸ θερίζω 3s fut act ind, reap
⁹ φθορά, -ᾶς f, corruption
¹⁰ ἐγκακέω 1p pres act sub, tire of
¹¹ ἐκλύομαι pres pas ptc m p nom, give up
¹² μάλιστα, adv, especially
¹³ οἰκεῖος, -ου m, member of the household
¹⁴ πηλίκος, -η/ον, how large
¹⁵ γράμμα, -τος n, letter of the alphabet
¹⁶ εὐπροσωπέω aor act inf, make a good showing
¹⁷ ἀναγκάζω 3p pres act ind, force
¹⁸ περιτέμνω pres pas inf, circumcise
¹⁹ σταυρός, -οῦ m, cross
²⁰ ὑμέτερος, -α/ον, your
²¹ γίνομαι 3s aor mid opt, happen
²² ἀκροβυστία, -ας f, uncircumcision
²³ κτίσις, -εως f, creation
²⁴ κανών, -όνος m, rule
²⁵ στοιχέω 3p fut act ind, walk
²⁶ ἔλεος, -ους n, mercy
²⁷ κόπος, -ου m, trouble
²⁸ παρέχω 3s pres act impv, cause
²⁹ στίγμα, -τος n, mark
³⁰ βαστάζω 1s pres act ind, bear

ΠΡΟΣ ΕΦΕΣΙΟΥΣ

Salutation

1 Παῦλος ἀπόστολος Χριστοῦ Ἰησοῦ διὰ θελήματος θεοῦ τοῖς ἁγίοις τοῖς οὖσιν [ἐν Ἐφέσῳ] καὶ πιστοῖς ἐν Χριστῷ Ἰησοῦ, **2** χάρις ὑμῖν καὶ εἰρήνη ἀπὸ θεοῦ πατρὸς ἡμῶν καὶ κυρίου Ἰησοῦ Χριστοῦ.

Spiritual Blessings in Christ

3 Εὐλογητὸς[1] ὁ θεὸς καὶ πατὴρ τοῦ κυρίου ἡμῶν Ἰησοῦ Χριστοῦ, ὁ εὐλογήσας ἡμᾶς ἐν πάσῃ εὐλογίᾳ[2] πνευματικῇ[3] ἐν τοῖς ἐπουρανίοις[4] ἐν Χριστῷ, **4** καθὼς ἐξελέξατο[5] ἡμᾶς ἐν αὐτῷ πρὸ καταβολῆς[6] κόσμου εἶναι ἡμᾶς ἁγίους καὶ ἀμώμους[7] κατενώπιον[8] αὐτοῦ ἐν ἀγάπῃ, **5** προορίσας[9] ἡμᾶς εἰς υἱοθεσίαν[10] διὰ Ἰησοῦ Χριστοῦ εἰς αὐτόν, κατὰ τὴν εὐδοκίαν[11] τοῦ θελήματος αὐτοῦ, **6** εἰς ἔπαινον[12] δόξης τῆς χάριτος αὐτοῦ ἧς ἐχαρίτωσεν[13] ἡμᾶς ἐν τῷ ἠγαπημένῳ[14]. **7** ἐν ᾧ ἔχομεν τὴν ἀπολύτρωσιν[15] διὰ τοῦ αἵματος αὐτοῦ, τὴν ἄφεσιν[16] τῶν παραπτωμάτων[17], κατὰ τὸ πλοῦτος[18] τῆς χάριτος αὐτοῦ **8** ἧς ἐπερίσσευσεν εἰς ἡμᾶς, ἐν πάσῃ σοφίᾳ καὶ φρονήσει[19], **9** γνωρίσας[20] ἡμῖν τὸ μυστήριον[21] τοῦ θελήματος αὐτοῦ, κατὰ τὴν εὐδοκίαν[22] αὐτοῦ ἣν προέθετο[23] ἐν αὐτῷ **10** εἰς οἰκονομίαν[24] τοῦ πληρώματος[25] τῶν καιρῶν, ἀνακεφαλαιώσασθαι[26] τὰ πάντα ἐν τῷ Χριστῷ, τὰ ἐπὶ τοῖς οὐρανοῖς καὶ τὰ ἐπὶ τῆς γῆς ἐν αὐτῷ. **11** ἐν ᾧ καὶ ἐκληρώθημεν[27] προορισθέντες[28] κατὰ πρόθεσιν[29] τοῦ τὰ πάντα ἐνεργοῦντος[30] κατὰ τὴν βουλὴν[31] τοῦ θελήματος αὐτοῦ **12** εἰς τὸ εἶναι ἡμᾶς εἰς

---

[1] εὐλογητός, -ή/όν, blessed
[2] εὐλογία, -ας f, blessing
[3] πνευματικός, -ή/όν, spiritual
[4] ἐπουράνιος, -ον, heavenly
[5] ἐκλέγομαι 3s aor mid ind, choose
[6] καταβολή, -ῆς f, creation
[7] ἄμωμος, -ον, faultless
[8] κατενώπιον, prep + gen, in the presence of
[9] προορίζω aor act ptc m s nom, chose beforehand
[10] υἱοθεσία, -ας f, adoption
[11] εὐδοκία, -ας f, purpose
[12] ἔπαινος, -ου m, praise
[13] χαριτόω 3s aor act ind, bestow on freely
[14] ἀγαπάω pf pas ptc m s dat, love
[15] ἀπολύτρωσις, -εως f, redemption
[16] ἄφεσις, -εως f, forgiveness
[17] παράπτωμα, -τος n, wrongdoing
[18] πλοῦτος, -ου n, riches
[19] φρόνησις, -εως f, insight
[20] γνωρίζω aor act ptc m s nom, make known
[21] μυστήριον, -ου n, mystery
[22] εὐδοκία, -ας f, purpose
[23] προτίθημι 3s aor mid ind, mid put forward
[24] οἰκονομία, -ας f, plan
[25] πλήρωμα, -τος n, fullness
[26] ἀνακεφαλαιόω aor mid inf, unite
[27] κληρόω 1p aor pas ind, choose (as an heir)
[28] προορίζω aor pas ptc m p nom, chose beforehand
[29] πρόθεσις, -εως f, purpose
[30] ἐνεργέω pres act ptc m s gen, accomplish
[31] βουλή, -ῆς f, purpose

ἔπαινον¹ δόξης αὐτοῦ τοὺς προηλπικότας² ἐν τῷ Χριστῷ. **13** ἐν ᾧ καὶ ὑμεῖς ἀκούσαντες τὸν λόγον τῆς ἀληθείας, τὸ εὐαγγέλιον τῆς σωτηρίας ὑμῶν, ἐν ᾧ καὶ πιστεύσαντες ἐσφραγίσθητε³ τῷ πνεύματι τῆς ἐπαγγελίας τῷ ἁγίῳ, **14** ὅ ἐστιν ἀρραβὼν⁴ τῆς κληρονομίας⁵ ἡμῶν, εἰς ἀπολύτρωσιν τῆς περιποιήσεως⁶, εἰς ἔπαινον τῆς δόξης αὐτοῦ.

Paul's Prayer

15 Διὰ τοῦτο κἀγὼ ἀκούσας τὴν καθ' ὑμᾶς πίστιν ἐν τῷ κυρίῳ Ἰησοῦ καὶ τὴν ἀγάπην τὴν εἰς πάντας τοὺς ἁγίους **16** οὐ παύομαι⁷ εὐχαριστῶν ὑπὲρ ὑμῶν μνείαν⁸ ποιούμενος ἐπὶ τῶν προσευχῶν μου, **17** ἵνα ὁ θεὸς τοῦ κυρίου ἡμῶν Ἰησοῦ Χριστοῦ, ὁ πατὴρ τῆς δόξης, δώῃ⁹ ὑμῖν πνεῦμα σοφίας καὶ ἀποκαλύψεως¹⁰ ἐν ἐπιγνώσει¹¹ αὐτοῦ, **18** πεφωτισμένους¹² τοὺς ὀφθαλμοὺς τῆς καρδίας ὑμῶν εἰς τὸ εἰδέναι¹³ ὑμᾶς τίς ἐστιν ἡ ἐλπὶς τῆς κλήσεως¹⁴ αὐτοῦ, τίς ὁ πλοῦτος¹⁵ τῆς δόξης τῆς κληρονομίας¹⁶ αὐτοῦ ἐν τοῖς ἁγίοις, **19** καὶ τί τὸ ὑπερβάλλον¹⁷ μέγεθος¹⁸ τῆς δυνάμεως αὐτοῦ εἰς ἡμᾶς τοὺς πιστεύοντας κατὰ τὴν ἐνέργειαν¹⁹ τοῦ κράτους²⁰ τῆς ἰσχύος²¹ αὐτοῦ. **20** ἣν ἐνήργησεν²² ἐν τῷ Χριστῷ ἐγείρας αὐτὸν ἐκ νεκρῶν καὶ καθίσας²³ ἐν δεξιᾷ αὐτοῦ ἐν τοῖς ἐπουρανίοις²⁴ **21** ὑπεράνω²⁵ πάσης ἀρχῆς καὶ ἐξουσίας καὶ δυνάμεως καὶ κυριότητος²⁶ καὶ παντὸς ὀνόματος ὀνομαζομένου²⁷, οὐ μόνον ἐν τῷ αἰῶνι τούτῳ ἀλλὰ καὶ ἐν τῷ μέλλοντι· **22** καὶ **πάντα ὑπέταξεν**²⁸ **ὑπὸ τοὺς πόδας αὐτοῦ** καὶ αὐτὸν ἔδωκεν κεφαλὴν ὑπὲρ πάντα τῇ ἐκκλησίᾳ, **23** ἥτις ἐστὶν τὸ σῶμα αὐτοῦ, τὸ πλήρωμα²⁹ τοῦ τὰ πάντα ἐν πᾶσιν πληρουμένου.

From Death to Life

2 Καὶ ὑμᾶς ὄντας νεκροὺς τοῖς παραπτώμασιν³⁰ καὶ ταῖς ἁμαρτίαις ὑμῶν, **2** ἐν αἷς ποτε³¹ περιεπατήσατε³² κατὰ τὸν αἰῶνα τοῦ κόσμου τούτου, κατὰ τὸν ἄρχοντα τῆς ἐξουσίας τοῦ ἀέρος³³, τοῦ πνεύματος τοῦ νῦν ἐνεργοῦντος³⁴ ἐν τοῖς

---

[1] ἔπαινος, -ου m, praise
[2] προελπίζω pf act ptc m p acc, be the first to hope
[3] σφραγίζω 2p aor pas ind, mark with a seal
[4] ἀρραβών, -ῶνος m, guarantee
[5] κληρονομία, -ας f, inheritance
[6] περιποίησις, -εως f, possession
[7] παύω 1s pres mid ind, mid stop
[8] μνεία, -ας f, remembrance
[9] δίδωμι 3s aor act sub, give
[10] ἀποκάλυψις, -εως f, revelation
[11] ἐπίγνωσις, -εως f, knowledge
[12] φωτίζω pf pas ptc m p acc, enlighten
[13] οἶδα pf act inf, know
[14] κλῆσις, -εως f, calling
[15] πλοῦτος, -ου n, riches
[16] κληρονομία, -ας f, inheritance
[17] ὑπερβάλλω pres act ptc n s nom, surpass
[18] μέγεθος, -ους n, greatness
[19] ἐνέργεια, -ας f, work
[20] κράτος, -ους n, might
[21] ἰσχύς, -ύος f, strength
[22] ἐνεργέω 3s aor act ind, accomplish
[23] καθίζω aor act ptc m s nom, let sit
[24] ἐπουράνιος, -ον, heavenly
[25] ὑπεράνω, prep + gen, far above
[26] κυριότης, -ητος f, dominion
[27] ὀνομάζω pres pas ptc n s gen, name
[28] ὑποτάσσω 3s aor act ind, subject
[29] πλήρωμα, -τος n, fullness
[30] παράπτωμα, -τος n, wrongdoing
[31] ποτέ, temporal adv, formerly
[32] περιπατέω 2p aor act ind, walk
[33] ἀήρ, -έρος m, ethereal region above the earth
[34] ἐνεργέω pres act ptc n s gen, be at work

υἱοῖς τῆς ἀπειθείας¹· 3 ἐν οἷς καὶ ἡμεῖς πάντες ἀνεστράφημέν² ποτε ἐν ταῖς ἐπιθυμίαις τῆς σαρκὸς ἡμῶν ποιοῦντες τὰ θελήματα τῆς σαρκὸς καὶ τῶν διανοιῶν³, καὶ ἤμεθα τέκνα φύσει⁴ ὀργῆς ὡς καὶ οἱ λοιποί· 4 ὁ δὲ θεὸς πλούσιος⁵ ὢν ἐν ἐλέει⁶, διὰ τὴν πολλὴν ἀγάπην αὐτοῦ ἣν ἠγάπησεν ἡμᾶς, 5 καὶ ὄντας ἡμᾶς νεκροὺς τοῖς παραπτώμασιν συνεζωοποίησεν⁷ τῷ Χριστῷ, – χάριτί ἐστε σεσῳσμένοι⁸ – 6 καὶ συνήγειρεν⁹ καὶ συνεκάθισεν¹⁰ ἐν τοῖς ἐπουρανίοις¹¹ ἐν Χριστῷ Ἰησοῦ, 7 ἵνα ἐνδείξηται¹² ἐν τοῖς αἰῶσιν τοῖς ἐπερχομένοις¹³ τὸ ὑπερβάλλον¹⁴ πλοῦτος¹⁵ τῆς χάριτος αὐτοῦ ἐν χρηστότητι¹⁶ ἐφ᾽ ἡμᾶς ἐν Χριστῷ Ἰησοῦ. 8 τῇ γὰρ χάριτί ἐστε σεσῳσμένοι¹⁷ διὰ πίστεως· καὶ τοῦτο οὐκ ἐξ ὑμῶν, θεοῦ τὸ δῶρον¹⁸· 9 οὐκ ἐξ ἔργων, ἵνα μή τις καυχήσηται. 10 αὐτοῦ γάρ ἐσμεν ποίημα¹⁹, κτισθέντες²⁰ ἐν Χριστῷ Ἰησοῦ ἐπὶ ἔργοις ἀγαθοῖς οἷς προητοίμασεν²¹ ὁ θεός, ἵνα ἐν αὐτοῖς περιπατήσωμεν.

One in Christ

11 Διὸ μνημονεύετε²² ὅτι ποτὲ²³ ὑμεῖς τὰ ἔθνη ἐν σαρκί, οἱ λεγόμενοι ἀκροβυστία²⁴ ὑπὸ τῆς λεγομένης περιτομῆς ἐν σαρκὶ χειροποιήτου²⁵, 12 ὅτι ἦτε τῷ καιρῷ ἐκείνῳ χωρὶς Χριστοῦ, ἀπηλλοτριωμένοι²⁶ τῆς πολιτείας²⁷ τοῦ Ἰσραὴλ καὶ ξένοι²⁸ τῶν διαθηκῶν τῆς ἐπαγγελίας, ἐλπίδα μὴ ἔχοντες καὶ ἄθεοι²⁹ ἐν τῷ κόσμῳ. 13 νυνὶ³⁰ δὲ ἐν Χριστῷ Ἰησοῦ ὑμεῖς οἵ ποτε ὄντες μακρὰν³¹ ἐγενήθητε³² ἐγγὺς ἐν τῷ αἵματι τοῦ Χριστοῦ. 14 αὐτὸς γάρ ἐστιν ἡ εἰρήνη ἡμῶν, ὁ ποιήσας τὰ ἀμφότερα³³ ἓν καὶ τὸ μεσότοιχον³⁴ τοῦ φραγμοῦ³⁵ λύσας, τὴν ἔχθραν³⁶ ἐν τῇ σαρκὶ αὐτοῦ, 15 τὸν νόμον τῶν ἐντολῶν ἐν δόγμασιν³⁷ καταργήσας³⁸, ἵνα τοὺς δύο κτίσῃ³⁹ ἐν αὐτῷ εἰς ἕνα καινὸν ἄνθρωπον ποιῶν εἰρήνην 16 καὶ ἀποκαταλλάξῃ⁴⁰ τοὺς ἀμφοτέρους

---

¹ ἀπείθεια, -ας f, disobedience
² ἀναστρέφω 1p aor pas ind, pas live
³ διάνοια, -ας f, mind
⁴ φύσις, -εως f, nature
⁵ πλούσιος, -α/ον, rich
⁶ ἔλεος, -ους n, mercy
⁷ συζωοποιέω 3s aor act ind, make alive together with
⁸ σῴζω pf pas ptc m p nom, save
⁹ συνεγείρω 3s aor act ind, raise together with
¹⁰ συγκαθίζω 3s aor act ind, trans let seat with
¹¹ ἐπουράνιος, -ον, heavenly
¹² ἐνδείκνυμι 3s aor mid sub, mid show
¹³ ἐπέρχομαι pres mid ptc m p dat, come
¹⁴ ὑπερβάλλω pres act ptc n s nom, surpass
¹⁵ πλοῦτος, -ου n, riches
¹⁶ χρηστότης, -ητος f, kindness
¹⁷ σῴζω pf pas ptc m p nom, save
¹⁸ δῶρον, -ου n, gift
¹⁹ ποίημα, -τος n, what is made
²⁰ κτίζω aor pas ptc m p nom, create
²¹ προετοιμάζω 3s aor act ind, prepare beforehand
²² μνημονεύω 2p pres act impv, remember
²³ ποτέ, temporal adv, formerly
²⁴ ἀκροβυστία, -ας f, uncircumcision
²⁵ χειροποίητος, -ον, made by human hands
²⁶ ἀπαλλοτριόω pf pas ptc m p nom, exclude
²⁷ πολιτεία, -ας f, citizenship
²⁸ ξένος, -η/ον, strange (ὁ ξ. stranger)
²⁹ ἄθεος, -ον, without God
³⁰ νυνί, adv, now
³¹ μακράν, adv, far away
³² γίνομαι 2p aor pas ind, become
³³ ἀμφότεροι, -αι/α, both
³⁴ μεσότοιχον, -ου n, dividing wall (τὸ μ. τοῦ φραγμοῦ the barrier formed by the dividing wall)
³⁵ φραγμός, -οῦ m, wall
³⁶ ἔχθρα, -ας f, hostility
³⁷ δόγμα, -τος n, rule
³⁸ καταργέω aor act ptc m s nom, abolish
³⁹ κτίζω 3s aor act sub, create
⁴⁰ ἀποκαταλλάσσω 3s aor act sub, reconcile

ἐν ἑνὶ σώματι τῷ θεῷ διὰ τοῦ σταυροῦ¹, ἀποκτείνας τὴν ἔχθραν ἐν αὐτῷ. **17** καὶ ἐλθὼν εὐηγγελίσατο² εἰρήνην ὑμῖν τοῖς μακρὰν³ καὶ εἰρήνην τοῖς ἐγγύς· **18** ὅτι δι' αὐτοῦ ἔχομεν τὴν προσαγωγὴν⁴ οἱ ἀμφότεροι ἐν ἑνὶ πνεύματι πρὸς τὸν πατέρα. **19** ἄρα οὖν οὐκέτι ἐστὲ ξένοι⁵ καὶ πάροικοι⁶ ἀλλ' ἐστὲ συμπολῖται⁷ τῶν ἁγίων καὶ οἰκεῖοι⁸ τοῦ θεοῦ, **20** ἐποικοδομηθέντες⁹ ἐπὶ τῷ θεμελίῳ¹⁰ τῶν ἀποστόλων καὶ προφητῶν, ὄντος ἀκρογωνιαίου¹¹ αὐτοῦ Χριστοῦ Ἰησοῦ, **21** ἐν ᾧ πᾶσα οἰκοδομὴ¹² συναρμολογουμένη¹³ αὔξει¹⁴ εἰς ναὸν ἅγιον ἐν κυρίῳ, **22** ἐν ᾧ καὶ ὑμεῖς συνοικοδομεῖσθε¹⁵ εἰς κατοικητήριον¹⁶ τοῦ θεοῦ ἐν πνεύματι.

Paul's Ministry to the Gentiles

3 Τούτου χάριν¹⁷ ἐγὼ Παῦλος ὁ δέσμιος¹⁸ τοῦ Χριστοῦ [Ἰησοῦ] ὑπὲρ ὑμῶν τῶν ἐθνῶν **2** – εἴ γε¹⁹ ἠκούσατε τὴν οἰκονομίαν²⁰ τῆς χάριτος τοῦ θεοῦ τῆς δοθείσης²¹ μοι εἰς ὑμᾶς, **3** ὅτι κατὰ ἀποκάλυψιν²² ἐγνωρίσθη²³ μοι τὸ μυστήριον²⁴, καθὼς προέγραψα²⁵ ἐν ὀλίγῳ²⁶, **4** πρὸς ὃ δύνασθε ἀναγινώσκοντες²⁷ νοῆσαι²⁸ τὴν σύνεσίν²⁹ μου ἐν τῷ μυστηρίῳ τοῦ Χριστοῦ, **5** ὃ ἑτέραις γενεαῖς οὐκ ἐγνωρίσθη τοῖς υἱοῖς τῶν ἀνθρώπων ὡς νῦν ἀπεκαλύφθη³⁰ τοῖς ἁγίοις ἀποστόλοις αὐτοῦ καὶ προφήταις ἐν πνεύματι, **6** εἶναι τὰ ἔθνη συγκληρονόμα³¹ καὶ σύσσωμα³² καὶ συμμέτοχα³³ τῆς ἐπαγγελίας ἐν Χριστῷ Ἰησοῦ διὰ τοῦ εὐαγγελίου, **7** οὗ ἐγενήθην³⁴ διάκονος³⁵ κατὰ τὴν δωρεὰν³⁶ τῆς χάριτος τοῦ θεοῦ τῆς δοθείσης μοι κατὰ τὴν ἐνέργειαν³⁷ τῆς δυνάμεως αὐτοῦ.

8 Ἐμοὶ τῷ ἐλαχιστοτέρῳ³⁸ πάντων ἁγίων ἐδόθη³⁹ ἡ χάρις αὕτη, τοῖς ἔθνεσιν εὐαγγελίσασθαι τὸ ἀνεξιχνίαστον⁴⁰ πλοῦτος⁴¹ τοῦ Χριστοῦ **9** καὶ φωτίσαι⁴² πάντας

---

¹ σταυρός, -οῦ *m*, cross
² εὐαγγελίζω 3s *aor mid ind*, mid preach
³ μακράν, *adv*, far away
⁴ προσαγωγή, -ῆς *f*, access
⁵ ξένος, -η/ον, strange (ὁ ξ. stranger)
⁶ πάροικος, -ου *m*, foreigner
⁷ συμπολίτης, -ου *m*, fellow-citizen
⁸ οἰκεῖος, -ου *m*, member of the household
⁹ ἐποικοδομέω *aor pas ptc m p nom*, build on
¹⁰ θεμέλιος, -ου *m*, foundation
¹¹ ἀκρογωνιαῖος, -α/ον, cornerstone
¹² οἰκοδομή, -ῆς *f*, structure
¹³ συναρμολογέω *pres pas ptc f s nom*, *pas* be joined together
¹⁴ αὔξω/αὐξάνω 3s *pres act ind*, grow
¹⁵ συνοικοδομέω 2p *pres pas ind*, build together
¹⁶ κατοικητήριον, -ου *n*, dwelling
¹⁷ χάριν, *prep* + *gen*, because of (τούτου χ. for this reason)
¹⁸ δέσμιος, -ου *m*, prisoner
¹⁹ γέ, *emphatic particle*
²⁰ οἰκονομία, -ας *f*, stewardship
²¹ δίδωμι *aor pas ptc f s gen*, give
²² ἀποκάλυψις, -εως *f*, revelation
²³ γνωρίζω 3s *aor pas ind*, make known
²⁴ μυστήριον, -ου *n*, mystery
²⁵ προγράφω 1s *aor act ind*, write already
²⁶ ὀλίγος, -η/ον, little (ἐν ὀ. briefly)
²⁷ ἀναγινώσκω *pres act ptc m p nom*, read
²⁸ νοέω *aor act inf*, understand
²⁹ σύνεσις, -εως *f*, insight
³⁰ ἀποκαλύπτω 3s *aor pas ind*, reveal
³¹ συγκληρονόμος, -ου, sharing together
³² σύσσωμος, -ον, member of the same body
³³ συμμέτοχος, -ου *n*, participant
³⁴ γίνομαι 1s *aor pas ind*, become
³⁵ διάκονος, -ου *m*, servant/minister
³⁶ δωρεά, -ᾶς *f*, gift
³⁷ ἐνέργεια, -ας *f*, working
³⁸ ἐλάχιστος, least (super of μικρός)
³⁹ δίδωμι 3s *aor pas ind*, give
⁴⁰ ἀνεξιχνίαστος, -ον, fathomless
⁴¹ πλοῦτος, -ου *n*, riches
⁴² φωτίζω *aor act inf*, enlighten

τίς ἡ οἰκονομία[1] τοῦ μυστηρίου τοῦ ἀποκεκρυμμένου[2] ἀπὸ τῶν αἰώνων ἐν τῷ θεῷ τῷ τὰ πάντα κτίσαντι[3], **10** ἵνα γνωρισθῇ[4] νῦν ταῖς ἀρχαῖς καὶ ταῖς ἐξουσίαις ἐν τοῖς ἐπουρανίοις[5] διὰ τῆς ἐκκλησίας ἡ πολυποίκιλος[6] σοφία τοῦ θεοῦ, **11** κατὰ πρόθεσιν[7] τῶν αἰώνων ἣν ἐποίησεν ἐν τῷ Χριστῷ Ἰησοῦ τῷ κυρίῳ ἡμῶν, **12** ἐν ᾧ ἔχομεν τὴν παρρησίαν καὶ προσαγωγὴν[8] ἐν πεποιθήσει[9] διὰ τῆς πίστεως αὐτοῦ. **13** διὸ αἰτοῦμαι μὴ ἐγκακεῖν[10] ἐν ταῖς θλίψεσίν μου ὑπὲρ ὑμῶν, ἥτις ἐστὶν δόξα ὑμῶν.

To Know the Love of Christ

14 Τούτου χάριν[11] κάμπτω[12] τὰ γόνατά[13] μου πρὸς τὸν πατέρα, **15** ἐξ οὗ πᾶσα πατριὰ[14] ἐν οὐρανοῖς καὶ ἐπὶ γῆς ὀνομάζεται[15], **16** ἵνα δῷ[16] ὑμῖν κατὰ τὸ πλοῦτος[17] τῆς δόξης αὐτοῦ δυνάμει κραταιωθῆναι[18] διὰ τοῦ πνεύματος αὐτοῦ εἰς τὸν ἔσω[19] ἄνθρωπον, **17** κατοικῆσαι τὸν Χριστὸν διὰ τῆς πίστεως ἐν ταῖς καρδίαις ὑμῶν, ἐν ἀγάπῃ ἐρριζωμένοι[20] καὶ τεθεμελιωμένοι[21], **18** ἵνα ἐξισχύσητε[22] καταλαβέσθαι[23] σὺν πᾶσιν τοῖς ἁγίοις τί τὸ πλάτος[24] καὶ μῆκος[25] καὶ ὕψος[26] καὶ βάθος[27], **19** γνῶναί[28] τε τὴν ὑπερβάλλουσαν[29] τῆς γνώσεως[30] ἀγάπην τοῦ Χριστοῦ, ἵνα πληρωθῆτε εἰς πᾶν τὸ πλήρωμα[31] τοῦ θεοῦ.

20 Τῷ δὲ δυναμένῳ ὑπὲρ πάντα ποιῆσαι ὑπερεκπερισσοῦ[32] ὧν αἰτούμεθα ἢ νοοῦμεν[33] κατὰ τὴν δύναμιν τὴν ἐνεργουμένην[34] ἐν ἡμῖν, **21** αὐτῷ ἡ δόξα ἐν τῇ ἐκκλησίᾳ καὶ ἐν Χριστῷ Ἰησοῦ εἰς πάσας τὰς γενεὰς τοῦ αἰῶνος τῶν αἰώνων, ἀμήν.

The Unity of the Body

4 Παρακαλῶ οὖν ὑμᾶς ἐγὼ ὁ δέσμιος[35] ἐν κυρίῳ ἀξίως[36] περιπατῆσαι τῆς κλήσεως[37] ἧς ἐκλήθητε[38], **2** μετὰ πάσης ταπεινοφροσύνης[39] καὶ πραΰτητος[40],

---

[1] οἰκονομία, -ας f, plan
[2] ἀποκρύπτω pf pas ptc n s gen, hide
[3] κτίζω aor act ptc m s dat, create
[4] γνωρίζω 3s aor pas sub, make known
[5] ἐπουράνιος, -ον, heavenly
[6] πολυποίκιλος, -ον, in varied forms
[7] πρόθεσις, -εως f, purpose
[8] προσαγωγή, -ῆς f, access
[9] πεποίθησις, -εως f, confidence
[10] ἐγκακέω pres act inf, become discouraged
[11] χάριν, prep + gen, because of (τούτου χ. for this reason)
[12] κάμπτω 1s pres act ind, bow
[13] γόνυ, γόνατος n, knee
[14] πατριά, -ᾶς f, family
[15] ὀνομάζω 3s pres pas ind, name
[16] δίδωμι 3s aor act sub, give
[17] πλοῦτος, -ου n, riches
[18] κραταιόω aor pas inf, pas become strong
[19] ἔσω, adv, inside
[20] ῥιζόω pf pas ptc m p nom, pas be firmly rooted
[21] θεμελιόω pf pas ptc m p nom, establish firmly
[22] ἐξισχύω 3p aor act sub, be fully able
[23] καταλαμβάνω aor mid inf, understand
[24] πλάτος, -ους n, width
[25] μῆκος, -ους n, length
[26] ὕψος, -ους n, height
[27] βάθος, -ους n, depth
[28] γινώσκω aor act inf, know
[29] ὑπερβάλλω pres act ptc f s acc, surpass
[30] γνῶσις, -εως f, knowledge
[31] πλήρωμα, -τος n, fullness
[32] ὑπερεκπερισσοῦ, prep + gen, so much more than
[33] νοέω 1p pres act ind, understand
[34] ἐνεργέω pres mid ptc f s acc, be at work
[35] δέσμιος, -ου m, prisoner
[36] ἀξίως, adv, worthily
[37] κλῆσις, -εως f, calling
[38] καλέω 2p aor pas ind, call
[39] ταπεινοφροσύνη, -ης f, humility
[40] πραΰτης, -ητος f, gentleness

μετὰ μακροθυμίας¹, ἀνεχόμενοι² ἀλλήλων ἐν ἀγάπη, 3 σπουδάζοντες³ τηρεῖν τὴν ἑνότητα⁴ τοῦ πνεύματος ἐν τῷ συνδέσμῳ⁵ τῆς εἰρήνης· 4 ἓν σῶμα καὶ ἓν πνεῦμα, καθὼς καὶ ἐκλήθητε ἐν μιᾷ ἐλπίδι τῆς κλήσεως ὑμῶν· 5 εἷς κύριος, μία πίστις, ἓν βάπτισμα⁶, 6 εἷς θεὸς καὶ πατὴρ πάντων, ὁ ἐπὶ πάντων καὶ διὰ πάντων καὶ ἐν πᾶσιν. 7 ἑνὶ δὲ ἑκάστῳ ἡμῶν ἐδόθη⁷ ἡ χάρις κατὰ τὸ μέτρον⁸ τῆς δωρεᾶς⁹ τοῦ Χριστοῦ. 8 διὸ λέγει·

ἀναβὰς¹⁰ εἰς ὕψος¹¹ ᾐχμαλώτευσεν¹² αἰχμαλωσίαν¹³,
ἔδωκεν δόματα¹⁴ τοῖς ἀνθρώποις.

9 τὸ δὲ **ἀνέβη**¹⁵ τί ἐστιν, εἰ μὴ ὅτι καὶ κατέβη¹⁶ εἰς τὰ κατώτερα¹⁷ [μέρη] τῆς γῆς; 10 ὁ καταβὰς¹⁸ αὐτός ἐστιν καὶ ὁ **ἀναβὰς** ὑπεράνω¹⁹ πάντων τῶν οὐρανῶν, ἵνα πληρώσῃ τὰ πάντα. 11 καὶ αὐτὸς ἔδωκεν τοὺς μὲν ἀποστόλους, τοὺς δὲ προφήτας, τοὺς δὲ εὐαγγελιστάς²⁰, τοὺς δὲ ποιμένας²¹ καὶ διδασκάλους, 12 πρὸς τὸν καταρτισμὸν²² τῶν ἁγίων εἰς ἔργον διακονίας, εἰς οἰκοδομὴν²³ τοῦ σώματος τοῦ Χριστοῦ, 13 μέχρι²⁴ καταντήσωμεν²⁵ οἱ πάντες εἰς τὴν ἑνότητα²⁶ τῆς πίστεως καὶ τῆς ἐπιγνώσεως²⁷ τοῦ υἱοῦ τοῦ θεοῦ, εἰς ἄνδρα τέλειον²⁸, εἰς μέτρον²⁹ ἡλικίας³⁰ τοῦ πληρώματος³¹ τοῦ Χριστοῦ, 14 ἵνα μηκέτι³² ὦμεν³³ νήπιοι³⁴, κλυδωνιζόμενοι³⁵ καὶ περιφερόμενοι³⁶ παντὶ ἀνέμῳ τῆς διδασκαλίας³⁷ ἐν τῇ κυβείᾳ³⁸ τῶν ἀνθρώπων, ἐν πανουργίᾳ³⁹ πρὸς τὴν μεθοδείαν⁴⁰ τῆς πλάνης⁴¹, 15 ἀληθεύοντες⁴² δὲ ἐν ἀγάπῃ αὐξήσωμεν⁴³ εἰς αὐτὸν τὰ πάντα, ὅς ἐστιν ἡ κεφαλή, Χριστός, 16 ἐξ οὗ πᾶν τὸ σῶμα συναρμολογούμενον⁴⁴ καὶ συμβιβαζόμενον⁴⁵ διὰ πάσης ἁφῆς⁴⁶ τῆς ἐπιχορηγίας⁴⁷

---

[1] μακροθυμία, -ας f, patience
[2] ἀνέχομαι pres mid ptc m p nom, put up with
[3] σπουδάζω pres act ptc m p nom, do one's best
[4] ἑνότης, -ητος f, unity
[5] σύνδεσμος, -ου m, bond
[6] βάπτισμα, -τος n, baptism
[7] δίδωμι 3s aor pas ind, give
[8] μέτρον, -ου n, measure
[9] δωρεά, -ᾶς f, gift
[10] ἀναβαίνω aor act ptc m s nom, go up
[11] ὕψος, -ους n, height
[12] αἰχμαλωτεύω 3s aor act ind, capture
[13] αἰχμαλωσία, -ας f, group of captives
[14] δόμα, -τος n, gift
[15] ἀναβαίνω 3s aor act ind, go up
[16] καταβαίνω 3s aor act ind, go down
[17] κατώτερος, -α/ον, lower
[18] καταβαίνω aor act ptc m s nom, go down
[19] ὑπεράνω, prep + gen, far above
[20] εὐαγγελιστής, -οῦ m, evangelist
[21] ποιμήν, -ένος m, pastor
[22] καταρτισμός, -οῦ m, equipping
[23] οἰκοδομή, -ῆς f, building up
[24] μέχρι, conj, until
[25] καταντάω 1p aor act sub, attain
[26] ἑνότης, -ητος f, unity
[27] ἐπίγνωσις, -εως f, knowledge
[28] τέλειος, -α/ον, mature
[29] μέτρον, -ου n, measure
[30] ἡλικία, -ας f, maturity
[31] πλήρωμα, -τος n, fullness
[32] μηκέτι, adv, no longer
[33] εἰμί 1p pres act sub, be
[34] νήπιος, -α/ον, infant
[35] κλυδωνίζομαι pres pas ptc m p nom, be tossed by the sea
[36] περιφέρω pres pas ptc m p nom, blow about
[37] διδασκαλία, -ας f, teaching
[38] κυβεία, -ας f, cunning
[39] πανουργία, -ας f, trickery
[40] μεθοδεία, -ας f, scheme
[41] πλάνη, -ης f, deceit
[42] ἀληθεύω pres act ptc m p nom, speak the truth
[43] αὔξω/αὐξάνω 1p aor act sub, grow
[44] συναρμολογέω pres pas ptc n s nom, pas be joined together
[45] συμβιβάζω pres pas ptc n s nom, hold together
[46] ἁφή, -ῆς f, ligament
[47] ἐπιχορηγία, -ας f, support

κατ' ἐνέργειαν¹ ἐν μέτρῳ² ἑνὸς ἑκάστου μέρους τὴν αὔξησιν³ τοῦ σώματος ποιεῖται εἰς οἰκοδομὴν⁴ ἑαυτοῦ ἐν ἀγάπῃ.

The Old Life and the New

17 Τοῦτο οὖν λέγω καὶ μαρτύρομαι⁵ ἐν κυρίῳ, μηκέτι⁶ ὑμᾶς περιπατεῖν, καθὼς καὶ τὰ ἔθνη περιπατεῖ ἐν ματαιότητι⁷ τοῦ νοὸς⁸ αὐτῶν, **18** ἐσκοτωμένοι⁹ τῇ διανοίᾳ¹⁰ ὄντες, ἀπηλλοτριωμένοι¹¹ τῆς ζωῆς τοῦ θεοῦ διὰ τὴν ἄγνοιαν¹² τὴν οὖσαν ἐν αὐτοῖς, διὰ τὴν πώρωσιν¹³ τῆς καρδίας αὐτῶν, **19** οἵτινες ἀπηλγηκότες¹⁴ ἑαυτοὺς παρέδωκαν τῇ ἀσελγείᾳ¹⁵ εἰς ἐργασίαν¹⁶ ἀκαθαρσίας¹⁷ πάσης ἐν πλεονεξίᾳ¹⁸.

20 Ὑμεῖς δὲ οὐχ οὕτως ἐμάθετε¹⁹ τὸν Χριστόν, **21** εἴ γε²⁰ αὐτὸν ἠκούσατε καὶ ἐν αὐτῷ ἐδιδάχθητε²¹, καθώς ἐστιν ἀλήθεια ἐν τῷ Ἰησοῦ, **22** ἀποθέσθαι²² ὑμᾶς κατὰ τὴν προτέραν²³ ἀναστροφὴν²⁴ τὸν παλαιὸν²⁵ ἄνθρωπον τὸν φθειρόμενον²⁶ κατὰ τὰς ἐπιθυμίας τῆς ἀπάτης²⁷, **23** ἀνανεοῦσθαι²⁸ δὲ τῷ πνεύματι τοῦ νοὸς²⁹ ὑμῶν **24** καὶ ἐνδύσασθαι³⁰ τὸν καινὸν ἄνθρωπον τὸν κατὰ θεὸν κτισθέντα³¹ ἐν δικαιοσύνῃ καὶ ὁσιότητι³² τῆς ἀληθείας.

Rules for the New Life

25 Διὸ ἀποθέμενοι³³ τὸ ψεῦδος³⁴ λαλεῖτε ἀλήθειαν ἕκαστος μετὰ τοῦ πλησίον³⁵ αὐτοῦ, ὅτι ἐσμὲν ἀλλήλων μέλη. **26** ὀργίζεσθε³⁶ καὶ μὴ ἁμαρτάνετε· ὁ ἥλιος μὴ ἐπιδυέτω³⁷ ἐπὶ [τῷ] παροργισμῷ³⁸ ὑμῶν, **27** μηδὲ δίδοτε³⁹ τόπον τῷ διαβόλῳ. **28** ὁ κλέπτων⁴⁰ μηκέτι⁴¹ κλεπτέτω, μᾶλλον δὲ κοπιάτω⁴² ἐργαζόμενος ταῖς [ἰδίαις] χερσὶν τὸ ἀγαθόν, ἵνα ἔχῃ μεταδιδόναι⁴³ τῷ χρείαν ἔχοντι. **29** πᾶς λόγος σαπρὸς⁴⁴ ἐκ τοῦ στόματος ὑμῶν μὴ ἐκπορευέσθω, ἀλλ' εἴ τις ἀγαθὸς πρὸς οἰκοδομὴν⁴⁵ τῆς

---

¹ ἐνέργεια, -ας f, working
² μέτρον, -ου n, measure
³ αὔξησις, -εως f, growth
⁴ οἰκοδομή, -ῆς f, building up
⁵ μαρτύρομαι 1s pres mid ind, testify
⁶ μηκέτι, adv, no longer
⁷ ματαιότης, -ητος f, futility
⁸ νοῦς, νοός m, mind
⁹ σκοτόομαι pf pas ptc m p nom, be/become dark
¹⁰ διάνοια, -ας f, understanding
¹¹ ἀπαλλοτριόω pf pas ptc m p nom, separate
¹² ἄγνοια, -ας f, ignorance
¹³ πώρωσις, -εως f, stubbornness
¹⁴ ἀπαλγέω pf act ptc m p nom, become insensitive
¹⁵ ἀσέλγεια, -ας f, sensuality
¹⁶ ἐργασία, -ας f, practice
¹⁷ ἀκαθαρσία, -ας f, impurity
¹⁸ πλεονεξία, -ας f, greed
¹⁹ μανθάνω 2p aor act ind, learn
²⁰ γέ, emphatic particle
²¹ διδάσκω 2p aor pas ind, teach
²² ἀποτίθημι aor mid inf, put away
²³ πρότερος, -α/ον, former
²⁴ ἀναστροφή, -ῆς f, manner of life
²⁵ παλαιός, -ά/όν, old
²⁶ φθείρω pres pas ptc m s nom, corrupt
²⁷ ἀπάτη, -ης f, deception
²⁸ ἀνανεόω pres pas inf, renew
²⁹ νοῦς, -ός m, mind
³⁰ ἐνδύω aor mid inf, mid put on
³¹ κτίζω aor pas ptc m s acc, create
³² ὁσιότης, -ητος f, holiness
³³ ἀποτίθημι aor mid ptc m p nom, put away
³⁴ ψεῦδος, -ους n, lie
³⁵ πλησίον, prep + gen, near (ὁ π. neighbor/friend)
³⁶ ὀργίζω 2p pres pas impv, pas be angry
³⁷ ἐπιδύω 3s pres act impv, set
³⁸ παροργισμός, -οῦ f, anger
³⁹ δίδωμι 2p pres act impv, give
⁴⁰ κλέπτω pres act ptc m s nom, steal
⁴¹ μηκέτι, adv, no more
⁴² κοπιάω 3s pres act impv, work
⁴³ μεταδίδωμι pres act inf, give
⁴⁴ σαπρός, -ά/όν, bad
⁴⁵ οἰκοδομή, -ῆς f, encouragement

χρείας, ἵνα δῷ¹ χάριν τοῖς ἀκούουσιν. 30 καὶ μὴ λυπεῖτε² τὸ πνεῦμα τὸ ἅγιον τοῦ θεοῦ, ἐν ᾧ ἐσφραγίσθητε³ εἰς ἡμέραν ἀπολυτρώσεως⁴. 31 πᾶσα πικρία⁵ καὶ θυμὸς⁶ καὶ ὀργὴ καὶ κραυγὴ⁷ καὶ βλασφημία⁸ ἀρθήτω⁹ ἀφ᾽ ὑμῶν σὺν πάσῃ κακίᾳ¹⁰. 32 γίνεσθε [δὲ] εἰς ἀλλήλους χρηστοί¹¹, εὔσπλαγχνοι¹², χαριζόμενοι¹³ ἑαυτοῖς, καθὼς καὶ ὁ θεὸς ἐν Χριστῷ ἐχαρίσατο ὑμῖν.

5 Γίνεσθε¹⁴ οὖν μιμηταὶ¹⁵ τοῦ θεοῦ ὡς τέκνα ἀγαπητὰ 2 καὶ περιπατεῖτε ἐν ἀγάπῃ, καθὼς καὶ ὁ Χριστὸς ἠγάπησεν¹⁶ ἡμᾶς καὶ παρέδωκεν ἑαυτὸν ὑπὲρ ἡμῶν προσφορὰν¹⁷ καὶ θυσίαν¹⁸ τῷ θεῷ εἰς ὀσμὴν¹⁹ εὐωδίας²⁰.

3 Πορνεία²¹ δὲ καὶ ἀκαθαρσία²² πᾶσα ἢ πλεονεξία²³ μηδὲ ὀνομαζέσθω²⁴ ἐν ὑμῖν, καθὼς πρέπει²⁵ ἁγίοις, 4 καὶ αἰσχρότης²⁶ καὶ μωρολογία²⁷ ἢ εὐτραπελία²⁸, ἃ οὐκ ἀνῆκεν²⁹, ἀλλὰ μᾶλλον εὐχαριστία³⁰. 5 τοῦτο γὰρ ἴστε γινώσκοντες, ὅτι πᾶς πόρνος³¹ ἢ ἀκάθαρτος ἢ πλεονέκτης³², ὅ ἐστιν εἰδωλολάτρης³³, οὐκ ἔχει κληρονομίαν³⁴ ἐν τῇ βασιλείᾳ τοῦ Χριστοῦ καὶ θεοῦ.

Walk as Children of Light

6 Μηδεὶς ὑμᾶς ἀπατάτω³⁵ κενοῖς³⁶ λόγοις· διὰ ταῦτα γὰρ ἔρχεται ἡ ὀργὴ τοῦ θεοῦ ἐπὶ τοὺς υἱοὺς τῆς ἀπειθείας³⁷. 7 μὴ οὖν γίνεσθε συμμέτοχοι³⁸ αὐτῶν· 8 ἦτε γάρ ποτε³⁹ σκότος, νῦν δὲ φῶς ἐν κυρίῳ· ὡς τέκνα φωτὸς περιπατεῖτε 9— ὁ γὰρ καρπὸς τοῦ φωτὸς ἐν πάσῃ ἀγαθωσύνῃ⁴⁰ καὶ δικαιοσύνῃ καὶ ἀληθείᾳ — 10 δοκιμάζοντες⁴¹ τί ἐστιν εὐάρεστον⁴² τῷ κυρίῳ, 11 καὶ μὴ συγκοινωνεῖτε⁴³ τοῖς ἔργοις τοῖς ἀκάρποις⁴⁴ τοῦ σκότους, μᾶλλον δὲ καὶ ἐλέγχετε⁴⁵. 12 τὰ γὰρ κρυφῇ⁴⁶ γινόμενα ὑπ᾽ αὐτῶν αἰσχρόν⁴⁷ ἐστιν καὶ λέγειν, 13 τὰ δὲ πάντα ἐλεγχόμενα ὑπὸ τοῦ φωτὸς φανεροῦται, 14 πᾶν γὰρ τὸ φανερούμενον φῶς ἐστιν. διὸ λέγει·

---

1 δίδωμι 3s aor act sub, give
2 λυπέω 2p pres act impv, grieve
3 σφραγίζω 2p aor pas ind, seal
4 ἀπολύτρωσις, -εως f, redemption
5 πικρία, -ας f, bitterness
6 θυμός, -οῦ m, rage
7 κραυγή, -ῆς f, yelling
8 βλασφημία, -ας f, slander
9 αἴρω 3s aor pas impv, set aside
10 κακία, -ας f, evil
11 χρηστός, -ή/όν, kind
12 εὔσπλαγχνος, -ον, compassionate
13 χαρίζομαι pres mid ptc m p nom, forgive
14 γίνομαι 2p pres mid impv, become
15 μιμητής, -οῦ m, imitator
16 ἀγαπάω 3s aor act ind, love
17 προσφορά, -ᾶς f, offering
18 θυσία, -ας f, sacrifice
19 ὀσμή, -ῆς f, fragrance
20 εὐωδία, -ας f, sweet smell
21 πορνεία, -ας f, sexual immorality
22 ἀκαθαρσία, -ας f, impurity
23 πλεονεξία, -ας f, greed
24 ὀνομάζω 3s pres pas impv, mention
25 πρέπω 3s pres act ind, impers it is fitting
26 αἰσχρότης, -ητος f, obscenity
27 μωρολογία, -ας f, foolish talk
28 εὐτραπελία, -ας f, vulgar talk
29 ἀνήκω 3s impf act ind, impers be proper
30 εὐχαριστία, -ας f, thanksgiving
31 πόρνος, -ου m, immoral person
32 πλεονέκτης, -ου m, greedy person
33 εἰδωλολάτρης, -ου m, idolater
34 κληρονομία, -ας f, inheritance
35 ἀπατάω 3s pres act impv, deceive
36 κενός, -ή/όν, empty
37 ἀπείθεια, -ας f, disobedience
38 συμμέτοχος, -ου m, participant
39 ποτέ, temporal adv, formerly
40 ἀγαθωσύνη, -ης f, goodness
41 δοκιμάζω pres act ptc m p nom, discern
42 εὐάρεστος, -ον, acceptable
43 συγκοινωνέω 2p pres act impv, take part in
44 ἄκαρπος, -ον, useless
45 ἐλέγχω 2p pres act impv, expose
46 κρυφῇ, adv, in secret
47 αἰσχρός, -ά/όν, shameful

ἔγειρε, ὁ καθεύδων¹,
καὶ ἀνάστα² ἐκ τῶν νεκρῶν,
καὶ ἐπιφαύσει³ σοι ὁ Χριστός.

15 Βλέπετε οὖν ἀκριβῶς⁴ πῶς περιπατεῖτε μὴ ὡς ἄσοφοι⁵ ἀλλ' ὡς σοφοί⁶, **16** ἐξαγοραζόμενοι⁷ τὸν καιρόν, ὅτι αἱ ἡμέραι πονηραί εἰσιν. **17** διὰ τοῦτο μὴ γίνεσθε ἄφρονες⁸, ἀλλὰ συνίετε⁹ τί τὸ θέλημα τοῦ κυρίου. **18** καὶ μὴ μεθύσκεσθε¹⁰ οἴνῳ, ἐν ᾧ ἐστιν ἀσωτία¹¹, ἀλλὰ πληροῦσθε ἐν πνεύματι, **19** λαλοῦντες ἑαυτοῖς [ἐν] ψαλμοῖς¹² καὶ ὕμνοις¹³ καὶ ᾠδαῖς¹⁴ πνευματικαῖς¹⁵, ᾄδοντες¹⁶ καὶ ψάλλοντες¹⁷ τῇ καρδίᾳ ὑμῶν τῷ κυρίῳ, **20** εὐχαριστοῦντες πάντοτε ὑπὲρ πάντων ἐν ὀνόματι τοῦ κυρίου ἡμῶν Ἰησοῦ Χριστοῦ τῷ θεῷ καὶ πατρί.

Wives and Husbands

21 Ὑποτασσόμενοι ἀλλήλοις ἐν φόβῳ Χριστοῦ, **22** αἱ γυναῖκες τοῖς ἰδίοις ἀνδράσιν ὡς τῷ κυρίῳ, **23** ὅτι ἀνήρ ἐστιν κεφαλὴ τῆς γυναικὸς ὡς καὶ ὁ Χριστὸς κεφαλὴ τῆς ἐκκλησίας, αὐτὸς σωτὴρ¹⁸ τοῦ σώματος· **24** ἀλλ' ὡς ἡ ἐκκλησία ὑποτάσσεται τῷ Χριστῷ, οὕτως καὶ αἱ γυναῖκες τοῖς ἀνδράσιν ἐν παντί.

25 Οἱ ἄνδρες, ἀγαπᾶτε τὰς γυναῖκας, καθὼς καὶ ὁ Χριστὸς ἠγάπησεν τὴν ἐκκλησίαν καὶ ἑαυτὸν παρέδωκεν ὑπὲρ αὐτῆς, **26** ἵνα αὐτὴν ἁγιάσῃ¹⁹ καθαρίσας τῷ λουτρῷ²⁰ τοῦ ὕδατος ἐν ῥήματι, **27** ἵνα παραστήσῃ αὐτὸς ἑαυτῷ ἔνδοξον²¹ τὴν ἐκκλησίαν, μὴ ἔχουσαν σπίλον²² ἢ ῥυτίδα²³ ἤ τι τῶν τοιούτων, ἀλλ' ἵνα ᾖ ἁγία καὶ ἄμωμος²⁴. **28** οὕτως ὀφείλουσιν [καὶ] οἱ ἄνδρες ἀγαπᾶν τὰς ἑαυτῶν γυναῖκας ὡς τὰ ἑαυτῶν σώματα. ὁ ἀγαπῶν τὴν ἑαυτοῦ γυναῖκα ἑαυτὸν ἀγαπᾷ. **29** οὐδεὶς γάρ ποτε²⁵ τὴν ἑαυτοῦ σάρκα ἐμίσησεν ἀλλ' ἐκτρέφει²⁶ καὶ θάλπει²⁷ αὐτήν, καθὼς καὶ ὁ Χριστὸς τὴν ἐκκλησίαν, **30** ὅτι μέλη ἐσμὲν τοῦ σώματος αὐτοῦ. **31** ἀντὶ²⁸ τούτου καταλείψει²⁹ ἄνθρωπος [τὸν] πατέρα καὶ [τὴν] μητέρα καὶ προσκολληθήσεται³⁰ πρὸς τὴν γυναῖκα αὐτοῦ, καὶ ἔσονται³¹ οἱ δύο εἰς σάρκα μίαν. **32** τὸ μυστήριον³²

---

[1] καθεύδω pres act ptc m s nom or voc, sleep/be dead
[2] ἀνίστημι 2s aor act impv, intrans rise
[3] ἐπιφαύσκω 3s fut act ind, shine
[4] ἀκριβῶς, adv, with care
[5] ἄσοφος, -ον, unwise
[6] σοφός, -ή/όν, wise
[7] ἐξαγοράζω pres mid ptc m p nom, mid make the most of
[8] ἄφρων, -ον, gen -ονος, foolish
[9] συνίημι 2p pres act impv, understand
[10] μεθύσκω 2p pres pas impv, mid get drunk
[11] ἀσωτία, -ας f, dissipation
[12] ψαλμός, -οῦ m, psalm
[13] ὕμνος, -ου m, hymn
[14] ᾠδή, -ῆς f, song
[15] πνευματικός, -ή/όν, spiritual
[16] ᾄδω pres act ptc m p nom, sing
[17] ψάλλω pres act ptc m p nom, make music
[18] σωτήρ, -ῆρος m, Savior
[19] ἁγιάζω 3s aor act sub, cleanse
[20] λουτρόν, -οῦ n, washing
[21] ἔνδοξος, -ον, glorious
[22] σπίλος, -ου m, stain
[23] ῥυτίς, -ίδος f, wrinkle
[24] ἄμωμος, -ον, without blemish
[25] ποτέ, temporal adv, ever
[26] ἐκτρέφω 3s pres act ind, feed
[27] θάλπω 3s pres act ind, take care of
[28] ἀντί, prep + gen, because of
[29] καταλείπω 3s fut act ind, leave
[30] προσκολλάω 3s fut pas ind, pas be united
[31] εἰμί 3p fut mid ind, be
[32] μυστήριον, -ου n, mystery

τοῦτο μέγα ἐστίν· ἐγὼ δὲ λέγω εἰς Χριστὸν καὶ εἰς τὴν ἐκκλησίαν. **33** πλὴν καὶ ὑμεῖς οἱ καθ' ἕνα, ἕκαστος τὴν ἑαυτοῦ γυναῖκα οὕτως ἀγαπάτω ὡς ἑαυτόν, ἡ δὲ γυνὴ ἵνα φοβῆται τὸν ἄνδρα.

Children and Parents

6 Τὰ τέκνα, ὑπακούετε¹ τοῖς γονεῦσιν² ὑμῶν [ἐν κυρίῳ]· τοῦτο γάρ ἐστιν δίκαιον. **2** τίμα³ τὸν πατέρα σου καὶ τὴν μητέρα, ἥτις ἐστὶν ἐντολὴ πρώτη ἐν ἐπαγγελίᾳ, **3** ἵνα εὖ⁴ σοι γένηται⁵ καὶ ἔσῃ⁶ μακροχρόνιος⁷ ἐπὶ τῆς γῆς. **4** καὶ οἱ πατέρες, μὴ παροργίζετε⁸ τὰ τέκνα ὑμῶν ἀλλ' ἐκτρέφετε⁹ αὐτὰ ἐν παιδείᾳ¹⁰ καὶ νουθεσίᾳ¹¹ κυρίου.

Slaves and Masters

5 Οἱ δοῦλοι, ὑπακούετε¹² τοῖς κατὰ σάρκα κυρίοις μετὰ φόβου καὶ τρόμου¹³ ἐν ἁπλότητι¹⁴ τῆς καρδίας ὑμῶν ὡς τῷ Χριστῷ, **6** μὴ κατ' ὀφθαλμοδουλίαν¹⁵ ὡς ἀνθρωπάρεσκοι¹⁶ ἀλλ' ὡς δοῦλοι Χριστοῦ ποιοῦντες τὸ θέλημα τοῦ θεοῦ ἐκ ψυχῆς, **7** μετ' εὐνοίας¹⁷ δουλεύοντες¹⁸ ὡς τῷ κυρίῳ καὶ οὐκ ἀνθρώποις, **8** εἰδότες¹⁹ ὅτι ἕκαστος ἐάν τι ποιήσῃ ἀγαθόν, τοῦτο κομίσεται²⁰ παρὰ κυρίου εἴτε δοῦλος εἴτε ἐλεύθερος²¹. **9** καὶ οἱ κύριοι, τὰ αὐτὰ ποιεῖτε πρὸς αὐτούς, ἀνιέντες²² τὴν ἀπειλήν²³, εἰδότες ὅτι καὶ αὐτῶν καὶ ὑμῶν ὁ κύριός ἐστιν ἐν οὐρανοῖς καὶ προσωπολημψία²⁴ οὐκ ἔστιν παρ' αὐτῷ.

The Battle against Evil

10 Τοῦ λοιποῦ, ἐνδυναμοῦσθε²⁵ ἐν κυρίῳ καὶ ἐν τῷ κράτει²⁶ τῆς ἰσχύος²⁷ αὐτοῦ. **11** ἐνδύσασθε²⁸ τὴν πανοπλίαν²⁹ τοῦ θεοῦ πρὸς τὸ δύνασθαι ὑμᾶς στῆναι³⁰ πρὸς τὰς μεθοδείας³¹ τοῦ διαβόλου· **12** ὅτι οὐκ ἔστιν ἡμῖν ἡ πάλη³² πρὸς αἷμα καὶ σάρκα ἀλλὰ πρὸς τὰς ἀρχάς, πρὸς τὰς ἐξουσίας, πρὸς τοὺς κοσμοκράτορας³³ τοῦ

---

[1] ὑπακούω 2p pres act impv, obey
[2] γονεύς, -έως m, parent
[3] τιμάω 2s pres act impv, honor
[4] εὖ, adv, well
[5] γίνομαι 3s aor mid sub, be
[6] εἰμί 2s fut mid ind, be
[7] μακροχρόνιος, -ον, long-lived
[8] παροργίζω 2p pres act impv, make angry
[9] ἐκτρέφω 2p pres act impv, raise
[10] παιδεία, -ας f, discipline
[11] νουθεσία, -ας f, instruction
[12] ὑπακούω 2p pres act impv, obey
[13] τρόμος, -ου m, trembling
[14] ἁπλότης, -ητος f, sincerity
[15] ὀφθαλμοδουλία, -ας f, eye-service
[16] ἀνθρωπάρεσκος, -ον, one who tries to please humans
[17] εὔνοια, -ας f, goodwill
[18] δουλεύω pres act ptc m p nom, serve
[19] οἶδα pf act ptc m p nom, know
[20] κομίζω 3s fut mid ind, receive
[21] ἐλεύθερος, -α/ον, free
[22] ἀνίημι pres act ptc m p nom, stop
[23] ἀπειλή, -ῆς f, threatening
[24] προσωπολημψία, -ας f, favoritism
[25] ἐνδυναμόω 2p pres pas impv, pas become strong
[26] κράτος, -ους n, strength
[27] ἰσχύς, -ύος f, might
[28] ἐνδύω 2p aor mid impv, mid put on
[29] πανοπλία, -ας f, whole armor
[30] ἵστημι aor act inf, stand (against)
[31] μεθοδεία, -ας f, scheme
[32] πάλη, -ης f, struggle
[33] κοσμοκράτωρ, -ορος m, world ruler

σκότους τούτου, πρὸς τὰ πνευματικὰ¹ τῆς πονηρίας² ἐν τοῖς ἐπουρανίοις³. 13 διὰ τοῦτο ἀναλάβετε⁴ τὴν πανοπλίαν τοῦ θεοῦ, ἵνα δυνηθῆτε ἀντιστῆναι⁵ ἐν τῇ ἡμέρᾳ τῇ πονηρᾷ καὶ ἅπαντα κατεργασάμενοι⁶ στῆναι⁷. 14 στῆτε⁸ οὖν περιζωσάμενοι⁹ τὴν ὀσφὺν¹⁰ ὑμῶν ἐν ἀληθείᾳ καὶ ἐνδυσάμενοι¹¹ τὸν θώρακα¹² τῆς δικαιοσύνης 15 καὶ ὑποδησάμενοι¹³ τοὺς πόδας ἐν ἑτοιμασίᾳ¹⁴ τοῦ εὐαγγελίου τῆς εἰρήνης, 16 ἐν πᾶσιν ἀναλαβόντες τὸν θυρεὸν¹⁵ τῆς πίστεως, ἐν ᾧ δυνήσεσθε πάντα τὰ βέλη¹⁶ τοῦ πονηροῦ τὰ πεπυρωμένα¹⁷ σβέσαι¹⁸· 17 καὶ τὴν περικεφαλαίαν¹⁹ τοῦ σωτηρίου²⁰ δέξασθε καὶ τὴν μάχαιραν²¹ τοῦ πνεύματος, ὅ ἐστιν ῥῆμα θεοῦ. 18 διὰ πάσης προσευχῆς καὶ δεήσεως²² προσευχόμενοι ἐν παντὶ καιρῷ ἐν πνεύματι, καὶ εἰς αὐτὸ ἀγρυπνοῦντες²³ ἐν πάσῃ προσκαρτερήσει²⁴ καὶ δεήσει περὶ πάντων τῶν ἁγίων 19 καὶ ὑπὲρ ἐμοῦ, ἵνα μοι δοθῇ²⁵ λόγος ἐν ἀνοίξει²⁶ τοῦ στόματός μου, ἐν παρρησίᾳ γνωρίσαι²⁷ τὸ μυστήριον²⁸ τοῦ εὐαγγελίου, 20 ὑπὲρ οὗ πρεσβεύω²⁹ ἐν ἁλύσει³⁰, ἵνα ἐν αὐτῷ παρρησιάσωμαι³¹ ὡς δεῖ με λαλῆσαι.

Final Greetings

21 Ἵνα δὲ εἰδῆτε³² καὶ ὑμεῖς τὰ κατ' ἐμέ, τί πράσσω, πάντα γνωρίσει ὑμῖν Τύχικος ὁ ἀγαπητὸς ἀδελφὸς καὶ πιστὸς διάκονος³³ ἐν κυρίῳ, 22 ὃν ἔπεμψα³⁴ πρὸς ὑμᾶς εἰς αὐτὸ τοῦτο, ἵνα γνῶτε³⁵ τὰ περὶ ἡμῶν καὶ παρακαλέσῃ τὰς καρδίας ὑμῶν.

23 Εἰρήνη τοῖς ἀδελφοῖς καὶ ἀγάπη μετὰ πίστεως ἀπὸ θεοῦ πατρὸς καὶ κυρίου Ἰησοῦ Χριστοῦ. 24 ἡ χάρις μετὰ πάντων τῶν ἀγαπώντων τὸν κύριον ἡμῶν Ἰησοῦν Χριστὸν ἐν ἀφθαρσίᾳ³⁶.

---

[1] πνευματικός, -ή/όν, spiritual
[2] πονηρία, -ας f, evil
[3] ἐπουράνιος, -ον, heavenly (realm)
[4] ἀναλαμβάνω 2p aor act impv, take up
[5] ἀνθίστημι aor act inf, hold one's ground
[6] κατεργάζομαι aor mid ptc m p nom, do
[7] ἵστημι aor act inf, stand
[8] ἵστημι 2p aor act impv, stand
[9] περιζώννυμι aor mid ptc m p nom, mid wrap around
[10] ὀσφῦς, -ύος f, waist
[11] ἐνδύω aor mid ptc m p nom, mid put on
[12] θώραξ, -ακος m, breastplate
[13] ὑποδέω aor mid ptc m p nom, mid put (something) on
[14] ἑτοιμασία, -ας f, readiness
[15] θυρεός, -οῦ m, shield
[16] βέλος, -ους n, arrow
[17] πυρόω pf pas ptc n p acc, pas be in flames
[18] σβέννυμι aor act inf, put out
[19] περικεφαλαία, -ας f, helmet
[20] σωτήριος, -ον, bringing salvation
[21] μάχαιρα, -ης f, sword
[22] δέησις, -εως f, petition
[23] ἀγρυπνέω pres act ptc m p nom, be alert
[24] προσκαρτέρησις, -εως f, perseverance
[25] δίδωμι 3s aor pas sub, give
[26] ἄνοιξις, -εως f, opening
[27] γνωρίζω aor act inf, make known
[28] μυστήριον, -ου n, mystery
[29] πρεσβεύω 1s pres act ind, be an ambassador
[30] ἅλυσις, -εως f, chain
[31] παρρησιάζομαι 1s aor mid sub, speak boldly
[32] οἶδα 2p pf act sub, know
[33] διάκονος, -ου m, servant/minister
[34] πέμπω 1s aor act ind, send
[35] γινώσκω 2p aor act sub, know
[36] ἀφθαρσία, -ας f, imperishability (ἐν ἀ. with undying love)

ΠΡΟΣ ΦΙΛΙΠΠΗΣΙΟΥΣ

Salutation

1 Παῦλος καὶ Τιμόθεος δοῦλοι Χριστοῦ Ἰησοῦ πᾶσιν τοῖς ἁγίοις ἐν Χριστῷ Ἰησοῦ τοῖς οὖσιν ἐν Φιλίπποις σὺν ἐπισκόποις[1] καὶ διακόνοις[2], **2** χάρις ὑμῖν καὶ εἰρήνη ἀπὸ θεοῦ πατρὸς ἡμῶν καὶ κυρίου Ἰησοῦ Χριστοῦ.

Paul's Prayer for the Philippians

3 Εὐχαριστῶ τῷ θεῷ μου ἐπὶ πάσῃ τῇ μνείᾳ[3] ὑμῶν **4** πάντοτε ἐν πάσῃ δεήσει[4] μου ὑπὲρ πάντων ὑμῶν, μετὰ χαρᾶς τὴν δέησιν ποιούμενος, **5** ἐπὶ τῇ κοινωνίᾳ[5] ὑμῶν εἰς τὸ εὐαγγέλιον ἀπὸ τῆς πρώτης ἡμέρας ἄχρι τοῦ νῦν, **6** πεποιθὼς[6] αὐτὸ τοῦτο, ὅτι ὁ ἐναρξάμενος[7] ἐν ὑμῖν ἔργον ἀγαθὸν ἐπιτελέσει[8] ἄχρι ἡμέρας Χριστοῦ Ἰησοῦ· **7** καθώς ἐστιν δίκαιον ἐμοὶ τοῦτο φρονεῖν[9] ὑπὲρ πάντων ὑμῶν διὰ τὸ ἔχειν με ἐν τῇ καρδίᾳ ὑμᾶς, ἔν τε τοῖς δεσμοῖς[10] μου καὶ ἐν τῇ ἀπολογίᾳ[11] καὶ βεβαιώσει[12] τοῦ εὐαγγελίου συγκοινωνούς[13] μου τῆς χάριτος πάντας ὑμᾶς ὄντας. **8** μάρτυς γάρ μου ὁ θεὸς ὡς ἐπιποθῶ[14] πάντας ὑμᾶς ἐν σπλάγχνοις[15] Χριστοῦ Ἰησοῦ. **9** καὶ τοῦτο προσεύχομαι, ἵνα ἡ ἀγάπη ὑμῶν ἔτι μᾶλλον καὶ μᾶλλον περισσεύῃ ἐν ἐπιγνώσει[16] καὶ πάσῃ αἰσθήσει[17] **10** εἰς τὸ δοκιμάζειν[18] ὑμᾶς τὰ διαφέροντα[19], ἵνα ἦτε εἰλικρινεῖς[20] καὶ ἀπρόσκοποι[21] εἰς ἡμέραν Χριστοῦ, **11** πεπληρωμένοι καρπὸν δικαιοσύνης τὸν διὰ Ἰησοῦ Χριστοῦ εἰς δόξαν καὶ ἔπαινον[22] θεοῦ.

To Live is Christ

12 Γινώσκειν δὲ ὑμᾶς βούλομαι, ἀδελφοί, ὅτι τὰ κατ' ἐμὲ μᾶλλον εἰς προκοπὴν[23] τοῦ εὐαγγελίου ἐλήλυθεν[24], **13** ὥστε τοὺς δεσμούς[25] μου φανεροὺς[26] ἐν Χριστῷ

---

[1] ἐπίσκοπος, -ου m, overseer/bishop
[2] διάκονος, -ου m, deacon
[3] μνεία, -ας f, remembrance
[4] δέησις, -εως f, prayer
[5] κοινωνία, -ας f, fellowship
[6] πείθω pf act ptc m s nom, convince
[7] ἐνάρχομαι aor mid ptc m s nom, begin
[8] ἐπιτελέω 3s fut act ind, complete
[9] φρονέω pres act inf, think
[10] δεσμός, -οῦ m, imprisonment
[11] ἀπολογία, -ας f, defense
[12] βεβαίωσις, -εως f, confirmation
[13] συγκοινωνός, -οῦ m, participant
[14] ἐπιποθέω 1s pres act ind, long for
[15] σπλάγχνον, -ου n, affection
[16] ἐπίγνωσις, -εως f, knowledge
[17] αἴσθησις, -εως f, insight
[18] δοκιμάζω pres act inf, approve/discern
[19] διαφέρω pres act ptc n p acc, be superior to
[20] εἰλικρινής, -ές, pure
[21] ἀπρόσκοπος, -ον, blameless
[22] ἔπαινος, -ου m, praise
[23] προκοπή, -ῆς f, advancement
[24] ἔρχομαι 3s pf act ind, come
[25] δεσμός, -οῦ m, imprisonment
[26] φανερός, -οῦ m, known

γενέσθαι ἐν ὅλῳ τῷ πραιτωρίῳ[1] καὶ τοῖς λοιποῖς πᾶσιν, **14** καὶ τοὺς πλείονας[2] τῶν ἀδελφῶν ἐν κυρίῳ πεποιθότας[3] τοῖς δεσμοῖς μου περισσοτέρως[4] τολμᾶν[5] ἀφόβως[6] τὸν λόγον λαλεῖν. **15** τινὲς μὲν καὶ διὰ φθόνον[7] καὶ ἔριν[8], τινὲς δὲ καὶ δι' εὐδοκίαν[9] τὸν Χριστὸν κηρύσσουσιν· **16** οἱ μὲν ἐξ ἀγάπης, εἰδότες[10] ὅτι εἰς ἀπολογίαν[11] τοῦ εὐαγγελίου κεῖμαι[12], **17** οἱ δὲ ἐξ ἐριθείας[13] τὸν Χριστὸν καταγγέλλουσιν[14], οὐχ ἁγνῶς[15], οἰόμενοι[16] θλῖψιν ἐγείρειν τοῖς δεσμοῖς μου. **18** τί γάρ; πλὴν ὅτι παντὶ τρόπῳ[17], εἴτε προφάσει[18] εἴτε ἀληθείᾳ, Χριστὸς καταγγέλλεται, καὶ ἐν τούτῳ χαίρω.

Ἀλλὰ καὶ χαρήσομαι[19], **19** οἶδα γὰρ ὅτι τοῦτό μοι ἀποβήσεται[20] εἰς σωτηρίαν διὰ τῆς ὑμῶν δεήσεως[21] καὶ ἐπιχορηγίας[22] τοῦ πνεύματος Ἰησοῦ Χριστοῦ **20** κατὰ τὴν ἀποκαραδοκίαν[23] καὶ ἐλπίδα μου, ὅτι ἐν οὐδενὶ αἰσχυνθήσομαι[24] ἀλλ' ἐν πάσῃ παρρησίᾳ ὡς πάντοτε καὶ νῦν μεγαλυνθήσεται[25] Χριστὸς ἐν τῷ σώματί μου, εἴτε διὰ ζωῆς εἴτε διὰ θανάτου. **21** ἐμοὶ γὰρ τὸ ζῆν Χριστὸς καὶ τὸ ἀποθανεῖν[26] κέρδος[27]. **22** εἰ δὲ τὸ ζῆν ἐν σαρκί, τοῦτό μοι καρπὸς ἔργου, καὶ τί αἱρήσομαι[28] οὐ γνωρίζω[29]. **23** συνέχομαι[30] δὲ ἐκ τῶν δύο, τὴν ἐπιθυμίαν ἔχων εἰς τὸ ἀναλῦσαι[31] καὶ σὺν Χριστῷ εἶναι, πολλῷ [γὰρ] μᾶλλον κρεῖσσον[32]· **24** τὸ δὲ ἐπιμένειν[33] [ἐν] τῇ σαρκὶ ἀναγκαιότερον[34] δι' ὑμᾶς. **25** καὶ τοῦτο πεποιθὼς[35] οἶδα ὅτι μενῶ καὶ παραμενῶ[36] πᾶσιν ὑμῖν εἰς τὴν ὑμῶν προκοπὴν[37] καὶ χαρὰν τῆς πίστεως, **26** ἵνα τὸ καύχημα[38] ὑμῶν περισσεύῃ ἐν Χριστῷ Ἰησοῦ ἐν ἐμοὶ διὰ τῆς ἐμῆς παρουσίας[39] πάλιν πρὸς ὑμᾶς.

27 Μόνον ἀξίως[40] τοῦ εὐαγγελίου τοῦ Χριστοῦ πολιτεύεσθε[41], ἵνα εἴτε ἐλθὼν καὶ ἰδὼν ὑμᾶς εἴτε ἀπὼν[42] ἀκούω τὰ περὶ ὑμῶν, ὅτι στήκετε[43] ἐν ἑνὶ πνεύματι, μιᾷ ψυχῇ συναθλοῦντες[44] τῇ πίστει τοῦ εὐαγγελίου **28** καὶ μὴ πτυρόμενοι[45] ἐν μηδενὶ

---

[1] πραιτώριον, -ου *n*, palace (guard)
[2] πολύς, many (comp)
[3] πείθω *pf act ptc m p acc*, be confident
[4] περισσοτέρως, *adv*, all the more
[5] τολμάω *pres act inf*, be bold enough
[6] ἀφόβως, *adv*, without fear
[7] φθόνος, -ου *m*, envy
[8] ἔρις, -ιδος *f*, rivalry
[9] εὐδοκία, -ας *f*, good will
[10] οἶδα *pf act ptc m p nom*, know
[11] ἀπολογία, -ας *f*, defense
[12] κεῖμαι *1s pres mid ind*, be here
[13] ἐριθεία, -ας *f*, selfish ambition
[14] καταγγέλλω *3p pres act ind*, proclaim
[15] ἁγνῶς, *adv*, with pure motive
[16] οἴομαι *pres mid ptc m p nom*, suppose
[17] τρόπος, -ου *m*, way
[18] πρόφασις, -εως *f*, false motive
[19] χαίρω *1s fut pas ind*, rejoice
[20] ἀποβαίνω *3s fut mid ind*, result in
[21] δέησις, -εως *f*, prayer
[22] ἐπιχορηγία, -ας *f*, supply
[23] ἀποκαραδοκία, -ας *f*, eager expectation
[24] αἰσχύνω *1s fut pas ind*, *pas* be ashamed
[25] μεγαλύνω *3s fut pas ind*, highly honor
[26] ἀποθνήσκω *aor act inf*, die
[27] κέρδος, -ους *n*, gain
[28] αἱρέω *1s fut mid ind*, *mid* choose
[29] γνωρίζω *1s pres act ind*, know
[30] συνέχω *1s pres pas ind*, *pas* be caught
[31] ἀναλύω *aor act inf*, die
[32] κρείττων, better (comp of ἀγαθός)
[33] ἐπιμένω *pres act inf*, remain
[34] ἀναγκαῖος, necessary (comp)
[35] πείθω *pf act ptc m s nom*, be confident
[36] παραμένω *1s fut act ind*, continue
[37] προκοπή, -ῆς *f*, progress
[38] καύχημα, -τος *n*, ground for boasting
[39] παρουσία, -ας *f*, coming
[40] ἀξίως, *adv*, worthily
[41] πολιτεύομαι *2p pres mid impv*, live
[42] ἄπειμι *pres act ptc m s nom*, be away
[43] στήκω *2p pres act ind*, stand firm
[44] συναθλέω *pres act ptc m p nom*, struggle side by side
[45] πτύρω *pres pas ptc m p nom*, *pas* be frightened

ὑπὸ τῶν ἀντικειμένων¹, ἥτις ἐστὶν αὐτοῖς ἔνδειξις² ἀπωλείας³, ὑμῶν δὲ σωτηρίας, καὶ τοῦτο ἀπὸ θεοῦ· **29** ὅτι ὑμῖν ἐχαρίσθη⁴ τὸ ὑπὲρ Χριστοῦ, οὐ μόνον τὸ εἰς αὐτὸν πιστεύειν ἀλλὰ καὶ τὸ ὑπὲρ αὐτοῦ πάσχειν, **30** τὸν αὐτὸν ἀγῶνα⁵ ἔχοντες, οἷον⁶ εἴδετε ἐν ἐμοὶ καὶ νῦν ἀκούετε ἐν ἐμοί.

Imitating Christ's Humility

2 Εἴ τις οὖν παράκλησις⁷ ἐν Χριστῷ, εἴ τι παραμύθιον⁸ ἀγάπης, εἴ τις κοινωνία⁹ πνεύματος, εἴ τις σπλάγχνα¹⁰ καὶ οἰκτιρμοί¹¹, **2** πληρώσατέ μου τὴν χαρὰν ἵνα τὸ αὐτὸ φρονῆτε¹², τὴν αὐτὴν ἀγάπην ἔχοντες, σύμψυχοι¹³, τὸ ἓν φρονοῦντες¹⁴, **3** μηδὲν κατ᾽ ἐριθείαν¹⁵ μηδὲ κατὰ κενοδοξίαν¹⁶ ἀλλὰ τῇ ταπεινοφροσύνῃ¹⁷ ἀλλήλους ἡγούμενοι¹⁸ ὑπερέχοντας¹⁹ ἑαυτῶν, **4** μὴ τὰ ἑαυτῶν ἕκαστος σκοποῦντες²⁰ ἀλλὰ καὶ τὰ ἑτέρων ἕκαστοι.

5 Τοῦτο φρονεῖτε²¹ ἐν ὑμῖν ὃ καὶ ἐν Χριστῷ Ἰησοῦ,
   6 ὃς ἐν μορφῇ²² θεοῦ ὑπάρχων
      οὐχ ἁρπαγμὸν²³ ἡγήσατο²⁴
      τὸ εἶναι ἴσα²⁵ θεῷ,
   7 ἀλλ᾽ ἑαυτὸν ἐκένωσεν²⁶
      μορφὴν δούλου λαβών,
      ἐν ὁμοιώματι²⁷ ἀνθρώπων γενόμενος·
      καὶ σχήματι²⁸ εὑρεθεὶς ὡς ἄνθρωπος
   8 ἐταπείνωσεν²⁹ ἑαυτὸν
      γενόμενος ὑπήκοος³⁰ μέχρι³¹ θανάτου,
      θανάτου δὲ σταυροῦ.³²
   9 διὸ καὶ ὁ θεὸς αὐτὸν ὑπερύψωσεν³³
      καὶ ἐχαρίσατο³⁴ αὐτῷ τὸ ὄνομα
      τὸ ὑπὲρ πᾶν ὄνομα,

---

1 ἀντίκειμαι pres mid ptc m p gen, oppose
2 ἔνδειξις, -εως f, evidence
3 ἀπώλεια, -ας f, destruction
4 χαρίζομαι 3s aor pas ind, grant
5 ἀγών, -ῶνος m, struggle
6 οἷος, -α/ον, rel pro, such as
7 παράκλησις, -εως f, encouragement
8 παραμύθιον, -ου n, comfort/incentive
9 κοινωνία, -ας f, fellowship
10 σπλάγχνον, -ου n, affection
11 οἰκτιρμός, -οῦ m, compassion
12 φρονέω 2p pres act sub, think (τὸ αὐτὸ φ. be of one mind)
13 σύμψυχος, -ον, united in spirit
14 φρονέω pres act ptc m p nom, think
15 ἐριθεία, -ας f, selfish ambition
16 κενοδοξία, -ας f, conceit
17 ταπεινοφροσύνη, -ης f, humility
18 ἡγέομαι pres mid ptc m p nom, consider
19 ὑπερέχω pres act ptc m p acc, be of more value than
20 σκοπέω pres act ptc m p nom, be concerned about
21 φρονέω 2p pres act impv, think
22 μορφή, -ῆς f, very nature
23 ἁρπαγμός, -οῦ m, something to grasp after
24 ἡγέομαι 3s aor mid ind, regard
25 ἴσος, -η/ον, equal (τὸ εἶναι ἴσα equality)
26 κενόω 3s aor act ind, empty
27 ὁμοίωμα, -τος n, likeness
28 σχῆμα, -τος n, form
29 ταπεινόω 3s aor act ind, humble
30 ὑπήκοος, -ον m, obedient
31 μέχρι, prep + gen, to the point
32 σταυρός, -οῦ m, cross
33 ὑπερυψόω 3s aor act ind, exalt to the highest position
34 χαρίζομαι 3s aor mid ind, give

10 ἵνα ἐν τῷ ὀνόματι Ἰησοῦ
πᾶν γόνυ¹ κάμψῃ²
ἐπουρανίων³ καὶ ἐπιγείων⁴ καὶ καταχθονίων⁵
11 καὶ πᾶσα γλῶσσα ἐξομολογήσηται⁶ ὅτι
κύριος Ἰησοῦς Χριστὸς
εἰς δόξαν θεοῦ πατρός.

Shining as Lights in the World

12 Ὥστε, ἀγαπητοί μου, καθὼς πάντοτε ὑπηκούσατε⁷, μὴ ὡς ἐν τῇ παρουσίᾳ⁸ μου μόνον ἀλλὰ νῦν πολλῷ μᾶλλον ἐν τῇ ἀπουσίᾳ⁹ μου, μετὰ φόβου καὶ τρόμου¹⁰ τὴν ἑαυτῶν σωτηρίαν κατεργάζεσθε¹¹· **13** θεὸς γάρ ἐστιν ὁ ἐνεργῶν¹² ἐν ὑμῖν καὶ τὸ θέλειν καὶ τὸ ἐνεργεῖν ὑπὲρ τῆς εὐδοκίας¹³. **14** πάντα ποιεῖτε χωρὶς γογγυσμῶν¹⁴ καὶ διαλογισμῶν¹⁵, **15** ἵνα γένησθε¹⁶ ἄμεμπτοι¹⁷ καὶ ἀκέραιοι¹⁸, τέκνα θεοῦ ἄμωμα¹⁹ μέσον γενεᾶς σκολιᾶς²⁰ καὶ διεστραμμένης²¹, ἐν οἷς φαίνεσθε ὡς φωστῆρες²² ἐν κόσμῳ, **16** λόγον ζωῆς ἐπέχοντες²³, εἰς καύχημα²⁴ ἐμοὶ εἰς ἡμέραν Χριστοῦ, ὅτι οὐκ εἰς κενὸν²⁵ ἔδραμον²⁶ οὐδὲ εἰς κενὸν ἐκοπίασα²⁷. **17** ἀλλ' εἰ καὶ σπένδομαι²⁸ ἐπὶ τῇ θυσίᾳ²⁹ καὶ λειτουργίᾳ³⁰ τῆς πίστεως ὑμῶν, χαίρω καὶ συγχαίρω³¹ πᾶσιν ὑμῖν· **18** τὸ δὲ αὐτὸ καὶ ὑμεῖς χαίρετε καὶ συγχαίρετέ μοι.

Timothy and Epaphroditus

19 Ἐλπίζω δὲ ἐν κυρίῳ Ἰησοῦ Τιμόθεον ταχέως³² πέμψαι³³ ὑμῖν, ἵνα κἀγὼ εὐψυχῶ³⁴ γνοὺς³⁵ τὰ περὶ ὑμῶν. **20** οὐδένα γὰρ ἔχω ἰσόψυχον³⁶, ὅστις γνησίως³⁷ τὰ περὶ ὑμῶν μεριμνήσει³⁸· **21** οἱ πάντες γὰρ τὰ ἑαυτῶν ζητοῦσιν, οὐ τὰ Ἰησοῦ Χριστοῦ.

---

[1] γόνυ, γόνατος n, knee
[2] κάμπτω 3s aor act sub, bow
[3] ἐπουράνιος, -ον, in the heavenly world
[4] ἐπίγειος, -ον, on the earth
[5] καταχθόνιος, -ον, under the earth
[6] ἐξομολογέω 3s aor mid sub, confess
[7] ὑπακούω 2p aor act ind, obey
[8] παρουσία, -ας f, presence
[9] ἀπουσία, -ας f, absence
[10] τρόμος, -ου m, trembling
[11] κατεργάζομαι 2p pres mid impv, work out
[12] ἐνεργέω pres act ptc m s nom, accomplish (trans)
[13] εὐδοκία, -ας f, good pleasure
[14] γογγυσμός, -οῦ m, grumbling
[15] διαλογισμός, -οῦ m, arguing
[16] γίνομαι 2p aor mid sub, become
[17] ἄμεμπτος, -ον, pure
[18] ἀκέραιος, -ον, innocent
[19] ἄμωμος, -ον, without fault
[20] σκολιός, -ά/όν, crooked
[21] διαστρέφω pf pas ptc f s gen, distort (pf pas ptc depraved)
[22] φωστήρ, -ῆρος m, light
[23] ἐπέχω pres act ptc m p nom, hold firmly to
[24] καύχημα, -τος n, ground for boasting
[25] κενός, -ή/όν, empty (εἰς κ. in vain)
[26] τρέχω 1s aor act ind, run
[27] κοπιάω 1s aor act ind, work
[28] σπένδω 1s pres pas ind, pour out like a drink offering
[29] θυσία, -ας f, sacrifice
[30] λειτουργία, -ας f, offering
[31] συγχαίρω 1s pres act ind, rejoice with
[32] ταχέως, adv, quickly
[33] πέμπω aor act inf, send
[34] εὐψυχέω 1s pres act sub, be encouraged
[35] γινώσκω aor act ptc m s nom, know
[36] ἰσόψυχος, -ον, sharing the same feelings
[37] γνησίως, adv, genuinely
[38] μεριμνάω 3s fut act ind, care about

22 τὴν δὲ δοκιμὴν¹ αὐτοῦ γινώσκετε, ὅτι ὡς πατρὶ τέκνον σὺν ἐμοὶ ἐδούλευσεν² εἰς τὸ εὐαγγέλιον. **23** τοῦτον μὲν οὖν ἐλπίζω πέμψαι ὡς ἂν ἀφίδω³ τὰ περὶ ἐμὲ ἐξαυτῆς·⁴ **24** πέποιθα⁵ δὲ ἐν κυρίῳ ὅτι καὶ αὐτὸς ταχέως ἐλεύσομαι⁶. **25** Ἀναγκαῖον⁷ δὲ ἡγησάμην⁸ Ἐπαφρόδιτον τὸν ἀδελφὸν καὶ συνεργὸν⁹ καὶ συστρατιώτην¹⁰ μου, ὑμῶν δὲ ἀπόστολον καὶ λειτουργὸν¹¹ τῆς χρείας μου, πέμψαι πρὸς ὑμᾶς, **26** ἐπειδὴ¹² ἐπιποθῶν¹³ ἦν πάντας ὑμᾶς καὶ ἀδημονῶν¹⁴, διότι¹⁵ ἠκούσατε ὅτι ἠσθένησεν¹⁶. **27** καὶ γὰρ ἠσθένησεν παραπλήσιον¹⁷ θανάτῳ· ἀλλ᾿ ὁ θεὸς ἠλέησεν¹⁸ αὐτόν, οὐκ αὐτὸν δὲ μόνον ἀλλὰ καὶ ἐμέ, ἵνα μὴ λύπην¹⁹ ἐπὶ λύπην σχῶ²⁰. **28** σπουδαιοτέρως²¹ οὖν ἔπεμψα²² αὐτόν, ἵνα ἰδόντες αὐτὸν πάλιν χαρῆτε κἀγὼ ἀλυπότερος²³ ὦ. **29** προσδέχεσθε²⁴ οὖν αὐτὸν ἐν κυρίῳ μετὰ πάσης χαρᾶς καὶ τοὺς τοιούτους ἐντίμους²⁵ ἔχετε, **30** ὅτι διὰ τὸ ἔργον Χριστοῦ μέχρι²⁶ θανάτου ἤγγισεν²⁷ παραβολευσάμενος²⁸ τῇ ψυχῇ, ἵνα ἀναπληρώσῃ²⁹ τὸ ὑμῶν ὑστέρημα³⁰ τῆς πρός με λειτουργίας³¹.

The True Righteousness

3 Τὸ λοιπόν, ἀδελφοί μου, χαίρετε ἐν κυρίῳ. τὰ αὐτὰ γράφειν ὑμῖν ἐμοὶ μὲν οὐκ ὀκνηρόν³², ὑμῖν δὲ ἀσφαλές³³. **2** Βλέπετε τοὺς κύνας³⁴, βλέπετε τοὺς κακοὺς ἐργάτας³⁵, βλέπετε τὴν κατατομήν³⁶. **3** ἡμεῖς γάρ ἐσμεν ἡ περιτομή, οἱ πνεύματι θεοῦ λατρεύοντες³⁷ καὶ καυχώμενοι ἐν Χριστῷ Ἰησοῦ καὶ οὐκ ἐν σαρκὶ πεποιθότες³⁸, **4** καίπερ³⁹ ἐγὼ ἔχων πεποίθησιν⁴⁰ καὶ ἐν σαρκί. εἴ τις δοκεῖ ἄλλος πεποιθέναι⁴¹ ἐν σαρκί, ἐγὼ μᾶλλον· **5** περιτομῇ ὀκταήμερος⁴², ἐκ γένους⁴³ Ἰσραήλ, φυλῆς Βενιαμίν, Ἑβραῖος ἐξ Ἑβραίων, κατὰ νόμον Φαρισαῖος, **6** κατὰ ζῆλος⁴⁴ διώκων τὴν ἐκκλησίαν, κατὰ

1 δοκιμή, -ῆς f, character
2 δουλεύω 3s aor act ind, serve
3 ἀφοράω 1s aor act sub, see/find out
4 ἐξαυτῆς, adv, at once
5 πείθω 1s pf act ind, be confident
6 ἔρχομαι 1s fut mid ind, come
7 ἀναγκαῖος, -α/ον, necessary
8 ἡγέομαι 1s aor mid ind, consider
9 συνεργός, -οῦ m, fellow worker
10 συστρατιώτης, -ου m, fellow soldier
11 λειτουργός, -οῦ m, servant
12 ἐπειδή, conj, for
13 ἐπιποθέω pres act ptc m s nom, long for
14 ἀδημονέω pres act ptc m s nom, be distressed
15 διότι, conj, because
16 ἀσθενέω 3s aor act ind, be sick
17 παραπλήσιος, adv, nearly
18 ἐλεάω/ἐλεέω 3s aor act ind, be merciful to
19 λύπη, -ης f, sorrow
20 ἔχω 1s aor act sub, have
21 σπουδαίως, adv, eagerly (comp)
22 πέμπω 1s aor act ind, send
23 ἄλυπος, -α/ον, relieved of anxiety
24 προσδέχομαι 2p pres mid impv, welcome
25 ἔντιμος, -ον, honored
26 μέχρι, prep + gen, to the point
27 ἐγγίζω 3s aor act ind, come near
28 παραβολεύομαι aor mid ptc m s nom, risk
29 ἀναπληρόω 3s aor act sub, make up for
30 ὑστέρημα, -τος n, what is lacking
31 λειτουργία, -ας f, service
32 ὀκνηρός, -ά/όν, troublesome
33 ἀσφαλής, -ές, safe(guard)
34 κύων, κυνός m, dog
35 ἐργάτης, -ου m, worker
36 κατατομή, -ῆς f, mutilation
37 λατρεύω pres act ptc m p nom, worship/serve
38 πείθω pf act ptc m p nom, be confident
39 καίπερ, conj, although
40 πεποίθησις, -εως f, confidence
41 πείθω pf act inf, be confident
42 ὀκταήμερος, -ον, on the eighth day
43 γένος, -ους n, nation
44 ζῆλος, -ους n, zeal

δικαιοσύνην τὴν ἐν νόμῳ γενόμενος ἄμεμπτος¹. 7 [ἀλλ'] ἅτινα ἦν μοι κέρδη², ταῦτα ἥγημαι³ διὰ τὸν Χριστὸν ζημίαν⁴. 8 ἀλλὰ μενοῦνγε⁵ καὶ ἡγοῦμαι πάντα ζημίαν εἶναι διὰ τὸ ὑπερέχον⁶ τῆς γνώσεως⁷ Χριστοῦ Ἰησοῦ τοῦ κυρίου μου, δι' ὃν τὰ πάντα ἐζημιώθην⁸, καὶ ἡγοῦμαι σκύβαλα⁹, ἵνα Χριστὸν κερδήσω¹⁰ 9 καὶ εὑρεθῶ¹¹ ἐν αὐτῷ, μὴ ἔχων ἐμὴν δικαιοσύνην τὴν ἐκ νόμου ἀλλὰ τὴν διὰ πίστεως Χριστοῦ, τὴν ἐκ θεοῦ δικαιοσύνην ἐπὶ τῇ πίστει, 10 τοῦ γνῶναι¹² αὐτὸν καὶ τὴν δύναμιν τῆς ἀναστάσεως αὐτοῦ καὶ τὴν κοινωνίαν¹³ τῶν παθημάτων¹⁴ αὐτοῦ, συμμορφιζόμενος¹⁵ τῷ θανάτῳ αὐτοῦ, 11 εἴ πως¹⁶ καταντήσω¹⁷ εἰς τὴν ἐξανάστασιν¹⁸ τὴν ἐκ νεκρῶν.

Pressing toward the Goal

12 Οὐχ ὅτι ἤδη ἔλαβον ἢ ἤδη τετελείωμαι¹⁹, διώκω δὲ εἰ καὶ καταλάβω²⁰, ἐφ' ᾧ καὶ κατελήμφθην ὑπὸ Χριστοῦ Ἰησοῦ. 13 ἀδελφοί, ἐγὼ ἐμαυτὸν οὐ λογίζομαι κατειληφέναι²¹· ἓν δέ, τὰ μὲν ὀπίσω ἐπιλανθανόμενος²² τοῖς δὲ ἔμπροσθεν ἐπεκτεινόμενος²³, 14 κατὰ σκοπὸν²⁴ διώκω εἰς τὸ βραβεῖον²⁵ τῆς ἄνω²⁶ κλήσεως²⁷ τοῦ θεοῦ ἐν Χριστῷ Ἰησοῦ. 15 ὅσοι οὖν τέλειοι²⁸, τοῦτο φρονῶμεν²⁹· καὶ εἴ τι ἑτέρως³⁰ φρονεῖτε, καὶ τοῦτο ὁ θεὸς ὑμῖν ἀποκαλύψει³¹· 16 πλὴν εἰς ὃ ἐφθάσαμεν³², τῷ αὐτῷ στοιχεῖν³³.

17 Συμμιμηταί³⁴ μου γίνεσθε, ἀδελφοί, καὶ σκοπεῖτε³⁵ τοὺς οὕτως περιπατοῦντας καθὼς ἔχετε τύπον³⁶ ἡμᾶς. 18 πολλοὶ γὰρ περιπατοῦσιν οὓς πολλάκις³⁷ ἔλεγον ὑμῖν, νῦν δὲ καὶ κλαίων λέγω, τοὺς ἐχθροὺς τοῦ σταυροῦ³⁸ τοῦ Χριστοῦ, 19 ὧν τὸ τέλος ἀπώλεια³⁹, ὧν ὁ θεὸς ἡ κοιλία⁴⁰ καὶ ἡ δόξα ἐν τῇ αἰσχύνῃ⁴¹ αὐτῶν, οἱ τὰ ἐπίγεια⁴² φρονοῦντες⁴³. 20 ἡμῶν γὰρ τὸ πολίτευμα⁴⁴ ἐν οὐρανοῖς ὑπάρχει, ἐξ οὗ

---

1 ἄμεμπτος, -ον, faultless
2 κέρδος, -ους n, gain
3 ἡγέομαι 1s pf mid ind, consider
4 ζημία, -ας f, loss
5 μενοῦνγε, emphatic particle, indeed
6 ὑπερέχω pres act ptc n s acc, surpass
7 γνῶσις, -εως f, knowledge
8 ζημιόω 1s aor pas ind, pas suffer loss
9 σκύβαλον, -ου n, garbage
10 κερδαίνω 1s aor act sub, gain
11 εὑρίσκω 1s aor pas sub, find
12 γινώσκω aor act inf, know
13 κοινωνία, -ας f, fellowship
14 πάθημα, -τος n, suffering
15 συμμορφίζω pres pas ptc m s nom, pas become like (someone)
16 πώς, particle, somehow
17 καταντάω 1s aor act sub, attain
18 ἐξανάστασις, -εως f, resurrection
19 τελειόω 1s pf pas ind, make perfect
20 καταλαμβάνω 1s aor act sub, take hold of
21 καταλαμβάνω pf act inf, take hold of
22 ἐπιλανθάνομαι pres mid ptc m s nom, forget
23 ἐπεκτείνομαι pres mid ptc m s nom, stretch out/strain
24 σκοπός, -οῦ m, goal
25 βραβεῖον, -ου m, prize
26 ἄνω, adv, upward
27 κλῆσις, -εως f, calling
28 τέλειος, -α/ον, mature
29 φρονέω 1p pres act sub, think (about)
30 ἑτέρως, adv, differently
31 ἀποκαλύπτω 3s fut act ind, reveal
32 φθάνω 1p aor act ind, attain
33 στοιχέω pres act inf, live
34 συμμιμητής, -οῦ m, imitator
35 σκοπέω 2p pres act impv, pay attention to
36 τύπος, -ου m, example
37 πολλάκις, adv, often
38 σταυρός, -οῦ m, cross
39 ἀπώλεια, -ας f, destruction
40 κοιλία, -ας f, stomach
41 αἰσχύνη, -ης f, shame
42 ἐπίγειος, -ον n, earthly
43 φρονέω pres act ptc m p nom, think (about)
44 πολίτευμα, -τος n, place of citizenship

καὶ σωτῆρα[1] ἀπεκδεχόμεθα[2] κύριον Ἰησοῦν Χριστόν, **21** ὃς μετασχηματίσει[3] τὸ σῶμα τῆς ταπεινώσεως[4] ἡμῶν σύμμορφον[5] τῷ σώματι τῆς δόξης αὐτοῦ κατὰ τὴν ἐνέργειαν[6] τοῦ δύνασθαι αὐτὸν καὶ ὑποτάξαι[7] αὐτῷ τὰ πάντα.

4 Ὥστε, ἀδελφοί μου ἀγαπητοὶ καὶ ἐπιπόθητοι[8], χαρὰ καὶ στέφανός[9] μου, οὕτως στήκετε[10] ἐν κυρίῳ, ἀγαπητοί.

Exhortations

2 Εὐοδίαν παρακαλῶ καὶ Συντύχην παρακαλῶ τὸ αὐτὸ φρονεῖν[11] ἐν κυρίῳ. **3** ναὶ ἐρωτῶ καὶ σέ, γνήσιε[12] σύζυγε[13], συλλαμβάνου[14] αὐταῖς, αἵτινες ἐν τῷ εὐαγγελίῳ συνήθλησάν[15] μοι μετὰ καὶ Κλήμεντος καὶ τῶν λοιπῶν συνεργῶν[16] μου, ὧν τὰ ὀνόματα ἐν βίβλῳ[17] ζωῆς. **4** Χαίρετε ἐν κυρίῳ πάντοτε· πάλιν ἐρῶ, χαίρετε. **5** τὸ ἐπιεικὲς[18] ὑμῶν γνωσθήτω πᾶσιν ἀνθρώποις. ὁ κύριος ἐγγύς. **6** μηδὲν μεριμνᾶτε[19], ἀλλ' ἐν παντὶ τῇ προσευχῇ καὶ τῇ δεήσει[20] μετὰ εὐχαριστίας[21] τὰ αἰτήματα[22] ὑμῶν γνωριζέσθω[23] πρὸς τὸν θεόν. **7** καὶ ἡ εἰρήνη τοῦ θεοῦ ἡ ὑπερέχουσα[24] πάντα νοῦν[25] φρουρήσει[26] τὰς καρδίας ὑμῶν καὶ τὰ νοήματα[27] ὑμῶν ἐν Χριστῷ Ἰησοῦ.

8 Τὸ λοιπόν, ἀδελφοί, ὅσα ἐστὶν ἀληθῆ[28], ὅσα σεμνά[29], ὅσα δίκαια, ὅσα ἁγνά[30], ὅσα προσφιλῆ[31], ὅσα εὔφημα[32], εἴ τις ἀρετὴ[33] καὶ εἴ τις ἔπαινος[34], ταῦτα λογίζεσθε· **9** ἃ καὶ ἐμάθετε[35] καὶ παρελάβετε καὶ ἠκούσατε καὶ εἴδετε ἐν ἐμοί, ταῦτα πράσσετε· καὶ ὁ θεὸς τῆς εἰρήνης ἔσται μεθ' ὑμῶν.

[1] σωτήρ, -ῆρος *m*, Savior
[2] ἀπεκδέχομαι 1p pres mid ind, eagerly wait
[3] μετασχηματίζω 3s fut act ind, change
[4] ταπείνωσις, -εως *f*, lowliness
[5] σύμμορφος, -ον, sharing the likeness
[6] ἐνέργεια, -ας *f*, power
[7] ὑποτάσσω aor act inf, subject
[8] ἐπιπόθητος, -ον, longed for
[9] στέφανος, -ου *m*, crown
[10] στήκω 2p pres act impv, stand firm
[11] φρονέω pres act inf, think (τὸ αὐτό φ. be of one mind)
[12] γνήσιος, -α/ον, true
[13] σύζυγος, -ου *m*, partner
[14] συλλαμβάνω 2s pres mid impv, help
[15] συναθλέω 3p aor act ind, struggle side by side
[16] συνεργός, -οῦ *m*, fellow worker
[17] βίβλος, -ου *f*, book
[18] ἐπιεικής, -ές, gentle (τὸ ἐ. gentleness)
[19] μεριμνάω 2p pres act impv, be anxious
[20] δέησις, -εως *f*, petition
[21] εὐχαριστία, -ας *f*, thanksgiving
[22] αἴτημα, -τος *n*, request
[23] γνωρίζω 3s pres pas impv, make known
[24] ὑπερέχω pres act ptc f s nom, surpass
[25] νοῦς, -ός, *acc* νοῦν *m*, understanding
[26] φρουρέω 3s fut act ind, guard
[27] νόημα, -τος *n*, mind
[28] ἀληθής, -ές, true
[29] σεμνός, -ή/όν, honorable
[30] ἁγνός, -ή/όν, pure
[31] προσφιλής, -ές, lovely
[32] εὔφημος, -ον, worthy of praise
[33] ἀρετή, -ῆς *f*, virtue
[34] ἔπαινος, -ου *m*, praise
[35] μανθάνω 2p aor act ind, learn

ΠΡΟΣ ΦΙΛΙΠΠΗΣΙΟΥΣ

Acknowledgment of the Philippians' Gift

10 Ἐχάρην¹ δὲ ἐν κυρίῳ μεγάλως² ὅτι ἤδη ποτὲ³ ἀνεθάλετε⁴ τὸ ὑπὲρ ἐμοῦ φρονεῖν⁵, ἐφ' ᾧ καὶ ἐφρονεῖτε, ἠκαιρεῖσθε⁶ δέ. **11** οὐχ ὅτι καθ' ὑστέρησιν⁷ λέγω, ἐγὼ γὰρ ἔμαθον⁸ ἐν οἷς εἰμι αὐτάρκης⁹ εἶναι. **12** οἶδα καὶ ταπεινοῦσθαι¹⁰, οἶδα καὶ περισσεύειν· ἐν παντὶ καὶ ἐν πᾶσιν μεμύημαι¹¹, καὶ χορτάζεσθαι¹² καὶ πεινᾶν¹³ καὶ περισσεύειν καὶ ὑστερεῖσθαι¹⁴· **13** πάντα ἰσχύω¹⁵ ἐν τῷ ἐνδυναμοῦντί¹⁶ με. **14** πλὴν καλῶς ἐποιήσατε συγκοινωνήσαντές¹⁷ μου τῇ θλίψει. **15** οἴδατε δὲ καὶ ὑμεῖς, Φιλιππήσιοι, ὅτι ἐν ἀρχῇ τοῦ εὐαγγελίου, ὅτε ἐξῆλθον ἀπὸ Μακεδονίας, οὐδεμία μοι ἐκκλησία ἐκοινώνησεν¹⁸ εἰς λόγον δόσεως¹⁹ καὶ λήμψεως²⁰ εἰ μὴ ὑμεῖς μόνοι, **16** ὅτι καὶ ἐν Θεσσαλονίκῃ καὶ ἅπαξ²¹ καὶ δὶς²² εἰς τὴν χρείαν μοι ἐπέμψατε²³. **17** οὐχ ὅτι ἐπιζητῶ²⁴ τὸ δόμα²⁵, ἀλλ' ἐπιζητῶ τὸν καρπὸν τὸν πλεονάζοντα²⁶ εἰς λόγον ὑμῶν. **18** ἀπέχω²⁷ δὲ πάντα καὶ περισσεύω· πεπλήρωμαι δεξάμενος²⁸ παρὰ Ἐπαφροδίτου τὰ παρ' ὑμῶν, ὀσμὴν²⁹ εὐωδίας³⁰, θυσίαν³¹ δεκτήν³², εὐάρεστον³³ τῷ θεῷ. **19** ὁ δὲ θεός μου πληρώσει πᾶσαν χρείαν ὑμῶν κατὰ τὸ πλοῦτος³⁴ αὐτοῦ ἐν δόξῃ ἐν Χριστῷ Ἰησοῦ. **20** τῷ δὲ θεῷ καὶ πατρὶ ἡμῶν ἡ δόξα εἰς τοὺς αἰῶνας τῶν αἰώνων, ἀμήν.

Final Greetings

21 Ἀσπάσασθε πάντα ἅγιον ἐν Χριστῷ Ἰησοῦ. ἀσπάζονται ὑμᾶς οἱ σὺν ἐμοὶ ἀδελφοί. **22** ἀσπάζονται ὑμᾶς πάντες οἱ ἅγιοι, μάλιστα³⁵ δὲ οἱ ἐκ τῆς Καίσαρος οἰκίας. **23** Ἡ χάρις τοῦ κυρίου Ἰησοῦ Χριστοῦ μετὰ τοῦ πνεύματος ὑμῶν.

---

¹ χαίρω *1s aor pas ind, pas* rejoice
² μεγάλως, *adv*, greatly
³ ποτέ, *temporal adv*, at last
⁴ ἀναθάλλω *2p aor act ind*, revive
⁵ φρονέω *pres act inf*, think (about)
⁶ ἀκαιρέομαι *2p impf mid ind*, be without opportunity
⁷ ὑστέρησις, -εως *f*, need
⁸ μανθάνω *1s aor act ind*, learn
⁹ αὐτάρκης, -ες, satisfied
¹⁰ ταπεινόω *pres pas inf, pas* live in humble circumstances
¹¹ μυέω *1s pf pas ind, pas* learn the secret of
¹² χορτάζω *pres pas inf, pas* have plenty
¹³ πεινάω *pres act inf*, be hungry
¹⁴ ὑστερέω *pres mid inf*, mid be in need
¹⁵ ἰσχύω *1s pres act ind*, be able (to do)
¹⁶ ἐνδυναμόω *pres act ptc m s dat*, strengthen
¹⁷ συγκοινωνέω *aor act ptc m p nom*, share
¹⁸ κοινωνέω *3s aor act ind*, take part
¹⁹ δόσις, -εως *f*, giving
²⁰ λῆμψις, -εως *f*, receiving
²¹ ἅπαξ, *adv*, once
²² δίς, *adv*, twice
²³ πέμπω *2p aor act ind*, send
²⁴ ἐπιζητέω *1s pres act ind*, want
²⁵ δόμα, -τος *n*, gift
²⁶ πλεονάζω *pres act ptc m s acc*, increase
²⁷ ἀπέχω *1s pres act ind*, receive in full
²⁸ δέχομαι *aor mid ptc m s nom*, receive
²⁹ ὀσμή, -ῆς *f*, fragrance
³⁰ εὐωδία, -ας *f*, sweet smell
³¹ θυσία, -ας *f*, offering
³² δεκτός, -ή/όν, acceptable
³³ εὐάρεστος, -ον, pleasing
³⁴ πλοῦτος, -ου *n*, riches
³⁵ μάλιστα, *adv*, especially

ΠΡΟΣ ΚΟΛΟΣΣΑΕΙΣ

Salutation

1 Παῦλος ἀπόστολος Χριστοῦ Ἰησοῦ διὰ θελήματος θεοῦ καὶ Τιμόθεος ὁ ἀδελφὸς **2** τοῖς ἐν Κολοσσαῖς ἁγίοις καὶ πιστοῖς ἀδελφοῖς ἐν Χριστῷ, χάρις ὑμῖν καὶ εἰρήνη ἀπὸ θεοῦ πατρὸς ἡμῶν.

Paul Thanks God for the Colossians

3 Εὐχαριστοῦμεν τῷ θεῷ πατρὶ τοῦ κυρίου ἡμῶν Ἰησοῦ Χριστοῦ πάντοτε περὶ ὑμῶν προσευχόμενοι, **4** ἀκούσαντες τὴν πίστιν ὑμῶν ἐν Χριστῷ Ἰησοῦ καὶ τὴν ἀγάπην ἣν ἔχετε εἰς πάντας τοὺς ἁγίους **5** διὰ τὴν ἐλπίδα τὴν ἀποκειμένην[1] ὑμῖν ἐν τοῖς οὐρανοῖς, ἣν προηκούσατε[2] ἐν τῷ λόγῳ τῆς ἀληθείας τοῦ εὐαγγελίου **6** τοῦ παρόντος[3] εἰς ὑμᾶς, καθὼς καὶ ἐν παντὶ τῷ κόσμῳ ἐστὶν καρποφορούμενον[4] καὶ αὐξανόμενον[5] καθὼς καὶ ἐν ὑμῖν, ἀφ' ἧς ἡμέρας ἠκούσατε καὶ ἐπέγνωτε[6] τὴν χάριν τοῦ θεοῦ ἐν ἀληθείᾳ· **7** καθὼς ἐμάθετε[7] ἀπὸ Ἐπαφρᾶ τοῦ ἀγαπητοῦ συνδούλου[8] ἡμῶν, ὅς ἐστιν πιστὸς ὑπὲρ ὑμῶν διάκονος[9] τοῦ Χριστοῦ, **8** ὁ καὶ δηλώσας[10] ἡμῖν τὴν ὑμῶν ἀγάπην ἐν πνεύματι.

The Person and Work of Christ

9 Διὰ τοῦτο καὶ ἡμεῖς, ἀφ' ἧς ἡμέρας ἠκούσαμεν, οὐ παυόμεθα[11] ὑπὲρ ὑμῶν προσευχόμενοι καὶ αἰτούμενοι, ἵνα πληρωθῆτε τὴν ἐπίγνωσιν[12] τοῦ θελήματος αὐτοῦ ἐν πάσῃ σοφίᾳ καὶ συνέσει[13] πνευματικῇ[14], **10** περιπατῆσαι ἀξίως[15] τοῦ κυρίου εἰς πᾶσαν ἀρεσκείαν[16], ἐν παντὶ ἔργῳ ἀγαθῷ καρποφοροῦντες καὶ αὐξανόμενοι τῇ ἐπιγνώσει[17] τοῦ θεοῦ, **11** ἐν πάσῃ δυνάμει δυναμούμενοι[18] κατὰ τὸ κράτος[19] τῆς δόξης αὐτοῦ εἰς πᾶσαν ὑπομονὴν καὶ μακροθυμίαν[20].

[1] ἀπόκειμαι pres mid ptc f s acc, be stored away
[2] προακούω 2p aor act ind, hear before
[3] πάρειμι pres act ptc n s gen, be present
[4] καρποφορέω pres mid ptc n s nom, bear fruit
[5] αὐξάνω pres pas ptc n s nom, grow
[6] ἐπιγινώσκω 2p aor act ind, know
[7] μανθάνω 2p aor act ind, learn
[8] σύνδουλος, -ου m, fellow-servant
[9] διάκονος, -ου m, servant
[10] δηλόω aor act ptc m s nom, inform
[11] παύω 1p pres mid ind, stop
[12] ἐπίγνωσις, -εως f, knowledge
[13] σύνεσις, -εως f, understanding
[14] πνευματικός, -ή/όν, spiritual
[15] ἀξίως, adv, worthily
[16] ἀρεσκεία, -ας f, desire to please
[17] ἐπίγνωσις, -εως f, knowledge
[18] δυναμόω pres pas ptc m p nom, strengthen
[19] κράτος, -ους n, might
[20] μακροθυμία, -ας f, patience

Μετὰ χαρᾶς **12** εὐχαριστοῦντες τῷ πατρὶ τῷ ἱκανώσαντι¹ ὑμᾶς εἰς τὴν μερίδα²
τοῦ κλήρου³ τῶν ἁγίων ἐν τῷ φωτί· **13** ὃς ἐρρύσατο⁴ ἡμᾶς ἐκ τῆς ἐξουσίας τοῦ σκότους καὶ μετέστησεν⁵ εἰς τὴν βασιλείαν τοῦ υἱοῦ τῆς ἀγάπης αὐτοῦ, **14** ἐν ᾧ ἔχομεν
τὴν ἀπολύτρωσιν⁶, τὴν ἄφεσιν⁷ τῶν ἁμαρτιῶν·
15 ὅς ἐστιν εἰκὼν⁸ τοῦ θεοῦ τοῦ ἀοράτου⁹,
πρωτότοκος¹⁰ πάσης κτίσεως,¹¹
16 ὅτι ἐν αὐτῷ ἐκτίσθη¹² τὰ πάντα
ἐν τοῖς οὐρανοῖς καὶ ἐπὶ τῆς γῆς,
τὰ ὁρατὰ¹³ καὶ τὰ ἀόρατα,
εἴτε θρόνοι εἴτε κυριότητες¹⁴
εἴτε ἀρχαὶ εἴτε ἐξουσίαι·
τὰ πάντα δι' αὐτοῦ καὶ εἰς αὐτὸν ἔκτισται·¹⁵
17 καὶ αὐτός ἐστιν πρὸ πάντων
καὶ τὰ πάντα ἐν αὐτῷ συνέστηκεν,¹⁶
18 καὶ αὐτός ἐστιν ἡ κεφαλὴ τοῦ σώματος τῆς ἐκκλησίας·
ὅς ἐστιν ἀρχή,
πρωτότοκος ἐκ τῶν νεκρῶν,
ἵνα γένηται ἐν πᾶσιν αὐτὸς πρωτεύων,¹⁷
19 ὅτι ἐν αὐτῷ εὐδόκησεν¹⁸ πᾶν τὸ πλήρωμα¹⁹ κατοικῆσαι
20 καὶ δι' αὐτοῦ ἀποκαταλλάξαι²⁰ τὰ πάντα εἰς αὐτόν,
εἰρηνοποιήσας²¹ διὰ τοῦ αἵματος τοῦ σταυροῦ²² αὐτοῦ,
[δι' αὐτοῦ] εἴτε τὰ ἐπὶ τῆς γῆς
εἴτε τὰ ἐν τοῖς οὐρανοῖς.
21 Καὶ ὑμᾶς ποτε²³ ὄντας ἀπηλλοτριωμένους²⁴ καὶ ἐχθροὺς τῇ διανοίᾳ²⁵ ἐν τοῖς ἔργοις τοῖς πονηροῖς, **22** νυνὶ²⁶ δὲ ἀποκατήλλαξεν²⁷ ἐν τῷ σώματι τῆς σαρκὸς αὐτοῦ διὰ τοῦ θανάτου παραστῆσαι²⁸ ὑμᾶς ἁγίους καὶ ἀμώμους²⁹ καὶ ἀνεγκλήτους³⁰

---

¹ ἱκανόω *aor act ptc m s dat*, make fit
² μερίς, -ίδος *f*, part
³ κλῆρος, -ου *m*, share
⁴ ῥύομαι *3s aor mid ind*, rescue
⁵ μεθίστημι *3s aor act ind*, bring into
⁶ ἀπολύτρωσις, -εως *f*, redemption
⁷ ἄφεσις, -εως *f*, forgiveness
⁸ εἰκών, -όνος *f*, likeness
⁹ ἀόρατος, -ον, invisible
¹⁰ πρωτότοκος, -ον, first-born
¹¹ κτίσις, -εως *f*, creation
¹² κτίζω *3s aor pas ind*, create
¹³ ὁρατός, -ή/όν, visible
¹⁴ κυριότης, -ητος *f*, power
¹⁵ κτίζω *3s pf pas ind*, create
¹⁶ συνίστημι *3s pf act ind*, hold together
¹⁷ πρωτεύω *pres act ptc m s nom*, have supremacy
¹⁸ εὐδοκέω *3s aor act ind*, be pleased
¹⁹ πλήρωμα, -τος *n*, fullness
²⁰ ἀποκαταλλάσσω *aor act inf*, reconcile
²¹ εἰρηνοποιέω *aor act ptc m s nom*, make peace
²² σταυρός, -οῦ *m*, cross
²³ ποτέ, *temporal adv*, formerly
²⁴ ἀπαλλοτριόω *pf pas ptc m p acc, pas* be alienated
²⁵ διάνοια, -ας *f*, mind
²⁶ νυνί, *adv*, now
²⁷ ἀποκαταλλάσσω *3s aor act ind*, reconcile
²⁸ παρίστημι *aor act inf*, present
²⁹ ἄμωμος, -ον, without blemish
³⁰ ἀνέγκλητος, -ον, beyond reproach

κατενώπιον¹ αὐτοῦ, 23 εἴ γε² ἐπιμένετε³ τῇ πίστει τεθεμελιωμένοι⁴ καὶ ἑδραῖοι⁵ καὶ μὴ μετακινούμενοι⁶ ἀπὸ τῆς ἐλπίδος τοῦ εὐαγγελίου οὗ ἠκούσατε, τοῦ κηρυχθέντος⁷ ἐν πάσῃ κτίσει⁸ τῇ ὑπὸ τὸν οὐρανόν, οὗ ἐγενόμην⁹ ἐγὼ Παῦλος διάκονος.

Paul's Ministry to the Church

24 Νῦν χαίρω ἐν τοῖς παθήμασιν¹⁰ ὑπὲρ ὑμῶν καὶ ἀνταναπληρῶ¹¹ τὰ ὑστερήματα¹² τῶν θλίψεων τοῦ Χριστοῦ ἐν τῇ σαρκί μου ὑπὲρ τοῦ σώματος αὐτοῦ, ὅ ἐστιν ἡ ἐκκλησία, 25 ἧς ἐγενόμην ἐγὼ διάκονος κατὰ τὴν οἰκονομίαν¹³ τοῦ θεοῦ τὴν δοθεῖσάν¹⁴ μοι εἰς ὑμᾶς πληρῶσαι τὸν λόγον τοῦ θεοῦ, 26 τὸ μυστήριον¹⁵ τὸ ἀποκεκρυμμένον¹⁶ ἀπὸ τῶν αἰώνων καὶ ἀπὸ τῶν γενεῶν – νῦν δὲ ἐφανερώθη τοῖς ἁγίοις αὐτοῦ, 27 οἷς ἠθέλησεν ὁ θεὸς γνωρίσαι¹⁷ τί τὸ πλοῦτος¹⁸ τῆς δόξης τοῦ μυστηρίου τούτου ἐν τοῖς ἔθνεσιν, ὅ ἐστιν Χριστὸς ἐν ὑμῖν, ἡ ἐλπὶς τῆς δόξης· 28 ὃν ἡμεῖς καταγγέλλομεν¹⁹ νουθετοῦντες²⁰ πάντα ἄνθρωπον καὶ διδάσκοντες πάντα ἄνθρωπον ἐν πάσῃ σοφίᾳ, ἵνα παραστήσωμεν πάντα ἄνθρωπον τέλειον²¹ ἐν Χριστῷ· 29 εἰς ὃ καὶ κοπιῶ²² ἀγωνιζόμενος²³ κατὰ τὴν ἐνέργειαν²⁴ αὐτοῦ τὴν ἐνεργουμένην²⁵ ἐν ἐμοὶ ἐν δυνάμει.

2 Θέλω γὰρ ὑμᾶς εἰδέναι²⁶ ἡλίκον²⁷ ἀγῶνα²⁸ ἔχω ὑπὲρ ὑμῶν καὶ τῶν ἐν Λαοδικείᾳ καὶ ὅσοι οὐχ ἑόρακαν²⁹ τὸ πρόσωπόν μου ἐν σαρκί, 2 ἵνα παρακληθῶσιν αἱ καρδίαι αὐτῶν συμβιβασθέντες³⁰ ἐν ἀγάπῃ καὶ εἰς πᾶν πλοῦτος³¹ τῆς πληροφορίας³² τῆς συνέσεως³³, εἰς ἐπίγνωσιν³⁴ τοῦ μυστηρίου³⁵ τοῦ θεοῦ, Χριστοῦ, 3 ἐν ᾧ εἰσιν πάντες οἱ θησαυροὶ³⁶ τῆς σοφίας καὶ γνώσεως³⁷ ἀπόκρυφοι³⁸. 4 τοῦτο λέγω, ἵνα μηδεὶς ὑμᾶς παραλογίζηται³⁹ ἐν πιθανολογίᾳ⁴⁰. 5 εἰ γὰρ καὶ τῇ σαρκὶ ἄπειμι⁴¹,

---

1 κατενώπιον, prep + gen, in the presence of
2 γέ, emphatic particle
3 ἐπιμένω 2p pres act ind, stay
4 θεμελιόω pf pas ptc m p nom, establish firmly
5 ἑδραῖος, -α/ον, steadfast
6 μετακινέω pres pas ptc m p nom, shift
7 κηρύσσω aor act ptc n s gen, preach
8 κτίσις, -εως f, creature
9 γίνομαι 1s aor mid ind, be
10 πάθημα, -τος n, suffering
11 ἀνταναπληρόω 1s pres act ind, complete
12 ὑστέρημα, -τος n, what is lacking
13 οἰκονομία, -ας f, responsibility
14 δίδωμι aor pas ptc f s acc, give
15 μυστήριον, -ου n, mystery
16 ἀποκρύπτω pf pas ptc n s acc, hide
17 γνωρίζω aor act inf, make known
18 πλοῦτος, -ου n, riches
19 καταγγέλλω 1p pres act ind, proclaim
20 νουθετέω pres act ptc m p nom, warn
21 τέλειος, -α/ον, mature
22 κοπιάω 1s pres act ind, work
23 ἀγωνίζομαι pres mid ptc m s nom, struggle
24 ἐνέργεια, -ας f, working
25 ἐνεργέω pres mid ptc f s acc, be at work
26 οἶδα pres act inf, know
27 ἡλίκος, -η/ον, how great
28 ἀγών, -ῶνος m, struggle
29 ὁράω 3p pf act ind, see
30 συμβιβάζω aor pas ptc m p nom, unite
31 πλοῦτος, -ου n, riches
32 πληροφορία, -ας f, full assurance
33 σύνεσις, -εως f, understanding
34 ἐπίγνωσις, -εως f, knowledge
35 μυστήριον, -ου n, mystery
36 θησαυρός, -οῦ m, treasure
37 γνῶσις, -εως f, knowledge
38 ἀπόκρυφος, -ον, hidden
39 παραλογίζομαι 3s pres mid sub, deceive
40 πιθανολογία, -ας f, attractive argument
41 ἄπειμι 1s pres act ind, be away

ἀλλὰ τῷ πνεύματι σὺν ὑμῖν εἰμι, χαίρων καὶ βλέπων ὑμῶν τὴν τάξιν¹ καὶ τὸ στερέωμα² τῆς εἰς Χριστὸν πίστεως ὑμῶν.

Fullness of Life in Christ

6 Ὡς οὖν παρελάβετε τὸν Χριστὸν Ἰησοῦν τὸν κύριον, ἐν αὐτῷ περιπατεῖτε, 7 ἐρριζωμένοι³ καὶ ἐποικοδομούμενοι⁴ ἐν αὐτῷ καὶ βεβαιούμενοι⁵ τῇ πίστει καθὼς ἐδιδάχθητε⁶, περισσεύοντες ἐν εὐχαριστίᾳ⁷. 8 βλέπετε μή τις ὑμᾶς ἔσται ὁ συλαγωγῶν⁸ διὰ τῆς φιλοσοφίας⁹ καὶ κενῆς¹⁰ ἀπάτης¹¹ κατὰ τὴν παράδοσιν¹² τῶν ἀνθρώπων, κατὰ τὰ στοιχεῖα¹³ τοῦ κόσμου καὶ οὐ κατὰ Χριστόν· 9 ὅτι ἐν αὐτῷ κατοικεῖ πᾶν τὸ πλήρωμα¹⁴ τῆς θεότητος¹⁵ σωματικῶς¹⁶, 10 καὶ ἐστὲ ἐν αὐτῷ πεπληρωμένοι, ὅς ἐστιν ἡ κεφαλὴ πάσης ἀρχῆς καὶ ἐξουσίας. 11 ἐν ᾧ καὶ περιετμήθητε¹⁷ περιτομῇ ἀχειροποιήτῳ¹⁸ ἐν τῇ ἀπεκδύσει¹⁹ τοῦ σώματος τῆς σαρκός, ἐν τῇ περιτομῇ τοῦ Χριστοῦ, 12 συνταφέντες²⁰ αὐτῷ ἐν τῷ βαπτισμῷ²¹, ἐν ᾧ καὶ συνηγέρθητε²² διὰ τῆς πίστεως τῆς ἐνεργείας²³ τοῦ θεοῦ τοῦ ἐγείραντος αὐτὸν ἐκ νεκρῶν· 13 καὶ ὑμᾶς νεκροὺς ὄντας [ἐν] τοῖς παραπτώμασιν²⁴ καὶ τῇ ἀκροβυστίᾳ²⁵ τῆς σαρκὸς ὑμῶν, συνεζωοποίησεν²⁶ ὑμᾶς σὺν αὐτῷ, χαρισάμενος²⁷ ἡμῖν πάντα τὰ παραπτώματα. 14 ἐξαλείψας²⁸ τὸ καθ' ἡμῶν χειρόγραφον²⁹ τοῖς δόγμασιν³⁰ ὃ ἦν ὑπεναντίον³¹ ἡμῖν, καὶ αὐτὸ ἦρκεν³² ἐκ τοῦ μέσου προσηλώσας³³ αὐτὸ τῷ σταυρῷ³⁴· 15 ἀπεκδυσάμενος³⁵ τὰς ἀρχὰς καὶ τὰς ἐξουσίας ἐδειγμάτισεν³⁶ ἐν παρρησίᾳ, θριαμβεύσας³⁷ αὐτοὺς ἐν αὐτῷ.

---

¹ τάξις, -εως f, good order
² στερέωμα, -τος n, steadfastness
³ ῥιζόω pf pas ptc m p nom, pas be firmly rooted
⁴ ἐποικοδομέω pres pas ptc m p nom, build up
⁵ βεβαιόω pres pas ptc m p nom, strengthen
⁶ διδάσκω 2p aor pas ind, teach
⁷ εὐχαριστία, -ας f, thanksgiving
⁸ συλαγωγέω pres act ptc m s nom, make a captive of
⁹ φιλοσοφία, -ας f, human wisdom
¹⁰ κενός, -ή/όν, empty
¹¹ ἀπάτη, -ης f, deceit
¹² παράδοσις, -εως f, tradition
¹³ στοιχεῖον, -ου n, elemental spirit force
¹⁴ πλήρωμα, -τος n, fullness
¹⁵ θεότης, -ητος f, deity
¹⁶ σωματικῶς, adv, in bodily form
¹⁷ περιτέμνω 2p aor pas ind, circumcise
¹⁸ ἀχειροποίητος, -ον, not made by human hands
¹⁹ ἀπέκδυσις, -εως f, putting off
²⁰ συνθάπτω aor pas ptc m p nom, pas be buried together with
²¹ βαπτισμός, -οῦ n, baptism
²² συνεγείρω 2p aor pas ind, raise together with
²³ ἐνέργεια, -ας f, working
²⁴ παράπτωμα, -τος n, sin
²⁵ ἀκροβυστία, -ας f, uncircumcision
²⁶ συζωοποιέω 3s aor act ind, make alive together with
²⁷ χαρίζομαι aor mid ptc m s nom, forgive
²⁸ ἐξαλείφω aor act ptc m s nom, wipe away
²⁹ χειρόγραφον, -ου n, record of one's debts
³⁰ δόγμα, -τος n, regulation
³¹ ὑπεναντίος, -α/ον, against
³² αἴρω 3s pf act ind, take away
³³ προσηλόω aor act ptc m s nom, nail to
³⁴ σταυρός, -οῦ m, cross
³⁵ ἀπεκδύομαι aor mid ptc m s nom, disarm
³⁶ δειγματίζω 3s aor act ind, disgrace (δ. ἐν παρρησίᾳ make a public spectacle of)
³⁷ θριαμβεύω aor act ptc m s nom, triumph over

16 Μὴ οὖν τις ὑμᾶς κρινέτω ἐν βρώσει[1] καὶ ἐν πόσει[2] ἢ ἐν μέρει ἑορτῆς[3] ἢ νεομηνίας[4] ἢ σαββάτων· 17 ἅ ἐστιν σκιὰ[5] τῶν μελλόντων, τὸ δὲ σῶμα τοῦ Χριστοῦ. 18 μηδεὶς ὑμᾶς καταβραβευέτω[6] θέλων ἐν ταπεινοφροσύνῃ[7] καὶ θρησκείᾳ[8] τῶν ἀγγέλων, ἃ ἑόρακεν[9] ἐμβατεύων[10], εἰκῇ[11] φυσιούμενος[12] ὑπὸ τοῦ νοὸς[13] τῆς σαρκὸς αὐτοῦ, 19 καὶ οὐ κρατῶν τὴν κεφαλήν, ἐξ οὗ πᾶν τὸ σῶμα διὰ τῶν ἁφῶν[14] καὶ συνδέσμων[15] ἐπιχορηγούμενον[16] καὶ συμβιβαζόμενον[17] αὔξει[18] τὴν αὔξησιν[19] τοῦ θεοῦ.

The New Life in Christ

20 Εἰ ἀπεθάνετε σὺν Χριστῷ ἀπὸ τῶν στοιχείων[20] τοῦ κόσμου, τί ὡς ζῶντες ἐν κόσμῳ δογματίζεσθε[21]; 21 μὴ ἅψῃ[22] μηδὲ γεύσῃ[23] μηδὲ θίγῃς[24], 22 ἅ ἐστιν πάντα εἰς φθορὰν[25] τῇ ἀποχρήσει[26], κατὰ τὰ ἐντάλματα[27] καὶ διδασκαλίας[28] τῶν ἀνθρώπων, 23 ἅτινά ἐστιν λόγον μὲν ἔχοντα σοφίας ἐν ἐθελοθρησκίᾳ[29] καὶ ταπεινοφροσύνῃ[30] καὶ ἀφειδίᾳ[31] σώματος, οὐκ ἐν τιμῇ τινι πρὸς πλησμονὴν[32] τῆς σαρκός.

3 Εἰ οὖν συνηγέρθητε[33] τῷ Χριστῷ, τὰ ἄνω[34] ζητεῖτε, οὗ[35] ὁ Χριστός ἐστιν ἐν δεξιᾷ τοῦ θεοῦ καθήμενος· 2 τὰ ἄνω φρονεῖτε[36], μὴ τὰ ἐπὶ τῆς γῆς. 3 ἀπεθάνετε γὰρ καὶ ἡ ζωὴ ὑμῶν κέκρυπται[37] σὺν τῷ Χριστῷ ἐν τῷ θεῷ· 4 ὅταν ὁ Χριστὸς φανερωθῇ, ἡ ζωὴ ὑμῶν, τότε καὶ ὑμεῖς σὺν αὐτῷ φανερωθήσεσθε ἐν δόξῃ.

5 Νεκρώσατε[38] οὖν τὰ μέλη τὰ ἐπὶ τῆς γῆς, πορνείαν[39] ἀκαθαρσίαν[40] πάθος[41] ἐπιθυμίαν κακήν, καὶ τὴν πλεονεξίαν[42], ἥτις ἐστὶν εἰδωλολατρία[43], 6 δι᾿ ἃ ἔρχεται ἡ ὀργὴ τοῦ θεοῦ ἐπὶ τοὺς υἱοὺς τῆς ἀπειθείας[44]. 7 ἐν οἷς καὶ ὑμεῖς περιεπατήσατέ

---

[1] βρῶσις, -εως f, food
[2] πόσις, -εως f, drinking
[3] ἑορτή, -ῆς f, festival
[4] νεομηνία, -ας f, new moon festival
[5] σκιά, -ᾶς f, shadow
[6] καταβραβεύω 3s pres act impv, disqualify
[7] ταπεινοφροσύνη, -ης f, false humility
[8] θρησκεία, -ας f, worship
[9] ὁράω 3s pf act ind, see
[10] ἐμβατεύω pres act ptc m s nom, take one's stand on
[11] εἰκῇ, adv, in vain
[12] φυσιόω pres pas ptc m s nom, make conceited
[13] νοῦς, -ός m, mind
[14] ἁφή, -ῆς f, joint
[15] σύνδεσμος, -ου m, ligament
[16] ἐπιχορηγέω pres pas ptc n s nom, nourish
[17] συμβιβάζω pres pas ptc n s nom, hold together
[18] αὔξω/αὐξάνω 3s pres act ind, grow
[19] αὔξησις, -εως f, growth
[20] στοιχεῖον, -ου n, elemental spiritual force
[21] δογματίζω 2p pres pas ind, pas obey rules
[22] ἅπτω 2s aor mid sub, mid handle
[23] γεύομαι 2s aor mid sub, taste
[24] θιγγάνω 2s aor act sub, touch
[25] φθορά, -ᾶς f, destruction
[26] ἀπόχρησις, -εως f, process of being used
[27] ἔνταλμα, -τος n, rule
[28] διδασκαλία, -ας f, doctrine
[29] ἐθελοθρησκία, -ας f, self-imposed piety
[30] ταπεινοφροσύνη, -ης f, false humility
[31] ἀφειδία, -ας f, severe discipline
[32] πλησμονή, -ῆς f, satisfaction
[33] συνεγείρω 2p aor pas ind, raise together with
[34] ἄνω, adv, above
[35] οὗ, adv, where
[36] φρονέω 2p pres act impv, think (about)
[37] κρύπτω 3s pf pas ind, hide
[38] νεκρόω 2p aor act impv, put to death
[39] πορνεία, -ας f, sexual immorality
[40] ἀκαθαρσία, -ας f, impurity
[41] πάθος, -ους n, lustful passion
[42] πλεονεξία, -ας f, greed
[43] εἰδωλολατρία, -ας f, idolatry
[44] ἀπείθεια, -ας f, disobedience

ποτε¹, ὅτε ἐζῆτε ἐν τούτοις· 8 νυνὶ² δὲ ἀπόθεσθε³ καὶ ὑμεῖς τὰ πάντα, ὀργήν, θυμόν⁴, κακίαν⁵, βλασφημίαν⁶, αἰσχρολογίαν⁷ ἐκ τοῦ στόματος ὑμῶν· 9 μὴ ψεύδεσθε⁸ εἰς ἀλλήλους, ἀπεκδυσάμενοι⁹ τὸν παλαιὸν¹⁰ ἄνθρωπον σὺν ταῖς πράξεσιν¹¹ αὐτοῦ 10 καὶ ἐνδυσάμενοι¹² τὸν νέον¹³ τὸν ἀνακαινούμενον¹⁴ εἰς ἐπίγνωσιν¹⁵ κατ' εἰκόνα¹⁶ τοῦ κτίσαντος¹⁷ αὐτόν, 11 ὅπου οὐκ ἔνι¹⁸ Ἕλλην καὶ Ἰουδαῖος, περιτομὴ καὶ ἀκροβυστία¹⁹, βάρβαρος²⁰, Σκύθης²¹, δοῦλος, ἐλεύθερος²², ἀλλὰ τὰ πάντα καὶ ἐν πᾶσιν Χριστός.

12 Ἐνδύσασθε²³ οὖν, ὡς ἐκλεκτοὶ²⁴ τοῦ θεοῦ ἅγιοι καὶ ἠγαπημένοι, σπλάγχνα²⁵ οἰκτιρμοῦ²⁶ χρηστότητα²⁷ ταπεινοφροσύνην²⁸ πραΰτητα²⁹ μακροθυμίαν³⁰, 13 ἀνεχόμενοι³¹ ἀλλήλων καὶ χαριζόμενοι³² ἑαυτοῖς ἐάν τις πρός τινα ἔχῃ μομφήν³³· καθὼς καὶ ὁ κύριος ἐχαρίσατο ὑμῖν, οὕτως καὶ ὑμεῖς· 14 ἐπὶ πᾶσιν δὲ τούτοις τὴν ἀγάπην, ὅ ἐστιν σύνδεσμος³⁴ τῆς τελειότητος³⁵. 15 καὶ ἡ εἰρήνη τοῦ Χριστοῦ βραβευέτω³⁶ ἐν ταῖς καρδίαις ὑμῶν, εἰς ἣν καὶ ἐκλήθητε ἐν ἑνὶ σώματι· καὶ εὐχάριστοι³⁷ γίνεσθε. 16 ὁ λόγος τοῦ Χριστοῦ ἐνοικείτω³⁸ ἐν ὑμῖν πλουσίως³⁹, ἐν πάσῃ σοφίᾳ διδάσκοντες καὶ νουθετοῦντες⁴⁰ ἑαυτούς, ψαλμοῖς⁴¹ ὕμνοις⁴² ᾠδαῖς⁴³ πνευματικαῖς⁴⁴ ἐν [τῇ] χάριτι ᾄδοντες⁴⁵ ἐν ταῖς καρδίαις ὑμῶν τῷ θεῷ· 17 καὶ πᾶν ὅ τι ἐὰν ποιῆτε ἐν λόγῳ ἢ ἐν ἔργῳ, πάντα ἐν ὀνόματι κυρίου Ἰησοῦ, εὐχαριστοῦντες τῷ θεῷ πατρὶ δι' αὐτοῦ.

Social Duties of the New Life

18 Αἱ γυναῖκες, ὑποτάσσεσθε τοῖς ἀνδράσιν ὡς ἀνῆκεν⁴⁶ ἐν κυρίῳ. 19 οἱ ἄνδρες, ἀγαπᾶτε τὰς γυναῖκας καὶ μὴ πικραίνεσθε⁴⁷ πρὸς αὐτάς. 20 τὰ τέκνα, ὑπακούετε⁴⁸

---

¹ ποτέ, *temporal adv*, formerly
² νυνί, *adv*, now
³ ἀποτίθημι *2p aor mid impv*, be done with
⁴ θυμός, -οῦ *m*, anger
⁵ κακία, -ας *f*, evil
⁶ βλασφημία, -ας *f*, slander
⁷ αἰσχρολογία, -ας *f*, obscene speech
⁸ ψεύδομαι *2p pres mid impv*, lie
⁹ ἀπεκδύομαι *aor mid ptc m p nom*, put off
¹⁰ παλαιός, -ά/όν, old
¹¹ πρᾶξις, -εως *f*, practice
¹² ἐνδύω *aor mid ptc m p nom*, put on
¹³ νέος, -α/ον, new
¹⁴ ἀνακαινόω *pres pas ptc m s acc*, renew
¹⁵ ἐπίγνωσις, -εως *f*, knowledge
¹⁶ εἰκών, -όνος *f*, likeness
¹⁷ κτίζω *aor act ptc m s gen*, create
¹⁸ ἔνι, there is (= ἔνεστιν)
¹⁹ ἀκροβυστία, -ας *f*, uncircumcision
²⁰ βάρβαρος, -ον, barbarian
²¹ Σκύθης, -ου *m*, Scythian
²² ἐλεύθερος, -α/ον, free
²³ ἐνδύω *2p aor mid impv*, put on
²⁴ ἐκλεκτός, -ή/όν, chosen
²⁵ σπλάγχνον, -ου *n*, feelings
²⁶ οἰκτιρμός, -οῦ *m*, compassion
²⁷ χρηστότης, -ητος *f*, kindness
²⁸ ταπεινοφροσύνη, -ης *f*, humility
²⁹ πραΰτης, -ητος *f*, gentleness
³⁰ μακροθυμία, -ας *f*, patience
³¹ ἀνέχομαι *pres mid ptc m p nom*, put up with
³² χαρίζομαι *pres mid ptc m p nom*, forgive
³³ μομφή, -ῆς *f*, complaint
³⁴ σύνδεσμος, -ου *m*, bond
³⁵ τελειότης, -ητος *f*, completeness (σύνδεσμος τῆς τ. what ties everything completely together)
³⁶ βραβεύω *3s pres act impv*, rule
³⁷ εὐχάριστος, -ον, thankful
³⁸ ἐνοικέω *3s pres act impv*, live in
³⁹ πλουσίως, *adv*, richly
⁴⁰ νουθετέω *pres act ptc m p nom*, instruct
⁴¹ ψαλμός, -οῦ *m*, psalm
⁴² ὕμνος, -ου *m*, hymn
⁴³ ᾠδή, -ῆς *f*, song
⁴⁴ πνευματικός, -ή/όν, spiritual
⁴⁵ ᾄδω *pres act ptc m p nom*, sing
⁴⁶ ἀνήκω *3s impf act ind*, *impers* it is proper
⁴⁷ πικραίνω *2p pres pas impv*, be harsh
⁴⁸ ὑπακούω *2p pres act impv*, obey

τοῖς γονεῦσιν¹ κατὰ πάντα, τοῦτο γὰρ εὐάρεστόν² ἐστιν ἐν κυρίῳ. **21** οἱ πατέρες, μὴ ἐρεθίζετε³ τὰ τέκνα ὑμῶν, ἵνα μὴ ἀθυμῶσιν⁴.

22 Οἱ δοῦλοι, ὑπακούετε⁵ κατὰ πάντα τοῖς κατὰ σάρκα κυρίοις, μὴ ἐν ὀφθαλμοδουλίᾳ⁶ ὡς ἀνθρωπάρεσκοι⁷, ἀλλ' ἐν ἁπλότητι⁸ καρδίας φοβούμενοι τὸν κύριον. **23** ὃ ἐὰν ποιῆτε, ἐκ ψυχῆς ἐργάζεσθε ὡς τῷ κυρίῳ καὶ οὐκ ἀνθρώποις, **24** εἰδότες⁹ ὅτι ἀπὸ κυρίου ἀπολήμψεσθε¹⁰ τὴν ἀνταπόδοσιν¹¹ τῆς κληρονομίας¹². τῷ κυρίῳ Χριστῷ δουλεύετε¹³· **25** ὁ γὰρ ἀδικῶν¹⁴ κομίσεται¹⁵ ὃ ἠδίκησεν, καὶ οὐκ ἔστιν προσωπολημψία¹⁶.

4 Οἱ κύριοι, τὸ δίκαιον καὶ τὴν ἰσότητα¹⁷ τοῖς δούλοις παρέχεσθε¹⁸, εἰδότες¹⁹ ὅτι καὶ ὑμεῖς ἔχετε κύριον ἐν οὐρανῷ.

Exhortations

2 Τῇ προσευχῇ προσκαρτερεῖτε²⁰, γρηγοροῦντες²¹ ἐν αὐτῇ ἐν εὐχαριστίᾳ²², **3** προσευχόμενοι ἅμα²³ καὶ περὶ ἡμῶν, ἵνα ὁ θεὸς ἀνοίξῃ ἡμῖν θύραν τοῦ λόγου λαλῆσαι τὸ μυστήριον²⁴ τοῦ Χριστοῦ, δι' ὃ καὶ δέδεμαι²⁵, **4** ἵνα φανερώσω αὐτὸ ὡς δεῖ με λαλῆσαι. **5** ἐν σοφίᾳ περιπατεῖτε πρὸς τοὺς ἔξω τὸν καιρὸν ἐξαγοραζόμενοι²⁶. **6** ὁ λόγος ὑμῶν πάντοτε ἐν χάριτι, ἅλατι²⁷ ἠρτυμένος²⁸, εἰδέναι²⁹ πῶς δεῖ ὑμᾶς ἑνὶ ἑκάστῳ ἀποκρίνεσθαι.

Final Greetings

7 Τὰ κατ' ἐμὲ πάντα γνωρίσει³⁰ ὑμῖν Τύχικος ὁ ἀγαπητὸς ἀδελφὸς καὶ πιστὸς διάκονος³¹ καὶ σύνδουλος³² ἐν κυρίῳ, **8** ὃν ἔπεμψα³³ πρὸς ὑμᾶς εἰς αὐτὸ τοῦτο, ἵνα γνῶτε³⁴ τὰ περὶ ἡμῶν καὶ παρακαλέσῃ τὰς καρδίας ὑμῶν, **9** σὺν Ὀνησίμῳ τῷ πιστῷ καὶ ἀγαπητῷ ἀδελφῷ, ὅς ἐστιν ἐξ ὑμῶν· πάντα ὑμῖν γνωρίσουσιν τὰ ὧδε.

---

1 γονεύς, -έως m, parent
2 εὐάρεστος, -ον, pleasing
3 ἐρεθίζω 2p pres act impv, embitter
4 ἀθυμέω 3p pres act sub, become discouraged
5 ὑπακούω 2p pres act impv, obey
6 ὀφθαλμοδουλία, -ας f, eye-service
7 ἀνθρωπάρεσκος, -ον, pleasing humans
8 ἁπλότης, -ητος f, sincerity
9 οἶδα pf act ptc m p nom, know
10 ἀπολαμβάνω 2p fut mid ind, receive
11 ἀνταπόδοσις, -εως f, compensation
12 κληρονομία, -ας f, inheritance
13 δουλεύω 2p pres act ind or impv, serve
14 ἀδικέω pres act ptc m s nom, do wrong
15 κομίζω 3s fut mid ind, mid be repaid
16 προσωπολημψία, -ας f, favoritism
17 ἰσότης, -ητος f, fairness
18 παρέχω 2p pres mid impv, act & mid give
19 οἶδα pf act ptc m p nom, know
20 προσκαρτερέω 2p pres act impv, continue in
21 γρηγορέω pres act ptc m p nom, be watchful
22 εὐχαριστία, -ας f, thanksgiving
23 ἅμα, adv, also
24 μυστήριον, -ου n, mystery
25 δέω 1s pf pas ind, imprison
26 ἐξαγοράζω pres mid ptc m p nom, make the most of
27 ἅλας, -ατος n, salt
28 ἀρτύω pf pas ptc m s nom, season
29 οἶδα pres act inf, know
30 γνωρίζω 3s fut act ind, make known
31 διάκονος, -ου m, servant/minister
32 σύνδουλος, -ου m, fellow-servant
33 πέμπω 1s aor act ind, send
34 γινώσκω 2p aor act sub, know

10 Ἀσπάζεται ὑμᾶς Ἀρίσταρχος ὁ συναιχμάλωτός[1] μου καὶ Μᾶρκος ὁ ἀνεψιὸς[2] Βαρναβᾶ (περὶ οὗ ἐλάβετε ἐντολάς, ἐὰν ἔλθῃ[3] πρὸς ὑμᾶς, δέξασθε αὐτόν) **11** καὶ Ἰησοῦς ὁ λεγόμενος Ἰοῦστος, οἱ ὄντες ἐκ περιτομῆς, οὗτοι μόνοι συνεργοὶ[4] εἰς τὴν βασιλείαν τοῦ θεοῦ, οἵτινες ἐγενήθησάν[5] μοι παρηγορία[6]. **12** ἀσπάζεται ὑμᾶς Ἐπαφρᾶς ὁ ἐξ ὑμῶν, δοῦλος Χριστοῦ [Ἰησοῦ], πάντοτε ἀγωνιζόμενος[7] ὑπὲρ ὑμῶν ἐν ταῖς προσευχαῖς, ἵνα σταθῆτε[8] τέλειοι[9] καὶ πεπληροφορημένοι[10] ἐν παντὶ θελήματι τοῦ θεοῦ. **13** μαρτυρῶ γὰρ αὐτῷ ὅτι ἔχει πολὺν πόνον[11] ὑπὲρ ὑμῶν καὶ τῶν ἐν Λαοδικείᾳ καὶ τῶν ἐν Ἱεραπόλει. **14** ἀσπάζεται ὑμᾶς Λουκᾶς ὁ ἰατρὸς[12] ὁ ἀγαπητὸς καὶ Δημᾶς.
15 Ἀσπάσασθε τοὺς ἐν Λαοδικείᾳ ἀδελφοὺς καὶ Νύμφαν καὶ τὴν κατ' οἶκον αὐτῆς ἐκκλησίαν. **16** καὶ ὅταν ἀναγνωσθῇ[13] παρ' ὑμῖν ἡ ἐπιστολή[14], ποιήσατε ἵνα καὶ ἐν τῇ Λαοδικέων ἐκκλησίᾳ ἀναγνωσθῇ, καὶ τὴν ἐκ Λαοδικείας ἵνα καὶ ὑμεῖς ἀναγνῶτε[15]. **17** καὶ εἴπατε[16] Ἀρχίππῳ· βλέπε τὴν διακονίαν ἣν παρέλαβες ἐν κυρίῳ, ἵνα αὐτὴν πληροῖς[17].
18 Ὁ ἀσπασμὸς[18] τῇ ἐμῇ χειρὶ Παύλου. μνημονεύετέ[19] μου τῶν δεσμῶν[20]. ἡ χάρις μεθ' ὑμῶν.

[1] συναιχμάλωτος, -ου *m*, fellow-prisoner
[2] ἀνεψιός, -οῦ *m*, cousin
[3] ἔρχομαι 3s aor act sub, come
[4] συνεργός, -οῦ *m*, fellow-worker
[5] γίνομαι 3p aor pas ind, be
[6] παρηγορία, -ας *f*, comfort
[7] ἀγωνίζομαι pres mid ptc *m s nom*, struggle
[8] ἵστημι 2p aor pas sub, pas stand
[9] τέλειος, -α/ον, mature
[10] πληροφορέω pf pas ptc *m n nom*, assure fully
[11] πόνος, -ου *m*, hard work
[12] ἰατρός, -οῦ *m*, doctor
[13] ἀναγινώσκω 3s aor pas sub, read
[14] ἐπιστολή, -ῆς *f*, letter
[15] ἀναγινώσκω 2p aor act sub, read
[16] λέγω 2p aor act impv, say
[17] πληρόω 2s pres act sub, complete
[18] ἀσπασμός, -οῦ *m*, greeting
[19] μνημονεύω 2p pres act impv, remember
[20] δεσμός, -οῦ *m*, chain

ΠΡΟΣ ΘΕΣΣΑΛΟΝΙΚΕΙΣ Α'

Salutation

1 Παῦλος καὶ Σιλουανὸς καὶ Τιμόθεος τῇ ἐκκλησίᾳ Θεσσαλονικέων ἐν θεῷ πατρὶ καὶ κυρίῳ Ἰησοῦ Χριστῷ, χάρις ὑμῖν καὶ εἰρήνη.

The Thessalonians' Faith and Example

2 Εὐχαριστοῦμεν τῷ θεῷ πάντοτε περὶ πάντων ὑμῶν μνείαν[1] ποιούμενοι ἐπὶ τῶν προσευχῶν ἡμῶν, ἀδιαλείπτως[2] **3** μνημονεύοντες[3] ὑμῶν τοῦ ἔργου τῆς πίστεως καὶ τοῦ κόπου[4] τῆς ἀγάπης καὶ τῆς ὑπομονῆς τῆς ἐλπίδος τοῦ κυρίου ἡμῶν Ἰησοῦ Χριστοῦ ἔμπροσθεν τοῦ θεοῦ καὶ πατρὸς ἡμῶν, **4** εἰδότες[5], ἀδελφοὶ ἠγαπημένοι[6] ὑπὸ [τοῦ] θεοῦ, τὴν ἐκλογὴν[7] ὑμῶν, **5** ὅτι τὸ εὐαγγέλιον ἡμῶν οὐκ ἐγενήθη[8] εἰς ὑμᾶς ἐν λόγῳ μόνον ἀλλὰ καὶ ἐν δυνάμει καὶ ἐν πνεύματι ἁγίῳ καὶ ἐν πληροφορίᾳ[9] πολλῇ, καθὼς οἴδατε οἷοι[10] ἐγενήθημεν[11] [ἐν] ὑμῖν δι' ὑμᾶς. **6** καὶ ὑμεῖς μιμηταὶ[12] ἡμῶν ἐγενήθητε καὶ τοῦ κυρίου, δεξάμενοι τὸν λόγον ἐν θλίψει πολλῇ μετὰ χαρᾶς πνεύματος ἁγίου, **7** ὥστε γενέσθαι ὑμᾶς τύπον[13] πᾶσιν τοῖς πιστεύουσιν ἐν τῇ Μακεδονίᾳ καὶ ἐν τῇ Ἀχαΐᾳ. **8** ἀφ' ὑμῶν γὰρ ἐξήχηται[14] ὁ λόγος τοῦ κυρίου οὐ μόνον ἐν τῇ Μακεδονίᾳ καὶ ἐν τῇ Ἀχαΐᾳ, ἀλλ' ἐν παντὶ τόπῳ ἡ πίστις ὑμῶν ἡ πρὸς τὸν θεὸν ἐξελήλυθεν[15], ὥστε μὴ χρείαν ἔχειν ἡμᾶς λαλεῖν τι. **9** αὐτοὶ γὰρ περὶ ἡμῶν ἀπαγγέλλουσιν ὁποίαν[16] εἴσοδον[17] ἔσχομεν[18] πρὸς ὑμᾶς, καὶ πῶς ἐπεστρέψατε[19] πρὸς τὸν θεὸν ἀπὸ τῶν εἰδώλων[20] δουλεύειν[21] θεῷ ζῶντι καὶ ἀληθινῷ[22] **10** καὶ ἀναμένειν[23] τὸν υἱὸν αὐτοῦ ἐκ τῶν οὐρανῶν, ὃν ἤγειρεν ἐκ [τῶν] νεκρῶν, Ἰησοῦν τὸν ῥυόμενον[24] ἡμᾶς ἐκ τῆς ὀργῆς τῆς ἐρχομένης.

---

[1] μνεία, -ας f, mention
[2] ἀδιαλείπτως, adv, constantly
[3] μνημονεύω pres act ptc m p nom, remember
[4] κόπος, -ου m, work
[5] οἶδα pf act ptc m p nom, know
[6] ἀγαπάω pf pas ptc m p nom or voc, love
[7] ἐκλογή, -ῆς f, choosing
[8] γίνομαι 3s aor pas ind, come
[9] πληροφορία, -ας f, conviction
[10] οἷος, -α/ον, rel pro, what kind
[11] γίνομαι 1p aor pas ind, be
[12] μιμητής, -οῦ m, imitator
[13] τύπος, -ου m, example
[14] ἐξηχέω 3s pf pas ind, sound forth
[15] ἐξέρχομαι 3s pf act ind, go out
[16] ὁποῖος, -α/ον, of what sort
[17] εἴσοδος, -ου f, visit
[18] ἔχω 1p aor act ind, have
[19] ἐπιστρέφω 2p aor act ind, intrans turn
[20] εἴδωλον, -ου n, idol
[21] δουλεύω pres act inf, serve
[22] ἀληθινός, -ή/όν, true
[23] ἀναμένω pres act inf, wait expectantly
[24] ῥύομαι pres mid ptc m s acc, rescue

Paul's Ministry in Thessalonica

2 Αὐτοὶ γὰρ οἴδατε, ἀδελφοί, τὴν εἴσοδον¹ ἡμῶν τὴν πρὸς ὑμᾶς ὅτι οὐ κενὴ² γέγονεν³, **2** ἀλλὰ προπαθόντες⁴ καὶ ὑβρισθέντες⁵, καθὼς οἴδατε, ἐν Φιλίπποις ἐπαρρησιασάμεθα⁶ ἐν τῷ θεῷ ἡμῶν λαλῆσαι πρὸς ὑμᾶς τὸ εὐαγγέλιον τοῦ θεοῦ ἐν πολλῷ ἀγῶνι⁷. **3** ἡ γὰρ παράκλησις⁸ ἡμῶν οὐκ ἐκ πλάνης⁹ οὐδὲ ἐξ ἀκαθαρσίας¹⁰ οὐδὲ ἐν δόλῳ¹¹, **4** ἀλλὰ καθὼς δεδοκιμάσμεθα¹² ὑπὸ τοῦ θεοῦ πιστευθῆναι τὸ εὐαγγέλιον, οὕτως λαλοῦμεν, οὐχ ὡς ἀνθρώποις ἀρέσκοντες¹³ ἀλλὰ θεῷ τῷ δοκιμάζοντι¹⁴ τὰς καρδίας ἡμῶν. **5** οὔτε γάρ ποτε¹⁵ ἐν λόγῳ κολακείας¹⁶ ἐγενήθημεν¹⁷, καθὼς οἴδατε, οὔτε ἐν προφάσει¹⁸ πλεονεξίας¹⁹, θεὸς μάρτυς, **6** οὔτε ζητοῦντες ἐξ ἀνθρώπων δόξαν οὔτε ἀφ᾽ ὑμῶν οὔτε ἀπ᾽ ἄλλων, **7** δυνάμενοι ἐν βάρει²⁰ εἶναι ὡς Χριστοῦ ἀπόστολοι, ἀλλ᾽ ἐγενήθημεν νήπιοι²¹ ἐν μέσῳ ὑμῶν. ὡς ἐὰν τροφὸς²² θάλπῃ²³ τὰ ἑαυτῆς τέκνα, **8** οὕτως ὁμειρόμενοι²⁴ ὑμῶν εὐδοκοῦμεν²⁵ μεταδοῦναι²⁶ ὑμῖν οὐ μόνον τὸ εὐαγγέλιον τοῦ θεοῦ ἀλλὰ καὶ τὰς ἑαυτῶν ψυχάς, διότι²⁷ ἀγαπητοὶ ἡμῖν ἐγενήθητε²⁸. **9** μνημονεύετε²⁹ γάρ, ἀδελφοί, τὸν κόπον³⁰ ἡμῶν καὶ τὸν μόχθον³¹· νυκτὸς καὶ ἡμέρας ἐργαζόμενοι πρὸς τὸ μὴ ἐπιβαρῆσαί³² τινα ὑμῶν ἐκηρύξαμεν εἰς ὑμᾶς τὸ εὐαγγέλιον τοῦ θεοῦ. **10** ὑμεῖς μάρτυρες καὶ ὁ θεός, ὡς ὁσίως³³ καὶ δικαίως³⁴ καὶ ἀμέμπτως³⁵ ὑμῖν τοῖς πιστεύουσιν ἐγενήθημεν³⁶, **11** καθάπερ³⁷ οἴδατε, ὡς ἕνα ἕκαστον ὑμῶν ὡς πατὴρ τέκνα ἑαυτοῦ **12** παρακαλοῦντες ὑμᾶς καὶ παραμυθούμενοι³⁸ καὶ μαρτυρόμενοι³⁹ εἰς τὸ περιπατεῖν ὑμᾶς ἀξίως⁴⁰ τοῦ θεοῦ τοῦ καλοῦντος ὑμᾶς εἰς τὴν ἑαυτοῦ βασιλείαν καὶ δόξαν.

13 Καὶ διὰ τοῦτο καὶ ἡμεῖς εὐχαριστοῦμεν τῷ θεῷ ἀδιαλείπτως⁴¹, ὅτι παραλαβόντες λόγον ἀκοῆς⁴² παρ᾽ ἡμῶν τοῦ θεοῦ ἐδέξασθε οὐ λόγον ἀνθρώπων ἀλλὰ καθὼς

---

¹ εἴσοδος, -ου f, visit
² κενός, -ή/όν, empty (κενὴ in vain)
³ γίνομαι 3s pf act ind, be
⁴ προπάσχω aor act ptc m p nom, suffer previously
⁵ ὑβρίζω aor pas ptc m p nom, treat disgracefully
⁶ παρρησιάζομαι 1p aor mid ind, have courage
⁷ ἀγών, -ῶνος m, opposition
⁸ παράκλησις, -εως f, appeal
⁹ πλάνη, -ης f, error
¹⁰ ἀκαθαρσία, -ας f, impure motive
¹¹ δόλος, -ου m, deceit
¹² δοκιμάζω 1p pf pas ind, approve
¹³ ἀρέσκω pres act ptc m p nom, please
¹⁴ δοκιμάζω pres act ptc m s dat, test
¹⁵ ποτέ, temporal adv, ever
¹⁶ κολακεία, -ας f, flattery
¹⁷ γίνομαι 1p aor pas ind, come
¹⁸ πρόφασις, -εως f, pretense
¹⁹ πλεονεξία, -ας f, greed
²⁰ βάρος, -ους n, weight (ἐν β. εἶναι make demands)
²¹ νήπιος, -α/ον, child
²² τροφός, -οῦ f, nursing mother
²³ θάλπω 3s pres act sub, take care of
²⁴ ὁμείρομαι pres mid ptc m p nom, care so much for
²⁵ εὐδοκέω 1p impf act ind, take pleasure in
²⁶ μεταδίδωμι aor act inf, share
²⁷ διότι, conj, because
²⁸ γίνομαι 2p aor pas ind, become
²⁹ μνημονεύω 2p pres act ind, remember
³⁰ κόπος, -ου m, work
³¹ μόχθος, -ου m, hardship
³² ἐπιβαρέω aor act inf, be a burden
³³ ὁσίως, adv, holy
³⁴ δικαίως, adv, uprightly
³⁵ ἀμέμπτως, adv, blamelessly
³⁶ γίνομαι 1p aor pas ind, become
³⁷ καθάπερ, conj, just as
³⁸ παραμυθέομαι pres mid ptc m p nom, comfort
³⁹ μαρτύρομαι pres mid ptc m p nom, urge
⁴⁰ ἀξίως, adv, worthily
⁴¹ ἀδιαλείπτως, adv, constantly
⁴² ἀκοή, -ῆς f, hearing

ἔστιν ἀληθῶς¹ λόγον θεοῦ, ὃς καὶ ἐνεργεῖται² ἐν ὑμῖν τοῖς πιστεύουσιν. 14 ὑμεῖς γὰρ μιμηταὶ³ ἐγενήθητε, ἀδελφοί, τῶν ἐκκλησιῶν τοῦ θεοῦ τῶν οὐσῶν ἐν τῇ Ἰουδαίᾳ ἐν Χριστῷ Ἰησοῦ, ὅτι τὰ αὐτὰ ἐπάθετε⁴ καὶ ὑμεῖς ὑπὸ τῶν ἰδίων συμφυλετῶν⁵ καθὼς καὶ αὐτοὶ ὑπὸ τῶν Ἰουδαίων, 15 τῶν καὶ τὸν κύριον ἀποκτεινάντων Ἰησοῦν καὶ τοὺς προφήτας καὶ ἡμᾶς ἐκδιωξάντων⁶ καὶ θεῷ μὴ ἀρεσκόντων⁷ καὶ πᾶσιν ἀνθρώποις ἐναντίων⁸, 16 κωλυόντων⁹ ἡμᾶς τοῖς ἔθνεσιν λαλῆσαι ἵνα σωθῶσιν¹⁰, εἰς τὸ ἀναπληρῶσαι¹¹ αὐτῶν τὰς ἁμαρτίας πάντοτε. ἔφθασεν¹² δὲ ἐπ' αὐτοὺς ἡ ὀργὴ εἰς τέλος.

Paul's Desire to Visit the Church Again

17 Ἡμεῖς δέ, ἀδελφοί, ἀπορφανισθέντες¹³ ἀφ' ὑμῶν πρὸς καιρὸν ὥρας, προσώπῳ οὐ καρδίᾳ, περισσοτέρως¹⁴ ἐσπουδάσαμεν¹⁵ τὸ πρόσωπον ὑμῶν ἰδεῖν ἐν πολλῇ ἐπιθυμίᾳ. 18 διότι¹⁶ ἠθελήσαμεν ἐλθεῖν πρὸς ὑμᾶς, ἐγὼ μὲν Παῦλος καὶ ἅπαξ¹⁷ καὶ δίς¹⁸, καὶ ἐνέκοψεν¹⁹ ἡμᾶς ὁ σατανᾶς. 19 τίς γὰρ ἡμῶν ἐλπὶς ἢ χαρὰ ἢ στέφανος²⁰ καυχήσεως²¹ – ἢ οὐχὶ καὶ ὑμεῖς – ἔμπροσθεν τοῦ κυρίου ἡμῶν Ἰησοῦ ἐν τῇ αὐτοῦ παρουσίᾳ²²; 20 ὑμεῖς γάρ ἐστε ἡ δόξα ἡμῶν καὶ ἡ χαρά.

3 Διὸ μηκέτι²³ στέγοντες²⁴ εὐδοκήσαμεν²⁵ καταλειφθῆναι²⁶ ἐν Ἀθήναις μόνοι 2 καὶ ἐπέμψαμεν²⁷ Τιμόθεον, τὸν ἀδελφὸν ἡμῶν καὶ συνεργὸν²⁸ τοῦ θεοῦ ἐν τῷ εὐαγγελίῳ τοῦ Χριστοῦ, εἰς τὸ στηρίξαι²⁹ ὑμᾶς καὶ παρακαλέσαι ὑπὲρ τῆς πίστεως ὑμῶν 3 τὸ μηδένα σαίνεσθαι³⁰ ἐν ταῖς θλίψεσιν ταύταις. αὐτοὶ γὰρ οἴδατε ὅτι εἰς τοῦτο κείμεθα³¹. 4 καὶ γὰρ ὅτε πρὸς ὑμᾶς ἦμεν, προελέγομεν³² ὑμῖν ὅτι μέλλομεν θλίβεσθαι³³, καθὼς καὶ ἐγένετο καὶ οἴδατε. 5 διὰ τοῦτο κἀγὼ μηκέτι³⁴ στέγων³⁵

---

¹ ἀληθῶς, adv, truly
² ἐνεργέω 3s pres mid ind, be at work
³ μιμητής, -οῦ m, imitator
⁴ πάσχω 2p aor act ind, suffer
⁵ συμφυλέτης, -ου m, one's people
⁶ ἐκδιώκω aor act ptc m p gen, force out
⁷ ἀρέσκω pres act ptc m p gen, please
⁸ ἐναντίος, -α/ον, opposed
⁹ κωλύω pres act ptc m p gen, hinder
¹⁰ σῴζω 3p aor pas sub, save
¹¹ ἀναπληρόω aor act inf, complete the full measure of
¹² φθάνω 3s aor act ind, come upon
¹³ ἀπορφανίζω aor pas ptc m p nom, separate from
¹⁴ περισσοτέρως, adv, all the more
¹⁵ σπουδάζω 1p aor act ind, do one's best
¹⁶ διότι, conj, because
¹⁷ ἅπαξ, adv, once
¹⁸ δίς, adv, twice
¹⁹ ἐγκόπτω 3s aor act ind, prevent
²⁰ στέφανος, -ου m, crown
²¹ καύχησις, -εως f, boasting
²² παρουσία, -ας f, coming
²³ μηκέτι, adv, no longer
²⁴ στέγω pres act ptc m p nom, endure
²⁵ εὐδοκέω 1p aor act ind, be willing
²⁶ καταλείπω aor pas inf, leave behind
²⁷ πέμπω 1p aor act ind, send
²⁸ συνεργός, -οῦ m, fellow-worker
²⁹ στηρίζω aor act inf, strengthen
³⁰ σαίνω pres pas inf, pas be disturbed
³¹ κεῖμαι 1p pres mid ind, mid be one's destiny
³² προλέγω 1p impf act ind, tell in advance
³³ θλίβω pres pas inf, experience trouble
³⁴ μηκέτι, adv, no longer
³⁵ στέγω pres act ptc m s nom, endure

ἔπεμψα¹ εἰς τὸ γνῶναι² τὴν πίστιν ὑμῶν, μή πως³ ἐπείρασεν ὑμᾶς ὁ πειράζων καὶ εἰς κενὸν⁴ γένηται ὁ κόπος⁵ ἡμῶν.

6 Ἄρτι δὲ ἐλθόντος Τιμοθέου πρὸς ἡμᾶς ἀφ' ὑμῶν καὶ εὐαγγελισαμένου ἡμῖν τὴν πίστιν καὶ τὴν ἀγάπην ὑμῶν καὶ ὅτι ἔχετε μνείαν⁶ ἡμῶν ἀγαθὴν πάντοτε, ἐπιποθοῦντες⁷ ἡμᾶς ἰδεῖν καθάπερ⁸ καὶ ἡμεῖς ὑμᾶς, **7** διὰ τοῦτο παρεκλήθημεν⁹, ἀδελφοί, ἐφ' ὑμῖν ἐπὶ πάσῃ τῇ ἀνάγκῃ¹⁰ καὶ θλίψει ἡμῶν διὰ τῆς ὑμῶν πίστεως, **8** ὅτι νῦν ζῶμεν ἐὰν ὑμεῖς στήκετε¹¹ ἐν κυρίῳ. **9** τίνα γὰρ εὐχαριστίαν¹² δυνάμεθα τῷ θεῷ ἀνταποδοῦναι¹³ περὶ ὑμῶν ἐπὶ πάσῃ τῇ χαρᾷ ᾗ χαίρομεν δι' ὑμᾶς ἔμπροσθεν τοῦ θεοῦ ἡμῶν, **10** νυκτὸς καὶ ἡμέρας ὑπερεκπερισσοῦ¹⁴ δεόμενοι¹⁵ εἰς τὸ ἰδεῖν ὑμῶν τὸ πρόσωπον καὶ καταρτίσαι¹⁶ τὰ ὑστερήματα¹⁷ τῆς πίστεως ὑμῶν; **11** Αὐτὸς δὲ ὁ θεὸς καὶ πατὴρ ἡμῶν καὶ ὁ κύριος ἡμῶν Ἰησοῦς κατευθύναι¹⁸ τὴν ὁδὸν ἡμῶν πρὸς ὑμᾶς· **12** ὑμᾶς δὲ ὁ κύριος πλεονάσαι¹⁹ καὶ περισσεύσαι τῇ ἀγάπῃ εἰς ἀλλήλους καὶ εἰς πάντας καθάπερ²⁰ καὶ ἡμεῖς εἰς ὑμᾶς, **13** εἰς τὸ στηρίξαι²¹ ὑμῶν τὰς καρδίας ἀμέμπτους²² ἐν ἁγιωσύνῃ²³ ἔμπροσθεν τοῦ θεοῦ καὶ πατρὸς ἡμῶν ἐν τῇ παρουσίᾳ²⁴ τοῦ κυρίου ἡμῶν Ἰησοῦ μετὰ πάντων τῶν ἁγίων αὐτοῦ[, ἀμήν].

A Life Pleasing to God

4 Λοιπὸν οὖν, ἀδελφοί, ἐρωτῶμεν ὑμᾶς καὶ παρακαλοῦμεν ἐν κυρίῳ Ἰησοῦ, ἵνα καθὼς παρελάβετε παρ' ἡμῶν τὸ πῶς δεῖ ὑμᾶς περιπατεῖν καὶ ἀρέσκειν²⁵ θεῷ, καθὼς καὶ περιπατεῖτε, ἵνα περισσεύητε μᾶλλον. **2** οἴδατε γὰρ τίνας παραγγελίας²⁶ ἐδώκαμεν ὑμῖν διὰ τοῦ κυρίου Ἰησοῦ.

3 Τοῦτο γάρ ἐστιν θέλημα τοῦ θεοῦ, ὁ ἁγιασμὸς²⁷ ὑμῶν, ἀπέχεσθαι²⁸ ὑμᾶς ἀπὸ τῆς πορνείας²⁹, **4** εἰδέναι³⁰ ἕκαστον ὑμῶν τὸ ἑαυτοῦ σκεῦος³¹ κτᾶσθαι³² ἐν ἁγιασμῷ καὶ τιμῇ, **5** μὴ ἐν πάθει³³ ἐπιθυμίας καθάπερ³⁴ καὶ τὰ ἔθνη τὰ μὴ εἰδότα³⁵ τὸν θεόν, **6** τὸ μὴ ὑπερβαίνειν³⁶ καὶ πλεονεκτεῖν³⁷ ἐν τῷ πράγματι³⁸ τὸν ἀδελφὸν

---

¹ πέμπω 1s aor act ind, send
² γινώσκω aor act inf, find out
³ πώς, particle, somehow
⁴ κενός, -ή/όν, empty (εἰς κ. in vain)
⁵ κόπος, -ου m, work
⁶ μνεία, -ας f, remembrance
⁷ ἐπιποθέω pres act ptc m p nom, long (for)
⁸ καθάπερ, conj, just as
⁹ παρακαλέω 1p aor pas ind, encourage
¹⁰ ἀνάγκη, -ης f, distress
¹¹ στήκω 2p pres act ind, stand firm
¹² εὐχαριστία, -ας f, thanks
¹³ ἀνταποδίδωμι aor act inf, repay
¹⁴ ὑπερεκπερισσοῦ, adv, earnestly
¹⁵ δέομαι pres pas ptc m p nom, pray
¹⁶ καταρτίζω aor act inf, supply
¹⁷ ὑστέρημα, -τος n, what is lacking
¹⁸ κατευθύνω 3s aor act opt, direct
¹⁹ πλεονάζω 3s aor act opt, increase
²⁰ καθάπερ, conj, just as
²¹ στηρίζω aor act inf, strengthen
²² ἄμεμπτος, -ον, blameless
²³ ἁγιωσύνη, -ης f, holiness
²⁴ παρουσία, -ας f, coming
²⁵ ἀρέσκω pres act inf, please
²⁶ παραγγελία, -ας f, instruction
²⁷ ἁγιασμός, -οῦ m, holiness
²⁸ ἀπέχω pres mid inf, abstain
²⁹ πορνεία, -ας f, sexual immorality
³⁰ οἶδα pf act inf, know
³¹ σκεῦος, -ους n, body/wife
³² κτάομαι pres mid inf, control (one's body)/live with (one's wife)
³³ πάθος, -ους n, lustful passion
³⁴ καθάπερ, conj, just as
³⁵ οἶδα pf act ptc n p nom, know
³⁶ ὑπερβαίνω pres act inf, wrong
³⁷ πλεονεκτέω pres act inf, take advantage of
³⁸ πρᾶγμα, -τος n, matter

αὐτοῦ, διότι¹ ἔκδικος² κύριος περὶ πάντων τούτων, καθὼς καὶ προείπαμεν³ ὑμῖν καὶ διεμαρτυράμεθα⁴. 7 οὐ γὰρ ἐκάλεσεν ἡμᾶς ὁ θεὸς ἐπὶ ἀκαθαρσίᾳ⁵ ἀλλ' ἐν ἁγιασμῷ. 8 τοιγαροῦν⁶ ὁ ἀθετῶν⁷ οὐκ ἄνθρωπον ἀθετεῖ ἀλλὰ τὸν θεὸν τὸν [καὶ] διδόντα⁸ τὸ πνεῦμα αὐτοῦ τὸ ἅγιον εἰς ὑμᾶς.

9 Περὶ δὲ τῆς φιλαδελφίας⁹ οὐ χρείαν ἔχετε γράφειν ὑμῖν, αὐτοὶ γὰρ ὑμεῖς θεοδίδακτοί¹⁰ ἐστε εἰς τὸ ἀγαπᾶν ἀλλήλους, 10 καὶ γὰρ ποιεῖτε αὐτὸ εἰς πάντας τοὺς ἀδελφοὺς τοὺς ἐν ὅλῃ τῇ Μακεδονίᾳ. παρακαλοῦμεν δὲ ὑμᾶς, ἀδελφοί, περισσεύειν μᾶλλον 11 καὶ φιλοτιμεῖσθαι¹¹ ἡσυχάζειν¹² καὶ πράσσειν τὰ ἴδια καὶ ἐργάζεσθαι ταῖς [ἰδίαις] χερσὶν ὑμῶν, καθὼς ὑμῖν παρηγγείλαμεν, 12 ἵνα περιπατῆτε εὐσχημόνως¹³ πρὸς τοὺς ἔξω καὶ μηδενὸς χρείαν ἔχητε.

The Lord's Coming

13 Οὐ θέλομεν δὲ ὑμᾶς ἀγνοεῖν¹⁴, ἀδελφοί, περὶ τῶν κοιμωμένων¹⁵, ἵνα μὴ λυπῆσθε¹⁶ καθὼς καὶ οἱ λοιποὶ οἱ μὴ ἔχοντες ἐλπίδα. 14 εἰ γὰρ πιστεύομεν ὅτι Ἰησοῦς ἀπέθανεν καὶ ἀνέστη¹⁷, οὕτως καὶ ὁ θεὸς τοὺς κοιμηθέντας διὰ τοῦ Ἰησοῦ ἄξει¹⁸ σὺν αὐτῷ. 15 Τοῦτο γὰρ ὑμῖν λέγομεν ἐν λόγῳ κυρίου, ὅτι ἡμεῖς οἱ ζῶντες οἱ περιλειπόμενοι¹⁹ εἰς τὴν παρουσίαν²⁰ τοῦ κυρίου οὐ μὴ φθάσωμεν²¹ τοὺς κοιμηθέντας· 16 ὅτι αὐτὸς ὁ κύριος ἐν κελεύσματι²², ἐν φωνῇ ἀρχαγγέλου²³ καὶ ἐν σάλπιγγι²⁴ θεοῦ, καταβήσεται²⁵ ἀπ' οὐρανοῦ καὶ οἱ νεκροὶ ἐν Χριστῷ ἀναστήσονται²⁶ πρῶτον, 17 ἔπειτα²⁷ ἡμεῖς οἱ ζῶντες οἱ περιλειπόμενοι ἅμα²⁸ σὺν αὐτοῖς ἁρπαγησόμεθα²⁹ ἐν νεφέλαις³⁰ εἰς ἀπάντησιν³¹ τοῦ κυρίου εἰς ἀέρα³²· καὶ οὕτως πάντοτε σὺν κυρίῳ ἐσόμεθα³³. 18 ὥστε παρακαλεῖτε ἀλλήλους ἐν τοῖς λόγοις τούτοις.

5 Περὶ δὲ τῶν χρόνων καὶ τῶν καιρῶν, ἀδελφοί, οὐ χρείαν ἔχετε ὑμῖν γράφεσθαι, 2 αὐτοὶ γὰρ ἀκριβῶς³⁴ οἴδατε ὅτι ἡμέρα κυρίου ὡς κλέπτης³⁵ ἐν νυκτὶ οὕτως ἔρχεται. 3 ὅταν λέγωσιν· εἰρήνη καὶ ἀσφάλεια³⁶, τότε αἰφνίδιος³⁷ αὐτοῖς

---

1 διότι, conj, because
2 ἔκδικος, -ου m, one who punishes
3 προλέγω 1p aor act ind, warn in advance
4 διαμαρτύρομαι 1p aor mid ind, say emphatically
5 ἀκαθαρσία, -ας f, impurity
6 τοιγαροῦν, conj, therefore
7 ἀθετέω pres act ptc m s nom, reject
8 δίδωμι pres act ptc m s nom, give
9 φιλαδελφία, -ας f, love of one another
10 θεοδίδακτος, -ον m, taught by God
11 φιλοτιμέομαι pres mid inf, endeavor
12 ἡσυχάζω pres act inf, live a quiet life
13 εὐσχημόνως, adv, respectably
14 ἀγνοέω pres act inf, fail to understand
15 κοιμάομαι pres pas ptc m p gen, be dead
16 λυπέω 2p pres pas sub, pas grieve
17 ἀνίστημι 3s aor act ind, intrans rise
18 ἄγω 3s fut act ind, bring
19 περιλείπομαι pres pas ptc m p nom, be left
20 παρουσία, -ας f, coming
21 φθάνω 1p aor act sub, precede
22 κέλευσμα, -τος n, command
23 ἀρχάγγελος, -ου m, archangel
24 σάλπιγξ, -ιγγος f, trumpet
25 καταβαίνω 3s fut mid ind, come down
26 ἀνίστημι 3p fut mid ind, intrans rise
27 ἔπειτα, adv, then
28 ἅμα, adv, together
29 ἁρπάζω 1p fut pas ind, catch up
30 νεφέλη, -ης f, cloud
31 ἀπάντησις, -εως f, meeting
32 ἀήρ, -έρος m, air
33 εἰμί 1p fut mid ind, be
34 ἀκριβῶς, adv, very well
35 κλέπτης, -ου m, thief
36 ἀσφάλεια, -ας f, security
37 αἰφνίδιος, -ον, sudden

ἐφίσταται¹ ὄλεθρος² ὥσπερ ἡ ὠδὶν³ τῇ ἐν γαστρὶ⁴ ἐχούσῃ, καὶ οὐ μὴ ἐκφύγωσιν⁵. 4 ὑμεῖς δέ, ἀδελφοί, οὐκ ἐστὲ ἐν σκότει, ἵνα ἡ ἡμέρα ὑμᾶς ὡς κλέπτης καταλάβῃ⁶· 5 πάντες γὰρ ὑμεῖς υἱοὶ φωτός ἐστε καὶ υἱοὶ ἡμέρας. Οὐκ ἐσμὲν νυκτὸς οὐδὲ σκότους· 6 ἄρα οὖν μὴ καθεύδωμεν⁷ ὡς οἱ λοιποὶ ἀλλὰ γρηγορῶμεν⁸ καὶ νήφωμεν⁹. 7 οἱ γὰρ καθεύδοντες νυκτὸς καθεύδουσιν καὶ οἱ μεθυσκόμενοι¹⁰ νυκτὸς μεθύουσιν· 8 ἡμεῖς δὲ ἡμέρας ὄντες νήφωμεν ἐνδυσάμενοι¹¹ θώρακα¹² πίστεως καὶ ἀγάπης καὶ περικεφαλαίαν¹³ ἐλπίδα σωτηρίας· 9 ὅτι οὐκ ἔθετο¹⁴ ἡμᾶς ὁ θεὸς εἰς ὀργὴν ἀλλ᾽ εἰς περιποίησιν¹⁵ σωτηρίας διὰ τοῦ κυρίου ἡμῶν Ἰησοῦ Χριστοῦ 10 τοῦ ἀποθανόντος ὑπὲρ ἡμῶν, ἵνα εἴτε γρηγορῶμεν εἴτε καθεύδωμεν ἅμα¹⁶ σὺν αὐτῷ ζήσωμεν. 11 Διὸ παρακαλεῖτε ἀλλήλους καὶ οἰκοδομεῖτε εἷς τὸν ἕνα, καθὼς καὶ ποιεῖτε.

Final Exhortations and Greetings

12 Ἐρωτῶμεν δὲ ὑμᾶς, ἀδελφοί, εἰδέναι¹⁷ τοὺς κοπιῶντας¹⁸ ἐν ὑμῖν καὶ προϊσταμένους¹⁹ ὑμῶν ἐν κυρίῳ καὶ νουθετοῦντας²⁰ ὑμᾶς 13 καὶ ἡγεῖσθαι²¹ αὐτοὺς ὑπερεκπερισσοῦ²² ἐν ἀγάπῃ διὰ τὸ ἔργον αὐτῶν. εἰρηνεύετε²³ ἐν ἑαυτοῖς. 14 παρακαλοῦμεν δὲ ὑμᾶς, ἀδελφοί, νουθετεῖτε τοὺς ἀτάκτους²⁴, παραμυθεῖσθε²⁵ τοὺς ὀλιγοψύχους²⁶, ἀντέχεσθε²⁷ τῶν ἀσθενῶν²⁸, μακροθυμεῖτε²⁹ πρὸς πάντας. 15 ὁρᾶτε μή τις κακὸν ἀντὶ³⁰ κακοῦ τινι ἀποδῷ³¹, ἀλλὰ πάντοτε τὸ ἀγαθὸν διώκετε [καὶ] εἰς ἀλλήλους καὶ εἰς πάντας.

16 πάντοτε χαίρετε,
17 ἀδιαλείπτως³² προσεύχεσθε,
18 ἐν παντὶ εὐχαριστεῖτε· τοῦτο γὰρ θέλημα θεοῦ ἐν Χριστῷ Ἰησοῦ εἰς ὑμᾶς.
19 τὸ πνεῦμα μὴ σβέννυτε³³,
20 προφητείας³⁴ μὴ ἐξουθενεῖτε³⁵,

---

[1] ἐφίστημι 3s pres mid ind, come up
[2] ὄλεθρος, -ου m, destruction
[3] ὠδίν, -ῖνος f, birth-pains
[4] γαστήρ, -τρός f, womb (ἐν γ. ἔχω be pregnant)
[5] ἐκφεύγω 3p aor act sub, escape
[6] καταλαμβάνω 3s aor act sub, surprise
[7] καθεύδω 1p pres act sub, sleep
[8] γρηγορέω 1p pres act sub, keep awake
[9] νήφω 1p pres act sub, be sober
[10] μεθύσκω pres pas ptc m p nom, pas get drunk
[11] ἐνδύω aor mid ptc m p nom, mid put on
[12] θώραξ, -ακος m, breastplate
[13] περικεφαλαία, -ας f, helmet
[14] τίθημι 3s aor mid ind, appoint
[15] περιποίησις, -εως f, obtaining
[16] ἅμα, adv, together
[17] οἶδα pf act inf, respect
[18] κοπιάω pres act ptc m p acc, work hard
[19] προΐστημι pres mid ptc m p acc, be a leader/care for
[20] νουθετέω pres act ptc m p acc, instruct/warn
[21] ἡγέομαι pres mid inf, regard
[22] ὑπερεκπερισσοῦ, adv, with the greatest respect
[23] εἰρηνεύω 2p pres act impv, live at peace
[24] ἄτακτος, -ον, lazy
[25] παραμυθέομαι 2p pres mid impv, encourage
[26] ὀλιγόψυχος, -ον, discouraged
[27] ἀντέχομαι 2p pres mid impv, help
[28] ἀσθενής, -ές, weak
[29] μακροθυμέω 2p pres act impv, be patient
[30] ἀντί, prep + gen, for
[31] ἀποδίδωμι 3s aor act sub, repay
[32] ἀδιαλείπτως, adv, constantly
[33] σβέννυμι 2p pres act impv, extinguish
[34] προφητεία, -ας f, prophecy
[35] ἐξουθενέω 2p pres act impv, despise

21 πάντα δὲ δοκιμάζετε¹, τὸ καλὸν κατέχετε², **22** ἀπὸ παντὸς εἴδους³ πονηροῦ ἀπέχεσθε⁴.

23 Αὐτὸς δὲ ὁ θεὸς τῆς εἰρήνης ἁγιάσαι⁵ ὑμᾶς ὁλοτελεῖς⁶, καὶ ὁλόκληρον⁷ ὑμῶν τὸ πνεῦμα καὶ ἡ ψυχὴ καὶ τὸ σῶμα ἀμέμπτως⁸ ἐν τῇ παρουσίᾳ⁹ τοῦ κυρίου ἡμῶν Ἰησοῦ Χριστοῦ τηρηθείη¹⁰. **24** πιστὸς ὁ καλῶν ὑμᾶς, ὃς καὶ ποιήσει.
25 Ἀδελφοί, προσεύχεσθε [καὶ] περὶ ἡμῶν.
26 Ἀσπάσασθε τοὺς ἀδελφοὺς πάντας ἐν φιλήματι ἁγίῳ. **27** ἐνορκίζω¹¹ ὑμᾶς τὸν κύριον ἀναγνωσθῆναι τὴν ἐπιστολὴν πᾶσιν τοῖς ἀδελφοῖς.
28 Ἡ χάρις τοῦ κυρίου ἡμῶν Ἰησοῦ Χριστοῦ μεθ᾽ ὑμῶν.

ΠΡΟΣ ΘΕΣΣΑΛΟΝΙΚΕΙΣ Β'

Salutation

1 Παῦλος καὶ Σιλουανὸς καὶ Τιμόθεος τῇ ἐκκλησίᾳ Θεσσαλονικέων ἐν θεῷ πατρὶ ἡμῶν καὶ κυρίῳ Ἰησοῦ Χριστῷ, **2** χάρις ὑμῖν καὶ εἰρήνη ἀπὸ θεοῦ πατρὸς ἡμῶν καὶ κυρίου Ἰησοῦ Χριστοῦ.

The Judgment at Christ's Coming

3 Εὐχαριστεῖν ὀφείλομεν τῷ θεῷ πάντοτε περὶ ὑμῶν, ἀδελφοί, καθὼς ἄξιόν ἐστιν, ὅτι ὑπεραυξάνει¹² ἡ πίστις ὑμῶν καὶ πλεονάζει¹³ ἡ ἀγάπη ἑνὸς ἑκάστου πάντων ὑμῶν εἰς ἀλλήλους, **4** ὥστε αὐτοὺς ἡμᾶς ἐν ὑμῖν ἐγκαυχᾶσθαι¹⁴ ἐν ταῖς ἐκκλησίαις τοῦ θεοῦ ὑπὲρ τῆς ὑπομονῆς ὑμῶν καὶ πίστεως ἐν πᾶσιν τοῖς διωγμοῖς¹⁵ ὑμῶν καὶ ταῖς θλίψεσιν αἷς ἀνέχεσθε¹⁶, **5** ἔνδειγμα¹⁷ τῆς δικαίας κρίσεως τοῦ θεοῦ εἰς τὸ καταξιωθῆναι¹⁸ ὑμᾶς τῆς βασιλείας τοῦ θεοῦ, ὑπὲρ ἧς καὶ πάσχετε, **6** εἴπερ¹⁹ δίκαιον παρὰ θεῷ ἀνταποδοῦναι²⁰ τοῖς θλίβουσιν²¹ ὑμᾶς θλῖψιν **7** καὶ ὑμῖν τοῖς

---

¹ δοκιμάζω *2p pres act impv*, test
² κατέχω *2p pres act impv*, hold fast
³ εἶδος, -ους *n*, kind
⁴ ἀπέχω *2p pres mid impv*, abstain from
⁵ ἁγιάζω *3s aor act opt*, sanctify
⁶ ὁλοτελής, -ές, completely
⁷ ὁλόκληρος, -ον, sound
⁸ ἀμέμπτως, *adv*, blamelessly
⁹ παρουσία, -ας *f*, coming
¹⁰ τηρέω *3s aor pas opt*, keep
¹¹ ἐνορκίζω *1s pres act inf*, beg (someone to do something)
¹² ὑπεραυξάνω *3s pres act ind*, grow abundantly
¹³ πλεονάζω *3s pres act ind*, increase
¹⁴ ἐγκαυχάομαι *pres mid inf*, boast
¹⁵ διωγμός, -οῦ *m*, persecution
¹⁶ ἀνέχομαι *2p pres mid ind*, endure
¹⁷ ἔνδειγμα, -τος *n*, evidence
¹⁸ καταξιόω *aor pas inf*, make worthy
¹⁹ εἴπερ, *conj*, since
²⁰ ἀνταποδίδωμι *aor act inf*, repay
²¹ θλίβω *pres act ptc m p dat*, trouble

θλιβομένοις ἄνεσιν[1] μεθ' ἡμῶν, ἐν τῇ ἀποκαλύψει[2] τοῦ κυρίου Ἰησοῦ ἀπ' οὐρανοῦ μετ' ἀγγέλων δυνάμεως αὐτοῦ **8** ἐν πυρὶ φλογός[3], διδόντος[4] ἐκδίκησιν[5] τοῖς μὴ εἰδόσιν[6] θεὸν καὶ τοῖς μὴ ὑπακούουσιν[7] τῷ εὐαγγελίῳ τοῦ κυρίου ἡμῶν Ἰησοῦ, **9** οἵτινες δίκην[8] τίσουσιν[9] ὄλεθρον[10] αἰώνιον ἀπὸ προσώπου τοῦ κυρίου καὶ ἀπὸ τῆς δόξης τῆς ἰσχύος[11] αὐτοῦ, **10** ὅταν ἔλθῃ[12] ἐνδοξασθῆναι[13] ἐν τοῖς ἁγίοις αὐτοῦ καὶ θαυμασθῆναι ἐν πᾶσιν τοῖς πιστεύσασιν, ὅτι ἐπιστεύθη τὸ μαρτύριον[14] ἡμῶν ἐφ' ὑμᾶς, ἐν τῇ ἡμέρᾳ ἐκείνῃ. **11** εἰς ὃ καὶ προσευχόμεθα πάντοτε περὶ ὑμῶν, ἵνα ὑμᾶς ἀξιώσῃ[15] τῆς κλήσεως[16] ὁ θεὸς ἡμῶν καὶ πληρώσῃ πᾶσαν εὐδοκίαν[17] ἀγαθωσύνης[18] καὶ ἔργον πίστεως ἐν δυνάμει, **12** ὅπως ἐνδοξασθῇ τὸ ὄνομα τοῦ κυρίου ἡμῶν Ἰησοῦ ἐν ὑμῖν, καὶ ὑμεῖς ἐν αὐτῷ, κατὰ τὴν χάριν τοῦ θεοῦ ἡμῶν καὶ κυρίου Ἰησοῦ Χριστοῦ.

The Man of Lawlessness

2 Ἐρωτῶμεν δὲ ὑμᾶς, ἀδελφοί, ὑπὲρ τῆς παρουσίας[19] τοῦ κυρίου ἡμῶν Ἰησοῦ Χριστοῦ καὶ ἡμῶν ἐπισυναγωγῆς[20] ἐπ' αὐτὸν **2** εἰς τὸ μὴ ταχέως[21] σαλευθῆναι[22] ὑμᾶς ἀπὸ τοῦ νοὸς[23] μηδὲ θροεῖσθαι[24], μήτε διὰ πνεύματος μήτε διὰ λόγου μήτε δι' ἐπιστολῆς[25] ὡς δι' ἡμῶν, ὡς ὅτι ἐνέστηκεν[26] ἡ ἡμέρα τοῦ κυρίου·

3 Μή τις ὑμᾶς ἐξαπατήσῃ[27] κατὰ μηδένα τρόπον[28]. ὅτι ἐὰν μὴ ἔλθῃ[29] ἡ ἀποστασία[30] πρῶτον καὶ ἀποκαλυφθῇ[31] ὁ ἄνθρωπος τῆς ἀνομίας[32], ὁ υἱὸς τῆς ἀπωλείας[33], **4** ὁ ἀντικείμενος[34] καὶ ὑπεραιρόμενος[35] ἐπὶ πάντα λεγόμενον θεὸν ἢ σέβασμα[36], ὥστε αὐτὸν εἰς τὸν ναὸν τοῦ θεοῦ καθίσαι[37] ἀποδεικνύντα[38] ἑαυτὸν ὅτι ἐστὶν θεός. **5** οὐ μνημονεύετε[39] ὅτι ἔτι ὢν πρὸς ὑμᾶς ταῦτα ἔλεγον ὑμῖν; **6** καὶ νῦν τὸ κατέχον[40] οἴδατε εἰς τὸ ἀποκαλυφθῆναι[41] αὐτὸν ἐν τῷ ἑαυτοῦ καιρῷ. **7** τὸ γὰρ μυστήριον[42]

---

[1] ἄνεσις, -εως f, relief
[2] ἀποκάλυψις, -εως f, revelation
[3] φλόξ, φλογός f, flame
[4] δίδωμι pres act ptc m s gen, give
[5] ἐκδίκησις, -εως f, punishment
[6] οἶδα pf act ptc m p dat, know
[7] ὑπακούω pres act ptc m p dat, obey
[8] δίκη, -ης f, punishment
[9] τίνω 3p fut act ind, suffer
[10] ὄλεθρος, -ου m, destruction
[11] ἰσχύς, -ύος f, strength
[12] ἔρχομαι 3s aor act sub, come
[13] ἐνδοξάζομαι aor pas inf, receive glory
[14] μαρτύριον, -ου n, testimony
[15] ἀξιόω 3s aor act sub, make worthy
[16] κλῆσις, -εως f, calling
[17] εὐδοκία, -ας f, desire
[18] ἀγαθωσύνη, -ης f, goodness
[19] παρουσία, -ας f, coming
[20] ἐπισυναγωγή, -ῆς f, gathering
[21] ταχέως, adv, quickly
[22] σαλεύω aor pas inf, shake
[23] νοῦς, -ός m, mind
[24] θροέω pres pas inf, pas be alarmed
[25] ἐπιστολή, -ῆς f, letter
[26] ἐνίστημι 3s pf act ind, be present (pf = has come)
[27] ἐξαπατάω 3s aor act sub, deceive
[28] τρόπος, -ου m, way
[29] ἔρχομαι 3s aor act sub, come
[30] ἀποστασία, -ας f, rebellion
[31] ἀποκαλύπτω 3s aor pas sub, reveal
[32] ἀνομία, -ας f, lawlessness
[33] ἀπώλεια, -ας f, destruction
[34] ἀντίκειμαι pres mid ptc m s nom, oppose
[35] ὑπεραίρω pres mid ptc m s nom, mid exalt oneself
[36] σέβασμα, -τος n, object of worship
[37] καθίζω aor act inf, sit
[38] ἀποδείκνυμι pres act ptc m s voc, claim
[39] μνημονεύω 2p pres act ind, remember
[40] κατέχω pres act ptc n s acc, hold back
[41] ἀποκαλύπτω aor pas inf, reveal
[42] μυστήριον, -ου n, mystery

ἤδη ἐνεργεῖται¹ τῆς ἀνομίας²· μόνον ὁ κατέχων ἄρτι ἕως ἐκ μέσου γένηται. **8** καὶ τότε ἀποκαλυφθήσεται³ ὁ ἄνομος⁴, ὃν ὁ κύριος Ἰησοῦς ἀνελεῖ⁵ τῷ πνεύματι τοῦ στόματος αὐτοῦ καὶ καταργήσει⁶ τῇ ἐπιφανείᾳ⁷ τῆς παρουσίας⁸ αὐτοῦ, **9** οὗ ἐστιν ἡ παρουσία κατ' ἐνέργειαν⁹ τοῦ σατανᾶ ἐν πάσῃ δυνάμει καὶ σημείοις καὶ τέρασιν¹⁰ ψεύδους¹¹ **10** καὶ ἐν πάσῃ ἀπάτῃ¹² ἀδικίας¹³ τοῖς ἀπολλυμένοις¹⁴, ἀνθ¹⁵' ὧν τὴν ἀγάπην τῆς ἀληθείας οὐκ ἐδέξαντο¹⁶ εἰς τὸ σωθῆναι¹⁷ αὐτούς. **11** καὶ διὰ τοῦτο πέμπει αὐτοῖς ὁ θεὸς ἐνέργειαν πλάνης¹⁸ εἰς τὸ πιστεῦσαι αὐτοὺς τῷ ψεύδει, **12** ἵνα κριθῶσιν¹⁹ πάντες οἱ μὴ πιστεύσαντες τῇ ἀληθείᾳ ἀλλ' εὐδοκήσαντες²⁰ τῇ ἀδικίᾳ.

Chosen for Salvation

13 Ἡμεῖς δὲ ὀφείλομεν εὐχαριστεῖν τῷ θεῷ πάντοτε περὶ ὑμῶν, ἀδελφοὶ ἠγαπημένοι²¹ ὑπὸ κυρίου, ὅτι εἵλατο²² ὑμᾶς ὁ θεὸς ἀπαρχὴν²³ εἰς σωτηρίαν ἐν ἁγιασμῷ²⁴ πνεύματος καὶ πίστει ἀληθείας, **14** εἰς ὃ [καὶ] ἐκάλεσεν ὑμᾶς διὰ τοῦ εὐαγγελίου ἡμῶν εἰς περιποίησιν²⁵ δόξης τοῦ κυρίου ἡμῶν Ἰησοῦ Χριστοῦ.

15 Ἄρα οὖν, ἀδελφοί, στήκετε²⁶ καὶ κρατεῖτε τὰς παραδόσεις²⁷ ἃς ἐδιδάχθητε²⁸ εἴτε διὰ λόγου εἴτε δι' ἐπιστολῆς²⁹ ἡμῶν. **16** αὐτὸς δὲ ὁ κύριος ἡμῶν Ἰησοῦς Χριστὸς καὶ ὁ θεὸς ὁ πατὴρ ἡμῶν ὁ ἀγαπήσας ἡμᾶς καὶ δοὺς³⁰ παράκλησιν³¹ αἰωνίαν καὶ ἐλπίδα ἀγαθὴν ἐν χάριτι, **17** παρακαλέσαι ὑμῶν τὰς καρδίας καὶ στηρίξαι³² ἐν παντὶ ἔργῳ καὶ λόγῳ ἀγαθῷ.

Pray for Us

3 Τὸ λοιπὸν προσεύχεσθε, ἀδελφοί, περὶ ἡμῶν, ἵνα ὁ λόγος τοῦ κυρίου τρέχῃ³³ καὶ δοξάζηται καθὼς καὶ πρὸς ὑμᾶς, **2** καὶ ἵνα ῥυσθῶμεν³⁴ ἀπὸ τῶν ἀτόπων³⁵ καὶ πονηρῶν ἀνθρώπων· οὐ γὰρ πάντων ἡ πίστις. **3** πιστὸς δέ ἐστιν ὁ κύριος,

---

1 ἐνεργέω 3s pres mid ind, be at work
2 ἀνομία, -ας f, lawlessness
3 ἀποκαλύπτω 3s fut pas ind, reveal
4 ἄνομος, -ον, lawless
5 ἀναιρέω 3s fut act ind, do away with
6 καταργέω 3s fut act ind, destroy
7 ἐπιφάνεια, -ας f, appearing
8 παρουσία, -ας f, coming
9 ἐνέργεια, -ας f, activity
10 τέρας, -ατος n, a wonder
11 ψεῦδος, -ους n, lie/imitation
12 ἀπάτη, -ης f, deception
13 ἀδικία, -ας f, evil
14 ἀπόλλυμι pres mid ptc m p dat, mid be lost
15 ἀντί, prep + gen, because (ἀνθ' ὧν because)
16 δέχομαι 3p aor mid ind, accept
17 σῴζω aor pas inf, save
18 πλάνη, -ης f, deception
19 κρίνω 3p aor pas sub, condemn
20 εὐδοκέω aor act ptc m p nom, take pleasure in
21 ἀγαπάω pf pas ptc m p nom or voc, love
22 αἱρέω 3s aor mid ind, mid choose
23 ἀπαρχή, -ῆς f, first
24 ἁγιασμός, -οῦ m, sanctification
25 περιποίησις, -εως f, possession
26 στήκω 2p pres act impv, stand firm
27 παράδοσις, -εως f, tradition
28 διδάσκω 2p aor pas ind, teach
29 ἐπιστολή, -ῆς f, letter
30 δίδωμι aor act ptc m s nom, give
31 παράκλησις, -εως f, encouragement
32 στηρίζω 3s aor act opt, strengthen
33 τρέχω 3s pres act sub, speed on
34 ῥύομαι 1p aor pas sub, rescue
35 ἄτοπος, -ον, wicked

ὃς στηρίξει¹ ὑμᾶς καὶ φυλάξει² ἀπὸ τοῦ πονηροῦ. 4 πεποίθαμεν³ δὲ ἐν κυρίῳ ἐφ' ὑμᾶς, ὅτι ἃ παραγγέλλομεν καὶ ποιεῖτε καὶ ποιήσετε. 5 ὁ δὲ κύριος κατευθύναι⁴ ὑμῶν τὰς καρδίας εἰς τὴν ἀγάπην τοῦ θεοῦ καὶ εἰς τὴν ὑπομονὴν τοῦ Χριστοῦ.

Warning against Idleness

6 Παραγγέλλομεν δὲ ὑμῖν, ἀδελφοί, ἐν ὀνόματι τοῦ κυρίου ἡμῶν Ἰησοῦ Χριστοῦ στέλλεσθαι⁵ ὑμᾶς ἀπὸ παντὸς ἀδελφοῦ ἀτάκτως⁶ περιπατοῦντος καὶ μὴ κατὰ τὴν παράδοσιν⁷ ἣν παρελάβοσαν παρ' ἡμῶν. 7 αὐτοὶ γὰρ οἴδατε πῶς δεῖ μιμεῖσθαι⁸ ἡμᾶς, ὅτι οὐκ ἠτακτήσαμεν⁹ ἐν ὑμῖν 8 οὐδὲ δωρεὰν¹⁰ ἄρτον ἐφάγομεν¹¹ παρά τινος, ἀλλ' ἐν κόπῳ¹² καὶ μόχθῳ¹³ νυκτὸς καὶ ἡμέρας ἐργαζόμενοι πρὸς τὸ μὴ ἐπιβαρῆσαί¹⁴ τινα ὑμῶν· 9 οὐχ ὅτι οὐκ ἔχομεν ἐξουσίαν, ἀλλ' ἵνα ἑαυτοὺς τύπον¹⁵ δῶμεν¹⁶ ὑμῖν εἰς τὸ μιμεῖσθαι ἡμᾶς. 10 καὶ γὰρ ὅτε ἦμεν πρὸς ὑμᾶς, τοῦτο παρηγγέλλομεν ὑμῖν, ὅτι εἴ τις οὐ θέλει ἐργάζεσθαι μηδὲ ἐσθιέτω. 11 ἀκούομεν γάρ τινας περιπατοῦντας ἐν ὑμῖν ἀτάκτως μηδὲν ἐργαζομένους ἀλλὰ περιεργαζομένους¹⁷· 12 τοῖς δὲ τοιούτοις παραγγέλλομεν καὶ παρακαλοῦμεν ἐν κυρίῳ Ἰησοῦ Χριστῷ, ἵνα μετὰ ἡσυχίας¹⁸ ἐργαζόμενοι τὸν ἑαυτῶν ἄρτον ἐσθίωσιν. 13 ὑμεῖς δέ, ἀδελφοί, μὴ ἐγκακήσητε¹⁹ καλοποιοῦντες²⁰.

14 Εἰ δέ τις οὐχ ὑπακούει²¹ τῷ λόγῳ ἡμῶν διὰ τῆς ἐπιστολῆς²², τοῦτον σημειοῦσθε²³ μὴ συναναμίγνυσθαι²⁴ αὐτῷ, ἵνα ἐντραπῇ²⁵· 15 καὶ μὴ ὡς ἐχθρὸν ἡγεῖσθε²⁶, ἀλλὰ νουθετεῖτε²⁷ ὡς ἀδελφόν.

Benediction

16 Αὐτὸς δὲ ὁ κύριος τῆς εἰρήνης δῴη²⁸ ὑμῖν τὴν εἰρήνην διὰ παντὸς ἐν παντὶ τρόπῳ²⁹. ὁ κύριος μετὰ πάντων ὑμῶν.

17 Ὁ ἀσπασμὸς³⁰ τῇ ἐμῇ χειρὶ Παύλου, ὅ ἐστιν σημεῖον ἐν πάσῃ ἐπιστολῇ· οὕτως γράφω. 18 ἡ χάρις τοῦ κυρίου ἡμῶν Ἰησοῦ Χριστοῦ μετὰ πάντων ὑμῶν.

---

1 στηρίζω 3s fut act ind, strengthen
2 φυλάσσω 3s fut act ind, protect
3 πείθω 1p pf act ind, convince
4 κατευθύνω 3s aor act opt, direct
5 στέλλω pres mid inf, mid keep away from
6 ἀτάκτως, adv, in laziness
7 παράδοσις, -εως f, tradition
8 μιμέομαι pres mid inf, imitate
9 ἀτακτέω 1p aor act ind, be lazy
10 δωρεάν, adv, without paying
11 ἐσθίω 1p aor act ind, eat
12 κόπος, -ου m, work
13 μόχθος, -ου m, labor
14 ἐπιβαρέω aor act inf, be a burden
15 τύπος, -ου m, example
16 δίδωμι 1p aor act sub, give
17 περιεργάζομαι pres mid ptc m p acc, be a busybody
18 ἡσυχία, -ας f, quietness
19 ἐγκακέω 2p aor act sub, tire of
20 καλοποιέω pres act ptc m p nom, do what is good
21 ὑπακούω 3s pres act ind, obey
22 ἐπιστολή, -ῆς f, letter
23 σημειόω 2p pres mid impv, mid take note of
24 συναναμίγνυμι pres mid inf, associate with
25 ἐντρέπω 3s aor pas sub, pas be ashamed
26 ἡγέομαι 2p pres mid impv, consider
27 νουθετέω 2p pres act impv, warn
28 δίδωμι 3s aor act opt, give
29 τρόπος, -ου m, way
30 ἀσπασμός, -οῦ m, greeting

ΠΡΟΣ ΕΒΡΑΙΟΥΣ

God Has Spoken by His Son

1 Πολυμερῶς[1] καὶ πολυτρόπως[2] πάλαι[3] ὁ θεὸς λαλήσας[4] τοῖς πατράσιν ἐν τοῖς προφήταις **2** ἐπ' ἐσχάτου τῶν ἡμερῶν τούτων ἐλάλησεν ἡμῖν ἐν υἱῷ, ὃν ἔθηκεν[5] κληρονόμον[6] πάντων, δι' οὗ καὶ ἐποίησεν τοὺς αἰῶνας· **3** Ὃς ὢν ἀπαύγασμα[7] τῆς δόξης καὶ χαρακτὴρ[8] τῆς ὑποστάσεως[9] αὐτοῦ, φέρων τε τὰ πάντα τῷ ῥήματι τῆς δυνάμεως αὐτοῦ, καθαρισμὸν[10] τῶν ἁμαρτιῶν ποιησάμενος ἐκάθισεν ἐν δεξιᾷ τῆς μεγαλωσύνης[11] ἐν ὑψηλοῖς,[12] **4** τοσούτῳ[13] κρείττων[14] γενόμενος τῶν ἀγγέλων ὅσῳ διαφορώτερον[15] παρ' αὐτοὺς κεκληρονόμηκεν[16] ὄνομα.

The Son Superior to Angels

5 Τίνι γὰρ εἶπέν ποτε[17] τῶν ἀγγέλων·
 υἱός μου εἶ σύ,
  ἐγὼ σήμερον γεγέννηκά[18] σε;
καὶ πάλιν·
  ἐγὼ ἔσομαι[19] αὐτῷ εἰς πατέρα,
  καὶ αὐτὸς ἔσται μοι εἰς υἱόν;
6 ὅταν δὲ πάλιν εἰσαγάγῃ[20] τὸν πρωτότοκον[21] εἰς τὴν οἰκουμένην[22], λέγει·
 καὶ προσκυνησάτωσαν αὐτῷ πάντες ἄγγελοι θεοῦ.
7 καὶ πρὸς μὲν τοὺς ἀγγέλους λέγει·
 ὁ ποιῶν τοὺς ἀγγέλους αὐτοῦ πνεύματα
 καὶ τοὺς λειτουργοὺς[23] αὐτοῦ πυρὸς φλόγα[24],

---

[1] πολυμερῶς, *adv*, many times
[2] πολυτρόπως, *adv*, in many ways
[3] πάλαι, *adv*, in the past
[4] λαλέω *aor act ptc m s nom*, speak
[5] τίθημι *3s aor act ind*, place
[6] κληρονόμος, -ου *m*, heir
[7] ἀπαύγασμα, -τος *n*, brightness
[8] χαρακτήρ, -ῆρος *m*, exact likeness
[9] ὑπόστασις, -εως *f*, nature
[10] καθαρισμός, -οῦ *m*, purification
[11] μεγαλωσύνη, -ης *f*, Majesty (of God)
[12] ὑψηλός, -ή/όν, high (ἐν ὑ. in heaven)
[13] τοσοῦτος, -αύτη/οῦτον, so much
[14] κρείττων, better (comp of ἀγαθός)
[15] διαφορώτερος, superior
[16] κληρονομέω *3s pf act ind*, inherit/receive
[17] ποτέ, *temporal adv*, ever
[18] γεννάω *1s pf act ind*, be father of
[19] εἰμί *1s fut act ind*, be
[20] εἰσάγω *3s aor act sub*, bring into
[21] πρωτότοκος, -ον, first-born
[22] οἰκουμένη, -ης *f*, world
[23] λειτουργός, -οῦ *m*, servant
[24] φλόξ, φλογός *f*, flame

8 πρὸς δὲ τὸν υἱόν·

ὁ θρόνος σου ὁ θεὸς εἰς τὸν αἰῶνα τοῦ αἰῶνος,
καὶ ἡ ῥάβδος¹ τῆς εὐθύτητος² ῥάβδος τῆς βασιλείας σου.

9 ἠγάπησας³ δικαιοσύνην καὶ ἐμίσησας ἀνομίαν⁴·
διὰ τοῦτο ἔχρισέν⁵ σε ὁ θεὸς ὁ θεός σου
ἔλαιον⁶ ἀγαλλιάσεως⁷ παρὰ τοὺς μετόχους⁸ σου.

10 καί·

σὺ κατ' ἀρχάς, κύριε, τὴν γῆν ἐθεμελίωσας⁹,
καὶ ἔργα τῶν χειρῶν σού εἰσιν οἱ οὐρανοί·

11 αὐτοὶ ἀπολοῦνται¹⁰, σὺ δὲ διαμένεις¹¹,
καὶ πάντες ὡς ἱμάτιον παλαιωθήσονται¹²,

12 καὶ ὡσεὶ¹³ περιβόλαιον¹⁴ ἑλίξεις¹⁵ αὐτούς,
ὡς ἱμάτιον καὶ ἀλλαγήσονται¹⁶·
σὺ δὲ ὁ αὐτὸς εἶ καὶ τὰ ἔτη σου οὐκ ἐκλείψουσιν¹⁷.

13 πρὸς τίνα δὲ τῶν ἀγγέλων εἴρηκέν¹⁸ ποτε·

κάθου¹⁹ ἐκ δεξιῶν μου,
ἕως ἂν θῶ²⁰ τοὺς ἐχθρούς σου ὑποπόδιον²¹ τῶν ποδῶν σου;

14 οὐχὶ πάντες εἰσὶν λειτουργικὰ πνεύματα εἰς διακονίαν ἀποστελλόμενα διὰ τοὺς μέλλοντας κληρονομεῖν²² σωτηρίαν;

The Great Salvation

2 Διὰ τοῦτο δεῖ περισσοτέρως²³ προσέχειν²⁴ ἡμᾶς τοῖς ἀκουσθεῖσιν, μήποτε²⁵ παραρυῶμεν²⁶. **2** εἰ γὰρ ὁ δι' ἀγγέλων λαληθεὶς λόγος ἐγένετο βέβαιος²⁷ καὶ πᾶσα παράβασις²⁸ καὶ παρακοὴ²⁹ ἔλαβεν ἔνδικον³⁰ μισθαποδοσίαν³¹, **3** πῶς ἡμεῖς ἐκφευξόμεθα³² τηλικαύτης³³ ἀμελήσαντες³⁴ σωτηρίας, ἥτις ἀρχὴν λαβοῦσα³⁵

---

¹ ῥάβδος, -ου f, scepter
² εὐθύτης, -ητος f, justice
³ ἀγαπάω 2s aor act ind, love
⁴ ἀνομία, -ας f, wickedness
⁵ χρίω 3s aor act ind, anoint
⁶ ἔλαιον, -ου f, olive oil
⁷ ἀγαλλίασις, -εως f, gladness
⁸ μέτοχος, -ου m, companion
⁹ θεμελιόω 2s aor act ind, lay a foundation for
¹⁰ ἀπόλλυμι 3p fut mid ind, mid perish
¹¹ διαμένω 2s pres act ind, remain
¹² παλαιόω 3p fut pas ind, pas become old
¹³ ὡσεί, particle of comparison, like
¹⁴ περιβόλαιον, -ου n, robe
¹⁵ ἑλίσσω 2s fut act ind, roll up
¹⁶ ἀλλάσσω 3p fut pas ind, change
¹⁷ ἐκλείπω 3p fut act ind, end
¹⁸ λέγω 3s pf act ind, say
¹⁹ κάθημαι 2s pres mid impv, sit
²⁰ τίθημι 1s aor act sub, put
²¹ ὑποπόδιον, -ου n, footstool
²² κληρονομέω pres act inf, inherit/receive
²³ περισσοτέρως, adv, all the more
²⁴ προσέχω pres act inf, pay close attention to
²⁵ μήποτε, conj, so that ... will not
²⁶ παραρρέω 1p aor pas sub, drift away
²⁷ βέβαιος, -α/ον, valid
²⁸ παράβασις, -εως f, violation
²⁹ παρακοή, -ῆς f, disobedience
³⁰ ἔνδικος, -ον, just
³¹ μισθαποδοσία, -ας f, retribution
³² ἐκφεύγω 1p fut mid ind, escape
³³ τηλικοῦτος, -αύτη/οῦτο, so great
³⁴ ἀμελέω aor act ptc m p nom, neglect
³⁵ λαμβάνω aor act ptc fs nom, receive

λαλεῖσθαι¹ διὰ τοῦ κυρίου ὑπὸ τῶν ἀκουσάντων εἰς ἡμᾶς ἐβεβαιώθη², 4 συνεπιμαρτυροῦντος³ τοῦ θεοῦ σημείοις τε καὶ τέρασιν⁴ καὶ ποικίλαις⁵ δυνάμεσιν καὶ πνεύματος ἁγίου μερισμοῖς⁶ κατὰ τὴν αὐτοῦ θέλησιν⁷;

The Pioneer of Salvation

5 Οὐ γὰρ ἀγγέλοις ὑπέταξεν⁸ τὴν οἰκουμένην⁹ τὴν μέλλουσαν, περὶ ἧς λαλοῦμεν. 6 διεμαρτύρατο¹⁰ δέ πού¹¹ τις λέγων·

τί ἐστιν ἄνθρωπος ὅτι μιμνήσκῃ¹² αὐτοῦ,
ἢ υἱὸς ἀνθρώπου ὅτι ἐπισκέπτῃ¹³ αὐτόν;
7 ἠλάττωσας¹⁴ αὐτὸν βραχύ¹⁵ τι παρ' ἀγγέλους,
δόξῃ καὶ τιμῇ ἐστεφάνωσας¹⁶ αὐτόν,
8 πάντα ὑπέταξας ὑποκάτω¹⁷ τῶν ποδῶν αὐτοῦ.

ἐν τῷ γὰρ ὑποτάξαι¹⁸ αὐτῷ τὰ πάντα οὐδὲν ἀφῆκεν¹⁹ αὐτῷ ἀνυπότακτον²⁰. νῦν δὲ οὔπω²¹ ὁρῶμεν αὐτῷ τὰ πάντα ὑποτεταγμένα²². 9 τὸν δὲ βραχύ τι παρ' ἀγγέλους ἠλαττωμένον²³ βλέπομεν Ἰησοῦν διὰ τὸ πάθημα²⁴ τοῦ θανάτου δόξῃ καὶ τιμῇ ἐστεφανωμένον²⁵, ὅπως χάριτι θεοῦ ὑπὲρ παντὸς γεύσηται²⁶ θανάτου.

10 Ἔπρεπεν²⁷ γὰρ αὐτῷ, δι' ὃν τὰ πάντα καὶ δι' οὗ τὰ πάντα, πολλοὺς υἱοὺς εἰς δόξαν ἀγαγόντα²⁸ τὸν ἀρχηγὸν²⁹ τῆς σωτηρίας αὐτῶν διὰ παθημάτων τελειῶσαι³⁰. 11 ὅ τε γὰρ ἁγιάζων³¹ καὶ οἱ ἁγιαζόμενοι ἐξ ἑνὸς πάντες· δι' ἣν αἰτίαν³² οὐκ ἐπαισχύνεται³³ ἀδελφοὺς αὐτοὺς καλεῖν 12 λέγων·

ἀπαγγελῶ τὸ ὄνομά σου τοῖς ἀδελφοῖς μου,
ἐν μέσῳ ἐκκλησίας ὑμνήσω³⁴ σε,
13 καὶ πάλιν·
ἐγὼ ἔσομαι πεποιθὼς³⁵ ἐπ' αὐτῷ,

---

1 λαλέω pres pas inf, speak
2 βεβαιόω 3s aor pas ind, confirm
3 συνεπιμαρτυρέω pres act ptc m s gen, add further testimony
4 τέρας, -ατος n, a wonder
5 ποικίλος, -η/ον, all kinds of
6 μερισμός, -οῦ m, distribution
7 θέλησις, -εως f, will
8 ὑποτάσσω 3s aor act ind, subject
9 οἰκουμένη, -ης f, world
10 διαμαρτύρομαι 3s aor mid ind, testify
11 πού, indefinite particle, somewhere
12 μιμνήσκομαι 2s pres pas ind, keep in mind
13 ἐπισκέπτομαι 2s pres mid ind, care for
14 ἐλαττόω 2s aor act ind, make lower
15 βραχύς, adv, for a little while
16 στεφανόω 2s aor act ind, crown
17 ὑποκάτω, prep + gen, under
18 ὑποτάσσω aor act inf, subject
19 ἀφίημι 3s aor act ind, leave
20 ἀνυπότακτος, -ον, not made subject
21 οὔπω, adv, not yet
22 ὑποτάσσω pf pas ptc n p acc, subject
23 ἐλαττόω pf pas ptc m s acc, make lower
24 πάθημα, -τος n, suffering
25 στεφανόω pf pas ptc m s acc, crown
26 γεύομαι 3s aor mid sub, experience
27 πρέπω 3s impf act ind, impers it is fitting
28 ἄγω aor act ptc m s acc, bring
29 ἀρχηγός, -οῦ m, originator
30 τελειόω aor act inf, make perfect
31 ἁγιάζω pres act ptc m s nom, sanctify
32 αἰτία, -ας f, reason
33 ἐπαισχύνομαι 3s pres pas ind, be ashamed
34 ὑμνέω 1s fut act ind, sing praises to
35 πείθω pf act ptc m s nom, (place one's) trust

καὶ πάλιν·
    ἰδοὺ ἐγὼ καὶ τὰ παιδία ἅ μοι ἔδωκεν ὁ θεός.

14 ἐπεὶ[1] οὖν τὰ παιδία κεκοινώνηκεν[2] αἵματος καὶ σαρκός, καὶ αὐτὸς παραπλησίως[3] μετέσχεν[4] τῶν αὐτῶν, ἵνα διὰ τοῦ θανάτου καταργήσῃ[5] τὸν τὸ κράτος[6] ἔχοντα τοῦ θανάτου, τοῦτ' ἔστιν τὸν διάβολον, **15** καὶ ἀπαλλάξῃ[7] τούτους, ὅσοι φόβῳ θανάτου διὰ παντὸς τοῦ ζῆν ἔνοχοι[8] ἦσαν δουλείας[9]. **16** οὐ γὰρ δήπου[10] ἀγγέλων ἐπιλαμβάνεται[11] ἀλλὰ σπέρματος Ἀβραὰμ ἐπιλαμβάνεται. **17** ὅθεν[12] ὤφειλεν κατὰ πάντα τοῖς ἀδελφοῖς ὁμοιωθῆναι[13], ἵνα ἐλεήμων[14] γένηται καὶ πιστὸς ἀρχιερεὺς τὰ πρὸς τὸν θεὸν εἰς τὸ ἱλάσκεσθαι[15] τὰς ἁμαρτίας τοῦ λαοῦ. **18** ἐν ᾧ γὰρ πέπονθεν[16] αὐτὸς πειρασθείς[17], δύναται τοῖς πειραζομένοις βοηθῆσαι[18].

Jesus Superior to Moses

3 Ὅθεν[19], ἀδελφοὶ ἅγιοι, κλήσεως[20] ἐπουρανίου[21] μέτοχοι[22], κατανοήσατε[23] τὸν ἀπόστολον καὶ ἀρχιερέα τῆς ὁμολογίας[24] ἡμῶν Ἰησοῦν, **2** πιστὸν ὄντα τῷ ποιήσαντι αὐτὸν ὡς καὶ Μωϋσῆς ἐν ὅλῳ τῷ οἴκῳ αὐτοῦ. **3** πλείονος[25] γὰρ οὗτος δόξης παρὰ Μωϋσῆν ἠξίωται[26], καθ' ὅσον πλείονα τιμὴν ἔχει τοῦ οἴκου ὁ κατασκευάσας[27] αὐτόν· **4** πᾶς γὰρ οἶκος κατασκευάζεται ὑπό τινος, ὁ δὲ πάντα κατασκευάσας θεός. **5** καὶ **Μωϋσῆς μὲν πιστὸς ἐν ὅλῳ τῷ οἴκῳ αὐτοῦ ὡς θεράπων**[28] **εἰς μαρτύριον**[29] **τῶν λαληθησομένων**[30], **6** Χριστὸς δὲ ὡς υἱὸς ἐπὶ τὸν οἶκον αὐτοῦ· οὗ οἶκός ἐσμεν ἡμεῖς, ἐάν[περ][31] τὴν παρρησίαν καὶ τὸ καύχημα[32] τῆς ἐλπίδος κατάσχωμεν[33].

A Rest for the People of God

7 Διό, καθὼς λέγει τὸ πνεῦμα τὸ ἅγιον·
    σήμερον ἐὰν τῆς φωνῆς αὐτοῦ ἀκούσητε,

---

[1] ἐπεί, conj, since
[2] κοινωνέω 3s pf act ind, take part
[3] παραπλησίως, adv, likewise
[4] μετέχω 3s aor act ind, share in
[5] καταργέω 3s aor act sub, destroy
[6] κράτος, -ους n, power
[7] ἀπαλλάσσω 3s aor act sub, set free
[8] ἔνοχος, -ον, subject to (ἐ. δουλείας enslaved)
[9] δουλεία, -ας f, slavery
[10] δήπου, adv, it is clear
[11] ἐπιλαμβάνομαι 3s pres mid ind, help
[12] ὅθεν, conj, and so
[13] ὁμοιόω aor pas inf, pas be like
[14] ἐλεήμων, -ον, merciful
[15] ἱλάσκομαι pres mid inf, atone for/expiate
[16] πάσχω 3s pf act ind, suffer
[17] πειράζω aor pas ptc m s nom, tempt
[18] βοηθέω aor act inf, help
[19] ὅθεν, conj, and so
[20] κλῆσις, -εως f, calling
[21] ἐπουράνιος, -ον, heavenly
[22] μέτοχος, -ου m, one who shares in
[23] κατανοέω 2p aor act impv, consider
[24] ὁμολογία, -ας f, confession
[25] πολύς, great (comp)
[26] ἀξιόω 3s pf pas ind, consider worthy
[27] κατασκευάζω aor act ptc m s nom, build
[28] θεράπων, -οντος m, servant
[29] μαρτύριον, -ου n, testimony
[30] λαλέω fut pas ptc n p gen, speak
[31] ἐάνπερ, conj, if only
[32] καύχημα, -τος n, (ground for) boasting
[33] κατέχω 1p aor act sub, hold fast

8 μὴ σκληρύνητε¹ τὰς καρδίας ὑμῶν ὡς ἐν τῷ παραπικρασμῷ²
κατὰ τὴν ἡμέραν τοῦ πειρασμοῦ³ ἐν τῇ ἐρήμῳ,
9 οὗ⁴ ἐπείρασαν⁵ οἱ πατέρες ὑμῶν ἐν δοκιμασίᾳ⁶
καὶ εἶδον τὰ ἔργα μου **10** τεσσεράκοντα⁷ ἔτη·
διὸ προσώχθισα⁸ τῇ γενεᾷ ταύτῃ
καὶ εἶπον· ἀεὶ⁹ πλανῶνται τῇ καρδίᾳ,
αὐτοὶ δὲ οὐκ ἔγνωσαν¹⁰ τὰς ὁδούς μου,
11 ὡς ὤμοσα¹¹ ἐν τῇ ὀργῇ μου·
εἰ εἰσελεύσονται¹² εἰς τὴν κατάπαυσίν¹³ μου.

12 βλέπετε, ἀδελφοί, μήποτε¹⁴ ἔσται ἔν τινι ὑμῶν καρδία πονηρὰ ἀπιστίας¹⁵ ἐν τῷ ἀποστῆναι¹⁶ ἀπὸ θεοῦ ζῶντος, **13** ἀλλὰ παρακαλεῖτε ἑαυτοὺς καθ' ἑκάστην ἡμέραν, ἄχρις οὗ τὸ σήμερον καλεῖται, ἵνα μὴ σκληρυνθῇ¹⁷ τις ἐξ ὑμῶν ἀπάτῃ¹⁸ τῆς ἁμαρτίας – **14** μέτοχοι¹⁹ γὰρ τοῦ Χριστοῦ γεγόναμεν²⁰, ἐάνπερ²¹ τὴν ἀρχὴν τῆς ὑποστάσεως²² μέχρι²³ τέλους βεβαίαν²⁴ κατάσχωμεν²⁵ – **15** ἐν τῷ λέγεσθαι·
σήμερον ἐὰν τῆς φωνῆς αὐτοῦ ἀκούσητε,
μὴ σκληρύνητε τὰς καρδίας ὑμῶν ὡς ἐν τῷ παραπικρασμῷ²⁶.
16 τίνες γὰρ ἀκούσαντες παρεπίκραναν²⁷; ἀλλ' οὐ πάντες οἱ ἐξελθόντες ἐξ Αἰγύπτου διὰ Μωϋσέως; **17** τίσιν δὲ προσώχθισεν²⁸ τεσσεράκοντα ἔτη; οὐχὶ τοῖς ἁμαρτήσασιν, ὧν τὰ κῶλα²⁹ ἔπεσεν³⁰ ἐν τῇ ἐρήμῳ; **18** τίσιν δὲ ὤμοσεν³¹ μὴ εἰσελεύσεσθαι³² εἰς τὴν κατάπαυσιν³³ αὐτοῦ εἰ μὴ τοῖς ἀπειθήσασιν³⁴; **19** καὶ βλέπομεν ὅτι οὐκ ἠδυνήθησαν³⁵ εἰσελθεῖν δι' ἀπιστίαν³⁶.

---

¹ σκληρύνω *2p aor act sub*, make stubborn
² παραπικρασμός, -οῦ *m*, rebellion
³ πειρασμός, -οῦ *m*, testing
⁴ οὗ, *adv*, where
⁵ πειράζω *3p aor act ind*, put to the test
⁶ δοκιμασία, -ας *f*, testing
⁷ τεσσεράκοντα, forty
⁸ προσοχθίζω *1s aor act ind*, be angry
⁹ ἀεί, *adv*, always
¹⁰ γινώσκω *3p aor act ind*, know
¹¹ ὀμνύω/ὄμνυμι *1s aor act ind*, swear
¹² εἰσέρχομαι *3p fut mid ind*, enter
¹³ κατάπαυσις, -εως *f*, rest
¹⁴ μήποτε, *conj*, so that ... will not
¹⁵ ἀπιστία, -ας *f*, unbelief
¹⁶ ἀφίστημι *aor act inf*, turn away
¹⁷ σκληρύνω *3s aor pas sub*, pas be stubborn
¹⁸ ἀπάτη, -ης *f*, deceitfulness
¹⁹ μέτοχος, -ου *m*, one who shares in
²⁰ γίνομαι *1p pf act ind*, become
²¹ ἐάνπερ, *conj*, if only
²² ὑπόστασις, -εως *f*, conviction
²³ μέχρι, *prep + gen*, until
²⁴ βέβαιος, -α/ον, firm
²⁵ κατέχω *1p aor act sub*, hold fast
²⁶ παραπικρασμός, -οῦ *m*, rebellion
²⁷ παραπικραίνω *3p aor act ind*, rebel
²⁸ προσοχθίζω *3s aor act ind*, be angry
²⁹ κῶλον, -ου *n*, dead body
³⁰ πίπτω *3s aor act ind*, fall
³¹ ὀμνύω/ὄμνυμι *3s aor act ind*, swear
³² εἰσέρχομαι *fut mid inf*, enter
³³ κατάπαυσις, -εως *f*, rest
³⁴ ἀπειθέω *aor act ptc m p dat*, disobey
³⁵ δύναμαι *3p aor pas ind*, be able to
³⁶ ἀπιστία, -ας *f*, unbelief

4 Φοβηθῶμεν οὖν, μήποτε¹ καταλειπομένης² ἐπαγγελίας εἰσελθεῖν εἰς τὴν κατάπαυσιν³ αὐτοῦ δοκῇ τις ἐξ ὑμῶν ὑστερηκέναι⁴. **2** καὶ γάρ ἐσμεν⁵ εὐηγγελισμένοι⁶ καθάπερ⁷ κἀκεῖνοι· ἀλλ᾽ οὐκ ὠφέλησεν⁸ ὁ λόγος τῆς ἀκοῆς⁹ ἐκείνους μὴ συγκεκερασμένους¹⁰ τῇ πίστει τοῖς ἀκούσασιν. **3** εἰσερχόμεθα γὰρ εἰς τὴν κατάπαυσιν οἱ πιστεύσαντες, καθὼς εἴρηκεν¹¹·

ὡς ὤμοσα¹² ἐν τῇ ὀργῇ μου·
εἰ εἰσελεύσονται¹³ εἰς τὴν κατάπαυσίν μου,

καίτοι¹⁴ τῶν ἔργων ἀπὸ καταβολῆς¹⁵ κόσμου γενηθέντων¹⁶. **4** εἴρηκεν¹⁷ γάρ που¹⁸ περὶ τῆς ἑβδόμης¹⁹ οὕτως· **καὶ κατέπαυσεν²⁰ ὁ θεὸς ἐν τῇ ἡμέρᾳ τῇ ἑβδόμῃ ἀπὸ πάντων τῶν ἔργων αὐτοῦ**, **5** καὶ ἐν τούτῳ πάλιν· εἰ εἰσελεύσονται εἰς τὴν κατάπαυσίν μου. **6** ἐπεὶ²¹ οὖν ἀπολείπεται²² τινὰς εἰσελθεῖν εἰς αὐτήν, καὶ οἱ πρότερον²³ εὐαγγελισθέντες οὐκ εἰσῆλθον δι᾽ ἀπείθειαν²⁴, **7** πάλιν τινὰ ὁρίζει²⁵ ἡμέραν, σήμερον, ἐν Δαυὶδ λέγων μετὰ τοσοῦτον²⁶ χρόνον, καθὼς προείρηται²⁷·

**σήμερον ἐὰν τῆς φωνῆς αὐτοῦ ἀκούσητε,
μὴ σκληρύνητε²⁸ τὰς καρδίας ὑμῶν.**

8 εἰ γὰρ αὐτοὺς Ἰησοῦς κατέπαυσεν²⁹, οὐκ ἂν περὶ ἄλλης ἐλάλει μετὰ ταῦτα ἡμέρας. **9** ἄρα ἀπολείπεται σαββατισμὸς³⁰ τῷ λαῷ τοῦ θεοῦ. **10** ὁ γὰρ εἰσελθὼν εἰς τὴν κατάπαυσιν αὐτοῦ καὶ αὐτὸς κατέπαυσεν³¹ ἀπὸ τῶν ἔργων αὐτοῦ ὥσπερ ἀπὸ τῶν ἰδίων ὁ θεός. **11** σπουδάσωμεν³² οὖν εἰσελθεῖν εἰς ἐκείνην τὴν κατάπαυσιν, ἵνα μὴ ἐν τῷ αὐτῷ τις ὑποδείγματι³³ πέσῃ³⁴ τῆς ἀπειθείας³⁵. **12** ζῶν γὰρ ὁ λόγος τοῦ θεοῦ καὶ ἐνεργής³⁶ καὶ τομώτερος³⁷ ὑπὲρ πᾶσαν μάχαιραν³⁸ δίστομον³⁹ καὶ διϊκνούμενος⁴⁰ ἄχρι μερισμοῦ⁴¹ ψυχῆς καὶ πνεύματος, ἁρμῶν⁴² τε καὶ μυελῶν⁴³, καὶ

---

¹ μήποτε, *conj*, so that ... will not
² καταλείπω *pres pas ptc f s gen*, remain
³ κατάπαυσις, -εως *f*, rest
⁴ ὑστερέω *pf act inf*, fall short
⁵ εἰμί *1p pres act ind*, be
⁶ εὐαγγελίζω *pf pas ptc m p nom*, *pas* hear a message
⁷ καθάπερ, *conj*, just as
⁸ ὠφελέω *3s aor act ind*, benefit
⁹ ἀκοή, -ῆς *f*, hearing
¹⁰ συγκεράννυμι *pf pas ptc m p acc*, unite
¹¹ λέγω *3s pf act ind*, say
¹² ὀμνύω/ὄμνυμι *1s aor act ind*, swear
¹³ εἰσέρχομαι *3p fut mid ind*, enter
¹⁴ καίτοι, *conj*, although
¹⁵ καταβολή, -ῆς *f*, creation
¹⁶ γίνομαι *aor pas ptc n p gen*, be
¹⁷ λέγω *3s pf act ind*, say
¹⁸ πού, *adv*, somewhere
¹⁹ ἕβδομος, -η/ον, seventh
²⁰ καταπαύω *3s aor act ind*, *intrans* rest
²¹ ἐπεί, *conj*, since
²² ἀπολείπω *3s pres pas ind*, *pas* remain
²³ πρότερον, *adv*, formerly
²⁴ ἀπείθεια, -ας *f*, disobedience
²⁵ ὁρίζω *3s pres act ind*, appoint
²⁶ τοσοῦτος, -αύτη/οῦτον, so much
²⁷ προλέγω *3s pf pas ind*, quote previously
²⁸ σκληρύνω *2p aor act sub*, *pas* be stubborn
²⁹ καταπαύω *3s aor act ind*, give rest
³⁰ σαββατισμός, -οῦ *m*, a Sabbath day's rest
³¹ καταπαύω *3s aor act ind*, *intrans* rest
³² σπουδάζω *1p aor act sub*, do one's best
³³ ὑπόδειγμα, -τος *n*, example
³⁴ πίπτω *3s aor act sub*, fall
³⁵ ἀπείθεια, -ας *f*, disobedience
³⁶ ἐνεργής, -ές, active
³⁷ τομός, sharp (comp)
³⁸ μάχαιρα, -ης *f*, sword
³⁹ δίστομος, -ον, double-edged
⁴⁰ διϊκνέομαι *pres mid ptc m s nom*, penetrate
⁴¹ μερισμός, -οῦ *m*, separation
⁴² ἁρμός, -οῦ *m*, joint
⁴³ μυελός, -οῦ *m*, marrow

κριτικὸς¹ ἐνθυμήσεων² καὶ ἐννοιῶν³ καρδίας· **13** καὶ οὐκ ἔστιν κτίσις⁴ ἀφανὴς⁵ ἐνώπιον αὐτοῦ, πάντα δὲ γυμνὰ⁶ καὶ τετραχηλισμένα⁷ τοῖς ὀφθαλμοῖς αὐτοῦ, πρὸς ὃν ἡμῖν ὁ λόγος.

Jesus the Great High Priest

14 Ἔχοντες οὖν ἀρχιερέα μέγαν διεληλυθότα⁸ τοὺς οὐρανούς, Ἰησοῦν τὸν υἱὸν τοῦ θεοῦ, κρατῶμεν τῆς ὁμολογίας⁹. **15** οὐ γὰρ ἔχομεν ἀρχιερέα μὴ δυνάμενον συμπαθῆσαι¹⁰ ταῖς ἀσθενείαις¹¹ ἡμῶν, πεπειρασμένον¹² δὲ κατὰ πάντα καθ᾽ ὁμοιότητα¹³ χωρὶς ἁμαρτίας. **16** προσερχώμεθα οὖν μετὰ παρρησίας τῷ θρόνῳ τῆς χάριτος, ἵνα λάβωμεν¹⁴ ἔλεος¹⁵ καὶ χάριν εὕρωμεν¹⁶ εἰς εὔκαιρον¹⁷ βοήθειαν¹⁸.

5 Πᾶς γὰρ ἀρχιερεὺς ἐξ ἀνθρώπων λαμβανόμενος ὑπὲρ ἀνθρώπων καθίσταται¹⁹ τὰ πρὸς τὸν θεόν, ἵνα προσφέρῃ δῶρά²⁰ τε καὶ θυσίας²¹ ὑπὲρ ἁμαρτιῶν, **2** μετριοπαθεῖν²² δυνάμενος τοῖς ἀγνοοῦσιν²³ καὶ πλανωμένοις, ἐπεὶ²⁴ καὶ αὐτὸς περίκειται²⁵ ἀσθένειαν²⁶ **3** καὶ δι᾽ αὐτὴν ὀφείλει, καθὼς περὶ τοῦ λαοῦ, οὕτως καὶ περὶ αὐτοῦ προσφέρειν περὶ ἁμαρτιῶν. **4** καὶ οὐχ ἑαυτῷ τις λαμβάνει τὴν τιμὴν ἀλλὰ καλούμενος ὑπὸ τοῦ θεοῦ καθώσπερ²⁷ καὶ Ἀαρών.

5 Οὕτως καὶ ὁ Χριστὸς οὐχ ἑαυτὸν ἐδόξασεν γενηθῆναι²⁸ ἀρχιερέα ἀλλ᾽ ὁ λαλήσας πρὸς αὐτόν·

υἱός μου εἶ σύ, ἐγὼ σήμερον γεγέννηκά²⁹ σε·

6 καθὼς καὶ ἐν ἑτέρῳ λέγει·

σὺ ἱερεὺς εἰς τὸν αἰῶνα κατὰ τὴν τάξιν³⁰ Μελχισέδεκ,

7 ὃς ἐν ταῖς ἡμέραις τῆς σαρκὸς αὐτοῦ δεήσεις³¹ τε καὶ ἱκετηρίας³² πρὸς τὸν δυνάμενον σῴζειν αὐτὸν ἐκ θανάτου μετὰ κραυγῆς³³ ἰσχυρᾶς³⁴ καὶ δακρύων³⁵ προσενέγκας³⁶ καὶ εἰσακουσθεὶς³⁷ ἀπὸ τῆς εὐλαβείας³⁸, **8** καίπερ³⁹ ὢν υἱός, ἔμαθεν⁴⁰

---

1 κριτικός, -ή/όν, able to judge
2 ἐνθύμησις, -εως f, thought
3 ἔννοια, -ας f, intention
4 κτίσις, -εως f, living being
5 ἀφανής, -ές f, hidden
6 γυμνός, -ή/όν, naked
7 τραχηλίζω pf pas ptc n p nom, pas be laid bare
8 διέρχομαι pf act ptc m s acc, go into
9 ὁμολογία, -ας f, confession
10 συμπαθέω aor act inf, sympathize
11 ἀσθένεια, -ας f, weakness
12 πειράζω pf pas ptc m s acc, tempt
13 ὁμοιότης, -ητος f, likeness (πάντα καθ᾽ ὁ. in every way)
14 λαμβάνω 1p aor act sub, receive
15 ἔλεος, -ους n, mercy
16 εὑρίσκω 1p aor act sub, find
17 εὔκαιρος, -ον, timely
18 βοήθεια, -ας f, help
19 καθίστημι 3s pres pas ind, appoint
20 δῶρον, -ου n, gift
21 θυσία, -ας f, sacrifice
22 μετριοπαθέω pres act inf, deal gently
23 ἀγνοέω pres act ptc m p dat, be ignorant
24 ἐπεί, conj, since
25 περίκειμαι 3s pres mid ind, be subject to
26 ἀσθένεια, -ας f, weakness
27 καθώσπερ, conj, just as
28 γίνομαι aor pas inf, become
29 γεννάω 1s pf act ind, be father of
30 τάξις, -εως f, order
31 δέησις, -εως f, prayer
32 ἱκετηρία, -ας f, request
33 κραυγή, -ῆς f, outcry
34 ἰσχυρός, -ά/όν, loud
35 δάκρυον, -ου n, tear (of crying)
36 προσφέρω aor act ptc m s nom, offer
37 εἰσακούω aor pas ptc m s nom, hear
38 εὐλάβεια, -ας f, reverent devotion
39 καίπερ, conj, although
40 μανθάνω 3s aor act ind, learn

ἀφ' ὧν ἔπαθεν¹ τὴν ὑπακοήν², 9 καὶ τελειωθεὶς³ ἐγένετο πᾶσιν τοῖς ὑπακούουσιν⁴ αὐτῷ αἴτιος⁵ σωτηρίας αἰωνίου, 10 προσαγορευθεὶς⁶ ὑπὸ τοῦ θεοῦ ἀρχιερεὺς κατὰ τὴν τάξιν Μελχισέδεκ.

Warning Against Falling Away

11 Περὶ οὗ πολὺς ἡμῖν ὁ λόγος καὶ δυσερμήνευτος⁷ λέγειν, ἐπεὶ⁸ νωθροὶ⁹ γεγόνατε¹⁰ ταῖς ἀκοαῖς¹¹. 12 καὶ γὰρ ὀφείλοντες εἶναι διδάσκαλοι διὰ τὸν χρόνον, πάλιν χρείαν ἔχετε τοῦ διδάσκειν ὑμᾶς τίνα τὰ στοιχεῖα¹² τῆς ἀρχῆς τῶν λογίων¹³ τοῦ θεοῦ καὶ γεγόνατε χρείαν ἔχοντες γάλακτος¹⁴ [καὶ] οὐ στερεᾶς¹⁵ τροφῆς¹⁶. 13 πᾶς γὰρ ὁ μετέχων¹⁷ γάλακτος ἄπειρος¹⁸ λόγου δικαιοσύνης, νήπιος¹⁹ γάρ ἐστιν· 14 τελείων²⁰ δέ ἐστιν ἡ στερεὰ τροφή, τῶν διὰ τὴν ἕξιν²¹ τὰ αἰσθητήρια²² γεγυμνασμένα²³ ἐχόντων πρὸς διάκρισιν²⁴ καλοῦ τε καὶ κακοῦ.

6 Διὸ ἀφέντες²⁵ τὸν τῆς ἀρχῆς τοῦ Χριστοῦ λόγον ἐπὶ τὴν τελειότητα²⁶ φερώμεθα, μὴ πάλιν θεμέλιον²⁷ καταβαλλόμενοι²⁸ μετανοίας²⁹ ἀπὸ νεκρῶν ἔργων καὶ πίστεως ἐπὶ θεόν, 2 βαπτισμῶν³⁰ διδαχῆς³¹ ἐπιθέσεώς³² τε χειρῶν, ἀναστάσεώς τε νεκρῶν καὶ κρίματος³³ αἰωνίου. 3 καὶ τοῦτο ποιήσομεν, ἐάνπερ³⁴ ἐπιτρέπῃ³⁵ ὁ θεός.

4 Ἀδύνατον³⁶ γὰρ τοὺς ἅπαξ³⁷ φωτισθέντας³⁸, γευσαμένους³⁹ τε τῆς δωρεᾶς⁴⁰ τῆς ἐπουρανίου⁴¹ καὶ μετόχους⁴² γενηθέντας⁴³ πνεύματος ἁγίου 5 καὶ καλὸν γευσαμένους θεοῦ ῥῆμα δυνάμεις τε μέλλοντος αἰῶνος 6 καὶ παραπεσόντας⁴⁴, πάλιν ἀνακαινίζειν⁴⁵ εἰς μετάνοιαν⁴⁶, ἀνασταυροῦντας⁴⁷ ἑαυτοῖς τὸν υἱὸν τοῦ θεοῦ

1 πάσχω 3s aor act ind, suffer
2 ὑπακοή, -ῆς f, obedience
3 τελειόω aor pres ptc m s nom, make perfect
4 ὑπακούω pres act ptc m p dat, obey
5 αἴτιος, -ου m, source
6 προσαγορεύω aor pas ptc m s nom, designate
7 δυσερμήνευτος, -ον, hard to explain
8 ἐπεί, conj, since
9 νωθρός, -ά/όν, hard (of hearing)
10 γίνομαι 2p pf act ind, become
11 ἀκοή, -ῆς f, hearing
12 στοιχεῖον, -ου n, basic principle
13 λόγιον, -ου n, word
14 γάλα, γάλακτος n, milk
15 στερεός, -ά/όν, solid
16 τροφή, -ῆς f, food

17 μετέχω pres act ptc m s nom, live on
18 ἄπειρος, -ον, inexperienced in
19 νήπιος, -α/ον, infant
20 τέλειος, -α/ον, mature
21 ἕξις, -εως f, use
22 αἰσθητήριον, -ου n, power of discernment
23 γυμνάζω pf pas ptc n p acc, train
24 διάκρισις, -εως f, ability to discriminate
25 ἀφίημι aor act ptc m p nom, leave
26 τελειότης, -ητος f, maturity
27 θεμέλιος, -ου m, foundation
28 καταβάλλω pres mid ptc m p nom, mid lay (a foundation)
29 μετάνοια, -ας f, repentance
30 βαπτισμός, -οῦ m, ritual washing
31 διδαχή, -ῆς f, teaching
32 ἐπίθεσις, -εως f, laying on

33 κρίμα, -τος n, judgment
34 ἐάνπερ, conj, if only
35 ἐπιτρέπω 3s pres act sub, permit
36 ἀδύνατος, -ον, impossible
37 ἅπαξ, adv, once
38 φωτίζω aor pas ptc m p acc, enlighten
39 γεύομαι aor mid ptc m p acc, experience
40 δωρεά, -ᾶς f, gift
41 ἐπουράνιος, -ον, heavenly
42 μέτοχος, -ου m, one who shares in
43 γίνομαι aor pas ptc m p acc, become
44 παραπίπτω aor act ptc m p acc, fall away
45 ἀνακαινίζω pres act inf, renew
46 μετάνοια, -ας f, repentance
47 ἀνασταυρόω pres act ptc m p acc, crucify again

καὶ παραδειγματίζοντας¹. **7** γῆ γὰρ ἡ πιοῦσα² τὸν ἐπ' αὐτῆς ἐρχόμενον πολλάκις³ ὑετὸν⁴ καὶ τίκτουσα⁵ βοτάνην⁶ εὔθετον⁷ ἐκείνοις δι' οὓς καὶ γεωργεῖται⁸, μεταλαμβάνει⁹ εὐλογίας¹⁰ ἀπὸ τοῦ θεοῦ· **8** ἐκφέρουσα¹¹ δὲ ἀκάνθας¹² καὶ τριβόλους¹³, ἀδόκιμος¹⁴ καὶ κατάρας¹⁵ ἐγγύς, ἧς τὸ τέλος εἰς καῦσιν¹⁶.

9 Πεπείσμεθα δὲ περὶ ὑμῶν, ἀγαπητοί, τὰ κρείσσονα¹⁷ καὶ ἐχόμενα σωτηρίας, εἰ καὶ οὕτως λαλοῦμεν. **10** οὐ γὰρ ἄδικος¹⁸ ὁ θεὸς ἐπιλαθέσθαι¹⁹ τοῦ ἔργου ὑμῶν καὶ τῆς ἀγάπης ἧς ἐνεδείξασθε²⁰ εἰς τὸ ὄνομα αὐτοῦ, διακονήσαντες τοῖς ἁγίοις καὶ διακονοῦντες. **11** ἐπιθυμοῦμεν²¹ δὲ ἕκαστον ὑμῶν τὴν αὐτὴν ἐνδείκνυσθαι σπουδὴν²² πρὸς τὴν πληροφορίαν²³ τῆς ἐλπίδος ἄχρι τέλους, **12** ἵνα μὴ νωθροὶ²⁴ γένησθε²⁵, μιμηταὶ²⁶ δὲ τῶν διὰ πίστεως καὶ μακροθυμίας²⁷ κληρονομούντων²⁸ τὰς ἐπαγγελίας.

God's Sure Promise

13 Τῷ γὰρ Ἀβραὰμ ἐπαγγειλάμενος²⁹ ὁ θεός, ἐπεὶ³⁰ κατ' οὐδενὸς εἶχεν μείζονος³¹ ὀμόσαι³², ὤμοσεν³³ καθ' ἑαυτοῦ **14** λέγων·

εἰ μὴν³⁴ εὐλογῶν εὐλογήσω σε καὶ πληθύνων³⁵ πληθυνῶ σε·

15 καὶ οὕτως μακροθυμήσας³⁶ ἐπέτυχεν³⁷ τῆς ἐπαγγελίας. **16** ἄνθρωποι γὰρ κατὰ τοῦ μείζονος ὀμνύουσιν, καὶ πάσης αὐτοῖς ἀντιλογίας³⁸ πέρας³⁹ εἰς βεβαίωσιν⁴⁰ ὁ ὅρκος⁴¹. **17** ἐν ᾧ περισσότερον⁴² βουλόμενος ὁ θεὸς ἐπιδεῖξαι⁴³ τοῖς κληρονόμοις⁴⁴ τῆς ἐπαγγελίας τὸ ἀμετάθετον⁴⁵ τῆς βουλῆς⁴⁶ αὐτοῦ ἐμεσίτευσεν⁴⁷ ὅρκῳ, **18** ἵνα

¹ παραδειγματίζω *pres act ptc m p acc*, expose to public ridicule
² πίνω *aor act ptc f s nom*, drink
³ πολλάκις, *adv*, often
⁴ ὑετός, -οῦ *m*, rain
⁵ τίκτω *pres act ptc f s nom*, produce
⁶ βοτάνη, -ης *f*, vegetation
⁷ εὔθετος, -ον, useful
⁸ γεωργέω *3s pres pas ind*, cultivate
⁹ μεταλαμβάνω *3s pres act ind*, receive
¹⁰ εὐλογία, -ας *f*, blessing
¹¹ ἐκφέρω *pres act ptc f s nom*, produce
¹² ἄκανθα, -ης *f*, thorn
¹³ τρίβολος, -ης *f*, thistle
¹⁴ ἀδόκιμος, -ον, worthless
¹⁵ κατάρα, -ας *f*, something accursed
¹⁶ καῦσις, -εως *f*, burning
¹⁷ κρείττων, better (comp of ἀγαθός)
¹⁸ ἄδικος, -ον, unjust
¹⁹ ἐπιλανθάνομαι *aor mid inf*, forget
²⁰ ἐνδείκνυμι *2p aor mid ind*, mid show
²¹ ἐπιθυμέω *1p pres act ind*, desire
²² σπουδή, -ῆς *f*, eagerness
²³ πληροφορία, -ας *f*, full assurance
²⁴ νωθρός, -ά/όν, lazy
²⁵ γίνομαι *2p aor mid sub*, become
²⁶ μιμητής, -οῦ *m*, imitator
²⁷ μακροθυμία, -ας *f*, patience
²⁸ κληρονομέω *pres act ptc m p gen*, inherit/receive
²⁹ ἐπαγγέλλομαι *aor mid ptc m s nom*, promise
³⁰ ἐπεί, *conj*, since
³¹ μέγας, great (comp)
³² ὀμνύω *aor act inf*, swear
³³ ὀμνύω *3s aor act ind*, swear
³⁴ μήν, *intensive particle*, indeed
³⁵ πληθύνω *pres act ptc m s nom*, increase
³⁶ μακροθυμέω *aor act ptc m s nom*, be patient
³⁷ ἐπιτυγχάνω *3s aor act ind*, receive
³⁸ ἀντιλογία, -ας *f*, dispute
³⁹ πέρας, -ατος *n*, end (of a dispute)
⁴⁰ βεβαίωσις, -εως *f*, confirmation
⁴¹ ὅρκος, -ου *m*, oath
⁴² περισσότερος, *adv*, greater
⁴³ ἐπιδείκνυμι *aor act inf*, point out
⁴⁴ κληρονόμος, -ου *m*, heir
⁴⁵ ἀμετάθετος, -ον, unchangeable
⁴⁶ βουλή, -ῆς *f*, purpose
⁴⁷ μεσιτεύω *3s aor act ind*, confirm

διὰ δύο πραγμάτων¹ ἀμεταθέτων, ἐν οἷς ἀδύνατον² ψεύσασθαι³ [τὸν] θεόν, ἰσχυρὰν⁴ παράκλησιν⁵ ἔχωμεν οἱ καταφυγόντες⁶ κρατῆσαι τῆς προκειμένης⁷ ἐλπίδος· 19 ἣν ὡς ἄγκυραν⁸ ἔχομεν τῆς ψυχῆς ἀσφαλῆ⁹ τε καὶ βεβαίαν¹⁰ καὶ εἰσερχομένην εἰς τὸ ἐσώτερον¹¹ τοῦ καταπετάσματος¹², 20 ὅπου πρόδρομος¹³ ὑπὲρ ἡμῶν εἰσῆλθεν Ἰησοῦς, κατὰ τὴν τάξιν¹⁴ Μελχισέδεκ ἀρχιερεὺς γενόμενος εἰς τὸν αἰῶνα.

The Priestly Order of Melchizedek

7 Οὗτος γὰρ ὁ Μελχισέδεκ, βασιλεὺς Σαλήμ, ἱερεὺς τοῦ θεοῦ τοῦ ὑψίστου¹⁵, ὁ συναντήσας¹⁶ Ἀβραὰμ ὑποστρέφοντι ἀπὸ τῆς κοπῆς¹⁷ τῶν βασιλέων καὶ εὐλογήσας αὐτόν, 2 ᾧ καὶ δεκάτην¹⁸ ἀπὸ πάντων ἐμέρισεν¹⁹ Ἀβραάμ, πρῶτον μὲν ἑρμηνευόμενος²⁰ βασιλεὺς δικαιοσύνης ἔπειτα²¹ δὲ καὶ βασιλεὺς Σαλήμ, ὅ ἐστιν βασιλεὺς εἰρήνης, 3 ἀπάτωρ²² ἀμήτωρ²³ ἀγενεαλόγητος²⁴, μήτε ἀρχὴν ἡμερῶν μήτε ζωῆς τέλος ἔχων, ἀφωμοιωμένος²⁵ δὲ τῷ υἱῷ τοῦ θεοῦ, μένει ἱερεὺς εἰς τὸ διηνεκές²⁶.

4 Θεωρεῖτε δὲ πηλίκος²⁷ οὗτος, ᾧ [καὶ] δεκάτην Ἀβραὰμ ἔδωκεν ἐκ τῶν ἀκροθινίων²⁸ ὁ πατριάρχης²⁹. 5 καὶ οἱ μὲν ἐκ τῶν υἱῶν Λευὶ τὴν ἱερατείαν³⁰ λαμβάνοντες ἐντολὴν ἔχουσιν ἀποδεκατοῦν³¹ τὸν λαὸν κατὰ τὸν νόμον, τοῦτ' ἔστιν τοὺς ἀδελφοὺς αὐτῶν, καίπερ³² ἐξεληλυθότας³³ ἐκ τῆς ὀσφύος³⁴ Ἀβραάμ· 6 ὁ δὲ μὴ γενεαλογούμενος³⁵ ἐξ αὐτῶν δεδεκάτωκεν³⁶ Ἀβραὰμ καὶ τὸν ἔχοντα τὰς ἐπαγγελίας εὐλόγηκεν. 7 χωρὶς δὲ πάσης ἀντιλογίας³⁷ τὸ ἔλαττον³⁸ ὑπὸ τοῦ κρείττονος³⁹ εὐλογεῖται. 8 καὶ ὧδε μὲν δεκάτας⁴⁰ ἀποθνῄσκοντες ἄνθρωποι λαμβάνουσιν, ἐκεῖ δὲ μαρτυρούμενος ὅτι ζῇ. 9 καὶ ὡς ἔπος⁴¹ εἰπεῖν, δι' Ἀβραὰμ καὶ Λευὶ ὁ δεκάτας

---

¹ πρᾶγμα, -τος n, thing
² ἀδύνατος, -ον, impossible
³ ψεύδομαι aor mid inf, tell a lie
⁴ ἰσχυρός, -ά/όν, strong
⁵ παράκλησις, -εως f, encouragement
⁶ καταφεύγω aor act ptc m p nom, run for safety
⁷ πρόκειμαι pres mid ptc f s gen, be set before
⁸ ἄγκυρα, -ας f, anchor
⁹ ἀσφαλής, -ές, sure
¹⁰ βέβαιος, -ές, secure
¹¹ ἐσώτερος, prep + gen, behind
¹² καταπέτασμα, -τος n, curtain
¹³ πρόδρομος, -ου m, forerunner
¹⁴ τάξις, -εως f, order
¹⁵ ὕψιστος, highest (ὁ ὕ. the Most High [God])
¹⁶ συναντάω aor act ptc m s nom, meet
¹⁷ κοπή, -ῆς f, slaughter
¹⁸ δέκατος, -η/ον, tenth
¹⁹ μερίζω 3s aor act ind, give
²⁰ ἑρμηνεύω pres pas ptc m s nom, pas be translated/mean
²¹ ἔπειτα, adv, then
²² ἀπάτωρ, -ορος, without a father
²³ ἀμήτωρ, -ορος, without a mother
²⁴ ἀγενεαλόγητος, -ον, without a genealogy
²⁵ ἀφομοιόω pf pas ptc m s nom, be like
²⁶ διηνεκής, -ές, continuous (εἰς τὸ δ. forever)
²⁷ πηλίκος, -η/ον, how great
²⁸ ἀκροθίνιον, -ου n, spoils
²⁹ πατριάρχης, -ου m, patriarch/ancestor
³⁰ ἱερατεία, -ας f, priestly office
³¹ ἀποδεκατόω pres act inf, collect a tenth (from)
³² καίπερ, conj, although
³³ ἐξέρχομαι pf act ptc m p acc, come
³⁴ ὀσφῦς, -ύος f, reproductive organs
³⁵ γενεαλογέω pres pas ptc m s nom, pas descend from
³⁶ δεκατόω 3s pf act ind, collect a tenth
³⁷ ἀντιλογία, -ας f, dispute
³⁸ ἐλάσσων, less (comp of μικρός)
³⁹ κρείττων, greater (comp of ἀγαθός)
⁴⁰ δέκατος, -η/ον, tenth
⁴¹ ἔπος, -ους n, word (ὡς ἔ. εἰπεῖν so to speak)

λαμβάνων δεδεκάτωται· 10 ἔτι γὰρ ἐν τῇ ὀσφύϊ τοῦ πατρὸς ἦν ὅτε συνήντησεν¹ αὐτῷ Μελχισέδεκ.

11 Εἰ μὲν οὖν τελείωσις² διὰ τῆς Λευιτικῆς³ ἱερωσύνης⁴ ἦν, ὁ λαὸς γὰρ ἐπ' αὐτῆς νενομοθέτηται⁵, τίς ἔτι χρεία κατὰ τὴν τάξιν⁶ Μελχισέδεκ ἕτερον ἀνίστασθαι⁷ ἱερέα καὶ οὐ κατὰ τὴν τάξιν Ἀαρὼν λέγεσθαι; 12 μετατιθεμένης⁸ γὰρ τῆς ἱερωσύνης ἐξ ἀνάγκης⁹ καὶ νόμου μετάθεσις¹⁰ γίνεται. 13 ἐφ' ὃν γὰρ λέγεται ταῦτα, φυλῆς ἑτέρας μετέσχηκεν¹¹, ἀφ' ἧς οὐδεὶς προσέσχηκεν¹² τῷ θυσιαστηρίῳ¹³· 14 πρόδηλον¹⁴ γὰρ ὅτι ἐξ Ἰούδα ἀνατέταλκεν¹⁵ ὁ κύριος ἡμῶν, εἰς ἣν φυλὴν περὶ ἱερέων οὐδὲν Μωϋσῆς ἐλάλησεν. 15 καὶ περισσότερον¹⁶ ἔτι κατάδηλόν¹⁷ ἐστιν, εἰ κατὰ τὴν ὁμοιότητα¹⁸ Μελχισέδεκ ἀνίσταται¹⁹ ἱερεὺς ἕτερος, 16 ὃς οὐ κατὰ νόμον ἐντολῆς σαρκίνης²⁰ γέγονεν²¹ ἀλλὰ κατὰ δύναμιν ζωῆς ἀκαταλύτου²². 17 μαρτυρεῖται γὰρ ὅτι

σὺ ἱερεὺς εἰς τὸν αἰῶνα κατὰ τὴν τάξιν Μελχισέδεκ.

18 ἀθέτησις²³ μὲν γὰρ γίνεται προαγούσης²⁴ ἐντολῆς διὰ τὸ αὐτῆς ἀσθενὲς²⁵ καὶ ἀνωφελές²⁶ – 19 οὐδὲν γὰρ ἐτελείωσεν²⁷ ὁ νόμος – ἐπεισαγωγὴ²⁸ δὲ κρείττονος²⁹ ἐλπίδος δι' ἧς ἐγγίζομεν τῷ θεῷ.

20 Καὶ καθ' ὅσον οὐ χωρὶς ὁρκωμοσίας³⁰· οἱ μὲν γὰρ χωρὶς ὁρκωμοσίας εἰσὶν ἱερεῖς γεγονότες³¹, 21 ὁ δὲ μετὰ ὁρκωμοσίας διὰ τοῦ λέγοντος πρὸς αὐτόν·

ὤμοσεν³² κύριος καὶ οὐ μεταμεληθήσεται³³·

σὺ ἱερεὺς εἰς τὸν αἰῶνα.

22 κατὰ τοσοῦτο³⁴ [καὶ] κρείττονος διαθήκης γέγονεν ἔγγυος³⁵ Ἰησοῦς. 23 καὶ οἱ μὲν πλείονές³⁶ εἰσιν γεγονότες ἱερεῖς διὰ τὸ θανάτῳ κωλύεσθαι³⁷ παραμένειν³⁸· 24 ὁ δὲ διὰ τὸ μένειν αὐτὸν εἰς τὸν αἰῶνα ἀπαράβατον³⁹ ἔχει τὴν ἱερωσύνην⁴⁰·

---

1 συναντάω 3s aor act ind, meet
2 τελείωσις, -εως f, perfection
3 Λευιτικός, -ή/όν, Levitical
4 ἱερωσύνη, -ης f, priesthood
5 νομοθετέω 3s pf pas ind, pas be given
6 τάξις, -εως f, order
7 ἀνίστημι pres mid inf, mid come
8 μετατίθημι pf pas ptc f s gen, change
9 ἀνάγκη, -ης f, necessity
10 μετάθεσις, -εως f, change
11 μετέχω 3s pf act ind, belong to
12 προσέχω 3s pf act ind, serve
13 θυσιαστήριον, -ου n, altar
14 πρόδηλος, -ον, obvious
15 ἀνατέλλω 3s pf act ind, descend
16 περισσότερος, adv, even more
17 κατάδηλος, -ον, (very) obvious
18 ὁμοιότης, -ητος f, likeness
19 ἀνίστημι 3s pres mid ind, mid come
20 σάρκινος, -η/ον, human
21 γίνομαι 3s pf act ind, become
22 ἀκατάλυτος, -ον, without end
23 ἀθέτησις, -εως f, putting aside
24 προάγω pres act ptc f s gen, come before
25 ἀσθενής, -ές, weak
26 ἀνωφελής, -ές, useless
27 τελειόω 3s aor act ind, make perfect
28 ἐπεισαγωγή, -ῆς f, bringing in
29 κρείττων, better (comp of ἀγαθός)
30 ὁρκωμοσία, -ας f, (taking an) oath
31 γίνομαι pf act ptc m p nom, become
32 ὀμνύω 3s aor act ind, swear
33 μεταμέλομαι 3s fut pas ind, change one's mind
34 τοσοῦτος, -αύτη/οῦτον, so much
35 ἔγγυος, -ου m, guarantor
36 πολύς, many (comp)
37 κωλύω pres pas inf, prevent
38 παραμένω pres act inf, continue in office
39 ἀπαράβατος, -ον, permanent
40 ἱερωσύνη, -ης f, priesthood

ΠΡΟΣ ΕΒΡΑΙΟΥΣ

25 ὅθεν¹ καὶ σῴζειν εἰς τὸ παντελὲς² δύναται τοὺς προσερχομένους δι' αὐτοῦ τῷ θεῷ, πάντοτε ζῶν εἰς τὸ ἐντυγχάνειν³ ὑπὲρ αὐτῶν. **26** Τοιοῦτος γὰρ ἡμῖν καὶ ἔπρεπεν⁴ ἀρχιερεύς, ὅσιος⁵ ἄκακος⁶ ἀμίαντος⁷, κεχωρισμένος⁸ ἀπὸ τῶν ἁμαρτωλῶν καὶ ὑψηλότερος⁹ τῶν οὐρανῶν γενόμενος, **27** ὃς οὐκ ἔχει καθ' ἡμέραν ἀνάγκην¹⁰, ὥσπερ οἱ ἀρχιερεῖς, πρότερον¹¹ ὑπὲρ τῶν ἰδίων ἁμαρτιῶν θυσίας¹² ἀναφέρειν¹³ ἔπειτα¹⁴ τῶν τοῦ λαοῦ· τοῦτο γὰρ ἐποίησεν ἐφάπαξ¹⁵ ἑαυτὸν ἀνενέγκας¹⁶. **28** ὁ νόμος γὰρ ἀνθρώπους καθίστησιν¹⁷ ἀρχιερεῖς ἔχοντας ἀσθένειαν¹⁸, ὁ λόγος δὲ τῆς ὁρκωμοσίας¹⁹ τῆς μετὰ τὸν νόμον υἱὸν εἰς τὸν αἰῶνα τετελειωμένον²⁰.

The High Priest of a Better Covenant

8 Κεφάλαιον²¹ δὲ ἐπὶ τοῖς λεγομένοις, τοιοῦτον ἔχομεν ἀρχιερέα, ὃς ἐκάθισεν²² ἐν δεξιᾷ τοῦ θρόνου τῆς μεγαλωσύνης²³ ἐν τοῖς οὐρανοῖς, **2** τῶν ἁγίων λειτουργὸς²⁴ καὶ τῆς σκηνῆς²⁵ τῆς ἀληθινῆς²⁶, ἣν ἔπηξεν²⁷ ὁ κύριος, οὐκ ἄνθρωπος. **3** πᾶς γὰρ ἀρχιερεὺς εἰς τὸ προσφέρειν δῶρά²⁸ τε καὶ θυσίας²⁹ καθίσταται³⁰· ὅθεν³¹ ἀναγκαῖον³² ἔχειν τι καὶ τοῦτον ὃ προσενέγκη³³. **4** εἰ μὲν οὖν ἦν ἐπὶ γῆς, οὐδ' ἂν ἦν ἱερεύς, ὄντων τῶν προσφερόντων κατὰ νόμον τὰ δῶρα· **5** οἵτινες ὑποδείγματι³⁴ καὶ σκιᾷ³⁵ λατρεύουσιν τῶν ἐπουρανίων³⁶, καθὼς κεχρημάτισται³⁷ Μωϋσῆς μέλλων ἐπιτελεῖν³⁸ τὴν σκηνήν· **ὅρα**³⁹ γάρ φησιν, **ποιήσεις πάντα κατὰ τὸν τύπον**⁴⁰ **τὸν δειχθέντα**⁴¹ **σοι ἐν τῷ ὄρει**· **6** νυνὶ⁴² δὲ διαφορωτέρας⁴³ τέτυχεν⁴⁴ λειτουργίας⁴⁵, ὅσῳ καὶ κρείττονός⁴⁶ ἐστιν διαθήκης μεσίτης⁴⁷, ἥτις ἐπὶ κρείττοσιν ἐπαγγελίαις νενομοθέτηται⁴⁸.

¹ ὅθεν, *conj*, and so
² παντελής, -ές, completely
³ ἐντυγχάνω *pres act inf*, intercede
⁴ πρέπω *3s impf act ind, impers* it is fitting
⁵ ὅσιος, -α/ον, holy
⁶ ἄκακος, -ον, blameless
⁷ ἀμίαντος, -ον, pure
⁸ χωρίζω *pf pas ptc m s nom*, separate
⁹ ὑψηλός, high (*comp*)
¹⁰ ἀνάγκη, -ης *f*, necessity
¹¹ πρότερον, *adv*, formerly
¹² θυσία, -ας *f*, sacrifice
¹³ ἀναφέρω *pres act inf*, offer
¹⁴ ἔπειτα, *adv*, then
¹⁵ ἐφάπαξ, *adv*, once for all
¹⁶ ἀναφέρω *aor act ptc m s nom*, offer
¹⁷ καθίστημι *3s pres act ind*, appoint
¹⁸ ἀσθένεια, -ας *f*, weakness
¹⁹ ὁρκωμοσία, -ας *f*, (taking an) oath
²⁰ τελειόω *pf pas ptc m s acc*, make perfect
²¹ κεφάλαιον, -ου *n*, main point
²² καθίζω *3s aor act ind*, sit
²³ μεγαλωσύνη, -ης *f*, Majesty
²⁴ λειτουργός, -οῦ *m*, one who serves (as a priest)
²⁵ σκηνή, -ῆς *f*, tent (of worship)
²⁶ ἀληθινός, -ή/όν, true
²⁷ πήγνυμι *3s aor act ind*, set up
²⁸ δῶρον, -ου *n*, gift
²⁹ θυσία, -ας *f*, sacrifice
³⁰ καθίστημι *3s pres pas ind*, appoint
³¹ ὅθεν, *conj*, and so
³² ἀναγκαῖος, -α/ον, necessary
³³ προσφέρω *3s aor act sub*, offer
³⁴ ὑπόδειγμα, -τος *n*, example
³⁵ σκιά, -ᾶς *f*, shadow
³⁶ ἐπουράνιος, -ον, heavenly
³⁷ χρηματίζω *3s pf pas ind*, instruct
³⁸ ἐπιτελέω *pres act inf*, complete
³⁹ ὁράω *2s pres act impv*, see
⁴⁰ τύπος, -ου *m*, pattern
⁴¹ δείκνυμι *aor pas ptc m s acc*, show
⁴² νυνί, *adv*, now
⁴³ διαφορώτερος, superior
⁴⁴ τυγχάνω *3s pf act ind*, receive
⁴⁵ λειτουργία, -ας *f*, ministry
⁴⁶ κρείττων, greater (*comp* of ἀγαθός)
⁴⁷ μεσίτης, -ου *m*, mediator
⁴⁸ νομοθετέω *3s pf pas ind, pas* be established

7 Εἰ γὰρ ἡ πρώτη ἐκείνη ἦν ἄμεμπτος¹, οὐκ ἂν δευτέρας ἐζητεῖτο τόπος. **8** μεμφόμενος² γὰρ αὐτοὺς λέγει·

ἰδοὺ ἡμέραι ἔρχονται, λέγει κύριος,
καὶ συντελέσω³ ἐπὶ τὸν οἶκον Ἰσραὴλ
καὶ ἐπὶ τὸν οἶκον Ἰούδα διαθήκην καινήν,
9 οὐ κατὰ τὴν διαθήκην, ἣν ἐποίησα τοῖς πατράσιν αὐτῶν
ἐν ἡμέρᾳ ἐπιλαβομένου⁴ μου τῆς χειρὸς αὐτῶν
ἐξαγαγεῖν⁵ αὐτοὺς ἐκ γῆς Αἰγύπτου,
ὅτι αὐτοὶ οὐκ ἐνέμειναν⁶ ἐν τῇ διαθήκῃ μου,
κἀγὼ ἠμέλησα⁷ αὐτῶν, λέγει κύριος·
10 ὅτι αὕτη ἡ διαθήκη, ἣν διαθήσομαι⁸ τῷ οἴκῳ Ἰσραὴλ
μετὰ τὰς ἡμέρας ἐκείνας, λέγει κύριος·
διδοὺς⁹ νόμους μου εἰς τὴν διάνοιαν¹⁰ αὐτῶν
καὶ ἐπὶ καρδίας αὐτῶν ἐπιγράψω¹¹ αὐτούς,
καὶ ἔσομαι¹² αὐτοῖς εἰς θεόν,
καὶ αὐτοὶ ἔσονταί μοι εἰς λαόν·
11 καὶ οὐ μὴ διδάξωσιν ἕκαστος τὸν πολίτην ¹³αὐτοῦ
καὶ ἕκαστος τὸν ἀδελφὸν αὐτοῦ λέγων· γνῶθι¹⁴ τὸν κύριον,
ὅτι πάντες εἰδήσουσίν¹⁵ με
ἀπὸ μικροῦ ἕως μεγάλου αὐτῶν,
12 ὅτι ἵλεως¹⁶ ἔσομαι ταῖς ἀδικίαις¹⁷ αὐτῶν
καὶ τῶν ἁμαρτιῶν αὐτῶν οὐ μὴ μνησθῶ¹⁸ ἔτι.
13 ἐν τῷ λέγειν καινὴν πεπαλαίωκεν¹⁹ τὴν πρώτην· τὸ δὲ παλαιούμενον καὶ γηράσκον²⁰ ἐγγὺς ἀφανισμοῦ²¹.

---

1 ἄμεμπτος, -ον, faultless
2 μέμφομαι pres mid ptc m s nom, find fault with
3 συντελέω 1s fut act ind, make (of a covenant)
4 ἐπιλαμβάνομαι aor mid ptc m s gen, take hold of
5 ἐξάγω aor act inf, lead out
6 ἐμμένω 3p aor act ind, remain faithful to
7 ἀμελέω 1s aor act ind, reject
8 διατίθημι 1s fut mid ind, mid make (of a covenant)
9 δίδωμι pres act ptc m s nom, give
10 διάνοια, -ας f, mind
11 ἐπιγράφω 1s fut act ind, write on
12 εἰμί 1s fut act ind, be
13 πολίτης, -ου m, neighbor
14 γινώσκω 2s aor act impv, know
15 οἶδα 3p fut act ind, know
16 ἵλεως, -ων, merciful
17 ἀδικία, -ας f, evil
18 μιμνήσκομαι 1s aor pas sub, pas keep in mind
19 παλαιόω 3s pf act ind, make obsolete
20 γηράσκω pres act ptc n s nom, become out-of-date
21 ἀφανισμός, -οῦ m, disappearing

The Earthly and the Heavenly Sanctuaries

9 Εἶχεν¹ μὲν οὖν [καὶ] ἡ πρώτη δικαιώματα² λατρείας³ τό τε ἅγιον κοσμικόν⁴. 2 σκηνὴ⁵ γὰρ κατεσκευάσθη⁶ ἡ πρώτη ἐν ᾗ ἥ τε λυχνία⁷ καὶ ἡ τράπεζα⁸ καὶ ἡ πρόθεσις⁹ τῶν ἄρτων, ἥτις λέγεται Ἅγια· 3 μετὰ δὲ τὸ δεύτερον καταπέτασμα¹⁰ σκηνὴ¹¹ ἡ λεγομένη Ἅγια Ἁγίων, 4 χρυσοῦν¹² ἔχουσα θυμιατήριον¹³ καὶ τὴν κιβωτὸν¹⁴ τῆς διαθήκης περικεκαλυμμένην¹⁵ πάντοθεν¹⁶ χρυσίῳ¹⁷, ἐν ᾗ στάμνος¹⁸ χρυσῆ ἔχουσα τὸ μάννα¹⁹ καὶ ἡ ῥάβδος²⁰ Ἀαρὼν ἡ βλαστήσασα²¹ καὶ αἱ πλάκες²² τῆς διαθήκης, 5 ὑπεράνω²³ δὲ αὐτῆς Χερουβὶν²⁴ δόξης κατασκιάζοντα²⁵ τὸ ἱλαστήριον²⁶· περὶ ὧν οὐκ ἔστιν νῦν λέγειν κατὰ μέρος. 6 τούτων δὲ οὕτως κατεσκευασμένων²⁷ εἰς μὲν τὴν πρώτην σκηνὴν²⁸ διὰ παντὸς εἰσίασιν²⁹ οἱ ἱερεῖς τὰς λατρείας³⁰ ἐπιτελοῦντες³¹, 7 εἰς δὲ τὴν δευτέραν ἅπαξ³² τοῦ ἐνιαυτοῦ³³ μόνος ὁ ἀρχιερεύς, οὐ χωρὶς αἵματος ὃ προσφέρει ὑπὲρ ἑαυτοῦ καὶ τῶν τοῦ λαοῦ ἀγνοημάτων³⁴, 8 τοῦτο δηλοῦντος³⁵ τοῦ πνεύματος τοῦ ἁγίου, μήπω³⁶ πεφανερῶσθαι τὴν τῶν ἁγίων ὁδὸν ἔτι τῆς πρώτης σκηνῆς³⁷ ἐχούσης στάσιν³⁸, 9 ἥτις παραβολὴ εἰς τὸν καιρὸν τὸν ἐνεστηκότα³⁹, καθ' ἣν δῶρά⁴⁰ τε καὶ θυσίαι⁴¹ προσφέρονται⁴² μὴ δυνάμεναι κατὰ συνείδησιν⁴³ τελειῶσαι⁴⁴ τὸν λατρεύοντα⁴⁵, 10 μόνον ἐπὶ βρώμασιν⁴⁶ καὶ πόμασιν⁴⁷ καὶ διαφόροις⁴⁸ βαπτισμοῖς⁴⁹, δικαιώματα⁵⁰ σαρκὸς μέχρι⁵¹ καιροῦ διορθώσεως⁵² ἐπικείμενα⁵³.

---

¹ ἔχω 3s impf act ind, have
² δικαίωμα, -τος n, regulation
³ λατρεία, -ας f, worship
⁴ κοσμικός, -ή/όν, earthly
⁵ σκηνή, -ῆς f, tent (of worship)
⁶ κατασκευάζω 3s aor pas ind, set up
⁷ λυχνία, -ας f, lampstand
⁸ τράπεζα, -ης f, table
⁹ πρόθεσις, -εως f, presentation (ἄρτοι τῆς π. bread offered to God)
¹⁰ καταπέτασμα, -τος n, curtain
¹¹ σκηνή, -ῆς f, room (of the tent of worship)
¹² χρυσοῦς, -ῆ/οῦν, made of gold
¹³ θυμιατήριον, -ου n, altar of incense
¹⁴ κιβωτός, -οῦ f, chest
¹⁵ περικαλύπτω pf pas ptc f s acc, cover
¹⁶ πάντοθεν, adv, on all sides
¹⁷ χρυσίον, -ου n, gold
¹⁸ στάμνος, -ου f, jar
¹⁹ μάννα, n, manna
²⁰ ῥάβδος, -ου f, staff
²¹ βλαστάνω aor act ptc f s nom, bud
²² πλάξ, -πλακός f, tablet
²³ ὑπεράνω, prep + gen, above
²⁴ Χερούβ, n, cherub
²⁵ κατασκιάζω pres act ptc n p nom, overshadow
²⁶ ἱλαστήριον, -ου n, place where sins are forgiven
²⁷ κατασκευάζω pf pas ptc n p gen, arrange
²⁸ σκηνή, -ῆς f, room (of the tent of worship)
²⁹ εἴσειμι 3p pres act ind, enter
³⁰ λατρεία, -ας f, pl duties
³¹ ἐπιτελέω pres act ptc m p nom, perform
³² ἅπαξ, adv, once
³³ ἐνιαυτός, -οῦ m, year
³⁴ ἀγνόημα, -τος n, a sin committed through ignorance
³⁵ δηλόω pres act ptc n s gen, show
³⁶ μήπω, adv, not yet
³⁷ σκηνή, -ῆς f, tent (of worship)
³⁸ στάσις, -εως f, standing
³⁹ ἐνίστημι pf act ptc m s acc, be present
⁴⁰ δῶρον, -ου n, gift
⁴¹ θυσία, -ας f, sacrifice
⁴² προσφέρω 3p pres pas ind, offer
⁴³ συνείδησις, -εως f, conscience
⁴⁴ τελειόω aor act inf, make perfect
⁴⁵ λατρεύω pres act ptc m s acc, worship
⁴⁶ βρῶμα, -τος n, food
⁴⁷ πόμα, -τος n, drink
⁴⁸ διάφορος, -ον, various
⁴⁹ βαπτισμός, -οῦ m, ritual washing
⁵⁰ δικαίωμα, -τος n, regulation
⁵¹ μέχρι, prep + gen, until
⁵² διόρθωσις, -εως f, new order
⁵³ ἐπίκειμαι pres mid ptc n p nom, be imposed

11 Χριστὸς δὲ παραγενόμενος[1] ἀρχιερεὺς τῶν γενομένων ἀγαθῶν διὰ τῆς μείζονος[2] καὶ τελειοτέρας[3] σκηνῆς οὐ χειροποιήτου[4], τοῦτ' ἔστιν οὐ ταύτης τῆς κτίσεως[5], **12** οὐδὲ δι' αἵματος τράγων[6] καὶ μόσχων[7] διὰ δὲ τοῦ ἰδίου αἵματος εἰσῆλθεν ἐφάπαξ[8] εἰς τὰ ἅγια αἰωνίαν λύτρωσιν[9] εὑράμενος[10]. **13** εἰ γὰρ τὸ αἷμα τράγων καὶ ταύρων καὶ σποδὸς[11] δαμάλεως[12] ῥαντίζουσα[13] τοὺς κεκοινωμένους[14] ἁγιάζει[15] πρὸς τὴν τῆς σαρκὸς καθαρότητα[16], **14** πόσῳ[17] μᾶλλον τὸ αἷμα τοῦ Χριστοῦ, ὃς διὰ πνεύματος αἰωνίου ἑαυτὸν προσήνεγκεν[18] ἄμωμον[19] τῷ θεῷ, καθαριεῖ τὴν συνείδησιν[20] ἡμῶν ἀπὸ νεκρῶν ἔργων εἰς τὸ λατρεύειν[21] θεῷ ζῶντι.

15 Καὶ διὰ τοῦτο διαθήκης καινῆς μεσίτης[22] ἐστίν, ὅπως θανάτου γενομένου εἰς ἀπολύτρωσιν[23] τῶν ἐπὶ τῇ πρώτῃ διαθήκῃ παραβάσεων[24] τὴν ἐπαγγελίαν λάβωσιν[25] οἱ κεκλημένοι[26] τῆς αἰωνίου κληρονομίας[27]. **16** ὅπου γὰρ διαθήκη, θάνατον ἀνάγκη[28] φέρεσθαι τοῦ διαθεμένου[29]· **17** διαθήκη γὰρ ἐπὶ νεκροῖς βεβαία[30], ἐπεὶ[31] μήποτε[32] ἰσχύει[33] ὅτε ζῇ ὁ διαθέμενος[34]. **18** ὅθεν[35] οὐδὲ ἡ πρώτη χωρὶς αἵματος ἐγκεκαίνισται[36]· **19** λαληθείσης γὰρ πάσης ἐντολῆς κατὰ τὸν νόμον ὑπὸ Μωϋσέως παντὶ τῷ λαῷ, λαβὼν τὸ αἷμα τῶν μόσχων [καὶ τῶν τράγων] μετὰ ὕδατος καὶ ἐρίου[37] κοκκίνου[38] καὶ ὑσσώπου[39] αὐτό τε τὸ βιβλίον καὶ πάντα τὸν λαὸν ἐρράντισεν[40] **20** λέγων·

τοῦτο τὸ αἷμα τῆς διαθήκης ἧς ἐνετείλατο[41] πρὸς ὑμᾶς ὁ θεός.

21 καὶ τὴν σκηνὴν[42] δὲ καὶ πάντα τὰ σκεύη[43] τῆς λειτουργίας[44] τῷ αἵματι ὁμοίως[45] ἐρράντισεν. **22** καὶ σχεδὸν[46] ἐν αἵματι πάντα καθαρίζεται κατὰ τὸν νόμον καὶ χωρὶς αἱματεκχυσίας[47] οὐ γίνεται ἄφεσις[48].

---

[1] παραγίνομαι *aor mid ptc m s nom*, come
[2] μέγας, great (comp)
[3] τέλειος, perfect (comp)
[4] χειροποίητος, -ον, made by human hands
[5] κτίσις, -εως *f*, creation
[6] τράγος, -ου *m*, goat
[7] μόσχος, -ου *m*, calf
[8] ἐφάπαξ, *adv*, once for all
[9] λύτρωσις, -εως *f*, redemption
[10] εὑρίσκω *aor mid ptc m s nom*, find
[11] σποδός, -οῦ *f*, ashes
[12] δάμαλις, -εως *f*, heifer
[13] ῥαντίζω *pres act ptc f s nom*, sprinkle
[14] κοινόω *pf pas ptc m p acc*, defile
[15] ἁγιάζω *3s pres act ind*, sanctify
[16] καθαρότης, -ητος *f*, purification
[17] πόσος, -η/ον, how much
[18] προσφέρω *3s aor act ind*, offer
[19] ἄμωμος, -ον, without blemish
[20] συνείδησις, -εως *f*, conscience
[21] λατρεύω *pres act inf*, serve
[22] μεσίτης, -ου *m*, mediator
[23] ἀπολύτρωσις, -εως *f*, redemption
[24] παράβασις, -εως *f*, violation
[25] λαμβάνω *3p aor act sub*, receive
[26] καλέω *pf pas ptc m p nom*, call
[27] κληρονομία, -ας *f*, inheritance
[28] ἀνάγκη, -ης *f*, necessity
[29] διατίθημι *aor mid ptc m s gen*, mid make (of a covenant)
[30] βέβαιος, -α/ον, effective
[31] ἐπεί, *conj*, since
[32] μήποτε, *particle*, not
[33] ἰσχύω *3s pres act ind*, be in effect
[34] διατίθημι *aor mid ptc m s nom*, mid make (of a covenant)
[35] ὅθεν, *conj*, and so
[36] ἐγκαινίζω *3s pf pas ind*, put into force
[37] ἔριον, -ου *n*, wool
[38] κόκκινος, -η/ον, scarlet
[39] ὕσσωπος, -ου *f*, hyssop
[40] ῥαντίζω *3s aor act ind*, sprinkle
[41] ἐντέλλομαι *3s aor mid ind*, command
[42] σκηνή, -ῆς *f*, tent of worship
[43] σκεῦος, -ους *n*, vessel
[44] λειτουργία, -ας *f*, worship
[45] ὁμοίως, *adv*, in the same way
[46] σχεδόν, *adv*, almost
[47] αἱματεκχυσία, -ας, shedding of blood
[48] ἄφεσις, -εως *f*, forgiveness

Christ's Sacrifice Once for All

23 Ἀνάγκη¹ οὖν τὰ μὲν ὑποδείγματα² τῶν ἐν τοῖς οὐρανοῖς τούτοις καθαρίζεσθαι, αὐτὰ δὲ τὰ ἐπουράνια³ κρείττοσιν⁴ θυσίαις⁵ παρὰ ταύτας. **24** οὐ γὰρ εἰς χειροποίητα⁶ εἰσῆλθεν ἅγια Χριστός, ἀντίτυπα⁷ τῶν ἀληθινῶν⁸, ἀλλ' εἰς αὐτὸν τὸν οὐρανόν, νῦν ἐμφανισθῆναι⁹ τῷ προσώπῳ τοῦ θεοῦ ὑπὲρ ἡμῶν· **25** οὐδ' ἵνα πολλάκις¹⁰ προσφέρῃ ἑαυτόν, ὥσπερ ὁ ἀρχιερεὺς εἰσέρχεται εἰς τὰ ἅγια κατ' ἐνιαυτὸν¹¹ ἐν αἵματι ἀλλοτρίῳ¹², **26** ἐπεὶ¹³ ἔδει αὐτὸν πολλάκις παθεῖν ἀπὸ καταβολῆς¹⁴ κόσμου· νυνὶ¹⁵ δὲ ἅπαξ¹⁶ ἐπὶ συντελείᾳ¹⁷ τῶν αἰώνων εἰς ἀθέτησιν¹⁸ [τῆς] ἁμαρτίας διὰ τῆς θυσίας αὐτοῦ πεφανέρωται. **27** καὶ καθ' ὅσον ἀπόκειται¹⁹ τοῖς ἀνθρώποις ἅπαξ ἀποθανεῖν²⁰, μετὰ δὲ τοῦτο κρίσις, **28** οὕτως καὶ ὁ Χριστὸς ἅπαξ προσενεχθεὶς²¹ εἰς τὸ πολλῶν ἀνενεγκεῖν²² ἁμαρτίας ἐκ δευτέρου χωρὶς ἁμαρτίας ὀφθήσεται²³ τοῖς αὐτὸν ἀπεκδεχομένοις²⁴ εἰς σωτηρίαν.

10 Σκιὰν²⁵ γὰρ ἔχων ὁ νόμος τῶν μελλόντων ἀγαθῶν, οὐκ αὐτὴν τὴν εἰκόνα²⁶ τῶν πραγμάτων²⁷, κατ' ἐνιαυτὸν²⁸ ταῖς αὐταῖς θυσίαις²⁹ ἃς προσφέρουσιν εἰς τὸ διηνεκὲς³⁰ οὐδέποτε³¹ δύναται τοὺς προσερχομένους τελειῶσαι³². **2** ἐπεὶ³³ οὐκ ἂν ἐπαύσαντο³⁴ προσφερόμεναι διὰ τὸ μηδεμίαν ἔχειν ἔτι συνείδησιν³⁵ ἁμαρτιῶν τοὺς λατρεύοντας³⁶ ἅπαξ³⁷ κεκαθαρισμένους³⁸; **3** ἀλλ' ἐν αὐταῖς ἀνάμνησις³⁹ ἁμαρτιῶν κατ' ἐνιαυτόν· **4** ἀδύνατον⁴⁰ γὰρ αἷμα ταύρων⁴¹ καὶ τράγων⁴² ἀφαιρεῖν⁴³ ἁμαρτίας. **5** διὸ εἰσερχόμενος εἰς τὸν κόσμον λέγει·

θυσίαν⁴⁴ καὶ προσφορὰν⁴⁵ οὐκ ἠθέλησας,
σῶμα δὲ κατηρτίσω⁴⁶ μοι·

---

¹ ἀνάγκη, -ης f, necessity
² ὑπόδειγμα, -τος n, copy
³ ἐπουράνιος, -ον, heavenly
⁴ κρείττων, greater (comp of ἀγαθός)
⁵ θυσία, -ας f, sacrifice
⁶ χειροποίητος, -ον, made by human hands
⁷ ἀντίτυπος, -ον n, copy
⁸ ἀληθινός, -ή/όν, true
⁹ ἐμφανίζω aor pas inf, pas appear
¹⁰ πολλάκις, adv, repeatedly
¹¹ ἐνιαυτός, -οῦ m, year (κατ' ἐ. yearly)
¹² ἀλλότριος, -α/ον, belonging to another
¹³ ἐπεί, conj, since
¹⁴ καταβολή, -ῆς f, creation
¹⁵ νυνί, adv, now
¹⁶ ἅπαξ, adv, once for all

¹⁷ συντέλεια, -ας f, end
¹⁸ ἀθέτησις, -εως f, putting aside
¹⁹ ἀπόκειμαι 3s pres mid ind, be one's lot
²⁰ ἀποθνήσκω aor act inf, die
²¹ προσφέρω aor pas ptc m s nom, offer
²² ἀναφέρω aor act inf, take away
²³ ὁράω 3s fut pas ind, pas appear
²⁴ ἀπεκδέχομαι pres mid ptc m p dat, wait eagerly
²⁵ σκιά, -ᾶς f, shadow
²⁶ εἰκών, -όνος f, (true) form
²⁷ πρᾶγμα, -τος n, thing/reality
²⁸ ἐνιαυτός, -οῦ m, year (κατ' ἐ. yearly)
²⁹ θυσία, -ας f, sacrifice
³⁰ διηνεκής, -ές, continuous (εἰς τὸ δ. continually)
³¹ οὐδέποτε, adv, never

³² τελειόω aor act inf, make perfect
³³ ἐπεί, conj, since
³⁴ παύω 3p aor mid ind, mid stop
³⁵ συνείδησις, -εως f, consciousness
³⁶ λατρεύω pres act ptc m p acc, worship
³⁷ ἅπαξ, adv, once for all
³⁸ καθαρίζω pf pas ptc m p acc, cleanse
³⁹ ἀνάμνησις, -εως f, reminder
⁴⁰ ἀδύνατος, -ον, impossible
⁴¹ ταῦρος, -ου m, bull
⁴² τράγος, -ου m, goat
⁴³ ἀφαιρέω pres act inf, take away
⁴⁴ θυσία, -ας f, sacrifice
⁴⁵ προσφορά, -ᾶς f, offering
⁴⁶ καταρτίζω 2s aor mid ind, prepare

6 ὁλοκαυτώματα¹ καὶ περὶ ἁμαρτίας οὐκ εὐδόκησας².

7 τότε εἶπον· ἰδοὺ ἥκω³,
ἐν κεφαλίδι⁴ βιβλίου γέγραπται περὶ ἐμοῦ,
τοῦ ποιῆσαι ὁ θεὸς τὸ θέλημά σου.

8 ἀνώτερον⁵ λέγων ὅτι
θυσίας καὶ προσφορὰς καὶ ὁλοκαυτώματα καὶ περὶ ἁμαρτίας
οὐκ ἠθέλησας οὐδὲ εὐδόκησας,
αἵτινες κατὰ νόμον προσφέρονται, **9** τότε εἴρηκεν⁶· ἰδοὺ ἥκω τοῦ ποιῆσαι τὸ θέλημά σου. ἀναιρεῖ⁷ τὸ πρῶτον ἵνα τὸ δεύτερον στήσῃ⁸, **10** ἐν ᾧ θελήματι ἡγιασμένοι⁹ ἐσμὲν διὰ τῆς προσφορᾶς¹⁰ τοῦ σώματος Ἰησοῦ Χριστοῦ ἐφάπαξ¹¹.

11 Καὶ πᾶς μὲν ἱερεὺς ἕστηκεν¹² καθ' ἡμέραν λειτουργῶν¹³ καὶ τὰς αὐτὰς πολλάκις¹⁴ προσφέρων θυσίας, αἵτινες οὐδέποτε¹⁵ δύνανται περιελεῖν¹⁶ ἁμαρτίας, **12** οὗτος δὲ μίαν ὑπὲρ ἁμαρτιῶν προσενέγκας¹⁷ θυσίαν εἰς τὸ διηνεκὲς ἐκάθισεν ἐν δεξιᾷ τοῦ θεοῦ, **13** τὸ λοιπὸν ἐκδεχόμενος¹⁸ ἕως τεθῶσιν¹⁹ οἱ ἐχθροὶ αὐτοῦ ὑποπόδιον²⁰ τῶν ποδῶν αὐτοῦ. **14** μιᾷ γὰρ προσφορᾷ²¹ τετελείωκεν²² εἰς τὸ διηνεκὲς²³ τοὺς ἁγιαζομένους²⁴. **15** μαρτυρεῖ δὲ ἡμῖν καὶ τὸ πνεῦμα τὸ ἅγιον· μετὰ γὰρ τὸ εἰρηκέναι²⁵.

16 αὕτη ἡ διαθήκη ἣν διαθήσομαι²⁶ πρὸς αὐτοὺς
μετὰ τὰς ἡμέρας ἐκείνας, λέγει κύριος·
διδοὺς²⁷ νόμους μου ἐπὶ καρδίας αὐτῶν
καὶ ἐπὶ τὴν διάνοιαν²⁸ αὐτῶν ἐπιγράψω²⁹ αὐτούς,
17 καὶ τῶν ἁμαρτιῶν αὐτῶν καὶ τῶν ἀνομιῶν³⁰ αὐτῶν
οὐ μὴ μνησθήσομαι³¹ ἔτι.

18 ὅπου δὲ ἄφεσις³² τούτων, οὐκέτι προσφορὰ περὶ ἁμαρτίας.

---

¹ ὁλοκαύτωμα, -τος n, whole burnt offering
² εὐδοκέω 2s aor act ind, desire
³ ἥκω 1s pres act ind, come
⁴ κεφαλίς, -ίδος f, roll (of a scroll or book)
⁵ ἀνώτερος, adv, above
⁶ λέγω 3s pf act ind, say
⁷ ἀναιρέω 3s pres act ind, do away with
⁸ ἵστημι 3s aor act sub, establish
⁹ ἁγιάζω pf pas ptc m p nom, sanctify
¹⁰ προσφορά, -ᾶς f, offering
¹¹ ἐφάπαξ, adv, once for all
¹² ἵστημι 3s pf act ind, intrans stand
¹³ λειτουργέω pres act ptc m s nom, serve (as a priest)
¹⁴ πολλάκις, adv, repeatedly
¹⁵ οὐδέποτε, adv, never
¹⁶ περιαιρέω aor act inf, take away
¹⁷ προσφέρω aor act ptc m s nom, offer
¹⁸ ἐκδέχομαι pres mid ptc m s nom, wait
¹⁹ τίθημι 3p aor pas sub, make
²⁰ ὑποπόδιον, -ου n, footstool
²¹ προσφορά, -ᾶς f, offering
²² τελειόω 3s pf act ind, make perfect
²³ διηνεκής, -ές, continuous (εἰς τὸ δ. for all time)
²⁴ ἁγιάζω pres pas ptc m p acc, sanctify
²⁵ λέγω pf act inf, say
²⁶ διατίθημι 1s fut mid ind, mid make (of a covenant)
²⁷ δίδωμι pres act ptc m s nom, put
²⁸ διάνοια, -ας f, mind
²⁹ ἐπιγράφω 1s fut act ind, write on
³⁰ ἀνομία, -ας f, wickedness
³¹ μιμνήσκομαι 1s fut pas ind, pas keep in mind
³² ἄφεσις, -εως f, forgiveness

Exhortation and Warning

19 Ἔχοντες οὖν, ἀδελφοί, παρρησίαν εἰς τὴν εἴσοδον¹ τῶν ἁγίων ἐν τῷ αἵματι Ἰησοῦ, 20 ἣν ἐνεκαίνισεν² ἡμῖν ὁδὸν πρόσφατον³ καὶ ζῶσαν διὰ τοῦ καταπετάσματος⁴, τοῦτ' ἔστιν τῆς σαρκὸς αὐτοῦ, 21 καὶ ἱερέα μέγαν ἐπὶ τὸν οἶκον τοῦ θεοῦ, 22 προσερχώμεθα μετὰ ἀληθινῆς⁵ καρδίας ἐν πληροφορίᾳ⁶ πίστεως ῥεραντισμένοι⁷ τὰς καρδίας ἀπὸ συνειδήσεως⁸ πονηρᾶς καὶ λελουσμένοι⁹ τὸ σῶμα ὕδατι καθαρῷ·¹⁰ 23 κατέχωμεν¹¹ τὴν ὁμολογίαν¹² τῆς ἐλπίδος ἀκλινῆ¹³, πιστὸς γὰρ ὁ ἐπαγγειλάμενος¹⁴, 24 καὶ κατανοῶμεν¹⁵ ἀλλήλους εἰς παροξυσμὸν¹⁶ ἀγάπης καὶ καλῶν ἔργων, 25 μὴ ἐγκαταλείποντες¹⁷ τὴν ἐπισυναγωγὴν¹⁸ ἑαυτῶν, καθὼς ἔθος¹⁹ τισίν, ἀλλὰ παρακαλοῦντες, καὶ τοσούτῳ²⁰ μᾶλλον ὅσῳ βλέπετε ἐγγίζουσαν τὴν ἡμέραν.

26 Ἑκουσίως²¹ γὰρ ἁμαρτανόντων ἡμῶν μετὰ τὸ λαβεῖν τὴν ἐπίγνωσιν²² τῆς ἀληθείας, οὐκέτι περὶ ἁμαρτιῶν ἀπολείπεται²³ θυσία²⁴, 27 φοβερὰ²⁵ δέ τις ἐκδοχὴ²⁶ κρίσεως καὶ πυρὸς ζῆλος²⁷ ἐσθίειν μέλλοντος τοὺς ὑπεναντίους²⁸. 28 ἀθετήσας²⁹ τις νόμον Μωϋσέως χωρὶς οἰκτιρμῶν³⁰ ἐπὶ δυσὶν ἢ τρισὶν μάρτυσιν ἀποθνήσκει· 29 πόσῳ³¹ δοκεῖτε χείρονος³² ἀξιωθήσεται³³ τιμωρίας³⁴ ὁ τὸν υἱὸν τοῦ θεοῦ καταπατήσας³⁵ καὶ τὸ αἷμα τῆς διαθήκης κοινὸν³⁶ ἡγησάμενος³⁷, ἐν ᾧ ἡγιάσθη³⁸, καὶ τὸ πνεῦμα τῆς χάριτος ἐνυβρίσας³⁹; 30 οἴδαμεν γὰρ τὸν εἰπόντα·

ἐμοὶ ἐκδίκησις⁴⁰, ἐγὼ ἀνταποδώσω⁴¹.

καὶ πάλιν·

κρινεῖ κύριος τὸν λαὸν αὐτοῦ.

31 φοβερὸν τὸ ἐμπεσεῖν⁴² εἰς χεῖρας θεοῦ ζῶντος.

---

¹ εἴσοδος, -ου f, access
² ἐγκαινίζω 3s aor act ind, open
³ πρόσφατος, -ον, new
⁴ καταπέτασμα, -τος n, curtain
⁵ ἀληθινός, -ή/όν, true
⁶ πληροφορία, -ας f, full assurance
⁷ ῥαντίζω pf pas ptc m p nom, sprinkle clean
⁸ συνείδησις, -εως f, conscience
⁹ λούω pf mid or pas ptc m p nom, wash
¹⁰ καθαρός, -ά/όν, pure
¹¹ κατέχω 1p pres act sub, hold fast
¹² ὁμολογία, -ας f, confession
¹³ ἀκλινής, -ές, without wavering
¹⁴ ἐπαγγέλλομαι aor mid ptc m s nom, promise
¹⁵ κατανοέω 1p pres act sub, consider
¹⁶ παροξυσμός, -οῦ m, encouragement
¹⁷ ἐγκαταλείπω pres act ptc m p nom, leave behind
¹⁸ ἐπισυναγωγή, -ῆς f, assembling
¹⁹ ἔθος, -ους n, custom
²⁰ τοσοῦτος, -αύτη/οῦτον, so much
²¹ ἑκουσίως, adv, willingly
²² ἐπίγνωσις, -εως f, knowledge
²³ ἀπολείπω 3s pres pas ind, pas remain
²⁴ θυσία, -ας f, sacrifice
²⁵ φοβερός, -ά/όν, fearful
²⁶ ἐκδοχή, -ῆς f, expectation
²⁷ ζῆλος, -ου m, fury
²⁸ ὑπεναντίος, -α/ον, opposed to (ὁ ὑ. enemy)
²⁹ ἀθετέω aor act ptc m s nom, reject
³⁰ οἰκτιρμός, -οῦ m, mercy
³¹ πόσος, -η/ον, how much
³² χείρων, worse (comp of κακός)
³³ ἀξιόω 3s fut pas ind, deserve
³⁴ τιμωρία, -ας f, punishment
³⁵ καταπατέω aor act ptc m s nom, trample on
³⁶ κοινός, -ή/όν, profane
³⁷ ἡγέομαι aor mid ptc m s nom, consider
³⁸ ἁγιάζω 3s aor pas ind, sanctify
³⁹ ἐνυβρίζω aor act ptc m s nom, insult
⁴⁰ ἐκδίκησις, -εως f, vengeance
⁴¹ ἀνταποδίδωμι 1s fut act ind, repay
⁴² ἐμπίπτω aor act inf, fall into

32 Ἀναμιμνήσκεσθε¹ δὲ τὰς πρότερον² ἡμέρας, ἐν αἷς φωτισθέντες³ πολλὴν ἄθλησιν⁴ ὑπεμείνατε⁵ παθημάτων⁶, 33 τοῦτο μὲν ὀνειδισμοῖς⁷ τε καὶ θλίψεσιν θεατριζόμενοι⁸, τοῦτο δὲ κοινωνοὶ⁹ τῶν οὕτως ἀναστρεφομένων¹⁰ γενηθέντες¹¹. 34 καὶ γὰρ τοῖς δεσμίοις¹² συνεπαθήσατε¹³ καὶ τὴν ἁρπαγὴν¹⁴ τῶν ὑπαρχόντων ὑμῶν μετὰ χαρᾶς προσεδέξασθε¹⁵ γινώσκοντες ἔχειν ἑαυτοὺς κρείττονα¹⁶ ὕπαρξιν¹⁷ καὶ μένουσαν. 35 μὴ ἀποβάλητε¹⁸ οὖν τὴν παρρησίαν ὑμῶν, ἥτις ἔχει μεγάλην μισθαποδοσίαν¹⁹. 36 ὑπομονῆς γὰρ ἔχετε χρείαν ἵνα τὸ θέλημα τοῦ θεοῦ ποιήσαντες κομίσησθε²⁰ τὴν ἐπαγγελίαν.

37 ἔτι γὰρ μικρὸν ὅσον ὅσον,
ὁ ἐρχόμενος ἥξει²¹ καὶ οὐ χρονίσει²²·
38 ὁ δὲ δίκαιός μου ἐκ πίστεως ζήσεται²³,
καὶ ἐὰν ὑποστείληται²⁴, οὐκ εὐδοκεῖ²⁵ ἡ ψυχή μου ἐν αὐτῷ.

39 ἡμεῖς δὲ οὐκ ἐσμὲν ὑποστολῆς²⁶ εἰς ἀπώλειαν²⁷ ἀλλὰ πίστεως εἰς περιποίησιν²⁸ ψυχῆς.

Faith

11 Ἔστιν δὲ πίστις ἐλπιζομένων ὑπόστασις²⁹, πραγμάτων³⁰ ἔλεγχος³¹ οὐ βλεπομένων. 2 ἐν ταύτῃ γὰρ ἐμαρτυρήθησαν³² οἱ πρεσβύτεροι. 3 πίστει νοοῦμεν³³ κατηρτίσθαι³⁴ τοὺς αἰῶνας ῥήματι θεοῦ, εἰς τὸ μὴ ἐκ φαινομένων τὸ βλεπόμενον γεγονέναι³⁵. 4 πίστει πλείονα³⁶ θυσίαν³⁷ Ἄβελ παρὰ Κάϊν προσήνεγκεν³⁸ τῷ θεῷ, δι' ἧς ἐμαρτυρήθη εἶναι δίκαιος, μαρτυροῦντος ἐπὶ τοῖς δώροις³⁹ αὐτοῦ τοῦ θεοῦ, καὶ δι' αὐτῆς ἀποθανὼν ἔτι λαλεῖ. 5 πίστει Ἑνὼχ μετετέθη⁴⁰ τοῦ μὴ ἰδεῖν θάνατον, καὶ οὐχ ηὑρίσκετο διότι⁴¹ μετέθηκεν αὐτὸν ὁ θεός. πρὸ γὰρ τῆς

---

[1] ἀναμιμνήσκω 2p pres pas impv, pas remember
[2] πρότερος, -α/ον, former
[3] φωτίζω aor pas ptc m p nom, enlighten
[4] ἄθλησις, -εως f, struggle
[5] ὑπομένω 2p aor act ind, endure
[6] πάθημα, -τος n, suffering
[7] ὀνειδισμός, -οῦ m, abuse
[8] θεατρίζω pres pas ptc m p nom, expose to public shame
[9] κοινωνός, -οῦ m, partner
[10] ἀναστρέφω pres pas ptc m p gen, live
[11] γίνομαι aor pas ptc m p nom, become
[12] δέσμιος, -ου m, prisoner
[13] συμπαθέω 2p aor act ind, suffer together with
[14] ἁρπαγή, -ῆς f, seizure
[15] προσδέχομαι 2p aor mid ind, accept
[16] κρείττων, greater (comp of ἀγαθός)
[17] ὕπαρξις, -εως f, possession
[18] ἀποβάλλω 2p aor act sub, throw away
[19] μισθαποδοσία, -ας f, reward
[20] κομίζω 2p aor mid sub, receive
[21] ἥκω 3s fut act ind, come
[22] χρονίζω 3s fut act ind, delay
[23] ζάω 3s fut mid ind, live
[24] ὑποστέλλω 3s aor mid sub, mid turn back
[25] εὐδοκέω 3s pres act ind, be pleased
[26] ὑποστολή, -ῆς f, turning back
[27] ἀπώλεια, -ας f, destruction
[28] περιποίησις, -εως f, saving
[29] ὑπόστασις, -εως f, assurance
[30] πρᾶγμα, -τος n, thing
[31] ἔλεγχος, -ου m, certainty
[32] μαρτυρέω 3p aor pas ind, pas receive approval
[33] νοέω 1p pres act ind, understand
[34] καταρτίζω pf pas inf, create
[35] γίνομαι pf act inf, come
[36] πολύς, great (comp)
[37] θυσία, -ας f, sacrifice
[38] προσφέρω 3s aor act ind, offer
[39] δῶρον, -ου n, gift
[40] μετατίθημι 3s aor pas ind, take up
[41] διότι, conj, because

μεταθέσεως¹ μεμαρτύρηται εὐαρεστηκέναι² τῷ θεῷ· 6 χωρὶς δὲ πίστεως ἀδύνατον³ εὐαρεστῆσαι· πιστεῦσαι γὰρ δεῖ τὸν προσερχόμενον τῷ θεῷ ὅτι ἔστιν καὶ τοῖς ἐκζητοῦσιν⁴ αὐτὸν μισθαποδότης⁵ γίνεται. 7 πίστει χρηματισθεὶς⁶ Νῶε περὶ τῶν μηδέπω⁷ βλεπομένων, εὐλαβηθεὶς⁸ κατεσκεύασεν⁹ κιβωτὸν¹⁰ εἰς σωτηρίαν τοῦ οἴκου αὐτοῦ δι' ἧς κατέκρινεν¹¹ τὸν κόσμον, καὶ τῆς κατὰ πίστιν δικαιοσύνης ἐγένετο κληρονόμος¹².

8 Πίστει καλούμενος Ἀβραὰμ ὑπήκουσεν¹³ ἐξελθεῖν εἰς τόπον ὃν ἤμελλεν λαμβάνειν εἰς κληρονομίαν¹⁴, καὶ ἐξῆλθεν μὴ ἐπιστάμενος¹⁵ ποῦ ἔρχεται. 9 πίστει παρῴκησεν¹⁶ εἰς γῆν τῆς ἐπαγγελίας ὡς ἀλλοτρίαν¹⁷ ἐν σκηναῖς¹⁸ κατοικήσας μετὰ Ἰσαὰκ καὶ Ἰακὼβ τῶν συγκληρονόμων¹⁹ τῆς ἐπαγγελίας τῆς αὐτῆς· 10 ἐξεδέχετο²⁰ γὰρ τὴν τοὺς θεμελίους²¹ ἔχουσαν πόλιν ἧς τεχνίτης²² καὶ δημιουργὸς²³ ὁ θεός. 11 πίστει καὶ αὐτὴ Σάρρα στεῖρα²⁴ δύναμιν εἰς καταβολὴν²⁵ σπέρματος ἔλαβεν καὶ παρὰ καιρὸν ἡλικίας²⁶, ἐπεὶ²⁷ πιστὸν ἡγήσατο²⁸ τὸν ἐπαγγειλάμενον²⁹. 12 διὸ καὶ ἀφ' ἑνὸς ἐγεννήθησαν, καὶ ταῦτα νενεκρωμένου³⁰, καθὼς τὰ ἄστρα³¹ τοῦ οὐρανοῦ τῷ πλήθει καὶ ὡς ἡ ἄμμος³² ἡ παρὰ τὸ χεῖλος³³ τῆς θαλάσσης ἡ ἀναρίθμητος³⁴.

13 Κατὰ πίστιν ἀπέθανον οὗτοι πάντες, μὴ λαβόντες τὰς ἐπαγγελίας ἀλλὰ πόρρωθεν³⁵ αὐτὰς ἰδόντες καὶ ἀσπασάμενοι καὶ ὁμολογήσαντες³⁶ ὅτι ξένοι³⁷ καὶ παρεπίδημοί³⁸ εἰσιν ἐπὶ τῆς γῆς. 14 οἱ γὰρ τοιαῦτα λέγοντες ἐμφανίζουσιν³⁹ ὅτι πατρίδα⁴⁰ ἐπιζητοῦσιν⁴¹. 15 καὶ εἰ μὲν ἐκείνης ἐμνημόνευον⁴² ἀφ' ἧς ἐξέβησαν⁴³, εἶχον⁴⁴ ἂν καιρὸν ἀνακάμψαι⁴⁵· 16 νῦν δὲ κρείττονος⁴⁶ ὀρέγονται⁴⁷, τοῦτ' ἔστιν

¹ μετάθεσις, -ου f, taking up
² εὐαρεστέω pf act inf, please
³ ἀδύνατος, -ον, impossible
⁴ ἐκζητέω pres act ptc m p dat, search earnestly
⁵ μισθαποδότης, -ου m, rewarder
⁶ χρηματίζω aor pas ptc m s nom, warn
⁷ μηδέπω, adv, not yet
⁸ εὐλαβέομαι aor pas ptc m s nom, act from godly fear
⁹ κατασκευάζω 3s aor act ind, build
¹⁰ κιβωτός, -οῦ f, ark (= big boat)
¹¹ κατακρίνω 3s aor act ind, condemn
¹² κληρονόμος, -ου m, heir
¹³ ὑπακούω 3s aor act ind, obey
¹⁴ κληρονομία, -ας f, inheritance
¹⁵ ἐπίσταμαι pres pas ptc m s nom, know
¹⁶ παροικέω 3s aor act ind, live
¹⁷ ἀλλότριος, -α/ον, foreign
¹⁸ σκηνή, -ῆς f, tent
¹⁹ συγκληρονόμος, -ον, sharing together (noun = fellow heir)
²⁰ ἐκδέχομαι 3s impf mid ind, look forward to
²¹ θεμέλιος, -ου m, foundation
²² τεχνίτης, -ου m, architect
²³ δημιουργός, -οῦ m, builder
²⁴ στεῖρα, -ας f, a woman incapable of having children
²⁵ καταβολή, -ῆς f, conception
²⁶ ἡλικία, -ας f, age (παρὰ καιρὸν ἡ. past the age)
²⁷ ἐπεί, conj, since
²⁸ ἡγέομαι 3s aor mid ind, consider
²⁹ ἐπαγγέλλομαι aor mid ptc m s acc, promise
³⁰ νεκρόω pf pas ptc m s gen, put to death (pf pas ptc = as good as dead)
³¹ ἄστρον, -ου n, star
³² ἄμμος, -ου f, sand
³³ χεῖλος, -ους n, shore
³⁴ ἀναρίθμητος, -ον, innumerable
³⁵ πόρρωθεν, adv, from a distance
³⁶ ὁμολογέω aor act ptc m p nom, confess
³⁷ ξένος, -η/ον, strange (noun = stranger)
³⁸ παρεπίδημος, -ου m, alien
³⁹ ἐμφανίζω 3p pres act ind, make known
⁴⁰ πατρίς, -ίδος f, homeland
⁴¹ ἐπιζητέω 3p pres act ind, seek
⁴² μνημονεύω 3p impf act ind, think of
⁴³ ἐκβαίνω 3p aor act ind, go out
⁴⁴ ἔχω 3p impf act ind, have
⁴⁵ ἀνακάμπτω aor act inf, return
⁴⁶ κρείττων, better (comp of ἀγαθός)
⁴⁷ ὀρέγω 3p pres mid ind, mid long for

ἐπουρανίου[1]. διὸ οὐκ ἐπαισχύνεται[2] αὐτοὺς ὁ θεὸς θεὸς ἐπικαλεῖσθαι[3] αὐτῶν· ἡτοίμασεν γὰρ αὐτοῖς πόλιν.

17 Πίστει προσενήνοχεν[4] Ἀβραὰμ τὸν Ἰσαὰκ πειραζόμενος καὶ τὸν μονογενῆ[5] προσέφερεν, ὁ τὰς ἐπαγγελίας ἀναδεξάμενος[6], **18** πρὸς ὃν ἐλαλήθη ὅτι

ἐν Ἰσαὰκ κληθήσεταί[7] σοι σπέρμα,

19 λογισάμενος ὅτι καὶ ἐκ νεκρῶν ἐγείρειν δυνατὸς ὁ θεός, ὅθεν[8] αὐτὸν καὶ ἐν παραβολῇ ἐκομίσατο[9]. **20** πίστει καὶ περὶ μελλόντων εὐλόγησεν Ἰσαὰκ τὸν Ἰακὼβ καὶ τὸν Ἠσαῦ. **21** πίστει Ἰακὼβ ἀποθνῄσκων ἕκαστον τῶν υἱῶν Ἰωσὴφ εὐλόγησεν καὶ προσεκύνησεν ἐπὶ τὸ ἄκρον[10] τῆς ῥάβδου[11] αὐτοῦ. **22** πίστει Ἰωσὴφ τελευτῶν[12] περὶ τῆς ἐξόδου[13] τῶν υἱῶν Ἰσραὴλ ἐμνημόνευσεν[14] καὶ περὶ τῶν ὀστέων[15] αὐτοῦ ἐνετείλατο[16].

23 Πίστει Μωϋσῆς γεννηθεὶς ἐκρύβη[17] τρίμηνον[18] ὑπὸ τῶν πατέρων αὐτοῦ, διότι[19] εἶδον ἀστεῖον[20] τὸ παιδίον καὶ οὐκ ἐφοβήθησαν τὸ διάταγμα[21] τοῦ βασιλέως. **24** πίστει Μωϋσῆς μέγας γενόμενος ἠρνήσατο[22] λέγεσθαι υἱὸς θυγατρὸς Φαραώ, **25** μᾶλλον ἑλόμενος[23] συγκακουχεῖσθαι[24] τῷ λαῷ τοῦ θεοῦ ἢ πρόσκαιρον[25] ἔχειν ἁμαρτίας ἀπόλαυσιν[26], **26** μείζονα[27] πλοῦτον[28] ἡγησάμενος[29] τῶν Αἰγύπτου θησαυρῶν[30] τὸν ὀνειδισμὸν[31] τοῦ Χριστοῦ· ἀπέβλεπεν[32] γὰρ εἰς τὴν μισθαποδοσίαν[33]. **27** πίστει κατέλιπεν[34] Αἴγυπτον μὴ φοβηθεὶς τὸν θυμὸν[35] τοῦ βασιλέως· τὸν γὰρ ἀόρατον[36] ὡς ὁρῶν ἐκαρτέρησεν[37]. **28** πίστει πεποίηκεν τὸ πάσχα[38] καὶ τὴν πρόσχυσιν[39] τοῦ αἵματος, ἵνα μὴ ὁ ὀλοθρεύων[40] τὰ πρωτότοκα[41] θίγῃ[42] αὐτῶν. **29** πίστει διέβησαν[43] τὴν ἐρυθρὰν[44] θάλασσαν ὡς διὰ ξηρᾶς[45] γῆς, ἧς πεῖραν[46] λαβόντες οἱ Αἰγύπτιοι κατεπόθησαν[47]. **30** πίστει τὰ τείχη[48] Ἰεριχὼ ἔπεσαν[49]

[1] ἐπουράνιος, -ον, heavenly
[2] ἐπαισχύνομαι 3s pres pas ind, be ashamed
[3] ἐπικαλέω pres pas inf, call
[4] προσφέρω 3s pf act ind, offer
[5] μονογενής, -ές, only
[6] ἀναδέχομαι aor mid ptc m s nom, receive
[7] καλέω 3s fut pas ind, call
[8] ὅθεν, conj, and so
[9] κομίζω 3s aor mid ind, mid receive
[10] ἄκρον, -ου n, tip
[11] ῥάβδος, -ου f, staff
[12] τελευτάω pres act ptc m s nom, die
[13] ἔξοδος, -ου f, exodus
[14] μνημονεύω 3s aor act ind, make mention of
[15] ὀστέον, -ου n, bone
[16] ἐντέλλομαι 3s aor mid ind, give instructions

[17] κρύπτω 3s aor pas ind, hide
[18] τρίμηνος, -ου n, period of three months
[19] διότι, conj, because
[20] ἀστεῖος, -α/ον, beautiful
[21] διάταγμα, -τος n, order
[22] ἀρνέομαι 3s aor mid ind, refuse
[23] αἱρέω aor mid ptc m s nom, mid choose
[24] συγκακουχέομαι pres mid inf, be mistreated with
[25] πρόσκαιρος, -ον, temporary
[26] ἀπόλαυσις, -εως f, pleasure
[27] μέγας, greater (comp)
[28] πλοῦτος, -ου m, wealth
[29] ἡγέομαι aor mid ptc m s nom, consider
[30] θησαυρός, -οῦ m, treasure
[31] ὀνειδισμός, -οῦ m, abuse
[32] ἀποβλέπω 3s impf act ind, look forward

[33] μισθαποδοσία, -ας f, reward
[34] καταλείπω 3s aor act ind, leave
[35] θυμός, -οῦ m, anger
[36] ἀόρατος, -ον, unseen
[37] καρτερέω 3s aor act ind, endure
[38] πάσχα, n, Passover
[39] πρόσχυσις, -εως f, sprinkling
[40] ὀλοθρεύω pres act ptc m s nom, destroy
[41] πρωτότοκος, -ον, first-born
[42] θιγγάνω 3s aor act sub, touch
[43] διαβαίνω 3p aor act ind, cross
[44] ἐρυθρός, -ά/όν, red
[45] ξηρός, -ά/όν, dry
[46] πεῖρα, -ας f, attempt
[47] καταπίνω 3p aor pas ind, drown
[48] τεῖχος, -ους n, wall
[49] πίπτω 3p aor act ind, fall

κυκλωθέντα[1] ἐπὶ ἑπτὰ ἡμέρας. **31** πίστει Ῥαὰβ ἡ πόρνη[2] οὐ συναπώλετο[3] τοῖς ἀπειθήσασιν[4] δεξαμένη τοὺς κατασκόπους[5] μετ' εἰρήνης.

32 Καὶ τί ἔτι λέγω; ἐπιλείψει[6] με γὰρ διηγούμενον[7] ὁ χρόνος περὶ Γεδεών, Βαράκ, Σαμψών, Ἰεφθάε, Δαυίδ τε καὶ Σαμουὴλ καὶ τῶν προφητῶν, **33** οἳ διὰ πίστεως κατηγωνίσαντο[8] βασιλείας, εἰργάσαντο[9] δικαιοσύνην, ἐπέτυχον[10] ἐπαγγελιῶν, ἔφραξαν[11] στόματα λεόντων[12], **34** ἔσβεσαν[13] δύναμιν πυρός, ἔφυγον[14] στόματα μαχαίρης[15], ἐδυναμώθησαν[16] ἀπὸ ἀσθενείας[17], ἐγενήθησαν[18] ἰσχυροὶ[19] ἐν πολέμῳ[20], παρεμβολὰς[21] ἔκλιναν[22] ἀλλοτρίων[23]. **35** ἔλαβον γυναῖκες ἐξ ἀναστάσεως τοὺς νεκροὺς αὐτῶν· ἄλλοι δὲ ἐτυμπανίσθησαν[24] οὐ προσδεξάμενοι[25] τὴν ἀπολύτρωσιν[26], ἵνα κρείττονος[27] ἀναστάσεως τύχωσιν[28]. **36** ἕτεροι δὲ ἐμπαιγμῶν[29] καὶ μαστίγων[30] πεῖραν[31] ἔλαβον, ἔτι δὲ δεσμῶν[32] καὶ φυλακῆς· **37** ἐλιθάσθησαν[33], ἐπρίσθησαν[34], ἐν φόνῳ[35] μαχαίρης ἀπέθανον, περιῆλθον[36] ἐν μηλωταῖς[37], ἐν αἰγείοις[38] δέρμασιν[39], ὑστερούμενοι[40], θλιβόμενοι[41], κακουχούμενοι[42], **38** ὧν οὐκ ἦν ἄξιος ὁ κόσμος, ἐπὶ ἐρημίαις[43] πλανώμενοι καὶ ὄρεσιν καὶ σπηλαίοις[44] καὶ ταῖς ὀπαῖς[45] τῆς γῆς. **39** καὶ οὗτοι πάντες μαρτυρηθέντες διὰ τῆς πίστεως οὐκ ἐκομίσαντο[46] τὴν ἐπαγγελίαν, **40** τοῦ θεοῦ περὶ ἡμῶν κρεῖττόν τι προβλεψαμένου[47], ἵνα μὴ χωρὶς ἡμῶν τελειωθῶσιν[48].

---

[1] κυκλόω aor pas ptc n p nom, march round
[2] πόρνη, -ης f, prostitute
[3] συναπόλλυμι 3s aor mid ind, mid be killed with
[4] ἀπειθέω aor act ptc m p dat, disobey
[5] κατάσκοπος, -ου m, spy
[6] ἐπιλείπω 3s fut act ind, run short
[7] διηγέομαι pres mid ptc m s acc, tell
[8] καταγωνίζομαι 3p aor mid ind, defeat
[9] ἐργάζομαι 3p aor mid ind, bring about
[10] ἐπιτυγχάνω 3p aor act ind, receive
[11] φράσσω 3p aor act ind, shut
[12] λέων, -οντος m, lion
[13] σβέννυμι 3p aor act ind, extinguish
[14] φεύγω 3p aor act ind, escape
[15] μάχαιρα, -ης f, sword
[16] δυναμόω 3p aor pas ind, make strong
[17] ἀσθένεια, -ας f, weakness
[18] γίνομαι 3p aor pas ind, become
[19] ἰσχυρός, -ά/όν, strong
[20] πόλεμος, -ου m, war
[21] παρεμβολή, -ῆς f, army
[22] κλίνω 3p aor act ind, rout
[23] ἀλλότριος, -α/ον, foreign (noun = foreigner)
[24] τυμπανίζω 3p aor pas ind, torture
[25] προσδέχομαι aor mid ptc m p nom, accept
[26] ἀπολύτρωσις, -εως f, release
[27] κρείττων, better (comp of ἀγαθός)
[28] τυγχάνω 3p aor act sub, receive
[29] ἐμπαιγμός, -οῦ m, public ridicule
[30] μάστιξ, -ιγος f, beating with a whip
[31] πεῖρα, -ας f, experience (ἐμπαιγμῶν ... π. ἔλαβον experience public ridicule)
[32] δεσμός, -οῦ m, chain
[33] λιθάζω 3p aor pas ind, stone
[34] πρίζω 3p aor pas ind, saw in two
[35] φόνος, -ου m, killing
[36] περιέρχομαι 3p aor act ind, go about
[37] μηλωτή, -ῆς f, sheepskin
[38] αἴγειος, -α/ον, of a goat
[39] δέρμα, -τος n, skin
[40] ὑστερέω pres pas ptc m p nom, pas be in need
[41] θλίβω pres pas ptc m p nom, persecute
[42] κακουχέω pres pas ptc m p nom, pas be mistreated
[43] ἐρημία, -ας f, desert
[44] σπήλαιον, -ου n, cave
[45] ὀπή, -ῆς f, hole
[46] κομίζω 3p aor mid ind, mid receive
[47] προβλέπω aor mid ptc m s gen, mid have in store
[48] τελειόω 3p aor pas sub, make perfect

The Discipline of the Lord

12 Τοιγαροῦν¹ καὶ ἡμεῖς τοσοῦτον² ἔχοντες περικείμενον³ ἡμῖν νέφος⁴ μαρτύρων, ὄγκον⁵ ἀποθέμενοι⁶ πάντα καὶ τὴν εὐπερίστατον⁷ ἁμαρτίαν, δι' ὑπομονῆς τρέχωμεν⁸ τὸν προκείμενον⁹ ἡμῖν ἀγῶνα¹⁰ **2** ἀφορῶντες¹¹ εἰς τὸν τῆς πίστεως ἀρχηγὸν¹² καὶ τελειωτὴν¹³ Ἰησοῦν, ὃς ἀντὶ¹⁴ τῆς προκειμένης αὐτῷ χαρᾶς ὑπέμεινεν¹⁵ σταυρὸν¹⁶ αἰσχύνης¹⁷ καταφρονήσας¹⁸ ἐν δεξιᾷ τε τοῦ θρόνου τοῦ θεοῦ κεκάθικεν¹⁹. **3** ἀναλογίσασθε²⁰ γὰρ τὸν τοιαύτην ὑπομεμενηκότα²¹ ὑπὸ τῶν ἁμαρτωλῶν εἰς ἑαυτὸν ἀντιλογίαν²², ἵνα μὴ κάμητε²³ ταῖς ψυχαῖς ὑμῶν ἐκλυόμενοι²⁴.

4 Οὔπω²⁵ μέχρις²⁶ αἵματος ἀντικατέστητε²⁷ πρὸς τὴν ἁμαρτίαν ἀνταγωνιζόμενοι²⁸. **5** καὶ ἐκλέλησθε²⁹ τῆς παρακλήσεως³⁰, ἥτις ὑμῖν ὡς υἱοῖς διαλέγεται³¹·

υἱέ μου, μὴ ὀλιγώρει³² παιδείας³³ κυρίου
μηδὲ ἐκλύου ὑπ' αὐτοῦ ἐλεγχόμενος³⁴·
6 ὃν γὰρ ἀγαπᾷ κύριος παιδεύει³⁵,
μαστιγοῖ³⁶ δὲ πάντα υἱὸν ὃν παραδέχεται³⁷.

7 εἰς παιδείαν³⁸ ὑπομένετε³⁹, ὡς υἱοῖς ὑμῖν προσφέρεται⁴⁰ ὁ θεός. τίς γὰρ υἱὸς ὃν οὐ παιδεύει πατήρ; **8** εἰ δὲ χωρίς ἐστε παιδείας ἧς μέτοχοι⁴¹ γεγόνασιν⁴² πάντες, ἄρα νόθοι⁴³ καὶ οὐχ υἱοί ἐστε. **9** εἶτα⁴⁴ τοὺς μὲν τῆς σαρκὸς ἡμῶν πατέρας εἴχομεν⁴⁵ παιδευτὰς⁴⁶ καὶ ἐνετρεπόμεθα⁴⁷· οὐ πολὺ [δὲ] μᾶλλον ὑποταγησόμεθα⁴⁸

---

¹ τοιγαροῦν, *conj*, therefore
² τοσοῦτος, -αύτη/οῦτον, so great
³ περίκειμαι *pres mid ptc n s acc*, be surrounded
⁴ νέφος, -ους *n*, cloud
⁵ ὄγκος, -ου *m*, impediment
⁶ ἀποτίθημι *aor mid ptc m p nom*, throw off
⁷ εὐπερίστατος, -ον, easily ensnaring
⁸ τρέχω *1p pres act sub*, run
⁹ πρόκειμαι *pres mid ptc m s acc*, be set before
¹⁰ ἀγών, -ῶνος *m*, race
¹¹ ἀφοράω *pres act ptc m p nom*, fix one's eyes on
¹² ἀρχηγός, -οῦ *m*, originator
¹³ τελειωτής, -οῦ *m*, perfecter
¹⁴ ἀντί, *prep + gen*, because of
¹⁵ ὑπομένω *3s aor act ind*, endure
¹⁶ σταυρός, -οῦ *m*, cross
¹⁷ αἰσχύνη, -ης *f*, shame
¹⁸ καταφρονέω *aor act ptc m s nom*, despise

¹⁹ καθίζω *3s pf act ind*, sit
²⁰ ἀναλογίζομαι *2p aor mid impv*, consider
²¹ ὑπομένω *pf act ptc m s acc*, endure
²² ἀντιλογία, -ας *f*, hostility
²³ κάμνω *2p aor act sub*, be discouraged
²⁴ ἐκλύομαι *pres pas ptc m p nom*, give up
²⁵ οὔπω, *adv*, not yet
²⁶ μέχρι, *prep + gen*, to the extent
²⁷ ἀντικαθίστημι *2p aor act ind*, resist
²⁸ ἀνταγωνίζομαι *pres mid ptc m p nom*, struggle
²⁹ ἐκλανθάνομαι *2p pf mid ind*, forget completely
³⁰ παράκλησις, -εως *f*, encouragement
³¹ διαλέγομαι *3s pres mid ind*, speak
³² ὀλιγωρέω *2s pres act impv*, think lightly of

³³ παιδεία, -ας *f*, discipline
³⁴ ἐλέγχω *pres pas ptc m s nom*, correct
³⁵ παιδεύω *3s pres act ind*, discipline
³⁶ μαστιγόω *3s pres act ind*, punish
³⁷ παραδέχομαι *3s pres mid ind*, accept
³⁸ παιδεία, -ας *f*, discipline
³⁹ ὑπομένω *2p pres act ind*, endure
⁴⁰ προσφέρω *3s pres pas ind*, treat
⁴¹ μέτοχος, -ου *m*, one who shares in
⁴² γίνομαι *3p pf act ind*, become
⁴³ νόθος, -η/ον, illegitimate
⁴⁴ εἶτα, *adv*, moreover
⁴⁵ ἔχω *1p impf act ind*, have
⁴⁶ παιδευτής, -οῦ *m*, one who disciplines
⁴⁷ ἐντρέπω *1p impf pas ind*, pas respect
⁴⁸ ὑποτάσσω *1p fut pas ind*, subject

ΠΡΟΣ ΕΒΡΑΙΟΥΣ 12.10-20

τῷ πατρὶ τῶν πνευμάτων καὶ ζήσομεν¹; 10 οἱ μὲν γὰρ πρὸς ὀλίγας ἡμέρας κατὰ τὸ δοκοῦν αὐτοῖς ἐπαίδευον, ὁ δὲ ἐπὶ τὸ συμφέρον² εἰς τὸ μεταλαβεῖν³ τῆς ἁγιότητος⁴ αὐτοῦ. 11 πᾶσα δὲ παιδεία πρὸς μὲν τὸ παρὸν⁵ οὐ δοκεῖ χαρᾶς εἶναι ἀλλὰ λύπης⁶, ὕστερον⁷ δὲ καρπὸν εἰρηνικὸν⁸ τοῖς δι' αὐτῆς γεγυμνασμένοις⁹ ἀποδίδωσιν δικαιοσύνης.

12 Διὸ τὰς παρειμένας¹⁰ χεῖρας καὶ τὰ παραλελυμένα¹¹ γόνατα¹² ἀνορθώσατε¹³, 13 καὶ τροχιὰς¹⁴ ὀρθὰς¹⁵ ποιεῖτε τοῖς ποσὶν ὑμῶν, ἵνα μὴ τὸ χωλὸν¹⁶ ἐκτραπῇ¹⁷, ἰαθῇ¹⁸ δὲ μᾶλλον. 14 εἰρήνην διώκετε μετὰ πάντων καὶ τὸν ἁγιασμόν¹⁹, οὗ χωρὶς οὐδεὶς ὄψεται²⁰ τὸν κύριον, 15 ἐπισκοποῦντες²¹ μή τις ὑστερῶν²² ἀπὸ τῆς χάριτος τοῦ θεοῦ, μή τις ῥίζα²³ πικρίας²⁴ ἄνω²⁵ φύουσα²⁶ ἐνοχλῇ²⁷ καὶ δι' αὐτῆς μιανθῶσιν²⁸ πολλοί, 16 μή τις πόρνος²⁹ ἢ βέβηλος³⁰ ὡς Ἠσαῦ, ὃς ἀντὶ³¹ βρώσεως³² μιᾶς ἀπέδετο³³ τὰ πρωτοτόκια³⁴ ἑαυτοῦ. 17 ἴστε³⁵ γὰρ ὅτι καὶ μετέπειτα³⁶ θέλων κληρονομῆσαι³⁷ τὴν εὐλογίαν³⁸ ἀπεδοκιμάσθη³⁹, μετανοίας⁴⁰ γὰρ τόπον οὐχ εὗρεν⁴¹ καίπερ⁴² μετὰ δακρύων⁴³ ἐκζητήσας⁴⁴ αὐτήν.

Warning against Rejecting God's Grace

18 Οὐ γὰρ προσεληλύθατε⁴⁵ ψηλαφωμένῳ⁴⁶ καὶ κεκαυμένῳ⁴⁷ πυρὶ καὶ γνόφῳ⁴⁸ καὶ ζόφῳ⁴⁹ καὶ θυέλλῃ⁵⁰ 19 καὶ σάλπιγγος⁵¹ ἤχῳ⁵² καὶ φωνῇ ῥημάτων, ἧς οἱ ἀκούσαντες παρῃτήσαντο⁵³ μὴ προστεθῆναι⁵⁴ αὐτοῖς λόγον, 20 οὐκ ἔφερον γὰρ τὸ

---

¹ ζάω 1p fut act ind, live
² συμφέρω pres act ptc n s acc, impers it is for one's good
³ μεταλαμβάνω aor act inf, receive
⁴ ἁγιότης, -ητος f, holiness
⁵ πάρειμι pres act ptc n s acc, be present
⁶ λύπη, -ης f, pain
⁷ ὕστερον, adv, later
⁸ εἰρηνικός, -ή/όν, peaceful
⁹ γυμνάζω pf pas ptc m p dat, train
¹⁰ παρίημι pf pas ptc f p acc, droop
¹¹ παραλύω pf pas ptc n p acc, pas be weak
¹² γόνυ, γόνατος n, knee
¹³ ἀνορθόω 2p aor act impv, strengthen
¹⁴ τροχιά, -ᾶς f, path
¹⁵ ὀρθός, -ή/όν, straight
¹⁶ χωλός, -ή/όν, lame
¹⁷ ἐκτρέπω 3s aor pas sub, pas be disabled
¹⁸ ἰάομαι 2s aor pas sub, heal
¹⁹ ἁγιασμός, -οῦ m, holiness
²⁰ ὁράω 3s fut mid ind, see
²¹ ἐπισκοπέω pres act ptc m p nom, take care
²² ὑστερέω pres act ptc m s nom, fall short
²³ ῥίζα, -ης f, root
²⁴ πικρία, -ας f, bitterness
²⁵ ἄνω, adv, up
²⁶ φύω pres act ptc f s nom, grow
²⁷ ἐνοχλέω 3s pres act sub, cause trouble
²⁸ μιαίνω 3p aor pas sub, defile
²⁹ πόρνος, -ου m, immoral person
³⁰ βέβηλος, -ον, irreligious
³¹ ἀντί, prep + gen, for
³² βρῶσις, -εως f, a meal
³³ ἀποδίδωμι 3s aor mid ind, sell
³⁴ πρωτοτόκια, -ων n, birthright
³⁵ οἶδα 2p pf act ind, know
³⁶ μετέπειτα, adv, afterwards
³⁷ κληρονομέω aor act inf, inherit/receive
³⁸ εὐλογία, -ας f, blessing
³⁹ ἀποδοκιμάζω 3s aor pas ind, reject
⁴⁰ μετάνοια, -ας f, repentance
⁴¹ εὑρίσκω 3s aor act ind, find
⁴² καίπερ, conj, although
⁴³ δάκρυον, -ου n, tear (of crying)
⁴⁴ ἐκζητέω aor act ptc m s nom, seek
⁴⁵ προσέρχομαι 2p pf act ind, come
⁴⁶ ψηλαφάω pres pas ptc n s dat, touch
⁴⁷ καίω pf pas ptc n s dat, pas burn
⁴⁸ γνόφος, -ου m, darkness
⁴⁹ ζόφος, -ου m, gloom
⁵⁰ θύελλα, -ης f, wind storm
⁵¹ σάλπιγξ, -ιγγος f, trumpet
⁵² ἦχος, -ου m, sound
⁵³ παραιτέομαι 3p aor mid ind, beg
⁵⁴ προστίθημι aor pas inf, add to

διαστελλόμενον[1]· κἂν[2] θηρίον θίγῃ[3] τοῦ ὄρους, λιθοβοληθήσεται[4]. **21** καί, οὕτως φοβερὸν[5] ἦν τὸ φανταζόμενον[6], Μωϋσῆς εἶπεν· **ἔκφοβός**[7] **εἰμι καὶ ἔντρομος**[8]. **22** ἀλλὰ προσεληλύθατε Σιὼν ὄρει καὶ πόλει θεοῦ ζῶντος, Ἰερουσαλὴμ ἐπουρανίῳ[9], καὶ μυριάσιν[10] ἀγγέλων, πανηγύρει[11] **23** καὶ ἐκκλησίᾳ πρωτοτόκων[12] ἀπογεγραμμένων[13] ἐν οὐρανοῖς καὶ κριτῇ[14] θεῷ πάντων καὶ πνεύμασιν δικαίων τετελειωμένων[15] **24** καὶ διαθήκης νέας[16] μεσίτῃ[17] Ἰησοῦ καὶ αἵματι ῥαντισμοῦ[18] κρεῖττον[19] λαλοῦντι παρὰ τὸν Ἄβελ.

25 Βλέπετε μὴ παραιτήσησθε[20] τὸν λαλοῦντα· εἰ γὰρ ἐκεῖνοι οὐκ ἐξέφυγον[21] ἐπὶ γῆς παραιτησάμενοι τὸν χρηματίζοντα[22], πολὺ μᾶλλον ἡμεῖς οἱ τὸν ἀπ' οὐρανῶν ἀποστρεφόμενοι[23], **26** οὗ ἡ φωνὴ τὴν γῆν ἐσάλευσεν[24] τότε, νῦν δὲ ἐπήγγελται[25] λέγων·

ἔτι ἅπαξ[26] **ἐγὼ σείσω**[27] **οὐ μόνον τὴν γῆν ἀλλὰ καὶ τὸν οὐρανόν.**

27 τὸ δὲ **ἔτι ἅπαξ** δηλοῖ[28] [τὴν] τῶν σαλευομένων μετάθεσιν[29] ὡς πεποιημένων, ἵνα μείνῃ[30] τὰ μὴ σαλευόμενα. **28** διὸ βασιλείαν ἀσάλευτον[31] παραλαμβάνοντες ἔχωμεν χάριν, δι' ἧς λατρεύωμεν[32] εὐαρέστως[33] τῷ θεῷ μετὰ εὐλαβείας[34] καὶ δέους.[35] **29** καὶ γὰρ ὁ θεὸς ἡμῶν **πῦρ καταναλίσκον.**[36]

Service Well-Pleasing to God

13 Ἡ φιλαδελφία[37] μενέτω. **2** τῆς φιλοξενίας[38] μὴ ἐπιλανθάνεσθε[39], διὰ ταύτης γὰρ ἔλαθόν[40] τινες ξενίσαντες[41] ἀγγέλους. **3** μιμνῄσκεσθε[42] τῶν δεσμίων[43] ὡς συνδεδεμένοι[44], τῶν κακουχουμένων[45] ὡς καὶ αὐτοὶ ὄντες ἐν σώματι.

---

[1] διαστέλλω pres pas ptc n s acc, command
[2] κἂν, = καὶ ἐάν, even if
[3] θιγγάνω 3s aor act sub, touch
[4] λιθοβολέω 3s fut pas ind, stone
[5] φοβερός, -ά/όν, fearful
[6] φαντάζω pres pas ptc n s nom, pas appear
[7] ἔκφοβος, -ον, terrified
[8] ἔντρομος, -ον, trembling
[9] ἐπουράνιος, -ον, heavenly
[10] μυριάς, -άδος f, countless thousands
[11] πανήγυρις, -εως f, joyful gathering
[12] πρωτότοκος, -ον, first-born
[13] ἀπογράφω pf pas ptc m p gen, write
[14] κριτής, οῦ m, judge
[15] τελειόω pf pas ptc m p gen, make perfect
[16] νέος, -α/ον, new
[17] μεσίτης, -ου m, mediator
[18] ῥαντισμός, -οῦ m, sprinkling
[19] κρείττων, better (comp of ἀγαθός)
[20] παραιτέομαι 2p aor mid ind, refuse (to hear)
[21] ἐκφεύγω 3p aor act ind, escape
[22] χρηματίζω pres act ptc m s acc, warn
[23] ἀποστρέφω pres mid ptc m p nom, mid turn away
[24] σαλεύω 3s aor act ind, shake
[25] ἐπαγγέλλομαι 3s pf mid ind, promise
[26] ἅπαξ, adv, once for all
[27] σείω 1s fut act ind, shake
[28] δηλόω 3s pres act ind, indicate
[29] μετάθεσις, -εως f, removal
[30] μένω 3s aor act sub, remain
[31] ἀσάλευτος, -ον, unshakable
[32] λατρεύω 1p pres act sub, worship
[33] εὐαρέστως, adv, in an acceptable way
[34] εὐλάβεια, -ας f, reverence
[35] δέος, -ους n, respect
[36] καταναλίσκω pres act ptc n s nom, consume
[37] φιλαδελφία, -ας f, love of one another
[38] φιλοξενία, -ας f, hospitality
[39] ἐπιλανθάνομαι 2p pres mid impv, neglect
[40] λανθάνω 3p aor act ind, be unaware
[41] ξενίζω aor act ptc m p nom, entertain as a guest
[42] μιμνῄσκομαι 2p pres pas impv, pas remember
[43] δέσμιος, -ου m, prisoner
[44] συνδέω pf pas ptc m p nom, pas be in prison with
[45] κακουχέω pres pas ptc m p gen, pas be mistreated

4 τίμιος¹ ὁ γάμος² ἐν πᾶσιν καὶ ἡ κοίτη³ ἀμίαντος⁴, πόρνους⁵ γὰρ καὶ μοιχοὺς⁶ κρινεῖ ὁ θεός. **5** ἀφιλάργυρος⁷ ὁ τρόπος⁸, ἀρκούμενοι⁹ τοῖς παροῦσιν¹⁰. αὐτὸς γὰρ εἴρηκεν¹¹· οὐ μή σε ἀνῶ¹² οὐδ' οὐ μή σε ἐγκαταλίπω¹³, **6** ὥστε θαρροῦντας¹⁴ ἡμᾶς λέγειν·

κύριος ἐμοὶ βοηθός, καὶ οὐ φοβηθήσομαι¹⁵,
τί ποιήσει μοι ἄνθρωπος;

7 Μνημονεύετε¹⁶ τῶν ἡγουμένων¹⁷ ὑμῶν, οἵτινες ἐλάλησαν ὑμῖν τὸν λόγον τοῦ θεοῦ, ὧν ἀναθεωροῦντες¹⁸ τὴν ἔκβασιν¹⁹ τῆς ἀναστροφῆς²⁰ μιμεῖσθε²¹ τὴν πίστιν. **8** Ἰησοῦς Χριστὸς ἐχθὲς²² καὶ σήμερον ὁ αὐτὸς καὶ εἰς τοὺς αἰῶνας. **9** διδαχαῖς²³ ποικίλαις²⁴ καὶ ξέναις²⁵ μὴ παραφέρεσθε²⁶· καλὸν γὰρ χάριτι βεβαιοῦσθαι²⁷ τὴν καρδίαν, οὐ βρώμασιν²⁸ ἐν οἷς οὐκ ὠφελήθησαν²⁹ οἱ περιπατοῦντες. **10** ἔχομεν θυσιαστήριον³⁰ ἐξ οὗ φαγεῖν³¹ οὐκ ἔχουσιν ἐξουσίαν οἱ τῇ σκηνῇ³² λατρεύοντες³³. **11** ὧν γὰρ εἰσφέρεται³⁴ ζῴων³⁵ τὸ αἷμα περὶ ἁμαρτίας εἰς τὰ ἅγια διὰ τοῦ ἀρχιερέως, τούτων τὰ σώματα κατακαίεται³⁶ ἔξω τῆς παρεμβολῆς³⁷. **12** διὸ καὶ Ἰησοῦς, ἵνα ἁγιάσῃ³⁸ διὰ τοῦ ἰδίου αἵματος τὸν λαόν, ἔξω τῆς πύλης³⁹ ἔπαθεν⁴⁰. **13** τοίνυν⁴¹ ἐξερχώμεθα πρὸς αὐτὸν ἔξω τῆς παρεμβολῆς τὸν ὀνειδισμὸν⁴² αὐτοῦ φέροντες· **14** οὐ γὰρ ἔχομεν ὧδε μένουσαν πόλιν ἀλλὰ τὴν μέλλουσαν ἐπιζητοῦμεν⁴³. **15** δι' αὐτοῦ [οὖν] ἀναφέρωμεν⁴⁴ θυσίαν⁴⁵ αἰνέσεως⁴⁶ διὰ παντὸς τῷ θεῷ, τοῦτ' ἔστιν καρπὸν χειλέων⁴⁷ ὁμολογούντων⁴⁸ τῷ ὀνόματι αὐτοῦ. **16** τῆς δὲ εὐποιΐας⁴⁹

---

¹ τίμιος, -α/ον, held in honor
² γάμος, -ου m, marriage
³ κοίτη, -ης f, marital relationship
⁴ ἀμίαντος, -ον, pure
⁵ πόρνος, -ου m, sexually immoral person
⁶ μοιχός, -οῦ m, adulterer
⁷ ἀφιλάργυρος, -ον, not greedy for money
⁸ τρόπος, -ου m, way of life
⁹ ἀρκέω pres pas ptc m p nom, pas be content
¹⁰ πάρειμι pres act ptc n p dat, be present (τὰ π. what one has)
¹¹ λέγω 3s pf act ind, say
¹² ἀνίημι 1s aor act sub, fail
¹³ ἐγκαταλείπω 1s aor act sub, forsake
¹⁴ θαρρέω pres act ptc m p acc, be confident
¹⁵ βοηθός, -οῦ m, helper
¹⁶ μνημονεύω 2p pres act impv, remember
¹⁷ ἡγέομαι pres mid ptc m p gen, lead
¹⁸ ἀναθεωρέω pres act ptc m p nom, consider
¹⁹ ἔκβασις, -εως f, outcome
²⁰ ἀναστροφή, -ῆς f, manner of life
²¹ μιμέομαι 2p pres mid impv, imitate
²² ἐχθές, adv, yesterday
²³ διδαχή, -ῆς f, teaching
²⁴ ποικίλος, -η/ον, all kinds of
²⁵ ξένος, -η/ον, strange
²⁶ παραφέρω 2p pres pas impv, lead away
²⁷ βεβαιόω pres pas inf, strengthen
²⁸ βρῶμα, -τος n, food
²⁹ ὠφελέω 3p aor pas ind, pas benefit
³⁰ θυσιαστήριον, -ου n, altar
³¹ ἐσθίω aor act inf, eat
³² σκηνή, -ῆς f, tent (of worship)
³³ λατρεύω pres act ptc m p nom, serve
³⁴ εἰσφέρω 3s pres pas ind, bring in
³⁵ ζῷον, -ου n, animal
³⁶ κατακαίω 3s pres pas ind, burn
³⁷ παρεμβολή, -ῆς f, camp
³⁸ ἁγιάζω 3s aor act sub, sanctify
³⁹ πύλη, -ης f, gate
⁴⁰ πάσχω 3s aor act ind, suffer
⁴¹ τοίνυν, conj, therefore
⁴² ὀνειδισμός, -οῦ m, abuse
⁴³ ἐπιζητέω 1p pres act ind, look for
⁴⁴ ἀναφέρω 1p pres act sub, offer
⁴⁵ θυσία, -ας f, sacrifice
⁴⁶ αἴνεσις, -εως f, praise
⁴⁷ χεῖλος, -ους n, lip
⁴⁸ ὁμολογέω pres act ptc n p gen, confess
⁴⁹ εὐποιΐα, -ας f, doing of good

καὶ κοινωνίας¹ μὴ ἐπιλανθάνεσθε²· τοιαύταις γὰρ θυσίαις εὐαρεστεῖται³ ὁ θεός.

17 πείθεσθε τοῖς ἡγουμένοις⁴ ὑμῶν καὶ ὑπείκετε⁵, αὐτοὶ γὰρ ἀγρυπνοῦσιν⁶ ὑπὲρ τῶν ψυχῶν ὑμῶν ὡς λόγον ἀποδώσοντες⁷, ἵνα μετὰ χαρᾶς τοῦτο ποιῶσιν καὶ μὴ στενάζοντες⁸· ἀλυσιτελὲς⁹ γὰρ ὑμῖν τοῦτο.

18 Προσεύχεσθε περὶ ἡμῶν· πειθόμεθα γὰρ ὅτι καλὴν συνείδησιν¹⁰ ἔχομεν, ἐν πᾶσιν καλῶς θέλοντες ἀναστρέφεσθαι¹¹. **19** περισσοτέρως¹² δὲ παρακαλῶ τοῦτο ποιῆσαι, ἵνα τάχιον¹³ ἀποκατασταθῶ¹⁴ ὑμῖν.

Benediction and Final Greetings

20 Ὁ δὲ θεὸς τῆς εἰρήνης, ὁ ἀναγαγὼν¹⁵ ἐκ νεκρῶν τὸν ποιμένα¹⁶ τῶν προβάτων τὸν μέγαν ἐν αἵματι διαθήκης αἰωνίου, τὸν κύριον ἡμῶν Ἰησοῦν, **21** καταρτίσαι¹⁷ ὑμᾶς ἐν παντὶ ἀγαθῷ εἰς τὸ ποιῆσαι τὸ θέλημα αὐτοῦ, ποιῶν ἐν ἡμῖν τὸ εὐάρεστον¹⁸ ἐνώπιον αὐτοῦ διὰ Ἰησοῦ Χριστοῦ, ᾧ ἡ δόξα εἰς τοὺς αἰῶνας [τῶν αἰώνων], ἀμήν.

22 Παρακαλῶ δὲ ὑμᾶς, ἀδελφοί, ἀνέχεσθε¹⁹ τοῦ λόγου τῆς παρακλήσεως²⁰, καὶ γὰρ διὰ βραχέων²¹ ἐπέστειλα²² ὑμῖν. **23** γινώσκετε τὸν ἀδελφὸν ἡμῶν Τιμόθεον ἀπολελυμένον²³, μεθ' οὗ ἐὰν τάχιον²⁴ ἔρχηται ὄψομαι²⁵ ὑμᾶς.

24 Ἀσπάσασθε πάντας τοὺς ἡγουμένους²⁶ ὑμῶν καὶ πάντας τοὺς ἁγίους. Ἀσπάζονται ὑμᾶς οἱ ἀπὸ τῆς Ἰταλίας.

25 Ἡ χάρις μετὰ πάντων ὑμῶν.

---

[1] κοινωνία, -ας f, fellowship
[2] ἐπιλανθάνομαι 2p pres mid impv, neglect
[3] εὐαρεστέω 3s pres pas ind, please
[4] ἡγέομαι pres mid ptc m p dat, lead
[5] ὑπείκω 2p pres act impv, submit to
[6] ἀγρυπνέω 3p pres act ind, watch over
[7] ἀποδίδωμι fut act ptc m p nom, give (ἀ. λόγον give account)
[8] στενάζω pres act ptc m p nom, complain
[9] ἀλυσιτελής, -ές, of no advantage
[10] συνείδησις, -εως f, conscience
[11] ἀναστρέφω pres pas inf, live
[12] περισσοτέρως, adv, all the more
[13] ταχέως, adv, soon
[14] ἀποκαθίστημι 1s aor pas sub, bring back
[15] ἀνάγω aor act ptc m s nom, bring back
[16] ποιμήν, -ένος m, shepherd
[17] καταρτίζω 3s aor act opt, equip
[18] εὐάρεστος, -ον, pleasing
[19] ἀνέχομαι 2p pres mid impv, give close attention to
[20] παράκλησις, -εως f, encouragement
[21] βραχύς, -εῖα/ύ, little (διὰ β. briefly)
[22] ἐπιστέλλω 1s aor act ind, write
[23] ἀπολύω pf pas ptc m s acc, release
[24] ταχέως, adv, soon (comp)
[25] ὁράω 1s fut mid ind, see
[26] ἡγέομαι pres mid ptc m p acc, lead

ΠΡΟΣ ΤΙΜΟΘΕΟΝ Α΄

Salutation

1 Παῦλος ἀπόστολος Χριστοῦ Ἰησοῦ κατ' ἐπιταγὴν[1] θεοῦ σωτῆρος[2] ἡμῶν καὶ Χριστοῦ Ἰησοῦ τῆς ἐλπίδος ἡμῶν **2** Τιμοθέῳ γνησίῳ[3] τέκνῳ ἐν πίστει, χάρις ἔλεος[4] εἰρήνη ἀπὸ θεοῦ πατρὸς καὶ Χριστοῦ Ἰησοῦ τοῦ κυρίου ἡμῶν.

Warning against False Doctrine

3 Καθὼς παρεκάλεσά σε προσμεῖναι[5] ἐν Ἐφέσῳ πορευόμενος εἰς Μακεδονίαν, ἵνα παραγγείλῃς[6] τισὶν μὴ ἑτεροδιδασκαλεῖν[7] **4** μηδὲ προσέχειν[8] μύθοις[9] καὶ γενεαλογίαις[10] ἀπεράντοις[11], αἵτινες ἐκζητήσεις[12] παρέχουσιν[13] μᾶλλον ἢ οἰκονομίαν[14] θεοῦ τὴν ἐν πίστει. **5** τὸ δὲ τέλος τῆς παραγγελίας[15] ἐστὶν ἀγάπη ἐκ καθαρᾶς[16] καρδίας καὶ συνειδήσεως[17] ἀγαθῆς καὶ πίστεως ἀνυποκρίτου[18], **6** ὧν τινες ἀστοχήσαντες[19] ἐξετράπησαν[20] εἰς ματαιολογίαν[21] **7** θέλοντες εἶναι νομοδιδάσκαλοι[22], μὴ νοοῦντες[23] μήτε ἃ λέγουσιν μήτε περὶ τίνων διαβεβαιοῦνται[24]. **8** οἴδαμεν δὲ ὅτι καλὸς ὁ νόμος, ἐάν τις αὐτῷ νομίμως[25] χρῆται[26], **9** εἰδὼς[27] τοῦτο, ὅτι δικαίῳ νόμος οὐ κεῖται[28], ἀνόμοις[29] δὲ καὶ ἀνυποτάκτοις[30], ἀσεβέσιν[31] καὶ ἁμαρτωλοῖς, ἀνοσίοις[32] καὶ βεβήλοις[33], πατρολῴαις[34] καὶ μητρολῴαις[35], ἀνδροφόνοις[36] **10** πόρνοις[37]

---

[1] ἐπιταγή, -ῆς f, command
[2] σωτήρ, -ῆρος m, Savior
[3] γνήσιος, -α/ον, true
[4] ἔλεος, -ους n, mercy
[5] προσμένω aor act inf, stay on
[6] παραγγέλλω 2s aor act sub, command
[7] ἑτεροδιδασκαλέω pres act inf, teach something different
[8] προσέχω pres act inf, be occupied with
[9] μῦθος, -ου m, myth
[10] γενεαλογία, -ας f, genealogy
[11] ἀπέραντος, -ον, endless
[12] ἐκζήτησις, -εως f, senseless speculation
[13] παρέχω 3p pres act ind, cause
[14] οἰκονομία, -ας f, plan/work
[15] παραγγελία, -ας f, command
[16] καθαρός, -ά/όν, pure
[17] συνείδησις, -εως f, conscience
[18] ἀνυπόκριτος, -ον, sincere
[19] ἀστοχέω aor act ptc m p nom, leave the way
[20] ἐκτρέπω 3p aor pas ind, pas stray after
[21] ματαιολογία, -ας f, empty talk
[22] νομοδιδάσκαλος, -ου m, teacher of the Jewish law
[23] νοέω pres act ptc m p nom, understand
[24] διαβεβαιόομαι 3p pres mid ind, speak confidently
[25] νομίμως, adv, lawfully
[26] χράομαι 3s pres mid sub, use
[27] οἶδα pf act ptc m s nom, know
[28] κεῖμαι 3s pres mid ind, exist
[29] ἄνομος, -ον, lawless
[30] ἀνυπότακτος, -ον, disobedient
[31] ἀσεβής, -ές, godless
[32] ἀνόσιος, -ον, unholy
[33] βέβηλος, -ον, irreligious
[34] πατρολῴας, -ου m, killer of one's father
[35] μητρολῴας, -ου m, killer of one's mother
[36] ἀνδροφόνος, -ου m, murderer
[37] πόρνος, -ου m, one who is sexually immoral

ἀρσενοκοίταις[1] ἀνδραποδισταῖς[2] ψεύσταις[3] ἐπιόρκοις[4], καὶ εἴ τι ἕτερον τῇ ὑγιαινούσῃ[5] διδασκαλίᾳ[6] ἀντίκειται[7] **11** κατὰ τὸ εὐαγγέλιον τῆς δόξης τοῦ μακαρίου θεοῦ, ὃ ἐπιστεύθην ἐγώ.

Thankfulness for Mercy

12 Χάριν ἔχω τῷ ἐνδυναμώσαντί[8] με Χριστῷ Ἰησοῦ τῷ κυρίῳ ἡμῶν, ὅτι πιστόν με ἡγήσατο[9] θέμενος[10] εἰς διακονίαν **13** τὸ πρότερον[11] ὄντα βλάσφημον[12] καὶ διώκτην[13] καὶ ὑβριστήν[14], ἀλλ' ἠλεήθην[15], ὅτι ἀγνοῶν[16] ἐποίησα ἐν ἀπιστίᾳ[17]· **14** ὑπερεπλεόνασεν[18] δὲ ἡ χάρις τοῦ κυρίου ἡμῶν μετὰ πίστεως καὶ ἀγάπης τῆς ἐν Χριστῷ Ἰησοῦ. **15** πιστὸς ὁ λόγος καὶ πάσης ἀποδοχῆς[19] ἄξιος, ὅτι Χριστὸς Ἰησοῦς ἦλθεν εἰς τὸν κόσμον ἁμαρτωλοὺς σῶσαι[20], ὧν πρῶτός εἰμι ἐγώ. **16** ἀλλὰ διὰ τοῦτο ἠλεήθην, ἵνα ἐν ἐμοὶ πρώτῳ ἐνδείξηται[21] Χριστὸς Ἰησοῦς τὴν ἅπασαν μακροθυμίαν[22] πρὸς ὑποτύπωσιν[23] τῶν μελλόντων πιστεύειν ἐπ' αὐτῷ εἰς ζωὴν αἰώνιον. **17** τῷ δὲ βασιλεῖ τῶν αἰώνων, ἀφθάρτῳ[24] ἀοράτῳ[25] μόνῳ θεῷ, τιμὴ καὶ δόξα εἰς τοὺς αἰῶνας τῶν αἰώνων, ἀμήν.

18 Ταύτην τὴν παραγγελίαν[26] παρατίθεμαί[27] σοι, τέκνον Τιμόθεε, κατὰ τὰς προαγούσας[28] ἐπὶ σὲ προφητείας[29], ἵνα στρατεύῃ[30] ἐν αὐταῖς τὴν καλὴν στρατείαν[31] **19** ἔχων πίστιν καὶ ἀγαθὴν συνείδησιν[32], ἥν τινες ἀπωσάμενοι[33] περὶ τὴν πίστιν ἐναυάγησαν[34], **20** ὧν ἐστιν Ὑμέναιος καὶ Ἀλέξανδρος, οὓς παρέδωκα τῷ σατανᾷ, ἵνα παιδευθῶσιν[35] μὴ βλασφημεῖν.

---

[1] ἀρσενοκοίτης, -ου m, sexual pervert
[2] ἀνδραποδιστής, -οῦ m, kidnapper
[3] ψεύστης, -ου m, liar
[4] ἐπίορκος, -ου m, perjurer
[5] ὑγιαίνω pres act ptc f s dat, be sound
[6] διδασκαλία, -ας f, teaching
[7] ἀντίκειμαι 3s pres mid ind, oppose
[8] ἐνδυναμόω aor act ptc m s dat, strengthen
[9] ἡγέομαι 3s aor mid ind, consider
[10] τίθημι aor mid ptc m s nom, put
[11] πρότερος, adv, formerly
[12] βλάσφημος, -ον, blasphemous
[13] διώκτης, -ου m, persecutor
[14] ὑβριστής, -οῦ m, insolent person
[15] ἐλεάω/ἐλεέω 1s aor pas ind, pas be shown mercy
[16] ἀγνοέω pres act ptc m s nom, be ignorant
[17] ἀπιστία, -ας f, unbelief
[18] ὑπερπλεονάζω 3p aor act ind, overflow
[19] ἀποδοχή, -ῆς f, acceptance
[20] σῴζω aor act inf, save
[21] ἐνδείκνυμι 3s aor mid sub, mid show
[22] μακροθυμία, -ας f, patience
[23] ὑποτύπωσις, -εως f, example
[24] ἄφθαρτος, -ον, immortal
[25] ἀόρατος, -ον, invisible
[26] παραγγελία, -ας f, command
[27] παρατίθημι 1s pres mid ind, commit
[28] προάγω pres act ptc f p acc, go before
[29] προφητεία, -ας f, prophecy
[30] στρατεύομαι 2s pres mid sub, fight
[31] στρατεία, -ας f, fight
[32] συνείδησις, -εως f, conscience
[33] ἀπωθέω aor mid ptc m p nom, mid reject
[34] ναυαγέω 3p aor act ind, be shipwrecked
[35] παιδεύω 3p aor pas sub, teach

ΠΡΟΣ ΤΙΜΟΘΕΟΝ Α' 2.1-14

Instructions concerning Prayer

2 Παρακαλῶ οὖν πρῶτον πάντων ποιεῖσθαι δεήσεις[1] προσευχὰς ἐντεύξεις[2] εὐχαριστίας[3] ὑπὲρ πάντων ἀνθρώπων, 2 ὑπὲρ βασιλέων καὶ πάντων τῶν ἐν ὑπεροχῇ[4] ὄντων, ἵνα ἤρεμον[5] καὶ ἡσύχιον[6] βίον[7] διάγωμεν[8] ἐν πάσῃ εὐσεβείᾳ[9] καὶ σεμνότητι[10]. 3 τοῦτο καλὸν καὶ ἀπόδεκτον[11] ἐνώπιον τοῦ σωτῆρος[12] ἡμῶν θεοῦ, 4 ὃς πάντας ἀνθρώπους θέλει σωθῆναι[13] καὶ εἰς ἐπίγνωσιν[14] ἀληθείας ἐλθεῖν.

5 εἷς γὰρ θεός,
εἷς καὶ μεσίτης[15] θεοῦ καὶ ἀνθρώπων,
ἄνθρωπος Χριστὸς Ἰησοῦς,
6 ὁ δοὺς[16] ἑαυτὸν ἀντίλυτρον[17] ὑπὲρ πάντων,
τὸ μαρτύριον[18] καιροῖς ἰδίοις.

7 εἰς ὃ ἐτέθην[19] ἐγὼ κῆρυξ[20] καὶ ἀπόστολος, ἀλήθειαν λέγω οὐ ψεύδομαι[21], διδάσκαλος ἐθνῶν ἐν πίστει καὶ ἀληθείᾳ.

8 Βούλομαι οὖν προσεύχεσθαι τοὺς ἄνδρας ἐν παντὶ τόπῳ ἐπαίροντας[22] ὁσίους[23] χεῖρας χωρὶς ὀργῆς καὶ διαλογισμοῦ[24]. 9 ὡσαύτως[25] [καὶ] γυναῖκας ἐν καταστολῇ[26] κοσμίῳ[27] μετὰ αἰδοῦς[28] καὶ σωφροσύνης[29] κοσμεῖν[30] ἑαυτάς, μὴ ἐν πλέγμασιν[31] καὶ χρυσίῳ[32] ἢ μαργαρίταις[33] ἢ ἱματισμῷ[34] πολυτελεῖ[35], 10 ἀλλ' ὃ πρέπει[36] γυναιξὶν ἐπαγγελλομέναις[37] θεοσέβειαν[38], δι' ἔργων ἀγαθῶν. 11 γυνὴ ἐν ἡσυχίᾳ[39] μανθανέτω[40] ἐν πάσῃ ὑποταγῇ[41]· 12 διδάσκειν δὲ γυναικὶ οὐκ ἐπιτρέπω[42] οὐδὲ αὐθεντεῖν[43] ἀνδρός, ἀλλ' εἶναι ἐν ἡσυχίᾳ[44]. 13 Ἀδὰμ γὰρ πρῶτος ἐπλάσθη[45], εἶτα[46] Εὔα. 14 καὶ Ἀδὰμ οὐκ ἠπατήθη[47], ἡ δὲ γυνὴ ἐξαπατηθεῖσα[48] ἐν παραβάσει[49] γέγονεν·

---

[1] δέησις, -εως f, petition
[2] ἔντευξις, -εως f, intercession
[3] εὐχαριστία, -ας f, thanksgiving
[4] ὑπεροχή, -ῆς f, position of authority
[5] ἤρεμος, -ον, peaceful
[6] ἡσύχιος, -ον, quiet
[7] βίος, -ου m, life
[8] διάγω 1p pres act sub, lead
[9] εὐσέβεια, -ας f, godliness
[10] σεμνότης, -ητος f, seriousness
[11] ἀπόδεκτος, -ον, pleasing
[12] σωτήρ, -ῆρος m, Savior
[13] σῴζω aor pas inf, save
[14] ἐπίγνωσις, -εως f, knowledge
[15] μεσίτης, -ου m, mediator
[16] δίδωμι aor act ptc m s nom, give
[17] ἀντίλυτρον, -ου n, ransom
[18] μαρτύριον, -ου n, testimony
[19] τίθημι 1s aor pas ind, put
[20] κῆρυξ, -υκος m, preacher
[21] ψεύδομαι 1s pres mid ind, lie
[22] ἐπαίρω pres act ptc m p acc, lift up
[23] ὅσιος, -α/ον, holy
[24] διαλογισμός, -οῦ m, quarreling
[25] ὡσαύτως, adv, in the same way
[26] καταστολή, -ῆς f, manner of dress
[27] κόσμιος, -ον, modest
[28] αἰδώς, -οῦς f, decency
[29] σωφροσύνη, -ης f, good sense/modesty
[30] κοσμέω pres act inf, adorn
[31] πλέγμα, -τος n, elaborate hairstyle
[32] χρυσίον, -ου n, gold
[33] μαργαρίτης, -ου m, pearl
[34] ἱματισμός, -οῦ m, clothing
[35] πολυτελής, -ές, expensive
[36] πρέπω 3s pres act ind, impers it is proper
[37] ἐπαγγέλλομαι pres mid ptc f p dat, profess
[38] θεοσέβεια, -ας f, religion
[39] ἡσυχία, -ας f, silence
[40] μανθάνω 3s pres act impv, learn
[41] ὑποταγή, -ῆς f, submission
[42] ἐπιτρέπω 1s pres act ind, let
[43] αὐθεντέω pres act inf, have authority over
[44] ἡσυχία, -ας f, silence
[45] πλάσσω 3s aor pas ind, form
[46] εἶτα, adv, then
[47] ἀπατάω 3s aor pas ind, deceive
[48] ἐξαπατάω aor pas ptc f s nom, lead astray
[49] παράβασις, -εως f, disobedience

3 **15** σωθήσεται δὲ διὰ τῆς τεκνογονίας¹, ἐὰν μείνωσιν² ἐν πίστει καὶ ἀγάπῃ καὶ ἁγιασμῷ³ μετὰ σωφροσύνης⁴· **1** Πιστὸς ὁ λόγος.

Qualifications of Bishops

Εἴ τις ἐπισκοπῆς⁵ ὀρέγεται⁶, καλοῦ ἔργου ἐπιθυμεῖ⁷. **2** δεῖ οὖν τὸν ἐπίσκοπον ἀνεπίλημπτον⁸ εἶναι, μιᾶς γυναικὸς ἄνδρα, νηφάλιον⁹ σώφρονα¹⁰ κόσμιον¹¹ φιλόξενον¹² διδακτικόν¹³, **3** μὴ πάροινον¹⁴ μὴ πλήκτην¹⁵, ἀλλ' ἐπιεικῆ¹⁶ ἄμαχον¹⁷ ἀφιλάργυρον¹⁸, **4** τοῦ ἰδίου οἴκου καλῶς προϊστάμενον¹⁹, τέκνα ἔχοντα ἐν ὑποταγῇ²⁰, μετὰ πάσης σεμνότητος²¹ **5** (εἰ δέ τις τοῦ ἰδίου οἴκου προστῆναι²² οὐκ οἶδεν, πῶς ἐκκλησίας θεοῦ ἐπιμελήσεται²³;), **6** μὴ νεόφυτον²⁴, ἵνα μὴ τυφωθεὶς²⁵ εἰς κρίμα²⁶ ἐμπέσῃ²⁷ τοῦ διαβόλου. **7** δεῖ δὲ καὶ μαρτυρίαν καλὴν ἔχειν ἀπὸ τῶν ἔξωθεν²⁸, ἵνα μὴ εἰς ὀνειδισμὸν²⁹ ἐμπέσῃ καὶ παγίδα³⁰ τοῦ διαβόλου.

Qualifications of Deacons

8 Διακόνους³¹ ὡσαύτως³² σεμνούς³³, μὴ διλόγους³⁴, μὴ οἴνῳ πολλῷ προσέχοντας³⁵, μὴ αἰσχροκερδεῖς³⁶, **9** ἔχοντας τὸ μυστήριον³⁷ τῆς πίστεως ἐν καθαρᾷ³⁸ συνειδήσει³⁹. **10** καὶ οὗτοι δὲ δοκιμαζέσθωσαν⁴⁰ πρῶτον, εἶτα⁴¹ διακονείτωσαν ἀνέγκλητοι⁴² ὄντες. **11** γυναῖκας ὡσαύτως σεμνάς, μὴ διαβόλους, νηφαλίους⁴³, πιστὰς ἐν πᾶσιν. **12** διάκονοι ἔστωσαν⁴⁴ μιᾶς γυναικὸς ἄνδρες, τέκνων καλῶς προϊστάμενοι⁴⁵ καὶ τῶν ἰδίων οἴκων. **13** οἱ γὰρ καλῶς διακονήσαντες βαθμὸν⁴⁶ ἑαυτοῖς καλὸν περιποιοῦνται⁴⁷ καὶ πολλὴν παρρησίαν ἐν πίστει τῇ ἐν Χριστῷ Ἰησοῦ.

---

¹ τεκνογονία, -ας f, bearing of children
² μένω 3p aor act sub, remain
³ ἁγιασμός, -οῦ m, holiness
⁴ σωφροσύνη, -ης f, good sense/modesty
⁵ ἐπισκοπή, -ῆς f, office of overseer/bishop
⁶ ὀρέγω 3s pres mid ind, mid aspire to
⁷ ἐπιθυμέω 3s pres act ind, desire
⁸ ἀνεπίλημπτος, -ον, above reproach
⁹ νηφάλιος, -α/ον, temperate
¹⁰ σώφρων, -ον, gen -ονος, sensible
¹¹ κόσμιος, -ον, respectable
¹² φιλόξενος, -ον, hospitable
¹³ διδακτικός, -ή/όν, able to teach
¹⁴ πάροινος, -ου m, drunkard
¹⁵ πλήκτης, -ου m, violent person
¹⁶ ἐπιεικής, -ές, gentle
¹⁷ ἄμαχος, -ον, peaceful
¹⁸ ἀφιλάργυρος, -ον, not greedy for money
¹⁹ προΐστημι pres mid ptc m s acc, manage
²⁰ ὑποταγή, -ῆς f, obedience
²¹ σεμνότης, -ητος f, respectability
²² προΐστημι aor act inf, manage
²³ ἐπιμελέομαι 3s fut pas ind, take care of
²⁴ νεόφυτος, -ον, recently converted
²⁵ τυφόω aor pas ptc m s nom, pas be conceited
²⁶ κρίμα, -τος n, condemnation
²⁷ ἐμπίπτω 3s aor act sub, fall into
²⁸ ἔξωθεν, adv, outside
²⁹ ὀνειδισμός, -οῦ m, reproach
³⁰ παγίς, -ίδος f, snare
³¹ διάκονος, -ου m, deacon
³² ὡσαύτως, adv, in the same way
³³ σεμνός, -ή/όν, serious
³⁴ δίλογος, -ον, insincere
³⁵ προσέχω pres act ptc m p acc, indulge in
³⁶ αἰσχροκερδής, -ές, greedy for money
³⁷ μυστήριον, -ου n, mystery
³⁸ καθαρός, -ά/όν, pure
³⁹ συνείδησις, -εως f, conscience
⁴⁰ δοκιμάζω 3p pres pas impv, test
⁴¹ εἶτα, adv, then
⁴² ἀνέγκλητος, -ον, beyond reproach
⁴³ νηφάλιος, -α/ον, temperate
⁴⁴ εἰμί 3p pres act impv, be
⁴⁵ προΐστημι pres mid ptc m p nom, manage
⁴⁶ βαθμός, -οῦ m, standing
⁴⁷ περιποιέω 3p pres mid ind, mid obtain

The Mystery of God

14 Ταῦτά σοι γράφω ἐλπίζων ἐλθεῖν πρὸς σὲ ἐν τάχει:[1] **15** ἐὰν δὲ βραδύνω[2], ἵνα εἰδῇς[3] πῶς δεῖ ἐν οἴκῳ θεοῦ ἀναστρέφεσθαι[4], ἥτις ἐστὶν ἐκκλησία θεοῦ ζῶντος[5], στῦλος[6] καὶ ἑδραίωμα[7] τῆς ἀληθείας. **16** καὶ ὁμολογουμένως[8] μέγα ἐστὶν τὸ τῆς εὐσεβείας[9] μυστήριον[10]·

ὃς ἐφανερώθη ἐν σαρκί,
ἐδικαιώθη ἐν πνεύματι,
ὤφθη[11] ἀγγέλοις,
ἐκηρύχθη[12] ἐν ἔθνεσιν,
ἐπιστεύθη ἐν κόσμῳ,
ἀνελήμφθη[13] ἐν δόξῃ.

False Observances

4 Τὸ δὲ πνεῦμα ῥητῶς[14] λέγει ὅτι ἐν ὑστέροις[15] καιροῖς ἀποστήσονταί[16] τινες τῆς πίστεως προσέχοντες[17] πνεύμασιν πλάνοις[18] καὶ διδασκαλίαις[19] δαιμονίων, **2** ἐν ὑποκρίσει[20] ψευδολόγων[21], κεκαυστηριασμένων[22] τὴν ἰδίαν συνείδησιν[23], **3** κωλυόντων[24] γαμεῖν[25], ἀπέχεσθαι[26] βρωμάτων[27], ἃ ὁ θεὸς ἔκτισεν[28] εἰς μετάλημψιν[29] μετὰ εὐχαριστίας[30] τοῖς πιστοῖς καὶ ἐπεγνωκόσιν[31] τὴν ἀλήθειαν. **4** ὅτι πᾶν κτίσμα[32] θεοῦ καλὸν καὶ οὐδὲν ἀπόβλητον[33] μετὰ εὐχαριστίας λαμβανόμενον· **5** ἁγιάζεται[34] γὰρ διὰ λόγου θεοῦ καὶ ἐντεύξεως[35].

A Good Minister of Christ

6 Ταῦτα ὑποτιθέμενος[36] τοῖς ἀδελφοῖς καλὸς ἔσῃ[37] διάκονος[38] Χριστοῦ Ἰησοῦ, ἐντρεφόμενος[39] τοῖς λόγοις τῆς πίστεως καὶ τῆς καλῆς διδασκαλίας[40] ἣ

---

[1] τάχος, -ους *n*, quickness (ἐν τ. quickly)
[2] βραδύνω 1s *pres act sub*, be delayed
[3] οἶδα 2s *pf act sub*, know
[4] ἀναστρέφω *pres pas inf, pas* conduct oneself
[5] ζάω *pres act ptc m s gen*, live
[6] στῦλος, -ου *m*, pillar
[7] ἑδραίωμα, -τος *n*, foundation
[8] ὁμολογουμένως, *adv*, undeniably
[9] εὐσέβεια, -ας *f*, godliness
[10] μυστήριον, -ου *n*, mystery
[11] ὁράω 3s *aor pas ind, pas* appear
[12] κηρύσσω 3s *aor pas ind*, preach
[13] ἀναλαμβάνω 3s *aor pas ind*, take up
[14] ῥητῶς, *adv*, specifically
[15] ὕστερος, -α/ον, last
[16] ἀφίστημι 3p *fut mid ind, mid* turn from
[17] προσέχω *pres act ptc m p nom*, give oneself to
[18] πλάνος, -ον, deceitful
[19] διδασκαλία, -ας *f*, teaching
[20] ὑπόκρισις, -εως *f*, pretense
[21] ψευδολόγος, -ου *m*, liar
[22] καυστηριάζω *pf pas ptc m p nom*, sear
[23] συνείδησις, -εως *f*, conscience
[24] κωλύω *pres act ptc m p gen*, forbid
[25] γαμέω *aor act inf*, marry
[26] ἀπέχω *pres mid inf, mid* abstain from
[27] βρῶμα, -τος *n*, food
[28] κτίζω 3s *aor act ind*, create
[29] μετάλημψις, -εως *f*, receiving
[30] εὐχαριστία, -ας *f*, thanksgiving
[31] ἐπιγινώσκω *pf act ptc m p dat*, know
[32] κτίσμα, -τος *n*, what is created
[33] ἀπόβλητος, -ον, rejected
[34] ἁγιάζω 3s *pres pas ind*, make holy
[35] ἔντευξις, -εως *f*, prayer
[36] ὑποτίθημι *pres mid ptc m s nom, mid* point out
[37] εἰμί 2s *fut mid ind*, be
[38] διάκονος, -ου *m*, minister
[39] ἐντρέφω *pres pas ptc m s nom, pas* nourish on
[40] διδασκαλία, -ας *f*, teaching

παρηκολούθηκας¹· **7** τοὺς δὲ βεβήλους² καὶ γραώδεις³ μύθους⁴ παραιτοῦ⁵. γύμναζε⁶ δὲ σεαυτὸν πρὸς εὐσέβειαν⁷· **8** ἡ γὰρ σωματικὴ⁸ γυμνασία⁹ πρὸς ὀλίγον ἐστὶν ὠφέλιμος¹⁰, ἡ δὲ εὐσέβεια πρὸς πάντα ὠφέλιμός ἐστιν ἐπαγγελίαν ἔχουσα ζωῆς τῆς νῦν καὶ τῆς μελλούσης. **9** πιστὸς ὁ λόγος καὶ πάσης ἀποδοχῆς¹¹ ἄξιος· **10** εἰς τοῦτο γὰρ κοπιῶμεν¹² καὶ ἀγωνιζόμεθα¹³, ὅτι ἠλπίκαμεν¹⁴ ἐπὶ θεῷ ζῶντι, ὅς ἐστιν σωτὴρ¹⁵ πάντων ἀνθρώπων μάλιστα¹⁶ πιστῶν.

11 Παράγγελλε ταῦτα καὶ δίδασκε. **12** μηδείς σου τῆς νεότητος¹⁷ καταφρονείτω¹⁸, ἀλλὰ τύπος¹⁹ γίνου²⁰ τῶν πιστῶν ἐν λόγῳ, ἐν ἀναστροφῇ²¹, ἐν ἀγάπῃ, ἐν πίστει, ἐν ἁγνείᾳ²². **13** ἕως ἔρχομαι πρόσεχε²³ τῇ ἀναγνώσει²⁴, τῇ παρακλήσει²⁵, τῇ διδασκαλίᾳ²⁶. **14** μὴ ἀμέλει²⁷ τοῦ ἐν σοὶ χαρίσματος²⁸, ὃ ἐδόθη²⁹ σοι διὰ προφητείας³⁰ μετὰ ἐπιθέσεως³¹ τῶν χειρῶν τοῦ πρεσβυτερίου³². **15** ταῦτα μελέτα³³, ἐν τούτοις ἴσθι³⁴, ἵνα σου ἡ προκοπὴ³⁵ φανερὰ³⁶ ᾖ πᾶσιν. **16** ἔπεχε³⁷ σεαυτῷ καὶ τῇ διδασκαλίᾳ, ἐπίμενε³⁸ αὐτοῖς· τοῦτο γὰρ ποιῶν καὶ σεαυτὸν σώσεις καὶ τοὺς ἀκούοντάς σου.

Duties toward Others

5 Πρεσβυτέρῳ μὴ ἐπιπλήξῃς³⁹ ἀλλὰ παρακάλει ὡς πατέρα, νεωτέρους⁴⁰ ὡς ἀδελφούς, **2** πρεσβυτέρας ὡς μητέρας, νεωτέρας ὡς ἀδελφὰς⁴¹ ἐν πάσῃ ἁγνείᾳ⁴². **3** Χήρας⁴³ τίμα⁴⁴ τὰς ὄντως⁴⁵ χήρας. **4** εἰ δέ τις χήρα τέκνα ἢ ἔκγονα⁴⁶ ἔχει, μανθανέτωσαν⁴⁷ πρῶτον τὸν ἴδιον οἶκον εὐσεβεῖν⁴⁸ καὶ ἀμοιβὰς⁴⁹ ἀποδιδόναι⁵⁰ τοῖς

---

¹ παρακολουθέω 2p pf act ind, follow closely
² βέβηλος, -ον, godless
³ γραώδης, -ες, silly
⁴ μῦθος, -ου m, tale
⁵ παραιτέομαι 2s pres mid impv, have nothing to do with
⁶ γυμνάζω 2s pres act impv, train
⁷ εὐσέβεια, -ας f, godliness
⁸ σωματικός, -ή/όν, physical
⁹ γυμνασία, -ας f, training
¹⁰ ὠφέλιμος, -ον, valuable
¹¹ ἀποδοχή, -ῆς f, acceptance
¹² κοπιάω 1p pres act ind, work
¹³ ἀγωνίζομαι 1p pres mid ind, struggle
¹⁴ ἐλπίζω 1p pf act ind, hope
¹⁵ σωτήρ, -ῆρος m, Savior
¹⁶ μάλιστα, adv, especially
¹⁷ νεότης, -ητος f, youth
¹⁸ καταφρονέω 3s pres act impv, despise
¹⁹ τύπος, -ου m, example
²⁰ γίνομαι 2s pres mid impv, become
²¹ ἀναστροφή, -ῆς f, manner of life
²² ἁγνεία, -ας f, purity
²³ προσέχω 2s pres act impv, devote oneself to
²⁴ ἀνάγνωσις, -εως f, reading
²⁵ παράκλησις, -εως f, encouragement
²⁶ διδασκαλία, -ας f, teaching
²⁷ ἀμελέω 2s pres act impv, neglect
²⁸ χάρισμα, -τος n, gift
²⁹ δίδωμι 3s aor pas ind, give
³⁰ προφητεία, -ας f, prophecy
³¹ ἐπίθεσις, -εως f, laying on
³² πρεσβυτέριον, -ου n, body of elders
³³ μελετάω 2s pres act impv, practice
³⁴ εἰμί 2s pres act impv, be
³⁵ προκοπή, -ῆς f, progress
³⁶ φανερός, -ά/όν, evident
³⁷ ἐπέχω 2s pres act impv, pay close attention to
³⁸ ἐπιμένω 2s pres act impv, continue (in)
³⁹ ἐπιπλήσσω 2s aor act sub, rebuke
⁴⁰ νέος, -α, -ον, young (comp)
⁴¹ ἀδελφή, -ῆς f, sister
⁴² ἁγνεία, -ας f, purity
⁴³ χήρα, -ας f, widow
⁴⁴ τιμάω 2s pres act impv, honor
⁴⁵ ὄντως, adv, really
⁴⁶ ἔκγονος, -ου n, grandchild
⁴⁷ μανθάνω 3p pres act impv, learn
⁴⁸ εὐσεβέω pres act inf, perform one's religious duties (to)
⁴⁹ ἀμοιβή, -ῆς f, repayment
⁵⁰ ἀποδίδωμι pres act inf, give

ΠΡΟΣ ΤΙΜΟΘΕΟΝ Α' 5.5-16

προγόνοις¹· τοῦτο γάρ ἐστιν ἀπόδεκτον² ἐνώπιον τοῦ θεοῦ. 5 ἡ δὲ ὄντως χήρα καὶ μεμονωμένη³ ἤλπικεν⁴ ἐπὶ θεὸν καὶ προσμένει⁵ ταῖς δεήσεσιν⁶ καὶ ταῖς προσευχαῖς νυκτὸς καὶ ἡμέρας, 6 ἡ δὲ σπαταλῶσα⁷ ζῶσα τέθνηκεν⁸. 7 καὶ ταῦτα παράγγελλε, ἵνα ἀνεπίλημπτοι⁹ ὦσιν¹⁰. 8 εἰ δέ τις τῶν ἰδίων καὶ μάλιστα¹¹ οἰκείων¹² οὐ προνοεῖ¹³, τὴν πίστιν ἤρνηται¹⁴ καὶ ἔστιν ἀπίστου¹⁵ χείρων¹⁶.

9 Χήρα καταλεγέσθω¹⁷ μὴ ἔλαττον¹⁸ ἐτῶν ἑξήκοντα¹⁹ γεγονυῖα²⁰, ἑνὸς ἀνδρὸς γυνή, 10 ἐν ἔργοις καλοῖς μαρτυρουμένη, εἰ ἐτεκνοτρόφησεν²¹, εἰ ἐξενοδόχησεν²², εἰ ἁγίων πόδας ἔνιψεν²³, εἰ θλιβομένοις²⁴ ἐπήρκεσεν²⁵, εἰ παντὶ ἔργῳ ἀγαθῷ ἐπηκολούθησεν²⁶. 11 νεωτέρας δὲ χήρας παραιτοῦ²⁷· ὅταν γὰρ καταστρηνιάσωσιν²⁸ τοῦ Χριστοῦ, γαμεῖν²⁹ θέλουσιν 12 ἔχουσαι κρίμα³⁰ ὅτι τὴν πρώτην πίστιν ἠθέτησαν³¹. 13 ἅμα³² δὲ καὶ ἀργαὶ³³ μανθάνουσιν³⁴ περιερχόμεναι³⁵ τὰς οἰκίας, οὐ μόνον δὲ ἀργαὶ ἀλλὰ καὶ φλύαροι³⁶ καὶ περίεργοι³⁷, λαλοῦσαι τὰ μὴ δέοντα. 14 βούλομαι οὖν νεωτέρας γαμεῖν, τεκνογονεῖν³⁸, οἰκοδεσποτεῖν³⁹, μηδεμίαν ἀφορμὴν⁴⁰ διδόναι⁴¹ τῷ ἀντικειμένῳ⁴² λοιδορίας⁴³ χάριν⁴⁴· 15 ἤδη γάρ τινες ἐξετράπησαν⁴⁵ ὀπίσω τοῦ σατανᾶ. 16 εἴ τις πιστὴ ἔχει χήρας, ἐπαρκείτω⁴⁶ αὐταῖς καὶ μὴ βαρείσθω⁴⁷ ἡ ἐκκλησία, ἵνα ταῖς ὄντως⁴⁸ χήραις ἐπαρκέσῃ.

---

¹ πρόγονος, -ου m, parent
² ἀπόδεκτος, -ον, pleasing
³ μονόω pf pas ptc fs nom, pas be left all alone
⁴ ἐλπίζω 3s pf act ind, hope
⁵ προσμένω 3s pres act ind, continue in
⁶ δέησις, -εως f, petition
⁷ σπαταλάω pres act ptc fs nom, be self-indulgent
⁸ θνῄσκω 3s pf act ind, die
⁹ ἀνεπίλημπτος, -ον, above reproach
¹⁰ εἰμί 3p pres act sub, be
¹¹ μάλιστα, adv, especially
¹² οἰκεῖος, -ου m, member of a family
¹³ προνοέω 3s pres act ind, take care of
¹⁴ ἀρνέομαι 3s pf mid ind, deny
¹⁵ ἄπιστος, -ον, unbelieving
¹⁶ χείρων, worse (comp of κακός)
¹⁷ καταλέγω 3s pres pas impv, enroll
¹⁸ ἐλάσσων, younger (comp of μικρός)
¹⁹ ἑξήκοντα, sixty
²⁰ γίνομαι pf act ptc fs nom, be
²¹ τεκνοτροφέω 3s aor act ind, bring up children
²² ξενοδοχέω 3s aor act ind, show hospitality
²³ νίπτω 3s aor act ind, wash
²⁴ θλίβω pres pas ptc m p dat, experience trouble
²⁵ ἐπαρκέω 3s aor act ind, help
²⁶ ἐπακολουθέω 3s aor act ind, devote oneself to
²⁷ παραιτέομαι 2s pres mid impv, do not include
²⁸ καταστρηνιάω 3p aor act sub, have strong desires
²⁹ γαμέω aor act inf, marry
³⁰ κρίμα, -τος n, condemnation
³¹ ἀθετέω 3p aor act ind, break
³² ἅμα, adv, besides
³³ ἀργός, -ή/όν, idle
³⁴ μανθάνω 3p pres act ind, learn to be
³⁵ περιέρχομαι pres mid ptc f p nom, go about (π. τὰς οἰκίας go from house to house)
³⁶ φλύαρος, -ον, gossipy
³⁷ περίεργος, -ον, meddlesome (ὁ π. = busybody)
³⁸ τεκνογονέω pres act inf, have children
³⁹ οἰκοδεσποτέω pres act inf, run the household
⁴⁰ ἀφορμή, -ῆς f, opportunity
⁴¹ δίδωμι pres act inf, give
⁴² ἀντίκειμαι pres mid ptc m s dat, oppose (ὁ ἀ. the enemy)
⁴³ λοιδορία, -ας f, speaking evil
⁴⁴ χάριν, prep + gen, reason for
⁴⁵ ἐκτρέπω 3p aor pas ind, pas stray after
⁴⁶ ἐπαρκέω 3s pres act impv, help
⁴⁷ βαρέω 3s pres pas impv, burden
⁴⁸ ὄντως, adv, really

17 Οἱ καλῶς προεστῶτες¹ πρεσβύτεροι διπλῆς² τιμῆς ἀξιούσθωσαν³, μάλιστα⁴ οἱ κοπιῶντες⁵ ἐν λόγῳ καὶ διδασκαλίᾳ⁶. **18** λέγει γὰρ ἡ γραφή· **βοῦν**⁷ **ἀλοῶντα**⁸ **οὐ φιμώσεις**⁹, καί· **ἄξιος ὁ ἐργάτης**¹⁰ **τοῦ μισθοῦ**¹¹ **αὐτοῦ**. **19** κατὰ πρεσβυτέρου κατηγορίαν¹² μὴ παραδέχου¹³, ἐκτὸς¹⁴ εἰ μὴ ἐπὶ δύο ἢ τριῶν μαρτύρων. **20** τοὺς ἁμαρτάνοντας ἐνώπιον πάντων ἔλεγχε¹⁵, ἵνα καὶ οἱ λοιποὶ φόβον ἔχωσιν. **21** διαμαρτύρομαι¹⁶ ἐνώπιον τοῦ θεοῦ καὶ Χριστοῦ Ἰησοῦ καὶ τῶν ἐκλεκτῶν¹⁷ ἀγγέλων, ἵνα ταῦτα φυλάξῃς¹⁸ χωρὶς προκρίματος¹⁹, μηδὲν ποιῶν κατὰ πρόσκλισιν²⁰. **22** χεῖρας ταχέως²¹ μηδενὶ ἐπιτίθει μηδὲ κοινώνει²² ἁμαρτίαις ἀλλοτρίαις²³· σεαυτὸν ἁγνὸν²⁴ τήρει.

23 Μηκέτι²⁵ ὑδροπότει²⁶, ἀλλ' οἴνῳ ὀλίγῳ χρῶ²⁷ διὰ τὸν στόμαχον²⁸ καὶ τὰς πυκνάς²⁹ σου ἀσθενείας³⁰. **24** τινῶν ἀνθρώπων αἱ ἁμαρτίαι πρόδηλοί³¹ εἰσιν προάγουσαι³² εἰς κρίσιν, τισὶν δὲ καὶ ἐπακολουθοῦσιν³³. **25** ὡσαύτως³⁴ καὶ τὰ ἔργα τὰ καλὰ πρόδηλα, καὶ τὰ ἄλλως³⁵ ἔχοντα κρυβῆναι³⁶ οὐ δύνανται.

6 Ὅσοι εἰσὶν ὑπὸ ζυγὸν³⁷ δοῦλοι, τοὺς ἰδίους δεσπότας³⁸ πάσης τιμῆς ἀξίους ἡγείσθωσαν³⁹, ἵνα μὴ τὸ ὄνομα τοῦ θεοῦ καὶ ἡ διδασκαλία⁴⁰ βλασφημῆται. **2** οἱ δὲ πιστοὺς ἔχοντες δεσπότας μὴ καταφρονείτωσαν⁴¹, ὅτι ἀδελφοί εἰσιν, ἀλλὰ μᾶλλον δουλευέτωσαν⁴², ὅτι πιστοί εἰσιν καὶ ἀγαπητοὶ οἱ τῆς εὐεργεσίας⁴³ ἀντιλαμβανόμενοι⁴⁴.

False Teaching and True Wealth

Ταῦτα δίδασκε καὶ παρακάλει. **3** εἴ τις ἑτεροδιδασκαλεῖ⁴⁵ καὶ μὴ προσέρχεται ὑγιαίνουσιν⁴⁶ λόγοις τοῖς τοῦ κυρίου ἡμῶν Ἰησοῦ Χριστοῦ καὶ τῇ κατ' εὐσέβειαν⁴⁷

---

¹ προΐστημι *pf act ptc m p nom*, be a leader
² διπλοῦς, -ῆ/οῦν, double
³ ἀξιόω *3p pres pas impv*, consider worthy
⁴ μάλιστα, *adv*, especially
⁵ κοπιάω *pres act ptc m p nom*, work
⁶ διδασκαλία, -ας *f*, teaching
⁷ βοῦς, βοός *m*, ox
⁸ ἀλοάω *pres act ptc m s acc*, thresh
⁹ φιμόω *2s fut act ind*, muzzle
¹⁰ ἐργάτης, -ου *m*, worker
¹¹ μισθός, -οῦ *m*, wages
¹² κατηγορία, -ας *f*, accusation
¹³ παραδέχομαι *2s pres mid impv*, accept
¹⁴ ἐκτός, *prep+gen*, except (ἐ. εἰ μή except)
¹⁵ ἐλέγχω *2s pres act impv*, rebuke
¹⁶ διαμαρτύρομαι *1s pres mid ind*, charge (under solemn oath)
¹⁷ ἐκλεκτός, -ή/όν, chosen
¹⁸ φυλάσσω *2s aor act sub*, guard
¹⁹ πρόκριμα, -τος *n*, prejudice
²⁰ πρόσκλισις, -εως *f*, favoritism
²¹ ταχέως, *adv*, quickly
²² κοινωνέω *2s pres act impv*, take part
²³ ἀλλότριος, -α/ον, another
²⁴ ἁγνός, -ή/όν, pure
²⁵ μηκέτι, *adv*, no longer
²⁶ ὑδροποτέω *2s pres act impv*, drink water
²⁷ χράομαι *2s pres mid impv*, use
²⁸ στόμαχος, -ου *m*, stomach
²⁹ πυκνός, -ή/όν, frequent
³⁰ ἀσθένεια, -ας *f*, illness
³¹ πρόδηλος, -ον, evident
³² προάγω *pres act ptc f p nom*, go before
³³ ἐπακολουθέω *3p pres act ind*, follow
³⁴ ὡσαύτως, *adv*, in the same way
³⁵ ἄλλως, *adv*, otherwise
³⁶ κρύπτω *aor pas inf*, hide
³⁷ ζυγός, -οῦ *m*, yoke
³⁸ δεσπότης, -ου *m*, master
³⁹ ἡγέομαι *3p pres mid impv*, regard
⁴⁰ διδασκαλία, -ας *f*, teaching
⁴¹ καταφρονέω *3p pres act impv*, despise
⁴² δουλεύω *3p pres act impv*, serve
⁴³ εὐεργεσία, -ας *f*, service
⁴⁴ ἀντιλαμβάνομαι *pres mid ptc m p nom*, help
⁴⁵ ἑτεροδιδασκαλέω *3s pres act ind*, teach something different
⁴⁶ ὑγιαίνω *pres act ptc m p dat*, be sound
⁴⁷ εὐσέβεια, -ας *f*, godliness

διδασκαλία, 4 τετύφωται¹, μηδὲν ἐπιστάμενος², ἀλλὰ νοσῶν³ περὶ ζητήσεις⁴ καὶ λογομαχίας⁵, ἐξ ὧν γίνεται φθόνος⁶ ἔρις⁷ βλασφημίαι⁸, ὑπόνοιαι⁹ πονηραί, 5 διαπαρατριβαὶ¹⁰ διεφθαρμένων¹¹ ἀνθρώπων τὸν νοῦν¹² καὶ ἀπεστερημένων¹³ τῆς ἀληθείας, νομιζόντων¹⁴ πορισμὸν¹⁵ εἶναι τὴν εὐσέβειαν.

6 Ἔστιν δὲ πορισμὸς μέγας ἡ εὐσέβεια μετὰ αὐταρκείας·¹⁶
7 οὐδὲν γὰρ εἰσηνέγκαμεν¹⁷ εἰς τὸν κόσμον,
ὅτι οὐδὲ ἐξενεγκεῖν¹⁸ τι δυνάμεθα·
8 ἔχοντες δὲ διατροφὰς¹⁹ καὶ σκεπάσματα²⁰,
τούτοις ἀρκεσθησόμεθα.²¹
9 οἱ δὲ βουλόμενοι πλουτεῖν²² ἐμπίπτουσιν²³ εἰς πειρασμὸν²⁴ καὶ παγίδα²⁵ καὶ ἐπιθυμίας πολλὰς ἀνοήτους²⁶ καὶ βλαβεράς²⁷, αἵτινες βυθίζουσιν²⁸ τοὺς ἀνθρώπους εἰς ὄλεθρον²⁹ καὶ ἀπώλειαν³⁰. 10 ῥίζα³¹ γὰρ πάντων τῶν κακῶν ἐστιν ἡ φιλαργυρία³², ἧς τινες ὀρεγόμενοι³³ ἀπεπλανήθησαν³⁴ ἀπὸ τῆς πίστεως καὶ ἑαυτοὺς περιέπειραν³⁵ ὀδύναις³⁶ πολλαῖς.

The Good Fight of Faith

11 σὺ δέ, ὦ³⁷ ἄνθρωπε θεοῦ, ταῦτα φεῦγε·³⁸
δίωκε δὲ δικαιοσύνην εὐσέβειαν³⁹ πίστιν,
ἀγάπην ὑπομονὴν πραϋπαθίαν.⁴⁰
12 ἀγωνίζου⁴¹ τὸν καλὸν ἀγῶνα⁴² τῆς πίστεως,
ἐπιλαβοῦ⁴³ τῆς αἰωνίου ζωῆς, εἰς ἣν ἐκλήθης⁴⁴

---

¹ τυφόω 3s pf pas ind, pas be conceited
² ἐπίσταμαι pres pas ptc m s nom, know
³ νοσέω pres act ptc m s nom, have an unhealthy desire
⁴ ζήτησις, -εως f, controversy
⁵ λογομαχία, -ας f, quarrel about words
⁶ φθόνος, -ου m, envy
⁷ ἔρις, -ιδος f, quarreling
⁸ βλασφημία, -ας f, slander
⁹ ὑπόνοια, -ας f, suspicion
¹⁰ διαπαρατριβή, -ῆς f, constant friction
¹¹ διαφθείρω pf pas ptc m p gen, pas be depraved
¹² νοῦς, -ός, acc νοῦν m, mind
¹³ ἀποστερέω pf pas ptc m p gen, rob
¹⁴ νομίζω pres act ptc m p gen, suppose
¹⁵ πορισμός, -οῦ m, means of gain
¹⁶ αὐτάρκεια, -ας f, contentment
¹⁷ εἰσφέρω 1p aor act ind, bring in
¹⁸ ἐκφέρω aor act inf, carry out
¹⁹ διατροφή, -ῆς, food
²⁰ σκέπασμα, -τος n, clothing
²¹ ἀρκέω 1p fut pas ind, pas be content
²² πλουτέω pres act inf, be rich
²³ ἐμπίπτω 3p pres act ind, fall into
²⁴ πειρασμός, -οῦ m, temptation
²⁵ παγίς, -ίδος f, snare
²⁶ ἀνόητος, -ον, foolish
²⁷ βλαβερός, -ά/όν, harmful
²⁸ βυθίζω 3p pres act ind, plunge
²⁹ ὄλεθρος, -ου m, ruin
³⁰ ἀπώλεια, -ας f, destruction
³¹ ῥίζα, -ης f, root
³² φιλαργυρία, -ας f, love of money
³³ ὀρέγω pres mid ptc m p nom, mid desire
³⁴ ἀποπλανάω 3p aor pas ind, pas wander (away)
³⁵ περιπείρω 3p aor act ind, pierce
³⁶ ὀδύνη, -ης f, pain
³⁷ ὦ, interj, O!
³⁸ φεύγω 2s pres act impv, run away
³⁹ εὐσέβεια, -ας f, godliness
⁴⁰ πραϋπάθεια, -ας f, gentleness
⁴¹ ἀγωνίζομαι 2s pres mid impv, fight
⁴² ἀγών, -ῶνος m, fight
⁴³ ἐπιλαμβάνομαι 2s aor mid impv, take hold of
⁴⁴ καλέω 2s aor pas ind, call

καὶ ὡμολόγησας¹ τὴν καλὴν ὁμολογίαν²
ἐνώπιον πολλῶν μαρτύρων.
13 παραγγέλλω [σοι] ἐνώπιον τοῦ θεοῦ τοῦ ζωογονοῦντος³ τὰ πάντα καὶ Χριστοῦ Ἰησοῦ τοῦ μαρτυρήσαντος ἐπὶ Ποντίου Πιλάτου τὴν καλὴν ὁμολογίαν, **14** τηρῆσαί σε τὴν ἐντολὴν ἄσπιλον⁴ ἀνεπίλημπτον⁵ μέχρι⁶ τῆς ἐπιφανείας⁷ τοῦ κυρίου ἡμῶν Ἰησοῦ Χριστοῦ, **15** ἣν καιροῖς ἰδίοις δείξει⁸
ὁ μακάριος καὶ μόνος δυνάστης⁹,
ὁ βασιλεὺς τῶν βασιλευόντων¹⁰
καὶ κύριος τῶν κυριευόντων,¹¹
16 ὁ μόνος ἔχων ἀθανασίαν¹²,
φῶς οἰκῶν¹³ ἀπρόσιτον¹⁴,
ὃν εἶδεν οὐδεὶς ἀνθρώπων οὐδὲ ἰδεῖν δύναται·
ᾧ τιμὴ καὶ κράτος¹⁵ αἰώνιον, ἀμήν.
17 Τοῖς πλουσίοις¹⁶ ἐν τῷ νῦν αἰῶνι παράγγελλε μὴ ὑψηλοφρονεῖν¹⁷ μηδὲ ἠλπικέναι¹⁸ ἐπὶ πλούτου ἀδηλότητι¹⁹ ἀλλ' ἐπὶ θεῷ τῷ παρέχοντι²⁰ ἡμῖν πάντα πλουσίως²¹ εἰς ἀπόλαυσιν²², **18** ἀγαθοεργεῖν²³, πλουτεῖν²⁴ ἐν ἔργοις καλοῖς, εὐμεταδότους²⁵ εἶναι, κοινωνικούς²⁶, **19** ἀποθησαυρίζοντας²⁷ ἑαυτοῖς θεμέλιον²⁸ καλὸν εἰς τὸ μέλλον, ἵνα ἐπιλάβωνται²⁹ τῆς ὄντως³⁰ ζωῆς.
20 Ὦ Τιμόθεε, τὴν παραθήκην³¹ φύλαξον³² ἐκτρεπόμενος³³ τὰς βεβήλους³⁴ κενοφωνίας³⁵ καὶ ἀντιθέσεις³⁶ τῆς ψευδωνύμου³⁷ γνώσεως³⁸, **21** ἥν τινες ἐπαγγελλόμενοι³⁹ περὶ τὴν πίστιν ἠστόχησαν⁴⁰.
Ἡ χάρις μεθ' ὑμῶν.

[1] ὁμολογέω *2s aor act ind*, confess
[2] ὁμολογία, -ας *f*, confession
[3] ζῳογονέω *pres act ptc m s gen*, give life to
[4] ἄσπιλος, -ον, spotless
[5] ἀνεπίλημπτος, -ον, above reproach
[6] μέχρι, *prep + gen*, until
[7] ἐπιφάνεια, -ας *f*, appearing
[8] δείκνυμι *3s fut act ind*, reveal
[9] δυνάστης, -ου *m*, Sovereign
[10] βασιλεύω *pres act ptc m p gen*, rule
[11] κυριεύω *pres act ptc m p gen*, be lord of
[12] ἀθανασία, -ας *f*, immortality
[13] οἰκέω *pres act ptc m s nom*, live
[14] ἀπρόσιτος, -ον, unapproachable
[15] κράτος, -ους *n*, might
[16] πλούσιος, -α/ον, rich
[17] ὑψηλοφρονέω *pres act inf*, be arrogant
[18] ἐλπίζω *pf act inf*, hope
[19] ἀδηλότης, -ητος *f*, uncertainty
[20] παρέχω *pres act ptc m s dat*, give
[21] πλουσίως, *adv*, richly
[22] ἀπόλαυσις, -εως *f*, enjoyment
[23] ἀγαθοεργέω *pres act inf*, do good
[24] πλουτέω *pres act inf*, be rich
[25] εὐμετάδοτος, -ον, generous
[26] κοινωνικός, -ή/όν, willing to share
[27] ἀποθησαυρίζω *pres act ptc m p acc*, lay up as a treasure
[28] θεμέλιος, -ου *m*, foundation
[29] ἐπιλαμβάνομαι *3p aor mid sub*, take hold of
[30] ὄντως, *adv*, really
[31] παραθήκη, -ης *f*, what is entrusted to one's care
[32] φυλάσσω *2s aor act impv*, guard
[33] ἐκτρέπω *pres mid ptc m s nom*, *mid* avoid
[34] βέβηλος, -ον, godless
[35] κενοφωνία, -ας *f*, foolish talk
[36] ἀντίθεσις, -εως *f*, contradiction
[37] ψευδώνυμος, -ον, falsely called
[38] γνῶσις, -εως *f*, knowledge
[39] ἐπαγγέλλομαι *pres mid ptc m p nom*, profess
[40] ἀστοχέω *3p aor act ind*, miss the mark

ΠΡΟΣ ΤΙΜΟΘΕΟΝ Β'

Salutation

1 Παῦλος ἀπόστολος Χριστοῦ Ἰησοῦ διὰ θελήματος θεοῦ κατ' ἐπαγγελίαν ζωῆς τῆς ἐν Χριστῷ Ἰησοῦ **2** Τιμοθέῳ ἀγαπητῷ τέκνῳ, χάρις ἔλεος[1] εἰρήνη ἀπὸ θεοῦ πατρὸς καὶ Χριστοῦ Ἰησοῦ τοῦ κυρίου ἡμῶν.

Loyalty to the Gospel

3 Χάριν ἔχω τῷ θεῷ, ᾧ λατρεύω[2] ἀπὸ προγόνων[3] ἐν καθαρᾷ[4] συνειδήσει[5], ὡς ἀδιάλειπτον[6] ἔχω τὴν περὶ σοῦ μνείαν[7] ἐν ταῖς δεήσεσίν[8] μου νυκτὸς καὶ ἡμέρας, **4** ἐπιποθῶν[9] σε ἰδεῖν, μεμνημένος[10] σου τῶν δακρύων[11], ἵνα χαρᾶς πληρωθῶ, **5** ὑπόμνησιν[12] λαβὼν τῆς ἐν σοὶ ἀνυποκρίτου[13] πίστεως, ἥτις ἐνῴκησεν[14] πρῶτον ἐν τῇ μάμμῃ[15] σου Λωΐδι καὶ τῇ μητρί σου Εὐνίκῃ, πέπεισμαι[16] δὲ ὅτι καὶ ἐν σοί. **6** Δι' ἣν αἰτίαν[17] ἀναμιμνῄσκω[18] σε ἀναζωπυρεῖν[19] τὸ χάρισμα[20] τοῦ θεοῦ, ὅ ἐστιν ἐν σοὶ διὰ τῆς ἐπιθέσεως[21] τῶν χειρῶν μου. **7** οὐ γὰρ ἔδωκεν ἡμῖν ὁ θεὸς πνεῦμα δειλίας[22] ἀλλὰ δυνάμεως καὶ ἀγάπης καὶ σωφρονισμοῦ[23]. **8** μὴ οὖν ἐπαισχυνθῇς[24] τὸ μαρτύριον[25] τοῦ κυρίου ἡμῶν μηδὲ ἐμὲ τὸν δέσμιον[26] αὐτοῦ, ἀλλὰ συγκακοπάθησον[27] τῷ εὐαγγελίῳ κατὰ δύναμιν θεοῦ,

9 τοῦ σώσαντος[28] ἡμᾶς
  καὶ καλέσαντος κλήσει[29] ἁγίᾳ,
  οὐ κατὰ τὰ ἔργα ἡμῶν
  ἀλλὰ κατὰ ἰδίαν πρόθεσιν[30] καὶ χάριν,

---

[1] ἔλεος, -ους n, mercy
[2] λατρεύω 1s pres act ind, serve
[3] πρόγονος, -ου m, ancestor
[4] καθαρός, -ά/όν, pure
[5] συνείδησις, -εως f, conscience
[6] ἀδιάλειπτος, -ον, constant
[7] μνεία, -ας f, mention
[8] δέησις, -εως f, prayer
[9] ἐπιποθέω pres act ptc m s nom, long (for)
[10] μιμνῄσκομαι pf pas ptc m s nom, remember
[11] δάκρυον, -ου n, tear (as in crying)
[12] ὑπόμνησις, -εως f, remembrance
[13] ἀνυπόκριτος, -ον, sincere
[14] ἐνοικέω 3s aor act ind, live in
[15] μάμμη, -ης f, grandmother
[16] πείθω 1s pf pas ind, persuade
[17] αἰτία, -ας f, reason
[18] ἀναμιμνῄσκω 1s pres act ind, remind
[19] ἀναζωπυρέω pres act inf, stir into flame
[20] χάρισμα, -τος n, gift
[21] ἐπίθεσις, -εως f, laying on
[22] δειλία, -ας f, timidity
[23] σωφρονισμός, -οῦ m, self-control
[24] ἐπαισχύνομαι 2s aor pas sub, be ashamed
[25] μαρτύριον, -ου n, testimony
[26] δέσμιος, -ου m, prisoner
[27] συγκακοπαθέω 2s aor act impv, share in suffering with someone
[28] σῴζω aor act ptc m s gen, save
[29] κλῆσις, -εως f, calling
[30] πρόθεσις, -εως f, purpose

τὴν δοθεῖσαν¹ ἡμῖν ἐν Χριστῷ Ἰησοῦ
πρὸ χρόνων αἰωνίων,
10 φανερωθεῖσαν δὲ νῦν
διὰ τῆς ἐπιφανείας² τοῦ σωτῆρος³ ἡμῶν Χριστοῦ Ἰησοῦ,
καταργήσαντος⁴ μὲν τὸν θάνατον
φωτίσαντος⁵ δὲ ζωὴν καὶ ἀφθαρσίαν⁶ διὰ τοῦ εὐαγγελίου
11 εἰς ὃ ἐτέθην⁷ ἐγὼ κῆρυξ⁸ καὶ ἀπόστολος καὶ διδάσκαλος, **12** δι' ἣν αἰτίαν⁹ καὶ ταῦτα πάσχω· ἀλλ' οὐκ ἐπαισχύνομαι¹⁰, οἶδα γὰρ ᾧ πεπίστευκα καὶ πέπεισμαι¹¹ ὅτι δυνατός ἐστιν τὴν παραθήκην¹² μου φυλάξαι¹³ εἰς ἐκείνην τὴν ἡμέραν. **13** ὑποτύπωσιν¹⁴ ἔχε ὑγιαινόντων¹⁵ λόγων ὧν παρ' ἐμοῦ ἤκουσας ἐν πίστει καὶ ἀγάπῃ τῇ ἐν Χριστῷ Ἰησοῦ· **14** τὴν καλὴν παραθήκην φύλαξον διὰ πνεύματος ἁγίου τοῦ ἐνοικοῦντος¹⁶ ἐν ἡμῖν.

15 Οἶδας τοῦτο, ὅτι ἀπεστράφησάν¹⁷ με πάντες οἱ ἐν τῇ Ἀσίᾳ, ὧν ἐστιν Φύγελος καὶ Ἑρμογένης. **16** δῴη¹⁸ ἔλεος¹⁹ ὁ κύριος τῷ Ὀνησιφόρου οἴκῳ, ὅτι πολλάκις²⁰ με ἀνέψυξεν²¹ καὶ τὴν ἅλυσίν²² μου οὐκ ἐπαισχύνθη²³, **17** ἀλλὰ γενόμενος ἐν Ῥώμῃ σπουδαίως²⁴ ἐζήτησέν με καὶ εὗρεν²⁵· **18** δῴη²⁶ αὐτῷ ὁ κύριος εὑρεῖν²⁷ ἔλεος παρὰ κυρίου ἐν ἐκείνῃ τῇ ἡμέρᾳ. καὶ ὅσα ἐν Ἐφέσῳ διηκόνησεν²⁸, βέλτιον²⁹ σὺ γινώσκεις.

A Good Soldier of Christ Jesus

2 Σὺ οὖν, τέκνον μου, ἐνδυναμοῦ³⁰ ἐν τῇ χάριτι τῇ ἐν Χριστῷ Ἰησοῦ, **2** καὶ ἃ ἤκουσας παρ' ἐμοῦ διὰ πολλῶν μαρτύρων, ταῦτα παράθου³¹ πιστοῖς ἀνθρώποις, οἵτινες ἱκανοὶ ἔσονται³² καὶ ἑτέρους διδάξαι³³. **3** συγκακοπάθησον³⁴ ὡς καλὸς στρατιώτης³⁵ Χριστοῦ Ἰησοῦ. **4** οὐδεὶς στρατευόμενος³⁶ ἐμπλέκεται³⁷ ταῖς

---

¹ δίδωμι *aor pas ptc f s acc*, give
² ἐπιφάνεια, -ας *f*, appearing
³ σωτήρ, -ῆρος *m*, Savior
⁴ καταργέω *aor act ptc m s gen*, destroy
⁵ φωτίζω *aor act ptc m s gen*, bring to light
⁶ ἀφθαρσία, -ας *f*, immortality
⁷ τίθημι *1s aor pas ind*, appoint
⁸ κῆρυξ, -υκος *m*, preacher
⁹ αἰτία, -ας *f*, reason
¹⁰ ἐπαισχύνομαι *1s pres pas ind*, be ashamed
¹¹ πείθω *1s pf pas ind, pas* be sure
¹² παραθήκη, -ης *f*, what is entrusted to one's care
¹³ φυλάσσω *aor act inf*, guard
¹⁴ ὑποτύπωσις, -εως *f*, example
¹⁵ ὑγιαίνω *pres act ptc m p gen*, be sound
¹⁶ ἐνοικέω *pres act ptc n s gen*, live in
¹⁷ ἀποστρέφω *3p aor pas ind, pas* turn away from
¹⁸ δίδωμι *3s aor act opt*, give
¹⁹ ἔλεος, -ους *n*, mercy
²⁰ πολλάκις, *adv*, often
²¹ ἀναψύχω *3s aor act ind*, refresh
²² ἅλυσις, -εως *f*, chain/imprisonment
²³ ἐπαισχύνομαι *3s aor pas ind*, be ashamed
²⁴ σπουδαίως, *adv*, eagerly
²⁵ εὑρίσκω *3s aor act ind*, find
²⁶ δίδωμι *3s aor act opt*, grant
²⁷ εὑρίσκω *aor act inf*, find
²⁸ διακονέω *3s aor act ind*, care for
²⁹ βελτίων, *adv*, well
³⁰ ἐνδυναμόω *2s pres pas impv, pas* be strong
³¹ παρατίθημι *2s aor mid impv*, entrust
³² εἰμί *3p fut mid ind*, be
³³ διδάσκω *aor act inf*, teach
³⁴ συγκακοπαθέω *2s aor act impv*, share in suffering with someone
³⁵ στρατιώτης, -ου *m*, soldier
³⁶ στρατεύομαι *pres mid ptc m s nom*, serve as a soldier
³⁷ ἐμπλέκω *3s pres pas ind, pas* be involved in

τοῦ βίου¹ πραγματείαις², ἵνα τῷ στρατολογήσαντι³ ἀρέσῃ⁴. 5 ἐὰν δὲ καὶ ἀθλῇ⁵ τις, οὐ στεφανοῦται⁶ ἐὰν μὴ νομίμως⁷ ἀθλήσῃ. 6 τὸν κοπιῶντα⁸ γεωργὸν⁹ δεῖ πρῶτον τῶν καρπῶν μεταλαμβάνειν¹⁰. 7 νόει¹¹ ὃ λέγω· δώσει¹² γάρ σοι ὁ κύριος σύνεσιν¹³ ἐν πᾶσιν.

8 Μνημόνευε¹⁴ Ἰησοῦν Χριστὸν ἐγηγερμένον¹⁵ ἐκ νεκρῶν, ἐκ σπέρματος Δαυίδ, κατὰ τὸ εὐαγγέλιόν μου, 9 ἐν ᾧ κακοπαθῶ¹⁶ μέχρι¹⁷ δεσμῶν¹⁸ ὡς κακοῦργος¹⁹, ἀλλ' ὁ λόγος τοῦ θεοῦ οὐ δέδεται· 10 διὰ τοῦτο πάντα ὑπομένω²⁰ διὰ τοὺς ἐκλεκτούς²¹, ἵνα καὶ αὐτοὶ σωτηρίας τύχωσιν²² τῆς ἐν Χριστῷ Ἰησοῦ μετὰ δόξης αἰωνίου. 11 πιστὸς ὁ λόγος·

εἰ γὰρ συναπεθάνομεν²³, καὶ συζήσομεν²⁴·

12 εἰ ὑπομένομεν²⁵, καὶ συμβασιλεύσομεν²⁶·

εἰ ἀρνησόμεθα, κἀκεῖνος ἀρνήσεται ἡμᾶς·

13 εἰ ἀπιστοῦμεν²⁷, ἐκεῖνος πιστὸς μένει, ἀρνήσασθαι γὰρ ἑαυτὸν οὐ δύναται.

A Worker Approved by God

14 Ταῦτα ὑπομίμνησκε²⁸ διαμαρτυρόμενος²⁹ ἐνώπιον τοῦ θεοῦ μὴ λογομαχεῖν³⁰, ἐπ' οὐδὲν χρήσιμον³¹, ἐπὶ καταστροφῇ³² τῶν ἀκουόντων. 15 σπούδασον³³ σεαυτὸν δόκιμον³⁴ παραστῆσαι³⁵ τῷ θεῷ, ἐργάτην³⁶ ἀνεπαίσχυντον³⁷, ὀρθοτομοῦντα³⁸ τὸν λόγον τῆς ἀληθείας. 16 τὰς δὲ βεβήλους³⁹ κενοφωνίας⁴⁰ περιΐστασο⁴¹· ἐπὶ πλεῖον⁴²

---

¹ βίος, -ου m, life
² πραγματεῖαι, -ῶν f, pursuits
³ στρατολογέω aor act ptc m s dat, enlist (someone) as a soldier
⁴ ἀρέσκω 3s aor act sub, please
⁵ ἀθλέω 3s pres act sub, compete (as an athlete)
⁶ στεφανόω 3s pres pas ind, crown
⁷ νομίμως, adv, according to the rules
⁸ κοπιάω pres act ptc m s acc, work
⁹ γεωργός, -οῦ m, farmer
¹⁰ μεταλαμβάνω pres act inf, share in
¹¹ νοέω 2s pres act impv, understand
¹² δίδωμι 3s fut act ind, give
¹³ σύνεσις, -εως f, understanding
¹⁴ μνημονεύω 2s pres act impv, remember
¹⁵ ἐγείρω pf pas ptc m s acc, raise
¹⁶ κακοπαθέω 1s pres act ind, suffer
¹⁷ μέχρι, prep + gen, to the extent of
¹⁸ δεσμός, -οῦ m, chain
¹⁹ κακοῦργος, -ου m, criminal
²⁰ ὑπομένω 1s pres act ind, endure
²¹ ἐκλεκτός, -ή/όν, chosen
²² τυγχάνω 3p aor act sub, receive
²³ συναποθνῄσκω 1p aor act ind, die together with
²⁴ συζάω 1p fut act ind, live together with
²⁵ ὑπομένω 1p pres act ind, endure
²⁶ συμβασιλεύω 1p fut act ind, reign with
²⁷ ἀπιστέω 1p pres act ind, prove unfaithful
²⁸ ὑπομιμνῄσκω 2s pres act impv, remind
²⁹ διαμαρτύρομαι pres mid ptc m s nom, warn
³⁰ λογομαχέω pres act inf, quarrel about words
³¹ χρήσιμος, -ου n, value
³² καταστροφή, -ῆς f, ruin
³³ σπουδάζω 2s aor act impv, do one's best
³⁴ δόκιμος, -ον m, approved
³⁵ παρίστημι aor act inf, present
³⁶ ἐργάτης, -ου m, worker
³⁷ ἀνεπαίσχυντος, -ον, with no need to be ashamed
³⁸ ὀρθοτομέω pres act ptc m s acc, use correctly
³⁹ βέβηλος, -ον, godless
⁴⁰ κενοφωνία, -ας f, foolish talk
⁴¹ περιΐστημι 2s pres mid impv, avoid
⁴² πολύς, much (comp)

γὰρ προκόψουσιν¹ ἀσεβείας² 17 καὶ ὁ λόγος αὐτῶν ὡς γάγγραινα³ νομὴν⁴ ἕξει. ὧν ἐστιν Ὑμέναιος καὶ Φίλητος, 18 οἵτινες περὶ τὴν ἀλήθειαν ἠστόχησαν⁵, λέγοντες [τὴν] ἀνάστασιν ἤδη γεγονέναι⁶, καὶ ἀνατρέπουσιν⁷ τήν τινων πίστιν. 19 ὁ μέντοι⁸ στερεὸς⁹ θεμέλιος¹⁰ τοῦ θεοῦ ἕστηκεν¹¹, ἔχων τὴν σφραγῖδα¹² ταύτην· ἔγνω¹³ κύριος τοὺς ὄντας αὐτοῦ, καί· ἀποστήτω¹⁴ ἀπὸ ἀδικίας¹⁵ πᾶς ὁ ὀνομάζων¹⁶ τὸ ὄνομα κυρίου. 20 ἐν μεγάλῃ δὲ οἰκίᾳ οὐκ ἔστιν μόνον σκεύη¹⁷ χρυσᾶ¹⁸ καὶ ἀργυρᾶ¹⁹ ἀλλὰ καὶ ξύλινα²⁰ καὶ ὀστράκινα²¹, καὶ ἃ μὲν εἰς τιμὴν ἃ δὲ εἰς ἀτιμίαν²²· 21 ἐὰν οὖν τις ἐκκαθάρῃ²³ ἑαυτὸν ἀπὸ τούτων, ἔσται σκεῦος εἰς τιμήν, ἡγιασμένον²⁴, εὔχρηστον²⁵ τῷ δεσπότῃ²⁶, εἰς πᾶν ἔργον ἀγαθὸν ἡτοιμασμένον²⁷.

22 Τὰς δὲ νεωτερικὰς²⁸ ἐπιθυμίας φεῦγε²⁹, δίωκε δὲ δικαιοσύνην πίστιν ἀγάπην εἰρήνην μετὰ τῶν ἐπικαλουμένων³⁰ τὸν κύριον ἐκ καθαρᾶς³¹ καρδίας. 23 τὰς δὲ μωρὰς³² καὶ ἀπαιδεύτους³³ ζητήσεις³⁴ παραιτοῦ³⁵, εἰδὼς³⁶ ὅτι γεννῶσιν μάχας.³⁷ 24 δοῦλον δὲ κυρίου οὐ δεῖ μάχεσθαι³⁸ ἀλλ' ἤπιον³⁹ εἶναι πρὸς πάντας, διδακτικόν⁴⁰, ἀνεξίκακον⁴¹, 25 ἐν πραΰτητι⁴² παιδεύοντα⁴³ τοὺς ἀντιδιατιθεμένους⁴⁴, μήποτε⁴⁵ δώῃ⁴⁶ αὐτοῖς ὁ θεὸς μετάνοιαν⁴⁷ εἰς ἐπίγνωσιν⁴⁸ ἀληθείας 26 καὶ ἀνανήψωσιν⁴⁹ ἐκ τῆς τοῦ διαβόλου παγίδος⁵⁰, ἐζωγρημένοι⁵¹ ὑπ' αὐτοῦ εἰς τὸ ἐκείνου θέλημα.

---

1 προκόπτω 3p fut act ind, lead to
2 ἀσέβεια, -ας f, godlessness
3 γάγγραινα, -ης f, gangrene
4 νομή, -ῆς f, spreading (v. ἔχω spread)
5 ἀστοχέω 3p aor act ind, leave the way
6 γίνομαι pf act inf, take place
7 ἀνατρέπω 3p pres act ind, bring ruin to
8 μέντοι, conj, but
9 στερεός, -ά/όν, firm
10 θεμέλιος, -ου m, foundation
11 ἵστημι 3s pf act ind, intrans stand
12 σφραγίς, -ίδος f, seal with an inscription
13 γινώσκω 3s aor act ind, know
14 ἀφίστημι 3s aor act impv, depart from
15 ἀδικία, -ας f, evil
16 ὀνομάζω pres act ptc m s nom, confess the name
17 σκεῦος, -ους n, vessel
18 χρυσοῦς, -ῆ/οῦν, made of gold
19 ἀργυροῦς, -ᾶ/οῦν, made of silver
20 ξύλινος, -η/ον, wooden
21 ὀστράκινος, -η/ον, made of baked clay
22 ἀτιμία, -ας f, common use
23 ἐκκαθαίρω 3s aor act sub, cleanse
24 ἁγιάζω pf pas ptc n s nom, consecrate
25 εὔχρηστος, -ον, useful
26 δεσπότης, -ου m, Master
27 ἑτοιμάζω pf pas ptc n s nom, prepare
28 νεωτερικός, -ή/όν, youthful
29 φεύγω 2s pres act impv, run from
30 ἐπικαλέω pres mid ptc m p gen, mid call upon
31 καθαρός, -ά/όν, pure
32 μωρός, -ά/όν, foolish
33 ἀπαίδευτος, -ον, stupid
34 ζήτησις, -εως f, controversy
35 παραιτέομαι 2s pres mid impv, have nothing to do with
36 οἶδα pf act ptc m s nom, know
37 μάχη, -ης f, quarrel
38 μάχομαι pres mid inf, quarrel
39 ἤπιος, -α/ον, gentle
40 διδακτικός, -ή/όν, able to teach
41 ἀνεξίκακος, -ον, patient
42 πραΰτης, -ητος f, gentleness
43 παιδεύω pres act ptc m s acc, correct
44 ἀντιδιατίθημι pres mid ptc m p acc, mid oppose
45 μήποτε, conj, perhaps
46 δίδωμι 3s aor act sub, give
47 μετάνοια, -ας f, repentance
48 ἐπίγνωσις, -εως f, knowledge
49 ἀνανήφω 3s aor act sub, regain one's senses and escape
50 παγίς, -ίδος f, snare
51 ζωγρέω pf pas ptc m p nom, capture

Godlessness in the Last Days

3 Τοῦτο δὲ γίνωσκε, ὅτι ἐν ἐσχάταις ἡμέραις ἐνστήσονται¹ καιροὶ χαλεποί². 2 ἔσονται³ γὰρ οἱ ἄνθρωποι φίλαυτοι⁴ φιλάργυροι⁵ ἀλαζόνες⁶ ὑπερήφανοι⁷ βλάσφημοι⁸, γονεῦσιν⁹ ἀπειθεῖς¹⁰, ἀχάριστοι¹¹ ἀνόσιοι¹² 3 ἄστοργοι¹³ ἄσπονδοι¹⁴ διάβολοι ἀκρατεῖς¹⁵ ἀνήμεροι¹⁶ ἀφιλάγαθοι¹⁷ 4 προδόται¹⁸ προπετεῖς¹⁹ τετυφωμένοι²⁰, φιλήδονοι²¹ μᾶλλον ἢ φιλόθεοι²², 5 ἔχοντες μόρφωσιν²³ εὐσεβείας²⁴ τὴν δὲ δύναμιν αὐτῆς ἠρνημένοι²⁵· καὶ τούτους ἀποτρέπου²⁶. 6 ἐκ τούτων γάρ εἰσιν οἱ ἐνδύνοντες²⁷ εἰς τὰς οἰκίας καὶ αἰχμαλωτίζοντες²⁸ γυναικάρια²⁹ σεσωρευμένα³⁰ ἁμαρτίαις, ἀγόμενα³¹ ἐπιθυμίαις ποικίλαις³², 7 πάντοτε μανθάνοντα³³ καὶ μηδέποτε³⁴ εἰς ἐπίγνωσιν³⁵ ἀληθείας ἐλθεῖν δυνάμενα. 8 ὃν τρόπον³⁶ δὲ Ἰάννης καὶ Ἰαμβρῆς ἀντέστησαν³⁷ Μωϋσεῖ, οὕτως καὶ οὗτοι ἀνθίστανται τῇ ἀληθείᾳ, ἄνθρωποι κατεφθαρμένοι³⁸ τὸν νοῦν³⁹, ἀδόκιμοι⁴⁰ περὶ τὴν πίστιν. 9 ἀλλ' οὐ προκόψουσιν⁴¹ ἐπὶ πλεῖον⁴²· ἡ γὰρ ἄνοια⁴³ αὐτῶν ἔκδηλος⁴⁴ ἔσται πᾶσιν, ὡς καὶ ἡ ἐκείνων ἐγένετο.

Paul's Exhortation to Timothy

10 Σὺ δὲ παρηκολούθησάς⁴⁵ μου τῇ διδασκαλίᾳ⁴⁶, τῇ ἀγωγῇ⁴⁷, τῇ προθέσει⁴⁸, τῇ πίστει, τῇ μακροθυμίᾳ⁴⁹, τῇ ἀγάπῃ, τῇ ὑπομονῇ, 11 τοῖς διωγμοῖς⁵⁰, τοῖς παθήμασιν⁵¹, οἷά⁵² μοι ἐγένετο ἐν Ἀντιοχείᾳ, ἐν Ἰκονίῳ, ἐν Λύστροις, οἵους διωγμοὺς ὑπήνεγκα⁵³ καὶ ἐκ πάντων με ἐρρύσατο⁵⁴ ὁ κύριος. 12 καὶ πάντες δὲ οἱ θέλοντες

---

[1] ἐνίστημι 3p fut mid ind, come
[2] χαλεπός, -ή/όν, terrible
[3] εἰμί 3p fut mid ind, be
[4] φίλαυτος, -ον, lover of oneself
[5] φιλάργυρος, -ον, lover of money
[6] ἀλαζών, -όνος m, boaster
[7] ὑπερήφανος, -ον, arrogant
[8] βλάσφημος, -ον, abusive
[9] γονεύς, -έως m, parent
[10] ἀπειθής, -ές, disobedient
[11] ἀχάριστος, -ον, ungrateful
[12] ἀνόσιος, irreligious
[13] ἄστοργος, -ον, inhuman
[14] ἄσπονδος, -ον, unforgiving
[15] ἀκρατής, -ές, lacking self-control
[16] ἀνήμερος, -ον, brutal
[17] ἀφιλάγαθος, -ον, hating what is good
[18] προδότης, -ου m, treacherous person
[19] προπετής, -ές, gen -οῦς, reckless
[20] τυφόω pf pas ptc m p nom, pas be conceited
[21] φιλήδονος, -ον, loving pleasure
[22] φιλόθεος, -ον, loving God
[23] μόρφωσις, -εως f, outward form
[24] εὐσέβεια, -ας f, godliness
[25] ἀρνέομαι pf mid ptc m p nom, deny
[26] ἀποτρέπω 2s pres mid impv, mid avoid
[27] ἐνδύνω pres act ptc m p nom, enter by deception
[28] αἰχμαλωτίζω pres act ptc m p nom, get control of
[29] γυναικάριον, -ου n, weak woman
[30] σωρεύω pf pas ptc n p acc, weigh down
[31] ἄγω pres pas ptc n p acc, sway
[32] ποικίλος, -η/ον, all kinds of
[33] μανθάνω pres act ptc n p acc, learn
[34] μηδέποτε, adv, never
[35] ἐπίγνωσις, -εως f, knowledge
[36] τρόπος, -ου m, way (ὃν τ. just like)
[37] ἀνθίστημι 3p aor act ind, oppose
[38] καταφθείρω pf pas ptc m p nom, corrupt
[39] νοῦς, νοός, acc νοῦν m, mind
[40] ἀδόκιμος, -ον, false/rejected
[41] προκόπτω 3p fut act ind, lead to
[42] πολύς, much (comp)
[43] ἄνοια, -ας f, foolishness
[44] ἔκδηλος, -ον, clearly evident
[45] παρακολουθέω 2s aor act ind, give careful attention to
[46] διδασκαλία, -ας f, teaching
[47] ἀγωγή, -ῆς f, conduct
[48] πρόθεσις, -εως f, purpose
[49] μακροθυμία, -ας f, patience
[50] διωγμός, -οῦ m, persecution
[51] πάθημα, -τος n, suffering
[52] οἷος, -α/ον, rel pro, such as
[53] ὑποφέρω 1s aor act ind, endure
[54] ῥύομαι 3s aor mid ind, rescue

εὐσεβῶς¹ ζῆν ἐν Χριστῷ Ἰησοῦ διωχθήσονται². 13 πονηροὶ δὲ ἄνθρωποι καὶ γόητες³ προκόψουσιν⁴ ἐπὶ τὸ χεῖρον⁵ πλανῶντες καὶ πλανώμενοι. 14 σὺ δὲ μένε ἐν οἷς ἔμαθες⁶ καὶ ἐπιστώθης⁷, εἰδὼς⁸ παρὰ τίνων ἔμαθες, 15 καὶ ὅτι ἀπὸ βρέφους⁹ [τὰ] ἱερὰ¹⁰ γράμματα¹¹ οἶδας, τὰ δυνάμενά σε σοφίσαι¹² εἰς σωτηρίαν διὰ πίστεως τῆς ἐν Χριστῷ Ἰησοῦ. 16 πᾶσα γραφὴ θεόπνευστος¹³ καὶ ὠφέλιμος¹⁴ πρὸς διδασκαλίαν¹⁵, πρὸς ἐλεγμόν¹⁶, πρὸς ἐπανόρθωσιν¹⁷, πρὸς παιδείαν¹⁸ τὴν ἐν δικαιοσύνῃ, 17 ἵνα ἄρτιος¹⁹ ᾖ ὁ τοῦ θεοῦ ἄνθρωπος, πρὸς πᾶν ἔργον ἀγαθὸν ἐξηρτισμένος²⁰.

4 Διαμαρτύρομαι²¹ ἐνώπιον τοῦ θεοῦ καὶ Χριστοῦ Ἰησοῦ τοῦ μέλλοντος κρίνειν ζῶντας καὶ νεκρούς, καὶ τὴν ἐπιφάνειαν²² αὐτοῦ καὶ τὴν βασιλείαν αὐτοῦ· **2** κήρυξον τὸν λόγον, ἐπίστηθι²³ εὐκαίρως²⁴ ἀκαίρως²⁵, ἔλεγξον²⁶, ἐπιτίμησον²⁷, παρακάλεσον, ἐν πάσῃ μακροθυμίᾳ²⁸ καὶ διδαχῇ²⁹. **3** ἔσται³⁰ γὰρ καιρὸς ὅτε τῆς ὑγιαινούσης³¹ διδασκαλίας³² οὐκ ἀνέξονται³³ ἀλλὰ κατὰ τὰς ἰδίας ἐπιθυμίας ἑαυτοῖς ἐπισωρεύσουσιν³⁴ διδασκάλους κνηθόμενοι³⁵ τὴν ἀκοὴν³⁶ **4** καὶ ἀπὸ μὲν τῆς ἀληθείας τὴν ἀκοὴν ἀποστρέψουσιν³⁷, ἐπὶ δὲ τοὺς μύθους³⁸ ἐκτραπήσονται³⁹. **5** σὺ δὲ νῆφε⁴⁰ ἐν πᾶσιν, κακοπάθησον⁴¹, ἔργον ποίησον εὐαγγελιστοῦ⁴², τὴν διακονίαν σου πληροφόρησον⁴³.

6 Ἐγὼ γὰρ ἤδη σπένδομαι⁴⁴, καὶ ὁ καιρὸς τῆς ἀναλύσεώς⁴⁵ μου ἐφέστηκεν⁴⁶. **7** τὸν καλὸν ἀγῶνα⁴⁷ ἠγώνισμαι⁴⁸, τὸν δρόμον⁴⁹ τετέλεκα⁵⁰, τὴν πίστιν τετήρηκα·

---

¹ εὐσεβῶς, *adv*, in a godly manner
² διώκω *3p fut pas ind*, persecute
³ γόης, -ητος *m*, imposter
⁴ προκόπτω *3p fut act ind*, lead to (π. ἐπὶ τὸ χεῖρον go from bad to worse)
⁵ χείρων, worse (comp of κακός)
⁶ μανθάνω *2s aor act ind*, learn
⁷ πιστόω *2s aor pas ind, pas* firmly believe
⁸ οἶδα *pf act ptc m s nom*, know
⁹ βρέφος, -ους *n*, childhood
¹⁰ ἱερός, -ά/όν, sacred
¹¹ γράμμα, -τος *n*, Scripture
¹² σοφίζω *aor act inf*, give wisdom
¹³ θεόπνευστος, -ον, inspired by God
¹⁴ ὠφέλιμος, -ον, useful
¹⁵ διδασκαλία, -ας *f*, teaching
¹⁶ ἐλεγμός, -οῦ *m*, refutation of error
¹⁷ ἐπανόρθωσις, -εως *f*, correcting faults
¹⁸ παιδεία, -ας *f*, training
¹⁹ ἄρτιος, -α/ον, fully qualified
²⁰ ἐξαρτίζω *pf pas ptc m s nom*, be completed
²¹ διαμαρτύρομαι *1s pres mid ind*, charge under solemn oath
²² ἐπιφάνεια, -ας *f*, appearing
²³ ἐφίστημι *2s aor act impv*, be ready
²⁴ εὐκαίρως, *adv*, when it's popular
²⁵ ἀκαίρως, *adv*, when it's not popular
²⁶ ἐλέγχω *2s aor act impv*, convince
²⁷ ἐπιτιμάω *2s aor act impv*, rebuke
²⁸ μακροθυμία, -ας *f*, patience
²⁹ διδαχή, -ῆς *f*, teaching
³⁰ εἰμί *3s fut mid ind*, come
³¹ ὑγιαίνω *pres act ptc f s gen*, be sound
³² διδασκαλία, -ας *f*, teaching
³³ ἀνέχομαι *3p fut mid ind*, endure
³⁴ ἐπισωρεύω *3p fut act ind*, accumulate
³⁵ κνήθω *pres pas ptc m p nom*, *pas* feel an itching
³⁶ ἀκοή, -ῆς *f*, ear(s)
³⁷ ἀποστρέφω *3p fut act ind*, turn away
³⁸ μῦθος, -ου *m*, fanciful story
³⁹ ἐκτρέπω *3p fut pas ind*, *pas* stray after
⁴⁰ νήφω *2s pres act impv*, be calm
⁴¹ κακοπαθέω *2s aor act impv*, endure suffering
⁴² εὐαγγελιστής, -οῦ *m*, evangelist
⁴³ πληροφορέω *2s aor act impv*, carry out fully
⁴⁴ σπένδω *1s pres pas ind*, *pas* be poured out as a drink offering
⁴⁵ ἀνάλυσις, -εως *f*, death
⁴⁶ ἐφίστημι *3s pf act ind*, be near
⁴⁷ ἀγών, -ῶνος *m*, fight
⁴⁸ ἀγωνίζομαι *1s pf mid ind*, fight
⁴⁹ δρόμος, -ου *m*, course
⁵⁰ τελέω *1s pf act ind*, finish

8 λοιπὸν ἀπόκειταί[1] μοι ὁ τῆς δικαιοσύνης στέφανος[2], ὃν ἀποδώσει[3] μοι ὁ κύριος ἐν ἐκείνῃ τῇ ἡμέρᾳ, ὁ δίκαιος κριτής[4], οὐ μόνον δὲ ἐμοὶ ἀλλὰ καὶ πᾶσιν τοῖς ἠγαπηκόσιν[5] τὴν ἐπιφάνειαν[6] αὐτοῦ.

Personal Instructions

9 Σπούδασον[7] ἐλθεῖν πρός με ταχέως[8] · **10** Δημᾶς γάρ με ἐγκατέλιπεν[9] ἀγαπήσας τὸν νῦν αἰῶνα καὶ ἐπορεύθη εἰς Θεσσαλονίκην, Κρήσκης εἰς Γαλατίαν, Τίτος εἰς Δαλματίαν· **11** Λουκᾶς ἐστιν μόνος μετ' ἐμοῦ. Μᾶρκον ἀναλαβὼν[10] ἄγε μετὰ σεαυτοῦ, ἔστιν γάρ μοι εὔχρηστος[11] εἰς διακονίαν. **12** Τύχικον δὲ ἀπέστειλα[12] εἰς Ἔφεσον. **13** τὸν φαιλόνην[13] ὃν ἀπέλιπον[14] ἐν Τρῳάδι παρὰ Κάρπῳ ἐρχόμενος φέρε, καὶ τὰ βιβλία μάλιστα[15] τὰς μεμβράνας[16]. **14** Ἀλέξανδρος ὁ χαλκεὺς[17] πολλά μοι κακὰ ἐνεδείξατο[18] · ἀποδώσει[19] αὐτῷ ὁ κύριος κατὰ τὰ ἔργα αὐτοῦ· **15** ὃν καὶ σὺ φυλάσσου, λίαν[20] γὰρ ἀντέστη[21] τοῖς ἡμετέροις[22] λόγοις. **16** ἐν τῇ πρώτῃ μου ἀπολογίᾳ[23] οὐδείς μοι παρεγένετο[24], ἀλλὰ πάντες με ἐγκατέλιπον[25] · μὴ αὐτοῖς λογισθείη[26]. **17** ὁ δὲ κύριός μοι παρέστη[27] καὶ ἐνεδυνάμωσέν[28] με, ἵνα δι' ἐμοῦ τὸ κήρυγμα[29] πληροφορηθῇ[30] καὶ ἀκούσωσιν πάντα τὰ ἔθνη, καὶ ἐρρύσθην[31] ἐκ στόματος λέοντος[32]. **18** ῥύσεταί με ὁ κύριος ἀπὸ παντὸς ἔργου πονηροῦ καὶ σώσει εἰς τὴν βασιλείαν αὐτοῦ τὴν ἐπουράνιον[33] · ᾧ ἡ δόξα εἰς τοὺς αἰῶνας τῶν αἰώνων, ἀμήν.

Final Greetings

19 Ἄσπασαι Πρίσκαν καὶ Ἀκύλαν καὶ τὸν Ὀνησιφόρου οἶκον. **20** Ἔραστος ἔμεινεν[34] ἐν Κορίνθῳ, Τρόφιμον δὲ ἀπέλιπον[35] ἐν Μιλήτῳ ἀσθενοῦντα. **21** Σπούδασον[36] πρὸ χειμῶνος[37] ἐλθεῖν. ἀσπάζεταί σε Εὔβουλος καὶ Πούδης καὶ Λίνος καὶ Κλαυδία καὶ οἱ ἀδελφοὶ πάντες. **22** Ὁ κύριος μετὰ τοῦ πνεύματός σου. ἡ χάρις μεθ' ὑμῶν.

---

[1] ἀπόκειμαι 3s pres mid ind, be stored away
[2] στέφανος, -ου m, crown
[3] ἀποδίδωμι 3s fut act ind, give
[4] κριτής, -οῦ m, judge
[5] ἀγαπάω pf act ptc m p dat, love
[6] ἐπιφάνεια, -ας f, appearing
[7] σπουδάζω 2s aor act impv, do one's best
[8] ταχέως, adv, quickly
[9] ἐγκαταλείπω 3s aor act ind, forsake
[10] ἀναλαμβάνω aor act ptc m s nom, bring
[11] εὔχρηστος, -ον, useful
[12] ἀποστέλλω 1s aor act ind, send
[13] φαιλόνης, -ου m, cloak
[14] ἀπολείπω 1s aor act ind, leave behind
[15] μάλιστα, adv, especially
[16] μεμβράνα, -ης f, parchment
[17] χαλκεύς, -έως m, coppersmith
[18] ἐνδείκνυμι 3s aor mid ind, do
[19] ἀποδίδωμι 3s fut act ind, repay
[20] λίαν, adv, very much
[21] ἀνθίστημι 3s aor act ind, oppose
[22] ἡμέτερος, -α/ον, our
[23] ἀπολογία, -ας f, defense
[24] παραγίνομαι 3s aor mid ind, stand by
[25] ἐγκαταλείπω 3p aor act ind, forsake
[26] λογίζομαι 3s aor pas opt, charge against
[27] παρίστημι 3s aor act ind, stand beside
[28] ἐνδυναμόω 3s aor act ind, strengthen
[29] κήρυγμα, -τος n, message
[30] πληροφορέω 3s aor pas sub, proclaim fully
[31] ῥύομαι 1s aor pas ind, rescue
[32] λέων, -οντος m, lion
[33] ἐπουράνιος, -ον, heavenly
[34] μένω 3s aor act ind, stay
[35] ἀπολείπω 1s aor act ind, leave behind
[36] σπουδάζω 2s aor act impv, do one's best
[37] χειμών, -ῶνος m, winter

ΠΡΟΣ ΤΙΤΟΝ

Salutation

1 Παῦλος δοῦλος θεοῦ, ἀπόστολος δὲ Ἰησοῦ Χριστοῦ κατὰ πίστιν ἐκλεκτῶν¹ θεοῦ καὶ ἐπίγνωσιν² ἀληθείας τῆς κατ' εὐσέβειαν³ **2** ἐπ' ἐλπίδι ζωῆς αἰωνίου, ἣν ἐπηγγείλατο⁴ ὁ ἀψευδὴς⁵ θεὸς πρὸ χρόνων αἰωνίων, **3** ἐφανέρωσεν δὲ καιροῖς ἰδίοις τὸν λόγον αὐτοῦ ἐν κηρύγματι⁶, ὃ ἐπιστεύθην ἐγὼ κατ' ἐπιταγὴν⁷ τοῦ σωτῆρος⁸ ἡμῶν θεοῦ, **4** Τίτῳ γνησίῳ⁹ τέκνῳ κατὰ κοινὴν¹⁰ πίστιν, χάρις καὶ εἰρήνη ἀπὸ θεοῦ πατρὸς καὶ Χριστοῦ Ἰησοῦ τοῦ σωτῆρος ἡμῶν.

Titus' Work in Crete

5 Τούτου χάριν¹¹ ἀπέλιπόν¹² σε ἐν Κρήτῃ, ἵνα τὰ λείποντα¹³ ἐπιδιορθώσῃ¹⁴ καὶ καταστήσῃς¹⁵ κατὰ πόλιν πρεσβυτέρους, ὡς ἐγώ σοι διεταξάμην¹⁶, **6** εἴ τίς ἐστιν ἀνέγκλητος¹⁷, μιᾶς γυναικὸς ἀνήρ, τέκνα ἔχων πιστά, μὴ ἐν κατηγορίᾳ¹⁸ ἀσωτίας¹⁹ ἢ ἀνυπότακτα²⁰. **7** δεῖ γὰρ τὸν ἐπίσκοπον²¹ ἀνέγκλητον εἶναι ὡς θεοῦ οἰκονόμον²², μὴ αὐθάδη²³, μὴ ὀργίλον²⁴, μὴ πάροινον²⁵, μὴ πλήκτην²⁶, μὴ αἰσχροκερδῆ²⁷, **8** ἀλλὰ φιλόξενον²⁸ φιλάγαθον²⁹ σώφρονα³⁰ δίκαιον ὅσιον³¹ ἐγκρατῆ³², **9** ἀντεχόμενον³³ τοῦ κατὰ τὴν διδαχὴν³⁴ πιστοῦ λόγου, ἵνα δυνατὸς ᾖ καὶ παρακαλεῖν ἐν τῇ διδασκαλίᾳ³⁵ τῇ ὑγιαινούσῃ³⁶ καὶ τοὺς ἀντιλέγοντας³⁷ ἐλέγχειν³⁸.

[1] ἐκλεκτός, -ή/όν, chosen
[2] ἐπίγνωσις, -εως f, knowledge
[3] εὐσέβεια, -ας f, godliness
[4] ἐπαγγέλλομαι 3s aor mid ind, promise
[5] ἀψευδής, -ές, who never lies
[6] κήρυγμα, -τος n, message
[7] ἐπιταγή, -ῆς f, command
[8] σωτήρ, -ῆρος m, Savior
[9] γνήσιος, -α/ον, true
[10] κοινός, -ή/όν, in common
[11] χάριν, prep + gen, because of
[12] ἀπολείπω 1s aor act ind, leave behind
[13] λείπω pres act ptc n p acc, lack
[14] ἐπιδιορθόω 2s aor mid sub, put in order
[15] καθίστημι 2s aor act sub, appoint
[16] διατάσσω 1s aor mid ind, direct
[17] ἀνέγκλητος, -ον, beyond reproach
[18] κατηγορία, -ας f, accusation
[19] ἀσωτία, -ας f, reckless living
[20] ἀνυπότακτος, -ον, disorderly
[21] ἐπίσκοπος, -ου m, overseer/bishop
[22] οἰκονόμος, -ου m, steward
[23] αὐθάδης, -ες m, arrogant
[24] ὀργίλος, -η/ον, quick-tempered
[25] πάροινος, -ου m, drunkard
[26] πλήκτης, -ου m, a quick-tempered
[27] αἰσχροκερδής, -ές m, greedy for dishonest gain
[28] φιλόξενος, -ον, hospitable
[29] φιλάγαθος, -ον, loving what is good
[30] σώφρων, -ον, gen -ονος, sensible
[31] ὅσιος, -α/ον, holy
[32] ἐγκρατής, -ές, self-controlled
[33] ἀντέχομαι pres mid ptc m s acc, hold firmly to
[34] διδαχή, -ῆς f, what is taught
[35] διδασκαλία, -ας f, doctrine
[36] ὑγιαίνω pres act ptc f s dat, be sound
[37] ἀντιλέγω pres act ptc m p acc, oppose
[38] ἐλέγχω pres act inf, refute

10 Εἰσὶν γὰρ πολλοὶ [καὶ] ἀνυπότακτοι¹, ματαιολόγοι² καὶ φρεναπάται³, μάλιστα⁴ οἱ ἐκ τῆς περιτομῆς, **11** οὓς δεῖ ἐπιστομίζειν⁵, οἵτινες ὅλους οἴκους ἀνατρέπουσιν⁶ διδάσκοντες ἃ μὴ δεῖ αἰσχροῦ⁷ κέρδους⁸ χάριν⁹. **12** εἶπέν τις ἐξ αὐτῶν ἴδιος αὐτῶν προφήτης·

Κρῆτες ἀεὶ¹⁰ ψεῦσται¹¹, κακὰ θηρία, γαστέρες¹² ἀργαί.¹³

13 ἡ μαρτυρία αὕτη ἐστὶν ἀληθής¹⁴. δι' ἣν αἰτίαν¹⁵ ἔλεγχε¹⁶ αὐτοὺς ἀποτόμως¹⁷, ἵνα ὑγιαίνωσιν¹⁸ ἐν τῇ πίστει, **14** μὴ προσέχοντες¹⁹ Ἰουδαϊκοῖς μύθοις²⁰ καὶ ἐντολαῖς ἀνθρώπων ἀποστρεφομένων²¹ τὴν ἀλήθειαν. **15** πάντα καθαρὰ²² τοῖς καθαροῖς· τοῖς δὲ μεμιαμμένοις²³ καὶ ἀπίστοις²⁴ οὐδὲν καθαρόν, ἀλλὰ μεμίανται αὐτῶν καὶ ὁ νοῦς²⁵ καὶ ἡ συνείδησις²⁶. **16** θεὸν ὁμολογοῦσιν²⁷ εἰδέναι²⁸, τοῖς δὲ ἔργοις ἀρνοῦνται, βδελυκτοὶ²⁹ ὄντες καὶ ἀπειθεῖς³⁰ καὶ πρὸς πᾶν ἔργον ἀγαθὸν ἀδόκιμοι³¹.

The Teaching of Sound Doctrine

2 Σὺ δὲ λάλει ἃ πρέπει³² τῇ ὑγιαινούσῃ³³ διδασκαλίᾳ³⁴. **2** πρεσβύτας³⁵ νηφαλίους³⁶ εἶναι, σεμνούς³⁷, σώφρονας³⁸, ὑγιαίνοντας τῇ πίστει, τῇ ἀγάπῃ, τῇ ὑπομονῇ· **3** πρεσβύτιδας³⁹ ὡσαύτως⁴⁰ ἐν καταστήματι⁴¹ ἱεροπρεπεῖς⁴², μὴ διαβόλους μὴ οἴνῳ πολλῷ δεδουλωμένας⁴³, καλοδιδασκάλους⁴⁴, **4** ἵνα σωφρονίζωσιν⁴⁵ τὰς νέας⁴⁶ φιλάνδρους⁴⁷ εἶναι, φιλοτέκνους⁴⁸ **5** σώφρονας ἁγνὰς⁴⁹ οἰκουργοὺς⁵⁰ ἀγαθάς, ὑποτασσομένας τοῖς ἰδίοις ἀνδράσιν, ἵνα μὴ ὁ λόγος τοῦ θεοῦ βλασφημῆται.

---

¹ ἀνυπότακτος, -ον, rebellious
² ματαιολόγος, -ου m, empty talker
³ φρεναπάτης, -ου m, deceiver
⁴ μάλιστα, adv, especially
⁵ ἐπιστομίζω pres act inf, silence
⁶ ἀνατρέπω 3p pres act ind, upset
⁷ αἰσχρός, -ά/όν, dishonest
⁸ κέρδος, -ους n, gain
⁹ χάριν, prep + gen, for the sake of
¹⁰ ἀεί, adv, always
¹¹ ψεύστης, -ου m, liar
¹² γαστήρ, -τρός f, glutton
¹³ ἀργός, -ή/όν, lazy
¹⁴ ἀληθής, -ές f, true
¹⁵ αἰτία, -ας f, reason
¹⁶ ἐλέγχω 2s pres act impv, rebuke
¹⁷ ἀποτόμως, adv, sharply
¹⁸ ὑγιαίνω 3p pres act sub, be sound
¹⁹ προσέχω pres act ptc m p nom, pay attention to
²⁰ μῦθος, -ου m, myth
²¹ ἀποστρέφω pres mid ptc m p gen, mid turn away
²² καθαρός, -ά/όν, pure
²³ μιαίνω pf pas ptc m p dat, be corrupt
²⁴ ἄπιστος, -ον, unbelieving
²⁵ νοῦς, νοός m, mind
²⁶ συνείδησις, -εως f, conscience
²⁷ ὁμολογέω 3p pres act ind, confess
²⁸ οἶδα pres act inf, know
²⁹ βδελυκτός, -ή/όν, detestable
³⁰ ἀπειθής, -ές, disobedient
³¹ ἀδόκιμος, -ον, unfit
³² πρέπω 3s pres act ind, impers it is fitting
³³ ὑγιαίνω pres act ptc f s dat, be sound
³⁴ διδασκαλία, -ας f, doctrine
³⁵ πρεσβύτης, -ου m, older man
³⁶ νηφάλιος, -α/ον, temperate
³⁷ σεμνός, -ή/όν, serious
³⁸ σώφρων, -ον, gen -ονος, sensible
³⁹ πρεσβῦτις, -ιδος f, older woman
⁴⁰ ὡσαύτως, adv, in the same way
⁴¹ κατάστημα, -τος n, behavior
⁴² ἱεροπρεπής, -ές, reverent
⁴³ δουλόω pres pas ptc f p acc, pas be a slave
⁴⁴ καλοδιδάσκαλος, -ον, teaching what is good
⁴⁵ σωφρονίζω 3s pres act sub, train
⁴⁶ νέος, -α/ον, young
⁴⁷ φίλανδρος, loving one's husband
⁴⁸ φιλότεκνος, -ον, loving one's children
⁴⁹ ἁγνός, -ή/όν, pure
⁵⁰ οἰκουργός, -όν, devoted to home duties

6 Τοὺς νεωτέρους¹ ὡσαύτως² παρακάλει σωφρονεῖν³ **7** περὶ πάντα, σεαυτὸν παρεχόμενος⁴ τύπον⁵ καλῶν ἔργων, ἐν τῇ διδασκαλίᾳ ἀφθορίαν⁶, σεμνότητα⁷, **8** λόγον ὑγιῆ⁸ ἀκατάγνωστον⁹, ἵνα ὁ ἐξ ἐναντίας¹⁰ ἐντραπῇ¹¹ μηδὲν ἔχων λέγειν περὶ ἡμῶν φαῦλον¹².

9 Δούλους ἰδίοις δεσπόταις¹³ ὑποτάσσεσθαι ἐν πᾶσιν, εὐαρέστους¹⁴ εἶναι, μὴ ἀντιλέγοντας¹⁵, **10** μὴ νοσφιζομένους¹⁶, ἀλλὰ πᾶσαν πίστιν ἐνδεικνυμένους¹⁷ ἀγαθήν, ἵνα τὴν διδασκαλίαν¹⁸ τὴν τοῦ σωτῆρος¹⁹ ἡμῶν θεοῦ κοσμῶσιν²⁰ ἐν πᾶσιν.

11 Ἐπεφάνη²¹ γὰρ ἡ χάρις τοῦ θεοῦ σωτήριος²² πᾶσιν ἀνθρώποις **12** παιδεύουσα²³ ἡμᾶς, ἵνα ἀρνησάμενοι τὴν ἀσέβειαν²⁴ καὶ τὰς κοσμικὰς²⁵ ἐπιθυμίας σωφρόνως²⁶ καὶ δικαίως²⁷ καὶ εὐσεβῶς²⁸ ζήσωμεν ἐν τῷ νῦν αἰῶνι, **13** προσδεχόμενοι²⁹ τὴν μακαρίαν ἐλπίδα καὶ ἐπιφάνειαν³⁰ τῆς δόξης τοῦ μεγάλου θεοῦ καὶ σωτῆρος ἡμῶν Ἰησοῦ Χριστοῦ, **14** ὃς ἔδωκεν ἑαυτὸν ὑπὲρ ἡμῶν, ἵνα λυτρώσηται³¹ ἡμᾶς ἀπὸ πάσης ἀνομίας³² καὶ καθαρίσῃ ἑαυτῷ λαὸν περιούσιον³³, ζηλωτὴν³⁴ καλῶν ἔργων. **15** ταῦτα λάλει καὶ παρακάλει καὶ ἔλεγχε³⁵ μετὰ πάσης ἐπιταγῆς³⁶· μηδείς σου περιφρονείτω³⁷.

Maintain Good Deeds

3 Ὑπομίμνησκε³⁸ αὐτοὺς ἀρχαῖς ἐξουσίαις ὑποτάσσεσθαι, πειθαρχεῖν³⁹, πρὸς πᾶν ἔργον ἀγαθὸν ἑτοίμους⁴⁰ εἶναι, **2** μηδένα βλασφημεῖν, ἀμάχους⁴¹ εἶναι, ἐπιεικεῖς⁴², πᾶσαν ἐνδεικνυμένους⁴³ πραΰτητα⁴⁴ πρὸς πάντας ἀνθρώπους. **3** ἦμεν γάρ ποτε⁴⁵ καὶ ἡμεῖς ἀνόητοι⁴⁶, ἀπειθεῖς⁴⁷, πλανώμενοι, δουλεύοντες⁴⁸

[1] νέος, young (comp)
[2] ὡσαύτως, adv, in the same way
[3] σωφρονέω pres act inf, be sensible
[4] παρέχω pres mid ptc m s nom, present
[5] τύπος, -ου m, example
[6] ἀφθορία, -ας f, integrity
[7] σεμνότης, -ητος f, seriousness
[8] ὑγιής, -ές, sound
[9] ἀκατάγνωστος, -ον, above criticism
[10] ἐναντίος, -α/ον, opposed
[11] ἐντρέπω 3s aor pas sub, pas be made ashamed
[12] φαῦλος, -η/ον, evil
[13] δεσπότης, -ου m, master
[14] εὐάρεστος, -ον, pleasing
[15] ἀντιλέγω pres act ptc m p acc, talk back
[16] νοσφίζω pres mid ptc m p acc, mid steal
[17] ἐνδείκνυμι pres mid ptc m p acc, mid show
[18] διδασκαλία, -ας f, doctrine
[19] σωτήρ, -ῆρος m, Savior
[20] κοσμέω 3p pres act sub, make attractive
[21] ἐπιφαίνω 3s aor pas ind, appear
[22] σωτήριος, -ον, bringing salvation
[23] παιδεύω pres act ptc f s nom, train
[24] ἀσέβεια, -ας f, godlessness
[25] κοσμικός, -ή/όν, worldly
[26] σωφρόνως, adv, according to good sense
[27] δικαίως, adv, uprightly
[28] εὐσεβῶς, adv, godly
[29] προσδέχομαι pres mid ptc m p nom, wait for
[30] ἐπιφάνεια, -ας f, appearing
[31] λυτρόω 3s aor mid sub, mid redeem
[32] ἀνομία, -ας f, wickedness
[33] περιούσιος, -ον, special
[34] ζηλωτής, -οῦ m, one who is eager
[35] ἐλέγχω 2s pres act impv, rebuke
[36] ἐπιταγή, -ῆς f, authority
[37] περιφρονέω 3s pres act impv, disrespect
[38] ὑπομιμνήσκω 2s pres act impv, remind
[39] πειθαρχέω pres act inf, obey
[40] ἕτοιμος, -η/ον, ready
[41] ἄμαχος, -ον, peaceable
[42] ἐπιεικής, -ές, gentle
[43] ἐνδείκνυμι pres mid ptc m p acc, mid show
[44] πραΰτης, -ητος f, gentleness
[45] ποτέ, temporal adv, formerly
[46] ἀνόητος, -ον, foolish
[47] ἀπειθής, -ές, disobedient
[48] δουλεύω pres act ptc m p nom, serve

ἐπιθυμίαις καὶ ἡδοναῖς[1] ποικίλαις[2], ἐν κακίᾳ[3] καὶ φθόνῳ[4] διάγοντες[5], στυγητοί[6], μισοῦντες ἀλλήλους.

4 ὅτε δὲ ἡ χρηστότης[7] καὶ ἡ φιλανθρωπία[8] ἐπεφάνη[9]
τοῦ σωτῆρος[10] ἡμῶν θεοῦ,
5 οὐκ ἐξ ἔργων τῶν ἐν δικαιοσύνῃ
ἃ ἐποιήσαμεν ἡμεῖς
ἀλλὰ κατὰ τὸ αὐτοῦ ἔλεος[11]
ἔσωσεν[12] ἡμᾶς διὰ λουτροῦ[13] παλιγγενεσίας[14]
καὶ ἀνακαινώσεως[15] πνεύματος ἁγίου,
6 οὗ ἐξέχεεν[16] ἐφ' ἡμᾶς πλουσίως[17]
διὰ Ἰησοῦ Χριστοῦ τοῦ σωτῆρος ἡμῶν,
7 ἵνα δικαιωθέντες τῇ ἐκείνου χάριτι
κληρονόμοι[18] γενηθῶμεν[19] κατ' ἐλπίδα ζωῆς αἰωνίου.
8 Πιστὸς ὁ λόγος· καὶ περὶ τούτων βούλομαί σε διαβεβαιοῦσθαι[20], ἵνα φροντίζωσιν[21] καλῶν ἔργων προΐστασθαι[22] οἱ πεπιστευκότες θεῷ· ταῦτά ἐστιν καλὰ καὶ ὠφέλιμα[23] τοῖς ἀνθρώποις. **9** μωρὰς[24] δὲ ζητήσεις[25] καὶ γενεαλογίας[26] καὶ ἔρεις[27] καὶ μάχας[28] νομικὰς[29] περιΐστασο[30]· εἰσὶν γὰρ ἀνωφελεῖς[31] καὶ μάταιοι[32]. **10** αἱρετικὸν[33] ἄνθρωπον μετὰ μίαν καὶ δευτέραν νουθεσίαν[34] παραιτοῦ[35], **11** εἰδὼς[36] ὅτι ἐξέστραπται[37] ὁ τοιοῦτος καὶ ἁμαρτάνει ὢν αὐτοκατάκριτος[38].

Personal Instructions and Greetings

12 Ὅταν πέμψω Ἀρτεμᾶν πρὸς σὲ ἢ Τύχικον, σπούδασον[39] ἐλθεῖν πρός με εἰς Νικόπολιν, ἐκεῖ γὰρ κέκρικα[40] παραχειμάσαι[41]. **13** Ζηνᾶν τὸν νομικὸν[42] καὶ

[1] ἡδονή, -ῆς f, pleasure
[2] ποικίλος, -η/ον, all kinds of
[3] κακία, -ας f, evil
[4] φθόνος, -ου m, envy
[5] διάγω pres act ptc m p nom, spend (of a life)
[6] στυγητός, -ή/όν, hated
[7] χρηστότης, -ητος f, goodness
[8] φιλανθρωπία, -ας f, kindness
[9] ἐπιφαίνω 3s aor pas ind, appear
[10] σωτήρ, -ῆρος m, Savior
[11] ἔλεος, -ους n, mercy
[12] σῴζω 3s aor act ind, save
[13] λουτρόν, -οῦ n, washing
[14] παλιγγενεσία, -ας f, rebirth
[15] ἀνακαίνωσις, -εως f, renewal
[16] ἐκχέω 3s aor act ind, pour out
[17] πλουσίως, adv, richly
[18] κληρονόμος, -ου m, heir
[19] γίνομαι 1p aor pas sub, become
[20] διαβεβαιόομαι pres mid inf, insist on
[21] φροντίζω 3p pres act sub, concentrate upon
[22] προΐστημι pres mid inf, practice
[23] ὠφέλιμος, -ον, useful
[24] μωρός, -ά/όν, foolish
[25] ζήτησις, -εως f, controversy
[26] γενεαλογία, -ας f, genealogy
[27] ἔρις, -ιδος f, quarreling
[28] μάχη, -ης f, quarrel
[29] νομικός, -ή/όν, concerning the law of Moses
[30] περιΐστημι 2s pres mid impv, avoid
[31] ἀνωφελής, -ές, useless
[32] μάταιος, -α/ον, worthless
[33] αἱρετικός, -ή/όν, causing divisions
[34] νουθεσία, -ας f, warning
[35] παραιτέομαι 2s pres mid impv, have nothing to do with
[36] οἶδα pf act ptc m s nom, know
[37] ἐκστρέφω 3s pf pas ind, pas be corrupt
[38] αὐτοκατάκριτος, -ον, self-condemned
[39] σπουδάζω 2s aor act impv, do one's best
[40] κρίνω 1s pf act ind, decide
[41] παραχειμάζω aor act inf, spend the winter
[42] νομικός, -ή/όν, pertaining to the law (ὁ v. lawyer)

Ἀπολλῶν σπουδαίως¹ πρόπεμψον², ἵνα μηδὲν αὐτοῖς λείπῃ³. **14** μανθανέτωσαν⁴ δὲ καὶ οἱ ἡμέτεροι⁵ καλῶν ἔργων προΐστασθαι⁶ εἰς τὰς ἀναγκαίας⁷ χρείας, ἵνα μὴ ὦσιν ἄκαρποι⁸. **15** Ἀσπάζονταί⁹ σε οἱ μετ' ἐμοῦ πάντες. ἄσπασαι τοὺς φιλοῦντας¹⁰ ἡμᾶς ἐν πίστει. Ἡ χάρις μετὰ πάντων ὑμῶν.

ΠΡΟΣ ΦΙΛΗΜΟΝΑ

Salutation

1 Παῦλος δέσμιος¹¹ Χριστοῦ Ἰησοῦ καὶ Τιμόθεος ὁ ἀδελφὸς Φιλήμονι τῷ ἀγαπητῷ καὶ συνεργῷ¹² ἡμῶν **2** καὶ Ἀπφίᾳ τῇ ἀδελφῇ¹³ καὶ Ἀρχίππῳ τῷ συστρατιώτῃ¹⁴ ἡμῶν καὶ τῇ κατ' οἶκόν σου ἐκκλησίᾳ, **3** χάρις ὑμῖν καὶ εἰρήνη ἀπὸ θεοῦ πατρὸς ἡμῶν καὶ κυρίου Ἰησοῦ Χριστοῦ.

Philemon's Love and Faith

4 Εὐχαριστῶ τῷ θεῷ μου πάντοτε μνείαν¹⁵ σου ποιούμενος ἐπὶ τῶν προσευχῶν μου, **5** ἀκούων σου τὴν ἀγάπην καὶ τὴν πίστιν, ἣν ἔχεις πρὸς τὸν κύριον Ἰησοῦν καὶ εἰς πάντας τοὺς ἁγίους, **6** ὅπως ἡ κοινωνία¹⁶ τῆς πίστεώς σου ἐνεργὴς¹⁷ γένηται ἐν ἐπιγνώσει¹⁸ παντὸς ἀγαθοῦ τοῦ ἐν ἡμῖν εἰς Χριστόν. **7** χαρὰν γὰρ πολλὴν ἔσχον καὶ παράκλησιν¹⁹ ἐπὶ τῇ ἀγάπῃ σου, ὅτι τὰ σπλάγχνα²⁰ τῶν ἁγίων ἀναπέπαυται²¹ διὰ σοῦ, ἀδελφέ.

---

[1] σπουδαίως, *adv*, diligently
[2] προπέμπω *2s aor act impv*, send
[3] λείπω *3s pres act sub*, lack
[4] μανθάνω *3p pres act impv*, learn
[5] ἡμέτερος, -α/ον, our
[6] προΐστημι *pres mid inf*, practice
[7] ἀναγκαῖος, -α/ον, urgent
[8] ἄκαρπος, -ον, unfruitful
[9] ἀσπάζομαι *2s aor mid impv*, greet
[10] φιλέω *pres act ptc m p acc*, love
[11] δέσμιος, -ου *m*, prisoner
[12] συνεργός, -οῦ *m*, fellow-worker
[13] ἀδελφή, -ῆς *f*, sister
[14] συστρατιώτης, -ου *m*, fellow-soldier
[15] μνεία, -ας *f*, mention
[16] κοινωνία, -ας *f*, sharing
[17] ἐνεργής, -ές, effective
[18] ἐπίγνωσις, -εως *f*, knowledge
[19] παράκλησις, -εως *f*, encouragement
[20] σπλάγχνον, -ου *n*, heart
[21] ἀναπαύω *3s pf pas ind*, refresh

Paul Pleads for Onesimus

8 Διὸ πολλὴν ἐν Χριστῷ παρρησίαν ἔχων ἐπιτάσσειν¹ σοι τὸ ἀνῆκον² **9** διὰ τὴν ἀγάπην μᾶλλον παρακαλῶ, τοιοῦτος ὢν ὡς Παῦλος πρεσβύτης³ νυνὶ⁴ δὲ καὶ δέσμιος⁵ Χριστοῦ Ἰησοῦ· **10** παρακαλῶ σε περὶ τοῦ ἐμοῦ τέκνου, ὃν ἐγέννησα⁶ ἐν τοῖς δεσμοῖς⁷, Ὀνήσιμον, **11** τόν ποτέ⁸ σοι ἄχρηστον⁹ νυνὶ δὲ [καὶ] σοὶ καὶ ἐμοὶ εὔχρηστον¹⁰, **12** ὃν ἀνέπεμψά¹¹ σοι, αὐτόν, τοῦτ᾽ ἔστιν τὰ ἐμὰ σπλάγχνα¹²· **13** ὃν ἐγὼ ἐβουλόμην πρὸς ἐμαυτὸν κατέχειν¹³, ἵνα ὑπὲρ σοῦ μοι διακονῇ ἐν τοῖς δεσμοῖς τοῦ εὐαγγελίου, **14** χωρὶς δὲ τῆς σῆς¹⁴ γνώμης¹⁵ οὐδὲν ἠθέλησα ποιῆσαι, ἵνα μὴ ὡς κατὰ ἀνάγκην¹⁶ τὸ ἀγαθόν σου ᾖ ἀλλὰ κατὰ ἑκούσιον¹⁷.

15 Τάχα¹⁸ γὰρ διὰ τοῦτο ἐχωρίσθη¹⁹ πρὸς ὥραν, ἵνα αἰώνιον αὐτὸν ἀπέχῃς²⁰, **16** οὐκέτι ὡς δοῦλον ἀλλ᾽ ὑπὲρ δοῦλον, ἀδελφὸν ἀγαπητόν, μάλιστα²¹ ἐμοί, πόσῳ²² δὲ μᾶλλον σοὶ καὶ ἐν σαρκὶ καὶ ἐν κυρίῳ. **17** εἰ οὖν με ἔχεις κοινωνόν²³, προσλαβοῦ²⁴ αὐτὸν ὡς ἐμέ. **18** εἰ δέ τι ἠδίκησέν²⁵ σε ἢ ὀφείλει, τοῦτο ἐμοὶ ἐλλόγα²⁶. **19** ἐγὼ Παῦλος ἔγραψα τῇ ἐμῇ χειρί, ἐγὼ ἀποτίσω²⁷· ἵνα μὴ λέγω σοι ὅτι καὶ σεαυτόν μοι προσοφείλεις²⁸. **20** ναὶ ἀδελφέ, ἐγώ σου ὀναίμην²⁹ ἐν κυρίῳ· ἀνάπαυσόν³⁰ μου τὰ σπλάγχνα³¹ ἐν Χριστῷ.

21 Πεποιθὼς³² τῇ ὑπακοῇ³³ σου ἔγραψά σοι, εἰδὼς³⁴ ὅτι καὶ ὑπὲρ ἃ λέγω ποιήσεις. **22** ἅμα³⁵ δὲ καὶ ἑτοίμαζέ μοι ξενίαν³⁶· ἐλπίζω γὰρ ὅτι διὰ τῶν προσευχῶν ὑμῶν χαρισθήσομαι³⁷ ὑμῖν.

Final Greetings

23 Ἀσπάζεταί σε Ἐπαφρᾶς ὁ συναιχμάλωτός³⁸ μου ἐν Χριστῷ Ἰησοῦ, **24** Μᾶρκος, Ἀρίσταρχος, Δημᾶς, Λουκᾶς, οἱ συνεργοί³⁹ μου.
25 Ἡ χάρις τοῦ κυρίου Ἰησοῦ Χριστοῦ μετὰ τοῦ πνεύματος ὑμῶν.

---

1 ἐπιτάσσω pres act inf, command
2 ἀνήκω pres act ptc n s acc, impers be appropriate
3 πρεσβύτης, -ου m, old man
4 νυνί, adv, now
5 δέσμιος, -ου m, prisoner
6 γεννάω 1s aor act ind, be father of
7 δεσμός, -οῦ m, imprisonment
8 ποτέ, temporal adv, formerly
9 ἄχρηστος, -ον, useless
10 εὔχρηστος, -ον, useful
11 ἀναπέμπω 1s aor act ind, send back
12 σπλάγχνον, -ου n, heart
13 κατέχω pres act inf, keep
14 σός, σή, σόν, your
15 γνώμη, -ης f, consent
16 ἀνάγκη, -ης f, compulsion
17 ἑκούσιου, -α/ον, willing
18 τάχα, adv, perhaps
19 χωρίζω 3s aor pas ind, separate
20 ἀπέχω 2s pres act sub, have back
21 μάλιστα, adv, especially
22 πόσος, -η/ον, how much
23 κοινωνός, -οῦ m, partner
24 προσλαμβάνω 2s aor mid impv, mid welcome
25 ἀδικέω 3s pres act ind, wrong
26 ἐλλογέω 2s pres act impv, charge to one's account
27 ἀποτίνω 1s fut act ind, repay
28 προσοφείλω 2s pres act ind, owe
29 ὀνίνημι/ὀνίναμαι 1s aor mid opt, mid benefit
30 ἀναπαύω 2s aor act impv, refresh
31 σπλάγχνον, -ου n, heart
32 πείθω pf act ptc m s nom, convince
33 ὑπακοή, -ῆς f, obedience
34 οἶδα pf act ptc m s nom, know
35 ἅμα, adv, at the same time
36 ξενία, -ας f, guest room
37 χαρίζομαι 1s fut pas ind, be returned
38 συναιχμάλωτος, -ου m, fellow-prisoner
39 συνεργός, -οῦ m, fellow-worker

ΑΠΟΚΑΛΥΨΙΣ ΙΩΑΝΝΟΥ

Introduction and Salutation

1 Ἀποκάλυψις¹ Ἰησοῦ Χριστοῦ ἣν ἔδωκεν αὐτῷ ὁ θεὸς δεῖξαι² τοῖς δούλοις αὐτοῦ ἃ δεῖ γενέσθαι ἐν τάχει³, καὶ ἐσήμανεν⁴ ἀποστείλας⁵ διὰ τοῦ ἀγγέλου αὐτοῦ τῷ δούλῳ αὐτοῦ Ἰωάννῃ, 2 ὃς ἐμαρτύρησεν τὸν λόγον τοῦ θεοῦ καὶ τὴν μαρτυρίαν Ἰησοῦ Χριστοῦ ὅσα εἶδεν. 3 μακάριος ὁ ἀναγινώσκων καὶ οἱ ἀκούοντες τοὺς λόγους τῆς προφητείας⁶ καὶ τηροῦντες τὰ ἐν αὐτῇ γεγραμμένα⁷, ὁ γὰρ καιρὸς ἐγγύς⁸.

4 Ἰωάννης ταῖς ἑπτὰ ἐκκλησίαις ταῖς ἐν τῇ Ἀσίᾳ· χάρις ὑμῖν καὶ εἰρήνη ἀπὸ ὁ ὢν καὶ ὁ ἦν καὶ ὁ ἐρχόμενος καὶ ἀπὸ τῶν ἑπτὰ πνευμάτων ἃ ἐνώπιον τοῦ θρόνου αὐτοῦ 5 καὶ ἀπὸ Ἰησοῦ Χριστοῦ, ὁ μάρτυς, ὁ πιστός, ὁ πρωτότοκος⁹ τῶν νεκρῶν καὶ ὁ ἄρχων τῶν βασιλέων τῆς γῆς. τῷ ἀγαπῶντι ἡμᾶς καὶ λύσαντι ἡμᾶς ἐκ τῶν ἁμαρτιῶν ἡμῶν ἐν τῷ αἵματι αὐτοῦ, 6 καὶ ἐποίησεν ἡμᾶς βασιλείαν, ἱερεῖς τῷ θεῷ καὶ πατρὶ αὐτοῦ, αὐτῷ ἡ δόξα καὶ τὸ κράτος¹⁰ εἰς τοὺς αἰῶνας τῶν αἰώνων· ἀμήν.

7 ἰδοὺ ἔρχεται μετὰ τῶν νεφελῶν¹¹,
    καὶ ὄψεται¹² αὐτὸν πᾶς ὀφθαλμὸς
    καὶ οἵτινες αὐτὸν ἐξεκέντησαν¹³,
    καὶ κόψονται¹⁴ ἐπ' αὐτὸν πᾶσαι αἱ φυλαὶ τῆς γῆς.
ναί, ἀμήν.

8 Ἐγώ εἰμι τὸ ἄλφα¹⁵ καὶ τὸ ὦ¹⁶, λέγει κύριος ὁ θεός, ὁ ὢν καὶ ὁ ἦν καὶ ὁ ἐρχόμενος, ὁ παντοκράτωρ¹⁷.

---

[1] ἀποκάλυψις, -εως f, revelation
[2] δείκνυμι aor act inf, show
[3] τάχος, -ους n, quickness (ἐν τ. soon)
[4] σημαίνω 3s aor act ind, make known
[5] ἀποστέλλω aor act ptc m s nom, send
[6] προφητεία, -ας f, prophecy
[7] γράφω pf pas ptc n p acc, write
[8] ἐγγύς, adv, near
[9] πρωτότοκος, -ον, first-born
[10] κράτος, -ους n, power
[11] νεφέλη, -ης f, cloud
[12] ὁράω 3s fut mid ind, see
[13] ἐκκεντέω 3p aor act ind, pierce
[14] κόπτω 3p fut mid ind, mid mourn
[15] ἄλφα, alpha (metaph., τὸ ἄ. καὶ τὸ ὦ the first and last)
[16] ὦ, omega
[17] παντοκράτωρ, -ορος m, the Almighty

A Vision of Christ

9 Ἐγὼ Ἰωάννης, ὁ ἀδελφὸς ὑμῶν καὶ συγκοινωνὸς[1] ἐν τῇ θλίψει καὶ βασιλείᾳ καὶ ὑπομονῇ ἐν Ἰησοῦ, ἐγενόμην[2] ἐν τῇ νήσῳ[3] τῇ καλουμένῃ Πάτμῳ διὰ τὸν λόγον τοῦ θεοῦ καὶ διὰ τὴν μαρτυρίαν Ἰησοῦ. 10 ἐγενόμην ἐν πνεύματι ἐν τῇ κυριακῇ[4] ἡμέρᾳ καὶ ἤκουσα ὀπίσω μου φωνὴν μεγάλην ὡς σάλπιγγος[5] 11 λεγούσης· ὃ βλέπεις γράψον[6] εἰς βιβλίον καὶ πέμψον[7] ταῖς ἑπτὰ ἐκκλησίαις, εἰς Ἔφεσον καὶ εἰς Σμύρναν καὶ εἰς Πέργαμον καὶ εἰς Θυάτειρα καὶ εἰς Σάρδεις καὶ εἰς Φιλαδέλφειαν καὶ εἰς Λαοδίκειαν.

12 Καὶ ἐπέστρεψα[8] βλέπειν τὴν φωνὴν ἥτις ἐλάλει μετ' ἐμοῦ, καὶ ἐπιστρέψας εἶδον ἑπτὰ λυχνίας[9] χρυσᾶς[10] 13 καὶ ἐν μέσῳ τῶν λυχνιῶν ὅμοιον υἱῷ ἀνθρώπου ἐνδεδυμένον[11] ποδήρη[12] καὶ περιεζωσμένον[13] πρὸς τοῖς μαστοῖς[14] ζώνην[15] χρυσᾶν. 14 ἡ δὲ κεφαλὴ αὐτοῦ καὶ αἱ τρίχες[16] λευκαὶ[17] ὡς ἔριον[18] λευκὸν ὡς χιὼν[19] καὶ οἱ ὀφθαλμοὶ αὐτοῦ ὡς φλὸξ[20] πυρὸς 15 καὶ οἱ πόδες αὐτοῦ ὅμοιοι χαλκολιβάνῳ[21] ὡς ἐν καμίνῳ[22] πεπυρωμένης[23] καὶ ἡ φωνὴ αὐτοῦ ὡς φωνὴ ὑδάτων[24] πολλῶν, 16 καὶ ἔχων ἐν τῇ δεξιᾷ χειρὶ αὐτοῦ ἀστέρας[25] ἑπτὰ καὶ ἐκ τοῦ στόματος αὐτοῦ ῥομφαία[26] δίστομος[27] ὀξεῖα[28] ἐκπορευομένη καὶ ἡ ὄψις[29] αὐτοῦ ὡς ὁ ἥλιος φαίνει ἐν τῇ δυνάμει αὐτοῦ.

17 Καὶ ὅτε εἶδον αὐτόν, ἔπεσα[30] πρὸς τοὺς πόδας αὐτοῦ ὡς νεκρός, καὶ ἔθηκεν[31] τὴν δεξιὰν αὐτοῦ ἐπ' ἐμὲ λέγων· μὴ φοβοῦ· ἐγώ εἰμι ὁ πρῶτος καὶ ὁ ἔσχατος 18 καὶ ὁ ζῶν[32], καὶ ἐγενόμην νεκρὸς καὶ ἰδοὺ ζῶν εἰμι εἰς τοὺς αἰῶνας τῶν αἰώνων καὶ ἔχω τὰς κλεῖς[33] τοῦ θανάτου καὶ τοῦ ᾅδου[34]. 19 γράψον οὖν ἃ εἶδες καὶ ἃ εἰσὶν καὶ ἃ μέλλει γενέσθαι μετὰ ταῦτα. 20 τὸ μυστήριον[35] τῶν ἑπτὰ ἀστέρων οὓς εἶδες ἐπὶ τῆς δεξιᾶς μου καὶ τὰς ἑπτὰ λυχνίας τὰς χρυσᾶς· οἱ ἑπτὰ ἀστέρες ἄγγελοι τῶν ἑπτὰ ἐκκλησιῶν εἰσιν καὶ αἱ λυχνίαι αἱ ἑπτὰ ἑπτὰ ἐκκλησίαι εἰσίν.

---

[1] συγκοινωνός, -οῦ m, sharer
[2] γίνομαι 1s aor mid ind, be
[3] νῆσος, -ου f, island
[4] κυριακός, -ή/όν, belonging to the Lord
[5] σάλπιγξ, -ιγγος f, trumpet
[6] γράφω 2s aor act impv, write
[7] πέμπω 2s aor act impv, send
[8] ἐπιστρέφω 1s aor act ind, turn
[9] λυχνία, -ας f, lampstand
[10] χρυσοῦς, -ῆ/οῦν, made of gold
[11] ἐνδύω pf mid ptc m s acc, mid wear
[12] ποδήρης, -ους m, long robe
[13] περιζώννυμι pf pas or mid ptc m s acc, wrap around
[14] μαστός, -οῦ m, chest
[15] ζώνη, -ης f, belt
[16] θρίξ, τριχός f, hair
[17] λευκός, -ή/όν, white
[18] ἔριον, -ου n, wool
[19] χιών, -όνος f, snow
[20] φλόξ, φλογός f, flame
[21] χαλκολίβανον, -ου n, brass
[22] κάμινος, -ου f, furnace
[23] πυρόω pf pas ptc f s gen, refine
[24] ὕδωρ, ὕδατος n, water
[25] ἀστήρ, -έρος m, star
[26] ῥομφαία, -ας f, sword
[27] δίστομος, -ον, double-edged
[28] ὀξύς, -εῖα/ύ, sharp
[29] ὄψις, -εως f, face
[30] πίπτω 1s aor act ind, fall
[31] τίθημι 3s aor act ind, put
[32] ζάω pres act ptc m s nom, be alive
[33] κλείς, κλειδός f, key
[34] ᾅδης, -ου m, Hades/world of the dead
[35] μυστήριον, -ου n, mystery

The Message to Ephesus

2 Τῷ ἀγγέλῳ τῆς ἐν Ἐφέσῳ ἐκκλησίας γράψον¹· τάδε² λέγει ὁ κρατῶν τοὺς ἑπτὰ ἀστέρας³ ἐν τῇ δεξιᾷ αὐτοῦ, ὁ περιπατῶν ἐν μέσῳ τῶν ἑπτὰ λυχνιῶν⁴ τῶν χρυσῶν⁵· **2** οἶδα τὰ ἔργα σου καὶ τὸν κόπον⁶ καὶ τὴν ὑπομονήν σου καὶ ὅτι οὐ δύνῃ⁷ βαστάσαι⁸ κακούς, καὶ ἐπείρασας⁹ τοὺς λέγοντας ἑαυτοὺς ἀποστόλους καὶ οὐκ εἰσὶν καὶ εὗρες¹⁰ αὐτοὺς ψευδεῖς¹¹, **3** καὶ ὑπομονὴν ἔχεις καὶ ἐβάστασας διὰ τὸ ὄνομά μου καὶ οὐκ ἐκοπίασας¹². **4** ἀλλ' ἔχω κατὰ σοῦ ὅτι τὴν ἀγάπην σου τὴν πρώτην ἀφῆκες¹³. **5** μνημόνευε¹⁴ οὖν πόθεν¹⁵ πέπτωκας¹⁶ καὶ μετανόησον¹⁷ καὶ τὰ πρῶτα ἔργα ποίησον· εἰ δὲ μή, ἔρχομαί σοι καὶ κινήσω¹⁸ τὴν λυχνίαν σου ἐκ τοῦ τόπου αὐτῆς, ἐὰν μὴ μετανοήσῃς. **6** ἀλλὰ τοῦτο ἔχεις, ὅτι μισεῖς τὰ ἔργα τῶν Νικολαϊτῶν ἃ κἀγὼ μισῶ.

7 Ὁ ἔχων οὖς ἀκουσάτω τί τὸ πνεῦμα λέγει ταῖς ἐκκλησίαις. τῷ νικῶντι¹⁹ δώσω²⁰ αὐτῷ φαγεῖν²¹ ἐκ τοῦ ξύλου²² τῆς ζωῆς, ὅ ἐστιν ἐν τῷ παραδείσῳ²³ τοῦ θεοῦ.

The Message to Smyrna

8 Καὶ τῷ ἀγγέλῳ τῆς ἐν Σμύρνῃ ἐκκλησίας γράψον· τάδε λέγει ὁ πρῶτος καὶ ὁ ἔσχατος, ὃς ἐγένετο νεκρὸς καὶ ἔζησεν²⁴· **9** οἶδά σου τὴν θλῖψιν καὶ τὴν πτωχείαν²⁵, ἀλλὰ πλούσιος²⁶ εἶ, καὶ τὴν βλασφημίαν²⁷ ἐκ τῶν λεγόντων Ἰουδαίους εἶναι ἑαυτοὺς καὶ οὐκ εἰσὶν ἀλλὰ συναγωγὴ τοῦ σατανᾶ. **10** μηδὲν φοβοῦ ἃ μέλλεις πάσχειν. ἰδοὺ μέλλει βάλλειν ὁ διάβολος ἐξ ὑμῶν εἰς φυλακὴν ἵνα πειρασθῆτε²⁸ καὶ ἕξετε θλῖψιν ἡμερῶν δέκα²⁹. γίνου³⁰ πιστὸς ἄχρι θανάτου, καὶ δώσω σοι τὸν στέφανον³¹ τῆς ζωῆς.

11 Ὁ ἔχων οὖς ἀκουσάτω τί τὸ πνεῦμα λέγει ταῖς ἐκκλησίαις. ὁ νικῶν οὐ μὴ ἀδικηθῇ³² ἐκ τοῦ θανάτου τοῦ δευτέρου.

---

[1] γράφω 2s aor act impv, write
[2] ὅδε, ἥδε, τόδε, this
[3] ἀστήρ, -έρος m, star
[4] λυχνία, -ας f, lampstand
[5] χρυσοῦς, -ῆ/οῦν, made of gold
[6] κόπος, -ου m, hard work
[7] δύναμαι 2s pres pas ind, can
[8] βαστάζω aor act inf, endure
[9] πειράζω 2s aor act ind, put to the test
[10] εὑρίσκω 2s aor act ind, find
[11] ψευδής, -ές, false
[12] κοπιάω 2s aor act ind, grow weary
[13] ἀφίημι 2s aor act ind, leave
[14] μνημονεύω 2s pres act impv, remember
[15] πόθεν, adv, from where
[16] πίπτω 2s pf act ind, fall
[17] μετανοέω 2s aor act impv, repent
[18] κινέω 1s fut act ind, remove
[19] νικάω pres act ptc m s dat, be victorious
[20] δίδωμι 1s fut act ind, give
[21] ἐσθίω aor act inf, eat
[22] ξύλον, -ου n, tree
[23] παράδεισος, -ου m, paradise
[24] ζάω 3s aor act ind, be alive
[25] πτωχεία, -ας f, poverty
[26] πλούσιος, -α/ον, rich
[27] βλασφημία, -ας f, slander
[28] πειράζω 2p aor pas sub, put to the test
[29] δέκα, ten
[30] γίνομαι 2s pres mid impv, be
[31] στέφανος, -ου m, crown
[32] ἀδικέω 3s aor pas sub, hurt

The Message to Pergamum

12 Καὶ τῷ ἀγγέλῳ τῆς ἐν Περγάμῳ ἐκκλησίας γράψον· τάδε[1] λέγει ὁ ἔχων τὴν ῥομφαίαν[2] τὴν δίστομον[3] τὴν ὀξεῖαν[4]· **13** οἶδα ποῦ κατοικεῖς, ὅπου ὁ θρόνος τοῦ σατανᾶ, καὶ κρατεῖς τὸ ὄνομά μου καὶ οὐκ ἠρνήσω[5] τὴν πίστιν μου καὶ ἐν ταῖς ἡμέραις ἀντίπας[6] ὁ μάρτυς μου ὁ πιστός, ὃς ἀπεκτάνθη[7] παρ' ὑμῖν, ὅπου ὁ σατανᾶς κατοικεῖ. **14** ἀλλ' ἔχω κατὰ σοῦ ὀλίγα ὅτι ἔχεις ἐκεῖ κρατοῦντας τὴν διδαχὴν[8] Βαλαάμ, ὃς ἐδίδασκεν τῷ Βαλὰκ βαλεῖν[9] σκάνδαλον[10] ἐνώπιον τῶν υἱῶν Ἰσραὴλ φαγεῖν[11] εἰδωλόθυτα[12] καὶ πορνεῦσαι[13]. **15** οὕτως ἔχεις καὶ σὺ κρατοῦντας τὴν διδαχὴν τῶν Νικολαϊτῶν ὁμοίως[14]. **16** μετανόησον[15] οὖν· εἰ δὲ μή, ἔρχομαί σοι ταχὺ[16] καὶ πολεμήσω[17] μετ' αὐτῶν ἐν τῇ ῥομφαίᾳ τοῦ στόματός μου. **17** Ὁ ἔχων οὖς ἀκουσάτω τί τὸ πνεῦμα λέγει ταῖς ἐκκλησίαις. τῷ νικῶντι[18] δώσω[19] αὐτῷ τοῦ μάννα[20] τοῦ κεκρυμμένου[21] καὶ δώσω αὐτῷ ψῆφον[22] λευκήν[23], καὶ ἐπὶ τὴν ψῆφον ὄνομα καινὸν γεγραμμένον[24] ὃ οὐδεὶς οἶδεν εἰ μὴ ὁ λαμβάνων.

The Message to Thyatira

18 Καὶ τῷ ἀγγέλῳ τῆς ἐν Θυατείροις ἐκκλησίας γράψον· τάδε[25] λέγει ὁ υἱὸς τοῦ θεοῦ, ὁ ἔχων τοὺς ὀφθαλμοὺς αὐτοῦ ὡς φλόγα[26] πυρὸς καὶ οἱ πόδες αὐτοῦ ὅμοιοι χαλκολιβάνῳ[27]· **19** οἶδά σου τὰ ἔργα καὶ τὴν ἀγάπην καὶ τὴν πίστιν καὶ τὴν διακονίαν καὶ τὴν ὑπομονήν σου, καὶ τὰ ἔργα σου τὰ ἔσχατα πλείονα[28] τῶν πρώτων. **20** ἀλλ' ἔχω κατὰ σοῦ ὅτι ἀφεῖς[29] τὴν γυναῖκα Ἰεζάβελ, ἡ λέγουσα ἑαυτὴν προφῆτιν[30] καὶ διδάσκει καὶ πλανᾷ τοὺς ἐμοὺς δούλους πορνεῦσαι καὶ φαγεῖν εἰδωλόθυτα. **21** καὶ ἔδωκα αὐτῇ χρόνον ἵνα μετανοήσῃ, καὶ οὐ θέλει μετανοῆσαι ἐκ τῆς πορνείας[31] αὐτῆς. **22** ἰδοὺ βάλλω αὐτὴν εἰς κλίνην[32] καὶ τοὺς μοιχεύοντας[33] μετ' αὐτῆς εἰς θλῖψιν μεγάλην, ἐὰν μὴ μετανοήσωσιν ἐκ τῶν ἔργων αὐτῆς, **23** καὶ τὰ τέκνα αὐτῆς ἀποκτενῶ[34] ἐν θανάτῳ. καὶ γνώσονται[35] πᾶσαι αἱ ἐκκλησίαι

---

[1] ὅδε, ἥδε, τόδε, this
[2] ῥομφαία, -ας f, sword
[3] δίστομος, -ον, double-edged
[4] ὀξύς, -εῖα/ύ, sharp
[5] ἀρνέομαι 2s aor mid ind, deny
[6] ἀντιλέγω aor act ptc m s nom, contradict or: Ἀντιπᾶς, Antipas (proper name)
[7] ἀποκτείνω 3s aor pas ind, kill
[8] διδαχή, -ῆς f, teaching
[9] βάλλω aor act inf, put
[10] σκάνδαλον, -ου n, stumbling block
[11] ἐσθίω aor act inf, eat

[12] εἰδωλόθυτος, -ον, (food) sacrificed to idols
[13] πορνεύω aor act inf, commit sexual immorality
[14] ὁμοίως, adv, in the same way
[15] μετανοέω 2s aor act impv, repent
[16] ταχύς, adv, quick
[17] πολεμέω 1s fut act ind, fight
[18] νικάω pres act ptc m s dat, be victorious
[19] δίδωμι 1s fut act ind, give
[20] μάννα, n, manna
[21] κρύπτω pf pas ptc n s gen, hide
[22] ψῆφος, -ου f, stone

[23] λευκός, -ή/όν, white
[24] γράφω pf pas ptc n s acc, write
[25] ὅδε, ἥδε, τόδε, this
[26] φλόξ, φλογός f, flame
[27] χαλκολίβανον, -ου n, brass
[28] πολύς, much (comp)
[29] ἀφίημι 2s pres act ind, tolerate
[30] προφῆτις, -ιδος f, prophetess
[31] πορνεία, -ας f, sexual immorality
[32] κλίνη, -ης f, bed
[33] μοιχεύω pres act ptc m p acc, commit adultery
[34] ἀποκτείνω 1s fut act ind, kill
[35] γινώσκω 3p fut mid ind, know

ὅτι ἐγώ εἰμι ὁ ἐραυνῶν¹ νεφροὺς² καὶ καρδίας, καὶ δώσω ὑμῖν ἑκάστῳ κατὰ τὰ ἔργα ὑμῶν. 24 ὑμῖν δὲ λέγω τοῖς λοιποῖς τοῖς ἐν Θυατείροις, ὅσοι οὐκ ἔχουσιν τὴν διδαχὴν³ ταύτην, οἵτινες οὐκ ἔγνωσαν⁴ τὰ βαθέα⁵ τοῦ σατανᾶ ὡς λέγουσιν· οὐ βάλλω ἐφ' ὑμᾶς ἄλλο βάρος⁶, 25 πλὴν ὃ ἔχετε κρατήσατε ἄχρις οὗ ἂν ἥξω.⁷ 26 Καὶ ὁ νικῶν καὶ ὁ τηρῶν ἄχρι τέλους τὰ ἔργα μου, δώσω αὐτῷ ἐξουσίαν ἐπὶ τῶν ἐθνῶν 27 καὶ **ποιμανεῖ**⁸ **αὐτοὺς ἐν ῥάβδῳ**⁹ **σιδηρᾷ**¹⁰ **ὡς τὰ σκεύη**¹¹ **τὰ κεραμικὰ**¹² **συντρίβεται**¹³, 28 ὡς κἀγὼ εἴληφα¹⁴ παρὰ τοῦ πατρός μου, καὶ δώσω αὐτῷ τὸν ἀστέρα¹⁵ τὸν πρωϊνόν¹⁶. 29 ὁ ἔχων οὖς ἀκουσάτω τί τὸ πνεῦμα λέγει ταῖς ἐκκλησίαις.

The Message to Sardis

3 Καὶ τῷ ἀγγέλῳ τῆς ἐν Σάρδεσιν ἐκκλησίας γράψον¹⁷· τάδε¹⁸ λέγει ὁ ἔχων τὰ ἑπτὰ πνεύματα τοῦ θεοῦ καὶ τοὺς ἑπτὰ ἀστέρας¹⁹· οἶδά σου τὰ ἔργα ὅτι ὄνομα ἔχεις ὅτι ζῇς, καὶ νεκρὸς εἶ. 2 γίνου²⁰ γρηγορῶν²¹ καὶ στήρισον²² τὰ λοιπὰ ἃ ἔμελλον ἀποθανεῖν²³, οὐ γὰρ εὕρηκά²⁴ σου τὰ ἔργα πεπληρωμένα ἐνώπιον τοῦ θεοῦ μου. 3 μνημόνευε²⁵ οὖν πῶς εἴληφας²⁶ καὶ ἤκουσας καὶ τήρει καὶ μετανόησον²⁷. ἐὰν οὖν μὴ γρηγορήσῃς²⁸, ἥξω²⁹ ὡς κλέπτης³⁰, καὶ οὐ μὴ γνῷς³¹ ποίαν ὥραν ἥξω ἐπὶ σέ. 4 ἀλλ' ἔχεις ὀλίγα ὀνόματα ἐν Σάρδεσιν ἃ οὐκ ἐμόλυναν³² τὰ ἱμάτια αὐτῶν, καὶ περιπατήσουσιν μετ' ἐμοῦ ἐν λευκοῖς³³, ὅτι ἄξιοί εἰσιν.

5 Ὁ νικῶν³⁴ οὕτως περιβαλεῖται³⁵ ἐν ἱματίοις λευκοῖς καὶ οὐ μὴ ἐξαλείψω³⁶ τὸ ὄνομα αὐτοῦ ἐκ τῆς βίβλου³⁷ τῆς ζωῆς καὶ ὁμολογήσω³⁸ τὸ ὄνομα αὐτοῦ ἐνώπιον τοῦ πατρός μου καὶ ἐνώπιον τῶν ἀγγέλων αὐτοῦ. 6 ὁ ἔχων οὖς ἀκουσάτω τί τὸ πνεῦμα λέγει ταῖς ἐκκλησίαις.

---

[1] ἐραυνάω *pres act ptc m s nom*, search
[2] νεφρός, -οῦ *m*, thought
[3] διδαχή, -ῆς *f*, teaching
[4] γινώσκω *3p aor act ind*, know
[5] βαθύς, -εῖα/ύ, deep (τὰ β. the deep secrets)
[6] βάρος, -ους *n*, burden
[7] ἥκω *1s aor act sub*, come
[8] ποιμαίνω *3s fut act ind*, rule
[9] ῥάβδος, -ου *f*, rod
[10] σιδηροῦς, -ᾶ/οῦν, made of iron
[11] σκεῦος, -ους *n*, dish
[12] κεραμικός, -ή/όν, made of clay
[13] συντρίβω *3s pres pas ind*, break in pieces
[14] λαμβάνω *1s pf act ind*, receive
[15] ἀστήρ, -έρος *m*, star
[16] πρωϊνός, -ή/όν, morning
[17] γράφω *2s aor act impv*, write
[18] ὅδε, ἥδε, τόδε, this
[19] ἀστήρ, -έρος *m*, star
[20] γίνομαι *2s pres mid impv*, be
[21] γρηγορέω *pres act ptc m s nom*, be awake
[22] στηρίζω *2s aor act impv*, strengthen
[23] ἀποθνήσκω *aor act inf*, die
[24] εὑρίσκω *1s pf act ind*, find
[25] μνημονεύω *2s pres act impv*, remember
[26] λαμβάνω *2s pf act ind*, receive
[27] μετανοέω *2s aor act impv*, repent
[28] γρηγορέω *2s aor act sub*, wake up
[29] ἥκω *1s aor act sub*, come
[30] κλέπτης, -ου *m*, thief
[31] γινώσκω *2s aor act sub*, know
[32] μολύνω *3p aor act ind*, defile
[33] λευκός, -ή/όν, white
[34] νικάω *pres act ptc m s nom*, be victorious
[35] περιβάλλω *3s fut mid ind*, clothe
[36] ἐξαλείφω *1s aor act sub*, wipe away
[37] βίβλος, -ου *f*, book
[38] ὁμολογέω *1s fut act ind*, confess

The Message to Philadelphia

7 Καὶ τῷ ἀγγέλῳ τῆς ἐν Φιλαδελφείᾳ ἐκκλησίας γράψον· τάδε[1] λέγει ὁ ἅγιος, ὁ ἀληθινός[2], ὁ ἔχων τὴν κλεῖν[3] τοῦ Δαυίδ, ὁ ἀνοίγων καὶ οὐδεὶς κλείσει[4] καὶ κλείων καὶ οὐδεὶς ἀνοίγει· **8** οἶδά σου τὰ ἔργα, ἰδοὺ δέδωκα[5] ἐνώπιόν σου θύραν ἠνεῳγμένην[6], ἣν οὐδεὶς δύναται κλεῖσαι αὐτήν, ὅτι μικρὰν ἔχεις δύναμιν καὶ ἐτήρησάς[7] μου τὸν λόγον καὶ οὐκ ἠρνήσω[8] τὸ ὄνομά μου. **9** ἰδοὺ διδῶ[9] ἐκ τῆς συναγωγῆς τοῦ σατανᾶ τῶν λεγόντων ἑαυτοὺς Ἰουδαίους εἶναι, καὶ οὐκ εἰσὶν ἀλλὰ ψεύδονται[10]. ἰδοὺ ποιήσω αὐτοὺς ἵνα ἥξουσιν καὶ προσκυνήσουσιν ἐνώπιον τῶν ποδῶν σου καὶ γνῶσιν[11] ὅτι ἐγὼ ἠγάπησά[12] σε. **10** ὅτι ἐτήρησας τὸν λόγον τῆς ὑπομονῆς μου, κἀγώ σε τηρήσω ἐκ τῆς ὥρας τοῦ πειρασμοῦ[13] τῆς μελλούσης ἔρχεσθαι ἐπὶ τῆς οἰκουμένης[14] ὅλης πειράσαι τοὺς κατοικοῦντας ἐπὶ τῆς γῆς. **11** ἔρχομαι ταχύ[15]· κράτει ὃ ἔχεις, ἵνα μηδεὶς λάβῃ[16] τὸν στέφανόν[17] σου.

12 Ὁ νικῶν ποιήσω αὐτὸν στῦλον[18] ἐν τῷ ναῷ τοῦ θεοῦ μου καὶ ἔξω οὐ μὴ ἐξέλθῃ[19] ἔτι καὶ γράψω ἐπ᾽ αὐτὸν τὸ ὄνομα τοῦ θεοῦ μου καὶ τὸ ὄνομα τῆς πόλεως τοῦ θεοῦ μου, τῆς καινῆς Ἰερουσαλὴμ ἡ καταβαίνουσα ἐκ τοῦ οὐρανοῦ ἀπὸ τοῦ θεοῦ μου, καὶ τὸ ὄνομά μου τὸ καινόν. **13** ὁ ἔχων οὖς ἀκουσάτω τί τὸ πνεῦμα λέγει ταῖς ἐκκλησίαις.

The Message to Laodicea

14 Καὶ τῷ ἀγγέλῳ τῆς ἐν Λαοδικείᾳ ἐκκλησίας γράψον· τάδε λέγει ὁ ἀμήν, ὁ μάρτυς ὁ πιστὸς καὶ ἀληθινός[20], ἡ ἀρχὴ τῆς κτίσεως[21] τοῦ θεοῦ· **15** οἶδά σου τὰ ἔργα ὅτι οὔτε ψυχρὸς[22] εἶ οὔτε ζεστός[23]. ὄφελον[24] ψυχρὸς ἧς ἢ ζεστός. **16** οὕτως ὅτι χλιαρὸς[25] εἶ καὶ οὔτε ζεστὸς οὔτε ψυχρός, μέλλω σε ἐμέσαι[26] ἐκ τοῦ στόματός μου. **17** ὅτι λέγεις πλούσιός[27] εἰμι καὶ πεπλούτηκα[28] καὶ οὐδενὸς χρείαν ἔχω, καὶ οὐκ οἶδας ὅτι σὺ εἶ ὁ ταλαίπωρος[29] καὶ ὁ ἐλεεινὸς[30] καὶ πτωχὸς καὶ τυφλὸς καὶ γυμνός[31], **18** συμβουλεύω[32] σοι ἀγοράσαι παρ᾽ ἐμοῦ χρυσίον[33] πεπυρωμένον[34] ἐκ πυρὸς ἵνα πλουτήσῃς, καὶ ἱμάτια λευκὰ[35] ἵνα περιβάλῃ[36] καὶ μὴ φανερωθῇ ἡ

---

[1] ὅδε, ἥδε, τόδε, this
[2] ἀληθινός, -ή/όν, true
[3] κλείς, κλειδός f, key
[4] κλείω 3s fut act ind, shut
[5] δίδωμι 1s pf act ind, give
[6] ἀνοίγω pf pas ptc f s acc, open
[7] τηρέω 2s aor act ind, obey
[8] ἀρνέομαι 2s aor mid ind, deny
[9] δίδωμι 1s pres act ind, make (someone do something)
[10] ψεύδομαι 3p pres mid ind, lie
[11] γινώσκω 3p aor act sub, know
[12] ἀγαπάω 1s aor act ind, love
[13] πειρασμός, -οῦ m, trial
[14] οἰκουμένη, -ης f, world
[15] ταχύς, -εῖα/ύ, quick
[16] λαμβάνω 3s aor act sub, take away
[17] στέφανος, -ου m, crown
[18] στῦλος, -ου m, pillar
[19] ἐξέρχομαι 3s aor act sub, go out
[20] ἀληθινός, -ή/όν, true
[21] κτίσις, -εως f, creation
[22] ψυχρός, -ά/όν, cold
[23] ζεστός, -ά/όν, hot
[24] ὄφελον, fixed form introducing an unattainable wish, I wish
[25] χλιαρός, -ά/όν, lukewarm
[26] ἐμέω aor act inf, spit out
[27] πλούσιος, -α/ον, rich
[28] πλουτέω 1s pf act ind, prosper
[29] ταλαίπωρος, -ον, wretched
[30] ἐλεεινός, -ή/όν, pitiable
[31] γυμνός, -ή/όν, naked
[32] συμβουλεύω 1s pres act ind, advise
[33] χρυσίον, -ου n, gold
[34] πυρόω pf pas ptc n s acc, refine
[35] λευκός, -ή/όν, white
[36] περιβάλλω 2s aor mid sub, clothe

αἰσχύνη¹ τῆς γυμνότητός² σου, καὶ κολλούριον³ ἐγχρῖσαι⁴ τοὺς ὀφθαλμούς σου ἵνα βλέπῃς. 19 ἐγὼ ὅσους ἐὰν φιλῶ⁵ ἐλέγχω⁶ καὶ παιδεύω⁷· ζήλευε⁸ οὖν καὶ μετανόησον⁹. 20 ἰδοὺ ἕστηκα¹⁰ ἐπὶ τὴν θύραν καὶ κρούω¹¹· ἐάν τις ἀκούσῃ τῆς φωνῆς μου καὶ ἀνοίξῃ τὴν θύραν, καὶ εἰσελεύσομαι¹² πρὸς αὐτὸν καὶ δειπνήσω¹³ μετ' αὐτοῦ καὶ αὐτὸς μετ' ἐμοῦ.
21 Ὁ νικῶν¹⁴ δώσω¹⁵ αὐτῷ καθίσαι¹⁶ μετ' ἐμοῦ ἐν τῷ θρόνῳ μου, ὡς κἀγὼ ἐνίκησα καὶ ἐκάθισα μετὰ τοῦ πατρός μου ἐν τῷ θρόνῳ αὐτοῦ. 22 ὁ ἔχων οὖς ἀκουσάτω τί τὸ πνεῦμα λέγει ταῖς ἐκκλησίαις.

The Heavenly Worship

4 Μετὰ ταῦτα εἶδον, καὶ ἰδοὺ θύρα ἠνεῳγμένη¹⁷ ἐν τῷ οὐρανῷ, καὶ ἡ φωνὴ ἡ πρώτη ἣν ἤκουσα ὡς σάλπιγγος¹⁸ λαλούσης μετ' ἐμοῦ λέγων· ἀνάβα¹⁹ ὧδε, καὶ δείξω²⁰ σοι ἃ δεῖ γενέσθαι μετὰ ταῦτα.

2 Εὐθέως ἐγενόμην²¹ ἐν πνεύματι, καὶ ἰδοὺ θρόνος ἔκειτο²² ἐν τῷ οὐρανῷ, καὶ ἐπὶ τὸν θρόνον καθήμενος, 3 καὶ ὁ καθήμενος ὅμοιος ὁράσει²³ λίθῳ ἰάσπιδι²⁴ καὶ σαρδίῳ²⁵, καὶ ἶρις²⁶ κυκλόθεν²⁷ τοῦ θρόνου ὅμοιος ὁράσει σμαραγδίνῳ²⁸. 4 καὶ κυκλόθεν τοῦ θρόνου θρόνους εἴκοσι²⁹ τέσσαρες, καὶ ἐπὶ τοὺς θρόνους εἴκοσι τέσσαρας πρεσβυτέρους καθημένους περιβεβλημένους³⁰ ἐν ἱματίοις λευκοῖς³¹ καὶ ἐπὶ τὰς κεφαλὰς αὐτῶν στεφάνους³² χρυσοῦς³³. 5 καὶ ἐκ τοῦ θρόνου ἐκπορεύονται ἀστραπαὶ³⁴ καὶ φωναὶ καὶ βρονταί³⁵, καὶ ἑπτὰ λαμπάδες³⁶ πυρὸς καιόμεναι³⁷ ἐνώπιον τοῦ θρόνου, ἅ εἰσιν τὰ ἑπτὰ πνεύματα τοῦ θεοῦ, 6 καὶ ἐνώπιον τοῦ θρόνου ὡς θάλασσα ὑαλίνη³⁸ ὁμοία κρυστάλλῳ³⁹. καὶ ἐν μέσῳ τοῦ θρόνου καὶ κύκλῳ⁴⁰ τοῦ θρόνου τέσσαρα ζῷα⁴¹ γέμοντα⁴² ὀφθαλμῶν ἔμπροσθεν καὶ ὄπισθεν⁴³. 7 καὶ

---

1 αἰσχύνη, -ης f, shame
2 γυμνότης, -ητος f, nakedness
3 κολλούριον, -ου n, eye salve
4 ἐγχρίω aor act inf, rub on
5 φιλέω 1s pres act sub, love
6 ἐλέγχω 1s pres act ind, correct
7 παιδεύω 1s pres act ind, discipline
8 ζηλεύω 2s pres act impv, be earnest
9 μετανοέω 2s aor act impv, repent
10 ἵστημι 1s pf act ind, intrans stand
11 κρούω 1s pres act ind, knock
12 εἰσέρχομαι 1s fut mid ind, come in
13 δειπνέω 1s fut act ind, eat
14 νικάω pres act ptc m s nom, be victorious
15 δίδωμι 1s fut act ind, let
16 καθίζω aor act inf, sit
17 ἀνοίγω pf pas ptc f s nom, open
18 σάλπιγξ, -ιγγος f, trumpet
19 ἀναβαίνω 2s aor act impv, come up
20 δείκνυμι 1s fut act ind, show
21 γίνομαι 1s aor mid ind, be
22 κεῖμαι 3s impf mid ind, be
23 ὅρασις, -εως f, appearance
24 ἴασπις, -ιδος f, jasper
25 σάρδιον, -ου n, carnelian
26 ἶρις, -ιδος f, rainbow
27 κυκλόθεν, prep + gen, around
28 σμαράγδινος, -η/ον, made of emerald
29 εἴκοσι, twenty
30 περιβάλλω pf mid ptc m p acc, clothe
31 λευκός, -ή/όν, white
32 στέφανος, -ου m, crown
33 χρυσοῦς, -ῆ/οῦν, made of gold
34 ἀστραπή, -ῆς f, lightning
35 βροντή, -ῆς f, thunder
36 λαμπάς, -άδος f, lamp
37 καίω pres pas ptc f p nom, pas burn
38 ὑάλινος, -η/ον, of glass
39 κρύσταλλος, -ου m, crystal
40 κύκλῳ, prep + gen, around
41 ζῷον, -ου n, living creature
42 γέμω pres act ptc n p nom, be covered with
43 ὄπισθεν, adv, behind

τὸ ζῷον τὸ πρῶτον ὅμοιον λέοντι[1] καὶ τὸ δεύτερον ζῷον ὅμοιον μόσχῳ[2] καὶ τὸ τρίτον ζῷον ἔχον τὸ πρόσωπον ὡς ἀνθρώπου καὶ τὸ τέταρτον ζῷον ὅμοιον ἀετῷ[3] πετομένῳ[4]. 8 καὶ τὰ τέσσαρα ζῷα, ἓν καθ' ἓν αὐτῶν ἔχον ἀνὰ[5] πτέρυγας[6] ἕξ[7], κυκλόθεν καὶ ἔσωθεν[8] γέμουσιν ὀφθαλμῶν, καὶ ἀνάπαυσιν[9] οὐκ ἔχουσιν ἡμέρας καὶ νυκτὸς λέγοντες·

ἅγιος ἅγιος ἅγιος κύριος ὁ θεὸς ὁ παντοκράτωρ[10],
ὁ ἦν καὶ ὁ ὢν καὶ ὁ ἐρχόμενος.

9 καὶ ὅταν δώσουσιν[11] τὰ ζῷα δόξαν καὶ τιμὴν καὶ εὐχαριστίαν[12] τῷ καθημένῳ ἐπὶ τοῦ θρόνου τῷ ζῶντι εἰς τοὺς αἰῶνας τῶν αἰώνων, 10 πεσοῦνται[13] οἱ εἴκοσι[14] τέσσαρες πρεσβύτεροι ἐνώπιον τοῦ καθημένου ἐπὶ τοῦ θρόνου καὶ προσκυνήσουσιν τῷ ζῶντι[15] εἰς τοὺς αἰῶνας τῶν αἰώνων καὶ βαλοῦσιν[16] τοὺς στεφάνους αὐτῶν ἐνώπιον τοῦ θρόνου λέγοντες·

11 ἄξιος εἶ, ὁ κύριος καὶ ὁ θεὸς ἡμῶν,
λαβεῖν τὴν δόξαν καὶ τὴν τιμὴν καὶ τὴν δύναμιν,
ὅτι σὺ ἔκτισας[17] τὰ πάντα
καὶ διὰ τὸ θέλημά σου ἦσαν καὶ ἐκτίσθησαν.

The Scroll and the Lamb

5 Καὶ εἶδον ἐπὶ τὴν δεξιὰν τοῦ καθημένου ἐπὶ τοῦ θρόνου βιβλίον γεγραμμένον[18] ἔσωθεν[19] καὶ ἔξωθεν[20] κατεσφραγισμένον[21] σφραγῖσιν[22] ἑπτά. 2 καὶ εἶδον ἄγγελον ἰσχυρὸν[23] κηρύσσοντα ἐν φωνῇ μεγάλῃ· τίς ἄξιος ἀνοῖξαι τὸ βιβλίον καὶ λῦσαι τὰς σφραγῖδας αὐτοῦ; 3 καὶ οὐδεὶς ἐδύνατο ἐν τῷ οὐρανῷ οὐδὲ ἐπὶ τῆς γῆς οὐδὲ ὑποκάτω[24] τῆς γῆς ἀνοῖξαι τὸ βιβλίον οὔτε βλέπειν αὐτό. 4 καὶ ἔκλαιον πολύ, ὅτι οὐδεὶς ἄξιος εὑρέθη[25] ἀνοῖξαι τὸ βιβλίον οὔτε βλέπειν αὐτό. 5 καὶ εἷς ἐκ τῶν πρεσβυτέρων λέγει μοι· μὴ κλαῖε, ἰδοὺ ἐνίκησεν[26] ὁ λέων[27] ὁ ἐκ τῆς φυλῆς Ἰούδα, ἡ ῥίζα[28] Δαυίδ, ἀνοῖξαι τὸ βιβλίον καὶ τὰς ἑπτὰ σφραγῖδας αὐτοῦ.

6 Καὶ εἶδον ἐν μέσῳ τοῦ θρόνου καὶ τῶν τεσσάρων ζῴων[29] καὶ ἐν μέσῳ τῶν πρεσβυτέρων ἀρνίον[30] ἑστηκὸς ὡς ἐσφαγμένον[31] ἔχον κέρατα[32] ἑπτὰ καὶ ὀφθαλμοὺς

---

[1] λέων, -οντος m, lion
[2] μόσχος, -ου m, bull
[3] ἀετός, -οῦ m, eagle
[4] πέτομαι pres mid ptc m s dat, fly
[5] ἀνά, prep + acc, each one
[6] πτέρυξ, -υγος f, wing
[7] ἕξ, six
[8] ἔσωθεν, adv, within
[9] ἀνάπαυσις, -εως f, stopping
[10] παντοκράτωρ, -ορος m, the Almighty
[11] δίδωμι 3p fut act ind, give
[12] εὐχαριστία, -ας f, thanks
[13] πίπτω 3p fut mid ind, fall
[14] εἴκοσι, twenty
[15] ζάω pres act ptc m s dat, live
[16] βάλλω 3p fut act ind, place
[17] κτίζω 2s aor act ind, create
[18] γράφω pf pas ptc n s acc, write
[19] ἔσωθεν, adv, on the inside
[20] ἔξωθεν, adv, on the outside
[21] κατασφραγίζω pf pas ptc n s acc, seal
[22] σφραγίς, -ῖδος f, seal
[23] ἰσχυρός, -ά/όν, strong
[24] ὑποκάτω, prep + gen, under
[25] εὑρίσκω 3s aor pas ind, find
[26] νικάω 3s aor act ind, be victorious
[27] λέων, -οντος m, lion
[28] ῥίζα, -ης f, root
[29] ζῷον, -ου n, living creature
[30] ἀρνίον, -ου n, lamb
[31] σφάζω pf pas ptc n s acc, kill
[32] κέρας, -ατος n, horn

ἑπτὰ οἵ εἰσιν τὰ ἑπτὰ πνεύματα τοῦ θεοῦ ἀποστελλόμενα¹ εἰς πᾶσαν τὴν γῆν. **7** καὶ ἦλθεν καὶ εἴληφεν² ἐκ τῆς δεξιᾶς τοῦ καθημένου ἐπὶ τοῦ θρόνου.

8 Καὶ ὅτε ἔλαβεν τὸ βιβλίον, τὰ τέσσαρα ζῷα καὶ οἱ εἴκοσι³ τέσσαρες πρεσβύτεροι ἔπεσαν⁴ ἐνώπιον τοῦ ἀρνίου ἔχοντες ἕκαστος κιθάραν⁵ καὶ φιάλας⁶ χρυσᾶς⁷ γεμούσας⁸ θυμιαμάτων⁹, αἵ εἰσιν αἱ προσευχαὶ τῶν ἁγίων, **9** καὶ ᾄδουσιν¹⁰ ᾠδὴν¹¹ καινὴν λέγοντες·

    ἄξιος εἶ λαβεῖν τὸ βιβλίον καὶ ἀνοῖξαι τὰς σφραγῖδας αὐτοῦ,
    ὅτι ἐσφάγης καὶ ἠγόρασας τῷ θεῷ ἡμᾶς ἐν τῷ αἵματί σου
    ἐκ πάσης φυλῆς καὶ γλώσσης καὶ λαοῦ καὶ ἔθνους
    10 καὶ ἐποίησας αὐτοὺς τῷ θεῷ ἡμῶν βασιλείαν καὶ ἱερεῖς,
    καὶ βασιλεύσουσιν¹² ἐπὶ τῆς γῆς.

11 Καὶ εἶδον, καὶ ἤκουσα φωνὴν ἀγγέλων πολλῶν κύκλῳ¹³ τοῦ θρόνου καὶ τῶν ζῴων καὶ τῶν πρεσβυτέρων, καὶ ἦν ὁ ἀριθμὸς¹⁴ αὐτῶν μυριάδες¹⁵ μυριάδων καὶ χιλιάδες¹⁶ χιλιάδων **12** λέγοντες φωνῇ μεγάλῃ·

    ἄξιόν ἐστιν τὸ ἀρνίον τὸ ἐσφαγμένον λαβεῖν
    τὴν δύναμιν καὶ πλοῦτον¹⁷ καὶ σοφίαν
    καὶ ἰσχὺν¹⁸ καὶ τιμὴν καὶ δόξαν καὶ εὐλογίαν¹⁹.

13 καὶ πᾶν κτίσμα²⁰ ὃ ἐν τῷ οὐρανῷ καὶ ἐπὶ τῆς γῆς καὶ ὑποκάτω²¹ τῆς γῆς καὶ ἐπὶ τῆς θαλάσσης καὶ τὰ ἐν αὐτοῖς πάντα ἤκουσα λέγοντας·

    τῷ καθημένῳ ἐπὶ τῷ θρόνῳ καὶ τῷ ἀρνίῳ
    ἡ εὐλογία καὶ ἡ τιμὴ καὶ ἡ δόξα καὶ τὸ κράτος
    εἰς τοὺς αἰῶνας τῶν αἰώνων.

14 καὶ τὰ τέσσαρα ζῷα ἔλεγον· ἀμήν. καὶ οἱ πρεσβύτεροι ἔπεσαν καὶ προσεκύνησαν²².

---

[1] ἀποστέλλω pres pas ptc n p nom, send
[2] λαμβάνω 3s pf act ind, receive
[3] εἴκοσι, twenty
[4] πίπτω 3p aor act ind, fall
[5] κιθάρα, -ας f, harp
[6] φιάλη, -ης f, bowl
[7] χρυσοῦς, -ῆ/οῦν, made of gold
[8] γέμω pres act ptc f p acc, be full
[9] θυμίαμα, -τος n, incense
[10] ᾄδω 3p pres act ind, sing
[11] ᾠδή, -ῆς f, song
[12] βασιλεύω 3p fut act ind, reign
[13] κύκλῳ, prep + gen, around
[14] ἀριθμός, -οῦ m, number
[15] μυριάς, -άδος f, countless thousands
[16] χιλιάς, -άδος f, a thousand
[17] πλοῦτος, -ου m, riches
[18] ἰσχύς, -ύος f, might
[19] εὐλογία, -ας f, praise
[20] κτίσμα, -τος n, creature
[21] ὑποκάτω, prep + gen, under
[22] προσκυνέω 3p aor act ind, worship

The Seals

6 Καὶ εἶδον ὅτε ἤνοιξεν τὸ ἀρνίον¹ μίαν ἐκ τῶν ἑπτὰ σφραγίδων², καὶ ἤκουσα ἑνὸς ἐκ τῶν τεσσάρων ζῴων³ λέγοντος ὡς φωνὴ βροντῆς⁴· ἔρχου. **2** καὶ εἶδον, καὶ ἰδοὺ ἵππος⁵ λευκός⁶, καὶ ὁ καθήμενος ἐπ᾽ αὐτὸν ἔχων τόξον⁷ καὶ ἐδόθη⁸ αὐτῷ στέφανος⁹ καὶ ἐξῆλθεν νικῶν¹⁰ καὶ ἵνα νικήσῃ.

3 Καὶ ὅτε ἤνοιξεν¹¹ τὴν σφραγῖδα τὴν δευτέραν, ἤκουσα τοῦ δευτέρου ζῴου λέγοντος· ἔρχου. **4** καὶ ἐξῆλθεν ἄλλος ἵππος πυρρός¹², καὶ τῷ καθημένῳ ἐπ᾽ αὐτὸν ἐδόθη αὐτῷ λαβεῖν τὴν εἰρήνην ἐκ τῆς γῆς καὶ ἵνα ἀλλήλους σφάξωσιν¹³ καὶ ἐδόθη αὐτῷ μάχαιρα¹⁴ μεγάλη.

5 Καὶ ὅτε ἤνοιξεν¹⁵ τὴν σφραγῖδα τὴν τρίτην, ἤκουσα τοῦ τρίτου ζῴου λέγοντος· ἔρχου. καὶ εἶδον, καὶ ἰδοὺ ἵππος μέλας¹⁶, καὶ ὁ καθήμενος ἐπ᾽ αὐτὸν ἔχων ζυγὸν¹⁷ ἐν τῇ χειρὶ αὐτοῦ. **6** καὶ ἤκουσα ὡς φωνὴν ἐν μέσῳ τῶν τεσσάρων ζῴων λέγουσαν· χοῖνιξ¹⁸ σίτου¹⁹ δηναρίου²⁰ καὶ τρεῖς χοίνικες κριθῶν²¹ δηναρίου, καὶ τὸ ἔλαιον²² καὶ τὸν οἶνον μὴ ἀδικήσῃς²³.

7 Καὶ ὅτε ἤνοιξεν τὴν σφραγῖδα τὴν τετάρτην²⁴, ἤκουσα φωνὴν τοῦ τετάρτου ζῴου λέγοντος· ἔρχου. **8** καὶ εἶδον, καὶ ἰδοὺ ἵππος χλωρός²⁵, καὶ ὁ καθήμενος ἐπάνω²⁶ αὐτοῦ ὄνομα αὐτῷ ὁ θάνατος, καὶ ὁ ᾅδης²⁷ ἠκολούθει μετ᾽ αὐτοῦ καὶ ἐδόθη αὐτοῖς ἐξουσία ἐπὶ τὸ τέταρτον τῆς γῆς ἀποκτεῖναι²⁸ ἐν ῥομφαίᾳ²⁹ καὶ ἐν λιμῷ³⁰ καὶ ἐν θανάτῳ καὶ ὑπὸ τῶν θηρίων τῆς γῆς.

9 Καὶ ὅτε ἤνοιξεν τὴν πέμπτην³¹ σφραγῖδα, εἶδον ὑποκάτω³² τοῦ θυσιαστηρίου³³ τὰς ψυχὰς τῶν ἐσφαγμένων³⁴ διὰ τὸν λόγον τοῦ θεοῦ καὶ διὰ τὴν μαρτυρίαν ἣν εἶχον³⁵. **10** καὶ ἔκραξαν φωνῇ μεγάλῃ λέγοντες· ἕως πότε³⁶, ὁ δεσπότης³⁷ ὁ ἅγιος καὶ ἀληθινός³⁸, οὐ κρίνεις καὶ ἐκδικεῖς³⁹ τὸ αἷμα ἡμῶν ἐκ τῶν κατοικούντων ἐπὶ τῆς γῆς; **11** καὶ ἐδόθη αὐτοῖς ἑκάστῳ στολὴ⁴⁰ λευκὴ⁴¹ καὶ ἐρρέθη⁴² αὐτοῖς ἵνα

---

1 ἀρνίον, -ου *n*, lamb
2 σφραγίς, -ῖδος *f*, seal
3 ζῷον, -ου *n*, living creature
4 βροντή, -ῆς *f*, thunder
5 ἵππος, -ου *m*, horse
6 λευκός, -ή/όν, white
7 τόξον, -ου *n*, bow
8 δίδωμι *3s aor pas ind*, give
9 στέφανος, -ου *m*, crown
10 νικάω *pres act ptc m s nom*, conquer
11 ἀνοίγω *3s aor act ind*, open
12 πυρρός, -ά/όν, fiery red
13 σφάζω *3p aor act sub*, kill
14 μάχαιρα, -ης *f*, sword
15 ἀνοίγω *3s aor act ind*, open
16 μέλας, -αινα/αν, *gen* -ανος/αίνης/ανος, black
17 ζυγός, -οῦ *m*, balance scales
18 χοῖνιξ, -ικος *f*, quart
19 σῖτος, -ου *m*, wheat
20 δηνάριον, -ου *n*, denarius/day's wages
21 κριθή, -ῆς *f*, barley
22 ἔλαιον, -ου *n*, olive oil
23 ἀδικέω *2s aor act sub*, harm
24 τέταρτος, -η/ον, fourth
25 χλωρός, -ά/όν, pale (green)
26 ἐπάνω, *prep + gen*, on
27 ᾅδης, -ου *m*, world of the dead
28 ἀποκτείνω *aor act inf*, kill
29 ῥομφαία, -ας *f*, sword
30 λιμός, -οῦ *m*, famine
31 πέμπτος, -η/ον, fifth
32 ὑποκάτω, *prep + gen*, under
33 θυσιαστήριον, -ου *n*, altar
34 σφάζω *pf pas ptc m p nom*, slaughter
35 ἔχω *3p impf act ind*, have
36 πότε, *adv*, when
37 δεσπότης, -ου *m*, Lord
38 ἀληθινός, -ή/όν, true
39 ἐκδικέω *2s pres act ind*, avenge
40 στολή, -ῆς *f*, robe
41 λευκός, -ή/όν, white
42 λέγω *3s aor pas ind*, tell

ἀναπαύσωνται¹ ἔτι χρόνον μικρόν, ἕως πληρώσωσιν καὶ οἱ σύνδουλοι² αὐτῶν καὶ οἱ ἀδελφοὶ αὐτῶν οἱ μέλλοντες ἀποκτέννεσθαι³ ὡς καὶ αὐτοί.

12 Καὶ εἶδον ὅτε ἤνοιξεν τὴν σφραγῖδα τὴν ἕκτην⁴, καὶ σεισμὸς⁵ μέγας ἐγένετο καὶ ὁ ἥλιος ἐγένετο μέλας⁶ ὡς σάκκος⁷ τρίχινος⁸ καὶ ἡ σελήνη⁹ ὅλη ἐγένετο ὡς αἷμα **13** καὶ οἱ ἀστέρες¹⁰ τοῦ οὐρανοῦ ἔπεσαν¹¹ εἰς τὴν γῆν, ὡς συκῆ¹² βάλλει τοὺς ὀλύνθους¹³ αὐτῆς ὑπὸ ἀνέμου μεγάλου σειομένη¹⁴, **14** καὶ ὁ οὐρανὸς ἀπεχωρίσθη¹⁵ ὡς βιβλίον ἑλισσόμενον¹⁶ καὶ πᾶν ὄρος καὶ νῆσος¹⁷ ἐκ τῶν τόπων αὐτῶν ἐκινήθησαν¹⁸. **15** καὶ οἱ βασιλεῖς τῆς γῆς καὶ οἱ μεγιστᾶνες¹⁹ καὶ οἱ χιλίαρχοι²⁰ καὶ οἱ πλούσιοι²¹ καὶ οἱ ἰσχυροὶ²² καὶ πᾶς δοῦλος καὶ ἐλεύθερος²³ ἔκρυψαν²⁴ ἑαυτοὺς εἰς τὰ σπήλαια²⁵ καὶ εἰς τὰς πέτρας²⁶ τῶν ὀρέων **16** καὶ λέγουσιν τοῖς ὄρεσιν καὶ ταῖς πέτραις· πέσετε²⁷ ἐφ' ἡμᾶς καὶ κρύψατε ἡμᾶς ἀπὸ προσώπου τοῦ καθημένου ἐπὶ τοῦ θρόνου καὶ ἀπὸ τῆς ὀργῆς τοῦ ἀρνίου²⁸, **17** ὅτι ἦλθεν ἡ ἡμέρα ἡ μεγάλη τῆς ὀργῆς αὐτοῦ, καὶ τίς δύναται σταθῆναι²⁹;

The 144,000 of Israel Sealed

7 Καὶ μετὰ τοῦτο εἶδον τέσσαρας ἀγγέλους ἑστῶτας³⁰ ἐπὶ τὰς τέσσαρας γωνίας³¹ τῆς γῆς, κρατοῦντας τοὺς τέσσαρας ἀνέμους τῆς γῆς ἵνα μὴ πνέῃ³² ἄνεμος ἐπὶ τῆς γῆς μήτε ἐπὶ τῆς θαλάσσης μήτε ἐπὶ πᾶν δένδρον³³. **2** καὶ εἶδον ἄλλον ἄγγελον ἀναβαίνοντα ἀπὸ ἀνατολῆς³⁴ ἡλίου ἔχοντα σφραγῖδα³⁵ θεοῦ ζῶντος, καὶ ἔκραξεν φωνῇ μεγάλῃ τοῖς τέσσαρσιν ἀγγέλοις οἷς ἐδόθη³⁶ αὐτοῖς ἀδικῆσαι³⁷ τὴν γῆν καὶ τὴν θάλασσαν **3** λέγων· μὴ ἀδικήσητε τὴν γῆν μήτε τὴν θάλασσαν μήτε τὰ δένδρα, ἄχρι σφραγίσωμεν³⁸ τοὺς δούλους τοῦ θεοῦ ἡμῶν ἐπὶ τῶν μετώπων³⁹ αὐτῶν. **4** Καὶ ἤκουσα τὸν ἀριθμὸν⁴⁰ τῶν ἐσφραγισμένων, ἑκατὸν⁴¹ τεσσεράκοντα⁴² τέσσαρες χιλιάδες⁴³, ἐσφραγισμένοι ἐκ πάσης φυλῆς υἱῶν Ἰσραήλ·

---

[1] ἀναπαύω 3p aor mid sub, rest
[2] σύνδουλος, -ου m, fellow-servant
[3] ἀποκτείνω pres pas inf, kill
[4] ἕκτος, -η/ον, sixth
[5] σεισμός, -οῦ m, earthquake
[6] μέλας, -αινα/αν, gen -ανος/αίνης/ανος, black
[7] σάκκος, -ου m, sackcloth
[8] τρίχινος, -η/ον, of hair
[9] σελήνη, -ης f, moon
[10] ἀστήρ, -έρος m, star
[11] πίπτω 3p aor act ind, fall
[12] συκῆ, -ῆς f, fig tree
[13] ὄλυνθος, -ου m, fig
[14] σείω pres pas ptc f s nom, shake
[15] ἀποχωρίζω 3s aor pas ind, pas split open/vanish
[16] ἑλίσσω pres pas ptc n s nom, roll up
[17] νῆσος, -ου f, island
[18] κινέω 3p aor pas ind, remove
[19] μεγιστάν, -ᾶνος m, person of high status
[20] χιλίαρχος, -ου m, high ranking officer
[21] πλούσιος, -α/ον, rich
[22] ἰσχυρός, -ά/όν, mighty
[23] ἐλεύθερος, -α/ον, free
[24] κρύπτω 3p aor act ind, hide
[25] σπήλαιον, -ου n, cave
[26] πέτρα, -ας f, rock
[27] πίπτω 2p aor act impv, fall
[28] ἀρνίον, -ου n, lamb
[29] ἵστημι aor pas inf, intrans pas stand
[30] ἵστημι pf act ptc m p acc, intrans stand
[31] γωνία, -ας f, corner
[32] πνέω 3s pres act sub, blow
[33] δένδρον, -ου n, tree
[34] ἀνατολή, -ῆς f, rising (ἁ. ἡλίου east)
[35] σφραγίς, -ῖδος f, seal
[36] δίδωμι 3s aor pas ind, give
[37] ἀδικέω aor act inf, harm
[38] σφραγίζω 1p aor act sub, seal
[39] μέτωπον, -ου n, forehead
[40] ἀριθμός, -οῦ m, number
[41] ἑκατόν, one hundred
[42] τεσσεράκοντα, forty
[43] χιλιάς, -άδος f, a thousand

⁵ ἐκ φυλῆς Ἰούδα δώδεκα χιλιάδες ἐσφραγισμένοι,
ἐκ φυλῆς Ῥουβὴν δώδεκα χιλιάδες,
ἐκ φυλῆς Γὰδ δώδεκα χιλιάδες,
⁶ ἐκ φυλῆς Ἀσὴρ δώδεκα χιλιάδες,
ἐκ φυλῆς Νεφθαλὶμ δώδεκα χιλιάδες,
ἐκ φυλῆς Μανασσῆ δώδεκα χιλιάδες,
⁷ ἐκ φυλῆς Συμεὼν δώδεκα χιλιάδες,
ἐκ φυλῆς Λευὶ δώδεκα χιλιάδες,
ἐκ φυλῆς Ἰσσαχὰρ δώδεκα χιλιάδες,
⁸ ἐκ φυλῆς Ζαβουλὼν δώδεκα χιλιάδες,
ἐκ φυλῆς Ἰωσὴφ δώδεκα χιλιάδες,
ἐκ φυλῆς Βενιαμὶν δώδεκα χιλιάδες ἐσφραγισμένοι.

The Multitude from Every Nation

⁹ Μετὰ ταῦτα εἶδον, καὶ ἰδοὺ ὄχλος πολύς, ὃν ἀριθμῆσαι¹ αὐτὸν οὐδεὶς ἐδύνατο, ἐκ παντὸς ἔθνους καὶ φυλῶν καὶ λαῶν καὶ γλωσσῶν ἑστῶτες² ἐνώπιον τοῦ θρόνου καὶ ἐνώπιον τοῦ ἀρνίου³ περιβεβλημένους⁴ στολὰς⁵ λευκὰς⁶ καὶ φοίνικες⁷ ἐν ταῖς χερσὶν⁸ αὐτῶν, 10 καὶ κράζουσιν φωνῇ μεγάλῃ λέγοντες·

ἡ σωτηρία τῷ θεῷ ἡμῶν τῷ καθημένῳ ἐπὶ τῷ θρόνῳ καὶ τῷ ἀρνίῳ.

11 καὶ πάντες οἱ ἄγγελοι εἱστήκεισαν⁹ κύκλῳ¹⁰ τοῦ θρόνου καὶ τῶν πρεσβυτέρων καὶ τῶν τεσσάρων ζῴων¹¹ καὶ ἔπεσαν¹² ἐνώπιον τοῦ θρόνου ἐπὶ τὰ πρόσωπα αὐτῶν καὶ προσεκύνησαν τῷ θεῷ 12 λέγοντες·

ἀμήν, ἡ εὐλογία¹³ καὶ ἡ δόξα καὶ ἡ σοφία καὶ ἡ εὐχαριστία¹⁴ καὶ ἡ τιμὴ καὶ ἡ δύναμις καὶ ἡ ἰσχὺς¹⁵ τῷ θεῷ ἡμῶν εἰς τοὺς αἰῶνας τῶν αἰώνων· ἀμήν.

13 Καὶ ἀπεκρίθη εἷς ἐκ τῶν πρεσβυτέρων λέγων μοι· οὗτοι οἱ περιβεβλημένοι τὰς στολὰς τὰς λευκὰς τίνες εἰσὶν καὶ πόθεν¹⁶ ἦλθον; 14 καὶ εἴρηκα¹⁷ αὐτῷ· κύριέ μου, σὺ οἶδας. καὶ εἶπέν μοι·

οὗτοί εἰσιν οἱ ἐρχόμενοι ἐκ τῆς θλίψεως τῆς μεγάλης
καὶ ἔπλυναν¹⁸ τὰς στολὰς αὐτῶν
καὶ ἐλεύκαναν¹⁹ αὐτὰς ἐν τῷ αἵματι τοῦ ἀρνίου.

---

¹ ἀριθμέω *aor act inf*, count
² ἵστημι *pf act ptc m p nom, intrans* stand
³ ἀρνίον, -ου *n*, lamb
⁴ περιβάλλω *pf pas ptc m p acc*, clothe
⁵ στολή, -ῆς *f*, robe
⁶ λευκός, -ή/όν, white
⁷ φοῖνιξ, -ικος *m*, palm branch
⁸ χείρ, χειρός, *f* hand
⁹ ἵστημι *3p pf act ind, intrans* stand
¹⁰ κύκλῳ, *prep + gen*, around
¹¹ ζῷον, -ου *n*, living creature
¹² πίπτω *3p aor act ind*, fall
¹³ εὐλογία, -ας *f*, praise
¹⁴ εὐχαριστία, -ας *f*, thanks
¹⁵ ἰσχύς, -ύος *f*, might
¹⁶ πόθεν, *adv*, from where
¹⁷ λέγω *1s pf act ind*, say
¹⁸ πλύνω *3p aor act ind*, wash
¹⁹ λευκαίνω *3p aor act ind*, make white

15 διὰ τοῦτό εἰσιν ἐνώπιον τοῦ θρόνου τοῦ θεοῦ
καὶ λατρεύουσιν¹ αὐτῷ ἡμέρας καὶ νυκτὸς² ἐν τῷ ναῷ αὐτοῦ,
καὶ ὁ καθήμενος ἐπὶ τοῦ θρόνου σκηνώσει³ ἐπ' αὐτούς.
16 οὐ πεινάσουσιν⁴ ἔτι οὐδὲ διψήσουσιν⁵ ἔτι
οὐδὲ μὴ πέσῃ⁶ ἐπ' αὐτοὺς ὁ ἥλιος οὐδὲ πᾶν καῦμα,⁷
17 ὅτι τὸ ἀρνίον τὸ ἀνὰ⁸ μέσον τοῦ θρόνου ποιμανεῖ⁹ αὐτοὺς
καὶ ὁδηγήσει¹⁰ αὐτοὺς ἐπὶ ζωῆς πηγὰς¹¹ ὑδάτων¹²,
καὶ ἐξαλείψει¹³ ὁ θεὸς πᾶν δάκρυον¹⁴ ἐκ τῶν ὀφθαλμῶν αὐτῶν.

The Seventh Seal and the Golden Censer

8 Καὶ ὅτε ἤνοιξεν¹⁵ τὴν σφραγῖδα¹⁶ τὴν ἑβδόμην¹⁷, ἐγένετο σιγὴ¹⁸ ἐν τῷ οὐρανῷ ὡς ἡμιώριον¹⁹. **2** καὶ εἶδον τοὺς ἑπτὰ ἀγγέλους οἳ ἐνώπιον τοῦ θεοῦ ἑστήκασιν²⁰, καὶ ἐδόθησαν²¹ αὐτοῖς ἑπτὰ σάλπιγγες²². **3** καὶ ἄλλος ἄγγελος ἦλθεν καὶ ἐστάθη²³ ἐπὶ τοῦ θυσιαστηρίου²⁴ ἔχων λιβανωτὸν²⁵ χρυσοῦν²⁶, καὶ ἐδόθη²⁷ αὐτῷ θυμιάματα²⁸ πολλά, ἵνα δώσει²⁹ ταῖς προσευχαῖς τῶν ἁγίων πάντων ἐπὶ τὸ θυσιαστήριον τὸ χρυσοῦν τὸ ἐνώπιον τοῦ θρόνου. **4** καὶ ἀνέβη³⁰ ὁ καπνὸς³¹ τῶν θυμιαμάτων³² ταῖς προσευχαῖς τῶν ἁγίων ἐκ χειρὸς τοῦ ἀγγέλου ἐνώπιον τοῦ θεοῦ. **5** καὶ εἴληφεν³³ ὁ ἄγγελος τὸν λιβανωτὸν καὶ ἐγέμισεν³⁴ αὐτὸν ἐκ τοῦ πυρὸς τοῦ θυσιαστηρίου καὶ ἔβαλεν³⁵ εἰς τὴν γῆν, καὶ ἐγένοντο βρονταὶ³⁶ καὶ φωναὶ καὶ ἀστραπαὶ³⁷ καὶ σεισμός³⁸.

The Trumpets

6 Καὶ οἱ ἑπτὰ ἄγγελοι οἱ ἔχοντες τὰς ἑπτὰ σάλπιγγας ἡτοίμασαν ἑαυτοὺς ἵνα σαλπίσωσιν³⁹.

---

¹ λατρεύω 3p pres act ind, serve
² νύξ, νυκτός f night
³ σκηνόω 3s fut act ind, live
⁴ πεινάω 3p fut act ind, be hungry
⁵ διψάω 3p fut act ind, be thirsty
⁶ πίπτω 3s aor act sub, fall
⁷ καῦμα, -τος n, scorching heat
⁸ ἀνά, prep + acc, each (ἀ. μέσον in the center of)
⁹ ποιμαίνω 3s fut act ind, tend like a shepherd
¹⁰ ὁδηγέω 3s fut act ind, lead
¹¹ πηγή, -ῆς f, spring
¹² ὕδωρ, ὕδατος n, water
¹³ ἐξαλείφω 3s fut act ind, wipe away
¹⁴ δάκρυον, -ου n, tear
¹⁵ ἀνοίγω 3s aor act ind, open
¹⁶ σφραγίς, -ῖδος f, seal
¹⁷ ἕβδομος, -η/ον, seventh
¹⁸ σιγή, -ῆς f, silence
¹⁹ ἡμίωρον, -ου n, half an hour
²⁰ ἵστημι 3p pf act ind, intrans stand
²¹ δίδωμι 3p aor pas ind, give
²² σάλπιγξ, -ιγγος f, trumpet
²³ ἵστημι 3s aor pas ind, intrans pas stand
²⁴ θυσιαστήριον, -ου n, altar
²⁵ λιβανωτός, -οῦ m, censer
²⁶ χρυσοῦς, -ῆ/οῦν, made of gold
²⁷ δίδωμι 3s aor pas ind, give
²⁸ θυμίαμα, -τος n, incense
²⁹ δίδωμι 3s fut act ind, give
³⁰ ἀναβαίνω 3s aor act ind, come up
³¹ καπνός, -οῦ m, smoke
³² θυμίαμα, -τος n, incense
³³ λαμβάνω 3s pf act ind, take
³⁴ γεμίζω 3s aor act ind, fill
³⁵ βάλλω 3s aor act ind, throw
³⁶ βροντή, -ῆς f, thunder
³⁷ ἀστραπή, -ῆς f, lightning
³⁸ σεισμός, -οῦ m, earthquake
³⁹ σαλπίζω 3p aor act sub, sound a trumpet

7 Καὶ ὁ πρῶτος ἐσάλπισεν· καὶ ἐγένετο χάλαζα¹ καὶ πῦρ μεμιγμένα² ἐν αἵματι καὶ ἐβλήθη³ εἰς τὴν γῆν, καὶ τὸ τρίτον τῆς γῆς κατεκάη⁴ καὶ τὸ τρίτον τῶν δένδρων⁵ κατεκάη καὶ πᾶς χόρτος⁶ χλωρὸς⁷ κατεκάη.

8 Καὶ ὁ δεύτερος ἄγγελος ἐσάλπισεν· καὶ ὡς ὄρος μέγα πυρὶ καιόμενον⁸ ἐβλήθη εἰς τὴν θάλασσαν, καὶ ἐγένετο τὸ τρίτον τῆς θαλάσσης αἷμα **9** καὶ ἀπέθανεν τὸ τρίτον τῶν κτισμάτων⁹ τῶν ἐν τῇ θαλάσσῃ τὰ ἔχοντα ψυχὰς καὶ τὸ τρίτον τῶν πλοίων διεφθάρησαν¹⁰.

10 Καὶ ὁ τρίτος ἄγγελος ἐσάλπισεν· καὶ ἔπεσεν¹¹ ἐκ τοῦ οὐρανοῦ ἀστὴρ¹² μέγας καιόμενος ὡς λαμπὰς¹³ καὶ ἔπεσεν ἐπὶ τὸ τρίτον τῶν ποταμῶν¹⁴ καὶ ἐπὶ τὰς πηγὰς¹⁵ τῶν ὑδάτων¹⁶, **11** καὶ τὸ ὄνομα τοῦ ἀστέρος λέγεται ὁ Ἄψινθος¹⁷, καὶ ἐγένετο τὸ τρίτον τῶν ὑδάτων εἰς ἄψινθον καὶ πολλοὶ τῶν ἀνθρώπων ἀπέθανον ἐκ τῶν ὑδάτων ὅτι ἐπικράνθησαν¹⁸.

12 Καὶ ὁ τέταρτος¹⁹ ἄγγελος ἐσάλπισεν· καὶ ἐπλήγη²⁰ τὸ τρίτον τοῦ ἡλίου καὶ τὸ τρίτον τῆς σελήνης²¹ καὶ τὸ τρίτον τῶν ἀστέρων, ἵνα σκοτισθῇ²² τὸ τρίτον αὐτῶν καὶ ἡ ἡμέρα μὴ φάνῃ²³ τὸ τρίτον αὐτῆς καὶ ἡ νὺξ ὁμοίως²⁴.

13 Καὶ εἶδον, καὶ ἤκουσα ἑνὸς ἀετοῦ²⁵ πετομένου²⁶ ἐν μεσουρανήματι²⁷ λέγοντος φωνῇ μεγάλῃ· οὐαὶ οὐαὶ οὐαὶ τοὺς κατοικοῦντας ἐπὶ τῆς γῆς ἐκ τῶν λοιπῶν φωνῶν τῆς σάλπιγγος τῶν τριῶν ἀγγέλων τῶν μελλόντων σαλπίζειν.

9 Καὶ ὁ πέμπτος²⁸ ἄγγελος ἐσάλπισεν²⁹· καὶ εἶδον ἀστέρα³⁰ ἐκ τοῦ οὐρανοῦ πεπτωκότα³¹ εἰς τὴν γῆν, καὶ ἐδόθη³² αὐτῷ ἡ κλεὶς³³ τοῦ φρέατος³⁴ τῆς ἀβύσσου³⁵ **2** καὶ ἤνοιξεν³⁶ τὸ φρέαρ τῆς ἀβύσσου, καὶ ἀνέβη³⁷ καπνὸς³⁸ ἐκ τοῦ φρέατος ὡς καπνὸς καμίνου³⁹ μεγάλης, καὶ ἐσκοτίσθη⁴⁰ ὁ ἥλιος καὶ ὁ ἀὴρ⁴¹ ἐκ τοῦ καπνοῦ⁴² τοῦ φρέατος. **3** καὶ ἐκ τοῦ καπνοῦ ἐξῆλθον ἀκρίδες⁴³ εἰς τὴν γῆν, καὶ ἐδόθη⁴⁴ αὐταῖς ἐξουσία ὡς ἔχουσιν ἐξουσίαν οἱ σκορπίοι⁴⁵ τῆς γῆς. **4** καὶ ἐρρέθη⁴⁶ αὐταῖς ἵνα μὴ

---

¹ χάλαζα, -ης f, hail
² μίγνυμι pf pas ptc n p nom, mix
³ βάλλω 3s aor pas ind, throw
⁴ κατακαίω 3s aor pas ind, burn up
⁵ δένδρον, -ου n, tree
⁶ χόρτος, -ου m, grass
⁷ χλωρός, -ά/όν, green
⁸ καίω pres mid/pas ptc n s nom, pas burn
⁹ κτίσμα, -τος n, creature
¹⁰ διαφθείρω 3p aor pas ind, destroy
¹¹ πίπτω 3s aor act ind, fall
¹² ἀστήρ, -έρος m, star
¹³ λαμπάς, -άδος f, torch
¹⁴ ποταμός, -οῦ m, river
¹⁵ πηγή, -ῆς f, spring
¹⁶ ὕδωρ, ὕδατος n, water

¹⁷ ἄψινθος, -ου m, wormwood
¹⁸ πικραίνω 3p aor pas ind, pas become bitter
¹⁹ τέταρτος, -η/ον, fourth
²⁰ πλήσσω 3s aor pas ind, strike
²¹ σελήνη, -ης f, moon
²² σκοτίζομαι 3s aor pas sub, turn dark
²³ φαίνω 3s aor act sub, shine
²⁴ ὁμοίως, adv, in the same way
²⁵ ἀετός, -οῦ m, eagle
²⁶ πέτομαι pres mid ptc m s gen, fly
²⁷ μεσουράνημα, -τος n, midair
²⁸ πέμπτος, -η/ον, fifth
²⁹ σαλπίζω 3s aor act ind, sound a trumpet
³⁰ ἀστήρ, -έρος m, star

³¹ πίπτω pf act ptc m s acc, fall
³² δίδωμι 3s aor pas ind, give
³³ κλείς, κλειδός f, key
³⁴ φρέαρ, -ατος n, pit
³⁵ ἄβυσσος, -ου f, abyss
³⁶ ἀνοίγω 3s aor act ind, open
³⁷ ἀναβαίνω 3s aor act ind, come up
³⁸ καπνός, -οῦ m, smoke
³⁹ κάμινος, -ου f, furnace
⁴⁰ σκοτίζομαι 3s aor pas ind, turn dark
⁴¹ ἀήρ, -έρος m, air
⁴² καπνός, -οῦ m, smoke
⁴³ ἀκρίς, -ίδος f, locust
⁴⁴ δίδωμι 3s aor pas ind, give
⁴⁵ σκορπίος, -ου m, scorpion
⁴⁶ λέγω 3s aor pas ind, tell

ἀδικήσωσιν[1] τὸν χόρτον[2] τῆς γῆς οὐδὲ πᾶν χλωρὸν[3] οὐδὲ πᾶν δένδρον[4], εἰ μὴ τοὺς ἀνθρώπους οἵτινες οὐκ ἔχουσιν τὴν σφραγῖδα[5] τοῦ θεοῦ ἐπὶ τῶν μετώπων[6]. **5** καὶ ἐδόθη[7] αὐταῖς ἵνα μὴ ἀποκτείνωσιν[8] αὐτούς, ἀλλ' ἵνα βασανισθήσονται[9] μῆνας[10] πέντε, καὶ ὁ βασανισμὸς[11] αὐτῶν ὡς βασανισμὸς σκορπίου ὅταν παίσῃ[12] ἄνθρωπον. **6** καὶ ἐν ταῖς ἡμέραις ἐκείναις ζητήσουσιν οἱ ἄνθρωποι τὸν θάνατον καὶ οὐ μὴ εὑρήσουσιν[13] αὐτόν, καὶ ἐπιθυμήσουσιν[14] ἀποθανεῖν[15] καὶ φεύγει[16] ὁ θάνατος ἀπ' αὐτῶν.

7 Καὶ τὰ ὁμοιώματα[17] τῶν ἀκρίδων ὅμοια ἵπποις[18] ἡτοιμασμένοις[19] εἰς πόλεμον[20], καὶ ἐπὶ τὰς κεφαλὰς αὐτῶν ὡς στέφανοι[21] ὅμοιοι χρυσῷ[22], καὶ τὰ πρόσωπα αὐτῶν ὡς πρόσωπα ἀνθρώπων, **8** καὶ εἶχον[23] τρίχας[24] ὡς τρίχας γυναικῶν, καὶ οἱ ὀδόντες[25] αὐτῶν ὡς λεόντων[26] ἦσαν, **9** καὶ εἶχον θώρακας[27] ὡς θώρακας σιδηροῦς[28], καὶ ἡ φωνὴ τῶν πτερύγων[29] αὐτῶν ὡς φωνὴ ἁρμάτων[30] ἵππων πολλῶν[31] τρεχόντων[32] εἰς πόλεμον, **10** καὶ ἔχουσιν οὐρὰς[33] ὁμοίας σκορπίοις καὶ κέντρα[34], καὶ ἐν ταῖς οὐραῖς αὐτῶν ἡ ἐξουσία αὐτῶν ἀδικῆσαι τοὺς ἀνθρώπους μῆνας[35] πέντε, **11** ἔχουσιν ἐπ' αὐτῶν βασιλέα τὸν ἄγγελον τῆς ἀβύσσου, ὄνομα αὐτῷ Ἑβραϊστὶ Ἀβαδδών[36], καὶ ἐν τῇ Ἑλληνικῇ ὄνομα ἔχει Ἀπολλύων[37].

12 Ἡ οὐαὶ ἡ μία ἀπῆλθεν· ἰδοὺ ἔρχεται ἔτι δύο οὐαὶ μετὰ ταῦτα.

13 Καὶ ὁ ἕκτος[38] ἄγγελος ἐσάλπισεν[39]· καὶ ἤκουσα φωνὴν μίαν ἐκ τῶν τεσσάρων κεράτων[40] τοῦ θυσιαστηρίου[41] τοῦ χρυσοῦ[42] τοῦ ἐνώπιον τοῦ θεοῦ, **14** λέγουσαν τῷ ἕκτῳ ἀγγέλῳ, ὁ ἔχων τὴν σάλπιγγα[43]· λῦσον τοὺς τέσσαρας ἀγγέλους τοὺς δεδεμένους[44] ἐπὶ τῷ ποταμῷ[45] τῷ μεγάλῳ Εὐφράτῃ. **15** καὶ ἐλύθησαν οἱ τέσσαρες ἄγγελοι οἱ ἡτοιμασμένοι[46] εἰς τὴν ὥραν καὶ ἡμέραν καὶ μῆνα καὶ ἐνιαυτόν[47], ἵνα

---

[1] ἀδικέω 3p aor act sub, harm
[2] χόρτος, -ου m, grass
[3] χλωρός, -ά/όν, green
[4] δένδρον, -ου n, tree
[5] σφραγίς, -ῖδος f, seal
[6] μέτωπον, -ου n, forehead
[7] δίδωμι 3s aor pas ind, allow
[8] ἀποκτείνω 3p aor act sub, kill
[9] βασανίζω 3p fut pas ind, torture/torment
[10] μήν, μηνός m, month
[11] βασανισμός, -οῦ m, torture
[12] παίω 3s aor act sub, sting
[13] εὑρίσκω 3p fut act ind, find
[14] ἐπιθυμέω 3p fut act ind, want
[15] ἀποθνῄσκω aor act inf, die
[16] φεύγω 3s pres act ind, escape
[17] ὁμοίωμα, -τος n, appearance
[18] ἵππος, -ου m, horse
[19] ἑτοιμάζω pf pas ptc m p dat, prepare
[20] πόλεμος, -ου m, battle
[21] στέφανος, -ου m, crown
[22] χρυσός, -οῦ m, gold
[23] ἔχω 3p impf act ind, have
[24] θρίξ, τριχός f, hair
[25] ὀδούς, ὀδόντος f, tooth
[26] λέων, -οντος m, lion
[27] θώραξ, -ακος m, breastplate
[28] σιδηροῦς, -ᾶ/οῦν, made of iron
[29] πτέρυξ, -υγος f, wing
[30] ἅρμα, -τος n, chariot
[31] πολύς, πολλή, πολύ, many
[32] τρέχω pres act ptc m p gen, run
[33] οὐρά, -ᾶς f, tail
[34] κέντρον, -ου n, sting
[35] μήν, μηνός m, month
[36] Ἀβαδδών, Destroyer
[37] Ἀπολλύων, Destroyer
[38] ἕκτος, -η/ον, sixth
[39] σαλπίζω 3s aor act ind, sound a trumpet
[40] κέρας, -ατος n, horn
[41] θυσιαστήριον, -ου n, altar
[42] χρυσοῦς, -ῆ/οῦν, made of gold
[43] σάλπιγξ, -ιγγος f, trumpet
[44] δέω pf pas ptc m p acc, bind
[45] ποταμός, -οῦ m, river
[46] ἑτοιμάζω pf pas ptc m p nom, prepare
[47] ἐνιαυτός, -οῦ m, year

ἀποκτείνωσιν τὸ τρίτον τῶν ἀνθρώπων. **16** καὶ ὁ ἀριθμὸς[1] τῶν στρατευμάτων[2] τοῦ ἱππικοῦ[3] δισμυριάδες[4] μυριάδων[5], ἤκουσα τὸν ἀριθμὸν αὐτῶν.

17 Καὶ οὕτως εἶδον τοὺς ἵππους ἐν τῇ ὁράσει[6] καὶ τοὺς καθημένους ἐπ' αὐτῶν, ἔχοντας θώρακας[7] πυρίνους[8] καὶ ὑακινθίνους[9] καὶ θειώδεις[10], καὶ αἱ κεφαλαὶ τῶν ἵππων ὡς κεφαλαὶ λεόντων[11], καὶ ἐκ τῶν στομάτων αὐτῶν ἐκπορεύεται πῦρ καὶ καπνὸς[12] καὶ θεῖον[13]. **18** ἀπὸ τῶν τριῶν πληγῶν[14] τούτων ἀπεκτάνθησαν[15] τὸ τρίτον τῶν ἀνθρώπων, ἐκ τοῦ πυρὸς καὶ τοῦ καπνοῦ καὶ τοῦ θείου τοῦ ἐκπορευομένου ἐκ τῶν στομάτων αὐτῶν. **19** ἡ γὰρ ἐξουσία τῶν ἵππων ἐν τῷ στόματι αὐτῶν ἐστιν καὶ ἐν ταῖς οὐραῖς[16] αὐτῶν, αἱ γὰρ οὐραὶ αὐτῶν ὅμοιαι ὄφεσιν[17], ἔχουσαι κεφαλὰς καὶ ἐν αὐταῖς ἀδικοῦσιν[18].

20 Καὶ οἱ λοιποὶ τῶν ἀνθρώπων, οἳ οὐκ ἀπεκτάνθησαν ἐν ταῖς πληγαῖς ταύταις, οὐδὲ μετενόησαν ἐκ τῶν ἔργων τῶν χειρῶν αὐτῶν, ἵνα μὴ προσκυνήσωσιν τὰ δαιμόνια καὶ τὰ εἴδωλα[19] τὰ χρυσᾶ καὶ τὰ ἀργυρᾶ[20] καὶ τὰ χαλκᾶ[21] καὶ τὰ λίθινα[22] καὶ τὰ ξύλινα[23], ἃ οὔτε βλέπειν δύνανται οὔτε ἀκούειν οὔτε περιπατεῖν, **21** καὶ οὐ μετενόησαν ἐκ τῶν φόνων[24] αὐτῶν οὔτε ἐκ τῶν φαρμάκων[25] αὐτῶν οὔτε ἐκ τῆς πορνείας[26] αὐτῶν οὔτε ἐκ τῶν κλεμμάτων[27] αὐτῶν.

The Angel and the Little Scroll

10 Καὶ εἶδον ἄλλον ἄγγελον ἰσχυρὸν[28] καταβαίνοντα ἐκ τοῦ οὐρανοῦ περιβεβλημένον[29] νεφέλην[30], καὶ ἡ ἶρις[31] ἐπὶ τῆς κεφαλῆς αὐτοῦ καὶ τὸ πρόσωπον αὐτοῦ ὡς ὁ ἥλιος καὶ οἱ πόδες αὐτοῦ ὡς στῦλοι[32] πυρός, **2** καὶ ἔχων ἐν τῇ χειρὶ αὐτοῦ βιβλαρίδιον[33] ἠνεῳγμένον[34]. καὶ ἔθηκεν[35] τὸν πόδα αὐτοῦ τὸν δεξιὸν ἐπὶ τῆς θαλάσσης, τὸν δὲ εὐώνυμον[36] ἐπὶ τῆς γῆς, **3** καὶ ἔκραξεν φωνῇ μεγάλῃ ὥσπερ λέων[37] μυκᾶται[38]. καὶ ὅτε ἔκραξεν, ἐλάλησαν αἱ ἑπτὰ βρονταὶ[39] τὰς ἑαυτῶν φωνάς.

---

[1] ἀριθμός, -οῦ *m*, number
[2] στράτευμα, -τος *n*, troops
[3] ἱππικός, -οῦ *n*, calvary
[4] δισμυριάς, -άδος *f*, twenty thousand
[5] μυριάς, -άδος *f*, countless thousands
[6] ὅρασις, -εως *f*, vision
[7] θώραξ, -ακος *m*, breastplate
[8] πύρινος, -η/ον, fiery red
[9] ὑακίνθινος, -η/ον, dark blue
[10] θειώδης, -ες, yellow (as sulphur)
[11] λέων, -οντος *m*, lion
[12] καπνός, -οῦ, smoke
[13] θεῖον, -ου *n*, sulphur
[14] πληγή, -ῆς *f*, plague
[15] ἀποκτείνω 3p aor pas ind, kill
[16] οὐρά, -ᾶς *f*, tail
[17] ὄφις, -εως *m*, snake
[18] ἀδικέω 3p pres act ind, harm
[19] εἴδωλον, -ου *n*, idol
[20] ἀργυροῦς, -ᾶ/οῦν, made of silver
[21] χαλκοῦς, -ῆ/οῦν, made of bronze
[22] λίθινος, -η/ον, made of stone
[23] ξύλινος, -η/ον, wooden
[24] φόνος, -ου *m*, murder
[25] φάρμακον, -ου *n*, witchcraft
[26] πορνεία, -ας *f*, sexual immorality
[27] κλέμμα, -τος *n*, theft
[28] ἰσχυρός, -ά/όν, mighty
[29] περιβάλλω *pf pas ptc m s acc*, clothe
[30] νεφέλη, -ης *f*, cloud
[31] ἶρις, -ιδος *f*, rainbow
[32] στῦλος, -ου *m*, pillar
[33] βιβλαρίδιον, -ου *n*, little scroll
[34] ἀνοίγω *pf pas ptc n s acc*, open
[35] τίθημι 3s aor act ind, put
[36] εὐώνυμος, -ον, left
[37] λέων, -οντος *m*, lion
[38] μυκάομαι 3s pres mid ind, roar
[39] βροντή, -ῆς *f*, thunder

4 καὶ ὅτε ἐλάλησαν αἱ ἑπτὰ βρονταί, ἤμελλον γράφειν, καὶ ἤκουσα φωνὴν ἐκ τοῦ οὐρανοῦ λέγουσαν· σφράγισον[1] ἃ ἐλάλησαν αἱ ἑπτὰ βρονταί, καὶ μὴ αὐτὰ γράψῃς[2].

5 Καὶ ὁ ἄγγελος, ὃν εἶδον ἑστῶτα[3] ἐπὶ τῆς θαλάσσης καὶ ἐπὶ τῆς γῆς, ἦρεν[4] τὴν χεῖρα αὐτοῦ τὴν δεξιὰν εἰς τὸν οὐρανὸν **6** καὶ ὤμοσεν[5] ἐν τῷ ζῶντι[6] εἰς τοὺς αἰῶνας τῶν αἰώνων, ὃς ἔκτισεν[7] τὸν οὐρανὸν καὶ τὰ ἐν αὐτῷ καὶ τὴν γῆν καὶ τὰ ἐν αὐτῇ καὶ τὴν θάλασσαν καὶ τὰ ἐν αὐτῇ, ὅτι χρόνος οὐκέτι ἔσται, **7** ἀλλ᾿ ἐν ταῖς ἡμέραις τῆς φωνῆς τοῦ ἑβδόμου[8] ἀγγέλου, ὅταν μέλλῃ σαλπίζειν[9], καὶ ἐτελέσθη[10] τὸ μυστήριον[11] τοῦ θεοῦ, ὡς εὐηγγέλισεν[12] τοὺς ἑαυτοῦ δούλους τοὺς προφήτας.

8 Καὶ ἡ φωνὴ ἣν ἤκουσα ἐκ τοῦ οὐρανοῦ πάλιν λαλοῦσαν μετ᾿ ἐμοῦ καὶ λέγουσαν· ὕπαγε λάβε τὸ βιβλίον τὸ ἠνεῳγμένον ἐν τῇ χειρὶ τοῦ ἀγγέλου τοῦ ἑστῶτος[13] ἐπὶ τῆς θαλάσσης καὶ ἐπὶ τῆς γῆς. **9** καὶ ἀπῆλθα πρὸς τὸν ἄγγελον λέγων αὐτῷ δοῦναί[14] μοι τὸ βιβλαρίδιον[15]. καὶ λέγει μοι· λάβε καὶ κατάφαγε[16] αὐτό, καὶ πικρανεῖ[17] σου τὴν κοιλίαν[18], ἀλλ᾿ ἐν τῷ στόματί σου ἔσται γλυκὺ[19] ὡς μέλι[20]. **10** Καὶ ἔλαβον τὸ βιβλαρίδιον ἐκ τῆς χειρὸς τοῦ ἀγγέλου καὶ κατέφαγον αὐτό, καὶ ἦν ἐν τῷ στόματί μου ὡς μέλι γλυκὺ καὶ ὅτε ἔφαγον[21] αὐτό, ἐπικράνθη ἡ κοιλία μου. **11** καὶ λέγουσίν μοι· δεῖ σε πάλιν προφητεῦσαι[22] ἐπὶ λαοῖς καὶ ἔθνεσιν καὶ γλώσσαις καὶ βασιλεῦσιν πολλοῖς.

The Two Witnesses

11 Καὶ ἐδόθη[23] μοι κάλαμος[24] ὅμοιος ῥάβδῳ[25], λέγων· ἔγειρε καὶ μέτρησον[26] τὸν ναὸν τοῦ θεοῦ καὶ τὸ θυσιαστήριον[27] καὶ τοὺς προσκυνοῦντας ἐν αὐτῷ. **2** καὶ τὴν αὐλὴν[28] τὴν ἔξωθεν[29] τοῦ ναοῦ ἔκβαλε[30] ἔξωθεν καὶ μὴ αὐτὴν μετρήσῃς, ὅτι ἐδόθη τοῖς ἔθνεσιν, καὶ τὴν πόλιν τὴν ἁγίαν πατήσουσιν[31] μῆνας[32] τεσσεράκοντα[33] δύο.

---

[1] σφραγίζω 2s aor act impv, seal
[2] γράφω 2s aor act sub, write
[3] ἵστημι pf act ptc m s acc, intrans stand
[4] αἴρω 3s aor act ind, raise
[5] ὀμνύω 3s aor act ind, swear
[6] ζάω pres act ptc m s dat, live
[7] κτίζω 3s aor act ind, create
[8] ἕβδομος, -η/ον, seventh
[9] σαλπίζω pres act inf, sound a trumpet
[10] τελέω 3s aor pas ind, accomplish
[11] μυστήριον, -ου n, mystery
[12] εὐαγγελίζω 3s aor act ind, announce
[13] ἵστημι pf act ptc m s gen, intrans stand
[14] δίδωμι aor act inf, give
[15] βιβλαρίδιον, -ου n, little scroll
[16] κατεσθίω 2s aor act impv, eat
[17] πικραίνω 3s fut act ind, make bitter
[18] κοιλία, -ας f, stomach
[19] γλυκύς, -εῖα/ύ, sweet
[20] μέλι, -ιτος n, honey
[21] ἐσθίω 1s aor act ind, eat
[22] προφητεύω aor act inf, prophesy
[23] δίδωμι 3s aor pas ind, give
[24] κάλαμος, -ου m, (measuring) rod
[25] ῥάβδος, -ου f, stick
[26] μετρέω 2s aor act impv, measure
[27] θυσιαστήριον, -ου n, altar
[28] αὐλή, -ῆς f, court(yard)
[29] ἔξωθεν, adv, outer
[30] ἐκβάλλω 2s aor act impv, leave (out)
[31] πατέω 3p fut act ind, trample
[32] μήν, μηνός m, month
[33] τεσσεράκοντα, forty

ΑΠΟΚΑΛΥΨΙΣ ΙΩΑΝΝΟΥ 11.3-13

3 Καὶ δώσω[1] τοῖς δυσὶν μάρτυσίν μου καὶ προφητεύσουσιν ἡμέρας χιλίας[2] διακοσίας[3] ἑξήκοντα[4] περιβεβλημένοι[5] σάκκους[6]. **4** οὗτοί εἰσιν αἱ δύο ἐλαῖαι[7] καὶ αἱ δύο λυχνίαι[8] αἱ ἐνώπιον τοῦ κυρίου τῆς γῆς ἑστῶτες[9]. **5** καὶ εἴ τις αὐτοὺς θέλει ἀδικῆσαι[10] πῦρ ἐκπορεύεται ἐκ τοῦ στόματος αὐτῶν καὶ κατεσθίει[11] τοὺς ἐχθροὺς αὐτῶν· καὶ εἴ τις θέλει αὐτοὺς ἀδικῆσαι, οὕτως δεῖ αὐτὸν ἀποκτανθῆναι[12]. **6** οὗτοι ἔχουσιν τὴν ἐξουσίαν κλεῖσαι[13] τὸν οὐρανόν, ἵνα μὴ ὑετὸς[14] βρέχῃ[15] τὰς ἡμέρας τῆς προφητείας[16] αὐτῶν, καὶ ἐξουσίαν ἔχουσιν ἐπὶ τῶν ὑδάτων[17] στρέφειν[18] αὐτὰ εἰς αἷμα καὶ πατάξαι[19] τὴν γῆν ἐν πάσῃ πληγῇ[20] ὁσάκις[21] ἐὰν θελήσωσιν.

7 Καὶ ὅταν τελέσωσιν[22] τὴν μαρτυρίαν αὐτῶν, τὸ θηρίον τὸ ἀναβαῖνον ἐκ τῆς ἀβύσσου[23] ποιήσει μετ' αὐτῶν πόλεμον[24] καὶ νικήσει[25] αὐτοὺς καὶ ἀποκτενεῖ[26] αὐτούς. **8** καὶ τὸ πτῶμα[27] αὐτῶν ἐπὶ τῆς πλατείας[28] τῆς πόλεως τῆς μεγάλης, ἥτις καλεῖται πνευματικῶς[29] Σόδομα καὶ Αἴγυπτος, ὅπου καὶ ὁ κύριος αὐτῶν ἐσταυρώθη. **9** καὶ βλέπουσιν ἐκ τῶν λαῶν καὶ φυλῶν καὶ γλωσσῶν καὶ ἐθνῶν τὸ πτῶμα αὐτῶν ἡμέρας τρεῖς καὶ ἥμισυ[30] καὶ τὰ πτώματα αὐτῶν οὐκ ἀφίουσιν[31] τεθῆναι[32] εἰς μνῆμα[33]. **10** καὶ οἱ κατοικοῦντες ἐπὶ τῆς γῆς χαίρουσιν ἐπ' αὐτοῖς καὶ εὐφραίνονται[34] καὶ δῶρα[35] πέμψουσιν ἀλλήλοις, ὅτι οὗτοι οἱ δύο προφῆται ἐβασάνισαν[36] τοὺς κατοικοῦντας ἐπὶ τῆς γῆς.

11 Καὶ μετὰ τὰς τρεῖς ἡμέρας καὶ ἥμισυ[37] πνεῦμα ζωῆς ἐκ τοῦ θεοῦ εἰσῆλθεν αὐτοῖς, καὶ ἔστησαν[38] ἐπὶ τοὺς πόδας αὐτῶν, καὶ φόβος μέγας ἐπέπεσεν[39] ἐπὶ τοὺς θεωροῦντας αὐτούς. **12** καὶ ἤκουσαν φωνῆς μεγάλης ἐκ τοῦ οὐρανοῦ λεγούσης αὐτοῖς· ἀνάβατε[40] ὧδε. καὶ ἀνέβησαν εἰς τὸν οὐρανὸν ἐν τῇ νεφέλῃ[41], καὶ ἐθεώρησαν αὐτοὺς οἱ ἐχθροὶ αὐτῶν. **13** καὶ ἐν ἐκείνῃ τῇ ὥρᾳ ἐγένετο σεισμὸς[42] μέγας καὶ τὸ δέκατον[43] τῆς πόλεως ἔπεσεν[44] καὶ ἀπεκτάνθησαν[45] ἐν τῷ σεισμῷ ὀνόματα

---

[1] δίδωμι 1s fut act ind, give
[2] χίλιοι, -αι/α, thousand
[3] διακόσιοι, -αι/α, two hundred
[4] ἑξήκοντα, sixty
[5] περιβάλλω pf pas ptc m p nom, clothe
[6] σάκκος, -ου m, sackcloth
[7] ἐλαία, -ας f, olive tree
[8] λυχνία, -ας f, lampstand
[9] ἵστημι pf act ptc m p nom, intrans stand
[10] ἀδικέω aor act inf, harm
[11] κατεσθίω 3s pres act ind, consume
[12] ἀποκτείνω aor pas inf, kill
[13] κλείω aor act inf, shut
[14] ὑετός, -οῦ m, rain
[15] βρέχω 3s pres act sub, rain
[16] προφητεία, -ας f, prophecy
[17] ὕδωρ, ὕδατος n, water
[18] στρέφω pres act inf, change
[19] πατάσσω aor act inf, strike
[20] πληγή, -ῆς f, plague
[21] ὁσάκις, adv, whenever
[22] τελέω 3p aor act sub, finish
[23] ἄβυσσος, -ου f, abyss
[24] πόλεμος, -ου m, war
[25] νικάω 3s fut act ind, conquer
[26] ἀποκτείνω 3s fut act ind, kill
[27] πτῶμα, -τος n, body
[28] πλατεῖα, -ας f, street
[29] πνευματικῶς, adv, figuratively
[30] ἥμισυς, -εια/υ, one half
[31] ἀφίημι 3p pres act ind, let
[32] τίθημι aor pas inf, put
[33] μνῆμα, -τος n, tomb
[34] εὐφραίνω 3p pres pas ind, pas celebrate
[35] δῶρον, -ου n, gift
[36] βασανίζω 3p aor act ind, torture/torment
[37] ἥμισυς, -εια, -υ, one half
[38] ἵστημι 3p aor act ind, intrans stand
[39] ἐπιπίπτω 3s aor act ind, come upon
[40] ἀναβαίνω 2p aor act impv, come up
[41] νεφέλη, -ης f, cloud
[42] σεισμός, -οῦ m, earthquake
[43] δέκατος, -η/ον, tenth
[44] πίπτω 3s aor act ind, fall
[45] ἀποκτείνω 3p aor pas ind, kill

ἀνθρώπων χιλιάδες[1] ἑπτὰ καὶ οἱ λοιποὶ ἔμφοβοι[2] ἐγένοντο καὶ ἔδωκαν δόξαν τῷ θεῷ τοῦ οὐρανοῦ.
14 Ἡ οὐαὶ ἡ δευτέρα ἀπῆλθεν· ἰδοὺ ἡ οὐαὶ ἡ τρίτη ἔρχεται ταχύ[3].

The Seventh Trumpet

15 Καὶ ὁ ἕβδομος[4] ἄγγελος ἐσάλπισεν[5]· καὶ ἐγένοντο φωναὶ μεγάλαι ἐν τῷ οὐρανῷ λέγουσαι·
    ἐγένετο ἡ βασιλεία τοῦ κόσμου τοῦ κυρίου ἡμῶν
    καὶ τοῦ χριστοῦ αὐτοῦ,
    καὶ βασιλεύσει[6] εἰς τοὺς αἰῶνας τῶν αἰώνων.
16 καὶ οἱ εἴκοσι[7] τέσσαρες πρεσβύτεροι οἱ ἐνώπιον τοῦ θεοῦ καθήμενοι ἐπὶ τοὺς θρόνους αὐτῶν ἔπεσαν ἐπὶ τὰ πρόσωπα αὐτῶν καὶ προσεκύνησαν[8] τῷ θεῷ **17** λέγοντες·
    εὐχαριστοῦμέν σοι, κύριε ὁ θεὸς ὁ παντοκράτωρ[9],
    ὁ ὢν καὶ ὁ ἦν,
    ὅτι εἴληφας[10] τὴν δύναμίν σου τὴν μεγάλην
    καὶ ἐβασίλευσας.
18 καὶ τὰ ἔθνη ὠργίσθησαν[11],
    καὶ ἦλθεν ἡ ὀργή σου
    καὶ ὁ καιρὸς τῶν νεκρῶν κριθῆναι[12]
    καὶ δοῦναι[13] τὸν μισθὸν[14] τοῖς δούλοις σου τοῖς προφήταις
    καὶ τοῖς ἁγίοις καὶ τοῖς φοβουμένοις τὸ ὄνομά σου,
    τοῖς μικροῖς καὶ τοῖς μεγάλοις,
    καὶ διαφθεῖραι[15] τοὺς διαφθείροντας τὴν γῆν.
19 Καὶ ἠνοίγη[16] ὁ ναὸς τοῦ θεοῦ ὁ ἐν τῷ οὐρανῷ καὶ ὤφθη[17] ἡ κιβωτὸς[18] τῆς διαθήκης αὐτοῦ ἐν τῷ ναῷ αὐτοῦ, καὶ ἐγένοντο ἀστραπαὶ[19] καὶ φωναὶ καὶ βρονταὶ[20] καὶ σεισμὸς καὶ χάλαζα[21] μεγάλη.

---

[1] χιλιάς, -άδος f, a thousand
[2] ἔμφοβος, -ον, terrified
[3] ταχύ, adv, soon
[4] ἕβδομος, -η/ον, seventh
[5] σαλπίζω 3s aor act ind, sound a trumpet
[6] βασιλεύω 3s fut act ind, reign
[7] εἴκοσι, twenty
[8] προσκυνέω 3p aor act ind, worship
[9] παντοκράτωρ, -ορος m, the Almighty
[10] λαμβάνω 2s pf act ind, take
[11] ὀργίζω 3p aor pas ind, pas be angry
[12] κρίνω aor pas inf, judge
[13] δίδωμι aor act inf, give
[14] μισθός, -οῦ m, reward
[15] διαφθείρω aor act inf, destroy
[16] ἀνοίγω 3s aor pas ind, open
[17] ὁράω 3s aor pas ind, see
[18] κιβωτός, -οῦ f, ark
[19] ἀστραπή, -ῆς f, lightning
[20] βροντή, -ῆς f, thunder
[21] χάλαζα, -ης f, hail

The Woman and the Dragon

12 Καὶ σημεῖον μέγα ὤφθη¹ ἐν τῷ οὐρανῷ, γυνὴ περιβεβλημένη² τὸν ἥλιον, καὶ ἡ σελήνη³ ὑποκάτω⁴ τῶν ποδῶν αὐτῆς καὶ ἐπὶ τῆς κεφαλῆς αὐτῆς στέφανος⁵ ἀστέρων⁶ δώδεκα, **2** καὶ ἐν γαστρὶ⁷ ἔχουσα, κράζει ὠδίνουσα⁸ καὶ βασανιζομένη⁹ τεκεῖν¹⁰. **3** καὶ ὤφθη ἄλλο σημεῖον ἐν τῷ οὐρανῷ, καὶ ἰδοὺ δράκων¹¹ μέγας πυρρὸς¹² ἔχων κεφαλὰς ἑπτὰ καὶ κέρατα¹³ δέκα¹⁴ καὶ ἐπὶ τὰς κεφαλὰς αὐτοῦ ἑπτὰ διαδήματα¹⁵, **4** καὶ ἡ οὐρὰ¹⁶ αὐτοῦ σύρει¹⁷ τὸ τρίτον τῶν ἀστέρων τοῦ οὐρανοῦ καὶ ἔβαλεν¹⁸ αὐτοὺς εἰς τὴν γῆν. καὶ ὁ δράκων ἔστηκεν¹⁹ ἐνώπιον τῆς γυναικὸς τῆς μελλούσης τεκεῖν, ἵνα ὅταν τέκῃ τὸ τέκνον αὐτῆς καταφάγῃ²⁰. **5** καὶ ἔτεκεν²¹ υἱὸν ἄρρενα²², ὃς μέλλει ποιμαίνειν²³ πάντα τὰ ἔθνη ἐν ῥάβδῳ²⁴ σιδηρᾷ²⁵. καὶ ἡρπάσθη²⁶ τὸ τέκνον αὐτῆς πρὸς τὸν θεὸν καὶ πρὸς τὸν θρόνον αὐτοῦ. **6** καὶ ἡ γυνὴ ἔφυγεν²⁷ εἰς τὴν ἔρημον, ὅπου ἔχει ἐκεῖ τόπον ἡτοιμασμένον²⁸ ἀπὸ τοῦ θεοῦ, ἵνα ἐκεῖ τρέφωσιν²⁹ αὐτὴν ἡμέρας χιλίας³⁰ διακοσίας³¹ ἑξήκοντα³².

7 Καὶ ἐγένετο πόλεμος³³ ἐν τῷ οὐρανῷ, ὁ Μιχαὴλ καὶ οἱ ἄγγελοι αὐτοῦ τοῦ πολεμῆσαι³⁴ μετὰ τοῦ δράκοντος. καὶ ὁ δράκων ἐπολέμησεν καὶ οἱ ἄγγελοι αὐτοῦ, **8** καὶ οὐκ ἴσχυσαν³⁵ οὐδὲ τόπος εὑρέθη³⁶ αὐτῶν ἔτι ἐν τῷ οὐρανῷ. **9** καὶ ἐβλήθη³⁷ ὁ δράκων ὁ μέγας, ὁ ὄφις³⁸ ὁ ἀρχαῖος³⁹, ὁ καλούμενος Διάβολος καὶ ὁ Σατανᾶς, ὁ πλανῶν τὴν οἰκουμένην⁴⁰ ὅλην, ἐβλήθη εἰς τὴν γῆν, καὶ οἱ ἄγγελοι αὐτοῦ μετ' αὐτοῦ ἐβλήθησαν. **10** καὶ ἤκουσα φωνὴν μεγάλην ἐν τῷ οὐρανῷ λέγουσαν·

ἄρτι ἐγένετο ἡ σωτηρία καὶ ἡ δύναμις
   καὶ ἡ βασιλεία τοῦ θεοῦ ἡμῶν
   καὶ ἡ ἐξουσία τοῦ χριστοῦ αὐτοῦ,
ὅτι ἐβλήθη ὁ κατήγορος⁴¹ τῶν ἀδελφῶν ἡμῶν,
ὁ κατηγορῶν⁴² αὐτοὺς ἐνώπιον τοῦ θεοῦ ἡμῶν ἡμέρας καὶ νυκτός.

---

[1] ὁράω 3s aor pas ind, pas appear
[2] περιβάλλω pf pas ptc f s nom, clothe
[3] σελήνη, -ης f, moon
[4] ὑποκάτω, prep + gen, under
[5] στέφανος, -ου m, crown
[6] ἀστήρ, -έρος m, star
[7] γαστήρ, -τρός f, womb (ἐν γ. ἔχω be pregnant)
[8] ὠδίνω pres act ptc f s nom, suffer birth-pains
[9] βασανίζω pres pas ptc f s nom, pas suffer terrible pain
[10] τίκτω aor act inf, give birth (to)
[11] δράκων, -οντος m, dragon
[12] πυρρός, -ά/όν, fiery red
[13] κέρας, -ατος n, horn
[14] δέκα, ten
[15] διάδημα, -τος n, crown
[16] οὐρά, -ᾶς f, tail
[17] σύρω 3s pres act ind, sweep down
[18] βάλλω 3s aor act ind, throw
[19] ἵστημι 3s pf or impf act ind, intrans stand
[20] κατεσθίω 3s aor act sub, eat
[21] τίκτω 3s aor act ind, give birth (to)
[22] ἄρρην, -εν = ἄρσην, male
[23] ποιμαίνω aor act inf, rule
[24] ῥάβδος, -ου f, rod
[25] σιδηροῦς, -ᾶ/οῦν, made of iron
[26] ἁρπάζω 3s aor pas ind, take away
[27] φεύγω 3s aor act ind, run away
[28] ἑτοιμάζω pf pas ptc m s acc, prepare
[29] τρέφω 3p pres act sub, take care of
[30] χίλιοι, -αι/α, thousand
[31] διακόσιοι, -αι/α, two hundred
[32] ἑξήκοντα, sixty
[33] πόλεμος, -ου m, war
[34] πολεμέω aor act inf, fight
[35] ἰσχύω 3p aor act ind, be strong enough
[36] εὑρίσκω 3s aor pas ind, find
[37] βάλλω 3s aor pas ind, throw
[38] ὄφις, -εως m, snake
[39] ἀρχαῖος, -α/ον, ancient
[40] οἰκουμένη, -ης f, world
[41] κατήγορος, -ου m, accuser
[42] κατηγορέω pres act ptc m s nom, accuse

11 καὶ αὐτοὶ ἐνίκησαν¹ αὐτὸν διὰ τὸ αἷμα τοῦ ἀρνίου²
καὶ διὰ τὸν λόγον τῆς μαρτυρίας αὐτῶν
καὶ οὐκ ἠγάπησαν³ τὴν ψυχὴν αὐτῶν ἄχρι θανάτου.
12 διὰ τοῦτο εὐφραίνεσθε⁴, οὐρανοὶ
καὶ οἱ ἐν αὐτοῖς σκηνοῦντες⁵.
οὐαὶ τὴν γῆν καὶ τὴν θάλασσαν,
ὅτι κατέβη⁶ ὁ διάβολος πρὸς ὑμᾶς
ἔχων θυμὸν⁷ μέγαν,
εἰδὼς⁸ ὅτι ὀλίγον καιρὸν ἔχει.
13 Καὶ ὅτε εἶδεν ὁ δράκων ὅτι ἐβλήθη εἰς τὴν γῆν, ἐδίωξεν⁹ τὴν γυναῖκα ἥτις ἔτεκεν τὸν ἄρσενα. **14** καὶ ἐδόθησαν¹⁰ τῇ γυναικὶ αἱ δύο πτέρυγες¹¹ τοῦ ἀετοῦ¹² τοῦ μεγάλου, ἵνα πέτηται¹³ εἰς τὴν ἔρημον εἰς τὸν τόπον αὐτῆς, ὅπου τρέφεται¹⁴ ἐκεῖ καιρὸν καὶ καιροὺς καὶ ἥμισυ¹⁵ καιροῦ ἀπὸ προσώπου τοῦ ὄφεως. **15** καὶ ἔβαλεν ὁ ὄφις ἐκ τοῦ στόματος αὐτοῦ ὀπίσω τῆς γυναικὸς ὕδωρ ὡς ποταμόν¹⁶, ἵνα αὐτὴν ποταμοφόρητον¹⁷ ποιήσῃ. **16** καὶ ἐβοήθησεν¹⁸ ἡ γῆ τῇ γυναικὶ καὶ ἤνοιξεν¹⁹ ἡ γῆ τὸ στόμα αὐτῆς καὶ κατέπιεν²⁰ τὸν ποταμὸν ὃν ἔβαλεν ὁ δράκων ἐκ τοῦ στόματος αὐτοῦ. **17** καὶ ὠργίσθη²¹ ὁ δράκων ἐπὶ τῇ γυναικὶ καὶ ἀπῆλθεν ποιῆσαι πόλεμον²² μετὰ τῶν λοιπῶν τοῦ σπέρματος αὐτῆς τῶν τηρούντων τὰς ἐντολὰς τοῦ θεοῦ καὶ ἐχόντων τὴν μαρτυρίαν Ἰησοῦ.
18 Καὶ ἐστάθη²³ ἐπὶ τὴν ἄμμον²⁴ τῆς θαλάσσης.

The Two Beasts

13 Καὶ εἶδον ἐκ τῆς θαλάσσης θηρίον ἀναβαῖνον, ἔχον κέρατα²⁵ δέκα²⁶ καὶ κεφαλὰς ἑπτὰ καὶ ἐπὶ τῶν κεράτων αὐτοῦ δέκα διαδήματα²⁷ καὶ ἐπὶ τὰς κεφαλὰς αὐτοῦ ὀνόμα βλασφημίας²⁸. **2** καὶ τὸ θηρίον ὃ εἶδον ἦν ὅμοιον παρδάλει²⁹ καὶ οἱ πόδες αὐτοῦ ὡς ἄρκου³⁰ καὶ τὸ στόμα αὐτοῦ ὡς στόμα λέοντος³¹. καὶ ἔδωκεν αὐτῷ ὁ δράκων³² τὴν δύναμιν αὐτοῦ καὶ τὸν θρόνον αὐτοῦ καὶ ἐξουσίαν μεγάλην.

---

¹ νικάω 3p aor act ind, conquer
² ἀρνίον, -ου n, lamb
³ ἀγαπάω 3p aor act ind, love
⁴ εὐφραίνω 2p pres pas impv, pas celebrate
⁵ σκηνόω pres act ptc m p nom or voc, live
⁶ καταβαίνω 3s aor act ind, go down
⁷ θυμός, -οῦ m, anger
⁸ οἶδα pf act ptc m s nom, know
⁹ διώκω 3s aor act ind, pursue
¹⁰ δίδωμι 3p aor pas ind, give
¹¹ πτέρυξ, -υγος f, wing
¹² ἀετός, -οῦ m, eagle
¹³ πέτομαι 3s pres mid sub, fly
¹⁴ τρέφω 3s pres pas ind, take care of
¹⁵ ἥμισυς, -εια/υ, one half
¹⁶ ποταμός, -οῦ m, river
¹⁷ ποταμοφόρητος, -ον, swept away by a river
¹⁸ βοηθέω 3s aor act ind, help
¹⁹ ἀνοίγω 3s aor act ind, open
²⁰ καταπίνω 3s aor act ind, swallow
²¹ ὀργίζω 3s aor pas ind, pas be angry
²² πόλεμος, -ου m, war
²³ ἵστημι 3s aor pas ind, intrans pas stand
²⁴ ἄμμος, -ου f, sand
²⁵ κέρας, -ατος n, horn
²⁶ δέκα, ten
²⁷ διάδημα, -τος n, crown
²⁸ βλασφημία, -ας f, blasphemy
²⁹ πάρδαλις, -εως f, leopard
³⁰ ἄρκος, -ου m, bear
³¹ λέων, -οντος m, lion
³² δράκων, -οντος m, dragon

3 καὶ μίαν ἐκ τῶν κεφαλῶν αὐτοῦ ὡς ἐσφαγμένην[1] εἰς θάνατον, καὶ ἡ πληγὴ[2] τοῦ θανάτου αὐτοῦ ἐθεραπεύθη.

Καὶ ἐθαύμασεν ὅλη ἡ γῆ ὀπίσω τοῦ θηρίου 4 καὶ προσεκύνησαν[3] τῷ δράκοντι, ὅτι ἔδωκεν τὴν ἐξουσίαν τῷ θηρίῳ, καὶ προσεκύνησαν τῷ θηρίῳ λέγοντες· τίς ὅμοιος τῷ θηρίῳ καὶ τίς δύναται πολεμῆσαι[4] μετ' αὐτοῦ; 5 Καὶ ἐδόθη[5] αὐτῷ στόμα λαλοῦν μεγάλα καὶ βλασφημίας[6] καὶ ἐδόθη αὐτῷ ἐξουσία ποιῆσαι μῆνας[7] τεσσεράκοντα[8] δύο. 6 καὶ ἤνοιξεν[9] τὸ στόμα αὐτοῦ εἰς βλασφημίας πρὸς τὸν θεὸν βλασφημῆσαι τὸ ὄνομα αὐτοῦ καὶ τὴν σκηνὴν[10] αὐτοῦ, τοὺς ἐν τῷ οὐρανῷ σκηνοῦντας[11]. 7 καὶ ἐδόθη αὐτῷ ποιῆσαι πόλεμον[12] μετὰ τῶν ἁγίων καὶ νικῆσαι[13] αὐτούς, καὶ ἐδόθη αὐτῷ ἐξουσία ἐπὶ πᾶσαν φυλὴν καὶ λαὸν καὶ γλῶσσαν καὶ ἔθνος. 8 καὶ προσκυνήσουσιν αὐτὸν πάντες οἱ κατοικοῦντες ἐπὶ τῆς γῆς, οὗ οὐ γέγραπται τὸ ὄνομα αὐτοῦ ἐν τῷ βιβλίῳ τῆς ζωῆς τοῦ ἀρνίου[14] τοῦ ἐσφαγμένου[15] ἀπὸ καταβολῆς[16] κόσμου.

9 Εἴ τις ἔχει οὖς ἀκουσάτω.

10 εἴ τις εἰς αἰχμαλωσίαν[17], ὑπάγει·

εἴ τις ἐν μαχαίρῃ ἀποκτενεῖ, δεῖ αὐτὸν ἐν μαχαίρῃ[18] ἀποκτανθῆναι[19].

ὧδέ ἐστιν ἡ ὑπομονὴ καὶ ἡ πίστις τῶν ἁγίων.

11 Καὶ εἶδον ἄλλο θηρίον ἀναβαῖνον ἐκ τῆς γῆς, καὶ εἶχεν κέρατα[20] δύο ὅμοια ἀρνίῳ καὶ ἐλάλει ὡς δράκων. 12 καὶ τὴν ἐξουσίαν τοῦ πρώτου θηρίου πᾶσαν ποιεῖ ἐνώπιον αὐτοῦ, καὶ ποιεῖ τὴν γῆν καὶ τοὺς ἐν αὐτῇ κατοικοῦντας ἵνα προσκυνήσωσιν τὸ θηρίον τὸ πρῶτον, οὗ ἐθεραπεύθη ἡ πληγὴ[21] τοῦ θανάτου αὐτοῦ. 13 καὶ ποιεῖ σημεῖα μεγάλα, ἵνα καὶ πῦρ ποιῇ ἐκ τοῦ οὐρανοῦ καταβαίνειν εἰς τὴν γῆν ἐνώπιον τῶν ἀνθρώπων, 14 καὶ πλανᾷ τοὺς κατοικοῦντας ἐπὶ τῆς γῆς διὰ τὰ σημεῖα ἃ ἐδόθη αὐτῷ ποιῆσαι ἐνώπιον τοῦ θηρίου, λέγων τοῖς κατοικοῦσιν ἐπὶ τῆς γῆς ποιῆσαι εἰκόνα[22] τῷ θηρίῳ, ὃς ἔχει τὴν πληγὴν τῆς μαχαίρης καὶ ἔζησεν.

15 Καὶ ἐδόθη αὐτῷ δοῦναι πνεῦμα τῇ εἰκόνι τοῦ θηρίου, ἵνα καὶ λαλήσῃ ἡ εἰκὼν τοῦ θηρίου καὶ ποιήσῃ ἵνα ὅσοι ἐὰν μὴ προσκυνήσωσιν τῇ εἰκόνι τοῦ θηρίου ἀποκτανθῶσιν. 16 καὶ ποιεῖ πάντας, τοὺς μικροὺς καὶ τοὺς μεγάλους, καὶ τοὺς πλουσίους[23] καὶ τοὺς πτωχούς, καὶ τοὺς ἐλευθέρους[24] καὶ τοὺς δούλους, ἵνα δῶσιν αὐτοῖς χάραγμα[25] ἐπὶ τῆς χειρὸς αὐτῶν τῆς δεξιᾶς ἢ ἐπὶ τὸ μέτωπον[26] αὐτῶν 17 καὶ ἵνα μὴ

---

[1] σφάζω pf pas ptc f s acc, kill (ἐ. εἰς θάνατον be fatally wounded)
[2] πληγή, -ῆς f, plague
[3] προσκυνέω 3p aor act ind, worship
[4] πολεμέω aor act inf, fight
[5] δίδωμι 3s aor pas ind, give
[6] βλασφημία, -ας f, blasphemy
[7] μήν, μηνός m, month
[8] τεσσεράκοντα, forty
[9] ἀνοίγω 3s aor act ind, open
[10] σκηνή, -ῆς f, dwelling place
[11] σκηνόω pres act ptc m p acc, live
[12] πόλεμος, -ου m, war
[13] νικάω aor act inf, conquer
[14] ἀρνίον, -ου n, lamb
[15] σφάζω pf pas ptc n s gen, kill
[16] καταβολή, -ῆς f, creation
[17] αἰχμαλωσία, -ας f, captivity
[18] μάχαιρα, -ας f, sword
[19] ἀποκτείνω aor pas inf, kill
[20] κέρας, -ατος n, horn
[21] πληγή, -ῆς f, plague
[22] εἰκών, -όνος f, image
[23] πλούσιος, -α/ον, rich
[24] ἐλεύθερος, -α/ον, free
[25] χάραγμα, -τος n, mark
[26] μέτωπον, -ου n, forehead

τις δύνηται ἀγοράσαι ἢ πωλῆσαι¹ εἰ μὴ ὁ ἔχων τὸ χάραγμα τὸ ὄνομα τοῦ θηρίου ἢ τὸν ἀριθμὸν² τοῦ ὀνόματος αὐτοῦ. **18** Ὧδε ἡ σοφία ἐστίν. ὁ ἔχων νοῦν³ ψηφισάτω⁴ τὸν ἀριθμὸν τοῦ θηρίου, ἀριθμὸς γὰρ ἀνθρώπου ἐστίν, καὶ ὁ ἀριθμὸς αὐτοῦ ἐστίν ἑξακόσιοι⁵ ἑξήκοντα⁶ ἕξ⁷.

The Song of the 144,000

14 Καὶ εἶδον, καὶ ἰδοὺ τὸ ἀρνίον⁸ ἑστὸς⁹ ἐπὶ τὸ ὄρος Σιὼν καὶ μετ' αὐτοῦ ἑκατὸν¹⁰ τεσσεράκοντα¹¹ τέσσαρες χιλιάδες¹² ἔχουσαι τὸ ὄνομα αὐτοῦ καὶ τὸ ὄνομα τοῦ πατρὸς αὐτοῦ γεγραμμένον¹³ ἐπὶ τῶν μετώπων¹⁴ αὐτῶν. **2** καὶ ἤκουσα φωνὴν ἐκ τοῦ οὐρανοῦ ὡς φωνὴν ὑδάτων¹⁵ πολλῶν¹⁶ καὶ ὡς φωνὴν βροντῆς¹⁷ μεγάλης, καὶ ἡ φωνὴ ἣν ἤκουσα ὡς κιθαρῳδῶν¹⁸ κιθαριζόντων¹⁹ ἐν ταῖς κιθάραις²⁰ αὐτῶν. **3** καὶ ᾄδουσιν²¹ ὡς ᾠδὴν²² καινὴν ἐνώπιον τοῦ θρόνου καὶ ἐνώπιον τῶν τεσσάρων ζῴων²³ καὶ τῶν πρεσβυτέρων, καὶ οὐδεὶς ἐδύνατο μαθεῖν²⁴ τὴν ᾠδὴν εἰ μὴ αἱ ἑκατὸν τεσσεράκοντα τέσσαρες χιλιάδες, οἱ ἠγορασμένοι²⁵ ἀπὸ τῆς γῆς.

4 οὗτοί εἰσιν οἳ μετὰ γυναικῶν οὐκ ἐμολύνθησαν²⁶, παρθένοι²⁷ γάρ εἰσιν, οὗτοι οἱ ἀκολουθοῦντες τῷ ἀρνίῳ ὅπου ἂν ὑπάγῃ. οὗτοι ἠγοράσθησαν²⁸ ἀπὸ τῶν ἀνθρώπων ἀπαρχὴ²⁹ τῷ θεῷ καὶ τῷ ἀρνίῳ, **5** καὶ ἐν τῷ στόματι αὐτῶν οὐχ εὑρέθη³⁰ ψεῦδος³¹, ἄμωμοί³² εἰσιν.

The Messages of the Three Angels

6 Καὶ εἶδον ἄλλον ἄγγελον πετόμενον³³ ἐν μεσουρανήματι³⁴, ἔχοντα εὐαγγέλιον αἰώνιον εὐαγγελίσαι ἐπὶ τοὺς καθημένους ἐπὶ τῆς γῆς καὶ ἐπὶ πᾶν ἔθνος καὶ φυλὴν καὶ γλῶσσαν καὶ λαόν, **7** λέγων ἐν φωνῇ μεγάλῃ·

φοβήθητε τὸν θεὸν καὶ δότε³⁵ αὐτῷ δόξαν, ὅτι ἦλθεν ἡ ὥρα τῆς κρίσεως αὐτοῦ, καὶ προσκυνήσατε τῷ ποιήσαντι τὸν οὐρανὸν καὶ τὴν γῆν καὶ θάλασσαν καὶ πηγὰς³⁶ ὑδάτων.

---

[1] πωλέω *aor act inf*, sell
[2] ἀριθμός, -οῦ *m*, number
[3] νοῦς, νοός, *acc* νοῦν *m*, understanding
[4] ψηφίζω *3s aor act impv*, figure out
[5] ἑξακόσιοι, -αι/α, six hundred
[6] ἑξήκοντα, sixty
[7] ἕξ, six
[8] ἀρνίον, -ου *n*, lamb
[9] ἵστημι *pf act ptc n s nom*, intrans stand
[10] ἑκατόν, one hundred
[11] τεσσεράκοντα, forty
[12] χιλιάς, -άδος *f*, a thousand
[13] γράφω *pf pas ptc n s acc*, write
[14] μέτωπον, -ου *n*, forehead
[15] ὕδωρ, ὕδατος *n*, water
[16] πολύς, πολλή, πολύ, many
[17] βροντή, -ῆς *f*, thunder
[18] κιθαρῳδός, -οῦ *m*, harpist
[19] κιθαρίζω *pres act ptc m p gen*, play a harp
[20] κιθάρα, -ας *f*, harp
[21] ᾄδω *3p pres act ind*, sing
[22] ᾠδή, -ῆς *f*, song
[23] ζῷον, -ου *n*, living creature
[24] μανθάνω *aor act inf*, learn
[25] ἀγοράζω *pf pas ptc m p nom*, ransom/redeem
[26] μολύνω *3p aor pas ind*, defile
[27] παρθένος, -ου *f*, virgin
[28] ἀγοράζω *3p aor pas ind*, ransom/redeem
[29] ἀπαρχή, -ῆς *f*, first-fruit
[30] εὑρίσκω *3s aor pas ind*, find
[31] ψεῦδος, -ους *n*, lie
[32] ἄμωμος, -ον, faultless
[33] πέτομαι *pres mid ptc m s acc*, fly
[34] μεσουράνημα, -τος *n*, midair
[35] δίδωμι *2p aor act impv*, give
[36] πηγή, -ῆς *f*, spring

8 Καὶ ἄλλος ἄγγελος δεύτερος ἠκολούθησεν λέγων·
ἔπεσεν[1] ἔπεσεν Βαβυλὼν ἡ μεγάλη ἐκ τοῦ οἴνου τοῦ θυμοῦ[2] τῆς πορνείας[3]
αὐτῆς πεπότικεν[4] πάντα τὰ ἔθνη.

9 Καὶ ἄλλος ἄγγελος τρίτος ἠκολούθησεν αὐτοῖς λέγων ἐν φωνῇ μεγάλῃ·
εἴ τις προσκυνεῖ τὸ θηρίον καὶ τὴν εἰκόνα[5] αὐτοῦ καὶ λαμβάνει χάραγμα[6] ἐπὶ
τοῦ μετώπου αὐτοῦ ἢ ἐπὶ τὴν χεῖρα αὐτοῦ, **10** καὶ αὐτὸς πίεται[7] ἐκ
τοῦ οἴνου τοῦ θυμοῦ[8] τοῦ θεοῦ τοῦ κεκερασμένου[9] ἀκράτου[10] ἐν τῷ
ποτηρίῳ τῆς ὀργῆς αὐτοῦ καὶ βασανισθήσεται[11] ἐν πυρὶ καὶ θείῳ[12]
ἐνώπιον ἀγγέλων ἁγίων καὶ ἐνώπιον τοῦ ἀρνίου. **11** καὶ ὁ καπνὸς[13] τοῦ
βασανισμοῦ[14] αὐτῶν εἰς αἰῶνας αἰώνων ἀναβαίνει, καὶ οὐκ ἔχουσιν
ἀνάπαυσιν[15] ἡμέρας καὶ νυκτὸς οἱ προσκυνοῦντες τὸ θηρίον καὶ τὴν
εἰκόνα αὐτοῦ καὶ εἴ τις λαμβάνει τὸ χάραγμα τοῦ ὀνόματος αὐτοῦ.
12 ὧδε ἡ ὑπομονὴ τῶν ἁγίων ἐστίν, οἱ τηροῦντες τὰς ἐντολὰς τοῦ θεοῦ
καὶ τὴν πίστιν Ἰησοῦ.
13 Καὶ ἤκουσα φωνῆς ἐκ τοῦ οὐρανοῦ λεγούσης· γράψον[16]·
μακάριοι οἱ νεκροὶ οἱ ἐν κυρίῳ ἀποθνῄσκοντες ἀπ' ἄρτι. ναί, λέγει τὸ
πνεῦμα, ἵνα ἀναπαήσονται[17] ἐκ τῶν κόπων[18] αὐτῶν, τὰ γὰρ ἔργα
αὐτῶν ἀκολουθεῖ μετ' αὐτῶν.

The Harvest of the Earth

14 Καὶ εἶδον, καὶ ἰδοὺ νεφέλη[19] λευκή[20], καὶ ἐπὶ τὴν νεφέλην καθήμενον ὅμοιον
υἱὸν ἀνθρώπου, ἔχων ἐπὶ τῆς κεφαλῆς αὐτοῦ στέφανον[21] χρυσοῦν[22] καὶ ἐν τῇ χειρὶ αὐτοῦ δρέπανον[23] ὀξύ[24]. **15** καὶ ἄλλος ἄγγελος ἐξῆλθεν ἐκ τοῦ ναοῦ κράζων ἐν
φωνῇ μεγάλῃ τῷ καθημένῳ ἐπὶ τῆς νεφέλης·
πέμψον[25] τὸ δρέπανόν σου καὶ θέρισον[26], ὅτι ἦλθεν ἡ ὥρα θερίσαι, ὅτι ἐξηράνθη[27] ὁ θερισμὸς[28] τῆς γῆς.
16 καὶ ἔβαλεν[29] ὁ καθήμενος ἐπὶ τῆς νεφέλης τὸ δρέπανον αὐτοῦ ἐπὶ τὴν γῆν καὶ
ἐθερίσθη ἡ γῆ.

---

[1] πίπτω 3s aor act ind, fall
[2] θυμός, -οῦ m, passion
[3] πορνεία, -ας f, sexual immorality
[4] ποτίζω 3s pf act ind, give to drink
[5] εἰκών, -όνος f, image
[6] χάραγμα, -τος n, mark
[7] πίνω 3s fut mid ind, drink
[8] θυμός, -οῦ m, anger
[9] κεράννυμι pf pas ptc m s gen, pour
[10] ἄκρατος, -ον, undiluted
[11] βασανίζω 3s fut pas ind, pas suffer terrible pain
[12] θεῖον, -ου n, sulphur
[13] καπνός, -οῦ m, smoke
[14] βασανισμός, -οῦ m, torment
[15] ἀνάπαυσις, -εως f, stopping
[16] γράφω 2s aor act impv, write
[17] ἀναπαύω 3p fut pas ind, pas rest
[18] κόπος, -ου m, hard work
[19] νεφέλη, -ης f, cloud
[20] λευκός, -ή/όν, white
[21] στέφανος, -ου m, crown
[22] χρυσοῦς, -ῆ/οῦν, made of gold
[23] δρέπανον, -ου n, sickle
[24] ὀξύς, -εῖα/ύ, sharp
[25] πέμπω 2s aor act impv, send
[26] θερίζω 2s aor act impv, reap
[27] ξηραίνω 3s aor pas ind, pas be ripe
[28] θερισμός, -οῦ m, harvest
[29] βάλλω 3s aor act ind, swing

17 Καὶ ἄλλος ἄγγελος ἐξῆλθεν ἐκ τοῦ ναοῦ τοῦ ἐν τῷ οὐρανῷ ἔχων καὶ αὐτὸς δρέπανον ὀξύ. **18** καὶ ἄλλος ἄγγελος ἐξῆλθεν ἐκ τοῦ θυσιαστηρίου[1] ἔχων ἐξουσίαν ἐπὶ τοῦ πυρός, καὶ ἐφώνησεν κραυγῇ[2] μεγάλῃ τῷ ἔχοντι τὸ δρέπανον τὸ ὀξὺ λέγων· πέμψον σου τὸ δρέπανον τὸ ὀξὺ καὶ τρύγησον[3] τοὺς βότρυας[4] τῆς ἀμπέλου[5] τῆς γῆς, ὅτι ἤκμασαν[6] αἱ σταφυλαὶ[7] αὐτῆς. **19** καὶ ἔβαλεν ὁ ἄγγελος τὸ δρέπανον αὐτοῦ εἰς τὴν γῆν καὶ ἐτρύγησεν τὴν ἄμπελον τῆς γῆς καὶ ἔβαλεν εἰς τὴν ληνὸν[8] τοῦ θυμοῦ[9] τοῦ θεοῦ τὸν μέγαν. **20** καὶ ἐπατήθη[10] ἡ ληνὸς[11] ἔξωθεν[12] τῆς πόλεως καὶ ἐξῆλθεν αἷμα ἐκ τῆς ληνοῦ ἄχρι τῶν χαλινῶν[13] τῶν ἵππων[14] ἀπὸ σταδίων[15] χιλίων[16] ἑξακοσίων[17].

The Angels with the Last Plagues

15 Καὶ εἶδον ἄλλο σημεῖον ἐν τῷ οὐρανῷ μέγα καὶ θαυμαστόν[18], ἀγγέλους ἑπτὰ ἔχοντας πληγὰς[19] ἑπτὰ τὰς ἐσχάτας, ὅτι ἐν αὐταῖς ἐτελέσθη[20] ὁ θυμὸς[21] τοῦ θεοῦ.

2 Καὶ εἶδον ὡς θάλασσαν ὑαλίνην[22] μεμιγμένην[23] πυρὶ καὶ τοὺς νικῶντας[24] ἐκ τοῦ θηρίου καὶ ἐκ τῆς εἰκόνος[25] αὐτοῦ καὶ ἐκ τοῦ ἀριθμοῦ[26] τοῦ ὀνόματος αὐτοῦ ἑστῶτας[27] ἐπὶ τὴν θάλασσαν τὴν ὑαλίνην ἔχοντας κιθάρας[28] τοῦ θεοῦ. **3** καὶ ᾄδουσιν[29] τὴν ᾠδὴν[30] Μωϋσέως τοῦ δούλου τοῦ θεοῦ καὶ τὴν ᾠδὴν τοῦ ἀρνίου[31] λέγοντες·

> μεγάλα καὶ θαυμαστὰ τὰ ἔργα σου,
> > κύριε ὁ θεὸς ὁ παντοκράτωρ·[32]
> δίκαιαι καὶ ἀληθιναὶ[33] αἱ ὁδοί σου,
> > ὁ βασιλεὺς τῶν ἐθνῶν·
> **4** τίς οὐ μὴ φοβηθῇ[34], κύριε,
> > καὶ δοξάσει τὸ ὄνομά σου;

---

[1] θυσιαστήριον, -ου *n*, altar
[2] κραυγή, -ῆς *f*, shout
[3] τρυγάω 2s aor act impv, gather
[4] βότρυς, -υος *m*, bunch
[5] ἄμπελος, -ου *f*, grapevine
[6] ἀκμάζω 3p aor act ind, become ripe
[7] σταφυλή, -ῆς *f*, (bunch of) grapes
[8] ληνός, -οῦ *f*, wine press
[9] θυμός, -οῦ *m*, anger
[10] πατέω 3s aor pas ind, trample
[11] ληνός, -οῦ *f*, wine press
[12] ἔξωθεν, *prep + gen*, outside
[13] χαλινός, -οῦ *m*, bridle
[14] ἵππος, -ου *m*, horse
[15] στάδιον, -ων *m*, stadion (about 607 feet or 185 meters)
[16] χίλιοι, -αι/α, thousand
[17] ἑξακόσιοι, -αι/α, six hundred
[18] θαυμαστός, -ή/όν, wonderful
[19] πληγή, -ῆς *f*, plague
[20] τελέω 3s aor pas ind, complete
[21] θυμός, -οῦ *m*, anger
[22] ὑάλινος, -η/ον, of glass
[23] μίγνυμι pf pas ptc f s acc, mix
[24] νικάω pres act ptc m p acc, conquer
[25] εἰκών, -όνος *f*, image
[26] ἀριθμός, -οῦ *m*, number
[27] ἵστημι pf act ptc m p acc, intrans stand
[28] κιθάρα, -ας *f*, harp
[29] ᾄδω 3p pres act ind, sing
[30] ᾠδή, -ῆς *f*, song
[31] ἀρνίον, -ου *n*, lamb
[32] παντοκράτωρ, -ορος *m*, the Almighty
[33] ἀληθινός, -ή/όν, true
[34] φοβέω 3s aor pas sub, pas fear

ὅτι μόνος ὅσιος¹,
ὅτι πάντα τὰ ἔθνη ἥξουσιν²
καὶ προσκυνήσουσιν ἐνώπιόν σου,
ὅτι τὰ δικαιώματά³ σου ἐφανερώθησαν.

5 Καὶ μετὰ ταῦτα εἶδον, καὶ ἠνοίγη⁴ ὁ ναὸς τῆς σκηνῆς⁵ τοῦ μαρτυρίου⁶ ἐν τῷ οὐρανῷ, **6** καὶ ἐξῆλθον οἱ ἑπτὰ ἄγγελοι οἱ ἔχοντες τὰς ἑπτὰ πληγὰς ἐκ τοῦ ναοῦ ἐνδεδυμένοι⁷ λίνον⁸ καθαρὸν⁹ λαμπρὸν¹⁰ καὶ περιεζωσμένοι¹¹ περὶ τὰ στήθη¹² ζώνας¹³ χρυσᾶς¹⁴. **7** καὶ ἓν ἐκ τῶν τεσσάρων ζῴων¹⁵ ἔδωκεν τοῖς ἑπτὰ ἀγγέλοις ἑπτὰ φιάλας¹⁶ χρυσᾶς γεμούσας¹⁷ τοῦ θυμοῦ τοῦ θεοῦ τοῦ ζῶντος εἰς τοὺς αἰῶνας τῶν αἰώνων. **8** καὶ ἐγεμίσθη¹⁸ ὁ ναὸς καπνοῦ¹⁹ ἐκ τῆς δόξης τοῦ θεοῦ καὶ ἐκ τῆς δυνάμεως αὐτοῦ, καὶ οὐδεὶς ἐδύνατο εἰσελθεῖν εἰς τὸν ναὸν ἄχρι τελεσθῶσιν αἱ ἑπτὰ πληγαὶ τῶν ἑπτὰ ἀγγέλων.

The Bowls of God's Wrath

16 Καὶ ἤκουσα φωνῆς μεγάλης ἐκ τοῦ ναοῦ λεγούσης τοῖς ἑπτὰ ἀγγέλοις· ὑπάγετε καὶ ἐκχέετε²⁰ τὰς ἑπτὰ φιάλας²¹ τοῦ θυμοῦ τοῦ θεοῦ εἰς τὴν γῆν.

2 Καὶ ἀπῆλθεν ὁ πρῶτος καὶ ἐξέχεεν²² τὴν φιάλην αὐτοῦ εἰς τὴν γῆν, καὶ ἐγένετο ἕλκος²³ κακὸν καὶ πονηρὸν ἐπὶ τοὺς ἀνθρώπους τοὺς ἔχοντας τὸ χάραγμα²⁴ τοῦ θηρίου καὶ τοὺς προσκυνοῦντας τῇ εἰκόνι²⁵ αὐτοῦ.

3 Καὶ ὁ δεύτερος ἐξέχεεν τὴν φιάλην αὐτοῦ εἰς τὴν θάλασσαν, καὶ ἐγένετο αἷμα ὡς νεκροῦ, καὶ πᾶσα ψυχὴ ζωῆς ἀπέθανεν τὰ ἐν τῇ θαλάσσῃ.

4 Καὶ ὁ τρίτος ἐξέχεεν τὴν φιάλην αὐτοῦ εἰς τοὺς ποταμοὺς²⁶ καὶ τὰς πηγὰς²⁷ τῶν ὑδάτων²⁸, καὶ ἐγένετο αἷμα. **5** καὶ ἤκουσα τοῦ ἀγγέλου τῶν ὑδάτων λέγοντος·
δίκαιος εἶ, ὁ ὢν καὶ ὁ ἦν, ὁ ὅσιος²⁹,
ὅτι ταῦτα ἔκρινας,
6 ὅτι αἷμα ἁγίων καὶ προφητῶν ἐξέχεαν
καὶ αἷμα αὐτοῖς ἔδωκας πιεῖν³⁰,
ἄξιοί εἰσιν.

---

[1] ὅσιος, -α/ον, holy
[2] ἥκω 3p fut act ind, come
[3] δικαίωμα, -τος n, judgment
[4] ἀνοίγω 3s aor pas ind, open
[5] σκηνή, -ῆς f, tent
[6] μαρτύριον, -ου n, testimony
[7] ἐνδύω pf mid ptc m p nom, mid wear
[8] λίνον, -ου n, linen
[9] καθαρός, -ά/όν, pure
[10] λαμπρός, -ά/όν, bright
[11] περιζώννυμι pf pas or mid ptc m p nom, wrap around
[12] στῆθος, -ους n, chest
[13] ζώνη, -ης f, belt
[14] χρυσοῦς, -ῆ/οῦν, made of gold
[15] ζῷον, -ου n, living creature
[16] φιάλη, -ης f, bowl
[17] γέμω pres act ptc f p acc, be full
[18] γεμίζω 3s aor pas ind, fill
[19] καπνός, -οῦ m, smoke
[20] ἐκχέω 2p pres or aor act impv, pour out
[21] φιάλη, -ης f, bowl
[22] ἐκχέω 3s aor act ind, pour out
[23] ἕλκος, -ους n, sore
[24] χάραγμα, -τος n, mark
[25] εἰκών, -όνος f, image
[26] ποταμός, -οῦ m, river
[27] πηγή, -ῆς f, spring
[28] ὕδωρ, ὕδατος n, water
[29] ὅσιος, -α/ον, holy
[30] πίνω aor act inf, drink

7 καὶ ἤκουσα τοῦ θυσιαστηρίου[1] λέγοντος·
ναὶ κύριε ὁ θεὸς ὁ παντοκράτωρ[2],
ἀληθιναὶ[3] καὶ δίκαιαι αἱ κρίσεις σου.

8 Καὶ ὁ τέταρτος[4] ἐξέχεεν τὴν φιάλην αὐτοῦ ἐπὶ τὸν ἥλιον, καὶ ἐδόθη[5] αὐτῷ καυματίσαι[6] τοὺς ἀνθρώπους ἐν πυρί. **9** καὶ ἐκαυματίσθησαν οἱ ἄνθρωποι καῦμα[7] μέγα καὶ ἐβλασφήμησαν τὸ ὄνομα τοῦ θεοῦ τοῦ ἔχοντος τὴν ἐξουσίαν ἐπὶ τὰς πληγὰς ταύτας καὶ οὐ μετενόησαν δοῦναι[8] αὐτῷ δόξαν.

10 Καὶ ὁ πέμπτος[9] ἐξέχεεν τὴν φιάλην αὐτοῦ ἐπὶ τὸν θρόνον τοῦ θηρίου, καὶ ἐγένετο ἡ βασιλεία αὐτοῦ ἐσκοτωμένη[10], καὶ ἐμασῶντο[11] τὰς γλώσσας αὐτῶν ἐκ τοῦ πόνου[12], **11** καὶ ἐβλασφήμησαν τὸν θεὸν τοῦ οὐρανοῦ ἐκ τῶν πόνων αὐτῶν καὶ ἐκ τῶν ἑλκῶν αὐτῶν καὶ οὐ μετενόησαν ἐκ τῶν ἔργων αὐτῶν.

12 Καὶ ὁ ἕκτος[13] ἐξέχεεν τὴν φιάλην αὐτοῦ ἐπὶ τὸν ποταμὸν τὸν μέγαν τὸν Εὐφράτην, καὶ ἐξηράνθη[14] τὸ ὕδωρ αὐτοῦ, ἵνα ἑτοιμασθῇ ἡ ὁδὸς τῶν βασιλέων τῶν ἀπὸ ἀνατολῆς[15] ἡλίου. **13** καὶ εἶδον ἐκ τοῦ στόματος τοῦ δράκοντος[16] καὶ ἐκ τοῦ στόματος τοῦ θηρίου καὶ ἐκ τοῦ στόματος τοῦ ψευδοπροφήτου[17] πνεύματα τρία ἀκάθαρτα ὡς βάτραχοι[18]· **14** εἰσὶν γὰρ πνεύματα δαιμονίων ποιοῦντα σημεῖα, ἃ ἐκπορεύεται ἐπὶ τοὺς βασιλεῖς τῆς οἰκουμένης[19] ὅλης συναγαγεῖν[20] αὐτοὺς εἰς τὸν πόλεμον[21] τῆς ἡμέρας τῆς μεγάλης τοῦ θεοῦ τοῦ παντοκράτορος. **15** ἰδοὺ ἔρχομαι ὡς κλέπτης[22]. μακάριος ὁ γρηγορῶν[23] καὶ τηρῶν τὰ ἱμάτια αὐτοῦ, ἵνα μὴ γυμνὸς[24] περιπατῇ καὶ βλέπωσιν τὴν ἀσχημοσύνην[25] αὐτοῦ. **16** καὶ συνήγαγεν αὐτοὺς εἰς τὸν τόπον τὸν καλούμενον Ἑβραϊστὶ Ἁρμαγεδών.

17 Καὶ ὁ ἕβδομος[26] ἐξέχεεν τὴν φιάλην αὐτοῦ ἐπὶ τὸν ἀέρα[27], καὶ ἐξῆλθεν φωνὴ μεγάλη ἐκ τοῦ ναοῦ ἀπὸ τοῦ θρόνου λέγουσα· γέγονεν[28]. **18** καὶ ἐγένοντο ἀστραπαὶ[29] καὶ φωναὶ καὶ βρονταὶ[30] καὶ σεισμὸς[31] ἐγένετο μέγας, οἷος[32] οὐκ ἐγένετο ἀφ' οὗ ἄνθρωπος ἐγένετο ἐπὶ τῆς γῆς τηλικοῦτος[33] σεισμὸς οὕτως μέγας. **19** καὶ ἐγένετο ἡ πόλις ἡ μεγάλη εἰς τρία μέρη καὶ αἱ πόλεις τῶν ἐθνῶν ἔπεσαν[34]. καὶ Βαβυλὼν

---

[1] θυσιαστήριον, -ου n, altar
[2] παντοκράτωρ, -ορος m, the Almighty
[3] ἀληθινός, -ή/όν, true
[4] τέταρτος, -η/ον, fourth
[5] δίδωμι 3s aor pas ind, allow
[6] καυματίζω aor act inf, scorch
[7] καῦμα, -τος n, heat
[8] δίδωμι aor act inf, give
[9] πέμπτος, -η/ον, fifth
[10] σκοτόομαι pf pas ptc f s nom, be covered in darkness
[11] μασάομαι 3p impf mid ind, gnaw
[12] πόνος, -ου m, pain
[13] ἕκτος, -η/ον, sixth
[14] ξηραίνω 3s aor pas ind, pas dry up
[15] ἀνατολή, -ῆς f, rising (ἀ. ἡλίου east)
[16] δράκων, -οντος m, dragon
[17] ψευδοπροφήτης, -ου m, false prophet
[18] βάτραχος, -ου m, frog
[19] οἰκουμένη, -ης f, world
[20] συνάγω aor act inf, gather
[21] πόλεμος, -ου m, battle
[22] κλέπτης, -ου m, thief
[23] γρηγορέω pres act ptc m s nom, be awake
[24] γυμνός, -ή/όν, naked
[25] ἀσχημοσύνη, -ης f, shame
[26] ἕβδομος, -η/ον, seventh
[27] ἀήρ, -έρος m, air
[28] γίνομαι 3s pf act ind, happen
[29] ἀστραπή, -ῆς f, lightning
[30] βροντή, -ῆς f, thunder
[31] σεισμός, -οῦ m, earthquake
[32] οἷος, -α/ον, rel pro, such as
[33] τηλικοῦτος, -αύτη/οῦτο, so terrible
[34] πίπτω 3p aor act ind, fall

ἡ μεγάλη ἐμνήσθη[1] ἐνώπιον τοῦ θεοῦ δοῦναι αὐτῇ τὸ ποτήριον τοῦ οἴνου τοῦ θυμοῦ τῆς ὀργῆς αὐτοῦ. **20** καὶ πᾶσα νῆσος[2] ἔφυγεν[3] καὶ ὄρη οὐχ εὑρέθησαν[4]. **21** καὶ χάλαζα[5] μεγάλη ὡς ταλαντιαία[6] καταβαίνει ἐκ τοῦ οὐρανοῦ ἐπὶ τοὺς ἀνθρώπους, καὶ ἐβλασφήμησαν οἱ ἄνθρωποι τὸν θεὸν ἐκ τῆς πληγῆς τῆς χαλάζης, ὅτι μεγάλη ἐστὶν ἡ πληγὴ αὐτῆς σφόδρα[7].

The Great Whore and the Beast

17 Καὶ ἦλθεν εἷς ἐκ τῶν ἑπτὰ ἀγγέλων τῶν ἐχόντων τὰς ἑπτὰ φιάλας καὶ ἐλάλησεν μετ' ἐμοῦ λέγων· δεῦρο[8], δείξω[9] σοι τὸ κρίμα[10] τῆς πόρνης[11] τῆς μεγάλης τῆς καθημένης ἐπὶ ὑδάτων[12] πολλῶν[13], **2** μεθ' ἧς ἐπόρνευσαν[14] οἱ βασιλεῖς τῆς γῆς καὶ ἐμεθύσθησαν[15] οἱ κατοικοῦντες τὴν γῆν ἐκ τοῦ οἴνου τῆς πορνείας[16] αὐτῆς. **3** καὶ ἀπήνεγκέν[17] με εἰς ἔρημον ἐν πνεύματι.

Καὶ εἶδον γυναῖκα καθημένην ἐπὶ θηρίον κόκκινον[18], γέμον[19] ὀνόματα βλασφημίας[20], ἔχον κεφαλὰς ἑπτὰ καὶ κέρατα[21] δέκα[22]. **4** καὶ ἡ γυνὴ ἦν περιβεβλημένη[23] πορφυροῦν[24] καὶ κόκκινον καὶ κεχρυσωμένη[25] χρυσίῳ[26] καὶ λίθῳ τιμίῳ[27] καὶ μαργαρίταις[28], ἔχουσα ποτήριον χρυσοῦν[29] ἐν τῇ χειρὶ αὐτῆς γέμον βδελυγμάτων[30] καὶ τὰ ἀκάθαρτα τῆς πορνείας αὐτῆς **5** καὶ ἐπὶ τὸ μέτωπον[31] αὐτῆς ὄνομα γεγραμμένον[32], μυστήριον[33], Βαβυλὼν ἡ μεγάλη, ἡ μήτηρ τῶν πορνῶν καὶ τῶν βδελυγμάτων τῆς γῆς. **6** καὶ εἶδον τὴν γυναῖκα μεθύουσαν ἐκ τοῦ αἵματος τῶν ἁγίων καὶ ἐκ τοῦ αἵματος τῶν μαρτύρων Ἰησοῦ. καὶ ἐθαύμασα ἰδὼν αὐτὴν θαῦμα[34] μέγα.

7 Καὶ εἶπέν μοι ὁ ἄγγελος· διὰ τί ἐθαύμασας; ἐγὼ ἐρῶ[35] σοι τὸ μυστήριον τῆς γυναικὸς καὶ τοῦ θηρίου τοῦ βαστάζοντος[36] αὐτὴν τοῦ ἔχοντος τὰς ἑπτὰ κεφαλὰς καὶ τὰ δέκα κέρατα. **8** τὸ θηρίον ὃ εἶδες ἦν καὶ οὐκ ἔστιν καὶ μέλλει ἀναβαίνειν ἐκ τῆς ἀβύσσου[37] καὶ εἰς ἀπώλειαν[38] ὑπάγειν, καὶ θαυμάσονται οἱ κατοικοῦντες

---

[1] μιμνήσκομαι 3s aor pas ind, remember
[2] νῆσος, -ου f, island
[3] φεύγω 3s aor act ind, run away
[4] εὑρίσκω 3p aor pas ind, find
[5] χάλαζα, -ης f, hail
[6] ταλαντιαῖος, -α/ον, weighing a talent (Greek coin of variable weight)
[7] σφόδρα, adv, very much
[8] δεῦρο, interj, Come!
[9] δείκνυμι 1s fut act ind, show
[10] κρίμα, -τος n, judgment
[11] πόρνη, -ης f, prostitute
[12] ὕδωρ, ὕδατος n, water
[13] πολύς, πολλή, πολύ, many
[14] πορνεύω 3p aor act ind, commit sexual immorality
[15] μεθύσκω 3p aor pas ind, pas get drunk
[16] πορνεία, -ας f, sexual immorality
[17] ἀποφέρω 3s aor act ind, take
[18] κόκκινος, -η/ον, scarlet
[19] γέμω pres act ptc n s acc, be full
[20] βλασφημία, -ας f, blasphemy
[21] κέρας, -ατος n, horn
[22] δέκα, ten
[23] περιβάλλω pf pas ptc f s nom, clothe
[24] πορφυροῦς, -ᾶ/οῦν, purple
[25] χρυσόω pf pas ptc f s nom, adorn with gold
[26] χρυσίον, -ου n, gold
[27] τίμιος, -α/ον, precious
[28] μαργαρίτης, -ου m, pearl
[29] χρυσοῦς, -ῆ/οῦν, made of gold
[30] βδέλυγμα, -τος n, something detestable
[31] μέτωπον, -ου n, forehead
[32] γράφω pf pas ptc n s nom, write
[33] μυστήριον, -ου n, mystery
[34] θαῦμα, -τος n, wonder
[35] λέγω 1s fut act ind, explain
[36] βαστάζω pres act ptc n s gen, carry
[37] ἄβυσσος, -ου f, abyss
[38] ἀπώλεια, -ας f, destruction

ἐπὶ τῆς γῆς, ὧν οὐ γέγραπται τὸ ὄνομα ἐπὶ τὸ βιβλίον τῆς ζωῆς ἀπὸ καταβολῆς[1] κόσμου, βλεπόντων τὸ θηρίον ὅτι ἦν καὶ οὐκ ἔστιν καὶ παρέσται[2]. 9 ὧδε ὁ νοῦς[3] ὁ ἔχων σοφίαν. αἱ ἑπτὰ κεφαλαὶ ἑπτὰ ὄρη εἰσίν, ὅπου ἡ γυνὴ κάθηται ἐπ' αὐτῶν. καὶ βασιλεῖς ἑπτά εἰσιν· 10 οἱ πέντε ἔπεσαν[4], ὁ εἷς ἔστιν, ὁ ἄλλος οὔπω[5] ἦλθεν, καὶ ὅταν ἔλθῃ[6] ὀλίγον αὐτὸν δεῖ μεῖναι[7]. 11 καὶ τὸ θηρίον ὃ ἦν καὶ οὐκ ἔστιν καὶ αὐτὸς ὄγδοός[8] ἐστιν καὶ ἐκ τῶν ἑπτά ἐστιν, καὶ εἰς ἀπώλειαν ὑπάγει. 12 καὶ τὰ δέκα κέρατα ἃ εἶδες δέκα βασιλεῖς εἰσιν, οἵτινες βασιλείαν οὔπω ἔλαβον, ἀλλ' ἐξουσίαν ὡς βασιλεῖς μίαν ὥραν λαμβάνουσιν μετὰ τοῦ θηρίου. 13 οὗτοι μίαν γνώμην[9] ἔχουσιν καὶ τὴν δύναμιν καὶ ἐξουσίαν αὐτῶν τῷ θηρίῳ διδόασιν[10]. 14 οὗτοι μετὰ τοῦ ἀρνίου[11] πολεμήσουσιν[12] καὶ τὸ ἀρνίον νικήσει[13] αὐτούς, ὅτι κύριος κυρίων ἐστὶν καὶ βασιλεὺς βασιλέων καὶ οἱ μετ' αὐτοῦ κλητοὶ[14] καὶ ἐκλεκτοὶ[15] καὶ πιστοί.

15 Καὶ λέγει μοι· τὰ ὕδατα ἃ εἶδες οὗ[16] ἡ πόρνη[17] κάθηται, λαοὶ καὶ ὄχλοι εἰσὶν καὶ ἔθνη καὶ γλῶσσαι. 16 καὶ τὰ δέκα κέρατα ἃ εἶδες καὶ τὸ θηρίον οὗτοι μισήσουσιν τὴν πόρνην καὶ ἠρημωμένην[18] ποιήσουσιν αὐτὴν καὶ γυμνὴν[19] καὶ τὰς σάρκας αὐτῆς φάγονται[20] καὶ αὐτὴν κατακαύσουσιν[21] ἐν πυρί. 17 ὁ γὰρ θεὸς ἔδωκεν εἰς τὰς καρδίας αὐτῶν ποιῆσαι τὴν γνώμην αὐτοῦ καὶ ποιῆσαι μίαν γνώμην καὶ δοῦναι[22] τὴν βασιλείαν αὐτῶν τῷ θηρίῳ ἄχρι τελεσθήσονται[23] οἱ λόγοι τοῦ θεοῦ. 18 καὶ ἡ γυνὴ ἣν εἶδες ἔστιν ἡ πόλις ἡ μεγάλη ἡ ἔχουσα βασιλείαν ἐπὶ τῶν βασιλέων τῆς γῆς.

The Fall of Babylon

18 Μετὰ ταῦτα εἶδον ἄλλον ἄγγελον καταβαίνοντα ἐκ τοῦ οὐρανοῦ ἔχοντα ἐξουσίαν μεγάλην, καὶ ἡ γῆ ἐφωτίσθη[24] ἐκ τῆς δόξης αὐτοῦ. 2 καὶ ἔκραξεν ἐν ἰσχυρᾷ[25] φωνῇ λέγων·

ἔπεσεν[26] ἔπεσεν Βαβυλὼν ἡ μεγάλη, καὶ ἐγένετο κατοικητήριον[27] δαιμόνων καὶ φυλακὴ παντὸς πνεύματος ἀκαθάρτου καὶ φυλακὴ παντὸς ὀρνέου[28] ἀκαθάρτου καὶ μεμισημένου[29],

---

[1] καταβολή, -ῆς f, creation
[2] πάρειμι 3s fut mid ind, be here
[3] νοῦς, νοός m, mind
[4] πίπτω 3p aor act ind, fall
[5] οὔπω, adv, not yet
[6] ἔρχομαι 3s aor act sub, come
[7] μένω aor act inf, remain
[8] ὄγδοος, -η/ον, eighth
[9] γνώμη, -ης f, purpose
[10] δίδωμι 3p pres act ind, give
[11] ἀρνίον, -ου n, lamb
[12] πολεμέω 3p fut act ind, make war
[13] νικάω 3s fut act ind, defeat
[14] κλητός, -ή/όν, called
[15] ἐκλεκτός, -ή/όν, chosen
[16] οὗ, adv, where
[17] πόρνη, -ης f, prostitute
[18] ἐρημόω pf pas ptc f s acc, make desolate
[19] γυμνός, -ή/όν, naked
[20] ἐσθίω 3p fut mid ind, eat
[21] κατακαίω 3p fut act ind, burn up
[22] δίδωμι aor act inf, give
[23] τελέω 3p fut pas ind, fulfill
[24] φωτίζω 3s aor pas ind, make bright
[25] ἰσχυρός, -ά/όν, mighty
[26] πίπτω 3s aor act ind, fall
[27] κατοικητήριον, -ου n, home
[28] ὄρνεον, -ου n, bird
[29] μισέω pf pas ptc n s gen, hate

ΑΠΟΚΑΛΥΨΙΣ ΙΩΑΝΝΟΥ

3 ὅτι ἐκ τοῦ οἴνου τοῦ θυμοῦ¹ τῆς πορνείας² αὐτῆς πεπτώκασιν³ πάντα τὰ ἔθνη καὶ οἱ βασιλεῖς τῆς γῆς μετ' αὐτῆς ἐπόρνευσαν⁴ καὶ οἱ ἔμποροι⁵ τῆς γῆς ἐκ τῆς δυνάμεως τοῦ στρήνους⁶ αὐτῆς ἐπλούτησαν⁷.
4 Καὶ ἤκουσα ἄλλην φωνὴν ἐκ τοῦ οὐρανοῦ λέγουσαν·
ἐξέλθατε ἐξ αὐτῆς⁸ ὁ λαός μου ἵνα μὴ συγκοινωνήσητε⁹ ταῖς ἁμαρτίαις αὐτῆς, καὶ ἐκ τῶν πληγῶν¹⁰ αὐτῆς ἵνα μὴ λάβητε¹¹,
5 ὅτι ἐκολλήθησαν¹² αὐτῆς αἱ ἁμαρτίαι ἄχρι τοῦ οὐρανοῦ καὶ ἐμνημόνευσεν¹³ ὁ θεὸς τὰ ἀδικήματα¹⁴ αὐτῆς. **6** ἀπόδοτε¹⁵ αὐτῇ ὡς καὶ αὐτὴ ἀπέδωκεν καὶ διπλώσατε¹⁶ διπλᾶ¹⁷ κατὰ τὰ ἔργα αὐτῆς, ἐν τῷ ποτηρίῳ ᾧ ἐκέρασεν¹⁸ κεράσατε αὐτῇ διπλοῦν, **7** ὅσα ἐδόξασεν ἑαυτὴν καὶ ἐστρηνίασεν¹⁹, τοσοῦτον²⁰ δότε²¹ αὐτῇ βασανισμὸν²² καὶ πένθος²³. ὅτι ἐν τῇ καρδίᾳ αὐτῆς λέγει ὅτι κάθημαι βασίλισσα²⁴ καὶ χήρα²⁵ οὐκ εἰμὶ καὶ πένθος οὐ μὴ ἴδω²⁶. **8** διὰ τοῦτο ἐν μιᾷ ἡμέρᾳ ἥξουσιν²⁷ αἱ πληγαὶ αὐτῆς, θάνατος καὶ πένθος καὶ λιμός²⁸, καὶ ἐν πυρὶ κατακαυθήσεται²⁹, ὅτι ἰσχυρὸς κύριος ὁ θεὸς ὁ κρίνας αὐτήν.
9 Καὶ κλαύσουσιν καὶ κόψονται³⁰ ἐπ' αὐτὴν οἱ βασιλεῖς τῆς γῆς οἱ μετ' αὐτῆς πορνεύσαντες καὶ στρηνιάσαντες, ὅταν βλέπωσιν τὸν καπνὸν³¹ τῆς πυρώσεως³² αὐτῆς, **10** ἀπὸ μακρόθεν³³ ἑστηκότες³⁴ διὰ τὸν φόβον τοῦ βασανισμοῦ αὐτῆς λέγοντες·
οὐαὶ οὐαί, ἡ πόλις ἡ μεγάλη,
Βαβυλὼν ἡ πόλις ἡ ἰσχυρά,
ὅτι μιᾷ ὥρᾳ ἦλθεν ἡ κρίσις σου.
11 Καὶ οἱ ἔμποροι τῆς γῆς κλαίουσιν καὶ πενθοῦσιν³⁵ ἐπ' αὐτήν, ὅτι τὸν γόμον³⁶ αὐτῶν οὐδεὶς ἀγοράζει οὐκέτι **12** γόμον χρυσοῦ³⁷ καὶ ἀργύρου³⁸ καὶ λίθου τιμίου³⁹

---

[1] θυμός, -οῦ *m*, passion
[2] πορνεία, -ας *f*, sexual immorality
[3] πίπτω 3p *pf act ind*, fallen
[4] πορνεύω 3p *aor act ind*, commit sexual immorality
[5] ἔμπορος, -ου *m*, merchant
[6] στρῆνος, -ους *n*, sensuality/luxury
[7] πλουτέω 3p *aor act ind*, grow rich
[8] ἐξέρχομαι 2p *aor act impv*, come out
[9] συγκοινωνέω 2p *aor act sub*, take part in
[10] πληγή, -ῆς *f*, plague
[11] λαμβάνω 2p *aor act sub*, receive
[12] κολλάομαι 3p *aor pas ind*, pile up

[13] μνημονεύω 3s *aor act ind*, remember
[14] ἀδίκημα, -τος *n*, crime
[15] ἀποδίδωμι 2p *aor act impv*, give
[16] διπλόω 2p *aor act impv*, double
[17] διπλοῦς, -ῆ/οῦν, double (διπλόω τὰ δ. repay double)
[18] κεράννυμι 3s *aor act ind*, mix
[19] στρηνιάω 3s *aor act ind*, live in sensuality/luxury
[20] τοσοῦτος, -αύτη/οῦτον, as much
[21] δίδωμι 2p *aor act impv*, give
[22] βασανισμός, -οῦ *m*, torment
[23] πένθος, -ους *n*, sorrow
[24] βασίλισσα, -ης *f*, queen
[25] χήρα, -ας *f*, widow

[26] ὁράω 1s *aor act sub*, experience
[27] ἥκω 3p *fut act ind*, come
[28] λιμός, -οῦ *m*, famine
[29] κατακαίω 3s *fut pas ind*, burn up
[30] κόπτω 3p *fut mid ind*, mid mourn
[31] καπνός, -οῦ *m*, smoke
[32] πύρωσις, -εως *f*, burning
[33] μακρόθεν, *adv*, far off (ἀπὸ μ. far off)
[34] ἵστημι *pf act ptc m p nom, intrans* stand
[35] πενθέω 3p *pres act ind*, mourn
[36] γόμος, -ου *m*, cargo
[37] χρυσός, -ῆ/οῦν, gold
[38] ἄργυρος, -ου *m*, silver
[39] τίμιος, -α/ον, precious

καὶ μαργαριτῶν[1] καὶ βυσσίνου[2] καὶ πορφύρας[3] καὶ σιρικοῦ[4] καὶ κοκκίνου[5], καὶ πᾶν ξύλον[6] θύϊνον[7] καὶ πᾶν σκεῦος[8] ἐλεφάντινον[9] καὶ πᾶν σκεῦος ἐκ ξύλου τιμιωτάτου[10] καὶ χαλκοῦ[11] καὶ σιδήρου[12] καὶ μαρμάρου[13], **13** καὶ κιννάμωμον[14] καὶ ἄμωμον[15] καὶ θυμιάματα[16] καὶ μύρον[17] καὶ λίβανον[18] καὶ οἶνον καὶ ἔλαιον[19] καὶ σεμίδαλιν[20] καὶ σῖτον[21] καὶ κτήνη[22] καὶ πρόβατα, καὶ ἵππων[23] καὶ ῥεδῶν[24] καὶ σωμάτων, καὶ ψυχὰς ἀνθρώπων.

14 καὶ ἡ ὀπώρα[25] σου τῆς ἐπιθυμίας τῆς ψυχῆς ἀπῆλθεν ἀπὸ σοῦ,
καὶ πάντα τὰ λιπαρὰ[26] καὶ τὰ λαμπρὰ[27] ἀπώλετο[28] ἀπὸ σοῦ
καὶ οὐκέτι αὐτὰ οὐ μὴ εὑρήσουσιν[29].

15 Οἱ ἔμποροι τούτων οἱ πλουτήσαντες[30] ἀπ' αὐτῆς ἀπὸ μακρόθεν[31] στήσονται[32] διὰ τὸν φόβον τοῦ βασανισμοῦ αὐτῆς κλαίοντες καὶ πενθοῦντες **16** λέγοντες·
οὐαὶ οὐαί, ἡ πόλις ἡ μεγάλη,
ἡ περιβεβλημένη[33] βύσσινον καὶ πορφυροῦν[34] καὶ κόκκινον
καὶ κεχρυσωμένη[35] ἐν χρυσίῳ καὶ λίθῳ τιμίῳ καὶ μαργαρίτῃ,
17 ὅτι μιᾷ ὥρᾳ ἠρημώθη[36] ὁ τοσοῦτος[37] πλοῦτος[38].

Καὶ πᾶς κυβερνήτης[39] καὶ πᾶς ὁ ἐπὶ τόπον πλέων[40] καὶ ναῦται[41] καὶ ὅσοι τὴν θάλασσαν ἐργάζονται, ἀπὸ μακρόθεν ἔστησαν **18** καὶ ἔκραζον βλέποντες τὸν καπνὸν[42] τῆς πυρώσεως[43] αὐτῆς λέγοντες· τίς ὁμοία τῇ πόλει τῇ μεγάλῃ; **19** καὶ ἔβαλον[44] χοῦν[45] ἐπὶ τὰς κεφαλὰς αὐτῶν καὶ ἔκραζον κλαίοντες καὶ πενθοῦντες καὶ λέγοντες·
οὐαὶ οὐαί, ἡ πόλις ἡ μεγάλη,
ἐν ᾗ ἐπλούτησαν πάντες οἱ ἔχοντες τὰ πλοῖα ἐν τῇ θαλάσσῃ ἐκ τῆς τιμιότητος[46] αὐτῆς,
ὅτι μιᾷ ὥρᾳ ἠρημώθη.

---

[1] μαργαρίτης, -ου m, pearl
[2] βύσσινος, -η/ον, made of fine linen
[3] πορφύρα, -ας f, purple cloth
[4] σιρικός, -οῦ n, silk cloth
[5] κόκκινος, -η/ον, scarlet
[6] ξύλον, -ου n, wood
[7] θύϊνος, -η/ον, scented
[8] σκεῦος, -ους n, object
[9] ἐλεφάντινος, -η/ον, of ivory
[10] τίμιος, costly (super)
[11] χαλκός, -οῦ m, brass
[12] σίδηρος, -ου m, iron
[13] μάρμαρος, -ου m, marble
[14] κιννάμωμον, -ου n, cinnamon
[15] ἄμωμον, -ου n, spice
[16] θυμίαμα, -τος n, incense
[17] μύρον, -ου n, perfume/ointment
[18] λίβανος, -ου m, frankincense
[19] ἔλαιον, -ου n, olive oil
[20] σεμίδαλις, -εως f, fine flour
[21] σῖτος, -ου m, wheat
[22] κτῆνος, -ους n, pl cattle
[23] ἵππος, -ου m, horse
[24] ῥεδή, -ῆς f, carriage
[25] ὀπώρα, -ας f, fruit
[26] λιπαρός, -ά/όν, luxurious
[27] λαμπρός, -ά/όν, splendid
[28] ἀπόλλυμι 3s aor mid ind, mid be lost
[29] εὑρίσκω 3p fut act ind, find
[30] πλουτέω aor act ptc m p nom, prosper
[31] μακρόθεν, adv, far off (ἀπὸ μ. far off)
[32] ἵστημι 3p fut mid ind, intrans stand
[33] περιβάλλω pf pas ptc f s nom or voc, clothe
[34] πορφυροῦς, -ᾶ/οῦν, purple
[35] χρυσόω pf pas ptc f s nom or voc, adorn with gold
[36] ἐρημόω 3s aor pas ind, make desolate
[37] τοσοῦτος, -αύτη/οῦτον, so much
[38] πλοῦτος, -ου m, wealth
[39] κυβερνήτης, -ου m, ship captain
[40] πλέω pres act ptc m s nom, sail
[41] ναύτης, -ου m, sailor
[42] καπνός, -οῦ m, smoke
[43] πύρωσις, -εως f, burning
[44] βάλλω 3p aor act ind, throw
[45] χοῦς, χοός, acc χοῦν m, dust
[46] τιμιότης, -ητος f, wealth

20 εὐφραίνου[1] ἐπ' αὐτῇ, οὐρανὲ
   καὶ οἱ ἅγιοι καὶ οἱ ἀπόστολοι καὶ οἱ προφῆται,
   ὅτι ἔκρινεν ὁ θεὸς τὸ κρίμα ὑμῶν ἐξ αὐτῆς.
21 Καὶ ἦρεν[2] εἷς ἄγγελος ἰσχυρὸς[3] λίθον ὡς μύλον[4] μέγαν καὶ ἔβαλεν εἰς τὴν θάλασσαν λέγων·
   οὕτως ὁρμήματι[5] βληθήσεται[6] Βαβυλὼν ἡ μεγάλη πόλις
   καὶ οὐ μὴ εὑρεθῇ[7] ἔτι.
22 καὶ φωνὴ κιθαρῳδῶν[8] καὶ μουσικῶν[9] καὶ αὐλητῶν[10] καὶ σαλπιστῶν[11]
   οὐ μὴ ἀκουσθῇ ἐν σοὶ ἔτι,
   καὶ πᾶς τεχνίτης[12] πάσης τέχνης[13]
   οὐ μὴ εὑρεθῇ ἐν σοὶ ἔτι,
   καὶ φωνὴ μύλου
   οὐ μὴ ἀκουσθῇ ἐν σοὶ ἔτι,
23 καὶ φῶς λύχνου[14]
   οὐ μὴ φάνῃ[15] ἐν σοὶ ἔτι,
   καὶ φωνὴ νυμφίου[16] καὶ νύμφης[17]
   οὐ μὴ ἀκουσθῇ ἐν σοὶ ἔτι·
   ὅτι οἱ ἔμποροί σου ἦσαν οἱ μεγιστᾶνες[18] τῆς γῆς,
   ὅτι ἐν τῇ φαρμακείᾳ[19] σου ἐπλανήθησαν[20] πάντα τὰ ἔθνη,
24 καὶ ἐν αὐτῇ αἷμα προφητῶν καὶ ἁγίων εὑρέθη
   καὶ πάντων τῶν ἐσφαγμένων[21] ἐπὶ τῆς γῆς.

19 Μετὰ ταῦτα ἤκουσα ὡς φωνὴν μεγάλην ὄχλου πολλοῦ[22] ἐν τῷ οὐρανῷ λεγόντων·
   ἁλληλουϊά[23]·
   ἡ σωτηρία καὶ ἡ δόξα καὶ ἡ δύναμις τοῦ θεοῦ ἡμῶν,
2 ὅτι ἀληθιναὶ[24] καὶ δίκαιαι αἱ κρίσεις αὐτοῦ·
   ὅτι ἔκρινεν τὴν πόρνην[25] τὴν μεγάλην
   ἥτις ἔφθειρεν[26] τὴν γῆν ἐν τῇ πορνείᾳ[27] αὐτῆς,
   καὶ ἐξεδίκησεν[28] τὸ αἷμα τῶν δούλων αὐτοῦ ἐκ χειρὸς αὐτῆς.

---

[1] εὐφραίνω 2s pres pas impv, pas celebrate
[2] αἴρω 3s aor act ind, take up
[3] ἰσχυρός, -ά/όν, mighty
[4] μύλος, -ου m, millstone
[5] ὅρμημα, -τος n, violence
[6] βάλλω 3s fut pas ind, throw
[7] εὑρίσκω 3s aor pas sub, find
[8] κιθαρῳδός, -οῦ m, harpist
[9] μουσικός, -οῦ m, musician
[10] αὐλητής, -οῦ m, flute player
[11] σαλπιστής, -οῦ m, trumpeter
[12] τεχνίτης, -ου m, worker
[13] τέχνη, -ης f, trade
[14] λύχνος, -ου m, lamp
[15] φαίνω 3s aor act sub, shine
[16] νυμφίος, -ου m, bridegroom
[17] νύμφη, -ης f, bride
[18] μεγιστάν, -ᾶνος m, important person
[19] φαρμακεία, -ας f, sorcery
[20] πλανάω 3p aor pas ind, deceive
[21] σφάζω pf pas ptc m p gen, kill
[22] πολύς, πολλή, πολύ, gen πολλοῦ, -ῆς/οῦ, great
[23] ἁλληλουϊά, hallelujah
[24] ἀληθινός, -ή/όν, true
[25] πόρνη, -ης f, prostitute
[26] φθείρω 3s aor act ind, corrupt
[27] πορνεία, -ας f, sexual immorality
[28] ἐκδικέω 3s aor act ind, avenge

3 καὶ δεύτερον εἴρηκαν¹·
ἁλληλουϊά·
καὶ ὁ καπνὸς² αὐτῆς ἀναβαίνει εἰς τοὺς αἰῶνας τῶν αἰώνων.
4 καὶ ἔπεσαν οἱ πρεσβύτεροι οἱ εἴκοσι³ τέσσαρες καὶ τὰ τέσσαρα ζῷα⁴ καὶ προσεκύνησαν τῷ θεῷ τῷ καθημένῳ ἐπὶ τῷ θρόνῳ λέγοντες·
ἀμὴν ἁλληλουϊά.

The Marriage Supper of the Lamb

5 Καὶ φωνὴ ἀπὸ τοῦ θρόνου ἐξῆλθεν λέγουσα·
αἰνεῖτε⁵ τῷ θεῷ ἡμῶν
πάντες οἱ δοῦλοι αὐτοῦ
καὶ οἱ φοβούμενοι αὐτόν,
οἱ μικροὶ καὶ οἱ μεγάλοι.
6 καὶ ἤκουσα ὡς φωνὴν ὄχλου πολλοῦ καὶ ὡς φωνὴν ὑδάτων⁶ πολλῶν καὶ ὡς φωνὴν βροντῶν⁷ ἰσχυρῶν⁸ λεγόντων·
ἁλληλουϊά,
ὅτι ἐβασίλευσεν⁹ κύριος ὁ θεὸς ἡμῶν ὁ παντοκράτωρ¹⁰.
7 χαίρωμεν καὶ ἀγαλλιῶμεν¹¹ καὶ δώσωμεν¹² τὴν δόξαν αὐτῷ,
ὅτι ἦλθεν ὁ γάμος¹³ τοῦ ἀρνίου¹⁴ καὶ ἡ γυνὴ αὐτοῦ ἡτοίμασεν¹⁵ ἑαυτὴν
8 καὶ ἐδόθη¹⁶ αὐτῇ ἵνα περιβάληται¹⁷ βύσσινον¹⁸ λαμπρὸν¹⁹ καθαρόν²⁰·
τὸ γὰρ βύσσινον τὰ δικαιώματα²¹ τῶν ἁγίων ἐστίν.
9 Καὶ λέγει μοι· γράψον²². μακάριοι οἱ εἰς τὸ δεῖπνον²³ τοῦ γάμου τοῦ ἀρνίου κεκλημένοι²⁴. καὶ λέγει μοι· οὗτοι οἱ λόγοι ἀληθινοὶ τοῦ θεοῦ εἰσιν. **10** καὶ ἔπεσα²⁵ ἔμπροσθεν τῶν ποδῶν αὐτοῦ προσκυνῆσαι αὐτῷ. καὶ λέγει μοι· ὅρα μή· σύνδουλός²⁶ σού εἰμι καὶ τῶν ἀδελφῶν σου τῶν ἐχόντων τὴν μαρτυρίαν Ἰησοῦ· τῷ θεῷ προσκύνησον. ἡ γὰρ μαρτυρία Ἰησοῦ ἐστιν τὸ πνεῦμα τῆς προφητείας²⁷.

---

[1] λέγω *3p pf act ind*, say
[2] καπνός, -οῦ *m*, smoke
[3] εἴκοσι, twenty
[4] ζῷον, -ου *n*, living creature
[5] αἰνέω *2p pres act impv*, praise
[6] ὕδωρ, ὕδατος *n*, water
[7] βροντή, ῆς *f*, thunder
[8] ἰσχυρός, -ά/όν, mighty
[9] βασιλεύω *3s aor act ind*, reign
[10] παντοκράτωρ, -ορος *m*, the Almighty
[11] ἀγαλλιάω *1p pres act sub*, be extremely joyful
[12] δίδωμι *1p aor act sub*, give
[13] γάμος, -ου *m*, wedding
[14] ἀρνίον, -ου *n*, lamb
[15] ἑτοιμάζω *3s aor act ind*, prepare
[16] δίδωμι *3s aor pas ind*, give
[17] περιβάλλω *3s aor mid sub*, clothe oneself
[18] βύσσινος, -η/ον, made of fine linen
[19] λαμπρός, -ά/όν, bright
[20] καθαρός, -ά/όν, pure
[21] δικαίωμα, -τος *n*, righteous deed
[22] γράφω *2s aor act impv*, write
[23] δεῖπνον, -ου *n*, feast
[24] καλέω *pf pas ptc m p nom*, invite
[25] πίπτω *1s aor act ind*, fall
[26] σύνδουλος, -ου *m*, fellow-servant
[27] προφητεία, -ας *f*, prophecy

The Rider on the White Horse

11 Καὶ εἶδον τὸν οὐρανὸν ἠνεῳγμένον¹, καὶ ἰδοὺ ἵππος² λευκὸς³ καὶ ὁ καθήμενος ἐπ' αὐτὸν καλούμενος πιστὸς καὶ ἀληθινός, καὶ ἐν δικαιοσύνῃ κρίνει καὶ πολεμεῖ⁴. **12** οἱ δὲ ὀφθαλμοὶ αὐτοῦ φλὸξ πυρός, καὶ ἐπὶ τὴν κεφαλὴν αὐτοῦ διαδήματα⁵ πολλά, ἔχων ὄνομα γεγραμμένον⁶ ὃ οὐδεὶς οἶδεν εἰ μὴ αὐτός, **13** καὶ περιβεβλημένος⁷ ἱμάτιον βεβαμμένον⁸ αἵματι, καὶ κέκληται⁹ τὸ ὄνομα αὐτοῦ ὁ λόγος τοῦ θεοῦ. **14** καὶ τὰ στρατεύματα¹⁰ τὰ ἐν τῷ οὐρανῷ ἠκολούθει αὐτῷ ἐφ' ἵπποις λευκοῖς, ἐνδεδυμένοι¹¹ βύσσινον λευκὸν καθαρόν. **15** καὶ ἐκ τοῦ στόματος αὐτοῦ ἐκπορεύεται ῥομφαία¹² ὀξεῖα¹³, ἵνα ἐν αὐτῇ πατάξῃ¹⁴ τὰ ἔθνη, καὶ αὐτὸς ποιμανεῖ¹⁵ αὐτοὺς ἐν ῥάβδῳ¹⁶ σιδηρᾷ¹⁷, καὶ αὐτὸς πατεῖ¹⁸ τὴν ληνὸν¹⁹ τοῦ οἴνου τοῦ θυμοῦ²⁰ τῆς ὀργῆς τοῦ θεοῦ τοῦ παντοκράτορος²¹, **16** καὶ ἔχει ἐπὶ τὸ ἱμάτιον καὶ ἐπὶ τὸν μηρὸν²² αὐτοῦ ὄνομα γεγραμμένον· Βασιλεὺς βασιλέων καὶ κύριος κυρίων.

17 Καὶ εἶδον ἕνα ἄγγελον ἑστῶτα²³ ἐν τῷ ἡλίῳ καὶ ἔκραξεν ἐν φωνῇ μεγάλῃ λέγων πᾶσιν τοῖς ὀρνέοις²⁴ τοῖς πετομένοις²⁵ ἐν μεσουρανήματι²⁶· δεῦτε²⁷ συνάχθητε²⁸ εἰς τὸ δεῖπνον²⁹ τὸ μέγα τοῦ θεοῦ **18** ἵνα φάγητε³⁰ σάρκας βασιλέων καὶ σάρκας χιλιάρχων³¹ καὶ σάρκας ἰσχυρῶν³² καὶ σάρκας ἵππων καὶ τῶν καθημένων ἐπ' αὐτῶν καὶ σάρκας πάντων ἐλευθέρων³³ τε καὶ δούλων καὶ μικρῶν καὶ μεγάλων.

19 Καὶ εἶδον τὸ θηρίον καὶ τοὺς βασιλεῖς τῆς γῆς καὶ τὰ στρατεύματα αὐτῶν συνηγμένα³⁴ ποιῆσαι τὸν πόλεμον μετὰ τοῦ καθημένου ἐπὶ τοῦ ἵππου καὶ μετὰ τοῦ στρατεύματος αὐτοῦ. **20** καὶ ἐπιάσθη³⁵ τὸ θηρίον καὶ μετ' αὐτοῦ ὁ ψευδοπροφήτης³⁶ ὁ ποιήσας τὰ σημεῖα ἐνώπιον αὐτοῦ, ἐν οἷς ἐπλάνησεν τοὺς λαβόντας³⁷ τὸ χάραγμα³⁸ τοῦ θηρίου καὶ τοὺς προσκυνοῦντας τῇ εἰκόνι³⁹ αὐτοῦ· ζῶντες ἐβλήθησαν⁴⁰ οἱ δύο εἰς τὴν λίμνην⁴¹ τοῦ πυρὸς τὴν καιομένην⁴² ἐν θείῳ⁴³. **21** καὶ οἱ λοιποὶ

---

1 ἀνοίγω *pf pas ptc n s acc*, open
2 ἵππος, -ου *m*, horse
3 λευκός, -ή/όν, white
4 πολεμέω *3s pres act ind*, make war
5 διάδημα, -τος *n*, crown
6 γράφω *pf pas ptc n s nom*, write
7 περιβάλλω *pf pas ptc m s nom*, clothe
8 βάπτω *pf pas ptc n s acc*, dip
9 καλέω *3s pf pas ind*, call
10 στράτευμα, -τος *n*, army
11 ἐνδύω *pf mid ptc m p nom, mid* wear
12 ῥομφαία, -ας *f*, sword
13 ὀξύς, -εῖα/ύ, sharp
14 πατάσσω *3s aor act sub*, strike down
15 ποιμαίνω *3s fut act ind*, rule
16 ῥάβδος, -ου *f*, rod
17 σιδηροῦς, -ᾶ/οῦν, made of iron
18 πατέω *3s pres act ind*, trample
19 ληνός, -οῦ *f*, wine press
20 θυμός, -οῦ *m*, anger
21 παντοκράτωρ, -ορος *m*, the Almighty
22 μηρός, -οῦ *m*, thigh
23 ἵστημι *pf act ptc m s acc, intrans* stand
24 ὄρνεον, -ου *n*, bird
25 πέτομαι *pres mid ptc n p dat*, fly
26 μεσουράνημα, -τος *n*, midair
27 δεῦτε, *interj*, Come!
28 συνάγω *2p aor pas impv, pas* gather together
29 δεῖπνον, -ου *n*, feast
30 ἐσθίω *2p aor act sub*, eat
31 χιλίαρχος, -ου *m*, high ranking officer
32 ἰσχυρός, -ά/όν, mighty
33 ἐλεύθερος, -α/ον, free
34 συνάγω *pf pas ptc n p nom, pas* gather together
35 πιάζω *3s aor pas ind*, capture
36 ψευδοπροφήτης, -ου *m*, false prophet
37 λαμβάνω *aor act ptc m p acc*, receive
38 χάραγμα, -τος *n*, mark
39 εἰκών, -όνος *f*, image
40 βάλλω *3p aor pas ind*, throw
41 λίμνη, -ης *f*, lake
42 καίω *pres pas ptc f s acc, pas* burn
43 θεῖον, -ου *n*, sulphur

ἀπεκτάνθησαν[1] ἐν τῇ ῥομφαίᾳ τοῦ καθημένου ἐπὶ τοῦ ἵππου τῇ ἐξελθούσῃ ἐκ τοῦ στόματος αὐτοῦ, καὶ πάντα τὰ ὄρνεα ἐχορτάσθησαν[2] ἐκ τῶν σαρκῶν αὐτῶν.

The Thousand Years

20 Καὶ εἶδον ἄγγελον καταβαίνοντα ἐκ τοῦ οὐρανοῦ ἔχοντα τὴν κλεῖν[3] τῆς ἀβύσσου[4] καὶ ἅλυσιν[5] μεγάλην ἐπὶ τὴν χεῖρα αὐτοῦ. **2** καὶ ἐκράτησεν τὸν δράκοντα[6], τὸν ὄφιν[7] τὸν ἀρχαῖον[8], ὅς ἐστιν Διάβολος καὶ ὁ Σατανᾶς, καὶ ἔδησεν αὐτὸν χίλια[9] ἔτη **3** καὶ ἔβαλεν[10] αὐτὸν εἰς τὴν ἄβυσσον καὶ ἔκλεισεν[11] καὶ ἐσφράγισεν[12] ἐπάνω[13] αὐτοῦ, ἵνα μὴ πλανήσῃ ἔτι τὰ ἔθνη ἄχρι τελεσθῇ[14] τὰ χίλια ἔτη. μετὰ ταῦτα δεῖ λυθῆναι αὐτὸν μικρὸν χρόνον.

4 Καὶ εἶδον θρόνους καὶ ἐκάθισαν ἐπ' αὐτοὺς καὶ κρίμα[15] ἐδόθη[16] αὐτοῖς, καὶ τὰς ψυχὰς τῶν πεπελεκισμένων[17] διὰ τὴν μαρτυρίαν Ἰησοῦ καὶ διὰ τὸν λόγον τοῦ θεοῦ καὶ οἵτινες οὐ προσεκύνησαν τὸ θηρίον οὐδὲ τὴν εἰκόνα[18] αὐτοῦ καὶ οὐκ ἔλαβον τὸ χάραγμα[19] ἐπὶ τὸ μέτωπον[20] καὶ ἐπὶ τὴν χεῖρα αὐτῶν. καὶ ἔζησαν καὶ ἐβασίλευσαν[21] μετὰ τοῦ Χριστοῦ χίλια[22] ἔτη.

5 Αὕτη ἡ ἀνάστασις ἡ πρώτη. **6** μακάριος καὶ ἅγιος ὁ ἔχων μέρος ἐν τῇ ἀναστάσει τῇ πρώτῃ· ἐπὶ τούτων ὁ δεύτερος θάνατος οὐκ ἔχει ἐξουσίαν, ἀλλ' ἔσονται[23] ἱερεῖς τοῦ θεοῦ καὶ τοῦ Χριστοῦ καὶ βασιλεύσουσιν μετ' αὐτοῦ χίλια ἔτη.

The Defeat of Satan

7 Καὶ ὅταν τελεσθῇ τὰ χίλια ἔτη, λυθήσεται ὁ σατανᾶς ἐκ τῆς φυλακῆς αὐτοῦ **8** καὶ ἐξελεύσεται[24] πλανῆσαι τὰ ἔθνη τὰ ἐν ταῖς τέσσαρσιν γωνίαις[25] τῆς γῆς, τὸν Γὼγ καὶ Μαγώγ, συναγαγεῖν[26] αὐτοὺς εἰς τὸν πόλεμον[27], ὧν ὁ ἀριθμὸς[28] αὐτῶν ὡς ἡ ἄμμος[29] τῆς θαλάσσης. **9** καὶ ἀνέβησαν[30] ἐπὶ τὸ πλάτος[31] τῆς γῆς καὶ ἐκύκλευσαν[32] τὴν παρεμβολὴν[33] τῶν ἁγίων καὶ τὴν πόλιν τὴν ἠγαπημένην[34], καὶ κατέβη[35] πῦρ ἀπὸ τοῦ θεοῦ ἐκ τοῦ οὐρανοῦ καὶ κατέφαγεν[36] αὐτούς. **10** καὶ ὁ διάβολος ὁ

---

[1] ἀποκτείνω 3p aor pas ind, kill
[2] χορτάζω 3p aor pas ind, pas gorge oneself
[3] κλείς, κλειδός f, key
[4] ἄβυσσος, -ου f, abyss
[5] ἅλυσις, -εως f, chain
[6] δράκων, -οντος m, dragon
[7] ὄφις, -εως m, snake
[8] ἀρχαῖος, -α/ον, ancient
[9] χίλιοι, -αι/α, thousand
[10] βάλλω 3s aor act ind, throw
[11] κλείω 3s aor act ind, shut
[12] σφραγίζω 3s aor act ind, seal
[13] ἐπάνω, prep + gen, on
[14] τελέω 3s aor pas sub, end
[15] κρίμα, -τος n, judgment
[16] δίδωμι 3s aor pas ind, give
[17] πελεκίζω pf pas ptc m p gen, behead
[18] εἰκών, -όνος f, image
[19] χάραγμα, -τος n, mark
[20] μέτωπον, -ου n, forehead
[21] βασιλεύω 3p aor act ind, reign
[22] χίλιοι, -αι/α, thousand
[23] εἰμί 3p fut act ind, be
[24] ἐξέρχομαι 3s fut mid ind, come out
[25] γωνία, -ας f, corner
[26] συνάγω aor act inf, gather
[27] πόλεμος, -ου m, battle
[28] ἀριθμός, -οῦ m, number
[29] ἄμμος, -ου f, sand
[30] ἀναβαίνω 3p aor act ind, come up
[31] πλάτος, -ους n, breadth
[32] κυκλεύω 3p aor act ind, surround
[33] παρεμβολή, -ῆς f, camp
[34] ἀγαπάω pf pas ptc f s acc, love
[35] καταβαίνω 3s aor act ind, come down
[36] κατεσθίω 3s aor act ind, consume

πλανῶν αὐτοὺς ἐβλήθη¹ εἰς τὴν λίμνην² τοῦ πυρὸς καὶ θείου³ ὅπου καὶ τὸ θηρίον καὶ ὁ ψευδοπροφήτης⁴, καὶ βασανισθήσονται⁵ ἡμέρας καὶ νυκτὸς εἰς τοὺς αἰῶνας τῶν αἰώνων.

The Judgment at the Great White Throne

11 Καὶ εἶδον θρόνον μέγαν λευκὸν⁶ καὶ τὸν καθήμενον ἐπ' αὐτόν, οὗ ἀπὸ τοῦ προσώπου ἔφυγεν⁷ ἡ γῆ καὶ ὁ οὐρανὸς καὶ τόπος οὐχ εὑρέθη⁸ αὐτοῖς. **12** καὶ εἶδον τοὺς νεκρούς, τοὺς μεγάλους καὶ τοὺς μικρούς, ἑστῶτας⁹ ἐνώπιον τοῦ θρόνου. καὶ βιβλία ἠνοίχθησαν¹⁰, καὶ ἄλλο βιβλίον ἠνοίχθη, ὅ ἐστιν τῆς ζωῆς, καὶ ἐκρίθησαν οἱ νεκροὶ ἐκ τῶν γεγραμμένων¹¹ ἐν τοῖς βιβλίοις κατὰ τὰ ἔργα αὐτῶν. **13** καὶ ἔδωκεν ἡ θάλασσα τοὺς νεκροὺς τοὺς ἐν αὐτῇ καὶ ὁ θάνατος καὶ ὁ ᾅδης¹² ἔδωκαν τοὺς νεκροὺς τοὺς ἐν αὐτοῖς, καὶ ἐκρίθησαν¹³ ἕκαστος κατὰ τὰ ἔργα αὐτῶν. **14** καὶ ὁ θάνατος καὶ ὁ ᾅδης ἐβλήθησαν εἰς τὴν λίμνην τοῦ πυρός. οὗτος ὁ θάνατος ὁ δεύτερός ἐστιν, ἡ λίμνη τοῦ πυρός. **15** καὶ εἴ τις οὐχ εὑρέθη ἐν τῇ βίβλῳ τῆς ζωῆς γεγραμμένος, ἐβλήθη εἰς τὴν λίμνην τοῦ πυρός.

The New Heaven and the New Earth

21 Καὶ εἶδον οὐρανὸν καινὸν καὶ γῆν καινήν. ὁ γὰρ πρῶτος οὐρανὸς καὶ ἡ πρώτη γῆ ἀπῆλθαν καὶ ἡ θάλασσα οὐκ ἔστιν ἔτι. **2** καὶ τὴν πόλιν τὴν ἁγίαν Ἰερουσαλὴμ καινὴν εἶδον καταβαίνουσαν ἐκ τοῦ οὐρανοῦ ἀπὸ τοῦ θεοῦ ἡτοιμασμένην¹⁴ ὡς νύμφην¹⁵ κεκοσμημένην¹⁶ τῷ ἀνδρὶ αὐτῆς. **3** καὶ ἤκουσα φωνῆς μεγάλης ἐκ τοῦ θρόνου λεγούσης·

ἰδοὺ ἡ σκηνὴ¹⁷ τοῦ θεοῦ μετὰ τῶν ἀνθρώπων, καὶ σκηνώσει¹⁸ μετ' αὐτῶν, καὶ αὐτοὶ λαοὶ αὐτοῦ ἔσονται¹⁹, καὶ αὐτὸς ὁ θεὸς μετ' αὐτῶν ἔσται αὐτῶν θεός, **4** καὶ ἐξαλείψει²⁰ πᾶν δάκρυον²¹ ἀπὸ τῶν ὀφθαλμῶν αὐτῶν, καὶ ὁ θάνατος οὐκ ἔσται ἔτι οὔτε πένθος²² οὔτε κραυγὴ²³ οὔτε πόνος²⁴ οὐκ ἔσται ἔτι, τὰ πρῶτα ἀπῆλθαν.

5 Καὶ εἶπεν ὁ καθήμενος ἐπὶ τῷ θρόνῳ· ἰδοὺ καινὰ ποιῶ πάντα καὶ λέγει· γράψον²⁵, ὅτι οὗτοι οἱ λόγοι πιστοὶ καὶ ἀληθινοί²⁶ εἰσιν. **6** καὶ εἶπέν μοι· γέγονα²⁷ ἐγώ

---

1 βάλλω *3s aor pas ind*, throw
2 λίμνη, -ης *f*, lake
3 θεῖον, -ου *n*, sulphur
4 ψευδοπροφήτης, -ου *m*, false prophet
5 βασανίζω *3p fut pas ind*, torment
6 λευκός, -ή/όν, white
7 φεύγω *3s aor act ind*, run away
8 εὑρίσκω *3s aor pas ind*, find
9 ἵστημι *pf act ptc m p acc*, intrans stand
10 ἀνοίγω *3p aor pas ind*, open
11 γράφω *pf pas ptc n p gen*, write
12 ᾅδης, -ου *m*, Hades/world of the dead
13 κρίνω *3p aor pas ind*, judge
14 ἑτοιμάζω *pf pas ptc f s acc*, prepare
15 νύμφη, -ης *f*, bride
16 κοσμέω *pf pas ptc f s acc*, adorn
17 σκηνή, -ῆς *f*, dwelling place
18 σκηνόω *3s fut act ind*, live
19 εἰμί *3p fut act ind*, be
20 ἐξαλείφω *3s fut act ind*, wipe away
21 δάκρυον, -ου *n*, tear
22 πένθος, -ους *n*, sorrow
23 κραυγή, -ῆς *f*, crying
24 πόνος, -ου *m*, pain
25 γράφω *2s aor act impv*, write
26 ἀληθινός, -ή/όν, true
27 γίνομαι *1s pf act ind*, become

τὸ ἄλφα¹ καὶ τὸ ὦ², ἡ ἀρχὴ καὶ τὸ τέλος. ἐγὼ τῷ διψῶντι³ δώσω⁴ ἐκ τῆς πηγῆς⁵ τοῦ ὕδατος⁶ τῆς ζωῆς δωρεάν⁷. **7** ὁ νικῶν⁸ κληρονομήσει⁹ ταῦτα καὶ ἔσομαι αὐτῷ θεὸς καὶ αὐτὸς ἔσται μοι υἱός. **8** τοῖς δὲ δειλοῖς¹⁰ καὶ ἀπίστοις¹¹ καὶ ἐβδελυγμένοις¹² καὶ φονεῦσιν¹³ καὶ πόρνοις¹⁴ καὶ φαρμάκοις¹⁵ καὶ εἰδωλολάτραις¹⁶ καὶ πᾶσιν τοῖς ψευδέσιν¹⁷ τὸ μέρος αὐτῶν ἐν τῇ λίμνῃ¹⁸ τῇ καιομένῃ¹⁹ πυρὶ καὶ θείῳ²⁰, ὅ ἐστιν ὁ θάνατος ὁ δεύτερος.

The New Jerusalem

9 Καὶ ἦλθεν εἷς ἐκ τῶν ἑπτὰ ἀγγέλων τῶν ἐχόντων τὰς ἑπτὰ φιάλας²¹ τῶν γεμόντων²² τῶν ἑπτὰ πληγῶν²³ τῶν ἐσχάτων καὶ ἐλάλησεν μετ' ἐμοῦ λέγων· δεῦρο²⁴, δείξω²⁵ σοι τὴν νύμφην²⁶ τὴν γυναῖκα τοῦ ἀρνίου²⁷. **10** καὶ ἀπήνεγκέν²⁸ με ἐν πνεύματι ἐπὶ ὄρος μέγα καὶ ὑψηλόν²⁹, καὶ ἔδειξέν μοι τὴν πόλιν τὴν ἁγίαν Ἰερουσαλὴμ καταβαίνουσαν ἐκ τοῦ οὐρανοῦ ἀπὸ τοῦ θεοῦ **11** ἔχουσαν τὴν δόξαν τοῦ θεοῦ, ὁ φωστὴρ³⁰ αὐτῆς ὅμοιος λίθῳ τιμιωτάτῳ³¹ ὡς λίθῳ ἰάσπιδι³² κρυσταλλίζοντι³³. **12** ἔχουσα τεῖχος³⁴ μέγα καὶ ὑψηλόν, ἔχουσα πυλῶνας³⁵ δώδεκα καὶ ἐπὶ τοῖς πυλῶσιν ἀγγέλους δώδεκα καὶ ὀνόματα ἐπιγεγραμμένα³⁶, ἅ ἐστιν τῶν δώδεκα φυλῶν υἱῶν Ἰσραήλ· **13** ἀπὸ ἀνατολῆς³⁷ πυλῶνες τρεῖς καὶ ἀπὸ βορρᾶ³⁸ πυλῶνες τρεῖς καὶ ἀπὸ νότου³⁹ πυλῶνες τρεῖς καὶ ἀπὸ δυσμῶν⁴⁰ πυλῶνες τρεῖς. **14** καὶ τὸ τεῖχος τῆς πόλεως ἔχον θεμελίους⁴¹ δώδεκα καὶ ἐπ' αὐτῶν δώδεκα ὀνόματα τῶν δώδεκα ἀποστόλων τοῦ ἀρνίου.

15 Καὶ ὁ λαλῶν μετ' ἐμοῦ εἶχεν μέτρον⁴² κάλαμον⁴³ χρυσοῦν⁴⁴, ἵνα μετρήσῃ⁴⁵ τὴν πόλιν καὶ τοὺς πυλῶνας αὐτῆς καὶ τὸ τεῖχος αὐτῆς. **16** καὶ ἡ πόλις τετράγωνος⁴⁶

---

1 ἄλφα, alpha (metaph., τὸ ἄ. καὶ τὸ ὦ the first and last)
2 ὦ, omega
3 διψάω pres act ptc m s dat, be thirsty
4 δίδωμι 1s fut act ind, give
5 πηγή, -ῆς f, spring
6 ὕδωρ, ὕδατος n, water
7 δωρεάν, adv, without cost
8 νικάω pres act ptc m s nom, conquer
9 κληρονομέω 3s fut act ind, receive
10 δειλός, -ή/όν, cowardly
11 ἄπιστος, -ον, unfaithful
12 βδελύσσομαι pf pas ptc m p dat, detest
13 φονεύς, -έως m, murderer
14 πόρνος, -ου m, one who is sexually immoral
15 φάρμακος, -ου m, one who practices witchcraft
16 εἰδωλολάτρης, -ου m, idolater
17 ψευδής, -ές, lying
18 λίμνη, -ης f, lake
19 καίω pres pas ptc f s dat, pas burn
20 θεῖον, -ου n, sulphur
21 φιάλη, -ης f, bowl
22 γέμω pres act ptc f p gen, be full
23 πληγή, -ῆς f, plague
24 δεῦρο, interj, Come!
25 δείκνυμι 1s fut act ind, show
26 νύμφη, -ης f, bride
27 ἀρνίον, -ου n, lamb
28 ἀποφέρω 3s aor act ind, take
29 ὑψηλός, -ή/όν, high
30 φωστήρ, -ῆρος m, brilliance
31 τίμιος, precious (super)
32 ἴασπις, -ιδος f, jasper
33 κρυσταλλίζω pres act ptc m s dat, be clear as crystal
34 τεῖχος, -ους n, wall
35 πυλών, -ῶνος m, gate
36 ἐπιγράφω pf pas ptc n p acc, write on
37 ἀνατολή, -ῆς f, east
38 βορρᾶς, -ᾶ m, north
39 νότος, -ου m, south
40 δυσμή, -ῆς f, pl, west
41 θεμέλιος, -ου m, foundation
42 μέτρον, -ου n, measure
43 κάλαμος, -ου m, (measuring) rod
44 χρυσοῦς, -ῆ/οῦν, made of gold
45 μετρέω 3s aor act sub, measure
46 τετράγωνος, -ον, in a square

κεῖται[1] καὶ τὸ μῆκος[2] αὐτῆς ὅσον τὸ πλάτος[3]. καὶ ἐμέτρησεν τὴν πόλιν τῷ καλάμῳ ἐπὶ σταδίων[4] δώδεκα χιλιάδων[5], τὸ μῆκος καὶ τὸ πλάτος καὶ τὸ ὕψος[6] αὐτῆς ἴσα[7] ἐστίν. **17** καὶ ἐμέτρησεν τὸ τεῖχος αὐτῆς ἑκατὸν[8] τεσσεράκοντα[9] τεσσάρων πηχῶν[10] μέτρον ἀνθρώπου, ὅ ἐστιν ἀγγέλου. **18** καὶ ἦν ἡ ἐνδώμησις[11] τοῦ τείχους αὐτῆς ἴασπις[12] καὶ ἡ πόλις χρυσίον[13] καθαρὸν[14] ὅμοιον ὑάλῳ[15] καθαρῷ. **19** οἱ θεμέλιοι τοῦ τείχους τῆς πόλεως παντὶ λίθῳ τιμίῳ κεκοσμημένοι[16]· ὁ θεμέλιος ὁ πρῶτος ἴασπις, ὁ δεύτερος σάπφιρος[17], ὁ τρίτος χαλκηδών[18], ὁ τέταρτος[19] σμάραγδος[20], **20** ὁ πέμπτος[21] σαρδόνυξ[22], ὁ ἕκτος[23] σάρδιον[24], ὁ ἕβδομος[25] χρυσόλιθος[26], ὁ ὄγδοος[27] βήρυλλος[28], ὁ ἔνατος[29] τοπάζιον[30], ὁ δέκατος[31] χρυσόπρασος[32], ὁ ἑνδέκατος[33] ὑάκινθος[34], ὁ δωδέκατος[35] ἀμέθυστος[36], **21** καὶ οἱ δώδεκα πυλῶνες δώδεκα μαργαρῖται[37], ἀνὰ[38] εἷς ἕκαστος τῶν πυλώνων ἦν ἐξ ἑνὸς μαργαρίτου. καὶ ἡ πλατεῖα[39] τῆς πόλεως χρυσίον καθαρὸν ὡς ὕαλος διαυγής[40].

22 Καὶ ναὸν οὐκ εἶδον ἐν αὐτῇ, ὁ γὰρ κύριος ὁ θεὸς ὁ παντοκράτωρ[41] ναὸς αὐτῆς ἐστιν καὶ τὸ ἀρνίον. **23** καὶ ἡ πόλις οὐ χρείαν ἔχει τοῦ ἡλίου οὐδὲ τῆς σελήνης[42] ἵνα φαίνωσιν αὐτῇ, ἡ γὰρ δόξα τοῦ θεοῦ ἐφώτισεν[43] αὐτήν, καὶ ὁ λύχνος[44] αὐτῆς τὸ ἀρνίον. **24** καὶ περιπατήσουσιν τὰ ἔθνη διὰ τοῦ φωτὸς αὐτῆς, καὶ οἱ βασιλεῖς τῆς γῆς φέρουσιν τὴν δόξαν αὐτῶν εἰς αὐτήν, **25** καὶ οἱ πυλῶνες αὐτῆς οὐ μὴ κλεισθῶσιν[45] ἡμέρας, νὺξ γὰρ οὐκ ἔσται ἐκεῖ, **26** καὶ οἴσουσιν[46] τὴν δόξαν καὶ τὴν τιμὴν τῶν ἐθνῶν εἰς αὐτήν. **27** καὶ οὐ μὴ εἰσέλθῃ[47] εἰς αὐτὴν πᾶν κοινὸν[48] καὶ ὁ ποιῶν βδέλυγμα[49] καὶ ψεῦδος[50] εἰ μὴ οἱ γεγραμμένοι[51] ἐν τῷ βιβλίῳ τῆς ζωῆς τοῦ ἀρνίου.

---

[1] κεῖμαι 3s *pres mid ind*, be laid out
[2] μῆκος, -ους *n*, length
[3] πλάτος, -ους *n*, breadth
[4] στάδιον, -ων *m*, stadion (about 607 feet or 185 meters)
[5] χιλιάς, -άδος *f*, a thousand
[6] ὕψος, -ους *n*, height
[7] ἴσος, -η/ον, the same
[8] ἑκατόν, one hundred
[9] τεσσεράκοντα, forty
[10] πῆχυς, -εως *m*, cubit (about 18 inches or 46.2 centimeter)
[11] ἐνδώμησις, -εως *f*, construction material
[12] ἴασπις, -ιδος *f*, jasper
[13] χρυσίον, -ου *n*, gold
[14] καθαρός, -ά/όν, pure/clear
[15] ὕαλος, -ου *m*, glass
[16] κοσμέω *pf pas ptc m p nom*, adorn
[17] σάπφιρος, -ου *f*, sapphire
[18] χαλκηδών, -όνος *m*, agate
[19] τέταρτος, -η/ον, fourth
[20] σμάραγδος, -ου *m*, emerald
[21] πέμπτος, -η/ον, fifth
[22] σαρδόνυξ, -υχος *m*, sardonyx
[23] ἕκτος, -η/ον, sixth
[24] σάρδιον, -ου *n*, carnelian
[25] ἕβδομος, -η/ον, seventh
[26] χρυσόλιθος, -ου *m*, chrysolite
[27] ὄγδοος, -η/ον, eighth
[28] βήρυλλος, -ου *m*, beryl
[29] ἔνατος, -η/ον, ninth
[30] τοπάζιον, -ου *n*, topaz
[31] δέκατος, -η/ον, tenth
[32] χρυσόπρασος, -ου *m*, chrysoprase
[33] ἑνδέκατος, -η/ον, eleventh
[34] ὑάκινθος, -ου *m*, jacinth
[35] δωδέκατος, -η/ον, twelfth
[36] ἀμέθυστος, -ου *f*, amethyst
[37] μαργαρίτης, -ου *m*, pearl
[38] ἀνά, *adv*, each
[39] πλατεῖα, -ας *f*, (main) street
[40] διαυγής, -ές, transparent
[41] παντοκράτωρ, -ορος *m*, the Almighty
[42] σελήνη, -ης *f*, moon
[43] φωτίζω 3s *aor act ind*, give light to
[44] λύχνος, -ου *m*, lamp
[45] κλείω 3p *aor pas sub*, shut
[46] φέρω 3p *fut act ind*, bring
[47] εἰσέρχομαι 3s *aor act sub*, enter
[48] κοινός, -ή/όν, unclean
[49] βδέλυγμα, -τος *n*, something detestable
[50] ψεῦδος, -ους *n*, lie
[51] γράφω *pf pas ptc m p nom*, write

22

1 Καὶ ἔδειξέν[1] μοι ποταμὸν[2] ὕδατος[3] ζωῆς λαμπρὸν[4] ὡς κρύσταλλον[5], ἐκπορευόμενον ἐκ τοῦ θρόνου τοῦ θεοῦ καὶ τοῦ ἀρνίου[6]. **2** ἐν μέσῳ τῆς πλατείας[7] αὐτῆς καὶ τοῦ ποταμοῦ ἐντεῦθεν[8] καὶ ἐκεῖθεν[9] ξύλον[10] ζωῆς ποιοῦν καρποὺς δώδεκα, κατὰ μῆνα[11] ἕκαστον ἀποδιδοῦν[12] τὸν καρπὸν αὐτοῦ, καὶ τὰ φύλλα[13] τοῦ ξύλου εἰς θεραπείαν[14] τῶν ἐθνῶν. **3** καὶ πᾶν κατάθεμα[15] οὐκ ἔσται ἔτι. καὶ ὁ θρόνος τοῦ θεοῦ καὶ τοῦ ἀρνίου ἐν αὐτῇ ἔσται[16], καὶ οἱ δοῦλοι αὐτοῦ λατρεύσουσιν[17] αὐτῷ **4** καὶ ὄψονται[18] τὸ πρόσωπον αὐτοῦ, καὶ τὸ ὄνομα αὐτοῦ ἐπὶ τῶν μετώπων[19] αὐτῶν. **5** καὶ νὺξ οὐκ ἔσται ἔτι καὶ οὐκ ἔχουσιν χρείαν φωτὸς λύχνου[20] καὶ φωτὸς ἡλίου, ὅτι κύριος ὁ θεὸς φωτίσει[21] αὐτούς, καὶ βασιλεύσουσιν[22] εἰς τοὺς αἰῶνας τῶν αἰώνων.

The Coming of Christ

6 Καὶ εἶπέν μοι· οὗτοι οἱ λόγοι πιστοὶ καὶ ἀληθινοί[23], καὶ ὁ κύριος ὁ θεὸς τῶν πνευμάτων τῶν προφητῶν ἀπέστειλεν[24] τὸν ἄγγελον αὐτοῦ δεῖξαι[25] τοῖς δούλοις αὐτοῦ ἃ δεῖ γενέσθαι ἐν τάχει[26]. **7** καὶ ἰδοὺ ἔρχομαι ταχύ[27]. μακάριος ὁ τηρῶν τοὺς λόγους τῆς προφητείας[28] τοῦ βιβλίου τούτου.

8 Κἀγὼ Ἰωάννης ὁ ἀκούων καὶ βλέπων ταῦτα. καὶ ὅτε ἤκουσα καὶ ἔβλεψα, ἔπεσα[29] προσκυνῆσαι ἔμπροσθεν τῶν ποδῶν τοῦ ἀγγέλου τοῦ δεικνύοντός μοι ταῦτα. **9** καὶ λέγει μοι· ὅρα μή· σύνδουλός[30] σού εἰμι καὶ τῶν ἀδελφῶν σου τῶν προφητῶν καὶ τῶν τηρούντων τοὺς λόγους τοῦ βιβλίου τούτου· τῷ θεῷ προσκύνησον.

10 Καὶ λέγει μοι· μὴ σφραγίσῃς[31] τοὺς λόγους τῆς προφητείας τοῦ βιβλίου τούτου, ὁ καιρὸς γὰρ ἐγγύς ἐστιν. **11** ὁ ἀδικῶν[32] ἀδικησάτω ἔτι καὶ ὁ ῥυπαρὸς[33] ῥυπαρευθήτω[34] ἔτι, καὶ ὁ δίκαιος δικαιοσύνην ποιησάτω ἔτι καὶ ὁ ἅγιος ἁγιασθήτω[35] ἔτι.

12 Ἰδοὺ ἔρχομαι ταχύ, καὶ ὁ μισθός[36] μου μετ' ἐμοῦ ἀποδοῦναι[37] ἑκάστῳ ὡς τὸ ἔργον ἔσται αὐτοῦ. **13** ἐγὼ τὸ ἄλφα[38] καὶ τὸ ὦ[39], ὁ πρῶτος καὶ ὁ ἔσχατος, ἡ ἀρχὴ καὶ τὸ τέλος.

---

[1] δείκνυμι 3s aor act ind, show
[2] ποταμός, -οῦ m, river
[3] ὕδωρ, ὕδατος n, water
[4] λαμπρός, -ά/όν, bright/clear
[5] κρύσταλλος, -ου m, crystal
[6] ἀρνίον, -ου n, lamb
[7] πλατεῖα, -ας f, (main) street
[8] ἐντεῦθεν, adv, from here (ἐ. καὶ ἐ. on each side)
[9] ἐκεῖθεν, adv, from there
[10] ξύλον, -ου n, tree
[11] μήν, μηνός m, month (κατὰ μ. each month)
[12] ἀποδίδωμι pres act ptc n s nom, give
[13] φύλλον, -ου n, leaf
[14] θεραπεία, -ας f, healing
[15] κατάθεμα, -τος n, (God's) curse
[16] εἰμί 3s fut mid ind, be
[17] λατρεύω 3p fut act ind, serve
[18] ὁράω 3p fut mid ind, see
[19] μέτωπον, -ου n, forehead
[20] λύχνος, -ου m, lamp
[21] φωτίζω 3s fut act ind, give light to
[22] βασιλεύω 3p fut act ind, reign
[23] ἀληθινός, -ή/όν, true
[24] ἀποστέλλω 3s aor act ind, send
[25] δείκνυμι aor act inf, show
[26] τάχος, -ους n, quickness (ἐν τ. soon)
[27] ταχύ, adv, soon
[28] προφητεία, -ας f, prophecy
[29] πίπτω 1s aor act ind, fall
[30] σύνδουλος, -ου m, fellow-servant
[31] σφραγίζω 2s aor act sub, seal
[32] ἀδικέω pres act ptc m s nom, do evil
[33] ῥυπαρός, -ά/όν, impure
[34] ῥυπαρεύω 3s aor mid impv, be impure
[35] ἁγιάζω 3s aor pas impv, be holy
[36] μισθός, -οῦ m, reward
[37] ἀποδίδωμι aor act inf, give
[38] ἄλφα, alpha (metaph., τὸ ἄ. καὶ τὸ ὦ the first and last)
[39] ὦ, omega

ΑΠΟΚΑΛΥΨΙΣ ΙΩΑΝΝΟΥ

14 Μακάριοι οἱ πλύνοντες[1] τὰς στολὰς[2] αὐτῶν, ἵνα ἔσται ἡ ἐξουσία αὐτῶν ἐπὶ τὸ ξύλον τῆς ζωῆς καὶ τοῖς πυλῶσιν[3] εἰσέλθωσιν[4] εἰς τὴν πόλιν. **15** ἔξω οἱ κύνες[5] καὶ οἱ φάρμακοι[6] καὶ οἱ πόρνοι[7] καὶ οἱ φονεῖς[8] καὶ οἱ εἰδωλολάτραι[9] καὶ πᾶς φιλῶν[10] καὶ ποιῶν ψεῦδος[11]. **16** Ἐγὼ Ἰησοῦς ἔπεμψα[12] τὸν ἄγγελόν μου μαρτυρῆσαι ὑμῖν ταῦτα ἐπὶ ταῖς ἐκκλησίαις. ἐγώ εἰμι ἡ ῥίζα[13] καὶ τὸ γένος[14] Δαυίδ, ὁ ἀστὴρ[15] ὁ λαμπρὸς[16] ὁ πρωϊνός[17]. **17** Καὶ τὸ πνεῦμα καὶ ἡ νύμφη[18] λέγουσιν· ἔρχου. καὶ ὁ ἀκούων εἰπάτω[19]· ἔρχου. καὶ ὁ διψῶν[20] ἐρχέσθω, ὁ θέλων λαβέτω[21] ὕδωρ ζωῆς δωρεάν[22].

18 Μαρτυρῶ ἐγὼ παντὶ τῷ ἀκούοντι τοὺς λόγους τῆς προφητείας[23] τοῦ βιβλίου τούτου· ἐάν τις ἐπιθῇ[24] ἐπ' αὐτά, ἐπιθήσει ὁ θεὸς ἐπ' αὐτὸν τὰς πληγὰς[25] τὰς γεγραμμένας[26] ἐν τῷ βιβλίῳ τούτῳ, **19** καὶ ἐάν τις ἀφέλῃ[27] ἀπὸ τῶν λόγων τοῦ βιβλίου τῆς προφητείας ταύτης, ἀφελεῖ ὁ θεὸς τὸ μέρος αὐτοῦ ἀπὸ τοῦ ξύλου τῆς ζωῆς καὶ ἐκ τῆς πόλεως τῆς ἁγίας τῶν γεγραμμένων ἐν τῷ βιβλίῳ τούτῳ.

20 Λέγει ὁ μαρτυρῶν ταῦτα· ναί, ἔρχομαι ταχύ. ἀμήν, ἔρχου κύριε Ἰησοῦ.

21 Ἡ χάρις τοῦ κυρίου Ἰησοῦ μετὰ πάντων τῶν ἁγίων. ἀμήν.

---

[1] πλύνω pres act ptc m p nom, wash
[2] στολή, -ῆς f, robe
[3] πυλών, -ῶνος m, gate
[4] εἰσέρχομαι 3p aor act sub, enter
[5] κύων, κυνός m, dog
[6] φάρμακος, -ου m, one who practices witchcraft
[7] πόρνος, -ου m, one who is sexually immoral
[8] φονεύς, -έως m, murderer
[9] εἰδωλολάτρης, -ου m, idolater
[10] φιλέω pres act ptc m s nom, love
[11] ψεῦδος, -ους n, lie
[12] πέμπω 1s aor act ind, send
[13] ῥίζα, -ης f, root
[14] γένος, -ους n, offspring
[15] ἀστήρ, -έρος m, star
[16] λαμπρός, -ά/όν, bright
[17] πρωϊνός, -ά/όν, morning
[18] νύμφη, -ης f, bride
[19] λέγω 3s aor act impv, say
[20] διψάω pres act ptc m s nom, be thirsty
[21] λαμβάνω 3s aor act impv, take
[22] δωρεάν, adv, without cost
[23] προφητεία, -ας f, prophecy
[24] ἐπιτίθημι 3s aor act sub, add
[25] πληγή, -ῆς f, plague
[26] γράφω pf pas ptc f p acc, write
[27] ἀφαιρέω 3s aor act sub, take away

INDEX OF QUOTATIONS

In the Biblical text, quotations from the Old Testament are emphasised in bold. The following list gives their sources according to the verse numbering of modern English translations. Sometimes, the source is identified as coming from the Greek Septuagint (LXX), when its wording differs from the Hebrew Masoretic Text. In these cases, too, verse numbering is based on English translations, but not on the Septuagint, which might differ in individual cases.

The abbreviations used for Old Testament books can be found at the end of the list.

Matthew

1.23 (ἰδοὺ ... Ἐμμανουήλ)	Is 7.14
1.23 (μεθ' ... θεός)	Is 8.8, 10 LXX
2.6 (καὶ ... ἡγούμενος)	Mic 5.2
2.6 (ποιμανεῖ ... Ἰσραήλ)	2Sm 5.2; 1Chr 11.2
2.15	Ho 11.1
2.18	Jr 31.15
3.3	Is 40.3
4.4	Dt 8.3
4.6	Ps 91.11-12
4.7	Dt 6.16
4.10	Dt 6.13
4.15-16	Is 9.1-2
5.21	Ex 20.13; Dt 5.17
5.27	Ex 20.14; Dt 5.18
5.38	Ex 21.24; Lv 24.20; Dt 19.21
5.43	Lv 19.18
7.23	Ps 6.9
8.17	Is 53.4
9.13	Ho 6.6
10.35	Mic 7.6
11.10	Ex 23.20; Mal 3.1
11.29	Jr 6.16
12.7	Ho 6.6
12.18	Is 42.1-4
12.40	Jon 1.17
13.14-15	Is 6.9-10
13.35	Ps 78.2
13.42	Dn 3.6
13.50	Dn 3.6
15.4 (τίμα ... μητέρα)	Ex 20.12; Dt 5.16
15.4 (ὁ ... τελευτάτω)	Ex 21.17
15.8-9	Is 29.13 (LXX)
18.16	Dt 19.15
19.4	Gn 1.27; 5.2
19.5	Gn 2.24
19.18-19	Ex 20.12-16; Dt 5.16-20
19.19 (ἀγαπήσεις ... σεαυτόν)	Lv 19.18
21.5	Is 62.11; Zch 9.9
21.9	Ps 118.25-26
21.13 (ὁ ... κληθήσεται)	Is 56.7
21.13 (σπήλαιον λῃστῶν)	Jr 7.11
21.16	Ps 8.2 (LXX)
21.42	Ps 118.22-23
22.32	Ex 3.6,15,16

22.37	Dt 6.5; Jos 22.5	13.14	Dn 11.31; 12.11
22.39	Lv 19.18	13.24	Is 13.10
22.44	Ps 110.1	13.26	Dn 7.13-14
23.39	Ps 118.26	14.27	Zch 13.7
24.15	Dn 11.31; 12.11	14.62	Dn 7.13
24.29	Is 13.10	15.24	Ps 22.18
24.30	Dn 7.13	15.34	Ps 22.1
26.31	Zch 13.7		
26.64	Dn 7.13	**Luke**	
27.9	Zch 11.13	2.23	Ex 13.2, 12, 15
27.35	Ps 22.18	2.24	Lv 12.8
27.43	Ps 22.8	3.4-6	Is 40.3-5
27.46	Ps 22.1	4.4	Dt 8.3
		4.8	Dt 6.13; 10.20
Mark		4.10	Ps 91.11
1.2	Ex 23.20; Mal 3.1	4.11	Ps 91.12
1.3	Is 40.3	4.12	Dt 6.16
4.12	Is 6.9-10	4.18-19	Is 61.1-2
7.6b-7	Is 29.13 (LXX)	4.18 (ἀποστεῖλαι ... ἀφέσει)	Is 58.6 (LXX)
7.10 (τίμα ... σου)	Ex 20.12; Dt 5.16	7.27	Mal 3.1; Ex 23.20
7.10 (ὁ ... τελευτάτω)	Ex 21.17; Lv 20.9	10.27 (ἀγαπήσεις ... διανοίᾳ σου)	Dt 6.5; Jos 22.5
9.48	Is 66.24		
10.6	Gn 1.27; 5.2	10.27 (καὶ τόν ... σεαυτόν)	Lv 19.18
10.7-8	Gn 2.24	13.27	Ps 6.8
10.19	Ex 20.12-16; Dt 5.16-20	13.35	Ps 118.26
11.9	Ps 118.25-26	18.20	Ex 20.12-16; Dt 5.16-20
11.17 (ὁ ... ἔθνεσιν)	Is 56.7		
11.17 (σπήλαιον λῃστῶν)	Jr 7.11	19.38	Ps 118.26
12.10-11	Ps 118.22-23	19.46 (ἔσται ... προσευχῆς)	Is 56.7
12.26	Ex 3.6	19.46 (σπήλαιον λῃστῶν)	Jr 7.11
12.29	Dt 6.4	20.17	Ps 118.22
12.30	Dt 6.5; Jos 22.5	20.37	Ex 3.6
12.31	Lv 19.18	20.42-43	Ps 110.1
12.32	Dt 6.4; Dt 4.35; Is 45.21	21.27	Dn 7.13
		22.37	Is 53.12
12.33	Dt 6.5; Jos 22.5	23.30	Ho 10.8
12.33 (ἀγαπᾶν ... ἰσχύος)	Lv 19.18	23.34	Ps 22.18
12.36 (ἀγαπᾶν ... ἑαυτόν)	Ps 110.1	23.46	Ps 31.5

John

1.23	Is 40.3
1.51	Gn 28.12
2.17	Ps 69.9
6.31	Ps 78.24
6.45	Is 54.13
10.34	Ps 86.2
12.13	Ps 118.25-26
12.15	Zch 9.9
12.38	Is 53.1
12.40	Is 6.10
13.18	Ps 41.9
15.25	Ps 35.19; 69.4
19.24	Ps 22.18
19.36	Ex 12.10 (LXX); 12.46; Ps 34.20
19.37	Zch 12.10

Acts

1.20 (γενηθήτω ... αὐτῇ,)	Ps 69.25
1.20 (τὴν ... ἕτερος)	Ps 109.8
2.17-21	Jl 2.28-32 (3.1-5 lxx)
2.25-28	Ps 16.8-11
2.34-35	Ps 110.1
3.13	Ex 3.6
3.22	Dt 18.15-16
3.23	Dt 18.19; Lv 23.29
3.25	Gn 22.18; 26.4
4.11	Ps 118.22
4.25-26	Ps 2.1-2
7.3	Gn 12.1
7.5	Gn 17.8; 48.4
7.6-7	Gn 15.13-14
7.18	Ex 1.8
7.27-28	Ex 2.14
7.32	Ex 3.6
7.33	Ex 3.5
7.34	Ex 3.7-8, 10
7.35	Ex 2.14
7.37	Dt 18.15
7.40	Ex 32.1, 23
7.42-43	Am 5.25-27
7.49-50	Is 66.1-2
8.32-33	Is 53.7-8 (LXX)
13.33	Ps 2.7
13.34	Is 55.3 (LXX)
13.35	Ps 16.10 (LXX)
13.41	Hab 1.5 (LXX)
13.47	Is 49.6
15.16-17	Am 9.11-12
23.5	Ex 22.28
28.26-27	Is 6.9-10

James

2.8	Lv 19.18
2.11	Ex 20.13-14; Dt 5.17-18
2.23	Gn 15.6
4.6	Pr 3.34 (LXX)

1 Peter

1.16	Lv 11.44-45; 19.2
1.24	Is 40.6-7
1.25	Is 40.8
2.6	Is 28.16
2.7	Ps 118.22
2.8	Is 8.14
2.22	Is 53.9
3.10-12	Ps 34.12-16
4.18	Pr 11.31 (LXX)
5.5	Pr 3.34 (LXX)

Romans

1.17	Hab 2.4
2.24	Is 52.5
3.4	Ps 51.4
3.10-12	Ps 14.1-3; 53.1-3
3.13 (τάφος ... ἐδολιοῦσαν)	Ps 5.9

3.13 (ἰὸς ... αὐτῶν)	Ps 140.3
3.14	Ps 10.7
3.15-17	Is 59.7-8; Pr 1.16
3.18	Ps 36.1
4.3	Gn 15.6
4.7-8	Ps 32.1-2
4.17	Gn 17.5
4.18	Gn 15.5
7.7	Ex 20.17; Dt 5.21
8.36	Ps 44.22
9.7	Gn 21.12
9.9	Gn 18.10, 14
9.12	Gn 25.23
9.13	Mal 1.2-3
9.15	Ex 33.19
9.17	Ex 9.16
9.20	Is 29.16 (LXX)
9.25	Ho 2.23
9.26	Ho 1.10
9.27-28	Is 10.22-23; Ho 1.10
9.29	Is 1.9
9.33	Is 28.16
10.5	Lv 18.5
10.6 (μή ... σου)	Dt 9.4
10.6 (τίς ...οὐρανόν)	Dt 30.12
10.8	Dt 30.14
10.11	Is 28.16
10.13	Jl 2.32
10.15	Is 52.7; Na 1.15
10.16	Is 53.1
10.18	Ps 19.4
10.19	Dt 32.21
10.20	Is 65.1
10.21	Is 65.2 (LXX)
11.3	1Kgs 19.10, 14
11.4	1Kgs 19.18
11.8	Dt 29.4; Is 29.10
11.9-10	Ps 69.22-23
11.26-27	Is 59.20-21
11.34	Is 40.13 (LXX)
11.35	Job 41.3
12.19	Dt 32.25
12.20	Pr 25.21-22
13.9 (οὐ ... ἐπιθυμήσεις)	Ex 20.13-17; Dt 5.17-21
13.9 (ἀγαπήσεις ... σεαυτόν)	Lv 19.18
14.11 (ζῶ ... κύριος)	Is 49.18 etc.
14.11 (ὅτι ... θεῷ)	Is 45.23 LXX
15.3	Ps 69.9
15.9	2Sm 22.50; Ps 18.49
15.10	Dt 32.43
15.11	Ps 117.1
15.12	Is 11.10
15.21	Is 52.15

1 Corinthians

1.19	Is 29.14
1.31	Jr 9.23-24
2.9	Is 64.4 (?)
2.16	Is 40.13 (LXX)
3.19	Job 5.13
3.20	Ps 94.11
5.13	Dt 17.7
6.16	Gn 2.24
9.9	Dt 25.4
9.10	Source unclear
10.7	Ex 32.6
10.26	Ps 24.1
14.21	Is 28.11-12
15.25	Ps 110.1
15.27	Ps 8.6
15.32	Is 22.13
15.45	Gn 2.7
15.54	Is 25.8
15.55	Ho 13.14

2 Corinthians

4.13	Ps 116.10
6.2	Is 49.8
6.16	Lv 26.11-12; Eze 37.27
6.17	Is 52.11; Eze 20.34, 41
6.18	2Sm 7.14
8.15	Ex 16.18
9.9	Ps 112.9
10.17	Jr 9.23-24
13.1	Dt 19.15

Galatians

3.6	Gn 15.6
3.8	Gn 12.3
3.10	Dt 27.26
3.11	Hab 2.4
3.12	Lv 18.5
3.13	Dt 21.23
3.16	Gn 12.7 etc.
4.27	Is 54.1
4.30	Gn 21.10
5.14	Lv 19.18

Ephesians

1.22	Ps 8.6
4.8	Ps 68.18
4.25	Zch 8.16
4.26	Ps 4.4
5.31	Gn 2.24
6.2-3	Ex 20.12; Dt 5.16

Hebrews

1.5 (υἱός ... σε)	Ps 2.7
1.5 (ἐγὼ ... υἱόν)	2Sm 7.14; 1Chr 17.13
1.6	Dt 32.43 (LXX); Ps 97.7 (LXX)
1.7	Ps 104.4
1.8-9	Ps 45.6-7
1.10-12	Ps 102.25-27
1.13	Ps 110.1
2.6-8	Ps 8.4-6 (LXX)
2.12	Ps 22.22
2.13 (ἐγὼ ... αὐτῷ)	Is 8.17; 12,2 (LXX)
2.13 (ἰδοὺ ... θεός)	Is 8.18 (LXX)
3.5	Nu 12.7 (LXX)
3.7-11	Ps 95.7-11
3.15	Ps 95.7-8
4.3	Ps 95.11
4.4	Gn 2.2
4.5	Ps 95.11
4.7	Ps 95.7-8
5.5	Ps 2.7
5.6	Ps 110.4
6.14	Gn 22.17
7.1-2	Gn 14.17-20
7.17	Ps 110.4
7.21	Ps 110.4
8.5	Ex 25.40
8.8-12	Jr 31.31-34
9.20	Ex 24.8
10.5-9	Ps 40.6-8
10.16	Jr 31.33
10.17	Jr 31.34
10.30 (ἐμοί ... ἀνταποδώσω)	Dt 32.35
10.30 (κρινεῖ ... αὐτοῦ)	Dt 32.36; Ps 135.14
10.37 (μικρόν ... ὅσον)	Is 26.20 (LXX)
10.37b-38	Hab 2.3-4 (LXX)
11.18	Gn 21.12
11.21	Gn 47.31 (LXX)
12.5-6	Pr 3.11-12
12.21	Dt 9.19
12.26	Hg 2.6
12.29	Dt 4.24
13.5	Dt 31.6.8 etc.
13.6	Ps 118.6

1 Timothy

5.18 (βοῦν ... φιμώσεις) .... Dt 25.4
5.18 (ἄξιος ... αὐτοῦ) .... Source unclear

2 Timothy

2.19 .... Nu 16.5

Revelation

2.27 .... Ps 2.8-9
7.16 .... Is 49.10

Abbreviations of Old Testament Books

Gn	Genesis	Sol	Song of Solomon
Ex	Exodus	Is	Isaiah
Lv	Leviticus	Jr	Jeremiah
Nu	Numbers	Lm	Lamentations
Dt	Deuteronomy	Eze	Ezekiel
Jos	Joshua	Dn	Daniel
Jdg	Judges	Ho	Hosea
Ru	Ruth	Jl	Joel
1,2 Sm	1, 2 Samuel	Am	Amos
1,2 Kgs	1, 2 Kings	Oh	Obadiah
1,2 Chr	1, 2 Chronicles	Jon	Jonah
Ezr	Ezra	Mic	Micah
Ne	Nehemiah	Na	Nahum
Est	Esther	Hab	Habakkuk
Job	Job	Zph	Zephaniah
Ps	Psalms	Hg	Haggai
Pr	Proverbs	Zch	Zechariah
Ec	Ecclesiastes	Mal	Malachi

DEFINITIONS OF WORDS THAT OCCUR MORE THAN 30 TIMES IN THE NEW TESTAMENT

The following list of words is an excerpt from 'A Concise Greek-English Dictionary of the New Testament' by Barclay M. Newman. It uses a cross-referencing system in which the simple verb usually serves as the primary entry with the other words keyed to it:

ἀγαπάω (ἀγάπη, ἀγαπητός)
ἀγάπη, ης f (ἀγαπάω)
ἀγαπητός, ή, όν (ἀγαπάω)

Note that that there is not a lemma for all primary forms in the following list, as it is an excerpt.

A

Ἀβραάμ m *Abraham*

ἀγαθός, ή, όν (ἀγαθο|εργέω, ἀγαθο|ποιέω, ἀγαθο|ποιΐα, ἀγαθο|ποιός, ἀγαθ|ουργέω, ἀγαθωσύνη, ἀ|φιλ|άγαθος, φιλ|άγαθος) *good; useful, satisfactory for one's (its) purpose, fitting, beneficial; sound* (of trees), *fertile* (of soil), *happy* (of days); in a moral sense *upright, just; kind, generous; clear* (of conscience); *perfect, inherently good* (of God); τὸ ἀγαθόν *the good, what is good; what is right; what is beneficial or advantageous;* τὰ ἀγαθά *goods, possessions; good things* (Lk 16.25); *good deeds* (Jn 5.29)

ἀγαπάω (ἀγάπη, ἀγαπητός) *love* (primarily of Christian love), *cherish; show* or *prove one's love; long for, desire, place first in one's affections*

ἀγάπη, ης f (ἀγαπάω) *love* (primarily of Christian love); *concern, interest; sacred meal, love-feast* (of the early Church): Jd 12

ἀγαπητός, ή, όν (ἀγαπάω) *beloved, dear(est); only*

ἄγγελος, ου m (ἀγγέλλω) *angel; messenger, one who is sent*

ἅγιος, α, ον (ἁγιάζω) *set apart to or by God, sacred, consecrated; holy, morally pure, upright;* οἱ ἅγιοι *God's people;* τὸ ἅγιον *or* τὰ ἅγια *the sanctuary* (He 9.1, 25; 13.11); superl. **ἁγιώτατος** *most sacred* (Jd 20)

ἀγρός, οῦ m (ἀγρ|αυλέω, ἀγρι|έλαιος, ἄγριος) *field; farm; countryside*

ἄγω (ἀγωγή, ἀν|άγω, ἀν|εκ|διήγητος, ἀπ|άγω, ἀπο|συν|άγωγος, ἀρχη|γός, ἀρχι|συν|άγωγος, δι|άγω, δι|ηγέομαι, δι|ήγησις, δουλ|αγωγέω, εἰσ|άγω, ἐκ|δι|ηγέομαι, ἐξ|άγω, ἐξ|ηγέομαι, ἐπ|άγω, ἐπ|αν|άγω, ἐπ|εισ|αγωγή, ἐπι|συν|άγω, ἐπι|συν|αγωγή, ἡγεμονεύω, ἡγεμονία, ἡγεμών, ἡγέομαι, καθ|ηγητής, κατ|άγω, μετ|άγω, ὁδ|ηγέω, παιδ|αγωγός, παρ|άγω, παρ|εισ|άγω, παρ|είσ|ακτος, περι|άγω, προ|άγω, προ|ηγέομαι, προσ|άγω, προσ|αγωγή, συλ|αγωγέω, συν|άγω, συν|αγωγή, συν|απ|άγομαι, ὑπ|άγω, χαλιν|αγωγέω, χειρ|αγωγέω, χειρ|αγωγός, χορ|ηγέω) aor. **ἤγαγον**, inf. **ἀγαγεῖν**; aor. pass. **ἤχθην**; fut. pass. **ἀχθήσομαι**. *lead, bring; go;* τρίτην ταύτην ἡμέραν ἄγει *this is the third day* (Lk 24.21); ἄγονται ἀγοραῖοι (see ἀγοραῖος, Ac 19.38); ἄγε νῦν *now listen, just a minute* (Jas 4.13; 5.1)

ἀδελφός, οῦ m (ἀδελφή, ἀδελφότης, φιλ|αδελφία, φιλ|άδελφος, ψευδ|άδελφος) *brother; fellow believer; citizen of the same country; person of the same nationality or race*

αἷμα, τος n (αἱματ|εκ|χυσία, αἱμο|ρροέω) *blood; death; murder;* σὰρξ καὶ αἷμα *a human being, human nature;* ἐξ αἱμάτων *through human procreation* (Jn 1.13)

αἴρω (ἀπ|αίρω, ἐκ|καθ|αίρω, ἐξ|αίρω, ἐπ|αίρω, καθ|αίρω, μετ|αίρω, συν|αίρω) fut. 3 sg. **ἀρεῖ**; aor. **ἦρα**, inf. **ἆραι**; pf. **ἦρκα**; pf. pass. **ἦρμαι**; aor. pass. **ἤρθην**; fut. pass. **ἀρθήσομαι**. *take, take up; take away, remove* (αὐτὸ ἦρκεν ἐκ τοῦ μέσου *he set it aside* Col 2.14); *carry; sweep away* (of a flood); *raise* (of one's voice); *take over, conquer* (Jn 11.48); *kill* (Jn 19.15); ἕως πότε τὴν ψυχὴν ἡμῶν αἴρεις *how long will you keep us in suspense?* (Jn 10.24)

αἰτέω (αἴτημα, ἀπ|αιτέω, ἐξ|αιτέομαι, ἐπ|αιτέω, παρ|αιτέομαι, προσ|αιτέω, προσ|αίτης) *ask, request; require, demand*

αἰών, ῶνος m (αἰώνιος) *age; world order; very long time, eternity* (ἀπ' αἰῶνος *or* πρὸ τῶν αἰώνων *from the beginning;* εἰς αἰῶνας [εἰς τὸν αἰῶνα] *and the strengthened form* εἰς τοὺς αἰῶνας τῶν αἰώνων *always, forever*); *Aeon* (personified as an evil force); *existence, the present life* (Mt 13.22; Mk 4.19)

αἰώνιος, ον (αἰών) *eternal* (primarily of quality rather than of time); *unending, everlasting, for all time*

ἀ|κάθαρτος, ον (καθαρίζω) *unclean, defiling; unclean in God's sight* (1 Cor 7.14)

ἀκολουθέω, (ἐξ|ακολουθέω, ἐπ|ακολουθέω, κατ|ακολουθέω, παρ|ακολουθέω, συν|ακολουθέω) *accompany; follow, be a disciple*

ἀκούω (ἀκοή, δι|ακούω, εἰσ|ακούω, ἐπ|ακούω, παρ|ακοή, παρ|ακούω, προ|ακούω, ὑπ|ακούω, ὑπ|ήκοος) pf. **ἀκήκοα**; aor. pass. ptc. **ἀκουσθείς**. *hear; receive news of; pay attention to; understand; recover one's hearing; give a judicial hearing* (Jn 7.51; Ac 25.22)

ἀ|λήθεια, ας f (λήθω [older form of λανθάνω]) *truth, truthfulness; reality;* ἐπ' ἀληθείας or ἐν ἀληθείᾳ often *truly, indeed;* ἀληθείᾳ *truly, in reality* (Php 1.18)

ἀλλά conj. *but, rather, on the contrary;* with καί, γε καί, ἤ, or οὐδέ adds emphasis or contrast; *not only this, but also* (2 Cor 7.11)

ἀλλήλων, οις, ους (ἀλλάσσω) reciprocal pro. *one another, each other;* ἐν ἀλλήλοις *mutual* (Ro 1.12)

ἄλλος, η, ο (ἀλλάσσω) *another, other* (ἄλλος ... ἄλλος *one ... another*); *more, additional*

ἁμαρτάνω (ἁμάρτημα, ἁμαρτία, ἁμαρτωλός, ἀν|αμάρτητος, προ|αμαρτάνω) aor. **ἥμαρτον** (often **ἁμαρτησ-** in moods other than the ind.); pf. **ἡμάρτηκα**. *sin, commit a sin, do wrong*

ἁμαρτία, ας f (ἁμαρτάνω) *sin* (ἔχω ἁμαρτίαν *be sinful*); περὶ ἁμαρτίας often *sin offering*

ἁμαρτωλός, όν (ἁμαρτάνω) *sinful, irreligious; sinner*

ἀμήν (Hebrew) *amen* (of prayer); *truly, indeed; Amen* (of Christ)

ἄν particle indicating contingency in certain constructions

ἀνα|βαίνω (βαίνω = *go, walk*) aor. **ἀνέβην**; pf. **ἀναβέβηκα**. *go up, come up, ascend; grow; go aboard* (of ships); *arise* (Lk 24.38); *enter, occur to* (1 Cor 2.9)

ἀνα|γινώσκω (γινώσκω) aor. **ἀνέγνων**, inf. **ἀναγνῶναι**, ptc. **ἀναγνούς**; aor. pass. inf. **ἀναγνωσθῆναι**. *read; read aloud* (in public worship)

ἀνά|στασις, εως f (ἵστημι) *resurrection; rise* (εἰς πτῶσιν καὶ ἀνάστασιν πολλῶν *for the fall and rise of many* Lk 2.34)

ἄνεμος, ου m (ἀνεμίζομαι) *wind;* ἐκ τῶν τεσσάρων ἀνέμων ἀπ' ἄκρων οὐρανῶν ἕως [τῶν] ἄκρων αὐτῶν *from everywhere on earth* (Mt 24.31)

ἀνήρ, ἀνδρός m (ἀνδρίζομαι) *man; husband* (ἄνδρα οὐ γινώσκω *I don't have a husband* Lk 1.34); *person*

ἄνθρωπος, ου m (ἀνθρωπ|άρεσκος, ἀνθρώπινος, ἀνθρωπο|κτόνος, φιλ|ανθρωπία, φιλ|ανθρώπως) *man, human being, person, one* (friend, sir in address); pl. *people; humankind* (κατὰ ἄνθρωπον *according to human standards*); *husband* (Mt 19.10); *son* (Mt 10.35); *servant* (Lk 12.36)

ἀν|ίστημι (ἵστημι) fut. **ἀναστήσω;** 1 aor. **ἀνέστησα**, ptc. **ἀναστήσας;** 2 aor. **ἀνέστην**, subj. **ἀναστῶ**, impv. **ἀνάστα** and **ἀνάστηθι**, inf. **ἀναστῆναι**, ptc. **ἀναστάς**. trans. (in fut. and 1 aor. act.) *raise* (of the dead); *appoint* (of prophets); *help* (*someone*) *get up* (Ac 9.41); ἀναστήσει σπέρμα τῷ ἀδελφῷ αὐτοῦ *he will have children in the name of his (deceased) brother* (Mt 22.24); intrans. (in 2 aor. and all midd. forms) *rise, stand up; appear,* *come; depart; get ready* (to go); *rebel* (Ac 5.36f); *come back to life* (Lk 9.8, 19)

ἀν|οίγω (οἴγνυμι = *open*, ἄνοιξις, δι|αν|οίγω) aor. **ἀνέῳξα (ἠνέῳξα** and **ἤνοιξα**); pf. **ἀνέῳγα**; pf. pass. **ἀνέῳγμαι** and **ἠνέῳγμαι**; aor. pass. **ἀνεῴχθην (ἠνεῴχθην, ἠνοίχθην** and **ἠνοίγην**). trans. *open* (ἀνοίγω τὸ στόμα *speak, teach*); *restore, heal* (of sight or hearing); intrans. (only in pf. **ἀνέῳγα**) *open* (τὸ στόμα ἡμῶν ἀνέῳγεν πρὸς ὑμᾶς *we have spoken frankly to you* 2 Cor 6.11)

ἄξιος, α, ον (ἀξιόω) *worthy, deserving; in keeping with, as evidence of (repentance); proper, fitting* (1 Cor 16.4; 2 Th 1.3); οὐκ ἄξιος πρός *not to be compared with* (Ro 8.18)

ἀπ|αγγέλλω (ἀγγέλλω) fut. **ἀπαγγελῶ**; aor. **ἀπήγγειλα**, opt. 3 sg. **ἀπαγγείλοι**; aor. pass. **ἀπηγγέλην**. *tell, inform; proclaim, announce; call upon, command; acknowledge, confess*

ἅ|πας, ασα, αν (alternative form of **πᾶς**) *all; whole;* pl. *everyone, everything*

ἀπ|έρχομαι (ἔρχομαι) fut. **ἀπελεύσομαι**; aor. **ἀπῆλθον**; pf. **ἀπελήλυθα**. *go; go away, leave; go after, follow* (ἀπῆλθον ὀπίσω αὐτοῦ *they followed him* Mk 1.20); *be over or past; spread* (Mt 4.24); ἀπελθοῦσαι ὀπίσω σαρκὸς ἑτέρας *to commit sexual immorality* (Jd 7)

ἀπό prep. with gen. *from; away from; by means of; of; because of, as a result of; since, ever since; about, for; with;* ἀπὸ μιᾶς πάντες *one after another, one and all* (Lk 14.18)

ἀπο|δίδωμι (δίδωμι) ptc. **ἀποδιδούς**, ptc. neut. **ἀποδιδοῦν** (Re 22.2); impf. **ἀπεδίδουν**; aor. subj. 2 sg. **ἀποδῷς**, 3 sg. **ἀπόδῳ** and **ἀποδοῖ**, impv. **ἀπόδος**, inf. **ἀποδοῦναι**, ptc. **ἀποδούς**; aor. midd. **ἀπεδόμην**; aor. pass. inf. **ἀποδοθῆναι**. *give; pay, render; give back, repay, return; reward* (with good or evil); *keep, fulfill* (of vows); *yield* (Re 22.2); ἀποδίδωμι λόγον *give account*

ἀπο|θνῄσκω (θνῄσκω) fut. **ἀποθανοῦμαι**; aor. **ἀπέθανον**. *die; face death, be at death's door; be mortal*

ἀπο|κρίνομαι (κρίνω) aor. pass. **ἀπεκρίθην**, ptc. **ἀποκριθείς**. act. in mng. *answer, reply; respond* (e.g. Mk 9.5); *say, declare; continue* (of discourse)

ἀπο|κτείνω and **ἀπο|κτέννω, -ννύω** (κτείνω = *kill*) fut. **ἀποκτενῶ**; aor. **ἀπέκτεινα**; aor. pass. **ἀπεκτάνθην**. *kill, put to death; murder*

ἀπ|όλλυμι (ὄλλυμι = *destroy*, ὄλεθρος) fut. **ἀπολέσω** and **ἀπολῶ**; aor. **ἀπώλεσα**, subj. 3 sg. **ἀπολέσῃ**, inf. **ἀπολέσαι**; pf. ptc. **ἀπολωλώς**; fut. midd. **ἀπολοῦμαι**; aor. midd. **ἀπωλόμην**. *destroy; kill; lose;* midd. *be lost, perish, be ruined; die; pass away* (He 1.11); pf. ptc. *lost*

ἀπο|λύω (λύω) *release, set free; send away; send off; divorce; forgive;* midd. *leave* (Ac 28.25)

ἀπο|στέλλω (στέλλομαι) fut. **ἀποστελῶ**; aor. **ἀπέστειλα**, subj. **ἀποστείλω** (in Ac 7.33 this may be a dialectical peculiarity of the pres.

ind.); pf. **ἀπέσταλκα**; aor. pass.
ἀπεστάλην. *send; send out* or *away*
ἀπό|στολος, ου m (στέλλομαι) *apostle; messenger*
ἅπτω (ἀν|άπτω, ἀφή, καθ|άπτω, περι|άπτω) aor. ptc. **ἅψας**; aor. midd. **ἡψάμην**. *light, ignite*; midd. *take hold of, touch* (καλὸν ἀνθρώπῳ γυναικὸς μὴ ἅπτεσθαι *it is best not to marry* or *not to have sex* 1 Cor 7.1); *harm, injure*
ἆρα *interrogative particle expecting a negative response*
ἀρνέομαι (ἀπ|αρνέομαι) *deny; disown, renounce; refuse, reject* (He 11.24)
ἄρτι (ἀρτίζω = *prepare*, ἀπ|αρτισμός, ἀρτι|γέννητος, ἄρτιος, ἐξ|αρτίζω, κατ|αρτίζω, κατ|άρτισις, κατ|αρτισμός, προ|κατ|αρτίζω) adv. *now, at the present time* (ἀπ' ἄρτι *hereafter, from now on, again); just now; at once*
ἄρτος, ου m *bread, a loaf of bread; food*; ἄρτοι τῆς προθέσεως see πρόθεσις
ἀρχή, ῆς f (ἄρχω) *beginning, first* (τὴν ἀρχὴν ὅ τι καὶ λαλῶ ὑμῖν *what I have told you from the very beginning* or *why do I talk to you at all?* Jn 8.25); *origin, first cause; ruling power, authority, ruler* (whether earthly or spiritual); *what is elementary, elementary principle* (He 5.12; 6.1); *corner* (of a sheet) (Ac 10.11; 11.5)
ἀρχι|ερεύς, έως m (ἄρχω + ἱερατεύω) *high priest; member of high priestly family*
ἄρχω (ἀπ|αρχή, ἀρχη|γός, ἀρχι|ερατικός, ἀρχι|ερεύς,

ἀρχι|ποίμην, ἀρχι|συν|άγωγος, ἀρχι|τέκτων, ἀρχι|τελώνης, ἀρχι|τρί|κλινος, ἀρχο|στασία, ἄρχων, ἐθν|άρχης, ἑκατοντ|άρχης, ἐν|άρχομαι, ἐπ|αρκέω, πατρι|άρχης, πειθ|αρχέω, πολιτ|άρχης, προ|εν|άρχομαι, προ|ϋπ|άρχω, στρατο|πεδ|άρχης, τετρα|αρχέω, τετρα|άρχης, ὕπ|αρξις, ὑπ|άρχω, χιλί|αρχος) *rule, govern*; midd. *begin*; often redundant adding little meaning, if any, to the verb with which it is associated
ἄρχων, οντος m (ἄρχω) *ruler; official, authority; judge* (Lk 12.58); ἄρχων τῶν Ἰουδαίων *member of the Sanhedrin* (Jn 3.1)
ἀ|σθενέω (σθενόω) *be sick* or *ill; be weak*
ἀσπάζομαι (ἀπ|ασπάζομαι, ἀσπασμός) *greet* (perhaps *greet with politeness* or *respect* Mt 5.47); *welcome; visit briefly, pay one's respects; take leave of, say goodbye*; impv. *remember me* (to someone)
αὐτός, ή, ό (αὐτ|άρκης, αὐτο|κατά|κριτος, αὐτόματος, αὐτ|όπτης, αὐτοῦ, αὐτό|φωρος, αὐτό|χειρ, ἑαυτοῦ, ἐνι|αυτός, ἐξ|αυτῆς, παρ|αυτίκα, σε|αυτοῦ, φίλ|αυτος) *self, of oneself, even, very*; preceded by the article *the same*; as a third person pro. *he, she, it*; ἐπὶ τὸ αὐτό *together*; κατὰ τὸ αὐτό *so, the same way; at the same time*
ἀφ|ίημι (ἵημι = *send, set in motion*, ἄφ|εσις, παρ|αφ|ίημι, προσ|αφ|ίημι) pres. 2 sg. **ἀφεῖς**,

1 pl. **ἀφίομεν**, 3 pl. **ἀφίουσιν**, inf. **ἀφιέναι**; impf. 3 sg. **ἤφιεν**; fut. **ἀφήσω**; aor. **ἀφῆκα**, impv. **ἄφες**, 2 pl. **ἄφετε**, subj. **ἀφῶ**, ptc. **ἀφείς**; aor. pass. **ἀφέθην**; fut. pass. **ἀφεθήσομαι**; pf. pass. 3 pl. **ἀφέωνται**. *cancel, forgive, remit* (of sins or debts); *allow, let be, tolerate* (ἄφες ἴδωμεν *Wait! Let us see!* or simply *Let us see!* Mt 27.49; Mk 15.36); *leave; leave behind, forsake, neglect; let go, dismiss, divorce*; ἀφῆκεν τὸ πνεῦμα *he died* (Mt 27.50); ἀφίημι φωνὴν μεγάλην *give a loud cry* (Mk 15.37)
ἄχρι, before vowels **ἄχρις** (ἄκρον) (1) prep. with gen. *until; to, as far as*; (2) conj. *until*; ἄχρι οὗ *until; as; when; while, as long as*

B

βάλλω (ἀμφι|βάλλω, ἀμφί|βληστρον, ἀνα|βάλλομαι, ἀνα|βολή, ἀντι|βάλλω, ἀπο|βάλλω, ἀπό|βλητος, ἀπο|βολή, βελόνη, βέλος, βλητέος, βολή, βολίζω, δια|βάλλω, διά|βολος, ἐκ|βάλλω, ἐκ|βολή, ἐμ|βάλλω, ἐπι|βάλλω, ἐπί|βλημα, κατα|βάλλω, κατα|βολή, λιθο|βολέω, μετα|βάλλομαι, παρα|βάλλω, παρ|εμ|βάλλω, παρ|εμ|βολή, περι|βάλλω, περι|βόλαιον, προ|βάλλω, συμ|βάλλω, τρί|βολος, ὑπερ|βαλλόντως, ὑπερ|βολή, ὑπο|βάλλω) fut. **βαλῶ**; aor. **ἔβαλον**; pf. **βέβληκα**; pass. aor. **ἐβλήθην**; fut. **βληθήσομαι**; pf. **βέβλημαι**; plpf. **ἐβεβλήμην**. trans. *throw, throw down; put, place* (pf. pass. ptc. often *lying*); *offer, give; pour; sow* (seed); *bring* (peace); *invest, deposit* (money); *banish* (fear); *shed* (figs); *swing* (a sickle); τὰ βαλλόμενα *money put into a purse* (Jn 12.6); intrans. *sweep down* (of a storm)
βαπτίζω (βάπτω) *baptize; wash*
βασιλεία, ας f (βασιλεύω) *kingship, reign, rule; kingdom, domain* (λαβεῖν ἑαυτῷ βασιλείαν *to be crowned king* Lk 19.12, 15)
βασιλεύς, έως m (βασιλεύω) *king*
βιβλίον, ου n (βίβλος) *book, scroll; certificate* (of divorce)
βλασ|φημέω (βλάξ = *lazy* + φημί, βλασ|φημία, βλάσ|φημος) *speak against God, blaspheme; speak against, slander, insult*
βλέπω (ἀνα|βλέπω, ἀνά|βλεψις, ἀπο|βλέπω, ἀπό|βλητος, βλέμμα, δια|βλέπω, ἐμ|βλέπω, ἐπι|βλέπω, περι|βλέπομαι) *see; look* (on or at); *be able to see, gain one's sight; beware of; consider, regard; see to* (something); *perceive, discover, find*
βούλομαι (βουλεύομαι, βουλευτής, βουλή, βούλημα, ἐπι|βουλή, παρα|βολεύομαι, παρα|βολή, συμ|βουλεύω, συμ|βούλιον, σύμ|βουλος) aor. **ἐβουλήθην**. *want, desire, wish; be willing; intend, plan*

Γ

Γαλιλαία, ας f *Galilee*
γάρ conj. *for, since, then; indeed, certainly*; τί γάρ *what! why!*
γενεά, ᾶς f (γίνομαι) *generation, contemporaries; period, age* (of time); *family, posterity*

γεννάω (ἀνα|γεννάω, ἀρτι|γέννητος, γέννημα, γέννησις, γεννητός) *be father of; bear, give birth to* (perhaps *conceive*); pass. *be born; lead to, cause* (2 Tm 2.23)

γῆ, γῆς f (ἀνά|γαιον, ἐπί|γειος) *the earth; land, country, region; soil, ground; humankind*

γίνομαι (ἀ|γενεα|λόγητος, ἀ|γενής, ἀλλο|γενής, ἀπο|γίνομαι, γενεά, γενεα|λογέομαι, γενεα|λογία, γενέσια, γένεσις, γενετή, γένημα, γένος, γνήσιος, γνησίως, γονεύς, δια|γίνομαι, ἔκ|γονον, ἐπι|γίνομαι, εὐ|γενής, ζῳο|γονέω, μονο|γενής, παλιγ|γενεσία, παρα|γίνομαι, προ|γίνομαι, πρό|γονος, συγ|γένεια, συγ|γενής, συγ|γενίς, συμ|παρα|γίνομαι, τεκνο|γονέω, τεκνο|γονία) fut. **γενήσομαι**; aor. **ἐγενόμην**, opt. 3 sg. **γένοιτο**, inf. **γενέσθαι**, ptc. **γενόμενος**; pf. **γέγονα** and **γεγένημαι**; aor. pass. **ἐγενήθην**, impv. 3 sg. **γενηθήτω**; plpf. 3 sg. **ἐγεγόνει** and **γεγόνει**. *become, be; happen, take place, arise* (aor. often impers. *it happened* or *came about*); *come into being, be born* or *created; be done* (of things), *become something* (of persons); *come, go* (γενόμενοι κατὰ τὴν Κνίδον *arrived off Cnidus* Ac 27.7); *appear* (Mk 1.4; Jn 1.6); *marry, live with, belong to* (Ro 7.3, 4); μὴ γένοιτο *no indeed!*; sometimes with dat. of person *have, possess, receive* (e.g. Mt 18.12)

γινώσκω (ἀ|γνοέω, ἀ|γνόημα, ἄ|γνοια, ἀ|γνωσία, ἄ|γνωστος, ἀ|κατά|γνωστος, ἀνα|γινώσκω, ἀνα|γνωρίζω, καρδιο|γνώστης, κατα|γινώσκω, προ|γινώσκω, πρό|γνωσις, συγ|γνώμη) fut. **γνώσομαι**; aor. **ἔγνων**, impv. **γνῶθι, γνώτω**, subj. 3 sg. **γνῷ** and **γνοῖ**, inf. **γνῶναι**, ptc. **γνούς**; pf. **ἔγνωκα**; plpf. **ἐγνώκειν**; aor. pass. **ἐγνώσθην**; fut. pass. **γνωσθήσομαι**. *know, have knowledge of* (of sexual relations Mt 1.25; Lk 1.34); *find out, learn, understand; perceive, discern; possess knowledge; acknowledge, recognize*; impv. *be very certain, remember*

γλῶσσα, ης f (γλωσσό|κομον, ἑτερό|γλωσσος) *tongue; language; utterance*

γραμματεύς, έως m (γράφω) *scribe, expert in the Jewish law* (possibly with reference to Christians Mt 13.52; 23.34); *town clerk* (Ac 19.35); *educated person, scholar* (1 Cor 1.20)

γραφή, ῆς f (γράφω) *Scripture; sacred writing; passage of Scripture* (sg.), *OT Scriptures* (pl.)

γράφω (ἀ|γράμματος, ἀπο|γραφή, ἀπο|γράφω, γράμμα, γραμματεύς, γραπτός, γραφή, ἐγ|γράφω, ἐπι|γραφή, ἐπι|γράφω, κατα|γράφω, προ|γράφω, ὑπο|γραμμός, χειρό|γραφον) pf. **γέγραφα**; pf. pass. 3 sg. **γέγραπται**; aor. pass. **ἐγράφην**. *write, write (to) someone; record, compose; sign one's name* (2 Th 3.17); *cover with writing* (Re 5.1)

γυνή, αικός f (γυναικάριον, γυναικεῖος) *woman, wife*

Δ

δαιμόνιον, ου n (δαιμονίζομαι) *demon, evil spirit; a god* (Ac 17.18)

Δαυίδ m *David*

δέ *but, to the contrary, rather; and; now, then, so;* δὲ καί *but also, but even;* μὲν ... δέ *on the one hand ... on the other hand*

δεῖ (δέω) subj. **δέῃ**, inf. **δεῖν**, ptc. **δέον**; impf. **ἔδει**. impers. *be necessary, must; should, ought; be proper;* impf. *had to, should have*

δεξιός, ά, όν *right* (opposite *left);* ἐν δεξιᾷ, ἐκ δεξιῶν, ἐπὶ δεξιᾶς *at the right hand;* δεξιὰς ἔδωκαν *they shook hands* (Ga 2.9); διὰ τῶν ὅπλων ... τῶν δεξιῶν καὶ ἀριστερῶν *by means of offensive and defensive weapons* (2 Cor 6.7)

δεύτερος, α, ον (δύο) *second* (τὸ) δεύτερον, πάλιν δεύτερον, ἐν τῷ δευτέρῳ or ἐκ δευτέρου *a second time; in the second place, secondly* (1 Cor 12.28); *afterward, the next time* (Jd 5)

δέχομαι (ἀ|δόκιμος, ἀνα|δέχομαι, ἀν|έν|δεκτος, ἀπ|εκ|δέχομαι, ἀπό|δεκτος, ἀπο|δέχομαι, ἀπο|δοκιμάζω, ἀπο|δοχή, δεκτός, δια|δέχομαι, διά|δοχος, δοκιμάζω, δοκιμασία, δοκιμή, δοκίμιον, δόκιμος, δοχή, εἰσ|δέχομαι, ἐκ|δέχομαι, ἐκ|δοχή, ἐν|δέχεται, ἐπι|δέχομαι, εὐ|πρόσ|δεκτος, ξενο|δοχέω, παν|δοχεῖον, παν|δοχεύς, παρα|δέχομαι, προσ|δέχομαι, ὑπο|δέχομαι) pf. 3 sg. **δέδεκται**. *receive, accept; take, grasp; welcome; bear with, tolerate, put up with* (2 Cor 11.16)

δέω (δεῖ, δεσμεύω, δέσμη, δέσμιος, δεσμός, δεσμο|φύλαξ, δεσμωτήριον, δεσμώτης, δεσπότης, διά|δημα, κατα|δέω, οἰκο|δεσποτέω, οἰκο|δεσπότης, περι|δέω, συν|δέομαι, σύν|δεσμος, ὑπο|δέομαι, ὑπό|δημα) aor. **ἔδησα**, subj. **δήσω**; pf. ptc. **δεδεκώς**; pf. pass. **δέδεμαι**; aor. pass. inf. **δεθῆναι**. *bind, tie* (δέδεμαι γυναικί *be a married man* 1 Cor 7.27); *imprison; compel* (Ac 20.22); *forbid, prohibit* (Mt 16.19; 18.18)

διά prep. with: (1) gen. *through, by means of, with; during, throughout* (διὰ παντός *continually); through, among, throughout;* (2) acc. *because of, on account of, for the sake of; through, by* (rarely); διὰ τοῦτο *therefore, for this reason;* διὰ (τό) with inf. *because;* διὰ τί *why?*

διά|βολος, ου m (βάλλω) *the Devil;* as adj. **ος, ον** *slanderous, given to malicious gossip*

δια|θήκη, ης f (τίθημι) *covenant;* pl. *ordinances* (of a covenant) or simply *covenant; will, testament* (Ga 3.15); both *covenant* and *will* (He 9.16, 17; Ga 3.17)

διακονέω (διακονία, διάκονος) *serve, wait on; care for, see after, provide for; serve as a deacon* (1 Tm 3.10, 13)

διακονία, ας f (διακονέω) *ministry, service; contribution, help, support; mission; service as a deacon* (Ro 12.7)

διδάσκαλος, ου m (διδάσκω) *teacher, rabbi*

διδάσκω (διδακτικός, διδακτός, διδασκαλία, διδάσκαλος, διδαχή, ἕτερο|διδασκαλέω, θεο|δίδακτος, καλο|διδάσκαλος, νομο|διδάσκαλος, ψευδο|διδάσκαλος) aor. pass. **ἐδιδάχθην**. *teach, instruct; tell*

δίδωμι (διδῶ Re 3.9) (ἀνα|δίδωμι, ἀντ|ἀπό|δομα, ἀντ|ἀπό|δοσις, ἀπο|δίδωμι, δια|δίδωμι, δόσις, δότης, ἐκ|δίδομαι, ἔκ|δοτος, ἐπι|δίδωμι, εὐ|μετά|δοτος, μισθ|απο|δοσία, μισθ|απο|δότης, παρα|δίδωμι, παρά|δοσις, πατρο|παρά|δοτος, προ|δίδωμι, προ|δότης) 3 pl. **διδόασιν**, impv. 2 sg. **δίδου**, inf. **διδόναι**, ptc. **διδούς**; impf. 3 sg. **ἐδίδου**, 3 pl. **ἐδίδουν** and **ἐδίδοσαν**; fut. **δώσω**; aor. **ἔδωκα**, subj. 3 sg. **δῷ, δοῖ** and **δώῃ**, opt. 3 sg. **δῴη**, impv. **δός**, inf. **δοῦναι**, ptc. **δούς**; pf. **δέδωκα**; pf. pass. **δέδομαι**; plpf. (**ἐ)δεδώκειν**; aor. pass. **ἐδόθην**, ptc. **δοθείς**; fut. pass. **δοθήσομαι**. *give; grant, allow, permit; place, put; appoint; establish; give out, pay; produce, yield, cause; entrust; bring (offerings); inflict (punishment);* μὴ δοῦναι ἑαυτὸν εἰς τὸ θέατρον *not to go into the theater* (Ac 19.31)

δι|έρχομαι (ἔρχομαι) fut. **διελεύσομαι**; aor. **διῆλθον**, inf. **διελθεῖν**; pf. **διελήλυθα**, ptc. **διεληλυθώς**. *go or pass through; cross over; go or pass by; go about; come, go; spread (news)* (Lk 5.15)

δίκαιος, α, ον (δικαιόω) *conforming to the standard, will,* or *character of God; upright, righteous, good; just, right; proper; in a right relationship with God, acceptable to God; fair, honest; innocent*

δικαιοσύνη, ης f (δικαιόω) *what God requires; what is right, righteousness, uprightness, justice; righting wrong; God's putting someone in a right relationship with himself, God's making someone acceptable to himself; religious duties* or *acts of charity* (Mt 6.1)

δικαιόω (ἁ|δικέω, ἀ|δίκημα, ἀ|δικία, ἄ|δικος, ἀ|δίκως, ἀντί|δικος, δικαιο|κρισία, δίκαιος, δικαιοσύνη, δικαίωμα, δικαίως, δικαίωσις, δικαστής, δίκη, ἐκ|δικέω, ἐκ|δίκησις, ἔκ|δικος, ἔν|δικος, κατα|δικάζω, κατα|δίκη, ὑπό|δικος) *put into a right relationship with God, make acceptable to God; acquit, declare and treat as righteous; show* or *prove to be right; set free* (Ac 13.38; Ro 6.7); οἱ τελῶναι ἐδικαίωσαν τὸν θεόν *the tax collectors acknowledge God's justice* or *obey God's righteous demands* (Lk 7.29)

δι|ό conj. (διά + ὅς) *therefore, for this reason*

διώκω (διωγμός, διώκτης, ἐκ|διώκω, κατα|διώκω) *persecute; (pursue, chase* Re 12.13); *seek after, strive for; force out* or *away; practice (hospitality); follow, run after* (Lk 17.23)

δοκέω (ἀπο|καρα|δοκία, δόγμα, δογματίζομαι, δόξα, δοξάζω, ἐν|δοξάζομαι, ἔν|δοξος, εὐ|δοκέω, εὐ|δοκία, κενο|δοξία, κενό|δοξος, παρά|δοξος, προσ|δοκία, συν|δοξάζομαι, συν|ευ|δοκέω) aor. **ἔδοξα**. trans. *think, suppose, believe; consider, imagine;* intrans. *seem; be recognized, have a reputation (for something)* (Mk 10.42; Ga 2.2, 6, 9); *be set on*

doing something (1 Cor 11.16); impers. *it seems, it seems good, proper or best*
δόξα, ης f (δοκέω) *glory, splendor, grandeur* (in gen. often *glorious*); *power, kingdom; praise, honor; pride* (δόξα καὶ χαρά *pride and joy* 1 Th 2.20); *brightness, brilliance; revealed presence of God, God himself; heaven* (1 Tm 3.16); *glorious heavenly being* (2 Pe 2.10; Jd 8); δὸς δόξαν τῷ θεῷ *promise before God to tell the truth* (Jn 9.24)
δοξάζω (δοκέω) *praise, honor; glorify, exalt*; pf. pass. ptc. *glorious* (1 Pe 1.8)
δοῦλος, η, ον (δουλόω) *as a slave, in slavery*
δοῦλος, ου m (δουλόω) *slave, servant*
δύναμαι (ἁ|δυνατεῖ, ἁ|δύνατος, δύναμις, δυναμόω, δυνάστης, δυνατέω, δυνατός, ἐν|δυναμόω, κατα|δυναστεύω) 2 sg. **δύνῃ, δύνασε** and **δύνασαι**; opt. **δυναίμην**; impf. **ἐδυν-** and **ἡδυν-**; aor. **ἡδυνάσθην** and **ἠδυνήθην**. *can, be able to, be capable of; can do, able to do*
δύναμις, εως f (δύναμαι) *power, strength, might; act of power, miracle* (*miracle worker* 1 Cor 12.28f); *supernatural power(s), the Power, God* (Mt 26.64; Mk 14.62; cf. Ac 8.10); *ability, capacity, means* (Mt 25.15; 2 Cor 1.8; 8.3); *meaning, significance* (1 Cor 14.11)
δυνατός, ή, όν (δύναμαι) *possible; strong; powerful; able, capable of; influential, leading* (Ac 25.5; 1 Cor 1.26); *person of strong faith or conscience* (Ro 15.1); *well versed (in the Scriptures)* (Ac 18.24); ὁ δυνατός *the Mighty God* (Lk 1.49)

δύο gen. and acc. **δύο** dat. **δυσίν** (δεύτερος, δίς, δισ|μυριάς, δί|στομος, δισ|χίλιοι, δι|χάζω, διχο|στασία, διχο|τομέω, δώ|δεκα, δω|δέκατος) *two*; δύο δύο or ἀνὰ δύο *two by two, in twos*; κατὰ δύο *two at a time*; εἰς δύο *in two*
δώ|δεκα (δύο + δέκα) *twelve*

E

ἐάν conj. (εἰ + ἄν) *if; even if, though; when*; sometimes equivalent to **ἄν** (e.g. Mt 5.19); ἐὰν μή *unless*; ἐάνπερ *if only*
ἑαυτοῦ, ῆς, οῦ (αὐτός) reflexive pro., not used in nominative *himself, herself, itself, themselves*; possessive pro. *his, hers*, etc.; reciprocal pro. *one another, each other*; τὸ ἑαυτοῦ *one's own interest* or *advantage*
ἐγγίζω (ἐγγύς, ἐγγύτερον, προσ|εγγίζω) *approach, come* or *draw near*
ἐγγύς (ἐγγίζω) adv. *near, close to; on the verge of*
ἐγείρω (γρηγορέω, δια|γρηγορέω, δι|εγείρω, ἔγερσις, ἐξ|εγείρω, ἐπ|εγείρω, συν|εγείρω) fut. **ἐγερῶ**; aor. **ἤγειρα**; pf. pass. **ἐγήγερμαι**; aor. pass. **ἠγέρθην**; fut. pass. **ἐγερθήσομαι**. trans. *raise (the dead) to life; raise up, bring into being; wake, rouse* (Mt 8.25; Ac 12.7); *cause, stir up* (Php 1.17); *lift out* (Mt 12.11); *make* (Mt 3.9; Lk 3.8); intrans. act. (impv. only) *Get up! Come!* intrans. pass. *get up, rise* (impv. *Get up! Come!*) *appear* (of prophets); *rise up in arms*

ἐγώ 1 pers. pro. ἐμοῦ (μου), ἐμοί (μοι), ἐμέ (με) I, me; pl. ἡμεῖς, ἡμῶν, ἡμῖν, ἡμᾶς we, us (ἡμέτερος)

ἔθνος, ους n (ἐθν|άρχης, ἐθνικός, ἐθνικῶς) nation, people; τὰ ἔθνη non-Jews, Gentiles; pagans, heathens, unbelievers

εἰμί (ἀπ|ειμι, ἀπ|ουσία, ἔν|ειμι, ἔξ|εστι, ἐξ|ουσία, ἐξ|ουσιάζω, ἐξ|ουσιαστικός, ἐπι|οῦσα, ἐπι|ούσιος, κατ|εξ|ουσιάζω, ὄντως, οὐσία, πάρ|ειμι, παρ|ουσία, περι|ούσιος, συμ|πάρ|ειμι, σύν|ειμι) impv. ἴσθι, ἔστω and ἤτω, 3 pl. ἔστωσαν; inf. εἶναι; impf. ἦν and ἤμην; fut. ἔσομαι. be, exist; happen, take place; live; be located in; remain, stay; come (Jn 7.28, 29; 19.9); go (Jn 7.34, 36); οὐκ ἔστιν it is not possible (1 Cor 11.20; He 9.5); ὅ ἐστιν and τοῦτ' ἔστιν that means, that is to say; εἰμὶ ἐκ belong to, be one of

εἶπον aor. of λέγω

εἰρήνη, ης f (εἰρηνεύω) peace, harmony; often used in invocations and greetings; order (opposite disorder)

εἰς (ἔσω, ἔσ|ωθεν, ἐσ|ώτερος) prep. with acc. into, to; in, at, on, upon, by, near; among; against; concerning; as; εἰς τό with inf. denotes purpose and sometimes result

εἷς, μία, ἕν gen. ἑνός, μιᾶς, ἑνός (ἑν|ότης) one; a, an, single; only one; εἷς τις = τις a certain one, someone, one; οἰκοδομεῖτε εἷς τὸν ἕνα encourage one another (1 Th 5.11); καθ' ἕνα one by one (1 Cor 14.31)

εἰσ|έρχομαι (ἔρχομαι) fut. εἰσελεύσομαι; aor. εἰσῆλθον; pf. εἰσελήλυθα. come or go (in or into), enter; have part in, share in; fall into (of temptation); arise (of arguments); εἰσέρχομαι καὶ ἐξέρχομαι live among

εἴ|τε (εἰ + τέ) conj. if, whether; εἴτε... εἴτε whether ... or, if ... if

ἐκ (ἐξ before vowels) prep. with gen. from, out from, away from; by, by means of, by reason of, because; for; on, at; of

ἕκαστος, η, ον each, every

ἐκ|βάλλω (βάλλω) fut. ἐκβαλῶ; aor. ἐξέβαλον; plpf. ἐκβεβλήκειν; aor. pass. ἐξεβλήθην; fut. pass. ἐκβληθήσομαι. force or drive out, expel, exclude, reject; without exercise of force: send away or out; lead out; take out; bring out; ἔκβαλε ἔξωθεν leave (that) out (Re 11.2); ἕως ἂν ἐκβάλῃ εἰς νῖκος τὴν κρίσιν until he causes justice to triumph (Mt 12.20)

ἐκεῖ (ἐκεῖ|θεν, ἐκεῖνος, ἐκεῖσε, κά|κεῖνος, ὑπερ|έκεινα) adv. there, in that place; there, to that place

ἐκεῖνος, η, ο (ἐκεῖ) demon. adj. that; he, she, it; ἐκείνης adv. there (Lk 19.4)

ἐκ|κλησία, ας f (καλέω) church, congregation; assembly, gathering (of religious, political, or unofficial groups)

ἐκ|πορεύομαι (πορεύομαι) go or come out (ἐκπορεύομαι εἰς ὁδόν set out on a journey Mk 10.17); come from; rise (of the dead); spread (Lk 4.37)

ἐλπίζω (ἀπ|ελπίζω, ἐλπίς, προ|ελπίζω) fut. ἐλπιῶ; aor. ἤλπισα; pf. ἤλπικα. hope, hope for; hope in; expect

ἐλπίς, ίδος f (ἐλπίζω) hope (παρ' ἐλπίδα ἐπ' ἐλπίδι hoping against hope

Ro 4.18); *grounds* or *basis of hope; what is hoped for*

ἐμ|αυτοῦ, ῆς (ἐγώ + αὐτός) reflexive pro. *myself;* possessive pro. *my own* (1 Cor 10.33)

ἐμός, ή, όν (ἐγώ) possessive adj. *my, mine*

ἔμ|προσ|θεν (ἐν + πρός) (1) prep. with gen. *before, in front of;* (2) adv. *ahead, forward, in front*

ἐν prep. with dat. *in, on, at; near, by, before; among, within; by, with; into* (= εἰς); *to, for* (rarely); ἐν τῷ with inf. *during, while, as;* ἐν ὀνόματι ὅτι *because* (Mk 9.41)

ἐν|τολή, ῆς f (τέλλομαι = *arise,* ἐν|τέλλομαι) *commandment; command, order; instruction* (Ac 17.15)

ἐν|ώπιον (ὤψ = *eyes, face,* ὁράω) prep. with gen. *before, in the presence of, in front of; in the judgment of; among;* ἥμαρτον ... ἐνώπιόν σου *I sinned against you* (Lk 15.18, 21)

ἐξ|έρχομαι (ἔρχομαι) fut. ἐξελεύσομαι; aor. ἐξῆλθον; pf. ἐξελήλυθα. *come or go out or forth; get out, escape, get away; originate* (ἐξεληλυθότας ἐκ τῆς ὀσφύος Ἀβραάμ *they are descendents of Abraham* He 7.5); *be gone, disappear* (Ac 16.19); ἐκ τοῦ κόσμου ἐξελθεῖν *die* (1 Cor 5.10)

ἐξ|ουσία, ας f (εἰμί) *authority, right, liberty; ability, capability; supernatural power; ruling power, government, official; jurisdiction* (Lk 23.7); *disposal* (Ac 5.4); ἐξουσίαν ἔχειν ἐπὶ τῆς κεφαλῆς *have a covering on her head* (either *as a symbol of authority* or *of her husband's authority* 1 Cor 11.10)

ἔξω (1) adv. *out, outside; away;* (2) prep. with gen. *out of, outside;* (3) ὁ ἔξω *outsider, unbeliever; outer, physical* (2 Cor 4.16); εἰς τὰς ἔξω πόλεις *to foreign cities* (Ac 26.11)

ἐπ|αγγελία, ας f (ἀγγέλλω) *promise, what is promised; assurance*

ἐπ|ερωτάω (ἐρωτάω) *ask; ask for* (Mt 16.1)

ἐπί prep. with: (1) gen. *on, upon; over; at, by; before, in the presence of; when, under, at the time of; in the passage about* (Mk 12.26; Lk 20.37); ἐπί or ἐπί στόματος *on the evidence of* (Mt 18.16; 2 Cor 13.1; 1 Tm 5.19); (2) dat. *on, at, in; with, by, near; over; because of, on the basis of; to, for; against; in addition to; about, concerning; of, from* (rarely); *after* (Lk 1.59); (3) acc. *on, upon; in; against; over; to, for; around, about, concerning; towards; among* (rarely); ἐπὶ τὸ αὐτό *together;* ἐφ' ὅσον χρόνον *while, as long as;* ἐπὶ τοῦτο *for this purpose* (Lk 4.43)

ἐπι|γινώσκω (γινώσκω) fut. ἐπιγνώσομαι; aor. ἐπέγνων, subj. ἐπιγνῶ, ptc. ἐπιγνούς; pf. ἐπέγνωκα; aor. pass. ἐπεγνώσθην. *know, perceive, understand; recognize, acknowledge; find out, learn; know well*

ἐπι|θυμία, ας f (θυμόομαι) *desire, longing; lust, passion; covetousness*

ἐπι|στρέφω (στρέφω) aor. pass. ἐπεστράφην, ptc. ἐπιστραφείς. intrans. (including midd. and aor. pass.) *turn back, return; turn to; turn around;* trans. *turn, turn back*

ἐπι|τίθημι (τίθημι) 3 pl. ἐπιτιθέασιν, impv. ἐπιτίθει; impf. 3 pl.

ἐπετίθεσαν; fut. **ἐπιθήσω**; aor.
ἐπέθηκα, impv. **ἐπίθες**, subj.
ἐπιθῶ, inf. **ἐπιθεῖναι**, ptc. **ἐπιθείς**;
fut. midd. **ἐπιθήσομαι**; aor. midd.
ἐπεθέμην. *lay or put on; place, put;
add* (Re 22.18a); ἐπέθηκεν ὄνομα …
Πέτρον *he surnamed (him) Peter*
(Mk 3.16); ἐπιτίθημι πληγάς *beat*
(Lk 10.30; Ac 16.23); midd. *give, put on
board* (Ac 28.10); *attack* (Ac 18.10)
ἑπτά (ἑβδομ|ήκοντα, ἑβδομ|ηκοντάκις,
ἕβδομος, ἑπτά|κις, ἑπτα|κισ|χίλιοι,
ἑπτα|πλασίων) *seven*
ἐργάζομαι (ἀγαθο|εργέω,
ἀμπελ|ουργός, ἀ|ργέω, ἀ|ργός,
γε|ωργέω, γε|ώργιον, γε|ωργός,
δημι|ουργός, ἐν|έργεια, ἐν|εργέω,
ἐν|έργημα, ἐν|εργής, ἐργασία,
ἐργάτης, ἔργον, εὐ|εργεσία,
εὐ|εργετέω, εὐ|εργέτης,
ἱερ|ουργέω, κακ|οῦργος, κατ|αργέω,
κατ|εργάζομαι, λειτ|ουργέω,
λειτ|ουργία, λειτ|ουργικός,
λειτ|ουργός, οἰκ|ουργός,
παν|ουργία, παν|οῦργος,
περι|εργάζομαι, περί|εργος,
προσ|εργάζομαι, ῥᾳδι|ούργημα,
ῥᾳδι|ουργία, συν|εργέω, συν|εργός,
συν|υπ|ουργέω) aor. **εἰρ-** and **ἠρ-**;
pf. **εἴργασμαι**. intrans. *work; trade, invest* (Mt 25.16); trans. *do, bring about;
perform* (of temple duties); *work for
(food)* Jn 6.27; ὅσοι τὴν θάλασσαν
ἐργάζονται *those who make their living by traveling on the sea* (Re 18.17)
ἔργον, ου n (ἐργάζομαι) *work, deed,
action; task, occupation, undertaking;
practical expression; handiwork, work-
manship* (1 Cor 9.1); perhaps *effect,
result* or *product* (Jas 1.4)
ἔρημος, ου f (ἐρημόομαι) *deserted
place, uninhabited region, desert*
ἔρημος, ον (ἐρημόομαι) *lonely, deserted,
uninhabited; desolate*
ἔρχομαι (ἀν|έρχομαι,
ἀντι|παρ|έρχομαι, ἀπ|έρχομαι,
δι|έρχομαι, εἰσ|έρχομαι, ἔλευσις,
ἐξ|έρχομαι, ἐπ|αν|έρχομαι,
ἐπ|εισ|έρχομαι, ἐπ|έρχομαι,
κατ|έρχομαι, παρ|εισ|έρχομαι,
παρ|έρχομαι, περι|έρχομαι,
προ|έρχομαι, προσ|έρχομαι,
συν|εισ|έρχομαι, συν|έρχομαι)
imperf. **ἠρχόμην**, fut. **ἐλεύσομαι**;
aor. **ἦλθον** and **ἦλθα**, inf. **ἐλθεῖν**;
pf. **ἐλήλυθα**. *come* (εἰς τὸ χεῖρον
ἐλθοῦσα *[it] grew worse* Mk 5.26);
appear, make an appearance; go; return
(Jn 4.27, 30; Ro 9.9); *be brought*
(Mk 4.21); εἰς προκοπὴν τοῦ
εὐαγγελίου ἐλήλυθεν *helped to spread
the gospel* (Php 1.12)
ἐρωτάω (ἀν|εξ|εραύνητος, δι|ερωτάω,
ἐξ|εραυνάω, ἐπ|ερωτάω,
ἐπ|ερώτημα) *ask (a question); ask,
request; beg, request urgently, urge*
ἐσθίω and **ἔσθω** (κατ|εσθίω,
συν|εσθίω) fut. **φάγομαι**; aor.
ἔφαγον, inf. **φαγεῖν**. *eat; consume,
devour*
ἔσχατος, η, ον (1) adj. *last, final; lowest,
most insignificant;* ἕως ἐσχάτου τῆς
γῆς *to the very ends of the earth,* i.e. *for
the whole world* (Ac 1.8; 13.47); (2) adv.
ἔσχατον πάντων *last of all* (Mk 12.22;
1 Cor 15.8)

ἕτερος, α, ον (ἑτερό|γλωσσος, ἑτερο|διδασκαλέω, ἑτερο|ζυγέω, ἑτέρως, πότ|ερον) *other, another* (ἐν ἑτέρῳ *in another passage* Ac 13.35; He 5.6; ἐγένετο ... τὸ εἶδος τοῦ προσώπου αὐτοῦ ἕτερον *his face changed* Lk 9.29; εἰς οὐδὲν ἕτερον ἠυκαίρουν ἤ *they spent their time doing nothing else except* Ac 17.21); *different, strange* (ἀπελθοῦσαι ὀπίσω σαρκὸς ἑτέρας *committing all sorts of sexual sins* Jd 7); *next* (τῇ ... ἐχομένῃ *the next day* Ac 20.15; 27.3)

ἔτι adv. *still, yet* (οὐκ ἔτι *no longer*; οὐδὲ ἔτι νῦν *not even yet* 1 Cor 3.2); *even; further, in addition, moreover* (τίς ἔτι χρεία *what further need?* He 7.11)

ἑτοιμάζω (ἑτοιμασία, ἕτοιμος, ἑτοίμως, προ|ετοιμάζω) *prepare, make ready; get everything ready* (Lk 9.52)

ἔτος, ους n (δι|ετία, ἑκατοντ|αετής, τεσσερακοντ|αετής, τρι|ετία) *year* πεντήκοντα ἔτη οὔπω ἔχεις *you're not even fifty years old* Jn 8.57; ὡσεὶ ἐτῶν τριάκοντα *about thirty years old* Lk 3.23; κατ' ἔτος *every year* Lk 2.41)

εὐ|αγγελίζω (ἀγγέλλω) act. and midd. *bring the good news, preach the good news* (sometimes *preach the good news to*, e.g. Ac 8.25); *preach, proclaim*; pass. *hear the good news* (of persons); *be preached* (of a message)

εὐ|αγγέλιον, ου, n (ἀγγέλλω) *good news, gospel*

εὐ|θέως (εὐθύς) adv. *immediately, at once; soon*

εὐθύς, εῖα, ύ gen. **έως** *straight; right, upright*

εὐθύς (εὐ|θέως, εὐθυ|δρομέω, εὐ|θύνω, εὐ|θύτης, κατ|ευ|θύνω) adv. *immediately, at once; then*

εὐ|λογέω (λέγω) *bestow a blessing upon, act graciously toward* (with God or Christ as subj.); *praise* (with God or Christ as obj.); *ask God's blessing upon* (food)

εὑρίσκω (ἀν|ευρίσκω, ἐφ|ευρετής) impf. **εὑ-** and **ηὑ-**; fut. **εὑρήσω**; aor. **εὗρον**, opt. 3 pl. **εὕροιεν**; pf. **εὕρηκα**; aor. pass. **εὑρέθην**; fut. pass. **εὑρεθήσομαι**. *find, discover, come upon; obtain, secure, receive*; pass. *be found, be, appear*; εὑρέθη ... εἰς θάνατον *proved to mean death* (Ro 7.10)

εὐ|χαριστέω (χαίρω) *thank, give thanks; be thankful, be grateful* (Ro 16.4)

ἐχθρός, ή, όν (ἔχθρα) *enemy; hated*

ἔχω (ἀν|εκτός, ἀν|εξί|κακος, ἀν|έχομαι, ἀν|οχή, ἀ|σχημονέω, ἀ|σχημοσύνη, ἀ|σχήμων, ἐν|έχω, ἔν|οχος, ἑξῆς, ἕξις, ἐξ|οχή, ἐπ|έχω, εὐν|ουχίζω, εὐν|οῦχος, εὐ|σχημόνως, εὐ|σχημοσύνη, εὐ|σχήμων, καθ|εξῆς, κακ|ουχέομαι, κατά|σχεσις, κατ|έχω, μετα|σχηματίζω, μετ|έχω, μετ|οχή, μέτ|οχος, νουν|εχῶς, παρ|έχω, περι|έχω, περι|οχή, πλεον|εκτέω, πλεον|έκτης, πλεον|εξία, προ|έχομαι, προ|κατ|έχω, προσ|αν|έχω, προσ|έχω, ῥαβδ|οῦχος, συγ|κακ|ουχέομαι, συμ|μέτ|οχος, συν|ευ|ωχέομαι, συν|έχω, συν|οχή, συ|σχηματίζομαι, σχεδόν, ὑπερ|έχω, ὑπερ|οχή, ὑπ|έχω) impf. **εἶχον**; fut. **ἕξω**; aor.

ἔσχον, subj. **σχῶ**; pf. **ἔσχηκα**. trans. have, hold, possess; keep; receive, get; regard, consider, think; can, be able, must (with inf.); be married to; wear (of clothes); be situated (σαββάτου ἔχον ὁδόν a Sabbath day's journey away Ac 1.12); τὸ νῦν ἔχον for the present (Ac 24.25); intrans. be, feel; impers. it is (οὕτως ἔχει it is so); midd. ptc. next, neighboring (τῇ ἐχομένῃ the next day Lk 13.33)

ἕως (1) conj. (and ἕως ὅτου or ἕως οὗ) until (with any tense); while (with pres. ind. only); (2) prep. with gen. to, until, as far as, to the point of (ἕως τέλους to the end, fully; ἕως τοῦ νῦν until now; ἕως τούτου cf. ἐάω); as many as (of numerals); (3) ἕως ἄνω to the brim (Jn 2.7); ἕως ἄρτι until now, so far, still; ἕως ἐπί to (Ac 17.14); ἕως ἔξω outside (Ac 21.5); ἕως καὶ εἰς even into (Ac 26.11); ἕως πότε how long? ἕως πρός as far as (Lk 24.50); ἕως ὧδε as far as this place (Lk 23.5)

Z

ζάω (ἀνα|ζάω, ἀνα|ζω|πυρέω, ζω|γρέω, ζωή, ζῳο|γονέω, ζῷον, συ|ζάω, συ|ζωο|ποιέω) contracted to **ζῶ**; impf. **ἔζην**. live, be alive or lively; remain alive; come back to life

ζητέω (ἀνα|ζητέω, ἐκ|ζητέω, ἐκ|ζήτησις, ἐπι|ζητέω, ζήτημα, ζήτησις, συ|ζητέω, συ|ζήτησις, συ|ζητητής) seek, search or look for; try, attempt, strive for (ζητέω τὸ ἐμαυτοῦ or ζητέω τὰ ἐμαυτοῦ strive for one's own interest or advantage); want, ask, ask for; demand, require, expect; consider, deliberate, examine, investigate

ζωή, ῆς f (ζάω) life; ψυχὴ ζωῆς living thing (Re 16.3)

H

ἤ particle or (ἤ ... ἤ either ... or; ἤ καί or even; with negatives nor, or); than (of comparison); πρὶν ἤ before; ἀλλ' ἤ but rather (Lk 12.51)

ἤδη adv. now, already; ἤδη ποτέ now at last, finally

ἥλιος, ου m (εἰλι|κρίνεια) the sun

ἡμέρα, ας f (ἐφ|ημερία, ἐφ|ήμερος, καθ|ημερινός, μεσ|ημβρία, νυχθ|ήμερον, ὀκτα|ήμερος, σήμερον) day (καθ' ἡμέραν daily; διὰ τριῶν ἡμερῶν in three days; δι' ἡμερῶν some days later); time; legal day (ὑπὸ ἀνθρωπίνης ἡμέρας by any human court 1 Cor 4.3)

Ἡρῴδης, ου m Herod: (1) Herod I, the Great; (2) Herod Antipas; (3) Herod Agrippa I

Θ

θάλασσα, ης f (ἁλίζω) sea; lake

θάνατος, ου m (θανατόω) death; ἐσφαγμένην εἰς θάνατον a mortal wound (Re 13.3); ἁμαρτία πρὸς θάνατον a deadly sin (1 Jn 5.16f); ἐν θανάτοις near death, in danger of death (2 Cor 11.23)

θαυμάζω (ἐκ|θαυμάζω, θαῦμα, θαυμάσιος, θαυμαστός) intrans. marvel, wonder, be amazed (ἐθαυμάσθη ὅλη ἡ γῆ ὀπίσω the whole earth followed with amazement Re 13.3); trans. *marvel* or *wonder at, admire* (θαυμάζοντες πρόσωπα *flattering people* Jd 16)

θέλημα, τος n (θέλω) *will; wish, desire*

θέλω (ἐθελο|θρησκία, θέλημα, θέλησις) impf. **ἤθελον**. *wish, desire, want; will; like;* τί θέλει τοῦτο εἶναι *what does this mean?* (Ac 2.12; cf. 17.20)

θεός, οῦ m (ἄ|θεος, θεά, θεῖος, θειότης, θεο|δίδακτος, θεο|μάχομαι, θεο|μάχος, θεό|πνευστος, θεο|σέβεια, θεο|σεβής, θεο|στυγής, θεότης, φιλό|θεος) *God* (κατὰ θεόν *according to God's will, godly; after the likeness of God* Eph 4.24); *god;* f *goddess* (Ac 19.37)

θεραπεύω (θεραπεία, θεράπων) *heal, cure; serve* (Ac 17.25)

θεωρέω (θεωρία, παρα|θεωρέω) *see; watch, look on, observe; perceive, notice; experience* (of death)

θηρίον, ου n (θηρεύω) *animal, beast; wild animal; snake* (Ac 28.4, 5)

θλῖψις, εως f (θλίβω) *trouble, distress, difficult circumstances, suffering*

θρόνος, ου m *throne*

θύρα, ας f (θυρεός, θυρίς, θυρωρός) *door, gate; entrance* (of a tomb); *opportunity*

I

Ἰάκωβος, ου m *James:* (1) *brother of John, son of Zebedee;* (2) *brother of Jesus;* (3) *son of Alphaeus and one of the twelve;* (4) *father of Judas* (Lk 6.16; Ac 1.13); (5) *tax-collector* (Mk 2.14)

ἴδιος, α, ον (ἰδιώτης) *one's own, belonging to one, personal;* τὰ ἴδια *home, possessions, property;* κατ' ἰδίαν *privately, alone, apart;* ἰδίᾳ *individually, separately* (1 Cor 12.11)

ἰδού (from εἶδον = aor. of ὁράω) *Look! See! Listen!; there* or *here is* (are), *there* or *here was* (were); *there* or *here comes* (came); *then, suddenly; even, yet* (of emphasis)

ἱερεύς, έως m (ἱερατεύω) *priest*

ἱερόν, οῦ n (ἱερατεύω) *temple; temple precincts*

Ἱεροσόλυμα n pl. and f sg. and **Ἱερουσαλήμ** f *Jerusalem*

Ἰησοῦς gen. **οῦ** dat. **οῦ** acc. **οῦν** m (1) *Jesus:* (a) *of the Lord;* (b) *Jesus Barabbas;* (c) *Jesus Justus* (Col 4.11); (d) *in the genealogy of Jesus* (Lk 3.29); (2) *Joshua* (Ac 7.45; He 4.8)

ἱκανός, ή, όν (ἱκανόω) *worthy, fit; sufficient, able* (ἱκανόν ἐστιν *it is enough!* Lk 22.38; τῷ ὄχλῳ τὸ ἱκανὸν ποιῆσαι *to satisfy the crowd* Mk 15.15; τὸ ἱκανὸν *bail money, peace bond* Ac 17.9); *large, great, much,* pl. *many* or *some* (ἐν λόγοις ἱκανοῖς *at some length, in detail* Lk 23.9); *long, considerable* (ἐφ' ἱκανόν *for a long while* Ac 20.11)

ἱμάτιον, ου n (ἱματίζω) *garment, clothing; coat, robe, cloak* (of outer garments)

ἵνα conj. *in order that* (of purpose); *so that* (of result); *that* (indirect statement); with subj. sometimes = impv. (e.g. ἡ δὲ γυνὴ ἵνα φοβῆται τὸν ἄνδρα *but the wife must respect her husband* Eph 5.33)

Ἰουδαία, ας f *Judea*
Ἰουδαῖος, α, ον *a Jew; Jewish; Judean*
Ἰούδας, α m (1) *Judah:* (a) son of Jacob, his tribe, his territory; (b) person in the genealogy of Jesus (Lk 3.30); (2) *Judas:* (a) the betrayer of Jesus; (b) a brother of Jesus; (c) an apostle, the son of James; (d) member of the Jerusalem church, called Barsabbas; (e) a disciple in Damsacus (Ac 9.11); (f) revolutionary leader (Ac 5.37)
Ἰσραήλ m *Israel*
ἵστημι and **ἰστάνω** (ἀ|κατα|στασία, ἀ|κατά|στατος, ἀνά|στασις, ἀνα|στατόω, ἀνθ|ίστημι, ἀν|ίστημι, ἀντι|καθ|ίστημι, ἀπο|κατά|στασις, ἀπο|στασία, ἀπο|στάσιον, ἀρχο|στασία, ἀ|στατέω, ἀφ|ίσταμαι, διά|στημα, δι|ΐστημι, διχο|στασία, ἔκ|στασις, ἐν|ίστημι, ἐξ|ανά|στασις, ἐξ|αν|ίστημι, ἐξ|ίστημι, ἐπ|αν|ίσταμαι, ἐπ|ίσταμαι, ἐπ|ίστασις, ἐπ|ιστάτης, ἐπ|ιστήμων, εὐ|περί|στατος, ἐφ|ίστημι, καθ|ιστάνω, καθ|ίστημι, κατά|στημα, κατ|εφ|ίστημι, μεθ|ίστημι, μετα|δίδωμι, μετά|θεσις, παρ|ίστημι and παρ|ιστάνω, περι|ΐστημι, προ|ΐστημι, πρωτο|στάτης, στάμνος, στασιαστής, στάσις, προ|στάτις, στάμνος, στασιαστής, στάσις, συν|εφ|ίστημι, συν|ίστημι, συ|στατικός, ὑπό|στασις) fut. **στήσω**; 1 aor. **ἔστησα**; 2 aor. **ἔστην**, impv. **στῆθι**, inf. **στῆναι**, ptc. **στάς**; pf. **ἔστηκα**, inf. **ἑστάναι**, ptc. **ἑστηκώς** and **ἑστώς**; plpf. **εἱστήκειν**; fut. midd. **στήσομαι**; aor. pass. **ἐστάθην**, inf. **σταθῆναι**, ptc. **σταθείς**; fut. pass. **σταθήσομαι**. trans. (in all act. tenses except 2 aor., pf. and plpf.) *set, place, put; establish, set up, make stand; put forward; fix (a day of judgment); pay, count out (money); hold against* (Ac 7.60); intrans. (in 2 aor., pf., plpf. act.; all midd. and pass. forms) *stand; stop, stand still; be confirmed* or *established; stand firm, hold one's ground; be, exist; stand up; be moored* (of boats)
Ἰωάννης, ου m *John:* (1) the Baptist; (2) son of Zebedee, one of the twelve; (3) author of Revelation; (4) John Mark; (5) father of Peter and Andrew; (6) member of the Jewish council (Ac 4.6)
Ἰωσήφ m *Joseph:* (1) son of Jacob the patriarch; (2) husband of Mary, mother of Jesus; (3) of Arimathea, member of the Sanhedrin; (4) brother of Jesus (Mt 13.55); (5) surnamed Barnabas; (6) son of a Mary (Mt 27.56); (7, 8) persons in the genealogy of Jesus (Lk 3.24, 30)

Κ

καθαρίζω (ἀ|καθαρσία, ἀ|κάθαρτος, δια|καθαίρω, δια|καθαρίζω, ἐκ|καθαίρω, καθαρισμός, καθαρός, καθαρότης, περι|κάθαρμα) fut. **καθαριῶ**. *cleanse, make clean, purify; declare ritually acceptable*
κάθ|ημαι (from pf. of καθίζω) 2 sg. **κάθη**, impv. **κάθου**. *sit; sit down; live, stay, be*
καθ|ίζω (ἵζω = *sit; cause to sit*, ἀνα|καθ|ίζω, ἐπι|καθ|ίζω, κάθ|ημαι,

παρα|καθ|έζομαι, συγ|κάθ|ημαι, συγ|καθ|ίζω) intrans. *sit down, sit, take one's seat* (midd. Mt 19.28); *stay* (Ac 18.11); trans. *cause to sit, set* (Ac 2.30; Eph 1.20); *select (someone) as a judge* (1 Cor 6.4)

καθ|ώς (ὡς) adv. *as, just as; inasmuch as, because; in so far as, to the degree that; how, that* (of indirect discourse)

καί conj. *and, also, but, even; that is, namely;* καὶ ... καί *both ... and, not only ... but also;* frequently used merely to mark the beginning of a sentence

καινός, ή, όν (ἀνα|καινίζω, ἀνα|καινόω, ἐγ|καίνια, ἐγ|καινίζω, καινότης, καίνωσις) *new; of new quality; unused; unknown, strange, remarkable;* τι καινότερον *the latest thing* (Ac 17.21)

καιρός, οῦ m (ἀ|καιρέομαι, ἀ|καίρως, εὐ|καιρέω, εὐ|καιρία, εὔ|καιρος, εὐ|καίρως, πρόσ|καιρος) *time* (viewed primarily as an occasion rather than an extent), *appointed or proper time, season, age* (ἄχρι καιροῦ *for a while;* ἐν παντὶ καιρῷ *always, at all times* Lk 21.36; ἐν ᾧ καιρῷ *at this time* Ac 7.20; πρὸς καιρόν or πρὸς καιρὸν ὥρας *for a brief while;* κατὰ καιρόν *at the right time* Ro 5.6, *from time to time* Jn 5.4; κατὰ τὸν καιρὸν τοῦτον [ἐκεῖνον] *about this [that] time* Ro 9.9; Ac 19.23); *opportunity; the last times*

κακός, ή, όν (κακόω) *evil, bad, wrong; injury, harm* (as a noun); *foul, troublesome* (of a sore)

καλέω (ἀν|έγ|κλητος, ἀντι|καλέω, ἐγ|καλέω, ἔγ|κλημα, εἰσ|καλέομαι, ἐκ|κλησία, ἐπι|καλέω, κλῆσις, κλητός, μετα|καλέομαι, παρα|καλέω, παρά|κλησις, παρά|κλητος, προ|καλέομαι, προσ|καλέομαι, συγ|καλέω, συμ|παρα|καλέομαι) pf. **κέκληκα**; aor. pass. **ἐκλήθην**; fut. pass. **κληθήσομαι**. *call, name, address; invite; summon, call in*

καλός, ή, όν (καλλι|έλαιος, κάλλιον, καλο|διδάσκαλος, καλο|ποιέω) *good; right, proper, fitting; better; honorable, honest; fine, beautiful, precious*

καλῶς (καλός) adv. *well* (οὐ καλῶς *for no good purpose* Ga 4.17); *rightly, correctly; very well, well enough; please* (Jas 2.3); καλῶς ἔχω *be well;* καλῶς ποιῶ *do good* (Mt 12.12; Lk 6.27), *be kind* (Ac 10.33; Php 4.14)

καρδία, ας f (καρδιο|γνώστης, σκληρο|καρδία) *heart, inner self; mind; will, desire, intention; interior* (of the earth)

καρπός, οῦ m (ἄ|καρπος, καρπο|φορέω) *fruit, grain; harvest; result, outcome; deed, action; return, gain, advantage; tribute, praise* (of the lips); *offspring* (Lk 1.42); *descendant* (Ac 2.30)

κατά prep. with: (1) acc. *according to, corresponding to, with reference to, just as* (τὰ κατά τινα *one's case or circumstances;* κατὰ τὰ αὐτά *so, in the same way;* κατὰ ἐμέ *my;* κατὰ τὸ αὐτό *together* Ac 14.1; κατὰ τί *how* Lk 1.18); used distributively with numerals and places; *in; for; for the purpose of; at, about,* (of time); *on, upon, along, through, to,*

*toward; off, opposite, near, bordering on;
with, by means of, because of;* (2) gen.
*against; down, down from; throughout;
by* (of oaths); *over* (of authority)
κατα|βαίνω (βαίνω = *go, walk*) fut.
καταβήσομαι; aor. **κατέβην**,
impv. **κατάβηθι** and **κατάβα**,
inf. **καταβῆναι**, ptc. **καταβάς**; pf.
καταβέβηκα. *come* or *go down, descend; fall, fall down; be brought down*
(Mt 11.23; Lk 10.15); *get out* (Mt 14.29)
κατ|οικέω (οἰκέω) aor. **κατῴκησα**. intrans. *live, settle;* trans. *inhabit, live in*
καυχάομαι (ἐγ|καυχάομαι,
κατα|καυχάομαι, καύχημα,
καύχησις) *boast, boast about, take
pride in; rejoice, be glad*
κεφαλή, ῆς f (κεφαλιόω) *head* (κατὰ
κεφαλῆς ἔχων *with his head covered*
1 Cor 11.4); *head* (of superior rank,
etc.); κεφαλὴ γωνίας *main corner-stone*
κηρύσσω (κήρυγμα, κήρυξ,
προ|κηρύσσω) *proclaim, make
known, preach*
κλαίω (κλάδος) aor. **ἔκλαυσα**. intrans.
weep, cry; trans. *weep for* (Mt 2.18)
κόσμος, ου m (κοσμέω) *world, world order, universe; world inhabitants, humankind* (especially of persons hostile to
God); *world, realm of existence, way
of life* (especially as opposed to the
purpose of God); *adornment* (1 Pe 3.3)
κράζω (ἀνα|κράζω) aor. in Ac 24.21
ἐκέκραξα; pf. with pres. mng.
κέκραγα. *call out, cry out, shout,
scream*
κρατέω (ἀ|κρασία, ἀ|κρατής,
ἐγ|κράτεια, ἐγ|κρατεύομαι,
ἐγ|κρατής, κραταιόομαι, κραταιός,
κράτιστος, κράτος, παντο|κράτωρ,
περι|κρατής) *hold, hold fast; take,
take hold of; seize, arrest; hold back,
restrain; hold unforgiven* (Jn 20.23);
carry out, achieve (Ac 27.13)
κρίνω (ἀ|διά|κριτος, ἀ|κατά|κριτος,
ἀνα|κρίνω, ἀνά|κρισις,
ἀντ|απο|κρίνομαι, ἀν|υπό|κριτος,
ἀπό|κριμα, ἀπο|κρίνομαι,
ἀπό|κρισις, αὐτο|κατά|κριτος,
δια|κρίνω, διά|κρισις, δικαιο|κρισία,
ἐγ|κρίνω, εἰλι|κρίνεια, εἰλι|κρινής,
ἐπι|κρίνω, κατά|κριμα, κατα|κρίνω,
κατά|κρισις, κρίμα, κρίσις, κριτήριον,
κριτής, κριτικός, πρό|κριμα,
συγ|κρίνω, συν|υπο|κρίνομαι,
ὑπο|κρίνομαι, ὑπό|κρισις,
ὑπο|κριτής) pf. **κέκρικα**; aor. pass.
ἐκρίθην, inf. **κριθῆναι**; fut. pass.
κριθήσομαι. *judge, pass judgment on*
(midd. and pass. often *stand trial, go
to law*); *condemn; decide, determine;
consider, regard, think; prefer*
κρίσις, εως f (κρίνω) *judgment, judging;
condemnation, punishment; justice;*
perhaps *court* (Mt 5.21f)
κύριος, ου m (κυριεύω) *Lord* (of God
and Christ); *master, lord, owner; sir*
(of address)

Λ

λαλέω (ἀ|λάλητος, ἄ|λαλος,
ἀν|εκ|λάλητος, δια|λαλέω,
ἐκ|λαλέω, κατα|λαλέω, κατα|λαλιά,
λαλιά, μογγι|λάλος, μογι|λάλος,
συλ|λαλέω) *speak, talk, say; preach,
proclaim; tell; be able to speak; address,*

λαμβάνω (ἀνα|λαμβάνω, ἀνά|λημψις, ἀν|επί|λημπτος, ἀντι|λαμβάνομαι, ἀντί|λημψις, ἀπο|λαμβάνω, ἀ|προσωπο|λήμπτως, δεξιο|λάβος, ἐπι|λαμβάνομαι, εὐ|λάβεια, εὐ|λαβέομαι, εὐ|λαβής, κατα|λαμβάνω, λῆμψις, λήθη, μετα|λαμβάνω, μετά|λημψις, παρα|λαμβάνω, προ|λαμβάνω, προσ|λαμβάνομαι, πρόσ|λημψις, προσ|ωπο|λημπτέω, προσ|ωπο|λήμπτης, προσ|ωπο|λημψία, συλ|λαμβάνω, συμ|παρα|λαμβάνω, συμ|περι|λαμβάνω, συν|αντι|λαμβάνομαι, ὑπο|λαμβάνω) fut. **λήμψομαι**; aor. **ἔλαβον**, inf. **λαβεῖν**, ptc. **λαβών**, opt. 3 sg. **λάβοι**; pf. **εἴληπται**. *take, take hold of, grasp; receive, get, obtain; take away, remove; receive, collect* (of taxes, etc.); *choose* (He 5.1); *put on* (Jn 13.12); *catch* (Lk 5.5); *trap, take advantage of* (2 Cor 11.20; 12.16); συμβούλιον ἔλαβον κατ' αὐτοῦ *they made plans against him* (Mt 12.14); οὐ λαμβάνεις πρόσωπον *you don't show partiality* (Lk 20.21)

λαός, οῦ m (λειτ|ουργέω, λειτ|ουργία, λειτ|ουργικός, λειτ|ουργός) *people; nation; crowd*; often of the Jews or the church as the people of God

λέγω (ἀ|γενεα|λόγητος, αἰσχρο|λογία, ἄ|λογος, ἀνα|λογία, ἀνα|λογίζομαι, ἀν|απο|λόγητος, ἀνθ|ομο|λογέομαι, ἀντι|λέγω, ἀντι|λογία, ἀπ|ειπάμην, ἀπο|λογέομαι, ἀπο|λογία, βατταλογέω, γενεα|λογέομαι, γενεα|λογία, δια|λέγομαι, διά|λεκτος, δια|λογίζομαι, δια|λογισμός, δί|λογος, ἐκ|λέγομαι, ἐκ|λεκτός, ἐκ|λογή, ἐλ|λογέω, ἐν|ευ|λογέω, ἐξ|ομο|λογέω, ἐπι|λέγω, εὐ|λογέω, εὐ|λογητός, εὐ|λογία, κακο|λογέω, κατα|λέγω, κατ|ευ|λογέω, λογεία, λόγια, λογίζομαι, λογικός, λόγιος, λογισμός, λογο|μαχέω, λογο|μαχία, λόγος, ματαιο|λογία, ματαιο|λόγος, μωρο|λογία, ὁμο|λογέω, ὁμο|λογία, ὁμο|λογουμένως, παρα|λέγομαι, παρα|λογίζομαι, πιθανο|λογία, πολυ|λογία, προ|λέγω, προσ|λέγω, σπερμο|λόγος, στρατο|λογέω, συλ|λέγω, συλ|λογίζομαι, συν|αρμο|λογέομαι, συν|εκ|λεκτή, Φιλό|λογος, χρηστο|λογία, ψευδο|διδάσκαλος, ψευδο|λόγος) fut. **ἐρῶ**; aor. **εἶπον** and **εἶπα**, inf. **εἰπεῖν**; pf. **εἴρηκα**; plpf. 3 sg. **εἰρήκει**; pf. pass. **εἴρημαι**; aor. pass. **ἐρρέθην**, ptc. **ῥηθείς**. *say, speak, tell* (λέγων in discourse is often redundant); *call, name; maintain, assert, declare; mean, intend; think* (to oneself), *conclude; command, order; answer or ask* (dependent on context)

λίθος, ου m (λιθάζω) *stone; precious stone; stone image* (Ac 17.29)

λογίζομαι (λέγω) *count, reckon, calculate, take into account; credit, place to one's account; consider, think, suppose; evaluate, look upon as, class; maintain, claim; think on, reflect upon, reason*

λόγος, ου m (λέγω) *something said* (e.g. *word; saying; message, teaching; talk, conversation; question* after ἐρωτάω; *preaching* 1 Tm 5.17; πολὺς ἡμῖν ὁ λόγος *we have much to say* He 5.11); *Word* (in Johannine Christology); *account, settlement of an account* (πρὸς ὃν ἡμῖν ὁ λόγος *to whom we must render an account* He 4.13); *value* (Ac 20.24); *reason, grounds* (κατὰ λόγον *reasonably, patiently* Ac 18.14); *charge* (Ac 19.38); *matter, thing* (Ac 8.21); *book* (Ac 1.1)

λοιπός, ή, όν (λείπω) (1) adj. *rest, remaining, other*; (2) adv. (τὸ) λοιπόν *finally; from now on, henceforth; still; beyond that, in addition*; τοῦ λοιποῦ *henceforth, in the future; finally*; ὧδε λοιπόν *moreover, in this connection*

λύω (ἀ|κατά|λυτος, ἀ|λυσι|τελής, ἀνά|λυσις, ἀνα|λύω, ἀντί|λυτρον, ἀπο|λύτρωσις, ἀπο|λύω, δια|λύω, ἐκ|λύομαι, ἐπί|λυσις, ἐπι|λύω, κατά|λυμα, κατα|λύω, λύσις, λυσι|τελεῖ, λύτρον, λυτρόομαι, λύτρωσις, λυτρωτής, παρα|λύομαι, παρα|λυτικός) *loose, untie; release, set free; break, set aside; destroy, pull down; break up; allow* (Mt 16.19; 18.18)

Μ

μαθητής, οῦ m (μαθητεύω) *disciple, pupil; follower, believer*

μακάριος, α, ον (μακαρίζω) *blessed, fortunate, happy*; τοῦ μακαρίου θεοῦ *of God who is worthy to be praised* (1 Tm 1.11; 6.15)

μᾶλλον (μάλιστα) adv. *more* (πολλῷ μᾶλλον *much more, all the more*; πόσῳ μᾶλλον *how much more*; καλόν ἐστιν μᾶλλον *it is better*; μᾶλλον διαφέρω *be of more value than*; πολλῷ μᾶλλον κρεῖσσον *better by far* Php 1.23; μᾶλλον περισσότερον *all the more* Mk 7.36); *rather, instead* (μᾶλλον ἤ *rather than, more than*); *all the more, more than ever, more than that*

μαρτυρέω (ἀ|μάρτυρος, δια|μαρτύρομαι, ἐπι|μαρτυρέω, κατα|μαρτυρέω, μαρτυρία, μαρτύριον, μαρτύρομαι, μάρτυς, προ|μαρτύρομαι, συμ|μαρτυρέω, συν|επι|μαρτυρέω, ψευδο|μαρτυρέω, ψευδο|μαρτυρία, ψευδό|μαρτυς) *bear witness, testify, be a witness; attest, affirm, confirm; speak well of, approve* (pass. *be well spoken of, receive approval*)

μαρτυρία, ας f (μαρτυρέω) *testimony, witness, evidence; reputation* (1 Tm 3.7)

μάρτυς, μάρτυρος dat. pl. **μάρτυσιν** m (μαρτυρέω) *witness; martyr*

μέγας, μεγάλη, μέγα (μεγαλύνω) *large, great* (of a loud sound; strong wind; high fever; etc.); *greatest; surprising* (2 Cor 11.15)

μέλλω before an inf. *be going to, be about to, intend to; must, be destined*; ptc. without inf. *coming, future*; finite verb without inf. *delay, wait* (τί μέλλεις *what are you waiting for?* Ac 22.16)

μέλος, ους n *a bodily part, member*

μέν particle indicating contrast, emphasis or continuation; μὲν ... δέ *on the one hand ... on the other hand*; μὲν ... ἀλλά or μὲν ... πλήν *indeed ... but*;

ὅς μὲν... καὶ ἄλλος (ἕτερος) one ... another; μὲν οὖν so, then; now, indeed

μένω (ἀνα|μένω, δια|μένω, ἐμ|μένω, ἐπι|μένω, κατα|μένω, παρα|μένω, περι|μένω, προσ|μένω, ὑπο|μένω, ὑπο|μονή) aor. **ἔμεινα**, impv. **μέινον**, inf. **μεῖναι**; plpf. 3 pl. **μεμενήκεισαν**. intrans. *remain, stay, abide; live, dwell; last, endure, continue;* trans. *await, wait for*

μέρος, ους n (μερίζω) *part, piece* (ἀνὰ μέρος *one at a time* 1 Cor 14.27; ἀπὸ μέρους *partially, partly* 2 Cor 1.14; *at times, at some points* Ro 15.15; *for a while* Ro 15.24; *to some degree* 2 Cor 2.5; πώρωσις ἀπὸ μέρους *a partial hardening* Ro 11.25; ἐκ μέρους *individually* 1 Cor 12.27; *partially, imperfectly* 1 Cor 13.9ff; τὸ ἐκ μέρους *the partial* or *incomplete* 1 Cor 13.10; κατὰ μέρος *in detail* He 9.5); *place, region, district; share, portion; case, matter, circumstance* (ἐν μέρει ἑορτῆς *with regard to a festival* Col 2.16); *trade, business* (Ac 19.27); *party, sect* (Ac 23.9); *side* (Jn 21.6); ἐν τῷ μέρει τούτῳ *on that account* (1 Pe 4.16)

μέσος, η, ον (μεσόω) (1) adj. *middle, in the middle* (ἀνὰ μέσον *among* Mt 13.25; *between* 1 Cor 6.5; *through* Mk 7.31; *at the center* Re 7.17; ἐν μέσῳ or εἰς μέσον *in the middle, in the midst, among;* ἐν τῷ μέσῳ *before the guests* Mt 14.6; ἐν μέσῳ αὐτῆς *inside the city* Lk 21.21; ἐκ μέσου *from, from among;* αἴρω ἐκ τοῦ μέσου *set aside* Col 2.14; γίνομαι ἐκ μέσου *be removed, disappear* 2 Th 2.7; διέρχομαι διὰ μέσον *cross the borderland between* Lk 17.11; σχίζω μέσον *tear in two* Lk 23.45); (2) prep. with gen. *in the middle, in the midst* (Mt 14.24; Php 2.15)

μετά prep. with: (1) gen. *with, in company with, among; by, in; on the side of; against;* (2) acc. *after, behind* (μετὰ τό with inf. *after*); μετὰ τοῦτο or μετὰ ταῦτα with inf. *after, after this*

μετα|νοέω (νοέω) *repent, have a change of heart, turn from one's sins, change one's ways*

μή *not* generally used with nonindicative verbs; used in questions when a negative answer is expected; used with οὐ for emphasis or solemn assertion

μη|δέ negative particle *nor, and not* (μηδὲ... μηδέ *neither ... nor*); *not even*

μη|δείς, μη|δεμία, μη|δέν (μή + δέ + εἷς) (1) *no one, nothing;* (2) adj. *no;* (3) **μηδέν** adv. *not at all, in no way*

μή|τε (μή + τέ) *and not* (μήτε... μήτε *neither ... nor*)

μήτηρ, τρος f (ἀ|μήτωρ, μήτρα, μητρο|λῴας) *mother*

μικρός, ά, όν *little, small; of least importance, insignificant, humble* (ἀπὸ μικροῦ ἕως μεγάλου *from the least to the greatest* Ac 8.10; He 8.11); *younger* (Mk 15.40); adv. μικρόν *a little while, a little farther* (ἔτι μικρόν *a little longer* Jn 13.33; 14.19; μετὰ μικρόν *a little later* Mt. 26.73); μικρότερος *least, smallest*

μισέω *hate, despise; disregard, be indifferent to* (Mt 6.24; Lk 16.13)

μνημεῖον, ου n (μιμνῄσκομαι) *grave, tomb; monument* (Lk 11.47)

μόνος, η, ον (μονόομαι) (1) adj. *only, alone* (Mt 12.4; Php 4.15), κατὰ μόνας *alone*; (2) adv. **μόνον** *only, alone*

Μωϋσῆς, έως m *Moses*

N

ναί *yes; yes indeed, indeed, certainly; certainly so, surely*

ναός, οῦ m (νεω|κόρος) *temple, inner part of Jewish temple, sanctuary; model of a temple or shrine* (Ac 19.24)

νεκρός, ά, όν (νεκρόω) *dead, lifeless* (ὁ νεκρός *a dead person, corpse*; ἐπὶ νεκροῖς *in the case of dead persons or at death* He 9.17); *useless, ineffective*

νόμος, ου m (νομίζω) *law* (often of the Jewish sacred tradition; ὁ νόμος καὶ οἱ προφῆται *the Hebrew Scriptures*; νόμος τοῦ ἀνδρός *marriage law* Ro 7.2); *principle, rule*

νῦν adv. *now, at the present* (often with article as equivalent of adj. *now, present* or noun *the present, the present time*, e.g. ἀπὸ τοῦ νῦν *from now on*; τὰ νῦν *but now, and now*; τὸ νῦν ἔχον *for the present* Ac 24.25); *now, then, indeed* (νῦν δὲ *but rather*, 2 Cor 5.11, etc.); ἄγε νῦν cf. **ἄγω**

νύξ, νυκτός f (δια|νυκτερεύω, ἔν|νυχα, μεσο|νύκτιον, νυχθ|ήμερον) *night*

O

ὁδός, οῦ f (ὁδεύω) *way, road; journey* (σαββάτου ἔχον ὁδόν *a Sabbath day's journey away*, i.e. *about half a mile* Ac 1.12); *way of life, conduct; Way* (of the Christian faith and life)

οἶδα (σύν|οιδα) pf. with pres. mng. **ἴστε** may be 2 pl. ind. or impv., ind.

3 pl. **οἴδασι** and **ἴσασι**, subj. **εἰδῶ**, inf. **εἰδέναι**, masc. ptc. **εἰδώς**, fem. ptc. **εἰδυῖα**; plpf. **ᾔδειν**; fut. **εἰδήσω**. *know, know (about); understand, perceive* (τοῦτο γὰρ ἴστε γινώσκοντες *be very sure of this* or *you know this very well* Eph 5.5); *experience, learn, know how; be acquainted with, recognize, acknowledge; remember* (1 Cor 1.16); *pay proper respect to* (1 Th 5.12)

οἰκία, ας f (οἰκέω) *house, home, property; family, household*

οἰκο|δομέω (οἰκέω + δῶμα) *build, erect; build up, encourage, strengthen, edify; rebuild, restore*

οἶκος, ου m (οἰκέω) *house, home* (κατ' οἶκον or κατὰ [τοὺς] οἴκους *from house to house*; ἡ κατ' οἶκον αὐτῶν ἐκκλησία *the church in their house*); *family household; nation, people; temple, sanctuary*

οἶνος, ου m (οἰνο|πότης, οἰνο|φλυγία, πάρ|οινος) *wine*

ὀλίγος, η, ον (ὀλιγωρέω) *little, small*, pl. *few* (ἐν ὀλίγῳ *in a short while, briefly*; πρὸς ὀλίγον *for a little while, in only a small way*; δι' ὀλίγων *briefly*); adv. ὀλίγον *a little, only a little*

ὅλος, η, ον (καθ|όλου, ὁλο|καύτωμα, ὁλο|κληρία, ὁλό|κληρος, ὁλο|τελής, ὅλως) *whole, all, complete, entire* (δι' ὅλου *throughout*); *altogether, wholly* (Jn 9.34; 13.10)

ὅμοιος, α, ον (ὁμοιόω) *of the same nature, like, similar*

ὄνομα, τος n (ὀνομάζω) *name* (κατ' ὄνομα *by name*); *title; person; authority, power; status, category* (e.g.

εἰς ὄνομα προφήτου *because he is a prophet;* ἐν ὀνόματι ὅτι Χριστοῦ ἐστε *because you are followers of Christ* Mk 9.41); *reputation* (Mk 6.14; Re 3.1)

ὀπίσω (ὄπισθεν) (1) prep. with gen. *after* (after ἔρχομαι or related verbs often *follow, be a disciple*); *behind; away from* (Mt 16.23; Mk 8.33); (2) adv. *back, behind* (εἰς τὰ ὀπίσω *back; around* Jn 20.14; τὰ ὀπίσω *what lies behind* Php 3.13)

ὅπου adv. (ποῦ) *where* (ὅπου ἄν or ὅπου ἐάν *wherever, whenever*); *whereas, while*

ὅπως or **ὅπως ἄν** (ποῦ) *that, in order that*

ὁράω (ἀ|όρατος, αὐτ|όπτης, ἀφ|οράω, ἐν|ώπιον, ἐπ|οπτεύω, ἐπ|όπτης, ἔσ|οπτρον, εὐ|προσ|ωπέω, ἐφ|οράω, καθ|οράω, κατ|εν|ώπιον, μυ|ωπάζω, ὀπτάνομαι, ὀπτασία, ὅραμα, ὅρασις, ὁρατός, ὀφθαλμο|δουλία, ὄψις, προ|οράω, προσ|ωπο|λημπτέω, προσ|ωπο|λήμπτης, προσ|ωπο|λημψία, πρόσ|ωπον, σκυθρ|ωπός, συν|οράω, ὑπερ|οράω, ὑπ|ωπιάζω, φρουρέω) impf. 3 pl. **ἑώρων**; fut. **ὄψομαι**; aor. **εἶδα** and **εἶδον**, ptc. **ἰδών**, impv. **ἴδετε**; pf. **ἑώρακα** and **ἑόρακα**; aor. pass. **ὤφθην**, ptc. **ὀφθείς**; fut. pass. **ὀφθήσομαι**. trans. *see, observe, notice* (pass. *appear*); *perceive, understand, recognize; experience; visit, come to see* (He 13.23); intrans. *make sure, see to, take care* (ὅρα μή *do not do that*)

ὀργή, ῆς f (ὀργίζομαι) *wrath, anger; retribution, punishment; revenge*

ὄρος, ους n *mountain, hill, mount*

ὅς, ἥ, ὅ (οὗ, πόθεν) relative pro. *who, which, what, that* (ὃς ἄν or ὃς ἐάν *whoever;* ὃς μέν ... ὃς δέ *one ... another*); *he, she*

ὅσος|ος, η, ον (ὁσάκις) correlative pro. *as much as, how much; as great as, how great; as far as, how far; whoever* (= ὅσος ἄν, ὅσος ἐάν); pl. *as many as, all, everyone;* ἐφ' ὅσον *inasmuch as, while;* καθ' ὅσον *just as, as* (καθ' ὅσον ... κατὰ τοσοῦτο or ὅσα ... τοσοῦτον *to the degree that ... to the same degree;* κατὰ πάντα ὅσα ἄν *whatever* Ac 3.22); ὅσῳ *as, just as, to the degree that* (He 8.6); ὅσον ... μᾶλλον περισσότερον *the more ... the more* (Mk 7.36); τοσούτῳ ... ὅσῳ *(by) as much ... as* (He 1.4); ὅσον χρόνον *as long as* (Mk 2.19); ἔτι γὰρ μικρὸν ὅσον ὅσον *for in a very short while* (He 10.37)

ὅστις, ἥτις, ὅ τι (ὅς, ἥ, ὅ + τίς) *who, which; whoever, whichever; anyone, someone*

ὅτ|αν (ὅς + ἄν) *when, whenever, as often as* (εἰ μὴ ὅταν *until* Mk 9.9)

ὅ|τε conj. (ὅς + τέ) *when, at which time; while, as long as*

ὅ|τι conj. (ὅς + τίς) *that* (τί ὅτι *why?* ὡς ὅτι *that* generally introducing the subjective opinion of the writer, e.g. 2 Cor 5.19; 11.21; 2 Th 2.2); *because, for, since;* may mark the beginning of direct discourse

οὐαί (1) interj. *how horrible it will be!* (2) f noun *horror, disaster, calamity*

οὐ|δέ (οὐ + δέ) *neither, nor, and not* (οὐδὲ ... οὐδέ *neither ... nor;* ἀλλ' οὐδέ *neither, not even*); *not, not even*

οὐ|δείς, οὐδε|μία, οὐ|δέν (οὐ + δέ + εἷς, μία, ἕν) *no one, nothing; no; worth nothing;* οὐδέν *not at all, in no respect*

οὐκ|έτι adv. (οὐ + ἔτι) *no longer, no more* (οὐκέτι οὐ μή *never again*)

οὖν *therefore, then; thus, so, accordingly*

οὐρανός, οῦ m (ἐπ|ουράνιος, μεσ|ουράνημα, οὐράνιος, οὐρανό|θεν) *heaven* (also used of God to avoid mention of the sacred name); *sky*

οὖς, ὠτός n (ἐν|ωτίζομαι, ὠτάριον, ὠτίον) *ear* (πρὸς τὸ οὖς λαλέω *whisper* Lk 12.3); *hearing*

οὔ|τε adv. (οὐ + τέ) *not, no, nor* (οὔτε ... οὔτε *neither ... nor*)

οὗτος, αὕτη, τοῦτο (οὕτω, οὕτως) demonstrative pro. and adj. *this, this one; he, she, it;* τοῦτ' ἔστιν *that is, which means*

οὕτω and **οὕτως** (οὗτος) (1) adv. *in this way, thus, so, in the same way, like this* (ἔχειν οὕτως often *be so* or *true*; τὸ οὕτως εἶναι *to remain as one is* 1 Cor 7.26); *as follows;* (2) adj. *such, of such kind* (ὁ μὲν οὕτως, ὁ δὲ οὕτως *one of one kind and one of another* 1 Cor 7.7)

οὐχί (emphatic form of **οὐ**) *not; no, no indeed;* used in questions when an affirmative answer is expected

ὀφείλω (ὀφειλέτης, ὀφειλή, ὀφείλημα, ὄφελον, προσ|οφείλω) *owe; ought, must, be bound* or *obligated; sin against, wrong* (Lk 11.4)

ὀφθαλμός, οῦ m (ἀντ|οφθαλμέω, μον|όφθαλμος, ὁράω, ὀφθαλμο|δουλία) *eye* (ὀφθαλμὸς πονηρός *envy, jealousy* Mk 7.22; οἷς κατ' ὀφθαλμούς *before whose eyes* Ga 3.1); *sight* (Ac 1.9)

ὄχλος, ου m (ὀχλέω) *crowd, multitude; (common) people; mob*

Π

παιδίον, ου n (παίζω) *child; infant*

πάλιν adv. (παλιγ|γενεσία) *again, once more* (εἰς τὸ πάλιν = πάλιν 2 Cor 13.2); *back; furthermore; on the other hand, yet*

πάντοτε adv. (πᾶς) *always, at all times*

παρά prep. with: (1) gen. *from, of* (τὰ παρά τινος *one's provisions, money* or *gift;* οἱ παρ' αὐτοῦ *his family* Mk 3.21; ἡ παρ' ἐμοῦ διαθήκη *my covenant* Ro 11.27); *by, with;* (2) dat. *with, in the presence of, before; in the judgment of; near, beside; for;* (3) acc. *beside, by, at; on, along; to; than, more than, above; rather than; contrary to;* παρὰ τοῦτο *because of this* (1 Cor 12.15, 16); παρὰ μίαν *less one* (2 Cor 11.24)

παρα|βολή, ῆς f (βολεύομαι) *parable, proverb; figure, symbol* (ἥτις παραβολὴ εἰς *figuratively this refers to* He 9.9; ἐν παραβολῇ *so to speak, figuratively speaking* He 11.19)

παρ|αγγέλλω (ἀγγέλλω) aor. **παρήγγειλα**, ptc. **παραγγείλας**. *command, order, instruct* (παραγγελίᾳ παραγγέλλω *give strict orders* Ac 5.28)

παρα|γίνομαι (γίνομαι) aor. **παρεγενόμην**, subj. **παραγένωμαι**. *come, arrive; appear; come to one's defense, stand by* (2 Tm 4.16)

παρα|δίδωμι (δίδωμι) pres. 2 sg. **παραδίδως**, subj. 3 sg. **παραδιδῷ**

and **παραδιδοῖ**, inf. **παραδιδόναι**, ptc. **παραδιδούς**; impf. 3 sg. **παρεδίδου**, 3 pl. **παρεδίδουν** and **παρεδίδοσαν**; fut. **παραδώσω**; aor. **παρέδωκα**, 3 pl. **παρέδωκαν** and **παρέδοσαν**, subj. 3 sg. **παραδῷ** and **παραδοῖ**, inf. **παραδοῦναι**, ptc. **παραδούς**; pf. ptc. **παραδεδωκώς**; plpf. 3 pl. **παραδεδώκεισαν**; pf. midd. **παραδέδομαι**; aor. pass. **παρεδόθην**, subj. **παραδοθῶ**, inf. **παραδοθῆναι**, ptc. **παραδοθείς**; fut. pass. **παραδοθήσομαι**. *hand* or *give over, deliver up* (pass. often *be arrested*); *betray, deliver* (to death); *deliver, entrust, commit, give; hand down, pass on; commend* (Ac 14.26; 15.40); *risk* (Ac 15.26); *permit* (ὅταν παραδοῖ ὁ καρπός *when the crop permits*, i.e. *is ripe* Mk 4.29)

παρα|καλέω (καλέω) pf. pass. **παρακέκλημαι**; aor. pass. **παρεκλήθην**, subj. **παρακληθῶ**; fut. pass. **παρακληθήσομαι**. *beg, urge; encourage, speak words of encouragement; request, ask, appeal to; console, comfort, cheer up; invite, summon*

παρα|λαμβάνω (λαμβάνω) fut. **παραλήμψομαι**; aor. **παρέλαβον**, impv. **παράλαβε**; fut. pass. **παραλημφθήσομαι**. *take, take along; receive, accept* (often of a tradition); *learn* (1 Th 4.1); *take charge of* (Jn 19.16b); παραλαβὼν αὐτοὺς ... κατ᾽ ἰδίαν *having taken them aside* (Lk 9.10)

παρ|ίστημι and **παρ|ιστάνω** (ἵστημι) fut. **παραστήσω**; 1 aor. **παρέστησα**; 2 aor. **παρέστην**; pf. **παρέστηκα**, ptc. **παρεστώς** and **παρεστηκώς**; plpf. **παρειστήκειν**; fut. midd. **παραστήσομαι**. trans. *present, bring into one's presence, show; offer, yield, dedicate; provide, send; prove* (Ac 24.13); intrans. (pf., plpf., 2 aor. act.; all midd.) *stand by, be present, stand; come; stand before; stand together* (Ac 4.26)

παρ|ρησία, ας f (πᾶς + ῥῆμα) *openness, frankness* (παρρησίᾳ *openly, plainly, freely*); *boldness, confidence, assurance; before the public* (ἐν παρρησίᾳ εἶναι *to be known publicly* Jn 7.4; δειγματίζω ἐν παρρησίᾳ *make a public example of* Col 2.15)

πᾶς, πᾶσα, πᾶν gen. **παντός, πάσης, παντός** (παμ|πληθεί, παν|δοχεῖον, παν|ήγυρις, παν|οικεί, παν|οπλία, παν|ουργία, παν|οῦργος, πανταχῇ, πανταχοῦ, παν|τελής, πάντῃ, πάντοθεν, παντο|κράτωρ, πάντοτε, πάντως, παρ|ρησία, παρ|ρησιάζομα) (1) without the article *each, every* (pl. *all*); *every kind of; all, full, absolute, greatest*; (2) with the article *entire, whole; all* (πᾶς ὁ with ptc. *everyone who*); (3) *everyone, everything* (διὰ παντός *always, continually, forever*; κατὰ πάντα *in everything, in every respect*)

πάσχω (κακο|πάθεια, μετριο|παθέω, ὁμοιο|παθής, πάθημα, παθητός, πάθος, πραϋ|πάθεια, προ|πάσχω, συγ|κακο|παθέω, συμ|παθέω, συμ|παθής, συμ|πάσχω) aor. **ἔπαθον**, inf. **παθεῖν**, ptc. **παθών**, fem. ptc. **παθοῦσα**; pf. **πέπονθα**. *suffer, endure, undergo; experience*

πατήρ, πατρός m (πατριά, πατρι|άρχης, πατρικός, πατρίς, πατρ|ολώας, πατρο|παρά|δοτος, πατρῷος, προ|πάτωρ) *father* (sometimes as an honorary title for a noted person); *Father* (of God); *forefather, ancestor*

Παῦλος, ου m *Paul:* (1) *the apostle;* (2) *Sergius Paulus, governor of Cyprus* (Ac 13.7)

πείθω (ἀνα|πείθω, ἀ|πείθεια, ἀ|πειθέω, ἀ|πειθής, εὐ|πειθής, πειθ|αρχέω, πειθός, πειθώ, πεισμονή, πεποίθησις, πιθανο|λογία) aor. **ἔπεισα**; pf. **πέποιθα**; plpf. **ἐπεποίθειν**; pf. pass. **πέπεισμαι**; fut. pass. **πεισθήσομαι**. *persuade, convince, win over; conciliate, satisfy* (Mt 28.14); *seek favor or approval from* (Ga 1.10); *reassure* (1 Jn 3.19); pass. *obey, pay attention to, listen to; be a follower* (Ac 5.36, 37); pf. act. and pass. *trust, rely on; have confidence, be confident; be certain or sure*

πειράζω (ἀ|πείραστος, ἄ|πειρος, ἐκ|πειράζω, πεῖρα, πειράομαι, πειρασμός) aor. pass. **ἐπειράσθην** and **ἐπιράσθην**. *test, put to the test; tempt; try, attempt*

πέμπω (ἀνα|πέμπω, ἐκ|πέμπω, μετα|πέμπομαι, προ|πέμπω, συμ|πέμπω) *send; commission, appoint*

πέντε (πεντα|κισ|χίλιοι, πεντα|κόσιοι, πεντε|και|δέκατος, πεντή|κοντα, πεντη|κοστή) *five*

περί (πέριξ) prep. with: (1) gen. *about, concerning, of, with reference to; for; on account of* (περὶ ἁμαρτίας often *sin offering*); (2) acc. *around, about; near; of, with reference to, regarding* (οἱ περὶ τὰ τοιαῦτα ἐργάται *workmen of the same trade* Ac 19.25; τὰ περὶ ἐμέ *what is going to happen to me* Php 2.23); *with, in company with*

περι|πατέω (πατέω) *walk, go or move about; live, conduct oneself*

περισσεύω (περισσεία, περίσσευμα, περισσός, περισσότερος, περισσοτέρως, περισσῶς, ὑπερ|εκ|περισσοῦ, ὑπερ|περισσεύω, ὑπερ|περισσῶς) intrans. *be left over, be more than enough* (τὸ περισσεῦον *what is left; wealth, ample possessions*); *increase, abound, overflow; excel, exceed; have plenty, have more than enough; be better off* (1 Cor 8.8); περισσεύω μᾶλλον *do even more* (1 Th 4.1, 10); trans. *cause to increase or abound; provide in abundance*

περι|τομή, ῆς f (τομός) *circumcision* (as a religious rite); *those who are circumcised, Jews* (also ὁ ἐκ περιτομῆς = *Jew*)

Πέτρος, ου m *Peter*

Πιλᾶτος, ου m *Pilate*

πίνω (κατα|πίνω, οἰνο|πότης, πόμα, πόσις, ποτήριον, ποτίζω, πότος, συμ|πίνω, συμ|πόσιον, ὑδρο|ποτέω) fut. **πίομαι**, 2 sg. **πίεσαι**; aor. **ἔπιον**, subj. **πίω**, impv. **πίε**, inf. **πιεῖν** and **πεῖν**; pf. **πέπωκα**. *drink*

πίπτω (ἀνα|πίπτω, ἀντι|πίπτω, ἀπο|πίπτω, γονυ|πετέω, διο|πετής, ἐκ|πίπτω, ἐμ|πίπτω, ἐπι|πίπτω, κατα|πίπτω, παρα|πίπτω, παρά|πτωμα, περι|πίπτω, προ|πετής, προσ|πίπτω, πτῶμα, πτῶσις, συμ|πίπτω) fut. **πεσοῦμαι**; aor. **ἔπεσα**, inf. **πεσεῖν**, ptc. **πεσών**; pf. **πέπτωκα**, 2 sg. **πέπτωκες**. *fall, fall down; fall to one's ruin or destruction; fall to one's knees, bow* (of worship); *be done away with, come to an end* (Lk 16.17; 1 Cor 13.8); *die* (Lk 21.24; 1 Cor 10.8); *strike, beat on* (of the sun's heat); ἔπεσεν ὁ κλῆρος ἐπί *the choice fell upon* (Ac 1.26)

πιστεύω (ἀ|πιστέω, ἀ|πιστία, ἄ|πιστος, ὀλιγο|πιστία, ὀλιγό|πιστος, πιστικός, πίστις, πιστόομαι, πιστός) *believe (in), have faith (in)* (with God or Christ as object); *believe, believe in; have confidence* (in someone or something), *entrust* (something to another); ὅς μὲν πιστεύει φαγεῖν πάντα *one person's faith allows for eating anything* (Ro 14.2)

πίστις, εως f (πιστεύω) *faith, trust, belief; the Christian faith; conviction, good conscience* (Ro 14.22, 23); perhaps *body of faith, doctrine* (Jd 3, 20); *assurance, proof* (Ac 17.31); *promise* (1 Tm 5.12)

πιστός, ή, όν (πιστεύω) *faithful, trustworthy, reliable; believing* (often *believer, Christian*; ὁ ἐκ περιτομῆς πιστός *Jewish Christian* Ac 10.45); *sure, true, unfailing* (τὰ πιστά *sure promises* or *blessings* Ac 13.34)

πλανάω (πλάνη, πλανήτης, πλάνος) *lead astray, mislead, deceive;* pass. *stray away, go astray; be mistaken; be deceived* or *misled; wander about* (He 11.38)

πλῆθος, ους n (πίμπλημι) *crowd; quantity, number; people, population; congregation; assembly*

πλήν (πληρόω) (1) conj. *but, yet, nevertheless, however* (πλὴν ὅτι *except that, only that* Ac 20.23; Php 1.18); (2) prep. with gen. *except, but, besides*

πληρόω (ἀνα|πληρόω, ἀντ|ανα|πληρόω, ἀπο|πληρόω, ἐκ|πληρόω, ἐκ|πλήρωσις, πλήν, πλήρης, πληρο|φορέω, πληρο|φορία, πλήρωμα, προσ|ανα|πληρόω, συμ|πληρόω) *fulfill, make come true, bring about* (of Scripture); *fill, make full; bring to completion; complete, accomplish, finish; make fully known, proclaim fully* (Ro 15.19; Col 1.25); *supply fully* (Php 4.18, 19); pass. *elapse, pass* (of time)

πλοῖον, ου n (πλέω) *boat; ship, sailing vessel*

πνεῦμα, τος n (πνέω) *Spirit* (of God); *spirit, inner life, self; disposition, state of mind; spirit, spirit being* or *power, power* (often of evil spirits); *life* (ἀφίημι τὸ πνεῦμα *die* Mt 27.50); *wind* (He 1.7; perhaps Jn 3.8); *breath* (2 Th 2.8); *ghost, apparition* (Lk 24.37, 39)

ποιέω (ἀγαθο|ποιέω, ἀγαθο|ποιΐα, ἀγαθο|ποιός, ἀ|χειρο|ποίητος, εἰρηνο|ποιέω, εἰρηνο|ποιός, εὐ|ποιΐα, ζωο|ποιέω, κακο|ποιέω, κακο|ποιός, καλο|ποιέω, μοσχο|ποιέω, ὀχλο|ποιέω, περι|ποιέομαι, περι|ποίησις, ποίημα, ποίησις, ποιητής, προσ|ποιέομαι, σκηνο|ποιός, συ|ζωο|ποιέω, χειρο|ποίητος) unaugmented plpf. 3 pl. **πεποιήκεισαν**. *make, do, cause, effect, bring about, accomplish, perform, provide; create* (of God); *produce, yield, bear, put forth; give, prepare, keep, celebrate* (of feasts, etc.); *claim, pretend (to be somebody); show* (of mercy, etc.); *work, be active; live, practice, act* (καλῶς ποιέω *do good, act benevolently* or *kindly*); *spend, stay* (of time); *exercise* (of authority); *wage* (of war); *execute* (of judgment); *give* (of alms); *appoint* (Mk 3.14; He 3.2); *consider, count* (Ac 20.24); often with a noun as a verb equivalent, e.g. ποιέω δέησιν *pray* (Lk 5.33); ποιέω τὸ ἱκανόν *please, satisfy* (Mk 15.15); ποιέω λύτρωσιν *redeem, set free* (Lk 1.68)

ποῖος, α, ον interrog. pro. *what, which; what kind of*

πόλις, εως f (πολιτεύομαι) *city, town* (κατὰ πόλιν and κατὰ πόλεις *town after town, in every town*); *inhabitants* (of a city)

πολύς, πολλή, πολύ gen. **πολλοῦ, ῆς, οῦ** (πολλάκις, πολλα|πλασίων, πολυ|λογία, πολυ|μερῶς, πολυ|ποίκιλος, πολύ|σπλαγχνος, πολυ|τελής, πολύ|τιμος, πολυ|τρόπως) (1) *much, many* (of great crowds; loud mourning; plentiful harvest; deep soil; late hour; long time; etc.); (2) πολλά *many things*; adv. *often, frequently; strictly; insistently; strongly; hard; heartily;* etc.; πολύ *much, greatly* (ἐπὶ πολύ *a long time* Ac 28.6; μετ' οὐ πολύ *soon* Ac 27.14; πολὺ μᾶλλον *much more, all the more* He 12.9, 25); πολλῷ μᾶλλον *much more, all the more;* πολλῷ πλείους *many more* (Jn 4.41); πολλοῦ *for a large sum* (Mt 26.9)

πονηρός, ά, όν (πονηρία) *evil, bad, wicked, sinful;* (noun *evil person; Evil One* [of the Devil]; τὸ πονηρόν *evil, what is evil*); *guilty* (of conscience); *unsound* (eye); *bad, worthless* (of fruit); *malignant* or *painful* (of sores); ὀφθαλμὸς πονηρός *envy, jealousy* (Mk 7.22)

πορεύομαι (ἀ|πορέω, ἀ|πορία, δια|πορεύομαι, δια|πορέω, εἰσ|πορεύομαι, ἐκ|πορεύομαι, ἐμ|πορεύομαι, ἐμ|πορία, ἐμ|πόριον, ἔμ|πορος, ἐξ|α|πορέομαι, ἐπι|πορεύομαι, εὐ|πορέομαι, εὐ|πορία, ὁδοι|πορέω, ὁδοι|πορία, παρα|πορεύομαι, πορεία, πορισμός, προ|πορεύομαι, προσ|πορεύομαι, συμ|πορεύομαι) *go, proceed; travel, journey; leave; live, conduct one's life; go to one's death, die* (Lk 22.22)

ποτήριον, ου n (πίνω) *cup, drinking vessel*

ποῦ (ποτ|απός, ποτέ, πότε, πότ|ερον, που) interrog. adv. *where, at what place; to what place;* οὐκ ἔχω ποῦ *have nowhere* (to do something)

πούς, ποδός m (ἄνδρα|ποδιστής, ὀρθο|ποδέω, ποδήρης, στρατο|πεδ|άρχης, στρατό|πεδον, τετρά|πουν) *foot* (of the body); perhaps *leg* (Re 10.1)

πράσσω (δια|πραγματεύομαι, πρᾶγμα, πράκτωρ, πρᾶξις, πρασιά, χρυσό|πρασος) pf. **πέπραχα**; pf. pass. **πέπραγμαι**. trans. *do, practice; collect* (of taxes or interest); πράσσω τὰ ἴδια *mind one's own business* (1 Th 4.11); intrans. *act, do; get along* (Eph 6.21)

πρεσβύτερος, α, ον (πρεσβεύω) *elder* (of the Jewish religious leaders and of church leaders); *elder* (of two sons); *eldest* (Jn 8.9); *old man* or *woman* (Ac 2.17; 1 Tm 5.2); παράδοσις τῶν πρεσβυτέρων *the tradition of pronouncements by earlier Jewish leaders*

πρό (πρωτεύω) prep. with gen. *before* (of time or place); πρὸ ἐτῶν δεκατεσσάρων *fourteen years ago* (2 Cor 12.2); πρὸ ἓξ ἡμερῶν τοῦ πάσχα *six days before Passover* (Jn 12.1); πρὸ πάντων *above all else* (Jas 5.12; 1 Pe 4.8)

πρό|βατον, ου n (βαίνω = *go, walk*) *sheep*

πρός prep. with: (1) acc. *to; toward; for the sake* or *purpose of, in order to, so that* (especially of πρὸς τό with inf.); *for; against; with, in company with; at, about, near, beside* (μηδὲ τὰ πρὸς τὴν θύραν *not even at the door* Mk 2.2); *pertaining to, with reference to* (τί πρὸς ἡμᾶς *what is it to us?* Mt 27.4; πρὸς οὐδὲ ἓν ῥῆμα *not even one word* Mt 27.14); *before, in the presence of; in comparison with* (Ro 8.18); (2) dat. *at, on, near*; (3) gen. *for, for the sake of* (Ac 27.34)

προσ|έρχομαι (ἔρχομαι) fut. **προσελεύσομαι**; aor. **προσῆλθον**, impv. **πρόσελθε**; pf. **προσελήλυθα**.

come or *go to, visit, approach; agree with* (1 Tm 6.3)

προσ|ευχή, ῆς f (εὔχομαι) *prayer; place of prayer* (Ac 16.13, 16)

προσ|εύχομαι (εὔχομαι) *pray*

προσ|κυνέω (κυνέω = *kiss, plead*) *worship; fall down and worship, kneel, bow low, fall at another's feet*

προσ|φέρω (φέρω) aor. **προσήνεγκα**, impv. **προσένεγκον** and **προσένεγκε**, inf. **προσενέγκαι** and **προσενεγκεῖν**; pf. **προσενήνοχα**; aor. pass. **προσηνέχθην**, ptc. **προσενεχθείς**. *offer, present* (especially of gifts and sacrifices); *bring; bring (someone) before (an official); perform, do* (of service); *hold (something) up* (Jn 19.29); pass. *treat, deal with* (He 12.7)

πρόσ|ωπον, ου n (ὁράω) *face, countenance, appearance* (τὰ κατὰ πρόσωπον *what is before one's eyes* 2 Cor 10.7; ἐν προσώπῳ καυχῶμαι *put on an outward show* 2 Cor 5.12; πρόσωπον τῆς γενέσεως *one's natural face* Jas 1.23); *presence* (ἀπὸ προσώπου *from, from the presence of*; κατὰ πρόσωπον *in the presence of, face to face*; πρὸ προσώπου *before, ahead of*; εἰς πρόσωπον *in the presence of* 2 Cor 8.24); *person* (λαμβάνω πρόσωπον or βλέπω εἰς πρόσωπον *show favoritism* or *partiality*; θαυμάζω πρόσωπον *flatter someone* Jd 16); *surface* (of the earth)

προ|φήτης, ου m (φημί) *prophet* (of one who has insight into the divine will and possesses the power* of inspired utterance); προφῆται *prophetic books of the OT* (νόμος καὶ προφῆται = *the OT*)

πρῶτος, η, ον (πρωτεύω) *first; leading, foremost, prominent, most important; earlier, former, before*

πτωχός, ή, όν (πτωχεύω) *poor; miserable, begging; pitiful* or *inferior* (τὰ ἀσθενῆ καὶ πτωχὰ στοιχεῖα *those weak and pitiful powers* Ga 4.9)

πῦρ, ός n (πυρόομαι) *fire*

πῶς (ὅς) interrog. particle *how? in what way? how is it possible?*

Ρ

ῥῆμα, τος n (ἐρέω = *say*, ῥέω = *say*, ἀν|ἀντί|ρρητος, ἀν|αντι|ρρήτως, παρ|ρησία, παρ|ρησιάζομα, ῥήτωρ, ῥητῶς) *what is said, word, saying; thing, matter, event, happening*

Σ

σάββατον, ου n (προ|σάββατον, σαββατισμός) often in pl.; *Jewish sacred day of worship and rest the seventh day, Sabbath* (ἡμέρα σαββάτου *the Sabbath*); *week* (μία or πρώτη σαββάτων *the first day of the week*; κατὰ μίαν σάββατον *on the first day of each week, each Sunday* 1 Cor 16.2; δὶς τοῦ σαββάτου *twice a week* Lk 18.12); σαββάτου ... ὁδόν cf. ὁδός

σάρξ, σαρκός f (σαρκικός, σάρκινος) *flesh, physical body; human nature, earthly descent* (κατὰ σάρκα *by earthly descent*, τὰ τέκνα τῆς σαρκὸς *physical descendants* Ro 9.8; εἴ πως παραζηλώσω μου τὴν σάρκα *perhaps I can make the people of my own race jealous* Ro 11.14); *one's lower nature, sinful human nature* (κατὰ σάρκα or ἐν τῇ σαρκί *under the control of one's sinful nature*); *human being, person, man* (κατὰ σάρκα *by human standards, from a human point of view, as far as externals are concerned*); *earthly life, human realm of existence* (ὁ κατὰ σάρκα κύριος *earthly master* Col 3.22; ὁ τῆς σαρκὸς πατήρ *human father* He 12.9; ἐν ταῖς ἡμέραις τῆς σαρκὸς αὐτοῦ *during his earthly life* He 5.7); *sexual impulse* (ἐκ θελήματος σαρκός *from sexual desire* Jn 1.13; ἀπέρχομαι ὀπίσω σαρκὸς ἑτέρας *commit sexual immorality* Jd 7)

σε|αυτοῦ, ῆς reflexive pro. (σύ + αὐτός) *yourself* (κατὰ σεαυτὸν ἔχε ἐνώπιον τοῦ θεοῦ *keep it a matter between yourself and God* Ro 14.22)

σημεῖον, ου n (σημαίνω) *miraculous sign, miracle; sign, that by which something is known* or *distinguished, indication, mark, signal; portent, warning sign*

σήμερον adv. (ἡμέρα) *today*; ἡ σήμερον or ἡ σήμερον ἡμέρα *today, this very day*

Σίμων, ωνος m *Simon:* (1) Simon Peter; (2) Simon ὁ Καναναῖος (ὁ ζηλωτής), one of the twelve; (3) brother of Jesus (Mt 13.55; Mk 6.3); (4) Simon of Cyrene (Mt 27.32; Mk 15.21; Lk 23.26); (5) father of Judas Iscariot (Jn 6.71; 13.2, 26); (6) a tanner in Joppa (Ac 9.43; 10.6, 17, 32b); (7) a magician of Samaria (Ac 8.9, 13, 18, 24); (8) the leper

σκότος – τέλος

(Mt 26.6; Mk 14.3); (9) the Pharisee (Lk 7.40, 43, 44)

σκότος, ους n (σκοτίζομαι) *darkness; sin, evil*

σοφία, ας f (σοφίζω) *wisdom, insight, intelligence, knowledge;* Wisdom (of God)

σπείρω (δια|σπείρω, δια|σπορά, ἐπι|σπείρω, σπέρμα, σπερμο|λόγος, σπορά, σπόριμα, σπόρος) aor. pass. ptc. **σπαρείς**; pf. pass. **ἔσπαρμαι**. *sow*

σπέρμα, τος n (σπείρω) *seed; offspring, children, descendants, posterity;* perhaps *nature, character* (1 Jn 3.9)

σταυρόω (ἀνα|σταυρόω, σταυρός, συ|σταυρόομαι) *crucify*

στόμα, τος n (ἀπο|στοματίζω, δί|στομος, ἐπι|στομίζω, στόμαχος) *mouth* (στόμα πρὸς στόμα λαλέω *speak face to face* 2 Jn 12; 3 Jn 14); *word(s), utterance; power of speech* (ἀνεῴχθη δὲ τὸ στόμα αὐτοῦ παραχρῆμα καὶ ἡ γλῶσσα αὐτοῦ *and immediately he was able to speak* Lk 1.64); *eloquence, ability to speak with persuasion* (Lk 21.15); *evidence, testimony* (Mt 18.16); *edge* (of a sword)

σύ 2 pers. pro. **σοῦ** (σου), **σοί** (σοι), **σέ** (σε); pl. **ὑμεῖς, ὑμῶν, ὑμῖν, ὑμᾶς** *you*

σύν prep. with dat. *with, in company with, along with, together with; by, through* (Ac 7.35); σὺν πᾶσιν τούτοις *besides all this* (Lk 24.21)

συν|άγω (ἄγω) aor. **συνήγαγον**, inf. **συναγαγεῖν**; pf. pass. ptc. **συνηγμένος**; aor. pass. **συνήχθην**; fut. pass. **συναχθήσομαι**. *gather; gather together, assemble, call together; welcome, receive as a guest* (of strangers); *catch* (of fish); *store up* (Lk 12.17, 18); pass. often equivalent to intrans. *gather, assemble, come together; meet*

συν|αγωγή, ῆς f (ἄγω) *synagogue,* Jewish place of worship (the same building was also used for judicial proceedings, e.g. Mt 10.17); *congregation of a synagogue; assembly, meeting* (for worship)

σῴζω (ἀ|σωτία, ἀ|σώτως, δια|σῴζω, ἐκ|σῴζω, σωτήρ, σωτηρία, σωτήριον, σω|φρονέω, σω|φρονίζω, σω|φρονισμός, σω|φρόνως, σω|φροσύνη, σώ|φρων) *save* (of Christian salvation); *save, rescue, deliver; keep safe, preserve; cure, make well*

σῶμα, τος n (σύσ|σωμος, σωματικός, σωματικῶς) *body, living body, physical body; the body* (of Christ), *the church; dead body, corpse; the reality* or *substance* (as opposed to a shadow); pl. *slaves* (Re 18.13)

σωτηρία, ας f (σῴζω) *salvation* (in the Christian sense); *deliverance, preservation, release*

T

τε enclitic particle *and; and so, so;* τὲ ... τέ or τὲ ... δέ *both ... and, not only ... but also*

τέκνον, ου n (τίκτω) *child* (*my child* in the vocative for familiar address); pl. *descendants; posterity; people, inhabitants*

τέλος, ους n (τελέω) *end, termination, conclusion* (ἄχρι τέλους *until the end;* εἰς τέλος *to the end, forever, continually,* *at last*; ἕως τέλους *to the end, fully;* μέχρι τέλους *to the end;* ἔχω τέλος *be at an end;* τὸ δὲ τέλος *finally, to sum up* 1 Pe 3.8); *outcome, result, goal, aim, fulfillment* (τὸ περὶ ἐμοῦ τέλος ἔχει *what was written about me is coming true or my life's work is completed* Lk 22.37); *tax, revenue* (Mt 17.25; Ro 13.7)

τέσσαρες neut. **τέσσαρα** gen. **τεσσάρων** (τεσσεράκοντα, τεσσαρεσ|και|δέκατος, τεταρταῖος, τέταρτος, τετρα|αρχέω, τετρα|άρχης, τετρά|γωνος, τετράδιον, τετρα|κισ|χίλιοι, τετρακόσιοι, τετρά|μηνος, τετραπλοῦς, τετρά|πουν, τρά|πεζα, τρα|πεζίτης) *four*

τηρέω (δια|τηρέω, παρα|τηρέω, παρα|τήρησις, συν|τηρέω) *keep, observe, obey, pay attention to; keep under guard, keep in custody* (οἱ τηροῦντες *the guards* Mt 28.4); *keep back, hold, reserve; maintain, keep firm;* τηρεῖν τὴν ἑαυτοῦ παρθένον (*if of an engaged couple*) *not to marry the girl to whom he is engaged or* (*if of one's daughter*) *to keep his daughter from marrying* (1 Cor 7.37)

τίθημι (ἄ|θεσμος, ἀ|θετέω, ἀ|θέτησις, ἀ|θῴος, ἀ|μετά|θετος, ἀνά|θεμα, ἀνα|θεματίζω, ἀνά|θημα, ἀνα|τίθεμαι, ἀν|εύ|θετος, ἀντι|δια|τίθημι, ἀντί|θεσις, ἀπο|θήκη, ἀπο|τίθημι, ἀ|σύν|θετος, δια|θήκη, δια|τίθεμαι, ἔκ|θετος, ἐκ|τίθεμαι, ἐπί|θεσις, ἐπι|τίθημι, εὔ|θετος, θεμέλιον, θεμέλιος, θεμελιόω, θήκη, κατά|θεμα, κατα|θεματίζω, κατα|τίθημι, μετά|θεσις, μετα|τίθημι, νομο|θεσία, νομο|θετέομαι, νομο|θέτης, νου|θεσία, νου|θετέω, ὁρο|θεσία, παρα|θήκη, παρα|τίθημι, περί|θεσις, περι|τίθημι, πρό|θεσις, προ|θεσμία, προσ|ανα|τίθεμαι, προσ|τίθημι, προ|τίθεμαι, συγ|κατά|θεσις, συγ|κατα|τίθεμαι, συν|επι|τίθεμαι, συν|τίθεμαι, υἱο|θεσία, ὑπο|τίθημι) 3 pl. **τιθέασιν**, ptc. **τιθείς**; impf. 3 sg. **ἐτίθει**, 3 pl. **ἐτίθουν** and **ἐτίθεσαν**; fut. **θήσω**; aor. **ἔθηκα**, subj. **θῶ**, impv. 2 pl. **θέτε**, inf. **θεῖναι**, ptc. **θείς**; pf. **τέθεικα**, ptc. **τεθεικώς**; aor. midd. 2 sg. **ἔθου**, 3 pl. **ἔθεντο**, impv. 2 pl. **θέσθε**; pf. pass. 3 sg. **τέθειται**; aor. pass. **ἐτέθην**, subj. **τεθῶ**, inf. **τεθῆναι**. *put, place, lay, set* (τίθημι τὰ γόνατα *kneel;* τίθημι ἐν καρδίᾳ *make up one's mind* Lk 21.14); *lay down, give up (one's life); set aside, store up* (ἕκαστος ὑμῶν παρ' ἑαυτῷ τιθέτω θησαυρίζων *each of you is to put something aside* 1 Cor 16.2); *make (someone/something of a person), appoint, destine* (τίθημι τὸ μέρος τινός *assign one a place* Mt 24.51; Lk 12.46); *present, describe (by a parable); lay aside, remove (of clothes); serve (of wine);* midd. *put, place, lay, set* (θέσθε ὑμεῖς εἰς τὰ ὦτα ὑμῶν τοὺς λόγους τούτους *keep these words in mind* Lk 9.44; ἔθεντο πάντες οἱ ἀκούσαντες ἐν τῇ καρδίᾳ αὐτῶν *everyone who heard these things kept them in mind* Lk 1.66; *think of, decide* Ac 5.4; οἱ πλείονες ἔθεντο βουλὴν *the majority were in favor of* Ac 27.12); *make (someone/something of a person), appoint, destine; arrange (parts of the body)*; ἔθετο ὁ Παῦλος *Paul resolved, made up his mind* (Ac 19.21)

τιμή, ῆς f (τιμάω) *honor, respect, recognition; price, value* (τιμὴ αἵματος *blood money* Mt 27.6); *sum (of money); proceeds (of a sale); place of honor, honor* (He 5.4); *perhaps pay, compensation* (1 Tm 5.17)

τίς, τί gen. **τίνος** dat. **τίνι** acc. **τίνα, τί** interrog. pro. and adj. *who? which? what? what sort of?* τί, διὰ τί, εἰς τί, τί ὅτι *why? for what reason or purpose?* τί γάρ, τί οὖν *why then?* (τί γάρ *how?* 1 Cor 7.16); τί ἡμῖν (ἐμοὶ) καὶ σοί *what have you to do with us (me)?* κατὰ τί *how?* (Lk 1.18); τί θέλω εἰ *how I wish that* (Lk 12.49)

τις, τι gen. **τινος** dat. **τινι** acc. **τινα, τι** enclitic pro. and adj. *anyone, anything; someone, something; any, some, a certain, several;* ἐάν τις (τι), εἴ τις (τι) *whoever (whatever);* εἶναί τις (τι) *be someone (something) of importance*

τοι|οῦτος, αὕτη, οῦτον correlative pro. and adj. (ὁ + οὗτος) *such, of such kind; similar, like* (ὁ περὶ τὰ τοιαῦτα ἐργάτης *person of a similar trade* Ac 19.25)

τόπος, ου m (ἄ|τοπος, ἐν|τόπιος) *place, location, region, vicinity, spot* (κατὰ τόπους *in various places;* κατὰ τὸν τόπον *to that place* Lk 10.32); *station, position, office; chance, opportunity; (Jerusalem) temple; passage (of Scripture); seaport* (Ac 27.2)

τότε adv. (ὅς + τέ) *then, at that time* (ἀπὸ τότε *from that time on, after that;* ὁ τότε κόσμος *the then-existing world* 2 Pe 3.6); *thereupon, next, after that*

τρεῖς, τρία gen. **τριῶν** dat. **τρισίν** (τριάκοντα, τριακόσιοι, τρί|βολος, τρι|ετία, τρί|μηνον, τρίς, τρί|στεγον, τρισ|χίλιοι, τρίτον, τρίτος) *three* (διὰ τριῶν ἡμερῶν *in three days*)

τρίτος, η, ον (τρεῖς) adj. *third* (ἐκ τρίτου *for the third time* Mt 26.44); τὸ τρίτον *one-third, a third*

τυφλός, ἡ, όν (τυφλόω) *blind, incapable of understanding*

Υ

ὕδωρ, ὕδατος n (ἄν|υδρος, ὑγρός, ὑδρία, ὑδρο|ποτέω, ὑδρωπικός, ὑετός) *water*

υἱός, οῦ m (υἱο|θεσία) *son; Son (of Jesus); descendant, offspring, heir;* (with gen.) often *one who shares a special relationship with* or *a likeness to someone* or *something; disciple, follower*

ὑπ|άγω (ἄγω) *go, go one's way; go away, depart* (ὕπαγε ὀπίσω μου *get away from me* Mt 16.23; Mk 8.33); *go home; go back, return*

ὑπ|άρχω (ἄρχω) *be* (= **εἰμί**); *be at one's disposal* (τὰ ὑπάρχοντα *possessions, property; means, resources*)

ὑπέρ prep. with: (1) gen. *for, in behalf of, for the sake of* (εἶναι ὑπέρ τινος *be on someone's side, be in favor of someone; of, about, concerning;* ὑπὲρ (τῶν) ἁμαρτιῶν *to remove* or *atone for (the)*

sins; (2) acc. *over and above, beyond; more than, than;* (3) adv. ὑπὲρ ἐγώ *I am even more* (2 Cor 11.23)
ὑπό prep. with: (1) gen. *by, by means of; at the hands of;* (2) acc. *under, below; under the authority of;* ὑπὸ τὸν ὄρθρον *at daybreak* (Ac 5.21)
ὑπο|μονή, ῆς f (μένω) *patient endurance, steadfastness, perseverance*
ὑπο|στρέφω (στρέφω) *return, turn back; go home;* ὑποστρέφω ἐκ *turn from, abandon* (2 Pe 2.21)
ὑπο|τάσσω (τάσσω) aor. **ὑπέταξα**; pf. pass. **ὑποτέταγμαι**; aor. pass. **ὑπετάγην**; fut. pass. **ὑποταγήσομαι**. *put in subjection, subject, subordinate;* pass. *be subject, submit to, obey, be under the authority of; take a subordinate place* (1 Cor 14.34)

Φ

φαίνω (ἀνα|φαίνω, ἀ|φανής, ἀ|φανίζω, ἀ|φανισμός, ἄ|φαντος, ἐμ|φανής, ἐμ|φανίζω, ἐπι|φαίνω, ἐπι|φάνεια, ἐπι|φανής, ἐπι|φαύσκω, ἐπι|φώσκω, κατή|φεια, πρό|φασις, συκο|φαντέω, ὑπερη|φανία, ὑπερή|φανος, φανερός, φανερόω, φανερῶς, φανέρωσις, φανός, φαντάζομαι, φαντασία, φάντασμα, φάσις, φῶς, φωστήρ, φωσ|φόρος, φωτεινός, φωτίζω, φωτισμός) aor. subj. 3 sg. **φάνῃ**; fut. midd. 3 sg. **φανεῖται**; aor. pass. **ἐφάνην**, subj. **φανῶ**; fut. pass. **φανήσομαι**. *shine, give light* (midd. Php 2.15); midd. and pass. *appear, be seen, be* or *become visible, be revealed* (*be revealed as* Ro 7.13; ἁμαρτωλὸς ποῦ φανεῖται *what will become of the sinner?* 1 Pe 4.18); *appear to be something, put on an appearance; seem, appear* (τί ὑμῖν φαίνεται *what is your decision?* Mk 14.64)
φανερόω (φαίνω) *make known, reveal, show; make evident* or *plain;* pass. *be revealed* or *made known; be evident* or *plain; appear, reveal oneself*
Φαρισαῖος, ου m *Pharisee* (member of a Jewish religious sect)
φέρω (ἀνα|φέρω, ἀπο|φέρω, ἀπο|φορτίζομαι, δια|φέρω, διά|φορος, δι|ηνεκής, δωρο|φορία, εἰσ|φέρω, ἐπι|φέρω, εὐ|φορέω, θανατη|φόρος, καρπο|φορέω, καρπο|φόρος, κατα|φέρω, παρα|φέρω, παρ|εισ|φέρω, περι|φέρω, πληρο|φορέω, πληρο|φορία, ποταμο|φόρητος, προσ|φέρω, προσ|φορά, συμ|φέρω, σύμ|φορον, τελεσ|φορέω, τροπο|φορέω, τροφο|φορέω, ὑπο|φέρω, φορέω, φόρος, φορτίζω, φορτίον, φωσ|φόρος) fut. **οἴσω**; aor. **ἤνεγκα**, inf. **ἐνεγκεῖν** and **ἐνέγκαι**, ptc. **ἐνέγκας**; aor. pass. **ἠνέχθην**, ptc. **ἐνεχθείς**. *bring, bring along, carry; endure, bear, put up with; yield, produce* (of fruit); *drive* (of wind; midd. *rush* Ac 2.2); *bring against* (of charges); *move, guide* (by the Holy Spirit); *lead* (of a gate); *sustain, support* (He 1.3); *establish, validate, prove* (θάνατον ἀνάγκη φέρεσθαι τοῦ διαθεμένου

the death of the one who made the will must be established He 9.16); *put, reach out* (Jn 20.27)

φημί (βλασ|φημέω, βλασ|φημία, βλάσ|φημος, δια|φημίζω, δυσ|φημέω, δυσ|φημία, εὐ|φημία, εὔ|φημος, προ|φητεία, προ|φητεύω, προ|φήτης, προ|φητικός, προ|φῆτις, σύμ|φημι, φάσις, φήμη, ψευδο|προφήτης) 3 sg. **φησίν**, 3 pl. **φασίν**; impf. 3 sg. **ἔφη**. *say* (impers. φησίν *it is said* 2 Cor 10.10); *mean, imply*

Φίλιππος, ου m *Philip:* (1) *one of the twelve apostles;* (2) *son of Herod the Great and tetrarch of territories in northeast Palestine;* (3) *one of the seven "deacons" of the Jerusalem church;* (4) *first husband of Herodias* (Mt 14.3; Mk 6.17)

φόβος, ου m (φοβέομαι) *fear, terror; fear, reverence* (for God); *respect* (for persons)

φυλακή, ῆς f (φυλάσσω) *prison, jail, place of imprisonment; watch* (one of the three or four periods of time into which the night was divided from 6 p.m. to 6 a.m., cf. Mk 13.35); *guard* or *guard post* (Ac 12.10); *haunt, lair* (of evil spirits); φυλάσσοντες φυλακὰς ... ἐπὶ τὴν ποίμνην αὐτῶν *keeping watch over their flock* (Lk 2.8)

φυλάσσω (γαζο|φυλάκιον, δεσμο|φύλαξ, δια|φυλάσσω, φυλακή, φυλακίζω, φύλαξ) *guard, keep under guard; keep, obey, follow; keep safe, protect, defend;* midd. *guard against, avoid; abstain from* (of food offered in sacrifice to idols); *keep, obey* (Mk 10.20)

φυλή, ῆς f (φύω) *tribe; nation, people*

φωνέω (ἀλεκτορο|φωνία, ἀνα|φωνέω, ἀ|σύμ|φωνος, ἄ|φωνος, ἐπι|φωνέω, κενο|φωνία, προσ|φωνέω, συμ|φωνέω, συμ|φώνησις, συμ|φωνία, σύμ|φωνον, φωνή) *call, call to; call out, speak loudly; call for, summon; crow* (of roosters); *invite* (Lk 14.12); *address as* (Jn 13.13)

φωνή, ῆς f (φωνέω) *voice; sound, note; noise, roar; outcry, cry; language, utterance*

φῶς, φωτός n (φαίνω) *light* (often with theological connotations); *fire* (Mk 14.54; Lk 22.56); ἐν τῷ φωτί *openly, publicly* (Mt 10.27; Lk 12.3)

Χ

χαίρω (ἀ|χάριστος, εὐ|χαριστέω, εὐ|χαριστία, εὐ|χάριστος, συγ|χαίρω, χαρά, χαρίζομαι, χάριν, χάρις, χάρισμα, χαριτόω) fut. **χαρήσομαι**; aor. pass. **ἐχάρην**, inf. **χαρῆναι**. *rejoice, be glad;* χαῖρε, χαίρετε, χαίρειν various greetings: *greetings, glad to see you, hello, good-bye,* etc.

χαρά, ᾶς f (χαίρω) *joy, gladness, happiness; cause* or *object of joy*

χάρις, ιτος f (χαίρω) *grace, favor, kindness, mercy, goodwill* (ἔχω χάριν πρός *have the goodwill of* Ac 2.47; ποία ὑμῖν χάρις ἐστίν *What credit is that to you?* Lk 6.32,33,34); *a special manifestation of the divine presence, activity, power* or *glory; a favor, expression of kindness, gift,* *blessing* (κατὰ χάριν *as a gift* Ro 4.4, 16; ἵνα δευτέραν χάριν σχῆτε *in order that you might be blessed twice/a second time* 2 Cor 1.15); *thanks, gratitude; graciousness* (ὁ λόγος ὑμῶν πάντοτε ἐν χάριτι *your speech should always be pleasant* Col 4.6)

χείρ, χειρός f (αὐτό|χειρ, ἀ|χειρο|ποίητος, δια|χειρίζομαι, ἐπι|χειρέω, προ|χειρίζομαι, προ|χειρο|τονέω, χειρ|αγωγέω, χειρ|αγωγός, χειρό|γραφον, χειρο|ποίητος, χειρο|τονέω) *hand* (ἐπέβαλον τὰς χεῖρας ἐπὶ τὸν Ἰησοῦν *they grabbed and arrested Jesus*); *power, authority; activity; finger* (Lk 15.22)

χρεία, ας f (χράομαι) *need, necessity* (ἔχω χρείαν τινός *have need of something or somebody*); *need, want, lack* (ἔχω χρείαν *be in need, lack*; τῆς χρείας *as the occasion requires* Eph 4.29); *duty, task, function* (Ac 6.3)

Χριστός, οῦ m (χρίω) *Christ* (lit. the Anointed One, equivalent to the Hebrew Messiah)

χρόνος, ου m (χρονίζω) *time, extension* or *period of time* (ἐφ' ὅσον χρόνον or ὅσον χρόνον *as long as, while*; ἐπὶ χρόνον or χρόνον τινά *for a while* Lk 18.5; 1 Cor 16.7; πρὸ χρόνων αἰωνίων or χρόνοις αἰωνίοις *before time began, from all eternity* 2 Tm 1.9; Tt 1.2; Ro 16.25; πόσος χρόνος *how long?* Mk 9.21); *time, moment of time, occasion; delay* (Re 10.6)

χωρίς (χωρίζω) (1) prep. with gen. *without, apart from, without relation to* (occurs postpositive in He 12.14 οὗ χωρίς *without which*); *besides, in addition to*; (2) adv. *separately, by itself* (Jn 20.7)

Ψ

ψυχή, ῆς f (ψύχομαι) *self, inner life, one's inmost being, soul*; (physical) *life; living creature, person, human being* (πᾶσα ψυχὴ ζωῆς *every living creature* Re 16.3) ἐκ ψυχῆς *from the heart*; μιᾷ ψυχῇ *with one mind* Php 1.27

Ω

ὧδε adv. *here, in this place* (πάντα τὰ ὧδε *all that is happening here* Col 4.9); *here, to this place* (ἕως ὧδε *here, to this place, this far* Lk 23.5); *under these circumstances, in this case* (ὧδε λοιπόν *moreover, in this connection* 1 Cor 4.2)

ὥρα, ας f (ἡμί|ωρον) *moment, instant, occasion; time, brief indefinite period of time; hour of the day* (i.e. a twelfth part of the period between sunrise and sunset, sometimes longer and sometimes shorter than 60 minutes); ὥρα πολλή *late* (Mk 6.35); ἀπὸ τῆς ὥρας ἐκείνης *at that very moment, from that time on*; αὐτῇ τῇ ὥρᾳ *at that time*

ὡς (1) *particle of comparison as, like* (ὡς ἔπος εἰπεῖν *so to speak* He 7.9); *as though, as if, on the grounds that, on the pretext of*; *with numerals about* (ὡς ἀπὸ σταδίων δεκαπέντε *about fifteen stades away* Jn 11.18; cf. 21.8; ὡς ἐπὶ ὥρας δύο *for about two hours* Ac 19.34); *introducing discourse how, that* (ὡς ὅτι *how* **ὥσ|περ**, *that*);

intensifying an adv. or adj. *very, how* (ὡς τάχιστα *as soon as possible* Ac 17.15; ὡς ὡραῖοι *how welcome* Ro 10.15; cf. Ro 11.33; Ac 17.22); *as* in the sense *to be* (e.g. ὡς προφήτην αὐτὸν εἶχον *they considered him a prophet* Mt 14.5); (2) temporal and consequential particle *as, as long as, while, when* (with pres. or impf.); *when, after* (with aor.); *so that, in order that, because;* ὡς ἄν (ἐάν) *when, as soon as;* ὡς τάχιστα *as soon as possible* (Ac 17.15)

ὥσ|περ (ὡς + -πέρ) *as, just as, even as; like*

ὥσ|τε (ὡς + τέ) *that, so that, with the result that; in order that, for the purpose of; therefore, thus, so, accordingly*